紹興圖書館

古籍普查登記目録

（下）

索引

全國古籍普查登記目録·浙江紹興

國家圖書館出版社
National Library of China Publishing House

書名筆畫字頭索引

2

八畫

6

8

十二畫

10

十三畫

十四畫

13

十六畫

十九畫

二十畫

19

書名筆畫索引

一畫

二畫

23

24

25

26

三畫

29

31

45

49

五畫

73

81

83

84

85

91

97

100

七畫

110

119

127

九畫

134

十畫

157

167

169

171

193

十二畫

211

214

217

218

219

十三畫

225

227

228

229

233

237

239

十四畫

245

251

255

十五畫

257

264

267

十六畫

十七畫

281

十九畫

288

291

292

293

294

295

二十畫

二十二畫

二十三畫

303

其他

紹興圖書館

古籍普查登記目錄（中）

全國古籍普查登記目錄·浙江紹興

國家圖書館出版社
National Library of China Publishing House

330000－1716－0013400　集補1692/13400
集部/小說類/長篇之屬

西遊真詮一百回　（清）陳士斌詮解　清芥子
園刻本　清琴山氏題簽　七冊　存三十七回
（三至三十四、四十一至四十五）

330000－1716－0013401　子補3902/13401
子部/雜著類/雜纂之屬

傳家寶初集八卷二集八卷三集八卷四集八卷
（清）石成金撰　清刻本　一冊　存一卷
（三集七）

330000－1716－0013403　子補0127－4/
13403　子部/醫家類/養生之屬

衛濟餘編五卷　（清）王纏堂輯　清刻本　一
冊　存一卷（五）

330000－1716－0013407　史補1548－2/
13407　史部/史抄類

二十四史文鈔一百九卷　（清）納蘭常安選評
清光緒二十九年（1903）上海文來書局石印
本　五冊　存七種

330000－1716－0013408　經補0524/13408
經部/四書類/總義之屬/傳說

銅板四書體注合講十九卷　（清）翁復編　清
刻本　五冊　存十七卷（論語一至十、孟子一
至七）

330000－1716－0013410　經補1281－1/
13410　經部/小學類/文字之屬/字書/字典

字彙四集　（清）陳渠子撰　清道光二十四年
（1844）三元堂刻本　振記題簽　二冊　存二
卷（一至二）

330000－1716－0013412　集補3415－5/
13412　集部/別集類/清別集

音注小倉山房尺牘八卷補遺一卷　（清）袁枚
撰　（清）胡光斗箋釋　清光緒十四年（1888）
古越奎照樓刻朱墨套印本　三冊　存七卷
（一至二、五至八，補遺）

330000－1716－0013413　普類0007/13413
類叢部/類書類/通類之屬

事類賦三十卷補遺十四卷　（宋）吳淑撰並注

廣事類賦四十卷　（清）華希閔撰　清芥子
園刻本　十冊　存四十卷（二十一至三十，補
遺四至十四，廣事類賦一至八、二十三至二十
七、三十五至四十）

330000－1716－0013414　經補0561－4/
13414　經部/四書類/總義之屬/傳說

學源堂四書體注合講十九卷　（清）翁復編
清末文奎堂刻本　三冊　缺五卷（論語六至
十）

330000－1716－0013415　史補0876/13415
史部/傳記類/總傳之屬/技藝

無聲詩史七卷　（清）姜紹書撰　清宣統二年
（1910）杭州雲林閣石印本　六冊

330000－1716－0013417　經補1488/13417
經部/小學類/文字之屬/說文

說文解字注十五卷附六書音韻表五卷　（清）
段玉裁撰　**說文通檢十四卷首一卷末一卷**
（清）黎永椿編　**說文解字注匡謬八卷**　（清）
徐承慶撰　清末石印本　一冊　存六卷（七
至十二）

330000－1716－0013419　普叢0437－4/
13419　類叢部/叢書類/自著之屬

隨園三十種　（清）袁枚撰　清刻本　三冊
存四種

330000－1716－0013422　集補3378/13422
集部/總集類/彙編之屬

慈雲閣詩鈔九種十二卷　（清）左宗棠輯　清
刻本　一冊　存六種

330000－1716－0013423　普集1854/13423
集部/曲類/彈詞之屬

新刻珠玉圓四卷四十八回　（清）柳浦散人輯
清刻本　二冊　存二卷（二至三）

330000－1716－0013424　經補1540/13424
經部/小學類/文字之屬/字書/字典

字彙四集　（清）陳渠子撰　清刻本　一冊
存一卷（三）

330000－1716－0013426　譜0206/13426　史
部/傳記類/總傳之屬/家乘

[浙江紹興]山陰李氏家譜八卷首一卷　（清）李世法等纂修　清光緒永思堂木活字印本二冊　存七卷（一至三、六至八,首）

330000－1716－0013427　集補 3261/13427　集部/總集類/選集之屬/通代
賦學指南十六卷　（清）余丙照編輯　清道光務本堂刻本　四冊

330000－1716－0013428　經補 1297－12/13428　經部/四書類/總義之屬/傳說
四書集注十九卷　（宋）朱熹撰　清刻本　一冊　存五卷（論語六至十）

330000－1716－0013431　子補 4044/13431　子部/藝術類/遊藝之屬/棋弈
桃花泉弈譜二卷　（清）范世勳撰　清乾隆三十年(1765)錫山浦氏靜寄東軒刻本　一冊　存一卷（一）

330000－1716－0013433　集補 1737/13433　集部/別集類/清別集
隨園老人游戲録四卷續集二卷　（清）袁枚撰　清光緒三十二年(1906)上海文寶書局石印本　一冊

330000－1716－0013434　集補 3379/13434　集部/別集類/清別集
木樨香館詩五卷　（清）查文經撰　清光緒刻本　一冊

330000－1716－0013437　普叢 0418/13437　集部/別集類
惺諟齋初稿十卷　喻長霖撰　清宣統三年(1911)鉛印本　一冊　存二卷（一至二）

330000－1716－0013440　縣資 0035－5/13440　史部/地理類/專志之屬/祠墓
曹江孝女廟誌八卷首一卷末一卷　（清）金廷棟輯　清光緒八年(1882)五社公所刻本　二冊

330000－1716－0013441　集補 3372/13441　集部/小說類/長篇之屬
繪圖續今古傳奇六卷三十回　（清）即空觀主人撰　清末石印本　二冊　存二卷（三至四）

330000－1716－0013443　縣資 0035－6/13443　史部/地理類/專志之屬/祠墓
曹江孝女廟誌八卷首一卷末一卷　（清）金廷棟輯　清光緒八年(1882)五社公所刻本　二冊

330000－1716－0013446　縣資 0035－7/13446　史部/地理類/專志之屬/祠墓
曹江孝女廟誌八卷首一卷末一卷　（清）金廷棟輯　清光緒八年(1882)五社公所刻本　一冊　存五卷（五至八、末）

330000－1716－0013449　集補 3381/13449　集部/別集類/清別集
白蕹詩集十六卷附一卷　（清）張開東撰（清）杜光德選　清乾隆五十四年(1789)張兆騫棄存園刻本　清靜齋題簽　一冊　存三卷（七至九）

330000－1716－0013450　子補 0570－1/13450　子部/儒家類/儒學之屬/蒙學
繪圖蒙學歷史讀本不分卷　曹侃夫輯　吳調卿繪　清光緒三十一年(1905)上海崇實書局石印本　二冊

330000－1716－0013452　史補 1555/13452　史部/地理類/山川之屬/山志
天台山方外志要十卷　（清）齊召南纂　清乾隆刻本　一冊　存二卷（九至十）

330000－1716－0013453　子補 0570－2/13453　子部/儒家類/儒學之屬/蒙學
繪圖蒙學歷史讀本不分卷　曹侃夫輯　吳調卿繪　清光緒三十一年(1905)上海崇實書局石印本　二冊

330000－1716－0013456　集補 3307/13456　集部/別集類/清別集
倚杶吟遺稿二卷　（清）任塍撰　清末鉛印本　一冊

330000－1716－0013457　經補 0229－4/13457　經部/四書類/總義之屬/傳說
四書體注合講十九卷　（清）翁復編　清刻本　三冊　存十卷（論語一至五、孟子一至五）

330000 – 1716 – 0013459　集補 3308/13459
集部/別集類

鹽溪漁唱一卷　周光瑞撰　清宣統二年
(1910)華雲閣鉛印本　一冊

330000 – 1716 – 0013460　普叢 0437 – 1/
13460　類叢部/叢書類/自著之屬

隨園三十種　（清）袁枚撰　清刻本　七冊
存一種

330000 – 1716 – 0013466　子補 1945/13466
子部/小說家類/異聞之屬

夜譚隨録十二卷　（清）和邦額撰　清光緒十
三年(1887)鴻寶齋石印本　二冊

330000 – 1716 – 0013467　集補 3382/13467
集部/別集類/清別集

青藜閣詩草一卷　（清）劉鴻庚撰　清同治七
年(1868)劉建勳刻本　一冊

330000 – 1716 – 0013468　子補 1160/13468
子部/術數類/命書相書之屬

新鍥希夷陳先生紫微斗數全書四卷　（宋）陳
希夷撰　（清）潘希尹補輯　清文誠堂刻本
一冊　存一卷(一)

330000 – 1716 – 0013470　普史 1470/13470
史部/傳記類/科舉録之屬/歷科登科録

欽定殿試策不分卷　清光緒石印本　一冊

330000 – 1716 – 0013471　子補 3886/13471
子部/術數類/陰陽五行之屬

新訂崇正闢謬通書十四卷　（清）李奉來編輯
清文奎堂刻本　六冊　缺二卷(十三至十
四)

330000 – 1716 – 0013472　集補 3383/13472
集部/別集類/清別集

飄香室文詩遺稿一卷　（清）駱樹英撰　清光
緒鉛印本　一冊

330000 – 1716 – 0013474　史補 1574/13474
史部/政書類/公牘檔冊之屬

鹿洲公案□□卷　（清）藍鼎元撰　清刻本
三冊　存三卷(二至四)

330000 – 1716 – 0013475　普史 1471/13475
史部/傳記類/科舉録之屬/歷科登科録

欽定殿試策不分卷　清末石印本　一冊

330000 – 1716 – 0013476　史補 1591 – 2/
13476　史部/史抄類

廿一史約編八卷首一卷　（清）鄭元慶撰　清
刻本　二冊　存二卷(革、木)

330000 – 1716 – 0013477　普史 1472/13477
史部/傳記類/科舉録之屬/歷科登科録

欽定殿試策不分卷　清末石印本　一冊

330000 – 1716 – 0013478　史補 1591 – 3/
13478　史部/史抄類

廿一史約編八卷首一卷　（清）鄭元慶撰　清
刻本　一冊　存一卷(土)

330000 – 1716 – 0013479　普史 1473/13479
史部/傳記類/科舉録之屬/歷科登科録

欽定殿試策不分卷　清末石印本　一冊

330000 – 1716 – 0013480　集補 3259/13480
集部/別集類/清別集

留莭盦尺牘叢殘四卷　（清）嚴籀撰　清咸豐
六年(1856)刻本　一冊　存二卷(一至二)

330000 – 1716 – 0013481　子補 3955/13481
子部/醫家類/方書之屬/成方藥目

胡慶餘堂丸散膏丹全集不分卷　（清）胡光墉
編　清光緒三年(1877)杭州胡慶餘堂刻本
一冊

330000 – 1716 – 0013482　史補 1591 – 1/
13482　史部/史抄類

廿一史約編八卷首一卷　（清）鄭元慶撰　清
刻本　四冊

330000 – 1716 – 0013485　集補 3374 – 1/
13485　集部/曲類/彈詞之屬

繡像義妖全傳二十八卷五十四回　（清）陳遇
乾撰　（清）陳士奇　（清）俞秀山評　清刻本
三冊　存六卷(三至四、十一至十四)

330000 – 1716 – 0013486　集補 3384/13486
集部/別集類

可園詩鈔外四卷　三多撰　清光緒十六年(1890)刻本　一冊　存三卷(一至三)

330000－1716－0013489　集補 3385/13489
集部/別集類/清別集

湖唐林館駢體文二卷　(清)李慈銘撰　清光緒十年(1884)刻本　一冊　存一卷(一)

330000－1716－0013490　集補 3386/13490
集部/別集類/清別集

胡文忠公遺集十卷首一卷　(清)胡林翼撰
(清)閻敬銘　(清)厲雲官　(清)盛康輯
清同治五年(1866)刻本　一冊　存一卷(十)

330000－1716－0013491　集補 1734/13491
集部/小說類/短篇之屬

蜨階外史四卷　(清)高繼珩撰　清宣統三年(1911)上海廣益書局石印本　二冊

330000－1716－0013492　集補 3387/13492
集部/別集類/清別集

守默齋詩集十八卷　(清)侯家璋撰　清咸豐元年(1851)刻本　一冊　存三卷(一至三)

330000－1716－0013493　史補 1592/13493
史部/政書類/考工之屬/營造

工師雕斲正式魯班木經匠家鏡三卷首一卷附
靈驅解法洞明真言秘書一卷秘訣仙機一卷
(明)午榮　(明)章嚴撰　清咸豐十年(1860)刻本　一冊　存二卷(一、首)

330000－1716－0013494　子補 1949/13494
子部/小說家類/瑣語之屬

青泥蓮花記十三卷　(明)梅鼎祚撰　清宣統二年(1910)北平古槐書屋石印本　四冊

330000－1716－0013495　子補 0699－2/13495　子部/術數類/相宅相墓之屬

陽宅大全十一卷　清刻本　二冊　存二卷(一、十)

330000－1716－0013497　集補 3374－2/13497　集部/曲類/彈詞之屬

繡像義妖全傳二十八卷五十四回　(清)陳遇乾撰　(清)陳士奇　(清)俞秀山評　清刻本　四冊　存九卷(三至四、七至八、十至十二、

十七至十八)

330000－1716－0013499　子補 1304－2/13499　子部/醫家類/診法之屬/其他診法

舌鑑辨正二卷　(清)梁玉瑜撰　(清)陶保廉輯　清光緒刻本　二冊

330000－1716－0013501　集補 1504/13501
集部/總集類/選集之屬/通代

昭明文選六臣彙注疏解十九卷　(清)顧施禎輯　清耕心堂刻本　四冊　存十三卷(三至十、十二至十六)

330000－1716－0013502　史補 1594/13502
史部/傳記類/總傳之屬/家乘

[浙江紹興]峽山陳氏世譜一卷　(清)陳釗輝撰　稿本　一冊

330000－1716－0013503　集補 3377/13503
集部/總集類/選集之屬/通代

文選編珠四卷　(清)陶元藻輯注　清嘉慶七年(1802)衡河草堂刻本　一冊

330000－1716－0013505　集補 3388/13505
集部/別集類/清別集

愛竹居詩草二卷　(清)王文淳撰　清乾隆八年(1743)刻本　一冊

330000－1716－0013508　地獻 1387－2/13508　經部/叢編

五經旁訓辨體合訂　(清)徐立綱旁訓　清乾隆五十四年(1789)上虞徐氏循陔堂刻本　四冊　存四卷(禮記二至五)

330000－1716－0013511　集補 3341/13511
集部/別集類/清別集

洗齋病學草擬存詩一卷附存詩一卷　(清)胡壽頤撰　(清)昨非居士輯　清光緒十年(1884)山陰胡氏刻本　一冊

330000－1716－0013512　集補 3389/13512
集部/別集類/清別集

吟香室詩草二卷續刻一卷附刻一卷　(清)楊蘊輝撰　清光緒二十三年(1897)南海縣署刻本　一冊　存二卷(二、附刻)

330000－1716－0013513　子補 0561－1/13513　經部/小學類/文字之屬/字書/訓蒙

養蒙針度五卷 （清）潘子聲撰　清刻本　三冊　存三卷(二至四)

330000－1716－0013515　集補 3342/13515　集部/別集類/清別集

蕉雨山房詩鈔六種十九卷 （清）丁堯臣撰　清光緒會稽丁氏刻本　一冊　存一種

330000－1716－0013516　集補 3390/13516　集部/別集類/清別集

鷗堂遺稿三卷 （清）馬廣良撰　清光緒十五年(1889)會稽馬氏刻本　一冊

330000－1716－0013519　普集 1845/13519　集部/別集類/明別集

晚聞堂集十六卷 （明）余紹祉撰　清道光十七年(1837)和源單氏刻本　三冊　存十二卷(二至十三)

330000－1716－0013520　經補 1539/13520　經部/易類/傳說之屬

鄭氏爻辰補六卷圖一卷 （清）戴棠撰　清刻本　一冊　存一卷(四)

330000－1716－0013521　集補 0100－3/13521　集部/曲類/彈詞之屬

新鐫繡像描金鳳八卷四十六回 （清）馬如飛譜調　清光緒石印本　三冊　存三卷(二、六至七)

330000－1716－0013522　子補 3879/13522　子部/宗教類/道教之屬/戒律

太上感應篇引經箋注一卷 （清）惠棟撰　清末石印本　一冊

330000－1716－0013523　經補 1273－8/13523　經部/四書類/總義之屬/傳說

四書集注十九卷 （宋）朱熹撰　清末浙紹墨潤堂刻本　二冊　存十卷(論語一至十)

330000－1716－0013524　子補 0080－23/13524　子部/儒家類/儒學之屬/蒙學

寄傲山房塾課新增幼學故事瓊林四卷首一卷 （清）程允升撰　（清）鄒聖脈增補　清末石印本　三冊　存三卷(二至四)

330000－1716－0013525　經補 1537/13525　經部/叢編

十一經初學讀本 清光緒二年(1876)刻本　一冊　存一種

330000－1716－0013529　子補 4042/13529　子部/術數類/相宅相墓之屬

陽宅大成四種 （清）魏青江輯　清末石印本　一冊　存一種

330000－1716－0013534　新補 0108/13534　新學/學校

簡明識字教科書不分卷 施崇恩編輯　清光緒三十四年(1908)上海彪蒙書室石印本　八冊

330000－1716－0013535　集補 3305/13535　集部/詞類/別集之屬

花溪竹枝詞一卷 （清）董皓撰　清抄本　一冊

330000－1716－0013536　子補 4041/13536　子部/醫家類/綜合之屬/通論

辨證奇聞十卷 （清）陳士鐸撰　（清）錢松刪定　清道光三年(1823)刻本　一冊　存一卷(一)

330000－1716－0013543　子補 4040/13543　子部/藝術類/音樂之屬/樂譜

琵琶譜三卷 （清）王君錫　（清）陳牧夫傳譜　（清）華文彬等參訂　清光緒上海千頃堂刻本　一冊　存一卷(一)

330000－1716－0013546　史補 1575/13546　史部/傳記類/總傳之屬/斷代

國朝先正事略補編二卷 （清）李元度撰　清光緒十一年(1885)敦懷書屋刻本　一冊　存一卷(一)

330000－1716－0013549　子補 3976/13549　子部/醫家類/方書之屬/單方驗方

醫方湯頭歌括一卷經絡歌訣一卷 （清）汪昂撰　清書業堂刻本　一冊

330000－1716－0013550　子補 3888/13550
子部/天文曆算類/算書之屬

新編直指算法統宗十二卷　（明）程大位撰
清刻本　二冊　存四卷（五至八）

330000－1716－0013552　子補 3977/13552
子部/醫家類/針灸之屬/針法灸法

太乙神鍼方一卷附灸法一卷　（清）范毓䕃撰
清光緒四年（1878）南陽氏刻本　一冊

330000－1716－0013554　普叢 0319－2/
13554　類叢部/叢書類/彙編之屬

粵雅堂叢書一百八十四種　（清）伍崇曜編
清道光二十九年至光緒十一年（1849－1885）
南海伍氏刻彙印本　一冊　存一種

330000－1716－0013557　集補 1177－2/
13557　集部/詩文評類/文法之屬/函牘格式

商賈尺牘二卷　（清）管斯駿撰　清光緒八年
（1882）刻本　二冊

330000－1716－0013558　子補 1307－11/
13558　子部/農家農學類/總論之屬

重訂增補陶朱公致富全書四卷　（明）陳繼儒
輯　（清）石巖逸叟增補　清刻本　三冊　存
三卷（二至四）

330000－1716－0013563　普叢 0178－1/
13563　類叢部/叢書類/郡邑之屬

金華叢書六十八種　（清）胡鳳丹編　清同治
七年至光緒八年（1868－1882）永康胡氏退補
齋刻民國補刻本　三冊　存二種

330000－1716－0013566　子補 3877/13566
子部/宗教類/道教之屬/經文

黃庭內景經內篇一卷外篇一卷　清咸豐六年
（1856）紹城刻本　一冊

330000－1716－0013567　地獻 1987－1/
13567　類叢部/類書類/專類之屬

詩韻含英十八卷　（清）劉文蔚輯　清刻本
四冊

330000－1716－0013569　地獻 1829－22/
13569　集部/總集類/選集之屬/通代

省魁堂古文觀止十二卷　（清）吳乘權　（清）

吳大職輯　清刻本　一冊　存二卷（五至六）

330000－1716－0013571　子補 3878/13571
子部/藝術類/書畫之屬/書法書品

精印翰苑分書小楷一卷　（清）夏同善等書
清末石印本　一冊

330000－1716－0013572　集補 3345/13572
集部/別集類/清別集

籀雲書屋詩鈔六卷附紅燕詞鈔二卷　（清）鍾
景撰　清咸豐八年（1858）刻本　一冊　存六
卷（一至六）

330000－1716－0013574　集補 2645－3/
13574　集部/小說類/長篇之屬

繪圖續今古奇觀六卷三十回　（清）即空觀主
人撰　清光緒三十四年（1908）上海書局石印
本　三冊　存三卷（一、四至五）

330000－1716－0013575　史補 1471－1/
13575　史部/史評類/史論之屬

讀史論略二卷　（清）杜詔撰　清光緒三十四
年（1908）浙紹育新書局刻本　陳維洙題記
二冊

330000－1716－0013576　子補 4070－1/
13576　子部/醫家類/本草之屬/歷代綜合
本草

**本草綱目五十二卷附圖三卷瀕湖脈學一卷奇
經八脈攷一卷脈訣攷證一卷**　（明）李時珍撰
　本草萬方鍼線八卷　（清）蔡烈先輯　**本草
綱目拾遺十卷**　（清）趙學敏輯　清漁古山房
刻本　二十五冊　存三十卷（一、三至四、二
十七至二十八、三十一至三十六、三十九至五
十二，圖一，奇經八脈攷，萬方鍼線一至二、
五）

330000－1716－0013581　子補 1955/13581
子部/小說家類/雜事之屬

遯窟讕言十二卷　（清）王韜撰　清光緒六年
（1880）鉛印本　四冊

330000－1716－0013583　子補 4045/13583
子部/小說家類/異聞之屬

見聞隨筆二十六卷　（清）齊學裘撰　清刻本

一冊　存三卷(二十四至二十六)

330000－1716－0013584　普叢 0084－7/13584　類叢部/叢書類/郡邑之屬

武林掌故叢編一百九十種　(清)丁丙編　清光緒三年至二十六年(1877－1900)錢塘丁氏嘉惠堂刻本([乾道]臨安志卷四至十五、南宋館閣錄卷一原缺)　一冊　存一種

330000－1716－0013586　子補 1956/13586　子部/小說家類

真真豈有此理二卷　(清)瀟湘館輯　清宣統二年(1910)上海觀瀾閣書莊石印本　一冊

330000－1716－0013587　子補 3980/13587　子部/醫家類/方書之屬/單方驗方

驗方新編十八卷　(清)鮑相璈輯　清光緒十七年(1891)日本橫濱中華會館鉛印本　陸雲題記　二冊

330000－1716－0013588　經補 1528/13588　經部/禮記類/傳說之屬

全本禮記體注疏意二十三卷　(明)秦繼宗集　清友益齋刻本　二冊　存七卷(九至十一、十八至二十一)

330000－1716－0013590　集補 3373/13590　集部/小說類/長篇之屬

東周列國全志二十三卷一百八回　(清)蔡奡評點　清三讓堂刻本　一冊　存一卷(六)

330000－1716－0013591　經補 1534/13591　經部/群經總義類/文字音義之屬

重校十三經不貳字一卷　(清)李鴻藻輯　清光緒八年(1882)三味齋刻本　一冊

330000－1716－0013592　新補 0297/13592　新學/算學/數學

數學啟蒙二卷　(英國)偉烈亞力撰　清末鉛印本　三冊

330000－1716－0013596　子補 3889/13596　子部/雜著類/雜纂之屬

兩般秋雨盦隨筆八卷　(清)梁紹壬撰　清刻本　一冊　存一卷(六)

330000－1716－0013597　經補 1535/13597　經部/小學類/訓詁之屬/爾雅

爾雅三卷　(晉)郭璞注　(唐)陸德明音釋　清刻本　一冊　存一卷(二)

330000－1716－0013598　普史 1678/13598　史部/紀傳類/正史之屬

二十四史　清光緒十年(1884)上海同文書局石印本　十四冊　存一種

330000－1716－0013599　集補 3343/13599　集部/別集類/清別集

曾文正公文鈔四卷附刻一卷　(清)曾國藩撰　清同治十二年(1873)刻本　三冊　缺一卷(三)

330000－1716－0013600　子補 3890/13600　類叢部/叢書類/彙編之屬

秘書廿一種　(清)汪士漢編　清刻本　一冊　存一種

330000－1716－0013602　普叢 0415/13602　類叢部/叢書類/自著之屬

徐氏雜著四種　(清)徐大椿撰　清光緒著易堂書局鉛印本　一冊

330000－1716－0013604　經補 0640/13604　經部/禮記類/傳說之屬

全本禮記體注十卷　(清)徐瑄撰　清刻本　四冊　存四卷(五、八至十)

330000－1716－0013605　經補 1369－1/13605　經部/小學類/文字之屬/字書/字典

字彙十二集首一卷末一卷韻法直圖一卷　(明)梅膺祚撰　**韻法橫圖一卷**　(明)李世澤撰　清刻本　一冊　存二卷(韻法直圖、韻法橫圖)

330000－1716－0013606　集補 3375/13606　集部/曲類/彈詞之屬

繡像珍珠塔四卷五十六回　清刻本　一冊　存一卷(一)

330000－1716－0013609　普類 0120－6/13609　類叢部/類書類/通類之屬

典匯十二卷　(清)黎青閣主人輯　清光緒十

二年(1886)上海鴻寶齋石印本　六冊

330000－1716－0013611　普類 0110－7/13611　類叢部/類書類/專類之屬

新鐫分類評注文武合編百子金丹十卷　（明）郭偉選注　（明）郭中吉編　（明）王星聚校訂　清光緒二十年(1894)茹古軒石印本　六冊

330000－1716－0013612　集補 3304/13612　集部/別集類/清別集

陳星齋文稿初刻不分卷二刻不分卷　（清）陳兆崙撰　（清）蔡錫疇　（清）顧繼成　（清）蔡宇泰評注　清刻本　一冊　存二刻

330000－1716－0013613　子補 3891/13613　子部/術數類/相宅相墓之屬

地理秘竅一卷　（明）甘霖撰　清崇讓堂刻本　一冊

330000－1716－0013614　子補 3884/13614　子部/醫家類/方書之屬/單方驗方

洪氏集驗方五卷　（宋）洪遵輯　清末影印本　一冊　存二卷(四至五)

330000－1716－0013615　普類 0223/13615　類叢部/類書類/專類之屬

初學行文語類四卷　（清）孫埏編　清刻本　一冊

330000－1716－0013616　經補 1529/13616　經部/春秋總義類/傳說之屬

春秋體注大全四卷　（清）徐寅賓纂　清刻本　一冊　存一卷(二)

330000－1716－0013618　經補 1530/13618　經部/小學類/文字之屬/說文/專著

重刊許氏說文解字五音韻譜十二卷　（宋）李燾撰　明刻本　一冊　存三卷(七至九)

330000－1716－0013619　集補 3453/13619　集部/詩文評類/詩評之屬

漁洋詩話三卷　（清）王士禛撰　清刻本　一冊　存一卷(三)

330000－1716－0013621　子補 1331/13621　子部/小說家類/異聞之屬

挑燈新錄六卷　（清）吳荊園撰　清石印本　一冊　存一卷(五)

330000－1716－0013622　子補 3981/13622　子部/醫家類/類編之屬

六科證治準繩七種　（明）王肯堂撰　清刻本　一冊　存一種

330000－1716－0013624　集補 3376/13624　集部/小說類/長篇之屬

繡像評演接續後部濟公傳十二卷一百二十回　（清）郭廣瑞撰　清石印本　三冊　存三卷(六至八)

330000－1716－0013625　地獻 1392－7/13625　子部/醫家類/綜合之屬/合刻、合抄

景岳全書六十四卷　（明）張介賓撰　清刻本　一冊　存二卷(八至九)

330000－1716－0013628　子補 4037/13628　子部/醫家類/方書之屬/單方驗方

金鎗集驗良方不分卷　（清）王定泰輯　清刻本　一冊

330000－1716－0013630　集補 2450－38/13630　集部/小說類/長篇之屬

繡像三國演義續編十二卷　（明）陳氏尺蠖齋評釋　清光緒十九年(1893)上海廣百宋齋鉛印本　許偶生題記　八冊

330000－1716－0013631　子補 3982－1/13631　子部/醫家類/本草之屬/歷代綜合本草

本草從新十八卷　（清）吳儀洛輯　清光緒七年(1881)恒德堂刻本　三冊　存九卷(一至二、五至八、十六至十八)

330000－1716－0013632　子補 3982－2/13632　子部/醫家類/本草之屬/歷代綜合本草

本草從新十八卷　（清）吳儀洛輯　清光緒七年(1881)恒德堂刻本　四冊　存十三卷(一至二、五至八、十二至十八)

330000－1716－0013635　子補 3983/13635　子部/雜著類/雜說之屬

學林十卷 （宋）王觀國撰 清刻本 一冊
存一卷（二）

330000－1716－0013636 新補 0589/13636
新學/學校

女子高等小學國文教科書不分卷 學部編譯
圖書局編纂 清宣統二年（1910）學部圖書局
石印本 一冊

330000－1716－0013638 經補 1273－13/
13638 經部/四書類/總義之屬/傳說

四書集注十九卷 （宋）朱熹撰 清同治五年
（1866）金陵書局刻本 一冊 存二卷（大學、
中庸）

330000－1716－0013640 子補 4038/13640
子部/醫家類/方書之屬/單方驗方

疑難急症簡方四卷 （清）羅越峰輯 清刻本
一冊 存一卷（四）

330000－1716－0013641 地獻 3364/13641
集部/別集類/清別集

遏園詩賸一卷 （清）□□撰 清末抄本
一冊

330000－1716－0013642 子補 3915/13642
子部/藝術類/書畫之屬/畫譜

新選十六名家畫寶二卷 （清）朱斗南輯 清
宣統三年（1911）上海文益書局石印本 裴時
駕題記 一冊 存一卷（上）

330000－1716－0013645 集補 3339/13645
集部/詩文評類/文法之屬/函牘格式

中國最新仕商尺牘教科書二卷 周天鵬撰
清光緒三十三年（1907）浙紹奎照樓書坊石印
本 二冊

330000－1716－0013646 普叢 0093/13646
類叢部/叢書類/彙編之屬

說鈴前集三十七種後集十六種 （清）吳震方
編 清刻本 七冊 存十一種

330000－1716－0013647 子補 0001－61/
13647 子部/藝術類/書畫之屬/畫譜

芥子園畫傳初集六卷二集九卷三集六卷
（清）王槩 （清）王蓍 （清）王臬輯 清末

石印本 一冊 存一卷（初集四）

330000－1716－0013648 集補 3363/13648
集部/曲類/彈詞之屬

繡像四香緣全傳六卷三十二回 清末石印本
五冊 存五卷（一至五）

330000－1716－0013649 史補 0368/13649
史部/職官類/官制之屬

新訂陞官圖一卷 清抄本 一冊

330000－1716－0013650 集補 1730/13650
集部/曲類/彈詞之屬

增廣繪像十美圖傳二十卷四十回 （清）松筠
氏撰 清末鉛印本 四冊

330000－1716－0013651 子補 4020/13651
子部/藝術類/遊藝之屬/謎語

新編燈謎大觀二卷續集一卷 （清）俞樾撰
清末石印本 一冊

330000－1716－0013652 集補 1729/13652
集部/曲類/彈詞之屬

繡像雙珠鳳全傳十二卷八十回 （清）一葉主
人撰 清末石印本 原門錦題記 六冊

330000－1716－0013654 經補 1015/13654
經部/春秋左傳類/傳說之屬

春秋左傳五十卷提要一卷 （晉）杜預注
（宋）林堯叟補注 （唐）陸德明音義 **春秋列
國圖說一卷** （宋）蘇軾撰 清光緒李光明莊
刻本 十六冊

330000－1716－0013656 集補 1728/13656
集部/曲類/彈詞之屬

繡像雙帥印十四卷十四回 清光緒刻本
一冊

330000－1716－0013657 子補 0125－7/
13657 子部/醫家類/方書之屬/單方驗方

驗方新編十六卷 （清）鮑相璈輯 清刻本
二冊 存五卷（二至五、十）

330000－1716－0013658 集補 3454/13658
集部/詩文評類/詩評之屬

隨園詩話十六卷補遺四卷 （清）袁枚撰 清

光緒二十一年(1895)袖海山房石印本　四冊
　缺一卷(補遺四)

330000－1716－0013659　子補 0125－8/
13659　子部/醫家類/方書之屬/單方驗方

驗方新編二十四卷　(清)鮑相璈輯　清刻本
　十冊　存十五卷(二至五、十、十二至十四、
　十七至二十三)

330000－1716－0013660　子補 0125－36/
13660　子部/醫家類/方書之屬/單方驗方

驗方新編十六卷　(清)鮑相璈輯　清光緒十
　六年(1890)刻本　八冊　存十五卷(一至八、
　十至十六)

330000－1716－0013661　子補 1958/13661
子部/小說家類/異聞之屬

秋燈叢話十八卷　(清)王椷撰　清乾隆五十
　六年(1791)刻本　四冊　存十二卷(一至九、
　十三至十五)

330000－1716－0013662　子補 0125－39/
13662　子部/醫家類/方書之屬/單方驗方

驗方新編十六卷　(清)鮑相璈輯　清刻本
　二冊　存二卷(一、九)

330000－1716－0013665　子補 0125－9/
13665　子部/醫家類/方書之屬/單方驗方

驗方新編二十四卷　(清)鮑相璈輯　清刻本
　二冊　存五卷(二至五、二十)

330000－1716－0013666　子補 0125－38/
13666　子部/醫家類/方書之屬/單方驗方

驗方新編十六卷　(清)鮑相璈輯　清刻本
　三冊　存三卷(二、四、七)

330000－1716－0013667　子補 1959/13667
子部/小說家類/異聞之屬

咫聞錄十二卷　(清)慵訥居士撰　清道光十
　二年(1832)竹林刻本　六冊

330000－1716－0013671　史補 1571/13671
史部/史評類/史學之屬

廿四史新論二集二十四卷　(清)顧厚焜編輯
　清末石印本　一冊　存二卷(四至五)

330000－1716－0013674　集補 0013－18/
13674　集部/曲類/彈詞之屬

笑中緣圖說十二卷七十五回　清光緒十四年
(1888)上海書局石印本　清國楨題簽　四冊

330000－1716－0013675　子補 1960/13675
子部/雜著類/雜纂之屬

兩般秋雨盦隨筆八卷　(清)梁紹壬撰　清如
皋義林堂刻本　一冊　存一卷(八)

330000－1716－0013677　經補 0297/13677
經部/四書類/總義之屬/傳說

四書味根錄三十七卷　(清)金澂撰　清光緒
十一年(1885)上海同文書局石印本　二冊
缺十九卷(論語八至二十、孟子九至十四)

330000－1716－0013679　子補 4032/13679
子部/醫家類/類編之屬

南雅堂醫書全集十六種　(清)陳念祖撰　清
南雅堂刻本　一冊　存一種

330000－1716－0013680　新補 0172/13680
新學/學校

中學國文讀本十卷　林紓評選　清宣統三年
(1911)上海商務印書館鉛印本　五冊　存五
卷(一、三至五、七)

330000－1716－0013681　經補 1279－2/
13681　經部/春秋左傳類/傳說之屬

增批輯注東萊博議四卷　(宋)呂祖謙撰　劉
鍾英輯注　清宣統三年(1911)上海會文堂粹
記石印本　一冊

330000－1716－0013683　集補 3369/13683
集部/小說類/長篇之屬

繪圖花月因緣十六卷五十二回　(清)魏秀仁
撰　(清)棲霞居士評　清光緒十九年(1893)
上海書局鉛印本　三冊　存七卷(一至四、八
至十)

330000－1716－0013687　普集 1677－4/
13687　集部/總集類/彙編之屬

五朝詩別裁集五種　(清)□□輯　清刻本
五冊　存一種

330000－1716－0013689　子補 3963/13689

子部/術數類/雜術之屬

牙牌神數不分卷 （清）何汝樨撰　清刻本
一冊

330000－1716－0013690　史補 1573/13690
史部/政書類/儀制之屬/專志/科舉校規

奏定學堂章程二十種 （清）張百熙　（清）榮
慶　（清）張之洞撰　清光緒鉛印本　八冊

330000－1716－0013693　子補 1961/13693
子部/雜著類/雜纂之屬

兩般秋雨盦隨筆八卷 （清）梁紹壬撰　清緯
文堂刻本　七冊　缺一卷(八)

330000－1716－0013694　集補 3331/13694
集部/別集類/清別集

小倉山房詩集三十一卷補遺一卷附錄一卷
（清）袁枚撰　清刻本　三冊

330000－1716－0013695　集補 3403/13695
集部/小說類/長篇之屬

繡像七俠五義傳二十四卷一百二十回 （清）
石玉崑述　（清）俞樾重編　清光緒鉛印本
一冊　存三卷(十三至十五)

330000－1716－0013696　子補 1962/13696
子部/雜著類/雜纂之屬

兩般秋雨盦隨筆八卷 （清）梁紹壬撰　清刻
本　一冊　存一卷(七)

330000－1716－0013697　地獻 1612－89/
13697　集部/別集類/清別集

管注合刻春雲閣尺牘四卷 （清）龔蕚撰
（清）王嵩慶　（清）戴寶林校　（清）管斯駿
重訂　清光緒十七年(1891)浙紹奎照樓刻朱
墨套印本　四冊

330000－1716－0013698　子補 1963/13698
子部/雜著類/雜纂之屬

兩般秋雨盦隨筆八卷 （清）梁紹壬撰　清文
德堂刻本　四冊　存四卷(一至四)

330000－1716－0013700　集補 1367/13700
子部/雜著類/雜說之屬

嶺南即事雜誌十集 清末石印本　三冊　存
八集(三至十)

330000－1716－0013701　集補 3404/13701
集部/小說類/長篇之屬

繡像全圖小五義六卷一百二十四回 （清）石
玉崑撰　清末鉛印本　六冊　存九十四回
(十六至三十、四十六至一百二十四)

330000－1716－0013702　子補 4034/13702
子部/術數類/命書相書之屬

京鍥神峰張先生通考闢謬命理正宗大全六卷
（明）張楠撰　清末石印本　二冊　存二卷
(二至三)

330000－1716－0013703　集補 1727/13703
集部/小說類/長篇之屬

**新鍥重訂出像注釋通俗演義東西兩晉志傳十
二卷** （明）陳氏尺蠖齋評釋　清慎德堂刻本
十二冊

330000－1716－0013704　子補 4035/13704
子部/小說家類/異聞之屬

**北東園筆錄初編六卷續編六卷三編六卷四編
六卷** （清）梁恭辰撰　清同治五年(1866)汴
城許義文齋刻字店刻本　七冊　缺三卷(四
編四至六)

330000－1716－0013705　子補 3917/13705
子部/藝術類/書畫之屬/畫譜

紅樓夢圖詠不分卷 （清）改琦繪　清光緒十
年(1884)芊城海墨樓石印本　一冊　存二冊
(一至二)

330000－1716－0013709　集補 1336－9/
13709　集部/小說類/短篇之屬

聊齋志異十六卷 （清）蒲松齡撰　（清）王士
禎評　清刻本　五冊　存五卷(二至六)

330000－1716－0013711　新補 0083－1/
13711　新學/學校

簡明修身教科書不分卷 戴克敦編纂　清宣
統二年(1910)上海商務印書館石印本　二冊

330000－1716－0013713　子補 1964/13713
子部/雜著類/雜纂之屬

兩般秋雨盦隨筆八卷 （清）梁紹壬撰　清刻
本　四冊　存四卷(五至八)

330000－1716－0013714　　普叢 0174－3/
13714　類叢部/叢書類/彙編之屬

守山閣叢書一百十二種　（清）錢熙祚編　清
末影印本　一冊　存一種

330000－1716－0013715　　子補 3899/13715
子部/叢編

感善梯航四卷　（清）章履占輯　清宣統三年
(1911)上海文新書局石印本　一冊

330000－1716－0013716　　子補 4033/13716
子部/術數類/命書相書之屬

京鍰神峰張先生通考闢謬命理正宗大全六卷
（明）張楠撰　清末石印本　一冊

330000－1716－0013717　　集補 3332/13717
集部/總集類/選集之屬/斷代

唐詩鼓吹一卷　（清）楊守彝編　清抄本
一冊

330000－1716－0013721　　新補 0117－1/
13721　新學/學校

高等小學地理教科書四卷　謝洪賚撰　清光
緒三十四年(1908)上海商務印書館鉛印本
三冊

330000－1716－0013725　　集補 3247－27/
13725　集部/小說類/短篇之屬

詳注聊齋志異圖詠十六卷首一卷　（清）蒲松
齡撰　（清）呂湛恩注　（清）徐潤編　清末石
印本　二冊

330000－1716－0013727　　集補 3247－78/
13727　集部/小說類/短篇之屬

詳注聊齋志異圖詠十六卷首一卷　（清）蒲松
齡撰　（清）呂湛恩注　（清）徐潤編　清末石
印本　清金似儦題簽　四冊　存八卷(七至
八、十一至十六)

330000－1716－0013729　　新補 0668/13729
新學/學校

最新初等小學體操教科書　清末石印本
一冊

330000－1716－0013731　　子補 3959/13731
子部/宗教類/道教之屬

關帝覺世真經本證訓案闡化編十六卷末一卷
（清）徐謙輯　清同治刻本　一冊　存二卷
(十五至十六)

330000－1716－0013732　　子補 0125－47/
13732　子部/醫家類/方書之屬/單方驗方

驗方新編十六卷　（清）鮑相璈輯　清刻本
四冊　存七卷(一、五至十)

330000－1716－0013734　　子補 1965/13734
子部/小說家類/雜事之屬

水窗春囈二卷　（清）□□撰　清光緒三年
(1877)上海機器印書局鉛印本　二冊

330000－1716－0013735　　集補 3317/13735
集部/小說類/長篇之屬

第一奇書野叟曝言二十卷一百五十四回
（清）夏敬渠撰　清光緒鉛印本　三冊　存六
卷(十五至二十)

330000－1716－0013737　　子補 1966/13737
子部/小說家類/瑣語之屬

客窗閒話八卷　（清）吳熾昌撰　清光緒二年
(1876)學庫山房刻本　四冊

330000－1716－0013739　　經補 1505/13739
經部/易類/傳說之屬

周易本義四卷附圖說一卷卦歌一卷筮儀一卷
（宋）朱熹撰　清光緒刻本　一冊　缺三卷
(二至四)

330000－1716－0013740　　新補 0659/13740
新學/算學/數學

格物入門七卷　（美國）丁韙良撰　清光緒二
十四年(1898)同文館上海書局石印本　一冊
存一卷(五)

330000－1716－0013743　　子補 3921/13743
子部/藝術類/書畫之屬/畫譜

醉墨軒畫稿一卷　（清）胡鄒卿撰　清末海左
書莊石印本　一冊

330000－1716－0013744　　地獻 1488－4/
13744　類叢部/類書類/專類之屬

詩學含英十四卷詩韻含英五卷　（清）劉文蔚
輯　清光緒八年(1882)於越徐氏八杉齋刻本

二冊

330000－1716－0013745　　子補 4029/13745
新學/醫學

保全生命論一卷附一卷　（英國）古蘭肥勒撰
（英國）秀耀春口譯　（清）趙元益筆述　清
光緒二十七年(1901)上海石印本　一冊

330000－1716－0013748　　集補 3367/13748
集部/曲類/彈詞之屬

新增全圖蜻蜓奇緣四卷四十回　（清）陳遇乾
撰　清末石印本　四冊

330000－1716－0013750　　史補 1572/13750
史部/雜史類/斷代之屬

明季南略十八卷　（清）計六奇撰　清光緒十
三年(1887)上海圖書集成印書局鉛印本　三
冊　存十五卷(一至九、十三至十八)

330000－1716－0013754　　集補 3320/13754
集部/總集類/尺牘之屬

普通應用尺牘教本二卷　寶警凡撰　清光緒
三十三年(1907)上海文明書局石印本　二冊

330000－1716－0013755　　經補 1504/13755
經部/小學類/文字之屬/字書/字典

**康熙字典十二集三十六卷總目一卷檢字一卷
辨似一卷等韻一卷補遺一卷備考一卷**　（清）
張玉書等纂修　清末石印本　一冊　存九卷
(寅集上中下、卯集上中下、辰集上中下)

330000－1716－0013757　　子補 0397/13757
子部/醫家類/方書之屬/成方藥目

秘方郝氏金丹一卷　（清）郝文瑞撰　清宣統
三年(1911)刻本　一冊

330000－1716－0013759　　子補 0377/13759
子部/醫家類/類編之屬

**周氏醫學叢書(周澂之評注醫書、周氏彙刻醫
學叢書)初集十二種二集十一種三集六種**
（清）周學海編　清光緒至宣統池陽周氏刻宣
統三年(1911)福慧雙脩館彙印本　一冊　存
初集一種

330000－1716－0013760　　經補 0781/13760
經部/小學類/文字之屬/字書/訓蒙

澄衷蒙學堂字課圖說四卷檢字一卷類字一卷
（清）劉樹屏撰　（清）吳子城繪圖　清末石
印本　八冊

330000－1716－0013761　　子補 3927/13761
子部/藝術類/書畫之屬/畫譜

埭溪樵子蘭竹譜不分卷　清光緒二十八年
(1902)上海文來書局石印本　一冊

330000－1716－0013762　　子補 0125－62/
13762　　子部/醫家類/方書之屬/單方驗方

校正增廣驗方新編二十四卷　（清）鮑相璈輯
清末鉛印本　九冊　存十八卷(四至十五、
十九至二十四)

330000－1716－0013764　　集補 3368/13764
集部/別集類/清別集

有正味齋尺牘二卷　（清）吳錫麒撰　清末石
印本　一冊　存一卷(二)

330000－1716－0013765　　集補 3370/13765
集部/別集類/清別集

**曹寅谷制藝一卷續集一卷三集一卷附詩賦一
卷**　（清）曹之升撰　清末石印本　一冊　缺
一卷(一)

330000－1716－0013767　　普 叢 0038－7/
13767　類叢部/叢書類/彙編之屬

嘯園叢書五十七種　（清）葛元煦編　清光緒
二年至七年(1876－1881)仁和葛氏刻本　一
冊　存一種

330000－1716－0013768　　集補 3371/13768
集部/別集類/清別集

得月軒尺牘八卷　（清）孫方增撰　清刻本
一冊　存二卷(七至八)

330000－1716－0013770　　集補 0013－17/
13770　集部/曲類/彈詞之屬

笑中緣圖說十二卷七十五回　清末石印本
二冊　存二卷(五至六)

330000－1716－0013771　　子補 1108/13771
子部/術數類/陰陽五行之屬

奇門遁甲秘笈大全三十卷　（明）劉基校訂
清刻本　五冊　存十八卷(一至二、十一至十

八、二十三至三十)

330000 – 1716 – 0013773　史補 1551/13773
史部/編年類/通代之屬
尺木堂綱鑑易知録九十二卷　（清）吳乘權
（清）周之炯　（清）周之燦輯　清光緒二十六
年（1900）上海圖書集成印書局鉛印本　八冊
存五十一卷(一至十八、二十六至三十八、
四十七至五十九、六十七至七十三)

330000 – 1716 – 0013774　集補 3338/13774
集部/總集類/尺牘之屬
普通應用白話尺牘初編二卷　清宣統二年
（1910）杭州聚元堂書局石印本　一冊　存一
卷(上)

330000 – 1716 – 0013777　集補 3247 – 79/
13777　集部/小說類/短篇之屬
詳注聊齋志異圖詠十六卷首一卷　（清）蒲松
齡撰　（清）呂湛恩注　（清）徐潤編　清末石
印本　三冊　存六卷(三至六、十五至十六)

330000 – 1716 – 0013778　子補 3929/13778
子部/宗教類/道教之屬/雜著
儆信録□□卷　清同治六年（1867）江西九藜
齋刻本　二冊　存二卷(一至二)

330000 – 1716 – 0013780　子補 4024/13780
子部/術數類/命書相書之屬
改良校正增釋合併麻衣先生神相編五卷
（明）陸位崇輯　清末石印本　一冊

330000 – 1716 – 0013788　經補 1438/13788
經部/易類/傳說之屬
周易集解十七卷　（唐）李鼎祚撰　清光緒十
七年（1891）四川犍為縣幕刻本　一冊　存四
卷(一至四)

330000 – 1716 – 0013790　集補 0011 – 2/
13790　集部/戲劇類/傳奇之屬
繪像第七才子琵琶記六卷　（元）高明撰
（清）毛綸評　清末石印本　四冊　缺二卷
(二、四)

330000 – 1716 – 0013791　經補 1382/13791
經部/小學類/訓詁之屬/爾雅

爾雅補郭二卷　（清）翟灝撰　清光緒八年
（1882）卷施誃刻本　一冊

330000 – 1716 – 0013793　集補 3318/13793
集部/總集類/尺牘之屬
潛園友朋書問十二卷　（清）陸心源輯　清光
緒三十三年（1907）醉醉室影印本　五冊　存
十卷(一至十)

330000 – 1716 – 0013794　子補 3926/13794
子部/農家農學類/畜牧之屬
畜產叢書八種　（清）黃毅輯　清宣統元年
（1909）上海新學會社石印本　三冊　存六種

330000 – 1716 – 0013796　經補 1543/13796
新學/學校
增廣英字指南六卷　（清）楊少坪輯譯　清光
緒二十五年（1899）上海商務印書館鉛印本
一冊

330000 – 1716 – 0013798　集補 1746 – 1/
13798　集部/小說類/長篇之屬
增訂繪圖精忠說岳全傳二十卷八十回　（清）
錢彩撰　清末石印本　一冊　存一卷(一)

330000 – 1716 – 0013800　集補 1815/13800
集部/小說類/長篇之屬
新刻增刪二度梅奇說六卷　（清）惜陰堂主人
輯　（清）繡虎堂主人評　清光緒十四年
（1888）大文堂刻本　四冊

330000 – 1716 – 0013803　子補 4036/13803
子部/宗教類/其他宗教之屬/基督教
聖母聖月一卷　（法國）李秀芳撰　清同治二
年（1863）武昌天主堂刻本　一冊

330000 – 1716 – 0013804　子補 1967/13804
子部/雜著類/雜纂之屬
寄園寄所寄十二卷　（清）趙吉士輯　清寶仁
堂刻本　十冊

330000 – 1716 – 0013805　子補 2266/13805
子部/藝術類/書畫之屬
青霞館論畫絕句一百首一卷　（清）吳修撰
清光緒二年（1876）葛元煦嘯園上海刻本
一冊

330000－1716－0013806　集補 3247－29/
13806　集部/小說類/短篇之屬

批注聊齋志異圖詠十六卷首一卷　(清)蒲松
齡撰　(清)呂湛恩注　清光緒十三年(1887)
石印本　二冊　存五卷(一至二、十五至十
六,首)

330000－1716－0013807　史補 1562/13807
史部/史評類/史學之屬

廿四史新論二集二十四卷　(清)顧厚焜編輯
　清光緒二十九年(1903)上海書局石印本
七冊　存二十二卷(一至三、六至二十四)

330000－1716－0013808　史補 1579/13808
史部/政書類/律令之屬/法驗

重刊補注洗冤錄集證六卷　(清)王又槐輯
(清)李觀瀾補輯　(清)阮其新補注　(清)
張錫蕃重訂　(清)文晟續輯　清宣統元年
(1909)上海文瑞樓石印本　二冊　缺二卷
(重刊補注洗冤錄集證四至五)

330000－1716－0013809　經補 1384/13809
子部/儒家類/儒學之屬/蒙學

繪圖蒙學格致實在易不分卷　清光緒三十一
年(1905)上海彪蒙書室石印本　一冊

330000－1716－0013810　集補 3247－70/
13810　集部/小說類/短篇之屬

詳注聊齋志異圖詠十六卷首一卷　(清)蒲松
齡撰　(清)呂湛恩注　(清)徐潤編　清末石
印本　一冊　存二卷(十五至十六)

330000－1716－0013813　集補 3247－28/
13813　集部/小說類/短篇之屬

詳注聊齋志異圖詠十六卷首一卷　(清)蒲松
齡撰　(清)呂湛恩注　(清)徐潤編　清末石
印本　二冊　存四卷(三至四、十五至十六)

330000－1716－0013815　普類 0121/13815
類叢部/類書類/專類之屬

韻府約編二十四卷　(清)鄧愷輯　清咸豐元
年(1851)天祿齋刻本　二十四冊

330000－1716－0013817　新補 0591－2/
13817　新學/算學/數學

最新全圖小學簡明珠算課本一卷　清末上海
昌文書局石印本　一冊

330000－1716－0013821　新補 0591－3/
13821　新學/學校

最新全圖歸除算法一卷　萬里鵬編輯　許庚
星繪　清宣統元年(1909)上海廣益書局石印
本　一冊

330000－1716－0013822　經補 1414－1/
13822　經部/小學類/文字之屬/字書/字典

字彙十二集首一卷末一卷　(明)梅膺祚撰
清刻本　一冊　存一卷(巳集)

330000－1716－0013823　經補 1414－2/
13823　經部/小學類/文字之屬/字書/字典

字彙十二集首一卷末一卷　(明)梅膺祚撰
清刻本　二冊　存二卷(酉集、末)

330000－1716－0013824　集補 0999－17/
13824　集部/別集類/清別集

音注小倉山房尺牘八卷補遺一卷　(清)袁枚
撰　(清)胡光斗箋釋　清光緒十二年(1886)
上海掃葉山房刻朱墨套印本　三冊　存六卷
(一至六)

330000－1716－0013825　普集 1872－2/
13825　集部/小說類/長篇之屬

新刻劍嘯閣批評東漢演義傳十卷　(明)謝詔
撰　清刻本　清金元誠題記　五冊　存八卷
(一至八)

330000－1716－0013827　子補 0041－2/
13827　子部/藝術類/遊藝之屬/雜藝

鵝幻彙編(中外戲法圖說)十二卷　(清)唐再
豐撰　清光緒二十一年(1895)姑蘇桃花仙館
石印本　五冊　存十卷(一至六、九至十二)

330000－1716－0013828　普叢 0435－1/
13828　類叢部/叢書類/自著之屬

隨園三十六種　(清)袁枚撰　清光緒十九年
(1893)倉山舊主石印本　二冊　存十種

330000－1716－0013829　集補 3398/13829
集部/小說類/長篇之屬

五劍十八義四卷四十回後集四卷三十二回

清末石印本　一冊　存二卷(後集三至四)

330000－1716－0013830　子補 1968/13830
子部/雜著類/雜說之屬

七修類稿五十一卷續稿七卷　（明）郎瑛撰
清光緒六年(1880)廣州翰墨園刻本　董春陽
題記　十四冊　存五十一卷(一至五十一)

330000－1716－0013831　子補 4039/13831
子部/醫家類/本草之屬/歷代綜合本草

本草從新六卷　（清）吳儀洛輯　清刻本　一
冊　存一卷(六)

330000－1716－0013832　集補 3247－24/
13832　集部/小說類/短篇之屬

聊齋志異評注十六卷　（清）蒲松齡撰　（清）
王士禛評　（清）呂湛恩注　（清）但明倫批
清光緒十四年(1888)務本書屋刻本　五冊
存五卷(一、四、十、十二、十四)

330000－1716－0013834　集補 3247－77/
13834　集部/小說類/短篇之屬

聊齋志異新評十六卷　（清）蒲松齡撰　（清）
王士禛評　（清）呂湛恩注　（清）但明倫批
清末鉛印本　一冊　存二卷(五至六)

330000－1716－0013835　集補 1575－5/
13835　集部/詩文評類/詩評之屬

詩法入門四卷首一卷附新鐫詩韻五卷　（清）
游藝輯　清刻本　一冊　存六卷(四、詩韻一
至五)

330000－1716－0013837　集補 3357/13837
集部/別集類/清別集

真息齋詩鈔四卷續鈔一卷　（清）陸費瑔撰
清同治九年(1870)陸氏履厚堂刻本　一冊
存三卷(一至三)

330000－1716－0013839　史補 0899－13/
13839　史部/編年類/通代之屬

尺木堂綱鑑易知錄九十二卷　（清）吳乘權
(清)周之炯　（清）周之燦輯　清光緒二十七
年(1901)上海文瑞樓鉛印本　四冊　存二十
五卷(一至四、三十三至三十九、六十至七十
三)

330000－1716－0013840　子補 1969/13840
子部/小說家類/異聞之屬

埋憂集十卷續集二卷　（清）朱翊清撰　清同
治十二年(1873)刻本　六冊

330000－1716－0013843　普叢 0038－9/
13843　類叢部/叢書類/彙編之屬

嘯園叢書五十七種　（清）葛元煦編　清光緒
二年至七年(1876－1881)仁和葛氏刻本　一
冊　存一種

330000－1716－0013844　經補 1546/13844
經部/叢編

通志堂經解一百四十種　（清）納蘭成德輯
清康熙十九年(1680)納蘭成德刻本　二冊
存一種

330000－1716－0013845　普類 0126－1/
13845　類叢部/類書類/通類之屬

子史輯要詩賦題解四卷續編四卷　（清）胡本
淵編　清刻本　一冊

330000－1716－0013846　子補 1970/13846
子部/小說家類/雜事之屬

里乘十卷　（清）許奉恩撰　清刻本　九冊
缺一卷(八)

330000－1716－0013847　經補 0328－1/
13847　經部/四書類/總義之屬/傳說

四書集注十九卷　（宋）朱熹撰　清刻本　三
冊　存六卷(大學、中庸、孟子四至七)

330000－1716－0013848　集補 1169－5/
13848　集部/別集類/清別集

詳注分類飲香尺牘四卷　（清）飲香居士撰
(清)慵隱子箋釋　清同治七年(1868)文光堂
刻本　三冊

330000－1716－0013849　地獻 1749/13849
集部/別集類/清別集

思補過齋試帖一卷續刻一卷課孫草一卷
(清)馬傳煦撰　清光緒刻本　二冊

330000－1716－0013850　集補 3285/13850
集部/總集類/題詠之屬

蘭蕙同心錄不分卷　（清）許霽穌撰　清光緒

十七年(1891)石印本　一冊

330000－1716－0013851　經補1397/13851
經部/小學類/訓詁之屬/爾雅

爾雅注疏十一卷　(晉)郭璞注　(宋)邢昺疏
清嘉慶六年(1801)三槐堂刻本　二冊　存
五卷(一至二、九至十一)

330000－1716－0013852　集補3335－1/
13852　集部/別集類/清別集

構餘軒試帖一卷構餘軒課孫草一卷　(清)馬
光瀾撰　清光緒九年(1883)刻本　一冊

330000－1716－0013853　普叢0250－3/
13853　類叢部/叢書類/自著之屬

曾文正公全集十五種　(清)曾國藩撰　清同
治至光緒傳忠書局刻本　三冊　存一種

330000－1716－0013854　集補3335－2/
13854　集部/別集類/清別集

蔭餘軒試帖一卷　(清)馬寶琛撰　清光緒刻
本　一冊

330000－1716－0013855　普叢0451－9/
13855　類叢部/叢書類/彙編之屬

申報館叢書正集五十七種附錄三種　尊聞閣
主編　續集一百四十二種　蔡爾康編　清同
治至光緒上海申報館鉛印本　十五冊　存
六種

330000－1716－0013856　子補3898/13856
子部/醫家類/方書之屬/單方驗方

增廣驗方新編正集十六卷續集二卷　(清)鮑
相璈輯　清末石印本　四冊　缺五卷(一、七
至十)

330000－1716－0013857　新補0156/13857
新學/學校

女子自立教科書不分卷　徐珂撰　何琪編
清光緒三十二年(1906)上海會文書局石印本
一冊

330000－1716－0013858　史補1556/13858
史部/地理類/輿圖之屬/全國

皇朝一統輿地全圖一卷　(清)六承如輯
(清)馮焌光增補　(清)欨乃軒主人續增　清

光緒二十四年(1898)上海順成書局石印本
一冊

330000－1716－0013859　經補1398/13859
經部/四書類/總義之屬/傳說

四書反身錄八卷首一卷　(清)李顒撰　清刻
本　三冊　存六卷(三至八)

330000－1716－0013860　經補1380/13860
經部/小學類/訓詁之屬/爾雅

爾雅音圖三卷　(晉)郭璞注　(清)姚之麟摹
圖　清嘉慶六年(1801)南城曾燠藝學軒影宋
刻本　三冊

330000－1716－0013861　史補1558－1/
13861　史部/地理類/總志之屬/通代

歷代輿地沿革險要圖說一卷　楊守敬　饒敦
秩撰　王尚德繪　清光緒二十四年(1898)上
海文賢閣石印本　一冊

330000－1716－0013862　史補1559/13862
史部/地理類/輿圖之屬/全國

皇朝直省地輿全圖不分卷　清光緒二十一年
(1895)石印本　一冊

330000－1716－0013863　經補1379/13863
經部/書類/傳說之屬

欽定書經圖說五十卷　(清)孫家鼐等撰
(清)詹秀林　(清)詹步魁繪圖　清光緒三十
一年(1905)石印本　八冊　存二十卷(一至
二十)

330000－1716－0013864　子補1971/13864
子部/小說家類/雜事之屬

水窗春囈二卷　(清)□□撰　清光緒三年
(1877)上海機器印書局鉛印本　清忘翁題記
二冊

330000－1716－0013866　史補1560/13866
史部/地理類/輿圖之屬/坤輿

地理略說不分卷　(美國)戴集撰　清光緒二
十五年(1899)鉛印本　一冊

330000－1716－0013867　史補1558－2/
13867　史部/地理類/總志之屬/通代

歷代輿地沿革險要圖說一卷　楊守敬　饒敦

秩撰　王尚德繪　清光緒二十四年(1898)上海文賢閣石印本　一冊

330000－1716－0013868　子補 1972/13868
子部/小說家類/雜事之屬

重刻世說新語補二十卷　（清）黃汝琳補訂
清葛氏嘯園刻本　八冊

330000－1716－0013869　史補 1557/13869
史部/地理類/輿圖之屬/全國

鑑史輯要圖說不分卷　（清）萬卓志編繪　清光緒三十三年(1907)鉛印本　一冊

330000－1716－0013871　子補 1359－1/13871　子部/儒家類/儒學之屬/勸學

輶軒語七卷　（清）張之洞撰　清光緒三年(1877)刻本　一冊

330000－1716－0013872　子補 1973/13872
子部/小說家類/雜事之屬

世說新語補二十卷　（南朝宋）劉義慶撰
（南朝梁）劉孝標注　（明）何良俊增補
（明）王世貞刪定　（明）王世懋批釋　（明）張文柱校注　清刻本　十冊

330000－1716－0013874　經補 0688－27/13874　經部/春秋左傳類/傳說之屬

東萊博議四卷　（宋）呂祖謙撰　**增補虛字注釋一卷**　（清）馮泰松點定　清光緒三十一年(1905)上海商務印書館鉛印本　二冊

330000－1716－0013875　經補 1293－3/13875　經部/四書類/總義之屬/傳說

圖畫四書白話解二十卷　王有宗　施崇恩校　清末上海彪蒙書室石印本　四冊　存八卷(論語三至十)

330000－1716－0013876　經補 0703－15/13876　經部/小學類/訓詁之屬/字詁

繪圖速通虛字法初編不分卷　施崇恩編　清末上海彪蒙書室石印本　三冊

330000－1716－0013877　經補 1524/13877
經部/四書類/總義之屬/傳說

繪圖四書速成新體讀本十九卷　王有宗　施崇恩校訂　清光緒三十一年(1905)彪蒙書室

石印本　九冊　存九卷(論語一至二、四至十)

330000－1716－0013879　子補 3973/13879
子部/小說家類/雜事之屬

昨非錄十二卷　（明）鄭諠明輯　清石印本
金祖模題記　一冊　存三卷(十至十二)

330000－1716－0013880　史補 0152/13880
史部/雜史類/斷代之屬

熙朝新語十六卷　（清）余金輯　清道光十二年(1832)文大堂刻本　四冊

330000－1716－0013884　集補 3334/13884
集部/曲類/彈詞之屬

繡像繪圖筆生花十六卷三十二回　（清）邱心如撰　清末上海紹先書局石印本　二冊　存四卷(五至八)

330000－1716－0013885　集補 3391/13885
集部/曲類/彈詞之屬

繡像鳳凰白鶴圖四卷三十六回　清末海左書局石印本　二冊　存二卷(二、四)

330000－1716－0013887　經補 0146－2/13887　經部/四書類/總義之屬/傳說

四書典林三十卷四書古人典林十二卷　（清）江永輯　清光緒十年(1884)上海同文書局石印本　四冊

330000－1716－0013888　子補 2549/13888
子部/宗教類/其他宗教之屬/基督教

扶助善終經一卷　清光緒三十二年(1906)鉛印本　一冊

330000－1716－0013889　子補 4022/13889
子部/宗教類/其他宗教之屬/基督教

聖母小日課一卷　（意大利）利類思譯　**附聖詠續解一卷**　（德國）魏繼晉譯　清光緒二十八年(1902)慈母堂鉛印本　一冊

330000－1716－0013891　子補 3964/13891
子部/醫家類/溫病之屬/痧症

痧症全書三卷　（清）王凱輯　清刻本　一冊

330000－1716－0013893　集補 3247－17/

13893　集部/小說類/短篇之屬

聊齋志異新評十六卷　（清）蒲松齡撰　（清）王士禎評　（清）呂湛恩注　（清）但明倫批　清刻朱墨套印本　八冊　存八卷（五至七、九至十、十三至十四、十六）

330000－1716－0013894　集補 1095－2/13894　集部/詞類/總集之屬

清綺軒詞選十三卷　（清）夏秉衡輯　清光緒十九年(1893)聚英堂刻本　八冊　存九卷（一至三、五至六、八至九、十二至十三）

330000－1716－0013896　普叢 0038－10/13896　類叢部/叢書類/彙編之屬

嘯園叢書五十七種　（清）葛元煦編　清光緒二年至七年(1876－1881)仁和葛氏刻本　清楊宗瀜題記　一冊　存一種

330000－1716－0013897　經補 1307－1/13897　經部/小學類/文字之屬/說文

說文解字十五卷標目一卷　（漢）許慎撰（宋）徐鉉等校定　清光緒十一年(1885)蕉心室刻本　六冊　缺四卷（二至三、十二至十三）

330000－1716－0013899　集補 1095－1/13899　集部/詞類/總集之屬

清綺軒詞選十三卷　（清）夏秉衡輯　清刻本　四冊　存四卷（七至八、十、十三）

330000－1716－0013900　集補 0008－75/13900　集部/小說類/長篇之屬

東周列國全志二十三卷一百八回　（清）蔡奡評點　清懷德堂刻本　一冊　存一卷（八）

330000－1716－0013901　集補 1795/13901　集部/小說類/長篇之屬

紅樓夢一百二十回　（清）曹霑　（清）高鶚撰　清刻本　二冊　存二冊（紅樓夢像一至二）

330000－1716－0013902　集補 0008－78/13902　集部/小說類/長篇之屬

東周列國全志二十三卷一百八回　（清）蔡奡評點　清刻本　三冊　存三卷（五至六、十一）

330000－1716－0013903　集補 0008－77/13903　集部/小說類/長篇之屬

東周列國全志二十三卷一百八回　（清）蔡奡評點　清刻本　四冊　存四卷（七至八、十一、十五）

330000－1716－0013904　集補 3333/13904　集部/曲類/曲藝之屬

全讚桃不分卷　清抄本　一冊

330000－1716－0013905　集補 0008－76/13905　集部/小說類/長篇之屬

東周列國全志二十三卷一百八回　（清）蔡奡評點　清大文堂刻本　六冊　存五卷（三至六、十三）

330000－1716－0013906　史補 1580/13906　子部/雜著類/雜纂之屬

墨潤堂日記故事四卷　清浙紹墨潤堂刻本　倪英鏞題記　一冊

330000－1716－0013909　子補 3896－1/13909　子部/醫家類/方書之屬/單方驗方

重訂驗方新編十八卷　（清）鮑相璈輯　清宣統元年(1909)上海鍊石齋石印本　一冊　存三卷（一至三）

330000－1716－0013910　經補 1552－1/13910　類叢部/類書類/通類之屬

增廣四書五經典林十二卷　（清）求是齋主人編　清末石印本　三冊　存六卷（三至四、九至十二）

330000－1716－0013911　子補 4011/13911　子部/術數類

太極神火精□□卷　清末抄本　一冊　存一卷（下）

330000－1716－0013912　子補 1181/13912　子部/術數類/相宅相墓之屬

地理大成五種四十九卷　（清）葉泰輯　清刻本　三冊　存一種

330000－1716－0013913　子補 3896－2/13913　子部/醫家類/方書之屬/單方驗方

重訂驗方新編十八卷　（清）鮑相璈輯　清宣

統元年(1909)上海鍊石齋石印本　一冊　存三卷(一至三)

330000 – 1716 – 0013915　集補 0007 – 32/13915　集部/小說類/長篇之屬

繪圖增像第五才子書水滸全傳十卷七十回首一卷　(元)施耐庵撰　(清)金人瑞評　清光緒三十三年(1907)上海益文書室石印本　三冊　存四卷(一至三、首)

330000 – 1716 – 0013916　經補 1552 – 2/13916　類叢部/類書類/通類之屬

增廣四書五經典林十二卷　(清)求是齋主人編　清末石印本　二冊　存四卷(七至八、十一至十二)

330000 – 1716 – 0013917　子補 3896 – 3/13917　子部/醫家類/方書之屬/單方驗方

重訂驗方新編十八卷　(清)鮑相璈輯　清末石印本　一冊　存八卷(十一至十八)

330000 – 1716 – 0013918　經補 1525/13918　經部/書類/分篇之屬

禹貢水道便覽一卷　(清)張先振輯　清同治六年(1867)漢陽張氏家塾刻本　一冊

330000 – 1716 – 0013920　經補 1000 – 28/13920　經部/小學類/文字之屬/字書/字典

康熙字典十二集三十六卷總目一卷檢字一卷辨似一卷等韻一卷補遺一卷備考一卷　(清)張玉書等纂修　清刻本　范存柏題記　三十二冊　缺十卷(寅集下、辰集下、未集中下、申集上、總目,檢字,辨似,等韻,備考)

330000 – 1716 – 0013921　集補 3316/13921　集部/戲劇類/傳奇之屬

南柯記二卷　(明)湯顯祖撰　(明)臧懋循訂　清刻本　一冊　存一卷(下)

330000 – 1716 – 0013922　子補 0041 – 1/13922　子部/藝術類/遊藝之屬/雜藝

鵝幻彙編(中外戲法圖說)十二卷　(清)唐再豐撰　清末石印本　三冊　存六卷(五至六、九至十二)

330000 – 1716 – 0013924　集補 3362/13924

集部/曲類/曲藝之屬

新印校正灘簧二卷　(清)蘇申清客編　清末恒德堂石印本　一冊

330000 – 1716 – 0013926　子補 3896 – 4/13926　子部/醫家類/方書之屬/單方驗方

重訂驗方新編十八卷　(清)鮑相璈輯　清末石印本　一冊　存四卷(十二至十五)

330000 – 1716 – 0013928　子補 4000/13928　子部/醫家類/方書之屬/單方驗方

經驗良方一卷　清同治十三年(1874)王保鑑堂刻本　一冊

330000 – 1716 – 0013930　集補 1096/13930　集部/詞類/總集之屬

清綺軒詞選十三卷　(清)夏秉衡輯　清乾隆十六年(1751)華亭夏秉衡清綺軒刻本　五冊　存十一卷(一至十一)

330000 – 1716 – 0013931　子補 4006/13931　子部/醫家類/方書之屬/單方驗方

經驗秘方一卷　(清)楊馥蕉　(清)潘之偉輯　清光緒二十年(1894)聚文堂刻本　一冊

330000 – 1716 – 0013933　集補 3355/13933　集部/別集類/清別集

寄盦詩稿二卷詞稿一卷　(清)孫汝懌撰　清宣統三年(1911)刻本　一冊　存二卷(詩稿一至二)

330000 – 1716 – 0013934　子補 3895/13934　子部/藝術類/書畫之屬/畫譜

陳東橋蘭竹譜不分卷　(清)陳東橋繪　清光緒三十四年(1908)上海六藝書局石印本　一冊

330000 – 1716 – 0013935　集補 1423/13935　集部/別集類/清別集

三雁紀遊一卷東甌紀遊一卷　(清)戴啟文撰　清光緒二十五年(1899)刻本　一冊

330000 – 1716 – 0013937　子補 4002/13937　子部/宗教類/道教之屬/雜著

善書摘選附集幾希錄急救良方不分卷　清光緒五年(1879)浙紹山邑單正銀刻本　一冊

330000 – 1716 – 0013938　子補 4003/13938
子部/術數類/相宅相墓之屬

陽宅都天發用全書一卷　（清）瞿天資校　清同治元年(1862)刻本　趙肇周題簽　一冊

330000 – 1716 – 0013939　子補 4019/13939
子部/雜著類/雜考之屬

困學紀聞注二十卷　（清）翁元圻撰　清光緒石印本　一冊　存四卷(九至十二)

330000 – 1716 – 0013940　普叢 0187 – 9/13940　類叢部/叢書類/彙編之屬

武英殿聚珍版書一百三十八種　清乾隆浙江刻本　五冊　存三種

330000 – 1716 – 0013941　子補 4004/13941
子部/術數類/相宅相墓之屬

仁孝必讀六卷　（清）周梅梁輯　清光緒三年(1877)刻本　四冊

330000 – 1716 – 0013942　集補 0391 – 5/13942　集部/總集類/尺牘之屬

名賢手札八種　（清）郭慶藩輯　清光緒十一年(1885)上海同文書局石印本　秀生題記　二冊

330000 – 1716 – 0013943　子補 4005/13943
子部/術數類/相宅相墓之屬

羅經解定七卷附羅經問答一卷　（清）胡國楨撰　清刻本　趙肇周題簽　一冊　存三卷(四至六)

330000 – 1716 – 0013944　經補 1057/13944
經部/春秋左傳類/傳說之屬

讀左補義五十卷首二卷　（清）姜炳璋輯　清刻本　十三冊　存四十五卷(二至五、十至五十)

330000 – 1716 – 0013946　子補 3999/13946
子部/術數類/相宅相墓之屬

楊曾地理元文四種附二種　（清）端木國瑚注　清道光五年(1825)刻本　二冊

330000 – 1716 – 0013948　經補 0738 – 2/13948　經部/群經總義類/傳說之屬

增批五經備旨四十五卷　（清）鄒聖脈纂輯　清光緒石印本　一冊　存一種

330000 – 1716 – 0013949　子補 1105 – 1/13949　子部/術數類/相宅相墓之屬

增補地理直指原真大全三卷首一卷　（清）釋如玉徹瑩撰　清康熙三十五年(1696)裕文堂刻本　四冊　缺一卷(一)

330000 – 1716 – 0013950　集補 3352/13950
集部/詩文評類/文法之屬/函牘格式

三版改良最新商務尺牘教科書二卷　周天鵬撰　邵宗周書　清光緒三十三年(1907)浙紹奎照樓書坊石印本　二冊

330000 – 1716 – 0013953　經補 1416/13953
經部/四書類/總義之屬/傳說

四書經義四卷　（清）蔡啟盛輯　清光緒二十七年(1901)上海石印書局石印本　二冊　存二卷(一、三)

330000 – 1716 – 0013954　集補 3354/13954
子部/術數類/雜術之屬

越中鉗記詩□□卷　清抄本　理陽山人題簽　一冊

330000 – 1716 – 0013955　子補 0055 – 4/13955　子部/藝術類/遊藝之屬/聯語

楹聯彙編八卷　王榮商輯　清末石印本　一冊　存一卷(三)

330000 – 1716 – 0013956　經補 1298 – 3/13956　經部/小學類/音韻之屬/韻書

詩韻集成五卷附詞林典腋一卷　（清）余照輯　清末石印本　清吳元林題簽　一冊

330000 – 1716 – 0013958　經補 1000 – 84/13958　經部/小學類/文字之屬/字書/字典

康熙字典十二集三十六卷總目一卷檢字一卷辨似一卷等韻一卷補遺一卷備考一卷　（清）張玉書等纂修　清末上海同文書局石印本　二冊　存十二卷(巳集上中下、午集上中下、酉集上中下、戌集上中下)

330000 – 1716 – 0013959　史補 1565/13959
史部/政書類/律令之屬/刑制

刑部比照加減成案三十二卷首一卷　（清）許

糠訂　清刻本　八冊　存十六卷(十七至三十二)

330000－1716－0013960　集補 3268/13960
集部/詞類/詞韻之屬

晚翠軒詞韻一卷 (清)舒夢蘭輯　清末石印本　一冊

330000－1716－0013961　經補 1414－4/13961　經部/小學類/文字之屬/字書/字典

字彙十二集首一卷末一卷 (明)梅膺祚撰　清刻本　二冊　存二卷(申集、酉集)

330000－1716－0013962　集補 0013－1/13962　集部/曲類/彈詞之屬

繪圖笑中緣前金如意全傳四卷繪圖後笑中緣才子奇書二十一卷 清末石印本　四冊　存十二卷(一至三、後笑中緣才子奇書十三至二十一)

330000－1716－0013963　經補 1422/13963
經部/小學類/訓詁之屬/爾雅

爾雅音圖三卷 (晉)郭璞注 (清)姚之麟摹圖　清末石印本　一冊　存一卷(三)

330000－1716－0013964　子補 4070－3/13964　子部/醫家類/本草之屬/歷代綜合本草

本草綱目五十二卷附圖三卷瀕湖脈學一卷奇經八脈攷一卷脈訣攷證一卷 (明)李時珍撰　**本草萬方鍼線八卷** (清)蔡烈先輯　清芥子園刻本　二十冊　存二十七卷(一至三、八、十一、十三、十七、二十四、三十二至三十三、三十五、三十八至四十四、四十八至五十一,圖一,瀕湖脈學,奇經八脈攷,萬方鍼線一至二)

330000－1716－0013965　集補 3395/13965
集部/詞類/別集之屬

吳梅村詞一卷 (清)吳偉業撰　清光緒三十四年(1908)上海掃葉山房石印本　一冊

330000－1716－0013966　史補 1600/13966
史部/史抄類

北史識小錄摘本一卷 清抄本　一冊

330000－1716－0013967　集補 3269/13967
集部/小說類/長篇之屬

繡像說唐小英雄傳□□卷 清末上海天寶書局石印本　一冊　存一卷(一)

330000－1716－0013968　史補 1564/13968
史部/史評類/史論之屬

通鑑論三卷附稽古錄論一卷 (宋)司馬光撰 (清)伍耀光輯　清光緒二十七年(1901)上海文淵山房石印本　四冊

330000－1716－0013970　新補 0025－12/13970　新學/算學/數學

筆算數學三卷 (美國)狄考文輯 (清)鄒立文述　清末鉛印本　一冊　存一卷(三)

330000－1716－0013971　子補 4010－1/13971　子部/醫家類/方書之屬/歷代方書

醫方簡義六卷 (清)王清源撰　清抄本　一冊　存二卷(三至四)

330000－1716－0013972　子補 4010－2/13972　子部/醫家類/綜合之屬/通論

醫醇賸義一卷 (清)費伯雄撰　清抄本　一冊

330000－1716－0013973　地獻 1954－1/13973　經部/詩類/傳說之屬

詩經增訂旁訓四卷首一卷 (清)徐立綱旁訓　清末浙紹明達書莊石印本　一冊

330000－1716－0013975　史補 0770/13975
集部/總集類/課藝之屬

增補分類試策問對二卷 (清)王統 (清)王誥纂 (清)徐樹菱續纂　清光緒十三年(1887)石印本　二冊

330000－1716－0013977　普類 0220/13977
類叢部/類書類/專類之屬

五經類典囊括六十四卷 (清)吟香主人輯　清刻本　二冊　存四卷(一至三、六)

330000－1716－0013979　新補 0669/13979
新學/農政/農務

廄肥篇一卷奇埃疊哀安摩太風車圖說一卷 (美國)啤耳撰 (清)胡瀤康譯　清末石印本

一冊

330000－1716－0013982　史補 1447－1/13982　史部/傳記類/總傳之屬/列女

仇十洲繡像列女傳二卷　（漢）劉向撰　（明）汪道昆輯　（明）仇英繪圖　清光緒十二年（1886）上海同文書局石印本　一冊　存一卷（一）

330000－1716－0013983　地獻 2020/13983　子部/藝術類/篆刻之屬/印譜

石旗山莊印冊一卷　（清）章蠡篆刻　清末鈐印本　湔東散人題記　一冊

330000－1716－0013984　子補 4012/13984　子部/醫家類/類編之屬

壽世彙編五種　（清）祝寶森編　清光緒三十一年（1905）紹興德裕堂刻本　一冊

330000－1716－0013986　新補 0658/13986　新學/雜著/瑣錄

海上遊戲圖說四卷　（清）海上游戲主輯　清末石印本　一冊　存一卷（一）

330000－1716－0013988　子補 1275－2/13988　子部/小說家類/異聞之屬

夜雨秋燈四集六卷　（清）宣鼎撰　清末石印本　一冊

330000－1716－0013991　經補 0844/13991　子部/儒家類/儒學之屬/蒙學

新選學堂課本不分卷　清光緒二年（1876）聚賢堂刻本　清幼卿氏題簽　一冊

330000－1716－0013992　子補 1974/13992　子部/小說家類/諧謔之屬

增訂一夕話新集六卷　（清）咄咄夫撰　（清）嘻嘻子增訂　清同治四年（1865）姑蘇青雲樓刻本　四冊

330000－1716－0013993　地獻 1591－2/13993　集部/別集類/宋別集

劍南詩鈔六卷　（宋）陸游撰　（清）楊大鶴選　清康熙二十四年（1685）毗陵楊氏刻本　三冊　存三卷（五言古、七言律、七言絕）

330000－1716－0013994　集補 0720－1/13994　集部/戲劇類/總集之屬/傳奇

笠翁傳奇十二種曲二十四卷　（清）李漁撰　清刻本　二冊　存一種

330000－1716－0013995　子補 4013/13995　子部/雜著類/雜纂之屬

匡時急策一卷　清末石印本　一冊

330000－1716－0013996　子補 1975/13996　子部/小說家類/諧謔之屬

增訂一夕話新集六卷　（清）咄咄夫撰　（清）嘻嘻子增訂　清道光二十六年（1846）書業德記刻本　二冊

330000－1716－0013997　經補 0912－32/13997　經部/小學類/音韻之屬/韻書

詩韻全璧五卷　（清）湯祥瑟輯　清末石印本　一冊　存二卷（四至五）

330000－1716－0013998　經補 0873－1/13998　經部/小學類/音韻之屬/韻書

字類標韻六卷　（清）華綱輯　清末鉛印本　一冊

330000－1716－0014000　集補 1193－12/14000　集部/總集類/尺牘之屬

分類尺牘三十卷　（清）王虎榜輯　清末石印本　六冊　存二十四卷（三至十八、二十三至三十）

330000－1716－0014001　經補 1064－1/14001　經部/四書類/總義之屬/傳說

四書題鏡味根合編三十九卷　（清）金澂　（清）汪鯉翔撰　清光緒二十一年（1895）上海鴻寶齋石印本　三冊　缺二十四卷（論語八至二十、孟子一至十一）

330000－1716－0014002　集補 2450－231/14002　集部/小說類/長篇之屬

四大奇書第一種十九卷首一卷一百二十回　（明）羅貫中撰　（清）毛宗崗評　清刻本　二冊　存二卷（十四、十七）

330000－1716－0014003　經補 1344－22/14003　經部/春秋左傳類/傳說之屬

左繡三十卷首一卷　（清）馮李驊　（清）陸浩評輯　清光緒二年(1876)刻本　十三冊　缺二卷(十六至十七)

330000－1716－0014006　　地獻 1904－1/14006　經部/小學類/音韻之屬/韻書

增補同音字類標韻二卷續編一卷外編一卷（清）石韞玉重校　清光緒三十年(1904)浙紹奎照樓石印本　二冊　存二卷(一至二)

330000－1716－0014007　　子補 3991/14007　子部/醫家類/方書之屬/單方驗方

增訂敬信録四卷　（清）徐榮輯　清刻本　守謙氏題記　二冊　存二卷(三至四)

330000－1716－0014008　　子補 4021/14008　子部/小說家類/異聞之屬

可驚可愕集四卷　（清）杜鄉漁隱撰　清末石印本　一冊　存一卷(四)

330000－1716－0014009　　子補 3133－1/14009　子部/宗教類/佛教之屬/經

大方廣佛華嚴經入不思議解脫境界普賢行願品一卷　（唐）釋般若譯　清刻本　一冊

330000－1716－0014010　　集補 1365/14010　集部/總集類/課藝之屬

啜茗軒聯章文不分卷　清刻本　清吳火子題簽並記　二冊

330000－1716－0014013　　經補 1521/14013　經部/四書類/總義之屬

集賢堂增補四書大全彙正參解　（清）張玲（清）仇兆鰲纂　清集賢堂刻本　一冊　存二卷(中庸一至二)

330000－1716－0014014　　經補 1336－3/14014　經部/小學類/訓詁之屬/爾雅

爾雅音圖三卷　（晉）郭璞注　（清）姚之麟摹圖　清末石印本　二冊　存一卷(三)

330000－1716－0014015　　集補 1443－3/14015　集部/別集類/清別集

來雨軒存稿四卷　（清）莫晉撰　清刻本　一冊　存一卷(四)

330000－1716－0014017　　子補 4014/14017　子部/醫家類/溫病之屬/瘧痢

倪涵初瘧痢三方一卷　（清）倪宗賢撰　清刻本　一冊

330000－1716－0014018　　子補 3992/14018　子部/天文曆算類/算書之屬

指南算法大全四卷　清刻本　一冊

330000－1716－0014019　　子補 4025/14019　集部/別集類/清別集

詳注嚶求集二卷　（清）繆艮撰　（清）倪照注清光緒十六年(1890)上海江左書林石印本　一冊　存一卷(一)

330000－1716－0014020　　子補 4015/14020　子部/醫家類/方書之屬/單方驗方

隨山宇方鈔一卷　（清）汪曰楨撰　清光緒八年(1882)紹興安越堂刻本　一冊

330000－1716－0014026　　史補 1563/14026　史部/編年類/斷代之屬

東華録三十二卷(乾隆朝)　（清）蔣良騏撰清刻本　六冊　存二十四卷(九至三十二)

330000－1716－0014027　　集補 0984/14027　集部/總集類/選集之屬/通代

古文分編集評初集五卷二集五卷三集八卷四集四卷　（清）于光華輯　清刻本　九冊　存十卷(三集一至八、四集二至三)

330000－1716－0014028　　史補 1578/14028　史部/編年類/斷代之屬

清史攬要六卷　（日本）增田貢撰　清光緒鉛印本　一冊　存三卷(一至三)

330000－1716－0014029　　子補 0043－4/14029　子部/藝術類/書畫之屬/題跋

蘇黃題跋五卷　（清）溫一貞録　清光緒二十年(1894)望三益齋石印本　三冊　存三卷(山谷題跋一至三)

330000－1716－0014030　　子補 4017/14030　子部/醫家類/方書之屬/單方驗方

平易方四卷　（清）葉香侶輯　清刻本　一冊　存一卷(四)

330000－1716－0014031　子補 4018/14031
子部/醫家類/婦科之屬/產科

達生編三卷　（清）亟齋居士撰　清光緒四年
(1878)杭城聚文齋刻本　一冊

330000－1716－0014032　經補 1262/14032
經部/易類/傳說之屬

周易便蒙襯解四卷　（清）李盤撰　清文化居
刻本　一冊

330000－1716－0014033　史補 0367/14033
集部/總集類/課藝之屬

近科考卷不分卷　清文光堂刻本　一冊

330000－1716－0014035　子補 4023/14035
子部/藝術類/遊藝之屬

注解牙牌靈數一卷附蘭閨清玩一卷　（清）何
汝樨撰　清光緒十九年(1893)上海書局石印
本　一冊

330000－1716－0014036　經補 1483－1/
14036　經部/叢編

五經體注大全四十卷　（清）嚴氏家塾主人輯
　清光緒十年(1884)上海點石齋石印本　一
冊　存二卷(禮記一至二)

330000－1716－0014037　普經 0941/14037
經部/詩類/傳說之屬

詩經集傳八卷　（宋）朱熹撰　清文奎堂刻本
二冊　存五卷(三至四、六至八)

330000－1716－0014038　集補 3397/14038
集部/曲類/彈詞之屬

繪圖天雨花二十卷六十回　（清）陶貞懷撰
清末石印本　二冊　存三卷(八至十)

330000－1716－0014040　普經 0946/14040
經部/小學類/訓詁之屬/爾雅

爾雅注疏十一卷　（晉）郭璞注　（宋）邢昺疏
　清三槐堂刻本　四冊

330000－1716－0014041　地獻 2021/14041
史部/政書類/儀制之屬/典禮

文廟從祀位次圖續攷一卷　清末抄本　一冊

330000－1716－0014042　普類 0083－4/

14042　類叢部/類書類/專類之屬

子史精華一百六十卷　（清）吳士玉　（清）吳
襄等輯　清刻本　十八冊　缺五卷(一至五)

330000－1716－0014043　集補 0994/14043
集部/別集類/清別集

萃堂詩錄一卷詞錄一卷　（清）潘鴻撰　清光
緒三十三年(1907)刻本　一冊

330000－1716－0014044　子補 4009/14044
子部/醫家類

應驗袪病日甲一卷　清抄本　一冊

330000－1716－0014045　集補 3247－10/
14045　集部/小說類/短篇之屬

後聊齋志異圖說十二卷　（清）王韜撰　清末
石印本　一冊　存二卷(一至二)

330000－1716－0014046　子補 1273/14046
子部/醫家類/養生之屬

隨息居飲食譜一卷　（清）王士雄撰　清末石
印本　一冊

330000－1716－0014047　集補 1056－8/
14047　集部/總集類/選集之屬/通代

書業堂重訂古文釋義新編八卷　（清）余誠評
注　（清）余芝參閱　清掃葉山房刻本　八冊

330000－1716－0014048　普類 0055/14048
類叢部/類書類/通類之屬

角山樓增補類腋六十七卷　（清）姚培謙輯
(清)趙克宜增輯　清末石印本　二冊　存十
三卷(地九至十三、人一至八)

330000－1716－0014049　普類 0057/14049
類叢部/類書類/通類之屬

角山樓增補類腋六十七卷　（清）姚培謙輯
(清)趙克宜增輯　清末石印本　三冊　存二
十九卷(地部四至二十四、人部一至八)

330000－1716－0014050　經補 0912－22/
14050　經部/小學類/音韻之屬/韻書

詩韻全璧五卷　（清）湯祥瑟輯　**初學檢韻袖
珍一卷**　（清）姚文登輯　**虛字韻藪一卷**
(清)潘維城輯　清光緒二十年(1894)四明暢
懷書屋石印本　四冊　缺二卷(四、初學檢韻

袖珍)

330000 - 1716 - 0014052　　經補 0912 - 23/
14052　　經部/小學類/音韻之屬/韻書

攷正增廣詩韻全璧五卷　（清）湯祥瑟輯　**初
學檢韻袖珍一卷**　（清）姚文登輯　**虛字韻藪
一卷**　（清）潘維城輯　清光緒十九年(1893)
四明暢懷書屋石印本　二冊　存三卷(一、
五,虛字韻藪)

330000 - 1716 - 0014054　　經補 0912 - 24/
14054　　經部/小學類/音韻之屬/韻書

攷正增廣詩韻全璧五卷　（清）湯祥瑟輯　**初
學檢韻袖珍十二卷**　（清）姚文登輯　**虛字韻
藪一卷**　（清）潘維城輯　清光緒四明暢懷書
屋石印本　二冊　存二卷(三、初學檢韻一)

330000 - 1716 - 0014055　　經補 0912 - 25/
14055　　經部/小學類/音韻之屬/韻書

新編詩韻全璧五卷　（清）湯祥瑟輯　（清）華
錕重編　**初學檢韻一卷**　（清）姚文登輯　**虛
字韻藪一卷**　（清）潘維城輯　清末石印本
二冊　存二卷(二至三)

330000 - 1716 - 0014058　　經補 0912 - 26/
14058　　經部/小學類/音韻之屬/韻書

攷正增廣詩韻全璧五卷　（清）湯祥瑟輯　**初
學檢韻袖珍十二卷**　（清）姚文登輯　**虛字韻
藪一卷**　（清）潘維城輯　清光緒十九年
(1893)上海鴻寶齋石印本　四冊　缺三卷
(二、五,虛字韻藪)

330000 - 1716 - 0014059　　經補 0912 - 27/
14059　　經部/小學類/音韻之屬/韻書

詩韻合璧五卷　（清）湯祥瑟輯　**初學檢韻一
卷**　（清）姚文登輯　**虛字韻藪一卷**　（清）潘
維城輯　清光緒十一年(1885)上海同文書局
石印本　四冊　缺二卷(三、初學檢韻)

330000 -1716 -0014060　　集補 1810/14060
集部/小說類/長篇之屬

繡像永慶昇平十二卷九十七回　（清）郭廣瑞
撰　**新刻繡像全圖永慶昇平後傳十二卷一百
回**　（清）貪夢道人撰　清光緒二十九年
(1903)上海簡青齋石印本　八冊

330000 - 1716 - 0014061　　經補 0912 - 28/
14061　　經部/小學類/音韻之屬/韻書

詩韻合璧五卷　（清）湯祥瑟輯　**初學檢韻一
卷**　（清）姚文登輯　**虛字韻藪一卷**　（清）潘
維城輯　清末石印本　一冊　存一卷(初學
檢韻)

330000 - 1716 - 0014062　　經補 0912 - 29/
14062　　經部/小學類/音韻之屬/韻書

增廣詩韻合璧五卷　（清）湯祥瑟輯　清末石
印本　二冊　存二卷(四至五)

330000 - 1716 - 0014065　　經補 0912 - 7/
14065　　經部/小學類/音韻之屬/韻書

詩韻全璧五卷　（清）湯祥瑟輯　**初學檢韻袖
珍一卷**　（清）姚文登輯　**虛字韻藪一卷**
（清）潘維城輯　清光緒十二年(1886)上海積
山書局石印本　三冊　存四卷(一至二、五,
虛字韻藪)

330000 - 1716 - 0014067　　史補 1259 - 3/
14067　　史部/政書類/律令之屬/律例

欽定六部處分則例五十二卷　（清）文孚等纂
修　清光緒刻本　三冊　存八卷(二十五至
二十六、三十至三十二、四十八至五十)

330000 - 1716 - 0014069　　經補 0912 - 8/
14069　　經部/小學類/音韻之屬/韻書

詩韻全璧五卷　（清）湯祥瑟輯　**初學檢韻袖
珍十二卷**　（清）姚文登輯　**虛字韻藪一卷**
（清）潘維城輯　清光緒十七年(1891)上海鴻
寶齋石印本　三冊　存十四卷(一、四,初學
檢韻袖珍一至十二)

330000 - 1716 - 0014072　　經補 0912 - 9/
14072　　經部/小學類/音韻之屬/韻書

詩韻全璧五卷　（清）湯祥瑟輯　**初學檢韻一
卷**　（清）姚文登輯　**虛字韻藪一卷**　（清）潘
維城輯　清石印本　一冊　存二卷(五、虛字
韻藪)

330000 - 1716 - 0014073　　集補 3394 - 1/
14073　　集部/曲類/彈詞之屬

新編玉鴛鴦五集二十卷二十回　清末石印本
二冊　存二卷(二集二、四集四)

330000 - 1716 - 0014075　　經補 0912 - 10/
14075　　經部/小學類/音韻之屬/韻書

詩韻全璧五卷　（清）湯祥瑟輯　**初學檢韻袖**
珍十二卷　（清）姚文登輯　**虛字韻藪一卷**
（清）潘維城輯　清光緒暢懷書屋石印本　　二
冊　缺二卷（一至二）

330000 - 1716 - 0014077　　經補 0912 - 11/
14077　　經部/小學類/音韻之屬/韻書

詩韻全璧五卷　（清）湯祥瑟輯　**初學檢韻袖**
珍十二卷　（清）姚文登輯　**虛字韻藪一卷**
（清）潘維城輯　清光緒暢懷書屋石印本　　二
冊　存三卷（四至五、虛字韻藪）

330000 - 1716 - 0014078　　集補 3394 - 2/
14078　　集部/曲類/彈詞之屬

繪圖增像雙珠球十二卷四十九回　（清）黃予
貞編　清末石印本　二冊　存四卷（三至六）

330000 - 1716 - 0014081　　集補 3394 - 3/
14081　　集部/小說類/長篇之屬

繡像南唐演義薛家將四卷一百回　（清）如蓮
居士編輯　清末石印本　二冊　存二卷（三
至四）

330000 - 1716 - 0014084　　新補 0590/14084
新學/學校

最新高等小學理科教科書四卷　謝洪賚編輯
清宣統二年（1910）上海商務印書館鉛印本
一冊　存一卷（四）

330000 - 1716 - 0014085　　集補 1807/14085
集部/小說類/長篇之屬

增像全圖西漢演義四卷一百回　（明）甄偉撰
清宣統元年（1909）上海久敬齋石印本
四冊

330000 - 1716 - 0014086　　子補 0569 - 15/
14086　　子部/儒家類/儒學之屬/蒙學

龍文鞭影二卷　（明）蕭良有纂輯　（清）楊臣
靜增訂　（清）來集之音注　清刻本　二冊

330000 - 1716 - 0014088　　子補 3893/14088
子部/宗教類/佛教之屬

迷津寶筏二卷　沈清源選集　清宣統元年

（1909）上海石印本　二冊

330000 - 1716 - 0014089　　經補 0912 - 12/
14089　　經部/小學類/音韻之屬/韻書

詩韻全璧五卷　（清）湯祥瑟輯　**初學檢韻袖**
珍十二卷　（清）姚文登輯　**虛字韻藪一卷**
（清）潘維城輯　清光緒十九年（1893）上海點
石齋石印本　二冊　存十三卷（一、初學檢韻
袖珍一至十二）

330000 - 1716 - 0014090　　子補 4007/14090
子部/醫家類/綜合之屬

醫書四種不分卷　清抄本　一冊

330000 - 1716 - 0014091　　經補 0912 - 13/
14091　　經部/小學類/音韻之屬/韻書

新編詩韻大全五卷　（清）湯祥瑟輯　（清）華
鋗重編　**初學檢韻袖珍一卷**　（清）姚文登輯
　虛字韻藪一卷　（清）潘維城輯　清光緒十
四年（1888）同文書局石印本　四冊　存四卷
（一、三至四,初學檢韻袖珍）

330000 - 1716 - 0014094　　子補 4008/14094
子部/醫家類/方書之屬/單方驗方

景岳八陣全方二卷　清抄本　二冊

330000 - 1716 - 0014096　　經補 0912 - 14/
14096　　經部/小學類/音韻之屬/韻書

新編詩韻全璧五卷　（清）湯祥瑟輯　（清）華
鋗重編　**初學檢韻袖珍一卷**　（清）姚文登輯
　虛字韻藪一卷　（清）潘維城輯　清光緒十
四年（1888）同文書局石印本　三冊　存三卷
（一、四,初學檢韻袖珍）

330000 - 1716 - 0014100　　集補 3311/14100
集部/小說類/長篇之屬

繪圖包公奇案四卷　清末石印本　二冊　存
四卷（二、八至十）

330000 - 1716 - 0014101　　子補 0886 - 1/
14101　　子部/宗教類/佛教之屬/經

大乘本生心地觀經八卷　（唐）釋般若等譯
清刻本　一冊　存四卷（一至四）

330000 - 1716 - 0014102　　集補 3312/14102
集部/曲類/彈詞之屬

新增全圖文武香毬六卷七十二回 （清）二樂軒主人撰 清末上海文元書局石印本 三冊 存三卷（一至二、六）

330000－1716－0014103 子補3134/14103 子部/宗教類/佛教之屬

慈悲十王妙懺法三卷首一卷 清刻本 一冊

330000－1716－0014104 集補3314/14104 集部/戲劇類/總集之屬/傳奇

笠翁傳奇十種 （清）李漁撰 清刻本 二冊 存一種

330000－1716－0014106 子補0307/14106 子部/醫家類/兒科之屬

醫學精要八卷 （清）黃巖撰 清刻本 一冊 存一卷（四）

330000－1716－0014107 集補0010－11/14107 集部/戲劇類/雜劇之屬

第六才子書八卷 （元）王實甫 （元）關漢卿撰 （清）金人瑞評 清刻本 四冊 存四卷（四、六至八）

330000－1716－0014111 普類0167/14111 類叢部/類書類/專類之屬

子史精華一百六十卷 （清）吳士玉 （清）吳襄等輯 清光緒十二年（1886）上海同文書局石印本 八冊

330000－1716－0014114 集補0011－6/14114 集部/小說類/長篇之屬

新刻天花藏批評平山冷燕四卷二十回 （清）荻岸散人編 清文聚堂刻本 四冊

330000－1716－0014116 集補3315/14116 集部/曲類/彈詞之屬

繡像雙珠鳳全傳十二卷八十回 （清）一葉主人撰 清末石印本 七冊 存七卷（一、三至七、九）

330000－1716－0014118 新補0533/14118 新學/地學/地志學

地理全志不分卷 （英國）慕維廉撰 清光緒九年（1883）上海美華書館鉛印本 一冊

330000－1716－0014119 集補0012－14/14119 集部/曲類/彈詞之屬

再生緣全傳二十卷 （清）陳端生撰 清刻本 一冊 存一卷（十八）

330000－1716－0014120 子補3131－1/14120 子部/術數類/陰陽五行之屬

奇門遁甲統宗十二卷 題（三國蜀）諸葛亮撰 清宏道堂刻本 四冊 存八卷（一至四、七至十）

330000－1716－0014123 普史0967－1/14123 史部/詔令奏議類/奏議之屬

彭剛直公奏稿八卷 （清）彭玉麟撰 （清）俞樾輯 清末鉛印本 一冊 存二卷（五至六）

330000－1716－0014124 普史0967－4/14124 史部/詔令奏議類/奏議之屬

彭剛直公奏稿八卷 （清）彭玉麟撰 （清）俞樾輯 清光緒二十八年（1902）上海石印本 二冊 存三卷（一至三）

330000－1716－0014125 集補1803/14125 集部/曲類/彈詞之屬

繪圖筆生花十六卷三十二回 （清）邱心如撰 清末石印本 齊卿題記 十三冊 存十三卷（四至十六）

330000－1716－0014126 普類0110－5/14126 類叢部/類書類/專類之屬

新鐫校正詳註分類百子金丹全書十卷 （明）郭偉選註 （明）郭中吉編 （明）王星聚校訂 清光緒二十一年（1895）上海鴻文書局石印本 三冊 存五卷（一、三至四、七至八）

330000－1716－0014128 經補1263－2/14128 經部/小學類/文字之屬/字書

字學舉隅不分卷 （清）黃本驥 （清）龍啟瑞撰 清光緒二年（1876）刻本 一冊

330000－1716－0014132 新補0096/14132 新學/學校

最新初等小學堂修身教科書教授法不分卷 商務印書館編譯所編纂 清光緒三十二年（1906）上海商務印書館鉛印本 一冊

330000－1716－0014133　子補 3986/14133
子部/醫家類/綜合之屬

御纂醫宗金鑑九十卷首一卷　（清）吳謙等撰
清三讓堂刻本　五冊　存九卷（二十六至三十、三十四、三十八至三十九、七十五）

330000－1716－0014134　子補 3987/14134
集部/別集類/清別集

曠視山房制藝不分卷　（清）丁守存撰　（清）丁鳳年　（清）丁鷺年編次　清光緒七年（1881）刻本　一冊　存一冊（一）

330000－1716－0014135　子補 3988/14135
子部/醫家類/婦科之屬

竹林女科證治四卷　（清）竹林寺僧撰　清末鉛印本　二冊　存二卷（二至三）

330000－1716－0014138　集補 0240－1/14138　集部/別集類/清別集

袁文箋正十六卷補注一卷　（清）袁枚撰（清）石韞玉箋　**增訂袁文箋正四卷**　（清）魏大緒撰　清末石印本　一冊　存十三卷（箋正九至十六、補注、增訂一至四）

330000－1716－0014139　集補 3348/14139
集部/曲類/彈詞之屬

繡像鳳凰圖六卷三十六回　清刻本　三冊　存三卷（三、五至六）

330000－1716－0014143　古越 0777/14143
子部/醫家類/養生之屬/導引、氣功

易筋經義一卷　題（唐）釋般刺密帝譯義　清嘉慶九年（1804）紹興周調梅抄本　一冊

330000－1716－0014146　普叢 0097－3/14146　類叢部/叢書類/彙編之屬

知不足齋叢書一百九十六種　（清）鮑廷博編（清）鮑士恭續編　清乾隆三十七年至道光三年（1772－1823）長塘鮑氏刻彙印本　一冊存一種

330000－1716－0014150　集補 3394－4/14150　集部/曲類/彈詞之屬

繪圖增像雙珠球十二卷四十九回　（清）黃予貞編　清末石印本　二冊　存四卷（三至四、

九至十）

330000－1716－0014151　集補 1741/14151
集部/小說類/短篇之屬

西湖佳話古今遺蹟十六卷　（清）墨浪子撰
清荷香小榭刻本　四冊　存十卷（一至五、八至十二）

330000－1716－0014155　集補 1742/14155
集部/小說類/短篇之屬

西湖佳話古今遺蹟十六卷　（清）墨浪子撰
清刻本　朱元灝題記　四冊　存十卷（四至八、十二至十六）

330000－1716－0014159　史補 0200－2/14159　史部/傳記類/科舉錄之屬/歷科登科錄

[光緒癸巳恩科]浙江闈墨不分卷　清光緒十九年（1893）聚奎堂刻本　一冊

330000－1716－0014161　集補 1755/14161
集部/小說類/長篇之屬

紅樓夢廣義二卷紀略一卷　（清）青山山農撰輯　**紅樓夢百美合詠一卷**　（清）看雲主人撰　**紅樓夢戲詠一卷**　（清）楊維屏撰　清刻本二冊

330000－1716－0014162　子補 0687/14162
子部/藝術類/遊藝之屬

注解牙牌靈數一卷附蘭閨清玩一卷　（清）何汝檉撰　清光緒石印本　二冊

330000－1716－0014163　史補 1577/14163
史部/傳記類/總傳之屬/斷代

勝國宰輔錄三卷　宗能徵撰　清光緒三十四年（1908）鉛印本　二冊　存二卷（一至二）

330000－1716－0014164　集補 1756/14164
集部/小說類/長篇之屬

新刻繡像後唐奇書蓮子瓶演義傳四卷二十三回　清同治十年（1871）瀛海賢刻本　四冊

330000－1716－0014166　地獻 3090/14166
子部/宗教類/佛教之屬/經

高王觀世音經一卷　清末抄本　一冊

330000－1716－0014167　子補 3985/14167
子部/宗教類/其他宗教之屬/基督教

耶穌聖心聖月一卷　清光緒二十九年(1903)
北京救世堂鉛印本　一冊

330000－1716－0014169　史補 1576/14169
史部/史評類/史論之屬

史鑑綱目新論十卷　(明)王世貞鑒定　(清)
譚奇編次　清光緒石印本　二冊　存三卷
(三至四、十)

330000－1716－0014170　普叢 0087－2/
14170　類叢部/叢書類/彙編之屬

香艷叢書三百二十六種　(清)蟲天子輯　清
宣統二年(1910)上海國學扶輪社鉛印本　四
冊　存四種

330000－1716－0014172　普叢 0038－12/
14172　類叢部/叢書類/彙編之屬

嘯園叢書五十七種　(清)葛元煦編　清光緒
二年至七年(1876－1881)仁和葛氏刻本　一
冊　存一種

330000－1716－0014173　經補 1000－211/
14173　經部/小學類/文字之屬/字書/字典

**康熙字典十二集三十六卷總目一卷檢字一卷
辨似一卷等韻一卷補遺一卷備考一卷**　(清)
張玉書等纂修　清末石印本　一冊　存九卷
(卯集上中下、辰集上中下、巳集上中下)

330000－1716－0014176　集補 1510/14176
集部/總集類/課藝之屬

試帖準繩不分卷　(清)路德輯　清同治五年
(1866)緯文堂刻本　二冊

330000－1716－0014177　普叢 0440－2/
14177　類叢部/叢書類/自著之屬

隨園三十種　(清)袁枚撰　清刻本　一冊
存一種

330000－1716－0014178　集補 1056－9/
14178　集部/總集類/選集之屬/通代

重訂古文釋義新編八卷　(清)余誠輯　清光
緒掃葉山房石印本　四冊

330000－1716－0014179　集補 3349/14179

集部/小說類/長篇之屬

東周列國全志二十三卷一百八回　(清)蔡奡
評點　清刻本　一冊　存一卷(二十)

330000－1716－0014180　集補 2431/14180
集部/總集類/尺牘之屬

近世名人尺牘教本五卷　顧新亞輯　清光緒
三十四年(1908)上海文明書局石印本　一冊
存一卷(五)

330000－1716－0014181　經補 1368/14181
經部/叢編

袖珍十三經注　(清)萬青銓校　清同治十二
年(1873)稽古樓刻本　四十二冊　存七種

330000－1716－0014183　集補 1170－10/
14183　集部/總集類/尺牘之屬

尺牘句解初集三卷末一卷二集三卷末一卷
(清)桃花館主編　(清)少溪氏選注　清光緒
二十二年(1896)上海書局石印本　三冊　存
二卷(初集一、二集二)

330000－1716－0014185　集補 3400/14185
集部/詞類/詞韻之屬

綠漪亭詞韻一卷　(清)鄭春波輯　清嘉慶十
七年(1812)同文堂刻本　一冊

330000－1716－0014187　集補 0013－12/
14187　集部/曲類/彈詞之屬

繪圖後笑中緣才子奇書二十一卷　清末石印
本　一冊　存一卷(四)

330000－1716－0014190　集補 3322/14190
集部/小說類/長篇之屬

繪圖三續今古奇觀六卷二十回　清末石印本
裘氏題記　一冊　存一卷(一)

330000－1716－0014192　普叢 0319－6/
14192　類叢部/叢書類/彙編之屬

粵雅堂叢書一百八十四種　(清)伍崇曜編
清道光二十九年至光緒十一年(1849－1885)
南海伍氏刻彙印本　二冊　存一種

330000－1716－0014193　集補 3323/14193
集部/小說類/長篇之屬

繡像金鐲玉環記四卷　清末石印本　二冊

存二卷(二、四)

330000－1716－0014194　子補 1369/14194
子部/醫家類/方書之屬/單方驗方

驗方新編八卷增補方二卷　（清）鮑相璈輯
清光緒三十年(1904)益智書社鉛印本　十冊

330000－1716－0014196　集補 1740/14196
集部/小說類/長篇之屬

第一奇書野叟曝言二十卷一百五十四回
（清）夏敬渠撰　清光緒八年(1882)鉛印本
十冊

330000－1716－0014199　經補 0197/14199
經部/四書類/總義之屬/傳說

四書題鏡味根合編三十九卷　（清）金澂
（清）汪鯉翔撰　清末石印本　三冊　存十二
卷(孟子一至四、八至十四，首)

330000－1716－0014200　子補 1374/14200
子部/醫家類/方書之屬/單方驗方

重訂驗方新編十八卷　（清）鮑相璈輯　清光
緒三十三年(1907)上海鑄記書局石印本
一冊

330000－1716－0014201　集補 1751/14201
子部/小說家類/異聞之屬

燕山外史注釋八卷　（清）陳球撰　（清）傅聲
谷注　清光緒三十二年(1906)上海海左書局
石印本　一冊

330000－1716－0014202　集補 1752/14202
子部/小說家類/異聞之屬

燕山外史注釋八卷　（清）陳球撰　（清）傅聲
谷注　清光緒三十二年(1906)上海海左書局
石印本　一冊

330000－1716－0014204　經補 0546－4/
14204　經部/四書類/總義之屬/文字音義

四書不二字音釋不分卷　（清）楊昕撰　清同
治九年(1870)吳中刻本　三冊

330000－1716－0014206　集補 3324/14206
集部/小說類/長篇之屬

繡像海公大紅袍全傳四卷六十回　題(明)李
春芳編　清光緒二十年(1894)上海書局石印

本　八冊

330000－1716－0014207　經補 1365/14207
經部/四書類/總義之屬/傳說

四書題鏡不分卷　（清）汪鯉翔撰　清同治十
年(1871)刻本　五冊

330000－1716－0014208　集補 3325/14208
集部/別集類/清別集

小倉山房往還書札全集十八卷　（清）袁枚撰
清末鉛印本　二冊

330000－1716－0014209　集補 0012－16/
14209　集部/曲類/彈詞之屬

再生緣全傳二十卷　（清）陳端生撰　清刻本
十九冊　存十四卷(三至十一、十六至二
十)

330000－1716－0014210　史補 0287/14210
史部/政書類/律令之屬/律例

大清律例按語□□卷　清刻本　一冊　存四
卷(九至十二)

330000－1716－0014211　集補 1448－2/
14211　集部/別集類/清別集

守硯齋試帖初集四卷二集二卷　（清）王祖光
撰　清光緒刻本　三冊　存四卷(初集三至
四、二集一至二)

330000－1716－0014212　集補 0014－8/
14212　集部/小說類/長篇之屬

繪圖萬花樓傳十四卷六十八回　（清）李雨堂
撰　清光緒十九年(1893)上海清風閣石印本
五冊　缺二卷(四至五)

330000－1716－0014213　集補 1494/14213
集部/別集類/宋別集

岳忠武王文集八卷首一卷末一卷　（宋）岳飛
撰　（清）黃邦寧輯　清光緒刻本　二冊　缺
五卷(一至四、首)

330000－1716－0014215　地獻 3391/14215
子部/道家類

南華別裁一卷　（清）齊鯤池錄　清式詮抄本
一冊

330000 – 1716 – 0014217　　普叢 0435 – 2/
14217　類叢部/叢書類/自著之屬

隨園三十六種　（清）袁枚撰　清光緒十九年
（1893）倉山舊主石印本　一冊　存四種

330000 – 1716 – 0014220　　地獻 1966 – 1/
14220　集部/別集類/清別集

蕉雨山房詩鈔六種十九卷　（清）丁堯臣撰
清光緒會稽丁氏刻本　一冊　存一種

330000 – 1716 – 0014221　　子補 1366/14221
子部/醫家類/方書之屬/單方驗方

驗方新編十六卷　（清）鮑相璈輯　清光緒三
十年（1904）上海洽記書局石印本　一冊　存
三卷（一至三）

330000 – 1716 – 0014222　　地獻 1824 – 77/
14222　集部/總集類/選集之屬/通代

增批古文觀止十二卷　（清）吳乘權　（清）吳
大職輯　清光緒二十七年（1901）浙紹墨潤堂
石印本　六冊

330000 – 1716 – 0014223　　經補 1064 – 2/
14223　經部/四書類/總義之屬/傳說

四書味根錄三十七卷　（清）金澂撰　清光緒
十四年（1888）上海鴻寶書局石印本　六冊

330000 – 1716 – 0014224　　經補 1366/14224
經部/叢編

袖珍十三經注　（清）萬青銓校　清同治十二
年（1873）稽古樓刻本　十七冊　存七種

330000 – 1716 – 0014226　　集補 1515 – 2/
14226　集部/總集類/選集之屬/通代

夢華廬賦海三十卷　（清）夢華廬主人選　清
光緒十八年（1892）上海鴻寶齋石印本　八冊

330000 – 1716 – 0014228　　子補 1375/14228
子部/醫家類/方書之屬/單方驗方

校正增廣驗方新編十六卷　（清）鮑相璈輯
痧症全書三卷　（清）王凱輯　咽喉秘集二卷
　（清）海山仙館輯　清宣統三年（1911）上海
會文堂書局石印本　三冊　缺十二卷（一至
十二）

330000 – 1716 – 0014229　　子補 1362/14229

子部/醫家類/方書之屬/單方驗方

校正增廣驗方新編十六卷　（清）鮑相璈輯

痧症全書三卷　（清）王凱輯　咽喉秘集二卷
（清）海山仙館輯　清宣統三年（1911）上海
會文堂書局石印本　一冊　存三卷（痧症全
書一至三）

330000 – 1716 – 0014231　　子補 1363/14231
子部/醫家類/方書之屬/單方驗方

增廣驗方新編正集十六卷續集二卷　（清）鮑
相璈輯　清宣統三年（1911）上海會文堂書局
石印本　二冊　存四卷（十一至十二、續集一
至二）

330000 – 1716 – 0014233　　經補 1265/14233
新學/學校

最新蒙學史鑑集句教科書二卷　清光緒三十
二年（1906）浙紹墨潤堂石印本　一冊　存一
卷（一）

330000 – 1716 – 0014234　　集補 0999 – 40/
14234　集部/別集類/清別集

小倉山房尺牘六卷　（清）袁枚撰　（清）陳名
金輯注　清同治二年（1863）經元堂刻本
四冊

330000 – 1716 – 0014235　　經補 1344 – 29/
14235　經部/春秋左傳類/傳說之屬

評點春秋綱目左傳句解彙雋六卷　（清）韓葵
重訂　清善成堂刻本　二冊　存二卷（三、
五）

330000 – 1716 – 0014238　　經補 1261/14238
經部/禮記類/傳說之屬

禮記備旨萃精十一卷　（清）鄒聖脈纂輯
（清）鄒廷猷編次　清刻本　二冊　存五卷
（七至十一）

330000 – 1716 – 0014239　　經補 0927 – 3/
14239　經部/詩類/傳說之屬

詩經集傳八卷　（宋）朱熹撰　清刻本　一冊
　存一卷（五）

330000 – 1716 – 0014241　　經補 1065/14241
經部/小學類/訓詁之屬/爾雅

爾雅音圖三卷　（晉）郭璞注　（清）姚之麟摹圖　清末石印本　一冊

330000－1716－0014242　集補3328/14242
集部/小說類/長篇之屬

繡像京本雲合奇蹤玉茗英烈全傳十卷八十回
（明）徐渭編　清末石印本　一冊　存一卷
（二）

330000－1716－0014243　子補1979/14243
子部/藝術類/書畫之屬/書法書品

篆文四書不分卷　清光緒六年(1880)上海點
石齋石印本　四冊

330000－1716－0014244　集補0014－7/
14244　集部/小說類/長篇之屬

繪圖萬花樓傳十四卷六十八回　（清）李雨堂
撰　清光緒十九年(1893)滬江北石印本　四
冊　存十卷(一至五、八至九、十二至十四)

330000－1716－0014246　集補3406/14246
集部/小說類/長篇之屬

增訂精忠演義說本全傳二十卷八十回　（清）
錢彩編次　（清）金豐增訂　清刻本　四冊
存八卷(五至十、十七至十八)

330000－1716－0014247　普集1677－9/
14247　集部/總集類/彙編之屬

五朝詩別裁集五種　（清）□□輯　清刻本
二冊　存一種

330000－1716－0014248　經補1423/14248
經部/小學類/訓詁之屬/字詁

新增攷正俗言智燈難字二卷　（清）范寅撰
清光緒二十四年(1898)浙紹墨潤堂石印本
陳宜室題記　一冊

330000－1716－0014249　集補0971/14249
集部/總集類/選集之屬/斷代

國朝六家詩鈔八卷　（清）劉執玉選編　清乾
隆三十二年(1767)劉執玉詒燕樓刻本　二冊
存四卷(一至四)

330000－1716－0014253　子補0080－19/
14253　子部/儒家類/儒學之屬/蒙學

上海鴻寶齋書局精校新增繪圖幼學故事瓊林

四卷首一卷　（清）程允升撰　（清）鄒聖脈增
補　清光緒三十年(1904)上海鴻寶齋石印本
五冊

330000－1716－0014255　集補1396/14255
集部/總集類/選集之屬/通代

佩文齋詠物詩選四百八十六卷　（清）汪霦等
輯　清康熙四十六年(1707)内府刻本　二冊
存十卷(霜類、雪類、冰類、虹霓類、瑞氣類、
鷦鴣類、鳥類、鵲類、鳩類、鶯類)

330000－1716－0014256　子補3960/14256
子部/醫家類/婦科之屬/廣嗣

靈效求嗣得孕秘說一卷　（清）王維德撰
（清）馬文植評　清光緒十一年(1885)刻本
一冊

330000－1716－0014261　子補4070－23/
14261　子部/醫家類/本草之屬/歷代綜合
本草

本草綱目五十二卷附圖三卷瀕湖脈學一卷奇
經八脈攷一卷脈訣攷證一卷　（明）李時珍撰
　本草萬方鍼線八卷附藥品總目一卷　（清）
蔡烈先輯　本草綱目拾遺十卷　（清）趙學敏
輯　清光緒三十二年(1906)萃珍書局石印本
十三冊　存六十五卷(四至四十八、圖一、
萬方鍼線一至八、藥品總目、拾遺一至十)

330000－1716－0014262　子補1287－2/
14262　子部/小說家類/雜事之屬

廣虞初新志四十卷　（清）黃承增輯　清嘉慶
八年(1803)寄鷗閒舫刻本　五冊　存十卷
(一至八、三十一至三十二)

330000－1716－0014264　集補1763/14264
集部/小說類/長篇之屬

新編批評繡像後七國樂田演義四卷十八回
（清）徐震撰　清光緒二十年(1894)上海積山
書局石印本　二冊

330000－1716－0014265　集補3407/14265
集部/總集類/選集之屬/通代

駢體文鈔三十一卷　（清）李兆洛輯　清道光
元年(1821)合河康氏刻同治六年(1867)婁江
徐氏補刻本　二冊　存五卷(二十五至二十

九)

330000－1716－0014266　子補1376/14266
子部/醫家類/方書之屬/單方驗方
四科簡效方四卷　（清）王士雄撰　清光緒十
一年(1885)越州徐氏刻本　二冊

330000－1716－0014271　史補1569/14271
史部/政書類/儀制之屬/典禮
文廟祀位一卷　（清）倭什琿布等輯　清末石
印本　一冊

330000－1716－0014273　集補1424－1/
14273　集部/詩文評類/文評之屬
文心雕龍十卷　（南朝梁）劉勰撰　（清）黃叔
琳輯注　（清）紀昀評　清道光十三年(1833)
盧坤兩廣節署刻朱墨套印本　一冊　存三卷
(六至八)

330000－1716－0014274　史補1568/14274
史部/傳記類/別傳之屬/事狀
會稽王烈婦孫宜人哀辭一卷　王繼香輯　清
光緒元年(1875)刻本　一冊

330000－1716－0014275　子補1378/14275
子部/醫家類/方書之屬/單方驗方
重訂驗方新編十八卷　（清）鮑相璈輯　清光
緒三十三年(1907)上海鑄記書局石印本
六冊

330000－1716－0014287　地獻1829－6/
14287　集部/總集類/選集之屬/通代
聚瀛堂古文觀止十二卷　（清）吳乘權　（清）
吳大職輯　清刻本　六冊

330000－1716－0014289　子補3132/14289
子部/儒家類/儒學之屬
選擇五種遺規一卷　（清）何鐵輯　清同治八
年(1869)會稽章氏刻本　一冊

330000－1716－0014292　子補1384/14292
子部/醫家類/醫案之屬
臨證指南醫案八卷　（清）葉桂撰　（清）徐大
椿評　清光緒三十二年(1906)上海龍文書局
石印本　八冊

330000－1716－0014293　子補1385/14293
子部/醫家類/醫案之屬
臨證指南醫案八卷　（清）葉桂撰　（清）徐大
椿評　清光緒三十二年(1906)上海龍文書局
石印本　八冊

330000－1716－0014295　集補3327/14295
集部/別集類/清別集
嚶求全集一卷　（清）繆艮撰　清光緒六年
(1880)學海書局鉛印本　一冊

330000－1716－0014296　子補4048/14296
子部/儒家類/儒學之屬/禮教/家訓
楊椒山公家訓一卷　（明）楊繼盛撰　清同治
十二年(1873)上海文墨齋刻本　一冊

330000－1716－0014298　普類0119/14298
類叢部/類書類/專類之屬
五經囊括纂要二十九卷　（清）鄒聖脈纂輯
清末石印本　三冊　缺十三卷(禮記備旨一
至四、春秋備旨一至九)

330000－1716－0014300　新補0292/14300
新學/重學/重學
重學二十卷附曲線圖說三卷　（英國）艾約瑟
口譯　清光緒十四年(1888)上海大同書局石
印本　二冊

330000－1716－0014304　集補1288－2/
14304　集部/曲類/寶卷之屬
江南松江府華亭縣白沙村孝脩回郎寶卷二卷
　清宣統三年(1911)上海文益書局石印本
一冊

330000－1716－0014308　經補1267/14308
經部/書類/傳說之屬
書經集傳六卷　（宋）蔡沈撰　清刻本　一冊
　存一卷(四)

330000－1716－0014310　經補1268－1/
14310　經部/四書類/總義之屬/傳說
新訂四書補注備旨十卷　（明）鄧林撰　（清）
杜定基增訂　清刻本　一冊　存二卷(孟子
三至四)

330000－1716－0014315　子補0395/14315

子部/醫家類/醫案之屬

一得集三卷 (清)釋心禪撰 清光緒十六年(1890)永禪室刻本 五冊

330000－1716－0014317 子補 1386/14317
子部/醫家類/醫案之屬

名醫類案十二卷 (明)江瓘輯 **續名醫類案三十六卷** (清)魏之琇編 清光緒二十二年(1896)畊餘堂鉛印本 二十冊

330000－1716－0014318 子補 1387/14318
子部/醫家類/醫案之屬

名醫類案十二卷 (明)江瓘輯 **續名醫類案三十六卷** (清)魏之琇編 清光緒二十二年(1896)畊餘堂鉛印本 二十冊

330000－1716－0014320 子補 1400/14320
子部/醫家類/醫案之屬

臨證指南醫案十卷種福堂公選溫熱論醫案四卷 (清)葉桂撰 (清)徐大椿評 清光緒十年(1884)古吳校經山房刻朱墨套印本 庶齋氏題簽 十二冊

330000－1716－0014324 集補 3247－82/14324 集部/小說類/短篇之屬

聊齋志異新評十六卷 (清)蒲松齡撰 (清)王士禎評 (清)呂湛恩注 (清)但明倫批 清刻朱墨套印本 一冊 存一卷(四)

330000－1716－0014327 經補 0485/14327
經部/四書類/總義之屬/傳說

四書大全三十七卷 (明)胡廣等輯 清刻本 九冊 存二十卷(十六至十七、二十至三十七)

330000－1716－0014328 子補 1402/14328
子部/醫家類/方書之屬/單方驗方

驗方新編十八卷 (清)鮑相璈輯 清光緒二十六年(1900)觀瀾閣書莊石印本 五冊 存十六卷(一至十、十三至十八)

330000－1716－0014333 子補 1404/14333
子部/醫家類/方書之屬/單方驗方

驗方新編十六卷 (清)鮑相璈輯 **痧症全書三卷** (清)王凱輯 **咽喉秘集二卷** (清)海山仙館輯 清末石印本 一冊 存二卷(十一至十二)

330000－1716－0014334 子補 1405/14334
子部/醫家類/方書之屬/單方驗方

重訂驗方新編十八卷 (清)鮑相璈輯 清光緒三十三年(1907)上海鑄記書局石印本 六冊

330000－1716－0014336 子補 1406/14336
子部/醫家類/方書之屬/單方驗方

校正增廣驗方新編十六卷 (清)鮑相璈輯 **痧症全書三卷** (清)王凱輯 **咽喉秘集二卷** (清)海山仙館輯 清宣統三年(1911)上海會文堂書局石印本 陸雍題記 二冊

330000－1716－0014337 集補 1569/14337
集部/別集類/清別集

南坡詩草二卷 (清)史培撰 清九畹堂刻本 一冊 存一卷(一)

330000－1716－0014339 普叢 0284/14339
類叢部/叢書類/自著之屬

曾文正公四種 (清)曾國藩撰 清末鉛印本 六冊 存三種

330000－1716－0014343 地獻 1427－3/14343 集部/詩文評類/文法之屬

初學論說文範四卷 邵伯棠撰 清宣統二年(1910)上海會文堂粹記石印本 徐無雷題記 四冊

330000－1716－0014344 地獻 1278/14344
集部/別集類/清別集

管注秋水軒尺牘四卷續刻一卷 (清)許思湄撰 (清)婁世瑞注 (清)管斯駿補注 清光緒十二年(1886)吳縣管氏管可壽齋刻朱墨套印本 五冊

330000－1716－0014346 普類 0221/14346
類叢部/類書類/專類之屬

佩文韻府一百六卷 (清)張玉書 (清)蔡升元等輯 **韻府拾遺一百六卷** (清)汪灝 (清)何焯等輯 清光緒石印本 五冊 存二十六卷(三十七至四十五、七十至七十四、八

十一至八十七、九十八至一百二)

330000 - 1716 - 0014352　子補 1409/14352
子部/醫家類/方書之屬/單方驗方

校正增廣驗方新編十六卷　(清)鮑相璈輯
痧症全書三卷　(清)王凱輯　**咽喉秘集二卷**
(清)海山仙館輯　清宣統三年(1911)上海
會文堂書局石印本　八冊

330000 - 1716 - 0014363　新補 0160 - 1/
14363　新學/學校

高等小學商業教科書不分卷　學部編譯圖書
局編纂　清宣統三年(1911)學部編譯圖書局
鉛印本　一冊

330000 - 1716 - 0014365　地獻 1829 - 7/
14365　集部/總集類/選集之屬/通代

古文觀止十二卷　(清)吳乘權　(清)吳大職
輯　清同治十三年(1874)寧郡簡香齋刻本
六冊

330000 - 1716 - 0014367　子補 4065/14367
子部/術數類/相宅相墓之屬

地理秘書三卷　清抄本　一冊

330000 - 1716 - 0014368　子補 1411/14368
子部/醫家類/方書之屬/單方驗方

經驗奇方二卷　(清)周鋸撰　清末紹興育新
書局石印本　二冊

330000 - 1716 - 0014371　地獻 1775 - 2/
14371　經部/叢編

五經旁訓十九卷　(清)徐立綱旁訓　清匠門
書屋刻本　五冊　存五卷(禮記一至二、四至
六)

330000 - 1716 - 0014372　子補 1389/14372
子部/醫家類/類編之屬

徐氏醫書八種　(清)徐大椿撰　清末鉛印本
一冊　存一種

330000 - 1716 - 0014374　經補 0925 - 8/
14374　經部/禮記類/傳說之屬

禮記集說十卷　(元)陳澔撰　清刻本　七冊
缺三卷(三至四、八)

330000 - 1716 - 0014377　子補 1399/14377
子部/醫家類/綜合之屬/通論

醫學心悟五卷附外科十法一卷　(清)程國彭
撰　**三家醫案合刻三卷**　(清)葉桂　(清)繆
遵義　(清)薛雪撰　**醫效秘傳三卷**　(清)葉
桂撰　**溫熱贅言一卷**　(清)寄瓢子撰　清光
緒二十年(1894)上海圖書集成印書局鉛印本
四冊

330000 - 1716 - 0014378　經補 0925 - 3/
14378　經部/禮記類/傳說之屬

禮記集說十卷　(元)陳澔撰　清刻本　七冊
存七卷(一至二、四至七、九)

330000 - 1716 - 0014380　普叢 0038 - 3/
14380　類叢部/叢書類/彙編之屬

嘯園叢書五十七種　(清)葛元煦編　清光緒
二年至七年(1876 - 1881)仁和葛氏刻本　丁
之蕃題記　一冊　存二種

330000 - 1716 - 0014382　子補 1391/14382
子部/醫家類/醫案之屬

三家醫案合刻　(清)吳金壽編　清光緒二十
七年(1901)上海漢讀樓石印本　一冊

330000 - 1716 - 0014383　子補 1393/14383
子部/醫家類/醫案之屬

三家醫案合刻　(清)吳金壽編　清光緒二十
七年(1901)上海漢讀樓石印本　一冊

330000 - 1716 - 0014384　子補 1392/14384
子部/醫家類/醫案之屬

三家醫案合刻　(清)吳金壽編　清上海錦章
圖書局石印本　一冊

330000 - 1716 - 0014385　經補 0925 - 7/
14385　經部/禮記類/傳說之屬

禮記集說十卷　(元)陳澔撰　清刻本　一冊
存一卷(九)

330000 - 1716 - 0014387　普集 1953 - 2/
14387　集部/別集類/清別集

養雲山館試帖四卷　(清)許球撰　清同治六
年(1867)上洋掃葉山房刻本　四冊

330000 - 1716 - 0014389　經補 1263 - 1/

14389　經部/小學類/文字之屬/字書
字學舉隅不分卷　（清）黃本驥　（清）龍啟瑞撰　清刻本　一冊

330000－1716－0014390　史補 0914－2/14390　史部/編年類/通代之屬
御批歷代通鑑輯覽一百二十卷　（清）傅恒等撰　清光緒二十九年(1903)中西書局石印本　十九冊　存一百十五卷(一至五十七、六十三至一百二十)

330000－1716－0014391　集補 3409/14391　集部/別集類/清別集
寄嶽雲齋試體詩選詳注四卷　（清）聶銑敏撰　（清）張學蘇箋　清刻本　三冊　缺一卷(一)

330000－1716－0014392　子補 1397/14392　子部/醫家類/綜合之屬/通論
醫學心悟五卷附外科十法一卷　（清）程國彭撰　清宣統三年(1911)上海會文堂石印本愛廬主人題記　一冊

330000－1716－0014393　子補 1394/14393　子部/醫家類/綜合之屬/通論
醫學心悟五卷附外科十法一卷　（清）程國彭撰　清光緒二十年(1894)上海圖書集成印書局鉛印本　三冊

330000－1716－0014394　集補 1513－1/14394　集部/總集類/選集之屬/通代
咏物詩選注釋八卷　（清）俞琰輯　（清）易開繯　（清）孫涫鳴注　清嘉慶十五年(1810)聚盛堂刻本　三冊　存六卷(一至二、五至八)

330000－1716－0014395　集補 0126－1/14395　集部/曲類/彈詞之屬
來生福彈詞三十六回　（清）橘中逸叟撰　清刻本　十九冊　缺八回(一至三、七至八、十六至十八)

330000－1716－0014397　經補 0138/14397　經部/叢編
十三經注疏三百三十三卷　（明）□□輯　清刻本　四冊　存一種

330000－1716－0014398　集補 3247－72/14398　集部/小說類/短篇之屬
繪圖後聊齋志異十二卷　（清）王韜撰　清光緒二十九年(1903)上海點石齋石印本　六冊

330000－1716－0014399　子補 1395/14399　子部/醫家類/綜合之屬/通論
醫學心悟五卷附外科十法一卷　（清）程國彭撰　清宣統三年(1911)上海會文堂石印本　四冊

330000－1716－0014400　集補 3410/14400　集部/總集類/選集之屬/通代
文章游戲初編八卷二編八卷三編八卷四編八卷　（清）繆艮輯　清刻本　清邨夫題籤　四冊　存七卷(初編七至八、二編五至八、三編四)

330000－1716－0014403　史補 0915－3/14403　史部/編年類/通代之屬
御批歷代通鑑輯覽一百二十卷　（清）傅恒等撰　清光緒鉛印本　四冊　存二十卷(一百一至一百二十)

330000－1716－0014404　子補 4052/14404　子部/術數類/相宅相墓之屬
地理人子須知心學統宗三十九卷　（明）徐善繼　（明）徐善述撰　清味經堂刻本　九冊　存九卷(一、四至六、八、十、十三、十五至十六)

330000－1716－0014406　子補 4053/14406　子部/小說家類/諧謔之屬
新刻笑林廣記四卷　（清）遊戲主人輯　清刻本　一冊　存一卷(三)

330000－1716－0014407　子補 1413/14407　子部/小說家類/異聞之屬
坐花誌果八卷　（清）汪道鼎撰　（清）鷲峰樵者音釋　清光緒十七年(1891)武林竹簡齋石印本　四冊

330000－1716－0014408　集補 1322/14408　集部/別集類/清別集
紀曉嵐詩注釋四卷　（清）紀昀撰　（清）郭斌

評注　清刻朱墨套印本　三冊　存三卷(二至四)

330000－1716－0014410　集補3419/14410
集部/總集類/選集之屬/斷代
白下愚園集八卷首一卷　(清)胡光國　(清)胡恩變輯　清光緒二十年(1894)刻本　一冊　存一卷(一)

330000－1716－0014414　史補0915－4/14414　史部/編年類/通代之屬
御批歷代通鑑輯覽一百二十卷　(清)傅恒等撰　清光緒鉛印本　一冊　存五卷(一百十六至一百二十)

330000－1716－0014417　子補3128/14417
子部/術數類/相宅相墓之屬
滾盤珠一卷　(清)呂天玉選　(清)劉光遠訂　清兩儀堂刻本　一冊

330000－1716－0014418　集補1052－1/14418　集部/總集類/選集之屬/通代
古文析義十六卷　(清)林雲銘輯注　清務本堂刻本　四冊　存四卷(一、十、十四至十五)

330000－1716－0014419　新補0673/14419
新學/兵制/陸軍
東西國軍志譯要三卷　黃壽衰輯　清光緒三十二年(1906)鉛印本　一冊　存一卷(一)

330000－1716－0014421　普類0163/14421
類叢部/類書類/專類之屬
尺牘輯要八卷首二卷　(清)虞世英輯　清刻本　四冊

330000－1716－0014422　經補1426/14422
類叢部/類書類/專類之屬
四書典制類聯音注三十三卷　(清)閻其淵輯　清刻本　一冊　存三卷(一至三)

330000－1716－0014425　普類0089－1/14425　類叢部/類書類/專類之屬
新增說文韻府群玉二十卷　(元)陰時夫輯　(元)陰中夫注　清刻本　十九冊　缺一卷(十七)

330000－1716－0014427　子補4054/14427
子部/術數類/相宅相墓之屬
地理秘書六種　(清)汪就園校訂　清同治八年(1869)蘇州小酉山房刻本　二冊

330000－1716－0014430　子補4055/14430
子部/術數類/相宅相墓之屬
地理正義鉛彈子砂水要訣七卷　(清)張鳳藻撰　清刻本　清黃農氏題簽　四冊　存四卷(四至七)

330000－1716－0014431　史補0915－2/14431　史部/編年類/通代之屬
御批歷代通鑑輯覽一百二十卷　(清)傅恒等撰　清光緒二十九年(1903)晝錦堂鉛印本　十冊

330000－1716－0014432　子補2693/14432
子部/小說家類/瑣語之屬
青泥蓮花記十三卷　(明)梅鼎祚撰　清宣統二年(1910)北平古槐書屋石印本　四冊

330000－1716－0014434　經補1298－7/14434　經部/小學類/音韻之屬/韻書
詩韻集成十卷附詞林典腋一卷　(清)余照輯　清刻本　四冊

330000－1716－0014436　子補1421/14436
子部/雜著類/雜纂之屬
兩般秋雨盦隨筆八卷　(清)梁紹壬撰　清道光十七年(1837)錢塘汪氏振綺堂刻本　八冊

330000－1716－0014438　普叢0329/14438
類叢部/叢書類/彙編之屬
清頌堂叢書八種　(清)黃奭編　清宣統三年(1911)海左書局石印本　三冊　存一種

330000－1716－0014439　史補0914－5/14439　史部/編年類/通代之屬
御批歷代通鑑輯覽一百二十卷　(清)傅恒等撰　清光緒石印本　二冊　存九卷(九十五至九十八、一百九至一百十三)

330000－1716－0014440　子補1422/14440
集部/小說類/短篇之屬
續聊齋志異四卷　(清)湯用中撰　(清)徐廷

華評　清宣統二年(1910)上海時中書局鉛印本　四冊

330000－1716－0014443　史補 0914－7/14443　史部/編年類/通代之屬
御批歷代通鑑輯覽一百二十卷　(清)傅恒等撰　清末上海掃葉山房石印本　二冊　存十二卷(十三至十八、一百三至一百八)

330000－1716－0014444　集補 1875/14444　集部/小說類/短篇之屬
詳注聊齋志異圖詠十六卷首一卷　(清)蒲松齡撰　(清)呂湛恩注　(清)徐潤編　清光緒十二年(1886)上海同文書局石印本　八冊

330000－1716－0014448　集補 1253/14448　集部/別集類/清別集
黃梨洲先生南雷文約四卷　(清)黃宗羲撰　清乾隆鄭性刻本　二冊　存二卷(三至四)

330000－1716－0014452　集補 3413/14452　集部/總集類/選集之屬/通代
唐宋八家文讀本十卷　(清)沈德潛輯　清光緒二十四年(1898)上海鴻文書局石印本　六冊

330000－1716－0014453　地獻 1594/14453　子部/天文歷算類/歷法之屬
新鐫增補時憲臺曆袖裏璇璣星命須知一卷　清光緒二十三年(1897)浙紹會文堂石印本　一冊

330000－1716－0014456　史補 0914－8/14456　史部/編年類/通代之屬
御批歷代通鑑輯覽一百二十卷　(清)傅恒等撰　清光緒石印本　一冊　存五卷(六十九至七十三)

330000－1716－0014457　新補 0072－1/14457　新學/學校
數學教科書不分卷　(清)葉懋宣編　清光緒三十一年(1905)上海通社久記鉛印本　二冊

330000－1716－0014458　集補 3418/14458　集部/別集類/清別集
薇郎集二卷　(清)秦知域撰　清乾隆四樂草堂刻本　一冊

330000－1716－0014462　集補 1871/14462　集部/小說類/短篇之屬
滑稽小說世界奇聞初集四卷二集四卷　(清)午夢菴輯　清光緒三十四年(1908)石印本　八冊

330000－1716－0014463　普經 0956－1/14463　經部/四書類/總義之屬/傳說
四書集注十九卷　(宋)朱熹撰　清光緒上海商務印書館鉛印本　六冊　存六卷(孟子一至三、五至七)

330000－1716－0014465　集補 1872/14465　子部/小說家類/異聞之屬
蜋階外史四卷　(清)高繼珩撰　清宣統三年(1911)上海廣益書局石印本　一冊

330000－1716－0014482　地獻 1909/14482　經部/四書類/總義之屬/傳說
精校四子書　(宋)朱熹集注　清末浙紹墨潤堂鉛印本　一冊　存一種

330000－1716－0014483　子補 4060/14483　子部/宗教類/其他宗教之屬/基督教
信徒快樂秘訣一卷　(清)郭師母撰　清光緒三十四年(1908)上海美華書館鉛印本　一冊

330000－1716－0014486　集補 3416/14486　集部/總集類/選集之屬/斷代
詒安堂全集　(清)王慶勳輯　清道光至咸豐上海王氏刻本　一冊　存二種

330000－1716－0014490　史補 0914－6/14490　史部/編年類/通代之屬
御批歷代通鑑輯覽一百二十卷　(清)傅恒等撰　清光緒通元書局石印本　一冊　存五卷(二十九至三十三)

330000－1716－0014495　集補 3247－5/14495　集部/小說類/短篇之屬
聊齋志異新評十六卷　(清)蒲松齡撰　(清)王士禛評　(清)呂湛恩注　(清)但明倫批　清同治八年(1869)羊城青雲樓朱墨套印本　十六冊

330000－1716－0014496　集補 3247－6/14496　集部/小說類/短篇之屬

聊齋志異新評十六卷　（清）蒲松齡撰　（清）王士禛評　（清）呂湛恩注　（清）但明倫批　清刻朱墨套印本　六冊　存六卷（四、六、八至十、十二）

330000－1716－0014497　史補 0961－3/14497　史部/傳記類/總傳之屬/仕宦

歷代名臣言行錄二十四卷首一卷　（清）朱桓輯　清光緒三十年（1904）上海商務印書館鉛印本　六冊　存十九卷（三至二十一）

330000－1716－0014498　集補 3247－7/14498　集部/小說類/短篇之屬

聊齋志異新評十六卷　（清）蒲松齡撰　（清）王士禛評　（清）呂湛恩注　（清）但明倫批　清刻朱墨套印本　三冊　存三卷（十一、十三、十六）

330000－1716－0014499　經補 1000－3/14499　經部/小學類/文字之屬/字書/字典

康熙字典十二集三十六卷總目一卷檢字一卷辨似一卷等韻一卷補遺一卷備考一卷　（清）張玉書等纂修　清刻本　三十六冊　缺六卷（卯集下、辰集上、酉集上，總目，檢字，辨似）

330000－1716－0014502　經補 1000－4/14502　經部/小學類/文字之屬/字書/字典

康熙字典十二集三十六卷總目一卷檢字一卷辨似一卷等韻一卷補遺一卷備考一卷　（清）張玉書等纂修　清刻本　二十二冊　缺十五卷（卯集上下、巳集上、午集上、未集上、申集中下、戌集上、亥集中下，總目，檢字，辨似，等韻，備考）

330000－1716－0014504　集補 3247－12/14504　集部/小說類/短篇之屬

詳注聊齋志異圖詠十六卷　（清）蒲松齡撰　（清）呂湛恩注　（清）徐潤編　清光緒三十三年（1907）上海章福記書局石印本　七冊　缺二卷（七至八）

330000－1716－0014510　普叢 0437－20/14510　類叢部/叢書類/自著之屬

隨園三十種　（清）袁枚撰　清刻本　六冊　存五種

330000－1716－0014511　集補 3247－8/14511　集部/小說類/短篇之屬

詳注聊齋志異圖詠十六卷首一卷　（清）蒲松齡撰　（清）呂湛恩注　（清）徐潤編　清末石印本　三冊　存六卷（十一至十六）

330000－1716－0014513　子補 2349－1/14513　子部/儒家類/儒學之屬/蒙學

小學集注六卷　（明）陳選集注　清光緒二十五年（1899）上海書局石印本　三冊　存四卷（一至二、五至六）

330000－1716－0014514　集補 1761/14514　集部/曲類/彈詞之屬

繡像六美圖中外緣八卷七十六回　清末石印本　七冊　存七卷（一至七）

330000－1716－0014517　集補 3247－11/14517　集部/小說類/短篇之屬

聊齋志異新評十六卷　（清）蒲松齡撰　（清）王士禛評　（清）呂湛恩注　（清）但明倫批　清末鉛印本　二冊　存六卷（一至四、十三至十四）

330000－1716－0014518　經補 1000－5/14518　經部/小學類/文字之屬/字書/字典

康熙字典十二集三十六卷總目一卷檢字一卷辨似一卷等韻一卷補遺一卷備考一卷　（清）張玉書等纂修　清刻本　三十五冊　缺七卷（申集下、酉集上，總目，檢字，辨似，補遺，備考）

330000－1716－0014524　經補 1000－6/14524　經部/小學類/文字之屬/字書/字典

康熙字典十二集三十六卷總目一卷檢字一卷辨似一卷等韻一卷補遺一卷備考一卷　（清）張玉書等纂修　清刻本　二十七冊　缺十三卷（子集下、卯集中下、辰集夏、巳集下、午集上、未集中下、申集上中下、酉集中，備考）

330000－1716－0014525　地獻 1677/14525　史部/傳記類/總傳之屬/郡邑

詩巢六君子遺象一卷 （清）陶方琦輯 稿本 一冊

330000－1716－0014526 集補 1789/14526 集部/曲類/彈詞之屬

繪圖天雨花二十卷六十回 （清）陶貞懷撰 清光緒二十二年（1896）上海書局石印本 四冊

330000－1716－0014529 集補 0013－16/14529 集部/曲類/彈詞之屬

繪圖後三笑才子奇書二十一卷 （清）曹春江撰 清末石印本 四冊 存四卷（一至四）

330000－1716－0014530 經補 1000－7/14530 經部/小學類/文字之屬/字書/字典

康熙字典十二集三十六卷總目一卷檢字一卷辨似一卷等韻一卷補遺一卷備考一卷 （清）張玉書等纂修 清道光七年（1827）刻本 清譙國釗題記 十六冊 缺十五卷（子集上中下、寅集下、申集上中下、酉集上中，總目，檢字，辨似，等韻，補遺，備考）

330000－1716－0014531 集補 1790/14531 集部/曲類/彈詞之屬

繡像玉蜻蜓前傳六卷二十八回後傳六卷三十二回 清末鉛印本 五冊 存十卷（前傳三至六、後傳一至六）

330000－1716－0014532 子補 1436/14532 子部/醫家類/類編之屬

潛齋醫書五種 （清）王士雄撰 清光緒二十二年（1896）上海圖書集成局鉛印本 二冊 存一種

330000－1716－0014535 經補 1000－8/14535 經部/小學類/文字之屬/字書/字典

康熙字典十二集三十六卷總目一卷檢字一卷辨似一卷等韻一卷補遺一卷備考一卷 （清）張玉書等纂修 清刻本 三十四冊 缺七卷（子集中、丑集中、寅集上、卯集上下、午集下、申集下）

330000－1716－0014537 經補 1000－9/14537 經部/小學類/文字之屬/字書/字典

康熙字典十二集三十六卷總目一卷檢字一卷辨似一卷等韻一卷補遺一卷備考一卷 （清）張玉書等纂修 清刻本 十二冊 存十二卷（子集上下、寅集中、辰集下、午集中下、未集中、酉集上中下、亥集上，等韻）

330000－1716－0014540 地獻 1612－98/14540 集部/總集類/尺牘之屬

新輯尺牘合璧四卷 （清）許思湄 （清）龔萼撰 （清）婁世瑞注 （清）寄虹軒主人輯 清光緒十六年（1890）上海珍藝書局石印本 二冊 存二卷（一、四）

330000－1716－0014541 經補 1000－10/14541 經部/小學類/文字之屬/字書/字典

康熙字典十二集三十六卷總目一卷檢字一卷辨似一卷等韻一卷補遺一卷備考一卷 （清）張玉書等纂修 清刻本 三十九冊 缺一卷（巳集上）

330000－1716－0014542 子補 1442/14542 子部/醫家類/溫病之屬/其他溫疫病證

溫病條辨六卷首一卷 （清）吳瑭撰 清光緒十九年（1893）上海圖書集成印書局鉛印本 四冊

330000－1716－0014543 子補 1431/14543 子部/醫家類/傷寒金匱之屬/傷寒論

尚論篇四卷首一卷尚論後篇四卷 （清）喻昌撰 清光緒二十六年（1900）上海校經山房石印喻氏醫書三種本 越銘氏題記 二冊

330000－1716－0014547 子補 1440/14547 子部/醫家類/溫病之屬/其他溫疫病證

溫病條辨六卷首一卷 （清）吳瑭撰 清光緒二十五年（1899）曲江書屋石印本 二冊

330000－1716－0014548 經補 1000－11/14548 經部/小學類/文字之屬/字書/字典

康熙字典十二集三十六卷總目一卷檢字一卷辨似一卷等韻一卷補遺一卷備考一卷 （清）張玉書等纂修 清刻本 清竇熊氏題記 三十三冊 缺九卷（卯集中、戌集上中下，總目，檢字，辨似，補遺，備考）

330000－1716－0014551　子補1441/14551
子部/醫家類/溫病之屬/其他溫疫病證

溫病條辨六卷首一卷　（清）吳瑭撰　清光緒
三十二年（1906）上海千頃堂石印本　四冊

330000－1716－0014552　史補1570/14552
史部/傳記類/科舉錄之屬/歷科登科錄

[光緒十七年]辛卯科順天闈墨一卷　清光緒
上海申報館鉛印本　一冊

330000－1716－0014553　子補1443/14553
子部/醫家類/溫病之屬/其他溫疫病證

溫病條辨六卷首一卷　（清）吳瑭撰　清光緒
三十二年（1906）上海千頃堂石印本　二冊

330000－1716－0014555　子補1433/14555
子部/醫家類/本草之屬/本草藥性

雷公炮製藥性解六卷　（清）李中梓輯　清末
石印本　一冊

330000－1716－0014556　普類0114－6/
14556　類叢部/類書類/專類之屬

新增應酬彙選五卷　（清）陸九如纂輯　（清）
茹古齋主人重訂　清光緒十七年（1891）四明
茹古齋鉛印本　何僑林題記　三冊　存三卷
（一至三）

330000－1716－0014557　子補1434/14557
子部/醫家類/綜合之屬/通論

醫門法律六卷　（清）喻昌撰　清光緒三十三
年（1907）上海簡青齋書局石印本　三冊

330000－1716－0014559　子補4070－10/
14559　子部/醫家類/本草之屬/歷代綜合
本草

本草綱目五十二卷　（明）李時珍撰　**本草萬
方鍼線八卷附藥品總目一卷**　（清）蔡烈先輯
　清刻本　一冊　存三卷（萬方鍼線一至二、
藥品總目）

330000－1716－0014560　子補1435/14560
子部/醫家類/綜合之屬/通論

醫門法律六卷　（清）喻昌撰　清末老校經山
房石印本　三冊

330000－1716－0014561　新補0510/14561

史部/政書類/邦計之屬

續富國策四卷　（清）陳熾撰　清光緒二十四
年（1898）上海慎記書莊石印本　四冊

330000－1716－0014563　子補1980/14563
子部/雜著類/雜編之屬

四淫齊四卷　清光緒三十三年（1907）石印本
四冊

330000－1716－0014565　子補1444/14565
子部/醫家類/溫病之屬/其他溫疫病證

溫病條辨六卷首一卷　（清）吳瑭撰　清光緒
三十二年（1906）上海千頃堂石印本　一冊

330000－1716－0014566　子補1446/14566
子部/醫家類/溫病之屬/其他溫疫病證

溫病條辨六卷首一卷　（清）吳瑭撰　清光緒
二十五年（1899）曲江書屋石印本　四冊

330000－1716－0014570　集補3408/14570
集部/別集類/清別集

枕善堂尺牘一隅二十卷　（清）陳大溶撰　清
三讓堂刻本　三冊　存十卷（一至三、十至十
六）

330000－1716－0014572　子補4069/14572
子部/小說家類/異聞之屬

太平廣記五百卷目錄十卷　（宋）李昉等輯
清刻本　十九冊　存一百五十七卷（一百三
十五至一百四十五、一百六十一至一百八十
四、一百九十三至二百一、二百二十五至二百
三十五、三百八十七至三百九十三、四百六至
五百）

330000－1716－0014573　史補0793－1/
14573　史部/傳記類/總傳之屬/斷代

國朝先正事略六十卷首一卷　（清）李元度撰
中興名臣事略八卷　朱孔彰撰　清光緒二
十九年（1903）上海天章書局石印本　三冊

330000－1716－0014575　經補1000－12/
14575　經部/小學類/文字之屬/字書/字典

**康熙字典十二集三十六卷總目一卷檢字一卷
辨似一卷等韻一卷補遺一卷備考一卷**　（清）
張玉書等纂修　清刻本　二十二冊　缺十八

卷(丑集上、卯集下、未集中下、申集上中下、酉集上中下、戌集上中下、亥集上中下,補遺,備考)

330000－1716－0014576　史補 0793－4/14576　史部/傳記類/總傳之屬/仕宦
歷代名臣言行錄二十四卷　（清）朱桓輯　清光緒二十五年(1899)求新書局石印本　八冊

330000－1716－0014577　新補 0545/14577　新學/雜著/雜記
野蠻之精神一卷　（日本）松岡太一郎編（清）冷眼主人撰　清光緒二十八年(1902)鉛印本　一冊

330000－1716－0014578　史補 0793－3/14578　史部/傳記類/總傳之屬/仕宦
歷代名臣言行錄二十四卷　（清）朱桓輯　清光緒二十五年(1899)求新書局石印本　八冊

330000－1716－0014580　史補 0793－2/14580　史部/傳記類/總傳之屬/仕宦
歷代名臣言行錄二十四卷　（清）朱桓輯　清光緒二十八年(1902)上海寶善書局石印本　八冊

330000－1716－0014581　史補 0793－5/14581　史部/傳記類/總傳之屬/仕宦
歷代名臣言行錄二十四卷　（清）朱桓輯　清光緒二十九年(1903)經藝齋石印本　八冊

330000－1716－0014582　經補 1000－13/14582　經部/小學類/文字之屬/字書/字典
康熙字典十二集三十六卷總目一卷檢字一卷辨似一卷等韻一卷補遺一卷備考一卷　（清）張玉書等纂修　清刻本　二十二冊　缺十八卷(子集中、丑集中、寅集中下、卯集上下、辰集上下、巳集下、午集上下、未集上中、申集上中、酉集中,補遺,備考)

330000－1716－0014583　普叢 0304/14583　類叢部/叢書類/彙編之屬
寶顏堂秘笈二百二十八種　（明）陳繼儒編　明萬曆至泰昌繡水沈氏刻本　一冊　存六種

330000－1716－0014584　史補 0793－6/

14584　史部/傳記類/總傳之屬/仕宦
歷代名臣言行錄二十四卷　（清）朱桓輯　清末上海會文堂石印本　八冊

330000－1716－0014585　史補 0793－9/14585　史部/傳記類/總傳之屬/仕宦
歷代名臣言行錄二十四卷　（清）朱桓輯　清光緒二十八年(1902)鴻寶書局鉛印本　十二冊

330000－1716－0014586　史補 0793－8/14586　史部/傳記類/總傳之屬/仕宦
歷代名臣言行錄二十四卷　（清）朱桓輯　清光緒十五年(1889)上海廣百宋齋鉛印本　十二冊

330000－1716－0014587　子補 1454/14587　子部/醫家類/方書之屬/歷代方書
醫方集解二十三卷本草備要八卷　（清）汪昂撰　清光緒十七年(1891)上洋珍藝局鉛印本　六冊

330000－1716－0014588　史補 0793－7/14588　史部/傳記類/總傳之屬/仕宦
歷代名臣言行錄二十四卷　（清）朱桓輯　清光緒二十八年(1902)鴻寶書局鉛印本　十二冊

330000－1716－0014590　經補 1000－14/14590　經部/小學類/文字之屬/字書/字典
康熙字典十二集三十六卷總目一卷檢字一卷辨似一卷等韻一卷補遺一卷備考一卷　（清）張玉書等纂修　清道光七年(1827)刻本　三十冊　缺十二卷(丑集上、寅集下、辰集中下、巳集上中下、午集中上中下,檢字,辨似)

330000－1716－0014592　普叢 0314－1/14592　子部/雜著類/雜說之屬
香祖筆記十二卷　（清）王士禎撰　清刻王漁洋遺書本（卷七至九配抄本）　清□□批注　四冊　存一種

330000－1716－0014593　子補 1455/14593　子部/醫家類/方書之屬/歷代方書
醫方集解二十三卷本草備要八卷　（清）汪昂

撰　清光緒十七年（1891）上洋珍藝局鉛印本
一冊　存二十三卷（醫方集解一至二十三）

330000－1716－0014595　經補 1000－15/
14595　經部/小學類/文字之屬/字書/字典
康熙字典十二集三十六卷總目一卷檢字一卷
辨似一卷等韻一卷補遺一卷備考一卷　（清）
張玉書等纂修　清刻本　二十四冊　存二十
四卷（辰集上中下、巳集中下、午集中下、未集
上中下、申集上中下、酉集上中下、戌集上中
下、亥集上中下，補遺，備考）

330000－1716－0014596　子補 1986/14596
子部/小說家類/雜事之屬
世說新語三卷釋名一卷佚文一卷攷證一卷
（南朝宋）劉義慶撰　（南朝梁）劉孝標注　**引**
用書目一卷　葉德輝輯　**校勘小識二卷**　王
先謙撰　清光緒十七年（1891）思賢講舍刻本
六冊

330000－1716－0014601　史補 0793－10/
14601　史部/傳記類/總傳之屬/仕宦
歷代名臣言行錄二十四卷　（清）朱桓輯　清
光緒二十九年（1903）上海錦章書局石印本
八冊

330000－1716－0014602　普叢 0305－2/
14602　類叢部/叢書類/自著之屬
蕙風叢書七種附一種　況周頤撰　清光緒刻
民國十四年（1925）上海中國書店彙印本　三
冊　存二種

330000－1716－0014604　史補 0793－12/
14604　史部/傳記類/總傳之屬/仕宦
歷代名臣言行錄二十四卷　（清）朱桓輯　清
光緒二十一年（1895）上海宏文閣石印本
八冊

330000－1716－0014605　史補 0793－11/
14605　史部/傳記類/總傳之屬/仕宦
歷代名臣言行錄二十四卷首一卷　（清）朱桓
輯　清光緒二十九年（1903）京都博文齋石印
本　八冊

330000－1716－0014607　經補 1000－16/

14607　經部/小學類/文字之屬/字書/字典
康熙字典十二集三十六卷總目一卷檢字一卷
辨似一卷等韻一卷補遺一卷備考一卷　（清）
張玉書等纂修　清刻本　十七冊　存十九卷
（子集上、丑集上下、寅集上中下、巳集中下、
午集上中、未集上、申集上下、酉集上、卯集
中、戌集下，總目，檢字，辨似）

330000－1716－0014609　子補 3411/14609
子部/雜著類/雜纂之屬
重刻添補傳家寶俚言新本四集三十二卷
（清）石天基撰　清末石印本　四冊　存十一
卷（初集一至八、二集三至五）

330000－1716－0014610　經補 1000－17/
14610　經部/小學類/文字之屬/字書/字典
康熙字典十二集三十六卷總目一卷檢字一卷
辨似一卷等韻一卷補遺一卷備考一卷　（清）
張玉書等纂修　清刻本　二十六冊　缺十四
卷（卯集上中下、辰集上中下、巳集上中下、午
集中下，等韻，補遺，備考）

330000－1716－0014611　子補 1451/14611
子部/醫家類/溫病之屬/其他溫疫病證
溫病條辨六卷首一卷　（清）吳瑭撰　清光緒
十九年（1893）上海圖書集成印書局鉛印本
四冊

330000－1716－0014612　子補 1452/14612
子部/醫家類/溫病之屬/其他溫疫病證
溫病條辨六卷首一卷　（清）吳瑭撰　清光緒
十九年（1893）上海圖書集成印書局鉛印本
四冊

330000－1716－0014614　子補 1453/14614
子部/醫家類/溫病之屬/其他溫疫病證
溫病條辨六卷首一卷　（清）吳瑭撰　清光緒
十九年（1893）上海圖書集成印書局鉛印本
四冊

330000－1716－0014618　史補 0796－4/
14618　史部/傳記類/總傳之屬/斷代
國朝先正事略六十卷首一卷　（清）李元度撰
清光緒十二年（1886）鉛印本　十冊

330000 – 1716 – 0014619　經補 1000 – 19/14619　經部/小學類/文字之屬/字書/字典

康熙字典十二集三十六卷總目一卷檢字一卷辨似一卷等韻一卷補遺一卷備考一卷 （清）張玉書等纂修　清刻本　二十四冊　缺十六卷(丑集上下、寅集上、卯集中、午集上中下、未集中下、亥集下,總目,檢字,辨似,等韻,補遺,備考)

330000 – 1716 – 0014622　子補 2063/14622　子部/藝術類/書畫之屬/總論

甌鉢羅室書畫過目攷四卷首一卷附一卷 （清）李玉棻撰　清末上海江南圖書局石印本　四冊

330000 – 1716 – 0014626　史補 0796 – 3/14626　史部/傳記類/總傳之屬/斷代

國朝先正事略六十卷首一卷 （清）李元度撰　清光緒十五年(1889)上海廣百宋齋鉛印本　十冊

330000 – 1716 – 0014627　史補 0796 – 2/14627　史部/傳記類/總傳之屬/斷代

國朝先正事略六十卷 （清）李元度撰　清光緒十三年(1887)上海點石齋石印本　八冊

330000 – 1716 – 0014628　經補 1000 – 20/14628　經部/小學類/文字之屬/字書/字典

康熙字典十二集三十六卷總目一卷檢字一卷辨似一卷等韻一卷補遺一卷備考一卷 （清）張玉書等纂修　清刻本　十四冊　存十二卷(卯集上中下、辰集上、巳集上中下、午集下、申集中,等韻,補遺,備考)

330000 – 1716 – 0014630　史補 0796 – 1/14630　史部/傳記類/總傳之屬/斷代

國朝先正事略六十卷 （清）李元度撰　清光緒十三年(1887)上海點石齋石印本　八冊

330000 – 1716 – 0014632　史補 0796 – 5/14632　史部/傳記類/總傳之屬/斷代

國朝先正事略六十卷 （清）李元度撰　**續編八卷** 朱孔彰撰　清光緒山東官印書局鉛印本　十三冊　缺四卷(一至四)

330000 – 1716 – 0014637　史補 0797 – 1/14637　史部/編年類/通代之屬

御批歷代通鑑輯覽一百二十卷 （清）傅恒等撰　清光緒二十九年(1903)上洋天章書局石印本　二十冊

330000 – 1716 – 0014638　普類 0026/14638　類叢部/類書類/專類之屬

重編留青新集二十四卷 （清）馮善長輯　清光緒十六年(1890)上海鉛印本　十三冊　缺七卷(十二、十七至二十二)

330000 – 1716 – 0014642　史補 0797 – 4/14642　史部/編年類/通代之屬

御批歷代通鑑輯覽一百二十卷 （清）傅恒等撰　清光緒三十年(1904)上海經藝書局石印本　二十四冊

330000 – 1716 – 0014648　史補 0797 – 2/14648　史部/編年類/通代之屬

御批歷代通鑑輯覽一百二十卷 （清）傅恒等撰　清光緒二十九年(1903)京都博文齋石印本　三十二冊

330000 – 1716 – 0014652　史補 0797 – 3/14652　史部/編年類/通代之屬

御批歷代通鑑輯覽一百二十卷 （清）傅恒等撰　清光緒十三年(1887)上海同文書局石印本　二十冊

330000 – 1716 – 0014653　史補 0797 – 10/14653　史部/編年類/通代之屬

御批歷代通鑑輯覽一百二十卷 （清）傅恒等撰　清光緒十三年(1887)上海點石齋石印本　二十冊

330000 – 1716 – 0014656　經補 1000 – 21/14656　經部/小學類/文字之屬/字書/字典

康熙字典十二集三十六卷總目一卷檢字一卷辨似一卷等韻一卷補遺一卷備考一卷 （清）張玉書等纂修　清刻本　十四冊　存十四卷(午集上中下、未集中下、申集上下、酉集上中下、戌集上、亥集上中下)

330000 – 1716 – 0014657　集補 0842/14657

集部/別集類/清別集
藤香館啟蒙草一卷 （清）薛時雨撰　清同治七年(1868)刻本　一冊

330000 – 1716 – 0014660　經補 1000 – 22/14660　經部/小學類/文字之屬/字書/字典
康熙字典十二集三十六卷總目一卷檢字一卷辨似一卷等韻一卷補遺一卷備考一卷 （清）張玉書等纂修　清刻本　十二冊　存十二卷(子集中下、丑集上下、寅集中下、卯集上下、辰集中、巳集上中下)

330000 – 1716 – 0014663　經補 1000 – 23/14663　經部/小學類/文字之屬/字書/字典
康熙字典十二集三十六卷總目一卷檢字一卷辨似一卷等韻一卷補遺一卷備考一卷 （清）張玉書等纂修　清刻本　四冊　存四卷(子集中、丑集上、寅集下、申集中)

330000 – 1716 – 0014666　子補 1981/14666　子部/藝術類/書畫之屬/書法書品
書法摘要善本三卷篆法偏旁正訛歌一卷 (明)李登輯　（清）胡正言書　清同治九年(1870)蘇州小酉山房刻本　二冊

330000 – 1716 – 0014667　經補 1000 – 24/14667　經部/小學類/文字之屬/字書/字典
康熙字典十二集三十六卷總目一卷檢字一卷辨似一卷等韻一卷補遺一卷備考一卷 （清）張玉書等纂修　清道光七年(1827)刻本　九冊　存十五卷(子集上中下、丑集上中下、午集上、申集中下、酉集中、戌集下、總目,檢字,辨似,等韻)

330000 – 1716 – 0014668　史補 1435 – 5/14668　史部/史評類/考訂之屬
廿二史劄記三十六卷補遺一卷 （清）趙翼撰　清光緒二十五年(1899)上海千頃堂石印本　二冊　存十四卷(十四至二十、三十一至三十六,補遺)

330000 – 1716 – 0014669　史補 0797 – 11/14669　史部/編年類/通代之屬
御批歷代通鑑輯覽一百二十卷 （清）傅恒等撰　清光緒十三年(1887)上海同文書局石印本　二十冊

330000 – 1716 – 0014670　經補 1000 – 25/14670　經部/小學類/文字之屬/字書/字典
康熙字典十二集三十六卷總目一卷檢字一卷辨似一卷等韻一卷補遺一卷備考一卷 （清）張玉書等纂修　清刻本　五冊　存五卷(辰集中下、巳集上中下)

330000 – 1716 – 0014673　史補 0797 – 12/14673　史部/編年類/通代之屬
御批歷代通鑑輯覽一百二十卷 （清）傅恒等撰　清光緒三十一年(1905)上海商務印書館鉛印本　四十冊

330000 – 1716 – 0014674　史補 0277 – 4/14674　史部/史評類/史論之屬
二十四史論新編二十三卷 （清）朱鈞輯　清光緒二十八年(1902)自強學齋石印本　七冊　缺三卷(二十一至二十三)

330000 – 1716 – 0014676　子補 1478/14676　子部/醫家類/醫經之屬/內經
內經知要二卷 （清）李中梓輯並注　清光緒三十三年(1907)上海普新端記書局石印本　一冊

330000 – 1716 – 0014678　史補 0382 – 1/14678　史部/傳記類/總傳之屬/仕宦
歷代名臣言行錄二十四卷 （清）朱桓輯　清光緒二十四年(1898)掃葉山房石印本　七冊　缺三卷(十三至十五)

330000 – 1716 – 0014679　集補 1222 – 2/14679　集部/小說類/長篇之屬
增像全圖西漢演義四卷一百回 （明）甄偉撰　清光緒三十年(1904)上海書局石印本　董紹安題簽　二冊

330000 – 1716 – 0014681　經補 0688 – 25/14681　經部/春秋左傳類/傳說之屬
東萊博議四卷 （宋）呂祖謙撰　清光緒二十四年(1898)保陽酉山堂刻本　四冊

330000 – 1716 – 0014682　子補 1481/14682　子部/醫家類/綜合之屬/通論

婆心佛手編不分卷 （清）周伏生輯 清光緒三十年(1904)石印本 一冊

330000－1716－0014684 普集 1872－5/14684 集部/小說類/長篇之屬

新刻劍嘯閣批評西漢演義傳八卷 （明）甄偉撰 清經元堂刻本 五冊 存五卷(一至二、四至六)

330000－1716－0014690 子補 1983/14690 子部/藝術類/書畫之屬/畫譜

芥子園畫傳初集六卷二集九卷三集四卷續集二卷 （清）王槩 （清）王蓍 （清）王臬輯 清光緒十三年至十四年(1887－1888)鴻文書局石印本 十二冊 缺二卷(續集一至二)

330000－1716－0014691 子補 1482/14691 子部/醫家類/綜合之屬/通論

婆心佛手編不分卷 （清）周伏生輯 清光緒三十年(1904)石印本 一冊

330000－1716－0014692 集補 2947/14692 集部/總集類/課藝之屬

館律分韻初編六卷 （清）春暉閣主人輯 清末石印本 二冊 存二卷(二、五)

330000－1716－0014693 普叢 0205－3/14693 類叢部/叢書類/彙編之屬

增訂漢魏叢書八十六種 （清）王謨編 清乾隆五十六年(1791)金谿王氏刻本 張書紳題記 四冊 存一種

330000－1716－0014694 子補 1485/14694 子部/醫家類/綜合之屬/通論

婆心佛手編不分卷 （清）周伏生輯 清光緒三十年(1904)石印本 一冊

330000－1716－0014703 子補 1998/14703 子部/工藝類/文房四寶之屬/叢錄

今文房四譜一卷 （清）謝崧梁撰 清光緒十六年(1890)湘鄉謝氏孿經榭刻本 一冊

330000－1716－0014704 普叢 0437－6/14704 類叢部/叢書類/自著之屬

隨園三十種 （清）袁枚撰 清刻本 八冊 存一種

330000－1716－0014707 子補 1999/14707 子部/工藝類/日用器物之屬/陶瓷

景德鎮陶録十卷 （清）藍浦撰 （清）鄭廷桂補輯 清同治九年(1870)昌南鄭氏刻本 三冊 缺二卷(九至十)

330000－1716－0014708 子補 1480/14708 子部/醫家類/本草之屬/歷代綜合本草

珍珠囊指掌補遺藥性賦四卷 （金）李杲輯 雷公炮製藥性解六卷 （清）李中梓輯 清光緒三十三年(1907)錦文堂石印本 一冊 存四卷(珍珠囊指掌補遺藥性賦一至四)

330000－1716－0014712 子補 1484/14712 子部/醫家類/本草之屬/歷代綜合本草

珍珠囊指掌補遺藥性賦四卷 （金）李杲輯 雷公炮製藥性解六卷 （清）李中梓輯 清光緒三十一年(1905)福記書局石印本 一冊 存四卷(珍珠囊指掌補遺藥性賦一至四)

330000－1716－0014713 集補 2450－116/14713 集部/小說類/長篇之屬

增像全圖三國演義十六卷一百二十回首一卷 （明）羅貫中撰 （清）毛宗崗評 清光緒三十三年(1907)上海鴻寶書局石印本 二冊 存五卷(一至四、首)

330000－1716－0014717 地獻 1458－3/14717 史部/史評類/史學之屬

文史通義內篇一卷外篇二卷雜篇二卷 （清）章學誠撰 清刻本 一冊

330000－1716－0014724 子補 1490/14724 子部/醫家類/醫話醫論之屬

冷廬醫話五卷 （清）陸以湉撰 清光緒二十三年(1897)烏程龐元澂刻本 壽鵬雲題記 二冊

330000－1716－0014725 集補 1782/14725 集部/小說類/長篇之屬

增評補像全圖金玉緣一百二十回首一卷 （清）曹霑 （清）高鶚撰 清光緒三十四年(1908)求不負齋石印本 六冊 存四十九回(一、二十五至四十八、五十七至六十四、七十三至八十八)

330000 – 1716 – 0014726　　地獻 1606 – 1/14726　集部/別集類/清別集

宛委山人詩集殘本一卷　（清）劉正誼撰　清刻本　一冊

330000 – 1716 –0014731　　集補 1231/14731　集部/小說類/長篇之屬

品花寶鑑六十回　（清）陳森撰　清刻本　二十冊

330000 – 1716 –0014734　　子補 1486/14734　子部/醫家類/醫經之屬/難經

校正圖注八十一難經四卷　（明）張世賢注　**校正圖注脈訣四卷**　（晉）王叔和撰　（明）張世賢注　**校正瀕湖脈學一卷奇經八脈考一卷**　（明）李時珍撰輯　清上海受古書店石印本　五冊

330000 – 1716 –0014736　　集補 1230 – 2/14736　集部/小說類/長篇之屬

花月痕全書十六卷五十二回　（清）魏秀仁撰　（清）棲霞居士評　清光緒三十四年（1908）上海普新端記書局石印本　楳華題簽　一冊　存四卷（一至四）

330000 – 1716 –0014737　　子補 1487/14737　子部/醫家類/診法之屬/脈經脈訣

脈經十卷　題（晉）王叔和撰　清上海進化書局石印本　六冊

330000 – 1716 –0014741　　子補 1491/14741　子部/醫家類/醫話醫論之屬

冷廬醫話五卷　（清）陸以湉撰　清光緒二十三年（1897）烏程龐元澂刻本　松廬題記　四冊

330000 – 1716 –0014742　　史補 0799 – 2/14742　史部/編年類/通代之屬

重訂王鳳洲先生綱鑑會纂四十六卷續宋元紀二十三卷　（明）王世貞撰　（明）陳仁錫訂　**御撰資治通鑑綱目三編四卷**　（清）張廷玉等撰　清末石印本　三冊

330000 – 1716 –0014744　　經補 1000 – 35/14744　經部/小學類/文字之屬/字書/字典

康熙字典十二集三十六卷總目一卷檢字一卷辨似一卷等韻一卷補遺一卷備考一卷　（清）張玉書等纂修　清光緒十六年（1890）上海同文書局石印本　六冊

330000 – 1716 – 0014745　　子補 1492/14745　子部/醫家類/綜合之屬/通論

醫宗說約六卷首一卷　（清）蔣示吉撰　清光緒三十三年（1907）上海善記書莊石印本　四冊

330000 – 1716 – 0014748　　經補 1000 – 36/14748　經部/小學類/文字之屬/字書/字典

康熙字典十二集三十六卷總目一卷檢字一卷辨似一卷等韻一卷補遺一卷備考一卷　（清）張玉書等纂修　清光緒二十年（1894）上海文寶局石印本　六冊

330000 – 1716 – 0014752　　經補 1000 – 37/14752　經部/小學類/文字之屬/字書/字典

康熙字典十二集三十六卷總目一卷檢字一卷辨似一卷等韻一卷補遺一卷備考一卷　（清）張玉書等纂修　清光緒十六年（1890）上洋鴻寶齋石印本　六冊

330000 – 1716 – 0014753　　經補 1000 – 38/14753　經部/小學類/文字之屬/字書/字典

康熙字典十二集三十六卷總目一卷檢字一卷辨似一卷等韻一卷補遺一卷備考一卷　（清）張玉書等纂修　清光緒十八年（1892）上海同文書局石印本　六冊

330000 – 1716 – 0014754　　集補 1230 – 1/14754　集部/小說類/長篇之屬

花月痕全書十六卷五十二回　（清）魏秀仁撰　（清）棲霞居士評　清光緒三十一年（1905）上海育文書局石印本　陳□□題簽　一冊

330000 – 1716 – 0014756　　經補 1000 – 39/14756　經部/小學類/文字之屬/字書/字典

康熙字典十二集三十六卷總目一卷檢字一卷辨似一卷等韻一卷補遺一卷備考一卷　（清）張玉書等纂修　清末上海鴻寶書局石印本　六冊

330000－1716－0014757　　經補 1000－40/14757　　經部/小學類/文字之屬/字書/字典

康熙字典十二集三十六卷總目一卷檢字一卷辨似一卷等韻一卷補遺一卷備考一卷　（清）張玉書等纂修　清末上海鴻寶書局石印本　六冊

330000－1716－0014758　　經補 1000－47/14758　　經部/小學類/文字之屬/字書/字典

康熙字典十二集三十六卷總目一卷檢字一卷辨似一卷等韻一卷補遺一卷備考一卷　（清）張玉書等纂修　清末上海商務印書館石印本　七冊

330000－1716－0014759　　子補 1987/14759　　子部/宗教類/道教之屬

性命圭旨四卷　（西周)尹真人秘授　清一山房刻本　四冊

330000－1716－0014760　　經補 1000－45/14760　　經部/小學類/文字之屬/字書/字典

康熙字典十二集三十六卷總目一卷檢字一卷辨似一卷等韻一卷補遺一卷備考一卷　（清）張玉書等纂修　清末上海商務印書館石印本　七冊

330000－1716－0014761　　集補 1336－3/14761　　集部/小說類/短篇之屬

聊齋志異十六卷　（清)蒲松齡撰　（清)王士禛評　清刻本　三冊　存三卷(三、十至十一)

330000－1716－0014763　　經補 1000－46/14763　　經部/小學類/文字之屬/字書/字典

康熙字典十二集三十六卷總目一卷檢字一卷辨似一卷等韻一卷補遺一卷備考一卷　（清）張玉書等纂修　清光緒二十五年(1899)上海慎記書莊石印本　六冊

330000－1716－0014764　　集補 1228/14764　　集部/小說類/長篇之屬

七俠五義傳二十四卷一百二十回　（清)石玉崑撰　（清)俞樾重編　清光緒十五年(1889)上海廣百宋齋鉛印本　六冊

330000－1716－0014767　　子補 1988/14767　　子部/術數類/命書相書之屬

相理衡真十卷首一卷　（清)陳釗撰　清英德堂刻本　五冊

330000－1716－0014768　　經補 1000－41/14768　　經部/小學類/文字之屬/字書/字典

康熙字典十二集三十六卷總目一卷檢字一卷辨似一卷等韻一卷補遺一卷備考一卷　（清）張玉書等纂修　清末上海鴻寶書局石印本　六冊

330000－1716－0014769　　子補 1770/14769　　子部/醫家類/醫案之屬

葉選醫衡二卷　（清)葉桂輯　清宣統二年(1910)上海文瑞樓石印本　一冊

330000－1716－0014771　　子補 1989/14771　　子部/宗教類/道教之屬

指玄篇木其律詩十六首一卷指玄篇絕句詩三十二首一卷　題(唐)呂嵓撰　（清)滄海老人本誠子祕注　清屠蓮鍧刻本　一冊

330000－1716－0014772　　經補 1000－42/14772　　經部/小學類/文字之屬/字書/字典

康熙字典十二集三十六卷總目一卷檢字一卷辨似一卷等韻一卷補遺一卷備考一卷　（清）張玉書等纂修　清末上海鴻寶書局石印本　六冊

330000－1716－0014774　　經補 1000－43/14774　　經部/小學類/文字之屬/字書/字典

康熙字典十二集三十六卷總目一卷檢字一卷辨似一卷等韻一卷補遺一卷備考一卷　（清）張玉書等纂修　清末石印本　五冊　缺十二卷(子集上中下,丑集上中下,總目,檢字,辨似,等韻,補遺,備考)

330000－1716－0014778　　集補 0989－13/14778　　集部/總集類/選集之屬/通代

古唐詩合解古詩四卷唐詩十二卷　（清)王堯衢注　清刻本　二冊　存十卷(古詩一至四、唐詩七至十二)

330000－1716－0014780　　子補 1772/14780

子部/醫家類/綜合之屬/通論

訂正東醫寶鑑二十三卷目録二卷 （朝鮮）許浚撰　清光緒上海校經山房石印本　十六冊

330000 – 1716 – 0014782　集補 1336 – 16/14782　集部/小說類/短篇之屬

聊齋志異十六卷 （清）蒲松齡撰　（清）王士禛評　清刻本　一冊　存一卷（七）

330000 – 1716 – 0014783　子補 1991/14783　子部/術數類/命書相書之屬

命相指迷三種　清道光十二年（1832）滄浪亭藏書樓刻本　一冊

330000 – 1716 – 0014784　子補 1774/14784　子部/醫家類/本草之屬/歷代綜合本草

本草備要八卷重校舊本湯頭歌訣一卷 （清）汪昂撰　清宣統三年（1911）上海會文堂梓記石印本　一冊　存一卷（湯頭歌訣）

330000 – 1716 – 0014785　子補 1990/14785　子部/宗教類/道教之屬

象言破疑二卷 （清）劉一明撰　清嘉慶二十二年（1817）湖南常德府護國庵熊來中刻本　一冊

330000 – 1716 – 0014786　地獻 2031/14786　史部/地理類/方志之屬/郡縣志

會稽縣志金石志目録一卷　清抄本　一冊

330000 – 1716 – 0014788　子補 1776/14788　子部/醫家類/方書之屬/單方驗方

醫方湯頭歌訣一卷 （清）汪昂撰　清光緒二十二年（1896）上海圖書集成局鉛印本　一冊

330000 – 1716 – 0014789　子補 1992/14789　子部/宗教類/道教之屬

道書二十三種 （清）劉一明撰　清光緒三年至六年（1877 – 1880）上海翼化堂刻本　一冊　存一種

330000 – 1716 – 0014791　子補 1777/14791　子部/醫家類/方書之屬/單方驗方

醫方湯頭歌訣一卷 （清）汪昂撰　清宣統元年（1909）上海千頃堂石印本　一冊

330000 – 1716 – 0014794　經補 1000 – 48/14794　經部/小學類/文字之屬/字書/字典

康熙字典十二集三十六卷總目一卷檢字一卷辨似一卷等韻一卷補遺一卷備考一卷 （清）張玉書等纂修　清光緒十三年（1887）上海積山書局石印本　孟少堂題記　六冊

330000 – 1716 – 0014797　子補 1778/14797　子部/醫家類/方書之屬/單方驗方

醫方湯頭歌訣一卷 （清）汪昂撰　清宣統元年（1909）上海千頃堂石印本　一冊

330000 – 1716 – 0014800　子補 1791/14800　子部/醫家類/綜合之屬/雜著

筆花醫鏡四卷 （清）江涵暾撰　清同治十二年（1873）同善堂刻本　一冊

330000 – 1716 – 0014801　集補 0726 – 3/14801　集部/曲類/彈詞之屬

安邦志八卷定國志八卷　清宣統二年（1910）上海章福記書局石印本　二冊　存二卷（定國志六至七）

330000 – 1716 – 0014802　集補 1233/14802　集部/小說類/長篇之屬

鏡花緣一百回 （清）李汝珍撰　清末鉛印本　一冊　存九回（六十九至七十七）

330000 – 1716 – 0014803　子補 1792/14803　子部/醫家類/綜合之屬/雜著

筆花醫鏡四卷 （清）江涵暾撰　清同治十二年（1873）同善堂刻本　一冊

330000 – 1716 – 0014808　子補 1793/14808　子部/醫家類/本草之屬/歷代綜合本草

珍珠囊指掌補遺藥性賦四卷 （金）李杲輯
雷公炮製藥性解六卷 （清）李中梓輯　清宣統三年（1911）上海會文堂書局石印本　一冊　缺三卷（雷公炮製藥性解一至三）

330000 – 1716 – 0014809　子補 3408/14809　子部/藝術類/篆刻之屬/印譜

印學辨體不分卷 （清）汪一燊篆　清刻鈐印本　一冊

330000 – 1716 – 0014810　子補 1794/14810

子部／醫家類／本草之屬／歷代綜合本草

珍珠囊指掌補遺藥性賦四卷 （金）李杲輯
雷公炮製藥性解六卷 （清）李中梓輯 清宣
統三年(1911)上海會文堂書局石印本 一冊

330000－1716－0014812 子補 1795/14812
子部／醫家類／本草之屬／歷代綜合本草

珍珠囊指掌補遺藥性賦四卷 （金）李杲輯
雷公炮製藥性解六卷 （清）李中梓輯 清末
校經山房石印本 二冊

330000－1716－0014814 經補 1000－52/
14814 經部／小學類／文字之屬／字書／字典

**康熙字典十二集三十六卷總目一卷檢字一卷
辨似一卷等韻一卷補遺一卷備考一卷** （清）
張玉書等纂修 清光緒二十年(1894)上海點
石齋石印本 六冊

330000－1716－0014815 子補 1993/14815
子部／醫家類／類編之屬

**圖注八十一難經辨真四卷圖注脈訣辨真四卷
脈訣附方一卷** （明）張世賢撰 清刻本
五冊

330000－1716－0014816 子補 1796/14816
子部／醫家類／本草之屬／歷代綜合本草

珍珠囊指掌補遺藥性賦四卷 （金）李杲輯
雷公炮製藥性解六卷 （清）李中梓輯 清宣
統三年(1911)上海會文堂書局石印本 四冊

330000－1716－0014817 集補 3247－3/
14817 集部／小說類／短篇之屬

三續聊齋志異十卷 （清）王韜撰 清光緒石
印本 一冊 存二卷(三至四)

330000－1716－0014819 普 類 0093－4/
14819 類叢部／類書類／專類之屬

浙省策學備用二卷 （清）荊花館主人編 清
光緒二十八年(1902)刻本 一冊

330000－1716－0014821 子補 1994/14821
子部／醫家類／類編之屬

圖注難經脈訣二種六卷 清務本堂刻本 一
冊 存一種

330000－1716－0014822 集補 1244/14822

集部／小說類／長篇之屬

改良繪圖施公案十集□□卷□□回 清宣統
三年(1911)上海書局石印本 二十三冊 存
二十二卷(二集一至六、三集一至二、四集一
至二、五集一至二、六集一至二、七集一至二、
八集一至二、九集一至二、十集一至二)

330000－1716－0014823 子補 1995/14823
子部／醫家類／類編之屬

**圖注八十一難經辨真四卷圖注脈訣辨真四卷
脈訣附方一卷** （明）張世賢撰 清刻本 二
冊 存四卷(一至四)

330000－1716－0014824 子補 1996/14824
子部／醫家類／類編之屬

**圖注八十一難經辨真四卷圖注脈訣辨真四卷
脈訣附方一卷** （明）張世賢撰 清刻本 二
冊 存四卷(一至四)

330000－1716－0014825 經補 1000－53/
14825 經部／小學類／文字之屬／字書／字典

**康熙字典十二集三十六卷總目一卷檢字一卷
辨似一卷等韻一卷補遺一卷備考一卷** （清）
張玉書等纂修 清光緒十年(1884)上海同文
書局石印本 六冊

330000－1716－0014826 子補 1307－3/
14826 子部／農家農學類／總論之屬

重訂增補陶朱公致富全書四卷 （明）陳繼儒
輯 （清）石巖逸叟增補 清刻本 二冊 存
二卷(二至三)

330000－1716－0014827 經補 1000－54/
14827 經部／小學類／文字之屬／字書／字典

**康熙字典十二集三十六卷總目一卷檢字一卷
辨似一卷等韻一卷補遺一卷備考一卷** （清）
張玉書等纂修 清末石印本 六冊

330000－1716－0014828 集補 3247－21/
14828 集部／小說類／短篇之屬

聊齋志異評注十六卷 （清）蒲松齡撰 （清）
王士禛評 清刻本 一冊 存一卷(十一)

330000－1716－0014829 經補 1000－55/
14829 經部／小學類／文字之屬／字書／字典

康熙字典十二集三十六卷總目一卷檢字一卷辨似一卷等韻一卷補遺一卷備考一卷 （清）張玉書等纂修　清光緒六年(1880)上海點石齋石印本　四冊

330000－1716－0014832　　集補 0008－9/14832　集部/小說類/長篇之屬
東周列國志二十七卷首一卷一百八回 （清）蔡奡評點　清末鉛印本　四冊　存十三卷（十一至十九、二十四至二十七）

330000－1716－0014835　　經補 1000－56/14835　經部/小學類/文字之屬/字書/字典
康熙字典十二集三十六卷總目一卷檢字一卷辨似一卷等韻一卷補遺一卷備考一卷 （清）張玉書等纂修　清光緒七年(1881)上海點石齋石印本　四冊

330000－1716－0014836　集補 1243/14836　集部/小說類/長篇之屬
增圖續小五義六卷一百二十四回 （清）石玉崑撰　清末簡青齋書局石印本　六冊

330000－1716－0014837　子補 1779/14837　子部/醫家類/醫經之屬/難經
校正圖注八十一難經四卷 （明）張世賢注
校正圖注脈訣四卷 （晉）王叔和撰　（明）張世賢注　**校正瀕湖脈學一卷奇經八脈考一卷** （明）李時珍撰輯　清末上海姚文海書局石印本　四冊

330000－1716－0014839　　經補 1000－57/14839　經部/小學類/文字之屬/字書/字典
康熙字典十二集三十六卷總目一卷檢字一卷辨似一卷等韻一卷補遺一卷備考一卷 （清）張玉書等纂修　清光緒十四年(1888)上海點石齋石印本　二冊

330000－1716－0014841　　經補 1000－58/14841　經部/小學類/文字之屬/字書/字典
康熙字典十二集三十六卷總目一卷檢字一卷辨似一卷等韻一卷補遺一卷備考一卷 （清）張玉書等纂修　清光緒十四年(1888)上海點石齋石印本　二冊

330000－1716－0014843　　普子 2003/14843　類叢部/類書類/通類之屬
淵鑑類函四百五十卷目録四卷 （清）張英等輯　清清吟堂刻本　九十四冊　存三百十卷（四至十三、十七至六十、九十六至一百五十六、二百二十至二百八十八、三百十八至三百七十九、三百九十一至四百五十，目録一至四）

330000－1716－0014850　子補 1781/14850　子部/醫家類
證治集解四卷 （清）龐潤田撰　清光緒十七年(1891)誠心堂刻本　四冊

330000－1716－0014852　　集補 0071－3/14852　集部/曲類/彈詞之屬
繡像六美圖中外緣八卷七十六回 清末石印本　四冊　存四卷(二至五)

330000－1716－0014855　　子補 2001/14855　子部/醫家類/方書之屬/歷代方書
活人方彙編七卷 （清）林開燧撰　清同治八年(1869)刻本　三冊　存三卷(三、五至六)

330000－1716－0014856　　子補 1801/14856　子部/醫家類/方書之屬/單方驗方
醫方湯頭歌訣一卷續編一卷 （清）汪昂撰（清）嚴雲增輯　清末上海千頃堂書局石印本　一冊

330000－1716－0014861　子補 1802/14861　子部/醫家類/方書之屬/單方驗方
醫方湯頭歌訣一卷續編一卷 （清）汪昂撰（清）嚴雲增輯　清末上海千頃堂書局石印本　一冊

330000－1716－0014862　子補 1803/14862　子部/醫家類/方書之屬/單方驗方
醫方湯頭歌訣一卷續編一卷 （清）汪昂撰（清）嚴雲增輯　清末上海千頃堂書局石印本　一冊

330000－1716－0014863　子補 1804/14863　子部/醫家類/方書之屬/單方驗方
醫方湯頭歌訣一卷續編一卷 （清）汪昂撰

（清）嚴雲增輯　清末上海千頃堂書局石印本
　一冊

330000－1716－0014868　經補1000－59/
14868　經部/小學類/文字之屬/字書/字典
**康熙字典十二集三十六卷總目一卷檢字一卷
辨似一卷等韻一卷補遺一卷備考一卷**　（清）
張玉書等纂修　清光緒三十四年（1908）上海
集成圖書公司鉛印本　十一冊　缺五卷（亥
集上中下、補遺、備考）

330000－1716－0014870　經補1000－61/
14870　經部/小學類/文字之屬/字書/字典
**康熙字典十二集三十六卷總目一卷檢字一卷
辨似一卷等韻一卷補遺一卷備考一卷**　（清）
張玉書等纂修　清光緒三十三年（1907）上海
鴻文書局石印本　五冊　缺九卷（寅集上中
下、卯集上中下、辰集上中下）

330000－1716－0014872　集補1870/14872
集部/小說類/長篇之屬
第一才子書六十卷首一卷一百二十回　（明）
羅貫中撰　（清）毛宗崗評　清咸豐三年
（1853）常熟珍藝堂刻本　董紹安題簽並記
二十冊

330000－1716－0014873　經補1000－62/
14873　經部/小學類/文字之屬/字書/字典
**康熙字典十二集三十六卷總目一卷檢字一卷
辨似一卷等韻一卷補遺一卷備考一卷**　（清）
張玉書等纂修　清光緒六年（1880）上海點石
齋石印本　四冊

330000－1716－0014874　普集1859/14874
集部/總集類/選集之屬/通代
御選唐宋詩醇四十七卷目錄二卷　（清）高宗
弘曆輯　清乾隆二十五年（1760）紫陽書院刻
本　九冊　存十八卷（一至六、十三至十六、
二十四至二十七、三十二至三十三、四十六至
四十七）

330000－1716－0014875　普集1872－4/
14875　集部/小說類/長篇之屬
新刻劍嘯閣批評西漢演義傳八卷　（明）甄偉
撰　清刻本　一冊　存一卷（一）

330000－1716－0014876　子補2687/14876
子部/小說家類/雜事之屬
庸閒齋筆記十二卷　（清）陳其元撰　清宣統
三年（1911）掃葉山房石印本　四冊

330000－1716－0014880　古越0595/14880
類叢部/叢書類/自著之屬
王漁洋遺書三十八種　（清）王士禛撰　清刻
本　五十二冊　存二十四種

330000－1716－0014884　史補0773/14884
史部/史評類/史論之屬
新輯分類史論大成十九卷首一卷　（清）孫廷
翰鑒定　題（清）海濱行素生輯　清末石印本
　十四冊　存十四卷（二至七、十至十一、十
三至十六、十八至十九）

330000－1716－0014886　集補2932/14886
集部/小說類/短篇之屬
新編宋文忠公蘇學士東坡詩話三卷　清刻本
　一冊

330000－1716－0014887　集補0008－59/
14887　集部/小說類/長篇之屬
繡像東周列國志二十七卷一百八回　（清）蔡
奡評點　清光緒三十一年（1905）上海商務印
書館鉛印本　七冊　存十八卷（四至九、十四
至二十三、二十六至二十七）

330000－1716－0014888　子補1805/14888
子部/醫家類/方書之屬/單方驗方
醫方湯頭歌訣一卷　（清）汪昂撰　清宣統元
年（1909）上海千頃堂石印本　一冊

330000－1716－0014890　子補0123－5/
14890　子部/醫家類/綜合之屬
本草醫方合編　（清）汪昂編　清末上海錦章
書局石印本　一冊　存一卷（重校舊本湯頭
歌訣）

330000－1716－0014893　經補1000－63/
14893　經部/小學類/文字之屬/字書/字典
**康熙字典十二集三十六卷總目一卷檢字一卷
辨似一卷等韻一卷補遺一卷備考一卷**　（清）
張玉書等纂修　清光緒二十年（1894）上海點

石齋石印本　六冊

330000－1716－0014897　經補 1000－64/14897　經部/小學類/文字之屬/字書/字典

康熙字典十二集三十六卷總目一卷檢字一卷辨似一卷等韻一卷補遺一卷備考一卷 （清）張玉書等纂修　清光緒二十年(1894)上海點石齋石印本　五冊　缺六卷(酉集上中下、戌集上中下)

330000－1716－0014902　子補 0041－5/14902　子部/藝術類/遊藝之屬/雜藝

鵝幻彙編(中外戲法圖說)十二卷 （清）唐再豐撰　清末石印本　三冊

330000－1716－0014904　子補 2006/14904　子部/醫家類/方書之屬/單方驗方

絳雪園古方選注不分卷得宜本草一卷 （清）王子接輯　清雍正九年(1731)綠蔭堂刻本　二冊

330000－1716－0014906　古越 0767/14906　史部/地理類/山川之屬/水志

長江圖說十二卷首一卷 （清）馬徵麟等撰　清同治十年(1871)湖北崇文書局刻本(卷一至二原缺)　三冊　存五卷(九至十二、首)

330000－1716－0014907　子補 2008/14907　子部/醫家類/方書之屬/單方驗方

簡便彙集二卷 （清）姚柳居撰　清道光二十八年(1848)刻本　一冊

330000－1716－0014909　集補 2450－42/14909　集部/小說類/長篇之屬

第一才子書繡像三國志演義六十卷一百二十回首一卷 （明）羅貫中撰　（清）毛宗崗評　清光緒三十年(1904)上海商務印書館鉛印本　五冊　存三十八卷(二十三至六十)

330000－1716－0014913　子補 1788/14913　子部/醫家類/綜合之屬/雜著

筆花醫鏡四卷 （清）江涵暾撰　清光緒三十四年(1908)上海廣益書局石印本　一冊　存二卷(一至二)

330000－1716－0014915　集補 2931/14915

集部/曲類/彈詞之屬

孝義真蹟珍珠塔二十四回 （清）周殊士撰　清同治八年(1869)方來堂刻本　一冊　存四回(十三至十六)

330000－1716－0014916　子補 1790/14916　子部/醫家類/綜合之屬/雜著

筆花醫鏡四卷 （清）江涵暾撰　清刻本　清梅花主人題記　一冊

330000－1716－0014917　新補 0597－2/14917　新學/格致總

時務通考三十一卷 （清）王奇英等編　清光緒二十三年(1897)上海點石齋石印本　二十一冊　存二十七卷(一至十六、十八至二十八)

330000－1716－0014918　子補 1789/14918　子部/醫家類/綜合之屬/合刻、合抄

筆花片石合刻二種七卷 （清）良卿氏編　清光緒十八年(1892)上海中西書局石印本　一冊

330000－1716－0014920　古越 0599/14920　類叢部/叢書類/自著之屬

焦氏叢書九種附一種 （清）焦循撰　清嘉慶至道光江都焦氏雕菰樓刻本　十四冊　存二種

330000－1716－0014922　經補 0855－2/14922　經部/孝經類/傳說之屬

孝經旁訓一卷 （清）孫傳澂訂　清光緒三十一年(1905)紹興墨潤堂鉛印本　李克贊題簽　一冊

330000－1716－0014923　經補 1000－67/14923　經部/小學類/文字之屬/字書/字典

康熙字典十二集三十六卷總目一卷檢字一卷辨似一卷等韻一卷補遺一卷備考一卷 （清）張玉書等纂修　清光緒二十年(1894)上海點石齋石印本　四冊　缺十二卷(巳集上中下、午集上中下、酉集上中下、戌集上中下)

330000－1716－0014924　子補 2009/14924　子部/醫家類/方書之屬/單方驗方

幾希録續刻一卷附集經驗諸方一卷 （清）金
纓撰　佐治藥言一卷續一卷 （清）汪輝祖撰
　清光緒五年（1879）錢塘唐恭安刻本　一冊

330000－1716－0014926　子補 1811/14926
子部/醫家類/方書之屬/單方驗方
新輯湯頭歌訣一卷 （清）張仁敏輯　清宣統
元年（1909）鴻才書莊石印本　一冊

330000－1716－0014928　古越 0698/14928
類叢部/叢書類/彙編之屬
學津討原一百七十三種 （清）張海鵬編　清
嘉慶十年（1805）虞山張氏照曠閣刻本　三冊
存二種

330000－1716－0014929　經補 1000－68/
14929　經部/小學類/文字之屬/字書/字典
康熙字典十二集三十六卷總目一卷檢字一卷
辨似一卷等韻一卷補遺一卷備考一卷 （清）
張玉書等纂修　清光緒二十年（1894）上海點
石齋石印本　四冊　缺十五卷（寅集上中下、
卯集上中下、辰集上中下、酉集上中下、戌集
上中下）

330000－1716－0014932　子補 2011/14932
子部/小說家類/雜事之屬
世說新語補二十卷附釋名一卷 （南朝宋）劉
義慶撰　（南朝梁）劉孝標注　（明）何良俊增
補　（明）王世貞刪定　（明）王世懋批釋
（明）張文柱校注　清乾隆二十七年（1762）黃
汝琳茂清書屋刻本　六冊

330000－1716－0014933　經補 1000－69/
14933　經部/小學類/文字之屬/字書/字典
康熙字典十二集三十六卷總目一卷檢字一卷
辨似一卷等韻一卷補遺一卷備考一卷 （清）
張玉書等纂修　清光緒二十年（1894）上海點
石齋石印本　四冊　缺十二卷（巳集上中下、
午集上中下、酉集上中下、戌集上中下）

330000－1716－0014934　集補 2450－51/
14934　集部/小說類/長篇之屬
第一才子書繡像三國志演義六十卷一百二十
回首一卷 （明）羅貫中撰　（清）毛宗崗評
清光緒三十年（1904）上海商務印書館鉛印本

四冊　存三十一卷（一至二十二、五十三至
六十,首）

330000－1716－0014935　集補 2927/14935
集部/小說類/長篇之屬
原本海公大紅袍傳六十卷六十回　題（明）李
春芳編　清刻本　一冊　存三卷（四十三至
四十五）

330000－1716－0014936　集補 2450－49/
14936　集部/小說類/長篇之屬
第一才子書繡像三國志演義六十卷一百二十
回首一卷 （明）羅貫中撰　（清）毛宗崗評
清光緒三十年（1904）上海商務印書館鉛印本
　二冊　存十五卷（一至六、五十三至六十,
首）

330000－1716－0014937　子補 2323－5/
14937　子部/術數類/陰陽五行之屬
增廣玉匣記通書六卷　清末石印本　一冊

330000－1716－0014940　集補 1883/14940
集部/小說類/短篇之屬
聊齋志異新評十六卷 （清）蒲松齡撰　（清）
王士禛評 （清）呂湛恩注 （清）但明倫批
清光緒七年（1881）禪山近文堂刻朱墨套印本
　十六冊

330000－1716－0014941　史補 0797－5/
14941　史部/編年類/通代之屬
御批歷代通鑑輯覽一百二十卷 （清）傅恒等
撰　清光緒九年（1883）上海同文書局石印本
　十六冊

330000－1716－0014942　史補 0797－7/
14942　史部/編年類/通代之屬
御批歷代通鑑輯覽一百二十卷 （清）傅恒等
撰　清光緒九年（1883）上海同文書局石印本
　十六冊

330000－1716－0014943　子補 2813/14943
子部/雜著類/雜纂之屬
記聞類編十四卷　蔡爾康輯　清光緒三年
（1877）上海印書局鉛印本　六冊

330000－1716－0014944　史補 0797－6/

14944　史部/編年類/通代之屬

御批歷代通鑑輯覽一百二十卷　（清）傅恒等撰　清光緒九年(1883)上海同文書局石印本　十六冊

330000－1716－0014946　集補 2450－39/14946　集部/小說類/長篇之屬

第一才子書六十卷首一卷一百二十回　（明）羅貫中撰　（清）毛宗崗評　清光緒二十一年(1895)上海十萬卷樓鉛印暨石印本　十二冊

330000－1716－0014948　集補 2450－130/14948　集部/小說類/長篇之屬

增像全圖三國志演義第一才子書十六卷一百二十回首一卷　（明）羅貫中撰　（清）毛宗崗評　清光緒三十三年(1907)上海文新局石印本　七冊　缺二卷(十五至十六)

330000－1716－0014949　史補 0797－8/14949　史部/編年類/通代之屬

御批歷代通鑑輯覽一百二十卷　（清）傅恒等撰　清光緒九年(1883)上海同文書局石印本　十六冊

330000－1716－0014950　史補 0798/14950　史部/編年類/通代之屬

御批歷代通鑑輯覽一百二十卷　（清）傅恒等撰　清光緒九年(1883)上海同文書局石印本　十六冊

330000－1716－0014953　經補 1000－70/14953　經部/小學類/文字之屬/字書/字典

康熙字典十二集三十六卷總目一卷檢字一卷辨似一卷等韻一卷補遺一卷備考一卷　（清）張玉書等纂修　清光緒十六年(1890)上洋鴻寶齋石印本　三冊　缺十七卷(未集上中下、申集上中下、酉集上中下、戌集上中下、亥集上中下,補遺,備考)

330000－1716－0014955　經補 1000－71/14955　經部/小學類/文字之屬/字書/字典

康熙字典十二集三十六卷總目一卷檢字一卷辨似一卷等韻一卷補遺一卷備考一卷　（清）張玉書等纂修　清末石印本　四冊　缺十六卷(子集上中下、丑集上中下、巳集上中下、午

集上中下,總目,檢字,辨似,等韻)

330000－1716－0014956　史補 0797－9/14956　史部/編年類/通代之屬

御批歷代通鑑輯覽一百二十卷　（清）傅恒等撰　清光緒十一年(1885)上海同文書局石印本　二十冊

330000－1716－0014957　子補 2012/14957　子部/農家農學類/園藝之屬/花卉

秘傳花鏡六卷　（清）陳淏子撰　清藻文堂刻本　二冊

330000－1716－0014958　經補 1000－72/14958　經部/小學類/文字之屬/字書/字典

康熙字典十二集三十六卷總目一卷檢字一卷辨似一卷等韻一卷補遺一卷備考一卷　（清）張玉書等纂修　清光緒二十年(1894)上海點石齋石印本　五冊　缺六卷(酉集上中下、戌集上中下)

330000－1716－0014959　經補 1000－73/14959　經部/小學類/文字之屬/字書/字典

康熙字典十二集三十六卷總目一卷檢字一卷辨似一卷等韻一卷補遺一卷備考一卷　（清）張玉書等纂修　清光緒二十年(1894)上海點石齋石印本　五冊　缺六卷(巳集上中下、午集上中下)

330000－1716－0014960　經補 1000－74/14960　經部/小學類/文字之屬/字書/字典

康熙字典十二集三十六卷總目一卷檢字一卷辨似一卷等韻一卷補遺一卷備考一卷　（清）張玉書等纂修　清光緒十三年(1887)上海積山書局石印本　三冊　存二十五卷(子集上中下、丑集上中下、寅集上中下、卯集上中下、辰集上中下、未集上中下、申集上中下,總目,檢字,辨似,等韻)

330000－1716－0014961　子補 1307－4/14961　子部/農家農學類/總論之屬

重訂增補陶朱公致富全書四卷　（明）陳繼儒輯　（清）石巖逸叟增補　清經綸堂刻本　四冊

330000－1716－0014963　普叢 0451－12/14963　類叢部/叢書類/彙編之屬

申報館叢書正集五十七種附錄三種 尊聞閣主編　續集一百四十二種　蔡爾康編　清同治至光緒上海申報館鉛印本　十四冊　存十五種

330000－1716－0014966　史補 0799－1/14966　史部/編年類/通代之屬

重訂王鳳洲先生綱鑑會纂四十六卷續宋元紀二十三卷 （明）王世貞撰　（明）陳仁錫訂 **御撰資治通鑑綱目三編四卷** （清）張廷玉等撰　清光緒二十五年（1899）上海富文書局石印本　八冊

330000－1716－0014968　集補 1886/14968　集部/小說類/長篇之屬

東周列國全志八卷首一卷一百八回 （清）蔡奡評點　清光緒二十九年（1903）桂記書莊石印本　八冊

330000－1716－0014969　集補 0008－69/14969　集部/小說類/長篇之屬

增像全圖東周列國志八卷一百八回首一卷 （清）蔡奡評點　清宣統元年（1909）上海錦章書局石印本　七冊　缺一卷（八）

330000－1716－0014971　子補 2015/14971　子部/農家農學類/園藝之屬/花卉

秘傳花鏡六卷 （清）陳淏子撰　清同治八年（1869）萬卷樓刻本　二冊

330000－1716－0014972　子補 1263－10/14972　類叢部/類書類/專類之屬

江湖輯要四卷　分韻字彙撮要四卷 （清）溫儀鳳輯　清光緒十九年（1893）四明茹古齋鉛印本　三冊　存六卷（江湖輯要一至三、分韻字彙撮要一至三）

330000－1716－0014973　集補 0008－66/14973　集部/小說類/長篇之屬

東周列國全志八卷首一卷一百八回 （清）蔡奡評點　清宣統二年（1910）上海天寶書局石印本　七冊　缺一卷（八）

330000－1716－0014975　史補 0800/14975　史部/編年類/通代之屬

御批資治通鑑綱目全書一百九卷 （清）宋犖校刊　清光緒十三年（1887）上海同文書局石印本　二十四冊

330000－1716－0014979　集補 0067－7/14979　集部/曲類/彈詞之屬

繡像六美圖四集 （清）朱鏡江　（清）章維善撰　清同治九年（1870）刻本　五冊　存二十四卷（一集一至十三、二十至三十）

330000－1716－0014981　集補 1824/14981　子部/藝術類/書畫之屬/畫譜

滋蘭樹蕙山房同心錄二卷種蘭蕙四季口訣一卷 （清）許鼐穌撰　清光緒十七年（1891）竟芳仙館石印本　二冊

330000－1716－0014982　子補 2017/14982　子部/農家農學類/園藝之屬/花卉

秘傳花鏡六卷 （清）陳淏子撰　清乾隆大文堂刻本　五冊

330000－1716－0014983　普子 2008/14983　子部/叢編

二十五子彙函（子書二十五種） （清）鴻文書局編　清育文書局石印本　四冊　存五種

330000－1716－0014985　史補 0792－5/14985　史部/編年類/通代之屬

袁王綱鑑合編三十九卷首一卷 （明）袁黃輯 （明）王世貞編　**御撰明紀綱目二十卷** （清）張廷玉等編次　清光緒三十年（1904）上海商務印書館鉛印本　十六冊

330000－1716－0014989　地獻 1369－7/14989　子部/儒家類/儒學之屬/蒙學

浙紹墨潤堂重校新增繪圖幼學故事瓊林四卷首一卷 （清）程允升撰　（清）鄒聖脈增補 清光緒二十七年（1901）浙紹墨潤堂石印本　一冊

330000－1716－0014990　集補 0008－72/14990　集部/小說類/長篇之屬

東周列國全志八卷一百八回 （清）蔡奡評點

清末石印本　一冊　存一卷（八）

330000－1716－0014991　子補 2016/14991
子部/醫家類/類編之屬

徐洄谿先生十三種　（清）徐大椿撰　清光緒
二十二年（1896）珍藝書局石印本　十冊　存
十二種

330000－1716－0014992　集補 0067－6/
14992　集部/曲類/彈詞之屬

繡像六美圖四集　（清）朱鏡江　（清）章維善
撰　清刻本　二冊　存十三卷（一集五至九、
二集七至十四）

330000－1716－0014994　集補 0008－60/
14994　集部/小說類/長篇之屬

東周列國志二十七卷首一卷一百八回　（清）
蔡昇評點　清末上海書局石印本　八冊

330000－1716－0014996　普史 1480/14996
史部/目錄類/總錄之屬/私撰

**書目答問五卷別錄一卷國朝著述諸家姓名略
一卷**　（清）張之洞撰　清光緒二十一年
（1895）上海蜚英館石印本　一冊　存二卷
（一至二）

330000－1716－0014997　史補 0804/14997
史部/編年類/通代之屬

**尺木堂綱鑑易知錄九十二卷明鑑易知錄十五
卷**　（清）吳乘權　（清）周之炯　（清）周之
燦輯　清同治八年（1869）松盛堂刻本　四十
八冊

330000－1716－0014998　經補 0112－8/
14998　經部/小學類/文字之屬/字書/字典

字典考證不分卷　（清）王念孫　（清）王引之
撰　清光緒十四年（1888）同文書局石印本
一冊

330000－1716－0015004　普類 0168/15004
類叢部/類書類/專類之屬

經濟類考約編二卷　（清）顧九錫輯　清末慶
槐堂鉛印本　四冊

330000－1716－0015008　經補 1100/15008
經部/四書類/總義之屬/傳說

四書白話解十九卷　施崇恩演解　清光緒上
海彪蒙書室石印本　八冊

330000－1716－0015009　子補 2790/15009
子部/兵家類/操練之屬

練兵實紀九卷雜集六卷　（明）戚繼光撰　清
光緒二十一年（1895）上海醉經樓石印本　四
冊　缺六卷（雜集一至六）

330000－1716－0015010　經補 1068/15010
經部/叢編

**古經解彙函十六種附小學彙函十四種續附十
種**　（清）鍾謙鈞等輯　清光緒十四年（1888）
上海蜚英館石印本　一冊　存古經解彙函一
種、小學彙函二種

330000－1716－0015011　史補 0862/15011
史部/雜史類/斷代之屬

湘軍記二十卷　（清）王定安撰　清末上海書
局石印本　四冊

330000－1716－0015013　經補 1067/15013
經部/四書類/總義之屬

四書古注群義彙解九種九十四卷　（清）□□
輯　清光緒十六年（1890）上海珍藝書局鉛印
本　四冊　存二種

330000－1716－0015014　子補 1048－8/
15014　子部/叢編

子書二十三種　（清）浙江書局編　清光緒二
十三年（1897）上海圖書集成局鉛印本　四冊
存一種

330000－1716－0015016　子補 2791/15016
子部/兵家類/兵法之屬

讀史兵略十二卷　（清）胡林翼撰　清光緒二
十九年（1903）上海紹先書局石印本　十二冊

330000－1716－0015018　經補 1000－75/
15018　經部/小學類/文字之屬/字書/字典

**康熙字典十二集三十六卷總目一卷檢字一卷
辨似一卷等韻一卷補遺一卷備考一卷**　（清）
張玉書等纂修　**字典考證十二集三十六卷**
（清）王引之等撰　清光緒三年（1877）四明茹
古齋鉛印本　四十四冊

330000－1716－0015040　史補 1380/15040
史部/傳記類/別傳之屬/事狀

近世第一女傑羅蘭夫人傳一卷　陳湛録　清
光緒三十年(1904)抄本　一冊

330000－1716－0015042　子補 0306/15042
子部/醫家類/類編之屬

陳修園醫書二十三種　(清)陳念祖等撰　清
刻本　二冊　存二種

330000－1716－0015053　集補 0029－13/
15053　集部/曲類/彈詞之屬

繡像義妖全傳二十八卷五十四回　(清)陳遇
乾撰　(清)陳士奇　(清)俞秀山評　清刻本
一冊　存四卷(二十五至二十八)

330000－1716－0015056　子補 2018/15056
子部/農家農學類/園藝之屬/花卉

秘傳花鏡六卷　(清)陳淏子撰　清末石印本
一冊

330000－1716－0015063　子補 2019/15063
子部/雜著類/雜考之屬

東塾讀書記十五卷　(清)陳澧撰　清光緒二
十四年(1898)上海江左書林石印本　四冊

330000－1716－0015065　經補 1000－90/
15065　經部/小學類/文字之屬/字書/字典

**康熙字典十二集三十六卷總目一卷檢字一卷
辨似一卷等韻一卷補遺一卷備考一卷**　(清)
張玉書等纂修　清末上海錦章書局石印本
三冊　存十七卷(未集上中下、申集上中下、
酉集上中下、戌集上中下、亥集上中下,補遺,
備考)

330000－1716－0015068　子補 2020/15068
子部/雜著類/雜考之屬

東塾讀書記十五卷　(清)陳澧撰　清光緒二
十四年(1898)上海江左書林石印本　四冊

330000－1716－0015070　經補 1000－92/
15070　經部/小學類/文字之屬/字書/字典

**康熙字典十二集三十六卷總目一卷檢字一卷
辨似一卷等韻一卷補遺一卷備考一卷**　(清)
張玉書等纂修　清末石印本　二冊　存十五

卷(寅集上中下、卯集上中下、辰集上中下、巳
集上中下、午集上中下)

330000－1716－0015071　子補 0027－4/
15071　子部/雜著類/雜纂之屬

經餘必讀八卷續編八卷三集四卷　(清)雷琳
(清)錢樹棠　(清)錢樹立輯　清光緒二年
(1876)汲綆齋刻本　十冊

330000－1716－0015072　子補 1204－21/
15072　子部/術數類/命書相書之屬

新刻增補淵海子平大全四卷　(宋)徐升編
清五雲樓刻本　二冊

330000－1716－0015076　經補 1000－93/
15076　經部/小學類/文字之屬/字書/字典

**康熙字典十二集三十六卷總目一卷檢字一卷
辨似一卷等韻一卷補遺一卷備考一卷**　(清)
張玉書等纂修　清末石印本　四冊　缺十卷
(酉集上中下、戌集上中下、總目,檢字,辨似,
等韻)

330000－1716－0015079　子補 2021/15079
子部/雜著類/雜考之屬

日知録集釋三十二卷刊誤二卷續刊誤二卷
(清)黃汝成撰　清光緒十三年(1887)同文書
局石印本　四冊

330000－1716－0015080　子補 2022/15080
子部/雜著類/雜考之屬

日知録集釋三十二卷刊誤二卷續刊誤二卷
(清)黃汝成撰　清光緒十二年(1886)上海點
石齋石印本　四冊

330000－1716－0015081　經補 1000－94/
15081　經部/小學類/文字之屬/字書/字典

**康熙字典十二集三十六卷總目一卷檢字一卷
辨似一卷等韻一卷補遺一卷備考一卷**　(清)
張玉書等纂修　清末石印本　一冊　存二十
卷(午集上中下、未集上中下、申集上中下、西
集上中下、戌集上中下、亥集上中下,補遺,備
考)

330000－1716－0015082　子補 2023/15082
子部/雜著類/雜考之屬

日知錄集釋三十二卷刊誤二卷續刊誤二卷
（清）黃汝成撰　清光緒十二年（1886）上海點
石齋石印本　四冊

330000－1716－0015083　子補 2024/15083
子部/雜著類/雜考之屬
日知錄集釋三十二卷刊誤二卷續刊誤二卷
（清）黃汝成撰　清光緒十二年（1886）上海點
石齋石印本　四冊

330000－1716－0015084　經補 1000－95/
15084　經部/小學類/文字之屬/字書/字典
康熙字典十二集三十六卷總目一卷檢字一卷
辨似一卷等韻一卷補遺一卷備考一卷　（清）
張玉書等纂修　清光緒十三年（1887）上海積
山書局石印本　一冊　存十卷（子集上中下、
丑集上中下,總目,檢字,辨似,等韻）

330000－1716－0015085　子補 2025/15085
子部/醫家類/兒科之屬
醫學精要八卷　（清）黃巖撰　清同治六年
（1867）刻本　五冊　存六卷（一至六）

330000－1716－0015087　經補 1000－96/
15087　經部/小學類/文字之屬/字書/字典
康熙字典十二集三十六卷總目一卷檢字一卷
辨似一卷等韻一卷補遺一卷備考一卷　（清）
張玉書等纂修　清末上海錦章書局石印本
六冊

330000－1716－0015089　史補 0284/15089
史部/政書類/律令之屬
大清帝國新編法典三編不分卷　清光緒三十
二年（1906）東亞書社鉛印本　一冊

330000－1716－0015091　經補 1277/15091
經部/小學類/文字之屬/字書/字典
增釋文明字彙十二卷　（清）許愚纂　清刻本
六冊　存六卷（午集、未集、申集、酉集、戌
集、亥集）

330000－1716－0015092　經補 1114/15092
經部/群經總義類/傳說之屬
皇朝五經彙解二百七十卷　（清）朱鏡清輯
清光緒十四年（1888）上海鴻文書局石印本

三十一冊　缺五卷（易經一至五）

330000－1716－0015105　地獻 1392－6/
15105　子部/醫家類/綜合之屬/合刻、合抄
景岳全書六十四卷　（明）張介賓撰　清刻本
三冊　存六卷（三十九至四十一、四十七、
五十三至五十四）

330000－1716－0015108　集補 2450－30/
15108　集部/小說類/長篇之屬
第一才子書六十卷首一卷一百二十回　（明）
羅貫中撰　（清）毛宗崗評　清刻本　一冊
存四卷（六至九）

330000－1716－0015110　經補 1117/15110
經部/詩類/傳說之屬
詩經集傳八卷　（宋）朱熹撰　清宣統二年
（1910）上海會文堂粹記石印本　一冊　存二
卷（一至二）

330000－1716－0015111　經補 1118/15111
經部/詩類/傳說之屬
詩經集傳八卷　（宋）朱熹撰　清宣統二年
（1910）上海會文堂書局石印本　二冊　存四
卷（一至四）

330000－1716－0015115　經補 1000－97/
15115　經部/小學類/文字之屬/字書/字典
康熙字典十二集三十六卷總目一卷檢字一卷
辨似一卷等韻一卷補遺一卷備考一卷　（清）
張玉書等纂修　清末石印本　一冊　存九卷
（寅集上中下、卯集上中下、辰集上中下）

330000－1716－0015118　經補 1000－98/
15118　經部/小學類/文字之屬/字書/字典
康熙字典十二集三十六卷總目一卷檢字一卷
辨似一卷等韻一卷補遺一卷備考一卷　（清）
張玉書等纂修　清末上海同文書局石印本
三冊　存九卷（丑集上中下、辰集上中下、巳
集上中下）

330000－1716－0015121　子補 4070－9/
15121　子部/醫家類/本草之屬/歷代綜合
本草
本草綱目五十二卷附圖三卷　（明）李時珍撰

本草萬方鍼線八卷 （清）蔡烈先輯 清漁古山房刻本 十八冊 存三十四卷（三下、五至八、十三至十四、十九至二十八、三十一至三十三、四十三至四十四、四十八至五十一，萬方鍼線一至八）

330000－1716－0015125　經補 1000－100/15125　經部/小學類/文字之屬/字書/字典
康熙字典十二集三十六卷總目一卷檢字一卷辨似一卷等韻一卷補遺一卷備考一卷 （清）張玉書等纂修 清光緒十三年（1887）上海積山書局石印本 一冊 存十卷（子集上中下、丑集上中下，總目，檢字，辨似，等韻）

330000－1716－0015127　子補 2026/15127　子部/雜著類/雜考之屬
日知錄集釋三十二卷刊誤二卷續刊誤二卷 （清）黃汝成撰 清光緒二十一年（1895）上海點石齋石印本 六冊

330000－1716－0015128　子補 4070－8/15128　子部/醫家類/本草之屬/歷代綜合本草
本草綱目五十二卷附圖三卷瀕湖脈學一卷奇經八脈攷一卷脈訣攷證一卷 （明）李時珍撰 **本草萬方鍼線八卷** （清）蔡烈先輯 **本草綱目拾遺十卷** （清）趙學敏輯 清同人堂刻本 四冊 存八卷（萬方鍼線一至八）

330000－1716－0015131　地獻 1688－1/15131　子部/宗教類/道教之屬
關帝明聖真經一卷 清光緒七年（1881）蕭山聚奎齋刻本 一冊

330000－1716－0015132　經補 1000－102/15132　經部/小學類/文字之屬/字書/字典
康熙字典十二集三十六卷總目一卷檢字一卷辨似一卷等韻一卷補遺一卷備考一卷 （清）張玉書等纂修 清末石印本 二冊 存十五卷（寅集上中下、卯集上中下、辰集上中下、酉集上中下、戌集上中下）

330000－1716－0015133　子補 2789/15133　子部/醫家類/綜合之屬/通論
欽定古今圖書集成醫部全錄五百二十卷

（清）蔣廷錫 （清）陳夢雷等輯 清末石印本 五十四冊 存四百七十一卷（四十一至四百七十、四百八十至五百二十）

330000－1716－0015135　經補 1000－103/15135　經部/小學類/文字之屬/字書/字典
康熙字典十二集三十六卷總目一卷檢字一卷辨似一卷等韻一卷補遺一卷備考一卷 （清）張玉書等纂修 清末上海商務印書館石印本 一冊 存十卷（子集上中下、丑集上中下，總目，檢字，辨似，等韻）

330000－1716－0015137　子補 2027/15137　子部/醫家類/溫病之屬/其他溫疫病證
溫病條辨六卷首一卷 （清）吳瑭撰 清光緒七年（1881）江右醉雲軒刻本 一冊 存一卷（首）

330000－1716－0015138　子補 2814/15138　子部/醫家類/綜合之屬/通論
古吳童氏重校醫宗必讀十卷 （清）李中梓撰 清光緒三十年（1904）上海鴻文堂書局石印本 五冊

330000－1716－0015140　經補 1000－104/15140　經部/小學類/文字之屬/字書/字典
康熙字典十二集三十六卷總目一卷檢字一卷辨似一卷等韻一卷補遺一卷備考一卷 （清）張玉書等纂修 清末石印本 四冊 存二十三卷（巳集上中下、午集上中下、未集上中下、申集上中下、酉集上中下、戌集上中下、亥集上中下，補遺，備考）

330000－1716－0015142　新補 0030－6/15142　新學/學校
最新國文教科書不分卷 莊俞等編纂 清光緒三十三年（1907）上海商務印書館鉛印本 二冊

330000－1716－0015144　子補 2816/15144　子部/醫家類/綜合之屬/通論
古吳童氏重校醫宗必讀十卷 （清）李中梓撰 清末石印本 四冊 缺二卷（一至二）

330000－1716－0015146　集補 1689/15146

集部/小說類/長篇之屬

繪圖增像西遊記八卷一百回 （明）吳承恩撰 （清）陳士斌詮解 清光緒二十四年（1898）上海石印本 五冊 存五卷（一至三、六至七）

330000－1716－0015147 子補 1048－6/15147 子部/叢編

子書二十三種 （清）浙江書局編 清光緒二十三年（1897）上海圖書集成局鉛印本 六冊 存一種

330000－1716－0015149 子補 2028/15149 子部/醫家類/本草之屬/歷代綜合本草

本草從新六卷 （清）吳儀洛輯 清文奎堂刻本 六冊

330000－1716－0015151 經補 1125/15151 經部/詩類/傳說之屬

詩經集傳八卷 （宋）朱熹撰 清宣統二年（1910）上海會文堂書局石印本 一冊 存二卷（一至二）

330000－1716－0015152 子補 2817/15152 子部/醫家類/傷寒金匱之屬/金匱要略

金匱心典三卷 （清）尤怡撰 清末上海文瑞樓石印本 三冊

330000－1716－0015153 子補 1048－7/15153 子部/叢編

子書二十三種 （清）浙江書局編 清光緒二十三年（1897）上海圖書集成局鉛印本 三冊 存一種

330000－1716－0015155 子補 2029/15155 子部/醫家類/本草之屬/食療本草

食物本草會纂十二卷 （清）沈李龍輯 清文盛堂刻本 六冊

330000－1716－0015157 經補 1000－105/15157 經部/小學類/文字之屬/字書/字典

康熙字典十二集三十六卷總目一卷檢字一卷辨似一卷等韻一卷補遺一卷備考一卷 （清）張玉書等纂修 清光緒十三年（1887）上海積山書局石印本 一冊 存十卷（子集上中下、丑集上中下,總目,檢字,辨似,等韻）

330000－1716－0015158 子補 4070－16/15158 子部/醫家類/本草之屬/歷代綜合本草

本草綱目五十二卷附圖三卷 （明）李時珍撰 清三讓睦記刻本 四冊 存三卷（一至三）

330000－1716－0015160 經補 1000－106/15160 經部/小學類/文字之屬/字書/字典

康熙字典十二集三十六卷總目一卷檢字一卷辨似一卷等韻一卷補遺一卷備考一卷 （清）張玉書等纂修 清光緒二十年（1894）上海點石齋石印本 一冊 存十卷（子集上中下、丑集上中下,總目,檢字,辨似,等韻）

330000－1716－0015163 經補 1000－107/15163 經部/小學類/文字之屬/字書/字典

康熙字典十二集三十六卷總目一卷檢字一卷辨似一卷等韻一卷補遺一卷備考一卷 （清）張玉書等纂修 清末石印本 二冊 存十一卷（酉集上中下、戌集上中下、亥集上中下,補遺,備考）

330000－1716－0015166 子補 2030/15166 子部/醫家類/眼科之屬

校刊目經大成三卷首一卷 （清）黃庭鏡撰 清刻本 謙甫題記 五冊

330000－1716－0015167 集補 1916/15167 集部/別集類/宋別集

林和靖詩集四卷拾遺一卷 （宋）林逋撰 清宣統二年（1910）上海文瑞樓石印本 二冊

330000－1716－0015170 經補 1276/15170 經部/小學類/文字之屬/字書

注釋增廣千字文類不分卷 （清）朱炳南撰 清刻本 一冊

330000－1716－0015171 新補 0025－10/15171 新學/算學/數學

筆算數學三卷 （美國）狄考文輯 （清）鄒立文述 清末鉛印本 二冊 缺一卷（一）

330000－1716－0015172 子補 0301/15172 子部/宗教類/道教之屬/戒律

陰隲彙編六卷　清刻本　三冊　存三卷（三至四、六）

330000－1716－0015173　經補 1000－108/15173　經部/小學類/文字之屬/字書/字典
康熙字典十二集三十六卷總目一卷檢字一卷辨似一卷等韻一卷補遺一卷備考一卷　（清）張玉書等纂修　清末石印本　一冊　存六卷（未集上中下、申集上中下）

330000－1716－0015174　子補 2031/15174　子部/醫家類/方書之屬/單方驗方
驗方別錄四卷續驗方別錄四卷　（清）鄭奮揚輯　清光緒二十年至三十二年（1894－1906）福州陳文鳴刻本　八冊

330000－1716－0015175　子補 0125－20/15175　子部/醫家類/方書之屬/單方驗方
驗方新編八卷　（清）鮑相璈輯　**痧症全書三卷**　（清）王凱輯　**咽喉秘集二卷**　（清）海山仙館輯　清同治海山仙館刻本　九冊　缺一卷（二）

330000－1716－0015181　經補 1000－109/15181　經部/小學類/文字之屬/字書/字典
康熙字典十二集三十六卷總目一卷檢字一卷辨似一卷等韻一卷補遺一卷備考一卷　（清）張玉書等纂修　清光緒二十九年（1903）上海文瀾書局石印本　一冊　存十卷（子集上中下、丑集上中下，總目，檢字，辨似，等韻）

330000－1716－0015182　子補 2036/15182　子部/藝術類/遊藝之屬/謎語
隱書一卷　（清）俞樾撰　清光緒六年（1880）梅華館刻本　一冊

330000－1716－0015184　經補 1000－110/15184　經部/小學類/文字之屬/字書/字典
康熙字典十二集三十六卷總目一卷檢字一卷辨似一卷等韻一卷補遺一卷備考一卷　（清）張玉書等纂修　清光緒二十年（1894）上海點石齋石印本　六冊

330000－1716－0015186　普叢 0038－1/15186　類叢部/叢書類/彙編之屬
嘯園叢書五十七種　（清）葛元煦編　清光緒二年至七年（1876－1881）仁和葛氏刻本　一冊　存一種

330000－1716－0015187　集補 3436/15187　集部/小說類/長篇之屬
忠烈俠義傳十六卷一百二十回　（清）石玉崑撰　清掃葉山房刻本　六冊　存七卷（二至四、十至十三）

330000－1716－0015188　子補 2824/15188　子部/醫家類/綜合之屬/通論
古吳童氏重校醫宗必讀十卷　（清）李中梓撰　清光緒三十二年（1906）上海書局石印本　一冊

330000－1716－0015190　集補 1918/15190　集部/別集類/唐五代別集
杜詩鏡銓二十卷附錄一卷年譜一卷　（清）楊倫撰　**讀書堂杜工部文集注解二卷**　（清）張溍撰　清光緒十八年（1892）上海著易堂書局鉛印本　六冊

330000－1716－0015193　經補 1063/15193　經部/四書類/總義之屬/傳說
酌雅齋四書遵注合講十九卷附酌雅齋四書圖考一卷　（清）翁復編次　（清）詹文煥參定　清光緒六年（1880）上海點石齋石印本　六冊

330000－1716－0015194　經補 1000－111/15194　經部/小學類/文字之屬/字書/字典
康熙字典十二集三十六卷總目一卷檢字一卷辨似一卷等韻一卷補遺一卷備考一卷　（清）張玉書等纂修　清末石印本　一冊　存五卷（亥集上中下、補遺、備考）

330000－1716－0015196　普叢 0091/15196　類叢部/叢書類/彙編之屬
說鈴前集三十七種後集十六種　（清）吳震方編　清刻本　三冊　存八種

330000－1716－0015197　經補 1000－113/15197　經部/小學類/文字之屬/字書/字典
康熙字典十二集三十六卷總目一卷檢字一卷辨似一卷等韻一卷補遺一卷備考一卷　（清）

張玉書等纂修　清末石印本　一冊　存五卷
（亥集上中下、補遺、備考）

330000－1716－0015198　新補 0030－7/
15198　新學/學校
最新國文教科書不分卷　莊俞等編纂　清光
緒三十二年(1906)上海商務印書館鉛印本
一冊

330000－1716－0015199　集補 1919/15199
集部/別集類/宋別集
曾南豐文集四卷　（宋）曾鞏撰　清宣統二年
(1910)上海會文堂書局石印本　一冊

330000－1716－0015201　經補 1000－114/
15201　經部/小學類/文字之屬/字書/字典
**康熙字典十二集三十六卷總目一卷檢字一卷
辨似一卷等韻一卷補遺一卷備考一卷**　（清）
張玉書等纂修　清末石印本　四冊　缺十五
卷(子集上中下、丑集上中下、亥集上中下，總
目,檢字,辨似,等韻,補遺,備考)

330000－1716－0015204　子補 2032/15204
子部/醫家類/方書之屬/單方驗方
經驗各種秘方輯要一卷　（清）王松堂輯　清
光緒二十四年(1898)上海著易堂書坊鉛印本
一冊

330000－1716－0015206　集補 1920/15206
集部/別集類/宋別集
后山詩十二卷　（宋）陳師道撰　（宋）任淵注
清末三榆書屋石印本　六冊

330000－1716－0015207　經補 1000－115/
15207　經部/小學類/文字之屬/字書/字典
**康熙字典十二集三十六卷總目一卷檢字一卷
辨似一卷等韻一卷補遺一卷備考一卷**　（清）
張玉書等纂修　**字典考證十二集三十六卷**
（清）王引之等撰　清末石印本　二冊　存四
十一卷(亥集上中下、補遺、備考、字典考證一
至三十六)

330000－1716－0015209　子補 2829/15209
子部/醫家類/類編之屬
張氏醫書七種　（清）張璐等撰　清光緒二十

年(1894)上海圖書集成印書局鉛印本　二冊
存一種

330000－1716－0015210　經補 1000－116/
15210　經部/小學類/文字之屬/字書/字典
**康熙字典十二集三十六卷總目一卷檢字一卷
辨似一卷等韻一卷補遺一卷備考一卷**　（清）
張玉書等纂修　清末石印本　一冊　存六卷
(巳集上中下、午集上中下)

330000－1716－0015213　子補 2831/15213
子部/醫家類/傷寒金匱之屬/傷寒論
劉河間傷寒六書附二種　（金）劉完素等撰
清宣統元年(1909)上海千頃堂石印本　一冊

330000－1716－0015214　經補 1000－117/
15214　經部/小學類/文字之屬/字書/字典
**康熙字典十二集三十六卷總目一卷檢字一卷
辨似一卷等韻一卷補遺一卷備考一卷**　（清）
張玉書等纂修　清末上海久敬齋石印本　二
冊　存十二卷(巳集上中下、午集上中下、未
集上中下、申集上中下)

330000－1716－0015215　史補 0277－5/
15215　史部/史評類/史論之屬
二十四史論新編二十三卷　（清）朱鈞輯　清
光緒二十八年(1902)自強學齋石印本　八冊

330000－1716－0015216　子補 0169－15/
15216　子部/醫家類/醫案之屬
**臨證指南醫案十卷種福堂公選溫熱論醫案四
卷**　（清）葉桂撰　（清）徐大椿評　清文富堂
刻本　三冊　存五卷(十、種福堂公選溫熱論
醫案一至四)

330000－1716－0015219　子補 2833/15219
子部/醫家類/醫理之屬/綜合
中藏經三卷附華佗內照法一卷　（漢）華佗撰
清末石印本　三冊

330000－1716－0015220　子補 2033/15220
子部/醫家類/方書之屬/單方驗方
**集驗良方拔萃二卷光緒癸卯年增補集驗良方
一卷**　（清）恬素氏輯　清光緒三十年(1904)
匡濟藥會刻本　二冊

330000－1716－0015221　集補 1923/15221
集部/別集類/唐五代別集

李長吉歌詩四卷外集一卷首一卷　（唐）李賀
撰　（清）王琦彙解　清宣統元年（1909）上海
文瑞樓石印本　四冊

330000－1716－0015222　子補 2834/15222
子部/醫家類/綜合之屬

新刊醫林狀元壽世保元十卷附太乙神鍼一卷
（明）龔廷賢撰　清末上海茂記書莊石印本
一冊

330000－1716－0015223　子補 2034/15223
子部/醫家類/方書之屬/單方驗方

**集驗良方拔萃二卷癸卯年續補集驗拔萃良方
一卷**　（清）恬素氏輯　清道光二十一年
（1841）刻本　一冊

330000－1716－0015224　子補 2035/15224
子部/醫家類/類編之屬

婦嬰至寶三種六卷　（清）徐尚慧編　清同治
五年（1866）杭城有容齋刻本　一冊

330000－1716－0015229　經補 1000－118/
15229　經部/小學類/文字之屬/字書/字典

**康熙字典十二集三十六卷總目一卷檢字一卷
辨似一卷等韻一卷補遺一卷備考一卷**　（清）
張玉書等纂修　清末石印本　一冊　存六卷
（未集上中下、申集上中下）

330000－1716－0015235　普類 0166－2/
15235　類叢部/類書類/通類之屬

策學備纂續集四卷　（清）宋徵獻等輯　清光
緒二十年（1894）上海點石齋石印本　十二冊

330000－1716－0015237　史補 0900－1/
15237　史部/編年類/斷代之屬

東華續錄一百卷（咸豐朝）　王先謙編　清光
緒十九年（1893）會稽籀三倉室石印本　二十
四冊

330000－1716－0015238　經補 1000－119/
15238　經部/小學類/文字之屬/字書/字典

**康熙字典十二集三十六卷總目一卷檢字一卷
辨似一卷等韻一卷補遺一卷備考一卷**　（清）

張玉書等纂修　清光緒三十年（1904）上海文
星書局石印本　五冊　缺五卷（亥集上中下、
補遺、備考）

330000－1716－0015241　史補 0900－2/
15241　史部/編年類/斷代之屬

東華續錄一百卷（咸豐朝）　王先謙編　清光
緒十九年（1893）會稽籀三倉室石印本　二十
四冊

330000－1716－0015242　經補 1000－120/
15242　經部/小學類/文字之屬/字書/字典

**康熙字典十二集三十六卷總目一卷檢字一卷
辨似一卷等韻一卷補遺一卷備考一卷**　（清）
張玉書等纂修　清光緒二十年（1894）上海點
石齋石印本　二冊　存十九卷（子集上中下、
丑集上中下、寅集上中下、卯集上中下、辰集
上中下、總目,檢字,辨似,等韻）

330000－1716－0015244　普叢 0364－2/
15244　類叢部/叢書類/彙編之屬

晨風閣叢書第一集五十二種　沈宗畸等編
清光緒三十四年至宣統三年（1908－1911）國
學萃編社鉛印本　一冊　存一種

330000－1716－0015245　史補 0900－3/
15245　史部/編年類/斷代之屬

東華續錄一百卷（咸豐朝）　王先謙編　清光
緒十九年（1893）會稽籀三倉室石印本　二十
四冊

330000－1716－0015247　史補 0900－4/
15247　史部/編年類/斷代之屬

東華續錄一百卷（咸豐朝）　王先謙編　清光
緒十九年（1893）會稽籀三倉室石印本　二十
四冊

330000－1716－0015250　史補 0901/15250
史部/編年類/斷代之屬

東華續錄一百卷（同治朝）　王先謙編　清光
緒二十四年（1898）文瀾書局石印本　二十
四冊

330000－1716－0015251　經補 1000－121/
15251　經部/小學類/文字之屬/字書/字典

康熙字典十二集三十六卷總目一卷檢字一卷
辨似一卷等韻一卷補遺一卷備考一卷 （清）
張玉書等纂修 清末上海久敬齋石印本 一
冊 存六卷（未集上中下、申集上中下）

330000－1716－0015255 經補 1000－122/
15255 經部/小學類/文字之屬/字書/字典
康熙字典十二集三十六卷總目一卷檢字一卷
辨似一卷等韻一卷補遺一卷備考一卷 （清）
張玉書等纂修 清末上海久敬齋石印本 二
冊 存十一卷（巳集上中下、午集上中下、亥
集上中下，補遺，備考）

330000－1716－0015256 子補 2038/15256
子部/醫家類/兒科之屬/痘疹
痘疹正宗二卷 （清）宋麟祥撰 清康熙六十
年（1721）宛平李芳英刻本 一冊

330000－1716－0015258 經補 1000－123/
15258 經部/小學類/文字之屬/字書/字典
康熙字典十二集三十六卷總目一卷檢字一卷
辨似一卷等韻一卷補遺一卷備考一卷 （清）
張玉書等纂修 清末石印本 一冊 存六卷
（巳集上中下、午集上中下）

330000－1716－0015264 集補 1941/15264
集部/別集類/宋別集
寇忠愍公詩集三卷 （宋）寇準撰 清宣統三
年（1911）中華圖書館影印本 二冊

330000－1716－0015265 史補 0902/15265
史部/編年類/通代之屬
御批歷代通鑑輯覽一百二十卷 （清）傅恒等
撰 清光緒十一年（1885）上海同文書局石印
本 二十冊

330000－1716－0015266 普集 1872－3/
15266 集部/小說類/長篇之屬
新刻劍嘯閣批評西漢演義傳八卷 （明）甄偉
撰 清刻本 七冊 缺一卷（一）

330000－1716－0015283 經補 1000－124/
15283 經部/小學類/文字之屬/字書/字典
康熙字典十二集三十六卷總目一卷檢字一卷
辨似一卷等韻一卷補遺一卷備考一卷 （清）

張玉書等纂修 清末石印本 一冊 存五卷
（亥集上中下、補遺、備考）

330000－1716－0015284 史補 0805/15284
史部/編年類/通代之屬
御批歷代通鑑輯覽一百二十卷 （清）傅恒等
撰 清光緒三十一年（1905）上海商務印書館
鉛印本 四十冊

330000－1716－0015285 子補 4074/15285
子部/術數類/相宅相墓之屬
考驗通書法竅秘訣三卷 （明）甘霖撰 清刻
本 三冊

330000－1716－0015286 經補 1000－125/
15286 經部/小學類/文字之屬/字書/字典
康熙字典十二集三十六卷總目一卷檢字一卷
辨似一卷等韻一卷補遺一卷備考一卷 （清）
張玉書等纂修 清末石印本 一冊 存五卷
（亥集上中下、補遺、備考）

330000－1716－0015287 經補 1000－126/
15287 經部/小學類/文字之屬/字書/字典
康熙字典十二集三十六卷總目一卷檢字一卷
辨似一卷等韻一卷補遺一卷備考一卷 （清）
張玉書等纂修 清光緒十三年（1887）上海積
山書局石印本 五冊 缺六卷（巳集上中下、
午集上中下）

330000－1716－0015288 經補 1000－127/
15288 經部/小學類/文字之屬/字書/字典
康熙字典十二集三十六卷總目一卷檢字一卷
辨似一卷等韻一卷補遺一卷備考一卷 （清）
張玉書等纂修 清末上海久敬齋石印本 一
冊 存六卷（巳集上中下、午集上中下）

330000－1716－0015289 子補 2039/15289
子部/醫家類/類方之屬
婦嬰至寶五種八卷 （清）徐尚慧編 （清）王
兆鼇增編 清刻本 一冊

330000－1716－0015290 經補 1000－128/
15290 經部/小學類/文字之屬/字書/字典
康熙字典十二集三十六卷總目一卷檢字一卷
辨似一卷等韻一卷補遺一卷備考一卷 （清）

張玉書等纂修　清光緒三十一年(1905)上海久敬齋石印本　一冊　存十卷(子集上中下、丑集上中下,總目,檢字,辨似,等韻)

330000－1716－0015292　經補 1000－129/15292　經部/小學類/文字之屬/字書/字典
康熙字典十二集三十六卷總目一卷檢字一卷辨似一卷等韻一卷補遺一卷備考一卷　(清)張玉書等纂修　清末石印本　一冊　存九卷(寅集上中下、卯集上中下、辰集上中下)

330000－1716－0015298　普叢 0182－6/15298　類叢部/叢書類/自著之屬
隨園三十種　(清)袁枚撰　清道光七年(1827)刻本　七冊　存一種

330000－1716－0015300　經補 1000－130/15300　經部/小學類/文字之屬/字書/字典
康熙字典十二集三十六卷總目一卷檢字一卷辨似一卷等韻一卷補遺一卷備考一卷　(清)張玉書等纂修　清末石印本　二冊　存十五卷(寅集上中下、卯集上中下、辰集上中下、巳集上中下、午集上中下)

330000－1716－0015301　史補 0159/15301　史部/政書類/軍政之屬/兵制
守城救命書一卷附救饑方一卷　(明)呂坤撰　(明)喬允訂　清光緒二十六年(1900)封邱學署刻本　一冊

330000－1716－0015303　經補 1000－132/15303　經部/小學類/文字之屬/字書/字典
康熙字典十二集三十六卷總目一卷檢字一卷辨似一卷等韻一卷補遺一卷備考一卷　(清)張玉書等纂修　清末石印本　一冊　存九卷(寅集上中下、卯集上中下、辰集上中下)

330000－1716－0015307　新補 0519/15307　新學/醫學/内科
内科闡微一卷　(美國)嘉約翰口譯　(清)林湘東筆述　清同治十二年(1873)羊城博濟醫局刻本　一冊

330000－1716－0015313　子補 0593/15313　新學/算學/形學

形學備旨全草十卷首一卷　(美國)狄考文選譯　(清)壽孝天衍補　清光緒三十一年(1905)上海會文學社石印本　五冊　存九卷(二至十)

330000－1716－0015316　經補 1000－172/15316　經部/小學類/文字之屬/字書/字典
康熙字典十二集三十六卷總目一卷檢字一卷辨似一卷等韻一卷補遺一卷備考一卷　(清)張玉書等纂修　清刻本　十八冊　存二十卷(子集上中、丑集上、寅集上中、卯集上中下、辰集上中下、巳集上中下、午集上中下,總目,檢字,辨似)

330000－1716－0015324　子補 2857/15324　新學/算學/代數
代數通藝錄十六卷　(清)方愷撰　清光緒二十四年(1898)上海石印本　五冊　缺三卷(一至三)

330000－1716－0015326　經補 1000－168/15326　經部/小學類/文字之屬/字書/字典
康熙字典十二集三十六卷總目一卷檢字一卷辨似一卷等韻一卷補遺一卷備考一卷　(清)張玉書等纂修　清刻本　十四冊　存十四卷(辰集上中下、巳集上中下、午集上中下、未集上、酉集下、戌上、亥中下)

330000－1716－0015327　子補 2040/15327　子部/醫家類/綜合之屬/通論
醫方捷徑指南全書二卷　(清)王宗顯輯　清宏道堂刻本　二冊

330000－1716－0015329　經補 1000－169/15329　經部/小學類/文字之屬/字書/字典
康熙字典十二集三十六卷總目一卷檢字一卷辨似一卷等韻一卷補遺一卷備考一卷　(清)張玉書等纂修　清刻本　八冊　存八卷(寅集中、卯集中、辰集下、巳集中、申集上、酉集上、戌集中,補遺)

330000－1716－0015330　經補 1000－170/15330　經部/小學類/文字之屬/字書/字典
康熙字典十二集三十六卷總目一卷檢字一卷辨似一卷等韻一卷補遺一卷備考一卷　(清)

張玉書等纂修　清刻本　六冊　存六卷(辰集上、巳集中、午集上中、未集下、戌集中)

330000－1716－0015331　普叢0313－1/15331　類叢部/叢書類/自著之屬
古愚老人消夏録十七種　(清)汪汲撰輯　清乾隆至嘉慶古愚山房刻本　一冊　存一種

330000－1716－0015332　經補1000－171/15332　經部/小學類/文字之屬/字書/字典
康熙字典十二集三十六卷總目一卷檢字一卷辨似一卷等韻一卷補遺一卷備考一卷　(清)張玉書等纂修　清刻本　一冊　存一卷(亥集中)

330000－1716－0015333　經補1000－167/15333　經部/小學類/文字之屬/字書/字典
康熙字典十二集三十六卷總目一卷檢字一卷辨似一卷等韻一卷補遺一卷備考一卷　(清)張玉書等纂修　清刻本　一冊　存一卷(寅集下)

330000－1716－0015334　子補2041/15334　子部/醫家類/方書之屬/單方驗方
怪疾奇方一卷　(清)費伯雄輯　清光緒十年(1884)眾香室刻本　一冊

330000－1716－0015335　子補2859/15335　子部/天文曆算類/算書之屬
數學精詳十一卷首一卷末一卷　(清)屈曾發輯　清光緒二十四年(1898)上海經濟書室石印本　六冊

330000－1716－0015336　子補2042/15336　子部/醫家類/方書之屬/單方驗方
集驗便方一卷附録一卷　(清)沈省集注　清道光十八年(1838)吳德讓堂刻本　一冊

330000－1716－0015337　子補2860/15337　子部/天文曆算類/天文之屬
御製曆象考成後編十卷　(清)顧琮等輯　清光緒二十三年(1897)雙梧書屋石印本　十冊

330000－1716－0015338　子補2861/15338　新學/算學/代數
代數備旨全草十三章不分卷　(清)徐錫麟編

清光緒石印本　五冊　缺五章(一至五)

330000－1716－0015354　子補2499/15354　子部/宗教類/其他宗教之屬/基督教
聖教聖歌一卷　清光緒三十二年(1906)寧波七苦堂鉛印本　一冊

330000－1716－0015356　子補2043/15356　子部/醫家類/養生之屬
衛生要術不分卷　(清)潘霨輯　清咸豐八年(1858)刻民國蘇州振新書局印本　一冊

330000－1716－0015360　子補2044/15360　子部/術數類/命書相書之屬
精刻看命一掌金一卷　(唐)釋一行撰　清刻本　一冊

330000－1716－0015368　子補2848/15368　子部/醫家類/綜合之屬/通論
簡明中西匯參醫學圖說二卷　(清)王有忠編　清光緒三十二年(1906)上海廣益書局石印本　四冊

330000－1716－0015382　經補1000－173/15382　經部/小學類/文字之屬/字書/字典
康熙字典十二集三十六卷總目一卷檢字一卷辨似一卷等韻一卷補遺一卷備考一卷　(清)張玉書等纂修　清刻本　一冊　存一卷(亥集下)

330000－1716－0015383　子補4070－7/15383　子部/醫家類/本草之屬/歷代綜合本草
本草綱目五十二卷附圖三卷　(明)李時珍撰　**本草萬方鍼線八卷**　(清)蔡烈先輯　清同文堂刻本　六冊　存十三卷(一下至二、二十七至二十九、四十至四十二、四十七至四十九,萬方鍼線三至四)

330000－1716－0015384　經補1000－174/15384　經部/小學類/文字之屬/字書/字典
康熙字典十二集三十六卷總目一卷檢字一卷辨似一卷等韻一卷補遺一卷備考一卷　(清)張玉書等纂修　清刻本　二冊　存二卷(辰集下、戌集中)

330000 – 1716 – 0015385　　經補 1000 – 175/
15385　　經部/小學類/文字之屬/字書/字典

**康熙字典十二集三十六卷總目一卷檢字一卷
辨似一卷等韻一卷補遺一卷備考一卷**　（清）
張玉書等纂修　清刻本　一冊　存一卷（酉
集中）

330000 – 1716 – 0015386　　子補 4070 – 11/
15386　　子部/醫家類/本草之屬/歷代綜合
本草

本草思辨錄四卷首一卷　（清）周巖撰　清光
緒三十年（1904）山陰周氏微尚室刻本　壺隱
題記並批　三冊　缺一卷（三）

330000 – 1716 – 0015388　　經補 1000 – 176/
15388　　經部/小學類/文字之屬/字書/字典

**康熙字典十二集三十六卷總目一卷檢字一卷
辨似一卷等韻一卷補遺一卷備考一卷**　（清）
張玉書等纂修　清刻本　一冊　存一卷（辰
集中）

330000 – 1716 – 0015390　　經補 1000 – 178/
15390　　經部/小學類/文字之屬/字書/字典

**康熙字典十二集三十六卷總目一卷檢字一卷
辨似一卷等韻一卷補遺一卷備考一卷**　（清）
張玉書等纂修　清刻本　一冊　存一卷（丑
集上）

330000 – 1716 – 0015392　　集補 1902/15392
集部/詩文評類/詩評之屬

陶詩彙評四卷東坡和陶合箋四卷　（晉）陶潛
　（宋）蘇軾撰　（清）溫汝能彙評　清宣統二
年（1910）上海掃葉山房石印本　四冊

330000 – 1716 – 0015393　　經補 1000 – 177/
15393　　經部/小學類/文字之屬/字書/字典

**康熙字典十二集三十六卷總目一卷檢字一卷
辨似一卷等韻一卷補遺一卷備考一卷**　（清）
張玉書等纂修　清刻本　四冊　存四卷（午
集中、西集中下，備考）

330000 – 1716 – 0015395　　集補 1903/15395
集部/詩文評類/詩評之屬

陶詩彙評四卷東坡和陶合箋四卷　（晉）陶潛
　（宋）蘇軾撰　（清）溫汝能彙評　清宣統二

年（1910）上海掃葉山房石印本　三冊　缺二
卷（東坡和陶合箋三至四）

330000 – 1716 – 0015397　　集補 1893/15397
集部/別集類/唐五代別集

唐陸宣公集二十二卷　（唐）陸贄撰　清光緒
二十四年（1898）上海著易堂石印本　四冊

330000 – 1716 – 0015398　　集補 1894/15398
集部/別集類/唐五代別集

唐陸宣公集二十二卷　（唐）陸贄撰　清光緒
二十四年（1898）上海著易堂石印本　一冊

330000 – 1716 – 0015399　　集補 1895/15399
集部/別集類/唐五代別集

孟東野集十卷附一卷　（唐）孟郊撰　**追昔游
集三卷**　（唐）李紳撰　清宣統二年（1910）上
海著易堂石印本　四冊

330000 – 1716 – 0015411　　集補 1897/15411
集部/別集類/唐五代別集

**白香山詩長慶集二十卷後集十七卷別集一卷
補遺二卷**　（唐）白居易撰　（清）汪立名編訂
　白香山年譜一卷　（清）汪立名撰　**白香山
年譜舊本一卷**　（宋）陳振孫撰　清會文堂石
印本　十二冊

330000 – 1716 – 0015412　　經補 1000 – 179/
15412　　經部/小學類/文字之屬/字書/字典

**康熙字典十二集三十六卷總目一卷檢字一卷
辨似一卷等韻一卷補遺一卷備考一卷**　（清）
張玉書等纂修　清刻本　七冊　存七卷（午
集中下、申集中、酉集上、戌集下、亥集上下）

330000 – 1716 – 0015414　　集補 1899/15414
集部/別集類/唐五代別集

孟東野集十卷附一卷　（唐）孟郊撰　**追昔游
集三卷**　（唐）李紳撰　清宣統二年（1910）上
海著易堂石印本　四冊

330000 – 1716 – 0015416　　集補 1900/15416
集部/別集類/唐五代別集

駱賓王文集十卷　（唐）駱賓王撰　**考異一卷**
　（清）顧廣圻撰　清宣統三年（1911）上海文
瑞樓石印本　二冊

330000－1716－0015417　　經補 1000－180/15417　經部/小學類/文字之屬/字書/字典
康熙字典十二集三十六卷總目一卷檢字一卷辦似一卷等韻一卷補遺一卷備考一卷　　（清）張玉書等纂修　清刻本　五冊　存五卷（寅集中、卯集上下、巳集下、申集中）

330000－1716－0015418　　經補 1000－181/15418　經部/小學類/文字之屬/字書/字典
康熙字典十二集三十六卷總目一卷檢字一卷辦似一卷等韻一卷補遺一卷備考一卷　　（清）張玉書等纂修　清刻本　二冊　存二卷（辰集上、卯集下）

330000－1716－0015420　　經補 1000－182/15420　經部/小學類/文字之屬/字書/字典
康熙字典十二集三十六卷總目一卷檢字一卷辦似一卷等韻一卷補遺一卷備考一卷　　（清）張玉書等纂修　清刻本　七冊　存七卷（卯集上、巳集下、午集上下、申集上，補遺，備考）

330000－1716－0015422　　經補 1000－183/15422　經部/小學類/文字之屬/字書/字典
康熙字典十二集三十六卷總目一卷檢字一卷辦似一卷等韻一卷補遺一卷備考一卷　　（清）張玉書等纂修　清刻本　二冊　存二卷（戌集中下）

330000－1716－0015429　　子補 2881/15429　子部/術數類/命書相書之屬
新刊校正增釋合併麻衣先生人相編十卷　（明）陸位崇輯　清末民國初石印本　一冊　存六卷（一至六）

330000－1716－0015431　　經補 1000－184/15431　經部/小學類/文字之屬/字書/字典
康熙字典十二集三十六卷總目一卷檢字一卷辦似一卷等韻一卷補遺一卷備考一卷　　（清）張玉書等纂修　清刻本　五冊　存七卷（辰集中、午集下、酉集下、總目，檢字，辦似，等韻）

330000－1716－0015433　　經補 1000－185/15433　經部/小學類/文字之屬/字書/字典
康熙字典十二集三十六卷總目一卷檢字一卷

辦似一卷等韻一卷補遺一卷備考一卷　　（清）張玉書等纂修　清刻本　二冊　存二卷（酉集上、亥集上）

330000－1716－0015436　　史補 0865/15436　史部/政書類/考工之屬/營造
新鐫工師雕斲正式魯班木經匠家鏡四卷（明）午榮　（明）章嚴撰　清宣統二年（1910）上海校經山房石印本　一冊

330000－1716－0015437　　經補 1000－186/15437　經部/小學類/文字之屬/字書/字典
康熙字典十二集三十六卷總目一卷檢字一卷辦似一卷等韻一卷補遺一卷備考一卷　　（清）張玉書等纂修　清刻本　一冊　存一卷（辰集中）

330000－1716－0015438　　新補 0001－7/15438　史部/政書類/邦計之屬
明密碼電報書不分卷　商務印書館編譯所編輯　清宣統三年（1911）上海商務印書館鉛印本　一冊

330000－1716－0015442　　經補 1000－187/15442　經部/小學類/文字之屬/字書/字典
康熙字典十二集三十六卷總目一卷檢字一卷辦似一卷等韻一卷補遺一卷備考一卷　　（清）張玉書等纂修　清刻本　一冊　存一卷（補遺）

330000－1716－0015447　　經補 1000－188/15447　經部/小學類/文字之屬/字書/字典
康熙字典十二集三十六卷總目一卷檢字一卷辦似一卷等韻一卷補遺一卷備考一卷　　（清）張玉書等纂修　清道光七年（1827）刻本　五冊　存七卷（申集中、酉集上，總目，檢字，辦似，補遺，備考）

330000－1716－0015454　　經補 1000－189/15454　經部/小學類/文字之屬/字書/字典
康熙字典十二集三十六卷總目一卷檢字一卷辦似一卷等韻一卷補遺一卷備考一卷　　（清）張玉書等纂修　清刻本　二冊　存二卷（丑集上、卯集下）

330000 – 1716 – 0015456　經補 1000 – 190/
15456　經部/小學類/文字之屬/字書/字典
**康熙字典十二集三十六卷總目一卷檢字一卷
辨似一卷等韻一卷補遺一卷備考一卷**　（清）
張玉書等纂修　清刻本　四冊　存四卷（子
集上中下、丑集中）

330000 – 1716 – 0015459　經補 1000 – 191/
15459　經部/小學類/文字之屬/字書/字典
**康熙字典十二集三十六卷總目一卷檢字一卷
辨似一卷等韻一卷補遺一卷備考一卷**　（清）
張玉書等纂修　清刻本　一冊　存一卷（備
考）

330000 – 1716 – 0015461　子補 2052/15461
子部/醫家類/綜合之屬
本草醫方合編　（清）汪昂編　清宣統三年
（1911）上海會文堂石印本　一冊　存二卷
（重校舊本湯頭歌訣、經絡歌訣）

330000 – 1716 – 0015467　集補 1908/15467
集部/別集類/唐五代別集
**溫飛卿詩集七卷別集一卷集外詩一卷附錄諸
家詩評一卷**　（唐）溫庭筠撰　（明）曾益注
（清）顧予咸補注　（清）顧嗣立續注　清宣統
二年（1910）上海廣益書局石印本　四冊

330000 – 1716 – 0015468　經補 1000 – 192/
15468　經部/小學類/文字之屬/字書/字典
**康熙字典十二集三十六卷總目一卷檢字一卷
辨似一卷等韻一卷補遺一卷備考一卷**　（清）
張玉書等纂修　清刻本　一冊　存三卷（總
目、檢字、辨似）

330000 – 1716 – 0015470　經補 1000 – 193/
15470　經部/小學類/文字之屬/字書/字典
**康熙字典十二集三十六卷總目一卷檢字一卷
辨似一卷等韻一卷補遺一卷備考一卷**　（清）
張玉書等纂修　清刻本　三冊　存三卷（辰
集上、申集中、補遺）

330000 – 1716 – 0015472　經補 1000 – 194/
15472　經部/小學類/文字之屬/字書/字典
**康熙字典十二集三十六卷總目一卷檢字一卷
辨似一卷等韻一卷補遺一卷備考一卷**　（清）

張玉書等纂修　清刻本　二冊　存二卷（午
集下、未集中）

330000 – 1716 – 0015473　子補 2894/15473
子部/術數類/命書相書之屬
新刊校正增釋合併麻衣先生人相編十卷
（明）陸位崇輯　清末民國初石印本　一冊
存六卷（一至六）

330000 – 1716 – 0015476　經補 1000 – 195/
15476　經部/小學類/文字之屬/字書/字典
**康熙字典十二集三十六卷總目一卷檢字一卷
辨似一卷等韻一卷補遺一卷備考一卷**　（清）
張玉書等纂修　清刻本　二冊　存二卷（辰
集上、備考）

330000 – 1716 – 0015478　經補 1000 – 196/
15478　經部/小學類/文字之屬/字書/字典
**康熙字典十二集三十六卷總目一卷檢字一卷
辨似一卷等韻一卷補遺一卷備考一卷**　（清）
張玉書等纂修　清刻本　一冊　存一卷（未
集上）

330000 – 1716 – 0015479　經補 1000 – 197/
15479　經部/小學類/文字之屬/字書/字典
**康熙字典十二集三十六卷總目一卷檢字一卷
辨似一卷等韻一卷補遺一卷備考一卷**　（清）
張玉書等纂修　清刻本　一冊　存一卷（巳
集下）

330000 – 1716 – 0015483　經補 1000 – 198/
15483　經部/小學類/文字之屬/字書/字典
**康熙字典十二集三十六卷總目一卷檢字一卷
辨似一卷等韻一卷補遺一卷備考一卷**　（清）
張玉書等纂修　清刻本　一冊　存一卷（亥
集中）

330000 – 1716 – 0015487　普類 0201/15487
類叢部/類書類/通類之屬
淵鑑類函四十五卷　（清）張英等輯　清光緒
九年（1883）上海點石齋石印本　十冊

330000 – 1716 – 0015489　子補 2900/15489
子部/術數類/陰陽五行之屬
諏吉便覽不分卷　（清）俞榮寬輯　清刻朱墨

套印本　　一冊

330000－1716－0015490　經補 1000－199/
15490　經部/小學類/文字之屬/字書/字典
**康熙字典十二集三十六卷總目一卷檢字一卷
辨似一卷等韻一卷補遺一卷備考一卷**　（清）
張玉書等纂修　清刻本　二冊　存四卷（寅
集下、總目、檢字、辨似）

330000－1716－0015493　經補 1000－200/
15493　經部/小學類/文字之屬/字書/字典
**康熙字典十二集三十六卷總目一卷檢字一卷
辨似一卷等韻一卷補遺一卷備考一卷**　（清）
張玉書等纂修　清刻本　二冊　存四卷（總
目、檢字、辨似、等韻）

330000－1716－0015494　普類 0083－3/
15494　類叢部/類書類/專類之屬
子史精華一百六十卷　（清）吳士玉　（清）吳
襄等輯　清光緒十二年（1886）上海同文書局
石印本　八冊

330000－1716－0015498　子補 2055/15498
子部/醫家類
飲食大全不分卷　清宣統二年（1910）上海萃
英書莊石印本　一冊

330000－1716－0015507　子補 3008/15507
子部/醫家類/喉科口齒之屬/通論
重錄增補經驗喉科紫珍集二卷　（清）朱翔宇
輯　清末上海千頃堂書局石印本　二冊

330000－1716－0015509　子補 2901/15509
子部/術數類/陰陽五行之屬
諏吉便覽不分卷　（清）俞榮寬輯　清咸豐五
年（1855）福建靈蘭堂刻朱墨套印本　二冊

330000－1716－0015510　子補 2902/15510
子部/術數類/陰陽五行之屬
參星秘要諏吉便覽不分卷　（清）俞榮寬輯
清同治九年（1870）刻朱墨套印本　一冊

330000－1716－0015513　經補 1000－201/
15513　經部/小學類/文字之屬/字書/字典
**康熙字典十二集三十六卷總目一卷檢字一卷
辨似一卷等韻一卷補遺一卷備考一卷**　（清）

張玉書等纂修　清刻本　六冊　存六卷（丑
集上、寅集中、卯集中、酉集中、戌集下，備考）

330000－1716－0015514　經補 1000－202/
15514　經部/小學類/文字之屬/字書/字典
**康熙字典十二集三十六卷總目一卷檢字一卷
辨似一卷等韻一卷補遺一卷備考一卷**　（清）
張玉書等纂修　清刻本　二冊　存二卷（申
集上、等韻）

330000－1716－0015515　經補 1000－203/
15515　經部/小學類/文字之屬/字書/字典
**康熙字典十二集三十六卷總目一卷檢字一卷
辨似一卷等韻一卷補遺一卷備考一卷**　（清）
張玉書等纂修　清刻本　三冊　存三卷（午
集上、申集中、酉集中）

330000－1716－0015516　經補 1000－204/
15516　經部/小學類/文字之屬/字書/字典
**康熙字典十二集三十六卷總目一卷檢字一卷
辨似一卷等韻一卷補遺一卷備考一卷**　（清）
張玉書等纂修　清刻本　一冊　存一卷（酉
集下）

330000－1716－0015517　子補 2061/15517
子部/醫家類/類編之屬
六種新編　（清）文晟編　清同治四年（1865）
萍鄉文星瑞文延慶堂刻本　一冊　存一種

330000－1716－0015518　經補 1000－205/
15518　經部/小學類/文字之屬/字書/字典
**康熙字典十二集三十六卷總目一卷檢字一卷
辨似一卷等韻一卷補遺一卷備考一卷**　（清）
張玉書等纂修　清刻本　二冊　存二卷（丑
集下、寅集上）

330000－1716－0015520　經補 1000－206/
15520　經部/小學類/文字之屬/字書/字典
**康熙字典十二集三十六卷總目一卷檢字一卷
辨似一卷等韻一卷補遺一卷備考一卷**　（清）
張玉書等纂修　清刻本　二冊　存四卷（總
目、檢字、辨似、等韻）

330000－1716－0015522　普叢 0096/15522
類叢部/叢書類/彙編之屬

說鈴前集三十三種後集十九種續集七種
(清)吳震方編　清道光五年(1825)聚秀堂刻
本　三十冊　存五十三種

330000－1716－0015523　經補 1000－207/
15523　經部/小學類/文字之屬/字書/字典
康熙字典十二集三十六卷總目一卷檢字一卷
辨似一卷等韻一卷補遺一卷備考一卷　(清)
張玉書等纂修　清刻本　五冊　存五卷(丑
集上中、辰集中、申集上、亥集上)

330000－1716－0015525　子補 2917/15525
子部/藝術類/書畫之屬
桐陰論畫三卷附錄一卷桐陰畫訣一卷續桐陰
論畫一卷　(清)秦祖永撰　清同治三年至六
年(1864－1867)刻朱墨套印本　二冊

330000－1716－0015527　經補 1000－208/
15527　經部/小學類/文字之屬/字書/字典
康熙字典十二集三十六卷總目一卷檢字一卷
辨似一卷等韻一卷補遺一卷備考一卷　(清)
張玉書等纂修　清刻本　一冊　存一卷(備
考)

330000－1716－0015528　子補 3010/15528
子部/醫家類/喉科口齒之屬/白喉
洞主仙師白喉治法忌表抉微一卷附錄一卷
(清)耐修子輯並注　清光緒三十年(1904)鉛
印本　一冊

330000－1716－0015529　經補 1000－209/
15529　經部/小學類/文字之屬/字書/字典
康熙字典十二集三十六卷總目一卷檢字一卷
辨似一卷等韻一卷補遺一卷備考一卷　(清)
張玉書等纂修　清道光七年(1827)刻本　十
一冊　存十三卷(子集上中、丑集上、卯集下、
午集中下、申集中、亥集下、總目,檢字,辨似,
等韻,備考)

330000－1716－0015531　子補 3011/15531
子部/醫家類/喉科口齒之屬/白喉
洞主仙師白喉治法忌表抉微一卷附錄一卷
(清)耐修子輯並注　清光緒三十年(1904)鉛
印本　一冊

330000－1716－0015540　子補 2060/15540
子部/醫家類/方書之屬/單方驗方
葉種德堂丸散膏丹全錄一卷　(清)葉種德堂
主人輯　清光緒十三年(1887)葉種德堂刻本
一冊

330000－1716－0015541　集補 1939/15541
史部/地理類/專志之屬/宮殿
御製避暑山莊圓明園圖詠二卷　(清)聖祖玄
燁撰　(清)高宗弘曆和　清末大同書局石印
本　二冊

330000－1716－0015544　子補 3001/15544
子部/醫家類/外科之屬/癰疽、疔瘡
洞天奧旨十六卷圖一卷　(清)陳士鐸撰
(清)陶式玉評　清緯文堂刻本　四冊

330000－1716－0015545　子補 4070－2/
15545　子部/醫家類/本草之屬/歷代綜合
本草
本草綱目五十二卷附圖三卷　(明)李時珍撰
本草萬方鍼線八卷　(清)蔡烈先輯　清刻
本　十冊　存十八卷(三至四、八、十五至十
六、十八至二十一、二十五至三十,萬方鍼線
三至五)

330000－1716－0015551　子補 2909/15551
子部/天文曆算類/算書之屬
學生復習用算學揭要一卷　亞泉學館輯　清
光緒二十七年(1901)上海普通學書室石印本
一冊

330000－1716－0015558　子補 2912/15558
子部/天文曆算類/算書之屬
古今算學叢書第三輯　(清)劉鐸輯　清光緒
二十四年(1898)上海算學書局石印本　四冊
存一種

330000－1716－0015559　子補 2064/15559
子部/醫家類/本草之屬/歷代綜合本草
本草三家合注六卷神農本草經百種錄一卷
(清)郭汝聰　(清)徐大椿撰　清光緒十六年
(1890)小嫏嬛閣刻本　三冊

330000－1716－0015560　經補 1000－210/

15560　　經部/小學類/文字之屬/字書/字典
康熙字典十二集三十六卷總目一卷檢字一卷
辨似一卷等韻一卷補遺一卷備考一卷　（清）
張玉書等纂修　清刻本　三十二冊　缺八卷
（子集上中下，丑集上中下，等韻，備考）

330000－1716－0015563　子補 2065/15563
子部/醫家類/類編之屬
利濟十二種　（清）趙學敏輯　清同治十年
(1871)錢塘張應昌吉心堂刻本　十冊　存
一種

330000－1716－0015568　集補 1937/15568
集部/詩文評類/詩評之屬
平等閣詩話二卷　狄葆賢撰　清末鉛印本
二冊

330000－1716－0015569　子補 2066/15569
子部/醫家類/本草之屬/歷代綜合本草
本草述鈎元三十二卷　（清）劉若金撰　（清）
楊時泰輯　清同治十一年(1872)木活字印本
十冊

330000－1716－0015573　集補 3435/15573
集部/小說類/長篇之屬
繡像醒世姻緣傳一百回　（清）西周生撰　清
光緒二十四年(1898)上海書局石印本　八冊
缺二十回(三十一至四十、七十一至八十)

330000－1716－0015574　史補 0882/15574
子部/雜著類/雜纂之屬
九朝野記四卷　（明）祝允明撰　清宣統三年
(1911)時中書局鉛印本　二冊

330000－1716－0015576　經補 1000－212/
15576　經部/小學類/文字之屬/字書/字典
康熙字典十二集三十六卷總目一卷檢字一卷
辨似一卷等韻一卷補遺一卷備考一卷　（清）
張玉書等纂修　清末石印本　一冊　存九卷
（寅集上中下、卯集上中下、辰集上中下）

330000－1716－0015577　史補 0883/15577
子部/雜著類/雜纂之屬
九朝野記四卷　（明）祝允明撰　清宣統三年
(1911)時中書局鉛印本　二冊

330000－1716－0015579　　經補 1000－213/
15579　經部/小學類/文字之屬/字書/字典
康熙字典十二集三十六卷總目一卷檢字一卷
辨似一卷等韻一卷補遺一卷備考一卷　（清）
張玉書等纂修　清末石印本　一冊　存六卷
（酉集上中下、戌集上中下）

330000－1716－0015597　子補 2913/15597
子部/天文曆算類/算書之屬
白芙堂算學叢書二十三種　（清）丁取忠輯
清光緒十四年(1888)上海龍文書局石印本
八冊

330000－1716－0015598　集補 3420/15598
集部/小說類/長篇之屬
新鍥重訂出像注釋通俗演義西晉志傳題評四
卷東晉志傳題評八卷紀元傳一卷　（明）陳氏
尺蠖齋評釋　清文元堂刻本　二冊　存二卷
（東晉志傳五至六）

330000－1716－0015599　子補 3020/15599
子部/小說家類/異聞之屬
閱微草堂筆記二十四卷　（清）紀昀撰　清光
緒十四年(1888)上海點石齋石印本　四冊

330000－1716－0015602　子補 2925/15602
子部/天文曆算類/算書之屬
新編直指算法統宗十二卷　（明）程大位撰
清光緒二十五年(1899)成文信刻本　四冊

330000－1716－0015607　子補 2070/15607
子部/醫家類/綜合之屬/通論
醫門法律六卷　（清）喻昌撰　清光緒三十三
年(1907)上海簡青齋書局石印本　一冊

330000－1716－0015608　子補 2071/15608
子部/醫家類/類編之屬
喻氏醫書三種　（清）喻昌撰　清光緒二十六
年(1900)上海校經山房石印本　二冊　存
一種

330000－1716－0015609　子補 4070－6/
15609　子部/醫家類/本草之屬/歷代綜合
本草
本草綱目五十二卷附圖三卷　（明）李時珍撰

清末石印本　五冊　存二十四卷(一至十二、二十六至三十、三十六至四十二)

330000－1716－0015610　集補 3421/15610
集部/別集類/清別集

留茹盦尺牘叢殘四卷　(清)嚴籟撰　清咸豐刻本　二冊　存二卷(二至三)

330000－1716－0015616　子補 2072/15616
子部/醫家類/方書之屬/單方驗方

便易經驗集一卷續刻經驗集一卷濟世養生集一卷養生經驗補遺一卷　(清)毛世洪輯
(清)汪瑜增訂　**續刊經驗集痘疹選要一卷**
(清)孫復初輯　**救急類一卷**　(清)周莘農輯
清光緒三十年(1904)石印本　一冊

330000－1716－0015617　子補 4070－32/15617　子部/醫家類/本草之屬/歷代綜合本草

本草綱目五十二卷附圖三卷瀕湖脈學一卷奇經八脈攷一卷脈訣攷證一卷　(明)李時珍撰
本草萬方鍼線八卷　(清)蔡烈先輯　**本草綱目拾遺十卷**　(清)趙學敏輯　清末石印本十六冊

330000－1716－0015619　普子 2028－2/15619　子部/藝術類/篆刻之屬/印譜

小石山房印譜四卷歸去來辭一卷集名刻一卷
(清)顧湘　(清)顧浩輯　清道光八年(1828)海虞顧氏小石山房鈐印本　六冊

330000－1716－0015621　經補 0846－2/15621　子部/雜家類

通問便集二卷　(清)子虛氏輯注　清光緒十三年(1887)上洋畬經堂石印本　二冊

330000－1716－0015626　史補 0871/15626
史部/傳記類/總傳之屬/技藝

歷代畫史彙傳七十二卷首一卷總目三卷附錄二卷　(清)彭蘊璨輯　清光緒八年(1882)掃葉山房刻本　二十二冊　缺六卷(一至六)

330000－1716－0015627　子補 4070－33/15627　子部/醫家類/本草之屬/歷代綜合本草

本草綱目五十二卷附圖三卷瀕湖脈學一卷奇經八脈攷一卷脈訣攷證一卷　(明)李時珍撰
本草萬方鍼線八卷附藥品總目一卷　(清)蔡烈先輯　**本草綱目拾遺十卷**　(清)趙學敏輯　清刻本　二十八冊　存三十五卷(一至四、三十六至五十二,圖一至三,瀕湖脈學,奇經八脈攷,萬方鍼線一至八,藥品總目)

330000－1716－0015641　普叢 0194/15641
類叢部/叢書類/彙編之屬

正覺樓叢刻(正覺樓叢書)二十九種　(清)崇文書局編　清光緒崇文書局刻本　四冊　存二種

330000－1716－0015642　地獻 1387－5/15642　經部/叢編

五經旁訓辨體合訂　(清)徐立綱旁訓　清刻本　一冊　存二卷(詩經一至二)

330000－1716－0015650　子補 4070－34/15650　子部/醫家類/本草之屬/歷代綜合本草

本草綱目五十二卷附圖二卷　(明)李時珍撰
本草萬方鍼線八卷　(清)蔡烈先輯　清乾隆四十九年(1784)金閶書業堂刻本　三十九冊　存五十二卷(三至九、十二至五十二,萬方鍼線一至四)

330000－1716－0015653　子補 2927/15653
子部/藝術類/書畫之屬/總論

甌鉢羅室書畫過目攷四卷首一卷附一卷
(清)李玉棻撰　清光緒上海鴻文齋石印本
四冊

330000－1716－0015654　子補 4070－35/15654　子部/醫家類/本草之屬/歷代綜合本草

本草綱目五十二卷附圖三卷瀕湖脈學一卷奇經八脈攷一卷脈訣攷證一卷　(明)李時珍撰
本草萬方鍼線八卷附藥品總目一卷　(清)蔡烈先輯　**本草綱目拾遺十卷**　(清)趙學敏輯　清道光六年(1826)務本堂刻本　二十四冊　存二十九卷(一至三、五至十二、十五至十八、二十七至三十二、三十九至四十、四十

三至四十四,圖一至二,瀕湖脈學,藥品總目)

330000－1716－0015655　子補 4072/15655
子部/術數類/命書相書之屬

新鐫鬼谷子先生四字經前定數不分卷　□□
輯　清刻本　一冊

330000－1716－0015657　地獻 1937－1/
15657　集部/別集類/清別集

象洞山房文稿一卷詩稿一卷　（清）徐迪惠撰
清宣統元年(1909)上虞徐氏留餘堂刻本
一冊　存一卷(詩稿)

330000－1716－0015659　集補 1168－4/
15659　集部/別集類/清別集

枕善堂尺牘一隅二十卷　（清）陳大溶撰　清
道光二十二年(1842)刻本　趙年題記　八冊
缺三卷(四至五、十八)

330000－1716－0015661　子補 2930/15661
子部/藝術類/書畫之屬/題跋

習苦齋畫絮十卷　（清）戴熙撰　清末上海文
瑞樓石印本　四冊

330000－1716－0015662　子補 4070－36/
15662　子部/醫家類/本草之屬/歷代綜合
本草

**本草綱目五十二卷附圖三卷瀕湖脈學一卷奇
經八脈攷一卷脈訣攷證一卷**　（明）李時珍撰
　　本草萬方鍼線八卷附藥品總目一卷　（清）
蔡烈先輯　**本草綱目拾遺十卷**　（清）趙學敏
輯　清刻本　六冊　存六卷(一至二、圖一至
三、藥品總目)

330000－1716－0015665　普類 0205/15665
類叢部/類書類/專類之屬

佩文韻府一百六卷　（清）張玉書　（清）蔡升
元等輯　**韻府拾遺一百六卷**　（清）汪灝
（清）何焯等輯　清光緒二十一年(1895)上海
點石齋石印本　二十四冊

330000－1716－0015666　集補 1930/15666
集部/小說類/長篇之屬

繡像永慶昇平二十四卷九十七回　（清）郭廣
瑞撰　清光緒十八年(1892)鉛印本　六冊

330000－1716－0015668　子補 3029/15668
子部/雜著類/雜纂之屬

記聞類編十四卷　蔡爾康輯　清光緒三年
(1877)上海印書局鉛印本　六冊

330000－1716－0015673　子補 3030/15673
子部/雜著類/雜說之屬

茶餘客話十二卷　（清）阮葵生撰　清乾隆五
十九年(1794)阮鍾琦刻本　四冊

330000－1716－0015676　子補 0127－1/
15676　子部/醫家類/養生之屬

衛濟餘編十八卷　（清）王纕堂輯　清道光二
十二年(1842)寶善堂刻本　七冊　存十七卷
(一至十三、十五至十八)

330000－1716－0015678　子補 2081/15678
子部/醫家類/方書之屬/單方驗方

洪氏集驗方五卷　（宋）洪遵輯　清末學海圖
書局影印本　二冊

330000－1716－0015679　史補 0879/15679
史部/傳記類/總傳之屬/姓名

青樓小名錄八卷　（清）趙慶楨輯　清宣統二
年(1910)上海國學扶輪社鉛印本　四冊

330000－1716－0015680　史補 0509/15680
新學/政治法律/政治

湖北省新議委署章程簡明條款一卷　清刻本
一冊

330000－1716－0015681　經補 1432/15681
經部/小學類/訓詁之屬/字詁

墨韻堂智燈難字二卷　（清）范寅撰　清同治
八年(1869)刻本　一冊

330000－1716－0015682　子補 3033/15682
子部/雜著類/雜說之屬

因樹屋書影十卷　（清）周亮工撰　清末士林
精舍石印本　六冊

330000－1716－0015683　普叢 0437－5/
15683　類叢部/叢書類/自著之屬

隨園三十種　（清）袁枚撰　清刻本　三冊
存三種

330000 – 1716 – 0015684　子補 2082/15684
子部/醫家類/方書之屬/單方驗方

六科良方集要一卷續方一卷　（清）周鶴群纂
輯　（清）凌奐增訂　清宣統元年（1909）石印
本　朱備題簽　一冊

330000 – 1716 – 0015686　集補 3422/15686
集部/曲類/彈詞之屬

新刻珠玉圓四卷四十八回　（清）柳浦散人輯
清刻本　金由武題記　一冊　存一卷（三）

330000 – 1716 – 0015691　子補 0055 – 6/
15691　子部/藝術類/遊藝之屬/聯語

楹聯彙編八卷　王榮商輯　清末石印本　一
冊　存一卷（二）

330000 – 1716 – 0015695　集補 3247 – 18/
15695　集部/小說類/短篇之屬

聊齋志異新評十六卷　（清）蒲松齡撰　（清）
王士禎評　（清）呂湛恩注　（清）但明倫批
清刻朱墨套印本　三冊　存三卷（九至十、十
三）

330000 – 1716 – 0015698　史補 1442/15698
史部/史抄類

古今史略十二卷附殉難錄一卷　（清）李漁纂
輯　清刻本　三冊　存六卷（三至四、七至
十）

330000 – 1716 – 0015699　普類 0077/15699
類叢部/類書類/通類之屬

事類統編九十三卷首一卷　（清）林意誠輯
清刻本　七冊　存二十卷（二至四、二十五、
五十一至五十三、六十四至七十、七十三至七
十五、八十一至八十三）

330000 – 1716 – 0015700　子補 2086/15700
子部/醫家類/醫案之屬

**臨證指南醫案十卷種福堂公選溫熱論醫案四
卷**　（清）葉桂撰　（清）徐大椿評　清光緒十
八年（1892）上海圖書集成印書局鉛印本　二
冊　缺十卷（一至十）

330000 – 1716 – 0015704　集補 0996/15704
類叢部/叢書類/家集之屬

篤素堂全集四種　（清）張英　（清）張廷玉撰
清光緒五年至十七年（1879 – 1891）刻彙印
本　一冊　存一種

330000 – 1716 – 0015707　集補 3423/15707
集部/戲劇類/傳奇之屬

雪韻堂批點燕子箋記二卷四十二齣　（明）阮
大鋮撰　清同治十三年（1874）寄傲山房刻本
二冊

330000 – 1716 – 0015709　子補 3035/15709
子部/藝術類/書畫之屬/畫譜

茹煙吐縠不分卷　（清）陳允昇繪　清光緒二
年（1876）石印本　馮長林題記　三冊

330000 – 1716 – 0015712　子補 3036/15712
子部/藝術類/書畫之屬/畫譜

冶梅石譜二卷　（清）王寅繪　清末上海朝記
書莊石印本　二冊

330000 – 1716 – 0015713　集補 1336 – 2/
15713　集部/小說類/短篇之屬

聊齋志異十六卷　（清）蒲松齡撰　（清）王士
禎評　清刻本　六冊　存六卷（四至八、十）

330000 – 1716 – 0015718　子補 3039/15718
子部/醫家類/類編之屬

沈氏尊生書五種　（清）沈金鰲撰輯　清宣統
元年（1909）石印本　二十冊

330000 – 1716 – 0015719　集補 3247 – 19/
15719　集部/小說類/短篇之屬

聊齋志異新評十六卷　（清）蒲松齡撰　（清）
王士禎評　（清）呂湛恩注　（清）但明倫批
清刻本　二冊　存二卷（十二、十五）

330000 – 1716 – 0015721　子補 2939/15721
子部/藝術類/遊藝之屬/棋弈

桃花泉弈譜二卷　（清）范世勳撰　清乾隆三
十年（1765）錫山浦氏靜寄東軒刻本　稽山樵
客題簽　二冊

330000 – 1716 – 0015722　集補 3247 – 20/
15722　集部/小說類/短篇之屬

批點聊齋志異十六卷　（清）蒲松齡撰　（清）
王士禎評　（清）何守奇批點　清刻本　二冊

存二卷(十五至十六)

330000－1716－0015725　子補 2937/15725
子部/藝術類/篆刻之屬/印譜

百將百美合璧印譜不分卷　(清)趙穆篆　清
光緒二十年(1894)鈐印本　八冊

330000－1716－0015726　子補 3041/15726
子部/醫家類/類編之屬

陳修園醫書四十種　(清)陳念祖等撰　清光
緒三十一年(1905)上海商務印書館鉛印本
丁之藩題簽並注　二十四冊

330000－1716－0015735　子補 3042/15735
子部/醫家類/本草之屬/歷代綜合本草

本草求真九卷圖一卷主治二卷脈理求真一卷
　(清)黃宮繡撰　清末上海江東書局石印本
六冊

330000－1716－0015740　普類 0036/15740
類叢部/類書類/通類之屬

增廣留青新集二十四卷　(清)伊□□重編
(清)沈鼎銘　(清)馮善長校讎　清光緒石印
本　一冊　存三卷(六至八)

330000－1716－0015747　集補 1336－14/
15747　集部/小說類/短篇之屬

聊齋志異十六卷　(清)蒲松齡撰　(清)王士
禛評　清刻本　一冊　存一卷(二)

330000－1716－0015748　普類 0037/15748
類叢部/類書類/通類之屬

增廣留青新集二十四卷　(清)伊□□重編
(清)沈鼎銘　(清)馮善長校讎　清光緒石印
本　一冊　存三卷(四至六)

330000－1716－0015750　普類 0038/15750
類叢部/類書類/通類之屬

增廣留青新集二十四卷　(清)伊□□重編
(清)沈鼎銘　(清)馮善長校讎　清光緒石印
本　二冊　存九卷(九至十七)

330000－1716－0015759　集補 1336－6/
15759　集部/小說類/短篇之屬

聊齋志異十六卷　(清)蒲松齡撰　(清)王士
禛評　清刻本　一冊　存一卷(十四)

330000－1716－0015767　子補 0868/15767
子部/宗教類/道教之屬

三聖真經注釋不分卷　清光緒三年(1877)刻
本　一冊

330000－1716－0015770　集補 1336－4/
15770　集部/小說類/短篇之屬

聊齋志異十六卷　(清)蒲松齡撰　(清)王士
禛評　清刻本　一冊　存一卷(十五)

330000－1716－0015771　子補 0001－67/
15771　子部/藝術類/書畫之屬/畫譜

芥子園畫傳初集六卷二集九卷三集六卷
(清)王槩　(清)王蓍　(清)王臬輯　清光
緒二十一年(1895)上海寶文書局石印本　八
冊　存十五卷(初集一至二,二集一至二、五
至九,三集一至六)

330000－1716－0015772　子補 4086/15772
子部/天文曆算類/算書之屬

學生復習用算學揭要一卷　亞泉學館輯　清
光緒二十七年(1901)上海普通學書室石印本
　一冊

330000－1716－0015779　集補 1336－7/
15779　集部/小說類/短篇之屬

聊齋志異十六卷　(清)蒲松齡撰　(清)王士
禛評　清刻本　一冊　存一卷(一)

330000－1716－0015782　集補 3247－25/
15782　集部/小說類/短篇之屬

聊齋志異新評十六卷　(清)蒲松齡撰　(清)
王士禛評　(清)呂湛恩注　(清)但明倫批
清刻本　二冊　存二卷(一、三)

330000－1716－0015783　經補 1342－24/
15783　經部/春秋左傳類/傳說之屬

春秋左傳五十卷提要一卷　(晉)杜預注
(宋)林堯叟補注　(明)韓范評　**春秋左傳異
名考一卷**　(明)閔光德輯　清光緒十一年
(1885)會稽徐氏融經館刻本　二冊　存七卷
(一、五至九,提要)

330000－1716－0015784　集補 1336－1/
15784　集部/小說類/短篇之屬

聊齋志異十六卷　（清）蒲松齡撰　（清）王士禛評　清刻本　二冊　存二卷（六、十）

330000－1716－0015785　集補 3425/15785　集部/別集類/清別集

繡餘小草六卷　（清）扈斯哈里氏撰　清光緒二十九年(1903)上海書局石印本　一冊　存一卷（一）

330000－1716－0015787　經補 1342－25/15787　經部/春秋左傳類/傳說之屬

春秋左傳五十卷提要一卷　（晉）杜預注　（宋）林堯叟補注　（唐）陸德明音義　春秋列國圖說一卷　（宋）蘇軾撰　清光緒李光明莊刻本　三冊　存十三卷（五至十三、十九至二十二）

330000－1716－0015789　子補 0304－1/15789　子部/醫家類/方書之屬/成方藥目

同仁堂藥目不分卷　（清）同仁堂編　清末刻本　一冊

330000－1716－0015790　經補 1342－26/15790　經部/春秋左傳類/傳說之屬

春秋左傳五十卷　（晉）杜預注　（宋）林堯叟補注　（唐）陸德明音義　清蘇州趙氏書業堂刻本　四冊　存十八卷（十四至二十六、四十六至五十）

330000－1716－0015791　子補 2945/15791　子部/藝術類/遊藝之屬/棋弈

弈潛齋集譜初編十五種二編三種三編五種　（清）鄧元鏸輯　清末上海文瑞樓書局石印本　一冊　存初編四種

330000－1716－0015792　子補 0311/15792　子部/醫家類/方書之屬/單方驗方

良方集腋二卷良方合璧二卷附婦嬰至寶六卷　（清）謝元慶輯　清光緒八年(1882)蘇州桃花塢望炊樓謝氏刻本　三冊　存三卷（一至二、良方合璧二）

330000－1716－0015793　經補 1342－27/15793　經部/春秋左傳類/傳說之屬

春秋左傳五十卷提要一卷　（晉）杜預注　（宋）林堯叟補注　（唐）陸德明音義　春秋列國圖說一卷　（宋）蘇軾撰　清光緒三十一年(1905)上海校經山房石印本　十二冊

330000－1716－0015795　集補 1336－15/15795　集部/小說類/短篇之屬

聊齋志異十六卷　（清）蒲松齡撰　（清）王士禛評　清刻本　一冊　存一卷（十）

330000－1716－0015797　子補 2099/15797　集部/總集類/選集之屬/斷代

皇朝經世文續編一百二十卷　（清）葛士濬輯　清光緒十七年(1891)上海廣百宋齋鉛印本　二十四冊

330000－1716－0015798　經補 1342－28/15798　經部/春秋左傳類/傳說之屬

春秋左傳五十卷提要一卷　（晉）杜預注　（宋）林堯叟補注　（唐）陸德明音義　春秋列國圖說一卷　（宋）蘇軾撰　清同治十二年(1873)浙紹奎照樓刻本　十二冊

330000－1716－0015803　經補 1342－29/15803　經部/春秋左傳類/傳說之屬

春秋左傳五十卷　（晉）杜預注　（宋）林堯叟補注　（唐）陸德明音義　清三餘堂刻本　七冊　存三十二卷（三至二十、三十四至四十三、四十七至五十）

330000－1716－0015804　子補 3080/15804　子部/藝術類/書畫之屬

冷吉臣白描畫冊一卷　（清）冷枚繪　清光緒十二年(1886)上海積山書局石印本　一冊

330000－1716－0015809　子補 2106/15809　子部/醫家類/方書之屬/單方驗方

醫方湯頭歌括一卷經絡歌訣一卷　（清）汪昂撰　清刻本　一冊

330000－1716－0015810　集補 1609－8/15810　集部/詩文評類/文法之屬

唐著寫信必讀二卷　（清）唐芸洲撰　清宣統三年(1911)上海姚文海書局石印本　清周國燧題記　一冊

330000－1716－0015816　經補 1132/15816

經部/小學類/文字之屬/字書/字體

隸辨八卷 （清）顧藹吉撰 清光緒十三年 (1887)上海蜚英館石印本 八冊

330000－1716－0015820 子補 2109/15820 子部/醫家類/本草之屬/歷代綜合本草

本草備要四卷附經絡歌訣一卷醫方湯頭括一卷 （清）汪昂撰 清刻本 一冊 缺四卷 (本草備要一至四)

330000－1716－0015822 子補 2110/15822 子部/醫家類/本草之屬/歷代綜合本草

本草備要四卷附經絡歌訣一卷醫方湯頭括一卷 （清）汪昂撰 清刻本 陳淡軒題記 一冊 缺四卷(本草備要一至四)

330000－1716－0015823 經補 1342－22/ 15823 經部/春秋左傳類/傳說之屬

春秋左傳五十卷提要一卷 （晉）杜預注 （宋）林堯叟補注 （唐）陸德明音義 **春秋列國圖說一卷** （宋）蘇軾撰 清道光二十二年 (1842)刻本 十二冊

330000－1716－0015824 經補 1342－23/ 15824 經部/春秋左傳類/傳說之屬

春秋左傳五十卷 （晉）杜預注 （宋）林堯叟補注 （唐）陸德明音義 清刻本 六冊 存二十五卷(四至九、二十至三十一、三十六至四十二)

330000－1716－0015825 集補 3433/15825 集部/詩文評類/文法之屬/函牘格式

最新應用尺牘教科書四卷 杜元炳撰 杜瀚生增訂 清光緒三十三年(1907)上海會文學社石印本 四冊

330000－1716－0015832 子補 2111/15832 子部/醫家類/方書之屬/單方驗方

醫方湯頭歌括一卷經絡歌訣一卷 （清）汪昂撰 清刻本 一冊 存一卷(醫方湯頭歌括)

330000－1716－0015833 子補 4083/15833 新學/醫學/衛生學

看護學問答初集四卷 紹興教育館編譯部編譯 清光緒三十四年(1908)紹興教育館鉛印本 一冊

330000－1716－0015835 經補 1133/15835 經部/小學類/文字之屬/說文/專著

說文古籀補十四卷補遺一卷附錄一卷 （清）吳大澂撰 清光緒石印本 四冊

330000－1716－0015836 新補 0025－11/ 15836 新學/算學/數學

筆算數學三卷 （美國）狄考文輯 （清）鄒立文述 清末鉛印本 一冊 存一卷(三)

330000－1716－0015837 經補 1134/15837 經部/小學類/文字之屬/說文/專著

說文古籀補十四卷補遺一卷附錄一卷 （清）吳大澂撰 清光緒石印本 四冊

330000－1716－0015838 子補 2112/15838 子部/醫家類/方書之屬/單方驗方

醫方湯頭歌括一卷經絡歌訣一卷 （清）汪昂撰 清刻本 宋孝廉題記 一冊

330000－1716－0015840 經補 1135/15840 經部/小學類/文字之屬/說文/專著

說文古籀補十四卷補遺一卷附錄一卷 （清）吳大澂撰 清光緒石印本 四冊

330000－1716－0015845 子補 2113/15845 子部/醫家類/本草之屬/歷代綜合本草

本草備要四卷附經絡歌訣一卷醫方湯頭括一卷 （清）汪昂撰 清還讀齋刻本 二冊 缺四卷(本草備要一至四)

330000－1716－0015848 集補 3247－32/ 15848 集部/小說類/短篇之屬

真正後聊齋志異六卷 （清）徐昆撰 清末石印本 二冊 存五卷(二至六)

330000－1716－0015850 子補 2114/15850 子部/宗教類/道教之屬

崔公入藥鏡注解一卷附青天歌注釋一卷 （五代）崔希範撰 （元）王玠注 清光緒十二年(1886)錢塘魏氏瑪瑙經房刻本 一冊

330000－1716－0015854 經補 1137/15854 經部/小學類/文字之屬/說文/專著

說文古籀補十四卷補遺一卷附錄一卷　（清）吳大澂撰　清光緒石印本　四冊

330000－1716－0015857　子補4089－1/15857　子部/儒家類/儒學之屬/性理

西山先生答客問一卷　（宋）真德秀撰　清末石印本　一冊

330000－1716－0015859　經補1136/15859　經部/小學類/文字之屬/說文/專著

許氏說文解字雙聲疊韻譜一卷　（清）鄧廷楨撰　清光緒九年(1883)上海同文書局石印本　一冊

330000－1716－0015863　經補1344－1/15863　經部/春秋左傳類/傳說之屬

左繡三十卷首一卷　（清）馮李驊　（清）陸浩評輯　清刻本　二冊　存五卷(三至七)

330000－1716－0015864　普經0948－2/15864　經部/春秋左傳類/傳說之屬

左繡三十卷首一卷　（清）馮李驊　（清）陸浩評輯　清刻本　四冊　存七卷(二至三、五、八至十一)

330000－1716－0015865　子補2115/15865　子部/醫家類/養生之屬

衛生要術不分卷　（清）潘霨輯　清光緒二年(1876)石印本　一冊

330000－1716－0015868　普經0948－1/15868　經部/春秋左傳類/傳說之屬

左繡三十卷首一卷　（清）馮李驊　（清）陸浩評輯　清康熙五十九年(1720)華川書屋刻本　三冊　存六卷(六至七、十至十一、二十一至二十二)

330000－1716－0015869　普叢0313－2/15869　類叢部/叢書類/自著之屬

古愚老人消夏錄十七種　（清）汪汲撰輯　清乾隆至嘉慶古愚山房刻本　一冊　存一種

330000－1716－0015872　經補1344－2/15872　經部/春秋左傳類/傳說之屬

左繡三十卷首一卷　（清）馮李驊　（清）陸浩評輯　清康熙五十九年(1720)華川書屋刻本

三冊　存六卷(七至八、十九至二十二)

330000－1716－0015873　經補1139/15873　經部/小學類/文字之屬/說文

說文通訓定聲十八卷分部柬韻一卷說雅一卷古今韻準一卷　（清）朱駿聲撰　（清）朱鏡蓉參訂　行述一卷　朱孔彰撰　清光緒十三年(1887)上海積山書局石印本　八冊

330000－1716－0015874　普叢0135－2/15874　類叢部/叢書類/彙編之屬

滂喜齋叢書五十種　（清）潘祖蔭編　清同治至光緒吳縣潘氏京師刻本　二冊　存三種

330000－1716－0015876　子補4089－2/15876　子部/儒家類/儒學之屬/性理

西山先生答客問一卷　（宋）真德秀撰　清末石印本　一冊

330000－1716－0015879　經補1344－3/15879　經部/春秋左傳類/傳說之屬

左繡三十卷首一卷　（清）馮李驊　（清）陸浩評輯　清康熙五十九年(1720)華川書屋刻本　三冊　存五卷(二十五至二十九)

330000－1716－0015884　子補2116/15884　子部/醫家類/溫病之屬/瘟疫

鼠疫抉微四卷　（清）余德壎輯　清宣統二年(1910)上海瀆素盦鉛印本　一冊

330000－1716－0015887　經補1344－4/15887　經部/春秋左傳類/傳說之屬

曲江書屋新訂批注左傳快讀十八卷首一卷　（清）李紹崧輯　清光緒曲江書屋刻本　三冊　存三卷(十三至十五)

330000－1716－0015889　子補2117/15889　子部/醫家類/方書之屬/單方驗方

隨山宇方鈔一卷　（清）汪曰楨撰　清光緒八年(1882)紹興安越堂刻本　一冊

330000－1716－0015894　經補1344－5/15894　經部/春秋左傳類/傳說之屬

曲江書屋新訂批注左傳快讀十八卷首一卷　（清）李紹崧輯　清光緒二十五年(1899)上海掃葉山房刻本　十冊　存十一卷(一、四至十

二、十七）

330000－1716－0015896　子補 2118/15896
子部/醫家類/方書之屬/單方驗方
經驗單方彙編一卷保嬰經驗方一卷濟陰纂要
方一卷保產良方一卷　（清）錢峻輯　清沈元
瑞裕麟堂刻本　四冊

330000－1716－0015903　子補 2119/15903
子部/醫家類/診法之屬/其他診法
醫學輯要四卷　（清）吳燁輯　清道光五年
(1825)刻本　一冊

330000－1716－0015909　集補 1946/15909
集部/別集類/清別集
兩當軒集二十卷補遺二卷附錄四卷　（清）黃
景仁撰　兩當軒集攷異二卷　（清）黃志述撰
清宣統二年(1910)掃葉山房石印本　六冊

330000－1716－0015910　子補 4092/15910
子部/宗教類/佛教之屬/經
覺世真經一卷　清光緒十五年(1889)刻本
一冊

330000－1716－0015912　子補 2953/15912
子部/藝術類/書畫之屬/總論
庚子銷夏記八卷　（清）孫承澤撰　清宣統三
年(1911)掃葉山房石印本　四冊

330000－1716－0015921　集補 3424/15921
集部/別集類/唐五代別集
杜詩偶評四卷　（唐）杜甫撰　（清）沈德潛評
清刻本　一冊　存一卷(二)

330000－1716－0015924　子補 2120/15924
子部/藝術類/書畫之屬/畫譜
精選畫譜采新初集不分卷附西湖十八景不分
卷　（清）張熊等繪　清光緒十九年(1893)畬
經堂石印本　一冊　存一冊(上)

330000－1716－0015925　集補 1948/15925
集部/別集類
虛受堂文集十六卷　王先謙撰　清宣統二年
(1910)上海國學書社石印本　六冊

330000－1716－0015929　子補 2121/15929

子部/藝術類/書畫之屬/畫譜
畫譜采新不分卷附西湖十八景圖不分卷
（清）張熊等繪　清光緒十六年(1890)上海西
法石印本　一冊

330000－1716－0015932　子補 2122/15932
子部/藝術類/書畫之屬/畫譜
吳友如畫寶十二集不分卷　（清）吳嘉猷繪
清末上海璧園石印本　一冊　存一集

330000－1716－0015936　集補 3443/15936
集部/小說類/長篇之屬
新編批評繡像後七國樂田演義四卷十八回
（清）徐震撰　清末石印本　二冊

330000－1716－0015937　子補 4081/15937
子部/宗教類/道教之屬/戒律
太上感應篇引經箋注一卷　（清）惠棟撰　清
刻本　一冊

330000－1716－0015938　經補 1344－6/
15938　經部/春秋左傳類/傳說之屬
春秋左傳五十卷　（晉）杜預注　（宋）林堯叟
補注　（唐）陸德明音義　清刻本　一冊　存
三卷(四十一至四十三)

330000－1716－0015942　史補 0180－2/
15942　史部/政書類/通制之屬
二十四史九通政典類要合編三百二十卷
（清）黃書霖輯　清光緒二十八年(1902)約雅
堂石印本　六十冊

330000－1716－0015944　地獻 1937－3/
15944　集部/別集類/清別集
象洞山房文稿一卷詩稿一卷　（清）徐迪惠撰
清宣統元年(1909)上虞徐氏留餘堂刻本
一冊　存一卷(文稿)

330000－1716－0015945　子補 4082/15945
子部/宗教類/其他宗教之屬/基督教
福女瑪利亞納傳一卷　李杕撰　清光緒三十
二年(1906)上海慈母堂鉛印本　一冊

330000－1716－0015948　子補 2123/15948
子部/雜著類/雜說之屬
石林燕語十卷　（宋）葉夢得撰　清咸豐四年

(1854)仁和胡氏木活字印本　二冊

330000 - 1716 - 0015960　普叢 0312 - 3/15960　類叢部/叢書類/彙編之屬

崇文書局彙刻書三十一種 （清）崇文書局編　清光緒元年至三年(1875 - 1877)湖北崇文書局刻本　四冊　存一種

330000 - 1716 - 0015962　經補 1344 - 9/15962　經部/春秋左傳類/傳說之屬

左傳選十四卷 （清）儲欣選評　清道光二十五年(1845)姑蘇綠蔭堂刻本　六冊

330000 - 1716 - 0015963　子補 0310/15963　子部/醫家類/類編之屬

婦嬰至寶三種六卷 （清）徐尚慧編　清刻本　一冊

330000 - 1716 - 0015965　經補 1344 - 11/15965　經部/春秋左傳類/傳說之屬

評點春秋綱目左傳句解彙雋六卷 （清）韓菼重訂　清令德堂刻本　一冊　存一卷(三)

330000 - 1716 - 0015968　經補 1344 - 12/15968　經部/春秋左傳類/傳說之屬

評點春秋綱目左傳句解彙雋六卷 （清）韓菼重訂　清上海文瑞堂刻本　二冊　存四卷(一至四)

330000 - 1716 - 0015970　集補 3247 - 53/15970　集部/小說類/短篇之屬

聊齋志異新評十六卷 （清）蒲松齡撰　（清）王士禎評　（清）呂湛恩注　（清）但明倫批　清刻本　一冊　存一卷(十四)

330000 - 1716 - 0015976　史補 1583/15976　史部/史評類/史論之屬

史論初階一卷 （清）李枚編　清光緒二十四年(1898)羊城聚豐坊刻本　一冊

330000 - 1716 - 0015980　經補 1344 - 13/15980　經部/春秋左傳類/傳說之屬

批點春秋左傳綱目句解彙鐫六卷 （清）韓菼重訂　清刻本　四冊　存四卷(二、四至六)

330000 - 1716 - 0015983　經補 1344 - 14/

15983　經部/春秋左傳類/傳說之屬

評點春秋左傳綱目句解彙雋六卷 （清）韓菼重訂　清刻本　二冊　存二卷(四至五)

330000 - 1716 - 0015989　經補 1344 - 15/15989　經部/春秋左傳類/傳說之屬

評點春秋綱目左傳句解彙雋六卷 （清）韓菼重訂　清刻本　二冊　存二卷(一、三)

330000 - 1716 - 0015990　子補 4079/15990　子部/宗教類/其他宗教之屬/基督教

晦極明生世紀不分卷 （英國）季理斐譯　清光緒二十七年(1901)上海商務印書館鉛印本　一冊

330000 - 1716 - 0015994　新補 0667/15994　新學/學校

最新初等小學筆算教科書五卷 徐寯編　清宣統元年(1909)上海商務印書館鉛印本　一冊　存一卷(一)

330000 - 1716 - 0016004　集補 1429 - 1/16004　集部/總集類/選集之屬/斷代

八家四六文注八卷首一卷 （清）吳鼒輯（清）許貞幹注　**補注一卷** 陳衍撰　清光緒十八年(1892)上海圖書集成印書局鉛印本童鼎璜題記　八冊

330000 - 1716 - 0016005　普類 0203/16005　類叢部/類書類/專類之屬

子史精華一百六十卷 （清）吳士玉　（清）吳襄等輯　清光緒十三年(1887)上海積山書局石印本　八冊

330000 - 1716 - 0016008　經補 1344 - 17/16008　經部/春秋左傳類/傳說之屬

左繡三十卷首一卷 （清）馮李驊　（清）陸浩評輯　清經元堂刻本　一冊　存二卷(一、首)

330000 - 1716 - 0016009　子補 2955/16009　新學/算學/代數

代數通藝錄十六卷 （清）方愷撰　清光緒二十四年(1898)上海石印本　一冊　存三卷(一至三)

330000－1716－0016010　新補 0530/16010
新學/算學/代數

代數術二十五卷首一卷　（英國）華里司輯
（英國）傅蘭雅口譯　（清）華蘅芳筆述　清光
緒二十二年(1896)上海書局石印本　四冊

330000－1716－0016011　經補 1344－18/
16011　經部/春秋左傳類/傳說之屬

評點春秋左傳綱目句解彙鐫六卷　（清）韓葵
重訂　清光緒二十九年(1903)上海石印書局
石印本　四冊　存四卷(一至二、四、六)

330000－1716－0016014　子補 2956/16014
子部/術數類/占卜之屬

筮學斷驗四卷　（清）元勛居士鑒定　（清）賀
湖散人編　清光緒十四年(1888)刻本　衷是
齋題簽　二冊

330000－1716－0016015　史補 1582/16015
史部/詔令奏議類/詔令之屬

**大清高宗法天隆運至誠先覺體元立極敷文奮
武孝慈神聖純皇帝聖訓三百卷**　清末石印本
一冊　存十卷(二百五十一至二百六十)

330000－1716－0016021　經補 1130/16021
經部/易類/易占之屬

易隱八卷首一卷　（明）曹九錫輯　（明）曹璿
演　清宣統三年(1911)上海通時書局石印本
一冊

330000－1716－0016022　集補 1961/16022
集部/別集類/清別集

香屑集十八卷首一卷末一卷　（清）黃之雋撰
（清）陳邦直注　清宣統二年(1910)上海掃
葉山房石印本　陳東聲題簽　四冊

330000－1716－0016025　經補 1344－19/
16025　經部/春秋左傳類/傳說之屬

太史張天如詳節春秋綱目句解左傳彙雋六卷
（明）張溥重訂　（清）韓葵重編　清刻本
三冊　存三卷(四至六)

330000－1716－0016032　集補 1958/16032
集部/別集類

散原精舍詩二卷　陳三立撰　清末石印本

二冊

330000－1716－0016037　子補 2961/16037
子部/醫家類/綜合之屬

傅青主男科二卷女科二卷產後編二卷　（清）
傅山撰　清光緒三十一年(1905)上海校經山
房石印本　二冊

330000－1716－0016038　子補 2129/16038
子部/農家農學類/總論之屬

農話一卷　（清）陳啟謙撰　清光緒三十二年
(1906)上海商務印書館鉛印本　一冊

330000－1716－0016041　新補 0513/16041
新學/農政/農務

農學新法一卷　（美國）貝德禮撰　（英國）李
提摩太譯　（清）鑄鐵生述　清光緒二十三年
(1897)上海美華書館鉛印本　一冊

330000－1716－0016051　子補 2130/16051
子部/農家農學類/總論之屬

農政全書六十卷　（明）徐光啟撰　清末石印
本　三冊　存二十二卷(二十四至三十一、四
十七至六十)

330000－1716－0016070　集補 1962/16070
集部/總集類/選集之屬/斷代

國朝六家詩鈔八卷　（清）劉執玉選編　清宣
統二年(1910)上海澄衷學堂石印本　六冊

330000－1716－0016077　子補 2965/16077
類叢部/叢書類/自著之屬

疇隱廬叢書　丁福保撰　清光緒無錫丁氏疇
隱廬石印本　一冊

330000－1716－0016080　子補 2131/16080
子部/農家農學類/總論之屬

御製耕織圖二卷　（清）聖祖玄燁題詩　（清）
焦秉貞繪　清光緒十一年(1885)上海文瑞樓
石印本　二冊

330000－1716－0016081　集補 1963/16081
集部/總集類/選集之屬/斷代

國朝六家詩鈔八卷　（清）劉執玉選編　清宣
統二年(1910)上海澄衷學堂石印本　六冊

330000－1716－0016086　　子補 2132/16086
子部/農家農學類/蠶桑之屬

浙東兩省種桑養蠶成法不分卷　　清同治六年
(1867)刻本　　一冊

330000－1716－0016087　　新補 0085－1/
16087　　新學/學校

最新初等小學修身教科書不分卷　　商務印書
館編譯所編纂　　清光緒三十二年(1906)上海
商務印書館石印本　　高培森題記　　二冊

330000－1716－0016089　　集補 1965/16089
集部/總集類/選集之屬/斷代

唐賢三昧集三卷　　(清)王士禛輯　　清宣統二
年(1910)淵古齋石印本　　六冊

330000－1716－0016092　　縣資 0033－1/
16092　　史部/地理類/方志之屬/郡縣志

[乾隆]紹興府志八十卷首一卷　　(清)李亨特
修　　(清)平恕　　(清)徐嵩纂　　清乾隆五十七
年(1792)刻本　　四十三冊　　缺六卷(三十九
至四十、四十六至四十七、七十七至七十八)

330000－1716－0016095　　子補 2968/16095
子部/醫家類/兒科之屬/通論

鼎鍥幼幼集成六卷　　(清)陳復正輯　　清宣統
三年(1911)上海會文堂石印本　　六冊

330000－1716－0016096　　地獻 2013/16096
類叢部/類書類/專類之屬

古今秘苑十五卷　　清末抄本　　二冊

330000－1716－0016099　　縣資 0033－2/
16099　　史部/地理類/方志之屬/郡縣志

[乾隆]紹興府志八十卷首一卷　　(清)李亨特
修　　(清)平恕　　(清)徐嵩纂　　清乾隆五十七
年(1792)刻本　　三十二冊　　存五十六卷(一
至六、十四至十五、十七至十八、二十一至二
十四、二十七至三十三、四十一至四十七、五
十至六十五、六十七至七十六、八十,首)

330000－1716－0016102　　縣資 0033－3/
16102　　史部/地理類/方志之屬/郡縣志

[乾隆]紹興府志八十卷首一卷　　(清)李亨特
修　　(清)平恕　　(清)徐嵩纂　　清乾隆五十七

年(1792)刻本　　一冊　　存二卷(四十一至四
十二)

330000－1716－0016110　　子補 2135/16110
子部/醫家類/類編之屬

陳修園醫書五十種　　(清)陳念祖等撰　　清光
緒三十一年(1905)上海商務印書館鉛印本
十一冊　　存七種

330000－1716－0016115　　子補 3090/16115
子部/藝術類/遊藝之屬/雜藝

益智圖二卷燕几圖一卷副本一卷　　(清)童葉
庚撰　　**益智續圖一卷**　　(清)童昂等撰　　**益智
字圖一卷附一卷**　　(清)祝梅君撰　　清光緒十
一年(1885)童氏影印本　　一冊　　存二卷(益
智字圖、附)

330000－1716－0016123　　集補 1974/16123
集部/總集類/選集之屬/通代

經史百家雜鈔二十六卷　　(清)曾國藩輯　　清
光緒三十二年(1906)上海商務印書館鉛印本
心一題記　　十二冊

330000－1716－0016127　　子補 2971/16127
子部/醫家類/外科之屬/外科方

外科正宗十二卷附錄一卷　　(明)陳實功撰
(清)徐大椿評　　清光緒十九年(1893)上海圖
書集成印書局鉛印本　　三冊

330000－1716－0016129　　普經 0931/16129
經部/叢編

遵阮本重校印十三經注疏并校勘記　　(清)阮
元撰　　(清)盧宣旬摘録　　清光緒二十三年
(1897)上海點石齋石印本　　十一冊　　存五種

330000－1716－0016130　　集補 1977/16130
集部/總集類/選集之屬/通代

詳注經史百家雜鈔二十六卷　　(清)曾國藩纂
清末上海會文堂書局石印本　　八冊　　缺九
卷(三至十一)

330000－1716－0016133　　集補 1978/16133
集部/總集類/選集之屬/通代

經史百家雜鈔二十六卷　　(清)曾國藩輯　　清
光緒三十二年(1906)上海商務印書館鉛印本

十冊　缺四卷(五至八)

330000 – 1716 – 0016134　子補 2973/16134
子部/醫家類/類編之屬

徐洄谿先生十三種　(清)徐大椿撰　清光緒
二十二年(1896)珍藝書局鉛印本　一冊　存
一種

330000 – 1716 – 0016136　集補 1979/16136
集部/總集類/選集之屬/通代

經史百家雜鈔二十六卷　(清)曾國藩輯　清
光緒三十二年(1906)上海商務印書館鉛印本
二冊　存四卷(五至八)

330000 – 1716 – 0016141　子補 0202 – 1/
16141　子部/醫家類/類編之屬

南雅堂醫書全集十六種　(清)陳念祖撰　清
靈蘭堂刻本　五冊　存一種

330000 – 1716 – 0016144　史補 0317/16144
史部/地理類/方志之屬/郡縣志

[道光]鄜州志五卷首一卷　(清)吳鳴捷修
(清)譚瑪等纂　清道光刻本　一冊　存一卷
(五)

330000 – 1716 – 0016146　集補 1967/16146
集部/總集類/選集之屬/斷代

全唐詩三十二卷　(清)曹寅等輯　清光緒十
三年(1887)上海同文書局石印本　三十冊
缺二卷(六、八)

330000 – 1716 – 0016150　子補 2136/16150
子部/醫家類/醫案之屬

重慶堂隨筆二卷　(清)王學權撰　(清)王國
祥注　清光緒三十一年(1905)浙紹奎照樓石
印本　一冊

330000 – 1716 – 0016154　集補 1983/16154
集部/總集類/選集之屬/通代

經史百家雜鈔二十六卷　(清)曾國藩輯　清
光緒三十二年(1906)上海商務印書館鉛印本
十二冊

330000 – 1716 – 0016158　集補 1984/16158
集部/總集類/選集之屬/通代

經史百家雜鈔二十六卷　(清)曾國藩輯　清

光緒三十二年(1906)上海商務印書館鉛印本
十二冊

330000 – 1716 – 0016159　子補 2976/16159
子部/醫家類/綜合之屬/通論

御纂醫宗金鑑九十卷首一卷　(清)吳謙等撰
清光緒三十二年(1906)上海錦章圖書局石
印本　一冊　存十六卷(外科要訣一至十六)

330000 – 1716 – 0016161　集補 1985/16161
集部/總集類/選集之屬/通代

經史百家雜鈔二十六卷　(清)曾國藩輯　清
光緒三十二年(1906)上海商務印書館鉛印本
十二冊

330000 – 1716 – 0016162　子補 2977/16162
子部/醫家類/綜合之屬/通論

御纂醫宗金鑑九十卷首一卷　(清)吳謙等撰
清宣統三年(1911)上海文盛書局石印本
一冊　存十六卷(外科要訣一至十六)

330000 – 1716 – 0016166　集補 1981/16166
集部/總集類/選集之屬/通代

經史百家簡編二卷　(清)曾國藩輯　清末上
海商務印書館鉛印本　二冊

330000 – 1716 – 0016170　縣資 0034/16170
史部/地理類/方志之屬/郡縣志

[康熙]紹興府志六十卷　(清)俞卿修
(清)周徐彩纂　清康熙五十八年(1719)刻本
三十二冊

330000 – 1716 – 0016172　子補 2978/16172
子部/醫家類/外科之屬/通論

瘍醫大全四十卷　(清)顧世澄撰　清光緒二
十七年(1901)上海圖書集成印書局鉛印本
十六冊

330000 – 1716 – 0016174　集補 1574/16174
集部/詩文評類/詩評之屬

樵隱詩話十三卷　(清)林鈞撰　清光緒二年
(1876)刻本　六冊

330000 – 1716 – 0016175　集補 1572/16175
集部/詩文評類/詩評之屬

雨村詩話十六卷　(清)李調元撰　清刻本

四冊　存八卷(九至十六)

330000－1716－0016178　集補 1575－2/16178　集部/詩文評類/詩評之屬

詩法入門四卷首一卷　(清)游藝輯　清金閶巽記刻本　三冊

330000－1716－0016180　集補 1575－3/16180　集部/詩文評類/詩評之屬

詩法入門四卷首一卷　(清)游藝輯　清金閶巽記刻本　一冊　缺一卷(四)

330000－1716－0016181　集補 1575－4/16181　集部/詩文評類/詩評之屬

詩法入門四卷首一卷　(清)游藝輯　清刻本　一冊　存二卷(三至四)

330000－1716－0016189　子補 2139/16189　子部/醫家類/類編之屬

東垣十書附二種　清光緒石印本　四冊　存八種

330000－1716－0016190　子補 2983/16190　子部/醫家類/喉科口齒之屬/白喉

洞主仙師白喉治法忌表抉微一卷　(清)耐修子輯並注　清光緒三十年(1904)鉛印本　一冊

330000－1716－0016191　子補 4121/16191　子部/儒家類/儒學之屬/勸學

教育遺規一卷　(清)王贊元輯　清同治十年(1871)刻本　一冊

330000－1716－0016192　普集 1959－2/16192　集部/詩文評類/文法之屬/文法

學詩法程五種四卷　(清)王祖源輯　清光緒九年(1883)天壤閣石印本　二冊

330000－1716－0016195　子補 2984/16195　子部/醫家類/喉科口齒之屬/白喉

洞主仙師白喉治法忌表抉微一卷　(清)耐修子輯並注　清光緒三十年(1904)鉛印本　一冊

330000－1716－0016198　集補 3447/16198　集部/總集類/彙編之屬

林下雅音集六種　(清)冒俊輯　清光緒十年(1884)如皋冒氏如不及齋刻本　一冊　存一種

330000－1716－0016200　普集 1959－1/16200　集部/詩文評類/文法之屬/文法

學詩法程五種四卷　(清)王祖源輯　清光緒九年(1883)天壤閣石印本　二冊

330000－1716－0016202　縣資 0035－1/16202　史部/地理類/專志之屬/祠墓

曹江孝女廟誌八卷首一卷末一卷　(清)金廷棟輯　清光緒八年(1882)五社公所刻本　二冊

330000－1716－0016203　集補 2023/16203　集部/詩文評類/詩評之屬

海山詩屋詩話十卷　(清)李文泰輯　清光緒四年(1878)羊城森寶閣鉛印本　五冊

330000－1716－0016204　子補 2980/16204　子部/醫家類/婦科之屬/產科

丹溪先生胎產秘書三卷　(元)朱震亨撰　**古越竹林寺女科秘方一卷**　(清)竹林寺僧撰　清光緒五年(1879)盛錦成綢莊刻本　一冊

330000－1716－0016205　新補 0514/16205　新學/醫學

合信氏西醫五種　(英國)合信氏撰　清咸豐八年(1858)上海仁濟醫館鉛印本　二冊　存三種

330000－1716－0016208　子補 2981/16208　子部/醫家類/婦科之屬/產科

丹溪先生胎產秘書三卷　(元)朱震亨撰　**古越竹林寺女科秘方一卷**　(清)竹林寺僧撰　清光緒五年(1879)盛錦成綢莊刻本　一冊

330000－1716－0016218　縣資 0035－2/16218　史部/地理類/專志之屬/祠墓

曹江孝女廟誌八卷首一卷末一卷　(清)金廷棟輯　清光緒八年(1882)五社公所刻本　二冊

330000－1716－0016219　普集 1960/16219　集部/詩文評類/詩評之屬

隨園詩話十六卷補遺四卷　（清）袁枚撰　清宣統元年（1909）上海鑄記書局石印本　四冊

330000－1716－0016220　集補 3247－85/16220　集部/小說類/短篇之屬

聊齋志異新評十六卷　（清）蒲松齡撰　（清）王士禛評　（清）呂湛恩注　（清）但明倫批　清道光二十二年（1842）廣順但氏刻朱墨套印本　一冊　存一卷（一）

330000－1716－0016222　子補 4122/16222　子部/醫家類/綜合之屬/通論

醫學從眾八卷　（清）陳念祖撰　清刻本　一冊　存二卷（三至四）

330000－1716－0016223　子補 2987/16223　子部/醫家類/婦科之屬

女科輯要八卷附單養賢胎產全書一卷　（清）周紀常撰　清宣統二年（1910）上海千頃堂書局石印本　一冊

330000－1716－0016225　普叢 0429/16225　類叢部/叢書類/自著之屬

隨園三十八種　（清）袁枚撰　清光緒十八年（1892）勤裕堂鉛印本　四冊　存一種

330000－1716－0016226　縣資 0035－3/16226　史部/地理類/專志之屬/祠墓

曹江孝女廟誌九卷首一卷末一卷　（清）金廷棟輯　清嘉慶十三年（1808）深柳書屋刻本　三冊　存七卷（四至九、末）

330000－1716－0016227　普叢 0225－1/16227　類叢部/叢書類/彙編之屬

半厂叢書初編十種　（清）譚獻編　清同治至光緒仁和譚氏刻本　一冊　存一種

330000－1716－0016228　子補 2988/16228　子部/醫家類/婦科之屬/產科

胎產心法三卷　（清）閻純璽撰　清宣統三年（1911）上海緯文閣石印本　一冊

330000－1716－0016229　集補 1336－10/16229　集部/小說類/短篇之屬

聊齋志異十六卷　（清）蒲松齡撰　（清）王士禛評　清青柯亭刻本　二冊　存二卷（一、十

五）

330000－1716－0016230　縣資 0035－4/16230　史部/地理類/專志之屬/祠墓

曹江孝女廟誌八卷首一卷末一卷　（清）金廷棟輯　清同治七年（1868）木活字印本　一冊　存四卷（六至八、末）

330000－1716－0016231　子補 2141/16231　子部/醫家類/傷寒金匱之屬/傷寒論

醫效秘傳三卷　（清）葉桂撰　溫熱贅言一卷　（清）寄瓢子撰　清末石印本　一冊

330000－1716－0016233　集補 3247－86/16233　集部/小說類/短篇之屬

聊齋志異新評十六卷　（清）蒲松齡撰　（清）王士禛評　（清）呂湛恩注　（清）但明倫批　清刻本　一冊　存一卷（二）

330000－1716－0016235　子補 2142/16235　子部/醫家類/傷寒金匱之屬/傷寒論

醫效秘傳三卷　（清）葉桂撰　溫熱贅言一卷　（清）寄瓢子撰　清光緒二十七年（1901）上海漢讀樓石印本　一冊

330000－1716－0016238　子補 2143/16238　子部/醫家類/傷寒金匱之屬/傷寒論

醫效秘傳三卷　（清）葉桂撰　溫熱贅言一卷　（清）寄瓢子撰　清末石印本　一冊

330000－1716－0016240　普集 1959－4/16240　集部/詩文評類/文法之屬/文法

學詩法程五種四卷　（清）王祖源輯　清光緒九年（1883）天壤閣石印本　二冊

330000－1716－0016245　集補 1336－8/16245　集部/小說類/短篇之屬

聊齋志異十六卷　（清）蒲松齡撰　（清）王士禛評　清刻本　八冊　存八卷（二、七至十二、十五）

330000－1716－0016248　普叢 0437－2/16248　類叢部/叢書類/自著之屬

隨園三十種　（清）袁枚撰　清乾隆至嘉慶刻本　六冊　存一種

330000 – 1716 – 0016250　集補 3247 – 87/
16250　集部/小說類/短篇之屬

聊齋志異新評十六卷　（清）蒲松齡撰　（清）
王士禛評　（清）呂湛恩注　（清）但明倫批
清道光二十二年(1842)廣順但氏刻朱墨套印
本　三冊　存三卷(一至二、九)

330000 – 1716 – 0016257　集補 2007/16257
集部/總集類/選集之屬/通代

古文筆法百篇八卷　（清）李扶九輯　清光緒
二十九年(1903)石印本　一冊

330000 – 1716 – 0016258　子補 2145/16258
子部/醫家類/溫病之屬/瘧痢

時疫辨四卷　（清）林慶銓輯　**附錄經驗雜方
一卷**　（清）勞守慎輯　清光緒二十七年
(1901)廣州宏經閣刻本　一冊

330000 – 1716 – 0016264　集補 3247 – 88/
16264　集部/小說類/短篇之屬

聊齋志異新評十六卷　（清）蒲松齡撰　（清）
王士禛評　（清）呂湛恩注　（清）但明倫批
清刻朱墨套印本　一冊　存一卷(十)

330000 – 1716 – 0016270　集補 1070 – 2/
16270　集部/總集類/選集之屬/斷代

唐詩三百首續選一卷　（清）于慶元編　清刻
本　二冊

330000 – 1716 – 0016272　集補 3247 – 89/
16272　集部/小說類/短篇之屬

聊齋志異新評十六卷　（清）蒲松齡撰　（清）
王士禛評　（清）呂湛恩注　（清）但明倫批
清刻朱墨套印本　五冊　存五卷(二至三、
八、十二、十六)

330000 – 1716 – 0016277　子補 4123/16277
子部/醫家類/溫病之屬/瘟疫

瘟疫條辨摘要不分卷　（清）呂田輯　清刻本
　一冊

330000 – 1716 – 0016278　子補 2148/16278
子部/醫家類/傷寒金匱之屬/傷寒論

劉河間傷寒六書附二種　（金）劉完素等撰
清宣統元年(1909)上海千頃堂石印本　二冊

存四種

330000 – 1716 – 0016281　子補 2995/16281
子部/醫家類/針灸之屬/針法灸法

太乙神鍼方一卷附灸法一卷　（清）范毓䲟撰
清同治十年(1871)文寶齋刻本　一冊

330000 – 1716 – 0016282　子補 4126/16282
子部/小說家類/雜事之屬

我法集二卷　（清）紀昀撰　清刻本　一冊
存一卷(二)

330000 – 1716 – 0016283　集補 2009/16283
集部/總集類/選集之屬/通代

古文筆法二十卷首一卷　（清）李扶九輯
（清）黃㵎注　清末上海進步書局石印本
四冊

330000 – 1716 – 0016284　地獻 1966 – 2/
16284　集部/別集類/清別集

蕉雨山房詩鈔六種十九卷　（清）丁堯臣撰
清光緒會稽丁氏刻本　一冊　存一種

330000 – 1716 – 0016286　子補 2149/16286
子部/醫家類/傷寒金匱之屬/傷寒論

劉河間傷寒六書附二種　（金）劉完素等撰
清宣統元年(1909)上海千頃堂石印本　一冊
　存一種

330000 – 1716 – 0016288　縣資 0041/16288
史部/地理類/方志之屬/郡縣志

[光緒]諸暨縣志六十一卷　陳遹聲修　（清）
蔣鴻藻纂　清宣統二年(1910)刻本　二冊
存四卷(三十至三十一、四十一至四十二)

330000 – 1716 – 0016289　子補 2998/16289
子部/醫家類/綜合之屬/通論

新刊萬病回春八卷　（明）龔廷賢編　清石印
本　維達題記　五冊　存五卷(二至三、五至
七)

330000 – 1716 – 0016291　集補 1336 – 17/
16291　集部/小說類/短篇之屬

聊齋志異十六卷　（清）蒲松齡撰　（清）王士
禛評　清刻本　十四冊　存十四卷(二至八、
十至十六)

330000－1716－0016296　集補 2013/16296
集部/總集類/選集之屬/通代

古文筆法二十卷首一卷　（清）李扶九輯
（清）黃藋注　清宣統二年(1910)上海會文堂
石印本　四冊

330000－1716－0016297　集補 3247－90/
16297　集部/小說類/短篇之屬

聊齋志異新評十六卷　（清）蒲松齡撰　（清）
王士禎評　（清）呂湛恩注　（清）但明倫批
清刻本　一冊　存一卷(十五)

330000－1716－0016298　集補 2014/16298
集部/總集類/選集之屬/通代

古文筆法二十卷首一卷　（清）李扶九輯
（清）黃藋注　清末上海進步書局石印本
四冊

330000－1716－0016299　集補 2015/16299
集部/詩文評類/詩評之屬

芳菲菲堂詩話一卷　（清）畢希卓撰　清宣統
元年(1909)海上瑯嬛社鉛印本　一冊

330000－1716－0016304　縣資 0040－1/
16304　史部/地理類/方志之屬/郡縣志

[嘉慶]山陰縣志三十卷首一卷　（清）徐元梅
修　（清）朱文翰等纂　清嘉慶八年(1803)刻
本　五冊　存十六卷(十五至三十)

330000－1716－0016305　集補 2017/16305
集部/詩文評類/詩評之屬

漁洋詩話二卷　（清）王士禎撰　清宣統二年
(1910)上海掃葉山房石印本　一冊

330000－1716－0016306　縣資 0040－2/
16306　史部/地理類/方志之屬/郡縣志

[嘉慶]山陰縣志三十卷首一卷　（清）徐元梅
修　（清）朱文翰等纂　清嘉慶八年(1803)刻
本　四冊　存十三卷(十三至十六、十九至二
十七)

330000－1716－0016313　集補 2020/16313
集部/詩文評類/詩評之屬

漁洋詩話二卷　（清）王士禎撰　清光緒二十
二年(1896)上海掃葉山房石印本　一冊

330000－1716－0016314　子補 4070－39/
16314　子部/醫家類/本草之屬/歷代綜合
本草

**本草綱目五十二卷附圖三卷瀕湖脈學一卷奇
經八脈攷一卷脈訣攷證一卷**　（明）李時珍撰
　本草萬方鍼線八卷　（清）蔡烈先輯　**本草
綱目拾遺十卷**　（清）趙學敏輯　清刻本　二
十六冊　存三十八卷(四、十二、十八至二十
三、二十六至五十二,瀕湖脈學,奇經八脈攷,
脈訣考證)

330000－1716－0016317　經補 0520/16317
經部/叢編

通志堂經解一百四十種　（清）納蘭成德輯
清常州龍城書院刻本　一冊　存一種

330000－1716－0016318　集補 1058－13/
16318　集部/總集類/選集之屬/通代

文選六十卷　（南朝梁）蕭統輯　（唐）李善注
　文選考異十卷　（清）胡克家撰　清光緒上
海鴻文書局石印本　十冊

330000－1716－0016325　子補 4070－37/
16325　子部/醫家類/本草之屬/歷代綜合
本草

**本草綱目五十二卷附圖三卷瀕湖脈學一卷奇
經八脈攷一卷脈訣攷證一卷**　（明）李時珍撰
　本草萬方鍼線八卷　（清）蔡烈先輯　**本草
綱目拾遺十卷**　（清）趙學敏輯　清末石印本
　一冊　存十三卷(四至八、萬方鍼線一至
八)

330000－1716－0016326　史補 0847－1/
16326　史部/傳記類/總傳之屬/技藝

墨林今話十八卷　（清）蔣寶齡撰　**墨林今話
續編一卷**　（清）蔣茝生撰　清宣統三年
(1911)掃葉山房石印本　六冊

330000－1716－0016327　普類 0095－15/
16327　類叢部/類書類/通類之屬

增補萬寶全書二十卷　（明）陳繼儒撰　（清）
毛煥文增補　清咸豐四年(1854)務本堂刻本
　松年題記　四冊

330000－1716－0016330　子補 4070－38/

16330　　子部/醫家類/本草之屬/歷代綜合本草

本草綱目五十二卷附圖三卷　（明）李時珍撰
　清末石印本　九冊　存四十四卷（九至五十二）

330000－1716－0016332　集補 2029/16332
集部/詩文評類/詩評之屬

隨園詩話十六卷補遺十卷　（清）袁枚撰　清宣統三年(1911)上海掃葉山房石印本　六冊

330000－1716－0016335　集補 1058－10/16335　集部/總集類/選集之屬/通代

文選六十卷　（南朝梁）蕭統輯　（唐）李善注　**文選考異十卷**　（清）胡克家撰　清宣統三年(1911)上海會文堂石印本　十六冊

330000－1716－0016336　子補 4124/16336
經部/周禮類/分篇之屬

攷工記論文一卷　（清）章震福撰　清光緒三十三年(1907)農工商部印刷科鉛印本　一冊

330000－1716－0016337　集補 1058－11/16337　集部/總集類/選集之屬/通代

文選六十卷　（南朝梁）蕭統輯　（唐）李善注　**文選考異十卷**　（清）胡克家撰　清宣統三年(1911)上海會文堂粹記石印本　十六冊

330000－1716－0016339　集補 1887/16339
集部/總集類/選集之屬/通代

文選五卷首一卷　（南朝梁）蕭統輯　（唐）李善注　**文選考異一卷**　（清）胡克家撰　清光緒十四年(1888)同文書局石印本　六冊

330000－1716－0016341　集補 1058－7/16341　集部/總集類/選集之屬/通代

文選六十卷　（南朝梁）蕭統輯　（唐）李善注　**文選考異十卷**　（清）胡克家撰　清末上海鴻文書局石印本　六冊

330000－1716－0016344　集補 1058－12/16344　集部/總集類/選集之屬/通代

文選六十卷　（南朝梁）蕭統輯　（唐）李善注　**文選考異十卷**　（清）胡克家撰　清末上海著易堂石印本　十六冊

330000－1716－0016345　集補 1058－16/16345　集部/總集類/選集之屬/通代

文選六十卷　（南朝梁）蕭統輯　（唐）李善注　**文選考異十卷**　（清）胡克家撰　清宣統三年(1911)上海會文堂石印本　十六冊

330000－1716－0016351　子補 4070－40/16351　子部/醫家類/本草之屬/歷代綜合本草

本草綱目五十二卷附圖三卷瀕湖脈學一卷奇經八脈攷一卷脈訣攷證一卷　（明）李時珍撰　**本草萬方鍼線八卷**　（清）蔡烈先輯　**本草綱目拾遺十卷**　（清）趙學敏輯　清芥子園刻本　三冊　存四卷(二十二至二十三、本草萬方鍼線三至四)

330000－1716－0016352　集補 2160/16352
集部/總集類/選集之屬/通代

唐宋八家文讀本三十卷首一卷　（清）沈德潛輯　清末上海廣益書局石印本　一冊

330000－1716－0016353　史補 1590/16353
史部/詔令奏議類/詔令之屬

[光緒二十四年]諭摺彙存不分卷　清光緒鉛印本　三冊

330000－1716－0016354　集補 2160/16354
集部/總集類/選集之屬/通代

唐宋八家文讀本三十卷首一卷　（清）沈德潛輯　清光緒二十四年(1898)上海江左書林石印本　六冊

330000－1716－0016357　子補 4070－46/16357　子部/醫家類/本草之屬/歷代綜合本草

本草綱目五十二卷附圖三卷瀕湖脈學一卷奇經八脈攷一卷脈訣攷證一卷　（明）李時珍撰　**本草萬方鍼線八卷**　（清）蔡烈先輯　**本草綱目拾遺十卷**　（清）趙學敏輯　清刻本　八冊　存十卷(三、七至八、十二、十五至十六、二十六至二十七、四十五至四十六)

330000－1716－0016359　子補 2151/16359
子部/醫家類/本草之屬/歷代綜合本草

增訂本草備要四卷　（清）汪昂撰　清江左書

林刻本 四册

330000－1716－0016365 子補2152/16365
子部/醫家類/本草之屬/歷代綜合本草
增訂本草備要四卷 （清）汪昂撰 清積慶堂
刻本 二册

330000－1716－0016369 子補2153/16369
子部/醫家類/本草之屬/歷代綜合本草
增訂本草備要四卷 （清）汪昂撰 清江左書
林刻本 一册

330000－1716－0016371 集補2033/16371
集部/詩文評類/詩評之屬
杜工部詩話一卷 （清）劉鳳誥撰 清宣統元
年(1909)掃葉山房石印本 一册

330000－1716－0016375 子補2154/16375
子部/醫家類/本草之屬/歷代綜合本草
本草從新十八卷 （清）吳儀洛輯 清光緒七
年(1881)恒德堂刻本 六册

330000－1716－0016377 集補2034/16377
集部/詩文評類/詩評之屬
杜工部詩話一卷 （清）劉鳳誥撰 清宣統三
年(1911)掃葉山房石印本 一册

330000－1716－0016385 集補2156/16385
集部/總集類/選集之屬/通代
唐宋八家文讀本三十卷首一卷 （清）沈德潛
輯 清光緒二十四年(1898)上海江左書林石
印本 德齋氏題簽 六册

330000－1716－0016387 子補2155/16387
子部/醫家類/本草之屬/歷代綜合本草
**增訂本草備要四卷醫方湯頭歌訣一卷經絡歌
訣一卷** （清）汪昂撰 清同治三年(1864)醉
六堂刻本 章屏村題簽 五册

330000－1716－0016389 集補1518－1/
16389 集部/總集類/選集之屬/通代
奎照樓千家詩二卷 清浙紹奎照樓刻本
二册

330000－1716－0016391 經補1433/16391
經部/詩類

二南辨正一卷 （清）孫樹薰撰 清末刻本
一册

330000－1716－0016393 集補2032/16393
集部/詩文評類/詩評之屬
西河詩話一卷詞話一卷襍箋一卷 （清）毛奇
齡撰 清宣統上海文瑞樓石印本 一册

330000－1716－0016396 子補4103/16396
子部/宗教類/佛教之屬/經
摩訶般若波羅密多心經一卷 （明）何道全注
清刻本 一册

330000－1716－0016397 集補2161/16397
集部/總集類/選集之屬/通代
唐宋八家文讀本三十卷首一卷 （清）沈德潛
輯 清末石印本 八册

330000－1716－0016399 子補4117/16399
子部/醫家類/類編之屬
婦嬰至寶三種六卷 （清）徐尚慧編 清刻本
清阮鴻題記 一册

330000－1716－0016401 子補2157/16401
子部/醫家類/本草之屬/本草雜著
本草詩箋十卷 （清）朱鑰撰 清乾隆二十七
年(1762)群玉山房刻本 二册

330000－1716－0016402 子補4108/16402
子部/儒家類/儒學之屬/禮教
元宰必讀書不分卷 （清）彭定求撰 清末刻
本 一册

330000－1716－0016403 集補1466－1/
16403 集部/總集類/彙編之屬
漢魏六朝名家集初刻四十一種 丁福保編
清宣統三年(1911)上海文明書局鉛印本 三
十册

330000－1716－0016407 集補1650/16407
集部/小說類/長篇之屬
新刻鍾伯敬先生批評封神演義二十卷一百回
（明）許仲琳撰 （明）鍾惺評 清刻本 二
册 存二卷(二、五)

330000－1716－0016415 集補1056－2/

16415　集部/總集類/選集之屬/通代

重訂古文釋義新編八卷 （清）余誠輯　清末
上海昌文書局石印本　八冊

330000－1716－0016417　子補1307－10/
16417　子部/農家農學類/總論之屬

重訂增補陶朱公致富全書四卷 （明）陳繼儒
輯　（清）石巖逸叟增補　清光緒杭城聚文堂
刻本　四冊

330000－1716－0016419　集補1056－3/
16419　集部/總集類/選集之屬/通代

重訂古文釋義新編八卷 （清）余誠輯　清末
上海廣益書局石印本　八冊

330000－1716－0016422　集補1522－1/
16422　集部/總集類/選集之屬/通代

重訂文選集評十五卷首一卷末一卷 （清）于
光華輯　清嘉慶十年(1805)刻本　十六冊

330000－1716－0016426　普史1650/16426
史部/紀傳類/正史之屬

二十四史附考證　清光緒十年(1884)上海同
文書局石印本　六百十七冊　缺二百二十六
卷(金史一至三、目錄一至二；明史一至一百
五、二百二十一至三百三十二，目錄一至四)

330000－1716－0016428　子補1307－8/
16428　子部/農家農學類/總論之屬

重訂增補陶朱公致富全書四卷 （明）陳繼儒
輯　（清）石巖逸叟增補　清光緒杭城聚文堂
刻本　二冊　存二卷(一、三)

330000－1716－0016431　子補1307－9/
16431　子部/農家農學類/總論之屬

重訂增補陶朱公致富全書四卷 （明）陳繼儒
輯　（清）石巖逸叟增補　清刻本　二冊　存
二卷(二至三)

330000－1716－0016434　子補1307－12/
16434　子部/農家農學類/總論之屬

重訂增補陶朱公致富全書四卷 （明）陳繼儒
輯　（清）石巖逸叟增補　清光緒杭城聚文堂
刻本　二冊　存二卷(一至二)

330000－1716－0016438　子補2101/16438

子部/農家農學類/園藝之屬/花卉

秘傳花鏡六卷 （清）陳淏子撰　清刻本　二
冊　存二卷(四至五)

330000－1716－0016452　子補2102/16452
子部/農家農學類/蠶桑之屬

種橡養蠶說不分卷 （清）林肇元撰　清光緒
三十一年(1905)襄易高等中學堂刻本　一冊

330000－1716－0016460　集補1826/16460
集部/總集類/酬唱之屬

橘中人語一卷 （清）賴蘊山輯　清咸豐十年
(1860)賴家園刻本　一冊

330000－1716－0016463　普史1639/16463
史部/目錄類/總錄之屬/官修

欽定四庫全書總目二百卷首一卷 （清）紀昀
等撰　清同治七年(1868)廣東書局刻本　一
百十一冊　缺十三卷(三十七至四十二、四十
四至五十)

330000－1716－0016465　集補1532－1/
16465　集部/總集類/選集之屬/斷代

國朝駢體正宗評本十二卷補編一卷 （清）曾
燠輯　（清）姚燮評　（清）張壽榮參　清光緒
十一年(1885)鎮海張氏花雨樓刻朱墨套印本
八冊

330000－1716－0016473　子補4106/16473
子部/醫家類/方書之屬/單方驗方

經驗良方二卷 （清）飛觴居士編　清光緒七
年(1881)刻本　一冊

330000－1716－0016474　子補4107/16474
子部/醫家類/方書之屬/單方驗方

濟世養生集一卷便易經驗集一卷 （清）毛世
洪輯　（清）汪瑜增訂　清嘉慶十五年(1810)
雙輝堂刻本　一冊

330000－1716－0016475　子補2103/16475
子部/農家農學類/總論之屬

御製耕織圖二卷 （清）聖祖玄燁題詩　（清）
焦秉貞繪　清末石印本　二冊

330000－1716－0016478　子補4104/16478
子部/兵家類/兵法之屬

水陸攻守戰略秘書七種 （清）澥統道人編
清咸豐三年(1853)侯官林氏銅活字印本 一
冊 存一種

330000－1716－0016481 子補 2104/16481
子部/農家農學類/總論之屬
御製耕織圖二卷 （清）聖祖玄燁題詩 （清）
焦秉貞繪 清末石印本 二冊

330000－1716－0016486 子補 2105/16486
子部/農家農學類/蠶桑之屬
柞蠶雜誌一卷 （清）增韞撰 清光緒三十二
年(1906)浙江官書局刻本 一冊

330000－1716－0016488 普叢 0258－4/
16488 類叢部/叢書類/彙編之屬
漸西村舍彙刊(漸西村舍叢刻)四十四種
（清）袁昶編 清光緒十六年至二十四年
(1890－1898)桐廬袁氏刻本 二冊 存一種

330000－1716－0016489 集補 0010－34/
16489 集部/戲劇類/雜劇之屬
貫華堂第六才子書西廂記八卷 （元）王實甫
（元）關漢卿撰 才子西廂醉心篇一卷
（清）陳維崧撰 清刻本 一冊 存一卷（醉
心篇）

330000－1716－0016492 集補 2046/16492
集部/總集類/選集之屬/通代
賦學正鵠集釋四卷 （清）李元度輯 清光緒
二十三年(1897)上海文寶閣石印本 四冊

330000－1716－0016496 普史 1651/16496
史部/紀傳類/正史之屬
二十四史 清同治至光緒五省官書局據汲古
閣本等合刻光緒五年(1879)湖北書局彙印本
九十二冊 存二種

330000－1716－0016497 集補 1429－3/
16497 集部/總集類/選集之屬/斷代
八家四六文注八卷首一卷 （清）吳鼒輯
（清）許貞幹注 補注一卷 陳衍撰 清光緒
十八年(1892)上海圖書集成印書局鉛印本
八冊

330000－1716－0016499 經補 1501/16499

子部/儒家類/儒學之屬/蒙學
龍文鞭影二卷 （明）蕭良有纂輯 （清）楊臣
靜增訂 （清）來集之音注 清光緒四年
(1878)存春廬刻本 一冊

330000－1716－0016505 集補 1429－4/
16505 集部/總集類/選集之屬/斷代
八家四六文注八卷首一卷 （清）吳鼒輯
（清）許貞幹注 補注一卷 陳衍撰 清光緒
十八年(1892)上海圖書集成印書局鉛印本
八冊

330000－1716－0016514 子補 4114/16514
子部/醫家類/方書之屬/單方驗方
集驗良方拔萃二卷癸卯年續補集驗拔萃良方
一卷 （清）恬素氏輯 清同治五年(1866)刻
本 一冊 缺一卷(一)

330000－1716－0016519 子補 4115/16519
集部/詩文評類/文評之屬
幼童舉業啟悟集四卷 （清）汪孝移編 清刻
本 二冊

330000－1716－0016520 子補 4116/16520
子部/醫家類/兒科之屬/痘疹
引痘略一卷附圖一卷 （清）邱熺撰 清刻本
一冊

330000－1716－0016523 普史 1652/16523
史部/紀傳類/正史之屬
二十四史 清光緒十八年(1892)武林竹簡齋
石印本 六十五冊 存七種

330000－1716－0016526 集補 2053/16526
集部/詞類/別集之屬
蠡城折柳詞一卷 清末刻本 一冊

330000－1716－0016528 集補 2187－1/
16528 集部/總集類/選集之屬/斷代
批點七家詩選箋注七卷 （清）張熙宇輯評
清咸豐八年(1858)萃精英閣刻朱墨套印本
一冊

330000－1716－0016529 集補 2054/16529
集部/別集類/清別集
梅華小隱廬詩一卷詞一卷 （清）李希鄴撰

清光緒十二年(1886)上海同文書局石印本
一冊

330000－1716－0016536　史補 0161/16536
史部/史評類/詠史之屬

十國宮詞一卷　(清)吳省蘭撰　清宣統三年
(1911)上海掃葉山房石印本　一冊

330000－1716－0016541　子補 4113/16541
集部/小說類/長篇之屬

岳武穆精忠傳六卷六十八回　(明)□□刪訂
(明)鄒元標編訂　清刻本　一冊　存二卷
(四至五)

330000－1716－0016542　子補 2164/16542
子部/醫家類/溫病之屬/瘟疫

霍亂論二卷　(清)王士雄撰　清三味堂刻本
一冊

330000－1716－0016548　子補 2165/16548
子部/醫家類/綜合之屬/雜著

筆花醫鏡四卷　(清)江涵暾撰　清光緒十一
年(1885)刻本　丁之蕃題記　一冊

330000－1716－0016554　集補 1519－2/
16554　子部/儒家類/儒學之屬/蒙學

新刻續千家詩二卷　(清)晦齋學人輯　清光
緒刻本　一冊

330000－1716－0016555　子補 2166/16555
子部/醫家類/本草之屬/神農本草經

本草崇原集說三卷附本草經讀一卷　(清)張
志聰撰　(清)高世栻訂　(清)仲學輅集說
清宣統二年(1910)錢塘仲氏刻本　四冊

330000－1716－0016563　史補 1589/16563
史部/傳記類/別傳之屬/事狀

陳君芳畦家傳一卷　(清)俞樾撰　清抄本
一冊

330000－1716－0016565　史補 1588/16565
史部/編年類/斷代之屬

甲子紀年表一卷　(清)徐壽基編　清光緒十
四年(1888)萬卷圖書草堂刻本　一冊

330000－1716－0016566　集補 2196/16566

集部/別集類/清別集

板橋全集五種　(清)鄭燮撰　清光緒十八年
(1892)上海積山書局石印本　四冊

330000－1716－0016567　集補 3439/16567
集部/別集類

為山廬悼亡百感錄一卷　陳慶均撰　清宣統
二年(1910)緬德堂刻本　一冊

330000－1716－0016568　普叢 0142－1/
16568　類叢部/叢書類/彙編之屬

榆園叢刻十五種附一種　(清)許增編　清末
有正書局石印本　一冊　存一種

330000－1716－0016569　集補 2197/16569
集部/別集類/清別集

鄭板橋全集五種　(清)鄭燮撰　清宣統元年
(1909)上海掃葉山房石印本　一冊　存一種

330000－1716－0016573　集補 2061/16573
集部/詞類/別集之屬

香草詞二卷　(清)宋翔鳳撰　清刻本　一冊

330000－1716－0016575　集補 1517－7/
16575　集部/總集類/選集之屬/通代

增補重訂千家詩注解二卷　(清)任來吉選
(清)王相選注　**新鐫五言千家詩會義直解二
卷**　(清)王相選注　(清)任福祐重輯　**諸名
家百壽詩一卷贈賀詩一卷百花詩一卷**　(清)
王相選注　清光緒五年(1879)墨潤堂刻本
二冊

330000－1716－0016581　子補 2167/16581
子部/醫家類/本草之屬/神農本草經

本經疏證十二卷續疏六卷本經序疏要八卷
(清)鄒澍撰　清道光二十九年(1849)常州長
年醫局刻本　十二冊

330000－1716－0016585　子補 2170/16585
子部/術數類/命書相書之屬

水鏡集四卷　(清)范駸撰　清嘉慶元年
(1796)會成堂刻本　四冊

330000－1716－0016586　集補 2200/16586
集部/別集類/清別集

柏梘山房文集十六卷文續集一卷詩集十卷詩

續集二卷駢體文二卷　（清）梅曾亮撰　清宣統二年(1910)上海國學扶輪社石印本　八冊

330000－1716－0016587　集補 2201/16587
集部/別集類/清別集

卷施閣駢體文八卷續編一卷更生齋駢體文四卷　（清）洪亮吉撰　清光緒二十一年(1895)上海文瑞樓鴻寶齋書局石印本　四冊

330000－1716－0016589　集補 1680/16589
集部/小說類/長篇之屬

新刻鍾伯敬先生批評封神演義二十卷一百回　（明）許仲琳撰　（明）鍾惺評　清雪草堂刻本　二冊　存四卷(五至六、十三至十四)

330000－1716－0016590　集補 2202/16590
集部/別集類/清別集

船山詩草二十卷　（清）張問陶撰　清宣統二年(1910)上海掃葉山房石印本　六冊

330000－1716－0016599　集補 2069/16599
集部/詞類/總集之屬

歷朝名人詞選十三卷　（清）夏秉衡輯　清宣統元年(1909)上海掃葉山房石印本　六冊

330000－1716－0016602　集補 2204/16602
集部/別集類/清別集

甌香館集十二卷首一卷末一卷　（清）惲格撰　（清）蔣光煦輯　清掃葉山房石印本　五冊

330000－1716－0016604　子補 2171/16604
子部/術數類/相宅相墓之屬

天元餘義一卷天元烏兔經二卷玉函真義一卷　（清）蔣平階撰　清刻本　一冊

330000－1716－0016610　子補 2172/16610
子部/術數類/相宅相墓之屬

天元餘義一卷天元烏兔經二卷玉函真義一卷　（清）蔣平階撰　清刻本　一冊

330000－1716－0016611　集補 2209/16611
集部/別集類/宋別集

林和靖詩集四卷拾遺一卷　（宋）林逋撰　清宣統二年(1910)上海文瑞樓石印本　二冊

330000－1716－0016615　子補 4111/16615

子部/雜著類/雜纂之屬

羅狀元洪先祖師醒世詩二十首一卷　（明）羅洪先撰　退安祖師夢裡驚七十二首一卷　清刻本　一冊

330000－1716－0016618　集補 2211/16618
集部/別集類/明別集

甫田集三十六卷　（明）文徵明撰　清宣統三年(1911)上海千頃堂書莊會文學社書莊鉛印本　十二冊

330000－1716－0016619　集補 2212/16619
集部/別集類/明別集

甫田集三十六卷　（明）文徵明撰　清宣統三年(1911)上海千頃堂書莊會文學社書莊鉛印本　十二冊

330000－1716－0016620　集補 2213/16620
集部/別集類/明別集

甫田集三十六卷　（明）文徵明撰　清宣統三年(1911)上海千頃堂書莊會文學社書莊鉛印本　十二冊

330000－1716－0016629　集補 1685/16629
集部/小說類/長篇之屬

西遊真詮一百回　（清）陳士斌詮解　清芥子園刻本　二冊　存六回(十六至二十、六十一)

330000－1716－0016630　子補 2175/16630
子部/術數類/命書相書之屬

新鐫神峰張先生通考闢謬命理正宗大全六卷　（明）張楠撰　清綠蔭堂刻本　三冊

330000－1716－0016631　普叢 0364－1/16631　類叢部/叢書類/彙編之屬

晨風閣叢書第一集五十二種　沈宗畸等編　清光緒三十四年至宣統三年(1908－1911)國學萃編社鉛印本　清金明全題記　清趙雪侯觀款　一冊　存一種

330000－1716－0016636　集補 1687/16636
集部/小說類/長篇之屬

西遊真詮二十卷一百回　（清）陳士斌詮解　清刻本　二冊　存二卷(八、十八)

330000－1716－0016639　　子補 4110/16639
子部/儒家類/儒學之屬

五種遺規　（清）陳弘謀輯並撰　清宣統三年
(1911)上海商務印書館鉛印本　一冊　存
一種

330000－1716－0016640　　集補 1688/16640
集部/小說類/長篇之屬

西遊真詮一百回　（清）陳士斌詮解　清大魁
堂刻本　八冊　存三十八回(一至七、十二至
十六、二十三至三十八、四十四至四十八、五
十七至六十一)

330000－1716－0016654　　子補 2179/16654
子部/雜著類/雜纂之屬

二十二史感應錄二卷緒論一卷　（清）彭希涑
輯　清光緒十二年(1886)京都刻本　一冊

330000－1716－0016655　　集補 2214/16655
集部/別集類/清別集

後樂堂文鈔九卷詩存一卷文鈔續編九卷
（清）陳玉澍撰　清光緒二十五年(1899)、二
十七年(1901)鉛印本　六冊　存九卷(文鈔
續編一至九)

330000－1716－0016656　　普叢 0347－2/
16656　類叢部/叢書類/彙編之屬

花雨樓叢鈔十一種續鈔十一種附一種　（清）
張壽榮編　清光緒八年至十四年(1882－
1888)蛟川張氏花雨樓刻本　二冊　存一種

330000－1716－0016663　　子補 2181/16663
子部/術數類/占卜之屬

大六壬大全十三卷　（清）郭載騄編　明懷慶
楊衛刻本　六冊

330000－1716－0016665　　集補 1690/16665
集部/小說類/長篇之屬

西遊真詮一百回　（清）陳士斌詮解　清刻本
十一冊　存五十六回(十六至二十一、二十
七至三十一、四十五至六十五、七十一至八十
五、九十二至一百)

330000－1716－0016666　　集補 2219/16666
集部/別集類/明別集

疑雨集四卷　（明）王彥泓撰　清宣統元年
(1909)上海掃葉山房石印本　一冊

330000－1716－0016668　　子補 2182/16668
子部/術數類/陰陽五行之屬

選擇天鏡三卷　（清）任端書輯　清乾隆十三
年(1748)刻朱墨套印本　楊唧題記並批
二冊

330000－1716－0016669　　集補 1080－1/
16669　集部/詞類/別集之屬

彊邨詞三卷　朱祖謀撰　清光緒三十一年
(1905)刻本　一冊

330000－1716－0016671　　集補 1524－1/
16671　集部/別集類/明別集

楊忠愍公全集四卷　（明）楊繼盛撰　清刻本
清劉雲卿題記　三冊　存三卷(一至三)

330000－1716－0016675　　集補 1691/16675
集部/小說類/長篇之屬

西遊真詮十卷一百回　（清）陳士斌詮解　清
文德堂刻本　三冊　存六卷(一至二、五至
六、九至十)

330000－1716－0016681　　子補 2183/16681
子部/術數類/相宅相墓之屬

新編秘傳堪輿類纂人天共寶十二卷　（明）黃
慎編　清刻廣州登雲閣印本　十一冊　缺一
卷(十二)

330000－1716－0016687　　史補 1586/16687
史部/史抄類

史記選六卷　（清）儲欣選評　清刻本　五冊
缺一卷(四)

330000－1716－0016688　　普叢 0264－4/
16688　類叢部/叢書類/郡邑之屬

粟香室叢書五十九種　金武祥編　清光緒至
民國江陰金氏刻本　四冊　存一種

330000－1716－0016692　　子補 2184/16692
子部/術數類/陰陽五行之屬

董公選要覽一卷附錄一卷　（明）董潛撰　清
光緒二十四年(1898)浙江官書局刻本　一冊

330000 - 1716 - 0016693　子補 2185/16693
子部/術數類/陰陽五行之屬
董公選要覽一卷附錄一卷　（明）董潛撰　清
光緒二十四年（1898）浙江官書局刻本　一冊

330000 - 1716 - 0016694　子補 2186/16694
子部/術數類/陰陽五行之屬
董公選要覽一卷附錄一卷　（明）董潛撰　清
光緒二十四年（1898）浙江官書局刻本　周震
題記　一冊

330000 - 1716 - 0016695　子補 2187/16695
子部/術數類/陰陽五行之屬
董公選要覽一卷附錄一卷　（明）董潛撰　清
光緒二十四年（1898）浙江官書局刻本　一冊

330000 - 1716 - 0016697　子補 2188/16697
子部/術數類/陰陽五行之屬
董公選要覽一卷附錄一卷　（明）董潛撰　清
光緒二十四年（1898）浙江官書局刻本　胡維
銓題簽　一冊

330000 - 1716 - 0016701　子補 2189/16701
子部/術數類/陰陽五行之屬
董公選要覽一卷附錄一卷　（明）董潛撰　清
光緒二十四年（1898）浙江官書局刻本　一冊

330000 - 1716 - 0016704　普叢 0316 - 1/
16704　類叢部/叢書類/彙編之屬
埽葉山房叢鈔二十六種　（清）席威編　清同
治至光緒刻光緒九年（1883）彙印本　六冊
存一種

330000 - 1716 - 0016705　集補 2121/16705
集部/詞類/總集之屬
絕妙好詞箋七卷　（宋）周密輯　（清）查爲仁
（清）厲鶚箋　續鈔一卷　（清）余集輯　又
續鈔一卷　（清）徐楙補錄　清宣統元年
（1909）上海沅記書莊石印本　四冊

330000 - 1716 - 0016711　集補 2123/16711
集部/總集類/選集之屬/通代
歷朝名媛詩詞十二卷　（清）陸昶輯　清宣統
三年（1911）上海掃葉山房石印本　四冊

330000 - 1716 - 0016715　集補 2124/16715

集部/曲類/曲韻曲譜曲律之屬
遏雲閣曲譜初集不分卷　（清）王錫純輯
（清）李秀雲拍正　清光緒十九年（1893）著易
堂鉛印本　八冊

330000 - 1716 - 0016719　普叢 0158 - 3/
16719　類叢部/叢書類/郡邑之屬
武林往哲遺箸五十六種後編十種　（清）丁丙
編　清光緒二十年至二十六年（1894 - 1900）
錢塘丁氏嘉惠堂刻本（錢塘韋先生文集卷一
至二原缺）　一冊　存一種

330000 - 1716 - 0016724　普史 1662/16724
史部/紀傳類/正史之屬
二十四史附考證　清光緒二十九年（1903）五
洲同文書局石印本　一百四十四冊　存五種

330000 - 1716 - 0016725　集補 2239/16725
集部/別集類/清別集
**壯悔堂文集十卷遺稿一卷四憶堂詩集六卷遺
稿一卷**　（清）侯方域撰　（清）賈開宗等評點
　清末上海掃葉山房石印本　二冊　存七卷
（詩集一至六、遺稿）

330000 - 1716 - 0016727　集補 2240/16727
集部/別集類/清別集
**壯悔堂文集十卷遺稿一卷四憶堂詩集六卷遺
稿一卷**　（清）侯方域撰　（清）賈開宗等評點
　清末上海掃葉山房石印本　二冊　存七卷
（詩集一至六、遺稿）

330000 - 1716 - 0016728　集補 2241/16728
集部/別集類/清別集
**壯悔堂文集十卷遺稿一卷四憶堂詩集六卷遺
稿一卷**　（清）侯方域撰　（清）賈開宗等評點
　清末上海掃葉山房石印本　海珊題簽　二
冊　存七卷（詩集一至六、遺稿）

330000 - 1716 - 0016729　集補 2242/16729
集部/別集類/清別集
**壯悔堂文集十卷遺稿一卷四憶堂詩集六卷遺
稿一卷**　（清）侯方域撰　（清）賈開宗等評點
　清宣統元年（1909）上海掃葉山房石印本
二冊　存七卷（詩集一至六、遺稿）

330000－1716－0016734　　集補 2244/16734
集部/別集類/清別集

漁洋山人精華録箋注十二卷補一卷年譜一卷附録一卷　　（清）王士禎撰　（清）金榮箋注
（清）徐淮纂輯　清末石印本　十二冊

330000－1716－0016738　　普類 0059－1/16738　　類叢部/類書類/通類之屬

增補事類統編九十三卷首一卷　　（清）黃葆真輯　清光緒十四年(1888)上海積山書局石印本　十二冊

330000－1716－0016743　　集補 1412/16743
集部/總集類/選集之屬/通代

得月樓賦甲編不分卷乙編不分卷丙編不分卷丁編不分卷　　（清）張元灝選評　清刻本
二冊

330000－1716－0016744　　普史 1663/16744
史部/紀傳類/正史之屬

四史四百十五卷　　清光緒十四年(1888)上海蜚英館石印本　十四冊　存二種

330000－1716－0016751　　集補 2247/16751
集部/別集類/清別集

壯悔堂文集十卷遺稿一卷四憶堂詩集六卷遺稿一卷　　（清）侯方域撰　（清）賈開宗等評點　清末上海掃葉山房石印本　六冊

330000－1716－0016753　　普史 1665/16753
史部/紀傳類/正史之屬

二十四史　　清光緒十年(1884)上海同文書局石印本　十冊　存一種

330000－1716－0016757　　集補 2251/16757
集部/別集類/清別集

曠觀樓詩存八卷附題詞一卷　　（清）朱霖撰　清光緒六年（1880）如皋金雲程刻十六年(1890)補刻本　四冊

330000－1716－0016759　　普史 1666/16759
史部/紀傳類/正史之屬

二十四史　　清光緒石印本　九冊　存一種

330000－1716－0016760　　集補 2249/16760
集部/別集類/清別集

亭林詩集五卷文集六卷　　（清）顧炎武撰　清宣統元年(1909)上海掃葉山房石印本　四冊

330000－1716－0016761　　普類 0008/16761
類叢部/類書類/通類之屬

重訂廣事類賦四十卷　　（清）華希閔撰　清道光元年(1821)劍光閣刻本　八冊　存三十三卷(一至二、十至四十)

330000－1716－0016762　　普類 0030/16762
集部/總集類/選集之屬/通代

憑山閣增輯留青新集三十卷　　（清）陳枚選
（清）陳德裕增輯　清聚文堂刻本　十冊　存十卷(一、四至六、八、十一、十六至十七、二十一、二十三)

330000－1716－0016763　　普史 1667/16763
史部/紀傳類/正史之屬

二十四史　　清光緒十四年(1888)上海圖書集成印書局鉛印本　十五冊　存一種

330000－1716－0016769　　普類 0009/16769
類叢部/類書類/通類之屬

廣廣事類賦三十二卷　　（清）吳世旃撰　清嘉慶刻本　二冊　存十一卷(十七至二十七)

330000－1716－0016773　　普類 0010/16773
類叢部/類書類/通類之屬

重訂事類賦三十卷　　（宋）吳淑撰並注　清嘉慶二十一年(1816)越城敬藝堂刻本　四冊
存十五卷(一至五、七至十二、二十七至三十)

330000－1716－0016777　　普類 0011/16777
類叢部/類書類/通類之屬

重訂廣事類賦四十卷　　（清）華希閔撰　清刻本　六冊　存二十三卷(三至八、十三至二十、二十七至三十五)

330000－1716－0016781　　普類 0073/16781
類叢部/類書類/通類之屬

增補事類統編九十三卷首一卷　　（清）黃葆真輯　清道光二十六年(1846)丹陽黃氏刻本
三十冊　存五十七卷(一至二、十三至十九、二十二至二十四、二十六至二十九、三十二至三十三、三十九至四十六、四十九至六十、六

十三至六十七、七十至七十一、七十四至八十、八十九至九十二,首)

330000－1716－0016782　集補 1415/16782
集部/總集類/課藝之屬

舉業新模續選八卷　(清)周百順編　清道光十八年(1838)經國堂刻本　一冊　存一卷(一)

330000－1716－0016784　普類 0070/16784
類叢部/類書類/通類之屬

增補事類統編九十三卷首一卷　(清)黃葆真輯　清道光二十九年(1849)丹陽黃氏刻本三十三冊　存五十四卷(一至五、十二至十八、二十二至二十三、三十五至四十四、四十七至五十、五十三至五十五、六十至六十六、七十六至八十四、八十七至九十、九十二至九十三,首)

330000－1716－0016789　集補 2115/16789
集部/總集類/選集之屬/通代

宋元明詩約鈔三百首六卷摘句一卷　(清)朱梓　(清)冷昌言輯　清刻本　一冊

330000－1716－0016795　普類 0173/16795
類叢部/類書類/通類之屬

小知錄十二卷　(清)陸鳳藻輯　清同治十二年(1873)淮南書局刻本　六冊

330000－1716－0016802　普史 1679/16802
史部/紀傳類/正史之屬

二十四史　清光緒十二年(1886)楚北李氏森實齋刻本　二冊　存一種

330000－1716－0016803　集補 2101/16803
集部/詞類/詞韻之屬

晚翠軒詞韻一卷　(清)舒夢蘭輯　清宣統元年(1909)春草軒石印本　一冊

330000－1716－0016807　普史 1680/16807
史部/紀傳類/正史之屬

二十四史　清光緒十年(1884)上海同文書局石印本　七十二冊　存四種

330000－1716－0016808　集補 2102/16808
集部/詞類/詞話之屬

詞苑叢談十二卷　(清)徐釚撰　清末上海有正書局鉛印本　四冊

330000－1716－0016810　普類 0179/16810
類叢部/類書類/通類之屬

太平御覽一千卷目錄十五卷　(宋)李昉等輯　清刻本　八冊　存八十卷(一至六十、八十一至一百)

330000－1716－0016813　古越 0601/16813
史部/紀傳類/正史之屬

二十四史附考證　清光緒二十九年(1903)五洲同文書局石印本　七百二冊　缺二十七卷(宋史二百十五至二百四十一)

330000－1716－0016822　古越 0602/16822
類叢部/叢書類/自著之屬

李文貞公全集三十九種　(清)李光地撰　清乾隆元年(1736)李清植刻嘉慶六年(1801)補刻本　一冊　存五種

330000－1716－0016831　子補 2284/16831
子部/藝術類/書畫之屬/畫譜

性安廬畫稿四卷　(清)姚鍾葆繪　清光緒二十九年(1903)上海讀畫齋石印本　一冊　存一卷(四)

330000－1716－0016844　普史 1682/16844
史部/紀傳類/正史之屬

二十四史　清同治至光緒五省官書局據汲古閣本等合刻光緒五年(1879)湖北書局彙印本　八冊　存一種

330000－1716－0016848　普史 1683/16848
史部/紀傳類/正史之屬

十七史一千五百七十四卷　(明)毛晉編　明崇禎元年至十七年(1628－1644)毛氏汲古閣刻本　五冊　存一種

330000－1716－0016849　古越 0604/16849
經部/叢編

通藝錄十八種附三種　(清)程瑤田撰　清嘉慶刻本　四十八冊　缺三卷(考工創物小記八、琴音記一至二)

330000－1716－0016860　古越 0605/16860

子部/醫家類/本草之屬/歷代綜合本草

本草綱目五十二卷附圖三卷瀕湖脈學一卷奇經八脈攷一卷脈訣攷證一卷 （明）李時珍撰　清刻本　二十九冊　缺三卷（三至五）

330000－1716－0016862　集補 2111/16862
集部/詞類/別集之屬

有正味齋詞集八卷 （清）吳錫麒撰　清宣統元年（1909）掃葉山房石印本　三冊

330000－1716－0016863　集補 2112/16863
集部/詞類/總集之屬

詞壇妙品十卷 （清）張淵懿輯　清宣統三年（1911）澄衷學堂石印本　五冊

330000－1716－0016864　集補 2138/16864
集部/總集類/選集之屬/斷代

近人詩錄一卷　清光緒二十九年（1903）上海商務印書館鉛印本　一冊

330000－1716－0016865　普史 1684/16865
史部/紀傳類/正史之屬

十七史一千五百七十四卷 （明）毛晉編　明崇禎至清順治琴川毛氏汲古閣刻本　十六冊　存二種

330000－1716－0016867　古越 0606/16867
類叢部/叢書類/自著之屬

潛園總集十七種 （清）陸心源撰　清同治至光緒刻本　一百五十一冊　存十六種

330000－1716－0016868　普史 1685/16868
史部/紀傳類/正史之屬

十七史一千五百七十四卷 （明）毛晉編　明崇禎元年至十七年（1628－1644）毛氏汲古閣刻本　十五冊　存一種

330000－1716－0016869　普史 0229/16869
史部/紀傳類/正史之屬

二十四史　清韓江書局刻本　四冊　存二種

330000－1716－0016870　集補 2450－1/16870　集部/小說類/長篇之屬

四大奇書第一種六十卷首一卷一百二十回 （明）羅貫中撰　（清）毛宗崗評　清英秀堂刻本　十五冊　存四十四卷（一、十三至十八、二十二至四十五、四十九至六十,首）

330000－1716－0016871　普史 1686/16871
史部/紀傳類/正史之屬

二十四史　清同治至光緒五省官書局據汲古閣本等合刻光緒五年（1879）湖北書局彙印本　九冊　存一種

330000－1716－0016873　普史 1687/16873
史部/紀傳類/正史之屬

二十四史　清同治至光緒五省官書局據汲古閣本等合刻光緒五年（1879）湖北書局彙印本　十五冊　存一種

330000－1716－0016874　子補 3023/16874
子部/雜著類/雜纂之屬

兩般秋雨盫隨筆八卷 （清）梁紹壬撰　清光緒十年（1884）錢塘許之璀吉華室刻本　八冊

330000－1716－0016875　普類 0177/16875
類叢部/類書類/專類之屬

子史精華三十卷 （清）吳士玉　（清）吳襄等輯　清光緒九年（1883）上海點石齋石印本　二冊

330000－1716－0016876　普史 1688/16876
史部/紀傳類/正史之屬

二十四史　清光緒十八年（1892）武林竹簡齋石印本　十三冊　存四種

330000－1716－0016877　普類 0176/16877
類叢部/類書類/通類之屬

新刻注釋故事白眉十卷 （明）許以忠輯　清康熙八年（1669）吳門寶翰樓刻本　二冊

330000－1716－0016878　普叢 0143/16878
類叢部/叢書類/彙編之屬

曼陀羅華閣叢書十六種 （清）杜文瀾編　清咸豐至同治秀水杜氏刻光緒十八年（1892）上海掃葉山房修補印本　三十七冊　存十三種

330000－1716－0016879　普史 1689/16879
史部/紀傳類/正史之屬

二十四史　清同治至光緒五省官書局據汲古閣本等合刻光緒五年（1879）湖北書局彙印本　五冊　存一種

330000－1716－0016881　普史 1690/16881
史部/紀傳類/正史之屬
二十四史　清同治至光緒五省官書局據汲古
閣本等合刻光緒五年(1879)湖北書局彙印本
十五冊　存一種

330000－1716－0016883　集補 2450－2/
16883　集部/小說類/長篇之屬
第一才子書六十卷首一卷一百二十回　（明）
羅貫中撰　（清）毛宗崗評　清光緒九年
(1883)築野書屋鉛印本　十冊　存三十八卷
(一至二、十一至十四、十九至三十三、四十二
至四十九、五十三至六十,首)

330000－1716－0016884　古越 0608/16884
類叢部/叢書類/自著之屬
潛研堂全書十六種　（清）錢大昕撰　清乾隆
至嘉慶刻本　六十冊

330000－1716－0016886　集補 2450－3/
16886　集部/小說類/長篇之屬
四大奇書第一種六十卷首一卷一百二十回
(明)羅貫中撰　（清）毛宗崗評　清文富堂刻
本　十二冊

330000－1716－0016888　地獻 1393/16888
子部/醫家類/方書之屬/歷代方書
驗方傳信三卷　（清）□□輯　清山陰金瑞五
堂刻本　清廉甫題記　五冊

330000－1716－0016890　子補 2195/16890
子部/醫家類/方書之屬/單方驗方
經驗選秘六卷　（清）胡增彬輯　清同治十年
(1871)刻本　一冊

330000－1716－0016892　子補 2196/16892
子部/醫家類/方書之屬/單方驗方
經驗選秘六卷　（清）胡增彬輯　清同治十年
(1871)刻本　一冊

330000－1716－0016895　普史 1691/16895
史部/紀傳類/正史之屬
二十四史　清刻本　三冊　存一種

330000－1716－0016897　集補 1069－40/
16897　集部/總集類/選集之屬/斷代

唐詩三百首注疏六卷　（清）孫洙編　（清）章
燮注　清道光十五年(1835)刻本　一冊　存
二卷(一至二)

330000－1716－0016898　集補 2450－4/
16898　集部/小說類/長篇之屬
四大奇書第一種六十卷首一卷一百二十回
(明)羅貫中撰　（清）毛宗崗評　清刻本　十
九冊　存五十卷(一至二、七至二十四、二十
七至三十二、三十七至六十)

330000－1716－0016899　子補 2198/16899
子部/醫家類/方書之屬/單方驗方
便易經驗集一卷續刻經驗集一卷濟世養生集
一卷養生經驗補遺一卷　（清）毛世洪輯
(清)汪瑜增訂　續刊經驗集瘄疹選要一卷
(清)孫復初輯　清刻本　一冊

330000－1716－0016900　古越 0610/16900
類叢部/叢書類/彙編之屬
述古叢鈔二十八種　（清）劉晚榮編　清同治
至光緒古岡劉氏藏修書屋刻本　三十冊　存
二十六種

330000－1716－0016901　集補 2450－5/
16901　集部/小說類/長篇之屬
四大奇書第一種六十卷首一卷一百二十回
(明)羅貫中撰　（清）毛宗崗評　清中湘起鳳
樓刻本　一冊　存四卷(一至三、首)

330000－1716－0016902　集補 2450－6/
16902　集部/小說類/長篇之屬
四大奇書第一種六十卷首一卷一百二十回
(明)羅貫中撰　（清）毛宗崗評　清刻本　一
冊　存三卷(五十八至六十)

330000－1716－0016903　集補 1429－2/
16903　集部/總集類/選集之屬/斷代
八家四六文注八卷首一卷　（清）吳鼒輯
(清)許貞幹注　補注一卷　陳衍撰　清光緒
十八年(1892)上海圖書集成印書局鉛印本
八冊

330000－1716－0016904　集補 1345/16904
集部/總集類/尺牘之屬

尺牘句解三卷　（清）桃花館主編　（清）少溪氏選注　清末石印本　一冊

330000－1716－0016905　子補0125－23/16905　子部/醫家類/方書之屬/單方驗方

驗方新編十八卷　（清）鮑相璈輯　清光緒十七年(1891)日本橫濱中華會館鉛印本　一冊

330000－1716－0016906　普史1692/16906　史部/紀傳類/正史之屬

後漢書九十卷　（南朝宋）范曄撰　（唐）李賢注　志三十卷　（晉）司馬彪撰　（南朝梁）劉昭注　（明）陳仁錫評　明天啟七年(1627)長洲陳仁錫刻本　十二冊　缺五十一卷(十至五十四、一百至一百五)

330000－1716－0016907　經補0814－3/16907　經部/小學類/文字之屬/字書/訓蒙

繪圖正音注解四千字文一卷　清末石印本一冊

330000－1716－0016908　普史1693/16908　史部/紀傳類/正史之屬

二十四史　清刻本　八冊　存一種

330000－1716－0016909　集補1889/16909　集部/總集類/選集之屬/通代

涵芬樓古今文鈔一百卷　吳曾祺輯　清宣統二年(1910)上海商務印書館鉛印本　九十七冊　缺三卷(一、五十九、六十九)

330000－1716－0016910　史補0768/16910　史部/紀事本末類/通代之屬

紀事本末五種　（清）□□輯　清同治十二年至十三年(1873－1874)江西書局刻本　十六冊　存三種

330000－1716－0016911　譜0256/16911　史部/傳記類/總傳之屬/家乘

[浙江紹興]會稽漁渡董氏族譜三十六卷首一卷末一卷　（清）董金鑑纂修　清光緒會稽董氏行餘講舍稿本　六冊　存七卷(一、三、三十二至三十三、三十六,首、末)

330000－1716－0016912　集補2450－7/16912　集部/小說類/長篇之屬

四大奇書第一種六十卷首一卷一百二十回　(明)羅貫中撰　（清）毛宗崗評　清紫陽山房刻本　二十一冊　存五十五卷(一至十四、十八至四十六、五十至六十,首)

330000－1716－0016913　普史1632/16913　史部/編年類/通代之屬

資治通鑑綱目五十九卷　（宋）朱熹撰　（明）陳仁錫評　資治通鑑綱目續編一卷　（明）陳檉撰　（明）陳仁錫評　資治通鑑綱目前編二十五卷　（明）南軒撰　（明）陳仁錫評　續資治通鑑綱目二十七卷　（明）商輅等撰　（明）陳仁錫評　清光緒十四年(1888)上海大同書局石印本　二十一冊　缺九卷(一至二、六至十二)

330000－1716－0016915　集補2450－8/16915　集部/小說類/長篇之屬

第一才子書六十卷首一卷一百二十回　（明）羅貫中撰　（清）毛宗崗評　清刻本　四冊　存十二卷(二十至二十二、四十五至五十三)

330000－1716－0016916　普史1633/16916　史部/紀事本末類/通代之屬

歷朝紀事本末七種　（清）陳如升　（清）朱記榮輯　清光緒二十一年(1895)上海積山書局石印本　一冊　存一種

330000－1716－0016917　古越0613/16917　集部/總集類/選集之屬/通代

文選六十卷　（南朝梁）蕭統輯　（唐）李善注　文選考異十卷　（清）胡克家撰　清嘉慶十四年(1809)鄱陽胡克家刻本　二十四冊

330000－1716－0016918　子補0125－24/16918　子部/醫家類/方書之屬/單方驗方

驗方新編十八卷　（清）鮑相璈輯　清光緒三十年(1904)日本橫濱中華會館鉛印本　二冊

330000－1716－0016919　普史1695/16919　史部/紀傳類/正史之屬

二十四史　清刻本　六冊　存一種

330000－1716－0016921　古越0614/16921　史部/政書類/通制之屬

三通七百四十八卷　清乾隆十二年至十四年
(1747－1749)武英殿刻本　二百十一冊　存
二種

330000－1716－0016922　集補 2450－9/
16922　集部/小說類/長篇之屬

第一才子書六十卷首一卷一百二十回　（明）
羅貫中撰　（清）毛宗崗評　清刻本　三冊
存八卷(七至八、二十四至二十九)

330000－1716－0016923　子補 0125－25/
16923　子部/醫家類/方書之屬　單方驗方

驗方新編十八卷　（清）鮑相璈輯　清光緒十
七年(1891)日本橫濱中華會館鉛印本　一冊

330000－1716－0016924　古越 0615/16924
類叢部/叢書類/自著之屬

番禺陳氏東塾叢書初函四種附一種　（清）陳
澧撰　清咸豐至光緒刻本　八冊

330000－1716－0016926　普史 1696/16926
史部/紀傳類/正史之屬

十七史一千五百七十四卷　（明）毛晉編　明
崇禎元年至十七年(1628－1644)毛氏汲古閣
刻本　十五冊　存一種

330000－1716－0016928　普史 1697/16928
史部/紀傳類/正史之屬

二十四史　清刻本　十一冊　存一種

330000－1716－0016930　子補 2219/16930
子部/術數類/相宅相墓之屬

地理辨正補六卷　（清）朱尊輯　清道光十年
(1830)姑蘇方氏紫芝書屋刻紹興墨潤堂印本
張銓、黃農題記　二冊

330000－1716－0016931　集補 2450－10/
16931　集部/小說類/長篇之屬

第一才子書六十卷首一卷一百二十回　（明）
羅貫中撰　（清）毛宗崗評　清刻本　九冊
存二十八卷(十至十五、二十二至二十四、三
十九至五十一、五十五至六十)

330000－1716－0016933　子補 2220/16933
子部/天文曆算類/算書之屬

瀣齋算學五種　（清）江衡撰　清光緒十四年

(1888)元和江氏一瀣齋刻本　一冊　存一種

330000－1716－0016934　史補 0855/16934
史部/編年類/通代之屬

御批歷代通鑑輯覽一百二十卷　（清）傅恒等
撰　清同治十年(1871)浙江書局刻朱墨套印
本　三十二冊　缺三十五卷(四十二至七十
六)

330000－1716－0016935　普史 1698/16935
史部/紀傳類/正史之屬

二十四史　清同治至光緒五省官書局據汲古
閣本等合刻光緒五年(1879)湖北書局彙印本
五冊　存一種

330000－1716－0016937　集補 2450－11/
16937　集部/小說類/長篇之屬

四大奇書第一種六十卷首一卷一百二十回
（明）羅貫中撰　（清）毛宗崗評　清刻本　十
六冊　存四十九卷(一至十、十四至十六、二
十至二十八、三十二至五十七、首)

330000－1716－0016938　子補 2221/16938
類叢部/叢書類/自著之屬

夏氏算學四種　（清）夏鸞翔撰　清同治十二
年(1873)鄒達泉拾芥園刻本　南湖散人、唐
珊題記　一冊　存二種

330000－1716－0016940　經補 1070/16940
經部/易類/易占之屬

易隱八卷首一卷　（明）曹九錫輯　（明）曹璿
演　清刻本　四冊

330000－1716－0016941　普史 1647/16941
史部/編年類/通代之屬

御批歷代通鑑輯覽一百二十卷　（清）傅恒等
撰　清光緒鉛印本　十七冊　缺三十卷(一
至五、二十一至三十、三十六至四十、五十一
至五十五、六十六至七十)

330000－1716－0016942　集補 2152/16942
集部/別集類/宋別集

姜白石全集　（宋）姜夔撰　清宣統二年
(1910)上海掃葉山房石印本　四冊

330000－1716－0016943　集補 2450－12/

16943　集部/小說類/長篇之屬

第一才子書六十卷首一卷一百二十回　（明）
羅貫中撰　（清）毛宗崗評　清刻本　十八冊
　存五十七卷（一至二十二、二十六至六十）

330000－1716－0016944　普史 1699/16944
史部/紀傳類/正史之屬

十七史一千五百七十四卷　（明）毛晉編　明
崇禎元年至十七年（1628－1644）毛氏汲古閣
刻本　二十四冊　存四種

330000－1716－0016945　普史 1648/16945
史部/編年類/通代之屬

御批歷代通鑑輯覽一百二十卷　（清）傅恒等
撰　清光緒石印本　四冊　存二十九卷（四
十一至四十八、五十六至六十一、九十至九十
六、一百四至一百十一）

330000－1716－0016946　子補 2222/16946
子部/術數類/相宅相墓之屬

**金精廖公秘授地學心法正傳畫筴扒砂經四卷
補遺一卷**　（宋）廖禹撰　（宋）彭大雄輯　明
萬曆四十二年（1614）江氏刻本　七冊　缺一
卷（補遺）

330000－1716－0016947　集補 2450－13/
16947　集部/小說類/長篇之屬

第一才子書六十卷首一卷一百二十回　（明）
羅貫中撰　（清）毛宗崗評　清刻本　三冊
存九卷（十二至十四、三十三至三十五、四十
三至四十五）

330000－1716－0016948　普史 1649/16948
史部/編年類/通代之屬

御批歷代通鑑輯覽一百二十卷　（清）傅恒等
撰　清光緒二十五年（1899）鍊石書局原石印本
　十九冊　缺五卷（九十六至一百）

330000－1716－0016949　集補 2450－14/
16949　集部/小說類/長篇之屬

第一才子書六十卷首一卷一百二十回　（明）
羅貫中撰　（清）毛宗崗評　清刻本　五冊
存十八卷（三十一至四十一、四十七至四十
九、五十四至五十七）

330000－1716－0016950　普史 1644/16950
史部/編年類/通代之屬

御批歷代通鑑輯覽一百二十卷　（清）傅恒等
撰　清光緒石印本　一冊　存四卷（九十四
至九十七）

330000－1716－0016951　子補 2223/16951
子部/術數類/占候之屬

風角書八卷　（清）張爾岐撰　清道光十四年
（1834）安康張氏來鹿堂刻本　二冊

330000－1716－0016952　普史 1643/16952
史部/編年類/通代之屬

御批歷代通鑑輯覽一百二十卷　（清）傅恒等
撰　清光緒石印本　十三冊　存七十九卷
（一至三十三、四十七至六十二、七十三至七
十七、九十至一百六、一百十三至一百二十）

330000－1716－0016953　集補 1217－1/
16953　集部/別集類/唐五代別集

可之先生文集二卷　（唐）孫樵撰　清宣統二
年（1910）上海會文堂石印本　一冊

330000－1716－0016954　普史 1645/16954
史部/編年類/通代之屬

御批歷代通鑑輯覽一百二十卷　（清）傅恒等
撰　清刻本　一冊　存三卷（一百十八至一
百二十）

330000－1716－0016955　史補 0486/16955
史部/紀傳類/正史之屬

史記一百三十卷　（漢）司馬遷撰　（南朝宋）
裴駰集解　清刻本　十二冊　存九十二卷
（世家九至三十、列傳一至七十）

330000－1716－0016956　子補 2224/16956
子部/術數類/相宅相墓之屬

新刊官板地學剖秘萬金琢玉斧三卷　（明）徐
之鏌撰　清刻本　三冊

330000－1716－0016958　古越 0616/16958
史部/紀傳類/正史之屬

二十四史　清同治至光緒五省官書局據汲古
閣本等合刻光緒五年（1879）湖北書局彙印本
　三十五冊　存一種

330000－1716－0016960　子補 2225/16960
子部/天文曆算類/天文之屬

測地膚言一卷　（清）陶保廉撰　清光緒十六年(1890)守拙軒刻本　一冊

330000－1716－0016962　古越 0617/16962
類叢部/叢書類/輯佚之屬

二酉堂叢書(張氏叢書)二十一種　（清）張澍輯　清道光元年(1821)張氏二酉堂刻本　八冊

330000－1716－0016963　集補 2450－15/16963　集部/小說類/長篇之屬

第一才子書六十卷首一卷一百二十回　（明）羅貫中撰　（清）毛宗崗評　清刻本　八冊
存二十五卷(一至四、十一至十六、二十至三十四)

330000－1716－0016964　集補 2450－16/16964　集部/小說類/長篇之屬

第一才子書六十卷首一卷一百二十回　（明）羅貫中撰　（清）毛宗崗評　清刻本　十四冊
存四十卷(一至十三、十七至十九、二十四至二十六、三十至三十二、三十七至三十八、四十三至四十八、五十二至六十,首)

330000－1716－0016965　古越 0618/16965
類叢部/叢書類/彙編之屬

連筠簃叢書十二種　（清）楊尚文編　清道光二十七年至二十九年(1847－1849)靈石楊氏刻本(群書治要卷四、十三、二十原缺)　二十四冊

330000－1716－0016966　古越 0619/16966
類叢部/叢書類/家集之屬

王氏四種　（清）王念孫　（清）王引之撰　清嘉慶至道光高郵王氏刻本　四十八冊

330000－1716－0016968　古越 0620/16968
史部/紀傳類/正史之屬

二十四史　清同治至光緒五省官書局據汲古閣本等合刻光緒五年(1879)湖北書局彙印本　十九冊　存一種

330000－1716－0016969　子補 2226/16969
子部/醫家類/方書之屬/歷代方書

醫方集解三卷　（清）汪昂撰　清兩儀堂刻本　三冊

330000－1716－0016970　子補 2227/16970
子部/醫家類/方書之屬/歷代方書

醫方集解三卷　（清）汪昂撰　清多文齋刻本　三冊

330000－1716－0016971　古越 0621/16971
經部/叢編

重刊宋本十三經注疏四百十六卷附十三經注疏校勘記四百十六卷　（清）阮元撰　（清）盧宣句摘録　清嘉慶二十年(1815)南昌府學刻道光六年(1826)盱江朱華臨重校印本　七十六冊　存八種

330000－1716－0016973　普史 1640/16973
史部/政書類/通制之屬

九通二千三百二十一卷　（清）□□輯　清光緒八年至二十二年(1882－1896)浙江書局刻本　一百三十三冊　存一種

330000－1716－0016974　集補 2450－18/16974　集部/小說類/長篇之屬

第一才子書六十卷首一卷一百二十回　（明）羅貫中撰　（清）毛宗崗評　清刻本　十冊
存三十二卷(五至十、三十五至六十)

330000－1716－0016975　普類 0174/16975
類叢部/類書類/專類之屬

新增說文韻府群玉二十卷　（元）陰時夫輯（元）陰中夫注　清刻本　十九冊　缺一卷(十七)

330000－1716－0016976　子補 2229/16976
子部/醫家類/方書之屬/歷代方書

醫方集解六卷　（清）汪昂撰　清乾隆五十三年(1788)金閶三槐堂刻本　曼叟題記　二冊

330000－1716－0016977　集補 2450－19/16977　集部/小說類/長篇之屬

第一才子書六十卷首一卷一百二十回　（明）羅貫中撰　（清）毛宗崗評　清刻本　一冊
存五卷(三至七)

330000－1716－0016978　集補 2450－20/
16978　集部/小說類/長篇之屬

第一才子書六十卷首一卷一百二十回 （明）
羅貫中撰　（清）毛宗崗評　清刻本　九冊
存二十八卷(二十至二十五、三十九至六十)

330000－1716－0016980　集補 2450－21/
16980　集部/小說類/長篇之屬

第一才子書六十卷首一卷一百二十回 （明）
羅貫中撰　（清）毛宗崗評　清刻本　二冊
存七卷(十一至十四、二十四至二十六)

330000－1716－0016981　子補 2230/16981
子部/醫家類/方書之屬/歷代方書

醫方集解三卷　（清）汪昂撰　清刻本　六冊

330000－1716－0016982　古越 0623/16982
類叢部/叢書類/自著之屬

焦氏遺書十種附一種　（清）焦循撰　清嘉慶
至道光江都焦氏雕菰樓刻光緒二年(1876)衡
陽魏氏補刻本　十九冊　存五種

330000－1716－0016983　集補 2450－22/
16983　集部/小說類/長篇之屬

第一才子書六十卷首一卷一百二十回 （明）
羅貫中撰　（清）毛宗崗評　清刻本　一冊
存三卷(四十四至四十六)

330000－1716－0016984　集補 2450－23/
16984　集部/小說類/長篇之屬

第一才子書六十卷首一卷一百二十回 （明）
羅貫中撰　（清）毛宗崗評　清刻本　一冊
存一卷(四)

330000－1716－0016985　普史 1623/16985
史部/政書類/通制之屬

三通七百四十八卷　清咸豐九年(1859)崇仁
謝氏刻本　一百冊　存一種

330000－1716－0016986　普史 1630/16986
史部/政書類/律令之屬/刑制

**刑案匯覽六十卷首一卷末一卷拾遺備考一卷
續增十六卷**　（清）祝慶祺輯　清刻本　十六
冊　存十六卷(七至十四、二十三至三十)

330000－1716－0016987　子補 2231/16987

子部/醫家類/方書之屬/歷代方書

醫方集解三卷　（清）汪昂撰　清兩儀堂刻本
六冊

330000－1716－0016988　古越 0624/16988
新學/議論/通論

工業與國政相關論二卷　（英國）司旦離遮風
司撰　（美國）衛理　（清）王汝駟譯　清光緒
二十六年(1900)江南製造局鉛印本　二冊

330000－1716－0016990　普叢 0182－4/
16990　類叢部/叢書類/自著之屬

隨園三十種　（清）袁枚撰　清刻本　一冊
存一種

330000－1716－0016991　古越 0625/16991
子部/醫家類/診法之屬/其他診法

割症全書七卷　（美國）嘉約翰撰　清光緒十
六年(1890)羊城博濟醫局刻本　七冊

330000－1716－0016992　普史 1701/16992
史部/紀傳類/正史之屬

二十四史　清同治至光緒五省官書局據汲古
閣本等合刻光緒五年(1879)湖北書局彙印本
二冊　存一種

330000－1716－0016993　普史 1629/16993
史部/地理類/方志之屬/郡縣志

[同治]續修羅江縣志二十四卷　（清）馬傳業
修　（清）劉正慧等纂　清同治四年(1865)刻
本　二冊

330000－1716－0016995　史補 0843/16995
史部/政書類/通制之屬

二十四史九通政典類要合編三百二十卷
（清）黃書霖輯　清光緒二十八年(1902)約雅
堂石印本　五十九冊

330000－1716－0016996　古越 0626/16996
類叢部/叢書類/彙編之屬

佚存叢書十七種　（日本）林衡編　清光緒八
年(1882)上海黃氏木活字印本　三十二冊
存十五種

330000－1716－0016997　普史 1628/16997
史部/地理類/方志之屬/郡縣志

[嘉慶]羅江縣志三十六卷　（清）李桂林修　（清）鄧林等纂　清同治四年(1865)刻本　一冊　存一卷(三十六)

330000－1716－0016998　普史 1627/16998
史部/地理類/方志之屬/郡縣志
[光緒]平湖縣志二十五卷首一卷末一卷　（清）彭潤章等修　（清）葉廉鍔等纂　平湖殉難錄一卷　（清）彭潤章輯　清光緒十二年(1886)刻本　四冊　存十一卷(一、四至十二,首)

330000－1716－0016999　子補 2232/16999
子部/藝術類/書畫之屬/總論
清河書畫舫十二卷鑒古百一詩一卷　（明）張丑輯　清池北草堂刻本　十二冊

330000－1716－0017000　子補 2315/17000
子部/醫家類/醫經之屬/難經
校正圖注八十一難經四卷　（明）張世賢注　校正圖注脈訣四卷　（晉）王叔和撰　（明）張世賢注　校正瀕湖脈學一卷奇經八脈考一卷　（明）李時珍撰輯　清宣統元年(1909)集成圖書公司鉛印本　四冊

330000－1716－0017001　普史 1642/17001
史部/編年類/通代之屬
御批歷代通鑑輯覽一百二十卷　（清）傅恒等撰　清刻本　清仲魯觀款　五冊　存九卷(五至六、二十三至二十四、三十三至三十四、七十七、九十九至一百)

330000－1716－0017004　集補 2450－24/17004　集部/小說類/長篇之屬
第一才子書六十卷首一卷一百二十回　（明）羅貫中撰　（清）毛宗崗評　清刻本　四冊　存十二卷(七至九、十六至十八、二十九至三十一、四十二至四十四)

330000－1716－0017005　普史 1641/17005
史部/編年類/通代之屬
分類歷代通鑑輯覽六十四卷終一卷　（清）陳善纂　清光緒二十九年(1903)點石齋書局石印本　二十冊　缺十一卷(二十二至二十五、三十至三十四、六十三至六十四)

330000－1716－0017006　普史 1702/17006
史部/紀傳類/正史之屬
十七史一千五百七十四卷　（明）毛晉編　明崇禎元年至十七年(1628－1644)毛氏汲古閣刻本　十五冊　存一種

330000－1716－0017007　古越 0627/17007
史部/地理類/總志之屬/通代
輿地紀勝二百卷　（宋）王象之撰　補闕十卷　（清）岑建功輯　校勘記五十二卷　（清）劉文淇　（清）劉毓崧校勘　清道光二十九年(1849)甘泉岑氏懼盈齋刻本　十三冊　存六十卷(九至十二、十九至二十一、三十至四十三、五十八至八十二、一百五十三至一百五十六、一百八十三至一百八十六,校勘記二十八至三十三)

330000－1716－0017008　集補 2450－25/17008　集部/小說類/長篇之屬
四大奇書第一種六十卷首一卷一百二十回　（明）羅貫中撰　（清）毛宗崗評　清刻本　十一冊　存三十四卷(八至十、十四至十九、二十六至三十四、三十九至四十七、五十一至五十七)

330000－1716－0017009　普史 1703/17009
史部/雜史類/通代之屬
宋遼金元別史五種　（清）席世臣輯　清乾隆至嘉慶南沙席氏掃葉山房刻本　九冊　存一種

330000－1716－0017010　古越 0628/17010
類叢部/叢書類/郡邑之屬
粟香室叢書五十九種　金武祥編　清光緒至民國江陰金氏刻本　三十二冊　存二十六種

330000－1716－0017011　子補 2233/17011
子部/醫家類/本草之屬/歷代綜合本草
本草從新十八卷　（清）吳儀洛輯　清光緒二十年(1894)學庫山房刻本　朱家勳題簽　六冊

330000－1716－0017012　子補 2234/17012
子部/藝術類/遊藝之屬/棋弈
弈萃一卷官子一卷　（清）卞文恒撰　清嘉慶

二十一年（1816）邗江卞惟賢味書堂刻本
二冊

330000－1716－0017013　子補 2235/17013
子部/藝術類/遊藝之屬/棋弈

殘局類選二卷　（清）錢長澤撰　清乾隆三十五年（1770）暗香書屋刻笙雅堂印本　肖先題記　二冊

330000－1716－0017014　子補 2236/17014
子部/藝術類/遊藝之屬/棋弈

弈萃一卷官子一卷　（清）卞文恒撰　清嘉慶二十一年（1816）邗江卞惟賢味書堂刻本　一冊　存一卷（弈萃）

330000－1716－0017015　子補 2237/17015
子部/藝術類/遊藝之屬/棋弈

貫如弈譜一卷　（清）釋貫如輯　清道光藉綠草堂刻本　一冊

330000－1716－0017016　古越 0630/17016
史部/編年類/通代之屬

續資治通鑑二百二十卷　（清）畢沅撰　清刻本　七十冊　存一百九十卷（十三至四十三、六十二至二百二十）

330000－1716－0017017　古越 0631/17017
史部/史表類/通代之屬

四裔編年表四卷　（清）李鳳苞輯　清光緒江南製造總局刻本　四冊

330000－1716－0017018　子補 2238/17018
子部/藝術類/遊藝之屬/棋弈

周嫺予先生圍棋譜一卷　（清）周嘉錫編　清刻本　一冊

330000－1716－0017019　古越 0629/17019
新學/醫學/藥品

西藥大成十卷首一卷　（英國）海得蘭撰　清光緒十年（1884）江南製造總局刻本　八冊　缺五卷（六至十）

330000－1716－0017020　普類 0199/17020
類叢部/類書類/通類之屬

淵鑑類函四百五十卷目錄四卷　（清）張英等輯　清清吟堂刻本　一百一十一冊　缺七十八卷（一至十一、八十二至九十一、一百一至一百二十九、二百二十三至二百四十一、二百六十至二百六十八）

330000－1716－0017021　普類 0198/17021
類叢部/類書類/通類之屬

淵鑑類函四百五十卷目錄四卷　（清）張英等輯　清刻本　一百四十四冊　缺四十五卷（七至十七、二十二至二十四、一百九十四至一百九十五、一百九十八至一百九十九、二百二至二百四、二百二十三至二百二十五、二百二十七至二百三十一、三百十二至三百二十七）

330000－1716－0017022　子補 2239/17022
子部/藝術類/遊藝之屬/棋弈

四子譜二卷　（清）過百齡輯　清乾隆五十一年（1786）金閶書業堂刻本　一冊

330000－1716－0017023　古越 0632/17023
史部/紀事本末類/通代之屬

歷朝紀事本末九種　（清）陳如升輯　（清）朱記榮輯　（清）慎記主人增輯　清光緒二十五年（1899）上海慎記書莊石印本　十六冊　存二種

330000－1716－0017024　古越 0633/17024
新學/議論/論政

新學彙編四卷　（美國）林樂知撰　蔡爾康輯　清光緒二十四年（1898）上海廣學會鉛印本　四冊

330000－1716－0017025　古越 0634/17025
子部/天文曆算類/算書之屬

白芙堂算學叢書二十三種　（清）丁取忠輯　清光緒二十四年（1898）上海鴻文書局石印本　六冊　存十七種

330000－1716－0017026　普類 0170－2/17026　類叢部/類書類/專類之屬

佩文韻府一百六卷　（清）張玉書　（清）蔡升元等輯　**韻府拾遺一百六卷**　（清）汪灝（清）何焯等輯　清刻本　九十冊　存一百七十九卷（二至十四、十六至二十一、二十二中下至二十三上下、二十四至二十八、三十九至

四十五、四十六至四十八、四十九至六十三上、六十三下至七十二、七十五至八十四、八十六至九十、九十二至九十三上、九十八下至九十九、一百二至一百四、一百六，韻府拾遺一至二、八至二十六、三十三至一百六）

330000－1716－0017027　古越0635/17027
新學/報章

西國近事彙編三十六卷　（美國）金楷理口述（清）蔡錫齡筆述　清光緒二十三年(1897)慎記書莊石印本　十一冊　存二十二卷（癸酉一至二、丁丑一至四、戊寅一至四、己卯一至四、庚辰一至四、辛巳一至四）

330000－1716－0017028　古越0636/17028
新學/報章

續西國近事彙編二十八卷　（美國）金楷理口譯　（清）鍾天緯編輯　清光緒鉛印本　九冊　存九卷（四至五、八至十、十九至二十一、二十四）

330000－1716－0017030　古越0637/17030
子部/天文曆算類/天文之屬

五緯捷算四卷交食捷算四卷　（清）黃炳垕撰清光緒二十二年(1896)上海書局石印本二冊　存四卷（一至四）

330000－1716－0017031　古越0638/17031
子部/天文曆算類/算書之屬

中外算報不分卷　趙連璧編撰　清光緒二十八年(1902)揚州知新算社石印本　一冊

330000－1716－0017032　古越0639/17032
史部/地理類/外紀之屬

西史綱目三十五卷　（清）周維翰撰　清末石印本　一冊　存二卷（五至六）

330000－1716－0017036　古越0640/17036
新學/雜著/叢編

萬國政治藝學全書四十一種三百八十卷（清）朱大文　（清）凌賡揚編　清光緒二十八年(1902)上海鴻文書局石印本　一冊　存一種

330000－1716－0017037　普史1624/17037

史部/編年類/通代之屬

大文堂綱鑑易知錄九十二卷　（清）吳乘權（清）周之炯　（清）周之燦輯　清大文堂刻本三十二冊　缺二十三卷（六至八、十五至二十、三十一至四十、五十一至五十四）

330000－1716－0017039　普類0083－7/17039　類叢部/類書類/專類之屬

子史精華一百六十卷　（清）吳士玉　（清）吳襄等輯　清刻本　四十五冊　缺十一卷（三至七、一百十一至一百十三、一百四十八至一百五十）

330000－1716－0017042　古越0642/17042
新學/政治法律

各國政治藝學簡要錄二卷　（清）杭州圖書公司主人輯　清末杭州編譯局鉛印本　二冊

330000－1716－0017043　集補2450－26/17043　集部/小說類/長篇之屬

第一才子書六十卷首一卷一百二十回　（明）羅貫中撰　（清）毛宗崗評　清刻本　一冊存三卷（三十至三十二）

330000－1716－0017044　普叢0038－11/17044　類叢部/叢書類/彙編之屬

嘯園叢書五十七種　（清）葛元煦編　清光緒二年至七年(1876－1881)仁和葛氏刻本　二冊　存一種

330000－1716－0017046　集補2450－27/17046　集部/小說類/長篇之屬

第一才子書六十卷首一卷一百二十回　（明）羅貫中撰　（清）毛宗崗評　清刻本　二冊存五卷（七至八、十九至二十一）

330000－1716－0017048　史補0890－3/17048　史部/編年類/通代之屬

尺木堂綱鑑易知錄九十二卷　（清）吳乘權（清）周之炯　（清）周之燦輯　清刻本　三冊存四卷（五十一、五十四、八十九至九十）

330000－1716－0017049　古越0643/17049
新學/史志/政記

九九新論二卷　（美國）林樂知譯　蔡爾康述

纂　清光緒二十六年(1900)上海廣學會譯著圖書集成局鉛印本　一冊　存一卷(上)

330000－1716－0017052　集補 2450－28/17052　集部/小說類/長篇之屬

第一才子書六十卷首一卷一百二十回　（明）羅貫中撰　（清）毛宗崗評　清光緒七年(1881)越東刻本　一冊　存一卷(首)

330000－1716－0017053　史補 0890－2/17053　史部/編年類/通代之屬

尺木堂綱鑑易知錄九十二卷　（清）吳乘權（清）周之炯　（清）周之燦輯　清刻本　四冊　存八卷(六十九至七十、八十五至九十)

330000－1716－0017054　古越 0644/17054　新學/商務/稅則

英國印花稅章程一卷續編一卷　（清）沈鑑譯　楊葆寅編　清光緒二十五年(1899)吳興陸氏上海印書公會石印本　一冊　存一卷(續編)

330000－1716－0017056　普類 0195/17056　類叢部/類書類/專類之屬

格致鏡原一百卷　（清）陳元龍撰　清康熙五十六年(1717)刻雍正十三年(1735)印本　十一冊　存八卷(十九至二十六)

330000－1716－0017057　普類 0200/17057　類叢部/類書類/通類之屬

淵鑑類函四百五十卷目錄四卷　（清）張英等輯　清刻本　七十七冊　存二百四十八卷(九十至一百十一、一百三十三至二百十九、三百十二至四百五十)

330000－1716－0017058　古越 0645/17058　新學/議論/通論

時事新論十二卷圖說一卷　（英國）李提摩太撰　清光緒上海廣學會石印本　一冊　存六卷(七至十二)

330000－1716－0017059　普類 0196/17059　類叢部/類書類/專類之屬

格致鏡原一百卷　（清）陳元龍撰　清康熙五十六年(1717)刻雍正十三年(1735)印本　四

冊　存二十一卷(五至九、七十九至八十九、九十六至一百)

330000－1716－0017060　古越 0646/17060　新學/史志/別國史

重訂法國志略二十四卷　（清）王韜撰　清光緒十五年(1889)弢園老民鉛印本　一冊　存三卷(一至三)

330000－1716－0017062　古越 0647/17062　史部/地理類/外紀之屬

中外輿地通考不分卷　（清）龔柴　（清）許彬撰　清末石印本　一冊

330000－1716－0017065　古越 0648/17065　類叢部/叢書類/彙編之屬

玫瑰軒新刻日本叢書初集　清末鉛印本　二冊　存一種

330000－1716－0017067　子補 2243/17067　子部/術數類/相宅相墓之屬

安居金鏡八卷　（清）周南　（清）呂臨輯　清乾隆四十五年(1780)周氏壽南堂刻本　六冊

330000－1716－0017068　普類 0197/17068　類叢部/類書類/專類之屬

佩文韻府一百六卷　（清）張玉書　（清）蔡升元等輯　**韻府拾遺一百六卷**　（清）汪灝（清）何焯等輯　清光緒十三年(1887)上海點石齋石印本　五十七冊　缺三十七卷(韻府拾遺一至五、二十三至三十、四十四至五十九、九十九至一百六)

330000－1716－0017069　古越 0650/17069　史部/叢編

蓬萊軒輿地學叢書十一種　丁謙撰　清光緒石印本　清孫樹禮題記　三冊　存七種

330000－1716－0017070　古越 0651/17070　類叢部/叢書類/自著之屬

庸盦全集七種　（清）薛福成撰　清光緒二十三年(1897)上海醉六堂石印本　三冊　存二種

330000－1716－0017071　子補 2244/17071　子部/天文曆算類/算書之屬

衍元海鑑十二種附二種 （清）李鏐輯 清光
緒木活字印本 四冊 存三種

330000－1716－0017072 普叢 0313－3/
17072 類叢部/叢書類/自著之屬
古愚老人消夏録十七種 （清）汪汲撰輯 清
乾隆至嘉慶古愚山房刻本 一冊 存一種

330000－1716－0017075 普類 0192/17075
類叢部/類書類/專類之屬
佩文韻府一百六卷 （清）張玉書 （清）蔡升
元等輯 韻府拾遺一百六卷 （清）汪灝
（清）何焯等輯 清光緒石印本 九冊 存一
百九十七卷（十六至一百六、韻府拾遺一至一
百六）

330000－1716－0017079 地獻 0678－1/
17079 史部/編年類/通代之屬
尺木堂綱鑑易知録九十二卷 （清）吳乘權
（清）周之炯 （清）周之燦輯 御撰資治通鑑
綱目三編二十卷 （清）張廷玉等撰 清刻本
四十七冊

330000－1716－0017080 古越 0652/17080
新學/史志/別國史
節本泰西新史攬要八卷 （英國）李提摩太譯
周慶雲節録 清末石印本 一冊 存三卷
（六至八）

330000－1716－0017081 古越 0653/17081
新學/史志/諸國史
世界通史三十卷 （日本）石川利之撰 清光
緒二十八年（1902）石印本 四冊 存十二卷
（九至十一、二十二至三十）

330000－1716－0017082 子補 2245/17082
子部/術數類/相宅相墓之屬
理氣三訣三卷附賴公撥砂訣一卷 （清）葉泰
撰 清刻本 英三批跋並題記 一冊

330000－1716－0017083 子補 2246/17083
子部/術數類/陰陽五行之屬
通德類情十三卷 （清）沈重華輯 清乾隆三
十六年（1771）文華堂刻本 八冊

330000－1716－0017085 經補 0930/17085

經部/易類/傳說之屬
周易本義四卷附圖說一卷卦歌一卷筮儀一卷
（宋）朱熹撰 清康熙九年（1670）文富堂刻
本 清恭繩題簽 一冊 存三卷（一、圖說、
卦歌）

330000－1716－0017087 普類 0193/17087
類叢部/類書類/專類之屬
佩文韻府一百六卷 （清）張玉書 （清）蔡升
元等輯 韻府拾遺一百六卷 （清）汪灝
（清）何焯等輯 清光緒十九年（1893）上海點
石齋石印本 十七冊 存一百五十五卷（一
至十、二十一至二十五、三十一至六十三、六
十六至六十九、七十四至一百、一百二至一百
六,韻府拾遺三十六至一百六）

330000－1716－0017089 史補 0889－5/
17089 史部/編年類/通代之屬
尺木堂綱鑑易知録九十二卷 （清）吳乘權
（清）周之炯 （清）周之燦輯 御撰資治通鑑
綱目三編二十卷 （清）張廷玉等撰 清刻本
二十一冊 缺六十九卷（一至五、八、十一
至二十、二十七至二十八、三十一至三十四、
三十七至四十一、四十四至四十六、五十至六
十六、六十八至七十五、八十至八十一、八十
六至八十八、九十一至九十二,御撰資治通鑑
綱目三編十至十三、十八至二十）

330000－1716－0017091 古越 0144/17091
史部/雜史類/斷代之屬
明季稗史彙編十六種 （清）留雲居士輯 清
都城琉璃廠刻本 十四冊 存七種

330000－1716－0017092 史補 0889－2/
17092 史部/編年類/通代之屬
尺木堂綱鑑易知録九十二卷 （清）吳乘權
（清）周之炯 （清）周之燦輯 御撰資治通鑑
綱目三編二十卷 （清）張廷玉等撰 清道光
二十一年（1841）聚德堂刻本 十六冊 存三
十七卷（一至五、九至十、十二至十三、十六至
十九、二十五至二十九、三十二至三十三、四
十六至四十七、五十三至五十四、六十一至六
十三、七十六至七十七,御撰資治通鑑綱目三
編一至五、十至十二）

330000 – 1716 – 0017095　集補 2450 – 33/
17095　集部/小説類/長篇之屬

四大奇書第一種六十卷首一卷一百二十回
(明)羅貫中撰　(清)毛宗崗評　清刻本　十
三冊　存四十一卷(二至四十二)

330000 – 1716 – 0017097　子補 2248/17097
子部/術數類

百二漢鏡齋秘書四種　(清)程芝雲輯　清道
光三年至四年(1823 – 1824)湖邊程氏百二漢
鏡齋刻本　一冊　存一種

330000 – 1716 – 0017098　古越 0657/17098
新學/史志/諸國史

新撰東西年表一卷附人名訓一卷地名訓一卷
(日本)井上賴國　(日本)大槻如電撰　清
光緒二十七年(1901)王氏小方壺齋石印本
一冊　存一卷(新撰東西年表)

330000 – 1716 – 0017099　古越 0658/17099
集部/別集類/清別集

高唐詩課不分卷　(清)緻麓集　稿本　一冊

330000 – 1716 – 0017100　古越 0659/17100
集部/總集類/選集之屬/斷代

國朝詩選一卷　(清)□□輯　清抄本　一冊

330000 – 1716 – 0017101　古越 0660/17101
類叢部/叢書類/自著之屬

籑喜廬所著書　(清)傅雲龍撰　清光緒十五
年(1889)日本東京鉛印暨石印本　四冊　存
二種

330000 – 1716 – 0017104　史補 0898/17104
史部/編年類/通代之屬

**重訂王鳳洲先生綱鑑會纂四十六卷續宋元紀
二十三卷**　(明)王世貞撰　(明)陳仁錫訂
清刻本　十六冊　存二十七卷(三至二十九)

330000 – 1716 – 0017105　集補 2450 – 36/
17105　集部/小說類/長篇之屬

第一才子書六十卷首一卷一百二十回　(明)
羅貫中撰　(清)毛宗崗評　清刻本　一冊
存三卷(五十一至五十三)

330000 – 1716 – 0017106　子補 2335/17106
子部/醫家類/類編之屬

婦嬰至寶三種六卷　(清)徐尚慧編　清同治
五年(1866)杭城有容齋刻本　一冊

330000 – 1716 – 0017107　子補 2336/17107
子部/醫家類/類編之屬

婦嬰至寶三種六卷　(清)徐尚慧編　清同治
五年(1866)杭城有容齋刻本　一冊

330000 – 1716 – 0017109　普類 0082 – 3/
17109　類叢部/類書類/通類之屬

小嬛嬛山館彙刊類書十二種　(清)小嬛嬛山
館編　清咸豐元年(1851)刻本　十二冊

330000 – 1716 – 0017110　子補 2251/17110
子部/術數類/占卜之屬

卜筮正宗十四卷　(清)王維德撰　清刻本
六冊

330000 – 1716 – 0017111　古越 0661/17111
史部/地理類/外紀之屬

歐游隨筆二卷　(清)錢德培撰　清光緒木活
字印本　清羖廬題記　一冊　存一卷(下)

330000 – 1716 – 0017113　子補 2252/17113
子部/術數類/陰陽五行之屬

**新鐫許真君玉匣記增補諸家選擇日用通書六
卷**　題(晉)許真君增補　清嘉郡九思堂刻本
施增源題記　二冊

330000 – 1716 – 0017114　普史 1626/17114
史部/地理類/方志之屬/郡縣志

[同治]南康府志二十四卷首一卷　(清)盛元
等纂修　清同治十一年(1872)刻本　十一冊
缺三卷(一至二、首)

330000 – 1716 – 0017117　古越 0663/17117
新學/報章

教育世界不分卷　教育世界社編　清光緒二
十七年至二十九年(1901 – 1903)教育世界社
石印本　三冊

330000 – 1716 – 0017118　子補 2339/17118
子部/醫家類/本草之屬/歷代綜合本草

珍珠囊指掌補遺藥性賦四卷　(金)李杲輯

雷公炮製藥性解六卷　(清)李中梓輯　清光

緒二十年（1894）上海文瑞樓鉛印本　二冊

330000－1716－0017119　普類 0207/17119
類叢部/類書類/專類之屬

尺牘輯要八卷首二卷　（清）虞世英輯　清刻本　一冊　存二卷（七至八）

330000－1716－0017120　古越 0664/17120
新學/兵制/海軍

外國師船圖表八卷雜說三卷圖一卷　（清）許景澄等編　清光緒二十二年（1896）浙江官書局石印本　三冊　存九卷（圖表四至八、雜說一至三、圖）

330000－1716－0017121　子補 2340/17121
子部/醫家類/本草之屬/歷代綜合本草

珍珠囊指掌補遺藥性賦四卷　（金）李杲輯
雷公炮製藥性解六卷　（清）李中梓輯　清光緒三十四年（1908）蘇州振新書社石印本二冊

330000－1716－0017122　史補 0886/17122
史部/編年類/通代之屬

尺木堂綱鑑易知錄九十二卷　（清）吳乘權（清）周之炯　（清）周之燦輯　清刻本　四冊存十卷（三十七至四十一、六十一至六十五）

330000－1716－0017123　古越 0665/17123
新學/報章

教育世界十八卷　羅振玉等撰　清光緒刻本十冊　存十卷（二至八、十三、十五、十八）

330000－1716－0017124　普類 0097－2/17124　類叢部/類書類/通類之屬

潛確居類書一百二十卷　（明）陳仁錫輯　明崇禎刻本　五十四冊　存一百十一卷（四至六十二、六十五、六十七、六十九至八十一、八十四至一百二十）

330000－1716－0017125　子補 2253/17125
子部/術數類/陰陽五行之屬

增廣玉匣記通書六卷末一卷　清光緒十年（1884）常熟漱芳齋刻本　張承良題記　一冊

330000－1716－0017126　古越 0667/17126

新學/雜著/叢編

實學叢書□□種　清光緒石印本　一冊　存一種

330000－1716－0017127　古越 0666/17127
子部/宗教類/道教之屬

文帝全書三十八卷　（清）劉體恕輯　清同治八年（1869）刻本　一冊　存二卷（三十六至三十七）

330000－1716－0017130　古越 0668/17130
史部/政書類/邦交之屬

中外交涉類要表一卷光緒通商綜覈表一卷（清）錢學嘉撰　清光緒刻本　二冊

330000－1716－0017131　子補 2255/17131
子部/醫家類/喉科口齒之屬/白喉

洞主仙師白喉治法忌表抉微一卷　（清）耐修子輯並注　清光緒二十七年（1901）上海商務印書館鉛印本　肖先題記　一冊

330000－1716－0017132　子補 2341/17132
子部/醫家類/本草之屬/歷代綜合本草

珍珠囊指掌補遺藥性賦四卷　（金）李杲輯
雷公炮製藥性解六卷　（清）李中梓輯　清宣統三年（1911）上海會文堂書局石印本　四冊

330000－1716－0017133　子補 2342/17133
子部/醫家類/本草之屬/歷代綜合本草

珍珠囊指掌補遺藥性賦四卷　（金）李杲輯
雷公炮製藥性解六卷　（清）李中梓輯　清宣統三年（1911）上海會文堂書局石印本　四冊

330000－1716－0017135　子補 2256/17135
子部/醫家類/喉科口齒之屬/通論

咽喉脈證通論一卷　（宋）釋□□撰　清同治十三年（1874）刻朱印本　一冊

330000－1716－0017139　普類 0097－1/17139　類叢部/類書類/通類之屬

潛確居類書一百二十卷　（明）陳仁錫輯　明崇禎刻本　三十二冊　存七十四卷（一、十九至二十五、三十一至四十、五十至五十八、六十三至七十九、八十二至九十四、一百二至一百十八）

330000－1716－0017141　史補 0885/17141
史部/編年類/通代之屬

綱鑑易知錄九十二卷明鑑易知錄十五卷
（清）吳乘權　（清）周之炯　（清）周之燦輯
　清浙省務本堂刻本　一冊　存一卷（一）

330000－1716－0017143　古越 0669/17143
新學/電學

電學圖說五卷　（英國）傅蘭雅譯　清光緒十
三年（1887）上海益智書會刻本　一冊

330000－1716－0017145　古越 0670/17145
史部/政書類/公牘檔冊之屬

江西大學堂開學演說文一卷　唐詠裳撰　清
光緒二十八年（1902）刻本　一冊

330000－1716－0017146　普類 0194/17146
類叢部/類書類/通類之屬

淵鑑類函四十五卷　（清）張英等輯　清光緒
二十三年（1897）上海點石齋石印本　八冊
缺十二卷（五至八、三十八至四十五）

330000－1716－0017147　史補 0887/17147
史部/編年類/通代之屬

尺木堂綱鑑易知錄九十二卷　（清）吳乘權
（清）周之炯　（清）周之燦輯　清刻本　二冊
　存六卷（六十五至六十七、七十八至八十）

330000－1716－0017148　經補 0876/17148
經部/叢編

五經合纂大成四十九卷　（清）同文書局主人
輯　清末石印本　二冊　存五卷（詩經七至
八、春秋六至八）

330000－1716－0017149　集補 1877/17149
集部/小說類/長篇之屬

神仙通鑑二十二卷神仙鑑像一卷　（清）徐衜
述　（清）李理贊　（清）程毓奇續撰　清康熙
刻本　二十三冊

330000－1716－0017151　子補 2781/17151
子部/兵家類/兵法之屬

讀史兵略四十六卷　（清）胡林翼撰　清咸豐
十一年（1861）武昌節署刻本　十一冊　缺十
五卷（三至十七）

330000－1716－0017152　子補 2346/17152
子部/醫家類/醫經之屬/難經

校正圖注八十一難經四卷　（明）張世賢注
校正圖注脈訣四卷　（晉）王叔和撰　（明）張
世賢注　**校正瀕湖脈學一卷奇經八脈考一卷**
　（明）李時珍撰輯　清光緒三十一年（1905）
上海鴻寶齋石印本　二冊　存四卷（一至四）

330000－1716－0017153　古越 0673/17153
類叢部/叢書類/自著之屬

甌北全集八種　（清）趙翼撰　清乾隆至嘉慶
湛貽堂刻本　三十一冊　存七種

330000－1716－0017154　古越 0674/17154
史部/金石類/石之屬/文字

金石文字辨異十二卷　（清）邢澍撰　清刻本
　三冊　存九卷（一至五、九至十二）

330000－1716－0017157　普類 0180/17157
類叢部/類書類/通類之屬

策學備纂三十二卷首一卷　（清）蔡啟盛
（清）吳穎炎等輯　清光緒十四年（1888）上海
點石齋石印本　四十八冊

330000－1716－0017158　史補 0790－3/
17158　史部/編年類/通代之屬

尺木堂綱鑑易知錄二十卷　（清）吳乘權
（清）周之炯　（清）周之燦輯　清光緒十二年
（1886）上海點石齋石印本　九冊　缺二卷
（十五至十六）

330000－1716－0017159　史補 0790－2/
17159　史部/編年類/通代之屬

尺木堂綱鑑易知錄二十卷　（清）吳乘權
（清）周之炯　（清）周之燦輯　清光緒十三年
（1887）上海點石齋石印本　十冊

330000－1716－0017161　子補 2703/17161
子部/小說家類/異聞之屬

太平廣記五百卷目錄十卷　（宋）李昉等輯
清道光二十六年（1846）三讓睦記刻本　三十
四冊　缺一百四十八卷（六十七至七十七、一
百至一百二十、一百四十四至一百五十五、一
百七十五至一百九十七、二百八至二百十八、
二百四十一至二百六十二、四百七至四百二

十七、四百四十五至四百六十一、四百七十至四百七十九)

330000－1716－0017162　古越0675/17162
子部/儒家類/儒學之屬/性理

正蒙二卷　（宋）張載撰　（清）李光地注　清刻本　一冊　存一卷(二)

330000－1716－0017164　史補1311/17164
史部/編年類/通代之屬

御撰資治通鑑綱目三編四卷　（清）張廷玉等撰　清光緒十二年(1886)上海點石齋石印本　二冊

330000－1716－0017165　子補2349－2/17165　子部/儒家類/儒學之屬/蒙學

小學集注六卷　（明）陳選集注　忠經一卷（漢）鄭玄集注　孝經一卷　（明）陳選集注　清光緒三十二年(1906)上海鴻寶齋石印本　一冊　存三卷(一至三)

330000－1716－0017170　古越0672/17170
新學/史志/戰記

普法戰紀二十卷　（清）張宗良口譯　（清）王韜撰輯　清光緒二十一年(1895)弢園王氏刻本　八冊　存十六卷(一至四、七至十二、十五至二十)

330000－1716－0017171　子補2782/17171
子部/兵家類/兵法之屬

讀史兵略四十六卷　（清）胡林翼撰　清咸豐十一年(1861)武昌節署刻本　二冊　存五卷(三十七至三十九、四十五至四十六)

330000－1716－0017172　子補2265/17172
子部/藝術類/書畫之屬/畫譜

冶梅石譜不分卷　（清）王寅繪　清末石印本　一冊

330000－1716－0017174　史補1316－1/17174　史部/編年類/通代之屬

御撰資治通鑑綱目三編四卷　（清）張廷玉等撰　清光緒十三年(1887)上海點石齋石印本　二冊

330000－1716－0017175　史補1316－2/

17175　史部/編年類/通代之屬

御撰資治通鑑綱目三編四卷　（清）張廷玉等撰　清末石印本　一冊　存二卷(三至四)

330000－1716－0017176　史補0790－4/17176　史部/編年類/通代之屬

尺木堂綱鑑易知錄二十卷　（清）吳乘權（清）周之炯　（清）周之燦輯　清末石印本　二冊　存四卷(十三至十四、十七至十八)

330000－1716－0017177　史補0790－1/17177　史部/編年類/通代之屬

綱鑑易知錄九十二卷明鑑易知錄十五卷（清）吳乘權　（清）周之炯　（清）周之燦輯　清末石印本　一冊　存三卷(三十九至四十一)

330000－1716－0017178　古越0676/17178
新學/氣學/熱學

物體遇熱改易記四卷　（英國）瓦特斯輯（英國）傅蘭雅譯　（清）徐壽錄　清光緒二十五年(1899)江南機器製造總局刻本　一冊　存二卷(三至四)

330000－1716－0017180　子補2267/17180
子部/藝術類/書畫之屬/題跋

習苦齋畫絮十卷　（清）戴熙撰　清光緒十九年(1893)刻民國九年(1920)上海中華書局印本　四冊

330000－1716－0017182　子補2702/17182
子部/農家農學類/園藝之屬/總志

佩文齋廣群芳譜一百卷目錄二卷　（清）汪灝等撰　清康熙四十七年(1708)內府刻本　二十二冊　存七十卷(一至三、七至二十一、四十八至八十六、九十至一百,目錄一至二)

330000－1716－0017183　子補2268/17183
子部/藝術類/書畫之屬/畫譜

海上名人畫稿不分卷　（清）張熊等繪　清光緒十一年(1885)上海同文書局石印本　二冊

330000－1716－0017185　史補0899－3/17185　史部/編年類/通代之屬

尺木堂綱鑑易知錄九十二卷　（清）吳乘權

(清)周之炯　(清)周之燦輯　清光緒三十四年(1908)上海廣益書局鉛印本　十冊　存六十二卷(一至十一、十八至三十、三十五至三十七、五十二至六十五、七十二至九十二)

330000－1716－0017186　子補 2705/17186　子部/雜著類/雜考之屬

日知錄集釋三十二卷刊誤二卷續刊誤二卷
(清)黃汝成撰　清光緒三年(1877)刻本　十四冊　缺四卷(二至五)

330000－1716－0017187　子補 2269/17187　子部/藝術類/書畫之屬/畫譜

海上九家畫譜不分卷　(清)楊伯潤等繪　清宣統元年(1909)上海天爵堂石印本　二冊

330000－1716－0017188　子補 2704/17188　子部/術數類/陰陽五行之屬

欽定協紀辨方書三十六卷　(清)允祿　(清)張照等纂修　清刻本　十四冊　存二十二卷(四、八至十六、十八至二十一、二十六至二十七、三十至三十四、三十六)

330000－1716－0017190　子補 2271/17190　子部/藝術類/書畫之屬/畫譜

晚笑堂畫傳一卷明太祖功臣圖一卷　(清)上官周繪　清乾隆刻本　二冊

330000－1716－0017191　地獻 1419－3/17191　經部/禮記類/傳說之屬

禮記集說十卷　(元)陳澔撰　清光緒十一年(1885)會稽徐氏八杉齋融經館刻本　一冊　存一卷(五)

330000－1716－0017194　普叢 0124－5/17194　類叢部/叢書類/彙編之屬

秘書廿一種　(清)汪士漢編　清嘉慶十三年(1808)刻本　四冊　存五種

330000－1716－0017196　集補 1855/17196　集部/曲類/彈詞之屬

繡像六美圖中外緣初集六卷二集□□卷三集□□卷四集□□卷　清末上海文元書莊石印本　六冊　存六卷(初集一至二、二集三、三集四、四集五至六)

330000－1716－0017199　普叢 0113－1/17199　類叢部/叢書類/家集之屬

王氏四種　(清)王念孫　(清)王引之撰　清嘉慶至道光高郵王氏刻本　二十二冊　存一種

330000－1716－0017202　普叢 0171－2/17202　類叢部/叢書類/彙編之屬

咫進齋叢書三十五種　(清)姚覲元編　清光緒九年(1883)歸安姚氏刻本　一冊　存一種

330000－1716－0017204　史補 0899－8/17204　史部/編年類/通代之屬

尺木堂綱鑑易知錄九十二卷　(清)吳乘權(清)周之炯　(清)周之燦輯　清光緒二十七年(1901)上海文瑞樓鉛印本　四冊　存二十四卷(一至四、五十四至六十六、六十八至七十四)

330000－1716－0017205　史補 0899－10/17205　史部/編年類/通代之屬

尺木堂綱鑑易知錄九十二卷　(清)吳乘權(清)周之炯　(清)周之燦輯　清光緒二十七年(1901)上海文瑞樓鉛印本　三冊　存二十一卷(一至六、二十六至四十)

330000－1716－0017206　史補 0899－7/17206　史部/編年類/通代之屬

尺木堂綱鑑易知錄九十二卷　(清)吳乘權(清)周之炯　(清)周之燦輯　清末鉛印本三冊　存二十一卷(二十八至四十八)

330000－1716－0017211　普類 0184－2/17211　類叢部/類書類/專類之屬

新增說文韻府群玉二十卷　(元)陰時夫輯(元)陰中夫注　清刻本　七冊　存十三卷(四至六、十一至二十)

330000－1716－0017215　子補 2351/17215　子部/醫家類/養生之屬

男女交合秘要新論一卷　(美國)法烏羅撰(清)憂亞子譯　清光緒二十八年(1902)香港書局石印本　一冊

330000－1716－0017216　子補 2352/17216

子部/醫家類/養生之屬
男女交合秘要新論一卷　（美國）法烏羅撰
（清）憂亞子譯　清光緒二十八年(1902)香港
書局石印本　一冊

330000－1716－0017218　子補2353/17218
子部/醫家類/養生之屬
男女交合秘要新論一卷　（美國）法烏羅撰
（清）憂亞子譯　清光緒二十八年(1902)香港
書局石印本　一冊

330000－1716－0017221　史補0899－9/
17221　史部/編年類/通代之屬
尺木堂綱鑑易知錄九十二卷　（清）吳乘權
（清）周之炯　（清）周之燦輯　清末鉛印本
三冊　存二十一卷（三十二至四十、七十五至
八十一、八十八至九十二）

330000－1716－0017226　史補0899－15/
17226　史部/編年類/通代之屬
尺木堂綱鑑易知錄九十二卷　（清）吳乘權
（清）周之炯　（清）周之燦輯　清末鉛印本
一冊　存七卷（六十至六十六）

330000－1716－0017228　地獻3667/17228
子部/藝術類/篆刻之屬/印譜
沈氏印譜不分卷　清末鈐印本　三冊

330000－1716－0017232　史補1407/17232
史部/紀傳類/別史之屬
劉大將軍[永福]平倭戰記不分卷　清末石印
本　一冊

330000－1716－0017234　子補2276/17234
史部/傳記類/總傳之屬/技藝
國朝畫徵錄三卷續錄二卷　（清）張庚撰　**明
人附錄一卷**　（明）黎遂球　（明）袁樞撰　清
刻本　一冊　缺一卷（明人附錄）

330000－1716－0017236　善附0342/17236
集部/別集類/唐五代別集
李義山詩集三卷　（唐）李商隱撰　（清）朱鶴
齡箋注　（清）沈厚塽輯評　**李義山詩譜一卷**
附錄諸家詩評一卷　清同治九年(1870)廣州
倅署刻三色套印本　一冊　存一卷（下）

330000－1716－0017237　古越0679/17237
集部/別集類/清別集
稀齡集一卷　（清）落花老人撰　清抄本
一冊

330000－1716－0017238　史補0848/17238
史部/傳記類/總傳之屬/技藝
墨林今話十八卷　（清）蔣寶齡撰　**墨林今話
續編一卷**　（清）蔣茞生撰　清咸豐二年
(1852)刻本　春水閒鷗館題記　四冊　缺六
卷（五至十）

330000－1716－0017240　古越0680/17240
新學/議論/通論
中西四大政不分卷　（英國）李提摩太撰　清
光緒二十四年(1898)上海廣學會鉛印本
一冊

330000－1716－0017242　古越0681/17242
史部/叢編
常熟丁氏叢書二種　丁國鈞撰　清光緒木活
字印本　二冊　存一種

330000－1716－0017243　地獻2025/17243
子部/藝術類/書畫之屬/書法書品
王汝□書帖一卷　（清）王汝□書　清咸豐三
年(1853)抄本　一冊

330000－1716－0017244　古越0682/17244
子部/天文曆算類/算書之屬
數學精詳十一卷首一卷末一卷　（清）屈曾發
輯　清光緒八年(1882)蜀南黃氏刻本　六冊

330000－1716－0017245　古越0683/17245
新學/地學/地理學
金石識別十二卷　（美國）代那撰　（美國）瑪
高溫口譯　（清）華蘅芳筆述　清同治十一年
(1872)江南製造局刻本　六冊　缺一卷（十
一）

330000－1716－0017246　普類0228/17246
類叢部/類書類/通類之屬
藤香館小品二卷　（清）薛時雨撰　清刻本
一冊

330000－1716－0017247　子補2277/17247

史部/傳記類/總傳之屬/技藝

國朝畫徵錄三卷續錄二卷 （清）張庚撰 **明人附錄一卷** （明）黎遂球 （明）袁樞撰 清刻本 二冊 缺一卷(明人附錄)

330000－1716－0017248 古越 0684/17248
子部/雜家類/雜考之屬

東塾讀書記二十五卷 （清）陳澧撰 清光緒八年(1882)刻本(卷十三至十四、十七至二十、二十二至二十五原缺) 四冊

330000－1716－0017249 子補 2720/17249
子部/術數類/陰陽五行之屬

欽定協紀辨方書三十六卷 （清）允祿 （清）張照等纂修 清刻本 十六冊 存三十卷(二至三、五至十九、二十四至三十六)

330000－1716－0017250 子補 2278/17250
史部/傳記類/總傳之屬/技藝

國朝畫徵錄三卷續錄二卷 （清）張庚撰 **明人附錄一卷** （明）黎遂球 （明）袁樞撰 清末萃文書局刻本 二冊 缺一卷(明人附錄)

330000－1716－0017251 子補 2706/17251
子部/術數類/相宅相墓之屬

重刊人子須知資孝地理心學統宗三十九卷 (明)徐善繼 （明）徐善述撰 明刻本 董春庭識 八冊 存八卷(一至八)

330000－1716－0017252 子補 2358/17252
子部/醫家類/類編之屬

勵志齋叢書 清嘉慶二年(1797)汀州張氏勵志齋刻本 一冊 存一種

330000－1716－0017254 古越 0685/17254
子部/天文曆算類/算書之屬

測海山房中西算學叢刻初編 （清）測海山房主人輯 清光緒二十二年(1896)上海璣衡堂石印本 一冊 存一種

330000－1716－0017256 子補 2361/17256
子部/醫家類/外科之屬/癰疽、疔瘡

疔瘡五經辨一卷 清同治十二年(1873)東壁齋刻本 一冊

330000－1716－0017257 古越 0686/17257

史部/政書類/邦計之屬

稅務司戴樂爾理財節略一卷 （英國）戴樂爾撰 清光緒二十八年(1902)石印本 一冊

330000－1716－0017261 古越 0687/17261
史部/政書類

政藝新書六卷 清光緒二十七年(1901)教育世界社石印本 二冊

330000－1716－0017262 普叢 0324/17262
類叢部/叢書類/自著之屬

安吳四種 （清）包世臣撰 清同治十一年(1872)湖北包誠注經堂刻光緒十四年(1888)印本 天放山人題記 二十冊

330000－1716－0017263 子補 2364/17263
子部/醫家類/外科之屬/癰疽、疔瘡

治疔要書一卷 （清）紅藕花村主人編 清光緒三十四年(1908)杭州永豐泰書館鉛印本 一冊

330000－1716－0017264 普叢 0114/17264
類叢部/叢書類/自著之屬

曾文正公全集十五種 （清）曾國藩撰 清同治至光緒傳忠書局刻本 一百六十五冊

330000－1716－0017265 古越 0688/17265
史部/編年類/斷代之屬

清史攬要六卷 （日本）增田貢撰 清光緒二十八年(1902)日本和知氏鉛印本 二冊 缺二卷(五至六)

330000－1716－0017267 古越 0689/17267
子部/醫家類/綜合之屬/通論

御纂醫宗金鑑九十卷首一卷 （清）吳謙等撰 清光緒二十五年(1899)上海文瀾書局石印本 清養廬主人題記 十六冊 缺二十卷(二十至三十四、六十四至六十八)

330000－1716－0017268 古越 0690/17268
子部/醫家類/醫案之屬

名醫類案十二卷 （明）江瓘輯 清乾隆三十五年(1770)歙縣鮑氏知不足齋刻本 十冊 存十卷(一至十)

330000－1716－0017269 子補 2259/17269

子部/醫家類/喉科口齒之屬/白喉

洞主仙師白喉治法忌表抉微一卷附經驗救急諸方一卷 （清）耐修子輯並注　清光緒二十三年(1897)順成書局石印本　一冊

330000－1716－0017270　古越 0691/17270
集部/別集類/清別集

無近名齋文鈔四卷二編二卷外編一卷雜著二卷二編一卷 （清）彭翊撰　清道光二十七年(1847)刻本　四冊

330000－1716－0017274　集補 2450－71/17274　集部/小說類/長篇之屬

第一才子書六十卷首一卷一百二十回 （明）羅貫中撰　（清）毛宗崗評　清刻本　三冊　存十卷(八至十、四十五至四十七、五十五至五十八)

330000－1716－0017275　古越 0286/17275
子部/醫家類/方書之屬/歷代方書

醫方集解三卷 （清）汪昂撰　清刻本　五冊

330000－1716－0017276　子補 2370/17276
子部/醫家類/類編之屬

婦嬰至寶三種六卷 （清）徐尚慧編　清同治五年(1866)杭城有容齋刻本　一冊

330000－1716－0017277　古越 0692/17277
新學/格致總

格致啟蒙四卷 （英國）羅斯古纂　（美國）林樂知　（清）鄭昌棪譯　清光緒江南機器製造總局刻本　一冊　存一卷(四)

330000－1716－0017281　子補 2368/17281
子部/醫家類

治痧全編二卷 （清）高亭午輯　清光緒三十三年(1907)上海時中書局鉛印本　一冊

330000－1716－0017282　子補 2261/17282
子部/醫家類/綜合之屬/通論

群玉山房重校醫宗必讀十卷 （清）李中梓撰　清光緒九年(1883)群玉山房刻本　一螺軒主人題記　五冊

330000－1716－0017283　普史 1709/17283
史部/編年類/通代之屬

資治通鑑二百九十四卷 （宋）司馬光撰（元）胡三省音注　**通鑑釋文辯誤十二卷**（元）胡三省撰　清嘉慶二十一年(1816)鄱陽胡克家影元刻本　一百十冊　缺十卷(二十一至三十)

330000－1716－0017285　譜 0190/17285　史部/傳記類/總傳之屬/家乘

[浙江紹興]會稽陶氏族譜三十二卷 （清）陶在銘等纂修　清光緒二十九年(1903)刻本二十四冊

330000－1716－0017286　普史 1710/17286
史部/編年類/通代之屬

資治通鑑綱目五十九卷 （宋）朱熹撰　（明）陳仁錫評　**資治通鑑綱目續編一卷** （明）陳檉撰　（明）陳仁錫評　**資治通鑑綱目前編二十五卷** （明）南軒撰　（明）陳仁錫評　**續資治通鑑綱目二十七卷** （明）商輅等撰　（明）陳仁錫評　清嘉慶八年(1803)敬書堂刻本一百一冊　缺八卷(七至十、二十七、五十六，續資治通鑑二十四、二十七)

330000－1716－0017287　譜 0191/17287　史部/傳記類/總傳之屬/家乘

[浙江蕭山]蕭山長巷沈氏續修宗譜三十二卷首一卷 （清）沈豫等纂修　清道光二十一年(1841)承裕堂木活字印本　十冊　存十卷(一至九、首)

330000－1716－0017288　譜 0192/17288　史部/傳記類/總傳之屬/家乘

[浙江蕭山]蕭山長巷沈氏續修宗譜四十卷首一卷附系圖備考一卷家塾誌略一卷 （清）沈苕等纂修　清光緒十九年(1893)承裕堂木活字印本　二十冊　存三十一卷(十至四十)

330000－1716－0017293　譜 0193/17293　史部/傳記類/總傳之屬/家乘

[浙江紹興]會稽陶氏族譜三十二卷 （清）陶際堯纂修　清道光十年(1830)刻本　二十冊

330000－1716－0017298　史補 0838/17298
史部/叢編

資治通鑑彙刻 清同治至光緒江蘇書局刻本

五册　存一種

330000－1716－0017304　普史 1711/17304
史部/編年類/通代之屬

資治通鑑綱目五十九卷　(宋)朱熹撰　(明)
陳仁錫評　**資治通鑑綱目續編一卷**　(明)陳
桱撰　(明)陳仁錫評　**資治通鑑綱目前編二
十五卷**　(明)南軒撰　(明)陳仁錫評　**續資
治通鑑綱目二十七卷**　(明)商輅等撰　(明)
陳仁錫評　清康熙四十年(1701)王公行刻本
　一百十八册　缺三十三卷(前編十三至十
六、二十二至二十三,續編一至二十七)

330000－1716－0017305　子補 2708/17305
子部/雜著類/雜考之屬

十駕齋養新錄二十卷餘錄三卷　(清)錢大昕
撰　**錢辛楣先生年譜一卷**　(清)錢大昕編
(清)錢慶曾校注　**竹汀居士年譜續編一卷**
(清)錢慶曾撰　清刻本　二册　存六卷(五
至十)

330000－1716－0017306　普史 1622/17306
史部/叢編

資治通鑑彙刻　清同治至光緒江蘇書局刻本
　三十册　存一種

330000－1716－0017307　普子 2046－1/
17307　子部/藝術類/篆刻之屬/印譜

雪廬百印不分卷續不分卷　(清)王琛輯並注
清光緒二十六年至二十八年(1900－1902)
溫州府署刻鈐印本　三册

330000－1716－0017310　譜 0195/17310　史
部/傳記類/總傳之屬/家乘

[浙江紹興]**王氏家譜一卷**　(清)王桂文纂修
稿本　一册

330000－1716－0017314　普子 2046－2/
17314　子部/藝術類/篆刻之屬/印譜

雪廬百印不分卷續不分卷　(清)王琛輯並注
清光緒二十七年(1901)溫州府署刻鈐印本
二册

330000－1716－0017316　譜 0197/17316　史
部/傳記類/總傳之屬/家乘

[浙江紹興]**會稽漁渡董氏族譜三十六卷首一
卷末一卷**　(清)董金鑑纂修　清末抄本　十
四册　存十六卷(八、十至十二、十六至十九、
二十三、二十六、二十九、三十一至三十二、三
十四至三十六)

330000－1716－0017319　集補 1840－1/
17319　集部/小說類/長篇之屬

花月痕全書四卷五十二回　(清)魏秀仁撰
(清)棲霞居士評　清光緒上海普新端記書局
石印本　一册　存二卷(三至四)

330000－1716－0017320　普子 2046－3/
17320　子部/藝術類/篆刻之屬/印譜

雪廬百印不分卷續不分卷　(清)王琛輯並注
清光緒二十七年(1901)溫州府署刻鈐印本
一册

330000－1716－0017322　譜 0198/17322　史
部/傳記類/總傳之屬/家乘

[江蘇吳江]**河東家乘四卷**　(清)柳樹芳纂修
清光緒八年(1882)刻本　二册

330000－1716－0017323　集補 1841/17323
集部/小說類/長篇之屬

花月痕全書十六卷五十二回　(清)魏秀仁撰
(清)棲霞居士評　清光緒十八年(1892)上
海圖書集成印書局鉛印本　四册

330000－1716－0017324　譜 0199/17324　史
部/傳記類/總傳之屬/家乘

[浙江紹興]**越州陳氏世系考略不分卷**　(清)
陳在釭輯　稿本　一册

330000－1716－0017325　子補 2711/17325
子部/雜著類/雜說之屬

**容齋隨筆十六卷續筆十六卷三筆十六卷四筆
十六卷五筆十卷**　(宋)洪邁撰　明崇禎三年
(1630)嘉定馬元調刻本　四册　存二十卷
(隨筆一至四、續筆一至十一、三筆一至五)

330000－1716－0017328　譜 0200/17328　史
部/傳記類/總傳之屬/家乘

[江蘇鹽城]**桐封堂唐氏家乘一卷**　(清)星舫
老人撰　清光緒刻本　一册

330000－1716－0017329　子補2262/17329　子部/醫家類/喉科口齒之屬/白喉

洞主仙師白喉治法忌表抉微一卷附經驗救急諸方一卷　（清）耐修子輯並注　清光緒二十三年（1897）同心堂鉛印本　一冊

330000－1716－0017330　譜0201/17330　史部/傳記類/總傳之屬/家乘

[浙江紹興]昌安錢氏支譜三卷　（清）錢德承纂修　附裕後圖一卷　（清）錢簡青撰　會稽錢武肅王祠堂志三卷　（清）錢泳撰　清同治九年（1870）刻十一年（1872）補刻本[會稽錢武肅王祠堂志爲清乾隆五十八年（1793）刻道光十六年（1836）補刻本]　一冊　存三卷（會稽錢武肅王祠堂志一至三）

330000－1716－0017331　子補2263/17331　子部/醫家類/喉科口齒之屬/白喉

洞主仙師白喉治法忌表抉微一卷　（清）耐修子輯並注　清光緒十八年（1892）四明姜氏刻本　一冊

330000－1716－0017333　譜0202/17333　史部/傳記類/總傳之屬/家乘

[浙江蕭山]蕭山長巷沈氏續修宗譜三十二卷首一卷　（清）沈豫等纂修　清道光二十一年（1841）承裕堂木活字印本　四冊　存三卷（三至五）

330000－1716－0017334　子補2264/17334　子部/醫家類/喉科口齒之屬/白喉

洞主仙師白喉治法忌表抉微一卷　（清）耐修子輯並注　清光緒十七年（1891）刻二十年（1894）印本　鮑子峰題簽並記　一冊

330000－1716－0017335　普叢0115/17335　類叢部/叢書類/彙編之屬

岱南閣叢書□□種　（清）孫星衍編　清刻本　三十一冊　存二十三種

330000－1716－0017336　普叢0270－9/17336　類叢部/叢書類/自著之屬

甌北全集八種　（清）趙翼撰　清乾隆至嘉慶湛貽堂刻本　一冊　存一種

330000－1716－0017337　史補0837/17337　史部/編年類/通代之屬

綱鑑正史約三十六卷　（明）顧錫疇撰　（清）陳弘謀增訂　甲子紀元一卷　（清）陳弘謀撰　清同治八年（1869）浙江書局刻本　二十冊

330000－1716－0017339　史補0835/17339　史部/編年類/通代之屬

綱鑑正史約三十六卷　（明）顧錫疇撰　（清）陳弘謀增訂　甲子紀元一卷　（清）陳弘謀撰　清同治八年（1869）浙江書局刻本　十冊　存十九卷（一至二、五至六、九至十五、十九至二十、二十五至二十七、三十一至三十二、三十五）

330000－1716－0017340　譜0204/17340　史部/傳記類/總傳之屬/家乘

[浙江紹興]陡亹黃氏宗譜不分卷　（清）黃善經纂修　清光緒二十年（1894）追遠堂木活字印本　一冊

330000－1716－0017342　史補0836/17342　史部/編年類/通代之屬

資治通鑑綱目五十九卷　（宋）朱熹撰　（明）陳仁錫評　資治通鑑綱目續編一卷　（明）陳桱撰　（明）陳仁錫評　資治通鑑綱目前編二十五卷　（明）南軒撰　（明）陳仁錫評　續資治通鑑綱目二十七卷　（明）商輅等撰　（明）陳仁錫評　清刻本　二冊　存三卷（正編十九至二十一）

330000－1716－0017343　子補0043－3/17343　子部/藝術類/書畫之屬/題跋

山谷題跋三卷　（宋）黃庭堅撰　（清）溫一貞輯　清南潯寧遠堂刻本　二冊　存二卷（二至三）

330000－1716－0017344　子補2732/17344　子部/藝術類/書畫之屬/總論

清河書畫舫十二卷　（明）張丑輯　清乾隆二十八年（1763）仁和吳氏池北草堂刻本　四冊　存四卷（一、六至七、九）

330000－1716－0017347　子補2733/17347　子部/小說家類/異聞之屬

坐花誌果八卷　（清）汪道鼎撰　（清）鷲峰樵者音釋　清光緒十七年(1891)武林竹簡齋石印本　四冊

330000－1716－0017348　譜 0205/17348　史部/傳記類/總傳之屬/家乘

[浙江紹興]會稽秦氏宗譜不分卷　（清）秦基等纂修　清宣統三年(1911)石印本　一冊

330000－1716－0017349　子補 2282/17349　子部/醫家類/方書之屬/歷代方書

醫方捷徑一卷　（明）羅必煒撰　清刻本一冊

330000－1716－0017351　史補 0842/17351　史部/叢編

資治通鑑彙刻　清同治至光緒江蘇書局刻本　三十一冊　存一種

330000－1716－0017353　譜 0208/17353　史部/傳記類/總傳之屬/家乘

[浙江蕭山]蕭山前孔孔氏宗譜□□卷　（清）□□纂修　清詩禮堂木活字印本　二冊　存二卷(五、十)

330000－1716－0017354　史補 0841/17354　史部/編年類/通代之屬

資治通鑑補二百九十四卷　（明）嚴衍撰　清光緒二年(1876)武進盛氏思補樓木活字印本　四十冊　存一百四十二卷(一至三十、一百四至一百四十四、一百八十五至二百五十五)

330000－1716－0017356　譜 0209/17356　史部/傳記類/總傳之屬/家乘

[浙江諸暨]暨陽東安包氏宗譜不分卷　（清）包杉麓修　（清）包茂才續修　清末河清堂木活字印本　一冊

330000－1716－0017358　普史 1605/17358　史部/編年類/通代之屬

資治通鑑後編一百八十四卷　（清）徐乾學撰　清光緒富陽夏氏刻本　二十四冊　存九十卷(九十五至一百八十四)

330000－1716－0017359　子補 2283/17359　子部/藝術類/書畫之屬/畫譜

性安廬畫稿四卷　（清）姚鍾葆繪　清光緒二十九年(1903)上海讀畫齋石印本　四冊

330000－1716－0017366　普子 1428－2/17366　子部/小說家類/雜事之屬

庸盦筆記六卷　（清）薛福成撰　清光緒二十三年(1897)蕭山陳氏遺經樓刻本　四冊　存四卷(三至六)

330000－1716－0017367　子補 2707/17367　子部/雜著類/雜纂之屬

錢神志七卷　（清）李世熊撰　清同治十年(1871)木活字印本　六冊　存五卷(一、三至六)

330000－1716－0017368　集補 2450－85/17368　集部/小說類/長篇之屬

四大奇書第一種六十卷首一卷一百二十回　（明）羅貫中撰　（清）毛宗崗評　清刻本　二冊　存六卷(五十五至六十)

330000－1716－0017370　子補 2712/17370　子部/雜著類/雜考之屬

困學紀聞注二十卷　（清）翁元圻撰　清道光五年(1825)餘姚翁氏守福堂刻本　十一冊　缺二卷(四至五)

330000－1716－0017372　子補 2378/17372　子部/小說家類/異聞之屬

閱微草堂筆記擇要二卷　（清）紀昀撰　（清）籜園居士選訂　清光緒十五年(1889)泉唐沈氏刻本　倪悟真題記　一冊

330000－1716－0017373　子補 2713/17373　子部/雜著類/雜考之屬

困學紀聞二十卷　（宋）王應麟撰　清刻本一冊　存五卷(十二至十六)

330000－1716－0017375　子補 2714/17375　子部/藝術類/書畫之屬/畫譜

晚笑堂畫傳一卷明太祖功臣圖一卷　（清）上官周繪　清乾隆刻本　一冊

330000－1716－0017376　子補 2288/17376　子部/藝術類/書畫之屬/畫譜

詩中畫不分卷　（清）馬濤繪　清光緒十一年

(1885)石印本　沈□柱題簽　一冊

330000－1716－0017379　史補 0856/17379
史部/叢編

資治通鑑彙刻　清同治至光緒江蘇書局刻本
六十二冊　存二種

330000－1716－0017380　子補 2289/17380
子部/藝術類/書畫之屬/畫譜

停雲小愒畫賸一卷詩中畫一卷　（清）馬濤繪
清光緒十一年(1885)石印本　一冊　存一
卷(畫賸)

330000－1716－0017381　普叢 0190/17381
類叢部/叢書類/自著之屬

覆瓿集十三種附一種　（清）張文虎撰　清同
治至光緒刻本　五冊　存二種

330000－1716－0017385　子補 2715/17385
子部/兵家類/兵法之屬

紀效新書十八卷首一卷　（明）戚繼光撰　清
道光二十一年(1841)虎林西泉氏刻本　胡振
邦題簽並記　五冊　缺三卷(六至八)

330000－1716－0017386　子補 2291/17386
子部/醫家類/兒科之屬/痘疹

引痘略一卷　（清）邱熺撰　清同治八年
(1869)溫州牛痘局刻本　一冊

330000－1716－0017387　子補 2716/17387
經部/小學類/文字之屬/字書/字體

楷法溯源十四卷帖目一卷古碑目一卷　（清）
潘存輯　楊守敬編　清光緒三年至四年
(1877－1878)刻本　十四冊　缺一卷(十四)

330000－1716－0017388　集補 1864/17388
集部/小說類/長篇之屬

今古奇觀四十卷　（明）抱甕老人輯　清文英
堂刻本　二冊　存八卷(一至五、三十八至四
十)

330000－1716－0017389　史補 0857/17389
史部/編年類/通代之屬

校刊資治通鑑全書　（清）胡元常輯　清光緒
十四年至十七年(1888－1891)長沙楊氏刻本
四十三冊　存二種一百三十九卷(新校資

治通鑑敘錄一至三,資治通鑑一至十九、五十
七至八十九、九十七至一百九、一百十四至一
百五十五、二百十七至二百四十五)

330000－1716－0017392　子補 2293/17392
子部/醫家類/綜合之屬

傅青主男科二卷　（清）傅山撰　清同治刻本
一冊

330000－1716－0017395　子補 2294/17395
子部/藝術類/書畫之屬

詩畫舫六卷　（清）點石齋輯　清光緒上海點
石齋石印本　四冊　存四卷(二至四、六)

330000－1716－0017396　子補 2295/17396
子部/藝術類/書畫之屬

詩畫舫六卷　（清）點石齋輯　清光緒九年
(1883)上海點石齋石印本　二冊　存二卷
(一、六)

330000－1716－0017402　集補 2450－100/
17402　集部/小說類/長篇之屬

第一才子書六十卷首一卷一百二十回　（明）
羅貫中撰　（清）毛宗崗評　清光緒八年
(1882)點石齋石印本　六冊　存四十五卷
(一至五、二十二至六十,首)

330000－1716－0017404　古越 0694/17404
新學/算學/代數

代數備旨二卷總答一卷　（美國）狄考文譯
（清）范震亞校錄　清光緒二十八年(1902)上
海會文編譯社石印本　一冊　缺一卷(一)

330000－1716－0017405　史補 1168/17405
史部/叢編

資治通鑑彙刻　清同治至光緒江蘇書局刻本
三冊　存一種

330000－1716－0017406　地獻 1694－1/
17406　子部/藝術類/書畫之屬/畫譜

任渭長先生畫傳四種　（清）任熊繪　清光緒
十二年(1886)上海同文書局石印本　四冊

330000－1716－0017407　子補 0073/17407
子部/醫家類/類編之屬

保赤彙編七種　（清）朱之榛編　清光緒五年

(1879)蘇州刻本　一冊　存一種

330000－1716－0017408　集補 2450－101/
17408　集部/小說類/長篇之屬
第一才子書六十卷首一卷一百二十回　（明）
羅貫中撰　（清）毛宗崗評　清末石印本　四
冊　存三十二卷(十四至二十一、三十七至六
十)

330000－1716－0017409　集補 1845/17409
集部/小說類/長篇之屬
新刊繡像評演濟公傳十二卷一百二十回
（清）郭廣瑞撰　清光緒二十六年(1900)上海
書局石印本　三冊　存六卷(一至六)

330000－1716－0017411　古越 0696/17411
史部/政書類
校邠廬抗議二卷　（清）馮桂芬撰　清光緒十
年(1884)馮芳植刻本　一冊　存一卷(二)

330000－1716－0017413　集補 1842/17413
集部/別集類/明別集
石臼前集九卷後集七卷　（明）邢昉撰　清刻
本　二冊　存七卷(一至二、後集三至七)

330000－1716－0017418　集補 1878/17418
集部/詩文評類/制藝之屬
制義叢話二十四卷題名一卷　（清）梁章鉅撰
清刻本　五冊　存十五卷(八至二十二)

330000－1716－0017420　子補 2296/17420
子部/醫家類/兒科之屬
兒科醒十二卷　（清）芝嶼樵客撰　清末上海
千頃堂書局刻本　二冊

330000－1716－0017421　子補 0074/17421
子部/儒家類/儒學之屬/禮教
人鏡八卷　清刻本　一冊　存四卷(五至八)

330000－1716－0017422　普叢 0322/17422
類叢部/叢書類/彙編之屬
望三益齋叢書十種　（清）吳棠編　清咸豐至
光緒吳氏望三益齋刻本　一冊　存一種

330000－1716－0017423　子補 0075/17423
子部/儒家類/儒學之屬/性理

朱子原訂近思録集注十四卷　（清）江永撰
清刻本　一冊　存二卷(三至四)

330000－1716－0017424　普叢 0325/17424
類叢部/叢書類/自著之屬
養志居僅存稿十種　（清）陳克劬編　清光緒
十一年至十九年(1885－1893)丹徒陳氏刻本
一冊　存一種

330000－1716－0017425　史補 1162/17425
史部/編年類/通代之屬
御撰資治通鑑綱目三編五卷　（清）張廷玉等
撰　清光緒二十三年(1897)煥文書局石印本
一冊

330000－1716－0017426　古越 0699/17426
新學/史志/臣民傳記
大日本中興先覺志二卷　（日本）岡本監輔撰
清光緒二十七年(1901)開導社刻本　一冊
存一卷(一)

330000－1716－0017427　子補 2297/17427
子部/醫家類/婦科之屬
**寧坤秘笈三卷附濟世論一卷任氏世傳傷寒秘
方一卷**　（清）竹林寺僧撰　清同治七年
(1868)致和堂刻本　一冊

330000－1716－0017429　子補 2298/17429
子部/醫家類/溫病之屬/瘧痢
痢證匯參十卷　（清）吳道源輯　清三讓堂刻
本　二冊

330000－1716－0017430　普類 0188/17430
類叢部/類書類/通類之屬
太平御覽一千卷目録十五卷　（宋）李昉等輯
清末石印本　七冊　存二百四十卷(六百
六十一至六百九十、七百九十一至一千)

330000－1716－0017432　子補 2299/17432
子部/醫家類/綜合之屬/通論
醫師秘笈二卷　濕熱條辨一卷　（清）薛雪撰
清光緒七年(1881)浙寧簡香齋刻本　一冊

330000－1716－0017433　集補 2450－142/
17433　集部/小說類/長篇之屬
第一才子書六十卷首一卷一百二十回　（明）

羅貫中撰 （清）毛宗崗評 清末石印本 九冊 存四十八卷（八至二十九、三十五至六十）

330000－1716－0017434 史補 0765/17434
史部/紀事本末類/通代之屬

紀事本末五種 （清）□□輯 清刻本 二十二冊 存一種

330000－1716－0017435 古越 0700/17435
類叢部/類書類/專類之屬

名物通十卷附一卷 （明）鍾惺輯 明末王氏鏊萬館刻後印本 三冊 存九卷（三至十、附）

330000－1716－0017437 子補 0076/17437
子部/儒家類/儒學之屬/性理

儒門語要六卷 （清）倪元坦輯 清光緒二十五年（1899）鎮海陳紹唐刻本 一冊 存二卷（四至五）

330000－1716－0017438 子補 2723/17438
子部/叢編

十子全書 （清）王子興編 清嘉慶九年（1804）寶慶經綸堂刻本 六冊 存三種

330000－1716－0017440 史補 1165/17440
史部/叢編

資治通鑑彙刻 清同治至光緒江蘇書局刻本 一冊 存一種

330000－1716－0017442 子補 3056－2/17442 子部/小說家類/異聞之屬

情史類略二十四卷 （明）馮夢龍輯 清芥子園刻本 十冊

330000－1716－0017443 古越 0701/17443
新學/化學

化學初階四卷 （美國）嘉約翰口譯 （清）何瞭然筆述 清同治九年（1870）羊城博濟醫局刻本 三冊 缺一卷（二）

330000－1716－0017446 子補 2300/17446
子部/醫家類/類編之屬

古今醫統正脈全書四十四種 （明）王肯堂編 清二西堂刻本 清雲帆氏題簽並記 五冊 存一種

330000－1716－0017448 子補 2721/17448
子部/儒家類/儒學之屬

讀書譜八卷 （清）張廷偉編輯 清刻本 三冊 缺二卷（一至二）

330000－1716－0017450 史補 1245－25/17450 史部/目錄類/總錄之屬/官修

廣雅書局書目一卷 清宣統元年（1909）廣雅書局刻本 一冊

330000－1716－0017451 新補 0524/17451
新學/雜著/叢編

新學大叢書一百二十卷 清光緒二十九年（1903）上海積山喬記書局石印本 三十二冊

330000－1716－0017452 史補 1245－26/17452 史部/目錄類/總錄之屬/官修

廣雅書局書目一卷 清宣統元年（1909）廣雅書局刻本 一冊

330000－1716－0017453 史補 1166/17453
史部/編年類/通代之屬

資治通鑑二百九十四卷 （宋）司馬光撰 （元）胡三省音注 明末刻本 一冊 存二卷（一至二）

330000－1716－0017455 普類 0178/17455
類叢部/類書類/專類之屬

格致鏡原一百卷 （清）陳元龍撰 清光緒十四年（1888）上海大同書局石印本 十六冊

330000－1716－0017456 史補 1167/17456
史部/編年類/通代之屬

資治通鑑綱目五十九卷 （宋）朱熹撰 （明）陳仁錫評 **資治通鑑綱目續編一卷** （明）陳桱撰 （明）陳仁錫評 **資治通鑑綱目前編二十五卷** （明）南軒撰 （明）陳仁錫評 **續資治通鑑綱目二十七卷** （明）商輅等撰 （明）陳仁錫評 清刻本 二冊 存二卷（續編一、四）

330000－1716－0017457 史補 0845/17457
史部/傳記類/職官錄之屬/總錄

[清光緒十九年]大清搢紳全書四卷中樞備覽

二卷　清光緒十九年(1893)京都文寶堂刻本　五冊　缺一卷(大清搢紳全書三)

330000－1716－0017458　子補 2724/17458
子部/儒家類/儒學之屬/性理

西山先生真文忠公讀書記四十卷　(宋)真德秀撰　清咸豐七年(1857)刻本　十一冊　存十九卷(一至十九)

330000－1716－0017459　子補 2726/17459
子部/儒家類/儒學之屬/性理

近思續錄十四卷　(清)劉源淥輯　清同治八年(1869)青州學署刻光緒十七年(1891)中州劉景宸補刻本　十冊　缺四卷(五至八)

330000－1716－0017460　集補 1859/17460
史部/傳記類/雜傳之屬

李春來案一卷　諷俗子輯　清光緒三十四年(1908)鴻文書局石印本　一冊

330000－1716－0017461　子補 2727/17461
子部/儒家類/儒學之屬/性理

朱子原訂近思錄集注十四卷考訂朱子世家一卷　(清)江永撰　校勘記一卷　(清)王炳撰　清光緒十一年(1885)江西書局刻本　二冊　存六卷(一至六)

330000－1716－0017464　集補 1860/17464
集部/戲劇類/雜劇之屬

增像第六才子書五卷首一卷　(元)王實甫(元)關漢卿撰　(清)金人瑞評　清末石印本　一冊

330000－1716－0017465　子補 2725/17465
子部/儒家類/儒學之屬/禮教

五種遺規　(清)陳弘謀輯並撰　清道光十年(1830)培遠堂刻本　十冊　存四種

330000－1716－0017466　集補 1861/17466
集部/小說類/短篇之屬

繪圖新貪歡報二卷十四回　(清)潭溪漁隱撰　(清)越生評　清末石印本　一冊

330000－1716－0017467　普類 0189/17467
子部/儒家類/儒學之屬/禮教

五種遺規摘鈔　(清)陳弘謀輯並撰　(清)劉

肇紳摘抄　清刻本　一冊　存一種

330000－1716－0017470　子補 2736/17470
子部/兵家類/兵法之屬

水陸攻守戰略秘書七種　(清)澼絖道人編　清咸豐三年(1853)侯官林氏銅活字印本　十二冊　存四種

330000－1716－0017473　史補 1164/17473
史部/編年類/通代之屬

御撰資治通鑑綱目三編二十卷　(清)張廷玉等撰　清刻本　四冊　存十四卷(四至十七)

330000－1716－0017474　子補 2728/17474
子部/雜著類/雜纂之屬

兩般秋雨盦隨筆八卷　(清)梁紹壬撰　清道光十七年(1837)錢塘振綺堂刻本　五冊　缺三卷(二至四)

330000－1716－0017475　普叢 0451－3/17475　類叢部/叢書類/彙編之屬

申報館叢書正集五十七種附錄三種　尊聞閣主編　續集一百四十二種　蔡爾康編　清同治至光緒上海申報館鉛印本　三冊　存一種

330000－1716－0017476　集補 1837/17476
集部/小說類/長篇之屬

鏡花緣二十卷一百回　(清)李汝珍撰　清刻本　一冊　存二卷(十九至二十)

330000－1716－0017477　史補 1159/17477
史部/編年類/通代之屬

御撰資治通鑑綱目三編四卷　(清)張廷玉等撰　清光緒十三年(1887)上海點石齋石印本　一冊　存二卷(一至二)

330000－1716－0017478　子補 2729/17478
子部/雜著類/雜說之屬

冷廬雜識八卷　(清)陸以湉撰　清咸豐六年(1856)刻本　五冊　存五卷(一、三、六至八)

330000－1716－0017479　史補 0858/17479
史部/傳記類/總傳之屬/斷代

敏求軒述記十六卷　(清)陳世箴輯　清道光二十八年(1848)刻本　田紹謙題簽　七冊

330000－1716－0017481　集補 0008－2/ 17481　集部/小說類/長篇之屬

東周列國全志二十三卷一百八回　(清)蔡奡 評點　清經綸堂刻本　八冊　缺十六卷(五 至十一、十三至二十一)

330000－1716－0017482　集補 2450－149/ 17482　集部/小說類/長篇之屬

增像全圖第一才子三國志演義十卷一百二十 回首一卷　(明)羅貫中撰　(清)毛宗崗評 清宣統二年(1910)天寶書局石印本　二冊 存三卷(一至二、首)

330000－1716－0017483　子補 2301/17483 子部/醫家類/類編之屬

張氏醫書七種　(清)張璐等撰　清三元堂刻 本　二十八冊

330000－1716－0017485　子補 2718/17485 子部/儒家類/儒學之屬/性理

金華理學粹編十卷　(清)戴殿江輯　清光緒 十五年(1889)永康應寶時越中刻本　二冊 存六卷(三至五、八至十)

330000－1716－0017488　經補 1097/17488 經部/易類/易占之屬

焦氏易林十六卷　(漢)焦贛撰　清刻本　四 冊　存十三卷(四至十六)

330000－1716－0017490　子補 2730/17490 新學/算學/數學

筆算數學三卷　(美國)狄考文輯　(清)鄒立 文述　清光緒二十三年(1897)武備學會刻本 四冊　缺一卷(三)

330000－1716－0017492　子補 2737/17492 子部/雜著類/雜考之屬

通雅五十二卷首三卷　(清)方以智撰　**通雅 刊誤補遺一卷**　(清)張裕業撰　清刻本　四 冊　存二十八卷(二十五至五十二)

330000－1716－0017493　子補 2717/17493 子部/術數類/占卜之屬

易冒十卷　(清)程良玉撰　清光緒十二年 (1886)刻本　五冊　存八卷(一至八)

330000－1716－0017494　普叢 0187－3/ 17494　類叢部/叢書類/彙編之屬

武英殿聚珍版書一百三十八種　清刻本　二 冊　存一種

330000－1716－0017496　史補 0859/17496 史部/傳記類/總傳之屬/技藝

墨林今話十八卷　(清)蔣寶齡撰　**墨林今話 續編一卷**　(清)蔣茝生撰　清咸豐二年 (1852)刻本　五冊　缺三卷(五至七)

330000－1716－0017497　普類 0190/17497 類叢部/類書類/通類之屬

增補注釋故事白眉十卷　(明)許以忠輯　清 光緒二年(1876)經濟堂刻本　四冊　缺三卷 (五至六、十)

330000－1716－0017498　普類 0175/17498 類叢部/類書類/通類之屬

省軒考古類編十二卷　(清)柴紹炳撰　(清) 姚培謙評　清乾隆二十三年(1758)敦化堂刻 本　六冊

330000－1716－0017499　普類 0187/17499 類叢部/類書類/通類之屬

新編古今事文類聚前集六十卷後集五十卷續 集二十八卷別集三十二卷　(宋)祝穆編　**新 編古今事文類聚新集三十六卷外集十五卷** (元)富大用編　**新編古今事文類聚遺集十五 卷**　(元)祝淵編　明萬曆三十二年(1604)書 林唐富春德壽堂刻本　四冊　存二十六卷 (別集四至二十三、二十七至三十二)

330000－1716－0017502　普類 0186/17502 類叢部/類書類/通類之屬

藝文類聚一百卷　(唐)歐陽詢輯　清光緒五 年(1879)華陽宏達堂刻本　六冊　存十八卷 (三十一至三十三、五十三至五十五、八十九 至一百)

330000－1716－0017503　經補 0153/17503 類叢部/類書類/通類之屬

增廣四書五經典林十二卷　(清)求是齋主人 編　清光緒十五年(1889)上海積山書局石印 本　六冊

紹興圖書館古籍普查登記目錄

330000 – 1716 – 0017508　子補 2738/17508
子部/藝術類/音樂之屬/樂譜

琴譜六卷谿山琴況一卷附萬峰閣指法闓箋一卷　(清)徐祺撰　清康熙十二年(1673)蔡毓榮刻本　五冊　缺二卷(琴譜一至二)

330000 – 1716 – 0017511　集補 1882/17511
集部/總集類/郡邑之屬

兩浙輶軒續録五十四卷補遺六卷姓氏韻編二卷　(清)潘衍桐輯　清光緒十七年(1891)浙江書局刻本　四十冊

330000 – 1716 – 0017512　普類 0182/17512
子部/藝術類/書畫之屬/畫譜

任渭長先生畫傳四種　(清)任熊繪　清光緒十二年(1886)上海同文書局石印本　一冊　存一種

330000 – 1716 – 0017514　古越 0702/17514
類叢部/叢書類/彙編之屬

漸西村舍彙刊(漸西村舍叢刻)四十四種　(清)袁昶編　清光緒十六年至二十四年(1890–1898)桐廬袁氏刻本　三冊　存一種

330000 – 1716 – 0017515　古越 0703/17515
子部/天文曆算類/算書之屬

行素軒算稿九種　(清)華蘅芳撰　清光緒八年(1882)梁谿華氏刻本　九冊　存五種

330000 – 1716 – 0017516　子補 2719/17516
子部/雜著類/雜纂之屬

迪吉録八卷首一卷　(明)顏茂猷輯　清光緒八年(1882)長沙遯齡精舍刻本　六冊　缺二卷(七至八)

330000 – 1716 – 0017517　普史 1607/17517
史部/地理類/總志之屬/通代

讀史方輿紀要一百三十卷輿圖要覽四卷　(清)顧祖禹撰　清嘉慶十七年(1812)成都敷文閣刻光緒五年(1879)蜀南薛氏桐華書屋修補本　胡慶榮題簽　六十二冊　缺三十四卷(七十九至八十、一百至一百三十,要覽一)

330000 – 1716 – 0017518　子補 2739/17518
子部/雜著類/雜纂之屬

荷廊筆記四卷　(清)俞洵慶撰　清光緒十一年(1885)羊城富文齋刻本　三冊　缺一卷(二)

330000 – 1716 – 0017521　子補 2305/17521
子部/雜著類/雜纂之屬

嘯亭雜録十卷續録三卷　(清)昭槤撰　清宣統元年(1909)中國圖書公司鉛印本　四冊

330000 – 1716 – 0017522　子補 2386/17522
子部/藝術類/書畫之屬/畫譜

新選十六名家畫寶二卷　(清)朱斗南輯　清宣統三年(1911)上海文益書局、杭州聚元堂書局石印本　一冊

330000 – 1716 – 0017523　普史 1608/17523
史部/地理類/總志之屬/通代

天下郡國利病書一百二十卷　(清)顧炎武撰　清道光成都龍萬育敷文閣刻光緒五年(1879)桐華書屋薛氏家塾重修本　三十八冊　存七十六卷(一至六十八、一百十三至一百二十)

330000 – 1716 – 0017524　地獻 1590/17524
子部/醫家類/綜合之屬/通論

辨證録十四卷附胎產全書三卷　(清)陳士鐸撰　清同治六年(1867)刻本　一冊　存一卷(一)

330000 – 1716 – 0017526　集補 1879/17526
集部/別集類/清別集

有正味齋駢體文二十四卷續集八卷詩集十六卷詩續集八卷詞集八卷詞續集二卷詞外集南北曲二卷外集五卷　(清)吳錫麒撰　清嘉慶刻本　十五冊　存六十六卷(六至二十四、續集一至八、詩集一至十六、詩續集一至八、詞集一至八、詞續集一至二、外集一至五)

330000 – 1716 – 0017527　普子 1185 – 2/17527　子部/藝術類/書畫之屬/總論

畫禪室隨筆四卷　(明)董其昌撰　清乾隆三十三年(1768)董紹敏刻本　二冊　存三卷(二至四)

330000 – 1716 – 0017529　子補 2388/17529

子部/藝術類/書畫之屬/書法畫品

詩中畫一卷停雲小愒畫謄一卷 （清）馬濤繪
清光緒十一年(1885)石印本 二冊

330000－1716－0017530 史補 0839/17530
史部/編年類/通代之屬

御批歷代通鑑輯覽一百二十卷 （清）傅恒等
撰 清光緒三十年(1904)上海商務印書館鉛
印本 十六冊 存五十二卷（一至十八、五十
一至六十二、六十六至六十七、七十至七十
二、七十六至七十八、八十二至九十、九十六
至一百）

330000－1716－0017537 子補 2407/17537
集部/總集類/選集之屬/斷代

皇朝經世文三編八十卷 （清）陳忠倚輯 清
光緒二十八年(1902)龍文書局石印本 十
六冊

330000－1716－0017538 子補 2741/17538
子部/術數類/陰陽五行之屬

太乙數統宗大全四十卷 （清）李自明輯 清
乾隆六十年(1795)刻本 十一冊 缺十二卷
（三至六、三十三至四十）

330000－1716－0017541 集補 1880/17541
集部/小說類/長篇之屬

結水滸全傳七十卷七十回末一卷 （清）俞萬
春撰 清咸豐三年(1853)刻本 二十三冊

330000－1716－0017542 子補 2742/17542
子部/雜著類/雜考之屬

義門讀書記五十八卷 （清）何焯撰 （清）蔣
維鈞輯 清乾隆三十四年(1769)蔣維鈞刻光
緒六年(1880)苕溪吳氏重修本 四冊 存十
二卷（四書一至六、前漢書四至六、後漢書一
至三）

330000－1716－0017548 子補 2743/17548
子部/儒家類/儒學之屬

**聖學實行始終功夫辨真二卷聖學實行始功總
訣四卷首一卷** （清）陸育吉撰 清古田凝道
齋刻本 七冊

330000－1716－0017549 子補 0411－12/

17549 集部/總集類/選集之屬/斷代

皇朝經世文新增續編一百二十卷 （清）葛士
濬輯 **皇朝經世文新增時務續編四十卷洋務
續編八卷** （清）甘韓輯 清光緒二十三年
(1897)上海掃葉山房鉛印本 二十四冊 缺
四十八卷（時務一至四十、洋務一至八）

330000－1716－0017551 子補 2389/17551
集部/總集類/選集之屬/斷代

皇朝經世文續編一百二十卷 （清）葛士濬輯
清光緒十七年(1891)上海廣百宋齋鉛印本
陶超人跋 二十一冊 缺十八卷（十二至
十七、三十四至三十九、五十六至六十一）

330000－1716－0017552 子補 2390/17552
集部/總集類/選集之屬/斷代

皇朝經世文續編一百二十卷 （清）葛士濬輯
清光緒二十四年(1898)上海宏文閣鉛印本
二十四冊

330000－1716－0017556 普叢 0276/17556
類叢部/叢書類/彙編之屬

十萬卷樓叢書五十一種 （清）陸心源編 清
光緒歸安陸氏刻本 十一冊 存一種

330000－1716－0017559 子補 2740/17559
子部/道家類

莊子獨見三十三卷 （清）胡文英撰 清乾隆
十七年(1752)聚文堂刻本 六冊 缺六卷
（十七至二十、三十二至三十三）

330000－1716－0017560 子補 2396/17560
子部/雜著類/雜說之屬

歸田瑣記八卷 （清）梁章鉅撰 清同治五年
(1866)連元閣刻本 四冊

330000－1716－0017562 普叢 0331/17562
類叢部/叢書類/自著之屬

田間全集五種 （清）錢澄之撰 清康熙斠雄
堂刻本 四冊 存一種

330000－1716－0017564 子補 2393/17564
集部/小說類/長篇之屬

改良繪圖四續今古奇觀四卷 清宣統二年
(1910)上洋海左書局石印本 四冊

330000 - 1716 - 0017567　普叢 0260 - 5/
17567　類叢部/叢書類/彙編之屬

文林綺繡十種九十六卷　（清）鴻寶齋書局輯
　清光緒二十二年（1896）鴻寶齋書局石印本
　三冊　存三種

330000 - 1716 - 0017572　古越 0704/17572
史部/政書類/軍政之屬/邊政

中俄界約斠注七卷首一卷　錢恂撰　清光緒
二十年（1894）上海醉六堂刻本　二冊

330000 - 1716 - 0017573　史補 0840/17573
史部/編年類/通代之屬

資治通鑑二百九十四卷　（宋）司馬光撰
（元）胡三省音注　清刻本　十七冊　存六十
六卷（九十至九十六、二百三十六至二百九十
四）

330000 - 1716 - 0017575　普史 1600/17575
史部/紀傳類/正史之屬

明史稿三百十卷目錄三卷　（清）王鴻緒撰
清雍正敬慎堂刻本　五十九冊　存二百七十
二卷（本紀一至十九，志一至五、十至六十四，
表七至九，列傳一至七十五、九十一至二百
五）

330000 - 1716 - 0017579　子補 2681/17579
子部/宗教類/佛教之屬/總錄

翻譯名義集二十卷　（宋）釋法雲編　清光緒
四年（1878）金陵刻經處刻本　五冊　存十二
卷（一至十二）

330000 - 1716 - 0017580　古越 0705/17580
子部/雜著類/雜說之屬

鐵鞭四卷　（日本）岡本監輔撰　清光緒二十
七年（1901）上海商務印書館鉛印本　一冊
存二卷（三至四）

330000 - 1716 - 0017581　子補 2394/17581
子部/小說家類/雜事之屬

漁磯漫鈔十卷　（清）汪琇瑩　（清）雷琳
（清）莫劍光輯　清道光二十年（1840）刻本
五冊　缺二卷（六至七）

330000 - 1716 - 0017582　古越 0706/17582

史部/地理類

鄮鄭學廬地理叢刊四種　（清）施世杰輯　清
光緒二十三年（1897）會稽施氏鄮鄭學廬刻本
　一冊　存一種

330000 - 1716 - 0017583　普叢 0264 - 1/
17583　類叢部/叢書類/郡邑之屬

粟香室叢書五十九種　金武祥編　清光緒至
民國江陰金氏刻本　一冊　存四種

330000 - 1716 - 0017584　子補 2749/17584
子部/宗教類/佛教之屬/經疏

佛說阿彌陀經疏鈔四卷事義四卷　（明）釋袾
宏撰　清末杭州昭慶寺慧空經房刻本　四冊

330000 - 1716 - 0017585　普史 1606/17585
史部/編年類/通代之屬

續資治通鑑二百二十卷　（清）畢沅撰　清刻
本　二冊　存十卷（二十一至二十五、三十一
至三十五）

330000 - 1716 - 0017586　子補 2750/17586
子部/宗教類/佛教之屬/經

大方廣佛華嚴經八十卷　（唐）釋實叉難陀譯
　入不思議解脫境界普賢行願品一卷　（唐）
釋般若譯　**復菴和尚華嚴綸貫一卷**　（宋）釋
復菴撰　清刻本　清吳徐氏題記並音釋　六
冊　存十六卷（一至五、八至十、五十一至五
十二、六十一至六十五，華嚴綸貫）

330000 - 1716 - 0017587　普叢 0451 - 2/
17587　類叢部/叢書類/彙編之屬

申報館叢書正集五十七種附錄三種　尊聞閣
主編　**續集一百四十二種**　蔡爾康編　清同
治至光緒上海申報館鉛印本　二十二冊　存
三種

330000 - 1716 - 0017591　地獻 2032/17591
集部/別集類/清別集

徐都講詩一卷　（清）徐昭華撰　清抄本
一冊

330000 - 1716 - 0017593　普史 1603 - 1/
17593　史部/目錄類/總錄之屬/官修

欽定四庫全書總目二百卷首一卷簡明目錄二

十卷　(清)紀昀等撰　清刻本　五十五冊
存八十九卷(八十一至八十七、九十一至一百
三十七、一百六十四至一百六十六、一百八十
至二百,簡明目録五、十一至二十)

330000－1716－0017597　普叢 0451－1/
17597　類叢部/叢書類/彙編之屬

申報館叢書正集五十七種附録三種　尊聞閣
主編　續集一百四十二種　蔡爾康編　清同
治至光緒上海申報館鉛印本　八冊　存一種

330000－1716－0017600　普史 1601/17600
史部/地理類/總志之屬/通代

讀史方輿紀要一百三十卷輿圖要覽四卷
(清)顧祖禹撰　清光緒二十五年(1899)慎記
書莊石印本　三十冊

330000－1716－0017601　古越 0707/17601
集部/戲劇類/總集之屬/雜劇

清容外集九種　(清)蔣士銓撰　清乾隆蔣氏
紅雪樓刻本　十冊

330000－1716－0017602　普史 1602/17602
史部/地理類/總志之屬/通代

天下郡國利病書一百二十卷　(清)顧炎武撰
清光緒慎記書莊石印本　二十三冊　缺四
卷(二百九至二百十二)

330000－1716－0017604　子補 2280/17604
子部/小說家類/異聞之屬

閱微草堂筆記二十四卷　(清)紀昀撰　清道
光十五年(1835)廣州刻本　宋崇厚題記並批
注　十冊

330000－1716－0017605　普史 1635/17605
史部/政書類/軍政之屬/兵制

欽定中樞政考三十一卷　(清)鄂爾泰等纂修
清乾隆刻本　十三冊　存二十二卷(甲一、
乙二、丙三、丁四至六、戊七至九、巳十、庚十
一、辛十二至十三,竹七、匏八、土九至十一、
革十二至十四、木十五)

330000－1716－0017608　古越 0708/17608
類叢部/叢書類/彙編之屬

月河精舍叢鈔五種　(清)丁寶書輯　清光緒

六年(1880)苕溪丁氏刻本　十二冊　存四種

330000－1716－0017609　普叢 0451－7/
17609　類叢部/叢書類/彙編之屬

申報館叢書正集五十七種附録三種　尊聞閣
主編　續集一百四十二種　蔡爾康編　清同
治至光緒上海申報館鉛印本　二冊　存一種

330000－1716－0017611　古越 0709/17611
類叢部/叢書類/彙編之屬

小石山房叢書三十八種　(清)顧湘編　清道
光刻同治十三年(1874)虞山顧氏補刻本　二
十四冊

330000－1716－0017612　史補 0849/17612
史部/傳記類/別傳之屬/事狀

慈闈瑣記二卷　(清)孫仁述撰　清光緒三十
三年(1907)會稽孫氏刻本　一冊

330000－1716－0017613　史補 0850/17613
史部/傳記類/別傳之屬/事狀

慈闈瑣記二卷　(清)孫仁述撰　清光緒三十
三年(1907)會稽孫氏刻本　一冊

330000－1716－0017615　子補 2395/17615
子部/雜著類/雜纂之屬

兩般秋雨盦隨筆八卷　(清)梁紹壬撰　清末
同文堂刻本　八冊

330000－1716－0017616　普類 0152－1/
17616　類叢部/類書類/通類之屬

古事比五十二卷　(清)方中德輯　清光緒十
三年(1887)上海文盛堂石印本　四冊　缺十
九卷(七至十七、三十六至四十三)

330000－1716－0017618　普叢 0260－3/
17618　類叢部/叢書類/彙編之屬

文林綺繡十種九十六卷　(清)鴻寶齋書局輯
清光緒二十二年(1896)鴻寶齋書局石印本
十一冊

330000－1716－0017620　古越 0710/17620
新學/全體學/附心靈學

心靈學一卷　(美國)海文撰　(清)顏永京譯
清光緒十五年(1889)上海益智書會刻本
一冊

330000－1716－0017622　　古越 0711/17622
新學/商務/商學

原富八卷　（英國）斯密亞丹撰　嚴復譯　清
光緒二十八年（1902）上海南洋公學譯書院鉛
印本　二冊　存二卷（戊一至二）

330000－1716－0017623　　集補 1863/17623
集部/小說類/短篇之屬

淞隱漫錄十二卷　（清）王韜撰　清光緒十三
年（1887）上海點石齋石印本　一冊　存三卷
（一至三）

330000－1716－0017624　　普叢 0320/17624
類叢部/叢書類/彙編之屬

古香齋袖珍十種　清同治至光緒南海孔氏刻
本　十六冊　存一種

330000－1716－0017625　　古越 0712/17625
子部/醫家類/醫經之屬/難經

校正圖注八十一難經四卷　（明）張世賢注
校正圖注脈訣四卷　（晉）王叔和撰　（明）張
世賢注　**校正瀕湖脈學一卷奇經八脈考一卷**
　（明）李時珍撰輯　清光緒二十五年（1899）
上海書局石印本　一冊　存二卷（一至二）

330000－1716－0017627　　普叢 0270－8/
17627　類叢部/叢書類/自著之屬

甌北全集八種　（清）趙翼撰　清乾隆至嘉慶
湛貽堂刻本　十三冊　存二種

330000－1716－0017628　　古越 0713/17628
史部/紀傳類/別史之屬

尚史七十二卷　（清）李鍇撰　清乾隆三十八
年（1773）悅道樓刻本　十二冊　存三十七卷
（世系圖一、本紀一至五、世家一至十二、列傳
一至十八、序傳一）

330000－1716－0017630　　集補 1876/17630
集部/小說類/長篇之屬

海上繁華夢新書後集八卷四十回　孫家振撰
　清光緒三十二年（1906）上海笑林報館鉛印
本　八冊

330000－1716－0017632　　子補 2391/17632
子部/小說家類/雜事之屬

遁窟讕言十二卷　（清）王韜撰　清光緒二十
六年（1900）江南書局鉛印本　六冊

330000－1716－0017633　　史補 0825/17633
史部/紀傳類/正史之屬

十七史一千五百七十四卷　（明）毛晉編　明
崇禎元年至十七年（1628－1644）毛氏汲古閣
刻本　五冊　存一種

330000－1716－0017634　　子補 2392/17634
子部/雜著類/雜說之屬

茶餘客話十二卷　（清）阮葵生撰　清刻本
四冊

330000－1716－0017635　　史補 1160/17635
史部/編年類/通代之屬

御撰資治通鑑綱目三編四卷　（清）張廷玉等
撰　清末石印本　一冊

330000－1716－0017636　　集補 1830/17636
集部/曲類/彈詞之屬

繪圖白蛇傳後集四卷十六回　（清）錦燾撰
清末石印本　一冊　缺一卷（一）

330000－1716－0017637　　子補 2751/17637
子部/宗教類/佛教之屬/經疏

大方廣佛華嚴經綱要八十卷　（唐）釋實叉難
陀譯　（唐）釋澄觀疏　（明）釋德清提綱　清
刻本　二冊　存四卷（七十七至八十）

330000－1716－0017638　　普史 1621/17638
史部/紀傳類/正史之屬

五代史記七十四卷　（宋）歐陽修撰　（宋）徐
無黨注　（清）彭元瑞增注　（清）劉鳳誥排次
　清道光八年（1828）刻本　十一冊　存三十
一卷（一至二十八、五十六至五十八）

330000－1716－0017639　　子補 2752/17639
子部/宗教類/佛教之屬/經

大方廣佛華嚴經八十卷　（唐）釋實叉難陀譯
　清刻本　一冊　存三卷（四十三至四十五）

330000－1716－0017642　　子補 2397/17642
子部/藝術類/書畫之屬

詩畫舫六卷　（清）點石齋輯　清光緒十四年
（1888）上海點石齋石印本　五冊　存五卷

（一至三、五至六）

330000 – 1716 – 0017643　集補 1831/17643
集部/曲類/彈詞之屬

雲中落繡鞋九卷九回　清光緒二十年（1894）
上海書局石印本　一冊

330000 – 1716 – 0017644　子補 2744/17644
子部/宗教類/佛教之屬/經疏

妙法蓮華經臺宗會義十六卷　（清）釋智旭撰
清光緒十五年（1889）浙甌思古齋刻本　十
一冊　存十一卷（六至十六）

330000 – 1716 – 0017645　子補 2745/17645
子部/宗教類/佛教之屬/經

妙法蓮華經七卷　（後秦）釋鳩摩羅什譯　清
刻本　一冊　存二卷（四至五）

330000 – 1716 – 0017647　集補 1832/17647
集部/曲類/彈詞之屬

繪圖後三笑才子奇書四卷二十四回　（清）曹
春江撰　清光緒二十七年（1901）上海書局石
印本　四冊

330000 – 1716 – 0017648　子補 2746/17648
子部/宗教類/佛教之屬/經

妙法蓮華經七卷　（後秦）釋鳩摩羅什譯　清
刻本　清釋能慧、釋律昌題記　二冊　存四
卷（四至七）

330000 – 1716 – 0017652　子補 2747/17652
子部/宗教類/佛教之屬

大乘起信論疏筆削記會閱十卷首一卷　（唐）
釋法藏述疏　（唐）釋宗密錄注　（宋）釋子璿
修記　（清）釋續法會編　（清）戴京曾閱定
清光緒十五年（1889）刻本　清董金鑑題記
九冊　缺一卷（三）

330000 – 1716 – 0017653　集補 1833/17653
集部/曲類/彈詞之屬

繡像雲外飄香四卷十一回　清末文元書莊石
印本　四冊

330000 – 1716 – 0017655　集補 1834/17655
集部/小說類/長篇之屬

全像圓夢四卷三十一回　臨鶴山人撰　清光

緒三十三年（1907）石印本　四冊

330000 – 1716 – 0017656　史補 0860/17656
史部/傳記類/總傳之屬/通代

尚友錄二十二卷補遺一卷　（明）廖用賢輯
（清）張伯琮補輯　清浙蘭林天祿齋刻本　二
十冊　存二十卷（一至十二、十四至二十一）

330000 – 1716 – 0017659　普經 0940 – 2/
17659　經部/叢編

皇清經解一千四百十二卷首一卷　（清）阮元
輯　清道光九年（1829）廣東學海堂刻咸豐十
一年（1861）補刻同治九年（1870）續刻本　六
十四冊　存一百九十一卷（一百三至一百十
一、二百二十二至二百二十四、二百二十八至
二百三十三、三百九十六至三百九十七、四百
五至四百六、四百十五、四百十九至四百四十
八、六百四十八至六百五十四、六百六十一至
六百六十三、七百十七至七百二十六、八百四
十至八百四十一、八百四十四至八百五十九、
一千七十五至一千七十八、一千一百至一千
一百二、一千一百六至一千一百八、一千一百
十七至一千一百三十九、一千一百五十一至
一千一百五十五、一千一百六十一至一千一
百六十九、一千一百七十三至一千一百八十
一、一千一百八十八至一千一百九十三、一千
二百十三至一千二百十七、一千二百三十四
至一千二百四十、一千二百五十、一千二百六
十六至一千二百七十、一千二百八十至一千
二百八十二、一千二百八十六至一千二百九
十三、一千三百二十三至一千三百二十七、一
千三百三十六至一千三百三十九）

330000 – 1716 – 0017661　子補 2779/17661
子部/醫家類/綜合之屬/通論

東醫寶鑑二十四卷目錄二卷　（朝鮮）許浚撰
清刻本　十四冊　存十六卷（内景篇二至
四、外形篇一、雜病篇五至十一、湯液篇一至
三、鍼灸篇一至二）

330000 – 1716 – 0017663　普經 0940 – 1/
17663　經部/叢編

皇清經解一千四百八卷首一卷　（清）阮元輯
清道光九年（1829）廣東學海堂刻咸豐十
一

年(1861)補刻本 一百四冊 存三百九十一卷(三百六十六至四百三、五百九至五百四十七、六百五十三至六百七十一、七百七十五至八百十、九百六十五至九百六十八、九百八十五至一千六十五、一千一百六至一千一百三十九、一千一百八十至一千二百三十三、一千二百九十九至一千三百八十四)

330000－1716－0017667　子補 2400/17667
子部/藝術類/書畫之屬

詩畫舫六卷　(清)點石齋輯　清光緒上海點石齋石印本　一冊　存一卷(三)

330000－1716－0017668　普史 1658/17668
史部/地理類/總志之屬/通代

讀史方輿紀要一百三十卷輿圖要覽四卷　(清)顧祖禹撰　清嘉慶十七年(1812)成都敷文閣刻本　十五冊　存三十卷(三十六至六十五)

330000－1716－0017669　子補 2398/17669
子部/藝術類/書畫之屬/畫譜

點石齋叢畫十卷　尊聞閣主人輯　清光緒石印本　三冊　存四卷(二至三、八至九)

330000－1716－0017671　子補 2399/17671
子部/藝術類/書畫之屬/畫譜

點石齋叢畫十卷　尊聞閣主人輯　清光緒石印本　三冊　存四卷(七至十)

330000－1716－0017672　普類 0183/17672
類叢部/類書類/專類之屬

子史精華一百六十卷　(清)吳士玉　(清)吳襄等輯　清刻本　三十二冊

330000－1716－0017675　集補 1881/17675
集部/總集類/選集之屬/通代

古文淵鑑六十四卷　(清)徐乾學等輯注　清刻五色套印本　三十二冊

330000－1716－0017677　普史 1609/17677
史部/政書類/通制之屬

皇朝續文獻通考三百二十卷　劉錦藻撰　清光緒三十一年(1905)烏程劉錦藻堅匏盦鉛印本　六十七冊　缺六十一卷(一百八十二至一百九十四、二百七十三至三百二十)

330000－1716－0017678　子補 2458/17678
子部/藝術類/書畫之屬/畫譜

點石齋叢畫十卷　尊聞閣主人輯　清光緒上海點石齋石印本　七冊　缺一卷(一)

330000－1716－0017680　集補 2450－178/17680　集部/小說類/長篇之屬

第一才子書十六卷一百二十回　(明)羅貫中撰　(清)毛宗崗評　清光緒二十四年(1898)寶文書局石印本　三冊　存五卷(一、十至十三)

330000－1716－0017681　子補 1026/17681
子部/宗教類/道教之屬/表章讚頌

慶祝表文不分卷　清光緒十年(1884)會文堂刻本　一冊

330000－1716－0017682　古越 0759/17682
新學/雜著/叢編

西政叢書三十二種　梁啟超編　清光緒二十三年(1897)上海慎記書莊石印本　十一冊　存五種

330000－1716－0017683　普類 0095－5/17683　類叢部/類書類/通類之屬

增補萬寶全書二十卷續編六卷　(明)陳繼儒撰　(清)毛煥文增補　清末石印本　五冊　存十七卷(三至九、十四至二十,續集一至三)

330000－1716－0017684　子補 1027/17684
子部/醫家類/綜合之屬

孚佑帝君籤三卷　清刻本　二冊　存二卷(中元、下元)

330000－1716－0017685　集補 2450－179/17685　集部/小說類/長篇之屬

第一才子書六十卷首一卷一百二十回　(明)羅貫中撰　(清)毛宗崗評　清光緒二十一年(1895)上海飛鴻閣鉛印本　二冊　存五卷(三十七至四十、首)

330000－1716－0017686　古越 0715/17686
經部/書類/分篇之屬

禹貢正詮四卷　(清)姚彥渠輯　清光緒十一

年(1885)姚丙吉刻本　一冊

330000－1716－0017687　普類 0110－8/
17687　類叢部/類書類/專類之屬

新鐫校正詳注分類百子金丹全書十卷　（明）
郭偉選注　（明）郭中吉編　（明）王星聚校訂
清光緒二十年(1894)上海袖海山房石印本
六冊

330000－1716－0017688　普史 1610/17688
史部/政書類/律令之屬/律例

大清光緒新法令十三卷附錄一卷　商務印書
館編譯所編纂　清宣統上海商務印書館鉛印
本　六冊　存五卷(四至七、十三)

330000－1716－0017692　經補 1272/17692
經部/叢編

皇清經解一千四百八卷首一卷　（清）阮元輯
清道光九年(1829)廣東學海堂刻咸豐十一
年(1861)補刻本　張嘈印題記　三冊　存十
卷(一千二百八至一千二百十七)

330000－1716－0017693　集補 1835/17693
集部/小說類/長篇之屬

增訂精忠演義說本全傳二十卷八十回　（清）
錢彩編次　（清）金豐增訂　清同治九年
(1870)上洋務本堂刻本　十冊

330000－1716－0017694　普史 1616/17694
史部/目錄類/書志之屬/提要

日本訪書志十六卷　楊守敬撰　清光緒二十
三年至二十七年(1897－1901)宜都楊守敬鄰
蘇園刻本　六冊　存十二卷(三至十四)

330000－1716－0017697　子補 2459/17697
子部/藝術類/書畫之屬

詩畫舫六卷　（清）點石齋輯　清光緒上海點
石齋石印本　二冊　存二卷(三、五)

330000－1716－0017698　普史 1617/17698
史部/地理類/總志之屬/通代

廣輿記二十四卷圖一卷　（明）陸應陽輯　明
末世業堂刻本　十冊　缺四卷(二十一至二
十四)

330000－1716－0017699　史補 1194/17699

史部/編年類/通代之屬

御撰資治通鑑綱目三編二十卷　（清）張廷玉
等撰　清刻本　六冊

330000－1716－0017700　普史 1618/17700
史部/紀傳類/正史之屬

前漢書表八卷　（清）夏爕撰　清光緒十六年
(1890)刻本　五冊　存七卷(一至七)

330000－1716－0017701　普史 1619/17701
史部/地理類/遊記之屬/紀行

辛卯侍行記六卷　（清）陶保廉撰　清光緒二
十三年(1897)養樹山房刻本　五冊　缺一卷
(三)

330000－1716－0017702　普史 1612/17702
史部/地理類/山川之屬/山志

重修南海普陀山志二十卷首一卷　（清）秦耀
曾輯　清道光十二年(1832)刻民國四年
(1915)趙希伊補刻本　董潤識　三冊　存二
卷(十六至十七)

330000－1716－0017704　經補 1271/17704
經部/叢編

皇清經解一千四百八卷首一卷　（清）阮元輯
清道光九年(1829)廣東學海堂刻咸豐十一
年(1861)補刻本　三冊　存十五卷(九百四
十九至九百六十、一千一百四十至一千一百
四十二)

330000－1716－0017705　譜 0210/17705　史
部/傳記類/總傳之屬/家乘

[浙江紹興]史氏譜錄合編八卷　（清）史在礦
纂修　清康熙三十二年(1693)八行堂刻本
二冊　存二卷(七至八)

330000－1716－0017706　普史 1620/17706
史部/目錄類/通論之屬/掌故瑣記

藏書紀事詩七卷　葉昌熾撰　清宣統二年
(1910)刻本　五冊　缺一卷(四)

330000－1716－0017709　集補 1843/17709
集部/總集類/選集之屬/通代

賦海大觀三十二卷　（清）沈祖燕編輯　清光
緒十六年(1890)上海鴻寶齋石印本　二十五

紹興圖書館古籍普查登記目錄

冊　存三十一卷(一上、三下至三十二)

330000－1716－0017711　集補 2450－182/
17711　集部/小說類/長篇之屬

增像全圖三國演義十六卷一百二十回首一卷
（明）羅貫中撰　（清）毛宗崗評　清光緒三
十三年(1907)上海鴻寶書局石印本　一冊
存三卷(一至二、首)

330000－1716－0017712　古越 0716/17712
史部/金石類/石之屬/文字

石鼓文篆釋一卷　（清）趙烈文撰　清光緒十
一年(1885)靜圃刻本　一冊

330000－1716－0017713　史補 0844/17713
史部/金石類/錢幣之屬/雜著

新刻精參鷹洋定論一卷　（清）沈一飛撰　清
光緒十七年(1891)三有益齋刻本　二冊

330000－1716－0017714　地獻 1019/17714
史部/金石類/石之屬/文字

思古齋雙鉤漢碑篆額三卷　（清）何澂輯　清
光緒九年(1883)刻本　三冊

330000－1716－0017715　地獻 1020/17715
史部/金石類/石之屬/文字

思古齋雙鉤漢碑篆額三卷　（清）何澂輯　清
光緒九年(1883)刻本　三冊

330000－1716－0017716　經補 1089/17716
經部/小學類/文字之屬/說文

**說文解字注十五卷附六書音韻表五卷汲古閣
說文訂一卷**　（清）段玉裁撰　**說文部目分韻
一卷**　（清）陳奐編　**說文通檢十四卷首一卷
末一卷**　（清）黎永椿編　**說文段注撰要九卷**
（清）馬壽齡撰　清光緒十六年(1890)石印
本　九冊　缺二卷(六至七)

330000－1716－0017717　地獻 1021/17717
史部/金石類/石之屬/文字

思古齋雙鉤漢碑篆額三卷　（清）何澂輯　清
光緒九年(1883)刻本　三冊

330000－1716－0017718　地獻 1022/17718
史部/金石類/石之屬/文字

思古齋雙鉤漢碑篆額三卷　（清）何澂輯　清

光緒九年(1883)刻本　三冊

330000－1716－0017720　地獻 2002－3/
17720　類叢部/類書類/通類之屬

玉海纂二十二卷　（宋）王應麟輯　（明）劉鴻
訓纂　清光緒五年(1879)會稽徐氏八杉齋刻
本　十六冊

330000－1716－0017721　普史 1613/17721
史部/地理類/外紀之屬

日本國志四十卷首一卷　（清）黃遵憲輯　清
光緒二十四年(1898)浙江書局刻本　清散木
題簽　九冊　缺四卷(三十至三十三)

330000－1716－0017722　普史 1625/17722
史部/傳記類/總傳之屬/姓名

史姓韻編六十四卷　（清）汪輝祖撰　清同治
九年(1870)金陵書局木活字印本　十三冊
存三十五卷(一至二十二、五十二至六十四)

330000－1716－0017723　普類 0152－2/
17723　類叢部/類書類/通類之屬

古事比五十二卷　（清）方中德輯　清光緒三
十年(1904)上海宏文閣石印本　五冊　缺九
卷(四十四至五十二)

330000－1716－0017726　普類 0185/17726
史部/傳記類/總傳之屬/通代

尚友錄二十二卷補遺一卷　（明）廖用賢輯
（清）張伯琮補輯　清刻本　十四冊　存十九
卷(一至九、十二至十九、二十一至二十二)

330000－1716－0017727　普類 0181/17727
類叢部/類書類/專類之屬

子史精華一百六十卷　（清）吳士玉　（清）吳
襄等輯　清光緒十三年(1887)上海積山書局
石印本　十冊

330000－1716－0017729　普類 0152－7/
17729　類叢部/類書類/通類之屬

古事比五十二卷　（清）方中德輯　清光緒二
十九年(1903)上海點石齋石印本　二冊　存
十七卷(一至十七)

330000－1716－0017730　子補 2748/17730
子部/宗教類/佛教之屬/諸宗

宗鏡錄一百卷　（宋）釋延壽輯　清刻本　十九冊　缺五卷（一至五）

330000－1716－0017731　普類0152－8/17731　類叢部/類書類/通類之屬

古事比五十二卷　（清）方中德輯　清光緒十八年（1892）上海點石齋石印本　六冊

330000－1716－0017732　子補2690/17732　子部/宗教類/佛教之屬/諸宗

宗鏡錄一百卷　（宋）釋延壽輯　清刻本　九冊　存四十五卷（二十一至三十五、四十一至五十、五十六至六十五、七十六至八十、九十一至九十五）

330000－1716－0017735　子補2404/17735　子部/藝術類/音樂之屬/樂譜

琵琶譜三卷　（清）王君錫　（清）陳牧夫傳譜　（清）華文彬等參訂　清光緒三年（1877）刻本　三冊

330000－1716－0017736　古越0717/17736　新學/政治法律/政治

列國政要類考三卷　（法國）高當菩撰　清光緒二十八年（1902）寧波文明學社石印本　二冊　缺一卷（三）

330000－1716－0017737　古越0718/17737　子部/天文曆算類/算書之屬

梅勿菴算書五種　（清）梅文鼎撰　清乾隆刻本　一冊　存一種

330000－1716－0017738　經補1000－214/17738　經部/小學類/文字之屬/字書/字典

康熙字典十二集三十六卷總目一卷檢字一卷辨似一卷等韻一卷補遺一卷備考一卷　（清）張玉書等纂修　清光緒三年（1877）四明茹古齋鉛印本　六冊　存六卷（午集上下、酉中、申集上中下）

330000－1716－0017739　古越0719/17739　新學/兵制/陸軍

列國陸軍制不分卷　（美國）歐潑登撰　（美國）林樂知　（清）瞿昂來譯　清光緒江南製造局刻本　三冊

330000－1716－0017741　古越0720/17741　新學/兵制/槍炮

礮乘新法三卷首一卷圖一卷　（英國）製造官局撰　舒高第口譯　（清）鄭昌棪筆述　清光緒江南製造局刻本　六冊

330000－1716－0017742　經補1000－215/17742　經部/小學類/文字之屬/字書/字典

康熙字典十二集三十六卷總目一卷檢字一卷辨似一卷等韻一卷補遺一卷備考一卷　（清）張玉書等纂修　清光緒三年（1877）四明茹古齋鉛印本　六冊　存六卷（丑集上、辰集中、巳集上、午集中、申集下、酉集下）

330000－1716－0017747　古越0721/17747　新學/兵制/陸軍

騎兵斥候答問一卷　（日本）陸軍教導團撰　王鴻年譯述　清光緒南洋公學譯書院鉛印本　一冊

330000－1716－0017749　經補1000－216/17749　經部/小學類/文字之屬/字書/字典

康熙字典十二集三十六卷總目一卷檢字一卷辨似一卷等韻一卷補遺一卷備考一卷　（清）張玉書等纂修　清末石印本　一冊　存六卷（巳集上中下、午集上中下）

330000－1716－0017751　古越0722/17751　新學/化學

化學表一卷　（清）江南製造總局譯　清光緒十年（1884）江南製造局鉛印本　一冊

330000－1716－0017755　經補1000－217/17755　經部/小學類/文字之屬/字書/字典

康熙字典十二集三十六卷總目一卷檢字一卷辨似一卷等韻一卷補遺一卷備考一卷　（清）張玉書等纂修　清末石印本　四冊　存二十三卷（巳集上中下、午集上中下、未集上中下、申集上中下、酉集上中下、戌集上中下、亥集上中下，補遺，備考）

330000－1716－0017756　古越0723/17756　新學/工藝/汽機總

汽機中西名目表一卷　（清）江南製造總局譯　清光緒江南製造局刻本　一冊

330000－1716－0017760　古越 0724/17760
新學/化學

化學求數十五卷附表一卷　（德國）富里西尼
烏司撰　（英國）傅蘭雅口譯　（清）徐壽筆述
　清光緒江南製造局刻本　六冊　缺八卷
（一、六、九至十四）

330000－1716－0017761　古越 0725/17761
新學/圖學/圖算

運規約指三卷　（英國）白起德輯　（英國）傅
蘭雅口譯　（清）徐建寅筆述　清末上海江南
製造總局刻本　一冊

330000－1716－0017762　古越 0726/17762
新學/礦務/礦學

開煤要法十二卷　（英國）士密德輯　（英國）
傅蘭雅口譯　（清）王德均筆述　清光緒江南
機器製造總局刻本　一冊　存六卷（一至六）

330000－1716－0017763　經補 1090/17763
經部/小學類/音韻之屬/韻書

詩韻集成十卷附詞林典腋一卷　（清）余照輯
　清同治五年(1866)愛蓮堂刻本　二冊

330000－1716－0017764　經補 1000－218/
17764　經部/小學類/文字之屬/字書/字典

**康熙字典十二集三十六卷總目一卷檢字一卷
辨似一卷等韻一卷補遺一卷備考一卷**　（清）
張玉書等纂修　清光緒十八年(1892)上洋點
石齋石印本　一冊　存十卷（子集上中下、丑
集上中下，總目,檢字,辨似,等韻）

330000－1716－0017765　古越 0727/17765
新學/地學/地理學

地學淺釋三十八卷　（英國）雷俠兒撰　（美
國）瑪高溫口譯　（清）華蘅芳筆述　清同治
十二年(1873)江南製造局刻本　七冊　缺五
卷（一至五）

330000－1716－0017766　經補 1091/17766
經部/小學類/音韻之屬/韻書

詩韻集成十卷附詞林典腋一卷　（清）余照輯
　清同治五年(1866)愛蓮堂刻本　二冊

330000－1716－0017773　子補 2460/17773
子部/小說家類/異聞之屬

諧鐸十二卷　（清）沈起鳳撰　清光緒二十一
年(1895)海上書局石印本　四冊

330000－1716－0017774　經補 1000－219/
17774　經部/小學類/文字之屬/字書/字典

**康熙字典十二集三十六卷總目一卷檢字一卷
辨似一卷等韻一卷補遺一卷備考一卷**　（清）
張玉書等纂修　清末石印本　一冊　存九卷
（寅集上中下、卯集上中下、辰集上中下）

330000－1716－0017780　經補 1000－220/
17780　經部/小學類/文字之屬/字書/字典

**康熙字典十二集三十六卷總目一卷檢字一卷
辨似一卷等韻一卷補遺一卷備考一卷**　（清）
張玉書等纂修　清刻本　一冊　存一卷（卯
集下）

330000－1716－0017781　經補 1000－221/
17781　經部/小學類/文字之屬/字書/字典

**康熙字典十二集三十六卷總目一卷檢字一卷
辨似一卷等韻一卷補遺一卷備考一卷**　（清）
張玉書等纂修　清刻本　一冊　存一卷（子
集中）

330000－1716－0017782　子補 2461/17782
子部/小說家類/異聞之屬

**山海經箋疏十八卷圖五卷圖讚一卷訂譌一卷
敍錄一卷**　（清）郝懿行撰　清光緒十八年
(1892)文林堂刻本　六冊

330000－1716－0017783　經補 1000－222/
17783　經部/小學類/文字之屬/字書/字典

**康熙字典十二集三十六卷總目一卷檢字一卷
辨似一卷等韻一卷補遺一卷備考一卷**　（清）
張玉書等纂修　清刻本　三冊　存三卷（子
集中、未集中、申集上）

330000－1716－0017784　經補 1000－223/
17784　經部/小學類/文字之屬/字書/字典

**康熙字典十二集三十六卷總目一卷檢字一卷
辨似一卷等韻一卷補遺一卷備考一卷**　（清）
張玉書等纂修　清道光七年(1827)刻本　一
冊　存三卷（總目、檢字、辨似）

330000－1716－0017785　新補0528/17785
新學/天學

測候叢談四卷　（美國）金楷理口譯　（清）華
蘅芳筆述　清光緒江南製造總局刻本　一冊
存二卷（一至二）

330000－1716－0017792　子補2434/17792
子部/醫家類/類編之屬

黃氏醫書八種　（清）黃元御撰　清刻本　二
冊　存一種

330000－1716－0017793　地獻1023/17793
子部/雜著類/雜說之屬

薑露盒雜記六卷　（清）施山撰　清宣統三年
（1911）會稽施煃金陵刻本　一冊　存三卷
（一至三）

330000－1716－0017795　地獻1024/17795
子部/雜著類/雜說之屬

薑露盒雜記六卷　（清）施山撰　清宣統三年
（1911）會稽施煃金陵刻本　一冊　存三卷
（一至三）

330000－1716－0017796　地獻1025/17796
子部/雜著類/雜說之屬

薑露盒雜記六卷　（清）施山撰　清宣統三年
（1911）會稽施煃金陵刻本　一冊　存三卷
（一至三）

330000－1716－0017797　地獻1026/17797
子部/雜著類/雜說之屬

薑露盒雜記六卷　（清）施山撰　清宣統三年
（1911）會稽施煃金陵刻本　一冊　存三卷
（一至三）

330000－1716－0017798　地獻1027/17798
子部/雜著類/雜說之屬

薑露盒雜記六卷　（清）施山撰　清宣統三年
（1911）會稽施煃金陵刻本　一冊　存三卷
（一至三）

330000－1716－0017799　地獻1028/17799
子部/雜著類/雜說之屬

薑露盒雜記六卷　（清）施山撰　清宣統三年
（1911）會稽施煃金陵刻本　一冊　存三卷
（一至三）

330000－1716－0017801　地獻1029/17801
子部/雜著類/雜說之屬

薑露盒雜記六卷　（清）施山撰　清宣統三年
（1911）會稽施煃金陵刻本　一冊　存三卷
（一至三）

330000－1716－0017802　地獻1030/17802
子部/雜著類/雜說之屬

薑露盒雜記六卷　（清）施山撰　清宣統三年
（1911）會稽施煃金陵刻本　一冊　存三卷
（一至三）

330000－1716－0017803　地獻1031/17803
子部/雜著類/雜說之屬

薑露盒雜記六卷　（清）施山撰　清宣統三年
（1911）會稽施煃金陵刻本　一冊　存三卷
（一至三）

330000－1716－0017804　地獻1032－1/
17804　子部/雜著類/雜說之屬

薑露盒雜記六卷　（清）施山撰　清宣統三年
（1911）會稽施煃金陵刻本　一冊　存三卷
（一至三）

330000－1716－0017805　子補2462/17805
子部/藝術類/書畫之屬

詩畫舫六卷　（清）點石齋輯　清光緒三十年
（1904）上海點石齋石印本　六冊

330000－1716－0017806　地獻1033/17806
子部/雜著類/雜說之屬

薑露盒雜記六卷　（清）施山撰　清宣統三年
（1911）會稽施煃金陵刻本　二冊

330000－1716－0017807　子補2463/17807
子部/藝術類/書畫之屬/畫譜

點石齋叢畫十卷　尊聞閣主人輯　清光緒上
海點石齋石印本　二冊　存三卷（七至九）

330000－1716－0017809　地獻1034/17809
子部/雜著類/雜說之屬

薑露盒雜記六卷　（清）施山撰　清宣統三年
（1911）會稽施煃金陵刻本　二冊

330000－1716－0017810　地獻 1035/17810
子部/雜著類/雜說之屬
薑露盦雜記六卷　（清）施山撰　清宣統三年
(1911)會稽施煃金陵刻本　二冊

330000－1716－0017811　地獻 1036/17811
子部/雜著類/雜說之屬
薑露盦雜記六卷　（清）施山撰　清宣統三年
(1911)會稽施煃金陵刻本　二冊

330000－1716－0017812　地獻 1037/17812
子部/雜著類/雜說之屬
薑露盦雜記六卷　（清）施山撰　清宣統三年
(1911)會稽施煃金陵刻本　二冊

330000－1716－0017813　地獻 1038/17813
子部/雜著類/雜說之屬
薑露盦雜記六卷　（清）施山撰　清宣統三年
(1911)會稽施煃金陵刻本　二冊

330000－1716－0017814　地獻 1039/17814
子部/雜著類/雜說之屬
薑露盦雜記六卷　（清）施山撰　清宣統三年
(1911)會稽施煃金陵刻本　二冊

330000－1716－0017815　地獻 1040/17815
子部/雜著類/雜說之屬
薑露盦雜記六卷　（清）施山撰　清宣統三年
(1911)會稽施煃金陵刻本　二冊

330000－1716－0017817　地獻 1041/17817
子部/雜著類/雜說之屬
薑露盦雜記六卷　（清）施山撰　清宣統三年
(1911)會稽施煃金陵刻本　二冊

330000－1716－0017818　經補 1000－224/
17818　經部/小學類/文字之屬/字書/字典
**康熙字典十二集三十六卷總目一卷檢字一卷
辨似一卷等韻一卷補遺一卷備考一卷**　（清）
張玉書等纂修　清刻本　一冊　存一卷(辰
集下)

330000－1716－0017820　經補 1000－225/
17820　經部/小學類/文字之屬/字書/字典
**康熙字典十二集三十六卷總目一卷檢字一卷
辨似一卷等韻一卷補遺一卷備考一卷**　（清）

張玉書等纂修　清刻本　一冊　存一卷(卯
集下)

330000－1716－0017821　經補 1000－226/
17821　經部/小學類/文字之屬/字書/字典
**康熙字典十二集三十六卷總目一卷檢字一卷
辨似一卷等韻一卷補遺一卷備考一卷**　（清）
張玉書等纂修　清道光七年(1827)刻本　一
冊　存一卷(申集下)

330000－1716－0017822　經補 1000－227/
17822　經部/小學類/文字之屬/字書/字典
**康熙字典十二集三十六卷總目一卷檢字一卷
辨似一卷等韻一卷補遺一卷備考一卷**　（清）
張玉書等纂修　清道光七年(1827)刻本　一
冊　存一卷(申集中)

330000－1716－0017823　經補 1000－228/
17823　經部/小學類/文字之屬/字書/字典
**康熙字典十二集三十六卷總目一卷檢字一卷
辨似一卷等韻一卷補遺一卷備考一卷**　（清）
張玉書等纂修　清刻本　二冊　存二卷(巳
集上、午集上)

330000－1716－0017824　經補 1088/17824
經部/小學類/文字之屬/字書/字體
六書通十卷續集十卷　（明）閔齊伋撰　（清）
畢弘述篆訂　清末上海鴻寶齋書局石印本
二冊　存十二卷(三至四、續集一至十)

330000－1716－0017825　經補 1000－229/
17825　經部/小學類/文字之屬/字書/字典
**康熙字典十二集三十六卷總目一卷檢字一卷
辨似一卷等韻一卷補遺一卷備考一卷**　（清）
張玉書等纂修　清刻本　二冊　存二卷(寅
集下、午集中)

330000－1716－0017826　經補 1000－230/
17826　經部/小學類/文字之屬/字書/字典
**康熙字典十二集三十六卷總目一卷檢字一卷
辨似一卷等韻一卷補遺一卷備考一卷**　（清）
張玉書等纂修　清道光七年(1827)刻本　二
冊　存二卷(未集下、備考)

330000－1716－0017827　子補 2780/17827

子部/醫家類/綜合之屬/通論

御纂醫宗金鑑九十卷首一卷 （清）吳謙等撰
　清刻本　三十八冊　缺四卷（二十、六十八
　至七十）

330000－1716－0017828　經補 1000－231/
17828　經部/小學類/文字之屬/字書/字典

**康熙字典十二集三十六卷總目一卷檢字一卷
辨似一卷等韻一卷補遺一卷備考一卷** （清）
張玉書等纂修　清光緒三十四年（1908）上海
集成圖書公司鉛印本　一冊　存三卷（丑集
上中下）

330000－1716－0017829　地獻 1963/17829
集部/別集類/清別集

證諦山人詩稿十卷 （清）葉騰驤編　清道光
二十四年（1844）木活字印本　一冊　存二卷
（六至七）

330000－1716－0017830　經補 1000－232/
17830　經部/小學類/文字之屬/字書/字典

**康熙字典十二集三十六卷總目一卷檢字一卷
辨似一卷等韻一卷補遺一卷備考一卷** （清）
張玉書等纂修　清刻本　三冊　存五卷（未
集中、總目、檢字、辨似、備考）

330000－1716－0017831　經補 1000－233/
17831　經部/小學類/文字之屬/字書/字典

**康熙字典十二集三十六卷總目一卷檢字一卷
辨似一卷等韻一卷補遺一卷備考一卷** （清）
張玉書等纂修　清刻本　五冊　存五卷（卯
集上中、巳集下、未集上、戌集中）

330000－1716－0017832　子補 2435/17832
子部/醫家類/兒科之屬/痘疹

引痘略一卷 （清）邱熺撰　清光緒二十四年
（1898）浙江富陽縣署刻本　一冊

330000－1716－0017834　經補 1000－234/
17834　經部/小學類/文字之屬/字書/字典

**康熙字典十二集三十六卷總目一卷檢字一卷
辨似一卷等韻一卷補遺一卷備考一卷** （清）
張玉書等纂修　清刻本　一冊　存一卷（未
集下）

330000－1716－0017835　經補 1000－235/
17835　經部/小學類/文字之屬/字書/字典

**康熙字典十二集三十六卷總目一卷檢字一卷
辨似一卷等韻一卷補遺一卷備考一卷** （清）
張玉書等纂修　清刻本　五冊　存五卷（子
集上中下、申集下、酉集下）

330000－1716－0017837　子補 2436/17837
子部/醫家類/綜合之屬/通論

詳校醫宗必讀十卷 （清）李中梓撰　清金閶
亦西齋刻本　五冊

330000－1716－0017838　集補 1874/17838
集部/小說類/長篇之屬

繡像西漢演義八卷一百回 （明）甄偉撰　**繡
像東漢演義十卷一百二十六回** （明）謝詔撰
　清世經堂刻本　十二冊

330000－1716－0017840　經補 1000－236/
17840　經部/小學類/文字之屬/字書/字典

**康熙字典十二集三十六卷總目一卷檢字一卷
辨似一卷等韻一卷補遺一卷備考一卷** （清）
張玉書等纂修　清道光七年（1827）刻本　三
冊　存三卷（戌集上中下）

330000－1716－0017842　經補 1000－237/
17842　經部/小學類/文字之屬/字書/字典

**康熙字典十二集三十六卷總目一卷檢字一卷
辨似一卷等韻一卷補遺一卷備考一卷** （清）
張玉書等纂修　清道光七年（1827）刻本　三
冊　存五卷（總目、檢字、辨似、補遺、備考）

330000－1716－0017844　子補 2591/17844
子部/儒家類/儒學之屬

皇朝蓄艾文編八十卷 （清）于寶軒輯　清光
緒二十九年（1903）上海官書局鉛印本　二
十冊

330000－1716－0017846　子補 2753/17846
子部/醫家類/綜合之屬/通論

御纂醫宗金鑑九十卷首一卷 （清）吳謙等撰
　清刻本　二十二冊　存四十四卷（一至二、
八至十四、十六至二十九、二十四、二十七至
三十、六十一至七十六）

330000－1716－0017847　子補 2437/17847
子部/醫家類/方書之屬/單方驗方

類證普濟本事方十卷坊刻王氏本備錄一卷
（宋）許叔微撰　（清）葉桂釋義　清嘉慶十九
年(1814)葉鍾刻姑蘇掃葉山房印本　六冊

330000－1716－0017848　地獻 1042/17848
子部/雜著類/雜說之屬

薑露盦雜記六卷　（清）施山撰　清宣統三年
(1911)會稽施煒金陵刻本　二冊

330000－1716－0017849　子補 2438/17849
子部/醫家類/綜合之屬/雜著

瀛經堂詳校醫宗必讀十卷　（清）李中梓撰
清同治五年(1866)金閶同文會刻本　二冊

330000－1716－0017850　子補 2754/17850
子部/醫家類/綜合之屬/通論

御纂醫宗金鑑九十卷首一卷　（清）吳謙等撰
　清刻本　十八冊　存三十八卷(一、四、十
四至十六、十九至二十、二十二至二十三、二
十七至二十九、三十至三十八、四十五至四十
七、五十三至五十四、七十一至七十五、七十
七、八十至八十三、八十六至八十七)

330000－1716－0017852　地獻 1043/17852
子部/雜著類/雜說之屬

薑露盦雜記六卷　（清）施山撰　清宣統三年
(1911)會稽施煒金陵刻本　二冊

330000－1716－0017853　地獻 1044/17853
子部/雜著類/雜說之屬

薑露盦雜記六卷　（清）施山撰　清宣統三年
(1911)會稽施煒金陵刻本　子猷題記　二冊

330000－1716－0017854　地獻 1045/17854
子部/雜著類/雜說之屬

薑露盦雜記六卷　（清）施山撰　清宣統三年
(1911)會稽施煒金陵刻本　二冊

330000－1716－0017855　地獻 1046/17855
子部/雜著類/雜說之屬

薑露盦雜記六卷　（清）施山撰　清宣統三年
(1911)會稽施煒金陵刻本　二冊

330000－1716－0017857　地獻 1047/17857

子部/雜著類/雜說之屬

薑露盦雜記六卷　（清）施山撰　清宣統三年
(1911)會稽施煒金陵刻本　二冊

330000－1716－0017858　集補 2450－202/
17858　集部/小說類/長篇之屬

**增像全圖三國志演義第一才子書八卷一百二
十回首一卷**　（明）羅貫中撰　（清）毛宗崗評
　清宣統元年(1909)上海章福記石印本　一
冊　存一卷(一)

330000－1716－0017859　地獻 1048/17859
子部/雜著類/雜說之屬

薑露盦雜記六卷　（清）施山撰　清宣統三年
(1911)會稽施煒金陵刻本　二冊

330000－1716－0017860　地獻 1049/17860
子部/雜著類/雜說之屬

薑露盦雜記六卷　（清）施山撰　清宣統三年
(1911)會稽施煒金陵刻本　二冊

330000－1716－0017861　子補 2755/17861
子部/醫家類/綜合之屬/通論

御纂醫宗金鑑九十卷首一卷　（清）吳謙等撰
　清刻本　三十六冊　存六十七卷(十六至
六十二、七十一至九十)

330000－1716－0017862　地獻 1050/17862
子部/雜著類/雜說之屬

薑露盦雜記六卷　（清）施山撰　清宣統三年
(1911)會稽施煒金陵刻本　二冊

330000－1716－0017863　子補 2464/17863
子部/雜著類/雜纂之屬

增廣智囊補二十八卷　（明）馮夢龍輯　清光
緒二十一年(1895)上海二酉山房石印本
六冊

330000－1716－0017864　集補 2450－203/
17864　集部/小說類/長篇之屬

**增像全圖三國志演義第一才子書八卷一百二
十回首一卷**　（明）羅貫中撰　（清）毛宗崗評
　清宣統元年(1909)上海章福記石印本　一
冊　存一卷(一)

330000－1716－0017865　地獻 1051/17865

子部/雜著類/雜說之屬

薑露盦雜記六卷 （清）施山撰　清宣統三年
(1911)會稽施煒金陵刻本　二冊

330000－1716－0017866　地獻 1052/17866
子部/雜著類/雜說之屬

薑露盦雜記六卷 （清）施山撰　清宣統三年
(1911)會稽施煒金陵刻本　二冊

330000－1716－0017868　子補 2467/17868
子部/小說家類/異聞之屬

對山書屋墨餘錄十六卷 （清）毛祥麟撰　清
同治九年至十三年(1870－1874)上海毛氏亦
可居刻本　四冊　存八卷(一至六、九至十)

330000－1716－0017869　地獻 1053/17869
子部/雜著類/雜說之屬

薑露盦雜記六卷 （清）施山撰　清宣統三年
(1911)會稽施煒金陵刻本　二冊

330000－1716－0017870　地獻 1054/17870
子部/雜著類/雜說之屬

薑露盦雜記六卷 （清）施山撰　清宣統三年
(1911)會稽施煒金陵刻本　二冊

330000－1716－0017871　地獻 1055/17871
子部/雜著類/雜說之屬

薑露盦雜記六卷 （清）施山撰　清宣統三年
(1911)會稽施煒金陵刻本　二冊

330000－1716－0017872　經補 1071/17872
經部/小學類/音韻之屬/韻書

詩韻集成不分卷附詞林典腋一卷 （清）余照
輯　清光緒二十一年(1895)宏文閣石印本
三冊

330000－1716－0017873　子補 2758/17873
子部/醫家類/綜合之屬/通論

御纂醫宗金鑑九十卷首一卷 （清）吳謙等撰
　清光緒十八年(1892)上海圖書集成印書局
鉛印本　二十三冊　缺三卷(外科十四至十
六)

330000－1716－0017876　經補 1072/17876
經部/小學類/音韻之屬/韻書

詩韻集成十卷附詞林典腋一卷 （清）余照輯

清末石印本　一冊　缺五卷(一至五)

330000－1716－0017878　子補 2440/17878
子部/醫家類/綜合之屬/通論

群玉山房重校醫宗必讀十卷 （清）李中梓撰
　清光緒九年(1883)群玉山房刻本　五冊

330000－1716－0017879　子補 2756/17879
子部/醫家類/綜合之屬/通論

御纂醫宗金鑑九十卷首一卷 （清）吳謙等撰
　清刻本　八冊　存八卷(外科三至十)

330000－1716－0017880　地獻 1056/17880
子部/雜著類/雜說之屬

薑露盦雜記六卷 （清）施山撰　清宣統三年
(1911)會稽施煒金陵刻本　二冊

330000－1716－0017881　地獻 1057/17881
子部/雜著類/雜說之屬

薑露盦雜記六卷 （清）施山撰　清宣統三年
(1911)會稽施煒金陵刻本　二冊

330000－1716－0017882　經補 1073/17882
經部/小學類/音韻之屬/韻書

詩韻集成五卷附詞林典腋一卷 （清）余照輯
　清末石印本　二冊　缺二卷(一、三)

330000－1716－0017883　子補 2441/17883
子部/醫家類/綜合之屬/通論

群玉山房重校醫宗必讀十卷 （清）李中梓撰
　清光緒九年(1883)浙紹奎照樓刻本　章祥
題簽　二冊　存五卷(一至二、五至七)

330000－1716－0017885　地獻 1058/17885
子部/雜著類/雜說之屬

薑露盦雜記六卷 （清）施山撰　清宣統三年
(1911)會稽施煒金陵刻本　二冊

330000－1716－0017886　地獻 1059/17886
子部/雜著類/雜說之屬

薑露盦雜記六卷 （清）施山撰　清宣統三年
(1911)會稽施煒金陵刻本　二冊

330000－1716－0017887　經補 1074/17887
經部/小學類/音韻之屬/韻書

詩韻集成不分卷附詞林典腋一卷 （清）余照

輯　清末石竹書局石印本　二冊

330000－1716－0017888　地獻1060/17888
子部/雜著類/雜說之屬

薑露盦雜記六卷　（清）施山撰　清宣統三年
(1911)會稽施煃金陵刻本　二冊

330000－1716－0017889　子補2442/17889
子部/醫家類/綜合之屬/雜著

瀛經堂詳校醫宗必讀十卷　（清）李中梓撰
清刻本　養元氏題簽　二冊　存四卷(三至
四、九至十)

330000－1716－0017890　地獻1061/17890
子部/雜著類/雜說之屬

薑露盦雜記六卷　（清）施山撰　清宣統三年
(1911)會稽施煃金陵刻本　二冊

330000－1716－0017891　地獻1062/17891
子部/雜著類/雜說之屬

薑露盦雜記六卷　（清）施山撰　清宣統三年
(1911)會稽施煃金陵刻本　二冊

330000－1716－0017893　地獻1063/17893
子部/雜著類/雜說之屬

薑露盦雜記六卷　（清）施山撰　清宣統三年
(1911)會稽施煃金陵刻本　二冊

330000－1716－0017894　子補2443/17894
子部/醫家類/綜合之屬/通論

詳校醫宗必讀十卷　（清）李中梓撰　清刻本
　一冊　存二卷(七至八)

330000－1716－0017895　地獻1064/17895
子部/雜著類/雜說之屬

薑露盦雜記六卷　（清）施山撰　清宣統三年
(1911)會稽施煃金陵刻本　二冊

330000－1716－0017897　地獻1065/17897
子部/雜著類/雜說之屬

薑露盦雜記六卷　（清）施山撰　清宣統三年
(1911)會稽施煃金陵刻本　二冊

330000－1716－0017898　經補1076/17898
經部/小學類/音韻之屬/韻書

詩韻集成十卷附詞林典腋一卷　（清）余照輯

清末石印本　一冊　缺七卷(一至五、九至
十)

330000－1716－0017899　子補2444/17899
子部/醫家類/綜合之屬/通論

醫宗必讀五卷首一卷　（清）李中梓撰　清尚
友堂刻本　五冊

330000－1716－0017900　子補2757/17900
子部/醫家類/綜合之屬/通論

御纂醫宗金鑑九十卷首一卷　（清）吳謙等撰
清刻本　十六冊　存三十五卷(二至六、八
至十九、三十五至四十八、五十一至五十四)

330000－1716－0017901　經補1077/17901
經部/小學類/音韻之屬/韻書

詩韻集成十卷附詞林典腋一卷　（清）余照輯
清刻本　一冊　缺四卷(一至四)

330000－1716－0017902　地獻1066/17902
子部/雜著類/雜說之屬

薑露盦雜記六卷　（清）施山撰　清宣統三年
(1911)會稽施煃金陵刻本　二冊

330000－1716－0017903　地獻1067/17903
子部/雜著類/雜說之屬

薑露盦雜記六卷　（清）施山撰　清宣統三年
(1911)會稽施煃金陵刻本　二冊

330000－1716－0017904　經補1078/17904
經部/小學類/音韻之屬/韻書

詩韻集成十卷附詞林典腋一卷　（清）余照輯
清刻本　一冊　缺六卷(五至十)

330000－1716－0017905　地獻1068/17905
子部/雜著類/雜說之屬

薑露盦雜記六卷　（清）施山撰　清宣統三年
(1911)會稽施煃金陵刻本　二冊

330000－1716－0017907　史補1432－1/
17907　史部/地理類/外紀之屬

萬國分類時務大成四十卷首一卷　（清）錢灃
選輯　清光緒石印本　七冊　存八卷(三、
五、七至八、十九、二十一、二十五、三十)

330000－1716－0017908　地獻1069/17908

145

子部/雜著類/雜說之屬

薑露盦雜記六卷 （清）施山撰　清宣統三年
(1911)會稽施煃金陵刻本　二冊

330000－1716－0017909　地獻 1074/17909
子部/雜著類/雜說之屬

薑露盦雜記六卷 （清）施山撰　清宣統三年
(1911)會稽施煃金陵刻本　二冊

330000－1716－0017910　地獻 1070/17910
子部/雜著類/雜說之屬

薑露盦雜記六卷 （清）施山撰　清宣統三年
(1911)會稽施煃金陵刻本　二冊

330000－1716－0017912　地獻 1071/17912
子部/雜著類/雜說之屬

薑露盦雜記六卷 （清）施山撰　清宣統三年
(1911)會稽施煃金陵刻本　二冊

330000－1716－0017913　地獻 1072/17913
子部/雜著類/雜說之屬

薑露盦雜記六卷 （清）施山撰　清宣統三年
(1911)會稽施煃金陵刻本　二冊

330000－1716－0017914　地獻 1073/17914
子部/雜著類/雜說之屬

薑露盦雜記六卷 （清）施山撰　清宣統三年
(1911)會稽施煃金陵刻本　二冊

330000－1716－0017915　經補 1079/17915
經部/小學類/音韻之屬/韻書

詩韻集成十卷附詞林典腋一卷 （清）余照輯
　清同治九年(1870)積慶堂刻本　錫禎氏題
記　一冊　缺六卷(五至十)

330000－1716－0017917　地獻 1075/17917
子部/雜著類/雜說之屬

薑露盦雜記六卷 （清）施山撰　清宣統三年
(1911)會稽施煃金陵刻本　二冊

330000－1716－0017918　地獻 1076/17918
子部/雜著類/雜說之屬

薑露盦雜記六卷 （清）施山撰　清宣統三年
(1911)會稽施煃金陵刻本　二冊

330000－1716－0017919　子補 2759/17919

子部/醫家類/綜合之屬/通論

御纂醫宗金鑑九十卷首一卷 （清）吳謙等撰
　清光緒二十九年(1903)上海飛鴻閣書林石
印本　十四冊　存七十四卷(一至七十四)

330000－1716－0017920　地獻 1077/17920
子部/雜著類/雜說之屬

薑露盦雜記六卷 （清）施山撰　清宣統三年
(1911)會稽施煃金陵刻本　二冊

330000－1716－0017922　經補 1080/17922
經部/小學類/音韻之屬/韻書

詩韻集成十卷附詞林典腋一卷 （清）余照輯
　清刻本　一冊　缺六卷(一至六)

330000－1716－0017923　經補 1081/17923
經部/小學類/音韻之屬/韻書

詩韻集成十卷附詞林典腋一卷 （清）余照輯
　清刻本　一冊　缺五卷(一至四、十)

330000－1716－0017926　子補 2446/17926
子部/藝術類/書畫之屬/畫譜

毓秀堂畫傳四卷 （清）王墀繪　清光緒九年
(1883)上海點石齋石印本　一冊

330000－1716－0017928　子補 2447/17928
子部/藝術類/書畫之屬/畫譜

毓秀堂畫傳四卷 （清）王墀繪　清光緒九年
(1883)上海點石齋石印本　四冊

330000－1716－0017930　地獻 1078/17930
子部/雜著類/雜說之屬

薑露盦雜記六卷 （清）施山撰　清宣統三年
(1911)會稽施煃金陵刻本　二冊

330000－1716－0017932　地獻 1079/17932
子部/雜著類/雜說之屬

薑露盦雜記六卷 （清）施山撰　清宣統三年
(1911)會稽施煃金陵刻本　二冊

330000－1716－0017934　經補 1082/17934
經部/小學類/音韻之屬/韻書

詩韻集成十卷附詞林典腋一卷 （清）余照輯
　清刻本　二冊

330000－1716－0017935　經補 1083/17935

經部/小學類/音韻之屬/韻書
詩韻集成十卷附詞林典腋一卷 （清）余照輯
　　清光緒四年(1878)群玉山房刻本　　四冊

330000－1716－0017938　　經補 1084/17938
經部/小學類/音韻之屬/韻書
詩韻集成十卷附詞林典腋一卷 （清）余照輯
　　清刻本　一冊　缺六卷(五至十)

330000－1716－0017939　　經補 1085/17939
經部/小學類/音韻之屬/韻書
詩韻集成十卷附詞林典腋一卷 （清）余照輯
　　清道光二十三年(1843)梅仙書屋刻本
　　二冊

330000－1716－0017941　　地獻 1080/17941
史部/金石類/石之屬/文字
思古齋雙鉤漢碑篆額三卷 （清）何澂輯　清
光緒九年(1883)刻本　　三冊

330000－1716－0017942　　經補 1086/17942
經部/小學類/音韻之屬/韻書
詩韻集成十卷附詞林典腋一卷 （清）余照輯
　　清咸豐五年(1855)務本堂刻本　　二冊

330000－1716－0017943　　地獻 1081/17943
史部/金石類/石之屬/文字
思古齋雙鉤漢碑篆額三卷 （清）何澂輯　清
光緒九年(1883)刻本　　三冊

330000－1716－0017945　　經補 1000－238/
17945　　經部/小學類/文字之屬/字書/字典
康熙字典十二集三十六卷總目一卷檢字一卷
辨似一卷等韻一卷補遺一卷備考一卷 （清）
張玉書等纂修　清道光七年(1827)刻本　　三
冊　存三卷(卯集中、戌集上下)

330000－1716－0017946　　子補 2763/17946
子部/醫家類/綜合之屬/通論
御纂醫宗金鑑九十卷首一卷 （清）吳謙等撰
　　清宣統元年(1909)簡青齋書局石印本　　十
二冊　存五十七卷(内科一至七、十一至十
六、三十九至七十四,外科十一至十六,首)

330000－1716－0017947　　經補 1087/17947
經部/小學類/音韻之屬/韻書

詩韻集成十卷附詞林典腋一卷 （清）余照輯
　　清刻本　二冊　缺五卷(一至二、八至十)

330000－1716－0017948　　地獻 1082/17948
史部/金石類/石之屬/文字
思古齋雙鉤漢碑篆額三卷 （清）何澂輯　清
光緒九年(1883)刻本　　三冊

330000－1716－0017949　　經補 1000－239/
17949　　經部/小學類/文字之屬/字書/字典
康熙字典十二集三十六卷總目一卷檢字一卷
辨似一卷等韻一卷補遺一卷備考一卷 （清）
張玉書等纂修　清末石印本　　一冊　存五卷
(亥集上中下、補遺、備考)

330000－1716－0017950　　地獻 1083/17950
史部/金石類/石之屬/文字
思古齋雙鉤漢碑篆額三卷 （清）何澂輯　清
光緒九年(1883)刻本　　三冊

330000－1716－0017951　　地獻 1084/17951
史部/金石類/石之屬/文字
思古齋雙鉤漢碑篆額三卷 （清）何澂輯　清
光緒九年(1883)刻本　　三冊

330000－1716－0017952　　地獻 1085/17952
史部/金石類/石之屬/文字
思古齋雙鉤漢碑篆額三卷 （清）何澂輯　清
光緒九年(1883)刻本　　三冊

330000－1716－0017953　　經補 1000－240/
17953　　經部/小學類/文字之屬/字書/字典
康熙字典十二集三十六卷總目一卷檢字一卷
辨似一卷等韻一卷補遺一卷備考一卷 （清）
張玉書等纂修　清末石印本　　一冊　存三卷
(未集上中下)

330000－1716－0017954　　集補 2450－216/
17954　　集部/小說類/長篇之屬
增像全圖三國志演義第一才子書十卷一百二
十回首一卷 （明）羅貫中撰　（清）毛宗崗評
　　清光緒二十九年(1903)上海龍文石印本
　　四冊　存五卷(一至二、九至十,首)

330000－1716－0017955　　地獻 1086/17955
史部/金石類/石之屬/文字

思古齋雙鉤漢碑篆額三卷　（清）何澂輯　清
光緒九年(1883)刻本　三冊

330000－1716－0017956　子補 2448/17956
子部/藝術類/書畫之屬/書法書品
草字編□□卷　（清）梁民憲輯　清末刻本
一冊

330000－1716－0017957　地獻 1087/17957
史部/金石類/石之屬/文字
思古齋雙鉤漢碑篆額三卷　（清）何澂輯　清
光緒九年(1883)刻本　三冊

330000－1716－0017958　經補 1000－241/
17958　經部/小學類/文字之屬/字書/字典
康熙字典十二集三十六卷總目一卷檢字一卷
辨似一卷等韻一卷補遺一卷備考一卷　（清）
張玉書等纂修　清末石印本　一冊　存六卷
(巳集上中下、午集上中下)

330000－1716－0017959　子補 2764/17959
子部/醫家類/類編之屬
沈氏尊生書五種　（清）沈金鰲撰輯　清宣統
元年(1909)石印本　一冊　存一種

330000－1716－0017962　地獻 1088/17962
史部/金石類/石之屬/文字
思古齋雙鉤漢碑篆額三卷　（清）何澂輯　清
光緒九年(1883)刻本　三冊

330000－1716－0017963　地獻 1089/17963
史部/金石類/石之屬/文字
思古齋雙鉤漢碑篆額三卷　（清）何澂輯　清
光緒九年(1883)刻本　三冊

330000－1716－0017964　經補 1000－242/
17964　經部/小學類/文字之屬/字書/字典
康熙字典十二集三十六卷總目一卷檢字一卷
辨似一卷等韻一卷補遺一卷備考一卷　（清）
張玉書等纂修　清刻本　二冊　存二卷(丑
集上、備考)

330000－1716－0017965　地獻 1090/17965
史部/金石類/石之屬/文字
思古齋雙鉤漢碑篆額三卷　（清）何澂輯　清
光緒九年(1883)刻本　三冊

330000－1716－0017967　地獻 1091/17967
史部/金石類/石之屬/文字
思古齋雙鉤漢碑篆額三卷　（清）何澂輯　清
光緒九年(1883)刻本　三冊

330000－1716－0017968　地獻 1092/17968
史部/金石類/石之屬/文字
思古齋雙鉤漢碑篆額三卷　（清）何澂輯　清
光緒九年(1883)刻本　三冊

330000－1716－0017969　地獻 1093/17969
史部/金石類/石之屬/文字
思古齋雙鉤漢碑篆額三卷　（清）何澂輯　清
光緒九年(1883)刻本　三冊

330000－1716－0017970　經補 1000－243/
17970　經部/小學類/文字之屬/字書/字典
康熙字典十二集三十六卷總目一卷檢字一卷
辨似一卷等韻一卷補遺一卷備考一卷　（清）
張玉書等纂修　清光緒十三年(1887)上海同
文書局石印本　一冊　存十卷(子集上中下、
丑集上中下,總目,檢字,辨似,等韻)

330000－1716－0017971　地獻 1094/17971
史部/金石類/石之屬/文字
思古齋雙鉤漢碑篆額三卷　（清）何澂輯　清
光緒九年(1883)刻本　三冊

330000－1716－0017972　子補 2765/17972
子部/醫家類/綜合之屬/通論
御纂醫宗金鑑九十卷首一卷　（清）吳謙等撰
　清光緒石印本　三冊　存十六卷(七至十
六、六十九至七十四)

330000－1716－0017973　經補 1000－244/
17973　經部/小學類/文字之屬/字書/字典
康熙字典十二集三十六卷總目一卷檢字一卷
辨似一卷等韻一卷補遺一卷備考一卷　（清）
張玉書等纂修　清末石印本　一冊　存六卷
(酉集上中下、戌集上中下)

330000－1716－0017974　子補 2451/17974
子部/藝術類/書畫之屬/畫譜
冶梅竹譜不分卷　（清）王寅繪　清光緒八年
(1882)金陵王氏刻本　一冊

330000－1716－0017977　地獻 1968－8/
17977　類叢部/叢書類/郡邑之屬

越中文獻輯存書十種十八卷　紹興公報社輯
　清宣統二年至民國元年(1910－1912)紹興
公報社鉛印本　四冊　存四種

330000－1716－0017979　子補 2766/17979
子部/醫家類/綜合之屬/通論

御纂醫宗金鑑九十卷首一卷　(清)吳謙等撰
　清光緒鉛印本　一冊　存八卷(二十六至
三十三)

330000－1716－0017980　地獻 1095/17980
史部/金石類/石之屬/文字

思古齋雙鉤漢碑篆額三卷　(清)何澂輯　清
光緒九年(1883)刻本　三冊

330000－1716－0017981　地獻 1096/17981
史部/金石類/石之屬/文字

思古齋雙鉤漢碑篆額三卷　(清)何澂輯　清
光緒九年(1883)刻本　三冊

330000－1716－0017983　地獻 1097/17983
史部/金石類/石之屬/文字

思古齋雙鉤漢碑篆額三卷　(清)何澂輯　清
光緒九年(1883)刻本　三冊

330000－1716－0017984　地獻 1098/17984
史部/金石類/石之屬/文字

思古齋雙鉤漢碑篆額三卷　(清)何澂輯　清
光緒九年(1883)刻本　三冊

330000－1716－0017986　地獻 1099/17986
史部/金石類/石之屬/文字

思古齋雙鉤漢碑篆額三卷　(清)何澂輯　清
光緒九年(1883)刻本　三冊

330000－1716－0017987　地獻 1101/17987
史部/金石類/石之屬/文字

思古齋雙鉤漢碑篆額三卷　(清)何澂輯　清
光緒九年(1883)刻本　三冊

330000－1716－0017989　地獻 1100/17989
史部/金石類/石之屬/文字

思古齋雙鉤漢碑篆額三卷　(清)何澂輯　清
光緒九年(1883)刻本　三冊

330000－1716－0017990　地獻 1102/17990
史部/金石類/石之屬/文字

思古齋雙鉤漢碑篆額三卷　(清)何澂輯　清
光緒九年(1883)刻本　三冊

330000－1716－0017991　地獻 1103/17991
史部/金石類/石之屬/文字

思古齋雙鉤漢碑篆額三卷　(清)何澂輯　清
光緒九年(1883)刻本　三冊

330000－1716－0017992　地獻 1104/17992
史部/金石類/石之屬/文字

思古齋雙鉤漢碑篆額三卷　(清)何澂輯　清
光緒九年(1883)刻本　三冊

330000－1716－0017993　地獻 1105/17993
史部/金石類/石之屬/文字

思古齋雙鉤漢碑篆額三卷　(清)何澂輯　清
光緒九年(1883)刻本　二冊　缺一卷(三)

330000－1716－0017995　地獻 1106/17995
史部/金石類/石之屬/文字

思古齋雙鉤漢碑篆額三卷　(清)何澂輯　清
光緒九年(1883)刻本　二冊　缺一卷(三)

330000－1716－0017996　地獻 1107/17996
史部/金石類/石之屬/文字

思古齋雙鉤漢碑篆額三卷　(清)何澂輯　清
光緒九年(1883)刻本　二冊　缺一卷(三)

330000－1716－0017997　地獻 1108/17997
史部/金石類/石之屬/文字

思古齋雙鉤漢碑篆額三卷　(清)何澂輯　清
光緒九年(1883)刻本　二冊　缺一卷(三)

330000－1716－0018001　經補 1000－245/
18001　經部/小學類/文字之屬/字書/字典

**康熙字典十二集三十六卷總目一卷檢字一卷
辨似一卷等韻一卷補遺一卷備考一卷**　(清)
張玉書等纂修　清末石印本　一冊　存六卷
(未集上中下、申集上中下)

330000－1716－0018002　子補 2768/18002
子部/醫家類/綜合之屬/通論

御纂醫宗金鑑九十卷首一卷　(清)吳謙等撰
　清刻本　六冊　存十三卷(四、四十一至四

十三、五十至五十一、五十六至六十、八十一
至八十二)

330000 - 1716 - 0018003　經補 1000 - 246/
18003　經部/小學類/文字之屬/字書/字典
**康熙字典十二集三十六卷總目一卷檢字一卷
辨似一卷等韻一卷補遺一卷備考一卷**　（清）
張玉書等纂修　清末上海同文書局石印本
一冊　存九卷(寅集上中下、卯集上中下、辰
集上中下)

330000 - 1716 - 0018004　集補 2450 - 223/
18004　集部/小說類/長篇之屬
四大奇書第一種十九卷首一卷一百二十回
(明)羅貫中撰　（清）毛宗崗評　清大魁堂刻
本　十二冊　存十四卷(一、三至四、十至十
九,首)

330000 - 1716 - 0018005　子補 0001 - 1/
18005　子部/藝術類/書畫之屬/畫譜
芥子園畫傳五卷　（清）王槩輯　清刻本　二
冊　存二卷(三至四)

330000 - 1716 - 0018006　經補 1000 - 247/
18006　經部/小學類/文字之屬/字書/字典
**康熙字典十二集三十六卷總目一卷檢字一卷
辨似一卷等韻一卷補遺一卷備考一卷**　（清）
張玉書等纂修　清末上海久敬齋石印本　一
冊　存六卷(酉集上中下、戌集上中下)

330000 - 1716 - 0018007　集補 2450 - 224/
18007　集部/小說類/長篇之屬
四大奇書第一種十九卷首一卷一百二十回
(明)羅貫中撰　（清）毛宗崗評　清刻本　一
冊　存一卷(九)

330000 - 1716 - 0018008　子補 2769/18008
子部/醫家類/綜合之屬/通論
御纂醫宗金鑑九十卷首一卷　（清）吳謙等撰
清刻本　五冊　存十六卷(八至十五、十七
至十八、二十八至三十、六十四至六十六)

330000 - 1716 - 0018009　子補 0001 - 2/
18009　子部/藝術類/書畫之屬/畫譜
芥子園畫傳五卷　（清）王槩輯　清刻本　一

冊　存二卷(一至二)

330000 - 1716 - 0018010　集補 2450 - 225/
18010　集部/小說類/長篇之屬
四大奇書第一種十九卷首一卷一百二十回
(明)羅貫中撰　（清）毛宗崗評　清刻本　三
冊　存三卷(一至二、七)

330000 - 1716 - 0018011　經補 1000 - 248/
18011　經部/小學類/文字之屬/字書/字典
**康熙字典十二集三十六卷總目一卷檢字一卷
辨似一卷等韻一卷補遺一卷備考一卷**　（清）
張玉書等纂修　清末石印本　三冊　缺十三
卷(子集上中下、丑集上中下、寅集上中下,總
目,檢字,辨似,等韻)

330000 - 1716 - 0018012　子補 0001 - 3/
18012　子部/藝術類/書畫之屬/畫譜
芥子園畫傳四集四卷　（清）丁皋等撰輯　**芥
子園圖章會纂一卷**　（清）李漁撰　清嘉慶二
十三年(1818)金陵抱青閣刻本　一冊　存一
卷(一)

330000 - 1716 - 0018014　集補 2450 - 226/
18014　集部/小說類/長篇之屬
四大奇書第一種十九卷首一卷一百二十回
(明)羅貫中撰　（清）毛宗崗評　清刻本　五
冊　存五卷(三、五至七、十六)

330000 - 1716 - 0018015　經補 1000 - 249/
18015　經部/小學類/文字之屬/字書/字典
**康熙字典十二集三十六卷總目一卷檢字一卷
辨似一卷等韻一卷補遺一卷備考一卷**　（清）
張玉書等纂修　清末石印本　一冊　存二十
卷(午集上中下、未集上中下、申集上中下、酉
集上中下、戌集上中下、亥集上中下,補遺,備
考)

330000 - 1716 - 0018017　子補 2770/18017
子部/醫家類/綜合之屬/通論
御纂醫宗金鑑九十卷首一卷　（清）吳謙等撰
清刻本　七冊　存十四卷(外科一至二、六
至十四,內科六十一至六十三)

330000 - 1716 - 0018018　經補 1000 - 250/

18018　　經部/小學類/文字之屬/字書/字典

康熙字典十二集三十六卷總目一卷檢字一卷辨似一卷等韻一卷補遺一卷備考一卷　（清）張玉書等纂修　清末石印本　一冊　存一卷（巳集上）

330000－1716－0018019　　集補 1873/18019　集部/曲類/彈詞之屬

新刻秘本雲中落繡鞋九卷九回　清末上海文元書莊石印本　一冊

330000－1716－0018020　　子補 2594/18020　子部/藝術類/書畫之屬

詩畫舫六卷　（清）點石齋輯　清光緒三十年（1904）上海點石齋石印本　六冊

330000－1716－0018021　　經補 1000－251/18021　　經部/小學類/文字之屬/字書/字典

康熙字典十二集三十六卷總目一卷檢字一卷辨似一卷等韻一卷補遺一卷備考一卷　（清）張玉書等纂修　清末上海申報館石印本　二冊　存二十卷（午集上中下、未集上中下、申集上中下、酉集上中下、戌集上中下、亥集上中下,補遺,備考）

330000－1716－0018022　　集補 2450－227/18022　　集部/小說類/長篇之屬

第一才子書十九卷首一卷一百二十回　（明）羅貫中撰　清刻本　二冊　存二卷（十、十二）

330000－1716－0018023　　集補 2450－228/18023　　集部/小說類/長篇之屬

四大奇書第一種十九卷首一卷一百二十回　（明）羅貫中撰　（清）毛宗崗評　清愛日堂刻本　一冊　存一卷（首）

330000－1716－0018024　　經補 1000－252/18024　　經部/小學類/文字之屬/字書/字典

康熙字典十二集三十六卷總目一卷檢字一卷辨似一卷等韻一卷補遺一卷備考一卷　（清）張玉書等纂修　清末石印本　一冊　存二十卷（午集上中下、未集上中下、申集上中下、酉集上中下、戌集上中下、亥集上中下,補遺,備考）

330000－1716－0018026　　經補 1000－253/18026　　經部/小學類/文字之屬/字書/字典

康熙字典十二集三十六卷總目一卷檢字一卷辨似一卷等韻一卷補遺一卷備考一卷　（清）張玉書等纂修　清光緒八年（1882）上海點石齋石印本　三冊　缺十一卷（酉集上中下、戌集上中下、亥集上中下,補遺,備考）

330000－1716－0018028　　子補 0001－4/18028　子部/藝術類/書畫之屬/畫譜

芥子園畫傳初集六卷二集九卷三集六卷　（清）王槩　（清）王蓍　（清）王臬輯　清末石印本　一冊　存二卷（二集三至四）

330000－1716－0018029　　地獻 1109/18029　史部/金石類/石之屬/文字

思古齋雙鉤漢碑篆額三卷　（清）何澂輯　清光緒九年（1883）刻本　一冊　存一卷（一）

330000－1716－0018030　　子補 2771/18030　子部/醫家類/綜合之屬/通論

御纂醫宗金鑑九十卷首一卷　（清）吳謙等撰　清刻本　一冊　存二卷（七十六至七十七）

330000－1716－0018031　　地獻 1110/18031　史部/金石類/石之屬/文字

思古齋雙鉤漢碑篆額三卷　（清）何澂輯　清光緒九年（1883）刻本　二冊　缺一卷（一）

330000－1716－0018032　　地獻 1111/18032　史部/金石類/石之屬/文字

思古齋雙鉤漢碑篆額三卷　（清）何澂輯　清光緒九年（1883）刻本　一冊　存一卷（二）

330000－1716－0018034　　地獻 1112/18034　史部/金石類/石之屬/文字

思古齋雙鉤漢碑篆額三卷　（清）何澂輯　清光緒九年（1883）刻本　一冊　存一卷（二）

330000－1716－0018035　　地獻 1113/18035　史部/金石類/石之屬/文字

思古齋雙鉤漢碑篆額三卷　（清）何澂輯　清光緒九年（1883）刻本　一冊　存一卷（二）

330000－1716－0018036　　子補 0001－5/18036　子部/藝術類/書畫之屬/畫譜

芥子園畫傳初集六卷二集九卷三集六卷四集六卷 （清）王槩 （清）王蓍 （清）王臬輯 清末石印本 八冊 存十四卷(二集一至九、三集三至四、四集四至六)

330000－1716－0018037 子補 2772/18037 子部/醫家類/綜合之屬/通論
御纂醫宗金鑑九十卷首一卷 （清）吳謙等撰 清刻本 一冊 存一卷(二十)

330000－1716－0018038 地獻 1114/18038 史部/金石類/石之屬/文字
思古齋雙鉤漢碑篆額三卷 （清）何澂輯 清光緒九年(1883)刻本 一冊 存一卷(二)

330000－1716－0018041 經補 1000－31/18041 經部/小學類/文字之屬/字書/字典
康熙字典十二集三十六卷總目一卷檢字一卷辨似一卷等韻一卷補遺一卷備考一卷 （清）張玉書等纂修 清光緒十四年(1888)上海蜚英館石印本 四冊 缺八卷(未集上中下、申集上中下,補遺,備考)

330000－1716－0018042 譜 0212/18042 史部/傳記類/總傳之屬/家乘
[浙江紹興]會稽陶氏族譜三十二卷 （清）陶際堯纂修 清道光十年(1830)刻本 清查仙公題記 二十冊

330000－1716－0018043 經補 1000－32/18043 經部/小學類/文字之屬/字書/字典
康熙字典十二集三十六卷總目一卷檢字一卷辨似一卷等韻一卷補遺一卷備考一卷 （清）張玉書等纂修 清光緒二十五年(1899)上海慎記書莊石印本 五冊 缺五卷(亥集上中下、補遺、備考)

330000－1716－0018044 譜 0211/18044 史部/傳記類/總傳之屬/家乘
[浙江紹興]彭城錢氏大宗譜一卷吳越錢氏慶系譜一卷 （清）錢培福纂修 清光緒二十年(1894)刻本 一冊

330000－1716－0018045 子補 2773/18045 子部/醫家類/綜合之屬/通論

御纂醫宗金鑑九十卷首一卷 （清）吳謙等撰 清刻本 二冊 存三卷(一至二、首)

330000－1716－0018049 子補 0001－6/18049 子部/藝術類/書畫之屬/畫譜
芥子園畫傳初集六卷二集九卷三集六卷四集六卷 （清）王槩 （清）王蓍 （清）王臬輯 清末石印本 一冊 存一卷(四集五)

330000－1716－0018051 子補 2774/18051 子部/醫家類/綜合之屬/通論
御纂醫宗金鑑九十卷首一卷 （清）吳謙等撰 清刻本 二冊 存四卷(十至十一、七十三至七十四)

330000－1716－0018052 集補 1865/18052 集部/小說類/短篇之屬
西湖拾遺四十八卷 （清）陳樹基輯 清刻本 十冊 存二十二卷(二十至二十二、二十五至三十一、三十七至四十八)

330000－1716－0018053 子補 2775/18053 子部/醫家類/綜合之屬/通論
御纂醫宗金鑑九十卷首一卷 （清）吳謙等撰 清刻本 三冊 存五卷(四十九至五十、七十七、八十一至八十二)

330000－1716－0018054 經補 1000－30/18054 經部/小學類/文字之屬/字書/字典
康熙字典十二集三十六卷總目一卷檢字一卷辨似一卷等韻一卷補遺一卷備考一卷 （清）張玉書等纂修 清光緒十三年(1887)上海積山書局石印本 五冊

330000－1716－0018055 子補 2776/18055 子部/醫家類/綜合之屬/通論
御纂醫宗金鑑九十卷首一卷 （清）吳謙等撰 清刻本 一冊 存二卷(一、首)

330000－1716－0018056 集補 1866/18056 集部/曲類/彈詞之屬
繡像芙蓉洞全傳十卷四十回 （清）陳遇乾撰 （清）陳士奇 （清）俞秀山校 清道光十六年(1836)刻本 九冊 缺一卷(六)

330000－1716－0018057 譜 0213/18057 史

部/傳記類/總傳之屬/家乘

[浙江紹興]會稽陶氏族譜三十二卷　（清）陶
在銘等纂修　清光緒二十九年（1903）刻本
二十四冊

330000－1716－0018058　子補2777/18058
子部/醫家類/綜合之屬/通論

御纂醫宗金鑑九十卷首一卷　（清）吳謙等撰
　清三讓堂刻本　二冊　存三卷（八十五至
八十七）

330000－1716－0018059　經補1000－33/
18059　經部/小學類/文字之屬/字書/字典

康熙字典十二集三十六卷總目一卷檢字一卷
辨似一卷等韻一卷補遺一卷備考一卷　（清）
張玉書等纂修　清光緒十年（1884）上海同文
書局石印本　五冊　缺九卷（寅集上中下、卯
集上中下、辰集上中下）

330000－1716－0018060　子補2778/18060
子部/醫家類/綜合之屬/通論

御纂醫宗金鑑九十卷首一卷　（清）吳謙等撰
　清刻本　二冊　存二卷（外科二、七）

330000－1716－0018061　經補1000－34/
18061　經部/小學類/文字之屬/字書/字典

康熙字典十二集三十六卷總目一卷檢字一卷
辨似一卷等韻一卷補遺一卷備考一卷　（清）
張玉書等纂修　清末石印本　六冊　存二十
卷（午集上中下、未集上中下、申集上中下、酉
集上中下、戌集上中下、亥集上中下，補遺，備
考）

330000－1716－0018073　集補1867/18073
集部/曲類/彈詞之屬

繡像芙蓉洞全傳十卷四十回　（清）陳遇乾撰
　（清）陳士奇　（清）俞秀山校　清道光十六
年（1836）刻本　二冊　缺二卷（五至六）

330000－1716－0018077　集補1868/18077
集部/曲類/彈詞之屬

繡像芙蓉洞全傳十卷四十回　（清）陳遇乾撰
　（清）陳士奇　（清）俞秀山校　清道光十六
年（1836）刻本　六冊　缺四卷（六、八至十）

330000－1716－0018080　地獻1118/18080
集部/別集類/清別集

通雅堂詩鈔箋注十卷首一卷續集箋注二卷附
薑露盦詩話一卷　（清）施山撰　施煐箋注
清光緒石印本　四冊

330000－1716－0018083　集補1869/18083
集部/曲類/彈詞之屬

繡像倭袍傳十二卷一百回　（清）海蘭濤撰
清道光四年（1824）刻本　十二冊

330000－1716－0018085　史補1157/18085
史部/編年類/通代之屬

御批歷代通鑑輯覽一百二十卷　（清）傅恒等
撰　清光緒石印本　十七冊　缺二十六卷
（五至十、三十六至四十、六十六至七十、一百
十一至一百二十）

330000－1716－0018087　子補0001－8/
18087　子部/藝術類/書畫之屬/畫譜

芥子園畫傳初集六卷二集九卷三集四卷續集
二卷　（清）王槩　（清）王蓍　（清）王臬輯
　清光緒十三年至十四年（1887－1888）鴻文
書局石印本　三冊　存六卷（初集一至六）

330000－1716－0018088　地獻1119/18088
集部/別集類/清別集

通雅堂詩鈔箋注十卷首一卷續集箋注二卷附
薑露盦詩話一卷　（清）施山撰　施煐箋注
清光緒石印本　四冊

330000－1716－0018089　史補1158/18089
新學/史志/諸國史

萬國綱鑑易知錄二十卷　（日本）岡本監輔撰
　清石印本　四冊　缺六卷（四至九）

330000－1716－0018090　地獻1120/18090
集部/別集類/清別集

通雅堂詩鈔箋注十卷首一卷續集箋注二卷附
薑露盦詩話一卷　（清）施山撰　施煐箋注
清光緒石印本　四冊

330000－1716－0018091　地獻1121/18091
集部/別集類/清別集

通雅堂詩鈔十卷續集二卷　（清）施山撰　清

光緒元年(1875)荊州刻本　二冊

330000－1716－0018092　地獻1122/18092
集部/別集類/清別集
通雅堂詩鈔十卷續集二卷　(清)施山撰　清
光緒元年(1875)荊州刻本　二冊

330000－1716－0018093　地獻1123/18093
集部/別集類/清別集
通雅堂詩鈔十卷續集二卷　(清)施山撰　清
光緒元年(1875)荊州刻本　二冊

330000－1716－0018094　地獻1124/18094
集部/別集類/清別集
通雅堂詩鈔十卷續集二卷　(清)施山撰　清
光緒元年(1875)荊州刻本　二冊

330000－1716－0018095　地獻1125/18095
集部/別集類/清別集
通雅堂詩鈔十卷續集二卷　(清)施山撰　清
光緒元年(1875)荊州刻本　二冊

330000－1716－0018096　地獻1126/18096
集部/別集類/清別集
通雅堂詩鈔十卷續集二卷　(清)施山撰　清
光緒元年(1875)荊州刻本　二冊

330000－1716－0018097　子補2472/18097
子部/藝術類/書畫之屬
書法正傳一卷　(清)蔣和撰　清光緒六年
(1880)刻本　一冊

330000－1716－0018099　經補1001－1/
18099　經部/小學類/文字之屬/字書/字典
康熙字典十二集三十六卷總目一卷檢字一卷
辨似一卷等韻一卷補遺一卷備考一卷　(清)
張玉書等纂修　清光緒十八年(1892)上洋點
石齋石印本　一冊　存十卷(子集上中下、丑
集上中下,總目,檢字,辨似,等韻)

330000－1716－0018100　史補0893－2/
18100　史部/傳記類/總傳之屬/姓名
聖祖仁皇帝御製百家姓一卷耕織圖詩一卷
唐風箋注　清宣統三年(1911)鉛印本　一冊

330000－1716－0018104　經補1001－2/

18104　經部/小學類/文字之屬/字書/字典
康熙字典十二集三十六卷總目一卷檢字一卷
辨似一卷等韻一卷補遺一卷備考一卷　(清)
張玉書等纂修　清末上海久敬齋石印本　一
冊　存六卷(巳集上中下、午集上中下)

330000－1716－0018105　史補0893－3/
18105　史部/傳記類/總傳之屬/姓名
聖祖仁皇帝御製百家姓一卷耕織圖詩一卷
唐風箋注　清宣統三年(1911)鉛印本　一冊

330000－1716－0018106　史補0893－4/
18106　史部/傳記類/總傳之屬/姓名
聖祖仁皇帝御製百家姓一卷耕織圖詩一卷
唐風箋注　清宣統三年(1911)鉛印本　一冊

330000－1716－0018107　經補1001－3/
18107　經部/小學類/文字之屬/字書/字典
康熙字典十二集三十六卷總目一卷檢字一卷
辨似一卷等韻一卷補遺一卷備考一卷　(清)
張玉書等纂修　清末石印本　一冊　存六卷
(酉集上中下、戌集上中下)

330000－1716－0018108　史補0893－5/
18108　史部/傳記類/總傳之屬/姓名
聖祖仁皇帝御製百家姓一卷耕織圖詩一卷
唐風箋注　清宣統三年(1911)鉛印本　一冊

330000－1716－0018109　史補0893－6/
18109　史部/傳記類/總傳之屬/姓名
聖祖仁皇帝御製百家姓一卷耕織圖詩一卷
唐風箋注　清宣統三年(1911)鉛印本　一冊

330000－1716－0018110　史補0893－7/
18110　史部/傳記類/總傳之屬/姓名
聖祖仁皇帝御製百家姓一卷耕織圖詩一卷
唐風箋注　清宣統三年(1911)鉛印本　一冊

330000－1716－0018111　普叢0117/18111
類叢部/叢書類/彙編之屬
增訂漢魏叢書八十六種　(清)王謨編　清乾
隆五十六年(1791)金谿王氏刻本　八十冊

330000－1716－0018112　地獻1127/18112
集部/別集類/清別集
通雅堂詩鈔十卷續集二卷　(清)施山撰　清

光緒元年（1875）荊州刻本　一冊　缺七卷
（一至七）

330000－1716－0018113　地獻 1128/18113
集部/別集類/清別集
通雅堂詩鈔十卷續集二卷　（清）施山撰　清
光緒元年（1875）荊州刻本　一冊　缺七卷
（一至七）

330000－1716－0018114　經補 1001－4/
18114　經部/小學類/文字之屬/字書/字典
康熙字典十二集三十六卷總目一卷檢字一卷
辨似一卷等韻一卷補遺一卷備考一卷　（清）
張玉書等纂修　清末石印本　二冊　存十二
卷（已集上中下、午集上中下、未集上中下、申
集上中下）

330000－1716－0018115　地獻 1129/18115
集部/別集類/清別集
通雅堂詩鈔十卷續集二卷　（清）施山撰　清
光緒元年（1875）荊州刻本　一冊　缺七卷
（一至七）

330000－1716－0018116　史補 0001/18116
史部/地理類/方志之屬/郡縣志
[同治]上江兩縣志二十九卷首一卷　（清）莫
祥芝　（清）甘紹盤修　（清）汪士鐸等纂　清
同治十三年（1874）刻本　七冊　存十九卷
（一至三、七至十二、十五至二十三,首）

330000－1716－0018117　地獻 1130/18117
集部/別集類/清別集
通雅堂詩鈔十卷續集二卷　（清）施山撰　清
光緒元年（1875）荊州刻本　一冊　缺七卷
（一至七）

330000－1716－0018118　地獻 1131/18118
集部/別集類/清別集
通雅堂詩鈔十卷續集二卷　（清）施山撰　清
光緒元年（1875）荊州刻本　一冊　存四卷
（一至四）

330000－1716－0018119　史補 0002/18119
史部/地理類/方志之屬/郡縣志
[同治]上江兩縣志二十九卷首一卷　（清）莫

祥芝　（清）甘紹盤修　（清）汪士鐸等纂　清
同治十三年（1874）刻本　一冊　存三卷（一
至二、首）

330000－1716－0018120　經補 1001－5/
18120　經部/小學類/文字之屬/字書/字典
康熙字典十二集三十六卷總目一卷檢字一卷
辨似一卷等韻一卷補遺一卷備考一卷　（清）
張玉書等纂修　清末石印本　一冊　存五卷
（亥集上中下、補遺、備考）

330000－1716－0018121　地獻 1132/18121
集部/別集類/清別集
通雅堂詩鈔十卷續集二卷　（清）施山撰　清
光緒元年（1875）荊州刻本　一冊　存四卷
（一至四）

330000－1716－0018122　經補 1001－6/
18122　經部/小學類/文字之屬/字書/字典
康熙字典十二集三十六卷總目一卷檢字一卷
辨似一卷等韻一卷補遺一卷備考一卷　（清）
張玉書等纂修　清光緒三十三年（1907）上海
鴻文書局石印本　一冊　存十卷（子集上中
下、丑集上中下,總目,檢字,辨似,等韻）

330000－1716－0018123　史補 0003/18123
史部/地理類/方志之屬/郡縣志
[光緒]續修江陵縣志六十五卷首一卷　（清）
蒯正昌　（清）吳耀斗修　（清）胡九皋
（清）劉長謙纂　清光緒三年（1877）刻本　二
十三冊　缺一卷（六十五）

330000－1716－0018124　史補 0893－8/
18124　史部/傳記類/總傳之屬/姓名
聖祖仁皇帝御製百家姓一卷耕織圖詩一卷
唐風箋注　清宣統三年（1911）鉛印本　一冊

330000－1716－0018125　史補 0893－9/
18125　史部/傳記類/總傳之屬/姓名
聖祖仁皇帝御製百家姓一卷耕織圖詩一卷
唐風箋注　清宣統三年（1911）鉛印本　一冊

330000－1716－0018126　史補 0893－10/
18126　史部/傳記類/總傳之屬/姓名
聖祖仁皇帝御製百家姓一卷耕織圖詩一卷

唐風箋注　清宣統三年(1911)鉛印本　一冊

330000－1716－0018127　史補 0893－11/
18127　史部/傳記類/總傳之屬/姓名
聖祖仁皇帝御製百家姓一卷耕織圖詩一卷
唐風箋注　清宣統三年(1911)鉛印本　一冊

330000－1716－0018128　史補 0893－12/
18128　史部/傳記類/總傳之屬/姓名
聖祖仁皇帝御製百家姓一卷耕織圖詩一卷
唐風箋注　清宣統三年(1911)鉛印本　一冊

330000－1716－0018129　經補 1001－9/
18129　經部/小學類/文字之屬/字書/字典
**康熙字典十二集三十六卷總目一卷檢字一卷
辨似一卷等韻一卷補遺一卷備考一卷　（清）**
張玉書等纂修　清末石印本　一冊　存九卷
(寅集上中下、卯集上中下、辰集上中下)

330000－1716－0018130　史補 0893－13/
18130　史部/傳記類/總傳之屬/姓名
聖祖仁皇帝御製百家姓一卷耕織圖詩一卷
唐風箋注　清宣統三年(1911)鉛印本　一冊

330000－1716－0018131　史補 0893－14/
18131　史部/傳記類/總傳之屬/姓名
聖祖仁皇帝御製百家姓一卷耕織圖詩一卷
唐風箋注　清宣統三年(1911)鉛印本　一冊

330000－1716－0018132　經補 1001－7/
18132　經部/小學類/文字之屬/字書/字典
**康熙字典十二集三十六卷總目一卷檢字一卷
辨似一卷等韻一卷補遺一卷備考一卷　（清）**
張玉書等纂修　清末石印本　二冊　存十二
卷(巳集上中下、午集上中下、未集上中下、申
集上中下)

330000－1716－0018133　史補 0893－15/
18133　史部/傳記類/總傳之屬/姓名
聖祖仁皇帝御製百家姓一卷耕織圖詩一卷
唐風箋注　清宣統三年(1911)鉛印本　一冊

330000－1716－0018134　地獻 1133/18134
子部/雜著類/雜說之屬
淮南許注異同詁四卷補遺一卷續補一卷
(清)陶方琦撰　清光緒七年至十年(1881－

1884)湘南使院刻本　三冊

330000－1716－0018135　史補 0893－16/
18135　史部/傳記類/總傳之屬/姓名
聖祖仁皇帝御製百家姓一卷耕織圖詩一卷
唐風箋注　清宣統三年(1911)鉛印本　一冊

330000－1716－0018136　經補 1001－8/
18136　經部/小學類/文字之屬/字書/字典
**康熙字典十二集三十六卷總目一卷檢字一卷
辨似一卷等韻一卷補遺一卷備考一卷　（清）**
張玉書等纂修　清末石印本　一冊　存四卷
(午集中、未集上中下)

330000－1716－0018137　史補 0893－17/
18137　史部/傳記類/總傳之屬/姓名
聖祖仁皇帝御製百家姓一卷耕織圖詩一卷
唐風箋注　清宣統三年(1911)鉛印本　一冊

330000－1716－0018138　史補 0893－18/
18138　史部/傳記類/總傳之屬/姓名
聖祖仁皇帝御製百家姓一卷耕織圖詩一卷
唐風箋注　清宣統三年(1911)鉛印本　一冊

330000－1716－0018139　經補 1001－10/
18139　經部/小學類/文字之屬/字書/字典
**康熙字典十二集三十六卷總目一卷檢字一卷
辨似一卷等韻一卷補遺一卷備考一卷　（清）**
張玉書等纂修　清宣統三年(1911)上海章福
記石印本　三冊　存二十一卷(子集上中下、
丑集上中下、巳集上中下、午集上中下、亥集
上中下、總目,檢字,辨似,等韻,補遺,備考)

330000－1716－0018140　地獻 1134/18140
子部/雜著類/雜說之屬
淮南許注異同詁四卷補遺一卷續補一卷
(清)陶方琦撰　清光緒七年至十年(1881－
1884)湘南使院刻本　三冊

330000－1716－0018142　史補 0893－19/
18142　史部/傳記類/總傳之屬/姓名
聖祖仁皇帝御製百家姓一卷耕織圖詩一卷
唐風箋注　清宣統三年(1911)鉛印本　一冊

330000－1716－0018143　地獻 1135/18143
子部/雜著類/雜說之屬

淮南許注異同詁四卷補遺一卷續補一卷
(清)陶方琦撰　清光緒七年至十年(1881－
1884)湘南使院刻本　三冊

330000－1716－0018144　史補 0893－20/
18144　史部/傳記類/總傳之屬/姓名
聖祖仁皇帝御製百家姓一卷耕織圖詩一卷
唐風箋注　清宣統三年(1911)鉛印本　一冊

330000－1716－0018145　地獻 1136/18145
子部/雜著類/雜說之屬
淮南許注異同詁四卷補遺一卷續補一卷
(清)陶方琦撰　清光緒七年至十年(1881－
1884)湘南使院刻本　三冊

330000－1716－0018146　史補 0893－21/
18146　史部/傳記類/總傳之屬/姓名
聖祖仁皇帝御製百家姓一卷耕織圖詩一卷
唐風箋注　清宣統三年(1911)鉛印本　一冊

330000－1716－0018147　地獻 1137/18147
子部/雜著類/雜說之屬
淮南許注異同詁四卷補遺一卷續補一卷
(清)陶方琦撰　清光緒七年至十年(1881－
1884)湘南使院刻本　三冊

330000－1716－0018148　地獻 1138/18148
子部/雜著類/雜說之屬
淮南許注異同詁四卷補遺一卷續補一卷
(清)陶方琦撰　清光緒七年至十年(1881－
1884)湘南使院刻本　三冊

330000－1716－0018149　史補 0893－22/
18149　史部/傳記類/總傳之屬/姓名
聖祖仁皇帝御製百家姓一卷耕織圖詩一卷
唐風箋注　清宣統三年(1911)鉛印本　一冊

330000－1716－0018150　史補 0893－23/
18150　史部/傳記類/總傳之屬/姓名
聖祖仁皇帝御製百家姓一卷耕織圖詩一卷
唐風箋注　清宣統三年(1911)鉛印本　一冊

330000－1716－0018151　地獻 1139/18151
子部/雜著類/雜說之屬
淮南許注異同詁四卷補遺一卷續補一卷
(清)陶方琦撰　清光緒七年至十年(1881－

1884)湘南使院刻本　三冊

330000－1716－0018152　史補 0893－24/
18152　史部/傳記類/總傳之屬/姓名
聖祖仁皇帝御製百家姓一卷耕織圖詩一卷
唐風箋注　清宣統三年(1911)鉛印本　一冊

330000－1716－0018153　地獻 1140/18153
子部/雜著類/雜說之屬
淮南許注異同詁四卷補遺一卷續補一卷
(清)陶方琦撰　清光緒七年至十年(1881－
1884)湘南使院刻本　三冊

330000－1716－0018154　經補 1096/18154
經部/小學類/訓詁之屬/字詁
字說一卷　(清)吳大澂撰　清光緒十九年
(1893)長沙思賢講舍刻本　一冊

330000－1716－0018155　地獻 1141/18155
子部/雜著類/雜說之屬
淮南許注異同詁四卷補遺一卷續補一卷
(清)陶方琦撰　清光緒七年至十年(1881－
1884)湘南使院刻本　三冊

330000－1716－0018156　史補 0893－25/
18156　史部/傳記類/總傳之屬/姓名
聖祖仁皇帝御製百家姓一卷耕織圖詩一卷
唐風箋注　清宣統三年(1911)鉛印本　一冊

330000－1716－0018157　地獻 1142/18157
子部/雜著類/雜說之屬
淮南許注異同詁四卷補遺一卷續補一卷
(清)陶方琦撰　清光緒七年至十年(1881－
1884)湘南使院刻本　三冊

330000－1716－0018158　史補 0893－26/
18158　史部/傳記類/總傳之屬/姓名
聖祖仁皇帝御製百家姓一卷耕織圖詩一卷
唐風箋注　清宣統三年(1911)鉛印本　一冊

330000－1716－0018159　地獻 1143/18159
子部/雜著類/雜說之屬
淮南許注異同詁四卷補遺一卷續補一卷
(清)陶方琦撰　清光緒七年至十年(1881－
1884)湘南使院刻本　三冊

330000－1716－0018160　史補 0893－27/
18160　史部/傳記類/總傳之屬/姓名
聖祖仁皇帝御製百家姓一卷耕織圖詩一卷
唐風箋注　清宣統三年(1911)鉛印本　一冊

330000－1716－0018161　地獻 1144/18161
子部/雜著類/雜說之屬
淮南許注異同詁四卷補遺一卷續補一卷
(清)陶方琦撰　清光緒七年至十年(1881－
1884)湘南使院刻本　三冊

330000－1716－0018163　地獻 1145/18163
子部/雜著類/雜說之屬
淮南許注異同詁四卷補遺一卷續補一卷
(清)陶方琦撰　清光緒七年至十年(1881－
1884)湘南使院刻本　三冊

330000－1716－0018164　史補 0893－28/
18164　史部/傳記類/總傳之屬/姓名
聖祖仁皇帝御製百家姓一卷耕織圖詩一卷
唐風箋注　清宣統三年(1911)鉛印本　一冊

330000－1716－0018165　史補 0893－29/
18165　史部/傳記類/總傳之屬/姓名
聖祖仁皇帝御製百家姓一卷耕織圖詩一卷
唐風箋注　清宣統三年(1911)鉛印本　一冊

330000－1716－0018166　史補 0893－30/
18166　史部/傳記類/總傳之屬/姓名
聖祖仁皇帝御製百家姓一卷耕織圖詩一卷
唐風箋注　清宣統三年(1911)鉛印本　一冊

330000－1716－0018167　史補 0004/18167
史部/地理類/方志之屬/郡縣志
[民國]杭州府志一百七十八卷首八卷　(清)
龔嘉儁等主修　清光緒二十四年(1898)修民
國五年(1916)續修十一年(1922)鉛印本　四
十六冊　存一百十五卷(一至六、五十一至五
十六、七十六至一百七十八)

330000－1716－0018168　史補 0893－31/
18168　史部/傳記類/總傳之屬/姓名
聖祖仁皇帝御製百家姓一卷耕織圖詩一卷
唐風箋注　清宣統三年(1911)鉛印本　一冊

330000－1716－0018170　史補 0893－32/

18170　史部/傳記類/總傳之屬/姓名
聖祖仁皇帝御製百家姓一卷耕織圖詩一卷
唐風箋注　清宣統三年(1911)鉛印本　一冊

330000－1716－0018171　史補 0893－33/
18171　史部/傳記類/總傳之屬/姓名
聖祖仁皇帝御製百家姓一卷耕織圖詩一卷
唐風箋注　清宣統三年(1911)鉛印本　一冊

330000－1716－0018173　史補 0893－34/
18173　史部/傳記類/總傳之屬/姓名
聖祖仁皇帝御製百家姓一卷耕織圖詩一卷
唐風箋注　清宣統三年(1911)鉛印本　一冊

330000－1716－0018174　史補 0893－35/
18174　史部/傳記類/總傳之屬/姓名
聖祖仁皇帝御製百家姓一卷耕織圖詩一卷
唐風箋注　清宣統三年(1911)鉛印本　一冊

330000－1716－0018176　地獻 1376－6/
18176　史部/政書類/律令之屬/律例
**大清律例增修統纂集成四十卷附督捕則例附
纂二卷**　(清)姚潤輯　(清)陶駿　(清)陶
念霖增輯　清同治十年(1871)刻本　清陶翼
臣題記　二十三冊　缺一卷(五)

330000－1716－0018177　經補 1001－11/
18177　經部/小學類/文字之屬/字書/字典
**康熙字典十二集三十六卷總目一卷檢字一卷
辨似一卷等韻一卷補遺一卷備考一卷**　(清)
張玉書等纂修　清末石印本　一冊　存六卷
(酉集上中下、戌集上中下)

330000－1716－0018180　經補 1001－12/
18180　經部/小學類/文字之屬/字書/字典
**康熙字典十二集三十六卷總目一卷檢字一卷
辨似一卷等韻一卷補遺一卷備考一卷**　(清)
張玉書等纂修　清末上海久敬齋石印本　一
冊　存六卷(酉集上中下、戌集上中下)

330000－1716－0018182　經補 1001－14/
18182　經部/小學類/文字之屬/字書/字典
**康熙字典十二集三十六卷總目一卷檢字一卷
辨似一卷等韻一卷補遺一卷備考一卷**　(清)
張玉書等纂修　清末石印本　三冊　存二十

卷(寅集上中下、卯集上中下、辰集上中下、巳集上中下、午集上中下、亥集上中下,補遺,備考)

330000 – 1716 – 0018183　經補 1001 – 15/18183　經部/小學類/文字之屬/字書/字典
康熙字典十二集三十六卷總目一卷檢字一卷辨似一卷等韻一卷補遺一卷備考一卷　（清）張玉書等纂修　清末石印本　二冊　存十一卷(已集上中下、午集上中下、亥集上中下,補遺,備考)

330000 – 1716 – 0018184　史補 0006/18184　史部/政書類/通制之屬
通志略五十二卷　（宋）鄭樵撰　清刻本　九冊　存五卷(職官略、災祥、樂略、諡略、校讎藝文)

330000 – 1716 – 0018185　經補 1001 – 16/18185　經部/小學類/文字之屬/字書/字典
康熙字典十二集三十六卷總目一卷檢字一卷辨似一卷等韻一卷補遺一卷備考一卷　（清）張玉書等纂修　清末石印本　一冊　存五卷(亥集上中下、補遺、備考)

330000 – 1716 – 0018186　史補 0007/18186　史部/地理類/方志之屬/郡縣志
[同治]湖州府志九十六卷首一卷　（清）宗源瀚　（清）楊榮緒　（清）郭式昌修　（清）周學濬　（清）陸心源　（清）汪曰楨纂　清同治十一年至十三年(1872 – 1874)愛山書院刻本　二冊　存四卷(八至九、二十三至二十四)

330000 – 1716 – 0018187　經補 1001 – 17/18187　經部/小學類/文字之屬/字書/字典
康熙字典十二集三十六卷總目一卷檢字一卷辨似一卷等韻一卷補遺一卷備考一卷　（清）張玉書等纂修　清末上海商務印書館石印本　一冊　存六卷(未集上中下、申集上中下)

330000 – 1716 – 0018189　地獻 1146/18189　類叢部/叢書類/家集之屬
董氏叢書十六種　（清）董金鑑編　清光緒三十二年(1906)會稽董氏取斯家塾刻本　十二冊

330000 – 1716 – 0018190　史補 0008/18190　史部/地理類/方志之屬/郡縣志
[光緒]泰興縣志二十六卷首一卷末一卷　（清）楊激雲修　（清）顧曾烜纂　清光緒十二年(1886)刻本　一冊　存四卷(十四至十七)

330000 – 1716 – 0018191　史補 0009/18191　史部/地理類/方志之屬/郡縣志
[光緒]泰興縣志二十六卷首一卷末一卷　（清）楊激雲修　（清）顧曾烜纂　清光緒十二年(1886)刻本　一冊　存五卷(一至五)

330000 – 1716 – 0018192　子補 0101/18192　子部/醫家類/本草之屬/歷代綜合本草
本草從新十八卷　（清）吳儀洛輯　清末石印本　二冊

330000 – 1716 – 0018193　子補 0102/18193　子部/醫家類/本草之屬/歷代綜合本草
本草從新十八卷　（清）吳儀洛輯　清光緒二十二年(1896)上海圖書集成印書局鉛印本　孝焱題簽　四冊

330000 – 1716 – 0018194　史補 0010/18194　史部/地理類/方志之屬/郡縣志
[道光]縉雲縣志十八卷首一卷　（清）湯成烈修　（清）尹希伊　（清）余偉纂　清道光二十九年(1849)刻本　二冊　存三卷(四至五、十三)

330000 – 1716 – 0018195　子補 0103/18195　子部/醫家類/本草之屬/歷代綜合本草
本草從新十八卷　（清）吳儀洛輯　清光緒二十九年(1903)上海醉六書局石印本　四冊

330000 – 1716 – 0018196　地獻 1147/18196　類叢部/叢書類/家集之屬
董氏叢書十六種　（清）董金鑑編　清光緒三十二年(1906)會稽董氏取斯家塾刻本　十二冊

330000 – 1716 – 0018198　地獻 1148/18198　類叢部/叢書類/家集之屬
董氏叢書十六種　（清）董金鑑編　清光緒三十二年(1906)會稽董氏取斯家塾刻本　十

二冊

330000－1716－0018201　地獻 1149/18201
類叢部/叢書類/家集之屬

董氏叢書十六種　（清）董金鑑編　清光緒三
十二年(1906)會稽董氏取斯家塾刻本　十
二冊

330000－1716－0018203　經補 1001－22/
18203　經部/小學類/文字之屬/字書/字典

康熙字典十二集三十六卷總目一卷檢字一卷
辨似一卷等韻一卷補遺一卷備考一卷　（清）
張玉書等纂修　清刻本　一冊　存一卷(卯
集中)

330000－1716－0018204　地獻 1150/18204
類叢部/叢書類/家集之屬

董氏叢書十六種　（清）董金鑑編　清光緒三
十二年(1906)會稽董氏取斯家塾刻本　二
十冊

330000－1716－0018205　地獻 1151/18205
類叢部/叢書類/家集之屬

董氏叢書十六種　（清）董金鑑編　清光緒三
十二年(1906)會稽董氏取斯家塾刻本　十一
冊　存十五種

330000－1716－0018206　地獻 1152/18206
類叢部/叢書類/家集之屬

董氏叢書十六種　（清）董金鑑編　清光緒三
十二年(1906)會稽董氏取斯家塾刻本　十一
冊　存十五種

330000－1716－0018207　子補 4070－43/
18207　子部/醫家類/本草之屬/歷代綜合
本草

本草綱目五十二卷附圖三卷瀕湖脈學一卷奇
經八脈攷一卷脈訣攷證一卷　（明）李時珍撰
　本草萬方鍼線八卷　（清）蔡烈先輯　**本草**
綱目拾遺十卷　（清）趙學敏輯　清光緒十九
年(1893)上海鴻寶齋石印本　二冊　存十八
卷(萬方鍼線一至八、拾遺一至十)

330000－1716－0018208　經補 1001－19/
18208　經部/小學類/文字之屬/字書/字典

康熙字典十二集三十六卷總目一卷檢字一卷
辨似一卷等韻一卷補遺一卷備考一卷　（清）
張玉書等纂修　清刻本　一冊　存四卷(總
目、檢字、辨似、等韻)

330000－1716－0018209　地獻 1153/18209
類叢部/叢書類/家集之屬

董氏叢書十六種　（清）董金鑑編　清光緒三
十二年(1906)會稽董氏取斯家塾刻本　十一
冊　存十五種

330000－1716－0018212　子補 4070－44/
18212　子部/醫家類/本草之屬/歷代綜合
本草

本草綱目五十二卷附圖三卷瀕湖脈學一卷奇
經八脈攷一卷脈訣攷證一卷　（明）李時珍撰
　本草萬方鍼線八卷　（清）蔡烈先輯　**本草**
綱目拾遺十卷　（清）趙學敏輯　清光緒十八
年(1892)上海鴻寶齋石印本　十二冊　存五
十三卷(一至二十五、三十一至三十五、五十
至五十二,圖二至三,萬方鍼線一至八,拾遺
一至十)

330000－1716－0018213　子補 4070－49/
18213　子部/醫家類/本草之屬/歷代綜合
本草

本草綱目五十二卷附圖三卷瀕湖脈學一卷奇
經八脈攷一卷脈訣攷證一卷　（明）李時珍撰
　本草萬方鍼線八卷　（清）蔡烈先輯　**本草**
綱目拾遺十卷　（清）趙學敏輯　清同治十年
(1871)古心堂刻本　四冊　存四卷(拾遺一
至三、十)

330000－1716－0018215　子補 0111/18215
子部/醫家類/本草之屬/歷代綜合本草

本草從新十八卷　（清）吳儀洛輯　清末石印
本　一冊

330000－1716－0018216　子補 0112/18216
子部/醫家類/本草之屬/本草雜著

本草便讀四卷　（清）張秉成輯　清末上海千
頃堂書局石印本　一冊　存二卷(一至二)

330000－1716－0018219　普叢 0118－1/
18219　類叢部/叢書類/彙編之屬

增訂漢魏叢書八十六種　（清）王謨編　清光緒二十年(1894)湖南藝文書局刻本　五十冊　存五十種

330000－1716－0018220　經補 1001－20/18220　經部/小學類/文字之屬/字書/字典

康熙字典十二集三十六卷總目一卷檢字一卷辨似一卷等韻一卷補遺一卷備考一卷　（清）張玉書等纂修　清刻本　五冊　存四卷(卯集上、辰集下、戌集下、亥集上)

330000－1716－0018221　經補 1001－21/18221　經部/小學類/文字之屬/字書/字典

康熙字典十二集三十六卷總目一卷檢字一卷辨似一卷等韻一卷補遺一卷備考一卷　（清）張玉書等纂修　清刻本　四冊　存四卷(丑集上、卯集下、午集中、酉集上)

330000－1716－0018222　地獻 1154/18222　類叢部/叢書類/家集之屬

董氏叢書十六種　（清）董金鑑編　清光緒三十二年(1906)會稽董氏取斯家塾刻本　十冊　存十二種

330000－1716－0018223　史補 0011/18223　史部/地理類/方志之屬/郡縣志

[道光]廈門志十六卷　（清）周凱等纂修　清道光十九年(1839)玉屏書院刻本　三冊　存三卷(二、八、十四)

330000－1716－0018224　地獻 1155/18224　類叢部/叢書類/家集之屬

董氏叢書十六種　（清）董金鑑編　清光緒三十二年(1906)會稽董氏取斯家塾刻本　十一冊　存十四種

330000－1716－0018225　子補 0114/18225　子部/醫家類/本草之屬/歷代綜合本草

本草述三十二卷首一卷　（清）劉若金撰　清嘉慶十五年(1810)武進薛氏還讀山房刻本　十一冊　存二十三卷(十至三十二)

330000－1716－0018226　地獻 1156/18226　類叢部/叢書類/家集之屬

董氏叢書十六種　（清）董金鑑編　清光緒三

十二年(1906)會稽董氏取斯家塾刻本　十二冊

330000－1716－0018227　地獻 1157/18227　類叢部/叢書類/家集之屬

董氏叢書十六種　（清）董金鑑編　清光緒三十二年(1906)會稽董氏取斯家塾刻本　五冊　存七種

330000－1716－0018228　地獻 1158/18228　類叢部/叢書類/家集之屬

董氏叢書十六種　（清）董金鑑編　清光緒三十二年(1906)會稽董氏取斯家塾刻本　四冊　存五種

330000－1716－0018229　史補 0012/18229　史部/地理類/方志之屬/通志

[嘉慶]廣西通志二百七十九卷首一卷　（清）謝啟昆修　（清）胡虔纂　清嘉慶六年(1801)刻同治四年(1865)補刻本　一冊　存四卷(一百五十五至一百五十八)

330000－1716－0018230　子補 0115/18230　子部/醫家類/本草之屬/神農本草經

神農本草經疏三十卷　（明）繆希雍撰　明天啟五年(1625)毛晉綠君亭刻本　十一冊　存二十五卷(二至十、十二、十六至三十)

330000－1716－0018231　經補 1001－18/18231　經部/小學類/文字之屬/字書/字典

康熙字典十二集三十六卷總目一卷檢字一卷辨似一卷等韻一卷補遺一卷備考一卷　（清）張玉書等纂修　清刻本　一冊　存一卷(子集下)

330000－1716－0018232　地獻 1159/18232　類叢部/叢書類/家集之屬

董氏叢書十六種　（清）董金鑑編　清光緒三十二年(1906)會稽董氏取斯家塾刻本　七冊　存十二種

330000－1716－0018233　史補 0013/18233　史部/地理類/方志之屬/郡縣志

[咸豐]邠州志二十卷首一卷　（清）董用威（清）馬軼群修　（清）魯一同纂　清咸豐元年

(1851)刻光緒二十一年(1895)印本 三冊
存十四卷(七至二十)

330000－1716－0018235 子補 0116/18235
子部/醫家類/類編之屬
重鐫本草醫方合編十二卷 (清)汪昂編 清
光緒九年(1883)長沙遐齡精舍刻本 四冊
存八卷(本草備要一至四、醫方集解一至四)

330000－1716－0018236 史補 0014/18236
史部/地理類/雜志之屬
華陽國志十二卷 (晉)常璩撰 清刻本 一
冊 存五卷(一至五)

330000－1716－0018237 子補 0001－13/
18237 子部/藝術類/書畫之屬/畫譜
芥子園畫傳初集六卷二集九卷三集六卷
(清)王槩 (清)王蓍 (清)王臬輯 清光
緒二十一年(1895)上海寶文書局石印本 十
二冊

330000－1716－0018238 普史 1636/18238
史部/紀傳類/正史之屬
十七史一千五百七十四卷 (明)毛晉編 明
崇禎元年至十七年(1628－1644)毛氏汲古閣
刻本 五冊 存一種

330000－1716－0018239 地獻 1160/18239
類叢部/叢書類/家集之屬
董氏叢書十六種 (清)董金鑑編 清光緒三
十二年(1906)會稽董氏取斯家塾刻本 十冊
存十四種

330000－1716－0018241 地獻 1162/18241
類叢部/叢書類/家集之屬
董氏叢書十六種 (清)董金鑑編 清光緒三
十二年(1906)會稽董氏取斯家塾刻本 五冊
存六種

330000－1716－0018242 地獻 1161/18242
類叢部/叢書類/家集之屬
董氏叢書十六種 (清)董金鑑編 清光緒三
十二年(1906)會稽董氏取斯家塾刻本 五冊
存七種

330000－1716－0018243 子補 0117/18243

子部/醫家類/本草之屬/歷代綜合本草
本草從新六卷 (清)吳儀洛輯 清刻本 二
冊 存二卷(二至三)

330000－1716－0018244 子補 0001－14/
18244 子部/藝術類/書畫之屬/畫譜
芥子園畫傳初集六卷二集九卷三集六卷
(清)王槩 (清)王蓍 (清)王臬輯 清末
石印本 十二冊

330000－1716－0018247 子補 0118/18247
子部/醫家類/本草之屬/歷代綜合本草
本草從新十八卷 (清)吳儀洛輯 清光緒六
年(1880)掃葉山房刻本 四冊 存十卷(一
至三、八至十四)

330000－1716－0018248 地獻 1163/18248
類叢部/叢書類/家集之屬
董氏叢書十六種 (清)董金鑑編 清光緒三
十二年(1906)會稽董氏取斯家塾刻本 八冊
存十一種

330000－1716－0018249 地獻 1164/18249
類叢部/叢書類/家集之屬
董氏叢書十六種 (清)董金鑑編 清光緒三
十二年(1906)會稽董氏取斯家塾刻本 五冊
存五種

330000－1716－0018251 地獻 1165/18251
類叢部/叢書類/家集之屬
董氏叢書十六種 (清)董金鑑編 清光緒三
十二年(1906)會稽董氏取斯家塾刻本 八冊
存十三種

330000－1716－0018253 地獻 1166/18253
類叢部/叢書類/家集之屬
董氏叢書十六種 (清)董金鑑編 清光緒三
十二年(1906)會稽董氏取斯家塾刻本 六冊
存六種

330000－1716－0018254 史補 0015/18254
史部/地理類/外紀之屬
海國圖志一百卷 (清)魏源撰 清刻本 一
冊 存二卷(三至四)

330000－1716－0018255 新補 0004/18255

史部/政書類/邦計之屬

中國電報新編一卷 （清）上海電報局編　清
光緒二十二年(1896)石印本　一冊

330000－1716－0018256　史補 0016/18256
史部/地理類/專志之屬/寺觀

曹谿通志八卷首一卷 （清）馬元　（清）釋真
樸撰　清刻本　一冊　存三卷(一至二、首)

330000－1716－0018260　古越 0728/18260
類叢部/叢書類/自著之屬

朱氏群書六種 （清）朱駿聲撰　清光緒八年
(1882)臨嘯閣刻本　六冊

330000－1716－0018261　史補 0018/18261
史部/地理類/方志之屬/郡縣志

咸淳臨安志一百卷 （宋）潛說友纂　清刻本
一冊　存五卷(三十三至三十七)

330000－1716－0018264　地獻 1167/18264
類叢部/叢書類/家集之屬

董氏叢書十六種 （清）董金鑑編　清光緒三
十二年(1906)會稽董氏取斯家塾刻本　五冊
存九種

330000－1716－0018266　地獻 1168/18266
類叢部/叢書類/家集之屬

董氏叢書十六種 （清）董金鑑編　清光緒三
十二年(1906)會稽董氏取斯家塾刻本　二冊
存二種

330000－1716－0018268　地獻 1169/18268
類叢部/叢書類/家集之屬

董氏叢書十六種 （清）董金鑑編　清光緒三
十二年(1906)會稽董氏取斯家塾刻本　二冊
存三種

330000－1716－0018269　地獻 1170/18269
類叢部/叢書類/家集之屬

董氏叢書十六種 （清）董金鑑編　清光緒三
十二年(1906)會稽董氏取斯家塾刻本　一冊
存一種

330000－1716－0018270　地獻 1171/18270
類叢部/叢書類/家集之屬

董氏叢書十六種 （清）董金鑑編　清光緒三

十二年(1906)會稽董氏取斯家塾刻本　二冊
存五種

330000－1716－0018271　地獻 1172/18271
類叢部/叢書類/家集之屬

董氏叢書十六種 （清）董金鑑編　清光緒三
十二年(1906)會稽董氏取斯家塾刻本　二冊
存五種

330000－1716－0018273　地獻 1173－1/
18273　類叢部/叢書類/家集之屬

董氏叢書十六種 （清）董金鑑編　清光緒三
十二年(1906)會稽董氏取斯家塾刻本　三冊
存七種

330000－1716－0018276　子補 0001－25/
18276　子部/藝術類/書畫之屬/畫譜

**芥子園畫傳初集六卷二集九卷三集六卷續集
二卷** （清）王槩　（清）王蓍　（清）王臬輯
清光緒十三年至十四年(1887－1888)鴻文
書局石印本　何文治題記　七冊　缺九卷
(初集三、五至六,二集一至六)

330000－1716－0018277　地獻 1174/18277
集部/別集類/清別集

海鷗館詩存八卷詩餘二卷補遺一卷 （清）黃
霽棠撰　清光緒二十七年(1901)鉛印本
五冊

330000－1716－0018278　普叢 0122/18278
類叢部/叢書類/彙編之屬

增訂漢魏叢書八十六種 （清）王謨編　清光
緒二十一年(1895)石印本　十六冊

330000－1716－0018279　子補 0119/18279
子部/醫家類/類編之屬

陳修園公餘醫錄五種合刻 （清）陳念祖撰
清刻本　一冊　存一種

330000－1716－0018280　普史 1631/18280
史部/紀傳類/正史之屬

二十四史 清末石印本　一冊　存一種

330000－1716－0018282　經補 1002/18282
經部/春秋左傳類/傳說之屬

春秋左傳氏族地名類編四卷 金文源輯　清

末石印本　三冊　存三卷(二至四)

330000－1716－0018283　子補 0120/18283
子部/醫家類/本草之屬/歷代綜合本草
本草從新六卷　(清)吳儀洛輯　清文奎堂刻
本　二冊　存二卷(二、五)

330000－1716－0018285　子補 0121/18285
子部/醫家類/本草之屬/歷代綜合本草
本草從新六卷　(清)吳儀洛輯　清大文堂刻
本　一冊　存一卷(一)

330000－1716－0018287　子補 0122/18287
子部/醫家類/本草之屬/歷代綜合本草
本草從新六卷　(清)吳儀洛輯　清大文堂刻
本　一冊　存一卷(一)

330000－1716－0018288　經補 1003/18288
經部/春秋左傳類/傳說之屬
春秋左傳五十卷　(晉)杜預注　(宋)林堯叟
補注　(唐)陸德明音義　清刻本　二冊　存
九卷(四至九、三十九至四十一)

330000－1716－0018290　經補 1004/18290
經部/春秋左傳類/傳說之屬
春秋左傳五十卷　(晉)杜預注　(宋)林堯叟
補注　(唐)陸德明音義　清文光堂刻本　十
三冊　缺六卷(三十四至三十六、四十一至四
十三)

330000－1716－0018291　子補 0124/18291
子部/醫家類/本草之屬/歷代綜合本草
本草從新十八卷　(清)吳儀洛輯　清刻本
二冊　存七卷(四至十)

330000－1716－0018295　普叢 0119/18295
類叢部/叢書類/彙編之屬
增訂漢魏叢書八十六種　(清)王謨編　清乾
隆五十六年(1791)金谿王氏刻本　四十冊
存三十一種

330000－1716－0018297　普叢 0120/18297
類叢部/叢書類/彙編之屬
增訂漢魏叢書九十六種　(清)王謨編　清宣
統三年(1911)上海大通書局石印本　三十
二冊

330000－1716－0018298　普叢 0121/18298
類叢部/叢書類/彙編之屬
增訂漢魏叢書九十六種　(清)王謨編　清宣
統三年(1911)上海大通書局石印本　三十
二冊

330000－1716－0018299　普類 0012/18299
類叢部/類書類/通類之屬
重訂廣事類賦四十卷　(清)華希閔撰　清嘉
慶二十一年(1816)越城敬藝堂刻本　十冊

330000－1716－0018300　新補 0008－1/
18300　新學/雜著/叢編
續西學大成七十八種　(清)孫家鼐編　清光
緒二十三年(1897)上海飛鴻閣書林石印本
十二冊

330000－1716－0018301　地獻 1175/18301
集部/別集類/清別集
海鷗館詩存八卷詩餘二卷補遺一卷　(清)黃
霽棠撰　清光緒二十七年(1901)鉛印本
五冊

330000－1716－0018302　地獻 1176/18302
集部/別集類/清別集
海鷗館詩存八卷詩餘二卷補遺一卷　(清)黃
霽棠撰　清光緒二十七年(1901)鉛印本
五冊

330000－1716－0018303　子補 0001－26/
18303　子部/藝術類/書畫之屬/畫譜
芥子園畫傳初集六卷二集九卷三集六卷
(清)王槩　(清)王蓍　(清)王臬輯　清末
石印本　七冊　存十一卷(初集四、二集五至
九、三集二至六)

330000－1716－0018304　地獻 1177/18304
集部/別集類/清別集
海鷗館詩存八卷詩餘二卷補遺一卷　(清)黃
霽棠撰　清光緒二十七年(1901)鉛印本
五冊

330000－1716－0018305　子補 0125－1/
18305　子部/醫家類/方書之屬/單方驗方
驗方新編二十四卷　(清)鮑相璈輯　清光緒

四年(1878)杭州東璧齋刻本　十五冊　存二十三卷(一至十八、二十至二十四)

330000 – 1716 – 0018306　地獻 1178/18306
集部/別集類/清別集

海鷗館詩存八卷詩餘二卷補遺一卷　(清)黃霽棠撰　清光緒二十七年(1901)鉛印本
五冊

330000 – 1716 – 0018307　地獻 1179/18307
集部/別集類/清別集

海鷗館詩存八卷詩餘二卷補遺一卷　(清)黃霽棠撰　清光緒二十七年(1901)鉛印本
五冊

330000 – 1716 – 0018309　子補 0125 – 2/
18309　子部/醫家類/方書之屬/單方驗方

驗方新編二十四卷　(清)鮑相璈輯　清光緒四年(1878)杭州東璧齋刻本　一冊　存四卷
(十一至十四)

330000 – 1716 – 0018310　地獻 1180/18310
集部/別集類/清別集

海鷗館詩存八卷詩餘二卷補遺一卷　(清)黃霽棠撰　清光緒二十七年(1901)鉛印本
五冊

330000 – 1716 – 0018313　史補 0020/18313
史部/地理類/方志之屬/郡縣志

[同治]續纂揚州府志二十四卷　(清)方濬頤修　(清)晏端書　(清)錢振倫等纂　清同治十三年(1874)刻本　四冊　存十一卷(十一至二十一)

330000 – 1716 – 0018314　子補 0125 – 3/
18314　子部/醫家類/方書之屬/單方驗方

驗方新編二十四卷　(清)鮑相璈輯　清光緒四年(1878)杭州東璧齋刻本　十五冊　存二十三卷(一至二十二、二十四)

330000 – 1716 – 0018317　史補 0021/18317
史部/地理類/方志之屬/郡縣志

[雍正]平陽府志三十六卷　(清)章廷珪修　(清)范安治等纂　清刻本　一冊　存一卷
(圖考)

330000 – 1716 – 0018318　子補 0001 – 29/
18318　子部/藝術類/書畫之屬/畫譜

芥子園畫傳初集六卷二集九卷三集四卷續集二卷　(清)王槩　(清)王蓍　(清)王臬輯　清光緒十三年至十四年(1887 – 1888)鴻文書局石印本　七冊　存十五卷(初集一至二、五至六,二集一至九,三集三至四)

330000 – 1716 – 0018320　史補 0023/18320
史部/地理類/方志之屬/郡縣志

[光緒]高淳縣志二十八卷首一卷　(清)楊福鼎修　(清)陳嘉謀纂　清抄本　一冊　存十八卷(七至二十四)

330000 – 1716 – 0018322　集補 3247 – 99/
18322　集部/小說類/短篇之屬

詳注聊齋志異圖詠十六卷首一卷　(清)蒲松齡撰　(清)呂湛恩注　(清)徐潤編　清光緒三十三年(1907)上海久敬齋石印本　八冊

330000 – 1716 – 0018324　古越 0729/18324
史部/政書類/通制之屬

三通考輯要七十六卷　湯壽潛輯　清光緒二十五年(1899)上海圖書集成局鉛印本　九冊　存一種

330000 – 1716 – 0018325　新補 0008 – 2/
18325　新學/雜著/叢編

續西學大成六十八種　(清)孫家鼐編　清光緒二十三年(1897)上海飛鴻閣書林石印本十三冊　存六十九種

330000 – 1716 – 0018326　地獻 1181/18326
史部/傳記類/別傳之屬/事狀

文節公[陶恩培]殉難事蹟不分卷　(清)□□輯　清光緒刻本　一冊

330000 – 1716 – 0018327　經補 1010/18327
經部/春秋左傳類/傳說之屬

春秋左傳類纂六卷首一卷末一卷　(清)桂含章撰　清光緒七年(1881)敦厚堂鉛印本
二冊

330000 – 1716 – 0018328　地獻 1182/18328
史部/傳記類/別傳之屬/事狀

文節公[陶恩培]殉難事蹟不分卷　（清）□□
輯　清光緒刻本　一冊

330000－1716－0018331　地獻1183/18331
史部/傳記類/別傳之屬/事狀
文節公[陶恩培]殉難事蹟不分卷　（清）□□
輯　清光緒刻本　一冊

330000－1716－0018332　子補0125－4/
18332　子部/醫家類/方書之屬/單方驗方
驗方新編八卷　（清）鮑相璈輯　痧症全書三
卷　（清）王凱輯　咽喉秘集二卷　（清）海山
仙館輯　清同治海山仙館刻本　六冊　存九
卷(五至八、痧症全書一至三、咽喉秘集一至
二)

330000－1716－0018333　經補1011/18333
經部/春秋左傳類/傳說之屬
左傳□□卷　清刻本　一冊　存二卷(三至
四)

330000－1716－0018335　地獻1184/18335
史部/傳記類/別傳之屬/事狀
文節公[陶恩培]殉難事蹟不分卷　（清）□□
輯　清光緒刻本　一冊

330000－1716－0018336　地獻1185/18336
史部/傳記類/別傳之屬/事狀
文節公[陶恩培]殉難事蹟不分卷　（清）□□
輯　清光緒刻本　一冊

330000－1716－0018339　地獻1186/18339
史部/傳記類/別傳之屬/事狀
文節公[陶恩培]殉難事蹟不分卷　（清）□□
輯　清光緒刻本　一冊

330000－1716－0018340　子補0125－5/
18340　子部/醫家類/方書之屬/單方驗方
驗方新編十八卷　（清）鮑相璈輯　清刻本
一冊　存一卷(九)

330000－1716－0018341　地獻1187/18341
史部/傳記類/別傳之屬/事狀
文節公[陶恩培]殉難事蹟不分卷　（清）□□
輯　清光緒刻本　一冊

330000－1716－0018342　史補0024－2/
18342　史部/編年類/斷代之屬
清史攬要六卷　（日本）增田貢撰　清光緒石
印本　二冊　存二卷(四至五)

330000－1716－0018343　地獻1188/18343
史部/傳記類/別傳之屬/事狀
文節公[陶恩培]殉難事蹟不分卷　（清）□□
輯　清光緒刻本　一冊

330000－1716－0018345　地獻1189/18345
史部/傳記類/別傳之屬/事狀
文節公[陶恩培]殉難事蹟不分卷　（清）□□
輯　清光緒刻本　清陶在銘誌　一冊

330000－1716－0018346　地獻1190/18346
史部/傳記類/別傳之屬/事狀
文節公[陶恩培]殉難事蹟不分卷　（清）□□
輯　清光緒刻本　一冊

330000－1716－0018347　經補1012/18347
經部/春秋左傳類/傳說之屬
左傳選十四卷　（清）儲欣選評　清刻本　二
冊　存五卷(十至十四)

330000－1716－0018348　子補0125－6/
18348　子部/醫家類/方書之屬/單方驗方
驗方新編十八卷　（清）鮑相璈輯　清光緒二
十六年(1900)北洋石印官書局石印本　一冊

330000－1716－0018349　史補0025/18349
史部/編年類/斷代之屬
清史攬要六卷　（日本）增田貢撰　清光緒石
印本　一冊　存二卷(四至五)

330000－1716－0018350　地獻1191/18350
史部/傳記類/別傳之屬/事狀
文節公[陶恩培]殉難事蹟不分卷　（清）□□
輯　清光緒刻本　一冊

330000－1716－0018351　地獻1192/18351
史部/傳記類/別傳之屬/事狀
文節公[陶恩培]殉難事蹟不分卷　（清）□□
輯　清光緒刻本　一冊

330000－1716－0018352　地獻1193/18352

史部/傳記類/別傳之屬/事狀

文節公[陶恩培]殉難事蹟不分卷 （清）□□
輯　清光緒刻本　一冊

330000－1716－0018353　經補 1013/18353
經部/春秋左傳類/傳說之屬

左傳選十四卷 （清）儲欣選評　清刻本　一
冊　存三卷(六至八)

330000－1716－0018354　集補 3247－103/
18354　集部/小說類/短篇之屬

詳注聊齋志異圖詠十六卷首一卷 （清）蒲松
齡撰　（清）呂湛恩注　（清）徐潤編　清光緒
二十四年(1898)上海鍊石書局石印本　二冊
存五卷(一至二、十三至十四,首)

330000－1716－0018356　集補 3247－104/
18356　集部/小說類/短篇之屬

聊齋志異新評十六卷 （清）蒲松齡撰　（清）
王士禛評　（清）呂湛恩注　（清）但明倫批
清刻朱墨套印本　一冊　存一卷(六)

330000－1716－0018357　史補 0026/18357
史部/地理類/方志之屬/郡縣志

[光緒]唐棲志二十卷 （清）王同纂　清光緒
十六年(1890)刻本　七冊

330000－1716－0018358　子補 0001－34/
18358　子部/藝術類/書畫之屬/畫譜

芥子園畫傳初集六卷二集九卷三集六卷
（清）王槩　（清）王著　（清）王臬輯　清末
石印本　李寶玉題簽　二冊　存二卷(三集
五至六)

330000－1716－0018360　新補 0009－1/
18360　新學/雜著/叢編

西學大成五十六種 （清）王西清　（清）盧梯
青編　清光緒二十一年(1895)上海醉六堂書
坊石印本　十二冊

330000－1716－0018361　子補 0125－10/
18361　子部/醫家類/方書之屬/單方驗方

驗方新編十六卷 （清）鮑相璈輯　清同治三
年(1864)浙省軍需局刻本　七冊　存十四卷
(一至十四)

330000－1716－0018364　經補 1016/18364
經部/春秋左傳類/傳說之屬

春秋左傳五十卷 （晉）杜預注　（宋）林堯叟
補注　（唐）陸德明音義　清刻本　五冊　存
二十一卷(十五至二十七、三十一至三十八)

330000－1716－0018366　史補 0027/18366
史部/金石類/總志之屬

金石萃編一百六十卷 （清）王昶撰　清嘉慶
十年(1805)青浦王氏經訓堂刻同治十年
(1871)嘉善錢寶傳補刻本　三十一冊　存五
十七卷(五十一至七十三、一百至一百十一、
一百十四至一百三十五)

330000－1716－0018369　子補 0125－11/
18369　子部/醫家類/方書之屬/單方驗方

增廣驗方新編十六卷 （清）鮑相璈輯　清同
治八年(1869)刻本　聽象題簽　十六冊

330000－1716－0018370　史補 0028/18370
史部/雜史類/通代之屬

宋遼金元別史五種 （清）席世臣輯　清乾隆
至嘉慶南沙席氏掃葉山房刻本　十一冊　存
一種

330000－1716－0018373　經補 1017/18373
經部/春秋左傳類/傳說之屬

春秋左傳五十卷 （晉）杜預注　（宋）林堯叟
補注　（唐）陸德明音義　（明）鍾惺　（明）
韓范評　清刻本　一冊　存一卷(二十)

330000－1716－0018375　子補 0125－12/
18375　子部/醫家類/方書之屬/單方驗方

驗方新編二十四卷 （清）鮑相璈輯　清光緒
四年(1878)杭州東璧齋刻民國十年(1921)印
本　十五冊　存二十一卷(一至十一、十五至
二十四)

330000－1716－0018376　地獻 1202/18376
史部/傳記類/總傳之屬/郡邑

有明於越三不朽名賢圖贊一卷 （清）張岱撰
清光緒十四年(1888)山陰陳錦刻本　一冊

330000－1716－0018379　經補 1018/18379
經部/春秋左傳類/傳說之屬

春秋左傳五十卷　(晉)杜預注　(宋)林堯叟補注　(唐)陸德明音義　(明)鍾惺　(明)韓范評　清刻本　三冊　存十三卷(十九至二十七、三十二至三十五)

330000 – 1716 – 0018380　子補 0001 – 36/18380　子部/藝術類/書畫之屬/畫譜

芥子園畫傳初集六卷二集九卷三集六卷　(清)王槩　(清)王蓍　(清)王臬輯　清光緒二十一年(1895)上海寶文書局石印本　二冊　存四卷(二集三至四、三集一至二)

330000 – 1716 – 0018381　史補 0029/18381　史部/金石類/總志之屬/圖像

三古圖三種　(清)黃晟輯　明萬曆二十八年至三十年(1600 – 1602)吳萬化刻清乾隆十七年(1752)天都黃氏亦政堂重印本　十一冊　存一種

330000 – 1716 – 0018382　經補 1019/18382　經部/春秋左傳類/傳說之屬

春秋左傳五十卷　(晉)杜預注　(宋)林堯叟補注　(唐)陸德明音義　清蘇州趙氏書業堂刻本　二冊　存八卷(十七至二十、三十七至四十)

330000 – 1716 –0018383　史補 0030/18383　史部/政書類/律令之屬/律例

欽定禮部則例二百二卷　(清)特登額等修　(清)長秀等纂　清道光二十四年(1844)刻本　二十九冊　存一百七十九卷(一至五十七、六十六至一百五十九、一百七十四至二百一)

330000 – 1716 – 0018384　集補 3247 – 107/18384　集部/小說類/短篇之屬

聊齋志異新評十六卷　(清)蒲松齡撰　(清)王士禛評　(清)呂湛恩注　(清)但明倫批　清刻朱墨套印本　一冊　存一卷(十一)

330000 – 1716 – 0018385　子補 0125 – 13/18385　子部/醫家類/方書之屬/單方驗方

驗方新編二十四卷　(清)鮑相璈輯　清光緒四年(1878)杭州東壁齋刻民國十年(1921)印本　一冊　存一卷(二十四)

330000 – 1716 – 0018387　新補 0009 – 2/18387　新學/雜著/叢編

西學大成五十六種　(清)王西清　(清)盧梯青編　清光緒二十一年(1895)上海醉六堂書坊石印本　八冊　存三十九種

330000 – 1716 – 0018389　子補 0125 – 14/18389　子部/醫家類/方書之屬/單方驗方

驗方新編十六卷　(清)鮑相璈輯　清咸豐九年(1859)刻本　五冊　存九卷(一至四、九、十一至十四)

330000 – 1716 – 0018390　子補 0125 – 15/18390　子部/醫家類/方書之屬/單方驗方

驗方新編十六卷　(清)鮑相璈輯　清咸豐九年(1859)刻本　一冊　存一卷(九)

330000 – 1716 – 0018391　地獻 1203 – 1/18391　集部/別集類/清別集

海鷗館詩存八卷詩餘二卷補遺一卷　(清)黃霽棠撰　清光緒二十七年(1901)鉛印本　三冊　存六卷(一至二、四至七)

330000 – 1716 – 0018395　史補 0031/18395　史部/金石類/總志之屬

金石萃編一百六十卷　(清)王昶撰　清嘉慶十年(1805)青浦王氏經訓堂刻同治十年(1871)嘉善錢寶傳補刻本　一冊　存二卷(九十九至一百)

330000 – 1716 – 0018397　新補 0009 – 3/18397　新學/雜著/叢編

西學大成五十六種　(清)王西清　(清)盧梯青編　清光緒二十一年(1895)上海醉六堂書坊石印本　六冊　存二十一種

330000 – 1716 – 0018398　子補 0125 – 16/18398　子部/醫家類/方書之屬/單方驗方

驗方新編十六卷　(清)鮑相璈輯　清刻本　二冊　存四卷(九、十二至十四)

330000 – 1716 – 0018399　集補 0003/18399　集部/總集類/彙編之屬

南社叢刻　南社編輯　清宣統至民國鉛印本　伯嚴題記　十七冊　存二十七種

330000－1716－0018400　子補 4070－50/18400　子部/醫家類/本草之屬/歷代綜合本草

本草綱目五十二卷附圖三卷瀕湖脈學一卷奇經八脈攷一卷脈訣攷證一卷　（明）李時珍撰　**本草萬方鍼線八卷**　（清）蔡烈先輯　**本草綱目拾遺十卷**　（清）趙學敏輯　清刻本　一冊　存一卷(奇經八脈攷)

330000－1716－0018402　子補 0125－17/18402　子部/醫家類/方書之屬/單方驗方

增廣驗方新編十六卷　（清）鮑相璈輯　清光緒九年(1883)文慶堂刻本　一冊　存一卷(一)

330000－1716－0018403　史補 0032/18403　類叢部/叢書類/自著之屬

左文襄公全集　（清）左宗棠撰　清光緒刻本　一百三十二冊

330000－1716－0018405　集補 0004/18405　集部/總集類/彙編之屬

南社叢刻　南社編輯　清宣統至民國鉛印本　二冊　存二種

330000－1716－0018406　集補 2450－230/18406　集部/小說類/長篇之屬

三國志六十卷一百二十回首一卷　（明）羅貫中撰　清刻本　一冊　存一卷(首)

330000－1716－0018407　子補 0125－18/18407　子部/醫家類/方書之屬/單方驗方

校正增廣驗方新編十八卷　（清）鮑相璈輯　清光緒石印本　二冊　存四卷(九至十二)

330000－1716－0018408　子補 0125－19/18408　子部/醫家類/方書之屬/單方驗方

驗方新編八卷　（清）鮑相璈輯　**痧症全書三卷**　（清）王凱輯　**咽喉秘集二卷**　（清）海山仙館輯　清同治海山仙館刻本　一冊　存一卷(一)

330000－1716－0018409　集補 0005/18409　集部/總集類/彙編之屬

南社叢刻　南社編輯　清宣統至民國鉛印本二冊　存二種

330000－1716－0018412　地獻 1205/18412　類叢部/叢書類/自著之屬

陸放翁全集六種　（宋）陸游撰　明末海虞毛氏汲古閣刻清初毛扆增刻彙印本　二十冊　存一種

330000－1716－0018413　子補 0125－21/18413　子部/醫家類/方書之屬/單方驗方

驗方新編八卷　（清）鮑相璈輯　**痧症全書三卷**　（清）王凱輯　**咽喉秘集二卷**　（清）海山仙館輯　清同治海山仙館刻本　八冊　缺二卷(一至二)

330000－1716－0018420　經補 1020/18420　經部/春秋左傳類/傳說之屬

春秋左傳五十卷　（晉）杜預注　（宋）林堯叟補注　（唐）陸德明音義　清刻本　二冊　存六卷(十五至十七、三十二至三十四)

330000－1716－0018424　子補 0125－26/18424　子部/醫家類/方書之屬/單方驗方

驗方新編十六卷　（清）鮑相璈輯　清同治三年(1864)浙省軍需局刻本　四冊　存七卷(一至四、十、十三至十四)

330000－1716－0018427　經補 1021/18427　經部/春秋左傳類/傳說之屬

春秋左傳五十卷　（晉）杜預注　（宋）林堯叟補注　（唐）陸德明音義　（明）鍾惺　（明）韓范評　清博古堂刻本　一冊　存四卷(九至十二)

330000－1716－0018429　史補 0033/18429　史部/史評類/詠史之屬

讀史碎金六卷讀史碎金注八十卷　（清）胡文炳輯　清刻本　五十八冊　存六十三卷(讀史碎金注十七、十九至八十)

330000－1716－0018433　子補 0125－27/18433　子部/醫家類/方書之屬/單方驗方

驗方新編十六卷　（清）鮑相璈輯　清同治九年(1870)刻本　五冊　存九卷(一、五至十、十五至十六)

330000－1716－0018435　經補 1022/18435
經部/春秋左傳類/傳說之屬

左繡三十卷首一卷　（清）馮李驊　（清）陸浩
評輯　清康熙五十九年(1720)華川書屋刻本
二冊　存五卷(三至五、十至十一)

330000－1716－0018436　史補 0034/18436
史部/詔令奏議類/奏議之屬

皇清奏議六十八卷首一卷　題（清）琴川居士
編　清刻本　二十四冊　存三十四卷(一至
十六、三十五至五十一,首)

330000－1716－0018437　經補 1023/18437
經部/春秋左傳類/傳說之屬

春秋左傳五十卷　（晉）杜預注　（宋）林堯叟
補注　（唐）陸德明音義　清刻本　一冊　存
四卷(四十七至五十)

330000－1716－0018438　子補 0125－28/
18438　子部/醫家類/方書之屬/單方驗方

驗方新編十八卷　（清）鮑相璈輯　清光緒三
十年(1904)日本橫濱中華會館鉛印本　一冊
存八卷(十一至十八)

330000－1716－0018439　經補 1024/18439
經部/春秋左傳類/傳說之屬

春秋左傳五十卷提要一卷　（晉）杜預注
（宋）林堯叟補注　（唐）陸德明音義　**春秋列
國圖說一卷**　（宋）蘇軾撰　清同治三年
(1864)蘇州掃葉山房刻本　十二冊

330000－1716－0018440　史補 0035/18440
史部/詔令奏議類/奏議之屬

條奏不分卷(清乾隆元年至道光四年)　清道
光浙江布政使司衙門刻本　八十六冊

330000－1716－0018446　子補 0125－29/
18446　子部/醫家類/方書之屬/單方驗方

驗方新編十六卷　（清）鮑相璈輯　清滬城石
慤棠刻本　五冊　存八卷(九至十六)

330000－1716－0018447　子補 0125－30/
18447　子部/醫家類/方書之屬/單方驗方

驗方新編十六卷　（清）鮑相璈輯　清越城近
文齋刻本　五冊　存十三卷(二至八、十一至
十六)

330000－1716－0018448　子補 0125－31/
18448　子部/醫家類/方書之屬/單方驗方

驗方新編十六卷　（清）鮑相璈輯　清越城近
文齋刻本　五冊　存十卷(二至十一)

330000－1716－0018449　子補 0125－32/
18449　子部/醫家類/方書之屬/單方驗方

驗方新編十六卷　（清）鮑相璈輯　清刻本
一冊　存三卷(二至四)

330000－1716－0018450　子補 0125－33/
18450　子部/醫家類/方書之屬/單方驗方

驗方新編十六卷　（清）鮑相璈輯　清越城近
文齋刻本　三冊　存六卷(二至四、十二至十
四)

330000－1716－0018451　普類 0013/18451
類叢部/類書類/通類之屬

重訂事類賦三十卷　（宋）吳淑撰並注　清嘉
慶二十一年(1816)越城敬藝堂刻本　六冊

330000－1716－0018456　子補 0125－34/
18456　子部/醫家類/方書之屬/單方驗方

驗方新編十六卷　（清）鮑相璈輯　**痧症全書
三卷**　（清）王凱輯　**咽喉秘集二卷**　（清）海
山仙館輯　清同治九年(1870)、光緒二年
(1876)靈蘭堂刻本　三冊　存七卷(一、五至
八、十五至十六)

330000－1716－0018464　史補 0040/18464
集部/總集類/課藝之屬

試草不分卷　清刻本　七冊

330000－1716－0018465　地獻 1227－1/
18465　類叢部/叢書類/自著之屬

陸放翁全集六種　（宋）陸游撰　明末海虞毛
氏汲古閣刻清初毛扆增刻彙印本　三十三冊
存一種

330000－1716－0018466　史補 0036/18466
史部/傳記類/科舉錄之屬

光緒硃卷不分卷　清光緒刻本　七冊

330000－1716－0018467　普類 0014/18467

類叢部/類書類/通類之屬

重訂事類賦三十卷 (宋)吳淑撰並注 清刻
本 五冊 缺五卷(一至五)

330000－1716－0018469 普類0015/18469
類叢部/類書類/通類之屬

重訂事類賦三十卷 (宋)吳淑撰並注 清道
光元年(1821)翼經堂刻本 一冊 存五卷
(一至五)

330000－1716－0018479 普類0016/18479
類叢部/類書類/通類之屬

事類賦三十卷 (宋)吳淑撰並注 **廣事類賦**
四十卷 (清)華希閔撰 清刻本 五冊 存
二十三卷(五至二十三、廣事類賦七至十)

330000－1716－0018480 普類0018/18480
類叢部/類書類/通類之屬

重訂廣事類賦四十卷 (清)華希閔撰 清同
治四年(1865)連元閣刻本 八冊

330000－1716－0018481 集補1722/18481
集部/小說類/長篇之屬

西遊真詮二十卷一百回 (清)陳士斌詮解
清芥子園刻本 三冊 存三卷(四、七至八)

330000－1716－0018482 普類0017/18482
類叢部/類書類/通類之屬

重訂事類賦三十卷 (宋)吳淑撰並注 清光
緒四年(1878)同文會刻本 四冊

330000－1716－0018483 子補0125－35/
18483 子部/醫家類/方書之屬/單方驗方

驗方新編十六卷 (清)鮑相璈輯 **痧症全書**
三卷 (清)王凱輯 **咽喉秘集二卷** (清)海
山仙館輯 清同治九年(1870)、光緒二年
(1876)靈蘭堂刻本 一冊 存一卷(一)

330000－1716－0018484 史補0037/18484
史部/傳記類/科舉錄之屬

[道光丁酉至光緒乙亥]硃卷不分卷 清光緒
刻本 一冊

330000－1716－0018485 經補1025/18485
經部/春秋左傳類/傳說之屬

左繡三十卷首一卷 (清)馮李驊 (清)陸浩

評輯 清康熙五十九年(1720)華川書屋刻本
一冊 存二卷(二十二至二十三)

330000－1716－0018488 普類0019/18488
類叢部/類書類/通類之屬

廣廣事類賦三十二卷 (清)吳世㻞撰 清刻
本 四冊

330000－1716－0018489 子補0125－37/
18489 子部/醫家類/方書之屬/單方驗方

驗方新編十六卷 (清)鮑相璈輯 清刻本
三冊 存六卷(十一至十六)

330000－1716－0018490 經補1026/18490
經部/春秋左傳類/傳說之屬

左繡三十卷首一卷 (清)馮李驊 (清)陸浩
評輯 清康熙五十九年(1720)華川書屋刻本
二冊 存四卷(十六至十七、二十九至三
十)

330000－1716－0018492 經補1027/18492
經部/春秋左傳類/傳說之屬

左繡三十卷首一卷 (清)馮李驊 (清)陸浩
評輯 清康熙五十九年(1720)華川書屋刻本
二冊 存五卷(二十六至三十)

330000－1716－0018493 普類0020/18493
類叢部/類書類/通類之屬

廣事類賦四十卷 (清)華希閔撰 清五柳居
刻本 三冊 存十卷(一至六、十一至十四)

330000－1716－0018496 史補0038/18496
史部/傳記類/科舉錄之屬/歷科鄉試録

[光緒庚子辛丑恩正並行壬寅]直省鄉墨十二
卷 清光緒二十九年(1903)通文書局石印本
八冊

330000－1716－0018497 經補1028/18497
經部/春秋左傳類/傳說之屬

左繡三十卷首一卷 (清)馮李驊 (清)陸浩
評輯 清康熙五十九年(1720)華川書屋刻本
一冊 存二卷(十八至十九)

330000－1716－0018499 普類0021/18499
類叢部/類書類/通類之屬

廣事類賦四十卷 (清)華希閔撰 清刻本

二冊　存九卷(七至十、二十二至二十六)

330000－1716－0018500　經補 1029/18500
經部/春秋左傳類/傳說之屬

左繡三十卷首一卷　(清)馮李驊　(清)陸浩
評輯　清康熙五十九年(1720)華川書屋刻本
一冊　存二卷(二至三)

330000－1716－0018501　集補 1725/18501
集部/小說類/長篇之屬

增像全圖加批西遊記八卷一百回　(明)吳承
恩撰　(清)陳士斌詮解　清宣統元年(1909)
上海錦章書局石印本　二冊　存二卷(一、
五)

330000－1716－0018502　地獻 1241－1/
18502　集部/總集類/課藝之屬

龍山課藝二集四卷　(清)杜聯輯　清同治十
二年(1873)刻本　八冊

330000－1716－0018503　普類 0022/18503
類叢部/類書類/通類之屬

重訂廣事類賦四十卷　(清)華希閔撰　清刻
本　一冊　存八卷(二十五至三十二)

330000－1716－0018504　子補 0001－60/
18504　子部/藝術類/書畫之屬/畫譜

芥子園畫傳初集六卷二集九卷三集六卷
(清)王槩　(清)王蓍　(清)王臬輯　清末
上海章福記書局石印本　六冊　存十八卷
(初集一至五、二集三至九、三集一至六)

330000－1716－0018505　地獻 1236/18505
史部/傳記類/科舉錄之屬/歷科鄉試錄

[光緒丁酉科]湖北鄉試卷一卷　施煌撰　清
光緒石印本　一冊

330000－1716－0018507　地獻 1237/18507
子部/儒家類/儒學之屬/俗訓

人譜一卷人譜類記二卷　(明)劉宗周撰　清
教忠堂刻本　一冊　存一卷(人譜類記二)

330000－1716－0018508　普類 0023/18508
類叢部/類書類/通類之屬

廣廣事類賦三十二卷　(清)吳世㶊撰　清刻
本　一冊　存五卷(十八至二十二)

330000－1716－0018509　普類 0024/18509
類叢部/類書類/通類之屬

廣廣事類賦三十二卷　(清)吳世㶊撰　清刻
本　一冊　存六卷(二十二至二十七)

330000－1716－0018510　地獻 1238/18510
集部/別集類/清別集

書啟集腋四卷　(清)朱士選撰　清刻本　三
冊　缺一卷(一)

330000－1716－0018512　經補 1030/18512
經部/春秋左傳類/傳說之屬

左繡三十卷首一卷　(清)馮李驊　(清)陸浩
評輯　清文淵堂刻本　八冊　存二十一卷
(一、十二至三十、首)

330000－1716－0018513　子補 0125－41/
18513　子部/醫家類/方書之屬/單方驗方

驗方新編十六卷　(清)鮑相璈輯　清刻本
二冊　存三卷(十、十五至十六)

330000－1716－0018515　子補 0125－42/
18515　子部/醫家類/方書之屬/單方驗方

驗方新編十六卷　(清)鮑相璈輯　清光緒十
六年(1890)刻本　一冊　存一卷(十)

330000－1716－0018516　地獻 1240－1/
18516　類叢部/叢書類/彙編之屬

榆園叢刻十五種附一種　(清)許增編　清同
治至光緒刻本　一冊　存一種

330000－1716－0018521　經補 1031/18521
經部/春秋左傳類/傳說之屬

左繡三十卷首一卷　(清)馮李驊　(清)陸浩
評輯　清文淵堂刻本　四冊　存八卷(六至
七、二十至二十五)

330000－1716－0018524　子補 0125－43/
18524　子部/醫家類/溫病之屬/痧症

痧症全書三卷　(清)王凱輯　**咽喉秘集二卷**
(清)海山仙館輯　清刻本　二冊

330000－1716－0018525　經補 1032/18525
經部/春秋左傳類/傳說之屬

左繡三十卷首一卷　(清)馮李驊　(清)陸浩
評輯　清康熙五十九年(1720)華川書屋刻本

一冊　存二卷(二十九至三十)

330000－1716－0018527　子補 0125－44/
18527　子部/醫家類/方書之屬/單方驗方
驗方新編十六卷　(清)鮑相璈輯　清光緒十
六年(1890)刻本　一冊　存一卷(一)

330000－1716－0018529　經補 1033/18529
經部/春秋左傳類/傳說之屬
左繡三十卷首一卷　(清)馮李驊　(清)陸浩
評輯　清經元堂刻本　二冊　存四卷(一至
三、首)

330000－1716－0018530　子補 0125－45/
18530　子部/醫家類/方書之屬/單方驗方
驗方新編十六卷　(清)鮑相璈輯　清刻本
一冊　存一卷(十)

330000－1716－0018531　地獻 1242/18531
集部/別集類/清別集
綠雪堂遺集二十卷　(清)王衍梅撰　清道光
二十年(1840)刻二十九年(1849)增刻本　六
冊　存十四卷(一至九、十三至十七)

330000－1716－0018532　史補 0041/18532
史部/傳記類/科舉錄之屬/歷科鄉試錄
[光緒]癸巳恩科直省鄉墨不分卷　清光緒鉛
印本　一冊

330000－1716－0018537　經補 1034/18537
經部/春秋左傳類/傳說之屬
左繡三十卷首一卷　(清)馮李驊　(清)陸浩
評輯　清康熙五十九年(1720)華川書屋刻本
九冊　存十八卷(十二、十四至三十)

330000－1716－0018541　子補 0125－46/
18541　子部/醫家類/方書之屬/單方驗方
驗方新編十六卷　(清)鮑相璈輯　清刻本
四冊　存八卷(五至十、十五至十六)

330000－1716－0018543　史補 0042/18543
史部/傳記類/科舉錄之屬/歷科登科錄
[光緒己丑恩科]江南闈墨不分卷　清光緒鉛
印本　一冊

330000－1716－0018548　子補 0125－48/

18548　子部/醫家類/方書之屬/單方驗方
驗方新編十六卷　(清)鮑相璈輯　清刻本
一冊　存四卷(五至八)

330000－1716－0018550　子補 0125－49/
18550　子部/醫家類/方書之屬/單方驗方
驗方新編十六卷　(清)鮑相璈輯　**痧症全書
三卷**　(清)王凱輯　**咽喉秘集二卷**　(清)海
山仙館輯　清同治九年(1870)、光緒二年
(1876)靈蘭堂刻本　二冊　存二卷(一、十)

330000－1716－0018553　子補 0125－50/
18553　子部/醫家類/方書之屬/單方驗方
驗方新編十六卷　(清)鮑相璈輯　清刻本
二冊　存五卷(二至六)

330000－1716－0018554　子補 0125－51/
18554　子部/醫家類/方書之屬/單方驗方
驗方新編十六卷　(清)鮑相璈輯　清刻本
二冊　存六卷(五至八、十五至十六)

330000－1716－0018560　集補 0006－3/
18560　集部/小說類/長篇之屬
四雪草堂重編通俗隋唐演義二十卷一百回
(清)褚人穫撰　清刻本　六冊　存六卷(十
五至二十)

330000－1716－0018561　經補 0391/18561
經部/四書類/總義之屬/傳說
四書集注十九卷　(宋)朱熹撰　清刻本　二
冊　存四卷(孟子四至七)

330000－1716－0018562　史補 0043/18562
史部/傳記類/科舉錄之屬/歷科登科錄
[光緒丁酉]浙江闈墨不分卷　清光緒石印本
一冊

330000－1716－0018563　集補 0006－4/
18563　集部/小說類/長篇之屬
繪圖繡像重訂通俗隋唐演義十卷一百回
(清)褚人穫撰　清末石印本　一冊　存一卷
(一)

330000－1716－0018568　地獻 1251/18568
集部/別集類/清別集
湖唐林館駢體文二卷　(清)李慈銘撰　清光

緒十年(1884)刻本　一冊　存一卷(一)

330000－1716－0018570　經補 1035/18570
經部/春秋左傳類/傳說之屬

左繡三十卷首一卷　(清)馮李驊　(清)陸浩
評輯　清末石印本　一冊　存二卷(十九至
二十)

330000－1716－0018571　史補 0044/18571
史部/傳記類/科舉錄之屬/歷科登科錄

[光緒丁酉]直省闈墨不分卷　清光緒圖書集
成局鉛印本　四冊

330000－1716－0018575　經補 1036/18575
經部/春秋左傳類/傳說之屬

春秋左傳五十卷提要一卷　(晉)杜預注
(宋)林堯叟補注　(唐)陸德明音義　**春秋列
國圖說一卷**　(宋)蘇軾撰　清宣統二年
(1910)上海煥文書局石印本　十一冊　缺四
卷(九至十二)

330000－1716－0018579　經補 1037/18579
經部/春秋左傳類/傳說之屬

春秋左傳五十卷提要一卷　(晉)杜預注
(宋)林堯叟補注　(唐)陸德明音義　**春秋列
國圖說一卷**　(宋)蘇軾撰　清刻本　一冊
存十二卷(三十九至五十)

330000－1716－0018584　普叢 0116－1/
18584　類叢部/叢書類/彙編之屬

藝苑捃華四十八種　(清)顧之逵編　清務本
堂刻本　二十冊　存三十八種

330000－1716－0018608　地獻 1252/18608
集部/總集類/郡邑之屬

兩浙輶軒錄不分卷　(清)阮元輯　清光緒會
稽董氏行餘講舍抄本　一冊

330000－1716－0018610　子補 0001－69/
18610　子部/藝術類/書畫之屬/畫譜

芥子園畫傳初集五卷二集不分卷三集不分卷
　(清)王槩　(清)王蓍　(清)王臬輯　清
乾隆四十七年(1782)金閶書業堂刻本　四冊
缺五卷(初集一至五)

330000－1716－0018611　地獻 1253/18611

集部/詞類/總集之屬

絕妙好詞箋七卷　(宋)周密輯　(清)查爲仁
(清)厲鶚箋　**續鈔一卷**　(清)余集輯　**又
續鈔一卷**　(清)徐楙補錄　清同治十一年
(1872)會稽章氏刻本　三冊

330000－1716－0018613　地獻 1255－1/
18613　集部/別集類/清別集

懷古田舍詩鈔□□卷　(清)徐榮撰　清刻本
二冊　存八卷(三十一至三十八)

330000－1716－0018615　地獻 1256/18615
集部/詩文評類/制藝之屬

增選加注能與集不分卷　(清)李枏香改本
(清)金研香評　清古越聚奎堂刻本　一冊

330000－1716－0018624　古越 0731/18624
類叢部/叢書類/彙編之屬

雲自在龕叢書五集十九種　繆荃孫輯　清光
緒江陰繆氏刻本　三冊　存二種

330000－1716－0018632　子補 0002－1/
18632　子部/藝術類/書畫之屬

**桐陰論畫三卷附錄一卷桐陰畫訣一卷續桐陰
論畫一卷**　(清)秦祖永撰　清光緒五年
(1879)撫州饒玉成雙峰書屋刻本　一冊

330000－1716－0018634　子補 0125－52/
18634　子部/醫家類/方書之屬/單方驗方

驗方新編二十四卷　(清)鮑相璈輯　清光緒
三十年(1904)上海文盛書局石印本　六冊
存十一卷(一、六至八、十、十二至十六、二十
四)

330000－1716－0018635　地獻 1258/18635
集部/總集類/氏族之屬

三蘇策論十二卷　(宋)蘇洵　(宋)蘇軾
(宋)蘇轍撰　(清)張紹齡編　清光緒二十四
年(1898)越郡會文堂石印本　八冊

330000－1716－0018637　子補 0125－53/
18637　子部/醫家類/方書之屬/單方驗方

驗方新編二十四卷　(清)鮑相璈輯　清光緒
上海鴻寶齋石印本　二冊　存八卷(十二至
十七、二十三至二十四)

330000－1716－0018639　地獻 1259/18639
集部/小說類/長篇之屬

繡像京本雲合奇蹤玉茗英烈全傳十卷八十回
（明）徐渭編　清刻本　五冊　存五卷（六至十）

330000－1716－0018640　史補 0045/18640
史部/傳記類/科舉錄之屬/歷科登科錄

[光緒癸卯恩科]直省闈墨不分卷　清光緒三十三年(1907)上海煥文書局石印本　一冊　存一卷（三）

330000－1716－0018643　子補 0004/18643
子部/藝術類/遊藝之屬/聯語

讀史集聯一卷　（清）楊調元撰　清光緒三十四年(1908)陝西學務公所圖書館鉛印本　一冊

330000－1716－0018644　子補 0125－54/18644　子部/醫家類/方書之屬/單方驗方

驗方新編二十四卷　（清）鮑相璈輯　清光緒上海鴻寶齋石印本　四冊　存十六卷（七至十、十二至十七、十九至二十四）

330000－1716－0018647　地獻 1260/18647
集部/小說類/長篇之屬

繡像京本雲合奇蹤玉茗英烈全傳十卷八十回首一卷　（明）徐渭編　清文達堂刻本　清漢友泉題簽　十冊

330000－1716－0018648　史補 0046/18648
史部/傳記類/科舉錄之屬/歷科登科錄

[光緒己丑恩科]直省闈墨不分卷　清光緒十六年(1890)點石齋石印本　二冊

330000－1716－0018651　地獻 1261/18651
集部/總集類/選集之屬/斷代

唐詩合選詳解十二卷　（清）劉文蔚注　清刻本　清劉雲卿題簽並記　六冊

330000－1716－0018653　子補 0125－55/18653　子部/醫家類/方書之屬/單方驗方

驗方新編二十四卷　（清）鮑相璈輯　清光緒上海鴻寶齋石印本　三冊　存十卷（十一至十五、十八至二十二）

330000－1716－0018655　史補 0048/18655
史部/傳記類/科舉錄之屬/歷科登科錄

[光緒辛丑壬寅恩正並科]會試闈墨不分卷
清光緒鉛印本　一冊

330000－1716－0018657　子補 0125－56/18657　子部/醫家類/方書之屬/單方驗方

驗方新編十六卷　（清）鮑相璈輯　清光緒十六年(1890)刻本　一冊　存四卷（二至五）

330000－1716－0018658　地獻 1262/18658
集部/小說類/長篇之屬

精訂綱鑑廿四史通俗衍義六卷四十四回首一卷　（清）呂撫撰　清光緒二十一年(1895)珍藝書局鉛印本　一冊　缺五卷（二至六）

330000－1716－0018659　地獻 3658－1/18659　子部/藝術類/篆刻之屬/印譜

二銘室印譜不分卷　（清）章厚齋篆刻　清宣統鈐印本　六冊

330000－1716－0018663　史補 0049/18663
史部/傳記類/科舉錄之屬/歷科登科錄

[光緒壬午科]順天鄉試闈墨不分卷　清光緒鉛印本　二冊

330000－1716－0018667　史補 0050/18667
史部/傳記類/科舉錄之屬/歷科登科錄

[光緒辛卯科]江南闈墨一卷　清光緒申報館鉛印本　一冊

330000－1716－0018671　子補 0125－57/18671　子部/醫家類/方書之屬/單方驗方

校正增廣驗方新編二十四卷　（清）鮑相璈輯　清末鉛印本　二冊　存八卷（三至八、二十三至二十四）

330000－1716－0018673　子補 0125－58/18673　子部/醫家類/方書之屬/單方驗方

新增驗方新編二十四卷　（清）鮑相璈輯　清末鉛印本　二冊　存三卷（二十至二十一、二十四）

330000－1716－0018686　地獻 1265/18686
子部/宗教類/道教之屬/經文

三聖經靈驗圖注一卷　清光緒二十九年

（1903）紹興許顯記刻本　一冊

330000－1716－0018690　史補0051/18690
史部/傳記類/科舉錄之屬/諸貢錄
[光緒丁酉科]十八省選拔貢同年全錄不分卷
　清光緒二十三年(1897)刻本　一冊

330000－1716－0018692　子補0125－59/
18692　子部/醫家類/方書之屬/單方驗方
驗方新編二十四卷　（清）鮑相璈輯　清光緒
上海鴻寶齋石印本　六冊

330000－1716－0018698　史補0052/18698
史部/政書類/律令之屬/律例
[同治癸亥]四季條例不分卷　清刻本　二冊

330000－1716－0018699　子補0125－60/
18699　子部/醫家類/方書之屬/單方驗方
驗方新編十八卷　（清）鮑相璈輯　清光緒二
十六年(1900)觀瀾閣書莊石印本　六冊

330000－1716－0018700　地獻1268/18700
子部/醫家類/類編之屬
潛齋醫書五種　（清）王士雄撰　清末石印本
　一冊　存一種

330000－1716－0018704　子補0125－61/
18704　子部/醫家類/方書之屬/單方驗方
驗方新編十八卷　（清）鮑相璈輯　清光緒二
十六年(1900)觀瀾閣書莊石印本　一冊　存
四卷(十三至十六)

330000－1716－0018706　地獻1270/18706
子部/醫家類/綜合之屬/通論
醫學準規二卷　（清）馬光燦撰　清宣統三年
(1911)鉛印本　一冊　存一卷(二)

330000－1716－0018711　地獻1271/18711
子部/宗教類/道教之屬/經文
黃庭内景經内篇一卷外篇一卷　清咸豐六年
(1856)紹城刻本　一冊

330000－1716－0018713　史補0053/18713
史部/傳記類/科舉錄之屬/諸貢錄
[光緒六年庚辰科]登科錄一卷　清刻本
一冊

330000－1716－0018715　子補0010/18715
子部/藝術類/書畫之屬/法帖
歷代帝王法帖釋文十卷　（宋）劉次莊撰
（清）徐朝弼集釋　清關中書院門耕書堂刻本
　一冊

330000－1716－0018716　地獻1273/18716
子部/醫家類/綜合之屬/通論
醫學準規二卷　（清）馬光燦撰　清宣統三年
(1911)鉛印本　二冊

330000－1716－0018717　史補0054/18717
史部/傳記類/科舉錄之屬/歷科登科錄
[光緒]壬寅直省闈墨選瑜三卷　清光緒二十
九年(1903)鉛印本　二冊　存二卷(論卷上、
經義下)

330000－1716－0018730　子補0011－1/
18730　子部/藝術類/書畫之屬/書法書品
精印翰苑分書小楷一卷　（清）夏同善等書
清末石印本　金永輝題簽　一冊

330000－1716－0018733　子補0011－2/
18733　子部/藝術類/書畫之屬/書法書品
精印翰苑分書小楷一卷　（清）夏同善等書
清末石印本　一冊

330000－1716－0018734　子補0011－3/
18734　子部/藝術類/書畫之屬/書法書品
精印翰苑分書小楷一卷　（清）夏同善等書
清末石印本　一冊

330000－1716－0018736　子補0011－4/
18736　子部/藝術類/書畫之屬/書法書品
精印翰苑分書小楷一卷　（清）夏同善等書
清末石印本　陳學泉題簽　一冊

330000－1716－0018737　子補0011－5/
18737　子部/藝術類/書畫之屬/書法書品
精印翰苑分書小楷一卷　（清）夏同善等書
清末石印本　一冊

330000－1716－0018739　地獻1277/18739
子部/宗教類/佛教之屬
四聖救劫諭不分卷　清末紹城許廣記刻本
一冊

330000 – 1716 – 0018741　子補 0011 – 6/18741　子部/藝術類/書畫之屬/書法書品

精印翰苑分書小楷一卷　（清）夏同善等書　清末石印本　楊國幹題籤　一冊

330000 – 1716 – 0018743　史補 0055/18743　史部/傳記類/科舉録之屬/歷科登科録

[道光辛巳科]廣東闈墨不分卷　清道光聚奎堂刻本　二冊

330000 – 1716 – 0018745　史補 0056/18745　集部/總集類/課藝之屬

試草不分卷　清刻本　二冊

330000 – 1716 – 0018751　地獻 1280/18751　子部/醫家類/醫話醫論之屬

存存齋醫話稿二卷　（清）趙彦暉撰　清末刻本　一冊　存一卷(二)

330000 – 1716 – 0018756　史補 0057/18756　史部/傳記類/科舉録之屬

[光緒壬寅補行庚子辛丑恩正並科]江南闈藝不分卷　清光緒衡鑑堂刻本　一冊

330000 – 1716 – 0018760　地獻 1282/18760　子部/醫家類/醫話醫論之屬

存存齋醫話稿二卷　（清）趙彦暉撰　清末刻本　一冊　存一卷(一)

330000 – 1716 – 0018761　地獻 1283 – 1/18761　子部/醫家類/醫話醫論之屬

存存齋醫話稿二卷　（清）趙彦暉撰　清末刻本　一冊　存一卷(二)

330000 – 1716 – 0018763　史補 0058/18763　史部/傳記類/科舉録之屬

[光緒壬寅補行庚子辛丑恩正並科]江南闈藝不分卷　清光緒衡鑑堂刻本　一冊

330000 – 1716 – 0018769　子補 0125 – 81/18769　子部/醫家類/方書之屬/單方驗方

驗方新編十六卷　（清）鮑相璈輯　痧症全書三卷　（清）王凱輯　咽喉秘集二卷　（清）海山仙館輯　清末石印本　一冊　存三卷(痧症全書一至三)

330000 – 1716 – 0018788　史補 0059/18788　史部/傳記類/科舉録之屬/歷科登科録

[□□]江南闈墨不分卷　清刻本　一冊

330000 – 1716 – 0018796　史補 0060 – 1/18796　史部/傳記類/科舉録之屬/歷科鄉試録

[道光壬午科]浙江鄉試同年齒録不分卷　清道光刻本　一冊

330000 – 1716 – 0018809　史補 0065/18809　史部/傳記類/科舉録之屬/歷科登科録

[光緒戊子科]浙江闈墨不分卷　（清）錢桂森等撰　清光緒聚奎堂刻本　一冊

330000 – 1716 – 0018811　地獻 3668/18811　子部/藝術類/篆刻之屬/印譜

修竹山房印存不分卷　（清）石蘭氏篆刻　清光緒三十年(1904)鈐印本　一冊

330000 – 1716 – 0018813　史補 0062 – 1/18813　史部/傳記類/科舉録之屬/歷科鄉試録

[光緒癸巳恩科]浙江鄉試同年齒録不分卷　清光緒刻本　三冊

330000 – 1716 – 0018817　史補 0063/18817　史部/傳記類/科舉録之屬/歷科鄉試録

[光緒己丑恩科]浙江鄉試第拾叁房同門硃卷不分卷　清光緒刻本　一冊

330000 – 1716 – 0018835　子補 0016/18835　子部/藝術類/書畫之屬

張廉卿先生楷書千字文不分卷　（清）張裕釗書　清宣統元年(1909)石印本　一冊

330000 – 1716 – 0018836　子補 0126 – 10/18836　子部/醫家類/婦科之屬/產科

達生編三卷　（清）亟齋居士撰　清末鉛印本　一冊

330000 – 1716 – 0018838　普類 0039/18838　類叢部/類書類/專類之屬

重編留青新集二十四卷　（清）馮善長輯　清光緒三十四年(1908)上海廣益書局鉛印本　五冊　存九卷(一至四、七至八、十一至十二、

十四)

330000－1716－0018839　普類 0040/18839
類叢部/類書類/專類之屬
重編留青新集二十四卷　（清）馮善長輯　清
末鉛印本　三冊　存四卷（五至六、十五至十
六）

330000－1716－0018840　普類 0041/18840
類叢部/類書類/通類之屬
增廣留青新集二十四卷　（清）伊□□重編
（清）沈鼎銘　（清）馮善長校讎　清石印本
二冊　存五卷（五至九）

330000－1716－0018844　子補 2535/18844
子部/宗教類/其他宗教之屬/基督教
煉靈通功經一卷　清光緒二十九年（1903）鉛
印本　一冊

330000－1716－0018848　史補 0064/18848
史部/傳記類/科舉錄之屬/歷科鄉試錄
**[道光乙未恩科]浙江鄉試第十二房同門硃卷
不分卷**　清道光刻本　一冊

330000－1716－0018850　子補 2536/18850
子部/宗教類/其他宗教之屬/基督教
煉靈通功經一卷　清光緒二十九年（1903）鉛
印本　一冊

330000－1716－0018851　子補 2537/18851
子部/宗教類/其他宗教之屬/基督教
煉靈通功經一卷　清光緒二十九年（1903）鉛
印本　一冊

330000－1716－0018853　子補 2538/18853
子部/宗教類/其他宗教之屬/基督教
煉靈通功經一卷　清光緒二十九年（1903）鉛
印本　一冊

330000－1716－0018855　史補 0061－2/
18855　史部/傳記類/科舉錄之屬/歷科鄉
試錄
**[同治丁卯科並補行甲子科]浙江鄉試同年齒
錄一卷**　清同治刻本　三冊

330000－1716－0018858　子補 2539/18858

子部/宗教類/其他宗教之屬/基督教
煉靈通功經一卷　清光緒二十九年（1903）鉛
印本　一冊

330000－1716－0018860　子補 2540/18860
子部/宗教類/其他宗教之屬/基督教
煉靈通功經一卷　清光緒二十九年（1903）鉛
印本　一冊

330000－1716－0018862　史補 0066/18862
史部/傳記類/科舉錄之屬/歷科登科錄
[光緒乙未科]會試硃卷一卷　（清）朱遠繕撰
清光緒刻本　一冊

330000－1716－0018863　子補 2541/18863
子部/宗教類/其他宗教之屬/基督教
煉靈通功經一卷　清光緒二十九年（1903）鉛
印本　一冊

330000－1716－0018865　史補 0067/18865
史部/傳記類/科舉錄之屬/歷科登科錄
[光緒甲午恩科]會試硃卷一卷　（清）麥玉華
撰　清光緒刻本　一冊

330000－1716－0018866　普類 0048/18866
類叢部/類書類/通類之屬
角山樓增補類腋六十七卷　（清）姚培謙輯
（清）趙克宜增輯　清末石印本　四冊　存四
十七卷（地部十三至二十四、人部一至十五、
物部一至二十）

330000－1716－0018867　子補 2542/18867
子部/宗教類/其他宗教之屬/基督教
煉靈通功經一卷　清光緒二十九年（1903）鉛
印本　一冊

330000－1716－0018868　史補 0068/18868
史部/傳記類/科舉錄之屬/歷科鄉試錄
**[光緒己丑恩科]浙江鄉試第拾叁房同門硃卷
不分卷**　清光緒刻本　一冊

330000－1716－0018869　子補 2543/18869
子部/宗教類/其他宗教之屬/基督教
煉靈通功經一卷　清光緒二十九年（1903）鉛
印本　一冊

330000－1716－0018870　子補2544/18870
子部/宗教類/其他宗教之屬/基督教
煉靈通功經一卷　清光緒二十九年(1903)鉛
印本　一冊

330000－1716－0018871　子補2545/18871
子部/宗教類/其他宗教之屬/基督教
煉靈通功經一卷　清光緒二十九年(1903)鉛
印本　一冊

330000－1716－0018872　子補2546/18872
子部/宗教類/其他宗教之屬/基督教
煉靈通功經一卷　清光緒二十九年(1903)鉛
印本　一冊

330000－1716－0018873　子補2547/18873
子部/宗教類/其他宗教之屬/基督教
煉靈通功經一卷　清光緒二十九年(1903)鉛
印本　一冊

330000－1716－0018874　子補0126－14/
18874　子部/醫家類/類編之屬
達生福幼二種合編　清同治六年(1867)華玉
堂刻本　一冊

330000－1716－0018875　普類0044/18875
類叢部/類書類/通類之屬
類腋五十五卷　(清)姚培謙　(清)張卿雲輯
　清刻本　三冊　存十三卷(人部一至四、物
部一至四、地部十一至十五)

330000－1716－0018877　子補0126－15/
18877　子部/醫家類/婦科之屬/產科
達生全編三卷　(清)亟齋居士撰　清同治十
年(1871)巴陵李世型山陰刻本　一冊

330000－1716－0018878　普類0051/18878
類叢部/類書類/通類之屬
類腋五十五卷　(清)姚培謙　(清)張卿雲輯
　清刻本　五冊　存十一卷(地部二、五至
六,人部三至十)

330000－1716－0018884　子補2550/18884
子部/宗教類/其他宗教之屬/基督教
扶助善終經一卷　清光緒三十二年(1906)鉛
印本　一冊

330000－1716－0018887　子補2551/18887
子部/宗教類/其他宗教之屬/基督教
扶助善終經一卷　清光緒三十二年(1906)鉛
印本　一冊

330000－1716－0018889　子補2552/18889
子部/宗教類/其他宗教之屬/基督教
扶助善終經一卷　清光緒三十二年(1906)鉛
印本　一冊

330000－1716－0018890　子補2553/18890
子部/宗教類/其他宗教之屬/基督教
扶助善終經一卷　清光緒三十二年(1906)鉛
印本　一冊

330000－1716－0018892　子補2554/18892
子部/宗教類/其他宗教之屬/基督教
扶助善終經一卷　清光緒三十二年(1906)鉛
印本　一冊

330000－1716－0018894　子補0022－1/
18894　子部/藝術類/書畫之屬
賞奇軒四種合編　清刻本　一冊　存一種

330000－1716－0018896　子補2555/18896
子部/宗教類/其他宗教之屬/基督教
扶助善終經一卷　清光緒三十二年(1906)鉛
印本　一冊

330000－1716－0018897　子補2556/18897
子部/宗教類/其他宗教之屬/基督教
扶助善終經一卷　清光緒三十二年(1906)鉛
印本　一冊

330000－1716－0018898　子補2557/18898
子部/宗教類/其他宗教之屬/基督教
扶助善終經一卷　清光緒三十二年(1906)鉛
印本　一冊

330000－1716－0018899　子補2558/18899
子部/宗教類/其他宗教之屬/基督教
扶助善終經一卷　清光緒三十二年(1906)鉛
印本　一冊

330000－1716－0018900　子補0126－16/
18900　子部/醫家類/婦科之屬/產科

達生全編三卷　(清)亟齋居士撰　清同治刻本　一冊

330000－1716－0018901　子補 2559/18901　子部/宗教類/其他宗教之屬/基督教

扶助善終經一卷　清光緒三十二年(1906)鉛印本　一冊

330000－1716－0018902　子補 2560/18902　子部/宗教類/其他宗教之屬/基督教

扶助善終經一卷　清光緒三十二年(1906)鉛印本　一冊

330000－1716－0018903　子補 0126－17/18903　子部/醫家類/婦科之屬/產科

改良達生編二卷　(清)亟齋居士撰　清光緒三十四年(1908)紹城許廣記刻本　一冊

330000－1716－0018904　子補 2561/18904　子部/宗教類/其他宗教之屬/基督教

扶助善終經一卷　清光緒三十二年(1906)鉛印本　一冊

330000－1716－0018905　子補 2562/18905　子部/宗教類/其他宗教之屬/基督教

扶助善終經一卷　清光緒三十二年(1906)鉛印本　一冊

330000－1716－0018906　子補 0126－18/18906　子部/醫家類/婦科之屬/產科

改良達生編二卷　(清)亟齋居士撰　清光緒三十四年(1908)紹城許廣記刻本　一冊

330000－1716－0018907　子補 0127－3/18907　子部/醫家類/養生之屬

衛濟餘編五卷　(清)王纕堂輯　清刻本　三冊　存三卷(二至三、五)

330000－1716－0018908　子補 2563/18908　子部/宗教類/其他宗教之屬/基督教

扶助善終經一卷　清光緒三十二年(1906)鉛印本　一冊

330000－1716－0018909　子補 2564/18909　子部/宗教類/其他宗教之屬/基督教

扶助善終經一卷　清光緒三十二年(1906)鉛印本　一冊

330000－1716－0018910　史補 0061－1/18910　史部/傳記類/科舉錄之屬/歷科鄉試錄

[同治四年補行咸豐辛酉科並同治壬戌恩科]浙江鄉試同年齒錄不分卷　清同治刻本　三冊

330000－1716－0018911　子補 0126－19/18911　子部/醫家類/婦科之屬/產科

達生編三卷　(清)亟齋居士撰　清光緒二十一年(1895)刻本　一冊

330000－1716－0018913　子補 0126－20/18913　子部/醫家類/婦科之屬/產科

達生編三卷　(清)亟齋居士撰　清光緒二十一年(1895)刻本　一冊

330000－1716－0018914　子補 0126－21/18914　子部/醫家類/婦科之屬/產科

達生編二卷附廣嗣圖一卷　(清)亟齋居士撰　清光緒紹城聚珍齋刻本　一冊

330000－1716－0018915　子補 0126－22/18915　子部/醫家類/婦科之屬/產科

達生編二卷附廣嗣圖一卷　(清)亟齋居士撰　清光緒紹城刻本　劉海房題記　一冊　缺一卷(廣嗣圖)

330000－1716－0018916　子補 0127－8/18916　子部/醫家類/養生之屬

衛濟餘編十八卷　(清)王纕堂輯　清刻本　二冊　存三卷(五、十三至十四)

330000－1716－0018918　子補 0022－2/18918　子部/藝術類/書畫之屬

賞奇軒合編五種　清光緒十二年(1886)上海同文書局石印本　五冊

330000－1716－0018923　地獻 1290－1/18923　子部/醫家類/婦科之屬

竹林女科證治四卷　(清)竹林寺僧撰　清末鉛印本　清雪塵氏題記　三冊　存三卷(一至三)

180

330000 - 1716 - 0018924　　地獻 1291/18924
子部/術數類/相宅相墓之屬

地理辨正翼六卷首一卷末一卷　　（清）蔣平階
原注　榮錫勳補翼　清光緒二十年（1894）文
光堂刻本　張武鈺題簽　三冊　缺二卷（一、
首）

330000 - 1716 - 0018926　　普類 0059 - 2/
18926　　類叢部/類書類/通類之屬

增補事類統編九十三卷首一卷　　（清）黃葆真
輯　清光緒石印本　七冊　存四十五卷（九
至二十二、二十八至四十二、五十一至五十
七、七十六至八十四）

330000 - 1716 - 0018927　　地獻 1292/18927
子部/宗教類/道教之屬/戒律

太上感應篇直講一卷首一卷附錄一卷　　清光
緒十一年（1885）越郡近文齋刻本　　一冊

330000 - 1716 - 0018928　　地獻 1293/18928
經部/書類/傳說之屬

尚書離句六卷　　（清）錢在培輯解　清刻本
二冊

330000 - 1716 - 0018929　　集補 0007 - 4/
18929　　類叢部/叢書類/彙編之屬

申報館叢書正集五十七種附錄三種　尊聞閣
主編　**續集一百四十二種**　蔡爾康編　清同
治至光緒上海申報館鉛印本　十七冊　存
一種

330000 - 1716 - 0018930　　子補 0126 - 23/
18930　　子部/醫家類/婦科之屬/產科

達生編三卷　　（清）亟齋居士撰　清光緒四年
（1878）杭城聚文齋刻本　　一冊

330000 - 1716 - 0018931　　地獻 1294/18931
經部/書類/傳說之屬

書經集注六卷　　（宋）蔡沈撰　清光緒十一年
（1885）會稽徐氏融經館刻紹興墨潤堂印本
清章坎題簽　二冊

330000 - 1716 - 0018933　　子補 2565/18933
子部/宗教類/其他宗教之屬/基督教

聖伯多錄宗徒行實一卷　　清光緒三十二年
（1906）鉛印本　　一冊　存一種

330000 - 1716 - 0018936　　史補 0060 - 2/
18936　　史部/傳記類/科舉錄之屬/歷科鄉
試錄

[道光丁酉科]浙江鄉試同榜年齒錄不分卷
清道光刻本　　一冊

330000 - 1716 - 0018937　　集補 0007 - 5/
18937　　集部/小說類/長篇之屬

結水滸全傳七十卷七十回末一卷　　（清）俞萬
春撰　清刻本　　一冊　存四卷（三十六至三
十九）

330000 - 1716 - 0018939　　地獻 1296/18939
集部/總集類/彙編之屬

王陽明劉念臺二先生遺書合刊二卷　　（清）謝
肇漣編　清嘉慶二十三年（1818）山陰左署刻
本　丁之蕃題簽　二冊

330000 - 1716 - 0018940　　子補 2566/18940
子部/宗教類/其他宗教之屬/基督教

舊約聖書創世紀一卷　　清光緒二十二年
（1896）鉛印本　　一冊

330000 - 1716 - 0018941　　史補 0062 - 4/
18941　　史部/傳記類/科舉錄之屬/歷科鄉
試錄

[光緒戊子科]浙江鄉試同年齒錄不分卷　　清
光緒刻本　　一冊

330000 - 1716 - 0018943　　子補 0025 - 1/
18943　　子部/藝術類/遊藝之屬/聯語

楹聯叢話十二卷續話四卷　　（清）梁章鉅輯
清咸豐元年（1851）刻本　　三冊

330000 - 1716 - 0018944　　子補 0126 - 24/
18944　　子部/醫家類/方書之屬/歷代方書

雞峰普濟方三十卷　　（宋）張銳撰　清道光八
年（1828）長洲汪士鐘藝芸書舍刻本（卷二至
三、六、八原缺）　十二冊

330000 - 1716 - 0018946　　子補 2567/18946
子部/宗教類/其他宗教之屬/基督教

瑪利亞亞納行實一卷　　沈禮門譯　清光緒五
年（1879）上海慈母堂鉛印本　　一冊

330000－1716－0018947　地獻 1297/18947
子部/醫家類/方書之屬/單方驗方
幾希錄續刻一卷附集經驗諸方一卷　（清）金
纓撰　**佐治藥言一卷續一卷**　（清）汪輝祖撰
　清光緒元年（1875）紹城傅近文齋刻本
一冊

330000－1716－0018949　子補 0126－25/
18949　子部/醫家類/方書之屬/歷代方書
雞峰普濟方三十卷　（宋）張銳撰　清道光八
年（1828）長洲汪士鐘藝芸書舍刻本（卷二至
三、六、八原缺）　一冊　存三卷（五、七、九）

330000－1716－0018955　子補 2569/18955
子部/宗教類/其他宗教之屬/基督教
趙奧司定神父傳一卷　清光緒三十一年
（1905）鉛印本　一冊

330000－1716－0018956　子補 2570/18956
子部/宗教類/其他宗教之屬/基督教
趙奧司定神父傳一卷　清光緒三十一年
（1905）鉛印本　一冊

330000－1716－0018957　子補 2571/18957
子部/宗教類/其他宗教之屬/基督教
揀言要理二卷　（法國）田類斯撰　清光緒二
十五年（1899）寧波七苦堂鉛印本　一冊

330000－1716－0018959　子補 2572/18959
子部/宗教類/其他宗教之屬/基督教
揀言要理二卷　（法國）田類斯撰　清光緒二
十五年（1899）寧波七苦堂鉛印本　一冊

330000－1716－0018964　子補 2573/18964
子部/宗教類/其他宗教之屬/基督教
揀言要理二卷　（法國）田類斯撰　清宣統三
年（1911）寧波七苦堂鉛印本　一冊

330000－1716－0018965　史補 0072/18965
集部/總集類/課藝之屬
歷年試艸不分卷　清刻本　一冊

330000－1716－0018969　子補 0002－2/
18969　子部/藝術類/書畫之屬
桐陰論畫三卷附錄一卷桐陰畫訣一卷續桐陰
論畫一卷二編二卷三編二卷　（清）秦祖永撰

清同治三年至光緒八年（1864－1882）刻朱
墨套印本　四冊

330000－1716－0018971　史補 0073/18971
集部/總集類/課藝之屬
養拙書屋試艸不分卷　清刻本　一冊

330000－1716－0018972　子補 0002－3/
18972　子部/藝術類/書畫之屬
桐陰論畫三卷附錄一卷桐陰畫訣一卷續桐陰
論畫一卷　（清）秦祖永撰　清同治三年至六
年（1864－1867）刻朱墨套印本　三冊　缺二
卷（三、附錄）

330000－1716－0018973　史補 0074/18973
集部/總集類/課藝之屬
試草不分卷　清刻本　一冊

330000－1716－0018976　史補 0075/18976
史部/傳記類/科舉錄之屬
[嘉慶至道光]硃卷不分卷　清刻本　一冊

330000－1716－0018981　普子 2041/18981
子部/藝術類/篆刻之屬/印譜
詩品印譜四卷　（清）翁壽虞篆　清宣統元年
（1909）鈐印本　一冊　存一卷（三）

330000－1716－0018983　地獻 1299/18983
子部/雜著類/雜考之屬
困學紀聞注二十卷　（清）翁元圻撰　清道光
五年（1825）餘姚翁氏守福堂刻本　十二冊

330000－1716－0018987　地獻 1300/18987
類叢部/叢書類/彙編之屬
稗海四十六種續稗海二十四種　（明）商濬編
　明萬曆商氏半埜堂刻本　六冊　存七種

330000－1716－0018988　子補 0025－4/
18988　子部/藝術類/遊藝之屬/聯語
楹聯叢話十二卷續話四卷　（清）梁章鉅輯
清沭陽呂恩湛刻本　五冊　存十三卷（四至
十二、續一至四）

330000－1716－0018990　史補 0076/18990
史部/傳記類/科舉錄之屬/歷科鄉試錄
[道光壬午科]浙江鄉試錄不分卷　清道光刻

本 一册

330000－1716－0018991　地獻 1301/18991
子部/宗教類/道教之屬

重增敬信録二卷 （清）金錫順增訂　清嘉慶
二十二年（1817）紹城刻本　一册　存一卷
（一）

330000－1716－0018993　　子補 0129－2/
18993　子部/醫家類/綜合之屬/通論

東醫寶鑑二十四卷目録二卷　（朝鮮）許浚撰
清道光十一年（1831）富春堂刻本　三十册
缺二卷（外形篇一、雜病篇五）

330000－1716－0018995　　史補 0077/18995
史部/傳記類/科舉録之屬/歷科登科録

[光緒元年乙亥恩科]江西闈墨不分卷　清光
緒奎宿堂刻本　一册

330000－1716－0018996　經補 1039/18996
經部/春秋左傳類/傳說之屬

左繡三十卷首一卷　（清）馮李驊　（清）陸浩
評輯　清末石印本　一册　存三卷（十六至
十八）

330000－1716－0018998　　子補 0029－1/
18998　子部/藝術類/遊藝之屬/聯語

對聯集雅二卷　（清）薛金輅　（清）華文彬
（清）華文模集句　（清）華文柏　（清）華文
械　（清）華文桂分類　清光緒四年（1878）永
思堂刻本　良郇氏題記　二册

330000－1716－0019001　　史補 0078/19001
集部/總集類/課藝之屬

試草不分卷　清刻本　清韓氏題記　一册

330000－1716－0019002　經補 0392/19002
經部/四書類/總義之屬/傳說

四書集注十九卷　（宋）朱熹撰　清遵訓堂刻
本　五册　缺十三卷（論語一至二、五至十，
孟子一至五）

330000－1716－0019003　　子補 0129－3/
19003　子部/醫家類/婦科之屬/通論

濟陰綱目十四卷　（明）武之望撰　（清）汪淇
箋釋　**保生碎事一卷**　（清）汪淇輯　清宣統

二年（1910）掃葉山房石印本　二册　存四卷
（十二至十四、保生碎事）

330000－1716－0019005　　子補 0129－4/
19005　子部/醫家類/婦科之屬/通論

濟陰綱目十四卷　（明）武之望撰　（清）汪淇
箋釋　**保生碎事一卷**　（清）汪淇輯　清末上
海校經山房石印本　五册　缺三卷（二至四）

330000－1716－0019006　集補 1827/19006
集部/總集類/選集之屬/通代

古文翼八卷　（清）唐德宜輯並評　（清）季福
襄重訂　清光緒三十四年（1908）三元書局石
印本　四册

330000－1716－0019007　　子補 0027－1/
19007　子部/雜著類/雜纂之屬

經餘必讀二卷續編二卷三集二卷　（清）雷琳
（清）錢樹棠　（清）錢樹立輯　清光緒二十
二年（1896）上海點石齋石印本　二册

330000－1716－0019008　　史補 0079/19008
集部/總集類/課藝之屬

試草不分卷　清刻本　清書錦堂題記　一册

330000－1716－0019011　地獻 1308/19011
子部/儒家類/儒學之屬

明心寶鑑不分卷　清同治十一年（1872）越郡
許模記刻本　一册

330000－1716－0019012　　子補 0027－2/
19012　子部/雜著類/雜纂之屬

經餘必讀二卷續編二卷三集二卷　（清）雷琳
（清）錢樹棠　（清）錢樹立輯　清光緒十三
年（1887）上海鴻文書局石印本　二册

330000－1716－0019014　　史補 0080/19014
集部/總集類/課藝之屬

試草不分卷　清刻本　清蔣翹氏題記　一册

330000－1716－0019017　　子補 0130－1/
19017　子部/醫家類/類編之屬

陳修園醫書四十八種　（清）陳念祖等撰　清
末石印本　二十册　存四十二種

330000－1716－0019021　　地獻 1304/19021

子部/宗教類/道教之屬/戒律

太上感應篇注證八卷首一卷 （清）魯元炅編輯　清光緒十九年（1893）海昌於文光經畬書屋刻本　三冊　存三卷（二至三、七）

330000－1716－0019022　子補 0130－2/19022　子部/醫家類/類編之屬

陳修園醫書四十八種 （清）陳念祖等撰　清末石印本　九冊　存六種

330000－1716－0019024　古越 0732/19024　子部/術數類/數學之屬

集注太玄十卷 （宋）司馬光撰　清道光二十四年（1844）陶氏五柳居刻本　一冊　存二卷（一至二）

330000－1716－0019026　地獻 1305/19026　子部/宗教類/道教之屬/雜著

玉歷鈔傳不分卷附經驗良方一卷 清光緒十六年（1890）紹城許顯記刻本　一冊

330000－1716－0019027　子補 0027－5/19027　子部/雜著類/雜纂之屬

經餘必讀八卷續編八卷三集四卷 （清）雷琳　（清）錢樹棠　（清）錢樹立輯　清嘉慶十年（1805）刻本　四冊　存八卷（一至四、七至八，三集一至二）

330000－1716－0019029　子補 0032－1/19029　子部/藝術類/遊藝之屬/聯語

西湖楹聯四卷 清光緒二十二年（1896）暨陽周慶祺知正軒刻本　二冊　存二卷（一、三）

330000－1716－0019035　史補 0081/19035　集部/總集類/課藝之屬

試草不分卷 清刻本　一冊

330000－1716－0019036　子補 0027－6/19036　子部/雜著類/雜纂之屬

經餘必讀八卷續編八卷三集四卷 （清）雷琳　（清）錢樹棠　（清）錢樹立輯　清刻本　二冊　存五卷（一至二、四至六）

330000－1716－0019038　地獻 1309/19038　子部/醫家類/婦科之屬

女科輯要八卷附單養賢胎產全書一卷 （清）

周紀常撰　清同治四年（1865）奎照樓刻本　四冊

330000－1716－0019039　子補 0027－9/19039　子部/雜著類/雜纂之屬

經餘必讀八卷續編八卷三集四卷 （清）雷琳　（清）錢樹棠　（清）錢樹立輯　清光緒二年（1876）退補齋刻本　一冊　存二卷（續編七至八）

330000－1716－0019040　子補 0130－4/19040　子部/醫家類/類編之屬

陳修園醫書二十一種 （清）陳念祖等撰　清光緒十八年（1892）上海圖書集成印書局鉛印本　十三冊　存九種

330000－1716－0019047　子補 0034/19047　子部/藝術類/書畫之屬/書法書品

分隸偶存二卷 （清）萬經撰　清光緒八年（1882）刻本　一冊　存一卷（一）

330000－1716－0019052　子補 0027－7/19052　子部/雜著類/雜纂之屬

經餘必讀八卷續編八卷三集四卷 （清）雷琳　（清）錢樹棠　（清）錢樹立輯　清刻本　壽鵬更批　七冊　存十六卷（五至八、續編一至八，三集一至四）

330000－1716－0019057　史補 0082/19057　史部/傳記類/科舉錄之屬

[嘉慶至道光]硃卷不分卷 清映雪書屋刻本　二冊

330000－1716－0019058　子補 0027－8/19058　子部/雜著類/雜纂之屬

經餘必讀八卷續編八卷三集四卷 （清）雷琳　（清）錢樹棠　（清）錢樹立輯　清刻本　二冊　缺二卷（三集三至四）

330000－1716－0019059　經補 1044/19059　經部/春秋左傳類/傳說之屬

評點春秋左傳綱目句解彙雋六卷 （清）韓菼重訂　清末上海育文書局石印本　二冊　存二卷（四至五）

330000－1716－0019060　史補 0083/19060

史部/傳記類/科舉錄之屬/歷科鄉試錄

[同治丁卯科至光緒戊子科]浙江鄉試硃卷
清刻本　一冊　存八種

330000 – 1716 – 0019061　子補 0035 – 1/
19061　類叢部/類書類/專類之屬

應酬彙選新集八卷　(清)陸九如纂輯　清刻
本　沈葆田題記　一冊　存二卷(五至六)

330000 – 1716 – 0019065　地獻 1311/19065
史部/政書類/律令之屬/律例

**大清律例全彙纂三十三卷附督捕則例附纂二
卷**　(清)沈書城彙纂　(清)李觀瀾正譌　清
刻本　十冊　存十九卷(五至六、十六至十
九、二十一至二十九、三十一至三十二,督捕
則例一至二)

330000 – 1716 – 0019066　史補 0084/19066
集部/總集類/課藝之屬

試卷隨集不分卷　清刻本　一冊

330000 – 1716 – 0019067　子補 0035 – 2/
19067　類叢部/類書類/專類之屬

應酬彙選新集八卷　(清)陸九如纂輯　清尺
木堂刻本　三冊　存六卷(一至六)

330000 – 1716 – 0019069　子補 2624/19069
子部/宗教類/其他宗教之屬/基督教

恭拜聖體經一卷　清光緒三十一年(1905)鉛
印本　一冊

330000 – 1716 – 0019071　地獻 1312/19071
史部/政書類/律令之屬/律例

大清律例增修統纂集成四十卷　(清)姚潤輯
清刻本　一冊　存一卷(八)

330000 – 1716 – 0019073　經補 1045/19073
經部/春秋左傳類/傳說之屬

評點春秋左傳綱目句解彙雋六卷　(清)韓菼
重訂　清宣統元年(1909)石印本　二冊　存
二卷(一、五)

330000 – 1716 – 0019074　子部 0036 – 1/
19074　子部/雜著類/雜說之屬

桐陰清話八卷　(清)倪鴻撰　清刻本　一冊
存二卷(七至八)

330000 – 1716 – 0019075　地獻 1313/19075
史部/政書類/律令之屬/律例

大清律例增修統纂集成四十卷　(清)姚潤輯
清刻本　八冊　存十七卷(二十四至四十)

330000 – 1716 – 0019076　子補 0131 – 1/
19076　子部/醫家類/醫經之屬/内經

**黃帝内經素問注證發微九卷補遺一卷黃帝内
經靈樞注證發微九卷**　(明)馬蒔撰　清光緒
大文堂刻本　二冊　存五卷(一至五)

330000 – 1716 – 0019077　經補 1046/19077
經部/春秋左傳類/傳說之屬

批點春秋左傳綱目句解彙雋六卷　(清)韓菼
重訂　清宣統元年(1909)石印本　五冊　存
五卷(二至六)

330000 – 1716 – 0019079　地獻 1314 – 1/
19079　子部/儒家類/儒學之屬/禮教/家訓

朱柏廬先生治家格言一卷　(清)朱用純撰
馬逸臣書　清末育新書局石印本　一冊

330000 – 1716 – 0019081　子補 0131 – 2/
19081　子部/醫家類/醫經之屬/内經

黃帝内經素問九卷　(清)高世栻注　清光緒
十三年(1887)浙江書局刻本　九冊　缺一卷
(九)

330000 – 1716 – 0019082　史補 0085/19082
集部/總集類/課藝之屬

讀有用書齋試草不分卷　清讀有用書齋刻本
一冊

330000 – 1716 – 0019083　經補 1047/19083
經部/春秋左傳類/傳說之屬

批點春秋左傳綱目句解彙雋六卷　(清)韓菼
重訂　清宣統元年(1909)石印本　一冊　存
一卷(二)

330000 – 1716 – 0019085　子補 2625/19085
子部/宗教類/其他宗教之屬/基督教

恭拜聖體經一卷　清光緒三十一年(1905)鉛
印本　一冊

330000 – 1716 – 0019086　子補 2626/19086
子部/宗教類/其他宗教之屬/基督教

恭拜聖體經一卷　清光緒三十一年(1905)鉛印本　一冊

330000 - 1716 - 0019087　史補 0086/19087　集部/總集類/課藝之屬

哦松書屋試艸不分卷　清哦松書屋刻本　一冊

330000 - 1716 - 0019088　地獻 1387 - 4/19088　經部/叢編

五經旁訓辨體合訂　(清)徐立綱旁訓　清刻本　二冊　存四卷(春秋一至四)

330000 - 1716 - 0019089　經補 1048/19089　經部/春秋左傳類/傳說之屬

曲江書屋新訂批注左傳快讀十八卷首一卷 (清)李紹崧輯　清宣統元年(1909)上海書局石印本　五冊　缺十卷(一至五、十二至十三、十六至十七,首)

330000 - 1716 - 0019090　子補 2627/19090　子部/宗教類/其他宗教之屬/基督教

恭拜聖體經一卷　清光緒三十一年(1905)鉛印本　一冊

330000 - 1716 - 0019092　子補 2628/19092　子部/宗教類/其他宗教之屬/基督教

恭拜聖體經一卷　清光緒三十一年(1905)鉛印本　一冊

330000 - 1716 - 0019093　子補 2629/19093　子部/宗教類/其他宗教之屬/基督教

聖母聖衣會規略一卷　清光緒二十七年(1901)鉛印本　一冊

330000 - 1716 - 0019094　經補 1049/19094　經部/春秋左傳類/傳說之屬

曲江書屋新訂批注左傳快讀十八卷首一卷 (清)李紹崧輯　清宣統元年(1909)上海書局石印本　一冊　存二卷(十二至十三)

330000 - 1716 - 0019095　子補 0131 - 4/19095　子部/醫家類/醫經之屬/内經

黃帝内經靈樞十二卷　清刻本　一冊　存四卷(九至十二)

330000 - 1716 - 0019097　子補 0131 - 5/19097　子部/醫家類/醫經之屬/内經

重廣補注黃帝内經素問二十四卷靈樞二十四卷　(唐)王冰注　(宋)林億等校正　(宋)孫兆改誤　内經素問校勘記一卷靈樞校勘記一卷　(清)顧觀光撰　清咸豐二年(1852)錢氏守山閣刻本　一冊　存十三卷(靈樞十二至二十四)

330000 - 1716 - 0019098　子補 2630/19098　子部/宗教類/其他宗教之屬/基督教

聖母聖衣會規略一卷　清光緒二十七年(1901)鉛印本　一冊

330000 - 1716 - 0019099　地獻 1316/19099　子部/雜著類/雜說之屬

淮南許注異同詁四卷補遺一卷續補一卷 (清)陶方琦撰　清光緒七年至十年(1881 - 1884)湘南使院刻本　三冊

330000 - 1716 - 0019100　子補 2631/19100　子部/宗教類/其他宗教之屬/基督教

聖母聖衣會規略一卷　清光緒二十七年(1901)鉛印本　一冊

330000 - 1716 - 0019101　子補 2632/19101　子部/宗教類/其他宗教之屬/基督教

聖母聖衣會規略一卷　清光緒二十七年(1901)鉛印本　一冊

330000 - 1716 - 0019103　史補 0087/19103　史部/傳記類/科舉錄之屬/歷科鄉試錄

[光緒丁酉科]湖北鄉試第二房同門錄不分卷　清光緒二十三年(1897)刻本　一冊

330000 - 1716 - 0019104　子補 2633/19104　子部/宗教類/其他宗教之屬/基督教

聖母聖衣會規略一卷　清光緒二十七年(1901)鉛印本　一冊

330000 - 1716 - 0019111　地獻 1317/19111　子部/雜家類

鶡冠子三卷　(宋)陸佃注　(明)王宇等評　明天啟五年(1625)朱氏花齋刻本　一冊

330000 - 1716 - 0019112　史補 0088/19112

集部/別集類/清別集

水香書屋試艸不分卷 (清)李應煌撰 清水香書屋刻本 一冊

330000 – 1716 – 0019119 史補 0089/19119
史部/傳記類/科舉錄之屬

殿試策不分卷 清光緒京都琉璃廠秀文齋刻本 一冊

330000 – 1716 – 0019120 子補 0132 – 1/19120 子部/醫家類/婦科之屬/通論

濟陰綱目十四卷 (明)武之望撰 (清)汪淇箋釋 **保生碎事一卷** (清)汪淇輯 清刻本 七冊 缺一卷(一)

330000 – 1716 – 0019127 子補 0132 – 2/19127 子部/醫家類/婦科之屬/通論

濟陰綱目十四卷 (明)武之望撰 (清)汪淇箋釋 **保生碎事一卷** (清)汪淇輯 清刻本 四冊 存七卷(二至三、六至七、九、十一至十二)

330000 – 1716 – 0019131 子補 0132 – 3/19131 子部/醫家類/婦科之屬/通論

濟陰綱目十四卷 (明)武之望撰 (清)汪淇箋釋 **保生碎事一卷** (清)汪淇輯 清刻本 一冊 存二卷(七至八)

330000 – 1716 – 0019133 史補 0090/19133
史部/傳記類/科舉錄之屬/歷科鄉試錄

[光緒十一年己丑]浙江鄉試錄一卷 [光緒十九年癸巳]浙江鄉試錄一卷 清光緒刻本 二冊

330000 – 1716 – 0019134 經補 1050/19134
經部/春秋左傳類/傳說之屬

左傳事緯十二卷左傳字釋一卷 (清)馬驌撰 清光緒四年(1878)吳縣潘氏敏德堂刻本 八冊 缺二卷(七、九)

330000 – 1716 – 0019135 子補 0132 – 4/19135 子部/醫家類/婦科之屬/通論

濟陰綱目十四卷 (明)武之望撰 (清)汪淇箋釋 **保生碎事一卷** (清)汪淇輯 清刻本 一冊 存二卷(十至十一)

330000 – 1716 – 0019137 經補 1051/19137
經部/春秋左傳類/傳說之屬

左傳事緯十二卷左傳字釋一卷 (清)馬驌撰 清刻本 二冊 存三卷(一至二、左傳字釋)

330000 – 1716 – 0019141 經補 1052/19141
經部/春秋左傳類/傳說之屬

左傳便讀六卷 (清)魏承樾撰 清同治十年(1871)樹德堂刻本 四冊 缺二卷(二至三)

330000 – 1716 – 0019144 子補 0040/19144
子部/藝術類/遊藝之屬/聯語

十三經集句類聯二十八卷 (清)汝南輯 清光緒十五年(1889)上海鴻寶齋石印本 二冊 存十三卷(一至十三)

330000 – 1716 – 0019151 子補 0041 – 3/19151 子部/藝術類/遊藝之屬/雜藝

鵝幻彙編(中外戲法圖說)十二卷 (清)唐再豐撰 清光緒三十二年(1906)上海書局石印本 四冊 存八卷(一至八)

330000 – 1716 – 0019152 經補 1054/19152
經部/春秋左傳類/傳說之屬

欽定春秋左傳讀本三十卷 (清)英和等撰 清同治八年(1869)江蘇書局刻本 十冊

330000 – 1716 – 0019157 子補 0133 – 1/19157 子部/醫家類/方書之屬/成方藥目

胡慶餘堂丸散膏丹全集不分卷續增一卷 (清)胡光墉編 清光緒三年(1877)杭州胡慶餘堂刻本 一冊

330000 – 1716 – 0019158 子補 2643/19158
子部/宗教類/其他宗教之屬/基督教

新約聖書使徒行傳不分卷 清光緒三十一年(1905)聖書公會鉛印本 一冊

330000 – 1716 – 0019159 普經 0950/19159
經部/春秋左傳類/傳說之屬

春秋經傳集解三十卷 (晉)杜預撰 **春秋名號歸一圖二卷** (五代)馮繼先撰 **春秋年表一卷** (宋)岳珂刊補 清光緒三年(1877)永康胡氏退補齋刻本 三冊 缺二十五卷(二

至二十四、二十九至三十)

330000－1716－0019161　子補0133－2/
19161　子部/醫家類/方書之屬/成方藥目

胡慶餘堂丸散膏丹全集不分卷續增一卷
（清）胡光墉編　清光緒三年(1877)杭州胡慶餘堂刻本　一冊

330000－1716－0019164　子補0133－3/
19164　子部/醫家類/方書之屬/成方藥目

胡慶餘堂丸散膏丹全集不分卷續增一卷
（清）胡光墉編　清光緒三年(1877)杭州胡慶餘堂刻本　田雨泉題記　一冊

330000－1716－0019165　子補0133－4/
19165　子部/醫家類/方書之屬/成方藥目

胡慶餘堂丸散膏丹全集不分卷　（清）胡光墉編　清光緒三年(1877)杭州胡慶餘堂刻本　一冊

330000－1716－0019167　經補0255/19167
類叢部/類書類/專類之屬

四書典制類聯音注三十三卷　（清）閻其淵輯　清光緒二年(1876)鳧山草堂刻本　五冊　缺十三卷(四至十二、二十一至二十四)

330000－1716－0019170　集補0008－1/
19170　集部/小說類/長篇之屬

東周列國全志二十三卷一百八回　（清）蔡奡評點　清咸豐九年(1859)心香閣刻本　六冊　存五卷(二至三、五、九至十)

330000－1716－0019171　子補0043－1/
19171　子部/藝術類/書畫之屬/題跋

山谷題跋三卷　（宋）黃庭堅撰　（清）溫一貞輯　清南潯寧遠堂刻本　三冊

330000－1716－0019174　集補0008－4/
19174　集部/小說類/長篇之屬

東周列國全志二十三卷一百八回　（清）蔡奡評點　清刻本　一冊　存一卷(二)

330000－1716－0019176　子補2650/19176
子部/宗教類/其他宗教之屬/基督教

新約聖書馬可傳福音不分卷　清宣統二年(1910)漢鎮英漢書館鉛印本　一冊

330000－1716－0019178　集補0008－5/
19178　集部/小說類/長篇之屬

東周列國全志二十三卷一百八回　（清）蔡奡評點　清三讓堂刻本　二冊　存一卷(四)

330000－1716－0019180　子補0136/19180
新學/醫學/衛生學

家學集珍三卷　（美國）泰思氏　（美國）狄文氏輯撰　清宣統元年(1909)上海華美書局鉛印本　一冊　存一卷(三)

330000－1716－0019181　子補0137/19181
子部/醫家類/方書之屬/單方驗方

濟世良方六卷首一卷補遺四卷　（清）周其芬輯　（清）瑩軒氏增輯　清刻本　二冊　存二卷(二至三)

330000－1716－0019182　集補0008－6/
19182　集部/小說類/長篇之屬

東周列國全志二十三卷一百八回　（清）蔡奡評點　清刻本　十二冊　存十二卷(三至九、十一、十三至十四、二十、二十三)

330000－1716－0019184　經補1055/19184
經部/春秋左傳類/傳說之屬

評點春秋綱目左傳句解彙雋六卷　（清）韓菼重訂　清刻本　一冊　存一卷(一)

330000－1716－0019187　經補1056/19187
經部/春秋左傳類/傳說之屬

評點春秋左傳綱目句解彙雋六卷　（清）韓菼重訂　清刻本　二冊　存二卷(四、六)

330000－1716－0019190　子補2657/19190
子部/宗教類/其他宗教之屬/基督教

潛德譜一卷　李林譯　清光緒三十二年(1906)上海慈母堂鉛印本　一冊

330000－1716－0019191　集補0008－7/
19191　集部/小說類/長篇之屬

東周列國全志二十三卷一百八回　（清）蔡奡評點　清刻本　十冊　存十卷(八至十一、十三至十五、十七、二十一至二十二)

330000－1716－0019193　史補0091/19193
集部/別集類

蕉雨山房試草不分卷　丁之蕃輯　清蕉雨山房刻本　一冊

330000 – 1716 – 0019194　史補 0092/19194
集部/總集類/課藝之屬

桂馨吟館試草不分卷　（清）余煥章等撰　清刻本　一冊

330000 – 1716 – 0019195　子補 0043 – 2/19195　子部/藝術類/書畫之屬/題跋

山谷題跋三卷　（宋）黃庭堅撰　（清）溫一貞輯　清刻本　一冊　存一卷（二）

330000 – 1716 – 0019197　史補 0093/19197
集部/總集類/課藝之屬

桂馨吟館試草不分卷　（清）余煥章等撰　清刻本　一冊

330000 – 1716 – 0019198　集補 0008 – 8/19198　集部/小說類/長篇之屬

東周列國全志二十三卷一百八回　（清）蔡奡評點　清刻本　二十一冊　缺二卷（一至二）

330000 – 1716 – 0019199　史補 0094/19199
集部/總集類/課藝之屬

行餘軒試卷不分卷　（清）孫德祖等撰　清刻本　一冊

330000 – 1716 – 0019203　子補 0139/19203
子部/醫家類/類編之屬

黃氏醫書八種　（清）黃元御撰　清光緒二十年（1894）上海圖書集成印書局鉛印本　一冊　存一種

330000 – 1716 – 0019205　史補 0095/19205
史部/傳記類/職官錄之屬/總錄

［清光緒六年］江蘇同官錄不分卷　（清）許應鑅輯　清光緒六年（1880）刻本　一冊

330000 – 1716 – 0019206　子補 0140/19206
子部/醫家類/方書之屬/單方驗方

三朝名醫方論三種　清宣統三年（1911）甯波汲綆齋石印本　一冊　存一種

330000 – 1716 – 0019210　史補 0096/19210
史部/傳記類/科舉錄之屬

殿試策不分卷　清刻本　一冊

330000 – 1716 – 0019212　子補 2609/19212
子部/宗教類/其他宗教之屬/基督教

七克真訓二卷　清光緒三十年（1904）上海土山灣慈母堂鉛印本　一冊

330000 – 1716 – 0019216　史補 0097/19216
史部/傳記類/科舉錄之屬/歷科鄉試錄

［光緒壬午科］浙江鄉試硃卷不分卷　（清）陳鳳蔚　（清）陳恩綸撰　清光緒刻本　一冊

330000 – 1716 – 0019219　經補 1058 – 2/19219　經部/春秋左傳類/傳說之屬

曲江書屋新訂批注左傳快讀十八卷首一卷　（清）李紹崧輯　清光緒曲江書屋刻本　一冊　存一卷（十五）

330000 – 1716 – 0019221　子補 2612/19221
子部/宗教類/其他宗教之屬/基督教

聖方濟各沙勿略傳六卷　（清）蔣升譯　清光緒二十二年（1896）上海慈母堂鉛印本　一冊

330000 – 1716 – 0019223　子補 2613/19223
子部/宗教類/其他宗教之屬/基督教

玫瑰經義二卷　李杕譯　清光緒十四年（1888）上海慈母堂鉛印本　一冊

330000 – 1716 – 0019224　地獻 1325 – 1/19224　子部/醫家類/類編之屬

壽世彙編五種　（清）祝寶森編　清光緒三十一年（1905）紹興德裕堂刻本　一冊

330000 – 1716 – 0019227　地獻 1325 – 2/19227　子部/醫家類/類編之屬

壽世彙編五種　（清）祝寶森編　清光緒三十一年（1905）紹興德裕堂刻本　一冊

330000 – 1716 – 0019228　地獻 1325 – 3/19228　子部/醫家類/類編之屬

壽世彙編五種　（清）祝寶森編　清光緒三十一年（1905）紹興德裕堂刻本　一冊

330000 – 1716 – 0019230　地獻 1325 – 4/19230　子部/醫家類/類編之屬

壽世彙編五種　（清）祝寶森編　清光緒三十

一年(1905)紹興德裕堂刻本　一冊

330000－1716－0019231　子補2615/19231
子部/宗教類/其他宗教之屬/基督教

太平洋傳道録二卷　（美國）狄樂播譯　清宣
統二年(1910)上海廣學會鉛印本　二冊

330000－1716－0019232　地獻1325－5/
19232　子部/醫家類/類編之屬

壽世彙編五種　（清）祝寶森編　清光緒三十
一年(1905)紹興德裕堂刻本　一冊

330000－1716－0019233　經補1059/19233
經部/春秋左傳類/傳說之屬

春秋左傳杜注三十卷首一卷　（清）姚培謙撰
清刻本　一冊　存三卷(二十至二十二)

330000－1716－0019234　地獻1325－6/
19234　子部/醫家類/類編之屬

壽世彙編五種　（清）祝寶森編　清光緒三十
一年(1905)紹興德裕堂刻本　一冊

330000－1716－0019236　地獻1325－7/
19236　子部/醫家類/類編之屬

壽世彙編五種　（清）祝寶森編　清光緒三十
一年(1905)紹興德裕堂刻本　一冊

330000－1716－0019237　經補1060/19237
經部/春秋左傳類/傳說之屬

春秋左傳綱目杜林詳註十四卷　（晉）杜預集
解　（宋）林堯叟注釋　（明）張岐然輯　清刻
本　三冊　存三卷(九、十一、十四)

330000－1716－0019241　普叢0437－22/
19241　類叢部/叢書類/自著之屬

隨園三十種　（清）袁枚撰　清刻本　四冊
存三種

330000－1716－0019248　經補1062/19248
經部/春秋左傳類/傳說之屬

欽定春秋左傳讀本三十卷　（清）英和等撰
清刻本　八冊　存二十四卷(四至二十七)

330000－1716－0019250　地獻1325－8/
19250　子部/醫家類/類編之屬

壽世彙編五種　（清）祝寶森編　清光緒三十

一年(1905)紹興德裕堂刻本　一冊

330000－1716－0019252　子補0148/19252
子部/醫家類/綜合之屬

傅青主男科二卷女科二卷產後編二卷　（清）
傅山撰　清光緒三十三年(1907)上海書局石
印本　二冊

330000－1716－0019253　地獻1325－9/
19253　子部/醫家類/類編之屬

壽世彙編五種　（清）祝寶森編　清光緒三十
一年(1905)紹興德裕堂刻本　一冊

330000－1716－0019254　地獻1325－10/
19254　子部/醫家類/類編之屬

壽世彙編五種　（清）祝寶森編　清光緒三十
一年(1905)紹興德裕堂刻本　一冊

330000－1716－0019255　集補0008－84/
19255　集部/小說類/長篇之屬

東周列國全志八卷一百八回　（清）蔡奡評點
清末石印本　四冊　存四卷(二、四、七至
八)

330000－1716－0019260　子補0059/19260
子部/藝術類/篆刻之屬/印論

篆刻鍼度八卷　（清）陳克恕撰　清乾隆五十
一年(1786)刻本　一冊　存四卷(五至八)

330000－1716－0019262　子補0055－3/
19262　子部/藝術類/遊藝之屬/聯語

楹聯彙編八卷　王榮商輯　清末石印本　王
錦勝題簽　一冊　存一卷(七)

330000－1716－0019263　集補1766/19263
集部/小說類/長篇之屬

增評補像全圖金玉緣一百二十回首一卷
（清）曹霑　（清）高鶚撰　清光緒十八年
(1892)文選石印本　十冊　缺五十二回(六
十九至一百二十)

330000－1716－0019265　地獻1326/19265
子部/術數類/相宅相墓之屬

山洋指迷原本四卷　（明）周景一撰　（清）俞
歸璞　（清）吳卿瞻注　清刻本　四冊

330000－1716－0019267　　子補 0051/19267
史部/傳記類/總傳之屬/技藝

國朝畫徵録三卷續録二卷 （清）張庚撰　**明人附録一卷** （明）黎遂球　（明）袁樞撰　清刻本　一冊　存二卷（續録一至二）

330000－1716－0019272　集補 0008－10/19272　集部/小說類/長篇之屬

東周列國全志八卷一百八回 （清）蔡奡評點　清末石印本　二冊　存二卷（五、八）

330000－1716－0019275　地獻 1328/19275
類叢部/叢書類/自著之屬

留書種閣集九種 （清）黃炳垕撰　清同治六年至光緒二十年（1867－1894）餘姚黃氏留書種閣刻本　二冊　存二種

330000－1716－0019280　　子補 0053/19280
子部/藝術類/書畫之屬/畫法畫品

芥舟學畫編四卷 （清）沈宗騫撰　清乾隆四十六年（1781）冰壺閣刻本　一冊　存一卷（一）

330000－1716－0019282　集補 0008－12/19282　集部/小說類/長篇之屬

東周列國全志八卷一百八回 （清）蔡奡評點　清末石印本　一冊　存一卷（七）

330000－1716－0019284　地獻 1331/19284
子部/天文曆算類/算書之屬

上虞算學堂課藝二卷 （清）支寶柟選　清光緒二十七年（1901）紹興經正書院刻本　二冊

330000－1716－0019286　史補 0098/19286
史部/傳記類/科舉録之屬/歷科鄉試録

[光緒丁酉科]湖北鄉試第二房同門録不分卷　清光緒二十三年（1897）刻本　一冊

330000－1716－0019288　史補 0099/19288
史部/傳記類/科舉録之屬/歷科鄉試録

[光緒丁酉科]湖北鄉試第二房同門録不分卷　清光緒二十三年（1897）刻本　一冊

330000－1716－0019289　史補 0100/19289
史部/傳記類/科舉録之屬/歷科鄉試録

[光緒丁酉科]湖北鄉試第二房同門録不分卷

清光緒二十三年（1897）刻本　一冊

330000－1716－0019291　史補 0101/19291
史部/傳記類/科舉録之屬/歷科鄉試録

[光緒丁酉科]湖北鄉試第二房同門録不分卷　清光緒二十三年（1897）刻本　一冊

330000－1716－0019292　史補 0102/19292
史部/傳記類/科舉録之屬/歷科鄉試録

[光緒丁酉科]湖北鄉試第二房同門録不分卷　清光緒二十三年（1897）刻本　一冊

330000－1716－0019293　史補 0103/19293
史部/傳記類/科舉録之屬/歷科鄉試録

[光緒丁酉科]湖北鄉試第二房同門録不分卷　清光緒二十三年（1897）刻本　一冊

330000－1716－0019294　史補 0104/19294
史部/傳記類/科舉録之屬/歷科鄉試録

[光緒丁酉科]湖北鄉試第二房同門録不分卷　清光緒二十三年（1897）刻本　一冊

330000－1716－0019295　史補 0105/19295
史部/傳記類/科舉録之屬/歷科鄉試録

[光緒丁酉科]湖北鄉試第二房同門録不分卷　清光緒二十三年（1897）刻本　一冊

330000－1716－0019296　地獻 1321－1/19296　集部/別集類/清別集

水香書屋試艸不分卷 （清）李應煌撰　清水香書屋刻本　一冊

330000－1716－0019299　地獻 1321－2/19299　集部/別集類/清別集

水香書屋試艸不分卷 （清）李應煌撰　清水香書屋刻本　一冊

330000－1716－0019300　地獻 1321－3/19300　集部/別集類/清別集

水香書屋試艸不分卷 （清）李應煌撰　清水香書屋刻本　一冊

330000－1716－0019301　　子補 0041－6/19301　子部/藝術類/遊藝之屬/雜藝

鵝幻彙編（中外戲法圖說）十二卷 （清）唐再豐撰　清光緒三十二年（1906）上海書局石印

本 一冊 存三卷(一至三)

330000－1716－0019302 地獻 1321－4/19302 集部/別集類/清別集

水香書屋試艸不分卷 （清）李應煌撰 清水香書屋刻本 一冊

330000－1716－0019303 子補 0054/19303 子部/藝術類/遊藝之屬/謎語

新編燈謎大觀二卷續集一卷 （清）俞樾撰 清末石印本 一冊 存一卷(續集)

330000－1716－0019304 子補 0055－1/19304 子部/藝術類/遊藝之屬/聯語

楹聯彙編八卷 王榮商輯 清末石印本 四冊 存四卷(三至六)

330000－1716－0019305 地獻 1321－5/19305 集部/別集類/清別集

水香書屋試艸不分卷 （清）李應煌撰 清水香書屋刻本 一冊

330000－1716－0019307 地獻 1321－6/19307 集部/別集類/清別集

水香書屋試艸不分卷 （清）李應煌撰 清水香書屋刻本 一冊

330000－1716－0019308 子補 0055－2/19308 子部/藝術類/遊藝之屬/聯語

楹聯彙編八卷 王榮商輯 清光緒二十五年(1899)慎記書莊石印本 三冊 存六卷(一至二、五至八)

330000－1716－0019310 地獻 1332/19310 子部/醫家類/兒科之屬/痘疹

麻疹闡注三卷 （清）張廉撰 清芝泉堂刻本 一冊

330000－1716－0019311 子補 0032－2/19311 子部/藝術類/遊藝之屬/聯語

西湖楹聯四卷 清光緒二十一年(1895)石印本 三冊 存三卷(一至三)

330000－1716－0019313 史補 0106/19313 史部/傳記類/科舉録之屬/歷科鄉試録

[光緒丁酉科]湖北鄉試第十二房硃卷不分卷

（清）丁保樹等撰 清光緒刻本 一冊

330000－1716－0019314 地獻 1333/19314 類叢部/叢書類/自著之屬

留書種閣集九種 （清）黃炳垕撰 清同治六年至光緒二十年(1867－1894)餘姚黃氏留書種閣刻本 一冊 存一種

330000－1716－0019315 地獻 1321－7/19315 集部/別集類/清別集

水香書屋試艸不分卷 （清）李應煌撰 清水香書屋刻本 一冊

330000－1716－0019317 地獻 1321－8/19317 集部/別集類/清別集

水香書屋試艸不分卷 （清）李應煌撰 清水香書屋刻本 一冊

330000－1716－0019318 史補 0107/19318 史部/傳記類/科舉録之屬/歷科登科録

[光緒甲午科]浙江闈墨不分卷 清光緒二十年(1894)聚奎堂刻本 一冊

330000－1716－0019319 地獻 1321－9/19319 集部/別集類/清別集

水香書屋試艸不分卷 （清）李應煌撰 清水香書屋刻本 一冊

330000－1716－0019322 史補 0108/19322 史部/傳記類/科舉録之屬/歷科登科録

[光緒己丑科]朝考卷一卷 黃壽袞撰 清光緒刻本 一冊

330000－1716－0019323 地獻 1321－10/19323 集部/別集類/清別集

水香書屋試艸不分卷 （清）李應煌撰 清水香書屋刻本 一冊

330000－1716－0019324 史補 0109/19324 史部/傳記類/科舉録之屬

殿試策不分卷 （清）朱汝珍撰 清刻本 一冊

330000－1716－0019327 子補 0056/19327 子部/藝術類/遊藝之屬/雜藝

中西益智圖前編二卷後編二卷外編二卷

（清）張濟模輯　清宣統三年（1911）上海中華書局石印本　二冊　存二卷（前編一、後編一）

330000－1716－0019329　經補0003/19329
經部/小學類/文字之屬/字書/字典
字典不分卷　清刻本　一冊

330000－1716－0019330　地獻1321－11/19330　集部/別集類/清別集
水香書屋試艸不分卷　（清）李應煌撰　清水香書屋刻本　一冊

330000－1716－0019331　地獻1335/19331
子部/醫家類/醫案之屬
醫案夢記二卷附案一卷　（清）徐守愚撰　清光緒二十三年（1897）刻本　二冊

330000－1716－0019332　地獻1321－12/19332　集部/別集類/清別集
水香書屋試艸不分卷　（清）李應煌撰　清水香書屋刻本　一冊

330000－1716－0019333　子補2620/19333
子部/宗教類/其他宗教之屬/基督教
福音合參不分卷　（美國）路思義編　清宣統三年（1911）濰縣廣文學堂書局鉛印本　一冊

330000－1716－0019334　地獻1321－13/19334　集部/別集類/清別集
水香書屋試艸不分卷　（清）李應煌撰　清水香書屋刻本　一冊

330000－1716－0019335　地獻1321－14/19335　集部/別集類/清別集
水香書屋試艸不分卷　（清）李應煌撰　清水香書屋刻本　一冊

330000－1716－0019336　子補0154/19336
子部/醫家類/兒科之屬
福幼編一卷　（清）莊一夔撰　清刻本　一冊

330000－1716－0019337　地獻1336/19337
子部/醫家類/方書之屬/單方驗方
驗方新編十六卷　（清）鮑相璈輯　清光緒十六年（1890）浙紹奎照樓刻本　八冊　存十四卷（一至十四）

330000－1716－0019339　子補2621/19339
子部/宗教類/其他宗教之屬/基督教
耶穌實蹟注釋不分卷　清宣統二年（1910）濰縣廣文學堂鉛印本　一冊

330000－1716－0019340　地獻1321－15/19340　集部/別集類/清別集
水香書屋試艸不分卷　（清）李應煌撰　清水香書屋刻本　一冊

330000－1716－0019342　子補0155/19342
子部/醫家類/綜合之屬/通論
訂補明醫指掌十卷　（明）皇甫中撰　（明）王肯堂等訂補　**附刻診家樞要一卷**　（明）滑壽編纂　清嘉慶十六年（1811）詩業堂刻本　四冊　存五卷（三至六、九）

330000－1716－0019343　地獻1337－1/19343　子部/醫家類/綜合之屬/雜著
筆花醫鏡四卷　（清）江涵暾撰　清光緒四年（1878）紹興刻本　二冊

330000－1716－0019344　地獻1321－16/19344　集部/別集類/清別集
水香書屋試艸不分卷　（清）李應煌撰　清水香書屋刻本　一冊

330000－1716－0019346　史補0110/19346
史部/金石類/總志之屬
二銘艸堂金石聚十六卷　（清）張德容輯　清同治十一年（1872）衢州張氏二銘草堂刻本　一冊　存一卷（十三）

330000－1716－0019347　子補0156/19347
子部/醫家類/喉科口齒之屬
喉症良方一卷　（清）鄭瀚撰　清刻本　一冊

330000－1716－0019348　經補0004－1/19348　經部/小學類/文字之屬/字書/字典
攷正玉堂字彙四卷　（清）知足子編　清末鉛印本　一冊　存二卷（一至二）

330000－1716－0019349　子補0058－2/19349　子部/藝術類/遊藝之屬/雜藝

益智圖二卷　（清）童葉庚撰　清末抄本
一冊

330000 － 1716 － 0019350　地獻 1337 － 2/
19350　子部/醫家類/綜合之屬/雜著
筆花醫鏡四卷　（清）江涵暾撰　清光緒十一
年(1885)紹郡墨潤堂刻本　二冊

330000 － 1716 － 0019352　集補 1780/19352
集部/小說類/長篇之屬
增評加批金玉緣圖說十六卷一百二十回首一
卷　（清）曹霑　（清）高鶚撰　（清）蝶薌仙
史評訂　清末石印本　十五冊

330000 － 1716 － 0019353　史補 0111/19353
集部/別集類
南海先生詩集十三卷　康有為撰　清宣統三
年(1911)上海廣智書局影印本　一冊

330000 － 1716 － 0019355　地獻 1338/19355
子部/農家農學類/獸醫之屬
牛經備要二卷　（清）沈蓮舫撰　清光緒十九
年(1893)留耕草堂鉛印本　一冊

330000 － 1716 － 0019356　子補 0157/19356
子部/醫家類/兒科之屬/痘疹
痘疹會通五卷　（清）曾鼎撰　清乾隆五十一
年(1786)盱江曾鼎忠恕堂刻本　一冊　存二
卷(四至五)

330000 － 1716 － 0019357　史補 0112/19357
史部/金石類/金之屬
西清古鑑四十卷錢録十六卷　（清）梁詩正
（清）蔣溥等纂修　清光緒十四年(1888)邁宋
書館日本銅版印本　十四冊　存二十五卷
（一至二、五至六、九至十、十七至二十一、二
十四至三十七）

330000 － 1716 － 0019359　子補 0058 － 3/
19359　子部/藝術類/遊藝之屬/雜藝
益智圖□□卷　（清）童葉庚撰　清末抄本
一冊　存一卷(二)

330000 － 1716 － 0019360　地獻 1321 － 17/
19360　集部/別集類/清別集
水香書屋試艸不分卷　（清）李應煌撰　清水

香書屋刻本　一冊

330000 － 1716 － 0019361　地獻 1321 － 18/
19361　集部/別集類/清別集
水香書屋試艸不分卷　（清）李應煌撰　清水
香書屋刻本　一冊

330000 － 1716 － 0019362　地獻 1339/19362
子部/醫家類/傷科之屬
接骨入骱全書不分卷　（清）陳志餘撰　稿本
一冊

330000 － 1716 － 0019364　地獻 1321 － 19/
19364　集部/別集類/清別集
水香書屋試艸不分卷　（清）李應煌撰　清水
香書屋刻本　一冊

330000 － 1716 － 0019367　地獻 1340/19367
子部/醫家類/綜合之屬/通論
石室秘籙六卷　（清）陳士鐸撰　清聚盛堂刻
本　五冊　缺一卷(三)

330000 － 1716 － 0019370　地獻 1321 － 20/
19370　集部/別集類/清別集
水香書屋試艸不分卷　（清）李應煌撰　清水
香書屋刻本　一冊

330000 － 1716 － 0019372　經補 0007/19372
經部/小學類/文字之屬/字書/字典
字彙四集　（清）陳淏子撰　清刻本　一冊
存一卷(二)

330000 － 1716 － 0019373　地獻 1321 － 21/
19373　集部/別集類/清別集
水香書屋試艸不分卷　（清）李應煌撰　清水
香書屋刻本　一冊

330000 － 1716 － 0019374　地獻 1321 － 22/
19374　集部/別集類/清別集
水香書屋試艸不分卷　（清）李應煌撰　清水
香書屋刻本　一冊

330000 － 1716 － 0019375　子補 0131 － 6/
19375　子部/醫家類/醫經之屬/内經
黃帝内經素問注證發微九卷補遺一卷黃帝内
經靈樞注證發微九卷　（明）馬蒔撰　清光緒

大文堂刻本　二冊　存二卷(一至二)

330000 – 1716 – 0019377　子補 0158/19377
子部/醫家類/内科之屬

紅爐點雪四卷　(明)龔居中撰　清刻本　一
冊　存一卷(二)

330000 – 1716 – 0019382　地獻 1321 – 23/
19382　集部/別集類/清別集

水香書屋試艸不分卷　(清)李應煌撰　清水
香書屋刻本　一冊

330000 – 1716 – 0019383　子補 0060/19383
子部/藝術類/書畫之屬/畫譜

詩中畫二卷　(清)馬濤繪　清光緒十一年
(1885)上海會文堂書局石印本　一冊　存一
卷(一)

330000 – 1716 – 0019384　地獻 1321 – 24/
19384　集部/別集類/清別集

水香書屋試艸不分卷　(清)李應煌撰　清水
香書屋刻本　一冊

330000 – 1716 – 0019385　地獻 1321 – 25/
19385　集部/別集類/清別集

水香書屋試艸不分卷　(清)李應煌撰　清水
香書屋刻本　一冊

330000 – 1716 – 0019388　地獻 1321 – 26/
19388　集部/別集類/清別集

水香書屋試艸不分卷　(清)李應煌撰　清水
香書屋刻本　一冊

330000 – 1716 – 0019389　集補 1783/19389
集部/小說類/長篇之屬

增評補像全圖金玉緣一百二十回首一卷
(清)曹霑　(清)高鶚撰　清光緒三十四年
(1908)求不負齋石印本　六冊　存三十四回
(二十五至四十八、七十三至八十二)

330000 – 1716 – 0019392　子補 0159/19392
子部/醫家類/溫病之屬/瘟疫

隨息居重訂霍亂論四卷　(清)王士雄撰　清
光緒十三年(1887)刻本　一冊　存二卷(三
至四)

330000 – 1716 – 0019393　集補 1784/19393
集部/小說類/長篇之屬

增評補像全圖金玉緣一百二十回首一卷
(清)曹霑　(清)高鶚撰　清光緒三十四年
(1908)求不負齋石印本　一冊　存八回(三
十三至四十)

330000 – 1716 – 0019395　集補 1785/19395
集部/小說類/長篇之屬

增評補像全圖金玉緣一百二十回首一卷
(清)曹霑　(清)高鶚撰　清光緒三十四年
(1908)求不負齋石印本　一冊　存十六回
(二十五至四十)

330000 – 1716 – 0019397　子補 0062 – 1/
19397　子部/藝術類/書畫之屬/畫譜

紉齋畫賸不分卷　(清)陳允昇繪　清光緒二
年(1876)甬上陳氏得古歡室刻本　一冊

330000 – 1716 – 0019399　集補 0008 – 24/
19399　集部/小說類/長篇之屬

東周列國全志□□卷一百八回　(清)蔡奡評
點　清光緒元年(1875)上海久敬齋石印本
二冊　存二卷(一、五)

330000 – 1716 – 0019400　集補 1788/19400
集部/小說類/長篇之屬

增評加批金玉緣圖說十六卷一百二十回首一
卷　(清)曹霑　(清)高鶚撰　(清)蝶薌仙
史評訂　清末石印本　九冊　缺五卷(一至
二、十一至十三)

330000 – 1716 – 0019401　子補 0062 – 2/
19401　子部/藝術類/書畫之屬/畫譜

紉齋畫賸四卷　(清)陳允昇繪　清光緒十二
年(1886)上海點石齋石印本　一冊　存二卷
(一至二)

330000 – 1716 – 0019402　子補 0062 – 4/
19402　子部/藝術類/書畫之屬/畫譜

紉齋畫賸四卷　(清)陳允昇繪　清光緒十二
年(1886)上海點石齋石印本　一冊　存二卷
(一至二)

330000 – 1716 – 0019403　集補 1786/19403

集部/小說類/長篇之屬

增評加批金玉緣圖說十六卷一百二十回首一卷 （清）曹霑 （清）高鶚撰 （清）蝶薌仙史評訂 清末石印本［首冊配清光緒二十五年(1899)上海書局石印本］ 五冊 存五卷（八至十、十六,首）

330000－1716－0019404 地獻 1321－27/19404 集部/別集類/清別集

水香書屋試艸不分卷 （清）李應煌撰 清水香書屋刻本 一冊

330000－1716－0019405 子補 0062－3/19405 子部/藝術類/書畫之屬/畫譜

紉齋畫賸四卷 （清）陳允昇繪 清光緒十二年(1886)上海點石齋石印本 一冊 存二卷（一至二）

330000－1716－0019406 地獻 1321－28/19406 集部/別集類/清別集

水香書屋試艸不分卷 （清）李應煌撰 清水香書屋刻本 一冊

330000－1716－0019407 子補 0132－5/19407 子部/醫家類/婦科之屬/通論

濟陰綱目十四卷 （明）武之望撰 （清）汪淇箋釋 **保生碎事一卷** （清）汪淇輯 清雍正天德堂刻本 一冊 存二卷（十至十一）

330000－1716－0019408 集補 1787/19408 集部/小說類/長篇之屬

增評加批金玉緣圖說十六卷一百二十回首一卷 （清）曹霑 （清）高鶚撰 （清）蝶薌仙史評訂 清末石印本 六冊 存十三卷（四至五、七至十六,首）

330000－1716－0019409 地獻 1321－29/19409 集部/別集類/清別集

水香書屋試艸不分卷 （清）李應煌撰 清水香書屋刻本 一冊

330000－1716－0019410 地獻 1321－30/19410 集部/別集類/清別集

水香書屋試艸不分卷 （清）李應煌撰 清水香書屋刻本 一冊

330000－1716－0019411 地獻 1321－31/19411 集部/別集類/清別集

水香書屋試艸不分卷 （清）李應煌撰 清水香書屋刻本 一冊

330000－1716－0019412 地獻 1321－32/19412 集部/別集類/清別集

水香書屋試艸不分卷 （清）李應煌撰 清水香書屋刻本 一冊

330000－1716－0019413 地獻 1321－33/19413 集部/別集類/清別集

水香書屋試艸不分卷 （清）李應煌撰 清水香書屋刻本 一冊

330000－1716－0019415 集補 1791/19415 集部/小說類/長篇之屬

增評加批金玉緣圖說十六卷一百二十回首一卷 （清）曹霑 （清）高鶚撰 （清）蝶薌仙史評訂 清末石印本 三冊 存五卷（五、七至十）

330000－1716－0019416 地獻 1321－34/19416 集部/別集類/清別集

水香書屋試艸不分卷 （清）李應煌撰 清水香書屋刻本 一冊

330000－1716－0019418 子補 0160/19418 子部/醫家類/方書之屬/單方驗方

絳雪園古方選注不分卷得宜本草一卷 （清）王子接輯 清雍正九年(1731)綠蔭堂刻本 三冊

330000－1716－0019419 集補 1792/19419 集部/小說類/長篇之屬

紅樓夢一百二十回 （清）曹霑 （清）高鶚撰 清務本堂刻本 一冊 存五回（一至五）

330000－1716－0019420 子補 0062－5/19420 子部/藝術類/書畫之屬/畫譜

紉齋畫賸四卷 （清）陳允昇繪 清光緒十二年(1886)上海點石齋石印本 一冊 存二卷（一至二）

330000－1716－0019421 集補 1793/19421 集部/小說類/長篇之屬

紅樓夢一百二十回 （清）曹霑 （清）高鶚撰
　清刻本　一冊　存六回（八十五至九十）

330000－1716－0019423　集補 1794/19423
集部/小說類/長篇之屬

紅樓夢一百二十回 （清）曹霑 （清）高鶚撰
　清刻本　二冊　存十一回（十四至十九、三
十六至四十）

330000－1716－0019424　新補 0010－1/
19424　新學/格致總

西學通考三十六卷 （清）胡兆鸞輯　清光緒
二十四年(1898)上海石印本　十冊　缺六卷
（十七至十九、二十二至二十四）

330000－1716－0019427　新補 0010－2/
19427　新學/格致總

西學通考三十六卷 （清）胡兆鸞輯　清光緒
二十四年(1898)上海石印本　二冊　存七卷
（十二至十五、三十四至三十六）

330000－1716－0019429　子補 0066/19429
子部/藝術類/書畫之屬/法帖

趙松雪金剛經小楷帖一卷 （元）趙孟頫書
清末上海有正書局影印本　一冊

330000－1716－0019430　地獻 1323－27/
19430　史部/傳記類/科舉錄之屬/歷科鄉
試錄

[光緒丁酉科]湖北鄉試硃卷一卷　施焜撰
清光緒刻本　一冊

330000－1716－0019431　集補 1797/19431
集部/小說類/長篇之屬

增評加批金玉緣圖說十六卷一百二十回首一
卷 （清）曹霑 （清）高鶚撰 （清）蝶薌仙
史評訂　清末石印本　二冊　存六卷（四、九
至十二、十五）

330000－1716－0019432　地獻 1322－1/
19432　史部/傳記類/科舉錄之屬/歷科鄉
試錄

[光緒丁酉科]湖北鄉試卷一卷　施焜撰　清
光緒石印本　一冊

330000－1716－0019433　子補 0161/19433
子部/醫家類/兒科之屬/痘疹

痘學眞傳八卷 （清）葉大椿撰　清刻本　四
冊　缺二卷（六至七）

330000－1716－0019434　地獻 1322－2/
19434　史部/傳記類/科舉錄之屬/歷科鄉
試錄

[光緒丁酉科]湖北鄉試卷一卷　施焜撰　清
光緒石印本　一冊

330000－1716－0019435　子補 0162/19435
子部/醫家類/外科之屬/癰疽、疔瘡

疔瘡要書一卷形圖一卷救急良方一卷 （清）
盤記絲號眾商輯　清光緒十七年(1891)刻本
　一冊

330000－1716－0019436　地獻 1323－1/
19436　史部/傳記類/科舉錄之屬/歷科鄉
試錄

[光緒丁酉科]湖北鄉試硃卷一卷　施焜撰
清光緒刻本　一冊

330000－1716－0019437　地獻 1323－2/
19437　史部/傳記類/科舉錄之屬/歷科鄉
試錄

[光緒丁酉科]湖北鄉試硃卷一卷　施焜撰
清光緒刻本　一冊

330000－1716－0019438　子補 0163/19438
子部/醫家類/本草之屬/歷代綜合本草

增訂本草備要四卷醫方湯頭歌訣一卷經絡歌
訣一卷 （清）汪昂撰　清同治三年(1864)醉
六堂刻本　二冊　缺三卷（本草備要一至二、
四）

330000－1716－0019439　地獻 1323－3/
19439　史部/傳記類/科舉錄之屬/歷科鄉
試錄

[光緒丁酉科]湖北鄉試硃卷一卷　施焜撰
清光緒刻本　一冊

330000－1716－0019440　經補 0008/19440
經部/小學類/文字之屬/字書/字典

增釋文明字彙十二卷 （清）許愚纂　清道光
元年(1821)文大堂刻本　五冊　存五卷（一

至五）

330000－1716－0019441　地獻 1323－4/
19441　史部/傳記類/科舉録之屬/歷科鄉
試録

［光緒丁酉科］湖北鄉試硃卷一卷　施煊撰
清光緒刻本　一冊

330000－1716－0019443　地獻 1341/19443
集部/小說類/長篇之屬

精訂綱鑑廿四史通俗衍義二十六卷四十四回
首一卷　（清）呂撫撰　清光緒十三年（1887）
上海廣百宋齋鉛印本　六冊

330000－1716－0019444　地獻 1322－3/
19444　史部/傳記類/科舉録之屬/歷科鄉
試録

［光緒丁酉科］湖北鄉試卷一卷　施煊撰　清
光緒石印本　一冊

330000－1716－0019445　地獻 1323－5/
19445　史部/傳記類/科舉録之屬/歷科鄉
試録

［光緒丁酉科］湖北鄉試硃卷一卷　施煊撰
清光緒刻本　一冊

330000－1716－0019446　地獻 1323－6/
19446　史部/傳記類/科舉録之屬/歷科鄉
試録

［光緒丁酉科］湖北鄉試硃卷一卷　施煊撰
清光緒刻本　一冊

330000－1716－0019447　地獻 1322－4/
19447　史部/傳記類/科舉録之屬/歷科鄉
試録

［光緒丁酉科］湖北鄉試卷一卷　施煊撰　清
光緒石印本　一冊

330000－1716－0019448　集補 0008－27/
19448　集部/小說類/長篇之屬

東周列國全志□□卷一百八回　（清）蔡奡評
點　清光緒三十三年（1907）上海鴻寶齋石印
本　一冊　存一卷（一）

330000－1716－0019449　地獻 1342/19449
子部/術數類/相宅相墓之屬

山洋指迷原本四卷　（明）周景一撰　（清）張
九儀增注　清末石印本　清張武題簽　一冊

330000－1716－0019450　地獻 1323－7/
19450　史部/傳記類/科舉録之屬/歷科鄉
試録

［光緒丁酉科］湖北鄉試硃卷一卷　施煊撰
清光緒刻本　一冊

330000－1716－0019451　地獻 1323－8/
19451　史部/傳記類/科舉録之屬/歷科鄉
試録

［光緒丁酉科］湖北鄉試硃卷一卷　施煊撰
清光緒刻本　一冊

330000－1716－0019452　集補 0008－28/
19452　集部/小說類/長篇之屬

東周列國全志□□卷一百八回　（清）蔡奡評
點　清光緒元年（1875）上海久敬齋石印本
一冊　存一卷（一）

330000－1716－0019455　地獻 1323－9/
19455　史部/傳記類/科舉録之屬/歷科鄉
試録

［光緒丁酉科］湖北鄉試硃卷一卷　施煊撰
清光緒刻本　一冊

330000－1716－0019457　地獻 1323－10/
19457　史部/傳記類/科舉録之屬/歷科鄉
試録

［光緒丁酉科］湖北鄉試硃卷一卷　施煊撰
清光緒刻本　一冊

330000－1716－0019459　集補 0008－29/
19459　集部/小說類/長篇之屬

東周列國全志□□卷一百八回　（清）蔡奡評
點　清光緒三十三年（1907）上海鴻寶齋石印
本　一冊　存二卷（一至二）

330000－1716－0019462　經補 0012/19462
經部/小學類/文字之屬/字書/字典

字彙四集　（清）陳淏子撰　清光緒十四年
（1888）蘇垣崇德公所刻本　二冊　存二卷
（元集一、亨集一）

330000－1716－0019464　地獻 1323－11/

19464　史部/傳記類/科舉録之屬/歷科鄉試録

[光緒丁酉科]湖北鄉試硃卷一卷　施煃撰　清光緒刻本　一冊

330000－1716－0019465　地獻1322－5/19465　史部/傳記類/科舉録之屬/歷科鄉試録

[光緒丁酉科]湖北鄉試卷一卷　施煃撰　清光緒石印本　一冊

330000－1716－0019466　地獻1323－12/19466　史部/傳記類/科舉録之屬/歷科鄉試録

[光緒丁酉科]湖北鄉試硃卷一卷　施煃撰　清光緒刻本　一冊

330000－1716－0019468　地獻1322－6/19468　史部/傳記類/科舉録之屬/歷科鄉試録

[光緒丁酉科]湖北鄉試卷一卷　施煃撰　清光緒石印本　一冊

330000－1716－0019469　地獻1322－7/19469　史部/傳記類/科舉録之屬/歷科鄉試録

[光緒丁酉科]湖北鄉試卷一卷　施煃撰　清光緒石印本　一冊

330000－1716－0019470　史補0113/19470　史部/傳記類/總傳之屬/郡邑

浙江忠義録十卷表八卷又一卷續編二卷續表九卷　(清)浙江采訪忠義總局編　清同治六年(1867)浙江采訪忠義總局刻光緒元年(1875)續刻本　十冊　存四卷(表一、七至八,續編一)

330000－1716－0019472　地獻1322－8/19472　史部/傳記類/科舉録之屬/歷科鄉試録

[光緒丁酉科]湖北鄉試卷一卷　施煃撰　清光緒石印本　一冊

330000－1716－0019473　子補0067－1/19473　子部/藝術類/書畫之屬/畫譜

古今名人畫稿初集不分卷二集不分卷三集不分卷　(清)陳伯子輯　清末石印本　一冊　存初集

330000－1716－0019475　經補0013/19475　經部/小學類/文字之屬/字書/字典

字彙四集　(清)陳淏子撰　清道光二十七年(1847)文粹堂刻本　三冊　存三卷(元集、利集、貞集)

330000－1716－0019476　地獻1322－9/19476　史部/傳記類/科舉録之屬/歷科鄉試録

[光緒丁酉科]湖北鄉試卷一卷　施煃撰　清光緒石印本　一冊

330000－1716－0019477　子補0166/19477　子部/醫家類/類編之屬

潛齋醫書三種　(清)王士雄撰　清咸豐元年(1851)吟香書屋刻本　一冊　存一種

330000－1716－0019478　地獻1322－10/19478　史部/傳記類/科舉録之屬/歷科鄉試録

[光緒丁酉科]湖北鄉試卷一卷　施煃撰　清光緒石印本　一冊

330000－1716－0019479　經補0014/19479　經部/小學類/文字之屬/字書/字典

字彙四集　(清)陳淏子撰　清刻本　一冊　存一卷(四)

330000－1716－0019480　子補0067－2/19480　子部/藝術類/書畫之屬/畫譜

古今名人畫稿初集不分卷二集不分卷三集不分卷　(清)陳伯子輯　清光緒三十四年(1908)上海育文書局石印　高如青題簽　二冊

330000－1716－0019484　地獻1348－1/19484　子部/醫家類/婦科之屬/產科

小蓬萊山館方鈔二卷附録一卷　(清)馬二泉輯　清光緒十五年(1889)永康胡氏退補齋刻本　二冊

330000－1716－0019485　地獻1322－11/

19485　史部/傳記類/科舉録之屬/歷科鄉試録

[光緒丁酉科]湖北鄉試卷一卷　施煒撰　清光緒石印本　一冊

330000－1716－0019487　地獻 1322－12/19487　史部/傳記類/科舉録之屬/歷科鄉試録

[光緒丁酉科]湖北鄉試卷一卷　施煒撰　清光緒石印本　一冊

330000－1716－0019489　史補 0114/19489　史部/傳記類/總傳之屬/郡邑

浙江忠義録十卷表八卷又一卷續編二卷續表九卷　(清)浙江采訪忠義總局編　清同治六年(1867)浙江采訪忠義總局刻光緒元年(1875)續刻本　三十冊

330000－1716－0019490　地獻 1322－13/19490　史部/傳記類/科舉録之屬/歷科鄉試録

[光緒丁酉科]湖北鄉試卷一卷　施煒撰　清光緒石印本　一冊

330000－1716－0019491　地獻 1323－13/19491　史部/傳記類/科舉録之屬/歷科鄉試録

[光緒丁酉科]湖北鄉試硃卷一卷　施煒撰　清光緒刻本　一冊

330000－1716－0019492　地獻 1348－2/19492　子部/醫家類/婦科之屬/産科

小蓬萊山館方鈔二卷附録一卷　(清)馬二泉輯　清光緒十五年(1889)永康胡氏退補齋刻本　二冊

330000－1716－0019493　地獻 1322－14/19493　史部/傳記類/科舉録之屬/歷科鄉試録

[光緒丁酉科]湖北鄉試卷一卷　施煒撰　清光緒石印本　一冊

330000－1716－0019494　地獻 1323－14/19494　史部/傳記類/科舉録之屬/歷科鄉試録

[光緒丁酉科]湖北鄉試硃卷一卷　施煒撰　清光緒刻本　一冊

330000－1716－0019495　地獻 1323－15/19495　史部/傳記類/科舉録之屬/歷科鄉試録

[光緒丁酉科]湖北鄉試硃卷一卷　施煒撰　清光緒刻本　一冊

330000－1716－0019497　史補 0115/19497　史部/紀事本末類/通代之屬

繹史一百六十卷世系圖一卷年表一卷　(清)馬驌撰　清光緒十五年(1889)金匱浦氏刻本　二十六冊　缺五十八卷(二十五至四十七、九十五至一百一、一百六至一百十一、一百二十一至一百四十二)

330000－1716－0019499　集補 0008－31/19499　集部/小說類/長篇之屬

東周列國全志八卷一百八回　(清)蔡奡評點　清宣統二年(1910)上海天寶書局石印本　五冊　存五卷(一、四至六、八)

330000－1716－0019500　地獻 1322－15/19500　史部/傳記類/科舉録之屬/歷科鄉試録

[光緒丁酉科]湖北鄉試卷一卷　施煒撰　清光緒石印本　一冊

330000－1716－0019501　地獻 1323－16/19501　史部/傳記類/科舉録之屬/歷科鄉試録

[光緒丁酉科]湖北鄉試硃卷一卷　施煒撰　清光緒刻本　一冊

330000－1716－0019502　地獻 1323－17/19502　史部/傳記類/科舉録之屬/歷科鄉試録

[光緒丁酉科]湖北鄉試硃卷一卷　施煒撰　清光緒刻本　一冊

330000－1716－0019503　子補 0068/19503　子部/藝術類/書畫之屬/畫譜

雲麾閣古今名人畫稿彙新不分卷　清光緒十九年(1893)上海積山書局石印本　二冊

330000－1716－0019507　　地獻 1323－20/19507　史部/傳記類/科擧録之屬/歷科鄉試録

[光緒丁酉科]湖北鄉試硃卷一卷　施煃撰
清光緒刻本　　一冊

330000－1716－0019508　　子補 0168/19508　子部/醫家類/方書之屬/歷代方書

唐王燾先生外臺秘要方四十卷　　（唐）王燾撰
　清同治十三年(1874)廣東翰墨園刻本　　三十七冊　缺三卷(一至二、四十)

330000－1716－0019509　　經補 0016/19509　經部/小學類/文字之屬/字書/字典

重校石印攷正字彙二卷　　（清）陳渼子撰　清末石印本　　一冊

330000－1716－0019510　　地獻 1323－18/19510　史部/傳記類/科擧録之屬/歷科鄉試録

[光緒丁酉科]湖北鄉試硃卷一卷　施煃撰
清光緒刻本　　一冊

330000－1716－0019511　　子補 0069/19511　子部/藝術類/書畫之屬/畫譜

花鳥人物畫譜□□卷　清末石印本　　三冊
存三卷(五至六、八)

330000－1716－0019512　　地獻 1323－19/19512　史部/傳記類/科擧録之屬/歷科鄉試録

[光緒丁酉科]湖北鄉試硃卷一卷　施煃撰
清光緒刻本　　一冊

330000－1716－0019516　　史補 0116/19516　史部/紀事本末類/通代之屬

繹史一百六十卷世系圖一卷年表一卷　　（清）馬驌撰　清刻本　　三十二冊　缺六十九卷(二十至二十一、三十一至四十二、四十六至七十二、七十八至八十八、九十至九十五、一百十、一百十七、一百二十一至一百二十九)

330000－1716－0019519　　地獻 1323－21/19519　史部/傳記類/科擧録之屬/歷科鄉試録

[光緒丁酉科]湖北鄉試硃卷一卷　施煃撰
清光緒刻本　　一冊

330000－1716－0019520　　史補 0117/19520　史部/紀事本末類/通代之屬

繹史一百六十卷世系圖一卷年表一卷　　（清）馬驌撰　清刻本　　九冊　存二十六卷(一至二十六)

330000－1716－0019521　　地獻 1323－22/19521　史部/傳記類/科擧録之屬/歷科鄉試録

[光緒丁酉科]湖北鄉試硃卷一卷　施煃撰
清光緒刻本　　一冊

330000－1716－0019522　　經補 0019/19522　經部/小學類/文字之屬/字書/字典

攷正字彙二卷　　（清）陳渼子撰　清光緒二十七年(1901)上海書局石印本　　一冊

330000－1716－0019523　　地獻 1323－23/19523　史部/傳記類/科擧録之屬/歷科鄉試録

[光緒丁酉科]湖北鄉試硃卷一卷　施煃撰
清光緒刻本　　一冊

330000－1716－0019524　　經補 0021－1/19524　經部/小學類/文字之屬/字書/字典

點石齋攷正字彙二卷　　（清）陳渼子撰　清光緒點石齋石印本　　一冊

330000－1716－0019525　　經補 0020/19525　經部/小學類/文字之屬/字書/字典

攷正字彙二卷　　（清）陳渼子撰　清光緒十九年(1893)上海煥文書局石印本　　一冊

330000－1716－0019526　　地獻 1323－24/19526　史部/傳記類/科擧録之屬/歷科鄉試録

[光緒丁酉科]湖北鄉試硃卷一卷　施煃撰
清光緒刻本　　一冊

330000－1716－0019527　　地獻 1322－16/19527　史部/傳記類/科擧録之屬/歷科鄉試録

[光緒丁酉科]湖北鄉試卷一卷　施煃撰　清

光緒石印本　一冊

330000－1716－0019528　　地獻 1323－25/ 19528　　史部/傳記類/科舉錄之屬/歷科鄉試錄

[光緒丁酉科]湖北鄉試硃卷一卷　施煒撰　清光緒刻本　一冊

330000－1716－0019529　　地獻 1322－17/ 19529　　史部/傳記類/科舉錄之屬/歷科鄉試錄

[光緒丁酉科]湖北鄉試卷一卷　施煒撰　清光緒石印本　一冊

330000－1716－0019530　　子補 0071－1/ 19530　子部/藝術類/書畫之屬/畫譜

嘯琴畫譜初集一卷　　（清）樓嘯琴繪並撰　清光緒二十一年(1895)石印本　二冊

330000－1716－0019531　　子補 0169－1/ 19531　子部/醫家類/醫案之屬

臨證指南醫案十卷　　（清）葉桂撰　（清）徐大椿評　清光緒十四年(1888)萬珍書局鉛印本　一冊　存一卷(四)

330000－1716－0019532　　地獻 1323－26/ 19532　　史部/傳記類/科舉錄之屬/歷科鄉試錄

[光緒丁酉科]湖北鄉試硃卷一卷　　施煒撰　清光緒刻本　一冊

330000－1716－0019534　　地獻 1322－18/ 19534　　史部/傳記類/科舉錄之屬/歷科鄉試錄

[光緒丁酉科]湖北鄉試卷一卷　施煒撰　清光緒石印本　一冊

330000－1716－0019535　　子補 0071－2/ 19535　子部/藝術類/書畫之屬/畫譜

嘯琴畫譜初集一卷　　（清）樓嘯琴繪並撰　清光緒二十一年(1895)石印本　一冊

330000－1716－0019536　　地獻 1322－19/ 19536　　史部/傳記類/科舉錄之屬/歷科鄉試錄

[光緒丁酉科]湖北鄉試卷一卷　施煒撰　清

光緒石印本　一冊

330000－1716－0019537　　地獻 1352/19537　子部/醫家類/溫病之屬/瘟疫

六氣感證要義不分卷　　（清）周巖撰　清光緒二十四年(1898)古越存濟堂石印本　二冊

330000－1716－0019538　　子補 0169－2/ 19538　子部/醫家類/醫案之屬

臨證指南醫案十卷　　（清）葉桂撰　（清）徐大椿評　清刻本　四冊　存四卷(二、四、七、九)

330000－1716－0019540　　地獻 1322－20/ 19540　　史部/傳記類/科舉錄之屬/歷科鄉試錄

[光緒丁酉科]湖北鄉試卷一卷　施煒撰　清光緒石印本　一冊

330000－1716－0019542　　子補 0169－4/ 19542　子部/醫家類/醫案之屬

臨證指南醫案十卷　　（清）葉桂撰　（清）徐大椿評　清刻本　一冊　存一卷(三)

330000－1716－0019543　　地獻 1322－21/ 19543　　史部/傳記類/科舉錄之屬/歷科鄉試錄

[光緒丁酉科]湖北鄉試卷一卷　施煒撰　清光緒石印本　一冊

330000－1716－0019545　　地獻 1322－22/ 19545　　史部/傳記類/科舉錄之屬/歷科鄉試錄

[光緒丁酉科]湖北鄉試卷一卷　施煒撰　清光緒石印本　一冊

330000－1716－0019546　　地獻 1322－23/ 19546　　史部/傳記類/科舉錄之屬/歷科鄉試錄

[光緒丁酉科]湖北鄉試卷一卷　施煒撰　清光緒石印本　一冊

330000－1716－0019547　　經補 0022/19547　經部/小學類/文字之屬/說文

說文解字注十五卷附六書音韻表五卷汲古閣說文訂一卷　　（清）段玉裁撰　清光緒十九年

（1893）上海同文書局石印本　二冊　存十卷
（一至十）

330000 – 1716 – 0019548　地獻 1348 – 3/
19548　子部/醫家類/婦科之屬/產科

小蓬萊山館方鈔二卷　（清）馬二泉輯　清光
緒七年（1881）含經室刻本　一冊

330000 – 1716 – 0019549　子補 0169 – 5/
19549　子部/醫家類/溫病之屬

種福堂公選溫熱論醫案四卷　（清）葉桂撰
清維揚文富堂刻本　二冊

330000 – 1716 – 0019550　普子 2068/19550
子部/藝術類/書畫之屬/畫譜

翰墨園畫譜彙新不分卷　（清）翰墨園主人輯
清光緒十六年（1890）上海鴻寶齋石印本
一冊

330000 – 1716 – 0019553　地獻 1322 – 24/
19553　史部/傳記類/科舉錄之屬/歷科鄉
試錄

［光緒丁酉科］湖北鄉試卷一卷　施煒撰　清
光緒石印本　一冊

330000 – 1716 – 0019556　地獻 1322 – 25/
19556　史部/傳記類/科舉錄之屬/歷科鄉
試錄

［光緒丁酉科］湖北鄉試卷一卷　施煒撰　清
光緒石印本　一冊

330000 – 1716 – 0019557　經補 0023/19557
經部/小學類/文字之屬/說文/專著

許氏說文解字雙聲疊韻譜一卷　（清）鄧廷楨
撰　清光緒九年（1883）上海同文書局石印本
一冊

330000 – 1716 – 0019558　子補 0169 – 6/
19558　子部/醫家類/醫案之屬

臨證指南醫案十卷　（清）葉桂撰　（清）徐大
椿評　清光緒十年（1884）文富堂刻本　七冊
存七卷（一至六、十）

330000 – 1716 – 0019561　地獻 1323 – 28/
19561　史部/傳記類/科舉錄之屬/歷科鄉
試錄

［光緒丁酉科］湖北鄉試硃卷一卷　施煒撰
清光緒刻本　一冊

330000 – 1716 – 0019563　地獻 1322 – 26/
19563　史部/傳記類/科舉錄之屬/歷科鄉
試錄

［光緒丁酉科］湖北鄉試卷一卷　施煒撰　清
光緒石印本　一冊

330000 – 1716 – 0019564　地獻 1323 – 29/
19564　史部/傳記類/科舉錄之屬/歷科鄉
試錄

［光緒丁酉科］湖北鄉試硃卷一卷　施煒撰
清光緒刻本　一冊

330000 – 1716 – 0019565　地獻 1322 – 27/
19565　史部/傳記類/科舉錄之屬/歷科鄉
試錄

［光緒丁酉科］湖北鄉試卷一卷　施煒撰　清
光緒石印本　一冊

330000 – 1716 – 0019566　地獻 1323 – 30/
19566　史部/傳記類/科舉錄之屬/歷科鄉
試錄

［光緒丁酉科］湖北鄉試硃卷一卷　施煒撰
清光緒刻本　一冊

330000 – 1716 – 0019567　子補 0169 – 7/
19567　子部/醫家類/醫案之屬

臨證指南醫案十卷　（清）葉桂撰　（清）徐大
椿評　清刻本　一冊　存一卷（九）

330000 – 1716 – 0019568　子補 0169 – 8/
19568　子部/醫家類/醫案之屬

臨證指南醫案十卷　（清）葉桂撰　（清）徐大
椿評　清刻本　一冊　存一卷（九）

330000 – 1716 – 0019569　地獻 1322 – 28/
19569　史部/傳記類/科舉錄之屬/歷科鄉
試錄

［光緒丁酉科］湖北鄉試卷一卷　施煒撰　清
光緒石印本　一冊

330000 – 1716 – 0019570　地獻 1323 – 31/
19570　史部/傳記類/科舉錄之屬/歷科鄉
試錄

[光緒丁酉科]湖北鄉試硃卷一卷　施煃撰
清光緒刻本　一冊

330000－1716－0019571　地獻 1323－32/
19571　史部/傳記類/科舉錄之屬/歷科鄉
試錄
[光緒丁酉科]湖北鄉試硃卷一卷　施煃撰
清光緒刻本　一冊

330000－1716－0019572　地獻 1323－33/
19572　史部/傳記類/科舉錄之屬/歷科鄉
試錄
[光緒丁酉科]湖北鄉試硃卷一卷　施煃撰
清光緒刻本　一冊

330000－1716－0019574　地獻 1323－34/
19574　史部/傳記類/科舉錄之屬/歷科鄉
試錄
[光緒丁酉科]湖北鄉試硃卷一卷　施煃撰
清光緒刻本　一冊

330000－1716－0019575　子補 0169－9/
19575　子部/醫家類/醫案之屬
臨證指南醫案十卷種福堂公選溫熱論醫案四
卷　（清）葉桂撰　（清）徐大椿評　清光緒十
八年(1892)上海圖書集成印書局鉛印本　三
冊　存五卷(一、種福堂公選溫熱論醫案一至
四)

330000－1716－0019576　地獻 1323－35/
19576　史部/傳記類/科舉錄之屬/歷科鄉
試錄
[光緒丁酉科]湖北鄉試硃卷一卷　施煃撰
清光緒刻本　一冊

330000－1716－0019579　地獻 1322－29/
19579　史部/傳記類/科舉錄之屬/歷科鄉
試錄
[光緒丁酉科]湖北鄉試卷一卷　施煃撰　清
光緒石印本　一冊

330000－1716－0019581　地獻 1356/19581
子部/雜著類/雜考之屬
困學紀聞注二十卷首一卷　（清）翁元圻撰
清光緒十五年(1889)上海積山書局石印本

六冊

330000－1716－0019582　地獻 1322－30/
19582　史部/傳記類/科舉錄之屬/歷科鄉
試錄
[光緒丁酉科]湖北鄉試卷一卷　施煃撰　清
光緒石印本　一冊

330000－1716－0019584　史補 0118/19584
史部/紀傳類/別史之屬
弘簡錄二百五十四卷　（明）邵經邦撰　清刻
本　七十冊

330000－1716－0019585　地獻 1322－31/
19585　史部/傳記類/科舉錄之屬/歷科鄉
試錄
[光緒丁酉科]湖北鄉試卷一卷　施煃撰　清
光緒石印本　一冊

330000－1716－0019586　地獻 1323－36/
19586　史部/傳記類/科舉錄之屬/歷科鄉
試錄
[光緒丁酉科]湖北鄉試硃卷一卷　施煃撰
清光緒刻本　一冊

330000－1716－0019588　地獻 1322－32/
19588　史部/傳記類/科舉錄之屬/歷科鄉
試錄
[光緒丁酉科]湖北鄉試卷一卷　施煃撰　清
光緒石印本　一冊

330000－1716－0019589　地獻 1357/19589
集部/總集類/選集之屬/通代
歷代經濟文編三十二卷　（清）顧炎武輯　清
光緒二十四年(1898)浙紹會文堂石印本　十
六冊

330000－1716－0019590　地獻 1323－40/
19590　史部/傳記類/科舉錄之屬/歷科鄉
試錄
[光緒丁酉科]湖北鄉試硃卷一卷　施煃撰
清光緒刻本　一冊

330000－1716－0019591　經補 0025/19591
經部/小學類/文字之屬/說文
說文解字注十五卷附六書音韻表五卷　（清）

段玉裁撰　**說文部目分韻一卷**　（清）陳奐編
清光緒七年(1881)查燕緒木漸齋刻本　十
八冊　存二十七卷(二至二十八)

330000－1716－0019593　地獻 1323－37/
19593　史部/傳記類/科舉錄之屬/歷科鄉
試錄

[光緒丁酉科]湖北鄉試硃卷一卷　施煒撰
清光緒刻本　一冊

330000－1716－0019595　史補 0119/19595
史部/傳記類/總傳之屬/儒林

明儒學案六十二卷師說一卷　（清）黃宗羲撰
清道光元年(1821)會稽莫晉、莫階刻本
十九冊　缺四卷(三十六至三十八、師說)

330000－1716－0019597　地獻 1323－38/
19597　史部/傳記類/科舉錄之屬/歷科鄉
試錄

[光緒丁酉科]湖北鄉試硃卷一卷　施煒撰
清光緒刻本　一冊

330000－1716－0019598　地獻 1359/19598
經部/四書類/總義之屬

四書古注群義彙解九種九十四卷　（清）□□
輯　清光緒鉛印本　二冊　存一種

330000－1716－0019599　地獻 1323－39/
19599　史部/傳記類/科舉錄之屬/歷科鄉
試錄

[光緒丁酉科]湖北鄉試硃卷一卷　施煒撰
清光緒刻本　一冊

330000－1716－0019601　史補 0120/19601
史部/傳記類/總傳之屬/儒林

宋元學案一百卷首一卷考略一卷　（清）黃宗
羲撰　（清）全祖望修定　（清）王梓材
(清)馮雲濠校並考　清光緒五年(1879)長沙
寄廬刻本　九冊　存二十卷(一至十九、首)

330000－1716－0019602　地獻 1360－1/
19602　子部/醫家類/方書之屬/單方驗方

疑難急症簡方四卷　（清）羅越峰輯　清光緒
二十二年(1896)刻本　四冊

330000－1716－0019604　地獻 1322－33/

19604　史部/傳記類/科舉錄之屬/歷科鄉
試錄

[光緒丁酉科]湖北鄉試卷一卷　施煒撰　清
光緒石印本　一冊

330000－1716－0019605　地獻 1323－41/
19605　史部/傳記類/科舉錄之屬/歷科鄉
試錄

[光緒丁酉科]湖北鄉試硃卷一卷　施煒撰
清光緒刻本　一冊

330000－1716－0019608　地獻 1322－34/
19608　史部/傳記類/科舉錄之屬/歷科鄉
試錄

[光緒丁酉科]湖北鄉試卷一卷　施煒撰　清
光緒石印本　一冊

330000－1716－0019609　地獻 1323－42/
19609　史部/傳記類/科舉錄之屬/歷科鄉
試錄

[光緒丁酉科]湖北鄉試硃卷一卷　施煒撰
清光緒刻本　一冊

330000－1716－0019610　善附 0344/19610
子部/藝術類/書畫之屬/總論

畫禪室隨筆四卷　（明）董其昌撰　清乾隆三
十三年(1768)董紹敏刻本　丁之蕃批跋　一
冊　存一卷(一)

330000－1716－0019611　地獻 1322－35/
19611　史部/傳記類/科舉錄之屬/歷科鄉
試錄

[光緒丁酉科]湖北鄉試卷一卷　施煒撰　清
光緒石印本　一冊

330000－1716－0019613　地獻 1323－43/
19613　史部/傳記類/科舉錄之屬/歷科鄉
試錄

[光緒丁酉科]湖北鄉試硃卷一卷　施煒撰
清光緒刻本　一冊

330000－1716－0019614　地獻 1322－36/
19614　史部/傳記類/科舉錄之屬/歷科鄉
試錄

[光緒丁酉科]湖北鄉試卷一卷　施煒撰　清

光緒石印本　一冊

330000－1716－0019615　地獻 1323－44/
19615　史部/傳記類/科舉録之屬/歷科鄉
試録

[光緒丁酉科]湖北鄉試硃卷一卷　施煒撰
清光緒刻本　一冊

330000－1716－0019616　子補 0169－12/
19616　子部/醫家類/醫案之屬

臨證指南醫案八卷　（清）葉桂撰　（清）徐大
椿評　清光緒三十二年(1906)上海龍文書局
石印本　六冊　缺二卷(七至八)

330000－1716－0019617　地獻 1322－37/
19617　史部/傳記類/科舉録之屬/歷科鄉
試録

[光緒丁酉科]湖北鄉試卷一卷　施煒撰　清
光緒石印本　一冊

330000－1716－0019618　地獻 1323－45/
19618　史部/傳記類/科舉録之屬/歷科鄉
試録

[光緒丁酉科]湖北鄉試硃卷一卷　施煒撰
清光緒刻本　一冊

330000－1716－0019619　地獻 1361－1/
19619　子部/醫家類/方書之屬/單方驗方

集選奇效簡便良方四卷　（清）丁堯臣輯　清
光緒七年(1881)刻本　四冊

330000－1716－0019620　地獻 1322－38/
19620　史部/傳記類/科舉録之屬/歷科鄉
試録

[光緒丁酉科]湖北鄉試卷一卷　施煒撰　清
光緒石印本　一冊

330000－1716－0019621　地獻 1361－2/
19621　子部/醫家類/方書之屬/單方驗方

集選奇效簡便良方四卷　（清）丁堯臣輯　清
光緒七年(1881)刻本　四冊

330000－1716－0019622　子補 0169－13/
19622　子部/醫家類/方書之屬/單方驗方

種福堂公選良方兼刻古吳名醫精論四卷
（清）葉桂撰　清乾隆四十二年(1777)衛生堂

刻本　一冊　存二卷(一至二)

330000－1716－0019624　地獻 1322－39/
19624　史部/傳記類/科舉録之屬/歷科鄉
試録

[光緒丁酉科]湖北鄉試卷一卷　施煒撰　清
光緒石印本　一冊

330000－1716－0019625　地獻 1322－40/
19625　史部/傳記類/科舉録之屬/歷科鄉
試録

[光緒丁酉科]湖北鄉試卷一卷　施煒撰　清
光緒石印本　一冊

330000－1716－0019626　集補 1798/19626
集部/小說類/長篇之屬

續紅樓夢四十卷四十回　（清）海圃主人撰
清嘉慶刻本　二冊　存八卷(九至十二、三十
七至四十)

330000－1716－0019627　子補 1263－8/
19627　類叢部/類書類/專類之屬

江湖尺牘分韻撮要合集八卷　（清）虞世英
（清）溫儀鳳輯　清同治九年(1870)文正堂刻
本　一冊　存二卷(江湖尺牘一、分韻撮要
一)

330000－1716－0019629　史補 0121/19629
史部/地理類/山川之屬/水志

水經注四十卷補遺一卷附録二卷　（北魏）酈
道元撰　（清）全祖望校　清光緒十四年
(1888)薛福成寧波崇實書院刻本　二冊　存
八卷(二十五至二十七、三十五至三十九)

330000－1716－0019630　地獻 1322－41/
19630　史部/傳記類/科舉録之屬/歷科鄉
試録

[光緒丁酉科]湖北鄉試卷一卷　施煒撰　清
光緒石印本　一冊

330000－1716－0019631　地獻 1322－42/
19631　史部/傳記類/科舉録之屬/歷科鄉
試録

[光緒丁酉科]湖北鄉試卷一卷　施煒撰　清
光緒石印本　一冊

330000－1716－0019632　　集補 0008－45/
19632　集部/小說類/長篇之屬

東周列國志二十七卷首一卷一百八回　（清）
蔡奡評點　清光緒三十一年（1905）上海順成
書局石印本　四冊　存十七卷（一至三、十一
至二十三，首）

330000－1716－0019633　　地獻 1363－1/
19633　類叢部/叢書類/彙編之屬

會稽徐氏鑄學齋叢書十三種　徐維則編　清
咸豐至光緒會稽徐氏刻光緒二十六年（1900）
彙印本　一冊　存一種

330000－1716－0019634　　地獻 1323－46/
19634　史部/傳記類/科舉錄之屬/歷科鄉
試錄

[光緒丁酉科]湖北鄉試硃卷一卷　施煒撰
清光緒刻本　一冊

330000－1716－0019635　　地獻 1322－43/
19635　史部/傳記類/科舉錄之屬/歷科鄉
試錄

[光緒丁酉科]湖北鄉試卷一卷　施煒撰　清
光緒石印本　一冊

330000－1716－0019636　　地獻 1323－47/
19636　史部/傳記類/科舉錄之屬/歷科鄉
試錄

[光緒丁酉科]湖北鄉試硃卷一卷　施煒撰
清光緒刻本　一冊

330000－1716－0019637　　地獻 1323－48/
19637　史部/傳記類/科舉錄之屬/歷科鄉
試錄

[光緒丁酉科]湖北鄉試硃卷一卷　施煒撰
清光緒刻本　一冊

330000－1716－0019638　　經補 0027/19638
經部/小學類/文字之屬/字書/字典

字彙四集　（清）陳渼子撰　清刻本　三冊
存三卷（二至四）

330000－1716－0019639　　地獻 1363－2/
19639　類叢部/叢書類/彙編之屬

會稽徐氏鑄學齋叢書十三種　徐維則編　清

咸豐至光緒會稽徐氏刻光緒二十六年（1900）
彙印本　一冊　存一種

330000－1716－0019640　　地獻 1322－44/
19640　史部/傳記類/科舉錄之屬/歷科鄉
試錄

[光緒丁酉科]湖北鄉試卷一卷　施煒撰　清
光緒石印本　一冊

330000－1716－0019641　　史補 0122/19641
史部/地理類/山川之屬/水志

水經注四十卷　（北魏）酈道元撰　清刻本
六冊　存二十九卷（一至二、四至五、十二至
二十六、三十一至四十）

330000－1716－0019642　　地獻 1323－49/
19642　史部/傳記類/科舉錄之屬/歷科鄉
試錄

[光緒丁酉科]湖北鄉試硃卷一卷　施煒撰
清光緒刻本　一冊

330000－1716－0019643　　經補 0028/19643
經部/小學類/文字之屬/字書/字典

字彙四集　（清）陳渼子撰　清刻本　三冊
存三卷（一至三）

330000－1716－0019645　　地獻 1323－50/
19645　史部/傳記類/科舉錄之屬/歷科鄉
試錄

[光緒丁酉科]湖北鄉試硃卷一卷　施煒撰
清光緒刻本　一冊

330000－1716－0019646　　地獻 1364/19646
子部/宗教類/道教之屬/雜著

青麟髓一卷　（清）傅瑩輯　清光緒三十三年
（1907）紹興清河私塾刻本　一冊

330000－1716－0019647　　地獻 1323－51/
19647　史部/傳記類/科舉錄之屬/歷科鄉
試錄

[光緒丁酉科]湖北鄉試硃卷一卷　施煒撰
清光緒刻本　一冊

330000－1716－0019648　　地獻 1322－45/
19648　史部/傳記類/科舉錄之屬/歷科鄉
試錄

[光緒丁酉科]湖北鄉試卷一卷　施煌撰　清光緒石印本　一冊

330000－1716－0019649　地獻 1323－52/19649　史部/傳記類/科舉錄之屬/歷科鄉試錄

[光緒丁酉科]湖北鄉試硃卷一卷　施煌撰　清光緒刻本　一冊

330000－1716－0019650　地獻 1322－46/19650　史部/傳記類/科舉錄之屬/歷科鄉試錄

[光緒丁酉科]湖北鄉試卷一卷　施煌撰　清光緒石印本　一冊

330000－1716－0019651　地獻 1323－53/19651　史部/傳記類/科舉錄之屬/歷科鄉試錄

[光緒丁酉科]湖北鄉試硃卷一卷　施煌撰　清光緒刻本　一冊

330000－1716－0019652　子補 0169－14/19652　子部/醫家類/醫案之屬

臨證指南醫案十卷　（清）葉桂撰　（清）徐大椿評　清刻本　七冊　存七卷（四至十）

330000－1716－0019653　地獻 1323－54/19653　史部/傳記類/科舉錄之屬/歷科鄉試錄

[光緒丁酉科]湖北鄉試硃卷一卷　施煌撰　清光緒刻本　一冊

330000－1716－0019654　地獻 1323－55/19654　史部/傳記類/科舉錄之屬/歷科鄉試錄

[光緒丁酉科]湖北鄉試硃卷一卷　施煌撰　清光緒刻本　一冊

330000－1716－0019656　子補 0170－1/19656　子部/醫家類/方書之屬/單方驗方

三朝名醫方論三種　清宣統三年（1911）甯波汲綆齋石印本　一冊　存一種

330000－1716－0019657　經補 0031/19657　經部/小學類/文字之屬/字書/字典

字彙四集　（清）陳渓子撰　清光緒十二年

(1886)上海江左書林刻本　二冊　存二卷（一、四）

330000－1716－0019658　地獻 1322－47/19658　史部/傳記類/科舉錄之屬/歷科鄉試錄

[光緒丁酉科]湖北鄉試卷一卷　施煌撰　清光緒石印本　一冊

330000－1716－0019659　經補 0029/19659　經部/小學類/文字之屬/字書/字典

字彙四集　（清）陳渓子撰　清刻本　四冊

330000－1716－0019660　普叢 0187－1/19660　類叢部/叢書類/彙編之屬

武英殿聚珍版書一百三十八種　清刻本　七十冊　存三十七種

330000－1716－0019661　經補 0030/19661　經部/小學類/文字之屬/字書/字典

字彙十二集首一卷末一卷　（明）梅膺祚撰　清道光十四年(1834)上海掃葉山房刻本　七冊　存七卷（卯集、午集、未集、酉集、戌集、亥集,首）

330000－1716－0019662　地獻 1322－48/19662　史部/傳記類/科舉錄之屬/歷科鄉試錄

[光緒丁酉科]湖北鄉試卷一卷　施煌撰　清光緒石印本　一冊

330000－1716－0019663　子補 0170－2/19663　子部/醫家類/婦科之屬/通論

竹林寺女科秘方二卷遺錄一卷遂生篇一卷附方一卷　（清）竹林寺僧撰　清光緒二十三年(1897)山陰沈祖誥刻本　一冊　存二卷（女科秘方一至二）

330000－1716－0019664　地獻 1322－49/19664　史部/傳記類/科舉錄之屬/歷科鄉試錄

[光緒丁酉科]湖北鄉試卷一卷　施煌撰　清光緒石印本　一冊

330000－1716－0019665　地獻 1365/19665　子部/醫家類/婦科之屬

難產神驗良方一卷繡閣保產良方一卷 （清）
姚文田 （清）沈二榆撰 （清）邵友濂輯 清
光緒二十七年(1901)衡山磊氏刻本 一冊

330000－1716－0019666 普叢 0123－1/
19666 類叢部/叢書類/彙編之屬
龍威秘書一百六十九種 （清）馬俊良編 清
乾隆五十九年至嘉慶元年(1794－1796)浙江
石門馬氏大酉山房刻本 四十冊 存八十
一種

330000－1716－0019668 子補 0173/19668
子部/醫家類/本草之屬/歷代綜合本草
本草綱目五十二卷附圖三卷瀕湖脈學一卷奇
經八脈攷一卷脈訣攷證一卷 （明）李時珍撰
本草萬方鍼線八卷 （清）蔡烈先輯 本草
綱目拾遺十卷 （清）趙學敏輯 清漁古山房
刻本 一冊 存三卷(瀕湖脈學、奇經八脈
攷、脈訣攷證)

330000－1716－0019669 經補 0032/19669
經部/小學類/文字之屬/字書/字典
字彙四集 （清）陳淏子撰 清刻本 一冊
存一卷(四)

330000－1716－0019670 地獻 1366/19670
子部/醫家類/方書之屬/單方驗方
經驗奇方二卷 （清）周錕撰 清末石印本
二冊

330000－1716－0019671 地獻 1323－56/
19671 史/傳記類/科舉錄之屬/歷科鄉
試錄
[光緒丁酉科]湖北鄉試硃卷一卷 施煌撰
清光緒刻本 一冊

330000－1716－0019673 地獻 1323－57/
19673 史部/傳記類/科舉錄之屬/歷科鄉
試錄
[光緒丁酉科]湖北鄉試硃卷一卷 施煌撰
清光緒刻本 一冊

330000－1716－0019674 地獻 1368－1/
19674 子部/醫家類/方書之屬/單方驗方
隨山宇方鈔一卷 （清）汪曰楨撰 清光緒八

年(1882)紹興安越堂刻本 一冊

330000－1716－0019676 地獻 1323－58/
19676 史部/傳記類/科舉錄之屬/歷科鄉
試錄
[光緒丁酉科]湖北鄉試硃卷一卷 施煌撰
清光緒刻本 一冊

330000－1716－0019677 經補 0033/19677
經部/小學類/音韻之屬/韻書
同音彙一卷 清抄本 一冊

330000－1716－0019678 地獻 1368－2/
19678 子部/醫家類/方書之屬/單方驗方
隨山宇方鈔一卷 （清）汪曰楨撰 清光緒八
年(1882)紹興安越堂刻本 一冊

330000－1716－0019679 地獻 1323－59/
19679 史部/傳記類/科舉錄之屬/歷科鄉
試錄
[光緒丁酉科]湖北鄉試硃卷一卷 施煌撰
清光緒刻本 一冊

330000－1716－0019680 地獻 1368－3/
19680 子部/醫家類/方書之屬/單方驗方
隨山宇方鈔一卷 （清）汪曰楨撰 清光緒八
年(1882)紹興安越堂刻本 一冊

330000－1716－0019681 地獻 1368－4/
19681 子部/醫家類/方書之屬/單方驗方
隨山宇方鈔一卷 （清）汪曰楨撰 清光緒八
年(1882)紹興安越堂刻本 一冊

330000－1716－0019683 地獻 1322－50/
19683 史部/傳記類/科舉錄之屬/歷科鄉
試錄
[光緒丁酉科]湖北鄉試卷一卷 施煌撰 清
光緒石印本 一冊

330000－1716－0019684 地獻 1322－52/
19684 史部/傳記類/科舉錄之屬/歷科鄉
試錄
[光緒丁酉科]湖北鄉試卷一卷 施煌撰 清
光緒石印本 一冊

330000－1716－0019685 地獻 1322－51/

19685　史部/傳記類/科舉錄之屬/歷科鄉試錄

[光緒丁酉科]湖北鄉試卷一卷　施煒撰　清光緒石印本　一冊

330000 - 1716 - 0019686　地獻 1323 - 60/19686　史部/傳記類/科舉錄之屬/歷科鄉試錄

[光緒丁酉科]湖北鄉試硃卷一卷　施煒撰　清光緒刻本　一冊

330000 - 1716 - 0019687　子補 0171 - 2/19687　子部/醫家類/類編之屬

中西匯通醫書五種　唐宗海撰　清光緒三十四年(1908)千頃堂書局石印本　一冊　存一種

330000 - 1716 - 0019688　地獻 1322 - 53/19688　史部/傳記類/科舉錄之屬/歷科鄉試錄

[光緒丁酉科]湖北鄉試卷一卷　施煒撰　清光緒石印本　一冊

330000 - 1716 - 0019691　地獻 1322 - 54/19691　史部/傳記類/科舉錄之屬/歷科鄉試錄

[光緒丁酉科]湖北鄉試卷一卷　施煒撰　清光緒石印本　一冊

330000 - 1716 - 0019692　地獻 1323 - 61/19692　史部/傳記類/科舉錄之屬/歷科鄉試錄

[光緒丁酉科]湖北鄉試硃卷一卷　施煒撰　清光緒刻本　一冊

330000 - 1716 - 0019693　地獻 1322 - 55/19693　史部/傳記類/科舉錄之屬/歷科鄉試錄

[光緒丁酉科]湖北鄉試卷一卷　施煒撰　清光緒石印本　一冊

330000 - 1716 - 0019694　子補 0172/19694　子部/醫家類/醫案之屬

三家醫案合刻　(清)吳金壽編　清光緒二十七年(1901)上海漢讀樓石印本　一冊

330000 - 1716 - 0019695　地獻 1323 - 62/19695　史部/傳記類/科舉錄之屬/歷科鄉試錄

[光緒丁酉科]湖北鄉試硃卷一卷　施煒撰　清光緒刻本　一冊

330000 - 1716 - 0019696　地獻 1322 - 56/19696　史部/傳記類/科舉錄之屬/歷科鄉試錄

[光緒丁酉科]湖北鄉試卷一卷　施煒撰　清光緒石印本　一冊

330000 - 1716 - 0019698　地獻 1322 - 57/19698　史部/傳記類/科舉錄之屬/歷科鄉試錄

[光緒丁酉科]湖北鄉試卷一卷　施煒撰　清光緒石印本　一冊

330000 - 1716 - 0019699　地獻 1323 - 63/19699　史部/傳記類/科舉錄之屬/歷科鄉試錄

[光緒丁酉科]湖北鄉試硃卷一卷　施煒撰　清光緒刻本　一冊

330000 - 1716 - 0019700　地獻 1323 - 64/19700　史部/傳記類/科舉錄之屬/歷科鄉試錄

[光緒丁酉科]湖北鄉試硃卷一卷　施煒撰　清光緒刻本　一冊

330000 - 1716 - 0019701　地獻 1322 - 58/19701　史部/傳記類/科舉錄之屬/歷科鄉試錄

[光緒丁酉科]湖北鄉試卷一卷　施煒撰　清光緒石印本　一冊

330000 - 1716 - 0019702　子補 0174/19702　子部/醫家類/類編之屬

潛齋醫書五種　(清)王士雄撰　清光緒二十二年(1896)上海圖書集成局鉛印本　一冊　存一種

330000 - 1716 - 0019703　地獻 1369 - 1/19703　子部/儒家類/儒學之屬/蒙學

寄傲山房塾課新增幼學故事瓊林四卷首一卷

（清）程允升撰　（清）鄒聖脈增補　清浙紹墨潤堂刻本　四冊

330000－1716－0019704　史補 0124/19704
史部/詔令奏議類/奏議之屬

[光緒癸卯]閣鈔彙編不分卷　（清）華北書局編　清光緒北京琉璃廠華北書局鉛印本　三十八冊

330000－1716－0019705　地獻 1322－59/19705　史部/傳記類/科舉錄之屬/歷科鄉試錄

[光緒丁酉科]湖北鄉試卷一卷　施煃撰　清光緒石印本　一冊

330000－1716－0019706　經補 0034/19706
經部/小學類/文字之屬/字書/字典

字彙十二集首一卷末一卷韻法直圖一卷
(明)梅膺祚撰　韻法橫圖一卷　（明)李世澤撰　清刻本　一冊　存一卷(午集)

330000－1716－0019707　地獻 1369－2/19707　子部/儒家類/儒學之屬/蒙學

寄傲山房塾課新增幼學故事瓊林四卷首一卷
（清）程允升撰　（清)鄒聖脈增補　清紹郡太乙樓刻本　四冊

330000－1716－0019708　地獻 1322－60/19708　史部/傳記類/科舉錄之屬/歷科鄉試錄

[光緒丁酉科]湖北鄉試卷一卷　施煃撰　清光緒石印本　一冊

330000－1716－0019709　地獻 1369－3/19709　子部/儒家類/儒學之屬/蒙學

寄傲山房塾課新增幼學故事瓊林四卷首一卷
（清）程允升撰　（清)鄒聖脈增補　清紹郡太乙樓刻本　四冊

330000－1716－0019710　地獻 1322－61/19710　史部/傳記類/科舉錄之屬/歷科鄉試錄

[光緒丁酉科]湖北鄉試卷一卷　施煃撰　清光緒石印本　一冊

330000－1716－0019711　史補 0125/19711

史部/詔令奏議類/奏議之屬

[光緒甲辰]閣鈔彙編不分卷　（清)華北書局編　清光緒北京琉璃廠華北書局鉛印本　三十六冊

330000－1716－0019712　地獻 1322－62/19712　史部/傳記類/科舉錄之屬/歷科鄉試錄

[光緒丁酉科]湖北鄉試卷一卷　施煃撰　清光緒石印本　一冊

330000－1716－0019713　地獻 1369－4/19713　子部/儒家類/儒學之屬/蒙學

寄傲山房塾課新增幼學故事瓊林四卷首一卷
（清）程允升撰　（清)鄒聖脈增補　清紹城奎照樓刻本　一冊　缺三卷(二至四)

330000－1716－0019714　史補 0126/19714
史部/詔令奏議類/奏議之屬

[光緒乙巳]閣鈔彙編不分卷　（清)華北書局編　清光緒北京琉璃廠華北書局鉛印本　五十七冊

330000－1716－0019715　地獻 1322－63/19715　史部/傳記類/科舉錄之屬/歷科鄉試錄

[光緒丁酉科]湖北鄉試卷一卷　施煃撰　清光緒石印本　一冊

330000－1716－0019716　子補 0032－3/19716　子部/藝術類/遊藝之屬/聯語

西湖楹聯四卷　清光緒二十二年(1896)暨陽周慶祺知正軒刻本　二冊　存二卷(一、三)

330000－1716－0019717　地獻 1323－65/19717　史部/傳記類/科舉錄之屬/歷科鄉試錄

[光緒丁酉科]湖北鄉試硃卷一卷　施煃撰　清光緒刻本　一冊

330000－1716－0019718　地獻 1323－66/19718　史部/傳記類/科舉錄之屬/歷科鄉試錄

[光緒丁酉科]湖北鄉試硃卷一卷　施煃撰　清光緒刻本　一冊

330000－1716－0019719　地獻 1323－67/19719　史部/傳記類/科舉録之屬/歷科鄉試録

[光緒丁酉科]湖北鄉試硃卷一卷　施煃撰　清光緒刻本　一冊

330000－1716－0019720　地獻 1323－68/19720　史部/傳記類/科舉録之屬/歷科鄉試録

[光緒丁酉科]湖北鄉試硃卷一卷　施煃撰　清光緒刻本　一冊

330000－1716－0019721　地獻 1323－69/19721　史部/傳記類/科舉録之屬/歷科鄉試録

[光緒丁酉科]湖北鄉試硃卷一卷　施煃撰　清光緒刻本　一冊

330000－1716－0019722　地獻 1323－70/19722　史部/傳記類/科舉録之屬/歷科鄉試録

[光緒丁酉科]湖北鄉試硃卷一卷　施煃撰　清光緒刻本　一冊

330000－1716－0019723　地獻 1323－71/19723　史部/傳記類/科舉録之屬/歷科鄉試録

[光緒丁酉科]湖北鄉試硃卷一卷　施煃撰　清光緒刻本　一冊

330000－1716－0019724　地獻 1323－72/19724　史部/傳記類/科舉録之屬/歷科鄉試録

[光緒丁酉科]湖北鄉試硃卷一卷　施煃撰　清光緒刻本　一冊

330000－1716－0019725　地獻 1323－73/19725　史部/傳記類/科舉録之屬/歷科鄉試録

[光緒丁酉科]湖北鄉試硃卷一卷　施煃撰　清光緒刻本　一冊

330000－1716－0019726　地獻 1323－74/19726　史部/傳記類/科舉録之屬/歷科鄉試録

[光緒丁酉科]湖北鄉試硃卷一卷　施煃撰　清光緒刻本　一冊

330000－1716－0019727　地獻 1323－75/19727　史部/傳記類/科舉録之屬/歷科鄉試録

[光緒丁酉科]湖北鄉試硃卷一卷　施煃撰　清光緒刻本　一冊

330000－1716－0019728　地獻 1323－76/19728　史部/傳記類/科舉録之屬/歷科鄉試録

[光緒丁酉科]湖北鄉試硃卷一卷　施煃撰　清光緒刻本　一冊

330000－1716－0019729　地獻 1322－64/19729　史部/傳記類/科舉録之屬/歷科鄉試録

[光緒丁酉科]湖北鄉試卷一卷　施煃撰　清光緒石印本　一冊

330000－1716－0019730　地獻 1323－77/19730　史部/傳記類/科舉録之屬/歷科鄉試録

[光緒丁酉科]湖北鄉試硃卷一卷　施煃撰　清光緒刻本　一冊

330000－1716－0019731　普叢 0095/19731　類叢部/叢書類/彙編之屬

説鈴前集三十七種後集十六種　（清）吳震方編　清刻本　四十五冊　存四十八種

330000－1716－0019732　地獻 1323－80/19732　史部/傳記類/科舉録之屬/歷科鄉試録

[光緒丁酉科]湖北鄉試硃卷一卷　施煃撰　清光緒刻本　一冊

330000－1716－0019733　地獻 1322－66/19733　史部/傳記類/科舉録之屬/歷科鄉試録

[光緒丁酉科]湖北鄉試卷一卷　施煃撰　清光緒石印本　一冊

330000－1716－0019734　地獻 1323－78/19734　史部/傳記類/科舉録之屬/歷科鄉

試録

[光緒丁酉科]湖北鄉試硃卷一卷　施煒撰
清光緒刻本　一冊

330000－1716－0019735　地獻 1322－65/
19735　史部/傳記類/科舉録之屬/歷科鄉
試録

[光緒丁酉科]湖北鄉試卷一卷　施煒撰　清
光緒石印本　一冊

330000－1716－0019736　地獻 1323－79/
19736　史部/傳記類/科舉録之屬/歷科鄉
試録

[光緒丁酉科]湖北鄉試硃卷一卷　施煒撰
清光緒刻本　一冊

330000－1716－0019737　史補 0127/19737
史部/政書類/律令之屬/律例

欽定吏部則例八十七卷　（清）恩桂等修
（清）薛鳴皋等纂　清道光二十三年(1843)刻
本　十六冊　存四種

330000－1716－0019738　地獻 1323－81/
19738　史部/傳記類/科舉録之屬/歷科鄉
試録

[光緒丁酉科]湖北鄉試硃卷一卷　施煒撰
清光緒刻本　一冊

330000－1716－0019740　經補 0035/19740
經部/小學類/文字之屬/字書/字典

字彙十二集首一卷末一卷　（明）梅膺祚撰
清刻本　六冊　存六卷(丑集、寅集、辰集、申
集、戌集、亥集)

330000－1716－0019741　地獻 1323－82/
19741　史部/傳記類/科舉録之屬/歷科鄉
試録

[光緒丁酉科]湖北鄉試硃卷一卷　施煒撰
清光緒刻本　一冊

330000－1716－0019742　地獻 1322－67/
19742　史部/傳記類/科舉録之屬/歷科鄉
試録

[光緒丁酉科]湖北鄉試卷一卷　施煒撰　清
光緒石印本　一冊

330000－1716－0019743　地獻 1323－83/
19743　史部/傳記類/科舉録之屬/歷科鄉
試録

[光緒丁酉科]湖北鄉試硃卷一卷　施煒撰
清光緒刻本　一冊

330000－1716－0019744　地獻 1322－68/
19744　史部/傳記類/科舉録之屬/歷科鄉
試録

[光緒丁酉科]湖北鄉試卷一卷　施煒撰　清
光緒石印本　一冊

330000－1716－0019745　經補 0036/19745
經部/小學類/文字之屬/字書/字典

字彙十二集首一卷末一卷　（明）梅膺祚撰
清刻本　二冊　存二卷(子集、丑集)

330000－1716－0019746　地獻 1322－69/
19746　史部/傳記類/科舉録之屬/歷科鄉
試録

[光緒丁酉科]湖北鄉試卷一卷　施煒撰　清
光緒石印本　一冊

330000－1716－0019747　地獻 1322－70/
19747　史部/傳記類/科舉録之屬/歷科鄉
試録

[光緒丁酉科]湖北鄉試卷一卷　施煒撰　清
光緒石印本　一冊

330000－1716－0019748　史補 0128/19748
史部/傳記類/總傳之屬/仕宦

史外八卷　（清）汪有典撰　清同治四年
(1865)刻九年(1870)重修本　六冊　缺二卷
(二至三)

330000－1716－0019749　地獻 1322－71/
19749　史部/傳記類/科舉録之屬/歷科鄉
試録

[光緒丁酉科]湖北鄉試卷一卷　施煒撰　清
光緒石印本　一冊

330000－1716－0019750　經補 0037/19750
經部/小學類/文字之屬/字書/字典

字彙十二集首一卷末一卷　（明）梅膺祚撰
清刻本　七冊　存七卷(寅集、卯集、辰集、巳

集、午集、戌集、亥集）

330000－1716－0019751　地獻 1370/19751
子部/醫家類/類編之屬

醫門棒喝二種　（清）章楠撰　清道光章氏刻
民國八年(1919)紹興裘吉生補刻本　四冊
存一種

330000－1716－0019752　地獻 1322－72/
19752　史部/傳記類/科舉録之屬/歷科鄉
試録

[光緒丁酉科]湖北鄉試卷一卷　施煊撰　清
光緒石印本　一冊

330000－1716－0019753　子補 0175/19753
子部/醫家類/方書之屬/單方驗方

普濟應驗良方八卷　（清）德軒氏輯　清刻本
　一冊　存四卷(五至八)

330000－1716－0019754　史補 0129/19754
史部/傳記類/總傳之屬/仕宦

史外三十二卷　（清）汪有典撰　清刻本
九冊

330000－1716－0019756　地獻 1322－73/
19756　史部/傳記類/科舉録之屬/歷科鄉
試録

[光緒丁酉科]湖北鄉試卷一卷　施煊撰　清
光緒石印本　一冊

330000－1716－0019758　子補 0176/19758
子部/醫家類/溫病之屬/痧症

痧症度鍼二卷　（清）胡鳳昌輯　清光緒十九
年(1893)石印本　一冊

330000－1716－0019759　地獻 1322－74/
19759　史部/傳記類/科舉録之屬/歷科鄉
試録

[光緒丁酉科]湖北鄉試卷一卷　施煊撰　清
光緒石印本　一冊

330000－1716－0019760　經補 0038/19760
經部/小學類/文字之屬/字書

字學舉隅不分卷　（清）黃本驥　（清）龍啟瑞
撰　清道光二十年(1840)刻本　一冊

330000－1716－0019761　地獻 1322－75/
19761　史部/傳記類/科舉録之屬/歷科鄉
試録

[光緒丁酉科]湖北鄉試卷一卷　施煊撰　清
光緒石印本　一冊

330000－1716－0019763　地獻 1372/19763
子部/醫家類/兒科之屬/痘疹

麻疹闡注四卷　（清）張廉撰　清道光二十八
年(1848)刻本　一冊

330000－1716－0019764　地獻 1322－76/
19764　史部/傳記類/科舉録之屬/歷科鄉
試録

[光緒丁酉科]湖北鄉試卷一卷　施煊撰　清
光緒石印本　一冊

330000－1716－0019765　子補 0177－1/
19765　子部/醫家類/婦科之屬/通論

女科要旨四卷　（清）陳念祖撰　清光緒三十
二年(1906)上海文新書局石印本　一冊

330000－1716－0019766　地獻 1373/19766
子部/醫家類/外科之屬/癰疽、疔瘡

洞天奧旨十六卷圖一卷　（清）陳士鐸撰
（清）陶式玉評　清大雅堂刻本　一冊　缺一
卷(圖)

330000－1716－0019768　地獻 1322－77/
19768　史部/傳記類/科舉録之屬/歷科鄉
試録

[光緒丁酉科]湖北鄉試卷一卷　施煊撰　清
光緒石印本　一冊

330000－1716－0019769　經補 0039/19769
經部/小學類/文字之屬/字書/字典

字彙四集　（清）陳溴子撰　清康熙十五年
(1676)文盛堂刻本　二冊

330000－1716－0019770　地獻 1322－78/
19770　史部/傳記類/科舉録之屬/歷科鄉
試録

[光緒丁酉科]湖北鄉試卷一卷　施煊撰　清
光緒石印本　一冊

330000－1716－0019772　地獻 1322－79/

19772　史部/傳記類/科舉錄之屬/歷科鄉試錄

[光緒丁酉科]湖北鄉試卷一卷　施煌撰　清光緒石印本　一冊

330000－1716－0019773　經補 0040/19773
經部/小學類/文字之屬/字書/字典

攷正字彙二卷　(清)陳洖子撰　清末石印本　一冊

330000－1716－0019774　地獻 1374－1/19774　新學/農政/農務

農務實業新編二卷　(清)王上達撰　清宣統二年(1910)浙杭萬春農務局刻本　二冊

330000－1716－0019775　地獻 1322－80/19775　史部/傳記類/科舉錄之屬/歷科鄉試錄

[光緒丁酉科]湖北鄉試卷一卷　施煌撰　清光緒石印本　一冊

330000－1716－0019776　地獻 1374－2/19776　新學/農政/農務

農務實業新編二卷　(清)王上達撰　清宣統二年(1910)浙杭萬春農務局刻本　一冊

330000－1716－0019778　普叢 0094/19778
類叢部/叢書類/彙編之屬

說鈴前集三十七種後集十六種　(清)吳震方編　清刻本　二十三冊　存四十二種

330000－1716－0019779　地獻 1375－1/19779　子部/術數類/命書相書之屬

新刊合併官板音義評注淵海子平五卷　(宋)徐升編　清浙紹墨潤堂刻本　二冊

330000－1716－0019780　地獻 1375－2/19780　子部/術數類/命書相書之屬

新刊合併官板音義評注淵海子平五卷　(宋)徐升編　清越郡奎照樓刻本　二冊

330000－1716－0019781　子補 0178/19781
子部/醫家類/醫經之屬/內經

內經知要二卷　(清)李中梓輯並注　清宣統二年(1910)上海普新書局石印本　二冊

330000－1716－0019782　地獻 1322－81/19782　史部/傳記類/科舉錄之屬/歷科鄉試錄

[光緒丁酉科]湖北鄉試卷一卷　施煌撰　清光緒石印本　一冊

330000－1716－0019786　地獻 1322－82/19786　史部/傳記類/科舉錄之屬/歷科鄉試錄

[光緒丁酉科]湖北鄉試卷一卷　施煌撰　清光緒石印本　一冊

330000－1716－0019787　史補 0130/19787
史部/史評類/史論之屬

史記論文一百三十卷　(清)吳見思撰　清康熙二十六年(1687)尺木堂刻本　十八冊　存八十九卷(一至十四、二十四至三十一、六十四至一百三十)

330000－1716－0019788　地獻 1322－83/19788　史部/傳記類/科舉錄之屬/歷科鄉試錄

[光緒丁酉科]湖北鄉試卷一卷　施煌撰　清光緒石印本　一冊

330000－1716－0019789　史補 0131/19789
史部/目錄類/總錄之屬/私撰

玉函山房藏書簿錄二十五卷　(清)馬國翰撰　清刻本　十二冊　缺四卷(一、三、九至十)

330000－1716－0019790　地獻 1322－84/19790　史部/傳記類/科舉錄之屬/歷科鄉試錄

[光緒丁酉科]湖北鄉試卷一卷　施煌撰　清光緒石印本　一冊

330000－1716－0019791　經補 0041/19791
經部/小學類/文字之屬/字書/字典

廣字彙十二集　(明)梅膺祚輯　(清)陳洖子增釋　清刻本　一冊　存一卷(巳集)

330000－1716－0019792　史補 0132/19792
史部/目錄類/書志之屬/提要

昭德先生郡齋讀書志二十卷首一卷　(宋)晁公武撰　清刻本　五冊　存十一卷(十至二

十）

330000－1716－0019793　地獻 1322－85/
19793　史部/傳記類/科舉録之屬/歷科鄉
試録

[光緒丁酉科]湖北鄉試卷一卷　施煒撰　清
光緒石印本　一冊

330000－1716－0019794　地獻 1322－86/
19794　史部/傳記類/科舉録之屬/歷科鄉
試録

[光緒丁酉科]湖北鄉試卷一卷　施煒撰　清
光緒石印本　一冊

330000－1716－0019795　地獻 1376－1/
19795　史部/政書類/律令之屬/律例

大清律例增修統纂集成四十卷附督捕則例附
纂二卷　（清）姚潤輯　（清）陶駿　（清）陶
念霖增輯　清刻本　十五冊　存二十八卷
（二至二十四、二十八至三十,督捕則例一至
二）

330000－1716－0019796　經補 0042/19796
經部/小學類/文字之屬/字書/字典

字彙四集　（清）陳淏子撰　清刻本　一冊
存一卷（四）

330000－1716－0019798　經補 0043/19798
經部/小學類/文字之屬/字書/字典

字彙十二集首一卷末一卷　（明）梅膺祚撰
清刻本　二冊　存二卷（巳集、午集）

330000－1716－0019799　地獻 1376－2/
19799　史部/政書類/律令之屬/律例

大清律例增修統纂集成四十卷附督捕則例附
纂二卷　（清）姚潤輯　（清）陶駿　（清）陶
念霖增輯　清同治八年（1869）刻本　二十
五冊

330000－1716－0019800　史補 0133/19800
史部/政書類/通制之屬

光緒政要三十四卷　沈桐生輯　清宣統元年
（1909）上海崇義堂石印本　二十二冊　存二
十二卷（三至九、十一至十二、十四、十六至十
七、十九至二十、二十二、二十五、二十七至二

十九、三十一至三十二、三十四）

330000－1716－0019802　經補 0044/19802
經部/小學類/文字之屬/字書/字典

字彙十二集首一卷末一卷　（明）梅膺祚撰
清刻本　四冊　存四卷（寅集、申集、亥集、
首）

330000－1716－0019803　地獻 1323－86/
19803　史部/傳記類/科舉録之屬/歷科鄉
試録

[光緒丁酉科]湖北鄉試硃卷一卷　施煒撰
清光緒刻本　一冊

330000－1716－0019804　地獻 1323－87/
19804　史部/傳記類/科舉録之屬/歷科鄉
試録

[光緒丁酉科]湖北鄉試硃卷一卷　施煒撰
清光緒刻本　一冊

330000－1716－0019805　經補 0053/19805
經部/小學類/文字之屬/字書/字典

字彙十二集首一卷末一卷　（明）梅膺祚撰
清刻本　十二冊　缺二卷（首、末）

330000－1716－0019806　地獻 1323－88/
19806　史部/傳記類/科舉録之屬/歷科鄉
試録

[光緒丁酉科]湖北鄉試硃卷一卷　施煒撰
清光緒刻本　一冊

330000－1716－0019807　地獻 1322－87/
19807　史部/傳記類/科舉録之屬/歷科鄉
試録

[光緒丁酉科]湖北鄉試卷一卷　施煒撰　清
光緒石印本　一冊

330000－1716－0019808　史補 0134/19808
類叢部/叢書類/彙編之屬

古香齋袖珍十種　清同治至光緒南海孔氏刻
本　二十一冊　存一種

330000－1716－0019809　子補 0181/19809
子部/醫家類/婦科之屬/通論

女科仙方三卷　（清）傅山撰　清光緒十七年
（1891）上海刻本　三冊

330000 - 1716 - 0019810 地獻 1322 - 88/19810 史部/傳記類/科舉録之屬/歷科郷試録

[光緒丁酉科]湖北郷試卷一卷 施煌撰 清光緒石印本 一冊

330000 - 1716 - 0019811 地獻 1323 - 89/19811 史部/傳記類/科舉録之屬/歷科郷試録

[光緒丁酉科]湖北郷試硃卷一卷 施煌撰 清光緒刻本 一冊

330000 - 1716 - 0019812 經補 0046/19812 經部/小學類/文字之屬/字書/字典

康熙字典十二集三十六卷總目一卷檢字一卷辨似一卷等韻一卷補遺一卷備考一卷 （清）張玉書等纂修 清末石印本 一冊 存六卷（酉集上中下、戌集上中下）

330000 - 1716 - 0019814 地獻 1323 - 90/19814 史部/傳記類/科舉録之屬/歷科郷試録

[光緒丁酉科]湖北郷試硃卷一卷 施煌撰 清光緒刻本 一冊

330000 - 1716 - 0019815 地獻 1322 - 89/19815 史部/傳記類/科舉録之屬/歷科郷試録

[光緒丁酉科]湖北郷試卷一卷 施煌撰 清光緒石印本 一冊

330000 - 1716 - 0019816 地獻 1322 - 90/19816 史部/傳記類/科舉録之屬/歷科郷試録

[光緒丁酉科]湖北郷試卷一卷 施煌撰 清光緒石印本 一冊

330000 - 1716 - 0019817 地獻 1323 - 91/19817 史部/傳記類/科舉録之屬/歷科郷試録

[光緒丁酉科]湖北郷試硃卷一卷 施煌撰 清光緒刻本 一冊

330000 - 1716 - 0019818 子補 0182/19818 子部/醫家類/傷寒金匱之屬/傷寒論

傷寒來蘇集三種 （清）柯琴撰 清刻本 一冊 存一種

330000 - 1716 - 0019819 地獻 1377 - 1/19819 子部/醫家類/綜合之屬/通論

慎疾芻言一卷 （清）徐大椿撰 隨山宇方鈔甲編一卷 （清）汪曰楨撰 清光緒十一年(1885)經畬書屋刻本 一冊

330000 - 1716 - 0019820 地獻 1322 - 91/19820 史部/傳記類/科舉録之屬/歷科郷試録

[光緒丁酉科]湖北郷試卷一卷 施煌撰 清光緒石印本 一冊

330000 - 1716 - 0019821 地獻 1323 - 92/19821 史部/傳記類/科舉録之屬/歷科郷試録

[光緒丁酉科]湖北郷試硃卷一卷 施煌撰 清光緒刻本 一冊

330000 - 1716 - 0019822 地獻 1322 - 92/19822 史部/傳記類/科舉録之屬/歷科郷試録

[光緒丁酉科]湖北郷試卷一卷 施煌撰 清光緒石印本 一冊

330000 - 1716 - 0019824 地獻 1322 - 93/19824 史部/傳記類/科舉録之屬/歷科郷試録

[光緒丁酉科]湖北郷試卷一卷 施煌撰 清光緒石印本 一冊

330000 - 1716 - 0019825 地獻 1323 - 93/19825 史部/傳記類/科舉録之屬/歷科郷試録

[光緒丁酉科]湖北郷試硃卷一卷 施煌撰 清光緒刻本 一冊

330000 - 1716 - 0019826 地獻 1323 - 96/19826 史部/傳記類/科舉録之屬/歷科郷試録

[光緒丁酉科]湖北郷試硃卷一卷 施煌撰 清光緒刻本 一冊

330000 - 1716 - 0019827 地獻 1322 - 94/

19827　史部/傳記類/科舉録之屬/歷科鄉
試録

[光緒丁酉科]湖北鄉試卷一卷　施煊撰　清
光緒石印本　一冊

330000－1716－0019828　地獻 1322－95/
19828　史部/傳記類/科舉録之屬/歷科鄉
試録

[光緒丁酉科]湖北鄉試卷一卷　施煊撰　清
光緒石印本　一冊

330000－1716－0019829　地獻 1323－94/
19829　史部/傳記類/科舉録之屬/歷科鄉
試録

[光緒丁酉科]湖北鄉試硃卷一卷　施煊撰
清光緒刻本　一冊

330000－1716－0019830　集補 0008－73/
19830　集部/小說類/長篇之屬

東周列國全志二十三卷一百八回　（清）蔡奡
評點　清刻本　一冊　存一卷(一)

330000－1716－0019831　地獻 1322－96/
19831　史部/傳記類/科舉録之屬/歷科鄉
試録

[光緒丁酉科]湖北鄉試卷一卷　施煊撰　清
光緒石印本　一冊

330000－1716－0019833　地獻 1322－97/
19833　史部/傳記類/科舉録之屬/歷科鄉
試録

[光緒丁酉科]湖北鄉試卷一卷　施煊撰　清
光緒石印本　一冊

330000－1716－0019834　子補 0183/19834
子部/醫家類/類編之屬

壽世彙編五種　（清）祝寶森編　清光緒元年
(1875)金氏雨梅書屋刻本　一冊

330000－1716－0019835　地獻 1323－95/
19835　史部/傳記類/科舉録之屬/歷科鄉
試録

[光緒丁酉科]湖北鄉試硃卷一卷　施煊撰
清光緒刻本　一冊

330000－1716－0019837　地獻 1322－98/

19837　史部/傳記類/科舉録之屬/歷科鄉
試録

[光緒丁酉科]湖北鄉試卷一卷　施煊撰　清
光緒石印本　一冊

330000－1716－0019838　地獻 1322－99/
19838　史部/傳記類/科舉録之屬/歷科鄉
試録

[光緒丁酉科]湖北鄉試卷一卷　施煊撰　清
光緒石印本　一冊

330000－1716－0019839　地獻 1379－2/
19839　子部/術數類/相宅相墓之屬

山洋指迷原本四卷　（明）周景一撰　（清）俞
歸璞　（清）吳卿瞻注　清末石印本　清雅卿
題記　三冊　存三卷(二至四)

330000－1716－0019840　地獻 1323－97/
19840　史部/傳記類/科舉録之屬/歷科鄉
試録

[光緒丁酉科]湖北鄉試硃卷一卷　施煊撰
清光緒刻本　一冊

330000－1716－0019841　地獻 1322－100/
19841　史部/傳記類/科舉録之屬/歷科鄉
試録

[光緒丁酉科]湖北鄉試卷一卷　施煊撰　清
光緒石印本　一冊

330000－1716－0019843　地獻 1379－3/
19843　子部/術數類/相宅相墓之屬

山洋指迷原本四卷　（明）周景一撰　（清）俞
歸璞　（清）吳卿瞻注　清刻本　三冊　存三
卷(二至四)

330000－1716－0019844　地獻 1322－101/
19844　史部/傳記類/科舉録之屬/歷科鄉
試録

[光緒丁酉科]湖北鄉試卷一卷　施煊撰　清
光緒石印本　一冊

330000－1716－0019845　地獻 1323－98/
19845　史部/傳記類/科舉録之屬/歷科鄉
試録

[光緒丁酉科]湖北鄉試硃卷一卷　施煊撰

清光緒刻本　一冊

330000－1716－0019846　地獻 1322－102/
19846　史部/傳記類/科舉錄之屬/歷科鄉
試錄

[光緒丁酉科]湖北鄉試卷一卷　施煒撰　清
光緒石印本　一冊

330000－1716－0019848　地獻 1322－103/
19848　史部/傳記類/科舉錄之屬/歷科鄉
試錄

[光緒丁酉科]湖北鄉試卷一卷　施煒撰　清
光緒石印本　一冊

330000－1716－0019849　地獻 1323－99/
19849　史部/傳記類/科舉錄之屬/歷科鄉
試錄

[光緒丁酉科]湖北鄉試硃卷一卷　施煒撰
清光緒刻本　一冊

330000－1716－0019850　集補 0008－80/
19850　集部/小說類/長篇之屬

東周列國全志二十三卷一百八回　（清）蔡奡
評點　清刻本　十二冊　存十二卷（一、四、
八、十二、十四至十七、十九至二十二）

330000－1716－0019851　地獻 1322－104/
19851　史部/傳記類/科舉錄之屬/歷科鄉
試錄

[光緒丁酉科]湖北鄉試卷一卷　施煒撰　清
光緒石印本　一冊

330000－1716－0019852　地獻 1322－105/
19852　史部/傳記類/科舉錄之屬/歷科鄉
試錄

[光緒丁酉科]湖北鄉試卷一卷　施煒撰　清
光緒石印本　一冊

330000－1716－0019853　地獻 1322－106/
19853　史部/傳記類/科舉錄之屬/歷科鄉
試錄

[光緒丁酉科]湖北鄉試卷一卷　施煒撰　清
光緒石印本　一冊

330000－1716－0019854　子補 0184/19854
子部/醫家類/類編之屬

古今醫統正脈全書四十四種　（明）王肯堂編
明萬曆二十九年（1601）新安吳勉學刻本
一冊　存一種

330000－1716－0019855　地獻 1322－107/
19855　史部/傳記類/科舉錄之屬/歷科鄉
試錄

[光緒丁酉科]湖北鄉試卷一卷　施煒撰　清
光緒石印本　一冊

330000－1716－0019856　普叢 0440－1/
19856　類叢部/叢書類/自著之屬

隨園三十種　（清）袁枚撰　清刻本　一冊
存一種

330000－1716－0019857　地獻 1322－108/
19857　史部/傳記類/科舉錄之屬/歷科鄉
試錄

[光緒丁酉科]湖北鄉試卷一卷　施煒撰　清
光緒石印本　一冊

330000－1716－0019858　地獻 1379－5/
19858　子部/術數類/相宅相墓之屬

山洋指迷原本四卷　（明）周景一撰　（清）俞
歸璞　（清）吳卿瞻注　清亦西齋刻本　二冊
存二卷（一至二）

330000－1716－0019859　地獻 1322－109/
19859　史部/傳記類/科舉錄之屬/歷科鄉
試錄

[光緒丁酉科]湖北鄉試卷一卷　施煒撰　清
光緒石印本　一冊

330000－1716－0019860　地獻 1379－6/
19860　子部/術數類/相宅相墓之屬

山洋指迷原本四卷　（明）周景一撰　（清）俞
歸璞　（清）吳卿瞻注　清刻本　一冊　存一
卷（四）

330000－1716－0019861　地獻 1322－110/
19861　史部/傳記類/科舉錄之屬/歷科鄉
試錄

[光緒丁酉科]湖北鄉試卷一卷　施煒撰　清
光緒石印本　一冊

330000－1716－0019862　地獻 1379－7/

19862　子部/術數類/相宅相墓之屬

山洋指迷原本四卷　（明）周景一撰　（清）俞歸璞　（清）吳卿瞻注　清刻本　二冊　存二卷（二、四）

330000－1716－0019863　子補 0185/19863　子部/醫家類/類編之屬

圖注難經脈訣二種六卷　清刻本　一冊　存一種

330000－1716－0019864　地獻 1379－8/19864　子部/術數類/相宅相墓之屬

山洋指迷原本四卷　（明）周景一撰　（清）俞歸璞　（清）吳卿瞻注　清亦西齋刻本　清養初氏題簽　三冊　存三卷（一至三）

330000－1716－0019865　地獻 1323－100/19865　史部/傳記類/科舉錄之屬/歷科鄉試錄

[光緒丁酉科]湖北鄉試硃卷一卷　施煒撰　清光緒刻本　一冊

330000－1716－0019866　集補 0008－81/19866　集部/小說類/長篇之屬

東周列國全志二十三卷一百八回　（清）蔡奡評點　清刻本　十八冊　缺五卷（二至三、八、十六至十七）

330000－1716－0019867　史補 0135/19867　史部/目錄類/總錄之屬/彙刻

彙刻書目二十卷　（清）顧修輯　（清）朱學勤補　清光緒十二年至十五年（1886－1889）上海福瀛書局刻本　十一冊　存十卷（一至二、四至七、十一、十七、十九至二十）

330000－1716－0019868　經補 0049/19868　經部/小學類/文字之屬/說文

說文解字十五卷標目一卷　（漢）許慎撰（宋）徐鉉等校定　清光緒十一年（1885）上海同文書局石印本　二冊

330000－1716－0019869　地獻 1323－101/19869　史部/傳記類/科舉錄之屬/歷科鄉試錄

[光緒丁酉科]湖北鄉試硃卷一卷　施煒撰

清光緒刻本　一冊

330000－1716－0019870　地獻 1379－10/19870　子部/術數類/相宅相墓之屬

山洋指迷原本四卷　（明）周景一撰　（清）俞歸璞　（清）吳卿瞻注　清光緒九年（1883）寧波汲綆齋刻本　二冊　存二卷（一、四）

330000－1716－0019871　地獻 1322－111/19871　史部/傳記類/科舉錄之屬/歷科鄉試錄

[光緒丁酉科]湖北鄉試卷一卷　施煒撰　清光緒石印本　一冊

330000－1716－0019873　史補 0136/19873　史部/目錄類/總錄之屬/彙刻

彙刻書目二十卷　（清）顧修輯　（清）朱學勤補　清光緒十二年至十五年（1886－1889）上海福瀛書局刻本　十七冊　存十七卷（二至十一、十三、十五至二十）

330000－1716－0019874　地獻 1379－11/19874　子部/術數類/相宅相墓之屬

山洋指迷原本四卷　（明）周景一撰　（清）俞歸璞　（清）吳卿瞻注　清光緒九年（1883）浙寧三昧仁記刻本　三冊　存二卷（一、四）

330000－1716－0019875　地獻 1323－102/19875　史部/傳記類/科舉錄之屬/歷科鄉試錄

[光緒丁酉科]湖北鄉試硃卷一卷　施煒撰　清光緒刻本　一冊

330000－1716－0019876　地獻 1322－112/19876　史部/傳記類/科舉錄之屬/歷科鄉試錄

[光緒丁酉科]湖北鄉試卷一卷　施煒撰　清光緒石印本　一冊

330000－1716－0019877　史部/傳記類/科舉錄之屬/歷科鄉試錄

[光緒丁酉科]湖北鄉試卷一卷　施煒撰　清光緒石印本　一冊

330000－1716－0019878　地獻 1322－114/

19878 史部/傳記類/科舉錄之屬/歷科鄉試錄

[光緒丁酉科]湖北鄉試卷一卷 施煒撰 清光緒石印本 一冊

330000－1716－0019879 地獻 1322－115/19879 史部/傳記類/科舉錄之屬/歷科鄉試錄

[光緒丁酉科]湖北鄉試卷一卷 施煒撰 清光緒石印本 一冊

330000－1716－0019880 古越 0733/19880 史部/地理類/總志之屬/斷代

大清一統志四百二十四卷 （清）和珅等纂修 清末石印本 三十八冊 存二百七十四卷（一至二百七十四）

330000－1716－0019881 地獻 1322－116/19881 史部/傳記類/科舉錄之屬/歷科鄉試錄

[光緒丁酉科]湖北鄉試卷一卷 施煒撰 清光緒石印本 一冊

330000－1716－0019883 地獻 1322－117/19883 史部/傳記類/科舉錄之屬/歷科鄉試錄

[光緒丁酉科]湖北鄉試卷一卷 施煒撰 清光緒石印本 一冊

330000－1716－0019884 地獻 1322－118/19884 史部/傳記類/科舉錄之屬/歷科鄉試錄

[光緒丁酉科]湖北鄉試卷一卷 施煒撰 清光緒石印本 一冊

330000－1716－0019885 地獻 1322－119/19885 史部/傳記類/科舉錄之屬/歷科鄉試錄

[光緒丁酉科]湖北鄉試卷一卷 施煒撰 清光緒石印本 一冊

330000－1716－0019886 地獻 1322－120/19886 史部/傳記類/科舉錄之屬/歷科鄉試錄

[光緒丁酉科]湖北鄉試卷一卷 施煒撰 清

光緒石印本 一冊

330000－1716－0019888 地獻 1322－121/19888 史部/傳記類/科舉錄之屬/歷科鄉試錄

[光緒丁酉科]湖北鄉試卷一卷 施煒撰 清光緒石印本 一冊

330000－1716－0019890 地獻 1322－122/19890 史部/傳記類/科舉錄之屬/歷科鄉試錄

[光緒丁酉科]湖北鄉試卷一卷 施煒撰 清光緒石印本 一冊

330000－1716－0019891 子補 0186/19891 子部/醫家類/傷寒金匱之屬/傷寒論

傷寒明理論四卷 （金）成無己撰 清刻本 一冊 存二卷（三至四）

330000－1716－0019892 普子 2053/19892 子部/叢編

二十二子(二十二子彙函) （清）浙江書局編 清光緒元年至三年(1875－1877)浙江書局刻本 四冊 存二種

330000－1716－0019893 子補 0188/19893 子部/醫家類/傷寒金匱之屬/傷寒論

傷寒大白四卷總論一卷 （清）秦之楨撰 清刻本 五冊

330000－1716－0019894 地獻 1323－103/19894 史部/傳記類/科舉錄之屬/歷科鄉試錄

[光緒丁酉科]湖北鄉試硃卷一卷 施煒撰 清光緒刻本 一冊

330000－1716－0019895 地獻 1323－104/19895 史部/傳記類/科舉錄之屬/歷科鄉試錄

[光緒丁酉科]湖北鄉試硃卷一卷 施煒撰 清光緒刻本 一冊

330000－1716－0019897 子補 0189/19897 子部/醫家類/傷寒金匱之屬/傷寒論

傷寒論六卷附傷寒論本義一卷 （漢）張機撰 （清）張志聰注釋 （清）高世栻纂集 清刻

本　一冊　存一卷（五）

330000 - 1716 - 0019898　史補 0144/19898
史部/政書類/律令之屬/律例

欽定六部處分則例五十二卷　（清）文孚等纂修　清光緒三年(1877)金東書行刻本　十三冊　存二十七卷（一至二、五至八、十四至二十八、四十五至五十）

330000 - 1716 - 0019899　地獻 1323 - 105/19899　史部/傳記類/科舉錄之屬/歷科鄉試錄

[光緒丁酉科]湖北鄉試硃卷一卷　施煃撰　清光緒刻本　一冊

330000 - 1716 - 0019900　地獻 1323 - 106/19900　史部/傳記類/科舉錄之屬/歷科鄉試錄

[光緒丁酉科]湖北鄉試硃卷一卷　施煃撰　清光緒刻本　一冊

330000 - 1716 - 0019901　地獻 1323 - 107/19901　史部/傳記類/科舉錄之屬/歷科鄉試錄

[光緒丁酉科]湖北鄉試硃卷一卷　施煃撰　清光緒刻本　一冊

330000 - 1716 - 0019902　地獻 1323 - 108/19902　史部/傳記類/科舉錄之屬/歷科鄉試錄

[光緒丁酉科]湖北鄉試硃卷一卷　施煃撰　清光緒刻本　一冊

330000 - 1716 - 0019903　地獻 1323 - 109/19903　史部/傳記類/科舉錄之屬/歷科鄉試錄

[光緒丁酉科]湖北鄉試硃卷一卷　施煃撰　清光緒刻本　一冊

330000 - 1716 - 0019904　史補 0139/19904　史部/編年類/通代之屬

御批歷代通鑑輯覽一百二十卷　（清）傅恒等撰　清光緒石印本　四冊　存十八卷（二十一至二十五、六十六至七十、七十六至八十三）

330000 - 1716 - 0019905　經補 0054 - 1/19905　經部/小學類/文字之屬/字書/字典

攷正字彙二卷　（清）陳溟子撰　清末石印本　一冊

330000 - 1716 - 0019906　地獻 1323 - 110/19906　史部/傳記類/科舉錄之屬/歷科鄉試錄

[光緒丁酉科]湖北鄉試硃卷一卷　施煃撰　清光緒刻本　一冊

330000 - 1716 - 0019907　地獻 1323 - 111/19907　史部/傳記類/科舉錄之屬/歷科鄉試錄

[光緒丁酉科]湖北鄉試硃卷一卷　施煃撰　清光緒刻本　一冊

330000 - 1716 - 0019908　地獻 1323 - 112/19908　史部/傳記類/科舉錄之屬/歷科鄉試錄

[光緒丁酉科]湖北鄉試硃卷一卷　施煃撰　清光緒刻本　一冊

330000 - 1716 - 0019909　地獻 1323 - 113/19909　史部/傳記類/科舉錄之屬/歷科鄉試錄

[光緒丁酉科]湖北鄉試硃卷一卷　施煃撰　清光緒刻本　一冊

330000 - 1716 - 0019911　地獻 1323 - 114/19911　史部/傳記類/科舉錄之屬/歷科鄉試錄

[光緒丁酉科]湖北鄉試硃卷一卷　施煃撰　清光緒刻本　一冊

330000 - 1716 - 0019912　地獻 1322 - 123/19912　史部/傳記類/科舉錄之屬/歷科鄉試錄

[光緒丁酉科]湖北鄉試卷一卷　施煃撰　清光緒石印本　一冊

330000 - 1716 - 0019913　子補 0190/19913　子部/醫家類/醫案之屬

三家醫案合刻　（清）吳金壽編　清刻本　三冊

330000 – 1716 – 0019914　地獻 1369 – 8/19914　子部/儒家類/儒學之屬/蒙學

浙紹奎照樓書莊精校新增繪圖幼學故事瓊林四卷首一卷　（清）程允升撰　（清）鄒聖脈增補　清宣統三年(1911)浙紹奎照樓石印本　一冊

330000 – 1716 – 0019918　地獻 1322 – 124/19918　史部/傳記類/科舉錄之屬/歷科鄉試錄

[光緒丁酉科]湖北鄉試卷一卷　施煒撰　清光緒石印本　一冊

330000 – 1716 – 0019921　地獻 1322 – 125/19921　史部/傳記類/科舉錄之屬/歷科鄉試錄

[光緒丁酉科]湖北鄉試卷一卷　施煒撰　清光緒石印本　一冊

330000 – 1716 – 0019923　子補 0193/19923　新學/醫學

儒門醫學三卷附一卷　（英國）海得蘭撰　（英國）傅蘭雅口譯　（清）趙元益筆述　清光緒江南製造總局刻本　三冊　缺一卷(中)

330000 – 1716 – 0019924　子補 2639/19924　子部/宗教類/其他宗教之屬/基督教

新撰煉靈聖月一卷　（法國）味增爵撰　清光緒二十八年(1902)北京救世堂鉛印本　一冊

330000 – 1716 – 0019925　地獻 1322 – 126/19925　史部/傳記類/科舉錄之屬/歷科鄉試錄

[光緒丁酉科]湖北鄉試卷一卷　施煒撰　清光緒石印本　一冊

330000 – 1716 – 0019926　地獻 1322 – 127/19926　史部/傳記類/科舉錄之屬/歷科鄉試錄

[光緒丁酉科]湖北鄉試卷一卷　施煒撰　清光緒石印本　一冊

330000 – 1716 – 0019927　地獻 1380/19927　子部/醫家類/綜合之屬/通論

辨證奇聞十卷　（清）陳士鐸撰　（清）錢松刪定　清光緒三十一年(1905)上海寶善齋書莊石印本　四冊　存八卷(一至八)

330000 – 1716 – 0019928　地獻 1322 – 128/19928　史部/傳記類/科舉錄之屬/歷科鄉試錄

[光緒丁酉科]湖北鄉試卷一卷　施煒撰　清光緒石印本　一冊

330000 – 1716 – 0019929　地獻 1381/19929　子部/醫家類/婦科之屬

女科輯要八卷附單養賢胎產全書一卷　（清）周紀常撰　清宣統二年(1910)上海千頃堂書局石印本　一冊　存六卷(一至六)

330000 – 1716 – 0019930　地獻 1322 – 129/19930　史部/傳記類/科舉錄之屬/歷科鄉試錄

[光緒丁酉科]湖北鄉試卷一卷　施煒撰　清光緒石印本　一冊

330000 – 1716 – 0019932　地獻 1322 – 130/19932　史部/傳記類/科舉錄之屬/歷科鄉試錄

[光緒丁酉科]湖北鄉試卷一卷　施煒撰　清光緒石印本　一冊

330000 – 1716 – 0019933　地獻 1322 – 131/19933　史部/傳記類/科舉錄之屬/歷科鄉試錄

[光緒丁酉科]湖北鄉試卷一卷　施煒撰　清光緒石印本　一冊

330000 – 1716 – 0019935　地獻 1322 – 132/19935　史部/傳記類/科舉錄之屬/歷科鄉試錄

[光緒丁酉科]湖北鄉試卷一卷　施煒撰　清光緒石印本　一冊

330000 – 1716 – 0019936　地獻 1382 – 1/19936　類叢部/叢書類/彙編之屬

仰視千七百二十九鶴齋叢書四十種　（清）趙之謙編　清光緒會稽趙氏刻本　一冊　存三種

330000 – 1716 – 0019937　地獻 1322 – 133/

19937　史部/傳記類/科舉録之屬/歷科鄉試録

[光緒丁酉科]湖北鄉試卷一卷　施煒撰　清光緒石印本　一冊

330000－1716－0019938　地獻 1322－134/19938　史部/傳記類/科舉録之屬/歷科鄉試録

[光緒丁酉科]湖北鄉試卷一卷　施煒撰　清光緒石印本　一冊

330000－1716－0019939　地獻 1322－135/19939　史部/傳記類/科舉録之屬/歷科鄉試録

[光緒丁酉科]湖北鄉試卷一卷　施煒撰　清光緒石印本　一冊

330000－1716－0019940　地獻 1322－136/19940　史部/傳記類/科舉録之屬/歷科鄉試録

[光緒丁酉科]湖北鄉試卷一卷　施煒撰　清光緒石印本　一冊

330000－1716－0019946　子補 0195/19946　子部/醫家類/類編之屬

徐氏醫書六種　(清)徐大椿撰　清刻本　三冊　存一種

330000－1716－0019947　子補 2642/19947　子部/宗教類/其他宗教之屬/基督教

新約問答一卷　清光緒三十一年(1905)上海中新書局鉛印本　一冊

330000－1716－0019949　地獻 1369－9/19949　子部/儒家類/儒學之屬/蒙學

浙紹奎照樓新增繪圖幼學故事瓊林四卷首一卷　(清)程允升撰　(清)鄒聖脈增補　清末浙紹奎照樓石印本　一冊　存一卷(四)

330000－1716－0019950　子補 0196/19950　子部/醫家類/綜合之屬/通論

醫學十書　(清)陳璞撰　清光緒刻本　二冊　存一種

330000－1716－0019951　子補 2659/19951　子部/宗教類/其他宗教之屬/基督教

耶穌將再來一卷　(美國)宋韋義撰　清宣統三年(1911)上海美華書館鉛印本　一冊

330000－1716－0019955　地獻 1369－10/19955　子部/儒家類/儒學之屬/蒙學

浙紹奎照樓新增繪圖幼學故事瓊林四卷首一卷　(清)程允升撰　(清)鄒聖脈增補　清光緒二十四年(1898)浙紹奎照樓石印本　一冊

330000－1716－0019958　地獻 1369－11/19958　子部/儒家類/儒學之屬/蒙學

浙紹奎照樓書莊精校新增繪圖幼學故事瓊林四卷首一卷　(清)程允升撰　(清)鄒聖脈增補　清末浙紹奎照樓石印本　五冊

330000－1716－0019960　子補 2660/19960　子部/宗教類/其他宗教之屬/基督教

聖教鑑略三卷　清刻本　一冊

330000－1716－0019963　子補 2668/19963　子部/宗教類/其他宗教之屬/基督教

新經譯義四卷　清光緒二十三年(1897)上海慈母堂鉛印本　一冊

330000－1716－0019966　子補 2669/19966　子部/宗教類/其他宗教之屬/基督教

聖年廣益四卷　□□輯　清刻本　一冊　存一卷(一)

330000－1716－0019968　地獻 1369－12/19968　子部/儒家類/儒學之屬/蒙學

浙紹奎照樓書莊精校新增繪圖幼學故事瓊林四卷首一卷　(清)程允升撰　(清)鄒聖脈增補　清末浙紹奎照樓石印本　一冊

330000－1716－0019970　地獻 1369－13/19970　子部/儒家類/儒學之屬/蒙學

浙紹奎照樓書莊精校新增繪圖幼學故事瓊林四卷首一卷　(清)程允升撰　(清)鄒聖脈增補　清光緒三十一年(1905)浙紹奎照樓石印本　五冊

330000－1716－0019971　集補 0007－40/19971　集部/小說類/長篇之屬

第五才子書水滸傳七十五卷七十回　(元)施耐庵撰　(清)金人瑞評　清刻本　一冊　存

三卷(二十七至二十九)

330000－1716－0019974　地獻 1369－14/
19974　子部/儒家類/儒學之屬/蒙學
浙紹奎照樓書莊精校新增繪圖幼學故事瓊林
四卷首一卷　(清)程允升撰　(清)鄒聖脈增
補　清光緒三十一年(1905)浙紹奎照樓石印
本　二冊　缺三卷(二至四)

330000－1716－0019976　普叢 0087－1/
19976　類叢部/叢書類/彙編之屬
香艷叢書三百二十六種　(清)蟲天子輯　清
宣統上海國學扶輪社鉛印本　八十冊

330000－1716－0019977　子補 0197/19977
子部/醫家類/綜合之屬/雜著
筆花醫鏡四卷　(清)江涵暾撰　清同治十年
(1871)揚州文富堂刻本　一冊　存二卷(一
至二)

330000－1716－0019978　地獻 1369－15/
19978　子部/儒家類/儒學之屬/蒙學
蛟川文選樓重校新增繪圖幼學故事瓊林四卷
首一卷　(清)程允升撰　(清)鄒聖脈增補
清光緒三十四年(1908)浙紹奎照樓石印本
三冊　缺二卷(一、三)

330000－1716－0019982　地獻 1369－16/
19982　子部/儒家類/儒學之屬/蒙學
浙紹奎照樓新增繪圖幼學故事瓊林四卷首一
卷　(清)程允升撰　(清)鄒聖脈增補　清光
緒二十三年(1897)浙紹奎照樓石印本　一冊
存二卷(一、首)

330000－1716－0019983　史補 1363－1/
19983　史部/目錄類/總錄之屬/官修
欽定四庫全書簡明目錄二十卷　(清)紀昀等
撰　清末石印本　一冊　存二卷(一至二)

330000－1716－0019988　地獻 1369－17/
19988　子部/儒家類/儒學之屬/蒙學
浙紹奎照樓新增繪圖幼學故事瓊林四卷首一
卷　(清)程允升撰　(清)鄒聖脈增補　清末
浙紹奎照樓石印本　二冊　存二卷(二、四)

330000－1716－0019990　子補 0198/19990

子部/醫家類/醫經之屬/難經
難經直解二卷　(清)莫熺撰　清刻本　一冊
存一卷(上)

330000－1716－0019991　地獻 1369－18/
19991　子部/儒家類/儒學之屬/蒙學
新增繪圖幼學故事瓊林四卷首一卷　(清)程
允升撰　(清)鄒聖脈增補　清光緒三十二年
(1906)浙紹奎照樓石印本　一冊　存一卷
(首)

330000－1716－0019995　地獻 1369－19/
19995　子部/儒家類/儒學之屬/蒙學
浙紹奎照樓新增繪圖幼學故事瓊林四卷首一
卷　(清)程允升撰　(清)鄒聖脈增補　清光
緒二十四年(1898)浙紹奎照樓石印本　四冊
缺一卷(一)

330000－1716－0019997　地獻 1369－20/
19997　子部/儒家類/儒學之屬/蒙學
新增繪圖幼學故事瓊林四卷首一卷　(清)程
允升撰　(清)鄒聖脈增補　清末浙紹奎照樓
石印本　一冊　存一卷(首)

330000－1716－0019999　普叢 0131－2/
19999　類叢部/叢書類/彙編之屬
借月山房彙鈔十六集一百三十九種　(清)張
海鵬編　清嘉慶十一年至十七年(1806－
1812)虞山張氏刻增修本　九冊　存十三種

330000－1716－0020004　史補 0148/20004
子部/雜著類/雜考之屬
日知錄集釋三十二卷刊誤二卷續刊誤二卷
(清)黃汝成撰　清同治八年(1869)廣州述古
堂刻本　二冊　存三卷(一、四至五)

330000－1716－0020009　地獻 1369－21/
20009　子部/儒家類/儒學之屬/蒙學
紹興奎照樓新增繪圖幼學故事瓊林四卷首一
卷　(清)程允升撰　(清)鄒聖脈增補　清宣
統三年(1911)浙紹奎照樓石印本　一冊　存
一卷(首)

330000－1716－0020010　地獻 1369－22/
20010　子部/儒家類/儒學之屬/蒙學

蛟川文選樓重校新增繪圖幼學故事瓊林四卷首一卷 （清）程允升撰 （清）鄒聖脈增補 清光緒三十一年(1905)浙紹墨潤堂石印本 一冊 存一卷(首)

330000－1716－0020012 地獻 1369－23/20012 子部/儒家類/儒學之屬/蒙學

新增繪圖幼學故事瓊林四卷首一卷 （清）程允升撰 （清）鄒聖脈增補 清光緒三十一年(1905)浙紹奎照樓石印本 一冊 存一卷(首)

330000－1716－0020013 地獻 1369－24/20013 子部/儒家類/儒學之屬/蒙學

新增繪圖幼學故事瓊林四卷首一卷 （清）程允升撰 （清）鄒聖脈增補 清末浙紹奎照樓石印本 一冊 存一卷(四)

330000－1716－0020014 子補 0201－1/20014 子部/醫家類/方書之屬/單方驗方

葉種德堂丸散膏丹全錄一卷 （清）葉種德堂主人輯 清光緒十三年(1887)葉種德堂刻本 一冊

330000－1716－0020017 普叢 0089/20017 類叢部/叢書類/彙編之屬

說鈴前集三十七種後集十六種 （清）吳震方編 清嘉慶四年(1799)刻本 二冊 存九種

330000－1716－0020018 子補 0201－2/20018 子部/醫家類/方書之屬/單方驗方

葉種德堂丹丸全錄一卷 （清）葉種德堂主人輯 清同治五年(1866)葉種德堂刻本 一冊

330000－1716－0020022 子補 0201－3/20022 子部/醫家類/方書之屬/單方驗方

葉種德堂丹丸全錄一卷 （清）葉種德堂主人輯 清同治五年(1866)葉種德堂刻本 一冊

330000－1716－0020024 新補 0011/20024 新學/雜著/叢編

新學大叢書一百二十卷 清光緒二十九年(1903)上海積山喬記書局石印本 三十一冊 缺四卷(二十九至三十二)

330000－1716－0020025 子補 0201－4/

20025 子部/醫家類/方書之屬/成方藥目

萬承志堂丸散膏丹全集不分卷 （清）萬承志堂編 清光緒十一年(1885)杭州萬承志堂刻本 一冊

330000－1716－0020029 普叢 0090/20029 類叢部/叢書類/彙編之屬

說鈴前集三十七種後集十六種 （清）吳震方編 清刻本 一冊 存二種

330000－1716－0020030 子補 0201－5/20030 子部/醫家類/方書之屬/成方藥目

萬承志堂丸散膏丹全集不分卷 （清）萬承志堂編 清光緒十一年(1885)杭州萬承志堂刻本 一冊

330000－1716－0020031 子補 0081－16/20031 子部/儒家類/儒學之屬/蒙學

重校新增繪圖幼學故事瓊林四卷首一卷 （清）程允升撰 （清）鄒聖脈增補 清末石印本 一冊

330000－1716－0020037 子補 0201－6/20037 子部/醫家類/方書之屬/成方藥目

胡慶餘堂丸散膏丹全集不分卷 （清）胡光墉編 清光緒三年(1877)杭州胡慶餘堂刻本 一冊

330000－1716－0020038 子補 0201－7/20038 子部/醫家類/方書之屬/成方藥目

胡慶餘堂丸散膏丹全集不分卷續增一卷 （清）胡光墉編 清光緒三年(1877)杭州胡慶餘堂刻本 一冊

330000－1716－0020040 普叢 0278－1/20040 類叢部/叢書類/自著之屬

曾文正公四種 （清）曾國藩撰 清光緒三十一年(1905)商務印書館鉛印本 六冊 缺四卷(家書一至二、七至八)

330000－1716－0020041 子補 0201－8/20041 子部/醫家類/方書之屬/成方藥目

胡慶餘堂丸散膏丹全集不分卷 （清）胡光墉編 清光緒三年(1877)杭州胡慶餘堂刻本 一冊

330000 – 1716 – 0020042 　子補 0201 – 9/
20042 　子部/醫家類/方書之屬/成方藥目
胡慶餘堂丸散膏丹全集不分卷續增一卷
（清）胡光墉編　清光緒三年(1877)杭州胡慶
餘堂刻本　一冊

330000 – 1716 – 0020044 　子補 0201 – 10/
20044 　子部/醫家類/方書之屬/成方藥目
胡慶餘堂丸散膏丹全集不分卷續增一卷
（清）胡光墉編　清光緒三年(1877)杭州胡慶
餘堂刻本　一冊

330000 – 1716 – 0020045 　普叢 0278 – 3/
20045 　類叢部/叢書類/自著之屬
曾文正公四種　（清）曾國藩撰　清光緒三十
一年(1905)商務印書館鉛印本　八冊

330000 – 1716 – 0020046 　子補 0081 – 18/
20046 　子部/儒家類/儒學之屬/蒙學
上海鴻寶齋書局精校新增繪圖幼學故事瓊林
四卷首一卷　（清）程允升撰　（清）鄒聖脈增
補　清光緒三十年(1904)上海鴻寶齋石印本
周光炎題簽　五冊

330000 – 1716 – 0020048 　子補 0081 – 17/
20048 　子部/儒家類/儒學之屬/蒙學
新增繪圖幼學故事瓊林四卷首一卷　（清）程
允升撰　（清）鄒聖脈增補　清光緒三十年
(1904)上海鴻寶齋石印本　四冊

330000 – 1716 – 0020049 　普叢 0278 – 4/
20049 　類叢部/叢書類/自著之屬
曾文正公四種　（清）曾國藩撰　清光緒三十
一年(1905)商務印書館鉛印本　六冊　缺四
卷(家書七至十)

330000 – 1716 – 0020050 　普叢 0278 – 2/
20050 　類叢部/叢書類/自著之屬
曾文正公四種　（清）曾國藩撰　清光緒三十
二年(1906)商務印書館鉛印本　四冊　存
二種

330000 – 1716 – 0020051 　子補 0081 – 19/
20051 　子部/儒家類/儒學之屬/蒙學
上海鴻寶齋書局精校新增繪圖幼學故事瓊林
四卷首一卷　（清）程允升撰　（清）鄒聖脈增
補　清光緒三十年(1904)上海鴻寶齋石印本
五冊

330000 – 1716 – 0020054 　地獻 1383/20054
子部/醫家類/方書之屬/單方驗方
幾希録一卷集古方一卷　（清）瑞五堂主人輯
　幾希録續刻一卷附集經驗諸方一卷　（清）
金縷輯　清光緒十四年(1888)會稽徐維熊刻
本　二冊　存二卷(幾希録、續刻)

330000 – 1716 – 0020056 　子補 0081 – 20/
20056 　子部/儒家類/儒學之屬/蒙學
上海鴻寶齋書局精校新增繪圖幼學故事瓊林
四卷首一卷　（清）程允升撰　（清）鄒聖脈增
補　清光緒三十年(1904)上海鴻寶齋石印本
二冊

330000 – 1716 – 0020057 　地獻 1384/20057
子部/醫家類/婦科之屬
女科輯要八卷附單養賢胎產全書一卷　（清）
周紀常撰　清同治四年(1865)浙紹奎照樓刻
本　三冊　存五卷(一至二、七至八,單養賢
胎產全書)

330000 – 1716 – 0020058 　子補 0081 – 21/
20058 　子部/儒家類/儒學之屬/蒙學
上海鴻寶齋書局精校新增繪圖幼學故事瓊林
四卷首一卷　（清）程允升撰　（清）鄒聖脈增
補　清光緒三十年(1904)上海鴻寶齋石印本
一冊

330000 – 1716 – 0020060 　子補 0081 – 22/
20060 　子部/儒家類/儒學之屬/蒙學
上海鴻寶齋書局精校新增繪圖幼學故事瓊林
四卷首一卷　（清）程允升撰　（清）鄒聖脈增
補　清光緒三十年(1904)上海鴻寶齋石印本
五冊

330000 – 1716 – 0020061 　經補 0073/20061
經部/小學類/文字之屬/字書/字體
六書通十卷　（明）閔齊伋撰　（清）畢弘述篆
訂　清末石印本　三冊　存六卷(三至六、九
至十)

330000－1716－0020062　　地獻 1385－1/
20062　　經部/易類/傳說之屬

易經增訂旁訓三卷首一卷　（清）徐立綱旁訓
清浙紹奎照樓刻本　二冊

330000－1716－0020063　　地獻 1386/20063
經部/叢編

五經旁訓辨體合訂　（清）徐立綱旁訓　清乾
隆五十四年（1789）懋德堂刻本　一冊　存二
卷（詩經一至二）

330000－1716－0020066　　地獻 1387－1/
20066　　經部/叢編

五經旁訓辨體合訂　（清）徐立綱旁訓　清乾
隆五十四年（1789）上虞徐氏循陔堂刻本　一
冊　存二卷（詩經三至四）

330000－1716－0020072　　地獻 1389/20072
集部/別集類

題名錄一卷附樂器題名一卷題名聯語一卷
何鏞撰　清光緒二十年（1894）刻本　一冊

330000－1716－0020074　　地獻 1390/20074
史部/金石類/石之屬

陸厝晉古錄　羅振玉輯　清光緒二十九年
（1903）上虞羅氏石印本　一冊　存一種

330000－1716－0020077　　集補 0009/20077
集部/總集類/選集之屬/斷代

唐四家詩集二十八卷　清光緒十年（1884）上
海同文書局石印本　八冊

330000－1716－0020078　　經補 0077－2/
20078　　經部/小學類/文字之屬/字書/字體

集篆四種　吳受福編　清光緒石印本　一冊

330000－1716－0020079　　地獻 1392－1/
20079　　子部/醫家類/綜合之屬/合刻、合抄

景岳全書六十四卷　（明）張介賓撰　清刻本
清賢瀛題簽　三冊　存七卷（一至五、四十
九至五十）

330000－1716－0020082　　子補 0201－11/
20082　　子部/醫家類/方書之屬/成方藥目

胡慶餘堂丸散膏丹全集不分卷　（清）胡光墉
編　清光緒三年（1877）杭州胡慶餘堂刻本

邵益民題記　一冊

330000－1716－0020083　　子補 0201－12/
20083　　子部/醫家類/方書之屬/成方藥目

胡慶餘堂丸散膏丹全集不分卷　（清）胡光墉
編　清光緒三年（1877）杭州胡慶餘堂刻本
一冊

330000－1716－0020087　　子補 0201－13/
20087　　子部/醫家類/方書之屬/成方藥目

胡慶餘堂丸散膏丹全集不分卷　（清）胡光墉
編　清光緒三年（1877）杭州胡慶餘堂刻本
一冊

330000－1716－0020088　　子補 0201－14/
20088　　子部/醫家類/方書之屬/成方藥目

胡慶餘堂丸散膏丹全集不分卷續增一卷
（清）胡光墉編　清光緒三年（1877）杭州胡慶
餘堂刻本　一冊

330000－1716－0020091　　子補 0519－14/
20091　　子部/宗教類/道教之屬/戒律

暗室燈二卷　（清）深山居士輯　清刻本　一
冊　缺一卷（一）

330000－1716－0020092　　經補 0080/20092
經部/小學類/文字之屬/說文

說文解字注十五卷附六書音韻表五卷　（清）
段玉裁撰　**說文通檢十四卷首一卷末一卷**
（清）黎永椿編　**說文解字注匡謬八卷**　（清）
徐承慶撰　清光緒十五年（1889）上海點石齋
石印本　二冊　存十五卷（一至六、十二至十
五,音韻表一至五）

330000－1716－0020094　　子補 0202－2/
20094　　子部/醫家類/類編之屬

南雅堂醫書全集十六種　（清）陳念祖撰　清
光緒三年（1877）漁古山房刻本　十六冊　存
九種

330000－1716－0020095　　子補 0081－23/
20095　　子部/儒家類/儒學之屬/蒙學

**上海鴻寶齋書局精校新增繪圖幼學故事瓊林
四卷首一卷**　（清）程允升撰　（清）鄒聖脈增
補　清光緒三十年（1904）上海鴻寶齋石印本

陳公白題簽　三册

330000 – 1716 – 0020097　子補 0081 – 24/
20097　子部/儒家類/儒學之屬/蒙學
上海鴻寶齋書局精校新增繪圖幼學故事瓊林
四卷首一卷　（清）程允升撰　（清）鄒聖脈增
補　清光緒三十年(1904)上海鴻寶齋石印本
一册

330000 – 1716 – 0020099　經補 0083/20099
經部/小學類/文字之屬/字書/字典
譌字彙考十二卷續考一卷　（清）時桐村校訂
清嘉慶刻本　一册

330000 – 1716 – 0020100　普叢 0280 – /20100
類叢部/叢書類/自著之屬
曾文正公四種　（清）曾國藩撰　清著易堂鉛
印本　一册　存一種

330000 – 1716 – 0020104　子補 0081 – 28/
20104　子部/儒家類/儒學之屬/蒙學
新增繪圖幼學故事瓊林四卷首一卷　（清）程
允升撰　（清）鄒聖脈增補　清末上海鴻寶齋
石印本　二册　存二卷(三、首)

330000 – 1716 – 0020105　普叢 0282 – 3/
20105　類叢部/叢書類/自著之屬
曾文正公四種　（清）曾國藩撰　清鴻寶南局
鉛印本　二册　存二種

330000 – 1716 – 0020108　經補 0082/20108
經部/小學類/文字之屬/字書/字體
篆字彙十二卷　（清）佟世男編　清刻本　一
册　存一卷(酉集)

330000 – 1716 – 0020109　新補 0012/20109
史部/政書類
政藝叢書甲辰全書十六種　鄧實編　清光緒
三十年(1904)政藝通報館鉛印本　二册　存
二種

330000 – 1716 – 0020110　經補 0084/20110
經部/小學類/文字之屬/字書/字典
字彙十二集首一卷末一卷　（明）梅膺祚撰
清刻本　八册　缺六卷(子集、申集、酉集、戌
集,首,末）

330000 – 1716 – 0020111　子補 0081 – 29/
20111　子部/儒家類/儒學之屬/蒙學
新增繪圖幼學故事瓊林四卷首一卷　（清）程
允升撰　（清）鄒聖脈增補　清末上海鴻寶齋
石印本　二册　存二卷(三、首)

330000 – 1716 – 0020113　子補 0081 – 30/
20113　子部/儒家類/儒學之屬/蒙學
新增繪圖幼學故事瓊林四卷首一卷　（清）程
允升撰　（清）鄒聖脈增補　清光緒三十年
(1904)上海鴻寶齋石印本　一册　存一卷
（首）

330000 – 1716 – 0020114　經補 0085/20114
經部/小學類/文字之屬/字書/字體
篆字彙十二卷　（清）佟世男編　清康熙三十
年(1691)多山堂刻本　六册

330000 – 1716 – 0020115　子補 0081 – 31/
20115　子部/儒家類/儒學之屬/蒙學
新增繪圖幼學故事瓊林四卷首一卷　（清）程
允升撰　（清）鄒聖脈增補　清光緒三十年
(1904)上海鴻寶齋石印本　一册　存一卷
（首）

330000 – 1716 – 0020117　新補 0013/20117
史部/政書類
政藝叢書丙午全書十五種　鄧實編　清光緒
三十二年(1906)政藝通報館鉛印本　四册
存四種

330000 – 1716 – 0020118　集補 0007 – 54/
20118　集部/小說類/長篇之屬
第五才子書水滸傳七十五卷七十回　（元）施
耐庵撰　（清）金人瑞評　清芥子園刻本　一
册　存一卷(六十六)

330000 – 1716 – 0020120　子補 0202 – 3/
20120　子部/醫家類/類編之屬
南雅堂醫書全集十六種　（清）陳念祖撰　清
刻本　三册　存三種

330000 – 1716 – 0020123　地獻 1394/20123
子部/宗教類/道教之屬/雜著
玉歷鈔傳不分卷附經驗良方一卷　清光緒十

六年(1890)古越悔過山人刻本　一冊

330000－1716－0020126　新補0014/20126
史部/政書類

政藝叢書壬寅全書二十一種　鄧實編　清光緒二十九年(1903)政藝通報館石印本　十二冊

330000－1716－0020127　地獻1396/20127
類叢部/叢書類/自著之屬

黃梨洲遺書十種　(清)黃宗羲撰　清光緒三十一年(1905)杭州群學社石印本　六冊

330000－1716－0020128　子補0202－6/20128　子部/醫家類/類編之屬

陳修園醫書四十八種　(清)陳念祖等撰　清末上海廣益書局石印本　二十四冊　存四十六種

330000－1716－0020132　普叢0097－2/20132　類叢部/叢書類/彙編之屬

知不足齋叢書一百九十六種　(清)鮑廷博編　(清)鮑士恭續編　清乾隆三十七年至道光三年(1772－1823)長塘鮑氏刻彙印本　一冊　存二種

330000－1716－0020133　經補0086/20133
經部/小學類/文字之屬/字書/字典

字彙十二集首一卷末一卷韻法直圖一卷　(明)梅膺祚撰　**韻法橫圖一卷**　(明)李世澤撰　清乾隆七年(1742)刻同治七年(1868)滬城文正堂補刻本　十三冊　缺一卷(午集)

330000－1716－0020135　地獻1397－1/20135　子部/醫家類/醫案之屬

古今醫案按選四卷　(清)俞震輯　(清)王士雄選　清光緒三十年(1904)會稽董氏取斯堂刻本　清紹虞題記　二冊

330000－1716－0020136　經補0087/20136
經部/小學類/文字之屬/字書

字學舉隅不分卷　(清)黃本驥　(清)龍啟瑞撰　清光緒六年(1880)刻本　一冊

330000－1716－0020137　子補0081－34/20137　子部/儒家類/儒學之屬/蒙學

上海千頃堂書莊精校新增繪圖幼學故事瓊林四卷首一卷　(清)程允升撰　(清)鄒聖脈增補　清光緒二十六年(1900)上海千頃堂書莊石印本　一冊

330000－1716－0020139　地獻1290－2/20139　子部/醫家類/婦科之屬

竹林女科證治四卷　(清)竹林寺僧撰　清末鉛印本　一冊　存一卷(一)

330000－1716－0020140　子補0081－35/20140　子部/儒家類/儒學之屬/蒙學

上海千頃堂書莊精校新增繪圖幼學故事瓊林四卷首一卷　(清)程允升撰　(清)鄒聖脈增補　清光緒二十六年(1900)上海千頃堂書莊石印本　一冊

330000－1716－0020143　子補0081－37/20143　子部/儒家類/儒學之屬/蒙學

上海千頃堂書莊精校新增繪圖幼學故事瓊林四卷首一卷　(清)程允升撰　(清)鄒聖脈增補　清光緒二十六年(1900)上海千頃堂書莊石印本　二冊　存二卷(一至二)

330000－1716－0020144　經補0088/20144
經部/小學類/文字之屬/字書/字典

字彙十二集首一卷末一卷韻法直圖一卷　(明)梅膺祚撰　**韻法橫圖一卷**　(明)李世澤撰　清刻本　十一冊　缺四卷(子集、申集、首,末)

330000－1716－0020147　地獻1400/20147
子部/宗教類/道教之屬

關帝明聖真經一卷　清光緒二十年(1894)蕭山趙元順刻本　一冊

330000－1716－0020149　地獻1401/20149
史部/傳記類/總傳之屬/忠孝

增訂繪像日記故事不分卷　清浙紹墨潤堂刻本　一冊

330000－1716－0020152　集補0010－3/20152　集部/戲劇類/雜劇之屬

有懷堂繪像第六才子書八卷　(元)王實甫撰　清有懷堂刻本　一冊　存一卷(五)

330000－1716－0020155　　經補 0089/20155
經部/群經總義類/文字音義之屬

**十三經集字摹本不分卷分畫便查一卷韻有經
無各字摘録一卷**　（清）彭玉雯撰　清道光三
十年(1850)江右彭氏刻本　六冊　存一卷
（分畫便查）

330000－1716－0020156　　地獻 1376－3/
20156　史部/政書類/律令之屬/律例

大清律例增修統纂集成四十卷　（清）姚潤輯
　清刻本　清張卿憲注　九冊　存十八卷
（二至十一、十八至二十五）

330000－1716－0020157　　地獻 1376－4/
20157　史部/政書類/律令之屬/律例

大清律例增修統纂集成四十卷　（清）姚潤輯
　清刻本　一冊　存二卷(十六至十七)

330000－1716－0020159　　新補 0015/20159
史部/政書類

政藝叢書癸卯全書十六種　鄧實編　清光緒
二十九年(1903)政藝通報館石印本　六冊
存六種

330000－1716－0020169　　子補 0081－41/
20169　　子部/儒家類/儒學之屬/蒙學

寄傲山房塾課新增幼學故事瓊林四卷首一卷
　（清）程允升撰　（清）鄒聖脈增補　清光緒
三十年(1904)鉛印本　三冊　缺一卷(三)

330000－1716－0020170　　經補 0090/20170
經部/小學類/文字之屬/字書/字典

字彙十二集首一卷末一卷　　（明）梅膺祚撰
清刻本　一冊　存一卷(未集)

330000－1716－0020171　　子補 0081－42/
20171　　子部/儒家類/儒學之屬/蒙學

寄傲山房塾課新增幼學故事瓊林四卷首一卷
　（清）程允升撰　（清）鄒聖脈增補　清光緒
三十年(1904)鉛印本　一冊　存二卷(一、
首）

330000－1716－0020173　　地獻 1369－25/
20173　　子部/儒家類/儒學之屬/蒙學

浙紹蟲城軒新增繪圖幼學故事瓊林四卷首一

卷　（清）程允升撰　（清）鄒聖脈增補　清光
緒二十年(1894)石印本　三冊　缺二卷(一、
四）

330000－1716－0020176　　地獻 1369－26/
20176　　子部/儒家類/儒學之屬/蒙學

**浙紹蟲城軒新增繪圖幼學故事瓊林四卷首一
卷**　（清）程允升撰　（清）鄒聖脈增補　清光
緒二十年(1894)石印本　四冊

330000－1716－0020178　　普叢 0283－3/
20178　　類叢部/叢書類/自著之屬

曾文正公四種　（清）曾國藩撰　清光緒十三
年(1887)鴻文書局鉛印本　二冊　存二種

330000－1716－0020181　　集補 0010－9/
20181　集部/戲劇類/雜劇之屬

增像第六才子書四卷　（元）王實甫　（元）關
漢卿撰　（清）金人瑞評　清光緒十三年
(1887)石印本　一冊　存一卷(一)

330000－1716－0020182　　古越 0735/20182
新學/醫學/内科

**内科理法前編六卷後編總病六卷專病十卷附
一卷**　（英國）虎伯撰　（英國）茹合　（英
國）哈來參訂　舒高第口譯　（清）趙元益筆
述　清光緒江南製造局刻本　六冊　存十二
卷(前編一至六、後編總病一至六)

330000－1716－0020184　　經補 0091/20184
子部/藝術類/書畫之屬/法帖

草字彙十二卷　（清）石梁輯　清刻本　四冊
　存八卷(一至二、五至八、十一至十二)

330000－1716－0020185　　普叢 0316－3/
20185　　類叢部/叢書類/彙編之屬

埽葉山房叢鈔二十六種　（清）席威編　清同
治至光緒刻光緒九年(1883)彙印本　一冊
存一種

330000－1716－0020187　　經補 0092/20187
子部/藝術類/書畫之屬/法帖

草字彙十二卷　　（清）石梁輯　清刻本　二冊
　存四卷(一至二、七至八)

330000－1716－0020189　　地獻 1406－1/

20189　子部/醫家類/醫案之屬

重慶堂隨筆二卷　(清)王學權撰　(清)王國祥注　清光緒三十一年(1905)浙紹奎照樓石印本　一冊

330000－1716－0020190　集補0010－10/20190　集部/戲劇類/雜劇之屬

增像第六才子書四卷　(元)王實甫　(元)關漢卿撰　(清)金人瑞評　清末石印本　二冊　存二卷(三至四)

330000－1716－0020191　地獻1406－2/20191　子部/醫家類/醫案之屬

重慶堂隨筆二卷　(清)王學權撰　(清)王國祥注　清光緒三十一年(1905)浙紹奎照樓石印本　二冊

330000－1716－0020192　經補0093/20192　經部/小學類/文字之屬/字書/字典

字彙十二集首一卷末一卷　(明)梅膺祚撰　清刻本　三冊　存三卷(丑集、巳集、未集)

330000－1716－0020193　普叢0281－1/20193　類叢部/叢書類/自著之屬

曾文正公全集十五種　(清)曾國藩撰　清光緒上海申報館鉛印本　四冊　存二種

330000－1716－0020194　普叢0116－2/20194　類叢部/叢書類/彙編之屬

藝苑捃華四十八種　(清)顧之逵編　清務本堂刻本　清袁梅卿題記　二十四冊

330000－1716－0020195　經補0094/20195　經部/小學類/文字之屬/字書/字典

字彙十二集首一卷末一卷　(明)梅膺祚撰　清刻本　七冊　存七卷(子集、卯集、辰集、午集、申集、酉集、戌集)

330000－1716－0020196　集補0010－13/20196　集部/戲劇類/雜劇之屬

第六才子書八卷　(元)王實甫　(元)關漢卿撰　(清)金人瑞評　清刻本　二冊　存二卷(四至五)

330000－1716－0020197　普叢0282－2/20197　類叢部/叢書類/自著之屬

曾文正公四種　(清)曾國藩撰　清鴻寶南局鉛印本　四冊　存一種

330000－1716－0020198　集補0010－14/20198　集部/戲劇類/雜劇之屬

增像第六才子書五卷首一卷　(元)王實甫　(元)關漢卿撰　(清)金人瑞評　清光緒十六年(1890)上海書局石印本　五冊　存五卷(一至四、首)

330000－1716－0020199　普叢0280－2/20199　類叢部/叢書類/自著之屬

曾文正公四種　(清)曾國藩撰　清著易堂鉛印本　五冊　存一種

330000－1716－0020201　經補0095/20201　經部/小學類/文字之屬/說文

說文字原一卷　(漢)許慎撰　(宋)徐鉉切音　清乾隆四十四年(1779)嘉善福禮堂刻本　一冊

330000－1716－0020202　子補0204/20202　子部/醫家類/類編之屬

徐氏醫書八種　(清)徐大椿撰　清光緒著易堂書局鉛印本　四冊　存七種

330000－1716－0020203　集補0010－15/20203　集部/戲劇類/雜劇之屬

雲林別墅繪像妥注第六才子書六卷首一卷　(元)王實甫撰　(明)李贄評點　(清)金人瑞評　(清)鄒聖脈妥注　清同治十二年(1873)刻本　遠香氏題簽　六冊

330000－1716－0020205　普類0080/20205　類叢部/類書類/通類之屬

事類賦三十卷　(宋)吳淑撰並注　**廣事類賦四十卷**　(清)華希閔撰　清錦雲閣刻本　袁壽鵬題簽　十六冊

330000－1716－0020209　普類0081/20209　類叢部/類書類/通類之屬

續廣事類賦三十三卷　(清)王鳳喈撰並注　清浙省三益堂刻本　袁壽鵬題簽　十六冊

330000－1716－0020212　集補0010－17/20212　集部/戲劇類/雜劇之屬

增補箋注第六才子西廂釋解□□卷　（元）王實甫　（元）關漢卿撰　清刻本　二冊　存二卷（四至五）

330000－1716－0020218　子補 0207/20218　子部/醫家類/綜合之屬/通論

醫說十卷　（宋）張杲撰　續醫說十卷　（明）俞弁撰　清宣統三年(1911)上海文明書局鉛印本　一冊　存二卷（三至四）

330000－1716－0020219　地獻 1409/20219　集部/別集類/唐五代別集

溫飛卿詩集七卷別集一卷集外詩一卷附錄諸家詩評一卷　（唐）溫庭筠撰　（明）曾益注　（清）顧予咸補注　（清）顧嗣立續注　清光緒八年(1882)泉唐汪氏萬軸山房刻本　二冊

330000－1716－0020221　集補 0010－18/20221　集部/戲劇類/雜劇之屬

增像第六才子書六卷　（元）王實甫　（元）關漢卿撰　（清）金人瑞評　清光緒二十七年(1901)上海書局石印本　二冊

330000－1716－0020222　普叢 0279－2/20222　類叢部/叢書類/自著之屬

曾文正公四種　（清）曾國藩撰　清光緒十九年(1893)上海圖書集成印書局鉛印本　七冊　存三種

330000－1716－0020223　普叢 0283－1/20223　類叢部/叢書類/自著之屬

曾文正公四種　（清）曾國藩撰　清光緒十三年(1887)鴻文書局鉛印本　七冊　存三種

330000－1716－0020226　集補 0010－19/20226　集部/曲類/彈詞之屬

何必西廂三十七卷　（清）心鐵道人撰　清刻本　三冊　存七卷（八至九、十二至十六）

330000－1716－0020227　普叢 0283－2/20227　類叢部/叢書類/自著之屬

曾文正公四種　（清）曾國藩撰　清光緒十三年(1887)鴻文書局鉛印本　四冊　存二種

330000－1716－0020228　地獻 1411/20228　集部/別集類/明別集

周文忠公集七卷首一卷附錄一卷　（明）周鳳翔撰　清嘉慶十八年(1813)山陰周源刻本　一冊　存五卷（一至四、首）

330000－1716－0020229　子補 0209/20229　子部/醫家類/類編之屬

潛齋醫書五種　（清）王士雄撰　清光緒二十二年(1896)上海圖書集成局鉛印本　一冊　存一種

330000－1716－0020230　子補 0210/20230　子部/醫家類/外科之屬/外科方

外科正宗十二卷附錄一卷　（明）陳實功撰　（清）徐大椿評　清光緒十九年(1893)上海圖書集成印書局鉛印本　一冊　存三卷（一至三）

330000－1716－0020231　普叢 0279－1/20231　類叢部/叢書類/自著之屬

曾文正公四種　（清）曾國藩撰　清光緒十九年(1893)上海圖書集成印書局鉛印本　九冊

330000－1716－0020232　經補 0096/20232　經部/四書類/總義之屬/傳說

四書人物考訂補四十卷　（明）薛應旂撰　（明）朱焯注釋　（明）許胥臣訂補　明天啟七年(1627)刻本　二冊　存十八卷（一至八、十六至二十五）

330000－1716－0020233　集補 0010－20/20233　集部/戲劇類/雜劇之屬

箋注繪像第六才子西廂釋解八卷　（元）王實甫　（元）關漢卿撰　（清）金人瑞　（清）陳同　（清）談則　（清）錢宜評點　清刻本　一冊　存一卷（六）

330000－1716－0020234　子補 0081－55/20234　子部/儒家類/儒學之屬/蒙學

浙寧汲綆齋新增繪圖幼學故事瓊林四卷首一卷　（清）程允升撰　（清）鄒聖脈增補　清光緒二十四年(1898)浙寧汲綆齋鉛印本　五冊

330000－1716－0020235　地獻 1412/20235　史部/史抄類

諸史蒙求歌略一卷群經蒙求歌略一卷　（清）

黃之焱編　清光緒三十三年(1907)河南學務公所鉛印本　二冊

330000－1716－0020236　子補0081－56/20236　子/儒家類/儒學之屬/蒙學

浙寧汲綆齋新增繪圖幼學故事瓊林四卷首一卷　(清)程允升撰　(清)鄒聖脈增補　清光緒二十四年(1898)浙寧汲綆齋鉛印本　二冊　存三卷(二、四,首)

330000－1716－0020237　經補0097/20237　經部/小學類/文字之屬/字書/字典

字彙十二集首一卷末一卷韻法直圖一卷　(明)梅膺祚撰　**韻法橫圖一卷**　(明)李世澤撰　明萬曆四十三年(1615)敦化堂刻本　十二冊　缺二卷(未集、戌集)

330000－1716－0020238　子補0081－57/20238　子部/儒家類/儒學之屬/蒙學

浙寧汲綆齋新增繪圖幼學故事瓊林四卷首一卷　(清)程允升撰　(清)鄒聖脈增補　清光緒二十四年(1898)浙寧汲綆齋鉛印本　一冊　存一卷(首)

330000－1716－0020239　集補0010－21/20239　集部/戲劇類/雜劇之屬

雲林別墅繪像妥注第六才子書六卷　(元)王實甫撰　(明)李贄評點　(清)金人瑞評　(清)鄒聖脈妥注　清三讓堂刻本　三冊　存四卷(二、四至六)

330000－1716－0020240　地獻1414/20240　集部/別集類/清別集

通雅堂詩鈔箋注十卷首一卷續集箋注二卷附薑露盦詩話一卷　(清)施山撰　施烺箋注　清光緒石印本　三冊　缺四卷(詩鈔箋注四至七)

330000－1716－0020242　普叢0124－1/20242　類叢部/叢書類/彙編之屬

秘書廿一種　(清)汪士漢編　清嘉慶三年(1798)菁華書屋刻本　十一冊　存十六種

330000－1716－0020243　普叢0440－3/20243　類叢部/叢書類/自著之屬

隨園三十種　(清)袁枚撰　清乾隆至嘉慶刻本　三冊　存一種

330000－1716－0020244　地獻1415/20244　史部/史評類/詠史之屬

讀史百詠不分卷　(清)范澍撰　清刻本　一冊

330000－1716－0020245　地獻1416－1/20245　經部/小學類/文字之屬/字書/訓蒙

繪圖四千字文一卷　(清)□□編　清光緒三十二年(1906)浙紹奎照樓石印本　一冊

330000－1716－0020246　子補0213/20246　子部/醫家類/類編之屬

張氏醫書七種　(清)張璐等撰　清光緒二十年(1894)上海圖書集成印書局鉛印本　二冊　存二種

330000－1716－0020247　地獻1416－2/20247　經部/小學類/文字之屬/字書/訓蒙

繪圖四千字文一卷　(清)□□編　清光緒三十一年(1905)浙紹奎照樓石印本　一冊

330000－1716－0020248　地獻1417/20248　集部/戲劇類/傳奇之屬

賢賢堂芙蓉樓傳奇二卷五十齣　(清)張衢撰　清刻本　一冊　存一卷(一)

330000－1716－0020249　集補0010－22/20249　集部/戲劇類/雜劇之屬

雲林別墅繪像妥注第六才子書六卷　(元)王實甫撰　(明)李贄評點　(清)金人瑞評　(清)鄒聖脈妥注　清刻本　四冊　存四卷(一至三、五)

330000－1716－0020250　子補0214－1/20250　子部/醫家類/喉科口齒之屬/白喉

洞主仙師白喉治法忌表抉微一卷　(清)耐修子輯並注　清光緒三十年(1904)鉛印本　一冊

330000－1716－0020251　地獻1418/20251　集部/別集類/清別集

鷗堂詩三卷遺稿三卷　(清)馬廣良撰　清光緒五年(1879)、十五年(1889)會稽馬氏刻本

二册

330000－1716－0020252　　子補 0214－2/
20252　子部/醫家類/喉科口齒之屬/白喉

洞主仙師白喉治法忌表抉微一卷　（清）耐修
子輯並注　清光緒三十年（1904）鉛印本
一冊

330000－1716－0020254　　子補 0214－3/
20254　子部/醫家類/喉科口齒之屬/白喉

洞主仙師白喉治法忌表抉微一卷　（清）耐修
子輯並注　清光緒三十年（1904）鉛印本
一冊

330000－1716－0020255　　子補 0214－4/
20255　子部/醫家類/喉科口齒之屬/白喉

白喉全生集一卷附錄一卷　（清）李紀方撰
清末鉛印本　一冊

330000－1716－0020256　　地獻 1419－2/
20256　經部/禮記類/傳說之屬

禮記集說十卷　（元）陳澔撰　清光緒十一年
（1885）會稽徐氏八杉齋融經館刻本　九冊
缺一卷（四）

330000－1716－0020258　子補 0215/20258
子部/醫家類/本草之屬/歷代綜合本草

本草綱目五十二卷附圖三卷瀕湖脈學一卷奇
經八脈攷一卷脈訣攷證一卷　（明）李時珍撰
　本草萬方鍼線八卷　（清）蔡烈先輯　本草
綱目拾遺十卷　（清）趙學敏輯　清光緒二十
年（1894）上海圖書集成印書局鉛印本　一冊
　存三卷（瀕湖脈學、奇經八脈攷、脈訣攷證）

330000－1716－0020259　地獻 1420/20259
類叢部/叢書類/彙編之屬

蓴園叢書十一種　（清）平步青編　清同治至
光緒山陰平氏安越堂刻本　一冊　存一種

330000－1716－0020266　　經補 0099/20266
經部/小學類/文字之屬/說文

說文解字注十五卷附六書音韻表五卷　（清）
段玉裁撰　說文部目分韻一卷　（清）陳奐編
　清光緒七年（1881）查燕緒木漸齋刻本　十
九冊　缺六卷（十二、十四至十五、二十七至

二十八、三十一）

330000－1716－0020270　　地獻 1422/20270
史部/傳記類/總傳之屬/姓名

史姓韻編六十四卷　（清）汪輝祖撰　清光緒
十年（1884）石印本　一冊　存四卷（一至四）

330000－1716－0020280　　地獻 1424/20280
集部/曲類/彈詞之屬

繡像校正文武香球八卷　清末石印本　一冊
　存一卷（六）

330000－1716－0020281　經補 0101/20281
經部/小學類/文字之屬/說文

說文解字注十五卷附六書音韻表五卷　（清）
段玉裁撰　說文部目分韻一卷　（清）陳奐編
　說文通檢十四卷首一卷末一卷　（清）黎永
椿編　說文解字注匡謬八卷　（清）徐承慶撰
　清光緒三十四年（1908）上海江左書林石印
本　七冊　缺三卷（一至三）

330000－1716－0020282　　地獻 1425－1/
20282　新學/醫學/衛生學

看護學問答初集四卷　紹興教育館編譯部編
譯　清光緒三十四年（1908）紹興教育館鉛印
本　一冊

330000－1716－0020285　　子補 4070－45/
20285　子部/醫家類/本草之屬/歷代綜合
本草

本草綱目五十二卷附圖二卷　（明）李時珍撰
　本草萬方鍼線八卷　（清）蔡烈先輯　清芥
子園刻本　一冊　存二卷（萬方鍼線四至五）

330000－1716－0020292　　地獻 1429/20292
集部/總集類/題詠之屬

梅嶺課子圖題辭七卷　（清）傅振海編錄　清
光緒刻本　一冊　存六卷（一至六）

330000－1716－0020299　　經補 0102/20299
經部/小學類/文字之屬/說文/傳說

段氏說文注訂八卷　（清）鈕樹玉撰　清同治
十三年（1874）湖北崇文書局刻本　二冊

330000－1716－0020301　　地獻 1369－27/
20301　子部/儒家類/儒學之屬/蒙學

235

浙紹蟲城軒新增繪圖幼學故事瓊林四卷首一卷　（清）程允升撰　（清）鄒聖脈增補　清光緒二十年(1894)石印本　三冊　存三卷(二至四)

330000－1716－0020304　地獻 1433/20304　集部/別集類/清別集

碧琅玕吟館試帖一卷　（清）錫齡撰　清同治十年(1871)培槐軒刻本　一冊

330000－1716－0020306　譜 0214/20306　史部/傳記類/總傳之屬/家乘

[浙江紹興]後邨周氏淵源録十三卷　（清）周源纂修　清道光十二年(1832)引碧齋刻本　一冊　存三卷(十一至十三)

330000－1716－0020308　普叢 0281－2/20308　類叢部/叢書類/自著之屬

曾文正公全集十五種　（清）曾國藩撰　清光緒上海申報館鉛印本　餘生題記　七冊　存二種

330000－1716－0020309　經補 0104/20309　經部/小學類/文字之屬/說文/傳說

說文解字句讀三十卷　（清）王筠撰　清刻本　一冊　存二卷(二至三)

330000－1716－0020310　集補 0011－3/20310　集部/小說類/長篇之屬

芥子園繪像第七才子書六卷　（元）高明撰　（清）毛綸評　清拾芥園刻本　五冊　存五卷(一、三至六)

330000－1716－0020312　子補 0509－1/20312　子部/宗教類/道教之屬/雜著

玉歷鈔傳警世不分卷附經驗神效良方一卷　清光緒十四年(1888)蘇省掃葉山房刻本　一冊

330000－1716－0020313　普叢 0250－1/20313　類叢部/叢書類/自著之屬

曾文正公全集十五種　（清）曾國藩撰　清刻本　十二冊　存二種

330000－1716－0020314　集補 0011－4/20314　集部/小說類/長篇之屬

芥子園繪像第七才子書六卷　（元）高明撰　（清）毛綸評　清芥子園刻本　五冊　存五卷(二至六)

330000－1716－0020317　集補 0011－5/20317　集部/小說類/長篇之屬

義俠好逑傳四卷十八回　（清）名教中人編　（清）游方外客批評　清刻本　一冊　存一卷(二)

330000－1716－0020318　子補 0220/20318　子部/醫家類/外科之屬/通論

瘍醫大全四十卷　（清）顧世澄撰　清光緒二十七年(1901)上海圖書集成印書局鉛印本　三冊　存七卷(四至八、三十二至三十三)

330000－1716－0020319　集補 0011－7/20319　集部/小說類/長篇之屬

天花藏批評玉嬌梨四卷二十回　（清）荻岸散人編　清刻本　一冊　存一卷(二)

330000－1716－0020320　古越 0736/20320　新學/醫學/方書

醫方彙編四卷首一卷　（英國）偉倫忽塔撰　(英國)梅藤更口譯　（清）劉廷楨筆述　清光緒二十五年(1899)上海廣學會鉛印本　四冊　存四卷(一至二、四,首)

330000－1716－0020322　集補 0011－8/20322　集部/小說類/長篇之屬

新刻天花藏批評平山冷燕四卷二十回　（清）荻岸散人編　清清明堂刻本　一冊　存一卷(一)

330000－1716－0020323　子補 0081－63/20323　子部/儒家類/儒學之屬/蒙學

新增繪圖幼學故事瓊林四卷首一卷　（清）程允升撰　（清）鄒聖脈增補　清光緒三十一年(1905)蛟川文選樓石印本　清劉海珊題記　一冊　存一卷(首)

330000－1716－0020326　子補 0081－64/20326　子部/儒家類/儒學之屬/蒙學

新增繪圖幼學故事瓊林四卷首一卷　（清）程允升撰　（清）鄒聖脈增補　清光緒二十五年

（1899）石印本　徐張全題簽　一冊　存一卷
（首）

330000－1716－0020328　　子補 0509－2/
20328　子部/宗教類/道教之屬/雜著
玉歷鈔傳警世不分卷附經驗神效良方一卷
清光緒十二年（1886）瑪瑙經房刻本　一冊

330000－1716－0020329　子補 2661/20329
子部/宗教類/其他宗教之屬/基督教
遵主聖範四卷　（德國）篤瑪撰　（美國）柏亨
理譯　清光緒鉛印本　一冊

330000－1716－0020330　　子補 0224/20330
子部/醫家類/方書之屬/歷代方書
醫方集解二十三卷本草備要八卷　（清）汪昂
撰　清光緒十七年（1891）上洋珍藝局鉛印本
　二冊　存十一卷（醫方集解四至十四）

330000－1716－0020335　史補 0141/20335
史部/傳記類/別傳之屬/事狀
曾文正公大事記四卷　（清）王定安撰　清同
治十三年（1874）錢寶忠齋刻本　一冊　存一
卷（一）

330000－1716－0020336　　普 叢 0250－2/
20336　類叢部/叢書類/自著之屬
曾文正公全集十五種　（清）曾國藩撰　清刻
本　九冊　存二種

330000－1716－0020338　經補 0106/20338
經部/小學類/文字之屬/說文
說文解字注十五卷附六書音韻表五卷汲古閣
說文訂一卷　（清）段玉裁撰　說文部目分韻
一卷　（清）陳奐編　清同治十一年（1872）湖
北崇文書局刻本　六冊　缺十卷（一至十）

330000－1716－0020342　史補 0140/20342
史部/傳記類/別傳之屬
祭曾文正公[國藩]文不分卷　清刻本　一冊

330000－1716－0020343　經補 0107/20343
經部/小學類/文字之屬/說文
說文解字十五卷標目一卷　（漢）許慎撰
（宋）徐鉉等校定　清刻本　一冊　存二卷
（八至九）

330000－1716－0020345　地獻 1437/20345
經部/小學類/訓詁之屬/方言
越諺三卷越諺賸語二卷　（清）范寅撰　清光
緒谷應山房刻本　清壽鴻題簽　二冊　存二
卷（一至二）

330000－1716－0020346　地獻 1438/20346
類叢部/叢書類/郡邑之屬
越中文獻輯存書十種十八卷　紹興公報社輯
　清宣統二年至民國元年（1910－1912）紹興
公報社鉛印本　六冊　存八種

330000－1716－0020348　地獻 1696－2/
20348　子部/道家類
太微仙君純陽呂祖師功過格不分卷　清同治
六年（1867）紹興刻本　一冊

330000－1716－0020349　地獻 1440－1/
20349　集部/別集類/明別集
王陽明先生全集二十二卷首一卷　（明）王守
仁撰　（清）俞嶙輯　清康熙十二年（1673）餘
姚俞嶙刻本　四冊　存四卷（六至八、二十）

330000－1716－0020350　經補 0108/20350
經部/小學類/文字之屬/說文
說文解字十五卷標目一卷　（漢）許慎撰
（宋）徐鉉等校定　清乾隆三十八年（1773）大
興朱筠椒華吟舫刻本　一冊　存三卷（一至
二、標目）

330000－1716－0020352　子補 2590/20352
子部/宗教類/其他宗教之屬/基督教
舊約全書創世紀一卷　清光緒三十四年
（1908）鉛印本　一冊

330000－1716－0020357　地獻 1441/20357
子部/宗教類/道教之屬
道貫真源九種　（清）董德寧輯　清乾隆至嘉
慶古越集陽樓刻本　六冊　存一種

330000－1716－0020358　地獻 1442－1/
20358　史部/目錄類/專錄之屬
東西學書錄總敘二卷　沈桐生撰　清光緒二
十三年（1897）讀有用書齋刻本　二冊

330000－1716－0020359　地獻 1442－2/

20359　史部/目録類/專録之屬

東西學書録總敘二卷　沈桐生撰　清光緒二十三年(1897)讀有用書齋刻本　二冊

330000－1716－0020361　地獻 1442－3/20361　史部/目録類/專録之屬

東西學書録總敘二卷　沈桐生撰　清光緒二十三年(1897)讀有用書齋刻本　二冊

330000－1716－0020362　地獻 1443/20362　類叢部/叢書類/郡邑之屬

越中文獻輯存書十種十八卷　紹興公報社輯　清宣統二年至民國元年(1910－1912)紹興公報社鉛印本　五冊　存七種

330000－1716－0020364　地獻 1444/20364　子部/宗教類/道教之屬/雜著

玉歷鈔傳警世不分卷附經驗百方一卷　清同治刻本　一冊

330000－1716－0020366　地獻 1445/20366　類叢部/類書類/專類之屬

詩韻含英十八卷　(清)劉文蔚輯　清刻本　一冊　存五卷(一至五)

330000－1716－0020368　集補 0010－12/20368　集部/戲劇類/雜劇之屬

增像第六才子書五卷　(元)王實甫　(元)關漢卿撰　(清)金人瑞評　清末石印本　一冊　存一卷(五)

330000－1716－0020369　集補 0011－12/20369　集部/戲劇類/傳奇之屬

成裕堂繪像第七才子書六卷四十二齣　(元)高明撰　清成裕堂刻本　六冊

330000－1716－0020375　子補 0081－75/20375　子部/儒家類/儒學之屬/蒙學

寄傲山房塾課新增幼學故事瓊林四卷首一卷　(清)程允升撰　(清)鄒聖脈增補　清刻本　一冊　存一卷(二)

330000－1716－0020376　集補 1202/20376　集部/總集類/尺牘之屬

名賢手札八種　(清)郭慶藩輯　清光緒二十四年(1898)上海月記書局石印本　一冊　存

五卷(一至五)

330000－1716－0020379　子補 0081－76/20379　子部/儒家類/儒學之屬/蒙學

寄傲山房塾課新增幼學故事瓊林四卷首一卷　(清)程允升撰　(清)鄒聖脈增補　清刻本　二冊　存三卷(二至四)

330000－1716－0020380　子補 0081－77/20380　子部/儒家類/儒學之屬/蒙學

寄傲山房塾課新增幼學故事瓊林四卷首一卷　(清)程允升撰　(清)鄒聖脈增補　清刻本　三冊　存三卷(二至四)

330000－1716－0020382　子補 0081－78/20382　子部/儒家類/儒學之屬/蒙學

寄傲山房塾課新增幼學故事瓊林四卷首一卷　(清)程允升撰　(清)鄒聖脈增補　清刻本　二冊　存二卷(二至三)

330000－1716－0020383　子補 0081－79/20383　子部/儒家類/儒學之屬/蒙學

寄傲山房塾課新增幼學故事瓊林四卷首一卷　(清)程允升撰　(清)鄒聖脈增補　清刻本　心田氏題記　春軒題簽　四冊

330000－1716－0020386　子補 0081－80/20386　子部/儒家類/儒學之屬/蒙學

寄傲山房塾課新增幼學故事瓊林四卷首一卷　(清)程允升撰　(清)鄒聖脈增補　清尊德堂刻本　清明月道人題記　四冊

330000－1716－0020387　經補 0109/20387　經部/小學類/文字之屬/說文

說文解字十五卷標目一卷　(漢)許慎撰　(宋)徐鉉等校定　清初海虞毛氏汲古閣刻本　七冊　缺一卷(十一)

330000－1716－0020391　普集 1476/20391　集部/別集類/清別集

曾文正公詩集三卷文集三卷　(清)曾國藩撰　清宣統元年(1909)上海著易堂書局鉛印本　四冊

330000－1716－0020392　子補 0081－81/20392　子部/儒家類/儒學之屬/蒙學

寄傲山房塾課新增幼學故事瓊林四卷首一卷
（清）程允升撰　（清）鄒聖脈增補　清刻本
二冊　存二卷（三至四）

330000－1716－0020393　子補 0227/20393
類叢部/類書類/專類之屬
通天秘書要覽五卷續集六卷　（清）王纏堂編
清光緒三十二年（1906）校經山房石印本
一冊　存一卷（四）

330000－1716－0020395　經補 0110/20395
經部/小學類/文字之屬/說文
說文解字十五卷標目一卷　（漢）許慎撰
（宋）徐鉉等校定　清刻本　六冊　存九卷
（二、四、八至十、十二至十五）

330000－1716－0020399　地獻 1448－1/
20399　子部/術數類/陰陽五行之屬
選日要覽一卷　（明）董潛撰　清光緒十四年
（1888）守愚草堂刻本　一冊

330000－1716－0020400　子補 0228－1/
20400　子部/醫家類/婦科之屬/產科
增廣大生要旨五卷　（清）唐千頃撰　（清）葉
灝增訂　清光緒三十二年（1906）石印本
一冊

330000－1716－0020401　地獻 1448－2/
20401　子部/術數類/陰陽五行之屬
選日要覽一卷　（明）董潛撰　清光緒十四年
（1888）守愚草堂刻本　一冊

330000－1716－0020402　經補 0111/20402
經部/小學類/文字之屬/說文
說文解字注十五卷附六書音韻表五卷　（清）
段玉裁撰　說文部目分韻一卷　（清）陳奐編
清刻本　七冊　缺九卷（一至六、九至十
一）

330000－1716－0020404　地獻 1449/20404
子部/天文曆算類/天文之屬
琅嬛集四卷琅嬛天文集四卷　（清）陳太初撰
清嘉慶八年（1803）抱蘭軒木活字印本　一
冊　存一卷（琅嬛集一）

330000－1716－0020405　子補 0228－2/

20405　子部/醫家類/婦科之屬/產科
增廣大生要旨五卷　（清）唐千頃撰　（清）葉
灝增訂　清光緒三十二年（1906）石印本　一
冊　存三卷（一至三）

330000－1716－0020406　子補 0229/20406
子部/醫家類/溫病之屬
時病論八卷　（清）雷豐撰　清光緒上海鍊石
書局石印本　一冊　存二卷（三至四）

330000－1716－0020407　子補 0081－82/
20407　子部/儒家類/儒學之屬/蒙學
寄傲山房塾課新增幼學故事瓊林四卷首一卷
（清）程允升撰　（清）鄒聖脈增補　清光緒
十六年（1890）愛蓮堂刻本　四冊

330000－1716－0020411　子補 0222－1/
20411　子部/醫家類/類編之屬
喻氏醫書三種　（清）喻昌撰　清光緒三十三
年（1907）上海簡青齋書局石印本　一冊　存
一種

330000－1716－0020413　子補 0222－2/
20413　子部/醫家類/類編之屬
喻氏醫書三種　（清）喻昌撰　清光緒二十六
年（1900）上海校經山房石印本　一冊　存
一種

330000－1716－0020414　地獻 1450/20414
新學/算學/數學
代形合參三卷附一卷　（美國）羅密士撰
（美國）潘慎文譯　謝洪賚筆述　清光緒二十
八年（1902）上海美華書館鉛印本　一冊

330000－1716－0020416　地獻 1451/20416
集部/別集類/清別集
鷗堂詩三卷遺稿三卷　（清）馬賡良撰　清光
緒五年（1879）、十五年（1889）會稽馬氏刻本
二冊

330000－1716－0020417　地獻 1452/20417
史部/傳記類/別傳之屬/事狀
愍孝錄不分卷　王繼香輯　清光緒十年
（1884）刻本　一冊

330000－1716－0020419　經補 0112－1/

20419　經部/小學類/文字之屬/字書/字典

字典考證不分卷　（清）王念孫　（清）王引之撰　清末石印本　一冊

330000－1716－0020422　地獻 1455/20422　子部/宗教類/佛教之屬/總錄

省庵法師語錄二卷　（清）釋實賢撰　（清）彭紹升重訂　**西方發願文注一卷**　（明）釋袾宏撰　**東海若解一卷**　（唐）柳宗元撰　清光緒二十六年(1900)揚州藏經院刻本　一冊　缺一卷(一)

330000－1716－0020424　經補 0113/20424　經部/小學類/文字之屬/字書/字典

康熙字典十二集三十六卷總目一卷檢字一卷辨似一卷等韻一卷補遺一卷備考一卷　（清）張玉書等纂修　清光緒十三年(1887)上海積山書局石印本　六冊

330000－1716－0020426　地獻 0156/20426　類叢部/叢書類/彙編之屬

葑園叢書十一種　（清）平步青編　清同治至光緒山陰平氏安越堂刻本　一冊　存一種

330000－1716－0020430　地獻 1456－2/20430　類叢部/叢書類/彙編之屬

葑園叢書十一種　（清）平步青編　清同治至光緒山陰平氏安越堂刻本　四冊　存四種

330000－1716－0020446　集補 0012－13/20446　集部/曲類/彈詞之屬

再生緣全傳二十卷　（清）陳端生撰　清刻本　一冊　存一卷(二十)

330000－1716－0020448　子補 0233/20448　子部/醫家類/醫經之屬/內經

內經知要二卷　（清）李中梓輯並注　清末上海文瑞樓石印本　二冊

330000－1716－0020453　子補 0234/20453　子部/醫家類/方書之屬/歷代方書

唐王燾先生外臺秘要方四十卷　（唐）王燾撰　清光緒二十四年(1898)上海圖書集成印書局鉛印本　六冊　存十五卷(一至十、十四至十六、二十二至二十三)

330000－1716－0020454　地獻 1457－1/20454　子部/儒家類/儒學之屬

陽明先生集要十五卷附年譜一卷　（明）王守仁撰　（明）施邦曜編　清乾隆五十二年(1787)濟美堂刻本　九冊　缺一卷(經濟編七)

330000－1716－0020456　普叢 0285－2/20456　類叢部/叢書類/自著之屬

曾文正公全集十五種　（清）曾國藩撰　清光緒二十九年(1903)鴻寶書局石印本　十三冊　存四種

330000－1716－0020457　地獻 1458－1/20457　類叢部/叢書類/自著之屬

章氏遺書二種　（清）章學誠撰　清道光十二年至十三年(1832－1833)章華紱刻本　一冊　存一種

330000－1716－0020459　普叢 0088/20459　類叢部/叢書類/彙編之屬

說鈴前集三十三種後集十九種續集七種　(清)吳震方編　清康熙刻本　一冊　存五種

330000－1716－0020463　普叢 0288/20463　類叢部/叢書類/自著之屬

曾文正公全集十五種　（清）曾國藩撰　清光緒十四年(1888)鴻文書局鉛印本　八冊　存一種

330000－1716－0020469　集補 0012－17/20469　集部/曲類/彈詞之屬

再生緣全傳二十卷　（清）陳端生撰　清咸豐二年(1852)經畬堂刻本　十九冊　存十二卷(一至六、九至十、十五、十七、十九至二十)

330000－1716－0020476　普叢 0127/20476　類叢部/叢書類/彙編之屬

雅雨堂藏書十三種　（清）盧見曾編　清乾隆二十一年(1756)德州盧氏雅雨堂刻增修本　二十冊

330000－1716－0020477　普叢 0285－1/20477　類叢部/叢書類/自著之屬

曾文正公全集十五種　（清）曾國藩撰　清光

緒二十九年(1903)鴻寶書局石印本　三十二冊

330000－1716－0020478　經補 0118/20478　經部/小學類/文字之屬/說文

說文通訓定聲十八卷分部柬韻一卷說雅一卷古今韻準一卷　(清)朱駿聲撰　(清)朱鏡蓉參訂　**行述一卷**　朱孔彰撰　清刻本　七冊　存七卷(五至六、十二、十五,說雅,古今韻準,行述)

330000－1716－0020482　地獻 1462－1/20482　子部/儒家類/儒學之屬/禮教

醒迷忠告一卷　清光緒元年(1875)虞西唫花書屋顧興麟堂刻十四年(1888)印本　一冊

330000－1716－0020483　子補 0236－3/20483　子部/醫家類/綜合之屬/通論

醫學心悟五卷附外科十法一卷　(清)程國彭撰　清宣統三年(1911)上海會文堂石印本　一冊　存一卷(三)

330000－1716－0020484　地獻 1462－2/20484　子部/儒家類/儒學之屬/禮教

醒迷忠告一卷　清光緒元年(1875)會稽好山對我齋顧興麟堂刻本　一冊

330000－1716－0020488　經補 0119/20488　子部/藝術類/書畫之屬/法帖

草字彙十二卷　(清)石梁輯　清光緒元年(1875)漁古山房刻本　一冊

330000－1716－0020491　子補 0238－2/20491　子部/醫家類/外科之屬/通論

外科大成四卷　(清)祁坤撰　清末石印本　一冊　存二卷(三至四)

330000－1716－0020492　經補 0120/20492　經部/小學類/文字之屬/說文

說文解字注十五卷附六書音韻表五卷　(清)段玉裁撰　**說文部目分韻一卷**　(清)陳奐編　清乾隆至嘉慶段氏經韻樓刻同治六年至十一年(1867－1872)蘇州保息局補刻本　一冊　存二卷(一至二)

330000－1716－0020495　普叢 0128/20495

類叢部/叢書類/彙編之屬

三長物齋叢書二十六種　(清)黃本驥編　清道光二十六年(1846)湘陰蔣璃刻光緒四年(1878)古香書閣印本　七十九冊

330000－1716－0020498　經補 0121/20498　經部/小學類/文字之屬/說文

說文解字注十五卷附六書音韻表五卷　(清)段玉裁撰　**說文部目分韻一卷**　(清)陳奐編　清刻本　十一冊　缺三卷(十二至十四)

330000－1716－0020500　經補 0122/20500　經部/小學類/文字之屬/說文/傳說

說文解字句讀三十卷　(清)王筠撰　清光緒八年(1882)四川尊經書局刻本　十六冊

330000－1716－0020506　集補 1828/20506　集部/別集類/清別集

曾文正公文鈔四卷附刻一卷　(清)曾國藩撰　清刻本　一冊　存三卷(一至三)

330000－1716－0020507　地獻 1392－2/20507　子部/醫家類/綜合之屬/合刻、合抄

景岳全書六十四卷　(明)張介賓撰　清文光堂刻本　一冊　存一卷(六十四)

330000－1716－0020512　地獻 1392－3/20512　子部/醫家類/綜合之屬/合刻、合抄

景岳全書六十四卷　(明)張介賓撰　清刻本　一冊　存四卷(三十四至三十七)

330000－1716－0020513　地獻 1463/20513　集部/別集類/明別集

劉子全書四十卷首一卷　(明)劉宗周撰　(清)董瑒編　清道光四年至十五年(1824－1835)刻本　一冊　存一卷(四十)

330000－1716－0020514　普叢 0250－4/20514　類叢部/叢書類/自著之屬

曾文正公全集十五種　(清)曾國藩撰　清同治至光緒傳忠書局刻本　王繼香題記　八冊　存三種

330000－1716－0020517　地獻 1464－1/20517　史部/傳記類/科舉錄之屬/歷科鄉試錄

[光緒己丑恩科]浙江鄉試硃卷一卷　（清）胡道南撰　清光緒刻本　一冊

330000－1716－0020519　普叢 0250－5/20519　類叢部/叢書類/自著之屬
曾文正公全集十五種　（清）曾國藩撰　清同治至光緒傳忠書局刻本　四冊　存一種

330000－1716－0020520　地獻 1464－2/20520　史部/傳記類/科舉錄之屬
[光緒壬午至甲午]會試鄉試硃卷　清光緒刻本　清戴進題簽　一冊　存八種

330000－1716－0020523　集補 1829/20523　集部/總集類/尺牘之屬
名賢手札八種　（清）郭慶藩輯　清光緒十年(1884)湘陰郭氏峇瞻堂刻本　四冊

330000－1716－0020524　地獻 1464－3/20524　史部/傳記類/科舉錄之屬/歷科鄉試錄
[光緒庚子辛丑恩正並科]浙江鄉試卷一卷　（清）陳繡撰　清光緒刻本　一冊

330000－1716－0020525　子補 0240－1/20525　子部/醫家類/類編之屬
張氏醫書七種　（清）張璐等撰　清光緒三十三年(1907)上海書局石印本　一冊　存一種

330000－1716－0020527　地獻 1464－4/20527　史部/傳記類/科舉錄之屬/歷科鄉試錄
[光緒庚子辛丑恩正並科]浙江鄉試卷一卷　（清）陳繡撰　清光緒刻本　一冊

330000－1716－0020529　子補 0240－2/20529　子部/醫家類/類編之屬
張氏醫書七種　（清）張璐等撰　清光緒二十年(1894)上海圖書集成印書局鉛印本　十冊　缺十六卷(張氏醫通一至十四、本經逢原一、傷寒緒論下)

330000－1716－0020541　地獻 1464－5/20541　史部/傳記類/科舉錄之屬/歷科鄉試錄
[光緒庚子辛丑恩正並科]浙江鄉試卷一卷

（清）許壽昌撰　清光緒刻本　一冊

330000－1716－0020543　地獻 1464－6/20543　史部/傳記類/科舉錄之屬/歷科鄉試錄
[光緒癸巳恩科]浙江鄉試硃卷一卷　范壽銘撰　清光緒刻本　一冊

330000－1716－0020544　地獻 1464－7/20544　史部/傳記類/科舉錄之屬/歷科鄉試錄
[光緒己丑恩科]浙江鄉試硃卷一卷　黃壽裒撰　清光緒刻本　一冊

330000－1716－0020546　地獻 1464－8/20546　史部/傳記類/科舉錄之屬/歷科鄉試錄
[光緒癸巳恩科]浙江鄉試硃卷一卷　（清）陳聘璜撰　清光緒刻本　一冊

330000－1716－0020547　地獻 1464－9/20547　史部/傳記類/科舉錄之屬/諸貢錄
[光緒乙酉科]選拔貢卷一卷　（清）許福楨撰　清光緒刻本　一冊

330000－1716－0020550　地獻 1464－10/20550　史部/傳記類/科舉錄之屬/歷科登科錄
[光緒癸卯補行辛丑壬寅恩正並科]會試墨卷一卷　（清）何壽章撰　清光緒刻本　一冊

330000－1716－0020551　地獻 1464－11/20551　史部/傳記類/科舉錄之屬/歷科登科錄
[光緒庚寅恩科]會試硃卷一卷　（清）俞官垿撰　清光緒刻本　一冊

330000－1716－0020555　子補 0242－1/20555　子部/醫家類/方書之屬/單方驗方
增評童氏醫方集解二十三卷　（清）汪昂撰　清末石印本　一冊　存六卷(七至十二)

330000－1716－0020556　地獻 1464－12/20556　史部/傳記類/科舉錄之屬/諸貢錄
[咸豐辛酉科]浙江選拔貢卷一卷　（清）胡禮謙撰　清咸豐刻本　一冊

330000－1716－0020557　　地獻 1464－13/20557　　史部/傳記類/科舉錄之屬/歷科鄉試錄

[光緒丁酉科]浙江鄉試硃卷一卷　　（清）施世杰撰　　清光緒刻本　　一冊

330000－1716－0020558　　史補 0186/20558　　史部/金石類/總志之屬

學古齋金石叢書四集　　（清）葛元煦輯　　清光緒崇川葛氏學古齋刻本　　十冊　　存七種

330000－1716－0020559　　地獻 1464－14/20559　　史部/傳記類/科舉錄之屬/歷科鄉試錄

[補行咸豐辛酉科並同治壬戌恩科]浙江鄉試硃卷一卷　　（清）王崧年撰　　清光緒刻本　　一冊

330000－1716－0020561　　地獻 1464－15/20561　　史部/傳記類/科舉錄之屬/歷科鄉試錄

[光緒]己亥科試原卷一卷　　（清）陳黼撰　　清光緒刻本　　一冊

330000－1716－0020562　　集補 0013－11/20562　　集部/曲類/彈詞之屬

笑中緣圖說六卷　　清光緒三十二年（1906）石印本　　四冊　　存四卷(一至四)

330000－1716－0020563　　子補 2674/20563　　子部/宗教類/其他宗教之屬/基督教

慎思指南六卷　　（西洋）羅旋閣撰　　清光緒三十年（1904）上海土山灣慈母堂鉛印本　　一冊

330000－1716－0020564　　子補 0242－2/20564　　子部/醫家類/綜合之屬

本草醫方合編　　（清）汪昂編　　清末上海鴻文書局石印本　　一冊　　存一種

330000－1716－0020565　　地獻 1464－16/20565　　史部/傳記類/科舉錄之屬/歷科鄉試錄

[光緒]己亥科試原卷一卷　　（清）陳黼撰　　清光緒刻本　　一冊

330000－1716－0020567　　史補 0187/20567　　史部/金石類/總志之屬

學古齋金石叢書四集　　（清）葛元煦輯　　清光緒崇川葛氏學古齋刻本　　十五冊　　存九種

330000－1716－0020568　　地獻 1464－17/20568　　史部/傳記類/科舉錄之屬/歷科鄉試錄

[光緒己卯科]浙江鄉試硃卷一卷　　（清）陳元章撰　　清光緒刻本　　一冊

330000－1716－0020569　　地獻 1464－18/20569　　史部/傳記類/科舉錄之屬/歷科鄉試錄

[光緒己卯科]浙江鄉試硃卷一卷　　（清）蔡銘恩撰　　清光緒刻本　　一冊

330000－1716－0020570　　子補 2675/20570　　子部/宗教類/其他宗教之屬/基督教

慎思指南六卷　　（西洋）羅旋閣撰　　清光緒三十年（1904）上海土山灣慈母堂鉛印本　　一冊　　存二卷(五至六)

330000－1716－0020571　　經補 0123/20571　　經部/小學類/音韻之屬/韻書

初學檢韻十二卷　　（清）姚文登輯　　清同治七年（1868）三昧元記刻本　　一冊　　存六卷(一至六)

330000－1716－0020574　　集補 0013－19/20574　　集部/曲類/彈詞之屬

笑中緣圖說十二卷七十五回　　清光緒十四年（1888）上海書局石印本　　一冊　　存三卷(一至三)

330000－1716－0020577　　經補 0124/20577　　類叢部/類書類/專類之屬

集句儷典七卷　　（清）朱伯偵撰　　清光緒十五年（1889）上海鴻文書局石印本　　一冊　　存四卷(一至四)

330000－1716－0020578　　史補 0188/20578　　史部/金石類/總志之屬

學古齋金石叢書四集　　（清）葛元煦輯　　清光緒崇川葛氏學古齋刻本　　十二冊　　存九種

330000－1716－0020579　　子補 2673－1/

20579　子部/宗教類/其他宗教之屬/基督教

要理解略四卷　（清）聖味增爵會士某氏撰　清宣統元年（1909）鉛印本　一冊　存二卷（一至二）

330000－1716－0020580　經補 0125/20580　類叢部/類書類/專類之屬

集句儷典七卷　（清）朱伯倩撰　清光緒十五年（1889）上海鴻文書局石印本　一冊　存四卷（一至四）

330000－1716－0020581　經補 0126/20581　經部/群經總義類/文字音義之屬

十三經策案二十二卷　（清）王謨輯　清光緒十三年（1887）上海積山書局石印本　二冊

330000－1716－0020582　經補 0127/20582　經部/小學類/音韻之屬/韻書

初學檢韻十二卷總目一卷檢字一卷　（清）姚文登輯　清末石印本　一冊

330000－1716－0020584　子補 0518－8/20584　子部/天文曆算類/曆法之屬

趨避通書不分卷　（清）洪潮和撰　清光緒三十三年（1907）福建泉州繼成堂刻本　一冊

330000－1716－0020585　經補 0128/20585　經部/叢編

五經揭要二十九卷　（清）許寶善編　清光緒二年（1876）慈谿醉經軒刻本　十二冊　缺四卷（春秋七至十）

330000－1716－0020586　地獻 1464－19/20586　史部/傳記類/科舉錄之屬/歷科鄉試錄

［光緒戊子科］浙江鄉試硃卷一卷　（清）王慶埏撰　清光緒刻本　一冊

330000－1716－0020588　史補 0191/20588　史部/地理類/方志之屬/郡縣志

［嘉靖］仁和縣志十四卷　（明）沈朝宣纂修　清光緒十九年（1893）刻武林掌故叢編本　清□□批校　八冊

330000－1716－0020590　史補 0143/20590　史部/詔令奏議類/奏議之屬

［光緒丙午］閣鈔彙編不分卷　（清）華北書局編　清光緒鉛印本　二十三冊　存正月至閏四月

330000－1716－0020591　普叢 0084－1/20591　類叢部/叢書類/郡邑之屬

武林掌故叢編一百九十種　（清）丁丙編　清光緒三年至二十六年（1877－1900）錢塘丁氏嘉惠堂刻本（［乾道］臨安志卷四至十五、南宋館閣錄卷一原缺）　一百五冊　存八十四種

330000－1716－0020592　地獻 1464－20/20592　史部/傳記類/科舉錄之屬/歷科鄉試錄

［光緒丁酉科］浙江鄉試硃卷一卷　（清）王室藩撰　清光緒刻本　一冊

330000－1716－0020593　地獻 1464－22/20593　史部/傳記類/科舉錄之屬/歷科鄉試錄

［光緒壬午科］浙江鄉試硃卷一卷　（清）何棽撰　清光緒刻本　一冊

330000－1716－0020594　地獻 1464－21/20594　史部/傳記類/科舉錄之屬/歷科鄉試錄

［光緒丙子科］浙江鄉試硃卷一卷　（清）壽丹墀撰　清光緒刻本　一冊

330000－1716－0020595　地獻 1464－23/20595　集部/別集類/清別集

典學齋試草不分卷　（清）徐惟梅撰　清光緒刻本　一冊

330000－1716－0020596　地獻 1464－24/20596　史部/傳記類/科舉錄之屬

崇德書屋試草不分卷　（清）施仁撰　清光緒刻本　一冊

330000－1716－0020597　子補 2679/20597　子部/雜著類/雜說之屬

歸潛記乙編一卷附一卷丙編一卷丁編三卷戊編一卷辛編之三一卷癸編之二一卷附一卷　錢恂撰　清宣統元年（1909）刻本　一冊

330000－1716－0020598　史補 0192/20598

史部/詔令奏議類/奏議之屬

林文忠公政書三集三十七卷 （清）林則徐撰
　清刻本　十一冊

330000－1716－0020599　地獻 1464－28/
20599　史部/傳記類/科舉錄之屬

[光緒科]硃卷不分卷 （清）徐樹蘭等撰　清
光緒刻本　一冊　存十七種

330000－1716－0020600　史補 0193/20600
史部/詔令奏議類/奏議之屬

沈文肅公政書七卷首一卷 （清）沈葆楨撰
清刻本　八冊　存四卷（一、三、五、七）

330000－1716－0020601　史補 0180－1/
20601　史部/政書類/通制之屬

二十四史九通政典類要合編三百二十卷
（清）黃書霖輯　清光緒二十八年（1902）約雅
堂石印本　五十七冊　缺十六卷（三十九至
五十一、九十九至一百一）

330000－1716－0020602　普叢 0130/20602
類叢部/叢書類/自著之屬

頤志齋叢書二十二種 （清）丁晏撰　清道光
至同治山陽丁氏六藝堂刻同治元年（1862）彙
印本　十六冊

330000－1716－0020604　地獻 1464－26/
20604　史部/傳記類/科舉錄之屬

[光緒至宣統科]硃卷不分卷　清光緒至宣統
刻本　一冊　存十四種

330000－1716－0020605　地獻 1464－27/
20605　史部/傳記類/科舉錄之屬

[同治至宣統科]硃卷不分卷 （清）胡壽謙等
撰　清同治至宣統刻本　一冊　存十三種

330000－1716－0020607　地獻 1465/20607
集部/總集類/課藝之屬

試草集不分卷 （清）□□輯　稿本　一冊

330000－1716－0020608　地獻 1464－25/
20608　史/傳記類/科舉錄之屬/歷科鄉
試錄

[同治癸酉科]浙江鄉試硃卷一卷 （清）俞戴
清撰　清同治刻本　一冊

330000－1716－0020609　史補 0197/20609
史部/傳記類/職官錄之屬/總錄

[清光緒六年]江蘇同官錄不分卷 （清）許應
鑅輯　清光緒六年（1880）刻本　三冊

330000－1716－0020610　史補 0195/20610
史部/詔令奏議類/奏議之屬

林文忠公政書三集三十七卷 （清）林則徐撰
　清光緒二年（1876）鉛印本　七冊　存三十
一卷（東河一、江蘇一至八、湖廣一至五、雲貴
六至十、兩廣一至四、使粵一至八）

330000－1716－0020611　子補 0083/20611
子部/藝術類/書畫之屬/總論

清河書畫舫十二卷鑒古百一詩一卷 （明）張
丑輯　清刻本　七冊　存八卷（二、五至七、
九至十、十二,鑒古百一詩）

330000－1716－0020618　經補 0129/20618
經部/小學類/訓詁之屬/爾雅

爾雅郭注義疏三卷 （清）郝懿行撰　清光緒
十四年（1888）上海鴻文書局石印本　三冊
缺一卷（二）

330000－1716－0020619　古越 0737/20619
新學/工藝/汽機總

考試司機七卷首一卷附圖一卷 （英國）拖爾
那撰　（英國）傅蘭雅口譯　（清）徐華封筆述
　清光緒江南製造局刻本　二冊　存三卷
（四至六）

330000－1716－0020620　史補 0198/20620
史部/傳記類/科舉錄之屬/歷科登科錄

[光緒庚子辛丑恩科]浙江闈墨不分卷　清光
緒二十八年（1902）聚奎堂刻本　一冊

330000－1716－0020621　史補 0199/20621
史部/傳記類/科舉錄之屬/歷科登科錄

[光緒庚子辛丑恩科]浙江闈墨不分卷　清光
緒二十八年（1902）聚奎堂刻本　一冊

330000－1716－0020626　史補 0200－1/
20626　史部/傳記類/科舉錄之屬/歷科登
科錄

[光緒庚子辛丑恩科]浙江闈墨不分卷　清光

緒二十八年(1902)聚奎堂刻本 一冊

330000－1716－0020633 子補 0244/20633
子部/醫家類/類編之屬

陳修園醫書四十八種 （清）陳念祖等撰 清
末石印本 七冊 存三十一種

330000－1716－0020641 經補 0130/20641
類叢部/叢書類/彙編之屬

經策通纂二種 （清）吳潁炎 （清）陳逷聲等
纂 清光緒二十年(1894)上海點石齋石印本
二十五冊 存一種

330000－1716－0020643 子補 0062－6/
20643 子部/藝術類/書畫之屬/畫譜

紉齋畫賸不分卷 （清）陳允昇繪 清末石印
本 一冊

330000－1716－0020656 經補 0131/20656
類叢部/叢書類/彙編之屬

經策通纂二種 （清）吳潁炎 （清）陳逷聲等
纂 清光緒十三年(1887)上海點石齋石印本
一冊 存一種

330000－1716－0020665 經補 0132/20665
類叢部/叢書類/彙編之屬

經策通纂二種 （清）吳潁炎 （清）陳逷聲等
纂 清光緒十三年(1887)上海點石齋石印本
二十二冊 存一種

330000－1716－0020666 子補 0518－15/
20666 子部/天文曆算類/曆法之屬

趨避通書不分卷 （清）洪潮和撰 清光緒二
年(1876)福建泉州繼成堂石印本 一冊

330000－1716－0020679 子補 0518－16/
20679 子部/天文曆算類/曆法之屬

趨避通書不分卷 （清）洪潮和撰 清光緒三
年(1877)福建泉州繼成堂石印本 一冊

330000－1716－0020681 經補 0133/20681
經部/小學類/文字之屬/字書/字體

六書通十卷首一卷附百體福壽全圖 （明）閔
齊伋撰 （清）畢弘述篆訂 清光緒十九年
(1893)上海校經山房石印本 四冊 存八卷
（三至十）

330000－1716－0020683 子補 0245－1/
20683 子部/醫家類/醫經之屬/難經

校正圖注八十一難經四卷 （明）張世賢注
校正圖注脈訣四卷 （晉）王叔和撰 （明）張
世賢注 **校正瀕湖脈學一卷奇經八脈考一卷**
（明）李時珍撰輯 清光緒二十二年(1896)
上海著易堂石印本 一冊 存四卷(一至二、
圖注脈訣三至四)

330000－1716－0020685 經補 0134/20685
經部/小學類/音韻之屬/韻書

初學檢韻袖珍十二卷總目一卷檢字一卷
（清）姚文登輯 清嘉慶四年(1799)蘇州綠蔭
堂刻本 二冊

330000－1716－0020687 子補 0245－2/
20687 子部/醫家類/醫經之屬/難經

校正圖注八十一難經四卷 （明）張世賢注
校正圖注脈訣四卷 （晉）王叔和撰 （明）張
世賢注 **校正瀕湖脈學一卷奇經八脈考一卷**
（明）李時珍撰輯 清末石印本 一冊 存
二卷(圖注脈訣三至四)

330000－1716－0020688 史補 0201/20688
史部/詔令奏議類/詔令之屬

硃批諭旨不分卷 （清）鄂爾泰等輯 清乾隆
三年(1738)刻朱墨套印本 五冊

330000－1716－0020689 子補 0245－3/
20689 子部/醫家類/醫經之屬/難經

校正圖注八十一難經四卷 （明）張世賢注
校正圖注脈訣四卷附方一卷 （晉）王叔和撰
（明）張世賢注 **校正瀕湖脈學一卷奇經八
脈考一卷** （明）李時珍撰輯 清末石印本
三冊 缺四卷(一至四)

330000－1716－0020691 史補 0890－5/
20691 史部/編年類/通代之屬

尺木堂綱鑑易知錄九十二卷 （清）吳乘權
（清）周之炯 （清）周之燦輯 清刻本 十二
冊 存二十六卷(三十至五十五)

330000－1716－0020692 地獻 1981/20692
集部/別集類/明別集

余忠節公遺文一卷附錄一卷 （明）余煌撰

清末會稽董氏取斯家塾木活字印本 一冊

330000 - 1716 - 0020695 子補 0518 - 20/20695 子部/天文曆算類/曆法之屬

趨避通書不分卷 （清）洪潮和撰 清同治九年(1870)福建泉州繼成堂石印本 王鏡蓉題記 一冊

330000 - 1716 - 0020697 子補 0518 - 21/20697 子部/天文曆算類/曆法之屬

趨避通書不分卷 （清）洪潮和撰 清宣統元年(1909)福建泉州繼成堂刻本 一冊

330000 - 1716 - 0020703 經補 0135/20703 經部/小學類/音韻之屬/韻書

重校增訂初學檢韻十二卷附佩文詩韻一卷 （清）姚文登輯 清刻本 二冊 缺六卷(一至六)

330000 - 1716 - 0020704 子補 0245 - 7/20704 子部/醫家類/醫經之屬/難經

校正圖注八十一難經四卷 （明）張世賢注 **校正圖注脈訣四卷** （晉）王叔和撰 （明）張世賢注 **校正瀕湖脈學一卷奇經八脈考一卷** （明）李時珍撰輯 清末石印本 三冊 存六卷(三至四、圖注脈訣一至四)

330000 - 1716 - 0020706 子補 0245 - 8/20706 子部/醫家類/醫經之屬/難經

校正圖注八十一難經四卷 （明）張世賢注 **校正圖注脈訣四卷** （晉）王叔和撰 （明）張世賢注 **校正瀕湖脈學一卷奇經八脈考一卷** （明）李時珍撰輯 清末石印本 一冊 存二卷(圖注脈訣三至四)

330000 - 1716 - 0020709 子補 0245 - 9/20709 子部/醫家類/醫經之屬/難經

校正圖注八十一難經四卷 （明）張世賢注 **校正圖注脈訣四卷** （晉）王叔和撰 （明）張世賢注 **校正瀕湖脈學一卷奇經八脈考一卷** （明）李時珍撰輯 清末石印本 二冊 存四卷(三至四、圖注脈訣三至四)

330000 - 1716 - 0020711 經補 0136/20711 經部/小學類/音韻之屬/韻書

重校增訂初學檢韻十二卷附佩文詩韻一卷 （清）姚文登輯 清刻本 一冊 存六卷(七至十二)

330000 - 1716 - 0020715 子補 0245 - 10/20715 子部/醫家類/醫經之屬/難經

校正圖注八十一難經四卷 （明）張世賢注 **校正圖注脈訣四卷** （晉）王叔和撰 （明）張世賢注 **校正瀕湖脈學一卷奇經八脈考一卷** （明）李時珍撰輯 清末石印本 一冊 存二卷(圖注脈訣三至四)

330000 - 1716 - 0020717 子補 0094 - 1/20717 子部/藝術類/遊藝之屬/棋弈

韜略元機八卷 （清）三樂居士撰 清刻本 四冊

330000 - 1716 - 0020719 子補 0245 - 11/20719 子部/醫家類/醫經之屬/難經

校正圖注八十一難經四卷 （明）張世賢注 **校正圖注脈訣四卷** （晉）王叔和撰 （明）張世賢注 **校正瀕湖脈學一卷奇經八脈考一卷** （明）李時珍撰輯 清末石印本 一冊 存二卷(圖注脈訣三至四)

330000 - 1716 - 0020720 史補 0888 - 3/20720 史部/編年類/通代之屬

尺木堂綱鑑易知録九十二卷明鑑易知録十五卷 （清）吳乘權 （清）周之炯 （清）周之燦輯 清刻本 十冊 存二十卷(十至十九、三十三至三十四,明鑑易知録五至六、十至十五)

330000 - 1716 - 0020721 普類 0141/20721 類叢部/類書類/通類之屬

瑯嬛獺祭十二種 清光緒二十年(1894)文選廡石印本 六冊

330000 - 1716 - 0020723 經補 0137/20723 經部/小學類/音韻之屬/韻書

初學檢韻袖珍十二卷總目一卷檢字一卷 （清）姚文登輯 清刻本 一冊 存四卷(四至七)

330000 - 1716 - 0020724 子補 0094 - 2/

20724　　子部/藝術類/遊藝之屬/棋弈

韜略元機八卷 （清）三樂居士撰　清刻本
三冊　缺二卷（七至八）

330000－1716－0020725　　史補 0888－2/
20725　史部/編年類/通代之屬

尺木堂綱鑑易知錄九十二卷 （清）吳乘權
（清）周之炯　（清）周之燦輯　清尺木堂刻本
八冊　存十七卷（一至四、三十至四十二）

330000－1716－0020726　　子補 0094－3/
20726　子部/藝術類/遊藝之屬/棋弈

韜略元機八卷 （清）三樂居士撰　清心潤堂
刻本　一冊　存二卷（一至二）

330000－1716－0020730　　經補 0139/20730
經部/小學類/訓詁之屬/爾雅

爾雅音圖三卷 （晉）郭璞注　（清）姚之麟摹
圖　清末石印本　一冊　存一卷（三）

330000－1716－0020731　　子補 0095/20731
子部/藝術類/遊藝之屬/棋弈

陳摶百局□□卷 （宋）陳摶撰　清兩儀堂刻
本　三冊　存六卷（一至六）

330000－1716－0020733　　史補 1161/20733
史部/編年類/通代之屬

御撰資治通鑑綱目三編五卷 （清）張廷玉等
撰　清末石印本　一冊　存三卷（三至五）

330000－1716－0020735　　經補 0140/20735
經部/小學類/訓詁之屬/譯語

東文新法會通二卷 廖宇春編次　清光緒二
十八年（1902）上海東亞善鄰學館石印本
二冊

330000－1716－0020747　　集補 0014－6/
20747　集部/曲類/彈詞之屬

**新增繡像後續南北宋包公狄青初傳八卷六十
八回** 清光緒二十年（1894）上海書局鉛印本
二冊　存二卷（一、五）

330000－1716－0020750　　普叢 0097－1/
20750　類叢部/叢書類/彙編之屬

知不足齋叢書一百九十六種 （清）鮑廷博編
（清）鮑士恭續編　清乾隆三十七年至道光

三年（1772－1823）長塘鮑氏刻彙印本　二百
十一冊　存一百九十一種

330000－1716－0020753　　集補 0014－9/
20753　集部/曲類/彈詞之屬

**後續大宋楊家將文武曲星包公狄青萬花樓初
傳六卷六十八回** （清）李雨堂撰　清光緒三
十二年（1906）福記書局石印本　五冊　存五
卷（一、三至六）

330000－1716－0020755　　子補 0246/20755
子部/醫家類/方書之屬/成方藥目

孫真人備急千金要方三十卷 （唐）孫思邈撰
清光緒三十四年（1908）上海久敬齋書莊鉛
印本　三冊　存四卷（十一至十四）

330000－1716－0020758　　子補 0099/20758
子部/藝術類/遊藝之屬/棋弈

弈潛齋集譜初編十五種二編三種三編五種
（清）鄧元鏸輯　清光緒上海點石齋石印本
一冊　存二種

330000－1716－0020762　　經補 0141/20762
經部/小學類/訓詁之屬/爾雅

爾雅音圖三卷 （晉）郭璞注　（清）姚之麟摹
圖　清末石印本　一冊　存一卷（三）

330000－1716－0020765　　史補 0890－4/
20765　史部/編年類/通代之屬

尺木堂綱鑑易知錄九十二卷 （清）吳乘權
（清）周之炯　（清）周之燦輯　清刻本　二冊
存四卷（八十五至八十六、八十九至九十）

330000－1716－0020767　　古越 0738/20767
經部/小學類

小學類編六種附三種合五十九卷 （清）李祖
望編　清咸豐至光緒江都李氏半畝園刻本
六冊　存一種附二種

330000－1716－0020768　　子補 0518－33/
20768　子部/天文曆算類/曆法之屬

趨避通書不分卷 （清）洪潮和撰　清光緒十
六年（1890）福建泉州繼成堂石印本　一冊

330000－1716－0020771　　子補 0247/20771
子部/醫家類/類編之屬

陳修園醫書二十一種 （清）陳念祖等撰 清光緒十八年（1892）上海圖書集成印書局鉛印本 一冊 存一種

330000－1716－0020773 經補 0143/20773
經部/小學類/文字之屬/字書/字體

六書通十卷 （明）閔齊伋撰 （清）畢弘述篆訂 清末石印本 二冊 存四卷（三至四、九至十）

330000－1716－0020774 子補 0248/20774
子部/醫家類/類編之屬

張氏醫書七種 （清）張璐等撰 清光緒二十年（1894）上海圖書集成印書局鉛印本 二冊 存二種

330000－1716－0020777 史補 0208/20777
史部/史抄類

史緯三百三十卷首一卷 （清）陳允錫輯 清光緒二十九年（1903）文來書局石印本 五十冊 缺三十二卷（二十六至五十一、三百二十五至三百三十）

330000－1716－0020782 普 類 0082－1/20782 類叢部/類書類/通類之屬

小嫏嬛山館彙刊類書十二種 （清）小嫏嬛山館編 清同治六年（1867）緯文堂刻本 十二冊

330000－1716－0020789 史補 0209/20789
史部/地理類/山川之屬/山志

鴈山志不分卷 （清）釋實行撰 清乾隆刻本 一冊

330000－1716－0020790 普 類 0082－2/20790 類叢部/類書類/通類之屬

群玉閣彙刊類書十二種 （清）小嫏嬛山館編 清同治六年（1867）刻本 十二冊 存十二種

330000－1716－0020800 子補 0251/20800
子部/醫家類/養生之屬

攝生總要四種 （明）洪基輯 清光緒三十二年（1906）上洋海左書局石印本 二冊 存一種

330000－1716－0020802 子補 0521/20802
子部/藝術類/遊藝之屬/棋弈

文瑞樓新印弈譜二十九種 清末至民國上海文瑞樓石印本 十五冊 存十一種

330000－1716－0020804 史補 0210/20804
史部/傳記類/別傳之屬/年譜

先船山公[王夫之]年譜前編一卷後編一卷 （清）王之春編 清光緒十九年（1893）刻本 一冊 存一卷（後編）

330000－1716－0020806 子補 0518－36/20806 子部/天文曆算類/曆法之屬

趨避通書不分卷 （清）洪潮和撰 清同治十一年（1872）福建泉州繼成堂石印本 一冊

330000－1716－0020809 地獻 1476/20809
子部/藝術類/遊藝之屬/棋弈

桃花泉弈譜二卷 （清）范世勳撰 清越城敬藝堂刻本 二冊

330000－1716－0020810 史補 0211/20810
類叢部/叢書類/家集之屬

洪氏晦木齋叢書二十一種 （清）洪汝奎編 清同治八年至宣統元年（1869－1909）刻本 三冊 存四種

330000－1716－0020813 地獻 1477－1/20813 集部/別集類/清別集

吟香館詩草十四卷 （清）謝聘撰 清道光七年（1827）石竹山房刻本 四冊

330000－1716－0020815 史補 0212/20815
史部/地理類/防務之屬/海防

洋防輯要二十四卷 （清）嚴如熤撰 清道光十八年（1838）刻本 十一冊 存十四卷（五至六、九至十一、十六至二十四）

330000－1716－0020818 地獻 1477－2/20818 集部/別集類/清別集

吟香館詩草十四卷 （清）謝聘撰 清道光七年（1827）石竹山房刻本 一冊 存三卷（十一至十三）

330000－1716－0020819 子補 0518－40/20819 子部/天文曆算類/曆法之屬

趨避通書不分卷　（清）洪潮和撰　清同治十
二年(1873)福建泉州繼成堂石印本　一冊

330000－1716－0020820　地獻 1478/20820
子部/儒家類/儒學之屬/蒙學

小學千家詩人生必讀二卷　（清）余晦齋輯
清末紹興聚珍齋刻本　一冊

330000－1716－0020822　新補 0020/20822
新學/工藝/雜藝

西藝通考二百二十二卷　（清）袁宗濂編輯
（清）晏志清輯　清光緒二十八年(1902)上海
文盛堂石印本　十八冊　存七十八卷(五至
三十四、七十六至一百二十三)

330000－1716－0020827　史補 0213/20827
史部/地理類/山川之屬/水志

西湖志四十八卷　（清）李衛　（清）程元章修
（清）傅王露撰　清刻本　十冊　存二十六
卷(十至十一、十四至三十七)

330000－1716－0020830　史補 0214/20830
史部/傳記類/別傳之屬/年譜

阿文成公[桂]年譜三十四卷　（清）那彥成編
（清）王昶勘定　（清）盧蔭溥增修　清嘉慶
十八年(1813)刻本　七冊　存二十四卷(十
一至三十四)

330000－1716－0020836　普 類 0052－2/
20836　類叢部/類書類/通類之屬

類腋五十五卷　（清）姚培謙　（清）張卿雲輯
清刻本　一冊　存一卷(地部三)

330000－1716－0020840　新補 0021/20840
新學/雜著/叢編

西學啟蒙十六種　（英國）赫德編　（英國）艾
約瑟譯　清光緒二十四年(1898)上海圖書集
成印書局鉛印本　十三冊　存十三種

330000－1716－0020844　新補 0022－1/
20844　新學/雜著/叢編

富強叢書正集七十七種續集一百二十一種
（清）袁俊德編　清光緒二十七年(1901)上海
寶善齋石印本　三十三冊　存四十九種

330000－1716－0020851　新補 0024/20851

經部/小學類/文字之屬

虛字會通法初編不分卷　（清）徐超編　清宣
統二年(1910)上海群學社鉛印本　馬肖范題
記　三冊

330000－1716－0020852　新補 0023/20852
新學/雜著/叢編

西學新政叢書七種　（清）王德尚編　清光緒
二十八年(1902)上海書局石印本　十冊　存
五種

330000－1716－0020854　史補 0215/20854
史部/政書類/通制之屬

文獻通考二十四卷首一卷　（元）馬端臨撰
清光緒十一年(1885)上海點石齋石印本　三
十二冊

330000－1716－0020855　史補 0217/20855
史部/政書類/通制之屬

文獻通考詳節二十四卷　（元）馬端臨撰
（清）嚴虞惇輯　清光緒二十五年(1899)上海
著易堂書局鉛印本　二冊　存十三卷(一至
十三)

330000－1716－0020858　史補 0218/20858
史部/政書類/儀制之屬/典禮

文廟通考六卷首一卷　（清）牛樹梅撰　清同
治十一年(1872)浙江書局刻本　二冊

330000－1716－0020864　古越 0776/20864
新學/雜著/叢編

富強叢書正集七十七種續集一百二十一種
（清）袁俊德編　清光緒二十七年(1901)上海
寶善齋石印本　三十九冊　存五十五種

330000－1716－0020874　子補 0256/20874
子部/醫家類/類編之屬

黃氏醫書八種　（清）黃元御撰　清宣統元年
(1909)上海江左書林石印本　一冊　存一種

330000－1716－0020875　史補 0219/20875
子部/術數類/相宅相墓之屬

地理正義鉛彈子砂水要訣七卷　（清）張鳳藻
撰　清刻本　一冊　存一卷(四)

330000－1716－0020880　新補 0025－6/

20880　新學/算學/數學

筆算數學三卷　(美國)狄考文輯　(清)鄒立文述　清光緒三十年(1904)上海美華書館鉛印本　三冊

330000－1716－0020881　古越 0590/20881
類叢部/叢書類/彙編之屬

仰視千七百二十九鶴齋叢書四十種　(清)趙之謙編　清光緒會稽趙氏刻本　二十四冊

330000－1716－0020884　新補 0025－1/20884　新學/算學/數學

筆算數學三卷　(美國)狄考文輯　(清)鄒立文述　清光緒三十四年(1908)上海美華書館鉛印本　三冊

330000－1716－0020890　新補 0025－2/20890　新學/算學/數學

筆算數學三卷　(美國)狄考文輯　(清)鄒立文述　清光緒二十四年(1898)上海美華書館鉛印本　三冊

330000－1716－0020894　史補 0220/20894
子部/術數類/相宅相墓之屬

地理正義鉛彈子砂水要訣七卷　(清)張鳳藻撰　清刻本　一冊　存一卷(五)

330000－1716－0020902　新補 0025－4/20902　新學/算學/數學

筆算數學三卷　(美國)狄考文輯　(清)鄒立文述　清光緒二十四年(1898)上海美華書館鉛印本　三冊

330000－1716－0020906　新補 0025－5/20906　新學/算學/數學

筆算數學三卷　(美國)狄考文輯　(清)鄒立文述　清光緒二十九年(1903)上海美華書館鉛印本　三冊

330000－1716－0020907　集補 0006－53/20907　集部/小說類/長篇之屬

說唐全傳□□卷　清刻本　一冊　存一卷(十二)

330000－1716－0020910　子補 0529－3/20910　新學/報章

蒙學書報(蒙學叢書)一百十一種　(清)汪鍾霖編　清光緒二十八年(1902)上海蒙學報館石印本　十四冊　存五十種

330000－1716－0020916　子補 0529－4/20916　新學/報章

蒙學書報(蒙學叢書)一百十一種　(清)汪鍾霖編　清光緒二十八年(1902)上海蒙學報館石印本　九冊　存二十九種

330000－1716－0020923　子補 0530/20923
子部/儒家類/儒學之屬/蒙學

幼學求源三十三卷　(清)程允升撰　(清)鄒聖脈　(清)董成注　清刻本　三冊　存十五卷(三至十七)

330000－1716－0020924　集補 0006－55/20924　集部/小說類/長篇之屬

說唐前傳十卷六十八回說唐小英雄傳二卷十六回說唐薛家府傳六卷四十二回　(清)如蓮居士撰　清漁古山房刻本　五冊　存五卷(說唐小英雄傳一至二,說唐薛家府傳二、四、六)

330000－1716－0020926　新補 0025－7/20926　新學/算學/數學

筆算數學三卷　(美國)狄考文輯　(清)鄒立文述　清光緒二十四年(1898)上海美華書館鉛印本　三冊

330000－1716－0020928　子補 0531－1/20928　子部/儒家類/儒學之屬/蒙學

尺木堂日記故事四卷　清刻本　成世康題簽　一冊

330000－1716－0020932　子補 0531－2/20932　子部/儒家類/儒學之屬/蒙學

尺木堂日記故事四卷　清刻本　康生題簽　一冊

330000－1716－0020934　子補 0519－8/20934　子部/宗教類/道教之屬/戒律

暗室燈□□卷　(清)深山居士輯　清刻本　一冊　存一卷(三)

330000－1716－0020946　子補 0532－1/

20946　子部/儒家類/儒學之屬/蒙學
童子問路四卷　（清）鄭之琮輯　清浙蘭五鳳
樓刻本　隴西氏題簽　二冊

330000－1716－0020948　集補 0006－57/
20948　集部/小說類/長篇之屬
繡像南唐演義薛家將傳六卷一百回　（清）蓮
如居士編輯　清末石印本　一冊　存一卷
（六）

330000－1716－0020952　子補 0532－2/
20952　子部/儒家類/儒學之屬/蒙學
童子問路四卷　（清）鄭之琮輯　清四教堂刻
本　二冊

330000－1716－0020953　史補 0222/20953
史部/紀事本末類/斷代之屬
聖武記十四卷　（清）魏源撰　清刻本　五冊
存六卷（二至三、五、七、九、十四）

330000－1716－0020954　子補 0533/20954
子部/儒家類/儒學之屬/蒙學
啟秀新編一卷　（清）沈霖溥編次　清同治十
三年（1874）刻本　一冊

330000－1716－0020956　史補 0223/20956
史部/紀事本末類/斷代之屬
聖武記十四卷　（清）魏源撰　清刻本　三冊
存四卷（二至四、十四）

330000－1716－0020960　集補 0015－2/
20960　集部/小說類/長篇之屬
新刊續彭公案十二卷八十回　（清）貪夢道人
撰　清光緒石印本　一冊　存一卷（六）

330000－1716－0020962　子補 0266/20962
子部/醫家類/內科之屬/其他內科病證
血證論八卷　唐宗海撰　清光緒二十年
（1894）申江袖海山房書局石印本　一冊　存
五卷（一至五）

330000－1716－0020995　史補 0226/20995
子部/術數類/相宅相墓之屬
地理四彈子四卷　（清）張鳳藻輯　清刻本
三冊　缺一卷（鐵彈子）

330000－1716－0021005　史補 0227/21005
子部/術數類/相宅相墓之屬
地理正義鉛彈子砂水要訣七卷　（清）張鳳藻
撰　清刻本　二冊　存二卷（三、五）

330000－1716－0021007　史補 0228/21007
子部/術數類/相宅相墓之屬
地理四彈子四卷　（清）張鳳藻輯　清刻本
二冊

330000－1716－0021009　子補 0519－12/
21009　子部/宗教類/道教之屬/戒律
暗室燈二卷　（清）深山居士輯　清刻本
一冊

330000－1716－0021011　子補 0519－13/
21011　子部/宗教類/道教之屬/戒律
暗室燈二卷　（清）深山居士輯　清刻本　一
冊　存一卷（一）

330000－1716－0021013　史補 0225/21013
史部/地理類/外紀之屬
日本國志四十卷首一卷　（清）黃遵憲輯　清
末石印本　九冊　存三十九卷（二至四十）

330000－1716－0021014　經補 0145/21014
經部/四書類/總義之屬/傳說
四書典林三十卷　（清）江永輯　清石印本
二冊　存二十卷（十一至三十）

330000－1716－0021017　經補 0146－1/
21017　經部/四書類/總義之屬/傳說
四書典林三十卷四書古人典林十二卷　（清）
江永輯　清光緒十五年（1889）上海石印本
二冊　缺二十二卷（九至三十）

330000－1716－0021021　子補 0270/21021
子部/醫家類/醫案之屬
葉選醫衡二卷　（清）葉桂輯　清宣統二年
（1910）上海文瑞樓石印本　一冊　存一卷
（下）

330000－1716－0021023　經補 0147－1/
21023　經部/四書類/總義之屬/傳說
四書典林三十卷　（清）江永輯　清石印本
一冊　存十二卷（十九至三十）

330000－1716－0021025　子補 0271/21025
子部/醫家類/傷寒金匱之屬/傷寒論

劉河間傷寒三書二十卷　（金）劉完素撰　清
宣統元年(1909)千頃堂書局石印本　一冊
存二種

330000－1716－0021026　史補 0229/21026
史部/地理類/外紀之屬

日本國志序一卷　（清）黃遵憲撰　清光緒二
十三年(1897)紹郡中西學堂刻本　一冊

330000－1716－0021029　經補 0148/21029
經部/四書類/總義之屬/傳說

四書典林三十卷四書古人典林十二卷　（清）
江永輯　清光緒十四年(1888)石印本　三冊
　缺十卷(二十一至三十)

330000－1716－0021030　子補 0544－1/
21030　子部/儒家類/儒學之屬/蒙學

狀元閣三字經注圖一卷　（清）尚兆魚注　清
光緒十一年(1885)李光明莊刻本　一冊

330000－1716－0021031　子補 0544－2/
21031　子部/儒家類/儒學之屬/蒙學

狀元閣三字經注圖一卷　（清）尚兆魚注　清
光緒十一年(1885)李光明莊刻本　立埜題簽
　一冊

330000－1716－0021032　子補 0272/21032
子部/醫家類/傷寒金匱之屬/金匱要略

金匱心典三卷　（清）尤怡撰　清末上海文瑞
樓石印本　二冊　缺一卷(上)

330000－1716－0021033　史補 0230/21033
史部/紀事本末類/斷代之屬

聖武記十四卷　（清）魏源撰　清刻本　二冊
　存二卷(三、九)

330000－1716－0021034　地獻 1489/21034
經部/四書類/總義之屬/傳說

四書集注十九卷　（宋）朱熹撰　清浙紹奎照
樓刻本　一冊　存五卷(論語六至十)

330000－1716－0021035　經補 0149/21035
經部/四書類/總義之屬/傳說

新訂四書補注備旨十卷　（明）鄧林撰　（清）

杜定基增訂　清末石印本　一冊　存一卷
(孟子三)

330000－1716－0021036　經補 0150/21036
經部/四書類/中庸之屬/傳說

中庸示掌一卷　王履亨輯注　清刻本　一冊

330000－1716－0021037　史補 0231/21037
史部/地理類/輿圖之屬/全國

歷代地理沿革圖一卷　（清）六嚴繪　（清）馬
徵麟增輯　清同治十年(1871)金陵刻本
一冊

330000－1716－0021038　經補 0151/21038
經部/四書類/總義之屬/傳說

四書典林三十卷四書古人典林十二卷　（清）
江永輯　清光緒十五年(1889)上海鴻寶齋石
印本　四冊

330000－1716－0021040　地獻 1486－1/
21040　集部/小說類/長篇之屬

繡像京本雲合奇蹤玉茗英烈全傳四卷八十回
（明）徐渭編　清末石印本　清洪武題簽
一冊　存一卷(三)

330000－1716－0021041　子補 0545/21041
子部/儒家類/儒學之屬/蒙學

三字經注解備要二卷　（清）賀興思注解　清
刻本　一冊　存一卷(下)

330000－1716－0021042　地獻 1486－2/
21042　集部/小說類/長篇之屬

歷史小說繪圖英烈全傳四卷八十回　（明）徐
渭編　清末石印本　一冊　存二卷(三至四)

330000－1716－0021043　集補 0016－2/
21043　集部/小說類/長篇之屬

繡像征東全傳四卷四十二回　清光緒三十年
(1904)上海龍文書局石印本　二冊　存二卷
(一至二)

330000－1716－0021045　地獻 1486－3/
21045　集部/小說類/長篇之屬

歷史小說繪圖英烈全傳四卷八十回　（明）徐
渭編　清末石印本　一冊　存一卷(四)

253

330000－1716－0021046　地獻 1486－4/21046　集部/小說類/長篇之屬

歷史小說繪圖英烈全傳四卷八十回　（明）徐渭編　清末石印本　一冊　存一卷(二)

330000－1716－0021048　普叢 0135－1/21048　類叢部/叢書類/彙編之屬

滂喜齋叢書五十種　（清）潘祖蔭編　清同治至光緒吳縣潘氏京師刻本　三十二冊

330000－1716－0021049　史補 0232/21049　子/術數類/相宅相墓之屬

地理正義鉛彈子砂水要訣七卷　（清）張鳳藻撰　清蘇州會文堂刻本　四冊　存四卷(一至二、四至五)

330000－1716－0021050　地獻 1486－5/21050　集部/小說類/長篇之屬

歷史小說繪圖英烈全傳四卷八十回　（明）徐渭編　清末石印本　一冊　存一卷(二)

330000－1716－0021051　子補 0274/21051　子部/醫家類/類編之屬

東垣十書附二種　清光緒三十三年(1907)上海書局石印本　一冊

330000－1716－0021053　地獻 1486－6/21053　集部/小說類/長篇之屬

繡像京本雲合奇蹤玉茗英烈全傳四卷八十回　（明）徐渭編　清末上海文宜書局石印本　清孫雲親父親題簽　二冊　存二卷(一、三)

330000－1716－0021057　地獻 1442－4/21057　史部/目錄類/專錄之屬

東西學書錄總敘二卷　沈桐生撰　清光緒二十三年(1897)讀有用書齋刻本　二冊

330000－1716－0021058　史補 0181/21058　史部/地理類/輿圖之屬/全國

大清中外壹統輿圖(皇朝中外壹統輿圖)三十一卷首一卷　（清）鄒世詒　（清）晏啟鎮編（清）李廷簫　（清）汪士鐸增訂　清同治二年(1863)湖北撫署刻本　一冊　存一卷(首)

330000－1716－0021059　地獻 1486－7/21059　集部/小說類/長篇之屬

繡像京本雲合奇蹤玉茗英烈全傳十卷八十回　（明）徐渭編　清刻本　一冊　存一卷(四)

330000－1716－0021061　史補 0233/21061　史/金石類/郡邑之屬/文字

兩浙金石志十八卷補遺一卷　（清）阮元撰　清光緒十六年(1890)浙江書局刻本　十冊　存十六卷(一至七、九至十七)

330000－1716－0021064　子補 0276/21064　子部/醫家類/本草之屬/歷代綜合本草

本草求真九卷圖一卷主治二卷脈理求真一卷　（清）黃宮繡撰　清末上海江東書局石印本　一冊　存一卷(脈理求真)

330000－1716－0021066　子補 0277/21066　子部/醫家類/診法之屬/脈經脈訣

脈經十卷　題(晉)王叔和撰　清石印本　一冊　存二卷(九至十)

330000－1716－0021069　地獻 1488－1/21069　類叢部/類書類/專類之屬

詩學含英十四卷　（清）劉文蔚輯　清永言堂刻本　三冊　存十一卷(一至七、十一至十四)

330000－1716－0021070　子補 0548－1/21070　子部/儒家類/儒學之屬/蒙學

重訂幼學須知句解四卷　（清）程允升撰　清小酉山房刻本　清鑑氏題記　四冊

330000－1716－0021071　子補 0546/21071　子部/儒家類/儒學之屬/蒙學

啟蒙新體讀本三卷　何琪編　清光緒二十七年(1901)紹興文會堂書坊刻本　二冊　存二卷(二至三)

330000－1716－0021073　子補 0547/21073　類叢部/類書類/專類之屬

聲律啟蒙撮要二卷　（清）車萬育撰　清道光十八年(1838)經元堂刻本　一冊

330000－1716－0021074　子補 0550－2/21074　子部/術數類/命書相書之屬

重鐫神峰通考命理正宗六卷　（明）張楠撰　清大文堂刻本　二冊

330000－1716－0021075　子補 0548－2/
21075　子部/儒家類/儒學之屬/蒙學

千頃堂重訂幼學須知句解四卷　（清）程允升
撰　清光緒十八年(1892)上海簡玉山房刻本
葉萬祚題記　三冊　存三卷(一至三)

330000－1716－0021077　子補 0548－3/
21077　子部/儒家類/儒學之屬/蒙學

重訂幼學須知句解四卷　（清）程允升撰　清
光緒李光明莊刻本　二冊

330000－1716－0021079　子補 0548－4/
21079　子部/儒家類/儒學之屬/蒙學

亦西齋重訂幼學須知句解四卷　（清）程允升
撰　清光緒十五年(1889)浙省亦西齋刻本
二冊　存二卷(一、三)

330000－1716－0021082　子補 0549－1/
21082　子部/儒家類/儒學之屬/蒙學

正蒙必讀初二三編十二卷　（清）陳蔚文編
清光緒二十七年至二十八年(1901－1902)杞
廬刻本　三冊　存二種

330000－1716－0021083　子補 0549－2/
21083　子部/儒家類/儒學之屬/蒙學

正蒙必讀初二三編十二卷　（清）陳蔚文編
清光緒二十七年至二十八年(1901－1902)杞
廬刻本　三冊　存二種

330000－1716－0021084　子補 0550－5/
21084　子部/術數類/命書相書之屬

新鐫神峰張先生通考闢謬命理正宗大全六卷
　（明）張楠撰　清光緒三十二年(1906)上海
書局石印本　黃龍氏題記　二冊

330000－1716－0021086　經補 0155/21086
類叢部/類書類/通類之屬

增廣四書典腋二十卷　（清）松軒主人撰　清
光緒七年(1881)鉛印本　一冊　存三卷(八
至十)

330000－1716－0021087　經補 0156/21087
經部/四書類/總義之屬/傳說

四書集注十九卷　（宋）朱熹撰　清刻本　一
冊　存五卷(論語一至五)

330000－1716－0021088　經補 0157/21088
經部/四書類/總義之屬/傳說

四書子史集證六卷　（清）陳子驤撰　清光緒
十四年(1888)上海同文書局石印本　一冊
缺二卷(孟子一至二)

330000－1716－0021090　經補 0158/21090
經部/四書類/總義之屬/傳說

四書子史集證六卷　（清）陳子驤撰　清光緒
二十年(1894)上海煥文書局石印本　二冊

330000－1716－0021091　地獻 1491/21091
子部/儒家類/儒學之屬/蒙學

三字經一卷　（宋）王應麟撰　清末浙紹墨潤
堂刻本　一冊

330000－1716－0021095　地獻 1493/21095
集部/別集類/清別集

西河文選十一卷　（清）毛奇齡撰　（清）汪霦
等選　清乾隆刻本　一冊　存二卷(四至五)

330000－1716－0021096　子補 0550－7/
21096　子部/術數類/命書相書之屬

重鐫神峰通考命理正宗六卷　（明）張楠撰
清刻本　三冊　缺三卷(一、四至五)

330000－1716－0021097　經補 0160－2/
21097　經部/叢編

三讓堂六經全注　（宋）朱熹撰　清刻本　一
冊　存二種

330000－1716－0021100　地獻 1494－1/
21100　類叢部/叢書類/自著之屬

龍莊遺書四種　（清）汪輝祖撰　清刻本　一
冊　存一種

330000－1716－0021101　子補 0283/21101
子部/醫家類/方書之屬/單方驗方

六科良方集要一卷續方一卷　（清）周鶴群纂
輯　（清）凌奐增訂　清宣統元年(1909)石印
本　一冊

330000－1716－0021102　子補 0550－8/
21102　子部/術數類/命書相書之屬

重鐫神峰通考命理正宗六卷　（明）張楠撰
清刻本　二冊　缺四卷(一、三至五)

330000－1716－0021103　　子補 0552/21103
子部/儒家類/儒學之屬/蒙學

訓蒙造句捷訣初集一卷　　清光緒二十八年
（1902）日新書所刻本　　一冊

330000－1716－0021109　　子補 0550－9/
21109　子部/術數類/命書相書之屬

重鐫神峰通考命理正宗六卷　　（明）張楠撰
清文奎堂刻本　　六冊

330000－1716－0021112　　子補 0555－1/
21112　子部/儒家類/儒學之屬/蒙學

初學啟悟集二卷　　（清）汪承忠評選　　（清）黃
梅峰詮解　　清光緒八年（1882）掃葉山房刻本
章坎題簽　　一冊

330000－1716－0021113　　子補 0550－10/
21113　子部/術數類/命書相書之屬

重鐫神峰通考命理正宗六卷　　（明）張楠撰
清文奎堂刻本　　四冊　　缺二卷（四至五）

330000－1716－0021114　　經補 0165/21114
經部/叢編

五經四書九十七卷　　（清）□□輯　　清恕堂刻
本　　八冊　　存五種

330000－1716－0021115　　子補 0555－2/
21115　子部/儒家類/儒學之屬/蒙學

初學啟悟集二卷　　（清）汪承忠評選　　（清）黃
梅峰詮解　　清刻本　　二冊

330000－1716－0021117　　子補 0550－11/
21117　子部/術數類/命書相書之屬

重鐫神峰通考命理正宗六卷　　（明）張楠撰
清文奎堂刻本　　二冊　　缺二卷（四至五）

330000－1716－0021118　　史補 0235/21118
史部/政書類/通制之屬

文獻通考詳節二十四卷　　（元）馬端臨撰
（清）嚴虞惇輯　　清光緒十五年（1889）上海珍
藝書局鉛印本　　六冊

330000－1716－0021119　　子補 0555－3/
21119　子部/儒家類/儒學之屬/蒙學

初學啟悟集二卷　　（清）汪承忠評選　　（清）黃
梅峰詮解　　清刻本　　一冊　　存一卷（二）

330000－1716－0021120　　古越 0001/21120
經部/叢編

璜川吳氏經學叢書十五種　　（清）吳志忠等輯
清道光十年（1830）寶仁堂刻本　　四十冊

330000－1716－0021121　　子補 0556/21121
子部/儒家類/儒學之屬/蒙學

啟悟集四卷　　（清）汪承忠評選　　清刻本　　一
冊　　存三卷（一至三）

330000－1716－0021122　　史補 0234－2/
21122　史部/政書類/通制之屬

文獻通考詳節二十四卷　　（元）馬端臨撰
（清）嚴虞惇輯　　清光緒十五年（1889）上海珍
藝書局鉛印本　　六冊

330000－1716－0021123　　子補 0550－12/
21123　子部/術數類/命書相書之屬

重鐫神峰通考命理正宗六卷　　（明）張楠撰
清文奎堂刻本　　四冊　　缺二卷（五至六）

330000－1716－0021124　　史補 0236/21124
史部/政書類/通制之屬

文獻通考詳節二十四卷　　（元）馬端臨撰
（清）嚴虞惇輯　　清光緒五年（1879）八杉齋鉛
印本　　四冊　　存九卷（一至四、九至十三）

330000－1716－0021125　　史補 0237/21125
史部/政書類/通制之屬

文獻通考詳節二十四卷　　（元）馬端臨撰
（清）嚴虞惇輯　　清光緒五年（1879）八杉齋鉛
印本　　十一冊　　缺四卷（五至八）

330000－1716－0021126　　史補 0238/21126
史部/政書類/通制之屬

文獻通考詳節二十四卷　　（元）馬端臨撰
（清）嚴虞惇輯　　清光緒八杉齋鉛印本　　八冊
存十三卷（十至十五、十八至二十四）

330000－1716－0021127　　史補 0239/21127
史部/政書類/通制之屬

文獻通考詳節二十四卷　　（元）馬端臨撰
（清）嚴虞惇輯　　清光緒二十四年（1898）紹興
墨潤堂書莊石印本　　六冊

330000－1716－0021129　　集補 0019－1/

21129　集部/小說類/長篇之屬

異說五虎平西珍珠旗演義狄青前傳六卷一百十二回新鐫後續繡像五虎平南狄青演傳四卷四十二回　清光緒三十年(1904)上海書局石印本　六冊　存七卷(平西二至六、平南一至二)

330000－1716－0021130　經補 0166/21130
經部/叢編

五經四子書　(清)□□輯　清刻本　十六冊　存三種

330000－1716－0021132　集補 0019－2/21132　集部/小說類/長篇之屬

新鐫繡像五虎平南狄青演傳六卷四十二回
清光緒三十年(1904)上海書局石印本　三冊　存三卷(一至二、五)

330000－1716－0021134　子補 0557－1/21134　子部/儒家類/儒學之屬/蒙學

發蒙小品六卷　(清)唐惟懋編　(清)吳鳳儀注　清盛德堂刻本　桂樑氏題簽　四冊

330000－1716－0021138　地獻 1322－137/21138　史部/傳記類/科舉錄之屬/歷科鄉試錄

[光緒丁酉科]湖北鄉試卷一卷　施煊撰　清光緒石印本　一冊

330000－1716－0021140　子補 0557－3/21140　子部/儒家類/儒學之屬/蒙學

發蒙小品六卷　(清)唐惟懋編　(清)吳鳳儀注　清刻本　炳臣題簽　三冊　存五卷(二至六)

330000－1716－0021142　普叢 0136/21142
集部/總集類/彙編之屬

漢魏六朝一百三家集(漢魏六朝百三名家集)　(明)張溥編　明婁東張氏刻本　八十九冊　存八十九種

330000－1716－0021146　子補 0557－4/21146　子部/儒家類/儒學之屬/蒙學

國朝歷科發蒙小品六卷　(清)唐惟懋評選　清刻本　二冊　存二卷(一、五)

330000－1716－0021149　經補 0162/21149
集部/總集類/課藝之屬

小題宏模五十卷　清刻本　二冊　存二卷(二、十)

330000－1716－0021151　經補 0163/21151
集部/總集類/課藝之屬

小題宏模五十卷　清刻本　一冊　存一卷(上論)

330000－1716－0021152　子補 0557－5/21152　子部/儒家類/儒學之屬/蒙學

發蒙小品六卷　(清)唐惟懋編　(清)吳鳳儀注　清刻本　一冊　存二卷(四至五)

330000－1716－0021154　子補 0557－6/21154　子部/儒家類/儒學之屬/蒙學

發蒙小品選不分卷　(清)唐惟懋編　(清)俞魯琴重訂　清聚奎堂刻本　一冊

330000－1716－0021156　經補 0164/21156
集部/總集類/課藝之屬

小題宏模五十卷　清刻本　五冊　存五卷(四、十、二十、三十、三十九)

330000－1716－0021158　子補 0558/21158
子部/儒家類/儒學之屬/蒙學

初學文引一卷　(清)葉廉鍔選注　清同治十二年(1873)慈南古草堂刻本　一冊

330000－1716－0021165　子補 0559－1/21165　子部/儒家類/儒學之屬/蒙學

改良繪圖幼學雜字不分卷　(清)平江居士編　清光緒石印本　一冊

330000－1716－0021168　子補 0559－2/21168　子部/儒家類/儒學之屬/蒙學

改良繪圖幼學雜字不分卷　(清)平江居士編　清末上海廣益書局石印本　章關富題記　一冊

330000－1716－0021181　集補 0019－6/21181　集部/小說類/長篇之屬

異說五虎平西珍珠旗演義狄青前傳六卷一百十二回新鐫後續繡像五虎平南狄青演傳四卷四十二回　清光緒三十年(1904)上海書局石

印本　六冊　存七卷(平西一、三至六,平南一至二)

330000－1716－0021182　史補0903/21182
史部/編年類/斷代之屬

東華錄三十二卷(乾隆朝)　(清)蔣良騏撰
清乾隆三十年(1765)京都刻本　五冊　存十三卷(一至三、七至十一、二十八至三十二)

330000－1716－0021190　經補0167/21190
經部/四書類/總義之屬/傳說

四書人物類典串珠四十卷　(清)臧志仁輯
清光緒石印本　一冊　存十五卷(二十六至四十)

330000－1716－0021196　子補0559－3/
21196　子部/儒家類/儒學之屬/蒙學

改良繪圖幼學雜字不分卷　(清)平江居士編
清末上海廣益書局石印本　一冊

330000－1716－0021199　子補0287/21199
子部/醫家類/類編之屬

張氏醫書七種　(清)張璐等撰　清刻本　二十二冊　存六種

330000－1716－0021202　經補0168/21202
經部/四書類/總義之屬/傳說

四書論二卷　(清)王伊撰　清光緒二十七年(1901)上海文瑞樓石印本　三冊

330000－1716－0021203　子補0288/21203
子部/醫家類/類編之屬

張氏醫書七種　(清)張璐等撰　清同德堂刻本　一冊　存一種

330000－1716－0021204　集補0726－5/
21204　集部/曲類/彈詞之屬

繡像定國志八卷　清宣統石印本　一冊　存一卷(八)

330000－1716－0021205　子補0562－2/
21205　子部/術數類/命書相書之屬

增補星平會海命學全書十卷首一卷　(清)水中龍撰　清刻本　張承良題記　四冊　存七卷(四至十)

330000－1716－0021206　經補0169/21206
經部/四書類/總義之屬/傳說

四書義十二卷　(清)陸隴其撰　清光緒二十四年(1898)石印本　六冊

330000－1716－0021207　地獻1498－1/
21207　子部/雜著類/雜纂之屬

初學論策啟悟集不分卷　(清)唐恭安輯　清光緒石印本　張賢卿、悟我題記　一冊

330000－1716－0021208　子補0564/21208
子部/儒家類/儒學之屬/蒙學

發蒙針度初集四卷補編一卷　(清)王惟梅編　(清)朱惟寅等參訂　清同治八年(1869)味蘭軒刻本　四冊　存四卷(一至四)

330000－1716－0021209　子補0562－3/
21209　子部/術數類/命書相書之屬

增補星平會海命學全書十卷首一卷　(清)水中龍撰　清刻本　二冊　存四卷(六至九)

330000－1716－0021210　集補0019－8/
21210　集部/小說類/長篇之屬

新鐫異說五虎平西珍珠旗演義狄青前傳十四卷一百十二回　清奎璧堂刻本　十四冊

330000－1716－0021212　子補0289/21212
子部/醫家類/類編之屬

南雅堂醫書全集十六種　(清)陳念祖撰　清光緒三年(1877)漁古山房刻本　十七冊　存七種

330000－1716－0021213　地獻1498－2/
21213　子部/雜著類/雜纂之屬

初學論策啟悟集不分卷　(清)唐恭安輯　清光緒石印本　一冊

330000－1716－0021214　子補0562－4/
21214　子部/術數類/命書相書之屬

增補星平會海命學全書十卷首一卷　(清)水中龍撰　清刻本　一冊　存二卷(七至八)

330000－1716－0021215　經補0170/21215
經部/四書類/總義之屬/傳說

四書義十二卷　(清)陸隴其撰　清光緒二十四年(1898)石印本　四冊　存七卷(一至七)

330000－1716－0021216　　地獻 1499/21216
子部/儒家類/儒學之屬/蒙學

國朝歷科發蒙小品六卷　（清）唐惟懋評選
清蕭山裕文堂刻本　　四冊

330000－1716－0021217　　子補 0562－5/
21217　子部/術數類/命書相書之屬

增補星平會海命學全書十卷首一卷　（清）水
中龍撰　清刻本　駱吉良、來氏題記　一冊
　　存二卷(二至三)

330000－1716－0021218　　地獻 1500/21218
子部/醫家類/外科之屬/癰疽、疔瘡

洞天奧旨十六卷圖一卷　（清）陳士鐸撰
(清)陶式玉評　清大雅堂刻本　一冊　存四
卷(三至六)

330000－1716－0021219　　集補 0019－9/
21219　集部/小說類/長篇之屬

**新鐫後續繡像五虎平南狄青演傳六卷四十二
回**　清刻本　二冊　存二卷(一、五)

330000－1716－0021221　　子補 0290/21221
子部/醫家類/眼科之屬

校刊目經大成三卷首一卷　（清）黃庭鏡撰
清同治十年(1871)文馨堂刻本　六冊

330000－1716－0021222　　子補 0561－2/
21222　經部/小學類/文字之屬/字書/訓蒙

養蒙針度四卷　（清）潘子聲撰　清光緒狀元
閣李光明莊刻本　二冊

330000－1716－0021223　　子補 0561－3/
21223　經部/小學類/文字之屬/字書/訓蒙

養蒙針度五卷　（清）潘子聲撰　清刻本　一
冊　存一卷(三)

330000－1716－0021224　　地獻 1503/21224
史部/職官類/官箴之屬

佐治藥言一卷續一卷　（清）汪輝祖撰　清道
光二十六年(1846)刻本　一冊

330000－1716－0021225　　子補 0291/21225
子部/醫家類/針灸之屬/通論

鍼灸大成十卷　（明）楊繼洲撰　清嘉慶六年
(1801)英秀堂刻本　六冊　存六卷(一至二、
四、八至十)

330000－1716－0021226　　經補 0171/21226
經部/四書類/孟子之屬/傳說

孟子文榷七卷　（清）求古齋主人編　清同治
九年(1870)上海求古齋刻本　一冊　存二卷
(一至二)

330000－1716－0021228　　集補 0019－10/
21228　集部/小說類/長篇之屬

**新鐫繡像後續五虎平南狄青後傳六卷四十二
回**　清刻本　三冊　存三卷(四至六)

330000－1716－0021229　　子補 0567/21229
新學/學校

蒙學外國歷史教科書一卷附表一卷　文明書
局編譯　清光緒三十二年(1906)上海文明書
局鉛印本　二冊

330000－1716－0021230　　新補 0030－1/
21230　新學/學校

最新國文教科書不分卷　莊俞等編纂　清宣
統元年(1909)上海商務印書館鉛印本　十冊

330000－1716－0021232　　普叢 0087－3/
21232　類叢部/叢書類/彙編之屬

香艷叢書三百二十六種　（清）蟲天子輯　清
宣統上海國學扶輪社鉛印本　十一冊　存六
十一種

330000－1716－0021233　　子補 0565/21233
新學/學校

蒙學讀本全書七編七卷　（清）江蘇無錫三等
公學堂編　清光緒二十九年(1903)上海文明
書局石印本　二冊　存二卷(一、七)

330000－1716－0021235　　新補 0030－2/
21235　新學/學校

最新國文教科書不分卷　莊俞等編纂　清光
緒三十二年(1906)上海商務印書館鉛印本
孫兆鳳、倪英炎題記　十冊

330000－1716－0021236　　子補 0292－1/
21236　子部/醫家類/兒科之屬/通論

鼎鍥幼幼集成六卷　（清）陳復正輯　清刻本
　六冊

330000 – 1716 – 0021238　新補 0030 – 3/21238　新學/學校

最新國文教科書不分卷　莊俞等編纂　清宣統元年(1909)上海商務印書館鉛印本　潘維揚題記　九冊

330000 – 1716 – 0021239　子補 0292 – 2/21239　子部/醫家類/兒科之屬/通論

鼎鍥幼幼集成六卷　(清)陳復正輯　清刻本　三冊　存三卷(一、三至四)

330000 – 1716 – 0021241　子補 0566 – 1/21241　新學/學校

蒙學中國歷史教科書一卷附表一卷　文明書局編譯　清光緒三十三年(1907)上海文明書局鉛印本　二冊

330000 – 1716 – 0021242　地獻 1502 – 1/21242　經部/小學類/文字之屬/字書/訓蒙

養蒙針度五卷　(清)潘子聲撰　清光緒三年(1877)古越恒德堂刻本　四冊

330000 – 1716 – 0021243　地獻 1502 – 2/21243　經部/小學類/文字之屬/字書/訓蒙

養蒙針度五卷　(清)潘子聲撰　清光緒十年(1884)古越墨潤堂刻本　四冊

330000 – 1716 – 0021244　子補 0568/21244　新學/學校

蒙學課本二卷　清光緒二十五年(1899)南洋公學刻本　二冊

330000 – 1716 – 0021245　新補 0030 – 4/21245　新學/學校

最新國文教科書不分卷　莊俞等編纂　清宣統元年(1909)上海商務印書館鉛印本　五冊

330000 – 1716 – 0021246　子補 0293 – 1/21246　子部/醫家類/婦科之屬/產科

胎產心法三卷　(清)閻純璽撰　清同文堂刻本　四冊

330000 – 1716 – 0021247　普叢 0137/21247　類叢部/叢書類/彙編之屬

功順堂叢書十八種　(清)潘祖蔭編　清光緒吳縣潘氏刻本(周人經說卷五至八原缺)　二

十三冊

330000 – 1716 – 0021248　地獻 1504/21248　子部/術數類/命書相書之屬

增補星平會海命學全書十卷首一卷　(清)水中龍撰　清光緒三年(1877)浙紹墨潤堂刻本　四冊　缺四卷(二至五)

330000 – 1716 – 0021249　新補 0030 – 5/21249　新學/學校

最新國文教科書不分卷　莊俞等編纂　清光緒三十二年(1906)上海商務印書館鉛印本　三冊

330000 – 1716 – 0021251　地獻 1506 – 1/21251　集部/別集類/清別集

洗齋病學草擬存詩一卷附存詩一卷　(清)胡壽頤撰　(清)昨非居士輯　清光緒十年(1884)山陰胡氏刻本　一冊

330000 – 1716 – 0021253　經補 0174/21253　經部/四書類/總義之屬/傳說

四書味根錄三十七卷　(清)金澂撰　清光緒三十一年(1905)上海朱氏煥文書局石印本　四冊　缺十四卷(論語一至十、孟子十一至十四)

330000 – 1716 – 0021254　史補 0245/21254　史部/編年類/通代之屬

增評加批歷史綱鑑補三十九卷首一卷　(明)王世貞　(明)袁黃纂　清光緒二十八年(1902)上海富強齋石印本　八冊　存三十六卷(一至三十五、首)

330000 – 1716 – 0021256　子補 0293 – 2/21256　子部/醫家類/婦科之屬/產科

胎產心法三卷　(清)閻純璽撰　清刻本　一冊　存一卷(二)

330000 – 1716 – 0021258　普叢 0138/21258　類叢部/叢書類/彙編之屬

說郛一百二十弓一千二百八十種　(明)陶珽編　**說郛續四十六弓五百三十八種**　(明)陶珽編　(清)李際期重訂　明末刻清初李際期宛委山堂續刻彙印本　一冊　存說郛五種

330000 – 1716 – 0021259　地獻 1508 – 1/
21259　經部/小學類/訓詁之屬/方言

越諺三卷越諺賸語二卷　（清）范寅撰　清光
緒谷應山房刻本　一冊　存一卷(二)

330000 – 1716 – 0021260　地獻 1509/21260
子部/醫家類/綜合之屬/通論

石室秘籙六卷　（清）陳士鐸撰　清刻本　一
冊　存一卷(四)

330000 – 1716 – 0021262　地獻 1494 – 2/
21262　類叢部/叢書類/自著之屬

龍莊遺書四種　（清）汪輝祖撰　清刻本　一
冊　存一種

330000 – 1716 – 0021263　經補 0175/21263
經部/四書類/總義之屬/傳說

四書會要錄三十卷　（清）黃瑞撰　清同治九
年(1870)旌陽寶文書局刻本　二十冊

330000 – 1716 – 0021265　普叢 0139 – 1/
21265　類叢部/叢書類/自著之屬

經韻樓叢書九種　（清）段玉裁撰　清乾隆至
道光金壇段氏刻本　二十冊　存八種

330000 – 1716 – 0021268　子補 0563 – 5/
21268　子部/宗教類/道教之屬

太上寶筏圖說八卷　（清）黃正元纂　清光緒
二十九年(1903)上海鴻文書局石印本　潘仁
壽題記　八冊

330000 – 1716 – 0021270　子補 0294/21270
子部/醫家類/婦科之屬

傅青主女科二卷產後編二卷　（清）傅山撰
清刻本　二冊　缺一卷(一)

330000 – 1716 – 0021271　地獻 1506 – 2/
21271　集部/別集類/清別集

洗齋病學草擬存詩一卷附存詩一卷　（清）胡
壽頤撰　（清）昨非居士輯　清光緒十年
(1884)山陰胡氏刻本　一冊　缺一卷(附存
詩)

330000 – 1716 – 0021273　地獻 1494 – 3/
21273　類叢部/叢書類/自著之屬

汪龍莊先生遺書四種　（清）汪輝祖撰　清光

緒八年至十二年(1882 – 1886)山東書局刻本
二冊　存二種

330000 – 1716 – 0021274　子補 0295/21274
子部/醫家類/綜合之屬/通論

辨證奇聞十卷　（清）陳士鐸撰　（清）錢松刪
定　清刻本　陳立觀跋　七冊　缺三卷(二、
六至七)

330000 – 1716 – 0021276　經補 0176/21276
經部/四書類/總義之屬/傳說

四書纂注二卷音義辨異一卷　清末石印本
一冊

330000 – 1716 – 0021277　子補 0569 – 1/
21277　子部/儒家類/儒學之屬/蒙學

龍文鞭影二卷　（明）蕭良有纂輯　（清）楊臣
靜增訂　（清）來集之音注　清文奎堂刻本
朱專仁題簽　二冊

330000 – 1716 – 0021278　經補 0177/21278
經部/四書類/總義之屬/傳說

四書纂注二卷音義辨異一卷　清末石印本
一冊

330000 – 1716 – 0021279　史補 0248/21279
史部/史評類/史論之屬

讀通鑑論十六卷附宋論十五卷　（清）王夫之
撰　清光緒三十年(1904)上海商務印書館鉛
印本　八冊　存二十七卷(一至二、七至十
六,宋論一至十五)

330000 – 1716 – 0021281　子補 0563 – 6/
21281　子部/宗教類/道教之屬

太上寶筏圖說八卷　（清）黃正元纂　清光緒
石印本　二冊　存二卷(六至七)

330000 – 1716 – 0021282　子補 0569 – 2/
21282　子部/儒家類/儒學之屬/蒙學

龍文鞭影二卷　（明）蕭良有纂輯　（清）楊臣
靜增訂　（清）來集之音注　清光緒四年
(1878)存春廬刻本　二冊

330000 – 1716 – 0021283　子補 0569 – 3/
21283　子部/儒家類/儒學之屬/蒙學

龍文鞭影二卷　（明）蕭有良纂輯　（清）楊臣

静增訂 （清）陳士龍編次 清經國堂刻本
二冊

330000－1716－0021284　經補 0178/21284
經部/四書類/總義之屬/傳說

新訂四書補注備旨十卷 （明）鄧林撰　（清）
杜定基增訂　清末上海袖海山房石印本　二
冊　存二卷(孟子三至四)

330000－1716－0021286　子補 0569－4/
21286　子部/儒家類/儒學之屬/蒙學

龍文鞭影四卷 （明）蕭良有纂輯　（清）楊臣
靜增訂　（清）李恩綬校補　清光緒二十二年
(1896)狀元閣李光明莊刻本　四冊

330000－1716－0021287　子補 0563－7/
21287　子部/宗教類/道教之屬

太上寶筏圖說八卷 （清）黃正元纂　清光緒
石印本　二冊　存二卷(六至七)

330000－1716－0021288　子補 0569－5/
21288　子部/儒家類/儒學之屬/蒙學

龍文鞭影二卷 （明）蕭良有纂輯　（清）楊臣
靜增訂　（清）來集之音注　清光緒四年
(1878)存春廬刻本　一冊　存一卷(上)

330000－1716－0021289　子補 0296/21289
子部/醫家類/傷寒金匱之屬/傷寒論

傷寒瘟疫條辯六卷 （清）楊璿撰　清掃葉山
房刻本　三冊　存三卷(二、五至六)

330000－1716－0021290　史補 0249/21290
史部/史評類/史論之屬

讀通鑑論十六卷附宋論十五卷 （清）王夫之
撰　清光緒三十年(1904)上海商務印書館鉛
印本　五冊　存二十二卷(一至五、九至十，
宋論一至十五)

330000－1716－0021291　子補 0569－6/
21291　子部/儒家類/儒學之屬/蒙學

龍文鞭影二卷 （明）蕭良有纂輯　（清）楊臣
靜增訂　（清）來集之音注　清刻本　一冊
存一卷(下)

330000－1716－0021293　史補 0250/21293
史部/史評類/史論之屬

讀通鑑論十六卷附宋論十五卷 （清）王夫之
撰　清光緒三十年(1904)上海商務印書館鉛
印本　九冊　缺二卷(一至二)

330000－1716－0021294　子補 0569－7/
21294　子部/儒家類/儒學之屬/蒙學

龍文鞭影二卷 （明）蕭良有纂輯　（清）楊臣
靜增訂　（清）來集之音注　清刻本　二冊

330000－1716－0021295　子補 0563－8/
21295　子部/宗教類/道教之屬

太上寶筏圖說八卷 （清）黃正元纂　清光緒
石印本　四冊　缺四卷(一至四)

330000－1716－0021296　子補 0569－8/
21296　子部/儒家類/儒學之屬/蒙學

龍文鞭影二卷 （明）蕭良有纂輯　（清）楊臣
靜增訂　（清）來集之音注　清刻本　一冊
存一卷(下)

330000－1716－0021297　史補 0251/21297
類叢部/叢書類/自著之屬

王船山先生經史論八種七十四卷 （清）王夫
之撰　清光緒二十七年(1901)簡青書局石印
本　八冊　存四十五卷(讀通鑑論一至三十、
宋論一至十五)

330000－1716－0021298　子補 0563－9/
21298　子部/宗教類/道教之屬

太上寶筏圖說八卷 （清）黃正元纂　清光緒
二十九年(1903)上海鴻文書局石印本　六冊
缺二卷(二、五)

330000－1716－0021300　子補 0563－10/
21300　子部/宗教類/道教之屬

太上寶筏圖說八卷 （清）黃正元纂　清光緒
十八年(1892)上海鴻文書局石印本　三冊
存三卷(一、三、六)

330000－1716－0021304　地獻 1510－1/
21304　子部/儒家類/儒學之屬/蒙學

龍文鞭影二卷 （明）蕭良有纂輯　（清）楊臣
靜增訂　（清）來集之音注　清光緒十七年
(1891)浙紹奎照樓刻本　一冊　存一卷(上)

330000－1716－0021306　地獻 1514/21306

集部/別集類/清別集

躬恥齋文鈔二十卷文後編六卷詩鈔十四卷詩後編七卷 (清)宗稷辰撰 清咸豐越峴山館刻本 一冊 存一卷(十)

330000－1716－0021308 經補 0181/21308
經部/四書類/總義之屬

四書古注群義彙解九種九十四卷 (清)□□輯 清光緒石印本 十冊 存七種

330000－1716－0021309 史補 0252/21309
史部/史評類/史論之屬

讀通鑑論三十卷末一卷附宋論十五卷 (清)王夫之撰 清光緒二十四年(1898)申昌書莊石印本 六冊 存三十七卷(一至七、十七至三十,末;宋論一至十五)

330000－1716－0021310 地獻 1515－1/21310 類叢部/叢書類/自著之屬

西河合集一百十九種 (清)毛奇齡撰 清末石印本 三冊 存一種

330000－1716－0021312 子補 0297－1/21312 子部/醫家類/綜合之屬/通論

醫學心悟五卷附外科十法一卷 (清)程國彭撰 清書粟軒刻本 二冊 存二卷(四至五)

330000－1716－0021313 經補 0182/21313
經部/四書類/總義之屬

四書古注群義彙解九種九十四卷 (清)□□輯 清光緒石印本 六冊 存二種

330000－1716－0021315 子補 0563－11/21315 子部/宗教類/道教之屬

太上寶筏圖說八卷 (清)黃正元纂 清光緒石印本 五冊 缺三卷(一、三、八)

330000－1716－0021316 子補 0297－2/21316 子部/醫家類/綜合之屬/通論

醫學心悟五卷附外科十法一卷 (清)程國彭撰 清宏道堂刻本 四冊

330000－1716－0021317 經補 0183/21317
經部/四書類/總義之屬

四書古注群義彙解九種九十四卷 (清)□□輯 清光緒石印本 四冊 存一種

330000－1716－0021318 子補 0298/21318
子部/醫家類

醒醫六書六卷 (清)吳有性撰 清咸豐二年(1852)松盛堂刻本 一冊 存一卷(瘟疫論三)

330000－1716－0021319 地獻 1510－2/21319 子部/儒家類/儒學之屬/蒙學

龍文鞭影二卷 (明)蕭良有纂輯 (清)楊臣靜增訂 (清)來集之音注 **龍文鞭影二集二卷** (清)李暉吉 (清)徐瓚輯 清光緒二十五年(1899)墨潤堂石印本 二冊 存二卷(一、二集一)

330000－1716－0021320 古越 0574/21320 史部/地理類/山川之屬/山志

岱覽三十二卷首編七卷附錄一卷 (清)唐仲冕撰 清嘉慶果克山房刻本 十二冊

330000－1716－0021321 經補 0184/21321
經部/四書類/總義之屬

四書古注群義彙解九種九十四卷 (清)□□輯 清光緒石印本 二冊 存二種

330000－1716－0021322 子補 0563－12/21322 子部/宗教類/道教之屬

太上寶筏圖說八卷 (清)黃正元纂 清光緒石印本 三冊 存三卷(二、七至八)

330000－1716－0021323 子補 0563－13/21323 子部/宗教類/道教之屬

太上寶筏圖說八卷 (清)黃正元纂 清光緒石印本 六冊 缺二卷(一、四)

330000－1716－0021324 地獻 1392－4/21324 子部/醫家類/綜合之屬/合刻、合抄

景岳全書六十四卷 (明)張介賓撰 清經元堂刻本 三冊 存六卷(四十七、五十至五十一、六十一至六十三)

330000－1716－0021325 子補 0563－14/21325 子部/宗教類/道教之屬

太上寶筏圖說八卷 (清)黃正元纂 清光緒十八年(1892)上海竹簡齋書局石印本 五冊 缺三卷(三至四、八)

330000－1716－0021326　子補 0563－15/21326　子部/宗教類/道教之屬

太上寶筏圖說八卷　（清）黃正元纂　清光緒石印本　四冊　缺四卷(一、五至七)

330000－1716－0021327　子補 0563－16/21327　子部/宗教類/道教之屬

太上寶筏圖說八卷　（清）黃正元纂　清光緒石印本　五冊　缺三卷(一至二、七)

330000－1716－0021328　新補 0035－1/21328　新學/學校

初等小學國文教科書不分卷　學部編譯圖書局編纂　清宣統元年至三年(1909－1911)學部圖書局石印本　倪英潮題記　五冊　存五冊(一至二、四至五、九)

330000－1716－0021330　子補 0299/21330　子部/醫家類/類編之屬

喻氏醫書三種　（清）喻昌撰　清刻本　二冊　存一種

330000－1716－0021332　新補 0035－2/21332　新學/學校

初等小學國文教科書不分卷　學部編譯圖書局編纂　清宣統元年(1909)學部圖書局石印本　成世莘題記　一冊　存一冊(五)

330000－1716－0021333　子補 0043－5/21333　子部/藝術類/書畫之屬/題跋

山谷題跋三卷　（宋）黃庭堅撰　（清）溫一貞輯　清南潯寧遠堂刻本　一冊

330000－1716－0021334　新補 0036－1/21334　新學/學校

初等小學國文教授書不分卷　學部編譯圖書局編纂　清宣統二年(1910)學部圖書局鉛印本　一冊　存一冊(六)

330000－1716－0021335　子補 0300/21335　子部/醫家類/外科之屬/外科方

新刊外科正宗六卷　（明）陳實功撰　清刻本　二冊　存二卷(三至四)

330000－1716－0021336　子補 0029－2/21336　子部/藝術類/遊藝之屬/聯語

對聯集雅二卷　（清）薛金絡　（清）華文彬　（清）華文模集句　（清）華文柏　（清）華文械　（清）華文桂分類　清光緒四年(1878)永思堂刻本　沈元燊題簽　一冊

330000－1716－0021338　子補 0029－3/21338　子部/藝術類/遊藝之屬/聯語

對聯集雅二卷　（清）薛金絡　（清）華文彬　（清）華文模集句　（清）華文柏　（清）華文械　（清）華文桂分類　清刻本　胡維銓題簽　一冊　存一卷(二)

330000－1716－0021340　地獻 1516－1/21340　類叢部/叢書類/彙編之屬

融經館叢書十一種　（清）徐友蘭編　清光緒六年至十一年(1880－1885)會稽徐氏八杉齋刻本　十六冊　存八種

330000－1716－0021341　史補 0254/21341　史部/史評類/史論之屬

讀通鑑論十卷末一卷附宋論五卷　（清）王夫之撰　清光緒二十六年(1900)山西書業昌莊石印本　二冊　存四卷(一至二、六至七)

330000－1716－0021342　子補 0563－17/21342　子部/宗教類/道教之屬

太上寶筏圖說八卷　（清）黃正元纂　清光緒十八年(1892)上海鴻文書局石印本　七冊　缺一卷(三)

330000－1716－0021344　地獻 1516－2/21344　類叢部/叢書類/彙編之屬

融經館叢書十一種　（清）徐友蘭編　清光緒六年至十一年(1880－1885)會稽徐氏八杉齋刻本　二冊　存一種

330000－1716－0021345　子補 0563－18/21345　子部/宗教類/道教之屬

太上寶筏圖說八卷　（清）黃正元纂　清光緒二十九年(1903)上海鴻文書局石印本　七冊　缺一卷(六)

330000－1716－0021346　普叢 0135－3/21346　類叢部/叢書類/彙編之屬

滂喜齋叢書五十種　（清）潘祖蔭編　清同治

至光緒吳縣潘氏京師刻本　二十四冊　存三
十六種

330000－1716－0021347　普叢 0140/21347
類叢部/叢書類/彙編之屬

玉函山房輯佚書六百二十二種附一種　（清）
馬國翰輯　清光緒九年（1883）長沙嫏嬛館刻
本　三十八冊　存二百十二種

330000－1716－0021349　子補 0563－19/
21349　子部/宗教類/道教之屬

太上寶筏圖說八卷　（清）黃正元纂　清光緒
石印本　三冊　存三卷（三至四、八）

330000－1716－0021350　經補 0186/21350
經部/四書類/總義之屬/傳說

四書義精華錄一卷附經義一卷　（清）述史居
士輯　清末石印本　一冊

330000－1716－0021351　新補 0036－2/
21351　新學/學校

初等小學國文教授書不分卷　學部編譯圖書
局編纂　清宣統二年（1910）學部圖書局鉛印
本　一冊　存一冊（六）

330000－1716－0021355　普叢 0362－1/
21355　類叢部/叢書類/自著之屬

船山遺書五十八種　（清）王夫之撰　清光緒
二十九年（1903）上海石印本　五冊　存一種

330000－1716－0021359　子補 0055－5/
21359　子部/藝術類/遊藝之屬/聯語

楹聯彙編八卷　王榮商輯　清光緒三十年
（1904）上海書局石印本　八冊

330000－1716－0021360　經補 0187－2/
21360　經部/四書類/總義之屬/傳說

張謇批選四書義六卷續四書義六卷　張謇撰
　清光緒二十七年（1901）上海書局石印本
六冊　存六卷（張謇批選四書義一至六）

330000－1716－0021361　經補 0188/21361
經部/四書類/總義之屬/傳說

張謇批選四書義六卷續四書義六卷　張謇撰
　清光緒石印本　一冊　存一卷（張謇批選
四書義二）

330000－1716－0021362　子補 0572/21362
子部/藝術類/遊藝之屬/聯語

新刻對聯麗句六卷　清刻本　一冊　存三卷
（四至六）

330000－1716－0021368　經補 0189/21368
經部/四書類/總義之屬

四書古注群義彙解九種九十四卷　（清）□□
輯　清光緒石印本　一冊　存五種

330000－1716－0021369　經補 0190/21369
經部/四書類/總義之屬

四書古注群義彙解九種九十四卷　（清）□□
輯　清光緒石印本　一冊　存五種

330000－1716－0021370　史補 0257/21370
史部/史評類/史論之屬

讀通鑑論十卷附宋論五卷　（清）王夫之撰
清光緒二十八年（1902）上海慎記石印本
七冊

330000－1716－0021372　子補 0302/21372
子部/醫家類/外科之屬/外科方

外科症治全生前集三卷後集三卷　（清）王維
德撰　清刻本　二冊

330000－1716－0021373　經補 0191/21373
經部/群經總義類

四書五經類典集成三十四卷　（清）戴兆春輯
　清光緒石印本　十九冊　缺五卷（一至三、
二十九、三十四）

330000－1716－0021374　子補 0303/21374
子部/醫家類/眼科之屬

一草亭眼科全集書四卷　（明）鄧苑撰　（清）
文永周輯　**附程松崖先生眼科應驗良方一卷**
　（明）程玠撰　清光緒十六年（1890）益元堂
刻本　三冊　存三卷（一、三至四）

330000－1716－0021376　經補 0192/21376
經部/群經總義類

四書五經類典集成三十四卷　（清）戴兆春輯
　清光緒十四年（1888）同文書局石印本　四
冊　存七卷（一至二、五至九）

330000－1716－0021377　史補 0258/21377

史部/史評類/史論之屬

通鑑論三卷附稽古録論一卷　（宋）司馬光撰
　（清）伍耀光輯　清末石印本　一冊　存一卷(二)

330000－1716－0021378　地獻 1498－3/21378　子部/儒家類/儒學之屬/蒙學

初學啟悟集二卷　（清）汪承忠評選　（清）黃梅峰詮解　清光緒七年(1881)浙紹聚奎堂刻本　清志松題簽　一冊　存一卷(一)

330000－1716－0021379　子補 0304－2/21379　子部/醫家類/方書之屬/成方藥目

同仁堂藥目不分卷　（清）同仁堂編　清末刻本　一冊

330000－1716－0021380　地獻 1498－4/21380　子部/儒家類/儒學之屬/蒙學

初學啟悟集二卷　（清）汪承忠評選　（清）黃梅峰詮解　清光緒七年(1881)浙紹聚奎堂刻本　一冊　存一卷(一)

330000－1716－0021381　史補 0259/21381　史部/史評類/史論之屬

讀通鑑論十卷末一卷附宋論五卷　（清）王夫之撰　清光緒鉛印本　四冊　存四卷(六至七、九至十)

330000－1716－0021382　地獻 3669/21382　子部/藝術類/篆刻之屬/印譜

三味書屋印譜不分卷　壽予康輯　清光緒八年(1882)鈐印本　二冊

330000－1716－0021383　史補 0260/21383　史部/史評類/史論之屬

讀通鑑論十卷附宋論五卷　（清）王夫之撰　清光緒二十八年(1902)寶善筬記石印本　七冊　缺六卷(六、宋論一至五)

330000－1716－0021384　經補 0193/21384　經部/四書類/總義之屬

四書古注群義彙解九種九十四卷　（清）□□輯　清光緒十七年(1891)上海鴻寶齋石印本　二冊　存一種

330000－1716－0021385　經補 0194/21385

經部/四書類/總義之屬

四書古注群義彙解九種九十四卷　（清）□□輯　清光緒十七年(1891)上海鴻寶齋石印本　二冊　存一種

330000－1716－0021388　子補 0575－1/21388　子部/藝術類/書畫之屬/書法書品

繪圖習字實在易不分卷　何明生編　清末上海彪蒙書室石印本　一冊

330000－1716－0021390　新補 0025－15/21390　子部/天文曆算類/算書之屬

筆算數學細草三卷　（清）顧鼎銘輯　清光緒石印本　三冊

330000－1716－0021393　經補 0196/21393　經部/四書類/總義之屬/傳說

四書題鏡味根合編三十九卷　（清）金澂（清）汪鯉翔撰　清光緒石印本　一冊　存八卷(論語一至七、首)

330000－1716－0021394　普叢 0223－12/21394　類叢部/叢書類/自著之屬

西堂全集　（清）尤侗撰　清刻本　一冊　存一種

330000－1716－0021397　地獻 1521－2/21397　集部/總集類/尺牘之屬

新輯尺牘合璧四卷　（清）許思湄　（清）龔尊撰　（清）婁世瑞注　（清）寄虹軒主人輯　清末石印本　二冊　存二卷(二、四)

330000－1716－0021398　經補 0198/21398　經部/四書類/總義之屬/傳說

四書題鏡味根合編三十九卷　（清）金澂（清）汪鯉翔撰　清光緒二十一年(1895)上海鴻寶齋石印本　六冊　缺六卷(論語八至十三)

330000－1716－0021399　地獻 1521－3/21399　集部/總集類/尺牘之屬

增廣句解尺牘含英初集六卷　（清）石秉楠輯　清末石印本　一冊　存一卷(三)

330000－1716－0021401　地獻 1880－13/21401　集部/總集類/尺牘之屬

增廣句解尺牘含英初集六卷二集不分卷
（清）石秉楠輯　清末石印本　清德煦題記
十冊

330000－1716－0021402　新補 0030－8/
21402　新學/學校
最新國文教科書不分卷　莊俞等編纂　清光
緒三十二年（1906）上海商務印書館鉛印本
一冊

330000－1716－0021405　經補 0200/21405
經部/四書類/總義之屬/傳說
四書題鏡味根合編三十九卷　（清）金瀠
（清）汪鯉翔撰　清光緒石印本　五冊　存二
十三卷（論語八至二十,孟子一至三、八至十
四）

330000－1716－0021406　地獻 1521－4/
21406　集部/總集類/尺牘之屬
增廣句解尺牘含英初集六卷　（清）石秉楠輯
　清末石印本　六冊

330000－1716－0021407　史補 0261/21407
史部/編年類/斷代之屬
東華續錄六十九卷（咸豐朝）　潘頤福編　清
刻本　十六冊　存二十卷（一至二十）

330000－1716－0021408　地獻 1522/21408
新學/格致總
時務新策大成初集一卷二集一卷　（清）王萬
懷編定　清光緒二十四年（1898）上海點石介
記石印本　十一冊

330000－1716－0021409　新補 0037/21409
新學/學校
最新初等小學堂國語教科書不分卷　黃展雲
　林萬里　王永炘編纂　清光緒三十三年
（1907）上海商務印書館鉛印本　四冊

330000－1716－0021410　地獻 1523/21410
史部/傳記類/科舉錄之屬/歷科鄉試錄
[光緒]己丑恩科鄉墨不分卷　（清）傅鍾麟評
選　清光緒上海著易堂鉛印本　三冊

330000－1716－0021411　史補 0262/21411
史部/紀事本末類/斷代之屬

聖武記十四卷　（清）魏源撰　清刻本　八冊

330000－1716－0021421　經補 0202/21421
經部/四書類/總義之屬/傳說
四書體注合講十九卷　（清）翁復編　清光緒
石印本　四冊　存十四卷（論語一至十、孟子
四至七）

330000－1716－0021423　地獻 1524/21423
集部/別集類/清別集
陳士巖稿三卷　（清）陳鴻磐撰　清光緒二年
（1876）四明茹古齋鉛印本　清陳士巖之曾侄
孫題記　二冊

330000－1716－0021424　經補 0201/21424
經部/四書類/總義之屬/傳說
四書體注合講十九卷　（清）翁復編　清光緒
十六年（1890）上海點石齋石印本　四冊　缺
八卷（論語一至五、孟子一至三）

330000－1716－0021430　地獻 1526/21430
子部/醫家類/外科之屬/癰疽、疔瘡
洞天奧旨十六卷圖一卷　（清）陳士鐸撰
（清）陶式玉評　清末上海大成書局刻本　一
冊　存三卷（十四至十六）

330000－1716－0021431　史補 0255/21431
史部/史評類/史論之屬
史論彙函甲編二十六種　題（清）述古齋主人
輯　清光緒二十九年（1903）申江開文書局石
印本　十八冊　存二十五種

330000－1716－0021432　新補 0042/21432
新學/學校
國文新教科書不分卷　陸保璿　王文濡編纂
　清光緒三十二年（1906）上海樂群印刷所石
印本　一冊

330000－1716－0021439　經補 0204/21439
經部/四書類/總義之屬/傳說
四書體注合講十九卷　（清）翁復編　清光緒
上海東璧山房石印本　四冊　存十二卷（論
語一至五、孟子一至七）

330000－1716－0021445　地獻 1487－4/
21445　子部/雜著類/雜纂之屬

格言聯璧一卷附一卷　（清）金纓輯　清光緒
十年(1884)紹興刻本　一冊

330000－1716－0021447　地獻 1528－1/
21447　子部/天文曆算類/算書之屬

新刻算法統宗指南大全四卷　清同治十一年
(1872)紹城刻本　一冊

330000－1716－0021448　史補 0264/21448
史部/傳記類/總傳之屬/通代

校正尚友録二十二卷補遺一卷　（明）廖用賢
輯　（清）張伯琮補輯　校正尚友録續集二十
二卷　（清）張亮基輯　清光緒二十五年
(1899)上海益記書莊石印本　三冊　存十二
卷(一至四、十五至十八,續集十五至十八)

330000－1716－0021450　集補 0024－8/
21450　集部/小說類/長篇之屬

增像小五義全傳十二卷一百二十四回　（清）
石玉崑撰　清末錦章圖書局石印本　二冊
存二卷(一、五)

330000－1716－0021451　子補 0305/21451
子部/醫家類/婦科之屬/產科

胎產秘書三卷附保嬰要訣一卷經驗各方一卷
　（清）錢□□撰　清刻本　一冊　缺二卷
(一至二)

330000－1716－0021454　子補 0579/21454
子部/天文曆算類/算書之屬

天算策學通纂十卷　（清）江衡撰　清光緒十
五年(1889)上海鴻寶齋石印本　二冊　存六
卷(一至六)

330000－1716－0021457　普叢 0142－4/
21457　類叢部/叢書類/彙編之屬

榆園叢刻十五種附一種　（清）許增編　清同
治至光緒刻本　七冊　存五種

330000－1716－0021459　子補 0581/21459
子部/天文曆算類/算書之屬

幾何原本十五卷　（意大利）利瑪竇　（英國）
偉烈亞力口譯　（明）徐光啟　（清）李善蘭筆
受　清光緒石印本　一冊　存四卷(一至四)

330000－1716－0021460　子補 0582/21460

子部/天文曆算類/算書之屬

新輯飛歸算法一卷　（清）青藜書屋輯　清光
緒三十年(1904)石印本　一冊

330000－1716－0021461　子補 0308/21461
子部/醫家類/類編之屬

韓園醫學六種　（清）潘霨輯　清光緒三年
(1877)湖北藩署刻本　一冊　存一種

330000－1716－0021462　集補 0024－12/
21462　集部/小說類/長篇之屬

繡像全圖小五義六卷一百二十四回　（清）石
玉崑撰　清末上海掃葉山房石印本　一冊
存二卷(三至四)

330000－1716－0021463　子補 0309/21463
子部/醫家類/婦科之屬

寧坤秘笈三卷附濟世論一卷任氏世傳傷寒秘
方一卷　（清）竹林寺僧撰　清刻本　一冊

330000－1716－0021464　子補 0583－1/
21464　子部/天文曆算類/算書之屬

詳注全圖算法大成八卷　（明）程大位撰　清
末石印本　一冊　存三卷(五至七)

330000－1716－0021466　子補 0583－2/
21466　子部/天文曆算類/算書之屬

詳注全圖算法大成八卷　（明）程大位撰　清
末石印本　二冊　存四卷(五至八)

330000－1716－0021469　子補 0584－1/
21469　子部/天文曆算類/算書之屬

算法指掌統宗大全四卷　清光緒二年(1876)
汲綆齋刻本　翠鳳題簽　一冊　存二卷(一
至二)

330000－1716－0021470　子補 0584－2/
21470　子部/天文曆算類/算書之屬

算法指掌統宗大全四卷　清光緒十六年
(1890)聚奎堂刻本　一冊

330000－1716－0021471　子補 0585/21471
子部/天文曆算類/算書之屬

新編算學啟蒙三卷總括一卷　（元）朱世傑撰
　算學啟蒙識誤一卷後記一卷　（清）羅士琳
撰　清光緒二十一年(1895)上海書局石印本

一冊

330000 – 1716 – 0021474　子補 0586/21474
子部/天文曆算類/算書之屬

重刊校正簡要詳明盤珠筭法一卷　清文彙齋
刻本　一冊

330000 – 1716 – 0021476　子補 0587/21476
子部/天文曆算類/算書之屬

比例匯通四卷　（清）羅士琳撰　清光緒二十
二年(1896)上海書局石印本　三冊　缺一卷
(三)

330000 – 1716 – 0021487　子補 0584 – 3/
21487　子部/天文曆算類/算書之屬

算法指掌統宗大全四卷　清刻本　柯守楚題
簽　三冊　缺一卷(一)

330000 – 1716 – 0021489　史補 0265/21489
史部/傳記類/總傳之屬/通代

校正尚友錄二十二卷　（明）廖用賢輯　（清）
張伯琮補輯　清末石印本　一冊　存四卷
(十三至十六)

330000 – 1716 – 0021490　經補 0205/21490
經部/四書類/總義之屬/傳說

四書體注合講十九卷　（清）翁復編　清光緒
十六年(1890)上海鴻文書局石印本　六冊

330000 – 1716 – 0021491　史補 0266/21491
史部/傳記類/總傳之屬/通代

校正尚友錄二十二卷　（明）廖用賢輯　（清）
張伯琮補輯　清末石印本　一冊　存六卷
(十四至十九)

330000 – 1716 – 0021492　史補 0267/21492
史部/傳記類/總傳之屬/通代

校正尚友錄二十二卷　（明）廖用賢輯　（清）
張伯琮補輯　**校正尚友錄續集二十二卷**
（清）張亮基輯　清末石印本　三冊　存十一
卷(八至十一、二十至二十二,續集四至七)

330000 – 1716 – 0021493　地獻 1529/21493
新學/學校

最新初級小學國文教科書不分卷　何琪編輯
清光緒三十二年(1906)上海會文學社石印

本　一冊

330000 – 1716 – 0021494　史補 0268/21494
史部/傳記類/總傳之屬/通代

校正尚友錄二十二卷　（明）廖用賢輯　（清）
張伯琮補輯　**校正尚友錄續集二十二卷**
（清）張亮基輯　清末石印本　三冊　存十一
卷(九至十一,續集九至十三、二十至二十二)

330000 – 1716 – 0021495　經補 0206/21495
經部/四書類/總義之屬/傳說

四書體注合講十九卷　（清）翁復編　清刻本
一冊　存三卷(孟子一至三)

330000 – 1716 – 0021496　子補 0588 – 1/
21496　子部/天文曆算類/算書之屬

算法指掌大全四卷　清末石印本　一冊

330000 – 1716 – 0021497　子補 0588 – 2/
21497　子部/天文曆算類/算書之屬

算法指掌大全四卷　清末石印本　一冊　存
二卷(三至四)

330000 – 1716 – 0021498　經補 0207/21498
經部/四書類/總義之屬/傳說

四書體注合講十九卷　（清）翁復編　清光緒
十四年(1888)上海積山書局石印本　四冊
缺五卷(孟子一至五)

330000 – 1716 – 0021499　新補 0046 – 1/
21499　新學/學校

簡明國文教科書不分卷　戴克敦等編纂　清
宣統二年(1910)上海商務印書館石印本
二冊

330000 – 1716 – 0021500　子補 0313/21500
子部/醫家類/婦科之屬/產科

大生要旨六卷附錄經驗良方一卷　（清）唐千
頃撰　清同治十年(1871)杏園刻本　一冊
存二卷(一至二)

330000 – 1716 – 0021501　經補 0208/21501
經部/四書類/總義之屬/傳說

四書體注合講十九卷　（清）翁復編　清光緒
二十六年(1900)上海煥文書局石印本　四冊
缺四卷(孟子一至二、六至七)

330000 – 1716 – 0021502　　地獻 1530 – 1/
21502　子部/醫家類/方書之屬/單方驗方

幾希錄一卷集古方一卷　（清）瑞五堂主人輯
　清同治十一年(1872)浙江蕭山刻本　一冊

330000 – 1716 – 0021503　　子補 0588 – 3/
21503　子部/天文曆算類/算書之屬

算法指掌大全四卷　清末石印本　一冊　存
二卷(一至二)

330000 – 1716 – 0021504　　新補 0046 – 2/
21504　新學/學校

簡明國文教科書不分卷　戴克敦等編纂　清
宣統二年(1910)上海商務印書館石印本　莊
文瑩題記　四冊

330000 – 1716 – 0021505　　地獻 1530 – 2/
21505　子部/醫家類/方書之屬/單方驗方

幾希錄一卷集古方一卷　（清）瑞五堂主人輯
　清道光元年(1821)紹興刻本　一冊　缺一
卷(幾希錄)

330000 – 1716 – 0021506　　子補 0588 – 4/
21506　子部/天文曆算類/算書之屬

算法指掌大全四卷　清末石印本　一冊

330000 – 1716 – 0021508　　經補 0209/21508
經部/四書類/總義之屬/傳說

四書體注合講十九卷　（清）翁復編　清刻本
　一冊　存五卷(論語一至五)

330000 – 1716 – 0021509　　地獻 1530 – 3/
21509　子部/醫家類/方書之屬/單方驗方

幾希錄續刻一卷附集經驗諸方一卷　（清）金
縷撰　清道光二十六年(1846)刻本　一冊

330000 – 1716 – 0021510　　子補 0589 – 1/
21510　子部/天文曆算類/算書之屬

新刻算法統宗指南大全四卷　清九思堂刻本
　清陸畊山題記　一冊

330000 – 1716 – 0021511　　新補 0047/21511
新學/學校

最新格致教科書不分卷　杜亞泉編輯　清光
緒上海商務印書館鉛印本　二冊

330000 – 1716 – 0021512　　地獻 1530 – 4/
21512　子部/醫家類/方書之屬/單方驗方

幾希錄良方合璧二卷　（清）瑞五堂主人輯
　清同治八年(1869)蘇州得見齋刻本　一冊
存一卷(二)

330000 – 1716 – 0021513　　子補 0314/21513
子部/醫家類/外科之屬/外科方

外科症治全生集四卷　（清）王維德撰　清光
緒十二年(1886)上洋馨遠堂刻本　一冊　存
二卷(一至二)

330000 – 1716 – 0021514　　子補 0589 – 2/
21514　子部/天文曆算類/算書之屬

新刻算法統宗指南大全四卷　清光緒十一年
(1885)浙寧汲綆齋刻本　一冊

330000 – 1716 – 0021516　　經補 0210/21516
經部/四書類/總義之屬/傳說

四書體注合講十九卷　（清）翁復編　清光緒
四年(1878)三餘堂刻本　四冊　存九卷(大
學、中庸、孟子一至七)

330000 – 1716 – 0021519　　子補 0315/21519
子部/醫家類/傷寒金匱之屬/傷寒論

**尚論張仲景傷寒論重編三百九十七法二卷首
一卷後四卷**　（清）喻昌撰　清兩儀堂刻本
　一冊　存二卷(後一至二)

330000 – 1716 – 0021520　　經補 0211/21520
經部/四書類/總義之屬/傳說

四書體注合講十九卷　（清）翁復編　清刻本
　一冊　存三卷(孟子一至三)

330000 – 1716 – 0021521　　經補 0212/21521
經部/四書類/總義之屬/傳說

四書體注合講十九卷　（清）翁復編　清刻本
　一冊　存二卷(孟子四至五)

330000 – 1716 – 0021523　　經補 0213/21523
經部/四書類/總義之屬/傳說

四書體注合講十九卷　（清）翁復編　清同治
九年(1870)海陵軒刻本　四冊　缺五卷(孟
子一至三、六至七)

330000 – 1716 – 0021525　　史補 0269/21525

史部/傳記類/總傳之屬/通代

增廣尚友錄統編二十二卷 應祖錫輯 清光緒二十八年(1902)鴻寶齋石印本 一冊 存二卷(九至十)

330000－1716－0021526 史補 0270－1/21526 史部/傳記類/總傳之屬/通代

校正尚友錄二十二卷 (明)廖用賢輯 (清)張伯琮補輯 清末石印本 四冊 存十五卷(一至八、十六至二十二)

330000－1716－0021527 新補 0067/21527 新學/學校

簡明筆算教科書不分卷 壽孝天編纂 清宣統三年(1911)上海商務印書館鉛印本 二冊

330000－1716－0021531 新補 0068/21531 新學/學校

最新高等小學筆算教科書四卷 王兆相 杜亞泉編纂 清光緒三十一年(1905)上海商務印書館鉛印本 三冊

330000－1716－0021532 子補 0584－4/21532 子部/天文曆算類/算書之屬

算法指掌統宗大全四卷 清刻本 乃琳題記 一冊 存二卷(一至二)

330000－1716－0021534 子補 0317/21534 子部/醫家類/綜合之屬/通論

增補醫方一盤珠全集十卷 (清)洪金鼎纂 清刻本 董芝良題記 一冊 存二卷(三至四)

330000－1716－0021538 地獻 1535/21538 集部/別集類/清別集

曹江集十卷 (清)曹恒吉撰 清刻本 一冊 存三卷(八至十)

330000－1716－0021539 史補 0271/21539 史部/傳記類/總傳之屬/通代

尚友錄二十二卷補遺一卷 (明)廖用賢輯 (清)張伯琮補輯 清末鉛印本 一冊 存十一卷(一至十一)

330000－1716－0021543 古越 0739/21543 子部/天文曆算類/算書之屬

四元玉鑑細草三卷四象細草假令之圖一卷附補增一卷 (清)羅士琳撰 **四元釋例一卷** (清)易之瀚撰 清光緒二十二年(1896)上海鴻寶齋書局石印本 一冊 存二卷(附補增、四元釋例)

330000－1716－0021546 史補 0272/21546 史部/傳記類/總傳之屬/通代

尚友錄二十二卷補遺一卷 (明)廖用賢輯 (清)張伯琮補輯 清末鉛印本 二冊 存七卷(五至八、十三至十五)

330000－1716－0021548 子補 0591/21548 新學/學校

蒙學珠算教科書一卷 文明書局編譯 清光緒三十二年(1906)上海文明書局鉛印本 一冊

330000－1716－0021553 新補 0071－1/21553 新學/學校

最新初等小學珠算教科書教授法不分卷 杜綜大編 清光緒三十一年(1905)上海商務印書館鉛印本 一冊

330000－1716－0021554 普叢 0216－1/21554 類叢部/叢書類/自著之屬

亭林先生遺書彙輯二十三種附錄三種 (清)顧炎武撰 (清)席威 (清)朱記榮編 清光緒十一年至三十二年(1885－1906)朱氏槐廬家塾刻本 八冊 存十種

330000－1716－0021555 新補 0071－2/21555 新學/學校

最新高等小學筆算教科書教授法不分卷 王兆相編 清光緒三十一年(1905)上海商務印書館鉛印本 一冊

330000－1716－0021558 史補 0334－4/21558 史部/史評類/史論之屬

歷代史論十二卷宋史論三卷元史論一卷歷代史論正編四卷 (明)張溥撰 **明史論四卷** (清)谷應泰撰 **左傳史論二卷** (清)高士奇撰 清光緒二十四年(1898)煥文書局石印本 五冊 缺七卷(宋史論一至三、歷代史論正編一至四)

330000－1716－0021559　經補 0215/21559
類叢部/類書類/通類之屬

增廣四書五經典林十二卷　（清）求是齋主人
編　清光緒石印本　四冊　存八卷（五至十
二）

330000－1716－0021560　地獻 1536/21560
集部/總集類/氏族之屬

**來氏家藏冠山逸韻五言五卷七言五卷補遺一
卷**　（清）來畹蘭輯　**續刻十卷**　（清）來鴻瑨
輯　（清）來秉奎編　清乾隆三十六年（1771）
會宗堂刻五十二年（1787）重印本　一冊　存
五卷（一至五）

330000－1716－0021562　普 類 0120－4/
21562　類叢部/類書類/通類之屬

典匯十二卷　（清）藜青閣主人輯　清末石印
本　三冊　存六卷（五至十）

330000－1716－0021563　地獻 1538/21563
集部/總集類/選集之屬/通代

應試五排精選五卷　（清）裘漫士　（清）申笏
山鑒定　清刻本　一冊　存一卷（五）

330000－1716－0021564　史 補 0334－5/
21564　史部/史評類/史論之屬

歷代史論十二卷宋史論三卷元史論一卷
（明）張溥撰　**明史論四卷**　（清）谷應泰撰
左傳史論二卷　（清）高士奇撰　清光緒二十
七年（1901）上海書局石印本　一冊

330000－1716－0021565　子補 0319/21565
子部/醫家類/類編之屬

古今醫統正脈全書四十四種　（明）王肯堂編
清二西堂刻本　二冊　存一種

330000－1716－0021567　普 類 0120－7/
21567　類叢部/類書類/通類之屬

典匯十二卷　（清）藜青閣主人輯　清光緒十
九年（1893）石印本　四冊　存八卷（一至二、
五至八、十一至十二）

330000－1716－0021569　子補 0320/21569
子部/醫家類/類編之屬

南雅堂醫書全集十六種　（清）陳念祖撰　清

刻本　一冊　存一種

330000－1716－0021572　地獻 1540/21572
類叢部/叢書類/自著之屬

橘蔭軒全集七種　（清）陳錦撰　清光緒山陰
陳氏橘蔭軒刻本　一冊　存一種

330000－1716－0021576　子補 0595/21576
新學/算學/微積

代微積拾級詳草二卷　（清）周藩撰　清光緒
三十一年（1905）石印本　一冊

330000－1716－0021577　地獻 1541－1/
21577　集部/別集類/清別集

白華絳跗閣詩初集（越縵堂詩初集）十卷
（清）李慈銘撰　清光緒刻本　一冊　存四卷
（七至十）

330000－1716－0021578　新 補 0083－2/
21578　新學/學校

簡明修身教科書不分卷　戴克敦編纂　清光
緒三十三年（1907）上海商務印書館石印本
七冊

330000－1716－0021579　地獻 1542/21579
集部/別集類/宋別集

陸象山先生文集三十六卷附校勘略一卷
（宋）陸九淵撰　（清）李紱輯　**少湖徐先生學
則辨一卷**　（明）徐階撰　**陸梭山公家制一卷**
（宋）陸九韶撰　清同治十年（1871）大儒家
廟刻光緒七年（1881）陸氏素位堂增刻本　二
冊　存四卷（一、校勘略、學則辨、家制）

330000－1716－0021580　集 補 0026－1/
21580　集部/小說類/長篇之屬

增訂精忠演義說本全傳二十卷八十回　（清）
錢彩編次　（清）金豐增訂　清末石印本　二
冊　存四卷（一至二、十七至十八）

330000－1716－0021581　子部　天文曆算類/
21581　子部/天文曆算類/算書之屬

行素軒算稿九種　（清）華蘅芳撰　清光緒二
十二年（1896）上海文瑞樓石印本　二冊　存
一種

330000－1716－0021582　史補 0278/21582

史部/史評類/史論之屬

史論五種 （清）李祖陶撰　清末石印本　一冊　存三種

330000－1716－0021583　地獻 1543/21583
集部/別集類/清別集

南江文鈔□□卷 （清）邵晉涵撰　清刻本　一冊　存一卷（□□）

330000－1716－0021584　新補 0072－2/21584　新學/學校

數學教科書不分卷 （清）葉懋宣編　清光緒三十一年（1905）上海通社久記鉛印本　一冊

330000－1716－0021585　地獻 1544/21585
子部/雜著類/雜考之屬

群書斠識九種 （清）平步青撰　清光緒二年至八年（1876－1882）會稽平氏刻本　一冊　存六種

330000－1716－0021586　子補 0596－2/21586　子部/天文曆算類/算書之屬

行素軒算稿九種 （清）華蘅芳撰　清光緒二十八年（1902）算學館鉛印本　一冊　存一種

330000－1716－0021587　經補 0219/21587
經部/四書類/總義之屬/傳說

四書典林三十卷四書古人典林十二卷 （清）江永輯　清同治十二年（1873）古菫一經室刻本　一冊　存四卷（一至四）

330000－1716－0021588　集補 0026－2/21588　集部/小說類/長篇之屬

增訂精忠演義說本全傳二十卷八十回 （清）錢彩編次　（清）金豐增訂　清刻本　三冊　存六卷（三至六、十一至十二）

330000－1716－0021589　新補 0073/21589
新學/算學

普通珠算課本不分卷 （清）蔣仲懷撰　清宣統二年（1910）上海商務印書館鉛印本　一冊

330000－1716－0021590　經補 0220/21590
經部/四書類/總義之屬/傳說

四書典林三十卷四書古人典林十二卷 （清）江永輯　清同治十二年（1873）古菫一經室刻

本　三冊　存十五卷（四至七、九至十三,古人典林一至六）

330000－1716－0021591　子補 0597/21591
子部/天文曆算類/算書之屬

算牖四卷 （清）許桂林撰　清刻本　一冊　存二卷（三至四）

330000－1716－0021592　子補 0321/21592
子部/醫家類/溫病之屬

種福堂公選溫熱論醫案四卷 （清）葉桂撰　清刻本　二冊

330000－1716－0021593　新補 0078/21593
新學/學校

最新初等小學筆算教科書不分卷　徐寯編　清光緒三十四年（1908）上海商務印書館鉛印本　一冊

330000－1716－0021594　集補 0026－3/21594　集部/小說類/長篇之屬

增訂精忠演義說本全傳二十卷八十回 （清）錢彩編次　（清）金豐增訂　清刻本　六冊　存十二卷（五至八、十一至十四、十七至二十）

330000－1716－0021595　新補 0074/21595
新學/學校

初等小學珠算教科書不分卷　學部編譯圖書局編纂　清宣統二年（1910）學部圖書局鉛印本　一冊

330000－1716－0021596　經補 0221/21596
經部/四書類/總義之屬/傳說

四書典林三十卷四書古人典林十二卷 （清）江永輯　清同治十二年（1873）古菫一經室刻本　八冊

330000－1716－0021597　新補 0075/21597
新學/學校

初等小學算術教授書不分卷　學部編譯圖書局編纂　清光緒三十三年（1907）學部圖書局鉛印本　一冊

330000－1716－0021599　子補 0598/21599
子部/天文曆算類/天文之屬

高厚蒙求九種 （清）徐朝俊撰　清嘉慶雲間

徐氏刻本　二冊　存二種

330000－1716－0021600　新補 0076/21600
新學/算學/數學

高等小學算術教本筆算不分卷　壽孝天編輯
清光緒三十二年（1906）上海商務印書館鉛
印本　一冊

330000－1716－0021601　經補 0222/21601
經部/四書類/總義之屬/傳說

四書典林三十卷四書古人典林十二卷　（清）
江永輯　清刻本　四冊　存二十二卷（九至
二十四、古人典林七至十二）

330000－1716－0021602　新補 0077/21602
新學/學校

簡易數學課本不分卷　壽孝天編輯　清光緒
三十二年（1906）上海商務印書館鉛印本
一冊

330000－1716－0021603　史補 0277－3/
21603　史部/史評類/史論之屬

二十四史論新編二十三卷　（清）朱鈞輯　清
光緒二十八年（1902）自強學齋石印本　四冊
存十五卷（一至四、七至十七）

330000－1716－0021604　經補 0223/21604
經部/四書類/總義之屬/傳說

四書典林三十卷四書古人典林十二卷　（清）
江永輯　清光緒十三年（1887）石印本　三冊
缺九卷（十一至十九）

330000－1716－0021607　集補 0026－6/
21607　集部/小說類/長篇之屬

增訂精忠演義說本全傳二十卷八十回　（清）
錢彩編次　（清）金豐增訂　清刻本　一冊
存二卷（十一至十二）

330000－1716－0021608　史補 0280/21608
史部/詔令奏議類/詔令之屬

硃批諭旨不分卷　（清）鄂爾泰等輯　清乾隆
三年（1738）刻朱墨套印本　八冊

330000－1716－0021609　普叢 0245－1/
21609　類叢部/叢書類/郡邑之屬

永嘉叢書十三種　（清）孫衣言編　清同治至

光緒瑞安孫氏詒善祠塾刻本　五十五冊　存
九種

330000－1716－0021611　地獻 1545－1/
21611　集部/別集類/清別集

蕉雨山房詩鈔六種十九卷　（清）丁堯臣撰
清光緒會稽丁氏刻本　三冊　存二種

330000－1716－0021612　地獻 1546/21612
集部/別集類/清別集

夢蘅樓詩草一卷詩餘一卷　（清）傅霖撰　清
同治四年（1865）敦敍堂刻本　一冊

330000－1716－0021614　地獻 1547－1/
21614　史部/金石類/石之屬/文字

思古齋雙鉤漢碑篆額三卷　（清）何澂輯　清
光緒九年（1883）刻本　三冊

330000－1716－0021615　子補 0599/21615
子部/天文曆算類/算書之屬

算經十書十種附刻一種　（清）孔繼涵輯　清
光緒十六年（1890）上海刻本　一冊　存一種

330000－1716－0021616　地獻 1547－2/
21616　史部/金石類/石之屬/文字

思古齋雙鉤漢碑篆額三卷　（清）何澂輯　清
光緒九年（1883）刻本　三冊

330000－1716－0021622　經補 0224/21622
經部/四書類/總義之屬/傳說

四書典林三十卷四書古人典林十二卷　（清）
江永輯　清同治十二年（1873）古董一經室刻
本　八冊

330000－1716－0021623　普叢 0160/21623
類叢部/叢書類/彙之屬

鐵華館叢書六種　（清）蔣鳳藻編　清光緒九
年至十年（1883－1884）長洲蔣氏刻本　六冊

330000－1716－0021625　新補 0085－2/
21625　新學/學校

最新初等小學修身教科書不分卷　商務印書
館編譯所編纂　清光緒三十二年（1906）上海
商務印書館石印本　三冊

330000－1716－0021626　子補 0601/21626

子部/天文曆算類/算書之屬

李氏遺書十一種 （清）李銳撰　清光緒十五年(1889)刻本　一冊　存三種

330000－1716－0021627　經補 0225/21627
經部/四書類/總義之屬

四書古注群義彙解九種九十四卷 （清）□□輯　清光緒石印本　一冊　存一種

330000－1716－0021628　新補 0085－3/21628　新學/學校

最新初等小學修身教科書不分卷　商務印書館編譯所編纂　清光緒三十二年(1906)上海商務印書館石印本　十冊

330000－1716－0021631　經補 0226/21631
經部/四書類/總義之屬/傳說

新訂四書補注備旨十卷 （明）鄧林撰　（清）杜定基增訂　清光緒七年(1881)兩美山房刻本　六冊　缺三卷(論語一至三)

330000－1716－0021632　子補 0616/21632
子部/天文曆算類/曆法之屬

新鐫曆法便覽象吉備要通書大全二十九卷（清）魏鑑撰　清乾隆錫環堂刻本　四冊　存十八卷(一至十八)

330000－1716－0021634　子補 0602/21634
子部/天文曆算類/算書之屬

觀我生室匯稿 （清）羅士琳撰　清道光刻本　一冊　存一種

330000－1716－0021635　新補 0086/21635
新學/學校

初等小學修身新教科書不分卷　方瀏生編輯　清光緒三十三年(1907)上海樂群圖書編譯局石印本　七冊

330000－1716－0021636　普叢 0146－1/21636　類叢部/叢書類/自著之屬

洪北江全集二十一種 （清）洪亮吉撰　清光緒三年至五年(1877－1879)洪用懃授經堂刻本　八十四冊

330000－1716－0021637　子補 0619/21637
子部/雜著類/雜品之屬

弦雪居重訂遵生八牋十九卷 （明）高濂撰　清刻本　八冊　存九卷(十至十八)

330000－1716－0021638　史補 0281/21638
史部/政書類/律令之屬/律例

大清法規大全正編一百六十八卷　清宣統北京政學社石印本　六冊　存十八卷(財政部五至八,首,法律部三,憲政部一至二,首,軍政部一至二,首,實業部十一至十五,外交部二)

330000－1716－0021639　子補 0603/21639
子部/天文曆算類/算書之屬

算學啟蒙述義三卷總括一卷後記一卷望海島述一卷 （元）朱世傑撰　（清）王鑑述義　清刻本　二冊　存二卷(二至三)

330000－1716－0021640　子補 0604/21640
子部/天文曆算類/算書之屬

算學十書 （清）賈步緯輯　清同治至光緒江南機器製造總局刻本暨鉛印本　三冊　存三種

330000－1716－0021641　子補 0324/21641
子部/醫家類/綜合之屬/雜著

醫家四要四卷 （清）程曦等撰　清光緒十二年(1886)養鶴山房刻本　三冊　存三卷(一至三)

330000－1716－0021642　集補 0027－1/21642　集部/小說類/長篇之屬

新刻繡像評講濟公傳十二卷一百二十回（清）郭廣瑞撰　清末石印本　一冊　存二卷(一至二)

330000－1716－0021643　子補 0605/21643
子部/天文曆算類/算書之屬

則古昔齋算學十三種二十四卷 （清）李善蘭　清同治六年(1867)海寧李善蘭金陵刻本　五冊　存十一種

330000－1716－0021644　子補 0617/21644
子部/天文曆算類/曆法之屬

新鐫曆法便覽象吉備要通書大全二十九卷（清）魏鑑撰　清刻本　十一冊　缺二卷(十

二至十三）

330000 – 1716 – 0021645　子補 0325/21645
子部/醫家類/醫話醫論之屬

醫法心傳一卷　（清）程鑒撰　清光緒十三年
(1887)養鶴山房刻本　一冊

330000 – 1716 – 0021646　集補 0027 – 2/
21646　集部/小說類/長篇之屬

繡像五續濟公傳四卷四十回　清光緒三十四
年(1908)上海普新書局石印本　一冊　存一
卷（一）

330000 – 1716 – 0021648　子補 0618/21648
子部/天文歷算類/歷法之屬

新鐫歷法便覽象吉備要通書大全二十九卷
（清）魏鑑撰　清刻本　諸谷子題記　八冊
缺十卷（一至三、九至十、十四、二十一至二十
四）

330000 – 1716 – 0021650　普叢 0198 – 2/
21650　類叢部/叢書類/彙編之屬

新斠平津館叢書十集三十四種　（清）孫星衍
編　清光緒十年至十五年(1884 – 1889)吳縣
朱氏槐廬家塾刻本　三十五冊　存二十二種

330000 – 1716 – 0021652　子補 0326/21652
子部/醫家類/類編之屬

張氏醫書七種　（清）張璐等撰　清刻本　六
冊　存二種

330000 – 1716 – 0021656　子補 0327/21656
子部/醫家類/方書之屬/歷代方書

醫方集解三卷　（清）汪昂撰　清三槐堂刻本
二冊　存二卷（一至二）

330000 – 1716 – 0021659　史補 0283/21659
史部/政書類/律令之屬/刑制

大清現行刑律案語不分卷　沈家本　俞廉三
輯　清末鉛印本　二冊

330000 – 1716 – 0021660　經補 0230/21660
經部/四書類/總義之屬/傳說

四書體注合講十九卷　（清）翁復編　清光緒
四年(1878)永康胡氏退補齋刻本　六冊

330000 – 1716 – 0021661　經補 0231/21661
經部/四書類/總義之屬/傳說

四書體注合講十九卷　（清）翁復編　清刻本
一冊　存五卷（論語六至十）

330000 – 1716 – 0021662　集補 0027 – 4/
21662　集部/小說類/長篇之屬

再續濟公傳全部四卷四十一回　清宣統元年
(1909)上海校經山房石印本　一冊

330000 – 1716 – 0021663　集補 0027 – 8/
21663　集部/小說類/長篇之屬

繡像十二續濟公傳四卷四十回　清末石印本
一冊

330000 – 1716 – 0021665　地獻 1548/21665
子部/天文歷算類/天文之屬

天文步天歌一卷　（清）何君藩撰　清刻本
清胡道南題記並批注　一冊

330000 – 1716 – 0021666　經補 0232/21666
經部/四書類/總義之屬/傳說

四書體注合講十九卷　（清）翁復編　清道光
七年(1827)酌雅齋刻本　五冊　缺五卷（論
語一至五）

330000 – 1716 – 0021667　經補 0233/21667
經部/四書類/總義之屬/傳說

四書體注合講十九卷　（清）翁復編　清道光
十一年(1831)酌雅齋刻本　六冊

330000 – 1716 – 0021668　集補 0027 – 6/
21668　集部/小說類/長篇之屬

繡像七續濟公傳四卷四十回　坑餘生撰　清
末石印本　三冊　存三卷（二至四）

330000 – 1716 – 0021672　經補 0234/21672
經部/四書類/總義之屬/傳說

四書體注合講十九卷　（清）翁復編　清光緒
四年(1878)永康胡氏退補齋刻本　六冊

330000 – 1716 – 0021673　地獻 1547 – 3/
21673　史部/金石類/石之屬/文字

思古齋雙鉤漢碑篆額三卷　（清）何澂輯　清
光緒九年(1883)刻本　三冊

330000－1716－0021674　經補 0235/21674
經部/四書類/總義之屬/傳說

四書體注合講十九卷　（清）翁復編　清光緒
五年(1879)四明茹古齋鉛印本　六冊

330000－1716－0021675　地獻 1547－4/
21675　史部/金石類/石之屬/文字

思古齋雙鉤漢碑篆額三卷　（清）何澂輯　清
光緒九年(1883)刻本　三冊

330000－1716－0021676　集補 0027－7/
21676　集部/小說類/長篇之屬

繡像八續濟公傳四卷三十五回　坑餘生撰
清宣統元年(1909)上海有益齋石印本　一冊

330000－1716－0021677　子補 0606/21677
子部/工藝類/文房四寶之屬/硯

端溪硯史三卷　（清）吳蘭修撰　清道光味菜
廬木活字印本　四冊

330000－1716－0021678　地獻 1549/21678
經部/小學類/訓詁之屬/字詁

增廣改正俗言智燈難字不分卷　清末石印本
一冊

330000－1716－0021679　經補 0236/21679
經部/叢編

古經解彙函十六種附小學彙函十四種　（清）
鍾謙鈞等輯　清刻本　一冊　存古經解彙函
一種

330000－1716－0021680　子補 0329/21680
子部/醫家類/類編之屬

沈氏尊生書五種　（清）沈金鰲撰輯　清同治
十三年(1874)湖北崇文書局刻本　三冊　存
三種

330000－1716－0021682　地獻 1550/21682
類叢部/叢書類/自著之屬

留書種閣集九種　（清）黃炳垕撰　清同治六
年至光緒二十年(1867－1894)餘姚黃氏留書
種閣刻本　一冊　存一種

330000－1716－0021683　子補 0607/21683
子部/工藝類/日用器物之屬/陶瓷

景德鎮陶錄十卷　（清）藍浦撰　（清）鄭廷桂
補輯　清刻本　二冊　存六卷(五至十)

330000－1716－0021685　地獻 1551/21685
子部/醫家類/綜合之屬/雜著

筆花醫鏡四卷　（清）江涵暾撰　清光緒十一
年(1885)紹郡墨潤堂刻本　一冊　存二卷
(一至二)

330000－1716－0021687　經補 0237/21687
經部/四書類/總義之屬/傳說

四書人物類典串珠四十卷　（清）臧志仁輯
清刻本　四冊　存九卷(二至三、十三至十
八、二十五)

330000－1716－0021689　子補 0609/21689
子部/天文曆算類/曆法之屬

大清光緒十八年歲次壬辰時憲書一卷　清光
緒刻朱墨套印本　一冊

330000－1716－0021693　子補 0610/21693
子部/天文曆算類/曆法之屬

大清光緒二十二年歲次丙申時憲書一卷　清
光緒刻朱墨套印本　一冊

330000－1716－0021694　經補 0238/21694
經部/四書類/孟子之屬/正文

孟子二卷　（明）顏茂猷校　清末鉛印本
一冊

330000－1716－0021695　子補 0611/21695
子部/天文曆算類/曆法之屬

大清光緒二十三年歲次丁酉時憲書一卷　清
光緒刻朱墨套印本　一冊

330000－1716－0021698　經補 0239/21698
經部/四書類/孟子之屬/正文

孟子二卷　（明）顏茂猷校　清末鉛印本　一
冊　存一卷(二)

330000－1716－0021699　史補 0288/21699
史部/傳記類/科舉錄之屬/歷科鄉試錄

[光緒丁酉科]湖北鄉同懷硃卷一卷　胡大崇
胡大華撰　清光緒石印本　一冊

330000－1716－0021701　子補 0331/21701
子部/醫家類/類編之屬

潛齋醫書三種　（清）王士雄撰　清咸豐元年(1851)吟香書屋刻本　三冊　存二種

330000－1716－0021702　集補 0027－10/21702　集部/小說類/長篇之屬

繡像真正九續濟公傳四卷四十回　清宣統二年(1910)上海校經山房石印本　二冊　存二卷(一、三)

330000－1716－0021707　地獻 1515－2/21707　類叢部/叢書類/自著之屬

西河合集一百十九種　（清）毛奇齡撰　清末石印本　三冊　存一種

330000－1716－0021708　史補 0291/21708　史部/金石類/總志之屬

香南精舍金石契二卷　（清）崇恩撰　清末影印本　一冊

330000－1716－0021709　子補 0332/21709　子部/醫家類/外科之屬/外科方

外科正宗十二卷附錄一卷　（明）陳實功撰（清）徐大椿評　清咸豐十年(1860)海寧蔣光焴刻本　二冊　存四卷(一至二、九至十)

330000－1716－0021710　經補 0240/21710　經部/四書類/總義之屬/傳說

四書集注十九卷　（宋）朱熹撰　清刻本　一冊　存三卷(論語八至十)

330000－1716－0021711　新補 0092/21711　新學/學校

高等小學修身教科書不分卷　學部編譯圖書局編纂　清宣統二年(1910)學部圖書局石印本　一冊

330000－1716－0021713　史補 0292/21713　史部/雜史類/斷代之屬

淮軍平捻記十二卷　（清）周世澄撰　清刻本　一冊　存三卷(四至六)

330000－1716－0021714　經補 0241/21714　類叢部/叢書類/自著之屬

陸子全書十八種　（清）陸隴其撰　清光緒二十七年(1901)上海圖書集成印書局鉛印本　四冊　存一種

330000－1716－0021718　地獻 1241－2/21718　集部/總集類/課藝之屬

龍山課藝二集四卷　（清）杜聯輯　清同治十二年(1873)刻本　一冊　存一卷(三)

330000－1716－0021720　地獻 1553/21720　子部/儒家類/儒學之屬/勸學

雲路初基二卷　（清）金玉章選評　清乾隆五十二年(1787)刻本　一冊

330000－1716－0021723　經補 0242/21723　經部/四書類/總義之屬/傳說

四書便蒙十九卷　（宋）朱熹撰　清文淵堂刻本　三冊　存三卷(論語二至三、五)

330000－1716－0021724　集補 0027－11/21724　集部/小說類/長篇之屬

真正繡像十續濟公傳四卷五十回　清末上海校經山房石印本　一冊　存一卷(一)

330000－1716－0021725　地獻 1554/21725　集部/總集類/選集之屬/通代

賦學正鵠集釋十一卷　（清）李元度輯　清刻本　一冊　存七卷(一至二、五、七至十)

330000－1716－0021726　子補 0333/21726　子部/醫家類/方書之屬/歷代方書

千金翼方三十卷　（唐）孫思邈撰　清光緒四年(1878)上海影元大德刻本　三冊　存十一卷(二十至三十)

330000－1716－0021727　經補 0243/21727　經部/四書類/總義之屬/傳說

四書集注十九卷　（宋）朱熹撰　清刻本　三冊　存三卷(論語二至四)

330000－1716－0021733　新補 0094/21733　新學/學校

初等小學修身教科書不分卷　學部編譯圖書局編纂　清宣統二年(1910)浙江學務公所石印本　一冊

330000－1716－0021746　新補 0097/21746　新學/雜著/雜記

國民修身淺義□□卷　黃澤卿撰　清末上海共和書局石印本　胡越昶、許奏雲題記　一

冊　存一卷(下)

330000－1716－0021748　集補 0027－15/
21748　集部/小說類/長篇之屬

繡像五續濟公傳四卷四十回　清光緒三十四
年(1908)上海普新書局石印本　四冊

330000－1716－0021749　地獻 1545－2/
21749　集部/別集類/清別集

蕉雨山房詩鈔六種十九卷　(清)丁堯臣撰
清光緒會稽丁氏刻本　一冊　存一種

330000－1716－0021750　地獻 1653/21750
集部/別集類/宋別集

劍南詩選奇句一卷偶句附逸稿一卷補遺一卷
　(宋)陸游撰　(清)巢鑨閣主輯録　稿本
四冊

330000－1716－0021751　經補 0244/21751
經部/四書類/總義之屬/傳說

四書題鏡不分卷　(清)汪鯉翔撰　清末石印
本　三冊

330000－1716－0021752　地獻 1545－3/
21752　集部/別集類/清別集

蕉雨山房詩鈔六種十九卷　(清)丁堯臣撰
清光緒會稽丁氏刻本　四冊　存二種

330000－1716－0021753　集補 0027－16/
21753　集部/小說類/長篇之屬

真正繡像十續濟公傳四卷五十回　清末上海
校經山房石印本　四冊

330000－1716－0021755　經補 0245/21755
經部/四書類/總義之屬/傳說

四書題鏡不分卷　(清)汪鯉翔撰　清刻本
三冊

330000－1716－0021757　新補 0098－1/
21757　新學/學校

初等小學女子國文教科書不分卷　蔣維喬等
編纂　清宣統元年(1909)上海商務印書館石
印本　七冊

330000－1716－0021760　新補 0098－2/
21760　新學/學校

初等小學女子國文教科書不分卷　蔣維喬等
編纂　清宣統三年(1911)上海商務印書館石
印本　胡雲卿題記　三冊

330000－1716－0021761　史補 0293/21761
史部/目録類/總録之屬/私撰

經籍舉要一卷　(清)龍啟瑞撰　清光緒十年
(1884)刻本　一冊

330000－1716－0021762　子補 0335/21762
子部/醫家類/傷寒金匱之屬/傷寒論

劉河間傷寒六書附二種　(金)劉完素等撰
清懷德堂刻本　三冊　存一種

330000－1716－0021763　地獻 1672－1/
21763　類叢部/叢書類/彙編之屬

湖海樓叢書十二種　(清)陳春編　清嘉慶蕭
山陳氏刻二十四年(1819)彙印本　一冊　存
一種

330000－1716－0021764　史補 0294/21764
史部/政書類/儀制之屬/典禮

明宮史八卷　(明)劉若愚編　清宣統二年
(1910)上海國學扶輪社鉛印本　一冊　存二
卷(一至二)

330000－1716－0021765　地獻 1670/21765
集部/別集類/宋別集

陸放翁劍南詩選六卷　(宋)陸游撰　(清)朱
陵選　清康熙二十五年(1686)刻本　二冊
存二卷(五至六)

330000－1716－0021766　地獻 1664－1/
21766　子部/儒家類/儒學之屬/禮教/家訓

家庭講話三卷　(清)陸一亭撰　清紹興刻本
　一冊

330000－1716－0021767　地獻 1545－4/
21767　集部/別集類/清別集

蕉雨山房詩鈔六種十九卷　(清)丁堯臣撰
清光緒會稽丁氏刻本　四冊　存二種

330000－1716－0021768　史補 0295/21768
史部/雜史類/斷代之屬

重訂國語國策合注　(三國吳)韋昭　(宋)鮑
彪注　清姑蘇書業堂刻本　四冊　存十一卷

（國語一至八、十四至十六）

330000－1716－0021770　地獻 1545－5/21770　集部/別集類/清別集

蕉雨山房詩鈔六種十九卷　（清）丁堯臣撰　清光緒會稽丁氏刻本　四冊　存二種

330000－1716－0021772　地獻 1545－6/21772　集部/別集類/清別集

蕉雨山房詩鈔六種十九卷　（清）丁堯臣撰　清光緒會稽丁氏刻本　四冊　存二種

330000－1716－0021773　地獻 1558/21773　子部/宗教類/道教之屬/戒律

好生救劫編五卷附編一卷　（清）常存敬畏齋主人輯　清光緒十五年（1889）紹興刻民國三年（1914）印本　一冊

330000－1716－0021774　經補 0247/21774　經部/四書類/總義之屬/傳說

四書題鏡十六卷　（清）汪鯉翔撰　清乾隆三十年（1765）修文堂刻本　十四冊　存十四卷（一至十四）

330000－1716－0021775　子補 0624/21775　子部/天文曆算類/曆法之屬

清光緒萬年書不分卷　清光緒石印本　一冊

330000－1716－0021776　子補 0336/21776　子部/醫家類/溫病之屬/痧症

痧脹玉衡書三卷後卷一卷　（清）郭志邃撰　清東書業刻本　一冊　存一卷（上）

330000－1716－0021777　史補 0296/21777　史部/政書類/邦計之屬/鹽法

兩廣鹽法志三十五卷首一卷　（清）吳長華等纂修　清道光十六年（1836）刻本　一冊　存一卷（首）

330000－1716－0021782　子補 0628－1/21782　子部/天文曆算類/曆法之屬

御定萬年書不分卷　（清）欽天監編　清光緒刻本　陳慶均題記　一冊

330000－1716－0021783　集補 0027－18/21783　集部/小說類/長篇之屬

繡像評演濟公傳四卷一百二十回接續後部濟公傳四卷一百二十回　（清）郭廣瑞撰　清光緒三十二年（1906）簡青齋書局石印本　三冊　存三卷（一、三，接續後部濟公傳一）

330000－1716－0021784　子補 0337/21784　子部/醫家類/內科之屬

證治彙補八卷　（清）李用粹撰　清光緒十八年（1892）簡玉山房刻本　三冊　存三卷（一至三）

330000－1716－0021787　子補 0629/21787　子部/天文曆算類/曆法之屬

萬年書十二卷　（清）欽天監編　清刻朱墨套印本　一冊　存一卷（二）

330000－1716－0021788　子補 0338/21788　子部/醫家類/綜合之屬/通論

醫貫六卷　（明）趙獻可撰　清同治六年（1867）文英堂刻本　三冊　存五卷（一至四、六）

330000－1716－0021791　經補 0689/21791　經部/群經總義類/傳說之屬

四書五經義匯海不分卷　（清）亦園居士輯　清光緒二十八年（1902）上海印書館石印本　十六冊

330000－1716－0021793　子補 2597/21793　子部/宗教類/其他宗教之屬/基督教

聖母顯跡聖牌紀略一卷　清光緒二十一年（1895）北京救世堂鉛印本　一冊

330000－1716－0021794　地獻 1559/21794　子部/宗教類/道教之屬

唱道真言五卷　（清）鶴臞子輯　清同治三年（1864）上虞王德寶刻本　一冊　存二卷（一至二）

330000－1716－0021797　史補 0298/21797　史部/地理類/輿圖之屬/全國

歷代地理沿革圖一卷　（清）六嚴繪　（清）馬徵麟增輯　清同治十年（1871）金陵刻本　一冊

330000－1716－0021798　子補 2598/21798

子部/宗教類/其他宗教之屬/基督教

保羅事蹟問答官話不分卷　（英國）海達理譯
　清光緒三十二年（1906）北京匯文書局鉛印
本　一冊

330000－1716－0021799　子補0339/21799
子部/醫家類/類編之屬

圖注八十一難經辨真四卷圖注脈訣辨真四卷
脈訣附方一卷　（明）張世賢撰　清刻本　一
冊　存二卷（脈訣辨真一至二）

330000－1716－0021813　子補0340/21813
子部/醫家類/綜合之屬/通論

新刊萬病回春八卷　（明）龔廷賢編　清刻本
　六冊　存六卷（三至八）

330000－1716－0021816　經補0250/21816
經部/四書類/總義之屬/傳說

廣增四書典腋二十卷　（清）松軒主人撰　清
刻本　三冊　存十卷（一至四、八至十三）

330000－1716－0021817　史補0300/21817
史部/詔令奏議類/奏議之屬

曾文正公奏議十卷首一卷末一卷補編四卷
（清）曾國藩撰　（清）薛福成編　清同治十三
年（1874）上海吳氏醉六堂刻本　一冊　存二
卷（一、首）

330000－1716－0021820　地獻1563/21820
史部/地理類/專志之屬/寺觀

敕賜寶嚴禪寺同戒録一卷　清光緒三年
（1877）刻本　一冊

330000－1716－0021823　經補0251/21823
經部/四書類/總義之屬/傳說

四書題鏡不分卷　（清）汪鯉翔撰　清刻本
四冊

330000－1716－0021826　經補0252/21826
經部/四書類/總義之屬/傳說

四書題鏡十六卷　（清）汪鯉翔撰　清刻本
三冊　存五卷（二至六）

330000－1716－0021827　新補0152－1/
21827　新學/學校

初等女子國文教科書八卷　何琪編輯　清光

緒三十二年（1906）上海會文學社石印本
二冊

330000－1716－0021830　子補0341/21830
子部/醫家類/類編之屬

圖注難經脈訣二種六卷　清聚盛堂刻本　一
冊　存一種

330000－1716－0021832　經補0253/21832
經部/四書類/總義之屬/傳說

四書翼注論文三十卷　（清）張甄陶撰　清刻
本　三冊　存八卷（下論一至四、上孟一至
二、下孟二至三）

330000－1716－0021833　新補0152－2/
21833　新學/學校

女子初等小學國文教科書不分卷　何琪編
清光緒三十三年（1907）上海會文學社石印本
二冊

330000－1716－0021835　地獻1494－5/
21835　類叢部/叢書類/自著之屬

汪龍莊先生遺書四種　（清）汪輝祖撰　清刻
本　五冊　存三種

330000－1716－0021837　地獻1564－1/
21837　集部/別集類/清別集

鮑太史詩集八卷　（清）鮑存曉撰　（清）鄭錫
田輯　清光緒十二年（1886）玉屏鄭錫田刻本
四冊

330000－1716－0021839　子補0342/21839
子部/醫家類/診法之屬/脈經脈訣

脈訣彙辨十卷　（清）李延是撰　清康熙五年
（1666）李氏刻本　二冊　存二卷（一至二）

330000－1716－0021840　史補0299/21840
史部/傳記類/別傳之屬/年譜

王船山先生［夫之］年譜二卷　（清）劉毓崧編
　清光緒十二年（1886）江南書局刻本　一冊
　存一卷（一）

330000－1716－0021841　經補0256/21841
類叢部/類書類/專類之屬

四書典制類聯音注三十三卷　（清）閭其淵輯
　清刻本　一冊　存一卷（四）

330000－1716－0021842　地獻 1566/21842
集部/別集類/清別集

一枝山房詩鈔一卷文鈔一卷　（清）楊三鼎撰
華庭詩鈔一卷賦鈔一卷夏蟲自語一卷
（清）楊德榮撰　清光緒七年（1881）會稽楊德
熙刻本　一冊

330000－1716－0021843　史補 0301/21843
史部/史評類/史論之屬

歷代史略六卷　柳詒徵撰　清光緒二十八年
（1902）江楚書局刻本　一冊　存一卷（一）

330000－1716－0021844　經補 0257/21844
類叢部/類書類/專類之屬

四書典制類聯音注三十三卷　（清）閻其淵輯
清光緒二年（1876）鳧山草堂刻本　九冊
缺三卷（四至六）

330000－1716－0021855　子補 0343/21855
子部/醫家類/針灸之屬/通論

鍼灸大成十卷　（明）楊繼洲撰　清刻本　三
冊　存三卷（八至十）

330000－1716－0021858　普子 2019/21858
子部/藝術類/篆刻之屬/印譜

對山印稿不分卷　（清）楊燮篆　（清）楊令旭
（清）楊令暉注　（清）楊森編輯　清道光嗜
鈔書齋鈐印刻本　四冊

330000－1716－0021864　子補 0344/21864
子部/醫家類/綜合之屬

景岳全書發揮四卷　（清）葉桂撰　清刻本
二冊　存二卷（三至四）

330000－1716－0021865　新補 0107－1/
21865　新學/學校

簡易識字課本不分卷　學部編譯圖書局編輯
清宣統元年（1909）學部圖書局石印本
二冊

330000－1716－0021869　新補 0107－2/
21869　新學/學校

簡易識字課本不分卷　學部編譯圖書局編輯
清宣統二年（1910）浙江學務公所石印本
一冊

330000－1716－0021873　地獻 1427－8/
21873　集部/詩文評類/文法之屬

初學論說文範四卷　邵伯棠撰　清宣統二年
（1910）上海會文堂粹記石印本　二冊　存二
卷（一、三）

330000－1716－0021875　新補 0107－3/
21875　新學/學校

簡易識字課本不分卷　學部編譯圖書局編輯
清宣統元年（1909）學部圖書局石印本
一冊

330000－1716－0021877　普叢 0124－6/
21877　類叢部/叢書類/彙編之屬

秘書廿一種　（清）汪士漢編　清刻本　二冊
存二種

330000－1716－0021878　新補 0107－4/
21878　新學/學校

簡易識字課本不分卷　學部編譯圖書局編輯
清宣統元年（1909）學部圖書局石印本
一冊

330000－1716－0021883　新補 0107－5/
21883　子部/儒家類/儒學之屬/蒙學

白話解說不分卷　施崇恩編輯　清光緒三十
四年（1908）上海彪蒙書室石印本　二十七冊
存二十七冊（三至二十九）

330000－1716－0021895　地獻 1427－21/
21895　集部/詩文評類/文法之屬

論說範本四卷　杜瀚生撰　清光緒三十四年
（1908）上海會文學社石印本　三冊　存三卷
（一至二、四）

330000－1716－0021896　子補 0347/21896
子部/醫家類/兒科之屬/驚風

新訂小兒科臍風驚風合編並附各症不分卷
（清）鮑璈輯　清同治十三年（1874）刻本
一冊

330000－1716－0021898　子補 0348/21898
子部/醫家類/類編之屬

達生福幼合編四種　清光緒十八年（1892）刻
本　一冊

330000－1716－0021899 子補 0349/21899
子部/醫家類/綜合之屬

醫方彙編六卷 （清）亟齋居士撰 清道光四年(1824)刻本 一冊 存二卷(保生編、慈幼編)

330000－1716－0021900 地獻 1427－22/21900 集部/總集類/課藝之屬

最新論說範本二集四卷 邵希雍撰述 清宣統二年(1910)上海會文學粹記石印本 四冊

330000－1716－0021904 子補 0350－1/21904 子部/醫家類/方書之屬/單方驗方

經驗選秘六卷 （清）胡增彬輯 清同治十年(1871)刻本 一冊

330000－1716－0021905 子補 0350－2/21905 子部/醫家類/方書之屬/單方驗方

經驗選秘六卷 （清）胡增彬輯 清同治十年(1871)刻本 一冊

330000－1716－0021906 經補 0258/21906 類叢部/類書類/專類之屬

四書典制類聯音注三十三卷 （清）閻其淵輯 清光緒二年(1876)鳧山草堂刻本 九冊 缺五卷(二十五至二十九)

330000－1716－0021907 集補 0028－1/21907 集部/小說類/短篇之屬

三續奇觀六卷 （清）蘭星居士輯 清光緒二十一年(1895)上海書局石印本 一冊 存一卷(一)

330000－1716－0021909 地獻 1570/21909 集部/別集類/清別集

躬恥齋文鈔二十卷文後編六卷詩鈔十四卷詩後編七卷制義二卷 （清）宗稷辰撰 清咸豐越峴山館刻本 二十三冊 缺三卷(一至三)

330000－1716－0021910 經補 0259/21910 類叢部/類書類/專類之屬

四書典制類聯音注三十三卷 （清）閻其淵輯 清光緒二年(1876)鳧山草堂刻本 八冊 缺八卷(四至十一)

330000－1716－0021912 子補 0351/21912

子部/醫家類/本草之屬/歷代綜合本草

增訂本草備要四卷醫方湯頭歌訣一卷經絡歌訣一卷 （清）汪昂撰 清刻本 一冊 缺四卷(本草備要一至四)

330000－1716－0021914 經補 0260/21914 類叢部/類書類/專類之屬

四書典制類聯音注三十三卷 （清）閻其淵輯 清刻本 一冊 存三卷(三十一至三十三)

330000－1716－0021917 集補 0028－2/21917 集部/小說類/長篇之屬

繪圖續今古傳奇六卷三十回 （清）即空觀主人撰 清光緒三十四年(1908)上海書局石印本 一冊 存一卷(一)

330000－1716－0021918 經補 0261/21918 經部/四書類/總義之屬/傳說

四書典林三十卷四書古人典林十二卷 （清）江永輯 清刻本 一冊 存二卷(五至六)

330000－1716－0021921 子補 0352/21921 子部/醫家類/方書之屬/單方驗方

經驗良方一卷新集良方一卷 清嘉慶八年(1803)紹城高元順醬園刻本 一冊

330000－1716－0021924 史補 0303/21924 史部/傳記類/總傳之屬/列女

列女傳八卷 （漢）劉向撰 （清）梁端校注 清刻本 一冊 存二卷(六至七)

330000－1716－0021926 地獻 1612－90/21926 集部/別集類/清別集

管注秋水軒尺牘四卷續刻一卷 （清）許思湄撰 （清）婁世瑞注 （清）管斯駿補注 清光緒吳縣管氏管可壽齋刻朱墨套印本 三冊 存三卷(三至四、續刻)

330000－1716－0021927 集補 0028－3/21927 集部/小說類/長篇之屬

今古奇觀十卷四十回 （明）抱甕老人輯 清同治二年(1863)右經堂刻本 八冊 缺二卷(二、九)

330000－1716－0021929 地獻 1573/21929 子部/術數類/占卜之屬

筮學斷驗四卷　(清)元勛居士鑒定　(清)賀湖散人編　清末紹城德潤齋刻本　一冊　存二卷(三至四)

330000－1716－0021930　經補0263/21930
經部/四書類/總義之屬/傳說

四書典林三十卷四書古人典林十二卷　(清)江永輯　清刻本　二冊　存六卷(古人典林五至十)

330000－1716－0021931　地獻1574/21931
子部/醫家類/方書之屬/歷代方書

醫方簡義六卷　(清)王清源撰　清光緒九年(1883)浙紹奎照樓刻本　清彭城益題簽　一冊　存三卷(四至六)

330000－1716－0021932　子補0353－2/21932　子部/醫家類/醫案之屬

續名醫類案三十六卷　(清)魏之琇撰　清光緒二十年(1894)上海著易堂刻本　八冊　存八卷(十五、二十一至二十三、二十五、二十八、三十、三十二)

330000－1716－0021933　地獻1203－2/21933　集部/別集類/清別集

海鷗館詩存八卷詩餘二卷補遺一卷　(清)黃霽棠撰　清光緒二十七年(1901)鉛印本　一冊　存二卷(四至五)

330000－1716－0021936　子補0353－1/21936　子部/醫家類/醫案之屬

名醫類案十二卷　(明)江瓘輯　清光緒二十年(1894)著易堂刻本　一冊　存一卷(二)

330000－1716－0021937　地獻1575/21937
新學/學校

東語初級不分卷　葛郁齋輯　清光緒三十三年(1907)東京教育譯輯社石印本　一冊

330000－1716－0021942　子補0354/21942
類叢部/叢書類/彙編之屬

宛鄰書屋叢書十三種　(清)張琦編　清道光十年至十二年(1830－1832)張氏宛鄰書屋刻本　一冊　存一種

330000－1716－0021947　子補0656/21947

子部/術數類/陰陽五行之屬

擇日秘書不分卷　(明)董潛撰　(清)覺羅耆齡輯　附董公選要覽不分卷　(明)董潛撰金光斗臨經不分卷　(明)周繼撰　清光緒二十六年(1900)上海鴻寶齋石印本　一冊

330000－1716－0021949　經補0264/21949
經部/四書類/總義之屬/傳說

四書典林三十卷四書古人典林十二卷　(清)江永輯　清道光五年(1825)暨陽聚珍堂刻本　十冊　缺十三卷(三至十一、二十七至三十)

330000－1716－0021950　地獻1578/21950
集部/總集類/郡邑之屬

國朝嵊詩鈔四卷　(清)黃晃等輯　清光緒十六年(1890)鉛印本　二冊

330000－1716－0021952　經補0265/21952
經部/四書類/總義之屬/傳說

四書典林三十卷四書古人典林十二卷　(清)江永輯　清小酉山房刻本　四冊　存十卷(一至四、十四至十六、二十二至二十四)

330000－1716－0021953　子補0355－1/21953　子部/醫家類/傷寒金匱之屬/傷寒論

劉河間傷寒六書附二種　(金)劉完素等撰清刻本　二冊　存二種

330000－1716－0021957　新補0160－2/21957　新學/學校

高等小學商業教科書不分卷　陸費逵編纂清宣統元年(1909)上海商務印書館鉛印本一冊

330000－1716－0021958　子補0355－2/21958　子部/醫家類/傷寒金匱之屬/傷寒論

劉河間傷寒六書附二種　(金)劉完素等撰清刻本　四冊　存四種

330000－1716－0021960　經補0266/21960
經部/四書類/總義之屬/傳說

四書典林三十卷四書古人典林十二卷　(清)江永輯　清同治八年(1869)英德堂刻本　一冊　存二卷(一至二)

330000－1716－0021964　經補 0267/21964
經部/四書類/總義之屬/傳說

四書典林三十卷四書古人典林十二卷 （清）
江永輯　清崇德書院刻本　五冊　存十三卷
（一至二、十二至十四、十八至十九、二十四至
二十六,古人典林八至十）

330000－1716－0021965　史補 0305/21965
史部/傳記類/別傳之屬

敕封天后志二卷 （清）林清標輯　清刻本
一冊　缺一卷（一）

330000－1716－0021966　子補 0356－1/
21966　子部/醫家類/溫病之屬/其他溫疫
病證

溫病條辨六卷首一卷 （清）吳瑭撰　清刻本
二冊　存二卷（三、六）

330000－1716－0021967　子補 0356－2/
21967　子部/醫家類/溫病之屬/其他溫疫
病證

溫病條辨六卷首一卷 （清）吳瑭撰　清刻本
一冊　存三卷（四至六）

330000－1716－0021968　新補 0109－2/
21968　新學/學校

高等小學理科教科書四卷 （日本）棚橋源太
郎撰　王季烈譯　清宣統元年（1909）上海文
明書局鉛印本　一冊　存一卷（二）

330000－1716－0021969　史補 0306/21969
集部/總集類/郡邑之屬

兩浙輶軒續錄五十四卷補遺六卷 （清）潘衍
桐輯　清光緒十七年（1891）浙江書局刻本
一冊　存二卷（補遺一至二）

330000－1716－0021970　新補 0110/21970
新學/學校

最新高等小學理科教科書四卷　謝洪賚編輯
清光緒三十四年（1908）上海商務印書館鉛
印本　王炳榮題記　四冊

330000－1716－0021971　子補 0654－1/
21971　子部/術數類/陰陽五行之屬

董公諏吉便覽一卷附一卷 （明）董潛撰　清

光緒二十七年（1901）浙杭石渠閣刻本　一冊

330000－1716－0021974　經補 0268/21974
經部/四書類/總義之屬/傳說

四書典林三十卷四書古人典林十二卷 （清）
江永輯　清崇德書院刻本　八冊　存二十卷
（五至十二、十五至二十,古人典林四至九）

330000－1716－0021977　經補 0270/21977
經部/四書類/總義之屬/傳說

四書典林三十卷四書古人典林十二卷 （清）
江永輯　清刻本　九冊　存二十八卷（三至
三十）

330000－1716－0021979　地獻 0932－1/
21979　新學/學校

最新官話識字教科書不分卷　壽潛廬編輯
清光緒三十二年（1906）上海會文學社石印本
三冊

330000－1716－0021980　子補 0657－5/
21980　新學/學校

蒙學課本初編二卷二編一卷三編一卷　清光
緒二十七年（1901）南洋公學鉛印本　二冊
存三卷（初編一至二、二編）

330000－1716－0021982　子補 0357/21982
子部/醫家類/綜合之屬/通論

嵩厓尊生書十五卷 （明）景日昣撰　清刻本
一冊　存二卷（一至二）

330000－1716－0021983　集補 0028－12/
21983　集部/小說類/長篇之屬

改良今古奇觀六卷四十回 （明）抱甕老人輯
清宣統元年（1909）上海書局石印本　一冊
存一卷（一）

330000－1716－0021984　地獻 0932－2/
21984　新學/學校

最新官話識字教科書不分卷　壽潛廬編輯
清光緒三十二年（1906）上海會文學社石印本
二冊

330000－1716－0021985　子補 0657－6/
21985　新學/學校

蒙學課本初編二卷二編一卷三編一卷　清光

緒二十八年(1902)南洋公學鉛印本　倪英□
題簽　一冊　存二卷(初編一至二)

330000－1716－0021988　經補 0272/21988
經部/四書類/總義之屬/傳說

四書典林三十卷　(清)江永輯　清上海掃葉
山房刻本　十一冊　存二十七卷(一至二十
七)

330000－1716－0021989　子補 0657－7/
21989　新學/學校

蒙學課本初編二卷二編一卷三編一卷　清光
緒二十七年(1901)南洋公學鉛印本　一冊
存一卷(二編)

330000－1716－0021990　地獻 0932－3/
21990　新學/學校

最新官話識字教科書不分卷　壽潛廬編輯
清光緒三十二年(1906)上海會文學社石印本
二冊

330000－1716－0021991　地獻 0932－4/
21991　新學/學校

最新官話識字教科書不分卷　壽潛廬編輯
清光緒三十三年(1907)上海會文學社石印本
三冊

330000－1716－0021994　史補 0309/21994
史部/政書類/邦計之屬/漕運

**浙江海運全案重編初編八卷續編四卷新編八
卷**　(清)馬新貽修　(清)蔣益澧等纂　清同
治六年(1867)糧儲道庫刻本　一冊　存二卷
(新編五至六)

330000－1716－0021995　地獻 0932－5/
21995　新學/學校

最新官話識字教科書不分卷　壽潛廬編輯
清光緒三十二年(1906)上海會文學社石印本
一冊

330000－1716－0021996　地獻 0932－6/
21996　新學/學校

最新官話識字教科書不分卷　壽潛廬編輯
清光緒三十二年(1906)上海會文學社石印本
一冊

330000－1716－0021997　地獻 0932－7/
21997　新學/學校

最新官話識字教科書不分卷　壽潛廬編輯
清光緒三十三年(1907)上海會文學社石印本
二冊

330000－1716－0021998　地獻 0932－8/
21998　新學/學校

最新官話識字教科書不分卷　壽潛廬編輯
清光緒三十二年(1906)上海會文學社石印本
一冊

330000－1716－0021999　子補 0359/21999
子部/醫家類/醫理之屬/綜合

醫學答問四卷　(清)梁玉瑜傳　(清)陶保廉
錄　清光緒刻本　一冊　存一卷(一)

330000－1716－0022000　子補 0659/22000
子部/儒家類/儒學之屬/蒙學

杭州蒙學解字課本一卷　清末杭州刻本
一冊

330000－1716－0022002　子補 0360/22002
子部/醫家類/綜合之屬/通論

新刊萬病回春八卷　(明)龔廷賢編　清刻本
一冊　存一卷(八)

330000－1716－0022004　地獻 0932－9/
22004　新學/學校

最新官話識字教科書不分卷　壽潛廬編輯
清光緒三十二年(1906)上海會文學社石印本
一冊

330000－1716－0022007　子補 0361/22007
子部/醫家類/針灸之屬/針法灸法

太乙神鍼方一卷　(清)范毓錡撰　清光緒二
十三年(1897)刻本　一冊

330000－1716－0022008　史補 0310/22008
史部/紀事本末類/通代之屬

繹史一百六十卷世系圖一卷年表一卷　(清)
馬驌撰　清刻本　二冊　存五卷(八十二至
八十六)

330000－1716－0022012　子補 0362/22012
子部/醫家類/婦科之屬/產科

達生保嬰編一卷附保嬰集要一卷　（清）匜齋
居士撰　清刻本　一冊

330000－1716－0022013　子補 2190/22013
子部/術數類/陰陽五行之屬

董公選要覽一卷附錄一卷　（明）董潛撰　清
光緒二十四年(1898)浙江官書局刻本　一冊

330000－1716－0022014　地獻 0932－10/
22014　新學/學校

最新官話識字教科書不分卷　壽潛廬編輯
清光緒三十二年(1906)上海會文學社石印本
二冊

330000－1716－0022015　經補 0273/22015
經部/四書類/總義之屬/傳說

四書味根錄題鏡合編三十六卷首一卷附四書
宗旨　（清）金澂　（清）汪鯉翔撰　清光緒十
四年(1888)上海點石齋石印本　五冊　缺十
卷(論語一至十)

330000－1716－0022016　子補 0001－71/
22016　子部/藝術類/書畫之屬/畫譜

芥子園畫傳初集五卷二集不分卷三集不分卷
（清）王槩　（清）王蓍　（清）王臬輯　清
刻本　一冊　存一卷(二集)

330000－1716－0022017　地獻 0932－11/
22017　新學/學校

最新官話識字教科書初集不分卷二集不分卷
壽潛廬編輯　清光緒三十三年(1907)上海
會文學社石印本　紀康題記　九冊

330000－1716－0022019　地獻 0932－12/
22019　新學/學校

最新官話識字教科書初集不分卷二集不分卷
壽潛廬編輯　清光緒三十三年(1907)上海
會文學社石印本　四冊

330000－1716－0022020　經補 0274/22020
經部/四書類/總義之屬/傳說

四書襯十九卷　（清）駱培撰　清永言堂刻本
五冊　存十七卷(論語一至十、孟子一至
七)

330000－1716－0022021　古越 0740/22021
集部/別集類/清別集

儉重堂詩十三卷詩餘一卷　（清）紀邁宜撰
清乾隆二十四年(1759)刻增刻本　一冊　存
一卷(詩餘)

330000－1716－0022022　地獻 1528－2/
22022　子部/天文曆算類/算書之屬

新刻算法統宗指南大全四卷　清同治十一年
(1872)紹城刻本　一冊

330000－1716－0022024　經補 0275/22024
經部/四書類/總義之屬/傳說

廣增四書典腴二十卷　（清）松軒主人撰　清
刻本　二冊　存九卷(一至九)

330000－1716－0022025　子補 0655－1/
22025　子部/術數類/陰陽五行之屬

參星秘要諏吉便覽不分卷　（清）俞榮寬輯
清光緒十三年(1887)集古山房刻朱墨套印本
一冊

330000－1716－0022028　經補 0276/22028
經部/四書類/總義之屬/傳說

四書體注旁訓十九卷　（宋）朱熹撰　（清）范
翔參訂　清刻本　清陶肖繽題記　二冊　缺
十二卷(論語一至五、孟子一至七)

330000－1716－0022029　子補 0655－2/
22029　子部/術數類/陰陽五行之屬

參星秘要諏吉便覽不分卷　（清）俞榮寬輯
清同治九年(1870)刻朱墨套印本　二冊

330000－1716－0022030　新補 0114－1/
22030　新學/學校

蒙學理科教科書四卷　（清）江蘇無錫三等公
學堂譯　清光緒三十一年(1905)上海文明書
局石印本　二冊　存二卷(下編三至四)

330000－1716－0022031　譜 0215/22031　史
部/傳記類/總傳之屬/家乘

[浙江蕭山]蕭山長巷沈氏續修宗譜四十卷首
一卷附系圖備考一卷家塾誌略一卷　（清）沈
荇等纂修　清光緒十九年(1893)承裕堂木活
字印本　十二冊　缺二十三卷(一至二十二、
首)

330000－1716－0022032　新補 0114－2/22032　新學/學校

蒙學理科教科書四卷 （清）江蘇無錫三等公學堂譯　清光緒三十一年(1905)上海文明書局石印本　一冊　存一卷(下編四)

330000－1716－0022033　譜 0216/22033　史部/傳記類/總傳之屬/家乘

[浙江蕭山]蕭山長巷沈氏續修宗譜四十卷首一卷附系圖備考一卷家塾誌略一卷 （清）沈莅等纂修　清光緒十九年(1893)承裕堂木活字印本　十冊　存十八卷(二十三至四十)

330000－1716－0022034　集補 0029－1/22034　集部/曲類/彈詞之屬

繪圖白蛇傳後集四卷十六回 （清）錦燾撰　清光緒二十一年(1895)恒德堂石印本　二冊　存二卷(一、三)

330000－1716－0022035　子補 0655－3/22035　子部/術數類/陰陽五行之屬

諏吉便覽不分卷 （清）俞榮寬輯　清刻朱墨套印本　一冊

330000－1716－0022037　子補 0655－4/22037　子部/術數類/陰陽五行之屬

諏吉便覽不分卷 （清）俞榮寬輯　清咸豐五年(1855)福建靈蘭堂刻朱墨套印本　二冊

330000－1716－0022040　經補 0277/22040　經部/四書類/總義之屬

四書古注群義彙解九種九十四卷 （清）□□輯　清光緒鉛印本　二冊　存一種

330000－1716－0022042　子補 0655－5/22042　子部/術數類/陰陽五行之屬

諏吉便覽不分卷 （清）俞榮寬輯　清嘉慶八年(1803)刻朱墨套印本　諸谷子題記　三冊

330000－1716－0022046　史補 0312/22046　史部/傳記類/總傳之屬/技藝

疇人傳四十六卷 （清）阮元撰　清刻本　一冊　存五卷(二十九至三十三)

330000－1716－0022047　子補 0365/22047　子部/道家類

十二段錦總訣不分卷 （清）潘霨輯　清刻本　一冊

330000－1716－0022048　史補 0313/22048　史部/編年類/通代之屬

王鳳洲先生綱鑑正史全編二十四卷 （明）王世貞撰　（明）陳仁錫評　（明）張睿卿輯　明刻本　一冊　存一卷(十六)

330000－1716－0022049　史補 0314/22049　史部/傳記類/別傳之屬/年譜

李天山夫子[登瀛]年譜一卷 （清）潘安禮編次　天山公遺訓一卷 （清）李登瀛撰　清末木活字印本　一冊

330000－1716－0022050　經補 0278/22050　經部/四書類/總義之屬

四書古注群義彙解九種九十四卷 （清）□□輯　清光緒三十年(1904)上海同文升記書局鉛印本　十三冊　存五種

330000－1716－0022051　史補 0315/22051　史部/傳記類/別傳之屬/年譜

李天山夫子[登瀛]年譜一卷 （清）潘安禮編次　天山公遺訓一卷 （清）李登瀛撰　清末木活字印本　一冊

330000－1716－0022052　史補 0316/22052　史部/傳記類/別傳之屬/年譜

李天山夫子[登瀛]年譜一卷 （清）潘安禮編次　天山公遺訓一卷 （清）李登瀛撰　清末木活字印本　一冊

330000－1716－0022053　集補 0029－4/22053　集部/曲類/彈詞之屬

繪圖白蛇傳後集四卷十六回 （清）錦燾撰　清光緒二十一年(1895)恒德堂石印本　一冊　存一卷(四)

330000－1716－0022054　子補 0366/22054　子部/醫家類/綜合之屬/通論

醫宗必讀五卷首一卷 （清）李中梓撰　清刻本　一冊　存二卷(一、首)

330000－1716－0022056　子補 0367/22056　子部/醫家類/方書之屬/單方驗方

醫方湯頭歌訣一卷經絡歌訣一卷 （清）汪昂
撰 清刻本 一冊

330000－1716－0022058 經補0280/22058
經部/四書類/總義之屬
四書古注群義彙解九種九十四卷 （清）□□
輯 清光緒十六年(1890)珍藝書局鉛印本
八冊 缺三十三卷(四書改錯十二至二十、論
語正義八至二十四、孟子正義二十四至三十)

330000－1716－0022059 地獻1579－1/
22059 集部/別集類/宋別集
劍南詩鈔六卷 （宋）陸游撰 （清）楊大鶴選
清宣統二年(1910)上海掃葉山房石印本
六冊

330000－1716－0022060 新補0117－2/
22060 新學/學校
高等小學最新地理教科書四卷 謝洪賚撰
清宣統元年(1909)上海商務印書館鉛印本
胡錫龍題記 四冊

330000－1716－0022061 古越0741/22061
新學/學校
初等地理教科書三卷 張相文輯 清光緒二
十八年(1902)上海南洋公學石印本 一冊

330000－1716－0022062 經補0281/22062
經部/四書類/總義之屬
四書古注群義彙解九種九十四卷 （清）□□
輯 清光緒鉛印本 三冊 存四種

330000－1716－0022065 善0158－2/22065
史部/史評類/史論之屬
史懷十七卷晉史懷三卷 （明）鍾惺撰 （明）
陶珽 （明）許豸評 明刻本 一冊 存二卷
(八至九)

330000－1716－0022069 子補0368/22069
子部/醫家類/兒科之屬/痘疹
痧痘集解六卷 （清）俞茂鯤撰 清雍正五年
(1727)松蔭堂刻本 三冊

330000－1716－0022070 集補0030－1/
22070 集部/戲劇類/傳奇之屬
還魂記二卷 （明）湯顯祖撰 清末石印本

一冊 存一卷（下）

330000－1716－0022071 史補0318/22071
史部/史評類/史論之屬
論史拾遺一卷 （清）連仲愚撰 （清）連茹輯
清光緒五年(1879)枕湖樓刻本 一冊

330000－1716－0022072 新補0120/22072
新學/學校
高等小學地理教科書不分卷 學部編譯圖書
局編纂 清宣統三年(1911)學部圖書局石印
本 二冊

330000－1716－0022073 古越0742/22073
史部/政書類/軍政之屬
日本師船考一卷 沈敦和輯譯 清光緒二十
年(1894)江南水師學堂石印本 一冊

330000－1716－0022075 子補0369－1/
22075 子部/醫家類/方書之屬/成方藥目
胡慶餘堂丸散膏丹全集不分卷續增一卷
（清）胡光墉編 清光緒三年(1877)杭州胡慶
餘堂刻本 一冊

330000－1716－0022076 集補0030－2/
22076 集部/戲劇類/傳奇之屬
牡丹亭還魂記八卷 （明）湯顯祖撰 清刻本
一冊 存一卷（八）

330000－1716－0022078 史補0320/22078
史部/政書類/律令之屬/律例
大清律集解附例三十卷圖一卷服制一卷律例
總類六卷 （清）朱軾 （清）常鼐等纂修 清
雍正刻本 二冊 存五卷(十三至十七)

330000－1716－0022080 子補0370/22080
子部/醫家類/方書之屬/單方驗方
醫方擇要二卷續醫方集要一卷 （清）李棣衎
（清）汪廷楷 （清）周棣輯 清道光二十九
年(1849)刻本 一冊 存一卷（一）

330000－1716－0022081 新補0123－1/
22081 新學/學校
初等小學中國地理教科書上下編 何琪編輯
清光緒三十二年(1906)上海會文學社石印
本 高培森題記 二冊

330000－1716－0022082　經補0283/22082
經部/四書類/總義之屬

四書古注群義彙解九種九十四卷　（清）□□
輯　清光緒十六年（1890）上海珍藝書局鉛印
本　十冊　缺十六卷（論語正義首、一至十
五）

330000－1716－0022083　新補0123－2/
22083　新學/學校

初等小學中國地理教科書上下編　何琪編輯
清光緒三十四年（1908）上海會文學社石印
本　一冊　存下編

330000－1716－0022085　集補0030－3/
22085　集部/戲劇類/傳奇之屬

牡丹亭還魂記二卷五十五齣　（明）湯顯祖撰
清光緒三十四年（1908）日新書社石印本
一冊　存一卷（上）

330000－1716－0022086　新補0124/22086
新學/學校

初等小學中國地理教科書三卷　會文學社編
譯所編纂　清光緒三十二年（1906）上海會文
學社石印本　何佩珊題記　二冊　缺一卷
（一）

330000－1716－0022087　史補0321/22087
史部/史評類/考訂之屬

廿二史策案十二卷首一卷　（清）王鋆輯　清
刻本　二冊　存五卷（一至四、首）

330000－1716－0022089　集補0030－4/
22089　集部/戲劇類/傳奇之屬

玉茗堂四種傳奇八卷　（明）湯顯祖撰　明末
刻本　一冊　存一卷（還魂記二）

330000－1716－0022090　經補0279/22090
經部/四書類/總義之屬/傳說

四書朱子本義匯參四十三卷首四卷　（清）王
步青輯　清光緒十二年（1886）鉛印本　十
二冊

330000－1716－0022092　新補0125/22092
新學/學校

最新初等小學地理教科書四卷　商務印書館

編　清光緒三十二年（1906）上海商務印書館
鉛印本　四冊

330000－1716－0022095　子補0371/22095
子部/醫家類/傷寒金匱之屬/傷寒論

劉河間傷寒三書二十卷　（金）劉完素撰　清
刻本　一冊　存一種

330000－1716－0022096　史補0332－1/
22096　史部/史抄類

廿四史約編八卷首一卷　（清）鄭元慶撰　清
末石印本　二冊　存二卷（七至八）

330000－1716－0022098　集補0031－5/
22098　集部/曲類/彈詞之屬

新增全圖珍珠塔後傳麒麟豹三十卷六十回
（清）馬永清撰　清光緒十七年（1891）上海書
局鉛印本　二冊　存十四卷（一至六、十五至
二十二）

330000－1716－0022100　子補0369－2/
22100　子部/醫家類/方書之屬/成方藥目

胡慶餘堂丸散膏丹全集不分卷續增一卷
（清）胡光墉編　清光緒三年（1877）杭州胡慶
餘堂刻本　一冊

330000－1716－0022101　子補0369－3/
22101　子部/醫家類/方書之屬/成方藥目

胡慶餘堂丸散膏丹全集不分卷續增一卷
（清）胡光墉編　清光緒三年（1877）杭州胡慶
餘堂刻本　一冊

330000－1716－0022111　普叢0149－1/
22111　類叢部/叢書類/彙編之屬

後知不足齋叢書四十七種　（清）鮑廷爵編
清光緒常熟鮑氏刻本　五十五冊　存四十
四種

330000－1716－0022120　史補0332－2/
22120　史部/史抄類

廿四史約編八卷首一卷　（清）鄭元慶撰　清
末石印本　二冊　存二卷（二、四）

330000－1716－0022123　史補0331－3/
22123　史部/史抄類

廿一史約編八卷首一卷　（清）鄭元慶撰　清

末石印本　五冊　存五卷(三至六、八)

330000－1716－0022126　子補0373/22126
子部/醫家類/傷寒金匱之屬/金匱要略

金匱心典三卷　(清)尤怡撰　清同治八年
(1869)陸氏雙白燕堂刻本　二冊　缺一卷
(下)

330000－1716－0022128　史補0332－6/
22128　史部/史抄類

廿四史約編八卷首一卷　(清)鄭元慶撰　清
光緒二十二年(1896)煥文書局石印本　五冊
存六卷(金、石、絲、竹、匏、首)

330000－1716－0022129　子補0374/22129
子部/醫家類/綜合之屬/通論

醫學心悟五卷附外科十法一卷　(清)程國彭
撰　清刻本　清陸庚山題記　一冊　存二卷
(三至四)

330000－1716－0022130　新補0025－13/
22130　子部/天文曆算類/算書之屬

筆算數學細草三卷　(清)顧鼎銘輯　清光緒
上海科學書局石印本　二冊　存二卷(一、
三)

330000－1716－0022131　集補0008－82/
22131　集部/小說類/長篇之屬

東周列國全志二十三卷一百八回　(清)蔡奡
評點　清刻本　一冊　存二卷(六至七)

330000－1716－0022133　新補0025－14/
22133　新學/算學

最新注解筆算數學詳草三卷　(清)孔憲昌
(清)樓惠祥編纂　清光緒三十二年(1906)武
林圖書社石印本　五冊

330000－1716－0022134　子補0375/22134
子部/醫家類/綜合之屬/通論

群玉山房重校醫宗必讀十卷　(清)李中梓撰
清光緒九年(1883)群玉山房刻本　一冊
存二卷(五至六)

330000－1716－0022138　史補0332－5/
22138　史部/史抄類

廿四史約編八卷首一卷　(清)鄭元慶撰　清

末石印本　五冊　存五卷(二至三、五至六、
八)

330000－1716－0022139　子補2604/22139
子部/宗教類/其他宗教之屬/基督教

要理淺解三卷　白日老多撰　清光緒三十一
年(1905)鉛印本　一冊

330000－1716－0022142　史補0332－4/
22142　史部/史抄類

廿四史約編八卷首一卷　(清)鄭元慶撰　清
末石印本　六冊　存六卷(二至七)

330000－1716－0022144　子補0376－1/
22144　子部/醫家類/類編之屬

**圖注八十一難經辨真四卷圖注脈訣辨真四卷
脈訣附方一卷**　(明)張世賢撰　清乾隆四十
五年(1780)武林正業堂刻本　二冊　存四卷
(一至二、脈訣辨真一至二)

330000－1716－0022145　史補0332－3/
22145　史部/史抄類

廿四史約編八卷首一卷　(清)鄭元慶撰　清
光緒二十二年(1896)寶文書局石印本　八冊

330000－1716－0022150　子補0376－2/
22150　子部/醫家類/類編之屬

圖注難經脈訣二種六卷　清善成堂刻本　一
冊　存一種

330000－1716－0022151　子補0660－1/
22151　子部/天文曆算類/算書之屬

御製數理精蘊上編五卷下編四十卷表八卷
(清)聖祖玄燁撰　清光緒十四年(1888)上海
大同書局石印本　十一冊　存三十九卷(上
編一至五,下編一至十八、二十四至三十五,
表五至八)

330000－1716－0022153　子補0376－3/
22153　子部/醫家類/醫經之屬/難經

圖注八十一難經辨真四卷　(明)張世賢撰
清刻本　一冊　存一卷(一)

330000－1716－0022154　子補0376－4/
22154　子部/醫家類/類編之屬

圖注八十一難經辨真四卷圖注脈訣辨真四卷

脈訣附方一卷　（明）張世賢撰　清刻本　一
冊　存二卷（一至二）

330000－1716－0022155　子補 0660－2/
22155　子部/天文曆算類/算書之屬

御製數理精蘊上編五卷下編四十卷表八卷
（清）聖祖玄燁撰　清末石印本　十三冊　存
四十一卷（下編一至三十五，表一、三至四、六
至八）

330000－1716－0022156　地獻 1255－2/
22156　集部/別集類/清別集

懷古田舍詩鈔三十三卷　（清）徐榮撰　清刻
本　二冊　存八卷（二十二至二十九）

330000－1716－0022157　子補 0661/22157
新學/算學/代數

代數指迷一卷　同文館珠算金鍼一卷　（清）
李壬叔撰　清光緒二十二年（1896）石印本
一冊　存一卷（代數指迷）

330000－1716－0022159　地獻 1321－35/
22159　集部/別集類/清別集

水香書屋試艸不分卷　（清）李應煌撰　清水
香書屋刻本　一冊

330000－1716－0022160　地獻 1321－36/
22160　集部/別集類/清別集

水香書屋試艸不分卷　（清）李應煌撰　清水
香書屋刻本　一冊

330000－1716－0022161　地獻 1321－37/
22161　集部/別集類/清別集

水香書屋試艸不分卷　（清）李應煌撰　清水
香書屋刻本　一冊

330000－1716－0022162　地獻 1321－38/
22162　集部/別集類/清別集

水香書屋試艸不分卷　（清）李應煌撰　清水
香書屋刻本　一冊

330000－1716－0022163　子補 0662－1/
22163　新學/算學/代數

代數通藝錄十六卷　（清）方愷撰　清光緒石
印本　一冊　存七卷（十至十六）

330000－1716－0022165　史補 0333－1/
22165　史部/史評類/考訂之屬

廿二史策案十二卷首一卷　（清）王錞輯　清
同治八年（1869）刻本　四冊　存八卷（一、四
至十）

330000－1716－0022166　子補 0378/22166
子部/醫家類/針灸之屬/通論

鍼灸大成十卷　（明）楊繼洲撰　清綠蔭山房
刻本　五冊　存五卷（一至三、五、八）

330000－1716－0022168　子補 0628－2/
22168　子部/天文曆算類/曆法之屬

御定萬年書不分卷　（清）欽天監編　清光緒
刻本　一冊

330000－1716－0022169　地獻 1322－138/
22169　史部/傳記類/科舉錄之屬/歷科鄉
試錄

［光緒丁酉科］湖北鄉試卷一卷　施煋撰　清
光緒石印本　一冊

330000－1716－0022172　史補 0331－1/
22172　史部/史抄類

廿一史約編八卷首一卷　（清）鄭元慶撰　清
光緒十三年（1887）積山書局石印本　五冊
存六卷（金、石、匏、革、木，首）

330000－1716－0022173　地獻 1322－139/
22173　史部/傳記類/科舉錄之屬/歷科鄉
試錄

［光緒丁酉科］湖北鄉試卷一卷　施煋撰　清
光緒石印本　一冊

330000－1716－0022174　新補 0131/22174
新學/學校

最新東洋歷史教科書二卷　商務印書館編譯
所編纂　清光緒三十二年（1906）上海商務印
書館鉛印本　二冊

330000－1716－0022175　地獻 1322－140/
22175　史部/傳記類/科舉錄之屬/歷科鄉
試錄

［光緒丁酉科］湖北鄉試卷一卷　施煋撰　清
光緒石印本　一冊

330000－1716－0022176　地獻 1322－141/ 22176　史部/傳記類/科舉録之屬/歷科鄉試録

[光緒丁酉科]湖北鄉試卷一卷 施煒撰　清光緒石印本　一冊

330000－1716－0022177　子補 0664/22177 子部/天文曆算類/算書之屬

測海山房中西算學叢刻初編 （清）測海山房主人輯　清光緒二十二年(1896)上海璣衡堂石印本　一冊　存一種

330000－1716－0022178　地獻 1323－115/ 22178　史部/傳記類/科舉録之屬/歷科鄉試録

[光緒丁酉科]湖北鄉試硃卷一卷 施煒撰 清光緒刻本　一冊

330000－1716－0022179　子補 0379/22179 子部/醫家類/類編之屬

薛氏醫按二十四種 （明）吳琯編　清刻本 一冊　存一種

330000－1716－0022181　地獻 1323－116/ 22181　史部/傳記類/科舉録之屬/歷科鄉試録

[光緒丁酉科]湖北鄉試硃卷一卷 施煒撰 清光緒刻本　一冊

330000－1716－0022182　子補 0665/22182 子部/藝術類/遊藝之屬/棋弈

橘中秘四卷 （明）朱晉楨撰　清末石印本 一冊　存一卷(一)

330000－1716－0022183　子補 0566－2/ 22183　新學/學校

蒙學中國歷史教科書一卷附表一卷 文明書局編譯　清光緒上海文明書局鉛印本　一冊 　存一卷(教科書)

330000－1716－0022184　史補 0331－2/ 22184　史部/史抄類

廿一史約編八卷首一卷 （清）鄭元慶撰　清末石印本　一冊　存二卷(七至八)

330000－1716－0022185　地獻 1173－2/

22185　類叢部/叢書類/家集之屬

董氏叢書十六種 （清）董金鑑編　清光緒三十二年(1906)會稽董氏取斯家塾刻本　一冊 存一種

330000－1716－0022186　地獻 1547－5/ 22186　史部/金石類/石之屬/文字

思古齋雙鉤漢碑篆額三卷 （清）何澂輯　清光緒九年(1883)刻本　三冊

330000－1716－0022187　集補 0031－2/ 22187　集部/曲類/彈詞之屬

新增全圖珍珠塔後傳麒麟豹六卷六十回 （清）馬永清撰　清光緒二十八年(1902)福記書局石印本　三冊　存三卷(一、三至四)

330000－1716－0022188　新補 0132－1/ 22188　新學/學校

最新中國歷史教科書四卷 姚祖義編　清光緒三十四年(1908)上海商務印書館鉛印本 四冊

330000－1716－0022189　子補 0380/22189 子部/醫家類/推拿按摩外治之屬

推拿廣意三卷 （清）熊應雄輯　（清）陳世凱訂　清金閶書業堂刻本　二冊

330000－1716－0022194　新補 0164/22194 新學/學校

格致課本不分卷 商務印書館編譯所編輯 清光緒三十三年(1907)上海商務印書館鉛印本　二冊

330000－1716－0022195　子補 0662－2/ 22195　新學/算學/代數

代數通藝録十六卷 （清）方愷撰　清光緒二十二年(1896)時務報館石印本　二冊　存八卷(九至十六)

330000－1716－0022199　子補 0666/22199 子部/儒家類/儒學之屬/蒙學

啟蒙鑑略注解一卷 （清）王仕雲編　清光緒五年(1879)寧波簡香齋刻本　一冊

330000－1716－0022200　史補 0331－4/ 22200　史部/史抄類

廿一史約編八卷首一卷　（清）鄭元慶撰　清光緒十三年(1887)積山書局石印本　六冊　存七卷（金、石、竹、匏、木、土，首）

330000 - 1716 - 0022201　地獻 1582/22201　子部/儒家類/儒學之屬/蒙學

啟蒙鑑略注解一卷　（清）王仕雲編　清光緒十年(1884)紹興墨潤堂刻本　一冊

330000 - 1716 - 0022202　子補 0376 - 5/22202　子部/醫家類/類編之屬

圖注八十一難經辨真四卷圖注脈訣辨真四卷脈訣附方一卷　（明）張世賢撰　清刻本　施丙南題記　一冊　存二卷（脈訣辨真一至二）

330000 - 1716 - 0022204　地獻 1583/22204　集部/別集類/清別集

寄青齋詩稿一卷詞稿一卷　（清）徐虔復撰　綠雲館吟草一卷賦鈔一卷　（清）程芙亭撰　清光緒十三年(1887)徐煥章留餘堂刻本　一冊　存二卷（綠雲館吟草、賦鈔）

330000 - 1716 - 0022205　新補 0167/22205　新學/學校

普通高等女學課本不分卷　顧鳴岐編　司馬海繪圖　清光緒三十二年(1906)上海文寶書局石印本　一冊

330000 - 1716 - 0022206　子補 0376 - 6/22206　子部/醫家類/類編之屬

圖注八十一難經辨真四卷圖注脈訣辨真四卷脈訣附方一卷　（明）張世賢撰　清刻本　一冊　存二卷（脈訣辨真一至二）

330000 - 1716 - 0022207　史補 0331 - 5/22207　史部/史抄類

廿一史約編八卷首一卷　（清）鄭元慶撰　清末石印本　三冊　存七卷（二至八）

330000 - 1716 - 0022210　子補 0575 - 2/22210　子部/藝術類/書畫之屬/書法書品

繪圖習字實在易不分卷　何明生編　清末上海彪蒙書室石印本　一冊

330000 - 1716 - 0022212　史補 1435 - 1/22212　史部/史評類/考訂之屬

廿二史劄記三十六卷補遺一卷　（清）趙翼撰　清末石印本　三冊　存十八卷（十三至三十）

330000 - 1716 - 0022220　新補 0168/22220　新學/學校

簡易地理課本不分卷　童振藻編　清光緒三十二年(1906)上海商務印書館鉛印本　一冊

330000 - 1716 - 0022221　子補 0381/22221　子部/醫家類/醫話醫論之屬

醫法心傳一卷　（清）程鑒撰　清光緒十三年(1887)養鶴山房刻本　一冊

330000 - 1716 - 0022222　地獻 1363 - 3/22222　類叢部/叢書類/彙編之屬

會稽徐氏鑄學齋叢書十三種　徐維則編　清咸豐至光緒會稽徐氏刻光緒二十六年(1900)彙印本　一冊　存一種

330000 - 1716 - 0022223　新補 0169/22223　新學/學校

簡易國文課本不分卷　韓澄編輯　清光緒三十二年(1906)上海商務印書館鉛印本　一冊

330000 - 1716 - 0022225　史補 1435 - 2/22225　史部/史評類/考訂之屬

廿二史劄記三十六卷補遺一卷　（清）趙翼撰　清末石印本　一冊　存六卷（七至十二）

330000 - 1716 - 0022226　集補 0031 - 10/22226　集部/曲類/彈詞之屬

孝義真蹟珍珠塔二十四回　（清）周殊士撰　清刻本　一冊　存四回（十七至二十）

330000 - 1716 - 0022227　普叢 0187 - 13/22227　類叢部/叢書類/彙編之屬

武英殿聚珍版書一百三十八種　清刻本　一冊　存一種

330000 - 1716 - 0022229　子補 0382/22229　子部/醫家類/醫案之屬

吳門治驗錄四卷　（清）顧金壽撰　清道光五年(1825)澄懷堂刻本　三冊　缺一卷（三）

330000 - 1716 - 0022231　史補 1435 - 4/

22231　史部/史評類/考訂之屬

廿二史劄記三十六卷補遺一卷　（清）趙翼撰
清光緒二十五年(1899)上海千頃堂石印本
三冊　存二十卷（一至六、十四至二十、三
十一至三十六,補遺）

330000－1716－0022232　子補 0383/22232
子部/醫家類/眼科之屬

銀海精微四卷　題(唐)孫思邈撰　清刻本
三冊　存三卷（一至三）

330000－1716－0022233　子補 0384/22233
子部/醫家類/類編之屬

徐氏醫書八種　（清）徐大椿撰　清刻本　一
冊　存一種

330000－1716－0022234　集補 0033－2/
22234　集部/小說類/長篇之屬

忠孝節義二度梅全傳六卷四十回　（清）惜陰
堂主人撰　（清）繡虎堂主人評　清刻本　一
冊　存一卷（六）

330000－1716－0022235　子補 0385/22235
子部/醫家類/醫經之屬/內經

黃帝內經素問二十四卷　（明）吳崐注　明萬
曆刻本　一冊　存四卷（十三至十六）

330000－1716－0022236　子補 0386/22236
子部/醫家類/類編之屬

東垣十書附二種　清刻本　一冊　存一種

330000－1716－0022240　普叢 0151－6/
22240　類叢部/叢書類/彙編之屬

邵武徐氏叢書二十三種　（清）徐榦編　清光
緒邵武徐氏刻本　四冊　存二種

330000－1716－0022244　集補 0034－1/
22244　集部/小說類/長篇之屬

鏡花緣二十卷一百回　（清）李汝珍撰　清刻
本　一冊　存一卷（二）

330000－1716－0022248　地獻 1591－1/
22248　集部/別集類/宋別集

劍南詩鈔六卷　（宋）陸游撰　（清）楊大鶴選
清愛日堂刻本　八冊

330000－1716－0022252　史補 0339/22252
史部/史抄類

廿一史約編八卷首一卷　（清）鄭元慶撰　清
光緒六年(1880)得月樓刻本　二冊　存三卷
（一、四,首）

330000－1716－0022253　子補 0387－1/
22253　子部/醫家類/外科之屬/通論

重訂外科正宗十二卷　（明）陳實功撰　（清）
張鶩翼重訂　清刻本　德星堂陳題記　一冊
存二卷（五至六）

330000－1716－0022256　子補 0671/22256
新學/學校

蒙學中國地理教科書一卷　文明書局編譯
清末上海文明書局石印本　一冊

330000－1716－0022258　新補 0143/22258
新學/學校

初等小學中國歷史教科書四卷　姚祖義編
清光緒三十四年(1908)上海商務印書館鉛印
本　韓寶文題記　二冊

330000－1716－0022259　史補 0340/22259
史部/史抄類

廿一史約編八卷首一卷　（清）鄭元慶撰　清
光緒六年(1880)得月樓刻本　六冊　存七卷
（金、石、竹、匏、土、木,首）

330000－1716－0022260　子補 0387－2/
22260　子部/醫家類/外科之屬/通論

重訂外科正宗十二卷　（明）陳實功撰　（清）
張鶩翼重訂　清刻本　一冊

330000－1716－0022262　子補 0672/22262
子部/天文曆算類/曆法之屬

[光緒]丙午歲通書大成不分卷　清光緒三十
二年(1906)廣州十八甫石經堂書局石印本
一冊

330000－1716－0022263　新補 0144/22263
新學/學校

初等小學中國歷史教科書三卷　會文學社編
譯所編纂　清光緒三十二年(1906)上海會文
學社石印本　何佩珊題記　二冊　存二卷

(二至三)

330000－1716－0022264　史補 0341/22264
史部/史抄類
廿一史約編八卷首一卷　(清)鄭元慶撰　清
光緒六年(1880)得月樓刻本　一冊　存二卷
(一、首)

330000－1716－0022268　集補 0034－3/
22268　集部/小說類/長篇之屬
圖像鏡花緣全傳八卷首一卷一百回　(清)李
汝珍撰　清末須才學堂石印本　一冊　存一
卷(四)

330000－1716－0022269　史補 0342/22269
史部/傳記類/總傳之屬/姓名
史姓韻編六十四卷　(清)汪輝祖撰　清光緒
十年(1884)上海中西書局石印本　三冊　存
四十六卷(一至四十六)

330000－1716－0022276　子補 0081－108/
22276　子部/儒家類/儒學之屬/蒙學
重校新增繪圖幼學故事瓊林四卷首一卷
(清)程允升撰　(清)鄒聖脈增補　清末石印
本　一冊　存一卷(首)

330000－1716－0022277　地獻 1592/22277
集部/總集類/課藝之屬
近科館課分韻詩鈔九卷目錄二卷二集九卷目
錄二卷　王先謙編　范多玨重編　陳漢章增
注　清刻本　二冊　存二卷(七至八)

330000－1716－0022278　地獻 1593/22278
史部/地理類/雜志之屬
都門彙纂不分卷　(清)楊靜亭編　(清)李靜
山增補　清同治十一年(1872)刻本　六冊

330000－1716－0022280　集補 0034－6/
22280　集部/小說類/長篇之屬
圖像鏡花緣全傳六卷一百回　(清)李汝珍撰
清光緒三十三年(1907)上海普新端記書局
石印本　一冊　存一卷(一)

330000－1716－0022281　史補 0343/22281
史部/傳記類/總傳之屬/姓名
史姓韻編六十四卷　(清)汪輝祖撰　清光緒

十年(1884)上海中西書局石印本　一冊　存
十六卷(十五至三十)

330000－1716－0022283　子補 0676/22283
子部/藝術類/書畫之屬/畫譜
冶梅石譜不分卷　(清)王寅繪　清末石印本
一冊

330000－1716－0022285　普叢 0153/22285
類叢部/叢書類/自著之屬
惜抱軒遺書三種　(清)姚鼐撰　清光緒五年
(1879)桐城徐宗亮刻本　三冊　存二種

330000－1716－0022286　子補 0388/22286
子部/醫家類/類編之屬
婦嬰至寶三種六卷　(清)徐尚慧編　清刻本
一冊

330000－1716－0022287　地獻 1595/22287
子部/醫家類/類編之屬
婦嬰至寶三種六卷　(清)徐尚慧編　清道光
十一年(1831)青雲書屋刻本　一冊

330000－1716－0022288　新補 0148/22288
新學/學校
繪圖列表簡明講義初等經學教科書十六卷
(清)儲星遠輯　清光緒三十二年(1906)上海
震東學社石印本　四冊

330000－1716－0022290　史補 0344/22290
史部/史抄類
廿一史約編八卷首一卷　(清)鄭元慶撰　清
紫文閣刻本　三冊　存四卷(金、土、絲,首)

330000－1716－0022292　集補 0034－8/
22292　集部/小說類/長篇之屬
圖像鏡花緣全傳六卷一百回　(清)李汝珍撰
清光緒三十四年(1908)上海書局石印本
一冊　存一卷(一)

330000－1716－0022295　史補 0345/22295
史部/史抄類
廿一史約編八卷首一卷　(清)鄭元慶撰　清
刻本　四冊　存五卷(石、竹、匏、土、革)

330000－1716－0022296　史補 0346/22296

史部/史抄類

廿一史約編八卷首一卷 （清）鄭元慶撰 清聚瀛堂刻本 四冊 存五卷（金、石、匏、土，首）

330000 – 1716 – 0022298 新補 0149/22298 新學/學校

中國歷史教科書七卷 商務印書館編 清末上海商務印書館鉛印本 一冊 存三卷（一至三）

330000 – 1716 – 0022302 子補 0570 – 3/22302 子部/儒家類/儒學之屬/蒙學

繪圖蒙學歷史讀本不分卷 曹侃夫輯 吳調卿繪 清光緒三十一年（1905）上海崇實書局石印本 二冊

330000 – 1716 – 0022304 子補 0570 – 4/22304 子部/儒家類/儒學之屬/蒙學

繪圖蒙學歷史讀本不分卷 曹侃夫輯 吳調卿繪 清光緒三十一年（1905）上海崇實書局石印本 一冊

330000 – 1716 – 0022308 地獻 1597 – 1/22308 史部/目錄類/總錄之屬/私撰

古越藏書樓書目二十卷首一卷 （清）徐樹蘭撰 清光緒三十年（1904）崇實書局石印本 五冊 存十五卷（一至六、十至十四、十八至二十，首）

330000 – 1716 – 0022311 地獻 1597 – 2/22311 史部/目錄類/總錄之屬/私撰

古越藏書樓書目二十卷首一卷 （清）徐樹蘭撰 清光緒三十年（1904）崇實書局石印本 三冊 存九卷（一至六、十至十一，首）

330000 – 1716 – 0022314 普叢 0150 – 1/22314 類叢部/叢書類/家集之屬

如皋冒氏叢書三十四種附二種 冒廣生輯 清光緒至民國如皋冒氏刻本 二十四冊 存二十六種

330000 – 1716 – 0022315 子補 0392/22315 子部/醫家類/方書之屬/單方驗方

急救五毒觸目良方不分卷 清光緒三十二年

（1906）奉化孫心言刻本 一冊

330000 – 1716 – 0022316 地獻 1598 – 1/22316 經部/四書類/總義之屬

合併全稿五卷 （清）李一元撰 （清）蔣八公 （清）李二河評定 清光緒四年（1878）會稽官廨刻本 一冊 存一卷（一）

330000 – 1716 – 0022317 史補 0348/22317 史部/史抄類

廿一史約編八卷首一卷 （清）鄭元慶撰 清刻本 一冊 存一卷（土）

330000 – 1716 – 0022318 子補 0511/22318 子部/藝術類/書畫之屬/書法書品

詞林墨妙不分卷詞林二妙不分卷詞林三妙不分卷 （清）馮文蔚等書 清光緒十八年（1892）石印本 三冊

330000 – 1716 – 0022319 地獻 1598 – 2/22319 經部/四書類/總義之屬

合併全稿五卷 （清）李一元撰 （清）蔣八公 （清）李二河評定 清光緒四年（1878）會稽官廨刻本 三冊 存一卷（一）

330000 – 1716 – 0022320 史補 0349/22320 史部/傳記類/總傳之屬/通代

廿二史言行略四十二卷 （清）過元吠輯 清嘉慶十五年（1810）拜經齋刻本 十二冊 存十八卷（七至八、十一至二十一、三十八至四十二）

330000 – 1716 – 0022322 普叢 0146 – 2/22322 類叢部/叢書類/自著之屬

洪北江全集二十一種 （清）洪亮吉撰 清光緒三年至五年（1877–1879）洪用懃授經堂刻本 八冊 存二種

330000 – 1716 – 0022331 集補 0035 – 1/22331 子部/小說家類/異聞之屬

燕山外史注釋八卷 （清）陳球撰 （清）傅聲谷注 清光緒二十八年（1902）山左書林石印本 清賈□題記 一冊 存四卷（一至四）

330000 – 1716 – 0022338 子補 0515/22338 子部/天文曆算類/算書之屬

翠微山房數學十四種　（清）張作楠撰　清嘉慶至道光金華張氏翠微山房刻光緒五年（1879）補刻本　二冊　存一種

330000－1716－0022339　地獻 1325－11/22339　子部/醫家類/類編之屬

壽世彙編五種　（清）祝寶森編　清光緒三十一年（1905）紹興德裕堂刻本　一冊　存二種

330000－1716－0022341　集補 0035－3/22341　子部/小說家類/異聞之屬

燕山外史注釋八卷　（清）陳球撰　（清）傅聲谷注　清光緒三十二年（1906）上海海左書局石印本　三冊　存六卷(一至四、七至八)

330000－1716－0022343　集補 0035－4/22343　子部/小說家類/異聞之屬

燕山外史二卷　（清）陳球撰　清刻本　二冊

330000－1716－0022344　普叢 0261－1/22344　類叢部/叢書類/彙編之屬

文選六種　（清）鴻寶齋書局輯　清光緒二十二年（1896）鴻寶齋書局石印本　六冊　存五種

330000－1716－0022347　新補 0253－1/22347　新學/幼學/附體操學

幼學操身圖說一卷　（英國）慶丕　（清）翟汝舟編　清光緒二十二年（1896）北洋官書局刻本　一冊

330000－1716－0022349　普叢 0454/22349　類叢部/叢書類/彙編之屬

廣漢魏叢書八十種　（明）何允中編　清嘉慶刻本　九十冊　存七十八種

330000－1716－0022351　史補 0351/22351　史部/傳記類/科舉錄之屬

墨選奪元八卷　清同治三年（1864）刻本　三冊　存五卷(一、四至五、七至八)

330000－1716－0022353　集補 0036－3/22353　集部/小說類/長篇之屬

繡像蘭花夢奇傳八卷六十八回　（清）吟梅山人撰　清光緒三十一年（1905）上海文元閣書莊石印本　二冊　存二卷(一、五)

330000－1716－0022354　史補 0353/22354　史部/史評類/史論之屬

讀史論略二卷　（清）杜詔撰　清同治七年（1868）三昧元記刻本　清壽棣續題記　一冊

330000－1716－0022360　子補 0678/22360　子部/術數類/占卜之屬

先天易數卦詩八卷　清刻本　一冊　存四卷(五至八)

330000－1716－0022361　史補 0352/22361　史部/史評類/史論之屬

讀史論略二卷　（清）杜詔撰　清光緒七年（1881）刻本　二冊

330000－1716－0022364　子補 0679/22364　子部/術數類/占卜之屬

筮學指要五卷首一卷　（清）鑪香居士鑒定　（清）吳隆譽集　清刻本　一冊　存四卷(一至三、首)

330000－1716－0022365　新補 0256/22365　集部/詩文評類/文法之屬

論說範本四卷　杜瀚生撰　清光緒三十四年（1908）上海會文學社石印本　一冊

330000－1716－0022368　史補 0354/22368　史部/史評類/史論之屬

新輯分類史論續編大成十六卷　（清）孫廷翰鑒定　題（清）海濱行素生輯　清光緒二十九年（1903）上海醉六堂石印本　十冊　存十卷(一至二、五、八至十、十三至十六)

330000－1716－0022369　子補 0399/22369　子部/宗教類/道教之屬

東宮司命通天定福奏善真君靈籤三卷　（清）程應星錄　清同治五年（1866）寧城邵寶聚齋刻本　一冊

330000－1716－0022375　地獻 1584－2/22375　子部/醫家類/溫病之屬/瘟疫

隨息居重訂霍亂論四卷　（清）王士雄撰　霍亂括要一卷　（清）岳晉昌撰　清光緒十四年（1888）浙紹德潤齋刻本　清雲卿氏題簽並記　二冊

330000－1716－0022378　　地獻 1602－1/
22378　史部/傳記類/總傳之屬/姓名

聖祖仁皇帝御製百家姓一卷耕織圖詩一卷
唐風箋注　清宣統三年(1911)鉛印本　一冊

330000－1716－0022380　　地獻 1602－2/
22380　史部/傳記類/總傳之屬/姓名

聖祖仁皇帝御製百家姓一卷耕織圖詩一卷
唐風箋注　清宣統三年(1911)鉛印本　一冊

330000－1716－0022381　　史補 0355－1/
22381　史部/傳記類/職官錄之屬/總錄

[清光緒三十一年]大清搢紳全書四卷中樞備
覽二卷　清光緒榮録堂刻本　一冊　存一卷
（一）

330000－1716－0022382　　子補 0680/22382
子部/術數類/占卜之屬

先天易數不分卷　清刻本　一冊

330000－1716－0022383　　地獻 1602－3/
22383　史部/傳記類/總傳之屬/姓名

聖祖仁皇帝御製百家姓一卷耕織圖詩一卷
唐風箋注　清宣統三年(1911)鉛印本　一冊

330000－1716－0022386　　集補 0037－1/
22386　集部/小說類/長篇之屬

繡像綠牡丹全傳六卷六十四回　　清末石印本
一冊　存一卷（三）

330000－1716－0022388　　史補 0356/22388
史部/史評類/史論之屬

史鑑綱目新論十卷　　（明）王世貞鑒定　（清）
譚奇編次　清光緒二十九年(1903)申譯書局
石印本　四冊　存五卷（一至二、五至七）

330000－1716－0022389　　子補 0402/22389
子部/醫家類/方書之屬/成方藥目

粵東廣芝館藥丸總彙一卷　　（清）廣芝館主人
編　清光緒刻本　一冊

330000－1716－0022390　　子補 0681－1/
22390　子部/術數類/命書相書之屬

新刊校正增釋合併麻衣先生神相編五卷
（明）陸位崇輯　清末石印本　吳德安題簽
二冊　存二卷（四至五）

330000－1716－0022391　　集補 0037－2/
22391　集部/小說類/長篇之屬

歷史小說繪圖繡像綠牡丹全傳六卷六十四回
清末石印本　一冊　存一卷（三）

330000－1716－0022394　　子補 0681－2/
22394　子部/術數類/命書相書之屬

新刊校正增釋合併麻衣先生神相編五卷
（明）陸位崇輯　清末石印本　一冊　存一卷
（三）

330000－1716－0022399　　子補 0681－3/
22399　子部/術數類/命書相書之屬

新刊校正增釋合併麻衣先生神相編五卷
（明）陸位崇輯　清末石印本　一冊　存一卷
（三）

330000－1716－0022400　　子補 0681－4/
22400　子部/術數類/命書相書之屬

新刊校正增釋合併麻衣先生神相編四卷
（明）陸位崇輯　清末上海尚古山房石印本
杜守義題簽　二冊　存二卷（一至二）

330000－1716－0022401　　集補 0037－4/
22401　集部/小說類/長篇之屬

繡像綠牡丹全傳六卷六十四回　　清末石印本
一冊　存一卷（六）

330000－1716－0022403　　地獻 1545－7/
22403　集部/別集類/清別集

蕉雨山房詩鈔六種十九卷　　（清）丁堯臣撰
清光緒會稽丁氏刻本　四冊　存二種

330000－1716－0022407　　子補 0681－6/
22407　子部/術數類/命書相書之屬

改良校正增釋合併麻衣先生神相編五卷
（明）陸位崇輯　清光緒三十四年(1908)石印
本　一冊

330000－1716－0022412　　地獻 1545－13/
22412　集部/別集類/清別集

蕉雨山房詩鈔六種十九卷　　（清）丁堯臣撰
清光緒會稽丁氏刻本　四冊　存三種

330000－1716－0022413　　子補 0681－7/
22413　子部/術數類/命書相書之屬

新雕校工增釋合併麻衣先生神相編五卷
(明)陸位崇輯　清末石印本　一冊　存一卷
(四)

330000－1716－0022416　　子補 0681－8/
22416　子部/術數類/命書相書之屬
新刻校正增釋合併麻衣先生神相編十卷
(明)陸位崇輯　清末石印本　一冊　存二卷
(二至三)

330000－1716－0022417　　地獻 1545－8/
22417　集部/別集類/清別集
蕉雨山房詩鈔六種十九卷　　(清)丁堯臣撰
清光緒會稽丁氏刻本　四冊　存二種

330000－1716－0022418　　子補 0681－9/
22418　子部/術數類/命書相書之屬
新雕校工增釋合併麻衣先生神相編五卷
(明)陸位崇輯　清末石印本　一冊　存一卷
(四)

330000－1716－0022419　　地獻 1545－14/
22419　集部/別集類/清別集
蕉雨山房詩鈔六種十九卷　　(清)丁堯臣撰
清光緒會稽丁氏刻本　二冊　存三種

330000－1716－0022420　史補 0359/22420
史部/史抄類
鑑撮四卷　(清)曠敏本撰　使奉紀勝一卷
(清)陳階平撰　讀史論略一卷　(清)杜詔撰
　清刻本　一冊　存一卷(三)

330000－1716－0022422　　地獻 1545－9/
22422　集部/別集類/清別集
蕉雨山房詩鈔六種十九卷　　(清)丁堯臣撰
清光緒會稽丁氏刻本　二冊　存二種

330000－1716－0022423　　集補 0038－1/
22423　集部/小說類/長篇之屬
新編前明正德白牡丹傳八卷四十六回　(清)
翁山撰　清光緒二十七年(1901)上海書局石
印本　二冊　存四卷(一至四)

330000－1716－0022425　　新補 0266/22425
子部/雜著類/雜纂之屬
論說入門初集十四卷　程宗啟編　清宣統二

年(1910)上海彪蒙書室石印本　四冊

330000－1716－0022426　　子補 0681－10/
22426　子部/術數類/命書相書之屬
新刊校正增釋合併麻衣先生人相編五卷圖一
卷　(明)陸位崇輯　清愛日堂刻本　一冊
存四卷(一至三、圖)

330000－1716－0022427　　史補 0360－1/
22427　史部/史抄類
鑑撮四卷　(清)曠敏本撰　使奉紀勝一卷
(清)陳階平撰　讀史論略一卷　(清)杜詔撰
　清刻本　一冊　存二卷(三至四)

330000－1716－0022428　　地獻 1545－15/
22428　集部/別集類/清別集
蕉雨山房詩鈔六種十九卷　　(清)丁堯臣撰
清光緒會稽丁氏刻本　一冊　存一種

330000－1716－0022429　　地獻 1545－16/
22429　集部/別集類/清別集
蕉雨山房詩鈔六種十九卷　　(清)丁堯臣撰
清光緒會稽丁氏刻本　一冊　存一種

330000－1716－0022430　　地獻 1545－17/
22430　集部/別集類/清別集
蕉雨山房詩鈔六種十九卷　　(清)丁堯臣撰
清光緒會稽丁氏刻本　四冊　存三種

330000－1716－0022431　史補 0361/22431
史部/政書類/通制之屬
欽定大清會典一百卷　　(清)張廷玉等纂修
清刻本　一冊　存四卷(四十五至四十八)

330000－1716－0022433　　新補 0267－1/
22433　新學/學校
初等小學手工教授書不分卷　學部編譯圖書
局編纂　清宣統二年(1910)學部圖書局鉛印
本　一冊

330000－1716－0022435　　地獻 1545－10/
22435　集部/別集類/清別集
蕉雨山房詩鈔六種十九卷　　(清)丁堯臣撰
清光緒會稽丁氏刻本　五冊　存三種

330000－1716－0022436　　子補 0681－11/

22436　子部/術數類/命書相書之屬

新刊校正增釋合併麻衣先生人相編五卷圖一卷　(明)陸位崇輯　清刻本　一冊　存二卷(四至五)

330000－1716－0022437　　子補 0403－3/22437　子部/雜著類/雜纂之屬

勸戒近錄初二三編合鈔十六卷四編摘鈔一卷五錄六卷六錄六卷七錄六卷八錄六卷九錄六卷十錄六卷　(清)梁恭辰撰　清光緒刻本　九冊　缺二十二卷(一至四、六錄四至六、七錄四至六、八錄一至三、九錄一至六、十錄一至三)

330000－1716－0022438　新補 0268/22438　新學/學校

教授法原理不分卷　商務印書館編譯所編纂　清光緒三十二年(1906)上海商務印書館鉛印本　一冊

330000－1716－0022439　新補 0196/22439　新學/學校

女子書信範本不分卷　慎獨子撰　清光緒三十二年(1906)上海鴻文書局石印本　一冊

330000－1716－0022440　新補 0269/22440　新學/學校

教育史不分卷　商務印書館編譯所編纂　清光緒三十三年(1907)上海商務印書館鉛印本　陶立恒題記　一冊

330000－1716－0022441　　子補 0403－5/22441　子部/雜著類/雜纂之屬

勸戒近錄初二三編合鈔十六卷四編摘鈔一卷五錄六卷六錄六卷七錄六卷八錄六卷九錄六卷十錄六卷　(清)梁恭辰撰　清光緒刻本　九冊　存二十七卷(五錄一至六、六錄一至三、七錄一至三、八錄一至六、九錄四至六、十錄一至六)

330000－1716－0022443　　子補 0403－6/22443　子部/雜著類/雜纂之屬

勸戒近錄初二三編合鈔十六卷四編摘鈔一卷五錄六卷六錄六卷七錄六卷八錄六卷九錄六卷十錄六卷　(清)梁恭辰撰　清光緒刻本

童騄題記並批注　十冊　存三十三卷(一至十二、五錄一至六、六錄一至六、八錄一至六、十錄一至三)

330000－1716－0022444　史補 0362/22444　史部/政書類/律令之屬/律例

欽定六部處分則例五十二卷　(清)文孚等纂修　清光緒刻本　十八冊　存四十卷(三至九、十五至十八、二十二至二十五、二十八至四十九、五十至五十二)

330000－1716－0022447　集補 0038－3/22447　集部/小說類/長篇之屬

新編呂純陽三戲白牡丹初集四卷十六回二集四卷十六回三集□□卷□□回　清末上海蔣春記書局石印本　一冊　存二卷(二集一至二)

330000－1716－0022448　　子補 0403－7/22448　子部/雜著類/雜纂之屬

勸戒近錄初二三編合鈔十六卷四編摘鈔一卷五錄六卷六錄六卷七錄六卷八錄六卷九錄六卷十錄六卷　(清)梁恭辰撰　清光緒刻本　四冊　存十二卷(一至三、九錄一至三、十錄一至六)

330000－1716－0022449　　普叢 0245－2/22449　類叢部/叢書類/郡邑之屬

永嘉叢書十三種　(清)孫衣言編　清同治至光緒瑞安孫氏詒善祠塾刻本　二冊　存一種

330000－1716－0022451　集補 0038－4/22451　集部/小說類/長篇之屬

新編前明正德白牡丹傳八卷四十六回　(清)翁山撰　清末石印本　二冊　存四卷(一至四)

330000－1716－0022452　地獻 1427－24/22452　集部/詩文評類/文法之屬

初學論說文範四卷　邵伯棠撰　清宣統二年(1910)上海會文堂粹記石印本　四冊

330000－1716－0022453　普叢 0155－2/22453　類叢部/叢書類/自著之屬

安吳四種　(清)包世臣撰　清同治十一年

（1872）湖北包誠注經堂刻本　十四冊　缺四卷（藝舟雙楫一至四）

330000－1716－0022455　子補3712－6/22455　子部/術數類/命書相書之屬

新刊合併官板音義評注淵海子平五卷　（宋）徐升編　清刻本　二冊

330000－1716－0022456　子補0683－1/22456　子部/術數類/陰陽五行之屬

欽定協紀辨方書三十六卷　（清）允祿　（清）張照等纂修　清刻本　四冊　存八卷（五、九至十三、三十三至三十四）

330000－1716－0022458　子補0683－4/22458　子部/術數類/陰陽五行之屬

欽定協紀辨方書三十六卷　（清）允祿　（清）張照等纂修　清刻本　一冊　存二卷（五至六）

330000－1716－0022460　地獻1604/22460　集部/別集類/清別集

聽桐廬殘草一卷附錄一卷　（清）王繼毅撰　清光緒七年（1881）寧波宗源瀚刻本　一冊

330000－1716－0022462　史補0363/22462　史部/政書類/律令之屬/律例

欽定六部處分則例五十二卷　（清）文孚等纂修　清光緒刻本　五冊　存八卷（五至七、十九至二十、二十三至二十四、二十六）

330000－1716－0022463　地獻1456－3/22463　類叢部/叢書類/彙編之屬

蓊園叢書十一種　（清）平步青編　清同治至光緒山陰平氏安越堂刻本　四冊　存三種

330000－1716－0022464　史補0364/22464　史部/政書類/律令之屬/律例

欽定六部處分則例五十二卷　（清）文孚等纂修　清光緒刻本　一冊　存三卷（四十二至四十四）

330000－1716－0022465　子補0684/22465　子部/術數類/雜術之屬

牙牌神數詳注不分卷　（清）何汝樨撰　清光緒八年（1882）聚成堂刻本　一冊

330000－1716－0022467　史補0355－2/22467　史部/傳記類/職官錄之屬/總錄

[清光緒三十一年]大清搢紳全書四卷中樞備覽二卷　清光緒三十一年（1905）榮錄堂刻本　二冊　存二卷（一至二）

330000－1716－0022468　新補0272/22468　新學/學校

中學文粹二編二卷三編二卷　甡民編輯　清光緒三十年（1904）上海文明書局鉛印本　二冊

330000－1716－0022469　子補0685－1/22469　子部/藝術類/遊藝之屬

注解牙牌靈數不分卷　清光緒二十二年（1896）文宜書局石印本　一冊

330000－1716－0022472　地獻1607/22472　史部/地理類/方志之屬/郡縣志

[乾隆]諸暨縣志四十四卷首一卷末一卷　（清）沈椿齡修　（清）樓卜瀍等纂　清乾隆三十八年（1773）刻本　一冊　存三卷（四十三至四十四、末）

330000－1716－0022473　子補0403－9/22473　子部/雜著類/雜纂之屬

勸戒續錄六卷四錄六卷　（清）梁恭辰撰　清咸豐二年（1852）江西刻本　三冊　缺三卷（續錄四至六）

330000－1716－0022474　子補0403－8/22474　子部/宗教類/道教之屬/戒律

勸戒三錄六卷四錄六卷　（清）梁恭辰撰　清咸豐二年（1852）江西刻本　三冊　缺三卷（三錄四至六）

330000－1716－0022475　新補0273/22475　新學/學校

中等格致課本四編□□卷　（法國）包爾培撰　徐兆熊譯　清末石印本　嚴錦堂題記　一冊　存一卷（一）

330000－1716－0022476　史補0358－2/22476　史部/傳記類/職官錄之屬/總錄

[清同治十一年]大清搢紳全書四卷中樞備覽

二卷　清同治十一年（1872）斌陞堂刻本　三冊　存三卷（三至四、中樞備覽一）

330000－1716－0022477　集補 0039－2/22477　集部/曲類/彈詞之屬

新增全圖珍珠塔後傳麒麟豹三十卷六十回（清）馬永清撰　清光緒十七年（1891）上海書局鉛印本　四冊

330000－1716－0022479　子補 0685－2/22479　子部/藝術類/遊藝之屬

注解牙牌靈數不分卷　清末石印本　一冊

330000－1716－0022480　史補 0365/22480　史部/史評類/史論之屬

繪圖中國白話史不分卷　戴克敦　（清）錢宗翰編　清光緒三十一年（1905）上海彪蒙書室石印本　二冊

330000－1716－0022482　子補 0685－3/22482　子部/藝術類/遊藝之屬

注解牙牌靈數不分卷　清末鉛印本　一冊

330000－1716－0022483　新補 0274－1/22483　新學/交涉

英話注解一卷　（清）尹紫芳等編　清光緒鉛印本　一冊

330000－1716－0022486　地獻 1508－2/22486　經部/小學類/訓詁之屬/方言

越諺三卷越諺賸語二卷　（清）范寅撰　清光緒谷應山房刻本　一冊

330000－1716－0022487　地獻 1508－3/22487　經部/小學類/訓詁之屬/方言

越諺三卷越諺賸語二卷　（清）范寅撰　清光緒谷應山房刻本　一冊　缺二卷（一至二）

330000－1716－0022488　地獻 1508－4/22488　經部/小學類/訓詁之屬/方言

越諺三卷越諺賸語二卷　（清）范寅撰　清光緒谷應山房刻本　一冊　存二卷（三、越諺賸語一）

330000－1716－0022489　集補 0040－2/22489　集部/小說類/長篇之屬

大明正德游江南傳十卷四十五回　（清）何夢梅撰　清刻本　一冊　存四卷（三至六）

330000－1716－0022490　地獻 1508－5/22490　經部/小學類/訓詁之屬/方言

越諺三卷越諺賸語二卷　（清）范寅撰　清光緒谷應山房刻本　二冊　存二卷（一至二）

330000－1716－0022492　新補 0276/22492　新學/學校

蒙學體操教科書不分卷　（日）玄平井道　（日）田中盛業撰　丁錦譯　清光緒三十一年（1905）上海文明書局鉛印本　一冊

330000－1716－0022493　新補 0277/22493　新學/學校

初等小學作文教科書教授法不分卷　杜芝庭編纂　清光緒三十二年（1906）上海會文學社石印本　一冊

330000－1716－0022494　子補 0686－1/22494　子部/術數類/雜術之屬

牙牌數注釋不分卷　（清）何汝檉撰　清光緒三年（1877）姑蘇敦古堂刻本　一冊

330000－1716－0022495　經補 0287/22495　經部/四書類/總義之屬/傳說

四書味根錄三十七卷　（清）金澂撰　清光緒十五年（1889）上海鴻寶齋石印本　六冊

330000－1716－0022497　經補 0288/22497　經部/四書類/總義之屬/傳說

四書味根錄三十七卷　（清）金澂撰　清光緒十五年（1889）上海鴻寶齋石印本　六冊

330000－1716－0022499　子補 0686－2/22499　子部/術數類/雜術之屬

牙牌數注釋不分卷　（清）何汝檉撰　清刻本　一冊

330000－1716－0022500　集補 0041－1/22500　集部/小說類/長篇之屬

增補齊省堂儒林外史六十回　（清）吳敬梓撰　清末石印本　二冊　存十六卷（十五至二十二、四十六至五十三）

330000－1716－0022502　新補 0279/22502
新學/學校

京師大學堂講義初編七種二編七種　（清）京
師大學堂輯　清末鉛印本　一冊　存二種

330000－1716－0022504　子補 0404/22504
子部/儒家類/儒學之屬/性理

洗心集四卷　（清）俞國琛等撰　清刻本　一
冊　存一卷（四）

330000－1716－0022505　子補 0688/22505
子部/術數類/雜術之屬

牙牌神數不分卷　（清）何汝檉撰　清文海堂
刻三色套印本　一冊

330000－1716－0022507　地獻 1611/22507
子部/儒家類/儒學之屬/俗訓

人譜一卷人譜類記二卷　（明）劉宗周撰　清
光緒三十二年(1906)石印本　二冊　缺一卷
（人譜類記二）

330000－1716－0022512　史補 0180－3/
22512　史部/政書類/通制之屬

二十四史九通政典類要合編三百二十卷
（清）黃書霖輯　清光緒約雅堂石印本　一冊
存五卷（一百四十三至一百四十七）

330000－1716－0022515　子補 0406－1/
22515　子部/醫家類/類編之屬

陳修園醫書二十三種　（清）陳念祖等撰　清
刻本　二冊　存一種

330000－1716－0022518　子補 0406－2/
22518　子部/醫家類/類編之屬

公餘醫錄六種(陳修園醫書六種)　（清）陳念
祖撰　清刻本　一冊　存一種

330000－1716－0022519　新補 0282－1/
22519　新學/學校

各科教授法一卷　商務印書館輯　清光緒三
十二年(1906)上海商務印書館鉛印本　一冊

330000－1716－0022521　新補 0283/22521
新學/議論/論政

公民必讀初編一卷二編一卷　孟昭常撰　清
光緒三十四年(1908)預備立憲公會鉛印本

二冊　存一卷（二編）

330000－1716－0022526　集補 0042－2/
22526　集部/小說類/長篇之屬

繪圖第二奇書八卷六十四回　（清）隨緣下士
撰　（清）寄旅散人評　清光緒三十二年
(1906)上海書局石印本　五冊　存五卷（一
至二、五至七）

330000－1716－0022529　新補 0284/22529
新學/學校

訂正中等國文典三卷　（日本）三土忠造撰
清末富山房鉛印本　三冊

330000－1716－0022533　新補 0203/22533
新學/全體學

新編生理學問答不分卷　商務印書館編輯所
編　清光緒三十三年(1907)上海商務印書館
鉛印本　一冊

330000－1716－0022535　普叢 0444/22535
類叢部/叢書類/郡邑之屬

嶺南遺書五十九種　（清）伍崇曜編　清道光
十一年至同治二年(1831－1863)南海伍氏粵
雅堂文字歡娛室刻光緒三十三年(1907)彙印
本　八十四冊

330000－1716－0022538　史補 0371/22538
史部/政書類/通制之屬

欽定大清會典一百卷　（清）張廷玉等纂修
清光緒十九年(1893)上海圖書集成印書局鉛
印本　一冊　存八卷（一至八）

330000－1716－0022539　子補 0409/22539
集部/總集類/選集之屬/斷代

皇朝經世文續編一百二十卷　（清）葛士濬輯
清光緒十四年(1888)上海圖書集成局鉛印
本　二十四冊

330000－1716－0022542　地獻 1615－1/
22542　史部/傳記類/總傳之屬/郡邑

山會縣學堂同學錄一卷　清末鉛印本　一冊

330000－1716－0022543　經補 0292/22543
經部/四書類/總義之屬/傳說

四書朱子本義匯參四十三卷首四卷　（清）王

步青輯　清末石印本　一冊　存六卷(孟子五至十)

330000－1716－0022544　地獻 1615－2/22544　史部/傳記類/總傳之屬/郡邑

山會初級師範學堂同學錄一卷　李士銘撰　清宣統三年(1911)公民印書局鉛印本　一冊

330000－1716－0022550　子補 0408/22550　子部/儒家類/儒學之屬

皇朝蓄艾文編八十卷　(清)于寶軒輯　清光緒二十九年(1903)上海官書局鉛印本　三十六冊

330000－1716－0022551　普叢 0157－1/22551　類叢部/叢書類/彙編之屬

海山仙館叢書五十六種　(清)潘仕成編　清道光二十五年至咸豐元年(1845－1851)番禺潘氏刻光緒十一年(1885)增刻彙印本　四冊　存一種

330000－1716－0022553　經補 0293/22553　經部/四書類/總義之屬/傳說

四書經史摘證七卷　(清)宋繼種輯　清光緒十四年(1888)上海同文書局石印本　二冊

330000－1716－0022554　集補 0043－2/22554　集部/曲類/彈詞之屬

新編玉鴛鴦五集二十卷二十回　清刻本　一冊　存二卷(五集三至四)

330000－1716－0022555　史補 0375/22555　史部/史評類/史論之屬

唐宋名賢歷代確論一百卷　清光緒石印本　五冊　存六十四卷(三十七至一百)

330000－1716－0022556　子補 0410/22556　集部/總集類/選集之屬/斷代

皇朝經世文續編一百二十卷　(清)葛士濬輯　清光緒二十七年(1901)上海久敬齋鉛印本　二十四冊

330000－1716－0022558　集補 0044－1/22558　集部/小說類/短篇之屬

西湖佳話古今遺蹟十六卷　(清)墨浪子撰　清光緒十八年(1892)上海文選局石印本　二冊　存八卷(一至四、九至十二)

330000－1716－0022559　經補 0294/22559　經部/四書類/總義之屬/傳說

四書題鏡味根合編三十九卷　(清)金澂(清)汪鯉翔撰　清末石印本　四冊　缺十四卷(論語十四至二十,孟子一至三、八至十一)

330000－1716－0022561　集補 0044－2/22561　集部/小說類/短篇之屬

西湖佳話古今遺蹟十六卷　(清)墨浪子撰　清光緒十八年(1892)上海文選局石印本　二冊　存八卷(一至四、九至十二)

330000－1716－0022562　新補 0289/22562　新學/天學

談天十八卷首一卷附表一卷　(英國)侯失勒撰　(英國)偉烈亞力口譯　(清)李善蘭筆述　清末鉛印本　二冊　缺六卷(一至六)

330000－1716－0022563　子補 0411－1/22563　集部/總集類/選集之屬/斷代

皇朝經世文編一百二十卷姓名總目二卷　(清)賀長齡輯　清光緒十五年(1889)上海廣百宋齋鉛印本　六冊　存三十一卷(一至十九、六十三至七十四)

330000－1716－0022566　集補 0044－3/22566　集部/小說類/短篇之屬

西湖佳話古今遺蹟十六卷　(清)墨浪子撰　清末石印本　一冊　存四卷(五至八)

330000－1716－0022569　集補 0044－4/22569　集部/小說類/短篇之屬

西湖佳話古今遺蹟十六卷　(清)墨浪子撰　清末石印本　一冊　存四卷(十至十三)

330000－1716－0022571　新補 0291－1/22571　新學/格致總

格致啟蒙四卷　(英國)羅斯古纂　(美國)林樂知　(清)鄭昌棪譯　清光緒二十二年(1896)石印本　二冊　存二卷(一、四)

330000－1716－0022574　子補 0411－2/22574　集部/總集類/選集之屬/斷代

皇朝經世文新編二十一卷　麥仲華輯　清光

緒上海大同譯書局石印本　一冊　存一卷
（一下）

330000－1716－0022577　新補 0291－2/
22577　新學/格致總

格致啟蒙四卷　（英國）羅斯古纂　（美國）林
樂知　（清）鄭昌棪譯　清光緒二十二年
（1896）石印本　四冊

330000－1716－0022578　史補 0377/22578
史部/政書類/通制之屬

欽定大清會典事例一千二百二十卷目錄八卷
　（清）崑岡等撰　清宣統元年（1909）上海商
務印書館石印本　一冊　存九卷（七百四十
一至七百四十九）

330000－1716－0022579　子補 3581－2/
22579　子部/術數類/相宅相墓之屬

陽宅三要四卷地理五訣四卷　（清）趙廷棟撰
　清光緒二十四年（1898）上海書局石印本
三冊　缺二卷（地理五訣三至四）

330000－1716－0022580　史補 0378/22580
史部/政書類/律令之屬/律例

欽定六部處分則例五十二卷　（清）文孚等纂
修　清末石印本　一冊　存八卷（四十五至
五十二）

330000－1716－0022581　新補 0208/22581
新學/學校

化學啟蒙二十三章　□□輯　清光緒二十四
年（1898）上海圖書集成印書局鉛印本　一冊

330000－1716－0022582　子補 0695－2/
22582　子部/術數類/相宅相墓之屬

陽宅三要四卷　（清）趙廷棟撰　清刻本　一
冊　存二卷（三至四）

330000－1716－0022583　經補 0296/22583
經部/四書類/總義之屬/傳說

四書味根錄三十七卷　（清）金澂撰　清末石
印本　一冊　存十四卷（孟子一至十四）

330000－1716－0022584　子補 0695－3/
22584　子部/術數類/相宅相墓之屬

陽宅三要四卷　（清）趙廷棟撰　清刻本　一

冊　存二卷（一至二）

330000－1716－0022588　經補 0298/22588
經部/四書類/總義之屬/傳說

四書味根錄三十七卷　（清）金澂撰　清光緒
十二年（1886）上海同文書局石印本　四冊

330000－1716－0022589　集補 0044－5/
22589　集部/小說類/短篇之屬

西湖佳話古今遺蹟十六卷　（清）墨浪子撰
清末石印本　二冊　存九卷（五至十三）

330000－1716－0022591　子補 0411－3/
22591　集部/總集類/選集之屬/斷代

皇朝經世文續編一百二十卷　（清）葛士濬輯
清光緒二十七年（1901）上海久敬齋鉛印本
三冊　存十五卷（一至五、三十至三十九）

330000－1716－0022592　史補 0379/22592
類叢部/叢書類/自著之屬

王船山先生經史論八種七十四卷　（清）王夫
之撰　清光緒二十七年（1901）簡青書局石印
本　八冊　存八卷（讀通鑑論一至六、宋論一
至二）

330000－1716－0022594　經補 0299/22594
經部/四書類/總義之屬/傳說

四書味根錄三十七卷　（清）金澂撰　清刻本
二冊　存二卷（孟子十一、十四）

330000－1716－0022595　集補 0044－6/
22595　集部/小說類/短篇之屬

西湖佳話古今遺蹟十六卷　（清）墨浪子撰
清嘉慶二十二年（1817）會賢堂刻本　二冊
存五卷（一至二、九至十一）

330000－1716－0022596　地獻 1618－1/
22596　子部/儒家類/儒學之屬/勸學

時習編六卷　（清）周炳琦撰　（清）周巖輯
清光緒十六年（1890）山陰周氏詒經堂刻本
二冊

330000－1716－0022599　地獻 1618－2/
22599　子部/儒家類/儒學之屬/勸學

時習編六卷　（清）周炳琦撰　（清）周巖輯
清光緒十六年（1890）山陰周氏詒經堂刻本

一册

330000 - 1716 - 0022600　　地獻 1618 - 3/
22600　　子部/儒家類/儒學之屬/勸學

時習編六卷　（清）周炳琦撰　（清）周巖輯
清光緒十六年(1890)山陰周氏詒經堂刻本
一册

330000 - 1716 - 0022604　　普叢 0441 - 4/
22604　　類叢部/叢書類/自著之屬

春在堂全書三十六種　（清）俞樾撰　清同治
至光緒刻本　五册　存二種

330000 - 1716 - 0022605　　地獻 1618 - 4/
22605　　子部/儒家類/儒學之屬/勸學

時習編六卷　（清）周炳琦撰　（清）周巖輯
清光緒十六年(1890)山陰周氏詒經堂刻本
一册

330000 - 1716 - 0022606　　子補 0411 - 4/
22606　　集部/總集類/選集之屬/斷代

皇朝經世文三編八十卷　（清）陳忠倚輯　清
光緒二十四年(1898)石印本　三册　存十五
卷(一至五、十一至十五、七十一至七十五)

330000 - 1716 - 0022607　　新補 0210 - 1/
22607　　新學/學校

學校管理法　商務印書館編譯所編　清光緒
三十三年(1907)上海商務印書館鉛印本
一册

330000 - 1716 - 0022609　　地獻 1619/22609
史部/地理類/雜志之屬

越中百詠一卷　（清）周晉鑅撰　清道光二十
九年(1849)小寄廬刻本　一册

330000 - 1716 - 0022610　　地獻 1457 - 2/
22610　　子部/儒家類/儒學之屬

陽明先生集要十五卷附年譜一卷　（明）王守
仁撰　（明）施邦曜編　清乾隆五十二年
(1787)濟美堂刻本　一册　存二卷(理學編
一、年譜)

330000 - 1716 - 0022611　　子補 0411 - 6/
22611　　集部/總集類/選集之屬/斷代
皇朝經世文編一百二十卷姓名總目二卷

（清）賀長齡輯　清光緒二十五年(1899)上海
中西書局石印本　一册　存五卷(一百十一
至一百十五)

330000 - 1716 - 0022615　　子補 0411 - 8/
22615　　集部/總集類/選集之屬/斷代

皇朝經世文新增續編一百二十卷　（清）葛士
濬輯　**皇朝經世文新增時務續編四十卷洋務
續編八卷**　（清）甘韓輯　清光緒二十三年
(1897)上海掃葉山房鉛印本　一册　存六卷
(七十八至八十三)

330000 - 1716 - 0022616　　子補 0411 - 9/
22616　　集部/總集類/選集之屬/斷代

皇朝經世文三編八十卷　（清）陳忠倚輯　清
光緒二十九年(1903)上海同文社鉛印本　十
四册　存七十卷(十一至八十)

330000 - 1716 - 0022619　　子補 0411 - 10/
22619　　子部/儒家類/儒學之屬/經濟

皇朝經濟文新編　（清）宜今室主人輯　清光
緒二十四年(1898)上海求新閣石印本　十七
册　存十七種

330000 - 1716 - 0022620　　新補 0211/22620
史部/政書類/軍政之屬/兵制

軍隊内務條例不分卷　北洋陸軍編譯局編譯
清宣統三年(1911)北洋陸軍編譯局鉛印本
一册

330000 - 1716 - 0022623　　史補 0382 - 2/
22623　　史部/傳記類/總傳之屬/仕宦

歷代名臣言行録二十四卷　（清）朱桓輯　清
末石印本　一册　存二卷(十五至十六)

330000 - 1716 - 0022627　　史補 0383/22627
史部/傳記類/總傳之屬/仕宦

歷代名臣言行録二十四卷　（清）朱桓輯　清
光緒十二年(1886)上海文瑞樓石印本　二册
存八卷(一至五、十至十一、二十三)

330000 - 1716 - 0022636　　集補 0006 - 58/
22636　　集部/小說類/長篇之屬

說唐征西全傳十卷九十回　清光緒十九年
(1893)上海古香齋石印本　四册

330000－1716－0022638　史補 0384/22638
史部/傳記類/總傳之屬/仕宦

歷代名臣言行錄二十四卷　（清）朱桓輯　清光緒二十六年（1900）文瀾書局石印本　二冊　存六卷（一至三、十二至十四）

330000－1716－0022642　子補 0698－2/22642　子部/術數類/相宅相墓之屬

陽宅藏書二卷　（清）康基田撰　清道光五年（1825）五雲樓刻本　一冊

330000－1716－0022643　集補 0045－4/22643　集部/曲類/彈詞之屬

增像十美緣圖詠四卷四十回　（清）退居野人校訂　清光緒十九年（1893）石印本　一冊　存一卷（一）

330000－1716－0022644　史補 0385－1/22644　史部/傳記類/總傳之屬/仕宦

歷代名臣言行錄二十四卷　（清）朱桓輯　清末石印本　二冊　存七卷（八至十一、十八至二十）

330000－1716－0022646　新補 0298/22646
新學/兵制/陸軍

軍刀操法不分卷　清末石印本　一冊

330000－1716－0022647　史補 0386/22647
史部/地理類/輿圖之屬/全國

皇朝一統輿地全圖一卷　（清）六承如輯　（清）馮焌光增補　（清）欸乃軒主人續增　清光緒二十八年（1902）漢讀樓書局石印本　一冊

330000－1716－0022648　子補 0411－11/22648　集部/總集類/選集之屬/斷代

皇朝經世文編一百二十卷姓名總目二卷　（清）賀長齡輯　清鉛印本　一冊　存二卷（姓名總目一至二）

330000－1716－0022649　新補 0299/22649
新學/農政/農務

農務化學問答二卷　（英國）仲斯敦撰　（英國）秀耀春口譯　（清）范熙庸筆述　清末刻本　一冊　存一卷（下）

330000－1716－0022650　子補 0699－1/22650　子部/術數類/相宅相墓之屬

陽宅大全十一卷　清同治八年（1869）善成堂刻本　四冊　存六卷（一至四、九至十）

330000－1716－0022653　集補 0045－5/22653　集部/曲類/彈詞之屬

增廣繪像十美圖傳二十卷四十回　（清）松筠氏撰　清光緒二十年（1894）上海書局鉛印本　二冊　存十卷（一至五、十一至十五）

330000－1716－0022654　經補 0301/22654
經部/四書類/總義之屬/傳說

四書體注合講十九卷　（清）翁復編　清刻本　一冊　存四卷（孟子四至七）

330000－1716－0022658　子補 0700/22658
子部/術數類/相宅相墓之屬

新刻東海王先生纂輯陽宅十書四卷　（明）王君榮撰　清光緒八年（1882）掃葉山房刻本　三冊　存三卷（一至三）

330000－1716－0022659　經補 0302/22659
經部/四書類/總義之屬/傳說

四書味根錄三十七卷　（清）金澂撰　清同治六年（1867）杭州緯文堂刻本　八冊

330000－1716－0022665　地獻 1622/22665
集部/總集類/選集之屬/斷代

宋四名家詩六卷　（清）周之鱗　（清）柴升編　清光緒元年（1875）湘西章氏望雲草廬刻本　楊曉青觀款　三冊　存三卷（三、五至六）

330000－1716－0022669　地獻 1624/22669
集部/別集類

莫宧文草一卷詩草一卷　黃壽裒撰　清光緒三十四年（1908）山陰黃璟石印本　一冊　存一卷（詩草）

330000－1716－0022671　新補 0218/22671
新學/史志/政記

西政犖要六卷　（清）姜炳奎編輯　清光緒二十九年（1903）上海文寶書局石印本　四冊　存四卷（一、四至六）

330000－1716－0022672　地獻 1625－1/

22672　集部/別集類/清別集

白華絳跗閣詩初集（越縵堂詩初集）十卷
（清）李慈銘撰　清光緒十六年（1890）王繼香
刻本　一冊

330000－1716－0022674　地獻 1625－2/
22674　集部/別集類/清別集

白華絳跗閣詩初集（越縵堂詩初集）十卷
（清）李慈銘撰　清光緒十六年（1890）王繼香
刻本　清庶齋題記　二冊

330000－1716－0022675　子補 0411－13/
22675　集部/總集類/選集之屬/斷代

皇朝經世文新增續編一百二十卷　（清）葛士
濬輯　**皇朝經世文新增時務續編四十卷洋務
續編八卷**　（清）甘韓輯　清光緒二十三年
（1897）上海掃葉山房鉛印本　三冊　存十九
卷（時務一至九、三十九至四十,洋務一至八）

330000－1716－0022676　地獻 1625－3/
22676　集部/別集類/清別集

白華絳跗閣詩初集（越縵堂詩初集）十卷
（清）李慈銘撰　清光緒十六年（1890）王繼香
刻本　二冊

330000－1716－0022677　地獻 1625－4/
22677　集部/別集類/清別集

白華絳跗閣詩初集（越縵堂詩初集）十卷
（清）李慈銘撰　清光緒十六年（1890）王繼香
刻本　二冊

330000－1716－0022679　地獻 1625－5/
22679　集部/別集類/清別集

白華絳跗閣詩初集（越縵堂詩初集）十卷
（清）李慈銘撰　清光緒十六年（1890）王繼香
刻本　二冊

330000－1716－0022680　地獻 1625－6/
22680　集部/別集類/清別集

白華絳跗閣詩初集（越縵堂詩初集）十卷
（清）李慈銘撰　清光緒十六年（1890）王繼香
刻本　二冊

330000－1716－0022681　子補 0701－1/
22681　子部/術數類/命書相書之屬

三命通會十二卷　（明）萬民英撰　清緯文堂
刻本　二冊　存二卷（一至二）

330000－1716－0022683　新補 0220/22683
新學/農政/農務

害蟲要說一卷　（日本）小野孫三郎撰　（日
本）鳥居赫雄譯　清北洋官報局石印本
一冊

330000－1716－0022685　子補 0411－14/
22685　集部/總集類/選集之屬/斷代

皇朝經世文編一百二十卷姓名總目二卷
（清）賀長齡輯　清光緒二十八年（1902）上海
煥文書局鉛印本　二冊　存七卷（一至二、八
十七至八十九,姓名總目一至二）

330000－1716－0022687　子補 0701－2/
22687　子部/術數類/命書相書之屬

三命通會十二卷　（明）萬民英撰　清刻本
一冊　存一卷（六）

330000－1716－0022690　子補 0411－15/
22690　集部/總集類/選集之屬/斷代

皇朝經世文新編二十一卷　麥仲華輯　清光
緒二十七年（1901）夢坡室石印本　七冊　存
七卷（一上、九、十三至十五上、十八至十九）

330000－1716－0022691　地獻 1625－7/
22691　集部/別集類/清別集

白華絳跗閣詩初集（越縵堂詩初集）十卷
（清）李慈銘撰　清光緒十六年（1890）王繼香
刻本　五冊

330000－1716－0022693　地獻 1626/22693
子部/雜著類/雜說之屬

讀書樂二卷　（清）三等學堂輯　清光緒二十
四年（1898）上海美華書館鉛印本　一冊　存
一卷（二）

330000－1716－0022694　經補 0303/22694
經部/四書類/總義之屬/傳說

四書味根錄三十七卷　（清）金澂撰　清光緒
刻本　二冊　存四卷（論語十四至十五、孟子
十三至十四）

330000－1716－0022696　子補 0703/22696

子部/術數類/命書相書之屬

水鏡集四卷 （清）范駼撰 清宣統元年
(1909)上海章福記石印本 一冊 存一卷
（一）

330000－1716－0022697 經補 0304/22697
經部/四書類/總義之屬/傳說

四書味根錄三十七卷 （清）金澂撰 清光緒
刻本 三冊 存十三卷(論語八至十三、孟子
四至六、十一至十四)

330000－1716－0022698 子補 0411－16/
22698 集部/總集類/選集之屬/斷代

皇朝經世文續編一百二十卷 （清）葛士濬輯
清光緒鉛印本 二冊 存七卷(九十八至
一百四)

330000－1716－0022699 地獻 1628－1/
22699 集部/別集類/明別集

鐵厓樂府注十卷咏史注八卷逸編注八卷
（元）楊維楨撰 （清）樓卜瀍注 清乾隆三十
九年(1774)聯桂堂刻本 二冊 存八卷（咏
史注一至八)

330000－1716－0022701 新補 0224/22701
新學/議論/通論

時務三字經一卷 （清）浙報館編 清光緒二
十八年(1902)浙報館刻本 一冊

330000－1716－0022702 子補 0411－17/
22702 集部/總集類/選集之屬/斷代

皇朝經世文續編一百二十卷 （清）葛士濬輯
清光緒鉛印本 二十二冊 存一百十一卷
(六至二十九、三十四至一百二十)

330000－1716－0022703 子補 0411－18/
22703 集部/總集類/選集之屬/斷代

皇朝經世文續編一百二十卷 （清）葛士濬輯
清光緒鉛印本 六冊 存二十卷(一百一
至一百二十)

330000－1716－0022705 經補 0305/22705
經部/四書類/總義之屬/傳說

四書味根錄三十七卷 （清）金澂撰 清光緒
八年(1882)杭州緯文堂刻本 十二冊

330000－1716－0022706 地獻 1630/22706
新學/政治法律/律例

法律學研究術刪要一卷 （日本）安西與四郎
講述 （日本）山田義莊筆記 黃壽袠刪要
清光緒三十四年(1908)河南官報局鉛印本
一冊

330000－1716－0022711 新補 0307/22711
史部/政書類/公牘檔冊之屬

大學堂暫行試辦章程一卷 清木活字印本
一冊

330000－1716－0022713 子補 0704－1/
22713 子部/術數類/命書相書之屬

神相全編十二卷首一卷 ·題（宋）陳搏撰
（明）袁忠徹訂 清同治十一年(1872)同安堂
刻本 六冊

330000－1716－0022716 經補 0306/22716
經部/四書類/總義之屬/傳說

四書人物類典串珠四十卷 （清）臧志仁輯
清刻本 十冊 缺四卷(一至二、二十至二十
一)

330000－1716－0022717 史補 0388/22717
史部/傳記類/日記之屬

**陸清獻公日記十卷(清順治十四年至十五年、
康熙五年至六年、八年至九年、十一年、十四
年、十六年至十七年、十九年至三十一年)**
（清）陸隴其撰 清道光二十二年(1842)勝溪
草堂刻本 四冊

330000－1716－0022720 經補 0307/22720
經部/四書類/總義之屬/傳說

四書人物類典串珠四十卷 （清）臧志仁輯
清嘉慶十六年(1811)刻本 十二冊

330000－1716－0022721 新補 0309/22721
新學/商務

部議報效股票核獎章程一卷 清光緒二十五
年(1899)鉛印本 一冊

330000－1716－0022722 史補 0389/22722
史部/史評類/史論之屬

讀史論略二卷 （清）杜詔撰 清光緒二十七

年(1901)武林載記刻浙紹墨潤堂印本　一冊

330000－1716－0022724　新補0310/22724
新學/商務

部議昭信股票奏案一卷　清光緒二十四年
(1898)鉛印本　一冊

330000－1716－0022725　新補0226/22725
新學/商務/商學

原富八卷　(英國)斯密亞丹撰　嚴復譯　清
光緒上海南洋公學譯書院鉛印本　四冊　存
四卷(甲上下、丁上下)

330000－1716－0022728　子補0704－2/
22728　子部/術數類/命書相書之屬

神相全編十二卷首一卷　題(宋)陳搏撰
(明)袁忠徹訂　清刻本　一冊　存二卷(三
至四)

330000－1716－0022733　史補0390/22733
史部/職官類/官箴之屬

實政錄七卷　(明)呂坤撰　清同治十一年
(1872)浙江書局刻本　二冊

330000－1716－0022734　子補0705－1/
22734　子部/術數類/命書相書之屬

袁柳莊先生神相全編三卷　(明)袁忠徹撰
清刻本　一冊　存二卷(二至三)

330000－1716－0022735　史補0391/22735
史部/編年類/通代之屬

**鼎鍥趙田了凡袁先生編纂古本歷史大方綱鑑
補三十九卷**　(明)袁黃纂　清刻本　二冊
存二卷(三十、三十七)

330000－1716－0022736　子補0705－2/
22736　子部/術數類/命書相書之屬

袁柳莊先生神相全編三卷　(明)袁忠徹撰
清刻本　一冊　存二卷(二至三)

330000－1716－0022738　子補0413/22738
子部/儒家類/儒學之屬/性理

呻吟語六卷　(明)呂坤撰　清同治七年
(1868)刻本　六冊

330000－1716－0022741　子補0412/22741

集部/總集類/選集之屬/斷代

**皇朝經世文編一百二十卷姓名總目二卷生存
姓名一卷**　(清)賀長齡輯　清道光七年
(1827)刻本　二十三冊　存三十四卷(三至
四、十三至十八、二十九、五十至五十二、五十
五、五十八至六十五、八十五、九十三至九十
九、一百二至一百五、一百十六)

330000－1716－0022744　經補0308/22744
類叢部/類書類/專類之屬

四書典制類聯音注三十三卷　(清)閻其淵輯
清刻本　二冊　存八卷(四至十一)

330000－1716－0022745　地獻1425－2/
22745　新學/醫學/衛生學

看護學問答初集四卷　紹興教育館編譯部編
譯　清光緒三十四年(1908)紹興教育館鉛印
本　一冊

330000－1716－0022746　新補0314/22746
史部/政書類/邦計之屬

度支部原奏覆奏妥酌清理財政章程摺一卷
清光緒鉛印本　一冊

330000－1716－0022747　子補0414/22747
子部/儒家類/儒學之屬

二程先生全書五十一卷拾遺一卷　(宋)程顥
(宋)程頤撰　清康熙二十五年(1686)程氏
刻本　十一冊　缺八卷(三至十)

330000－1716－0022748　新補0229/22748
新學/兵制/陸軍

步兵戰鬥射擊教練書不分卷　(日本)陸軍戶
山學校編　(日本)山根虎之助譯　清光緒南
洋公學譯書院鉛印本　二冊

330000－1716－0022749　經補0309/22749
類叢部/類書類/專類之屬

四書典制文類選四卷　(清)李一桂　(清)賀
彩綏注　清刻本　一冊　存二卷(三至四)

330000－1716－0022750　子補0706/22750
子部/術數類/占卜之屬

增刪卜易正宗全書十二卷　(清)野鶴老人撰
(清)李文輝增刪　清咸豐九年(1859)廈門

多文齋刻本　三冊

330000－1716－0022751　史補0392/22751
史部/編年類/通代之屬
鼎鍥趙田了凡袁先生編纂古本歷史大方綱鑑補三十九卷　（明）袁黃纂　清刻本　一冊
存二卷（十四至十五）

330000－1716－0022752　經補0310/22752
集部/總集類/課藝之屬
小題宏模五十卷　清刻本　一冊　存一卷
（十八）

330000－1716－0022753　集補0040－3/
22753　集部/小說類/長篇之屬
繡像繪圖大明正德皇遊江南傳七卷四十五回
　（清）何夢梅撰　清末石印本　一冊　存一
卷（一）

330000－1716－0022756　史補0393/22756
史部/史評類/史論之屬
重刊讀史論略一卷　（清）杜詔撰　清同治五
年（1866）永康胡氏退補齋刻本　一冊

330000－1716－0022758　新補0316/22758
集部/總集類/課藝之屬
萍鄉課士新藝四卷續編四卷課士略說一卷
顧家相纂　清精華報館刻本　一冊　存一卷
（三）

330000－1716－0022761　子補0707－1/
22761　子部/術數類/占卜之屬
卜筮正宗十四卷　（清）王維德撰　清光緒三
十年（1904）上海書局石印本　一冊

330000－1716－0022764　子補0707－2/
22764　子部/術數類/占卜之屬
卜筮正宗十四卷　（清）王維德撰　清光緒三
十年（1904）上洋海左石印本　二冊　存三卷
（一至三）

330000－1716－0022766　史補0394/22766
史部/史評類/史論之屬
讀史論略增注三卷　（清）杜詔撰　（清）唐桂
注　（清）傅傳增注　清光緒二十七年（1901）
上海書局石印本　一冊　存二卷（一至二）

330000－1716－0022770　子補0707－3/
22770　子部/術數類/占卜之屬
卜筮正宗十四卷　（清）王維德撰　清光緒二
十二年（1896）上海書局石印本　寅生題記
三冊　存十一卷（一至十一）

330000－1716－0022771　經補0311/22771
經部/四書類/總義之屬/傳說
四書味根錄三十七卷　（清）金澂撰　清刻本
十四冊　缺二卷（大學、中庸二）

330000－1716－0022772　史補0395/22772
史部/傳記類/總傳之屬/仕宦
歷代名吏錄四卷　（清）張星徵輯　清雍正湖
山草堂刻本　一冊　存一卷（四）

330000－1716－0022775　子補0415/22775
子部/藝術類/書畫之屬
小試鍊網珊瑚初集一卷二集一卷三集一卷
（清）周鴻藻　（清）張昌照撰　清同治三年
（1864）刻本　二冊　存一卷（二集）

330000－1716－0022776　子補0707－4/
22776　子部/術數類/占卜之屬
卜筮正宗十四卷　（清）王維德撰　清光緒二
十二年（1896）上海書局石印本　一冊　存三
卷（一至三）

330000－1716－0022780　子補0416/22780
子部/儒家類/儒學之屬/性理
御纂性理精義十二卷　（清）李光地等纂修
清刻本　二冊　存二卷（一、八）

330000－1716－0022781　新補0233/22781
新學/化學
化學新編二卷　（清）吳仰曾譯　（清）董潣川
代筆　清光緒三十一年（1905）上海美華書館
鉛印本　一冊

330000－1716－0022782　子補0417/22782
子部/儒家類/儒學之屬/性理
御纂性理精義十二卷　（清）李光地等纂修
清石印本　一冊　存六卷（七至十二）

330000－1716－0022783　史補0396/22783
史部/職官類/官箴之屬

牧令須知六卷　（清）剛毅輯　清光緒十五年（1889）江蘇書局刻本　一冊　存三卷（一至三）

330000－1716－0022785　史補0397/22785
史部/職官類/官箴之屬

牧令須知六卷　（清）剛毅輯　清光緒十五年（1889）江蘇書局刻本　一冊　存三卷（一至三）

330000－1716－0022787　子補0418－1/22787　子部/雜著類/雜說之屬

盛世危言六卷續□卷　鄭觀應撰　清光緒二十二年（1896）上海書局石印本　八冊　缺二卷（二、續編二）

330000－1716－0022791　地獻1635/22791
新學/算學/數學

格物質學一卷　（美國）史砥爾撰　（美國）潘慎文譯　謝洪賚筆述　清光緒二十三年（1897）上海美華書館鉛印本　一冊

330000－1716－0022792　子補0419/22792
子部/雜著類/雜說之屬

庸書内篇二卷外篇二卷　（清）陳熾撰　清光緒二十四年（1898）慎記書莊石印本　二冊　存二卷（内篇一至二）

330000－1716－0022793　史補0398/22793
史部/編年類/通代之屬

鼎鍥趙田了凡袁先生編纂古本歷史大方綱鑑補三十九卷　（明）袁黃纂　清刻本　一冊　存一卷（二十八）

330000－1716－0022798　經補0313/22798
經部/四書類/總義之屬/傳說

四書典林三十卷四書古人典林十二卷　（清）江永輯　清嘉慶七年（1802）一鶴軒刻本　四冊　存十一卷（一至五、十八至十九、二十七至三十）

330000－1716－0022800　新補0236/22800
新學/學校

廣學類編十二卷　（英國）唐蘭孟編輯　清光緒二十七年（1901）上海商務印書館鉛印本　四冊　存六卷（一至四、七至八）

330000－1716－0022801　子補0707－6/22801　子部/術數類/占卜之屬

卜筮正宗十四卷　（清）王維德撰　清末石印本　余縶題記　一冊　存二卷（三至四）

330000－1716－0022802　新補0319－1/22802　新學/議論/通論

現今世界大勢論不分卷　梁啓超譯撰　清光緒二十八年（1902）廣智書局刻本　一冊

330000－1716－0022804　子補0707－7/22804　子部/術數類/占卜之屬

卜筮正宗十四卷　（清）王維德撰　清末石印本　一冊　存一卷（二）

330000－1716－0022805　集補0051－5/22805　集部/小說類/長篇之屬

新刻繪圖粉粧樓全傳十二卷八十回　（清）竹溪山人撰　清末石印本　一冊　存二卷（一至二）

330000－1716－0022806　子補0707－8/22806　子部/術數類/占卜之屬

卜筮正宗十四卷　（清）王維德撰　清道光二十九年（1849）集新堂刻本　二冊　存五卷（一至五）

330000－1716－0022807　子補0420/22807
子部/儒家類/儒學之屬/蒙學

學堂日記圖說一卷　（清）梁溪晦齋氏輯　清光緒二十四年（1898）上海古香閣石印本　一冊

330000－1716－0022808　子補0707－9/22808　子部/術數類/占卜之屬

卜筮正宗十四卷　（清）王維德撰　清文奎堂刻本　五冊　存十一卷（一至十一）

330000－1716－0022809　集補0051－7/22809　集部/小說類/長篇之屬

新刻繪圖粉粧樓全傳十二卷八十回　（清）竹溪山人撰　清末石印本　一冊　存二卷（九至十）

330000 – 1716 – 0022810　史補 0399/22810
史部/政書類/通制之屬

欽定大清會典一百卷　（清）張廷玉等纂修
清末石印本　四冊　存七十一卷（十二至八
十二）

330000 – 1716 – 0022812　經補 0314/22812
經部/四書類/總義之屬/傳說

四書典林三十卷四書古人典林十二卷　（清）
江永輯　清寧波汲綆齋刻本　九冊　存二十
六卷（一至五、十三至三十，古人典林一至三）

330000 – 1716 – 0022813　新補 0322/22813
新學/格致總

格致啟蒙四卷　（英國）羅斯古纂　（美國）林
樂知　（清）鄭昌棪譯　清光緒江南機器製造
總局刻本　二冊　存二卷（三至四）

330000 – 1716 – 0022818　史補 0400/22818
史部/雜史類/通代之屬

最近支那史二卷　（日本）河野通之　（日本）
石村貞一輯　清光緒上海振東室學社影印本
三冊

330000 – 1716 – 0022819　新補 0238/22819
新學/算學/代數

代數備旨不分卷總答一卷　（美國）狄考文選
譯　（清）鄒立文　（清）生福維筆述　清光緒
二十三年（1897）上海美華書館鉛印本　一冊

330000 – 1716 – 0022821　經補 0315/22821
經部/四書類/總義之屬/傳說

四書朱子本義匯參四十三卷首四卷　（清）王
步青輯　清末鉛印本　二冊　存六卷（孟子
三至八）

330000 – 1716 – 0022822　地獻 1545 – 11/
22822　集部/別集類/清別集

蕉雨山房詩鈔六種十九卷　（清）丁堯臣撰
清光緒會稽丁氏刻本　八冊　存五種

330000 – 1716 – 0022824　史補 0401/22824
新學/史志/別國史

續支那通史二卷　（日本）山峰峻藏撰　（清）
中國漢陽青年編譯　清光緒三十二年（1906）

會文堂書局石印本　三冊　存一卷（上）

330000 – 1716 – 0022826　史補 0402/22826
新學/史志/別國史

支那通史七卷　（日本）那珂通世編　清末石
印本　二冊　存二卷（二至三）

330000 – 1716 – 0022827　地獻 1545 – 12/
22827　集部/別集類/清別集

蕉雨山房詩鈔六種十九卷　（清）丁堯臣撰
清光緒會稽丁氏刻本　八冊　存五種

330000 – 1716 – 0022829　地獻 1637/22829
史部/雜史類/斷代之屬

山陰中夫樂鄉沈冤紀略一卷　湯壽潛輯　清
宣統三年（1911）鉛印本　一冊

330000 – 1716 – 0022834　經補 0316/22834
經部/四書類/大學之屬/正文

大學一卷　清抄本　一冊

330000 – 1716 – 0022835　子補 0707 – 11/
22835　子部/術數類/占卜之屬

卜筮正宗十四卷　（清）王維德撰　清刻本
二冊　存九卷（四至十二）

330000 – 1716 – 0022838　經補 0317/22838
經部/四書類/總義之屬/傳說

新訂四書補注備旨十卷　（明）鄧林撰　（清）
杜定基增訂　清末上海天寶書局石印本　一
冊　存一卷（孟子一）

330000 – 1716 – 0022846　子補 0424 – 1/
22846　子部/雜著類/雜說之屬

神傳家道不分卷　清宣統元年（1909）汲綆齋
石印本　一冊

330000 – 1716 – 0022847　子補 0424 – 2/
22847　子部/雜著類/雜說之屬

神傳家道不分卷　清宣統元年（1909）汲綆齋
石印本　一冊

330000 – 1716 – 0022849　新補 0324/22849
新學/雜著/瑣錄

海上遊戲圖說四卷　（清）海上游戲主輯　清
末石印本　三冊　缺一卷（二）

330000－1716－0022852　新補 0325/22852
新學/算學/代數

代數術二十五卷首一卷　（英國）華里司輯
（英國）傅蘭雅口譯　（清）華蘅芳筆述　清石
印本　一冊　存五卷（七至十一）

330000－1716－0022853　集補 0052－1/
22853　集部/小說類/長篇之屬

殘唐五代史演義傳六卷六十回　（明）羅貫中
撰　（明）湯顯祖評　清光緒二十六年（1900）
上海文宜書局石印本　一冊　存三卷（一至
三）

330000－1716－0022854　經補 0318/22854
經部/四書類/論語之屬/傳說

增訂二論詳解四卷　（清）劉忠輯　清積慶堂
刻本　二冊

330000－1716－0022855　子補 0707－12/
22855　子部/術數類/占卜之屬

卜筮正宗十四卷　（清）王維德撰　清善成堂
刻本　綠野僊題記並批　五冊　缺二卷（四
至五）

330000－1716－0022856　經補 0319/22856
經部/小學類/訓詁之屬/譯語

東文新法會通二卷　廖宇春編次　清光緒二
十八年（1902）上海東亞善鄰學館石印本
二冊

330000－1716－0022857　史補 0403/22857
史部/政書類/律令之屬/法驗

洗冤錄補注全纂六卷　（清）王又槐輯　（清）
李觀瀾補輯　（清）阮其新補注　清道光十五
年（1835）刻本　一冊　存一卷（一）

330000－1716－0022858　子補 0426/22858
經部/群經總義類/傳說之屬

四書五經義策論初編不分卷　韓章編　清光
緒二十七年（1901）文彙書局鉛印本　二冊

330000－1716－0022859　子補 0708－1/
22859　子部/術數類/占卜之屬

增刪卜易六卷　（清）野鶴老人撰　（清）李文
輝增刪　清文富堂刻本　伯記題記　六冊

330000－1716－0022861　子補 0427/22861
子部/儒家類/儒學之屬/禮教

五種遺規　（清）陳弘謀輯並撰　清宣統三年
（1911）上海商務印書館鉛印本　一冊　存
一種

330000－1716－0022862　史補 0404/22862
史部/史抄類

古今史略十二卷附殉難錄一卷　（清）李漁纂
輯　清刻本　三冊　缺三卷（一至三）

330000－1716－0022863　子補 0708－2/
22863　子部/術數類/占卜之屬

增刪卜易六卷　（清）野鶴老人撰　（清）李文
輝增刪　清刻本　一冊　存二卷（三至四）

330000－1716－0022865　史補 0405/22865
史部/史抄類

古今史略十二卷附殉難錄一卷　（清）李漁纂
輯　清刻本　一冊　存三卷（四至六）

330000－1716－0022866　子補 0708－3/
22866　子部/術數類/占卜之屬

增刪卜易六卷　（清）野鶴老人撰　（清）李文
輝增刪　清刻本　網珍題簽　一冊　存三卷
（四至六）

330000－1716－0022867　新補 0328/22867
新學/算學/代數

代數備旨全草十三章不分卷　（清）徐錫麟編
　清光緒石印本　一冊　存二章（六至七）

330000－1716－0022869　新補 0274－2/
22869　新學/交涉

英話注解一卷　（清）尹紫芳等編　清光緒二
十年（1894）上海日新書莊石印本　一冊

330000－1716－0022871　新補 0329/22871
新學/算學/代數

代數術二十五卷首一卷　（英國）華里司輯
（英國）傅蘭雅口譯　（清）華蘅芳筆述　清石
印本　一冊　存八卷（十八至二十五）

330000－1716－0022873　普集 1872－1/
22873　集部/小說類/長篇之屬

新刻劍嘯閣批評東漢演義傳十卷　（明）謝詔

撰　清刻本　三冊　存六卷(二至七)

330000－1716－0022874　普類 0083－5/
22874　類叢部/類書類/專類之屬

子史精華一百六十卷　(清)吳士玉　(清)吳
襄等輯　清刻本　十冊　存四十七卷(四至
九、三十三至四十六、一百七至一百三十三)

330000－1716－0022875　史補 0406/22875
史部/政書類/律令之屬/刑制

**大清現行刑律案語不分卷核訂現行刑律不分
卷**　沈家本　俞廉三輯　清宣統元年(1909)
法律館鉛印本　二冊

330000－1716－0022877　新補 0330/22877
新學/算學/數學

代形合參解法三卷附一卷　(清)王世演草
清末石印本　一冊　缺一卷(一)

330000－1716－0022878　經補 1278－2/
22878　經部/四書類/論語之屬/傳說

論語話解十卷　(清)陳濬撰　清宣統二年
(1910)上海書局石印本　四冊

330000－1716－0022882　子補 0709－1/
22882　子部/術數類/陰陽五行之屬

增廣玉匣記通書六卷　清光緒二十九年
(1903)龍文書局石印本　一冊

330000－1716－0022883　新補 0351/22883
新學/報章

新民叢報選編續集不分卷　(清)新民叢報社
編　清石印本　一冊

330000－1716－0022884　子補 0429－1/
22884　子部/儒家類/儒學之屬/禮教

五種遺規　(清)陳弘謀輯並撰　清光緒三十
四年(1908)學部圖書局石印本　一冊　存
一種

330000－1716－0022887　新補 0331/22887
子部/天文曆算類/算書之屬

行素軒算稿九種　(清)華蘅芳撰　清光緒刻
本　一冊　存一種

330000－1716－0022891　子補 0709－2/

22891　子部/術數類/陰陽五行之屬

增廣玉匣記通書六卷　清光緒二十九年
(1903)龍文書局石印本　一冊　存三卷(一
至三)

330000－1716－0022893　新補 0354/22893
新學/議論/通論

中東要語類編四卷　清光緒三十二年(1906)
上海新學會社石印本　一冊

330000－1716－0022894　新補 0333/22894
新學/算學/代數

代數鑰七卷　(清)黃慶澄撰　清末刻本　二
冊　存二卷(一、七)

330000－1716－0022898　地獻 1638－1/
22898　史部/地理類/水利之屬

上虞縣五鄉水利本末二卷　(元)陳恬撰　清
木活字印本　一冊　存一卷(二)

330000－1716－0022901　子補 0712－2/
22901　子部/術數類/陰陽五行之屬

**新鐫許眞君玉匣記增補諸家選擇日用通書六
卷**　題(晉)許真君增補　清刻本　一冊

330000－1716－0022902　史補 0408/22902
史部/政書類/律令之屬/律例

大清光緒新法令樣本不分卷　商務印書館編
譯所編纂　清宣統上海商務印書館鉛印本
一冊

330000－1716－0022907　史補 0409/22907
史部/目錄類/版本之屬/書影

大清法規大全樣本一卷　(清)廣益書局輯
清宣統二年(1910)上海廣益書局鉛印本
一冊

330000－1716－0022908　普子 2006/22908
子部/雜著類/雜考之屬

日知錄三十二卷　(清)顧炎武撰　清乾隆刻
本　袁壽鵬題簽並記　十二冊

330000－1716－0022909　新補 0356/22909
新學/史志/諸國史

西洋史要四卷　(日本)小川銀次郎撰　(清)
薩端等譯　清光緒二十七年(1901)上海金粟

齋鉛印本　二冊

330000－1716－0022913　新補 0357/22913
新學/史志/別國史

俄史輯譯四卷　（清）闞斐迪譯　（清）徐景羅
重譯　清末刻本　二冊　存二卷（二至三）

330000－1716－0022914　縣資 0033－4/
22914　史部/地理類/方志之屬/郡縣志

[乾隆]紹興府志八十卷首一卷　（清）李亨特
修　（清）平恕　（清）徐嵩纂　清乾隆五十七
年（1792）刻本　四十七冊

330000－1716－0022915　史補 0411/22915
史部/政書類/律令之屬/律例

欽定六部處分則例五十二卷　（清）文孚等纂
修　清末鉛印本　一冊　存七卷（五至十一）

330000－1716－0022917　新補 0358/22917
新學/商務

萬國通商史一卷　（英國）瑣米爾士撰　（日
本）古城貞吉譯　清末南洋公學譯書院鉛印
本　一冊

330000－1716－0022924　新補 0364/22924
新學/議論

近三十年的學術界一卷　陳鐘凡講　高君仁
記　清光緒二十四年（1898）油印本　一冊

330000－1716－0022926　經補 0323/22926
經部/四書類/總義之屬/傳說

四書圖考十三卷　（清）杜炳撰　清末石印本
三冊　缺二卷（一至二）

330000－1716－0022927　史補 0412/22927
史部/史抄類

綱鑑擇語十卷　（清）司徒修輯　清光緒二十
四年（1898）文華書局石印本　二冊　存四卷
（一至二、九至十）

330000－1716－0022931　子補 0713－9/
22931　子部/術數類/陰陽五行之屬

增廣玉匣記通書六卷末一卷　清光緒二十一
年（1895）南京李光明莊刻本　二冊

330000－1716－0022932　新補 0336－1/

22932　新學/算學/代數

代數備旨二卷總答一卷　（美國）狄考文譯
（清）范震亞校録　清光緒二十八年（1902）上
海會文編譯社石印本　一冊　缺一卷（一）

330000－1716－0022933　史補 0413/22933
史部/史抄類

史鑑節要便讀六卷　（清）鮑東里撰　清末石
印本　一冊　存三卷（四至六）

330000－1716－0022934　子補 0713－10/
22934　子部/術數類/陰陽五行之屬

增廣玉匣記通書六卷　清文玉堂刻本　二冊

330000－1716－0022935　新補 0336－2/
22935　新學/算學/代數

代數備旨二卷總答一卷　（美國）狄考文譯
（清）范震亞校録　清光緒二十八年（1902）上
海會文編譯社石印本　一冊　存二卷（下、總
答）

330000－1716－0022939　經補 0325/22939
經部/四書類/總義之屬

中西四書　（清）陳豸　（清）顏茂猷較正　清
光緒三十年（1904）點石齋石印本　五冊

330000－1716－0022940　普叢 0116－4/
22940　類叢部/叢書類/彙編之屬

藝苑捃華四十八種　（清）顧之逵編　清刻本
五冊　存十二種

330000－1716－0022941　子補 0713－11/
22941　子部/術數類/陰陽五行之屬

增廣玉匣記通書六卷　清刻本　一冊　存四
卷（三至六）

330000－1716－0022943　地獻 1643－4/
22943　子部/儒家類/儒學之屬/俗訓

人譜一卷人譜類記二卷　（明）劉宗周撰　清
同治七年（1868）紹城許模記刻本　二冊

330000－1716－0022944　經補 0326/22944
經部/四書類/總義之屬

中西四書　（清）陳豸　（清）顏茂猷較正　清
光緒三十年（1904）點石齋石印本　二冊　存
三種

330000 – 1716 – 0022945　　地獻 1643 – 5/22945　　子部/儒家類/儒學之屬/俗訓

人譜一卷人譜類記二卷　（明）劉宗周撰　清同治七年(1868)紹興蕺山書院刻本　一冊

330000 – 1716 – 0022946　　子補 0713 – 12/22946　　子部/術數類/陰陽五行之屬

增廣玉匣記通書六卷　清文玉堂刻本　沈秀題記　一冊　存四卷(三至六)

330000 – 1716 – 0022947　　經補 0327/22947　　經部/四書類/總義之屬

中西四書　（清）陳豸　（清）顏茂猷較正　清光緒三十年(1904)點石齋石印本　一冊　存一種

330000 – 1716 – 0022948　　地獻 1643 – 6/22948　　子部/儒家類/儒學之屬/俗訓

人譜一卷人譜類記二卷　（明）劉宗周撰　清同治七年(1868)紹興蕺山書院刻本　二冊

330000 – 1716 – 0022949　　子補 0713 – 13/22949　　子部/術數類/陰陽五行之屬

增廣玉匣記通書六卷　清刻本　一冊　存四卷(三至六)

330000 – 1716 – 0022950　　子補 0713 – 14/22950　　子部/術數類/陰陽五行之屬

增廣玉匣記通書六卷　清文玉堂刻本　一冊　存四卷(三至六)

330000 – 1716 – 0022951　　地獻 1643 – 7/22951　　子部/儒家類/儒學之屬/俗訓

人譜一卷人譜類記二卷　（明）劉宗周撰　清同治七年(1868)紹興蕺山書院刻本　二冊

330000 – 1716 – 0022953　　子補 0713 – 15/22953　　子部/術數類/陰陽五行之屬

增廣玉匣記通書六卷　清文玉堂刻本　張毓題簽　一冊　存四卷(三至六)

330000 – 1716 – 0022954　　新補 0337 – 1/22954　　新學/算學/數學

對數表一卷　（美國）路密司編　（美國）赫士口譯　（清）朱葆琛筆述　清光緒三十年(1904)上海美華書館鉛印本　一冊

330000 – 1716 – 0022955　　史補 0415/22955　　史部/地理類

李氏五種　（清）李兆洛撰　清同治九年至十一年(1870 – 1872)合肥李鴻章刻本　六冊　存一種

330000 – 1716 – 0022958　　史補 0416/22958　　史部/紀傳類/正史之屬

東都事略一百三十卷　（宋）王偁撰　清光緒九年(1883)淮南書局刻本　五冊　存七十九卷(一至六十六、八十一至九十三)

330000 – 1716 – 0022959　　地獻 1643 – 8/22959　　子部/儒家類/儒學之屬/俗訓

人譜一卷人譜類記二卷　（明）劉宗周撰　清同治七年(1868)紹興蕺山書院刻本　丁之蕃題記　二冊

330000 – 1716 – 0022961　　新補 0337 – 2/22961　　新學/算學/數學

對數表一卷　（美國）路密司編　（美國）赫士口譯　（清）朱葆琛筆述　清光緒二十九年(1903)上海美華書館鉛印本　一冊

330000 – 1716 – 0022962　　地獻 1643 – 9/22962　　子部/儒家類/儒學之屬/俗訓

人譜一卷人譜類記二卷　（明）劉宗周撰　清同治七年(1868)紹興蕺山書院刻本　二冊

330000 – 1716 – 0022963　　地獻 1643 – 10/22963　　子部/儒家類/儒學之屬/俗訓

人譜一卷人譜類記二卷　（明）劉宗周撰　清同治七年(1868)紹興蕺山書院刻本　二冊

330000 – 1716 – 0022965　　新補 0338/22965　　新學/算學/形學

形學備旨十卷開端一卷　（美國）狄考文選譯　（清）鄒立文筆述　清光緒二十三年(1897)上海美華書館鉛印本　二冊

330000 – 1716 – 0022968　　新補 0339/22968　　新學/算學/三角八綫

算式集要四卷　（英國）哈司韋輯　清光緒江南製造總局刻本　二冊　存二卷(一至二)

330000 – 1716 – 0022972　　子補 0713 – 16/

22972　子部/術數類/陰陽五行之屬
增廣玉匣記通書六卷　清刻本　一冊　存四卷(三至六)

330000－1716－0022974　新補 0340/22974
新學/算學/數學
數學理九卷附卷一卷　(英國)棣麼甘撰
(英國)傅蘭雅　(清)趙元益譯　清光緒上海江南製造局刻本　三冊　缺四卷(一至四)

330000－1716－0022975　子補 0713－17/22975　子部/術數類/陰陽五行之屬
增廣玉匣記通書六卷　清刻本　一冊　存四卷(三至六)

330000－1716－0022976　子補 0713－18/22976　子部/術數類/陰陽五行之屬
增廣玉匣記通書六卷　清刻本　一冊　存四卷(三至六)

330000－1716－0022979　新補 0341/22979
新學/算學/代數
代數術二十五卷首一卷　(英國)華里司輯
(英國)傅蘭雅口譯　(清)華蘅芳筆述　清同治江南製造局刻本　二冊　缺十三卷(七至十一、十八至二十五)

330000－1716－0022982　史補 0417/22982
類叢部/叢書類/自著之屬
重刻朱文端公三傳　(清)朱軾撰　清同治古唐朱氏古懽齋刻本　六冊　存十三卷(歷代循吏傳一至四、歷代名臣傳三十一至三十三、歷代名儒傳一至六)

330000－1716－0022983　子補 0430/22983
子部/宗教類/其他宗教之屬/基督教
舊約聖書箴言一卷　清光緒三十三年(1907)聖書公會鉛印本　一冊

330000－1716－0022987　子補 0714－1/22987　子部/宗教類/佛教之屬/經疏
一切經音義二十五卷　(唐)釋玄應撰　**補訂新譯大方廣佛華嚴經音義二卷**　(唐)釋慧苑撰　**華嚴經音義敘錄一卷**　(清)臧庸輯　**刻華嚴經音義校勘記一卷**　(清)曹籀撰　清同

治八年(1869)仁和曹籀刻本　四冊

330000－1716－0022991　子補 2606/22991
子部/宗教類/其他宗教之屬/基督教
道原精萃七種　(清)倪懷綸編　清光緒十三年(1887)上海慈母堂鉛印本　四冊　存五種

330000－1716－0022995　新補 0342/22995
新學/學校
德國學校制度不分卷　(日本)加藤駒二撰
(清)中國國民叢書社譯　清光緒二十九年(1903)上海商務印書館鉛印本　陳津題記一冊

330000－1716－0022998　子補 0432/22998
子部/儒家類/儒學之屬/經濟
繹志十九卷　(清)胡承諾撰　清同治十一年(1872)浙江書局刻本　七冊　存十五卷(五至十九)

330000－1716－0023000　史補 0418/23000
史部/金石類/郡邑之屬/文字
兩浙金石志十八卷補遺一卷　(清)阮元撰
清光緒十六年(1890)浙江書局刻本　九冊
存十三卷(一至四、七至九、十四至十八,補遺)

330000－1716－0023001　新補 0343/23001
新學/圖學/畫學
器象顯真四卷圖一卷　(英國)白力蓋輯
(英國)傅蘭雅口譯　(清)徐建寅　述
(清)曹鍾秀摹圖　清光緒江南製造局刻本
一冊　存一卷(圖)

330000－1716－0023004　新補 0344/23004
史部/目錄類/總錄之屬/官修
暫定各學堂應用書目一卷　(清)京師大學堂編　清光緒二十八年(1902)京師大學堂刻本
一冊

330000－1716－0023007　史補 0419/23007
史部/金石類/總志之屬
金石索十二卷首一卷　(清)馮雲鵬　(清)馮雲鵷輯　清光緒三十二年(1906)上海文新局石印本　二十四冊

330000－1716－0023008　新補 0345/23008
新學/化學

化學鑑原六卷續編二十四卷補編六卷附一卷
　（英國）韋而司　（英國）蒲陸山撰　（英國）傅蘭雅口譯　（清）徐壽筆述　清光緒江南製造局刻本　一冊　存二卷（一至二）

330000－1716－0023010　史補 0420/23010
史部/詔令奏議類/奏議之屬

[乾隆]條奏不分卷　清刻本　五十九冊

330000－1716－0023012　子補 0715/23012
子部/宗教類/佛教之屬/諸宗

徑中徑又徑徵義三卷首一卷　（清）張師誠輯　（清）徐槐廷注　清光緒二十五年（1899）陸智性刻本　一冊

330000－1716－0023013　集補 1524－2/23013　集部/別集類/明別集

楊忠愍公全集四卷　（明）楊繼盛撰　清刻本　一冊　存一卷（二）

330000－1716－0023014　經補 0329/23014
經部/四書類/總義之屬/傳說

四書集注十九卷　（宋）朱熹撰　清刻本　二冊　存五卷（論語四至五、八至十）

330000－1716－0023015　集補 0061/23015
集部/曲類/彈詞之屬

新刻玉釧緣全傳三十二卷　（清）西湖居士撰　清末石印本　二十冊　缺五卷（十四至十五、十八至二十）

330000－1716－0023016　經補 0330/23016
經部/四書類/總義之屬/傳說

四書集注十九卷　（宋）朱熹撰　清刻本　四冊　存十卷（論語一至十）

330000－1716－0023018　普叢 0036/23018
類叢部/叢書類/自著之屬

西河合集一百十九種　（清）毛奇齡撰　清刻本　七十九冊　存一百十七種

330000－1716－0023019　地獻 1647/23019
集部/別集類/清別集

石笥山房集二十四卷　（清）胡天游撰　清宣

統二年（1910）上海國學扶輪社石印本　六冊　存十六卷（詩集一至十二、補遺一至二、續補遺一至二）

330000－1716－0023020　經補 0331/23020
經部/四書類/總義之屬/傳說

四書正文七卷　（宋）朱熹撰　清光緒二十七年（1901）福州集新堂刻本　六冊

330000－1716－0023021　史補 0421/23021
史部/地理類/雜志之屬

浙江全省輿圖並水陸道里記不分卷　（清）宗源瀚等纂　清光緒二十年（1894）石印本　二十三冊

330000－1716－0023027　史補 0422/23027
史部/地理類/雜志之屬

浙江全省輿圖並水陸道里記不分卷　（清）宗源瀚等纂　清光緒二十年（1894）石印本　十三冊

330000－1716－0023029　集補 0062/23029
集部/戲劇類/總集之屬/傳奇

笠翁傳奇十種　（清）李漁撰　清刻本　十三冊　存八種

330000－1716－0023030　經補 0332/23030
經部/四書類/總義之屬/傳說

四書集注十九卷　（宋）朱熹撰　清刻本　二冊　存五卷（孟子一至五）

330000－1716－0023034　經補 0333/23034
經部/四書類/總義之屬/傳說

四書集注十九卷　（宋）朱熹撰　清汲古堂刻本　一冊　存四卷（孟子四至七）

330000－1716－0023036　集補 0063/23036
集部/小說類/長篇之屬

繪圖飛龍傳八卷六十回　（清）吳璿撰　清末石印本　三冊　存三卷（三、五、七）

330000－1716－0023039　子補 0435/23039
子部/儒家類/儒學之屬/經濟

舉業上乘續刻不分卷首一卷補編一卷　清道光三十年（1850）槐蔭堂刻本　一冊

330000－1716－0023040　經補 0334/23040
經部/四書類/總義之屬/傳說

四書集注十九卷 （宋）朱熹撰　清慎言堂刻本　三冊　存七卷(孟子一至七)

330000－1716－0023044　子補 0436/23044
子部/儒家類/儒學之屬/經濟

黃梨洲先生明夷待訪録一卷思舊録一卷
（清）黃宗羲撰　清刻本　一冊

330000－1716－0023047　子補 0437－1/23047　子部/儒家類/儒家之屬

孔氏家語十卷 （三國魏）王肅注　清刻本
一冊　存五卷(六至十)

330000－1716－0023049　子補 0437－2/23049　子部/儒家類/儒家之屬

孔氏家語十卷 （三國魏）王肅注　清刻本
一冊　存五卷(六至十)

330000－1716－0023050　經補 0335/23050
經部/四書類/總義之屬/傳說

四書集注十九卷 （宋）朱熹撰　清刻本　清胡問鋤題記　四冊　存五卷(論語四至八)

330000－1716－0023051　子補 0438/23051
子部/雜著類/雜纂之屬

福田至寶不分卷 清刻本　何□隱跋　一冊

330000－1716－0023054　經補 0336/23054
經部/四書類/總義之屬/傳說

四書集注十九卷 （宋）朱熹撰　清刻本　四冊　存十卷(論語六至十,孟子一、四至七)

330000－1716－0023057　子補 0714－2/23057　子部/宗教類/佛教之屬/經疏

一切經音義二十五卷 （唐）釋玄應撰　**補訂新譯大方廣佛華嚴經音義二卷** （唐）釋慧苑撰　**華嚴經音義敘録一卷** （清）臧庸輯　**刻華嚴經音義校勘記一卷** （清）曹籀撰　清同治八年(1869)仁和曹籀刻武林張氏寶晉齋印本　四冊

330000－1716－0023109　子補 0437－3/23109　子部/儒家類/儒家之屬

孔子家語八卷 （明）何孟春注　（清）盧文弨校補　清刻本　一冊

330000－1716－0023110　集補 0065/23110
集部/小說類/長篇之屬

繡像七劍十三俠三集十八卷一百八十回
（清）唐芸洲撰　清光緒三十二年(1906)上海石印本　十五冊　存十五卷(初集一至二、六,續集一至六,三集一至六)

330000－1716－0023112　集補 0067－1/23112　集部/曲類/彈詞之屬

繡像九美奪夫四卷二十六回 清光緒二十六年(1900)上海書局石印本　二冊　存二卷(一、四)

330000－1716－0023115　子補 0439/23115
集部/總集類/選集之屬/斷代

皇朝經世文編一百二十卷姓名總目二卷生存姓名一卷 （清）賀長齡輯　清道光七年(1827)刻本　一冊　存二卷(六十至六十一)

330000－1716－0023116　經補 0337/23116
經部/四書類/總義之屬/傳說

四書集注十九卷 （宋）朱熹撰　清光緒狀元閣刻本　六冊

330000－1716－0023122　子補 0440－1/23122　子部/儒家類/儒學之屬/禮教/家訓

朱子家訓衍義一卷 （清）朱鳳鳴注　（清）張氏增改　清光緒二十五年(1899)勉善堂刻本　一冊

330000－1716－0023123　經補 0338/23123
經部/四書類/總義之屬/傳說

四書讀本十九卷 （宋）朱熹撰　清同治七年(1868)東越經畬堂刻本　三冊　缺十二卷(論語一至十,孟子六至七)

330000－1716－0023124　集補 0066－1/23124　集部/曲類/彈詞之屬

新增全圖蜻蜓奇緣四卷四十回 （清）陳遇乾撰　清末石印本　三冊　存三卷(一、三至四)

330000－1716－0023125　子補 0440－2/23125　子部/儒家類/儒學之屬/禮教/家訓

朱子家訓衍義一卷　（清）朱鳳鳴注　（清）張氏增改　清光緒二十五年(1899)勉善堂刻本　一册

330000－1716－0023126　經補 0339/23126　經部/四書類/總義之屬/傳說

四書集注十九卷　（宋）朱熹撰　清刻本　三册　存十二卷(論語一至十、孟子四至五)

330000－1716－0023127　地獻 1651/23127　集部/別集類/清別集

卍竹山莊存稿二十卷　（清）徐燨撰　清咸豐九年(1859)蘭渚卍竹山莊刻本　八册

330000－1716－0023128　子補 0441/23128　子部/儒家類/儒學之屬/禮教/家訓

楊忠愍公傳家寶訓不分卷　（明）楊繼盛撰　（明）陳君選輯　清同治十年(1871)刻本　一册

330000－1716－0023129　集補 0066－2/23129　集部/曲類/彈詞之屬

新增全圖蜻蜓奇緣四卷四十回　（清）陳遇乾撰　清末石印本　一册　存一卷(二)

330000－1716－0023130　新補 0348－1/23130　新學/雜著/雜記

官商快覽酬世全書不分卷　清光緒三十四年(1908)石印本　一册

330000－1716－0023131　經補 0340/23131　經部/四書類/總義之屬/傳說

四書集注十九卷　（宋）朱熹撰　清刻本　一册　存五卷(論語六至十)

330000－1716－0023132　新補 0348－2/23132　新學/雜著/雜記

官商快覽酬世全書不分卷　清光緒石印本　一册

330000－1716－0023133　集補 0066－3/23133　集部/曲類/彈詞之屬

繡像玉蜻蜓前傳六卷二十八回後傳六卷三十二回　清末鉛印本　一册　存二卷(後傳一至二)

330000－1716－0023134　新補 0348－3/23134　新學/雜著/雜記

官商快覽酬世全書不分卷　清光緒石印本　一册

330000－1716－0023135　史補 0423/23135　史部/地理類/山川之屬/水志

水道提綱二十八卷　（清）齊召南撰　清光緒四年(1878)津門徐士鑾霞城精舍刻本　七册　缺三卷(二十二至二十四)

330000－1716－0023136　經補 0341/23136　經部/四書類/總義之屬/傳說

四書集注十九卷　（宋）朱熹撰　清刻本　一册　存二卷(孟子六至七)

330000－1716－0023140　地獻 1652/23140　集部/別集類/明別集

青藤書屋文集三十卷　（明）徐渭撰　（明）袁宏道編　清宣統三年(1911)石印本　八册

330000－1716－0023153　經補 0342/23153　經部/四書類/總義之屬/傳說

四書集注十九卷　（宋）朱熹撰　清刻本　二册　存六卷(論語一至四、孟子四至五)

330000－1716－0023155　子補 0442/23155　子部/儒家類/儒學之屬/性理

腐譚集一卷　（清）陋巷居士編輯　清道光二十年(1840)刻本　一册

330000－1716－0023157　經補 0343/23157　經部/四書類/總義之屬/傳說

四書集注十九卷　（宋）朱熹撰　清文淵堂刻本　一册　存一卷(孟子七)

330000－1716－0023160　經補 0344/23160　經部/四書類/總義之屬/傳說

四書集注十九卷　（宋）朱熹撰　清刻本　二册　存十卷(論語一至十)

330000－1716－0023163　子補 0443/23163　子部/儒家類/儒學之屬

二程全書六十七卷　（宋）程顥　（宋）程頤撰　清刻本　一册　存二卷(二程粹言一至二)

330000－1716－0023167　經補 0345/23167
經部/四書類/總義之屬/傳說

四書集注十九卷　（宋）朱熹撰　清刻本　二
冊　存五卷（論語一至三、六至七）

330000－1716－0023170　新補 0366/23170
新學/礦務

新邵礦務略一卷　李瀚昌撰　清光緒三十三
年（1907）刻本　一冊

330000－1716－0023178　善 0470/23178　子
部/儒家類/儒學之屬/性理

薛文清公讀書錄鈔四卷　（明）薛瑄撰　（清）
陸緯輯　清雍正三年（1725）尋樂山房刻本
丁之蕃題記　一冊　存二卷（一至二）

330000－1716－0023179　子補 0719－1/
23179　子部/宗教類/佛教之屬

金陵刻經處叢書　清同治至民國金陵刻經處
刻本　四十五冊　存二十四種

330000－1716－0023185　經補 0346/23185
經部/四書類/總義之屬/傳說

四書集注十九卷　（宋）朱熹撰　清刻本　一
冊　存三卷（論語八至十）

330000－1716－0023188　經補 0347/23188
經部/四書類/總義之屬/傳說

四書集注十九卷　（宋）朱熹撰　清刻本　二
冊　存十卷（論語一至十）

330000－1716－0023189　經補 0348/23189
經部/四書類/總義之屬/傳說

四書集注十九卷　（宋）朱熹撰　清刻本　一
冊　存五卷（論語六至十）

330000－1716－0023194　集補 0067－2/
23194　集部/曲類/彈詞之屬

繡像六美圖四集　（清）朱鏡江　（清）章維善
撰　清末石印本　一冊　存一卷（一集二）

330000－1716－0023196　經補 0349/23196
經部/四書類/總義之屬/傳說

四書集注十九卷　（宋）朱熹撰　清刻本　一
冊　存二卷（孟子六至七）

330000－1716－0023199　子補 0719－2/
23199　子部/宗教類/佛教之屬

金陵刻經處叢書　清光緒至民國金陵刻經處
刻本　六冊　存五種

330000－1716－0023204　地獻 1655－1/
23204　集部/別集類/明別集

劉子全書遺編二十四卷首一卷　（明）劉宗周
撰　（清）董瑒編　清道光三十年（1850）刻光
緒十八年（1892）重修本　六冊　缺一卷（二）

330000－1716－0023205　子補 0445/23205
子部/儒家類/儒學之屬/經濟

黃梨洲先生明夷待訪錄一卷　（清）黃宗羲撰
清刻本　一冊

330000－1716－0023206　地獻 1656/23206
集部/別集類/明別集

劉蕺山先生集二十四卷首一卷　（明）劉宗周
撰　清乾隆十七年（1752）證人堂刻本　八冊

330000－1716－0023208　經補 0350/23208
經部/四書類/總義之屬/傳說

四書集注十九卷　（宋）朱熹撰　清大成齋刻
本　一冊　存一卷（孟子四）

330000－1716－0023209　地獻 1657－1/
23209　集部/別集類/明別集

王文成公全書三十八卷　（明）王守仁撰　清
光緒浙江書局刻本　二十四冊

330000－1716－0023211　經補 0351/23211
經部/四書類/總義之屬/傳說

四書集注十九卷　（宋）朱熹撰　清刻本
六冊

330000－1716－0023213　子補 0446/23213
子部/儒家類/儒學之屬

呂祖家規一卷呂帝勸孝歌不分卷　清光緒十
九年（1893）刻本　一冊

330000－1716－0023215　地獻 1658－1/
23215　集部/別集類/清別集

曼志堂遺稿二卷　（清）曹壽銘撰　清同治九
年（1870）甬上鐵耕齋刻本　一冊

330000 - 1716 - 0023216　子補 1661 - 4/
23216　子部/儒家類/儒學之屬/蒙學

小學集注六卷　（明）陳選集注　清乾隆十年
(1745)蓮花書院刻本　一冊　存二卷(一至
二)

330000 - 1716 - 0023217　經補 0352/23217
經部/四書類/總義之屬/傳說

四書集注十九卷　（宋）朱熹撰　清永思堂刻
本　一冊　存二卷(孟子六至七)

330000 - 1716 - 0023220　地獻 1659 - 1/
23220　集部/別集類/清別集

退宜堂詩集六卷　（清）孫垓撰　清光緒十五
年(1889)刻本　二冊

330000 - 1716 - 0023224　子補 0448/23224
子部/儒家類/儒學之屬/性理

淵鑒齋御纂朱子全書六十六卷　（宋）朱熹撰
　（清）李光地等輯　清刻本　三冊　存六卷
(六十至六十五)

330000 - 1716 - 0023226　經補 0353/23226
經部/四書類/總義之屬/傳說

四書集注十九卷　（宋）朱熹撰　清刻本　一
冊　存二卷(孟子四至五)

330000 - 1716 - 0023232　地獻 1660 - 1/
23232　集部/別集類/清別集

鷗堂詩三卷遺稿三卷　（清）馬賡良撰　清光
緒五年(1879)、十五年(1889)會稽馬氏刻本
　二冊

330000 - 1716 - 0023233　地獻 1660 - 2/
23233　集部/別集類/清別集

鷗堂詩三卷遺稿三卷　（清）馬賡良撰　清光
緒五年(1879)、十五年(1889)會稽馬氏刻本
　二冊

330000 - 1716 - 0023235　經補 0354/23235
經部/四書類/總義之屬/傳說

四書集注十九卷　（宋）朱熹撰　清會文堂刻
本　七冊　存七卷(孟子一至七)

330000 - 1716 - 0023237　集補 0068/23237
集部/小說類/長篇之屬

繪圖平金川四卷三十二回　（清）張小山撰
清光緒二十五年(1899)富文書局石印本
四冊

330000 - 1716 - 0023241　普類 0084/23241
類叢部/類書類/專類之屬

佩文韻府一百六卷　（清）張玉書　（清）蔡升
元等輯　**韻府拾遺一百六卷**　（清）汪灝
（清）何焯等輯　清光緒石印本　二冊　存九
十六卷(二十二、韻府拾遺五至九十九)

330000 - 1716 - 0023243　普子 2007/23243
子部/叢編

子書二十八種　（清）育文書局編　清宣統元
年(1909)上海育文書局石印本　錢士龍題記
　三十冊　存二十七種

330000 - 1716 - 0023246　子補 0449/23246
子部/儒家類/儒學之屬

正學編八卷　（清）潘世恩輯　（清）潘曾瑋疏
解　清同治六年(1867)刻本　一冊　存二卷
(七至八)

330000 - 1716 - 0023248　地獻 1660 - 3/
23248　集部/別集類/清別集

鷗堂詩三卷遺稿三卷　（清）馬賡良撰　清光
緒五年(1879)、十五年(1889)會稽馬氏刻本
　二冊

330000 - 1716 - 0023251　集補 0069 - 2/
23251　集部/小說類/長篇之屬

續英烈傳五卷三十四回　（明）空谷老人輯
清刻本　一冊　存三回(十四至十六)

330000 - 1716 - 0023253　普類 0085/23253
類叢部/類書類/通類之屬

淵鑒類函四百五十卷目錄四卷　（清）張英等
輯　清光緒十三年(1887)上海同文書局石印
本　一冊　存十一卷(一至七、目錄一至四)

330000 - 1716 - 0023254　子補 0726 - 1/
23254　子部/宗教類/佛教之屬

濟世慈航一卷　清宣統三年(1911)上海宏大
善書局石印本　一冊

330000 - 1716 - 0023255　地獻 1660 - 4/

23255　集部/別集類/清別集

鷗堂詩三卷遺稿三卷　（清）馬廣良撰　清光
緒五年（1879）、十五年（1889）會稽馬氏刻本
　二冊

330000－1716－0023257　子補 0726－2/
23257　子部/宗教類/佛教之屬

濟世慈航一卷　清宣統三年（1911）上海宏大
善書局石印本　一冊

330000－1716－0023258　普類 0086/23258
類叢部/類書類/通類之屬

淵鑑類函四百五十卷目錄四卷　（清）張英等
輯　清刻本　十四冊　存十四卷（四十七至
四十九、九十六至一百一、一百六至一百七、
一百九至一百十一）

330000－1716－0023259　子補 0726－3/
23259　子部/宗教類/佛教之屬

濟世慈航一卷　清宣統三年（1911）上海宏大
善書局石印本　一冊

330000－1716－0023260　地獻 1660－5/
23260　集部/別集類/清別集

鷗堂詩三卷遺稿三卷　（清）馬廣良撰　清光
緒五年（1879）、十五年（1889）會稽馬氏刻本
　二冊

330000－1716－0023261　子補 0726－4/
23261　子部/宗教類/佛教之屬

濟世慈航一卷　清宣統三年（1911）上海宏大
善書局石印本　一冊

330000－1716－0023262　地獻 1660－6/
23262　集部/別集類/清別集

鷗堂詩三卷遺稿三卷　（清）馬廣良撰　清光
緒五年（1879）、十五年（1889）會稽馬氏刻本
　二冊

330000－1716－0023263　地獻 1660－7/
23263　集部/別集類/清別集

鷗堂詩三卷遺稿三卷　（清）馬廣良撰　清光
緒五年（1879）、十五年（1889）會稽馬氏刻本
　二冊

330000－1716－0023264　經補 0355/23264

經部/四書類/總義之屬/傳說

四書集注十九卷　（宋）朱熹撰　清刻本　三
冊　存七卷（孟子一至七）

330000－1716－0023265　地獻 1660－8/
23265　集部/別集類/清別集

鷗堂詩三卷遺稿三卷　（清）馬廣良撰　清光
緒五年（1879）、十五年（1889）會稽馬氏刻本
　二冊

330000－1716－0023266　地獻 1660－9/
23266　集部/別集類/清別集

鷗堂詩三卷遺稿三卷　（清）馬廣良撰　清光
緒五年（1879）、十五年（1889）會稽馬氏刻本
　二冊

330000－1716－0023267　地獻 1660－10/
23267　集部/別集類/清別集

鷗堂詩三卷遺稿三卷　（清）馬廣良撰　清光
緒五年（1879）、十五年（1889）會稽馬氏刻本
　二冊

330000－1716－0023268　地獻 1660－11/
23268　集部/別集類/清別集

鷗堂詩三卷遺稿三卷　（清）馬廣良撰　清光
緒五年（1879）、十五年（1889）會稽馬氏刻本
　二冊

330000－1716－0023269　地獻 1660－12/
23269　集部/別集類/清別集

鷗堂詩三卷遺稿三卷　（清）馬廣良撰　清光
緒五年（1879）、十五年（1889）會稽馬氏刻本
　二冊

330000－1716－0023270　地獻 1660－13/
23270　集部/別集類/清別集

鷗堂詩三卷遺稿三卷　（清）馬廣良撰　清光
緒五年（1879）、十五年（1889）會稽馬氏刻本
　二冊

330000－1716－0023271　地獻 1660－14/
23271　集部/別集類/清別集

鷗堂詩三卷遺稿三卷　（清）馬廣良撰　清光
緒五年（1879）、十五年（1889）會稽馬氏刻本
　二冊

330000－1716－0023272　　地獻 1660－15/23272　　集部/別集類/清別集

鷗堂詩三卷遺稿三卷　（清）馬賡良撰　清光緒五年（1879）、十五年（1889）會稽馬氏刻本　二冊

330000－1716－0023273　　地獻 1660－16/23273　　集部/別集類/清別集

鷗堂詩三卷遺稿三卷　（清）馬賡良撰　清光緒五年（1879）、十五年（1889）會稽馬氏刻本　二冊

330000－1716－0023275　　經補 0356/23275　經部/四書類/總義之屬/傳說

四書集注十九卷　（宋）朱熹撰　清刻本　五冊　存五卷（論語七，孟子二、四、六至七）

330000－1716－0023276　　集補 0071－2/23276　　集部/曲類/彈詞之屬

繡像六美圖中外緣八卷七十六回　清光緒三十二年（1906）上海書局石印本　七冊　存七卷（一至七）

330000－1716－0023278　　子補 0726－5/23278　　子部/宗教類/佛教之屬

濟世慈航一卷　清宣統三年（1911）上海宏大善書局石印本　一冊

330000－1716－0023279　　經補 0357/23279　經部/四書類/總義之屬/傳說

四書集注十九卷　（宋）朱熹撰　清綠蔭堂刻本　七冊　存十一卷（論語三至十、孟子一至三）

330000－1716－0023280　　子補 0726－6/23280　　子部/宗教類/佛教之屬

濟世慈航一卷　清宣統三年（1911）石印本　一冊

330000－1716－0023281　　子補 0726－7/23281　　子部/宗教類/佛教之屬

濟世慈航一卷　清宣統三年（1911）石印本　一冊

330000－1716－0023283　　子補 0450－1/23283　　子部/雜著類/雜考之屬

校訂困學紀聞集證二十卷　（宋）王應麟撰　（清）閻若璩等箋　（清）萬希槐集證　清咸豐二年（1852）金閶小酉山房刻本　五冊　存十二卷（七至十二、十五至二十）

330000－1716－0023284　　經補 0358/23284　經部/四書類/總義之屬/傳說

四書便蒙十九卷　（宋）朱熹撰　清漁古山房刻本　八冊　存十一卷（大學，論語一至二、七至十，孟子一、四至六）

330000－1716－0023286　　子補 0728－1/23286　　子部/小說家類/雜事之屬

活世生機四卷　（清）邵紀棠撰　清光緒二十一年（1895）謝寶樹堂刻本　一冊

330000－1716－0023288　　經補 0359/23288　經部/四書類/總義之屬/傳說

監本四書十九卷　（宋）朱熹撰　清刻本　一冊　存三卷（孟子一至三）

330000－1716－0023289　　子補 0450－2/23289　　子部/雜著類/雜考之屬

校訂困學紀聞集證二十卷　（宋）王應麟撰　（清）閻若璩等箋　（清）萬希槐集證　清刻本　五冊　存十三卷（三至四、七至十一、十五至二十）

330000－1716－0023290　　子補 0728－2/23290　　子部/小說家類/雜事之屬

活世生機四卷　（清）邵紀棠撰　清光緒二十一年（1895）謝寶樹堂刻本　一冊

330000－1716－0023305　　子補 0450－3/23305　　子部/雜著類/雜考之屬

困學紀聞二十卷　（宋）王應麟撰　（清）閻若璩箋　清乾隆三年（1738）馬氏叢書樓刻本　五冊　存十一卷（一至二、六至十一、十七至十九）

330000－1716－0023307　　集補 0074/23307　集部/曲類/彈詞之屬

繪圖足本大字果報錄十二卷一百回　（清）海蘭濤撰　清末石印本　十一冊　缺一卷（一）

330000－1716－0023308　　集補 0205－2/

23308　集部/別集類

飲冰室文集十六卷　梁啟超撰　清光緒日本
東京新智學社石印本　七冊　缺九卷(一至
八、十一)

330000－1716－0023310　集補 0075/23310
集部/小說類/短篇之屬

劍俠傳四卷　清刻本　一冊

330000－1716－0023311　地獻 1660－18/
23311　集部/別集類/清別集

鷗堂詩三卷遺稿三卷　(清)馬賡良撰　清光
緒五年(1879)、十五年(1889)會稽馬氏刻本
　二冊

330000－1716－0023313　經補 0360/23313
經部/四書類/總義之屬/傳說

四書集注十九卷　(宋)朱熹撰　清刻本　二
冊　存七卷(論語一至五、孟子四至五)

330000－1716－0023315　集補 0067－5/
23315　集部/曲類/彈詞之屬

繡像六美圖四集　(清)朱鏡江　(清)章維善
撰　清同治九年(1870)刻本　一冊　存三十
卷(一集一至三十)

330000－1716－0023316　子補 0451－1/
23316　子部/小說家類/異聞之屬

閱微草堂筆記二十四卷　(清)紀昀撰　清刻
本　六冊　缺五卷(如是我聞一至二、姑妄聽
之一、槐西雜志一至二)

330000－1716－0023317　集補 0205－6/
23317　集部/別集類

飲冰室文集十六卷補遺二卷　梁啟超撰　清
光緒二十九年(1903)上海廣智書局鉛印本
二冊　存一卷(五)

330000－1716－0023318　經補 0361/23318
經部/四書類/總義之屬/傳說

四書集注十九卷　(宋)朱熹撰　清刻本　二
冊　存八卷(論語一至五、孟子一至三)

330000－1716－0023319　史補 1491/23319
史部/雜史類/斷代之屬

國語二十一卷　(三國吳)韋昭注　**校刊明道**

本韋氏解國語札記一卷　(清)黃丕烈撰　**明
道本考異四卷**　(清)汪遠孫撰　清光緒三年
(1877)永康胡氏退補齋刻本　五冊　存二十
一卷(國語一至十七、考異一至四)

330000－1716－0023320　集補 0205－3/
23320　集部/別集類

飲冰室文集十六卷　梁啟超撰　清光緒日本
東京新智學社石印本　一冊　存一卷(二)

330000－1716－0023321　經補 0362/23321
經部/四書類/總義之屬/傳說

四書集注十九卷　(宋)朱熹撰　清刻本　二
冊　存七卷(論語一至五、孟子四至五)

330000－1716－0023323　集補 0205－4/
23323　集部/別集類

飲冰室文集十六卷　梁啟超撰　清光緒日本
東京新智學社石印本　十二冊　缺四卷(九
至十一、十四)

330000－1716－0023324　子補 0451－2/
23324　子部/小說家類/異聞之屬

閱微草堂筆記二十四卷　(清)紀昀撰　清道
光二十七年(1847)小蓬萊山館刻本　二冊
存十卷(槐西雜志一至四、如是我聞一至四、
姑妄聽之一至二)

330000－1716－0023326　集補 0205－5/
23326　集部/別集類

飲冰室文集十八卷　梁啟超撰　清光緒三十
一年(1905)維新學社石印本　十四冊　缺二
卷(六、八)

330000－1716－0023328　經補 0363/23328
經部/四書類/總義之屬/傳說

四書集注十九卷　(宋)朱熹撰　清刻本　四
冊　缺九卷(論語一至五、孟子一至四)

330000－1716－0023329　善 0471/23329　集
部/總集類/選集之屬/通代

漢魏名文乘(漢魏六十名家)　(明)張運泰
(明)余元熹輯　明崇禎刻本　二冊　存二種

330000－1716－0023330　子補 0451－3/
23330　子部/小說家類/異聞之屬

閱微草堂筆記二十四卷　(清)紀昀撰　清光緒二十二年(1896)上海文淵山房書局石印本　四冊

330000－1716－0023331　經補0364/23331　經部/四書類/總義之屬/傳說

四書集注十九卷　(宋)朱熹撰　清刻本　三冊　缺七卷(孟子一至七)

330000－1716－0023332　地獻1978/23332　集部/別集類/明別集

余忠節公遺文一卷附錄一卷　(明)余煌撰　清末會稽董氏取斯家塾木活字印本　一冊

330000－1716－0023335　經補0366/23335　經部/四書類/總義之屬/傳說

四書集注十九卷　(宋)朱熹撰　清刻本　二冊　存七卷(論語六至十、孟子六至七)

330000－1716－0023336　子補0451－4/23336　子部/小說家類/異聞之屬

閱微草堂筆記二十四卷　(清)紀昀撰　清光緒二十四年(1898)宏文閣鉛印本　二冊

330000－1716－0023337　經補0367/23337　經部/四書類/總義之屬/傳說

四書集注十九卷　(宋)朱熹撰　清刻本　二冊　存七卷(論語六至十、孟子六至七)

330000－1716－0023338　地獻1661－3/23338　子部/雜著類/雜考之屬

困學紀聞注二十卷首一卷　(清)翁元圻撰　清末石印本　四冊　存十五卷(二至十六)

330000－1716－0023339　史補1492/23339　史部/雜史類/斷代之屬

戰國策三十三卷　(漢)高誘注　重刻剡川姚氏本戰國策札記三卷　(清)黃丕烈撰　清光緒三年(1877)永康胡氏退補齋刻本　二冊　存十四卷(一至十四)

330000－1716－0023340　子補0451－5/23340　子部/小說家類/異聞之屬

閱微草堂筆記二十四卷　(清)紀昀撰　清光緒二十四年(1898)宏文閣鉛印本　二冊　存十五卷(一至七、十七至二十四)

330000－1716－0023341　地獻1661－4/23341　子部/雜著類/雜考之屬

困學紀聞注二十卷首一卷　(清)翁元圻撰　清末石印本　一冊　存四卷(八至十一)

330000－1716－0023342　子補0451－6/23342　子部/小說家類/異聞之屬

閱微草堂筆記二十四卷　(清)紀昀撰　清光緒二十四年(1898)宏文閣鉛印本　一冊　存五卷(一至五)

330000－1716－0023343　史補0429/23343　史部/目錄類/總錄之屬/官修

欽定天祿琳琅書目十卷　(清)于敏中等撰　欽定天祿琳琅書目後編二十卷　(清)彭元瑞等撰　清光緒十年(1884)長沙王氏刻本　六冊　存十三卷(五至十、後編四至十)

330000－1716－0023345　地獻1661－5/23345　子部/雜著類/雜考之屬

困學紀聞注二十卷首一卷　(清)翁元圻撰　清光緒十三年(1887)上海同文書局石印本　四冊　缺七卷(五至十一)

330000－1716－0023353　地獻1661－6/23353　子部/雜著類/雜考之屬

困學紀聞注二十卷　(清)翁元圻撰　清刻本　十冊　缺三卷(一、十九至二十)

330000－1716－0023356　子補0740/23356　子部/宗教類/佛教之屬

法苑珠林一百卷　(唐)釋道世撰　清道光二十八年(1848)虞山小石山房顧氏刻本　二十六冊　存五十六卷(七至八、十一至十三、二十九至六十、六十九至八十七)

330000－1716－0023357　集補0207/23357　集部/別集類/清別集

庸盦文別集六卷　(清)薛福成撰　(清)薛瑩中輯　清光緒二十九年(1903)石印本　五冊　存五卷(一、三至六)

330000－1716－0023358　史補0430/23358　史部/地理類/輿圖之屬/全國

大清中外壹統輿圖(皇朝中外壹統輿圖)三十

一卷首一卷　（清）鄒世詒　（清）晏啟鎮編
（清）李廷簫　（清）汪士鐸增訂　清同治二年
(1863)湖北撫署刻本　三十一冊　缺一卷
（北二十）

330000－1716－0023362　經補 0368/23362
經部/四書類/總義之屬/傳說

四書集注十九卷　（宋）朱熹撰　清刻本　三
冊　存七卷（大學、論語六至十、孟子一）

330000－1716－0023365　經補 0369/23365
經部/四書類/總義之屬/傳說

四書集注十九卷　（宋）朱熹撰　清刻本　二
冊　存三卷（論語五至六、孟子五）

330000－1716－0023369　地獻 1661－7/
23369　子部/雜著類/雜考之屬

困學紀聞注二十卷　（清）翁元圻撰　清道光
五年(1825)餘姚翁氏守福堂刻本　十冊　缺
四卷（十一至十二、十九至二十）

330000－1716－0023373　經補 0370/23373
經部/四書類/總義之屬/傳說

四書集注十九卷　（宋）朱熹撰　清刻本　四
冊　存十五卷（論語一至十、孟子一至五）

330000－1716－0023380　集補 0078－1/
23380　集部/戲劇類/總集之屬/傳奇

笠翁傳奇十二種曲二十四卷　（清）李漁撰
清刻本　二冊　存一種

330000－1716－0023382　地獻 3657－2/
23382　經部/四書類/總義之屬/傳說

慎詒堂四書十九卷　（宋）朱熹撰　清紹城九
思堂刻本　一冊　存二卷（孟子六至七）

330000－1716－0023385　子補 0451－13/
23385　子部/小說家類/異聞之屬

閱微草堂筆記擇要二卷　（清）紀昀撰　（清）
籜園居士選訂　清光緒十五年(1889)泉唐沈
氏刻本　二冊

330000－1716－0023387　經補 0372/23387
經部/四書類/總義之屬/傳說

四書集注十九卷　（宋）朱熹撰　清永思堂刻
本　清周瑞霖題記　二冊　存十卷（論語一

至十）

330000－1716－0023388　子補 0451－14/
23388　子部/小說家類/異聞之屬

閱微草堂筆記擇要二卷　（清）紀昀撰　（清）
籜園居士選訂　清光緒十五年(1889)泉唐沈
氏刻本　一冊　存一卷（下）

330000－1716－0023389　子補 0451－15/
23389　子部/小說家類/異聞之屬

閱微草堂筆記擇要二卷　（清）紀昀撰　（清）
籜園居士選訂　清光緒十五年(1889)泉唐沈
氏刻本　一冊　存一卷（下）

330000－1716－0023392　經補 0373/23392
經部/四書類/總義之屬/傳說

四書集注十九卷　（宋）朱熹撰　清刻本　一
冊　存五卷（論語六至十）

330000－1716－0023393　集補 0078－2/
23393　集部/戲劇類/總集之屬/傳奇

笠翁傳奇十二種曲二十四卷　（清）李漁撰
清刻本　二冊　存一種

330000－1716－0023395　史補 1499－1/
23395　史部/雜史類/斷代之屬

國語二十一卷　（三國吳）韋昭注　**校刊明道**
本韋氏解國語札記一卷　（清）黃丕烈撰　清
光緒二十七年(1901)上海鴻寶齋石印本　一
冊　存六卷（一至六）

330000－1716－0023397　集補 0079/23397
集部/戲劇類/傳奇之屬

邯鄲夢傳奇二卷三十齣　（明）湯顯祖撰　清
刻本　二冊

330000－1716－0023398　集補 0080/23398
集部/曲類/散曲之屬

喬夢符小令一卷　（元）喬吉撰　（明）李開先
輯　清刻本　一冊

330000－1716－0023402　史補 1493/23402
史部/雜史類/斷代之屬

戰國策三十三卷　（漢）高誘注　**重刻剡川姚**
氏本戰國策札記三卷　（清）黃丕烈撰　清刻
本　二冊　存二卷（四至五）

330000－1716－0023405　史補 1490－1/23405　史部/雜史類/斷代之屬

國語二十一卷　（三國吳）韋昭注　（宋）宋庠補音　清刻本　三冊　存十一卷（三至八、十二至十六）

330000－1716－0023407　子補 0452/23407　子部/雜著類/雜說之屬

容齋隨筆十六卷續筆十六卷三筆十六卷四筆十六卷五筆十卷　（宋）洪邁撰　清光緒二十一年（1895）上海飛鴻閣石印本　六冊

330000－1716－0023408　子補 0453－1/23408　子部/儒家類/儒學之屬/俗訓

與人同善錄二卷　（清）李更生撰　清咸豐五年（1855）慈溪馮福基刻本　一冊

330000－1716－0023409　史補 1490－2/23409　史部/雜史類/斷代之屬

國語二十一卷　（三國吳）韋昭注　（宋）宋庠補音　清刻本　四冊　存十八卷（一至八、十至十二、十五至二十一）

330000－1716－0023410　子補 0453－2/23410　子部/儒家類/儒學之屬/俗訓

與人同善錄二卷　（清）李更生撰　清光緒十五年（1889）慈溪馮福基刻本　一冊

330000－1716－0023412　經補 0374/23412　經部/四書類/總義之屬/傳說

四書集注十九卷　（宋）朱熹撰　清清城堂刻本　二冊　存二卷（孟子六至七）

330000－1716－0023414　集補 0085/23414　集部/小說類/長篇之屬

繡像海國春秋演義四卷十一回　（清）汪寄撰　清末石印本　一冊　存一卷（三）

330000－1716－0023415　集補 0208/23415　集部/別集類/清別集

花笑軒彙編十八卷　（清）高延福撰　清光緒五年（1879）汝東官舍花笑軒刻本　四冊　存八卷（五至十二）

330000－1716－0023419　經補 0375/23419　經部/四書類/總義之屬/傳說

四書集注十九卷　（宋）朱熹撰　清同治十年（1871）聚英堂刻本　三冊　存八卷（大學、論語四至十）

330000－1716－0023420　子補 0454/23420　子部/雜著類/雜纂之屬

傳家寶初集八卷二集八卷三集八卷四集八卷　（清）石成金撰　清刻本　二十五冊　缺七卷（初集一至七）

330000－1716－0023422　史補 0437/23422　史部/傳記類/科舉錄之屬/歷科登科錄

國朝歷科題名碑錄初集不分卷附明洪武至崇禎各科題名錄不分卷　（清）李周望等輯　清康熙五十九年（1720）刻雍正、乾隆、嘉慶遞增刻本　七冊

330000－1716－0023423　地獻 1663－1/23423　子部/儒家類/儒學之屬/禮教

齊家寶要二卷　（清）張文嘉撰　清光緒七年（1881）山陰朱氏刻本　一冊　存一卷（下）

330000－1716－0023425　經補 0376/23425　經部/四書類/總義之屬/傳說

四書集注十九卷　（宋）朱熹撰　清刻本　一冊　存二卷（孟子六至七）

330000－1716－0023426　地獻 1663－2/23426　子部/儒家類/儒學之屬/禮教

齊家寶要二卷　（清）張文嘉撰　清光緒七年（1881）山陰朱氏刻本　一冊　存一卷（下）

330000－1716－0023427　地獻 1663－3/23427　子部/儒家類/儒學之屬/禮教

齊家寶要二卷　（清）張文嘉撰　清光緒七年（1881）山陰朱氏刻本　一冊　存一卷（下）

330000－1716－0023428　地獻 1663－4/23428　子部/儒家類/儒學之屬/禮教

齊家寶要二卷　（清）張文嘉撰　清光緒七年（1881）山陰朱氏刻本　一冊　存一卷（下）

330000－1716－0023429　經補 0377/23429　經部/四書類/總義之屬/傳說

四書集注十九卷　（宋）朱熹撰　清刻本　一冊　存五卷（論語六至十）

330000 – 1716 – 0023430　　地獻 1663 – 5/
23430　子部/儒家類/儒學之屬/禮教

齊家寶要二卷　（清）張文嘉撰　清光緒七年
(1881)山陰朱氏刻本　一冊　存一卷（下）

330000 – 1716 – 0023431　　地獻 1663 – 6/
23431　子部/儒家類/儒學之屬/禮教

齊家寶要二卷　（清）張文嘉撰　**呂氏四禮翼
不分卷**　（明）呂坤撰　清光緒七年(1881)、
二十四年(1898)山陰朱氏刻本　一冊

330000 – 1716 – 0023432　　經補 0378/23432
經部/四書類/總義之屬/傳說

四書集注十九卷　（宋）朱熹撰　清墨潤堂、
文成堂刻本　一冊　存三卷（孟子一至三）

330000 – 1716 – 0023434　　經補 0379/23434
經部/四書類/總義之屬/傳說

四書讀本十九卷　（宋）朱熹撰　清長樂村刻
本　五冊　存十七卷（論語一至十、孟子一至
七）

330000 – 1716 – 0023435　　子補 0455 – 1/
23435　子部/農家農學類/園藝之屬/花卉

秘傳花鏡六卷　（清）陳淏子撰　清同治八年
(1869)萬卷樓刻本　二冊　存四卷（一至二、
五至六）

330000 – 1716 – 0023436　　經補 0811 – 4/
23436　經部/小學類/文字之屬/字書

字學舉隅不分卷　（清）黃本驥　（清）龍啟瑞
撰　清道光二十六年(1846)刻本　一冊

330000 – 1716 – 0023437　　子補 0455 – 2/
23437　子部/農家農學類/園藝之屬/花卉

秘傳花鏡六卷　（清）陳淏子撰　清同治八年
(1869)萬卷樓刻本　五冊　存五卷（一至五）

330000 – 1716 – 0023438　　子補 0455 – 3/
23438　子部/農家農學類/園藝之屬/花卉

秘傳花鏡六卷　（清）陳淏子撰　清刻本　一
冊　存二卷（四至五）

330000 – 1716 – 0023443　　史補 1490 – 3/
23443　史部/雜史類/斷代之屬

國語二十一卷　（三國吳）韋昭注　**校刊明道**

本韋氏解國語札記一卷　（清）黃丕烈撰　**明
道本考異四卷**　（清）汪遠孫撰　清光緒三年
(1877)永康胡氏退補齋刻本　二冊　存十卷
（國語一至六、考異一至四）

330000 – 1716 – 0023446　　經補 0380/23446
經部/四書類/總義之屬/傳說

四書集注十九卷　（宋）朱熹撰　清刻本　二
冊　存七卷（論語六至十、孟子六至七）

330000 – 1716 – 0023449　　經補 0381/23449
經部/四書類/總義之屬/傳說

四書集注十九卷　（宋）朱熹撰　清刻本　三
冊　存十卷（論語一至十）

330000 – 1716 – 0023451　　集補 0087/23451
集部/戲劇類/傳奇之屬

紫釵記四卷　（明）湯顯祖撰　清刻本　一冊
存一卷（三）

330000 – 1716 – 0023453　　經補 0382/23453
經部/四書類/總義之屬/傳說

四書集注十九卷　（宋）朱熹撰　清刻本　一
冊　存五卷（論語一至五）

330000 – 1716 – 0023454　　史補 0439/23454
史部/雜史類/斷代之屬

戰國策三十三卷　（漢）高誘注　**重刻剡川姚
氏本戰國策札記三卷**　（清）黃丕烈撰　清刻
本　二冊　存十二卷（十五至二十六）

330000 – 1716 – 0023456　　史補 0440/23456
史部/目錄類/總錄之屬/官修

浙江採集遺書總錄十一卷　（清）沈初等輯
清乾隆三十九年(1774)浙江布政使王亶望刻
本（閏集原缺）　九冊

330000 – 1716 – 0023458　　集補 0089/23458
集部/曲類/彈詞之屬

繡像夢影緣四十八回　（清）鄭澹若撰　清光
緒石印本　八冊　存二十一回（十七至十九、
二十三至三十一、三十七至四十二、四十六至
四十八）

330000 – 1716 – 0023459　　經補 0383/23459
經部/四書類/總義之屬/傳說

四書集注十九卷 （宋）朱熹撰 清刻本 四
冊 存七卷（孟子一至七）

330000－1716－0023461 集補 0212－1/
23461 集部/總集類/尺牘之屬

國朝名人書札二卷 吳曾祺輯 清宣統元年
(1909)上海商務印書館鉛印本 四冊

330000－1716－0023462 集補 0090－1/
23462 集部/小說類/長篇之屬

繡像木蘭奇女全傳四卷三十二回 清光緒二
十二年(1896)上海文宜書局石印本 二冊
存二卷（一、三）

330000－1716－0023464 集補 0212－2/
23464 集部/總集類/尺牘之屬

國朝名人書札二卷 吳曾祺輯 清宣統元年
(1909)上海商務印書館鉛印本 一冊 存一
卷（二上）

330000－1716－0023466 經補 0384/23466
經部/四書類/總義之屬/傳說

四書經注詳讀十九卷 （宋）朱熹撰 清光緒
二年(1876)刻本 五冊 缺二卷（孟子四至
五）

330000－1716－0023467 集補 0212－3/
23467 集部/總集類/尺牘之屬

國朝名人書札二卷 吳曾祺輯 清宣統元年
(1909)上海商務印書館鉛印本 三冊 缺一
卷（一上）

330000－1716－0023468 集補 0212－4/
23468 集部/總集類/尺牘之屬

國朝名人書札二卷 吳曾祺輯 清宣統二年
(1910)上海商務印書館鉛印本 四冊

330000－1716－0023471 集補 0212－5/
23471 集部/總集類/尺牘之屬

國朝名人書札二卷 吳曾祺輯 清宣統上海
商務印書館鉛印本 一冊 存一卷（一下）

330000－1716－0023472 史補 0442/23472
史部/史抄類

史記菁華錄六卷 （清）姚祖恩輯 清道光四
年(1824)吳興姚氏扶荔山房刻朱墨套印本

四冊 缺一卷（一）

330000－1716－0023473 子補 0737－3/
23473 子部/叢編

感善梯航四卷 （清）章履占輯 清宣統三年
(1911)上海文新書局石印本 丁之蕃題記
一冊

330000－1716－0023474 經補 0385/23474
經部/四書類/總義之屬/傳說

四書集注十九卷 （宋）朱熹撰 清光緒三年
(1877)永康胡氏退補齋刻本 一冊 存一卷
（大學）

330000－1716－0023475 史補 0443/23475
類叢部/叢書類/彙編之屬

後知不足齋叢書四十七種 （清）鮑廷爵編
清光緒常熟鮑氏刻本 四冊 存一種

330000－1716－0023477 集補 0212－6/
23477 集部/總集類/尺牘之屬

國朝名人書札二卷 吳曾祺輯 清宣統三年
(1911)上海商務印書館鉛印本 二冊 存一
卷（一）

330000－1716－0023479 經補 0386/23479
經部/四書類/總義之屬/傳說

四書讀本十九卷 （宋）朱熹撰 清長樂村刻
本 二冊 存五卷（孟子一至三、六至七）

330000－1716－0023483 經補 0387/23483
經部/四書類/總義之屬/傳說

監本四書十九卷 （宋）朱熹撰 清光緒十八
年(1892)淮南書局刻本 三冊 存十二卷
（大學、中庸、論語一至十）

330000－1716－0023484 史補 0444/23484
史部/傳記類/總傳之屬/通代

繪圖百家姓豪傑史不分卷 王有宗編 清光
緒三十一年(1905)上海彪蒙書室石印本
一冊

330000－1716－0023485 普經 0915－2/
23485 經部/叢編

重刊宋本十三經注疏四百十六卷附十三經注
疏校勘記四百十六卷 （清）阮元撰 （清）盧

宣旬摘録　**校勘記識語四卷**　（清）汪文臺撰
　　清光緒十三年(1887)上海脈望仙館石印本
　　三十二冊

330000－1716－0023486　子補 0739/23486
子部/宗教類/佛教之屬
救劫回生四卷　清光緒二十三年(1897)浙紹
顧氏刻本　二冊　存二卷(二至三)

330000－1716－0023487　經補 0388/23487
經部/四書類/總義之屬/傳說
四書集注十九卷　（宋）朱熹撰　清光緒五年
(1879)山西濬文書局刻本　二冊　存五卷
(孟子一至三、六至七)

330000－1716－0023488　經補 0389/23488
經部/四書類/總義之屬/傳說
四書集注十九卷　（宋）朱熹撰　清長樂村刻
本　二冊　存五卷(孟子一至三、六至七)

330000－1716－0023489　普經 0915－4/
23489　經部/叢編
**重刊宋本十三經注疏四百十六卷附十三經注
疏校勘記四百十六卷**　（清）阮元撰　（清）盧
宣旬摘録　**校勘記識語四卷**　（清）汪文臺撰
　　清光緒十三年(1887)上海脈望仙館石印本
　　二十九冊　缺三十三卷(附釋音尚書注疏
一至十、附釋音毛詩注疏七至十四、附釋音春
秋左傳注疏十六至三十)

330000－1716－0023490　經補 0390/23490
經部/四書類/總義之屬/傳說
四書集注十九卷　（宋）朱熹撰　清懷永堂刻
本　四冊　缺四卷(孟子四至七)

330000－1716－0023495　集補 0213/23495
集部/總集類/尺牘之屬
普通尺牘全璧八卷　西湖俠漢輯　清光緒三
十四年(1908)上海商業書局石印本　八冊

330000－1716－0023496　普經 0915－5/
23496　經部/叢編
**重刊宋本十三經注疏四百十六卷附十三經注
疏校勘記四百十六卷**　（清）阮元撰　（清）盧
宣旬摘録　**校勘記識語四卷**　（清）汪文臺撰

清光緒十三年(1887)上海脈望仙館石印本
　十八冊　存九種

330000－1716－0023497　普經 0915－7/
23497　經部/叢編
**重刊宋本十三經注疏四百十六卷附十三經注
疏校勘記四百十六卷**　（清）阮元撰　（清）盧
宣旬摘録　**校勘記識語四卷**　（清）汪文臺撰
　　清光緒十三年(1887)上海脈望仙館石印本
　　六冊　存三種

330000－1716－0023499　史補 0445/23499
史部/政書類/儀制之屬/典禮
典制類林四卷　（清）唐式南編　清乾隆三十
年(1765)敬直堂刻本　二冊

330000－1716－0023501　子補 0752－1/
23501　子部/宗教類/佛教之屬
未劫真經一卷　清光緒二十五年(1899)刻本
　　一冊

330000－1716－0023502　普經 0245/23502
經部/叢編
十三經注疏附考證　（清）□□輯　清同治十
年(1871)廣東書局刻本　三十九冊　存九種

330000－1716－0023504　子補 0753－1/
23504　子部/儒家類/儒學之屬/性理
西山先生答客問一卷　（宋）真德秀撰　清末
石印本　一冊

330000－1716－0023505　地獻 1440－3/
23505　集部/別集類/明別集
王陽明先生全集二十二卷首一卷　（明）王守
仁撰　（清）俞嶙輯　清餘姚黃氏敦厚堂刻本
　一冊　存一卷(首)

330000－1716－0023518　普經 0926/23518
經部/叢編
十三經注疏三百三十三卷　（明）□□輯　清
嘉慶三年(1798)金閶書業堂刻本　三十七冊
存五種

330000－1716－0023520　地獻 1664－2/
23520　子部/儒家類/儒學之屬/禮教/家訓
家庭講話三卷　（清）陸一亭撰　清紹興刻本

一冊

330000－1716－0023523　普經 0927/23523
經部/叢編

十三經注疏三百三十三卷　（明）□□輯　清刻本　四十冊　存八種

330000－1716－0023528　普經 0928/23528
經部/叢編

重刊宋本十三經注疏四百十六卷附十三經注疏校勘記四百十六卷　（清）阮元撰　（清）盧宣旬摘録　清同治十三年（1874）湖南書局刻本　二十二冊　存八種

330000－1716－0023538　普經 0930/23538
經部/叢編

十三經注疏三百三十三卷　（明）□□輯　清刻本　六冊　存二種

330000－1716－0023558　地獻 1660－19/23558　集部/別集類/清別集

鷗堂詩三卷遺稿三卷　（清）馬賡良撰　清光緒五年（1879）、十五年（1889）會稽馬氏刻本　二冊

330000－1716－0023560　地獻 1203－3/23560　集部/別集類/清別集

海鷗館詩存八卷詩餘二卷補遺一卷　（清）黃霄棠撰　清光緒二十七年（1901）鉛印本　五冊

330000－1716－0023562　地獻 1203－4/23562　集部/別集類/清別集

海鷗館詩存八卷詩餘二卷補遺一卷　（清）黃霄棠撰　清光緒二十七年（1901）鉛印本　五冊

330000－1716－0023566　子補 0458－3/23566　子部/儒家類/儒學之屬/俗訓

養正韻語一卷　載振撰　清光緒二十八年（1902）上洋天章石印本　一冊

330000－1716－0023567　子補 0459/23567
子部/醫家類/兒科之屬/通論

幼科鐵鏡六卷　（清）夏鼎撰　清文奎堂刻本　二冊

330000－1716－0023569　古越 0557/23569
集部/總集類/選集之屬/斷代

宋百家詩存　（清）曹庭棟編　清乾隆六年（1741）嘉善曹氏二六書堂刻本　二十冊

330000－1716－0023570　子補 0760/23570
子部/宗教類/佛教之屬

觀音救刼十字寶訓一卷　清末石印本　一冊

330000－1716－0023574　子補 0763/23574
子部/宗教類/佛教之屬/經

孝德星君報恩經懺不分卷　清末石印本　一冊

330000－1716－0023575　子補 0764/23575
子部/宗教類/道教之屬/戒律

好生救劫編五卷附編一卷　（清）常存敬畏齋主人輯　清光緒十五年（1889）紹興刻民國三年（1914）印本　一冊

330000－1716－0023577　地獻 1667－1/23577　集部/別集類

蕉鶴山房雜稿不分卷　金文源撰　清宣統元年（1909）鉛印本　一冊

330000－1716－0023578　子補 0765/23578
子部/宗教類/佛教之屬

救劫寶訓一卷　清光緒十年（1884）海昌廣福堂刻本　一冊

330000－1716－0023580　子補 0460/23580
新學/農政/農務

農務土質論三卷圖說一卷　（美國）金福蘭格令希蘭撰　（美國）衛理口譯　（清）范熙庸筆述　清光緒二十六年（1900）江南製造局刻本　二冊　存三卷（一、三，圖說）

330000－1716－0023585　普經 0936/23585
經部/叢編

十三經注疏三百三十五卷　（明）□□輯　明刻清康熙二十五年（1686）重修本　七十七冊　存六種

330000－1716－0023587　子補 0461/23587
子部/農家農學類/總論之屬

御製耕織圖二卷　（清）聖祖玄燁題詩　（清）

焦秉貞繪　清末石印本　一冊　存一卷(織一)

330000－1716－0023590　地獻 1659－2/23590　集部/別集類/清別集

退宜堂詩集六卷　(清)孫垲撰　清光緒十五年(1889)刻本　一冊　存五卷(一至五)

330000－1716－0023591　子補 0782/23591　子部/宗教類/佛教之屬/諸宗

靈峰蕅益大師梵室偶談一卷　(清)釋智旭輯　(清)釋成時評點節略　**徹悟禪師語錄二卷**　(清)釋際醒說　(清)釋了亮集　清同治十年(1871)金陵刻本　一冊

330000－1716－0023592　子補 0783/23592　子部/宗教類/佛教之屬/諸宗

天目中峰和尚信心銘闢義解三卷　(元)釋慈寂輯　清同治十二年(1873)如皋刻經處刻本　一冊

330000－1716－0023594　集補 0219/23594　集部/別集類/清別集

缾水齋詩集十七卷別集二卷詩話一卷附錄一卷　(清)舒位撰　清光緒十二年(1886)邊保樞刻十七年(1891)增修本　八冊

330000－1716－0023600　地獻 1672－6/23600　類叢部/叢書類/彙編之屬

湖海樓叢書十二種　(清)陳春編　清嘉慶蕭山陳氏刻二十四年(1819)彙印本　一冊　存一種

330000－1716－0023603　地獻 1672－2/23603　類叢部/叢書類/彙編之屬

湖海樓叢書十二種　(清)陳春編　清嘉慶蕭山陳氏刻二十四年(1819)彙印本　一冊　存一種

330000－1716－0023606　地獻 1672－3/23606　史部/地理類/雜志之屬

會稽三賦一卷　(宋)王十朋撰　清道光十二年(1832)刻本　一冊

330000－1716－0023608　子補 0464－1/23608　子部/雜著類/雜考之屬

日知錄集釋三十二卷刊誤二卷續刊誤二卷　(清)黃汝成撰　清光緒二十一年(1895)上海點石齋石印本　六冊

330000－1716－0023609　地獻 1672－4/23609　史部/地理類/雜志之屬

會稽三賦四卷　(宋)王十朋撰　(明)南逢吉注　(明)尹壇補注　清同治十二年(1873)會稽章氏刻本　清嬾道人題簽　二冊

330000－1716－0023612　地獻 1672－5/23612　史部/地理類/雜志之屬

會稽三賦四卷　(宋)王十朋撰　(明)南逢吉注　(明)尹壇補注　清同治十二年(1873)會稽章氏刻本　一冊

330000－1716－0023616　地獻 1673/23616　類叢部/叢書類/彙編之屬

會稽徐氏鑄學齋叢書十三種　徐維則編　清咸豐至光緒會稽徐氏刻光緒二十六年(1900)彙印本　一冊　存一種

330000－1716－0023617　子補 0784/23617　子部/宗教類/佛教之屬/論疏

大乘起信論裂網疏六卷　(清)釋智旭撰　清光緒金陵書局刻本　一冊

330000－1716－0023618　子補 0785/23618　子部/宗教類/佛教之屬/經疏

藥師瑠璃光如來本願功德經直解二卷　(清)釋靈耀撰　清宣統二年(1910)常州天寧寺刻本　一冊

330000－1716－0023619　地獻 1674/23619　集部/別集類/明別集

劉蕺山先生遺集二十四卷　(明)劉宗周撰　**先君子蕺山先生年譜二卷**　(清)劉汋編　清證人堂刻本　一冊　存一卷(年譜二)

330000－1716－0023623　子補 0464－2/23623　子部/雜著類/雜考之屬

日知錄集釋三十二卷刊誤二卷續刊誤二卷　(清)黃汝成撰　清光緒十三年(1887)同文書局石印本　三冊　存八卷(一至八)

330000－1716－0023626　子補 0464－3/

23626　　子部/雜著類/雜考之屬

日知錄集釋三十二卷刊誤二卷續刊誤二卷
(清)黃汝成撰　　清光緒刻本　　一冊　存二卷
(二十三至二十四)

330000 – 1716 – 0023629　　子補 0786 – 1/
23629　　子部/宗教類/佛教之屬/諸宗

淨土承恩集一卷附錄一卷　　(清)釋芳慧編
清光緒二年(1876)慧空經房刻本　　一冊

330000 – 1716 – 0023631　　子補 0464 – 4/
23631　　子部/雜著類/雜考之屬

日知錄集釋三十二卷刊誤二卷續刊誤二卷
(清)黃汝成撰　　清光緒刻本　　二冊　存四卷
(十六至十七、二十一至二十二)

330000 – 1716 – 0023633　　子補 0786 – 2/
23633　　子部/宗教類/佛教之屬/諸宗

淨土承恩集一卷附錄一卷　　(清)釋芳慧編
清光緒二年(1876)慧空經房刻本　　一冊

330000 – 1716 – 0023635　　子補 0786 – 3/
23635　　子部/宗教類/佛教之屬/諸宗

淨土承恩集一卷附錄一卷　　(清)釋芳慧編
清光緒二年(1876)慧空經房刻本　　一冊

330000 – 1716 – 0023642　　集補 0216 – 3/
23642　　集部/曲類/曲韻曲譜曲律之屬

繪圖綴白裘十二集四十八卷　　(清)玩花主人
輯　　(清)錢德蒼增輯　　清光緒三十四年
(1908)萃香社石印本　　六冊　缺二十四卷
(四集一至四、七集一至四、九集一至四、十集
一至四、十一集一至四、十二集一至四)

330000 – 1716 –0023645　　集補 0221/23645
集部/別集類/清別集

胡文忠公遺集八十六卷首一卷　(清)胡林翼
撰　　(清)鄭敦謹　　(清)曾國荃輯　　(清)胡
鳳丹重編　　清光緒十四年(1888)上海著易堂
石印本　　七冊　缺九卷(五十二至六十)

330000 – 1716 –0023649　　地獻 1676 – 1/
23649　　集部/別集類/清別集

越縵堂駢體文四卷散體文一卷　　(清)李慈銘
撰　　清光緒二十三年(1897)常熟曾氏虛霩居

刻本　　四冊

330000 –1716 –0023653　　子補 0788/23653
子部/宗教類/佛教之屬/諸宗

念佛四大要訣一卷專修法門解謗一卷　　(清)
釋古崑撰　　清光緒七年(1881)杭州昭慶寺慧
空經房刻本　　一冊

330000 –1716 –0023654　　集補 0223/23654
集部/別集類/宋別集

王臨川文集四卷　　(宋)王安石撰　　清宣統二
年(1910)上海會文堂書局石印本　　四冊

330000 –1716 –0023658　　子補 0789/23658
子部/宗教類/佛教之屬

大方廣圓覺修多羅了義經二卷　　(唐)釋佛陀
多羅譯　　清光緒元年(1875)杭城慧空經房刻
本　　一冊

330000 –1716 –0023660　　子補 0790/23660
子部/宗教類/佛教之屬/經疏

佛說觀無量壽佛經附圖頌一卷附錄一卷
(南朝宋)釋畺良耶舍譯　　(明)釋傳燈圖並頌
清刻本　　一冊

330000 –1716 –0023661　　子補 0465 – 2/
23661　　子部/叢編

二十二子合刻　　(清)浙江書局編　　清光緒二
十二年(1896)上海積山書局石印本　　十三冊
存二十種

330000 –1716 –0023662　　子補 0791/23662
子部/宗教類/佛教之屬/經

妙法蓮華經七卷　　(後秦)釋鳩摩羅什譯　　清
光緒六年(1880)昭慶寺慧空經房刻本　　三冊

330000 –1716 –0023664　　子補 0465 – 3/
23664　　子部/叢編

二十二子合刻　　(清)浙江書局編　　清光緒二
十二年(1896)上海積山書局石印本　　十三冊
存十九種

330000 –1716 –0023665　　子補 0769/23665
子部/醫家類/綜合之屬/通論

新刊醫林狀元壽世保元十卷　　(明)龔廷賢撰
清刻本　　一冊　存三卷(一至三)

330000－1716－0023666　普叢 0223－1/
23666　類叢部/叢書類/自著之屬

西堂全集 （清）尤侗撰　清兩儀堂刻本　二
十冊　存三種

330000－1716－0023667　普叢 0223－2/
23667　類叢部/叢書類/自著之屬

尤西堂全集四種附一種 （清）尤侗撰　清嘯
月樓刻本　二十四冊　缺二卷(西堂雜俎三
集七至八)

330000－1716－0023672　普類 0087/23672
類叢部/類書類/通類之屬

類林新咏三十六卷 （清）姚之駰撰　清刻本
七冊　存二十二卷(四至六、十至二十三、
三十至三十四)

330000－1716－0023673　普類 0088/23673
類叢部/類書類/通類之屬

通俗編三十八卷 （清）翟灝撰　清武林竹簡
齋刻本　十二冊

330000－1716－0023674　普叢 0163/23674
類叢部/叢書類/自著之屬

水田居全集七種附一種 （清）賀貽孫撰　清
道光至同治敕書樓刻本　七冊　存二種

330000－1716－0023675　普類 0089－2/
23675　類叢部/類書類/專類之屬

新增說文韻府群玉二十卷 （元）陰時夫輯
（元）陰中夫注　清三讓堂刻本　十七冊　缺
三卷(十七、十九至二十)

330000－1716－0023676　普集 1754/23676
集部/總集類/郡邑之屬

西泠五布衣遺箸 （清）丁丙輯　清同治至光
緒錢塘丁氏當歸草堂刻本　九冊　存三種

330000－1716－0023677　地獻 1545－18/
23677　集部/別集類/清別集

蕉雨山房詩鈔六種十九卷 （清）丁堯臣撰
清光緒會稽丁氏刻本　三冊　存一種

330000－1716－0023678　地獻 1545－19/
23678　集部/別集類/清別集

蕉雨山房詩鈔六種十九卷 （清）丁堯臣撰

清光緒會稽丁氏刻本　三冊　存一種

330000－1716－0023679　普類 0090/23679
類叢部/類書類/通類之屬

群書寶窟不分卷 清光緒二十八年(1902)上
海石印本　二十三冊

330000－1716－0023680　地獻 1680/23680
集部/總集類/課藝之屬

紹興府學堂課藝不分卷 （清）徐錫麟選　清
光緒三十一年(1905)石印本　一冊

330000－1716－0023681　普類 0091/23681
類叢部/類書類/通類之屬

分類緘腋四卷 （清）涂謙撰　清英德堂刻本
四冊

330000－1716－0023685　地獻 1681/23685
集部/別集類/清別集

藤阿吟稿四卷 （清）陳鴻熙撰　清嘉慶二十
五年(1820)會稽陳氏姑蘇刻本　陳慶均題記
王繼香觀款　二冊

330000－1716－0023686　普叢 0164－1/
23686　類叢部/叢書類/自著之屬

諸葛忠武侯全集(忠武侯諸葛孔明先生全集)
五種 （三國蜀）諸葛亮撰　（清）張澍編　清
刻本　十四冊

330000－1716－0023687　子補 0580－2/
23687　子部/天文曆算類/算書之屬

中西算學大成一百卷 （清）陳維祺等撰　清
光緒十五年(1889)上海書局石印本　二十三
冊　缺一卷(九十九)

330000－1716－0023693　子補 0466－1/
23693　子部/雜著類/雜纂之屬

雲林別墅纂輯酬世錦囊五種十九卷 （清）鄒
景揚輯　清光緒二年(1876)勤思堂刻本　汪
馥堂題簽　十冊　存四種

330000－1716－0023694　史補 0446/23694
史部/金石類/石之屬/文字

金石文字辨異十二卷 （清）邢澍撰　清刻本
一冊　存三卷(一至三)

330000－1716－0023695　　地獻 1628－2/
23695　集部/別集類/明別集

鐵厓樂府注十卷咏史注八卷逸編注八卷
（元）楊維楨撰　（清）樓卜瀍注　清乾隆三十
九年(1774)聯桂堂刻本　四冊　存八卷（咏
史注一至四、逸編注五至八）

330000－1716－0023696　　子補 0580－3/
23696　子部/天文曆算類/算書之屬

中西算學大成一百卷　（清）陳維祺等撰　清
光緒十五年(1889)上海書局石印本　十六冊
　存六十五卷（九至十二、十七至二十五、三
十一至五十五、六十至六十九、八十三至九十
八、一百）

330000－1716－0023697　　史補 0447/23697
史部/傳記類/別傳之屬

蔡福州外紀十卷附錄一卷　（明）徐熥撰
（清）陳甫伸訂補　清刻本　陶在寬題記　一
冊　存四卷（一至四）

330000－1716－0023698　　地獻 1683－1/
23698　集部/別集類/清別集

質園詩集三十二卷　（清）商盤撰　清乾隆刻
本　八冊

330000－1716－0023699　　集補 0226－2/
23699　集部/別集類/唐五代別集

昌黎先生集四十卷外集十卷遺文一卷　（唐）
韓愈撰　（宋）廖瑩中校正　**朱子校昌黎先生
集傳一卷**　（宋）朱熹撰　**韓集點勘四卷**
（清）陳景雲撰　清宣統三年(1911)石印本
五冊　存四十卷（一至四十）

330000－1716－0023700　　子補 2574/23700
子部/宗教類/其他宗教之屬/基督教

揀言要理二卷　（法國）田類斯撰　清宣統三
年(1911)寧波七苦堂鉛印本　一冊

330000－1716－0023701　　子補 0467/23701
子部/雜著類/雜說之屬

萬曆野獲編三十卷　（明）沈德符撰　清刻本
　十五冊　存二十九卷（二至三十）

330000－1716－0023703　　經補 0393/23703

經部/四書類/總義之屬/傳說

四書章句集注二十六卷　（宋）朱熹撰　**四書
家塾讀本句讀一卷四書章句集注定本辨一卷**
　（清）吳英撰　**四書章句附考四卷**　（清）吳
志忠輯　清嘉慶十六年(1811)璜川吳氏真意
堂刻本　三冊　存十二卷（大學、中庸、論語
七至十、孟子一至六）

330000－1716－0023704　　地獻 1684/23704
類叢部/叢書類/彙編之屬

懺花盦叢書三十種　（清）宋澤元編　清光緒
山陰宋氏刻十三年(1887)彙印本　八冊　存
一種

330000－1716－0023705　　子補 0466－2/
23705　子部/雜著類/雜纂之屬

雲林別墅纂輯酬世錦囊五種十九卷　（清）鄒
景揚輯　清光緒二年(1876)勤思堂刻本　十
二冊

330000－1716－0023706　　地獻 1685/23706
類叢部/叢書類/自著之屬

章氏遺書二種　（清）章學誠撰　清光緒三年
至四年(1877－1878)貴陽章氏刻十九年
(1893)補刻本　五冊

330000－1716－0023707　　子補 0466－3/
23707　子部/雜著類/雜纂之屬

**雲林別墅新輯酬世錦囊初集八卷二集七卷三
集二卷四集二卷**　（清）鄒景揚輯　清姑蘇三
樂堂刻本　十七冊　缺一卷（四集二）

330000－1716－0023709　　地獻 1686－1/
23709　史部/政書類/公牘檔冊之屬

歸善堂徵信錄一卷　（清）新安歸善堂董事編
　清光緒七年(1881)新安歸善堂刻本　一冊

330000－1716－0023710　　普類 0092－1/
23710　類叢部/類書類/專類之屬

格致鏡原一百卷　（清）陳元龍撰　清末石印
本　十冊　存五十七卷（三十二至四十二、五
十五至一百）

330000－1716－0023711　　普叢 0164－2/
23711　類叢部/叢書類/自著之屬

諸葛忠武侯全集(忠武侯諸葛孔明先生全集)
五種　（三國蜀）諸葛亮撰　（清）張澍編　清
刻本　十冊

330000 – 1716 – 0023712　　子補 0466 – 4/
23712　子部/雜著類/雜纂之屬

雲林別墅纂輯酬世錦囊五種十九卷　（清）鄒
景揚輯　清經文堂刻本　十四冊

330000 – 1716 – 0023713　　普 類 0092 – 2/
23713　類叢部/類書類/專類之屬

格致鏡原一百卷　（清）陳元龍撰　清刻本
二冊　存八卷(二十五至二十八、六十七至七
十)

330000 – 1716 – 0023714　　集補 0228/23714
集部/別集類/唐五代別集

柳文四十三卷別集二卷外集二卷附錄一卷
（唐）柳宗元撰　清寧遠楊季鸞春星閣刻本
十二冊

330000 – 1716 – 0023715　　史補 0448/23715
史部/目錄類/書志之屬/提要

愛日精廬藏書志三十六卷續志四卷　（清）張
金吾藏並撰　清道光七年(1827)昭文張氏愛
日精廬刻本　十冊　缺四卷(一至四)

330000 – 1716 – 0023717　　地獻 1655 – 2/
23717　集部/別集類/明別集

劉子全書遺編二十四卷首一卷　（明）劉宗周
撰　（清）董瑒編　清道光三十年(1850)刻光
緒十八年(1892)重修本　十冊　缺七卷(十
七至二十三)

330000 – 1716 – 0023718　　子補 0466 – 5/
23718　子部/雜著類/雜纂之屬

雲林別墅纂輯酬世錦囊五種十九卷　（清）鄒
景揚輯　清刻本　四冊　存三種

330000 – 1716 – 0023719　　新補 0372/23719
新學/議論/論政

新政真詮六卷　（清）何啟　胡禮垣撰　清光
緒二十七年(1901)格致新報鉛印本　四冊
存四卷(三至六)

330000 – 1716 – 0023721　　史補 0450/23721

史部/傳記類/科舉錄之屬/歷科鄉試錄

[光緒戊子科]陝西鄉試硃卷一卷　（清）高薈
槙撰　清光緒刻本　一冊

330000 – 1716 – 0023722　　集補 0229/23722
集部/別集類/清別集

大雲山房文稿初集四卷二集四卷言事二卷補
編一卷　（清）惲敬撰　清光緒十年(1884)刻
本　八冊　缺三卷(二集二、言事二、補編)

330000 – 1716 – 0023723　　地獻 1657 – 2/
23723　集部/別集類/明別集

王文成公全書三十八卷　（明）王守仁撰　清
光緒浙江書局刻本　二十二冊　缺二卷(三
十四、三十七)

330000 – 1716 – 0023724　　史補 0451/23724
集部/別集類/清別集

聽花廬試卷一卷　（清）王南條撰　清光緒十
三年(1887)刻本　一冊

330000 – 1716 – 0023726　　子補 0466 – 6/
23726　子部/雜著類/雜纂之屬

雲林別墅新輯酬世錦囊初集八卷二集七卷三
集二卷四集二卷　（清）鄒景揚輯　清光緒二
十年(1894)鴻寶齋石印本　六冊

330000 – 1716 – 0023728　　集補 0230/23728
集部/別集類/唐五代別集

唐陸宣公集二十四卷　（唐）陸贄撰　清道光
二十七年(1847)刻本　十四冊

330000 – 1716 – 0023729　　子補 0468 – 1/
23729　子部/小說家類/雜事之屬

虞初新志二十卷　（清）張潮輯　清刻本　五
冊　存十三卷(三至七、十三至二十)

330000 – 1716 – 0023730　　子補 0468 – 2/
23730　子部/小說家類/雜事之屬

虞初續志十卷　（清）鄭澍若編　清嘉慶七年
(1802)養花草堂刻本　三冊　存八卷(一至
二、五至十)

330000 – 1716 – 0023733　　善 0472 – 1/23733
　集部/總集類/選集之屬/通代

唐宋八大家文鈔一百六十六卷　（明）茅坤編

明刻本　四冊　存一種

330000－1716－0023735　子補 0468－3/23735　子部/小說家類/雜事之屬

廣虞初新志四十卷 （清）黃承增輯　清嘉慶八年（1803）寄鷗閒舫刻本　八冊　存十八卷（一、七至八、十二至十八、二十四至三十一）

330000－1716－0023741　集補 0231/23741　集部/別集類/漢魏六朝別集

徐孝穆全集六卷 （南朝陳）徐陵撰　（清）吳兆宜注　**備考一卷** （清）徐文炳撰　清善化經濟書堂刻本　六冊

330000－1716－0023742　集補 0232/23742　集部/別集類/唐五代別集

王子安集注二十卷首一卷末一卷 （唐）王勃撰　（清）蔣清翊注　清光緒九年（1883）吳縣蔣氏雙唐碑館刻本　六冊

330000－1716－0023744　子補 0797/23744　子部/宗教類/佛教之屬/大藏

頻伽精舍校刊大藏經 釋宗仰等輯　清宣統元年至民國二年（1909－1913）迦陵羅詩氏頻伽精舍上海鉛印本　六冊　存四十三種

330000－1716－0023745　善附 0339/23745　史部/目錄類/總錄之屬/氏族

嘉定錢氏藝文志略一卷先德述聞一卷 （清）錢師璟撰　清道光二十三年（1843）刻本　清趙之謙觀款並批　一冊

330000－1716－0023747　普類 0093－2/23747　類叢部/類書類/通類之屬

策學纂要十六卷 （清）戴朋　（清）黃卷輯　清刻本　一冊　存一卷（十二）

330000－1716－0023748　經補 0399/23748　經部/四書類/總義之屬/傳說

四書集注十九卷 （宋）朱熹撰　清宣統元年（1909）上海廣益書局石印本　二冊　存四卷（孟子四至七）

330000－1716－0023750　子補 0466－7/23750　子部/雜著類/雜纂之屬

雲林別墅新輯酬世錦囊初集八卷二集七卷三

集二卷四集二卷　（清）鄒景揚輯　清光緒二十年（1894）鴻寶齋石印本　二冊

330000－1716－0023751　普經 0969/23751　經部/叢編

十三經注疏附考證 （清）□□輯　清同治十年（1871）廣東書局刻本　一冊　存一種

330000－1716－0023752　子補 0466－9/23752　子部/雜著類/雜纂之屬

雲林別墅新輯酬世錦囊初集八卷二集七卷三集二卷四集二卷 （清）鄒景揚輯　清光緒二十年（1894）鴻寶齋石印本　六冊

330000－1716－0023753　子補 0466－8/23753　子部/雜著類/雜纂之屬

雲林別墅新輯酬世錦囊初集八卷二集七卷三集二卷四集二卷 （清）鄒景揚輯　清光緒二十年（1894）鴻寶齋石印本　五冊　缺二卷（三集一至二）

330000－1716－0023755　集補 0233－1/23755　集部/別集類/唐五代別集

李太白文集三十六卷 （唐）李白撰　（清）王琦輯注　清乾隆聚錦堂刻本　十六冊

330000－1716－0023758　史補 0456/23758　史部/政書類/邦計之屬

[光緒丁亥]金陵水漢西門外施診局徵信錄不分卷 清光緒十三年（1887）刻本　一冊

330000－1716－0023759　集補 0233－2/23759　集部/別集類/唐五代別集

李太白文集三十六卷 （唐）李白撰　（清）王琦輯注　清文聚堂刻本　十六冊

330000－1716－0023762　史補 0457/23762　史部/政書類/邦計之屬

[光緒丁亥]金陵水漢西門外施診局徵信錄不分卷 清光緒十三年（1887）刻本　一冊

330000－1716－0023763　集補 0234/23763　類叢部/叢書類/彙編之屬

半厂叢書初編十種 （清）譚獻編　清同治至光緒仁和譚氏刻本　一冊　存一種

330000 - 1716 - 0023764　子補 0466 - 10/23764　子部/雜著類/雜纂之屬

雲林別墅新輯酬世錦囊初集八卷二集七卷三集二卷四集二卷　(清)鄒景揚輯　清光緒二十六年(1900)鴻寶齋石印本　四冊

330000 - 1716 - 0023765　史補 0458/23765　史部/政書類/邦計之屬

[光緒丁亥]金陵水漢西門外施診局徵信錄不分卷　清光緒十三年(1887)刻本　一冊

330000 - 1716 - 0023766　史補 0459/23766　史部/政書類/邦計之屬

[光緒丁亥]金陵水漢西門外施診局徵信錄不分卷　清光緒十三年(1887)刻本　一冊

330000 - 1716 - 0023767　集補 0235/23767　集部/總集類/選集之屬/通代

古文辭類纂七十四卷　(清)姚鼐輯　清同治八年(1869)江蘇書局刻本　十二冊

330000 - 1716 - 0023768　普類 0093 - 3/23768　類叢部/類書類/通類之屬

策學纂要十六卷　(清)戴朋　(清)黃卷輯　清刻本　五冊　存十三卷(四至十六)

330000 - 1716 - 0023769　子補 0466 - 11/23769　子部/雜著類/雜纂之屬

雲林別墅新輯酬世錦囊初集八卷二集七卷三集二卷四集二卷　(清)鄒景揚輯　清光緒二十六年(1900)鴻寶齋石印本　二冊　存十卷(一至八、四集一至二)

330000 - 1716 - 0023770　普類 0094/23770　類叢部/類書類/專類之屬

古今秘苑四卷二集四卷　(清)許之鳳輯　清刻本　一冊　存四卷(一至四)

330000 - 1716 - 0023772　子補 0466 - 12/23772　子部/雜著類/雜纂之屬

雲林別墅新輯酬世錦囊初集八卷二集七卷三集二卷四集二卷　(清)鄒景揚輯　清光緒二十六年(1900)上海鍊石齋書局石印本　六冊

330000 - 1716 - 0023779　集補 0100 - 4/23779　集部/曲類/彈詞之屬

新鐫繪圖描金鳳八卷四十六回　(清)馬如飛譜調　清末石印本　一冊　存一卷(七)

330000 - 1716 - 0023782　集補 0100 - 5/23782　集部/曲類/彈詞之屬

新鐫繪圖描金鳳八卷四十六回　(清)馬如飛譜調　清光緒三十二年(1906)上洋海左書局石印本　二冊

330000 - 1716 - 0023783　地獻 1612 - 17/23783　集部/別集類/清別集

增注秋水軒尺牘三卷　(清)許思湄撰　(清)婁世瑞注　(清)寄虹軒主人輯　清宣統元年(1909)上海詠記書莊石印本　二冊

330000 - 1716 - 0023784　子補 0466 - 13/23784　子部/雜著類/雜纂之屬

雲林別墅新輯酬世錦囊初集八卷二集七卷三集二卷四集二卷　(清)鄒景揚輯　清光緒二十六年(1900)鴻寶齋石印本　三冊

330000 - 1716 - 0023786　集補 0100 - 6/23786　集部/曲類/彈詞之屬

新鐫繪圖描金鳳八卷四十六回　(清)馬如飛譜調　清末石印本　三冊　存三卷(二至三、七)

330000 - 1716 - 0023788　子補 0466 - 14/23788　子部/雜著類/雜纂之屬

雲林別墅新輯酬世錦囊初集八卷二集七卷三集二卷四集二卷　(清)鄒景揚輯　清光緒二十六年(1900)鴻寶齋石印本　五冊　缺二卷(三集一至二)

330000 - 1716 - 0023789　集補 0236/23789　集部/總集類/選集之屬/斷代

唐四家詩集二十八卷　清光緒十年(1884)尚友山房石印本　四冊　存一種

330000 - 1716 - 0023790　普類 0095 - 1/23790　類叢部/類書類/通類之屬

增補萬寶全書二十卷續編六卷　(明)陳繼儒撰　(清)毛煥文增補　清光緒石印本　一冊　存七卷(四至十)

330000 - 1716 - 0023791　子補 0466 - 15/

23791　　子部/雜著類/雜纂之屬

雲林別墅新輯酬世錦囊初集八卷二集七卷三集二卷四集二卷　（清）鄒景揚輯　清光緒二十六年(1900)鴻寶齋石印本　六冊

330000－1716－0023792　普類 0095－2/23792　類叢部/類書類/通類之屬

增補萬寶全書二十卷續編六卷　（明）陳繼儒撰　（清）毛煥文增補　清光緒石印本　一冊　存四卷(六至九)

330000－1716－0023793　子補 0466－16/23793　子部/雜著類/雜纂之屬

雲林別墅新輯酬世錦囊初集八卷二集七卷三集二卷四集二卷　（清）鄒景揚輯　清光緒二十六年(1900)鴻寶齋石印本　五冊　缺三卷(二集五至七)

330000－1716－0023794　子補 0466－17/23794　子部/雜著類/雜纂之屬

雲林別墅新輯酬世錦囊初集八卷二集七卷三集二卷四集二卷　（清）鄒景揚輯　清光緒二十六年(1900)鴻寶齋石印本　四冊　缺七卷(初集七至八,二集一至三、六至七)

330000－1716－0023795　普類 0095－3/23795　類叢部/類書類/通類之屬

增補萬寶全書二十卷續編六卷　　（明）陳繼儒撰　（清）毛煥文增補　清光緒石印本　二冊　存九卷(六至十、十四至十七)

330000－1716－0023800　普集 1756/23800　集部/總集類/郡邑之屬

西泠五布衣遺箸　（清）丁丙輯　清同治至光緒錢塘丁氏當歸草堂刻本　二冊　存一種

330000－1716－0023801　史補 0461/23801　史部/傳記類/別傳之屬/事狀

丁君松生家傳一卷　（清）俞樾撰　誥授奉政大夫同知銜特用江蘇知縣外舅丁松生先生行狀一卷　（清）顧浩撰　清光緒二十五年(1899)刻本　一冊

330000－1716－0023805　集補 0238/23805　集部/別集類/清別集

徧行堂集十六卷　（清）釋今釋撰　清宣統三年(1911)上海國學扶輪社鉛印本　四冊

330000－1716－0023806　集補 0175/23806　集部/小說類/長篇之屬

海上花列傳六十四回　（清）韓邦慶撰　清末石印本　四冊　存三十二卷(三十三至六十四)

330000－1716－0023807　普類 0095－8/23807　類叢部/類書類/通類之屬

增補萬寶全書二十卷續編六卷　（明）陳繼儒撰　（清）毛煥文增補　清光緒三十二年(1906)上海龍文書局石印本　五冊　存二十四卷(一至十、十二至十六、十八至二十,續編一至六)

330000－1716－0023808　地獻 1612－18/23808　集部/別集類/清別集

增注秋水軒尺牘四卷　（清）許思湄撰　（清）婁世瑞注　（清）寄虹軒主人輯　清光緒三十四年(1908)上海朝記書莊石印本　二冊

330000－1716－0023810　普類 0095－9/23810　類叢部/類書類/通類之屬

增補萬寶全書二十卷續編六卷　（明）陳繼儒撰　（清）毛煥文增補　清光緒二十六年(1900)上海書局石印本　六冊　存十九卷(一至二、五至八、十四至二十,續編一至六)

330000－1716－0023813　史補 0463/23813　類叢部/叢書類/自著之屬

儆居遺書十一種　（清）黃式三撰　清同治至光緒刻本　二冊　存一種

330000－1716－0023817　子補 0795/23817　子部/宗教類/佛教之屬/諸宗

佛日普照慧辯楚石琦禪師語錄十六卷　（明）釋梵琦撰　（明）釋祖光等編　清刻本　五冊

330000－1716－0023830　普類 0095－10/23830　類叢部/類書類/通類之屬

增補萬寶全書二十卷續編六卷　（明）陳繼儒撰　（清）毛煥文增補　清光緒二十六年(1900)上海文淵山房石印本　三冊　存八卷

（一至二、十八至二十，續編一至三）

330000 - 1716 - 0023831　子補 0470 - 1/
23831　子部/雜著類/雜編之屬

行文寶笈二卷　（清）顧紹鼎輯　清光緒十一
年(1885)石印本　二冊

330000 - 1716 - 0023832　普類 0095 - 11/
23832　類叢部/類書類/通類之屬

增補萬寶全書二十卷續編六卷　（明）陳繼儒
撰　（清）毛煥文增補　清光緒石印本　四冊
存十九卷(五至二十、續編一至三)

330000 - 1716 - 0023833　集補 0101 - 1/
23833　集部/曲類/彈詞之屬

繪圖醒世善惡報八卷一百回　（清）海芝濤撰
清光緒二十年(1894)香港書局石印本　四
冊　存四卷(一至二、五、八)

330000 - 1716 - 0023834　史補 0465/23834
史部/金石類/陶之屬/文字

豐宮瓦當文攷一卷　（清）錢東垣輯　清光緒
十八年(1892)嘉定濤閣刻本　一冊

330000 - 1716 - 0023836　普類 0095 - 12/
23836　類叢部/類書類/通類之屬

增補萬寶全書二十卷續編六卷　（明）陳繼儒
撰　（清）毛煥文增補　清光緒石印本　一冊
存四卷(續編二至五)

330000 - 1716 - 0023837　子補 0470 - 2/
23837　子部/雜著類/雜編之屬

行文寶笈二卷　（清）顧紹鼎輯　清光緒十一
年(1885)石印本　二冊

330000 - 1716 - 0023840　子補 0470 - 3/
23840　子部/雜著類/雜編之屬

行文寶笈二卷　（清）顧紹鼎輯　清光緒十九
年(1893)石印本　二冊

330000 - 1716 - 0023841　集補 0101 - 2/
23841　集部/曲類/彈詞之屬

繪圖醒世善惡報八卷一百回　（清）海芝濤撰
清末石印本　五冊　存五卷(二至四、六至
七)

330000 - 1716 - 0023842　普類 0095 - 13/
23842　類叢部/類書類/通類之屬

增補萬寶全書二十卷　（明）陳繼儒撰　（清）
毛煥文增補　清刻本　一冊　存六卷(十至
十五)

330000 - 1716 - 0023843　集補 0102 - 1/
23843　集部/曲類/彈詞之屬

繡像四香緣全傳六卷三十二回　清末石印本
一冊　存三卷(一至三)

330000 - 1716 - 0023844　史補 0466/23844
史部/傳記類/總傳之屬

聖賢像贊不分卷　（明）呂維祺撰　清刻本
四冊

330000 - 1716 - 0023846　子補 0471 - 1/
23846　子部/雜著類/雜纂之屬

古諷籀齋目耕朕錄三十二卷　（清）鄭霞逸輯
清同治十二年(1873)古諷籀齋刻本　九冊
存二十九卷(一至二、六至三十二)

330000 - 1716 - 0023848　普類 0095 - 17/
23848　類叢部/類書類/通類之屬

增補萬寶全書二十卷　（明）陳繼儒撰　（清）
毛煥文增補　清咸豐元年(1851)經國堂刻本
一冊　存三卷(一至三)

330000 - 1716 - 0023850　史補 0467/23850
史部/金石類/郡邑之屬/文字

中州金石記五卷　（清）畢沅撰　清光緒八年
(1882)蛟川邵氏望三益齋刻本　二冊

330000 - 1716 - 0023851　子補 0471 - 2/
23851　子部/雜著類/雜纂之屬

古諷籀齋目耕朕錄三十二卷　（清）鄭霞逸輯
清同治十二年(1873)古諷籀齋刻本　八冊
存二十七卷(三至五、九至三十二)

330000 - 1716 - 0023853　史補 0468/23853
子部/藝術類/書畫之屬/畫譜

晚笑堂畫傳一卷明太祖功臣圖一卷　（清）上
官周繪　清乾隆刻本　一冊

330000 - 1716 - 0023856　普類 0095 - 18/
23856　類叢部/類書類/通類之屬

增補萬寶全書二十卷 （明）陳繼儒撰 （清）毛煥文增補 清刻本 一冊 存四卷（十七至二十）

330000－1716－0023862 史補 0469/23862 史部/詔令奏議類/奏議之屬

淩忠介公奏疏六卷 （明）淩義渠撰 清咸豐四年（1854）王有齡刻本 一冊 存三卷（四至六）

330000－1716－0023867 子補 0472/23867 子部/藝術類/書畫之屬

鐵網珊瑚初集一卷二集一卷三集一卷 （清）周鴻藻 （清）張昌照撰 清光緒十五年（1889）上海積山書局石印本 三冊

330000－1716－0023870 史補 0470/23870 史部/目錄類/總錄之屬/私撰

持靜齋書目五卷 （清）丁日昌藏並撰 清同治九年（1870）豐順丁日昌刻本 二冊 存二卷（一至二）

330000－1716－0023873 集補 0102－4/23873 集部/曲類/彈詞之屬

繡像四香緣分四卷三十二回 （清）朱鏡江撰 清刻本 一冊 存七回（一至七）

330000－1716－0023875 子補 0473/23875 子部/儒家類/儒學之屬

導路編一卷 （清）余養士撰 清光緒二十二年（1896）上海書局石印本 一冊

330000－1716－0023876 普類 0096/23876 類叢部/類書類/通類之屬

增補事類統編九十三卷首一卷 （清）黃葆真輯 清光緒十四年（1888）上海積山書局石印本 十二冊

330000－1716－0023877 集補 0239/23877 集部/別集類/漢魏六朝別集

蔡中郎集六卷補遺一卷 （漢）蔡邕撰 （清）劉嗣奇校增 清康熙三十四年（1695）莘野劉氏耆英堂刻本 四冊

330000－1716－0023878 集補 0102－5/23878 集部/曲類/彈詞之屬

繡像四香緣四卷三十二回 （清）朱鏡江撰 清同治五年（1866）刻本 一冊 存四回（一至四）

330000－1716－0023880 子補 0475－2/23880 子部/小說家類/異聞之屬

情天寶鑑二十四卷 （明）馮夢龍輯 清光緒二十年（1894）上海石印本 二冊 存十二卷（一至六、十三至十八）

330000－1716－0023885 集補 0240－2/23885 集部/別集類/清別集

袁文箋正十六卷補注一卷 （清）袁枚撰 （清）石韞玉箋 清嘉慶十七年（1812）鶴壽山堂刻本 四冊

330000－1716－0023887 史補 0472/23887 史部/地理類/輿圖之屬/全國

皇朝一統輿地全圖一卷 （清）六承如輯 （清）馮焌光增補 （清）欽乃軒主人續增 清光緒二十年（1894）上海鴻寶齋石印本 二冊

330000－1716－0023889 子補 0799/23889 子部/宗教類/佛教之屬/大藏

徑山藏 明萬曆十七年（1589）至清嘉慶五年、嘉興、徑山等地刻本 七冊 存三十六種

330000－1716－0023895 史補 0473/23895 史部/雜史類/斷代之屬

元朝秘史十五卷 （清）李文田注 清石印本 五冊 存十四卷（二至十五）

330000－1716－0023898 史補 0474/23898 子部/兵家類

歷代史事論海三十二卷 （清）知新子編 清光緒二十八年（1902）石印本 十七冊 存十七卷（一至二、四至七、九至十、十三至十九、二十八至二十九）

330000－1716－0023900 集補 0105－1/23900 集部/曲類/彈詞之屬

繪圖改良果報八卷一百回 （清）海蘭濤撰 清末石印本 三冊 存三卷（一至三）

330000－1716－0023902 集補 0104－1/23902 集部/小說類/長篇之屬

繪圖湘軍平逆傳四卷八回　（清）醴泉居士撰
清末石印本　一冊　存一卷（三）

330000－1716－0023903　史補0475/23903
史部/詔令奏議類/奏議之屬
歷代名臣奏議選三十卷　（清）趙承恩輯　清
末石印本　五冊　存十九卷（漢三至四、三
國、五代、唐一至三、宋一至六、遼、元、明一至
四）

330000－1716－0023905　集補0104－2/
23905　集部/小說類/長篇之屬
繪圖湘軍平逆傳四卷八回　（清）醴泉居士撰
清光緒三十二年（1906）上海書局石印本
三冊　存三卷（一至二、四）

330000－1716－0023906　地獻1687－1/
23906　子部/宗教類/道教之屬
關帝明聖經一卷　清光緒六年（1880）山陰姜
樨刻本　一冊

330000－1716－0023907　史補0476/23907
史部/政書類/軍政之屬/邊政
朔方備乘六十八卷首十二卷　（清）何秋濤撰
清光緒寶善書局石印本　二冊　存二十四
卷（一至十二、首一至十二）

330000－1716－0023909　史補0477/23909
史部/政書類/軍政之屬/邊政
朔方備乘六十八卷首十二卷　（清）何秋濤撰
清光緒石印本　六冊　存六十七卷（一至
六十七）

330000－1716－0023916　地獻1688－2/
23916　子部/宗教類/道教之屬
關帝明聖真經一卷　清光緒二十年（1894）蕭
山合義和刻本　無濁道人題記　一冊

330000－1716－0023917　集補0105－2/
23917　集部/曲類/彈詞之屬
繪圖果報錄八卷一百回　（清）海蘭濤撰　清
末石印本　一冊　存一卷（四）

330000－1716－0023919　地獻1688－3/
23919　子部/宗教類/道教之屬
關帝明聖真經一卷　清光緒二十年（1894）蕭

山趙元順刻本　一冊

330000－1716－0023924　集補0107－1/
23924　集部/曲類/彈詞之屬
繡像文武香球十二卷七十二回　（清）二樂軒
主人撰　（清）申江逸史改編　清刻本　二冊
存二卷（一、五）

330000－1716－0023933　地獻1688－4/
23933　子部/宗教類/道教之屬
關帝明聖真經一卷　清光緒二十四年（1898）
紹城墨潤堂刻本　一冊

330000－1716－0023935　史補0478/23935
史部/史抄類
史記菁華錄六卷　（清）姚祖恩輯　清光緒八
年（1882）扶荔山房刻朱墨套印本　六冊

330000－1716－0023936　集補0107－2/
23936　集部/曲類/彈詞之屬
繡像文武香球十二卷七十二回　（清）二樂軒
主人撰　（清）申江逸史改編　清刻本　五冊
存五卷（三至四、九至十一）

330000－1716－0023938　地獻1689/23938
子部/宗教類/佛教之屬/經疏
大方廣佛華嚴經綱要八十卷　（唐）釋實叉難
陀譯　（唐）釋澄觀疏　（明）釋德清提綱　**大**
方廣佛華嚴經入不思議解脫境界普賢行願品
疏一卷　（唐）釋般若譯　（唐）釋澄觀疏　清
同治十年至十二年（1871－1873）紹郡大善寺
刻光緒二年（1876）山陰童榮壽堂印本　四十
二冊

330000－1716－0023939　集補0107－3/
23939　集部/曲類/彈詞之屬
繡像文武香球十二卷七十二回　（清）二樂軒
主人撰　（清）申江逸史改編　清刻本　八冊
存八卷（一至五、七至九）

330000－1716－0023940　集補0108/23940
集部/戲劇類/總集之屬/傳奇
笠翁傳奇十種　（清）李漁撰　清刻本　一冊
存一種

330000－1716－0023945　史補0479/23945

史部/目録類/總録之屬/私撰

問經堂書目一卷 （清）問經堂編 清光緒二十五年(1899)杭州問經堂石印本 一冊

330000－1716－0023949 集補 0241/23949 集部/別集類/唐五代別集

玉谿生詩詳注三卷首一卷樊南文集補編十二卷 （唐）李商隱撰 （清）錢振倫 （清）錢振常箋注 **玉谿生年譜訂誤一卷** （清）錢珍倫撰 清同治五年(1866)吳氏望三益齋刻本 四冊 存八卷(樊南文集補編一至八)

330000－1716－0023958 子補 0476/23958 子部/小說家類/異聞之屬

諧鐸十二卷 （清）沈起鳳撰 清刻本 二冊 存六卷(七至十二)

330000－1716－0023960 子補 0477/23960 子部/儒家類/儒學之屬/禮教

聰訓齋語一卷恒產瑣言一卷 （清）張英撰 清夢蜻軒刻本 一冊

330000－1716－0023963 集補 0242/23963 集部/別集類/清別集

有正味齋駢體文二十四卷續集八卷詩集十六卷詩續集八卷詞集八卷詞續集二卷詞外集南北曲二卷外集五卷 （清）吳錫麒撰 清嘉慶十三年(1808)刻本 十六冊

330000－1716－0023965 普經 0482/23965 經部/叢編

御纂七經二百八十卷首十一卷序三卷 （清）李光地等撰 清同治十一年(1872)江西書局刻本 十二冊 存一種

330000－1716－0023970 經補 0428/23970 經部/四書類/總義之屬/傳說

四書集注十九卷 （宋）朱熹撰 清宣統元年(1909)上海六藝書局鉛印本 一冊 存五卷(論語一至五)

330000－1716－0023974 普經 0938/23974 經部/叢編

御纂七經二百八十卷首十一卷序三卷 （清）李光地等撰 清同治十一年(1872)江西書局

刻本 二十七冊 存二種

330000－1716－0023978 集補 0226－3/23978 集部/別集類/唐五代別集

昌黎先生集四十卷外集十卷遺文一卷 （唐）韓愈撰 （宋）廖瑩中校正 **朱子校昌黎先生集傳一卷** （宋）朱熹撰 **韓集點勘四卷** (清)陳景雲撰 清宣統三年(1911)石印本 十冊

330000－1716－0023980 善 0473/23980 集部/戲劇類/傳奇之屬

勸善金科十本二十卷首一卷 （清）張照等撰 清乾隆內府刻五色套印本 十八冊 存十八卷(一至十、十二至十九)

330000－1716－0023981 普經 0939/23981 經部/叢編

御纂七經二百八十卷首十一卷序三卷 （清）李光地等撰 清同治六年至九年(1867－1870)浙江書局刻本 五十七冊 存三種

330000－1716－0023986 地獻 1612－58/23986 集部/別集類/清別集

秋水軒尺牘四卷 （清）許思湄撰 清道光十五年(1835)掃葉山房刻本 二冊 存二卷(一、四)

330000－1716－0023989 地獻 1612－59/23989 集部/別集類/清別集

秋水軒尺牘四卷 （清）許思湄撰 清刻本 清菉□題簽 二冊 存二卷(二、四)

330000－1716－0023992 子補 0481/23992 子部/農家農學類/鳥獸蟲之屬

治飛蝗捷法一卷 清刻本 一冊

330000－1716－0023993 地獻 1612－60/23993 集部/別集類/清別集

雪鴻軒尺牘四卷 （清）龔萼撰 清同治十一年(1872)刻本 四冊

330000－1716－0023996 地獻 1612－61/23996 集部/總集類/尺牘之屬

新輯尺牘合璧四卷 （清）許思湄 （清）龔萼撰 （清）婁世瑞注 （清）寄虹軒主人輯 清

光緒十三年(1887)上海同文書局石印本 一
冊 存二卷(一至二)

330000－1716－0023997 經補 0908/23997
子部/藝術類/書畫之屬/法帖
草字彙十二卷 (清)石梁輯 清刻本 一冊
存二卷(一至二)

330000－1716－0023998 集補 0111/23998
集部/小說類/長篇之屬
三笑姻緣二十回 清末石印本 一冊 存十
五回(六至二十)

330000－1716－0023999 地獻 1612－63/
23999 集部/別集類/清別集
雪鴻軒尺牘四卷 (清)龔萼撰 清刻本 一
冊 存一卷(三)

330000－1716－0024000 地獻 1612－64/
24000 集部/別集類/清別集
秋水軒詳注四卷 (清)許思湄撰 清光緒七
年(1881)紫石山房刻朱墨套印本 一冊 存
一卷(一)

330000－1716－0024001 史補 0484/24001
史部/傳記類/日記之屬
求闕齋日記類鈔二卷 (清)曾國藩撰 (清)
王啟原編 清末文瑞樓石印本 一冊 存一
卷(二)

330000－1716－0024003 集補 0112/24003
集部/曲類/彈詞之屬
繡像九龍陣十六卷十六回 清刻本 四冊

330000－1716－0024004 地獻 1612－65/
24004 集部/別集類/清別集
秋水軒尺牘四卷 (清)許思湄撰 清咸豐九
年(1859)刻本 三冊 存三卷(一至二、四)

330000－1716－0024007 集補 0113/24007
集部/曲類/彈詞之屬
**新編秘本碧玉簪全傳四卷 新編秘本紫金釵
全傳四卷 新編秘本無雙聚珠樓全傳八卷**
清刻本 二冊 存四卷(新編秘本無雙聚珠
樓全傳五至八)

330000－1716－0024008 地獻 1979/24008
集部/別集類/明別集
余忠節公遺文一卷附錄一卷 (明)余煌撰
清末會稽董氏取斯家塾木活字印本 一冊

330000－1716－0024011 子補 0484/24011
子部/叢編
輔孝兩書 (清)吳楚輯 清乾隆刻本 五冊
存一種

330000－1716－0024019 地獻 1612－66/
24019 集部/別集類/清別集
雪鴻軒尺牘四卷 (清)龔萼撰 清刻本
一冊

330000－1716－0024020 地獻 1612－67/
24020 集部/別集類/清別集
秋水軒尺牘四卷 (清)許思湄撰 清刻本
四冊

330000－1716－0024022 子補 0485/24022
子部/宗教類/佛教之屬/諸宗
宗鏡錄一百卷 (宋)釋延壽輯 清刻本 七
冊 存七卷(一至七)

330000－1716－0024024 地獻 1612－68/
24024 集部/總集類/尺牘之屬
新輯尺牘合璧四卷 (清)許思湄 (清)龔萼
撰 (清)婁世瑞注 (清)寄虹軒主人輯 清
光緒十八年(1892)上海鴻寶齋石印本 一冊
存二卷(一至二)

330000－1716－0024025 地獻 1980/24025
集部/別集類/明別集
余忠節公遺文一卷附錄一卷 (明)余煌撰
清末會稽董氏取斯家塾木活字印本 一冊

330000－1716－0024027 地獻 1612－69/
24027 集部/別集類/清別集
秋水軒詳注四卷 (清)許思湄撰 清光緒七
年(1881)紫石山房刻朱墨套印本 三冊 缺
一卷(二)

330000－1716－0024031 集補 0115－1/
24031 集部/戲劇類/傳奇之屬
桃花扇傳奇四卷首一卷 (清)孔尚任撰 清

刻本　一冊　存一卷(三)

330000－1716－0024033　地獻 1612－70/
24033　集部/別集類/清別集

秋水軒詳注四卷　(清)許思湄撰　清光緒七
年(1881)紫石山房刻朱墨套印本　一冊　存
一卷(一)

330000－1716－0024034　集補 0115－2/
24034　集部/戲劇類/傳奇之屬

桃花扇四卷首一卷　(清)孔尚任撰　清刻本
一冊　存一卷(四)

330000－1716－0024035　地獻 1612－71/
24035　集部/別集類/清別集

雪鴻軒尺牘四卷　(清)龔萼撰　清刻本　一
冊　存一卷(三)

330000－1716－0024038　地獻 1612－72/
24038　集部/別集類/清別集

秋水軒尺牘四卷　(清)許思湄撰　清刻朱墨
套印本　一冊　存一卷(三)

330000－1716－0024039　集補 0116/24039
集部/小說類/長篇之屬

紅樓夢一百二十回　(清)曹霑　(清)高鶚撰
清刻本　一冊　存一冊(紅樓夢像)

330000－1716－0024042　地獻 1612－73/
24042　集部/別集類/清別集

秋水軒詳注四卷　(清)許思湄撰　清光緒七
年(1881)紫石山房刻朱墨套印本　四冊

330000－1716－0024043　子補 0487－1/
24043　子部/法家類

韓非子二十卷　識誤三卷　(清)顧廣圻撰
清嘉慶二十三年(1818)全椒吳鼐刻本　三冊
缺三卷(十八至二十)

330000－1716－0024045　地獻 1612－74/
24045　集部/別集類/清別集

管注秋水軒尺牘四卷續刻一卷　(清)許思湄
撰　(清)婁世瑞注　(清)管斯駿補注　清光
緒二十年(1894)蠡城春草堂刻朱墨套印本
二冊　存二卷(一、四)

330000－1716－0024046　子補 0489/24046
史部/政書類/律令之屬/法驗

洗冤錄詳義四卷首一卷　(清)許槤輯　清光
緒十二年(1886)山東書局刻本　一冊　存二
卷(三至四)

330000－1716－0024051　子補 0800/24051
子部/宗教類/佛教之屬/律

大方便佛報恩經七卷　清刻本　一冊　存三
卷(一至三)

330000－1716－0024052　集補 1417/24052
集部/總集類/選集之屬/通代

古唐詩合解古詩四卷唐詩十二卷　(清)王堯
衢注　清刻本　一冊　存四卷(古詩一至四)

330000－1716－0024053　子補 0801/24053
子部/宗教類/佛教之屬/經

**大方廣佛華嚴經入不思議解脫境界普賢行願
品一卷**　(唐)釋般若譯　**摩訶般若波羅密多
心經一卷**　清同治七年(1868)刻本　一冊

330000－1716－0024054　普叢 0166－2/
24054　類叢部/叢書類/郡邑之屬

**貴池先哲遺書(唐石簃叢書、唐石簃彙刻貴池
先哲遺書)二十種附刻一種續刊一種附一種**
劉世珩編　清光緒二十四年至民國九年
(1898－1920)貴池劉氏唐石簃刻民國十五年
(1926)續刻彙印本　四冊　存一種

330000－1716－0024055　經補 0441/24055
經部/四書類/總義之屬

四書古注群義彙解九種九十四卷　(清)□□
輯　清末鉛印本　一冊　存二種

330000－1716－0024056　史補 0490/24056
史部/詔令奏議類/詔令之屬

諭摺錄要不分卷　清光緒鉛印本　二冊

330000－1716－0024057　集補 0117－1/
24057　集部/戲劇類/傳奇之屬

長生殿傳奇四卷五十折　(清)洪昇撰　清光
緒十六年(1890)上海文瑞樓鉛印本　一冊
存二卷(一至二)

330000－1716－0024060　經補 0442/24060

經部/群經總義類/傳說之屬

四書五經義讀本不分卷　（清）崇實齋主人輯
清光緒二十九年（1903）鉛印本　一冊

330000－1716－0024062　子補 0490/24062
子部/術數類/相宅相墓之屬

新刻羅經解三卷　（明）熊汝嶽撰　（明）吳天洪批點　清刻本　三冊　缺一卷（二）

330000－1716－0024063　地獻 1612－75/
24063　集部/別集類/清別集

管注秋水軒尺牘四卷續刻一卷　（清）許思湄撰　（清）婁世瑞注　（清）管斯駿補注　清光緒吳縣管氏管可壽齋刻朱墨套印本　一冊
存一卷（四）

330000－1716－0024064　集補 0117－2/
24064　集部/戲劇類/傳奇之屬

長生殿傳奇四卷五十折　（清）洪昇撰　清末鉛印本　一冊　存二卷（三至四）

330000－1716－0024065　史補 0492/24065
史部/傳記類/別傳之屬/事狀

宋侍郎胡忠佑公[則]事蹟錄一卷　程鳳山輯
清光緒十四年（1888）廣慈寺刻本　一冊

330000－1716－0024066　子補 0803/24066
子部/宗教類/佛教之屬

林間錄二卷後集一卷　（宋）釋德洪撰　清光緒二十七年（1901）揚州藏經院刻本　二冊

330000－1716－0024067　集補 0250/24067
集部/別集類/清別集

船山詩草二十卷　（清）張問陶撰　清宣統二年（1910）上海掃葉山房石印本　六冊

330000－1716－0024068　經補 0443/24068
經部/群經總義類/傳說之屬

四書五經義史論合刻不分卷　（清）張燮鈞撰
清刻本　一冊

330000－1716－0024069　子補 0491/24069
子部/兵家類/兵法之屬

登壇必究四十卷　（明）王鳴鶴輯　清刻本
一冊　存二卷（二至三）

330000－1716－0024071　地獻 1612－76/
24071　集部/別集類/清別集

管注秋水軒尺牘四卷續刻一卷　（清）許思湄撰　（清）婁世瑞注　（清）管斯駿補注　清光緒吳縣管氏管可壽齋刻朱墨套印本　一冊
存一卷（續刻）

330000－1716－0024073　史補 0493/24073
史部/地理類/遊記之屬/紀勝

奉使紀勝一卷　（清）陳階平撰　清刻本
一冊

330000－1716－0024074　地獻 1612－77/
24074　集部/別集類/清別集

管注秋水軒尺牘四卷續刻一卷　（清）許思湄撰　（清）婁世瑞注　（清）管斯駿補注　清光緒吳縣管氏管可壽齋刻朱墨套印本　一冊
存一卷（三）

330000－1716－0024075　集補 0117－3/
24075　集部/戲劇類/傳奇之屬

長生殿傳奇四卷五十折　（清）洪昇撰　清末鉛印本　一冊　存二卷（三至四）

330000－1716－0024076　地獻 1612－78/
24076　集部/別集類/清別集

管注秋水軒尺牘四卷續刻一卷　（清）許思湄撰　（清）婁世瑞注　（清）管斯駿補注　清光緒吳縣管氏管可壽齋刻朱墨套印本　一冊
存一卷（四）

330000－1716－0024077　子補 0772－3/
24077　子部/宗教類/道教之屬

關帝明聖真經一卷　清光緒四年（1878）粵東省城學院前翰元樓刻本　一冊

330000－1716－0024078　子補 0492/24078
子部/法家類

管子二十四卷　（唐）房玄齡注　清光緒五年（1879）影宋刻本　三冊　存十七卷（一至十三、二十一至二十四）

330000－1716－0024079　地獻 1612－79/
24079　集部/別集類/清別集

管注秋水軒尺牘四卷續刻一卷　（清）許思湄

撰 （清）婁世瑞注 （清）管斯駿補注 清光
緒吳縣管氏管可壽齋刻朱墨套印本 清五雲
山人題簽 二冊 存二卷(二、四)

330000－1716－0024080 地獻1612－80/
24080 集部/別集類/清別集

管注秋水軒尺牘四卷續刻一卷 （清）許思湄
撰 （清）婁世瑞注 （清）管斯駿補注 清光
緒十四年(1888)上海簡玉山房刻朱墨套印本
五冊

330000－1716－0024082 普叢0167－1/
24082 集部/別集類/清別集

衡華館詩錄六卷 （清）王韜編 清光緒鉛印
弢園叢書本 意琴室主題簽 二冊 存四卷
(一至四)

330000－1716－0024083 地獻1612－81/
24083 集部/別集類/清別集

管注秋水軒尺牘四卷續刻一卷 （清）許思湄
撰 （清）婁世瑞注 （清）管斯駿補注 清光
緒十二年(1886)蠡城春草堂刻朱墨套印本
二冊 存二卷(一、續刻)

330000－1716－0024085 子補0805/24085
子部/宗教類/佛教之屬

永覺和尚廣言一卷續一卷 （清）釋元賢撰
（清）釋道霈輯 清錢塘許靈虛刻本 一冊

330000－1716－0024088 子補0493－1/
24088 子部/農家農學類/總論之屬

欽定授時通考七十八卷 （清）鄂爾泰等撰
清同治江西書局刻本 二十四冊

330000－1716－0024089 地獻1612－82/
24089 集部/別集類/清別集

管注秋水軒尺牘四卷續刻一卷 （清）許思湄
撰 （清）婁世瑞注 （清）管斯駿補注 清光
緒吳縣管氏管可壽齋刻本 三冊 存三卷
(二至四)

330000－1716－0024090 子補0773/24090
子部/宗教類/佛教之屬

因果經一卷 清光緒十年(1884)姑蘇瑪瑙經
房刻本 一冊

330000－1716－0024092 子補0493－2/
24092 子部/農家農學類/總論之屬

欽定授時通考七十八卷 （清）鄂爾泰等撰
清刻本 二冊 存七卷(五十二至五十三、七
十四至七十八)

330000－1716－0024093 地獻1612－83/
24093 集部/別集類/清別集

管注秋水軒尺牘四卷續刻一卷 （清）許思湄
撰 （清）婁世瑞注 （清）管斯駿補注 清光
緒吳縣管氏管可壽齋刻朱墨套印本 一冊
存一卷(續刻)

330000－1716－0024096 地獻1612－84/
24096 集部/別集類/清別集

管注秋水軒尺牘四卷續刻一卷 （清）許思湄
撰 （清）婁世瑞注 （清）管斯駿補注 清光
緒二十年(1894)蠡城春草堂刻朱墨套印本
二冊 存二卷(一、續刻)

330000－1716－0024097 地獻1612－85/
24097 集部/別集類/清別集

管注秋水軒尺牘四卷續刻一卷 （清）許思湄
撰 （清）婁世瑞注 （清）管斯駿補注 清光
緒吳縣管氏管可壽齋刻本 三冊 存三卷
(二至四)

330000－1716－0024099 地獻1612－86/
24099 集部/別集類/清別集

管注秋水軒尺牘四卷續刻一卷 （清）許思湄
撰 （清）婁世瑞注 （清）管斯駿補注 清光
緒十四年(1888)上海簡玉山房刻朱墨套印本
四冊 存四卷(一至四)

330000－1716－0024101 地獻1612－87/
24101 集部/別集類/清別集

管注秋水軒尺牘四卷續刻一卷 （清）許思湄
撰 （清）婁世瑞注 （清）管斯駿補注 清光
緒吳縣管氏管可壽齋刻本 清慶豐氏題簽
四冊 缺一卷(一)

330000－1716－0024103 地獻1612－88/
24103 集部/別集類/清別集

管注秋水軒尺牘四卷 （清）許思湄撰 （清）
婁世瑞注 （清）管斯駿補注 **附悼紅吟一卷**

（清）管斯駿撰　清光緒十年（1884）吳縣管氏管可壽齋刻本　三冊　存三卷（一至三）

330000－1716－0024111　史補 0495/24111
史部/政書類/邦交之屬

約章述要二卷 （美國）李佳白撰　（清）嚴善坊譯　清光緒三十三年（1907）尚賢堂鉛印本　一冊　存一卷（二）

330000－1716－0024113　經補 0448/24113
經部/群經總義類/傳說之屬

四書五經義史論合刻不分卷 （清）張爕鈞撰　清末鉛印本　四冊　缺史論

330000－1716－0024122　史補 0496/24122
史部/地理類/總志之屬/通代

彙輯輿圖備考全書十八卷 （明）潘光祖彙撰　（明）李雲翔參訂　清順治七年（1650）刻本　二冊　存二卷（七至八）

330000－1716－0024127　地獻 1612－91/24127　集部/別集類/清別集

管注秋水軒尺牘四卷續刻一卷 （清）許思湄撰　（清）婁世瑞注　（清）管斯駿補注　清光緒十二年（1886）蟲城春草堂刻朱墨套印本　三冊　存三卷（一至二、續刻）

330000－1716－0024128　史補 0497/24128
類叢部/叢書類/彙編之屬

別下齋叢書初集二十三種 （清）蔣光煦編　清道光十七年（1837）海昌蔣氏別下齋刻本　一冊　存一種

330000－1716－0024129　地獻 1612－92/24129　集部/別集類/清別集

管注秋水軒尺牘四卷續刻一卷 （清）許思湄撰　（清）婁世瑞注　（清）管斯駿補注　清光緒二十年（1894）蟲城春草堂刻朱墨套印本　三冊　存三卷（一至二、四）

330000－1716－0024131　集補 0255/24131
集部/別集類/清別集

鷗汀漁隱詩集六卷 （清）陳偕燦撰　清道光二十年（1840）懽琴閣刻本　四冊

330000－1716－0024132　子補 0494/24132
類叢部/叢書類/彙編之屬

古今說部叢書二百七十二種 國學扶輪社輯　清宣統二年至民國二年（1910－1913）上海國學扶輪社鉛印本　十六冊　存一百二十六種

330000－1716－0024134　古越 0476/24134
類叢部/叢書類/自著之屬

脩本堂叢書十種 （清）林伯桐撰　清道光二十四年（1844）番禺林世懋刻本　十二冊

330000－1716－0024135　集補 0123/24135
集部/戲劇類/傳奇之屬

桃谿雪二卷 （清）黃爕清撰　（清）李光溥評文　清雲鶴仙館刻本　一冊

330000－1716－0024136　經補 0450/24136
經部/四書類/總義之屬/傳說

四書義經正篇二卷首一卷 （清）三魚書屋輯　清光緒二十七年（1901）上海掃葉山房石印本　四冊

330000－1716－0024137　普叢 0224/24137
類叢部/叢書類/自著之屬

尤西堂全集四種附一種 （清）尤侗撰　清石印本　十二冊　存三種

330000－1716－0024139　子補 0495/24139
子部/雜著類/雜考之屬

無邪堂答問五卷 （清）朱一新撰　清光緒二十二年（1896）上海鴻寶齋石印本　三冊　存三卷（一至二、五）

330000－1716－0024141　經補 0452/24141
經部/四書類/總義之屬/傳說

四書義經正篇二卷首一卷 （清）三魚書屋輯　清光緒二十七年（1901）上海掃葉山房石印本　一冊　存一卷（一）

330000－1716－0024142　地獻 1687－5/24142　子部/宗教類/道教之屬

關帝明聖經一卷 清光緒二十六年（1900）紹城許廣記刻本　一冊

330000－1716－0024143　子補 0496－1/24143　子部/小說家類/異聞之屬

山海經箋疏十八卷圖讚一卷訂譌一卷敘錄一卷 （清）郝懿行撰 清光緒二十年（1894）上海書局三色套印本 五冊 缺六卷（十三至十八）

330000－1716－0024147 地獻 1687－6/24147 子部/宗教類/道教之屬

關帝明聖經一卷 清光緒二十六年（1900）紹城許廣記刻本 一冊

330000－1716－0024150 地獻 1687－7/24150 子部/宗教類/道教之屬

關帝明聖經一卷 清光緒二十八年（1902）紹城竹筠齋刻本 一冊

330000－1716－0024151 地獻 1397－2/24151 子部/醫家類/醫案之屬

古今醫案按選四卷 （清）俞震輯 （清）王士雄選 清光緒三十年（1904）會稽董氏取斯堂刻本 三冊 存三卷（一至二、四）

330000－1716－0024156 地獻 1687－8/24156 子部/宗教類/道教之屬

關帝明聖經一卷 清光緒二十年（1894）紹城許廣記刻本 一冊

330000－1716－0024157 史補 0499/24157 史部/地理類/總志之屬/斷代

皇朝輿地略一卷 （清）六承如輯 皇朝輿地韻編一卷 （清）李兆洛撰 皇朝內府輿地圖縮摹本一卷 （清）六嚴繪 清同治四年（1865）四知堂刻本 清江韶平題記 二冊

330000－1716－0024161 地獻 1687－9/24161 子部/宗教類/道教之屬

關帝明聖經一卷 清光緒六年（1880）山陰姜槤刻本 一冊

330000－1716－0024162 地獻 1687－10/24162 子部/宗教類/道教之屬

關帝明聖經一卷 清光緒二十六年（1900）紹城許廣記刻本 一冊

330000－1716－0024165 地獻 1687－11/24165 子部/宗教類/道教之屬

關帝明聖經一卷 清光緒二十六年（1900）紹城許廣記刻本 一冊

330000－1716－0024166 集補 0124－1/24166 集部/小說類/長篇之屬

第一奇書野叟曝言二十卷一百五十四回 （清）夏敬渠撰 清末鉛印本 五冊 存十卷（一至四、七至八、十五至十六、十九至二十）

330000－1716－0024167 地獻 1687－12/24167 子部/宗教類/道教之屬

關帝明聖經一卷 清光緒二十六年（1900）紹城許廣記刻本 一冊

330000－1716－0024170 集補 0257/24170 集部/總集類/氏族之屬

三蘇策論十二卷 （宋）蘇洵 （宋）蘇軾 （宋）蘇轍撰 （清）張紹齡編 清光緒二十七年（1901）上洋石印書局石印本 四冊

330000－1716－0024180 集補 0124－2/24180 集部/小說類/長篇之屬

第一奇書野叟曝言二十卷一百五十四回 （清）夏敬渠撰 清末鉛印本 一冊 存二卷（十一至十二）

330000－1716－0024181 普子 2054/24181 子部/叢編

二十二子（二十二子彙函） （清）浙江書局編 清光緒元年至三年（1875－1877）浙江書局刻本 六冊 存一種

330000－1716－0024185 集補 0259/24185 集部/別集類/清別集

壯悔堂文集十卷遺稿一卷四憶堂詩集六卷遺稿一卷 （清）侯方域撰 （清）賈開宗等評點 清末上海掃葉山房石印本 海珊題籤 三冊 存七卷（一至二、六至十）

330000－1716－0024189 集補 0124－5/24189 集部/小說類/長篇之屬

野叟曝言二十卷一百五十回 （清）夏敬渠撰 清末石印本 一冊 存一卷（十三）

330000－1716－0024190 普集 1757/24190 集部/詞類/總集之屬

蒙香室叢書四種 馮煦輯 清光緒刻本 四

冊　存一種

330000－1716－0024191　子補 0498/24191
子部/雜著類/雜纂之屬

桂宮梯六卷附錄一卷續附錄一卷　（清）徐謙
輯　清道光二十四年（1844）刻本　四冊

330000－1716－0024192　集補 0260－1/
24192　集部/別集類/唐五代別集

杜工部集二十卷　（唐）杜甫撰　（清）錢謙益
箋注　清康熙刻本　六冊　存十四卷（一至
十四）

330000－1716－0024193　新補 0373/24193
新學/動植物學/動物學

動物淺說不分卷　（美國）羅斯威廉姆斯譯
清光緒二十五年（1899）上海廣學會鉛印本
一冊

330000－1716－0024194　地獻 1462－3/
24194　子部/儒家類/儒學之屬/禮教

醒迷忠告一卷　清光緒元年（1875）虞西唫花
書屋顧興麟堂刻本　一冊

330000－1716－0024196　地獻 1462－4/
24196　子部/儒家類/儒學之屬/禮教

醒迷忠告一卷　清光緒元年（1875）虞西唫花
書屋顧興麟堂刻本　一冊

330000－1716－0024197　地獻 1397－3/
24197　子部/醫家類/醫案之屬

古今醫案按選四卷　（清）俞震輯　（清）王士
雄選　清光緒三十年（1904）會稽董氏取斯堂
刻本　三冊　存三卷（一至二、四）

330000－1716－0024198　地獻 1397－4/
24198　子部/醫家類/醫案之屬

古今醫案按選四卷　（清）俞震輯　（清）王士
雄選　清光緒三十年（1904）會稽董氏取斯堂
刻本　三冊　存三卷（一至二、四）

330000－1716－0024200　地獻 1397－5/
24200　子部/醫家類/醫案之屬

古今醫案按選四卷　（清）俞震輯　（清）王士
雄選　清光緒三十年（1904）會稽董氏取斯堂
刻本　二冊　存二卷（二、四）

330000－1716－0024201　普叢 0168－1/
24201　類叢部/叢書類/彙編之屬

當歸草堂叢書八種　（清）丁丙編　清同治二
年至五年（1863－1866）錢塘丁氏刻本　七冊

330000－1716－0024202　集補 0125/24202
集部/小說類/長篇之屬

新編批評繡像後七國樂田演義四卷十八回
（清）徐震撰　清末石印本　一冊

330000－1716－0024203　地獻 1397－6/
24203　子部/醫家類/醫案之屬

古今醫案按選四卷　（清）俞震輯　（清）王士
雄選　清光緒三十年（1904）會稽董氏取斯堂
刻本　二冊　存二卷（二、四）

330000－1716－0024204　地獻 1397－7/
24204　子部/醫家類/醫案之屬

古今醫案按選四卷　（清）俞震輯　（清）王士
雄選　清光緒三十年（1904）會稽董氏取斯堂
刻本　一冊　存一卷（二）

330000－1716－0024215　集補 0260－2/
24215　集部/別集類/唐五代別集

杜工部詩集二十卷文集二卷補注一卷末一卷
（唐）杜甫撰　（清）朱鶴齡輯注　清刻本
四冊　存九卷（十一至十五、十九至二十，文
集一至二）

330000－1716－0024220　子補 0812/24220
子部/宗教類/佛教之屬/經

佛說梵網經二卷　（後秦）釋鳩摩羅什譯　清
刻本　一冊

330000－1716－0024221　地獻 1488－6/
24221　類叢部/類書類/專類之屬

詩學含英十四卷　（清）劉文蔚輯　清永言堂
刻本　清藐谷氏題簽　一冊　存四卷（八至
十一）

330000－1716－0024225　集補 0260－3/
24225　集部/別集類/唐五代別集

杜工部詩集二十卷文集二卷補注一卷末一卷
（唐）杜甫撰　（清）朱鶴齡輯注　**杜工部年
譜一卷**　（清）朱鶴齡撰　清康熙葉永茹萬卷

樓刻本　六冊　存十二卷(一至九、十二至十三,年譜)

330000－1716－0024226　普叢 0217－1/24226　類叢部/叢書類/彙編之屬

振綺堂叢刊八種　(清)□□輯　清嘉慶至光緒汪氏振綺堂刻本　二冊　存一種

330000－1716－0024229　地獻 1691－1/24229　經部/小學類/訓詁之屬/字詁

新增攷正俗言智燈難字二卷雅語巧對錄一卷　(清)范寅撰　清光緒三十二年(1906)浙紹墨潤堂石印本　一冊

330000－1716－0024233　普史 1603－5/24233　史部/目錄類/總錄之屬/官修

欽定四庫全書總目二百卷首一卷簡明目錄二十卷　(清)紀昀等撰　清刻本　三冊　存三卷(簡明目錄五至七)

330000－1716－0024235　地獻 1691－2/24235　經部/小學類/訓詁之屬/字詁

新增攷正俗言智燈難字二卷雅語巧對錄一卷　(清)范寅撰　清光緒三十二年(1906)浙紹墨潤堂石印本　三冊

330000－1716－0024237　普叢 0170/24237　類叢部/叢書類/彙編之屬

訓纂堂叢書六種　(清)楊調元輯　清光緒貴築楊氏刻本　一冊　存四種

330000－1716－0024240　地獻 1691－3/24240　經部/小學類/訓詁之屬/字詁

新增攷正俗言智燈難字二卷雅語巧對錄一卷　(清)范寅撰　清光緒三十二年(1906)浙紹墨潤堂石印本　一冊

330000－1716－0024242　地獻 1691－4/24242　經部/小學類/訓詁之屬/字詁

新增攷正俗言智燈難字二卷雅語巧對錄一卷　(清)范寅撰　清光緒三十二年(1906)浙紹墨潤堂石印本　潘淵題簽並記　三冊

330000－1716－0024243　地獻 1691－5/24243　經部/小學類/訓詁之屬/字詁

新增攷正俗言智燈難字二卷雅語巧對錄一卷

(清)范寅撰　清光緒三十二年(1906)浙紹墨潤堂石印本　三冊

330000－1716－0024245　地獻 1302－3/24245　子部/宗教類/道教之屬/戒律

太上感應篇直講一卷首一卷　清光緒十九年(1893)紹城許廣記刻本　一冊

330000－1716－0024246　經部/小學類/訓詁之屬/字詁

新增攷正俗言智燈難字二卷雅語巧對錄一卷　(清)范寅撰　清光緒三十二年(1906)浙紹墨潤堂石印本　一冊

330000－1716－0024247　地獻 1691－7/24247　經部/小學類/訓詁之屬/字詁

新增攷正俗言智燈難字二卷雅語巧對錄一卷　(清)范寅撰　清光緒三十二年(1906)浙紹墨潤堂石印本　一冊

330000－1716－0024248　史補 0512/24248　史部/史抄類

史記選六卷　(清)儲欣選評　清玉圃堂刻本　二冊　存二卷(一、六)

330000－1716－0024251　普叢 0171－1/24251　類叢部/叢書類/彙編之屬

咫進齋叢書三十五種　(清)姚覲元編　清光緒九年(1883)歸安姚氏刻本　三冊　存四種

330000－1716－0024252　集補 0260－4/24252　集部/別集類/唐五代別集

杜詩集說二十卷末一卷　(唐)杜甫撰　(清)江浩然輯　**杜工部年譜一卷**　(清)朱鶴齡撰　清乾隆四十三年(1778)本立堂刻本　十二冊

330000－1716－0024253　集補 0131－1/24253　集部/小說類/短篇之屬

淞隱漫錄十二卷　(清)王韜撰　清光緒石印本　三冊　存六卷(五至八、十一至十二)

330000－1716－0024254　集補 0131－2/24254　集部/小說類/短篇之屬

淞隱漫錄十二卷　(清)王韜撰　清光緒石印本　王惠蓀題記　一冊　存四卷(九至十二)

330000 – 1716 – 0024255　經補 0468/24255
經部/四書類/總義之屬/傳說

四書便蒙七卷　（宋）朱熹撰　清刻本　一冊
　存一卷（中庸）

330000 – 1716 – 0024257　集補 0260 – 5/
24257　集部/別集類/唐五代別集

**杜工部集二十卷附錄一卷年譜一卷附諸家詩
話一卷唱酬題詠附錄一卷**　（唐）杜甫撰
（清）錢謙益箋注　清宣統三年（1911）時中書
局石印本　八冊

330000 – 1716 – 0024259　子補 0816/24259
子部/宗教類/道教之屬

感應篇經史摘典養正集評注八卷首一卷
（清）朱溶輯　（清）朱國榮續輯　（清）楊際
春訂　清刻本　八冊　存八卷（一至八）

330000 – 1716 – 0024261　子補 0817/24261
子部/宗教類/道教之屬

關聖大帝桃園明聖經一卷　清光緒二十年
（1894）刻本　一冊

330000 – 1716 – 0024263　子補 0719 – 3/
24263　子部/宗教類/佛教之屬

金陵刻經處叢書　清光緒至民國金陵刻經處
刻本　四冊　存一種

330000 – 1716 – 0024264　子補 0818 – 1/
24264　子部/宗教類/道教之屬/戒律

古佛應驗明聖經三卷　清同治十二年（1873）
上海劍光閣刻本　一冊

330000 – 1716 – 0024265　史補 0514/24265
集部/總集類/課藝之屬

浙江試牘立誠編不分卷　清刻本　一冊

330000 – 1716 – 0024266　地獻 1693 – 2/
24266　子部/雜著類/雜說之屬

老學庵筆記二卷　（宋）陸游撰　清宣統三年
（1911）掃葉山房石印本　一冊

330000 – 1716 – 0024268　子補 0819 – 1/
24268　子部/宗教類/道教之屬/戒律

陰隲果報圖注不分卷　（明）顏正注　（清）黃
正元集證　（清）吳友如繪　清光緒十七年

（1891）仁濟堂石印本　一冊

330000 – 1716 – 0024269　集補 0133 – 1/
24269　集部/小說類/長篇之屬

新刻癡人福四卷八回　清光緒二十九年
（1903）上海書局石印本　三冊　缺一卷（三）

330000 – 1716 – 0024270　地獻 1693 – 3/
24270　子部/雜著類/雜說之屬

老學庵筆記二卷　（宋）陸游撰　清宣統三年
（1911）掃葉山房石印本　一冊　存一卷（下）

330000 – 1716 – 0024273　子補 0819 – 2/
24273　子部/宗教類/道教之屬/戒律

陰隲果報圖注不分卷　（明）顏正注　（清）黃
正元集證　（清）吳友如繪　清光緒十七年
（1891）上海鴻寶齋石印本　一冊

330000 – 1716 – 0024275　子補 0819 – 3/
24275　子部/宗教類/道教之屬/戒律

陰隲果報圖注不分卷　（明）顏正注　（清）黃
正元集證　（清）吳友如繪　清光緒十七年
（1891）上海鴻寶齋石印本　一冊

330000 – 1716 – 0024277　經補 0475/24277
經部/四書類/總義之屬/傳說

四書便蒙七卷　（宋）朱熹撰　清刻本　三冊
　存二卷（大學、中庸）

330000 – 1716 – 0024278　史補 0517/24278
新學/交涉/公法

公法會通十卷　（瑞士）步倫氏撰　（美國）丁
韙良譯　清樂善堂鉛印本　五冊

330000 – 1716 – 0024279　地獻 1360 – 2/
24279　子部/醫家類/方書之屬/單方驗方

疑難急症簡方四卷　（清）羅越峰輯　清光緒
二十二年（1896）刻本　來鴻堯題記　四冊

330000 – 1716 – 0024280　集補 0134 – 1/
24280　集部/小說類/長篇之屬

圖像三寶太監下西洋通俗演義十六卷一百回
　（明）羅懋登撰　清末石印本　一冊　存一
卷（六）

330000 – 1716 – 0024281　經補 0476/24281

經部/四書類/總義之屬/傳說

四書便蒙七卷 （宋）朱熹撰　清光緒元年(1875)刻本　一冊　存一卷(大學)

330000－1716－0024284　經補 0477/24284
經部/四書類/總義之屬/傳說

四書便蒙七卷 （宋）朱熹撰　清刻本　三冊　存二卷(大學、中庸)

330000－1716－0024285　集補 0134－2/24285　集部/小說類/長篇之屬

圖像三寶太監下西洋通俗演義十六卷一百回 （明）羅懋登撰　清末石印本　三冊　存六卷(三至六、九至十)

330000－1716－0024287　子補 0819－4/24287　子部/宗教類/道教之屬/戒律

陰隲果報圖注不分卷 （明）顏正注　（清）黃正元集證　（清）吳友如繪　清上海宏大善書局石印本　一冊

330000－1716－0024288　集補 0135/24288
集部/曲類/彈詞之屬

新增全圖珍珠塔前傳十二卷二十四回　清光緒十八年(1892)上海書局石印本　四冊

330000－1716－0024291　子補 0820－2/24291　子部/宗教類/道教之屬

感應篇白話果報八卷　清末石印本　二冊　存二卷(二、八)

330000－1716－0024292　史補 0518/24292
史部/雜史類/斷代之屬

小腆紀年附考二十卷 （清）徐鼒撰　清刻本　五冊　存十卷(一至二、十一至十二、十五至二十)

330000－1716－0024295　地獻 1659－3/24295　集部/別集類/清別集

退宜堂詩集六卷 （清）孫垓撰　清光緒十五年(1889)刻本　一冊　存三卷(四至六)

330000－1716－0024298　普叢 0113－2/24298　類叢部/叢書類/家集之屬

王氏四種 （清）王念孫　（清）王引之撰　清嘉慶至道光高郵王氏刻本　二冊　存一種

330000－1716－0024301　普叢 0172/24301
類叢部/叢書類/彙編之屬

小萬卷樓叢書十七種 （清）錢培名輯　清咸豐四年(1854)刻本　二冊　存一種

330000－1716－0024302　經補 0478/24302
經部/四書類/總義之屬/傳說

四書便蒙七卷 （宋）朱熹撰　清刻本　三冊　存二卷(大學、中庸)

330000－1716－0024303　史補 0519/24303
史部/金石類/金之屬/文字

歷代鐘鼎彝器款識法帖二十卷 （宋）薛尚功撰　清刻本　二冊　存十卷(六至十、十六至二十)

330000－1716－0024307　經補 0479/24307
經部/四書類/總義之屬/傳說

四書便蒙七卷 （宋）朱熹撰　清刻本　一冊　存一卷(中庸)

330000－1716－0024310　史補 0521/24310
史部/政書類/邦計之屬/貿易

各國通商條約稅則章程二十種 （清）總理各國事務衙門輯　清光緒刻本　一冊　存五種

330000－1716－0024311　集補 0139/24311
集部/曲類/彈詞之屬

新刻瓦連蓬天賜雙生牙痕記四卷三十回　清末上海裕記書莊石印本　一冊　存一卷(三)

330000－1716－0024315　集補 0141/24315
集部/曲類/彈詞之屬

真真原板荊襄快談錄十六卷一百回　清末石印本　二冊　存四卷(一至二、十五至十六)

330000－1716－0024317　經補 0480/24317
經部/四書類/總義之屬/傳說

四書便蒙十九卷 （宋）朱熹撰　清侯官林氏銅活字印本　六冊　存七卷(中庸、論語三至四、孟子一至四)

330000－1716－0024318　普叢 0173/24318
類叢部/叢書類/自著之屬

桐城錢飲光先生全書三種 （清）錢澄之撰　清同治二年(1863)皖桐棽雅堂刻本　五冊

存一種

330000－1716－0024321　普集 1454/24321
史部/詔令奏議類/奏議之屬

**明大司馬盧公奏議十卷文集一卷詩集一卷首
一卷**　（明）盧象昇撰　清光緒元年（1875）會
稽施惠刻本　八冊

330000－1716－0024322　普集 1758－1/
24322　集部/總集類/選集之屬/斷代

國朝八家四六文鈔（八家四六文鈔）八種
（清）吳鼒編　清較經堂刻本　四冊

330000－1716－0024323　古越 0747/24323
子部/農家農學類

農學叢書　（清）上海農學會　（清）江南總農
會輯　清光緒上海農學會、江南總農會石印
本　二十一冊　存八十四種

330000－1716－0024324　集補 0262－1/
24324　集部/別集類/清別集

船山詩草二十卷　（清）張問陶撰　清刻本
六冊

330000－1716－0024325　集補 0142/24325
集部/曲類/彈詞之屬

新刻繡鞋記四卷　□□撰　清光緒三十二年
（1906）有益書局石印本　四冊

330000－1716－0024326　集補 0262－2/
24326　集部/別集類/清別集

船山詩草二十卷　（清）張問陶撰　清同治十
三年（1874）刻本　八冊

330000－1716－0024327　集補 0263－1/
24327　集部/別集類/清別集

板橋集五種　（清）鄭燮撰　清清暉書屋刻本
二冊

330000－1716－0024328　集補 0263－2/
24328　集部/別集類/清別集

板橋集五種　（清）鄭燮撰　清清暉書屋刻本
四冊

330000－1716－0024330　集補 0264－1/
24330　集部/別集類/唐五代別集

李義山詩集三卷　（唐）李商隱撰　（清）朱鶴
齡箋注　**李義山詩譜一卷附錄諸家詩評一卷**
清乾隆五十八年（1793）三多齋刻本　四冊

330000－1716－0024331　史補 0522/24331
史部/時令類

月令粹編二十四卷圖說一卷　（清）秦嘉謨撰
清嘉慶十七年（1812）江都秦嘉謨琳琅仙館
刻本　一冊　存四卷（二十一至二十四）

330000－1716－0024332　新補 0375－1/
24332　新學/議論

增廣中外經世緒言□□卷　清石印本　一冊
存二卷（十三至十四）

330000－1716－0024334　史補 0523/24334
史部/時令類

月令粹編二十四卷圖說一卷　（清）秦嘉謨撰
清嘉慶十七年（1812）江都秦嘉謨琳琅仙館
刻本　三冊　存九卷（十一至十七、二十三至
二十四）

330000－1716－0024336　集補 0144－2/
24336　集部/曲類/彈詞之屬

繡像繪圖雙珠球十二卷四十九回　（清）黃子
貞撰　清光緒三十二年（1906）上海書局石印
本　一冊　存一卷（一）

330000－1716－0024337　普叢 0174－1/
24337　類叢部/叢書類/彙編之屬

守山閣叢書一百十二種　（清）錢熙祚編　清
光緒十五年（1889）上海鴻文書局石印本　四
冊　存一種

330000－1716－0024338　集補 0264－2/
24338　集部/別集類/唐五代別集

李義山詩集三卷　（唐）李商隱撰　（清）朱鶴
齡箋注　**李義山詩譜一卷附錄諸家詩評一卷**
清初金陵葉永茹刻本　四冊

330000－1716－0024339　史補 0524/24339
史部/時令類

月令粹編二十四卷圖說一卷　（清）秦嘉謨撰
清嘉慶十七年（1812）江都秦嘉謨琳琅仙館
刻本　二冊　存五卷（十一至十二、二十至二

十二)

330000－1716－0024341　新補0210－2/24341　新學/學校

學校管理法不分卷　商務印書館編譯所編　清光緒三十三年(1907)上海商務印書館鉛印本　一冊

330000－1716－0024343　普叢0174－2/24343　類叢部/叢書類/彙編之屬

守山閣叢書一百十二種　(清)錢熙祚編　清光緒十五年(1889)上海鴻文書局石印本　三冊　存一種

330000－1716－0024345　新補0210－3/24345　新學/學校

學校管理法不分卷　商務印書館編譯所編　清光緒三十三年(1907)上海商務印書館鉛印本　一冊

330000－1716－0024347　普叢0175－1/24347　類叢部/叢書類/自著之屬

惜抱軒全集十種　(清)姚鼐撰　清同治五年(1866)李瀚章省心閣刻本　十六冊

330000－1716－0024349　新補0379/24349　新學/雜著/瑣録

法國賽會總章一卷一千九百年法國賽會物件分類名目一卷　(清)潘彥譯　清末鉛印本　一冊

330000－1716－0024350　集補0145/24350　集部/曲類/彈詞之屬

新譜東調雙剪髮傳四卷十八回鐵胎弓傳四卷十八回　題月湖居士撰　清光緒五年(1879)刻本　四冊　存五卷(雙剪髮一至二、鐵胎弓二至四)

330000－1716－0024351　子補0499/24351　子部/兵家類/兵法之屬

孫子十家注十三卷　(三國魏)武帝曹操等撰　**敘録一卷**　(清)畢以珣撰　**遺說一卷**　(宋)鄭友賢撰　清光緒二十三年(1897)文瑞樓鉛印本　二冊　缺六卷(八至十三)

330000－1716－0024353　子補0831/24353

子部/宗教類/佛教之屬/經

佛說無量壽經二卷　(三國魏)釋康僧鎧譯　**佛說觀無量壽佛經一卷**　(南朝宋)釋畺良耶舍譯　**佛說阿彌陀經一卷**　(後秦)釋鳩摩羅什譯　清刻本　一冊

330000－1716－0024354　新補0253－2/24354　新學/幼學/附體操學

幼學操身一卷　(英國)慶丕　(清)翟汝舟編　清光緒二十八年(1902)杞廬刻本　一冊

330000－1716－0024355　普叢0146－3/24355　類叢部/叢書類/自著之屬

北江全集七種　(清)洪亮吉撰　清乾隆至嘉慶刻彙印本　十一冊　存六種

330000－1716－0024357　子補0832－1/24357　子部/宗教類/佛教之屬

慈悲道場懺法十卷　(南朝梁)武帝蕭衍撰　清同治三年(1864)杭城昭慶寺慧空經房刻本　三冊

330000－1716－0024358　子補0832－2/24358　子部/宗教類/佛教之屬

慈悲道場懺法十卷　(南朝梁)武帝蕭衍撰　清同治三年(1864)杭城昭慶寺慧空經房刻本　三冊

330000－1716－0024360　子補0832－3/24360　子部/宗教類/佛教之屬

慈悲道場懺法十卷　(南朝梁)武帝蕭衍撰　清道光二十一年(1841)杭城瑪瑙寺明臺南房刻本　三冊

330000－1716－0024363　集補0265/24363　集部/別集類/唐五代別集

樊南文集詳注八卷　(唐)李商隱撰　(清)馮浩編訂　清乾隆四十五年(1780)馮氏德聚堂刻本　四冊

330000－1716－0024364　普叢0176/24364　類叢部/叢書類/自著之屬

疇隱廬叢書　丁福保撰　清光緒無錫丁氏疇隱廬石印本　一冊

330000－1716－0024365　子補0832－4/

24365　子部/宗教類/佛教之屬

慈悲道場懺法十卷　（南朝梁）武帝蕭衍撰
清道光二十一年(1841)杭城瑪瑙寺明臺南房
刻本　許鳴皋題記　三冊

330000－1716－0024366　子補 0832－5/
24366　子部/宗教類/佛教之屬

慈悲道場懺法十卷　（南朝梁）武帝蕭衍撰
清道光二十一年(1841)杭城瑪瑙寺明臺南房
刻本　許鳴皋題記　三冊

330000－1716－0024367　子補 1000－2/
24367　子部/宗教類/道教之屬

同善錄纂要一卷　清光緒五年(1879)萬化樓
同善社刻本　一冊

330000－1716－0024368　集補 0266/24368
集部/別集類

缶廬詩四卷別存三卷　吳俊卿撰　清光緒刻
本　一冊

330000－1716－0024369　集補 0144－4/
24369　集部/曲類/彈詞之屬

新刻雅調唱口雙珠球全傳四十九卷　清刻本
　一冊　存三卷(十七至十九)

330000－1716－0024370　集補 0147/24370
集部/小說類/長篇之屬

按鑑演義帝王御世有夏誌傳六卷　（明）鍾惺
編　清刻本　一冊　存二卷(一至二)

330000－1716－0024374　子補 1002/24374
子部/儒家類/儒學之屬/禮教/家訓

清夜鐘一卷　（清）石成金撰　（清）羅時安摘
錄　清光緒二十一年(1895)潘氏四本堂刻本
　一冊

330000－1716－0024378　普集 1759/24378
集部/別集類/清別集

**三松堂詩集二十卷詩續集六卷文集四卷水雲
笛譜一卷三松自定年譜一卷**　（清）潘奕雋撰
　清同治九年至十一年(1870－1872)潘遵祁
刻本　二冊　存八卷(詩集五至十二)

330000－1716－0024379　子補 0832－6/
24379　子部/宗教類/佛教之屬

慈悲道場懺法十卷　（南朝梁）武帝蕭衍撰
清刻本　一冊　存三卷(四至六)

330000－1716－0024381　集補 0148－1/
24381　集部/曲類/彈詞之屬

繪圖小金錢全傳二十四卷　清末石印本　二
冊　存十三卷(十二至二十四)

330000－1716－0024382　子補 0832－7/
24382　子部/宗教類/佛教之屬

慈悲道場懺法十卷　（南朝梁）武帝蕭衍撰
清杭城昭慶寺大字經房刻本　法雲堂題記
一冊　存三卷(四至六)

330000－1716－0024383　子補 1005/24383
子部/雜著類/雜說之屬

神傳家道不分卷　清宣統元年(1909)汲綆齋
石印本　一冊

330000－1716－0024384　子補 0832－8/
24384　子部/宗教類/佛教之屬

慈悲道場懺法十卷　（南朝梁）武帝蕭衍撰
清刻本　一冊　存三卷(四至六)

330000－1716－0024386　普叢 0175－2/
24386　類叢部/叢書類/自著之屬

惜抱軒全集十種　（清）姚鼐撰　清嘉慶二十
五年(1820)金陵同善堂刻本　一冊　存一種

330000－1716－0024391　子補 0832－10/
24391　子部/宗教類/佛教之屬

慈悲道場懺法十卷　（南朝梁）武帝蕭衍撰
清同治三年(1864)杭城昭慶寺慧空經房刻本
　一冊　存三卷(八至十)

330000－1716－0024392　子補 0850－4/
24392　子部/宗教類/道教之屬/戒律

功過格一卷　清光緒十八年(1892)許顯記刻
字鋪刻本　一冊

330000－1716－0024393　集補 0151/24393
集部/曲類/曲韻曲譜曲律之屬

繪圖綴白裘十二集四十八卷　（清）玩花主人
輯　（清）錢德蒼增輯　清光緒石印本　二冊
　存七卷(二集一至四、三集一至三)

330000－1716－0024395　集補 0268/24395
集部/別集類/清別集

培遠堂手札節存三卷　（清）陳弘謀撰　清光緒十七年(1891)閩藩署刻本　一冊

330000－1716－0024397　普集 1760/24397
集部/別集類/清別集

真照堂詩集七卷　（清）釋超衡撰　清刻本　四冊

330000－1716－0024399　集補 0270/24399
集部/別集類/清別集

璞齋集詩四卷詞一卷　（清）諸可寶撰　清光緒十四年(1888)長洲黃氏流芳閣木活字印本　二冊

330000－1716－0024400　集補 0148－2/24400　集部/曲類/彈詞之屬

繪圖小金錢全傳四卷二十四回　清末石印本　一冊　存一卷(三)

330000－1716－0024402　子補 0832－11/24402　子部/宗教類/佛教之屬

慈悲道場懺法十卷　（南朝梁）武帝蕭衍撰　清刻本　一冊　存四卷(七至十)

330000－1716－0024403　子補 0852/24403
子部/儒家類/儒學之屬/蒙學

小學集注六卷　（明）陳選注　**忠經一卷**（漢）鄭玄集注　**孝經一卷**　（明）陳選集注　清光緒三十二年(1906)上海鴻寶齋石印本　陸崇德題簽　一冊

330000－1716－0024404　子補 0832－12/24404　子部/宗教類/佛教之屬

慈悲道場懺法十卷　（南朝梁）武帝蕭衍撰　清刻本　趙義誦題簽　一冊　存三卷(四至六)

330000－1716－0024408　集補 0271/24408
集部/楚辭類

離騷草木疏四卷　（宋）吳仁傑撰　清乾隆四十五年(1780)長塘鮑氏知不足齋刻本　一冊

330000－1716－0024410　子補 1009/24410
子部/兵家類/兵法之屬

兵書三種　（清）左宗棠編　清光緒二十一年(1895)上海書局石印本　二冊

330000－1716－0024411　集補 0272/24411
集部/總集類/選集之屬/斷代

宋四六選二十四卷　（清）彭元瑞　（清）曹振鏞輯　清刻本　七冊　存十二卷(九至二十)

330000－1716－0024412　子補 0832－13/24412　子部/宗教類/佛教之屬

慈悲道場懺法十卷　（南朝梁）武帝蕭衍撰　清刻本　一冊　存三卷(一至三)

330000－1716－0024416　子補 1010－1/24416　子部/兵家類/兵法之屬

讀史兵略十二卷　（清）胡林翼撰　清光緒上海紹先書局石印本　二冊　存二卷(六、九)

330000－1716－0024417　子補 0833/24417
子部/宗教類/佛教之屬

慈悲水懺法三卷　（唐）釋知玄撰　清康熙四十九年(1710)貝葉齋刻本　一冊

330000－1716－0024418　史補 0527/24418
新學/雜著/叢編

萬國政治藝學全書四十一種三百八十卷（清）朱大文　（清）凌賡揚編　清光緒二十八年(1902)上海鴻文書局石印本　三十冊　存三種

330000－1716－0024420　子補 1011/24420
子部/兵家類/兵法之屬

紀效新書十八卷首一卷　（明）戚繼光撰　清光緒二十一年(1895)上海醉經樓石印本　三冊　缺八卷(九至十六)

330000－1716－0024421　集補 1437/24421
集部/別集類/清別集

南陽集六卷　（宋）趙湘撰　清刻本　一冊　存三卷(四至六)

330000－1716－0024422　地獻 1625－8/24422　集部/別集類/清別集

白華絳跗閣詩初集（越縵堂詩初集）十卷（清）李慈銘撰　清光緒十六年(1890)王繼香刻本　一冊　存五卷(一至五)

330000－1716－0024423　集補 0155/24423
集部/小說類/長篇之屬

廿載繁華夢四十回 （清）黃小配撰　清末石
印本　一冊　存十回（三十一至四十）

330000－1716－0024424　子補 1012/24424
子部/兵家類/兵法之屬

中西兵略指掌二十四卷首一卷 （清）陳龍昌
輯　清光緒二十三年(1897)東山草堂石印本
　一冊　存三卷（十六至十八）

330000－1716－0024426　地獻 1697－1/
24426　集部/別集類/清別集

慕陵詩稿二卷補遺一卷 （清）陳榮杰撰　**大
巖賸草一卷** （清）陳松齡撰　清光緒二十三
年(1897)會稽陳氏青藤書屋刻本　二冊

330000－1716－0024428　集補 0274/24428
集部/楚辭類

**楚辭疏(楚辭)十九卷讀楚辭語一卷楚辭雜論
一卷** （明）陸時雍撰　清光緒十四年(1888)
鴻寶齋石印本　一冊

330000－1716－0024429　地獻 1545－20/
24429　集部/別集類/清別集

蕉雨山房詩鈔六種十九卷 （清）丁堯臣撰
清光緒會稽丁氏刻本　二冊　存一種

330000－1716－0024432　普叢 0226/24432
類叢部/叢書類/自著之屬

焦氏遺書十種附一種 （清）焦循撰　清嘉慶
至道光江都焦氏雕菰樓刻光緒二年(1876)衡
陽魏氏補刻本　八冊　存一種

330000－1716－0024433　地獻 1699－1/
24433　子部/宗教類/佛教之屬

慈悲水懺法三卷 （唐）釋知玄撰　清越城許
宗遠刻字鋪刻本　一冊

330000－1716－0024434　地獻 1699－2/
24434　子部/宗教類/佛教之屬

慈悲水懺法三卷 （唐）釋知玄撰　清越城許
宗遠刻字鋪刻本　一冊

330000－1716－0024435　地獻 1699－3/
24435　子部/宗教類/佛教之屬

慈悲水懺法三卷 （唐）釋知玄撰　清光緒十
七年(1891)紹興修善堂刻本　一冊

330000－1716－0024436　經補 0483/24436
經部/四書類/總義之屬/傳說

四書典林三十卷四書古人典林十二卷 （清）
江永輯　清刻本　三冊　存十卷（二十至二
十九）

330000－1716－0024438　史補 0529/24438
史部/金石類/總志之屬

金石萃編補正四卷 （清）方履籛撰　清光緒
二十年(1894)上海醉六堂石印本　四冊

330000－1716－0024439　集補 0275/24439
集部/總集類/選集之屬/通代

古文辭類纂十五卷 （清）姚鼐輯　**續古文辭
類纂十卷** 王先謙輯　清光緒十六年(1890)
上海文瑞樓石印本　七冊　缺八卷（一至二、
五至十）

330000－1716－0024440　子補 0834/24440
子部/宗教類/佛教之屬

慈悲十王妙懺法三卷 　清浙台金師古齋刻本
　一冊

330000－1716－0024441　史補 0530/24441
史部/傳記類/總傳之屬/忠孝

忠孝節義錄四卷 （清）胡文炳輯　清光緒十
三年(1887)杭州竹簡齋刻本　二冊　存二卷
（一至二）

330000－1716－0024442　普集 1761/24442
集部/別集類/清別集

春在堂尺牘不分卷 （清）俞樾撰　清光緒三
十三年(1907)蘇省刷印局石印本　一冊

330000－1716－0024443　集補 0157/24443
類叢部/叢書類/自著之屬

鹿洲全集八種 （清）藍鼎元撰　清刻本　一
冊　存一種

330000－1716－0024444　經補 0486/24444
經部/四書類/總義之屬/傳說

四書易簡錄□□卷 （清）劉葆采撰　清刻本
　三冊　存十二卷（論語十五至二十，孟子四

至六、十至十二)

330000－1716－0024449　經補 0487/24449
經部/四書類/總義之屬/傳說

四書體注十九卷　（宋）朱熹撰　（清）范翔參
訂　清刻本　二冊　存五卷(孟子一至五)

330000－1716－0024450　經補 0488/24450
經部/四書類/總義之屬/傳說

新增四書備旨靈捷解八卷　（清）張素存撰
（清）鄒蒼崖補　清經元堂刻本　一冊　存二
卷(一至二)

330000－1716－0024451　經補 0489/24451
經部/四書類/總義之屬/傳說

呂晚村先生四書講義四十三卷　（清）呂留良
撰　（清）陳鏦編次　清刻本　四冊　存二十
七卷(一至六、十五至三十、三十九至四十三)

330000－1716－0024454　集補 0161/24454
集部/小說類/長篇之屬

興替金鑑二十卷一百五十四回　清末石印本
　七冊　存七卷(一至二、五、八、十二、十六、
十九)

330000－1716－0024457　普叢 0181－2/
24457　類叢部/叢書類/自著之屬

春在堂全書二十二種　（清）俞樾撰　清光緒
刻本　二十三冊　存十一種

330000－1716－0024462　史補 0532/24462
史部/目錄類/書志之屬/提要

日本書目志十五卷　康有為輯　清光緒上海
大同譯書局石印本　一冊　存二卷(三至四)

330000－1716－0024463　地獻 1700/24463
集部/別集類/清別集

春臥庵詩稿二卷　（清）袁河撰　清光緒二十
年(1894)刻本　一冊　存一卷(二)

330000－1716－0024464　史補 0533/24464
史部/編年類/斷代之屬

皇朝政典掌要八卷　（日本）增田貢撰　（清）
毛淦補編　清光緒二十八年(1902)上海書局
石印本　二冊　缺二卷(七至八)

330000－1716－0024465　史補 0534/24465
史部/紀事本末類/通代之屬

九朝紀事本末(歷朝紀事本末)九種　（清）陳
如升　（清）朱記榮輯　（清）捷記主人增輯
清光緒二十九年(1903)文盛書局石印本　一
冊　存一種

330000－1716－0024466　普集 1762/24466
集部/詩文評類/類之屬

詩觸十六種十九卷　（清）朱琰編　清嘉慶三
年(1798)刻本　八冊　存十五種

330000－1716－0024467　集補 0162/24467
集部/曲類/彈詞之屬

**繪圖笑中緣前金如意全傳四卷繪圖後笑中緣
才子奇書二十一卷**　清末石印本　一冊　存
一卷(後笑中緣才子奇書四)

330000－1716－0024469　子補 0838－1/
24469　子部/宗教類/佛教之屬/經

妙法蓮華經七卷　（後秦）釋鳩摩羅什譯　清
錢塘許靈虛刻本　范樂天題簽　一冊　存二
卷(三至四)

330000－1716－0024470　集補 0279/24470
集部/詞類/總集之屬

宋七家詞選七卷　（清）戈載輯　**玉田先生樂
府指迷一卷**　（宋）張炎撰　清宣統三年
(1911)上海掃葉山房石印本　二冊　缺二卷
(六至七)

330000－1716－0024471　集補 0163/24471
集部/曲類/彈詞之屬

繡像珍珠鳳十五卷十六回　清刻本　一冊
存五卷(八至十二)

330000－1716－0024472　子補 0838－2/
24472　子部/宗教類/佛教之屬/經

妙法蓮華經七卷　（後秦）釋鳩摩羅什譯　清
刻本　一冊　存二卷(二至三)

330000－1716－0024474　地獻 1702/24474
集部/別集類/清別集

豔雪樓稿不分卷　（清）言九經撰　清刻本
清陶芑田題簽並觀款　一冊　存三卷(一至

三)

330000－1716－0024475　子補0838－3/
24475　子部/宗教類/佛教之屬/經

妙法蓮華經七卷　（後秦）釋鳩摩羅什譯　清
刻本　一冊　存二卷（三至四）

330000－1716－0024477　地獻1703/24477
集部/別集類/清別集

蘇甘廊集四十二卷　（清）杜煦撰　清咸豐刻
本　二冊　存六卷（詩集六至八、文集十四至
十六）

330000－1716－0024479　子補0838－4/
24479　子部/宗教類/佛教之屬/經

妙法蓮華經七卷　（後秦）釋鳩摩羅什譯　清
刻本　一冊　存三卷（五至七）

330000－1716－0024481　地獻1704/24481
集部/別集類/清別集

九曲山房詩鈔十六卷　（清）宗聖垣撰　清嘉
慶五年（1800）會稽宗氏刻本　一冊　存二卷
（十五至十六）

330000－1716－0024486　經補0491/24486
經部/四書類/總義之屬/傳說

四書正體十九卷校定字音一卷　（清）呂世鏞
輯　清懷永堂刻本　一冊　存一卷（校定字
音）

330000－1716－0024493　子補0838－5/
24493　子部/宗教類/佛教之屬/經

妙法蓮華經七卷　（後秦）釋鳩摩羅什譯　清
道光五年（1825）刻本　一冊　存三卷（五至
七）

330000－1716－0024495　子補0838－6/
24495　子部/宗教類/佛教之屬/經

妙法蓮華經七卷　（後秦）釋鳩摩羅什譯　清
刻本　二冊　存二卷（一、六）

330000－1716－0024498　子補0838－7/
24498　子部/宗教類/佛教之屬/經

妙法蓮華經七卷　（後秦）釋鳩摩羅什譯　清
刻本　一冊　存一卷（一）

330000－1716－0024501　子補1020/24501
子部/雜著類/雜纂之屬

二十二史感應錄二卷緒論一卷　（清）彭希涑
輯　清道光三十年（1850）素心居刻本　一冊
缺一卷（下）

330000－1716－0024504　經補0492/24504
經部/四書類/總義之屬/傳說

四書大全三十七卷　（明）胡廣等輯　清刻本
五冊　存五卷（論語十五至十九）

330000－1716－0024511　經補0493/24511
經部/四書類/總義之屬/傳說

四書述朱二十七卷　（清）黃昌衢輯　清康熙
二十七年（1688）黎照樓刻本　一冊　存二卷
（一至二）

330000－1716－0024515　集補0169－1/
24515　集部/小說類/長篇之屬

繪圖花田金玉緣四卷十六回　清末石印本
二冊　存二卷（三至四）

330000－1716－0024517　集補2815－2/
24517　集部/別集類/清別集

張太史塾課八卷　（清）張江撰　清咸豐六年
（1856）文淵堂刻本　四冊

330000－1716－0024518　史補0539/24518
類叢部/類書類/專類之屬

歷代政治類編十二卷　（清）柴紹炳撰　清光
緒二十七年（1901）上海自強局石印本　六冊

330000－1716－0024520　子補0840－2/
24520　子部/宗教類/佛教之屬/諸宗

禪門日誦一卷　清乾隆十二年（1747）瑪瑙寺
仰山西房刻本　一冊

330000－1716－0024521　經補0494/24521
經部/四書類/總義之屬/傳說

四書朱子本義匯參四十三卷首四卷　（清）王
步青輯　清文會堂刻本　二十二冊　缺十卷
（論語一、首,孟子三至五、八至十一、十四）

330000－1716－0024522　集補0169－2/
24522　集部/小說類/長篇之屬

增評補像全圖金玉緣一百二十回首一卷

（清）曹霑　（清）高鶚撰　清末石印本　二冊
存十六回（十七至二十四、四十一至四十
八）

330000－1716－0024523　史補 0540/24523
史部/政書類/公牘檔冊之屬

樊山政書二十卷　樊增祥撰　清末上海政學
社石印本　三冊　存六卷（十一至十二、十五
至十八）

330000－1716－0024524　普叢 0185－1/
24524　類叢部/叢書類/彙編之屬

花雨樓叢鈔十一種續鈔十一種附一種　（清）
張壽榮編　清光緒八年至十四年（1882－
1888）蛟川張氏花雨樓刻本　一冊　存二種

330000－1716－0024525　經補 0495/24525
經部/四書類/總義之屬/傳說

四書朱子本義匯參四十三卷首四卷　（清）王
步青輯　清刻本　三冊　存四卷（中庸四至
五，論語十三、十五）

330000－1716－0024526　普叢 0185－2/
24526　類叢部/叢書類/彙編之屬

花雨樓叢鈔十一種續鈔十一種附一種　（清）
張壽榮編　清光緒八年至十四年（1882－
1888）蛟川張氏花雨樓刻本　一冊　存一種

330000－1716－0024527　史補 0541/24527
史部/政書類/律令之屬/判牘

樊山判牘四卷　樊增祥撰　清末上海政學社
石印本　二冊　存二卷（二至三）

330000－1716－0024533　普叢 0186/24533
類叢部/叢書類/自著之屬

羅忠節公遺集八種　（清）羅澤南撰　清咸豐
至同治刻本　一冊　存一種

330000－1716－0024538　經補 0496/24538
子部/儒家類/儒學之屬

中庸衍義十七卷　（明）夏良勝撰　清同治十
年（1871）刻本　五冊　缺八卷（四至五、九至
十四）

330000－1716－0024539　普叢 0182－9/
24539　類叢部/叢書類/自著之屬

隨園三十種　（清）袁枚撰　清刻本　二冊
存一種

330000－1716－0024541　子補 0859－9/
24541　子部/宗教類/道教之屬/經文

三聖經靈驗圖注一卷　清光緒二十四年
（1898）上海鴻寶齋書局石印本　一冊

330000－1716－0024542　子補 0840－3/
24542　子部/宗教類/佛教之屬/諸宗

禪門日誦一卷　清刻本　一冊

330000－1716－0024543　子補 0859－11/
24543　子部/宗教類/道教之屬/經文

三聖經靈驗圖注一卷　清光緒三十二年
（1906）上海宏大善書局石印本　一冊

330000－1716－0024545　子補 0859－10/
24545　子部/宗教類/道教之屬/經文

三聖經靈驗圖注一卷　清光緒二十四年
（1898）上海鴻寶齋書局石印本　一冊

330000－1716－0024546　子補 0840－4/
24546　子部/宗教類/佛教之屬/諸宗

禪門日誦一卷　清刻本　一冊

330000－1716－0024547　史補 0543/24547
史部/傳記類/別傳之屬

磨盾餘談二卷　（清）張炳撰　清刻本　一冊

330000－1716－0024548　子補 1024/24548
子部/雜著類/雜說之屬

千人鏡一卷　（清）南屏老衲　（清）白石道人
撰　清光緒三十一年（1905）杭州萃利公司石
印本　一冊

330000－1716－0024549　集補 0284－1/
24549　集部/別集類/清別集

校訂定盦全集十卷　（清）龔自珍撰　**定盦年
譜稿本一卷**　（清）黃守恒撰　清宣統元年
（1909）上海時中書局鉛印本　三冊　缺五卷
（四至七、年譜）

330000－1716－0024551　子補 0840－5/
24551　子部/宗教類/佛教之屬/諸宗

禪門日誦一卷　清光緒八年（1882）西竺雲棲

禪院刻杭城瑪瑙寺明臺南房印本　一冊

330000－1716－0024552　經補0497/24552
經部/四書類/總義之屬/傳說

蔡虛齋先生四書蒙引十五卷　（明）蔡清撰
清光緒十八年(1892)蔡群英刻本　十五冊

330000－1716－0024553　子補0859－13/
24553　子部/宗教類/道教之屬/經文

三聖經靈驗圖注一卷　清光緒三十二年
(1906)上海宏大善書局石印本　一冊

330000－1716－0024554　集補0170/24554
集部/小說類/長篇之屬

新刊繡像全圖永慶昇平後傳十二卷一百回
（清）貪夢道人撰　清光緒二十九年(1903)上
海簡青書局石印本　二冊　存六卷(一至三、
七至九)

330000－1716－0024555　子補0859－14/
24555　子部/宗教類/道教之屬/經文

三聖經靈驗圖注一卷　清光緒三十二年
(1906)上海宏大善書局石印本　一冊

330000－1716－0024556　子補0859－15/
24556　子部/宗教類/道教之屬/經文

三聖經靈驗圖注一卷　清光緒三十二年
(1906)上海宏大善書局石印本　一冊

330000－1716－0024557　普叢0182－7/
24557　類叢部/叢書類/自著之屬

隨園三十種　（清）袁枚撰　清刻本　八冊
存一種

330000－1716－0024558　子補0840－6/
24558　子部/宗教類/佛教之屬/諸宗

禪門日誦一卷　清刻本　一冊

330000－1716－0024559　普叢0182－8/
24559　類叢部/叢書類/自著之屬

隨園三十種　（清）袁枚撰　清刻本　五冊
存一種

330000－1716－0024562　史補0544/24562
史部/目錄類/總錄之屬/私撰

行素堂目睹書錄十卷　（清）朱記榮編　清光

緒十年至十一年(1884－1885)吳縣朱記榮槐
廬刻本　四冊　存四卷(丙、辛、壬、癸)

330000－1716－0024563　地獻1705/24563
集部/詩文評類/詩評之屬

柳亭詩話三十卷　（清）宋長白纂　清康熙天
苗園刻本　二冊　存七卷(四至十)

330000－1716－0024564　史補0545/24564
史部/地理類/總志之屬/斷代

皇朝輿地沿革攷一卷　遁天撰　清光緒上海
廣智書局鉛印本　一冊

330000－1716－0024565　集補0172－1/
24565　集部/小說類/長篇之屬

新刻昇仙傳演義八卷五十六回　清末石印本
一冊　存四卷(五至八)

330000－1716－0024566　地獻1706/24566
類叢部/叢書類/自著之屬

橘蔭軒全集七種　（清）陳錦撰　清光緒山陰
陳氏橘蔭軒刻本　一冊　存一種

330000－1716－0024567　地獻1537/24567
集部/詞類/詞譜之屬

詞律二十卷　（清）萬樹撰　清康熙二十六年
(1687)萬氏堆絮園刻尺木堂印本　九冊　缺
三卷(九至十一)

330000－1716－0024568　集補0172－2/
24568　集部/小說類/長篇之屬

新刻昇仙傳演義八卷五十六回　清末石印本
二冊　存四卷(三至六)

330000－1716－0024569　經補0498/24569
經部/叢編

通志堂經解一百四十種　（清）納蘭成德輯
清刻本　三冊　存一種

330000－1716－0024570　子補0859－16/
24570　子部/宗教類/道教之屬/經文

三聖經靈驗圖注一卷　清光緒三十二年
(1906)上海宏大善書局石印本　一冊

330000－1716－0024571　子補0859－17/
24571　子部/宗教類/道教之屬/經文

三聖經靈驗圖注一卷　清光緒三十二年(1906)上海宏大善書局石印本　一冊

330000－1716－0024572　子補 0859－18/24572　子部/宗教類/道教之屬/經文

三聖經靈驗圖注一卷　清光緒三十二年(1906)上海宏大善書局石印本　一冊

330000－1716－0024573　地獻 1314－2/24573　子部/儒家類/儒學之屬/禮教/家訓

朱柏廬先生治家格言一卷　(清)朱用純撰　馬逸臣書　清末育新書局石印本　一冊

330000－1716－0024574　子補 0859－19/24574　子部/宗教類/道教之屬/經文

三聖經靈驗圖注一卷　清光緒三十二年(1906)上海宏大善書局石印本　一冊

330000－1716－0024575　集補 0173/24575　集部/小說類/長篇之屬

新刻三合明珠寶劍全傳六卷四十二回　清刻本　三冊　存三卷(三、五至六)

330000－1716－0024576　地獻 1707/24576　集部/別集類/清別集

賜書堂詩鈔八卷　(清)周長發撰　清刻本　二冊　存二卷(一至二)

330000－1716－0024577　史補 0546/24577　史部/政書類/邦交之屬

各國約章纂要六卷首一卷附錄一卷　勞乃宣等輯　清光緒十八年(1892)上海圖書集成印書局鉛印本　一冊　存二卷(六、附錄)

330000－1716－0024578　子補 0840－7/24578　子部/宗教類/佛教之屬/諸宗

禪門日誦一卷　清刻本　一冊

330000－1716－0024580　子補 0840－8/24580　子部/宗教類/佛教之屬/諸宗

禪門日誦一卷　清刻本　一冊

330000－1716－0024582　史補 0547/24582　史部/傳記類/總傳之屬/通代

繪圖百家姓豪傑史不分卷　王有宗編　清光緒三十一年(1905)上海彪蒙書室石印本

一冊

330000－1716－0024583　子補 1028/24583　子部/雜著類/雜說之屬

經濟尋源九卷後集三卷　(清)臥雲輯　清刻本　二冊　存二卷(二、後集三)

330000－1716－0024586　地獻 1506－3/24586　集部/別集類/清別集

洗齋病學草擬存詩一卷附存詩一卷　(清)胡壽頤撰　(清)昨非居士輯　清光緒十年(1884)山陰胡氏刻本　二冊

330000－1716－0024587　子補 0859－20/24587　子部/宗教類/道教之屬/經文

三聖經靈驗圖注一卷　清光緒三十二年(1906)上海宏大善書局石印本　一冊

330000－1716－0024589　子補 0859－21/24589　子部/宗教類/道教之屬/經文

三聖經靈驗圖注一卷　清光緒二十六年(1900)許廣記刻本　一冊

330000－1716－0024590　經補 0499/24590　經部/四書類/總義之屬/傳說

新訂四書補注備旨十卷　(明)鄧林撰　(清)杜定基增訂　清光緒七年(1881)刻壽春槺莩堂印本　六冊

330000－1716－0024592　集補 0287/24592　集部/詩文評類/詩評之屬

全唐詩話六卷　(宋)尤袤撰　(明)毛晉訂　清宣統三年(1911)上海三樂堂石印本　二冊　存二卷(五至六)

330000－1716－0024593　子補 1029/24593　子部/雜著類/雜說之屬

普勸惜字錄一卷　清光緒三十年(1904)經畬書屋刻本　一冊

330000－1716－0024594　集補 0174－1/24594　集部/曲類/彈詞之屬

安邦志二十卷　清刻本　六冊　存五卷(六、八至十一)

330000－1716－0024596　子補 0859－22/

24596　　子部/宗教類/道教之屬/經文

三聖經靈驗圖注一卷　　清光緒二十四年
（1898）上海鴻寶齋書局石印本　　一冊

330000－1716－0024599　　集補 0174－2/
24599　　集部/曲類/彈詞之屬

安邦志二十卷　　清道光三十年（1850）廣東富
文堂刻本　　二十冊

330000－1716－0024600　　子補 1030/24600
子部/儒家類/儒學之屬

集鑑總論不分卷　　清刻本　　一冊

330000－1716－0024603　　子補 0859－23/
24603　　子部/宗教類/道教之屬/經文

三聖經靈驗圖注一卷　　清光緒二十四年
（1898）上海鴻寶齋書局石印本　　一冊

330000－1716－0024604　　子補 0859－24/
24604　　子部/宗教類/道教之屬/經文

三聖經靈驗圖注一卷　　清光緒二十四年
（1898）上海鴻寶齋書局石印本　　一冊

330000－1716－0024605　　子補 0840－12/
24605　　子部/宗教類/佛教之屬/諸宗

禪門日誦一卷　　清光緒三十年（1904）刻本
一冊

330000－1716－0024606　　子補 1031－1/
24606　　子部/儒家類/儒學之屬/禮教/家訓

治家格言繹義一卷　　（清）戴翊清撰　　清光緒
二十四年（1898）鉛印本　　一冊

330000－1716－0024608　　子補 0859－25/
24608　　子部/宗教類/道教之屬/經文

三聖經靈驗圖注一卷　　清光緒二十四年
（1898）上海鴻寶齋書局石印本　　屠青詩題記
　　一冊

330000－1716－0024609　　子補 1031－2/
24609　　子部/儒家類/儒學之屬/禮教/家訓

治家格言繹義一卷　　（清）戴翊清撰　　清光緒
二十四年（1898）鉛印本　　一冊

330000－1716－0024610　　史補 0548/24610
史部/傳記類/總傳之屬/釋道

繪像列仙傳四卷　　（明）洪應明撰　　清光緒十
三年（1887）掃葉山房刻本　　三冊　　存三卷
（一、三至四）

330000－1716－0024612　　子補 0859－26/
24612　　子部/宗教類/道教之屬/經文

三聖經靈驗圖注一卷　　清光緒二十四年
（1898）上海鴻寶齋書局石印本　　一冊

330000－1716－0024613　　史補 0549/24613
史部/傳記類/總傳之屬/通代

**歷代名人年譜十卷附存疑及生卒年月無攷一
卷**　　（清）吳榮光撰　　清光緒元年（1875）南海
張蔭桓刻本　　一冊　　存一卷（一）

330000－1716－0024615　　子補 0859－27/
24615　　子部/宗教類/道教之屬/經文

三聖經靈驗圖注一卷　　清光緒二十四年
（1898）上海鴻寶齋書局石印本　　一冊

330000－1716－0024616　　子補 0859－28/
24616　　子部/宗教類/道教之屬/經文

三聖經靈驗圖注一卷　　清光緒三十二年
（1906）上海宏大善書局石印本　　一冊

330000－1716－0024618　　子補 0859－29/
24618　　子部/宗教類/道教之屬/經文

三聖經靈驗圖注一卷　　清光緒三十二年
（1906）上海宏大善書局石印本　　一冊

330000－1716－0024620　　子補 0841/24620
子部/儒家類/儒家之屬

勸文五十五則一卷　　清刻本　　一冊

330000－1716－0024621　　普叢 0187－7/
24621　　類叢部/叢書類/彙編之屬

武英殿聚珍版書一百三十八種　　清刻本　　四
冊　　存一種

330000－1716－0024622　　子補 0859－30/
24622　　子部/宗教類/道教之屬/經文

三聖經靈驗圖注一卷　　清光緒三十二年
（1906）上海宏大善書局石印本　　一冊

330000－1716－0024623　　子補 0859－31/
24623　　子部/宗教類/道教之屬/經文

三聖經靈驗圖注一卷　清光緒三十二年
(1906)上海宏大善書局石印本　一冊

330000－1716－0024626　子補 1032/24626
子部/儒家類/儒學之屬/性理

淵鑒齋御纂朱子全書六十六卷　(宋)朱熹撰
　(清)李光地等輯　清刻本　十五冊　存二
十卷(三十五至四十六、五十一至五十八)

330000－1716－0024627　經補 0500/24627
經部/叢編

皇清經解一百九十卷首一卷正訛記一卷
(清)阮元輯　皇清經解續編二百九卷　王先
謙輯　清光緒十四年至十五年(1888－1889)
石印本　四十冊　缺一百十(三十三至九十、
續編一百五十八至二百九)

330000－1716－0024629　普叢 0187－10/
24629　類叢部/叢書類/彙編之屬

武英殿聚珍版書一百三十八種　清刻本　十
八冊　存十七種

330000－1716－0024630　地獻 1708－2/
24630　子部/儒家類/儒學之屬/禮教/女範

繪圖女四書白話解四卷　(清)沈朱坤演義
清光緒三十四年(1908)上海圖書學社石印本
　一冊　存二卷(一至二)

330000－1716－0024633　子補 0859－32/
24633　子部/宗教類/道教之屬/經文

三聖經靈驗圖注一卷　清光緒三十二年
(1906)上海宏大善書局石印本　一冊

330000－1716－0024634　地獻 1712－1/
24634　子部/儒家類/儒學之屬/禮教/家訓

忠愍公家訓一卷　(明)楊繼盛撰　清同治十
三年(1874)紹興刻本　一冊

330000－1716－0024635　子補 0859－33/
24635　子部/宗教類/道教之屬/經文

三聖經靈驗圖注一卷　清光緒三十二年
(1906)上海宏大善書局石印本　一冊

330000－1716－0024637　子補 0859－34/
24637　子部/宗教類/道教之屬/經文

三聖經靈驗圖注一卷　清光緒三十二年

(1906)文新書局石印本　一冊

330000－1716－0024638　史補 0550/24638
史部/傳記類/總傳之屬/姓名

增廣百家姓一卷　清刻本　一冊

330000－1716－0024639　集補 0178－1/
24639　集部/曲類/彈詞之屬

新刻二女多情傳四卷　清光緒三十三年
(1907)華仁記書莊石印本　三冊　缺一卷
(四)

330000－1716－0024640　地獻 1711/24640
子部/宗教類/道教之屬

風雷集不分卷　清光緒五年(1879)紹興悔過
氏刻本　一冊

330000－1716－0024641　子補 0859－35/
24641　子部/宗教類/道教之屬/經文

三聖經靈驗圖注一卷　清光緒石印本　一冊

330000－1716－0024642　子補 0859－36/
24642　子部/宗教類/道教之屬/經文

三聖經靈驗圖注一卷　清光緒三十二年
(1906)文新書局石印本　一冊

330000－1716－0024645　子補 0859－37/
24645　子部/宗教類/道教之屬/經文

三聖經靈驗圖注一卷　清光緒三十二年
(1906)上海宏大善書局石印本　一冊

330000－1716－0024646　經補 0503/24646
經部/群經總義類/文字音義之屬

經籍籑詁一百六卷補遺一百六卷首一卷
(清)阮元撰　清刻本　二十一冊　存一百十
卷(一、三至十、十四至二十二、二十六至三
十、四十三至五十四、六十四至七十、七十五
至七十八、九十、九十三至九十七、一百至一
百二,補遺一、三至十、十四至二十二、二十六
至三十、四十三至五十四、六十四至七十、七
十五至七十八、九十、九十三至九十七、一百
至一百二)

330000－1716－0024647　子補 0844/24647
子部/宗教類/佛教之屬/諸宗

勸修淨土切要一卷　(清)陳熙顧撰　清刻本

一冊

330000－1716－0024648　經補0501/24648
經部/叢編

皇清經解一百九十卷　（清）阮元輯　清末石
印本　二冊　存十三卷（二十九、三十二、三
十七、四十二、四十四、五十六、六十八、八十
三、八十八至八十九、一百五、一百十五至一
百十六）

330000－1716－0024649　子補0859－38/
24649　子部/宗教類/道教之屬/經文

三聖經靈驗圖注一卷　清光緒三十二年
（1906）上海宏大善書局石印本　一冊

330000－1716－0024650　子補0859－39/
24650　子部/宗教類/道教之屬/經文

三聖經靈驗圖注一卷　清光緒三十二年
（1906）上海宏大善書局石印本　一冊

330000－1716－0024651　史補0551/24651
史部/傳記類/總傳之屬/仕宦

歷代名臣言行錄二十四卷　（清）朱桓輯　清
刻本　一冊　存一卷（十一）

330000－1716－0024652　集補0178－2/
24652　集部/曲類/彈詞之屬

新刻二女多情傳四卷　清末石印本　一冊
存一卷（四）

330000－1716－0024655　子補0859－40/
24655　子部/宗教類/道教之屬/經文

三聖經靈驗圖注一卷　清光緒三十二年
（1906）上海宏大善書局石印本　一冊

330000－1716－0024657　經補0502/24657
經部/叢編

皇清經解一百九十卷　（清）阮元輯　清末石
印本　十一冊　存三十二卷（四、十五、二十
三、五十、五十五、五十七、五十九、六十六、七
十至七十一、七十五、七十八、八十一至八十
二、八十六至八十七、九十三、一百十五至一
百二十三、一百三十六、一百四十四、一百五
十六、一百七十六、一百八十三、一百九十）

330000－1716－0024658　子補1033－1/

24658　子部/儒家類/儒學之屬/經濟

大學衍義四十三卷　（宋）真德秀撰　**大學衍
義補一百六十卷首一卷**　（明）丘濬撰　清同
治十三年（1874）夔州府雲邑郭氏家塾刻本
七十一冊　缺二十二卷（十一至三十二）

330000－1716－0024659　史補0552/24659
史部/職官類/官制之屬/通志

歷代職官表六卷　（清）黃本驥纂　清光緒六
年（1880）膚詁齋刻本　二冊　存二卷（五至
六）

330000－1716－0024660　子補0845/24660
子部/宗教類/佛教之屬

法苑珠林一百卷　（唐）釋道世撰　清刻本
一冊　存二卷（六至七）

330000－1716－0024661　子補0846/24661
子部/宗教類/道教之屬/戒律

文昌帝君勸孝歌一卷　清同治十一年（1872）
蕭邑文星齋刻字鋪刻本　一冊

330000－1716－0024662　集補0179/24662
集部/曲類/彈詞之屬

繪圖俠義風月傳四卷十八回　（清）名教中人
編　（清）游方外客批評　清末石印本　一冊
存一卷（二）

330000－1716－0024663　集補0290/24663
集部/總集類/彙編之屬

五朝詩別裁集五種　（清）□□輯　清刻本
二十四冊　存三種

330000－1716－0024664　子補1033－2/
24664　子部/儒家類/儒學之屬/經濟

大學衍義補一百六十卷首一卷　（明）丘濬撰
清刻本　十一冊　存四十八卷（三十八至
八十四、首）

330000－1716－0024666　子補0859－41/
24666　子部/宗教類/道教之屬/經文

三聖經靈驗圖注一卷　清光緒三十二年
（1906）上海宏大善書局石印本　一冊

330000－1716－0024667　子補0859－42/
24667　子部/宗教類/道教之屬/經文

三聖經靈驗圖注一卷　　清光緒三十二年
(1906)上海宏大善書局石印本　　一冊

330000－1716－0024668　　子補 0859－43/
24668　　子部/宗教類/道教之屬/經文
三聖經靈驗圖注一卷　　清光緒三十二年
(1906)上海宏大善書局石印本　　一冊

330000－1716－0024669　　集補 0291/24669
集部/總集類/選集之屬/斷代
明詩別裁集十二卷　　(清)沈德潛　(清)周準
輯　　清刻本　　六冊

330000－1716－0024670　　子補 0859－44/
24670　　子部/宗教類/道教之屬/經文
三聖經靈驗圖注一卷　　清光緒三十二年
(1906)上海宏大善書局石印本　　一冊

330000－1716－0024671　　經補 0504/24671
經部/群經總義類/文字音義之屬
經籍籑詁一百六卷補遺一百六卷首一卷
(清)阮元撰　　清刻本　　八冊　　存十六卷(十
九至二十六、補遺十九至二十六)

330000－1716－0024672　　子補 0859－45/
24672　　子部/宗教類/道教之屬/經文
三聖經靈驗圖注一卷　　清光緒二十四年
(1898)上海鴻寶齋書局石印本　　一冊

330000－1716－0024674　　子補 0859－46/
24674　　子部/宗教類/道教之屬/經文
三聖經靈驗圖注一卷　　清光緒二十四年
(1898)上海鴻寶齋書局石印本　　一冊

330000－1716－0024675　　集補 0292/24675
集部/總集類/課藝之屬
明文才調集不分卷國朝文才調集不分卷
(清)許振禕輯　　清光緒著易堂鉛印本　　十冊

330000－1716－0024676　　子補 0859－47/
24676　　子部/宗教類/道教之屬/經文
三聖經靈驗圖注一卷　　清光緒二十四年
(1898)上海鴻寶齋書局石印本　　一冊

330000－1716－0024679　　史補 0553/24679
史部/傳記類/總傳之屬/斷代

邵武殉難備乘六卷首一卷附忠節備采四卷
(清)虞瑞圖撰　　清同治三年(1864)養晦堂刻
本　　一冊　　存四卷(忠節備采一至四)

330000－1716－0024681　　地獻 1714/24681
史部/地理類/水利之屬
上虞塘工紀略二卷續一卷三續一卷　　(清)連
仲愚撰　　清光緒四年(1878)敬睦堂刻本
一冊

330000－1716－0024682　　子補 0847－1/
24682　　子部/宗教類/道教之屬/戒律
文昌帝君孝經一卷　　(明)丘濬等注　　清光緒
十七年(1891)詒燕堂刻本　　一冊

330000－1716－0024684　　子補 0847－2/
24684　　子部/宗教類/道教之屬/戒律
文昌帝君孝經一卷　　(明)丘濬等注　　清瑪瑙
經房刻本　　一冊

330000－1716－0024685　　集補 0293/24685
集部/總集類/選集之屬/通代
增廣詩句題解彙編四卷姓氏考一卷　　(清)同
文書局編　　清光緒十五年(1889)上海檢古齋
石印本　　四冊

330000－1716－0024686　　子補 0847－3/
24686　　子部/宗教類/道教之屬/戒律
文昌帝君孝經一卷至聖孝經一卷　　(明)丘濬
等注　　清光緒二十九年(1903)刻本　　一冊

330000－1716－0024687　　經補 0505/24687
經部/群經總義類/傳說之屬
皇朝五經彙解二百七十卷　　(清)朱鏡清輯
清光緒十四年(1888)上海鴻文書局石印本
二十八冊　　缺三十卷(二百二十七至二百四
十一、二百五十至二百六十四)

330000－1716－0024688　　史補 0554/24688
史部/雜史類/斷代之屬
三河創業記五卷　　(清)范壽金撰　　清光緒三
十三年(1907)石印本　　一冊　　存四卷(二至
五)

330000－1716－0024689　　經補 0506/24689
經部/群經總義類/傳說之屬

皇朝五經彙解二百七十卷　（清）朱鏡清輯
清光緒石印本　六冊　存五十二卷（八十二
至一百二十六、二百四十三至二百四十九）

330000－1716－0024690　子補 0848/24690
子部/雜著類/雜說之屬

增訂敬信錄不分卷　（清）周鼎臣輯　清嘉慶
八年（1803）刻本　一冊

330000－1716－0024693　經補 0507/24693
經部/群經總義類/文字音義之屬

經籍籑詁一百六卷補遺一百六卷首一卷
（清）阮元撰　清刻本　一冊　存四卷（七至
八、補遺七至八）

330000－1716－0024697　經補 0508/24697
經部/小學類/文字之屬/字書/字典

康熙字典十二集三十六卷總目一卷檢字一卷
辨似一卷等韻一卷補遺一卷備考一卷　（清）
張玉書等纂修　清刻本　一冊　存一卷（卯
集下）

330000－1716－0024698　子補 0849/24698
子部/宗教類/道教之屬/戒律

文昌帝君陰隲文廣義節錄三卷　（清）周夢顏
撰　清刻本　一冊　存一卷（三）

330000－1716－0024702　子補 0859－56/
24702　子部/宗教類/道教之屬/經文

三聖經靈驗圖注一卷　清光緒三十二年
（1906）怡春堂局石印本　徐竹卿題記　一冊

330000－1716－0024715　史補 0555/24715
史部/時令類

月令粹編二十四卷圖說一卷　（清）秦嘉謨撰
清嘉慶十七年（1812）江都秦嘉謨琳琅仙館
刻本　一冊　存四卷（九至十二）

330000－1716－0024716　經補 0509/24716
經部/叢編

皇清經解一千四百八卷首一卷　（清）阮元輯
清道光九年（1829）廣東學海堂刻咸豐十一
年（1861）補刻本　二十五冊　存三十卷（二
十二至四十六、六百六十三至六百六十七）

330000－1716－0024719　集補 2742－6/

24719　集部/總集類/尺牘之屬

國朝名人小簡二卷　吳曾祺輯　清宣統元年
（1909）上海商務印書館鉛印本　一冊　存一
卷（二）

330000－1716－0024720　集補 0186/24720
集部/小說類/長篇之屬

繪圖才子奇緣四卷三十二回　清末石印本
二冊　存二卷（一至二）

330000－1716－0024722　集補 0294－1/
24722　集部/總集類/選集之屬/通代

文章游戲初編八卷二編八卷三編八卷四編八
卷　（清）繆艮輯　清光緒二十二年（1896）上
海積山書局石印本　三冊　存二十卷（初編
一至八、三編五至八、四編一至八）

330000－1716－0024723　史補 0556/24723
史部/政書類/儀制之屬/典禮

文廟通考六卷首一卷　（清）牛樹梅撰　清同
治十一年（1872）浙江書局刻本　一冊　存三
卷（四至六）

330000－1716－0024725　經補 0510/24725
經部/小學類/文字之屬/說文

說文通訓定聲十八卷分部柬韻一卷說雅一卷
古今韻準一卷　（清）朱駿聲撰　（清）朱鏡蓉
參訂　行述一卷　朱孔彰撰　清道光二十九
年（1849）刻咸豐元年（1851）朱孔彰臨嘯閣補
刻本　二十六冊　缺二卷（十、十五）

330000－1716－0024728　史補 0557/24728
史部/史抄類

史鑑節要便讀六卷　（清）鮑東里撰　清同治
南京李光明莊刻本　一冊　存三卷（四至六）

330000－1716－0024730　集補 0294－2/
24730　集部/總集類/選集之屬/通代

文章游戲初編八卷二編八卷三編八卷四編八
卷　（清）繆艮輯　清光緒元年（1875）文盛堂
刻本　十九冊　缺七卷（初編三至四，二編七
至八，三編一，四編二、四）

330000－1716－0024731　普子 1301－2/
24731　子部/宗教類/佛教之屬/論疏

大乘起信論疏二卷首一卷　（南朝陳）釋真諦
譯　（唐）釋法藏疏　（唐）釋宗密注　清光緒
三年(1877)長沙刻經處刻本　一冊　缺一卷
（二）

330000－1716－0024732　經補 0511/24732
經部/小學類/文字之屬/說文

說文通訓定聲十八卷分部柬韻一卷說雅一卷
古今韻準一卷　（清）朱駿聲撰　（清）朱鏡蓉
參訂　行述一卷　朱孔彰撰　清刻本　一冊
存一卷（十四）

330000－1716－0024736　集補 0294－3/
24736　集部/總集類/選集之屬/通代

文章游戲初編八卷二編八卷三編八卷四編八
卷　（清）繆艮輯　清光緒元年(1875)文盛堂
刻本　十四冊　缺十六卷（初編一至八,二編
五至八,四編三至四、七至八）

330000－1716－0024737　經補 0512/24737
經部/小學類/文字之屬/說文

說文通訓定聲十八卷分部柬韻一卷說雅一卷
古今韻準一卷　（清）朱駿聲撰　（清）朱鏡蓉
參訂　行述一卷　朱孔彰撰　清道光二十九
年(1849)刻咸豐元年(1851)朱孔彰臨嘯閣補
刻本　十八冊　缺七卷（二至六、韻準、行述）

330000－1716－0024739　集補 0294－4/
24739　集部/總集類/選集之屬/通代

文章游戲初編八卷二編八卷三編八卷四編八
卷　（清）繆艮輯　清光緒元年(1875)文盛堂
刻本　一冊　存一卷（三編八）

330000－1716－0024744　史補 0559/24744
史部/編年類/通代之屬

竹書紀年注箋十二卷　（清）徐文靖撰　清刻
本　一冊　存四卷（四至七）

330000－1716－0024745　普類 0098－1/
24745　類叢部/類書類/專類之屬

韻海大全角山樓類腋不分卷　　（清）仁壽室主
人輯　清光緒十二年(1886)上海積山書局石
印本　二冊

330000－1716－0024748　子補 0865/24748

子部/宗教類/道教之屬

感應篇贅言一卷附集經驗諸方一卷　（清）于
覺世撰　清光緒十四年(1888)紹城傅近文齋
刻本　一冊

330000－1716－0024751　子補 1035/24751
子部/小說家類/雜事之屬

里乘十卷　（清）許奉恩撰　清刻本　七冊
缺三卷（一至二、四）

330000－1716－0024759　子補 0818－2/
24759　子部/宗教類/道教之屬/戒律

古佛應驗明聖經三卷　清石印本　一冊

330000－1716－0024765　史補 0563/24765
史部/傳記類/總傳之屬/通代

歷代名賢齒譜九卷歷代名媛齒譜三卷　（清）
易宗涒輯　清雍正三年(1725)賜書堂刻乾隆
六十年(1795)補刻本　一冊　存一卷（九）

330000－1716－0024766　地獻 3003/24766
集部/總集類/課藝之屬

蒙香草堂時文一卷天崇管周合選一卷　穆志
輯　清末抄本　三冊

330000－1716－0024767　經補 0513/24767
經部/叢編

古經解彙函十六種附小學彙函十四種　（清）
鍾謙鈞等輯　清刻本　三十三冊　存古經解
彙函三種、小學彙函十四種

330000－1716－0024768　子補 0873/24768
子部/宗教類/佛教之屬/經疏

觀無量壽佛經疏妙宗鈔六卷　（隋）釋智顗疏
　（宋）釋知禮輯　清刻本　一冊　存二卷
（三至四）

330000－1716－0024769　集補 0189/24769
集部/曲類/彈詞之屬

新刻繡像花月夢八卷五十八回　（清）香雪山
樵編　清末石印本　三冊　存四卷（二至三、
五至六）

330000－1716－0024770　子補 1034－1/
24770　子部/雜著類/雜纂之屬

兩般秋雨盦隨筆八卷　（清）梁紹壬撰　清刻

本　一冊　存二卷(二、六)

330000 - 1716 - 0024771　　集補 0298 - 1/
24771　集部/總集類/尺牘之屬

歷代名人書札二卷　　吳曾祺輯　　清光緒三十
四年(1908)上海商務印書館鉛印本　　二冊

330000 - 1716 - 0024772　　子補 1034 - 2/
24772　子部/雜著類/雜纂之屬

兩般秋雨盦隨筆八卷　　(清)梁紹壬撰　　清刻
本　一冊　存一卷(八)

330000 - 1716 - 0024774　　子補 1034 - 3/
24774　子部/雜著類/雜纂之屬

兩般秋雨盦隨筆八卷　　(清)梁紹壬撰　　清刻
本　　四冊　存四卷(三至六)

330000 - 1716 - 0024775　　集補 0190 - 2/
24775　集部/小說類/長篇之屬

花月痕全書十六卷五十二回　　(清)魏秀仁撰
　(清)棲霞居士評　　清末石印本　　三冊　存
八卷(三至五、九至十三)

330000 - 1716 - 0024777　　子補 0875/24777
子部/宗教類/佛教之屬/經疏

大乘金剛經論一卷　　清同治十一年(1872)寧
城述古堂刻本　　一冊

330000 - 1716 - 0024778　　集補 0298 - 2/
24778　集部/總集類/尺牘之屬

歷代名人書札二卷　　吳曾祺輯　　清光緒三十
四年(1908)上海商務印書館鉛印本　　二冊

330000 - 1716 - 0024780　　集補 0298 - 3/
24780　集部/總集類/尺牘之屬

歷代名人書札二卷　　吳曾祺輯　　清宣統元年
(1909)上海商務印書館鉛印本　　一冊　缺一
卷(一)

330000 - 1716 - 0024781　　集補 0191/24781
集部/曲類/彈詞之屬

繡像玉連環八卷七十六回　　(清)朱素仙撰
清道光三年(1823)亦芸書屋刻本　　一冊　存
三卷(一至三)

330000 - 1716 - 0024786　　縣資 0023 - 16/

24786　　史部/地理類/方志之屬/郡縣志

[康熙]會稽縣志二十八卷首一卷　　(清)王元
臣修　(清)董欽德　(清)金炯纂　　清末抄本
　一冊　存三卷(一至二、首)

330000 - 1716 - 0024787　　經補 0514/24787
經部/叢編

古經解彙函十六種附小學彙函十四種續附十
種　　(清)鍾謙鈞等輯　　清末石印本　　十冊
存小學彙函十一種、續附十種

330000 - 1716 - 0024788　　地獻 1720 - 1/
24788　類叢部/叢書類/彙編之屬

融經館叢書十一種　　(清)徐友蘭編　　清光緒
六年至十一年(1880 - 1885)會稽徐氏八杉齋
刻本　　三冊　存一種

330000 - 1716 - 0024789　　集補 0193/24789
集部/曲類/彈詞之屬

繡像百花臺四卷　　(清)鴛水主人編　　清刻本
四冊

330000 - 1716 - 0024791　　子補 0877 - 1/
24791　子部/宗教類/佛教之屬/經

金剛般若波羅蜜經二卷　　(清)石城金集注
(清)慶齡原本　　般若波羅蜜多心經一卷
(唐)釋玄奘譯　　佛說高王觀世音經一卷
(清)葉廷相箋釋　　金剛經鳩異一卷　　(唐)段
成式撰　　清咸豐九年(1859)淡永山窓刻本
二冊

330000 - 1716 - 0024794　　史補 0564/24794
史部/紀傳類/別史之屬

弘簡錄二百五十四卷　　(明)邵經邦撰　　清刻
本　一冊　存四卷(一百七十七至一百八十)

330000 - 1716 - 0024795　　地獻 1722 - 1/
24795　子部/宗教類/道教之屬/經文

三聖經靈驗圖注一卷　　清光緒三十四年
(1908)紹城許廣記石印本　　一冊

330000 - 1716 - 0024796　　子補 0877 - 2/
24796　子部/宗教類/佛教之屬/經

金剛般若波羅蜜經二卷　　(清)石城金集注
(清)慶齡原本　　般若波羅蜜多心經一卷

(唐)釋玄奘譯　**佛說高王觀世音經一卷**
(清)葉廷相箋釋　**金剛經鳩異一卷**　(唐)段
成式撰　清咸豐九年(1859)淡永山竆刻本
二冊

330000－1716－0024802　子補 0878/24802
子部/宗教類/道教之屬
彙纂功過格十二卷首一卷末一卷　清刻本
一冊　存二卷(十至十一)

330000－1716－0024805　地獻 1722－2/
24805　子部/宗教類/道教之屬/經文
三聖真經不分卷　清光緒二十年(1894)紹城
許顯記刻本　一冊

330000－1716－0024807　經補 0515/24807
經部/叢編
皇清經解一百九十卷　(清)阮元輯　清末石
印本　十六冊　存一百三十九卷(一至二、五
至十四、十七至二十二、二十四至二十六、三
十至三十一、三十三至三十六、三十八至四十
一、四十六、四十九至五十三、五十七至六十
七、六十九至八十、八十四、九十至一百四、一
百六至一百十一、一百十四至一百二十四、一
百二十九、一百三十三、一百三十六至一百三
十九、一百四十一至一百四十五、一百五十二
至一百六十四、一百六十七、一百七十至一百
九十)

330000－1716－0024810　地獻 1694－2/
24810　子部/藝術類/書畫之屬/畫譜
任渭長先生畫傳四種　(清)任熊繪　清光緒
十二年(1886)上海同文書局石印本　一冊
存一種

330000－1716－0024813　史補 0566/24813
史部/政書類/律令之屬/律例
律例便覽八卷諸圖一卷　(清)蔡嵩年　(清)
蔡逢年編　**處分則例圖要六卷**　(清)蔡逢年
編　清同治四年(1865)刻本　一冊　存四卷
(處分則例圖要一至四)

330000－1716－0024816　子補 1037/24816
子部/儒家類/儒學之屬/經濟
皇朝經濟文新編　(清)宜今室主人輯　清光

緒二十四年(1898)上海求新閣石印本　二十
三冊　存二十三種

330000－1716－0024817　地獻 1397－8/
24817　子部/醫家類/醫案之屬
古今醫案按選四卷　(清)俞震輯　(清)王士
雄選　清光緒三十年(1904)會稽董氏取斯堂
刻本　一冊　存一卷(四)

330000－1716－0024820　子補 1038/24820
子部/小說家類/瑣語之屬
客窗閒話初集四卷續集四卷　(清)吳熾昌撰
清光緒石印本　二冊　存四卷(三至四、續
集一至二)

330000－1716－0024821　集補 0302/24821
集部/曲類/彈詞之屬
新增笑中緣圖詠四卷七十五回　清光緒十四
年(1888)上海書局石印本　四冊

330000－1716－0024823　集補 0303/24823
集部/小說類/長篇之屬
海上花列傳六十四回　(清)韓邦慶撰　清光
緒二十年(1894)石印本　八冊

330000－1716－0024824　史補 0567/24824
史部/政書類/軍政之屬/邊政
苗防備覽二十二卷　(清)嚴如熤撰　清刻本
六冊　存十八卷(五至二十二)

330000－1716－0024826　善附 0256/24826
子部/術數類/相宅相墓之屬
管氏指蒙十卷　題(三國魏)管輅撰　清紅欄
書屋抄本　一冊　存一卷(一)

330000－1716－0024831　地獻 3020/24831
集部/總集類/選集之屬/通代
回文類聚四卷　(宋)桑世昌輯　清末抄本
一冊　存二卷(三至四)

330000－1716－0024833　地獻 3021/24833
集部/別集類/清別集
辛未課作一卷　清抄本　一冊

330000－1716－0024838　子補 1039－3/
24838　子部/小說家類/異聞之屬

坐花誌果八卷　（清）汪道鼎撰　（清）鷲峰樵
者音釋　清光緒十四年(1888)廣百宋齋刻本
一冊　存四卷(五至八)

330000 – 1716 – 0024839　經補 0518/24839
經部/小學類/文字之屬/字書/字體

六書分類十二卷首一卷　（清）傅世垚輯　清
康熙四十四年(1705)聽松閣刻嘉慶寶仁堂印
本　十四冊

330000 – 1716 – 0024842　子補 1283 – 1/
24842　子部/小說家類/異聞之屬

坐花誌果八卷　（清）汪道鼎撰　（清）鷲峰樵
者音釋　清光緒十七年(1891)武林竹簡齋石
印本　三冊　存六卷(一至二、五至八)

330000 – 1716 – 0024844　子補 1283 – /24844
子部/小說家類/異聞之屬

坐花誌果八卷　（清）汪道鼎撰　（清）鷲峰樵
者音釋　清光緒十七年(1891)武林竹簡齋石
印本　四冊

330000 – 1716 – 0024845　子補 1039 – 4/
24845　子部/小說家類/異聞之屬

坐花誌果八卷　（清）汪道鼎撰　（清）鷲峰樵
者音釋　清光緒十七年(1891)武林竹簡齋石
印本　一冊　存三卷(五至七)

330000 – 1716 – 0024848　地獻 3025/24848
子部/雜著類/雜考之屬

說文雜考二卷　清抄本　二冊

330000 – 1716 – 0024849　子補 1039 – 5/
24849　子部/小說家類/異聞之屬

坐花誌果八卷　（清）汪道鼎撰　（清）鷲峰樵
者音釋　清光緒十四年(1888)廣百宋齋刻本
一冊

330000 – 1716 – 0024852　經補 0519/24852
經部/叢編

通志堂經解一百四十種　（清）納蘭成德輯
清同治十年(1871)廣東文瀾閣刻本　十冊
存一種

330000 – 1716 – 0024856　地獻 3027/24856
集部/總集類/尺牘之屬

信劄一卷　清末抄本　一冊

330000 – 1716 – 0024860　地獻 3029/24860
子部/藝術類/遊藝之屬/聯語

創造聯一卷　清末抄本　一冊

330000 – 1716 – 0024861　集補 0304/24861
集部/總集類/選集之屬/斷代

宋四名家詩六卷　（清）周之鱗　（清）柴升編
清刻本　六冊

330000 – 1716 – 0024862　地獻 3030/24862
史部/政書類/公牘檔冊之屬

褉錄七種　清末抄本　十一冊

330000 – 1716 – 0024863　地獻 1727 – 1/
24863　子部/小說家類/異聞之屬

坐花誌果八卷　（清）汪道鼎撰　（清）鷲峰樵
者音釋　清光緒八年(1882)越州徐氏刻本
三冊　缺二卷(三至四)

330000 – 1716 – 0024866　地獻 1727 – 2/
24866　子部/小說家類/異聞之屬

坐花誌果八卷　（清）汪道鼎撰　（清）鷲峰樵
者音釋　清光緒八年(1882)越州徐氏刻本
三冊　存六卷(一至六)

330000 – 1716 – 0024867　地獻 1728 – 1/
24867　子部/宗教類/道教之屬

東宮司命竈君靈籤一卷　清道光二十四年
(1844)紹興刻同治五年(1866)印本　一冊

330000 – 1716 – 0024870　地獻 1628 – 3/
24870　集部/別集類/明別集

鐵厓樂府注十卷咏史注八卷逸編注八卷
（元）楊維楨撰　（清）樓卜瀍注　清乾隆三十
九年(1774)聯桂堂刻本　一冊　存四卷(逸
編注五至八)

330000 – 1716 – 0024872　集補 0306/24872
集部/曲類/彈詞之屬

黃金印六卷二十四回　（清）餐花館主人撰
清刻本　五冊　存五卷(二至六)

330000 – 1716 – 0024874　集補 0307/24874
集部/別集類/宋別集

山谷老人刀筆二十卷 （宋）黃庭堅撰 清同治十二年(1873)刻本 四冊

330000－1716－0024875 地獻 1729/24875
集部/總集類/彙編之屬

風懷鏡一卷尺牘一卷風懷二百韻一卷詞一卷古今詩一卷 （清）俞國琛纂 清嘉慶刻本 三冊 存三卷(尺牘、風懷二百韻、詞)

330000－1716－0024878 地獻 3031/24878
史部/政書類/公牘檔冊之屬

通飭通行二卷 清末抄本 一冊 存一卷(二)

330000－1716－0024879 地獻 3016－1/24879 子部/術數類/相宅相墓之屬

地理真鈐不分卷 清真興堂抄本 一冊

330000－1716－0024880 子補 0879/24880
子部/宗教類/佛教之屬/諸宗

淨業開蒙不分卷 （清）釋維遐輯 清末寧城秀文齋刻本 一冊

330000－1716－0024881 善附 0258/24881
集部/總集類/酬唱之屬

志學會同人筆記不分卷 （清）平桂森輯 清光緒十四年(1888)稿本 清王積成等批注 二冊

330000－1716－0024883 子補 1040/24883
子部/雜著類/雜考之屬

義門讀書記五十八卷 （清）何焯撰 （清）蔣維鈞輯 清乾隆三十四年(1769)蔣維鈞刻光緒六年(1880)苕溪吳氏重修本 十四冊 存五十三卷(四書一至六、詩經一至二、左氏春秋一至二、穀梁春秋一、公羊春秋一、史記一至二、前漢書三至六、後漢書一至五、三國志一至三、五代史一、昌黎集一至五、歐陽文忠公文一至二、元豐類稿一至五、文選一至五、陶靖節詩一、杜工部集一至六、李義山詩集一至二)

330000－1716－0024884 地獻 1731/24884
子部/醫家類/方書之屬/單方驗方

萬方類纂六卷 （清）宋穆撰 清嘉慶二十二

年(1817)州山退德堂刻本 二冊 存二卷(一、三)

330000－1716－0024891 地獻 3032/24891
集部/別集類/清別集

庚子辛丑課藝一卷 清光緒稿本 一冊

330000－1716－0024893 子補 0881/24893
子部/宗教類/佛教之屬/經

佛說阿彌陀經一卷 （後秦）釋鳩摩羅什譯 清浙省瑪瑙經房刻本 一冊

330000－1716－0024897 地獻 1735/24897
集部/別集類/清別集

倚栝吟遺稿二卷 （清）任塍撰 清宣統元年(1909)鉛印本 一冊

330000－1716－0024899 史補 0568/24899
史部/政書類/律令之屬/法驗

補注洗冤錄集證四卷附檢骨圖格一卷 （清）王又槐輯 （清）李觀瀾補輯 （清）阮其新補注 作吏要言一卷 （清）葉鎮撰 （清）朱椿增 清道光二十三年(1843)江都鍾淮刻三色套印本 一冊 存二卷(一至二)

330000－1716－0024903 經補 0521/24903
經部/叢編

通志堂經解一百四十種 （清）納蘭成德輯 清同治十年(1871)廣東文瀾閣刻本 四冊 存一種

330000－1716－0024905 子補 0883/24905
子部/宗教類/佛教之屬/經

佛祖三經指南三卷 （清）釋道霈述 清刻本 一冊 存一卷(一)

330000－1716－0024907 集補 0196/24907
集部/小說類/長篇之屬

繡像金臺全傳六卷六十回 清光緒二十五年(1899)上海文宜書局石印本 一冊 存一卷(一)

330000－1716－0024909 史補 0569/24909
史部/政書類/儀制之屬/專志/科舉校規

三場程式一卷 （清）蔣益灃撰 清光緒二十八年(1902)刻本 一冊

330000 – 1716 – 0024910　經補 0522/24910
經部/叢編

通志堂經解一百四十種　（清）納蘭成德輯
清康熙十九年（1680）納蘭成德刻乾隆五十年
（1785）補修本　一冊　存一種

330000 – 1716 – 0024911　集補 0311/24911
集部/別集類/清別集

知稼軒詩稿三卷　（清）張元奇撰　清光緒鉛
印本　一冊　存一卷（蘭臺集）

330000 – 1716 – 0024912　集補 0197 – 1/
24912　集部/曲類/彈詞之屬

繡像三元記十二卷　清末石印本　三冊　缺
三卷（一至三）

330000 – 1716 – 0024913　地獻 3036/24913
集部/別集類/清別集

詩稿一卷　（清）□□撰　稿本　一冊

330000 – 1716 – 0024917　地獻 3039/24917
集部/曲類/寶卷之屬

雙恩寶卷□□卷　清光緒二十九年（1903）駟
潭居士抄本　一冊　存一卷（三）

330000 – 1716 – 0024918　集補 0197 – 2/
24918　集部/曲類/彈詞之屬

新刻三元傳□□卷□□回　清末石印本　一
冊　存一卷（二）

330000 – 1716 – 0024919　子補 1041/24919
子部/雜著類/雜纂之屬

桂宮梯六卷附錄一卷續附錄一卷　（清）徐謙
輯　清道光二十四年（1844）刻本　四冊

330000 – 1716 – 0024922　經補 0523/24922
經部/小學類/文字之屬/字書/字體

隸辨八卷　（清）顧藹吉撰　清乾隆八年
（1743）天都黃晟刻本　六冊　存六卷（一至
六）

330000 – 1716 – 0024923　地獻 1737 – 1/
24923　子部/儒家類/儒學之屬/經濟

躬恥齋經世十八篇一卷　（清）宗稷辰撰　清
光緒二十七年（1901）會稽宗氏鉛印本　一冊

330000 – 1716 – 0024925　子補 1042/24925
子部/雜著類/雜纂之屬

格言聯璧一卷　（清）金纓輯　清光緒二十五
年（1899）上海鴻寶齋石印本　一冊

330000 – 1716 – 0024926　地獻 1738 – 1/
24926　子部/雜著類/雜說之屬

金罍子上篇二十卷中篇十二卷下篇十二卷
（明）陳絳撰　（明）陳昱輯　明萬曆三十四年
（1606）陳昱刻本　四冊　存十四卷（上篇一
至三、九至十一、十三至二十）

330000 – 1716 – 0024927　集補 0313 – 1/
24927　集部/別集類/清別集

醉月居詩鈔一卷詞鈔一卷　（清）葉世熊撰
清光緒三十年（1904）刻本　一冊　存一卷
（詩鈔）

330000 – 1716 – 0024928　地獻 3050/24928
子部/術數類/命書相書之屬

神相鐵関刀四卷　（清）陳漢卿撰　清光緒十
年（1884）陳氏抄本　一冊　存二卷（一至二）

330000 – 1716 – 0024930　地獻 3051/24930
集部/總集類/選集之屬/斷代

古唐詩一卷　清抄本　陳永灝題簽　一冊

330000 – 1716 – 0024931　子補 1044/24931
子部/雜著類/雜說之屬

池北偶談二十六卷　（清）王士禎撰　清光緒
二十二年（1896）上海慎記書莊石印本　七冊
　存二十三卷（一至四、八至二十六）

330000 – 1716 – 0024932　子補 0884/24932
子部/宗教類/佛教之屬/經疏

四十二章經一卷　（漢）釋迦葉摩騰　（漢）釋
竺法蘭譯　**佛遺教經一卷**　（後秦）釋鳩摩羅
什譯　清同治五年（1866）古杭昭慶寺刻本
一冊

330000 – 1716 – 0024934　地獻 3038/24934
子部/雜著類/雜纂之屬

擬議簿一卷　清書錦堂抄本　一冊

330000 – 1716 – 0024937　地獻 3041/24937
子部/宗教類/道教之屬/經文

陰符經一卷　（明）唐順之評釋　清末抄本
一冊

330000－1716－0024938　善附 0260/24938
子部/小說家類/雜事之屬
南部新書十卷補遺一卷　（宋）錢易撰　清末
沈氏鳴野山房抄本　一冊

330000－1716－0024939　集補 0315/24939
集部/別集類/清別集
春酒堂文集一卷　（清）周容撰　清宣統二年
（1910）上海國學扶輪社鉛印本　一冊

330000－1716－0024940　經補 0525/24940
經部/四書類/總義之屬/傳說
四書體注合講十九卷　（清）翁復編　清嘉慶
十七年（1812）養性軒刻本　三冊　缺九卷
（論語六至十、孟子四至七）

330000－1716－0024944　地獻 3040/24944
史部/史抄類
史抄一卷　清末抄本　一冊

330000－1716－0024945　集補 0316/24945
集部/別集類/漢魏六朝別集
陶元亮詩四卷　（晉）陶潛撰　（明）黃文煥析
義　清光緒二年（1876）刻本　二冊

330000－1716－0024946　經補 0526/24946
經部/四書類/總義之屬/傳說
四書體注合講十九卷　（清）翁復編　清學源
堂刻本　六冊

330000－1716－0024947　集補 0199/24947
集部/曲類/彈詞之屬
增補繡像玉蘡龍六卷五十七回　清末石印本
一冊　存一卷（一）

330000－1716－0024949　史補 0570/24949
史部/傳記類/總傳之屬/釋道
神僊傳十卷　（晉）葛洪撰　清刻本　一冊
存五卷（一至五）

330000－1716－0024950　集補 0200/24950
集部/曲類/彈詞之屬
繡像雲外飄香四卷十一回　清末文元書莊石

印本　一冊　存一卷（一）

330000－1716－0024953　經補 0527/24953
經部/四書類/總義之屬/傳說
四書體注合講十九卷　（清）翁復編　清刻本
四冊　缺二卷（孟子四至五）

330000－1716－0024955　集補 0317/24955
集部/別集類/清別集
二水樓文集二十卷首一卷詩集十八卷　（清）
李茹旻撰　清光緒十七年（1891）李鳴梧昧憩
廬刻本　十冊

330000－1716－0024956　地獻 3042/24956
史部/詔令奏議類/奏議之屬
呈批文一卷　清末抄本　一冊

330000－1716－0024957　集補 0701/24957
集部/曲類/彈詞之屬
繪圖荊襄快談錄八卷一百回　清末石印本
一冊　存一卷（六）

330000－1716－0024958　子補 1045/24958
子部/醫家類/醫經之屬/難經
校正圖注八十一難經四卷　（明）張世賢注
校正圖注脈訣四卷　（晉）王叔和撰　（明）張
世賢注　校正瀕湖脈學一卷奇經八脈考一卷
（明）李時珍撰輯　清上海受古書店石印本
一冊　存二卷（一至二）

330000－1716－0024960　集補 0318/24960
集部/總集類/郡邑之屬
兩浙輶軒續錄五十四卷補遺六卷　（清）潘衍
桐輯　清光緒十七年（1891）浙江書局刻本
八冊　存十一卷（三十一至四十一）

330000－1716－0024961　子補 0886－2/
24961　子部/宗教類/佛教之屬/經
大乘本生心地觀經八卷　（唐）釋般若等譯
清刻本　一冊　存四卷（五至八）

330000－1716－0024962　地獻 3044/24962
子部/雜著類/雜纂之屬
記事珠一卷　（清）拙怡堂主人錄　稿本
一冊

330000－1716－0024965　地獻 3045/24965
集部/總集類/選集之屬/斷代

國朝詩選一卷　（清）劉執玉選　清末施愚山抄本　一冊

330000－1716－0024966　集補 0702/24966
集部/曲類/彈詞之屬

繪圖後三笑才子奇書四卷二十四回　（清）曹春江撰　清末石印本　一冊

330000－1716－0024979　地獻 3037/24979
集部/詞類/別集之屬

山中白雲詞選讀一卷　（宋）張炎撰　清宣統元年（1909）抄本　一冊

330000－1716－0024981　地獻 3043/24981
集部/別集類/清別集

耐雨山房集二卷　（清）謝紹謀撰　清末抄本　一冊

330000－1716－0024983　地獻 3046/24983
集部/別集類/清別集

喝月居漫集一卷　（清）□□撰　清抄本　一冊

330000－1716－0024985　經補 0528/24985
經部/書類/傳說之屬

尚書後案三十卷附後辨一卷　（清）王鳴盛撰　清刻本　八冊

330000－1716－0024986　子補 0889/24986
子部/宗教類/佛教之屬

正宗科儀一卷　清同治三年（1864）刻　本善堂題記　一冊

330000－1716－0024988　集補 0319/24988
類叢部/叢書類/郡邑之屬

金華叢書六十八種　（清）胡鳳丹編　清同治七年至光緒八年（1868－1882）永康胡氏退補齋刻民國補刻本　一冊　存一種

330000－1716－0024990　子補 0890/24990
子部/宗教類/佛教之屬/經

金光明最勝王經十卷　（唐）釋義淨譯　清杭城瑪瑙寺南房明臺刻本　一冊　存五卷（一至五）

330000－1716－0024993　地獻 3047/24993
集部/小說類/短篇之屬

短篇小說輯抄不分卷　清光緒抄本　一冊

330000－1716－0024994　子補 0891/24994
子部/宗教類/佛教之屬

佛爾雅八卷　（清）周春撰　清宣統上海國學扶輪社鉛印本　一冊　存四卷（一至四）

330000－1716－0024995　地獻 1739/24995
集部/別集類/清別集

瘦吟廬詩鈔四卷　（清）沈煒撰　清道光刻本　一冊　存二卷（三至四）

330000－1716－0024996　集補 0705/24996
集部/小說類/長篇之屬

繪圖第一俠義奇女傳四卷五十三回　（清）好古主人撰　清末石印本　一冊　存一卷（二）

330000－1716－0024997　地獻 3048/24997
子部/術數類/陰陽五行之屬

尅擇斗首真傳一卷　清抄本　二冊

330000－1716－0024999　經補 0530/24999
經部/四書類/總義之屬/傳說

四書體注合講十九卷　（清）翁復編　清刻本　二冊　存七卷（大學、中庸、論語六至十）

330000－1716－0025001　地獻 3100/25001
史部/政書類/公牘檔冊之屬

職官名錄一卷文牘一卷　清抄本　三冊

330000－1716－0025002　地獻 1740/25002
集部/別集類/清別集

因樹書屋詩稿十二卷　（清）沈寶森撰　清光緒二十三年（1897）上虞枕湖樓連氏刻本　七冊　存十卷（一至六、九至十二）

330000－1716－0025004　地獻 1032－2/25004　子部/雜著類/雜說之屬

薑露盦雜記六卷　（清）施山撰　清宣統三年（1911）會稽施煋金陵刻本　一冊　存三卷（一至三）

330000－1716－0025005　地獻 1506－4/25005　集部/別集類/清別集

洗齋病學草擬存詩一卷附存詩一卷　（清）胡壽頤撰　（清）昨非居士輯　清光緒十年(1884)山陰胡氏刻本　一冊　存一卷(附存詩)

330000－1716－0025008　子補0893/25008　子部/宗教類/佛教之屬

觀音大士得道壬申寶懺二卷　清末刻本　釋慧心題記　一冊　存一卷(一)

330000－1716－0025009　地獻3049/25009　子部/雜著類/雜纂之屬

雜記一卷　清末抄本　一冊

330000－1716－0025010　地獻1741/25010　子部/雜著類/雜說之屬

寄龕襍著　（清）孫德祖撰　清光緒刻本　一冊　存一種

330000－1716－0025011　集補0707/25011　集部/曲類/彈詞之屬

繡像落金扇六卷五十回　（清）夏斐文撰　清光緒二十六年(1900)上海海左書莊石印本　一冊　存一卷(一)

330000－1716－0025012　地獻3063/25012　集部/別集類/清別集

東鷗草堂詩仿一卷　（清）周星譽撰　清末抄本　一冊

330000－1716－0025013　史補0062－3/25013　史部/傳記類/科舉錄之屬/歷科鄉試錄

[光緒丁酉科]浙江鄉試同年齒錄不分卷　清光緒刻本　四冊

330000－1716－0025015　子補0894/25015　子部/宗教類/佛教之屬/諸宗

念佛鏡一卷　（唐）釋道鏡　（唐）釋善道輯　清同治十年(1871)虞妙道刻本　一冊

330000－1716－0025018　地獻3101/25018　子部/術數類/相宅相墓之屬

曹安峰地理原本說四卷　（清）曹家甲撰　清末抄本　一冊　存一卷(三)

330000－1716－0025019　地獻1743/25019　史部/政書類/公牘檔冊之屬

浙紹鄉祠徵信錄二卷　（清）陳錦　（清）袁鳳詔編纂　清光緒十四年(1888)浙紹鄉祠刻本　一冊　存一卷(一)

330000－1716－0025020　地獻3102/25020　子部/醫家類/診法之屬/脈經脈訣

四言舉要一卷　（宋）崔嘉彥撰　清末抄本　一冊

330000－1716－0025024　集補0320/25024　集部/別集類/唐五代別集

杜詩詳注二十五卷首一卷附編二卷　（唐）杜甫撰　（清）仇兆鰲輯注　清康熙刻本　十五冊　存十六卷(一至十五、十九)

330000－1716－0025025　史補0576/25025　史部/政書類/律令之屬/刑制

直隸清訟事宜一卷　（清）曾國藩撰　清末刻本　一冊

330000－1716－0025027　地獻3066/25027　集部/總集類/尺牘之屬

信稿一卷　清光緒二十五年(1899)東海徐氏抄本　一冊

330000－1716－0025028　子補1048－3/25028　子部/叢編

子書二十三種　（清）浙江書局編　清光緒二十三年(1897)上海圖書集成局鉛印本　二冊　存一種

330000－1716－0025029　子補1048－4/25029　子部/叢編

子書二十三種　（清）浙江書局編　清光緒二十三年(1897)上海圖書集成局鉛印本　一冊　存一種

330000－1716－0025030　集補0709－2/25030　集部/曲類/彈詞之屬

繡像六美圖中外緣傳八卷七十六回　清末石印本　一冊　存一卷(八)

330000－1716－0025031　子補1048－5/25031　子部/叢編

子書二十三種　（清）浙江書局編　清光緒二
十三年(1897)上海圖書集成局鉛印本　一冊
　存一種

330000－1716－0025032　地獻3103/25032
史部/政書類/公牘檔冊之屬
公牘一卷　清末抄本　一冊

330000－1716－0025033　地獻3067/25033
子部/雜著類/雜纂之屬
芝金記一卷　清光緒十年(1884)抄本　一冊

330000－1716－0025034　地獻3068/25034
集部/戲劇類/雜劇之屬
雙貴圖江邊遇叔一卷　清末抄本　一冊

330000－1716－0025035　經補0531/25035
經部/易類/傳說之屬
來瞿唐先生易注十五卷首一卷末一卷圖一卷
　（明）來知德撰　清嘉慶十四年(1809)刻本
　十一冊　缺二卷(三至四)

330000－1716－0025036　集補0321－1/
25036　集部/別集類/宋別集
蘇文忠公詩集五十卷目錄二卷　（宋）蘇軾撰
　（清）紀昀評點　清同治八年(1869)韞玉山
房粵東省城刻翰墨園朱墨套印本　十二冊
缺一卷(五十)

330000－1716－0025037　地獻3069/25037
子部/雜著類/雜纂之屬
瞥記一卷　清末抄本　一冊

330000－1716－0025038　史補0577/25038
史部/傳記類/總傳之屬
旌孝錄不分卷　清刻本　一冊

330000－1716－0025040　經補0532/25040
經部/叢編
通志堂經解一百四十種　（清）納蘭成德輯
清刻本　一冊　存一種

330000－1716－0025041　集補0321－2/
25041　集部/別集類/宋別集
蘇文忠詩合注五十卷首一卷目錄一卷　（宋）
蘇軾撰　（清）馮應榴輯　清刻本　二十

缺三卷(一至三)

330000－1716－0025042　史補0578/25042
史部/政書類/通制之屬
建炎以來朝野雜記甲集二十卷乙集二十卷
（宋）李心傳撰　清刻本　一冊　存三卷(乙
集十四至十六)

330000－1716－0025045　地獻1606－2/
25045　集部/別集類/清別集
**宛委山人詩集十二卷附炊臼集一卷西園詩選
三卷**　（清）劉正誼撰　清乾隆四年(1739)刻
本　清慕溪題簽　二冊　存八卷(五至十二)

330000－1716－0025047　子補1047－7/
25047　子部/道家類
莊子十卷　（晉）郭象注　（唐）陸德明音義
清光緒二十三年(1897)新化三味書室刻本
一冊　存一種

330000－1716－0025048　地獻1744/25048
集部/總集類/郡邑之屬
越郡詩賦題解十四卷續編十四卷　（清）胡肖
岩輯　清石印本　一冊　缺六卷(一至六)

330000－1716－0025050　集補0710/25050
集部/小說類/短篇之屬
閨閣才子奇書十二卷首一卷　（清）鴛湖煙水
散人撰　清光緒十八年(1892)上海中和書局
石印本　一冊　存四卷(一至三、首)

330000－1716－0025051　子補1047－8/
25051　子部/道家類
莊子因六卷　（清）林雲銘撰　清光緒六年
(1880)白雲精舍刻本　二冊　存三卷(四至
六)

330000－1716－0025054　地獻1745－1/
25054　史部/地理類/水利之屬
浙江通志水利海防十四卷　（清）李衛　（清）
沈翼機等纂修　清光緒五年(1879)浙紹墨潤
堂刻本　二冊　存十卷(一至十)

330000－1716－0025055　地獻3076/25055
子部/醫家類/方書之屬
醫書不分卷　清末抄本　六冊

330000－1716－0025056　地獻 3077/25056
史部/史評類/史論之屬

史論一卷　（清）北山居士選　清末抄本
一冊

330000－1716－0025057　地獻 1745－2/
25057　史部/地理類/水利之屬

浙江通志水利海防十四卷　（清）李衛　（清）
沈翼機等纂修　清光緒五年（1879）浙紹墨潤
堂刻本　五冊

330000－1716－0025059　集補 0322/25059
集部/戲劇類/傳奇之屬

蔣士銓九種曲　（清）蔣士銓撰　清刻本　一
冊　存一種

330000－1716－0025060　子補 0895－1/
25060　子部/宗教類/佛教之屬/經

地藏菩薩本願經三卷　（唐）釋實叉難陀譯
清刻本　一冊

330000－1716－0025061　經補 0533/25061
經部/叢編

經玩四種　（清）沈淑撰　清雍正三年（1725）
常熟沈氏孝德堂刻本　六冊　存三種

330000－1716－0025062　地獻 1746/25062
類叢部/類書類/通類之屬

**增廣試帖玉芙蓉五卷韻目一卷類目一卷續集
二卷韻目一卷類目一卷**　（清）鴻寶齋主人輯
　清光緒十四年（1888）上海鴻寶齋石印本
七冊　缺一卷（一）

330000－1716－0025063　地獻 3104/25063
子部/醫家類/方書之屬

尊聞錄二卷　清狷生抄本　二冊

330000－1716－0025064　集補 0712/25064
集部/小說類/短篇之屬

覺世名言十二樓十二卷三十八回　（清）李漁
撰　清末上海文元書局石印本　二冊　存二
卷（一、六）

330000－1716－0025065　子補 0895－2/
25065　子部/宗教類/佛教之屬/經

地藏菩薩本願經三卷　（唐）釋實叉難陀譯

清刻本　一冊

330000－1716－0025066　地獻 1747/25066
集部/總集類/課藝之屬

越郡課藝不分卷　清光緒二十八年（1902）紹
興會文堂石印本　一冊

330000－1716－0025068　子補 0895－3/
25068　子部/宗教類/佛教之屬/經

地藏菩薩本願經三卷　（唐）釋實叉難陀譯
清刻本　一冊

330000－1716－0025069　地獻 1486－9/
25069　集部/小說類/長篇之屬

繡像京本雲合奇蹤玉茗英烈全傳四卷八十回
　（明）徐渭編　清末石印本　二冊　存二卷
（三至四）

330000－1716－0025070　子補 0895－4/
25070　子部/宗教類/佛教之屬/經

地藏菩薩本願經三卷　（唐）釋實叉難陀譯
清刻本　一冊

330000－1716－0025071　地獻 3105/25071
子部/醫家類/傷科之屬

跌打損傷接骨入骱一卷　（清）永清堂何寶記
錄　清宣統二年（1910）抄本　一冊

330000－1716－0025076　地獻 3106/25076
子部/醫家類/方書之屬

邵蘭生先生藥方一卷　清末抄本　一冊

330000－1716－0025078　地獻 3109/25078
子部/醫家類/方書之屬

醫書不分卷　清末抄本　三冊

330000－1716－0025080　集補 0337/25080
集部/別集類/清別集

清谿惆悵集一卷　（清）李笏撰　清光緒八年
（1882）刻本　一冊

330000－1716－0025082　地獻 1691－8/
25082　經部/小學類/訓詁之屬/字詁

新增攷正俗言智燈難字二卷雅語巧對錄一卷
　（清）范寅撰　清光緒三十二年（1906）浙紹
墨潤堂石印本　清徐東、清張聖徵題記　二

冊　缺一卷（雅語巧對録）

330000－1716－0025085　地獻 3078/25085
子部/醫家類/方書之屬
醫書不分卷　清末抄本　二冊

330000－1716－0025086　集補 0715/25086
集部/小說類/長篇之屬
新鐫繪圖十二美女玉蟾緣四卷五十三回
（清）崔象川撰　清末石印本　一冊　存一卷
（一）

330000－1716－0025087　地獻 1486－10/
25087　集部/小說類/長篇之屬
繡像京本雲合奇蹤玉茗英烈全傳十卷八十回
（明）徐渭編　清刻本　五冊　存五卷（二
至四、六、十）

330000－1716－0025089　經補 0535/25089
經部/四書類/總義之屬/傳說
新訂四書補注備旨十卷　（明）鄧林撰　（清）
杜定基增訂　清文淵堂刻本　四冊　存七卷
（論語一至四,孟子一至二、四）

330000－1716－0025090　地獻 3079/25090
經部/小學類/文字之屬/字書/字典
同音簡明字典一卷　陶祥忻輯撰　清末抄本
一冊

330000－1716－0025091　地獻 1486－11/
25091　集部/小說類/長篇之屬
繡像京本雲合奇蹤玉茗英烈全傳十卷八十回
（明）徐渭編　清刻本　二冊　存二卷（九
至十）

330000－1716－0025092　集補 0716/25092
集部/小說類/長篇之屬
中東大戰演義四卷三十三回　（清）洪興全輯
清光緒二十六年（1900）香港中華印務總局
鉛印本　一冊　存一卷（一）

330000－1716－0025093　集補 0340/25093
集部/總集類/選集之屬/斷代
唐四家詩集二十八卷　清宣統三年（1911）上
海掃葉山房石印本　一冊　存一種

330000－1716－0025094　地獻 3080/25094
集部/別集類/清別集
紅杏館詩鈔一卷　（清）陳文定撰　稿本
一冊

330000－1716－0025095　經補 0536/25095
經部/四書類/總義之屬/傳說
新訂四書補注備旨十卷　（明）鄧林撰　（清）
杜定基增訂　清刻本　一冊　存二卷（大學、
中庸）

330000－1716－0025097　集補 0341/25097
集部/別集類/宋別集
曾南豐文集四卷　（宋）曾鞏撰　清宣統二年
（1910）上海會文堂書局石印本　二冊

330000－1716－0025098　子補 1051－1/
25098　子部/儒家類/儒學之屬/禮教/女範
女四書四卷　（清）王相箋注　清務本堂刻本
一冊　存三卷（曹大家女誡、宋若昭女論
語、王節婦女範捷録）

330000－1716－0025099　經補 0534/25099
經部/四書類/總義之屬/傳說
新訂四書補注備旨十卷　（明）鄧林撰　（清）
杜定基增訂　清光緒九年（1883）漁古山房刻
本　三冊　存四卷（大學、中庸、孟子三至四）

330000－1716－0025100　地獻 3081/25100
集部/曲類/彈詞之屬
百花臺二卷　清宣統抄本　二冊

330000－1716－0025101　集補 0717/25101
集部/小說類/長篇之屬
增像玉茗堂批點按鑑參補南宋志傳十卷五十
回　（明）研石山樵訂正　清末修齊堂石印本
一冊　存四卷（四至七）

330000－1716－0025102　子補 0897－1/
25102　子部/宗教類/佛教之屬/經
大佛頂如來密因修證了義諸菩薩萬行首楞嚴
經十卷　題（唐）釋般剌密帝　（唐）釋彌伽釋
迦譯　清刻本　一冊　存四卷（七至十）

330000－1716－0025104　子補 1051－2/
25104　子部/儒家類/儒學之屬/禮教/女範

女四書四卷 （清）王相箋注 清刻本 一冊
存二卷（宋若昭女論語、王節婦女範捷録）

330000－1716－0025105 地獻1748/25105
集部/別集類/清別集

薑畦詩集六卷 （清）邵廷鎬撰 清乾隆刻本
一冊 存三卷（一至三）

330000－1716－0025106 子補0897－2/
25106 子部/宗教類/佛教之屬/經

大佛頂如來密因修證了義諸菩薩萬行首楞嚴
經十卷 題（唐）釋般刺密帝 （唐）釋彌伽釋
迦譯 清刻本 一冊 存三卷（四至六）

330000－1716－0025107 子補1051－3/
25107 子部/儒家類/儒學之屬/禮教/女範

女四書四卷 （清）王相箋注 清光緒十九年
（1893）滬上熙記書莊刻本 一冊 存二卷
（曹大家女誡、仁孝文皇后内訓）

330000－1716－0025109 子補1052－2/
25109 子部/小說家類/異聞之屬

山海經廣注十八卷讀山海經語一卷雜述一卷
圖五卷 （清）吳任臣撰 清刻本 二冊 缺
五卷（一至五）

330000－1716－0025110 子補1052－1/
25110 子部/小說家類/異聞之屬

山海經廣注十八卷讀山海經語一卷雜述一卷
圖五卷 （清）吳任臣撰 清刻本 二冊 缺
十八卷（四至十八、圖三至五）

330000－1716－0025111 經補0537/25111
經部/小學類/音韻之屬/韻書

佩文廣韻匯編五卷 （清）李元祺輯 清同治
十一年（1872）金陵書局刻本 二冊

330000－1716－0025114 史補0579/25114
史部/金石類/金之屬/文字

歷代鐘鼎彝器款識法帖二十卷 （宋）薛尚功
撰 清嘉慶二年（1797）儀徵阮元小琅環僊館
刻本 三冊 存十五卷（六至二十）

330000－1716－0025115 經補0538/25115
經部/小學類/音韻之屬/韻書

佩文廣韻匯編五卷 （清）李元祺輯 清同治

十一年（1872）金陵書局刻本 二冊

330000－1716－0025116 經補0539/25116
經部/四書類/總義之屬/傳說

新訂四書補注備旨十卷 （明）鄧林撰 （清）
杜定基增訂 清光緒二十一年（1895）經綸元
記刻本 二冊 存四卷（大學、中庸、論語一
至二）

330000－1716－0025118 地獻3082/25118
史部/詔令奏議類/詔令之屬

世宗憲皇帝上諭一卷 清末抄本 一冊

330000－1716－0025119 古越0750/25119
史部/政書類/公牘檔冊之屬

餘姚上虞兩邑掩埋徵信録一卷 清光緒十九
年（1893）鉛印本 一冊

330000－1716－0025120 地獻3108/25120
子部/儒家類/儒學之屬/俗訓

蕺山先生人譜一卷 （明）劉宗周撰 清末抄
本 一冊

330000－1716－0025121 古越0749/25121
史部/政書類/公牘檔冊之屬

籌建浙紹清節堂收支年終清目不分卷 （清）
□□撰 清光緒二十三年（1897）刻本 一冊

330000－1716－0025122 地獻3083/25122
子部/雜著類/雜說之屬

雜鈔一卷 清末抄本 一冊

330000－1716－0025123 子補0898－1/
25123 子部/宗教類/佛教之屬/經

金剛般若波羅密經一卷般若波羅密多心經一
卷 （後秦）釋鳩摩羅什譯 清道光十三年
（1833）山左會文齋刻本 張文治題記 一冊

330000－1716－0025124 地獻3086/25124
類叢部/類書類/專類之屬

五經類編一卷 清末抄本 一冊

330000－1716－0025125 地獻3111/25125
子部/醫家類/方書之屬

方目便查一卷 清末抄本 二冊

330000－1716－0025126 地獻3084/25126

子部/雜著類/雜纂之屬
消遣雜識二卷　清末抗□氏抄本　一冊　存一卷(下)

330000 – 1716 – 0025127　子補 1053/25127
子部/醫家類/類編之屬
中西匯通醫書五種　唐宗海撰　清光緒上海千頃堂書局石印本　二冊　存二種

330000 – 1716 – 0025129　地獻 1564 – 2/25129　集部/別集類/清別集
鮑太史詩集八卷　(清)鮑存曉撰　(清)鄭錫田輯　清光緒十二年(1886)玉屏鄭錫田刻本　一冊　存二卷(一至二)

330000 – 1716 – 0025131　地獻 3085/25131
子部/藝術類/書畫之屬/書法書品
吳約豀書詮一卷　清末朧仙氏抄本　一冊

330000 – 1716 – 0025133　子補 0898 – 2/25133　子部/宗教類/佛教之屬/經
金剛般若波羅蜜經一卷　(後秦)釋鳩摩羅什譯　清刻本　一冊

330000 – 1716 – 0025136　史補 0580/25136
史部/政書類/律令之屬/律例
欽定吏部則例八十七卷　(清)錫珍等修(清)施人鏡等纂　清光緒十二年(1886)刻本　一冊　存一種

330000 – 1716 – 0025137　經補 0541/25137
經部/四書類/總義之屬/傳說
新訂四書補注備旨十卷　(明)鄧林撰　(清)杜定基增訂　清嘉慶三年(1798)崇文堂刻本　一冊　存二卷(大學、中庸)

330000 – 1716 – 0025139　經補 0542/25139
經部/四書類/論語之屬/傳說
增訂二論詳解四卷　(清)劉忠輯　清上洋大文楨記刻本　四冊

330000 – 1716 – 0025140　集補 0343/25140
集部/別集類/唐五代別集
駱賓王文集十卷　(唐)駱賓王撰　**考異一卷**　(清)顧廣圻撰　清宣統三年(1911)上海文瑞樓石印本　一冊　存五卷(一至五)

330000 – 1716 – 0025141　地獻 3114/25141
史部/政書類/公牘檔冊之屬
蘇省司讞一卷　稿本　一冊

330000 – 1716 – 0025142　史補 0581/25142
史部/政書類/律令之屬/法驗
洗冤錄詳義四卷首一卷　(清)許槤輯　清刻本　三冊　缺二卷(三至四)

330000 – 1716 – 0025144　子補 0898 – 4/25144　子部/宗教類/佛教之屬/經
金剛般若波羅蜜經一卷　(後秦)釋鳩摩羅什譯　清刻本　一冊

330000 – 1716 – 0025148　地獻 3113/25148
集部/詩文評類/詩評之屬
柳亭詩話三十卷　(清)宋長白纂　清末抄本　一冊　存一卷(二十六)

330000 – 1716 – 0025152　善附 0266/25152
集部/總集類/酬唱之屬
秋夜聯吟集一卷　(清)王椿齡　(清)秦樹銛稿　清末抄本　一冊

330000 – 1716 – 0025155　史補 0582/25155
史部/政書類/律令之屬/法驗
重刊補注洗冤錄集證六卷　(清)王又槐輯(清)李觀瀾補輯　(清)阮其新補注　(清)張錫蕃重訂　(清)文晟續輯　清道光二十四年(1844)廣州翰墨園刻四色套印本　二冊　存三卷(一、三,首)

330000 – 1716 – 0025157　史補 0583/25157
史部/政書類/律令之屬/法驗
洗冤錄詳義四卷首一卷　(清)許槤輯　清刻本　二冊　存三卷(一、三至四)

330000 – 1716 – 0025160　地獻 3088/25160
子部/藝術類/遊藝之屬/棋弈
仙機武庫一卷　清末抄本　一冊

330000 – 1716 – 0025161　地獻 1442 – 5/25161　史部/目錄類/專錄之屬
東西學書錄總敘二卷　沈桐生撰　清光緒二十三年(1897)讀有用書齋刻本　二冊

330000－1716－0025162　子補0899－1/25162　子部/宗教類/佛教之屬/經

佛說高王觀世音經一卷　清杭城景文齋刻本　一冊

330000－1716－0025163　地獻3089/25163　類叢部/類書類/專類之屬

見心集二卷　清光緒四年（1878）楸村氏抄本　一冊

330000－1716－0025164　子補0899－2/25164　子部/宗教類/佛教之屬/經

高王觀世音菩薩真經一卷　清刻本　一冊

330000－1716－0025165　地獻1464－32/25165　史部/傳記類/科舉錄之屬

[光緒癸卯科]浙江優貢卷一卷　壽鵬飛撰　清光緒刻本　一冊

330000－1716－0025166　地獻1464－33/25166　史部/傳記類/科舉錄之屬/歷科鄉試錄

[光緒戊子科]浙江鄉試硃卷一卷　（清）李德奎撰　清光緒刻本　一冊

330000－1716－0025168　經補0544/25168　經部/小學類/文字之屬/字書/字典

識字編二卷　（清）熊學橋鑒定　（清）王子音編注　清刻本　二冊

330000－1716－0025169　子補0899－3/25169　子部/宗教類/佛教之屬/經

高王觀世音經一卷　清同治七年（1868）蕭邑田惠順刻本　一冊

330000－1716－0025171　地獻1464－34/25171　史部/傳記類/科舉錄之屬/歷科鄉試錄

[光緒辛卯科]浙江鄉試硃卷一卷　（清）全沛豐撰　清光緒刻本　一冊

330000－1716－0025172　子補0899－4/25172　子部/宗教類/佛教之屬/經

高王觀世音經一卷　清光緒二十五年（1899）上海書局石印本　一冊

330000－1716－0025173　地獻1464－35/25173　史部/傳記類/科舉錄之屬/歷科鄉試錄

[光緒己丑恩科]浙江鄉試硃卷一卷　徐維則撰　清光緒刻本　一冊

330000－1716－0025174　地獻1464－36/25174　史部/傳記類/科舉錄之屬/歷科鄉試錄

[光緒庚子辛丑恩正並科]浙江鄉試卷一卷
[光緒壬寅補行庚子科]浙江優貢卷一卷
（清）周藴良撰　清光緒刻本　一冊

330000－1716－0025175　子補0899－5/25175　子部/宗教類/佛教之屬/經

佛說高王觀世音經一卷　清刻本　一冊

330000－1716－0025176　地獻3115/25176　子部/術數類/相宅相墓之屬

地理四書集注四卷前集一卷後集一卷　清末抄本　六冊

330000－1716－0025178　經補0545/25178　經部/易類/傳說之屬

石鏡山房增訂周易說統二十五卷　（明）張振淵輯　明天啟石鏡山房刻本　六冊　存九卷（一、十二至十五、十八至二十、二十五）

330000－1716－0025180　地獻1464－37/25180　史部/傳記類/科舉錄之屬/歷科鄉試錄

[光緒庚子辛丑恩正並科]浙江鄉試卷一卷
（清）馬綱章撰　清光緒刻本　一冊

330000－1716－0025182　地獻3116/25182　子部/醫家類/婦科之屬/產科

女科指歸集要二卷　清末抄本　二冊

330000－1716－0025184　地獻1464－38/25184　史部/傳記類/科舉錄之屬/歷科登科錄

[光緒癸卯補行辛丑壬寅恩正並科]會試墨卷一卷　（清）何壽章撰　清光緒刻本　一冊

330000－1716－0025185　地獻3091/25185　子部/醫家類/本草之屬/本草藥性

藥性歌一卷　（清）蔣仲芳撰　清末抄本
一冊

330000－1716－0025188　經補 0546/25188
經部/四書類/總義之屬/文字音義
四書不二字音釋不分卷　（清）楊昕撰　清同
治九年(1870)吳中刻本　四冊

330000－1716－0025191　史補 0584/25191
史部/地理類
李氏五種　（清）李兆洛撰　清同治九年至十
一年(1870－1872)合肥李鴻章刻本　一冊
存一種

330000－1716－0025192　善附 0268/25192
集部/別集類/清別集
月梅書屋文集一卷　（清）敬予氏撰　稿本
一冊

330000－1716－0025193　地獻 3093/25193
子部/醫家類/綜合之屬/通論
扁鵲心書三卷　（宋）竇材輯　清抄本　一冊
存一卷(三)

330000－1716－0025194　經補 0546－5/
25194　經部/四書類/總義之屬/文字音義
四書不二字音釋不分卷　（清）楊昕撰　清刻
本　二冊

330000－1716－0025197　經補 0546－7/
25197　經部/四書類/總義之屬/文字音義
四書不二字音釋不分卷　（清）楊昕撰　清刻
本　一冊

330000－1716－0025199　善附 0269/25199
集部/總集類/選集之屬/斷代
向青閣讀詩類鈔一卷　（清）姚培謙輯　清咸
豐十一年(1861)小舟釣者抄本　一冊

330000－1716－0025200　善附 0270/25200
集部/別集類/清別集
課藝一卷　（清）□琛撰　清光緒稿本　一冊

330000－1716－0025202　經補 0546－3/
25202　經部/四書類/總義之屬/文字音義
四書不二字音釋不分卷　（清）楊昕撰　清刻

本　二冊

330000－1716－0025203　史補 0585/25203
史部/政書類/儀制之屬/專志/科舉校規
三場程式一卷　（清）蔣益灃撰　清光緒二十
八年(1902)刻本　一冊

330000－1716－0025204　子補 0900/25204
子部/宗教類/佛教之屬
觀音大士下降金沙灘勸人修行寶卷一卷　清
光緒十九年(1893)寧波述古堂刻本　一冊

330000－1716－0025205　地獻 3118/25205
集部/總集類/選集之屬/斷代
文藝續鈔一卷　（清）怡廬主人輯　清末抄本
一冊

330000－1716－0025206　集補 0349/25206
集部/總集類/選集之屬/通代
古詩源十四卷　（清）沈德潛輯　清刻本　一
冊　存三卷(十二至十四)

330000－1716－0025207　經補 0546－2/
25207　經部/四書類/總義之屬/文字音義
四書不二字音釋不分卷　（清）楊昕撰　清刻
本　二冊

330000－1716－0025208　地獻 3094/25208
子部/術數類/占卜之屬
孚佑帝君太極生生神數一卷　清光緒十二年
(1886)抄本　一冊

330000－1716－0025210　子補 0901/25210
子部/宗教類/佛教之屬
慈悲道場觀音懺法□□卷　清同治十一年
(1872)瑪瑙明臺經房刻本　一冊　存一卷
(上)

330000－1716－0025211　集補 0719－14/
25211　集部/曲類/彈詞之屬
繡像雙珠鳳十五卷十六回　清刻本　二冊
存八卷(四至十一)

330000－1716－0025212　子補 0902/25212
子部/宗教類/佛教之屬/經咒
首楞嚴咒音釋一卷誦課本一卷注釋本一卷節

鈔一卷　清刻本　一冊

330000－1716－0025213　地獻 3095/25213　集部/別集類/清別集
覆瓿集□□卷　(清)□□撰　清末抄本　一冊　存一卷(一)

330000－1716－0025214　地獻 3120/25214　集部/別集類/清別集
詩稿一卷　(清)□□撰　清末抄本　一冊

330000－1716－0025215　集補 1521－1/25215　集部/別集類/宋別集
山谷詩内集注二十卷外集注十七卷外集補四卷別集注二卷別集補一卷　(宋)黄庭堅撰　(宋)任淵　(宋)史容　(宋)史季溫注　**重刻山谷先生年譜十四卷**　(宋)黄㽦撰　清刻本　一冊　存三卷(年譜十二至十四)

330000－1716－0025216　地獻 3121/25216　史部/史抄類
南北史捃華不分卷　(清)周嘉猷輯　清末抄本　一冊

330000－1716－0025217　子補 1054/25217　子部/儒家類/儒學之屬/禮教
聖諭廣訓直解一卷　(清)世宗胤禛撰　(清)□□直解　清刻本　一冊

330000－1716－0025219　史補 0587/25219　史部/史表類/通代之屬
歷代帝王年表一卷紀元同異攷略一卷　黄大華撰　清刻本　二冊

330000－1716－0025221　地獻 3122/25221　集部/別集類/清別集
先考少峰府君遺作一卷　(清)□□撰　稿本　一冊

330000－1716－0025222　地獻 1753/25222　史部/政書類/邦計之屬/荒政
徐氏義倉記略一卷　(清)徐春沅輯　清同治刻本　一冊

330000－1716－0025223　地獻 3123/25223　子部/醫家類/診法之屬
脈訣言一卷痘疹要訣一卷小兒百病要方一卷　清玉軒氏抄本　二冊

330000－1716－0025224　經補 0551/25224　經部/四書類/總義之屬
四書學思録□□卷　清定性齋刻本　四冊　存四卷(中庸二至五)

330000－1716－0025225　集補 0719－12/25225　集部/曲類/彈詞之屬
繡像珍珠鳳十五卷十六回　清光緒刻本　一冊　存七卷(一至七)

330000－1716－0025226　地獻 1579－7/25226　集部/別集類/宋別集
劍南詩鈔六卷　(宋)陸游撰　(清)楊大鶴選　清刻本　一冊　存一卷(七言律)

330000－1716－0025227　地獻 3124/25227　子部/醫家類/方書之屬
治病方書一卷　清末抄本　一冊

330000－1716－0025228　子補 0907－1/25228　子部/宗教類/佛教之屬/經
金剛般若波羅蜜經一卷　(後秦)釋鳩摩羅什譯　清刻本　一冊

330000－1716－0025231　集補 0719－13/25231　集部/曲類/彈詞之屬
繡像珍珠鳳十五卷十六回　清刻本　一冊　存四卷(八至十一)

330000－1716－0025232　地獻 3125/25232　子部/醫家類/眼科之屬
眼目心經藥性一卷　清末抄本　一冊

330000－1716－0025233　地獻 1363－4/25233　類叢部/叢書類/彙編之屬
會稽徐氏鑄學齋叢書十三種　徐維則編　清咸豐至光緒會稽徐氏刻光緒二十六年(1900)彙印本　清何述題記　一冊　存一種

330000－1716－0025234　經補 0552/25234　經部/群經總義類/文字音義之屬
十三經集字摹本四卷　(清)彭玉雯撰　清刻本　三冊　存二卷(三至四)

330000－1716－0025236　子補 1283－2/
25236　子部/小說家類/異聞之屬

坐花誌果八卷　（清）汪道鼎撰　（清）鷲峰樵
者音釋　清光緒十七年（1891）武林竹簡齋石
印本　四冊

330000－1716－0025238　子補 1283－4/
25238　子部/小說家類/異聞之屬

坐花誌果八卷　（清）汪道鼎撰　（清）鷲峰樵
者音釋　清光緒十七年（1891）武林竹簡齋石
印本　三冊　存六卷（一至四、七至八）

330000－1716－0025239　集補 0350/25239
集部/別集類/漢魏六朝別集

庾子山全集十卷　（北周）庾信撰　（清）吳兆
宜箋注　清刻本（卷四至五配清抄本）　六冊

330000－1716－0025240　地獻 0218/25240
史部/史表類/斷代之屬

元史氏族表三卷　（清）錢大昕撰　清江蘇書
局刻本　一冊　存一卷（一）

330000－1716－0025241　集補 0720－2/
25241　集部/戲劇類/總集之屬/傳奇

笠翁傳奇十種　（清）李漁撰　清刻本　三冊
　存三種

330000－1716－0025242　經補 0553/25242
經部/群經總義類/文字音義之屬

十三經集字摹本不分卷分畫便查一卷韻有經
無各字摘錄一卷　（清）彭玉雯撰　清刻本
二冊　缺二卷（分畫便查、韻有經無各字摘
錄）

330000－1716－0025243　地獻 3096/25243
集部/總集類/選集之屬/斷代

國朝閨秀正始集二十卷附錄一卷補遺一卷
（清）惲珠輯　清吳興承抄本　一冊　存三卷
（九至十一）

330000－1716－0025244　經補 0554/25244
經部/群經總義類/文字音義之屬

十三經集字摹本不分卷分畫便查一卷韻有經
無各字摘錄一卷　（清）彭玉雯撰　清道光二
十九年（1849）江右彭氏刻本　八冊

330000－1716－0025245　地獻 3097/25245
集部/總集類/選集之屬/通代

十八家詩鈔二十八卷　（清）曾國藩輯　清末
抄本　一冊　存一卷（十七）

330000－1716－0025246　經補 0555/25246
經部/群經總義類/文字音義之屬

十三經集字摹本不分卷分畫便查一卷韻有經
無各字摘錄一卷　（清）彭玉雯撰　清道光二
十九年（1849）上洋校經山房刻本　一冊　存
一卷（分畫便查）

330000－1716－0025248　集補 0721/25248
集部/小說類/短篇之屬

蟫史二十卷　（清）屠紳撰　清刻本　一冊
存二卷（五至六）

330000－1716－0025251　善 0475/25251　史
部/史評類/詠史之屬

廿一史彈詞注十卷　（明）楊慎撰　（清）張三
異增定　（清）張仲璜注　明史彈詞注一卷
（清）張三異撰　（清）張仲璜注　清雍正五年
（1727）樹玉堂刻本　八冊

330000－1716－0025252　地獻 3128/25252
史部/政書類/邦計之屬/貿易

江蘇省菸酒公賣各種定章一卷　清末抄本
一冊

330000－1716－0025253　史補 0589/25253
史部/政書類/通制之屬

續修大清會典四卷　（清）托津等撰　清同治
十一年（1872）湖北崇文書局刻本　一冊　存
一卷（一）

330000－1716－0025255　地獻 3126/25255
史部/政書類/邦計之屬

度支部奏酌擬清理財政處各項章程摺一卷
清末抄本　一冊

330000－1716－0025257　經補 0556/25257
經部/小學類/訓詁之屬/群雅

廣雅疏證十卷附博雅音十卷　（清）王念孫撰
　清刻本　二冊　缺九卷（一至九）

330000－1716－0025259　地獻 1227－2/

25259 類叢部/叢書類/自著之屬

陸放翁全集六種 （宋）陸游撰 明末海虞毛氏汲古閣刻清初毛扆增刻彙印本 一冊 存一種

330000－1716－0025260 子補 1056/25260 子部/小說家類/雜事之屬

世說新語補二十卷 （南朝宋）劉義慶撰 （南朝梁）劉孝標注 （明）何良俊增補 （明）王世貞刪定 （明）王世懋批釋 （明）張文柱校注 清刻本 三冊 存六卷（三至六、十九至二十）

330000－1716－0025261 地獻 1672－7/25261 史部/地理類/雜志之屬

會稽三賦四卷 （宋）王十朋撰 （明）南逢吉注 （明）尹壇補注 清同治十二年（1873）會稽章氏刻本 一冊

330000－1716－0025262 子補 0907－3/25262 子部/宗教類/佛教之屬/經

金剛般若波羅密經一卷 （後秦）釋鳩摩羅什譯 清刻本 一冊

330000－1716－0025265 地獻 1755/25265 子部/宗教類/道教之屬

道貫真源九種 （清）董德寧輯 清乾隆至嘉慶古越集陽樓刻本 六冊 存四種

330000－1716－0025266 集補 0723/25266 集部/小說類/短篇之屬

滑稽小說世界奇聞初集四卷二集四卷 （清）午夢菴輯 清末石印本 一冊 存二卷（初集三至四）

330000－1716－0025268 子補 0907－4/25268 子部/宗教類/佛教之屬/經

金剛般若波羅蜜經一卷 （清）翁方綱書 清宣統二年（1910）石印本 一冊

330000－1716－0025269 子補 1059/25269 子部/儒家類/儒學之屬/禮教

聖諭廣訓直解一卷 學部編譯圖書局編 清宣統二年（1910）學部圖書局鉛印本 一冊

330000－1716－0025270 地獻 1756/25270

子部/醫家類/本草之屬/歷代綜合本草

本草思辨録四卷首一卷 （清）周巖撰 清光緒三十年（1904）山陰周氏微尚室刻本 二冊 缺二卷（二、四）

330000－1716－0025273 地獻 1757/25273 集部/總集類/課藝之屬

萍鄉課士新藝四卷續編四卷課士略說一卷 顧家相纂 清光緒二十七年至二十八年（1901－1902）會稽顧氏萍鄉縣署刻本 一冊 存一卷（續編一）

330000－1716－0025274 子補 1060/25274 子部/小說家類/異聞之屬

坐花誌果八卷 （清）汪道鼎撰 （清）鷲峰樵者音釋 清光緒十七年（1891）武林竹簡齋石印本 一冊 存二卷（五至六）

330000－1716－0025275 子補 1061/25275 子部/小說家類/異聞之屬

坐花誌果八卷 （清）汪道鼎撰 （清）鷲峰樵者音釋 清光緒十七年（1891）武林竹簡齋石印本 一冊

330000－1716－0025276 地獻 1283－2/25276 子部/醫家類/醫話醫論之屬

存存齋醫話稿二卷 （清）趙彥暉撰 清光緒七年（1881）刻本 一冊

330000－1716－0025277 地獻 1618－5/25277 子部/儒家類/儒學之屬/勸學

時習編六卷 （清）周炳琦撰 （清）周巖輯 清光緒十六年（1890）山陰周氏詒經堂刻本 一冊 存三卷（四至六）

330000－1716－0025278 經補 0557/25278 子部/藝術類/書畫之屬/法帖

草字彙十二卷 （清）石梁輯 清刻本 六冊

330000－1716－0025280 地獻 1758/25280 集部/總集類/選集之屬/斷代

唐人應試賦選八卷 （清）劉文蔚 （清）姚亢宗箋輯 清刻本 二冊 存四卷（三至六）

330000－1716－0025282 地獻 3129/25282 子部/術數類/數學之屬

皇極經世觀物外篇衍義九卷 （宋）張行成撰
清末抄本 一冊 存二卷（二至三）

330000－1716－0025283 集補 0351/25283
集部/別集類/清別集

甌北詩鈔二十卷 （清）趙翼撰 清刻本 一
冊 存七卷（七言律詩一至七）

330000－1716－0025286 子補 1064－1/
25286 子部/小説家類/異聞之屬

坐花誌果八卷 （清）汪道鼎撰 （清）鷟峰樵
者音釋 清光緒刻本 一冊 存四卷（五至
八）

330000－1716－0025287 經補 0558/25287
子部/藝術類/書畫之屬/法帖

草字彙十二卷 （清）石梁輯 清敬義齋刻本
五冊 缺二卷（十一至十二）

330000－1716－0025288 經補 0559/25288
子部/藝術類/書畫之屬/法帖

草字彙十二卷 （清）石梁輯 清道光五年
（1825）刻本 六冊

330000－1716－0025289 史補 0591/25289
史部/目録類/總録之屬

江蘇書局各書價目一卷 清光緒刻本 一冊

330000－1716－0025290 集補 0726－2/
25290 集部/曲類/彈詞之屬

安邦志八卷定國志八卷 清宣統二年（1910）
上海章福記書局石印本 一冊 存一卷（定
國志六）

330000－1716－0025291 地獻 3130/25291
史部/政書類/律令之屬/治獄

命案彙録不分卷 清末抄本 二冊

330000－1716－0025292 史補 0592/25292
史部/目録類/總録之屬

江蘇書局各書價目一卷 清光緒刻本 一冊

330000－1716－0025301 子補 0909/25301
子部/宗教類/佛教之屬

樓閣叢書 （清）鄭學川編 清咸豐至同治宗
鏡堂刻民國三年（1914）印本 一冊 存二種

330000－1716－0025302 集補 0352/25302
集部/別集類/清別集

思貽堂詩集十二卷續存八卷第三集四卷書簡
八卷後永州集八卷 （清）黃文琛撰 清刻本
三冊 存十一卷（九至十二、續存一至三、
三集一至四）

330000－1716－0025303 子補 0910/25303
集部/別集類/清別集

文武帝訓詩合刻二卷 （清）蔡鐵耕撰 清刻
本 一冊 存一卷（陰騭文排律詩）

330000－1716－0025305 地獻 3150/25305
集部/別集類/清別集

落花水面文鈔不分卷 （清）□□撰 清末抄
本 一冊

330000－1716－0025306 集補 0353/25306
集部/別集類

向湖村舍詩初集十二卷 趙藩撰 清刻本
二冊 存六卷（七至十二）

330000－1716－0025308 地獻 3151/25308
子部/醫家類/綜合之屬/通論

醫鏡一卷 清光緒三十四年（1908）抄本
一冊

330000－1716－0025309 子補 0911/25309
子部/宗教類/佛教之屬/經疏

佛説阿彌陀經疏鈔四卷 （明）釋袾宏撰 清
刻本 一冊 存一卷（二）

330000－1716－0025310 集補 0727/25310
集部/曲類/彈詞之屬

安邦志八卷定國志八卷 清宣統二年（1910）
上海章福記書局石印本 三冊 存三卷（定
國志四、六、八）

330000－1716－0025311 地獻 1759/25311
經部/小學類/文字之屬/字書/訓蒙

新鐫幼學雜字一卷 清光緒三十一年（1905）
浙紹奎照樓石印本 一冊

330000－1716－0025312 子補 0912/25312
子部/宗教類/佛教之屬/諸宗

念佛開心頌一卷 （清）釋古崑撰 清光緒十

一年（1885）杭州昭慶寺慧空經房刻本　一冊

330000－1716－0025313　地獻3152/25313
子部/醫家類/方書之屬/成方藥目
藥肆儲藏品目一卷　清光緒二十六年（1900）
抄本　一冊

330000－1716－0025318　集補0729/25318
集部/曲類/彈詞之屬
繡像六美圖中外緣初集六卷二集□□卷三集
□□卷四集□□卷　清末石印本　二冊　存
二卷（初集二、四集五）

330000－1716－0025319　地獻1761－1/
25319　史部/政書類/公牘檔冊之屬
紹興府中學堂工程徵信錄不分卷　（清）杜子
棨編　清宣統元年（1909）紹興印刷局鉛印本
一冊

330000－1716－0025320　地獻3153/25320
子部/醫家類/本草之屬
本草要錄一卷　清末抄本　一冊

330000－1716－0025321　集補0730/25321
集部/小說類/長篇之屬
繡像萬年青全集七十六回　清末石印本　三
冊　存五集（二、五至八）

330000－1716－0025322　地獻1762/25322
集部/別集類/清別集
懶雲樓詩草四卷　（清）釋興宏撰　清道光七
年（1827）小雲樓刻本　一冊　存二卷（三至
四）

330000－1716－0025323　集補0354－1/
25323　集部/別集類/漢魏六朝別集
庚子山全集十卷　（北周）庚信撰　（清）吳兆
宜箋注　清刻本　四冊　缺二卷（一至二）

330000－1716－0025326　地獻3154/25326
子部/醫家類/方書之屬/成方藥目
藥品名單一卷　清末抄本　一冊

330000－1716－0025330　史補0597/25330
史部/政書類/軍政之屬/兵制
欽定戶部軍需則例九卷續纂一卷兵部軍需則

例五卷工部軍需則例一卷　（清）阿桂等纂
清刻本　四冊

330000－1716－0025331　地獻3155/25331
經部/小學類/訓詁之屬/方言
越諺節要三卷越諺賸語二卷　清末抄本　一
冊　存四卷（節要二至三、賸語一至二）

330000－1716－0025332　集補0731/25332
集部/小說類/長篇之屬
海上塵天影六十卷　（清）鄒弢撰　清光緒三
十年（1904）石印本　一冊　存八卷（一至八）

330000－1716－0025333　地獻3156/25333
集部/別集類/清別集
耆英齋詩稿一卷　清末趙相氏抄本　一冊

330000－1716－0025335　集補0354－2/
25335　集部/別集類/漢魏六朝別集
庚子山集十六卷總釋一卷　（北周）庚信撰
（清）倪璠注　**年譜一卷**　（清）倪璠撰　清刻
本　十二冊

330000－1716－0025339　地獻3157/25339
史部/政書類/公牘檔冊之屬
通海墾務委員陳小山大令樹涵清理通海官灘
差竣照會一卷　清末抄本　一冊

330000－1716－0025340　地獻3139/25340
集部/小說類/長篇之屬
紅樓隱語一卷　清末子誠氏抄本　一冊

330000－1716－0025342　地獻3140/25342
子部/醫家類/方書之屬
內外科一卷　清宣統三年（1911）東明陳氏抄
本　一冊

330000－1716－0025345　地獻3159/25345
集部/別集類/清別集
庚辰課徒草錄存一卷　清抄本　一冊

330000－1716－0025349　經補0560/25349
經部/四書類/總義之屬/傳說
四書題鏡不分卷　（清）汪鯉翔撰　清刻本
一冊　存孟子

330000－1716－0025350　地獻1761－2/

25350　史部/政書類/公牘檔冊之屬
光緒三十二年紹興府中學堂徵信録不分卷
清光緒三十二年(1906)鉛印本　一册

330000－1716－0025351　地獻 3143/25351
子部/藝術類/遊藝之屬/聯語
雜録一卷　何閬師撰　清末抄本　一册

330000－1716－0025352　經補 0561－1/
25352　經部/四書類/總義之屬/傳說
四書體注合講十九卷　(清)翁復編　清刻本
　一册　存二卷(孟子四至五)

330000－1716－0025353　地獻 1464－39/
25353　史部/傳記類/科舉録之屬/歷科鄉
試録
[同治庚午科]浙江鄉試硃卷一卷　(清)李慈
銘撰　清同治刻本　一册

330000－1716－0025356　經補 0562/25356
經部/小學類/音韻之屬/韻書
佩文廣韻匯編五卷　(清)李元祺輯　清道光
十年(1830)半墖艸堂刻本　二册

330000－1716－0025357　子補 1064－2/
25357　子部/小說家類/異聞之屬
坐花誌果八卷　(清)汪道鼎撰　(清)鵞峰樵
者音釋　清光緒十四年(1888)廣百宋齋刻本
　一册　存四卷(五至八)

330000－1716－0025360　地獻 2037/25360
子部/術數類/相宅相墓之屬
堪輿經二卷　(明)蕭克撰　清墨潤堂刻本
二册

330000－1716－0025361　地獻 3144/25361
史部/詔令奏議類/奏議之屬
奏疏一卷　清末抄本　一册

330000－1716－0025364　經補 0564/25364
經部/四書類/總義之屬/傳說
四書體注合講十九卷　(清)翁復編　清刻本
　二册　存六卷(論語六、孟子一至五)

330000－1716－0025367　子補 1064－5/
25367　子部/小說家類/異聞之屬

坐花誌果八卷　(清)汪道鼎撰　(清)鵞峰樵
者音釋　清光緒十四年(1888)廣百宋齋刻本
　一册　存四卷(一至四)

330000－1716－0025368　子補 1064－4/
25368　子部/小說家類/異聞之屬
坐花誌果八卷　(清)汪道鼎撰　(清)鵞峰樵
者音釋　清光緒十四年(1888)廣百宋齋刻本
　一册　存四卷(一至四)

330000－1716－0025371　經補 0565/25371
經部/四書類/總義之屬/傳說
四書體注合講十九卷　(清)翁復編　清光緒
二十二年(1896)聚奎文社刻本　六册

330000－1716－0025372　經補 0566/25372
經部/四書類/總義之屬/傳說
四書體注合講十九卷　(清)翁復編　清光緒
二十二年(1896)聚奎文社刻本　六册

330000－1716－0025375　集補 0732－4/
25375　集部/曲類/寶卷之屬
劉香寶卷一卷　清刻本　一册

330000－1716－0025376　子補 1064－6/
25376　子部/小說家類/異聞之屬
坐花誌果八卷　(清)汪道鼎撰　(清)鵞峰樵
者音釋　清光緒十七年(1891)武林竹簡齋石
印本　一册　存四卷(一至四)

330000－1716－0025377　集補 0732－5/
25377　集部/曲類/寶卷之屬
劉香寶卷一卷　清刻本　一册

330000－1716－0025380　地獻 3161/25380
集部/曲類/散曲之屬
消閒唱曲六種　清光緒十五年(1889)抄本
一册

330000－1716－0025382　子補 0914/25382
子部/宗教類/道教之屬/戒律
陰隲文敷言□□卷　(清)王登賢纂注　清乾
隆四十五年(1780)醇醇書塾刻本　一册　存
二卷(一至二)

330000－1716－0025383　子補 0899－7/

25383　　子部/宗教類/佛教之屬/經

高王經一卷　清普陀永記經房刻本　一冊

330000－1716－0025384　　集補 0355/25384
集部/別集類/清別集

愚荃敝帚二卷　(清)李文安撰　清光緒九年
(1883)同文書局石印本　一冊

330000－1716－0025390　　地獻 1727－3/
25390　子部/小說家類/異聞之屬

坐花誌果八卷　(清)汪道鼎撰　(清)鷲峰樵
者音釋　清光緒八年(1882)越州徐氏刻本
一冊　存四卷(五至八)

330000－1716－0025392　　子補 1067/25392
子部/雜著類/雜說之屬

郎潛紀聞初筆七卷二筆八卷三筆六卷　(清)
陳康祺撰　清宣統二年(1910)上海掃葉山房
石印本　十冊

330000－1716－0025394　　子補 0915/25394
子部/宗教類/佛教之屬/經疏

彌陀略解圓中鈔二卷　(明)釋大佑撰　(明)
釋傳燈鈔　清同治十年(1871)比邱清蓮刻本
一冊　存一卷(二)

330000－1716－0025397　　子補 0916－1/
25397　子部/宗教類/佛教之屬/經疏

金剛經注解□□卷　清刻本　二冊　存二卷
(一至二)

330000－1716－0025399　　子補 0916－2/
25399　子部/宗教類/佛教之屬/經疏

金剛經注解□□卷　清刻本　一冊　存一卷
(一)

330000－1716－0025401　　集補 0357/25401
集部/別集類/清別集

聊齋先生遺集不分卷　(清)蒲松齡撰　(清)
叢芸閣輯　清光緒二十年(1894)袖海山房石
印本　一冊

330000－1716－0025402　　子補 1068/25402
子部/儒家類/儒學之屬

關中道脈四種書　(清)李元春輯　清刻本
二冊　存五卷(桐閣關中三先生語要一、馮少

墟關中四先生要語錄一至四)

330000－1716－0025403　　史補 0601/25403
史部/傳記類/別傳之屬/事狀

忠武誌八卷　(清)張鵬翮輯　清康熙冰雪堂
刻本　六冊　存六卷(一至五、八)

330000－1716－0025405　　集補 0358/25405
集部/總集類/選集之屬/斷代

唐人萬首絕句選七卷　(清)王士禎輯　清宣
統元年(1909)上海掃葉山房石印本　二冊

330000－1716－0025407　　地獻 3162/25407
子部/小說家類/雜事之屬

知聞錄一卷　清末抄本　一冊

330000－1716－0025408　　史補 0602/25408
史部/傳記類/別傳之屬/事狀

忠武誌八卷　(清)張鵬翮輯　清康熙冰雪堂
刻本　清張璲定題記　二冊　存二卷(五至
六)

330000－1716－0025409　　普經 0942/25409
經部/叢編

御纂七經二百八十卷首十一卷序三卷　(清)
李光地等撰　清同治六年至九年(1867－
1870)浙江書局刻本　八冊　存一種

330000－1716－0025411　　子補 1069/25411
子部/天文曆算類/算書之屬

算經十書十種附刻一種　(清)孔繼涵輯　清
光緒十六年(1890)上海刻本　八冊　存八種

330000－1716－0025412　　地獻 3164/25412
子部/醫家類/婦科之屬/產科

大生要旨五卷　(清)唐千頃撰　清末抄本
一冊　缺一卷(五)

330000－1716－0025417　　地獻 1774/25417
史部/傳記類/總傳之屬/忠孝

孝悌傳家錄一卷　清古越山陰棣萼堂沈氏刻
本　一冊

330000－1716－0025418　　史補 0603/25418
史部/政書類/儀制之屬/專志/科舉校規

奏定學堂章程二十種　(清)張百熙　(清)榮

慶 （清）張之洞撰　清光緒鉛印本　二冊
存七種

330000 – 1716 – 0025422　子補 0916 – 3/
25422　子部/宗教類/佛教之屬/經疏
金剛經詳釋二卷般若波羅密多心經詳釋一卷
（□）歐陽泰撰　清刻本　一冊　缺一卷
（一）

330000 – 1716 – 0025426　地獻 3148/25426
史部/政書類/公牘檔冊之屬
公餘雜記一卷　（清）高氏撰　稿本　一冊

330000 – 1716 – 0025430　子補 0907 – 5/
25430　子部/宗教類/佛教之屬/經
金剛般若波羅蜜經一卷　（後秦）釋鳩摩羅什
譯　清刻本　一冊

330000 – 1716 – 0025431　地獻 3203/25431
史部/政書類/公牘檔冊之屬
詳稟雜錄一卷　清末抄本　樸齋氏題簽
一冊

330000 – 1716 – 0025433　集補 0360 – 2/
25433　集部/總集類/選集之屬/通代
重訂文選集評十五卷首一卷末一卷　（清）于
光華輯　清刻本　十冊　存十卷(二至八、十
一至十三)

330000 – 1716 – 0025437　史補 0605/25437
集部/詩文評類/制藝之屬
科名捷訣一卷　（清）丁心齋撰　清同治八年
(1869)刻本　一冊

330000 – 1716 – 0025438　地獻 3201/25438
史部/政書類/律令之屬/治獄
命案一卷　清末抄本　二冊

330000 – 1716 – 0025439　地獻 1240 – 2/
25439　類叢部/叢書類/彙編之屬
榆園叢刻十五種附一種　（清）許增編　清同
治至光緒刻本　二冊　存一種

330000 – 1716 – 0025440　子補 0918/25440
子部/宗教類/道教之屬
文武二帝勸世文不分卷　清刻本　一冊

330000 – 1716 – 0025442　子補 1070/25442
子部/儒家類/儒學之屬/經濟
大學衍義四十三卷　（宋）真德秀撰　清刻本
三冊　存十二卷(十至十三、十九至二十
三、三十九至四十一)

330000 – 1716 – 0025445　普叢 0146 – 5/
25445　類叢部/叢書類/自著之屬
北江全集七種　（清）洪亮吉撰　清乾隆至嘉
慶刻彙印本　四冊　存三種

330000 – 1716 – 0025446　子補 1073/25446
子部/道家類
南華真經解六卷　（清）宣穎撰　清順慶海清
樓刻本　二冊　存二卷(三、六)

330000 – 1716 – 0025450　史補 0607/25450
史部/地理類/外紀之屬
漢西域圖考七卷首一卷　（清）李光廷撰　清
光緒八年(1882)陽湖趙氏壽諼草堂木活字印
本　四冊　存五卷(一至三、六至七)

330000 – 1716 – 0025451　地獻 1775 – 1/
25451　經部/叢編
五經旁訓十九卷　（清）徐立綱旁訓　清匠門
書屋刻墨潤堂印本　十冊　存十一卷(易經
一至三、詩經一至二、禮記一至六)

330000 – 1716 – 0025452　子補 1071 – 1/
25452　子部/小說家類/雜事之屬
世說新語補二十卷附釋名一卷　（南朝宋）劉
義慶撰　（南朝梁）劉孝標注　（明）何良俊增
補　（明）王世貞刪定　（明）王世懋批釋
(明)張文柱校注　清乾隆二十七年(1762)黃
汝琳茂清書屋刻本　四冊　存八卷(七至十
二、十五至十六)

330000 – 1716 – 0025453　集補 0741/25453
集部/小說類/長篇之屬
繪圖評點女仙外史八卷一百回　（清）呂熊撰
清末石印本　一冊　存八回(八十七至九
十四)

330000 – 1716 – 0025456　地獻 3169/25456
集部/總集類/課藝之屬

蕺山龍山書院訂卷不分卷　（清）留書種軒輯
清末抄本　　一冊

330000 – 1716 –0025457　　地獻 1776/25457
集部/別集類/清別集

黃太僕遺詩一卷　（清）黃培林撰　趙藩編
清宣統三年(1911)刻本　一冊

330000 – 1716 –0025458　　集補 0742/25458
集部/小說類/長篇之屬

繪圖明珠緣六卷五十回　清末石印本　一冊
　　存一卷(六)

330000 – 1716 – 0025459　　子補 1071 – 2/
25459　　子部/小說家類/雜事之屬

世說新語補二十卷附釋名一卷　（南朝宋）劉
義慶撰　（南朝梁）劉孝標注　（明）何良俊增
補　（明）王世貞刪定　（明）王世懋批釋
(明)張文柱校注　清乾隆二十七年(1762)黃
汝琳茂清書屋刻本　　五冊　　存十一卷(一至
五、八至九、十二至十三、十六至十七)

330000 – 1716 – 0025462　　經補 0882 – 1/
25462　　經部/小學類/文字之屬/字書/訓蒙

千字文一卷補闕一卷　（清）亦亭集字　清刻
本　　三冊

330000 – 1716 –0025463　　子補 1072/25463
子部/儒家類/儒學之屬/禮教/女範

女教育書一卷　清光緒三十年(1904)鄔秉文
刻本　　一冊

330000 – 1716 –0025464　　地獻 3170/25464
經部/群經總義類/傳說之屬

經解入門八卷　題(清)江藩撰　清末抄本
一冊

330000 – 1716 –0025468　　地獻 3171/25468
集部/總集類/課藝之屬

試草稿不分卷　清末抄本　一冊

330000 – 1716 – 0025469　　子補 1074 – 1/
25469　　子部/道家類

觀老莊影響論一卷老子道德經解二卷首一卷
　（明）釋德清撰　清光緒十二年(1886)金陵
刻經處刻本　　一冊　　缺一卷(老子道德經解

下)

330000 – 1716 –0025471　　地獻 3172/25471
史部/政書類/軍政之屬

城守機要□□卷　清末抄本　一冊　存一卷
(十四)

330000 – 1716 –0025474　　地獻 3206/25474
史部/政書類/公牘檔冊之屬

各戶捄清一卷　清宣統三年（1911）抄本
二冊

330000 – 1716 –0025477　　地獻 3174/25477
子部/藝術類/遊藝之屬/聯語

楹聯叢話一卷　清末抄本　　一冊

330000 – 1716 –0025479　　地獻 3175/25479
子部/醫家類/婦科之屬/通論

竹林寺女科秘方一卷　（清）竹林寺僧撰　清
抄本　　一冊

330000 – 1716 –0025480　　集補 0367/25480
集部/別集類/清別集

劉武慎公遺書二十五卷　（清）劉長佑撰　劉
武慎公年譜三卷　（清）鄧輔綸　（清）王政慈
編　清光緒二十六年(1900)鉛印本　七冊
存七卷(四至九、年譜三)

330000 – 1716 – 0025481　　地獻 1779 – 1/
25481　　子部/儒家類/儒學之屬/禮教

五種遺規輯要　（清）陳弘謀輯並撰　（清）楊
恩澍等輯　清同治九年(1870)龍山書院刻光
緒二十年(1894)會稽徐氏補刻　一冊　存
一種

330000 – 1716 – 0025483　　地獻 1777 – 2/
25483　　集部/別集類/清別集

鮚埼亭集三十八卷首一卷全謝山先生經史問
答十卷　（清）全祖望撰　清嘉慶九年(1804)
餘姚史夢蛟借樹山房刻本　二冊　存九卷
(三十五至三十八、經史問答六至十)

330000 – 1716 – 0025484　　史補 0608/25484
史部/政書類/律令之屬/刑制

刑律總分則草案不分卷　清宣統元年(1909)
鉛印本　一冊

330000 – 1716 – 0025485　子補 1075/25485
子部/儒家類/儒學之屬/禮教/鑑戒

聖諭韻文一卷附衍義一卷　（清）戴熙書　清
咸豐十年(1860)刻本　惜陰書屋耀記題記
一冊

330000 – 1716 – 0025487　史補 0609/25487
史部/史表類/通代之屬

歷代紀元彙考五卷　（清）萬斯同撰　（清）萬
經補　清雙清閣刻本　二冊

330000 – 1716 – 0025491　子補 1074 – 2/
25491　子部/道家類

觀老莊影響論一卷老子道德經解二卷首一卷
　（明）釋德清撰　清光緒十二年(1886)金陵
刻經處刻本　一冊　缺二卷(觀老莊影響論、
老子道德經解下)

330000 – 1716 – 0025492　子補 0920/25492
子部/宗教類/佛教之屬

重刻正宗科儀寶卷一卷　清刻本　一冊

330000 – 1716 – 0025495　史補 0610/25495
史部/地理類

李氏五種　（清）李兆洛撰　清同治九年至十
一年(1870 – 1872)合肥李鴻章刻本　二冊
存一種

330000 – 1716 – 0025498　子補 1076/25498
史部/傳記類/總傳之屬

聖諭像解二十卷　（清）梁延年撰　清光緒二
十八年(1902)江蘇撫署石印本　一冊　存二
卷(十九至二十)

330000 – 1716 – 0025499　地獻 1667 – 2/
25499　集部/別集類

蕉鶴山房雜稿不分卷　金文源撰　清宣統元
年(1909)鉛印本　一冊

330000 – 1716 – 0025500　地獻 3177/25500
子部/術數類/占卜之屬

先天易數不分卷　清末抄本　一冊

330000 – 1716 – 0025502　地獻 1780/25502
史部/地理類/方志之屬/郡縣志

[康熙]會稽縣志二十八卷首一卷　（清）王元

臣修　（清）董欽德　（清）金炯纂　清康熙二
十二年(1683)刻本　一冊　存二卷(十二至
十三)

330000 – 1716 – 0025503　集補 0747 – 1/
25503　集部/曲類/彈詞之屬

繡像全圖文武香毬八卷七十二回　（清）二樂
軒主人撰　清末石印本　一冊　存一卷(六)

330000 – 1716 – 0025506　史補 0611/25506
史部/雜史類/斷代之屬

明季北略二十四卷　（清）計六奇撰　清刻本
　三冊　存五卷(一、十一至十二、十三至十
四)

330000 – 1716 – 0025507　子補 1077/25507
子部/儒家類/儒學之屬/禮教/家訓

家庭講話三卷　（清）陸一亭撰　清道光七年
(1827)文海堂刻本　一冊

330000 – 1716 – 0025509　地獻 3178/25509
子部/藝術類/遊藝之屬/聯語

飛溟溟廬小品集句聯語不分卷　清末抄本
二冊

330000 – 1716 – 0025513　地獻 3213/25513
集部/詞類/別集之屬

湖海樓詞選一卷附雜録　（清）陳維崧撰　清
末抄本　一冊

330000 – 1716 – 0025515　地獻 3179/25515
子部/小說家類/異聞之屬

各處奇聞彙録一卷　清末抄本　一冊

330000 – 1716 – 0025516　子補 1078/25516
子部/儒家類/儒學之屬/禮教/家訓

功過格輯要十六卷　（清）李士達輯　清光緒
三年(1877)隨鶴居刻本　一冊　存二卷(十
五至十六)

330000 – 1716 – 0025517　地獻 3214/25517
集部/總集類/尺牘之屬

往來書札一卷　清末敬修堂錢氏抄本　一冊

330000 – 1716 – 0025518　集補 0747 – 3/
25518　集部/曲類/彈詞之屬

新增全圖文武香毬六卷七十二回 （清）二樂軒主人撰 清末石印本 一冊 存三卷（四至六）

330000－1716－0025520 地獻 3180/25520
子部/醫家類/針灸之屬/通論
針灸穴位一卷 清末抄本 一冊

330000－1716－0025524 子補 0922/25524
子部/宗教類/佛教之屬/諸宗
六祖大師法寶壇經一卷 （唐）釋慧能撰 （唐）釋法海等輯 清刻本 一冊

330000－1716－0025525 地獻 3217/25525
經部/群經總義類/傳說之屬
十三經注疏考證不分卷 （清）齊召南撰 清末抄本 一冊

330000－1716－0025526 地獻 3218/25526
史部/地理類/專志之屬/古跡
西泠閨録一卷 （清）周櫄升輯 清末抄本 喆生題簽 一冊

330000－1716－0025527 地獻 3182/25527
子部/醫家類
醫藥札記一卷 清董濟民抄本 一冊

330000－1716－0025529 地獻 3183/25529
子部/醫家類/婦科之屬
婦科集驗方抄一卷 清末抄本 一冊

330000－1716－0025530 子補 1079/25530
子部/儒家類/儒學之屬/禮教
聖諭廣訓直解一卷 （清）世宗胤禛撰 （清）□□直解 清光緒六年（1880）刻本 一冊

330000－1716－0025531 集補 0368－2/25531 集部/總集類/選集之屬/通代
古文辭類纂七十四卷 （清）姚鼐輯 續古文辭類纂三十四卷 王先謙輯 清光緒三十三年（1907）上海商務印書館鉛印本 五冊 存四十七卷（一至十、二十一至五十、六十八至七十四）

330000－1716－0025532 子補 0924/25532
子部/宗教類/佛教之屬/經咒

千手千眼無礙大悲心陁羅尼一卷般若波羅蜜多心經一卷 （唐）釋伽梵達摩譯 清刻本 一冊

330000－1716－0025533 地獻 3184/25533
子部/醫家類/方書之屬/單方驗方
醫方一卷 清末抄本 一冊

330000－1716－0025534 史補 0612/25534
史部/史抄類
雪廬讀史快編六十卷 （明）趙維寰輯 明末刻本 四冊 存十二卷（二十二至二十七、三十七至三十九、五十八至六十）

330000－1716－0025536 集補 0369－1/25536 集部/別集類/宋別集
蘇文忠詩合注五十卷首一卷目録一卷 （宋）蘇軾撰 （清）馮應榴輯 清惇裕堂刻本 十八冊 缺六卷（十七至十九、二十二至二十四）

330000－1716－0025537 子補 0925/25537
子部/宗教類/道教之屬
天降度劫經一卷 清刻本 一冊

330000－1716－0025538 地獻 3186/25538
子部/醫家類/方書之屬
浙省葉種德堂丹丸膏散露油一卷 清末抄本 一冊

330000－1716－0025539 地獻 3219/25539
經部/四書類/總義之屬/文字音義
四書不二字音釋不分卷 （清）楊昕撰 清末抄本 一冊

330000－1716－0025540 地獻 1782/25540
集部/別集類/清別集
養拙窩詩鈔七卷 （清）趙寶晉撰 清光緒三十二年（1906）木活字印本 清夢雲題簽 一冊 存四卷（四至七）

330000－1716－0025541 集補 0747－5/25541 集部/曲類/彈詞之屬
繡像校正文武香球八卷 清末石印本 一冊

330000－1716－0025542 集補 0369－2/

25542　集部/別集類/宋別集
蘇文忠詩合注五十卷首一卷目録一卷　（宋）
蘇軾撰　（清）馮應榴輯　清刻本　十冊　缺
三十七卷（十四至五十）

330000 – 1716 – 0025543　地獻 1737 – 2/
25543　子部/儒家類/儒學之屬/經濟
躬恥齋經世十八篇一卷　（清）宗稷辰撰　清
光緒二十七年（1901）會稽宗氏鉛印本　一冊

330000 – 1716 – 0025546　地獻 1784/25546
史部/政書類/公牘檔冊之屬
紹興府學堂光緒三十年三十一年春季徵信録
不分卷　紹興府學堂編　清光緒紹興府學堂
刻本　一冊

330000 – 1716 – 0025547　集補 0747 – 6/
25547　集部/曲類/彈詞之屬
繡像校正文武香球八卷　清末石印本　一冊
　存二卷（三至四）

330000 – 1716 – 0025551　地獻 3220/25551
類叢部/類書類/專類之屬
集腋成裘一卷　清末槐卿抄本　一冊

330000 – 1716 – 0025552　集補 0748 – 1/
25552　集部/曲類/彈詞之屬
新刻玉釧緣全傳三十二卷　（清）西湖居士撰
　清刻本　一冊　存一卷（十二）

330000 – 1716 – 0025555　地獻 3187/25555
子部/醫家類
夏氏秘傳一卷　清末抄本　一冊

330000 – 1716 – 0025557　地獻 1788/25557
集部/總集類/郡邑之屬
諸暨詩存十六卷續編四卷附詩餘一卷　（清）
酈滋德評選　（清）郭肇增編　**東埭詩鈔一卷**
　（清）郭肇撰　清光緒十七年（1891）諸暨酈
氏擴古堂刻本　一冊　存二卷（續編三至四）

330000 – 1716 – 0025558　地獻 3188/25558
子部/醫家類/本草之屬/本草藥性
生草藥性□□卷　清末樊根生抄本　一冊
存一卷（一）

330000 – 1716 – 0025559　集補 0748 – 2/
25559　集部/曲類/彈詞之屬
新刻玉釧緣全傳三十二卷　（清）西湖居士撰
　清刻本　十六冊　存十六卷（十七至三十
二）

330000 – 1716 – 0025562　地獻 3189/25562
子部/宗教類/佛教之屬/經疏
疏根一卷　清末臥龍書屋俞抄本　一冊

330000 – 1716 – 0025563　地獻 3222/25563
經部/春秋左傳類/傳說之屬
春秋左傳五十卷　（晉）杜預注　（明）鍾惺評
　清末抄本　一冊　存四卷（一至四）

330000 – 1716 – 0025564　集補 0369 – 3/
25564　集部/別集類/宋別集
蘇文忠詩合注五十卷首一卷目録一卷　（宋）
蘇軾撰　（清）馮應榴輯　清乾隆五十八年
（1793）桐鄉馮氏踵息齋刻同治九年（1870）補
修本　一冊　存一卷（一）

330000 – 1716 – 0025565　集補 0749/25565
集部/曲類/彈詞之屬
繡像詩髮緣四卷十二回　清同治五年（1866）
蛟川書屋刻本　一冊　存一卷（一）

330000 – 1716 – 0025566　地獻 3190/25566
子部/醫家類/外科之屬/外科方
外科經驗良方不分卷　清末李徐東枝抄本
一冊

330000 – 1716 – 0025567　集補 0369 – 4/
25567　集部/別集類/宋別集
蘇文忠詩合注五十卷首一卷目録一卷　（宋）
蘇軾撰　（清）馮應榴輯　清光緒九年（1883）
眉山三蘇祠刻本　二十冊

330000 – 1716 – 0025568　地獻 3191/25568
子部/醫家類/本草之屬/本草藥性
藥性摘要一卷　清末魏生哉抄本　一冊

330000 – 1716 – 0025569　地獻 3223/25569
集部/別集類/清別集
強名曰道詩一卷　（清）富祖道人撰　稿本
一冊

330000 - 1716 - 0025570　地獻 3192/25570
子部/宗教類/佛教之屬

觀音濟度本願真經二卷　（清）彭德源撰　清末抄本　一冊　存一卷（下）

330000 - 1716 - 0025572　地獻 3224/25572
集部/總集類/選集之屬/斷代

褉録宋詩一卷　（清）湘湄子輯　稿本　一冊

330000 - 1716 - 0025574　地獻 3193/25574
子部/宗教類/佛教之屬

釋門撮要不分卷　清末定廣庵抄本　一冊

330000 - 1716 - 0025575　集補 0370/25575
子部/儒家類/儒學之屬

時文小題約鈔一卷　（清）顧調元訂　（清）朱兆琦等編次　清咸豐五年（1855）上海宜稼堂刻本　六冊

330000 - 1716 - 0025576　地獻 3226/25576
集部/別集類/清別集

秋聲小草一卷　（清）張南浦撰　清光緒稿本　清陸張烈、清虞敏題記　一冊

330000 - 1716 - 0025578　集補 0371 - 1/25578　集部/總集類/選集之屬/通代

頤典齋賦讀本不分卷　（清）許耀編　清咸豐元年（1851）許耀刻本　二冊

330000 - 1716 - 0025584　史補 0822/25584
史部/金石類/總志之屬/題跋

清儀閣題跋不分卷　清刻本　一冊

330000 - 1716 - 0025585　子補 1080/25585
子部/儒家類/儒學之屬/禮教

聖諭廣訓直解一卷　（清）世宗胤禛撰　（清）□□直解　清同治刻本　一冊

330000 - 1716 - 0025590　子補 1081/25590
子部/道家類

老子道德經訂注二卷　（清）黃文蓮撰　清乾隆五十二年（1787）刻本　一冊

330000 - 1716 - 0025594　史補 0615/25594
史部/雜史類/斷代之屬

明季北略二十四卷南略十八卷　（清）計六奇撰　清光緒十三年（1887）上海圖書集成印書局鉛印本　八冊　存二十八卷（一至四、十八至二十三,南略一至十八）

330000 - 1716 - 0025595　子補 3629 - 2/25595　子部/宗教類/其他宗教之屬/基督教

聖心金鑑不分卷　李杕編　清宣統元年（1909）上海慈母堂鉛印本　一冊

330000 - 1716 - 0025597　子補 1082/25597
子部/道家類

莊子章義五卷　（清）姚鼐撰　清嘉慶十六年（1811）題襟館刻本　一冊　存二卷（一至二）

330000 - 1716 - 0025602　新補 0389/25602
新學/理學

哲學要領前編一卷後編一卷　（日本）井上圓了撰　羅伯雅譯　清光緒二十八年（1902）上海廣智書局鉛印本　一冊

330000 - 1716 - 0025604　子補 1083/25604
子部/叢編

子書百家　（清）崇文書局編　清光緒元年（1875）湖北崇文書局刻本　二冊　存一種

330000 - 1716 - 0025606　史補 0617/25606
史部/史評類/史論之屬

繪圖中國白話史不分卷　戴克敦　（清）錢宗翰編　清光緒三十一年（1905）上海彪蒙書室石印本　四冊

330000 - 1716 - 0025609　史補 0618/25609
新學/史志/諸國史

繪圖外國白話史不分卷　戴克敦　（清）錢宗翰編　清光緒三十一年（1905）上海彪蒙書室石印本　二冊

330000 - 1716 - 0025610　地獻 1792/25610
子部/宗教類/道教之屬

關帝覺世真經本證訓案闡化編十六卷末一卷　（清）徐謙輯　清同治十二年（1873）五知堂刻本　二冊　存五卷（四至五、八至十）

330000 - 1716 - 0025612　地獻 1487 - 5/25612　子部/雜著類/雜纂之屬

格言聯璧一卷附一卷　（清）金纓輯　清光緒

十年(1884)紹興刻本　一冊

330000－1716－0025613　史補 0619/25613
史部/史評類/史論之屬
繪圖中國白話史不分卷　戴克敦　(清)錢宗翰編　清光緒三十一年(1905)上海彪蒙書室石印本　三冊

330000－1716－0025616　善 0476/25616　集部/別集類/明別集
徐文長文集三十卷　(明)徐渭撰　(明)袁宏道評點　**四聲猿一卷**　(明)徐渭編　**徐文長傳一卷**　(明)陶望齡撰　明讀書坊刻本八冊

330000－1716－0025618　集補 0375－1/25618　集部/總集類/選集之屬/斷代
八家四六文注八卷首一卷　(清)吳鼒輯(清)許貞幹注　**補注一卷**　陳衍撰　清光緒鉛印本　七冊　缺三卷(一至二、首)

330000－1716－0025621　新補 0390/25621
新學/地學/地理學
繪圖中國白話地理不分卷　清末上海彪蒙書室石印本　二冊

330000－1716－0025624　地獻 3227/25624
集部/別集類/清別集
世齡詩草一卷　(清)陶世齡撰　清光緒稿本一冊

330000－1716－0025627　地獻 1376－5/25627　史部/政書類/律令之屬/律例
大清律例增修統纂集成四十卷　(清)姚潤輯清刻本　三冊　存四卷(四至七)

330000－1716－0025628　集補 0375－2/25628　集部/總集類/選集之屬/斷代
八家四六文注八卷首一卷　(清)吳鼒輯(清)許貞幹注　清光緒鉛印本　三冊　存四卷(三至六)

330000－1716－0025629　地獻 3228/25629
集部/別集類/清別集
張船山詩集一卷　(清)張問陶撰　清末抄本一冊

330000－1716－0025630　子補 0936/25630
子部/宗教類/道教之屬
道養初乘忠書二卷　(清)粘本盛輯　清刻本一冊　存一卷(上)

330000－1716－0025632　地獻 3229/25632
子部/藝術類/遊藝之屬/聯語
採彙新聯一卷　(清)稽山夢蝶生撰　稿本一冊

330000－1716－0025633　地獻 3230/25633
史部/地理類/方志之屬/郡縣志
節錄[光緒]杭州府志一卷　清末抄本　一冊

330000－1716－0025636　子補 2602/25636
子部/宗教類/其他宗教之屬/基督教
利未記略解不分卷　(英國)貝赫奕譯　清光緒三十四年(1908)中國聖教書會鉛印本一冊

330000－1716－0025638　經補 0567－1/25638　經部/叢編
十三經讀本一百五十二卷　(清)□□編　清同治金陵書局刻本　三十二冊　存七種

330000－1716－0025641　地獻 1547－6/25641　史部/金石類/石之屬/文字
思古齋雙鉤漢碑篆額三卷　(清)何澂輯　清光緒九年(1883)刻本　二冊　缺一卷(三)

330000－1716－0025643　地獻 1779－2/25643　子部/儒家類/儒學之屬/禮教
五種遺規輯要　(清)陳弘謀輯並撰　(清)楊恩澍等輯　清同治九年(1870)龍山書院刻光緒二十年(1894)會稽徐氏補刻本　一冊　存一種

330000－1716－0025645　新補 0391/25645
史部/政書類/通制之屬
地方自治淺說不分卷　孟森撰　清宣統元年(1909)上海商務印書館鉛印本　一冊

330000－1716－0025646　集補 1427/25646
集部/別集類/清別集
板橋集五種　(清)鄭燮撰　清清暉書屋刻本一冊　存一種

330000－1716－0025647　子補1086/25647
子部/雜著類/雜說之屬
池北偶談二十六卷　（清）王士禎撰　清刻本
　八冊

330000－1716－0025649　古越0751/25649
史部/地理類/外紀之屬
四述奇十六卷　張德彝撰　清光緒著易堂鉛
印本　五冊　缺六卷(一至四、七至八)

330000－1716－0025650　子補1087/25650
子部/叢編
子書百家　（清）崇文書局編　清光緒元年
(1875)湖北崇文書局刻本　三冊　存三種

330000－1716－0025652　經補0568/25652
經部/叢編
十三經讀本一百五十二卷　（清）□□編　清
光緒三年(1877)永康退補齋胡氏刻本　十三
冊　存四種

330000－1716－0025653　史補0714/25653
史部/金石類/郡邑之屬/目錄
吳郡金石目一卷　（清）程祖慶撰　清光緒三
年(1877)八囍齋刻本　一冊

330000－1716－0025654　地獻1800/25654
子部/宗教類/道教之屬
寶訓真經合編不分卷　清光緒五年(1879)山
陰致和堂刻本　一冊

330000－1716－0025655　史補0620/25655
新學/史志/諸國史
普通新歷史十章附歷代帝王總紀一卷　（清）
普通學書室編　清光緒二十九年(1903)上海
普通學書室鉛印本　一冊

330000－1716－0025656　子補0939/25656
子部/宗教類/佛教之屬
醒迷錄不分卷　（清）羅狀元撰　清上海翼化
堂刻本　一冊

330000－1716－0025657　集補0754－1/
25657　集部/小說類/長篇之屬
繡像金臺全傳六卷六十回　清光緒三十年
(1904)上海書局石印本　六冊

330000－1716－0025658　史補0621/25658
新學/史志/諸國史
普通新歷史十章附歷代帝王總紀一卷　（清）
普通學書室編　清光緒二十七年(1901)上海
普通學書室鉛印本　一冊

330000－1716－0025661　地獻1612－103/
25661　集部/別集類/清別集
管注秋水軒尺牘四卷續刻一卷　（清）許思湄
撰　（清）婁世瑞注　（清）管斯駿補注　清光
緒吳縣管氏管可壽齋刻朱墨套印本　一冊
存一卷(二)

330000－1716－0025662　史補0622/25662
新學/史志/諸國史
普通新歷史十章附歷代帝王總紀一卷　（清）
普通學書室編　清光緒二十八年(1902)上海
普通學書室鉛印本　一冊

330000－1716－0025663　子補1089/25663
類叢部/叢書類/自著之屬
呂新吾全集二十二種　（明）呂坤撰　明萬曆
刻清同治至光緒修補印本　二冊　存一種

330000－1716－0025664　地獻1799/25664
子部/宗教類/佛教之屬/律
毘尼日用切要一卷　（清）釋讀體輯　清山陰
邵氏刻本　五峯戒堂題籤　一冊

330000－1716－0025665　新補0392/25665
新學/史志/戰記
**中東戰紀本末八卷首一卷末一卷續編四卷首
一卷末一卷三編四卷**　（美國）林樂知撰譯
蔡爾康輯　**文學興國策二卷**　（美國）林樂知
譯　清光緒二十二年(1896)、二十三年
(1897)、二十六年(1900)上海廣學會鉛印本
　三冊　存三卷(四、六,文學興國策二)

330000－1716－0025667　史補0623/25667
新學/史志/諸國史
普通新歷史十章附歷代帝王總紀一卷　（清）
普通學書室編　清光緒二十九年(1903)上海
普通學書室鉛印本　一冊

330000－1716－0025668　經補0569/25668

經部/叢編

五經四書讀本 （清）□□輯 清光緒六年(1880)山西濬文書局刻本 十二冊 存一種

330000－1716－0025669 地獻 1795/25669
子部/醫家類/外科之屬/癰疽、疔瘡

洞天奧旨十六卷圖一卷 （清）陳士鐸撰（清）陶式玉評 清緯文堂刻本 四冊 缺五卷(七至九、十五至十六)

330000－1716－0025670 地獻 1907－1/25670 子部/道家類

南華簡鈔(南華經)四卷 （清）徐廷槐輯注 清乾隆蔡照樓刻本 四冊

330000－1716－0025672 史補 0624/25672
新學/史志/諸國史

普通新歷史十章附歷代帝王總紀一卷 （清）普通學書室編 清光緒二十九年(1903)上海支那新書局石印本 一冊

330000－1716－0025673 新補 0393/25673
史部/地理類/外紀之屬

地球韻言四卷 （清）張士瀛撰 清光緒三十二年(1906)上海商務印書館鉛印本 二冊

330000－1716－0025674 地獻 1392－5/25674 子部/醫家類/綜合之屬/合刻、合抄

景岳全書六十四卷 （明）張介賓撰 清刻本 八冊 存二十五卷(十六至十八、二十二至二十九、三十四至三十七、四十八至五十一、五十八至六十三)

330000－1716－0025675 集補 0756/25675
集部/小說類/長篇之屬

官場現形記五編六十卷 （清）李伯元撰 清末石印本 二冊 存八卷(二十一至二十四、三十九至四十二)

330000－1716－0025676 史補 0625/25676
新學/史志/諸國史

普通新歷史十章附歷代帝王總紀一卷 （清）普通學書室編 清光緒二十九年(1903)上海支那新書局石印本 一冊

330000－1716－0025677 新補 0394/25677

新學/報章

續西國近事彙編二十八卷 （美國）金楷理口譯 （清）鍾天緯編輯 清光緒鉛印本 一冊 存一卷(三)

330000－1716－0025679 集補 0755/25679
集部/曲類/彈詞之屬

繪圖巧奇冤全傳十卷 清末石印本 二冊 存二卷(五至六)

330000－1716－0025681 經補 0570/25681
經部/叢編

五經四書讀本 （清）□□輯 清刻本 一冊 存一種

330000－1716－0025682 經補 0571/25682
經部/叢編

五經四書讀本 （清）□□輯 清刻本 一冊 存一種

330000－1716－0025683 集補 0757－1/25683 類叢部/類書類/專類之屬

胭脂牡丹六卷 （清）韓鄂撰 清刻本 二冊 存二卷(三至四)

330000－1716－0025685 集補 0757－2/25685 類叢部/類書類/專類之屬

胭脂牡丹六卷 （清）韓鄂撰 清咸豐八年(1858)刻本 三冊

330000－1716－0025686 善附 0273/25686
史部/目錄類/總錄之屬/官修

欽定天祿琳琅書目十卷 （清）于敏中等撰 清末沈氏鳴野山房抄本 九冊 缺一卷(九)

330000－1716－0025687 子補 0941/25687
子部/宗教類/佛教之屬/經

般若波羅密多心經三卷 清德潤堂刻本 一冊

330000－1716－0025689 集補 0377/25689
集部/別集類/唐五代別集

河東先生文集六卷 （唐）柳宗元撰 清宣統二年(1910)上海會文堂石印本 三冊 存三卷(一、三、六)

330000－1716－0025692　地獻 1802/25692
子部/宗教類/道教之屬

上清天醫慈濟普救真君延生護命寶懺一卷
清光緒二十五年(1899)紹城修善堂刻本　張
啟成題簽　一冊

330000－1716－0025696　子補 0943－1/
25696　子部/宗教類/佛教之屬

道祖呂師金剛經直解一卷心經直解一卷附關
聖帝君明聖真經一卷　題(唐)呂喦撰　(清)
馬南臨注　清光緒二十三年(1897)刻本
一冊

330000－1716－0025697　地獻 1796/25697
集部/別集類/清別集

述文三卷　(清)馬綱章學　清光緒三十三年
(1907)紹興越新石印本　一冊　存一卷(一)

330000－1716－0025699　子補 1091－1/
25699　子部/術數類/陰陽五行之屬

奇門遁甲秘笈大全三十卷　(明)劉基校訂
諸葛武侯行兵遁甲金函玉鏡六卷　題(三國
蜀)諸葛亮撰　清光緒二十二年(1896)稽古
書屋石印本　五冊　存三十卷(一至十八、二
十五至三十,諸葛武侯行兵遁甲金函玉鏡一
至六)

330000－1716－0025703　子補 1091－2/
25703　子部/術數類/陰陽五行之屬

奇門遁甲秘笈大全三十卷　(明)劉基校訂
清末石印本　一冊　存六卷(二十五至三十)

330000－1716－0025705　經補 0572/25705
經部/禮記類/傳說之屬

禮記集說十卷　(元)陳澔撰　清慎詒堂刻本
五冊

330000－1716－0025706　子補 0943－2/
25706　子部/宗教類/佛教之屬

道祖呂師金剛經直解一卷心經直解一卷附關
聖帝君明聖真經一卷　題(唐)呂喦撰　(清)
馬南臨注　清光緒二十三年(1897)杭城瑪瑙
經房刻本　一冊

330000－1716－0025709　地獻 1464－40/

25709　史部/傳記類/科舉錄之屬

[乾隆至光緒科]硃卷不分卷　(清)薛葆元等
撰　清乾隆至光緒刻本　清淡道人題簽
一冊

330000－1716－0025710　經補 0573/25710
經部/叢編

五經四書讀本　(清)□□輯　清刻本　四冊
存二種

330000－1716－0025711　集補 0757－3/
25711　類叢部/類書類/專類之屬

胭脂牡丹六卷　(清)韓鄂撰　清道光十九年
(1839)刻本　六冊

330000－1716－0025712　子補 1091－3/
25712　子部/術數類/陰陽五行之屬

奇門遁甲秘笈大全三十卷　(明)劉基校訂
諸葛武侯行兵遁甲金函玉鏡六卷　題(三國
蜀)諸葛亮撰　清光緒三十二年(1906)上海
三魚書屋石印本　五冊

330000－1716－0025713　集補 0382/25713
集部/詞類/類編之屬

詞學叢書六種二十三卷　(清)秦恩復編　清
嘉慶至道光秦氏享帚精舍刻本　九冊　缺三
卷(樂府雅詞一至三)

330000－1716－0025715　子補 1091－4/
25715　子部/術數類/陰陽五行之屬

奇門遁甲秘笈大全三十卷　(明)劉基校訂
諸葛武侯行兵遁甲金函玉鏡六卷　題(三國
蜀)諸葛亮撰　清光緒二十二年(1896)上海
大成書局石印本　一冊　存三十二卷(奇門
遁甲秘笈大全一至二十七、諸葛武侯行兵遁
甲金函玉鏡一至五)

330000－1716－0025717　集補 0758－1/
25717　集部/曲類/彈詞之屬

繡像倭袍傳十二卷一百回　(清)海蘭濤撰
清道光四年(1824)刻本　七冊　存九卷(一、
三至四、六至九、十一至十二)

330000－1716－0025718　集補 0383/25718
集部/別集類/清別集

湖海樓全集五十一卷　（清）陳維崧撰　清刻本　二冊　存七卷（文集六至十二）

330000－1716－0025719　經補 0574/25719
經部/叢編

五經四書讀本　（清）□□輯　清乾隆五十四年（1789）學源堂刻本　八冊　存一種

330000－1716－0025720　子補 1091－5/25720　子部/術數類/陰陽五行之屬

奇門遁甲大全三十卷　（明）劉基校訂　清刻朱墨套印本　十一冊　存二十九卷（二至三十）

330000－1716－0025721　集補 0384/25721
經部/小學類/訓詁之屬/譯語

滿漢對照古文十六卷　清刻本　十四冊　缺二卷（一、十四）

330000－1716－0025722　新補 0401/25722
新學/商務

調查各國銀行義例彙抄六卷　清光緒三十二年（1906）翰墨林書局鉛印本　六冊

330000－1716－0025723　史補 0626/25723
史部/政書類/公牘檔冊之屬

新輯撫豫宣化錄十卷　（清）田文鏡梓　清光緒上海書局石印本　三冊　存三卷（四至六）

330000－1716－0025724　經補 0575/25724
經部/叢編

五經四書讀本　（清）□□輯　清道光十年（1830）松盛堂刻本　三冊　存一種

330000－1716－0025725　史補 0627/25725
史部/政書類/公牘檔冊之屬

新輯撫豫宣化錄十卷　（清）田文鏡梓　清光緒上海書局石印本　三冊　存三卷（五至七）

330000－1716－0025726　集補 0758－2/25726　集部/曲類/彈詞之屬

繡像倭袍傳十二卷一百回　（清）海蘭濤撰　清刻本　二冊　存二卷（六、十）

330000－1716－0025727　子補 0942/25727
子部/宗教類/佛教之屬/經

佛說觀世音經一卷　清光緒三年（1877）樂隱經房釋蓮成刻本　寶樹堂興記題記　一冊

330000－1716－0025729　史補 0628/25729
史部/紀傳類/正史之屬

四史四百十五卷　清光緒上海蜚英館石印本　三冊　存一種

330000－1716－0025730　新補 0402－1/25730　新學/兵制/陸軍

東西國軍志譯要三卷　黃壽袞輯　清光緒三十二年（1906）鉛印本　二冊

330000－1716－0025731　經補 0576/25731
經部/叢編

五經四書讀本　（清）□□輯　清三益齋刻本　五冊　存二種

330000－1716－0025732　子補 0945－1/25732　子部/宗教類/道教之屬/雜著

呂祖全書三十三卷　（清）劉體恕輯　清刻本　一冊　存三卷（九至十一）

330000－1716－0025733　地獻 1803－1/25733　史部/地理類/雜志之屬

越郡闈幽錄十一種　（清）孫澤　（清）杜榮壽輯　清同治至宣統刻本　二冊　存二種

330000－1716－0025734　史補 0629/25734
史部/紀傳類/正史之屬

四史四百十五卷　清光緒石印本　一冊　存一種

330000－1716－0025736　地獻 1803－2/25736　史部/地理類/雜志之屬

越郡闈幽錄十一種　（清）孫澤　（清）杜榮壽輯　清同治至宣統刻本　一冊　存一種

330000－1716－0025737　子補 0945－2/25737　子部/宗教類/道教之屬/雜著

呂祖全書六十四卷　（清）劉體恕　（清）邵志琳輯　清刻本　七冊　存二十一卷（四十四至六十四）

330000－1716－0025739　經補 0577/25739
經部/周禮類/傳說之屬

周禮六卷　（漢）鄭玄注　（唐）陸德明音義
清光緒二十九年（1903）新化三味堂刻本
六冊

330000－1716－0025740　地獻 1804/25740
子部/宗教類/道教之屬

覺世經時文不分卷　（清）張壽嵩撰　清光緒
四年（1878）紹興刻本　一冊

330000－1716－0025743　集補 0760－1/
25743　集部/曲類/彈詞之屬

繡像鳳凰圖六卷三十六回　清刻本　一冊
存一卷（五）

330000－1716－0025747　普叢 0193－2/
25747　類叢部/叢書類/自著之屬

鹿洲全集八種　（清）藍鼎元撰　清刻本　一
冊　存一種

330000－1716－0025748　史補 0630/25748
史部/政書類/邦交之屬

各國約章纂要六卷首一卷附錄一卷　勞乃宣
等輯　清光緒十八年（1892）上海圖書集成印
書局鉛印本　三冊　缺二卷（四至五）

330000－1716－0025749　集補 0760－2/
25749　集部/曲類/彈詞之屬

繡像鳳凰圖六卷三十六回　清刻本　一冊
存一卷（五）

330000－1716－0025756　集補 0761/25756
集部/曲類/彈詞之屬

繡像九龍陣十六卷十六回　清刻本　一冊
存四卷（一至四）

330000－1716－0025758　子補 0947/25758
子部/宗教類/佛教之屬

觀音靈感籤一卷　清刻本　一冊

330000－1716－0025760　子補 1093/25760
子部/藝術類/書畫之屬/總論

甌鉢羅室書畫過目攷四卷首一卷附一卷
（清）李玉棻撰　清光緒上海鴻文齋石印本
四冊

330000－1716－0025761　集補 0762－1/

25761　集部/曲類/彈詞之屬

天雨花三十回　（清）陶貞懷撰　清刻本　一
冊　存一回（二十一）

330000－1716－0025762　經補 0578/25762
經部/禮記類/傳說之屬

慎詒堂禮記十卷　（元）陳澔集說　清經綸堂
刻本　八冊　存八卷（一、三至八、十）

330000－1716－0025763　子補 1094/25763
子部/藝術類/書畫之屬/畫錄

國朝畫識十七卷墨香居畫識十卷　（清）馮金
伯撰　清乾隆至嘉慶墨香居刻本　八冊

330000－1716－0025764　子補 0948/25764
子部/宗教類/佛教之屬/諸宗

蓮宗輯要二卷　（清）釋達淨輯　清刻本
一冊

330000－1716－0025765　集補 0762－2/
25765　集部/曲類/彈詞之屬

天雨花三十回　（清）陶貞懷撰　清刻本　一
冊　存一回（三十）

330000－1716－0025766　子補 0949/25766
子部/宗教類/佛教之屬/諸宗

異方便淨土傳燈歸元鏡三祖實錄二卷　（清）
智達撰　清刻本　一冊　存一卷（二）

330000－1716－0025767　經補 0579/25767
經部/叢編

五經四書讀本　（清）□□輯　清刻本　十一
冊　存三種

330000－1716－0025769　集補 0763/25769
集部/曲類/彈詞之屬

繪圖鳳凰山十卷七十二回　清末石印本　五
冊　存五卷（二至五、十）

330000－1716－0025774　經補 0581/25774
經部/叢編

五經四書讀本　（清）□□輯　清嘉慶二十二
年（1817）敬藝堂刻本　七冊　存一種

330000－1716－0025775　子補 1096－2/
25775　子部/藝術類/書畫之屬/法帖

名人尺牘墨寶三集十八卷　文明書局輯　清宣統二年至民國四年(1910－1915)上海文明書局影印本　八冊　存八卷(第一集一至六、第二集三至四)

330000－1716－0025776　新補 0408/25776
新學/農政/農務

湖北農學十二種　(清)湖北農務局譯　清光緒湖北農務局石印本　一冊　存五種

330000－1716－0025778　普類 0100/25778
類叢部/類書類/通類之屬

試帖未能免俗集分類注略二卷續集二卷
(清)徐福辰撰　清同治元年(1862)杭州刻本　二冊

330000－1716－0025779　集補 0385/25779
集部/別集類/宋別集

東坡和陶合箋四卷　(宋)蘇軾撰　(清)溫汝能輯　清宣統二年(1910)上海掃葉山房石印本　二冊

330000－1716－0025781　子補 1097/25781
子部/藝術類/書畫之屬/法帖

屈原賦二十五篇不分卷　(清)王仁堪等書　清宣統元年(1909)上海商務印書館影印本　一冊

330000－1716－0025783　地獻 1612－99/25783　集部/總集類/尺牘之屬

增補詳注秋水軒尺牘四卷　(清)許思湄撰　(清)婁世瑞注　(清)寄鴻軒主人輯　新輯雪鴻軒尺牘二卷　(清)龔蕚撰　清宣統二年(1910)上海龍文書局石印本　一冊　存二卷(一至二)

330000－1716－0025784　新補 0402－2/25784　新學/兵制/陸軍

東西國軍志譯要三卷　黃壽袞輯　清光緒三十二年(1906)鉛印本　二冊

330000－1716－0025786　子補 2605/25786
子部/宗教類/其他宗教之屬/基督教

教案簡明要覽一卷　(清)袁□輯　清光緒三十二年(1906)直隸省城鉛印本　一冊

330000－1716－0025787　子補 1098/25787
子部/儒家類/儒家之屬

麗澤堂遺稿二卷　(清)姚丙禧撰　(清)姚文柟　(清)姚文榮編次　清同治九年(1870)刻本　二冊

330000－1716－0025791　史補 0642/25791
史部/史評類/史論之屬

讀通鑑論十六卷附宋論十五卷　(清)王夫之撰　清光緒三十年(1904)上海商務印書館鉛印本　一冊　存六卷(宋論一至六)

330000－1716－0025792　地獻 1806/25792
史部/政書類/公牘檔冊之屬

調查日本北海道移民報告書一卷附錄一卷
壽鵬飛撰　清宣統鉛印本　一冊

330000－1716－0025798　普叢 0187－11/25798　類叢部/叢書類/彙編之屬

武英殿聚珍版書一百三十八種　清刻本　一冊　存一種

330000－1716－0025799　地獻 1807/25799
新學/政治法律/律例

法律學研究術刪要一卷　(日本)安西與四郎講述　(日本)山田義莊筆記　黃壽袞刪要　清光緒三十四年(1908)河南官報局鉛印本　一冊

330000－1716－0025805　經補 0582/25805
經部/叢編

五經四書讀本　(清)□□輯　清刻本　一冊　存一種

330000－1716－0025808　善 0477/25808　子部/法家類

韓非子二十卷　(明)孫鑛批點　明沈景麟刻本　三冊　缺五卷(六至十)

330000－1716－0025810　史補 0633/25810
史部/傳記類/總傳之屬/技藝

墨林今話十八卷　(清)蔣寶齡撰　墨林今話續編一卷　(清)蔣茞生撰　清宣統三年(1911)掃葉山房石印本　六冊

330000－1716－0025813　經補 0583/25813

經部/叢編

五經四書讀本 （清）□□輯　清三益齋刻本
八冊　存二種

330000－1716－0025815　集補1342－1/
25815　集部/曲類/彈詞之屬

繪圖鳳凰山十卷七十二回　清末石印本　四
冊　存四卷(二、八至十)

330000－1716－0025818　地獻1676－2/
25818　集部/別集類/清別集

越縵堂駢體文四卷散體文一卷　（清）李慈銘
撰　清光緒二十三年(1897)常熟曾氏虛霩居
刻本　二冊　存二卷(一至二)

330000－1716－0025822　史補0634/25822
史部/政書類/律令之屬/刑制

名法指掌四卷　（清）沈辛田撰　清刻本　一
冊　存一卷(二)

330000－1716－0025823　地獻1638－2/
25823　史部/地理類/水利之屬

上虞縣五鄉水利本末二卷　（元）陳恬撰　清
光緒九年(1883)枕湖樓連氏刻本　一冊　存
一卷(二)

330000－1716－0025824　子補0956/25824
子部/宗教類/其他宗教之屬/基督教

傳道之法一卷　清光緒二十八年(1902)美華
書局鉛印本　一冊

330000－1716－0025826　集補0389/25826
集部/總集類/尺牘之屬

普通尺牘全璧八卷　西湖俠漢輯　清宣統元
年(1909)上海商業書局石印本　五冊　存五
卷(一、三、五至七)

330000－1716－0025831　經補0584/25831
經部/叢編

五經四書讀本　（清）□□輯　清嘉慶元年
(1796)文苑堂刻本　五冊　存三種

330000－1716－0025833　地獻3231/25833
集部/總集類/酬唱之屬

南山唱和集一卷　（清）趙壽康輯　清宣統抄
本　一冊

330000－1716－0025837　史補0635/25837
類叢部/叢書類/彙編之屬

申報館叢書正集五十七種附錄三種　尊聞閣
主編　**續集一百四十二種**　蔡爾康編　清同
治至光緒上海申報館鉛印本　一冊　存一種

330000－1716－0025839　普經0961－9/
25839　經部/詩類/傳說之屬

詩經集傳八卷　（宋）朱熹撰　清慎詒堂刻本
四冊　存五卷(三至四、六至八)

330000－1716－0025842　普經0961－8/
25842　經部/詩類/傳說之屬

詩經集傳八卷　（宋）朱熹撰　清慎詒堂刻本
三冊　存六卷(三至八)

330000－1716－0025844　地獻1810/25844
史部/傳記類/別傳之屬/事狀

慈闈瑣記二卷　（清）孫仁述撰　清光緒三十
三年(1907)會稽孫氏刻本　一冊

330000－1716－0025845　新補0010－3/
25845　新學/格致總

西學通考三十六卷　（清）胡兆鸞輯　清光緒
二十三年(1897)石印本　五冊　存二十二卷
(政學通攷一至四、十一至二十,藝學通攷一
至八)

330000－1716－0025847　經補0587/25847
經部/叢編

五經四書讀本　（清）□□輯　清乾隆六十年
(1795)蔚文堂刻本　四冊　存二種

330000－1716－0025849　史補0636/25849
史部/史抄類

鑑略不分卷　（清）李韻鈞撰　清刻本　一冊

330000－1716－0025853　史補0637/25853
史部/地理類/山川之屬/山志

廣雁蕩山誌二十八卷首一卷末一卷　（清）曾
唯輯　清乾隆五十五年(1790)曾唯依綠園刻
嘉慶十三年(1808)增刻本　一冊　存一卷
(首)

330000－1716－0025856　地獻1811－1/
25856　集部/別集類/清別集

湖唐林館駢體文二卷　（清）李慈銘撰　清光
緒十年(1884)刻本　一冊　存一卷(二)

330000－1716－0025859　史補 0638/25859
經部/書類/分篇之屬

禹貢會箋十二卷圖一卷山水總目一卷　（清）
徐文靖撰　（清）趙弁訂　清同治十三年
(1874)慈溪何松常惺惺齋刻本　一冊　存二
卷(圖、總目)

330000－1716－0025861　　子補 0958－1/
25861　子部/宗教類/佛教之屬/經咒

瑜伽焰口二卷　清刻本　一冊

330000－1716－0025862　經補 0588/25862
經部/叢編

五經四書讀本　（清）□□輯　清道光二十四
年(1844)常郡積玉堂刻本　四冊　存二種

330000－1716－0025863　地獻 3234/25863
史部/政書類/律令之屬

律目全編一卷　清末抄本　一冊

330000－1716－0025864　地獻 1812/25864
子部/宗教類/佛教之屬

國清耀冶禪師語錄二卷　（清）釋耀冶說
(清)釋會空錄　清嘉慶山陰張克峻刻本　悟
生子題記　一冊　存一卷(二)

330000－1716－0025865　史補 0639/25865
史部/詔令奏議類/奏議之屬

南皮張宮保政書奏議初編十二卷　（清）張之
洞撰　（清）仰止廬主輯　清光緒二十七年
(1901)上海圖書集成印書局鉛印本　三冊
存六卷(七至十二)

330000－1716－0025866　地獻 1811－2/
25866　集部/別集類/清別集

湖唐林館駢體文二卷　（清）李慈銘撰　清光
緒十年(1884)刻本　一冊　存一卷(二)

330000－1716－0025867　地獻 3235/25867
集部/別集類/清別集

鴻爪集初續二卷　（清）鄭獻甫撰　清末抄本
　二冊

330000－1716－0025869　子補 0959/25869
子部/宗教類/道教之屬

神室八法一卷修真九要一卷　（清）劉一明撰
　清光緒六年(1880)刻本　一冊

330000－1716－0025870　　子補 0958－2/
25870　子部/宗教類/佛教之屬/經咒

瑜伽焰口二卷　清刻本　一冊

330000－1716－0025871　子補 0960/25871
子部/宗教類/佛教之屬/諸宗

天台四教儀集注十卷　（元）釋蒙潤撰　清刻
本　一冊　存三卷(八至十)

330000－1716－0025872　經補 0589/25872
經部/叢編

五經旁訓十九卷　（清）徐立綱旁訓　清匠門
書屋刻本　三冊　存三卷(禮記一至三)

330000－1716－0025874　　普經 0963－1/
25874　經部/叢編

十三經讀本一百五十二卷　（清）□□編　清
同治金陵書局刻本　四冊　存三種

330000－1716－0025875　　普經 0963－2/
25875　經部/叢編

十三經讀本一百五十二卷　（清）□□編　清
同治金陵書局刻本　十一冊　存二種

330000－1716－0025876　新補 0416/25876
新學/史志/別國史

日本維新慷慨史二卷　（日本）西村三郎輯
趙必振譯　清光緒鉛印本　一冊　存一卷
(一)

330000－1716－0025879　　新補 0319－2/
25879　新學/議論/通論

現今世界大勢論不分卷　梁啟超譯撰　清光
緒刻本　一冊

330000－1716－0025880　地獻 3236/25880
集部/曲類/彈詞之屬

雙官誥一卷　清宣統元年(1909)抄本　清穎
川氏題記　一冊

330000－1716－0025887　地獻 3238/25887

史部/政書類/公牘檔冊之屬

奏稿一卷 （清）高氏輯　清光緒五年（1879）稿本　一冊

330000－1716－0025888　子補 0963/25888
子部/雜著類/雜說之屬

元化指南五卷　題退安老祖撰　清刻本　一冊　存三卷（三至五）

330000－1716－0025890　史補 0643/25890
史部/史評類/史論之屬

洪稚存先生評史十八卷　（清）洪亮吉撰（清）龔熙評點　清光緒三十一年（1905）同文公記石印本　四冊　存四卷（一至四）

330000－1716－0025891　地獻 3239/25891
集部/總集類/選集之屬/斷代

全唐詩一卷　清末抄本　一冊

330000－1716－0025892　地獻 1813/25892
集部/別集類

夢南雷齋文鈔二卷縶言三種三卷　黃壽裛撰　清宣統三年（1911）石印本　一冊　存一卷（憲法縶言）

330000－1716－0025893　子補 0965/25893
子部/宗教類/道教之屬

性命雙修萬神圭旨四卷　清刻本　一冊　存一卷（三）

330000－1716－0025895　新補 0419/25895
新學/史志/諸國史

萬國通鑑四卷　（美國）謝衛樓撰　（清）趙如光譯　清光緒石印本　一冊　存一卷（三）

330000－1716－0025898　地獻 3195/25898
集部/別集類/清別集

鱗羽家書不分卷　清抄本　一冊

330000－1716－0025899　地獻 3196/25899
集部/曲類/曲藝之屬

紹興平調節詩一卷　清抄本　一冊

330000－1716－0025901　集補 0777/25901
集部/詩文評類/文評之屬

藝林類擷十六卷　（清）謝輔玷選　清刻本

八冊

330000－1716－0025902　地獻 3197/25902
史部/傳記類/科舉錄之屬/總錄

科名錄不分卷　清末抄本　一冊

330000－1716－0025903　地獻 3198/25903
子部/農家農學類/蠶桑之屬

蠶種優劣鑒定法不分卷　清末抄本　一冊

330000－1716－0025905　子補 0958－3/25905　子部/宗教類/佛教之屬/經咒

瑜伽焰口二卷　清刻本　一冊

330000－1716－0025906　地獻 3199/25906
子部/雜著類/雜纂之屬

帳目一卷　清光緒十五年（1889）抄本　一冊

330000－1716－0025908　地獻 3300/25908
史部/史表類/通代之屬

歷代帝王年號一卷　清末抄本　一冊

330000－1716－0025909　經補 0592/25909
經部/叢編

五經四書讀本　（清）□□輯　清同治三年（1864）浙江撫署刻本　六冊　存三種

330000－1716－0025911　地獻 1814/25911
子部/醫家類/醫理之屬/綜合

中藏經八卷附華佗內照法一卷　（漢）華佗撰　清光緒六年（1880）上虞徐氏蘭蘭山房刻本　一冊　缺四卷（一至四）

330000－1716－0025912　新補 0420/25912
新學/雜著

漢譯東文讀本八卷　（清）王國章譯　清光緒二十七年（1901）上海普通學書室石印本　一冊　存一卷（一）

330000－1716－0025914　子補 0968/25914
子部/宗教類/道教之屬

乾道應行十六則一卷　（清）一了山人輯　清光緒二十四年（1898）燕南冠五氏刻本　一冊

330000－1716－0025916　地獻 1815/25916
集部/別集類/清別集

慎獨齋吟賸四卷　（清）童鳳三撰　清道光四

年(1824)刻本　一册　存二卷(三至四)

330000－1716－0025917　史補 0645/25917
史部/金石類/金之屬/文字

積古齋鐘鼎彝器款識十卷　(清)阮元　(清)
朱為弼撰　清末石印本　一册　存六卷(五
至十)

330000－1716－0025918　地獻 1638－3/
25918　史部/地理類/水利之屬

上虞縣五鄉水利本末二卷　(元)陳恬撰　清
光緒九年(1883)枕湖樓連氏刻本　一册　存
一卷(一)

330000－1716－0025920　史補 0646/25920
史部/傳記類/總傳之屬/斷代

國朝先正事略八卷　(清)李元度撰　**續編四
卷**　朱孔彰撰　清末石印本　二册　存二卷
(續編二、四)

330000－1716－0025923　經補 0593/25923
經部/叢編

璜川吳氏經學叢書十五種　(清)吳志忠等輯
清道光十年(1830)寶仁堂刻本　三册　存
一種

330000－1716－0025924　子補 1101－2/
25924　子部/術數類/相宅相墓之屬

增補地理直指原真大全三卷首一卷　(清)釋
如玉徹塋撰　清末上海錦章圖書局石印本
三册　缺一卷(二)

330000－1716－0025925　地獻 1816/25925
子部/宗教類/佛教之屬

寫法切要二卷　清光緒五年(1879)紹城樂隱
經房釋子蓮成刻本　一册

330000－1716－0025926　子補 0970/25926
子部/宗教類/佛教之屬/諸宗

百丈叢林清規證義記九卷首一卷　(唐)釋懷
海撰　(清)釋儀潤證義　**地輿名目一卷**
(清)釋儀潤輯　清刻本　一册　存二卷(六
至七)

330000－1716－0025928　子補 1103/25928
子部/術數類/相宅相墓之屬

地理錄要四卷　(清)于楷輯　清同治十一年
(1872)文德堂刻本　四册

330000－1716－0025929　子補 1104/25929
子部/術數類/相宅相墓之屬

曹安峰地理原本說四卷　(清)曹家甲撰　清
刻本　三册　存三卷(一至二、四)

330000－1716－0025930　史補 0647/25930
史部/政書類/儀制之屬/典禮

南巡盛典一百二十卷　(清)高晉等纂修　清
光緒八年(1882)上海點石齋石印本　一册
存十六卷(一百五至一百二十)

330000－1716－0025934　經補 0594/25934
經部/儀禮類/傳說之屬

儀禮章句十七卷　(清)吳廷華撰　清乾隆二
十二年(1757)東壁書莊刻本　二册　存十卷
(一至四、十二至十七)

330000－1716－0025935　地獻 1818/25935
經部/小學類/訓詁之屬/方言

越言釋二卷　(清)茹敦和撰　清道光二十九
年(1849)仁和葛氏嘯園刻本　一册

330000－1716－0025936　地獻 3302/25936
集部/總集類/尺牘之屬

分類尺牘不分卷　清光緒三十四年(1908)安
定氏抄本　一册

330000－1716－0025937　史補 0648/25937
史部/雜史類/斷代之屬

明季稗史彙編十六種　(清)留雲居士輯　清
光緒鉛印本　五册　存十三種

330000－1716－0025938　集補 0395/25938
集部/詩文評類/文法之屬/函牘格式

最新尺牘指南二卷　林萬里編輯　清宣統三
年(1911)上海益智書社石印本　二册

330000－1716－0025939　地獻 1819/25939
史部/地理類/專志之屬/祠墓

曹江孝女廟誌八卷首一卷末一卷補遺一卷
(清)金廷棟輯　(清)唐煕春增輯　清末影印
本　一册　缺四卷(一至三、首)

330000－1716－0025940　　子補 1105 － 2/ 25940　子部/術數類/相宅相墓之屬

增補地理直指原真三卷首一卷　（清）釋如玉 徹瑩撰　清刻本　四冊　存三卷（一至三）

330000－1716－0025941　　普叢 0196 － 2/ 25941　類叢部/叢書類/彙編之屬

唐代叢書一百六十四種　（清）王文誥編　清 嘉慶十一年（1806）弁山樓刻本　二冊　存 六種

330000－1716－0025942　經補 0595/25942 經部/易類/傳說之屬

來瞿唐先生易注十五卷首一卷末一卷圖一卷 　（明）來知德撰　清刻善成堂印本　十一冊

330000－1716－0025945　經補 0596/25945 經部/三禮總義類/通禮雜禮之屬

讀禮通考一百二十卷　（清）徐乾學撰　清光 緒刻本　五冊　存二十九卷（二十七至三十 三、六十四至六十七、八十二至八十六、九十 五至一百、一百十四至一百二十）

330000－1716－0025947　古越 0753/25947 史部/地理類/雜志之屬

萬國輿地韻編不分卷　（清）蛻學盦主人撰 清光緒二十九年（1903）崇實書局石印本 二冊

330000 － 1716 － 0025948　　地獻 1697 － 2/ 25948　集部/別集類/清別集

慕陵詩稿二卷補遺一卷　（清）陳榮杰撰　**大 巖賸草一卷**　（清）陳松齡撰　清光緒二十三 年（1897）會稽陳氏青藤書屋刻本　一冊　存 一卷（一）

330000－1716－0025949　地獻 3304/25949 子部/醫家類/兒科之屬/痘疹

秘傳痘疹四卷圖一卷　（清）翼子撰　清道光 耕歷堂抄本　一冊

330000－1716－0025950　地獻 1658 － 2/ 25950　集部/別集類/清別集

曼志堂遺稿二卷　（清）曹壽銘撰　清同治九 年（1870）甬上鐵耕齋刻本　一冊

330000－1716－0025951　地獻 1820/25951 集部/別集類/清別集

留園詩鈔二卷　（清）吳榮撰　清咸豐六年 （1856）刻本　二冊

330000－1716－0025952　地獻 3306/25952 子部/醫家類/本草之屬/歷代綜合本草

本草思辨録二卷　（清）周巖撰　清末抄本 一冊　存一卷（二）

330000－1716－0025953　地獻 1821 － 1/ 25953　子部/術數類/相宅相墓之屬

楊曾地理元文四種附二種　（清）端木國瑚注 　清道光五年（1825）刻本　一冊　存一種

330000－1716－0025954　　經補 0567 － 3/ 25954　經部/叢編

十三經讀本一百五十二卷　（清）□□編　清 光緒十二年（1886）湖北官書處刻本　五冊 存二種

330000－1716－0025955　子補 0972 － 1/ 25955　子部/宗教類/道教之屬

天仙正理直論增注二卷　（明）伍守陽撰並注 　（明）伍守虛同注　清嘉慶二十四年（1819） 泰和堂刻本　一冊　存一卷（一）

330000－1716－0025961　經補 0601/25961 經部/叢編

十三經讀本一百五十二卷　（清）□□編　清 光緒十二年（1886）湖北官書處刻本　三冊 存一種

330000－1716－0025962　子補 0972 － 2/ 25962　子部/宗教類/道教之屬

天仙正理直論增注二卷　（明）伍守陽撰並注 　（明）伍守虛同注　清光緒二十九年（1903） 刻本　一冊　存一卷（一）

330000－1716－0025964　地獻 3242/25964 類叢部/類書類/專類之屬

黃眉故事一卷　清末抄本　一冊

330000－1716－0025965　善 0478/25965　集 部/別集類/漢魏六朝別集

陳思王集二卷　（三國魏）曹植撰　（明）張溥

評閱　清朝宗書室木活字印本　二冊

330000－1716－0025966　集補 0397－2/25966　集部/詩文評類/文法之屬/函牘格式
商業新尺牘四卷　林萬里撰　清宣統三年(1911)上海會文堂石印本　四冊

330000－1716－0025967　經補 0600/25967　經部/叢編
十三經古注二百九十卷　(明)金蟠　(明)葛鼐校　清刻本　三冊　存二種

330000－1716－0025970　子補 0972－3/25970　子部/宗教類/道教之屬
天仙正理直論增注二卷　(明)伍守陽撰並注　(明)伍守虛同注　清末上海翼化堂刻本　慶記題簽　一冊

330000－1716－0025971　子補 1107－1/25971　子部/術數類/相宅相墓之屬
重鐫官板地理天機會元三十五卷　(唐)卜則巍撰　(明)顧乃德輯　(明)徐之鏌重編　清光緒十六年(1890)學庫山房刻本　九冊　存十六卷(十三、十七至二十、二十五至三十五)

330000－1716－0025972　地獻 3240/25972　集部/總集類/選集之屬/通代
古文選録一卷　清末抄本　一冊

330000－1716－0025973　地獻 1821－2/25973　子部/術數類/相宅相墓之屬
楊曾地理元文四種附二種　(清)端木國瑚注　清道光五年(1825)刻本　二冊　存三種

330000－1716－0025974　地獻 1382－2/25974　類叢部/叢書類/彙編之屬
仰視千七百二十九鶴齋叢書四十種　(清)趙之謙編　清光緒會稽趙氏刻本　一冊　存一種

330000－1716－0025975　地獻 3241/25975　集部/別集類/清別集
唅香書屋課一卷　稿本　一冊

330000－1716－0025979　子補 0973/25979　子部/宗教類/佛教之屬

彙刻阿育王寺佛涅槃日行法詮次不分卷　清乾隆二十七年(1762)育王寺刻本　張氏題記　一冊

330000－1716－0025982　地獻 3243/25982　集部/別集類/清別集
蘇甘居士詩稿一卷　(清)□□撰　稿本　一冊

330000－1716－0025984　地獻 3309/25984　子部/醫家類/方書之屬/單方驗方
精微五集不分卷　清光緒三十二年(1906)抄本　一冊　存第五集

330000－1716－0025985　地獻 3244/25985　史部/詔令奏議類/奏議之屬
奏疏不分卷　清末抄本　八冊

330000－1716－0025986　地獻 3245/25986　集部/總集類/選集之屬/斷代
種竹圖詩鈔一卷詩餘一卷　清末抄本　一冊

330000－1716－0025987　地獻 3310/25987　子部/宗教類/佛教之屬
大悲心陀羅尼一卷　清末抄本　一冊

330000－1716－0025988　經補 0604/25988　經部/叢編
五經四書讀本　(清)□□輯　清嘉慶二十二年(1817)裕文堂刻本　七冊　存二種

330000－1716－0025989　地獻 3311/25989　子部/藝術類/書畫之屬/書法書品
小楷一卷　清末抄本　一冊

330000－1716－0025990　經補 0605/25990　經部/叢編
十三經讀本一百五十二卷　(清)□□編　清光緒六年(1880)湖州醉六堂刻本　三冊　存一種

330000－1716－0025991　經補 0602/25991　經部/叢編
十三經讀本一百五十二卷　(清)□□編　清刻本　一冊　存一種

330000－1716－0025992　地獻 3312/25992

子部/雜著類/雜說之屬

勸人便覽□□卷　清末抄本　一冊　存一卷
（一）

330000－1716－0025993　子補1109/25993
子部/術數類/陰陽五行之屬

奇門遁甲秘笈大全三十卷　（明）劉基校訂
清刻本　四冊

330000－1716－0025997　集補0778/25997
集部/總集類/課藝之屬

格致書院課藝不分卷　（清）王韜編　清光緒
二十二年（1896）上海書局石印本　十三冊
存丙戌至癸巳

330000－1716－0025998　地獻3314/25998
史部/政書類/公牘檔冊之屬

擬稟奏折欵式一卷　清末少鶴抄本　一冊

330000－1716－0025999　子補0975/25999
子部/宗教類/佛教之屬

誦戒法儀不分卷授居家二眾三皈正範一卷
清刻本（授居家二眾三皈正範配清抄本）
一冊

330000－1716－0026000　地獻1672－8/
26000　史部/地理類/雜志之屬

王梅溪先生會稽三賦四卷　（宋）王十朋撰
（明）南逢吉注　（清）周炳曾增注　清咸豐尺
木堂刻本　二冊

330000－1716－0026001　經補0603/26001
經部/叢編

十三經讀本一百五十二卷　（清）□□編　清
南京李光明莊刻本　五冊　存二種

330000－1716－0026002　地獻1672－9/
26002　史部/地理類/雜志之屬

王梅溪先生會稽三賦四卷　（宋）王十朋撰
（明）南逢吉注　（清）周炳曾增注　清刻本
一冊

330000－1716－0026003　地獻2118/26003
集部/別集類/清別集

璇璣碎錦一卷　（清）萬樹撰　清末抄本
一冊

330000－1716－0026006　地獻1672－10/
26006　史部/地理類/雜志之屬

王梅溪先生會稽三賦四卷　（宋）王十朋撰
（明）南逢吉注　（清）周炳曾增注　清咸豐尺
木堂刻本　靜遠題簽　一冊

330000－1716－0026007　地獻1672－11/
26007　史部/地理類/雜志之屬

王梅溪先生會稽三賦四卷　（宋）王十朋撰
（明）南逢吉注　（清）周炳曾增注　清咸豐尺
木堂刻本　二冊

330000－1716－0026008　地獻1672－12/
26008　史部/地理類/雜志之屬

王梅溪先生會稽三賦四卷　（宋）王十朋撰
（明）南逢吉注　（清）周炳曾增注　清咸豐尺
木堂刻本　二冊

330000－1716－0026009　集補0780/26009
集部/總集類/尺牘之屬

窺豹軒詞翰法程八卷　（清）姜榮輯　清嘉慶
二十三年（1818）刻本　五冊　存五卷（一至
二、四至六）

330000－1716－0026011　集補0781－1/
26011　集部/總集類/課藝之屬

大題三萬選不分卷　清光緒十五年（1889）上
海書局石印本　三十九冊

330000－1716－0026012　地獻3315/26012
子部/藝術類/書畫之屬

畫傳四卷　清末山陰廢士抄本　一冊　存一
卷（四）

330000－1716－0026013　子補1112/26013
子部/叢編

二十五子彙函（子書二十五種）　（清）鴻文書
局編　清光緒十九年（1893）上海鴻文書局石
印本　十一冊　存十六種

330000－1716－0026017　集補0782/26017
集部/總集類/選集之屬/斷代

宋四名家詩　（清）周之鱗　（清）柴升編　清
嘉慶二十二年（1817）博古堂刻本　丁之蕃題
記　六冊　存三種

330000－1716－0026018　地獻 1464－41/26018　史部/傳記類/科舉錄之屬/歷科登科錄

[光緒丙子至丙戌科]欽取朝考卷不分卷　陳通聲等撰　清末京都松竹齋刻本　一冊

330000－1716－0026023　地獻 3318/26023　集部/別集類/元別集

松鄉先生文集十卷　（元）任士林撰　清抄本　二冊　存六卷（二至七）

330000－1716－0026024　地獻 3246/26024　集部/曲類/曲藝之屬

無名詞曲十二齣　清末抄本　一冊

330000－1716－0026025　子補 0977/26025　子部/宗教類/道教之屬

文武聖經詩律合編二卷　清同治十二年（1873）同仁會刻本　一冊

330000－1716－0026030　史補 0649/26030　史部/史評類/詠史之屬

十國宮詞一卷　（清）吳省蘭撰　清末上海掃葉山房石印本　一冊

330000－1716－0026032　地獻 3247/26032　子部/雜著類/雜纂之屬

芸窗必覽初編一卷　清末碧荷館抄本　一冊

330000－1716－0026033　地獻 3320/26033　集部/別集類/清別集

擲地金聲不分卷　清末抄本　一冊

330000－1716－0026035　經補 0606/26035　經部/叢編

五經四書讀本　（清）□□輯　清刻本　五冊　存四種

330000－1716－0026037　史補 0655/26037　子部/雜著類/雜說之屬

熙朝紀政六卷　（清）王慶雲撰　清光緒二十七年（1901）上海天章書局石印本　三冊　存三卷（一至三）

330000－1716－0026038　集補 0406/26038　集部/總集類/尺牘之屬

增廣尺牘句解初集二卷二集二卷附百千音義百一卷　（清）少溪氏編次　清光緒三十四年（1908）上海煥文書局石印本　三冊　缺一卷（二）

330000－1716－0026043　史補 0651/26043　史部/政書類/邦交之屬

經濟彙編□□種　（美國）哈門脫輯　清末石印暨鉛印本　二冊　存一種

330000－1716－0026044　地獻 3321/26044　集部/總集類/課藝之屬

錄文不分卷　（清）□□輯　清末畫錦堂振記抄本　一冊

330000－1716－0026046　經補 0607/26046　經部/叢編

十三經讀本一百五十二卷　（清）□□編　清刻本　二冊　存二種

330000－1716－0026047　子補 1116/26047　子部/術數類/命書相書之屬

命理窮通寶鑑欄江網二卷首一卷附增補月談賦一卷　（清）余春臺輯　清善成堂刻本　二冊

330000－1716－0026048　史補 0652/26048　史部/史評類/史論之屬

史學論一卷　（清）戴克家編　清光緒二十八年（1902）新型書局石印本　一冊

330000－1716－0026049　地獻 3322/26049　集部/總集類/選集之屬/通代

古文五十篇不分卷　唐詠裳輯　清末抄本　四冊

330000－1716－0026050　經補 0608－1/26050　經部/叢編

十三經讀本一百五十二卷　（清）□□編　清同治三年（1864）刻本　二冊　存一種

330000－1716－0026055　子補 1117/26055　子部/術數類/占卜之屬

六壬神課金口訣三卷　（清）周儆弦重訂　清金陵三多齋刻本　二冊　存一卷（一）

330000－1716－0026057　地獻 3250/26057
史部/地理類/方志之屬

蕭山地理劄記一卷　清末抄本　一冊

330000－1716－0026062　地獻 3251/26062
集部/曲類/寶卷之屬

雙花寶卷二卷　清末抄本　一冊　存一卷
（二）

330000－1716－0026063　經補 0609/26063
經部/叢編

十三經讀本一百五十二卷　（清）□□編　清
刻本　一冊　存一種

330000－1716－0026065　地獻 3252/26065
經部/群經總義類/文字音義之屬

十三經不貳字一卷　（清）李鴻藻撰　清末抄
本　一冊

330000－1716－0026067　經補 0610/26067
經部/叢編

五經四書讀本　（清）□□輯　清同治三年
（1864）浙江撫署刻本　二冊　存一種

330000－1716－0026068　地獻 3324/26068
子部/儒家類/儒學之屬/蒙學

通俗雜字一卷　清抄本　一冊

330000－1716－0026069　地獻 1825－1/
26069　子部/雜著類/雜纂之屬

特別改良勸世文一卷　□□輯　清紹城聚珍
齋刻本　一冊

330000－1716－0026070　地獻 3253/26070
集部/詞類/別集之屬

擊缶集詩餘一卷　（清）□□撰　稿本　一冊

330000－1716－0026071　地獻 3325/26071
史部/政書類/律令之屬/治獄

刺字條欵不分卷　清抄本　一冊

330000－1716－0026072　經補 0611/26072
經部/叢編

十三經讀本一百五十二卷　（清）□□編　清
刻本　二冊　存二種

330000－1716－0026074　地獻 3254/26074

史部/政書類/邦計之屬

入幕須知五種附一種　（清）張廷驤輯　清末
抄本　一冊　存一種

330000－1716－0026075　史補 0653/26075
史部/史評類/史論之屬

**史事論甲編十卷乙編六卷丙編四卷丁編四卷
戊編十卷**　雷瑨輯　清宣統三年（1911）石印
本　六冊　存十一卷（乙編一至六，戊一至
二、八至十）

330000－1716－0026077　經補 0612/26077
經部/叢編

五經四書讀本　（清）□□輯　清刻本　一冊
　存一種

330000－1716－0026078　集補 0786/26078
集部/總集類/課藝之屬

小題文藪不分卷　（清）沈荷汀輯　清末石印
本　六冊

330000－1716－0026079　地獻 1825－2/
26079　子部/雜著類/雜纂之屬

特別改良勸世文一卷　□□輯　清紹城聚珍
齋刻本　一冊

330000－1716－0026082　史補 0654/26082
史部/傳記類/科舉錄之屬

直墨采真□□卷　京都大學評選　清光緒三
十年（1904）上海點石齋石印本　一冊　存一
卷（一）

330000－1716－0026084　子補 1118/26084
子部/儒家類/儒學之屬/禮教

**人生必讀書十二卷前一卷首一卷末一卷後一
卷**　（清）鄒祖堂輯　清同治十年（1871）刻本
　七冊　存十一卷（一至三、六至十二，末）

330000－1716－0026085　地獻 3256/26085
集部/別集類/清別集

史雅堂先生詩集一卷　（清）史復善撰　清末
抄本　一冊

330000－1716－0026090　集補 0787/26090
集部/總集類/選集之屬/通代

難跖賦續刻二十八卷擬古二卷　（清）應泰泉

輯　清同治十三年(1874)蘭言室刻本　二冊

330000－1716－0026100　　經補 0613/26100
經部/叢編

五經五十八卷　（清）□□輯　清康熙八年
(1669)紫陽朱氏崇道堂刻本　二冊　存四卷
(周易一至四)

330000－1716－0026103　　集補 0409/26103
集部/總集類/彙編之屬

國朝十家四六文鈔十一卷　王先謙編　清光
緒二十一年(1895)上海書局石印本　三冊
存七種

330000－1716－0026106　　地獻 3331/26106
子部/藝術類/書畫之屬

翰墨緣一卷　清末抄本　一冊

330000－1716－0026107　　集補 0788/26107
集部/別集類/清別集

陳星齋文稿不分卷二刻不分卷　（清）陳兆崙
撰　（清）蔡錫疇　（清）顧繼成　（清）蔡宇
泰評注　清刻本　八冊

330000－1716－0026110　　子補 1120/26110
子部/術數類/相宅相墓之屬

金光斗臨經一卷　（明）周繼撰　（清）張慶瑗
輯　清光緒二十四年(1898)浙省寶晉齋石印
本　陸耕山氏題簽　一冊

330000－1716－0026117　　地獻 3335/26117
子部/宗教類/佛教之屬/經疏

金剛經解說一卷　清末抄本　一冊

330000－1716－0026120　　子補 1121/26120
子部/雜著類/雜說之屬

寄學速成法一卷　林文潛撰　清光緒二十七
年(1901)溫州瑞安虹橋寄社刻本　一冊

330000－1716－0026121　　史補 0658/26121
史部/雜史類/斷代之屬

拳匪紀略八卷前編二卷後編二卷圖一卷
(清)楊鳳藻等輯　清光緒石印本　二冊　存
四卷(一至二、後編一至二)

330000－1716－0026124　　集補 0410/26124

集部/總集類/尺牘之屬

名賢書札不分卷　（清）李鴻章等撰　清光緒
十九年(1893)上海學有根柢齋石印本　三冊

330000－1716－0026125　　子補 1122/26125
子部/雜著類/雜纂之屬

傳家寶二卷　（清）石成金撰　清末上海宏大
善書局石印本　二冊

330000－1716－0026128　　史補 0656/26128
史部/政書類/通制之屬

中外政治類編十五卷　清光緒二十七年
(1901)上海漢讀樓石印本　一冊　存三卷
(一至三)

330000－1716－0026129　　地獻 3249/26129
集部/詞類/別集之屬

雙紅豆詞一卷　（清）周天麟撰　清末抄本
一冊

330000－1716－0026131　　地獻 3248/26131
集部/別集類/清別集

春暉書屋課藝一卷　（清）朱鴻頡撰　稿本
一冊

330000－1716－0026134　　子補 1123/26134
子部/雜著類/雜纂之屬

省身集不分卷　清咸豐十一年(1861)信善局
刻本　一冊

330000－1716－0026139　　經補 0614/26139
經部/書類/分篇之屬

禹貢會箋十二卷圖一卷山水總目一卷　（清）
徐文靖撰　（清）趙弁訂　清同治十三年
(1874)慈溪何松常惺惺齋刻本　四冊

330000－1716－0026142　　地獻 3337/26142
子部/宗教類/佛教之屬/經

金剛經啟請一卷金剛般若波羅密經一卷　清
末抄本　一冊

330000－1716－0026143　　地獻 3338/26143
子部/醫家類/方書之屬/單方驗方

十全大補丸一卷　清末抄本　一冊

330000－1716－0026145　　經補 0615/26145

經部/四書類/論語之屬/專著

鄉黨圖考十卷 （清）江永撰 清嘉慶元年(1796)文學堂刻本 四冊

330000－1716－0026146 地獻 3261/26146
類叢部/類書類/專類之屬

分類詞藻一卷附雜録 清末抄本 一冊

330000－1716－0026148 經補 0616/26148
經部/四書類/論語之屬/專著

鄉黨圖考十卷 （清）江永撰 清刻本 三冊 存五卷(三至五、九至十)

330000－1716－0026149 地獻 3339/26149
子部/醫家類/方書之屬/單方驗方

褖用諸方一卷 清末抄本 一冊

330000－1716－0026151 普叢 0228－3/26151 類叢部/叢書類/彙編之屬

國朝名人著述叢編十三種 （清）□□編 清光緒五年(1879)上海淞隱閣鉛印本 五冊 存九種

330000－1716－0026152 經補 0617/26152
經部/禮記類/傳說之屬

禮記約編十卷 （清）汪基撰 清光緒三十四年(1908)上海廣益書局石印本 五冊

330000－1716－0026155 史補 0660－2/26155 史部/職官類/官箴之屬

宦鄉要則七卷首一卷 （清）張鑒瀛輯 清光緒十五年(1889)珍藝書局石印本 二冊

330000－1716－0026158 史補 0659/26158
史部/地理類/外紀之屬

日本地理兵要十卷日本會計録四卷日本船師表一卷 姚文棟撰 **日本師船考一卷** 沈敦和輯譯 清光緒石印本 二冊 存五卷(日本會計録一至四、日本船師表)

330000－1716－0026159 地獻 3341/26159
子部/術數類/占卜之屬

定生數一卷 清末抄本 一冊

330000－1716－0026160 經補 0618/26160
經部/易類/傳說之屬

周易本義四卷附圖說一卷卦歌一卷筮儀一卷 （宋）朱熹撰 清宣統二年(1910)上海會文堂粹記石印本 二冊

330000－1716－0026161 地獻 3342/26161
子部/術數類/陰陽五行之屬

董君秘訣一卷 清末抄本 一冊

330000－1716－0026163 經補 0619/26163
經部/易類/傳說之屬

周易本義四卷附圖說一卷卦歌一卷筮儀一卷 （宋）朱熹撰 清宣統二年(1910)上海會文堂書局石印本 二冊

330000－1716－0026164 子補 0990－1/26164 子部/宗教類/佛教之屬

修行歌一卷 （□）惟一子撰 清蘇城瑪瑙經房刻本 一冊

330000－1716－0026165 經補 0620/26165
經部/易類/傳說之屬

周易本義四卷附圖說一卷卦歌一卷筮儀一卷 （宋）朱熹撰 清宣統二年(1910)上海會文堂書局石印本 二冊

330000－1716－0026169 子補 0992/26169
子部/宗教類/佛教之屬/經

大方廣佛華嚴經入不思議解脫境界普賢行願品一卷 （唐）釋般若譯 清武進劉翰清刻本 胡維銓題記 一冊

330000－1716－0026170 普類 0126－3/26170 類叢部/類書類/通類之屬

子史輯要詩賦題解四卷續編四卷 （清）胡本淵編 清刻本 二冊 存四卷(續編一至四)

330000－1716－0026171 經補 0623/26171
經部/叢編

十三經讀本一百五十二卷 （清）□□編 清末上海千頃堂書局石印本 五冊 存一種

330000－1716－0026172 經補 0624/26172
經部/四書類/總義之屬/傳說

大學宗朱直解四卷中庸宗朱直解四卷論語說二十卷孟子說十四卷 （清）王履中撰 清刻本 五冊 存十二卷(論語說九至二十)

330000－1716－0026173　地獻 1826/26173
子部/雜著類/雜纂之屬

敬信錄不分卷 （清）俞嘉森纂訂　清宣統元年(1909)山陰陳尚禮、沈世煥石印本　一冊

330000－1716－0026174　史補 0662/26174
史部/金石類/金之屬/文字

歷代鐘鼎彝器款識法帖二十卷 （宋）薛尚功撰　清光緒八年(1882)上海點石齋影印本　三冊　缺五卷(六至十)

330000－1716－0026177　地獻 3343/26177
史部/地理類/雜志之屬

王梅溪先生會稽三賦四卷 （宋）王十朋撰（明）南逢吉注　（清）周炳曾增注　清抄本　一冊　存一卷(一)

330000－1716－0026178　地獻 3344/26178
子部/醫家類/本草之屬/本草藥性

藥性賦一卷 清抄本　一冊

330000－1716－0026180　地獻 3345/26180
子部/宗教類/道教之屬

百道靈籤一卷 清光緒二十三年(1897)抄本　一冊

330000－1716－0026182　地獻 3346/26182
集部/詞類/總集之屬

簡斷殘篇一卷 清末抄本　一冊

330000－1716－0026190　集補 0414/26190
集部/詩文評類/詩評之屬

平等閣詩話二卷 狄葆賢撰　清末鉛印本　二冊

330000－1716－0026192　子補 0993/26192
子部/宗教類/道教之屬

濟世良箴不分卷 清光緒二十四年(1898)刻本　一冊

330000－1716－0026195　經補 0625/26195
經部/叢編

五經四書讀本 （清）□□輯　清刻本　一冊　存一種

330000－1716－0026198　地獻 3347/26198

子部/醫家類/眼科之屬

一草亭眼科四卷 （明）鄧苑撰　清末方聖瑞抄本　一冊　存三卷(一至三)

330000－1716－0026200　地獻 3348/26200
子部/醫家類/針灸之屬/針法灸法

太乙神鍼方一卷 （清）范毓𬭶撰　清末抄本　一冊

330000－1716－0026201　子補 0994/26201
集部/別集類/唐五代別集

御選妙覺普度和聖寒山大士詩一卷 （唐）釋寒山子撰　**豐干詩附一卷** （唐）釋豐干撰　清成都文殊院刻本　一冊

330000－1716－0026202　地獻 3349/26202
子部/雜著類/雜纂之屬

雜詳□□卷 清末抄本　一冊　存一卷(一)

330000－1716－0026204　子補 1128/26204
子部/雜著類/雜纂之屬

宋稗類鈔八卷 （清）潘永因輯　清宣統元年(1909)上海有正書局鉛印本　三冊　存三卷(一至二、六)

330000－1716－0026205　地獻 3350/26205
子部/宗教類/道教之屬

生生數一卷 清光緒四年(1878)抄本　一冊

330000－1716－0026206　子補 0995/26206
子部/宗教類/佛教之屬

觀音籤一卷 清刻本　一冊

330000－1716－0026209　經補 0626/26209
經部/四書類/總義之屬/傳說

增刪四書大全正解二十二卷 （清）吳荃彙輯　清深柳堂刻本　四冊　存七卷(一至七)

330000－1716－0026210　善 0479/26210　集部/別集類/清別集

喚作詩四卷 （清）還淳方吾子撰　清乾隆五十七年(1792)稿本　二冊

330000－1716－0026214　地獻 3352/26214
集部/總集類/郡邑之屬

國朝畿輔詩集一卷 （清）陶樑輯　清末抄本

一冊

330000－1716－0026218　地獻 1827/26218
經部/四書類/孟子之屬/傳說
四書摭餘說七卷　(清)曹之升撰　清嘉慶三年(1798)蕭山曹氏家塾刻本　六冊

330000－1716－0026219　史補 0663/26219
史部/傳記類/別傳之屬/事狀
續先正事略三十卷　朱孔彰撰　清末石印本　四冊　存十一卷(三至八、二十一至二十五)

330000－1716－0026223　地獻 1828/26223
經部/四書類/孟子之屬/傳說
四書摭餘說七卷　(清)曹之升撰　清道光十年(1830)蕭山曹氏刻本　四冊　缺二卷(孟子一至二)

330000－1716－0026228　地獻 3266/26228
集部/別集類/清別集
梅莊文稿一卷　清末蔣敬直抄本　一冊

330000－1716－0026230　善附 0287/26230
集部/別集類/清別集
憩綠軒詩鈔一卷　(清)王作樞撰　稿本　一冊

330000－1716－0026232　史補 0664/26232
史部/政書類/律令之屬/刑制
刑錢必覽十卷錢穀備要十卷　(清)王又槐輯　清刻本　三冊　存四卷(刑錢必覽三至四、錢穀備要三至四)

330000－1716－0026238　地獻 3353/26238
集部/總集類/選集之屬/通代
彤管小詩一卷　(清)琴樓主人輯　清末抄本　一冊

330000－1716－0026240　地獻 3354/26240
集部/別集類/清別集
蘿岩草堂詩稿一卷　(清)□□撰　清末聽鸝別墅抄本　一冊

330000－1716－0026242　史補 0665/26242
史部/史抄類

南北史捃華八卷　(清)周嘉猷輯　清刻本　二冊　存四卷(三至四、七至八)

330000－1716－0026243　地獻 3355/26243
子部/醫家類/診法之屬/脈經脈訣
四言脈訣一卷　清抄本　一冊

330000－1716－0026245　普史 1518/26245
史部/政書類/邦計之屬
江寧府重修普育四堂志六卷　(清)涂宗瀛輯　(清)孫雲錦重纂　清光緒十二年(1886)刻本　一冊　存三卷(一至三)

330000－1716－0026246　經補 0627/26246
經部/叢編
五經四書讀本　(清)□□輯　清刻本　三冊　存一種

330000－1716－0026247　史補 0667/26247
史部/金石類/金之屬/文字
歷代鐘鼎彝器款識法帖二十卷　(宋)薛尚功撰　清光緒八年(1882)上海點石齋影印本　一冊　存五卷(六至十)

330000－1716－0026248　經補 0628/26248
經部/叢編
十三經讀本一百五十二卷　(清)□□編　清刻本　三冊　存一種

330000－1716－0026249　經補 0629/26249
經部/叢編
五經四書讀本　(清)□□輯　清光緒十八年(1892)寶善堂刻本　四冊　存三種

330000－1716－0026250　子補 1130－5/26250　子部/小說家類/諧謔之屬
改良繪圖解人頤廣集八卷　(清)胡澹菴編　(清)錢德蒼訂　清光緒三十二年(1906)善記書莊石印本　二冊　存四卷(一至二、七至八)

330000－1716－0026251　普經 0961－1/26251　經部/詩類/傳說之屬
詩經集傳八卷　(宋)朱熹撰　清慎詒堂刻本　二冊　存五卷(三至四、六至八)

330000 – 1716 – 0026253　集補 1058 – 9/
26253　集部/總集類/選集之屬/通代

文選六十卷　（南朝梁）蕭統輯　（唐）李善注
　　文選考異十卷　（清）胡克家撰　清末上海
鴻文書局石印本　三冊　存三十五卷（二十
六至六十）

330000 – 1716 – 0026254　子補 0998/26254
子部/宗教類/其他宗教之屬/基督教

聖經分解□□卷　清光緒二十九年（1903）刻
本　一冊　存一卷（二）

330000 – 1716 – 0026259　子補 1132/26259
子部/小說家類/雜事之屬

**粟香隨筆八卷二筆八卷粟香三筆八卷四筆八
卷粟香五筆八卷**　金武祥撰　清光緒刻本
七冊　存十四卷（粟香隨筆三至八、粟香二筆
一至八）

330000 – 1716 – 0026262　經補 0632/26262
經部/叢編

五經四書讀本　（清）□□輯　清醉六堂刻本
　二冊　存一種

330000 – 1716 – 0026264　地獻 3357/26264
集部/別集類/清別集

百美人詩一卷　（清）□□撰　清末抄本
一冊

330000 – 1716 – 0026266　經補 0633/26266
經部/四書類/總義之屬/傳說

圖畫四書白話解二十卷　王有宗　施崇恩校
　　清光緒三十二年（1906）上海彪蒙書室石印
本　七冊　存十一卷（大學，論語一至八，孟
子一、三）

330000 – 1716 – 0026271　子補 0999/26271
子部/宗教類/佛教之屬/總錄

御選語錄十九卷　（清）世宗胤禛輯　清雍正
十一年（1733）刻本　三冊　存三卷（十二、十
六、十九）

330000 – 1716 – 0026277　子補 1500/26277
子部/宗教類/其他宗教之屬/基督教

劉保祿神父小傳一卷　清光緒三十一年

（1905）鉛印本　一冊

330000 – 1716 – 0026282　史補 0668/26282
集部/總集類/選集之屬/斷代

兩漢策要十二卷　（宋）陶叔獻輯　清光緒十
三年（1887）上海同文書局石印本（卷三原缺）
　四冊　存四卷（一至二、十一至十二）

330000 – 1716 – 0026283　子補 1501/26283
子部/宗教類/道教之屬

關帝覺世真經本證訓案闡化編十六卷末一卷
　（清）徐謙輯　清刻本　二冊　存四卷（四
至五、十一至十二）

330000 – 1716 – 0026286　集補 0959 – 1/
26286　集部/總集類/課藝之屬

大題文府不分卷　清光緒石印本　二冊　存
下論、上孟

330000 – 1716 – 0026288　地獻 3359/26288
子部/醫家類/診法之屬/歷代脈學

脈要集錄不分卷　清抄本　一冊

330000 – 1716 – 0026290　集補 0959 – 2/
26290　集部/總集類/課藝之屬

大題文府不分卷　清光緒十一年（1885）上海
同文書局石印本　十五冊　存十五冊（上論
一至三、下論一、大學一至二、中庸一至二、上
孟一至三、下孟一至四）

330000 – 1716 – 0026291　地獻 3360/26291
集部/總集類/課藝之屬

考第十七文輯一卷　清抄本　一冊

330000 – 1716 – 0026293　史補 0669/26293
史部/雜史類/斷代之屬

臺戰實紀六卷　清末石印本　一冊　存一卷
（二）

330000 – 1716 – 0026295　集補 0959 – 3/
26295　集部/總集類/課藝之屬

大題文府不分卷　清光緒十一年（1885）上海
同文書局石印本　十九冊　缺一冊（十四）

330000 – 1716 – 0026296　子補 1502 – 1/
26296　子部/宗教類/道教之屬

關聖帝君親解覺世真經一卷　清光緒十年(1884)杭州三畏書屋刻本　一冊

330000－1716－0026299　子補1502－2/26299　子部/宗教類/道教之屬

關聖帝君親解覺世真經一卷　清刻本　一冊

330000－1716－0026302　經補0634/26302　經部/四書類/總義之屬/傳說

圖畫四書白話解二十卷　王有宗　施崇恩校　清光緒三十二年(1906)上海彪蒙書室石印本　八冊　缺六卷(孟子一至四、六至七)

330000－1716－0026306　子補1503/26306　子部/宗教類/道教之屬

覺世經注證一卷　(清)鈍盦定　清光緒十八年至十九年(1892－1893)刻本　一冊

330000－1716－0026308　史補0671/26308　史部/傳記類/總傳之屬/通代

中西人物通攷一百卷　(清)葉逢時輯　清光緒二十九年(1903)杭州史學齋石印本　一冊　存五卷(四十一至四十五)

330000－1716－0026311　經補0636/26311　經部/詩類/傳說之屬

詩經體注大全合參八卷　(清)高朝瓔定(清)沈世楷輯　清文德堂刻本　四冊

330000－1716－0026315　史補0672/26315　史部/政書類/律令之屬/刑制

成案新編二十四卷　(清)律例館編　清道光二十七年(1847)刻本　一冊　存一卷(五)

330000－1716－0026323　地獻3363/26323　史部/史評類/史論之屬

史論雜錄不分卷　清末抄本　一冊

330000－1716－0026330　地獻3365/26330　史部/目錄類/總錄之屬

葉氏書目一卷　清末抄本　一冊

330000－1716－0026334　地獻3366/26334　子部/兵家類/兵法之屬

洴澼百金方十四卷　(清)袁宮桂撰　清抄本　一冊　存一卷(二)

330000－1716－0026338　地獻3367/26338　子部/術數類/命書相書之屬

八門演禽一卷　(三國蜀)諸葛亮撰　清抄本　一冊

330000－1716－0026340　地獻3368/26340　子部/醫家類/溫病之屬/痧症

痧脹發蒙論一卷　清末抄本　一冊

330000－1716－0026350　地獻3370/26350　子部/術數類/陰陽五行之屬

推背圖說一卷　題(唐)袁天罡撰　(唐)李淳風注　清末抄本　一冊

330000－1716－0026354　經補0639/26354　經部/叢編

十三經讀本一百五十二卷　(清)□□編　清愛蓮堂刻本　二冊　存一種

330000－1716－0026356　經補0608－2/26356　經部/叢編

十三經讀本一百五十二卷　(清)□□編　清刻本　二冊　存一種

330000－1716－0026357　史補0675/26357　史部/地理類/雜志之屬

增補都門紀略不分卷圖不分卷　(清)楊靜亭編　(清)李靜山增補　菊部群英二卷　(清)小游仙客輯　國朝鼎甲錄一卷　(清)陳鍾輯　清光緒五年(1879)刻本　一冊　存都門紀略

330000－1716－0026358　集補1495/26358　集部/總集類/氏族之屬

三蘇全集四種　(清)弓翊清等編　清道光七年(1827)眉州三蘇祠刻本　一冊　存一種

330000－1716－0026359　地獻3373/26359　子部/術數類/陰陽五行之屬

奇門不分卷　清末抄本　一冊

330000－1716－0026360　經補0641/26360　經部/叢編

五經五十八卷　(清)□□輯　清崇道堂刻本　一冊　存二卷(詩經一至二)

330000－1716－0026361　史補 0676/26361
史部/史評類/史論之屬

讀通鑑論十卷附宋論五卷 （清）王夫之撰
清光緒石印本　一冊　存三卷(宋論三至五)

330000－1716－0026362　集補 0800/26362
集部/別集類/清別集

**述學內篇三卷外篇一卷補遺一卷別錄一卷附
錄一卷校勘記一卷** （清）汪中撰　（清）汪喜
孫編　清光緒二十二年(1896)上海古香閣石
印本　三冊

330000－1716－0026363　史補 0677/26363
史部/傳記類/別傳之屬

花甲閒談十六卷 （清）張維屏輯　清光緒十
年(1884)上海同文書局石印本　三冊　存十
一卷(六至十六)

330000－1716－0026364　集補 0801/26364
集部/總集類/選集之屬/通代

龍蠻集不分卷　清同治四年(1865)汲綆齋刻
本　十冊

330000－1716－0026365　經補 0642/26365
經部/叢編

五經四書讀本 （清）□□輯　清刻本　二冊
存一種

330000－1716－0026366　史補 0679/26366
史部/史抄類

史略八十七卷 （清）朱堃輯　清末石印本
二冊　存二十六卷(三十一至四十五、七十七
至八十七)

330000－1716－0026367　經補 0643/26367
經部/叢編

十三經讀本一百五十二卷 （清）□□編　清
文星堂刻本　二冊　存一種

330000－1716－0026368　經補 0644/26368
經部/叢編

十三經讀本一百五十二卷 （清）□□編　清
刻本　三冊　存一種

330000－1716－0026369　子補 1142/26369
子部/小說家類/雜事之屬

今世說八卷 （清）王晫撰　清光緒二十九年
(1903)蘇城怡文閣刻本　一冊　存二卷(一
至二)

330000－1716－0026371　普經 0961－4/
26371　經部/詩類/傳說之屬

詩經集傳八卷 （宋）朱熹撰　清慎詒堂刻本
四冊

330000－1716－0026372　子補 1509－1/
26372　子部/宗教類/道教之屬

敬竈全書不分卷 （清）惕心憫世道人輯　清
末石印本　一冊

330000－1716－0026373　經補 0646/26373
經部/叢編

五經旁訓十九卷 （清）徐立綱旁訓　清匠門
書屋刻群玉山房印本　四冊　存四卷(書經
一至二、詩經一、禮記四)

330000－1716－0026374　集補 0802－1/
26374　集部/總集類/郡邑之屬

山左校士錄不分卷 （清）黃體芳輯　清末上
海江左閣刻本　六冊

330000－1716－0026376　子補 1143/26376
子部/雜著類/雜說之屬

七修類稿五十一卷續稿七卷 （明）郎瑛撰
清刻本　一冊　存六卷(四十至四十五)

330000－1716－0026380　集補 0802－2/
26380　集部/總集類/郡邑之屬

山左校士錄二卷 （清）徐樹銘輯　清刻本
二冊

330000－1716－0026384　子補 1509－4/
26384　子部/宗教類/道教之屬

敬竈全書不分卷 （清）惕心憫世道人輯　清
同治四年(1865)刻本　一冊

330000－1716－0026385　普類 0102/26385
類叢部/類書類/通類之屬

讀書紀數略五十四卷 （清）宮夢仁輯　清康
熙刻本　一冊　存四卷(十八至二十一)

330000－1716－0026386　子補 1510/26386

子部/宗教類/道教之屬

通天定福真君靈籤不分卷　清同治六年(1867)杭城崇文堂刻本　一冊

330000－1716－0026388　集補 0803/26388
經部/小學類/音韻之屬/韻書

詩韻全璧五卷　(清)湯祥瑟輯　**初學檢韻袖珍一卷**　(清)姚文登輯　**虛字韻藪一卷**　(清)潘維城輯　清末上海錦章圖書局石印本　六冊

330000－1716－0026390　子補 1147/26390
子部/儒家類/儒學之屬/禮教/女範

女子家庭模範十章附閨德正軌胎教要言　(清)蘇完瓜爾佳箋年撰　清宣統二年(1910)天津醒華報館石印本　一冊

330000－1716－0026392　新補 0422/26392
新學/史志/諸國史

萬國史記二十卷　(日本)岡本監輔撰　清光緒二十四年(1898)石印本　二冊　存八卷(十三至二十)

330000－1716－0026393　地獻 1824－102/26393　集部/總集類/選集之屬/通代

繪圖增批古文觀止十二卷　(清)吳乘權(清)吳大職輯　清宣統元年(1909)浙紹明達書莊石印本　六冊

330000－1716－0026395　地獻 1824－103/26395　集部/總集類/選集之屬/通代

增批古文觀止十二卷　(清)吳乘權(清)吳大職輯　清光緒二十七年(1901)浙紹墨潤堂石印本　三冊　存六卷(五至六、九至十二)

330000－1716－0026396　普經 0961－5/26396　經部/詩類/傳說之屬

詩經集傳八卷　(宋)朱熹撰　清慎詒堂刻本三冊　存五卷(三、五至八)

330000－1716－0026399　普經 0961－6/26399　經部/詩類/傳說之屬

詩經集傳八卷　(宋)朱熹撰　清慎詒堂刻本三冊　存六卷(三至八)

330000－1716－0026400　地獻 3374/26400

子部/雜著類/雜纂之屬

中必疊雙人一卷　清抄本　一冊

330000－1716－0026401　普經 0961－7/26401　經部/詩類/傳說之屬

詩經集傳八卷　(宋)朱熹撰　清慎詒堂刻本三冊　存六卷(三至八)

330000－1716－0026402　地獻 1824－105/26402　集部/總集類/選集之屬/通代

增批古文觀止十二卷　(清)吳乘權　(清)吳大職輯　清光緒二十七年(1901)浙紹墨潤堂石印本　清張菽題簽　一冊　存六卷(七至十二)

330000－1716－0026403　地獻 3375/26403　經部/詩類/傳說之屬

詩經注解一卷　清抄本　一冊

330000－1716－0026405　子補 1509－5/26405　子部/宗教類/道教之屬

敬竈全書不分卷　(清)惕心憫世道人輯　清刻本　一冊

330000－1716－0026408　子補 1509－6/26408　子部/宗教類/道教之屬

敬竈全書不分卷　(清)惕心憫世道人輯　清同治十一年(1872)姑蘇元妙觀得見齋刻本一冊

330000－1716－0026409　經補 0650/26409　經部/叢編

五經四書讀本　(清)□□輯　清道光八年(1828)立本齋刻本　二冊　存一種

330000－1716－0026411　史補 0680/26411　史部/政書類/律令之屬/法驗

洗冤錄詳義四卷首一卷　(清)許槤輯　**洗冤錄撫遺二卷**　(清)葛元煦輯　清末石印本一冊　存二卷(洗冤錄撫遺一至二)

330000－1716－0026413　經補 0651/26413　經部/叢編

五經四書讀本　(清)□□輯　清光緒九年(1883)湖城王文光刻本　四冊　存二種

330000－1716－0026416　史補 0681/26416
史部/史抄類

史緯三百三十卷首一卷　（清）陳允錫輯　清
光緒二十九年（1903）文來書局石印本　一冊
存六卷（二百九十至二百九十五）

330000－1716－0026418　經補 0652/26418
經部/叢編

五經四子書　（清）□□輯　清青蓮書屋刻本
二冊　存一種

330000－1716－0026419　經補 0653/26419
經部/叢編

十三經讀本一百五十二卷　（清）□□編　清
刻本　二冊　存一種

330000－1716－0026421　地獻 1824－107/
26421　集部/總集類/選集之屬/通代

增批古文觀止十二卷　（清）吳乘權　（清）吳
大職輯　清光緒二十七年（1901）浙紹墨潤堂
石印本　二冊　存四卷（三至四、七至八）

330000－1716－0026422　地獻 1824－108/
26422　集部/總集類/選集之屬/通代

增批古文觀止十二卷　（清）吳乘權　（清）吳
大職輯　清光緒二十七年（1901）浙紹墨潤堂
明達書莊石印本　三冊　存六卷（一至四、十
一至十二）

330000－1716－0026424　地獻 1824－109/
26424　集部/總集類/選集之屬/通代

增批古文觀止十二卷　（清）吳乘權　（清）吳
大職輯　清光緒二十七年（1901）浙紹墨潤堂
石印本　三冊　存六卷（五至十）

330000－1716－0026426　地獻 1824－110/
26426　集部/總集類/選集之屬/通代

增批古文觀止十二卷　（清）吳乘權　（清）吳
大職輯　清光緒二十七年（1901）浙紹墨潤堂
石印本　三冊　存六卷（一至二、五至八）

330000－1716－0026427　地獻 1824－111/
26427　集部/總集類/選集之屬/通代

增批古文觀止十二卷　（清）吳乘權　（清）吳
大職輯　清光緒二十七年（1901）浙紹墨潤堂

石印本　清范存直題簽　二冊　存四卷（一
至四）

330000－1716－0026429　史補 0682/26429
史部/雜史類/斷代之屬

拳匪紀略八卷前編二卷後編二卷圖一卷
（清）楊鳳藻等輯　清光緒石印本　二冊　存
十卷（一至八、前編一至二）

330000－1716－0026430　地獻 1824－112/
26430　集部/總集類/選集之屬/通代

增批古文觀止十二卷　（清）吳乘權　（清）吳
大職輯　清光緒二十七年（1901）浙紹墨潤堂
石印本　三冊　存六卷（七至十二）

330000－1716－0026433　地獻 1824－113/
26433　集部/總集類/選集之屬/通代

增批古文觀止十二卷　（清）吳乘權　（清）吳
大職輯　清光緒二十七年（1901）浙紹墨潤堂
石印本　三冊　存六卷（三至八）

330000－1716－0026435　子補 1151－1/
26435　子部/術數類/陰陽五行之屬

寶鏡圖一卷　清嘉慶八年（1803）刻本　一冊

330000－1716－0026437　地獻 1824－115/
26437　集部/總集類/選集之屬/通代

繪圖增批古文觀止十二卷　（清）吳乘權
（清）吳大職輯　清宣統元年（1909）浙紹明達
書莊石印本　一冊　存二卷（一至二）

330000－1716－0026438　子補 1151－2/
26438　子部/術數類/陰陽五行之屬

寶鏡圖一卷　清嘉慶八年（1803）刻本　一冊

330000－1716－0026440　地獻 3380/26440
子部/雜著類/雜纂之屬

二水亭居偶錄三卷　清末抄本　二冊　存二
卷（一至二）

330000－1716－0026441　子補 1152－1/
26441　子部/宗教類/道教之屬/方法

澄性淵源一卷　（明）涵谷子撰　清樂善堂刻
本　一冊

330000－1716－0026443　地獻 3381/26443

子部/藝術類/遊藝之屬/謎語

字謎集一卷　清抄本　一冊

330000－1716－0026445　子補 1152－2/26445　子部/宗教類/道教之屬/方法

濬性窮淵一卷　（明）涵谷子撰　清刻本
一冊

330000－1716－0026446　子補 1509－12/26446　子部/宗教類/道教之屬

敬竈全書不分卷　（清）惕心憫世道人輯　清光緒三年（1877）杭省楊鏞業齋刻本　一冊

330000－1716－0026447　史補 0683/26447　新學/史志/別國史

支那新史攬要六卷　（日本）增田貢撰　清末石印本　三冊　存四卷（三至六）

330000－1716－0026449　子補 1152－3/26449　子部/宗教類/道教之屬/方法

濬性窮淵一卷　（明）涵谷子撰　清刻本
一冊

330000－1716－0026451　集補 0807－1/26451　集部/詩文評類/制藝之屬

增選加注能與集不分卷　（清）李秬香改本（清）金研香評　清光緒六年（1880）浙紹墨潤堂刻本　二冊

330000－1716－0026452　子補 1509－13/26452　子部/宗教類/道教之屬

敬竈全書不分卷　（清）惕心憫世道人輯　清光緒十六年（1890）瀛洲官廨刻本　一冊

330000－1716－0026454　地獻 3383/26454　集部/總集類/題詠之屬

題菊詩一卷　清末抄本　一冊

330000－1716－0026457　地獻 3384/26457　集部/別集類/清別集

鷗堂時藝選本一卷　清末抄本　一冊

330000－1716－0026458　地獻 3385/26458　子部/藝術類/遊藝之屬/聯語

楹聯選錄一卷　清末抄本　一冊

330000－1716－0026460　史補 0685/26460

新學/史志/諸國史

萬國史記二十卷　（日本）岡本監輔撰　清光緒二十一年（1895）讀有用書齋石印本　十冊

330000－1716－0026462　地獻 1824－119/26462　集部/總集類/選集之屬/通代

增批古文觀止十二卷　（清）吳乘權　（清）吳大職輯　清光緒二十七年（1901）浙紹墨潤堂石印本　一冊　存二卷（五至六）

330000－1716－0026463　史補 0686/26463　史部/史抄類

史略八十七卷　（清）朱堃輯　清末石印本四冊　存五十五卷（十五至四十四、六十四至八十八）

330000－1716－0026464　地獻 1824－120/26464　集部/總集類/選集之屬/通代

增批古文觀止十二卷　（清）吳乘權　（清）吳大職輯　清光緒二十七年（1901）浙紹墨潤堂石印本　一冊　存二卷（三至四）

330000－1716－0026465　善附 0292/26465　集部/別集類/清別集

夢餘草堂初稿一卷　（清）沈樹珍撰　稿本一冊

330000－1716－0026466　地獻 1824－122/26466　集部/總集類/選集之屬/通代

繪圖增批古文觀止十二卷　（清）吳乘權（清）吳大職輯　清末石印本　清履綏氏題簽　一冊　存六卷（七至十二）

330000－1716－0026467　史補 0687/26467　史部/編年類/通代之屬

通鑑輯要前編二卷正編十九卷續編八卷附錄一卷明史輯要八卷　（清）姚培謙　（清）張景星輯錄　清刻本　五冊　存十卷（正編一至二、五至六、十一至十四、十七至十八）

330000－1716－0026468　地獻 1824－121/26468　集部/總集類/選集之屬/通代

增批古文觀止十二卷　（清）吳乘權　（清）吳大職輯　清光緒二十七年（1901）浙紹墨潤堂石印本　二冊　存四卷（一至四）

330000－1716－0026474　子補 1154/26474
子部/術數類/相宅相墓之屬

天元餘義一卷天元烏兔經二卷玉函真義一卷
（清）蔣平階撰　清刻本　一冊　缺二卷
（天元烏兔經一至二）

330000－1716－0026475　集補 0444/26475
集部/總集類/尺牘之屬

普通應用白話尺牘初編二卷　清宣統二年
（1910）杭州聚元堂書局石印本　一冊

330000－1716－0026476　地獻 3389/26476
子部/藝術類/遊藝之屬/聯語

楹聯總書鴻詞祝文褉錄不分卷　清抄本
一冊

330000－1716－0026479　子補 1155/26479
子部/術數類/相宅相墓之屬

新刻賴太素天星催官解二卷附破愚論一卷
（明）朱傅撰　（明）熊汝嶽參補　清康熙大成
齋刻本　一冊

330000－1716－0026480　地獻 3268/26480
集部/詞類/別集之屬

蘇甘廊詞一卷　（清）杜煦撰　清末抄本
一冊

330000－1716－0026483　地獻 3270/26483
集部/別集類/清別集

平瑤海太史草札一卷　（清）平瑤海撰　清末
抄本　一冊

330000－1716－0026485　史補 0688/26485
史部/地理類/外紀之屬

瀛環志略十卷　（清）徐繼畬撰　清光緒石印
本　四冊

330000－1716－0026486　史補 0689/26486
新學/格致總

時務要覽八卷　（清）朱克敬輯　清光緒二十
一年（1895）上海萬選樓鉛印本　四冊

330000－1716－0026487　地獻 1824－123/
26487　集部/總集類/選集之屬/通代

增批古文觀止十二卷　（清）吳乘權　（清）吳
大職輯　清光緒二十七年（1901）浙紹墨潤堂

石印本　一冊　存二卷（一至二）

330000－1716－0026489　子補 1156/26489
子部/宗教類/道教之屬

感應篇贅言一卷　（清）于覺世撰　清光緒十
七年（1891）豫恕堂刻本　一冊

330000－1716－0026490　地獻 1824－99/
26490　集部/總集類/選集之屬/通代

增批古文觀止十二卷　（清）吳乘權　（清）吳
大職輯　清光緒二十七年（1901）浙紹墨潤堂
石印本　四冊　存八卷（一至六、十一至十
二）

330000－1716－0026491　地獻 1824－100/
26491　集部/總集類/選集之屬/通代

增批古文觀止十二卷　（清）吳乘權　（清）吳
大職輯　清末石印本　一冊　存六卷（七至
十二）

330000－1716－0026493　史補 0690/26493
史部/傳記類/總傳之屬/通代

增廣古今人物論三十六卷續編十二卷　（明）
鄭賢　（清）願學齋同人輯　清光緒二十八年
（1902）墨耨山房石印本　五冊　存十六卷
（一至四、續編一至十二）

330000－1716－0026494　地獻 1824－125/
26494　集部/總集類/選集之屬/通代

增批古文觀止十二卷　（清）吳乘權　（清）吳
大職輯　清光緒二十七年（1901）浙紹墨潤堂
石印本　二冊　存四卷（一至二、七至八）

330000－1716－0026495　地獻 3390/26495
集部/總集類/郡邑之屬

姑蘇八景一卷雜詩一卷　（清）□□輯　清抄
本　一冊

330000－1716－0026496　地獻 3271/26496
史部/史抄類

摘鈔建文朝野類編一卷　（清）屠叔方纂　清
末抄本　一冊

330000－1716－0026497　地獻 3272/26497
史部/政書類/公牘檔冊之屬

前任吳江縣正堂李氏造移吳江任內遞放各年

恤孤米折冊不分卷　清光緒稿本　一冊

330000－1716－0026501　地獻 3392/26501
集部/別集類/清別集

綠雲閣詩鈔一卷　清抄本　一冊

330000－1716－0026505　地獻 3393/26505
子部/藝術類/書畫之屬/書法書品

石鼓臨本一卷　清抄本　一冊

330000－1716－0026507　子補 1516/26507
子部/宗教類/道教之屬

上元定福東廚司命真君醒世經一卷太上元始
安鎮東廚司命紫微玉笈消災寶懺一卷　清光
緒三年(1877)報本堂刻杭城瑪瑙寺經房印本
一冊

330000－1716－0026508　地獻 3394/26508
子部/藝術類/書畫之屬/書法書品

金冬心書冊一卷　清抄本　一冊

330000－1716－0026510　地獻 3276/26510
子部/宗教類/佛教之屬

黃蘗無念禪師醒昏録二卷附録一卷　(明)釋
明聞撰　清抄本　三冊

330000－1716－0026511　經補 0656－2/
26511　經部/群經總義類/傳說之屬

七經精義　(清)黃淦撰　清嘉慶慈谿養正堂
刻本　八冊　存五種

330000－1716－0026512　新補 0423/26512
新學/兵制/海軍

中外時務海防策要四卷首一卷　(清)薛培榕
輯　清光緒二十年(1894)上海書局石印本
二冊

330000－1716－0026513　地獻 1824－126/
26513　集部/總集類/選集之屬/通代

增批古文觀止十二卷　(清)吳乘權　(清)吳
大職輯　清光緒二十七年(1901)浙紹墨潤堂
石印本　一冊　存二卷(一至二)

330000－1716－0026514　地獻 1824－127/
26514　集部/總集類/選集之屬/通代

墨潤堂古文觀止十二卷　(清)吳乘權　(清)

吳大職輯　清末浙紹墨潤堂石印本　一冊
存二卷(九至十)

330000－1716－0026516　新補 0424/26516
新學/政治法律

中外時務新策□□卷　清光緒二十八年
(1902)石印本　一冊　存一卷(一)

330000－1716－0026518　經補 0657/26518
經部/書類/傳說之屬

尚書離句六卷　(清)錢在培輯解　清道光二
十七年(1847)慈溪養正堂刻本　三冊

330000－1716－0026519　地獻 1824－128/
26519　集部/總集類/選集之屬/通代

增批古文觀止十二卷　(清)吳乘權　(清)吳
大職輯　清光緒二十七年(1901)浙紹墨潤堂
石印本　一冊　存二卷(三至四)

330000－1716－0026520　地獻 1824－129/
26520　集部/總集類/選集之屬/通代

增批古文觀止十二卷　(清)吳乘權　(清)吳
大職輯　清末石印本　一冊　存二卷(七至
八)

330000－1716－0026522　地獻 1824－130/
26522　集部/總集類/選集之屬/通代

增批古文觀止十二卷　(清)吳乘權　(清)吳
大職輯　清光緒二十七年(1901)浙紹墨潤堂
石印本　一冊　存二卷(十一至十二)

330000－1716－0026523　地獻 1824－131/
26523　集部/總集類/選集之屬/通代

墨潤堂古文觀止十二卷　(清)吳乘權　(清)
吳大職輯　清末浙紹墨潤堂石印本　一冊
存二卷(九至十)

330000－1716－0026524　地獻 1824－132/
26524　集部/總集類/選集之屬/通代

增批古文觀止十二卷　(清)吳乘權　(清)吳
大職輯　清光緒二十七年(1901)浙紹墨潤堂
石印本　一冊　存二卷(五至六)

330000－1716－0026525　地獻 1824－133/
26525　集部/總集類/選集之屬/通代

古文觀止十二卷　(清)吳乘權　(清)吳大職

辑　清上海錦章書局石印本　二冊　存四卷
(三至四、七至八)

330000－1716－0026527　地獻 1824－134/
26527　集部/總集類/選集之屬/通代

繪圖增批古文觀止十二卷　（清）吳乘權
（清）吳大職輯　清末浙紹明達書莊石印本
一冊　存二卷(七至八)

330000－1716－0026528　地獻 1824－135/
26528　集部/總集類/選集之屬/通代

增批古文觀止十二卷　（清）吳乘權　（清）吳
大職輯　清光緒二十七年(1901)浙紹墨潤堂
石印本　一冊　存二卷(十一至十二)

330000－1716－0026530　經補 0659/26530
經部/叢編

五經旁訓十九卷　（清）徐立綱旁訓　清文元
堂刻本　五冊　存五卷(詩經一、三,禮記二、
五至六)

330000－1716－0026531　子補 1518－1/
26531　子部/宗教類/佛教之屬

覺世經果報錄二卷　清光緒鉛印本　一冊
存一卷(二)

330000－1716－0026532　子補 1518－2/
26532　子部/宗教類/佛教之屬

覺世經果報錄二卷　清光緒鉛印本　一冊
存一卷(二)

330000－1716－0026533　地獻 1824－136/
26533　集部/總集類/選集之屬/通代

繪圖增批古文觀止十二卷　（清）吳乘權
（清）吳大職輯　清光緒三十四年(1908)浙紹
明達書莊石印本　一冊　存二卷(一至二)

330000－1716－0026534　善附 0291/26534
集部/別集類/清別集

白華絳跗閣尺牘一卷　（清）李慈銘撰　清光
緒二十一年(1895)愓龕抄本　一冊

330000－1716－0026535　善附 0290/26535
集部/別集類/清別集

越縵堂偶存稿一卷　（清）李慈銘撰　清末抄
本　一冊

330000－1716－0026536　經補 0660/26536
經部/叢編

五經旁訓十九卷　（清）徐立綱旁訓　清匠門
書屋刻本　三冊　存四卷(詩經二至四、禮記
六)

330000－1716－0026537　地獻 3396/26537
集部/別集類/清別集

芸窗累積一卷　（清）元臨撰　清光緒十五年
(1889)抄本　一冊

330000－1716－0026538　地獻 1831/26538
子部/宗教類/佛教之屬

救劫回生四卷　清光緒二十三年(1897)浙紹
顧氏刻本　一冊　存一卷(四)

330000－1716－0026540　經補 0661/26540
經部/叢編

五經旁訓十九卷　（清）徐立綱旁訓　清刻本
三冊　存四卷(易經一至三、詩經一)

330000－1716－0026541　子補 1519－1/
26541　子部/宗教類/道教之屬

敬竈全書不分卷　（清）愓心憫世道人輯　清
光緒二十一年(1895)杭城江巨川刻字鋪刻本
一冊

330000－1716－0026542　地獻 3397/26542
集部/別集類/宋別集

王安石文章精選一卷　（宋）王安石撰　清抄
本　一冊

330000－1716－0026545　地獻 3398/26545
史/政書類/公牘檔冊之屬

□園租稿不分卷　（清）龍巖主人識　清抄本
一冊

330000－1716－0026547　經補 0663/26547
經部/禮記類/傳說之屬

禮記提綱二卷　清刻本　二冊

330000－1716－0026550　善附 0289/26550
集部/別集類/清別集

退宜堂詞稿一卷刪存退宜堂詩集錄本一卷
（清）孫垓撰　清光緒十九年(1893)稿本
二冊

330000－1716－0026551　經補 0664/26551
經部/叢編

古經解彙函十六種附小學彙函十四種　（清）
鍾謙鈞等輯　清刻本　二冊　存古經解彙函
一種

330000－1716－0026554　經補 0665/26554
經部/周禮類/傳說之屬

周禮精華六卷　（清）陳龍標輯　清嘉慶十六
年(1811)刻寧郡汲綆齋印本　四冊　存四卷
（一至四）

330000－1716－0026555　地獻 3401/26555
子部/藝術類/遊藝之屬/謎語

文虎一卷　清末抄本　一冊

330000－1716－0026557　子補 1522/26557
子部/宗教類/佛教之屬

五大部直音二卷附諸般經懺直音一卷　清光
緒元年(1875)杭州瑪瑙經房刻本　一冊　存
一卷(一)

330000－1716－0026562　普類 0103/26562
類叢部/類書類/專類之屬

五經類編二十八卷　（清）周世樟撰　清友益
齋刻本　四冊　存十卷（二至四、十一至十
五、二十五至二十六）

330000－1716－0026564　普類 0104/26564
類叢部/類書類/專類之屬

五經類語八卷　（明）吳思穆　（明）吳弘基閱
明末刻本　四冊

330000－1716－0026570　經補 0666－1/
26570　經部/小學類/文字之屬/字書/訓蒙

澄衷蒙學堂字課圖說四卷檢字一卷類字一卷
（清）劉樹屏撰　（清）吳子城繪圖　清光緒
石印本　一冊　存一卷(二)

330000－1716－0026575　子補 1523/26575
子部/儒家類/儒學之屬/蒙學

小學集解六卷小學輯說一卷　（清）張伯行輯
注　清光緒十三年(1887)江西奉新縣署刻本
三冊　存六卷(一至五、小學輯說)

330000－1716－0026577　經補 0667/26577

經部/小學類/文字之屬/字書/訓蒙

澄衷蒙學堂字課圖說四卷檢字一卷類字一卷
（清）劉樹屏撰　（清）吳子城繪圖　清光緒
二十七年(1901)澄衷蒙學堂印書處石印本
五冊

330000－1716－0026578　集補 0807－3/
26578　集部/詩文評類/制藝之屬

增選加注能與集不分卷　（清）李秬香改本
（清）金研香評　清浙寧簡香齋刻本　謝延壽
題記　二冊

330000－1716－0026579　子補 1524/26579
子部/宗教類/佛教之屬

普靜如來鑰鍉古佛通天寶卷六卷　（明）鄭光
祖撰　清光緒十三年(1887)杭州城瑪瑙經房
刻民國十六年(1927)印本　一冊　存二卷
（五至六）

330000－1716－0026584　集補 0807－4/
26584　集部/詩文評類/制藝之屬

能與集改本不分卷　（清）朱守誠撰　清光緒
十八年(1892)刻本　二冊

330000－1716－0026586　地獻 3403/26586
子部/雜著類/雜纂之屬

益錄不分卷　清末崖庵抄本　一冊

330000－1716－0026587　集補 0807－5/
26587　集部/詩文評類/制藝之屬

能與集改本不分卷　（清）朱守誠撰　清光緒
十二年(1886)諸暨紫荊書屋刻本　二冊

330000－1716－0026588　史補 0692/26588
史部/政書類/邦計之屬/戶政

光緒會計錄三卷　（清）李希聖纂　清光緒上
海時務報館石印本　二冊

330000－1716－0026589　子補 1157/26589
子部/術數類/相宅相墓之屬

地理辦正補六卷　（清）朱尊輯　清道光十年
(1830)姑蘇方氏紫芝書屋刻本　三冊　缺二
卷(三至四)

330000－1716－0026590　子補 1527/26590
子部/宗教類/道教之屬/戒律

陰隲文章句一卷　（清）黃濬撰　清刻本
一冊

330000－1716－0026591　地獻 3404/26591
子部/術數類/相宅相墓之屬

黃囊穴髓一卷　（明）程天昭撰　清光緒會稽
董氏行餘講舍抄本　一冊

330000－1716－0026593　集補 0807－6/
26593　集部/詩文評類/制藝之屬

能與集不分卷增選能與集不分卷　（清）李秬
香改本　（清）金研香評　清刻本　一冊

330000－1716－0026594　史補 0693/26594
史部/職官類/官箴之屬

宦鄉要則七卷首一卷　（清）張鑒瀛輯　清光
緒石印本　一冊　缺五卷（四至八）

330000－1716－0026595　子補 1158/26595
子部/術數類/相宅相墓之屬

地理辨正疏五卷首一卷末一卷　（清）張心言
撰　清刻本　三冊　缺二卷（五、末）

330000－1716－0026596　史補 0694/26596
史部/地理類/外紀之屬

瀛環志略十卷　（清）徐繼畬撰　續集四卷末
一卷　（英國）慕維廉纂　補遺一卷　（清）陳
俠君校正　清光緒二十三年（1897）新學會堂
石印本　一冊　存一卷（續集一）

330000－1716－0026598　子補 1159/26598
子部/術數類/相宅相墓之屬

心眼指要四卷　（清）章仲山輯　清道光十六
年（1836）可久堂刻本　一冊　存二卷（一至
二）

330000－1716－0026600　經補 0668/26600
經部/周禮類/傳說之屬

周官精義十二卷　（清）連斗山輯　清嘉慶元
年（1796）金閶書業堂刻本　三冊　存五卷
（一至三、六至七）

330000－1716－0026601　新補 0425/26601
史部/雜史類/外紀之屬

西巡回鑾始末記六卷　（清）□□撰　清光緒
石印本　三冊　存三卷（二、四、六）

330000－1716－0026603　史補 0695/26603
史部/職官類/官箴之屬

宦鄉要則七卷首一卷　（清）張鑒瀛輯　清光
緒石印本　一冊　存一卷（三）

330000－1716－0026604　經補 0669/26604
經部/春秋總義類/傳說之屬

春秋三傳通經合纂十二卷　（明）周統撰
（清）周夢齡　（清）周毓齡增輯　清刻本　八
冊　缺三卷（一至二、七）

330000－1716－0026606　經補 0670－1/
26606　經部/周禮類/傳說之屬

周官精義十二卷　（清）連斗山輯　清刻本
三冊　存六卷（三至八）

330000－1716－0026607　經補 0671/26607
經部/四書類/論語之屬/傳說

二論詳解四卷　（清）劉忠輯　清李光明莊刻
本　三冊　存三卷（二至四）

330000－1716－0026610　經補 0672/26610
經部/小學類/訓詁之屬/爾雅

爾雅直音二卷　（清）孫侃輯　清刻本　二冊

330000－1716－0026611　集補 0807－7/
26611　集部/詩文評類/制藝之屬

能與集改本不分卷　（清）朱守誠撰　清刻本
落軒氏題記　一冊

330000－1716－0026612　普子 1614/26612
子部/叢編

二十二子（二十二子彙函）　（清）浙江書局編
清光緒元年至三年（1875－1877）浙江書局
刻本　三十六冊　存十三種

330000－1716－0026614　新補 0428/26614
新學/工藝/雜藝

西藝知新二十二卷　（英國）諾格德撰　（英
國）傅蘭雅口譯　（清）徐壽筆述　清光緒二
十二年（1896）上海璣衡堂石印本　六冊

330000－1716－0026615　地獻 1832/26615
子部/宗教類/道教之屬

六字真目注解一卷　（清）聽月子注　清末紹
城許顯記刻本　一冊

330000－1716－0026616　子補 1164/26616
子部/雜著類/雜說之屬

菜根譚一卷　（明）洪應明撰　清光緒三年
(1877)刻本　二冊

330000－1716－0026618　集補 0807－8/
26618　集部/詩文評類/制藝之屬

增選加注能與集不分卷　（清）李秬香改本
（清）金研香評　清光緒三年(1877)浙紹奎照
樓刻本　一冊

330000－1716－0026620　史補 0696/26620
史部/雜史類/斷代之屬

蕩平髮逆圖記二十二卷圖一卷　（清）杜文瀾
撰　清光緒石印本　二冊　存十一卷（九至
十四、十八至二十二）

330000－1716－0026622　子補 1165/26622
子部/藝術類/書畫之屬/法帖

淳化帖集釋十卷　（清）徐朝弼集釋　清嘉慶
八年(1803)問心堂刻本　一冊

330000－1716－0026623　子補 1529/26623
子部/宗教類/佛教之屬

弘戒法儀□卷　清刻本　一冊　存九卷（十
二至二十）

330000－1716－0026624　經補 0673/26624
經部/叢編

五經體注大全七十二卷　（清）嚴氏家塾主人
輯　清善成堂刻本　四冊　存八卷（詩經一
至八）

330000－1716－0026625　經補 0674/26625
經部/叢編

五經體注大全七十二卷　（清）嚴氏家塾主人
輯　清光緒十二年(1886)上洋江左書林刻本
四冊　存八卷（詩經一至八）

330000－1716－0026626　子補 1530/26626
史部/傳記類/總傳之屬/釋道

敕建天台國清禪寺同戒録一卷　清光緒九年
(1883)刻本　一冊

330000－1716－0026627　子補 1531/26627
子部/宗教類/佛教之屬/經疏

圓覺經略疏之鈔二十五卷　（唐）釋宗密撰
清刻本　一冊　存五卷（二十一至二十五）

330000－1716－0026629　史補 0697/26629
史部/傳記類/總傳之屬/斷代

貳臣傳八卷逆臣傳二卷　（清）國史館撰　清
末刻本　二冊　存二卷（逆臣傳一至二）

330000－1716－0026631　子補 1532/26631
史部/傳記類/總傳之屬/釋道

敕建定慧虎跑禪寺同戒録一卷　清宣統二年
(1910)刻本　一冊

330000－1716－0026632　地獻 2039/26632
子部/天文曆算類/曆法之屬

大清宣統四年歲次壬子時憲書一卷　清宣統
刻本　唐風題記　一冊

330000－1716－0026633　史補 0699/26633
史部/史評類/史論之屬

史論彙函甲編二十六種　題（清）述古齋主人
輯　清末石印本　一冊　存二種

330000－1716－0026635　新補 0427/26635
新學/地學/地志學

東亞各港口岸志八篇　（日本）參謀本部編輯
（清）上海廣智書局譯　清光緒鉛印本
一冊

330000－1716－0026636　集補 0809－1/
26636　集部/總集類/課藝之屬

紫陽書院課藝九集不分卷　（清）王同伯鑒定
（清）沈壽慈　（清）楊振鑣編校　清光緒二
十年(1894)刻本　四冊

330000－1716－0026637　經補 0675/26637
經部/叢編

五經體注大全七十二卷　（清）嚴氏家塾主人
輯　清刻本　二冊　存三卷（詩經三至五）

330000－1716－0026638　子補 1533/26638
子部/儒家類/儒學之屬/蒙學

心遠堂新編小學纂注六卷附小學句讀一卷
（清）高愈注　**文公朱夫子年譜一卷**　題（宋）
李方子撰　清刻本　三冊

330000－1716－0026639　善附 0293/26639
集部/總集類/尺牘之屬

信稿不分卷　（清）錢□□輯　稿本　十六冊

330000－1716－0026640　地獻 1824－154/
26640　集部/總集類/選集之屬/通代

古文觀止十二卷　（清）吳乘權　（清）吳大職
輯　清末石印本　二冊　存四卷（七至十）

330000－1716－0026642　經補 0676/26642
經部/叢編

五經體注大全七十二卷　（清）嚴氏家塾主人
輯　清刻本　二冊　存三卷（書經二至四）

330000－1716－0026645　子補 1167/26645
子部/術數類/相宅相墓之屬

羅經指南撥霧集三卷　（清）葉泰撰　清兩儀
堂刻本　王燮齋題簽　一冊　存一卷（一）

330000－1716－0026646　子補 1168/26646
子部/術數類/相宅相墓之屬

地理辨正疏五卷首一卷末一卷　（清）張心言
撰　清刻本　一冊　存二卷（一、首）

330000－1716－0026647　地獻 3279/26647
子部/雜著類/雜纂之屬

惕庵隨錄不分卷　（清）□□輯　稿本　十
一冊

330000－1716－0026648　地獻 3280/26648
子部/雜著類/雜纂之屬

惕龕筆錄不分卷　□□輯　清宣統三年
（1911）稿本　二冊

330000－1716－0026649　地獻 3281/26649
集部/曲類/彈詞之屬

吟餘編雅傳□□卷　清末抄本　一冊　存二
卷（三至四）

330000－1716－0026652　經補 0677/26652
經部/春秋總義類/傳說之屬

春秋體注大全合參四卷　（清）周熾纂　清玉
軸樓刻本　四冊

330000－1716－0026653　新補 0430/26653
新學/兵制/陸軍

陸操新義四卷　（德國）康貝撰　（清）李鳳苞
譯　清光緒十年（1884）上海同文書局石印本
　一冊　存二卷（三至四）

330000－1716－0026654　集補 0508/26654
集部/總集類/尺牘之屬

最新海上名妓怡情手札□□卷　（清）淚痕輯
清宣統元年（1909）上海華商仁記書莊石印
本　一冊　存一卷（上）

330000－1716－0026656　史補 0700/26656
史部/金石類/金之屬/文字

積古齋鐘鼎彝器款識十卷　（清）阮元　（清）
朱為弼撰　清光緒三十三年（1907）上海醉六
堂石印本　三冊　存六卷（一至二、五至六、
九至十）

330000－1716－0026659　經補 0678/26659
經部/小學類/文字之屬/說文

說文解字注十五卷附六書音韻表五卷　（清）
段玉裁撰　**說文部目分韻一卷**　（清）陳奐編
　清刻本　一冊　存五卷（六書音韻表一至
五）

330000－1716－0026660　新補 0432/26660
史部/地理類/總志之屬/通代

地理問答二卷　（清）王亨統撰　清光緒三十
二年（1906）美華書館鉛印本　二冊

330000－1716－0026661　史補 0701－2/
26661　史部/傳記類/科舉錄之屬

兩浙校士錄不分卷　（清）潘衍桐輯　清光緒
十七年（1891）上海文寶齋書局石印本　三冊

330000－1716－0026662　集補 0810/26662
集部/總集類/課藝之屬

性理文大雅集不分卷　清同治四年（1865）永
思堂刻本　二冊

330000－1716－0026664　集補 0811－1/
26664　集部/總集類/課藝之屬

新增虎薈集不分卷　（清）叢蘭吟主輯　清咸
豐二年（1852）叢蘭吟館刻本　四冊

330000－1716－0026665　地獻 1829－25/
26665　集部/總集類/選集之屬/通代

尺璧堂古文觀止十二卷　（清）吳乘權　（清）
吳大職輯　清乾隆五年（1740）尺木堂刻本
三冊　存六卷（一至六）

330000－1716－0026667　地獻 1829－26/
26667　集部/總集類/選集之屬/通代
古文觀止十二卷　（清）吳乘權　（清）吳大職
輯　清光緒南京李光明莊刻本　六冊

330000－1716－0026669　地獻 1829－27/
26669　集部/總集類/選集之屬/通代
尺木堂古文觀止十二卷　（清）吳乘權　（清）
吳大職輯　清刻本　清錫疇題簽　二冊　存
二卷（二、六）

330000－1716－0026670　經補 0679/26670
經部/小學類/文字之屬/說文
說文解字注十五卷附六書音韻表五卷　（清）
段玉裁撰　說文部目分韻一卷　（清）陳奐編
清刻本　二冊　存五卷（六書音韻表一至
五）

330000－1716－0026671　普類 0105－1/
26671　集部/總集類/課藝之屬
試律大觀三十二卷續試律大觀三十二卷
(清)竹屏居士輯　清同治十二年（1873）刻本
十一冊　存四十四卷（一至四、八至十四、
二十二至三十二,續一至二、五至七、十六至
三十二）

330000－1716－0026672　地獻 1829－28/
26672　集部/總集類/選集之屬/通代
古文觀止十二卷　（清）吳乘權　（清）吳大職
輯　清光緒二十一年（1895）永康胡氏退補齋
刻本　五冊　缺二卷（三至四）

330000－1716－0026673　集補 0811－2/
26673　集部/總集類/課藝之屬
新增虎嚳集不分卷　（清）叢蘭吟主輯　清咸
豐二年（1852）叢蘭吟館刻本　四冊

330000－1716－0026674　子補 1170/26674
子部/天文曆算類/算書之屬
矩齋籌算六種附一種　勞乃宣撰　清光緒刻
本　三冊　存一種

330000－1716－0026675　集補 1343－3/
26675　集部/總集類/選集之屬/通代
得月樓賦甲編不分卷乙編不分卷丙編不分卷
丁編不分卷　（清）張元灝選評　清末石印本
一冊

330000－1716－0026676　地獻 1829－29/
26676　集部/總集類/選集之屬/通代
古文觀止十二卷　（清）吳乘權　（清）吳大職
輯　清光緒二十五年（1899）舊學山房刻本
五冊　缺二卷（十一至十二）

330000－1716－0026677　史補 0702/26677
史部/史評類/考訂之屬
校正史略八十七卷　（清）朱坤輯　清末石印
本　一冊　存二卷（四至五）

330000－1716－0026678　集補 0811－3/
26678　集部/總集類/課藝之屬
新增虎嚳集不分卷　（清）叢蘭吟主輯　清咸
豐二年（1852）叢蘭吟館刻本　四冊

330000－1716－0026679　地獻 1829－30/
26679　集部/總集類/選集之屬/通代
文翰齋古文觀止十二卷　（清）吳乘權　（清）
吳大職輯　清光緒六年（1880）浙紹奎照樓刻
本　五冊　存十卷（一至十）

330000－1716－0026680　普類 0105－4/
26680　集部/總集類/課藝之屬
試律大觀三十二卷　（清）竹屏居士輯　清刻
本　三冊　存六卷（四、七、十三至十六）

330000－1716－0026681　子補 1171/26681
子部/術數類/相宅相墓之屬
地理五訣八卷陽宅三要四卷　（清）趙廷棟撰
清光緒四年（1878）上海海左書局石印本
二冊　存八卷（一至八）

330000－1716－0026682　集補 0811－4/
26682　集部/總集類/課藝之屬
新增虎嚳集不分卷　（清）叢蘭吟主輯　清咸
豐二年（1852）叢蘭吟館刻本　四冊

330000－1716－0026683　史補 0703/26683
史部/傳記類/總傳之屬/斷代

皇朝尚友錄八卷　（清）李佩芳　（清）孫鼎輯
　　清光緒二十八年（1902）上海書局石印本
三冊　存五卷（一、三至六）

330000－1716－0026684　地獻 1829－31/
26684　集部/總集類/選集之屬/通代

古文觀止十二卷　（清）吳乘權　（清）吳大職
輯　清簡香齋刻本　三冊

330000－1716－0026685　地獻 1829－32/
26685　集部/總集類/選集之屬/通代

古文觀止十二卷　（清）吳乘權　（清）吳大職
輯　清刻本　六冊

330000－1716－0026686　地獻 3297/26686
子部/農家農學類/園藝之屬/花卉

月季新花譜一卷　清末惕龕抄本　一冊

330000－1716－0026688　子補 1172/26688
子部/術數類/相宅相墓之屬

地理五訣八卷　（清）趙廷棟撰　清末上海江
東書局石印本　一冊　存二卷（一至二）

330000－1716－0026689　子補 1539/26689
子部/宗教類/佛教之屬/經

摩訶般若波羅密多心經一卷　（明）何道全注
　　清同治八年（1869）苕南緣筠書屋刻本
一冊

330000－1716－0026691　善附 0296/26691
子部/藝術類/書畫之屬/書法書品

李斯等倉頡篇一卷　（清）陶濬宣摹　清光緒
十年（1884）稿本　一冊

330000－1716－0026695　地獻 3405/26695
集部/別集類/清別集

黃藻川太夫子改本不分卷　清光緒抄本
一冊

330000－1716－0026696　地獻 3406/26696
集部/曲類/諸宮調之屬

曲調三種　清末周永年抄本　一冊

330000－1716－0026698　地獻 3282/26698
子部/藝術類/書畫之屬/書法書品

雙鉤鄧完白篆濾一卷　清光緒十九年（1893）

抄本　二冊

330000－1716－0026699　地獻 3407/26699
史部/政書類/公牘檔冊之屬

江洋行刦盜案不分卷　清末抄本　一冊

330000－1716－0026700　集補 0811－5/
26700　集部/總集類/課藝之屬

新增虎轡集不分卷　（清）叢蘭吟主輯　清咸
豐二年（1852）叢蘭吟館刻本　四冊

330000－1716－0026701　地獻 3408/26701
子部/雜家類

白虎通四卷　（漢）班固撰　白虎通闕文一卷
　　（清）莊述祖輯　（清）盧文弨訂　清光緒二
十年（1894）靜此齋主抄本　一冊　存二卷
（一至二）

330000－1716－0026702　史補 0704/26702
史部/史評類

二十四史策案十二卷　（清）王鎏輯　清光緒
十一年（1885）上海同文書局石印本　二冊

330000－1716－0026703　集補 0811－6/
26703　集部/總集類/課藝之屬

新增虎轡集不分卷　（清）叢蘭吟主輯　清咸
豐二年（1852）叢蘭吟館刻本　四冊

330000－1716－0026706　集補 0812－1/
26706　集部/小說類/長篇之屬

鐫玉茗堂批點殘唐五代史演義傳二卷六十回
　　（明）羅貫中撰　（明）湯顯祖評　清刻本
一冊　存一卷（下）

330000－1716－0026707　地獻 1829－33/
26707　集部/總集類/選集之屬/通代

古文觀止十二卷　（清）吳乘權　（清）吳大職
輯　清刻本　一冊　存二卷（五至六）

330000－1716－0026708　史補 0705/26708
史部/雜史類/斷代之屬

臺戰實紀六卷　清末石印本　一冊　存一卷
（二）

330000－1716－0026709　地獻 1829－34/
26709　集部/總集類/選集之屬/通代

古文觀止十二卷　（清）吳乘權　（清）吳大職輯　清簡香齋刻本　清隴西氏題簽　一冊　存二卷（十一至十二）

330000－1716－0026710　子補 1173－1/26710　子部/儒家類/儒學之屬

出新課士錄不分卷　（清）兩浙采辦書報處編　清末石印本　五冊

330000－1716－0026713　子補 1173－2/26713　子部/儒家類/儒學之屬

出新課士錄不分卷　（清）兩浙采辦書報處編　清末石印本　一冊

330000－1716－0026714　普類 0106－1/26714　類叢部/類書類/專類之屬

經文夏造不分卷　（清）藜光閣主人輯　清光緒十四年（1888）上海大同書局石印本　二十冊

330000－1716－0026715　集補 0812－2/26715　集部/小說類/長篇之屬

鐫玉茗堂批點殘唐五代史演義傳二卷六十回　（明）羅貫中撰　（明）湯顯祖評　清善成堂刻本　三冊　存一卷（上）

330000－1716－0026716　地獻 1829－35/26716　集部/總集類/選集之屬/通代

古文觀止十二卷　（清）吳乘權　（清）吳大職輯　清文富堂刻本　二冊　存四卷（七至八、十一至十二）

330000－1716－0026720　地獻 1829－36/26720　集部/總集類/選集之屬/通代

古文觀止十二卷　（清）吳乘權　（清）吳大職輯　清光緒三十二年（1906）兩儀堂刻本　六冊

330000－1716－0026721　地獻 3288/26721　經部/易類/傳說之屬

若山易說一卷　（清）萬光泰撰　清光緒陶氏寒梅館抄本　一冊

330000－1716－0026722　子補 1542/26722　子部/宗教類/佛教之屬/經

摩訶般若波羅蜜多心經一卷　（明）何道全注

清光緒四年（1878）寧郡述古堂刻本　一冊

330000－1716－0026724　地獻 1829－37/26724　集部/總集類/選集之屬/通代

古文觀止十二卷　（清）吳乘權　（清）吳大職輯　清光緒南京李光明莊刻本　一冊　存二卷（九至十）

330000－1716－0026725　地獻 3286/26725　子部/術數類/命書相書之屬

八門禽演碎金書不分卷　清末抄本　一冊

330000－1716－0026726　普類 0106－2/26726　類叢部/類書類/專類之屬

經文夏造不分卷　（清）藜光閣主人輯　清光緒石印本　四冊

330000－1716－0026728　地獻 3287/26728　集部/詩文評類/文評之屬

文章精義一卷　（元）李塗撰　清光緒陶氏寒梅館抄本　一冊

330000－1716－0026729　集補 0514/26729　集部/別集類/清別集

分類詳注飲香尺牘六卷　（清）飲香居士撰　（清）惝隱子箋釋　清永思堂刻本　秋槎題記　四冊

330000－1716－0026730　地獻 1829－38/26730　集部/總集類/選集之屬/通代

古文觀止十二卷　（清）吳乘權　（清）吳大職輯　清光緒南京李光明莊刻本　二冊　存四卷（三至四、七至八）

330000－1716－0026731　普類 0107/26731　類叢部/類書類/專類之屬

五經文府不分卷　（清）鴻寶齋輯　清光緒十五年（1889）上海鴻寶齋石印本　二十冊

330000－1716－0026732　集補 0515/26732　集部/別集類/清別集

壓線編六卷　（清）趙古農　（清）繆艮撰　清道光十年（1830）如此艸堂刻本　六冊

330000－1716－0026733　地獻 1829－39/26733　集部/總集類/選集之屬/通代

寶翰堂古文觀止十二卷　（清）吳乘權　（清）吳大職輯　清刻本　一冊　存二卷(七至八)

330000－1716－0026736　集補 0516/26736
集部/別集類/清別集

壓線編六卷　（清）趙古農　（清）繆艮撰　清咸豐八年(1858)紫貴堂刻本　五冊　存五卷(一至五)

330000－1716－0026737　地獻 1829－40/26737　集部/總集類/選集之屬/通代

文翰齋古文觀止十二卷　（清）吳乘權　（清）吳大職輯　清刻本　五冊　缺二卷(九至十)

330000－1716－0026738　普類 0108－1/26738　類叢部/類書類/專類之屬

五經類編二十八卷　（清）周世樟撰　清刻本　五冊　存十四卷(二至五、十至十六、二十一至二十三)

330000－1716－0026739　集補 0517/26739
集部/別集類/清別集

知愧軒尺牘十六卷　（清）管士駿撰　清光緒五年(1879)刻本　四冊

330000－1716－0026740　地獻 1829－41/26740　集部/總集類/選集之屬/通代

文翰齋古文觀止十二卷　（清）吳乘權　（清）吳大職輯　清刻本　四冊　缺四卷(一至二、十一至十二)

330000－1716－0026741　子補 1543/26741
子部/宗教類/佛教之屬/經咒

千手千眼大悲心像陀羅尼神咒一卷　清刻本　一冊

330000－1716－0026742　子補 1175/26742
子部/術數類/相宅相墓之屬

地理全書五卷　（明）張互撰　清同治十三年(1874)詞源書屋刻本　二冊　存三卷(一至三)

330000－1716－0026743　集補 0518/26743
集部/別集類/清別集

知愧軒尺牘十六卷　（清）管士駿撰　清文成堂刻本　三冊　存十二卷(一至十二)

330000－1716－0026744　子補 1544/26744
子部/宗教類/佛教之屬

金光明懺齋天法儀一卷　清光緒元年(1875)慧空經房刻本　一冊

330000－1716－0026747　子補 1177/26747
子部/術數類/相宅相墓之屬

地理五訣八卷　（清）趙廷棟撰　清末上海校經山房石印本　三冊　存六卷(一至六)

330000－1716－0026749　集補 0520/26749
集部/總集類/課藝之屬

青雲集分韻試帖詳注四卷　（清）楊逢春（清）蕭應櫆輯　（清）沈品華等注　清光緒十四年(1888)永康胡氏退補齋刻本　三冊　缺一卷(三)

330000－1716－0026750　集補 0816/26750
集部/小說類/長篇之屬

新刊繡像評講濟公傳四卷一百二十回繡像評演接續後部濟公傳四卷一百二十回　（清）郭廣瑞撰　清光緒三十二年(1906)簡青齋石印本　四冊　存四卷(一至四)

330000－1716－0026752　經補 0681/26752
經部/叢編

五經體注大全七十二卷　（清）嚴氏家塾主人輯　清末石印本　一冊　存三卷(易經二至四)

330000－1716－0026753　子補 1546/26753
子部/藝術類/總論之屬

美術叢書　鄧實輯　清宣統三年至民國三年(1911－1914)上海神州國光社鉛印本　二十六冊　存七十八種

330000－1716－0026755　集補 0817/26755
集部/小說類/長篇之屬

新刻天花藏批評平山冷燕四卷二十回　（清）荻岸散人編　清芸生刻本　一冊　存一卷(一)

330000－1716－0026757　地獻 1829－42/26757　集部/總集類/選集之屬/通代

文翰齋古文觀止十二卷　（清）吳乘權　（清）

吳大職輯　清刻本　二冊　存四卷(七至十)

330000－1716－0026758　地獻 1829－43/
26758　集部/總集類/選集之屬/通代
蔚文堂古文觀止十二卷　（清）吳乘權　（清）
吳大職輯　清刻本　一冊　存二卷(十一至
十二)

330000－1716－0026761　集補 0818/26761
集部/小說類/長篇之屬
說唐前傳十卷六十八回說唐小英雄傳二卷十
六回說唐薛家府傳六卷四十二回　（清）如蓮
居士撰　清刻本　一冊　存一卷(十)

330000－1716－0026762　地獻 3292/26762
子部/術數類/占候之屬
越山脈絡圖記一卷附蔡公發微論一卷　清末
抄本　一冊

330000－1716－0026764　地獻 1829－44/
26764　集部/總集類/選集之屬/通代
尺木堂古文觀止十二卷　（清）吳乘權　（清）
吳大職輯　清刻本　一冊　存二卷(三至四)

330000－1716－0026765　地獻 1829－45/
26765　集部/總集類/選集之屬/通代
聚瀛堂古文觀止十二卷　（清）吳乘權　（清）
吳大職輯　清刻本　四冊　存八卷(三至十)

330000－1716－0026767　子補 1180/26767
子部/術數類/占卜之屬
六壬粹言六卷首一卷　（清）劉赤江撰　清咸
豐十年(1860)品蓮堂刻本　二冊

330000－1716－0026768　地獻 1829－46/
26768　集部/總集類/選集之屬/通代
古文觀止十二卷　（清）吳乘權　（清）吳大職
輯　清刻本　一冊　存六卷(一至六)

330000－1716－0026769　集補 0819/26769
集部/小說類/長篇之屬
于公案奇聞八卷二百九二回　清刻本　一冊
存二卷(三至四)

330000－1716－0026770　地獻 3294/26770
史部/詔令奏議類/奏議之屬

呈請本縣通詳各憲稿不分卷　清末抄本
一冊

330000－1716－0026771　地獻 1829－47/
26771　集部/總集類/選集之屬/通代
聚瀛堂古文觀止十二卷　（清）吳乘權　（清）
吳大職輯　清刻本　林維翰題簽　一冊　存
二卷(三至四)

330000－1716－0026772　經補 0682/26772
經部/叢編
五經合纂大成四十九卷　（清）同文書局主人
輯　清光緒二十年(1894)上海文海雨記書局
石印本　十七冊　存三十二卷(周易一至二；
書經一至二、五至六；詩經一至二、五、七至
八,首；禮記一、三至四、八、十,首；春秋一至
二、六至十六,首)

330000－1716－0026774　地獻 1829－48/
26774　集部/總集類/選集之屬/通代
聚瀛堂古文觀止十二卷　（清）吳乘權　（清）
吳大職輯　清刻本　沈庭騏題簽　二冊　存
四卷(三至六)

330000－1716－0026776　地獻 3295/26776
集部/別集類/清別集
潘思慎信劄一卷　（清）潘思慎撰　稿本
一冊

330000－1716－0026777　地獻 1829－49/
26777　集部/總集類/選集之屬/通代
文翰齋古文觀止十二卷　（清）吳乘權　（清）
吳大職輯　清刻本　清胡庭潮題簽　三冊
存六卷(五至十)

330000－1716－0026778　地獻 3413/26778
集部/詞類/別集之屬
竹枝十四字一卷　清抄本　一冊

330000－1716－0026779　地獻 1829－50/
26779　集部/總集類/選集之屬/通代
文翰齋古文觀止十二卷　（清）吳乘權　（清）
吳大職輯　清刻本　清金慶雲題簽　二冊
存八卷(五至十二)

330000－1716－0026780　地獻 3296/26780

新學/學校

國文講義一卷 倪義抱編 清末抄本 一冊

330000－1716－0026781 地獻 3414/26781
子部/儒家類/儒學之屬/禮教

聖諭廣訓直解一卷 （清）世宗胤禎撰 （清）
□□直解 清抄本 一冊

330000－1716－0026783 子補 1547/26783
子部/術數類/占候之屬

新刊評注通玄先生張果星宗大全十卷 （明）
陸位輯 清書業堂刻本 七冊 缺三卷（一、
五、十）

330000－1716－0026785 史補 0706/26785
史部/傳記類/總傳之屬/通代

校正尚友錄二十二卷 （明）廖用賢輯 （清）
張伯琮補輯 清末石印本 二冊 存九卷
（五至九、十九至二十二）

330000－1716－0026786 集補 0820/26786
集部/別集類/清別集

遣愁集十二卷 （清）張貴勝撰 清刻本
六冊

330000－1716－0026787 地獻 3299/26787
集部/別集類/清別集

五雲書屋詩稿一卷 （清）秀卿撰 稿本
一冊

330000－1716－0026788 集補 0522－2/
26788 集部/總集類/選集之屬/通代

唐宋八家文讀本三十卷首一卷 （清）沈德潛
輯 清末石印本 三冊 存十五卷（六至二
十）

330000－1716－0026789 子補 1548/26789
子部/術數類/占卜之屬

大六壬大全十三卷 （清）郭載騋編 清刻本
六冊 存七卷（五至八、十一至十三）

330000－1716－0026790 集補 0522－1/
26790 集部/總集類/選集之屬/通代

唐宋八家文讀本三十卷首一卷 （清）沈德潛
輯 清宣統元年（1909）上海掃葉山房石印本
四冊 缺十卷（二十一至三十）

330000－1716－0026791 地獻 1835/26791
子部/宗教類/佛教之屬

轉劫輪□卷 （清）周鑑編輯 清山陰比丘行
淳刻本 一冊 存一卷（一）

330000－1716－0026793 集補 0524/26793
集部/總集類/尺牘之屬

明賢尺牘四卷 （清）王元勳 （清）程化騄輯
清光緒二十六年（1900）仁和許增榆園刻本
二冊

330000－1716－0026794 經補 0684/26794
經部/叢編

五經揭要二十九卷 （清）許寶善編 清刻本
九冊 缺五卷（周易一、書經一至三、禮記
四）

330000－1716－0026795 子補 1184－1/
26795 子部/術數類/相宅相墓之屬

乾坤法竅三卷 （清）范宜賓輯 清刻本 二
冊 存二卷（二至三）

330000－1716－0026796 集補 0525/26796
集部/總集類/彙編之屬

清暉堂同人尺牘彙存四卷 （清）惲壽平輯
清咸豐七年（1857）來青閣刻本 一冊

330000－1716－0026797 史補 0707/26797
史部/目錄類/總錄之屬/私撰

書目答問五卷 （清）張之洞撰 清末鉛印本
一冊 存三卷（子部、集部、叢書）

330000－1716－0026798 史補 0708/26798
史部/詔令奏議類/奏議之屬

變法奏議叢鈔不分卷 （清）欣賞齋主人編
清末石印本 二冊

330000－1716－0026799 子補 1184－2/
26799 子部/術數類/相宅相墓之屬

乾坤法竅三卷 （清）范宜賓輯 清刻本 二
冊 存二卷（二至三）

330000－1716－0026800 地獻 1829－51/
26800 集部/總集類/選集之屬/通代

古文觀止十二卷 （清）吳乘權 （清）吳大職
輯 清簡香齋刻本 一冊 存二卷（十一至

十二）

330000 - 1716 - 0026801　地獻 1829 - 52/
26801　集部/總集類/選集之屬/通代
尺木堂古文觀止十二卷　（清）吳乘權　（清）
吳大職輯　清刻本　二冊　存四卷（七至八、
十一至十二）

330000 - 1716 - 0026802　子補 1185/26802
子部/宗教類/佛教之屬/總錄
雲棲法彙二十八種七十四卷　（明）釋袾宏撰
　（明）王宇春等輯　清光緒二十三年至二十
五年(1897 - 1899)金陵刻經處刻本　一冊
存一種

330000 - 1716 - 0026803　地獻 1829 - 53/
26803　集部/總集類/選集之屬/通代
大文堂古文觀止十二卷　（清）吳乘權　（清）
吳大職輯　清大文堂刻本　清魯□□觀款
一冊　存一卷（一）

330000 - 1716 - 0026804　地獻 3415/26804
子部/雜著類/雜纂之屬
曾氏家書摘錄不分卷　清末抄本　一冊

330000 - 1716 - 0026805　地獻 1829 - 54/
26805　集部/總集類/選集之屬/通代
古文觀止十二卷　（清）吳乘權　（清）吳大職
輯　清光緒九年(1883)掃葉山房刻本　一冊
存二卷（一至二）

330000 - 1716 - 0026807　子補 1549/26807
子部/術數類/相宅相墓之屬
秘傳水龍經五卷　（清）蔣平階輯　清刻本
四冊　存四卷（一至三、五）

330000 - 1716 - 0026808　地獻 1829 - 55/
26808　集部/總集類/選集之屬/通代
文萃堂古文觀止十二卷　（清）吳乘權　（清）
吳大職輯　清文萃堂刻本　一冊　存二卷
（七至八）

330000 - 1716 - 0026811　集補 0821 - 1/
26811　集部/總集類/課藝之屬
八銘堂塾鈔初集八卷　（清）吳懋政編　清光
緒十三年(1887)鎮江殷文成堂書坊刻本　三

冊　存三卷（一至二、四）

330000 - 1716 - 0026813　地獻 1829 - 56/
26813　集部/總集類/選集之屬/通代
古文觀止十二卷　（清）吳乘權　（清）吳大職
輯　清綠慎堂刻本　二冊　存四卷（三至四、
十一至十二）

330000 - 1716 - 0026815　子補 1188/26815
新學/雜著/雜記
國民常識一卷　（清）志伊齋撰　清宣統二年
(1910)上海徵文社鉛印本　一冊

330000 - 1716 - 0026816　地獻 1829 - 57/
26816　集部/總集類/選集之屬/通代
古文觀止十二卷　（清）吳乘權　（清）吳大職
輯　清浙蘭慎言堂刻本　一冊　存二卷（十
一至十二）

330000 - 1716 - 0026819　地獻 1829 - 58/
26819　集部/總集類/選集之屬/通代
古文觀止十二卷　（清）吳乘權　（清）吳大職
輯　清浙蘭慎言堂刻本　二冊　存四卷（五
至六、十一至十二）

330000 - 1716 - 0026820　地獻 1829 - 59/
26820　集部/總集類/選集之屬/通代
古文觀止十二卷　（清）吳乘權　（清）吳大職
輯　清刻本　四冊　存八卷（三至八、十一至
十二）

330000 - 1716 - 0026821　集補 0821 - 2/
26821　集部/總集類/課藝之屬
八銘堂塾鈔初集不分卷　（清）吳懋政編　清
刻本　四冊

330000 - 1716 - 0026822　子補 1551/26822
子部/宗教類/道教之屬/雜著
玉歷鈔傳警世不分卷　清繩德堂刻本　一冊

330000 - 1716 - 0026823　史補 0709 - 1/
26823　史部/職官類/官箴之屬
官鄉要則七卷首一卷　（清）張鑒瀛輯　清光
緒二十一年(1895)上海宏文閣書局石印本
二冊

330000－1716－0026824　子補 1552/26824
子部/宗教類/佛教之屬

經律異相因果録二卷　（南朝梁）釋僧旻
（南朝梁）釋寶唱等撰　（清）釋古崑摘録　清
刻本　一冊　存一卷（一）

330000－1716－0026826　集補 0526/26826
集部/別集類/唐五代別集

唐陸宣公集二十二卷　（唐）陸贄撰　清嘉慶
二十三年(1818)春暉堂刻本　六冊

330000－1716－0026827　善附 0297/26827
集部/別集類/清別集

傅星白先生家書墨蹟一卷　（清）傅璜撰　稿
本　三冊

330000－1716－0026828　地獻 3417/26828
集部/總集類/選集之屬/通代

古文觀止左傳二卷　清倪英豪抄本　一冊

330000－1716－0026829　善附 0298/26829
集部/別集類/清別集

夢窗書屋課藝一卷　（清）丁紹垣撰　清光緒
二十年至二十一年(1894－1895)稿本　一冊

330000－1716－0026830　地獻 3418/26830
史部/政書類/公牘檔冊之屬

六科事略不分卷　清抄本　一冊

330000－1716－0026831　史補 0710－2/
26831　史部/傳記類/總傳之屬

五經典林五十四卷五經古人典林六卷　（清）
何松編　清光緒元年(1875)慈谿何氏刻本
八冊　存二十九卷(二十六至五十四)

330000－1716－0026832　集補 0822/26832
集部/別集類/清別集

陳星齋文稿初刻不分卷二刻不分卷　（清）陳
兆崙撰　（清）蔡錫疇　（清）顧繼成　（清）
蔡宇泰評注　清光緒二十年(1894)湖南書局
刻本　二冊　存初刻

330000－1716－0026833　集補 0823/26833
集部/別集類/清別集

**大雲山房文稿初集四卷二集四卷言事二卷補
編一卷**　（清）惲敬撰　清刻本　二冊　存四
卷(二集二、言事一至二、補編)

330000－1716－0026834　地獻 3419/26834
新學/商務/稅則

稅釐局不分卷　清抄本　一冊

330000－1716－0026835　史補 0711/26835
史部/詔令奏議類/詔令之屬

[光緒三十二年]諭摺彙存不分卷　清光緒鉛
印本　二冊

330000－1716－0026836　集補 0527/26836
集部/總集類/選集之屬/通代

阮亭選古詩三十二卷　（清）王士禛輯　清同
治五年(1866)金陵書局刻本　一冊　存五卷
(五言詩一至五)

330000－1716－0026837　經補 0685/26837
集部/總集類/課藝之屬

經藝積玉不分卷　（清）王詒壽編　清同治十
二年(1873)縵雅堂刻本　五冊

330000－1716－0026838　史補 0764/26838
史部/紀事本末類/通代之屬

紀事本末五種　（清）□□輯　清刻本　七冊
　存一種

330000－1716－0026840　地獻 3420/26840
集部/別集類/清別集

樊榭山房詩鈔一卷　（清）厲鶚撰　清抄本
一冊

330000－1716－0026841　子補 1553/26841
子部/宗教類/佛教之屬/經

金剛般若波羅蜜經一卷　（後秦）釋鳩摩羅什
譯　**般若波羅蜜多心經一卷**　（唐）釋玄奘譯
　清比丘沙樹刻本　一冊

330000－1716－0026842　地獻 3421/26842
子部/儒家類/儒學之屬/蒙學

幼學瓊林□□卷　清末抄本　一冊　存十五
卷(十九至三十三)

330000－1716－0026843　史補 0716/26843
史部/地理類/雜志之屬

談瀛録四卷　（清）王之春撰　清光緒六年

（1880）上洋文藝齋刻本　一冊　存二卷（三至四）

330000－1716－0026844　地獻 1829－60/26844　集部/總集類/選集之屬/通代

古文觀止十二卷　（清）吳乘權　（清）吳大職輯　清浙蘭慎言堂刻本　二冊　存四卷（五至八）

330000－1716－0026845　子補 1554/26845　子部/宗教類/佛教之屬

五大部直音二卷附諸般經懺直音一卷　清浙江靈隱經房刻本　一冊

330000－1716－0026846　地獻 3422/26846　集部/曲類/寶卷之屬

鳳真寶卷不分卷　清光緒二十六年（1900）陳氏抄本　二冊

330000－1716－0026848　經補 0688－2/26848　經部/春秋左傳類/傳說之屬

東萊先生左氏博議二十五卷　（宋）呂祖謙撰　增補虛字備考注釋一卷　清光緒二十四年（1898）上海著易堂石印本　四冊

330000－1716－0026849　史補 0715/26849　史部/傳記類/別傳之屬/事狀

合肥相國［李鴻章］七十賜壽圖一卷附壽言一卷　（清）楊宗濂　盛宣懷輯　清光緒十八年（1892）海軍石印書局石印本　五冊

330000－1716－0026850　集補 0824/26850　集部/曲類/寶卷之屬

新刻十供神仙修真寶傳因果全部一卷　（清）復性子撰　清光緒五年（1879）護國庵刻本　一冊

330000－1716－0026852　地獻 1829－61/26852　集部/總集類/選集之屬/通代

古文觀止十二卷　（清）吳乘權　（清）吳大職輯　清刻本　一冊　存二卷（一至二）

330000－1716－0026853　地獻 3424/26853　史部/史表類/通代之屬

歷代帝王世系考一卷　清抄本　一冊

330000－1716－0026854　地獻 1836/26854　子部/宗教類/佛教之屬

慈悲水懺法三卷　（唐）釋知玄撰　清山陰通濟禪院比丘緣明刻民國七年（1918）印本　一冊

330000－1716－0026856　地獻 1829－62/26856　集部/總集類/選集之屬/通代

古文觀止十二卷　（清）吳乘權　（清）吳大職輯　清刻本　一冊　存二卷（九至十）

330000－1716－0026858　經補 0688－3/26858　經部/春秋左傳類/傳說之屬

增批輯注東萊博議四卷　（宋）呂祖謙撰　劉鍾英輯注　清宣統三年（1911）上海會文堂書局石印本　一冊

330000－1716－0026859　地獻 3425/26859　子部/藝術類/遊藝之屬/雜藝

七巧製圖一卷　清任有容齋抄本　一冊

330000－1716－0026860　集補 0825/26860　類叢部/叢書類/自著之屬

曾文正公全集十五種　（清）曾國藩撰　清同治至光緒傳忠書局刻本　四冊　存一種

330000－1716－0026861　子補 1555－1/26861　子部/宗教類/佛教之屬

慈悲水懺法三卷　（唐）釋知玄撰　清光緒十五年（1889）蘇城瑪瑙經房刻本　一冊　缺一卷（上）

330000－1716－0026864　子補 1555－2/26864　子部/宗教類/佛教之屬

慈悲水懺法三卷　（唐）釋知玄撰　清光緒二十年（1894）定圓刻本　一冊

330000－1716－0026866　地獻 1829－63/26866　集部/總集類/選集之屬/通代

古文觀止十二卷　（清）吳乘權　（清）吳大職輯　清刻本　一冊　存二卷（七至八）

330000－1716－0026867　地獻 1829－64/26867　集部/總集類/選集之屬/通代

古文觀止十二卷　（清）吳乘權　（清）吳大職輯　清刻本　一冊　存二卷（十一至十二）

330000－1716－0026869　　地獻 3436/26869
經部/春秋左傳類/傳說之屬
　□□摘左繡一卷　清抄本　一冊

330000－1716－0026870　　地獻 3502/26870
集部/別集類/清別集
知愧軒尺牘十六卷　（清）管士駿撰　清末立
方氏抄本　三冊　缺五卷（四至八）

330000－1716－0026871　　子補 1555－3/
26871　子部/宗教類/佛教之屬
慈悲水懺法三卷　（唐）釋知玄撰　清同治五
年(1866)慧空經房刻本　一冊

330000－1716－0026872　　地獻 1829－65/
26872　集部/總集類/選集之屬/通代
古文觀止約選十二卷　清刻本　一冊　存二
卷（七至八）

330000－1716－0026873　　集補 0531－1/
26873　集部/總集類/選集之屬/通代
古文筆法八卷　（清）李扶九輯　清光緒二十
七年(1901)上海書局石印本　三冊　缺三卷
（六至八）

330000－1716－0026874　　地獻 3503/26874
史部/編年類/通代之屬
新刻陳弘謀先生批評記史通鑑三十九卷
（清）徐衢撰　（清）陳弘謀輯　清末抄本　一
冊　存一卷（二）

330000－1716－0026875　　普叢 0223－7/
26875　類叢部/叢書類/自著之屬
西堂全集　（清）尤侗撰　清刻本　四冊　存
二種

330000－1716－0026877　　集補 0531－2/
26877　集部/總集類/選集之屬/通代
古文筆法八卷　（清）李扶九輯　清光緒二十
七年(1901)上海書局石印本　四冊

330000－1716－0026878　　地獻 3504/26878
類叢部/類書類/通類之屬
鑑古叢書不分卷　（清）章光照撰　稿本　十
二冊

330000－1716－0026880　　地獻 3427/26880
集部/小說類/短篇之屬
如是我聞一卷　清宣統三年（1911）抄本
一冊

330000－1716－0026881　　集補 0827/26881
集部/總集類/選集之屬/通代
欽定四書文不分卷　（清）方苞輯　清刻本
五冊　存二種

330000－1716－0026882　　地獻 3428/26882
史部/傳記類/科舉錄之屬
會墨合集不分卷　清抄本　一冊

330000－1716－0026883　　經補 0686/26883
經部/叢編
五經揭要二十九卷　（清）許寶善編　清刻本
　五冊　存十二卷（周易一至三、書經四至
六、詩經二至四、春秋一至三）

330000－1716－0026884　　集補 1058－18/
26884　集部/總集類/選集之屬/通代
文選六十卷　（南朝梁）蕭統輯　（唐）李善注
　（清）何焯評　清裕元堂刻本　十一冊　缺
五卷（五十一至五十五）

330000－1716－0026885　　經補 0688－9/
26885　經部/春秋左傳類/傳說之屬
增批輯注東萊博議四卷　（宋）呂祖謙撰　劉
鍾英輯注　清光緒三十年（1904）上海書局石
印本　三冊　缺一卷（四）

330000－1716－0026887　　地獻 3429/26887
集部/總集類/尺牘之屬
各色信底一卷　清抄本　一冊

330000－1716－0026889　　地獻 3430/26889
史部/政書類/律令之屬/治獄
共敺一卷　（清）□□輯　清光緒十六年
(1890)抄本　一冊

330000－1716－0026890　　經補 0688－10/
26890　經部/春秋左傳類/傳說之屬
增批輯注東萊博議四卷　（宋）呂祖謙撰　劉
鍾英輯注　清宣統三年（1911）上海會文堂粹
記石印本　金紀良題記　一冊

330000－1716－0026891　　地獻 3431/26891
子部/宗教類/道教之屬

百拜朝禮玉皇謝罪寶懺儀一卷　　清抄本
一冊

330000－1716－0026893　　地獻 3506/26893
子部/術數類/雜術之屬

燒餅歌一卷黃蘗禪師語錄一卷勸孝懲淫文一卷　　清末抄本　　一冊

330000－1716－0026894　　史補 0717/26894
史部/政書類/軍政之屬/邊政

三省邊防備覽十四卷　　（清）嚴如熤輯　　清道光二年（1822）刻本　　五冊　　存十卷（一至二、五至六、九至十、十一至十四）

330000－1716－0026895　　地獻 3432/26895
集部/戲劇類/雜劇之屬

通天銷一卷　　清抄本　　一冊

330000－1716－0026898　　史補 0718/26898
史部/地理類/水利之屬

荆州萬城隄志十卷首一卷末一卷　　（清）倪文蔚纂　　清光緒二年（1876）刻本　　五冊　　存九卷（一至四、七至十、末）

330000－1716－0026901　　地獻 1728－2/26901　　子部/宗教類/道教之屬

東宮司命竈君靈籤一卷　　清同治三年（1864）紹興歲方齋刻本　　一冊

330000－1716－0026902　　普類 0106－3/26902　　類叢部/類書類/專類之屬

經文夐造不分卷　　（清）藜光閣主人輯　　清光緒石印本　　二冊

330000－1716－0026904　　地獻 3433/26904
子部/雜著類/雜纂之屬

香山詩故不分卷　　清抄本　　一冊

330000－1716－0026905　　史補 0719/26905
史部/傳記類/總傳之屬/斷代

昭代名人尺牘小傳二十四卷　　（清）吳修撰　　清光緒石印本　　一冊　　存十卷（一至十）

330000－1716－0026906　　經補 0687/26906

經部/叢編

增訂五經備旨　　（清）鄒聖脈輯　　（清）鄒廷猷編次　　清末石印本　　二冊　　存二種

330000－1716－0026907　　地獻 1728－3/26907　　子部/宗教類/道教之屬

東宮司命竈君靈籤一卷　　清道光二十四年（1844）紹興刻同治五年（1866）印本　　一冊

330000－1716－0026909　　地獻 3434/26909
集部/曲類/曲藝之屬

拱璧緣傳奇二十四回　　（清）陸怡安撰　　清沈雲軒抄本　　一冊　　存四回（一至四）

330000－1716－0026910　　經補 0688－11/26910　　經部/春秋左傳類/傳說之屬

增批輯注東萊博議四卷　　（宋）呂祖謙撰　　劉鍾英輯注　　清石印本　　四冊　　缺一卷（一）

330000－1716－0026911　　史補 0720/26911
史部/傳記類/科舉錄之屬/歷科登科錄

欽定殿試策不分卷　　清光緒石印本　　一冊

330000－1716－0026912　　地獻 1728－4/26912　　子部/宗教類/道教之屬

敬竈全書不分卷　　（清）惕心憫世道人輯　　清末紹興刻本　　一冊

330000－1716－0026913　　經補 0688－12/26913　　經部/春秋左傳類/傳說之屬

增批輯注東萊博議四卷　　（宋）呂祖謙撰　　劉鍾英輯注　　清宣統三年（1911）上海會文堂粹記石印本　　二冊　　存二卷（三至四）

330000－1716－0026914　　地獻 3435/26914
史部/史評類/史論之屬

三王五帝紀及周朝列國世系夏書禹貢九州及山川分置錄不分卷　　清抄本　　一冊

330000－1716－0026915　　地獻 1728－5/26915　　子部/宗教類/道教之屬

敬竈全書不分卷　　（清）惕心憫世道人輯　　清末紹興刻本　　一冊

330000－1716－0026916　　史補 0709－2/26916　　史部/職官類/官箴之屬

宦鄉要則七卷首一卷 （清）張鑒瀛輯 清光緒石印本 一冊 存四卷（四至七）

330000－1716－0026919 史補 0709－3/26919 集部/總集類/課藝之屬

浙江試牘不分卷 （清）徐致祥輯 清光緒二十三年(1897)鉛印本 四冊

330000－1716－0026920 集補 0829/26920 集部/總集類/課藝之屬

精選縮本藝林拱璧不分卷 （清）吳少琴輯 清光緒十二年(1886)上海點石齋石印本 十冊

330000－1716－0026924 史補 0709－4/26924 史部/傳記類/總傳之屬/通代

校正尚友錄全集□□卷 清末石印本 一冊 存一卷（十）

330000－1716－0026927 子補 1556－4/26927 子部/術數類/命書相書之屬

神機妙算鐵板數十四集 （宋）邵雍撰 清刻本 三冊 存三集（丑、辰、亥）

330000－1716－0026928 經補 0688－17/26928 經部/春秋左傳類/傳說之屬

東萊博議四卷 （宋）呂祖謙撰 增補虛字注釋一卷 （清）馮泰松點定 清光緒三十一年(1905)上海文盛堂石印本 三冊 缺一卷（四）

330000－1716－0026929 地獻 3507/26929 集部/別集類/清別集

三鱸軒試帖一卷 （清）德泉輯 清末抄本 一冊

330000－1716－0026931 集補 0830/26931 集部/總集類/尺牘之屬

分類尺牘備覽三十卷 （清）王虎榜輯 清光緒二十一年(1895)積山書局石印本 八冊

330000－1716－0026932 地獻 3508/26932 集部/總集類/選集之屬/通代

六朝褉文一卷唐人詩序一卷 清光緒二十六年(1900)金天抄本 一冊 存一卷（六朝褉文）

330000－1716－0026934 集補 0831/26934 集部/總集類/課藝之屬

精選五經文鵠不分卷 （清）茹古齋主人輯 清光緒八年(1882)四明茹古齋鉛印本 九冊 存詩、禮、易

330000－1716－0026935 子補 1556－5/26935 子部/術數類/命書相書之屬

神機妙算鐵板數十四集 （宋）邵雍撰 清刻本 一冊 存一集（辰）

330000－1716－0026936 地獻 3509/26936 集部/總集類/選集之屬/斷代

律賦一卷莫宦律賦一卷 清末抄本 一冊

330000－1716－0026938 經補 0701－3/26938 經部/叢編

五經味根錄四十七卷 關蔚煌輯 清末同文書局石印本 一冊 存五卷（春秋四至八）

330000－1716－0026939 子補 1556－6/26939 子部/術數類/命書相書之屬

神機妙算鐵板數十四集 （宋）邵雍撰 清刻本 八冊 存八集（丑、寅、卯、辰、巳、午、未、酉）

330000－1716－0026941 集補 0832/26941 集部/別集類/清別集

小倉山房往還書札全集十八卷 （清）袁枚撰 清末鉛印本 一冊

330000－1716－0026942 集補 0833/26942 集部/總集類/尺牘之屬

新輯尺牘合璧四卷 （清）許思湄 （清）龔萼撰 （清）婁世瑞注 （清）寄虹軒主人輯 清光緒十六年(1890)上海鴻寶齋石印本 二冊

330000－1716－0026943 善附 0299/26943 集部/別集類/清別集

龍阜公詩稿一卷 （清）王龍阜撰 清抄本 一冊

330000－1716－0026947 善 0480/26947 集部/別集類/清別集

梅溪北遊詩一卷 （清）孟濤撰 清雍正稿本 一冊

330000－1716－0026949　　地獻 3438/26949
子部/雜家類

列子八卷漢志十卷會稽志序一卷　　清末抄本
　一冊

330000－1716－0026951　　新補 0433/26951
新學/兵制/海軍

中外時務海防策要四卷首一卷　　（清）薛培榕
　輯　清光緒二十五年（1899）上海書局石印本
　二冊

330000－1716－0026952　　經補 0690－4/
26952　經部/叢編

五經合纂大成四十九卷　　（清）同文書局主人
　輯　清光緒石印本　四冊　存九卷（詩經一
　至八、首）

330000－1716－0026954　　地獻 1821－3/
26954　子部/術數類/相宅相墓之屬

楊曾地理元文四種附二種　　（清）端木國瑚注
　清道光五年（1825）刻本　三冊　存四種

330000－1716－0026956　　地獻 3439/26956
子部/術數類/占卜之屬

占卦雜著不分卷　　清同治七年（1868）抄本
　一冊

330000－1716－0026958　　經補 0688－19/
26958　經部/春秋左傳類/傳說之屬

東萊博議四卷　　（宋）呂祖謙撰　**增補虛字注
釋一卷**　　（清）馮泰松點定　清光緒二十四年
（1898）上海鴻寶齋石印本　一冊　存一卷
（一）

330000－1716－0026962　　集補 0543/26962
集部/總集類/尺牘之屬

普通應用白話尺牘初編二卷　　清宣統二年
（1910）石印本　二冊

330000－1716－0026963　　經補 0691/26963
經部/叢編

五經備旨四十五卷　　（清）鄒聖脈纂輯　清刻
本　五冊　存十一卷（禮記一至十一）

330000－1716－0026964　　地獻 3441/26964
子部/術數類/陰陽五行之屬

推背圖一卷　　題（唐）袁天罡撰　（唐）李淳風
注　清咸豐二年（1852）董紫亭抄本　一冊

330000－1716－0026965　　地獻 1840/26965
子部/術數類/相宅相墓之屬

嚴陵張九儀增釋地理琢玉斧巒頭歌括四卷
（明）徐之鏌　（清）張九儀撰　清刻本　一冊

330000－1716－0026966　　經補 0692/26966
經部/叢編

五經體注大全四十卷　　（清）嚴氏家塾主人輯
　清光緒五年（1879）慈水古草堂刻本　七冊
　存十一卷（書經一、四至六，詩經三至五，春
秋四至七）

330000－1716－0026967　　地獻 3442/26967
子部/術數類/相宅相墓之屬

地理摘要不分卷　　清末抄本　一冊

330000－1716－0026969　　地獻 1842/26969
子部/宗教類/道教之屬

周易參同契分章注解三卷　　（元）陳致虛撰
（清）傅金銓批　清刻本　一冊　存一卷（中）

330000－1716－0026970　　集補 0544/26970
集部/總集類/尺牘之屬

普通應用白話尺牘初編二卷　　清宣統二年
（1910）杭州聚元堂書局石印本　二冊

330000－1716－0026971　　普類 0108－2/
26971　類叢部/類書類/專類之屬

五經類編二十八卷　　（清）周世樟撰　清刻本
　三冊　存九卷（二至十）

330000－1716－0026972　　古越 0754/26972
集部/別集類/唐五代別集

唐柳先生外集一卷附錄一卷　　（唐）柳宗元撰
　清光緒四年（1878）合肥蒯氏刻本　一冊

330000－1716－0026974　　地獻 3443/26974
集部/別集類/清別集

先人手澤一卷　　（清）應□□撰　清末抄本
應春木題記　一冊

330000－1716－0026977　　子補 1561/26977
子部/術數類/相宅相墓之屬

地經圖說二卷 （清）余九皋撰 清光緒十一
年(1885)上海同文書局石印本 一冊

330000－1716－0026978 經補 0693/26978
經部/叢編

五經體注大全四十卷 （清）嚴氏家塾主人輯
清光緒五年(1879)慈水古草堂刻本 七冊
存九卷(禮記二至十)

330000－1716－0026979 經補 0694/26979
經部/叢編

五經體注大全四十卷 （清）嚴氏家塾主人輯
清光緒五年(1879)慈水古草堂刻本 二十
一冊 缺六卷(詩經三至八)

330000－1716－0026980 經補 0695/26980
經部/叢編

五經揭要二十九卷 （清）許寶善編 清梁溪
浦氏刻本 二冊 存三卷(周易一、春秋三至
四)

330000－1716－0026981 經補 0696/26981
經部/叢編

五經備旨四十五卷 （清）鄒聖脈纂輯 清光
緒刻本 十八冊 存三十三卷(易經一至四、
書經一至七、詩經備旨四至八、禮記一至五、
春秋一至十二)

330000－1716－0026983 新補 0434/26983
新學/議論/通論

增廣時務新策彙編四卷 （清）月琴室主人編
清光緒二十年(1894)上海文海肇記局石印
本 二冊

330000－1716－0026986 集補 0834/26986
集部/總集類/課藝之屬

經藝宏括不分卷 （清）同文書局主人編 清
末石印本 四冊 存詩經

330000－1716－0026987 地獻 3514/26987
集部/總集類/選集之屬/斷代

國初人之文集一卷 清末抄本 一冊

330000－1716－0026988 經補 0688－20/
26988 經部/春秋左傳類/傳說之屬

東萊博議四卷 （宋）呂祖謙撰 清光緒三十

年(1904)上海書局石印本 四冊

330000－1716－0026989 經補 0688－21/
26989 經部/春秋左傳類/傳說之屬

東萊先生左氏博議二十五卷 （宋）呂祖謙撰
清光緒二十四年(1898)江左書林鉛印本
一冊 存六卷(十二至十七)

330000－1716－0026991 集補 0835/26991
集部/總集類/尺牘之屬

尺牘初桄二卷附二卷彙注一卷 （清）子虛氏
輯 清光緒二十年(1894)上海寶文書局石印
本 清逍遙遊子題記 二冊

330000－1716－0026992 地獻 3515/26992
子部/醫家類/婦科之屬

傅青主女科二卷產後編二卷 （清）傅山撰
清末仲麓抄本 三冊

330000－1716－0026993 經補 0688－22/
26993 經部/春秋左傳類/傳說之屬

東萊博議四卷 （宋）呂祖謙撰 增補虛字注
釋一卷 （清）馮泰松點定 清光緒三十一年
(1905)上海商務印書館鉛印本 一冊 存二
卷(三至四)

330000－1716－0026994 經補 0697/26994
經部/群經總義類/傳說之屬

銅板五經備旨四十五卷 （清）鄒聖脈纂輯
清光緒五年(1879)海陵書屋刻本 十八冊
缺十一卷(春秋備旨一至八、十至十二)

330000－1716－0026995 地獻 3516/26995
子部/醫家類/婦科之屬/通論

竹林寺女科秘要八卷 （清）靜光禪師鑒定
清末繆理闓抄本 四冊 存六卷(一至三、六
至八)

330000－1716－0026996 經補 0688－23/
26996 經部/春秋左傳類/傳說之屬

加批輯注東萊博議四卷 （宋）呂祖謙撰 劉
鍾英輯注 清光緒二十八年(1902)鉛印本
二冊 存二卷(一、三)

330000－1716－0026998 集補 0836/26998
集部/總集類/尺牘之屬

447

新輯尺牘合璧四卷 (清)許思湄 (清)龔尊撰 (清)婁世瑞注 (清)寄虹軒主人輯 清光緒二十年(1894)上海鴻寶齋石印本 二冊

330000－1716－0026999 經補 0688－24/26999 經部/春秋左傳類/傳說之屬

加批輯注東萊博議四卷 (宋)呂祖謙撰 劉鍾英輯注 清光緒二十八年(1902)鉛印本 洗氏題記 一冊

330000－1716－0027000 新補 0438/27000 新學/學校

女子書信範本不分卷 慎獨子撰 清光緒三十三年(1907)上海鴻文書局石印本 一冊

330000－1716－0027001 地獻 3517/27001 子部/藝術類/遊藝之屬/聯語

綠蕉書屋名聯集句一卷 清末抄本 一冊

330000－1716－0027002 地獻 3445/27002 集部/小說類/長篇之屬

紅樓夢八十回 (清)曹霑撰 清抄本 一冊 存十七回(一至十七)

330000－1716－0027003 地獻 3518/27003 史部/政書類/律令之屬/法驗

檢驗摘要不分卷 清末抄本 一冊

330000－1716－0027004 地獻 3446/27004 子部/醫家類/養生之屬

調氣煉外丹圖注一卷 清末抄本 一冊

330000－1716－0027006 集補 0837/27006 集部/總集類/課藝之屬

經文求是不分卷 清光緒十一年(1885)刻本 五冊

330000－1716－0027007 地獻 3519/27007 子部/雜著類/雜纂之屬

好古敏求不分卷 清末抄本 一冊

330000－1716－0027008 地獻 3447/27008 史部/傳記類/總傳之屬/郡邑

越中三不朽圖贊一卷 清抄本 一冊

330000－1716－0027010 地獻 3448/27010 集部/別集類/清別集

醉月軒學吟古體一卷 清末和介氏抄本 一冊

330000－1716－0027011 經補 0688－28/27011 經部/春秋左傳類/傳說之屬

東萊先生左氏博議二十五卷 (宋)呂祖謙撰 虛字注釋備考六卷 (清)張文炳點定 清道光十九年(1839)錢塘瞿氏清吟閣刻本 一冊 存四卷(二十二至二十五)

330000－1716－0027012 集補 0839/27012 集部/別集類/清別集

秋水軒詩選一卷詞一卷 (清)莊盤珠撰 清光緒二年(1876)思補樓刻本 一冊

330000－1716－0027014 集補 0840/27014 集部/總集類/選集之屬/斷代

後八家四六文鈔八卷 (清)張壽榮輯 清光緒七年(1881)刻本 一冊 存一卷(三)

330000－1716－0027016 經補 0698/27016 經部/叢編

五經揭要二十九卷 (清)許寶善編 清刻本 三冊 存十三卷(周易一至三、詩經一至四、禮記一至六)

330000－1716－0027019 地獻 3521/27019 史部/目錄類/總錄之屬/私撰

六友齋藏書目錄不分卷 清末抄本 二冊

330000－1716－0027020 地獻 3522/27020 史部/目錄類/總錄之屬/私撰

藏書目錄一卷 清末抄本 一冊

330000－1716－0027022 新補 0440/27022 新學/遊記

滿洲旅行記二卷 (日本)小越平隆撰 (清)克齋譯 清光緒二十八年(1902)上海廣智書局鉛印本 一冊 存一卷(二)

330000－1716－0027023 地獻 3523/27023 史部/編年類/通代之屬

王鳳洲先生會纂綱鑑四十六卷 (明)王世貞撰 (明)陳仁錫訂 清末抄本 一冊 存目錄、總論

330000－1716－0027024　子補 1190/27024
子部/雜著類/雜纂之屬

不可録一卷　（清）陳海曙輯　清末石印本
一冊

330000－1716－0027026　經補 0700/27026
經部/叢編

五經精義三十一卷　（清）黃淦撰　清光緒二
十四年(1898)石印本　十冊

330000－1716－0027027　集補 1343－4/
27027　集部/總集類/選集之屬/通代

**得月樓賦甲編不分卷乙編不分卷丙編不分卷
丁編不分卷**　（清）張元灝選評　清石印本
一冊

330000－1716－0027028　新補 0442/27028
史部/政書類/公牘檔冊之屬

駁蘇杭甬路案說帖一卷　汪大燮撰　清宣統
鉛印本　一冊

330000－1716－0027029　新補 0443/27029
史部/政書類/邦計之屬

商辦全浙鐵路公司各部章程不分卷　（清）商
辦全浙鐵路有限公司編　清光緒鉛印本　一
冊　存會計部股務科專章

330000－1716－0027030　經補 0699－1/
27030　經部/叢編

五經備旨四十五卷　（清）鄒聖脈纂輯　清光
緒十三年(1887)上海鴻文書局石印本　十一
冊　缺四卷(易經一至三、春秋四)

330000－1716－0027034　新補 0445/27034
史部/地理類/外紀之屬

地球韻言四卷　（清）張士瀛撰　清光緒二十
四年(1898)鄂垣務急書館刻本　二冊

330000－1716－0027035　經補 0701－1/
27035　經部/叢編

五經味根録四十七卷　關蔚煌輯　清光緒二
十一年(1895)上海凌雲閣石印本　十一冊
缺十七卷(易經三至四、書經五至八、禮記三
至八、春秋六至十)

330000－1716－0027036　地獻 1903/27036

集部/總集類/尺牘之屬

最新華英商務尺牘二卷　（清）陳淑南撰　清
光緒三十四年(1908)上海協新書莊石印本
二冊

330000－1716－0027040　地獻 3524/27040
子部/醫家類/方書之屬

陰瘡論一卷新方六法一卷　清末山陰孫顯祖
抄本　一冊

330000－1716－0027041　新補 0446/27041
史部/政書類/邦交之屬

約章摘要不分卷　清光緒三十二年(1906)直
隸省城刻本　一冊

330000－1716－0027043　地獻 3525/27043
子部/醫家類/傷科之屬

跌撲金瘡治驗論一卷　清末抄本　一冊

330000－1716－0027045　地獻 3526/27045
集部/別集類/清別集

集唐詩鈔一卷　（清）陳無波集　稿本　一冊

330000－1716－0027046　子補 1193/27046
子部/雜著類/雜纂之屬

**雲林別墅新輯酬世錦囊初集八卷二集七卷三
集二卷四集二卷**　（清）鄒景揚輯　清光緒二
十年(1894)鴻寶齋石印本　六冊

330000－1716－0027048　地獻 3449/27048
子部/術數類/陰陽五行之屬

理氣捷要一卷　（清）殷霞撰　清末澄鮮閣抄
本　一冊

330000－1716－0027049　地獻 3527/27049
集部/曲類/寶卷之屬

梁山伯同窓全集□□卷　清末抄本　一冊
存一卷(一)

330000－1716－0027050　子補 1194/27050
子部/小說家類/異聞之屬

拾遺記十卷　（晉）王嘉撰　（南朝梁）蕭綺録
清刻本　一冊　存五卷(六至十)

330000－1716－0027051　子補 1562/27051
子部/術數類/相宅相墓之屬

透山肺腑口訣一卷　（清）李德貞傳　（清）王志義述　清枕山樓刻本　一冊

330000－1716－0027053　地獻 3450/27053
史部/雜史類/斷代之屬

國策選讀一卷　清抄本　一冊

330000－1716－0027057　史補 0721/27057
史部/詔令奏議類/奏議之屬

土藥奏折□□種　清刻本　一冊　存二種

330000－1716－0027062　集補 0841/27062
集部/詩文評類/文評之屬

幼童舉業啟悟集四卷　（清）汪孝移編　清刻本　二冊

330000－1716－0027063　地獻 3560/27063
史部/傳記類/別傳之屬/事狀

贈巡撫湖南按察使署布政使傅公傳一卷　清末抄本　一冊

330000－1716－0027064　經補 0702/27064
經部/群經總義類/傳說之屬

九經今義二十八卷　（清）成本璞撰　清光緒三十一年(1905)鉛印本　二冊

330000－1716－0027068　子補 1566/27068
子部/術數類

百二漢鏡齋秘書四種　（清）程芝雲輯　清道光三年至四年(1823－1824)湖邊程氏百二漢鏡齋刻本　一冊　存一種

330000－1716－0027074　集補 0843/27074
集部/總集類/課藝之屬

經藝宏括不分卷　（清）同文書局主人編　清光緒十一年(1885)上海同文書局石印本　十六冊

330000－1716－0027075　經補 0703－4/27075　經部/小學類/訓詁之屬/字詁

繪圖速通虛字法初編不分卷　施崇恩編　清光緒三十一年(1905)上海彪蒙書室石印本　四冊

330000－1716－0027077　普類 0109/27077
類叢部/類書類/專類之屬

五經類典囊括六十四卷　（清）吟香主人輯　清刻本　五冊　存三十三卷(五至六、十九至四十二、四十八至五十四)

330000－1716－0027079　經補 0703－5/27079　經部/小學類/訓詁之屬/字詁

繪圖速通虛字法續編八卷　施崇恩編　清光緒三十一年(1905)上海彪蒙書室石印本　二冊　存二卷(一至二)

330000－1716－0027080　地獻 1843－1/27080　史部/地理類/專志之屬/祠墓

越中先賢祠目一卷　（清）李慈銘撰　清光緒十一年(1885)都門越祠刻民國十年(1921)印本　一冊

330000－1716－0027081　經補 0703－6/27081　經部/小學類/訓詁之屬/字詁

繪圖速通虛字法續編八卷　施崇恩編　清光緒三十一年(1905)上海彪蒙書室石印本　一冊　存三卷(一至三)

330000－1716－0027082　普類 0110－2/27082　類叢部/類書類/專類之屬

新鐫校正詳注分類百子金丹全書十卷　（明）郭偉選注　（明）郭中吉編　（明）王星聚校訂　清光緒二十年(1894)上海袖海山房石印本　三冊　存五卷(一、三至四、七至八)

330000－1716－0027083　地獻 1843－2/27083　史部/地理類/專志之屬/祠墓

越中先賢祠目一卷　（清）李慈銘撰　清光緒十一年(1885)都門越祠刻民國十年(1921)印本　一冊

330000－1716－0027084　地獻 3561/27084
子部/宗教類/佛教之屬

慈悲十王妙懺一卷　清末三策堂董氏抄本　一冊

330000－1716－0027085　子補 1567/27085
子部/術數類/相宅相墓之屬

玉函銅函陰陽剪裁圖注七卷　（清）黃涅槃撰　清刻本　二冊　存二卷(三至四)

330000－1716－0027086　新補 0451/27086

史部/政書類/邦計之屬

地方行政歲出經常門不分卷 清宣統浙江清理財政局石印本 一冊

330000－1716－0027087 地獻 3451/27087
子部/雜著類/雜說之屬

四六看語一卷 清抄本 一冊

330000－1716－0027088 地獻 1843－3/27088 史部/地理類/專志之屬/祠墓

越中先賢祠目一卷 （清）李慈銘撰 清光緒十一年（1885）都門越祠刻民國十年（1921）印本 一冊

330000－1716－0027089 史補 0722/27089
史部/詔令奏議類/奏議之屬

都察院咨遵旨釐訂官制歷次各原奏章程摺一卷 奕劻等撰 清末鉛印本 一冊

330000－1716－0027091 地獻 1843－4/27091 史部/地理類/專志之屬/祠墓

越中先賢祠目一卷 （清）李慈銘撰 清光緒十一年（1885）都門越祠刻民國十年（1921）印本 一冊

330000－1716－0027092 地獻 1843－5/27092 史部/地理類/專志之屬/祠墓

越中先賢祠目一卷 （清）李慈銘撰 清光緒十一年（1885）都門越祠刻民國十年（1921）印本 一冊

330000－1716－0027093 地獻 1843－6/27093 史部/地理類/專志之屬/祠墓

越中先賢祠目一卷 （清）李慈銘撰 清光緒十一年（1885）都門越祠刻民國十年（1921）印本 一冊

330000－1716－0027094 地獻 3453/27094
子部/藝術類/遊藝之屬/聯語

楹聯叢話一卷 清末曼石抄本 一冊

330000－1716－0027097 地獻 1843－7/27097 史部/地理類/專志之屬/祠墓

越中先賢祠目一卷 （清）李慈銘撰 清光緒十一年（1885）都門越祠刻民國十年（1921）印本 一冊

330000－1716－0027098 新補 0453/27098
新學/醫學

京師傳染病醫院章程一卷附暫行辦事細則一卷及職員服務條規一卷 清末石印本 一冊

330000－1716－0027099 地獻 1843－8/27099 史部/地理類/專志之屬/祠墓

越中先賢祠目一卷 （清）李慈銘撰 清光緒十一年（1885）都門越祠刻民國十年（1921）印本 一冊

330000－1716－0027100 地獻 1843－9/27100 史部/地理類/專志之屬/祠墓

越中先賢祠目一卷 （清）李慈銘撰 清光緒十一年（1885）都門越祠刻民國十年（1921）印本 一冊

330000－1716－0027102 地獻 1843－10/27102 史部/地理類/專志之屬/祠墓

越中先賢祠目一卷 （清）李慈銘撰 清光緒十一年（1885）都門越祠刻民國十年（1921）印本 一冊

330000－1716－0027103 地獻 1843－11/27103 史部/地理類/專志之屬/祠墓

越中先賢祠目一卷 （清）李慈銘撰 清光緒十一年（1885）都門越祠刻民國十年（1921）印本 一冊

330000－1716－0027104 地獻 3562/27104
子部/雜著類/雜纂之屬

二雲樓隨筆一卷 清末抄本 一冊

330000－1716－0027105 地獻 3454/27105
子部/醫家類/傷寒金匱之屬/傷寒論

尚論篇辨似四卷 清末抄本 一冊 存一卷（亨）

330000－1716－0027106 地獻 1843－12/27106 史部/地理類/專志之屬/祠墓

越中先賢祠目一卷 （清）李慈銘撰 清光緒十一年（1885）都門越祠刻民國十年（1921）印本 一冊

330000－1716－0027107 地獻 1843－13/27107 史部/地理類/專志之屬/祠墓

越中先賢祠目一卷 （清）李慈銘撰 清光緒
十一年(1885)都門越祠刻民國十年(1921)印
本 一冊

330000－1716－0027108 地獻 1843－14/
27108 史部/地理類/專志之屬/祠墓
越中先賢祠目一卷 （清）李慈銘撰 清光緒
十一年(1885)都門越祠刻民國十年(1921)印
本 一冊

330000－1716－0027110 地獻 3455/27110
子部/術數類/相宅相墓之屬
元空秘旨一卷 （清）吳公撰 （清）鮑理注
補録一卷 （清）鮑理選 清抄本 一冊

330000－1716－0027111 地獻 3563/27111
集部/總集類/選集之屬/通代
賦鈔一卷 清末會稽董氏行餘講舍抄本
一冊

330000－1716－0027114 善附 0300/27114
集部/別集類/清別集
自怡堂詩集五卷外集一卷 （清）祁□□撰
稿本 二冊

330000－1716－0027115 地獻 3456/27115
子部/藝術類/遊藝之屬/聯語
西湖楹聯四卷 清末抄本 一冊

330000－1716－0027116 經補 0703－7/
27116 經部/小學類/訓詁之屬/字詁
繪圖速通虛字法續編八卷 施崇恩編 清宣
統二年(1910)上海彪蒙書室石印本 五冊

330000－1716－0027117 子補 1568/27117
子部/術數類/相宅相墓之屬
地理精語四卷 （清）尹有本撰 清刻本
一冊

330000－1716－0027124 善附 0301/27124
史部/傳記類/總傳之屬/郡邑
詩巢祔祀諸賢考次四卷 清末沈氏鳴野山房
抄本 一冊

330000－1716－0027125 地獻 3458/27125
史部/政書類/律令之屬/治獄

山右讞獄記一卷 （清）顧麟趾撰 清末抄本
一冊

330000－1716－0027126 地獻 3565/27126
史部/傳記類/總傳之屬/通代
古艷集一卷 清末劍江枕流主人抄本 一冊

330000－1716－0027127 經補 0703－10/
27127 經部/小學類/訓詁之屬/字詁
繪圖速通虛字法初編不分卷 施崇恩編 清
宣統二年(1910)上海彪蒙書室石印本 一冊

330000－1716－0027128 地獻 3459/27128
集部/總集類/尺牘之屬
尺牘味新一卷 （清）紉裳居士編 清末抄本
一冊

330000－1716－0027133 經補 0703－11/
27133 經部/小學類/訓詁之屬/字詁
繪圖速通虛字法續編八卷 施崇恩編 清光
緒三十一年(1905)上海彪蒙書室石印本 三
冊 存三卷(一、三至四)

330000－1716－0027135 地獻 3460/27135
經部/小學類/音韻之屬/等韻
四聲全韻一卷 清末抄本 一冊

330000－1716－0027136 子補 1570/27136
子部/儒家類/儒學之屬/蒙學
幼學求源三十三卷 （清）程允升撰 （清）鄒
聖脈 （清）董成注 清敦仁堂刻本 七冊
存二十七卷(一至二十一、二十六至三十一)

330000－1716－0027138 經補 0706/27138
經部/叢編
五經四書九十七卷 （清）□□輯 清恕堂刻
本 六冊 存四種

330000－1716－0027139 集補 0844－3/
27139 集部/詩文評類/文法之屬
唐著寫信必讀二卷 （清）唐芸洲撰 清宣統
三年(1911)上海姚文海書局石印本 一冊

330000－1716－0027140 地獻 3461/27140
子部/術數類/陰陽五行之屬
尅擇秘要一卷 清末抄本 張金良題簽

一册

330000－1716－0027142　善 0481/27142　集
部/別集類/清別集

筠厂文艸不分卷　(清)陶及申纂　清乾隆十
九年(1754)稿本　一册

330000－1716－0027147　集補 0563/27147
集部/別集類/宋別集

姜白石全集　(宋)姜夔撰　清宣統二年
(1910)上海掃葉山房石印本　三册

330000－1716－0027150　子補 1195/27150
子部/儒家類/儒學之屬/禮教

五種遺規輯要　(清)陳弘謀輯並撰　(清)楊
恩澍等輯　清同治刻本　二册　存一種

330000－1716－0027152　子補 1572/27152
子部/術數類/相宅相墓之屬

地理參贊玄機僊婆集十三卷　(明)張鳴鳳輯
　(明)張希堯參補　清刻本　王珊題記　一
册　存一卷(五)

330000－1716－0027154　地獻 1506－5/
27154　集部/別集類/清別集

洗齋病學草擬存詩一卷附存詩一卷　(清)胡
壽頤撰　(清)昨非居士輯　清光緒十年
(1884)山陰胡氏刻本　一册　缺一卷(附存
詩)

330000－1716－0027157　子補 1196/27157
子部/雜著類/雜考之屬

程氏演繁露十六卷續集六卷　(宋)程大昌撰
　明嘉靖三十年(1551)程煦刻本　一册　存
二卷(一至二)

330000－1716－0027159　新補 0458/27159
新學/交涉/案牘

與伊藤陸奧往來照會不分卷　清光緒鉛印本
　一册

330000－1716－0027160　集補 0564/27160
集部/詩文評類/文法之屬/函牘格式

特別改良士商尺牘教科書□□卷　(清)顏觀
侯撰　清宣統元年(1909)鏡海樓書莊石印本
　一册　存一卷(一)

330000－1716－0027161　地獻 3462/27161
子部/醫家類/養生之屬/導引、氣功

太極圖說一卷　清末抄本　一册

330000－1716－0027163　集補 0565/27163
集部/詩文評類/文法之屬/函牘格式

繪圖商學尺牘教科書二卷　陳端清撰　清宣
統二年(1910)上海蔣春記書莊、上海陶明記
書莊、凡陽蔣春記書莊石印本　潘芝軒題簽
　一册

330000－1716－0027164　史補 0724/27164
史部/紀傳類/正史之屬

元史譯文證補三十卷　(清)洪鈞撰　清末鉛
印本(卷七至八、十三、十六至十七、十九至二
十一、二十五、二十八原缺)　一册　存九卷
(二至六、九至十二)

330000－1716－0027165　地獻 3463/27165
子部/術數類/相宅相墓之屬

地學正誤四卷　清末王嘉樵抄本　二册

330000－1716－0027167　子補 1575/27167
子部/術數類/相宅相墓之屬

地學求真三卷　(清)周正彩撰　清嘉慶元年
(1796)善成堂刻本　三册

330000－1716－0027168　子補 1197/27168
子部/雜著類/雜纂之屬

江南鐵淚圖新編一卷附編一卷　(清)寄雲山
人編　清同治九年(1870)蘇城元妙觀得見齋
刻本　一册　存一卷(附編)

330000－1716－0027169　地獻 3464/27169
子部/術數類/相宅相墓之屬

地理通元秘旨一卷　(元)李德徵撰　清抄本
　一册

330000－1716－0027173　經補 0707/27173
經部/群經總義類/傳說之屬

五經彙典文括二十卷　(清)潘肇鏞評選
(清)謝家樹編　清同治九年(1870)京都琉璃
廠刻本　五册　存四卷(十一、十三、十六至
十七)

330000－1716－0027174　地獻 3465/27174

子部/醫家類/兒科之屬/痘疹

痘疹慈航一卷 （明）聶尚恒撰　清末抄本
一冊

330000－1716－0027177　地獻3466/27177
經部/小學類/音韻之屬

韻府對語續一卷　清末抄本　一冊

330000－1716－0027181　善附0302/27181
集部/別集類/清別集

湘微館詩草一卷 （清）田遹曾撰　稿本
一冊

330000－1716－0027182　善附0303/27182
集部/別集類/明別集

徐文長詩集一卷 （明）徐渭撰　清末抄本
一冊

330000－1716－0027187　史補0725/27187
史部/傳記類/別傳之屬/事狀

**合肥相國[李鴻章]七十賜壽圖一卷附壽言一
卷** （清）楊宗濂　盛宣懷輯　清光緒十八年
(1892)海軍石印書局石印本　四冊

330000－1716－0027190　地獻3467/27190
子部/雜著類/雜纂之屬

甲辰計會不分卷　清光緒三十年(1904)抄本
一冊

330000－1716－0027191　地獻1847/27191
史部/傳記類/別傳之屬

會稽王氏清芬錄不分卷　王繼香輯　清光緒
二十五年(1899)上海鴻文書局石印本　二冊

330000－1716－0027192　子補1578－1/
27192　子部/術數類/雜術之屬

新刻萬法歸宗五卷 （唐）李淳風撰 （唐）袁
天罡補　清末石印本　正心書房題簽　二冊
存二卷(四至五)

330000－1716－0027193　子補1198/27193
子部/雜著類/雜考之屬

讀書記疑十六卷 （清）王懋竑撰　清同治十
一年(1872)刻本　五冊　存十卷(一至十)

330000－1716－0027195　地獻1848－1/

27195　集部/總集類/郡邑之屬

越風三十卷 （清）商盤輯　清乾隆三十七年
(1772)山陰王大治刻嘉慶十六年(1811)徐兆
補修本　四冊　存十一卷(三至十、十五至十
七)

330000－1716－0027197　地獻3468/27197
集部/曲類/曲藝之屬

平調不分卷　清末抄本　朱忠題記　一冊

330000－1716－0027199　子補1578－2/
27199　子部/術數類/雜術之屬

新刻萬法歸宗五卷 （唐）李淳風撰 （唐）袁
天罡補　清末石印本　三冊　存四卷(二至
五)

330000－1716－0027201　地獻3469/27201
集部/曲類/曲藝之屬

平調不分卷　清末抄本　二冊

330000－1716－0027204　地獻3470/27204
集部/曲類/曲藝之屬

平調不分卷　清末抄本　□素玉題記　一冊

330000－1716－0027205　子補1578－3/
27205　子部/術數類/雜術之屬

新刻萬法歸宗五卷 （唐）李淳風撰 （唐）袁
天罡補　清光緒三十三年(1907)上海書局石
印本　四冊

330000－1716－0027206　地獻1850/27206
集部/別集類/明別集

陽明先生文錄五卷外集九卷別錄十卷 （明）
王守仁撰　明刻本　一冊　存二卷(外集一
至二)

330000－1716－0027207　子補1578－4/
27207　子部/術數類/雜術之屬

新刻萬法歸宗五卷 （唐）李淳風撰 （唐）袁
天罡補　清末上海書局石印本　四冊

330000－1716－0027208　子補1578－5/
27208　子部/術數類/雜術之屬

新刻萬法歸宗五卷 （唐）李淳風撰 （唐）袁
天罡補　清末上海文華山房石印本　一冊

330000 – 1716 – 0027209　地獻 1240 – 3/ 27209　類叢部/叢書類/彙編之屬

榆園叢刻十五種附一種　（清）許增編　清同治至光緒刻本　一冊　存一種

330000 – 1716 – 0027211　經補 0708/27211 經部/群經總義類/傳說之屬

雪樵經解三十卷附錄三卷　（清）馮世瀛輯　清刻本　十二冊　存十三卷（二十、二十二至三十三）

330000 – 1716 – 0027212　集補 0847/27212 集部/總集類/課藝之屬

小題正鵠初集不分卷二集不分卷三集不分卷四集不分卷　（清）李元度輯　清同治十一年（1872）山陰姚氏刻本　七冊　缺四集

330000 – 1716 – 0027213　地獻 3471/27213 子部/雜著類/雜說之屬

雜鈔一卷　清末抄本　一冊

330000 – 1716 – 0027215　集補 0848/27215 集部/總集類/選集之屬/通代

古文分編集評初集五卷二集五卷三集八卷四集四卷　（清）于光華輯　清刻本　四冊　存四卷（初集一，三集一、七，四集三）

330000 – 1716 – 0027216　經補 0709/27216 經部/群經總義類/傳說之屬

雪樵經解三十卷附錄三卷　（清）馮世瀛輯　清刻本　一冊　存一卷（十七）

330000 – 1716 – 0027217　地獻 1848 – 2/ 27217　集部/總集類/郡邑之屬

越風三十卷　（清）商盤輯　清乾隆三十七年（1772）山陰王大治刻嘉慶十六年（1811）徐兆補修本　清樵客題簽　二冊　存六卷（九至十一、二十四至二十六）

330000 – 1716 – 0027218　經補 0710/27218 經部/叢編

五經類聯讀本不分卷　（清）王罕皆　（清）王武圻鑒定　清嘉慶二十四年（1819）刻本　二冊　存周易、春秋

330000 – 1716 – 0027219　子補 1580/27219

子部/術數類/雜術之屬

新刊合併十八飛星天紫微斗數六卷　（宋）陳摶撰　清江左書林刻本　一冊　存一卷（六）

330000 – 1716 – 0027220　子補 1581/27220 子部/術數類/數學之屬

六壬經緯六卷　（清）毛志道撰　清經文堂刻本　一冊　存二卷（一至二）

330000 – 1716 – 0027221　地獻 3473/27221 集部/總集類/選集之屬/通代

選析義古文一卷　清右軍氏抄本　一冊

330000 – 1716 – 0027222　善附 0304/27222 子部/雜著類/雜纂之屬

陽明學說評略二卷　胡維銓編　清光緒二十三年（1897）稿本　一冊

330000 – 1716 – 0027224　地獻 3474/27224 子部/術數類/陰陽五行之屬

奇門摘要秘訣一卷　清末應春木抄本　一冊

330000 – 1716 – 0027225　集補 0849 – 1/ 27225　類叢部/類書類/專類之屬

胭脂牡丹六卷　（清）韓鄂撰　清刻本　一冊　存一卷（三）

330000 – 1716 – 0027226　集補 1101/27226 集部/別集類/清別集

胡文忠公遺集八十六卷首一卷　（清）胡林翼撰　（清）鄭敦謹　（清）曾國荃輯　（清）胡鳳丹重編　清刻本　九冊　存二十四卷（四十九至五十四、五十九至六十三、六十六至七十八）

330000 – 1716 – 0027227　善附 0305/27227 史部/政書類/公牘檔冊之屬

修築浦山頭至過山全隄記不分卷　清光緒會稽董氏行餘學舍抄本　一冊

330000 – 1716 – 0027228　地獻 3475/27228 子部/兵家類/兵法之屬

洴澼百金方十四卷　（清）袁宮桂撰　清抄本　一冊　存一卷（一）

330000 – 1716 – 0027229　地獻 1851/27229

史部/傳記類/科舉錄之屬/歷科登科錄

[光緒]甲午恩科會試闈墨不分卷　清末上海
著易堂書局鉛印本　一冊

330000 - 1716 - 0027230　集補 0849 - 2/
27230　類叢部/類書類/專類之屬

胭脂牡丹六卷　(清)韓鄂撰　清刻本　五冊
存五卷(一至四、六)

330000 - 1716 - 0027231　子補 1582/27231
子部/雜著類/雜纂之屬

傳家寶初集八卷二集八卷三集八卷四集八卷
(清)石成金撰　清刻本　一冊　存三卷
(三集四至六)

330000 - 1716 - 0027234　地獻 3476/27234
集部/別集類/清別集

白雲山房未是稿一卷　(清)□□撰　清白雲
山房抄本　一冊

330000 - 1716 - 0027235　子補 1583/27235
子部/術數類/占卜之屬

筮學斷驗四卷　(清)元勛居士鑒定　(清)賀
湖散人編　清光緒十四年(1888)羅妙齋刻本
二冊　存二卷(一至二)

330000 - 1716 - 0027236　善附 0306/27236
子部/術數類/占卜之屬

地鈐圖記一卷　清光緒五年(1879)恒園抄本
一冊

330000 - 1716 - 0027238　子補 1584/27238
子部/術數類/命書相書之屬

新刻星平合訂命學須知二卷　(清)胡柏齡錄
清文錦堂刻本　一冊

330000 - 1716 - 0027239　集補 1000/27239
集部/別集類/明別集

黃陶菴先生全稿八卷　(明)黃淳耀撰　清道
光二十二年(1842)金陵寶文堂刻本　三冊
存四卷(一、六至八)

330000 - 1716 - 0027240　地獻 3477/27240
子部/宗教類/佛教之屬/經

無量壽經一卷　清末九福堂抄本　一冊

330000 - 1716 - 0027241　地獻 1612 - 104/
27241　集部/總集類/尺牘之屬

新輯尺牘合璧四卷　(清)許思湄　(清)龔萼
撰　(清)婁世瑞注　(清)寄虹軒主人輯　清
末石印本　一冊　存二卷(三至四)

330000 - 1716 - 0027242　集補 1103/27242
集部/別集類/清別集

胡文忠公遺集十卷首一卷　(清)胡林翼撰
(清)閻敬銘　(清)屬雲官　(清)盛康輯
清同治刻本　一冊　存二卷(七至八)

330000 - 1716 - 0027243　集補 0572/27243
集部/別集類/清別集

薇花吟館詩存四卷　(清)龔顯曾撰　清光緒
七年(1881)甬上刻本　二冊

330000 - 1716 - 0027244　地獻 3530/27244
史部/政書類/公牘檔冊之屬

公牘不分卷　清末抄本　一冊

330000 - 1716 - 0027245　地獻 1852/27245
經部/四書類/總義之屬/傳說

四書義精華錄一卷五經義精華錄一卷　(清)
述史居士輯　清光緒二十七年(1901)浙紹墨
潤堂石印本　一冊　存一卷(五經義精華錄)

330000 - 1716 - 0027247　集補 1104/27247
集部/別集類/清別集

胡文忠公遺集八十六卷首一卷　(清)胡林翼
撰　(清)鄭敦謹　(清)曾國荃輯　(清)胡
鳳丹重編　清刻本　二冊　存六卷(六十六
至七十一)

330000 - 1716 - 0027248　地獻 3478/27248
集部/總集類/選集之屬/通代

詩文一卷　清抄本　一冊

330000 - 1716 - 0027250　集補 3452 - 1/
27250　集部/別集類/明別集

疑雨集四卷　(明)王彥泓撰　清騷餘館刻本
四冊

330000 - 1716 - 0027251　地獻 3531/27251
史部/政書類/公牘檔冊之屬

鋪兵達送公文處分不分卷　清末抄本　一冊

330000－1716－0027252　集補 0573/27252
集部/別集類/清別集

孟山文録八卷詩録二卷　（清）顧雲撰　清光
緒十五年(1889)南京刻本　四冊

330000－1716－0027253　子補 1585－3/
27253　子部/術數類/雜術之屬

新刻萬法歸宗五卷　（唐）李淳風撰　（唐）袁
天罡補　清刻本　一冊　存二卷(四至五)

330000－1716－0027255　集補 1100/27255
集部/總集類/選集之屬/通代

古文辭類纂八卷　（清）姚鼐輯　**續古文辭類**
纂四卷　王先謙輯　清光緒上海章福記書局
石印本　五冊　存五卷(一、五至六、八,續
一)

330000－1716－0027257　地獻 3479/27257
史部/雜史類/外紀之屬

越史略三卷　清抄本　一冊

330000－1716－0027258　地獻 3532/27258
集部/總集類/選集之屬/通代

歷代詩抄一卷　清末抄本　一冊

330000－1716－0027259　集補 3452－2/
27259　集部/別集類/明別集

疑雨集四卷　（明）王彥泓撰　清刻本　一冊
　　存一卷(四)

330000－1716－0027261　集補 3452－3/
27261　集部/別集類/明別集

疑雨集四卷　（明）王彥泓撰　清刻本　二冊
　　存二卷(二、四)

330000－1716－0027262　古越 0755/27262
子部/兵家類/兵法之屬

武經七書七卷　清末抄本　一冊　存四卷
(一至四)

330000－1716－0027263　子補 1200/27263
子部/小說家類/異聞之屬

新刻出像增補搜神記六卷　（晉）干寶撰　清
金陵大盛堂刻本　二冊　存二卷(一至二)

330000－1716－0027267　集補 3452－4/

27267　集部/別集類/明別集

疑雨集四卷　（明）王彥泓撰　清刻本　二冊
　　存二卷(三至四)

330000－1716－0027268　子補 1201/27268
史部/職官類/官箴之屬

槐廳載筆二十卷　（清）法式善撰　清嘉慶刻
本　三冊　存十一卷(十至二十)

330000－1716－0027269　集補 1102/27269
集部/總集類/選集之屬/通代

桐城吳氏古文讀本十三卷　（清）吳汝綸評選
　清光緒三十一年(1905)上海文明書局鉛印
本　二冊　存六卷(八至十三)

330000－1716－0027270　子補 1202/27270
史部/傳記類/總傳之屬/技藝

國朝書畫家筆録四卷　竇鎮輯　清宣統三年
(1911)鉛印本　四冊

330000－1716－0027271　地獻 3533/27271
集部/總集類/選集之屬/通代

詩鈔一卷詩聯接句一卷　清末抄本　一冊

330000－1716－0027272　經補 0711/27272
經部/小學類/文字之屬/字書/字典

鴻寶齋攷正字彙二卷　（清）陳淏子撰　清光
緒二十年(1894)上海鴻寶書局石印本　一冊

330000－1716－0027273　經補 0712/27273
經部/叢編

五經體注大全七十二卷　（清）嚴氏家塾主人
輯　清刻本　一冊　存八卷(詩經一至八)

330000－1716－0027274　地獻 1853/27274
集部/別集類/清別集

吳聖徵祭酒尺牘二卷　（清）吳錫麒撰　（清）
范鏡川鑒定　羅傳珍注　清光緒二十一年
(1895)石印本　二冊

330000－1716－0027275　集補 0574－1/
27275　集部/總集類/尺牘之屬

潛園友朋書問十二卷　（清）陸心源輯　清光
緒三十三年(1907)醉醉室影印本　五冊　存
十卷(一至八、十一至十二)

330000－1716－0027276　集補 0851/27276
類叢部/類書類/專類之屬

經文五萬選不分卷　(清)孫廷翰輯　清光緒
二十二年(1896)上海書局石印本　五十一冊

330000－1716－0027281　子補 1590/27281
子部/術數類/相宅相墓之屬

新刻石函平砂玉尺經全書真機六卷　題(元)
劉秉忠撰　(明)劉基解　**新刊地理五經四書
解義郭璞葬經一卷擇日紀一卷**　(明)吳徵刪
定　(明)鄭謐注釋　**新鐫京板工師雕斫正式
魯班木經匠家鏡三卷附靈驅解法洞明真言祕
書一卷**　(明)午榮撰　(明)周言校正　清宣
統二年(1910)上海廣益書局石印本　一冊
存四卷(一至四)

330000－1716－0027282　普類 0112/27282
類叢部/類書類/專類之屬

十七史蒙求合編十六卷　(宋)王令撰　清光
緒刻本　五冊

330000－1716－0027283　地獻 3481/27283
集部/總集類/尺牘之屬

歷朝名媛尺牘二卷　(清)陳韶輯　清末抄本
一冊　存一卷(下)

330000－1716－0027284　地獻 3482/27284
子部/兵家類/兵法之屬

用兵不分卷　清末抄本　一冊

330000－1716－0027285　集補 0852/27285
集部/總集類/課藝之屬

經藝榷不分卷　(清)劉芷人輯　清同治十二
年(1873)刻本　九冊

330000－1716－0027286　地獻 1855/27286
類叢部/叢書類/彙編之屬

融經館叢書十一種　(清)徐友蘭編　清光緒
六年至十一年(1880－1885)會稽徐氏八杉齋
刻本　六冊　存一種

330000－1716－0027287　地獻 3483/27287
子部/雜著類/雜纂之屬

客齋續筆不分卷　清末抄本　一冊

330000－1716－0027288　普類 0137－1/

27288　類叢部/類書類/通類之屬

文料大成四卷　清光緒十三年(1887)上海萬
珍書局鉛印本　三冊

330000－1716－0027291　普類 0138/27291
類叢部/類書類/通類之屬

文料大成四十卷補編二卷　清光緒八年
(1882)同德堂刻本　十冊

330000－1716－0027292　地獻 3484/27292
子部/雜著類/雜纂之屬

雜摘不分卷　清抄本　一冊

330000－1716－0027294　善 0482/27294　集
部/楚辭類

楚辭二卷難字音釋一卷　(戰國)屈原等撰
明萬曆新安吳勉學刻本　二冊

330000－1716－0027296　集補 0853/27296
集部/別集類/清別集

**韞山堂時文初集不分卷二集不分卷三集不分
卷**　(清)管世銘撰　清光緒十六年(1890)上
洋珍藝書局鉛印本　四冊

330000－1716－0027298　普集 1846－2/
27298　集部/別集類/清別集

思綺堂文集十卷　(清)章藻功撰　清刻本
三冊　存三卷(一至三)

330000－1716－0027299　地獻 3485/27299
子部/雜著類/雜纂之屬

不外人情一卷　清黃楊居士抄本　一冊

330000－1716－0027300　普類 0105－5/
27300　集部/總集類/課藝之屬

試律大觀三十二卷　(清)竹屏居士輯　清刻
本　三冊　存十一卷(四至七、十四至二十)

330000－1716－0027304　集補 1002/27304
集部/總集類/選集之屬/通代

古唐詩合解古詩四卷唐詩十二卷　(清)王堯
衢注　清刻本　五冊　存十四卷(古詩一至
四、唐詩三至十二)

330000－1716－0027305　地獻 3486/27305
集部/總集類/選集之屬/斷代

宋十五家詩選不分卷　（清）陳訏輯　清山陰
周祚抄本　一冊

330000－1716－0027306　集補 1003/27306
集部/總集類/選集之屬/斷代

應試唐詩類釋十九卷　（清）臧岳編　清刻本
　二冊　存六卷(二至四、八至十)

330000－1716－0027307　集補 1004/27307
集部/總集類/課藝之屬

江漢炳靈集二卷　（清）張之洞輯　清同治九
年(1870)刻本　四冊

330000－1716－0027308　經補 0713－1/
27308　經部/易類/傳說之屬

鄭氏爻辰補六卷圖一卷　（清）戴棠撰　清刻
本　二冊　存三卷(二至四)

330000－1716－0027309　集補 1005/27309
類叢部/叢書類/彙編之屬

文選樓叢書三十三種　（清）阮亨編　清嘉慶
至道光阮元刻道光二十二年(1842)阮亨彙印
本　二冊　存一種

330000－1716－0027310　普叢 0199/27310
類叢部/叢書類/彙編之屬

佚叢甲集　張南㘃編　清光緒三十三年
(1907)鉛印本　一冊　存一種

330000－1716－0027313　集補 0854/27313
集部/總集類/課藝之屬

[光緒]壬寅闈藝代表集六卷　梁啟超編　清
光緒二十八年(1902)鉛印本　六冊

330000－1716－0027314　集補 1108/27314
集部/別集類/清別集

駱蓮橋時文不分卷　（清）駱奎祺撰　清同治
九年(1870)刻本　四冊

330000－1716－0027315　經補 0714/27315
經部/小學類/音韻之屬/韻書

虛字韻藪五卷　（清）潘維城輯　清道光二十
八年(1848)棗陽縣署刻本　二冊

330000－1716－0027318　集補 1006/27318
集部/別集類/清別集

兩當軒集二十卷補遺二卷附錄四卷　（清）黃
景仁撰　兩當軒集攷異二卷　（清）黃志述撰
　清刻本　一冊　存五卷(十四至十八)

330000－1716－0027320　普類 0111－1/
27320　類叢部/類書類/通類之屬

策學備纂三十二卷首一卷　（清）蔡啟盛
（清）吳潁炎等輯　清光緒十九年(1893)上海
點石齋石印本　九冊　缺三十卷(三至三十
二)

330000－1716－0027322　集補 0855/27322
史部/傳記類/科舉錄之屬/歷科登科錄

[光緒庚子辛丑恩正並科]順天闈墨不分卷
清末粵東十三甫聚珍印書局鉛印本　一冊

330000－1716－0027323　集補 1007/27323
集部/別集類/清別集

百柱堂詩稿八卷　（清）王柏心撰　清同治十
二年(1873)監利王氏刻本　一冊　存三卷
(五至七)

330000－1716－0027324　普叢 0200/27324
類叢部/叢書類/家集之屬

篤素堂全集四種　（清）張英　（清）張廷玉撰
　清光緒五年至十七年(1879－1891)刻彙印
本　三冊　存二種

330000－1716－0027326　普類 0111－2/
27326　類叢部/類書類/通類之屬

策學備纂三十二卷首一卷　（清）蔡啟盛
（清）吳潁炎等輯　清光緒十三年(1887)上海
點石齋石印本　五冊　存二卷(一至二)

330000－1716－0027327　經補 0715/27327
經部/小學類/音韻之屬/韻書

詩韻題解合璧十卷　（清）甘蘭友輯　清泰萃
樓刻本　一冊　存四卷(一至四)

330000－1716－0027329　普集 1677－7/
27329　集部/總集類/彙編之屬

五朝詩別裁集五種　（清）□□輯　清刻本
三冊　存一種

330000－1716－0027330　經補 0716/27330
經部/小學類/音韻之屬/韻書

詩韻題解合璧十卷　（清）甘蘭友輯　清刻本
　一冊　存四卷（一至四）

330000－1716－0027333　集補 1008/27333
集部/別集類/宋別集

施注蘇詩四十二卷目錄二卷　（宋）蘇軾撰
（宋）施元之　（宋）顧禧注　（清）顧嗣立
（清）邵長蘅　（清）宋至刪補　蘇詩續補遺二
卷　（清）馮景補注　王注正譌一卷　（清）邵
長蘅撰　東坡先生年譜一卷　（宋）王宗稷編
　清刻本　三冊　存十四卷（十九至二十四、
三十一至三十六,續補遺一至二）

330000－1716－0027334　普集 1677－6/
27334　集部/總集類/彙編之屬

五朝詩別裁集五種　（清）□□輯　清刻本
二冊　存一種

330000－1716－0027337　地獻 3490/27337
子部/術數類/相宅相墓之屬

透骨髓一卷　清末抄本　一冊

330000－1716－0027342　集補 1111/27342
集部/別集類/清別集

小倉山房詩集三十一卷補遺一卷附錄一卷
（清）袁枚撰　清刻本　二冊　存七卷（二十
至二十三、三十至三十一,附錄）

330000－1716－0027343　普叢 0437－11/
27343　類叢部/叢書類/自著之屬

隨園三十種　（清）袁枚撰　清刻本　四冊
存一種

330000－1716－0027344　經補 0717/27344
經部/小學類/文字之屬/字書/字典

字彙四集　（清）陳洟子撰　清光緒二十年
（1894）兩儀堂刻本　一冊　存一卷（貞集一）

330000－1716－0027345　子補 1597/27345
子部/術數類/命書相書之屬

新編評注通玄先生張果星宗命格大全十卷
題（唐）張果撰　（明）陸位刪補　清刻本　一
冊　存一卷（九）

330000－1716－0027346　善附 0321/27346
集部/別集類/唐五代別集

唐陸宣公集二十二卷　（唐）陸贄撰　明致和
堂刻本　六冊

330000－1716－0027347　集補 0856－1/
27347　集部/總集類/選集之屬/通代

雞跖賦續刻二十八卷擬古二卷　（清）應泰泉
輯　清刻本　三冊　存十卷（四至五、十一至
十三、二十一至二十五）

330000－1716－0027348　集補 0575/27348
集部/總集類/課藝之屬

近科館賦鴛鍼四卷　（清）蔣圻編　清咸豐四
年（1854）掃葉山房刻本　三冊　缺一卷（三）

330000－1716－0027349　集補 0856－2/
27349　集部/總集類/選集之屬/通代

分類賦學雞跖集三十卷附錄一卷　（清）張維
城輯　清光緒六年（1880）粲花吟館刻本　六
冊　存十九卷（一至九、十六至十九、二十六
至三十,附錄）

330000－1716－0027350　集補 1010/27350
集部/總集類/選集之屬/斷代

切問齋文鈔三十卷首一卷　（清）陸燿輯　清
刻本　五冊　存十二卷（十一至二十二）

330000－1716－0027352　子補 1599/27352
子部/術數類/相宅相墓之屬

新刻校正黃帝八宅周書秘奧□□卷　清光緒
三年（1877）遠文堂刻本　二冊　存十卷（一
至十）

330000－1716－0027353　集補 1113/27353
集部/別集類/清別集

小倉山房尺牘六卷　（清）袁枚撰　清光緒元
年（1875）百尺樓刻本　二冊

330000－1716－0027354　集補 0857/27354
集部/總集類/選集之屬/斷代

韻蘭集賦鈔不分卷　（清）陸雲槎輯　清刻本
二冊

330000－1716－0027355　子補 1600/27355
子部/術數類/命書相書之屬

相理衡真十卷首一卷　（清）陳釗撰　清刻本
　一冊　存一卷（十）

330000－1716－0027356　經補 0719/27356
經部/小學類/音韻之屬/韻書

詩韻題解合璧十卷　（清）甘蘭友輯　清刻本
　一冊　存二卷(三至四)

330000－1716－0027357　集補 1114/27357
集部/別集類/清別集

音注小倉山房尺牘八卷補遺一卷　（清）袁枚
撰　（清）胡光斗箋釋　清咸豐九年(1859)刻
本　四冊

330000－1716－0027359　集補 1011/27359
集部/別集類/唐五代別集

韓昌黎詩集編年箋注十二卷　（唐）韓愈撰
（清）方世舉考訂　（清）盧見曾刪定　清乾隆
二十三年(1758)德州盧見曾雅雨堂刻本　一
冊　存三卷(十至十二)

330000－1716－0027361　普類 0113/27361
類叢部/類書類/通類之屬

欽定古今圖書集成一萬卷目錄四十卷　（清）
蔣廷錫　（清）陳夢雷等輯　清石印本　一冊
　存六卷(藝術典三百五十至三百五十五)

330000－1716－0027363　集補 0858/27363
集部/總集類/選集之屬/斷代

唐宮閨詩二卷女校書詩一卷女冠詩一卷
（清）劉雲份輯　清末據夢香閣本影印本　二
冊　存二卷(一至二)

330000－1716－0027364　經補 0720/27364
經部/小學類/文字之屬/字書

字學舉隅不分卷　（清）黃本驥　（清）龍啟瑞
撰　清同治七年(1868)刻本　一冊

330000－1716－0027367　譜 0221/27367　史
部/傳記類/總傳之屬/家乘

[浙江紹興]前梅周氏宗譜一卷　清末抄本
一冊

330000－1716－0027368　地獻 1854－13/
27368　集部/詩文評類/文法之屬/函牘格式

最新商務尺牘教科書正集二卷續集二卷　周
天鵬撰　清光緒三十三年(1907)浙紹奎照樓
書坊上海會文學社石印本　一冊　存一卷

（續集二）

330000－1716－0027369　地獻 1854－15/
27369　集部/詩文評類/文法之屬/函牘格式

最新應用尺牘教科書四卷　杜元炳撰　杜瀚
生增訂　清光緒三十三年(1907)上海會文學
社石印本　一冊　存一卷(四)

330000－1716－0027370　地獻 3493/27370
史部/政書類/律令之屬/律例

通行條例不分卷　清抄本　一冊

330000－1716－0027371　地獻 1854－14/
27371　集部/詩文評類/文法之屬/函牘格式

最新商務尺牘教科書正集二卷續集二卷　周
天鵬撰　清光緒三十三年(1907)浙紹奎照樓
書坊上海會文學社石印本　一冊　存一卷
（續集二）

330000－1716－0027372　集補 0576/27372
集部/別集類/清別集

有正味齋駢體文二十四卷首一卷　（清）吳錫
麒撰　（清）王廣業箋　（清）葉聯芬注　清光
緒十五年(1889)上海蜚英館石印本　四冊

330000－1716－0027374　譜 0222/27374　史
部/傳記類/總傳之屬/家乘

[浙江紹興]董氏宗譜一卷　清末抄本　一冊

330000－1716－0027376　子補 1601/27376
子部/術數類/相宅相墓之屬

地理啖蔗錄八卷　（清）袁守定撰　清刻本
一冊　存二卷(五至六)

330000－1716－0027377　譜 0223/27377　史
部/政書類/公牘檔冊之屬

寧遠堂周氏立分晰書不分卷　清光緒二年
(1876)抄本　一冊

330000－1716－0027378　子補 1602/27378
子部/術數類/相宅相墓之屬

地理三會集三卷　（明）張互撰　清餘杭汪應
恭刻本　一冊　存一卷(二)

330000－1716－0027381　子補 1603/27381
子部/術數類/相宅相墓之屬

嚴陵張九儀增釋地理琢玉斧巒頭歌括四卷
(明)徐之鏌　(清)張九儀撰　清刻本　三冊
　　存三卷(二至四)

330000－1716－0027384　集補0574－2/
27384　集部/總集類/尺牘之屬
潛園友朋書問十二卷　(清)陸心源輯　清末
影印本　五冊　存五卷(三、五、七、九、十一)

330000－1716－0027386　集補0574－3/
27386　集部/總集類/尺牘之屬
潛園友朋書問十二卷　(清)陸心源輯　清光
緒三十三年(1907)醉醉室影印本　二冊　存
三卷(一至二、五)

330000－1716－0027387　集補1115/27387
集部/別集類/清別集
音注小倉山房尺牘八卷　(清)袁枚撰　(清)
胡光斗箋釋　清咸豐七年(1857)刻本　四冊

330000－1716－0027388　譜0228/27388　史
部/政書類/公牘檔冊之屬
杳谷木柵璜山四房四處值年祭簿不分卷　清
光緒十二年(1886)葉德本抄本　一冊

330000－1716－0027389　子補1604/27389
子部/術數類/相宅相墓之屬
近見錄一卷　(清)高雲龍輯　清道光四年
(1824)步月樓刻本　二冊

330000－1716－0027390　地獻1854－17/
27390　集部/詩文評類/文法之屬　函牘格式
最新商務尺牘教科書正集二卷續集二卷　周
天鵬撰　清光緒三十三年(1907)浙紹奎照樓
書坊上海會文學社石印本　一冊　存一卷
(正集一)

330000－1716－0027392　地獻1854－18/
27392　集部/詩文評類/文法之屬　函牘格式
三界改良尺牘教科書二卷　馮華臣撰　清光
緒三十四年(1908)上海明達書莊上海彪蒙書
社石印本　二冊

330000－1716－0027395　地獻1854－19/
27395　集部/詩文評類/文法之屬　函牘格式
最新應用女子尺牘教科書二卷　杜芝庭撰

清光緒三十三年(1907)上海會文學社石印本
　二冊

330000－1716－0027396　經補0721/27396
經部/群經總義類/傳說之屬
雪樵經解三十卷附錄三卷　(清)馮世瀛輯
清光緒十二年(1886)上海點石齋石印本　七
冊　存二十九卷(一至八、十三至三十三)

330000－1716－0027397　地獻1856/27397
集部/別集類/清別集
焦尾詩鈔八卷續四卷　(清)趙季瑩撰　(清)
何惟俊圈點　清咸豐二年(1852)刻本　六冊

330000－1716－0027398　譜0229/27398　史
部/政書類/公牘檔冊之屬
劉氏歷代捐田芳名錄一卷　清光緒抄本
一冊

330000－1716－0027399　子補1605/27399
子部/宗教類/道教之屬/經文
新鐫道書樵陽經二卷　(清)傅金銓撰　清光
緒十三年(1887)江西乙藜齋刻本　一冊

330000－1716－0027402　集補0860/27402
新學/商務
普通商務應用尺牘教本二卷　(清)葉同春撰
　清光緒三十三年(1907)上海翰墨齋書莊石
印本　一冊　存一卷(上)

330000－1716－0027403　子補1606/27403
子部/術數類/陰陽五行之屬
天玉經內傳心印四卷　(唐)楊益撰　(清)王
宗臣注　清刻本　一冊　存二卷(一至二)

330000－1716－0027404　譜0231/27404　史
部/政書類/公牘檔冊之屬
黃氏分書一卷　(清)黃玉書立　清宣統二年
(1910)抄本　一冊

330000－1716－0027405　地獻1858/27405
史部/政書類/公牘檔冊之屬
紹興明道女學堂改訂章程一卷　紹興明道女
學堂撰　清光緒三十年(1904)鉛印本　一冊

330000－1716－0027407　譜0232/27407　史

部/政書類/公牘檔冊之屬

陳氏分書一卷 （清）陳葉氏立　清光緒七年
(1881)抄本　一冊

330000－1716－0027408　經補 0722/27408
經部/叢編

五經揭要二十九卷 （清）許寶善編　清同治
三年(1864)讀我軒刻本　五冊　缺三卷(禮
記四至六)

330000－1716－0027411　集補 0862/27411
集部/總集類/課藝之屬

初學文範四卷 清刻本　二冊　存二卷(三
至四)

330000－1716－0027413　譜 0232/27413　史
部/政書類/公牘檔冊之屬

續訂家章不分卷 清光緒抄本　一冊

330000－1716－0027418　地獻 3495/27418
史部/詔令奏議類/奏議之屬

奏章一卷 清抄本　一冊

330000－1716－0027420　經補 0724/27420
經部/群經總義類/傳說之屬

雪樵經解三十卷附錄三卷 （清）馮世瀛輯
清光緒十五年(1889)邗江晉銅古齋鉛印本
八冊

330000－1716－0027421　子補 1607/27421
子部/宗教類/道教之屬

火流星三卷 （清）鍾慧敏纂　清宣統元年
(1909)海昌鍾氏刻本　二冊　存一卷(二)

330000－1716－0027422　地獻 3496/27422
經部/四書類/孟子之屬/正文

孟子二卷 清末抄本　一冊　存一卷(一)

330000－1716－0027423　集補 0863/27423
集部/別集類/清別集

張太史塾課文選詳批不分卷 （清）張江撰
（清）張翮騫選　清道光十四年(1834)寶仁堂
刻本　一冊

330000－1716－0027425　經補 0725/27425
經部/群經總義類/傳說之屬

雪樵經解三十卷附錄三卷 （清）馮世瀛輯
清末鉛印本　三冊　存九卷(十二至十四、二
十二至二十七)

330000－1716－0027426　集補 1116/27426
集部/總集類/課藝之屬

試律青雲集四卷 （清）楊逢春輯　（清）沈品
華等注　清道光九年(1829)文瑞堂刻本
四冊

330000－1716－0027427　子補 1608－1/
27427　子部/宗教類/道教之屬

太上黃庭內景玉經一卷 清刻本　一冊

330000－1716－0027430　經補 0726/27430
經部/群經總義類/傳說之屬

雪樵經解三十卷附錄三卷 （清）馮世瀛輯
清末鉛印本　五冊　存二十二卷(十二至三
十三)

330000－1716－0027431　地獻 3497/27431
集部/總集類/選集之屬/斷代

國朝名人詩錄不分卷 清抄本　一冊

330000－1716－0027432　子補 1608－2/
27432　子部/宗教類/道教之屬

太上黃庭內景玉經一卷 清刻本　一冊

330000－1716－0027434　集補 1117/27434
集部/總集類/課藝之屬

青雲集分韻試帖詳注四卷 （清）楊逢春
（清）蕭應樾輯　（清）沈品華等注　清光緒十
二年(1886)江左書林刻本　三冊　存三卷
(一至二、四)

330000－1716－0027435　地獻 1722－3/
27435　子部/宗教類/道教之屬/經文

三聖經靈驗圖注一卷 清光緒二十六年
(1900)紹城許廣記刻本　一冊

330000－1716－0027436　集補 0864/27436
集部/總集類/課藝之屬

詳注初學文範不分卷 （清）吳肖元評選　清
步月樓刻本　四冊

330000－1716－0027439　子補 1609/27439

子部/術數類/相宅相墓之屬

地理集驗一卷 （清）郝孟延撰　清刻本
一冊

330000－1716－0027441　集補 0582/27441
集部/詞類/別集之屬

彊邨詞三卷　朱祖謀撰　清光緒三十一年
(1905)刻本　一冊　存二卷(一至二)

330000－1716－0027444　集補 1118/27444
集部/別集類/清別集

小倉山房詩集三十一卷補遺一卷附錄一卷
（清）袁枚撰　清光緒刻本　五冊　存二十一
卷(一至六、十至十七、二十二至二十八)

330000－1716－0027446　集補 0865/27446
集部/總集類/選集之屬/斷代

七家試帖輯注彙鈔九卷　（清）張熙宇輯評
（清）王植桂輯注　清刻本　八冊

330000－1716－0027448　子補 1610/27448
子部/術數類/相宅相墓之屬

地理述八卷　（清）陳詵撰　清康熙五十二年
(1713)信學齋刻德馨堂印本　清莊芝階題記
　一冊　存五卷(一至五)

330000－1716－0027450　集補 1119/27450
集部/別集類/清別集

道生堂小題制藝初集二卷二集二卷三集一卷
　（清）鍾聲撰　清光緒五年(1879)齊月山房
刻本　三冊　存三卷(二集一至二、三集)

330000－1716－0027451　地獻 3535/27451
史部/史抄類

史典不分卷　清末抄本　一冊

330000－1716－0027452　經補 0727/27452
經部/叢編

五經義不分卷　（清）黃淦撰　清末石印本
一冊

330000－1716－0027453　集補 0866/27453
類叢部/叢書類/自著之屬

湯文正公遺書六種　（清）湯斌撰　清刻本
二冊　存三種

330000－1716－0027455　經補 0728/27455
經部/小學類/文字之屬/字書

字學舉隅不分卷　（清）黃本驥　（清）龍啟瑞
撰　清末石印本　一冊

330000－1716－0027456　經補 0729/27456
經部/小學類/文字之屬/字書

字學舉隅不分卷　（清）黃本驥　（清）龍啟瑞
撰　清光緒十三年(1887)上海鴻文書局石印
本　一冊

330000－1716－0027458　經補 0730/27458
經部/小學類/訓詁之屬/群雅

駢雅訓纂十六卷首一卷　（明）朱謀㙔撰
（清）魏茂林訓纂　清末石印本　一冊　存二
卷(八至九)

330000－1716－0027459　子補 1611/27459
子部/宗教類/佛教之屬/總錄

雜華文表三卷附諸品佛事對聯一卷　（清）釋
靈繹撰　清古杭昭慶寺貝葉齋刻本　一冊
存三卷(一至三)

330000－1716－0027460　地獻 1865/27460
集部/別集類/清別集

藤花館時文檢存不分卷　（清）徐文瀚撰
（清）朱麟泰等評　（清）沈元燿等編　清光緒
八年(1882)刻本　四冊

330000－1716－0027462　經補 0731/27462
經部/叢編

五經體注大全四十卷　（清）嚴氏家塾主人輯
　清光緒十年(1884)上海點石齋石印本　一
冊　存二卷(書經一至二)

330000－1716－0027464　地獻 3537/27464
集部/曲類/彈詞之屬

雙冠誥不分卷　清抄本　一冊

330000－1716－0027465　地獻 1873/27465
子部/宗教類/道教之屬/戒律

古佛應驗明聖經注解三卷　（清）胡萬安注
清刻民國十年(1921)紹興婁同書補刻本
一冊

330000－1716－0027467　地獻 3538/27467

史部/政書類/公牘檔冊之屬

**官員墊辦公項及一切雜款請獎只准給予升銜
職銜不分卷** 清抄本 一冊

330000－1716－0027468 集補 0868－1/
27468 集部/詩文評類/文評之屬

花樣集錦四卷 （清）張補山輯 清道光二十
五年(1845)琉璃廠刻本 四冊

330000－1716－0027470 經補 0732/27470
經部/叢編

五經揭要二十九卷 （清）許寶善編 清末石
印本 三冊 存十三卷(詩經一至四、禮記四
至六、春秋一至六)

330000－1716－0027471 善附 0307/27471
集部/詞類/總集之屬

長短句選録一卷 清光緒馬省先抄本 孝焱
題記 一冊

330000－1716－0027472 子補 1612/27472
子部/宗教類/佛教之屬/總録

雜華文表三卷附諸品佛事對聯一卷 （清）釋
靈繹撰 清光緒三年(1877)杭州瑪瑙經房刻
本 一冊

330000－1716－0027474 集補 1012/27474
集部/總集類/選集之屬/通代

**東湖草堂賦鈔初集二卷二集四卷三集四卷四
集四卷** （清）程祥棟輯 清同治六年(1867)
抱朴山房刻本 三冊 存四卷(初集二、二集
一至二、三集四)

330000－1716－0027475 經補 0733/27475
經部/叢編

五經揭要二十九卷 （清）許寶善編 清末石
印本 一冊 存四卷(詩經一至四)

330000－1716－0027477 集補 0868－2/
27477 集部/詩文評類/文評之屬

花樣集錦四卷 （清）張補山輯 清刻本 三
冊 存三卷(二至四)

330000－1716－0027479 譜 0234/27479 史
部/載記類

致身録一卷 （明）史仲彬撰 清末抄本
一冊

330000－1716－0027482 集補 0869/27482
集部/別集類/清別集

食舊齋時文一卷續刻一卷 （清）高毓岱撰
清同治六年(1867)刻本 三冊

330000－1716－0027483 地獻 1866－1/
27483 集部/總集類/課藝之屬

**小題正鵠初集不分卷二集不分卷三集不分卷
四集不分卷** （清）李元度輯 清光緒六年
(1880)會稽徐氏八杉齋刻本 八冊

330000－1716－0027485 地獻 3539/27485
子部/術數類/占卜之屬

紀慎齋先生求雨文記一卷 清末抄本 一冊

330000－1716－0027487 集補 1013－1/
27487 集部/總集類/課藝之屬

**小題正鵠初集不分卷二集不分卷三集不分卷
四集不分卷** （清）李元度輯 清同治八年
(1869)刻本 八冊

330000－1716－0027488 譜 0237/27488 史
部/傳記類/總傳之屬/姓名

氏族彙纂一卷 清末抄本 一冊

330000－1716－0027490 譜 0238/27490 史
部/政書類/公牘檔冊之屬

高氏帳目合同議單不分卷 清同治抄本
一冊

330000－1716－0027491 地獻 3540/27491
史部/目録類/總録之屬

知不足齋叢書殘缺目録不分卷 清抄本
一冊

330000－1716－0027492 譜 0239/27492 史
部/政書類/公牘檔冊之屬

沈氏分書一卷 （清）沈桂林立 清道光二十
六年(1846)抄本 一冊

330000－1716－0027494 集補 1013－2/
27494 集部/總集類/課藝之屬

塾課小題正鵠初集一卷二集一卷三集一卷養

正草一卷新增訓蒙草注一卷　（清）李元度輯
清光緒二十年（1894）狀元閣李光明莊刻本
四冊　存三卷（初集、二集、三集）

330000－1716－0027495　譜 0240/27495　史
部/政書類/公牘檔冊之屬
章氏分書一卷　（清）章文鎮立　清光緒十三
年（1887）寫本　一冊

330000－1716－0027496　集補 0870/27496
集部/總集類/選集之屬/斷代
宋四名家詩六卷　（清）周之鱗　（清）柴升編
清刻本　四冊　存三種

330000－1716－0027497　地獻 3541/27497
集部/別集類/清別集
百美吟不分卷　（清）□□撰　清末抄本
一冊

330000－1716－0027499　經補 0734/27499
經部/叢編
五經體注大全七十二卷　（清）嚴氏家塾主人
輯　清光緒十九年（1893）上海鴻寶齋石印本
六冊　存二十三卷（易經一至四，書經一至
三，禮記一至五、八至十，公穀合纂一至八）

330000－1716－0027500　地獻 3542/27500
集部/總集類/選集之屬/通代
詩文抄一卷　清末抄本　一冊

330000－1716－0027501　集補 1013－3/
27501　集部/總集類/課藝之屬
塾課小題正鵠初集一卷二集一卷三集一卷養
正草一卷訓蒙草一卷　（清）李元度輯　清光
緒八年（1882）文昌書局刻本　十冊

330000－1716－0027502　譜 0242/27502　史
部/傳記類/總傳之屬/家乘
李氏世系表一卷　清末抄本　一冊

330000－1716－0027503　地獻 3543/27503
子部/雜著類/雜纂之屬
大塊假我不分卷　清光緒二十六年（1900）周
家枚抄本　一冊

330000－1716－0027506　集補 1121/27506

集部/總集類/課藝之屬
青雲集分韻試帖詳注四卷　（清）楊逢春
（清）蕭應櫆輯　（清）沈品華等注　清光緒十
四年（1888）永康胡氏退補齋刻本　三冊　存
三卷（一至二、四）

330000－1716－0027508　地獻 3544/27508
集部/總集類/課藝之屬
課藝一卷　清抄本　一冊

330000－1716－0027510　集補 1122/27510
集部/總集類/選集之屬/斷代
文法狐白前集五卷後集五卷　（清）王賓評選
清道光元年（1821）書業堂刻本　六冊　存
九卷（前集一至四、後集一至五）

330000－1716－0027513　集補 1013－4/
27513　集部/總集類/課藝之屬
小題正鵠初集不分卷二集不分卷三集不分卷
四集不分卷　（清）李元度輯　清刻本　一冊

330000－1716－0027515　子補 1615－3/
27515　子部/術數類/占卜之屬
新刻增字邵康節先生梅花觀梅拆字數全集五
卷　（宋）邵雍撰　清宣統二年（1910）上海鑄
記書局石印本　三冊　缺一卷（四）

330000－1716－0027516　集補 1014/27516
集部/別集類/清別集
有正味齋駢體文二十四卷首一卷　（清）吳錫
麒撰　（清）王廣業箋　（清）葉聯芬注　清光
緒十五年（1889）上海蜚英館石印本　三冊
存十八卷（一至十七、首）

330000－1716－0027517　集補 1123－1/
27517　集部/總集類/選集之屬/斷代
全唐詩鈔八十卷補遺十六卷　（清）吳成儀輯
清嘉慶十三年（1808）刻本　七冊　存二十
四卷（九至十三、三十二至三十四，補遺一至
十六）

330000－1716－0027518　集補 1015/27518
集部/總集類/課藝之屬
詳注初學文範四卷　（清）吳肖元評選　清嘉
慶十六年（1811）書業堂刻本　二冊　存二卷

（一至二）

330000－1716－0027519　集補 0872/27519
集部/總集類/選集之屬/斷代

韻蘭集賦鈔六卷　（清）陸雲槎輯　（清）宋淮
三考典　清步月樓刻本　六冊

330000－1716－0027520　集補 1124/27520
集部/總集類/選集之屬/通代

重訂文選集評十五卷首一卷末一卷　（清）于
光華輯　清刻本　三冊　存四卷（五、十三、
十五,末）

330000－1716－0027521　經補 0736/27521
經部/叢編

五經備旨四十五卷　（清）鄒聖脈纂輯　清光
緒十二年(1886)上海點石齋石印本　九冊
缺十一卷（易經一至三、春秋備旨一至四、禮
記八至十一）

330000－1716－0027522　譜 0246/27522　史
部/傳記類/總傳之屬/家乘

[浙江金華]李氏宗譜一卷　清末抄本　一冊

330000－1716－0027524　經補 0737/27524
經部/叢編

五經體注大全四十卷　（清）嚴氏家塾主人輯
清光緒十年(1884)上海點石齋石印本　八
冊　存十七卷（易經一,書經一至四,詩經四
至五,禮記一至二、五至八,春秋五至八）

330000－1716－0027525　集補 0873/27525
集部/別集類/清別集

增訂寄嶽雲齋試體詩選四卷　（清）聶銑敏撰
（清）朱兆鳳評　清刻本　四冊

330000－1716－0027526　地獻 1866－2/
27526　集部/總集類/課藝之屬

**小題正鵠初集不分卷二集不分卷三集不分卷
四集不分卷**　（清）李元度輯　清同治十一年
(1872)山陰姚氏刻本　三冊

330000－1716－0027527　集補 1125/27527
集部/別集類/宋別集

石湖居士詩集三十四卷　（宋）范成大撰
（清）顧嗣泉等重訂　清康熙二十七年(1688)

吳郡顧氏依園刻本　一冊　存七卷（一至七）

330000－1716－0027528　地獻 1867/27528
集部/總集類/選集之屬/通代

重訂歷朝詩選簡金集八卷　（清）章薇輯
（清）章深重編　清乾隆五十九年(1794)刻本
二冊　存六卷（二至三、五至八）

330000－1716－0027530　地獻 1464－42/
27530　史部/傳記類/科舉錄之屬/歷科登
科錄

[光緒辛卯科]浙江闈墨不分卷　清光緒聚奎
堂刻本　錢蔭喬題籤　一冊

330000－1716－0027531　地獻 1868/27531
集部/別集類/清別集

竹生吟館墨竹詩草二卷　（清）周師濂撰　清
光緒十一年(1885)會稽周氏刻本　一冊　存
一卷（一）

330000－1716－0027532　集補 1126/27532
集部/總集類/課藝之屬

青雲詩集四卷　（清）楊逢春　（清）蕭應樾輯
（清）沈品華等注　清六也齋銅活字暨朱墨
套印本　二冊

330000－1716－0027534　地獻 3546/27534
集部/總集類/課藝之屬

制藝正軌不分卷　清末抄本　一冊

330000－1716－0027535　地獻 3016－2/
27535　子部/術數類/相宅相墓之屬

地理真鈐不分卷　清抄本　二冊

330000－1716－0027538　經補 0738－1/
27538　經部/群經總義類/傳說之屬

增批五經備旨四十五卷　（清）鄒聖脈纂輯
清光緒石印本　一冊　存一種

330000－1716－0027540　集補 1016/27540
集部/總集類/選集之屬/通代

唐宋八大家類選十四卷　（清）儲欣輯　清刻
本　三冊　缺五卷（二、五至七、十二）

330000－1716－0027543　經補 0739/27543
經部/叢編

簡明五經小備旨　清末石印本　四冊　存二種

330000－1716－0027544　善附0308/27544
子部/雜著類/雜纂之屬

雲窓積稿不分卷　壽鵬更撰　清光緒三十三年(1907)稿本　一冊

330000－1716－0027545　集補1017/27545
集部/別集類/明別集

楊椒山先生集四卷椒山先生自著年譜一卷 (明)楊繼盛撰　清康熙三十七年(1698)胡范刻本　二冊

330000－1716－0027546　地獻1870/27546
史部/傳記類/別傳之屬/事狀

會稽王氏銀管録一卷　王繼香輯　清光緒四年(1878)刻本　一冊

330000－1716－0027548　地獻1683－2/27548　集部/別集類/清別集

質園詩集三十二卷　(清)商盤撰　清刻本 一冊　存四卷(九至十二)

330000－1716－0027550　子補1619/27550
子部/術數類/相宅相墓之屬

重訂五種秘竅全書　(明)甘霖撰　清刻本 六冊　存四種

330000－1716－0027551　地獻3549/27551
史部/地理類/方志之屬/郡縣志

嘉慶山陰縣志摘録不分卷　清抄本　一冊

330000－1716－0027554　地獻1871/27554
子部/術數類/相宅相墓之屬

地理指迷臆解四卷　(明)周錦一撰　(清)金六吉臆解　清刻本　一冊　存一卷(一)

330000－1716－0027555　地獻1872/27555
集部/總集類/郡邑之屬

會稽掇英總集二十卷　(宋)孔延之輯　校正 會稽掇英總集札記一卷　(清)杜丙杰撰　清道光元年(1821)山陰杜氏浣花宗塾刻本　一冊　存四卷(一至四)

330000－1716－0027556　子補1621/27556

子部/術數類/相宅相墓之屬

陰陽二宅井明二種　(清)鄧穎出撰　清錦雲閣刻本　三冊

330000－1716－0027559　集補1127/27559
集部/總集類/選集之屬/通代

五七言今體詩鈔十八卷　(清)姚鼐輯　清同治五年(1866)金陵書局刻本　二冊

330000－1716－0027561　集補0875/27561
集部/總集類/課藝之屬

紫陽書院課藝八集不分卷　(清)吳左泉鑒定 (清)朱文炳　(清)許郊編校　清光緒十八年(1892)刻本　六冊

330000－1716－0027563　集補0876/27563
類叢部/叢書類/自著之屬

春在堂全書三十六種　(清)俞樾撰　清同治至光緒刻本　三冊　存一種

330000－1716－0027564　經補0741/27564
類叢部/類書類/專類之屬

五經分類文鈔二十六卷　清末石印本　七冊 存十七卷(五至十三、十六至二十二、二十六)

330000－1716－0027565　集補0583/27565
集部/別集類/清別集

有懷堂詩稿六卷文稿二十二卷　(清)韓菼撰 清康熙四十二年(1703)韓氏有懷堂刻本 一冊　存六卷(詩稿一至六)

330000－1716－0027566　集補1128/27566
集部/總集類/選集之屬/通代

重訂文選集評十五卷首一卷末一卷　(清)于光華輯　清六一草堂刻本　八冊　存十二卷(二至七、九至十三,首)

330000－1716－0027568　集補1129/27568
集部/別集類/宋別集

施注蘇詩四十二卷目録二卷　(宋)蘇軾撰 (宋)施元之　(宋)顧禧注　(清)顧嗣立 (清)邵長蘅　(清)宋至刪補　蘇詩續補遺二卷　(清)馮景補注　王注正譌一卷　(清)邵長蘅撰　東坡先生年譜一卷　(宋)王宗稷編

清刻本　一冊　存二卷(王注正譌、年譜)

330000－1716－0027570　集補 0584/27570
集部/別集類/清別集

袁太史時文不分卷　（清）袁枚撰　（清）秦大
士編　清刻本　二冊

330000－1716－0027573　集補 1130/27573
集部/別集類/清別集

天瘦閣詩半六卷天補樓行記一卷　（清）李士
棻撰　清光緒十一年(1885)木活字印本　三
冊　缺一卷(天補樓行記)

330000－1716－0027574　子補 1204－7/
27574　子部/術數類/命書相書之屬

新刊合併官板音義評注淵海子平五卷　（宋）
徐升編　清光緒三十一年(1905)上海掃葉山
房石印本　四冊

330000－1716－0027576　子補 1625/27576
子部/術數類/相宅相墓之屬

八宅明鏡二卷　（清）箬冠道人撰　清宣統三
年(1911)上海掃葉山房石印本　一冊

330000－1716－0027577　集補 0877－1/
27577　集部/總集類/選集之屬/斷代

國朝二十四家文鈔二十四卷　（清）徐斐然輯
　清刻本　四冊　缺六卷(一至六)

330000－1716－0027578　子補 1626/27578
子部/術數類/陰陽五行之屬

增廣玉匣記通書六卷　清刻本　一冊　存一
卷(五)

330000－1716－0027585　集補 0877－2/
27585　集部/總集類/選集之屬/斷代

國朝二十四家文鈔二十四卷　（清）徐斐然輯
　清乾隆六十年(1795)刻本　周毅修批　二
冊　存十二卷(一至四、十四至二十一)

330000－1716－0027587　子補 1627/27587
子部/雜著類/雜纂之屬

安樂銘不分卷　（清）王正朋輯　清刻本
一冊

330000－1716－0027589　子補 1628/27589

子部/術數類/相宅相墓之屬

增補地理直指原真大全三卷首一卷　（清）釋
如玉徹瑩撰　清刻本　一冊　存一卷(首)

330000－1716－0027591　普類 0114－8/
27591　類叢部/類書類/專類之屬

新增應酬彙選五卷　（清）陸九如纂輯　（清）
茹古齋主人重訂　清光緒十七年(1891)四明
茹古齋鉛印本　三冊　存四卷(一至二、四至
五)

330000－1716－0027592　集補 0878/27592
集部/總集類/選集之屬/通代

古文約編十卷　（清）倪承茂訂　**歷朝文一卷**
　（清）潘大鍋訂　清乾隆五年(1740)清芬書
屋刻本　四冊

330000－1716－0027593　子補 1629－2/
27593　子部/術數類/相宅相墓之屬

雪心賦正解四卷　（唐）卜應天撰　（清）孟浩
注　**辯論三十篇一卷**　（清）孟浩撰　清刻本
　二冊　存三卷(一、三至四)

330000－1716－0027594　經補 0742/27594
經部/叢編

五經味根錄四十七卷　關蔚煌輯　清光緒二
十六年(1900)上海中西書局石印本　十冊
缺十六卷(周易二至四;詩經一至二、五至八,
首;禮記三至四;書經三至六)

330000－1716－0027596　集補 1131/27596
集部/別集類/清別集

大梅山館集五十五卷　（清）姚燮撰　清道光
十三年至咸豐六年(1833－1856)大梅山館刻
本　四冊　存一種

330000－1716－0027597　子補 1204－9/
27597　子部/術數類/命書相書之屬

新刊合併官板音義評注淵海子平五卷　（宋）
徐升編　清光緒三十一年(1905)上海掃葉山
房石印本　三冊　缺一卷(三)

330000－1716－0027598　集補 0879/27598
集部/別集類/清別集

星齋文稿二刻不分卷補遺不分卷塾課不分卷

（清）陳兆崙撰　清光緒二十年(1894)湖南書局刻本　三冊

330000－1716－0027600　史補 0754/27600　史部/政書類/儀制之屬/典禮

文廟祀典考五十卷首一卷　（清）龐鍾璐輯　清刻本　二冊　存十九卷(二十七至四十五)

330000－1716－0027603　子補 1204－13/27603　子部/術數類/命書相書之屬

新刻增補淵海子平大全四卷　（宋）徐升編　清咸豐十年(1860)四和堂刻本　二冊

330000－1716－0027605　子補 1630/27605　子部/術數類/陰陽五行之屬

通德類情十三卷　（清）沈重華輯　清刻本　一冊　存一卷(四)

330000－1716－0027607　地獻 3550/27607　子部/術數類/雜術之屬

推背讖語測度天機一卷　清末抄本　一冊

330000－1716－0027608　地獻 1904－8/27608　經部/小學類/音韻之屬/韻書

增補同音字類標韻二卷續編一卷外編一卷　（清）石韞玉重校　清末石印本　一冊　存一卷(二)

330000－1716－0027609　集補 0587/27609　集部/別集類/清別集

南園文存一卷　（清）錢灃撰　清道光十五年(1835)錢嘉棻玉成書屋廣州刻本　一冊

330000－1716－0027611　子補 1631/27611　子部/術數類/命書相書之屬

精刻看命一掌金一卷　（唐）釋一行撰　清慧空經房刻本　一冊

330000－1716－0027613　集補 1058－17/27613　集部/總集類/選集之屬/通代

文選六十卷　（南朝梁）蕭統輯　（唐）李善注　清刻本　四冊　存二十六卷(八至十一、十七至二十三、三十一至三十七、四十五至五十二)

330000－1716－0027614　子補 1632－1/

27614　子部/術數類/相宅相墓之屬

八宅明鏡二卷　（清）箬冠道人撰　清蘇州綠蔭堂刻本　二冊

330000－1716－0027615　集補 1058－8/27615　集部/總集類/選集之屬/通代

文選六十卷　（南朝梁）蕭統輯　（唐）李善注　（清）何焯評　清光緒二十四年(1898)上海古香閣石印本　三冊　存三十卷(一至三十)

330000－1716－0027616　子補 1204－14/27616　子部/術數類/命書相書之屬

新刻合併官板音義評注淵海子平五卷　（宋）徐升編　清大文堂刻本　二冊

330000－1716－0027618　子補 1632－2/27618　子部/術數類/相宅相墓之屬

八宅明鏡二卷　（清）箬冠道人撰　清樂真堂刻本　一冊　存一卷(二)

330000－1716－0027619　子補 1204－15/27619　子部/術數類/命書相書之屬

新刊合併官板音義評注淵海子平五卷　（宋）徐升編　清刻本　一冊　存二卷(一至二)

330000－1716－0027620　經補 0746/27620　經部/叢編

五經四子書　（清）□□輯　清刻本　一冊　存一種

330000－1716－0027621　集補 0588/27621　集部/別集類/清別集

菽原堂初集十卷　（清）查初揆撰　清刻本　一冊　存五卷(六至十)

330000－1716－0027622　子補 1204－16/27622　子部/術數類/命書相書之屬

新刊合併官板音義評注淵海子平五卷　（宋）徐升編　清刻本　二冊

330000－1716－0027623　子補 1204－17/27623　子部/術數類/命書相書之屬

新刊合併官板音義評注淵海子平五卷　（宋）徐升編　清泉州崇德書院刻本　二冊

330000－1716－0027626　集補 1134/27626

集部/總集類/選集之屬/通代

文選五卷首一卷　（南朝梁）蕭統輯　（唐）李善注　文選考異一卷　（清）胡克家撰　清光緒二十一年(1895)寶文書局石印本　六冊

330000－1716－0027627　子補 1204－18/27627　子部/術數類/命書相書之屬

新刊合併官板音義評注淵海子平五卷　（宋）徐升編　清刻本　二冊

330000－1716－0027629　集補 0881/27629　集部/別集類/清別集

堅白齋集詩存三卷駢文存一卷雜稿存四卷　（清）龍汝霖撰　清光緒七年(1881)刻本　四冊

330000－1716－0027631　子補 1204－19/27631　子部/術數類/命書相書之屬

新刊合併官板音義評注淵海子平五卷　（宋）徐升編　清刻本　二冊

330000－1716－0027632　地獻 1874/27632　類叢部/叢書類/自著之屬

越縵堂雜箸□□種　（清）李慈銘撰　清末石印本　一冊　存一種

330000－1716－0027633　子補 1204－20/27633　子部/術數類/命書相書之屬

新刊合併官板音義評注淵海子平五卷　（宋）徐升編　清刻本　二冊

330000－1716－0027634　集補 0882/27634　集部/總集類/課藝之屬

金鈴集初集四卷二集四卷　（清）張綸編　（清）張維城箋注　清同治九年(1870)刻本　五冊　缺一卷(二集三)

330000－1716－0027637　地獻 1875/27637　史部/政書類/公牘檔冊之屬

山會兩邑豫倉徵信錄不分卷　（清）徐樹蘭輯　清光緒二十八年(1902)刻本　一冊

330000－1716－0027640　善 0483/27640　集部/別集類

先賢王繼香先生遺稿不分卷　王繼香撰　稿本　一冊

330000－1716－0027641　集補 0589/27641　集部/別集類/清別集

秦川焚餘草六卷首一卷補遺一卷附刻一卷　（清）董平章撰　清光緒二十七年(1901)董氏容齋刻本　一冊　缺六卷(一至五、首)

330000－1716－0027642　集補 1497/27642　集部/總集類/選集之屬/斷代

七家詩詳注七卷　（清）張熙宇評選　（清）石暉甲箋注　清刻本　一冊　存一種

330000－1716－0027643　地獻 1876/27643　經部/小學類/文字之屬/說文/傳說

說文繫傳考異四卷　（清）汪憲撰　附錄一卷　（清）朱文藻撰　清光緒八年(1882)會稽徐友蘭八杉齋刻本　一冊　存二卷(一至二)

330000－1716－0027644　經補 0747/27644　經部/易類/傳說之屬

周易本義四卷附圖說一卷卦歌一卷筮儀一卷　（宋）朱熹撰　清光緒二年(1876)上海機器印書局鉛印本　一冊

330000－1716－0027646　地獻 1877/27646　史部/史評類/史論之屬

讀史論略二卷　（清）杜詔撰　清光緒二十七年(1901)武林載記刻浙紹墨潤堂印本　一冊

330000－1716－0027647　集補 0590/27647　集部/總集類/選集之屬/斷代

網師園唐詩箋十八卷　（清）宋宗元輯　清乾隆三十二年(1767)尚綱堂刻本　二冊　存六卷(一至三、十六至十八)

330000－1716－0027648　子補 1638/27648　子部/術數類/相宅相墓之屬

菊逸山房地理正書三種　（清）寇宗編　清京都琉璃廠刻本　三冊　存一種

330000－1716－0027652　地獻 3552/27652　史部/地理類/方志之屬

地志叢刻勘誤表一卷　清芸蘭閣抄本　一冊

330000－1716－0027655　子補 1634/27655　子部/宗教類/道教之屬

道書二十三種　（清）劉一明撰　清光緒三年

至六年(1877－1880)上海翼化堂刻本　一冊
存一種

330000－1716－0027656　經補 0748/27656
經部/四書類/總義之屬/傳說

春在堂四書文存一卷　(清)俞樾撰　清同治
十二年(1873)京都福文堂刻本　一冊

330000－1716－0027658　地獻 1880－11/
27658　集部/詩文評類/文法之屬/函牘格式

最新增廣尺牘含英不分卷　(清)石韞玉輯
清末石印本　一冊

330000－1716－0027659　經補 0749/27659
經部/四書類/總義之屬/傳說

春在堂四書文存一卷　(清)俞樾撰　清同治
十二年(1873)京都福文堂刻本　一冊

330000－1716－0027660　子補 1635－2/
27660　子部/宗教類/道教之屬

指南針　(清)劉一明撰　清嘉慶刻本　一冊
存一種

330000－1716－0027661　子補 1205/27661
子部/儒家類/儒學之屬/蒙學

尹氏小學大全五種　(清)尹嘉銓撰　清刻本
三冊　存三種

330000－1716－0027662　集補 0885/27662
集部/總集類/尺牘之屬

尺牘句解初集三卷二集二卷　(清)桃花館主
編　(清)少溪氏選注　清光緒三十四年
(1908)上海書局石印本　三冊　存三卷(初
集二、二集一至二)

330000－1716－0027663　地獻 3553/27663
子部/術數類/陰陽五行之屬

推背圖說一卷　題(唐)袁天罡撰　(唐)李淳
風注　清抄本　一冊

330000－1716－0027664　地獻 3554/27664
子部/醫家類/方書之屬

中藥方一卷　清末抄本　一冊

330000－1716－0027666　經補 0750/27666
經部/小學類/文字之屬/說文

**說文通訓定聲十八卷分部柬韻一卷說雅一卷
古今韻準一卷**　(清)朱駿聲撰　(清)朱鏡蓉
參訂　**行述一卷**　朱孔彰撰　清石印本　一
冊　存二卷(六至七)

330000－1716－0027667　地獻 3555/27667
經部/易類/易占之屬

易義隨鈔一卷　清末抄本　一冊

330000－1716－0027668　集補 0591/27668
集部/別集類/清別集

匪莪堂文集五卷　(清)劉巖撰　清刻本　一
冊　存三卷(三至五)

330000－1716－0027669　子補 1206－1/
27669　子部/天文曆算類/算書之屬

九數通考十一卷首一卷末一卷　(清)屈曾發
撰　清光緒石印本　一冊　存四卷(七至十)

330000－1716－0027670　子補 1637/27670
子部/宗教類/道教之屬

修真日課一卷　清光緒三十三年(1907)刻本
一冊

330000－1716－0027672　子補 1206－2/
27672　子部/天文曆算類/算書之屬

數學精詳十一卷首一卷末一卷　(清)屈曾發
輯　清光緒石印本　一冊　存四卷(七至十)

330000－1716－0027674　集補 0592/27674
集部/別集類/唐五代別集

昌黎先生詩增注証訛十一卷　(唐)韓愈撰
(清)黃鉞增注証訛　**昌黎先生年譜一卷**
(清)黃鉞編　清道光二十八年(1848)黃中民
刻咸豐七年(1857)四明鮑氏二客軒印本　二
冊　缺六卷(三至八)

330000－1716－0027676　集補 0887/27676
集部/別集類/清別集

小倉山房尺牘六卷　(清)袁枚撰　清嘉慶十
七年(1812)六宜堂刻本　三冊

330000－1716－0027678　普叢 0451－10/
27678　類叢部/叢書類/彙編之屬

申報館叢書正集五十七種附錄三種　尊聞閣
主編　**續集一百四十二種**　蔡爾康編　清同

治至光緒上海申報館鉛印本　二十八冊　存
七種

330000－1716－0027679　普類 0117－2/
27679　子部/雜著類/雜說之屬
古學萬花谷八卷　（清）駢瑜堂主人編　清光
緒三年（1877）京都琉璃廠刻本　四冊　存五
卷（一至三、六至七）

330000－1716－0027680　地獻 1854－24/
27680　集部/詩文評類/文法之屬/函牘格式
最新應用尺牘教科書四卷　杜元炳撰　杜瀚
生增訂　清光緒三十三年（1907）上海會文學
社石印本　四冊

330000－1716－0027681　地獻 1854－25/
27681　集部/詩文評類/文法之屬/函牘格式
最新應用尺牘教科書四卷　杜元炳撰　杜瀚
生增訂　清光緒三十三年（1907）上海會文學
社石印本　三冊　缺一卷（二）

330000－1716－0027682　地獻 1854－26/
27682　集部/詩文評類/文法之屬/函牘格式
最新應用尺牘教科書四卷　杜元炳撰　杜瀚
生增訂　清光緒三十三年（1907）上海會文學
社石印本　一冊　存一卷（三）

330000－1716－0027683　集補 0888/27683
類叢部/類書類/通類之屬
分類尺牘新裁六卷　（清）涂謙撰　清道光刻
本　五冊　缺一卷（三）

330000－1716－0027684　地獻 1854－27/
27684　集部/詩文評類/文法之屬/函牘格式
最新應用尺牘教科書四卷　杜元炳撰　杜瀚
生增訂　清光緒三十三年（1907）上海會文學
社石印本　二冊　存二卷（三至四）

330000－1716－0027686　地獻 1854－29/
27686　集部/詩文評類/文法之屬/函牘格式
最新應用尺牘教科書四卷　杜元炳撰　杜瀚
生增訂　清光緒三十三年（1907）上海會文學
社石印本　四冊

330000－1716－0027687　地獻 1854－30/
27687　集部/詩文評類/文法之屬/函牘格式

最新應用尺牘教科書四卷　杜元炳撰　杜瀚
生增訂　清光緒三十三年（1907）上海會文學
社石印本　二冊　存二卷（一、四）

330000－1716－0027688　地獻 1854－31/
27688　集部/詩文評類/文法之屬/函牘格式
最新應用尺牘教科書四卷　杜元炳撰　杜瀚
生增訂　清光緒三十三年（1907）上海會文學
社石印本　二冊　存二卷（一至二）

330000－1716－0027689　子補 1218/27689
子部/小說家類/雜事之屬
寄蝸殘贅十六卷　（清）汪堃撰　清同治十一
年（1872）不懼無悶齋刻本　二冊　存四卷
（三至六）

330000－1716－0027690　地獻 3567/27690
集部/總集類/尺牘之屬
書信往來一卷　（清）□□輯　清光緒孔云抄
本　一冊

330000－1716－0027691　地獻 1854－33/
27691　集部/詩文評類/文法之屬/函牘格式
最新應用尺牘教科書四卷　杜元炳撰　杜瀚
生增訂　清光緒三十三年（1907）上海會文學
社石印本　一冊　存一卷（二）

330000－1716－0027692　集補 0889/27692
集部/總集類/選集之屬/通代
賦學指南十六卷　（清）余丙照編輯　清聚盛
堂刻本　六冊　存十三卷（一至十三）

330000－1716－0027693　地獻 1854－34/
27693　集部/詩文評類/文法之屬/函牘格式
最新應用尺牘教科書四卷　杜元炳撰　杜瀚
生增訂　清光緒三十三年（1907）上海會文學
社石印本　一冊　存一卷（三）

330000－1716－0027694　地獻 1854－35/
27694　集部/詩文評類/文法之屬/函牘格式
最新應用尺牘教科書四卷　杜元炳撰　杜瀚
生增訂　清光緒三十三年（1907）上海會文學
社石印本　陳志成題記　一冊　存一卷（四）

330000－1716－0027695　地獻 3568/27695
子部/術數類/相宅相墓之屬

宣先生越中兩幹支記一卷　（清）宣元仁撰
清末抄本　一冊

330000 – 1716 – 0027697　子補 1208/27697
子部/天文曆算類/算書之屬

九數通考十一卷首一卷末一卷　（清）屈曾發
撰　九數通考續集十卷　（清）顧觀光撰　清
光緒二十四年(1898)浙江復古書齋石印本
三冊　存八卷(續集一至四、六至八、十)

330000 – 1716 – 0027698　集補 1513 – 2/
27698　集部/總集類/選集之屬/通代

咏物詩選注釋八卷　（清）俞琰輯　（清）易開
緡　（清）孫泲鳴注　清刻本　二冊　存四卷
(二至三、六至七)

330000 – 1716 – 0027699　地獻 3569/27699
史部/傳記類/別傳之屬/年譜

厚堂公自記年譜一卷　（清）鍾念祖撰　清光
緒稿本　一冊

330000 – 1716 – 0027700　子補 1639/27700
子部/術數類/占卜之屬

笁學指要五卷首一卷　（清）鱸香居士鑒定
（清）吳隆譽集　清刻本　馨記題記　一冊
存二卷(四至五)

330000 – 1716 – 0027702　集補 1097 – 11/
27702　集部/總集類/選集之屬/通代

增廣詩句題解彙編四卷姓氏考一卷　（清）同
文書局編　清光緒上海同文書局石印本
四冊

330000 – 1716 – 0027705　地獻 3570/27705
集部/總集類/選集之屬/通代

於越九頌不分卷　清抄本　一冊

330000 – 1716 – 0027706　集補 0893/27706
集部/別集類/清別集

定盦文集三卷續集四卷文集補五卷　（清）龔
自珍撰　清刻本　一冊　存一卷(二)

330000 – 1716 – 0027707　集補 1358 – 2/
27707　集部/總集類/選集之屬/通代

新注得月樓甲編不分卷乙編不分卷丙編不分
卷丁編不分卷　（清）張元灝選評　（清）耿覲

文　（清）茅謙箋注　清刻本　一冊

330000 – 1716 – 0027710　普類 0116 – 2/
27710　類叢部/類書類/專類之屬

五經類典囊括六十四卷　（清）吟香主人輯
清刻本　一冊　存四卷(十一至十四)

330000 – 1716 – 0027713　集補 0891/27713
集部/詞類/別集之屬

瓊華詞集二卷　（清）俞廷瑛撰　清刻本
二冊

330000 – 1716 – 0027715　子補 1643/27715
子部/天文曆算類/曆法之屬

新增萬年曆不分卷　清光緒石印本　金景氏
題記　一冊

330000 – 1716 – 0027718　普類 0116 – 1/
27718　類叢部/類書類/專類之屬

五經類典囊括六十四卷　（清）吟香主人輯
清光緒十年(1884)上海同文書局石印本　四
冊　存四十四卷(一至六、二十七至六十四)

330000 – 1716 – 0027720　子補 1640/27720
類叢部/類書類/通類之屬

千金裘初集二十七卷二集二十六卷　（清）蔣
義彬　（清）徐元麟輯　清同德堂刻本　一冊
存六卷(初集一至六)

330000 – 1716 – 0027727　子補 1209/27727
子部/雜著類/雜說之屬

留珍集初編六卷二集十六卷　（清）紀棠氏評
輯　清同治十年(1871)刻本　一冊　存三卷
(四至六)

330000 – 1716 – 0027728　集補 0892/27728
集部/總集類/課藝之屬

學海堂課藝七集不分卷　（清）陸漁笙　（清）
楊文瑩鑒定　（清）高保康　（清）胡上襄編校
清光緒十七年(1891)刻本　五冊

330000 – 1716 – 0027729　子補 1210 – 1/
27729　類叢部/類書類/專類之屬

新刻通用尺素見心集四卷　（清）汪文芳輯
清同治七年(1868)綠慎堂刻本　四冊

330000 – 1716 – 0027730　子補 1210 – 2/
27730　類叢部/類書類/專類之屬

新刻通用尺素見心集四卷　（清）汪文芳輯
清同治七年(1868)綠慎堂刻本　三冊　存三
卷(二至四)

330000 – 1716 – 0027731　子補 1210 – 3/
27731　類叢部/類書類/專類之屬

新刻通用尺素見心集四卷　（清）汪文芳輯
清同治七年(1868)綠慎堂刻本　一冊　存二
卷(三至四)

330000 – 1716 – 0027733　子補 1211/27733
子部/小說家類/諧謔之屬

新刻笑林廣記四卷　（清）遊戲主人輯　清刻
本　一冊　存一卷(二)

330000 – 1716 – 0027735　集補 0894/27735
集部/別集類/明別集

楊忠愍公全集不分卷　（明）楊繼盛撰　清刻
本　三冊

330000 – 1716 – 0027736　集補 0895 – 1/
27736　集部/別集類/清別集

韓湘南遺文一卷　（清）韓棟撰　清刻本
一冊

330000 – 1716 – 0027737　子補 1641/27737
子部/宗教類/其他宗教之屬/基督教

訓蒙十二德一卷　（清）□□撰　清光緒三十
三年(1907)上海土山灣慈母堂鉛印本　一冊

330000 – 1716 – 0027738　集補 0895 – 2/
27738　集部/別集類/清別集

韓湘南遺文一卷　（清）韓棟撰　清刻本
一冊

330000 – 1716 – 0027742　地獻 1854 – 46/
27742　集部/詩文評類/文法之屬/函牘格式

最新商務尺牘教科書正集二卷續集二卷　周
天鵬撰　清光緒三十三年(1907)浙紹奎照樓
書坊上海會文學社石印本　一冊　存一卷
(正集二)

330000 – 1716 – 0027743　普叢 0455 – 1/
27743　類叢部/叢書類/自著之屬

西河合集一百十九種　（清）毛奇齡撰　清末
石印本　三冊　存一種

330000 – 1716 – 0027745　地獻 1854 – 47/
27745　集部/詩文評類/文法之屬/函牘格式

最新商務尺牘教科書正集二卷續集二卷　周
天鵬撰　清光緒三十三年(1907)浙紹奎照樓
書坊上海會文學社石印本　一冊　存一卷
(正集二)

330000 – 1716 – 0027746　普叢 0455 – 2/
27746　類叢部/叢書類/自著之屬

西河合集一百十九種　（清）毛奇齡撰　清末
石印本　一冊　存一種

330000 – 1716 – 0027748　地獻 1854 – 49/
27748　集部/詩文評類/文法之屬/函牘格式

最新商務尺牘教科書正集二卷續集二卷　周
天鵬撰　清光緒三十三年(1907)浙紹奎照樓
書坊上海會文學社石印本　二冊　存二卷
(正集一至二)

330000 – 1716 – 0027750　普叢 0203 – 1/
27750　類叢部/叢書類/自著之屬

王船山先生經史論八種七十四卷　（清）王夫
之撰　清光緒三十一年(1905)上海環地福書
局石印本　一冊　存一種

330000 – 1716 – 0027751　集補 1144/27751
集部/別集類/清別集

曲園課孫草一卷續刻一卷　（清）俞樾撰　清
光緒八年(1882)金陵刻本　二冊

330000 – 1716 – 0027752　集補 0896/27752
集部/總集類/選集之屬/通代

唐宋大家全集錄十種　（清）儲欣輯　清刻本
　二冊　存一種

330000 – 1716 – 0027754　地獻 3571/27754
子部/雜著類/雜說之屬

人格說不分卷　清末瀛孫抄本　一冊

330000 – 1716 – 0027755　子補 1644/27755
子部/術數類/占卜之屬

神課金口訣六卷別錄一卷　清刻本　二冊
存四卷(三至四、六至七)

330000－1716－0027756　子補 1645/27756
子部/術數類/命書相書之屬
命學指南□□卷　（清）周松筠輯　清刻本
一冊　存一卷（一）

330000－1716－0027762　地獻 3572/27762
子部/醫家類/方書之屬/單方驗方
經驗良方□□卷　清道光八年（1828）張止亭
抄本　一冊　存一卷（四）

330000－1716－0027764　子補 1648/27764
子部/天文曆算類/曆法之屬
[光緒]戊申年通書不分卷　清光緒三十四年
（1908）廣經閣刻朱墨套印本　一冊

330000－1716－0027765　地獻 3573/27765
子部/醫家類/方書之屬/單方驗方
金鑑堂經驗良方二卷　（清）陳大縉輯　清抄
本　一冊　存一卷（一）

330000－1716－0027766　集補 0898/27766
集部/總集類/選集之屬/通代
應制分月袖珍詩箋十二卷　清刻本　一冊

330000－1716－0027768　地獻 3574/27768
子部/醫家類/眼科之屬
眼科拾遺一卷　清嘉慶二年（1797）壽復安抄
本　一冊

330000－1716－0027769　地獻 3575/27769
經部/四書類/大學之屬
大學章不分卷　清末抄本　一冊

330000－1716－0027771　集補 0899/27771
集部/總集類/選集之屬/通代
賦學正鵠集釋十一卷　（清）李元度輯　清光
緒十六年（1890）珍藝書局鉛印本　二冊

330000－1716－0027772　地獻 3576/27772
子部/宗教類/佛教之屬
經本一卷　清末抄本　一冊

330000－1716－0027773　地獻 3577/27773
子部/術數類/雜術之屬
牙牌靈數一卷　清咸豐八年（1858）清遠黃氏
抄本　一冊

330000－1716－0027774　地獻 3578/27774
集部/別集類/元別集
詠物詩二卷　（元）謝宗可撰　清光緒十九年
（1893）抄本　一冊　存一卷（一）

330000－1716－0027775　集補 0900－1/
27775　集部/總集類/選集之屬/通代
增廣詩句題解彙編四卷姓氏考一卷　（清）同
文書局編　清末石印本　二冊　存二卷（二、
四）

330000－1716－0027776　地獻 1854－51/
27776　集部/詩文評類/文法之屬/函牘格式
最新商務尺牘教科書正集二卷續集二卷　周
天鵬撰　清光緒三十三年（1907）浙紹奎照樓
書坊上海會文學社石印本　一冊　存二卷
（正集一至二）

330000－1716－0027777　善附 0312/27777
集部/別集類/清別集
蟲語蛙鳴一卷　（清）屠仲芬撰　稿本　清沈
祖苞題記　一冊

330000－1716－0027778　地獻 1854－52/
27778　集部/詩文評類/文法之屬/函牘格式
最新商務尺牘教科書正集二卷續集二卷　周
天鵬撰　清光緒三十三年（1907）浙紹奎照樓
書坊上海會文學社石印本　二冊　存二卷
（正集一至二）

330000－1716－0027780　地獻 1854－53/
27780　集部/詩文評類/文法之屬/函牘格式
最新商務尺牘教科書正集二卷續集二卷　周
天鵬撰　清光緒三十四年（1908）浙紹奎照樓
書坊上海會文學社石印本　二冊　缺一卷
（正集二）

330000－1716－0027781　地獻 3580/27781
史部/地理類/方志之屬/郡縣志
[乾隆]紹興府志八十卷　（清）李亨特修
（清）平恕　（清）徐嵩纂　清抄本　三冊　存
四卷（三十六至三十八、五十二）

330000－1716－0027783　地獻 1854－54/
27783　集部/詩文評類/文法之屬/函牘格式

最新商務尺牘教科書正集二卷續集二卷　周天鵬撰　清光緒三十三年(1907)浙紹奎照樓書坊上海會文學社石印本　朱維新題記　一冊　存一卷(正集二)

330000－1716－0027784　集補 0900－2/27784　集部/總集類/選集之屬/通代

增廣詩句題解彙編四卷姓氏考一卷　(清)同文書局編　清光緒十三年(1887)上海大同書局石印本　三冊　存四卷(一、三至四,姓氏考)

330000－1716－0027785　地獻 1854－55/27785　集部/詩文評類/文法之屬/函牘格式

最新商務尺牘教科書正集二卷續集二卷　周天鵬撰　清光緒三十三年(1907)浙紹奎照樓書坊上海會文學社石印本　一冊　存一卷(正集一)

330000－1716－0027786　地獻 3581/27786　經部/三禮總義類/通禮雜禮之屬

六禮集要六卷首一卷　清抄本　二冊

330000－1716－0027790　地獻 1854－58/27790　集部/詩文評類/文法之屬/函牘格式

最新商務尺牘教科書正集二卷續集二卷　周天鵬撰　清光緒三十二年(1906)浙紹奎照樓書坊上海會文學社石印本　一冊　存一卷(一)

330000－1716－0027791　集補 0999－18/27791　集部/別集類/清別集

音注小倉山房尺牘八卷補遺一卷　(清)袁枚撰　(清)胡光斗箋釋　清刻本　清筱嵋題簽　一冊　存二卷(三至四)

330000－1716－0027793　集補 0901/27793　集部/總集類/課藝之屬

歷代名稿彙選不分卷　(清)慈水古草堂主人輯　清末石印本　三冊

330000－1716－0027796　集補 1149/27796　集部/別集類/清別集

錢南園先生遺集五卷　(清)錢澧撰　清光緒十九年(1893)保山劉樹堂浙江書局刻本

二冊

330000－1716－0027797　集補 0902/27797　集部/總集類/課藝之屬

經藝宏括不分卷　(清)同文書局主人編　清光緒十五年(1889)上海同文書局石印本　一冊　存易經

330000－1716－0027798　集補 1150/27798　集部/別集類/清別集

曝書亭集八十卷附錄一卷　(清)朱彝尊撰　笛漁小稿十卷　(清)朱昆田撰　清刻本　七冊　存三十七卷(十一至十六、二十三至二十七、三十一至三十五、六十至六十三、七十五至八十,附錄,笛漁小稿一至十)

330000－1716－0027799　地獻 3582/27799　子部/雜著類/雜纂之屬

雜錄不分卷　清末抄本　一冊

330000－1716－0027802　集補 0903/27802　集部/總集類/課藝之屬

雪鴻社墨選不分卷附試帖一卷　(清)葉和聲等評輯　(清)吳丙燮編校　清刻本　一冊

330000－1716－0027803　子補 1651/27803　子部/術數類/占卜之屬

鼎鍥卜筮鬼谷源流斷易天機大全三卷首一卷　(戰國)鬼谷子撰　清刻本　一冊

330000－1716－0027805　子補 1652/27805　子部/術數類/陰陽五行之屬

選擇備要不分卷　□□輯　清嘉慶十一年(1806)刻朱墨套印本　一冊

330000－1716－0027806　集補 0904/27806　集部/總集類/課藝之屬

目耕齋初集不分卷二集不分卷　(清)徐楷評注　(清)沈叔眉選刊　清光緒十二年(1886)上海積山書局石印本　二冊

330000－1716－0027807　集補 1021－2/27807　類叢部/類書類/通類之屬

新編詩句題解續集五卷　(清)同文書局編　清光緒十四年(1888)同文書局石印本　二冊

330000－1716－0027808　普叢 0202－1/ 27808　類叢部/叢書類/彙編之屬

清頌堂叢書八種　（清）黃奭編　清道光甘泉刻本　七冊　存一種

330000－1716－0027809　集補 1021－1/ 27809　類叢部/類書類/通類之屬

新編詩句題解續集五卷　（清）東閣主人編 清光緒十四年（1888）上海鴻寶齋石印本　一冊　存二卷（一至二）

330000－1716－0027811　集補 1021－3/ 27811　類叢部/類書類/通類之屬

新編詩句題解續集五卷　（清）東閣主人編 清光緒十四年（1888）上海鴻寶齋石印本 二冊

330000－1716－0027812　集補 0905/27812 集部/總集類/課藝之屬

二論文腋不分卷　清刻本　一冊

330000－1716－0027813　集補 1022/27813 集部/總集類/課藝之屬

大題連章文府不分卷　清光緒十九年（1893） 上海文瑞樓石印本　五冊

330000－1716－0027814　子補 1653/27814 子部/術數類/命書相書之屬

相理衡真十卷首一卷　（清）陳釗撰　清刻本　一冊　存一卷（四）

330000－1716－0027815　集補 0906/27815 集部/別集類/清別集

紫竹山房製藝全稿　（清）陳兆崙撰　（清）顧一經等評注　清光緒二十年（1894）上海積山書局石印本　四冊

330000－1716－0027816　子補 1654/27816 子部/術數類/陰陽五行之屬

永寧通書十二卷　（清）王維德輯　清刻本 一冊　存三卷（人集一至三）

330000－1716－0027817　地獻 3618/27817 史部/政書類/公牘檔冊之屬

紹郡育嬰堂風潮紀略不分卷　（清）周巖輯 清宣統抄本　二冊

330000－1716－0027818　集補 1023/27818 集部/總集類/課藝之屬

塾課小題正鵠初集一卷二集一卷三集一卷養正草一卷訓蒙草一卷　（清）李元度輯　清石印本　三冊　缺一卷（初集）

330000－1716－0027820　集補 0999－2/ 27820　集部/別集類/清別集

小倉山房往還書札全集十八卷　（清）袁枚撰 清末鉛印本　二冊

330000－1716－0027821　集補 0999－3/ 27821　集部/別集類/清別集

小倉山房往還書札全集十八卷　（清）袁枚撰 清末鉛印本　二冊

330000－1716－0027822　地獻 3585－1/ 27822　子部/術數類

富貴圖一卷　清末抄本　一冊

330000－1716－0027823　集補 1024/27823 集部/總集類/課藝之屬

歷代名稿彙選不分卷　（清）慈水古草堂主人輯　清光緒二十六年（1900）寧波汲綆齋石印本　四冊

330000－1716－0027824　集補 0999－4/ 27824　集部/別集類/清別集

音注小倉山房尺牘八卷　（清）袁枚撰　（清）胡光斗箋釋　清光緒三十三年（1907）上海詠記書莊石印本　一冊

330000－1716－0027825　集補 0999－5/ 27825　集部/別集類/清別集

小倉山房往還書札全集十八卷　（清）袁枚撰 清末鉛印本　一冊　存九卷（十至十八）

330000－1716－0027827　子補 1656/27827 子部/術數類/陰陽五行之屬

新編日用涓吉奇門五總龜四卷　（明）池紀解編　清刻本　一冊　存二卷（三至四）

330000－1716－0027828　集補 0999－6/ 27828　集部/別集類/清別集

音注小倉山房尺牘八卷　（清）袁枚撰　（清）胡光斗箋釋　清光緒三十三年（1907）上海煥

文書局石印本　一冊

330000 – 1716 – 0027829　集補 0999 – 7/ 27829　集部/別集類/清別集

音注小倉山房尺牘八卷　（清）袁枚撰　（清）胡光斗箋釋　清光緒三十三年(1907)上海詠記書莊石印本　一冊　存四卷(一至四)

330000 – 1716 – 0027830　集補 0907/27830　集部/總集類/酬唱之屬

宣南鴻雪集二卷　（清）潘介繁　（清）潘誠貴輯　清同治三年(1864)大魁堂刻本　二冊

330000 – 1716 – 0027831　子補 1212/27831　子部/小說家類/異聞之屬

對山書屋墨餘錄十六卷　（清）毛祥麟撰　清刻本　六冊　存十二卷(一至八、十一至十二、十五至十六)

330000 – 1716 – 0027832　集補 1025/27832　集部/總集類/課藝之屬

小題正鵠初集不分卷二集不分卷三集不分卷四集不分卷　（清）李元度輯　清刻本　五冊

330000 – 1716 – 0027833　集補 0999 – 8/ 27833　集部/別集類/清別集

音注小倉山房尺牘八卷　（清）袁枚撰　（清）胡光斗箋釋　清光緒三十二年(1906)上海章福記書局石印本　佯僧題簽　三冊　存六卷(一至四、七至八)

330000 – 1716 – 0027835　集補 0999 – 9/ 27835　集部/別集類/清別集

音注小倉山房尺牘八卷補遺一卷　（清）袁枚撰　（清）胡光斗箋釋　清末石印本　一冊　存五卷(五至八、補遺)

330000 – 1716 – 0027836　集補 1151/27836　集部/總集類/課藝之屬

試律青雲集四卷　（清）楊逢春輯　（清）沈品華等注　清道光七年(1827)古越敬藝堂刻本　三冊　缺一卷(三)

330000 – 1716 – 0027838　普叢 0437 – 13/ 27838　類叢部/叢書類/自著之屬

隨園三十種　（清）袁枚撰　清文林堂刻本

三冊　存二種

330000 – 1716 – 0027839　子補 1213 – 1/ 27839　類叢部/類書類/專類之屬

新刻通用尺素見心集四卷　（清）汪文芳輯　清光緒七年(1881)刻本　二冊

330000 – 1716 –0027840　集補 1152/27840　集部/總集類/課藝之屬

青雲集分韻試帖詳注四卷　（清）楊逢春（清）蕭應樞輯　（清）沈品華等注　清刻本　二冊　存三卷(一、三至四)

330000 – 1716 – 0027842　集補 0999 – 11/ 27842　集部/別集類/清別集

小倉山房詩集三十一卷補遺一卷附錄一卷（清）袁枚撰　清刻本　六冊

330000 – 1716 – 0027843　集補 0909/27843　集部/總集類/課藝之屬

近科館課分韻詩選四卷　（清）龍瑛　（清）翁心存　（清）周培蓮輯　清道光二十七年(1847)琉璃廠刻本　四冊

330000 – 1716 – 0027844　子補 1657/27844　子部/術數類/相宅相墓之屬

地理辨正五卷　（清）蔣平階補傳　（清）姜垚辨正　（清）章仲山增補直解　清道光元年(1821)可久堂刻竹秀山房印本　三冊　缺一卷(五)

330000 – 1716 – 0027845　子補 1213 – 2/ 27845　類叢部/類書類/專類之屬

新刻通用尺素見心集四卷　（清）汪文芳輯　清光緒七年(1881)刻本　二冊

330000 – 1716 – 0027846　集補 0999 – 12/ 27846　集部/別集類/清別集

小倉山房詩集三十一卷補遺一卷附錄一卷（清）袁枚撰　清英秀堂刻本　四冊

330000 – 1716 – 0027849　集補 0999 – 13/ 27849　集部/別集類/清別集

小倉山房尺牘六卷　（清）袁枚撰　清刻本　二冊　存三卷(一、五至六)

330000－1716－0027850　集補 0999－14/27850　集部/別集類/清別集

音注小倉山房尺牘八卷　（清）袁枚撰　（清）胡光斗箋釋　清刻本　二冊　存四卷（一至四）

330000－1716－0027852　集補 1153/27852　集部/總集類/課藝之屬

試律青雲集四卷　（清）楊逢春輯　（清）沈品華等注　清同治三年（1864）永思堂刻本　一冊　存一卷（一）

330000－1716－0027853　地獻 3586/27853　子部/術數類/雜術之屬

燒餅歌一卷　清末抄本　一冊

330000－1716－0027854　集補 0999－15/27854　集部/別集類/清別集

小倉山房詩集三十一卷補遺一卷附錄一卷　（清）袁枚撰　清刻本　七冊　缺六卷（一至六）

330000－1716－0027855　集補 0999－16/27855　集部/別集類/清別集

小倉山房詩集三十一卷補遺一卷附錄一卷　（清）袁枚撰　清刻本　一冊　存四卷（十八至二十一）

330000－1716－0027857　集補 0910/27857　集部/總集類/選集之屬/通代

雜跙賦正集三十卷擬古一卷　（清）應泰泉輯　清刻本　一冊　存二十卷（十二至三十、擬古）

330000－1716－0027859　集補 1154/27859　集部/總集類/選集之屬/斷代

七家試帖輯注彙鈔九卷　（清）張熙宇輯評　（清）王植桂輯注　清刻本　三冊　存五種

330000－1716－0027860　地獻 3587/27860　集部/總集類/選集之屬/通代

古文選本一卷　清末好古燕廬居士抄本　一冊

330000－1716－0027861　地獻 3588/27861　集部/總集類/課藝之屬

治篇不分卷　清末抄本　一冊

330000－1716－0027862　子補 1658/27862　子部/宗教類/道教之屬/雜著

雲笈七籤一百二十二卷　（宋）張君房撰　明萬曆張萱清真館刻遞修本　一冊　存六卷（六至十一）

330000－1716－0027863　子補 1214/27863　子部/雜著類/雜纂之屬

稟啟零紈四卷　（清）徐紉裳輯　清光緒鉛印本　一冊

330000－1716－0027864　子補 1659/27864　子部/天文曆算類/曆法之屬

[宣統]庚戌年通書不分卷　清宣統二年（1910）石印本　一冊

330000－1716－0027865　集補 1026－1/27865　集部/總集類/課藝之屬

庚辰集五卷　（清）紀昀輯　清刻本　四冊　存四卷（一至四）

330000－1716－0027866　集補 1155/27866　集部/總集類/選集之屬/斷代

七家試帖輯注彙鈔九卷　（清）張熙宇輯評　（清）王植桂輯注　清同治二年（1863）蘇州懷德堂刻本　二冊　存四種

330000－1716－0027867　子補 1660/27867　子部/天文曆算類/曆法之屬

[光緒]丁未年通書不分卷　清光緒三十三年（1907）石印本　一冊

330000－1716－0027868　集補 0911－1/27868　集部/總集類/選集之屬/通代

千家詩二卷　清聚奎堂刻本　一冊

330000－1716－0027869　地獻 3589/27869　集部/總集類/選集之屬/通代

詩詞摘鈔一卷　清末抄本　一冊

330000－1716－0027870　經補 0751/27870　經部/小學類/音韻之屬/韻書

增注字類標韻六卷　（清）華綱撰　（清）范多玨重訂　清末石印本　一冊　存三卷（四至

六)

330000－1716－0027871　集補 3934/27871
集部/別集類/清別集

曲園擬墨一卷　（清）俞樾撰　清光緒十四年
(1888)刻本　一冊

330000－1716－0027872　集補 1026－2/
27872　集部/總集類/課藝之屬

庚辰集五卷　（清）紀昀輯　清刻本　三冊
存三卷(一至二、五)

330000－1716－0027873　集補 0911－2/
27873　集部/總集類/選集之屬/通代

增補重訂千家詩注解二卷　（宋）謝枋得選
（清）王相選注　清刻本　一冊

330000－1716－0027874　地獻 3590/27874
子部/術數類/占候之屬

天皇金精鰲極子甲尋龍剋擇書後集四卷　清
抄本　一冊　存一卷(四)

330000－1716－0027875　集補 1026－3/
27875　集部/總集類/課藝之屬

庚辰集五卷　（清）紀昀輯　清刻本　二冊
存二卷(二、五)

330000－1716－0027877　地獻 1854－63/
27877　集部/詩文評類/文法之屬/函牘格式

最新商務尺牘教科書正集二卷續集二卷　周
天鵬撰　清光緒三十三年(1907)浙紹奎照樓
書坊上海會文學社石印本　一冊　存一卷
(正集一)

330000－1716－0027879　子補 1661－1/
27879　子部/儒家類/儒學之屬/蒙學

小學集注六卷首一卷末一卷　（明）陳選集注
　小學校語一卷　（清）孫崇晉等撰　清刻本
一冊　存四卷(一至三、首)

330000－1716－0027880　善附 0314/27880
集部/別集類/清別集

澣俗軒初稿一卷　（清）□□撰　稿本　錫侯
氏題記　一冊

330000－1716－0027881　集補 0912/27881

集部/詩文評類/制藝之屬

增訂初學起講秘訣一卷　（清）盛元均輯　清
刻本　一冊

330000－1716－0027882　善附 0313/27882
集部/別集類/清別集

蟲語蛙鳴一卷　（清）屠仲芬撰　稿本　一冊

330000－1716－0027883　集補 0999－19/
27883　集部/別集類/清別集

音注小倉山房尺牘八卷補遺一卷　（清）袁枚
撰　（清）胡光斗箋釋　清刻朱墨套印本　一
冊　存二卷(三至四)

330000－1716－0027884　集補 0999－20/
27884　集部/別集類/清別集

音注小倉山房尺牘八卷補遺一卷　（清）袁枚
撰　（清）胡光斗箋釋　清光緒十四年(1888)
古越奎照樓刻朱墨套印本　四冊

330000－1716－0027888　集補 0913/27888
集部/別集類/清別集

契蓮先生駢體文二卷　（清）宋體淳撰　清刻
本　一冊　存一卷(下)

330000－1716－0027889　地獻 3592/27889
子部/術數類

起病詩不分卷　清抄本　一冊

330000－1716－0027894　經補 0754/27894
經部/叢編

五經四書讀本　（清）□□輯　清末石印本
一冊　存一種

330000－1716－0027898　子補 1663/27898
子部/儒家類/儒學之屬/蒙學

新增繪圖幼學故事瓊林四卷首一卷　（清）程
允升撰　（清）鄒聖脈增補　清末石印本
一冊

330000－1716－0027901　集補 0914/27901
集部/別集類/清別集

蓑笠軒僅存稿六卷　（清）樓儼撰　清光緒二
十七年(1901)刻本　三冊

330000－1716－0027902　子補 1664/27902

子部/宗教類/道教之屬

感應類鈔十卷 （清）史潔珵輯　清光緒二十九年（1903）上海商務印書館鉛印本　一冊

330000－1716－0027904　地獻3593/27904
集部/別集類/唐五代別集

杜陵外集二卷 （唐）杜甫撰　清抄本　一冊

330000－1716－0027905　經補0756/27905
經部/叢編

五經四書讀本 （清）□□輯　清末石印本
一冊　存一種

330000－1716－0027906　集補0915/27906
集部/別集類/唐五代別集

杜詩偶評四卷 （唐）杜甫撰　（清）沈德潛評
清乾隆十二年（1747）潘承松賦閒草堂刻本
二冊

330000－1716－0027907　普叢0437－3/
27907　類叢部/叢書類/自著之屬

隨園三十種 （清）袁枚撰　清刻本　十冊
存十二種

330000－1716－0027910　子補1665/27910
子部/雜著類/雜考之屬

古今攷三十八卷 （宋）魏了翁撰　（元）方回
續　明崇禎九年（1636）謝三賓刻本　一冊
存三卷（二十六至二十八）

330000－1716－0027912　集補1157/27912
集部/別集類/清別集

林蕙堂全集二十六卷 （清）吳綺撰　清乾隆
三十九年至四十一年（1774－1776）衷白堂刻
本　十冊　存十八卷（文集一至二、五至十，
續刻一至二，五至六,亭皋詩鈔三至四,藝香
詞鈔一至四）

330000－1716－0027915　地獻3594/27915
子部/術數類/陰陽五行之屬

董公選司天台秘法的本一卷 清嘉慶十六年
（1811）抄本　馮清題記　一冊

330000－1716－0027917　子補1215/27917
子部/醫家類/醫案之屬

臨證指南醫案十卷種福堂公選溫熱論醫案四
卷　（清）葉桂撰　（清）徐大椿評　清刻本
二冊　存三卷（四、種福堂公選溫熱論醫案一
至二）

330000－1716－0027924　集補1027/27924
集部/總集類/選集之屬/通代

文章游戲初編八卷二編八卷三編八卷四編八
卷　（清）繆艮輯　清刻本　金智葵題簽　一
冊　存一卷（二編七）

330000－1716－0027926　子補1216/27926
子部/醫家類/類編之屬

婦嬰至寶三種六卷 （清）徐尚慧編　清刻本
一冊

330000－1716－0027928　經補0758/27928
經部/易類/傳說之屬

來瞿唐先生易注十五卷首一卷末一卷圖一卷
（明）來知德撰　清末石印本　四冊　存十
卷（四至六、十至十五,末）

330000－1716－0027929　地獻3595/27929
子部/術數類/相宅相墓之屬

水龍經五卷 （清）蔣平階輯　清嘉慶二十年
（1815）韓在潤抄本　四冊

330000－1716－0027930　集補0916/27930
集部/別集類/明別集

楊忠愍公全集不分卷 （明）楊繼盛撰　清刻
本　三冊

330000－1716－0027932　集補0917/27932
集部/總集類/選集之屬/通代

詩林韶濩選二十卷 （清）顧嗣立輯　（清）周
煌重輯　清刻本　二冊　存六卷（一至三、十
五至十七）

330000－1716－0027936　經補0759－1/
27936　經部/叢編

五經備旨四十五卷 （清）鄒聖脈纂輯　清末
石印本　二冊　存四卷（書經二至五）

330000－1716－0027940　集補0918－1/
27940　集部/別集類/唐五代別集

昌黎先生詩增注証訛十一卷 （唐）韓愈撰
（清）黃鉞增注証訛　**昌黎先生年譜一卷**

（清）黃鉞編　清道光二十八年（1848）黃中民刻咸豐七年（1857）四明鮑氏二客軒印本　四冊

330000－1716－0027941　子補 1217/27941
子部/天文曆算類/算書之屬

九數通考十一卷首一卷末一卷　（清）屈曾發撰　**九數通考續集十卷**　（清）顧觀光撰　清光緒二十二年（1896）浙江復古齋石印本　一冊　存四卷（續集一至四）

330000－1716－0027942　地獻 1881/27942
子部/小說家類/諧謔之屬

新刻笑林廣記四卷　（清）遊戲主人輯　清光緒十二年（1886）浙紹墨潤堂刻本　朱世奎題記　二冊　存二卷（一、四）

330000－1716－0027947　地獻 1879/27947
集部/別集類/清別集

秋水軒詳注六卷　（清）許思湄撰　清同治元年（1862）千乘堂刻本　一冊

330000－1716－0027949　子補 1666/27949
子部/術數類/相宅相墓之屬

范半池訂地學四種　（清）范宜賓輯　清乾隆三十一年至五十五年（1766－1790）刻林笏堂印本　一冊　存二種

330000－1716－0027950　集補 0918－2/27950　集部/別集類/唐五代別集

昌黎先生詩增注証訛十一卷　（唐）韓愈撰（清）黃鉞增注証訛　**昌黎先生年譜一卷**（清）黃鉞編　清道光二十八年（1848）黃中民刻咸豐七年（1857）四明鮑氏二客軒印本　四冊

330000－1716－0027951　經補 0761－1/27951　經部/叢編

五經備旨四十五卷　（清）鄒聖脈纂輯　清光緒刻本　五冊　存十卷（易經一至四、禮記備一至六）

330000－1716－0027953　子補 1667/27953
子部/術數類/相宅相墓之屬

欽定修造吉方立成一卷　（清）恩明等編　清光緒九年（1883）刻本　一冊

330000－1716－0027954　集補 0919/27954
集部/別集類/宋別集

施注蘇詩四十二卷目錄二卷　（宋）蘇軾撰（宋）施元之　（宋）顧禧注　（清）顧嗣立（清）邵長蘅　（清）宋至刪補　**蘇詩續補遺二卷**　（清）馮景補注　**王注正譌一卷**　（清）邵長蘅撰　**東坡先生年譜一卷**　（宋）王宗稷編　清刻本　二冊　存二卷（補遺一至二）

330000－1716－0027959　集補 1029/27959
集部/別集類/清別集

有正味齋試帖詩注八卷　（清）吳錫麒撰（清）吳清學等注　清嘉慶二十三年（1818）刻本　二冊　存四卷（一至二、七至八）

330000－1716－0027960　集補 0920/27960
集部/楚辭類

楚辭燈四卷　（清）林雲銘撰　清刻本　一冊　存二卷（一至二）

330000－1716－0027961　地獻 1854－65/27961　集部/詩文評類/文法之屬/函牘格式

三界改良尺牘教科書二卷　馮華臣撰　清光緒三十三年（1907）上海明達書莊上海彪蒙書社石印本　一冊　存一卷（二）

330000－1716－0027962　地獻 1854－66/27962　集部/詩文評類/文法之屬/函牘格式

最新應用尺牘教科書四卷　杜元炳撰　杜瀚生增訂　清光緒三十三年（1907）上海會文學社石印本　一冊

330000－1716－0027963　集補 1030/27963
集部/總集類/選集之屬/通代

古文辭類纂十五卷　（清）姚鼐輯　**續古文辭類纂十卷**　王先謙輯　清光緒二十年（1894）上海圖書集成印書局鉛印本　二冊　存四卷（續古文辭類纂一至二、五至六）

330000－1716－0027966　新補 0461/27966
子部/雜著類/雜纂之屬

論說啟悟集初編二卷二編四卷三編四卷　程宗啟編　清宣統上海彪蒙書室石印本　一冊

存一卷（二編三）

330000－1716－0027967　集補 1031/27967
集部/別集類/清別集

有正味齋試帖詩注八卷　（清）吳錫麒撰
（清）吳清學等注　清刻本　三冊　存六卷
（三至八）

330000－1716－0027972　集補 1032/27972
集部/總集類/選集之屬/斷代

七家詩選（批點七家詩選箋注）七卷　（清）張
熙宇輯評　（清）張昶編輯　清刻本　二冊
存二種

330000－1716－0027976　地獻 3596/27976
子部/宗教類/道教之屬/戒律

采梁氏勸戒錄不分卷　清末鉛印本　一冊

330000－1716－0027977　地獻 1880－1/
27977　集部/總集類/尺牘之屬

增廣句解尺牘含英初集六卷　（清）石秉楠輯
　清末石印本　一冊　存一卷（六）

330000－1716－0027980　地獻 1880－2/
27980　集部/總集類/尺牘之屬

增廣句解尺牘含英初集六卷　（清）石秉楠輯
　清末越郡奎照樓石印本　一冊　存一卷
（一）

330000－1716－0027981　子補 1668－3/
27981　子部/術數類/命書相書之屬

水鏡集四卷　（清）范騄撰　清經綸堂刻本
三冊　缺一卷（二）

330000－1716－0027983　子補 1219/27983
子部/小說家類/諧謔之屬

增補一夕話六卷　（清）咄咄夫撰　清道光十
二年（1832）經綸堂刻本　二冊　存四卷（一
至四）

330000－1716－0027984　地獻 1880－3/
27984　集部/詩文評類/文法之屬/函牘格式

最新增廣尺牘含英二集不分卷末一卷　（清）
石韞玉輯　清末石印本　一冊　存一卷（末）

330000－1716－0027985　地獻 1880－4/

27985　集部/詩文評類/文法之屬/函牘格式

最新增廣尺牘含英二集不分卷末一卷　（清）
石韞玉輯　清末石印本　一冊　存一卷（末）

330000－1716－0027986　地獻 1880－5/
27986　集部/總集類/尺牘之屬

增廣句解尺牘含英初集六卷　（清）石秉楠輯
　清末石印本　一冊　存一卷（三）

330000－1716－0027988　集補 0921/27988
集部/總集類/氏族之屬

三蘇全集四種　（清）弓翊清等編　清道光七
年至十二年（1827－1832）眉州三蘇祠刻本
三冊　存一種

330000－1716－0027991　集補 1034/27991
集部/別集類/清別集

袁文箋正十六卷補注一卷　（清）袁枚撰
（清）石韞玉箋　**增訂袁文箋正四卷**　（清）魏
大經撰　清光緒上海文瑞樓石印本　一冊
存四卷（增訂袁文箋正一至四）

330000－1716－0027992　經補 0767/27992
經部/小學類/音韻之屬/韻書

增廣詩韻全璧五卷　（清）湯祥瑟輯　**初學檢
韻袖珍一卷**　（清）姚文登輯　**虛字韻藪一卷**
（清）潘維城輯　清光緒十七年（1891）四明
暢懷書屋石印本　一冊　存一卷（初學檢韻
袖珍）

330000－1716－0027994　子補 1669－1/
27994　子部/術數類/命書相書之屬

五星集腋四卷　（清）廖冀亨輯　清刻本　子
敏氏題記　一冊　存一卷（一）

330000－1716－0027995　集補 0922－1/
27995　集部/曲類/曲韻曲譜曲律之屬

納書楹曲譜全集二十二卷　（清）葉堂撰　清
刻本　二冊　存二卷（續集一、四）

330000－1716－0027996　子補 1669－2/
27996　子部/術數類/命書相書之屬

五星集腋四卷　（清）廖冀亨輯　清刻本　二
冊　存二卷（二至三）

330000－1716－0027997　普叢 0316－2/

27997 類叢部/叢書類/彙編之屬

埽葉山房叢鈔二十六種 （清）席威編 清同治至光緒刻光緒九年（1883）彙印本 施煒題記 五冊 存一種

330000 – 1716 – 0028002 集補 0922 – 2/ 28002 集部/曲類/曲韻曲譜曲律之屬

納書楹曲譜全集二十二卷 （清）葉堂撰 清刻本 一冊 存一卷（補遺一）

330000 – 1716 – 0028003 地獻 1882 – 1/ 28003 子部/雜著類/雜纂之屬

桂宮梯六卷附錄一卷續附錄一卷 （清）徐謙輯 **桂宮梯音釋一卷** （清）張偉增訂 清道光十八年（1838）刻本 四冊

330000 – 1716 – 0028004 地獻 3599/28004 子部/術數類/陰陽五行之屬

推背圖說一卷 題（唐）袁天罡撰 （唐）李淳風注 清抄本 許照香題記 四冊

330000 – 1716 – 0028007 子補 1670/28007 子部/儒家類/儒學之屬/蒙學

聚奎堂日記故事四卷 清刻本 一冊

330000 – 1716 – 0028015 集補 1480/28015 集部/別集類/清別集

梅莊詩鈔十六卷 （清）華長卿撰 （清）華鼎元輯 清同治八年至九年（1869 – 1870）華氏東觀室都門刻本 一冊 存三卷（一至三）

330000 – 1716 – 0028016 子補 1671/28016 子部/儒家類/儒學之屬/蒙學

尺木堂日記故事四卷 清刻本 錢曜斗題簽 一冊

330000 – 1716 – 0028017 地獻 1882 – 2/ 28017 子部/雜著類/雜纂之屬

桂宮梯六卷末一卷附三戒文一卷 （清）徐謙輯 清光緒三年（1877）紹興刻本 一冊 缺三卷（一至三）

330000 – 1716 – 0028018 集補 0923/28018 集部/別集類/明別集

危太樸文集十卷附錄一卷續集十卷附錄一卷 （明）危素撰 清刻朱印本 一冊 存五卷（七至十、附錄）

330000 – 1716 – 0028023 集補 0608 – 1/ 28023 集部/詩文評類/文法之屬/函牘格式

繪圖商學尺牘教科書二卷 陳端清撰 清光緒三十三年（1907）上海蔣春記書莊、陶林記書莊、文池堂書坊石印本 二冊

330000 – 1716 – 0028028 集補 0924/28028 集部/別集類/清別集

甌北詩鈔二十卷 （清）趙翼撰 清刻本 三冊 存十卷（五言古一至四、七言古五、五言律一至二、七言律五至七）

330000 – 1716 – 0028037 集補 0925/28037 集部/總集類/郡邑之屬

兩浙輶軒續錄五十四卷補遺六卷 （清）潘衍桐輯 清光緒十七年（1891）浙江書局刻本 一冊 存一卷（補遺六）

330000 – 1716 – 0028038 子補 1673/28038 類叢部/類書類/通類之屬

三才略三卷 蔣德鈞輯 **讀史論略一卷** （清）杜詔撰 清末南京李光明莊刻本 一冊

330000 – 1716 – 0028041 集補 0926/28041 集部/別集類/清別集

遜學齋詩鈔十卷 （清）孫衣言撰 清刻本 一冊 存五卷（六至十）

330000 – 1716 – 0028043 地獻 3611/28043 子部/儒家類/儒學之屬/經濟

大學衍義續摘鈔不分卷 （清）強汝詢輯 清末抄本 一冊

330000 – 1716 – 0028044 集補 0610/28044 新學/商務

普通商務應用尺牘教本二卷 （清）葉同春撰 清光緒三十三年（1907）上海翰墨齋書莊石印本 一冊

330000 – 1716 – 0028047 古越 0756/28047 集部/別集類/清別集

盋山文錄八卷詩錄二卷 （清）顧雲撰 清光緒十五年（1889）南京刻本 二冊 缺三卷（文錄四至六）

330000－1716－0028049　　集補 0608－2/28049　集部/詩文評類/文法之屬/函牘格式

繪圖商學尺牘教科書二卷　陳端清撰　清光緒三十三年（1907）上海蔣春記書莊、陶林記書莊、文池堂書坊石印本　一冊　存一卷（一）

330000－1716－0028050　　子補 1668－4/28050　子部/術數類/命書相書之屬

水鏡集四卷　（清）范駥撰　清經綸堂刻本　三冊

330000－1716－0028051　　地獻 1886/28051　子部/雜著類/雜纂之屬

新刻廣輯家緊要日用雜字一卷　清光緒二十一年（1895）浙紹明達書莊刻本　一冊

330000－1716－0028054　　地獻 1887/28054　子部/儒家類/儒學之屬/蒙學

文學初階六卷　杜亞泉編輯　清光緒三十一年（1905）上海商務印書館鉛印本　一冊　存一卷（四）

330000－1716－0028057　　集補 0927/28057　集部/別集類/清別集

定盦文集三卷續集四卷文集補五卷　（清）龔自珍撰　清刻本　一冊　存二卷（文集補一至二）

330000－1716－0028058　　地獻 1888/28058　史部/傳記類/別傳之屬/事狀

周巖告示一卷　（清）周巖撰　清末石印本　一冊

330000－1716－0028059　　地獻 3606/28059　子部/術數類/陰陽五行之屬

賴氏催官理氣第一書一卷　清光緒六年（1880）抄本　一冊

330000－1716－0028063　　地獻 1889/28063　集部/詞類/別集之屬

彊邨詞四卷　朱祖謀撰　清光緒三十一年（1905）刻本　周毅修題簽　一冊

330000－1716－0028068　　地獻 1890/28068　子部/醫家類/方書之屬/單方驗方

醫方湯頭歌訣一卷經絡歌訣一卷　（清）汪昂撰　清光緒二年（1876）浙紹墨潤堂刻本　一冊

330000－1716－0028074　　經補 0774－1/28074　經部/小學類/文字之屬/字書/訓蒙

分類字課圖說八卷　（清）趙金壽輯　清末石印本　四冊　存四卷（五至八）

330000－1716－0028077　　集補 0929/28077　集部/別集類/清別集

養源山房詩鈔六卷詩餘一卷附錄一卷　（清）徐士霖撰　清刻本　一冊　存四卷（五至六、詩餘、附錄）

330000－1716－0028079　　集補 0930/28079　集部/別集類/清別集

無我相齋詩選四卷　（清）何鄰泉撰　（清）周樂編　清道光二十五年（1845）刻本　一冊

330000－1716－0028080　　地獻 3610/28080　集部/別集類/清別集

小倉山房尺牘音注略□□卷　（清）袁枚撰　清末抄本　四冊　存四卷（一至三、九）

330000－1716－0028081　　經補 0775/28081　經部/小學類/文字之屬/字書/字典

霞園廣集雜字二卷　清翰經堂刻本　一冊

330000－1716－0028084　　集補 0931/28084　集部/總集類/課藝之屬

庚辰集五卷附唐人試律說一卷　（清）紀昀輯　清太和堂刻本　一冊　存一卷（唐人試律說）

330000－1716－0028085　　集補 0932/28085　集部/總集類/課藝之屬

知我軒制藝四卷　（清）徐傳冕草　清光緒元年（1875）橫溪刻本　三冊

330000－1716－0028086　　新補 0467/28086　新學/報章

西國近事彙編二十四卷　（美國）林樂知口譯　（清）蔡錫齡筆述　清光緒四年（1878）上海機器製造局鉛印本　二冊　存三卷（一至三）

330000－1716－0028087　新補 0468/28087
新學/學校

浙江法政學堂同學錄不分卷　（清）莫載編
清宣統二年(1910)杭州竹簡齋石印本　雪舫
題記　一冊

330000－1716－0028088　新補 0469/28088
新學/史志/諸國史

歐洲十九世紀史不分卷　（美國）軒利普格質
頓撰　（清）麥鼎華譯　清末鉛印本　一冊

330000－1716－0028089　地獻 3612/28089
經部/小學類/文字之屬

字學分韻二卷　清末抄本　二冊

330000－1716－0028090　新補 0471/28090
子部/天文曆算類/曆法之屬

[光緒]戊申年官商快覽一千種不分卷　清光
緒上海書業公所石印本　一冊

330000－1716－0028091　地獻 3585－2/
28091　子部/術數類

富貴圖一卷　清末抄本　一冊

330000－1716－0028092　集補 0933/28092
集部/總集類/選集之屬/斷代

切問齋文鈔三十卷首一卷　（清）陸燿輯　清
刻本　一冊　存四卷(二十二至二十五)

330000－1716－0028093　新補 0472/28093
子部/天文曆算類/曆法之屬

[光緒]戊申年官商快覽一千種不分卷　清光
緒上海書業公所石印本　一冊

330000－1716－0028094　新補 0473/28094
子部/術數類/陰陽五行之屬

庚戌年官商快覽不分卷　清光緒上海書業公
所石印本　一冊

330000－1716－0028095　善附 0316/28095
史/編年類/斷代之屬

光緒以來繫年要錄不分卷　清光緒稿本
三冊

330000－1716－0028096　集補 0934/28096
集部/楚辭類

楚騷五卷　（戰國）屈原等撰　**附錄一卷**
（漢）司馬遷選　明刻本　一冊　存三卷(四
至五、附錄)

330000－1716－0028098　地獻 3613/28098
集部/詞類/別集之屬

板橋詞鈔一卷　（清）鄭燮撰　清抄本　李平
尚題記　一冊

330000－1716－0028099　地獻 3614/28099
集部/總集類/選集之屬/通代

十家詩鈔不分卷　清抄本　一冊

330000－1716－0028103　普叢 0124－7/
28103　類叢部/叢書類/彙編之屬

秘書二十八種　（清）汪士漢編　清刻本　二
冊　存二種

330000－1716－0028108　集補 0935/28108
集部/總集類/選集之屬/通代

斯文精萃不分卷　（清）尹繼善輯　清刻本
一冊

330000－1716－0028109　地獻 3619/28109
子部/儒家類/儒家之屬

荀子不分卷　（清）汪容甫述　清抄本　一冊

330000－1716－0028110　史補 0727/28110
集部/總集類/課藝之屬

福建試牘不分卷　（清）徐大宗師鑒定　清同
治七年(1868)刻本　一冊

330000－1716－0028111　子補 1679/28111
子部/天文曆算類/曆法之屬

大清光緒三十一年歲次乙巳時憲書一卷　清
光緒刻朱墨套印本　一冊

330000－1716－0028112　善附 0317/28112
集部/別集類/清別集

東湖先生稿一卷　（清）陶秉龍撰　稿本
一冊

330000－1716－0028114　集補 0936/28114
集部/別集類/清別集

遺詩題冊二卷行述一卷墓誌一卷　清刻本
一冊

330000－1716－0028116　　史補 0728/28116
史部/傳記類/總傳之屬
五經典林五十四卷五經古人典林六卷　（清）
何松編　清光緒元年(1875)慈谿何氏刻本
一冊　存三卷(十一至十三)

330000－1716－0028117　　子補 1225/28117
子部/天文曆算類/算書之屬
衍元海鑑十二種附二種　（清）李鏐輯　清光
緒木活字印本　二冊　存二種

330000－1716－0028120　　史補 0729/28120
類叢部/叢書類/彙編之屬
古香齋袖珍十種　清同治至光緒南海孔氏刻
本　一冊　存一種

330000－1716－0028121　　子補 1680/28121
子部/宗教類/佛教之屬
指迷覺悟二卷　清同治十三年(1874)上海翼
化堂刻本　王林題記　一冊

330000－1716－0028123　　史補 0730/28123
史部/詔令奏議類/奏議之屬
**左文襄公奏稿初編三十八卷續編七十六卷三
編六卷**　（清）左宗棠撰　清光緒二十八年
(1902)上海古香閣石印本　一冊　存十卷
(二十八至三十七)

330000－1716－0028126　　地獻 3615/28126
子部/醫家類/溫病之屬/瘟疫
六氣感證要義不分卷　（清）周巖撰　稿本
一冊

330000－1716－0028127　　子補 1744/28127
集部/別集類/清別集
牡丹百詠一卷　（清）蔣廷錫撰　清同治十三
年(1874)刻本　一冊

330000－1716－0028128　　地獻 3616/28128
史部/金石類/石之屬/文字
雙節庵碑記摘抄不分卷　清抄本　一冊

330000－1716－0028131　　子補 1227/28131
集部/總集類/課藝之屬
瑞芝閣天崇名文枕中秘不分卷　（清）張鳳翼
論次　清刻本　二冊

330000－1716－0028132　　史補 0732/28132
史部/地理類/總志之屬/通代
讀史方輿紀要一百三十卷方輿全圖總說四卷
（清）顧祖禹撰　清末鉛印本　一冊　存四
卷(四十二至四十五)

330000－1716－0028134　　集補 1036/28134
集部/總集類/選集之屬/通代
欽定四書文不分卷　（清）方苞輯　清刻本
一冊　存二種

330000－1716－0028136　　集補 0612/28136
集部/詩文評類/文法之屬/函牘格式
最新改良華英尺牘教科書二卷　（清）程文俊
撰　清宣統元年(1909)上海華仁記書莊石印
本　一冊

330000－1716－0028137　　地獻 1458－2/
28137　類叢部/叢書類/自著之屬
章氏遺書二種　（清）章學誠撰　清道光十二
年至十三年(1832－1833)章華紱刻本　一冊
存一種

330000－1716－0028138　　地獻 3620/28138
集部/別集類/清別集
懌老吟草不分卷　清末抄本　一冊

330000－1716－0028139　　子補 1228/28139
子部/醫家類/婦科之屬/通論
竹林寺女科秘方一卷　（清）竹林寺僧撰　清
光緒刻藍印本　一冊

330000－1716－0028141　　地獻 1891－1/
28141　子部/儒家類/儒學之屬/禮教
元宰必讀書不分卷　（清）彭定求撰　清光緒
十五年(1889)會稽謝延泰刻本　一冊

330000－1716－0028143　　地獻 3622/28143
集部/總集類/選集之屬/通代
會稽董氏行餘講舍摘抄不分卷　清抄本
一冊

330000－1716－0028144　　子補 1229/28144
子部/儒家類/儒學之屬
明文針度二集□□卷　清環翠書屋刻本
二冊

330000－1716－0028145　集補 0940/28145　集部/總集類/選集之屬/通代

唐宋八家文讀本三十卷 （清）沈德潛輯　清刻本　四冊　存八卷(二至三、十一至十二、二十七至三十)

330000－1716－0028146　子補 1681/28146　子部/宗教類/道教之屬/雜著

張三丰祖師無根樹詞注解一卷 （清）劉一明注　（清）李西月增解　清刻本　一冊

330000－1716－0028147　史補 0733/28147　集部/總集類/課藝之屬

浙江校士錄不分卷 （清）潘鴻等撰　清刻本　二冊

330000－1716－0028149　子補 1230/28149　子部/兵家類

標題評釋武經七書 （明）陳元素編　明刻本　一冊　存二種

330000－1716－0028150　史補 0734/28150　史部/史抄類

鑑撮四卷 （清）曠敏本撰　**使奉紀勝一卷**（清）陳階平撰　**讀史論略一卷** （清）杜詔撰　清刻本　二冊　存二卷(一、讀史論略)

330000－1716－0028151　集補 0941/28151　集部/別集類/清別集

獨善堂文集八卷 （清）王大經撰　（清）周右編　清嘉慶二十二年(1817)周右春暉堂刻本　二冊　存四卷(一至四)

330000－1716－0028153　普叢 0131－3/28153　類叢部/叢書類/彙編之屬

借月山房彙鈔十六集一百三十九種 （清）張海鵬編　清嘉慶十一年至十七年(1806－1812)虞山張氏刻增修本　一冊　存一種

330000－1716－0028154　子補 1682－1/28154　子部/宗教類/道教之屬/戒律

太上感應篇一卷 清刻本　一冊

330000－1716－0028156　子補 1682－2/28156　子部/宗教類/道教之屬/戒律

太上感應篇一卷 清刻本　一冊

330000－1716－0028159　普叢 0223－13/28159　類叢部/叢書類/自著之屬

西堂全集 （清）尤侗撰　清刻本　一冊　存一種

330000－1716－0028161　子補 1683/28161　子部/宗教類/道教之屬

感應篇圖說八卷 （清）黃正元輯　（清）毛金蘭補　清刻本　一冊　存一卷(二)

330000－1716－0028162　史補 0735/28162　史部/編年類/通代之屬

御撰資治通鑑綱目三編二十卷 （清）張廷玉等撰　清刻本　一冊　存三卷(七至九)

330000－1716－0028163　集補 0942/28163　集部/總集類/氏族之屬

合諸名家評注三蘇文選十八卷 （宋）蘇洵（宋）蘇軾（宋）蘇轍撰　（明）楊慎輯（明）李維楨評注　清刻本　一冊　存二卷(十七至十八)

330000－1716－0028164　地獻 3623/28164　子部/儒家類/儒學之屬

學篇不分卷 清抄本　一冊

330000－1716－0028170　史補 0736/28170　史部/地理類/總志之屬/通代

地學歌略一卷 葉瀚　葉瀾撰　清光緒刻本　一冊

330000－1716－0028172　子補 1684/28172　子部/宗教類/佛教之屬

醒迷錄不分卷 （清）羅狀元撰　清刻本　一冊

330000－1716－0028173　史補 0737/28173　史部/傳記類/科舉錄之屬/歷科鄉試錄

[道光拾玖年己亥科]浙江鄉試錄不分卷 清道光刻本　一冊

330000－1716－0028174　地獻 1521－1/28174　集部/總集類/尺牘之屬

尺牘句解初集三卷二集三卷 （清）桃花館主編　（清）少溪氏選注　清末浙紹聚奎堂石印本　七冊

330000－1716－0028176　子補 1685/28176
子部/宗教類/佛教之屬/經

諸經集四卷　清同治十一年(1872)西湖昭慶
經房刻本　陶玉如題記　一冊

330000－1716－0028177　經補 0784/28177
經部/小學類/文字之屬/字書/訓蒙

澄衷蒙學堂字課圖說四卷檢字一卷類字一卷
　(清)劉樹屏撰　(清)吳子城繪圖　清光緒
三十二年(1906)石印本　八冊

330000－1716－0028179　地獻 1321－39/
28179　集部/別集類/清別集

水香書屋試艸不分卷　(清)李應煌撰　清水
香書屋刻本　一冊

330000－1716－0028180　經補 0785/28180
經部/小學類/文字之屬/字書/訓蒙

澄衷蒙學堂字課圖說四卷檢字一卷類字一卷
　(清)劉樹屏撰　(清)吳子城繪圖　清光緒
三十二年(1906)石印本　七冊

330000－1716－0028182　地獻 3625/28182
子部/宗教類/佛教之屬

觀音大士得道壬申寶懺二卷　清光緒二十八
年(1902)抄本　一冊

330000－1716－0028183　子補 1686/28183
子部/宗教類/道教之屬/經文

三聖真經不分卷　清光緒十八年(1892)上海
鴻寶齋石印本　一冊

330000－1716－0028184　集補 0944/28184
集部/總集類/課藝之屬

目耕小題不分卷　(清)沈叔眉編次　清刻本
　一冊

330000－1716－0028185　史補 0738/28185
史部/金石類/金之屬/文字

積古齋鐘鼎彝器款識十卷　(清)阮元　(清)
朱為弼撰　清刻本　清苕舫題記　三冊　存
七卷(一至四、八至十)

330000－1716－0028187　地獻 3627/28187
史部/傳記類/日記之屬

日記不分卷　(清)□□撰　稿本　一冊

330000－1716－0028188　集補 0945/28188
類叢部/類書類/專類之屬

五經文府不分卷　(清)鴻寶齋輯　清末石印
本　一冊　存書經

330000－1716－0028189　地獻 3628/28189
史部/政書類/儀制之屬

祭禮不分卷　清光緒抄本　一冊

330000－1716－0028190　地獻 3629/28190
子部/宗教類/佛教之屬/經

金剛般若波羅蜜經一卷　(後秦)釋鳩摩羅什
譯　清末抄本　一冊

330000－1716－0028191　地獻 1376－7/
28191　史部/政書類/律令之屬/律例

大清律例增修統纂集成四十卷　(清)姚潤輯
　清刻本　三冊　存六卷(二至三、二十至二
十二、三十五)

330000－1716－0028192　地獻 1376－8/
28192　史部/政書類/律令之屬/律例

大清律例增修統纂集成四十卷　(清)姚潤輯
　清刻本　七冊　存十四卷(八、十一至二十
三)

330000－1716－0028194　子補 0001－72/
28194　子部/藝術類/書畫之屬/畫譜

芥子園畫傳四集四卷　(清)丁皋等撰輯　**芥
子園圖章會纂一卷**　(清)李漁撰　清刻本
二冊　存二卷(一、四)

330000－1716－0028195　地獻 1376－9/
28195　史部/政書類/律令之屬/律例

大清律例增修統纂集成四十卷　(清)姚潤輯
　清刻本　七冊　存十卷(五、八、十三至十
七、二十四至二十五、二十九)

330000－1716－0028197　子補 0001－73/
28197　子部/藝術類/書畫之屬/畫譜

芥子園畫傳四集四卷　(清)丁皋等撰輯　**芥
子園圖章會纂一卷**　(清)李漁撰　清刻本
四冊　缺一卷(芥子園圖章會纂)

330000－1716－0028198　地獻 1376－10/
28198　史部/政書類/律令之屬/律例

大清律例增修統纂集成四十卷附督捕則例附纂二卷 （清）姚潤輯 （清）陶駿 （清）陶念霖增輯 清刻本 四冊 存五卷（一、四、三十,督捕則例一至二）

330000－1716－0028200 地獻3632/28200
集部/別集類/清別集

薺園詩詞文稿一卷 清末抄本 一冊

330000－1716－0028201 地獻1376－11/28201 史部/政書類/律令之屬/律例

大清律例增修統纂集成四十卷 （清）姚潤輯 清刻本 二冊 存四卷（二十七至二十八、三十一至三十二）

330000－1716－0028205 普經0961－2/28205 經部/詩類/傳說之屬

詩經集傳八卷 （宋）朱熹撰 清慎詒堂刻本 二冊 存五卷（四至八）

330000－1716－0028207 集補1037/28207
集部/別集類/清別集

李習之先生文讀十卷 （清）高澍然撰 清同治十年（1871）福州刻本 三冊 存七卷（一至三、七至十）

330000－1716－0028209 經補0787/28209
經部/叢編

五經四書讀本 （清）□□輯 清刻本 一冊 存一種

330000－1716－0028210 子補1687/28210
子部/天文曆算類/算書之屬

董方立遺書八種 （清）董祐誠撰 清同治八年（1869）董貽清成都刻本 一冊 存二種

330000－1716－0028211 集補1038/28211
類叢部/叢書類/自著之屬

養餘齋全集四種附三種 （清）柳樹芳撰 清道光勝溪草堂刻本 一冊 存一種

330000－1716－0028213 集補1039/28213
集部/詞類/別集之屬

荔園詞二卷 （清）徐本立撰 清同治十年（1871）徐本立刻本 一冊

330000－1716－0028214 經補0788/28214
經部/叢編

五經四書讀本 （清）□□輯 清刻本 一冊 存一種

330000－1716－0028215 史補0740/28215
史部/傳記類/總傳之屬

中興將帥別傳三十卷 朱孔彰撰 清光緒刻本 一冊 存三卷（七至九）

330000－1716－0028216 經補0789/28216
經部/叢編

五經四書讀本 （清）□□輯 清遵義堂刻本 二冊 存二種

330000－1716－0028217 集補1040/28217
集部/別集類/唐五代別集

重訂李義山詩集箋注三卷集外詩箋注一卷 （唐）李商隱撰 （清）朱鶴齡箋注 （清）程夢星刪補 附年譜一卷詩話一卷 （清）程夢星輯 清乾隆八年（1743）東柯草堂刻十一年（1746）印本 一冊 存二卷（年譜、詩話）

330000－1716－0028218 集補0947/28218
集部/別集類/清別集

香草箋偶注二卷 （清）黃任撰 （清）寄閒軒主人注 清寄閒軒刻本 一冊

330000－1716－0028220 子補1688/28220
子部/天文曆算類/算書之屬

九數通考十一卷首一卷末一卷 （清）屈曾發撰 清刻本 三冊 缺四卷（三至五、首）

330000－1716－0028221 經補0790/28221
經部/叢編

五經四書讀本 （清）□□輯 清刻本 一冊 存一種

330000－1716－0028222 史補0741/28222
史部/傳記類/別傳之屬

宜堂類編二十五卷 丁立中編 清光緒二十六年（1900）錢塘丁氏嘉惠堂刻本 二冊 存五卷（輓聯、祭文、碑誌、松存先生遺事詩、遺事圖詠）

330000－1716－0028223 經補0791/28223

經部/叢編

十三經讀本一百五十二卷 （清）□□編　清
尺木堂刻本　一冊　存一種

330000－1716－0028225　集補 0948/28225
集部/總集類/選集之屬/通代

**文章游戲初編八卷二編八卷三編八卷四編八
卷** （清）繆艮輯　清刻本　一冊　存二卷
（初編三至四）

330000－1716－0028226　地獻 3633/28226
史部/傳記類/總傳之屬/斷代

唐代人物傳記不分卷　清抄本　三冊

330000－1716－0028227　集補 0949/28227
集部/詞類/詞譜之屬

詞律二十卷 （清）萬樹撰　**詞律拾遺八卷**
（清）徐本立撰　**詞律補遺一卷** （清）杜文瀾
撰　清光緒石印本　一冊　存二卷（拾遺一
至二）

330000－1716－0028228　集補 0618－2/
28228　集部/總集類/尺牘之屬

普通尺牘全璧八卷　西湖俠漢輯　清光緒三
十四年（1908）上海商業書局石印本　三冊
存三卷（一、三、八）

330000－1716－0028229　地獻 3634/28229
集部/別集類/清別集

大雲山房選集不分卷 （清）惲敬撰　清抄本
　一冊

330000－1716－0028233　地獻 3635/28233
子部/藝術類/遊藝之屬/聯語

對聯纂要一卷　清抄本　一冊

330000－1716－0028234　集補 0620/28234
集部/總集類/尺牘之屬

普通應用白話尺牘初編二卷　清宣統二年
（1910）石印本　二冊

330000－1716－0028235　地獻 1854－73/
28235　集部/詩文評類/文法之屬/函牘格式

最新商務尺牘教科書正集二卷續集二卷　周
天鵬撰　清光緒三十四年（1908）浙紹奎照樓
書坊上海會文學社石印本　一冊　存二卷

（續集一至二）

330000－1716－0028236　地獻 1854－74/
28236　集部/詩文評類/文法之屬/函牘格式

最新商務尺牘教科書正集二卷續集二卷　周
天鵬撰　清光緒浙紹奎照樓書坊上海會文學
社石印本　一冊　存一卷（續集二）

330000－1716－0028238　地獻 3636/28238
史部/史評類/史論之屬

王船山談通鑑論摘抄一卷 （清）王夫之撰
清抄本　一冊

330000－1716－0028239　經補 0792/28239
經部/叢編

五經四書讀本 （清）□□輯　清刻本　四冊
　存三種

330000－1716－0028241　子補 1689/28241
子部/藝術類/書畫之屬/畫譜

點石齋叢畫十卷　尊聞閣主人輯　清光緒十
一年（1885）上海點石齋石印本　六冊　缺三
卷（七至九）

330000－1716－0028243　子補 1691/28243
子部/藝術類/遊藝之屬/雜藝

七巧圖式□□卷　清末石印本　一冊　存一
卷（下）

330000－1716－0028244　子補 1692/28244
子部/藝術類/遊藝之屬/雜藝

七巧圖合璧一卷　清光緒三年（1877）大成堂
刻本　一冊

330000－1716－0028245　子補 1693/28245
子部/宗教類/道教之屬/雜著

玉律金科一卷　清刻本　一冊

330000－1716－0028246　經補 0793/28246
經部/四書類/總義之屬/傳說

繪圖四書速成新體讀本十九卷　王有宗　施
崇恩校訂　清光緒三十一年（1905）彪蒙書室
石印本　一冊　存一卷（大學）

330000－1716－0028247　經補 0794/28247
經部/四書類/總義之屬/傳說

中庸直指一卷大學直指一卷 （清）釋智旭撰
清刻本 一冊

330000－1716－0028248 地獻 3637/28248
子部/儒家類/儒學之屬

儒學摘抄一卷 清蓉公抄本 一冊

330000－1716－0028250 史補 0742/28250
史部/傳記類/科舉錄之屬/歷科鄉試錄

[咸豐二年壬子科]浙江鄉試錄不分卷 清咸
豐二年(1852)刻本 一冊

330000－1716－0028252 地獻 3638/28252
史部/傳記類/總傳之屬/郡邑

清史稿山會人物摘錄一卷 清末抄本 鐵扇
公主題簽 一冊

330000－1716－0028253 地獻 1854－75/
28253 集部/詩文評類/文法之屬/函牘格式

最新商務尺牘教科書正集二卷續集二卷 周
天鵬撰 清光緒浙紹奎照樓書坊上海會文學
社石印本 陳昌立題簽並記 一冊 存一卷
(正集一)

330000－1716－0028257 子補 1694/28257
子部/藝術類/書畫之屬

書苑菁華二十卷 （宋）陳思輯 清末石印本
一冊 存十卷(十一至二十)

330000－1716－0028258 史補 0743/28258
史部/地理類/專志之屬/古跡

申江勝景圖二卷 （清）吳友如繪 清光緒十
年(1884)上海點石齋石印本 一冊 存一卷
(上)

330000－1716－0028260 地獻 3639/28260
子部/儒家類/儒學之屬

子曰片言不分卷 清抄本 一冊

330000－1716－0028261 史補 0744/28261
史部/政書類/通制之屬

三通序不分卷 （清）吳巖輯 （清）康綸筠校
清道光十三年(1833)江夏周恭壽刻本 一
冊 存一卷(通志)

330000－1716－0028262 子補 1695/28262

類叢部/類書類/通類之屬

千金裘初集二十七卷二集二十六卷 （清）蔣
義彬 （清）徐元麟輯 清刻本 一冊 存九
卷(初集十二至二十)

330000－1716－0028263 子補 1696/28263
子部/雜著類/雜考之屬

鋤經書舍零墨四卷 （清）黃協塤撰 清光緒
四年(1878)鉛印申報館叢書本 堯章題記並
批 一冊 存二卷(一至二)

330000－1716－0028264 地獻 1854－76/
28264 集部/詩文評類/文法之屬/函牘格式

最新商務尺牘教科書正集二卷續集二卷 周
天鵬撰 清光緒三十三年(1907)浙紹奎照樓
書坊上海會文學社石印本 一冊 存二卷
(正集一至二)

330000－1716－0028265 集補 0951/28265
集部/總集類/選集之屬/通代

賦學正鵠集釋十一卷 （清）李元度輯 清刻
本 一冊 存二卷(四至五)

330000－1716－0028267 地獻 3640/28267
子部/雜著類/雜纂之屬

光悟錄□□卷 清抄本 一冊 存一卷(二)

330000－1716－0028268 地獻 1895/28268
子部/儒家類/儒學之屬/蒙學

奎照樓唐詩便蒙二卷 清浙紹奎照樓刻本
一冊 存一卷(二)

330000－1716－0028269 子補 1698/28269
子部/藝術類/遊藝之屬/詩鐘

蘭湄幻墨前編一卷後編一卷幻墨内集古及諸
隱撮鈔一卷 （清）華彬撰 清末石印本
五冊

330000－1716－0028271 經補 0795/28271
經部/叢編

五經體注大全七十二卷 （清）嚴氏家塾主人
輯 清刻本 六冊 存八卷(易經一,書經
一、四至六,禮記一至二,春秋三)

330000－1716－0028274 集補 1041/28274
集部/別集類/清別集

樗伴山房詩草三卷　（清）羅熙典撰　清刻本
　　二冊　存二卷（二至三）

330000－1716－0028275　史補 0746/28275
史部/傳記類/別傳之屬/事狀
抱冰堂弟子記一卷　清光緒鉛印本　一冊

330000－1716－0028276　普類 0118－1/
28276　類叢部/類書類/通類之屬
角山樓增補類腋六十七卷　（清）姚培謙輯
（清）趙克宜增輯　清光緒十四年（1888）上海
點石齋石印本　四冊　存四十卷（天部一至
八、地部一至二十四、人部一至八）

330000－1716－0028277　經補 0796/28277
經部/叢編
五經體注大全七十二卷　（清）嚴氏家塾主人
輯　清乾隆五十年（1785）金閶書業堂刻本
　　二冊　存二卷（春秋一、三）

330000－1716－0028278　普類 0117－1/
28278　子部/雜家類/雜說之屬
古學萬花谷八卷　（清）駢瑜堂主人編　清刻
本　二冊　存三卷（二至三、六）

330000－1716－0028279　地獻 1955－1/
28279　經部/易類/傳說之屬
周易本義四卷首一卷　（宋）朱熹撰　清浙紹
奎照樓刻本　一冊　缺三卷（二至四）

330000－1716－0028284　經補 0797/28284
經部/叢編
五經體注大全七十二卷　（清）嚴氏家塾主人
輯　清刻本　七冊　存十卷（易經一，書經
一、四至六，詩經六至八，春秋一、三）

330000－1716－0028286　普類 0118－2/
28286　類叢部/類書類/通類之屬
角山樓增補類腋六十七卷　（清）姚培謙輯
（清）趙克宜增輯　清末石印本　一冊　存八
卷（人部一至八）

330000－1716－0028288　集補 1042/28288
集部/總集類/課藝之屬
崇文書院課藝十集不分卷　（清）許承綬
（清）姚巳元編　清光緒二十年（1894）刻本

二冊

330000－1716－0028290　集補 1043/28290
集部/總集類/課藝之屬
崇文書院課藝六集不分卷　清刻本　五冊

330000－1716－0028292　經補 0798/28292
經部/叢編
五經四書讀本　（清）□□輯　清刻本　一冊
　　存一種

330000－1716－0028293　集補 0953/28293
集部/總集類/課藝之屬
新科墨楷不分卷　清刻本　一冊

330000－1716－0028295　集補 1044/28295
集部/別集類/清別集
曲園課孫草一卷　（清）俞樾撰　清李光明莊
刻本　二冊

330000－1716－0028298　集補 1045/28298
集部/別集類/清別集
劍虹居試帖一卷　（清）秦煥撰　清刻本
一冊

330000－1716－0028299　經補 0800/28299
經部/四書類/論語之屬/傳說
二論詳解四卷　（清）劉忠輯　清宣統元年
（1909）上海鍊石齋書局石印本　四冊

330000－1716－0028301　集補 0954/28301
集部/總集類/課藝之屬
延經堂塾課不分卷　（清）朱鴻儒輯　清道光
二十五年（1845）文星堂刻本　一冊

330000－1716－0028304　善附 0319/28304
史部/載記類
越州紀略一卷　清咸豐三年（1853）惠迪吉齋
主人抄本　一冊

330000－1716－0028306　地獻 3643/28306
子部/宗教類/佛教之屬/經
佛說高王觀世音經一卷　清末山陰韓少軒抄
本　一冊

330000－1716－0028308　古越 0597/28308
類叢部/叢書類/家集之屬

侯官陳氏遺書　（清）陳壽祺　（清）陳喬樅撰
清嘉慶至同治三山陳氏刻本　五十六冊
存十一種

330000－1716－0028310　集補 1047/28310
集部/總集類/選集之屬/斷代
七家試帖輯注彙鈔九卷　（清）張熙宇輯評
（清）王植桂輯注　清刻本　三冊　存二種

330000－1716－0028311　地獻 3644/28311
史部/政書類/公牘檔冊之屬
案宗一卷　清抄本　一冊

330000－1716－0028312　子補 1699－1/
28312　子部/雜著類/雜纂之屬
勸戒近録初二三編合鈔十六卷四編摘鈔一卷
五録六卷六録六卷七録六卷八録六卷九録六
卷十録六卷　（清）梁恭辰撰　清光緒六年
(1880)許閒山館刻民國四年(1915)紹城龍山
誠一社印本　十六冊

330000－1716－0028313　譜 0251/28313　史
部/政書類/公牘檔冊之屬
錢氏施食牌位簿一卷　清光緒十三年(1887)
嘉德靜抄本　一冊

330000－1716－0028314　子補 1699－2/
28314　子部/雜著類/雜纂之屬
勸戒近録初二三編合鈔十六卷四編摘鈔一卷
五録六卷六録六卷七録六卷八録六卷九録六
卷十録六卷　（清）梁恭辰撰　清光緒六年
(1880)許閒山館刻民國四年(1915)紹城龍山
誠一社印本　十五冊　缺三卷(八録四至六)

330000－1716－0028315　地獻 3645/28315
史部/目録類/總録之屬/私撰
藏書目録一卷　清末抄本　一冊

330000－1716－0028316　史補 0747/28316
史部/目録類/總録之屬/官修
浙江採集遺書總録十一卷　（清）沈初等輯
清刻本　一冊　存一卷(乙)

330000－1716－0028320　地獻 3647/28320
子部/天文曆算類/算書之屬
乘法應用問題一卷　清末抄本　吳德安題記

一冊

330000－1716－0028322　地獻 3648/28322
集部/戲劇類/雜劇之屬
第六才子書□□卷　（元）王實甫　（元）關漢
卿撰　（清）金人瑞評　清光緒九年(1883)山
陰築亭氏抄本　一冊　存十卷(十一至二十)

330000－1716－0028324　集補 0955/28324
子部/雜著類/雜說之屬
天崇文龍讐一集不分卷　清刻本　二冊

330000－1716－0028325　地獻 1900/28325
集部/總集類/課藝之屬
新制舉利器不分卷　壽鵬飛撰　清光緒二十
八年(1902)潛廬刻本　二冊

330000－1716－0028326　地獻 1901/28326
集部/別集類/宋別集
放翁詩選四卷首一卷　（宋）陸游撰　（清）王
復禮輯　清刻本　一冊　存二卷(三至四)

330000－1716－0028327　地獻 3649/28327
集部/總集類/謠諺之屬
諺語不分卷　清末抄本　一冊

330000－1716－0028330　集補 0956/28330
集部/別集類/清別集
芙蓉山館詩鈔八卷詩補鈔一卷詞鈔二卷文鈔
一卷　（清）楊芳燦撰　清刻本　一冊　存二
卷(詞鈔一至二)

330000－1716－0028331　譜 0253/28331　史
部/政書類/公牘檔冊之屬
黃氏分書一卷　（清）金氏　（清）黃氏立　清
同治十二年(1873)抄本　德彭題記　一冊

330000－1716－0028332　經補 0803/28332
經部/四書類/總義之屬/傳說
繪圖四書速成新體讀本十九卷　王有宗　施
崇恩校訂　清光緒三十一年(1905)彪蒙書室
石印本　三冊　存四卷(大學、中庸一至二、
孟子六)

330000－1716－0028333　地獻 1902/28333
集部/別集類/清別集

通雅堂詩鈔箋注十卷首一卷續集箋注二卷附薑露盦詩話一卷 （清）施山撰 施煌箋注 清光緒石印本 一冊 存三卷（詩鈔箋注八至九、續集箋注一）

330000－1716－0028334 集補 1517－8/28334 集部/總集類/選集之屬/通代
繪像正文千家詩二卷五家千家詩二卷 清李光明莊刻本 二冊

330000－1716－0028336 子補 1699－4/28336 子部/雜著類/雜纂之屬
勸戒近錄初二三編合鈔十六卷四編摘鈔一卷五錄六卷六錄六卷七錄六卷八錄六卷九錄六卷十錄六卷 （清）梁恭辰撰 清光緒六年（1880）許閒山館刻本 七冊 存二十五卷（近錄一至十三、六錄一至六、八錄一至六）

330000－1716－0028337 地獻 1377－2/28337 子部/醫家類/綜合之屬/通論
慎疾芻言一卷 （清）徐大椿撰 隨山宇方鈔甲編一卷 （清）汪曰楨撰 清光緒十一年（1885）經畬書屋刻本 一冊

330000－1716－0028338 子補 1699－5/28338 子部/雜著類/雜纂之屬
勸戒近錄初二三編合鈔十六卷四編摘鈔一卷五錄六卷六錄六卷七錄六卷八錄六卷九錄六卷十錄六卷 （清）梁恭辰撰 清光緒七年至十年（1881－1884）蔭綠軒刻本 十冊 存三十卷（五錄一至六、六錄一至六、七錄一至六、八錄一至六、九錄一至六）

330000－1716－0028339 集補 1358－3/28339 集部/總集類/選集之屬/通代
新注得月樓甲編不分卷乙編不分卷丙編不分卷丁編不分卷 （清）張元瀬選評 （清）耿覲文 （清）茅謙箋注 清刻本 一冊

330000－1716－0028340 集補 0957/28340 集部/總集類/郡邑之屬
嘉定四先生集（嘉定四君集）八十七卷 （明）謝三賓輯 明崇禎刻清康熙三十三年（1694）陸廷燦重修本 一冊 存四卷（松圓浪淘集十五至十八）

330000－1716－0028341 經補 0804/28341 經部/叢編
十三經讀本一百五十二卷 （清）□□編 清末石印本 一冊 存一種

330000－1716－0028348 經補 0805/28348 經部/小學類/文字之屬/字書/字體
鐘鼎字源五卷附錄一卷 （清）汪立名撰 清刻本 一冊 存三卷（三至五）

330000－1716－0028349 集補 1520－2/28349 集部/總集類/選集之屬/斷代
宋四名家詩 （清）周之鱗 （清）柴升編 清刻本 一冊 存一種

330000－1716－0028350 集補 0958/28350 集部/別集類/清別集
咸陟堂文集二十五卷文二集八卷賦集一卷詩集十七卷詩二集六卷 （清）釋成鷲撰 清刻本 二冊 存三卷（一至二、詩二集一）

330000－1716－0028351 地獻 3653/28351 子部/宗教類/道教之屬
煉度玄科一卷 清末抄本 一冊

330000－1716－0028353 史補 0752/28353 史部/傳記類/別傳之屬/事狀
誥封光祿大夫丹林沈公［廷楓］行述一卷 （清）沈葆楨 沈輝宗述 清同治十年（1871）刻本 一冊

330000－1716－0028355 地獻 3654/28355 集部/總集類/選集之屬/斷代
唐詩三百首不分卷 （清）孫洙編 清抄本 一冊

330000－1716－0028357 史補 0753/28357 史部/史表類/通代之屬
歷代政要表二卷 （清）胡子清編 清光緒二十九年（1903）長沙刻本 一冊 缺一卷（上）

330000－1716－0028359 子補 1699－6/28359 子部/雜著類/雜纂之屬
勸戒近錄初二三編合鈔十六卷四編摘鈔一卷五錄六卷六錄六卷七錄六卷八錄六卷九錄六卷十錄六卷 （清）梁恭辰撰 清光緒刻本

十二冊　存四十卷(一至十六、五録一至六、
六録四至六、七録一至三、八録四至六、九録
一至三、十録一至六)

330000 – 1716 – 0028362　史補 0755/28362
集部/別集類/清別集

不亦春屋試草一卷　(清)余燧撰　清刻本
一冊

330000 – 1716 – 0028365　譜 0254/28365　史
部/政書類/公牘檔冊之屬

沈氏分書一卷　(清)沈介豐立　清道光二十
五年(1845)抄本　一冊

330000 – 1716 – 0028367　集補 0008 – 83/
28367　集部/小說類/長篇之屬

東周列國全志二十三卷一百八回　(清)蔡奡
評點　清刻本　七冊　存七卷(一、三至六、
十四、十九)

330000 – 1716 – 0028369　集補 1051/28369
集部/別集類

樊山集八十一卷　樊增祥撰　清光緒十九年
(1893)渭南縣署刻本　一冊　存四卷(樊山
批判十一至十四)

330000 – 1716 – 0028370　史補 0756/28370
集部/總集類/選集之屬/斷代

南宋襍事詩七卷　(清)沈嘉轍等撰　清道光
九年(1829)扶荔山房刻本　一冊　存二卷
(六至七)

330000 – 1716 – 0028372　地獻 3655/28372
集部/別集類/清別集

四松草堂詩略四卷　(清)宗韶撰　清光緒三
十年(1904)上海新昌書局鉛印本　唐風題記
一冊　存一卷(四)

330000 – 1716 – 0028377　地獻 1854 – 77/
28377　集部/詩文評類/文法之屬/函牘格式

最新商務尺牘教科書正集二卷續集二卷　周
天鵬撰　清光緒三十二年(1906)浙紹奎照樓
書坊上海會文學社石印本　二冊　存二卷
(正集一至二)

330000 – 1716 – 0028378　普叢 0208 – 1/

28378　類叢部/叢書類/自著之屬

紀慎齋先生全集十二種續集七種　(清)紀大
奎撰　清嘉慶十三年至咸豐二年(1808 –
1852)刻本　三冊　存續集一種

330000 – 1716 – 0028379　普叢 0208 – 2/
28379　類叢部/叢書類/自著之屬

紀慎齋先生全集十二種續集七種　(清)紀大
奎撰　清嘉慶十三年至咸豐二年(1808 –
1852)刻本　一冊　存續集一種

330000 – 1716 – 0028380　譜 0257/28380　史
部/傳記類/總傳之屬/家乘

[浙江上虞]上虞陳氏家譜一卷　(清)陳堯則
等纂修　稿本　一冊

330000 – 1716 – 0028383　普集 1765/28383
集部/總集類/選集之屬/斷代

唐四家詩八卷　(清)汪立名編　清康熙刻本
一冊　存一種

330000 – 1716 – 0028384　經補 0809 – 1/
28384　經部/小學類/音韻之屬/等韻

李氏音鑑六卷首一卷　(清)李汝珍撰　清光
緒十四年(1888)蘇州掃葉山房刻本　四冊

330000 – 1716 – 0028385　普叢 0209 – 2/
28385　類叢部/叢書類/彙編之屬

雲自在龕叢書五集十九種　繆荃孫輯　清光
緒江陰繆氏刻本　一冊　存一種

330000 – 1716 – 0028386　集補 0634/28386
集部/總集類/尺牘之屬

普通應用商務尺牘教本十三卷　商務夜學堂
編　清光緒三十四年(1908)上海教育圖書館
石印本　三冊

330000 – 1716 – 0028387　子補 1233/28387
子部/醫家類/兒科之屬/痘疹

增補秘傳痘疹玉髓金鏡錄真本四卷圖像一卷
(明)翁仲仁撰　(清)仇天一參閱　清嘉慶
二十一年(1816)姑蘇講德齋刻本　一冊　缺
二卷(三至四)

330000 – 1716 – 0028391　子補 1234/28391
子部/醫家類/類編之屬

婦嬰至寶三種六卷　（清）徐尚慧編　清道光
十一年(1831)刻本　一冊

330000－1716－0028392　子補1235/28392
子部/農家農學類/總論之屬

重訂增補陶朱公致富全書四卷　（明）陳繼儒
輯　（清）石巖逸叟增補　清乾隆四十九年
(1784)蔚文堂刻本　一冊　存二卷(一至二)

330000－1716－0028393　地獻1440－6/
28393　集部/別集類/明別集

王陽明先生全集十六卷　（明）王守仁撰
（清）王貽樂編　（清）陶潯霍批評　清刻本
一冊　存一卷(十二)

330000－1716－0028396　地獻1738－2/
28396　子部/雜著類/雜說之屬

金罍子上篇二十卷中篇十二卷下篇十二卷
（明）陳絳撰　（明）陳昱輯　明萬曆三十四年
(1606)陳昱刻本　二冊　存六卷(上篇十四
至十五、十七至二十)

330000－1716－0028397　地獻1547－7/
28397　史部/金石類/石之屬/文字

思古齋雙鉤漢碑篆額三卷　（清）何澂輯　清
光緒九年(1883)刻本　一冊　存一卷(一)

330000－1716－0028398　地獻1547－8/
28398　史部/金石類/石之屬/文字

思古齋雙鉤漢碑篆額三卷　（清）何澂輯　清
光緒九年(1883)刻本　二冊　缺一卷(二)

330000－1716－0028399　地獻1547－9/
28399　史部/金石類/石之屬/文字

思古齋雙鉤漢碑篆額三卷　（清）何澂輯　清
光緒九年(1883)刻本　一冊　存一卷(二)

330000－1716－0028402　集補1052－2/
28402　集部/總集類/選集之屬/通代

古文析義十六卷　（清）林雲銘輯注　清務本
堂刻本　六冊　存六卷(一、八至十、十三、十
六)

330000－1716－0028403　史補0757－1/
28403　類叢部/叢書類/自著之屬

施愚山先生全集五種附一種　（清）施閏章撰

清石印本　一冊　存一種

330000－1716－0028404　經補0810－1/
28404　經部/孝經類/傳說之屬

孝經一卷弟子職一卷　（清）任兆麟集注　清
刻本　一冊

330000－1716－0028405　史補0757－2/
28405　類叢部/叢書類/自著之屬

施愚山先生全集五種附一種　（清）施閏章撰
清石印本　一冊　存一種

330000－1716－0028406　子補1237－1/
28406　子部/儒家類/儒學之屬/蒙學

心遠堂新編小學纂注六卷附小學句讀一卷
（清）高愈注　文公朱夫子年譜一卷　題(宋)
李方子撰　清嘉慶二十二年(1817)金閶文萃
堂刻本　四冊

330000－1716－0028408　普類0110－1/
28408　類叢部/類書類/專類之屬

新鐫校正詳注分類百子金丹全書十卷　（明）
郭偉選注　（明）郭中吉編　（明）王星聚校訂
清光緒二十年(1894)上海袖海山房石印本
一冊　存一卷(六)

330000－1716－0028409　子補1237－2/
28409　子部/儒家類/儒學之屬/蒙學

小學纂注六卷　（清）高愈注　文公朱夫子年
譜一卷　題(宋)李方子撰　清同治十一年
(1872)浙江書局刻本　二冊　缺一卷(五)

330000－1716－0028413　古越0760/28413
子部/儒家類/儒學之屬/蒙學

心遠堂新編小學纂注六卷附小學句讀一卷
（清）高愈注　文公朱夫子年譜一卷　題(宋)
李方子撰　清嘉慶二十二年(1817)金閶文萃
堂刻本　二冊　缺三卷(三至四、六)

330000－1716－0028415　子補1240/28415
子部/天文曆算類/算書之屬

新刻算法統宗指南大全四卷　清九思堂刻本
承凱氏題記　一冊

330000－1716－0028416　子補1237－3/
28416　子部/儒家類/儒學之屬/蒙學

心遠堂新編小學纂注六卷附小學句讀一卷
（清）高愈注　**文公朱夫子年譜一卷**　題（宋）
李方子撰　清刻本　一冊　存二卷（三至四）

330000－1716－0028417　子補 1241－1/
28417　子部/術數類/陰陽五行之屬
選擇備要不分卷　□□輯　清嘉慶二年
（1797）錢塘費氏刻朱墨套印本　一冊

330000－1716－0028419　經補 0811－1/
28419　經部/小學類/文字之屬/字書
字學舉隅不分卷　（清）黃本驥　（清）龍啟瑞
撰　清道光二十年（1840）刻本　一冊

330000－1716－0028422　經補 0811－2/
28422　經部/小學類/文字之屬/字書
字學舉隅不分卷　（清）黃本驥　（清）龍啟瑞
撰　清刻本　一冊

330000－1716－0028425　普子 1185－1/
28425　子部/藝術類/書畫之屬/總論
畫禪室隨筆四卷　（明）董其昌撰　清乾隆三
十三年（1768）董紹敏刻本　一冊　存一卷
（一）

330000－1716－0028427　子補 1241－2/
28427　子部/術數類/陰陽五行之屬
選擇備要不分卷　□□輯　清嘉慶二年
（1797）錢塘費氏刻朱墨套印本　一冊

330000－1716－0028429　地獻 1426－4/
28429　經部/四書類/總義之屬/傳說
便蒙四書四種　（宋）朱熹撰　清刻本　二冊
　存二種

330000－1716－0028430　地獻 1426－5/
28430　經部/四書類/總義之屬/傳說
便蒙四書四種　（宋）朱熹撰　清刻本　張承
祥題簽　一冊　存一種

330000－1716－0028431　經補 0813/28431
經部/周禮類/傳說之屬
周禮旁訓經疏節要六卷附周官奇字一卷
（清）孟一飛輯　清刻本　一冊　缺五卷（二
至六）

330000－1716－0028435　經補 0815/28435
經部/小學類/音韻之屬/韻書
佩文詩韻釋要五卷　（清）周兆基輯　陸潤庠
重校　清光緒十二年（1886）山東刻本　一冊
　存二卷（三至四）

330000－1716－0028436　子補 1244/28436
子部/醫家類/養生之屬/導引、氣功
萬壽仙書四卷　（明）羅洪先撰　（明）曹無極
增輯　清刻本　一冊　存一卷（三）

330000－1716－0028439　經補 0816/28439
經部/小學類/訓詁之屬/字詁
增訂金壺字攷一卷附古體假借字一卷　（清）
郝在田輯　清同治十三年（1874）京都琉璃廠
東龍雲齋刻本　一冊

330000－1716－0028441　地獻 1426－17/
28441　經部/四書類/總義之屬/傳說
便蒙四書四種　（宋）朱熹撰　清浙紹聚奎堂
刻本　胡問鋤題簽　二冊　存二種

330000－1716－0028442　古越 0761/28442
類叢部/叢書類/自著之屬
達涇就正編四種　（清）王朝栗輯　清嘉慶五
年至八年（1800－1803）寧州學署刻本　一冊

330000－1716－0028445　經補 0819/28445
經部/詩類/文字音義之屬
毛詩古音考四卷讀詩拙言一卷　（明）陳第編
輯　清光緒六年（1880）武昌張裕釗刻本　一
冊　存一卷（一）

330000－1716－0028446　地獻 1416－3/
28446　經部/小學類/文字之屬/字書/訓蒙
繪圖四千字文一卷　（清）□□編　清末浙紹
奎照樓石印本　一冊

330000－1716－0028447　地獻 1416－4/
28447　經部/小學類/文字之屬/字書/訓蒙
繪圖四千字文一卷　（清）□□編　清末浙紹
奎照樓石印本　一冊

330000－1716－0028450　經 補 0814－2/
28450　經部/小學類/文字之屬/字書/訓蒙
繪圖三千字文一卷　（清）補拙居士撰　（清）

姜嶽注　清末石印本　一冊

330000－1716－0028456　經補0814－5/28456　經部/小學類/文字之屬/字書/訓蒙

新編精圖七千字文一卷　（清）□□編　清光緒三十三年(1907)上海鏡海樓石印本　一冊

330000－1716－0028459　子補1246－1/28459　子部/儒家類/儒學之屬/蒙學

浙紹奎照樓新增繪圖幼學故事瓊林四卷首一卷　（清）程允升撰　（清）鄒聖脈增補　清末浙紹奎照樓石印本　一冊　存三卷(二至四)

330000－1716－0028460　地獻1426－14/28460　經部/四書類/總義之屬/傳說

便蒙四書四種　（宋）朱熹撰　清紹郡奎照樓刻本　二冊　存二種

330000－1716－0028461　子補1246－2/28461　子部/儒家類/儒學之屬/蒙學

新增繪圖幼學故事瓊林四卷首一卷　（清）程允升撰　（清）鄒聖脈增補　清光緒三十一年(1905)浙紹奎照樓石印本　一冊　存一卷(首)

330000－1716－0028463　地獻1426－15/28463　經部/四書類/總義之屬/傳說

便蒙四書四種　（宋）朱熹撰　清浙紹奎照樓刻本　陳瑩澤題簽　二冊　存一種

330000－1716－0028464　子補1246－3/28464　子部/儒家類/儒學之屬/蒙學

新增繪圖幼學故事瓊林四卷首一卷　（清）程允升撰　（清）鄒聖脈增補　清末石印本　二冊　存二卷(三至四)

330000－1716－0028465　經補0814－6/28465　經部/小學類/文字之屬/字書/訓蒙

新編精圖七千字文一卷　（清）□□編　清末石印本　一冊

330000－1716－0028466　地獻1426－16/28466　經部/四書類/總義之屬/傳說

便蒙四書四種　（宋）朱熹撰　清浙紹聚奎堂刻本　一冊　存一種

330000－1716－0028467　地獻1426－18/28467　經部/四書類/總義之屬/傳說

便蒙四書四種　（宋）朱熹撰　清浙紹墨潤堂刻本　三冊　存二種

330000－1716－0028468　普經0945/28468　經部/周禮類/傳說之屬

周禮政要四卷　（清）孫詒讓撰　清光緒貫吾齋石印本　三冊　存三卷(一至三)

330000－1716－0028470　普叢0211/28470　類叢部/叢書類/自著之屬

師伏堂叢書十五種　（清）皮錫瑞撰　清光緒十九年至三十三年(1893－1907)善化皮氏刻本　一冊　存一種

330000－1716－0028472　經補0814－7/28472　經部/小學類/文字之屬/字書/訓蒙

增補繪圖四千字文一卷　（清）陸銘勛繪圖　（清）邵在南書楷　（清）周天朋考正並校　（清）王振南　（清）駱開棟　（清）張培德校　清末石印本　一冊

330000－1716－0028474　經補0814－8/28474　經部/小學類/文字之屬/字書/訓蒙

精圖七千字文一卷　清末石印本　一冊

330000－1716－0028476　經補0814－9/28476　經部/小學類/文字之屬/字書/訓蒙

增圖四千字文一卷　清末石印本　一冊

330000－1716－0028480　地獻1907－2/28480　子部/道家類

南華簡鈔(南華經)四卷　（清）徐廷槐輯注　清乾隆藜照樓刻本　一冊　存二卷(一至二)

330000－1716－0028481　經補0820/28481　經部/小學類/音韻之屬/韻書

字類標韻六卷　（清）華綱輯　清光緒元年(1875)肆江王氏刻本　一冊　存三卷(一至三)

330000－1716－0028482　經補0821/28482　經部/小學類/文字之屬/字書/字典

正字通十二集三十六卷首一卷　（明）張自烈撰　（清）廖文英輯　**字彙舊本首一卷**　（明）

梅膺祚音釋　清刻本　一冊　存二卷(巳集中下)

330000 - 1716 - 0028483　普類 0110 - 4/28483　類叢部/類書類/專類之屬

新鐫校正詳注分類百子金丹全書十卷　（明）郭偉選注　(明)郭中吉編　（明）王星聚校訂　清光緒二十九年(1903)上海經藝齋石印本　五冊　缺二卷(四至五)

330000 - 1716 - 0028492　普集 1766/28492　集部/總集類/課藝之屬

桂杏聯芳不分卷　清刻本　一冊

330000 - 1716 - 0028494　普集 1768/28494　集部/總集類/課藝之屬

經文求是不分卷　清刻本　一冊

330000 - 1716 - 0028495　普史 1487/28495　史部/傳記類/別傳之屬

花甲閒談十六卷　（清）張維屏輯　清末石印本　一冊　存四卷(六至九)

330000 - 1716 - 0028496　普集 1769 - 4/28496　集部/別集類/清別集

笠翁一家言全集十六卷　（清）李漁撰　清刻本　二冊　存二卷(別集一、偶集五)

330000 - 1716 - 0028499　普史 1488/28499　史部/職官類/官箴之屬

福惠全書三十二卷　（清）黃六鴻撰　清刻本　五冊　存十三卷(五至六、十七至十九、二十至二十四、二十八至三十)

330000 - 1716 - 0028500　普子 2011/28500　子部/天文曆算類/曆法之屬

薛氏曆學全書□□種　（清）薛鳳祚輯　清康熙刻本　九冊

330000 - 1716 - 0028501　普史 1489/28501　史部/傳記類/總傳之屬/斷代

敏求軒述記十六卷　（清）陳世箴輯　清刻本　一冊　存二卷(十五至十六)

330000 - 1716 - 0028503　新補 0476/28503　新學/理學/文學

新譯中學日本文典不分卷　（日）鹽井正男撰　(清)周維椿譯　清光緒二十七年(1901)上海農會報館石印本　一冊

330000 - 1716 - 0028504　子補 1743/28504　子部/儒家類/儒學之屬/蒙學

小學教科問答□□卷　清石印本　一冊　存三卷(六至八)

330000 - 1716 - 0028505　子補 1252/28505　子部/醫家類/傷寒金匱之屬/傷寒論

增注類證活人書二十二卷釋音一卷藥性一卷　（宋）朱肱撰　清刻本　三冊　缺四卷(一至四)

330000 - 1716 - 0028507　集補 0660 - 1/28507　集部/總集類/尺牘之屬

普通應用白話尺牘初編二卷　清宣統二年(1910)杭州聚元堂書局石印本　一冊

330000 - 1716 - 0028508　集補 0660 - 2/28508　集部/總集類/尺牘之屬

普通應用白話尺牘初編二卷　清宣統二年(1910)杭州聚元堂書局石印本　二冊

330000 - 1716 - 0028509　普叢 0347 - 6/28509　類叢部/叢書類/彙編之屬

花雨樓叢鈔十一種續鈔十一種附一種　（清）張壽榮編　清光緒八年至十四年(1882 - 1888)蛟川張氏花雨樓刻本　一冊　存一種

330000 - 1716 - 0028511　普集 1770/28511　集部/別集類/清別集

呂晚村詩集八卷補遺一卷　（清）呂留良撰　清末石印本　二冊　缺三卷(萬感集、夢覺集、真臘凝寒集)

330000 - 1716 - 0028513　新補 0477/28513　集部/總集類/選集之屬/通代

高等小學國文讀本四卷　顧倬編　清宣統三年(1911)上海文明書局鉛印本　金兆鼎題記　一冊　存一卷(一)

330000 - 1716 - 0028514　普集 1771/28514　集部/總集類/選集之屬/斷代

最近四大家古文鈔四卷　寄古齋編纂　清光

緒三十四年(1908)寄古齋鉛印本　四冊

330000－1716－0028515　地獻 1910/28515
經部/四書類/總義之屬/傳說

四書左國輯要四卷　(清)周龍官輯　清乾隆
二十三年(1758)山陽周龍官刻本　一冊　存
二卷(一至二)

330000－1716－0028517　經補 0826/28517
經部/書類/傳說之屬

尚書離句六卷　(清)錢在培輯解　清道光二
十七年(1847)慈溪養正堂刻本　清慶生題簽
一冊

330000－1716－0028518　經補 0827/28518
經部/詩類/傳說之屬

詩經集傳八卷詩序辨說一卷　(宋)朱熹撰
清同治五年(1866)金陵書局刻本　一冊　存
一卷(詩序辨說)

330000－1716－0028519　集補 1052－6/
28519　集部/總集類/選集之屬/通代

古文析義十六卷　(清)林雲銘輯注　清刻本
一冊　存一卷(三)

330000－1716－0028521　集補 1052－4/
28521　集部/總集類/選集之屬/通代

郁郁齋古文析義詳解十六卷　(清)林雲銘評
注　(清)吳乘權附注　清光緒二十三年
(1897)刻本　一冊　存二卷(一至二)

330000－1716－0028523　集補 1052－5/
28523　集部/總集類/選集之屬/通代

古文析義十四卷　(清)林雲銘輯注　清刻本
四冊　存十一卷(一至十一)

330000－1716－0028524　集補 1052－7/
28524　集部/總集類/選集之屬/通代

古文析義十六卷二編十六卷　(清)林雲銘輯
注　清刻本　一冊　存一卷(二編六)

330000－1716－0028525　子補 1253/28525
子部/藝術類/書畫之屬

鐵網珊瑚二十卷　(明)都穆撰　清刻本　一
冊　存五卷(十六至二十)

330000－1716－0028526　經補 0828/28526
經部/群經總義類/傳說之屬

五經典要注釋五卷總目一卷　(清)袁壯行纂
注　(清)袁時行編輯　(清)張元沙鑒定　清
刻本　鉄倬□題記　二冊　存二卷(三至四)

330000－1716－0028527　普叢 0097－6/
28527　類叢部/叢書類/彙編之屬

知不足齋叢書一百九十六種　(清)鮑廷博編
(清)鮑士恭續編　清乾隆三十七年至道光
三年(1772－1823)長塘鮑氏刻彙印本　一冊
存一種

330000－1716－0028528　集補 1054/28528
集部/別集類/清別集

張快亭時文不分卷　(清)□□撰　清刻本
一冊

330000－1716－0028529　經補 0814－10/
28529　經部/小學類/文字之屬/字書/訓蒙

繪圖字課四千字文一卷　清光緒三十一年
(1905)蘭芎居士石印本　一冊

330000－1716－0028531　經補 0814－11/
28531　經部/小學類/文字之屬/字書/訓蒙

新增啟蒙繪圖五千字文一卷　清末石印本
一冊

330000－1716－0028533　經補 0814－13/
28533　經部/小學類/文字之屬/字書/訓蒙

繪圖四千字文一卷　(清)□□編　清末石印
本　一冊

330000－1716－0028534　子補 1254/28534
子部/叢編

徐氏三種(重刻徐氏三種)　(清)徐士業編
清歙西徐氏二酉堂刻本　一冊　存一種

330000－1716－0028535　集補 0660－7/
28535　集部/總集類/尺牘之屬

普通應用白話尺牘初編二卷　清宣統二年
(1910)石印本　一冊　存一卷(下)

330000－1716－0028536　經補 0814－14/
28536　經部/小學類/文字之屬/字書

改良繪圖注釋一萬字文二卷　清宣統二年

（1910）上海詠記書莊石印本　一冊

330000－1716－0028541　普集 1775/28541
集部/別集類/清別集

小北堂詩略四卷　（清）虞錦撰　清刻本
二冊

330000－1716－0028542　史補 0759/28542
史部/地理類/雜志之屬

漢口叢談六卷　（清）范鍇撰　清刻本　一冊
　存三卷（四至六）

330000－1716－0028543　普集 1776/28543
集部/總集類/選集之屬/斷代

九家詩詳注七卷　（清）毛履謙　（清）吳涵一
注　清刻本　松汀氏題記　一冊　存一卷
（三）

330000－1716－0028545　經補 0829/28545
經部/群經總義類/文字音義之屬

重校十三經不貳字一卷　（清）李鴻藻輯　清
光緒二年（1876）滋本堂刻本　一冊

330000－1716－0028546　普集 1777/28546
集部/別集類/唐五代別集

杜詩直解六卷　（唐）杜甫撰　（清）沈寅
（清）朱崑補輯　清刻本　二冊　存四卷（二
至三、五至六）

330000－1716－0028548　古越 0763/28548
新學/議論

**新輯日報分類約編山陰高昌寒食生稿第一集
一卷**　何鏞撰　清光緒二十四年（1898）上海
理文軒書莊石印本　一冊

330000－1716－0028550　子補 1255/28550
子部/小說家類/雜事之屬

水窗春囈二卷　（清）□□撰　清光緒三年
（1877）上海機器印書局鉛印本　一冊　缺一
卷（二）

330000－1716－0028552　普集 1778－1/
28552　集部/詩文評類/詩評之屬

司空表聖二十四詩品注釋一卷　（唐）司空圖
撰　（清）茹古齋主人注　清光緒二十年
（1894）鉛印本　一冊

330000－1716－0028553　集補 1055/28553
集部/別集類/清別集

舊雨草堂時文不分卷　（清）陳康祺撰　清刻
本　三冊

330000－1716－0028554　普集 1748－3/
28554　集部/別集類/清別集

**卷施閣文乙集八卷續編一卷更生齋文乙集四
卷**　（清）洪亮吉撰　清光緒九年（1883）紫藤
花館刻本　六冊

330000－1716－0028558　普史 1490/28558
史部/傳記類/總傳之屬/儒林

**國朝漢學師承記八卷國朝經師經義目錄一卷
國朝宋學淵源記二卷附記一卷**　（清）江藩撰
　清光緒十一年（1885）校經山房刻本　三冊
　缺三卷（淵源記一至二、附記）

330000－1716－0028560　子補 1256/28560
子部/藝術類/遊藝之屬/聯語

巧對錄八卷　（清）梁章鉅撰　清道光二十九
年（1849）汲綆齋刻本　二冊

330000－1716－0028563　新補 0282－2/
28563　新學/學校

各科教授法一卷　商務印書館輯　清光緒三
十二年（1906）上海商務印書館鉛印本　一冊

330000－1716－0028565　普集 1778－2/
28565　集部/詩文評類/詩評之屬

司空詩品注釋一卷　（唐）司空圖撰　清宛委
山莊刻本　一冊

330000－1716－0028567　集補 0449/28567
集部/總集類/尺牘之屬

改良白話商務普通應用尺牘二卷　清宣統三
年（1911）上海文藝書局石印本　一冊　存一
卷（下）

330000－1716－0028568　普集 1780/28568
集部/詩文評類/制藝之屬

增選加注能與集不分卷　（清）李秬香改本
（清）金研香評　清刻本　二冊

330000－1716－0028570　集補 0531－3/
28570　集部/總集類/選集之屬/通代

古文筆法八卷 （清）李扶九輯 清光緒石印本 三冊 存六卷(三至八)

330000－1716－0028573 史補 0761/28573
史部/史抄類

歐陽文忠公新唐書抄二卷五代史抄二十卷 (明)茅坤輯並評 明末刻本 二冊 存十一卷(五代史抄一至六、十一至十五)

330000－1716－0028576 經補 0832－1/28576 經部/叢編

五經揭要二十九卷 （清）許寶善編 清乾隆五十三年(1788)自怡軒刻本 一冊 存三卷(書經一至三)

330000－1716－0028577 子補 1259/28577
子部/儒家類/儒家之屬

孔氏家語十卷 （三國魏）王肅注 清刻本 一冊 存五卷(六至十)

330000－1716－0028578 經補 0832－2/28578 經部/叢編

五經揭要二十九卷 （清）許寶善編 清刻本 一冊 存三卷(書經四至六)

330000－1716－0028579 普史 1499/28579
史部/政書類/邦計之屬/荒政

災賑全書□□卷 （清）楊西明輯 清刻本 一冊 存一卷(三)

330000－1716－0028580 經補 0833/28580
經部/叢編

五經旁訓十九卷 （清）徐立綱旁訓 清刻本 一冊 存二卷(春秋一至二)

330000－1716－0028581 經補 0834/28581
類叢部/類書類/專類之屬

杜韓詩句集韻三卷 （清）汪文柏輯 清康熙四十五年(1706)洞庭麟慶堂刻本 二冊 存二卷(一至二)

330000－1716－0028582 普史 1501/28582
史部/地理類/外紀之屬

海國聞見錄二卷 （清）陳倫炯撰 清乾隆刻本 二冊

330000－1716－0028583 經補 0835/28583
子部/儒家類/儒學之屬

中庸直指不分卷 （明）釋德清撰 清光緒十年(1884)金陵刻經處刻本 一冊

330000－1716－0028584 普集 1782/28584
集部/別集類/清別集

韞山堂詩集十六卷文集八卷 （清）管世銘撰 清刻本 一冊 存二卷(文集七至八)

330000－1716－0028585 普集 1781/28585
集部/曲類/寶卷之屬

無上圓明通正生蓮寶卷一卷無雲子遺訓一卷 （清）周惟清編 清刻本 一冊

330000－1716－0028587 經補 0836/28587
經部/叢編

省吾堂四種二十五卷 （清）蔣光弼輯 清常熟蔣氏省吾堂刻本 一冊 存一種

330000－1716－0028588 集補 1058－4/28588 集部/總集類/選集之屬/通代

文選六十卷 （南朝梁）蕭統輯 （唐）李善注 文選考異十卷 （清）胡克家撰 清四明林植梅刻本 一冊 存三卷(九至十一)

330000－1716－0028589 普集 1785/28589
集部/曲類/曲選之屬

綴白裘十二集四十八卷 （清）玩花主人輯 (清)錢德蒼增輯 清刻本 一冊 存一卷(十一集三)

330000－1716－0028590 集補 0453/28590
集部/總集類/尺牘之屬

普通應用商務尺牘教本十三卷 商務夜學堂編 清光緒三十四年(1908)上海教育圖書館石印本 一冊 存五卷(九至十三)

330000－1716－0028591 普集 1786－1/28591 集部/別集類

檗陰詩存初集十二卷續集八卷別集六卷 王以敏撰 清光緒三十一年(1905)刻本 三冊 存九卷(續集四至六、別集一至六)

330000－1716－0028592 經補 0837/28592
經部/易類/傳說之屬

來瞿唐先生易注十五卷首一卷末一卷圖一卷
　（明）來知德撰　清刻本　一冊　存一卷
（十三）

330000－1716－0028593　地獻 1854－78/
28593　集部/詩文評類/文法之屬/函牘格式
最新應用尺牘教科書四卷　杜元炳撰　杜瀚
生增訂　清光緒三十三年(1907)上海會文學
社石印本　一冊　存一卷(一)

330000－1716－0028594　普集 1787/28594
集部/別集類/清別集
湖陰文鈔二卷　（清）張海珊撰　（清）張特桂
輯　清刻本　一冊　存一卷(二)

330000－1716－0028595　經補 0838/28595
經部/春秋總義類/傳說之屬
春秋增訂旁訓四卷　（清）徐立綱旁訓　清乾
隆五十二年(1787)金閶映雪草堂刻本　一冊
　存二卷(一至二)

330000－1716－0028596　集補 1058－6/
28596　集部/總集類/選集之屬/通代
昭明文選六臣彙注疏解十九卷　（清）顧施禎
輯　清耕心堂刻本　二冊　存四卷(一、十七
至十九)

330000－1716－0028599　經補 0839/28599
經部/詩類/傳說之屬
增補詩經衍義體注大全合參不分卷　詩經八
卷附詩經大全圖一卷　（宋）朱熹撰　清刻本
　二冊　存五卷(詩經一至二、四至五,圖)

330000－1716－0028601　普集 1788/28601
集部/總集類/彙編之屬
風懷鏡一卷尺牘一卷風懷二百韻一卷詞一卷
古今詩一卷　（清）俞國琛纂　清嘉慶刻本
一冊　存一卷(風懷二百韻)

330000－1716－0028603　普集 1789/28603
集部/總集類/課藝之屬
彙刻考卷雋快新編不分卷　（清）季成銑等輯
　清道光二十二年(1842)眺遠樓刻本　一冊

330000－1716－0028604　普叢 0116－5/
28604　類叢部/叢書類/彙編之屬

藝苑捃華四十八種　（清）顧之逵編　清務本
堂刻本　六冊　存二十四種

330000－1716－0028605　普集 1790/28605
集部/詩文評類/制藝之屬
課士詩不分卷　清刻本　一冊

330000－1716－0028606　集補 1058－25/
28606　集部/總集類/選集之屬/通代
文選六十卷　（南朝梁）蕭統輯　（唐）李善注
　清刻本　一冊　存三卷(十一至十三)

330000－1716－0028607　集補 1058－26/
28607　集部/總集類/選集之屬/通代
文選六十卷　（南朝梁）蕭統輯　（唐）李善注
　清刻本　二冊　存十卷(二十六至二十九、
五十五至六十)

330000－1716－0028608　普集 1791/28608
集部/別集類/清別集
望浹樓詩草二卷　（清）袁謨撰　清光緒十五
年(1889)鉛印本　一冊　存一卷(二)

330000－1716－0028609　子補 1260/28609
子部/儒家類/儒學之屬/蒙學
新刻童子問路改本一卷附詩　（清）鄭之琮原
本　（清）車以庸改本　（清）周大封評選　清
刻本　一冊

330000－1716－0028610　集補 1058－27/
28610　集部/總集類/選集之屬/通代
文選六十卷　（南朝梁）蕭統輯　（唐）李善注
　（清）何焯評　清葉氏海録軒刻朱墨套印本
　一冊　存三卷(二十九至三十一)

330000－1716－0028611　古越 0765/28611
經部/易類/傳說之屬
周易審義四卷　（清）張惠言撰　清咸豐七年
(1857)文選樓刻本　一冊　存一卷(一)

330000－1716－0028612　集補 1058－28/
28612　集部/總集類/選集之屬/通代
文選六十卷　（南朝梁）蕭統輯　（唐）李善注
　清刻本　五冊　存十四卷(三至五、九至十
七、三十至三十一)

330000－1716－0028614　經補 0840/28614

經部/易類/傳說之屬

易經大全會解不分卷 （清）來爾繩纂輯 （清）朱采治 （清）朱之澄編訂 **周易本義四卷** 清刻本　三冊　存二卷（周易本義一、三）

330000－1716－0028615　集補 1058－29/28615　集部/總集類/選集之屬/通代

文選六十卷 （南朝梁）蕭統輯　（唐）李善注 （清）何焯評　清葉氏海録軒刻朱墨套印本 十冊　缺十二卷（四、十至十五、五十六至六十）

330000－1716－0028616　普集 1792/28616

集部/別集類/清別集

培遠堂手札節存三卷 （清）陳弘謀撰　清刻本　一冊　存一卷（二）

330000－1716－0028617　古越 0769/28617

類叢部/叢書類/彙編之屬

望三益齋叢書十種 （清）吳棠編　清咸豐五年（1855）浦城與古齋祝氏刻本　一冊　存一種

330000－1716－0028618　子補 1261/28618

子部/術數類/相宅相墓之屬

羅經解定七卷附羅經問答一卷 （清）胡國楨撰　清刻本　一冊　存二卷（七至八）

330000－1716－0028619　子補 1262/28619

子部/醫家類/傷寒金匱之屬/傷寒論

張仲景傷寒論貫珠集八卷 （清）尤怡輯注 清刻本　一冊　存四卷（三至六）

330000－1716－0028620　集補 1059－1/28620　集部/總集類/彙編之屬

韓俞合稿一卷 （清）韓棟　（清）俞樾撰 （清）遜敏軒主人輯　清光緒十九年（1893）鉛印本　一冊

330000－1716－0028621　集補 1059－2/28621　集部/總集類/彙編之屬

韓俞合稿一卷 （清）韓棟　（清）俞樾撰 （清）遜敏軒主人輯　清光緒十九年（1893）鉛

印本　一冊

330000－1716－0028622　集補 1059－3/28622　集部/總集類/彙編之屬

韓俞合稿一卷 （清）韓棟　（清）俞樾撰 （清）遜敏軒主人輯　清光緒十四年（1888）石印本　一冊

330000－1716－0028623　經補 0841/28623

經部/小學類/文字之屬/字書

字林考逸八卷附録一卷 （晉）呂忱撰　（清）任大椿輯　清刻本　一冊　缺六卷（一至六）

330000－1716－0028624　普集 1793/28624

集部/別集類/清別集

劉葆真太史遺稿二卷 （清）劉可毅撰　清宣統二年（1910）刻本　一冊

330000－1716－0028628　普集 1794/28628

集部/別集類/清別集

香遠堂詩鈔八卷 （清）周人驥撰　清刻本 四冊

330000－1716－0028629　集補 1061/28629

集部/總集類/選集之屬/斷代

注釋唐詩三百首六卷 （清）孫洙編　清刻本 一冊　存四卷（五古、七古、五律、七律）

330000－1716－0028630　集補 1062/28630

集部/總集類/選集之屬/斷代

唐詩三百首注疏六卷 （清）孫洙編　（清）章燮注　清刻本　一冊　存一卷（一）

330000－1716－0028631　集補 1063－1/28631　集部/總集類/選集之屬/斷代

七家詩選（批點七家詩選箋注）七卷 （清）張熙宇輯評　（清）張昶編輯　清同治五年（1866）掃葉山房刻本　二冊

330000－1716－0028633　集補 1063－2/28633　集部/總集類/選集之屬/斷代

七家詩選（批點七家詩選箋注）七卷 （清）張熙宇輯評　（清）張昶編輯　清咸豐元年（1851）寶善堂刻本　一冊

330000－1716－0028634　集補 1063－3/

28634　集部/總集類/選集之屬/斷代

七家詩選(批點七家詩選箋注)七卷　(清)張熙宇輯評　(清)張昶編輯　清同治元年(1862)懷德堂刻本　三冊　存四種

330000－1716－0028635　集補 1063－4/28635　集部/總集類/選集之屬/斷代

七家詩選(批點七家詩選箋注)七卷　(清)張熙宇輯評　(清)張昶編輯　清光緒五年(1879)上海江左書林刻本　四冊

330000－1716－0028636　地獻 1912/28636　集部/別集類/清別集

小眉山館詩稿四卷附酬和詩二卷壽朋集二卷雜詩一卷　(清)洪光垕撰　清道光三年(1823)溥泉氏木活字印本　一冊　存三卷(壽朋集一至二、雜詩)

330000－1716－0028637　集補 1166－1/28637　集部/別集類/清別集

欣賞齋尺牘六卷　(清)曹仁鏡輯　清光緒十三年(1887)刻本　四冊

330000－1716－0028638　集補 1063－5/28638　集部/總集類/選集之屬/斷代

七家詩選(批點七家詩選箋注)七卷　(清)張熙宇輯評　(清)張昶編輯　清刻本　三冊　存六種

330000－1716－0028639　集補 1166－2/28639　集部/別集類/清別集

欣賞齋尺牘六卷　(清)曹仁鏡輯　清刻本　五冊　缺一卷(一)

330000－1716－0028640　集補 1167/28640　類叢部/類書類/通類之屬

分類尺牘新裁六卷　(清)涂謙撰　清刻本　三冊　存三卷(二至三、五)

330000－1716－0028641　集補 1168－1/28641　集部/別集類/清別集

枕善堂尺牘一隅二十卷　(清)陳大溶撰　清刻本　一冊　存一卷(八)

330000－1716－0028642　集補 1168－2/28642　集部/別集類/清別集

枕善堂尺牘一隅二十卷　(清)陳大溶撰　清刻本　二冊　存八卷(十至十七)

330000－1716－0028643　集補 1168－3/28643　集部/別集類/清別集

枕善堂尺牘一隅二十卷　(清)陳大溶撰　清刻本　三冊　存十卷(四至九、十七至二十)

330000－1716－0028644　集補 1169－1/28644　集部/別集類/清別集

分類詳注飲香尺牘四卷首一卷　(清)飲香居士撰　(清)慵隱子箋釋　清掃葉山房刻本　一冊　存二卷(一、首)

330000－1716－0028645　集補 1169－2/28645　集部/別集類/清別集

增補詳注分類飲香尺牘四卷首一卷　(清)飲香居士撰　(清)慵隱子箋釋　清光緒二年(1876)刻本　三冊　存四卷(一至三、首)

330000－1716－0028646　集補 1169－3/28646　集部/別集類/清別集

分類詳注飲香尺牘四卷　(清)飲香居士撰　(清)慵隱子箋釋　清刻本　二冊

330000－1716－0028650　集補 1169－4/28650　集部/別集類/清別集

分類詳注飲香尺牘四卷　(清)飲香居士撰　(清)慵隱子箋釋　清乾隆五十四年(1789)青雲樓刻本　四冊

330000－1716－0028651　集補 0959－4/28651　集部/總集類/課藝之屬

大題文府不分卷　清光緒石印本　四冊　存四冊(下論一、中庸一至二、上孟一)

330000－1716－0028652　集補 0959－5/28652　集部/總集類/課藝之屬

大題文府不分卷　清光緒石印本　九冊　存九冊(下論一至四、大學、中庸、上孟、下孟一至二)

330000－1716－0028653　集補 0959－6/28653　集部/總集類/課藝之屬

大題文府二集不分卷　清光緒石印本　五冊　存五冊(上論一、下論一、中庸一、上孟一、

下孟一)

330000 – 1716 – 0028654　集補 0464 – 3/
28654　集部/總集類/尺牘之屬

普通尺牘全璧八卷　西湖俠漢輯　清光緒三
十四年(1908)上海商業書局石印本　六冊
存六卷(一至五、八)

330000 – 1716 – 0028655　集補 0959 – 7/
28655　集部/總集類/課藝之屬

大題文府二集不分卷　清光緒十四年(1888)
上海石倉書局石印本　九冊　存九冊(上論
一至二、下論一至二、大學一、中庸一、上孟一
至二、下孟一)

330000 – 1716 – 0028656　集補 1065/28656
集部/總集類/選集之屬/通代

賦學正鵠集釋四卷　(清)李元度輯　清光緒
二十年(1894)上海文瑞樓鉛印本　二冊　存
二卷(一、三)

330000 – 1716 – 0028658　子補 1263 – 1/
28658　類叢部/類書類/專類之屬

江湖尺牘分韻撮要合集八卷　(清)虞世英
(清)溫儀鳳輯　清同治九年(1870)積慶堂刻
本　四冊

330000 – 1716 – 0028659　子補 1263 – 2/
28659　類叢部/類書類/專類之屬

江湖尺牘分韻撮要合集八卷　(清)虞世英
(清)溫儀鳳輯　清同治九年(1870)積慶堂刻
本　一冊　存二卷(江湖尺牘一、分韻撮要
一)

330000 – 1716 – 0028660　地獻 1913/28660
類叢部/類書類/專類之屬

增補江湖尺牘分韻撮要合集八卷　(清)虞世
英　(清)溫儀鳳輯　清光緒十年(1884)浙紹
墨潤堂刻本　二冊　存四卷(江湖尺牘一至
二、分韻撮要一至二)

330000 – 1716 – 0028661　集補 0959 – 8/
28661　集部/總集類/課藝之屬

大題文府續集不分卷　清光緒十五年(1889)
上海石印本　二冊　存二冊(上論一至二)

330000 – 1716 – 0028662　集補 0959 – 9/
28662　集部/總集類/課藝之屬

大題文府不分卷　清光緒石印本　十冊　存
十冊(上論一至三、下論一至二、中庸二、上孟
一至二、下孟一至二)

330000 – 1716 – 0028663　子補 1263 – 3/
28663　類叢部/類書類/專類之屬

江湖尺牘分韻撮要合集八卷　(清)虞世英
(清)溫儀鳳輯　清同治九年(1870)積慶堂刻
本　三冊　缺二卷(江湖尺牘三、分韻撮要
三)

330000 – 1716 – 0028664　集補 0959 – 10/
28664　集部/總集類/課藝之屬

大題文府不分卷　清光緒二十年(1894)上海
鴻寶齋石印本　十五冊　存十五冊(上論一
至七、下論一至五、大學一、中庸一、下孟一)

330000 – 1716 – 0028665　子補 1263 – 4/
28665　類叢部/類書類/專類之屬

江湖尺牘分韻撮要合集八卷　(清)虞世英
(清)溫儀鳳輯　清刻本　一冊　存二卷(江
湖尺牘四、分韻撮要四)

330000 – 1716 – 0028666　地獻 3657 – 1/
28666　經部/四書類/總義之屬/傳說

慎詒堂四書十九卷　(宋)朱熹撰　清紹城九
思堂刻本　四冊　缺五卷(論語一至五)

330000 – 1716 – 0028667　集補 0781 – 2/
28667　集部/總集類/課藝之屬

大題三萬選不分卷　清光緒石印本　一冊
存大學

330000 – 1716 – 0028668　普集 1796/28668
集部/總集類/課藝之屬

小題十萬選初集不分卷　清末鴻寶齋石印本
三冊

330000 – 1716 – 0028669　地獻 1880 – 6/
28669　集部/總集類/尺牘之屬

增廣句解尺牘含英初集六卷　(清)石秉楠輯
清光緒二十六年(1900)越郡奎照樓石印本
一冊　存三卷(一至三)

330000 - 1716 - 0028671　　地獻 1880 - 7/ 28671　集部/詩文評類/文法之屬/函牘格式

最新增廣尺牘含英二集不分卷末一卷　　（清）石韞玉輯　清末石印本　一冊　缺一卷（末）

330000 - 1716 - 0028673　　地獻 1880 - 8/ 28673　集部/總集類/尺牘之屬

增廣句解尺牘含英初集六卷二集不分卷末一卷附攷正字彙摘要一卷　　（清）石秉楠輯　清末越郡奎照樓石印本　一冊

330000 - 1716 -0028674　　集補 1068/28674 集部/總集類/選集之屬/斷代

七家試帖輯注彙鈔九卷　　（清）張熙宇輯評 （清）王植桂輯注　清同治九年（1870）京師琉璃廠刻本　一冊　存一種

330000 - 1716 - 0028676　　普集 1797 - 1/ 28676　集部/總集類/課藝之屬

小題文府不分卷　　清末石印本　二十冊

330000 - 1716 - 0028678　　子補 1264 - 2/ 28678　子部/儒家類/儒學之屬/蒙學

唐詩便蒙二卷　　清聚奎堂刻本　二冊

330000 - 1716 - 0028679　　普集 1797 - 2/ 28679　集部/總集類/課藝之屬

小題文府不分卷　　清光緒十五年（1889）鴻寶齋石印本　二十冊

330000 - 1716 - 0028680　　集補 1170 - 1/ 28680　集部/總集類/尺牘之屬

尺牘句解初集三卷　　（清）桃花館主編　（清）少溪氏選注　清末鍊石書局石印本　二冊 存二卷（一至二）

330000 - 1716 - 0028681　　集補 1170 - 5/ 28681　集部/總集類/尺牘之屬

增廣尺牘句解二卷　　（清）桃花館主編　清末石印本　一冊　存一卷（二）

330000 - 1716 - 0028682　　普集 1797 - 3/ 28682　集部/總集類/課藝之屬

小題文府不分卷　　清末石印本　七冊

330000 - 1716 - 0028683　　普叢 0225 - 5/

28683　　類叢部/叢書類/彙編之屬

半厂叢書初編十種　　（清）譚獻編　清同治至光緒仁和譚氏刻本　二冊　存二種

330000 - 1716 - 0028684　　集補 1170 - 2/ 28684　集部/總集類/尺牘之屬

尺牘句解初集三卷　　（清）桃花館主編　（清）少溪氏選注　清末石印本　一冊　存一卷（二）

330000 - 1716 - 0028685　　集補 1170 - 3/ 28685　集部/總集類/尺牘之屬

尺牘句解初集三卷　　（清）桃花館主編　（清）少溪氏選注　清末石印本　一冊　存一卷（二）

330000 - 1716 - 0028686　　集補 1170 - 4/ 28686　集部/總集類/尺牘之屬

尺牘句解初集三卷末一卷二集三卷末一卷 （清）桃花館主編　（清）少溪氏選注　清上海文海閣書莊石印本　三冊　存三卷（初集一、三,末）

330000 - 1716 - 0028687　　集補 1170 - 6/ 28687　集部/總集類/尺牘之屬

尺牘句解三卷　　（清）桃花館主編　（清）少溪氏選注　清光緒二十年（1894）上海晉記書局石印本　一冊

330000 - 1716 - 0028690　　集補 1170 - 7/ 28690　集部/總集類/尺牘之屬

尺牘句解二卷　　（清）桃花館主編　（清）少溪氏選注　清末石印本　一冊

330000 - 1716 - 0028692　　經補 0703 - 12/ 28692　經部/小學類/訓詁之屬/字詁

繪圖速通虛字法續編八卷　　施崇恩編　清光緒三十一年（1905）上海彪蒙書室石印本　四冊　缺一卷（二）

330000 - 1716 - 0028693　　集補 1170 - 8/ 28693　集部/總集類/尺牘之屬

增廣尺牘句解初集二卷二集二卷　　（清）桃花館主編　（清）少溪氏選注　清末石印本　二冊　存二卷（初集二、二集二）

330000－1716－0028694　地獻 1880－14/28694　集部/詩文評類/文法之屬/函牘格式

最新增廣尺牘含英二集不分卷末一卷　（清）石韞玉輯　清末石印本　一冊

330000－1716－0028695　集補 1170－9/28695　集部/總集類/尺牘之屬

尺牘句解初集三卷末一卷二集三卷末一卷　（清）桃花館主編　（清）少溪氏選注　清末石印本　一冊　存四卷(初集二、末,二集一、三)

330000－1716－0028696　普集 1798/28696　集部/總集類/選集之屬/通代

蘭言詩鈔□□卷　（清）李瑞編　清末石印本　二冊　存十卷(十一至二十)

330000－1716－0028698　集補 1170－12/28698　集部/總集類/尺牘之屬

增廣尺牘句解初集三卷末一卷二集三卷末一卷　（清）桃花館主編　（清）少溪氏選注　清光緒二十五年(1899)上海鴻寶齋石印本　六冊　存六卷(初集二至三、末;二集一、三,末)

330000－1716－0028699　集補 1170－11/28699　集部/總集類/尺牘之屬

尺牘句解二集三卷　（清）桃花館主編　（清）少溪氏選注　清末石印本　一冊　存一卷(二)

330000－1716－0028700　普集 1799/28700　集部/別集類/清別集

存我軒偶錄不分卷　（清）陸鍾渭撰　清光緒鉛印本　一冊

330000－1716－0028701　普集 1800/28701　集部/總集類/課藝之屬

小題偶鈔初集不分卷　（清）愛梨居士編　清刻本　授筆軒主人題記　二冊

330000－1716－0028702　集補 1170－13/28702　集部/總集類/尺牘之屬

增廣尺牘句解初集三卷末一卷二集三卷末一卷　（清）桃花館主編　（清）少溪氏選注　清光緒三十一年(1905)上海商務印書館鉛印本　一冊　存二卷(初集一至二)

330000－1716－0028703　集補 0483/28703　集部/總集類/尺牘之屬

增補最新普通應用尺牘二卷　府冬青輯　清光緒三十三年(1907)上海六藝書局石印本　一冊　缺一卷(一)

330000－1716－0028705　普史 1492/28705　史部/雜史類/斷代之屬

明季稗史彙編十六種　（清）留雲居士輯　清都城琉璃廠刻本　一冊　存一種

330000－1716－0028707　普集 1801/28707　集部/別集類/清別集

施鳳橋稿不分卷　（清）施廷柱撰　清嘉慶四年(1799)論經堂刻本　四冊

330000－1716－0028710　普集 1802/28710　集部/總集類/課藝之屬

制義約選不分卷二編不分卷補編不分卷　（清）李錫瓚編次　清刻本　一冊

330000－1716－0028714　普史 1493/28714　史部/政書類/律令之屬/治獄

新鐫透膽寒十六卷　題（明）補相子撰　清刻本　一冊　存六卷(十一至十六)

330000－1716－0028716　普集 1803/28716　集部/別集類

東池草堂文稿□□卷　清刻本　一冊　存一冊(一)

330000－1716－0028717　集補 1173－1/28717　集部/總集類/尺牘之屬

初學指南尺牘全集四卷　（清）丁洪辰纂輯　清光緒十二年(1886)古月軒刻本　清章汝川題記　一冊　存二卷(一至二)

330000－1716－0028718　集補 1069－20/28718　集部/總集類/選集之屬/斷代

唐詩三百首注疏六卷　（清）孫洙編　（清）章燮注　清刻本　韓紅題簽　二冊　存二卷(三至四)

330000－1716－0028719　集補 1174/28719

集部/總集類/尺牘之屬

貿易尺牘二卷附增補稱呼時令一卷 （清）沌陽主人編　清光緒十年（1884）吳門朱氏刻本　一冊

330000－1716－0028720　集補 1173－2/28720　集部/總集類/尺牘之屬

初學指南尺牘全集四卷 （清）丁洪辰纂輯　清同治十一年（1872）上洋大魁楨記刻本　二冊

330000－1716－0028721　集補 1069－21/28721　集部/總集類/選集之屬/斷代

唐詩三百首注疏六卷 （清）孫洙編　（清）章燮注　清刻本　三冊　存三卷（一、三至四）

330000－1716－0028722　集補 1069－22/28722　集部/總集類/選集之屬/斷代

唐詩三百首注疏六卷 （清）孫洙編　（清）章燮注　清刻本　四冊　存四卷（一至四）

330000－1716－0028723　普集 1804/28723　集部/別集類/明別集

懷麓堂詩稿二十卷文稿三十卷詩後稿十卷文後稿三十卷雜記十卷 （明）李東陽撰　清刻本　七冊　存三十五卷（詩稿十至十四，文稿六至十七，詩後稿一至四，文後稿一至四、十六至二十五）

330000－1716－0028728　集補 1069－25/28728　集部/總集類/選集之屬/斷代

唐詩三百首六卷 （清）孫洙編　清刻本　盛振學題簽　一冊

330000－1716－0028729　集補 1069－26/28729　集部/總集類/選集之屬/斷代

唐詩三百首六卷 （清）孫洙編　清光緒七年（1881）群玉山房刻本　二冊

330000－1716－0028732　集補 1069－27/28732　集部/總集類/選集之屬/斷代

唐詩三百首六卷 （清）孫洙編　清光緒二十一年（1895）緯文閣刻本　二冊

330000－1716－0028733　集補 1069－28/28733　集部/總集類/選集之屬/斷代

唐詩三百首六卷 （清）孫洙編　清浙蘭慎言堂刻本　卓然題簽　一冊

330000－1716－0028735　集補 1175/28735　集部/總集類/尺牘之屬

應用商務尺牘二卷 （清）隱巖居士編　清春草堂刻本　二冊

330000－1716－0028736　集補 1069－29/28736　集部/總集類/選集之屬/斷代

唐詩三百首六卷 （清）孫洙編　清刻本　一冊　存二卷（一至二）

330000－1716－0028737　普集 1806/28737　集部/總集類/課藝之屬

蔭葛軒制藝二卷 （清）錢祐昌　（清）錢祚昌撰　清道光二十九年（1849）刻本　沁香書屋題簽　一冊

330000－1716－0028739　普集 1807/28739　集部/總集類/選集之屬/通代

校訂增刪小學千家詩二卷 （清）王道墉校訂　（清）李殿榜編輯　清光緒八年（1882）漢口祝啟新刻刷善書局刻本　一冊

330000－1716－0028740　普類 0114－9/28740　類叢部/類書類/專類之屬

新增應酬彙選五卷 （清）陸九如纂輯　（清）茹古齋主人重訂　清光緒十七年（1891）四明茹古齋鉛印本　一冊　存一卷（一）

330000－1716－0028741　集補 1069－30/28741　集部/總集類/選集之屬/斷代

唐詩三百首不分卷 （清）孫洙編　清同治九年（1870）常熟黃氏藝文堂刻本　一冊

330000－1716－0028742　普集 1808/28742　集部/總集類/氏族之屬

三蘇文抄四種 明刻本　一冊　存一種

330000－1716－0028743　集補 1069－31/28743　集部/總集類/選集之屬/斷代

唐詩三百首六卷 （清）孫洙編　清刻本　維巽氏題簽　一冊　存二卷（三至四）

330000－1716－0028745　子補 1263－9/

28745　類叢部/類書類/專類之屬

分韻字彙撮要四卷江湖輯要四卷　（清）溫儀鳳編輯　（清）溫繼聖訂　清光緒十九年(1893)四明茹古齋鉛印本　三冊　缺二卷(二、江湖輯要二)

330000－1716－0028746　集補 1069－33/28746　集部/總集類/選集之屬/斷代

唐詩三百首六卷　（清）孫洙編　清刻本　一冊　存四卷(三至六)

330000－1716－0028747　集補 1069－34/28747　集部/總集類/選集之屬/斷代

唐詩三百首六卷　（清）孫洙編　清刻本　一冊　存四卷(三至六)

330000－1716－0028748　集補 1177－3/28748　集部/詩文評類/文法之屬/函牘格式

商賈尺牘二卷　（清）管斯駿撰　清光緒八年(1882)京口文成堂刻本　二冊

330000－1716－0028749　集補 1069－36/28749　集部/總集類/選集之屬/斷代

唐詩三百首六卷　（清）孫洙編　清刻本　一冊　存二卷(一至二)

330000－1716－0028751　集補 1069－37/28751　集部/總集類/選集之屬/斷代

唐詩三百首六卷　（清）孫洙編　清光緒十二年(1886)刻本　一冊　存二卷(一至二)

330000－1716－0028752　集補 1069－38/28752　集部/總集類/選集之屬/斷代

唐詩三百首六卷　（清）孫洙編　清姑蘇文萃堂刻本　一冊　存二卷(一至二)

330000－1716－0028754　集補 1070－1/28754　集部/總集類/選集之屬/斷代

唐詩三百首續選一卷　（清）于慶元編　清刻本　一冊　缺一冊(一)

330000－1716－0028755　普集 1809/28755　集部/別集類/清別集

南樓詩存□□卷　（清）孫宏撰　（清）徐夢元選　清三古堂刻本　一冊　存二卷(一至二)

330000－1716－0028756　集補 1070－5/28756　集部/總集類/選集之屬/斷代

唐詩三百首續選一卷　（清）于慶元編　清刻本　二冊

330000－1716－0028757　子補 1266/28757　子部/農家農學類/蠶桑之屬

廣蠶桑說輯補二卷　（清）沈練撰　（清）仲學輅補　清光緒三年(1877)宗源瀚刻本　一冊

330000－1716－0028758　集補 1070－6/28758　集部/總集類/選集之屬/斷代

唐詩三百首續選一卷　（清）于慶元編　清刻本　二冊

330000－1716－0028761　集補 1070－7/28761　集部/總集類/選集之屬/斷代

唐詩三百首注疏六卷　（清）孫洙編　（清）章燮注　**唐詩三百首續選一卷姓氏小傳一卷**（清）于慶元輯　清文昌書局刻本　一冊　存一卷(續選)

330000－1716－0028763　集補 1180－2/28763　集部/總集類/尺牘之屬

尺牘初桄二卷附二卷彙注一卷　（清）子虛氏輯　清光緒三十二年(1906)上海書局石印本　一冊

330000－1716－0028767　集補 1180－4/28767　集部/總集類/尺牘之屬

尺牘初桄二卷附二卷彙注一卷商賈尺牘二卷通問便集一卷　（清）子虛氏輯　清光緒二十五年(1899)上海慎記石印本　二冊

330000－1716－0028768　集補 1071－1/28768　集部/總集類/選集之屬/斷代

全唐詩九百卷目録十二卷　（清）曹寅等輯　清刻本　丁之蕃題記　一冊　存二卷(王維一至二)

330000－1716－0028769　集補 1180－5/28769　集部/總集類/尺牘之屬

尺牘初桄二卷附二卷彙注一卷商賈尺牘二卷通問便集一卷　（清）子虛氏輯　清末石印本　一冊　存四卷(彙注、商賈尺牘一至二、通

問便集)

330000－1716－0028770　集補 1071－2/
28770　集部/總集類/選集之屬/斷代

全唐詩九百卷目錄十二卷　（清）曹寅等輯
清刻本　一冊　存一冊（七）

330000－1716－0028771　集補 1180－9/
28771　集部/總集類/尺牘之屬

尺牘初桄二卷附二卷彙注一卷　（清）子虛氏
輯　清光緒十二年（1886）格致書室鉛印本
一冊　缺二卷（二、彙注）

330000－1716－0028772　集補 1180－8/
28772　集部/總集類/尺牘之屬

尺牘初桄二卷附二卷彙注一卷　（清）子虛氏
輯　清末鉛印本　一冊　存二卷（二、附二）

330000－1716－0028773　集補 1071－3/
28773　集部/總集類/選集之屬/斷代

全唐詩九百卷目錄十二卷　（清）曹寅等輯
清刻本　一冊　存五卷（白居易十一至十五）

330000－1716－0028774　集補 1180－6/
28774　集部/總集類/尺牘之屬

**尺牘初桄二卷附二卷彙注一卷商賈尺牘二卷
通問便集一卷**　（清）子虛氏輯　清末石印本
　一冊　存四卷（彙注、商賈尺牘一至二、通
問便集）

330000－1716－0028776　集補 1073/28776
集部/曲類/彈詞之屬

繡像百鳥圖十八回　（清）徐品南撰　清刻本
　一冊　存五回（五至九）

330000－1716－0028778　普集 1811/28778
集部/別集類/清別集

小蓬萊山房桐屋詩稿三卷　（清）沈嶸撰　清
光緒五年（1879）逸鳳巢刻本　一冊

330000－1716－0028779　普集 1812/28779
集部/總集類/課藝之屬

時藝話不分卷　清刻本　一冊

330000－1716－0028782　地獻 1915/28782
集部/別集類/清別集

一角山房詩草二卷　（清）謝磻撰　清道光二
十一年（1841）刻本　一冊

330000－1716－0028784　地獻 1660－20/
28784　集部/別集類/清別集

鷗堂詩三卷　（清）馬賡良撰　清光緒五年
（1879）會稽馬氏刻本　一冊

330000－1716－0028785　普集 1814/28785
集部/別集類/清別集

扶雲吟稿一卷　（清）汪筠撰　清刻本　一冊

330000－1716－0028786　史補 0774－1/
28786　史部/政書類/邦交之屬

皇朝八賢文編　（美國）哈門脫輯　清末美國
哈門脫石印本　一冊　存一種

330000－1716－0028788　普集 1815/28788
集部/別集類/清別集

許竹篔時文一卷　（清）許景澄撰　清同治九
年（1870）刻本　一冊

330000－1716－0028791　地獻 1918/28791
集部/別集類

莫宦草文一卷詩一卷附侗子隊言一卷　黃壽
袞撰　清光緒二十五年（1899）刻本　一冊
存一卷（侗子隊言）

330000－1716－0028792　子補 1269/28792
新學/格致總

便蒙叢書初二集十七種　張一鵬輯　清光緒
刻本　一冊　存一種

330000－1716－0028793　子補 1267/28793
子部/宗教類/道教之屬

當頭棒一卷　清蘇城瑪瑙經房刻本　一冊

330000－1716－0028798　地獻 1612－62/
28798　集部/總集類/尺牘之屬

新輯尺牘合璧四卷　（清）許思湄　（清）龔萼
撰　（清）嫛世瑞注　（清）寄虹軒主人輯　清
光緒十三年（1887）上海同文書局石印本
四冊

330000－1716－0028799　地獻 1919－4/
28799　集部/總集類/尺牘之屬

新輯尺牘合璧四卷 （清）許思湄 （清）龔尊撰 （清）婁世瑞注 （清）寄虹軒主人輯 清光緒二十年(1894)上海煥文書局石印本 一冊 存二卷(一至二)

330000－1716－0028800 普子 2020－4/28800 子部/藝術類/篆刻之屬/印譜

七家名人印譜七種 （清）丁敬等篆 清鈐拓本 一冊 存一種

330000－1716－0028801 地獻 1919－2/28801 集部/總集類/尺牘之屬

新輯尺牘合璧四卷 （清）許思湄 （清）龔尊撰 （清）婁世瑞注 （清）寄虹軒主人輯 清光緒二十年(1894)上海煥文書局石印本 一冊 存一卷(一)

330000－1716－0028802 普集 1816/28802 集部/戲劇類/傳奇之屬

桃谿雪二卷 （清）黃燮清撰 （清）李光溥評文 清雲鶴仙館刻本 一冊

330000－1716－0028803 地獻 1919－3/28803 集部/總集類/尺牘之屬

新輯尺牘合璧四卷 （清）許思湄 （清）龔尊撰 （清）婁世瑞注 （清）寄虹軒主人輯 清光緒三十三年(1907)上海詠記書莊石印本 二冊 存二卷(一至二)

330000－1716－0028804 地獻 1919－5/28804 集部/總集類/尺牘之屬

新輯尺牘合璧四卷 （清）許思湄 （清）龔尊撰 （清）婁世瑞注 （清）寄虹軒主人輯 清光緒二十年(1894)上海鴻寶齋石印本 一冊 存一卷(一)

330000－1716－0028805 地獻 1919－12/28805 集部/總集類/尺牘之屬

新輯尺牘合璧四卷 （清）許思湄 （清）龔尊撰 （清）婁世瑞注 （清）寄虹軒主人輯 清末石印本 清蘭氏題簽 一冊 存二卷(三至四)

330000－1716－0028806 地獻 1919－6/28806 集部/總集類/尺牘之屬

新輯尺牘合璧四卷 （清）許思湄 （清）龔尊撰 （清）婁世瑞注 （清）寄虹軒主人輯 清光緒十三年(1887)上海同文書局石印本 二冊

330000－1716－0028807 普集 1817/28807 集部/詞類/詞譜之屬

詞律二十卷 （清）萬樹撰 **詞律拾遺八卷** （清）徐本立撰 **詞律補遺一卷** （清）杜文瀾撰 清刻本 一冊 存二卷(拾遺三至四)

330000－1716－0028808 普子 2029/28808 子部/藝術類/篆刻之屬/印譜

七十二候印譜不分卷 （清）童晏篆刻 清光緒十二年(1886)鈐印本 二冊

330000－1716－0028809 地獻 1919－7/28809 集部/總集類/尺牘之屬

新輯尺牘合璧四卷 （清）許思湄 （清）龔尊撰 （清）婁世瑞注 （清）寄虹軒主人輯 清光緒二十年(1894)上海煥文書局石印本 清馮淩雜題簽 一冊 存二卷(一至二)

330000－1716－0028810 普史 1494/28810 史部/傳記類/總傳之屬/儒林

學案小識十四卷首一卷末一卷 （清）唐鑑撰 清刻本 一冊 存一卷(三)

330000－1716－0028811 地獻 1919－8/28811 集部/總集類/尺牘之屬

新輯尺牘合璧四卷 （清）許思湄 （清）龔尊撰 （清）婁世瑞注 （清）寄虹軒主人輯 清光緒三十二年(1906)上海章福記書局石印本 三冊 缺一卷(三)

330000－1716－0028812 普史 1495/28812 史部/史評類/史論之屬

史學提要箋釋五卷 （清）楊錫祐釋 清刻本 三冊 存三卷(一至二、五)

330000－1716－0028813 地獻 1919－9/28813 集部/總集類/尺牘之屬

新輯尺牘合璧四卷 （清）許思湄 （清）龔尊撰 （清）婁世瑞注 （清）寄虹軒主人輯 清末石印本 一冊 缺二卷(三至四)

330000 – 1716 – 0028814　地獻 1919 – 10/28814　集部/總集類/尺牘之屬

新輯尺牘合璧四卷　(清)許思湄　(清)龔蕚撰　(清)婁世瑞注　(清)寄虹軒主人輯　清末石印本　一冊　存二卷(三至四)

330000 – 1716 – 0028816　地獻 1919 – 11/28816　集部/總集類/尺牘之屬

新輯尺牘合璧四卷　(清)許思湄　(清)龔蕚撰　(清)婁世瑞注　(清)寄虹軒主人輯　清末石印本　一冊　存二卷(三至四)

330000 – 1716 –0028817　普史 1496/28817　史部/傳記類/總傳之屬/姓名

增廣百家姓一卷　清光緒上海文政堂刻本　存仁堂徐氏題記　一冊

330000 – 1716 – 0028819　地獻 1919 – 13/28819　集部/總集類/尺牘之屬

新輯尺牘合璧四卷　(清)許思湄　(清)龔蕚撰　(清)婁世瑞注　(清)寄虹軒主人輯　清末石印本　一冊　存一卷(三)

330000 – 1716 – 0028820　子補 1635 – 1/28820　子部/宗教類/道教之屬

指南針　(清)劉一明撰　清光緒六年(1880)上海翼化堂刻本　一冊　存三種

330000 – 1716 – 0028821　地獻 1921/28821　集部/別集類/明別集

雲淵先生文選六卷　(明)周述學撰　明刻本　二冊　存二卷(三至四)

330000 – 1716 – 0028822　集補 1181/28822　集部/別集類/清別集

鴻雪軒尺牘六卷　(清)瞿愷撰　清刻本　一冊　存一卷(五)

330000 – 1716 – 0028824　集補 1077/28824　集部/別集類/清別集

檉華館試帖彙鈔輯注十卷　(清)路德撰　清掃葉山房刻本　四冊　存四卷(一、三、五、九)

330000 – 1716 – 0028827　普子 2037/28827　子部/藝術類/篆刻之屬/印譜

西泠四家印譜附存四家　(清)丁丙輯　清末百石齋鈐印本　二冊　存二種

330000 – 1716 – 0028828　集補 1079/28828　集部/總集類/選集之屬/通代

回文類聚四卷首一卷　(宋)桑世昌輯　**織錦回文圖一卷回文類聚續編十卷首一卷**　(清)朱象賢輯並繪　清刻本　二冊　存八卷(一至四、首,續編八至十)

330000 – 1716 – 0028830　集補 1080 – 3/28830　集部/詞類/別集之屬

彊邨詞四卷　朱祖謀撰　清光緒三十一年(1905)刻本　一冊　存一卷(三)

330000 – 1716 – 0028831　集補 1182 – 1/28831　集部/別集類/清別集

留葑盦尺牘四卷　(清)嚴籀撰　清刻本　一冊　存一卷(二)

330000 – 1716 – 0028832　普史 1498/28832　史部/地理類/方志之屬/郡縣志

[道光]連山綏猺廳志一卷　(清)姚柬之纂　清道光十七年(1837)刻本　一冊

330000 – 1716 – 0028834　集補 1183/28834　集部/別集類/清別集

雨亭尺牘五卷　(清)林欽潤撰　清刻本　一冊　存一卷(五)

330000 – 1716 – 0028835　集補 1184 – 1/28835　集部/別集類/清別集

孫注適軒尺牘八卷　(清)徐菊生撰　(清)孫震咸注　清末鉛印本　一冊　存一卷(八)

330000 – 1716 – 0028836　普集 1818/28836　集部/小說類/長篇之屬

異說後唐傳三集薛丁山征西樊梨花全傳十卷八十八回　(清)中都逸叟編次　清刻本　一冊　存一卷(五)

330000 – 1716 – 0028837　集補 1184 – 2/28837　集部/別集類/清別集

孫注適軒尺牘八卷　(清)徐菊生撰　(清)孫震咸注　清末石印本　一冊　存一卷(八)

330000 – 1716 – 0028838　集補 1185/28838
集部/別集類/清別集

餐花室尺牘叢殘二卷 （清）嚴錫康撰　清同
治元年(1862)刻本　二冊

330000 – 1716 – 0028839　集補 1182 – 2/
28839　集部/別集類/清別集

留茆盦尺牘叢殘四卷 （清）嚴鶴撰　清道光
二十四年(1844)綠潤堂刻本　一冊　存一卷
(一)

330000 – 1716 – 0028843　普史 1500/28843
史部/地理類/輿圖之屬

圖形一斑一卷 （清）王肇鋐撰　清光緒十七
年(1891)王肇鋐日本東京使廨石印本　胡德
舜題記　一冊

330000 – 1716 – 0028845　普子 2043/28845
子部/藝術類/篆刻之屬/印譜

鳴玉山房印存不分卷 （清）王同烈輯　清光
緒鈐印本　一冊

330000 – 1716 – 0028846　集補 1188/28846
集部/總集類/尺牘之屬

紅藕山莊尺牘十二卷首一卷 （清）冶垠散人
輯　清刻本　一冊　存一卷(八)

330000 – 1716 – 0028848　集補 1189/28848
集部/別集類/清別集

五色瓜廬尺牘叢殘四卷 （清）邵慶辰撰　尊
聞閣主輯　清刻本　二冊　存二卷(三至四)

330000 – 1716 – 0028852　集補 1190/28852
集部/別集類/清別集

玉餘尺牘附編八卷 （清）莊士敏撰　清光緒
六年(1880)大亭山館刻本　一冊　存二卷
(七至八)

330000 – 1716 – 0028853　集補 1177 – 4/
28853　集部/詩文評類/文法之屬/函牘格式

商賈尺牘二卷 （清）管斯駿撰　清刻本
一冊

330000 – 1716 – 0028855　普集 1820/28855
集部/詞類/詞譜之屬

詞牌不分卷 （清）孔傳鐸編　清末石印本

一冊

330000 – 1716 – 0028856　集補 1191/28856
集部/總集類/尺牘之屬

小倉山房同人尺牘□□卷 （清）袁枚輯　清
刻本　一冊　存二卷(三至四)

330000 – 1716 – 0028858　普集 1821/28858
集部/總集類/課藝之屬

辛亥墨選六卷 清刻本　一冊

330000 – 1716 – 0028860　地獻 3686/28860
子部/藝術類/篆刻之屬/印譜

子樵氏印草一卷 清末鈐印本　一冊

330000 – 1716 – 0028861　地獻 3687/28861
子部/藝術類/篆刻之屬/印譜

殷秋樵手鈐漢印一卷 （清）殷秋樵篆　清末
鈐印本　一冊

330000 – 1716 – 0028866　普集 1822/28866
集部/總集類/課藝之屬

盛京試牘不分卷 （清）雷以諴編　清咸豐二
年(1852)刻本　一冊

330000 – 1716 – 0028867　集補 1192 – 1/
28867　集部/詩文評類/文法之屬/函牘格式

尺牘□□卷 清石印本　一冊　存一卷(十)

330000 – 1716 – 0028868　集補 1192 – 2/
28868　集部/詩文評類/文法之屬/函牘格式

尺牘□□卷 清石印本　一冊　存一卷(二)

330000 – 1716 – 0028869　集補 1192 – 3/
28869　集部/詩文評類/文法之屬/函牘格式

尺牘四卷 清光緒二十一年(1895)上海書局
石印本　一冊　存一卷(一)

330000 – 1716 – 0028870　普史 1502/28870
史部/政書類/邦交之屬

約章分類輯要三十八卷首一卷 蔡乃煌輯
清刻本　一冊　存一卷(三十二)

330000 – 1716 – 0028872　集補 1192 – 5/
28872　集部/詩文評類/文法之屬/函牘格式

改良寫信字彙尺牘不分卷 清末石印本
二冊

330000－1716－0028873　子補 1272/28873
子部/雜著類/雜考之屬

十科策略箋釋十卷　（明）劉定之撰　（清）劉
　作楳釋　（清）劉廷琨重注　**呆齋公年譜一卷**
　（清）劉作楳撰　清乾隆二十三年(1758)步
　月樓刻本　一冊　存二卷(一、年譜)

330000－1716－0028875　集補 1192－6/
28875　集部/詩文評類/文法之屬/函牘格式

最新寫信必讀十卷　（清）唐芸洲撰　清光緒
　三十一年(1905)石印本　四冊

330000－1716－0028878　集補 1192－7/
28878　集部/總集類/尺牘之屬

詳注三百六十行尺牘□□卷　（清）管斯駿撰
　（清）裴稼蓀輯　清末石印本　一冊　存一
　卷(六)

330000－1716－0028880　集補 1192－8/
28880　集部/詩文評類/文法之屬/函牘格式

三百六十行必要尺牘□□卷　（清）管斯駿撰
　清末石印本　三冊　存十二卷(五至十四、
　十八至十九)

330000－1716－0028882　集補 1192－9/
28882　集部/詩文評類/文法之屬/函牘格式

三百六十行必要尺牘□□卷　（清）管斯駿撰
　清末石印本　一冊　存五卷(五至九)

330000－1716－0028884　普集 1823/28884
集部/別集類/宋別集

朱子集一百四卷目錄二卷　（宋）朱熹撰　清
　刻本　一冊　存一卷(七十二)

330000－1716－0028885　集補 1081/28885
集部/總集類/尺牘之屬

尺牘句解二集三卷　（清）桃花館主編　（清）
　少溪氏選注　清末石印本　朱生祥題記　二
　冊　存二卷(一、三)

330000－1716－0028888　普類 0120－1/
28888　類叢部/類書類/通類之屬

典匯十二卷　（清）藜青閣主人輯　清石印本
　一冊　存二卷(五至六)

330000－1716－0028890　集補 1192－10/

28890　集部/詩文評類/文法之屬/函牘格式

增廣江湖尺牘四卷附一卷　清天池山房石印
本　一冊　存一卷(一)

330000－1716－0028891　普類 0120－2/
28891　類叢部/類書類/通類之屬

典匯十二卷　（清）藜青閣主人輯　清石印本
　三冊　存六卷(三至六、十一至十二)

330000－1716－0028892　普類 0120－3/
28892　類叢部/類書類/通類之屬

典匯十二卷　（清）藜青閣主人輯　清石印本
　四冊　存八卷(三至十)

330000－1716－0028893　集補 1192－11/
28893　集部/詩文評類/文法之屬/函牘格式

改良商務尺牘□□卷　清末石印本　清渤海
品題簽　一冊　存一卷(六)

330000－1716－0028896　集補 1192－13/
28896　集部/詩文評類/文法之屬/函牘格式

商務尺牘二卷　清光緒二十四年(1898)上海
順成書局石印本　一冊

330000－1716－0028898　集補 1192－14/
28898　集部/詩文評類/文法之屬

寫信必讀十卷　（清）唐芸洲撰　清末石印本
　一冊　存三卷(六至八)

330000－1716－0028899　普史 1504/28899
史部/金石類/玉之屬/圖像

宋淳熙敕編古玉圖譜一百卷　（宋）龍大淵等
編　清刻本　一冊　存二卷(四十九至五十)

330000－1716－0028901　新補 0485－1/
28901　新學/史志/諸國史

泰西新史攬要二十四卷　（英國）馬懇西撰
（英國）李提摩太釋　清光緒鉛印本　二冊
存九卷(十六至二十四)

330000－1716－0028902　新補 0483/28902
新學/史志/諸國史

增補普通新歷史十一章附歷代帝王總紀一卷
（清）施勛頌增編　清刻本　一冊

330000－1716－0028903　集補 1192－16/

28903　集部/總集類/尺牘之屬

尺牘入門四卷　(清)沈雲輯　附新增詳注尺牘入門採新一卷　(清)巴溪逸士輯　清光緒十二年(1886)吳門刻本　三冊　缺一卷(二)

330000－1716－0028904　集補 1192－17/28904　集部/總集類/尺牘之屬

尺牘雲程二卷　(清)隱巖居士編　清光緒十七年(1891)杭城經香樓刻本　二冊

330000－1716－0028905　集補 0978/28905　集部/詩文評類/詩評之屬

雨村詩話十六卷　(清)李調元撰　清刻本　二冊　存八卷(一至八)

330000－1716－0028906　集補 1192－18/28906　集部/別集類/清別集

適軒尺牘八卷　(清)徐菊生撰　清同治十三年(1874)皖城黃竹友齋刻本　四冊　存四卷(一、五至七)

330000－1716－0028907　集補 1092/28907　集部/總集類/選集之屬/斷代

國初文讀本注釋一卷外編一卷　清刻本　一冊

330000－1716－0028909　新補 0484/28909　新學/議論/論政

公民必讀初編一卷二編一卷　孟昭常撰　清光緒三十三年(1907)預備立憲公會鉛印本　一冊　存一卷(初編)

330000－1716－0028912　新補 0485－2/28912　新學/史志/諸國史

泰西新史攬要二十四卷　(英國)馬懇西撰　(英國)李提摩太釋　清光緒二十四年(1898)石印本　四冊　存十二卷(一至六、十四至十九)

330000－1716－0028913　集補 0961/28913　集部/別集類/清別集

詳注嚶求集二卷　(清)繆艮撰　(清)倪照注　清光緒三十四年(1908)文盛堂石印本　二冊

330000－1716－0028914　地獻 1920/28914

子部/儒家類/儒學之屬/蒙學

神童詩一卷　清末浙紹育新書局石印本　一冊

330000－1716－0028921　集補 0966－1/28921　集部/別集類/清別集

詳注嚶求集二卷　(清)繆艮撰　(清)倪照注　清光緒十六年(1890)上海江左書林石印本　四冊

330000－1716－0028923　集補 1193－1/28923　集部/總集類/尺牘之屬

分類尺牘備覽三十卷　(清)王虎榜輯　清末鉛印本　一冊　存二卷(十一至十二)

330000－1716－0028925　集補 1193－2/28925　集部/總集類/尺牘之屬

分類尺牘備覽三十卷　(清)王虎榜輯　清末石印本　二冊　存五卷(八至十二)

330000－1716－0028926　史補 0771/28926　史部/政書類/通制之屬

各國富強新策四卷　(清)孫德華撰　清光緒二十二年(1896)上海書局石印本　一冊　存一卷(一)

330000－1716－0028928　集補 1193－3/28928　集部/總集類/尺牘之屬

分類尺牘備覽三十卷　(清)王虎榜輯　清末石印本　一冊　存十二卷(十九至三十)

330000－1716－0028929　集補 1193－4/28929　集部/總集類/尺牘之屬

分類尺牘備覽三十卷續八卷　(清)王虎榜輯　清末石印本　二冊　存二卷(續三、五)

330000－1716－0028930　集補 1193－5/28930　集部/總集類/尺牘之屬

分類尺牘備覽三十卷續八卷　(清)王虎榜輯　清末石印本　二冊　存二卷(續三、五)

330000－1716－0028931　集補 1083－1/28931　集部/總集類/氏族之屬

三蘇策論十二卷　(宋)蘇洵　(宋)蘇軾　(宋)蘇轍撰　(清)張紹齡編　清石印本　三冊　存四卷(二、六至八)

330000－1716－0028933　集補 1193－6/28933　集部/總集類/尺牘之屬

分類尺牘備覽三十卷　（清）王虎榜輯　清末石印本　二冊　存七卷（三至五、十九至二十二）

330000－1716－0028934　集補 1083－2/28934　集部/總集類/氏族之屬

三蘇策論十二卷　（宋）蘇洵　（宋）蘇軾（宋）蘇轍撰　（清）張紹齡編　清石印本　四冊　存八卷（三至四、七至十二）

330000－1716－0028935　集補 1083－3/28935　集部/總集類/氏族之屬

三蘇策論十二卷　（宋）蘇洵　（宋）蘇軾（宋）蘇轍撰　（清）張紹齡編　清光緒二十四年（1898）石印本　五冊　存七卷（一、五至十）

330000－1716－0028936　普集 1827/28936　集部/總集類/課藝之屬

巧搭從新不分卷　清刻本　倪氏題簽　一冊

330000－1716－0028937　集補 1193－7/28937　集部/總集類/尺牘之屬

分類尺牘三十卷　（清）王虎榜輯　清光緒二十八年（1902）海上石印本　二冊　存八卷（一至二、十三至十八）

330000－1716－0028938　集補 0967/28938　集部/別集類/清別集

扶雅堂詩集□□卷　（清）楊炳春撰　清刻本　一冊　存五卷（六至十）

330000－1716－0028939　集補 1193－8/28939　集部/總集類/尺牘之屬

分類尺牘備覽三十卷續八卷　（清）王虎榜輯　清末石印本　四冊　存五卷（續二、五至八）

330000－1716－0028940　集補 0968/28940　集部/詩文評類/詩評之屬

唐人五言排律詩論三卷　（清）蔣鵬翮編釋　清刻本　一冊　存一卷（三）

330000－1716－0028941　　經補 0846－1/28941　子部/雜家類

通問便集二卷　（清）子虛氏輯注　清廣百宋齋石印本　一冊　存一卷（二）

330000－1716－0028942　普集 1828/28942　集部/別集類/宋別集

東坡寓惠集注釋四卷　（宋）蘇軾撰　（清）邵長蘅　（清）顧嗣立補釋　（清）黃天秩（清）黃應槐輯　清道光十年（1830）枕松堂刻本　一冊　存一卷（一）

330000－1716－0028943　集補 1193－9/28943　集部/總集類/尺牘之屬

分類尺牘備覽三十卷　（清）王虎榜輯　清末石印本　四冊　存十五卷（三至五、十一至二十二）

330000－1716－0028944　集補 0969/28944　集部/別集類/唐五代別集

杜詩詳注二十五卷首一卷附編二卷　（唐）杜甫撰　（清）仇兆鰲輯注　清康熙刻本　一冊　存一卷（附編一）

330000－1716－0028945　集補 0970/28945　集部/總集類/選集之屬/斷代

唐詩別裁集十卷　（清）沈德潛輯　清刻本　五冊　存七卷（一至二、五至七、九至十）

330000－1716－0028946　子補 1278/28946　子部/小說家類/異聞之屬

想當然耳八卷　（清）鄒鐘撰　清同治十年（1871）聚興堂刻本　四冊

330000－1716－0028947　集補 1170－14/28947　集部/總集類/尺牘之屬

增廣尺牘句解初集二卷二集二卷附增補音郡音義百家姓一卷　（清）少溪氏編次　清光緒三十三年（1907）上海書局石印本　四冊

330000－1716－0028948　集補 1084/28948　集部/總集類/課藝之屬

試律青雲集四卷　（清）楊逢春輯　（清）沈品華等注　清刻本　一冊　存一卷（一）

330000－1716－0028949　集補 1085/28949　集部/總集類/尺牘之屬

詳注驪珠尺牘上集二卷　（清）浮槎仙客輯
（清）紅樹詞人釋　清嘉慶二十一年（1816）隨
月讀書樓刻本　二冊

330000－1716－0028950　集補1193－13/
28950　集部/總集類/尺牘之屬
分類尺牘備覽正集三十卷續集八卷　（清）王
虎榜輯　清末石印本　四冊　存四卷（二至
四、八）

330000－1716－0028951　集補1086/28951
集部/別集類/清別集
寄嶽雲齋試體詩選詳注四卷　（清）聶銑敏撰
　（清）張學蘇箋　清刻本　三冊　存三卷
（二至四）

330000－1716－0028952　集補0983/28952
集部/總集類/選集之屬/通代
文選五卷首一卷　（南朝梁）蕭統輯　（唐）李
善注　文選考異一卷　（清）胡克家撰　清江
左書林石印本　二冊　缺四卷（二至五）

330000－1716－0028953　普集1829/28953
類叢部/叢書類/自著之屬
隨園三十六種　（清）袁枚撰　清光緒十九年
（1893）倉山舊主石印本　一冊　存六種

330000－1716－0028954　普集1830/28954
集部/總集類/課藝之屬
崇辨堂墨選不分卷　清刻本　一冊

330000－1716－0028955　善附0345/28955
子部/醫家類/方書之屬
四明翰香居趙氏精製上料丸散膏丹總目不分
卷　（清）趙家薰編　清光緒趙氏翰香居刻藍
印本　一冊

330000－1716－0028956　普叢0228－2/
28956　類叢部/叢書類/彙編之屬
國朝名人著述叢編十三種　（清）□□編　清
鉛印本　六冊

330000－1716－0028958　集補0975/28958
集部/別集類/清別集
御製詩初集四十四卷目錄四卷二集九十卷目
錄十卷三集一百卷目錄十二卷　（清）高宗弘

曆撰　清刻本　一冊　存九卷（三十六至四
十四）

330000－1716－0028959　普集1831/28959
集部/總集類/課藝之屬
小題文津初集不分卷　清刻本　一冊

330000－1716－0028960　集補0976－1/
28960　集部/別集類/清別集
有正味齋駢體文二十四卷續集八卷詩集十六
卷詩續集八卷詞集八卷詞續集二卷詞外集南
北曲二卷外集五卷　（清）吳錫麒撰　清嘉慶
十三年（1808）刻本　二冊　存八卷（詩集一
至八）

330000－1716－0028961　子補0555－4/
28961　子部/儒家類/儒學之屬/蒙學
初學啟悟集二卷　（清）汪承忠評選　（清）黃
梅峰詮解　清同治七年（1868）杭省務本堂刻
本　一冊　存一卷（一）

330000－1716－0028962　集補0976－2/
28962　集部/別集類/清別集
有正味齋駢體文二十四卷續集八卷詩集十六
卷詩續集八卷詞集八卷詞續集二卷詞外集南
北曲二卷外集五卷　（清）吳錫麒撰　清刻本
　一冊　存四卷（詩集五至八）

330000－1716－0028963　普集1832/28963
集部/總集類/課藝之屬
小題會心錄不分卷　清刻本　二冊

330000－1716－0028964　集補1195/28964
集部/總集類/尺牘之屬
分類尺牘續編三集八卷　清光緒二十三年
（1897）上海書局石印本　四冊　存四卷（一
至二、四、六）

330000－1716－0028965　普集1833/28965
集部/總集類/課藝之屬
新科小題文選不分卷　（清）王之醇評　清乾
隆二十五年（1760）學海樓刻本　二冊

330000－1716－0028966　集補1196－1/
28966　集部/別集類/清別集
曲園尺牘五卷　（清）俞樾撰　清光緒十七年

(1891)上海石印本　四冊

330000－1716－0028967　集補 1196－2/
28967　集部/別集類/清別集

曲園尺牘五卷　（清）俞樾撰　清末石印本
二冊　存三卷（二至三、五）

330000－1716－0028968　子補 1276－1/
28968　類叢部/叢書類/彙編之屬

申報館叢書正集五十七種附錄三種　尊聞閣
主編　**續集一百四十二種**　蔡爾康編　清同
治至光緒上海申報館鉛印本　一冊　存一種

330000－1716－0028970　子補 1276－2/
28970　子部/小說家類/異聞之屬

小豆棚十六卷　（清）曾衍東撰　清鉛印本
三冊　存八卷（三至四、八至十三）

330000－1716－0028971　普叢 0205－5/
28971　類叢部/叢書類/彙編之屬

廣漢魏叢書八十種　（明）何允中編　清刻本
　一冊　存一種

330000－1716－0028972　集補 0977/28972
集部/總集類/選集之屬/通代

古今詩選五十卷　（清）王士禛選　清刻本
二冊　存七卷（七言詩一至四、五言詩六至
八）

330000－1716－0028973　集補 1087－1/
28973　集部/總集類/課藝之屬

國朝三十五科同館詩賦解題七卷首一卷
（清）魏茂林輯　清刻本　一冊　存二卷（一
至二）

330000－1716－0028976　集補 1198/28976
集部/別集類/清別集

有正味齋尺牘二卷　（清）吳錫麒撰　清末上
海著易堂鉛印本　二冊

330000－1716－0028981　集補 1199－2/
28981　集部/總集類/尺牘之屬

分類尺牘備覽三十卷　（清）王虎榜輯　清光
緒十六年（1890）上洋珍藝書局鉛印本　二冊
　存八卷（八至十五）

330000－1716－0028983　集補 1513－3/
28983　集部/總集類/選集之屬/通代

咏物詩選注釋八卷　（清）俞琰輯　（清）易開
縉　（清）孫添鳴注　清嘉慶十五年（1810）經
國堂刻本　一冊　存二卷（一至二）

330000－1716－0028984　集補 1199－3/
28984　集部/總集類/尺牘之屬

分類尺牘備覽三十卷　（清）王虎榜輯　清光
緒十六年（1890）上洋珍藝書局鉛印本　一冊
　存五卷（十一至十五）

330000－1716－0028987　子補 1277/28987
子部/小說家類/雜事之屬

天香樓外史誌異八卷　（明）思貞子撰　（明）
薛朝選　（清）袁枚輯　清光緒二十六年
（1900）德記書局石印本　一冊　存四卷（一
至四）

330000－1716－0028988　集補 1200/28988
集部/總集類/課藝之屬

近科考卷不分卷　（清）金研香選評　清道光
十二年（1832）華玉樓刻本　一冊

330000－1716－0028991　地獻 3695/28991
子部/藝術類/篆刻之屬/印譜

殷如璋手鈐漢銅印一卷　（清）殷如璋篆　清
光緒二十一年（1895）鈐印本　清止叟題記
一冊

330000－1716－0028992　集補 1089/28992
集部/總集類/選集之屬/通代

雞跖賦正集三十卷擬古一卷　（清）應泰泉輯
　清刻本　三冊　存十五卷（十二至二十六）

330000－1716－0028993　新補 0487/28993
新學/交涉

英話注解一卷　（清）尹紫芳等編　清光緒二
十年（1894）上海申昌書畫室鉛印本　一冊

330000－1716－0028994　集補 1201/28994
集部/別集類/明別集

歸震川先生尺牘二卷　（明）歸有光撰　清刻
本　一冊　存一卷（一）

330000－1716－0028995　地獻 3688/28995

子部/藝術類/篆刻之屬/印譜

雙清室袖珍印品不分卷 （清）龍池散人篆
清末鈐印本　一冊

330000－1716－0028997　集補 1196－3/
28997　集部/總集類/彙編之屬

隨園同人尺牘四卷 （清）袁枚鑒定　清刻本
一冊　存一卷（二）

330000－1716－0028999　集補 1090/28999
集部/詩文評類/詩評之屬

峴傭說詩一卷 （清）施補華撰　清末石印本
一冊

330000－1716－0029002　集補 1091/29002
集部/別集類/清別集

薇花吟館賦鈔一卷 （清）龔顯曾撰　清光緒
四年（1878）刻本　一冊

330000－1716－0029003　集補 1093/29003
集部/總集類/課藝之屬

目耕齋小題偶編不分卷 （清）沈叔眉編次
清刻本　一冊

330000－1716－0029005　集補 0821－3/
29005　集部/總集類/課藝之屬

八銘堂塾鈔初集不分卷 （清）吳懋政編　清
刻本　一冊

330000－1716－0029006　子補 1279/29006
類叢部/類書類/專類之屬

應酬尺牘彙選八卷 （清）陸九如纂輯　清光
緒十六年（1890）大文堂刻本　王春樵題記
一冊　存二卷（一至二）

330000－1716－0029007　經補 0848/29007
經部/小學類/文字之屬/說文/專著

說文古籀補十四卷補遺一卷附錄一卷 （清）
吳大澂撰　清光緒十二年（1886）上海點石齋
石印本　一冊　存二卷（一、附錄）

330000－1716－0029008　經補 0849/29008
經部/小學類/文字之屬/說文/傳說

說文管見三卷 （清）胡秉虔撰　清光緒七年
（1881）鄞縣林植海望益山房書局刻本　一冊

330000－1716－0029009　普集 1835/29009
集部/別集類/清別集

可青軒律賦一卷 （清）□鳳樓撰　清宣統三
年（1911）刻本　一冊

330000－1716－0029011　集補 1094/29011
集部/別集類/清別集

小倉山房尺牘六卷 （清）袁枚撰　清刻本
一冊　存二卷（五至六）

330000－1716－0029012　經補 0850/29012
經部/詩類/三家詩之屬

新刻韓詩外傳十卷 （漢）韓嬰撰　清嘉慶六
年（1801）娜嬛書屋刻本　二冊

330000－1716－0029013　集補 0986/29013
集部/別集類

湘綺樓全集三十三卷 王闓運撰　清刻本
一冊　存一卷（湘綺樓箋啟四）

330000－1716－0029014　集補 0987/29014
集部/總集類/選集之屬/通代

唐宋八家文讀本三十卷 （清）沈德潛輯　清
乾隆十五年（1750）小鬱林刻本　四冊　存九
卷（一至二、十至十四、二十四至二十五）

330000－1716－0029015　集補 0988/29015
集部/總集類/選集之屬/斷代

唐詩初選二卷 （清）孫洙編　（清）吳宗麟重
編　清刻本　一冊　存一卷（一）

330000－1716－0029016　經補 0851/29016
經部/小學類/音韻之屬/韻書

初學檢韻袖珍十二卷總目一卷檢字一卷
（清）姚文登輯　清刻本　一冊　存三卷（四
至六）

330000－1716－0029017　集補 1097－4/
29017　集部/總集類/選集之屬/通代

增廣詩句題解彙編四卷姓氏考一卷 （清）同
文書局編　清末石印本　二冊　存三卷（一、
四, 姓氏考）

330000－1716－0029019　集補 1203/29019
集部/總集類/尺牘之屬

增廣尺牘句解初集二卷二集二卷附增補音郡

音義百家姓一卷　（清）少溪氏編次　清末石印本　一冊　缺二卷（二集一至二）

330000－1716－0029020　集補 1098/29020
集部/別集類/清別集

欣賞齋尺牘六卷　（清）曹仁鏡輯　清石印本　二冊　缺二卷（一至二）

330000－1716－0029021　普叢 0230/29021
類叢部/叢書類/彙編之屬

述古叢鈔二十八種　（清）劉晚榮編　清同治至光緒古岡劉氏藏修書屋刻本　一冊　存一種

330000－1716－0029022　經補 0853/29022
經部/小學類/音韻之屬/韻書

增廣詩韻全璧五卷　（清）奕詢增編　清末石印本　二冊　存二卷（一至二）

330000－1716－0029023　子補 1275－1/29023　子部/小說家類/異聞之屬

夜雨秋燈六卷　（清）宣鼎撰　清光緒二十九年（1903）上海書局石印本　一冊　存二卷（一至二）

330000－1716－0029024　集補 0989－10/29024　集部/總集類/選集之屬/通代

古唐詩合解古詩四卷唐詩十二卷　（清）王堯衢注　清刻本　二冊　存七卷（古詩一至四、唐詩十至十二）

330000－1716－0029025　集補 0989－9/29025　集部/總集類/選集之屬/通代

古唐詩合解古詩四卷唐詩十二卷　（清）王堯衢注　清光緒南京李光明莊刻本　三冊　存八卷（古詩一至四、唐詩一至四）

330000－1716－0029026　子補 1275－4/29026　子部/小說家類/異聞之屬

夜雨秋燈續錄四卷　（清）宣鼎撰　清末石印本　一冊　存二卷（續錄一至二）

330000－1716－0029027　子補 1275－5/29027　子部/小說家類/異聞之屬

夜雨秋燈三錄四卷　（清）宣鼎撰　清末石印本　一冊　存二卷（三錄三至四）

330000－1716－0029028　子補 1275－6/29028　子部/小說家類/異聞之屬

夜雨秋燈錄八卷續錄八卷　（清）宣鼎撰　清石印本　一冊　存一卷（二）

330000－1716－0029029　經補 0855－1/29029　經部/孝經類/傳說之屬

孝經旁訓一卷　（清）孫傳澄訂　清刻本　一冊

330000－1716－0029034　集補 1099/29034
集部/別集類/清別集

小倉山房往還書札全集十八卷　（清）袁枚撰　清末鉛印本　一冊　存九卷（十至十八）

330000－1716－0029036　普集 1836/29036
集部/別集類/清別集

艮齋集七種　（清）尤侗撰　清康熙刻本　一冊　存一種

330000－1716－0029042　集補 0990/29042
集部/總集類/選集之屬/斷代

重訂唐詩別裁集二十卷　（清）沈德潛輯　清教忠堂刻本　一冊　存三卷（三至四、十二）

330000－1716－0029043　集補 1302－1/29043　集部/小說類/長篇之屬

增像玉茗堂批點按鑑參補南宋志傳十卷五十回　（明）研石山樵訂正　清末石印本　一冊　存一卷（三）

330000－1716－0029044　集補 1302－2/29044　集部/小說類/長篇之屬

增像玉茗堂批點按鑑參補南宋志傳十卷五十回　（明）研石山樵訂正　清末石印本　一冊　存一卷（二）

330000－1716－0029046　集補 0991/29046
集部/總集類/課藝之屬

南菁講舍文集六卷書院文集一卷　（清）黃以周輯　清光緒十五年（1889）刻本　四冊　存二卷（三至四）

330000－1716－0029047　普經 0957/29047
經部/小學類/訓詁之屬/譯語

欽定清漢對音字式一卷　（清）福隆安等撰

清道光十六年(1836)武英殿刻本　一冊

330000 - 1716 - 0029051　普叢 0232/29051
類叢部/叢書類/自著之屬

高文恪公集十一種　(清)高士奇撰　清康熙刻本　一冊　存四種

330000 - 1716 - 0029052　集補 1205 - 2/29052　集部/詩文評類/文法之屬

寫信必讀十卷　(清)唐芸洲撰　清光緒三十四年(1908)上海廣益書局石印本　一冊

330000 - 1716 - 0029053　普集 1837/29053
集部/別集類/清別集

傅徵君霜紅龕詩鈔九卷附錄一卷　(清)傅山撰　清刻本　一冊　存三卷(二至四)

330000 - 1716 - 0029055　地獻 1924 - 4/29055　經部/四書類/總義之屬/傳說

四書讀本十九卷　(宋)朱熹撰　清浙紹墨潤堂刻本　清鴻璜注　一冊　存五卷(論語一至五)

330000 - 1716 - 0029056　普集 1838/29056
集部/總集類/選集之屬/斷代

七家試帖輯注彙鈔九卷　(清)張熙宇輯評(清)王植桂輯注　清刻本　二冊　存二種

330000 - 1716 - 0029057　普集 1839/29057
集部/別集類/清別集

紅雪山峰詩八卷　(清)唐千鷺撰　清刻本二冊　存二卷(二、五)

330000 - 1716 - 0029058　普集 1840/29058
史部/史評類/詠史之屬

廿一史彈詞注十卷　(明)楊慎撰　(清)張三異增定　(清)張仲璜注　**明史彈詞注一卷**(清)張三異撰　(清)張仲璜注　清乾隆五十一年(1786)張任佐視履堂刻本　一冊　存一卷(明史彈詞注)

330000 - 1716 - 0029059　集補 1303/29059
集部/總集類/選集之屬/斷代

管周合稿二種　(清)管世銘　(清)周景益撰清同治十二年(1873)寧波陳氏刻本　四冊

330000 - 1716 - 0029060　子補 1282 - 1/29060　子部/雜著類/雜考之屬

東塾讀書記十五卷　(清)陳澧撰　清光緒二十四年(1898)上海江左書林石印本　三冊存十卷(六至十五)

330000 - 1716 - 0029061　子補 1282 - 2/29061　子部/雜著類/雜考之屬

東塾讀書記十五卷　(清)陳澧撰　清光緒二十四年(1898)上海江左書林石印本　三冊存十一卷(一至五、十至十五)

330000 - 1716 - 0029062　集補 1052 - 10/29062　集部/總集類/選集之屬/通代

古文析義十六卷　(清)林雲銘輯注　清乾隆十年(1745)上善堂刻本　二冊　存四卷(一至四)

330000 - 1716 - 0029063　集補 1052 - 11/29063　集部/總集類/選集之屬/通代

古文析義十六卷二編十六卷　(清)林雲銘輯注　清刻本　二冊　存四卷(二編一至二、十五至十六)

330000 - 1716 - 0029064　集補 0995/29064
集部/楚辭類

楚辭集注八卷總評一卷　(宋)朱熹撰　(明)沈雲翔輯評　清聽雨齋刻朱墨套印本　二冊缺六卷(一至六)

330000 - 1716 - 0029065　普集 1842/29065
集部/別集類/清別集

壯悔堂文集十卷遺稿一卷四憶堂詩集六卷遺稿一卷　(清)侯方域撰　(清)賈開宗等評點　清光緒十年(1884)刻本　二冊　存七卷(四憶堂詩集一至六、遺稿)

330000 - 1716 - 0029066　經補 0857/29066
經部/詩類/傳說之屬

御纂詩義折中二十卷　(清)傅恒　(清)陳兆崙等纂　清乾隆二十年(1755)經元堂刻本七冊　存十五卷(一至四、六至十二、十五至十六、十九至二十)

330000 - 1716 - 0029067　普集 1843/29067

集部/別集類/清別集

江忠烈公遺集一卷　（清）江忠源撰　清咸豐
六年（1856）邵陽陳氏橫舍刻本　一冊

330000－1716－0029068　集補 1464－2/
29068　集部/別集類/清別集

有正味齋試帖詳注四卷　（清）吳錫麒撰
（清）吳掄　（清）吳敬恒注　清一經堂刻本
一冊　存二卷（三至四）

330000－1716－0029069　普集 1844/29069
集部/別集類/清別集

善卷堂四六十卷　（清）陸繁弨撰　（清）吳自
高注　清刻本　一冊　存二卷（八至九）

330000－1716－0029070　普叢 0297/29070
類叢部/叢書類/彙編之屬

古香齋袖珍十種　　清同治至光緒南海孔氏刻
本　七冊　存一種

330000－1716－0029072　普類 0139/29072
集部/總集類/課藝之屬

論料大成四十二卷　（清）花朝生編　清光緒
二十八年（1902）上海書局石印本　四冊　存
二十二卷（一至十二、二十八至三十七）

330000－1716－0029073　經補 0858/29073
經部/群經總義類/文字音義之屬

群經字詁七十二卷檢字一卷　（清）段諤廷撰
（清）黃本驥編訂　清道光二十九年（1849）
黔陽楊氏刻本　二冊　存十一卷（十三至十
九、三十五至三十八）

330000－1716－0029074　普集 1849/29074
集部/別集類/清別集

凌雪軒詩六卷外集一卷　（清）徐爕撰　清乾
隆刻本　一冊　缺一卷（外集）

330000－1716－0029075　普集 1850/29075
集部/楚辭類

離騷草木疏四卷　（宋）吳仁傑撰　清光緒三
年（1877）湖北崇文書局刻本　一冊

330000－1716－0029076　普集 1851/29076
集部/別集類/清別集

今雨堂詩墨二卷　（清）金姓撰　清乾隆二十

四年（1759）刻本　一冊

330000－1716－0029077　普史 0750－1/
29077　子部/儒家類/儒學之屬/性理

朱子家禮八卷　（宋）朱熹撰　（明）丘濬輯
（明）楊廷筠補　**四禮初稿四卷**　（明）宋纁輯
四禮約言四卷　（明）呂維祺撰　清刻本
二冊　存四卷（四禮初稿一至四）

330000－1716－0029078　史補 0772/29078
史部/傳記類/科舉錄之屬/諸貢錄

二百十三科鄉會文統不分卷　清末石印本
一冊

330000－1716－0029079　子補 1745/29079
子部/雜著類/雜纂之屬

格言聯璧節要一卷　（清）馮文蔚錄　清光緒
十七年（1891）南林金承德堂石印本　一冊

330000－1716－0029080　普叢 0168－3/
29080　類叢部/叢書類/彙編之屬

當歸草堂叢書八種　（清）丁丙編　清同治二
年至五年（1863－1866）錢塘丁氏刻本　清陸
有鋆題簽　二冊　存一種

330000－1716－0029081　集補 0997/29081
集部/別集類/宋別集

盧陵宋丞相信國公文忠烈先生全集十六卷
（宋）文天祥撰　（清）文有煥等輯　清道光十
七年（1837）盧陵文氏刻本　一冊　存三卷
（十三至十五）

330000－1716－0029083　普集 1853/29083
集部/總集類/郡邑之屬

新刻浙江形勝擬詩不分卷　清光緒五年
（1879）刻本　一冊

330000－1716－0029086　集補 1306/29086
集部/曲類/彈詞之屬

繪圖醒世善惡報八卷一百回　（清）海芝濤撰
清石印本　一冊　存一卷（二）

330000－1716－0029087　集補 1307/29087
集部/曲類/彈詞之屬

新刻古本劉成美忠節全傳二十五卷　清光緒
二十五年（1899）香雪主人石印本　一冊　存

一卷(一)

330000－1716－0029088　普集 1855－1/
29088　集部/別集類/清別集

寄嶽雲齋試體詩選詳注四卷　(清)聶銑敏撰
(清)張學蘇箋　清經綸堂刻本　一冊

330000－1716－0029089　經補 0898/29089
經部/四書類/總義之屬

柏蘊臯稿不分卷　(清)柏蘊臯撰　清光緒二
年(1876)四明茹古齋石印本　四冊

330000－1716－0029090　普集 1855－2/
29090　集部/別集類/清別集

增訂寄嶽雲齋試體詩選四卷　(清)聶銑敏撰
(清)朱兆鳳評　清蘇州掃葉山房刻本　一
冊　存一卷(一)

330000－1716－0029092　經補 0861/29092
經部/小學類/訓詁之屬/譯語

滿漢字清文啟蒙四卷　(清)舞格撰　清刻本
一冊　存一卷(四)

330000－1716－0029094　集補 1308/29094
集部/別集類/清別集

韞山堂時文初集二卷二集四卷三集二卷
(清)管世銘撰　清石印本　三冊　存六卷
(二集一至四、三集一至二)

330000－1716－0029095　普集 1856/29095
集部/別集類/清別集

卷施閣駢體文八卷續編一卷更生齋駢體文四卷　(清)洪亮吉撰　清光緒上海文瑞樓石印
本　一冊　存四卷(一至四)

330000－1716－0029097　集補 1310/29097
集部/詩文評類/文法之屬

寫信活套要覽一卷　(清)南樵主人輯　清光
緒十八年(1892)鉛印本　一冊

330000－1716－0029098　集補 1311/29098
集部/戲劇類/總集之屬/雜劇

清容外集九種　(清)蔣士銓撰　清刻本　三
冊　存四種

330000－1716－0029099　普類 0122/29099

類叢部/類書類/專類之屬

分韻子史題解十六卷　(清)費卿庭輯　(清)
陳士瀛等編校　清刻本　三冊　存九卷(四
至十二)

330000－1716－0029100　集補 1404/29100
集部/詞類/總集之屬

庚子秋詞二卷　(清)王鵬運等撰　清末上海
有正書局石印本　一冊　存一卷(一)

330000－1716－0029101　集補 1405/29101
集部/詩文評類/詩評之屬

說詩樂趣類編二十卷　(清)伍涵芬輯　清著
易堂書局石印本　一冊　存四卷(十至十三)

330000－1716－0029103　子補 1213－3/
29103　類叢部/類書類/專類之屬

新刻通用尺素見心集三卷　(清)汪文芳輯
清刻本　三冊

330000－1716－0029104　集補 1312/29104
集部/總集類/選集之屬/斷代

宋四名家詩六卷　(清)周之鱗　(清)柴升編
清刻本　一冊　存二種

330000－1716－0029105　集補 1313/29105
集部/小說類/長篇之屬

繡像繪圖飛仙劍俠奇緣初集□□卷　清石印
本　一冊　存一卷(二)

330000－1716－0029106　子補 1284/29106
類叢部/類書類/通類之屬

空策從新又新彙編不分卷　(清)尊研主人編
清光緒十一年(1885)四明暢懷書屋石印本
二冊

330000－1716－0029107　集補 1314/29107
集部/曲類/寶卷之屬

太華山紫金鎮兩世修行劉香寶卷全集二卷
(清)□□撰　清光緒三十二年(1906)上海石
印本　一冊　存一卷(一)

330000－1716－0029108　子補 1285－1/
29108　子部/雜著類/雜纂之屬

不可錄一卷　(清)陳海曙輯　清末石印本
一冊

330000－1716－0029109　集補 1315/29109
集部/曲類/曲選之屬

綴白裘十二集四十八卷　(清)玩花主人輯
(清)錢德蒼增輯　清刻本　一冊　存二卷
(三集三、十二集三)

330000－1716－0029110　集補 1316－1/
29110　集部/別集類/清別集

知味軒啟事四卷稟言四卷　(清)陳毓靈撰
清刻本　一冊　存二卷(啟事三至四)

330000－1716－0029111　普叢 0236－2/
29111　類叢部/叢書類/自著之屬

朱氏群書六種　(清)朱駿聲撰　清光緒八年
(1882)臨嘯閣刻本　一冊　存二種

330000－1716－0029112　集補 1317/29112
集部/總集類/課藝之屬

紫陽書院課藝九集不分卷　(清)王同伯鑒定
(清)沈壽慈　(清)楊振鑣編校　清光緒二
十二年(1896)上海西法局石印本　三冊

330000－1716－0029113　普叢 0238－2/
29113　類叢部/叢書類/彙編之屬

荔牆叢刻十三種　(清)汪曰楨編　清同治至
光緒烏程汪氏刻本　四冊　存三種

330000－1716－0029114　子補 1286/29114
子部/小說家類/雜事之屬

虞初新志二十卷　(清)張潮輯　清刻本　四
冊　存八卷(七至八、十一至十二、十五至十
八)

330000－1716－0029115　普叢 0239/29115
類叢部/叢書類/自著之屬

張師筠著述三種　(清)張變承撰　清咸豐九
年至同治十年(1859－1871)刻本　二冊　存
一種

330000－1716－0029116　子補 1287－1/
29116　子部/小說家類/雜事之屬

廣虞初新志四十卷　(清)黃承增輯　清刻本
一冊　存二卷(三十七至三十八)

330000－1716－0029117　集補 1318/29117
集部/總集類/彙編之屬

賦選彙編二卷　清刻本　二冊

330000－1716－0029118　集補 1319－1/
29118　集部/別集類/清別集

詳注嚶求集二卷　(清)繆艮撰　(清)倪照注
清石印本　二冊

330000－1716－0029119　普叢 0164－3/
29119　類叢部/叢書類/自著之屬

諸葛忠武侯全集(忠武侯諸葛孔明先生全集)
五種　(三國蜀)諸葛亮撰　(清)張澍編　清
刻本　一冊　存一種

330000－1716－0029120　集補 1319－2/
29120　集部/別集類/清別集

詳注嚶求集二卷　(清)繆艮撰　(清)倪照注
清光緒十六年(1890)上海積山書局石印本
二冊

330000－1716－0029121　普叢 0240/29121
類叢部/叢書類/彙編之屬

格致叢書□□種　(明)胡文煥編　明萬曆胡
氏文會堂刻本　一冊　存一種

330000－1716－0029122　集補 1319－3/
29122　集部/別集類/清別集

詳注嚶求集二卷　(清)繆艮撰　(清)倪照注
清光緒十六年(1890)上海積山書局石印本
葉家桂題記　二冊

330000－1716－0029123　集補 1320－1/
29123　集部/別集類/清別集

增廣詳注嚶求集四卷　(清)繆艮撰　(清)倪
照注　清光緒二十八年(1902)文來局石印本
二冊　存二卷(一至二)

330000－1716－0029124　集補 1320－2/
29124　集部/別集類/清別集

詳注嚶求集四卷　(清)繆艮撰　(清)倪照注
清鉛印本　一冊　存一卷(四)

330000－1716－0029125　集補 1321－1/
29125　集部/別集類/清別集

嚶求集四卷　(清)繆艮撰　清刻本　一冊
存二卷(三至四)

330000－1716－0029126　普經 0965/29126
經部/小學類/音韻之屬/韻書

韻辨附文五卷　(清)沈兆霖輯　清刻本　一
冊　存一卷(五)

330000－1716－0029127　經補 0896－1/
29127　經部/易類/傳說之屬

易例大全一卷　(清)榕園書屋主人輯　清石
印本　一冊

330000－1716－0029128　普類 0125/29128
類叢部/類書類/專類之屬

精校典林博覽十二卷　(清)鍾運堯輯　清光
緒二十二年(1896)嫏嬛僊館石印本　三冊
缺三卷(七至九)

330000－1716－0029129　集補 1325/29129
類叢部/類書類/專類之屬

胭脂牡丹六卷　(清)韓鄂撰　清末刻本　二
冊　存二卷(一、六)

330000－1716－0029130　集補 1324/29130
集部/小說類/長篇之屬

繪圖第一情書聽月樓全傳四卷二十回　清光
緒三十年(1904)上海書局石印本　素玉題簽
　一冊　存二卷(一至二)

330000－1716－0029131　子補 1285－2/
29131　子部/雜著類/雜纂之屬

不可錄一卷　(清)陳海曙輯　清末石印本
一冊

330000－1716－0029132　子補 1288/29132
子部/雜著類/雜考之屬

無邪堂答問五卷　(清)朱一新撰　清末石印
本　一冊　存一卷(三)

330000－1716－0029133　地獻 1552－4/
29133　經部/小學類/文字之屬/字書/訓蒙

繪圖四千字文一卷　(清)□□編　清光緒三
十一年(1905)浙紹奎照樓石印本　一冊

330000－1716－0029134　子補 1289/29134
子部/天文曆算類/曆法之屬

增補萬年歷不分卷　清宣統石印本　一冊

330000－1716－0029136　子補 1291/29136
子部/術數類/占卜之屬

明聖金錢課書卜易不分卷　清刻本　清張源
記題記　一冊

330000－1716－0029137　子補 1295/29137
子部/天文曆算類/曆法之屬

光緒二十八年五彩紅字頭通書不分卷　清光
緒二十八年(1902)廣州十七甫澄天閣石印本
　一冊

330000－1716－0029138　地獻 1925－8/
29138　經部/四書類/總義之屬/傳說

繪圖四子書十九卷　(宋)朱熹集注　清光緒
浙紹明達書莊鉛印本　一冊　存五卷(論語
一至五)

330000－1716－0029139　地獻 1925－9/
29139　經部/四書類/總義之屬/傳說

繪圖四子書十九卷　(宋)朱熹集注　清光緒
浙紹明達書莊鉛印本　二冊　存五卷(孟子
一至五)

330000－1716－0029140　子補 1296/29140
子部/宗教類/其他宗教之屬/基督教

答問錄存一卷　李杕撰　清宣統元年(1909)
土山灣印書館鉛印本　一冊

330000－1716－0029141　地獻 1925－10/
29141　經部/四書類/總義之屬/傳說

繪圖四子書十九卷　(宋)朱熹集注　清光緒
浙紹明達書莊鉛印本　一冊　存二卷(孟子
六至七)

330000－1716－0029142　地獻 1925－11/
29142　經部/四書類/總義之屬/傳說

繪圖四書集注十九卷　(宋)朱熹集注　清末
浙紹明達書莊石印本　一冊　存二卷(孟子
四至五)

330000－1716－0029145　子補 1299/29145
新學/算學/曲線

圓錐曲線解法一卷　(清)王藝撰　清光緒三
十四年(1908)上海彪蒙書室石印本　一冊

330000－1716－0029149　經補 0862/29149

經部/叢編

五經義不分卷 （清）黃淦撰　清末石印本
一冊

330000－1716－0029150　經補 0863/29150
類叢部/類書類/專類之屬

五經擬題集解三十八卷續集三十七卷 （清）
姜嶷 （清）朱怡亭輯　清刻本　一冊　存十
卷（十五至十九）

330000－1716－0029151　普子 2056/29151
子部/叢編

二十二子(二十二子彙函) （清）浙江書局編
清光緒元年至三年(1875－1877)浙江書局
刻本　三冊　存二種

330000－1716－0029152　經補 0864/29152
經部/叢編

五經揭要二十九卷 （清）許寶善編　清道光
十六年(1836)京都琉璃廠刻本　一冊　存三
卷(周易四至六)

330000－1716－0029154　經補 0865/29154
經部/四書類/總義之屬/傳說

廣增四書典腋二十卷 （清）松軒主人撰　清
咸豐三年(1853)綺雲書屋刻本　五冊　存十
七卷(一至四、八至二十)

330000－1716－0029155　集補 1425/29155
集部/別集類/明別集

**青邱高季迪先生詩集十八卷遺詩一卷扣舷集
一卷鳧藻集五卷附錄一卷** （明）高啟撰
(清)金檀輯注　清雍正刻本　一冊　存三卷
(詩集十八、遺詩、扣舷集)

330000－1716－0029156　子補 1303/29156
子部/雜著類/雜說之屬

求己錄三卷 （清）蘆涇遯士編　清光緒二十
六年(1900)刻本　一冊　存一卷(二)

330000－1716－0029158　普集 1925/29158
集部/總集類/課藝之屬

性理大雅集擬題論選不分卷 （元）韓雲現評
選　清刻本　一冊

330000－1716－0029159　普史 1506/29159

史部/傳記類/職官錄之屬/總錄

同官錄不分卷　清捷音書屋刻本　一冊

330000－1716－0029160　普史 1507/29160
史部/史抄類

韻史二卷 （清）許遯翁撰　**補一卷** （清）朱
玉岑撰　清光緒十年(1884)上海同文書局石
印本　一冊

330000－1716－0029161　地獻 1927/29161
集部/別集類/明別集

萬一樓集五十六卷續集六卷外集十卷 （明）
駱問禮撰　清木活字印本　一冊　存六卷
(七至十二)

330000－1716－0029162　集補 1428/29162
集部/別集類/清別集

月船居士詩稿四卷 （清）盧鎬撰　清刻本
一冊　存二卷(三至四)

330000－1716－0029164　經補 0867－2/
29164　經部/小學類/文字之屬/字書/訓蒙

新鐫六言雜字一卷 （清）杜廣友 （清）金子
合校　清光緒十三年(1887)杭城大文堂刻本
清湯□綱題簽　一冊

330000－1716－0029165　集補 1429－5/
29165　集部/總集類/選集之屬/斷代

八家四六文注八卷首一卷 （清）吳鼒輯
(清)許貞幹注　**補注一卷**　陳衍撰　清光緒
十八年(1892)上海圖書集成印書局鉛印本
一冊　存一卷(七)

330000－1716－0029166　集補 1430/29166
集部/別集類/清別集

韞山堂時文初集一卷二集二卷三集一卷
(清)管世銘撰　清道光三年(1823)刻本　一
冊　存一卷(初集)

330000－1716－0029167　集補 1431－1/
29167　集部/總集類/課藝之屬

仁在堂時藝引階合編不分卷 （清）路德輯
清咸豐六年(1856)寧郡汲古齋刻本　一冊

330000－1716－0029171　集補 1432－1/
29171　集部/總集類/課藝之屬

時藝引階不分卷　（清）路德輯　清光緒五年（1879）上洋江左書林刻本　四冊

330000－1716－0029172　普史 1511/29172
史部/政書類/儀制之屬/專志/科舉校規

三場程式一卷　（清）蔣益灃撰　清刻本
一冊

330000－1716－0029173　普史 1512/29173
史部/政書類/邦計之屬

度支部奏各省舊案擬請截清年分勒限開單報銷摺一卷　（清）度支部奏　清宣統鉛印本
一冊

330000－1716－0029174　普史 1513/29174
史部/編年類/通代之屬

湯睡菴先生歷朝綱鑑全史七十卷首一卷
（明）湯賓尹撰　（明）陳繼儒注　明萬曆刻本
一冊　存二卷（五十四至五十五）

330000－1716－0029175　集補 1432－2/29175　集部/總集類/課藝之屬

時藝引階不分卷　（清）路德輯　清刻本
一冊

330000－1716－0029176　普史 1514/29176
子部/雜著類/雜纂之屬

畿疆鴻爪印一卷附聽訟一得一卷　（清）周提身撰　清光緒鉛印本　一冊

330000－1716－0029177　集補 1431－2/29177　集部/總集類/課藝之屬

仁在堂時藝引階合編不分卷　（清）路德輯
清寶善堂刻本　四冊

330000－1716－0029178　經補 0869/29178
經部/小學類/文字之屬/說文

說文解字十五卷標目一卷　（漢）許慎撰　說文通檢十四卷首一卷末一卷　（清）黎永椿編　說文校字記一卷　（清）陳昌治撰　清同治十二年（1873）番禺陳昌治刻本　一冊　存三卷（一、標目、校字記）

330000－1716－0029179　地獻 1930/29179
經部/小學類/音韻之屬

增補同音字類標韻一卷　清末抄本　一冊

330000－1716－0029180　集補 1433/29180
子部/儒家類/儒學之屬

張百川先生訓子三十篇不分卷　（清）張江撰
清刻本　一冊

330000－1716－0029181　善附 0326/29181
集部/總集類/選集之屬/斷代

才調集十卷　（五代）韋縠輯　明刻本　二冊
存五卷（一至二、六至八）

330000－1716－0029182　普集 1864/29182
集部/別集類/清別集

蟻餘偶筆一卷附筆一卷讕言瑣記一卷　（清）劉因之撰　清光緒十二年（1886）石菖莆吟檠刻本　一冊　存二卷（蟻餘附筆、讕言瑣記）

330000－1716－0029183　普集 1863/29183
集部/別集類/清別集

春草軒詩存一卷　（清）楊掄撰　清光緒十年（1884）萱蔭堂刻本　一冊

330000－1716－0029184　子補 1285－3/29184　子部/雜著類/雜纂之屬

不可錄一卷　（清）陳海曙輯　清末石印本
一冊

330000－1716－0029185　集補 1439－2/29185　集部/總集類/選集之屬/通代

古詩源十四卷　（清）沈德潛輯　清尊經閣刻本　三冊　缺四卷（五至八）

330000－1716－0029186　地獻 1928－3/29186　集部/總集類/選集之屬/通代

古文近道集八卷　（清）王贊元輯　清同治七年（1868）山陰王氏培槐軒刻本　丁之蕃觀款
二冊

330000－1716－0029187　地獻 1928－4/29187　集部/總集類/選集之屬/通代

古文近道集八卷　（清）王贊元輯　清同治七年（1868）山陰王氏培槐軒刻本　清黃振明題簽　一冊　存二卷（五至六）

330000－1716－0029190　集補 1440/29190
集部/總集類/選集之屬/通代

玉堂才調集三十一卷　（清）于鵬翠輯　清刻

本　四冊

330000－1716－0029191　經補0870－4/29191　經部/小學類/文字之屬/字書/訓蒙

文字蒙求四卷　（清）王筠撰　清末石印本　二冊

330000－1716－0029192　普史1515/29192　史部/政書類/律令之屬/治獄

式敬編五卷　（清）楊景仁輯　清刻本　一冊　存二卷（三至四）

330000－1716－0029193　普史1516/29193　史部/史評類/史論之屬

石溪史話八卷補遺四卷　（清）劉風起撰　清刻本　一冊　存四卷（五至八）

330000－1716－0029194　經補0872－1/29194　類叢部/類書類/專類之屬

五經文編不分卷　（清）馮集軒等編　清刻本　一冊　存易經

330000－1716－0029195　經補0872－2/29195　類叢部/類書類/專類之屬

五經文編不分卷　（清）馮集軒等編　清道光十九年（1839）刻本　四冊　存易經、書經

330000－1716－0029196　普史1519/29196　史部/地理類/水利之屬

海鹽縣新辦塘工成案一卷　（清）汪仲洋纂　清道光四年（1824）刻本　一冊

330000－1716－0029198　經補0873－2/29198　經部/小學類/音韻之屬/韻書

字類標韻六卷　（清）華綱輯　清末鉛印本　一冊

330000－1716－0029199　普史1520/29199　史部/政書類/律令之屬/刑制

三流道里表不分卷　（清）徐本等纂修　清刻本　一冊

330000－1716－0029200　集補1441/29200　集部/總集類/選集之屬/斷代

才調集補注十卷　（五代）韋縠輯　（清）殷元勳箋注　（清）宋邦綏補注　清刻本　二冊

存三卷（二至四）

330000－1716－0029201　普集1866/29201　集部/總集類/郡邑之屬

形勝二刻不分卷　清刻本　一冊

330000－1716－0029202　普集1865/29202　集部/總集類/課藝之屬

小題真珠船不分卷　清刻本　四冊

330000－1716－0029203　集補1444/29203　集部/別集類/清別集

妙香詩草十卷　（清）釋漢兆撰　清刻本　張正時題記　一冊　存三卷（三至五）

330000－1716－0029204　普集1867－1/29204　集部/總集類/選集之屬/通代

應制分月袖珍詩箋十二卷　清道光五年（1825）刻本　一冊　存五卷（一至五）

330000－1716－0029205　普集1868/29205　集部/總集類/課藝之屬

成均課藝新編不分卷　清刻本　三冊

330000－1716－0029206　善附0327/29206　集部/別集類/明別集

柏齋先生文集（何文定公文集）十一卷　（明）何瑭撰　明萬曆刻本　一冊　存三卷（三至五）

330000－1716－0029207　普類0124－3/29207　類叢部/類書類/專類之屬

文章潤色九卷　清光緒十一年（1885）四明暢懷書屋石印本　一冊

330000－1716－0029208　集補1445/29208　集部/詞類/詞韻之屬

詞林正韻三卷發凡一卷　（清）戈載撰　清翠薇花館刻本　一冊　存一卷（下）

330000－1716－0029209　普史1521－2/29209　史部/目錄類/總錄之屬

揅經室經進書錄四卷　（清）阮元撰　（清）阮福編　（清）傅以禮重編　清光緒八年（1882）大興傅氏刻本　一冊　存二卷（三至四）

330000－1716－0029210　集補1446/29210

集部/詞類/詞話之屬

詞辨二卷 （清）周濟輯　**介存齋論詞雜撰一卷** （清）周濟撰　清刻本　一冊

330000－1716－0029211　集補 1447/29211
類叢部/叢書類/彙編之屬

半厂叢書初編十種 （清）譚獻編　清同治至光緒仁和譚氏刻本　二冊　存一種

330000－1716－0029212　經補 0873－3/29212　經部/小學類/音韻之屬/韻書

增注字類標韻六卷 （清）華綱撰　（清）范多玨重訂　清浙寧文照堂慎記石印本　一冊

330000－1716－0029215　善 0472－3/29215　集部/總集類/選集之屬/通代

唐宋八大家文鈔一百六十六卷 （明）茅坤編　明刻本　一冊　存一種

330000－1716－0029216　經補 0873－5/29216　經部/小學類/音韻之屬/韻書

增注字類標韻六卷 （清）華綱撰　（清）范多玨重訂　清末石印本　一冊　存三卷（一至三）

330000－1716－0029217　集補 1449/29217
集部/別集類/清別集

吳歈百絕一卷 （清）蔡雲撰　清光緒十年（1884）影印本　一冊

330000－1716－0029218　經補 0873－6/29218　經部/小學類/音韻之屬/韻書

增注字類標韻六卷 （清）華綱撰　（清）范多玨重訂　清末石印本　一冊　存三卷（四至六）

330000－1716－0029219　經補 0873－12/29219　經部/小學類/音韻之屬/韻書

增注字類標韻六卷 （清）華綱撰　（清）范多玨重訂　清光緒二年（1876）鉛印本　二冊

330000－1716－0029220　普集 1880/29220
集部/別集類/明別集

宋文憲公全集五十三卷首四卷 （明）宋濂撰　清嘉慶十五年（1810）金華府學刻本　一冊　存二卷（三十三至三十四）

330000－1716－0029221　普集 1873－1/29221　集部/總集類/課藝之屬

格致書院課藝不分卷 （清）王韜編　清光緒弢園鉛印本　一冊　存辛卯年上

330000－1716－0029222　經補 0873－7/29222　經部/小學類/音韻之屬/韻書

增注字類標韻六卷 （清）華綱撰　（清）范多玨重訂　清光緒十六年（1890）香山徐潤廣百宋齋鉛印本　一冊　存三卷（一至三）

330000－1716－0029223　普集 1873－2/29223　集部/總集類/課藝之屬

格致書院課藝不分卷 （清）王韜編　清光緒二十二年（1896）袖海山房石印本　一冊　存壬辰下

330000－1716－0029224　普集 1874/29224
集部/總集類/課藝之屬

癸巳墨選穆如集不分卷 清刻本　一冊

330000－1716－0029225　集補 1450/29225
集部/詞類/別集之屬

藕絲詞四卷 （清）汪淵撰　清光緒七年（1881）新安茹古堂刻本　一冊

330000－1716－0029226　善附 0118－2/29226　集部/別集類/清別集

弇山集杜四卷 （清）王霖撰　**集陶詩一卷** （清）吳永和撰　清乾隆刻本（和陶詩配清刻清頌堂叢書本）　一冊　存四卷（一至三、集陶詩）

330000－1716－0029227　經補 0873－11/29227　經部/小學類/音韻之屬/韻書

增注字類標韻六卷 （清）華綱撰　（清）范多玨重訂　清光緒二年（1876）鉛印本　清潁川坤題簽　二冊

330000－1716－0029228　善附 0328/29228
集部/別集類/明別集

詠懷堂詩集四卷外集二卷 （明）阮大鋮撰　明刻本　一冊　存一卷（二）

330000－1716－0029229　集補 1452/29229
集部/詞類/總集之屬

御選歷代詩餘一百二十卷 （清）聖祖玄燁定 （清）沈辰垣等輯 清刻本 一冊 存三卷（二十一至二十三）

330000－1716－0029230 新補 0499－1/29230 新學/交涉/公法

萬國公法四卷 （美國）惠頓撰 （美國）丁韙良譯 清同治三年(1864)京都崇實館鉛印本 一冊 存一卷（一）

330000－1716－0029231 經補 0873－14/29231 經部/小學類/音韻之屬/韻書

增注字類標韻六卷 （清）華綱撰 （清）范多珏重訂 清光緒二年(1876)鉛印本 二冊

330000－1716－0029232 集補 1453－2/29232 集部/戲劇類/總集之屬/雜劇

清容外集九種 （清）蔣士銓撰 清刻本 一冊 存一種

330000－1716－0029233 經補 0873－17/29233 經部/小學類/音韻之屬/韻書

增注字類標韻六卷 （清）華綱撰 （清）范多珏重訂 清光緒三年(1877)浙寧簡香齋刻本 一冊 存三卷（一至三）

330000－1716－0029234 經補 0873－18/29234 經部/小學類/音韻之屬/韻書

增注字類標韻六卷 （清）華綱撰 （清）范多珏重訂 清末石印本 一冊 存三卷（四至六）

330000－1716－0029236 經補 0077－3/29236 經部/小學類/文字之屬/字書/字體

集篆四種 吳受福編 清光緒石印本 一冊 存二種

330000－1716－0029237 普集 1876/29237 集部/總集類/選集之屬/斷代

列朝詩集乾集二卷甲集前編十一卷甲集二十二卷乙集八卷丙集十六卷丁集十六卷閏集六卷 （清）錢謙益輯 清刻本 一冊 存五卷（乙集一至五）

330000－1716－0029238 經補 0874/29238 經部/小學類/文字之屬

矩齋所學 勞乃宣撰 清光緒至民國刻本 一冊 存一種

330000－1716－0029239 集補 1207－1/29239 集部/總集類/課藝之屬

制義體要十九卷 （清）陳兆崙輯 （清）孫衣言校補 清光緒三年(1877)湖北崇文書局刻本 二冊 存八卷（一至四、十二至十五）

330000－1716－0029240 普叢 0255/29240 類叢部/叢書類/彙編之屬

小石山房叢書三十八種 （清）顧湘編 清道光刻同治十三年(1874)虞山顧氏補刻本 一冊 存六種

330000－1716－0029241 普集 1875/29241 集部/小說類/長篇之屬

繪圖風流天子傳八卷四十回 （明）齊東野人編演 清末石印本 一冊 存二卷（五至六）

330000－1716－0029242 經補 0875－1/29242 經部/小學類/文字之屬/字書/字典

字典考證不分卷 （清）王念孫 （清）王引之撰 清光緒二年(1876)湖北崇文書局刻本 三冊

330000－1716－0029243 普集 1878/29243 集部/總集類/選集之屬/通代

瀛奎律髓四十九卷 （元）方回輯 清刻本 二冊 存十卷（十七至二十六）

330000－1716－0029245 集補 1454/29245 集部/別集類/明別集

史忠正公集四卷 （明）史可法撰 首一卷末一卷 （清）史山清輯 清刻本 一冊 存三卷（一至二、首）

330000－1716－0029247 普集 1879/29247 集部/總集類/選集之屬/通代

名詩彙鈔二卷補編一卷 （清）蘭芬舍館主人輯 清咸豐元年(1851)刻本 一冊

330000－1716－0029250 普叢 0253－2/29250 類叢部/叢書類/自著之屬

曾惠敏公全集四種 （清）曾紀澤撰 清末石印本 一冊 存一種

330000－1716－0029251　地獻 1933/29251
集部/戲劇類/雜劇之屬

梅花簪一卷十齣　（清）張堅撰　清蕭山寅半
生刻本　一冊

330000－1716－0029252　普集 1881－2/
29252　集部/別集類

樊山集八十一卷　樊增祥撰　清光緒十九年
（1893）渭南縣署刻本　一冊　存三卷（二家
詞鈔三至五）

330000－1716－0029253　善附 0329/29253
集部/總集類/選集之屬/斷代

唐詩排律七卷　（清）牟欽元輯　（清）牟融箋
注　清康熙刻本　一冊　存四卷（一至四）

330000－1716－0029254　集補 1455/29254
集部/別集類/清別集

佳想軒詩鈔二卷　（清）廖文錦撰　清光緒十
二年（1886）廖壽豐等杭州刻本　一冊

330000－1716－0029255　普集 1882/29255
集部/別集類/清別集

艾廬遺稿六卷　（清）邵曾鑑撰　清光緒二十
三年（1897）陳世垣刻本　一冊　存三卷（四
至六）

330000－1716－0029258　集補 1456/29258
集部/別集類/漢魏六朝別集

庚子山集十六卷總釋一卷　（北周）庾信撰
（清）倪璠注　**年譜一卷**　（清）倪璠撰　清刻
本　二冊　存四卷（一、十至十二）

330000－1716－0029259　普集 1884/29259
集部/別集類/清別集

壯悔堂文集十卷遺稿一卷四憶堂詩集六卷
（清）侯方域撰　（清）賈開宗等評點　清刻本
一冊　存一卷（七）

330000－1716－0029260　經補 0877/29260
經部/小學類/音韻之屬/韻書

重校增訂初學檢韻十二卷附佩文詩韻一卷
（清）姚文登輯　清刻本　一冊　存三卷（八
至十）

330000－1716－0029262　普史 1524/29262

集部/總集類/選集之屬/通代

涵芬樓古今文鈔樣本不分卷　商務印書館編
譯所編　清宣統二年（1910）上海商務印書館
鉛印本　一冊

330000－1716－0029263　普史 1525/29263
集部/總集類/選集之屬/通代

涵芬樓古今文鈔樣本不分卷　商務印書館編
譯所編　清宣統二年（1910）上海商務印書館
鉛印本　一冊

330000－1716－0029264　普集 1885/29264
集部/別集類/清別集

掃苔山館詩鈔二卷　（清）張士旂撰　清同治
六年（1867）刻本　一冊　存一卷（二）

330000－1716－0029265　普集 1886/29265
集部/別集類/清別集

觀齋集十六卷　（清）王澤撰　清咸豐四年
（1854）廣東南海縣丞署刻本　三冊　存十二
卷（一至十二）

330000－1716－0029267　集補 1462－2/
29267　集部/總集類/選集之屬/斷代

唐詩鼓吹十卷　（金）元好問輯　（元）郝天挺
注　（明）廖文炳解　清康熙四十七年（1708）
崇玉堂刻本　一冊　存二卷（一至二）

330000－1716－0029268　普集 1887/29268
集部/別集類/清別集

紀文達公遺集三十二卷　（清）紀昀撰　（清）
紀樹馨編　清嘉慶十七年（1812）紀樹馥刻本
一冊　存四卷（詩五至八）

330000－1716－0029269　普集 1888/29269
集部/別集類/元別集

清閟閣全集十二卷　（元）倪瓚撰　（清）曹培
廉校　清康熙五十二年（1713）曹培廉城書室
刻本　一冊　存三卷（八至十）

330000－1716－0029270　集補 0895－3/
29270　集部/別集類/清別集

韓湘南遺文一卷　（清）韓棟撰　清光緒二年
（1876）刻本　一冊

330000－1716－0029271　集補 1458/29271

集部/別集類/清別集

白茅堂集四十六卷　（清）顧景星撰　清刻本
　一冊　存三卷（二十七至二十九）

330000 － 1716 － 0029272　地獻 1904 － 29／
29272　經部／小學類／音韻之屬／韻書

增補同音字類標韻二卷　（清）石韞玉重校
清光緒二十二年(1896)上海西法局石印本
一冊

330000 － 1716 － 0029273　集補 1459／29273
集部／別集類／清別集

堯峰文鈔五十卷　（清）汪琬撰　（清）林佶編
　清刻本　五冊　存二十九卷（一至四、六至
二十三、二十六至三十二）

330000 － 1716 － 0029274　集補 1460／29274
集部／詩文評類／詩評之屬

余旬甫詩話二卷　（清）余旬甫撰　清道光三
十年(1850)風雨室刻本　一冊

330000 － 1716 － 0029275　普集 0556 － 2／
29275　集部／總集類／選集之屬／通代

忠雅堂評選四六法海八卷　（清）蔣士銓評選
　清光緒刻本　一冊　存一卷（五）

330000 － 1716 － 0029276　子補 1309／29276
子部／宗教類／其他宗教之屬／基督教

德鏡二卷　李杕撰　清宣統二年(1910)上海
慈母堂鉛印本　一冊

330000 － 1716 － 0029279　經補 0879 － 2／
29279　經部／小學類／文字之屬／字書／訓蒙

文通十卷　（清）馬建忠撰　清刻本　二冊
存二卷（三、十）

330000 － 1716 － 0029280　集補 1532 － 5／
29280　集部／總集類／選集之屬／斷代

國朝駢體正宗續編八卷　（清）張鳴珂輯　清
刻本　一冊　存二卷（七至八）

330000 － 1716 － 0029281　子補 1312／29281
子部／雜著類／雜說之屬

平旦鐘聲二卷附增刻一卷　（清）好德書齋編
　（清）補過齋增訂　清同治十二年(1873)刻
光緒二年(1876)補過齋增刻本　一冊

330000 － 1716 － 0029283　經補 0879 － 1／
29283　經部／小學類／文字之屬／字書／訓蒙

文通十卷　（清）馬建忠撰　清刻本　一冊
存一卷（四）

330000 － 1716 － 0029286　經補 0880／29286
經部／叢編

五經體注大全七十二卷　（清）嚴氏家塾主人
輯　清刻本　一冊　存一卷（詩經五）

330000 － 1716 － 0029289　經補 0881／29289
經部／小學類／音韻之屬

蘭止菴聲律發蒙二集不分卷　（明）蘭茂撰
（清）王有道注釋　清刻本　一冊

330000 － 1716 － 0029290　善 0485／29290　集
部／詞類／別集之屬

凝香集四卷　（清）陳祥裔撰　清康熙刻本
一冊　存二卷（三至四）

330000 － 1716 － 0029291　集補 1464 － 1／
29291　集部／別集類／清別集

有正味齋試帖詳注四卷　（清）吳錫麒撰
（清）吳掄　（清）吳敬恒注　清一經堂刻本
三冊　存三卷（一至三）

330000 － 1716 － 0029293　經補 0884／29293
經部／叢編

御纂五經　（清）李光地等輯　清末石印本
三冊　存二種

330000 － 1716 － 0029294　普集 1890／29294
集部／總集類／選集之屬／斷代

唐人五言長律清麗集六卷　（清）徐日璉
（清）沈士駿輯　清乾隆刻本　一冊　存三卷
（一至三）

330000 － 1716 － 0029295　普集 1892／29295
集部／別集類／清別集

芸香閣尺一書二卷　（清）朱蔭培撰　清刻本
　丁之蕃題記　一冊

330000 － 1716 － 0029296　經補 0885／29296
經部／小學類／音韻之屬

字音會集一卷　江學海撰　清末石印本
一冊

330000－1716－0029299　子補 1319/29299
子部/雜著類/雜纂之屬
昔賢勝事一卷　清刻本　一冊

330000－1716－0029301　子補 1321/29301
子部/兵家類/兵法之屬
叩囊韻語一卷　（清）徐伯宏撰　清咸豐四年
(1854)刻本　一冊

330000－1716－0029303　經補 0886－1/
29303　經部/小學類/音韻之屬/韻書
詩韻合璧五卷　（清）湯祥瑟輯　清刻本　二
冊　存二卷(二至三)

330000－1716－0029307　集補 1466－2/
29307　集部/總集類/選集之屬/通代
漢魏六朝名家集初刻四十種　丁福保輯　清
宣統三年(1911)無錫丁氏鉛印本　一冊　存
一種

330000－1716－0029309　子補 1322/29309
子部/藝術類/遊藝之屬/聯語
巧對録八卷　（清）梁章鉅撰　清刻本　一冊
存三卷(六至八)

330000－1716－0029311　子補 1323/29311
子部/藝術類/書畫之屬/題跋
虛舟題跋十卷　（清）王澍撰　清乾隆刻本
二冊　缺三卷(一至三)

330000－1716－0029312　子補 1324/29312
子部/雜著類/雜說之屬
讀書樂□□卷　（清）三等學堂輯　清光緒二
十六年(1900)上海著易堂刻本　一冊　存一
卷(三)

330000－1716－0029314　子補 1325/29314
子部/天文曆算類/曆法之屬
[光緒]丙午分類中外涉世通書不分卷　清光
緒三十二年(1906)石印本　一冊

330000－1716－0029317　集補 1468/29317
集部/曲類/曲選之屬
惺夢集不分卷　（清）灑落居士輯　清同治元
年(1862)刻本　一冊

330000－1716－0029319　集補 1469/29319
集部/總集類/課藝之屬
目耕齋讀本初集不分卷二集不分卷　（清）徐
楷評注　（清）沈叔眉選刊　清蘇州綠蔭堂刻
本　雪峰題簽　三冊

330000－1716－0029323　子補 1327/29323
子部/藝術類/書畫之屬
賞奇軒四種合編　清刻本　二冊

330000－1716－0029324　集補 1470/29324
集部/別集類/清別集
山居集唐詩三卷　（清）謝樹輯撰　清朱易墒
景山光樓刻本　二冊

330000－1716－0029325　地獻 1934/29325
新學/學校
倫理教科書孝經廣義二編不分卷　（清）陳敬
基編次　清刻本　一冊

330000－1716－0029326　集補 1471/29326
集部/別集類/清別集
竹根齋詩草六卷　（清）舒正載撰　清刻本
一冊　存二卷(三至四)

330000－1716－0029327　經補 0891－1/
29327　經部/小學類/訓詁之屬/字詁
三元堂智燈難字二卷　（清）范寅撰　清刻本
清鈕逢恩題簽　一冊

330000－1716－0029330　子補 1328/29330
子部/醫家類/養生之屬
衛濟餘編五卷　（清）王纕堂輯　清光緒二十
年(1894)掃葉山房石印本　一冊

330000－1716－0029331　子補 1329/29331
子部/農家農學類/總論之屬
重訂增補陶朱公致富全書六卷　（明）陳繼儒
輯　（清）石巖逸叟增補　清石印本　二冊
存三卷(一、四至五)

330000－1716－0029332　新補 0491/29332
新學/全體學
體用十章四卷　（英國）哈士烈撰　（清）孔慶
高譯　清光緒十年(1884)羊城博濟醫局刻本
一冊　存一卷(一)

330000 – 1716 – 0029333　集補 1472/29333
集部/總集類/選集之屬/通代

古文讀本二卷　(清)吳汝綸評選　清光緒北
京河北書局鉛印本　一冊　存一卷(一)

330000 – 1716 – 0029334　集補 1327 – 1/
29334　集部/曲類/彈詞之屬

**新刻梁山伯祝英台夫婦攻書還魂團圓記十六
卷**　清末石印本　一冊　存一卷(一)

330000 – 1716 – 0029335　集補 1327 – 2/
29335　集部/曲類/彈詞之屬

**新刻梁山伯祝英台夫婦攻書還魂團圓記十六
卷**　清末石印本　一冊

330000 – 1716 – 0029336　集補 1473/29336
集部/總集類/酬唱之屬

琴鐸唱和集二卷　(清)許時中　(清)李寶元
撰　**眉雲唱和集一卷**　(清)李寶元　(清)蕭
啟湘撰　**木莘唱和集二卷附詩餘唱和編一卷**
　(清)許乃武　(清)李寶元撰　清光緒二十
四年(1898)、二十八年(1902)納谿雲溪官廨
刻本　三冊

330000 – 1716 – 0029337　集補 0989 – 14/
29337　集部/總集類/選集之屬/通代

古唐詩合解古詩四卷唐詩十二卷　(清)王堯
衢注　清刻本　一冊　存四卷(唐詩九至十
二)

330000 – 1716 – 0029339　普集 1895/29339
集部/總集類/選集之屬/斷代

元詩百一鈔八卷補遺一卷　(清)張景星等輯
　清乾隆二十九年(1764)然藜閣刻本　三冊
　存六卷(一至六)

330000 – 1716 – 0029340　集補 1208/29340
集部/總集類/課藝之屬

馮岐課藝合編五卷首一卷　(清)屠福謙編
　清光緒十七年(1891)刻本　一冊　存二卷
(一、首)

330000 – 1716 – 0029341　地獻 2000/29341
集部/總集類/課藝之屬

歲科試草拔尤不分卷　清光緒十二年(1886)

於越喜聞過齋刻本　三冊

330000 – 1716 – 0029343　普集 1677 – 5/
29343　集部/總集類/彙編之屬

五朝詩別裁集五種　(清)□□輯　清刻本
清惜花仙史題簽　九冊　存一種

330000 – 1716 – 0029344　經補 0897/29344
經部/小學類/音韻之屬/韻書

初學檢韻袖珍十二卷總目一卷檢字一卷
(清)姚文登輯　清石印本　一冊

330000 – 1716 – 0029345　地獻 1935 – 1/
29345　經部/小學類/訓詁之屬/字詁

聚奎堂智燈難字二卷　(清)范寅撰　清浙紹
聚奎堂刻本　一冊

330000 – 1716 – 0029346　普集 1896/29346
集部/總集類/課藝之屬

小試文筌初編不分卷二編不分卷　(清)陳虬
輯　清光緒十五年(1889)東甌文元堂刻本
三冊

330000 – 1716 – 0029348　集補 1329/29348
集部/別集類/清別集

**韞山堂時文初集不分卷二集不分卷三集不分
卷**　(清)管世銘撰　清刻本　一冊

330000 – 1716 – 0029349　集補 1476/29349
集部/總集類/彙編之屬

國朝十家四六文鈔十一卷　王先謙輯　清光
緒十五年(1889)長沙王先謙刻本　一冊

330000 – 1716 – 0029350　經補 0892 – 2/
29350　子部/儒家類/儒學之屬/蒙學

小學韻語一卷　(清)羅澤南撰　清石印本
一冊

330000 – 1716 – 0029351　經補 0892/29351
子部/儒家類/儒學之屬/蒙學

小學韻語一卷　(清)羅澤南撰　清石印本
一冊

330000 – 1716 – 0029352　普叢 0260 – 2/
29352　類叢部/叢書類/彙編之屬

文林綺繡十種九十六卷　(清)鴻寶齋書局輯

清光緒二十二年(1896)鴻寶齋書局石印本
九冊　存八種

330000 - 1716 - 0029353　普類 0127/29353
類叢部/類書類/通類之屬

增廣策學總纂大成五十六卷　（清）蔡壽祺輯
　清光緒十四年(1888)上海大同書局石印本
四冊　存三十八卷(一至三、十一至二十
二、三十四至五十六)

330000 - 1716 - 0029354　普集 1897/29354
集部/別集類/清別集

味經得雋齋課徒草一卷　（清）薛春黎撰　清
刻本　一冊

330000 - 1716 - 0029355　普類 0128/29355
類叢部/類書類/通類之屬

策學淵萃四十六卷目録二卷　清光緒十四年
(1888)積山書局石印本　四冊

330000 - 1716 - 0029356　經補 0814 - 15/
29356　經部/小學類/文字之屬/字書/訓蒙

千字文圖説二卷　清末石印本　一冊　存一
卷(下)

330000 - 1716 - 0029357　新補 0492/29357
新學/議論/論政

富國策三卷　（英國）法思德撰　汪鳳藻譯
清光緒江南製造局刻本　一冊　存一卷(二)

330000 - 1716 - 0029358　地獻 1618 - 6/
29358　子部/儒家類/儒學之屬/勸學

時習編六卷　（清）周炳琦撰　（清）周巖輯
清光緒十六年(1890)山陰周氏詒經堂刻本
一冊

330000 - 1716 - 0029359　經補 0893 - 2/
29359　經部/小學類/音韻之屬/韻書

詩韻含英題解十卷　（清）甘蘭友輯　清刻本
　清穆志題簽並注　二冊　存五卷(一至二、
八至十)

330000 - 1716 - 0029361　普類 0130 - 2/
29361　類叢部/類書類/通類之屬

典彙十二卷　（清）蔡青閣主人輯　清石印本
　一冊　存二卷(九至十)

330000 - 1716 - 0029362　普類 0131 - 2/
29362　類叢部/類書類/通類之屬

子史輯要題解合編四卷　（清）胡本淵編　清
刻本　二冊　存二卷(二、四)

330000 - 1716 - 0029363　普類 0132/29363
類叢部/類書類/通類之屬

館選試帖詩海三十二卷　清石印本　二冊
存十四卷(三至七、十一至十九)

330000 - 1716 - 0029364　普類 0133/29364
類叢部/類書類/通類之屬

增廣賦海統編三十卷　（清）二雲樓主人輯
清末石印本　六冊　存十二卷(四至六、十至
十一、十四至十八、二十三至二十四)

330000 - 1716 - 0029365　普集 1898 - 1/
29365　集部/詞類/詞譜之屬

白香詞譜一卷晚翠軒詞韻一卷　（清）舒夢蘭
輯　清同治七年(1868)小西山房刻本　二冊

330000 - 1716 - 0029366　普集 1677 - 8/
29366　集部/總集類/彙編之屬

五朝詩別裁集五種　（清）□□輯　清務本堂
刻本　七冊　存三種

330000 - 1716 - 0029368　經補 0875 - 2/
29368　經部/小學類/文字之屬/字書/字典

字典考證不分卷　（清）王念孫　（清）王引之
撰　清光緒二年(1876)湖北崇文書局刻本
二冊　存四集(申、酉、戌、亥)

330000 - 1716 - 0029369　集補 1478 - 3/
29369　集部/別集類/清別集

趙孝子思親録一卷　（清）趙萬全撰　（清）趙
彥暉輯　清光緒三年(1877)趙彥暉刻本
一冊

330000 - 1716 - 0029370　普集 1904/29370
集部/總集類/課藝之屬

四明課藝續集不分卷　（清）陳康祺輯　清光
緒五年(1879)刻本　四冊

330000 - 1716 - 0029371　普類 0129 - 2/
29371　類叢部/類書類/通類之屬

策府統宗六十五卷　（清）劉昌齡輯　清末石

印本 十冊 存二十七卷(一至十五、十九、三十三至四十三)

330000－1716－0029372 普集 1898－2/29372 類叢部/叢書類/彙編之屬

半厂叢書初編十種 （清）譚獻編 清同治至光緒仁和譚氏刻本 一冊 存一種

330000－1716－0029373 普集 1899－3/29373 集部/總集類/課藝之屬

制藝精華前編三十二卷二編十二卷 （清）李鏡山輯 清末鉛印本 一冊 存十一卷(前編十一至二十一)

330000－1716－0029374 普集 1900/29374 集部/總集類/選集之屬/通代

分類賦學雞跖集三十卷附錄一卷 （清）張維城輯 清道光二十八年(1848)吟香館刻本 四冊 存十九卷(一至二、七至十、十九至三十,附錄)

330000－1716－0029375 集補 1097－10/29375 集部/總集類/選集之屬/通代

增廣詩句題解彙編四卷姓氏考一卷 （清）同文書局編 清末石印本 一冊 存一卷(三)

330000－1716－0029376 經補 0882－3/29376 經部/小學類/文字之屬/字書/訓蒙

千字文一卷 （南朝梁）周興嗣撰 清刻本 一冊

330000－1716－0029377 經補 0882－2/29377 經部/小學類/文字之屬/字書/訓蒙

千字文一卷 （南朝梁）周興嗣撰 清刻本 一冊

330000－1716－0029378 普類 0134/29378 類叢部/類書類/專類之屬

分類詩腋八卷 （清）李慎編 清光緒五年(1879)掃葉山房刻本 四冊

330000－1716－0029379 經補 0882－4/29379 經部/小學類/文字之屬/字書/訓蒙

千字文一卷 （南朝梁）周興嗣撰 清刻本 一冊

330000－1716－0029380 地獻 1552－5/29380 經部/小學類/文字之屬/字書/訓蒙

千字文一卷 （南朝梁）周興嗣撰 清浙紹聚奎堂刻本 一冊

330000－1716－0029381 經補 0882－5/29381 經部/小學類/文字之屬/字書/訓蒙

千字文一卷 （南朝梁）周興嗣撰 清刻本 一冊

330000－1716－0029382 經補 0882－6/29382 經部/小學類/文字之屬/字書/訓蒙

千字文一卷 （南朝梁）周興嗣撰 清刻本 清楊沛霖題簽 一冊

330000－1716－0029383 集補 1479/29383 集部/曲類/彈詞之屬

二十一史彈詞輯注十卷 （明）楊慎編 （清）孫德威輯注 清康熙習是堂刻本 一冊 存五卷(一至五)

330000－1716－0029384 經補 0882－7/29384 經部/小學類/文字之屬/字書/訓蒙

千字文一卷 （南朝梁）周興嗣撰 清刻本 一冊

330000－1716－0029385 經補 0882－8/29385 經部/小學類/文字之屬/字書/訓蒙

千字文一卷 （南朝梁）周興嗣撰 清末石印本 清章其綏題記 一冊

330000－1716－0029386 普類 0136－1/29386 類叢部/類書類/專類之屬

五經文料大成八卷 （清）朱迺綏編 清光緒二十六年(1900)石印本 二冊 存二卷(一至二)

330000－1716－0029387 集補 0294－5/29387 集部/總集類/選集之屬/通代

文章游戲初編八卷二編八卷三編八卷四編八卷 （清）繆艮輯 清末石印本 一冊 存四卷(二編五至八)

330000－1716－0029388 普類 0136－2/29388 類叢部/類書類/專類之屬

五經文料大成八卷 （清）朱迺綏編 清光緒

二十一年(1895)上海書局石印本　一冊　存
四卷(一至四)

330000－1716－0029389　普集 1867－2/
29389　集部/總集類/選集之屬/通代

應試分月詩箋注釋十二卷　清刻本　一冊
存三卷(三至五)

330000－1716－0029390　普集 1901/29390
集部/總集類/課藝之屬

新選巧搭探源不分卷　(清)丁善慶評　清咸
豐九年(1859)京都琉璃廠刻本　一冊

330000－1716－0029391　普叢 0223－11/
29391　類叢部/叢書類/自著之屬

西堂全集　(清)尤侗撰　清刻本　一冊　存
一種

330000－1716－0029392　普類 0137－3/
29392　類叢部/類書類/通類之屬

文料大成四卷　清石印本　一冊　存二卷
(三至四)

330000－1716－0029393　普類 0137－4/
29393　類叢部/類書類/通類之屬

文料大成四卷　清光緒十五年(1889)石印本
一冊　存三卷(一至三)

330000－1716－0029394　普集 1902/29394
集部/總集類/課藝之屬

巧搭圓機不分卷　清刻本　七冊

330000－1716－0029395　經補 0899/29395
經部/群經總義類/傳說之屬

皇朝五經彙解二百七十卷　(清)朱鏡清輯
清光緒石印本　一冊　存八卷(一百五十三
至一百六十)

330000－1716－0029396　普類 0140－1/
29396　類叢部/類書類/通類之屬

詩料集錦詳注六卷　(清)伴鶴居士輯釋　清
刻本　二冊　存四卷(一至四)

330000－1716－0029397　普叢 0257/29397
類叢部/叢書類/彙編之屬

學古堂日記四十種　(清)雷浚　(清)汪之昌

編　清光緒十六年(1890)刻二十二年(1896)
續刻本　一冊　存一種

330000－1716－0029398　子補 1330/29398
子部/小說家類/雜事之屬

虞初新志二十卷　(清)張潮輯　清刻本　一
冊　存二卷(十三至十四)

330000－1716－0029399　集補 1481/29399
集部/別集類/宋別集

朱文公問答全集三十一卷　(宋)朱熹撰　清
刻本　一冊　存二卷(八至九)

330000－1716－0029400　普類 0140－2/
29400　類叢部/類書類/通類之屬

詩料集錦詳注六卷　(清)伴鶴居士輯釋　清
刻本　一冊　存二卷(四至五)

330000－1716－0029401　集補 0294－7/
29401　集部/總集類/選集之屬/斷代

**夢筆生花初編八卷二編八卷三編八卷四編八
卷**　(清)繆艮輯　清末石印本　一冊　存十
二卷(三編五至八、四編一至八)

330000－1716－0029402　普集 1903/29402
集部/總集類/課藝之屬

制藝嬭嬛不分卷　清刻本　四冊

330000－1716－0029403　經補 0900－1/
29403　經部/叢編

五經體注大全七十二卷　(清)嚴氏家塾主人
輯　清刻本　一冊　存二卷(書經五至六)

330000－1716－0029404　集補 0821－4/
29404　集部/總集類/課藝之屬

八銘堂塾鈔初集不分卷　(清)吳懋政編　清
光緒十年(1884)京都刻本　一冊

330000－1716－0029405　集補 1482－2/
29405　集部/別集類/唐五代別集

唐陸宣公全集二十四卷　(唐)陸贄撰　清刻
本　一冊　存三卷(四至六)

330000－1716－0029407　集補 1482－1/
29407　集部/別集類/唐五代別集

唐陸宣公集二十二卷　(唐)陸贄撰　清刻本

二册　存七卷(十二至十五、二十至二十二)

330000－1716－0029408　集補 1332/29408
集部/總集類/課藝之屬

小題清新集一卷　(清)顧聽泉　(清)王瘦石編次　清光緒二年(1876)刻本　一册

330000－1716－0029410　經補 0900－2/29410　經部/叢編

五經體注大全七十二卷　(清)嚴氏家塾主人輯　清道光二十年(1840)古香書屋刻本　一册　存一卷(易經一)

330000－1716－0029411　集補 1334/29411
集部/曲類/彈詞之屬

新增全圖珍珠塔後傳麒麟豹六卷六十回
(清)馬永清撰　清石印本　一册

330000－1716－0029414　經補 0901/29414
經部/小學類/文字之屬/字書

字學舉隅不分卷　(清)黃本驥　(清)龍啟瑞撰　清光緒十三年(1887)上海鴻文書局石印本　一册

330000－1716－0029415　地獻 1426－19/29415　經部/四書類/總義之屬/傳說

便蒙四書四種　(宋)朱熹撰　清末浙紹墨潤堂石印本　一册　存一種

330000－1716－0029416　普集 1905/29416
集部/總集類/課藝之屬

暎雪軒墨醇不分卷　(清)孫世芬輯　清同治四年(1865)四明暎雪軒刻本　一册

330000－1716－0029417　普集 1906/29417
集部/總集類/課藝之屬

泮林擷秀初編不分卷　(清)戴悖禧輯　清咸豐九年(1859)南貝軒刻本　二册

330000－1716－0029418　普集 1907/29418
集部/總集類/課藝之屬

藝林珠玉不分卷　清刻本　五册

330000－1716－0029419　經補 0902/29419
經部/四書類/總義之屬/傳說

四書便蒙七卷　(宋)朱熹撰　清寧波汲綆齋鉛印本　一册　存一卷(論語二)

330000－1716－0029422　集補 1488/29422
集部/別集類/清別集

愈愚齋詩文集四卷　(清)謝青揚撰　(清)朱琯　(清)吳一峰輯　**紅餘詩詞稿一卷**　(清)謝香塘撰　清光緒十年(1884)刻本　二册
存二卷(一至二)

330000－1716－0029423　子補 1668－5/29423　子部/術數類/命書相書之屬

水鏡集四卷　(清)范騤撰　清以文居刻本
二册　存二卷(一至二)

330000－1716－0029425　集補 1490/29425
集部/詩文評類/詩評之屬

煮藥漫抄二卷　(清)葉煒撰　清光緒十七年(1891)金陵刻本　一册

330000－1716－0029426　普類 0114－1/29426　類叢部/類書類/專類之屬

新增應酬彙選五卷　(清)陸九如纂輯　(清)茹古齋主人重訂　清石印本　一册　存一卷(一)

330000－1716－0029427　普類 0114－10/29427　類叢部/類書類/專類之屬

新增應酬彙選五卷　(清)陸九如纂輯　(清)茹古齋主人重訂　清末鉛印本　二册　存二卷(二至三)

330000－1716－0029428　善 0487/29428　集部/別集類/清別集

聞妙香室試帖選注三卷　(清)徐寶善選評　清乾隆刻本　三册

330000－1716－0029429　善 0488/29429　集部/總集類/選集之屬/斷代

南宋群賢詩選十二卷　(清)陸鍾輝輯　清雍正九年(1731)江都陸氏水雲漁屋刻本　一册　存三卷(一至三)

330000－1716－0029430　普集 1908－2/29430　集部/詩文評類/詩評之屬

藝苑名言八卷首一卷　(清)蔣瀾撰　清刻本

四冊

330000 - 1716 - 0029431　善 0486/29431　集部/別集類/清別集

半舫齋古文八卷　（清）夏之蓉撰　清乾隆刻本　三冊　缺二卷（一至二）

330000 - 1716 - 0029432　善 0489/29432　集部/別集類/清別集

東武山房文集四卷詩集四卷　（清）余懋杞撰　清乾隆嘉樹堂刻本　一冊　存四卷（一至四）

330000 - 1716 - 0029433　普集 1909/29433　集部/總集類/氏族之屬

增輯三蘇策論十二卷　（宋）蘇洵　（宋）蘇軾　（宋）蘇轍撰　清末石印本　一冊　存一卷（十）

330000 - 1716 - 0029434　普集 1908 - 3/29434　集部/詩文評類/詩評之屬

藝苑名言八卷首一卷　（清）蔣瀾撰　清刻本　一冊　存二卷（五至六）

330000 - 1716 - 0029435　普集 1910/29435　類叢部/類書類/通釋之屬

試帖玉芙蓉集四卷　（清）同文書局主人輯　清光緒十年（1884）上海同文書局石印本　四冊

330000 - 1716 - 0029436　集補 1338/29436　集部/小說類/長篇之屬

繪圖風流天子傳八卷四十回　（明）齊東野人編演　清末石印本　一冊　存二卷（一至二）

330000 - 1716 - 0029437　集補 1339 - 1/29437　集部/曲類/彈詞之屬

新刻玉釧緣全傳三十二卷　（清）西湖居士撰　清末石印本　四冊　存六卷（五至六、十一至十二、十七、二十七）

330000 - 1716 - 0029438　集補 1339 - 2/29438　集部/曲類/彈詞之屬

新刻玉釧緣全傳三十二卷　（清）西湖居士撰　清末石印本　四冊　存十一卷（一至五、九至十、十三至十六）

330000 - 1716 - 0029439　普集 1913/29439　集部/總集類/課藝之屬

近科館課分韻詩初集不分卷　王先謙編　清末鉛印本　一冊

330000 - 1716 - 0029440　集補 1492/29440　集部/別集類/清別集

蘊愫閣詩集十二卷續集八卷琴竹山莊樂府二卷文集八卷別集四卷　（清）盛大士撰　嘯雨草堂集十卷　（清）盛徵璵撰　清刻本　一冊　存六卷（七至十二）

330000 - 1716 - 0029441　普叢 0217 - 6/29441　類叢部/叢書類/彙編之屬

振綺堂叢刊八種　（清）□□輯　清嘉慶至光緒汪氏振綺堂刻本　二冊　存二種

330000 - 1716 - 0029442　普叢 0150 - 2/29442　類叢部/叢書類/家集之屬

如皋冒氏叢書三十四種附二種　冒廣生輯　清光緒至民國如皋冒氏刻本　一冊　存一種

330000 - 1716 - 0029443　經補 0904 - 2/29443　經部/小學類/文字之屬

新編字類摘要一卷　（清）周綱齋編　清光緒三十四年（1908）寧波汲綆齋石印本　一冊

330000 - 1716 - 0029446　集補 1493/29446　集部/別集類/清別集

道生堂小題制藝二集不分卷續集不分卷　（清）鍾聲撰　清光緒四年（1878）復園刻本　四冊

330000 - 1716 - 0029447　普集 1914/29447　集部/總集類/課藝之屬

近科分韻館詩二集不分卷　王先謙編　清末石印本　一冊　存下平

330000 - 1716 - 0029448　經補 0774 - 2/29448　經部/小學類/文字之屬/字書/訓蒙

分類字課圖說八卷　（清）趙金壽輯　清末石印本　二冊　存二卷（二、五）

330000 - 1716 - 0029450　經補 0909/29450　集部/總集類/課藝之屬

制義偶鈔三編不分卷　（清）浦起龍等輯　清

亦政堂刻本　二冊

330000－1716－0029451　善 0490/29451　集部/總集類/選集之屬/斷代

唐賢三昧集三卷　（清）王士禎輯　清康熙吳門書林刻本　一冊　存一卷(三)

330000－1716－0029458　普集 1915/29458　集部/總集類/課藝之屬

近科分韻館詩彙編不分卷　王先謙編　清光緒十三年(1887)上海積山書局石印本　二冊

330000－1716－0029459　經補 0905/29459　經部/周禮類/傳說之屬

周禮政要四卷　（清）孫詒讓撰　清光緒三十年(1904)上海書局石印本　二冊

330000－1716－0029460　普集 1916/29460　集部/總集類/課藝之屬

格局一新一卷　清光緒十五年(1889)上海珍藝局鉛印本　一冊

330000－1716－0029462　地獻 1478－2/29462　子部/儒家類/儒學之屬/蒙學

小學千家詩人生必讀二卷　（清）余晦齋輯　清光緒十八年(1892)紹興許大房顯記刻本　一冊

330000－1716－0029463　經補 0907/29463　經部/小學類/文字之屬/字書/訓蒙

繪圖四千字文一卷　（清）□□編　清末石印本　一冊

330000－1716－0029464　集補 1344/29464　集部/總集類/選集之屬/斷代

尊聞閣詩選二集不分卷　（清）錢徵　蔡爾康編次　清光緒六年(1880)刻本　三冊

330000－1716－0029465　普集 1917/29465　集部/別集類/清別集

味青館課徒草不分卷　（清）束允泰撰　清光緒二十二年(1896)上海文玉山房石印本　一冊

330000－1716－0029466　普集 1918/29466　集部/別集類/清別集

道生堂小題制藝初集不分卷二集不分卷三集不分卷　（清）鍾聲撰　清光緒十八年(1892)上海五彩局石印本　三冊

330000－1716－0029467　普集 1919/29467　集部/總集類/課藝之屬

越轄采風錄二卷　瞿鴻機編　清光緒十七年(1891)上海石印本　一冊　存一卷(一)

330000－1716－0029468　普集 1920/29468　集部/總集類/課藝之屬

鄉會文統不分卷　清末石印本　一冊

330000－1716－0029469　普集 1921/29469　集部/總集類/課藝之屬

還讀軒墨選不分卷　（清）馮可錢　（清）馮可鏞評輯　清同治七年(1868)慈谿馮氏刻本　一冊

330000－1716－0029470　集補 1505－2/29470　集部/總集類/選集之屬/通代

衍香集近體詩□□卷　（清）朱慶初輯　清刻本　一冊　存二卷(七至八)

330000－1716－0029471　集補 1505－3/29471　集部/總集類/選集之屬/通代

衍香集試體詩□□卷　（清）朱慶初輯　清道光十年(1830)刻本　一冊　存三卷(一至三)

330000－1716－0029472　普集 1922－1/29472　類叢部/類書類/通類之屬

試帖詩十卷類目一卷韻目五卷　（清）鄧雲航輯　清光緒十六年(1890)上洋袖海山房書局石印本　十冊　存十四卷(一、三至四、六至十,類目,韻目一至五)

330000－1716－0029474　史補 0778/29474　史部/史評類/史論之屬

初級史論文法一卷　清光緒三十年(1904)刻本　一冊

330000－1716－0029475　集補 1513－4/29475　集部/總集類/選集之屬/通代

咏物詩選注釋八卷　（清）俞琰輯　（清）易開緄　（清）孫泲鳴注　清刻本　一冊　存二卷(三至四)

330000－1716－0029476　集補 1513－5／29476　集部／總集類／選集之屬／通代

咏物詩選注釋八卷　(清)俞琰輯　(清)易開緒　(清)孫洤鳴注　清刻本　一冊　存二卷(一至二)

330000－1716－0029477　集補 1346／29477　集部／詞類／類編之屬

三家宮詞三卷二家宮詞二卷　(明)毛晉編　清光緒十五年(1889)上海廣百宋齋鉛印本　一冊　存二卷(二家宮詞一至二)

330000－1716－0029479　普集 1922－2／29479　類叢部／類書類／通類之屬

試帖詩十卷類目一卷韻目五卷　(清)鄧雲航輯　清光緒十六年(1890)上洋袖海山房書局石印本　十冊　存十一卷(一至八、十,韻目一至二)

330000－1716－0029480　集補 1499／29480　集部／別集類／清別集

知非齋詩鈔一卷詩續鈔八卷文鈔一卷　(清)陳鍾英撰　清同治十一年(1872)杭州刻本　清方宰題記　一冊

330000－1716－0029481　史補 0780／29481　新學／史志／諸國史

萬國官制志三卷　(清)馮斯欒撰　**萬國商業志二卷**　(清)陳子祥編譯　清光緒二十八年(1902)上海廣智書局鉛印本　二冊

330000－1716－0029482　史補 0781／29482　史部／目錄類／書志之屬／提要

昭德先生郡齋讀書志二十卷附志二卷　(宋)晁公武撰　(宋)趙希弁撰　**考證一卷考異一卷校補一卷**　王先謙撰　清光緒十年(1884)長沙王氏刻本　二冊　存二卷(十九至二十)

330000－1716－0029483　經補 0886－2／29483　經部／小學類／音韻之屬／韻書

詩韻合璧五卷　(清)湯祥瑟輯　清同治九年(1870)西泠還讀書齋刻本　二冊　存二卷(一至二)

330000－1716－0029485　經補 0910／29485　經部／禮記類／傳說之屬

禮記節本十卷　(清)汪基撰　清末石印本　一冊　存一卷(十)

330000－1716－0029486　史補 0783／29486　集部／別集類／清別集

勉益齋偶存稿八卷續存稿十六卷　(清)裕謙撰　清道光十二年(1832)刻本　二冊　存二卷(八、續一)

330000－1716－0029487　經補 0852－2／29487　經部／禮記類／傳說之屬

禮記節本不分卷　清末石印本　袁景蕃題簽　一冊

330000－1716－0029490　普類 0143／29490　類叢部／類書類／專類之屬

韻府約編二十四卷　(清)鄧愷輯　清刻本　十二冊　存十二卷(二、四、八、十至十一、十四、十七至二十、二十三至二十四)

330000－1716－0029491　普叢 0271／29491　類叢部／叢書類／自著之屬

上湖遺集八種　(清)汪師韓撰　清乾隆刻本　一冊　存一種

330000－1716－0029492　經補 0886－3／29492　經部／小學類／音韻之屬／韻書

詩韻合璧五卷　(清)湯祥瑟輯　清咸豐九年(1859)梁溪經德堂刻本　二冊　存二卷(一至二)

330000－1716－0029493　集補 1087－3／29493　集部／總集類／課藝之屬

國朝三十五科同館詩賦解題七卷首一卷　(清)魏茂林輯　清刻本　一冊　存二卷(六下、七)

330000－1716－0029494　經補 0886－4／29494　經部／小學類／音韻之屬／韻書

詩韻合璧五卷　(清)湯祥瑟輯　清咸豐七年(1857)三益齋刻本　一冊　存二卷(一至二)

330000－1716－0029495　史補 0785／29495　史部／政書類／邦計之屬／錢幣

學看鷹洋法一卷　清末石印本　一冊

330000－1716－0029496　經補 0886－5/29496　經部/小學類/音韻之屬/韻書

詩韻合璧五卷　(清)湯祥瑟輯　清咸豐七年(1857)汲緶齋刻本　三冊　存三卷(一至二、五)

330000－1716－0029497　普類 0142/29497　類叢部/類書類/專類之屬

錦字箋四卷　(清)黃澐撰　清刻本　四冊

330000－1716－0029498　集補 1087－4/29498　集部/總集類/課藝之屬

國朝三十五科同館詩賦解題七卷首一卷　(清)魏茂林輯　清刻本　一冊　存二卷(二至三)

330000－1716－0029499　普集 1922－3/29499　類叢部/類書類/通類之屬

試帖詩十卷類目一卷韻目五卷　(清)鄧雲航輯　清光緒十六年(1890)上洋袖海山房書局石印本　三冊　存三卷(五、九,類目)

330000－1716－0029500　經補 0886－6/29500　經部/小學類/音韻之屬/韻書

詩韻合璧五卷　(清)湯祥瑟輯　清刻本　一冊　存一卷(二)

330000－1716－0029501　普類 0146－1/29501　類叢部/類書類/專類之屬

詩句題解韻編總彙□□卷　(清)倪壬雲編　清石印本　六冊

330000－1716－0029502　普集 1923－1/29502　經部/群經總義類/傳說之屬

經義論策類編　(清)金騰編　清末石印本　二冊　存三種

330000－1716－0029503　經補 0886－7/29503　經部/小學類/音韻之屬/韻書

詩韻合璧五卷　(清)湯祥瑟輯　清咸豐七年(1857)汲緶齋刻本　二冊

330000－1716－0029504　集補 1097－5/29504　集部/總集類/選集之屬/通代

增廣詩句題解彙編四卷姓氏考一卷　(清)同文書局編　清光緒十三年(1887)上海大同書局石印本　四冊

330000－1716－0029506　集補 1097－12/29506　集部/總集類/選集之屬/通代

增廣詩句題解彙編四卷姓氏考一卷　(清)同文書局編　清光緒十三年(1887)上海大同書局石印本　三冊　存四卷(一至二、四至五)

330000－1716－0029510　普類 0144－2/29510　類叢部/類書類/專類之屬

分韻詩賦題解統編□□卷　(清)鴻文主人輯　清末石印本　一冊　存二十四卷(二十七至五十)

330000－1716－0029511　經補 0886－8/29511　經部/小學類/音韻之屬/韻書

詩韻合璧五卷　(清)湯祥瑟輯　清同治十二年(1873)京都琉璃廠刻本　一冊　存一卷(一)

330000－1716－0029512　經補 0886－10/29512　經部/小學類/音韻之屬/韻書

攷正增廣詩韻合璧五卷檢韻便覽一卷　(清)湯祥瑟輯　清光緒十四年(1888)四明茹古齋鉛印本　一冊　存一卷(一)

330000－1716－0029513　普類 0145/29513　類叢部/類書類/通類之屬

依韻檢題十卷　(清)數珍居士輯編　清同治七年(1868)日益軒刻本　二冊

330000－1716－0029515　集補 1021－4/29515　類叢部/類書類/通類之屬

新編詩句題解續集五卷　(清)東閣主人編　清光緒十四年(1888)上海五彩石印本　二冊

330000－1716－0029516　集補 1021－5/29516　類叢部/類書類/通類之屬

新編詩句題解續集五卷　(清)東閣主人編　清光緒十四年(1888)上海鴻寶齋石印本　二冊

330000－1716－0029517　集補 1097－2/29517　集部/總集類/選集之屬/通代

增廣詩句題解彙編四卷姓氏考一卷 （清）同文書局編 清末石印本 一冊 存一卷（三）

330000－1716－0029518 集補 1097－8/29518 集部/總集類/選集之屬/通代

增廣詩句題解彙編四卷姓氏考一卷 （清）同文書局編 清石印本 一冊 存一卷（三）

330000－1716－0029519 普叢 0261－3/29519 類叢部/類書類/專類之屬

文選四種四十一卷 （清）徐叔蓓輯 清光緒二十年(1894)上海文盛書局石印本 五冊 缺七卷（文選錦字十五至二十一）

330000－1716－0029520 普叢 0261－2/29520 類叢部/類書類/專類之屬

文選四種四十一卷 （清）徐叔蓓輯 清光緒二十年(1894)上海寶文書局石印本 六冊

330000－1716－0029521 集補 1097－3/29521 集部/總集類/選集之屬/通代

增廣詩句題解彙編四卷姓氏考一卷 （清）同文書局編 清光緒二十二年(1896)上海慎記莊石印本 一冊 存二卷（一、姓氏考）

330000－1716－0029522 普集 1778－4/29522 集部/詩文評類/詩評之屬

司空詩品注釋一卷 （唐）司空圖撰 清李光明莊刻本 一冊

330000－1716－0029523 普集 1924/29523 集部/總集類/題詠之屬

春景詩二卷 清刻本 伯岐氏題記 一冊

330000－1716－0029525 普叢 0266/29525 類叢部/叢書類/自著之屬

紫薇花館集 （清）王廷鼎撰 清光緒十七年(1891)刻本 一冊 存二種

330000－1716－0029526 集補 1525/29526 集部/別集類/清別集

沁香書屋製藝一卷 （清）錢祖亮撰 清道光二十九年(1849)刻本 一冊

330000－1716－0029527 普叢 0261－4/29527 類叢部/類書類/專類之屬

文選四種四十一卷 （清）徐叔蓓輯 清光緒上海寶文書局石印本 一冊 存一種

330000－1716－0029528 普集 1926/29528 集部/總集類/課藝之屬

小品青錢□□卷 清刻本 四冊 存四卷（九至十、十六、二十一）

330000－1716－0029529 普類 0146－2/29529 類叢部/類書類/專類之屬

詩句題解韻編總彙□□卷 （清）倪壬雲編 清石印本 一冊

330000－1716－0029530 經補 0912－1/29530 經部/小學類/音韻之屬/韻書

詩韻合璧五卷 （清）湯祥瑟輯 清末石印本 一冊 存一卷（五）

330000－1716－0029531 普叢 0263/29531 類叢部/類書類/專類之屬

文選四種四十一卷 （清）徐叔蓓輯 清同治九年(1870)寶寧堂刻本 三冊 存二種

330000－1716－0029532 普類 0147/29532 類叢部/類書類/專類之屬

詩句題解韻編總彙□□卷 （清）倪壬雲編 清石印本 一冊 存一卷（二）

330000－1716－0029533 子補 1629－1/29533 子部/術數類/相宅相墓之屬

雪心賦正解四卷 （唐）卜應天撰 （清）孟浩注 辯論三十篇一卷 （清）孟浩撰 清刻本 三冊 缺一卷（二）

330000－1716－0029534 集補 1526/29534 集部/別集類/清別集

所園詩存二卷 （清）魯武茂撰 清光緒十三年(1887)善化楊氏刻本 一冊

330000－1716－0029535 普集 1927/29535 集部/別集類/清別集

綠香山館詩賦詞彙編二十卷 （清）來鴻瑨撰 清刻本 三冊

330000－1716－0029536 集補 1347/29536 集部/總集類/課藝之屬

小揝萃華不分卷　清光緒六年(1880)琉璃廠刻本　雨田氏題簽　三冊

330000－1716－0029537　集補 1528/29537
集部/別集類/清別集

崇蘭堂詩初存十卷　(清)張預撰　清光緒二十年(1894)刻本　一冊　缺四卷(七至十)

330000－1716－0029538　集補 1527/29538
集部/別集類/清別集

板橋集五種　(清)鄭燮撰　清清暉書屋刻本　四冊

330000－1716－0029540　普集 1929/29540
集部/總集類/課藝之屬

武林三書院課藝合編不分卷　(清)夏同善鑒定　(清)任官燨編校　清同治九年(1870)刻本　一冊　存一冊(一)

330000－1716－0029541　集補 1348/29541
集部/詞類/詞譜之屬

制藝聲調譜不分卷　(清)張騫等撰　清上海珍藝書局鈐印本　二冊

330000－1716－0029543　經補 0912－2/29543　經部/小學類/音韻之屬/韻書

詩韻合璧五卷　(清)湯祥瑟輯　清末石印本　一冊　存一卷(四)

330000－1716－0029545　普集 1930/29545
集部/總集類/課藝之屬

聽雨軒讀本前集二卷今集不分卷　(清)陳鍾麟選　清光緒十九年(1893)上海書局石印本　一冊

330000－1716－0029546　集補 1349/29546
集部/別集類/清別集

道生堂小題制藝初集不分卷二集不分卷三集不分卷　(清)鍾聲撰　清光緒十八年(1892)上海五彩局石印本　三冊

330000－1716－0029547　經補 0912－3/29547　經部/小學類/音韻之屬/韻書

詩韻合璧五卷　(清)湯祥瑟輯　清末石印本　一冊　存一卷(三)

330000－1716－0029548　經補 0912－4/29548　經部/小學類/音韻之屬/韻書

詩韻全璧五卷　(清)湯祥瑟輯　初學檢韻袖珍一卷　(清)姚文登輯　虛字韻藪一卷(清)潘維城輯　清光緒十一年(1885)上海同文書局石印本　一冊　缺五卷(二至五、虛字韻藪)

330000－1716－0029549　集補 1531/29549
集部/詞類/總集之屬

國朝詞綜續編二十四卷　(清)黃燮清輯　清同治十二年(1873)武昌刻本　一冊　存三卷(二十二至二十四)

330000－1716－0029550　集補 1351/29550
集部/別集類/清別集

翼雲閣制藝後集不分卷　(清)湯鵬撰　清石印本　二冊

330000－1716－0029551　地獻 2002－4/29551　類叢部/類書類/通類之屬

玉海纂二十二卷　(宋)王應麟輯　(明)劉鴻訓纂　清光緒五年(1879)會稽徐氏八杉齋刻本　一冊　存一卷(十六)

330000－1716－0029552　普集 1931－1/29552　集部/詩文評類/制藝之屬

搭截鍼度不分卷　(清)張明之撰　清光緒四年(1878)京都琉璃廠刻本　一冊

330000－1716－0029553　普集 1931－2/29553　集部/詩文評類/制藝之屬

搭截鍼度不分卷　(清)張明之撰　清光緒四年(1878)京都琉璃廠刻本　一冊

330000－1716－0029554　普叢 0260－6/29554　類叢部/叢書類/彙編之屬

文林綺繡五種五十九卷　(明)凌迪知編　清光緒十九年(1893)上洋鴻寶齋石印本　二冊　存二種

330000－1716－0029555　普集 1932/29555
集部/總集類/選集之屬/斷代

崔蘭生汪柳門先生合稿二種　(清)崔國琯(清)汪鳴鑾撰　清同治十三年(1874)刻本

二册

330000－1716－0029556　普集 1933/29556
集部/總集類/選集之屬/斷代

掃紅仙館賦選不分卷　清末鉛印本　一册

330000－1716－0029557　集補 1353/29557
集部/總集類/課藝之屬

小試掣鯨集不分卷　清光緒七年(1881)群玉
山房刻本　雨田氏題簽　二册

330000－1716－0029558　集補 1354/29558
集部/總集類/課藝之屬

芝舲遺稿不分卷　（清）□□輯　清刻本
一册

330000－1716－0029559　普類 0148/29559
類叢部/類書類/通類之屬

增廣詩選歷代詩家姓氏備考一卷　清光緒五
年(1879)京都琉璃廠刻本　一册

330000－1716－0029560　普集 1934/29560
集部/總集類/課藝之屬

小題璣鏡不分卷　（清）蒼雨樓主人識　清光
緒七年(1881)群玉山房刻本　一册

330000－1716－0029561　集補 1355/29561
集部/總集類/課藝之屬

小題雋秀不分卷　清刻本　雨田氏題簽
一册

330000－1716－0029562　普集 1935/29562
集部/總集類/課藝之屬

通雅集不分卷　清末石印本　一册

330000－1716－0029563　集補 1356/29563
集部/別集類/清別集

曠視山房制藝不分卷　（清）丁守存撰　（清）
丁鳳年　（清）丁鸞年編次　清光緒七年
(1881)刻本　二册

330000－1716－0029564　集補 1357/29564
集部/總集類/選集之屬/斷代

古草堂墨選不分卷　（清）□□輯　清刻本
三册

330000－1716－0029565　普集 1936/29565

集部/別集類/清別集

周犢山餘稿不分卷　（清）周鎬撰　清光緒三
年(1877)上海印書局鉛印本　一册

330000－1716－0029567　普集 1938/29567
集部/詞類/總集之屬

清綺軒詞選十三卷　（清）夏秉衡輯　清刻本
一册　存三卷(一至三)

330000－1716－0029568　集補 1532－3/
29568　集部/總集類/選集之屬/斷代

國朝駢體正宗十二卷　（清）曾燠輯　清刻本
二册

330000－1716－0029569　經補 0912－5/
29569　經部/小學類/音韻之屬/韻書

詩韻全璧五卷　（清）湯祥瑟輯　清末石印本
一册　存一卷(二)

330000－1716－0029570　集補 1358－1/
29570　集部/總集類/選集之屬/通代

**新注得月樓甲編不分卷乙編不分卷丙編不分
卷丁編不分卷**　（清）張元灝選評　（清）耿覲
文　（清）茅謙箋注　清刻本　八册

330000－1716－0029571　普集 1939/29571
集部/別集類/清別集

**壯悔堂文集十卷遺稿一卷四憶堂詩集六卷遺
稿一卷**　（清）侯方域撰　清末石印本　一册
　　　　　　存三卷(六至八)

330000－1716－0029573　集補 1533/29573
集部/別集類/清別集

春雲詩鈔六卷　（清）張襄編輯　（清）張維城
編次　（清）謬有本牋注　清道光十三年
(1833)刻本　三册　缺一卷(四)

330000－1716－0029574　集補 1359/29574
集部/總集類/選集之屬/斷代

重訂唐詩別裁集二十卷　（清）沈德潛輯　清
刻本　一册　存二卷(十五至十六)

330000－1716－0029575　經補 0912－17/
29575　經部/小學類/音韻之屬/韻書

詩韻全璧五卷　（清）湯祥瑟輯　清末石印本
二册　存二卷(四至五)

330000－1716－0029576　經補 0912－15/29576　經部/小學類/音韻之屬/韻書

詩韻全璧五卷　（清）湯祥瑟輯　**初學檢韻袖珍一卷**　（清）姚文登輯　**虛字韻藪一卷**（清）潘維城輯　清光緒十五年(1889)上海點石齋石印本　四冊　缺二卷(二、初學檢韻)

330000－1716－0029577　經補 0912－16/29577　經部/小學類/音韻之屬/韻書

詩韻全璧五卷　（清）湯祥瑟輯　清暢懷書屋石印本　一冊　存一卷(三)

330000－1716－0029579　普集 1940/29579　集部/總集類/課藝之屬

登瀛社稿續刊一卷　清同治十年(1871)京都琉璃廠刻本　一冊

330000－1716－0029580　集補 1361－2/29580　集部/總集類/課藝之屬

青雲集分韻試帖詳註四卷　（清）楊逢春（清）蕭應樾輯　（清）沈品華等注　清刻本二冊　存二卷(二至三)

330000－1716－0029581　集補 0371－2/29581　集部/總集類/選集之屬/通代

頤典齋賦讀本不分卷　（清）許耀編　清同治七年(1868)刻本　一冊

330000－1716－0029582　經補 0912－18/29582　經部/小學類/音韻之屬/韻書

詩韻合璧五卷　（清）湯祥瑟輯　清刻本　一冊　存一卷(四)

330000－1716－0029585　集補 1362/29585　集部/總集類/課藝之屬

試律青雲集四卷　（清）楊逢春輯　（清）沈品華等注　清江左書林鉛印本　三冊　缺一卷(四)

330000－1716－0029587　普集 1941/29587　集部/別集類/清別集

綠香山館小題不分卷二集不分卷　（清）來鴻瑤撰　清同治十二年至光緒元年(1873-1875)刻本　六冊

330000－1716－0029588　經補 0896－2/29588　經部/易類/傳說之屬

易例大全一卷附字學舉隅一卷　（清）榕園書屋主人輯　清末石印本　一冊

330000－1716－0029589　經補 0913/29589　經部/易類/傳說之屬

易義萃精四卷　（清）久敬齋主人輯　清光緒十四年(1888)上海大同書局石印本　四冊

330000－1716－0029590　集補 1363－2/29590　集部/總集類/課藝之屬

經世論策讀本□□卷　清光緒二十七年(1901)湔紹愛記書莊石印本　四冊　存八卷(一至八)

330000－1716－0029591　普集 1942/29591　集部/總集類/課藝之屬

尊經書院課藝合刊不分卷　（清）多栽紅藥館主人編次　清光緒二年(1876)四明茹古齋鉛印本　二冊

330000－1716－0029592　集補 1364/29592　集部/總集類/課藝之屬

增補近科館閣分韻詩鈔彙編不分卷　王先謙原編　（清）心居主人改編　清末石印本一冊

330000－1716－0029593　集補 1539/29593　集部/楚辭類

屈子正音三卷　（清）方績撰　清光緒六年(1880)網舊聞齋刻本　一冊

330000－1716－0029595　普類 0150/29595　類叢部/類書類/通類之屬

增廣試帖三萬選五卷續集四卷三集四卷（清）鄧雲航輯　清石印本　七冊　存七卷(二至五,續集一,三集一、四)

330000－1716－0029596　普類 0151/29596　類叢部/類書類/通類之屬

四六類腋二卷　（清）東邨先生撰　清道光九年(1829)刻本　一冊　存一卷(一)

330000－1716－0029597　普類 0149/29597　類叢部/類書類/專類之屬

群策匯源五十卷首一卷　清石印本　一冊

存二十三卷(二十二至四十四)

330000－1716－0029598　經補 0914/29598
經部/易類/傳說之屬
漢儒易義針度四卷　(清)朱昌壽撰　**附近科**
文式一卷　(清)希鼓等撰　清同治九年
(1870)珍研齋刻本　一冊　存一卷(近科文
式)

330000－1716－0029599　集補 0262－3/
29599　集部/別集類/清別集
船山詩草二十卷　(清)張問陶撰　清刻本
一冊　存四卷(十二至十五)

330000－1716－0029600　集補 1453－1/
29600　集部/戲劇類/總集之屬/雜劇
清容外集九種　(清)蔣士銓撰　清經綸堂刻
本　一冊　存一種

330000－1716－0029601　史補 0786/29601
類叢部/類書類/專類之屬
摘録古今類傳麗句四卷　(清)董穀士　(清)
董炳文輯　清刻本　一冊　存一卷(四)

330000－1716－0029602　普集 1950/29602
集部/總集類/選集之屬/通代
同人詩録初編十種　(清)蔡壽祺輯　清同治
十一年(1872)京師嬝嬛別館刻本　一冊　存
二種

330000－1716－0029603　普集 1951/29603
集部/別集類/清別集
芝省齋吟稿八卷　(清)李遇孫撰　清嘉慶二
十五年(1820)刻本　二冊

330000－1716－0029604　子補 0681－12/
29604　子部/術數類/命書相書之屬
新雕校工增釋合併麻衣先生神相編五卷
(明)陸位崇輯　清末石印本　一冊　存二卷
(四至五)

330000－1716－0029605　子補 1700/29605
子部/小說家類/異聞之屬
奇聞隨筆四卷　(清)梁章鉅撰　清光緒三十
三年(1907)石印本　一冊　存二卷(一至二)

330000－1716－0029607　集補 1321－3/
29607　集部/別集類/清別集
嚶求集四卷　(清)繆艮撰　清刻本　二冊
存二卷(二至三)

330000－1716－0029608　子補 1701/29608
子部/術數類/命書相書之屬
命理通考大全四卷　(明)張楠撰輯　清末石
印本　一冊　存一卷(一)

330000－1716－0029610　普集 1952－2/
29610　集部/別集類/清別集
少嵒賦草四卷　(清)夏思沺撰　清刻本
二冊

330000－1716－0029611　普集 1952－3/
29611　集部/別集類/清別集
少嵒賦草四卷　(清)夏思沺撰　清同治十三
年(1874)奎照樓刻本　二冊

330000－1716－0029612　普集 1953－1/
29612　集部/別集類/清別集
養雲山館試帖四卷　(清)許球撰　清刻本
三冊　存三卷(二至四)

330000－1716－0029613　普集 1953－3/
29613　集部/別集類/清別集
養雲山館試帖四卷　(清)許球撰　清同治三
年(1864)書業德記刻本　三冊　存三卷(一
至二、四)

330000－1716－0029614　普集 1953－4/
29614　集部/別集類/清別集
養雲山館試帖四卷　(清)許球撰　清刻本
一冊

330000－1716－0029615　集補 1544/29615
集部/詞類/詞譜之屬
白香詞譜一卷　(清)舒夢蘭輯　清宣統元年
(1909)振始堂石印本　一冊

330000－1716－0029616　普類 0152－4/
29616　類叢部/類書類/通類之屬
古事比五十二卷　(清)方中德輯　清石印本
二冊　存十八卷(十八至三十五)

330000 - 1716 - 0029617　普類 0152 - 5/
29617　類叢部/類書類/通類之屬

古事比五十二卷　（清）方中德輯　清光緒二
十一年(1895)上海寶善局石印本　四冊　缺
十七卷(三十六至五十二)

330000 - 1716 - 0029619　經補 0915/29619
經部/群經總義類/文字音義之屬

十三經策案補遺　清光緒三年(1877)刻本
一冊　存一種

330000 - 1716 - 0029620　集補 1545/29620
集部/別集類/清別集

香屑集十八卷首一卷末一卷　（清）黃之雋撰
（清）陳邦直注　清刻本　一冊　存五卷
(十至十四)

330000 - 1716 - 0029621　子補 1703 - 1/
29621　子部/雜著類/雜纂之屬

任兆麟述記三卷　（清）任兆麟撰　清末石印
本　一冊　存二卷(二至三)

330000 - 1716 - 0029622　經補 0917 - 1/
29622　經部/易類/傳說之屬

易經精華六卷末一卷　（清）薛嘉穎輯　清道
光元年(1821)光霽堂刻本　二冊　存四卷
(三至六)

330000 - 1716 - 0029623　普類 0152 - 6/
29623　類叢部/類書類/通類之屬

古事比五十二卷　（清）方中德輯　清石印本
三冊　存二十六卷(十八至二十六、三十六
至五十二)

330000 - 1716 - 0029624　子補 1703 - 2/
29624　子部/雜著類/雜纂之屬

任兆麟述記三卷　（清）任兆麟撰　清光緒二
十九年(1903)上海經藝齋石印本　二冊

330000 - 1716 - 0029627　經補 0916/29627
經部/小學類/音韻之屬/韻書

詩韻萃珍十卷　（清）黃昌瑞輯　清刻本　一
冊　存三卷(八至十)

330000 - 1716 - 0029628　子補 1706/29628
子部/術數類/雜術之屬

古今詳夢大觀三卷　（清）二酉主人撰　清光
緒二十七年(1901)上海書局石印本　一冊

330000 - 1716 - 0029629　普叢 0253 - 2/
29629　類叢部/叢書類/自著之屬

曾惠敏公全集四種　（清）曾紀澤撰　清光緒
二十年(1894)上海石印本　四冊

330000 - 1716 - 0029630　經補 0919 - 2/
29630　經部/詩類/傳說之屬

詩經精華十卷　（清）薛嘉穎輯　清刻本　三
冊　存五卷(三、五至八)

330000 - 1716 - 0029631　經補 0918 - 1/
29631　經部/書類/傳說之屬

書經精華六卷　（清）薛嘉穎撰　清刻本　一
冊　存二卷(一至二)

330000 - 1716 - 0029632　集補 1366/29632
類叢部/類書類/專類之屬

胭脂牡丹六卷　（清）韓鄂撰　清刻本　一冊
存一卷(五)

330000 - 1716 - 0029633　經補 0919 - 1/
29633　經部/詩類/傳說之屬

詩經精華十卷　（清）薛嘉穎輯　清刻本　二
冊　存五卷(三至七)

330000 - 1716 - 0029634　子補 1707/29634
子部/天文曆算類/算書之屬

則古昔齋算學十三種二十四卷　（清）李善蘭
學　清末石印本　一冊　存五種

330000 - 1716 - 0029635　子補 1708/29635
子部/小說家類/諧謔之屬

新刻笑林廣記四卷　（清）遊戲主人輯　清刻
本　一冊　存二卷(三至四)

330000 - 1716 - 0029636　經補 0920 - 1/
29636　經部/周禮類/傳說之屬

周禮精華六卷　（清）陳龍標輯　清光霽堂刻
本　一冊　存一卷(六)

330000 - 1716 - 0029637　經補 0921/29637
經部/書類/傳說之屬

書經六卷　清永圖堂刻本　一冊　存一卷

（四）

330000－1716－0029638　普叢 0437－14/29638　類叢部/叢書類/自著之屬

隨園三十種　（清）袁枚撰　清刻本　二冊　存一種

330000－1716－0029639　集補 1547/29639　集部/戲劇類/總集之屬/傳奇

笠翁傳奇十種　（清）李漁撰　清刻本　一冊　存一種

330000－1716－0029640　子補 1710/29640　子部/術數類/占候之屬

秘訣元機不分卷　清刻本　一冊

330000－1716－0029641　經補 0920－2/29641　經部/周禮類/傳說之屬

周禮精華六卷　（清）陳龍標輯　清光諟堂刻本　一冊　存一卷（六）

330000－1716－0029642　集補 1169－9/29642　集部/別集類/清別集

詳注分類飲香尺牘四卷　（清）飲香居士撰（清）慵隱子箋釋　清刻本　三冊　缺一卷（二）

330000－1716－0029644　集補 1368/29644　集部/詞類/別集之屬

樗洲詞二卷　（清）勒方錡撰　清同治四年（1865）刻本　孝焱題簽並記　一冊

330000－1716－0029645　集補 1169－7/29645　集部/別集類/清別集

詳注分類飲香尺牘四卷　（清）飲香居士撰（清）慵隱子箋釋　清刻本　一冊　存一卷（三）

330000－1716－0029647　集補 1169－8/29647　集部/別集類/清別集

詳注分類飲香尺牘四卷首一卷　（清）飲香居士撰　（清）慵隱子箋釋　清掃葉山房刻本　四冊

330000－1716－0029648　集補 1369/29648　集部/總集類/課藝之屬

近科芸館試帖金鍼四卷　清光緒八年（1882）杭州文元堂刻本　一冊　存一卷（一）

330000－1716－0029649　集補 1370－1/29649　集部/別集類/清別集

注釋水竹居賦不分卷　（清）盛觀潮撰　清刻本　一冊

330000－1716－0029650　經補 0917－2/29650　經部/易類/傳說之屬

易經精華六卷末一卷　（清）薛嘉穎輯　清刻本　一冊　存二卷（一至二）

330000－1716－0029651　經補 0917－3/29651　經部/易類/傳說之屬

易經精華六卷末一卷　（清）薛嘉穎輯　清刻本　一冊　存二卷（三至四）

330000－1716－0029655　集補 1370－3/29655　集部/別集類/清別集

注釋水竹居賦不分卷　（清）盛觀潮撰　清刻本　一冊

330000－1716－0029656　集補 1371－2/29656　集部/總集類/課藝之屬

青雲集分韻試帖詳注四卷　（清）楊逢春（清）蕭應樾輯　（清）沈品華等注　清刻本　二冊　存二卷（二至三）

330000－1716－0029657　集補 1371－1/29657　集部/總集類/課藝之屬

青雲集分韻試帖詳注四卷　（清）楊逢春（清）蕭應樾輯　（清）沈品華等注　清刻本　三冊　存三卷（一、三至四）

330000－1716－0029658　集補 1213－2/29658　集部/小說類/長篇之屬

增像玉茗堂批點按鑑參補南宋志傳十卷五十回　（明）研石山樵訂正　清末石印本　一冊　存一卷（三）

330000－1716－0029659　普類 0153/29659　類叢部/類書類/通類之屬

小嬛嬛山館彙刊類書十二種　（清）小嬛嬛山館編　清刻本　一冊　存一種一卷（文選集腋二）

330000－1716－0029660　集補 0360－1/29660　集部/總集類/選集之屬/通代

重訂文選集評十五卷首一卷末一卷　（清）于光華輯　清刻本　一冊　存一卷(十一)

330000－1716－0029661　子補 1713/29661　經部/小學類/文字之屬/字書/訓蒙

新鐫幼學雜字一卷　清末石印本　一冊

330000－1716－0029666　子補 1714/29666　子部/儒家類/儒學之屬/禮教

願體集四卷　（清）史典輯　（清）李仲麟重輯　清刻本　二冊　存二卷(二至三)

330000－1716－0029668　子補 1715/29668　子部/小說家類/異聞之屬

閱微草堂筆記二十四卷　（清）紀昀撰　清刻本　二冊　存五卷(灤陽消夏錄五至六、灤陽續錄四至六)

330000－1716－0029669　普叢 0241－2/29669　類叢部/叢書類/自著之屬

悔餘庵集三種　（清）何杙撰　清同治四年(1865)鳩江戎崛刻本　一冊　存一種

330000－1716－0029671　集補 1251/29671　集部/別集類/宋別集

宋宗忠簡公集八卷　（宋）宗澤撰　（宋）樓鑰輯　（清）王延曾重輯　清康熙刻本　一冊　存四卷(二至五)

330000－1716－0029673　集補 1250/29673　集部/別集類/宋別集

姜白石集九卷集外詩一卷　（宋）姜夔撰　清鮑氏知不足齋刻本　一冊　存三卷(白石道人詩集一至二、集外詩)

330000－1716－0029674　集補 1518－10/29674　集部/總集類/選集之屬/通代

韻對注千家詩四卷　清刻本　一冊　存一卷(四)

330000－1716－0029675　史補 0819/29675　史部/傳記類/別傳之屬/年譜

文正謝公[遷]年譜一卷　（明）倪宗正原編　（清）謝鍾和重編　清康熙刻本　一冊

330000－1716－0029676　集補 1518－11/29676　集部/總集類/選集之屬/通代

千家詩二卷　清刻本　一冊　存一卷(上)

330000－1716－0029677　集補 1518－12/29677　集部/總集類/選集之屬/通代

三槐堂千家詩二卷　清刻本　一冊　存一卷(二)

330000－1716－0029678　普集 1956/29678　集部/別集類/清別集

琴廡吟草六卷　（清）孫清撰　清光緒十八年(1892)芳潤閣刻本　一冊　存二卷(一至二)

330000－1716－0029679　集補 1252/29679　集部/總集類/選集之屬/斷代

唐詩別裁集引典備注二十卷　（清）沈德潛輯　（清）俞汝昌注　清刻本　一冊　存三卷(三至五)

330000－1716－0029680　集補 1518－13/29680　集部/總集類/選集之屬/通代

千家詩二卷　清奎照樓刻本　謝世芳題簽　一冊　存一卷(上)

330000－1716－0029681　普集 1957/29681　集部/詞類/別集之屬

留漚唫館詞存一卷　（清）沈鑾撰　清光緒八年(1882)元和江標師鄦室刻本　一冊

330000－1716－0029683　集補 1518－14/29683　集部/總集類/選集之屬/通代

千家詩二卷　清奎照樓刻本　一冊　存一卷(上)

330000－1716－0029684　集補 1518－19/29684　集部/總集類/選集之屬/通代

千家詩二卷　清趙元順號刻本　一冊　存一卷(上)

330000－1716－0029685　集補 1518－15/29685　集部/總集類/選集之屬/通代

永□堂千家詩二卷　清刻本　一冊　存一卷(一)

330000－1716－0029686　子補 1716/29686

子部/天文曆算類/算書之屬

算法八卷　清敬賢齋楊桂恭刻本　一冊　存三卷(六至八)

330000－1716－0029687　集補 1518－20/29687　集部/總集類/選集之屬/通代

千家詩二卷　清聚奎堂刻本　二冊

330000－1716－0029688　集補 0391－4/29688　集部/總集類/尺牘之屬

名賢手札八種　(清)郭慶藩輯　清末石印本　一冊　存三種

330000－1716－0029689　集補 1518－17/29689　集部/總集類/選集之屬/通代

千家詩二卷　清紹城探花橋洪泰刻本　一冊　存一卷(上)

330000－1716－0029690　子補 1717/29690　子部/藝術類/遊藝之屬/聯語

巧對錄八卷　(清)梁章鉅撰　清道光二十九年(1849)汲綆齋刻本　一冊

330000－1716－0029691　集補 1518－18/29691　集部/總集類/選集之屬/通代

奎照樓千家詩二卷　清聚奎堂書坊刻本　賈元□題簽　一冊　存一卷(一)

330000－1716－0029692　子補 1518－21/29692　子部/儒家類/儒學之屬/蒙學

新刻續千家詩二卷　(清)晦齋學人輯　清光緒七年(1881)永盛齋刻本　一冊

330000－1716－0029693　集補 1518－22/29693　集部/總集類/選集之屬/通代

增補重訂千家詩注解二卷　(宋)謝枋得選(清)王相選注　清碧梧齋刻本　一冊

330000－1716－0029694　集補 1518－23/29694　集部/總集類/選集之屬/通代

增補重訂千家詩注解二卷　(宋)謝枋得選(清)王相選注　清刻本　一冊

330000－1716－0029695　集補 1518－24/29695　集部/總集類/選集之屬/通代

增補重訂千家詩注解二卷　(宋)謝枋得選

(清)王相選注　新鐫五言千家詩會義直解二卷　清光緒五年(1879)墨潤堂刻本　一冊　存二卷(一至二)

330000－1716－0029696　子補 1718/29696　子部/藝術類/書畫之屬

瀟江泛棹圖五集一卷續泛棹圖六集一卷　(清)張偓槎繪　清光緒六年(1880)上海點石齋石印本　一冊

330000－1716－0029697　集補 1518－26/29697　集部/總集類/選集之屬/通代

增補重訂千家詩注解二卷　(清)任來吉選(清)王相選注　新鐫五言千家詩會義直解二卷　(清)王相選注　(清)任福祐重輯　諸名家百壽詩一卷贈賀詩一卷百花詩一卷　(清)王相選注　清刻本　一冊　存三卷(二、新鐫五言千家詩會義直解一至二)

330000－1716－0029698　子補 1719－1/29698　子部/雜著類/雜纂之屬

不可錄一卷　(清)陳海曙輯　清光緒十五年(1889)刻本　一冊

330000－1716－0029699　子補 1724/29699　子部/雜著類/雜說之屬

問心集不分卷　清刻本　一冊

330000－1716－0029700　集補 1518－25/29700　集部/總集類/選集之屬/通代

增補重訂千家詩注解二卷　(清)任來吉選(清)王相選注　新鐫五言千家詩會義直解二卷　(清)王相選注　(清)任福祐重輯　諸名家百壽詩一卷贈賀詩一卷百花詩一卷　(清)王相選注　清刻本　二冊　存四卷(一至二、新鐫五言千家詩會義直解一至二)

330000－1716－0029702　集補 1518－27/29702　集部/總集類/選集之屬/通代

增補重訂千家詩注解二卷　(宋)謝枋得選(清)王相選注　清光緒十九年(1893)滬上熙記書莊刻本　一冊

330000－1716－0029704　普類 0154/29704　類叢部/類書類/通類之屬

增補詩學珠璣不分卷　清刻本　李克夫題記
　一冊

330000－1716－0029705　子補 1721/29705
子部/雜著類/雜纂之屬

讀書樂趣八卷　(清)伍涵芬撰　清光緒四年
(1878)刻本　一冊　存一卷(一)

330000－1716－0029706　經補 0917－4/
29706　經部/易類/傳說之屬

易經精華六卷末一卷　(清)薛嘉穎輯　清光
緒二十年(1894)明達莊刻本　二冊　存四卷
(一、五至六, 末)

330000－1716－0029709　普類 0156－1/
29709　類叢部/類書類/通類之屬

鑄史駢言十二卷　(清)孫玉田編　清鉛印本
　一冊　存六卷(七至十二)

330000－1716－0029710　集補 1169－10/
29710　集部/別集類/清別集

飲香尺牘四卷　(清)飲香居士撰　清刻本
三冊　存三卷(二至四)

330000－1716－0029711　經補 0919－3/
29711　經部/詩類/傳說之屬

詩經精華十卷　(清)薛嘉穎輯　清光緒二年
(1876)浙寧簡香齋刻本　三冊　缺二卷(三
至四)

330000－1716－0029712　集補 1217－2/
29712　集部/別集類/唐五代別集

可之先生文集二卷　(唐)孫樵撰　清宣統二
年(1910)上海會文堂石印本　一冊

330000－1716－0029713　子補 1725/29713
子部/雜著類/雜纂之屬

格言集要一卷　清光緒十年(1884)刻本
一冊

330000－1716－0029716　史補 0787/29716
史部/地理類/遊記之屬/紀勝

惠陽紀勝二集三卷　(清)黃錫圭　(清)黃觀
輯　清道光十年(1830)枕松堂刻本　一冊

330000－1716－0029717　子補 1726/29717

子部/叢編

諸子平議三十五卷　(清)俞樾撰　清光緒二
十一年(1895)上海鴻文書局石印本　一冊
存十七卷(一至十七)

330000－1716－0029718　史補 0806/29718
史部/政書類/邦計之屬

銀水總論一卷　(清)曲莊山人輯　清光緒十
一年(1885)刻本　一冊

330000－1716－0029721　史補 0789/29721
史部/地理類/雜志之屬

增補都門紀略不分卷　(清)楊靜亭編　(清)
李靜山增補　附菊部群英二卷　題(清)小游
仙客輯　國朝鼎甲錄一卷　(清)陳鐘輯　清
刻本　一冊　存一卷(國朝鼎甲錄)

330000－1716－0029723　普類 0156－2/
29723　類叢部/類書類/通類之屬

鑄史駢言十二卷　(清)孫玉田編　清光緒二
年(1876)刻本　二冊　存五卷(一至二、七至
九)

330000－1716－0029724　子補 1729/29724
子部/術數類/雜術之屬

辯尅洋煙傳經釋易義一卷　(清)奄目叟撰
清光緒十年(1884)姑蘇掃煙堂刻本　一冊

330000－1716－0029725　普集 1961/29725
集部/別集類/唐五代別集

顧華陽集三卷　(唐)顧況撰　(明)顧名端輯
　補遺一卷　(清)顧履成輯　子非熊詩附一
卷　(唐)顧非熊撰　清道光十九年(1839)黃
鶴山莊刻本　二冊

330000－1716－0029726　經補 0920－3/
29726　經部/周禮類/傳說之屬

周禮精華六卷　(清)陳龍標輯　清光韙堂刻
本　三冊　存三卷(三、五至六)

330000－1716－0029728　經補 0919－4/
29728　經部/詩類/傳說之屬

詩經精華十卷　(清)薛嘉穎輯　清刻本　一
冊　存二卷(四至五)

330000－1716－0029729　集補 1220/29729

集部/總集類/選集之屬/通代

六朝文絜四卷 (清)許槤評選 清道光五年
(1825)海昌許氏享金寶石齋刻朱墨套印本
清□英題記 一冊

330000－1716－0029731 經補 0919－5/
29731 經部/詩類/傳說之屬

詩經精華十卷 (清)薛嘉穎輯 清刻本
四冊

330000－1716－0029732 經補 0713－2/
29732 經部/易類/傳說之屬

鄭氏爻辰補六卷圖一卷 (清)戴棠撰 清刻
本 一冊 存一卷(四)

330000－1716－0029733 子補 1730/29733
子部/宗教類/佛教之屬/經

金剛般若波羅蜜經一卷 (後秦)釋鳩摩羅什
譯 清刻本 一冊

330000－1716－0029734 史補 0807/29734
史部/傳記類/總傳之屬/通代

增廣古今人物論三十六卷續編十二卷 (明)
鄭賢 (清)願學齋同人輯 清石印本 一冊
存五卷(二十五至二十九)

330000－1716－0029735 集補 1254－1/
29735 集部/詩文評類/詩評之屬

司空詩品注釋一卷 (唐)司空圖撰 清同治
九年(1870)寶文書局刻本 一冊

330000－1716－0029736 集補 1254－2/
29736 集部/詩文評類/詩評之屬

司空詩品注釋一卷 (唐)司空圖撰 清同治
十年(1871)順德堂刻本 一冊

330000－1716－0029738 集補 1254－3/
29738 集部/詩文評類/詩評之屬

司空詩品注釋一卷 (唐)司空圖撰 清同治
十年(1871)綠潤堂刻本 一冊

330000－1716－0029740 子補 1750/29740
子部/雜著類/雜纂之屬

安樂銘不分卷 (清)王正朋輯 清同治八年
(1869)上洋文正堂刻本 一冊

330000－1716－0029742 集補 1254－4/
29742 集部/詩文評類/詩評之屬

司空詩品注釋一卷 (唐)司空圖撰 清光緒
十二年(1886)亦源堂刻本 一冊

330000－1716－0029743 集補 1372/29743
集部/總集類/課藝之屬

最新兩浙課士錄初集不分卷 (清)浙報館編
清光緒二十八年(1902)浙報館鉛印本
一冊

330000－1716－0029745 地獻 1940－3/
29745 集部/詩文評類/詩評之屬

詩品一卷 (唐)司空圖撰 清浙紹墨潤堂刻
本 一冊

330000－1716－0029746 史補 0809/29746
史部/政書類/公牘檔冊之屬

新文牘續編十八卷 (清)□□輯 清石印本
一冊 存一卷(軍政部)

330000－1716－0029748 地獻 1940－4/
29748 集部/詩文評類/詩評之屬

詩品詩課鈔一卷 (清)鍾寶學課 **詩品一卷**
(唐)司空圖撰 清嘉慶刻本 一冊

330000－1716－0029750 子補 1733/29750
子部/雜著類/雜纂之屬

傳家寶二卷 (清)石成金撰 清末上海宏大
善書局石印本 一冊

330000－1716－0029754 地獻 2100/29754
子部/醫家類

醫籍殘抄不分卷 清末民初抄本 一百二十
四冊

330000－1716－0029755 地獻 1924－6/
29755 經部/四書類/總義之屬/傳說

四書讀本十九卷 (宋)朱熹撰 清光緒三年
(1877)浙江蕭邑趙元隆號刻本 清周英華題
簽 一冊 存五卷(論語六至十)

330000－1716－0029757 子補 1352/29757
類叢部/叢書類/彙編之屬

藝苑捃華四十八種 (清)顧之逵編 清刻本
一冊 存一種

330000－1716－0029758　史補 0815/29758
類叢部/叢書類/自著之屬

郝氏遺書三十三種　（清）郝懿行撰　清嘉慶
至光緒刻彙印本　一冊　存一種

330000－1716－0029765　子補 1751/29765
子部/宗教類/佛教之屬/經

佛說阿彌陀經一卷　（後秦）釋鳩摩羅什譯
**佛說高王觀世音經一卷佛說壽生經一卷太上
老君說常清靜經一卷高上玉皇心印妙經一卷**
　清刻本暨抄本　一冊

330000－1716－0029766　史補 0814/29766
史部/詔令奏議類/奏議之屬

定例成案合鐫續增一卷　（清）孫編輯　清刻
本　二冊

330000－1716－0029767　子補 1748/29767
子部/宗教類/佛教之屬

吃素念佛不分卷　清刻本　一冊

330000－1716－0029768　子補 1749/29768
子部/宗教類/佛教之屬

四明尊者大悲懺儀一卷　清咸豐七年（1857）
蒼溪陳世海刻本　一冊

330000－1716－0029769　普集 1963/29769
集部/曲類/彈詞之屬

繡像落金扇八卷五十回　（清）夏斐文撰　清
末石印本　一冊　存一卷（三）

330000－1716－0029770　地獻 1883－3/
29770　史部/傳記類/總傳之屬/姓名

百家姓一卷　清末紹郡同福泰號刻本　一冊

330000－1716－0029771　普集 1962/29771
集部/別集類/明別集

項太史稿初集不分卷　（明）項煜撰　清刻本
　一冊

330000－1716－0029773　子補 1752/29773
子部/宗教類/佛教之屬

楊將軍勸化文一卷　（清）葉聯璧書　清光緒
十七年（1891）葉聯璧刻本　一冊

330000－1716－0029774　普類 0155/29774

類叢部/類書類/通類之屬

駢體典林富艷二十八卷　清刻本　一冊　存
四卷（十一至十四）

330000－1716－0029776　普類 0157/29776
類叢部/類書類/專類之屬

古今秘苑四卷二集四卷　（清）許之鳳輯　清
刻本　一冊　存四卷（一至四）

330000－1716－0029778　新補 0494/29778
新學/雜著/叢編

新政應試必讀十種　清石印本　一冊　存一
卷（史略三）

330000－1716－0029779　經補 0923/29779
經部/易類/圖說之屬

易圖明辨十卷　（清）胡渭輯纂　清嘉慶元年
（1796）耆學齋刻本　一冊　存四卷（一至四）

330000－1716－0029780　經補 0922/29780
經部/詩類/傳說之屬

詩經集傳八卷　（宋）朱熹撰　清尺木堂刻本
　一冊　存一卷（五）

330000－1716－0029784　新補 0497/29784
子部/天文曆算類/天文之屬

天文歌略一卷　（清）葉瀾撰　清末刻本
一冊

330000－1716－0029785　地獻 1943/29785
史部/政書類/公牘檔冊之屬

陡亹鎮新訂鄉約一卷　清光緒三十二年
（1906）鉛印本　一冊

330000－1716－0029786　新補 0498/29786
新學/史志/別國史

俄史輯譯四卷　（清）闞斐迪譯　（清）徐景羅
重譯　清末刻本　三冊　缺一卷（二）

330000－1716－0029787　集補 1374/29787
子部/儒家類/儒學之屬

治事文編二卷續編二卷　湯壽潛輯　清光緒
二十八年（1902）孝廉堂刻本　二冊　存一卷
（續編一）

330000－1716－0029788　集補 1375/29788

集部/總集類/課藝之屬

三等學堂課藝不分卷 （清）鍾天緯編 清光緒二十九年(1903)鉛印本 一冊

330000－1716－0029792 集補 1377－2/29792 集部/總集類/課藝之屬

目耕齋讀本初集不分卷二集不分卷 （清）徐楷評注 （清）沈叔眉選刊 清綠潤堂刻本 二冊

330000－1716－0029793 集補 1377－1/29793 集部/總集類/課藝之屬

目耕齋讀本初集不分卷二集不分卷 （清）徐楷評注 （清）沈叔眉選刊 清刻本 一冊

330000－1716－0029794 經補 0924－2/29794 經部/小學類/文字之屬/字書

臨文便覽不分卷 （清）張啟泰輯 清光緒八年(1882)上海點石齋石印本 一冊

330000－1716－0029795 普集 1952－4/29795 集部/別集類/清別集

少岳賦草四卷 （清）夏思沺撰 清刻本 一冊 存二卷(三至四)

330000－1716－0029796 集補 1378/29796 集部/別集類/清別集

古文雜著二卷 （清）章陶撰 清道光九年(1829)章志楷木活字印本 一冊 缺一卷(一)

330000－1716－0029797 集補 1379/29797 集部/別集類/清別集

蝴蝶詩一卷 （清）高丙謀撰 清光緒十六年(1890)淄川高氏刻本 一冊

330000－1716－0029798 經補 0924－3/29798 經部/小學類/文字之屬/字書

臨文便覽彙編不分卷 （清）張啟泰輯 清光緒十二年(1886)上海同文書局石印本 二冊

330000－1716－0029800 集補 1380/29800 集部/別集類/清別集

忠雅堂詩集二十七卷補遺二卷銅絃詞附南北曲二卷 （清）蔣士銓撰 清嘉慶三年(1798)揚州刻本 一冊 存五卷(一至五)

330000－1716－0029801 子補 1339/29801 子部/天文曆算類/算書之屬

算經十書十種附刻一種 （清）孔繼涵輯 清刻本 一冊 存二種

330000－1716－0029802 普叢 0142－3/29802 類叢部/叢書類/彙編之屬

榆園叢刻十五種附一種 （清）許增編 清同治至光緒刻本 一冊 存一種

330000－1716－0029805 地獻 0036－4/29805 集部/別集類

小沖言事一卷 黃壽袞撰 清光緒三十二年(1906)鉛印本 一冊

330000－1716－0029806 子補 1341/29806 子部/醫家類/類編之屬

徐氏醫書八種 （清）徐大椿撰 清光緒四年(1878)掃葉山房刻本 一冊 存一種

330000－1716－0029807 子補 0487－2/29807 子部/叢編

韓晏合編二十八卷 （清）吳鼐編 清嘉慶全椒吳氏刻本 三冊 存六卷(晏子春秋一至六)

330000－1716－0029808 普集 1134－2/29808 集部/總集類/選集之屬/通代

六朝文絜四卷 （清）許槤評選 清道光五年(1825)海昌許氏享金寶石齋刻朱墨套印本 一冊

330000－1716－0029809 普集 1965/29809 集部/總集類/課藝之屬

墨式□□卷 （清）□□輯 清刻本 一冊 存一卷(八)

330000－1716－0029811 普集 1966/29811 集部/總集類/選集之屬/斷代

唐詩三百首注疏六卷 （清）孫洙編 （清）章燮注 清文會堂刻本 一冊 存三卷(一至三)

330000－1716－0029812 子補 1342/29812 子部/藝術類/書畫之屬/法帖

國朝名人手蹟八集不分卷 有正書局輯 清

光緒至宣統上海有正書局影印本　二冊　存二集(一、七)

330000－1716－0029813　子補 1343/29813
子部/藝術類/書畫之屬/法帖

明代名臣墨寶八卷　清光緒有正書局影印本
一冊　存一卷(八)

330000－1716－0029814　普集 1967/29814
集部/總集類/課藝之屬

八銘堂塾鈔初集不分卷　(清)吳懋政編　清
光緒十四年(1888)學庫山房刻本　一冊

330000－1716－0029815　普集 1968/29815
集部/小說類/短篇之屬

新評龍圖神斷公案十卷　(明)李贄評　清刻
本　一冊　存一卷(一)

330000－1716－0029816　普集 1969/29816
集部/別集類/清別集

悅親樓廥雲集四卷　(清)祝德麟撰　清乾隆
四十一年(1776)陳秋水寫刻本　二冊

330000－1716－0029817　經補 0924－4/
29817　經部/小學類/文字之屬/字書

臨文便覽七卷附摘誤一卷　(清)毛昶熙輯
清光緒二年(1876)京都松竹齋刻本　一冊

330000－1716－0029818　經補 0924－5/
29818　經部/小學類/文字之屬/字書

臨文便覽七卷附摘誤一卷　(清)毛昶熙輯
清光緒二年(1876)京都松竹齋刻本　二冊

330000－1716－0029819　普集 1971/29819
集部/別集類/清別集

嘯雲軒詩集四卷　(清)程畹撰　清刻本　一
冊　存二卷(三至四)

330000－1716－0029820　普集 1970/29820
集部/別集類/清別集

孫淵如先生全集二十二卷　(清)孫星衍撰
(清)朱記榮編　清光緒十一年(1885)朱氏槐
廬家塾刻本　一冊　存二卷(澄清堂詩稿一
至二)

330000－1716－0029822　子補 1344/29822

子部/雜著類/雜考之屬

癸巳類稿十五卷　(清)俞正燮撰　清刻本
三冊　存六卷(三至四、十一至十四)

330000－1716－0029823　集補 1552/29823
集部/總集類/選集之屬/斷代

七家試帖輯注彙鈔九卷　(清)張熙宇輯評
(清)王植桂輯注　清刻本　一冊　存一種

330000－1716－0029824　普集 1972/29824
集部/別集類/明別集

項太史全稿一卷　(明)項煜撰　清刻本
二冊

330000－1716－0029825　集補 1383/29825
集部/總集類/課藝之屬

國朝小題文瀜靈集六卷　清刻本　一冊　存
一卷(三)

330000－1716－0029826　集補 1384/29826
集部/總集類/課藝之屬

碧山堂稿不分卷　清刻本　徐朝宗題簽
一冊

330000－1716－0029827　集補 1385/29827
集部/總集類/選集之屬/通代

賦學正鵠集釋十一卷　(清)李元度輯　清刻
本　一冊　存二卷(四至五)

330000－1716－0029828　集補 1386/29828
集部/總集類/課藝之屬

考卷同風二錄不分卷　清刻本　鍾玉輝題簽
一冊

330000－1716－0029829　普集 1973/29829
集部/別集類/清別集

浮玉山房賦鈔不分卷附浮玉山房試帖一卷
(清)丁紹周撰　清刻本　一冊

330000－1716－0029830　史補 0820/29830
史部/目錄類/書志之屬/提要

昭德先生郡齋讀書志四卷後志二卷　(宋)晁
公武撰　附志一卷考異一卷　(宋)趙希弁撰
清刻本　三冊　缺四卷(一至三、考異)

330000－1716－0029831　集補 1388/29831

集部/總集類/課藝之屬

小題折字不分卷 清刻本 一冊

330000－1716－0029832 地獻 1891－2/29832 子部/儒家類/儒學之屬/禮教

元宰必讀書不分卷 （清）彭定求撰 清紹城許大房廣記刻字老店刻本 一冊

330000－1716－0029833 集補 1387/29833 集部/總集類/課藝之屬

延經堂塾課不分卷 （清）朱鴻儒輯 清同治八年（1869）刻本 一冊

330000－1716－0029834 子補 1345/29834 子部/儒家類/儒學之屬/蒙學

啟蒙四言雜字一卷 清臨浦王公美號刻本 一冊

330000－1716－0029835 地獻 1945/29835 史部/傳記類/別傳之屬

流芳遺韻二卷 （清）葉秉鈞輯 清光緒十四年（1888）刻本 一冊

330000－1716－0029836 子補 1346/29836 子部/儒家類/儒學之屬/蒙學

神童詩一卷 清墨潤堂刻本 徐家良題簽 一冊

330000－1716－0029837 普集 1976/29837 集部/別集類/明別集

楊忠愍公遺書一卷 （明）楊繼盛撰 清同治五年（1866）木樨山房刻本 一冊

330000－1716－0029838 普集 1974/29838 集部/別集類/清別集

青箱塾試帖不分卷 （清）王廣業撰 清咸豐元年（1851）刻本 艾生題簽並題記 一冊

330000－1716－0029839 普類 0170－1/29839 類叢部/類書類/專類之屬

佩文韻府一百六卷 （清）張玉書 （清）蔡升元等輯 **韻府拾遺一百六卷** （清）汪灝（清）何焯等輯 清刻本 一冊 存二卷（佩文韻府十八至十九）

330000－1716－0029840 普集 1978/29840

集部/別集類/清別集

漁洋山人詩合集十八卷 （清）王士禛撰 清刻本 一冊 存五卷（十一至十五）

330000－1716－0029841 普集 1975/29841 集部/詞類/詞譜之屬

詞律二十卷 （清）萬樹撰 清康熙二十六年（1687）萬氏堆絮園刻本 二冊 存二卷（一至二）

330000－1716－0029843 經補 0925－2/29843 經部/禮記類/傳說之屬

禮記集說十卷 （元）陳澔撰 清文苑堂刻本 二冊 存二卷（三、九）

330000－1716－0029844 地獻 1952/29844 集部/詩文評類/詩評之屬

詩法指南六卷 （清）蔡鈞輯 清乾隆二十三年（1758）刻本 一冊 存二卷（一至二）

330000－1716－0029845 集補 1390/29845 集部/別集類/清別集

師竹軒詩集四卷 （清）劉樹堂撰 清光緒十五年（1889）天津書局石印本 一冊

330000－1716－0029846 集補 1391/29846 集部/別集類/清別集

守柔齋行河草二卷 （清）蘇廷魁撰 清光緒二年（1876）刻本 一冊

330000－1716－0029847 普集 1977/29847 集部/別集類/清別集

漁洋山人精華錄訓纂十卷目錄二卷年譜注補二卷 （清）王士禛撰 （清）惠棟注補 清乾隆惠氏紅豆齋刻本 一冊 存一卷（七）

330000－1716－0029849 集補 1393/29849 集部/別集類/清別集

誦芬詩略三卷 （清）黃炳垕撰 清同治八年（1869）餘姚黃氏刻本 一冊

330000－1716－0029850 集補 1056－12/29850 集部/總集類/選集之屬/通代

古文釋義新編八卷 （清）余誠輯 清刻本 一冊 存一卷（四）

330000－1716－0029851　　地獻 1775－3/
29851　經部/叢編

五經旁訓十九卷　（清）徐立綱旁訓　清匠門
書屋刻墨潤堂印本　一冊　存一卷(禮記一)

330000－1716－0029852　地獻 1954－2/
29852　經部/詩類/傳說之屬

詩經集傳八卷首一卷　（宋）朱熹撰　清宣統
二年(1910)浙紹明達書莊石印本　二冊　存
五卷(一至四、首)

330000－1716－0029853　　地獻 1954－3/
29853　經部/詩類/傳說之屬

詩經集傳八卷　（宋）朱熹撰　清浙紹會文堂
刻本　清張先題簽　一冊　存一卷(一)

330000－1716－0029854　　集補 1395/29854
集部/總集類/選集之屬/通代

宋元明詩約鈔三百首二卷　（清）朱梓　（清）
冷昌言輯　清咸豐八年(1858)保墨閣刻本
一冊

330000－1716－0029855　　地獻 1954－4/
29855　經部/詩類/傳說之屬

詩經集傳八卷首一卷　（宋）朱熹撰　清光緒
十九年(1893)浙紹墨潤堂刻本　三冊　缺二
卷(五至六)

330000－1716－0029856　　地獻 1775－4/
29856　經部/叢編

五經旁訓十九卷　（清）徐立綱旁訓　清匠門
書屋刻墨潤堂印本　二冊　存二卷(詩經一
至二)

330000－1716－0029857　　子補 1347/29857
子部/雜著類/雜說之屬

歸田瑣記八卷　（清）梁章鉅撰　清道光二十
五年(1845)北東園刻本　四冊

330000－1716－0029858　　地獻 1954－9/
29858　經部/詩類/傳說之屬

詩經集傳八卷首一卷　（宋）朱熹撰　清光緒
十九年(1893)浙紹墨潤堂刻本　二冊　存四
卷(五至八)

330000－1716－0029859　　普集 1979/29859

集部/別集類/唐五代別集

讀杜心解六卷首二卷　（清）浦起龍撰　清靜
寄東軒刻本　一冊　存二卷(首一至二)

330000－1716－0029860　　地獻 1954－8/
29860　經部/詩類/傳說之屬

詩經集傳八卷首一卷　（宋）朱熹撰　清光緒
十九年(1893)浙紹墨潤堂刻本　一冊　存二
卷(三至四)

330000－1716－0029861　　地獻 1954－10/
29861　經部/詩類/傳說之屬

詩經集傳八卷首一卷　（宋）朱熹撰　清光緒
十九年(1893)浙紹墨潤堂刻本　一冊　存三
卷(六至八)

330000－1716－0029862　　子補 1348/29862
子部/小說家類/雜事之屬

歸田錄二卷　（宋）歐陽修撰　清刻本　一冊

330000－1716－0029864　　普集 1981/29864
集部/總集類/選集之屬/斷代

欽定國朝詩別裁集三十二卷　（清）沈德潛纂
評　清刻本　一冊　存一卷(二十二)

330000－1716－0029865　　史補 0823/29865
史部/傳記類/別傳之屬/事狀

汪雙池先生[綋]行狀一卷　清刻本　一冊

330000－1716－0029866　　地獻 1954－11/
29866　經部/詩類/傳說之屬

詩經集傳八卷首一卷　（宋）朱熹撰　清光緒
十九年(1893)浙紹墨潤堂刻本　一冊　存二
卷(四至五)

330000－1716－0029867　　普集 1982/29867
集部/別集類/清別集

香亭文稿十二卷續編一卷詩稿六卷　（清）吳
玉綸撰　清刻本　一冊　存一卷(續編)

330000－1716－0029868　　普集 1985/29868
集部/詩文評類/制藝之屬

能自彊齋制藝不分卷　（清）汪鳴鑾撰　清光
緒七年(1881)京都龍威閣刻本　一冊

330000－1716－0029869　　地獻 1387－6/

29869　經部/叢編

五經旁訓辨體合訂 （清）徐立綱旁訓　清三益堂刻本　一冊　存一卷(詩經二)

330000－1716－0029870　普集 1984/29870
集部/別集類/宋別集

宋王黃州小畜集三十卷 （宋）王禹偁撰　清乾隆二十五年(1760)太平趙熟典愛日堂刻本　一冊　存五卷(一至五)

330000－1716－0029871　普集 1983/29871
集部/別集類/清別集

袁文箋正十六卷補注一卷 （清）袁枚撰（清）石韞玉箋　清刻本　一冊　存二卷(一至二)

330000－1716－0029872　史補 0821/29872
史部/編年類/通代之屬

綱鑑總論二卷 （清）周茂才撰　清光緒二十九年(1903)上海六藝書局石印本　一冊

330000－1716－0029873　普集 1986/29873
集部/總集類/選集之屬/通代

古唐詩合解古詩四卷唐詩十二卷 （清）王堯衢注　清刻本　一冊　存四卷(古詩一至四)

330000－1716－0029874　經補 0927－7/29874　經部/叢編

五經旁訓十九卷 （清）徐立綱旁訓　清掃葉山房刻本　二冊　存二卷(詩經一、四)

330000－1716－0029875　地獻 1954－13/29875　經部/詩類/傳說之屬

詩經集傳八卷 （宋）朱熹撰　清會稽徐氏八杉齋刻本　一冊　存一卷(三)

330000－1716－0029876　經補 0927－8/29876　經部/詩類/傳說之屬

詩經集傳八卷 （宋）朱熹撰　清刻本　一冊　存三卷(六至八)

330000－1716－0029877　集補 1551/29877
集部/總集類/選集之屬/斷代

宋四名家詩六卷 （清）周之鱗（清）柴升編　清刻本　一冊　存二種

330000－1716－0029878　史補 0824/29878
史部/政書類/律令之屬/律例

欽定吏部則例八十七卷 （清）錫珍等修（清）施人鏡等纂　清光緒十二年(1886)刻本　一冊　存一種

330000－1716－0029880　子補 1629－5/29880　子部/術數類/相宅相墓之屬

雪心賦正解四卷 （唐）卜應天撰　（清）孟浩注　辯論三十篇一卷　（清）孟浩撰　清宏道堂刻本　一冊　存二卷(一至二)

330000－1716－0029883　集補 1554/29883
集部/總集類/選集之屬/通代

重訂文選集評十五卷首一卷末一卷 （清）于光華輯　清刻本　一冊　存一卷(四)

330000－1716－0029884　地獻 2011/29884
集部/曲類/寶卷之屬

如意寶卷一卷 清末抄本　一冊

330000－1716－0029887　地獻 1385－2/29887　經部/易類/傳說之屬

易經增訂旁訓三卷首一卷 （清）徐立綱旁訓　清浙紹奎照樓刻本　清慶笙題簽　一冊

330000－1716－0029888　地獻 1955－5/29888　經部/易類/傳說之屬

周易本義四卷附圖說一卷新增圖說一卷卦歌一卷 （宋）朱熹撰　清光緒十一年(1885)會稽徐氏八杉齋融經館刻本　一冊　存三卷(二至四)

330000－1716－0029890　子補 1350/29890
史部/傳記類/總傳之屬/姓名

御製百家姓一卷附孔聖天經地義正道教人修心八卦大學孝經一卷至聖先賢小像一卷敬闢聖諭廣訓黜異端以崇正學韻文一卷聖教治世明心易學正本清源經一卷孝經一卷 清刻本　一冊

330000－1716－0029891　普叢 0274/29891
類叢部/叢書類/自著之屬

二思堂叢書六種五十一卷 （清）梁章鉅撰　清刻本　一冊　存一種

330000 – 1716 – 0029893　地獻 1955 – 3/29893　經部/易類/傳說之屬

周易本義四卷附圖說一卷新增圖說一卷卦歌一卷　（宋）朱熹撰　清光緒十一年（1885）會稽徐氏八杉齋融經館刻本　一冊　缺三卷（二至四）

330000 – 1716 – 0029894　普叢 0268/29894　類叢部/叢書類/自著之屬

培遠堂全集二十種　（清）陳弘謀撰　清刻本　一冊　存一種

330000 – 1716 – 0029895　地獻 1955 – 4/29895　經部/易類/傳說之屬

周易本義四卷附圖說一卷新增圖說一卷卦歌一卷　（宋）朱熹撰　清光緒十一年（1885）會稽徐氏八杉齋融經館刻本　一冊　存三卷（二至四）

330000 – 1716 – 0029896　普叢 0269/29896　史部/政書類/考工之屬

鏡鏡詅癡五卷　（清）鄭復光撰　（清）楊尚文繪圖　（清）張穆編校　清道光二十七年（1847）靈石楊氏刻連筠簃叢書本　福昌題記　一冊　存三卷（一至三）

330000 – 1716 – 0029897　普集 1989/29897　集部/別集類/清別集

江南春稿不分卷　（清）江璧撰　清光緒七年（1881）京都龍威閣刻本　一冊

330000 – 1716 – 0029898　普集 1990/29898　集部/總集類/課藝之屬

增廣大題文初集不分卷　清末石印本　一冊

330000 – 1716 – 0029899　普集 1991/29899　集部/曲類/彈詞之屬

九龍傳五集八卷六集□卷　清飛春閣刻本　一冊　存二卷（五集八、六集一）

330000 – 1716 – 0029901　新補 0499 – 2/29901　新學/交涉/公法

萬國公法四卷　（美國）惠頓撰　（美國）丁韙良譯　清末鉛印本　一冊　存一卷（三）

330000 – 1716 – 0029904　集補 1601 – 3/29904　集部/詩文評類/文法之屬

寫信必讀十卷　（清）唐芸洲撰　清石印本　一冊　存一卷（九）

330000 – 1716 – 0029905　集補 1559 – 1/29905　集部/別集類/清別集

有正味齋駢體文二十四卷首一卷　（清）吳錫麒撰　（清）王廣業箋　清刻本　一冊　存二卷（七至八）

330000 – 1716 – 0029906　集補 1560/29906　集部/別集類/宋別集

欒城集五十卷目録二卷　（宋）蘇轍撰　清刻本　二冊　存二卷（目録一至二）

330000 – 1716 – 0029907　普類 0171 – 3/29907　類叢部/類書類/專類之屬

新刻重校增補圓機活法詩學全書二十四卷新刊校正增補圓機詩韻活法全書十四卷　（明）王世貞校正　清刻本　一冊　存一卷（詩學全書一）

330000 – 1716 – 0029909　集補 1601 – 1/29909　集部/詩文評類/文法之屬

寫信必讀十卷　（清）唐芸洲撰　清光緒二十五年（1899）掃葉山房石印本　二冊　存四卷（一至四）

330000 – 1716 – 0029910　集補 1602 – 1/29910　集部/詩文評類/文法之屬/函牘格式

增廣寫信不求人四卷　（清）伴梅主人校　清光緒二十三年（1897）上海福記石印本　一冊　存一卷（一）

330000 – 1716 – 0029911　普類 0159 – 1/29911　類叢部/類書類/專類之屬

應酬帖式□□卷　（清）王相輯　清刻本　汝南子題記　一冊　存二卷（革、木）

330000 – 1716 – 0029912　集補 1603/29912　集部/詩文評類/文法之屬/函牘格式

新樣寫信第一法秘訣□□卷　清石印本　一冊　存一卷（四）

330000 – 1716 – 0029913　集補 1601 – 2/29913　集部/詩文評類/文法之屬

寫信必讀十卷　（清）唐芸洲撰　清石印本
一冊　存一卷（九）

330000－1716－0029914　集補 1601－4/
29914　集部/詩文評類/文法之屬

寫信必讀十卷　（清）唐芸洲撰　清石印本
四冊　存四卷（三至四、九至十）

330000－1716－0029915　集補 1562/29915
集部/總集類/選集之屬/通代

詩林韶濩選二十卷　（清）顧嗣立輯　（清）周
煌重輯　清刻本　一冊　存四卷（十七至二
十）

330000－1716－0029916　普類 0159－2/
29916　類叢部/類書類/專類之屬

應酬帖式□□卷　（清）王相輯　清刻本　一
冊　存二卷（革、木）

330000－1716－0029917　普類 0159－3/
29917　類叢部/類書類/專類之屬

應酬帖式□□卷　（清）王相輯　清刻本　一
冊　存二卷（革、木）

330000－1716－0029918　普類 0159－4/
29918　類叢部/類書類/專類之屬

應酬帖式□□卷　（清）王相輯　清刻本　一
冊　存一卷（木）

330000－1716－0029919　集補 1606/29919
集部/詩文評類/文法之屬/函牘格式

最新寫信必讀十卷　（清）唐芸洲撰　清光緒
二十九年（1903）石印本　一冊

330000－1716－0029920　集補 1601－7/
29920　集部/詩文評類/文法之屬

寫信必讀十卷　（清）唐芸洲撰　清石印本
二冊　存六卷（五至十）

330000－1716－0029921　集補 1601－8/
29921　集部/詩文評類/文法之屬

寫信必讀十卷　（清）唐芸洲撰　清石印本
一冊

330000－1716－0029922　集補 1604/29922
集部/詩文評類/文法之屬/函牘格式

字彙算法唐著寫信必讀全璧十卷　清久敬齋
石印本　二冊　存二卷（三至四）

330000－1716－0029923　集補 1563－2/
29923　集部/詩文評類/詩評之屬

漁洋山人詩問二卷律詩定體一卷　（清）王士
禛撰　然燈記聞一卷　（清）何世璂述　清宣
統三年（1911）上海掃葉山房石印本　一冊

330000－1716－0029924　地獻 1924－2/
29924　經部/四書類/總義之屬/傳說

四書讀本十九卷　（宋）朱熹撰　清浙紹墨潤
堂刻本　清宏成題簽　一冊　存三卷（孟子
一至三）

330000－1716－0029925　集補 1601－9/
29925　集部/詩文評類/文法之屬

寫信必讀十卷　（清）唐芸洲撰　清石印本
孫朝植題簽　一冊　存三卷（六至八）

330000－1716－0029926　集補 1605/29926
集部/詩文評類/文法之屬/函牘格式

增廣改良寫信不求人□□卷　清石印本　一
冊　存一卷（二）

330000－1716－0029929　集補 1602－2/
29929　集部/詩文評類/文法之屬/函牘格式

增廣寫信不求人四卷　（清）伴梅主人校　清
光緒三十年（1904）鴻文堂石印本　三冊　缺
一卷（三）

330000－1716－0029930　普集 1994/29930
集部/總集類/選集之屬/斷代

國朝閨秀正始集二十卷附錄一卷補遺一卷題
詞一卷續集十卷附錄一卷補遺一卷輓詞一卷
　（清）惲珠輯　清道光十一年至十六年
（1831－1836）紅香館刻本　一冊　存五卷
（五至九）

330000－1716－0029931　集補 1602－3/
29931　集部/詩文評類/文法之屬/函牘格式

增廣寫信不求人四卷　（清）伴梅主人校　清
上海文益書局石印本　陳家泉題簽　三冊
缺一卷（三）

330000－1716－0029932　地獻 1924－5/

29932　經部/四書類/總義之屬/傳說

四書讀本十九卷　（宋）朱熹撰　清浙紹墨潤堂刻本　一冊　存五卷（論語六至十）

330000－1716－0029933　集補 1602－4/29933　集部/詩文評類/文法之屬/函牘格式

增廣寫信不求人四卷　（清）伴梅主人校　清光緒三十年（1904）上海書局石印本　莫廣文題簽　二冊

330000－1716－0029934　普集 1995/29934　集部/總集類/選集之屬/斷代

全唐詩三十二卷　（清）曹寅等輯　清末石印本　一冊　存一卷（三十）

330000－1716－0029935　集補 1601－10/29935　集部/詩文評類/文法之屬

寫信必讀十卷　（清）唐芸洲撰　清石印本　一冊

330000－1716－0029936　普集 1996/29936　集部/總集類/選集之屬/通代

文選六十卷　（南朝梁）蕭統輯　（唐）李善注　（清）何焯評　清光緒二十四年（1898）上海古香閣石印本　二冊　存二十卷（一至二十）

330000－1716－0029937　普集 1997/29937　集部/別集類/清別集

曲園四書文一卷　（清）俞樾撰　清刻本　一冊

330000－1716－0029941　集補 1608－1/29941　集部/詩文評類/文法之屬

寫信必讀十卷　（清）唐芸洲撰　清石印本　一冊　缺二卷（九至十）

330000－1716－0029943　普集 1998/29943　集部/總集類/選集之屬/通代

文選五卷首一卷　（南朝梁）蕭統輯　（唐）李善注　**文選考異一卷**　（清）胡克家撰　清末石印本　一冊　存二卷（一、首）

330000－1716－0029944　地獻 1924－7/29944　經部/四書類/總義之屬/傳說

四書讀本十九卷　（宋）朱熹撰　清浙紹墨潤堂刻本　三冊　存七卷（論語四至十）

330000－1716－0029945　普集 2000/29945　集部/別集類/宋別集

聽嚶堂選黃山谷尺牘二卷　（宋）黃庭堅撰　（清）黃始靜箋　清刻本　一冊

330000－1716－0029947　普集 1999/29947　集部/總集類/選集之屬/斷代

硃批八家詩注　（清）張熙宇輯評　（清）張昶注釋　清刻朱墨套印本　一冊　存三種

330000－1716－0029948　地獻 1954－14/29948　經部/詩類/傳說之屬

詩經集傳八卷　（宋）朱熹撰　清慎詒堂刻本　一冊　存二卷（一至二）

330000－1716－0029949　地獻 1954－16/29949　經部/詩類/傳說之屬

詩經集傳八卷　（宋）朱熹撰　清慎詒堂刻本　一冊　存二卷（一至二）

330000－1716－0029951　地獻 1958－2/29951　經部/書類/傳說之屬

尚書句解六卷　（清）錢在培輯解　清光緒二十六年（1900）棣華齋刻浙紹墨潤堂印本　一冊　存三卷（一至三）

330000－1716－0029954　集補 1614/29954　集部/總集類/課藝之屬

明文才調集不分卷國朝文才調集不分卷　（清）許振禕輯　清鉛印本　一冊　存五十頁（國朝文才調集五十一至一百）

330000－1716－0029955　普集 2001/29955　集部/總集類/選集之屬/通代

天下才子必讀書十五卷末一卷　（清）金人瑞選評　清刻本　一冊　存五卷（四至五、十四至十五，末）

330000－1716－0029957　集補 1612/29957　集部/總集類/課藝之屬

格致課藝彙編十三卷　（清）王韜編　清光緒二十三年（1897）上海書局石印本　一冊　存一卷（八）

330000－1716－0029959　普集 2002/29959　集部/別集類/清別集

翠屏吟館詩鈔二卷　（清）趙仁山撰　清道光二十七年(1847)刻本　一冊　存一卷(一)

330000－1716－0029960　集補1613/29960
集部/總集類/選集之屬/斷代

海上名妓開篇一卷　清石印本　一冊

330000－1716－0029962　普集2003/29962
集部/別集類/清別集

子良詩錄二卷附一卷　（清）馮詢撰　清刻本　一冊　存二卷(二、附)

330000－1716－0029963　普集2004/29963
集部/別集類/清別集

拙守齋詩鈔四卷詩餘一卷文鈔五卷　（清）李超孫撰　清刻本　一冊　存五卷(六至十)

330000－1716－0029964　地獻1960/29964
集部/曲類/寶卷之屬

珠塔寶卷全集一卷　清宣統元年(1909)上海文益書局石印本　一冊

330000－1716－0029965　史補0827/29965
史部/時令類

增廣詳注月令粹編二十四卷圖說一卷　（清）秦嘉謨輯　（清）管斯駿增編　清光緒十五年(1889)吳縣管氏管可壽齋鉛印本　二冊　存十三卷(一至六、十三至十九)

330000－1716－0029966　普類0162/29966
類叢部/類書類/通類之屬

詞林合璧十二卷　（清）朱琰輯　清刻本　一冊　存四卷(三至四、七至八)

330000－1716－0029967　集補1615/29967
集部/總集類/選集之屬/通代

六朝文絜四卷　（清）許槤評選　清道光五年(1825)海昌許氏享金寶石齋刻本　一冊

330000－1716－0029968　集補1296/29968
集部/曲類/寶卷之屬

真修寶卷不分卷　清刻本　一冊

330000－1716－0029969　集補1617/29969
集部/詩文評類/文評之屬

文心雕龍十卷　（南朝梁）劉勰撰　（清）黃叔琳輯注　（清）紀昀評　清石印本　一冊　存三卷(六至八)

330000－1716－0029970　集補1297－3/29970　集部/曲類/寶卷之屬

花枷良願龍圖寶卷全集二卷　清刻本　一冊　存一卷(二)

330000－1716－0029971　普經0961－10/29971　經部/詩類/傳說之屬

詩經集傳八卷　（宋）朱熹撰　清慎詒堂刻本　二冊　存三卷(三至五)

330000－1716－0029972　集補1298/29972
集部/曲類/寶卷之屬

河南開封府花枷良願龍圖寶卷全集二卷　清刻本　一冊　存一卷(上)

330000－1716－0029973　集補1292－3/29973　集部/曲類/寶卷之屬

趙氏賢孝寶卷二卷　清光緒杭州西湖昭慶寺慧空經房刻本　一冊

330000－1716－0029975　集補1618－1/29975　子部/藝術類/遊藝之屬/聯語

臨池一助集聯四卷　（清）花隱居士選輯　清刻本　一冊　存二卷(三至四)

330000－1716－0029976　集補1565/29976
集部/總集類/選集之屬/斷代

紅杏村人文稿不分卷　（清）□□輯　清刻本　一冊

330000－1716－0029978　集補1522－6/29978　集部/總集類/選集之屬/通代

重訂文選集評十五卷首一卷末一卷　（清）于光華輯　清刻本　一冊　存一卷(十一)

330000－1716－0029979　集補1566/29979
集部/總集類/選集之屬/通代

斯文精萃不分卷　（清）尹繼善輯　清刻本　一冊

330000－1716－0029980　集補1484－3/29980　集部/總集類/選集之屬/通代

唐宋八家文讀本三十卷　（清）沈德潛輯　清

刻本　一冊　存一卷(五)

330000－1716－0029981　集補1619/29981
集部/總集類/選集之屬/通代

六朝文絜四卷　(清)許槤評選　清道光五年
(1825)海昌許氏享金寶石齋刻朱墨套印本
一冊

330000－1716－0029982　集補1618－2/
29982　子部/藝術類/遊藝之屬/聯語

臨池一助集聯四卷　(清)花隱居士選輯　清
光緒二十五年(1899)經元堂刻本　中書君題
簽　一冊　缺一卷(四)

330000－1716－0029983　集補1618－3/
29983　子部/藝術類/遊藝之屬/聯語

臨池一助集聯四卷　(清)花隱居士選輯　清
刻本　一冊　存二卷(三至四)

330000－1716－0029985　集補1622/29985
集部/總集類/尺牘之屬

新編尺牘三種　(清)丁善儀等撰　清刻本
一冊　存一種

330000－1716－0029986　集補1623/29986
集部/總集類/選集之屬/通代

六朝文絜四卷　(清)許槤評選　清李光明莊
刻本　一冊

330000－1716－0029987　集補1624/29987
集部/總集類/課藝之屬

青雲集分韻試帖詳注四卷　(清)楊逢春
(清)蕭應樾輯　(清)沈品華等注　清刻本
沈阿姑題記　二冊　存二卷(三至四)

330000－1716－0029989　經補0912－31/
29989　經部/小學類/音韻之屬/韻書

詩韻合璧五卷　(清)湯祥瑟輯　**初學檢韻一
卷**　(清)姚文登輯　**虛字韻藪一卷**　(清)潘
維城輯　清末石印本　一冊　存一卷(初學
檢韻)

330000－1716－0029990　子補1760/29990
經部/小學類/文字之屬/字書/訓蒙

新鐫幼學雜字一卷　清刻本　一冊

330000－1716－0029991　子補1761/29991
子部/小說家類/異聞之屬

秋燈叢話十八卷　(清)王椷撰　清刻本　一
冊　存二卷(十三至十四)

330000－1716－0029992　子補1769/29992
子部/術數類/雜術之屬

吳公克誠教子景鸞書(附四十八局)三卷
(宋)吳克誠撰　(清)黃越注　清刻本　一冊
存二卷(一至二)

330000－1716－0029994　集補1626/29994
集部/總集類/氏族之屬

三蘇策論十二卷　(宋)蘇洵　(宋)蘇軾
(宋)蘇轍撰　(清)張紹齡編　清光緒二十七
年(1901)上洋石印書局石印本　二冊　存六
卷(一至三、七至九)

330000－1716－0029995　子補1762/29995
子部/雜著類/雜纂之屬

寄園寄所寄十二卷　(清)趙吉士輯　清文德
堂刻本　一冊　存一卷(一)

330000－1716－0029996　子補1763/29996
子部/小說家類/雜事之屬

耐冷譚十六卷　(清)宋咸熙撰　清刻本　一
冊　存四卷(九至十二)

330000－1716－0030000　子補1764/30000
子部/小說家類/異聞之屬

諧鐸十二卷　(清)沈起鳳撰　清刻本　二冊
存六卷(一至三、十至十二)

330000－1716－0030001　經補0931－4/
30001　經部/四書類/總義之屬/傳說

便蒙四書四種　(宋)朱熹撰　清刻本　二冊
存二種

330000－1716－0030003　經補0931－2/
30003　經部/四書類/總義之屬/傳說

便蒙四書四種　(宋)朱熹撰　清刻本　清趙
□□題簽並觀款　一冊　存一種

330000－1716－0030004　經補0931－3/
30004　經部/四書類/總義之屬/傳說

便蒙四書四種　(宋)朱熹撰　清刻本　一冊

存一種

330000 - 1716 - 0030006　集補 1571/30006
集部/別集類/清別集

淵雅堂全集五十六卷附錄二種六卷　（清）王
芑孫撰　清嘉慶八年至二十五年（1803 -
1820）王氏刻本　一冊　存一種

330000 - 1716 - 0030008　子補 1768/30008
子部/宗教類/佛教之屬

科儀二卷　清杭州瑪瑙經房刻本　余哲齋題
簽　一冊　存一卷（下）

330000 - 1716 - 0030009　地獻 1964/30009
史部/地理類/外紀之屬

時務提要全書五卷　（清）金為　（清）金煊輯
清光緒二十三年（1897）漱石山館石印本
一冊　存二卷（一至二）

330000 - 1716 - 0030010　地獻 1426 - 22/
30010　經部/四書類/總義之屬/傳說

便蒙四書四種　（宋）朱熹撰　清光緒二十四
年（1898）紹郡同福泰刻本　二冊　存二種

330000 - 1716 - 0030011　子補 1356/30011
類叢部/類書類/通類之屬

策學初編不分卷　（清）金保和等撰　清鉛印
本　一冊

330000 - 1716 - 0030012　集補 1628/30012
類叢部/類書類/專類之屬

胭脂牡丹六卷　（清）韓鄂撰　清道光刻本
一冊　存一卷（一）

330000 - 1716 - 0030014　集補 1630/30014
集部/總集類/課藝之屬

近科分韻館詩不分卷　王先謙編　清末石印
本　一冊

330000 - 1716 - 0030015　善附 0333/30015
集部/別集類/明別集

**容春堂前集二十卷後集十四卷續集十八卷別
集九卷**　（明）邵寶撰　明秦榛刻清雍正十年
（1732）華希閔重修本　一冊　存六卷（前集
十五至二十）

330000 - 1716 - 0030016　普叢 0272 - 3/
30016　類叢部/叢書類/彙編之屬

津逮秘書十五集一百四十種　（明）毛晉編
明崇禎虞山毛氏汲古閣刻本　一冊　存二種

330000 - 1716 - 0030017　經補 0932/30017
經部/小學類/訓詁之屬/譯語

單清語八卷　（清）志寬等輯　清光緒十七年
（1891）刻本　六冊　缺二卷（一、八）

330000 - 1716 - 0030018　普經 0915 - 8/
30018　經部/叢編

**重刊宋本十三經注疏四百十六卷附十三經注
疏校勘記四百十六卷**　（清）阮元撰　（清）盧
宣旬摘錄　校勘記識語四卷　（清）汪文臺撰
清光緒十三年（1887）上海脈望仙館石印本
一冊　存二種

330000 - 1716 - 0030019　子補 2701 - 1/
30019　子部/宗教類/佛教之屬

慈悲血湖寶懺法三卷　清刻本　如意菴題記
一冊　存二卷（一至二）

330000 - 1716 - 0030020　子補 2701 - 2/
30020　子部/宗教類/佛教之屬

慈悲血湖寶懺法三卷　清刻本　一冊

330000 - 1716 - 0030022　子補 0385 - 2/
30022　子部/醫家類/醫經之屬/內經

黃帝內經素問二十四卷　（明）吳崐注　明刻
本　三冊　存十一卷（十至十二、十四至十
八、二十二至二十四）

330000 - 1716 - 0030023　史補 0828/30023
史部/政書類/通制之屬

資治新書十四卷二集二十卷　（清）李漁輯
清光緒二十年（1894）上海圖書集成印書局鉛
印本　一冊　存四卷（十一至十四）

330000 - 1716 - 0030024　地獻 2015/30024
類叢部/叢書類/郡邑之屬

越中文獻輯存書十種十八卷　紹興公報社輯
清宣統二年至民國元年（1910 - 1912）紹興
公報社鉛印本　一冊　存一種

330000 - 1716 - 0030025　善附 0331/30025

子部/雜著類/雜纂之屬

諸家雋語八卷 （明）穆文熙輯　明萬曆二十一年(1593)周氏萬卷樓刻本　一冊　存四卷（五至八）

330000－1716－0030026　善附 0332/30026
類叢部/類書類/通類之屬

增訂二三場群書備考四卷 （明）袁黃撰（明）袁儼注　明崇禎刻本　一冊　存一卷（一）

330000－1716－0030028　善附 0334/30028
集部/別集類/明別集

陸文裕公行遠集二十四卷 （明）陸深撰（明）陸起龍編　（清）陸瀛齡重編　明崇禎十年(1637)雲間陸起龍刻康熙六十一年(1722)陸瀛齡增修本　一冊　存二卷（一至二）

330000－1716－0030029　史補 0831/30029
史部/政書類/邦計之屬/貿易

貿易須知一卷 （清）王秉元撰　清光緒五年(1879)三緘室主刻本　一冊

330000－1716－0030030　集補 1577/30030
集部/別集類

樊山續集三十四卷 樊增祥撰　清刻朱印本一冊　存二卷（三十三至三十四）

330000－1716－0030031　集補 1578/30031
集部/別集類/唐五代別集

樊川詩集四卷詩補遺一卷外集一卷別集一卷（唐）杜牧撰　清刻本　一冊　存一卷（外集）

330000－1716－0030032　普叢 0300/30032
類叢部/叢書類/自著之屬

曾文正公全集十五種 （清）曾國藩撰　清刻本　一冊　存一種

330000－1716－0030035　子補 1357/30035
子部/農家農學類/農藝之屬

永城土產表一卷 韓國鈞輯　清光緒二十五年(1899)刻本　一冊

330000－1716－0030036　地獻 2016/30036
類叢部/叢書類/郡邑之屬

越中文獻輯存書十種十八卷 紹興公報社輯清宣統二年至民國元年(1910－1912)紹興公報社鉛印本　王子餘題簽　一冊　存二種

330000－1716－0030037　經補 0934/30037
子部/儒家類/儒學之屬/蒙學

小學韻語一卷 （清）羅澤南撰　清咸豐六年(1856)浙江書局刻本　一冊

330000－1716－0030038　普叢 0317/30038
類叢部/叢書類/自著之屬

白石道人四種 （宋）姜夔撰　清刻本　一冊存三種

330000－1716－0030040　史補 0833/30040
史部/傳記類/別傳之屬/事狀

呂烈婦徵詩啟一卷附呂烈婦傳一卷 清刻本一冊

330000－1716－0030041　經補 0935－1/30041　經部/小學類/文字之屬/說文

說文外編十五卷補遺一卷 （清）雷浚撰　**說文辨疑一卷** （清）顧廣圻撰　**劉氏碎金一卷**（清）劉禧延撰　清光緒二年(1876)刻本一冊　存三卷（十二至十四）

330000－1716－0030042　子補 3051/30042
史部/傳記類/總傳之屬/忠孝

二十四孝一卷 清光緒十年(1884)寶善堂刻本　一冊

330000－1716－0030043　子補 3053/30043
類叢部/類書類/通類之屬

三才略三卷 蔣德鈞輯　**讀史論略一卷**（清）杜詔撰　清光緒二十七年(1901)上海書局石印本　一冊

330000－1716－0030045　子補 3055/30045
子部/儒家類/儒學之屬/勸學

學堂講語一卷 （清）晦齋學人輯　清刻本一冊

330000－1716－0030048　子補 0369－4/30048　子部/醫家類/方書之屬/成方藥目

胡慶餘堂丸散膏丹全集不分卷續增一卷（清）胡光墉編　清光緒三年(1877)杭州胡慶

餘堂刻本　一冊

330000－1716－0030049　子補 3052/30049
子部/小說家類/雜事之屬

里乘十卷　（清）許奉恩撰　清刻本　一冊
存一卷（九）

330000－1716－0030050　子補 3056－1/
30050　子部/小說家類/異聞之屬

情史類略二十四卷　（明）馮夢龍輯　清刻本
一冊　存一卷（十四）

330000－1716－0030051　史補 0834/30051
類叢部/叢書類/自著之屬

潛園總集十七種　（清）陸心源撰　清同治至
光緒刻本　一冊　存一種

330000－1716－0030052　普叢 0319－4/
30052　類叢部/叢書類/彙編之屬

粵雅堂叢書一百八十四種　（清）伍崇曜編
清道光二十九年至光緒十一年（1849－1885）
南海伍氏刻彙印本　一冊　存一種

330000－1716－0030053　子補 3059/30053
子部/宗教類/道教之屬/雜著

張三丰先生全集十卷　（清）李西月編　清刻
本　一冊　存五卷（訓體文類、訓世文類、九
皇經、經典類、洞玄經）

330000－1716－0030055　子補 1359－2/
30055　子部/儒家類/儒學之屬/勸學

輶軒語七卷　（清）張之洞撰　清光緒三年
（1877）刻本　二冊　存三卷（一至三）

330000－1716－0030056　經補 1000－254/
30056　經部/小學類/文字之屬/字書/字典

**康熙字典十二集三十六卷總目一卷檢字一卷
辨似一卷等韻一卷補遺一卷備考一卷**　（清）
張玉書等纂修　清光緒二十年（1894）上海點
石齋石印本　二冊　存十一卷（子集上中下、
丑集上中下、酉集上中，檢字，辨似，等韻）

330000－1716－0030057　經補 1000－255/
30057　經部/小學類/文字之屬/字書/字典

**康熙字典十二集三十六卷總目一卷檢字一卷
辨似一卷等韻一卷補遺一卷備考一卷**　（清）

張玉書等纂修　清末石印本　一冊　存一卷
（亥集中）

330000－1716－0030058　經補 0938/30058
經部/小學類/文字之屬/字書/訓蒙

繪圖識字實在易二十卷　施崇恩編　清光緒
二十九年至三十年（1903－1904）杭州彪蒙書
室石印本　一冊　存一卷（四）

330000－1716－0030059　善 0495/30059　類
叢部/類書類/通類之屬

**玉海二百卷辭學指南四卷詩攷一卷詩地理攷
六卷漢藝文志攷證十卷通鑑地理通釋十四卷
周書王會補注一卷漢制攷四卷踐阼篇一卷急
就篇四卷小學紺珠十卷姓氏急就篇二卷六經
天文編二卷周易鄭康成注一卷通鑑答問五卷**
（宋）王應麟撰　元刻元明清遞修本　二冊
存九卷（通鑑地理通釋一至四、十至十四）

330000－1716－0030061　集補 1299－3/
30061　集部/曲類/寶卷之屬

大乘法寶香山寶卷全集二卷　題（宋）釋普明
撰　清刻本　一冊　存一卷（下）

330000－1716－0030062　子補 3064/30062
子部/宗教類/佛教之屬/經疏

大方廣佛華嚴經疏論纂要一百二十卷　（唐）
釋澄觀疏鈔　（唐）李通玄論　（清）釋道霈纂
要　清抄本　一冊　存一卷（一）

330000－1716－0030065　新補 0531/30065
新學/格致總

格致彙編不分卷　（英國）傅蘭雅輯　清光緒
二年至十八年（1876－1892）上海格致書室鉛
印本　一冊

330000－1716－0030068　普集 2006/30068
集部/總集類/課藝之屬

搭題新準二卷　（清）趙彥博輯　清同治十年
（1871）海山仙館刻京都琉璃廠印本　雨田氏
題簽　一冊　存一卷（一）

330000－1716－0030069　普集 2007/30069
集部/總集類/課藝之屬

小題原祿集不分卷　清刻本　二冊

330000－1716－0030070　普集 2008/30070
集部/總集類/課藝之屬

試帖分韻秋景詩集四卷　（清）清華主人輯
清同治六年(1867)清華軒刻本　一冊　存二
卷(一至二)

330000－1716－0030071　普集 2009/30071
集部/總集類/尺牘之屬

尺牘句解初集三卷　（清）桃花館主編　（清）
少溪氏選注　清末石印本　一冊　存一卷
(二)

330000－1716－0030072　普集 2010/30072
集部/總集類/尺牘之屬

**增廣尺牘句解初集三卷末一卷二集三卷末一
卷**　（清）桃花館主編　（清）少溪氏選注　清
末石印本　一冊　存一卷(初集末)

330000－1716－0030073　普集 2011/30073
集部/總集類/尺牘之屬

尺牘句解三卷　（清）桃花館主編　（清）少溪
氏選注　清末石印本　一冊　存一卷(三)

330000－1716－0030074　普集 2012/30074
集部/總集類/課藝之屬

目耕齋初集不分卷二集不分卷　（清）徐楷評
注　（清）沈叔眉選刊　清末石印本　一冊
存二集

330000－1716－0030075　普叢 0341－1/
30075　類叢部/叢書類/彙編之屬

漢魏叢書載籍□□種　（明）程榮輯　清練江
汪述古山莊刻本　二冊　存六種

330000－1716－0030076　普集 2013/30076
集部/總集類/課藝之屬

江漢炳靈集二卷　（清）張之洞輯　清刻本
二冊　存一卷(一)

330000－1716－0030077　普叢 0225－7/
30077　類叢部/叢書類/彙編之屬

半厂叢書初編十種　（清）譚獻編　清同治至
光緒仁和譚氏刻本　一冊　存一種

330000－1716－0030078　普集 2014/30078
集部/總集類/課藝之屬

小題玉屑不分卷　清刻本　一冊

330000－1716－0030079　普叢 0341－2/
30079　類叢部/叢書類/彙編之屬

漢魏叢書載籍□□種　（明）程榮輯　清練江
汪述古山莊刻本　一冊　存三種

330000－1716－0030080　普叢 0178－8/
30080　類叢部/叢書類/郡邑之屬

金華叢書六十八種　（清）胡鳳丹編　清同治
七年至光緒八年(1868－1882)永康胡氏退補
齋刻民國補刻本　一冊　存一種

330000－1716－0030082　普叢 0178－9/
30082　類叢部/叢書類/郡邑之屬

金華叢書六十八種　（清）胡鳳丹編　清同治
七年至光緒八年(1868－1882)永康胡氏退補
齋刻民國補刻本　一冊　存一種

330000－1716－0030084　普集 2016/30084
集部/總集類/氏族之屬

三蘇策論十二卷　（宋）蘇洵　（宋）蘇軾
(宋)蘇轍撰　（清）張紹齡編　清末石印本
一冊　存一卷(三)

330000－1716－0030085　史補 0912/30085
史部/傳記類/總傳之屬/文苑

漁洋感舊集小傳四卷補遺一卷　（清）盧見曾
撰　清宣統二年(1910)上海國學扶輪社鉛印
本　二冊

330000－1716－0030090　普叢 0450－1/
30090　類叢部/叢書類/彙編之屬

抱經堂叢書十六種　（清）盧文弨編　清乾隆
至嘉慶刻彙印本　二冊　存一種

330000－1716－0030093　普叢 0203－2/
30093　類叢部/叢書類/自著之屬

王船山先生經史論八種七十四卷　（清）王夫
之撰　清光緒二十七年(1901)簡青書局石印
本　五冊　存六種

中華古籍保護計劃

ZHONG HUA GU JI BAO HU JI HUA CHENG GUO

· 成 果 ·

紹興圖書館
古籍普查登記目録（上）

全國古籍普查登記目録·浙江紹興

國家圖書館出版社
National Library of China Publishing House

圖書在版編目（CIP）數據

紹興圖書館古籍普查登記目録：全三冊/紹興圖書館編. --北京：國家圖書館出版社，2017.9

（全國古籍普查登記目録）

ISBN 978 - 7 - 5013 - 6153 - 3

Ⅰ.①紹…　Ⅱ.①紹…　Ⅲ.①公共圖書館—古籍—圖書館目録—紹興　Ⅳ.①Z838

中國版本圖書館 CIP 數據核字（2017）第 145153 號

書　　名	紹興圖書館古籍普查登記目録（全三冊）
著　　者	紹興圖書館　編
責任編輯	趙　嫄

出　　版　國家圖書館出版社（100034　北京市西城區文津街 7 號）
　　　　　　（原書目文獻出版社　北京圖書館出版社）

發　　行　010 - 66114536　66126153　66151313　66175620
　　　　　　66121706（傳真）　66126156（門市部）

E-mail　　nlcpress@ nlc. cn（郵購）

Website　www. nlcpress. com→投稿中心

經　　銷　新華書店

印　　裝　河北三河弘翰印務有限公司

版　　次　2017 年 9 月第 1 版　2017 年 9 月第 1 次印刷

開　　本　787×1092（毫米）　1/16

印　　張　91.5

字　　數　1900千字

書　　號　ISBN 978 - 7 - 5013 - 6153 - 3

定　　價　820.00圓

《全國古籍普查登記目錄》

工作委員會

主　任：周和平

副主任：張永新　詹福瑞　劉小琴　李致忠　張志清

委　員（按姓氏筆畫排序）：

于立仁	王水喬	王　沛	王紅蕾	王筱雯
方自今	尹壽松	包菊香	任　競	全　勤
李西寧	李　彤	李忠昊	李春來	李　培
李曉秋	吳建中	宋志英	努　木	林世田
易向軍	周建文	洪　琰	倪曉建	徐欣禄
徐　蜀	高文華	郭向東	陳荔京	陳紅彥
張　勇	湯旭巖	楊　揚	賈貴榮	趙　嫄
鄭智明	劉洪輝	歷　力	鮑盛華	韓　彬
魏存慶	鍾海珍	謝冬榮	謝　林	應長興

《全國古籍普查登記目録》

序　言

　　全國古籍普查登記工作是"中華古籍保護計劃"的首要任務,是全面開展古籍搶救、保護和利用工作的基礎,也是有史以來第一次由政府組織、參加收藏單位最多的全國性古籍普查登記工作。

　　2007年國務院辦公廳發佈《關於進一步加强古籍保護工作的意見》(國辦發[2007]6號),明確了古籍保護工作的首要任務是對全國公共圖書館、博物館和教育、宗教、民族、文物等系統的古籍收藏和保護狀況進行全面普查,建立中華古籍聯合目録和古籍數字資源庫。2011年12月,文化部下發《文化部辦公廳關於加快推進全國古籍普查登記工作的通知》(文辦發[2011]518號),進一步落實了全國古籍普查登記工作。根據文化部2011年518號文件精神,國家古籍保護中心擬訂了《全國古籍普查登記工作方案》,進一步規範了古籍普查登記工作的範圍、内容、原則、步驟、辦法、成果和經費。目前進行的全國古籍普查登記工作的中心任務是通過每部古籍的身份證——"古籍普查登記編號"和相關信息,建立古籍總臺賬,全面瞭解全國古籍存藏情况,開展全國古籍保護的基礎性工作,加强各級政府對古籍的管理、保護和利用。

　　《全國古籍普查登記工作方案》規定了全國古籍普查登記工作的三個主要步驟:一、開展古籍普查登記工作;二、在古籍普查登記基礎上,編纂出版館藏古籍普查登記目録,形成《全國古籍普查登記目録》;三、在古籍普查登記工作基本完成的前提下,由省級古籍保護中心負責編纂出版本省古籍分類聯合目録《中華古籍總目》分省卷,由國家古籍保護中心負責編纂出版《中華古籍總目》統編卷。

　　在黨和政府領導下,在各地區、各有關部門和全社會共同努力下,古籍普查登記工作得以扎實推進。古籍普查已在除臺、港、澳之外的全國各省級行政區域開展,普查内容除漢文古籍外,還包括各少數民族文字古籍,特別是於2010年分別啓動了新疆古籍保護和西藏古籍保護專項,因地制宜,開展古籍普查登記工作;國家古籍保護中心研製的"全國古籍普查登記平臺"已覆蓋到全國各省級古籍保護中心,並進一步研發了"中華古籍索引庫",爲及時展現古籍普查成果提供有力支持;截至目前,已有11375部古籍進入《國家珍貴古籍名録》,浙江、江蘇、山東、河北等省公佈了省級《珍

1

貴古籍名録》,古籍分級保護機制初步形成。

《全國古籍普查登記目録》是古籍普查工作的階段性成果,旨在摸清家底,揭示館藏,反映古籍的基本信息。原則上每申報單位獨立成册,館藏量少不能獨立成册者,則在本省範圍内幾個館目合併成册。無論獨立成册還是合併成册,均編製獨立的書名筆畫索引附於書後。著録的必填基本項目有:古籍普查登記編號、索書號、題名卷數、著者(含著作方式)、版本、册數及存缺卷數。其他擴展項目有:分類、批校題跋、版式、裝幀形式、叢書子目、書影、破損狀況等。有條件的收藏單位多著録的一些擴展項目,也反映在《全國古籍普查登記目録》上。目録編排按古籍普查登記編號排序,内在順序給予各古籍收藏單位較大自由度,可按分類排列古籍普查登記編號,也可按排架號、按同書名等排列古籍普查登記編號,以反映各館特色。

此次全國古籍普查登記工作,克服了古籍數量多、普查人員少、普查難度大等各種困難,也得到了全國古籍保護工作者的極大支持。在古籍普查登記過程中,國家古籍保護中心、各省古籍保護中心爲此舉辦了多期古籍普查、古籍鑒定、古籍普查目録審校等培訓班,全國共 1600 餘家單位參加了培訓,爲古籍普查登記工作培養了大量人才。同時在古籍普查登記工作中,也鍛煉了普查員的實踐能力,爲將來古籍保護事業發展奠定了良好的基礎。

《全國古籍普查登記目録》的出版,將摸清我國古籍家底,爲古籍保護和利用工作提供依據,也將是古籍保護長期工作的一個里程碑。

國家古籍保護中心

2013 年 10 月

《全國古籍普查登記目録》

編纂凡例

一、收録範圍爲我國境内各收藏機構或個人所藏，産生於 1912 年以前，具有文物價值、學術價值和藝術價值的文獻典籍，包括漢文古籍和少數民族文字古籍以及甲骨、簡帛、敦煌遺書、碑帖拓本、古地圖等文獻。其中，部分文獻的收録年限適當延伸。

二、以各收藏機構爲分册依據，篇幅較小者，適當合併出版。

三、一部古籍一條款目，複本亦單獨著録。

四、著録基本要求爲客觀登記、規範描述。

五、著録款目包括古籍普查登記編號、索書號、題名卷數、著者、版本、册數、存缺卷等。古籍普查登記編號的組成方式是：省級行政區劃代碼—單位代碼—古籍普查登記順序號。

六、以古籍普查登記編號順序排序。

七、編製各館藏目録書名筆畫索引附於書後，以便檢索。

《浙江省古籍普查登記目録》

工作委員會

主　任：金興盛

副主任：葉　菁

委　員：倪　巍　徐曉軍　賈曉東　雷祥雄　劉曉清

　　　　徐　潔　李儉英　孫雍容　張愛琴　張純芳

　　　　金琴龍　樓　婷　陳泉標　鍾世傑　應　雄

　　　　陸深海　呂振興　徐兼明

《浙江省古籍普查登記目録》

編纂委員會

主　　編：徐曉軍

副主編：童聖江　曹海花　褚樹青　莊立臻　徐益波

　　　　胡海榮　沈紅梅　劉　偉　王以儉　孫旭霞

　　　　占　劍　孫國茂　毛　旭　季彤曦

統校和編纂工作小組組長：曹海花（浙江圖書館）

統校和編纂工作小組成員：秦華英（浙江圖書館）

　　　　　　　　　　　　呂　芳（浙江圖書館）

　　　　　　　　　　　　干亦鈴（寧波市圖書館）

　　　　　　　　　　　　劉　雲（寧波市天一閣博物館）

　　　　　　　　　　　　周慧惠（寧波市天一閣博物館）

　　　　　　　　　　　　馬曉紅（餘姚市文物保護管理所）

　　　　　　　　　　　　陳瑾淵（温州市圖書館）

　　　　　　　　　　　　王　昉（温州市圖書館）

　　　　　　　　　　　　沈秋燕（嘉興市圖書館）

　　　　　　　　　　　　丁嫻明（嘉興市圖書館）

　　　　　　　　　　　　唐　微（紹興圖書館）

　　　　　　　　　　　　丁　瑛（紹興圖書館）

　　　　　　　　　　　　毛　慧（衢州市博物館）

《浙江省古籍普查登記目録》

序　言

浙江文化底藴深厚,書籍刻印歷史悠久,前賢留下的著述浩如烟海,藏書雅閣及私人藏書爲數衆多,古籍資源十分豐富,幾乎縣縣有古籍,是全國古籍藏量較多的省份之一,是中華文化中具有獨特地域特色的重要一脉。保護好這些珍貴的古籍,對促進文化傳承、弘揚民族精神、維護國家統一及社會穩定具有重要作用。同時,加强古籍保護工作,也是加快建設文化大省、文化强省,努力推動文化浙江建設和社會主義文化大發展大繁榮的必然要求。

(一)

爲搶救、保護我國的珍貴古籍,繼承和弘揚優秀傳統文化,國務院辦公廳印發了《關於進一步加强古籍保護工作的意見》(國辦發[2007]6號),全國古籍普查登記工作是全國瞭解古籍存藏情况、建立古籍總臺賬、開展全國古籍保護的基礎性工作。爲認真貫徹落實"國辦發[2007]6號"文件精神,切實加强全省古籍的搶救、保護,浙江省人民政府辦公廳印發《關於進一步加强古籍保護工作的意見》(浙政辦發[2009]54號),提出2009年起要在全省範圍内開展古籍普查登記工作。2012年,浙江省古籍保護工作聯席會議下發《關於印發〈浙江省"中華古籍保護計劃"實施方案〉的通知》(浙文社[2012]30號),提出在"十二五"末基本完成全省古籍普查工作的目標。

試點先行、摸底調查、制定方案,建立制度、統籌指揮、上下齊心,引進人員、有效培訓、壯大隊伍,配置設備、補助經費、保障到位,編製手册、明確款目、統一規則,著録完整、審核到位、保證質量,設立項目、表揚先進、激發熱情,在省委省政府的高度重視及其各部門的大力支持下,在國家古籍保護中心的積極指導和省文化廳的正確領導下,通過以上種種措施,"秉持浙江精神,幹在實處、走在前列、勇立潮頭",全省公共圖書館、文物、教育、檔案、衛生五大系統共計95家公藏單位通力合作,到2017年4月底基本完成了全省的古籍普查登記工作。

通過普查,摸清了全省古籍文化遺產家底,揭示了全省各地區文化脉絡,形成了統一的古籍信息資料庫,建立了一支遍佈全省的古籍保護隊伍,爲下一步有針對性地開展古籍保護工作奠定堅實的基礎。鑒於全省在古籍普查和其他古籍保護工作中的突出表現,2014年,浙江圖書館、嘉興市圖書館、雲和縣圖書館獲得"全國古籍保護工作先進單位"稱號,浙江圖書館徐曉軍和曹海花、溫州市圖書館王妍、紹興圖書館唐微、平湖市圖書館馬慧、衢州市博物館程勤等6人獲得"全國古籍保護工作先進個人"稱號。

（二）

全國古籍普查登記範圍爲1912年以前產生的文獻典籍。由於近代以來浙江私人藏書相當發達,民國期間也刻印了大量典籍,民國文獻在各藏書單位(尤其是基層單位)所藏歷史文獻中占據了相當大的比重。這些文獻形成了浙江文獻典藏的重要特色,是浙江傳統文化的重要組成部分。爲更加全面地掌握本省歷史文獻文化遺產現狀,浙江省將民國時期傳統裝幀書籍也納入普查範圍。

按照《全國古籍普查登記手冊》要求,登記每部古籍的基本項目,必登項目有索書號、題名卷數、著者、版本、冊數、存缺卷數,選登項目有分類、批校題跋、版式、裝幀形式、叢書子目、書影、破損狀況等內容。浙江省的古籍普查工作一直高標準、嚴要求,自始至終堅持平臺項目全著錄,堅持文字信息和書影信息雙著錄,登記每部書的索書號、分類、題名卷數、著者、卷數統計、版本、版式、裝幀、裝具、序跋、刻工、批校題跋、鈐印、叢書子目、定級及書影、定損及書影等16大項74小項的信息。

普查統計顯示,截至2017年4月30日,全省95家單位共藏有中國傳統裝幀書籍337405部2506633冊,其中不分卷者計31737部96822冊,分卷者計305668部2409811冊11433371卷(實存8223803卷):古籍(含域外本)219862部1754943冊,不分卷者15777部54901冊,分卷者204085部1700042冊7934703卷;民國時期傳統裝幀書籍117543部751690冊,不分卷者15960部41921冊,分卷者101583部709769冊3498668卷。

從版本定級來看,全省四級文獻最多,部數、冊數數量占比分別爲84.75%、78.69%。三級次之,部數、冊數數量占比13.12%、15.96%。一級、二級文獻共計5689部111722冊,量雖不多,極爲珍貴,其破損程度較輕,基本都配置了裝具且裝具狀況良好,這是古籍分級保護體系的有力體現。

從文獻類型來看,古籍普查平臺采用六部分類,在傳統的經、史、子、集四部外加上類叢部、新學。從冊數來看,全省文獻類叢部數量最多,占比29.40%,這其中很大一部分原因在於民國時期刊印了不少大型叢書。史部、集部、子部、經部分居第二至五位,數量占比分別爲28.98%、18.00%、13.49%、9.24%。新學數量最少,還不到1%。

從版本類型來看,全省古籍版本類型豐富,數量最多的是刻本,部數占比51.01%、冊數占比55.03%。部數排在第二至四位的是鉛印本、石印本、抄本,分別占比17.71%、16.58%、5.19%。冊數排在第二至四位的是鉛印本、石印本、影印本,分別占比14.27%、12.40%、11.38%,這與將民國傳統裝幀書籍納入古籍普查範圍有極大關係。稿、抄本部數占比6.9%、冊數占比4.04%,總體占比不是很高,但在一、二級文獻中稿、抄本的比率比較高,一級中部數占比 20.49%、冊數占比 70.25%,二級中部數占比 13.16%、冊數占比 6.57%。

從版本年代來看,全省藏書從南北朝以迄民國,並有部分日本、朝鮮、越南本。其中,元及元以前共計 244 部 3357 冊。明、清、民國三代共計 2486788 冊,數量占比 99.21%:明代占比 5.95%、清代占比 63.27%、民國占比 29.99%。日本、朝鮮、越南三國本共計 1877 部 14522 冊,部數、冊數占比分別爲 0.56%、0.58%。

從批校題跋來看,337405 部文獻中有姓名可考的批校題跋共計 15374 部,其中集部批校題跋最多,占全部批校題跋的 38.73%、占集部文獻的 6.16%。稿本的批校題跋在相對應的版本類型中比例最高,爲 16.18%。且稿本中有多人批校題跋的量最多,多者一部稿本中的批校題跋者達 25 人,如浙江圖書館藏沈蕉青稿本《燈青茶嫩草》三卷中有孫麟趾等 25 人的批校題跋。從各館藏書的批校題跋者來看,有鮮明的館域特色,從一個側面體現了各館的文獻來源。

從鈐印來看,337405 部文獻中有 51509 部有收藏鈐印,各級文獻鈐印比例隨級別的增高而加大,一至四級文獻的鈐印占比分別爲 50.67%、49.38%、26.00%、12.90%。收藏鈐印從一個方面體現了某書的遞藏源流,鈐印多於 1 方者有 24840 部,鈐印多者達 54 方,如寧波市天一閣博物館藏清初毛氏汲古閣影宋抄本《集韻》十卷上鈐毛晉、毛扆、段玉裁、朱鼎煦四人共計 54 方印。

在普查的過程中,我們還利用普查成果積極申報《國家珍貴古籍名録》、評選《浙江省珍貴古籍名録》,建立珍貴古籍分級保護體系。截至目前,全省共有 871 部珍貴古籍入選前五批《國家珍貴古籍名録》,有 609 部古籍入選前三批《浙江省珍貴古籍名録》。

(三)

普查登記著録工作結束後,省古籍保護中心於 2016 年 6 月成立由浙江圖書館、寧波市圖書館、寧波市天一閣博物館、餘姚市文物保護管理所、溫州市圖書館、嘉興市圖書館、紹興圖書館、衢州市博物館 8 家單位的 14 名普查業務骨幹組成的浙江省古籍普查登記目録統校和編纂工作小組,開始全省普查數據的統校和古籍普查登記目録的編纂工作。

浙江省的普查登記目録是將古籍和民國書籍分開的,全省統一規劃,分別出版《浙江省古籍普查登記目録》和《浙江省民國傳統裝幀書籍普查登記目録》。根據《全國古籍普查登記目録審校要求》《古籍普查登記表格整理規範》的要求,省古籍保護中心制定《浙江省古籍普查登記目録編纂工作方案》《浙江省古籍普查數據統校細則》,用於指導全省的數據統校和登記目録的編纂。統校和編纂工作程序如下:導出普查平臺上的數據,切分爲古籍、民國兩張表,按照設定的普查編號、索書號、分類、題名卷數、著者、版本、批校題跋、冊數、存缺卷這幾項登記目録的出版款目對表格進行整理,整理後按照題名進行排列分給各統校員進行統校,統校結束後的數據按行政區域進行彙總交由分區負責人進行覆核,覆核結束後由省古籍保護中心一一寄給各館進行修改確認,經各館確認後由分區負責人進行最後審定。

在統校的過程中,爲了保證全省數據著錄的一致,我們積極利用我國古籍整理研究的重大成果《中國古籍總目》(以下簡稱《總目》),每條書目一一對核《總目》,《總目》收者即標注《總目》頁碼,《總目》未收某版本者標注"無此版本",《總目》未收者標注"無",《總目》所收即浙江某館所藏者特殊標注,《總目》著錄與普查信息有差異或一時無法判斷者標注"存疑"。拿浙江圖書館的近 7 萬條古籍數據來看,據不完全統計,除去複本,《總目》所收即浙江圖書館所藏者有 1100 多種,《總目》未收某一明確版本者有 3200 多種,《總目》未收者有 8300 多種。

全省 95 家單位中有 93 家單位有古籍數據,總條數計 22 萬條左右。根據分區域出版和達到一定條數可以單獨成書的原則,全省的古籍普查登記目錄大致分爲以下 19 種:浙江圖書館;浙江大學圖書館;浙江省博物館等六家單位;杭州地區杭州圖書館等十家單位;寧波市圖書館;寧波市天一閣博物館;寧波地區餘姚市文物保護管理所等六家單位和舟山地區舟山市圖書館等兩家單位;溫州市圖書館;溫州地區溫州大學圖書館等九家單位;嘉興市圖書館;平湖市圖書館;嘉興地區海寧市圖書館等七家單位;紹興圖書館;紹興地區上虞市圖書館等九家單位;衢州地區衢州市博物館等三家單位和湖州地區湖州師範學院圖書館等七家單位;麗水地區麗水市圖書館等八家單位;臨海市圖書館;台州地區台州市黃巖區圖書館等七家單位;金華地區義烏市圖書館等十家單位。目前全省的古籍普查登記目錄有多種已進入出版流程(各館數據以原普查編號從低到高的順序進行排列,由於著錄時古籍和民國傳統裝幀書籍交替進行,而出版時是將二者分開的,所以會出現普查編號不連貫的現象,特此説明),民國傳統裝幀書籍的統校亦接近尾聲。古籍普查登記工作和普查登記目錄的編纂,爲接下來《中華古籍總目·浙江卷》的編纂打下了良好的基礎。

浙江省古籍普查工作得到了各方的關心和支持。感謝各兄弟省份古籍同行的熱情幫助,感謝李致忠、張志清、吳格、陳先行、陳紅彥、陳荔京、羅琳、王清原、唱春蓮、李德生、石洪運、賈秀麗、范邦瑾等專家學者的悉心指導,藉力於此,普查工作才得以順利完成。

條數多,分佈廣,又出於衆手,儘管工作中我們一直爭取做到最好,但無論是已經著錄的平臺數據還是即將付梓的登記目錄,都難免存在紕漏,希望業界同仁不吝賜教,俾臻完善。

浙江省古籍保護中心

2017 年 7 月

《紹興圖書館古籍普查登記目録》

編委會

編委會主任：王以儉　趙任飛

主　　　編：廖曉飛

副　主　編：魯先進

執 行 主 編：唐　微　丁　瑛

編　　　委（按姓氏筆畫排序）：

　　　　　　包瑜萍　吳春宏　沈釗亮　施婧嫻　夏飛鳳

　　　　　　倪海青　許武智　楊　軍　韓如鳳

1

《紹興圖書館古籍普查登記目録》
前　言

　　紹興圖書館的前身是鄉紳徐樹蘭於 1902 年獨資創建的古越藏書樓,它是中國近代第一所具有公共圖書館性質的私家藏書樓,在 115 年的歷史長河中,跨越了清末、民國和中華人民共和國三个歷史時期,歷經古越藏書樓、紹興縣立圖書館、紹興縣魯迅圖書館、紹興市魯迅圖書館和紹興圖書館五個發展階段。

　　紹興圖書館古籍資源豐富,其來源除古越藏書樓舊藏外,尚有政府轉交、本館收購、民間捐贈等途徑。古越藏書樓舊藏是我館古籍的主要來源。徐樹蘭先生建樓之後,便“將家藏經史大部及一切有用之書,悉數捐入”,“所有近來譯本新書,以及圖畫、標本、雅馴報章,亦復捐資購備”,藏書計有“七萬餘千卷”。同時特別推出“存書之例”,特地申明“以限於資力,未能完備,有願出資助益及助益書籍者,均拜嘉惠”,號召社會有識人士捐書。民國時期,藏書樓由私立轉公辦,據 1936 年統計,藏書爲79000 冊,其中通常類圖書逾 5000 冊。日軍侵占紹興期間,藏書曾异地遷徙,歷盡艱辛,又遭兵燹之厄,損失慘重,數量銳减,“不及戰前十分之三”。據 1947 年統計,僅存 16651 冊,其中古籍 11475 冊。抗戰勝利後,爲充實館藏,有過幾次大規模的募捐活動,用籌得善款從滬杭兩地購得圖書 700 餘種,略增館藏。中華人民共和國成立後,社會各界對圖書館的捐書助資更是綿延不絶。20 世紀 50 年代,前觀巷鮑氏家庭圖書館百來冊藏書入捐。1962 年,鄉賢陶冶公捐贈古籍 5000 餘冊。1964 年,王貺甫先生將民國修志委員會的資料捐贈給圖書館,其中包括《民國紹興縣志資料》稿本及各類采訪稿、修志委員會刊刻的書籍、修志所需的各類方志及地方文獻等 300 餘種。1985 年,退休中學教師袁子環將 389 冊古籍捐贈圖書館。同年,美籍華人沈家楨將其先父沈鈞業先生日記手稿及珍藏圖書等捐贈給圖書館。以上捐贈圖書併入,極大地豐富了館藏,精細備陳,善本盈櫥。

　　涓滴細流,可以成江海。百年積纍,終成規模。縱觀我館藏品,元刊明槧、官刻私鎸、活字套版、稿抄批校,流傳有緒,諸體皆備,係幾代館人苦心收集纍積保存下來的珍貴典藏。《唐柳先生集》《樂府詩集》《諸儒箋解古文真寶》《國朝文類》四種元刻本,堪稱鎮館之寶。鄉邦文獻宏富,亦爲獨特優勢。藏品匯萃了徐氏古越藏書樓、董氏取斯堂、周氏詒經堂、胡氏聽雨樓、馬氏含經室、沈氏起先樓、陶氏天放樓、童氏養廬、施氏樂壽堂、壽氏三昧書屋等清季至民國古越諸多藏家精華，具有較高的收藏價值和學術價值，無論數量抑或品質，在浙江省地市一級圖書館中，皆屬上乘。

我館古籍編目工作源遠流長，歷史上有過突出成就。早在古越藏書樓時期，徐樹蘭先生就主持編製《古越藏書樓書目》，分經、史、子、集、時務五部，計 35 卷。1904年，藏書樓延聘慈溪孝廉、紹興府學堂總教習馮一梅重新編目，將庋藏圖書分爲政、學兩部，訂爲 47 類 20 卷，由上海崇實書局出版發行。此書目將中西書籍融爲一體，在中國近代圖書編目史上開創了一種全新的分類體系。紹興縣立圖書館時期，古籍改用"四庫"分類。1979 年，又采用《中國古籍善本書目》分類法編製館藏善本財產目錄，分甲、乙編，計 685 種 3895 冊。其中 196 種上報《中國古籍善本書目》編輯委員會，有 105 種入收《中國古籍善本書目》。20 世紀 80 年代初，新編地方志事業興起，爲適應修志形勢需要，分別於 1982 年、1986 年編印《魯迅圖書館善本書目》《魯迅圖書館古籍地方文獻》各一冊，均爲油印本，印數不多，現已鮮有留存。本世紀初，隨着民間尋根"修譜熱"的悄然興起，我館從未編古籍中分編《館藏家譜目錄》，計 135 種 1200 餘冊，特設專櫃，以饗讀者。至此，在"中華古籍保護計劃"正式啓動之前，已經編目古籍覆蓋五分之三的藏品，尚有六萬餘冊古籍未暇正式編目，僅以財產目錄形式造冊登記。

2007 年 1 月，國務院辦公廳發佈《關於進一步加強古籍保護工作的意見》，"中華古籍保護計劃"正式啓動實施。2009 年，我館成功入選"第二批全國重點古籍保護單位"，我館的古籍保護工作就此迎來發展契機。同年，浙江省"中華古籍保護計劃"全面展開，我館作爲一家省內較早開展古籍普查的單位，於 2011 年 12 月確立古籍普查方案，制訂工作手冊，並在隨後的幾年中根據普查進展，不斷擴充古籍普查隊伍，一方面從館內抽調骨幹，另一方面又對外招聘了多名文史專業的高校畢業生，最終成立了一個由館長負責、分管副館長執行、歷史文獻部具體實施的普查小組。大家全力以赴，歷時 4 年半，於 2016 年 6 月圓滿完成古籍普查任務，完成古籍普查 29996 種148838 冊（含民國綫裝書），全面徹底摸清了館藏古籍家底，從整體上掌握館藏古籍的品種、數量以及大致的學術價值和文物價值，實現了包括六萬餘冊未編書在內的全部館藏的編目數據處理，具體到每部古籍題名卷數、著者、版本、冊數、定級定損及批校題跋等個體信息的客觀記錄，同時上傳書影以備考查。

館藏古籍既不乏珍貴古籍，也頗有特色可言。"中華古籍保護計劃"推進的十年間，我館在全面開展古籍普查的基礎上，積極響應國務院辦公廳《關於進一步加強古籍保護工作的意見》精神，做好國家及浙江省古籍保護中心組織的珍貴古籍名錄的申報工作。我館入選《國家珍貴古籍名錄》的古籍以明清善本爲主，前後共有 22 部館藏珍品入選一至三批《國家珍貴古籍名錄》，其中包括元刻四種。另有 44 部古籍入選一至四批《浙江省珍貴古籍名錄》，入選古籍中既有明祁彪佳《救荒全書》、清張岱

《快園道古》、清傅以禮《史抄》、清周師濂《滄海遺珠》等地方稀見稿抄本,亦包括明萬曆四十二年(1614)王氏香雪居刻本《新校注古本西廂記》、明萬曆四十三年(1615)諸暨陳善學刻本《楊鐵崖先生文集》、明崇禎八年(1635)李爲芝刻本《小柴桑喃喃録》等傳本稀見、版刻精良的越中刻書精品。這些入選名録的善本古籍,集中體現了我館藏品精華。

《紹興圖書館古籍普查登記目録》是對我館古籍普查成果的一次全面展示。是書收録館藏古籍18327種104028冊,凡清宣統三年(1911)及以前的刻本、活字本、套印本、鉛印本、石印本、稿鈔本等皆在收録之列。著録款目有普查編號、索書號、分類、題名卷數、著者、版本、批校題跋、冊數、存卷等内容。爲方便讀者使用,本目録後特附書名筆畫索引。本目録的出版,意味着我館古籍書目體系建設的基本完成,爲今後目録優化、數據校核、定損修復、電子掃描、文獻整理等工作次第開展提供了堅實平臺。同時也意味着我館古籍大數據時代的全面開啓,爲讀者閱讀利用館藏開啓了一扇方便大門,也爲後續各項專題研究工作奠定了基礎。

《紹興圖書館古籍普查登記目録》歷經數年終得以完成。它的問世,凝聚了歷代館員的集體智慧,也包含了衆位古籍普查員的辛勤汗水。付梓之際,我們要特別感謝全體普查人員的辛勤付出和通力合作,他們是:魯先進、唐微、丁瑛、施婧嫻、倪海青、吳春宏、許武智、王静、沈釗亮、韓如鳳、包瑜萍等。其中唐微和丁瑛二位同志,全程參與了本書的統校工作。古籍書目編纂是一項逐步積纍、不斷完善的工作,前修未密,後出轉精,校核修訂,迄無止境,加之本次目録數據浩繁,水平有限,時間匆促,謬誤難免,祈請方家批評指正。

紹興圖書館
2017 年 7 月

3

目　　録

上冊

中冊

下冊

330000 – 1716 – 0000001　善 0001/00001　集部/別集類/唐五代別集

增廣注釋音辯唐柳先生集四十三卷別集二卷外集二卷　（唐）柳宗元撰　（唐）童宗說注釋　（宋）張敦頤音辯　（宋）潘緯音義　附録一卷　附年譜一卷　（宋）文安禮撰　元末明初刻本　十五冊　缺四卷（二十三至二十六）

330000 – 1716 – 0000002　善 0005/00002　集部/總集類/選集之屬/斷代

國朝文類七十卷目録三卷　（元）蘇天爵輯　元刻本　一冊　存三卷（五十七至五十九）

330000 – 1716 – 0000003　善 0006/00003　集部/總集類/選集之屬/通代

樂府詩集一百卷目録二卷　（宋）郭茂倩輯　元至正元年（1341）集慶路儒學刻本　一冊　存三卷（三十二至三十四）

330000 – 1716 – 0000004　善 0003/00004　集部/總集類/選集之屬/通代

魁本大字諸儒箋解古文真寶前集十卷後集十卷　（宋）黃堅輯　元刻本　二冊　存十卷（前集六至十、後集一至五）

330000 – 1716 – 0000005　善 0002/00005　集部/別集類/宋別集

東坡集四十卷後集二十卷奏議十五卷内制集十卷附樂語一卷外制集三卷應詔集十卷續集十二卷　（宋）蘇軾撰　**東坡先生年譜一卷**（宋）王宗稷撰　**東坡先生墓誌銘一卷**　（宋）蘇轍撰　明弘治至嘉靖刻本　五冊　存十卷（十五至十六、三十三至三十五，奏議一、十至十一，年譜，墓誌銘）

330000 – 1716 – 0000006　善 0292/00006　子部/宗教類/佛教之屬/諸宗

天目中峰和尚廣録三十卷　（元）釋明本撰（元）釋慈寂輯　明釋明覺募刻本　五冊　存二十四卷（一至四、十一至三十）

330000 – 1716 – 0000007　善 0007/00007　子部/儒家類/儒學之屬/性理

性理大全書七十卷首一卷　（明）胡廣等撰　明嘉靖十四年（1535）廣德書堂刻本　二十四冊

330000 – 1716 – 0000008　善 0338/00008　子部/兵家類/兵法之屬

武經總要前集二十二卷後集二十一卷行軍須知二卷　（宋）曾公亮（宋）丁度等輯　明刻本　一冊　存二卷（行軍須知一至二）

330000 – 1716 – 0000009　善 0064/00009　子部/醫家類/醫經之屬/内經

重廣補注黃帝内經素問二十四卷　（唐）王冰注　（宋）林億等校正　（宋）孫兆改誤　明嘉靖二十九年（1550）顧從德影宋刻本　十冊

330000 – 1716 – 0000010　善 0093/00010　集部/總集類/選集之屬/斷代

唐雅二十六卷　（明）張之象輯　明嘉靖三十一年（1552）無錫縣刻本　十冊

330000 – 1716 – 0000011　善 0012/00011　史部/編年類/通代之屬

新刻校正古本歷史大方通鑑四十一卷首一卷（明）李廷機　（明）葉向高校正　明萬曆周時泰刻本（卷七至八配清抄本）　二十冊　存三十六卷（一至八、十一至二十，宋元一至二、七至二十一，首）

330000 – 1716 – 0000012　善 0199/00012　子部/宗教類/佛教之屬/總録

五燈會元二十卷　（宋）釋普濟撰　明嘉靖四十年（1561）徑山寺刻本　二十冊

330000 – 1716 – 0000013　善 0085/00013　集部/總集類/選集之屬/通代

秦漢文鈔六卷　（明）閔日斯選　明萬曆四十八年（1620）閔氏刻朱墨套印本　三冊　存三卷（一、四、六）

330000 – 1716 – 0000014　善 0413/00014　集部/總集類/選集之屬/斷代

御選唐詩三十二卷目録三卷　（清）聖祖玄燁輯　（清）陳廷敬等輯注　清康熙五十二年（1713）内府刻朱墨套印本　十五冊

330000 – 1716 – 0000015　善 0112/00015　子部/術數類/相宅相墓之屬

新刊地理紫囊書八卷 （明）趙祐撰 （明）鄭復初批評 明萬曆刻本 明祁承㸁校 四冊 存四卷(一至三、五)

330000－1716－0000016 善0182/00016 史部/政書類/邦計之屬/荒政

救荒全書十六卷 （明）祁彪佳撰 清沈復粲鳴野山房抄本 八冊 存十一卷(一至六、十二至十六)

330000－1716－0000017 善0235/00017 史部/傳記類/日記之屬

雷州公日記不分卷(清乾隆五十六年至五十八年、六十年,嘉慶五年、十六年) （清）宗聖垣撰 稿本 六冊

330000－1716－0000018 善0186/00018 子部/醫家類/婦科之屬/產科

產孕集二卷 （清）張曜孫撰 稿本 二冊

330000－1716－0000019 善0266/00019 集部/別集類/清別集

健修堂詩錄二十二卷 （清）邊浴禮撰 稿本清曾國藩等批 一冊 存五卷(六至十)

330000－1716－0000020 善0030/00020 子部/小說家類/雜事之屬

世說新語八卷 （南朝宋）劉義慶撰 （南朝梁）劉孝標注 （明）王世懋批點 明萬曆凌瀛初四色套印本 四冊

330000－1716－0000021 善0086/00021 子部/道家類

三子合刊 （明）閔齊伋輯 明閔齊伋刻朱墨套印本 二冊 存一種

330000－1716－0000022 善0461/00022 史部/編年類/通代之屬

資治通鑑綱目五十九卷 （宋）朱熹撰 明成化九年(1473)內府刻本 十五冊 存五十五卷(一至十一、十六至五十九)

330000－1716－0000023 善0004/00023 史部/編年類/通代之屬

文公先生資治通鑑綱目五十九卷 （宋）朱熹撰 （宋）尹起莘發明 （元）汪克寬考異

（元）王幼學集覽 明初刻本 一冊 存一卷(三十六)

330000－1716－0000024 善0067/00024 集部/詞類/類編之屬

百家詞□□種 （明）吳訥編 明抄本 四冊 存十六種

330000－1716－0000025 善0173/00025 集部/別集類/明別集

謔菴文飯小品五卷 （明）王思任撰 清順治十五年(1658)王鼎起刻本 五冊

330000－1716－0000026 善0011/00026 經部/樂類/律呂之屬

樂經元義八卷 （明）劉濂撰 明嘉靖刻本 六冊

330000－1716－0000027 善0013/00027 子部/儒家類/儒學之屬

困知記二卷續二卷三續一卷四續一卷附錄一卷續補一卷 （明）羅欽順撰 明嘉靖刻本 一冊 存二卷(困知記一至二)

330000－1716－0000028 善0019/00028 集部/總集類/選集之屬/通代

秦漢文八卷 （明）胡繢宗輯 明嘉靖二十二年(1543)新安程良錫刻本 一冊 存三卷(一至三)

330000－1716－0000029 善0024/00029 集部/曲類/曲選之屬

雍熙樂府二十卷 （明）郭勛輯 明嘉靖四十五年(1566)春山刻本 十六冊 存十五卷(一、三至六、八至十、十二至十五、十七至十九)

330000－1716－0000030 善0045/00030 子部/醫家類/婦科之屬

調經法門一卷 （明）呂獻策撰 明崇禎二年(1629)刻本 二冊

330000－1716－0000031 善0058/00031 集部/總集類/選集之屬/斷代

十二家唐詩 （明）張遜業編 明嘉靖三十一年(1552)黃埻刻本 一冊 存三卷(孟浩然

集一至三)

330000－1716－0000032　善0080/00032　子部/醫家類/婦科之屬/產科

便產須知二卷　明崇禎十四年(1641)王萬祚刻本　一冊

330000－1716－0000033　善0088/00033　子部/醫家類/類編之屬

汪石山醫書七種二十七卷　(明)汪機等撰　明嘉靖刻本　三冊　存一種

330000－1716－0000034　善0092/00034　集部/別集類/漢魏六朝別集

支道林集一卷　(晉)釋支遁撰　明嘉靖十九年(1540)皇甫涍刻本　一冊

330000－1716－0000035　善0101/00035　集部/詩文評類/詩評之屬

韻語陽秋二十卷　(宋)葛立方撰　明正德二年(1507)葛諶刻本　二冊　存十八卷(一至十一、十三至十九)

330000－1716－0000036　善0102/00036　子部/醫家類/方書之屬

丹溪先生醫書纂要二卷　(元)朱震亨撰　(明)盧和纂注　明刻本　二冊

330000－1716－0000037　善0105/00037　子部/藝術類/書畫之屬/書法書品

書法鈎玄四卷　(元)蘇霖編纂　明嘉靖三十六年(1557)嚴嵩刻本　三冊　存三卷(一至三)

330000－1716－0000038　善0106/00038　集部/別集類/明別集

鳳洲筆記二十四卷　(明)王世貞撰　明黃美中刻本　六冊　存十二卷(一至二、十一至十二、十七至二十四)

330000－1716－0000039　善0107/00039　子部/術數類/相宅相墓之屬

玉髓真經三十卷　(宋)張洞玄撰　(宋)劉允中注釋　(宋)蔡元定發揮　明嘉靖二十九年(1550)福州刻本(卷五至七、十三至十四配清抄本)　八冊　存二十三卷(一、三至四上、五至八上、九至十一、十三至十四、二十至三十)

330000－1716－0000040　善0108/00040　集部/別集類/明別集

桂洲詩集二十四卷　(明)夏言撰　明嘉靖二十五年(1546)曹忭、楊九澤杭州刻本　七冊　存二十一卷(一至二、六至二十四)

330000－1716－0000041　善0130/00041　子部/雜著類/雜考之屬

丹鉛總錄二十七卷　(明)楊慎撰　明嘉靖三十三年(1554)梁佐刻本　一冊　存二卷(十八至十九)

330000－1716－0000042　善0133/00042　史部/編年類/通代之屬

少微通鑑節要五十卷外紀四卷　(宋)江贄撰　明正德九年(1514)司禮監刻本　一冊　存三卷(四十六至四十八)

330000－1716－0000043　善0146/00043　集部/別集類/清別集

憶雪樓詩三卷衡遊草一卷并鄉集一卷還庚集一卷少作偶存一卷　(清)王焞撰　稿本　二冊

330000－1716－0000044　善0170/00044　子部/小說家類/雜事之屬

快園道古二十卷　(清)張岱撰　清抄本　二冊　存九卷(一至五、十二至十五)

330000－1716－0000045　善0297/00045　子部/醫家類/內科之屬/其他內科病證

新刻痰火點雪四卷　(明)龔居中撰　明萬曆書林劉大易刻本　一冊

330000－1716－0000046　善0371/00046　集部/總集類/彙編之屬

六朝詩集　(明)薛應旂輯　明嘉靖刻本　一冊　存二種

330000－1716－0000047　善0395/00047　集部/楚辭類

楚辭集注八卷辯證二卷後語六卷　(宋)朱熹撰　**反離騷一卷**　(漢)揚雄撰　明嘉靖十四年(1535)袁褧刻本　一冊　存二卷(後語一

至二）

330000－1716－0000048　善 0403/00048　類叢部/類書類/通類之屬

欽定古今圖書集成一萬卷目録四十卷　（清）蔣廷錫　（清）陳夢雷等輯　清雍正四年（1726）內府銅活字印本　二十八冊　存五十六卷（藝術典七百七十七至七百八十四、七百八十九至八百、禮儀典一百八十一至二百、三百一至三百十六）

330000－1716－0000049　善 0435/00049　集部/詩文評類/詩評之屬

歷代詩話二十七種五十七卷考索一卷　（清）何文煥編　清乾隆三十五年（1770）何氏刻嘉慶印本　十六冊

330000－1716－0000050　善 0446/00050　集部/別集類/清別集

菽畹集七卷　（清）毛遠公撰　清康熙刻本　二冊

330000－1716－0000051　善 0008/00051　經部/小學類/音韻之屬/韻書

古今韻會舉要三十卷禮部韻略七音三十六母通攷一卷　（元）黃公紹撰　（元）熊忠舉要　明刻本　清梁履繩跋　一冊　存三卷（二十八至三十）

330000－1716－0000052　善 0009/00052　史部/地理類/方志之屬/郡縣志

[萬曆]會稽縣志十六卷　（明）楊維新修　（明）張元忭　（明）徐渭纂　明萬曆三年（1575）刻本　清戀書子批跋　四冊

330000－1716－0000053　善 0014/00053　集部/小說類/長篇之屬

繡像雲合奇蹤五卷八十回　題（明）徐渭撰　清末酉山堂刻本　四冊

330000－1716－0000054　善 0015/00054　子部/道家類

四子全書九卷　（明）董逢元編　明萬曆二十三年（1595）董氏秋聲閣刻本　三冊　存三種

330000－1716－0000055　善 0016/00055　子部/雜著類/雜說之屬

鬱岡齋筆塵四卷　（明）王肯堂撰　明萬曆刻本　四冊

330000－1716－0000056　善 0017/00056　集部/曲類/散曲之屬

新鐫古今大雅北宮詞紀六卷南宮詞紀六卷　（明）陳所聞選　（明）陳邦泰輯　明萬曆三十二年至三十三年（1604－1605）陳氏繼志齋刻本　八冊

330000－1716－0000057　善 0018/00057　子部/醫家類/綜合之屬/通論

赤水玄珠三十卷醫案五卷醫旨緒餘二卷　（明）孫一奎撰　明萬曆二十四年（1596）孫泰來、孫朋來刻清初重修本　四冊　存五卷（醫案一至五）

330000－1716－0000058　善 0020/00058　子部/儒家類/儒學之屬/性理

薛文清公讀書全録類編二十卷　（明）薛瑄撰　（明）侯鶴齡輯　明萬曆二十四年（1596）刻本　清周炳琦校　四冊

330000－1716－0000059　善 0021/00059　史部/地理類/山川之屬/山志

新鐫海內奇觀十卷　（明）楊爾曾輯　明萬曆三十七年（1609）夷白堂刻本　四冊

330000－1716－0000060　善 0022/00060　集部/別集類/明別集

新鐫山堂遺集八卷　（明）陳絳撰　明萬曆刻本　四冊

330000－1716－0000061　善 0023/00061　子部/雜著類/雜說之屬

金罍子上篇二十卷中篇十二卷下篇十二卷　（明）陳絳撰　（明）陳昱輯　明萬曆三十四年（1606）陳昱刻本　十二冊

330000－1716－0000063　善 0026/00063　子部/雜著類/雜說之屬

焦氏筆乘六卷續集八卷　（明）焦竑撰　明萬曆三十四年（1606）謝與棟刻本　四冊　存九卷（一至六、續集一至三）

330000－1716－0000064　善 0027/00064　集部/別集類/元別集

楊鐵崖先生文集十一卷附鐵笛清江引一卷
(元)楊維楨撰　（明)陳繼儒校閱　（明)陳善學訂正　明萬曆四十三年(1615)諸暨陳善學刻本　五冊

330000－1716－0000065　善 0028/00065　子部/雜著類/雜考之屬

青藤山人路史二卷　（明)徐渭撰　明刻本　二冊

330000－1716－0000066　善 0029/00066　集部/總集類/選集之屬/通代

精刻古今女史十二卷詩集八卷姓氏字里詳節一卷　（明)趙世杰輯　明崇禎刻本　一冊　存一卷(姓氏字里詳節)

330000－1716－0000067　善 0031/00067　集部/別集類/唐五代別集

唐李長吉詩集四卷外集一卷　（唐)李賀撰　（明)徐渭　（明)董懋策批注　明萬曆四十一年(1613)刻本　二冊

330000－1716－0000068　善 0032/00068　子部/術數類/相宅相墓之屬

陽宅大全十一卷　明萬曆吳勉學刻本　二冊

330000－1716－0000069　善 0033/00069　集部/總集類/選集之屬/通代

詩歸五十一卷　（明)鍾惺　（明)譚元春輯　明末刻本　九冊　存三十八卷(古詩歸一至二、唐詩歸一至三十六)

330000－1716－0000070　善 0034/00070　子部/道家類

老莊翼十一卷　（明)焦竑撰　明萬曆十六年(1588)王元貞刻本　清李廷基批　二冊　存二卷(莊子翼三至四)

330000－1716－0000071　善 0035/00071　集部/總集類/選集之屬/通代

詩歸五十一卷　（明)鍾惺　（明)譚元春輯　明末刻本　二冊　存十五卷(古詩歸一至十五)

330000－1716－0000072　善 0036/00072　史部/紀傳類/正史之屬

古史六十卷　（宋)蘇轍撰　明萬曆三十九年(1611)南京國子監刻本　十冊

330000－1716－0000073　善 0037/00073　集部/別集類/明別集

歇菴集二十卷附錄三卷　（明)陶望齡撰　明萬曆三十九年(1611)喬時敏、王應麟刻本　十冊

330000－1716－0000074　善 0038/00074　子部/道家類

老莊翼十一卷　（明)焦竑撰　明萬曆十六年(1588)王元貞刻本　清李廷基批　六冊　存六卷(老子翼一至二、莊子翼一至四)

330000－1716－0000075　善 0039/00075　經部/易類/傳說之屬

周易大全纂十二卷　（明)倪晉卿纂　明萬曆二十年(1592)倪氏刻本　十二冊

330000－1716－0000077　善 0041/00077　史部/紀傳類/正史之屬

二十一史二千五百六十七卷　明萬曆二十三年至三十四年(1595－1606)北京國子監刻本(元史卷一至八配清抄本)　五十冊　存一種

330000－1716－0000078　善 0042/00078　史部/傳記類/總傳之屬/姓名

古今萬姓統譜一百四十卷歷代帝王姓系統譜六卷氏族博攷十四卷　（明)凌迪知輯　明萬曆刻本　七十冊

330000－1716－0000079　善 0043/00079　經部/詩類/傳說之屬

詩經集注八卷　（宋)朱熹撰　明末刻本　清□□批注　六冊

330000－1716－0000080　善 0044/00080　經部/春秋總義類/傳說之屬

鍾伯敬評公羊穀梁二傳合刻二十四卷　（明)鍾惺評　明崇禎九年(1636)陶珽刻本　四冊

330000－1716－0000081　善 0046/00081　子部/醫家類/醫經之屬/難經

圖注八十一難經辨真四卷 （明）張世賢撰
明刻本 四冊

330000－1716－0000082 善 0047/00082 史
部/傳記類/總傳之屬/家乘
[浙江紹興]水澄劉氏家譜三卷 （明）劉宗周
纂修 明崇禎八年(1635)刻本 二冊

330000－1716－0000084 地獻 0007/00084
子部/宗教類/道教之屬
道貫真源九種 （清）董德寧輯 清宣統二年
(1910)古越集陽樓木活字印本 一冊 存
一種

330000－1716－0000086 地獻 0009/00086
史部/政書類/公牘檔冊之屬
長興縣學文牘不分卷附刻一卷 （清）孫德祖
輯 清光緒十六年(1890)山陰許純模刻本
二冊

330000－1716－0000091 地獻 0018/00091
集部/別集類/清別集
鶴巢詩存一卷 （清）顧淳慶撰 皇清誥授奉
政大夫守陝西潼關廳同知浙江紹興府會稽縣
石潼坊顧府君年五十七行述一卷 （清）顧壽
楨等撰 介卿遺艸一卷 （清）顧家樹撰 清
光緒十二年(1886)顧家相刻本 一冊

330000－1716－0000092 地獻 0014/00092
史部/地理類/雜志之屬
王梅溪先生會稽三賦四卷 （宋）王十朋撰
（明）南逢吉注 （清）周炳曾增注 清咸豐尺
木堂刻本 二冊

330000－1716－0000093 地獻 0017/00093
集部/別集類/清別集
鮑太史詩集八卷 （清）鮑存曉撰 （清）鄭錫
田輯 清光緒十二年(1886)玉屏鄭錫田刻本
六冊

330000－1716－0000094 地獻 0016/00094
集部/別集類/宋別集
劍南詩鈔六卷 （宋）陸游撰 （清）楊大鶴選
清康熙二十四年(1685)毗陵楊氏刻本
四冊

330000－1716－0000095 地獻 0019/00095
集部/別集類/清別集
白華絳跗閣詩初集（越縵堂詩初集）十卷
（清）李慈銘撰 清光緒十六年(1890)王繼香
刻本 二冊

330000－1716－0000096 地獻 0022/00096
集部/別集類/清別集
退宜堂詩集六卷 （清）孫垓撰 清光緒十五
年(1889)刻本 二冊

330000－1716－0000097 地獻 0021/00097
集部/別集類/清別集
退宜堂詩集六卷 （清）孫垓撰 清光緒十五
年(1889)刻本 二冊

330000－1716－0000098 地獻 0023/00098
集部/別集類/清別集
退宜堂詩集六卷 （清）孫垓撰 清光緒十五
年(1889)刻本 二冊

330000－1716－0000099 地獻 0024/00099
集部/別集類/清別集
退宜堂詩集六卷 （清）孫垓撰 清光緒十五
年(1889)刻本 二冊

330000－1716－0000100 地獻 0020/00100
集部/別集類/清別集
悲盫居士文存一卷 （清）趙之謙撰 清光緒
十六年(1890)刻本 一冊

330000－1716－0000102 地獻 0028/00102
集部/別集類/清別集
蕉雨山房詩鈔六種十九卷 （清）丁堯臣撰
清光緒會稽丁氏刻本 三冊 存二種

330000－1716－0000103 地獻 0029/00103
集部/別集類/清別集
蕉雨山房詩鈔六種十九卷 （清）丁堯臣撰
清光緒會稽丁氏刻本 二冊 存二種

330000－1716－0000107 善附 0057/00107
類叢部/叢書類/自著之屬
橘蔭軒全集七種 （清）陳錦撰 清光緒山陰
陳氏橘蔭軒刻本 二十三冊

330000 - 1716 - 0000108　善 0370/00108　史部/編年類/通代之屬

資治通鑑二百九十四卷　(宋)司馬光撰　(元)胡三省音注　(明)陳仁錫評　通鑑釋文辯誤十二卷　(元)胡三省撰　明天啟五年(1625)長洲陳仁錫刻本　一百二十八冊　存二百七十五卷(一至五十二、七十二至二百九十四)

330000 - 1716 - 0000109　地獻 0003/00109　子部/醫家類/綜合之屬/合刻、合抄

景岳全書六十四卷　(明)張介賓撰　清刻本　三十六冊

330000 - 1716 - 0000110　地獻 0001/00110　子部/醫家類/綜合之屬/合刻、合抄

景岳全書六十四卷　(明)張介賓撰　清光緒廣州十八甫石經堂書局刻本　三十二冊

330000 - 1716 - 0000111　地獻 0002/00111　子部/醫家類/綜合之屬/合刻、合抄

景岳全書六十四卷　(明)張介賓撰　清大文堂刻本　二十四冊

330000 - 1716 - 0000114　地獻 0124/00114　類叢部/叢書類/家集之屬

董氏叢書十六種　(清)董金鑑編　清光緒三十二年(1906)會稽董氏取斯家塾刻本　十二冊

330000 - 1716 - 0000116　地獻 0036 - 1/00116　集部/別集類

小沖言事二卷　黃壽袞撰　清光緒三十二年(1906)鉛印本　二冊

330000 - 1716 - 0000117　地獻 0039/00117　集部/別集類/明別集

王文成公全書三十八卷　(明)王守仁撰　清光緒浙江書局刻本　二十四冊

330000 - 1716 - 0000118　地獻 0048/00118　集部/別集類/清別集

因樹書屋詩稿十二卷　(清)沈寶森撰　清光緒二十三年(1897)上虞枕湖樓連氏刻本　四冊

330000 - 1716 - 0000119　地獻 0040/00119　集部/別集類/清別集

孟晉齋文集五卷　(清)顧壽楨撰　孟晉齋年譜一卷　顧家相撰　清同治五年(1866)見素抱樸齋刻本　三冊

330000 - 1716 - 0000120　縣資 0035 - 8/00120　史部/地理類/專志之屬/祠墓

曹江孝女廟誌八卷首一卷末一卷　(清)金廷棟輯　清光緒八年(1882)五社公所刻本　一冊　存四卷(六至八、末)

330000 - 1716 - 0000121　地獻 0042/00121　類叢部/叢書類/自著之屬

澹寧齋集八種　(清)楊際昌撰　清乾隆二十四年(1759)似園刻本　一冊　存一種

330000 - 1716 - 0000122　地獻 0043/00122　集部/別集類/清別集

賜書堂詩鈔八卷　(清)周長發撰　清乾隆刻本　周毅修題簽　四冊

330000 - 1716 - 0000123　地獻 0045/00123　集部/別集類/清別集

募梅精舍詩存三卷　(清)釋徹凡撰　清咸豐七年(1857)南湖興教禪院刻本　一冊

330000 - 1716 - 0000124　地獻 0046/00124　集部/別集類/清別集

募梅精舍詩存三卷　(清)釋徹凡撰　清咸豐七年(1857)南湖興教禪院刻本　一冊

330000 - 1716 - 0000125　地獻 0047/00125　集部/別集類/清別集

募梅精舍詩存三卷　(清)釋徹凡撰　清咸豐七年(1857)南湖興教禪院刻本　一冊

330000 - 1716 - 0000126　善 0414/00126　子部/藝術類/書畫之屬/總論

佩文齋書畫譜一百卷　(清)孫岳頒等輯　清康熙內府刻本　六十四冊

330000 - 1716 - 0000127　善 0089/00127　子部/雜著類/雜說之屬

沈氏弋說六卷　(明)沈長卿撰　(明)黃可師等評　明萬曆刻本　六冊

330000－1716－0000128　善0131/00128　集部/戲劇類/雜劇之屬

新校注古本西廂記五卷　（元）王實甫　（元）關漢卿撰　（明）王驥德　（明）徐渭注（明）沈璟評　**彙考一卷**　（明）王驥德撰　明萬曆四十二年(1614)王氏香雪居刻本　二冊　存三卷(四至五、彙考)

330000－1716－0000129　善0226/00129　子部/藝術類/書畫之屬/畫譜

詩餘畫譜不分卷　（明）汪□編　明萬曆四十年(1612)汪氏刻本　三冊

330000－1716－0000130　善0220/00130　子部/宗教類/佛教之屬/經

妙法蓮華經七卷　（後秦）釋鳩摩羅什譯　明刻本　二冊

330000－1716－0000131　普史0425/00131　史部/雜史類/斷代之屬

南疆繹史勘本三十卷首二卷　（清）溫睿臨撰（清）李瑤勘定　**繹史摭遺十八卷卹諡考八卷**　（清）李瑤撰　清道光十年(1830)泥活字印本　三十六冊

330000－1716－0000132　古越0573/00132　集部/總集類/選集之屬/通代

古文淵鑒六十四卷　（清）徐乾學等輯注　清刻五色套印本　四十八冊

330000－1716－0000133　善0326/00133　子部/道家類

老莊翼十一卷　（明）焦竑撰　明萬曆十六年(1588)王元貞刻本　一冊　存二卷(老子翼一至二)

330000－1716－0000134　善0040/00134　子部/道家類

莊子郭注十卷　（晉）郭象注　（唐）陸德明音義　明萬曆三十三年(1605)鄒之嶧刻本　十冊

330000－1716－0000135　善0048/00135　子部/雜著類/雜說之屬

小柴桑喃喃錄二卷　（明）陶奭齡撰　明崇禎

八年(1635)李爲芝刻本　二冊

330000－1716－0000136　善0051/00136　集部/總集類/郡邑之屬

嘉定四先生集(嘉定四君集)八十七卷　（明）謝三賓輯　明崇禎刻清康熙三十三年(1694)陸廷燦重修本　二冊　存十八卷(松圓浪淘集一至十八)

330000－1716－0000137　善0049/00137　經部/易類/傳說之屬

楊氏易傳二十卷　（宋）楊簡撰　明萬曆二十三年(1595)劉日昇、陳道亨刻本　四冊

330000－1716－0000138　善0052/00138　類叢部/類書類/通類之屬

山堂肆考二百四十卷　（明）彭大翼撰　（明）張幼學編　明末刻本　六十冊

330000－1716－0000139　善0062/00139　集部/別集類/宋別集

重刻會稽三賦四卷　（宋）王十朋撰　明朱啟元刻本　四冊

330000－1716－0000140　善0056/00140　子部/醫家類/綜合之屬/通論

赤水玄珠三十卷醫案五卷醫旨緒餘二卷（明）孫一奎撰　明萬曆二十四年(1596)孫泰來、孫朋來刻本　二冊　存二卷(醫旨緒餘一至二)

330000－1716－0000141　善0061/00141　集部/別集類/宋別集

東坡先生詩集注三十二卷　（宋）蘇軾撰（宋）王十朋集注　明萬曆茅維刻明末王永積重修本　五冊　存十五卷(一至二、七至十五、二十九至三十二)

330000－1716－0000142　善0053/00142　類叢部/類書類/通類之屬

唐類函二百卷目錄二卷　（明）俞安期輯　明萬曆三十一年(1603)東吳俞安期刻養正堂重修本　八十冊

330000－1716－0000143　善0059/00143　類叢部/叢書類/彙編之屬

稗乘四十三種　（明）黃昌齡輯　明萬曆刻本
王曾吾題記　十二冊

330000－1716－0000144　善0055/00144　史
部/史評類/史論之屬
刻菴精選史記評抄四卷　（明）鍾惺　（明）譚
元春輯　明末刻本　二冊

330000－1716－0000145　善0054/00145　子
部/道家類
南華經批評十卷　（明）蔡大節輯　明末刻本
　一冊　存五卷（一至五）

330000－1716－0000146　善0091/00146　集
部/楚辭類
楚辭集注八卷辯證二卷後語六卷　（宋）朱熹
撰　明刻本　六冊

330000－1716－0000147　善0066/00147　集
部/別集類/唐五代別集
朱文公校昌黎先生文集四十卷外集十卷遺文
一卷　（唐）韓愈撰　（宋）朱熹考異　（宋）
王伯大音釋　朱文公校昌黎先生集傳一卷
明萬曆三十三年（1605）天德堂刻本　十二冊

330000－1716－0000148　善0068/00148　經
部/小學類/音韻之屬/注音
西儒耳目資三卷釋疑一卷　（法國）金尼閣撰
　（明）王徵釋疑　明天啟六年（1626）王徵刻
本　一冊　存一卷（二）

330000－1716－0000149　善0069/00149　集
部/總集類/選集之屬/通代
李卓吾先生合選陶王集四卷　（明）李贄輯
明萬曆四十三年（1615）鍾人傑刻本　一冊

330000－1716－0000150　善0070/00150　子
部/術數類/相宅相墓之屬
新刊羅經解三卷　（明）吳天洪批點　（明）熊
汝嶽編述　明萬曆刻本　三冊

330000－1716－0000151　善0071/00151　史
部/雜史類/斷代之屬
國語二十一卷　（三國吳）韋昭注　（宋）宋庠
補音　明萬曆十三年（1585）吳汝紀刻本
四冊

330000－1716－0000152　善0072/00152　集
部/別集類/宋別集
東坡先生全集七十五卷　（宋）蘇軾撰　明末
項煜刻本　八十冊

330000－1716－0000153　善0065/00153　集
部/別集類/明別集
屠長卿集十九卷　（明）屠隆撰　明萬曆刻本
　八冊

330000－1716－0000154　善0074/00154　子
部/術數類/占候之屬
史異編十七卷　（明）余文龍輯　（明）余兆胤
校　明萬曆四十七年（1619）刻本　五冊

330000－1716－0000155　善0076/00155　集
部/別集類/明別集
袁中郎先生批評唐伯虎彙集四卷　（明）唐寅
撰　（明）袁宏道評　唐六如先生畫譜三卷
（明）唐寅輯　外集一卷　（明）祝允明撰　傳
贊一卷紀事一卷　明萬曆刻白玉堂印本　一
冊　缺五卷（彙集一至二、畫譜一至三）

330000－1716－0000156　善0077/00156　集
部/別集類/明別集
太史升菴全集八十一卷目錄二卷　（明）楊慎
撰　（明）楊有仁輯　明萬曆陳大科刻本　二
冊　存二卷（目錄一至二）

330000－1716－0000157　善0073/00157　集
部/總集類/選集之屬/通代
新鐫焦太史彙選百家評林名文珠璣十三卷
（明）焦竑輯　明刻本　二十八冊

330000－1716－0000158　善0081/00158　集
部/總集類/選集之屬/通代
新刻翰林評選注釋程策會要五卷　（明）李廷
機評選　（明）葉向高注釋　明胡鳳徵、汪士
魁刻本　二冊

330000－1716－0000159　善0082/00159　子
部/道家類
古蒙莊子四卷　（明）吳宗儀校釋　明萬曆三
十九年（1611）王繼賢蒙城縣學刻本　一冊
存一卷（四）

330000－1716－0000160　善 0083/00160　集部/總集類/選集之屬/通代

古文品外録十二卷　（明）陳繼儒輯並評　明天啟五年(1625)朱蔚然刻本　丁之蕃題簽　二冊　存四卷(三至六)

330000－1716－0000161　善 0084/00161　子部/宗教類/佛教之屬/諸宗

雲門顯聖寺散木禪師宗門或問一卷　（明）釋圓澄撰　（明）朱嘉謨輯　明萬曆刻本　二冊

330000－1716－0000162　善 0078/00162　類叢部/類書類/通類之屬

新刊唐荊川先生稗編一百二十卷目録三卷　（明）唐順之輯　明萬曆九年(1581)茅一相文霞閣刻本　一冊　存四卷(一、目録一至三)

330000－1716－0000163　善 0079/00163　集部/總集類/選集之屬/通代

鉅文十二卷　（明）屠隆輯　（明）茅元儀編　明刻本　三冊　存六卷(一至四、十一至十二)

330000－1716－0000164　善 0095/00164　類叢部/叢書類/自著之屬

王季重先生集九種　（明）王思任撰　明末清暉閣刻本　一冊　存二種

330000－1716－0000165　善 0096/00165　集部/曲類/散曲之屬

白雪齋選訂樂府吳騷合編四卷　（明）張楚叔　（明）張旭初輯　**衡曲塵譚一卷**　（明）張楚叔撰　**曲律一卷**　（明）魏良輔撰　明崇禎十年(1637)張師齡刻本　五冊　缺一卷(四)

330000－1716－0000166　善 0094/00166　子部/兵家類/兵法之屬

火龍神器陣法一卷　題(明)焦玉撰　清抄本　一冊

330000－1716－0000167　善 0099/00167　子部/儒家類/儒學之屬/經濟

大學衍義四十三卷　（宋）真德秀撰　明崇禎十一年(1638)楊鶚刻本　八冊

330000－1716－0000168　善 0097/00168　子部/儒家類/儒學之屬/經濟

大學衍義補一百六十卷首一卷　（明）丘濬撰　明刻清重修本　十八冊　存七十五卷(四十九至九十、一百二十八至一百六十)

330000－1716－0000169　善 0087/00169　集部/別集類/宋別集

東坡全集一百十五卷目録七卷　（宋）蘇軾撰　**宋史本傳一卷**　（元）脫脫撰　**東坡先生墓誌銘一卷**　（宋）蘇轍撰　**東坡先生年譜一卷**　（宋）王宗稷編　明刻本　二十五冊

330000－1716－0000170　善 0100/00170　子部/雜著類/雜說之屬

論衡三十卷　（漢）王充撰　明末錢震瀧刻本　六冊

330000－1716－0000171　善 0103/00171　集部/總集類/彙編之屬

元白長慶集一百四十一卷　（明）馬元調輯　明萬曆松江馬元調刻本　六冊　存一種

330000－1716－0000172　善 0104/00172　集部/別集類/唐五代別集

唐陸宣公集二十二卷　（唐）陸贄撰　明萬曆九年(1581)古姚葉逢春刻本　三冊　存七卷(五、九、十五至十七、二十一至二十二)

330000－1716－0000173　善 0098/00173　集部/總集類/選集之屬/通代

文選刪注十二卷　（明）王象乾撰　明萬曆刻本　二十四冊

330000－1716－0000174　善 0109/00174　子部/醫家類/本草之屬/歷代綜合本草

重刊經史證類大全本草三十一卷　（宋）唐慎微撰　（宋）寇宗奭衍義　明萬曆五年(1577)王秋尚義堂刻本　二十四冊

330000－1716－0000175　善 0121/00175　子部/醫家類/本草之屬/歷代綜合本草

重刊經史證類大全本草三十一卷　（宋）唐慎微撰　（宋）寇宗奭衍義　明萬曆二十八年(1600)籍山書院刻三十八年(1610)彭端吾重修本　十冊

330000－1716－0000176　善 0120/00176　子部/醫家類/本草之屬/歷代綜合本草

重刊經史證類大全本草三十一卷　（宋）唐慎微撰　（宋）寇宗奭衍義　明萬曆二十八年(1600)籍山書院刻三十八年(1610)彭端吾重修本　五冊　存十六卷(一至五、十六至十八、二十四至三十一)

330000－1716－0000177　善 0218/00177　子部/農家農學類/鳥獸蟲之屬

蟲小志六卷　（清）莫栻輯　清乾隆三十四年(1769)稿本　一冊

330000－1716－0000178　善 0113/00178　集部/別集類/明別集

太史升菴文集八十一卷目錄四卷　（明）楊慎撰　（明）楊有仁輯　明刻本　十二冊　存七十卷(一至六十六、目錄一至四)

330000－1716－0000179　善 0114－1/00179　集部/總集類/選集之屬/通代

詩宿二十八卷詩人考世二卷　（明）劉一相輯　明萬曆三十六年(1608)古自寵刻本　八冊　存八卷(二、六上、十一下、十六、二十五至二十八)

330000－1716－0000180　善 0115/00180　集部/總集類/選集之屬/通代

詩鏡九十三卷總論一卷　（明）陸時雍輯　明刻本　二十一冊　缺四卷(唐詩鏡四十九至五十一、目錄上)

330000－1716－0000181　善 0111/00181　類叢部/類書類/專類之屬

新增說文韻府群玉二十卷　（元）陰時夫輯　（元）陰中夫注　明萬曆十八年(1590)王元貞刻本　十九冊　缺一卷(十八)

330000－1716－0000182　善 0110/00182　類叢部/類書類/專類之屬

新增說文韻府群玉二十卷　（元）陰時夫輯　（元）陰中夫注　明末聚錦堂刻本　十四冊　存十二卷(一至五、十一至十六、十九)

330000－1716－0000183　善 0119/00183　集部/別集類/明別集

徐文長文集三十卷　（明）徐渭撰　（明）袁宏道評點　**四聲猿一卷**　（明）徐渭編　**徐文長傳一卷**　（明）陶望齡撰　明萬曆四十二年(1614)鍾人傑刻本　二冊　存八卷(八至十一、二十一至二十四)

330000－1716－0000184　善 0124/00184　經部/小學類/文字之屬/字書/字體

漢隸分韻七卷　（元）□□撰　清乾隆三十七年(1772)九沙萬氏辨志堂刻本　二冊

330000－1716－0000185　善 0127/00185　史部/政書類/通制之屬

文獻通考纂二十四卷　（元）馬端臨撰　（明）胡震亨輯　明萬曆駱駸曾刻本　七冊　存十三卷(四至十一、十三、十八上、二十一至二十三)

330000－1716－0000186　善 0122/00186　子部/藝術類/書畫之屬/畫法畫品

畫史會要五卷　（明）朱謀垔撰　明崇禎刻清初朱統鉽重修本　二冊　存三卷(三至五)

330000－1716－0000187　善 0116/00187　集部/總集類/氏族之屬

三蘇文匯六十卷　（明）錢穀　（明）茅坤（明）鍾惺評定　明末刻本　八冊

330000－1716－0000188　善 0129/00188　集部/別集類/宋別集

東坡先生詩集注三十二卷　（宋）蘇軾撰　（宋）王十朋集注　**東坡紀年錄一卷**　（宋）傅藻編纂　明萬曆茅維刻本　十一冊　缺三卷(二十六至二十八)

330000－1716－0000189　善 0117/00189　集部/總集類/尺牘之屬

啟雋類函一百二卷職官考五卷目錄九卷　（明）俞安期編　（明）李國祥（明）王嗣經輯　明萬曆刻本　二冊　存五卷(一至二、七十一至七十三)

330000－1716－0000190　善 0118/00190　史部/傳記類/總傳之屬/家乘

[浙江紹興]會稽小江董氏家譜二卷 （明）董豫纂修 明弘治刻本 一冊 存一卷(二)

330000－1716－0000191 善0140/00191 集部/總集類/選集之屬/斷代

元人集十種六十二卷 （明）毛晉編 明崇禎十一年(1638)海虞毛氏汲古閣刻本 八冊 存一種

330000－1716－0000192 善0141/00192 類叢部/類書類/通類之屬

問奇類林三十五卷續集三十卷 （明）郭良翰輯 明萬曆三十七年(1609)黃吉士刻本 二冊 存十三卷(續集七至十九)

330000－1716－0000193 善0493/00193 類叢部/類書類/通類之屬

唐類函二百卷目錄二卷 （明）俞安期輯 明萬曆三十一年(1603)東吳俞安期刻文盛堂重修本 六十八冊 存一百九十四卷(一、六至八十、八十六至二百二,目錄二)

330000－1716－0000194 善0134/00194 集部/別集類/明別集

王文成公全書三十八卷 （明）王守仁撰 明隆慶六年(1572)謝廷傑刻本 十三冊 存十九卷(一、四至五、十一至十六、十八至十九、二十二至二十六、三十五至三十六、三十八)

330000－1716－0000195 善0132/00195 經部/叢編

十三經注疏三百三十五卷 （明）□□輯 明萬曆十四年至二十一年(1586－1593)北京國子監刻本 八冊 存一種

330000－1716－0000196 善0136/00196 子部/雜著類/雜說之屬

焦氏筆乘六卷續集八卷 （明）焦竑撰 明刻本 三冊 缺八卷(續集一至八)

330000－1716－0000197 善0137/00197 子部/雜著類/雜說之屬

金罍子上篇二十卷中篇十二卷下篇十二卷 （明）陳絳撰 （明）陳昱輯 明萬曆三十四年(1606)陳昱刻本 十一冊 缺一卷(上篇一)

330000－1716－0000198 善0139/00198 集部/總集類/選集之屬/通代

唐宋八大家文鈔一百六十六卷 （明）茅坤編 明萬曆七年(1579)歸安茅一桂刻本 四冊 存一種

330000－1716－0000199 善0142/00199 史部/紀傳類/正史之屬

漢書評林一百卷 （明）凌稚隆輯 明萬曆九年(1581)吳興凌稚隆刻本 清庖新批 九冊 存四十二卷(二十五至二十七、四十至四十九、五十六至七十二、七十九至八十四、九十五至一百)

330000－1716－0000200 善0144/00200 子部/藝術類/書畫之屬/書法書品

草韻辨體五卷 （明）郭諶輯 明萬曆刻本 五冊

330000－1716－0000201 善0143/00201 子部/農家農學類/園藝之屬/總志

二如亭群芳譜三十卷首一卷 （明）王象晉撰 清沙村艸堂刻本 十六冊

330000－1716－0000202 善0145/00202 史部/傳記類/總傳之屬/斷代

勝國傳略不分卷 （清）沈冰壺撰 本朝諸公傳不分卷 （清）施溶節錄 清施溶抄本 清施山題跋 清施溶圈點 四冊

330000－1716－0000203 善0151/00203 史部/地理類/專志之屬/古跡

平山堂圖志十卷首一卷 （清）趙之壁纂 清乾隆刻本 四冊

330000－1716－0000204 善0152/00204 史部/地理類/外紀之屬

海國聞見錄二卷 （清）陳倫炯撰 清刻本 一冊 存一卷(上)

330000－1716－0000205 善0153/00205 史部/地理類/專志之屬/寺觀

武林靈隱寺誌八卷 （清）孫治纂 （清）徐增重編 清康熙十一年(1672)靈隱寺刻本 四冊

330000－1716－0000206　善0154/00206　子部/儒家類/儒學之屬/經濟

張子全書十五卷　（宋）張載撰　（宋）朱熹注　明萬曆鳳翔府刻清順治十年(1653)喻三畏重修本　八冊

330000－1716－0000207　善0148/00207　史部/傳記類/總傳之屬/通代

古今將略四卷　（明）馮孜輯　明萬曆十八年(1590)刻本　三冊　存三卷(一至三)

330000－1716－0000208　善0149/00208　集部/總集類/選集之屬/通代

歷朝名媛詩詞十二卷　（清）陸昶輯　清乾隆三十八年(1773)吳門陸昶紅樹樓刻本　四冊

330000－1716－0000209　善0150/00209　集部/別集類/清別集

賜書堂詩鈔八卷　（清）周長發撰　清乾隆刻本　清阮福昌批點並題記　二冊　存四卷(一至四)

330000－1716－0000210　善0147/00210　經部/小學類/音韻之屬/韻書

洪武正韻彙編四卷　（明）周家棟輯　明萬曆刻本　二冊　存二卷(一至二)

330000－1716－0000211　善0155/00211　史部/史評類/詠史之屬

廿一史彈詞注十卷　（明）楊慎撰　（清）張三異增定　（清）張仲璜注　明史彈詞注一卷　（清）張三異撰　（清）張仲璜注　清乾隆五十一年(1786)張任佐刻本　八冊

330000－1716－0000212　善0163/00212　集部/總集類/選集之屬/斷代

中州集十卷首一卷中州樂府一卷　（金）元好問輯　明末海虞毛氏汲古閣刻本　十冊　存五卷(六至十)

330000－1716－0000213　善0156/00213　經部/小學類/文字之屬/說文/專著

重刊許氏說文解字五音韻譜十二卷　（宋）李燾撰　明天啟七年(1627)世裕堂刻本　六冊

330000－1716－0000214　善0159/00214　集部/別集類/明別集

徐文長逸稿二十四卷　（明）徐渭撰　（明）張維城輯　清抄本　何琪校並跋　十冊

330000－1716－0000215　善0161/00215　子部/醫家類/内科之屬/其他内科病證

血症不分卷　（明）孫光裕撰　明末沈應辰刻本　四冊

330000－1716－0000216　善0158－1/00216　史部/史評類/史論之屬

史懷十七卷晉史懷三卷　（明）鍾惺撰　（明）陶珽　（明）許豸評　明崇禎刻本　五冊

330000－1716－0000217　善0162/00217　類叢部/類書類/通類之屬

唐宋白孔六帖一百卷目錄二卷　（唐）白居易（宋）孔傳輯　明刻本　一冊　存二卷(目錄一至二)

330000－1716－0000218　善0160－2/00218　史部/編年類/通代之屬

鼎鋟鍾伯敬訂正資治綱鑑正史大全七十四卷首一卷　（明）鍾惺訂正　明崇禎刻本　二十二冊　存四十四卷(一至三十五、三十八至四十五,首)

330000－1716－0000219　善0157/00219　集部/別集類/宋別集

東坡文集十二卷年譜一卷　（宋）蘇軾撰　明刻本　四冊　存十卷(四至十二、年譜)

330000－1716－0000220　善0164/00220　子部/藝術類/書畫之屬/畫譜

泛槎圖六卷續一卷三集一卷四集一卷五集一卷六集一卷　（清）張寶繪　清嘉慶至道光刻本　三冊　存三卷(續、三集、四集)

330000－1716－0000221　善0165/00221　類叢部/類書類/專類之屬

聲律發蒙五卷　（元）祝明　（元）潘瑛撰　（明）劉節補　清順治十五年(1658)王天眷刻本　八冊

330000－1716－0000222　善0166/00222　集部/詞類/類編之屬

抱殘守缺二種十一卷　雨田氏訂　稿本　俞伯過録山邑藝文志詩並批　一冊

330000－1716－0000223　善0167/00223　史部/地理類/雜志之屬

異域瑣談四卷　（清）七十一著　（清）周宅仁輯　清嘉慶二十三年（1818）强恕堂刻本　四冊

330000－1716－0000224　善0172/00224　集部/別集類/清別集

白田草堂存稿二十四卷　（清）王懋竑撰　先考王公府君行狀一卷　（清）王箴聽等撰　崇祀鄉賢録一卷　清乾隆十七年（1752）刻本　八冊

330000－1716－0000225　善0171/00225　史部/政書類/考工之屬/營造

新鐫工師雕斲正式魯班木經匠家鏡三卷靈驅解法洞明真言秘書一卷　（明）午榮　（明）章嚴撰　明末刻本　一冊

330000－1716－0000226　善0174/00226　集部/總集類/郡邑之屬

越中閨秀詩二卷　清光緒會稽董氏行餘學舍抄本　二冊

330000－1716－0000227　善0169/00227　史部/傳記類/總傳之屬/釋道

月旦堂仙佛奇蹤合刻八卷　（明）洪應明撰　明刻本　一冊　存二卷（一至二）

330000－1716－0000228　善0175/00228　史部/傳記類/總傳之屬/儒林

劉蕺山弟子攷不分卷　清光緒會稽董氏行餘學舍抄本　一冊

330000－1716－0000229　善0063/00229　集部/別集類/明別集

升菴先生文集八十一卷目録四卷　（明）楊慎撰　（明）楊有仁輯　明萬曆二十九年（1601）王藩臣、蕭如松秣陵刻本　十冊　存四十六卷（四至十五、二十四至四十二、四十六至五十三、六十三至六十五，目録一至四）

330000－1716－0000230　善0176/00230　史

部/地理類/雜志之屬

廣會稽風俗賦一卷　（清）陶元藻撰　清乾隆刻本　一冊

330000－1716－0000231　善0183/00231　集部/別集類/清別集

心齋自怡集不分卷　（清）□□撰　稿本　四冊

330000－1716－0000232　善0181/00232　史部/地理類/山川之屬/山志

明州阿育王山志十卷　（明）郭子章撰　明州阿育王山續志六卷　（清）釋畹荃撰　明萬曆刻清乾隆續刻本　六冊

330000－1716－0000233　善0168/00233　史部/地理類/方志之屬/郡縣志

[康熙]山陰縣志三十八卷　（清）高登先修　（清）沈麟趾等纂　清康熙十年（1671）刻本　一冊　存四卷（一至四）

330000－1716－0000234　善0184/00234　子部/雜著類/雜纂之屬

晚籭三抄□□卷　（清）祁敬德撰　清抄本　一冊

330000－1716－0000235　善0187/00235　集部/別集類/明別集

余忠節公遺文一卷附録一卷　（明）余煌撰　胡道南　馬用錫校　徐維則校輯　清光緒二十五年（1899）稿本　二冊

330000－1716－0000236　善0185/00236　子部/醫家類/兒科之屬/痘疹

增補秘傳痘疹玉髓金鏡録真本四卷首一卷　（明）翁仲仁撰　（清）仇天一參閲　清抄本　一冊

330000－1716－0000237　善0197/00237　集部/總集類/選集之屬/斷代

明文海目録四卷　（清）諸如綬輯　清抄本　四冊

330000－1716－0000238　善0188/00238　子部/雜著類/雜纂之屬

紹興雜録不分卷　清光緒會稽董氏行餘學舍

抄本　二册

330000－1716－0000239　善 0189/00239　集部/別集類/清別集

洛思山農駢枝集八卷　（清）沈堡撰　清抄本　二册

330000－1716－0000240　善 0190/00240　集部/別集類/清別集

姜湛園未定稿不分卷　（清）姜宸英撰　（清）范家相輯　清光緒會稽董氏行餘學舍抄本　一册

330000－1716－0000241　善 0191/00241　集部/別集類/清別集

浣香山房吟草一卷　（清）董滋本撰　清同治元年(1862)會稽董氏行餘講舍抄本　一册

330000－1716－0000242　善 0192/00242　子部/醫家類/本草之屬/歷代綜合本草

本草思辨録二卷　（清）周巖撰　稿本　二册

330000－1716－0000243　善 0193/00243　子部/醫家類/本草之屬/歷代綜合本草

本草思辨録八卷　（清）周巖撰　稿本　二册

330000－1716－0000244　善 0195/00244　子部/醫家類/綜合之屬/雜著

雞鳴録二卷　（清）王士雄輯　清咸豐稿本　一册

330000－1716－0000245　善 0194/00245　子部/藝術類/書畫之屬/書法書品

稷山論書詩不分卷　（清）陶濬宣撰　稿本　一册

330000－1716－0000246　善 0196/00246　集部/總集類/郡邑之屬

唐紹興人詩一卷　清光緒會稽董氏行餘學舍抄本　一册

330000－1716－0000247　善 0207/00247　史部/紀傳類/正史之屬

史記評林一百三十卷首一卷　（明）凌稚隆輯　明萬曆熊氏種德堂刻本　二十四册　存一百八卷(一至十九、二十一至四十、四十六至五十九、六十七至九十、一百一至一百三十，首)

330000－1716－0000248　善 0208/00248　集部/總集類/選集之屬/通代

古文奇賞二十二卷續古文奇賞三十四卷奇賞齋廣文苑英華二十六卷四續古文奇賞五十三卷明文奇賞四十卷　（明）陳仁錫輯　明萬曆四十六年(1618)至天啓刻本　十五册　存三十一卷(續古文奇賞一至二十、二十四至三十四)

330000－1716－0000249　善 0201/00249　子部/雜著類/雜纂之屬

霞西過眼録八卷　（清）沈復粲輯　清末抄本　四册　存四卷(浙中、江右、南中、志事隨劄)

330000－1716－0000250　善 0202/00250　子部/雜著類/雜纂之屬

霞西過眼録八卷　（清）沈復粲輯　清光緒會稽董氏行餘學舍抄本　三册　存三卷(浙中、江右、紹興志料)

330000－1716－0000251　善 0213/00251　類叢部/叢書類/彙編之屬

秘書廿一種　（清）汪士漢編　清嘉慶九年(1804)新安汪氏刻本　孝焱題簽　二册　存一種

330000－1716－0000252　善 0204/00252　集部/曲類/散曲之屬

初陽山人漁鼓曲一卷附録一卷　（清）顏鼎受撰　清乾隆刻本　一册

330000－1716－0000253　善 0205/00253　史部/雜史類/斷代之屬

靖康孤臣泣血録一卷　題(宋)丁特起撰　明末刻本　一册

330000－1716－0000254　善 0210/00254　史部/紀傳類/正史之屬

史記評林一百三十卷　（明）凌稚隆輯　明末刻本　十四册　存五十五卷(二至七、十三至十四、十八至三十、三十五至五十五、七十六

至八十八)

330000－1716－0000255　善 0212/00255　子
部/術數類/相宅相墓之屬

**胡氏家孝卜公雪心賦董熊謝三家合併補闕大
成集注不分卷**　(唐)卜則巍撰　(明)董潛注
明萬曆稿本　一冊

330000－1716－0000257　善 0215/00257　集
部/別集類/清別集

板橋集五種　(清)鄭燮撰　清清暉書屋刻本
四冊

330000－1716－0000259　善 0209/00259　集
部/總集類/選集之屬/通代

文選纂注評林十二卷　(南朝梁)蕭統輯
(明)張鳳翼纂注　(明)王世懋刪定　(明)
陸弘祚輯訂　明末刻本　二冊　存二卷(一
至二)

330000－1716－0000260　善 0216/00260　史
部/地理類/山川之屬/水志

北河紀八卷紀餘四卷　(明)謝肇淛撰　明萬
曆刻本　一冊　存二卷(北河紀一至二)

330000－1716－0000261　善 0221/00261　子
部/醫家類/類編之屬

六科證治準繩七種　(明)王肯堂撰　明萬曆
三十年至三十六年(1602－1608)刻本　五冊
存一種

330000－1716－0000262　善 0214/00262　史
部/政書類/邦交之屬

外交闡微八卷　黃壽袞輯　清光緒三十二年
(1906)稿本　八冊

330000－1716－0000263　善 0219/00263　子
部/醫家類/養生之屬

養性延命錄一卷　(南朝梁)陶弘景輯　**攝生
三要一卷**　(明)袁黃撰　**修齡要旨一卷**
(明)冷謙撰　**攝生月令一卷**　(宋)姚稱撰
攝生消息論一卷　(元)邱處機撰　清末抄本
一冊

330000－1716－0000264　地獻 0049/00264
集部/別集類/清別集

春臥庵詩稿二卷　(清)袁河撰　清光緒二十
年(1894)紹城許廣記刻本　二冊

330000－1716－0000265　善 0233/00265　集
部/別集類/清別集

九曲山房詩鈔十六卷　(清)宗聖垣撰　稿本
四冊　存八卷(九至十六)

330000－1716－0000266　地獻 0050/00266
集部/別集類/清別集

湖唐林館駢體文二卷　(清)李慈銘撰　清光
緒十年(1884)刻本　二冊

330000－1716－0000267　善 0234/00267　集
部/別集類/明別集

疑雨集二卷　(明)王彥泓撰　清汪氏碧梧書
屋抄本　二冊

330000－1716－0000268　善 0231/00268　集
部/詞類/別集之屬

東鷗草堂詞二卷附錄一卷　(清)周星譽撰
清光緒十四年(1888)山陰司馬伯昂抄本
一冊

330000－1716－0000269　地獻 0052/00269
集部/別集類/清別集

湖唐林館駢體文二卷　(清)李慈銘撰　清光
緒十年(1884)刻本　一冊

330000－1716－0000270　地獻 0053/00270
集部/別集類/清別集

湖唐林館駢體文二卷　(清)李慈銘撰　清光
緒十年(1884)刻本　一冊

330000－1716－0000271　善 0228/00271　史
部/政書類/律令之屬/治獄

刺字摘要不分卷　清末抄本　一冊

330000－1716－0000272　善 0229/00272　集
部/總集類/尺牘之屬

歷朝名媛尺牘二卷　(清)陳韶輯　清末水鏡
山房刻本　二冊

330000－1716－0000273　地獻 0054/00273
集部/別集類/清別集

湖唐林館駢體文二卷　(清)李慈銘撰　清光

緒十年(1884)刻本 一冊

330000－1716－0000274 地獻 0055/00274
集部/別集類/清別集

湖唐林館駢體文二卷 (清)李慈銘撰 清光
緒十年(1884)刻本 一冊

330000－1716－0000275 善 0230/00275 史
部/雜史類/斷代之屬

夏蟲自語一卷 (清)楊德榮撰 **附錄一卷**
清末抄本 一冊

330000－1716－0000276 善 0232/00276 集
部/別集類/清別集

紫珊詩稿一卷 (清)陳棻撰 稿本 一冊

330000－1716－0000278 善 0224/00278 子
部/醫家類/綜合之屬/通論

新刊醫林狀元壽世保元十卷 (明)龔廷賢撰
明末周文卿光霽堂刻本 八冊 存八卷
(一至八)

330000－1716－0000279 善 0225/00279 集
部/別集類/宋別集

蘇長公合作內外篇不分卷 (宋)蘇軾撰
(明)鄭圭輯 明萬曆三十年(1602)書林余憲
成刻本 五冊

330000－1716－0000280 地獻 0059/00280
經部/小學類/訓詁之屬/方言

越諺三卷越諺賸語二卷 (清)范寅撰 清光
緒十年(1884)谷應山房刻本 三冊

330000－1716－0000281 善 0227/00281 子
部/藝術類/書畫之屬/畫譜

晚笑堂畫傳一卷明太祖功臣圖一卷 (清)上
官周繪 清乾隆刻本 三冊

330000－1716－0000282 善 0243/00282 集
部/別集類/清別集

懶雲樓詩艸一卷 (清)釋與宏撰 稿本 楊
哲盦、戚揚、鮑亞白跋 李生翁題簽並跋 袁
天庚題詩 一冊

330000－1716－0000283 善 0242/00283 集
部/別集類/清別集

兀壺集一卷 (清)王石如撰 清康熙十五年
(1676)稿本 二冊

330000－1716－0000284 善 0246/00284 集
部/別集類/清別集

寄槃詩稿不分卷 (清)陶在銘撰 稿本 清
陶方琦題簽 清陶大田題記 一冊

330000－1716－0000285 善 0244/00285 集
部/總集類/彙編之屬

李杜全集四十八卷 (明)許自昌編 明萬曆
三十年(1602)長洲許自昌刻本 一冊 存二
卷(杜工部文集一至二)

330000－1716－0000286 善 0248/00286 集
部/別集類/清別集

禪悅內外合集十卷 (清)祁駿佳撰 (清)祁
豸佳 (清)祁熊佳訂 清寧淡書屋抄本
五冊

330000－1716－0000287 善 0245/00287 集
部/總集類/選集之屬/通代

漢魏詩乘二十卷吳詩一卷總錄一卷末一卷
(明)梅鼎祚輯 明萬曆十一年(1583)劉文
顯、徐家慶等刻三十四年(1606)續刻本
十冊

330000－1716－0000288 地獻 0060/00288
經部/小學類/訓詁之屬/方言

越諺三卷越諺賸語二卷 (清)范寅撰 清光
緒八年(1882)谷應山房刻本 三冊

330000－1716－0000289 善 0247/00289 類
叢部/叢書類/自著之屬

蘇齋叢書十八種 (清)翁方綱撰 清乾隆至
嘉慶刻彙印本 一冊 存一種

330000－1716－0000291 善 0362/00291 集
部/總集類/選集之屬/斷代

感舊集十六卷 (清)王士禛輯 (清)盧見曾
補傳 清乾隆十七年(1752)德州盧見曾愛日
堂刻本 六冊

330000－1716－0000292 善 0236/00292 集
部/詞類/類編之屬

瘦生草一卷初稿一卷 (清)沈摯梅撰 茗柯

詞一卷　（清）□□撰　清雅堂詩鈔一卷
（清）扶青撰　清光緒十一年(1885)山陰司馬
伯昂抄本　清扶青、清懺叵庵主、清雙紅豆盦
主觀款　一冊

330000－1716－0000293　地獻0057/00293
集部/別集類/清別集

心孺詩選二十四卷　（清）傅仲辰撰　清雍正
樹滋堂刻本　四冊

330000－1716－0000294　善0238/00294　集
部/戲劇類/傳奇之屬

繪風亭評第七才子書琵琶記六卷釋義一卷
（元）高明撰　（清）毛綸評　清吳郡大來堂刻
本　六冊

330000－1716－0000295　善0237/00295　史
部/史抄類

史抄不分卷　（清）傅以禮撰　稿本　四冊

330000－1716－0000296　善0363/00296　集
部/總集類/選集之屬/斷代

山曉閣選明文全集二十四卷續集八卷　（清）
孫琮輯並評　清康熙十六年至二十一年
(1677－1682)文雅堂刻本　江畬經題記　六
冊　存八卷(續集一至八)

330000－1716－0000297　善0241/00297　集
部/別集類/清別集

拙怡堂文稿二卷　（清）馬賡良撰　稿本　清
陶方琦題簽並觀款　清施補華、清陶濬宣觀
款　一冊

330000－1716－0000298　善0261/00298　集
部/總集類/選集之屬/斷代

唐人選唐詩八種　（明）毛晉輯　明崇禎海虞
毛氏汲古閣刻本　一冊　存一種

330000－1716－0000299　地獻0065/00299
子部/儒家類/儒學之屬/俗訓

通藝堂詩錄十卷附紹興東湖書院通藝堂記一
卷　（清）陶濬宣撰　清光緒二十六年至二十
七年(1900－1901)福州刻本(卷二、五、七至
十原缺)　一冊

330000－1716－0000300　地獻0066/00300

子部/儒家類/儒學之屬/俗訓

通藝堂詩錄十卷附紹興東湖書院通藝堂記一
卷　（清）陶濬宣撰　清光緒二十六年至二十
七年(1900－1901)福州刻本(卷二、五、七至
十原缺)　一冊

330000－1716－0000302　地獻0063/00302
類叢部/叢書類/家集之屬

如皋冒氏叢書三十四種附二種　冒廣生輯
清光緒至民國如皋冒氏刻本　一冊　存一種

330000－1716－0000303　善0249/00303　子
部/醫家類/綜合之屬/通論

訂補明醫指掌十卷　（明）皇甫中撰　（明）王
肯堂等訂補　明末刻本　四冊　存八卷(一
至八)

330000－1716－0000304　善0223/00304　子
部/醫家類/方書之屬/單方驗方

丹溪心法附餘二十四卷首一卷　（明）方廣輯
　明天啟金陵唐鯉耀刻本　十四冊

330000－1716－0000305　地獻0062/00305
集部/總集類/氏族之屬

五周先生集八卷　冒廣生編　清光緒二十二
年(1896)刻三十四年(1908)冒廣生增補稿本
　一冊

330000－1716－0000306　善0251/00306　子
部/儒家類/儒學之屬/性理

性理大全書七十卷　（明）胡廣等撰　明永樂
十三年(1415)內府刻本　十一冊　存二十一
卷(一至十、十四至二十四)

330000－1716－0000307　地獻0734/00307
新學/學校

中等植物教科書一卷　（日本）松村任三
（日本）齋田功太郎撰　樊炳清譯　清光緒刻
本　一冊

330000－1716－0000308　地獻0409/00308
新學/雜著/雜記

妖怪百談一卷附錄一卷　（日本）井上圓了輯
　何琪譯　清光緒二十八年(1902)上海商務
印書館鉛印本　一冊

330000－1716－0000309　善 0252/00309　子部/工藝類/日用器物之屬/器具

遠西奇器圖說說録最三卷　（瑞士）鄧玉函口授　（明）王徵譯繪　**新製諸器圖說一卷**（明）王徵撰　清嘉慶二十一年(1816)王氏刻本　二冊　缺一卷(二)

330000－1716－0000310　善 0255/00310　集部/總集類/選集之屬/通代

新刊文選批評前集十四卷前集音釋一卷後集十三卷後集音釋一卷　（南朝梁）蕭統輯（明）郭正域輯評　明刻本　九冊　存十卷（一至三、六至十一,前集音釋）

330000－1716－0000312　善 0256/00312　史部/紀傳類/正史之屬

新鍥朱狀元芸窓彙輯百大家評注史記品粹十卷　（明）朱之蕃輯　明萬曆書林余象斗刻本　三冊　存三卷（五至七）

330000－1716－0000313　善 0254/00313　子部/雜著類/雜考之屬

信摭一卷　（清）章學誠撰　清道光八年(1828)山陰沈復粲抄本　清沈復粲題簽並跋　二冊

330000－1716－0000314　善 0260/00314　集部/別集類/明別集

楊忠烈公文集十卷補遺一卷附表忠録一卷末一卷　（明）楊漣撰　**楊忠烈公年譜一卷**（清）楊徵午等編　清道光十三年(1833)世美堂刻本　十二冊　存十二卷（一至十、補遺、表忠録）

330000－1716－0000315　善 0257/00315　子部/儒家類/儒學之屬/蒙學

聖學啟蒙四卷首一卷　（清）周炳琦輯　清光緒七年(1881)稿本　二冊

330000－1716－0000316　善 0258/00316　集部/小說類/長篇之屬

李卓吾先生批評三國志一百二十回　（明）羅貫中撰　（明）李贄評　明刻本　十冊　存六十二回(五十九至一百二十)

330000－1716－0000319　普史 1033/00319　類叢部/類書類/專類之屬

增輯廿四史尚友録不分卷　（明）廖用賢編（清）思退主人續編　（清）倉山主人再續編　清光緒二十五年(1899)上海富強齋石印本　十冊

330000－1716－0000321　善 0265/00321　經部/書類/專著之屬

尚書日記十六卷　（明）王樵撰　明萬曆二十三年(1595)平陽蔡立身刻本　八冊

330000－1716－0000322　善 0263/00322　集部/別集類/宋別集

湖山類稿五卷水雲集一卷附録一卷　（宋）汪元量撰　清乾隆三十年(1765)鮑廷博知不足齋刻本　一冊　缺一卷(水雲集)

330000－1716－0000323　地獻 0061/00323　類叢部/叢書類/彙編之屬

滂喜齋叢書五十種　（清）潘祖蔭編　清同治至光緒吳縣潘氏京師刻本　一冊　存一種

330000－1716－0000324　善 0240/00324　集部/總集類/氏族之屬

嘉樂齋三蘇文範十八卷首一卷　（宋）蘇洵（宋）蘇軾　（宋）蘇轍撰　（明）楊慎輯（明）袁宏道評釋　明天啟二年(1622)刻本　六冊

330000－1716－0000325　地獻 0064/00325　集部/總集類/選集之屬/斷代

心壺雅集菁華録二卷　（清）狄煜等撰　（清）竇振山輯　清同治七年(1868)山陰周兆琦抄本　清周兆琦批　一冊

330000－1716－0000326　善 0264/00326　史部/地理類/方志之屬/郡縣志

[康熙]紹興府志五十八卷　（清）李鐸修（清）王風采纂　清康熙刻本　十七冊　存四十卷(一至九、十三至四十三)

330000－1716－0000327　善 0239/00327　集部/別集類/清別集

晚菘園詩稿一卷　（清）杜葆恬撰　清光緒十

四年(1888)抄本 王繼香題記 一冊

330000－1716－0000328 善0262/00328 集部/總集類/尺牘之屬

書牘不分卷 清抄本 八冊

330000－1716－0000330 善0269/00330 子部/雜著類/雜說之屬

金罍子上篇二十卷中篇十二卷下篇十二卷 (明)陳絳撰 (明)陳昱輯 明萬曆三十四年(1606)陳昱刻本 七冊

330000－1716－0000331 善0270/00331 子部/雜著類/雜纂之屬

格言律詩一卷附一卷 清末抄本 清白雲人山題簽 二冊

330000－1716－0000332 善0271/00332 集部/總集類/選集之屬/通代

御選唐宋詩醇四十七卷目錄二卷 (清)高宗弘曆輯 清乾隆二十五年(1760)珊城遺安堂刻朱墨套印本 十冊

330000－1716－0000333 善0273/00333 集部/詩文評類/詩評之屬

苕溪漁隱叢話前集六十卷後集四十卷 (宋)胡仔撰 清乾隆五年至六年(1740－1741)楊佑啟耘經樓刻本 八冊

330000－1716－0000334 善0274/00334 集部/總集類/彙編之屬

元詩四大家二十七卷 (明)毛晉輯 明崇禎海虞毛氏汲古閣刻本 二冊 存一種

330000－1716－0000335 善0275/00335 史部/政書類/通制之屬

西漢會要七十卷目錄二卷 (宋)徐天麟撰 清抄本 清阮亨校 十冊

330000－1716－0000336 善0272/00336 史部/目錄類/總錄之屬/禁燬

禁書總目一卷 清乾隆浙江刻本 二冊

330000－1716－0000337 善0277/00337 子部/醫家類/類編之屬

孫氏醫家叢書不分卷 (清)孫又川輯 清光

緒抄本 八冊

330000－1716－0000338 善0276/00338 史部/政書類/通制之屬

東漢會要四十卷目錄一卷 (宋)徐天麟撰 清抄本 清阮亨校字 六冊

330000－1716－0000339 善0278/00339 經部/小學類/文字之屬/字書/訓蒙

字學須知不分卷 清抄本 二冊

330000－1716－0000340 善0280/00340 集部/別集類/清別集

海鷗館詩存八卷詩餘一卷 (清)黃霽棠撰 清光緒抄本 六冊

330000－1716－0000341 善附0065/00341 史部/地理類/水利之屬

三江閘務全書二卷續刻四卷 (清)程鶴壽撰 (清)程式昭編 **附湯神事實錄一卷** 清康熙漱玉齋刻咸豐四年(1854)介眉堂印本 二冊 缺四卷(續刻一至四)

330000－1716－0000342 善0285/00342 史部/地理類/水利之屬

三江閘務全書二卷 (清)程鶴壽撰 (清)程式昭編 清抄本 二冊

330000－1716－0000343 善0286/00343 史部/地理類/水利之屬

閘務全書續刻四卷 (清)平衡撰 清道光年刻咸豐四年(1854)補刻介眉堂印本 二冊

330000－1716－0000344 善0281/00344 史部/傳記類/總傳之屬/郡邑

詩巢衦祀諸賢考次四卷 清光緒會稽董氏行餘學舍抄本 一冊

330000－1716－0000345 善0283/00345 集部/別集類/清別集

敬業堂詩集四十八卷 (清)查慎行撰 清康熙五十八年(1719)刻本 七冊 缺六卷(二十四至二十九)

330000－1716－0000346 善0298/00346 經部/小學類/訓詁之屬/方言

越諺三卷越諺賸語二卷 （清）范寅撰 清末抄本 三冊 存二卷(中之中下、越諺賸語二)

330000－1716－0000347 善 0284/00347 類叢部/叢書類/自著之屬

果堂全集三種附二種 （清）沈彤撰 清乾隆吳江沈氏果堂刻本 一冊 存一種

330000－1716－0000348 善 0288/00348 集部/別集類/清別集

鴻巢詩鈔不分卷 （清）□□撰 清抄本 二冊 存二冊(七言古午、申)

330000－1716－0000349 善 0296/00349 子部/醫家類/類編之屬

沈氏尊生書五種 （清）沈金鰲撰輯 清乾隆四十九年(1784)無錫沈氏師儉堂刻本 十六冊

330000－1716－0000350 善 0293/00350 類叢部/叢書類/彙編之屬

合刻周秦經書十種 （明）盧之頤編 明溪香書屋刻本 一冊 存一卷(孟子下)

330000－1716－0000351 善 0291/00351 子部/藝術類/書畫之屬/書法書品

滄海遺珠不分卷 （清）周師濂輯 稿本 二冊

330000－1716－0000352 善 0294/00352 子部/法家類

管韓合刻四十四卷 （明）趙用賢編 明萬曆十年(1582)常熟趙氏刻本 四冊 存一種

330000－1716－0000353 善 0289/00353 子部/兵家類/操練之屬

練兵實紀類抄十五卷 （明）戚繼光撰 清抄本 八冊 缺三卷(七至九)

330000－1716－0000354 善 0295/00354 史部/地理類/方志之屬/郡縣志

[康熙]會稽縣志二十八卷首一卷 （清）王元臣修 （清）董欽德 （清）金炯纂 清康熙二十二年(1683)刻本 八冊

330000－1716－0000355 善 0300/00355 史部/傳記類/總傳之屬/姓名

三史同名錄四十卷 （清）汪輝祖輯 （清）汪繼培補 清嘉慶六年(1801)汪氏雙節堂刻本 四冊

330000－1716－0000356 善 0301/00356 史部/金石類/玉之屬/圖像

宋淳熙敕編古玉圖譜一百卷 （宋）龍大淵等編 清乾隆四十四年(1779)歙縣江春康山草堂刻本 十一冊 存六十六卷(一至十四、四十三至六十八、七十五至一百)

330000－1716－0000357 善 0302/00357 經部/易類/傳說之屬

周易程朱傳義二十四卷 （宋）程頤 （宋）朱熹撰 程子上下篇義一卷 （宋）程頤撰 周易朱子圖說一卷周易五贊一卷筮儀一卷 （宋）朱熹撰 明嘉靖刻本 三冊

330000－1716－0000358 善 0305/00358 經部/易類/傳說之屬

周易内傳十二卷 （清）金士升撰 清道光二年(1822)楊學烈退思堂刻本 四冊

330000－1716－0000360 善 0303/00360 集部/別集類/清別集

心廬集不分卷 （清）董欽德撰 （清）姚開濟校 清抄本 一冊

330000－1716－0000361 善 0306/00361 集部/總集類/彙編之屬

溫李二家詩集二種 （清）陳堡選 清秀水陳氏駿惠堂刻本 二冊 存一種

330000－1716－0000362 善 0308/00362 史部/史抄類

兩漢博聞十二卷 （宋）楊侃輯 清末抄本 一冊 存六卷(一至六)

330000－1716－0000363 善 0307/00363 子部/雜著類/雜纂之屬

網羅散迭一卷集脥成裘一卷 （清）陸秋生輯 稿本 清陸有鋆題簽 二冊

330000－1716－0000364 善 0310/00364 集

部/總集類/選集之屬/通代

集古評釋西山真先生文章正宗二十四卷
(宋)真德秀輯 (明)唐順之批點 (明)俞思沖補訂 明萬曆四十六年(1618)武林野計齋刻本 五冊 存十一卷(二、六、十三至十五、十七至二十二)

330000-1716-0000365 善0311/00365 史部/金石類/石之屬/文字

隸釋二十七卷隸續二十一卷 (宋)洪适撰 清乾隆四十二年至四十三年(1777-1778)汪日秀樓松書屋刻本(隸續卷九至十原缺) 八冊

330000-1716-0000366 善0314/00366 經部/小學類/訓詁之屬/方言

越諺補不分卷 清末抄本 一冊

330000-1716-0000367 善0317/00367 集部/別集類/清別集

宛委山人詩集十六卷 (清)劉正誼撰 清雍正刻乾隆四年(1739)增修本 二冊 存九卷(一至五、十三至十六)

330000-1716-0000368 善0315/00368 子部/雜著類/雜說之屬

金穀瑣言二卷 (清)朱補庭 (清)汪畹香撰 清同治十三年(1874)抄本 清鵠處過録公牘 二冊

330000-1716-0000369 善0318/00369 子部/術數類/相宅相墓之屬

古越山川三支一卷附古越山川圖說一卷
(清)宣元順輯注 清抄本 一冊

330000-1716-0000370 善0319/00370 集部/別集類/清別集

虛白齋詩集八卷 (清)欽璉撰 清乾隆刻本 二冊

330000-1716-0000371 善0313/00371 史部/史抄類

質盦襍綴一卷 (清)哲庵録 清光緒十八年(1892)稿本 一冊

330000-1716-0000372 善0312/00372 集

部/總集類/選集之屬/通代

古詩正宗不分卷 清末藝蘭堂抄本 虛谷題簽 一冊

330000-1716-0000373 善0321/00373 史部/地理類/山川之屬/水志

西湖志四十八卷 (清)李衛 (清)程元章修 (清)傅王露撰 清雍正十三年(1735)兩浙鹽驛道庫刻本 十五冊 存三十七卷(一至二十六、三十至四十)

330000-1716-0000374 地獻0483/00374 史部/政書類/公牘檔冊之屬

紹郡義倉徵信録二卷 (清)徐樹蘭編 清光緒二十五年(1899)會稽徐樹蘭刻本 一冊

330000-1716-0000375 地獻0485/00375 史部/政書類/公牘檔冊之屬

賑濟山會兩邑沿海水災徵信録不分卷 (清)徐樹蘭編 清光緒徐樹蘭刻本 一冊

330000-1716-0000376 善0327/00376 子部/宗教類/佛教之屬/總録

冶父星朗和尚廣録三十四卷首一卷 (明)釋大宗 (明)釋大施 (明)釋大寧撰 清順治七年(1650)刻本 十二冊

330000-1716-0000377 善0324/00377 集部/總集類/選集之屬/通代

唐宋八大家文鈔一百六十六卷 (明)茅坤編 明崇禎元年(1628)刻本 二冊 存一種

330000-1716-0000378 善0323/00378 子部/醫家類/醫話醫論之屬

歸硯録四卷 (清)王士雄撰 清光緒會稽董氏行餘學舍抄本 一冊 存二卷(一至二)

330000-1716-0000379 善0322/00379 集部/總集類/選集之屬/斷代

明詩歸十卷首一卷末一卷 (明)鍾惺 (明)譚元春輯 (清)王汝南重輯 清初刻本 三冊 存六卷(三至八)

330000-1716-0000381 地獻0073/00381 集部/別集類/清別集

勞自寬齋外集四卷 (清)金石撰 清光緒二

十九年(1903)程銘敬刻本　一冊

330000－1716－0000382　善 0328/00382　子部/藝術類/書畫之屬/畫譜

晚笑堂畫傳一卷明太祖功臣圖一卷　（清）上官周繪　清乾隆刻本　一冊　存一卷(晚笑堂畫傳)

330000－1716－0000383　善 0329/00383　史部/金石類/金之屬/通考

亦政堂重修宣和博古圖錄三十卷　（宋）王黼等撰　清乾隆十八年(1753)黃晟槐蔭草堂刻本　四冊　存八卷(一至四、十三至十六)

330000－1716－0000387　善 0330/00387　史部/傳記類/日記之屬

補讀齋日記不分卷(清咸豐八年五月至同治十二年五月)　（清）屠仲芬撰　稿本　十冊

330000－1716－0000392　善 0333/00392　史部/編年類/斷代之屬

新刻明朝通紀會纂七卷　題（明）王世貞纂（清）王政敏訂正　（清）王汝南補定　清初刻本　三冊

330000－1716－0000393　地獻 0099/00393　集部/別集類/清別集

蕉雨山房詩鈔六種十九卷　（清）丁堯臣撰　清光緒會稽丁氏刻本　三冊　存一種

330000－1716－0000394　地獻 0096/00394　集部/別集類/清別集

湘纍閣遺詩四卷蘭當詞二卷　（清）陶方琦撰　清光緒十六年(1890)鄂局刻本　二冊

330000－1716－0000395　善 0334/00395　集部/別集類/清別集

西河文選十一卷　（清）毛奇齡撰　（清）汪霦等選　清乾隆刻本　丁之蕃跋　四冊

330000－1716－0000397　地獻 0098/00397　集部/別集類/清別集

燹餘吟一卷　（清）屠仲芬撰　稿本　章煥文題記　一冊

330000－1716－0000400　地獻 0097/00400

集部/別集類/清別集

湘纍閣遺詩四卷蘭當詞二卷　（清）陶方琦撰　清光緒十六年(1890)鄂局刻本　二冊

330000－1716－0000405　善 0335/00405　集部/總集類/選集之屬/通代

山曉閣選古文全集三十二卷　（清）孫琭輯並評　清遺經堂刻本　十六冊

330000－1716－0000408　善 0336/00408　子部/農家農學類/鳥獸蟲之屬

貓苑二卷　（清）黃漢輯　清咸豐二年(1852)甕雲草堂刻本　二冊

330000－1716－0000409　善 0337/00409　子部/術數類/陰陽五行之屬

廖公秘傳泄天機不分卷　（宋）廖禹撰　（明）海岱清士述　清抄本　五冊

330000－1716－0000411　善 0340/00411　集部/總集類/選集之屬/斷代

唐四家詩八卷　（清）汪立名編　清康熙三十四年(1695)天都汪立名刻本　丁之蕃題簽、記並批注　一冊　存一種

330000－1716－0000414　善 0339/00414　集部/詞類/別集之屬

山中白雲詞八卷附錄一卷樂府指迷一卷　（宋）張炎撰　清康熙六十一年(1722)曹炳曾城書室刻雍正後印本　二冊

330000－1716－0000417　善 0341/00417　子部/雜著類/雜考之屬

緯略十二卷　（宋）高似孫撰　清抄本　二冊

330000－1716－0000419　善 0342/00419　子部/雜著類/雜纂之屬

玉海私擷不分卷　明末抄本　七冊

330000－1716－0000420　善 0343/00420　子部/術數類/陰陽五行之屬

太乙統宗寶鑑二十卷　（元）曉山老人撰　明抄本　九冊　存八卷(十至十五、十九至二十)

330000－1716－0000421　善 0344/00421　子

部/術數類/相宅相墓之屬

郭景純天星水鉗圖說一卷 （清）宣元仁撰
清抄本　一冊

330000－1716－0000422　善0345/00422　子
部/術數類/相宅相墓之屬

平洋秘旨二卷 （明）釋幕講撰　（清）宣元仁
補輯　清康熙抄本　一冊

330000－1716－0000423　地獻0108/00423
集部/總集類/選集之屬/通代

古文觀止十二卷 （清）吳乘權　（清）吳大職
輯　清光緒二十一年（1895）永康胡氏退補齋
刻本　六冊

330000－1716－0000424　善0346/00424　集
部/別集類/宋別集

石湖居士詩集三十四卷 （宋）范成大撰
（清）顧嗣皋等重訂　清康熙二十七年（1688）
吳郡顧氏依園刻本　八冊

330000－1716－0000425　地獻0103/00425
集部/總集類/選集之屬/斷代

偉觀集一卷敦交集一卷 （清）朱彝尊輯　清
光緒會稽董氏行餘學舍抄本　一冊

330000－1716－0000426　地獻0107/00426
子部/儒家類/儒學之屬/俗訓

通藝堂詩錄二卷 （清）陶濬宣撰　清光緒二
十六年（1900）漳州環玉樓、二十八年（1902）
刻本　一冊

330000－1716－0000427　善0347/00427　集
部/別集類/清別集

是程堂集十四卷二集四卷耶溪漁隱詞二卷
（清）屠倬撰　清嘉慶十九年（1814）、二十五
年（1820）真州官舍遞刻本　四冊　存十四卷
（一至十四）

330000－1716－0000428　善0348/00428　集
部/別集類/宋別集

安陽集五十卷 （宋）韓琦撰　**忠獻韓魏王別
錄三卷** （宋）王巖叟撰　**忠獻韓魏王遺事一
卷** （宋）強至撰　**忠獻韓魏王家傳十卷**
（明）郭璞校　清康熙五十六年（1717）峴山徐

樹敏晚香書屋刻乾隆五年（1740）蔣光祖補刻
本　八冊

330000－1716－0000429　地獻0106/00429
集部/別集類/清別集

瑤華集一卷 （清）張邁撰　清光緒二十八年
（1902）始豐傳是樓木活字印本　一冊

330000－1716－0000430　善0349/00430　經
部/小學類/文字之屬/說文

說文解字十五卷標目一卷 （漢）許慎撰
（宋）徐鉉等校定　清乾隆三十八年（1773）大
興朱筠椒華吟舫刻本　五冊　存十三卷（三
至十五）

330000－1716－0000432　善0350/00432　史
部/地理類/方志之屬/郡縣志

[康熙]臨城縣志八卷 （清）楊寬修　（清）
喬已百纂　清康熙三十年（1691）刻嘉慶、道
光、同治增刻本　四冊

330000－1716－0000433　地獻0114/00433
集部/別集類/清別集

聽桐廬殘草一卷附錄一卷 （清）王繼穀撰
清光緒七年（1881）寧波宗源瀚刻本　一冊

330000－1716－0000434　地獻0100/00434
集部/總集類/郡邑之屬

會稽掇英總集二十卷 （宋）孔延之輯　**校正
會稽掇英總集札記一卷** （清）杜丙杰撰　清
道光元年（1821）山陰杜氏浣花宗塾刻本
六冊

330000－1716－0000435　善0351/00435　子
部/小說家類/異聞之屬

博物志十卷 （晉）張華撰　**續博物志十卷**
（唐）李石撰　明刻本　三冊　缺五卷（續博
物志一至五）

330000－1716－0000436　地獻0104/00436
類叢部/叢書類/彙編之屬

滂喜齋叢書五十種 （清）潘祖蔭編　清同治
至光緒吳縣潘氏京師刻本　一冊　存一種

330000－1716－0000437　善0352/00437　類
叢部/叢書類/自著之屬

筠園全集十種　（清）朱仕玠撰　清乾隆刻本
　二冊　存一種

330000－1716－0000438　善0353/00438　史
部/傳記類/別傳之屬/年譜

紫陽朱夫子[熹]年譜三卷　（明）何可化等重
編　（明）周砥校　清康熙五十九年（1720）朱
爽刻本　二冊

330000－1716－0000439　地獻0115/00439
集部/別集類/清別集

聽桐廬殘草一卷王孝子遺墨一卷　（清）王繼
穀撰　清光緒六年（1880）寧波宗源瀚刻本
一冊

330000－1716－0000440　善0354/00440　史
部/地理類/方志之屬/郡縣志

[正德]武功縣志三卷首一卷　（明）康海纂
（清）孫景烈評注　清乾隆二十六年（1761）長
白瑪星阿刻本　唐風題簽並記　一冊

330000－1716－0000442　地獻0123/00442
類叢部/叢書類/彙編之屬

式訓堂叢書四十一種　（清）章壽康編　清光
緒會稽章氏刻本　十冊　存十五種

330000－1716－0000443　善0355/00443　史
部/地理類/方志之屬/郡縣志

[雍正]巢縣志二十二卷　（清）鄒理纂修　清
雍正八年（1730）刻本　八冊

330000－1716－0000444　地獻0109/00444
子部/儒家類/儒學之屬/俗訓

通藝堂詩録二卷　（清）陶濬宣撰　清光緒二
十六年（1900）漳州環玉樓、二十八年（1902）
刻本　一冊

330000－1716－0000445　地獻0110/00445
子部/儒家類/儒學之屬/俗訓

通藝堂詩録二卷　（清）陶濬宣撰　清光緒二
十六年（1900）漳州環玉樓、二十八年（1902）
刻本　一冊　存一卷（一）

330000－1716－0000446　善0356/00446　集
部/總集類/郡邑之屬

梁園風雅二十七卷　（明）趙彥復輯　清康熙

四十三年（1704）嘉定陸廷燦刻本　六冊

330000－1716－0000447　善0357/00447　集
部/別集類/唐五代別集

韓筆酌蠡三十卷　（唐）韓愈撰　（清）盧軒編
清雍正八年（1730）歙州程崟刻本　清張朝
晉批校　六冊

330000－1716－0000448　地獻0111/00448
子部/儒家類/儒學之屬/俗訓

通藝堂詩録六卷　（清）陶濬宣撰　清光緒二
十八年（1902）刻本　一冊　存二卷（地學歌、
女學歌）

330000－1716－0000449　地獻0112/00449
子部/儒家類/儒學之屬/俗訓

通藝堂詩録六卷　（清）陶濬宣撰　清光緒二
十八年（1902）刻本　一冊　存二卷（地學歌、
女學歌）

330000－1716－0000450　善0358/00450　子
部/醫家類/醫經之屬/難經

難經經釋二卷　（清）徐大椿撰　清雍正五年
（1727）刻本　一冊

330000－1716－0000451　地獻0102/00451
集部/總集類/郡邑之屬

越風三十卷　（清）商盤輯　清乾隆三十七年
（1772）山陰王大治刻嘉慶十六年（1811）徐兆
補修本　十冊

330000－1716－0000452　善0359/00452　集
部/別集類/漢魏六朝別集

陶詩集注四卷　（晉）陶潛撰　（清）詹夔錫注
　附東坡和陶詩一卷　（宋）蘇軾撰　清康熙
三十三年（1694）詹氏寶墨堂刻本　一冊

330000－1716－0000454　地獻0118/00454
集部/別集類

題名録一卷附樂器題名一卷題名聯語一卷
何鏞撰　清光緒二十年（1894）刻本　清馬肖
先觀款　一冊

330000－1716－0000455　善0360/00455　集
部/別集類/元別集

魯齋遺書十四卷　（元）許衡撰　（明）江學詩

等輯　明萬曆二十四年(1596)怡愉、江學詩刻清雍正增刻本　四冊

330000－1716－0000456　地獻0121/00456
類叢部/叢書類/家集之屬

董氏叢書十六種　(清)董金鑑編　清光緒三十二年(1906)會稽董氏取斯家塾刻本　十三冊

330000－1716－0000458　地獻0125/00458
類叢部/叢書類/郡邑之屬

越中文獻輯存書十種十八卷　紹興公報社輯　清宣統二年至民國元年(1910－1912)紹興公報社鉛印本　六冊

330000－1716－0000459　善0361/00459　集部/別集類/宋別集

西山先生真文忠公文集五十五卷目錄二卷　(宋)真德秀撰　清同治四年(1865)蒲城真氏拱極堂刻本　十二冊

330000－1716－0000460　地獻0056/00460
集部/別集類/清別集

白華絳跗閣詩初集(越縵堂詩初集)十卷　(清)李慈銘撰　清光緒十八年(1892)刻本　二冊

330000－1716－0000461　地獻0067/00461
子部/儒家類/儒學之屬/俗訓

通藝堂詩錄十卷附紹興東湖書院通藝堂記一卷　(清)陶濬宣撰　清光緒二十六年至二十七年(1900－1901)福州刻本(卷二、五、七至十原缺)　一冊

330000－1716－0000462　地獻0068/00462
子部/儒家類/儒學之屬/俗訓

通藝堂詩錄十卷附紹興東湖書院通藝堂記一卷　(清)陶濬宣撰　清光緒二十六年至二十七年(1900－1901)福州刻本(卷二、五、七至十原缺)　一冊

330000－1716－0000464　善0364/00464　集部/總集類/選集之屬/斷代

唐詩排律七卷　(清)牟欽元輯　(清)牟融箋注　清康熙五十四年(1715)東山牟欽元刻本

二冊

330000－1716－0000465　善0365/00465　史部/傳記類/別傳之屬/年譜

先君子蕺山先生[劉宗周]年譜二卷　(清)劉汋編　清乾隆四十一年(1776)山陰劉毓德證人堂刻本　二冊

330000－1716－0000466　集部/總集類/選集之屬/斷代

唐四家古文選十三卷　(清)何焯評點　清初挹秀齋刻本　二冊

330000－1716－0000467　善0367/00467　集部/別集類/金別集

遺山集四十卷　(金)元好問撰　**附錄一卷**　(明)儲瓘輯　清道光二十七年(1847)京都貴文堂李鎔經刻本　十二冊

330000－1716－0000468　善0368/00468　集部/別集類/明別集

己吾集十四卷　(明)陳際泰撰　**壺山集三卷**　(清)陳孝威撰　**癡山集六卷**　(清)陳孝逸撰　清順治臨川李來泰白下刻本　四冊　存十四卷(己吾集一至十四)

330000－1716－0000469　善0369/00469　集部/別集類/漢魏六朝別集

諸葛丞相集四卷　(三國蜀)諸葛亮撰　(清)朱璘纂輯　清康熙三十七年(1698)古虞朱氏萬卷堂刻本　四冊

330000－1716－0000470　地獻0127/00470
集部/詞類/別集之屬

寄龕詞四卷　(清)孫德祖撰　清同治九年(1870)山陰許純模刻本　一冊

330000－1716－0000471　善0372/00471　史部/傳記類/別傳之屬/事狀

忠武誌八卷　(清)張鵬翮輯　清康熙冰雪堂刻本　八冊

330000－1716－0000472　地獻0129/00472
集部/詞類/別集之屬

蘭當詞二卷　(清)陶方琦撰　清末抄本　一冊

330000－1716－0000473　善 0373/00473　子部/醫家類/本草之屬/食療本草

食物本草會纂十二卷　（清）沈李龍輯　清乾隆四十八年(1783)金閭書業堂刻本　六冊

330000－1716－0000474　善 0374/00474　集部/別集類/唐五代別集

王右丞集二十八卷首一卷末一卷　（唐）王維撰　（清）趙殿成箋注　清乾隆刻本　十二冊

330000－1716－0000475　地獻 0128/00475　集部/戲劇類/雜劇之屬

桃花聖解盦樂府二種　（清）李慈銘撰　清咸豐蕭山鍾駿文崇實齋刻本　一冊

330000－1716－0000478　善 0380/00478　集部/曲類/彈詞之屬

輾龍鏡十七回　清乾隆三十一年(1766)王月新刻本　四冊

330000－1716－0000479　地獻 0134/00479　集部/詞類/別集之屬

寄龕詞四卷　（清）孫德祖撰　清同治九年(1870)山陰許純模刻本　一冊

330000－1716－0000480　善 0381/00480　子部/雜家類

白虎通德論二卷　（漢）班固撰　明萬曆新都俞元符刻本　一冊　存一卷(一)

330000－1716－0000481　地獻 0132/00481　集部/詞類/別集之屬

寄龕詞四卷　（清）孫德祖撰　清同治九年(1870)山陰許純模刻本　一冊

330000－1716－0000482　善 0382/00482　史部/紀傳類/正史之屬

史記一百三十卷　（漢）司馬遷撰　（南朝宋）裴駰集解　（唐）司馬貞索隱　（唐）張守節正義　（明）徐孚遠　（明）陳子龍測議　**史記補一卷**　（唐）司馬貞補並注　（明）徐孚遠（明）陳子龍測議　明崇禎刻本　三十二冊

330000－1716－0000483　地獻 0130/00483　集部/詞類/別集之屬

寄龕詞問六卷　（清）孫德祖撰　清光緒二十

六年(1900)長興王承湛古綏述廬刻本　一冊

330000－1716－0000485　善 0383/00485　史部/目錄類/總錄之屬/官修

欽定四庫全書簡明目錄二十卷　（清）紀昀等撰　清乾隆六十年(1795)浙江刻本　十二冊

330000－1716－0000486　地獻 0131/00486　集部/別集類/清別集

湘麋閣遺詩四卷蘭當詞二卷　（清）陶方琦撰　清光緒十六年(1890)鄂局刻本　一冊　存二卷(蘭當詞上、下)

330000－1716－0000487　地獻 0133/00487　集部/詞類/別集之屬

寄龕詞問六卷　（清）孫德祖撰　清光緒二十六年(1900)長興王承湛古綏述廬刻本　一冊

330000－1716－0000489　地獻 0136/00489　集部/詞類/別集之屬

寄龕詞四卷　（清）孫德祖撰　清同治九年(1870)山陰許純模刻本　一冊

330000－1716－0000490　善 0384/00490　集部/小說類/長篇之屬

平妖傳八卷四十回　（明）羅貫中撰　（明）馮夢龍補　清刻本　六冊

330000－1716－0000491　善 0385/00491　集部/小說類/長篇之屬

新鐫批評出像通俗奇俠禪真逸史八集四十回　（明）方汝浩撰　清初古杭夏履先爽閣刻本　十冊

330000－1716－0000492　地獻 0137/00492　集部/別集類/清別集

湘麋閣遺詩四卷蘭當詞二卷　（清）陶方琦撰　清光緒十六年(1890)鄂局刻本　一冊　存二卷(蘭當詞上、下)

330000－1716－0000495　善 0393/00495　史部/地理類/專志之屬/祠墓

陵寢考一卷　（清）傅廷鈇輯　清嘉慶二十二年(1817)山陰劉慶崧抄本　一冊

330000－1716－0000496　地獻 0141/00496

集部/總集類/郡邑之屬

會稽掇英總集二十卷 (宋)孔延之輯 校正
會稽掇英總集札記一卷 (清)杜丙杰撰 清
道光元年(1821)山陰杜氏浣花宗塾刻本
四冊

330000－1716－0000498 善0388/00498 集
部/楚辭類

離騷經注不分卷 (清)周鎬撰 稿本 一冊

330000－1716－0000499 地獻0139/00499
集部/總集類/酬唱之屬

詩箋一卷 (清)□□輯 清末抄本 一冊

330000－1716－0000500 善0389/00500 集
部/總集類/選集之屬/通代

名媛璣囊二卷 (明)池上客選 明萬曆刻本
一冊 存一卷(一)

330000－1716－0000503 地獻0143/00503
類叢部/叢書類/自著之屬

章氏遺書二種 (清)章學誠撰 清道光十二
年至十三年(1832－1833)章華綬刻本 五冊

330000－1716－0000504 善0391/00504 類
叢部/叢書類/彙編之屬

集琱樓偶鈔十二卷 (清)□□輯 清道光十
八年至十九年(1838－1839)夢仙抄本 七冊

330000－1716－0000505 地獻0152/00505
集部/別集類/清別集

湖唐林館駢體文二卷 (清)李慈銘撰 清光
緒十年(1884)刻本 二冊

330000－1716－0000506 地獻0146/00506
類叢部/叢書類/自著之屬

章氏遺書二種 (清)章學誠撰 清道光十二
年至十三年(1832－1833)章華綬刻本 五冊

330000－1716－0000507 地獻0145/00507
集部/別集類/清別集

躬恥齋文鈔二十卷文後編六卷詩鈔十四卷詩
後編七卷 (清)宗稷辰撰 清咸豐越峴山館
刻同治七年(1868)當湖朱氏補修本 十八冊
存二十五卷(一至二十、文後編二至六)

330000－1716－0000508 地獻0144/00508
集部/別集類/清別集

一枝山房詩鈔一卷文鈔一卷 (清)楊三鼎撰
華庭詩鈔一卷賦鈔一卷夏蟲自語一卷
(清)楊德榮撰 清光緒七年(1881)會稽楊德
熙刻本 一冊

330000－1716－0000509 善0375/00509 集
部/別集類/唐五代別集

溫飛卿詩集七卷別集一卷集外詩一卷附錄諸
家詩評一卷 (唐)溫庭筠撰 (明)曾益注
(清)顧予咸補注 (清)顧嗣立續注 清嘉慶
刻本 二冊 缺一卷(諸家詩評)

330000－1716－0000510 地獻0147/00510
類叢部/叢書類/自著之屬

章氏遺書二種 (清)章學誠撰 清道光十二
年至十三年(1832－1833)章華綬刻本 五冊

330000－1716－0000511 地獻0339－1/
00511 集部/詞類/別集之屬

笙月詞四卷 (清)王詒壽撰 清同治十一年
(1872)刻本 一冊

330000－1716－0000513 古越0775/00513
類叢部/叢書類/彙編之屬

蕘園叢書十一種 (清)平步青編 清同治至
光緒山陰平氏安越堂刻本 二冊 存二種

330000－1716－0000514 善0377/00514 子
部/天文曆算類/曆法之屬

明史曆志八卷 (清)黃百家撰 清初抄本
四冊

330000－1716－0000515 善0378/00515 子
部/醫家類/婦科之屬/廣嗣

妙一齋醫學正印種子編二卷 (明)岳甫嘉撰
清乾隆五十八年(1793)山陰陳文絃刻本
四冊

330000－1716－0000516 地獻0157/00516
集部/總集類/選集之屬/通代

六朝唐賦讀本不分卷 (清)馬傳庚選注 清
同治十三年(1874)京都馬氏玉燕書巢刻本
二冊

330000－1716－0000517　地獻 0155/00517
類叢部/叢書類/彙編之屬

蕘園叢書十一種　（清）平步青編　清同治至
光緒山陰平氏安越堂刻本　三冊　存三種

330000－1716－0000518　善 0379/00518　集
部/別集類/清別集

潛庵文正公家書不分卷　（清）湯斌撰　（清）
湯之暄輯　清乾隆十七年(1752)刻本　一冊

330000－1716－0000519　地獻 0158/00519
集部/總集類/選集之屬/通代

六朝唐賦讀本不分卷　（清）馬傳庚選注　清
光緒二年(1876)京都松竹齋刻本　二冊

330000－1716－0000520　善 0379/00520　類
叢部/叢書類/自著之屬

湯文正公遺書六種　（清）湯斌撰　清道光刻
本　十九冊　存四種

330000－1716－0000521　地獻 0159/00521
集部/總集類/選集之屬/通代

六朝唐賦讀本不分卷　（清）馬傳庚選注　清
同治十三年(1874)京都馬氏玉燕書巢刻本
二冊

330000－1716－0000522　善 0387/00522　集
部/總集類/選集之屬/斷代

皇明詩選十三卷　（清）李雯　（清）宋徵輿輯
　明崇禎刻本　清邵飄題記　六冊

330000－1716－0000523　地獻 0162/00523
類叢部/叢書類/彙編之屬

榆園叢刻十五種附一種　（清）許增編　清同
治至光緒刻本　四冊　存一種

330000－1716－0000524　地獻 0164/00524
集部/別集類/清別集

鷗堂遺稿三卷　（清）馬賡良撰　清光緒十五
年(1889)會稽馬氏刻本　一冊

330000－1716－0000525　善 0392/00525　集
部/總集類/選集之屬/斷代

御定全唐詩摘錄不分卷　（清）徐倬等輯　清
抄本　四冊

330000－1716－0000526　地獻 0167/00526
集部/別集類/清別集

鷗堂遺稿三卷　（清）馬賡良撰　清光緒十五
年(1889)會稽馬氏刻本　一冊

330000－1716－0000527　地獻 0166/00527
集部/別集類/清別集

鷗堂遺稿三卷　（清）馬賡良撰　清光緒十五
年(1889)會稽馬氏刻本　一冊

330000－1716－0000528　地獻 0165/00528
集部/別集類/清別集

鷗堂遺稿三卷　（清）馬賡良撰　清光緒十五
年(1889)會稽馬氏刻本　一冊

330000－1716－0000529　善 0394/00529　子
部/兵家類/兵法之屬

金湯借箸十二籌十二卷　（明）李盤等撰　清
抄本　九冊　存十一卷(一、三至十二)

330000－1716－0000530　地獻 0168/00530
集部/別集類/清別集

鷗堂遺稿三卷　（清）馬賡良撰　清光緒十五
年(1889)會稽馬氏刻本　一冊

330000－1716－0000531　地獻 0163/00531
類叢部/叢書類/彙編之屬

榆園叢刻十五種附一種　（清）許增編　清同
治至光緒刻本　四冊　存一種

330000－1716－0000532　善 0376/00532　集
部/別集類/清別集

瘦吟廬詩草不分卷　（清）沈煒撰　清道光稿
本　清周師濂、清莫階題記　一冊

330000－1716－0000533　地獻 0170/00533
集部/別集類/清別集

曼志堂遺稿二卷　（清）曹壽銘撰　清同治九
年(1870)甬上鐵耕齋刻本　一冊

330000－1716－0000534　地獻 0175/00534
集部/別集類

小沖言事二卷　黃壽衰撰　清光緒三十二年
(1906)鉛印本　一冊　存一卷(一)

330000－1716－0000535　善 0411/00535　集

部/別集類/清別集

葦間詩集五卷 （清）姜宸英撰　清道光木活字印本　二冊

330000－1716－0000537　地獻 0171/00537
集部/別集類/清別集

曼志堂遺稿二卷 （清）曹壽銘撰　清同治九年(1870)甬上鐵耕齋刻本　一冊

330000－1716－0000538　地獻 0177/00538
集部/別集類/清別集

寄龕文存四卷 （清）孫德祖撰　清光緒十年(1884)鄞縣翰墨林刻本　四冊

330000－1716－0000539　地獻 0173/00539
集部/別集類/清別集

曼志堂遺稿二卷 （清）曹壽銘撰　清同治九年(1870)甬上鐵耕齋刻本　一冊

330000－1716－0000540　地獻 0172/00540
集部/別集類/清別集

曼志堂遺稿二卷 （清）曹壽銘撰　清同治九年(1870)甬上鐵耕齋刻本　田紹謙題記　一冊

330000－1716－0000541　善 0396/00541　集部/別集類/清別集

歸愚文鈔十二卷文續十二卷詩鈔十四卷黃山遊草一卷台山遊草一卷南巡詩一卷 （清）沈德潛撰　清乾隆刻本　六冊　存十二卷(文續一至十二)

330000－1716－0000542　地獻 0174/00542
集部/別集類/清別集

曼志堂遺稿二卷 （清）曹壽銘撰　清同治九年(1870)甬上鐵耕齋刻本　一冊

330000－1716－0000545　善 0397/00545　類叢部/叢書類/彙編之屬

正誼堂全書六十三種續刻五種 （清）張伯行編　（清）楊浚重編　清同治五年(1866)福州正誼書院刻同治八年至光緒十三年(1869－1887)續刻本　十二冊　存續刻一種

330000－1716－0000546　地獻 0180/00546
集部/別集類/清別集

梅花吟一卷 （清）陶方琯撰　清光緒二十八年(1902)刻本　一冊

330000－1716－0000547　地獻 0181/00547
集部/別集類/清別集

心影樓詩集一卷 （清）陶方琯撰　清光緒二年(1876)刻本　一冊

330000－1716－0000548　地獻 0182/00548
集部/別集類/清別集

湘麋閣遺詩四卷蘭當詞二卷 （清）陶方琦撰　清光緒十六年(1890)鄂局刻本　二冊

330000－1716－0000549　地獻 0183/00549
集部/別集類/清別集

湘麋閣遺詩四卷蘭當詞二卷 （清）陶方琦撰　清光緒十六年(1890)鄂局刻本　二冊

330000－1716－0000550　地獻 0185/00550
集部/別集類/清別集

湘麋閣遺詩四卷蘭當詞二卷 （清）陶方琦撰　清光緒十六年(1890)鄂局刻本　二冊

330000－1716－0000551　地獻 0186/00551
集部/別集類/清別集

湘麋閣遺詩四卷蘭當詞二卷 （清）陶方琦撰　清光緒十六年(1890)鄂局刻本　二冊

330000－1716－0000552　地獻 0184/00552
集部/別集類/清別集

湘麋閣遺詩四卷蘭當詞二卷 （清）陶方琦撰　清光緒十六年(1890)鄂局刻本　二冊

330000－1716－0000553　善 0398/00553　集部/別集類/宋別集

元豐類稿五十卷 （宋）曾鞏撰　清康熙四十九年(1710)長嶺曾國光西爽堂刻本　十冊

330000－1716－0000554　地獻 0187/00554
集部/別集類/清別集

湘麋閣遺詩四卷蘭當詞二卷 （清）陶方琦撰　清光緒十六年(1890)鄂局刻本　二冊

330000－1716－0000555　地獻 0188/00555
集部/別集類/清別集

湘麋閣遺詩四卷蘭當詞二卷 （清）陶方琦撰

清光緒十六年(1890)鄂局刻本　二冊

330000－1716－0000556　地獻 0189/00556
集部/別集類/清別集

鷗堂遺稿三卷　(清)馬廣良撰　清光緒十五
年(1889)會稽馬氏刻本　一冊

330000－1716－0000557　地獻 0190/00557
集部/別集類/清別集

鷗堂詩三卷　(清)馬廣良撰　清光緒五年
(1879)會稽馬氏刻本　一冊

330000－1716－0000558　善 0399/00558　集
部/詞類/類編之屬

詞學全書四種　(清)查培繼編　清乾隆刻本
　七冊　缺一卷(附柴氏古韻通略)

330000－1716－0000559　地獻 0192/00559
集部/別集類/清別集

鷗堂詩三卷　(清)馬廣良撰　清光緒五年
(1879)會稽馬氏刻本　一冊

330000－1716－0000560　地獻 0191/00560
集部/別集類/清別集

鷗堂詩三卷　(清)馬廣良撰　清光緒五年
(1879)會稽馬氏刻本　一冊

330000－1716－0000562　地獻 0198/00562
集部/詩文評類/詩評之屬

柳亭詩話三十卷　(清)宋長白纂　清康熙天
茁園刻本　十六冊

330000－1716－0000563　地獻 0199/00563
集部/詩文評類/郡邑之屬

全浙詩話五十四卷　(清)陶元藻輯　(清)陶
廷珍　(清)陶廷琡編　清嘉慶元年(1796)怡
雲閣刻本　十二冊

330000－1716－0000564　地獻 0200/00564
集部/詩文評類/詩評之屬

宮閨叢話不分卷　(清)孫采芙輯　稿本
一冊

330000－1716－0000565　地獻 0197/00565
集部/別集類/清別集

鷗堂詩三卷　(清)馬廣良撰　清光緒五年

(1879)會稽馬氏刻本　一冊

330000－1716－0000566　地獻 0196/00566
集部/別集類/清別集

鷗堂詩三卷　(清)馬廣良撰　清光緒五年
(1879)會稽馬氏刻本　一冊

330000－1716－0000567　地獻 0194/00567
集部/別集類/清別集

鷗堂詩三卷　(清)馬廣良撰　清光緒五年
(1879)會稽馬氏刻本　一冊

330000－1716－0000568　地獻 0193/00568
集部/別集類/清別集

鷗堂詩三卷　(清)馬廣良撰　清光緒五年
(1879)會稽馬氏刻本　一冊

330000－1716－0000569　地獻 0195/00569
集部/別集類/清別集

鷗堂詩三卷　(清)馬廣良撰　清光緒五年
(1879)會稽馬氏刻本　一冊

330000－1716－0000570　善 0402/00570　集
部/別集類/清別集

鳥瀾軒文集二卷　(清)吳中衡撰　清雍正十
二年(1734)刻本　一冊

330000－1716－0000571　地獻 0201/00571
類叢部/叢書類/彙編之屬

榆園叢刻十五種附一種　(清)許增編　清同
治至光緒刻本　四冊　存一種

330000－1716－0000575　地獻 0203/00575
子部/醫家類/本草之屬/歷代綜合本草

本草思辨錄四卷首一卷　(清)周巖撰　清光
緒三十年(1904)山陰周氏微尚室刻本　四冊

330000－1716－0000579　善 0404/00579　集
部/別集類/清別集

養拙窩詩鈔七卷　(清)趙寶晉撰　清光緒三
十二年(1906)木活字印本　二冊

330000－1716－0000580　善 0405/00580　集
部/別集類/清別集

養拙窩詩鈔七卷　(清)趙寶晉撰　清光緒三
十二年(1906)木活字印本　二冊

330000－1716－0000581　善 0406/00581　集部/別集類/清別集

養拙窩詩鈔七卷　（清）趙寶晉撰　清光緒三十二年(1906)木活字印本　二冊

330000－1716－0000582　地獻 0213/00582　子部/雜著類/雜纂之屬

寄廬隨筆一卷　清末抄本　一冊

330000－1716－0000583　地獻 0704/00583　類叢部/叢書類/家集之屬

董氏叢書十六種　（清）董金鑑編　清光緒三十二年(1906)會稽董氏取斯家塾刻本　八冊　存八種

330000－1716－0000585　善 0407/00585　集部/總集類/選集之屬/斷代

群雅集四十卷　（清）王豫輯　清嘉慶刻道光印本　十冊

330000－1716－0000586　地獻 0215/00586　子部/醫家類/本草之屬/歷代綜合本草

本草思辨錄四卷首一卷　（清）周巖撰　清光緒三十年(1904)山陰周氏微尚室刻本　四冊

330000－1716－0000587　地獻 0224/00587　集部/別集類/明別集

周文忠公集七卷首一卷附錄一卷　（明）周鳳翔撰　清嘉慶十八年(1813)山陰周源刻本　四冊

330000－1716－0000588　地獻 0225/00588　集部/別集類/明別集

劉子全書遺編二十四卷　（明）劉宗周撰　（清）沈復粲編　首一卷　（清）杜春生撰　清道光三十年(1850)刻光緒十八年(1892)重修本　十二冊

330000－1716－0000589　善 0408/00589　集部/別集類/清別集

壯悔堂文集十卷侯朝宗古文逸稿一卷四憶堂詩集六卷　（清）侯方域撰　清順治侯氏刻本　四冊　存十一卷(一至二、五至十,逸稿,四憶堂詩集一至二)

330000－1716－0000590　地獻 0226/00590

集部/別集類/清別集

慕陵詩稿二卷補遺一卷　（清）陳榮杰撰　**大巖賸草一卷**　（清）陳松齡撰　清光緒二十三年(1897)會稽陳氏青藤書屋刻本　二冊

330000－1716－0000591　善 0409/00591　史部/雜史類/斷代之屬

隆平集二十卷　（宋）曾鞏撰　清康熙四十年(1701)南豐彭期七業堂刻四十八年(1709)補刻本　五冊

330000－1716－0000592　地獻 0214/00592　子部/醫家類/本草之屬/歷代綜合本草

本草思辨錄四卷首一卷　（清）周巖撰　清光緒三十年(1904)山陰周氏微尚室刻本　四冊

330000－1716－0000593　地獻 0217/00593　子部/醫家類/本草之屬/歷代綜合本草

本草思辨錄四卷首一卷　（清）周巖撰　清光緒三十年(1904)山陰周氏微尚室刻本　四冊

330000－1716－0000594　地獻 0216/00594　子部/醫家類/本草之屬/歷代綜合本草

本草思辨錄四卷首一卷　（清）周巖撰　清光緒三十年(1904)山陰周氏微尚室刻本　四冊

330000－1716－0000595　善 0412/00595　集部/總集類/選集之屬/通代

沈先生文選校勘記四十一卷　（清）沈□□撰　稿本　四冊　存二十三卷(四至六、七至十二、十三至十九、三十五至四十一)

330000－1716－0000599　地獻 0227/00599　集部/別集類/清別集

石笥山房集二十四卷　（清）胡天游撰　清咸豐二年(1852)山陰胡鳴泰刻本　十冊

330000－1716－0000600　善 0410/00600　集部/別集類/明別集

陶菴文集七卷陶菴詩集八卷補遺三卷吾師錄一卷陶菴自監錄四卷首一卷末一卷　（明）黃淳耀撰　（清）陶應鯤輯　清乾隆二十六年(1761)寶山學刻嘉慶二年(1797)陳夢蘭補刻本　六冊

330000－1716－0000602　地獻 0232/00602

集部/別集類/清別集

潘少白先生文集八卷詩集五卷常語二卷
(清)潘諮撰　清道光二十四年(1844)陳繼昌瞻園刻本　一冊　存二卷(常語一至二)

330000－1716－0000603　善 0415/00603　史部/地理類/方志之屬/郡縣志

[乾隆]紹興府志八十卷首一卷　(清)李亨特修　(清)平恕　(清)徐嵩纂　清乾隆五十七年(1792)刻本　四十八冊

330000－1716－0000604　地獻 0246/00604　子部/藝術類/遊藝之屬/聯語

楹聯新話十二卷　(清)朱應鎬輯　稿本　四冊　存六卷(格言、祠廟、哀輓上下、雜綴上下)

330000－1716－0000605　地獻 0234/00605　集部/別集類/清別集

懶雲樓詩草四卷　(清)釋與宏撰　清道光七年(1827)小雲樓刻本　一冊

330000－1716－0000606　善 0416/00606　史部/地理類/方志之屬/郡縣志

[乾隆]紹興府志八十卷首一卷　(清)李亨特修　(清)平恕　(清)徐嵩纂　清乾隆五十七年(1792)刻本　四十六冊

330000－1716－0000607　地獻 0233/00607　集部/別集類/清別集

瘦吟廬詩鈔四卷　(清)沈煒撰　清道光二十二年(1842)沈氏刻本　一冊

330000－1716－0000609　善 0417/00609　集部/總集類/選集之屬/斷代

元詩選六卷補遺一卷　(清)顧奎光選輯　(清)陶瀚　(清)陶玉禾參評　清乾隆十六年(1751)刻本　四冊

330000－1716－0000611　地獻 0240/00611　集部/別集類/清別集

林阜間集十三卷　(清)潘諮撰　清道光十六年(1836)京師廠肆刻本　四冊

330000－1716－0000613　地獻 0241/00613　集部/別集類/清別集

抱雲山房遺稿二卷　(清)孫慶撰　清咸豐四年(1854)孫氏刻本　田紹謙題簽並句讀　一冊

330000－1716－0000614　善 0418/00614　集部/別集類/明別集

陶莊敏公文集八卷附錄一卷　(明)陶諧撰　清末會稽陶氏寒梅館抄本　二冊

330000－1716－0000618　地獻 0251/00618　集部/別集類/清別集

通雅堂詩鈔十卷續集二卷　(清)施山撰　清光緒元年(1875)荊州刻本　二冊　缺二卷(續集一至二)

330000－1716－0000619　善 0419/00619　類叢部/類書類/通類之屬

重刊古雋考略六卷　(明)李承勛　(明)顧充輯　清康熙五十六年(1717)興麟堂刻本　六冊

330000－1716－0000620　善 0420/00620　子部/醫家類/類編之屬

盤珠集三種　(清)嚴潔　(清)施雯等撰　清嘉慶九年(1804)雪香書屋木活字印本　十冊

330000－1716－0000621　地獻 0252/00621　史部/地理類/方志之屬/郡縣志

[嘉慶]山陰縣志三十卷首一卷　(清)徐元梅修　(清)朱文翰等纂　清嘉慶八年(1803)刻本　八冊

330000－1716－0000623　善 0421/00623　集部/總集類/郡邑之屬

國朝山左詩鈔六十卷　(清)盧見曾輯　清乾隆二十三年(1758)德州盧見曾雅雨堂刻本　十二冊　缺一卷(四十四)

330000－1716－0000625　地獻 0236/00625　集部/別集類/宋別集

劍南詩鈔六卷　(宋)陸游撰　(清)楊大鶴選　清末刻本　八冊

330000－1716－0000626　善 0422/00626　子部/醫家類/傷寒金匱之屬/傷寒論

張仲景傷寒論辯證廣注十四卷首一卷中寒論

辯證廣注三卷首一卷　（清）汪琥撰　清康熙刻本　六冊

330000－1716－0000627　地獻0237/00627
集部/別集類/明別集

劉子全書遺編二十四卷　（明）劉宗周撰
（清）沈復粲編　首一卷　（清）杜春生撰　清道光三十年(1850)刻本　十冊

330000－1716－0000629　地獻0254/00629
子部/醫家類/方書之屬/單方驗方

本草萬方鍼線八卷　（清）蔡烈先輯　清道光十五年(1835)務本堂刻本　四冊

330000－1716－0000630　善0423/00630　集部/別集類/清別集

質園詩集三十二卷　（清）商盤撰　清乾隆刻本　周毅修題簽並句讀　八冊

330000－1716－0000631　地獻0258/00631
集部/別集類/清別集

囊翠樓詩稿二卷　（清）陳鴻逵撰　清光緒二十一年(1895)山陰陳氏刻本　一冊

330000－1716－0000632　地獻0257/00632
集部/別集類/清別集

囊翠樓詩稿二卷　（清）陳鴻逵撰　清光緒二十一年(1895)山陰陳氏刻本　一冊

330000－1716－0000633　善0424/00633　子部/醫家類/本草之屬/食療本草

食物本草七卷　（金）李杲輯　日用本草三卷
（元）吳瑞輯　明萬曆四十八年(1620)刻本　二冊

330000－1716－0000635　地獻0253/00635
集部/別集類/清別集

石笥山房集二十四卷　（清）胡天游撰　清咸豐二年(1852)山陰胡鳴泰刻本　十冊

330000－1716－0000636　地獻0263/00636
集部/別集類/清別集

鷗堂詩三卷　（清）馬廣良撰　清光緒五年(1879)會稽馬氏刻本　一冊

330000－1716－0000637　善0425/00637　集

部/別集類/清別集

榕村全集四十卷別集五卷　（清）李光地撰　清乾隆元年(1736)安溪李清植刻本　十冊

330000－1716－0000638　地獻0262/00638
集部/別集類/清別集

蕉雪廬遺稿三卷　（清）孫慶曾撰　清光緒三十二年(1906)刻本　一冊

330000－1716－0000639　善0426/00639　子部/藝術類/書畫之屬/題跋

銷夏錄六卷　（清）高士奇撰　清乾隆四年(1739)修潔齋刻本　二冊

330000－1716－0000640　地獻0264/00640
集部/別集類/清別集

通雅堂詩鈔箋注十卷首一卷續集箋注二卷附薑露盦詩話一卷　（清）施山撰　施煒箋注　清光緒石印本　四冊

330000－1716－0000641　地獻0259/00641
集部/別集類/清別集

囊翠樓詩稿二卷　（清）陳鴻逵撰　清光緒二十一年(1895)山陰陳氏刻本　一冊

330000－1716－0000642　善0427/00642　集部/總集類/選集之屬/通代

唐宋八大家文鈔一百六十六卷　（明）茅坤編　明崇禎元年(1628)刻本　八冊　存一種

330000－1716－0000643　地獻0260/00643
集部/別集類/清別集

蕉雪廬遺稿三卷　（清）孫慶曾撰　清光緒三十二年(1906)刻本　一冊

330000－1716－0000644　地獻0261/00644
集部/別集類/清別集

蕉雪廬遺稿三卷　（清）孫慶曾撰　清光緒三十二年(1906)刻本　一冊

330000－1716－0000645　地獻0267/00645
集部/別集類/清別集

寄龕詩質十二卷　（清）孫德祖撰　清光緒二十五年(1899)會稽孫氏刻本　三冊

330000－1716－0000646　善0428/00646　集

部/詞類/總集之屬

絕妙好詞七卷 （宋）周密輯　清雍正三年(1725)歙縣項絅群玉書堂刻本　一冊　存三卷(一至三)

330000－1716－0000647　地獻 0266/00647
集部/別集類/清別集

寄龕詩質十二卷 （清）孫德祖撰　清光緒二十五年(1899)會稽孫氏刻本　三冊

330000－1716－0000648　善 0179/00648　史部/地理類/方志之屬/郡縣志

[萬曆]紹興府志五十卷 （明）蕭良榦修（明）張元忭（明）孫鑛纂　明萬曆十五年(1587)刻本　十四冊　存四十三卷(一至二、五至八、十二至二十、二十三至五十)

330000－1716－0000649　地獻 0273/00649
集部/別集類/清別集

囊翠樓詩稿二卷 （清）陳鴻逵撰　清光緒二十一年(1895)山陰陳氏刻本　一冊

330000－1716－0000650　地獻 0274/00650
集部/別集類/清別集

曼志堂遺稿二卷 （清）曹壽銘撰　清同治九年(1870)甬上鐵耕齋刻本　一冊

330000－1716－0000651　地獻 0265/00651
集部/別集類/清別集

通雅堂詩鈔箋注十卷首一卷續集箋注二卷附薑露盦詩話一卷 （清）施山撰　施煒箋注　清光緒石印本　四冊

330000－1716－0000652　地獻 0275/00652
集部/別集類/清別集

曼志堂遺稿二卷 （清）曹壽銘撰　清同治九年(1870)甬上鐵耕齋刻本　一冊

330000－1716－0000653　地獻 0276/00653
集部/別集類/清別集

曼志堂遺稿二卷 （清）曹壽銘撰　清同治九年(1870)甬上鐵耕齋刻本　一冊

330000－1716－0000654　地獻 0277/00654
集部/別集類/清別集

曼志堂遺稿二卷 （清）曹壽銘撰　清同治九

年(1870)甬上鐵耕齋刻本　一冊

330000－1716－0000655　善 0429/00655　類叢部/叢書類/自著之屬

沈歸愚詩文全集十四種 （清）沈德潛撰　清乾隆教忠堂刻本　二十四冊　缺四卷(文鈔餘集八、詩鈔餘集九至十、詩餘一)

330000－1716－0000656　地獻 0278/00656
集部/別集類/清別集

曼志堂遺稿二卷 （清）曹壽銘撰　清同治九年(1870)甬上鐵耕齋刻本　一冊

330000－1716－0000657　地獻 0270/00657
集部/別集類/清別集

曼志堂遺稿二卷 （清）曹壽銘撰　清同治九年(1870)甬上鐵耕齋刻本　清半園居士題記　一冊

330000－1716－0000658　地獻 0268/00658
集部/別集類/清別集

寄龕文存四卷 （清）孫德祖撰　清光緒十年(1884)鄞縣翰墨林刻十五年(1889)山陰許方齋重修本　四冊

330000－1716－0000659　地獻 0279/00659
集部/別集類/清別集

寄龕文存四卷 （清）孫德祖撰　清光緒十年(1884)鄞縣翰墨林刻十五年(1889)山陰許方齋重修本　四冊

330000－1716－0000660　地獻 0269/00660
集部/別集類/清別集

寄龕文存四卷 （清）孫德祖撰　清光緒十年(1884)鄞縣翰墨林刻十五年(1889)山陰許方齋重修本　四冊

330000－1716－0000661　地獻 0271/00661
集部/別集類/清別集

寄龕文存四卷 （清）孫德祖撰　清光緒十年(1884)鄞縣翰墨林刻十五年(1889)山陰許方齋重修本　四冊

330000－1716－0000662　地獻 0272/00662
集部/別集類/清別集

寄龕文存四卷 （清）孫德祖撰　清光緒十年

(1884)鄞縣翰墨林刻十五年(1889)山陰許方齋重修本　四冊

330000－1716－0000663　善0430/00663　集部/總集類/選集之屬/斷代

明詩別裁集十二卷　(清)沈德潛　(清)周準輯　清乾隆刻本　二冊

330000－1716－0000664　善0431/00664　集部/總集類/選集之屬/通代

榕村詩選八卷首一卷　(清)李光地輯　清雍正七年(1729)江都方覬杭州刻本　二冊

330000－1716－0000665　地獻0280/00665　集部/別集類/清別集

心廬集一卷　(清)董欽德撰　**灌書樓賸稿一卷**　(清)董配忠撰　清抄本　一冊

330000－1716－0000666　地獻0281/00666　集部/別集類/清別集

愚軒詩鈔六卷　(清)唐鳴鏈撰　**雲渡山房詩鈔一卷**　(清)唐堯臣撰　清光緒七年(1881)山陰唐堯卿刻本　一冊

330000－1716－0000667　善0432/00667　集部/總集類/選集之屬/通代

文選六十卷　(南朝梁)蕭統輯　(唐)李善注　**文選考異十卷**　(清)胡克家撰　清嘉慶十四年(1809)鄱陽胡克家刻本　二十四冊

330000－1716－0000668　地獻0282/00668　史部/傳記類/科舉錄之屬/歷科登科錄

[光緒庚辰科]會試硃卷一卷　(清)李慈銘撰　清光緒刻本　一冊

330000－1716－0000669　地獻0292/00669　集部/別集類/清別集

綠雪堂遺集二十卷補編一卷　(清)王衍梅撰　清道光十九年(1839)汪雲任刻二十九年(1849)增刻本　八冊

330000－1716－0000670　地獻0293/00670　子部/藝術類/遊藝之屬/聯語

楹聯新話十卷　(清)朱應鎬輯　清光緒十八年(1892)刻本　四冊

330000－1716－0000671　善0433/00671　子部/雜著類/雜纂之屬

桑榆錄七卷雜錄三卷聯錄一卷　(清)姚師錫撰　稿本　十一冊

330000－1716－0000672　善0434/00672　集部/總集類/選集之屬/通代

古詩源十四卷　(清)沈德潛輯　清康熙至雍正刻本　六冊

330000－1716－0000673　地獻0283/00673　集部/別集類/清別集

禪悅內外合集十卷　(清)祁駿佳撰　(清)祁豸佳　(清)祁熊佳訂　清抄本　五冊

330000－1716－0000674　地獻0284/00674　子部/天文曆算類/算書之屬

元代合參三卷附元代釋號一卷　(清)胡豫沈光烈學　(清)張之梁校　清光緒二十七年(1901)紹興墨潤堂石印本　一冊

330000－1716－0000676　善0436/00676　子部/藝術類/書畫之屬/書法書品

古篆唐詩不分卷　(清)□□書　稿本　一冊

330000－1716－0000677　善0437－1/00677　集部/別集類/清別集

梅龍閣詩集偶刻二卷附外編一卷　(清)黃衡撰　清光緒元年(1875)歙縣黃崇惺歸化木活字印本　一冊

330000－1716－0000678　善0437－2/00678　集部/別集類/清別集

梅龍閣詩集偶刻二卷附外編一卷　(清)黃衡撰　清光緒元年(1875)歙縣黃崇惺歸化木活字印本　一冊

330000－1716－0000679　善0438/00679　集部/別集類/漢魏六朝別集

陶靖節詩集四卷　(晉)陶潛撰　(清)蔣薰評　附東坡和陶詩一卷　(宋)蘇軾撰　**律陶一卷**　(明)王思任輯　**敦好齋律陶纂一卷**　(清)黃槐開輯　清乾隆二年(1737)最樂堂刻本　清張溥批跋並校注　二冊

330000－1716－0000680　善0441/00680　集

部/總集類/選集之屬/通代

文選纂注評林十二卷 （南朝梁）蕭統輯 （明）張鳳翼纂注 （明）王世懋刪定 （明）陸弘祚輯訂 明末刻本 十二冊

330000 – 1716 – 0000681 地獻 0290/00681 集部/別集類/清別集

八瓊樓詩集八卷 （清）金昌世撰 清乾隆十七年(1752)山陰金昌世八瓊樓刻本 一冊

330000 – 1716 – 0000682 地獻 0291/00682 集部/別集類/清別集

虛白齋存稿十三卷 （清）吳壽昌撰 清乾隆五十五年(1790)刻本 六冊

330000 – 1716 – 0000683 善 0442/00683 集部/別集類/宋別集

東坡集選五十卷集餘一卷 （宋）蘇軾撰 （明）陳夢槐選 （明）陳繼儒定 蘇文忠公年譜一卷 （宋）王宗稷編 蘇文忠公外紀二卷 （明）王世貞撰 外紀逸編一卷 （明）璩之璞撰 明刻本 六冊

330000 – 1716 – 0000684 地獻 0286/00684 子部/雜著類/雜說之屬

淮南許注異同詁四卷補遺一卷續補一卷 （清）陶方琦撰 清光緒七年至十年(1881 – 1884)湘南使院刻本 二冊

330000 – 1716 – 0000685 善 0439/00685 子部/醫家類/綜合之屬/通論

石室秘錄六卷 （清）陳士鐸撰 清雍正八年(1730)宛平馬弘儒萱永堂刻本 六冊

330000 – 1716 – 0000686 地獻 0288/00686 集部/別集類/清別集

竹生吟館墨竹詩草二卷 （清）周師濂撰 清光緒十一年(1885)會稽周氏刻本 王繼香題記 一冊

330000 – 1716 – 0000687 善 0440/00687 集部/總集類/選集之屬/通代

漢魏六朝詩選八卷 （清）季貞輯 清康熙十五年(1676)餘閒堂刻本 望雲樓主人批校並句讀圈點 四冊

330000 – 1716 – 0000688 地獻 0289/00688 集部/別集類/清別集

偶然吟一卷 （清）宗聖堂撰 清嘉慶十四年(1809)會稽宗氏刻本 清周孚先題簽、題記並句讀 一冊

330000 – 1716 – 0000689 地獻 0287/00689 集部/別集類/清別集

九曲山房詩鈔十六卷 （清）宗聖垣撰 清嘉慶五年(1800)會稽宗氏刻本 六冊

330000 – 1716 – 0000690 善 0443/00690 集部/總集類/選集之屬/斷代

篋衍集十二卷 （清）陳維崧輯 清康熙三十六年(1697)宜興蔣國祥刻本 四冊

330000 – 1716 – 0000692 善 0444/00692 集部/總集類/選集之屬/斷代

唐詩解五十卷詩人爵里一卷 （明）唐汝詢輯 清順治十六年(1659)趙孟龍萬笈堂刻本 十冊

330000 – 1716 – 0000695 善 0445/00695 集部/別集類/宋別集

施注蘇詩四十二卷目錄二卷 （宋）蘇軾撰 （宋）施元之 （宋）顧禧注 （清）顧嗣立 （清）邵長蘅 （清）宋至刪補 蘇詩續補遺二卷 （清）馮景補注 王注正譌一卷 （清）邵長蘅撰 東坡先生年譜一卷 （宋）王宗稷編 清康熙三十八年(1699)商丘宋犖刻本 十冊

330000 – 1716 – 0000698 善 0448/00698 集部/總集類/選集之屬/斷代

感舊集十六卷 （清）王士禎輯 （清）盧見曾補傳 清乾隆十七年(1752)德州盧見曾愛日堂刻本 清袁升甫題記並句讀圈點 十六冊

330000 – 1716 – 0000701 善 0450/00701 子部/雜著類/雜說之屬

小柴桑喃喃錄二卷 （明）陶奭齡撰 明崇禎八年(1635)李爲芝刻本 二冊

330000 – 1716 – 0000702 善 0451/00702 集部/別集類/宋別集

訂補坡仙集鈔三十八卷　（宋）蘇軾撰　（明）李贄輯　（明）陳繼儒訂補　明萬曆刻本　六冊

330000 – 1716 – 0000705　善 0449/00705　集部/別集類/唐五代別集

讀書堂杜工部詩集注解二十卷文集注解二卷　（唐）杜甫撰　（清）張溍評注　**杜工部編年詩史譜目一卷**　清康熙三十七年(1698)滏陽張氏讀書堂刻本　十二冊

330000 – 1716 – 0000709　善 0452/00709　集部/別集類/明別集

高陽集詩十卷文十卷　（明）孫承宗撰　清順治十二年(1655)孫之澣閩中刻本　十二冊

330000 – 1716 – 0000713　善 0454/00713　集部/總集類/選集之屬/通代

古詩抄二十七卷　清醉古軒抄本　四冊

330000 – 1716 – 0000715　地獻 0320/00715　集部/別集類/清別集

白華絳跗閣詩初集（越縵堂詩初集）十卷　（清）李慈銘撰　清光緒十六年(1890)王繼香刻本　沈鈞業批校並句讀　六冊

330000 – 1716 – 0000716　善 0447/00716　集部/總集類/選集之屬/斷代

明詩綜一百卷　（清）朱彝尊輯　（清）汪森等評　清康熙刻本　二十四冊

330000 – 1716 – 0000717　地獻 0323/00717　集部/別集類/清別集

效學樓述文三卷　（清）馬綱章撰　清光緒三十四年(1908)京師鉛印本　一冊

330000 – 1716 – 0000719　善 0462/00719　集部/詞類/總集之屬

古香岑草堂詩餘四集十七卷　（明）沈際飛輯　明末刻本　八冊

330000 – 1716 – 0000720　地獻 0324/00720　集部/別集類/清別集

效學樓述文三卷　（清）馬綱章撰　清光緒三十四年(1908)京師鉛印本　一冊

330000 – 1716 – 0000721　地獻 0330/00721　集部/別集類/清別集

倚栝吟遺稿二卷　（清）任塍撰　清宣統元年(1909)鉛印本　一冊

330000 – 1716 – 0000722　地獻 0325/00722　集部/別集類/清別集

效學樓述文三卷　（清）馬綱章撰　清光緒三十四年(1908)京師鉛印本　一冊

330000 – 1716 – 0000723　善 0453/00723　集部/詩文評類/詩評之屬

宋詩紀事一百卷　（清）厲鶚　（清）馬曰琯輯　清乾隆十一年(1746)厲氏樊榭山房刻本　二十四冊

330000 – 1716 – 0000725　地獻 0326/00725　集部/別集類/清別集

效學樓述文三卷　（清）馬綱章撰　清光緒三十四年(1908)京師鉛印本　一冊

330000 – 1716 – 0000726　地獻 0329/00726　集部/別集類/清別集

倚栝吟遺稿二卷　（清）任塍撰　清宣統元年(1909)鉛印本　一冊

330000 – 1716 – 0000727　善 0455/00727　集部/別集類/清別集

道古堂文集四十八卷詩集二十六卷集外文一卷集外詩一卷　（清）杭世駿撰　清乾隆四十一年(1776)刻光緒十四年(1888)錢塘汪氏振綺堂增修本　十七冊

330000 – 1716 – 0000728　地獻 0334/00728　集部/總集類/選集之屬/通代

古文讀本不分卷　清末抄本　一冊

330000 – 1716 – 0000729　地獻 0335/00729　集部/詞類/別集之屬

蠱龕遺詞二卷　（清）岑應麐撰　清光緒元年(1875)刻本　一冊

330000 – 1716 – 0000730　善 0456/00730　集部/總集類/選集之屬/通代

晚邨先生八家古文精選八卷　（清）呂留良輯　（清）呂葆中批點　清康熙四十三年(1704)

呂氏家塾刻本　十二冊

330000－1716－0000732　地獻0340/00732
集部/別集類/清別集
南宋樂府一卷　（清）章季英撰　清光緒二年
(1876)歸安趙氏成都刻本　一冊

330000－1716－0000734　善0457/00734　集
部/別集類/宋別集
姜白石詩詞合集九卷附錄一卷　（宋）姜夔撰
　清乾隆八年(1743)江都陸鍾輝水雲漁屋刻
本　二冊

330000－1716－0000735　善0180/00735　史
部/地理類/方志之屬/郡縣志
[萬曆]紹興府志五十卷　（明）蕭良榦修
（明）張元忭　（明）孫鑛纂　明萬曆十五年
(1587)刻本（卷三配清乾隆刻本）　九冊　存
二十三卷(三至四、十六至十七、二十五至三
十六、四十二至四十八)

330000－1716－0000738　地獻0331/00738
集部/別集類/清別集
倚柁吟遺稿二卷　（清）任塍撰　清宣統元年
(1909)鉛印本　一冊

330000－1716－0000741　善0459/00741　集
部/曲類/曲韻曲譜音律之屬
缾笙館修簫譜四種四卷　（清）舒位撰　清道
光十三年(1833)錢塘汪氏振綺堂刻本　一冊

330000－1716－0000742　善0460/00742　集
部/別集類/清別集
越縵堂賸詩一卷　（清）李慈銘撰　清末抄本
　一冊

330000－1716－0000744　善0463/00744　經
部/易類/傳說之屬
新刊周易本義四卷朱子圖說一卷　（宋）朱熹
撰　清初刻本　清馮雲程批並校、圈點
六冊

330000－1716－0000745　地獻0332/00745
集部/別集類/清別集
倚柁吟遺稿二卷　（清）任塍撰　清宣統元年
(1909)鉛印本　一冊

330000－1716－0000747　善0464/00747　史
部/地理類/專志之屬/古跡
臥龍崗志二卷　（清）羅景輯　清康熙五十一
年(1712)襄平羅氏刻本　二冊

330000－1716－0000752　地獻0344/00752
類叢部/叢書類/彙編之屬
萉園叢書十一種　（清）平步青編　清同治至
光緒山陰平氏安越堂刻本　王繼香題記　一
冊　存一種

330000－1716－0000753　善0466/00753　集
部/總集類/郡邑之屬
越風三十卷　（清）商盤輯　清乾隆三十七年
(1772)山陰王大治刻嘉慶十六年(1811)徐兆
補修本　李知白批注並過錄清李慈銘批
十冊

330000－1716－0000754　地獻0373/00754
集部/總集類/郡邑之屬
娛園詩存四卷　（清）秦樹敏輯　清光緒十二
年(1886)刻本　二冊

330000－1716－0000756　善0467/00756　史
部/地理類/方志之屬/郡縣志
[萬曆]會稽縣志十六卷　（明）楊維新修
（明）張元忭　（明）徐渭纂　明萬曆三年
(1575)刻本　一冊　存四卷(九至十二)

330000－1716－0000757　善0468/00757　子
部/道家類
老莊翼十一卷　（明）焦竑撰　明萬曆十六年
(1588)王元貞刻本　清李廷基批點　二冊
存二卷(老子翼一、三)

330000－1716－0000758　地獻0365/00758
集部/總集類/酬唱之屬
吟史先生六十壽言一卷　王恩元等撰　清末
抄本　一冊

330000－1716－0000759　善0484－2/00759
類叢部/叢書類/彙編之屬
漢魏叢書三十八種　（明）程榮輯　明萬曆二
十年(1592)新安程氏刻本　二冊　存二種

330000－1716－0000760　普叢0241－3/

00760　類叢部/叢書類/自著之屬

悔餘庵集三種　（清）何栻撰　清同治四年(1865)鳩江戎幄刻本　三冊　存二種

330000－1716－0000761　地獻 0366/00761
經部/春秋左傳類/傳說之屬

讀左隨筆鈔一卷　（清）施鴻保撰　稿本　一冊

330000－1716－0000762　地獻 0367/00762
經部/春秋左傳類/傳說之屬

讀左隨筆注疏補四卷　（清）施鴻保撰　稿本　二冊　存二卷(三至四)

330000－1716－0000763　善 0217　善 0057　善 0203/00763　子部/醫家類/類編之屬

古今醫統正脈全書四十四種　（明）王肯堂編　明萬曆二十九年(1601)新安吳勉學刻本　三冊　存四種

330000－1716－0000764　善 0075/00764　子部/醫家類/類編之屬

古今醫統正脈全書四十四種　（明）王肯堂編　明萬曆二十九年(1601)新安吳勉學刻本　二冊　存一種

330000－1716－0000766　地獻 0347/00766
集部/別集類/清別集

洗齋病學草擬存詩一卷附存詩一卷　（清）胡壽頤撰　（清）昨非居士輯　清光緒十年(1884)山陰胡氏刻本　二冊

330000－1716－0000767　善 0128/00767　集部/總集類/選集之屬/通代

古逸書三十卷首一卷末一卷　（明）潘基慶輯　明刻本　二冊　存九卷(三至六、二十六至三十)

330000－1716－0000768　地獻 0343/00768
子部/儒家類/儒學之屬/俗訓

通藝堂詩錄一卷庚子雜詩序一卷陶墓塘阡表一卷　（清）陶濬宣撰　清光緒二十六年(1900)漳州環玉樓刻本　一冊

330000－1716－0000769　善 0177/00769　集部/小說類/長篇之屬

水滸全傳□卷　（元）施耐庵撰　清初刻本　一冊

330000－1716－0000770　善 0178/00770　類叢部/叢書類/自著之屬

王漁洋遺書三十八種　（清）王士禛撰　清刻本　一冊　存一種

330000－1716－0000771　地獻 0348/00771
集部/詩文評類/郡邑之屬

全浙詩話五十四卷　（清）陶元藻輯　（清）陶廷珍　（清）陶廷琡編　清嘉慶元年(1796)怡雲閣刻本　八冊

330000－1716－0000772　地獻 0342/00772
類叢部/叢書類/彙編之屬

榆園叢刻十五種附一種　（清）許增編　清同治至光緒刻本　二冊　存二種

330000－1716－0000773　地獻 0346/00773
集部/別集類/清別集

洗齋病學草擬存詩一卷附存詩一卷　（清）胡壽頤撰　（清）昨非居士輯　清光緒十年(1884)山陰胡氏刻本　二冊

330000－1716－0000774　善 0282/00774　類叢部/叢書類/彙編之屬

增訂漢魏叢書八十六種　（清）王謨編　清乾隆五十六年(1791)金谿王氏刻本　二冊　存一種

330000－1716－0000775　地獻 0345/00775
類叢部/叢書類/彙編之屬

葤園叢書十一種　（清）平步青編　清同治至光緒山陰平氏安越堂刻本　一冊　存一種

330000－1716－0000776　善 0259/00776　類叢部/叢書類/自著之屬

陸放翁全集六種　（宋）陸游撰　明末海虞毛氏汲古閣刻清初毛扆增刻彙印本　四十八冊

330000－1716－0000780　善 0060/00780　集部/總集類/彙編之屬

漢魏六朝諸名家集(漢魏六朝二十一名家集)　（明）汪士賢編　明萬曆至天啟新安汪氏刻本　一冊　存一種

330000－1716－0000783　善 0125 善 0206 善 0253 善 0316 善附 0014/00783　類叢部/叢書類/彙編之屬

津逮秘書十五集一百四十種　（明）毛晉編　明崇禎虞山毛氏汲古閣刻本　八冊　存六種

330000－1716－0000785　善 0025 善 0290/00785　類叢部/叢書類/彙編之屬

百家名畫一百四種　（明）胡文煥編　明萬曆錢塘胡氏文會堂刻本　二冊　存二種

330000－1716－0000787　地獻 0377/00787　集部/別集類/明別集

劉子全書四十卷首一卷　（明）劉宗周撰（清）董瑒編　清道光四年至十五年(1824－1835)蕭山王宗炎等刻本　三十二冊

330000－1716－0000788　善 0299/00788　經部/詩類/傳說之屬

詩所八卷　（清）李光地撰　清雍正六年(1728)安溪李清植等刻本　五冊

330000－1716－0000789　地獻 0380－1/00789　集部/別集類/清別集

蕉雨山房詩鈔六種十九卷　（清）丁堯臣撰　清光緒會稽丁氏刻本　六冊　存三種

330000－1716－0000790　善 0309/00790　類叢部/叢書類/彙編之屬

雅雨堂藏書十三種　（清）盧見曾編　清乾隆二十一年(1756)德州盧氏雅雨堂刻增修本　一冊　存一種

330000－1716－0000791　地獻 0381/00791　集部/別集類/清別集

慕陵詩稿二卷補遺一卷　（清）陳榮杰撰　**大巖賸草一卷**　（清）陳松齡撰　清光緒二十三年(1897)會稽陳氏青藤書屋刻本　二冊

330000－1716－0000792　地獻 0382/00792　集部/別集類/清別集

懶雲樓詩草四卷　（清）釋與宏撰　清道光七年(1827)小雲棲刻本　二冊

330000－1716－0000793　地獻 0385/00793　子部/儒家類/儒學之屬/經濟

躬恥齋經世十八篇一卷　（清）宗稷辰撰　清光緒二十七年(1901)會稽宗氏鉛印本　一冊

330000－1716－0000795　地獻 0113/00795　集部/別集類

莫宦草文一卷詩一卷　黃壽裒撰　清光緒二十五年(1899)刻本　二冊

330000－1716－0000796　善 0126/00796　史部/地理類/雜志之屬

蜀中廣記一百八卷　（明）曹學佺撰　明萬曆刻本　一冊　存五卷(蜀中神仙記六至十)

330000－1716－0000798　善 0138/00798　子部/宗教類/佛教之屬/經

大般涅槃經四十卷　（北涼）釋曇無讖譯　**大般涅槃經後分二卷**　（唐）釋若那跋陀羅（唐）釋會寧等譯　明萬曆二十五年(1597)北京慈慧禪寺刻本　明陶履平題記、觀款並注　十冊

330000－1716－0000799　地獻 0072/00799　集部/別集類

莫宦文草一卷詩草一卷　黃壽裒撰　清光緒三十四年(1908)山陰黃璟石印本　二冊

330000－1716－0000801　善 0222/00801　子部/雜著類/雜纂之屬

戲鴻堂隨筆一卷　（明）董其昌撰　明抄本　一冊

330000－1716－0000802　地獻 0372/00802　集部/總集類/郡邑之屬

娛園詩存四卷　（清）秦樹敏輯　清光緒十二年(1886)刻本　二冊

330000－1716－0000804　地獻 0383/00804　集部/別集類/清別集

慕陵詩稿二卷補遺一卷　（清）陳榮杰撰　**大巖賸草一卷**　（清）陳松齡撰　清光緒二十三年(1897)會稽陳氏青藤書屋刻本　二冊

330000－1716－0000805　地獻 0384/00805　子部/儒家類/儒學之屬/經濟

躬恥齋經世十八篇一卷　（清）宗稷辰撰　清光緒二十七年(1901)會稽宗氏鉛印本　一冊

330000－1716－0000806　　地獻 0388/00806
集部/別集類/明別集

劉子全書遺編二十四卷首一卷　（明）劉宗周撰　（清）董瑒編　清道光三十年（1850）蕭山王宗炎等刻光緒十八年（1892）會稽鍾念祖等重修本　十冊

330000－1716－0000807　　地獻 0386/00807
集部/別集類/清別集

題楹福墨二卷首一卷　（清）孫德祖撰　清光緒二十三年（1897）刻本　一冊

330000－1716－0000808　　善 0123/00808　集部/總集類/選集之屬/通代

石倉十二代詩選　（明）曹學佺輯　明崇禎刻本　三冊　存一種

330000－1716－0000809　　善 0320/00809　類叢部/叢書類/彙編之屬

格致叢書□□種　（明）胡文煥編　明萬曆胡氏文會堂刻本　一冊　存一種

330000－1716－0000810　　地獻 0069/00810
子部/儒家類/儒學之屬/俗訓

通藝堂詩録十卷附紹興東湖書院通藝堂記一卷　（清）陶濬宣撰　清光緒二十六年至二十七年（1900－1901）福州刻本（卷二、五、七至十原缺）　一冊　缺一卷（紹興東湖書院通藝堂記）

330000－1716－0000812　　地獻 0389/00812
集部/別集類/清別集

石筍山房集二十四卷　（清）胡天游撰　清咸豐二年（1852）山陰胡鳴泰刻本　八冊

330000－1716－0000813　　地獻 0800/00813
集部/別集類/清別集

躬恥齋詩鈔十四卷首一卷後編七卷　（清）宗稷辰撰　清咸豐九年（1859）會稽宗氏九曲山房刻本　八冊

330000－1716－0000814　　善 0250/00814　子部/兵家類/武術技巧之屬

耕餘剩技四種六卷　（明）程宗猷撰　明萬曆四十二年至天啟元年（1614－1621）新都程禹

跡等刻本　二冊

330000－1716－0000815　　地獻 0391/00815
集部/別集類/清別集

存吾春軒集十卷附録一卷　（清）周大樞撰　清光緒八年（1882）刻十八年（1892）會稽陶闓寒梅館補刻本　唐風題簽　一冊　存六卷（一至六）

330000－1716－0000816　　地獻 0392/00816
集部/別集類/清別集

綠蘿山莊詩集三十三卷　（清）胡浚撰　清乾隆二十七年（1762）刻本　十二冊

330000－1716－0000817　　地獻 0393/00817
史部/金石類/石之屬/文字

思古齋雙鉤漢碑篆額三卷　（清）何澂輯　清光緒九年（1883）刻本　三冊

330000－1716－0000819　　地獻 0238/00819
集部/別集類/清別集

躬恥齋文鈔二十卷文後編六卷詩鈔十四卷詩後編七卷　（清）宗稷辰撰　清咸豐越峴山館刻同治七年（1868）當湖朱氏補修本　二十四冊

330000－1716－0000820　　地獻 0401/00820
子部/儒家類/儒學之屬/俗訓

人譜正篇一卷人譜類記增訂六卷　（明）劉宗周撰　**子劉子行狀二卷**　（清）黃宗羲撰　清乾隆鄞縣金氏四吉草堂刻道光六年（1826）慈谿葉榮補修本　二冊

330000－1716－0000821　　譜 0001/00821　史部/傳記類/總傳之屬/家乘

[浙江紹興]鍾氏宗譜十四卷　（清）鍾利駿等纂修　清光緒二十七年（1901）裕輝堂木活字印本　十五冊

330000－1716－0000822　　善附 0001－1/00822　集部/總集類/郡邑之屬

越風三十卷　（清）商盤輯　清乾隆三十七年（1772）山陰王大治刻嘉慶十六年（1811）徐兆補修本　十冊

330000－1716－0000823　　地獻 0399　地獻

0432/00823　　類叢部/叢書類/郡邑之屬

紹興先正遺書十五種　（清）徐友蘭輯　清光緒會稽徐氏鑄學齋刻本　三十二冊　存十一種

330000－1716－0000824　善附0003/00824
集部/詞類/詞譜之屬

詞律拾遺八卷　（清）徐本立纂　清同治十二年（1873）吳下刻本　二冊

330000－1716－0000825　善附0002/00825
子部/藝術類/音樂之屬/琴學

琴律指掌一卷　（清）婁啟衍撰　清光緒二十四年（1898）山陰婁氏聽虛館刻本　一冊

330000－1716－0000826　善附0003/00826
集部/詞類/詞譜之屬

詞律二十卷　（清）萬樹撰　清康熙二十六年（1687）萬氏堆絮園刻保滋堂印本　六冊

330000－1716－0000827　地獻0396/00827
史部/地理類/雜志之屬

越詠二卷　（清）周調梅撰　清咸豐四年（1854）刻本　二冊

330000－1716－0000828　善附0004/00828
集部/小說類/長篇之屬

英雲夢傳八卷　（清）九容樓主人松雲氏撰（清）掃花頭陀剩齋氏評　清光緒十四年（1888）蘇州綠蔭堂刻本　五冊　存五卷（一至五）

330000－1716－0000829　善附0005/00829
子部/醫家類/綜合之屬/通論

醫學集成四卷　（清）劉仕廉撰　清同治十三年（1874）刻本　清徐舜山題簽　四冊

330000－1716－0000830　善附0006/00830
子部/醫家類/綜合之屬/通論

醫理發明八卷　（清）黃元吉輯　清道光春林堂刻本　七冊

330000－1716－0000831　普叢0206/00831
類叢部/叢書類/彙編之屬

琳琅秘室叢書三十種　（清）胡珽編　清光緒十四年（1888）會稽董氏取斯堂木活字印本

十八冊　存十八種

330000－1716－0000832　地獻0413/00832
史部/傳記類/別傳之屬

小螺盦病榻憶語一卷　（清）孫道乾撰　清同治十三年（1874）刻光緒元年（1875）增刻本　一冊

330000－1716－0000833　地獻0403/00833
子部/儒家類/儒學之屬/俗訓

人譜一卷人譜類記二卷　（明）劉宗周撰　清同治七年（1868）紹興蕺山書院刻本　二冊

330000－1716－0000835　善附0009/00835
子部/農家農學類/園藝之屬/花卉

采芳隨筆二十四卷　（清）查彬撰　清嘉慶十九年（1814）刻本　清孟成生句讀、圈點、題簽並批　四冊　存五卷（三、九至十一、二十四）

330000－1716－0000836　地獻0404/00836
子部/雜家類

鶡冠子三卷　（宋）陸佃注　（明）王宇等評　清刻本　一冊

330000－1716－0000837　善附0010/00837
史部/金石類/總志之屬/圖像

求古精舍金石圖四卷　（清）陳經撰　清嘉慶二十三年（1818）烏程陳經說劍樓刻本　四冊

330000－1716－0000838　地獻0405/00838
子部/儒家類/儒學之屬/勸學

時習編六卷　（清）周炳琦撰　（清）周巖輯　清光緒十六年（1890）山陰周氏詒經堂刻本　一冊

330000－1716－0000839　地獻0406/00839
子部/儒家類/儒學之屬/勸學

時習編六卷　（清）周炳琦撰　（清）周巖輯　清光緒十六年（1890）山陰周氏詒經堂刻本　二冊

330000－1716－0000841　地獻0402/00841
子部/儒家類/儒學之屬/俗訓

蕺山先生人譜一卷人譜類記二卷　（明）劉宗周撰　清嘉慶十六年（1811）松筠廣州刻本　二冊

330000 – 1716 – 0000844　善附 0017/00844
史部/地理類/山川之屬/山志

金山志十卷　（清）盧見曾撰　續金山志二卷
（清）釋秋崖撰　清光緒二十七年（1901）刻
本　六冊

330000 – 1716 – 0000846　善附 0018/00846
史部/地理類/專志之屬/古跡

平山堂圖志十卷首一卷　（清）趙之壁纂　清
乾隆刻本　丁之蕃題簽、記並句讀　一冊
存一卷（首）

330000 – 1716 – 0000847　善附 0021/00847
史部/金石類/石之屬/文字

思古齋雙鉤漢碑篆額三卷　（清）何澂輯　清
光緒九年（1883）刻本　三冊

330000 – 1716 – 0000848　地獻 0412/00848
子部/雜著類/雜說之屬

處富論一卷　稿本　清董子琛題簽　清□研
題記　一冊

330000 – 1716 – 0000855　地獻 0421/00855
子部/儒家類/儒學之屬/勸學

教育遺規一卷　（清）王贊元輯　清同治十年
（1871）刻本　一冊

330000 – 1716 – 0000856　地獻 0418/00856
子部/雜著類/雜說之屬

老學庵筆記二卷　（宋）陸游撰　清宣統三年
（1911）掃葉山房石印本　二冊

330000 – 1716 – 0000857　地獻 0417/00857
子部/雜著類/雜說之屬

老學庵筆記二卷　（宋）陸游撰　清宣統三年
（1911）掃葉山房石印本　二冊

330000 – 1716 – 0000859　地獻 0422/00859
史部/目錄類/總錄之屬/私撰

古越藏書樓書目二十卷首一卷　（清）徐樹蘭
撰　清光緒三十年（1904）崇實書局石印本
八冊

330000 – 1716 – 0000861　地獻 0427/00861
集部/別集類/明別集

陽明先生文集十六卷目錄二卷附陽明先生年

譜二卷　（明）王守仁撰　（明）李贄撰
（明）徐愛手述　清康熙二十四年（1685）刻本
十六冊　缺二卷（年譜一至二）

330000 – 1716 – 0000862　善 0287/00862　類
叢部/叢書類/自著之屬

陸放翁全集六種　（宋）陸游撰　明末海虞毛
氏汲古閣刻清初毛扆增刻彙印本　清散木題
簽　十一冊　存四種

330000 – 1716 – 0000863　普史 1021/00863
史部/地理類/輿圖之屬/全國

歷代地理沿革圖一卷　（清）六嚴繪　（清）馬
徵麟增輯　清同治十年（1871）金陵刻本
一冊

330000 – 1716 – 0000864　善附 0022/00864
集部/別集類/唐五代別集

杜詩鏡銓二十卷附錄一卷年譜一卷　（清）楊
倫撰　清乾隆九柏山房刻本　六冊

330000 – 1716 – 0000865　普史 1022/00865
史部/地理類/總志之屬/通代

太平寰宇記二百卷目錄二卷　（宋）樂史撰
（清）陳蘭森補闕　朝代紀元表一卷　（清）萬
廷蘭撰　清嘉慶八年（1803）刻本　三十冊

330000 – 1716 – 0000867　地獻 0425/00867
史部/目錄類/總錄之屬/私撰

古越藏書樓書目二十卷首一卷　（清）徐樹蘭
撰　清光緒三十年（1904）崇實書局石印本
八冊

330000 – 1716 – 0000868　地獻 0426/00868
史部/目錄類/總錄之屬/私撰

古越藏書樓書目二十卷首一卷　（清）徐樹蘭
撰　清光緒三十年（1904）崇實書局石印本
八冊

330000 – 1716 – 0000869　地獻 0394/00869
集部/別集類/清別集

二樹山人寫梅歌一卷續編一卷　（清）童鈺撰
（清）蘇如漆評點　清乾隆刻本　一冊

330000 – 1716 – 0000870　善附 0023/00870
集部/總集類/選集之屬/通代

董氏文輯存不分卷 （清）嚴可均校輯 清光緒會稽董氏行餘學舍抄本 一冊

330000－1716－0000871 地獻 0429/00871 集部/別集類/宋別集

劍南詩鈔六卷 （宋）陸游撰 （清）楊大鶴選 清光緒五年(1879)善成堂刻本 六冊

330000－1716－0000872 善附 0024/00872 子部/醫家類/類編之屬

徐氏醫書六種 （清）徐大椿撰 清雍正五年至乾隆二十二年(1727－1757)半松齋刻本 一冊 存二種

330000－1716－0000874 地獻 0428/00874 集部/別集類/明別集

王陽明先生全集十六卷 （明）王守仁撰 （清）王貽樂編 （清）陶潯霍批評 清道光六年(1826)柳庭芳刻本 十六冊

330000－1716－0000875 善附 0025/00875 子部/醫家類/類編之屬

醫林指月十二種 （清）王琦編 清乾隆三十二年(1767)寶笏樓刻本 三冊 存一種

330000－1716－0000876 地獻 0423/00876 史部/目錄類/總錄之屬/私撰

古越藏書樓書目二十卷首一卷 （清）徐樹蘭撰 清光緒三十年(1904)崇實書局石印本 八冊

330000－1716－0000877 陶 0108/00877 集部/詞類/詞話之屬

詞林紀事二十二卷 （清）張宗橚撰 樂府指迷一卷 （宋）張炎撰 詞旨一卷 （宋）陸輔撰 詞韻考略一卷 （清）許昂霄撰 清末上海掃葉山房石印本 十二冊

330000－1716－0000878 古越 0586/00878 類叢部/叢書類/彙編之屬

昭代叢書甲集五十種乙集四十種丙集五十六種 （清）張潮編 清刻本 十二冊 存甲集五十種、乙集四十種

330000－1716－0000879 地獻 0431/00879 集部/別集類/清別集

石笥山房文集六卷詩集四卷 （清）胡天游撰 清嘉慶三年(1798)刻本 六冊 存六卷 (石笥山房文集一至六)

330000－1716－0000880 地獻 0437/00880 子部/術數類/相宅相墓之屬

陽宅金鏡錄不分卷 稿本 二冊

330000－1716－0000881 善附 0026/00881 集部/別集類/宋別集

陸放翁劍南詩選六卷 （宋）陸游撰 （清）朱陵選 清康熙二十五年(1686)刻本 二冊

330000－1716－0000882 地獻 0424/00882 史部/目錄類/總錄之屬/私撰

古越藏書樓書目二十卷首一卷 （清）徐樹蘭撰 清光緒三十年(1904)崇實書局石印本 八冊

330000－1716－0000885 譜 0002/00885 史部/傳記類/總傳之屬/家乘

[浙江紹興]續修山陰張川胡氏宗譜三十卷首一卷 （清）胡光文重輯 （清）胡以謙原輯 （清）胡廣慈續輯 清光緒十二年(1886)敦睦堂木活字印本 十八冊 缺八卷(七、十、十四、十九至二十、二十五至二十六、二十八)

330000－1716－0000886 地獻 0441/00886 史部/地理類/雜志之屬

會稽懷古詩一卷 （明）唐之淳撰 清道光六年(1826)山陰杜氏知聖教齋刻本 一冊

330000－1716－0000887 譜 0003/00887 史部/傳記類/總傳之屬/家乘

[浙江紹興]山陰縣州山吳氏族譜三十一集 （清）吳國樑等纂修 清道光二十年(1840)木活字印本 三十冊 缺一集(六)

330000－1716－0000889 地獻 0439/00889 史部/傳記類/別傳之屬/事狀

自嬉堂叢述不分卷 陶在寬輯 清光緒刻本 一冊

330000－1716－0000890 地獻 0442 地獻 0449/00890 類叢部/叢書類/自著之屬

漱琴室存稿八種 （清）高驤雲撰 清刻本

二冊　存二種

330000－1716－0000891　譜0004/00891　史部/傳記類/總傳之屬/家乘

[浙江紹興]會稽達郭毛氏宗譜七卷首一卷 （清）毛乙笙等纂修　清宣統二年（1910）木活字印本　十冊

330000－1716－0000892　譜0005/00892　史部/傳記類/總傳之屬/家乘

[浙江紹興]山陰賈氏宗譜六卷　（清）賈元豫等纂修　清光緒三十三年（1907）延壽堂木活字印本　六冊

330000－1716－0000893　地獻0443/00893　史部/傳記類/總傳之屬/列女

越女表微錄五卷　（清）汪輝祖纂　清光緒十八年（1892）杭州浙江學院刻本　一冊

330000－1716－0000895　譜0007/00895　史部/傳記類/總傳之屬/家乘

[浙江紹興]山陰賈氏宗譜四卷　（清）賈燦雲纂修　清道光二十年（1840）延壽堂木活字印本　四冊

330000－1716－0000896　地獻0444/00896　史部/傳記類/別傳之屬/事狀

文節公[陶恩培]殉難事蹟不分卷　（清）□□輯　清光緒二十九年（1903）會稽陶氏刻本　一冊

330000－1716－0000898　譜0006/00898　史部/傳記類/總傳之屬/家乘

[浙江紹興]山陰賈氏宗譜六卷　（清）賈元豫等纂修　清光緒三十三年（1907）延壽堂木活字印本　六冊

330000－1716－0000899　地獻0451/00899　子部/儒家類/儒學之屬

陽明先生集要十五卷附年譜一卷　（明）王守仁撰　（明）施邦曜編　清乾隆五十二年（1787）濟美堂刻本　十六冊

330000－1716－0000900　譜0010/00900　史部/傳記類/總傳之屬/家乘

[浙江紹興]偁山章氏智九公分祠支譜六卷

（清）章貽賢重輯　清光緒二十二年（1896）世德堂木活字印本　五冊　缺一卷（六）

330000－1716－0000901　譜0008/00901　史部/傳記類/總傳之屬/家乘

[浙江紹興]山陰賈氏宗譜四卷　（清）賈宗與等纂修　清嘉慶十三年（1808）延壽堂木活字印本　四冊

330000－1716－0000902　地獻0448/00902　類叢部/叢書類/自著之屬

漱琴室存稿八種　（清）高驤雲撰　清刻本　一冊　存一種

330000－1716－0000903　地獻0454/00903　集部/別集類/明別集

王陽明先生全集二十二卷首一卷　（明）王守仁撰　（清）俞嶙輯　清康熙十二年（1673）餘姚俞嶙刻本　十六冊

330000－1716－0000904　譜0011/00904　史部/傳記類/總傳之屬/家乘

[浙江紹興]山陰碧山許氏宗譜二十三卷首一卷附譜四卷　（清）許在衡纂修　清光緒十四年（1888）希范堂木活字印本　十冊

330000－1716－0000905　地獻0450/00905　子部/儒家類/儒學之屬/性理

志學後錄八卷附渴露篇一卷　（清）向璿撰　（清）高知遜編　清乾隆十年（1745）山陰向宏運刻後印本　二冊

330000－1716－0000908　地獻0457/00908　集部/別集類/清別集

退藏室詩稿一卷　（清）周原撰　清道光三十年（1850）山陰周宗濂刻本　清陶濬宣題記並校　一冊

330000－1716－0000910　譜0014/00910　史部/傳記類/總傳之屬/家乘

[浙江蕭山]歡譚田氏宗譜四十八卷　（清）田繩祖等纂修　清光緒三十年（1904）荊茂堂木活字印本　一冊　存一卷（二）

330000－1716－0000911　地獻0458/00911　類叢部/叢書類/自著之屬

漱琴室存稿八種　（清）高驤雲撰　清刻本
二冊　存四種

330000－1716－0000912　譜0015/00912　史
部/傳記類/總傳之屬/家乘

[浙江紹興]唐氏家譜不分卷　（清）唐咨伯纂
修　清康熙五十五年(1716)刻本　二冊

330000－1716－0000913　譜0016/00913　史
部/傳記類/總傳之屬/家乘

[浙江紹興]柯橋蔡氏宗譜不分卷　（清）蔡大
傑纂修　清乾隆五十四年(1789)樂心堂木活
字印本　二冊

330000－1716－0000914　地獻0455/00914
集部/總集類/選集之屬/通代

六朝唐賦讀本不分卷　（清）馬傳庚選注　清
同治十三年(1874)京都馬氏玉燕書巢刻本
二冊

330000－1716－0000916　地獻0456/00916
集部/別集類/清別集

越縵堂駢體文四卷散體文一卷　（清）李慈銘
撰　清光緒二十三年(1897)常熟曾氏虛霩居
刻本　四冊

330000－1716－0000917　譜0022/00917　史
部/傳記類/總傳之屬/家乘

[浙江紹興]會稽孫氏宗譜十四編三十卷
（清）孫鏡清纂修　清光緒二十年(1894)垂裕
堂木活字印本　清孫文榮校補　十四冊

330000－1716－0000918　譜0021/00918　史
部/傳記類/總傳之屬/家乘

[浙江紹興]會稽陳氏宗譜六卷首一卷　（清）
陳家鑑纂修　清宣統三年(1911)德星堂木活
字印本　一冊　缺三卷(四至六)

330000－1716－0000919　地獻0459/00919
集部/別集類/清別集

留園詩鈔二卷　（清）吳榮撰　清咸豐六年
(1856)刻本　一冊

330000－1716－0000920　地獻0462/00920
子部/宗教類/道教之屬

道貫真源九種　（清）董德寧輯　清乾隆至嘉

慶古越集陽樓刻本　固卿氏批並圈點　十二
冊　存四種

330000－1716－0000921　譜0023/00921　史
部/傳記類/總傳之屬/家乘

[浙江紹興]會稽孫氏宗譜十四編三十卷
（清）孫鏡清纂修　清光緒二十年(1894)垂裕
堂木活字印本　清孫慶礽批　十四冊

330000－1716－0000923　地獻0461/00923
集部/詩文評類/詩評之屬

柳亭詩話三十卷　（清）宋長白纂　清康熙天
茁園刻本　四冊

330000－1716－0000924　地獻0466/00924
子部/兵家類/兵法之屬

兵學新法十三篇不分卷　沈桐生撰　清光緒
二十七年(1901)會稽沈氏家塾刻本　一冊

330000－1716－0000926　譜0025/00926　史
部/傳記類/總傳之屬/家乘

[浙江紹興]浙江山陰江墅施氏族譜十卷
（清）施國騏纂修　清道光二十四年(1844)木
活字印本　四冊　存三卷(一至二、七)

330000－1716－0000928　譜0027/00928　史
部/傳記類/總傳之屬/家乘

[浙江蕭山]蕭山長巷沈氏續修宗譜四十卷首
一卷附系圖備考一卷家塾誌略一卷　（清）沈
荇等纂修　清光緒十九年(1893)承裕堂木活
字印本　三十二冊

330000－1716－0000931　地獻0471/00931
子部/儒家類/儒學之屬/俗訓

人譜一卷人譜類記二卷　（明）劉宗周撰　清
同治七年(1868)紹興戢山書院刻本　二冊

330000－1716－0000932　地獻0463/00932
史部/傳記類/總傳之屬/姓名

聖祖仁皇帝御製百家姓一卷耕織圖詩一卷
唐風篆注　清宣統三年(1911)鉛印本　一冊

330000－1716－0000935　譜0029/00935　史
部/傳記類/總傳之屬/家乘

[浙江蕭山]蕭山長巷沈氏續修宗譜三十二卷
首一卷　（清）沈豫等纂修　清道光二十一年

(1841)承裕堂木活字印本　二十冊

330000－1716－0000936　地獻 0472/00936
子部/儒家類/儒學之屬/俗訓

蕺山先生人譜一卷人譜類記二卷　（明）劉宗
周撰　清光緒三十年(1904)鐵嶺銀岡學堂刻
本　二冊

330000－1716－0000939　地獻 0474/00939
史部/地理類/專志之屬/古跡

越中名勝賦一卷　（清）李壽朋撰　清乾隆四
十年(1775)刻本　一冊

330000－1716－0000940　地獻 0477/00940
子部/藝術類/書畫之屬/題跋

似昇長生冊三卷　周嵩堯撰　清宣統三年
(1911)刻本　二冊

330000－1716－0000941　地獻 0464/00941
史部/傳記類/總傳之屬/姓名

聖祖仁皇帝御製百家姓一卷耕織圖詩一卷
唐風篸注　清宣統三年(1911)鉛印本　一冊

330000－1716－0000944　地獻 0478/00944
史部/地理類/專志之屬/祠墓

越中先賢祠目一卷　（清）李慈銘撰　清光緒
十一年(1885)都門越祠刻民國十年(1921)印
本　一冊

330000－1716－0000945　地獻 0475/00945
史部/地理類/雜志之屬

越中百詠一卷　（清）周晉鑅撰　清道光二十
九年(1849)蘇城湯晉苑局刻本　清鴻逵氏題
簽　一冊

330000－1716－0000947　譜 0034/00947　史
部/傳記類/總傳之屬/家乘

**[浙江紹興]會稽東浦前村杜氏家譜十二卷首
一卷**　（清）杜立夫等纂修　清光緒二十五年
(1899)永言堂木活字印本　十二冊

330000－1716－0000949　地獻 0482/00949
經部/孝經類/傳說之屬

孝經大全二卷　（明）呂維祺撰　清抄本
一冊

330000－1716－0000950　譜 0033/00950　史
部/傳記類/總傳之屬/家乘

**[浙江紹興]會稽東浦前村杜氏家譜十二卷首
一卷**　（清）杜鳳池等纂修　清同治九年
(1870)永言堂木活字印本　六冊　存六卷
(三至六、九至十)

330000－1716－0000953　地獻 0479/00953
史部/地理類/雜志之屬

越郡闡幽錄十一種　（清）孫澤　（清）杜榮壽
輯　清同治至宣統刻本　孫家驤題記　十
四冊

330000－1716－0000954　譜 0036/00954　史
部/傳記類/總傳之屬/家乘

[浙江餘姚]姜氏世譜十集　（清）姜聯福
（清）姜希轍纂修　清咸豐四年(1854)餘姚敬
勝堂刻本　四冊　存四卷(三至四、七、十)

330000－1716－0000955　譜 0031/00955　史
部/傳記類/總傳之屬/家乘

[浙江紹興]會稽中望坊沈氏家譜十卷首一卷
（清）沈元泰纂修　清光緒五年(1879)敦睦
堂木活字印本　六冊

330000－1716－0000956　地獻 0488/00956
史部/目錄類/總錄之屬/私撰

詒經堂書目五卷　（清）周炳琦撰　清光緒七
年(1881)稿本　一冊

330000－1716－0000958　地獻 0487/00958
子部/雜著類/雜說之屬

理學齋導言一卷　馬用錫撰　清光緒紹興府
學堂養新精舍刻本　一冊

330000－1716－0000959　譜 0032/00959　史
部/傳記類/總傳之屬/家乘

[浙江紹興]會稽中望坊沈氏家譜十卷首一卷
（清）沈元泰纂修　清光緒五年(1879)敦睦
堂木活字印本　一冊　存一卷(二)

330000－1716－0000960　地獻 0490/00960
史部/政書類/公牘檔冊之屬

紹興府學堂光緒二十八年微信錄一卷　紹興
府學堂編　清光緒二十八年(1902)紹興府學

堂刻本 一冊

330000－1716－0000962 地獻 0491/00962
史部/政書類/公牘檔冊之屬

紹郡育嬰堂風潮紀略不分卷 （清）周巖輯
清宣統鉛印本 一冊

330000－1716－0000971 地獻 0494/00971
史部/政書類/公牘檔冊之屬

紹郡平糶徵信錄不分卷 （清）徐樹蘭撰 清
光緒二十四年（1898）刻本 一冊

330000－1716－0000972 譜 0044/00972 史
部/傳記類/總傳之屬/家乘

[浙江紹興]紹郡莫氏家譜十卷 （清）莫元遂
等纂修 清同治十一年（1872）木活字印本
四冊

330000－1716－0000974 地獻 0503/00974
史部/地理類/專志之屬/祠墓

孫氏墓田記一卷 （清）孫德祖撰 清光緒鄞
縣翰墨林刻本 一冊

330000－1716－0000975 地獻 0499/00975
類叢部/叢書類/彙編之屬

湖海樓叢書十二種 （清）陳春編 清嘉慶蕭
山陳氏刻二十四年（1819）彙印本 一冊 存
一種

330000－1716－0000977 地獻 0504/00977
史部/傳記類/別傳之屬/事狀

慈闈瑣記二卷 （清）孫仁述撰 清光緒三十
三年（1907）刻本 一冊

330000－1716－0000979 譜 0041/00979 史
部/傳記類/總傳之屬/家乘

[浙江紹興]潘祊隖莫氏家譜不分卷 （清）莫
在庭纂修 清嘉慶十三年（1808）孝思堂木活
字印本 七冊

330000－1716－0000980 地獻 0507/00980
新學/史志/諸國史

少年世界史二卷 何琪編 清光緒二十七年
（1901）山會北鄉蒙學堂刻本 二冊

330000－1716－0000983 譜 0047/00983 史

部/傳記類/總傳之屬/家乘

[浙江紹興]會稽陶氏族譜三十二卷 （清）陶
在銘等纂修 清光緒二十九年（1903）刻本
二十四冊

330000－1716－0000984 地獻 0505/00984
史部/傳記類/別傳之屬/事狀

慈闈瑣記二卷 （清）孫仁述撰 清光緒三十
三年（1907）刻本 一冊

330000－1716－0000986 地獻 0517/00986
史部/政書類/公牘檔冊之屬

會稽董氏置產簿不分卷 清光緒會稽董氏抄
本 一冊

330000－1716－0000988 地獻 0518/00988
史部/政書類/公牘檔冊之屬

會稽置產簿不分卷附山陰嵊縣簡明一卷 清
光緒會稽董氏抄本 一冊

330000－1716－0000989 譜 0049/00989 史
部/傳記類/總傳之屬/家乘

[浙江紹興]會稽陶氏族譜三十二卷 （清）陶
在銘等纂修 清光緒二十九年（1903）刻本
十一冊 存十九卷（一至五、七、十三至二十
三、三十一至三十二）

330000－1716－0000990 地獻 0519/00990
史部/政書類/公牘檔冊之屬

會稽簡明簿不分卷 清光緒會稽董氏抄本
一冊

330000－1716－0000991 譜 0048/00991 史
部/傳記類/總傳之屬/家乘

[浙江紹興]會稽陶氏族譜三十二卷 （清）陶
際堯纂修 清道光十年（1830）刻本 二十冊

330000－1716－0000992 譜 0151/00992 史
部/傳記類/總傳之屬/家乘

[浙江紹興]會稽陶氏族譜三十二卷 （清）陶
際堯纂修 清道光十年（1830）刻本 二冊
存四卷（八、三十至三十二）

330000－1716－0000993 地獻 0521/00993
史部/傳記類/總傳之屬/通代

觀化齋隨錄不分卷 宗能徵輯 清光緒稿本

宗劍天跋　二冊

330000－1716－0000995　地獻 0520/00995
史部/政書類/公牘檔冊之屬
會稽山陰嵊邑置產簿不分卷　清光緒會稽董
氏抄本　一冊

330000－1716－0000996　譜 0050/00996　史
部/傳記類/總傳之屬/家乘
[浙江紹興]會稽陶氏族譜三十二卷　(清)陶
際堯纂修　清道光十年(1830)刻本　三冊
存六卷(二十四至二十九)

330000－1716－0000999　譜 0057/00999　史
部/傳記類/總傳之屬/家乘
[浙江紹興]安氏宗譜三卷　(清)安士瑛等纂
修　清道光十八年(1838)永興堂木活字印本
二冊

330000－1716－0001001　譜 0058/01001　史
部/傳記類/總傳之屬/家乘
[浙江紹興]會稽邱氏宗譜三卷　(清)邱紹俊
纂修　清光緒十七年(1891)忠實堂木活字印
本　二冊

330000－1716－0001002　地獻 0560/01002
經部/四書類/總義之屬/傳說
**四書釋地補一卷續補一卷又續補一卷三續補
一卷**　(清)閻若璩撰　(清)樊廷枚校補　清
嘉慶二十一年(1816)梅陽海涵堂刻本　一冊
存一卷(四書釋地補)

330000－1716－0001003　譜 0059/01003　史
部/傳記類/總傳之屬/家乘
[浙江紹興]會稽任氏宗譜三卷　(清)任啟先
等纂修　清光緒十六年(1890)清德堂刻本
四冊

330000－1716－0001005　譜 0065/01005　史
部/傳記類/總傳之屬/家乘
[浙江紹興]昌安錢氏支譜三卷　(清)錢德承
纂修　**附裕後圖一卷**　(清)錢簡青撰　**會稽
錢武肅王祠堂志三卷**　(清)錢泳撰　清同治
九年(1870)刻十一年(1872)補刻本[會稽錢
武肅王祠堂志爲清乾隆五十八年(1793)刻道

光十六年(1836)補刻本]　六冊

330000－1716－0001007　譜 0067/01007　史
部/傳記類/總傳之屬/家乘
[浙江上虞]上虞通明錢氏宗譜八卷首一卷
(清)錢炳等纂修　清咸豐四年(1854)木活字
印本　六冊

330000－1716－0001008　譜 0152/01008　史
部/傳記類/總傳之屬/家乘
[浙江紹興]昌安錢氏支譜三卷　(清)錢德承
纂修　**附裕後圖一卷**　(清)錢簡青撰　**會稽
錢武肅王祠堂志三卷**　(清)錢泳撰　清同治
九年(1870)刻十一年(1872)補刻本[會稽錢
武肅王祠堂志爲清乾隆五十八年(1793)刻道
光十六年(1836)補刻本]　六冊

330000－1716－0001009　地獻 0530/01009
子部/藝術類/遊藝之屬/聯語
楹聯新話十卷　(清)朱應鎬輯　清光緒十八
年(1892)刻本　四冊

330000－1716－0001010　譜 0153/01010　史
部/傳記類/總傳之屬/家乘
[浙江紹興]昌安錢氏支譜三卷　(清)錢德承
纂修　**附裕後圖一卷**　(清)錢簡青撰　清同
治九年(1870)刻十一年(1872)補刻本　五冊

330000－1716－0001011　譜 0066/01011　史
部/傳記類/總傳之屬/家乘
[浙江紹興]昌安錢氏支譜三卷　(清)錢德承
纂修　**附裕後圖一卷**　(清)錢簡青撰　清同
治九年(1870)刻十一年(1872)補刻本　五冊

330000－1716－0001012　譜 0076/01012　史
部/傳記類/總傳之屬/家乘
[浙江紹興]後邨周氏淵源録十三卷　(清)周
源纂修　清道光十二年(1832)引碧齋刻本
四冊

330000－1716－0001016　地獻 0542/01016
子部/雜著類/雜說之屬
寄龕褉著　(清)孫德祖撰　清光緒刻本　四
冊　存一種

330000－1716－0001020　譜 0072/01020　史

部/傳記類/總傳之屬/家乘

[浙江餘姚]姚江王氏宗譜□□卷 （清）王謀文纂修　清德逸堂抄本　三冊　存六卷（五至八、十九至二十）

330000－1716－0001022　地獻 0552/01022　子部/藝術類/遊藝之屬/聯語

楹聯新話十卷 （清）朱應鎬輯　清光緒十八年（1892）刻本　四冊

330000－1716－0001027　譜 0074/01027　史部/傳記類/總傳之屬/家乘

[浙江紹興]王氏世系圖表元編不分卷 （清）王賓辰纂修　清光緒三十三年（1907）刻本　一冊

330000－1716－0001029　譜 0073/01029　史部/傳記類/總傳之屬/家乘

[浙江紹興]王氏行傳不分卷　清末抄本　一冊

330000－1716－0001031　譜 0075/01031　史部/傳記類/總傳之屬/家乘

[浙江紹興]山陰王氏宗譜不分卷 （明）王洪纂修　清初抄本　一冊

330000－1716－0001032　子補 0334/01032　子部/醫家類/類編之屬

周氏醫學叢書（周澂之評注醫書、周氏彙刻醫學叢書）初集十二種二集十一種三集六種 （清）周學海編　清光緒至宣統刻宣統三年（1911）池陽周氏福慧雙修館彙印本　二冊　存二集三種

330000－1716－0001033　譜 0156/01033　史部/傳記類/總傳之屬/家乘

[浙江紹興]王氏世系圖表元編不分卷 （清）王賓辰纂修　清光緒三十三年（1907）刻本　一冊

330000－1716－0001034　譜 0157/01034　史部/傳記類/總傳之屬/家乘

[浙江紹興]王氏世系圖表元編不分卷 （清）王賓辰纂修　清光緒三十三年（1907）刻本　一冊

330000－1716－0001035　譜 0078/01035　史部/傳記類/總傳之屬/家乘

[浙江紹興]後馬周氏家譜不分卷 （清）周調梅纂修　清道光二十七年（1847）刻本　一冊

330000－1716－0001037　地獻 0544/01037　子部/雜著類/雜說之屬

寄龕襍著 （清）孫德祖撰　清光緒刻本　三冊　存一種

330000－1716－0001038　譜 0077/01038　史部/傳記類/總傳之屬/家乘

[浙江紹興]後馬周氏家譜不分卷 （清）周調梅纂修　清道光二十七年（1847）刻本　四冊

330000－1716－0001039　地獻 0543/01039　子部/雜著類/雜說之屬

寄龕襍著 （清）孫德祖撰　清光緒刻本　三冊　存一種

330000－1716－0001041　譜 0079/01041　史部/傳記類/總傳之屬/家乘

[浙江紹興]山陰前梅周氏宗譜三十四卷 （清）周鼎纂修　清光緒二十年（1894）木活字印本　十八冊

330000－1716－0001042　地獻 0553/01042　子部/雜著類/雜說之屬

淮南許注異同詁四卷補遺一卷續補一卷 （清）陶方琦撰　清光緒七年至十年（1881－1884）湘南使院刻本　二冊

330000－1716－0001043　地獻 0535/01043　子部/術數類/占卜之屬

漁渡太守廟訃辭一卷 （清）王煦撰　清光緒會稽董氏行餘講舍抄本　一冊

330000－1716－0001044　譜 0062/01044　史部/傳記類/總傳之屬/家乘

[浙江諸暨]暨陽墨城壽氏宗譜文傳三卷系圖七卷行傳十六卷首一卷 （清）壽于牧等纂修　清道光十六年（1836）半山堂木活字印本　二十六冊

330000－1716－0001045　地獻 0554/01045　子部/雜著類/雜纂之屬

格言聯璧一卷 （清）金纓輯 清光緒四年
(1878)北京龍雲齋刻本 一冊

330000－1716－0001046 譜 0080/01046 史
部/傳記類/總傳之屬/家乘
[浙江紹興]後馬周氏家譜不分卷 （清）周調
梅纂修 清道光二十七年(1847)刻本 九冊

330000－1716－0001047 地獻 0556/01047
子部/儒家類/儒學之屬/勸學
時習編六卷 （清）周炳琦撰 （清）周巖輯
清光緒十六年(1890)山陰周氏詁經堂刻本
一冊

330000－1716－0001048 地獻 0558/01048
史部/政書類/公牘檔冊之屬
浙紹鄉祠徵信錄不分卷 （清）王德銑輯 清
光緒二十年(1894)廣州刻本 一冊

330000－1716－0001049 譜 0081/01049 史
部/傳記類/總傳之屬/家乘
[浙江紹興]會稽漁渡董氏族譜三十六卷首一
卷末一卷 （清）董金鑑纂修 清末抄本 二
十四冊

330000－1716－0001050 譜 0082/01050 史
部/傳記類/總傳之屬/家乘
[浙江會稽]董氏族譜墓地表不分卷 （清）董
金鑑輯 清末抄本 三冊

330000－1716－0001052 譜 0083/01052 史
部/政書類/儀制之屬/典禮
會稽董氏大祠堂祭例一卷 （清）董金鑑纂修
清光緒會稽董氏行餘講舍抄本 一冊

330000－1716－0001053 地獻 0559/01053
史部/目錄類/專錄之屬
善本書室藏書志摘錄董氏著作不分卷 清光
緒會稽董氏行餘學舍抄本 一冊

330000－1716－0001054 譜 0084/01054 史
部/傳記類/總傳之屬/家乘
[浙江會稽]董氏宗譜二卷 （清）董瑞書輯
清嘉慶三年(1798)稿本 一冊

330000－1716－0001056 地獻 0555/01056

子部/儒家類/儒學之屬/勸學
時習編六卷 （清）周炳琦撰 （清）周巖輯
清光緒十六年(1890)山陰周氏詁經堂刻本
一冊

330000－1716－0001057 地獻 0557/01057
子部/儒家類/儒學之屬/勸學
時習編六卷 （清）周炳琦撰 （清）周巖輯
清光緒十六年(1890)山陰周氏詁經堂刻本
一冊

330000－1716－0001058 譜 0085/01058 史
部/傳記類/總傳之屬/家乘
[浙江會稽]董氏家譜不分卷 （清）董萼輝纂
修 清光緒董氏刻本 一冊

330000－1716－0001060 譜 0158/01060 史
部/傳記類/總傳之屬/家乘
[浙江紹興]會稽漁渡董氏族譜三十六卷首一
卷末一卷 （清）董金鑑纂修 清末抄本 二
十四冊

330000－1716－0001062 地獻 0568/01062
類叢部/叢書類/彙編之屬
會稽徐氏鑄學齋叢書十三種 徐維則編 清
咸豐至光緒會稽徐氏刻光緒二十六年(1900)
彙印本 童鼎璜題簽 一冊 存一種

330000－1716－0001065 譜 0086/01065 史
部/傳記類/總傳之屬/家乘
[浙江紹興]務本堂董氏支譜不分卷 （清）
□□纂修 清光緒稿本 一冊

330000－1716－0001066 地獻 0577/01066
史部/傳記類/總傳之屬/斷代
周列士傳一卷 （清）顧壽楨撰 清同治五年
(1866)見素抱樸齋刻本 一冊

330000－1716－0001067 地獻 0578/01067
經部/孝經類/傳說之屬
孝經大全一卷首一卷附錄一卷 （明）呂維祺
撰 清末抄本 一冊

330000－1716－0001070 地獻 0573/01070
史部/傳記類/總傳之屬/郡邑
三不朽圖贊不分卷 （清）張岱輯 清光緒十

四年(1888)山陰陳錦刻本　一冊

330000－1716－0001071　譜 0095/01071　史部/傳記類/總傳之屬/家乘

[浙江紹興]會稽秦氏宗譜不分卷　(清)秦基等纂修　清宣統三年(1911)石印本　二冊

330000－1716－0001073　譜 0096/01073　史部/傳記類/總傳之屬/家乘

[浙江紹興]會稽偁山章氏家乘正集三十一卷首一卷　(明)章仕淳等纂修　清末抄本　三冊　存一卷(首)

330000－1716－0001075　譜 0107/01075　史部/傳記類/總傳之屬/家乘

[浙江紹興]山陰柯橋楊氏宗譜八卷　(清)楊惟一　(清)楊惟椿　(清)楊惟辭纂修　清光緒二十年(1894)敦倫堂木活字印本　三冊　存五卷(一至五)

330000－1716－0001076　地獻 0572/01076　史部/史評類/史論之屬

上古三代史論略二卷　何琪編　清光緒二十七年(1901)紹興會文堂書坊刻本　一冊

330000－1716－0001084　地獻 0574/01084　史部/傳記類/總傳之屬/郡邑

三不朽圖贊不分卷　(清)張岱輯　清乾隆二十年(1755)鳳嬉堂刻六十年(1795)南潤余氏佑啟樓重修本　四冊

330000－1716－0001086　譜 0161/01086　史部/傳記類/總傳之屬/家乘

[浙江紹興]紹郡莫氏家譜十卷　(清)莫元遂等纂修　清同治十一年(1872)木活字印本　四冊

330000－1716－0001087　地獻 0569/01087　類叢部/叢書類/彙編之屬

會稽徐氏鑄學齋叢書十三種　徐維則編　清咸豐至光緒會稽徐氏刻光緒二十六年(1900)彙印本　一冊　存一種

330000－1716－0001088　譜 0162/01088　史部/傳記類/總傳之屬/家乘

[浙江紹興]紹郡莫氏家譜十卷　(清)莫元遂

等纂修　清同治十一年(1872)木活字印本　四冊

330000－1716－0001089　譜 0163/01089　史部/傳記類/總傳之屬/家乘

[浙江紹興]紹郡莫氏家譜十卷　(清)莫元遂等纂修　清同治十一年(1872)木活字印本　一冊　存一卷(九)

330000－1716－0001090　譜 0102/01090　史部/傳記類/總傳之屬/家乘

[浙江紹興]陡亹黃氏宗譜不分卷　(清)黃善經纂修　清光緒二十年(1894)追遠堂木活字印本　一冊

330000－1716－0001091　譜 0112/01091　史部/傳記類/總傳之屬/家乘

[浙江紹興]會稽五雲鄉徐氏宗譜十七卷　(清)徐鳳紀等纂修　清光緒二十一年(1895)孝思堂木活字印本　二冊　存二卷(二、十)

330000－1716－0001092　地獻 0576/01092　史部/傳記類/總傳之屬/郡邑

越中觀感錄一卷　(清)陳錦撰　清光緒九年(1883)刻會稽徐氏鑄學齋叢書本　清陳錦批跋並補注　一冊

330000－1716－0001094　譜 0100/01094　史部/傳記類/總傳之屬/家乘

[浙江紹興]黃氏家譜不分卷　(清)黃士伸纂修　清同治七年(1868)抄本　一冊

330000－1716－0001096　譜 0108/01096　史部/傳記類/總傳之屬/家乘

[浙江紹興]山陰柯橋楊氏宗譜六卷　(清)楊思立等纂修　清道光十五年(1835)敦倫堂木活字印本　三冊　缺一卷(一)

330000－1716－0001097　地獻 0589/01097　集部/別集類

蕉鶴山房雜稿不分卷　金文源撰　清宣統元年(1909)鉛印本　田紹謙題記　一冊

330000－1716－0001099　譜 0105/01099　史部/傳記類/總傳之屬/家乘

[浙江紹興]山陰陡亹朱氏宗譜六卷　(清)朱

福青等纂修　清光緒二十年(1894)思成堂木活字印本　六冊

330000－1716－0001102　譜0110/01102　史部/傳記類/總傳之屬/家乘

[浙江紹興]山陰安城楊氏宗譜七卷　(清)楊學韓纂修　清光緒十八年(1892)四知堂木活字印本　五冊

330000－1716－0001103　譜0111/01103　史部/傳記類/總傳之屬/家乘

[浙江紹興]山陰遺風後漏徐氏宗譜十八卷首一卷　(清)徐文耀纂修　清光緒八年(1882)徐氏木活字印本　十六冊

330000－1716－0001104　地獻0592/01104　集部/總集類/酬唱之屬

借庵詩一卷　(清)童鈺撰輯　清乾隆刻本　一冊

330000－1716－0001105　譜0164/01105　史部/傳記類/總傳之屬/家乘

[浙江紹興]會稽偁山章氏家乘正集三十一卷首一卷　(明)章仕淳等纂修　清末抄本　一冊　存一卷(首)

330000－1716－0001106　譜0165/01106　史部/傳記類/總傳之屬/家乘

[浙江紹興]會稽偁山章氏家乘正集三十一卷首一卷　(明)章仕淳等纂修　清末抄本　一冊　存一卷(首)

330000－1716－0001108　地獻0593/01108　集部/別集類/清別集

石笥山房集二十四卷　(清)胡天游撰　清宣統二年(1910)上海國學扶輪社鉛印本　十冊

330000－1716－0001114　譜0115/01114　史部/傳記類/總傳之屬/家乘

[浙江紹興]山陰清溪徐氏宗譜十四卷　(清)徐華庭等纂修　清光緒九年(1883)五全堂木活字印本　十四冊

330000－1716－0001119　地獻0606/01119　類叢部/叢書類/彙編之屬

正誼堂全書六十三種續刻五種　(清)張伯行

編　(清)楊濬重編　清同治五年(1866)福州正誼書院刻同治八年至光緒十三年(1869－1887)續刻本　一冊　存一種

330000－1716－0001121　譜0168/01121　史部/傳記類/總傳之屬/家乘

[浙江紹興]山陰清溪徐氏宗譜十四卷　(清)徐華庭等纂修　清光緒九年(1883)五全堂木活字印本　十四冊

330000－1716－0001122　地獻0602/01122　集部/別集類/清別集

蔭餘軒試帖一卷　(清)馬寶琛撰　清光緒刻本　一冊

330000－1716－0001125　地獻0607/01125　集部/別集類/明別集

王陽明先生全集二十二卷首一卷　(明)王守仁撰　(清)俞嶙輯　清康熙十二年(1673)餘姚俞嶙刻本　二十四冊

330000－1716－0001127　譜0009/01127　史部/傳記類/總傳之屬/家乘

[浙江湖州]荻溪章氏支譜十四卷　(清)章文熊等纂修　清光緒十九年(1893)刻本　八冊

330000－1716－0001128　地獻0600/01128　集部/別集類/清別集

構餘軒試帖一卷構餘軒課孫草一卷　(清)馬光瀾撰　清光緒九年(1883)刻本　一冊

330000－1716－0001129　地獻0601/01129　集部/別集類/清別集

思補過齋試帖一卷　(清)馬傳煦撰　清光緒刻本　一冊

330000－1716－0001131　譜0132/01131　史部/傳記類/總傳之屬/家乘

[浙江紹興]會稽塘南楊氏宗譜六卷首一卷　(清)楊士煦等纂修　清光緒四年(1878)四知堂木活字印本　二冊

330000－1716－0001132　地獻0603/01132　集部/別集類/清別集

小檀欒山館詩草四卷　(清)吳鳳樓撰　清光緒九年(1883)山陰吳樵刻本　四冊

330000－1716－0001133　譜 0136/01133　史部/傳記類/總傳之屬/家乘

[浙江嵊州]剡北龍山莫氏宗譜三卷　（清）□□纂修　清乾隆三十六年(1771)餘慶堂木活字印本　一冊

330000－1716－0001134　地獻 0604/01134　集部/別集類/清別集

藤阿吟稿四卷　（清）陳鴻熙撰　清嘉慶二十五年(1820)會稽陳氏姑蘇刻本　二冊

330000－1716－0001135　地獻 0616/01135　集部/別集類/清別集

補注秋水軒尺牘四卷　（清）許思湄撰　（清）婁世瑞注　（清）管斯駿補注　清光緒吳縣管氏管可壽齋刻本　四冊

330000－1716－0001137　譜 0139/01137　史部/傳記類/總傳之屬/家乘

[浙江鄞州]橫溪王氏宗譜二卷首一卷　（清）王錫錕等纂修　清咸豐五年(1855)珠樹堂木活字印本　二冊

330000－1716－0001138　地獻 0617/01138　子部/雜著類/雜纂之屬

格言聯璧一卷附一卷　（清）金纓輯　清同治五年(1866)漢口刻本　一冊

330000－1716－0001139　譜 0137/01139　史部/傳記類/總傳之屬/家乘

[浙江鄞州]橫溪王氏宗譜二卷首一卷　（清）王嘉瑜等纂修　清光緒三十年(1904)珠樹堂木活字印本　二冊

330000－1716－0001140　譜 0143/01140　史部/傳記類/總傳之屬/家乘

[浙江紹興]會稽潘氏宗譜三卷　（清）潘湧昇（清）潘湧杲纂修　清同治五年(1866)燕詒堂木活字印本　二冊

330000－1716－0001141　地獻 0621/01141　子部/醫家類/婦科之屬/通論

竹林寺女科秘方二卷遺録一卷遂生篇一卷附方一卷　（清）竹林寺僧撰　清光緒二十三年(1897)山陰沈祖誥刻本　二冊

330000－1716－0001142　地獻 0620/01142　集部/別集類/清別集

四悔草堂詩鈔別存五卷　（清）朱守芳撰　清末抄本　一冊

330000－1716－0001144　譜 0142/01144　史部/傳記類/總傳之屬/家乘

山陰王氏宗譜不分卷　（清）王秀三等纂修　稿本　一冊

330000－1716－0001146　普史 1038/01146　史部/職官類/官箴之屬

宦鄉要則七卷首一卷　（清）張鑒瀛輯　清光緒十五年(1889)珍藝書局石印本　二冊

330000－1716－0001147　地獻 0626/01147　史部/地理類

臺灣雜詠合刻三卷　（清）楊希閔輯　清光緒七年(1881)刻本　一冊

330000－1716－0001148　地獻 0624/01148　史部/傳記類/別傳之屬/年譜

蓮衢自訂年譜一卷　（清）杜聯撰　稿本　一冊

330000－1716－0001150　地獻 0608/01150　集部/別集類/清別集

灌園未定稿二卷　（清）傅懷祖撰　清光緒十三年(1887)山陰傅氏蘇州刻本　二冊

330000－1716－0001151　地獻 0618/01151　子部/雜著類/雜纂之屬

格言聯璧一卷附一卷　（清）金纓輯　清同治四年(1865)鎮江刻本　一冊

330000－1716－0001152　譜 0064/01152　史部/地理類/專志之屬/祠墓

會稽錢武肅王祠堂志二卷　（清）錢泳輯　清乾隆五十八年(1793)刻本　一冊

330000－1716－0001153　地獻 0625/01153　子部/醫家類/醫經之屬/内經

類經三十二卷　（明）張介賓類注　類經圖翼十一卷附翼四卷　（明）張介賓撰　清刻本　一冊　存四卷(附翼一至四)

330000－1716－0001154　譜 0169/01154　史部/地理類/專志之屬/祠墓

會稽錢武肅王祠堂志三卷　（清）錢泳輯　清乾隆五十八年（1793）刻本　一冊

330000－1716－0001155　地獻 0629/01155　子部/雜著類/雜纂之屬

格言聯璧一卷附一卷　（清）金纓輯　清光緒十年（1884）紹興刻本　一冊

330000－1716－0001156　譜 0122/01156　史部/傳記類/總傳之屬/家乘

［浙江紹興］周氏世系圖譜不分卷　（清）周成勳纂修　清光緒二十六年（1900）抄本　一冊

330000－1716－0001157　地獻 0622/01157　子部/醫家類/婦科之屬/通論

竹林寺女科秘方二卷遺錄一卷遂生篇一卷附方一卷　（清）竹林寺僧撰　清光緒二十三年（1897）山陰沈祖誥刻本　二冊

330000－1716－0001158　地獻 0619/01158　子部/雜著類/雜纂之屬

格言聯璧一卷附一卷　（清）金纓輯　清光緒十年（1884）紹興刻本　一冊

330000－1716－0001159　譜 0128/01159　史部/傳記類/總傳之屬/家乘

［浙江紹興］會稽徐家埠徐氏宗譜三卷　（清）徐武祥　（清）徐武盛纂修　清嘉慶十一年（1806）九思堂木活字印本　一冊

330000－1716－0001160　地獻 0609/01160　集部/別集類/清別集

通雅堂詩鈔十卷續集二卷　（清）施山撰　清光緒元年（1875）荊州刻本　二冊

330000－1716－0001161　地獻 0612/01161　集部/別集類/清別集

香品詩稿一卷　（清）周鉞撰　清乾隆刻本　一冊

330000－1716－0001162　譜 0046/01162　史部/史表類/斷代之屬

元史氏族表三卷　（清）錢大昕撰　清江蘇書局刻本　二冊

330000－1716－0001163　地獻 0610/01163　集部/別集類/清別集

灌園未定稿二卷　（清）傅懷祖撰　清光緒十三年（1887）山陰傅氏蘇州刻本　二冊

330000－1716－0001164　譜 0170/01164　史部/傳記類/總傳之屬/家乘

［浙江紹興］會邑徐家水埠重修宗譜三卷　（清）徐武祥　（清）徐武盛纂修　清嘉慶十一年（1806）九思堂木活字印本　一冊

330000－1716－0001165　地獻 0615/01165　子部/雜著類/雜考之屬

稽古編十卷　（清）周炳琦撰　清末抄本　一冊

330000－1716－0001166　地獻 0613/01166　集部/別集類/清別集

香品詩稿一卷　（清）周鉞撰　清乾隆刻本　一冊

330000－1716－0001167　譜 0121/01167　史部/傳記類/總傳之屬/家乘

［浙江紹興］會稽日鑄宋氏宗譜四卷　（清）宋立剛等纂修　清嘉慶二十四年（1819）忠孝堂木活字印本　一冊　存一卷（一）

330000－1716－0001168　地獻 0611/01168　史部/政書類/律令之屬

聽訟挈要不分卷　（清）阮祖棠撰　清光緒十八年（1892）金陵刻本　一冊

330000－1716－0001169　譜 0126/01169　史部/傳記類/總傳之屬/家乘

［浙江紹興］會稽日鑄丁氏宗譜四卷　（清）丁華宰纂修　清嘉慶二十四年（1819）尚德堂木活字印本　二冊

330000－1716－0001170　地獻 0614/01170　集部/別集類/清別集

存吾春軒集十卷附錄一卷　（清）周大樞撰　清光緒八年（1882）刻十八年（1892）會稽陶闉寒梅館補刻本　五冊

330000－1716－0001171　地獻 0627/01171　集部/別集類/明別集

青湖先生文集十四卷首一卷末一卷　（明）汪應軫撰　清同治十三年（1874）汪琭廣州刻本　周毅修題簽並題記　四冊

330000－1716－0001172　譜0127/01172　史部/傳記類/總傳之屬/家乘

[浙江紹興]會稽日鑄丁氏宗譜四卷　（清）丁華宰纂修　清咸豐二年（1852）尚德堂木活字印本　一冊　缺一卷（四）

330000－1716－0001173　譜0129/01173　史部/傳記類/總傳之屬/家乘

[浙江紹興]會稽達郭毛氏家譜六卷　（清）□□纂修　清道光六年（1826）長發堂木活字印本　六冊

330000－1716－0001175　譜0123/01175　史部/傳記類/總傳之屬/家乘

[浙江紹興]周氏世系圖譜不分卷　（清）周成勳纂修　清光緒二十六年（1900）抄本　一冊

330000－1716－0001176　譜0103/01176　史部/傳記類/總傳之屬/家乘

[浙江紹興]城西黃氏家譜不分卷　（清）黃炳輝等纂修　清光緒二十年（1894）五桂堂木活字印本　六冊

330000－1716－0001177　地獻0628/01177　集部/別集類/明別集

青湖先生文集十四卷首一卷末一卷　（明）汪應軫撰　清同治十三年（1874）汪琭廣州刻本　汪祖澤題簽並題記　六冊

330000－1716－0001178　地獻0634/01178　集部/別集類/清別集

晴牎唫稿一卷　（清）蓮青居士撰　清咸豐稿本　清馮詢題跋　清賀汝定觀款　一冊

330000－1716－0001180　地獻0635/01180　子部/藝術類/書畫之屬/書法書品

萬九沙分隸偶筆不分卷　（清）萬經撰　清抄本　一冊

330000－1716－0001181　譜0171/01181　史部/傳記類/總傳之屬/家乘

[浙江紹興]會稽日鑄丁氏宗譜四卷　（清）丁華宰纂修　清同治尚德堂木活字印本　一冊　存一卷（四）

330000－1716－0001182　地獻0633/01182　集部/總集類/氏族之屬

周氏先世遺文不分卷　清抄本　一冊

330000－1716－0001183　譜0101/01183　史部/傳記類/總傳之屬/家乘

[浙江紹興]黃氏家譜不分卷　（清）黃國勳等纂修　清道光十六年（1836）孝義堂刻本　十二冊

330000－1716－0001185　譜0113/01185　史部/傳記類/總傳之屬/家乘

[浙江紹興]會稽五雲鄉徐氏宗譜三卷　（清）徐茂燦纂修　清光緒三年（1877）敦善堂木活字印本　三冊

330000－1716－0001187　譜0135/01187　史部/傳記類/總傳之屬/家乘

[浙江紹興]會稽日鑄祝氏宗譜□□卷　（清）祝維城等纂修　清同治十一年（1872）敦本堂木活字印本　二冊　存二卷（二至三）

330000－1716－0001188　地獻0637/01188　子部/雜著類/雜考之屬

雜說摘録不分卷　（清）逎辛撰　清抄本　一冊

330000－1716－0001189　譜0134/01189　史部/傳記類/總傳之屬/家乘

[浙江紹興]橫山鮑氏宗譜三卷　（清）鮑學照等纂修　清道光元年（1821）清德堂木活字印本　一冊

330000－1716－0001190　地獻0640/01190　子部/雜著類/雜纂之屬

漱香吟館隨筆不分卷　（清）胡以謙撰　清抄本　一冊

330000－1716－0001193　譜0141/01193　史部/傳記類/總傳之屬/家乘

[浙江紹興]孔氏祭簿不分卷　（清）孔渭（清）孔潤（清）孔漣纂　清光緒六年（1880）抄本　一冊

330000－1716－0001195　譜 0144/01195　史部/傳記類/總傳之屬/家乘

[浙江紹興]會稽雲門李氏宗譜十二卷　（清）李樹藩纂修　清光緒十八年（1892）厚德堂木活字印本　十二冊

330000－1716－0001197　地獻 0642/01197　子部/術數類/占卜之屬

大六壬類占二卷　清末抄本　二冊

330000－1716－0001198　譜 0173/01198　史部/傳記類/總傳之屬/家乘

[浙江上虞]俞氏新修宗譜六卷　（清）俞祖型　（清）俞赤城　（清）俞江總理　（清）俞元進總修　清道光三年（1823）永錫堂木活字印本　俞汝昌批　六冊

330000－1716－0001200　地獻 0648/01200　史部/政書類/通制之屬

光緒政要三十四卷　沈桐生輯　清宣統元年（1909）上海崇義堂石印本　三十冊

330000－1716－0001201　地獻 0632/01201　集部/總集類/選集之屬/斷代

國朝文選不分卷　清末抄本　一冊

330000－1716－0001202　譜 0140/01202　史部/傳記類/總傳之屬/家乘

[浙江鄞州]橫溪王氏宗譜二卷首一卷　（清）王嘉瑜等纂修　清光緒二年（1876）珠樹堂木活字印本　二冊

330000－1716－0001204　地獻 0650/01204　史部/編年類/通代之屬

尺木堂綱鑑易知錄九十二卷　（清）吳乘權（清）周之炯　（清）周之燦輯　清暨陽聚珍堂刻本　四十冊

330000－1716－0001205　譜 0120/01205　史部/傳記類/總傳之屬/家乘

閩汀浙江華氏家乘二卷　（清）華雲祥等纂修　清道光八年（1828）抄本　二冊

330000－1716－0001206　地獻 0649/01206　史部/編年類/通代之屬

尺木堂綱鑑易知錄九十二卷　（清）吳乘權

（清）周之炯　（清）周之燦輯　清光緒文奎堂刻本　四十二冊

330000－1716－0001207　地獻 0658/01207　史部/目錄類/專錄之屬

東西學書錄總敘二卷　沈桐生撰　清光緒二十三年（1897）讀有用書齋刻本　二冊

330000－1716－0001211　地獻 0661/01211　史部/傳記類/總傳之屬/斷代

景行錄二卷　（清）周炳琦輯　稿本　一冊

330000－1716－0001216　地獻 0665/01216　史部/政書類/通制之屬

三通考輯要七十六卷　湯壽潛輯　清光緒二十五年（1899）上海圖書集成局鉛印本　十冊　存一種

330000－1716－0001218　譜 0104/01218　史部/傳記類/總傳之屬/家乘

[浙江紹興]城西黃氏家譜不分卷　（清）黃炳輝等纂修　清光緒二十年（1894）五桂堂木活字印本　一冊

330000－1716－0001219　地獻 0663/01219　史部/政書類/通制之屬

三通考輯要七十六卷　湯壽潛輯　清光緒二十五年（1899）上海圖書集成局鉛印本　三十冊

330000－1716－0001220　譜 0030/01220　史部/傳記類/總傳之屬/家乘

[浙江浦江]山陰浦陽沈氏西分宗譜十二卷首一卷　（清）沈福灝等纂修　清光緒二十三年（1897）木活字印本　二冊　存二卷（四、七）

330000－1716－0001222　譜 0176/01222　史部/史表類/斷代之屬

元史氏族表三卷　（清）錢大昕撰　清江蘇書局刻本　二冊

330000－1716－0001224　地獻 0677/01224　史部/編年類/通代之屬

尺木堂綱鑑易知錄九十二卷明鑑易知錄十五卷　（清）吳乘權　（清）周之炯　（清）周之燦輯　清光緒三十年（1904）上海校經山房鉛

印本 十六冊

330000－1716－0001225　譜 0054/01225　史部/傳記類/總傳之屬/家乘

[浙江紹興]陸氏族譜不分卷　(清)陸曾纂修　清康熙四十三年(1704)世德堂刻本　一冊

330000－1716－0001226　地獻 0672/01226　史部/政書類/通制之屬

三通考輯要七十六卷　湯壽潛輯　清光緒二十五年(1899)上海圖書集成局鉛印本　三十冊

330000－1716－0001227　譜 0053/01227　史部/傳記類/總傳之屬/家乘

[浙江紹興]羊山小山南韓氏支譜八卷　(清)韓潮纂修　清嘉慶十九年(1814)抄本　二冊　存二卷(一至二)

330000－1716－0001228　地獻 0676/01228　史部/政書類/律令之屬/刑制

刑案匯覽六十卷首一卷末一卷拾遺備考一卷續增十六卷　(清)祝慶祺輯　新增刑案匯覽十六卷首一卷　(清)潘文舫輯　清光緒十二年(1886)安徽聚文堂刻本　八十冊

330000－1716－0001231　地獻 0768/01231　史部/地理類/方志之屬/郡縣志

[光緒]上虞縣志校續五十卷首一卷末一卷　(清)儲家藻修　(清)徐致靖纂　清光緒二十四年至二十五年(1898－1899)刻本　十七冊　缺九卷(一至二、五至十,首)

330000－1716－0001232　譜 0055/01232　史部/傳記類/總傳之屬/家乘

[浙江紹興]山陰張氏宗譜六卷　(清)張一鳴等纂修　清末抄本　一冊　存一卷(一)

330000－1716－0001234　譜 0028/01234　史部/傳記類/總傳之屬/家乘

[浙江蕭山]蕭山長巷沈氏譜摘抄不分卷　(清)沈荇等纂修　清末抄本　一冊

330000－1716－0001235　譜 0063/01235　史部/傳記類/總傳之屬/家乘

[浙江紹興]錢氏家譜不分卷　清末成興齋抄

本　一冊

330000－1716－0001236　地獻 0398/01236　史部/地理類/方志之屬/郡縣志

[康熙]會稽縣志二十八卷首一卷　(清)王元臣修　(清)董欽德　(清)金炯纂　清康熙二十二年(1683)刻本　十二冊

330000－1716－0001239　譜 0177/01239　史部/傳記類/總傳之屬/家乘

[浙江紹興]山陰沈氏家譜不分卷　(宋)沈繼祿纂修　清末抄本　一冊

330000－1716－0001241　地獻 0801/01241　史部/地理類/方志之屬/郡縣志

[光緒]諸暨縣志六十一卷　陳遹聲修　(清)蔣鴻藻纂　清宣統二年(1910)刻本　十八冊

330000－1716－0001242　譜 0106/01242　史部/傳記類/總傳之屬/家乘

[浙江紹興]山陰李氏家譜八卷首一卷　(清)李世法等纂修　清光緒元年(1875)永思堂木活字印本　三冊　缺三卷(六至八)

330000－1716－0001244　譜 0178/01244　史部/傳記類/總傳之屬/家乘

[浙江紹興]城西黃氏家譜不分卷　(清)黃炳輝等纂修　清光緒二十年(1894)五桂堂木活字印本　六冊

330000－1716－0001247　地獻 0679/01247　史部/編年類/通代之屬

尺木堂綱鑑易知錄九十二卷明鑑易知錄十五卷　(清)吳乘權　(清)周之炯　(清)周之燦輯　清咸豐八年(1858)、同治二年(1863)經綸堂刻本　四十八冊

330000－1716－0001248　譜 0189/01248　史部/傳記類/總傳之屬/家乘

[浙江紹興]續修陳氏宗譜不分卷　清抄本一冊

330000－1716－0001249　譜 0091/01249　史部/傳記類/總傳之屬/家乘

[浙江紹興]薛氏宗譜本支世系不分卷　(清)薛載謀等纂修　清抄本　一冊

330000 – 1716 – 0001250　　地獻 0678 – 2/
01250　史部/編年類/通代之屬

**尺木堂綱鑑易知録九十二卷明鑑易知録十五
卷**　（清）吳乘權　（清）周之炯　（清）周之
燦輯　清咸豐八年（1858）、同治二年（1863）
經綸堂刻本　三十六冊　缺十卷（十五至十
七、四十四至四十五、七十五至七十七,明鑑
易知録三至四）

330000 – 1716 – 0001251　　地獻 0680/01251
史部/編年類/通代之屬

綱鑑易知録九十二卷明鑑易知録十五卷
（清）吳乘權　（清）周之炯　（清）周之燦輯
清浙省經香樓刻本　四十八冊

330000 – 1716 – 0001257　　地獻 0691/01257
史部/傳記類/別傳之屬/事狀

愍孝録不分卷　王繼香輯　清光緒十年
（1884）刻本　一冊

330000 – 1716 – 0001258　　譜 0052/01258　史
部/傳記類/總傳之屬/家乘

[浙江紹興]會稽陶氏世系不分卷　（清）陶在
銘　（清）陶家煦　（清）陶家垚輯　清光緒十
七年（1891）稿本　九冊

330000 – 1716 – 0001259　　地獻 0682/01259
史部/傳記類/別傳之屬/年譜

吳太宜人年譜一卷　（清）董金鑑撰　清光緒
二十年（1894）稿本　二冊

330000 – 1716 – 0001262　　譜 0146/01262　史
部/傳記類/總傳之屬/家乘

[浙江會稽]丁氏族譜不分卷　（清）丁天鍧
纂修　清末會稽丁堯臣抄本　一冊

330000 – 1716 – 0001263　　地獻 0683/01263
史部/傳記類/日記之屬

**虎口日記一卷（清咸豐十一年九月二十九日
至十二月十九日）**　（清）魯叔容撰　清光緒
二十二年（1896）福州刻本　一冊

330000 – 1716 – 0001265　　地獻 0692/01265
史部/傳記類/別傳之屬/事狀

祖孫殉忠録不分卷　（清）金遜遠等輯　清康

熙刻本　一冊

330000 – 1716 – 0001268　　地獻 0687/01268
史部/地理類/雜志之屬

王梅溪先生會稽三賦四卷　（宋）王十朋撰
（明）南逢吉注　（清）周炳曾增注　清咸豐尺
木堂刻本　四冊

330000 – 1716 – 0001270　　地獻 0694/01270
史部/傳記類/別傳之屬

會稽王氏清芬録不分卷　王繼香輯　清光緒
二十五年（1899）上海鴻文書局石印本　一冊

330000 – 1716 – 0001271　　善附 0013/01271
類叢部/叢書類/彙編之屬

古逸叢書二十六種　（清）黎庶昌編　清光緒
八年至十年（1882 – 1884）黎庶昌日本東京使
署影刻本（漢書食貨志卷下、玉燭寶典卷九原
缺）　董懷祖題記　五十七冊　缺十卷（楚辭
集注後語一至六、玉篇殘又一至二、宋本廣韻
一至二）

330000 – 1716 – 0001276　　地獻 0696/01276
史部/傳記類/別傳之屬/事狀

會稽王氏銀管録一卷　王繼香輯　清光緒四
年（1878）刻本　一冊

330000 – 1716 – 0001279　　地獻 0702/01279
史部/傳記類/總傳之屬/斷代

周列士傳一卷　（清）顧壽楨撰　清同治五年
（1866）見素抱樸齋刻本　一冊

330000 – 1716 – 0001280　　地獻 0695/01280
史部/傳記類/別傳之屬/事狀

會稽王氏銀管録一卷　王繼香輯　清光緒四
年（1878）刻本　一冊

330000 – 1716 – 0001281　　地獻 0707/01281
經部/大戴禮記類/傳說之屬

夏小正戴氏傳四卷　（宋）傅崧卿校注　**考異
一卷別録一卷**　（清）傅以禮輯　清同治八年
（1869）大興傅氏長恩閣刻本　一冊

330000 – 1716 – 0001282　　地獻 0709/01282
史部/編年類/通代之屬

尺木堂綱鑑易知録九十二卷明鑑易知録十五

卷　（清）吳乘權　（清）周之炯　（清）周之
燦輯　清光緒三十年（1904）上海校經山房鉛
印本　十四冊　缺十三卷（綱鑑易知錄五十
九至六十四、七十八至八十四）

330000－1716－0001284　　地獻 0708/01284
史部/編年類/通代之屬
**緯文堂綱鑑易知錄九十二卷明鑑易知錄十五
卷**　（清）吳乘權　（清）周之炯　（清）周之
燦輯　清緯文堂刻本　三十六冊

330000－1716－0001285　　地獻 0719/01285
史部/政書類/公牘檔冊之屬
會稽簡明租額簿不分卷　清光緒會稽董氏抄
本　一冊

330000－1716－0001286　　地獻 0713/01286
史部/政書類/公牘檔冊之屬
會稽山陰嵊縣戶管不分卷　清光緒會稽董氏
抄本　一冊

330000－1716－0001288　　地獻 0720/01288
史部/傳記類/別傳之屬/事狀
欽旌孝婦孝女二傳不分卷　（清）陶方琦撰
清光緒刻本　一冊

330000－1716－0001289　　地獻 0721/01289
史部/傳記類/別傳之屬/事狀
先考光祿公[杜聯]行述一卷　（清）杜致泰撰
　清光緒刻本　一冊

330000－1716－0001290　　地獻 0722/01290
經部/大戴禮記類/傳說之屬
夏小正戴氏傳四卷　（宋）傅崧卿校注　**考異
一卷別錄一卷**　（清）傅以禮輯　清同治八年
（1869）大興傅氏長恩閣刻本　一冊

330000－1716－0001291　　地獻 0715/01291
史部/地理類/專志之屬/祠墓
曹江孝女廟誌八卷首一卷末一卷補遺一卷
（清）金廷棟輯　（清）唐煦春增輯　清光緒八
年（1882）五社公所刻本　二冊

330000－1716－0001293　　地獻 0731/01293
子部/雜著類/雜纂之屬
格言聯璧一卷　（清）金纓輯　**經驗良方一卷**

（清）陳玉麟撰　清光緒十六年（1890）上海
仁濟善堂刻本　二冊

330000－1716－0001294　　地獻 0730/01294
子部/雜著類/雜說之屬
薑露盦雜記六卷　（清）施山撰　清宣統三年
（1911）會稽施煒金陵刻本　二冊

330000－1716－0001296　　善附 0028/01296
集部/別集類/漢魏六朝別集
玉函山房所輯董氏佚書五種五卷　（清）馬國
翰輯　清光緒會稽董氏行餘講舍抄本　一冊

330000－1716－0001297　　善附 0027/01297
子部/醫家類/醫經之屬
侶山堂類辯二卷　（清）張志聰撰　清刻本
二冊

330000－1716－0001298　　地獻 0735/01298
新學/學校
近世化學教科書一卷　（日本）大幸勇吉撰
樊炳清譯　清末刻本　二冊

330000－1716－0001299　　善附 0029/01299
集部/別集類/清別集
懷古軒詩集一卷詩鈔五卷　（清）潘江撰　清
康熙四十七年（1708）刻本　二冊

330000－1716－0001300　　地獻 0736/01300
子部/儒家類/儒學之屬/勸學
時習編六卷　（清）周炳琦撰　（清）周巖輯
清光緒十六年（1890）山陰周氏詒經堂刻本
一冊

330000－1716－0001301　　善附 0030/01301
史部/傳記類/總傳之屬/家乘
會稽董氏名人錄一卷　清光緒會稽董氏行餘
學舍抄本　一冊

330000－1716－0001302　　地獻 0755/01302
集部/別集類/明別集
王陽明先生文鈔二十卷　（明）王守仁撰　清
康熙致和堂刻本　十六冊

330000－1716－0001303　　善附 0031/01303
史部/傳記類/總傳之屬/家乘

會稽董氏名人錄一卷　清光緒會稽董氏行餘學舍抄本　一冊

330000－1716－0001304　地獻 0748/01304
集部/別集類/清別集

管注秋水軒尺牘四卷續刻一卷　（清）許思湄撰　（清）婁世瑞注　（清）管斯駿補注　清光緒十二年(1886)吳縣管氏管可壽齋刻朱墨套印本　五冊

330000－1716－0001305　善附 0032/01305
史部/傳記類/別傳之屬/年譜

吳太夫人年譜二卷　（清）董金鑑撰　清光緒三十年(1904)稿本　二冊

330000－1716－0001306　善附 0033/01306
集部/詩文評類/詩評之屬

司空圖詩品一卷　（唐）司空圖撰　詩課鈔一卷　（清）鍾寶撰　清末抄本　一冊

330000－1716－0001307　地獻 0733/01307
集部/詞類/別集之屬

瓊玕山房紅樓夢詞一卷補遺一卷　何鏞撰　清光緒二十年(1894)刻本　一冊

330000－1716－0001308　地獻 0750/01308
子部/雜著類/雜說之屬

危言四卷　湯震撰　清光緒二十二年(1896)上海圖書集成印書局鉛印本　梓康題簽並記　二冊

330000－1716－0001309　善附 0035/01309
集部/別集類/清別集

賜書堂詩鈔八卷　（清）周長發撰　清乾隆刻本　四冊

330000－1716－0001310　地獻 0752/01310
集部/詞類/別集之屬

爇餘吟賸一卷　（清）屠仲芬撰　稿本　章煥文題記　一冊

330000－1716－0001311　地獻 0738－1/01311　子部/儒家類/儒學之屬/勸學

學齋庸訓一卷附刻一卷　（清）孫德祖撰　清光緒十六年至二十年(1890－1894)刻本　一冊

330000－1716－0001312　地獻 0753/01312
集部/別集類/明別集

青藤書屋文集三十卷　（明）徐渭撰　（明）袁宏道編　清宣統三年(1911)石印本　八冊

330000－1716－0001313　地獻 0751/01313
子部/雜著類/雜說之屬

危言四卷　湯震撰　清光緒二十二年(1896)上海圖書集成印書局鉛印本　二冊

330000－1716－0001314　地獻 0738－2/01314　子部/儒家類/儒學之屬/勸學

學齋庸訓一卷附刻一卷　（清）孫德祖撰　清光緒十六年至二十年(1890－1894)刻本　一冊

330000－1716－0001315　善附 0036/01315
子部/藝術類/遊藝之屬/棋弈

弈隅通會二卷　（清）汪秩編　清嘉慶三年(1798)詠花書屋刻本　二冊

330000－1716－0001317　地獻 0740/01317
子部/儒家類/儒學之屬/蒙學

重訂路氏訓蒙草一卷　（清）路德撰　清光緒二十一年(1895)慕陶室刻本　一冊

330000－1716－0001318　善附 0037/01318
史部/目錄類/總錄之屬/彙刻

彙刻書目初編十卷續編二卷　（清）顧修輯　（清）陳光照增輯　清光緒元年(1875)長洲陳氏無夢園刻本　十二冊

330000－1716－0001319　善附 0038/01319
集部/曲類/彈詞之屬

繡傳果報錄十二卷一百回　（清）海蘭濤撰　清末抄本　二十二冊

330000－1716－0001321　地獻 0741/01321
子部/儒家類/儒學之屬/勸學

時習編六卷　（清）周炳琦撰　（清）周巖輯　清光緒十六年(1890)山陰周氏詒經堂刻本　二冊

330000－1716－0001323　善附 0039/01323
史部/史評類/史論之屬

趙忠毅公儔鶴先生史韻二卷　（明）趙南星撰

清抄本　一冊　存一卷(上)

330000－1716－0001324　地獻 0763/01324
經部/春秋左傳類/傳說之屬

春秋左傳辨正二卷　稿本　一冊

330000－1716－0001325　善附 0040/01325
子部/儒家類/儒學之屬/蒙學

路閏生太史訓蒙草一卷　(清)路德撰　清金
雪山房抄本　一冊

330000－1716－0001326　地獻 0742/01326
子部/儒家類/儒學之屬/勸學

時習編六卷　(清)周炳琦撰　(清)周巖輯
清光緒十六年(1890)山陰周氏詒經堂刻本
一冊

330000－1716－0001327　善附 0041/01327
集部/別集類/清別集

世守拙齋詩存三卷詩餘一卷　(清)范濂撰
清光緒二十一年(1895)洪都寓廬刻本　二冊

330000－1716－0001328　地獻 0760/01328
史部/政書類/公牘檔冊之屬

會稽縣勸業所報告冊不分卷　(清)會稽縣勸
業所編　清宣統三年(1911)抄本　三冊

330000－1716－0001329　善附 0042/01329
集部/別集類/明別集

寒支初集十卷二集四卷李寒支先生歲紀一卷
　(明)李世熊撰　(清)李向旻編　清同治十
三年(1874)刻本　二十六冊　缺一卷(初集
六)

330000－1716－0001333　善附 0043/01333
集部/別集類/明別集

寒支集傳序選抄一卷　(明)李世熊撰　清末
抄本　一冊

330000－1716－0001335　善附 0044/01335
經部/叢編

經玩四種　(清)沈淑撰　清乾隆至嘉慶刻本
　二冊　存二種

330000－1716－0001337　譜 0124/01337　史
部/傳記類/總傳之屬/家乘

[浙江紹興]**紹興姚氏譜十五卷首三卷附存譜
三卷姚氏百世源流考二卷**　(清)姚振宗等纂
修　清光緒二十九年(1903)快閣木活字印本
　二冊　存二卷(十四至十五)

330000－1716－0001338　地獻 0746/01338
史部/傳記類/日記之屬

**壬寅日記一卷(清光緒二十八年正月一日至
十二月廿九日)**　稿本　田紹謙題記　一冊

330000－1716－0001339　地獻 0757/01339
集部/別集類

望虹樓遺著三卷　陶熙孫撰　稿本　一冊

330000－1716－0001340　善附 0045/01340
史部/地理類/專志之屬/古跡

會稽名勝賦一卷　(清)葉簡裁輯　清乾隆五
十三年(1788)畬耕堂刻本　一冊

330000－1716－0001343　善附 0046/01343
史部/地理類/專志之屬/古跡

越中名勝賦一卷　(清)李壽朋撰　清乾隆四
十年(1775)刻本　一冊

330000－1716－0001346　地獻 0771/01346
子部/雜著類/雜說之屬

遯翁隨筆二卷　(清)祁駿佳撰　清道光二十
年(1840)中印吟館刻本　二冊

330000－1716－0001347　地獻 0816/01347
集部/總集類/郡邑之屬

續會稽掇英集五卷　(宋)黃康弼編次　清弘
毅堂抄本　一冊

330000－1716－0001348　善附 0047/01348
史部/雜史類/斷代之屬

孟盦記事錄一卷　何琪撰　清光緒三十三年
(1907)稿本　陶在寬觀款　二冊

330000－1716－0001350　善附 0048/01350
子部/雜著類/雜纂之屬

蠹食隨編一卷　阮國權撰　清光緒二十六年
(1900)稿本　一冊

330000－1716－0001351　地獻 0808/01351
史部/政書類/公牘檔冊之屬

山會兩邑豫倉徵信録不分卷　（清）徐樹蘭輯
清光緒二十六年（1900）刻本　一冊

330000－1716－0001352　善附 0049/01352
史部/傳記類/別傳之屬/年譜

先君子[□棶德]手訂年稿一卷　（清）□秉瑺
録　清光緒稿本　一冊

330000－1716－0001353　善附 0050/01353
史部/傳記類/總傳之屬/郡邑

紹興名宦一卷　（清）嚴可均校輯　清光緒會
稽董氏行餘學舍抄本　一冊

330000－1716－0001354　善附 0051/01354
史部/傳記類/日記之屬

滌廬日記一卷（清光緒二十九年四月初一至
二十二日）　阮國權撰　清光緒二十九年
（1903）稿本　一冊

330000－1716－0001355　地獻 0764/01355
史部/金石類/郡邑之屬

荊南萃古編一卷　（清）周懋琦　（清）劉瀚輯
清光緒二十年（1894）錢塘周氏鴻寶署齋刻
本　二冊

330000－1716－0001356　善附 0052/01356
集部/別集類/清別集

瘦吟廬詩草不分卷　（清）沈煒撰　清道光稿
本　一冊

330000－1716－0001357　地獻 0743/01357
史部/政書類/律令之屬/律例

大清律例增修統纂集成四十卷附督捕則例二
卷　（清）姚潤輯　（清）胡璋增輯　清同治三
年（1864）京都琉璃廠刻本　二十四冊

330000－1716－0001362　善附 0055/01362
集部/別集類/清別集

退補齋詩存十六卷文存十二卷首二卷　（清）
胡鳳丹撰　（清）王柏心等刪定　清同治十二
年（1873）永康胡氏退補齋刻本　二冊　存七
卷（文存一至六、首一）

330000－1716－0001363　地獻 0851/01363
史部/編年類/通代之屬

尺木堂綱鑑易知録九十二卷明鑑易知録十五

卷　（清）吳乘權　（清）周之炯　（清）周之
燦輯　清刻本　三十六冊

330000－1716－0001366　善附 0063/01366
集部/別集類/清別集

平嵐峰先生文稿不分卷　（清）平嵐峰撰　清
末抄本　一冊

330000－1716－0001371　善附 0059/01371
子部/術數類/陰陽五行之屬

富貴蘭臺二卷　（明）姚廣孝撰　清末抄本
一冊　存一卷（二）

330000－1716－0001373　善附 0060/01373
史部/目録類/總録之屬/彙刻

彙刻書目初編十卷續編二卷　（清）顧修輯
（清）陳光照增輯　清光緒元年（1875）長洲陳
氏無夢園刻本　二冊　存二卷（續編一至二）

330000－1716－0001374　善附 0061/01374
史部/傳記類/科舉録之屬/歷科鄉試録

[光緒二十九年]癸卯恩科十八省同年全録不
分卷　清光緒二十九年（1903）刻本　二冊

330000－1716－0001376　善附 0062/01376
集部/總集類/選集之屬/斷代

粧樓摘艷十卷首一卷　（清）錢三錫輯　清道
光十三年（1833）香雨軒刻咸豐印本　四冊

330000－1716－0001378　善附 0064/01378
集部/總集類/選集之屬/斷代

風人之遺不分卷　（清）周銘鼎選　清嘉慶二
十一年（1816）稿本　一冊

330000－1716－0001380　地獻 0814/01380
集部/別集類

莫宦文草一卷詩草一卷　黃壽裦撰　清光緒
三十四年（1908）山陰黃璟石印本　二冊

330000－1716－0001382　善附 0068/01382
集部/別集類

吼山詩稿一卷　孟□撰　清宣統二年（1910）
稿本　一冊

330000－1716－0001383　善附 0066/01383
史部/史抄類

越志摘要不分卷　范孟超輯　清光緒稿本
孝焱題簽　一冊

330000－1716－0001385　地獻 0815/01385
集部/別集類

莫宦草文一卷詩一卷附侗子隊言一卷　黃壽
裒撰　清光緒二十五年(1899)刻本　二冊

330000－1716－0001386　地獻 0818/01386
子部/醫家類/本草之屬/歷代綜合本草

本草思辨錄四卷首一卷　(清)周巖撰　清光
緒三十年(1904)山陰周氏微尚室刻本　四冊

330000－1716－0001387　善附 0067/01387
史部/雜史類/通代之屬

古越東武山人朱公策約八卷　(明)朱公節輯
　清末抄本　二冊

330000－1716－0001388　善附 0069/01388
史部/載記類

越州史略一卷　清末抄本　一冊

330000－1716－0001389　普經 0003/01389
經部/小學類/文字之屬/說文/傳說

說文段注訂補十四卷　(清)王紹蘭撰　清光
緒十四年(1888)蕭山胡燏棻刻本　八冊

330000－1716－0001390　地獻 0817/01390
子部/醫家類/本草之屬/歷代綜合本草

本草思辨錄四卷首一卷　(清)周巖撰　清光
緒三十年(1904)山陰周氏微尚室刻本　四冊

330000－1716－0001391　善附 0070/01391
子部/藝術類/遊藝之屬/聯語

楹聯新話不分卷　(清)朱應鎬輯　清光緒稿
本　一冊

330000－1716－0001392　普經 0004/01392
經部/周禮類/傳說之屬

周官精義十二卷　(清)連斗山輯　清刻本
六冊

330000－1716－0001393　普史 1039/01393
集部/總集類/選集之屬/斷代

普天忠憤全集十四卷首一卷　(清)孔廣德編
　清光緒二十一年(1895)石印本　十二冊

330000－1716－0001394　善附 0071/01394
子部/藝術類/音樂之屬/樂譜

松風齋譜一卷　(清)蕆淦録評　清光緒二十
四年(1898)稿本　一冊

330000－1716－0001395　普經 0005/01395
經部/小學類/文字之屬/說文

說文解字十五卷標目一卷　(漢)許慎撰
(宋)徐鉉等校定　清嘉慶十二年(1807)額勒
布藤花榭刻本　七冊　缺二卷(五至六)

330000－1716－0001396　普經 0006/01396
經部/書類/傳說之屬

尚書考異六卷　(明)梅鷟撰　清光緒十八年
(1892)浙江書局刻本　四冊

330000－1716－0001397　善附 0072/01397
史部/地理類/雜志之屬

嶺海叢譚不分卷　清光緒二十一年(1895)翰
文堂刻本　一冊

330000－1716－0001398　善附 0073/01398
子部/術數類/占候之屬

道法雙談一卷　(明)釋幕講撰　清末貴遜氏
抄本　一冊

330000－1716－0001399　普經 0024/01399
經部/大戴禮記類/分篇之屬

夏小正通釋一卷　(清)梁章鉅撰　清光緒十
三年(1887)浙江書局刻本　一冊

330000－1716－0001400　普經 0028/01400
經部/小學類/音韻之屬

韻字彙錦五卷　(清)顧掄輯　清道光二年
(1822)玉峰蔡厚田刻本　十二冊

330000－1716－0001401　普經 0007/01401
類叢部/叢書類/自著之屬

石遺室叢書十九種　陳衍撰　清光緒至民國
刻本　一冊　存一種

330000－1716－0001403　善附 0074/01403
集部/別集類/明別集

史忠正公集四卷　(明)史可法撰　首一卷末
一卷　(清)史山清輯　清光緒三十二年
(1906)抄本　二冊

330000－1716－0001404　普經 0009/01404
經部/書類/傳說之屬
書經集傳六卷首一卷末一卷　（宋）蔡沈撰
清光緒七年(1881)金陵書局刻本　四冊

330000－1716－0001405　普經 0634/01405
經部/叢編
御纂七經二百八十卷首十一卷序三卷　（清）
李光地等撰　清同治六年至九年(1867－
1870)浙江書局刻本　一百四十三冊

330000－1716－0001407　善附 0075/01407
史部/傳記類/別傳之屬/年譜
簡齋先生[陳與義]年譜一卷　（宋）胡穉編
清末抄本　一冊

330000－1716－0001408　普經 0025/01408
經部/儀禮類/傳說之屬
儀禮章句十七卷　（清）吳廷華撰　清文富堂
刻本　一冊　存四卷(一至四)

330000－1716－0001409　普經 0010/01409
經部/書類/傳說之屬
書經集傳六卷　（宋）蔡沈撰　清光緒十七年
(1891)浙紹聚奎堂刻本　志案題簽並記
四冊

330000－1716－0001410　善附 0185/01410
集部/別集類/明別集
董中峰公文選三卷　（明）董玘撰　（明）唐順
之選　（清）董瑞書輯　附璞亭詩稿一卷
（清）董瑞書撰　清嘉慶稿本　一冊　缺二卷
(一至二)

330000－1716－0001411　普經 0018/01411
經部/叢編
**古經解彙函十六種附小學彙函十四種續附十
種**　（清）鍾謙鈞等輯　清光緒十四年(1888)
上海蜚英館石印本　二十冊

330000－1716－0001412　普經 0013/01412
經部/小學類/文字之屬/字書
字學舉隅不分卷　（清）黃本驥　（清）龍啟瑞
撰　清同治十年(1871)刻本　一冊

330000－1716－0001413　善附 0076/01413
子部/藝術類/音樂之屬/琴學
指法精義一卷　（清）曹薇泉摘抄　清光緒二
十四年(1898)稿本　清何鏞題跋　一冊

330000－1716－0001414　普史 1034/01414
史部/政書類/邦交之屬
五次問答節略一卷　（清）李鴻章輯　清光緒
二十一年(1895)鉛印本　一冊

330000－1716－0001415　善附 0077/01415
子部/宗教類/佛教之屬/經疏
大佛頂首楞嚴經正脈疏十卷　（明）釋真鑑撰
清抄本　八冊　缺二卷(三至四)

330000－1716－0001416　普經 0015/01416
經部/小學類/文字之屬/說文
**說文通訓定聲十八卷分部柬韻一卷說雅一卷
古今韻準一卷**　（清）朱駿聲撰　（清）朱鏡蓉
參訂　**行述一卷**　朱孔彰撰　清道光二十九
年(1849)刻咸豐元年(1851)朱孔彰臨嘯閣補
刻本　十六冊

330000－1716－0001417　善附 0078/01417
子部/醫家類/方書之屬/單方驗方
壽世新編一卷　（清）萬潛齋撰　清末抄本
一冊

330000－1716－0001419　善附 0184/01419
集部/別集類/明別集
董中峰先生文選□□卷　（明）董玘撰　（明）
唐順之選　清末會稽董氏抄本　三冊　存七
卷(一至七)

330000－1716－0001420　善附 0079/01420
史部/傳記類/總傳之屬/郡邑
有明於越三不朽名賢圖贊一卷　（清）張岱撰
清光緒十四年(1888)山陰陳錦刻本　一冊

330000－1716－0001421　普經 0022/01421
經部/小學類/文字之屬/說文
說文解字注十五卷附六書音韻表五卷　（清）
段玉裁撰　**說文部目分韻一卷**　（清）陳奐編
說文通檢十四卷首一卷末一卷　（清）黎永
椿編　**說文解字注匡謬八卷**　（清）徐承慶撰
清宣統二年(1910)上海江左書林石印本

八冊

330000 – 1716 – 0001422　普經 0021/01422
經部/群經總義類/傳說之屬

皇朝五經彙解二百七十卷　（清）朱鏡清輯
清光緒十四年(1888)上海鴻文書局石印本
三十二冊

330000 – 1716 – 0001423　善附 0080/01423
集部/總集類/郡邑之屬

鑑湖竹枝詞二卷　胡維銓編　清光緒十八年
(1892)稿本　二冊

330000 – 1716 – 0001424　善附 0081/01424
集部/總集類/郡邑之屬

續古越竹枝詞叢輯四卷　胡維銓編　清光緒
十九年(1893)稿本　四冊

330000 – 1716 – 0001425　普經 0026/01425
經部/儀禮類/傳說之屬

儀禮章句十七卷　（清）吳廷華撰　清道光二
十九年(1849)經國堂刻本　五冊　存十三卷
（一至十三）

330000 – 1716 – 0001426　善附 0082/01426
集部/別集類/清別集

燕川集十四卷　（清）范泰恒撰　（清）范照藜
編　清嘉慶十四年(1809)願起廬刻本　六冊

330000 – 1716 – 0001427　普經 0269/01427
經部/叢編

御纂七經二百八十卷首十一卷序三卷　（清）
李光地等撰　清同治六年至九年(1867 –
1870)浙江書局刻本　一百四十二冊

330000 – 1716 – 0001428　普經 0027/01428
經部/詩類/傳說之屬

詩經集傳八卷　（宋）朱熹撰　清末刻本
四冊

330000 – 1716 – 0001429　善附 0083/01429
經部/小學類/訓詁之屬/爾雅

爾雅三卷　（晉）郭璞注　清嘉慶十一年
(1806)吳門顧廣圻思適齋刻本　一冊

330000 – 1716 – 0001431　善附 0084/01431

集部/別集類/清別集

晚聞居士遺集九卷首一卷　（清）王宗炎撰
清道光十年至十一年(1830 – 1831)杭州陸貞
一愛日軒刻本　十二冊

330000 – 1716 – 0001432　普經 0032/01432
經部/易類/傳說之屬

周易審義四卷　（清）張惠言撰　清咸豐七年
(1857)文選樓刻本　四冊

330000 – 1716 – 0001433　普經 0031/01433
經部/小學類/訓詁之屬/爾雅

爾雅蒙求二卷　（清）李拔式撰　清光緒十五
年(1889)深柳書屋刻本　二冊

330000 – 1716 – 0001434　善附 0085/01434
史部/傳記類/別傳之屬/年譜

**皇清誥授振威將軍提督銜浙江定海鎮總兵官
世襲騎都尉兼一雲騎尉諭賜祭葬予諡壯節入
祀昭忠祠勅建專祠顯考淩臺府君[葛雲飛]年
譜一卷**　（清）葛以簡　（清）葛以敦編　清道
光刻本　一冊

330000 – 1716 – 0001435　善附 0086/01435
集部/別集類/清別集

儲遯菴文集十二卷　（清）儲方慶撰　附錄一
卷　（清）魏象樞撰　清康熙四十一年(1702)
儲右文等刻道光補版印本　四冊

330000 – 1716 – 0001436　普經 0034/01436
經部/小學類/文字之屬/說文

說文解字十五卷標目一卷　（漢）許慎撰　**說
文通檢十四卷首一卷末一卷**　（清）黎永椿編
說文校字記一卷　（清）陳昌治撰　清同治
十二年(1873)番禺陳昌治刻本　六冊

330000 – 1716 – 0001438　善附 0087/01438
集部/別集類/清別集

石笥山房文集六卷詩集四卷　（清）胡天游撰
清嘉慶三年(1798)浦陽戴殿海刻本　四冊

330000 – 1716 – 0001439　普經 0036/01439
類叢部/叢書類/自著之屬

起聖齋叢書十七種　尹桐陽撰　清光緒至民
國鉛印本　二冊　存一種

330000－1716－0001440　善附 0088/01440
集部/詞類/別集之屬

白石道人歌曲一卷　（宋）姜夔撰　清光緒二十年(1894)錢塘唐詠裳抄本　一冊

330000－1716－0001442　普經 0033/01442
經部/群經總義類/文字音義之屬

經籍籑詁一百六卷補遺一百六卷首一卷（清）阮元撰　清嘉慶十七年(1812)揚州阮元琅嬛仙館刻光緒六年(1880)淮南書局補刻本　四十冊

330000－1716－0001443　善附 0089/01443
子部/術數類/占卜之屬

江左周臥雲先生地圖一卷　（清）周臥雲撰　清末抄本　一冊

330000－1716－0001445　善附 0090/01445
史部/政書類/邦計之屬

義莊章程彙編不分卷　清光緒會稽董氏行餘講舍抄本　一冊

330000－1716－0001447　普經 0039/01447
經部/群經總義類/文字音義之屬

經字正蒙八卷　（清）李文沂撰　清光緒十一年(1885)博文軒刻十八年(1892)印本　八冊

330000－1716－0001448　善附 0091/01448
集部/別集類/明別集

續道萃編十二卷　（明）潘府撰　（明）潘斯濟續編　清抄本　一冊　存二卷(九至十)

330000－1716－0001449　善附 0092/01449
子部/儒家類/儒家之屬

曾子章句二卷　（明）劉宗周注　清光緒山陰周炳琦抄本　一冊

330000－1716－0001450　普經 0040/01450
經部/小學類

澤存堂五種　（清）張士俊輯　清康熙吳郡張士俊澤存堂刻本　三冊　存一種

330000－1716－0001451　善附 0093/01451
集部/別集類/清別集

稌廬信稿一卷　（清）陶濬宣撰　清光緒三十四年(1908)稿本　一冊

330000－1716－0001452　普經 0041/01452
經部/小學類/文字之屬/說文/傳說

說文發疑六卷　（清）張行孚撰　清光緒九年(1883)安吉張氏邠上寓廬刻本　三冊

330000－1716－0001453　善附 0094/01453
子部/雜著類/雜考之屬

國朝詞垣考鏡五卷　（清）吳鼎雯撰　清乾隆五十八年(1793)刻嘉慶增刻本　四冊

330000－1716－0001454　普經 0459/01454
經部/叢編

五經四書讀本　（清）□□輯　清嘉慶十年(1805)揚州鮑氏樗園刻本　三十九冊

330000－1716－0001455　普經 0044/01455
史部/目錄類/版本之屬/書影

留真譜初編十二卷　楊守敬輯　清光緒二十七年(1901)宜都楊氏刻本　十一冊　缺一卷(十一)

330000－1716－0001457　善附 0095/01457
集部/總集類/酬唱之屬

清尊集十六卷　（清）汪遠孫輯　清道光十九年(1839)錢塘汪氏振綺堂刻本　六冊

330000－1716－0001459　善附 0096/01459
集部/別集類/清別集

寒松堂全集十二卷年譜一卷　（清）魏象樞撰　清嘉慶十六年(1811)魏煜刻本　十冊

330000－1716－0001460　普經 0047/01460
經部/春秋左傳類/傳說之屬

春秋大事表五十卷輿圖一卷附錄一卷　（清）顧棟高輯　清乾隆十三年至十四年(1748－1749)萬卷樓刻本　二十四冊

330000－1716－0001461　善附 0097/01461
集部/別集類/清別集

瑯嬛文集六卷　（清）張岱撰　（明）王雨謙評　清光緒三年(1877)湘潭黎培敬刻本　五冊　缺一卷(二)

330000－1716－0001462　善附 0098/01462
集部/別集類/清別集

越中吟一卷續編一卷後編一卷　（清）孫熊撰

（清）孫堪　（清）孫增校字　清嘉慶十三年至二十三年(1808－1818)編柳居刻本　一冊

330000－1716－0001463　善附 0099/01463
子部/醫家類/方書之屬/單方驗方
折肱秘授不分卷　清末抄本　一冊

330000－1716－0001464　普叢 0149－2/01464　類叢部/叢書類/彙編之屬
後知不足齋叢書四十七種　（清）鮑廷爵編　清光緒常熟鮑氏刻本　六冊　存三種

330000－1716－0001465　普經 0049/01465
經部/群經總義類/石經之屬
石經考文提要十三卷　（清）彭元瑞撰　清嘉慶四年(1799)刻本　一冊

330000－1716－0001466　善附 0100/01466
集部/總集類/選集之屬/斷代
印須集八卷續集六卷又續集六卷女士詩錄一卷　（清）吳翌鳳輯　清嘉慶刻本　二冊　存四卷(印須集一至四)

330000－1716－0001467　普經 0059/01467
經部/書類/傳說之屬
書經集傳六卷　（宋）蔡沈撰　清光緒十二年(1886)湖北官書局刻本　四冊

330000－1716－0001468　普經 0051/01468
經部/小學類/文字之屬/字書/字典
續復古編四卷　（元）曹本撰　清光緒十二年(1886)歸安姚氏思進齋刻民國十五年(1926)蘇州振新書社印本　四冊

330000－1716－0001469　善附 0101/01469
經部/群經總義類/文字音義之屬
十三經集字不分卷　（清）鄧耦山撰　清末抄本　一冊

330000－1716－0001470　善附 0103/01470
集部/小說類/長篇之屬
四大奇書第一種十九卷首一卷一百二十回（明）羅貫中撰　（清）毛宗崗評　清刻本　二冊　存二卷(十至十一)

330000－1716－0001471　善附 0104/01471
子部/術數類/陰陽五行之屬
理氣正宗二卷　（清）汪天根撰　清末抄本　一冊

330000－1716－0001472　善附 0105/01472
史部/地理類/水利之屬
湘湖水利志三卷　（清）毛奇齡撰　清末抄本　一冊

330000－1716－0001473　善附 0114/01473
集部/別集類/清別集
嘉樹樓詩鈔四卷　（清）余文儀撰　（清）余延良編　清乾隆三十九年(1774)古越余延良刻本　二冊

330000－1716－0001474　普經 0053/01474
經部/春秋總義類/傳說之屬
春秋宗朱辨義十二卷首一卷末一卷　（清）張自超撰　清光緒七年(1881)高淳書院刻本　六冊　缺一卷(末)

330000－1716－0001475　普經 0052/01475
經部/小學類/文字之屬/字書
偏旁舉略一卷　（清）姚文田輯　清末杭州朱氏抱經堂刻本　一冊

330000－1716－0001476　善附 0116/01476
子部/術數類/相宅相墓之屬
平洋真傳不分卷　清乾隆二十四年(1759)吳興性仁氏抄本　一冊

330000－1716－0001477　善附 0117/01477
子部/藝術類/書畫之屬/法帖
古今彙刻帖目不分卷　（清）趙魏撰　清道光十五年(1835)抄本　一冊

330000－1716－0001478　普經 0054/01478
經部/小學類/文字之屬/說文
說文字原韻表二卷　（清）胡重撰　清嘉慶十六年(1811)秀水金氏月香書屋刻本　一冊

330000－1716－0001479　普經 0056/01479
經部/易類/傳說之屬
周易本義四卷附圖說一卷新增圖說一卷（宋）朱熹撰　清光緒十二年(1886)湖北官書處刻本　二冊

330000－1716－0001480　善附 0118－1/01480　集部/別集類/清別集

弇山集杜四卷　（清）王霖撰　清刻本　一冊　存二卷(三至四)

330000－1716－0001481　善附 0119/01481　集部/總集類/選集之屬/通代

古今議論參五十五卷　（明）林德謀輯　明崇禎刻本　一冊　存序跋、凡例、總類及目録

330000－1716－0001482　普經 0057/01482　經部/周禮類/傳說之屬

周禮六卷　（漢）鄭玄注　（唐）陸德明音義　清光緒六年(1880)山西濬文書局刻本　六冊

330000－1716－0001483　善附 0120/01483　集部/別集類/唐五代別集

李義山詩集三卷　（唐）李商隱撰　（清）朱鶴齡箋注　（清）沈厚塽輯評　**李義山詩譜一卷**　**附録諸家詩評一卷**　清同治九年(1870)廣州倅署刻三色套印本　四冊

330000－1716－0001486　善附 0122/01486　集部/曲類/曲藝之屬

紹興平調不分卷　清末抄本　一冊

330000－1716－0001488　普經 0062/01488　經部/小學類/文字之屬/說文

說文解字注十五卷附六書音韻表五卷　（清）段玉裁撰　**說文通檢十四卷首一卷末一卷**　（清）黎永椿編　**說文解字注匡謬八卷**　（清）徐承慶撰　清光緒十五年(1889)上海點石齋石印本　四冊

330000－1716－0001490　善附 0121/01490　集部/別集類/清別集

恥白集一卷　（清）周光祖撰　清末抄本　一冊

330000－1716－0001491　善附 0123/01491　子部/術數類/相宅相墓之屬

玉髓真經三十卷　（宋）張洞玄撰　（宋）劉允中注釋　（宋）蔡元定發揮　**後卷二十一卷**　（宋）房正等撰　明嘉靖二十九年(1550)福州刻本　一冊　存一卷(四上)

330000－1716－0001492　善附 0106/01492　子部/儒家類/儒學之屬/性理

性理緒餘五卷　（清）朱祝三輯　清光緒五年(1879)白鹿山房木活字印本　四冊　缺一卷(二)

330000－1716－0001493　普史 1040/01493　史部/政書類/律令之屬/法驗

洗冤録詳義四卷首一卷　（清）許槤輯　**洗冤録摭遺二卷**　（清）葛元煦輯　清光緒二十二年(1896)文海書局石印本　五冊

330000－1716－0001494　善附 0107/01494　類叢部/叢書類/彙之屬

壽養叢書三十五種　（明）胡文煥編　明胡文煥刻本　二冊　存一種

330000－1716－0001495　善附 0108/01495　子部/兵家類/兵法之屬

登壇必究四十卷　（明）王鳴鶴輯　明刻本　二冊　存三卷(十二至十四)

330000－1716－0001497　普經 0065/01497　經部/三禮總義類/圖說之屬

三禮圖集注二十卷　（宋）聶崇義集注　清末上海同文書局石印本　二冊

330000－1716－0001498　善附 001－3/01498　集部/總集類/郡邑之屬

越風三十卷　（清）商盤輯　清乾隆三十七年(1772)山陰王大治刻嘉慶十六年(1811)徐兆補修本　李知白批注並過録清李慈銘批　一冊　存二卷(二十九至三十)

330000－1716－0001499　善附 0110/01499　子部/術數類/占候之屬

風水一書七卷　（漢）青烏氏撰　（清）歐陽純補傳　清嘉慶二十一年(1816)會稽陳涵正堂刻本　四冊

330000－1716－0001502　善附 0109/01502　史部/地理類/方志之屬/郡縣志

[康熙]臨城縣志八卷　（清）楊寬修　（清）喬已百纂　清康熙三十年(1691)刻嘉慶、道光、同治增刻本　一冊　存一卷(七)

330000 – 1716 – 0001503　善附 0111/01503
史部/紀傳類/正史之屬

東觀漢記二十四卷　（漢）劉珍等撰　清乾隆
六十年(1795)南沙席氏掃葉山房刻本　二冊

330000 – 1716 – 0001505　普經 0070/01505
經部/叢編

十三經注疏附考證　（清）□□輯　清同治十
年(1871)廣東書局刻本　一百二十冊

330000 – 1716 – 0001506　普經 0071/01506
經部/小學類/文字之屬/說文

王氏說文三種一百三卷　（清）王筠撰　清道
光至咸豐刻同治四年(1865)彙印本　十八冊
缺一卷(釋例補正四)

330000 – 1716 – 0001507　善附 0112/01507
類叢部/叢書類/彙編之屬

問經堂叢書二十七種　（清）孫馮翼編　清嘉
慶承德孫氏刻本　清謝穎達、王詒壽等題記
並批注　一冊　存二種

330000 – 1716 – 0001508　普經 0073/01508
經部/小學類/文字之屬/字書/字典

六書繫韻二十四卷首一卷檢字二卷　（清）李
貞輯　清光緒十六年(1890)刻本　二十六冊

330000 – 1716 – 0001509　普經 0072/01509
經部/小學類/文字之屬/說文

王氏說文三種一百三卷　（清）王筠撰　清道
光至咸豐刻同治四年(1865)彙印本　十四冊
存二種

330000 – 1716 – 0001510　善附 0113/01510
類叢部/叢書類/彙編之屬

菉園叢書十一種　（清）平步青編　清同治至
光緒山陰平氏安越堂刻本　八冊

330000 – 1716 – 0001511　普經 0074/01511
經部/小學類/文字之屬/說文/傳說

**說文字原集注十六卷附說文字原表一卷說文
字原表說一卷**　（清）蔣和撰　清乾隆五十三
年(1788)刻本　八冊

330000 – 1716 – 0001512　普經 0075/01512
經部/小學類/訓詁之屬/群雅

廣雅疏證十卷附博雅音十卷　（清）王念孫撰
清嘉慶元年(1796)刻本　十冊

330000 – 1716 – 0001513　普經 0076/01513
子部/雜家類

白虎通疏證十二卷　（清）陳立撰　清光緒元
年(1875)淮南書局刻本　四冊

330000 – 1716 – 0001514　普經 0077/01514
經部/春秋總義類/傳說之屬

春秋宗朱辨義十二卷首一卷末一卷　（清）張
自超撰　清光緒七年(1881)高淳書院刻本
八冊

330000 – 1716 – 0001515　善附 0115/01515
類叢部/叢書類/彙編之屬

半厂叢書初編十種　（清）譚獻編　清同治至
光緒仁和譚氏刻本　四冊　存一種

330000 – 1716 – 0001516　善附 0124/01516
經部/叢編

通志堂經解一百四十種　（清）納蘭成德輯
清刻本　二冊　存一種

330000 – 1716 – 0001518　普經 0087/01518
經部/小學類/文字之屬/字書

臨文便覽七卷附摘誤一卷　（清）毛昶熙輯
清光緒二年(1876)京都松竹齋刻本　二冊

330000 – 1716 – 0001520　善附 0125/01520
子部/道家類

沖虛至德真經解二十卷　（宋）江遹撰　清抄
本　三冊

330000 – 1716 – 0001523　善附 0126/01523
集部/別集類/明別集

靜完遺草二卷　（明）賈靜完撰　（清）范照藜
編次　清末抄本　一冊

330000 – 1716 – 0001524　善附 0127/01524
集部/總集類/酬唱之屬

可羨園集一卷　（清）秦樹敏輯　清咸豐五年
(1855)抄本　一冊

330000 – 1716 – 0001525　普經 0084/01525
經部/小學類/文字之屬/字書/字典

康熙字典十二集三十六卷總目一卷檢字一卷
辨似一卷等韻一卷補遺一卷備考一卷　（清）
張玉書等纂修　清光緒八年（1882）上海點石
齋石印本　二冊

330000－1716－0001526　善附 0128/01526
子部/儒家類/儒學之屬/禮教/家訓
傅氏家訓二卷　（清）傅超撰　清光緒十八年
（1892）演慎齋刻本　一冊

330000－1716－0001527　普經 0085/01527
經部/小學類/音韻之屬/古今韻說
音學五書五種　（清）顧炎武撰　清光緒十一
年（1885）四明觀稼樓刻本　十二冊

330000－1716－0001528　善附 0129/01528
經部/易類/圖說之屬
布奇儀歌訣一卷遁甲發明集一卷　（清）江永
撰　清抄本　一冊

330000－1716－0001529　普經 0086/01529
經部/小學類/文字之屬/字書
藝文備覽十二集一百二十卷補詳字義十四卷
　（清）沙木注　清嘉慶十一年（1806）刻本
四十二冊

330000－1716－0001530　善附 0130/01530
子部/術數類/陰陽五行之屬
尅擇秘旨三卷圖說一卷　（明）朱堃溪注
（清）韓絅膳　（清）汪宜耀　（清）劉仁正
清乾隆五十九年（1794）抄本　一冊

330000－1716－0001532　善附 0132/01532
子部/儒家類/儒家之屬
讀孟子札記不分卷　清抄本　一冊

330000－1716－0001533　普經 0088/01533
經部/小學類/音韻之屬/韻書
字類標韻六卷　（清）華綱輯　清光緒八年
（1882）肆江王氏刻本　二冊

330000－1716－0001534　善附 0133/01534
子部/雜著類/雜說之屬
山志六卷　（清）王弘撰　清抄本　一冊

330000－1716－0001535　善附 0134/01535

集部/曲類/寶卷之屬
雞鳴寶卷□□卷　清光緒十三年（1887）抄本
　一冊　存一卷（上）

330000－1716－0001536　普經 0089/01536
經部/群經總義類/文字音義之屬
經書字音辨要九卷　（清）楊名颺輯　清道光
二十七年（1847）崇綸令德堂刻本　二冊

330000－1716－0001537　善附 0135/01537
史部/地理類/山川之屬/合志
硤石山水志一卷　（清）蔣宏任撰　清末朱其
鏞抄本　一冊

330000－1716－0001538　普經 0090/01538
經部/小學類/文字之屬/字書/字典
廣金石韻府五卷附玉篇字略一卷　（明）朱時
望撰　（清）林尚葵廣輯　（清）張鳳藻增注
清咸豐七年（1857）巴郡張氏理董軒刻本
六冊

330000－1716－0001540　善附 0137/01540
史部/傳記類/總傳之屬/家乘
[浙江會稽]董氏宗譜不分卷　（清）董瑞書輯
　稿本　一冊

330000－1716－0001541　普經 0092/01541
經部/春秋總義類/傳說之屬
春秋比事參義十六卷　（清）桂含章輯　清光
緒八年（1882）石埭桂氏務本堂金陵刻本　十
六冊

330000－1716－0001542　善附 0138/01542
子部/術數類/陰陽五行之屬
賴太素鈐記詩一卷雜記一卷　（明）賴太素撰
　清光緒十七年（1891）錢繩祖抄宣統三年
（1911）董春庭補抄本　一冊

330000－1716－0001543　普經 0091/01543
經部/易類/傳說之屬
來瞿唐先生易注十五卷首一卷末一卷圖一卷
　（明）來知德撰　清嘉慶十四年（1809）刻本
二十冊

330000－1716－0001544　善附 0139/01544
集部/詩文評類/詩評之屬

聲調譜說二卷纂例一卷蟸說一卷　（清）吳紹潔　（清）宋弼撰　清嘉慶二年(1797)刻本一冊

330000－1716－0001546　普經 0094/01546
經部/易類/傳說之屬

周易本義四卷附圖說一卷卦歌一卷筮儀一卷
　（宋）朱熹撰　清光緒七年(1881)浙湖王文光齋刻本　二冊

330000－1716－0001547　善附 0140/01547
類叢部/叢書類/自著之屬

埜柏先生類稿八種　（清）宋在詩撰　清乾隆三十年(1765)刻本　四冊　存一種

330000－1716－0001549　普經 0096/01549
經部/易類/傳說之屬

寄傲山房塾課纂輯御案易經備旨七卷易經圖案一卷　（清）鄒聖脈纂輯　（清）鄒廷猷編次　清嘉慶三年(1798)刻本　一冊　存三卷（一至二、圖）

330000－1716－0001550　善附 0142/01550
史部/雜史類/斷代之屬

貞觀政要十卷　（唐）吳兢撰　（元）戈直集論　清嘉慶三年(1798)南沙席氏掃葉山房刻本四冊

330000－1716－0001551　普經 0095/01551
經部/小學類/文字之屬/字書/字典

復古編二卷　（宋）張有撰　校正一卷附錄一卷　（清）葛鳴陽輯　曾樂軒稿一卷　（宋）張維撰　安陸集一卷　（宋）張先撰　清刻本三冊

330000－1716－0001553　善附 0145/01553
子部/雜著類/雜說之屬

薑露盦雜記六卷　（清）施山撰　稿本　一冊存三卷(一至三)

330000－1716－0001555　普經 0099/01555
經部/春秋左傳類/傳說之屬

春秋左傳綱目杜林詳注十四卷　（晉）杜預集解　（宋）林堯叟注釋　（明）張岐然輯　清拔茅居刻本　九冊　缺二卷(一至二)

330000－1716－0001556　普經 0100/01556
經部/易類

周易函書四種　（清）胡煦撰　清乾隆至嘉慶胡季堂刻本　十冊　存一種

330000－1716－0001557　普經 0106/01557
經部/小學類/文字之屬/字書/字典

經韻集字析解二卷經有韻無字一卷全韻字數一卷拾遺補注一卷　（清）熊守謙撰　（清）彭良敝集注　清道光二十四年(1844)開封府署刻本　二冊

330000－1716－0001558　普經 0101/01558
經部/叢編

五經詳說四百五十四卷　（清）冉覲祖撰　清光緒七年(1881)大梁書局刻本　四冊　存六卷(孝經一至六)

330000－1716－0001559　普經 0102/01559
經部/小學類/文字之屬/字書

六書原始十五卷　（清）賀崧齡輯　清同治三年(1864)劍州府署刻本　力鈞跋並批注八冊

330000－1716－0001560　普經 0103/01560
經部/易類/傳說之屬

先天易貫五卷　（清）劉元龍撰　清道光二十年(1840)居易齋刻本　五冊

330000－1716－0001561　普史 1041/01561
史部/政書類/軍政之屬/邊政

朔方備乘六十八卷首十二卷　（清）何秋濤撰　清光緒石印本　八冊

330000－1716－0001562　普經 0108/01562
經部/春秋總義類/傳說之屬

春秋宗朱辨義十二卷首一卷末一卷　（清）張自超撰　清光緒七年(1881)高淳書院刻本八冊

330000－1716－0001563　普經 0104/01563
經部/叢編

五經五十八卷　（清）□□輯　清紫陽朱氏崇道堂刻本　六冊

330000－1716－0001564　普經 0105/01564

子部/雜著類/雜考之屬

識小編二卷 （清）董豐垣撰　清刻本　一冊

330000－1716－0001565　普經 0107/01565
經部/小學類/文字之屬/字書/字體

鐘鼎字源五卷附錄一卷 （清）汪立名撰　清
光緒二年至五年(1876－1879)洞庭秦氏麟慶
堂刻本　三冊

330000－1716－0001567　普經 0110/01567
經部/春秋總義類/傳說之屬

春秋宗朱辨義十二卷首一卷末一卷 （清）張
自超撰　清光緒七年(1881)高淳書院刻本
八冊

330000－1716－0001568　普經 0111/01568
經部/小學類/文字之屬/字書/字典

正字通十二卷 （明）張自烈撰　（清）廖文英
輯　**字彙舊本首一卷** （明）梅膺祚音釋　清
康熙九年(1670)三畏堂刻本　三十二冊

330000－1716－0001569　普經 0149/01569
經部/春秋總義類/專著之屬

春秋識小錄初刻三書十卷 （清）程廷祚撰
清光緒三十二年(1906)江寧傅氏晦齋刻本
三冊

330000－1716－0001570　普經 0113/01570
經部/四書類/總義之屬/傳說

四書小參一卷四書問答一卷 （明）朱斯行撰
清光緒三年(1877)姑蘇刻經處刻本　一冊

330000－1716－0001571　普經 0114/01571
經部/四書類/總義之屬/傳說

論語發隱一卷孟子發隱一卷 （清）楊文會注
清光緒金陵刻經處刻本　一冊

330000－1716－0001572　普經 0115/01572
子部/儒家類/儒學之屬

中庸直指不分卷 （明）釋德清撰　清光緒十
年(1884)金陵刻經處刻本　一冊

330000－1716－0001574　普經 0117/01574
經部/四書類/總義之屬/傳說

四書疏注撮言大全三十七卷 （清）胡蓉芝輯
清乾隆二十八年(1763)刻本　二十冊

330000－1716－0001575　普經 0118/01575
經部/易類/傳說之屬

周易本義四卷附圖說一卷卦歌一卷筮儀一卷
（宋）朱熹撰　清光緒刻本　二冊

330000－1716－0001578　普經 0121/01578
經部/小學類/文字之屬/字書

翰苑重校字學舉隅不分卷 （清）黃本驥
（清）龍啟瑞撰　清怡雲山莊刻本　一冊

330000－1716－0001580　普經 0122/01580
集部/別集類/清別集

**述學內篇三卷外篇一卷補遺一卷別錄一卷附
錄一卷校勘記一卷** （清）汪中撰　（清）汪喜
孫編　清同治八年(1869)揚州書局刻本
二冊

330000－1716－0001582　地獻 0575/01582
類叢部/叢書類/彙編之屬

會稽徐氏鑄學齋叢書十三種　徐維則編　清
咸豐至光緒會稽徐氏刻光緒二十六年(1900)
彙印本　一冊　存一種

330000－1716－0001585　普經 0126/01585
經部/易類/傳說之屬

周易闡真四卷首一卷孔易闡真二卷 （清）劉
一明撰　清嘉慶二十四年(1819)常郡護國菴
刻本　八冊

330000－1716－0001586　善附 0143/01586
經部/易類/傳說之屬

**周易指三十八卷易例一卷易圖五卷易斷辭一
卷附錄一卷** （清）端木國瑚撰　清道光刻本
十五冊　存四十二卷(易指一至三十八、易
例、易圖一至三)

330000－1716－0001590　善附 0146/01590
史部/史評類/史論之屬

刻歷朝捷錄大成二卷 （明）顧充撰　清康熙
四十八年(1709)上虞顧芳宗刻本　三冊

330000－1716－0001593　善附 0144/01593
集部/別集類/清別集

雪泥鴻爪不分卷 （清）屠仲芬撰　稿本
二冊

330000 – 1716 – 0001598　善附 0149/01598
集部/別集類/清別集

柳橋詩草五卷　（清）周光隣撰　清嘉慶八年
(1803) 刻本　二冊

330000 – 1716 – 0001600　普經 0137/01600
經部/小學類/文字之屬/說文/專著

說文古籀補十四卷補遺一卷附錄一卷　（清）
吳大澂撰　清光緒二十四年(1898)刻本
二冊

330000 – 1716 – 0001601　善附 0150/01601
子部/道家類

太上靈寶淨明宗教錄十卷　（清）胡之玫撰
（清）胡士信輯　清青雲譜刻本　三冊

330000 – 1716 – 0001602　善附 0151/01602
集部/別集類/明別集

龍谿王先生全集二十二卷　（明）王畿撰
（明）丁賓編　清光緒八年(1882)刻本　清蓋
山社公題簽並觀款　九冊　存十七卷(二至
三、六至十一、十四至二十二)

330000 – 1716 – 0001603　普經 0139/01603
經部/書類/傳說之屬

書經串講六卷　（清）陳殿英輯　清光緒元年
(1875)聚經堂刻本　五冊

330000 – 1716 – 0001604　普經 0138/01604
經部/詩類/傳說之屬

新增詩經補注附考備旨八卷　（清）鄒聖脈纂
輯　清道光二十七年(1847)刻本　四冊

330000 – 1716 – 0001605　善附 0152/01605
史部/史評類/史論之屬

東萊先生音注唐鑑二十四卷　（宋）范祖禹撰
（宋）呂祖謙注　清光緒十八年(1892)浙江
書局刻本　四冊

330000 – 1716 – 0001606　普經 0141/01606
經部/四書類/總義之屬/傳說

四書益智錄二十卷　（清）桂含章輯　清光緒
八年(1882)金陵石埭桂氏務本堂刻本　二
十冊

330000 – 1716 – 0001607　善附 0153/01607
史部/地理類/雜志之屬

治臺必告錄八卷　（清）丁曰健輯　清同治六
年(1867)知足知止園刻本　三冊　存三卷
(二至四)

330000 – 1716 – 0001608　普經 0143/01608
經部/詩類/文字音義之屬

毛詩古音考四卷讀詩拙言一卷　（明）陳第編
輯　清光緒六年(1880)武昌張裕釗刻本
四冊

330000 – 1716 – 0001609　普經 0140/01609
經部/禮記類/傳說之屬

寄傲山房塾課纂輯禮記全文備旨十一卷
（清）鄒聖脈纂輯　（清）鄒廷猷編次　清連元
閣刻本　六冊

330000 – 1716 – 0001610　善附 0154/01610
類叢部/叢書類/彙編之屬

暢園叢書甲函六種　（清）張邁編　清光緒二
十年(1894)始豐張氏四明刻本　一冊　存
一種

330000 – 1716 – 0001611　善附 0155 – 1/
01611　集部/別集類/清別集

曝書亭集八十卷附錄一卷　（清）朱彝尊撰
笛漁小稿十卷　（清）朱昆田撰　清康熙五十
三年(1714)朱稻孫刻本　一冊　存十卷(笛
漁小稿一至十)

330000 – 1716 – 0001612　普經 0144/01612
經部/小學類/文字之屬/說文

**說文通訓定聲十八卷分部柬韻一卷說雅一卷
古今韻準一卷**　（清）朱駿聲撰　（清）朱鏡蓉
參訂　清道光二十八年(1848)黟縣學署刻本
二十四冊

330000 – 1716 – 0001613　普經 0146/01613
經部/周禮類/傳說之屬

周禮政要二卷　（清）孫詒讓撰　清光緒二十
八年(1902)瑞安普通學堂刻本　二冊

330000 – 1716 – 0001614　善附 0156/01614
集部/總集類/選集之屬/通代

文苑英華一千卷　（宋）李昉等輯　明隆慶元

年(1567)胡維新、戚繼光刻本　一冊　存一冊(目錄)

330000 – 1716 – 0001615　普經 0148/01615
類叢部/叢書類/郡邑之屬

金陵叢刻十五種　(清)傅春官輯　清光緒二十三年至三十一年(1897 – 1905)江寧傅氏晦齋刻本　一冊　存三種

330000 – 1716 – 0001616　普經 0244/01616
經部/叢編

十三經注疏三百三十三卷　(明)□□輯　清刻本　一百二十冊

330000 – 1716 – 0001617　普經 0152/01617
經部/小學類/音韻之屬/韻書

韻辨三卷補遺一卷　(清)寶濂彙輯　清道光二十八年(1848)五桂齋刻本　四冊

330000 – 1716 – 0001618　善附 0157/01618
史部/目錄類/總錄之屬/官修

浙江採集遺書總錄十一卷　(清)沈初等輯　清乾隆三十九年(1774)浙江布政使王亶望刻本(閏集原缺)　七冊　存七卷(一至七)

330000 – 1716 – 0001619　普經 0150/01619
經部/春秋總義類/專著之屬

春秋識小錄初刻三書十卷　(清)程廷祚撰　清光緒三十二年(1906)江寧傅氏晦齋刻本　一冊　存一種

330000 – 1716 – 0001620　善附 0158/01620
集部/別集類/清別集

夢樓詩集二十四卷　(清)王文治撰　清乾隆六十年(1795)丹徒王氏食舊堂刻本　四冊

330000 – 1716 – 0001622　善附 0160/01622
集部/別集類/清別集

曝書亭集詩注二十四卷　(清)朱彝尊撰　(清)楊謙注　**年譜一卷**　(清)楊謙撰　**曝書亭集詞注七卷**　(清)李富孫撰　清楊氏木山閣刻本(卷二十三至二十四原缺)　十二冊

330000 – 1716 – 0001623　普經 0153/01623
經部/小學類/訓詁之屬/字詁

字說一卷　(清)吳大澂撰　清末刻本　一冊

330000 – 1716 – 0001624　普經 0154/01624
經部/小學類/文字之屬/字書

經字辨體八卷首一卷　(清)邱家煒撰　清光緒七年(1881)京都二酉齋刻本　四冊

330000 – 1716 – 0001625　普經 0155/01625
經部/春秋總義類/傳說之屬

春秋律身錄二十二卷　(清)楊長年撰　清光緒十九年(1893)刻本　八冊

330000 – 1716 – 0001626　普經 0157/01626
經部/小學類/文字之屬/說文

說文解字注十五卷附六書音韻表五卷汲古閣說文訂一卷　(清)段玉裁撰　**說文部目分韻一卷**　(清)陳奐編　清同治十一年(1872)湖北崇文書局刻本　十八冊

330000 – 1716 – 0001627　善附 0161/01627
類叢部/叢書類/彙編之屬

文選樓叢書三十三種　(清)阮亨編　清嘉慶至道光儀徵阮氏小琅嬛僊館刻本　五冊　存一種

330000 – 1716 – 0001628　普經 0160/01628
經部/書類/傳說之屬

書經集傳六卷　(宋)蔡沈撰　清同治三年(1864)浙江撫署刻本　四冊

330000 – 1716 – 0001629　普經 0159/01629
經部/三禮總義類/通禮雜禮之屬

讀禮通考一百二十卷　(清)徐乾學撰　清康熙三十五年(1696)刻本　三十二冊

330000 – 1716 – 0001631　普經 0161/01631
經部/書類/傳說之屬

書經集傳六卷　(宋)蔡沈撰　清光緒十二年(1886)湖北官書局刻本　四冊

330000 – 1716 – 0001632　善附 0165/01632
集部/別集類/明別集

寶綸堂集拾遺一卷　(明)陳洪綬撰　(清)陳字購輯　清光緒會稽董氏取斯家塾抄本　一冊

330000 – 1716 – 0001633　普經 0162/01633
經部/春秋左傳類/傳說之屬

左傳經世鈔二十三卷　（清）魏禧評點　（清）彭家屏參訂　清乾隆十三年（1748）夏邑彭家屏聯墨齋刻本　十二冊

330000－1716－0001634　善附 0166/01634
經部/易類/傳說之屬
易小傳六卷　（宋）沈該撰　清抄本　一冊
存一卷（五）

330000－1716－0001635　善附 0167/01635
集部/詩文評類/文評之屬
性學李先生古今文章精義一卷　（元）李塗撰
清嘉慶十八年（1813）山陰沈復粲抄本
一冊

330000－1716－0001636　普經 0264/01636
經部/四書類/總義之屬/傳說
四書讀本十九卷　（宋）朱熹撰　清光緒四年（1878）山陰李氏畬硯山房刻本　六冊

330000－1716－0001637　普經 0165/01637
經部/群經總義類/文字音義之屬
十三經集字摹本不分卷分畫便查一卷韻有經無各字摘録一卷　（清）彭玉雯撰　清末刻本
八冊　缺一卷（分畫便查）

330000－1716－0001639　普經 0460/01639
經部/叢編
十三經古注二百九十卷　（明）金蟠　（明）葛鼐校　明崇禎十二年（1639）永懷堂刻清同治八年（1869）浙江書局校修印本　二十一冊
存九種

330000－1716－0001641　善附 0169/01641
類叢部/叢書類/彙編之屬
刻鵠齋叢書十六種　（清）胡念修編　清光緒二十三年至二十七年（1897－1901）刻鵠齋刻本　六冊　存一種

330000－1716－0001642　善附 0170/01642
史部/傳記類/科舉録之屬/總録
道咸同光宣五朝鄉會兩試題名録不分卷　清刻本　四冊

330000－1716－0001643　地獻 0489/01643
史部/政書類/公牘檔冊之屬

光緒二十七年紹興府學堂徵信録不分卷　清光緒二十七年（1901）紹興府學堂刻本　一冊

330000－1716－0001645　善附 0171/01645
子部/宗教類/道教之屬/神符
祝由科諸符秘六卷　清抄本　一冊　存一卷（一）

330000－1716－0001646　普經 0169/01646
經部/小學類/訓詁之屬/爾雅
爾雅注疏十一卷　（晉）郭璞注　（宋）邢昺疏
清刻本　四冊

330000－1716－0001647　善附 0173/01647
子部/術數類/相宅相墓之屬
堪輿收向水圖一卷　清光緒三年（1877）浙西沈氏抄本　一冊

330000－1716－0001650　善附 0176/01650
子部/術數類/占候之屬
司馬頭陀天機水法不分卷　（宋）司馬頭陀撰
清抄本　一冊

330000－1716－0001651　普經 0933/01651
經部/叢編
重刊宋本十三經注疏四百十六卷附十三經注疏校勘記四百十六卷　（清）阮元撰　（清）盧宣旬摘録　清嘉慶二十年（1815）南昌府學刻本　五冊　存一種

330000－1716－0001652　普經 0173/01652
經部/小學類/訓詁之屬/群雅
小爾雅疏八卷　（清）王煦撰集　清嘉慶五年（1800）鑿翠山莊刻本　二冊

330000－1716－0001653　普經 0174/01653
經部/小學類/文字之屬/字書
同文考證四種附一種　（清）管受之輯　清道光二十二年（1842）陽湖莊景賢河南刻本
一冊

330000－1716－0001654　善附 0177/01654
子部/術數類/相宅相墓之屬
元空秘旨一卷　（清）吳公撰　（清）鮑理注
補録一卷　（清）鮑理選　清抄本　一冊

330000 – 1716 – 0001656　善附 0162/01656
類叢部/叢書類/自著之屬

陸子全書十八種　（清）陸隴其撰　清光緒許
仁沐刻本　二十冊　存十二種

330000 – 1716 – 0001657　普經 0176/01657
經部/小學類/文字之屬/說文/傳說

說文古籀疏證六卷原目一卷　（清）莊述祖撰
　清光緒二十年（1894）武進莊殿華津郡明文
堂刻本　四冊

330000 – 1716 – 0001658　善附 0174/01658
集部/別集類/清別集

鄰彭山館詩鈔四卷　（清）紀勤麗撰　稿本
一冊

330000 – 1716 – 0001659　普經 0180/01659
經部/小學類/文字之屬/說文

說文檢字二卷　（清）毛謨輯　清嘉慶二十一
年（1816）刻本　二冊

330000 – 1716 – 0001660　善附 0163/01660
集部/小說類/長篇之屬

四大奇書第一種十九卷首一卷一百二十回
（明）羅貫中撰　（清）毛宗崗評　清刻本　十
一冊　存十一卷（九至十九）

330000 – 1716 – 0001661　善附 0172/01661
史部/地理類/雜志之屬

會稽懷古詩一卷　（明）唐之淳撰　清道光六
年（1826）山陰杜氏知聖教齋刻本　清春谷題
簽並注　一冊

330000 – 1716 – 0001662　普經 0265 – 1/
01662　經部/叢編

十三經讀本一百五十二卷　（清）□□編　清
同治金陵書局刻本　十二冊　存五種

330000 – 1716 – 0001663　普經 0181/01663
經部/四書類/總義之屬/傳說

四書正體十九卷校定字音一卷　（清）呂世鏞
輯　清懷永堂刻本　六冊　缺一卷（校定字
音）

330000 – 1716 – 0001664　善附 0178/01664
集部/別集類/清別集

古微堂內集三卷外集七卷　（清）魏源撰　清
抄本　二冊　存三卷（內集一至三）

330000 – 1716 – 0001666　普經 0290/01666
經部/書類/分篇之屬

禹貢因一卷　（清）沈練撰　清光緒十八年
（1892）溧陽沈氏歸安縣署刻本　一冊

330000 – 1716 – 0001672　善附 0181/01672
集部/別集類/唐五代別集

白香山詩長慶集二十卷後集十七卷別集一卷
補遺二卷　（唐）白居易撰　（清）汪立名編訂
　白香山年譜一卷　（清）汪立名撰　白香山
年譜舊本一卷　（宋）陳振孫撰　清康熙四十
一年至四十二年（1702 – 1703）汪立名一隅草
堂刻本　四冊　存十卷（長慶集十一至二十）

330000 – 1716 – 0001679　善附 0186/01679
史部/傳記類/科舉錄之屬/歷科登科錄

歷朝狀元錄二錄歷朝狀元錄條存一卷補遺一
卷　（清）沈一清編　清光緒二年（1876）刻本
　一冊　存一卷（狀元錄一）

330000 – 1716 – 0001681　善附 0187/01681
史部/史評類/史論之屬

刻歷朝捷錄大成二卷　（明）顧充撰　清康熙
四十八年（1709）上虞顧芳宗刻本　一冊　存
一卷（一）

330000 – 1716 – 0001682　善附 0188/01682
子部/小說家類/異聞之屬

劉碧鬟記一卷　清抄本　一冊

330000 – 1716 – 0001684　普經 0196/01684
經部/小學類

澤存堂五種　（清）張士俊輯　清光緒十四年
（1888）上海蜚英館石印本　八冊

330000 – 1716 – 0001686　善附 0189/01686
子部/術數類/命書相書之屬

乾元秘旨不分卷　（清）舒繼英撰　清光緒會
稽董氏行餘講舍抄本　一冊

330000 – 1716 – 0001687　普經 0199/01687
經部/小學類/文字之屬/字書/字典

康熙字典十二集三十六卷總目一卷檢字一卷

辨似一卷等韻一卷補遺一卷備考一卷 （清）
張玉書等纂修 清光緒十六年(1890)上洋鴻
寶齋石印本 六冊

330000－1716－0001688 善附 0190/01688
集部/別集類/清別集

墨雲軒詩稿一卷 （清）魯敬莊撰 清乾隆五
十七年(1792)稿本 一冊

330000－1716－0001689 普經 0200/01689
經部/小學類/音韻之屬/韻書

詩韻集成十卷 （清）余照輯 清末南京李光
明莊刻本 四冊

330000－1716－0001690 普經 0201/01690
經部/叢編

欽定篆文六經四書十種 （清）李光地等輯
清光緒九年(1883)上海同文書局石印本
十冊

330000－1716－0001691 善附 0191/01691
子部/術數類/占候之屬

符應經不分卷 清抄本 一冊

330000－1716－0001692 普經 0203/01692
經部/孝經類/傳說之屬

孝經一卷 （唐）玄宗李隆基注 清末刻本
一冊

330000－1716－0001693 普經 0202/01693
經部/小學類/音韻之屬/韻書

音韻闡微十八卷韻譜一卷 （清）李光地等撰
清雍正六年(1728)內府刻本 六冊

330000－1716－0001694 善附 0192/01694
經部/易類/傳說之屬

槎溪學易三卷 （清）陳鼎撰 清同治十三年
(1874)陳公亮等保定蓮花池刻本 二冊

330000－1716－0001695 普經 0208/01695
經部/群經總義類/文字音義之屬

經典釋文三十卷 （唐）陸德明撰 經典釋文
攷證三十卷 （清）盧文弨撰 清同治八年
(1869)湖北崇文書局刻本 十二冊

330000－1716－0001696 善附 0193/01696

史部/傳記類/總傳之屬/家乘

[浙江紹興]會稽小江董氏家譜二卷 （明）董
豫纂修 清光緒會稽董氏行餘學舍抄本 一
冊 存一卷(二)

330000－1716－0001697 普經 0209/01697
經部/小學類/訓詁之屬/爾雅

爾雅三卷 （晉）郭璞注 清嘉慶二十五年
(1820)長洲顧廣圻刻本 一冊

330000－1716－0001698 普經 0210/01698
經部/小學類/訓詁之屬/爾雅

爾雅三卷 （晉）郭璞注 （唐）陸德明音釋
清嘉慶二十二年(1817)順德張青選清芬閣刻
本 三冊

330000－1716－0001699 普叢 0360－3/
01699 類叢部/叢書類/彙編之屬

廣雅書局叢書一百五十九種 徐紹棨編 清
光緒廣雅書局刻民國九年(1920)番禺徐紹棨
彙編重印本 慎獨老人題記 四冊 存一種

330000－1716－0001700 善附 0194/01700
史部/傳記類/雜傳之屬

陳直齋[振孫]事跡及書錄解題校語不分卷
清光緒會稽董氏行餘講舍抄本 一冊

330000－1716－0001701 普經 0213/01701
經部/小學類/文字之屬/字書

字學舉隅不分卷 （清）黃本驥 （清）龍啟瑞
撰 清同治十三年(1874)湖北崇文書局刻本
一冊

330000－1716－0001702 善附 0196/01702
子部/農家農學類/農藝之屬/烹調

隨園食單一卷附養親須知一卷 （清）袁枚撰
清廣雅堂抄本 六冊

330000－1716－0001703 普經 0216/01703
經部/春秋總義類/傳說之屬

欽定春秋傳說彙纂三十八卷首二卷 （清）王
掞等撰 清康熙六十年(1721)武英殿刻本
二十四冊

330000－1716－0001704 普經 0215/01704
經部/四書類/總義之屬/傳說

銅板四書遵注傍批合講十九卷圖攷一卷
（清）翁復編　清文奎堂刻本　六冊

330000－1716－0001705　善附0197/01705
子部/儒家類/儒學之屬/俗訓
喆園近選不分卷　清抄本　二冊

330000－1716－0001706　普經0217/01706
經部/小學類/訓詁之屬/群雅
駢雅訓纂十六卷首一卷　（明）朱謀㙔撰
（清）魏茂林訓纂　清光緒七年（1881）成都瀹
雅齋刻本　八冊

330000－1716－0001707　普經0220/01707
經部/書類/傳說之屬
書經集傳六卷　（宋）蔡沈撰　清刻本　三冊

330000－1716－0001708　善附0198/01708
類叢部/叢書類/彙編之屬
秘冊彙函二十四種一百四十三卷　（明）沈士
龍　（明）胡震亨編　明萬曆刻本　一冊　存
一種

330000－1716－0001709　普經0221/01709
經部/小學類/音韻之屬
音韻逢源四卷　（清）裕恩撰　清道光二十年
（1840）京都聚珍堂刻本　四冊

330000－1716－0001710　善附0199/01710
子部/藝術類/書畫之屬/書法書品
書法會纂不分卷　清抄本　一冊

330000－1716－0001712　普經0223/01712
經部/叢編
通志堂經解一百四十種　（清）納蘭成德輯
清同治十二年（1873）粵東書局刻本　二冊
存一種

330000－1716－0001713　善附0203/01713
史部/目錄類/專錄之屬
鳴沙山石室秘籙一卷　羅振玉述　清宣統國
粹學報社鉛印本　一冊

330000－1716－0001714　子補0169－16/
01714　子部/醫家類/醫案之屬
臨證指南醫案十卷　（清）葉桂撰　（清）徐大

椿評　清刻本　一冊　存一卷（九）

330000－1716－0001715　善附0206/01715
子部/宗教類/道教之屬/戒律
陰隲文圖解四卷　（清）趙如升撰　清乾隆十
五年（1750）仁和陶日升德馨堂刻本　一冊
存一卷（一）

330000－1716－0001716　普經0224/01716
經部/三禮總義類/通論之屬
讀禮志疑不分卷　（清）陸隴其撰　清末刻本
一冊

330000－1716－0001717　普經0230/01717
經部/小學類/訓詁之屬/爾雅
爾雅正義二十卷　（清）邵晉涵撰　爾雅釋文
三卷　（唐）陸德明撰　清乾隆五十三年
（1788）餘姚邵氏面水層軒刻本　十二冊

330000－1716－0001718　善附0205/01718
史部/地理類/水利之屬
上虞縣五鄉水利本末二卷　（元）陳恬撰　清
木活字印本　一冊　存一卷（二）

330000－1716－0001719　普經0231/01719
經部/易類/傳說之屬
周易輯義初編四卷　（清）盧兆鰲撰　清道光
七年（1827）刻本　四冊

330000－1716－0001720　善附0211/01720
類叢部/叢書類/自著之屬
幾亭初集四種再集四種　（明）陳龍正撰　明
崇禎刻本　一冊　存一種

330000－1716－0001721　善附0213/01721
史部/地理類/山川之屬/水志
西湖志四十八卷　（清）李衛　（清）程元章修
（清）傅王露撰　清雍正兩浙鹽驛道庫刻本
一冊　存二卷（十至十一）

330000－1716－0001722　善附0214/01722
史部/叢編
史漢評林　（明）凌稚隆輯　明萬曆烏程凌氏
刻本　一冊　存一種

330000－1716－0001725　普經0232/01725

經部/小學類/文字之屬/字書/字典

康熙字典十二集三十六卷總目一卷檢字一卷
辨似一卷等韻一卷補遺一卷備考一卷　（清）
張玉書等纂修　清刻本　四十冊

330000－1716－0001726　善附 0217/01726
史部/地理類/山川之屬/山志

臥龍山志不分卷　稿本　一冊

330000－1716－0001727　普經 0235/01727
經部/春秋左傳類/傳說之屬

評點春秋綱目左傳句解彙雋六卷　（清）韓菼
重訂　清光緒狀元閣李光明莊刻本　六冊

330000－1716－0001728　普經 0236/01728
經部/小學類/訓詁之屬/爾雅

爾雅直音二卷　（清）孫侃輯　清道光五年
(1825)刻本　二冊

330000－1716－0001730　普經 0237/01730
經部/四書類/論語之屬/傳說

論語古訓十卷附一卷　（清）陳鱣撰　清光緒
九年(1883)浙江書局刻本　二冊

330000－1716－0001731　善附 00204/01731
　子部/醫家類/醫話醫論之屬

醫驗錄二集□□卷　（清）吳楚撰　清刻本
一冊　存一卷(三)

330000－1716－0001732　類叢部/叢書類/自著之屬

儆居遺書十一種　（清）黃式三撰　清同治至
光緒刻本　十冊　存一種

330000－1716－0001733　普經 0240/01733
經部/小學類/文字之屬/字書

字學舉隅不分卷　（清）黃本驥　（清）龍啟瑞
撰　清光緒八年(1882)刻本　一冊

330000－1716－0001734　善附 0221/01734
史部/詔令奏議類/詔令之屬

裸錄不分卷　清抄本　一冊

330000－1716－0001738　普經 0241/01738
經部/小學類/文字之屬/字書

字學舉隅不分卷增一卷　（清）黃本驥　（清）

龍啟瑞撰　（清）譚鍾麟增輯　清同治十三年
(1874)茶陵譚鍾麟刻本　一冊

330000－1716－0001739　普經 0243/01739
經部/小學類/文字之屬/字書/訓蒙

倉頡篇三卷　（清）孫星衍輯　**倉頡篇續本一**
卷　（清）任大椿輯　**倉頡篇補本二卷**　（清）
陶方琦輯　清光緒十六年(1890)江蘇書局刻
本　二冊

330000－1716－0001740　善附 0210/01740
子部/宗教類/道教之屬

道書全集　（明）閻鶴洲編　明萬曆十九年
(1591)刻清康熙二十一年(1682)周在延重修
本　十冊　存八種

330000－1716－0001742　普經 0452/01742
經部/叢編

御纂七經二百八十卷首十一卷序三卷　（清）
李光地等撰　清同治六年至九年（1867－
1870)浙江書局刻本　一百四十二冊

330000－1716－0001743　普經 0247/01743
經部/小學類/訓詁之屬/譯語

欽定清漢對音字式一卷　（清）福隆安等撰
清乾隆刻本　一冊

330000－1716－0001744　普經 0248/01744
經部/詩類/傳說之屬

黃維章先生詩經娜嬛體注八卷　（明）黃文煥
撰　（清）范翔重訂　**詩經集傳八卷**　（宋）朱
熹撰　清刻本　四冊

330000－1716－0001745　善附 0228/01745
子部/藝術類/書畫之屬/畫譜

葉氏息園畫譜不分卷　葉鴻業繪　清光緒十
二年(1886)石印本　一冊

330000－1716－0001746　普經 0249/01746
經部/詩類/三家詩之屬

韓詩外傳十卷　（漢）韓嬰撰　（清）趙懷玉
(清)周廷寀校注　**補逸一卷**　（清）趙懷玉輯
　校注拾遺一卷　（清）周宗杬撰　清光緒元
年(1875)盱眙吳氏望三益齋刻本　四冊

330000－1716－0001747　善附 0229/01747

集部/別集類/清別集

蕉影齋詩集四卷補遺一卷 （清）謝照撰
（清）謝福恒編　清光緒三年（1877）刻本
四冊

330000－1716－0001748　善附 0230/01748
子部/藝術類/書畫之屬/法帖

歷代帝王法帖釋文十卷 （宋）劉次莊撰
（清）羅森　（清）孫際昌訂　清康熙八年
（1669）西楚戴豈選、三韓胡獻瑤刻本　一冊

330000－1716－0001749　普經 0251/01749
經部/四書類/總義之屬/傳說

**漱芳軒合纂四書體注十九卷附人物考二卷字
音辨譌二卷** （清）范翔參訂　清乾隆四十七
年（1782）古越尺木堂刻本　四冊

330000－1716－0001750　普經 0250/01750
經部/四書類/總義之屬/傳說

增補四書精繡圖像人物備考十二卷 （明）薛
應旂撰　（明）陳仁錫增定　清刻本　六冊

330000－1716－0001753　普經 0252/01753
經部/禮記類/傳說之屬

禮記集說十卷 （元）陳澔撰　清刻本　十冊

330000－1716－0001755　普經 0255/01755
經部/小學類/文字之屬/說文/傳說

說文解字句讀三十卷 （清）王筠撰　清光緒
八年（1882）四川尊經書局刻本　十三冊　缺
一卷（二十一）

330000－1716－0001758　普經 0256/01758
經部/小學類/文字之屬/說文

說文解字注十五卷附六書音韻表五卷 （清）
段玉裁撰　**說文部目分韻一卷** （清）陳奐編
　清同治七年（1868）丁日昌蘇州刻本　十
八冊

330000－1716－0001759　善附 0232/01759
集部/別集類/漢魏六朝別集

陶淵明集十卷 （晉）陶潛撰　清光緒二年
（1876）桐城徐椒岑刻本　清竹翁批並句讀
二冊

330000－1716－0001760　普經 0257/01760

經部/小學類/文字之屬/字書/字典

**康熙字典十二集三十六卷總目一卷檢字一卷
辨似一卷等韻一卷補遺一卷備考一卷** （清）
張玉書等纂修　清康熙五十五年（1716）內府
刻本　四十冊

330000－1716－0001761　普經 0268/01761
類叢部/叢書類/自著之屬

槐軒全集二十一種附九種 （清）劉沅撰　清
咸豐至民國刻彙印本　十冊　存一種

330000－1716－0001762　善附 0233/01762
史部/地理類/方志之屬/郡縣志

三江所志一卷 （清）陳宗洛纂　（清）傅月樵
補纂　（清）何留學增補　**江城文獻一卷**
（清）張應鰲編　（清）邢振綸補纂　清末抄本
二冊

330000－1716－0001763　普經 0286/01763
經部/春秋左傳類/傳說之屬

春秋繁露十七卷附一卷 （漢）董仲舒撰　清
光緒八年（1882）淮南書局刻本　二冊

330000－1716－0001764　普經 0262/01764
經部/春秋總義類/傳說之屬

春秋比事參義十六卷 （清）桂含章輯　清光
緒八年（1882）石埭桂氏務本堂金陵刻本　十
六冊

330000－1716－0001765　善附 0235/01765
集部/別集類/清別集

綠蘿山莊文集二十四卷詩集三十三卷 （清）
胡浚撰　清乾隆二十七年（1762）、嘉慶八年
（1803）刻本　十六冊

330000－1716－0001766　善附 0238/01766
集部/小說類/長篇之屬

繡像漢宋奇書六十卷 （清）金聖嘆批點　清
善美堂刻本　二十冊

330000－1716－0001767　普經 0267/01767
經部/叢編

十三經古注二百九十卷 （明）金蟠　（明）葛
鼒校　明崇禎十二年（1639）永懷堂刻清同治
八年（1869）浙江書局校修印本　四十八冊

330000－1716－0001768　善附 0239/01768
集部/戲劇類/總集之屬/傳奇

六十種曲一百二十卷　（明）毛晉編　明末海
虞毛氏汲古閣刻本　二冊　存一種

330000－1716－0001769　善附 0240/01769
子部/藝術類/書畫之屬

鐵網珊瑚二十卷　（明）都穆撰　清乾隆二十
三年（1758）吳郡都肇斌刻本　四冊

330000－1716－0001770　普經 0275/01770
類叢部/叢書類/家集之屬

洪氏晦木齋叢書二十一種　（清）洪汝奎編
清同治八年至宣統元年（1869－1909）刻本
四冊　存一種

330000－1716－0001771　善附 0241/01771
集部/戲劇類/傳奇之屬

繪風亭評第七才子書琵琶記六卷釋義一卷
（元）高明撰　（清）毛綸評　**才子琵琶寫情篇
一卷**　（清）陳方平輯　清映秀堂刻雍正元年
（1723）三多齋印本　五冊

330000－1716－0001772　善附 0223/01772
子部/宗教類/佛教之屬/經

大方廣佛華嚴經八十卷　（唐）釋實叉難陀譯
　明宣德十年（1435）寫本　一冊　存二卷
（五十一、六十八）

330000－1716－0001773　普經 0270/01773
經部/四書類/總義之屬/傳說

四書朱子本義匯參四十三卷首四卷　（清）王
步青輯　清道光四年（1824）刻本　二十四冊

330000－1716－0001774　普經 0271/01774
經部/四書類/總義之屬/傳說

四書益智錄二十卷　（清）桂含章輯　清光緒
八年（1882）金陵石埭桂氏務本堂刻本　二
十冊

330000－1716－0001776　普經 0273/01776
經部/周禮類/傳說之屬

周官精義十二卷　（清）連斗山輯　清嘉慶元
年（1796）金閶講德齋刻本　六冊

330000－1716－0001778　善附 0225/01778

子部/宗教類/佛教之屬/經

金剛般若波羅蜜經一卷　（後秦）釋鳩摩羅什
譯　**般若波羅蜜多心經一卷**　（唐）釋玄奘譯
　清光緒二年（1876）金居敬寫本　一冊

330000－1716－0001779　普經 0276/01779
經部/群經總義類/傳說之屬

經傳繹義五十卷　（清）陳煒撰　清嘉慶九年
（1804）校字齋刻本　二十冊

330000－1716－0001780　普經 0277/01780
類叢部/類書類/專類之屬

五經類編二十八卷　（清）周世樟撰　清穀詒
堂刻本　十冊

330000－1716－0001782　普經 0279/01782
經部/三禮總義類/通禮雜禮之屬

五禮通考二百六十二卷首四卷總目二卷
（清）秦蕙田撰　清乾隆二十六年（1761）金匱
秦蕙田味經窩刻本　六十冊　存一百八十一
卷（一至一百十四、一百四十三至一百七十
四、二百六至二百三十四,首一至四,總目一
至二）

330000－1716－0001783　普經 0281/01783
經部/小學類/文字之屬/說文

王氏說文三種一百三卷　（清）王筠撰　清道
光至咸豐刻同治四年（1865）彙印本　十六冊
　存一種

330000－1716－0001784　普經 0280/01784
經部/群經總義類/傳說之屬

經傳繹義五十卷　（清）陳煒撰　清嘉慶九年
（1804）校字齋刻本　三十二冊

330000－1716－0001785　普經 0285/01785
類叢部/叢書類/自著之屬

橘蔭軒全集七種　（清）陳錦撰　清光緒山陰
陳氏橘蔭軒刻本　二冊　存一種

330000－1716－0001786　普經 0284/01786
經部/春秋左傳類/傳說之屬

左繡三十卷首一卷　（清）馮李驊　（清）陸浩
評輯　清華川書屋刻本　十六冊

330000－1716－0001787　普經 0287/01787

經部/三禮總義類/名物制度之屬

天子肆獻祼饋食禮三卷 (清)任啟運撰 清光緒十一年(1885)浙江書局刻本 一册

330000－1716－0001788 普經 0288/01788

經部/禮記類/傳說之屬

禮記集說十卷 (元)陳澔撰 清光緒十二年(1886)湖北官書處刻本 十册

330000－1716－0001789 普經 0293/01789

類叢部/叢書類/彙編之屬

會稽徐氏鑄學齋叢書十三種 徐維則編 清咸豐至光緒會稽徐氏刻光緒二十六年(1900)彙印本 一册 存一種

330000－1716－0001790 子補 0401/01790

子部/醫家類/溫病之屬/痧症

痧脹然犀照二卷 清刻本 一册 存一卷(上)

330000－1716－0001791 普經 0292/01791

經部/小學類/文字之屬/說文

說文通檢十四卷首一卷末一卷 (清)黎永椿撰 清光緒十四年(1888)掃葉山房刻本 二册

330000－1716－0001792 普經 0295/01792

經部/群經總義類/傳說之屬

十三經札記二十二卷附十六卷 (清)朱亦棟撰 清光緒四年(1878)武林竹簡齋刻本 六册 缺十六卷(一至十六)

330000－1716－0001793 普經 0294/01793

經部/四書類/論語之屬/傳說

論語話解十卷 (清)陳濬撰 清光緒刻本 五册

330000－1716－0001794 普經 0915－3/01794 經部/叢編

重刊宋本十三經注疏四百十六卷附十三經注疏校勘記四百十六卷 (清)阮元撰 (清)盧宣旬摘録 **校勘記識語四卷** (清)汪文臺撰 清光緒十三年(1887)上海脈望仙館石印本 三十一册 缺五十一卷(附釋音周禮注疏三十四至四十二、附校勘記一至四十二)

330000－1716－0001795 普經 0001/01795

經部/叢編

皇清經解一千四百八卷首一卷 (清)阮元輯 清道光九年(1829)廣東學海堂刻咸豐十一年(1861)補刻本 三百六十册

330000－1716－0001796 普經 0299/01796

經部/叢編

皇清經解續編一千四百三十卷 王先謙輯 清光緒十五年(1889)上海蜚英館石印本(卷三十原缺) 三十二册

330000－1716－0001797 普經 0298/01797

經部/春秋左傳類/傳說之屬

左繡三十卷首一卷 (清)馮李驊 (清)陸浩評輯 清宣統三年(1911)上海會文堂石印本 十六册

330000－1716－0001798 普經 0300/01798

經部/叢編

仿宋相臺五經九十六卷附考證 清光緒二年(1876)江南書局刻本 三十二册

330000－1716－0001799 普經 0246/01799

經部/叢編

御纂七經二百八十卷首十一卷序三卷 (清)李光地等撰 清同治六年至九年(1867－1870)浙江書局刻本 一百四十二册

330000－1716－0001800 普經 0302/01800

經部/小學類/文字之屬/說文/傳說

說文解字斠詮十四卷 (清)錢坫撰 清嘉慶十二年(1807)嘉定錢氏吉金樂石齋刻本 十四册

330000－1716－0001801 普經 0305/01801

經部/群經總義類/傳說之屬

十三經札記二十二卷附十六卷 (清)朱亦棟撰 清光緒四年(1878)武林竹簡齋刻本 十二册

330000－1716－0001802 普經 0308/01802

經部/小學類/文字之屬/說文

說文解字注十五卷附六書音韻表五卷 (清)段玉裁撰 **說文部目分韻一卷** (清)陳奂編

清乾隆至嘉慶段氏經韻樓刻本 十六冊

330000－1716－0001803 普經 0309/01803
經部/周禮類/傳說之屬

周禮精華六卷 （清）陳龍標輯 清光緒二十年（1894）刻本 四冊 存四卷（一至四）

330000－1716－0001804 子補 0345/01804
子部/醫家類/方書之屬/單方驗方

良方集要一卷 （清）周鶴群輯 清刻本 一冊

330000－1716－0001805 子補 0346/01805
子部/醫家類/綜合之屬

醫方彙編六卷 （清）甌齋居士撰 清道光四年（1824）刻本 一冊

330000－1716－0001806 普經 0316/01806
經部/詩類/傳說之屬

詩經集傳八卷 （宋）朱熹撰 清光緒十二年（1886）湖北官書處刻本 四冊

330000－1716－0001807 普經 0324/01807
經部/小學類/文字之屬/字書/字典

復古編二卷 （宋）張有撰 **校正一卷附錄一卷** （清）葛鳴陽輯 **曾樂軒稿一卷** （宋）張維撰 **安陸集一卷** （宋）張先撰 清光緒八年（1882）淮南書局刻本 三冊

330000－1716－0001808 普經 0328/01808
經部/詩類/傳說之屬

陳氏毛詩五種 （清）陳奐撰 清道光至咸豐吳門南園陳氏掃葉山莊刻本 十四冊 存一種

330000－1716－0001809 普經 0322/01809
經部/小學類/文字之屬/說文

說文部首韻語不分卷 （清）黃壽鳳撰 （清）顧恩來書 清同治十一年（1872）賴氏湖州刻本 一冊

330000－1716－0001810 普經 0330/01810
經部/周禮類/傳說之屬

禮說十四卷大學說一卷 （清）惠士奇撰 清嘉慶二年（1797）上海彭霖蘭陔書屋刻本 五冊

330000－1716－0001811 普叢 0450－4/01811 類叢部/叢書類/彙編之屬

抱經堂叢書十六種 （清）盧文弨編 清乾隆至嘉慶刻彙印本 十冊 存一種

330000－1716－0001812 普經 0331/01812
經部/小學類/文字之屬/字書

字學舉隅不分卷 （清）黃本驥 （清）龍啟瑞撰 清道光二十年（1840）刻本 清元生題簽並補注 一冊

330000－1716－0001813 普經 0332/01813
經部/小學類/文字之屬/字書

字學舉隅不分卷 （清）黃本驥 （清）龍啟瑞撰 清末刻本 一冊

330000－1716－0001814 普經 0559/01814
經部/易類/傳說之屬

周易闡真四卷首一卷孔易闡真二卷 （清）劉一明撰 清嘉慶五年（1800）刻本 五冊

330000－1716－0001815 普經 0329/01815
經部/春秋總義類/傳說之屬

春秋大成三十一卷 （清）馮如京彙纂 **春秋大成講意三十一卷** （清）馮雲驤撰 清順治刻本 八冊

330000－1716－0001816 普經 0334/01816
子部/術數類/相宅相墓之屬

參兩正義四卷 （清）張受祺撰 清乾隆刻歷代地理正義秘書二十四種本 董春庭題簽並觀款 一冊

330000－1716－0001817 普經 0337/01817
經部/群經總義類/傳說之屬

七經精義 （清）黃淦撰 清道光二十年（1840）書種堂刻本 十四冊

330000－1716－0001818 普經 0335/01818
經部/四書類/總義之屬/傳說

四書大全三十七卷 （明）胡廣等輯 清刻本 二冊 存一卷（中庸）

330000－1716－0001819 普經 0338/01819
經部/春秋左傳類/傳說之屬

春秋左傳五十卷提要一卷 （晉）杜預注

(宋)林堯叟補注　(唐)陸德明音義　**春秋列**
國圖說一卷　(宋)蘇軾撰　清光緒李光明莊
刻本　十六冊

330000－1716－0001820　普經 0002/01820
經部/叢編
皇清經解一千四百卷首一卷　(清)阮元輯
清道光九年(1829)廣東學海堂刻本　三百二
十一冊　缺八卷(十九至二十一、五百四至五
百六、六百七十二至六百七十三)

330000－1716－0001821　普經 0340/01821
子部/儒家類/儒學之屬/蒙學
六藝綱目二卷　(元)舒天民撰　(元)舒恭注
(明)趙宜中附注　清光緒二十八年(1902)
紹興府學堂刻本　二冊

330000－1716－0001822　普經 0339/01822
經部/易類/傳說之屬
周易合講不分卷　(清)文緝根述　清刻本
一冊

330000－1716－0001823　普經 0593/01823
經部/小學類/音韻之屬/韻書
詩韻辨字增注五卷　(清)張澐卿輯　清光緒
七年(1881)張澐卿刻本　一冊

330000－1716－0001824　普經 0342/01824
經部/三禮總義類/通禮雜禮之屬
五禮通考二百六十二卷首四卷總目二卷
(清)秦蕙田撰　清乾隆二十六年(1761)金匱
秦蕙田味經窩刻本　九十冊

330000－1716－0001825　普經 0343/01825
類叢部/叢書類/自著之屬
文章練要三種　(清)王源撰輯　清康熙至雍
正刻本　五冊　存一種

330000－1716－0001826　普經 0345/01826
經部/小學類/文字之屬/字書
字學舉隅不分卷　(清)黃本驥　(清)龍啟瑞
撰　清末刻本　一冊

330000－1716－0001827　普經 0346/01827
經部/小學類/文字之屬/字書
臨文便覽七卷附摘誤一卷　(清)毛昶熙輯

清光緒二年(1876)京都松竹齋刻本　二冊

330000－1716－0001828　普經 0350/01828
經部/三禮總義類/通禮雜禮之屬
五禮通考二百六十二卷首四卷總目二卷
(清)秦蕙田撰　清乾隆二十六年(1761)金匱
秦蕙田味經窩刻本　五十九冊　缺十九卷
(二十一至二十七、五十八至六十一、六十六
至六十九、一百五十二至一百五十五)

330000－1716－0001830　普經 0347/01830
經部/詩類/專著之屬
毛詩名物圖說九卷　(清)徐鼎輯　清乾隆三
十六年(1771)刻本　二冊

330000－1716－0001831　普經 0353/01831
子部/叢編
二十二子(二十二子彙函)　(清)浙江書局編
清光緒元年至三年(1875－1877)浙江書局
刻本　二冊　存一種

330000－1716－0001832　普叢 0349/01832
經部/春秋總義類
玉玲瓏閣叢刻三種二十三卷　(清)龔翔麟編
清康熙錢塘龔氏刻本　一冊　存一種

330000－1716－0001833　普集 0530/01833
集部/別集類/宋別集
**鶴山文鈔三十二卷附周禮折衷四卷師友雅言
一卷**　(宋)魏了翁撰　清同治十三年(1874)
望三益齋刻本　十六冊

330000－1716－0001834　普經 0355/01834
經部/四書類/總義之屬/傳說
四書章句集注十九卷　(宋)朱熹撰　清末刻
本　六冊

330000－1716－0001835　普經 0357/01835
經部/小學類/文字之屬/字書/字體
隸辨八卷　(清)顧藹吉撰　清乾隆八年
(1743)天都黃晟刻本　八冊

330000－1716－0001836　普經 0358/01836
經部/四書類/總義之屬/傳說
四書經注集證十九卷　(清)吳昌宗撰　清嘉
慶三年(1798)江都汪廷機刻本　十二冊

330000－1716－0001837　普經 0359/01837
經部/小學類/文字之屬/說文

說文解字十五卷標目一卷 （漢）許慎撰
（宋）徐鉉等校定　清初海虞毛氏汲古閣刻本
　八冊

330000－1716－0001839　普經 0362/01839
經部/小學類/音韻之屬/韻書

養默山房詩韻六卷 （清）謝元淮輯　清道光
二十九年(1849)刻本　二冊

330000－1716－0001840　普經 0363/01840
經部/小學類/文字之屬/字書/訓蒙

文字蒙求四卷 （清）王筠撰　清光緒十三年
(1887)梁谿浦氏刻本　一冊

330000－1716－0001841　普經 0371/01841
經部/小學類/文字之屬/說文

**說文通訓定聲十八卷分部柬韻一卷說雅一卷
古今韻準一卷** （清）朱駿聲撰　（清）朱鏡蓉
參訂　清道光二十八年(1848)黟縣學署刻本
　十二冊　存十卷(一至十)

330000－1716－0001842　普經 0370/01842
經部/三禮總義類/通禮雜禮之屬

讀禮通考一百二十卷 （清）徐乾學撰　清康
熙三十五年(1696)刻本　二十冊　存七十八
卷(四十三至一百二十)

330000－1716－0001843　普經 0373/01843
經部/小學類/文字之屬/說文

說文五翼八卷 （清）王煦撰　清嘉慶十三年
(1808)上虞王煦芮鞠山莊刻本　二冊

330000－1716－0001844　普叢 0360－4/
01844　類叢部/叢書類/彙編之屬

廣雅書局叢書一百五十九種 徐紹棨編　清
光緒廣雅書局刻民國九年(1920)番禺徐紹棨
彙編重印本　四冊　存一種

330000－1716－0001845　普經 0375/01845
經部/書類/傳說之屬

尚書體注約解合參六卷 （清）洪輔聖　（清）
洪佐聖　（清）洪翼聖撰　**書經集注六卷**
(宋)蔡沈撰　清刻本　四冊　存八卷(一至

四、書經集注一至四)

330000－1716－0001846　普經 0374/01846
經部/小學類/文字之屬/說文

說文解字義證五十卷 （清）桂馥撰　清同治
九年(1870)湖北崇文書局刻本　三十二冊

330000－1716－0001847　普經 0521/01847
經部/叢編

御纂七經二百八十卷首十一卷序三卷 （清）
李光地等撰　清同治六年至九年(1867－
1870)浙江書局刻本　五十二冊　存三種

330000－1716－0001848　普經 0377/01848
經部/春秋左傳類/傳說之屬

左傳事緯十二卷 （清）馬驌撰　清末刻本
六冊　存九卷(四至十二)

330000－1716－0001849　普經 0378/01849
集部/詞類/詞譜之屬

詞律二十卷 （清）萬樹撰　清康熙二十六年
(1687)萬氏堆絮園刻保滋堂印本　九冊　缺
二卷(十四至十五)

330000－1716－0001850　普經 0383/01850
經部/小學類/文字之屬/說文

**說文解字注十五卷附六書音韻表五卷汲古閣
說文訂一卷** （清）段玉裁撰　**說文部目分韻
一卷** （清）陳奐編　清同治十一年(1872)湖
北崇文書局刻本　二冊　存五卷(六書音韻
表一至五)

330000－1716－0001851　普經 0382/01851
經部/小學類/文字之屬/說文

說文解字十五卷標目一卷 （漢）許慎撰
（宋）徐鉉等校定　清嘉慶十二年(1807)額勒
布藤花榭刻本　四冊

330000－1716－0001852　普經 0385/01852
經部/三禮總義類/通禮雜禮之屬

四禮翼四卷 （明）呂坤撰　清同治二年
(1863)王禹疇刻本　一冊

330000－1716－0001853　普經 0384/01853
經部/小學類/文字之屬/說文

說文解字十五卷標目一卷 （漢）許慎撰

（宋）徐鉉等校定　清乾隆三十八年（1773）大興朱筠椒華吟舫刻本　四冊

330000－1716－0001854　普經 0387/01854
經部/小學類/訓詁之屬/群雅

駢雅訓纂十六卷首一卷　（明）朱謀㙔撰
（清）魏茂林訓纂　清光緒七年（1881）成都渝雅齋刻本　六冊

330000－1716－0001855　普經 0388/01855
經部/小學類/文字之屬/字書/字體

汗簡七卷　（宋）郭忠恕撰　清光緒十一年（1885）朱氏槐廬家塾刻本　三冊

330000－1716－0001856　普經 0390/01856
經部/小學類/文字之屬/字書

字學舉隅不分卷　（清）黃本驥　（清）龍啟瑞撰　清同治十年（1871）刻本　一冊

330000－1716－0001857　普經 0389/01857
經部/小學類/文字之屬/字書/通論

六書正譌五卷　（元）周伯琦撰　清同治五年（1866）大興邵綬名刻本　五冊

330000－1716－0001858　普經 0400/01858
類叢部/叢書類/彙編之屬

崇文書局彙刻書三十一種　（清）崇文書局編　清光緒元年至三年（1875－1877）湖北崇文書局刻本　一冊　存一種

330000－1716－0001860　普經 0393/01860
經部/小學類/訓詁之屬/爾雅

爾雅注疏十一卷　（晉）郭璞注　（宋）邢昺疏　清大文堂刻本　四冊

330000－1716－0001862　普經 0395/01862
經部/四書類/總義之屬/傳說

松陽講義十二卷　（清）陸隴其撰　清同治十三年（1874）湖南省城書局刻本　五冊

330000－1716－0001863　普經 0397/01863
經部/叢編

古經解彙函十六種附小學彙函十四種　（清）鍾謙鈞等輯　清同治十二年（1873）粵東書局刻本　四十冊　存古經解彙函十四種、小學彙函一種

330000－1716－0001865　普經 0401/01865
經部/三禮總義類/通禮雜禮之屬

讀禮通考一百二十卷　（清）徐乾學撰　清康熙三十五年（1696）冠山堂刻本　三十冊

330000－1716－0001866　集補 2739/01866
集部/別集類/清別集

紅杏山房詩存四卷　（清）項兆麟撰　（清）項伯堂輯　清光緒十六年（1890）六安涂氏求我齋刻本　一冊

330000－1716－0001867　普經 0934/01867
經部/叢編

重刊宋本十三經注疏四百十六卷附十三經注疏校勘記四百十六卷　（清）阮元撰　（清）盧宣句摘錄　清嘉慶二十年（1815）南昌府學刻道光六年（1826）盱江朱華臨重校印本　二十六冊　存二種

330000－1716－0001868　普經 0405/01868
經部/小學類/文字之屬/說文

王氏說文三種一百三卷　（清）王筠撰　清道光至咸豐刻同治四年（1865）彙印本　六冊　存二種

330000－1716－0001869　普經 0407/01869
經部/書類/傳說之屬

尚書古文疏證八卷　（清）閻若璩撰　朱子古文書疑一卷　（清）閻詠輯　清乾隆十年（1745）眷西堂刻本（卷三原缺）　八冊

330000－1716－0001870　普經 0410/01870
經部/小學類/文字之屬/說文

說文解字注十五卷附六書音韻表五卷汲古閣說文訂一卷　（清）段玉裁撰　說文部目分韻一卷　（清）陳奐編　清同治十一年（1872）湖北崇文書局刻本　二十一冊　缺六卷（六書音韻表一至五、汲古閣說文訂）

330000－1716－0001871　普經 0406/01871
經部/叢編

古經解彙函十六種附小學彙函十四種　（清）鍾謙鈞等輯　清同治十二年（1873）粵東書局刻本　二十三冊　存古經解彙函十三種、小學彙函一種

330000－1716－0001872　普經 0411/01872
經部/小學類/文字之屬/說文

王氏說文三種一百三卷　（清）王筠撰　清道光至咸豐刻同治四年(1865)彙印本　十冊　存一種

330000－1716－0001873　普經 0412/01873
經部/叢編

十一經音訓　（清）楊國楨等編　清光緒三年(1877)湖北崇文書局刻本　三冊　存一種

330000－1716－0001874　普經 0414/01874
經部/小學類/文字之屬/字書/訓蒙

倉頡篇三卷　（清）孫星衍輯　**倉頡篇續本一卷**　（清）任大椿輯　**倉頡篇補本二卷**　（清）陶方琦輯　清光緒十六年(1890)江蘇書局刻本　二冊

330000－1716－0001875　普經 0413/01875
史部/雜史類/斷代之屬

國語二十一卷　（三國吳）韋昭注　**校刊明道本韋氏解國語札記一卷**　（清）黃丕烈撰　**明道本考異四卷**　（清）汪遠孫撰　清同治八年(1869)湖北崇文書局刻本　五冊

330000－1716－0001876　普經 0415/01876
經部/小學類/文字之屬/字書

字林考逸八卷附錄一卷　（晉）呂忱撰　（清）任大椿輯　**字林考逸補本一卷**　（清）陶方琦撰　**補附錄一卷**　（清）諸可寶撰　清光緒十六年(1890)江蘇書局刻本　四冊

330000－1716－0001877　普經 0416/01877
類叢部/叢書類/自著之屬

雷刻四種　（清）雷浚輯　清光緒二年至十年(1876－1884)吳縣雷氏刻本　一冊　存一種

330000－1716－0001878　普經 0417/01878
經部/春秋左傳類/傳說之屬

春秋左傳五十卷提要一卷　（晉）杜預注（宋）林堯叟補注　（唐）陸德明音義　**春秋列國圖說一卷**　（宋）蘇軾撰　清光緒李光明莊刻本　十六冊

330000－1716－0001880　普經 0421/01880
子部/儒家類/儒學之屬/蒙學

小學集注六卷　（明）陳選集注　清同治六年(1867)金陵書局刻本　二冊

330000－1716－0001881　普經 0422/01881
經部/春秋左傳類/傳說之屬

左繡三十卷首一卷　（清）馮李驊　（清）陸浩評輯　清康熙五十九年(1720)華川書屋刻本　施煒批注　九冊　存二十五卷(六至三十)

330000－1716－0001885　普經 0429/01885
經部/四書類/總義之屬/傳說

四書集注十九卷　（宋）朱熹撰　清光緒三十二年(1906)上海商務印書館鉛印本　六冊

330000－1716－0001886　普經 0431/01886
經部/四書類/孟子之屬/傳說

孟子集注七卷　（宋）朱熹撰　清文星堂刻本　三冊

330000－1716－0001887　普經 0432/01887
經部/小學類/文字之屬/說文/傳說

段氏說文注訂八卷　（清）鈕樹玉撰　清道光三年(1823)鈕氏非石居刻同治五年(1866)碧螺山館重修本　二冊

330000－1716－0001888　普經 0437/01888
經部/四書類/總義之屬/傳說

四書集注十九卷　（宋）朱熹撰　清光緒五年(1879)山西濬文書局刻本　二冊　存十卷(論語一至十)

330000－1716－0001889　普經 0438/01889
經部/叢編

御纂七經二百八十卷首十一卷序三卷　（清）李光地等撰　清同治十一年(1872)江西書局刻本　施煒批　一百八冊　存四種

330000－1716－0001890　普經 0439/01890
類叢部/叢書類/自著之屬

田園雜著八種　（清）丁午撰　清光緒錢塘丁氏刻本　一冊　存一種

330000－1716－0001891　普經 0440/01891
經部/易類/傳說之屬

周易本義四卷附圖說一卷卦歌一卷筮儀一卷

（宋）朱熹撰　清光緒刻本　二冊

330000－1716－0001892　普經 0443/01892
經部/易類/圖說之屬

易圖解一卷　（清）德沛撰　清乾隆元年
(1736)刻本　一冊

330000－1716－0001893　普經 0451/01893
經部/小學類/音韻之屬/韻書

集韻十卷　（宋）丁度等撰　清康熙四十五年
(1706)揚州使院刻嘉慶十九年(1814)桐城方
葆巖補刻本　十冊

330000－1716－0001894　普經 0445/01894
經部/春秋左傳類/傳說之屬

春秋經傳集解三十卷　（晉）杜預撰　清末刻
本　十冊

330000－1716－0001896　普經 0447/01896
經部/易類/傳說之屬

易經精華六卷末一卷　（清）薛嘉穎輯　清同
治四年(1865)刻本　三冊

330000－1716－0001897　普經 0449/01897
經部/小學類/訓詁之屬/爾雅

爾雅注疏旁訓四卷　（清）周樽輯　（清）馬俊
良增訂　清道光八年(1828)刻本　二冊

330000－1716－0001898　普經 0448/01898
經部/小學類/文字之屬/字書

字學舉隅不分卷　（清）黃本驥　（清）龍啟瑞
撰　清刻本　一冊

330000－1716－0001899　普經 0450/01899
經部/小學類/文字之屬/說文

說文通檢十四卷首一卷末一卷　（清）黎永椿
撰　清光緒二年(1876)崇文書局刻本　二冊

330000－1716－0001900　普經 0456/01900
經部/小學類/文字之屬

矩齋所學　勞乃宣撰　清光緒至民國刻本
一冊　存一種

330000－1716－0001901　普經 0457/01901
經部/小學類/文字之屬

矩齋所學　勞乃宣撰　清光緒至民國刻本

四冊　存四種

330000－1716－0001902　普叢 0368/01902
類叢部/叢書類/自著之屬

槐軒全集二十一種附九種　（清）劉沅撰　清
咸豐至民國刻彙印本　二十一冊　存四種

330000－1716－0001903　普經 0396/01903
經部/叢編

御纂七經二百八十卷首十一卷序三卷　（清）
李光地等撰　清同治十一年(1872)江西書局
刻本　一百十八冊　存四種

330000－1716－0001905　地獻 1612－56/
01905　集部/別集類/清別集

秋水軒尺牘四卷　（清）許思湄撰　清刻本
清伊耕題簽　二冊　存二卷(二至三)

330000－1716－0001906　普經 0465/01906
經部/小學類/文字之屬/說文

**說文解字校錄十五卷說文刊誤一卷說文玉篇
校錄一卷**　（清）鈕樹玉撰　清光緒十一年
(1885)江蘇書局刻本　十四冊

330000－1716－0001907　普經 0466/01907
經部/叢編

通志堂經解一百四十種　（清）納蘭成德輯
清同治十二年(1873)粵東書局刻本　一百四
十二冊　存三十八種

330000－1716－0001908　普經 0464/01908
經部/三禮總義類/通禮雜禮之屬

五禮通考二百六十二卷首四卷總目二卷
（清）秦蕙田撰　清光緒六年(1880)江蘇書局
刻本　六十四冊　缺九十五卷(二十四至二
十六、三十至三十二、三十九至六十六、七十
四至八十一、八十五至九十七、一百二至一百
七、一百六十一至一百六十三、一百六十八至
一百八十六、二百四十三至二百四十五、二百
五十至二百五十二、二百五十七至二百六十
二)

330000－1716－0001909　普經 0470/01909
經部/四書類/總義之屬/傳說

四書讀本十九卷　（宋）朱熹撰　清同治七年

（1868）東越經畬堂刻本　清奎占題籤　六冊

330000－1716－0001911　普經 0472/01911
經部/周禮類/傳說之屬

周禮六卷　（漢）鄭玄注　（唐）陸德明音義
清光緒二十年（1894）金陵書局刻本　六冊

330000－1716－0001912　普經 0870/01912
經部/叢編

十一經音訓　（清）楊國楨等編　清光緒三年
（1877）湖北崇文書局刻本　七冊　存五種

330000－1716－0001913　普經 0477/01913
經部/小學類/訓詁之屬/群雅

騈雅訓纂十六卷首一卷　（明）朱謀㙔撰
（清）魏茂林訓纂　清光緒七年（1881）成都瀹
雅齋刻本　八冊

330000－1716－0001914　普經 0480/01914
經部/叢編

四書五經九種　（清）鮑氏輯　清同治三年
（1864）浙江撫署刻本　二十冊　存六種

330000－1716－0001915　普經 0485/01915
經部/四書類/總義之屬/傳說

四書集注十九卷　（宋）朱熹撰　清末刻本
三冊　存七卷（孟子一至七）

330000－1716－0001916　普經 0486/01916
經部/小學類/音韻之屬/韻書

字類標韻六卷　（清）華綱輯　清光緒元年
（1875）肆江王氏刻本　二冊

330000－1716－0001918　普經 0487/01918
經部/四書類/總義之屬/傳說

繪圖四書速成新體讀本十九卷　王有宗　施
崇恩校訂　清光緒三十一年（1905）彪蒙書室
石印本　一冊　存二卷（中庸一至二）

330000－1716－0001921　普經 0488/01921
經部/小學類/文字之屬/字書/字體

六書分類十二卷首一卷　（清）傅世垚輯　清
康熙四十四年（1705）聽松閣刻嘉慶寶仁堂印
本　十四冊

330000－1716－0001923　普經 0490/01923

經部/春秋左傳類/傳說之屬

春秋左傳五十卷提要一卷　（晉）杜預注
（宋）林堯叟補注　（唐）陸德明音義　清光緒
李光明莊刻本　十一冊　缺四卷（三十至三
十三）

330000－1716－0001924　普經 0491/01924
經部/春秋左傳類/傳說之屬

左繡三十卷首一卷　（清）馮李驊　（清）陸浩
評輯　清康熙五十九年（1720）華川書屋刻本
十二冊

330000－1716－0001925　普經 0497/01925
子部/藝術類/書畫之屬/法帖

草書習慎一卷　（清）汪穀詒書　**草訣百韻一
卷**　（清）陳恭書　清乾隆十四年（1749）雲陽
文星堂刻本　二冊

330000－1716－0001926　普經 0501/01926
經部/易類/傳說之屬

重訂蔡虛齋先生易經蒙引十二卷　（明）蔡清
撰　（明）宋兆禴重訂　明末刻本　七冊　缺
一卷（十二）

330000－1716－0001927　普經 0499/01927
經部/小學類/訓詁之屬/字詁

**增訂金壺字考十九卷二集二十一卷補錄一卷
補注一卷**　（宋）釋適之編　（清）田朝恒續編
清乾隆二十四年至二十七年（1759－1762）
貽安堂刻本　二冊

330000－1716－0001928　普經 0503/01928
經部/群經總義類/文字音義之屬

**十三經集字摹本不分卷分畫便查一卷韻有經
無各字摘錄一卷**　（清）彭玉雯撰　清道光二
十九年（1849）江右彭氏刻本　八冊　缺一卷
（分畫便查）

330000－1716－0001929　普經 0504/01929
經部/叢編

萬充宗先生經學五書五種十九卷　（清）萬斯
大撰　清乾隆二十四年至二十六年（1759－
1761）辨志堂刻本　一冊　存二種

330000－1716－0001931　集補 1186/01931

集部/別集類/清別集

翡翠巢札稿四卷 （清）畏壘山人撰 （清）香湖居士錄 清嘉慶十三年(1808)刻本 四冊

330000－1716－0001932 普經 0507/01932
經部/四書類/總義之屬/傳說

四書釋地補一卷續補一卷又續補一卷三續補一卷 （清）閻若璩撰 （清）樊廷枚校補 清嘉慶二十一年(1816)梅陽海涵堂刻本 四冊 缺一卷(四書釋地補)

330000－1716－0001933 普經 0509/01933
經部/春秋左傳類/傳說之屬

左繡三十卷首一卷 （清）馮李驊 （清）陸浩評輯 清康熙五十九年(1720)華川書屋刻本 十四冊

330000－1716－0001934 普經 0515/01934
經部/詩類/傳說之屬

田間詩學不分卷 （清）錢澄之撰 清康熙二十八年(1689)錢氏斟雉堂刻本 八冊

330000－1716－0001935 普經 0512/01935
經部/小學類/文字之屬/說文

說文字原十卷 （元）周伯琦撰 清善成堂刻本 二冊 存一卷(一)

330000－1716－0001936 普經 0513/01936
經部/叢編

絳跗閣經說三種 （清）諸錦撰 清乾隆二十一年(1756)諸氏絳跗閣刻本 二冊

330000－1716－0001937 普經 0514/01937
經部/小學類/音韻之屬/韻書

韻學驪珠二卷 （清）沈乘麐輯 清光緒十八年(1892)華亭顧文善齋刻本 四冊

330000－1716－0001938 普史 0261/01938
史部/紀傳類/正史之屬

兩漢刊誤補遺十卷附錄一卷 （宋）吳仁傑撰 清光緒十八年(1892)寄傲軒刻本 二冊

330000－1716－0001940 普經 0518/01940
經部/儀禮類/傳說之屬

儀禮章句十七卷 （清）吳廷華撰 清刻本 五冊 存十三卷(五至十七)

330000－1716－0001941 普經 0519/01941
經部/四書類/總義之屬/傳說

增補四書精繡圖像人物備考十二卷 （明）薛應旂撰 （明）陳仁錫增定 清康熙五十八年(1719)刻本 六冊

330000－1716－0001942 普經 0517/01942
經部/儀禮類/傳說之屬

儀禮章句十七卷 （清）吳廷華撰 清刻本 一冊 存四卷(十四至十七)

330000－1716－0001943 普經 0520/01943
經部/春秋左傳類/傳說之屬

左傳事緯十二卷左傳字釋一卷 （清）馬驌撰 清末刻本 十冊

330000－1716－0001944 普經 0537/01944
經部/叢編

十三經古注二百九十卷 （明）金蟠 （明）葛鼐校 明崇禎十二年(1639)永懷堂刻清同治八年(1869)浙江書局校修印本 四十八冊

330000－1716－0001945 普經 0528/01945
經部/小學類/文字之屬/說文/傳說

說文解字句讀三十卷 （清）王筠撰 清光緒八年(1882)四川尊經書局刻本 八冊

330000－1716－0001946 普經 0535/01946
經部/小學類/音韻之屬/韻書

佩文韻篆六卷 （清）張家慶輯 清嘉慶二年(1797)錢塘汪鵬飛刻本 一冊

330000－1716－0001947 普經 0536/01947
經部/群經總義類/圖說之屬

六經圖二十四卷 （清）鄭之僑編輯 清乾隆九年(1744)潮陽鄭之僑述堂刻本 四冊 存八卷(十七至二十四)

330000－1716－0001948 普經 0538/01948
經部/四書類/大學之屬/傳說

大學古本質言一卷 （清）劉沅撰 清咸豐十一年(1861)刻光緒印本 一冊

330000－1716－0001949 普經 0539/01949
經部/小學類/文字之屬/說文

王氏說文三種一百三卷 （清）王筠撰 清道

光至咸豐刻同治四年(1865)彙印本　十冊
存一種

330000－1716－0001950　普經 0540/01950
經部/儀禮類/傳說之屬

儀禮約編三卷　(清)汪基撰　清抄本　一冊

330000－1716－0001951　普經 0541/01951
經部/小學類/訓詁之屬/爾雅

爾雅啟蒙十二卷　(清)姚正父撰　清咸豐二
年(1852)刻本　四冊

330000－1716－0001952　普經 0542/01952
經部/書類/傳說之屬

書經集傳六卷　(宋)蔡沈撰　清光緒六年
(1880)山西濬文書局刻本　四冊

330000－1716－0001953　普經 0545/01953
經部/四書類/總義之屬/傳說

四書集注闡微直解二十七卷　(宋)朱熹集注
　(明)張居正直解　(明)顧宗孟閱　纂序四
書說約合參大全二十七卷　(清)顧夢麟
(清)楊彝輯　清康熙二十八年(1689)刻本
十六冊

330000－1716－0001954　普經 0547/01954
經部/三禮總義類/通禮雜禮之屬

三禮從今三卷　(清)黃本驥撰　清道光二十
四年(1844)刻本　一冊

330000－1716－0001955　普經 0548/01955
經部/小學類/文字之屬/字書/字體

汗簡七卷　(宋)郭忠恕撰　清光緒十一年
(1885)朱氏槐廬家塾刻本　季子鑑題記
二冊

330000－1716－0001956　普經 0549/01956
經部/小學類/音韻之屬/韻書

古今韻會舉要三十卷　(元)黃公紹撰　(元)
熊忠舉要　清光緒九年(1883)淮南書局刻本
十冊

330000－1716－0001957　普經 0553/01957
經部/群經總義類/傳說之屬

古經解鉤沉三十卷　(清)余蕭客撰　清刻本
十六冊

330000－1716－0001958　普經 0550/01958
經部/小學類/文字之屬/字書

字學舉隅不分卷　(清)黃本驥　(清)龍啟瑞
撰　清光緒元年(1875)京都龍威閣刻本
一冊

330000－1716－0001959　普經 0555/01959
經部/四書類/總義之屬/傳說

**四書釋地補一卷續補一卷又續補一卷三續補
一卷**　(清)閻若璩撰　(清)樊廷枚校補　清
嘉慶二十一年(1816)梅陽海涵堂刻本　二冊
存二卷(四書釋地補、續補)

330000－1716－0001961　普經 0558/01961
經部/詩類/傳說之屬

御纂詩義折中二十卷　(清)傅恒　(清)陳兆
崙等纂　清道光長蘆鹽運使如山刻本　六冊

330000－1716－0001962　普經 0562/01962
類叢部/叢書類/自著之屬

新訂六譯館叢書　廖平撰　清光緒至民國刻
民國十年(1921)四川存古書局匯印本　一冊
存一種

330000－1716－0001963　普經 0561/01963
經部/小學類/音韻之屬/韻書

詩韻辨字略五卷　(清)秦端厓輯　清光緒四
年(1878)黃倬刻本　一冊

330000－1716－0001964　普經 0560/01964
經部/春秋左傳類/傳說之屬

東萊博議四卷　(宋)呂祖謙撰　增補虛字注
釋一卷　(清)馮泰松點定　清光緒七年
(1881)鳳城官舍刻本　四冊

330000－1716－0001965　普經 0567/01965
經部/春秋左傳類/傳說之屬

左傳經世鈔二十三卷　(清)魏禧評點　(清)
彭家屏參訂　清乾隆十三年(1748)夏邑彭家
屏聯墨齋刻本　八冊

330000－1716－0001966　普經 0566/01966
經部/小學類/文字之屬/字書/字典

正字通十二卷　(明)張自烈撰　(清)廖文英
輯　字彙舊本首一卷　(明)梅膺祚音釋　清

清畏堂刻本　三十七冊

330000 – 1716 – 0001967　　普經 0569/01967
經部/春秋左傳類/傳說之屬

方氏左傳評點二卷　（清）方苞撰　（清）廉泉
輯　清光緒十九年（1893）金匱廉氏刻本
二冊

330000 – 1716 – 0001968　　普經 0571/01968
經部/四書類/總義之屬/傳說

四書讀本十九卷　（宋）朱熹撰　清光緒四年
（1878）山陰李氏畬硯山房刻本　　六冊

330000 – 1716 – 0001969　　普經 0570/01969
經部/書類/傳說之屬

書經精華六卷　（清）薛嘉穎撰　清咸豐十一
年（1861）光趨堂刻本　　二冊

330000 – 1716 – 0001970　　集補 1207 – 2/
01970　集部/總集類/課藝之屬

制義體要十九卷　（清）陳兆崙輯　（清）孫衣
言校補　清光緒三年（1877）湖北崇文書局刻
本　二冊　存八卷（一至四、十六至十九）

330000 – 1716 – 0001971　　普經 0578/01971
經部/四書類/總義之屬/傳說

四書集注十九卷　（宋）朱熹撰　清末刻本
三冊　存七卷（孟子一至七）

330000 – 1716 – 0001972　　普經 0579/01972
經部/四書類/總義之屬/傳說

增訂四書集注大全四十七卷附錄一卷　（明）
胡廣等輯　（清）汪份增訂　清康熙長洲汪份
遄喜齋刻本　　二十三冊　缺四卷（論語十七
至二十）

330000 – 1716 – 0001975　　普經 0599/01975
類叢部/類書類/專類之屬

增訂釋義經書便用通考雜字二卷外卷一卷
（清）徐三省輯　（清）戴啟達增訂　清光緒狀
元閣李光明莊刻本　　二冊

330000 – 1716 – 0001976　　普經 0598/01976
經部/群經總義類/傳說之屬

群經凡例一卷　廖平撰　清光緒二十三年
（1897）尊經書局刻本　　一冊

330000 – 1716 – 0001977　　普經 0600/01977
經部/春秋左傳類/傳說之屬

左傳事緯十二卷左傳字釋一卷　（清）馬驌撰
清末刻本　三冊　缺六卷（七至十二）

330000 – 1716 – 0001979　　普經 0602/01979
子部/藝術類/書畫之屬/書法書品

增補分部書法正傳不分卷　（清）蔣和編　清
光緒十年（1884）掃葉山房刻本　　一冊

330000 – 1716 – 0001980　　集補 1584/01980
集部/別集類/唐五代別集

**玉谿生詩詳注三卷首一卷樊南文集補編十二
卷**　（唐）李商隱撰　（清）錢振倫　（清）錢
振常箋注　**玉谿生年譜訂誤一卷**　（清）錢珍
倫撰　清刻本　一冊　存一卷（三）

330000 – 1716 – 0001981　　普經 0606/01981
經部/三禮總義類/通禮雜禮之屬

讀禮通考一百二十卷　（清）徐乾學撰　清光
緒刻本　二十四冊　缺三十三卷（一至三、四
十二至四十九、六十一至六十四、八十二至八
十六、一百八至一百二十）

330000 – 1716 – 0001982　　普經 0582/01982
經部/春秋左傳類/傳說之屬

東萊先生左氏博議二十五卷　（宋）呂祖謙撰
虛字注釋備考六卷　（清）張文炳點定　清
道光十九年（1839）錢塘瞿氏清吟閣刻本
六冊

330000 – 1716 – 0001983　　普經 0583/01983
類叢部/叢書類/家集之屬

高郵王氏著書五種　（清）王念孫　（清）王引
之撰　清嘉慶至道光王氏家刻本　八冊　存
一種

330000 – 1716 – 0001984　　普經 0584/01984
經部/四書類/論語之屬/傳說

論語古注集箋十卷論語考一卷論語敘一卷
（清）潘維城撰　清光緒七年（1881）江蘇書局
刻本　六冊

330000 – 1716 – 0001985　　普經 0658/01985
經部/詩類/傳說之屬

詩經精華十卷 （清）薛嘉穎輯 清同治元年
(1862)緯文堂刻本 四冊

330000－1716－0001986 普經 0586/01986
經部/書類/傳說之屬

書經集傳六卷首一卷末一卷 （宋）蔡沈撰
清光緒七年(1881)金陵書局刻本 四冊

330000－1716－0001987 普經 0588/01987
經部/周禮類/傳說之屬

周禮節訓六卷 （清）黃叔琳輯 （清）姚培謙
重訂 清同治六年(1867)刻本 沈鈞業批注
一冊

330000－1716－0001988 普經 0595/01988
經部/四書類/總義之屬/傳說

四書反身錄八卷首一卷 （清）李顒撰 清道
光十一年(1831)浙江書局刻本 四冊

330000－1716－0001989 普經 0591/01989
經部/四書類/總義之屬

四書正事括略七卷附錄一卷 （清）毛奇齡撰
清道光二十年(1840)蕭山沈豫刻本 二冊

330000－1716－0001990 普經 0594/01990
經部/春秋左傳類/傳說之屬

東萊博議四卷 （宋）呂祖謙撰 清乾隆三十
年(1765)新昌呂氏刻本 四冊

330000－1716－0001992 普經 0596/01992
經部/春秋左傳類/傳說之屬

東萊先生左氏博議二十五卷 （宋）呂祖謙撰
虛字注釋備考六卷 （清）張文炳點定 清
道光十九年(1839)錢塘瞿氏清吟閣刻本
六冊

330000－1716－0001993 經補 1000－85/
01993 經部/小學類/文字之屬/字書/字典
康熙字典十二集三十六卷總目一卷檢字一卷
辨似一卷等韻一卷補遺一卷備考一卷 （清）
張玉書等纂修 字典考證十二集三十六卷
（清）王引之等撰 清光緒三年(1877)四明茹
古齋鉛印本 三十一冊 缺十三卷(子集上
中下、丑集中下、寅集上中下、卯集上下、巳
下、午中)

330000－1716－0001994 普經 0609/01994
經部/詩類/傳說之屬

毛詩稽古編三十卷 （清）陳啟源撰 附攷一
卷 （清）費雲倬輯 清光緒九年(1883)上海
同文書局石印本 八冊

330000－1716－0001995 普經 0611/01995
經部/小學類/文字之屬/字書/字典

康熙字典十二集三十六卷總目一卷檢字一卷
辨似一卷等韻一卷補遺一卷備考一卷 （清）
張玉書等纂修 字典考證十二集三十六卷
（清）王引之等撰 清光緒十三年(1887)上海
積山書局石印本 七冊

330000－1716－0001996 普經 0610/01996
經部/小學類/文字之屬/字書/字典

康熙字典十二集三十六卷總目一卷檢字一卷
辨似一卷等韻一卷補遺一卷備考一卷 （清）
張玉書等纂修 清光緒十三年(1887)上海點
石齋石印本 五冊 缺五卷(亥集上中下、補
遺、備考)

330000－1716－0001997 普經 0612/01997
經部/四書類/總義之屬/傳說

四書味根錄三十七卷 （清）金澂撰 清光緒
十一年(1885)上海同文書局石印本 四冊

330000－1716－0001999 普經 0615/01999
經部/群經總義類/傳說之屬

七經精義 （清）黃淦撰 清嘉慶十四年
(1809)刻本 十四冊

330000－1716－0002000 普經 0614/02000
經部/小學類/文字之屬/字書

增訂臨文便覽不分卷 （清）怡雲僊館主人重
訂 清光緒二年(1876)怡雲僊館刻本 一冊

330000－1716－0002001 普經 0616/02001
類叢部/叢書類/彙編之屬

海山仙館叢書五十六種 （清）潘仕成編 清
道光二十五年至咸豐元年(1845－1851)番禺
潘氏刻光緒十一年(1885)增刻彙印本 一冊
存一種

330000－1716－0002002 普經 0618/02002

經部/四書類/總義之屬/傳說
四書人物類典串珠四十卷　（清）臧志仁輯
清末刻本　十二冊

330000－1716－0002004　普經 0617/02004
經部/四書類/總義之屬/傳說
四書典林三十卷四書古人典林十二卷　（清）
江永輯　清寧波汲綆齋刻本　十冊　存三十
卷（一至三十）

330000－1716－0002007　普經 0624/02007
史部/目錄類/專錄之屬
皇清經解縮本編目十六卷　（清）凌忠照編
（清）張紹銘分輯　清光緒十八年（1892）上海
古香閣石印本　四冊

330000－1716－0002012　普經 0627/02012
經部/群經總義類/文字音義之屬
經籍籑詁一百六卷補遺一百六卷首一卷
（清）阮元撰　清嘉慶十七年（1812）揚州阮元
琅嬛仙館刻光緒六年（1880）淮南書局補刻本
四十八冊

330000－1716－0002013　普經 0628/02013
經部/四書類/總義之屬/傳說
四書經注集證十九卷　（清）吳昌宗撰　清嘉
慶二十年（1815）留真堂刻本　二十冊

330000－1716－0002014　普經 0629/02014
經部/小學類/文字之屬/字書/字體
隸辨八卷　（清）顧藹吉撰　清康熙五十七年
（1718）項氏玉淵堂刻本　八冊

330000－1716－0002015　普經 0630/02015
經部/春秋左傳類/傳說之屬
左傳事緯十二卷　（清）馬驌撰　清嘉慶九年
（1804）刻本　六冊

330000－1716－0002016　普經 0728/02016
經部/叢編
五經四書讀本　（清）□□輯　清嘉慶十年
（1805）揚州鮑氏樗園刻本　三十四冊　存
四種

330000－1716－0002017　普經 0633/02017
經部/小學類/文字之屬/說文

說文解字十五卷標目一卷　（漢）許慎撰
（宋）徐鉉等校定　清同治十年（1871）刻本
八冊

330000－1716－0002018　普經 0637/02018
類叢部/叢書類/自著之屬
陶廬叢刻二十種　王樹枏撰　清光緒至民國
新城王氏刻本　十冊　存二種

330000－1716－0002019　普經 0639/02019
經部/四書類/總義之屬/傳說
四書正本十九卷　（清）童械校輯　清同治四
年（1865）忠恕堂童氏刻本　六冊

330000－1716－0002020　普經 0647/02020
類叢部/類書類/專類之屬
聲律啟蒙撮要二卷　（清）車萬育撰　清光緒
十六年（1890）文昌書局刻本　靜□氏題簽
一冊

330000－1716－0002021　普經 0636/02021
經部/周禮類/傳說之屬
周禮正義八十六卷　（清）孫詒讓撰　清光緒
三十一年（1905）鉛印本　十八冊

330000－1716－0002022　普經 0646/02022
經部/小學類/訓詁之屬/爾雅
爾雅正郭三卷　（清）潘衍桐撰　清光緒十七
年（1891）刻本　一冊

330000－1716－0002023　普經 0650/02023
經部/三禮總義類/通禮雜禮之屬
三禮從今三卷　（清）黃本驥撰　清道光二十
四年（1844）刻本　一冊

330000－1716－0002024　普經 0652/02024
經部/三禮總義類/通禮雜禮之屬
讀禮通考一百二十卷　（清）徐乾學撰　清康
熙三十五年（1696）冠山堂刻本　三十冊

330000－1716－0002025　普經 0653/02025
經部/春秋總義類/傳說之屬
**春秋十六卷首一卷　陸氏三傳釋文音義十六
卷**　（唐）陸德明撰　清同治三年（1864）浙江
撫署刻本　十四冊

330000－1716－0002026　　普經 0656/02026
經部/書類/分篇之屬

禹貢錐指二十卷圖一卷　（清）胡渭撰　清康
熙漱六軒刻本　十二冊

330000－1716－0002027　　普經 0657/02027
經部/四書類/總義之屬/傳說

**四書釋地補一卷續補一卷又續補一卷三續補
一卷**　（清）閻若璩撰　（清）樊廷枚校補　清
嘉慶二十一年(1816)梅陽海涵堂刻本　四冊
　缺一卷(四書釋地補)

330000－1716－0002028　　普經 0310/02028
經部/叢編

御纂七經二百八十卷首十一卷序三卷　（清）
李光地等撰　清同治十一年(1872)江西書局
刻本　一百九十五冊　存四種

330000－1716－0002029　　普經 0659/02029
經部/春秋左傳類/傳說之屬

左傳義法舉要一卷方氏左傳評點二卷　（清）
方苞述　清光緒十九年(1893)金匱廉泉刻本
　一冊　存一卷(左傳義法舉要)

330000－1716－0002030　　普經 0661/02030
經部/周禮類/傳說之屬

周禮注疏刪翼三十卷　（明）王志長撰　清世
德堂刻本　十二冊

330000－1716－0002031　　普經 0663/02031
經部/小學類/文字之屬/字書

字學舉隅續編不分卷　（清）王維珍輯　清光
緒二年(1876)北京懿文齋刻本　二冊

330000－1716－0002032　　普經 0664/02032
經部/四書類/總義之屬/傳說

四書正體十九卷附四書正體校定　（清）呂世
鏞輯　清康熙刻本　四冊　存九卷(大學、中
庸、孟子一至七)

330000－1716－0002033　　普經 0666/02033
經部/四書類/總義之屬/傳說

四書集讀六卷　（清）姚瓊林輯　清道光三年
(1823)可石山房刻本　四冊

330000－1716－0002035　　普經 0665/02035

經部/春秋左傳類/傳說之屬

左傳事緯十二卷左傳字釋一卷　（清）馬驌撰
　清末刻本　十冊

330000－1716－0002036　　普經 0669/02036
經部/四書類/總義之屬/傳說

四書備考二十八卷考異四卷　（明）陳仁錫撰
　明末刻本　十二冊

330000－1716－0002037　　普經 0671/02037
經部/禮記類/傳說之屬

禮記集說十卷　（元）陳澔撰　清金陵天德堂
刻本　十冊

330000－1716－0002038　　普經 0672/02038
經部/小學類/文字之屬/字書/訓蒙

繪圖四千字文一卷　（清）□□編　清光緒三
十一年(1905)浙紹奎照樓石印本　一冊

330000－1716－0002039　　普經 0675/02039
經部/詩類/傳說之屬

詩經精華十卷　（清）薛嘉穎輯　清道光五年
(1825)刻本　六冊

330000－1716－0002040　　普經 0676/02040
類叢部/叢書類/自著之屬

特健藥齋外編三種　唐詠裳撰　清光緒二十
五年(1899)刻本　一冊　存一種

330000－1716－0002041　　普經 0679/02041
經部/小學類/文字之屬/字書/字典

**經韻集字析解二卷經有韻無字一卷全韻字數
一卷拾遺補注一卷**　（清）熊守謙撰　（清）彭
良敞集注　清同治三年(1864)金陵乙照堂刻
本　四冊

330000－1716－0002042　　普經 0685/02042
經部/孝經類/傳說之屬

孝經通釋十卷總論一卷　（清）曹庭棟學　清
乾隆二十一年(1756)刻本　清樸堂題簽
二冊

330000－1716－0002043　　普經 0686/02043
經部/小學類/文字之屬/說文/傳說

說文解字斠詮十四卷　（清）錢坫撰　清光緒
九年(1883)淮南書局刻本　六冊

330000－1716－0002044　普經 0688/02044
經部/大戴禮記類/傳說之屬

大戴禮記補注十三卷序錄一卷　（清）孔廣森
撰　清同治十三年（1874）淮南書局刻本
四冊

330000－1716－0002045　普經 0690/02045
經部/春秋穀梁傳類/傳說之屬

春秋穀梁傳十二卷　（晉）范甯集解　（唐）陸
德明音義　清光緒三年（1877）永康胡氏退補
齋刻本　四冊

330000－1716－0002046　普經 0693/02046
經部/群經總義類/文字音義之屬

五經同異三卷　（清）顧炎武撰　清光緒十一
年（1885）上海掃葉山房刻本　二冊

330000－1716－0002047　普經 0696/02047
類叢部/叢書類/彙編之屬

鍾山別業叢書　（清）陳澧輯　清番禺陳氏刻
本　二冊　存一種

330000－1716－0002048　普經 0691/02048
經部/春秋公羊傳類/傳說之屬

春秋公羊傳十一卷　（漢）何休注　（唐）陸德
明音義　清光緒三年（1877）永康胡氏退補齋
刻本　六冊

330000－1716－0002049　普經 0699/02049
經部/易類/傳說之屬

周易卦象六卷附占星秘解一卷　（清）張丙矗
輯　清光緒二十二年（1896）保陽刻本　七冊

330000－1716－0002050　普經 0700/02050
經部/小學類/訓詁之屬/群雅

廣雅疏證十卷附博雅音十卷　（清）王念孫撰
清光緒五年（1879）淮南書局刻本　八冊

330000－1716－0002051　普經 0697/02051
史部/目錄類/專錄之屬

小學考五十卷　（清）謝啟昆撰　清咸豐二年
（1852）謝氏樹經堂刻本　二十冊

330000－1716－0002052　普經 0706/02052
經部/叢編

省吾堂四種二十五卷　（清）蔣光弼輯　清常
熟蔣氏省吾堂刻本　四冊　存一種

330000－1716－0002053　普經 0707/02053
類叢部/叢書類/自著之屬

張皋文箋易詮全集十六種　（清）張惠言撰
清嘉慶八年至道光十年（1803－1830）刻本
二冊　存二種

330000－1716－0002054　普經 0711/02054
經部/四書類/總義之屬/傳說

三魚堂四書大全三十九卷　（清）陸隴其輯
論語考異孟子考異　（宋）王應麟撰　清康熙
四十一年（1702）當湖陸氏刻本　十冊　存七
卷（大學章句一、讀大學法一、或問一，中庸章
句一至二、讀中庸法一、或問一）

330000－1716－0002055　普經 0709/02055
經部/書類/傳說之屬

書集傳六卷　（宋）蔡沈撰　清同治三年
（1864）緯文堂刻本　六冊

330000－1716－0002056　地獻 1584－1/
02056　子部/醫家類/溫病之屬/瘟疫

隨息居重訂霍亂論四卷　（清）王士雄撰　**霍
亂括要一卷**　（清）岳晉昌撰　清光緒十四年
（1888）浙紹德潤齋刻本　一冊　缺二卷（一
至二）

330000－1716－0002057　普經 0713/02057
經部/小學類/文字之屬/字書

字學舉隅不分卷　（清）黃本驥　（清）龍啟瑞
撰　清同治十三年（1874）湖北崇文書局刻本
一冊

330000－1716－0002058　普經 0714/02058
經部/小學類/文字之屬/說文

苗氏說文四種　（清）苗夔撰　清道光至咸豐
壽陽祁氏漢專亭刻本　二冊　存二種

330000－1716－0002059　普經 0715/02059
經部/四書類/總義之屬/傳說

四書體注合講十九卷附圖考一卷　（清）翁復
編　清奎星閣刻本　清穉筠氏題簽並注
六冊

330000－1716－0002060　普經 0718/02060

經部/小學類/文字之屬/字書/訓蒙

文字蒙求四卷 （清）王筠撰　清光緒十三年（1887）梁谿浦氏刻本　一冊

330000－1716－0002061　普經 0719/02061
經部/小學類/文字之屬/字書/訓蒙

文字蒙求四卷 （清）王筠撰　清光緒十三年（1887）梁谿浦氏刻本　施煃題記　一冊

330000－1716－0002063　普經 0727/02063
經部/書類/傳說之屬

尚書古文疏證八卷 （清）閻若璩撰　**朱子古文書疑一卷** （清）閻詠輯　清乾隆十年（1745）眷西堂刻同治六年（1867）錢塘汪氏振綺堂補刻本（卷三原缺）　四冊

330000－1716－0002064　普經 0724/02064
經部/叢編

御案五經四十卷 （清）聖祖玄燁案　清嘉慶十六年（1811）揚州十笏堂刻本　二冊　存一種

330000－1716－0002066　普經 0732/02066
經部/四書類/總義之屬/傳說

四書典林三十卷 （清）江永輯　清刻本　七冊　存十九卷（一至十九）

330000－1716－0002069　普經 0737/02069
經部/四書類/論語之屬/專著

鄉黨圖考十卷 （清）江永撰　清道光六年（1826）大文堂刻本　六冊

330000－1716－0002070　普經 0738/02070
經部/群經總義類/傳說之屬

七經精義 （清）黃淦撰　清嘉慶十四年（1809）刻本　十四冊

330000－1716－0002071　普經 0733/02071
經部/小學類/文字之屬/說文

說文釋例二十卷 （清）王筠撰　清光緒九年（1883）成都御風樓刻本　八冊

330000－1716－0002072　地獻 1666/02072
子部/儒家類/儒學之屬/蒙學

養正遺規約鈔一卷附輶軒語摘鈔一卷 （清）陳弘謀編　清光緒二十一年（1895）紹興馬兆龍刻本　一冊

330000－1716－0002073　普經 0741/02073
史部/目錄類/專錄之屬

皇清經解縮本編目十六卷 （清）凌忠照編（清）張紹銘分輯　清光緒二十二年（1896）上海鴻文書局石印本　四冊

330000－1716－0002074　普經 0742/02074
經部/小學類/文字之屬/字書/字典

康熙字典十二集三十六卷總目一卷檢字一卷辨似一卷等韻一卷補遺一卷備考一卷 （清）張玉書等纂修　清光緒二十五年（1899）上海慎記書莊石印本　六冊

330000－1716－0002076　普經 0745/02076
經部/四書類/孟子之屬/傳說

翼聖堂重訂蘇老泉硃批孟子二卷 （宋）蘇洵撰　明末刻本　二冊

330000－1716－0002077　普經 0749/02077
經部/易類/傳說之屬

易義無忘錄三卷首一卷 （清）蔣珣撰　清道光二十一年（1841）姚江蔣氏齒德堂刻本　二冊　存三卷（一至三）

330000－1716－0002078　普經 0750/02078
子部/儒家類/儒學之屬/蒙學

三字經注解備要一卷 （清）賀興思注解　清同治十年（1871）古鼎堂刻本　一冊

330000－1716－0002079　普經 0748/02079
經部/詩類/傳說之屬

詩經集傳八卷 （宋）朱熹撰　清末刻本　四冊

330000－1716－0002080　普經 0752/02080
經部/小學類/文字之屬/字書/字體

六書通十卷 （明）閔齊伋撰　（清）畢弘述篆訂　清光緒刻本　五冊

330000－1716－0002081　普經 0754/02081
經部/春秋左傳類/傳說之屬

春秋左傳類對賦一卷 （宋）徐晉卿撰　（清）高士奇補注　清康熙三十年（1691）刻本　一冊

330000－1716－0002082　普經 0751/02082
經部/易類/傳說之屬

周易本義四卷附圖說一卷卦歌一卷筮儀一卷
（宋）朱熹撰　清光緒刻本　二冊

330000－1716－0002083　普經 0757－1/
02083　經部/孝經類/傳說之屬

孝經一卷附刊誤一卷　（唐）玄宗李隆基注
（唐）陸德明音義　清光緒三年(1877)永康胡
氏退補齋刻本　一冊

330000－1716－0002084　普經 0757－2/
02084　經部/孝經類/傳說之屬

孝經一卷附刊誤一卷　（唐）玄宗李隆基注
（唐）陸德明音義　清光緒三年(1877)永康胡
氏退補齋刻本　一冊

330000－1716－0002085　普經 0757－3/
02085　經部/孝經類/傳說之屬

孝經一卷附刊誤一卷　（唐）玄宗李隆基注
（唐）陸德明音義　清光緒三年(1877)永康胡
氏退補齋刻本　一冊

330000－1716－0002086　普經 0755/02086
經部/詩類/傳說之屬

詩經集傳八卷　（宋）朱熹撰　清同治七年
(1868)楚北崇文書局刻本　四冊

330000－1716－0002087　普經 0758/02087
經部/四書類/總義之屬/傳說

四書味根錄三十七卷　（清）金澂撰　清道光
二十五年(1845)芸香堂刻本　十二冊

330000－1716－0002088　普經 0760/02088
經部/小學類/文字之屬/說文

說文解字十五卷標目一卷　（漢）許慎撰
（宋）徐鉉等校定　清光緒十一年(1885)上海
同文書局石印本　二冊

330000－1716－0002089　普經 0759/02089
經部/易類/傳說之屬

易義針度補八卷附近科易藝選一卷　（清）朱
昌壽撰　（清）楊浚補　清咸豐五年(1855)楊
氏冠悔堂刻本　二冊

330000－1716－0002090　普經 0761/02090

經部/叢編

御纂七經二百八十卷首十一卷序三卷　（清）
李光地等撰　清光緒十四年(1888)上海鴻文
書局石印本　二十四冊

330000－1716－0002091　普經 0764/02091
經部/小學類/音韻之屬/韻書

字類標韻六卷　（清）華綱輯　清光緒二十二
年(1896)文林書局石印本　二冊

330000－1716－0002093　普經 0763/02093
類叢部/叢書類/彙編之屬

會稽徐氏鑄學齋叢書十三種　徐維則編　清
咸豐至光緒會稽徐氏刻光緒二十六年(1900)
彙印本　一冊　存一種

330000－1716－0002094　普經 0765/02094
經部/詩類/傳說之屬

詩經集傳八卷首一卷　（宋）朱熹撰　清光緒
十九年(1893)浙紹墨潤堂刻本　四冊

330000－1716－0002095　普經 0769/02095
類叢部/叢書類/自著之屬

汪雙池先生叢書二十種　（清）汪紱撰　清道
光至光緒刻光緒二十三年(1897)長安趙舒翹
等彙印本　十一冊　存一種

330000－1716－0002097　普叢 0273/02097
類叢部/叢書類/自著之屬

陳一齋全集五種　（清）陳梓撰　清嘉慶二十
年至二十一年(1815－1816)胡氏敬義堂刻本
二冊　存二種

330000－1716－0002098　地獻 1173－3/
02098　類叢部/叢書類/家集之屬

董氏叢書十六種　（清）董金鑑編　清光緒三
十二年(1906)會稽董氏取斯家塾刻本　二冊
存二種

330000－1716－0002099　普經 0780/02099
經部/小學類/音韻之屬/韻書

韻詁五卷補遺一卷　（清）方濬頤輯　清光緒
四年(1878)淮南書局刻本　六冊

330000－1716－0002100　普經 0781/02100
經部/四書類/總義之屬/傳說

大學宗朱直解四卷中庸宗朱直解四卷論語說
二十卷孟子說十四卷 （清）王履中撰 清道
光三年至九年（1823－1829）強恕堂刻本
十冊

330000－1716－0002104 普經 0786/02104
經部/小學類/文字之屬/字書/字典
**康熙字典十二集三十六卷總目一卷檢字一卷
辨似一卷等韻一卷補遺一卷備考一卷** （清）
張玉書等纂修 清末上海鴻寶書局石印本
六冊

330000－1716－0002105 普經 0787/02105
經部/小學類/文字之屬
虛字會通法初編不分卷 （清）徐超編 清光
緒三十一年（1905）仁和群學社鉛印本 二冊

330000－1716－0002107 普經 0790/02107
經部/小學類/文字之屬/字書
字學舉隅不分卷 （清）黃本驥 （清）龍啟瑞
撰 清光緒十三年（1887）上海鴻文書局石印
本 一冊

330000－1716－0002108 普經 0789/02108
類叢部/叢書類/自著之屬
萬木草堂叢書□□種 康有為輯 清光緒至
民國刻本 二冊 存一種

330000－1716－0002109 普經 0791/02109
經部/小學類/音韻之屬
字音會集一卷 江學海撰 清光緒三十四年
（1908）裕記書莊石印本 一冊

330000－1716－0002111 普經 0793/02111
類叢部/叢書類/家集之屬
影山草堂六種 （清）莫與儔 （清）莫友芝撰
清咸豐至光緒刻本 一冊 存一種

330000－1716－0002112 普經 0794/02112
經部/小學類/文字之屬/說文
說文解字十五卷標目一卷 （漢）許慎撰
（宋）徐鉉等校定 清初海虞毛氏汲古閣刻本
八冊

330000－1716－0002114 普經 0797/02114
經部/小學類/文字之屬/說文

說文解字部目一卷 （清）胡澍書 清同治五
年（1866）溧陽王晉玉刻本 一冊

330000－1716－0002115 普經 0799/02115
經部/小學類/訓詁之屬/爾雅
爾雅音圖三卷 （晉）郭璞注 （清）姚之麟摹
圖 清嘉慶六年（1801）南城曾燠藝學軒影宋
刻本 六冊

330000－1716－0002117 普經 0802－1/
02117 子部/儒家類/儒學之屬/蒙學
小學韻語一卷 （清）羅澤南撰 清咸豐六年
（1856）浙江書局刻本 一冊

330000－1716－0002118 普經 0800/02118
經部/叢編
十三經古注二百九十卷 （明）金蟠 （明）葛
鼐校 明崇禎十二年（1639）永懷堂刻清同治
八年（1869）浙江書局校修印本 四十八冊

330000－1716－0002119 普經 0803/02119
經部/四書類/總義之屬
朱柏廬先生大學講義一卷中庸講義二卷
（清）朱用純撰 清光緒二年（1876）江蘇書局
刻本 三冊

330000－1716－0002120 普經 0804/02120
經部/小學類/文字之屬/說文
說文解字注十五卷附六書音韻表五卷 （清）
段玉裁撰 **說文部目分韻一卷** （清）陳奐編
清嘉慶二十年（1815）刻本 十七冊 缺六
卷（一、六書音韻表一至五）

330000－1716－0002121 普經 0805/02121
經部/三禮總義類/通禮雜禮之屬
五禮通考二百六十二卷首四卷總目二卷
（清）秦蕙田撰 清乾隆二十六年（1761）金匱
秦蕙田味經窩刻本 二十五冊 缺一百八十
九卷（四十四至五十六、八十七至二百六十
二）

330000－1716－0002122 普經 0810/02122
經部/易類/傳說之屬
周易通義十六卷 （清）邊廷英撰 清道光十
六年（1836）刻本 三冊 缺四卷（九至十二）

330000－1716－0002123　普經 0813/02123
經部/小學類/文字之屬/字書
小學答問一卷　章炳麟撰　清宣統元年
(1909)刻本　一冊

330000－1716－0002124　普經 0812/02124
經部/小學類/文字之屬/說文
**說文解字注十五卷附六書音韻表五卷汲古閣
說文訂一卷**　(清)段玉裁撰　**說文部目分韻
一卷**　(清)陳奐編　清同治十一年(1872)湖
北崇文書局刻本　一冊　存一卷(汲古閣說
文訂)

330000－1716－0002125　普經 0814/02125
經部/群經總義類/文字音義之屬
五經同異三卷　(清)顧炎武撰　清光緒十一
年(1885)上海掃葉山房刻本　三冊

330000－1716－0002126　普經 0815/02126
經部/群經總義類/授受源流之屬
傳經表二卷通經表二卷　(清)畢沅撰　清乾
隆四十八年(1783)畢氏靈巖山館刻本　二冊

330000－1716－0002127　普經 0817/02127
經部/四書類/總義之屬/傳說
四書便蒙添注十九卷　(清)王珠樵撰　清光
緒十三年(1887)會稽王氏刻本　四冊　缺十
卷(論語一至十)

330000－1716－0002128　普經 0818/02128
經部/書類/傳說之屬
書經集傳六卷　(宋)蔡沈撰　清光緒三年
(1877)永康胡氏退補齋刻本　四冊

330000－1716－0002129　普經 0819/02129
經部/四書類/總義之屬/傳說
四書說約三十三卷　(明)鹿善繼撰　清道光
二十八年(1848)刻本　四冊　缺一卷(論語
二十)

330000－1716－0002130　普經 0820/02130
經部/小學類/文字之屬/說文
說文外編十五卷補遺一卷　(清)雷浚撰　**說
文辨疑一卷**　(清)顧廣圻撰　**劉氏碎金一卷**
(清)劉禧延撰　清光緒二年(1876)刻本

四冊

330000－1716－0002131　普叢 0149－4/
02131　類叢部/叢書類/彙編之屬
後知不足齋叢書四十七種　(清)鮑廷爵編
清光緒常熟鮑氏刻本　八冊　存一種

330000－1716－0002132　普經 0825/02132
經部/小學類/文字之屬/字書
臨文便覽四卷　(清)張仰山輯　清同治十一
年(1872)琉璃廠刻本　一冊

330000－1716－0002133　普經 0824/02133
經部/春秋左傳類/傳說之屬
讀左補義五十卷首二卷　(清)姜炳璋輯　清
刻本　十八冊　缺五卷(九至十一、首一至
二)

330000－1716－0002134　普經 0826/02134
經部/小學類/文字之屬/說文/專著
說文古籀補十四卷補遺一卷附錄一卷　(清)
吳大澂撰　清光緒二十四年(1898)刻本
三冊

330000－1716－0002135　普經 0827/02135
經部/群經總義類/文字音義之屬
經籍籑詁一百六卷補遺一百六卷首一卷
(清)阮元撰　清嘉慶十七年(1812)揚州阮元
琅嬛仙館刻本　三十二冊　缺六十九卷(一
至十、四十六至六十九,補遺一至十、四十六
至六十九,首)

330000－1716－0002136　普經 0828/02136
經部/春秋左傳類/傳說之屬
左繡三十卷首一卷　(清)馮李驊　(清)陸浩
評輯　清三槐書屋刻本　十二冊　缺四卷
(一至三、首)

330000－1716－0002137　普經 0830/02137
經部/群經總義類/文字音義之屬
經典釋文三十卷　(唐)陸德明撰　**經典釋文
攷證三十卷**　(清)盧文弨撰　清同治九年
(1870)廣州書局刻本　十二冊　缺四卷(一
至二、攷證一至二)

330000－1716－0002138　普經 0836/02138

經部/書類/傳說之屬

書經集傳六卷 （宋）蔡沈撰　清刻本　三冊

330000－1716－0002139　普經 0832/02139
經部/周禮類/傳說之屬

周禮精華六卷 （清）陳龍標輯　清同治十年
（1871）禪山玉經樓刻本　六冊

330000－1716－0002140　普經 0834/02140
經部/書類/傳說之屬

尚書離句六卷 （清）錢在培輯解　清末李光
明莊刻本　二冊

330000－1716－0002142　普經 0843/02142
經部/小學類

重校臨文便覽不分卷　清光緒刻本　一冊

330000－1716－0002143　普經 0848/02143
經部/小學類/文字之屬/說文/傳說

說文繫傳考異四卷 （清）汪憲撰　**附錄一卷**
　（清）朱文藻撰　清光緒八年（1882）會稽徐
友蘭八杉齋刻本　二冊

330000－1716－0002144　普經 0842/02144
經部/小學類

小學類編六種附三種合五十九卷 （清）李祖
望編　清咸豐至光緒江都李氏半畝園刻本
六冊　存五種附一種

330000－1716－0002145　普經 0840/02145
類叢部/叢書類/家集之屬

董氏叢書十六種 （清）董金鑑編　清光緒三
十二年（1906）會稽董氏取斯家塾刻本　一冊
　存一種

330000－1716－0002146　普經 0841/02146
類叢部/叢書類/家集之屬

董氏叢書十六種 （清）董金鑑編　清光緒三
十二年（1906）會稽董氏取斯家塾刻本　一冊
　存一種

330000－1716－0002147　普經 0856/02147
經部/四書類/論語之屬/傳說

論語集注十卷 （宋）朱熹集注　清刻本
二冊

330000－1716－0002149　集補 1420/02149
集部/總集類/酬唱之屬

梧笙唱和初集二卷 （清）李星沅　（清）郭潤
玉輯　清道光十七年（1837）刻本　一冊　存
一卷（一）

330000－1716－0002150　普經 0851/02150
類叢部/叢書類/家集之屬

董氏叢書十六種 （清）董金鑑編　清光緒三
十二年（1906）會稽董氏取斯家塾刻本　一冊
　存一種

330000－1716－0002155　普經 0869/02155
經部/禮記類/傳說之屬

禮記集說十卷 （元）陳澔撰　清光緒十九年
（1893）浙江書局刻本　七冊　缺三卷（二至
四）

330000－1716－0002156　地獻 1925－4/
02156　經部/四書類/總義之屬/傳說

繪圖四子書十九卷 （宋）朱熹集注　清光緒
三十三年（1907）浙紹明達書莊鉛印本　三冊
　存四卷（大學、中庸、孟子四至五）

330000－1716－0002157　普經 0865/02157
經部/春秋左傳類/傳說之屬

左傳分國纂略十六卷 （清）盧元昌撰　清思
美盧刻本　五冊　存八卷（一、七至八、十一
至十五）

330000－1716－0002158　古越 0319/02158
經部/易類

周易函書四種 （清）胡煦撰　清乾隆至嘉慶
胡季堂刻本　樸堂題簽　十六冊

330000－1716－0002159　普經 0879/02159
經部/春秋總義類/傳說之屬

春秋屬辭辨例編六十卷首二卷 （清）張應昌
撰　清同治十二年（1873）江蘇書局刻本　二
十九冊　缺五卷（三十八至四十二）

330000－1716－0002160　普經 0877/02160
經部/詩類/傳說之屬

詩學女為二十六卷 （清）汪梧鳳講授　（清）
汪灼編次　清乾隆汪氏不疏園刻本　四冊

330000－1716－0002161　普經0882/02161
經部/四書類/總義之屬/傳說

四書朱子本義匯參四十三卷首四卷　（清）王步青輯　清乾隆十年(1745)敦復堂刻本　十二冊　缺二十二卷(大學一、首,中庸五至六,論語十一至十七,孟子一至十、首)

330000－1716－0002162　普經0915－1/02162　經部/叢編

重刊宋本十三經注疏四百十六卷附十三經注疏校勘記四百十六卷　（清）阮元撰　（清）盧宣旬摘錄　**校勘記識語四卷**　（清）汪文臺撰　清光緒十三年(1887)上海脈望仙館石印本　三十二冊

330000－1716－0002165　普經0899/02165
經部/小學類/音韻之屬/韻書

集韻編雅十卷　（清）董文渙輯注　清同治十二年(1873)洪洞董氏刻本　五冊

330000－1716－0002166　普經0916/02166
類叢部/叢書類/自著之屬

王菉友著述九種　（清）王筠撰　清道光至咸豐刻本　二冊　存一種

330000－1716－0002167　普經0917/02167
經部/叢編

五經旁訓十九卷　（清）徐立綱旁訓　清匠門書屋刻本　一冊　存三卷(易經一至三)

330000－1716－0002168　普經0888/02168
經部/四書類/總義之屬/傳說

酌雅齋四書遵注合講十九卷　（清）翁復編次　（清）詹文煥參定　清光緒二十二年(1896)聚奎文社刻本　四冊　缺七卷(論語一至五、孟子六至七)

330000－1716－0002169　地獻3656－5/02169　經部/四書類/總義之屬/傳說

重校四子書十九卷　（宋）朱熹撰　清光緒十一年(1885)會稽徐氏八杉齋融經館刻本　四冊　存三種

330000－1716－0002170　普經0890/02170
經部/四書類/總義之屬/傳說

四書讀本十九卷　（宋）朱熹撰　清光緒四年(1878)山陰李氏畬硯山房刻本　三冊　缺七卷(孟子一至七)

330000－1716－0002171　普經0891/02171
子部/儒家類/儒學之屬/蒙學

心遠堂新編小學纂注六卷附小學句讀一卷　（清）高愈注　**文公朱夫子年譜一卷**　題（宋）李方子撰　清刻本　一冊　存二卷(三至四)

330000－1716－0002173　普經0892/02173
經部/叢編

古經解彙函十六種附小學彙函十四種　（清）鍾謙鈞等輯　清同治十二年(1873)粵東書局刻本　四冊　存小學彙函一種

330000－1716－0002174　普經0896/02174
經部/叢編

味經齋遺書十二種　（清）莊存與撰　清光緒八年至十二年(1882－1886)陽湖莊氏刻本　十冊　存八種

330000－1716－0002175　普經0901/02175
經部/小學類/音韻之屬/韻書

重韻校增訂初學檢韻十二卷佩文詩韻一卷　（清）姚文登輯　清光緒二十三年(1897)寧波清河氏球琳館鉛印本　四冊

330000－1716－0002176　普經0900/02176
經部/四書類/總義之屬

四書古注群義彙解九種九十四卷　（清）□□輯　清石印本　一冊　存五種

330000－1716－0002177　普經0903/02177
類叢部/類書類/專類之屬

五經類編二十八卷　（清）周世樟撰　清乾隆五十五年(1790)刻本　十二冊

330000－1716－0002178　普經0902/02178
經部/四書類/論語之屬/專著

鄉黨圖考十卷　（清）江永撰　清道光六年(1826)大文堂刻本　五冊　存八卷(一至八)

330000－1716－0002181　普經0904/02181
經部/四書類/總義之屬/傳說

四書典林三十卷四書古人典林十二卷　（清）

江永輯　清寧波汲綆齋刻本　四冊　存十二卷(古人典林一至十二)

330000－1716－0002182　普經0909/02182
經部/小學類/音韻之屬/等韻

李氏音鑑六卷首一卷　(清)李汝珍撰　清光緒十四年(1888)蘇州掃葉山房刻本　四冊

330000－1716－0002183　普經0911/02183
經部/四書類/總義之屬/傳說

四書集注十九卷　(宋)朱熹撰　清刻本　五冊　存十七卷(論語一至十、孟子一至七)

330000－1716－0002184　普經0910/02184
經部/禮記類/傳說之屬

禮記集說十卷　(元)陳澔撰　清刻本　十冊

330000－1716－0002185　普經0912/02185
子部/雜著類/雜纂之屬

經餘必讀八卷續編八卷三集四卷　(清)雷琳　(清)錢樹棠　(清)錢樹立輯　清嘉慶八年(1803)、十年(1805)大中堂刻本　四冊　存八卷(一至八)

330000－1716－0002186　普經0913/02186
經部/小學類/訓詁之屬/爾雅

爾雅三卷　(晉)郭璞注　(唐)陸德明音釋　清同治十三年(1874)湖南書局刻本　四冊

330000－1716－0002187　普經0023/02187
經部/叢編

皇清經解一千四百八卷首一卷　(清)阮元輯　清道光九年(1829)廣東學海堂刻咸豐十一年(1861)補刻本　四百五十五冊　缺三十一卷(二十二至四十六、一百七十、六百五十八至六百六十二)

330000－1716－0002188　普經0914/02188
經部/小學類/訓詁之屬/方言

新方言十一卷嶺外三州語一卷　章炳麟撰　清光緒三十四年(1908)日本鉛印本　一冊

330000－1716－0002189　普經0234/02189
經部/叢編

皇清經解一千四百十二卷首一卷　(清)阮元輯　清道光九年(1829)廣東學海堂刻咸豐十

一年(1861)補刻同治九年(1870)續刻本　三百六十二冊

330000－1716－0002190　普經0017/02190
經部/叢編

皇清經解一千四百八卷　(清)阮元輯　清光緒十八年(1892)上海古香閣石印本　六十四冊

330000－1716－0002191　普史0001/02191
史部/紀傳類/正史之屬

二十四史　清同治至光緒五省官書局據汲古閣本等合刻光緒五年(1879)湖北書局彙印本　四百七十六冊

330000－1716－0002192　普史0161/02192
史部/紀傳類/正史之屬

明史三百三十二卷　(清)張廷玉等撰　清刻本[卷一至四十六配清光緒十八年(1892)武林竹簡齋石印本]　九十九冊

330000－1716－0002193　普經0253/02193
經部/叢編

通志堂經解一百四十種　(清)納蘭成德輯　清同治十二年(1873)粵東書局刻本　二百七十三冊　存八十八種

330000－1716－0002194　普經0142/02194
經部/叢編

皇清經解依經分訂十六卷　清光緒十六年(1890)湖南船山書局刻本　四百冊

330000－1716－0002195　普史0003/02195
史部/紀傳類/正史之屬

二十四史　清同治至光緒五省官書局據汲古閣本等合刻光緒五年(1879)湖北書局彙印本　四百冊　存十六種

330000－1716－0002196　普史0017/02196
史部/紀傳類/正史之屬

兩漢刊誤補遺十卷附錄一卷　(宋)吳仁傑撰　清同治七年(1868)金陵書局木活字印本　二冊

330000－1716－0002197　普史1653/02197
史部/紀傳類/正史之屬

四史四百十五卷　清同治十一年（1872）成都書局刻本　五十六冊　存三種

330000－1716－0002198　普史 0014/02198　史部/紀傳類/正史之屬

史記一百三十卷　（漢）司馬遷撰　（南朝宋）裴駰集解　（唐）司馬貞索隱　（唐）張守節正義　清同治九年（1870）楚北崇文書局刻本　二十四冊

330000－1716－0002199　普史 0002/02199　史部/紀傳類/正史之屬

十七史一千五百七十四卷　（明）毛晉編　明崇禎至清順治琴川毛氏汲古閣刻本　三百二十二冊

330000－1716－0002200　普史 0167/02200　史部/紀傳類/正史之屬

二十四史　清刻本　五百九十四冊　存二十二種

330000－1716－0002201　普史 0176－1/02201　史部/叢編

思益堂史學四種　（清）周壽昌撰　清光緒長沙周氏小對竹軒刻本　二十冊　存三種

330000－1716－0002202　普史 0030/02202　史部/紀傳類/正史之屬

三國志證聞三卷　（清）錢儀吉撰　清光緒十一年（1885）江蘇書局刻本　二冊

330000－1716－0002203　普史 0035 普史 0042 普史 0117/02203　史部/紀傳類/正史之屬

十七史一千五百七十四卷　（明）毛晉編　明崇禎至清順治琴川毛氏汲古閣刻本　三十六冊　存三種

330000－1716－0002204　普史 0028/02204　史部/紀傳類/正史之屬

二十一史二千五百六十七卷　明刻明清遞修本　十冊　存一種

330000－1716－0002205　普史 0004/02205　史部/紀傳類/正史之屬

二十四史　清光緒十八年（1892）武林竹簡齋石印本　二百冊

330000－1716－0002206　普史 0082 普史 0139/02206　史部/紀傳類/正史之屬

二十四史　清刻本　三十二冊　存二種

330000－1716－0002207　普史 1455/02207　史部/紀傳類/正史之屬

二十四史附考證　清光緒二十九年（1903）五洲同文書局石印本　施煒校　七百九冊　缺八卷（宋史二百十至二百十四、二百三十三至二百三十五）

330000－1716－0002208　普史 0168/02208　史部/紀傳類/正史之屬

二十四史　清光緒十八年（1892）武林竹簡齋石印本　一百五十七冊　存二十種

330000－1716－0002209　普史 0119/02209　史部/紀傳類/正史之屬

二十四史　清同治至光緒五省官書局據汲古閣本等合刻光緒五年（1879）湖北書局彙印本　三百八十冊　存十六種

330000－1716－0002210　普史 0104 普史 0105 普史 0109 普史 0111 普史 0112 普史 0187 普史 0191/02210　史部/紀傳類/正史之屬

二十四史　清光緒十八年（1892）武林竹簡齋石印本　二十一冊　存七種

330000－1716－0002211　普史 1456/02211　史部/紀傳類/正史之屬

二十四史　清光緒十年（1884）上海同文書局石印本　九十二冊　存三種

330000－1716－0002212　普史 0132 普史 0138 普史 0143/02212　史部/編年類/斷代之屬

遼金元三史語解四十六卷　清光緒四年（1878）江蘇書局刻本　十冊

330000－1716－0002213　普史 0135 普史 0137 普史 0153/02213　史部/紀傳類/正史之屬

二十四史　清同治至光緒五省官書局據汲古閣本等合刻光緒五年（1879）湖北書局彙印本

六十四冊　存三種

330000－1716－0002214　普史 0114/02214
史部/紀傳類/正史之屬
二十四史　清刻本　二十冊　存一種

330000－1716－0002215　普史 0144 普史
0146 普史 0147/02215　史部/編年類/斷代
之屬
遼金元三史語解四十六卷　清光緒四年
(1878)江蘇書局刻本　十冊

330000－1716－0002216　普史 0159 普史
0160 普史 0185/02216　史部/編年類/斷代
之屬
遼金元三史語解四十六卷　清光緒四年
(1878)江蘇書局刻本　六冊

330000－1716－0002217　普叢 0360－1/
02217　類叢部/叢書類/彙編之屬
廣雅書局叢書一百五十九種　徐紹棨編　清
光緒廣雅書局刻民國九年(1920)番禺徐紹棨
彙編重印本　二十冊　存九種

330000－1716－0002218　普史 0162/02218
史部/紀傳類/正史之屬
唐書釋音二卷　（宋）董衝撰　清同治十二年
(1873)浙江書局刻本　清張邁跋　一冊

330000－1716－0002219　普史 0166/02219
史部/紀傳類/正史之屬
史記志疑三十六卷　（清）梁玉繩撰　**補遺一
卷**　（清）梁學昌輯　清光緒十四年(1888)餘
姚朱氏刻本　十二冊

330000－1716－0002220　普史 0170/02220
史部/史評類/史論之屬
史記論文一百三十卷　（清）吳見思撰　清乾
隆四十五年(1780)尺木堂刻本　十六冊

330000－1716－0002221　普史 0169/02221
史部/紀傳類/正史之屬
二十四史　清刻本　一百四冊　存一種

330000－1716－0002222　普史 0171 普史
0180/02222　史部/紀傳類/正史之屬

330000－1716－0002222　漢書疏證三十六卷後漢書疏證三十卷　（清）
沈欽韓撰　清光緒二十六年(1900)浙江官書
局刻本　四十冊

330000－1716－0002223　普史 0175/02223
史部/紀傳類/正史之屬
五代史記七十四卷　（宋）歐陽修撰　（宋）徐
無黨注　（清）彭元瑞增注　（清）劉鳳誥排次
　清嘉慶二十年(1815)萍鄉劉氏雲牸書屋刻
道光八年(1828)重修本　四十冊

330000－1716－0002224　普史 0172 普史
0173 普史 0174/02224　史部/叢編
檇李沈氏銅熨斗齋叢書　（清）沈□□輯　清
末檇李沈氏刻本　八冊　存三種

330000－1716－0002225　普史 0179/02225
史部/叢編
常熟丁氏叢書二種　丁國鈞撰　清光緒木活
字印本　二冊　存一種

330000－1716－0002226　普史 0181/02226
史部/紀傳類/正史之屬
史記一百三十卷　（漢）司馬遷撰　（南朝宋）
裴駰集解　清光緒五年(1879)淮南書局刻二
十四史本　沈鈞業過録清李慈銘批　十冊

330000－1716－0002229　普史 0201/02229
史部/紀傳類/正史之屬
二十四史　清光緒二十八年(1902)武林竹簡
齋石印本　二百冊

330000－1716－0002230　普史 0221/02230
史部/紀傳類/正史之屬
二十四史附考證　清光緒二十九年(1903)五
洲同文書局石印本　四百四十三冊　存十
五種

330000－1716－0002231　普史 0219 普史
0220 普史 0251 普史 0252/02231　史部/紀傳
類/正史之屬
二十四史　清光緒上海同文書局影印本　一
百冊　存四種

330000－1716－0002232　普史 0209/02232
史部/紀傳類/正史之屬

二十四史 清光緒竢實齋石印本 四冊 存一種

330000－1716－0002233 普史0222 普史0224/02233 史部/紀傳類/正史之屬
二十四史 清光緒十八年（1892）武林竹簡齋石印本 二十冊 存二種

330000－1716－0002234 普史0223 普史0230/02234 史部/紀傳類/正史之屬
二十四史 清光緒十四年（1888）上海圖書集成印書局鉛印本 二十八冊 存二種

330000－1716－0002236 普史0228/02236 史部/紀傳類/正史之屬
二十四史 清光緒三十三年（1907）上海華商集成圖書公司鉛印本 十冊 存二種

330000－1716－0002237 普史0254/02237 類叢部/叢書類/彙編之屬
古香齋袖珍十種 清同治至光緒南海孔氏刻本 二十四冊 存一種

330000－1716－0002238 普史0256/02238 史部/紀傳類/正史之屬
史記一百三十卷 （漢）司馬遷撰 （明）歸有光評 方望溪評點史記四卷 （清）方苞撰 清光緒二年至四年（1876－1878）武昌張氏刻本 施煒批注 十九冊 缺四卷（方望溪評點史記一至四）

330000－1716－0002239 普史0258/02239 史部/紀傳類/正史之屬
史記一百三十卷 （漢）司馬遷撰 （明）歸有光評 方望溪評點史記四卷 （清）方苞撰 清光緒二年至四年（1876－1878）武昌張氏刻本 二十冊

330000－1716－0002240 普史0257/02240 史部/紀傳類/正史之屬
史記一百三十卷首一卷 （漢）司馬遷撰 （明）徐孚遠 （明）陳子龍測議 明末刻本 三十二冊

330000－1716－0002241 普史0259/02241 史部/紀傳類/正史之屬

史記一百三十卷 （漢）司馬遷撰 （明）歸有光評 方望溪評點史記四卷 （清）方苞撰 清光緒二年至四年（1876－1878）武昌張氏刻本 二十冊

330000－1716－0002242 普史0260/02242 史部/史評類/考訂之屬
漢書引經異文錄證六卷 （清）繆祐孫撰 清光緒十一年（1885）刻本 二冊

330000－1716－0002243 普史1457/02243 史部/紀傳類/正史之屬
兩漢刊誤補遺十卷附錄一卷 （宋）吳仁傑撰 清光緒十八年（1892）寄傲軒刻本 二冊

330000－1716－0002244 普史0262/02244 史部/編年類/通代之屬
資治通鑑二百九十四卷 （宋）司馬光撰 （元）胡三省音注 通鑑釋文辯誤十二卷 （元）胡三省撰 清嘉慶二十一年（1816）鄱陽胡克家影元刻本 一百冊

330000－1716－0002245 普史0263/02245 史部/編年類/通代之屬
資治通鑑二百九十四卷 （宋）司馬光撰 （元）胡三省音注 通鑑釋文辯誤十二卷 （元）胡三省撰 清嘉慶二十一年（1816）鄱陽胡克家影元刻本 一百冊

330000－1716－0002246 普史0268/02246 史部/編年類/通代之屬
資治通鑑後編校勘記十五卷 夏震武撰 清光緒二十四年（1898）刻本 四冊

330000－1716－0002247 普史0265/02247 史部/叢編
資治通鑑彙刻 清同治至光緒江蘇書局刻本 十冊

330000－1716－0002248 普史0266/02248 史部/編年類/通代之屬
資治通鑑目錄三十卷 （宋）司馬光撰 清道光三十年（1850）儀徵吳熙載刻本 八冊

330000－1716－0002249 普史0267/02249 史部/編年類/通代之屬

資治通鑑綱目五十九卷 （宋）朱熹撰 （明）陳仁錫評 資治通鑑綱目續編一卷 （明）陳桱撰 （明）陳仁錫評 資治通鑑綱目前編二十五卷 （明）南軒撰 （明）陳仁錫評 續資治通鑑綱目二十七卷 （明）商輅等撰 （明）陳仁錫評 清康熙四十年（1701）王公行刻本 九十六冊

330000－1716－0002250 普史 0269/02250 史部/編年類/通代之屬

御批歷代通鑑輯覽一百二十卷 （清）傅恒等撰 清同治浙江書局刻朱墨套印本 四十八冊

330000－1716－0002251 普史 0270/02251 史部/編年類/斷代之屬

建炎以來繫年要錄二百卷 （宋）李心傳撰 清光緒五年至八年（1879－1882）仁壽蕭氏刻本 四十八冊

330000－1716－0002252 普史 0275/02252 史部/編年類/斷代之屬

明紀六十卷 （清）陳鶴輯 （清）陳克家補 清同治十年（1871）江蘇書局刻本 二十冊

330000－1716－0002253 普史 0271 普史 0272 普史 0273 普史 0274 普史 0289 普史 0295 普史 1481/02253 史部/編年類/斷代之屬

十一朝東華錄六百二十五卷（天命朝至同治朝） 王先謙 潘頤福編 清光緒刻本 一百九十四冊 存四百九十三卷（天命一至四，天聰一至十一，崇德一至八，順治一至三十六，康熙一至一百十，雍正一至二十六，乾隆一至二、十二至一百二十，嘉慶一至五十，道光一至六十，咸豐一至十、十六至三十二，五十一至一百）

330000－1716－0002254 普史 0277/02254 史部/編年類/斷代之屬

明通鑑九十卷前編四卷附編六卷首一卷目錄二十卷 （清）夏燮撰 清同治十二年（1873）宜黃官廨刻本 四十冊 缺二十卷（目錄一至二十）

330000－1716－0002255 普史 0278/02255 史部/編年類/斷代之屬

明通鑑九十卷前編四卷附編六卷首一卷目錄二十卷 （清）夏燮撰 清同治十二年（1873）宜黃官廨刻本 四十八冊

330000－1716－0002256 普史 0279/02256 史部/編年類/通代之屬

御批歷代通鑑輯覽一百二十卷 （清）傅恒等撰 清同治十一年（1872）湖北崇文書局刻本 六十冊

330000－1716－0002257 普史 0281/02257 類叢部/叢書類/自著之屬

儆居遺書十一種 （清）黃式三撰 清同治至光緒刻本 四冊 存一種

330000－1716－0002258 普史 0282 普史 0561 普史 0578 普史 0831 普史 1372/02258 類叢部/叢書類/彙編之屬

新斠平津館叢書十集三十四種 （清）孫星衍編 清光緒十年至十五年（1884－1889）吳縣朱氏槐廬家塾刻本 十一冊 存五種

330000－1716－0002259 普史 0280/02259 史部/編年類/通代之屬

湯睡菴先生歷朝綱鑑全史七十卷首一卷 （明）湯賓尹撰 （明）陳繼儒注 明萬曆刻本 二十冊 缺二卷（三十至三十一）

330000－1716－0002260 普史 0283/02260 史部/編年類/通代之屬

御撰資治通鑑綱目三編二十卷 （清）張廷玉等撰 清刻本 六冊

330000－1716－0002261 普史 0284/02261 史部/史評類/詠史之屬

鑑綱詠略八卷讀史論略補一卷附甲子考一卷 （清）張應鼎撰 （清）柯龍章注 清同治十二年（1873）南昌歸安張氏刻本 八冊

330000－1716－0002263 普史 0286/02263 史部/編年類/斷代之屬

十一朝東華約錄二百三十二卷 （清）王祖顯輯 清光緒二十七年（1901）石印本 十二冊

330000－1716－0002264 普史 0288/02264

史部/編年類/斷代之屬

明紀六十卷 （清）陳鶴輯 （清）陳克家補
清同治十年（1871）江蘇書局刻本 二十冊

330000－1716－0002265 普史 0287/02265
史部/編年類/斷代之屬

東華續錄一百卷（咸豐朝） 王先謙編 清光
緒十九年（1893）會稽籀三倉室石印本 二十
四冊

330000－1716－0002266 普叢 0222－2/
02266 類叢部/叢書類/彙編之屬

金峩山館叢書（望三益齋叢書）十一種 （清）
郭傳璞編 清光緒八年至十六年（1882－
1890）鄞郭氏刻二十年（1894）鎮海邵氏彙印
本 二冊 存三種

330000－1716－0002268 普史 0290 普史
0313 普史 0314 普史 0315 普史 0317 普史 0322
普史 1446/02268 史部/編年類/斷代之屬

**十一朝東華錄六百二十五卷（天命朝至同治
朝）** 王先謙 潘頤福編 清光緒上海圖書
集成印書局鉛印本 六十冊 缺二百二十三
卷（天命一至四、天聰一至十一、崇德一至八、
咸豐一至一百、同治一至一百）

330000－1716－0002269 普叢 0222－3/
02269 類叢部/叢書類/彙編之屬

金峩山館叢書（望三益齋叢書）十一種 （清）
郭傳璞編 清光緒八年至十六年（1882－
1890）鄞郭氏刻二十年（1894）鎮海邵氏彙印
本 一冊 存一種

330000－1716－0002271 普史 0296/02271
史部/編年類/通代之屬

資治通鑑地理今釋十六卷 （清）吳熙載撰
清光緒八年（1882）江蘇書局刻本 三冊

330000－1716－0002272 普史 0294/02272
類叢部/叢書類/自著之屬

槐軒全集二十一種附九種 （清）劉沅撰 清
咸豐至民國刻彙印本 二十五冊 存一種

330000－1716－0002273 普史 0298/02273
類叢部/叢書類/自著之屬

儆居遺書十一種 （清）黃式三撰 清同治至
光緒刻本 四冊 存一種

330000－1716－0002274 普史 0297/02274
類叢部/類書類/通類之屬

玉海二百四卷附刻十三種 （宋）王應麟撰
校補玉海瑣記二卷王深甯先生年譜一卷
（清）張大昌撰 清光緒九年至十六年（1883－
1890）浙江書局刻本 三冊 存一種

330000－1716－0002275 普史 0300/02275
史部/編年類/通代之屬

綱鑑正史約三十六卷 （明）顧錫疇撰 （清）
陳弘謀增訂 **甲子紀元一卷** （清）陳弘謀撰
清同治八年（1869）浙江書局刻本 二十冊

330000－1716－0002276 普史 0299/02276
史部/編年類/通代之屬

御撰資治通鑑綱目三編二十卷 （清）張廷玉
等撰 清刻本 八冊

330000－1716－0002277 普史 0301/02277
史部/編年類/通代之屬

綱鑑正史約三十六卷 （明）顧錫疇撰 （清）
陳弘謀增訂 **甲子紀元一卷** （清）陳弘謀撰
清同治八年（1869）浙江書局刻本 二十冊

330000－1716－0002278 善 0474/02278 史
部/編年類/通代之屬

綱鑑正史約三十六卷 （明）顧錫疇撰 明崇
禎刻本 十五冊

330000－1716－0002279 普史 0303/02279
史部/編年類/通代之屬

御批歷代通鑑輯覽一百二十卷 （清）傅恒等
撰 清光緒石印本［卷一至五配清光緒二十
四年（1898）上海圖書集成局鉛印本］ 二十
四冊

330000－1716－0002281 普史 0307/02281
史部/編年類/通代之屬

御批歷代通鑑輯覽一百二十卷 （清）傅恒等
撰 清光緒十三年（1887）上海同文書局石印
本 二十冊

330000－1716－0002285 普史 0309 普史

0310/02285　史部/編年類/斷代之屬

七朝東華録一百二十卷(天命朝至道光朝)
王先謙編　清光緒石印本　十二册　存二十七卷(嘉慶一至十四、道光一至十三)

330000 － 1716 － 0002286　普史 0311/02286
史部/編年類/通代之屬

御批資治通鑑綱目全書一百二十九卷　(清)宋犖校刊　清光緒二十八年(1902)上海掃葉山房石印本　二十四册

330000 － 1716 － 0002288　普史 0318/02288
史部/編年類/通代之屬

御批歷代通鑑輯覽一百二十卷　(清)傅恒等撰　清光緒石印本　三十二册

330000 － 1716 － 0002289　普史 0319 普史 1318/02289　類叢部/類書類/通類之屬

玉海二百四卷附刻十三種　(宋)王應麟撰　清光緒十年(1884)成都志古堂刻本　八册　存二種

330000 － 1716 － 0002290　普史 0320/02290
史部/編年類/通代之屬

御批歷代通鑑輯覽一百二十卷　(清)傅恒等撰　清光緒二十八年(1902)上海文林書局石印本　十册

330000 － 1716 － 0002291　普史 0321/02291
史部/編年類/通代之屬

御批歷代通鑑輯覽一百二十卷　(清)傅恒等撰　清光緒九年(1883)上海同文書局石印本　十六册

330000 － 1716 － 0002292　普史 0323/02292
史部/編年類/通代之屬

御批資治通鑑綱目全書一百九卷　(清)宋犖校刊　清光緒十三年(1887)上海同文書局石印本　二十四册

330000 － 1716 － 0002293　普史 0324/02293
史部/編年類/通代之屬

御批歷代通鑑輯覽一百二十卷　(清)傅恒等撰　清光緒元年(1875)上海美華賓記石印本　二十册

330000 － 1716 － 0002294　普史 0325/02294
史部/編年類/通代之屬

御批歷代通鑑輯覽一百二十卷　(清)傅恒等撰　清光緒十一年(1885)上海同文書局石印本　二十册

330000 － 1716 － 0002295　普史 0326/02295
史部/編年類/斷代之屬

東華續録六十九卷(咸豐朝)　潘頤福編　清光緒十八年(1892)上海圖書集成印書局鉛印本　十六册

330000 － 1716 － 0002297　普史 0330 普史 0331 普史 0332/02297　史部/編年類/斷代之屬

兩漢紀六十卷　(宋)王銍輯　**兩漢紀校記二卷**　(清)陳璞撰　清光緒二年(1876)嶺南學海堂刻本　十四册

330000 － 1716 － 0002298　普史 0333/02298
史部/編年類/通代之屬

御批歷代通鑑輯覽一百二十卷　(清)傅恒等撰　清光緒元年(1875)上海美華賓記石印本　二十册

330000 － 1716 － 0002299　普史 0334/02299
史部/編年類/斷代之屬

清史攬要六卷　(日本)增田貢撰　清光緒二十七年(1901)杭州白話報館石印本　二册

330000 － 1716 － 0002300　普史 0335/02300
史部/編年類/通代之屬

御批歷代通鑑輯覽一百二十卷　(清)傅恒等撰　清光緒十三年(1887)上海同文書局石印本　二十四册

330000 － 1716 － 0002301　普史 0336/02301
史部/編年類/通代之屬

通鑑輯要前編二卷正編十九卷續編八卷附録一卷明史輯要八卷　(清)姚培謙　(清)張景星輯録　清乾隆二十四年至二十六年(1759 － 1761)飛鴻堂刻本　二十四册

330000 － 1716 － 0002302　普史 0337/02302
史部/紀事本末類/通代之屬

繹史一百六十卷世系圖一卷年表一卷　（清）
馬驌撰　清康熙刻本　四十八冊

330000－1716－0002303　普史 0338/02303
史部/紀事本末類/通代之屬

繹史一百六十卷世系圖一卷年表一卷　（清）
馬驌撰　清同治七年(1868)姑蘇亦西齋刻本
　三十六冊

330000－1716－0002304　普史 0339/02304
史部/紀事本末類/斷代之屬

明朝紀事本末八十卷　（清）谷應泰撰　清順
治十五年(1658)築益堂刻本　四十冊

330000－1716－0002305　史補 0762/02305
史部/紀事本末類/通代之屬

紀事本末五種　（清）□□輯　清同治十二年
至十三年(1873－1874)江西書局刻本　七十
九冊　缺二卷(通鑑紀事本末一至二)

330000－1716－0002306　普史 0344/02306
史部/政書類/邦計之屬/貿易

國朝柔遠記二十卷　（清）王之春輯　清光緒
十七年(1891)廣雅書局刻本　六冊

330000－1716－0002307　普史 0345 普史
0347/02307　史部/紀事本末類/斷代之屬

宋史紀事本末一百九卷元史紀事本末二十七
卷　（明）馮琦撰　（明）陳邦瞻補　（明）張
溥論正　清初張聞升刻本　四十冊

330000－1716－0002308　普史 0346/02308
史部/紀事本末類/斷代之屬

遼史紀事本末四十卷首一卷末一卷金史紀事
本末五十二卷首一卷末一卷　（清）李有棠撰
　　清光緒二十九年(1903)李氏㭗鄂樓刻本
十七冊　存八十四卷(遼史一至四十,金史
一至五十二、首、末)

330000－1716－0002309　普史 0348/02309
史部/紀事本末類/斷代之屬

聖武記十四卷　（清）魏源撰　清道光二十二
年(1842)古微堂刻本　十二冊

330000－1716－0002310　普史 0349/02310
史部/紀事本末類/斷代之屬

聖武記十四卷　（清）魏源撰　清道光二十四
年(1844)古微堂刻本　十二冊

330000－1716－0002311　普史 0350/02311
史部/紀事本末類/通代之屬

繹史一百六十卷世系圖一卷年表一卷　（清）
馬驌撰　清光緒十四年(1888)蘇州綠蔭堂刻
本　二十四冊

330000－1716－0002312　史補 0763/02312
史部/紀事本末類/通代之屬

紀事本末五種　（清）□□輯　清同治十二年
至十三年(1873－1874)江西書局刻本　一百
十六冊　缺六十六卷(通鑑紀事本末一至三
十二、明史紀事本末四十七至八十)

330000－1716－0002313　集補 1601－5/
02313　集部/詩文評類/文法之屬

寫信必讀十卷　（清）唐芸洲撰　清光緒二十
五年(1899)石印本　一冊　存六卷(一至六)

330000－1716－0002314　普史 0356/02314
史部/紀事本末類/斷代之屬

聖武記十四卷　（清）魏源撰　清道光二十六
年(1846)古微堂刻本　十二冊

330000－1716－0002315　普史 0358/02315
史部/紀事本末類/斷代之屬

皇朝武功紀盛四卷　（清）趙翼撰　清道光七
年(1827)書藝堂刻本　二冊

330000－1716－0002316　普史 0357/02316
史部/紀事本末類/斷代之屬

明朝紀事本末八十卷　（清）谷應泰撰　清同
治七年(1868)朝宗書室木活字印本　三十
二冊

330000－1716－0002317　普史 0359 普史
0360 普史 0361 普史 0362 普史 0364 普史
0365/02317　史部/紀事本末類/通代之屬

歷朝紀事本末九種　（清）陳如升　（清）朱記
榮輯　（清）慎記主人增輯　清光緒二十五年
(1899)上海慎記書莊石印本　二十六冊　存
六種

330000－1716－0002318　普史 0373 普史

0377 普史 0379 普史 0380 普史 0382 普史 0383/02318　史部/紀事本末類/通代之屬

歷朝紀事本末七種　（清）陳如升　（清）朱記榮輯　清光緒二十一年（1895）上海積山書局石印本　四十二冊　存六種

330000－1716－0002319　普史 0387/02319　類叢部/叢書類/彙編之屬

高安朱文端公校輯藏書（朱文端公藏書）十三種　（清）朱軾撰輯　清康熙至乾隆刻彙印本　一冊　存一種

330000－1716－0002320　普史 0367/02320　經部/群經總義類/石經之屬

石經攷三卷　（清）劉傳瑩撰　清光緒十二年（1886）沌城黃氏試館刻本　一冊

330000－1716－0002322　普史 0363 普史 0366/02322　史部/紀事本末類/通代之屬

歷朝紀事本末九種　（清）陳如升　（清）朱記榮輯　（清）慎記主人增輯　清光緒二十五年（1899）上海慎記書莊石印本　十冊　存二種

330000－1716－0002323　普史 0470/02323　史部/傳記類/別傳之屬/年譜

黃忠端公[宗羲]年譜二卷忠端公年譜舊本一卷　（清）黃炳垕編　清光緒二十五年（1899）留書種閣刻本　一冊

330000－1716－0002325　普史 0369/02325　子部/藝術類/遊藝之屬/博戲

漢官儀三卷　（宋）劉攽撰　清光緒揚州穆西堂刻本　一冊

330000－1716－0002328　古越 0622/02328　史部/政書類/通制之屬

九通二千三百二十一卷　（清）□□輯　清光緒八年至二十二年（1882－1896）浙江書局刻本　三百十八冊　存二種

330000－1716－0002329　普史 0389/02329　史部/紀事本末類/斷代之屬

聖武記十四卷　（清）魏源撰　清光緒七年（1881）粵垣椎署刻本　十二冊

330000－1716－0002330　普叢 0318－2/

02330　類叢部/叢書類/自著之屬

潛園總集十七種　（清）陸心源撰　清同治至光緒刻本　四十冊　存二種

330000－1716－0002331　普史 0394/02331　類叢部/叢書類/彙編之屬

宜稼堂叢書七種　（清）郁松年編　清道光二十年至二十二年（1840－1842）上海郁氏刻本　二十六冊　存一種

330000－1716－0002332　普史 0390/02332　史部/紀傳類/正史之屬

明史稿三百十卷目錄三卷　（清）王鴻緒撰　清雍正敬慎堂刻本　六十冊

330000－1716－0002333　普史 0391/02333　史部/紀傳類/正史之屬

明史稿三百十卷目錄三卷　（清）王鴻緒撰　清雍正敬慎堂刻本　八十冊

330000－1716－0002334　普史 0395/02334　史部/雜史類/通代之屬

重訂路史全本四十七卷　（宋）羅泌撰　（宋）羅苹注　（明）吳弘基等重編　清乾隆元年（1736）進修書院刻本　十八冊

330000－1716－0002335　普史 0396/02335　史部/紀傳類/別史之屬

續弘簡錄元史類編四十二卷　（清）邵遠平撰　清刻本　二十冊

330000－1716－0002336　普史 0397/02336　史部/雜史類/斷代之屬

路史四十七卷　（宋）羅泌撰　（宋）羅苹注　清同治五年（1866）五桂堂刻光緒二年（1876）趙承恩紅杏山房補刻本　八冊　存二十五卷（前紀一至九、發揮一至六、後紀一至九、國名紀六）

330000－1716－0002337　普叢 0450－2/02337　類叢部/叢書類/彙編之屬

抱經堂叢書十六種　（清）盧文弨編　清乾隆至嘉慶刻彙印本　二冊　存一種

330000－1716－0002338　普史 0401/02338　史部/紀傳類/別史之屬

續漢志三十卷　（南朝梁）劉昭注補　清上海點石齋鉛印本　一冊

330000－1716－0002340　普叢 0124－4/02340　類叢部/叢書類/彙編之屬

秘書廿一種　（清）汪士漢編　清刻本　五冊　存六種

330000－1716－0002341　普史 0403/02341　史部/雜史類/斷代之屬

汲冢周書六卷　（晉）孔晁注　明刻秘書九種本　田紹謙題簽　一冊

330000－1716－0002342　普叢 0450－3/02342　類叢部/叢書類/彙編之屬

抱經堂叢書十六種　（清）盧文弨編　清乾隆至嘉慶刻彙印本　一冊　存一種

330000－1716－0002343　普史 0404 普史 0405 普史 0406 普史 0407 普史 0408/02343　史部/雜史類/通代之屬

重訂路史全本四十七卷　（宋）羅泌撰　（宋）羅苹注　（明）吳弘基等重編　清嘉慶六年（1801）酉山堂刻本　二十二冊

330000－1716－0002344　普史 0410 普史 1118/02344　類叢部/叢書類/彙編之屬

崇文書局彙刻書三十一種　（清）崇文書局編　清光緒元年至三年（1875－1877）湖北崇文書局刻本　五冊　存二種

330000－1716－0002345　普史 0411/02345　史部/雜史類/斷代之屬

小腆紀年附考二十卷　（清）徐鼒撰　清光緒十二年（1886）扶桑使廨鉛印本　十二冊

330000－1716－0002346　普史 0412 普史 0433/02346　史部/雜史類/斷代之屬

國語二十一卷　（三國吳）韋昭注　校刊明道本韋氏解國語札記一卷　（清）黃丕烈撰　明道本考異四卷　（清）汪遠孫撰　清同治八年（1869）湖北崇文書局刻本　五冊

330000－1716－0002347　普史 0416/02347　史部/雜史類/斷代之屬

戰國策去毒二卷　（清）陸隴其評定　清同治

九年（1870）六安涂氏求我齋刻本　二冊

330000－1716－0002348　普史 0417/02348　史部/雜史類/斷代之屬

湘軍記二十卷　（清）王定安撰　清光緒十五年（1889）江南書局刻本　十二冊

330000－1716－0002349　古越 0762/02349　類叢部/叢書類/自著之屬

振綺堂遺書五種　（清）汪遠孫撰　清道光刻民國十一年（1922）錢塘汪氏彙印本　八冊　存二種

330000－1716－0002351　普史 0419/02351　史部/雜史類/斷代之屬

戰國策三十三卷　（漢）高誘注　重刻剡川姚氏本戰國策札記三卷　（清）黃丕烈撰　清同治八年（1869）湖北崇文書局刻本　五冊

330000－1716－0002352　普史 0423/02352　史部/雜史類/斷代之屬

戰國策三十三卷　（漢）高誘注　重刻剡川姚氏本戰國策札記三卷　（清）黃丕烈撰　清同治八年（1869）湖北崇文書局刻本　五冊

330000－1716－0002353　普史 0420/02353　史部/雜史類/斷代之屬

國語二十一卷　（三國吳）韋昭注　校刊明道本韋氏解國語札記一卷　（清）黃丕烈撰　明道本考異四卷　（清）汪遠孫撰　清同治八年（1869）湖北崇文書局刻本　五冊

330000－1716－0002354　普史 0421/02354　史部/雜史類/斷代之屬

戰國策三十三卷　（漢）高誘注　重刻剡川姚氏本戰國策札記三卷　（清）黃丕烈撰　清同治八年（1869）湖北崇文書局刻本　五冊

330000－1716－0002355　普史 0422/02355　史部/雜史類/斷代之屬

戰國策三十三卷　（漢）高誘注　重刻剡川姚氏本戰國策札記三卷　（清）黃丕烈撰　清同治八年（1869）湖北崇文書局刻本　五冊

330000－1716－0002356　普史 0424/02356　類叢部/叢書類/彙編之屬

學津討原一百七十三種　（清）張海鵬編　清
嘉慶十年(1805)虞山張氏照曠閣刻本　四冊
　　存一種

330000－1716－0002357　普史 0426/02357
史部/雜史類/斷代之屬

國語二十一卷　（三國吳）韋昭注　校刊明道
本韋氏解國語札記一卷　（清）黃丕烈撰　明
道本考異四卷　（清）汪遠孫撰　清光緒三年
(1877)永康胡氏退補齋刻本　二冊

330000－1716－0002358　普史 0428/02358
史部/雜史類/斷代之屬

國語二十一卷　（三國吳）韋昭注　校刊明道
本韋氏解國語札記一卷　（清）黃丕烈撰　明
道本考異四卷　（清）汪遠孫撰　清同治八年
(1869)湖北崇文書局刻本　五冊

330000－1716－0002359　普史 0427/02359
史部/雜史類/斷代之屬

戰國策三十三卷　（漢）高誘注　重刻剡川姚
氏本戰國策札記三卷　（清）黃丕烈撰　清光
緒三年(1877)永康胡氏退補齋刻本　四冊
存三十三卷(一至三十三)

330000－1716－0002360　普史 0429/02360
類叢部/叢書類/彙編之屬

崇文書局彙刻書三十一種　（清）崇文書局編
　清光緒元年至三年(1875－1877)湖北崇文
書局刻本　四冊　存一種

330000－1716－0002361　普史 0430/02361
史部/雜史類/斷代之屬

唐語林八卷附校勘記一卷　（宋）王讜撰　附
校勘記一卷　（清）錢熙祚撰　清光緒十九年
(1893)湖北官書處刻本　四冊

330000－1716－0002362　普史 0432/02362
史部/雜史類/斷代之屬

湘軍記二十卷　（清）王定安撰　清光緒十五
年(1889)江南書局刻本　八冊

330000－1716－0002363　普史 0478 普史
0525 普史 0530/02363　類叢部/叢書類/彙編
之屬

高安朱文端公校輯藏書(朱文端公藏書)十三
種　（清）朱軾撰輯　清康熙至乾隆刻彙印本
　二十二冊　存三種

330000－1716－0002364　普史 0435/02364
史部/雜史類/斷代之屬

國語二十一卷　（三國吳）韋昭注　校刊明道
本韋氏解國語札記一卷　（清）黃丕烈撰　明
道本考異四卷　（清）汪遠孫撰　清光緒三年
(1877)永康胡氏退補齋刻本　四冊

330000－1716－0002366　普史 0436/02366
史部/雜史類/斷代之屬

小腆紀傳六十五卷　（清）徐鼒撰　小腆紀傳
補遺六卷　（清）徐承禮撰　清光緒十三年至
十四年(1887－1888)六合徐氏金陵刻本　十
八冊

330000－1716－0002367　普史 0437/02367
類叢部/叢書類/自著之屬

樓山堂遺書五種　（明）吳應箕撰　清同治當
塗夏氏刻本　四冊

330000－1716－0002368　普史 0439/02368
史部/雜史類/斷代之屬

小腆紀年附考二十卷　（清）徐鼒撰　清咸豐
十一年(1861)刻本　十二冊

330000－1716－0002369　普史 0440/02369
史部/雜史類/斷代之屬

歸潛志十四卷首一卷　（元）劉祁撰　清光緒
十年(1884)湘遠堂刻本　四冊

330000－1716－0002370　普史 0442/02370
史部/雜史類/斷代之屬

豫軍紀略十二卷　（清）尹耕雲等纂　清同治
十一年(1872)刻本　十二冊

330000－1716－0002371　普史 0441/02371
史部/雜史類/斷代之屬

中西紀事二十四卷首一卷　（清）夏燮撰　清
同治七年(1868)刻本　八冊

330000－1716－0002373　普史 0450/02373
類叢部/叢書類/彙編之屬

學津討原一百七十三種　（清）張海鵬編　清

嘉慶十年(1805)虞山張氏照曠閣刻本　六冊
　存一種

330000 – 1716 – 0002374　普史 0462/02374
史部/雜史類/斷代之屬
湘軍記二十卷　(清)王定安撰　清光緒十五
年(1889)江南書局刻本　十二冊

330000 – 1716 – 0002375　普史 0447/02375
史部/雜史類/斷代之屬
戰國策十卷　(宋)鮑彪校注　(元)吳師道補
正　清蘇州綠蔭堂刻本　八冊

330000 – 1716 – 0002376　普史 0446/02376
史部/雜史類/斷代之屬
明季稗史彙編十六種　(清)留雲居士輯　清
都城琉璃廠刻本　十四冊　存十三種

330000 – 1716 – 0002377　普史 0451/02377
類叢部/叢書類/自著之屬
陳炳齋著述二種　(清)陳徽言撰　清咸豐七
年(1857)章門刻同治四年(1865)檇李吳昌言
補修本　一冊

330000 – 1716 – 0002382　普史 0455/02382
史部/雜史類/斷代之屬
平原拳匪紀事一卷　(清)蔣楷撰　清光緒刻
本　一冊

330000 – 1716 – 0002383　古越 0559 – 2/
02383　類叢部/叢書類/彙編之屬
邵武徐氏叢書二十三種　(清)徐榦編　清光
緒邵武徐氏刻本　三冊　存一種

330000 – 1716 – 0002384　普叢 0451 – 6/
02384　類叢部/叢書類/彙編之屬
申報館叢書正集五十七種附錄三種　尊聞閣
主編　**續集一百四十二種**　蔡爾康編　清同
治至光緒上海申報館鉛印本　十冊　存一種

330000 – 1716 – 0002385　普史 0460/02385
史部/紀事本末類/斷代之屬
平定粵匪紀略十八卷附記四卷　(清)杜文瀾
撰　清同治八年(1869)群玉齋木活字印本
十冊

330000 – 1716 – 0002386　普史 0461/02386
史部/雜史類/斷代之屬
霆軍紀略十六卷　(清)陳昌撰　清光緒八年
(1882)刻本　六冊

330000 – 1716 – 0002387　普史 0463 普史
1362 普史 1381/02387　類叢部/叢書類/彙編
之屬
槐廬叢書四十六種　(清)朱記榮編　清光緒
吳縣朱氏槐廬家塾刻本　六冊　存三種

330000 – 1716 – 0002388　普史 0464/02388
類叢部/叢書類/彙編之屬
函海一百五十二種　(清)李調元編　清乾隆
綿州李氏萬卷樓刻嘉慶十四年(1809)李鼎元
重校印本　一冊　存五種

330000 – 1716 – 0002389　普史 0472/02389
史部/傳記類/總傳之屬/通代
碧血錄五卷　(清)莊仲方撰　(清)夏鸞翔繪
圖　清光緒八年(1882)上海同文書局石印本
五冊

330000 – 1716 – 0002390　普史 0471/02390
史部/傳記類/別傳之屬/年譜
黃梨洲先生[宗羲]年譜三卷　(清)黃炳垕撰
清同治十二年(1873)刻本　一冊

330000 – 1716 – 0002392　普史 0473/02392
史部/傳記類/別傳之屬/年譜
蘭史自訂年譜一卷　(清)王錫九撰　清光緒
十七年(1891)王瑋刻本　一冊

330000 – 1716 – 0002393　普史 0475/02393
史部/傳記類/總傳之屬/姓名
元和姓纂十卷　(唐)林寶撰　(清)孫星衍
(清)洪瑩補　清光緒六年(1880)金陵書局刻
本　四冊

330000 – 1716 – 0002394　普史 0474/02394
史部/傳記類/總傳之屬/通代
**歷代名人年譜十卷附存疑及生卒年月無攷一
卷**　(清)吳榮光撰　清光緒元年(1875)南海
張氏念初思滿齋刻本　十冊

330000 – 1716 – 0002395　普史 0479/02395

史部/傳記類/總傳之屬/儒林

延平四先生年譜四卷　（清）毛念恃編　清乾隆十年(1745)刻本　二冊

330000－1716－0002397　集補 1398/02397
集部/總集類/課藝之屬

寄嶽雲齋論文一卷　清刻本　一冊

330000－1716－0002398　普史 0468/02398
史部/傳記類/別傳之屬/年譜

王深寧先生[應麟]年譜一卷　（清）陳僅撰（清）張恕編　清光緒十六年(1890)浙江書局刻本　清胡道南題記　一冊

330000－1716－0002399　普史 0482/02399
史部/傳記類/總傳之屬/仕宦

鶴徵録八卷首一卷　（清）李集輯　（清）李富孫　（清）李遇孫續輯　鶴徵後録十二卷首一卷　（清）李富孫輯　清嘉慶漾葭老屋刻本二冊　存九卷(一至八、首)

330000－1716－0002403　普史 0488/02403
史部/傳記類/別傳之屬/事狀

誥授資政大夫晉封榮祿大夫二品頂戴賞戴花翎前署江蘇常鎮通道顯考君硯府君[錢寶傳]行述一卷　（清）錢紹楨述　清光緒刻本一冊

330000－1716－0002405　普史 0489/02405
集部/總集類/氏族之屬

新安先集二十卷附崇祀録一卷　（清）朱之榛輯　清同治十三年(1874)蘇州刻光緒補刻本六冊　存十六卷(一至六、九至十四、十八至二十,崇祀録)

330000－1716－0002408　普史 0465/02408
史部/傳記類/總傳之屬/姓名

史姓韻編六十四卷　（清）汪輝祖撰　清乾隆五十五年(1790)雙節堂刻本　二十四冊

330000－1716－0002409　普史 0494/02409
史部/傳記類/總傳之屬/仕宦

宋名臣言行録前集十卷後集十四卷續集八卷別集二十六卷外集十七卷　（宋）□□輯　清道光二十二年(1842)丹徒包氏刻本　十二冊

330000－1716－0002410　普史 0492/02410
史部/傳記類/別傳之屬/事狀

合肥相國[李鴻章]七十賜壽圖一卷附壽言一卷　（清）楊宗濂　盛宣懷輯　清光緒十八年(1892)海軍石印書局石印本　六冊

330000－1716－0002411　普史 0496/02411
史部/傳記類/總傳之屬/家乘

應氏先型録六卷　（清）應正禄編　芝英應氏家規一卷　（清）應杰撰　清同治五年(1866)上海道署刻本　一冊

330000－1716－0002412　普史 0497/02412
史部/傳記類/別傳之屬

祭輓分編十四卷　（清）□□輯　樸村徐公傳一卷　（清）趙青藜撰　清乾隆刻本　四冊

330000－1716－0002413　普史 0499/02413
史部/傳記類/總傳之屬/仕宦

歷代名臣言行録二十四卷　（清）朱桓輯　清嘉慶刻本　三十四冊

330000－1716－0002414　普史 0498/02414
類叢部/叢書類/彙編之屬

刻鵠齋叢書十六種　（清）胡念修編　清光緒二十三年至二十七年(1897－1901)刻鵠齋刻本　一冊　存一種

330000－1716－0002415　普史 0500 普史 0501/02415　類叢部/叢書類/自著之屬

重刻朱文端公三傳　（清）朱軾撰　清同治古唐朱氏古懽齋刻本　十二冊　存二種

330000－1716－0002418　普史 0505/02418
史部/傳記類/總傳之屬/姓名

史姓韻編六十四卷　（清）汪輝祖撰　清光緒十年(1884)上海中西書局石印本　四冊

330000－1716－0002419　普史 0504/02419
史部/傳記類/總傳之屬/仕宦

國朝名臣言行録三十卷首一卷　（清）董壽輯清光緒二十九年(1903)上海順成書局石印本　八冊

330000－1716－0002420　普史 0506/02420
史部/傳記類/總傳之屬/姓名

史姓韻編六十四卷 （清）汪輝祖撰 清光緒
十年（1884）上海中西書局石印本 四冊

330000－1716－0002422 普史 0509/02422
史部/傳記類/總傳之屬/斷代

國朝先正事略六十卷首一卷 （清）李元度撰
清光緒十二年（1886）鉛印本 十冊

330000－1716－0002424 普史 0510/02424
史部/傳記類/總傳之屬/斷代

國朝先正事略六十卷 （清）李元度撰 續編
四卷 朱孔彰撰 清光緒二十八年（1902）上
海點石齋石印本 十冊 缺四卷（續編一至
四）

330000－1716－0002425 普史 0511/02425
史部/雜史類/斷代之屬

明季稗史彙編十六種 （清）留雲居士輯 清
光緒二十二年（1896）上海圖書集成印書局鉛
印本 六冊

330000－1716－0002427 普史 0513/02427
史部/雜史類/斷代之屬

明季三朝野史四卷 （清）顧炎武輯 清光緒
三十四年（1908）上海石印本 一冊

330000－1716－0002428 普史 0514/02428
史部/叢編

痛史二十一種附九種 樂天居士輯 清宣統
三年（1911）上海商務印書館鉛印本 四冊
存一種

330000－1716－0002429 普史 0516/02429
新學/史志/戰記

中東戰紀本末八卷首一卷末一卷續編四卷首
一卷末一卷三編四卷 （美國）林樂知撰譯
蔡爾康輯 文學興國策二卷 （美國）林樂知
譯 清光緒二十二年（1896）、二十三年
（1897）、二十六年（1900）上海廣學會鉛印本
十二冊 缺六卷（三編一至四、文學興國策
一至二）

330000－1716－0002430 普史 0517/02430
史部/雜史類/斷代之屬

戊戌政變記九卷 梁啟超撰 清末鉛印本

三冊

330000－1716－0002431 普史 0515/02431
新學/史志/戰記

中東戰紀本末八卷首一卷末一卷續編四卷首
一卷末一卷三編四卷 （美國）林樂知撰譯
蔡爾康輯 文學興國策二卷 （美國）林樂知
譯 清光緒二十二年（1896）、二十三年
（1897）、二十六年（1900）上海廣學會鉛印本
十二冊 缺六卷（三編一至四、文學興國策
一至二）

330000－1716－0002432 普史 0518/02432
史部/史抄類

廿一史約編八卷首一卷 （清）鄭元慶撰 清
光緒六年（1880）得月樓刻本 八冊

330000－1716－0002436 普史 0522/02436
史部/史抄類

澹雅局增定課讀鑑略妥注善本五卷 （清）李
廷機撰 清光緒二十一年（1895）學庫第刻本
二冊

330000－1716－0002437 普史 0523/02437
類叢部/叢書類/家集之屬

項城袁氏家集七種 丁振鐸編 清宣統三年
（1911）清芬閣鉛印本 一冊 存一種

330000－1716－0002438 經補 0811－3/
02438 經部/小學類/文字之屬/字書

字學舉隅續編不分卷 （清）王維珍輯 清光
緒六年（1880）刻本 一冊

330000－1716－0002439 普史 0526/02439
史部/傳記類/總傳之屬/仕宦

貳臣傳十二卷逆臣傳四卷 （清）國史館撰
清都城琉璃廠半松居士刻本 四冊 存八卷
（七至八、十一至十二,逆臣傳一至四）

330000－1716－0002441 普史 0529/02441
類叢部/叢書類/自著之屬

留書種閣集九種 （清）黃炳垕撰 清同治六
年至光緒二十年（1867－1894）餘姚黃氏留書
種閣刻本 一冊 存一種

330000－1716－0002442 普史 0531/02442

史部/史評類/史論之屬

四史疑年録七卷 （清）劉文如撰　清宣統元年(1909)刻本　四冊

330000－1716－0002443　普史 0533/02443
史部/傳記類/別傳之屬/年譜

杜文正公[受田]年譜一卷 （清）杜翰等編　清咸豐九年(1859)刻本　一冊

330000－1716－0002444　普史 0535/02444
史部/傳記類/別傳之屬/事狀

陸清獻公荏嘉遺蹟三卷 （清）黃維玉輯　清同治六年(1867)上海道署刻本　一冊

330000－1716－0002445　普史 0536/02445
史部/傳記類/別傳之屬/事狀

陸清獻公荏嘉遺蹟三卷 （清）黃維玉輯　清同治六年(1867)上海道署刻本　一冊

330000－1716－0002447　普史 0538/02447
史部/傳記類/總傳之屬/仕宦

鶴徵録八卷首一卷 （清）李集輯　（清）李富孫　（清）李遇孫續輯　**鶴徵後録十二卷首一卷** （清）李富孫輯　清嘉慶漾葭老屋刻同治修補本　八冊

330000－1716－0002450　普史 0542/02450
史部/傳記類/總傳之屬/儒林

宋元學案一百卷首一卷考略一卷 （清）黃宗義撰　（清）全祖望修定　（清）王梓材（清）馮雲濠校並考　清光緒五年(1879)長沙寄廬刻本　三十二冊

330000－1716－0002452　普史 0544/02452
史部/政書類/通制之屬

文獻通考二十四卷首一卷 （元）馬端臨撰　清光緒二十年(1894)上海點石齋石印本　二十冊

330000－1716－0002453　普史 0546/02453
史部/傳記類/總傳之屬/儒林

闕里文獻考一百卷首一卷末一卷 （清）孔繼汾撰　清乾隆二十七年(1762)孔昭煥刻本　八冊

330000－1716－0002454　普史 0547/02454

史部/政書類/儀制之屬/典禮

文廟思源録一卷 （清）葉慶禔編　清光緒五年(1879)梅溪縣署刻本　一冊

330000－1716－0002455　普史 0545/02455
史部/傳記類/總傳之屬/儒林

明儒學案六十二卷師說一卷附案一卷 （清）黃宗義撰　清康熙三十年(1691)萬言、三十二年(1693)賈樸、雍正十三年至乾隆四年(1735－1739)慈溪鄭性二老閣刻光緒八年(1882)馮全垓修補本　二十四冊

330000－1716－0002456　普史 0549/02456
史部/傳記類/總傳之屬/通代

學統五十六卷 （清）熊賜履編　清康熙二十四年(1685)刻本　二十冊

330000－1716－0002457　普史 0548/02457
史部/傳記類/總傳之屬/儒林

宋元學案一百卷首一卷考略一卷 （清）黃宗義撰　（清）全祖望修定　（清）王梓材（清）馮雲濠校並考　清光緒五年(1879)長沙寄廬刻本　四十冊

330000－1716－0002458　普史 0551/02458
史部/史抄類

史記菁華録六卷 （清）姚祖恩輯　清道光四年(1824)吳興姚氏扶荔山房刻朱墨套印本　六冊

330000－1716－0002459　普史 0552/02459
類叢部/叢書類/彙編之屬

趙氏藏書十六種 （清）趙承恩編　清同治至光緒金谿趙氏紅杏山房補刻本　六冊

330000－1716－0002460　普史 0553/02460
史部/史抄類

史記菁華録六卷 （清）姚祖恩輯　清道光四年(1824)吳興姚氏扶荔山房刻朱墨套印本　六冊

330000－1716－0002461　普史 0555/02461
史部/史抄類

史記菁華録六卷 （清）姚祖恩輯　清道光四年(1824)吳興姚氏扶荔山房刻朱墨套印本

六冊

330000－1716－0002462　普史 0554/02462
史部/史抄類

史記菁華錄六卷　（清）姚祖恩輯　清道光四
年(1824)吳興姚氏扶荔山房刻朱墨套印本
六冊

330000－1716－0002463　普史 0556/02463
史部/史抄類

史記菁華錄六卷　（清）姚祖恩輯　清道光四
年(1824)吳興姚氏扶荔山房刻朱墨套印本
二冊

330000－1716－0002465　普史 0558/02465
史部/傳記類/總傳之屬/列女

列女傳十六卷　（漢）劉向撰　（明）汪道昆輯
（明）仇英繪圖　明萬曆刻清乾隆四十四年
(1779)鮑氏知不足齋印本　八冊

330000－1716－0002466　普史 0559/02466
類叢部/叢書類/自著之屬

孫夏峰全集十二種附一種　（清）孫奇逢撰
清康熙刻道光至光緒遞刻本　十六冊　存
一種

330000－1716－0002467　普史 0560/02467
史部/傳記類/科舉錄之屬

詞科掌錄十七卷舉目一卷餘話七卷　（清）杭
世駿輯　清乾隆仁和杭氏道古堂刻本　五冊
缺七卷(餘話一至七)

330000－1716－0002468　普史 0562/02468
史部/政書類/儀制之屬/典禮

文廟通考六卷首一卷　（清）牛樹梅撰　清同
治十一年(1872)浙江書局刻本　二冊

330000－1716－0002470　普史 0565/02470
史部/傳記類/別傳之屬/事狀

宗聖志二十卷　（清）王定安編　清光緒十六
年(1890)金陵刻本　六冊

330000－1716－0002471　子補 0400/02471
子部/醫家類/婦科之屬

居家必用方一卷　清末鉛印本　一冊

330000－1716－0002472　普史 0566/02472
史部/傳記類/別傳之屬/年譜

孔子編年五卷　（宋）胡仔編　清同治九年
(1870)胡湛刻本　二冊

330000－1716－0002473　新補 0153/02473
新學/學校

最新女子國文讀本不分卷　俞鍾璠編輯　清
宣統二年(1910)上海彪蒙書室石印本　一冊

330000－1716－0002475　普史 0568/02475
史部/史抄類

史鑑節要六卷　（清）鮑東里撰　清光緒二十
七年(1901)杞廬刻本　董立堃題簽　三冊

330000－1716－0002476　普史 0569/02476
史部/史抄類

讀史正氣錄十八卷　（清）姚德鈞　（清）劉秉
衡輯　清光緒十五年(1889)刻本　四冊

330000－1716－0002477　普史 0570/02477
史部/史抄類

南史識小錄十四卷北史識小錄十四卷　（清）
沈名蓀　（清）朱昆田輯　（清）張應昌補正
清同治十年(1871)武林吳氏清來堂刻本
十冊

330000－1716－0002478　普史 0571 普史
0731 普史 0828 普史 0829/02478　類叢部/叢
書類/自著之屬

汪龍莊先生遺書四種　（清）汪輝祖撰　清乾
隆五十年至五十六年(1785－1791)雙節堂刻
本　清先福跋　四冊　存三種

330000－1716－0002479　普史 0572/02479
史部/傳記類/總傳之屬/列女

杭女表微錄十六卷首一卷　（清）孫樹禮輯
清光緒三十二年(1906)寧波刻本　八冊

330000－1716－0002480　普史 0573/02480
史部/傳記類/總傳之屬/文苑

國朝詩人徵略六十卷二編六十四卷　（清）張
維屏撰　清道光二十二年(1842)刻本(二編
卷十二、十四、十六、二十四、二十六、三十二、
四十二原缺)　十二冊　缺十六卷(一至四、

十四至二十五)

330000－1716－0002481　普史 0574/02481
類叢部/叢書類/家集之屬

楓林黃氏家乘五種　(清)黃彭年輯　清同治
刻本　二冊　存一種

330000－1716－0002482　普史 0576/02482
史部/傳記類/別傳之屬/年譜

先太夫人[鮑氏]年譜一卷　王先謙輯　清光
緒刻本　一冊

330000－1716－0002484　普史 0579/02484
史部/史評類/史論之屬

重刊讀史論略一卷　(清)杜詔撰　清同治五
年(1866)永康胡氏退補齋刻本　一冊

330000－1716－0002485　普史 0580/02485
史部/史評類/史論之屬

讀史論略增注三卷　(清)杜詔撰　(清)唐桂
注　(清)傅傳增注　清光緒七年(1881)永嘉
徐氏刻本　一冊

330000－1716－0002486　普史 0581/02486
史部/史評類/史論之屬

讀史提要録十二卷　(清)夏之蓉撰　清乾隆
三十七年(1772)半舫齋刻道光二年(1822)、
同治四年(1865)補刻印本　四冊

330000－1716－0002487　普史 0582/02487
史部/史評類/史論之屬

史林測義三十八卷　(清)計大受撰　清嘉慶
十九年(1814)刻本　六冊

330000－1716－0002488　普史 0584/02488
類叢部/叢書類/彙編之屬

暢園叢書甲函六種　(清)張邁編　清光緒二
十年(1894)始豐張氏四明刻本　一冊　存
一種

330000－1716－0002489　普史 0585/02489
史部/史抄類

廿一史約編八卷首一卷　(清)鄭元慶撰　清
刻本　八冊

330000－1716－0002490　普史 0586/02490

史部/史抄類

南北史捃華八卷　(清)周嘉猷輯　清光緒二
年(1876)永康胡氏退補齋刻本　四冊

330000－1716－0002491　普史 0587/02491
史部/史評類/史論之屬

史通削繁四卷　(清)紀昀撰　清道光十三年
(1833)盧坤兩廣節署刻朱墨套印本　四冊

330000－1716－0002492　普史 0588/02492
史部/史評類/史論之屬

史通削繁四卷　(清)紀昀撰　清道光十三年
(1833)盧坤兩廣節署刻朱墨套印本　二冊

330000－1716－0002493　普史 0589/02493
史部/史評類/史論之屬

史論五種　(清)李祖陶撰　清同治十年
(1871)敖陽李氏尚友樓刻本　七冊

330000－1716－0002494　普史 0591/02494
史部/傳記類/總傳之屬/列女

皇朝貞孝節烈文編六卷　(清)汪正輯　清仁
和汪氏香溪節烈祠刻本　六冊

330000－1716－0002495　普史 0590－2/
02495　史部/史抄類

歐陽文忠公新唐書抄二卷五代史抄二十卷
(明)茅坤輯並評　明末刻本　五冊

330000－1716－0002496　普史 0592/02496
史部/傳記類/別傳之屬/事狀

梁恭人[德繩]傳一卷　(清)阮元撰　清末石
印本　一冊

330000－1716－0002497　普史 0593/02497
史部/傳記類/別傳之屬/事狀

重刻勁節樓圖紀三卷首一卷末一卷　(清)徐
嵩原輯　清光緒十年(1884)楓江徐氏刻本
一冊

330000－1716－0002498　普史 0550/02498
集部/別集類/清別集

邁堂文略一卷　(清)李祖陶撰　清道光十五
年(1835)江西鷺洲書院刻本　一冊

330000－1716－0002499　普叢 0149－3/

02499　類叢部/叢書類/彙編之屬

後知不足齋叢書四十七種　（清）鮑廷爵編
清光緒常熟鮑氏刻本　十二冊　存三種

330000－1716－0002501　普史 0597/02501
史部/史評類/史論之屬

史通削繁四卷　（清）紀昀撰　清道光十三年
(1833)盧坤兩廣節署刻朱墨套印本　四冊

330000－1716－0002502　普史 0598/02502
史部/史抄類

史鑑節要便讀六卷　（清）鮑東里撰　清同治
十三年(1874)江蘇書局刻本　二冊

330000－1716－0002503　普史 0595/02503
史部/傳記類/總傳之屬/通代

洛學編六卷　（清）湯斌輯　（清）尹會一續輯
（清）郭程先補輯　清末刻本　一冊　存四
卷(一至四)

330000－1716－0002504　普史 0599/02504
史部/史抄類

史鑑節要便讀六卷　（清）鮑東里撰　清同治
十三年(1874)江蘇書局刻本　二冊

330000－1716－0002505　普史 0600/02505
史部/史評類/史論之屬

史通削繁四卷　（清）紀昀撰　清光緒元年
(1875)湖北崇文書局刻本　施焯題記並批
四冊

330000－1716－0002509　普史 0607 普史
0608/02509　史部/傳記類/總傳之屬/仕宦

貳臣傳十二卷逆臣傳四卷　（清）國史館撰
清都城琉璃廠半松居士刻本　八冊

330000－1716－0002510　普史 0605/02510
史部/政書類/儀制之屬/典禮

文廟賢儒坐次傳略一卷　清末抄本　一冊

330000－1716－0002514　普史 0612/02514
史部/傳記類/總傳之屬/通代

增廣尚友錄統編二十二卷　應祖錫輯　清光
緒二十八年(1902)鴻寶齋石印本　十二冊

330000－1716－0002515　普史 0613/02515

史部/雜史類/斷代之屬

湘軍志十六卷首一卷　王闓運撰　清光緒十
一年(1885)斠微齋刻本　四冊

330000－1716－0002516　普史 0615/02516
史部/史評類/考訂之屬

廿二史劄記三十六卷補遺一卷　（清）趙翼撰
清光緒二十五年(1899)上海千頃堂石印本
六冊

330000－1716－0002517　普史 0614/02517
類叢部/叢書類/自著之屬

汪龍莊先生遺書四種　（清）汪輝祖撰　清咸
豐元年(1851)清河龔裕刻本　三冊　存一種

330000－1716－0002518　普史 0616/02518
類叢部/叢書類/彙編之屬

融經館叢書十一種　（清）徐友蘭編　清光緒
六年至十一年(1880－1885)會稽徐氏八杉齋
刻本　六冊　存一種

330000－1716－0002519　普叢 0451－4/
02519　類叢部/叢書類/彙編之屬

申報館叢書正集五十七種附錄三種　尊聞閣
主編　**續集一百四十二種**　蔡爾康編　清同
治至光緒上海申報館鉛印本　王覲甫題簽
十三冊　存三種

330000－1716－0002520　普史 0620/02520
史部/史抄類

史略八十七卷　（清）朱墍輯　清光緒十三年
(1887)上海積山書局石印本　六冊

330000－1716－0002521　普史 0621/02521
史部/傳記類/總傳之屬/姓名

史姓韻編六十四卷　（清）汪輝祖撰　清光緒
石印本　十二冊

330000－1716－0002522　普史 0622/02522
史部/雜史類/斷代之屬

湘軍志十六卷　王闓運撰　清光緒十一年
(1885)養翮齋刻本　四冊

330000－1716－0002523　普史 0623/02523
史部/傳記類/總傳之屬/通代

尚友錄二十二卷補遺一卷　（明）廖用賢輯

（清）張伯琮補輯　清光緒十四年（1888）上海點石齋石印本　四冊

330000－1716－0002524　普史 0624/02524
史部/史抄類

鑑撮四卷 （清）曠敏本撰　**讀史論略一卷**（清）杜詔撰　清末刻本　八冊

330000－1716－0002525　普史 0625/02525
史部/傳記類/總傳之屬/儒林

國朝漢學師承記八卷國朝經師經義目錄一卷國朝宋學淵源記二卷附記一卷 （清）江藩撰　清光緒十一年（1885）掃葉山房刻本　一冊　存三卷（淵源記一至二、附記）

330000－1716－0002527　普史 0627/02527
史部/史抄類

鑑撮六卷 （清）曠敏本撰　**讀史論略一卷**（清）杜詔撰　清光緒二十八年（1902）上洋書局石印本　四冊

330000－1716－0002528　普史 0629/02528
史部/傳記類/總傳之屬/姓名

史姓韻編六十四卷 （清）汪輝祖撰　清光緒十年（1884）慈溪馮氏耕餘樓鉛印本　十六冊

330000－1716－0002529　普史 0630/02529
史部/雜史類/斷代之屬

拳匪紀事六卷 （日本）佐原篤介　（清）浙西漚隱輯　清光緒二十七年（1901）鉛印本　六冊

330000－1716－0002533　普史 0633/02533
史部/史評類/史論之屬

讀通鑑論十六卷附宋論十五卷 （清）王夫之撰　清光緒三十年（1904）上海商務印書館鉛印本　十冊

330000－1716－0002535　普史 0635/02535
類叢部/叢書類/彙編之屬

海山仙館叢書五十六種 （清）潘仕成編　清道光二十五年至咸豐元年（1845－1851）番禺潘氏刻光緒十一年（1885）增刻彙印本　三冊　存一種

330000－1716－0002539　普史 0639/02539

史部/雜史類/斷代之屬

國語二十一卷 （三國吳）韋昭注　**校刊明道本韋氏解國語札記一卷** （清）黃丕烈撰　**戰國策三十三卷** （漢）高誘注　**重刻剡川姚氏本戰國策札記三卷** （清）黃丕烈撰　清光緒二十二年（1896）上海鴻寶齋石印本　唐風題記　八冊

330000－1716－0002541　普史 0640/02541
新學/史志/戰記

中東戰紀本末八卷首一卷末一卷續編四卷首一卷末一卷三編四卷 （美國）林樂知撰譯　蔡爾康輯　**文學興國策二卷** （美國）林樂知譯　清光緒二十二年（1896）、二十三年（1897）、二十六年（1900）上海廣學會鉛印本　八冊　存十卷（一至八、首、末）

330000－1716－0002542　普史 0642/02542
史部/雜史類/斷代之屬

淮軍平捻記十二卷 （清）周世澄撰　清光緒三年（1877）上海機器印書局鉛印本　二冊

330000－1716－0002548　普史 0653/02548
史部/紀事本末類/斷代之屬

平定粵匪紀略十八卷附記四卷 （清）杜文瀾撰　清同治八年（1869）群玉齋木活字印本　十冊

330000－1716－0002553　普史 0654/02553
史部/傳記類/別傳之屬/事狀

吳柳堂先生誄文一卷 （清）□□輯　清光緒七年（1881）秀文齋刻本　一冊

330000－1716－0002554　普史 0655/02554
史部/傳記類/別傳之屬/事狀

甕芳錄[高熊舉]一卷 （清）高德泰輯　清同治十三年（1874）刻光緒印本　一冊

330000－1716－0002555　普史 0656/02555
史部/編年類/通代之屬

讀史初階二卷 （清）耿匡氏編　清嘉慶刻本　一冊　存一卷（一）

330000－1716－0002556　普史 0657/02556
新學/學校

新編東洋史教科書七卷 （日本）開成館編
王季點譯 清光緒二十八年（1902）上海明德
譯書局鉛印本 一冊

330000－1716－0002558 普史 0659/02558
史部/史評類/史論之屬
讀史論略一卷 （清）杜詔撰 清末刻本
一冊

330000－1716－0002559 普史 0660 普史
0661 普史 0662 普史 1379/02559 類叢部/叢
書類/自著之屬
藤花亭十七種 （清）梁廷枏撰 清道光八年
至十三年（1828－1833）刻本 九冊 存五種

330000－1716－0002560 普史 0664/02560
史部/雜史類/斷代之屬
十六國春秋一百卷 （北魏）崔鴻撰 清乾隆
四十六年（1781）仁和汪氏欣託山房刻本 二
十冊

330000－1716－0002561 普史 0696/02561
類叢部/叢書類/彙編之屬
文選樓叢書三十三種 （清）阮亨編 清嘉慶
至道光儀徵阮氏刻本 一冊 存一種

330000－1716－0002562 普史 0687/02562
子部/雜著類/雜纂之屬
燕蘭小譜五卷 （清）吳長元撰 海漚小譜一
卷 （清）秋谷老人撰 清宣統三年（1911）長
沙葉德輝刻本 一冊

330000－1716－0002564 普史 0685/02564
史部/史評類/史論之屬
歷代史論一編四卷二編十卷 （明）張溥撰
明崇禎吳門正雅堂刻本 六冊

330000－1716－0002565 普史 0689/02565
子部/宗教類/佛教之屬
明州定應大師布袋和尚傳一卷 （元）釋曇噩
撰 清同治十三年（1874）杭州西湖昭慶寺慧
空經房刻本 一冊

330000－1716－0002566 普史 0691/02566
史部/傳記類/總傳之屬
聖賢像贊不分卷 （明）呂維祺撰 清光緒四

年（1878）曲阜會文堂刻本 四冊

330000－1716－0002567 普史 0692/02567
史部/史表類/通代之屬
歷代帝王年表一卷紀元同異攻略一卷 黃大
華撰 清光緒二十六年（1900）夢紅豆村刻本
一冊

330000－1716－0002568 普史 0682/02568
史部/傳記類/總傳之屬/仕宦
餘師錄前集十四卷後集十卷續集八卷 （清）
楊希閔撰 清光緒刻本 十三冊 缺六卷
（九至十四）

330000－1716－0002570 普史 0676/02570
史部/傳記類/總傳之屬/釋道
高僧傳初集至四集 （清）楊文會輯 清光緒
十年至十八年（1884－1892）金陵刻經處、江
北刻經處刻本 二冊 存一種

330000－1716－0002571 普史 0666/02571
史部/傳記類/總傳之屬/列女
善女人傳二卷 （清）彭際清撰 清同治十一
年（1872）常熟刻本 一冊

330000－1716－0002575 普史 0669/02575
史部/地理類/遊記之屬/紀行
河海崑崙錄四卷 裴景福撰 清末鉛印本
四冊

330000－1716－0002576 普史 0670/02576
類叢部/叢書類/彙編之屬
增訂漢魏叢書八十六種 （清）王謨編 清乾
隆五十六年（1791）金谿王氏刻本 一冊 存
二種

330000－1716－0002577 普史 0671/02577
史部/傳記類/別傳之屬/事狀
韜厂蹈海錄四卷 徐良弼等撰 清宣統二年
（1910）蘇州鉛印本 一冊 存二卷（一至二）

330000－1716－0002579 普史 0674 普史
0675/02579 類叢部/叢書類/自著之屬
重刻朱文端公三傳 （清）朱軾撰 清同治古
唐朱氏古懽齋刻本 八冊 存二種

330000－1716－0002580　普史 0677/02580
史部/傳記類/總傳之屬/釋道

高僧傳初集至四集　(清)楊文會輯　清光緒
十年至十八年(1884－1892)金陵刻經處、江
北刻經處刻本　八冊　存一種

330000－1716－0002582　普史 0681/02582
史部/傳記類/總傳之屬/通代

尚友錄二十二卷補遺一卷　(明)廖用賢輯
(清)張伯琮補輯　清浙蘭林天祿齋刻本　二
十二冊

330000－1716－0002583　善 0484－1/02583
類叢部/叢書類/彙編之屬

廣漢魏叢書九十六種　(明)何允中編　明萬
曆刻本　一冊　存一種

330000－1716－0002584　普史 0700 普史
0726/02584　史部/政書類/通制之屬

三通七百四十八卷　清咸豐九年(1859)崇仁
謝氏刻本　一百六十冊　存二種

330000－1716－0002586　普史 0702/02586
史部/史評類/史論之屬

重刊讀史論略一卷　(清)杜詔撰　清同治五
年(1866)永康胡氏退補齋刻本　一冊

330000－1716－0002587　普史 0703 普史
0704 普史 0705 普史 0706 普史 0710 普史 0711
普史 0713 普史 0715 普史 0725/02587　史部/
政書類/通制之屬

九通二千三百二十一卷　(清)□□輯　清光
緒二十七年(1901)上海圖書集成印書局鉛印
本　二百九十一冊　缺六卷(通志二十五至
三十)

330000－1716－0002589　普史 0707/02589
史部/史評類/史論之屬

通鑑論三卷附稽古錄論一卷　(宋)司馬光撰
(清)伍耀光輯　清光緒廣州菁華閣石印本
四冊

330000－1716－0002590　普史 0712/02590
史部/史表類/通代之屬

中外紀年通表六卷　(清)著易堂輯　清光緒

二十三年(1897)上海著易堂石印本　清董金
鑑題記　八冊

330000－1716－0002593　普史 0716 普史
0717/02593　史部/政書類/通制之屬

西漢會要七十卷東漢會要四十卷　(宋)徐天
麟撰　清光緒五年(1879)嶺南學海堂刻本
十八冊

330000－1716－0002594　普史 0720/02594
史部/史評類/史論之屬

讀史論略一卷　(清)杜詔撰　清末李光明莊
刻本　一冊

330000－1716－0002595　普史 0718/02595
史部/政書類/通制之屬

欽定大清會典一百卷　(清)張廷玉等纂修
清末刻本　二十四冊

330000－1716－0002596　普史 0719/02596
史部/傳記類/總傳之屬/儒林

明儒學案十六卷　(清)黃宗羲撰　清光緒二
十八年(1902)上海文瀾書局石印本　八冊

330000－1716－0002597　普史 0721/02597
史部/地理類/雜志之屬

金山衛佚史一卷　姚光撰　清宣統三年
(1911)金山姚光鉛印本　一冊

330000－1716－0002601　普史 0727/02601
史部/政書類/通制之屬

文獻通考詳節二十四卷　(元)馬端臨撰
(清)嚴虞惇輯　清乾隆二十九年(1764)嚴有
禧繩武堂刻本　八冊

330000－1716－0002602　普史 0728/02602
史部/紀傳類/正史之屬

南北史補志十四卷附贊一卷　(清)汪士鐸撰
清光緒四年(1878)淮南書局刻本　六冊

330000－1716－0002603　普史 0729/02603
史部/政書類/通制之屬

續修大清會典四卷　(清)托津等撰　清同治
十一年(1872)湖北崇文書局刻本　四冊

330000－1716－0002604　普史 0744/02604

類叢部/叢書類/彙編之屬

月河精舍叢鈔五種 （清）丁寶書輯　清光緒六年（1880）苕溪丁氏刻本　三冊　存一種

330000－1716－0002605　普史 0733/02605
史部/職官類/官制之屬

原刻科名金鍼不分卷 （清）丁心齋撰　**探杏譜一卷** （清）程恭壽撰　清光緒刻本　一冊

330000－1716－0002606　普史 0734/02606
史部/政書類/邦計之屬

入幕須知五種附一種 （清）張廷驤輯　清光緒十三年（1887）元和張廷驤刻本　六冊

330000－1716－0002607　普史 0730/02607
史部/政書類/通制之屬

九通二千三百二十一卷 （清）□□輯　清光緒八年至二十二年（1882－1896）浙江書局刻本　四十冊　存一種

330000－1716－0002608　普史 0736/02608
史部/政書類/通制之屬

三通七百四十八卷 清乾隆十二年（1747）武英殿刻本　八十八冊　存一種

330000－1716－0002609　普史 0735/02609
史部/政書類/通制之屬

欽定大清會典八十卷事例九百二十卷目錄八卷圖一百三十二卷目錄二卷 （清）托津等撰　清嘉慶二十五年（1820）武英殿刻本　四十冊　存八十卷（一至八十）

330000－1716－0002610　普史 0738/02610
史部/傳記類/科舉錄之屬/歷科登科錄

道光甲午科直省同年錄不分卷 （清）徐有孚輯　清道光二十年（1840）刻本　十冊

330000－1716－0002611　普史 0740/02611
類叢部/叢書類/彙編之屬

洪氏唐石經館叢書十九種 （清）洪汝奎輯　清光緒涇縣洪氏公善堂刻彙印本　十六冊　存一種

330000－1716－0002612　普史 0741 普史 0993/02612　史部/地理類

李氏五種 （清）李兆洛撰　清同治九年至十

一年（1870－1872）合肥李鴻章刻本　九冊　存三種

330000－1716－0002613　普史 0742/02613
史部/政書類/儀制之屬/典禮

大清通禮五十四卷 （清）來保等纂修　（清）穆克登額等續纂　清刻本　十二冊

330000－1716－0002614　普集 1763/02614
集部/總集類/彙編之屬

陳太僕批選八家文鈔 （清）陳兆崙編　清光緒二十六年（1900）天津文美齋石印本　三冊　存三種

330000－1716－0002615　普史 0745/02615
史部/政書類

摘錄科場事例二卷 （清）梅啟照摘錄　清同治十二年（1873）刻本　二冊

330000－1716－0002616　普史 0746/02616
史部/政書類/儀制之屬/專志/科舉校規

摘錄續增科場條例不分卷 （清）詹鴻謨（清）徐堉總纂　清光緒刻本　四冊

330000－1716－0002617　普史 0747/02617
史部/政書類/儀制之屬/專志/科舉校規

鄉會須知一卷 （清）□□輯　清光緒二年（1876）琉璃廠書坊刻本　一冊

330000－1716－0002619　普史 0748/02619
史部/地理類

李氏五種 （清）李兆洛撰　清同治九年至十一年（1870－1872）合肥李鴻章刻本　一冊　存一種

330000－1716－0002620　普史 0750－2/02620　子部/儒家類/儒學之屬/性理

朱子家禮八卷 （宋）朱熹撰　（明）丘濬輯（明）楊廷筠補　**四禮初稿四卷** （明）宋纁輯　**四禮約言四卷** （明）呂維祺撰　清刻本　六冊

330000－1716－0002621　普史 0751/02621
史部/傳記類/職官錄之屬/總錄

[清光緒七年]江寧同官錄不分卷 （清）劉坤一輯　清光緒七年（1881）刻本　六冊

330000－1716－0002622　普史 0752/02622
史部/傳記類/職官録之屬/總録

[清同治六年]江南寧屬同官録不分卷　清同
治六年(1867)刻本　二冊

330000－1716－0002623　普叢 0214－1/
02623　類叢部/叢書類/自著之屬

高陶堂遺集四種　(清)高心夔撰　清光緒八
年(1882)平湖朱氏經注經齋刻本　四冊

330000－1716－0002624　普史 0754/02624
史部/傳記類/職官録之屬/總録

[清光緒六年]江蘇同官録不分卷　(清)許應
鑅輯　清光緒六年(1880)刻本　八冊

330000－1716－0002625　普史 0756/02625
史部/政書類/公牘檔冊之屬

奏豁浮糧卷宗一卷附南米並徵卷宗一卷　清
光緒六年(1880)吳四寶堂刻本　二冊

330000－1716－0002626　普史 0757/02626
史部/政書類/公牘檔冊之屬

奏豁浮糧卷宗一卷附南米並徵卷宗一卷　清
光緒六年(1880)吳四寶堂刻本　二冊

330000－1716－0002627　普史 0758/02627
史部/職官類/官箴之屬

仕學全書上編二十卷下編十五卷　(明)魯論
撰　清康熙木活字印本　五冊

330000－1716－0002628　普史 0759/02628
子部/儒家類/儒學之屬/禮教

五種遺規摘鈔　(清)陳弘謀輯並撰　(清)劉
肇紳摘抄　清同治七年(1868)湖北崇文書局
刻本　二冊　存一種

330000－1716－0002629　普史 0761/02629
史部/政書類/儀制之屬/典禮

皇朝祭器樂舞録二卷　(清)徐暢達輯　清同
治十年(1871)楚北崇文書局刻本　二冊

330000－1716－0002630　普史 0762/02630
史部/政書類/公牘檔冊之屬

尺園佐治摘存一卷續紀一卷　韓靄堂輯　清
宣統元年至二年(1909－1910)石印本　一冊
　　缺一卷(續紀)

330000－1716－0002631　普史 0763/02631
史部/職官類/官制之屬

皇朝詞林典故儀式門摘録一卷　(清)林則徐
輯　清末刻本　一冊

330000－1716－0002633　普史 0765/02633
史部/政書類/邦計之屬/漕運

欽定戶部漕運全書九十二卷首一卷　(清)潘
世恩等纂　清道光二十四年(1844)刻本　四
十六冊

330000－1716－0002634　普史 0766/02634
史部/政書類/邦計之屬/荒政

籌濟編三十二卷首一卷　(清)楊景仁撰　清
光緒四年(1878)楊氏詒硯齋刻本　六冊

330000－1716－0002635　普史 0767/02635
史部/職官類/官箴之屬

問心齋學治雜録二卷續録四卷　(清)張聯桂
撰　清光緒十一年(1885)刻本　六冊

330000－1716－0002636　普史 0768/02636
史部/政書類/考工之屬/雜志

金陵機業瑣記不分卷　(清)高德泰撰　清光
緒七年(1881)刻本　一冊

330000－1716－0002638　普史 0770/02638
史部/政書類/邦計之屬/貿易

中國商務志不分卷　(日本)織田一撰　蔣篆
方譯　清光緒二十八年(1902)上海廣智書局
鉛印本　一冊

330000－1716－0002640　普史 0772/02640
史部/政書類/邦交之屬

窺豹雜存一卷　(清)憂時居士輯　清光緒七
年(1881)刻本　一冊

330000－1716－0002641　普史 0774/02641
史部/職官類/官制之屬

星軺指掌三卷續一卷　(清)聯芳　(清)慶常
譯　清光緒二年(1876)上海同文館鉛印本
四冊

330000－1716－0002642　普史 0773/02642
史部/政書類/邦交之屬

辛丑和約全稿一卷　中外日報館輯　清光緒

二十七年(1901)中外日報館鉛印本　一冊

330000－1716－0002643　普史 0775/02643
新學/工藝/工學/塘工河工路工

星軺攷軼四卷　(清)劉啟彤譯　清光緒十五年(1889)同文書局刻本　四冊

330000－1716－0002644　普史 0776/02644
史部/政書類/邦交之屬

使俄草八卷　(清)王之春撰　清光緒二十一年(1895)上海石印本　四冊

330000－1716－0002645　普史 0777/02645
史部/政書類

摘録科場事例二卷　(清)梅啟照摘録　清同治十二年(1873)刻本　二冊

330000－1716－0002646　普史 0778/02646
史部/職官類/官箴之屬

牧令須知六卷　(清)剛毅輯　清光緒十五年(1889)江蘇書局刻本　二冊

330000－1716－0002647　普史 0779/02647
史部/政書類/儀制之屬/專志/科舉校規

奏定學堂章程二十種　(清)張百熙　(清)榮慶　(清)張之洞撰　清光緒浙江學務處刻本　一冊　存一種

330000－1716－0002648　普史 0782/02648
史部/傳記類/總傳之屬/釋道

高僧傳初集至四集　(清)楊文會輯　清光緒十年至十八年(1884－1892)金陵刻經處、江北刻經處刻本　清董金鑑題記　十冊　存一種

330000－1716－0002649　普史 0780/02649
新學/學校

浙江高等學堂現行章程一卷　(清)浙江高等學堂編　清宣統三年(1911)杭城中合公司鉛印本　一冊

330000－1716－0002650　普史 0781/02650
新學/商務

萬國通商史一卷　(英國)瑣米爾士撰　(日本)古城貞吉譯　清光緒二十七年(1901)南洋公學譯書院鉛印本　一冊

330000－1716－0002651　普史 0783/02651
史部/政書類/邦計之屬/荒政

荒政輯要九卷首一卷　(清)汪志伊纂　清浙藩署刻本　二冊

330000－1716－0002652　普史 0784/02652
新學/交涉

英俄印度交涉書一卷續編一卷　(英國)馬文撰　(清)羅亨利　(清)瞿昂來譯　清光緒江南製造局刻本　一冊

330000－1716－0002653　普史 0785/02653
史部/政書類/邦計之屬/貿易

國政貿易相關書二卷　(英國)法拉撰　(英國)傅蘭雅口譯　(清)徐家寶筆述　清光緒江南製造局刻本　二冊

330000－1716－0002654　普史 0786/02654
史部/傳記類/科舉録之屬/總録

國朝兩浙科名録不分卷　(清)黃安綏輯　清咸豐七年(1857)京師刻本　一冊

330000－1716－0002655　普史 0787 普史1172 普史 1176/02655　類叢部/叢書類/彙編之屬

敏果齋七種　(清)許乃釗編　清道光十二年至二十九年(1832－1849)錢塘許氏刻彙印本　四冊　存三種

330000－1716－0002656　普史 0789/02656
史部/政書類/通制之屬

欽定大清會典一百卷　(清)張廷玉等纂修　清乾隆二十九年(1764)武英殿刻本　二十冊

330000－1716－0002657　普史 0788/02657
史部/政書類/律令之屬/律例

大清律例四十七卷附督捕則例二卷　(清)徐本等纂　清嘉慶刻本　王笠先題簽　二十二冊

330000－1716－0002664　普史 0797/02664
史部/政書類/軍政之屬/兵制

西寧軍務節略不分卷　(清)□□輯　清光緒石印本　一冊

330000－1716－0002665　普史 0799/02665

史部/政書類/公牘檔冊之屬

碣陽鄉甲小試錄三卷首一卷　（清）張諧之撰
清光緒七年（1881）宏農潛修精舍刻本
一冊

330000－1716－0002666　普史 0798/02666
史部/政書類/軍政之屬/兵制

自強軍創制公言二卷　沈敦和編次　清末石
印本　二冊

330000－1716－0002667　普史 0800/02667
史部/政書類/律令之屬/律例

通行條例不分卷（清光緒元年至十四年）　清
光緒十四年（1888）江蘇書局刻本　四冊

330000－1716－0002668　普史 0801/02668
史部/政書類/律令之屬/律例

大清律例總類不分卷　清光緒十五年（1889）
江蘇書局刻本　四冊

330000－1716－0002669　普史 0802/02669
史部/政書類/律令之屬/治獄

續輯明刑圖說一卷　（清）胡鴻澤輯　清光緒
八年（1882）涇川胡氏刻本　一冊

330000－1716－0002670　普史 0803/02670
史部/政書類/軍政之屬/兵制

杭州八旗駐防營志略二十五卷　（清）張大昌
輯　清光緒十九年（1893）浙江書局刻本
六冊

330000－1716－0002672　普史 0805/02672
新學/兵制/陸軍

新建陸軍兵略錄存八卷　袁世凱撰　清光緒
二十四年（1898）石印本　六冊

330000－1716－0002673　普史 0806/02673
史部/政書類/律令之屬/律例

律例便覽八卷諸圖一卷　（清）蔡嵩年　（清）
蔡逢年編　**處分則例圖要六卷**　（清）蔡逢年
編　清同治九年（1870）江蘇書局刻本　六冊

330000－1716－0002674　普史 0807/02674
史部/政書類/律令之屬/律例

通行條例不分卷（清光緒元年至十四年）　清
光緒十四年（1888）江蘇書局刻本　四冊

330000－1716－0002689　普史 0822/02689
史部/政書類/公牘檔冊之屬

江寧勸工學堂章程一卷　（清）李智儔　（清）
胡光煜訂　清末刻本　一冊

330000－1716－0002692　普史 0825/02692
史部/政書類/公牘檔冊之屬

試辦杭州府中學堂章程一卷　清光緒二十八
年（1902）上海商務印書館鉛印本　一冊

330000－1716－0002693　普史 0826/02693
史部/政書類/公牘檔冊之屬

續定上海龍門書院課程一卷　清末刻本
一冊

330000－1716－0002694　普史 0827/02694
史部/政書類/公牘檔冊之屬

饒州府中學堂章程一卷　清末刻本　一冊

330000－1716－0002695　普史 0834/02695
類叢部/叢書類/自著之屬

龍莊遺書四種　（清）汪輝祖撰　清光緒江蘇
書局刻本　一冊　存一種

330000－1716－0002696　普史 0834/02696
類叢部/叢書類/自著之屬

汪龍莊先生遺書四種　（清）汪輝祖撰　清乾
隆五十年至五十六年（1785－1791）雙節堂刻
本　一冊　存一種

330000－1716－0002697　普史 0830/02697
史部/職官類/官箴之屬

居官鏡一卷　（清）剛毅輯　清光緒十六年
（1890）刻本　一冊

330000－1716－0002698　普史 0838/02698
史部/政書類/邦計之屬

入幕須知五種附一種　（清）張廷驤輯　清光
緒十八年（1892）浙江書局刻本　一冊　存
一種

330000－1716－0002699　普史 0832/02699
史部/政書類/公牘檔冊之屬

厲志學會章程一卷　（清）厲志學會撰　清末
刻本　一冊

330000－1716－0002700　普史 0833/02700
史部/政書類/儀制之屬/專志/科舉校規

奏定學堂章程二十種　（清）張百熙　（清）榮
慶　（清）張之洞撰　清光緒鉛印本　四冊
存十九種

330000－1716－0002703　普史 0837/02703
子部/儒家類/儒學之屬/禮教

五種遺規輯要　（清）陳弘謀輯並撰　（清）楊
恩澍等輯　清同治九年(1870)龍山書院刻光
緒二十年(1894)會稽徐氏補刻本　六冊

330000－1716－0002704　普史 0841/02704
史部/政書類/律令之屬/法驗

**補注洗冤錄集證五卷附檢骨圖格一卷寶鑑編
一卷**　（清）王又槐輯　（清）李觀瀾補輯
（清）阮其新補注　清道光十三年(1833)會稽
阮氏誠本堂刻光緒四年(1878)印本　四冊

330000－1716－0002705　普史 0839/02705
史部/職官類/官箴之屬

牧令全書二十三卷　（清）丁日昌輯　清同治
七年(1868)江蘇書局刻本　十二冊　存三種

330000－1716－0002706　普史 0840/02706
史部/政書類/律令之屬/法驗

**補注洗冤錄集證五卷附檢骨圖格一卷寶鑑編
一卷**　（清）王又槐輯　（清）李觀瀾補輯
（清）阮其新補注　清道光十三年(1833)會稽
阮氏誠本堂刻光緒四年(1878)印本　四冊

330000－1716－0002707　普史 0843/02707
史部/政書類/律令之屬/律例

審看擬式四卷首一卷末一卷　（清）剛毅輯
清光緒十五年(1889)江蘇書局刻本　二冊

330000－1716－0002708　普史 0844/02708
史部/政書類/律令之屬/刑制

重修名法指掌圖四卷　（清）沈辛田撰　（清）
徐瀨重訂　清同治九年(1870)湖南藩署刻本
四冊

330000－1716－0002709　普史 0842/02709
史部/政書類/律令之屬

秋讞輯要六卷首一卷　（清）剛毅輯　清光緒

十五年(1889)江蘇書局刻本　八冊

330000－1716－0002710　普史 0845/02710
史部/政書類/律令之屬/律例

大清律例總類不分卷　清光緒十五年(1889)
江蘇書局刻本　四冊

330000－1716－0002711　普史 0853/02711
史部/政書類/律令之屬/律例

審看擬式四卷首一卷末一卷　（清）剛毅輯
清光緒十五年(1889)江蘇書局刻本　二冊

330000－1716－0002712　普史 0846/02712
史部/政書類/律令之屬

秋讞輯要六卷首一卷　（清）剛毅輯　清光緒
十五年(1889)江蘇書局刻本　八冊

330000－1716－0002713　普史 0847/02713
史部/政書類/邦計之屬/貿易

續纂淮關統志十四卷首一卷　（清）伊齡阿纂
修　（清）李如枚　（清）元成續纂　清嘉慶二
十一年(1816)刻本　十四冊

330000－1716－0002714　普史 0848/02714
史部/政書類/軍政之屬/兵制

北洋海軍章程不分卷　（清）奕譞等撰　清光
緒鉛印本　六冊

330000－1716－0002715　普史 0849/02715
史部/政書類/軍政之屬

欽定軍器則例二十四卷　（清）董誥等纂　清
光緒十四年(1888)鉛印本　十二冊

330000－1716－0002716　普史 0850/02716
史部/政書類/律令之屬/法驗

重刊補注洗冤錄集證五卷　（清）王又槐輯
（清）李觀瀾補輯　（清）阮其新補注　（清）
張錫蕃重訂　清道光刻本　四冊

330000－1716－0002717　古越 0758/02717
類叢部/叢書類/彙編之屬

金粟齋群書　（清）金粟齋譯書社編　清光緒
二十七年至二十八年(1901－1902)金粟齋譯
書社鉛印本　十冊　存七種

330000－1716－0002718　普叢 0191－2/

02718　類叢部/叢書類/彙編之屬
岱南閣叢書二十種　（清）孫星衍編　清乾隆
五十年至嘉慶十四年(1785 – 1809)蘭陵孫氏
刻本　八冊　存一種

330000 – 1716 – 0002719　普史 0852/02719
新學/交涉/公法
公法會通十卷　（瑞士）步倫氏撰　（美國）丁
韙良譯　清光緒二十五年(1899)上海美華書
館鉛印本　一冊

330000 – 1716 – 0002720　普史 0854/02720
新學/交涉/公法
公法總論一卷　（英國）羅伯村撰　（英國）傅
蘭雅　汪振聲譯　清光緒江南製造局鉛印本
一冊

330000 – 1716 – 0002721　普史 0855/02721
史部/政書類/律令之屬/法驗
重刊補注洗冤錄集證六卷　（清）王又槐輯
（清）李觀瀾補輯　（清）阮其新補注　（清）
張錫蕃重訂　（清）文晟續輯　清光緒三年至
五年(1877 – 1879)浙江書局刻四色套印本
五冊

330000 – 1716 – 0002722　普史 0851/02722
史部/政書類/律令之屬/法驗
重刊補注洗冤錄集證六卷　（清）王又槐輯
（清）李觀瀾補輯　（清）阮其新補注　（清）
文晟續輯　清道光二十四年(1844)刻四色套
印本　六冊

330000 – 1716 – 0002723　普史 0857/02723
史部/政書類/律令之屬/法驗
洗冤錄詳義四卷首一卷　（清）許槤輯　清光
緒十二年(1886)山東書局刻本　四冊

330000 – 1716 – 0002724　普史 0858/02724
史部/政書類/律令之屬/法驗
洗冤錄詳義四卷首一卷　（清）許槤輯　洗冤
錄摭遺二卷　（清）葛元煦輯　清光緒二年
(1876)仁和葛元煦刻本　五冊

330000 – 1716 – 0002725　普史 0856/02725
史部/政書類/律令之屬/法驗

洗冤錄詳義四卷首一卷　（清）許槤輯　洗冤
錄摭遺二卷　（清）葛元煦輯　洗冤錄摭遺補
一卷　（清）張開運輯　清光緒三年(1877)湖
北藩署刻本　一冊　存一卷(摭遺補)

330000 – 1716 – 0002726　普史 0859/02726
史部/政書類/律令之屬/法驗
洗冤錄表四卷續增一卷附刊一卷　（清）曾恒
德撰　清道光二十五年(1845)清江楊氏刻本
二冊

330000 – 1716 – 0002731　普史 0864/02731
史部/職官類/官制之屬/通志
歷代職官表六卷　（清）黃本驥纂　清光緒八
年(1882)上海王氏刻本　三冊

330000 – 1716 – 0002732　普史 0865/02732
史部/政書類/律令之屬
商法調查案不分卷商律草案不分卷　清末上
海廣益書局石印本　一冊

330000 – 1716 – 0002733　普史 0866/02733
史部/政書類/邦計之屬/戶政
光緒會計錄三卷　（清）李希聖纂　清光緒上
海時務報館石印本　二冊

330000 – 1716 – 0002734　普史 0867/02734
新學/史志/政記
中國度支考一卷　（英國）哲美森編　清光緒
二十三年(1897)上海廣學會鉛印本　一冊

330000 – 1716 – 0002735　普史 0868/02735
史部/政書類/律令之屬/法驗
重刊補注洗冤錄集證六卷　（清）王又槐輯
（清）李觀瀾補輯　（清）阮其新補注　（清）
張錫蕃重訂　（清）文晟續輯　清宣統元年
(1909)上海文瑞樓石印本　五冊

330000 – 1716 – 0002736　普史 0869/02736
史部/政書類/律令之屬/治獄
駁案彙編四十一卷　（清）朱梅臣輯　清光緒
上海圖書集成局鉛印本　十二冊

330000 – 1716 – 0002737　普史 0870/02737
史部/政書類/通制之屬
五大洲政治通考四十八卷　題（清）急先務齋

主人等編　清光緒二十七年(1901)石印本
十二冊

330000－1716－0002738　普史 0871/02738
新學/議論/通論
時事新論圖說不分卷　(英國)李提摩太編繪
　清光緒二十年(1894)上海廣學會鉛印本
一冊

330000－1716－0002739　普史 0872/02739
史部/政書類/律令之屬/治獄
駁案彙編四十一卷　(清)朱梅臣輯　清光緒
上海圖書集成局鉛印本　十二冊

330000－1716－0002740　普史 0873/02740
史部/詔令奏議類/奏議之屬
同治中興京外奏議約編八卷　(清)陳弢輯
清光緒元年(1875)篋劍囊琴之室刻本　八冊

330000－1716－0002741　普史 0874/02741
史部/詔令奏議類/奏議之屬
同治中興京外奏議約編八卷　(清)陳弢輯
清光緒元年(1875)篋劍囊琴之室刻本　八冊

330000－1716－0002742　普史 0875/02742
類叢部/叢書類/彙編之屬
十萬卷樓叢書五十一種　(清)陸心源編　清
光緒歸安陸氏刻本　二冊　存一種

330000－1716－0002743　普史 0876/02743
史部/詔令奏議類/奏議之屬
唐陸宣公奏議讀本四卷首一卷　(唐)陸贄撰
　(清)汪銘謙輯　(清)馬傳庚評點　清光緒
二十六年(1900)會稽馬家鼎石印本　二冊

330000－1716－0002744　普史 0877/02744
史部/詔令奏議類/奏議之屬
硃批鄂爾泰奏摺一卷　(清)鄂爾泰撰　(清)
世宗胤禛批　清末抄本　一冊

330000－1716－0002745　普史 0878/02745
史部/政書類/律令之屬/治獄
棠陰比事一卷　(宋)桂萬榮撰　清光緒三十
年(1904)刻本　一冊

330000－1716－0002746　普史 0879/02746

史部/政書類/律令之屬/治獄
棠陰比事一卷　(宋)桂萬榮撰　清光緒三十
年(1904)刻本　一冊

330000－1716－0002747　普史 0880/02747
史部/政書類/律令之屬/律例
讀律一得歌四卷　(清)宗繼增編　清光緒十
六年(1890)江蘇書局刻本　二冊

330000－1716－0002748　普史 0881/02748
史部/職官類
吳門從政錄一卷　陳光淞撰　清宣統三年
(1911)江寧印刷廠鉛印本　一冊

330000－1716－0002749　普史 0882/02749
集部/總集類/選集之屬/斷代
皇朝文典七十四卷　(清)李兆洛編　清嘉慶
二十年(1815)刻本　十六冊

330000－1716－0002750　普史 0883/02750
史部/政書類/公牘檔冊之屬
**于清端公政書八卷首編一卷外集一卷續集一
卷**　(清)于成龍撰　(清)蔡方炳輯　清康熙
四十六年(1707)于準刻乾隆二十六年(1761)
于大榿增刻本　十一冊

330000－1716－0002751　普史 0884/02751
史部/詔令奏議類/詔令之屬
上諭內閣一百五十九卷　(清)允祿等輯
(清)弘晝等續輯　清末粵東藩庫刻本　三十
二冊

330000－1716－0002752　普史 0885/02752
類叢部/叢書類/自著之屬
林文忠公遺集四種　(清)林則徐撰　清光緒
三山林氏刻本　十冊　存一種

330000－1716－0002753　普史 0886/02753
類叢部/叢書類/自著之屬
林文忠公遺集四種　(清)林則徐撰　清光緒
三山林氏刻本　十二冊

330000－1716－0002754　普史 0887/02754
史部/詔令奏議類/奏議之屬
劉中丞奏議二十卷　(清)劉蓉撰　清光緒十
一年(1885)思賢講舍刻本　十冊

330000－1716－0002755　　普史 0888/02755
集部/總集類/郡邑之屬

盧陽三賢集　（清）張樹聲編　清光緒元年
(1875)合肥張氏毓秀堂刻本　一冊　存一種

330000－1716－0002756　　普史 0890 普史
0927/02756　新學/政治法律/律例

日本法規大全二十五卷首一卷　（清）劉崇傑
等譯　日本法規解字一卷　錢恂 董鴻禕編
清光緒三十三年(1907)上海商務印書館鉛
印本　八十一冊

330000－1716－0002757　普史 0891/02757
集部/別集類/清別集

水流雲在館奏議二卷　（清）宋晉撰　清光緒
十三年(1887)刻本　文蔚題記　二冊

330000－1716－0002758　　普史 0892/02758
史部/政書類/公牘檔冊之屬

北洋公牘類纂續編二十四卷　（清）甘厚慈輯
清宣統二年(1910)絳雪齋書局鉛印本　二
十冊

330000－1716－0002759　普史 0893/02759
史部/詔令奏議類/奏議之屬

江楚會奏變法三摺不分卷　（清）劉坤一
（清）張之洞撰　清光緒二十七年(1901)兩湖
書院刻本　一冊

330000－1716－0002760　普史 0894/02760
史部/詔令奏議類/奏議之屬

曾文正公奏議十卷首一卷末一卷補編四卷
（清）曾國藩撰　（清）薛福成編　清同治十二
年至十三年(1873－1874)蘇郡刻本　十二冊

330000－1716－0002761　普史 0895/02761
史部/雜史類/斷代之屬

巡城瑣記一卷　（清）陸毅撰　清光緒貴巳堂
刻本　一冊

330000－1716－0002765　普史 0900/02765
史部/政書類

校邠廬抗議二卷　（清）馮桂芬撰　清光緒十
一年(1885)弢園老民木活字印本　二冊

330000－1716－0002766　普史 0698/02766

史部/政書類/律令之屬/律例

王肯堂箋釋三十卷圖注一卷附一卷　（明）王
肯堂撰　清刻本　八冊

330000－1716－0002767　普史 0901/02767
史部/詔令奏議類/奏議之屬

林文忠公政書三集三十七卷　（清）林則徐撰
清光緒二年(1876)鉛印本　八冊

330000－1716－0002768　普史 0902/02768
史部/雜史類/斷代之屬

皇朝掌故彙編內編六十卷首一卷外編四十卷
首一卷　張壽鏞等輯　清光緒二十八年
(1902)求實書社鉛印本　三十六冊　存六十
一卷(一至六十、首)

330000－1716－0002769　普史 0903/02769
史部/詔令奏議類/奏議之屬

公車上書記一卷　康有為撰　清光緒二十一
年(1895)上海石印書局石印本　一冊

330000－1716－0002770　普史 0904/02770
史部/詔令奏議類/奏議之屬

公車上書記一卷　康有為撰　清光緒二十一
年(1895)上海石印書局石印本　一冊

330000－1716－0002771　普史 0905/02771
子部/雜著類/雜說之屬

中國魂二卷　梁啟超編　清光緒二十八年
(1902)上海廣智書局鉛印本　二冊

330000－1716－0002772　普史 0906/02772
新學/政治法律/律例

法國律例四十五卷　清光緒二十四年(1898)
石印本　十二冊

330000－1716－0002773　普史 0907/02773
新學/議論/論政

新政真詮六卷　（清）何啟　胡禮垣撰　清光
緒二十七年(1901)格致新報鉛印本　八冊

330000－1716－0002774　普史 0908/02774
史部/詔令奏議類/奏議之屬

李肅毅伯奏議二十卷　（清）李鴻章撰　（清）
章洪鈞　（清）吳汝綸輯　清光緒二十五年
(1899)上海鴻文書局石印本　二十冊

330000－1716－0002775　普史 0909/02775
史部/詔令奏議類/奏議之屬

南皮張宮保政書奏議初編十二卷　（清）張之洞撰　（清）仰止盧主輯　清光緒二十七年（1901）上海圖書集成印書局鉛印本　六冊

330000－1716－0002777　普史 0911/02777
史部/政書類/公牘檔冊之屬

通海墾牧公司集股章程啟一卷　張謇等撰　清光緒二十七年（1901）鉛印本　一冊

330000－1716－0002778　普史 0912/02778
史部/傳記類/科舉錄之屬/歷科登科錄

欽定殿試策不分卷　清光緒石印本　周毅修題簽　二冊

330000－1716－0002780　普史 0914/02780
史部/政書類/邦計之屬

調查財政條款不分卷　清光緒三十四年（1908）南洋印刷官廠鉛印本　一冊

330000－1716－0002781　普史 0917/02781
新學/學校

日本陸軍學校章程彙編不分卷　孟森譯述（日本）稻村新六校訂　清光緒南洋公學譯書院鉛印本　四冊

330000－1716－0002782　普史 0915/02782
史部/政書類

諮議局章程及選舉章程解釋彙鈔不分卷　（清）憲政編查館撰　清宣統元年（1909）鉛印本　一冊

330000－1716－0002783　普史 0916/02783
史部/政書類/邦計之屬

廈門煤礦公司章程一卷　清光緒二十四年（1898）鉛印本　一冊

330000－1716－0002785　普史 0919/02785
史部/詔令奏議類/奏議之屬

江楚會奏變法三摺不分卷　（清）劉坤一（清）張之洞撰　清光緒二十七年（1901）兩湖書院刻本　一冊

330000－1716－0002787　普史 0921/02787
史部/詔令奏議類/奏議之屬

沈文肅公政書七卷首一卷　（清）沈葆楨撰　清光緒六年（1880）吳門節署刻本　八冊

330000－1716－0002788　普叢 0227－2/02788　類叢部/叢書類/自著之屬

庸菴全集七種　（清）薛福成撰　清光緒十年至二十四年（1884－1898）無錫薛氏刻本　十六冊　存七種

330000－1716－0002789　普史 0923/02789
史部/政書類

校邠盧抗議二卷　（清）馮桂芬撰　清光緒十八年（1892）敏德堂潘氏刻本　二冊

330000－1716－0002790　普史 0924/02790
史部/政書類/邦計之屬

宣統三年預算案各省司法費總說明書一卷附表一卷　清宣統三年（1911）石印本　一冊

330000－1716－0002794　普史 0930/02794
史部/政書類/律令之屬/治獄

折獄龜鑑八卷首一卷　（宋）鄭克撰　清光緒八年（1882）刻本　四冊

330000－1716－0002795　普史 0931/02795
史部/時令類

月令粹編二十四卷圖說一卷　（清）秦嘉謨撰　清嘉慶十七年（1812）江都秦嘉謨琳琅仙館刻本　六冊

330000－1716－0002796　普史 0932/02796
史部/時令類

月令粹編二十四卷圖說一卷　（清）秦嘉謨撰　清嘉慶十七年（1812）江都秦嘉謨琳琅仙館刻本　八冊

330000－1716－0002797　普史 0933/02797
史部/時令類

月令粹編二十四卷圖說一卷　（清）秦嘉謨撰　清嘉慶十七年（1812）江都秦嘉謨琳琅仙館刻本　八冊

330000－1716－0002798　普史 0934/02798
史部/政書類/通制之屬

治平類纂三十卷　（明）朱健撰　（明）朱徽訂　清康熙二年（1663）刻本　十六冊

330000－1716－0002799　普史 0935/02799
史部/政書類/邦計之屬

掩埋章程一卷附掩埋備考一卷 （清）□□輯
清光緒二十四年(1898)刻本　一冊

330000－1716－0002801　普史 0937/02801
新學/政治法律/政治

東方時局論略一卷 （朝鮮）鄧鏗撰　清光緒
十五年(1889)江南製造局鉛印本　一冊

330000－1716－0002803　普史 0939/02803
史部/詔令奏議類/奏議之屬

請變科舉奏一卷 （清）張之洞　（清）陳寶箴
撰　清光緒二十四年(1898)刻本　一冊

330000－1716－0002804　普史 0940/02804
史部/詔令奏議類/奏議之屬

江楚會奏變法三摺不分卷 （清）劉坤一
（清）張之洞撰　清光緒二十七年(1901)兩湖
書院刻本　一冊

330000－1716－0002805　普史 0941/02805
新學/政治法律/政治

佐治芻言不分卷 （英國）傅蘭雅口譯　應祖
錫述　清光緒江南製造局鉛印本　三冊

330000－1716－0002806　普史 0942/02806
史部/詔令奏議類/奏議之屬

祝大宗伯疏稿一卷 （清）祝慶蕃撰　清光緒
五年(1879)祝氏刻本　一冊

330000－1716－0002807　普史 0943/02807
子部/儒家類/儒學之屬/經濟

朱子議政錄一卷 （清）邢廷英輯　清光緒二
十九年(1903)桐鄉勞乃宣鉛印本　一冊

330000－1716－0002808　普史 0944/02808
史部/傳記類/總傳之屬/通代

增廣尚友錄統編二十二卷 應祖錫輯　清光
緒二十八年(1902)鴻寶齋石印本　十二冊

330000－1716－0002809　普史 0945/02809
類叢部/叢書類/自著之屬

五經歲徧齋校書三種 （清）翟云升輯　清道
光東萊翟氏刻本　一冊　存一種

330000－1716－0002810　普史 0946/02810
類叢部/叢書類/彙編之屬

武英殿聚珍版書一百三十八種　清乾隆四十
二年(1777)福建刻道光至同治遞修光緒二十
一年(1895)增刻本　一冊　存一種

330000－1716－0002811　普史 0948/02811
史部/政書類/邦計之屬

**度支部奏清理財政處各省清理財政局章程摺
一卷** 載澤等奏　清宣統鉛印本　一冊

330000－1716－0002812　普史 0949/02812
史部/政書類/軍政之屬/邊政

邊事彙鈔十二卷續鈔八卷 （清）朱克敬輯
清光緒六年(1880)長沙刻本　十二冊

330000－1716－0002813　普史 0947/02813
新學/學校

德國學校論略一卷 （德國）花之安撰　（清）
李善蘭譯　清同治十二年(1873)羊城小書會
真寶堂刻本　一冊

330000－1716－0002814　普史 0950/02814
史部/政書類/通制之屬

六通訂誤六卷 （清）席裕福編　清光緒上海
圖書集成局鉛印本　二冊

330000－1716－0002815　普史 0951/02815
史部/詔令奏議類/奏議之屬

教案奏議彙編八卷首一卷 （清）程宗裕編
清光緒二十七年(1901)上海書局石印本
六冊

330000－1716－0002816　普史 0952/02816
史部/政書類/公牘檔冊之屬

增訂泰興縣學堂規則一卷　清光緒鉛印本
一冊

330000－1716－0002817　普史 0953/02817
新學/學校

英華學堂章程一卷 （清）戴美麗　（清）金振
聲　（清）明美麗輯　清光緒三十年(1904)刻
本　一冊

330000－1716－0002819　普史 0955/02819
史部/政書類/通制之屬

九通序九卷　清光緒二十八年(1902)景幡山房鉛印本　三冊

330000－1716－0002820　普史 0956/02820
新學/學校

日本各學校規則一卷　姚錫光輯　清光緒二十八年(1902)上海書局石印本　一冊

330000－1716－0002825　普史 0961/02825
史部/地理類/雜志之屬

廣陵通典十卷　(清)汪中撰　清同治八年(1869)揚州書局刻本　二冊

330000－1716－0002826　普史 0962/02826
史部/雜史類/斷代之屬

養吉齋叢録二十六卷餘録十卷　(清)吳振棫撰　清光緒二十二年(1896)刻本　唐風題記　八冊

330000－1716－0002827　普史 0963/02827
史部/政書類

中國女學集議初編不分卷　(清)經元善等輯　清光緒二十四年(1898)鉛印本　一冊

330000－1716－0002828　普史 0964/02828
史部/詔令奏議類/奏議之屬

彭剛直公奏稿八卷　(清)彭玉麟撰　(清)俞樾輯　清光緒十七年(1891)吳下刻本　六冊

330000－1716－0002829　普史 0965/02829
史部/詔令奏議類/奏議之屬

庸盦尚書奏議十六卷　陳夔龍撰　清宣統三年(1911)鉛印本　八冊

330000－1716－0002830　普史 0966/02830
史部/詔令奏議類/奏議之屬

沈文肅公政書七卷首一卷　(清)沈葆楨撰　清光緒六年(1880)鉛印本　八冊

330000－1716－0002831　普史 0968/02831
史部/地理類/總志之屬/通代

讀史方輿紀要歷代州域形勢九卷　(清)顧祖禹撰　附統論歷朝形勢一卷　(清)朱棠撰　清嘉慶十年(1805)友蘭堂刻本　八冊

330000－1716－0002832　普叢 0146－4/
02832　類叢部/叢書類/自著之屬

洪北江全集二十一種　(清)洪亮吉撰　清光緒三年至五年(1877－1879)洪用懃授經堂刻本　二十冊　存一種

330000－1716－0002833　普史 0969/02833
史部/地理類/總志之屬/通代

讀史方輿紀要歷代州域形勢九卷　(清)顧祖禹撰　附統論歷朝形勢一卷　(清)朱棠撰　清嘉慶十年(1805)友蘭堂刻本　四冊　缺一卷(統論歷朝形勢)

330000－1716－0002834　普史 0970/02834
史部/雜史類/外紀之屬

皇朝藩部要略十八卷世系表四卷　(清)祁韻士撰　清光緒十年(1884)浙江書局刻本　八冊

330000－1716－0002835　普史 0971/02835
史部/詔令奏議類/詔令之屬

硃批諭旨不分卷　(清)鄂爾泰等輯　清乾隆三年(1738)刻朱墨套印本　一百十二冊

330000－1716－0002836　普史 0973/02836
史部/地理類/總志之屬/斷代

三國郡縣表補正八卷　(清)吳增僅撰　楊守敬補正　清光緒三十三年(1907)鄂城刻本　四冊

330000－1716－0002837　地獻 1924/02837
經部/四書類/總義之屬/傳說

四書讀本十九卷　(宋)朱熹撰　清光緒十九年(1893)浙紹墨潤堂刻本　一冊　存二卷(大學、中庸)

330000－1716－0002838　普史 0982/02838
史部/地理類/總志之屬/斷代

元豐九域志十卷　(宋)王存等撰　清光緒八年(1882)金陵書局刻本　四冊

330000－1716－0002839　普史 0981/02839
史部/地理類/總志之屬/斷代

隋書地理志考證九卷補遺一卷　楊守敬撰　清光緒二十三年(1897)宜都楊氏刻本　六冊

330000－1716－0002840　普史 0983/02840

史部/地理類/外紀之屬

漢西域圖考七卷首一卷 （清）李光廷撰 清光緒八年(1882)陽湖趙氏壽謢草堂木活字印本 四冊

330000－1716－0002841 普史 0984/02841
類叢部/叢書類/彙編之屬

雲自在龕叢書五集十九種 繆荃孫輯 清光緒江陰繆氏刻本 一冊 存一種

330000－1716－0002842 普叢 0209－1/02842 類叢部/叢書類/彙編之屬

雲自在龕叢書五集十九種 繆荃孫輯 清光緒江陰繆氏刻本 三冊 存一種

330000－1716－0002843 普史 0985/02843
史部/地理類/總志之屬/斷代

元和郡縣圖志四十卷闕卷逸文一卷 （唐）李吉甫撰 清光緒六年(1880)金陵書局刻本 六冊

330000－1716－0002844 普史 0987/02844
史部/史評類/考訂之屬

十七史商榷一百卷 （清）王鳴盛撰 清乾隆五十二年(1787)東吳王氏洞涇草堂刻本 二十冊

330000－1716－0002845 普史 0988/02845
史部/時令類

月令粹編二十四卷圖說一卷 （清）秦嘉謨撰 清嘉慶十七年(1812)江都秦嘉謨琳琅仙館刻本 八冊 缺三卷(二十二至二十四)

330000－1716－0002846 普史 0989/02846
史部/地理類/總志之屬/斷代

大清一統志表不分卷 （清）徐午撰 清乾隆五十八年(1793)刻本 六冊

330000－1716－0002847 普史 0990/02847
史部/地理類/總志之屬/斷代

皇朝輿地略一卷 （清）六承如輯 （清）馮焌光增補 清同治二年(1863)廣州寶華坊刻本 四冊

330000－1716－0002848 普史 0991/02848
史部/地理類/總志之屬/通代

讀史方輿紀要歷代州域形勢九卷 （清）顧祖禹撰 附統論歷朝形勢一卷 （清）朱棠撰 清嘉慶十年(1805)友蘭堂刻本 四冊 缺一卷(統論)

330000－1716－0002849 普史 0994/02849
史部/地理類/雜志之屬

東畲雜記附幽湖百詠一卷 （清）沈廷瑞 （清）沈濤撰 （清）沈梓補 清光緒十三年至十四年(1887－1888)濮院沈氏紅藥山房刻本 一冊

330000－1716－0002850 普史 0992/02850
新學/學校

輿地學教科書五卷 （清）江南高等學堂編輯 清末刻本 馬思靜題簽並批注 五冊

330000－1716－0002851 普史 0996/02851
史部/地理類/總志之屬/通代

讀史方輿紀要歷代州域形勢十卷 （清）顧祖禹撰 附統論歷朝形勢一卷 （清）朱棠撰 清道光三十年(1850)長沙黃冕刻本 十冊

330000－1716－0002852 普史 0972/02852
史部/地理類

李氏五種 （清）李兆洛撰 清同治九年至十一年(1870－1872)合肥李鴻章刻本 十二冊

330000－1716－0002853 普史 0998/02853
史部/地理類/雜志之屬

日下舊聞四十二卷 （清）朱彝尊輯 （清）朱昆田補遺 清康熙二十六年至二十七年(1687－1688)刻本 二十冊

330000－1716－0002854 普史 0999/02854
史部/地理類/雜志之屬

日下舊聞四十二卷 （清）朱彝尊輯 （清）朱昆田補遺 清康熙二十六年至二十七年(1687－1688)刻本 二十冊

330000－1716－0002858 普史 1005/02858
史部/地理類/專志之屬/祠墓

崇節祠録三卷附録一卷 （清）江青編輯 顧北集一卷 （元）泰不華撰 （清）江青編輯 清光緒刻本 清徐氏題記 一冊

137

330000－1716－0002860　普史 1006/02860
史部/地理類/專志之屬/祠墓

吳山伍公廟志六卷首一卷附一卷　（清）金文
淳纂修　（清）沈永青增輯　清光緒二年
（1876）刻本　二冊

330000－1716－0002862　普史 1007/02862
史部/地理類/專志之屬/祠墓

岳廟志略十卷首一卷　（清）馮培輯　清光緒
五年（1879）浙江書局刻本　四冊

330000－1716－0002863　普史 1008/02863
史部/地理類/專志之屬/祠墓

岳廟志略十卷首一卷　（清）馮培輯　清光緒
五年（1879）浙江書局刻本　四冊

330000－1716－0002864　普史 1010/02864
史部/地理類/專志之屬/寺觀

西溪梵隱志四卷　（清）吳本泰輯　（清）釋智
一編　清光緒七年（1881）武林丁氏八千卷樓
刻本　二冊

330000－1716－0002870　普史 1015/02870
史部/地理類/專志之屬/古跡

馬嵬志十六卷首一卷　（清）胡鳳丹輯　清光
緒三年（1877）永康胡氏退補齋刻本　六冊

330000－1716－0002871　普史 1016 普史
1017 普史 1018/02871　史部/地理類/雜志
之屬

卜魁城賦一卷　（清）英和撰　新疆賦一卷
（清）徐松撰　西藏賦一卷　（清）和寧撰　清
光緒八年至九年（1882－1883）華陽王秉思元
尚居刻本　三冊

330000－1716－0002876　普史 1025 普史
1294 普史 1295 普史 1380/02876　類叢部/叢
書類/郡邑之屬

金陵叢刻十五種　（清）傅春官輯　清光緒二
十三年至三十一年（1897－1905）江寧傅氏晦
齋刻本　四冊　存四種

330000－1716－0002877　普史 1026/02877
史部/地理類/雜志之屬

金陵待徵錄十卷　（清）金鰲輯　清光緒二年

（1876）刻本　一冊

330000－1716－0002878　普史 1027/02878
類叢部/叢書類/自著之屬

養餘齋全集四種附三種　（清）柳樹芳撰　清
道光勝溪草堂刻本　二冊　存一種

330000－1716－0002880　普史 1029/02880
史部/地理類/方志之屬/郡縣志

[光緒]六合縣志八卷圖說一卷附錄一卷
（清）謝延庚等修　（清）賀廷壽等纂　清光緒
十年（1884）刻本　十冊

330000－1716－0002882　普史 1031/02882
史部/地理類/山川之屬/水志

後湖誌不分卷　王作棫　錢福臻撰　清宣統
二年（1910）鉛印本　一冊

330000－1716－0002883　普叢 0084－6/
02883　類叢部/叢書類/郡邑之屬

武林掌故叢編一百九十種　（清）丁丙編　清
光緒三年至二十六年（1877－1900）錢塘丁氏
嘉惠堂刻本（[乾道]臨安志卷四至十五、南宋
館閣錄卷一原缺）　十四冊　存二種

330000－1716－0002884　普史 1035/02884
史部/政書類/軍政之屬/邊政

朔方備乘六十八卷首十二卷　（清）何秋濤撰
清光緒石印本　八冊

330000－1716－0002885　普史 1036/02885
史部/政書類/邦交之屬

皇朝八賢文編　（美國）哈門脫輯　清末美國
哈門脫石印本　一冊　存一種

330000－1716－0002886　普史 1037/02886
史部/詔令奏議類/奏議之屬

變法奏議叢鈔不分卷　（清）欣賞齋主人編
清光緒二十七年（1901）上海書局石印本
四冊

330000－1716－0002887　普史 1042/02887
史部/職官類/官箴之屬

續佐治藥言一卷學治臆說二卷學治續說一卷
學治說贅一卷　（清）汪輝祖撰　清末刻本
田紹謙題記　一冊

330000－1716－0002888　普史 1043/02888
史部/地理類/方志之屬/郡縣志

[光緒]高淳縣志二十八卷首一卷　（清）楊福
鼎修　（清）陳嘉謀纂　清光緒七年(1881)學
山書院刻本　十冊

330000－1716－0002889　普史 1045/02889
史部/地理類/總志之屬/斷代

楚漢諸侯疆域志三卷　（清）劉文淇撰　清光
緒二年(1876)金陵刻本　一冊

330000－1716－0002890　普史 1046/02890
史部/地理類/總志之屬/斷代

一統志案說十六卷　（清）顧炎武撰　清道光
七年(1827)張青選清芬閣木活字印本　四冊

330000－1716－0002891　普史 1047/02891
史部/地理類/輿圖之屬/全國

大清中外壹統輿圖(皇朝中外壹統輿圖)三十
一卷首一卷　（清）鄒世詒　（清）晏啟鎮編
（清）李廷簫　（清）汪士鐸增訂　清同治二年
(1863)湖北撫署刻本　八冊

330000－1716－0002892　普史 1048/02892
史部/政書類/邦計之屬

江寧府重修普育四堂志六卷　（清）涂宗瀛輯
　（清）孫雲錦重纂　清光緒十二年(1886)刻
本　六冊

330000－1716－0002893　普史 1049/02893
類叢部/叢書類/自著之屬

顧亭林先生遺書十種補遺十一種　（清）顧炎
武撰　（清）席威　（清）朱記榮編　清蓬瀛閣
刻吳縣朱記榮增刻光緒三十二年(1906)彙印
本　一冊　存二種

330000－1716－0002894　普史 1050/02894
史部/地理類/方志之屬/通志

齊乘六卷　（元）于欽纂　釋音一卷　（元）于
潛述　考證六卷　（清）周嘉猷撰　清乾隆四
十六年(1781)桂林胡德琳登州刻本　三冊

330000－1716－0002895　普史 1052/02895
史部/地理類/方志之屬/郡縣志

[同治]續天津縣志二十卷首一卷　（清）吳惠

元修　（清）蔣玉虹　（清）俞樾纂　清同治九
年(1870)刻本　八冊

330000－1716－0002896　普史 1053/02896
史部/地理類/外紀之屬

漢書西域傳補注二卷　（清）徐松撰　清道光
九年(1829)陽湖張琦刻本　一冊

330000－1716－0002897　普史 1054/02897
史部/地理類/雜志之屬

六朝事迹編類十四卷　（宋）張敦頤撰　清光
緒十三年(1887)李濱寶章閣刻本　二冊

330000－1716－0002898　普史 1051/02898
類叢部/叢書類/彙編之屬

振綺堂叢刊八種　（清）□□輯　清嘉慶至光
緒汪氏振綺堂刻本　二冊　存一種

330000－1716－0002899　普史 1057/02899
史部/地理類/總志之屬/通代

輿地紀勝二百卷首一卷　（宋）王象之撰　清
咸豐五年(1855)南海伍崇曜粵雅堂刻本(卷
十三至十六、五十至五十四、一百三十六至一
百四十四、一百六十八至一百七十三、一百九
十三至二百原缺)　二十四冊

330000－1716－0002900　普史 1055/02900
類叢部/叢書類/彙編之屬

武英殿聚珍版書一百三十八種　清乾隆武英
殿木活字印本　十二冊　存一種

330000－1716－0002901　地獻 3001/02901
類叢部/類書類/專類之屬

四書博徵不分卷　（清）陶及申撰　稿本　二
十六冊

330000－1716－0002902　普史 1058/02902
史部/地理類/總志之屬/通代

天下郡國利病書一百二十卷　（清）顧炎武撰
　清道光成都龍萬育敷文閣刻本　六十四冊

330000－1716－0002903　普史 1059/02903
史部/地理類

李氏五種　（清）李兆洛撰　清光緒十四年
(1888)掃葉山房刻本　十二冊

330000－1716－0002904　普史 1060/02904
史部/政書類/公牘檔冊之屬
各省程限不分卷　清刻本　一冊

330000－1716－0002905　普史 1061/02905
史部/地理類/方志之屬/郡縣志
[元豐]吳郡圖經續記三卷　(宋)朱長文纂修
清同治十二年(1873)江蘇書局刻本　一冊

330000－1716－0002906　普史 1062/02906
史部/地理類/方志之屬/郡縣志
嘉慶海州直隸州志三十二卷首一卷　(清)唐
仲冕修　(清)汪梅鼎等纂　清嘉慶十六年
(1811)刻本　十冊

330000－1716－0002907　普史 1063/02907
史部/地理類/雜志之屬
廣東新語二十八卷　(清)屈大均撰　清文匯
堂刻本　十冊

330000－1716－0002908　普史 1064/02908
史部/地理類/雜志之屬
華陽國志十二卷　(晉)常璩撰　**補三州郡縣
目錄一卷**　(清)廖寅撰　清嘉慶十九年
(1814)廖氏題襟館刻本　四冊

330000－1716－0002909　普史 1065/02909
史部/地理類/方志之屬/郡縣志
[乾隆]口北三廳志十六卷首一卷　(清)黃可
潤纂修　清乾隆二十三年(1758)刻本　六冊

330000－1716－0002911　普史 1068/02911
史部/地理類/方志之屬/郡縣志
同治上江兩縣志二十九卷首一卷　(清)莫祥
芝　(清)甘紹盤修　(清)汪士鐸等纂　清同
治十三年(1874)刻本　十二冊

330000－1716－0002912　普史 1069/02912
新學/史志/諸國史
泰西新史攬要二十四卷　(英國)馬懇西撰
(英國)李提摩太釋　清光緒二十四年(1898)
石印本　七冊

330000－1716－0002913　普史 1070 普史
1071 普史 1072/02913　史部/政書類/通制
之屬

330000－1716－0002914　普史 1073/02914
史部/地理類/雜志之屬
都門彙纂四卷　(清)楊靜亭編　清光緒元年
(1875)北京琉璃廠松竹齋刻本　四冊

330000－1716－0002915　普史 1074/02915
類叢部/叢書類/彙編之屬
申報館叢書正集五十七種附錄三種　尊聞閣
主編　**續集一百四十二種**　蔡爾康編　清同
治至光緒上海申報館鉛印本　一冊　存一種

330000－1716－0002916　普史 1075/02916
史部/地理類/山川之屬/水志
湖山便覽十二卷　(清)翟灝等撰　清光緒元
年(1875)杭州王維翰槐蔭堂刻本　六冊

330000－1716－0002917　普史 1076/02917
史部/地理類/雜志之屬
宸垣識略十六卷　(清)吳長元撰　清光緒二
年(1876)刻本　八冊

330000－1716－0002918　普史 1077/02918
史部/地理類/總志之屬/通代
讀史方輿紀要一百三十卷輿圖要覽四卷
(清)顧祖禹撰　清嘉慶十七年(1812)成都敷
文閣刻本　六十四冊

330000－1716－0002921　普史 1081/02921
史部/地理類/方志之屬/郡縣志
[嘉慶]重修揚州府志七十二卷首一卷　(清)
阿克當阿修　(清)姚文田　(清)江藩等纂
清嘉慶十五年(1810)刻本　四十八冊

330000－1716－0002922　普史 1083/02922
史部/地理類/方志之屬/郡縣志
[光緒]江都縣續志三十卷首一卷　(清)謝延
庚修　(清)劉壽曾纂　清光緒十年(1884)刻
本　八冊

330000－1716－0002923　普史 1080/02923
史部/地理類/方志之屬/通志
[雍正]敕修浙江通志二百八十卷首三卷

(清)李衛　(清)嵇曾筠等修　(清)沈翼機　(清)傅王露等纂　清乾隆元年(1736)刻嘉慶十七年(1812)校補刻本　一百二十冊

330000－1716－0002924　普史 1082/02924
史部/地理類/方志之屬/郡縣志

[光緒]高淳縣志二十八卷首一卷　(清)楊福鼎修　(清)陳嘉謀纂　清光緒七年(1881)學山書院刻本　十冊

330000－1716－0002925　普史 1084/02925
史部/地理類/方志之屬/通志

[乾隆]甘肅通志五十卷首一卷　(清)許容等修　(清)李迪等纂　清乾隆二年(1737)刻本(卷三、五配抄本)　三十二冊

330000－1716－0002926　普史 1085/02926
史部/地理類/方志之屬/通志

[光緒]山西通志一百八十四卷首一卷　(清)曾國荃　(清)張煦等修　(清)王軒　(清)楊篤等纂　清光緒十八年(1892)刻本　九十六冊

330000－1716－0002929　普史 1086/02929
史部/傳記類/日記之屬

隨軺日記一卷(清光緒十六年七月十六日至三月十二日)　韓國鈞撰　清光緒二十五年(1899)刻本　一冊

330000－1716－0002931　普史 1089/02931
類叢部/叢書類/彙編之屬

新陽趙氏叢刊十四種　(清)趙元益輯　清光緒十一年至二十八年(1885－1902)新陽趙氏刻本　二冊　存一種

330000－1716－0002933　普史 1090/02933
史部/地理類

鄮鄭學廬地理叢刊四種　(清)施世杰輯　清光緒二十三年(1897)會稽施氏鄮鄭學廬刻本　一冊　存二種

330000－1716－0002934　古越 0766/02934
類叢部/叢書類/自著之屬

庸菴全集七種　(清)薛福成撰　清光緒十年至二十四年(1884－1898)無錫薛氏刻本　十

冊　存一種

330000－1716－0002935　普史 1092/02935
史部/地理類/遊記之屬/紀行

辛卯侍行記六卷　(清)陶保廉撰　清光緒二十三年(1897)養樹山房刻本　六冊

330000－1716－0002936　普史 1093/02936
史部/地理類/遊記之屬/紀行

辛卯侍行記六卷　(清)陶保廉撰　清光緒二十三年(1897)養樹山房刻本　六冊

330000－1716－0002940　普史 1097/02940
史部/地理類/遊記之屬/紀勝

南越遊記三卷　(清)陳徽言撰　清咸豐七年(1857)章門刻本　一冊

330000－1716－0002941　普史 1098/02941
史部/傳記類/日記之屬

日游瑣識一卷(清光緒三十年五月二十八日至八月二十三日)　李寶洤撰　清光緒三十二年(1906)鉛印本　一冊

330000－1716－0002942　普史 1099/02942
史部/地理類/遊記之屬/紀行

出使美日秘國日記十六卷(清光緒十五年九月初一至十九年八月初二)　(清)崔國因撰　清光緒二十年(1894)鉛印本　十二冊

330000－1716－0002943　普史 1100/02943
史部/地理類/遊記之屬/紀行

重游東瀛閱操記一卷　(清)錢德培撰　清光緒刻本　唐風題記　一冊

330000－1716－0002945　普史 1102 普史 1103 普史 1149 普史 1150/02945　類叢部/叢書類/自著之屬

王漁洋遺書三十八種　(清)王士禎撰　清刻本　五冊　存四種

330000－1716－0002946　普史 1104/02946
史部/地理類/山川之屬/水志

莫愁湖志六卷首一卷　(清)馬士圖撰　清光緒八年(1882)、十七年(1891)刻本　二冊

330000－1716－0002947　普史 1116/02947

史部/地理類/水利之屬

浙西水利備考不分卷 （清）王鳳生撰 清光
緒四年(1878)浙江書局刻本 四冊

330000 - 1716 - 0002948 普史 1105/02948
史部/地理類/山川之屬/水志

莫愁湖志六卷首一卷 （清）馬士圖撰 清光
緒八年(1882)、十七年(1891)刻本 二冊

330000 - 1716 - 0002949 普史 1108 普史
1216/02949 類叢部/叢書類/自著之屬

林文忠公遺集四種 （清）林則徐撰 清光緒
三山林氏刻本 二冊 存二種

330000 - 1716 - 0002950 普史 1109/02950
史部/地理類/山川之屬/山志

廬山志十五卷首一卷 （清）毛德琦撰 清康
熙五十九年(1720)順德堂刻乾隆至光緒遞修
本 十六冊

330000 - 1716 - 0002951 普史 1110 普史
1111/02951 史部/地理類/山川之屬/山志

京口三山志 （清）□□輯 清同治至光緒刻
本 十冊 存二種

330000 - 1716 - 0002952 普史 1112/02952
史部/地理類/山川之屬/山志

京口三山志 （清）□□輯 清同治至光緒刻
本 八冊 存一種

330000 - 1716 - 0002953 普史 1113/02953
史部/地理類/山川之屬/水志

西湖志四十八卷 （清）李衛 （清）程元章修
（清）傅王露撰 清雍正十三年(1735)兩浙
鹽驛道庫刻本 二十冊

330000 - 1716 - 0002954 普史 1114/02954
史部/地理類/山川之屬/水志

洞庭湖志十四卷 （清）綦世基撰 （清）夏大
觀補輯 （清）萬年淳再訂 清道光八年
(1828)六安直隸州州丞署刻本 十六冊

330000 - 1716 - 0002955 普史 1115/02955
史部/地理類/水利之屬

行水金鑑一百七十五卷首一卷 （清）傅澤洪
撰 清雍正三年(1725)淮揚官舍刻本 三十

六冊

330000 - 1716 - 0002956 普史 1117 普史
1125/02956 史部/地理類/山川之屬/水志

水經注疏要刪四十卷補遺四十卷 楊守敬撰
清光緒三十一年(1905)宜都楊氏觀海堂刻
宣統元年(1909)增刻本 十二冊

330000 - 1716 - 0002957 普叢 0217 - 5/
02957 類叢部/叢書類/自著之屬

振綺堂遺書五種 （清）汪遠孫撰 清道光刻
民國十一年(1922)錢塘汪氏彙印本 四冊
存二種

330000 - 1716 - 0002958 普史 1120/02958
史部/地理類/山川之屬/山志

金山志十卷 （清）盧見曾撰 **續金山志二卷**
（清）釋秋崖撰 清光緒二十七年(1901)刻
本 六冊

330000 - 1716 - 0002959 普史 1121/02959
史部/地理類/山川之屬/山志

武夷山志二十四卷首一卷 （清）董天工撰
清道光二十六年至二十七年(1846 - 1847)籍
溪羅氏五夫尺木軒刻本 八冊

330000 - 1716 - 0002960 普史 1122/02960
史部/地理類/山川之屬/山志

武夷山志二十四卷首一卷 （清）董天工撰
清道光二十六年至二十七年(1846 - 1847)籍
溪羅氏五夫尺木軒刻本 八冊

330000 - 1716 - 0002962 普史 1124/02962
史部/地理類/山川之屬/水志

水道提綱二十八卷 （清）齊召南撰 清乾隆
四十年至四十一年(1775 - 1776)戴殿海傳經
書屋刻本 八冊

330000 - 1716 - 0002963 普史 1126/02963
史部/地理類/山川之屬/水志

**水經注釋四十卷首一卷附錄二卷水經注箋刊
誤十二卷** （清）趙一清撰 清乾隆五十一年
(1786)趙氏小山堂刻本 二十冊

330000 - 1716 - 0002964 普史 1127/02964
新學/議論/通論

十九世紀歐洲文明進化論一卷 （日本）民友社撰 （清）陳國鏞譯 二十年來生計界劇變論一卷 （日本）田尻稻次郎講義 （清）陳國鏞擇譯 清光緒二十八年(1902)上海廣智書局鉛印本 一冊

330000 - 1716 - 0002965 地獻 2010/02965
史部/詔令奏議類/詔令之屬

雍正上諭不分卷(三年至五年) （清）世宗胤禛撰 （清）允祿等編 清抄本 四冊

330000 - 1716 - 0002968 普史 1135/02968
新學/史志/別國史

節本泰西新史攬要八卷 （英國）李提摩太譯 周慶雲節錄 清光緒二十七年(1901)周慶雲夢坡室刻本 二冊

330000 - 1716 - 0002969 普史 1139/02969
史部/地理類/山川之屬/水志

水經注釋四十卷首一卷附錄二卷水經注箋刊誤十二卷 （清）趙一清撰 清乾隆五十九年(1794)趙氏小山堂刻本 十冊 缺十四卷（附錄一至二、刊誤一至十二）

330000 - 1716 - 0002970 普史 1132/02970
史部/地理類/山川之屬/水志

西湖志四十八卷 （清）李衛 （清）程元章修 （清）傅王露撰 清光緒四年(1878)浙江書局刻本 二十冊

330000 - 1716 - 0002972 普史 1147/02972
史部/地理類/外紀之屬

日本國志序一卷 （清）黃遵憲撰 清光緒二十三年(1897)紹郡中西學堂刻本 一冊

330000 - 1716 - 0002973 普史 1146/02973
類叢部/叢書類/彙編之屬

漸學廬叢書第一集十五種 （清）胡祥鑅編 清光緒元和胡氏石印本 一冊 存三種

330000 - 1716 - 0002975 普史 1151/02975
史部/地理類/山川之屬/水志

水經注釋四十卷首一卷附錄二卷刊誤十二卷 （清）趙一清撰 清光緒六年(1880)蛟川張氏花雨樓刻本 二十冊

330000 - 1716 - 0002976 普史 1155/02976
史部/地理類/雜志之屬

浙江全省輿圖並水陸道里記不分卷 （清）宗源瀚等纂 清光緒二十年(1894)石印本 二十冊

330000 - 1716 - 0002977 普史 1156/02977
史部/地理類/山川之屬/水志

水道提綱二十八卷 （清）齊召南撰 清光緒四年(1878)津門徐士鑾霞城精舍刻本 八冊

330000 - 1716 - 0002978 普史 1157/02978
史部/地理類/外紀之屬

海國圖志一百卷首一卷 （清）魏源撰 清光緒二年(1876)平慶涇固道署刻本 二十四冊

330000 - 1716 - 0002979 普史 1140/02979
史部/地理類/山川之屬/山志

東山志十卷 （清）謝起龍撰 清宣統二年(1910)謝璟木活字印本 二冊

330000 - 1716 - 0002980 普史 1158/02980
新學/交涉/公法

各國交涉公法論初集四卷二集四卷三集八卷 （英國）費利摩羅巴德撰 （英國）傅蘭雅口譯 （清）俞世爵筆述 清光緒二十年(1894)江南製造局翻譯館鉛印本 十六冊

330000 - 1716 - 0002981 普史 1159/02981
新學/地學/地志學

海道圖說十五卷附長江圖說一卷 （英國）金約翰輯 （美國）金楷理口譯 （清）王德均筆述 清光緒江南製造局刻本 十冊

330000 - 1716 - 0002982 普史 1160/02982
新學/史志/諸國史

萬國通史前編十卷 （英國）李思倫白輯譯 蔡爾康紀述 清光緒二十六年(1900)上海廣學會鉛印本 十冊

330000 - 1716 - 0002983 普史 1165/02983
史部/地理類/外紀之屬

地球韻言四卷 （清）張士瀛撰 清光緒二十四年(1898)鄂垣務急書館刻本 二冊

330000 - 1716 - 0002984 普史 1166/02984

史部/地理類/外紀之屬

地球韻言四卷 （清）張士瀛撰　清光緒二十四年(1898)鄂垣務急書館刻本　二冊

330000－1716－0002985　普史1167/02985
史部/地理類/外紀之屬

地球韻言四卷 （清）張士瀛撰　清光緒二十四年(1898)鄂垣務急書館刻本　二冊

330000－1716－0002986　普史1168/02986
史部/地理類/外紀之屬

海國圖志一百卷首一卷 （清）魏源撰　清光緒二年(1876)平慶涇固道署刻本　二十四冊

330000－1716－0002987　普史1173/02987
史部/地理類/水利之屬

上虞塘工紀略二卷續一卷三續一卷 （清）連仲愚撰　清光緒十三年(1887)古虞連氏枕湖樓刻本　一冊

330000－1716－0002988　普史1174/02988
史部/地理類/水利之屬

上虞塘工紀略二卷續一卷三續一卷 （清）連仲愚撰　清光緒十三年(1887)古虞連氏枕湖樓刻本　一冊

330000－1716－0002989　普史1177/02989
史部/地理類/山川之屬/水志

水經注釋四十卷首一卷附錄二卷刊誤十二卷 （清）趙一清撰　清光緒六年(1880)蛟川張氏花雨樓刻本　二十四冊

330000－1716－0002990　普史1175/02990
史部/地理類/水利之屬

淮揚水利圖說一卷淮揚治水論一卷 （清）馮道立撰　清光緒二年(1876)揚州府署刻本　一冊

330000－1716－0002991　普史1178/02991
史部/地理類/外紀之屬

越南輯略一卷 （清）徐延旭編輯　清光緒三年(1877)梧州郡署刻本　二冊

330000－1716－0002992　普史1182/02992
史部/地理類/山川之屬/水志

水經注圖四十卷補一卷 楊守敬撰　清光緒

三十一年(1905)宜都楊氏觀海堂刻朱墨套印本　八冊

330000－1716－0002993　普史1181/02993
史部/地理類/外紀之屬

瀛環志略十卷 （清）徐繼畬撰　清道光二十八年至二十九年(1848－1849)福州刻本　四冊　存五卷(一至五)

330000－1716－0002994　普史1180/02994
史部/地理類/輿圖之屬/郡縣

江蘇全省輿圖不分卷 （清）諸可寶編　清光緒二十一年(1895)江蘇書局刻本　三冊

330000－1716－0002995　普史1179/02995
史部/地理類/輿圖之屬/郡縣

蘇省輿地圖說不分卷 （清）丁日昌修　（清）褚成績等纂　清同治刻本　二十四冊

330000－1716－0002996　普史1184/02996
史部/地理類/外紀之屬

海國圖志一百卷 （清）魏源撰　**續集二十五卷首一卷** （英國）麥高爾撰　（美國）林樂知　（清）瞿昂來譯　清光緒二十一年(1895)上海書局石印本　二冊　存二十六卷(續集一至二十五、首)

330000－1716－0002997　普史1185/02997
新學/史志/別國史

土耳其國志一卷羅馬尼亞國志一卷塞爾維亞國志一卷布加利亞國志一卷門得內各羅國志一卷希臘國志一卷 （清）薛福成鑒定　吳宗濂　（清）郭家驥譯　（清）張美翊　（清）顧錫爵述　清光緒二十八年(1902)石印本　一冊

330000－1716－0002998　普史1188/02998
史部/地理類/遊記之屬/紀行

李傅相歷聘歐美記二卷 （美國）林樂知譯　蔡爾康輯　清光緒二十五年(1899)上海廣學會譯著圖書集成局鉛印本　二冊

330000－1716－0003000　普史1187/03000
新學/史志/諸國史

萬國史論四卷 （美國）謝衛樓撰　清光緒二

十四年（1898）杭州石印本　八冊

330000－1716－0003001　普史 1190/03001
史部/地理類/遊記之屬/紀勝

鴻雪因緣圖記一集二卷二集二卷三集二卷
（清）麟慶撰　清光緒十二年（1886）上海點石
齋石印本　清余家驄觀款　六冊

330000－1716－0003002　普史 1191/03002
史部/地理類/遊記之屬/紀行

徐霞客遊記十卷　（明）徐弘祖撰　**外編一卷**
（清）徐鎮輯　**補編一卷**　（清）葉廷甲輯
清光緒三十四年（1908）集成圖書公司鉛印本
八冊

330000－1716－0003003　普史 1192/03003
史部/地理類/遊記之屬/紀行

出使英法義比四國日記六卷（清光緒十六年
正月十一日至十七年二月三十日）　（清）薛
福成撰　清光緒十八年（1892）石印本　三冊

330000－1716－0003004　普史 1193/03004
史部/地理類/山川之屬/水志

湖山便覽十二卷　（清）翟灝等撰　清光緒元
年（1875）杭州王維翰槐蔭堂刻本　六冊

330000－1716－0003007　普史 1196/03007
史部/地理類/總志之屬/通代

歷代地理志韻編今釋二十卷皇朝輿地圖一卷
皇朝輿地韻編二卷　（清）李兆洛撰　清光緒
上海蜚英館石印本　四冊

330000－1716－0003008　普史 1197/03008
新學/史志/別國史

希臘獨立史一卷　（日本）柳井絅齋撰　（清）
秦嗣宗譯　清光緒鉛印本　一冊

330000－1716－0003009　普史 1186/03009
史部/地理類/山川之屬/水志

治河方略十卷首一卷　（清）靳輔撰　清嘉慶
四年（1799）靳文鈞安瀾堂刻本　十一冊

330000－1716－0003010　普史 1200/03010
史部/地理類/外紀之屬

海國圖志一百卷首一卷　（清）魏源撰　清光
緒二十一年（1895）上海積山書局石印本　十

四冊

330000－1716－0003011　普史 1198/03011
新學/史志/別國史

埃及近世史一卷　（日本）柴四郎撰　麥鼎華
譯　清光緒二十八年（1902）上海廣智書局鉛
印本　一冊

330000－1716－0003012　普史 1199/03012
新學/史志/別國史

繙譯米利堅志四卷　（日本）岡千仞　（日本）
河野通之撰　清末鉛印本　二冊

330000－1716－0003013　普史 1201/03013
新學/史志/別國史

中等教育日本歷史二卷附錄諸國封建沿革略
一卷　（日本）萩野由之撰　劉大猷譯　清光
緒二十七年（1901）教育世界社石印本　五冊

330000－1716－0003014　普史 1202/03014
新學/史志/諸國史

泰西新史攬要二十四卷　（英國）馬懇西撰
（英國）李提摩太釋　清光緒二十一年（1895）
上海美華書館鉛印本　八冊

330000－1716－0003015　普史 1203/03015
史部/地理類/外紀之屬

英法俄德四國志略不分卷　沈敦和輯譯　清
光緒二十二年（1896）上海圖書集成印書局鉛
印本　一冊

330000－1716－0003016　普史 1204/03016
史部/雜史類/外紀之屬

意大利興國俠士傳一卷　（日本）松井廣吉撰
（日本）橋本大郎譯　清光緒二十四年
（1898）上海大同譯書局石印本　一冊

330000－1716－0003017　普史 1205/03017
新學/史志/戰記

普法戰紀二十卷　（清）張宗良口譯　（清）王
韜撰輯　清光緒十二年（1886）弢園王氏刻本
十卷

330000－1716－0003018　普史 1206/03018
史部/地理類/外紀之屬

西史綱目三十五卷　（清）周維翰撰　清光緒

二十八年至二十九年（1902－1903）經世文社石印本　十冊　存二十卷（一至二十）

330000－1716－0003022　普史 1262/03022
史部/目録類/專録之屬

東西學書録二卷附一卷　徐維則輯　清光緒二十五年（1899）石印本　三冊

330000－1716－0003023　普史 1214/03023
史部/地理類/山川之屬/山志

盍山志八卷　（清）顧雲撰　清光緒九年（1883）金陵盍山精舍刻本　三冊

330000－1716－0003024　普史 1215/03024
史部/地理類/山川之屬/水志

河上語一卷　（清）蔣楷輯　清光緒刻本　一冊

330000－1716－0003028　普叢 0318－1/03028　類叢部/叢書類/自著之屬

潛園總集十七種　（清）陸心源撰　清同治至光緒刻本　十八冊　存二種

330000－1716－0003029　普史 1225/03029
史部/目録類/書志之屬/題跋

士禮居藏書題跋記六卷　（清）黃丕烈撰　清光緒十年（1884）吳縣潘祖蔭滂喜齋刻本　四冊

330000－1716－0003030　普史 1227/03030
史部/目録類/總録之屬/私撰

楹書隅録五卷續編四卷　（清）楊紹和藏並撰　清光緒二十年（1894）聊城楊氏海源閣刻本　八冊

330000－1716－0003031　普史 1228/03031
史部/目録類/書志之屬/提要

愛日精廬藏書志三十六卷續志四卷　（清）張金吾藏並撰　清光緒十三年（1887）吳縣徐氏靈芬閣木活字印本　十冊

330000－1716－0003038　普史 1236/03038
史部/目録類/總録之屬/私撰

江上雲林閣書目四卷　（清）倪模輯　清道光二十三年（1843）刻本　四冊

330000－1716－0003040　普史 1238/03040
史部/目録類/總録之屬/私撰

書目答問五卷別録一卷國朝著述諸家姓名略一卷　（清）張之洞撰　清光緒二十一年（1895）上海蜚英館石印本　二冊

330000－1716－0003041　普史 1239/03041
史部/目録類/總録之屬/私撰

書目答問五卷別録一卷國朝著述諸家姓名略一卷　（清）張之洞撰　清光緒二十一年（1895）上海蜚英館石印本　一冊　缺二卷（一至二）

330000－1716－0003042　普史 1243/03042
史部/目録類/總録之屬/私撰

天一閣書目四卷　（清）范邦甸等編　**附碑目一卷續增一卷**　（清）錢大昕編　（清）范懋敏續編　清嘉慶十三年（1808）揚州阮元文選樓刻本　九冊

330000－1716－0003043　普史 1244/03043
史部/目録類/總録之屬/私撰

天一閣書目四卷　（清）范邦甸等編　**附碑目一卷續增一卷**　（清）錢大昕編　（清）范懋敏續編　清嘉慶十三年（1808）揚州阮元文選樓刻本　一冊　存二卷（碑目、續增）

330000－1716－0003044　普史 1273/03044
史部/目録類/總録之屬/官修

欽定四庫全書總目二百卷首一卷　（清）紀昀等撰　**四庫未收書目提要五卷**　（清）阮元撰　清光緒十四年（1888）上海漱六山莊石印本　二十冊

330000－1716－0003045　普史 1246/03045
類叢部/叢書類/彙編之屬

鐵琴銅劍樓叢書十三種　瞿啟甲編　清光緒至民國刻本暨影印本　十冊　存一種

330000－1716－0003047　普史 1249/03047
史部/目録類/總録之屬/私撰

儀徵阮學使開示士子書目一卷　清末抄本　一冊

330000－1716－0003048　普史 1251　普史

1252/03048　史部/目錄類/書志之屬/提要

藝風藏書記八卷續記八卷　繆荃孫撰　清光緒二十六年至二十七年（1900－1901）江陰繆荃孫刻民國元年至二年（1912－1913）續刻本　五冊

330000－1716－0003049　普史1253/03049　類叢部/叢書類/彙編之屬

鐵琴銅劍樓叢書十三種　瞿啟甲編　清光緒至民國刻本暨影印本　十冊　存一種

330000－1716－0003050　普史1255/03050　類叢部/叢書類/家集之屬

影山草堂六種　（清）莫與儔　（清）莫友芝撰　清咸豐至光緒刻本　一冊　存一種

330000－1716－0003051　普史1256/03051　類叢部/叢書類/家集之屬

影山草堂六種　（清）莫與儔　（清）莫友芝撰　清咸豐至光緒刻本　一冊　存一種

330000－1716－0003052　普史1257/03052　史部/目錄類/版本之屬/專考

宋元本行格表二卷附錄一卷　（清）江標輯（清）劉肇隅編　清光緒二十三年（1897）湘潭劉肇隅刻本　一冊

330000－1716－0003053　普史1258 普史1331 普史1390/03053　類叢部/叢書類/彙編之屬

潘刻五種　（清）恩燾輯　清同治至光緒刻光緒二十九年（1903）北京翰文齋印本　三冊　存三種

330000－1716－0003055　普史1260/03055　史部/目錄類/總錄之屬/私撰

宋元舊本書經眼錄三卷附錄二卷　（清）莫友芝撰　清光緒十年（1884）上海還讀樓刻本冒效魯題簽　四冊

330000－1716－0003056　普史1261/03056　史部/目錄類/總錄之屬/官修

欽定四庫全書簡明目錄二十卷首一卷　（清）紀昀等撰　清刻本　十二冊

330000－1716－0003057　普史1263 普子

0333/03057　史部/目錄類/專錄之屬

西學書目表三卷附一卷讀西學書法一卷　梁啟超撰　清光緒二十二年（1896）時務報館石印本　二冊

330000－1716－0003058　普史1264/03058　史部/目錄類/總錄之屬/官修

欽定四庫全書簡明目錄二十卷首一卷　（清）紀昀等撰　清同治七年（1868）廣東書局刻本　十二冊

330000－1716－0003059　普史1265/03059　史部/地理類/山川之屬/山志

廣雁蕩山誌二十八卷首一卷末一卷　（清）曾唯輯　清乾隆五十五年（1790）曾唯依綠園刻嘉慶十三年（1808）增刻同治八年（1869）重修本　八冊

330000－1716－0003062　普史1268/03062　史部/目錄類/總錄之屬/私撰

書目答問五卷別錄一卷國朝著述諸家姓名略一卷　（清）張之洞撰　清光緒二十二年（1896）上海寶善書局石印本　二冊

330000－1716－0003063　普史1269/03063　史部/目錄類/總錄之屬/官修

欽定四庫全書簡明目錄二十卷　（清）紀昀等撰　清光緒十四年（1888）上海漱六山莊石印本　四冊

330000－1716－0003064　普史1270/03064　史部/目錄類/總錄之屬/官修

四庫未收書目提要五卷　（清）阮元撰　清末石印本　一冊

330000－1716－0003065　普史1271/03065　史部/目錄類/總錄之屬/官修

欽定四庫全書簡明目錄二十卷　（清）紀昀等撰　清光緒十四年（1888）上海漱六山莊石印本　四冊

330000－1716－0003066　普史1272/03066　史部/地理類/遊記之屬/紀行

節相壯游日錄二卷　（清）李鴻章撰　（清）桃谿漁隱　（清）惺新盦主輯　清光緒二十三年

(1897)上海石印本　二冊

330000 - 1716 - 0003067　普史 1274 普史 1281/03067　史部/金石類/總志之屬

學古齋金石叢書四集　（清）葛元煦輯　清光緒崇川葛氏學古齋刻本　三冊　存二種

330000 - 1716 - 0003070　普史 1277/03070　史部/金石類/總志之屬

金石萃編一百六十卷　（清）王昶撰　金石續編二十一卷首一卷　（清）陸耀遹撰　清光緒十九年（1893）上海寶善書局石印本　二十四冊

330000 - 1716 - 0003072　普史 1298/03072　史部/傳記類/總傳之屬/斷代

昭代名人尺牘小傳二十四卷　（清）吳修撰　清光緒七年（1881）刻本　二冊

330000 - 1716 - 0003073　普史 1284/03073　史部/目錄類/總錄之屬

經籍訪古志六卷補遺一卷　（日本）澁江全善（日本）森立之撰　清光緒十一年（1885）六合徐承祖日本鉛印本　八冊

330000 - 1716 - 0003074　普史 1282/03074　史部/金石類/總志之屬

金石萃編一百六十卷　（清）王昶撰　金石續編二十一卷首一卷　（清）陸耀遹撰　清光緒十九年（1893）上海醉六堂石印本　二十四冊

330000 - 1716 - 0003075　普史 1285/03075　史部/目錄類/總錄之屬

經籍訪古志六卷補遺一卷　（日本）澁江全善（日本）森立之撰　清光緒十一年（1885）六合徐承祖日本鉛印本　清徐允臨題記　八冊

330000 - 1716 - 0003076　普史 1286/03076　類叢部/叢書類/彙編之屬

別下齋叢書二十七種　（清）蔣光煦編　清道光海昌蔣氏別下齋刻咸豐六年（1856）續刻本　一冊　存一種

330000 - 1716 - 0003077　普史 1287/03077　集部/別集類/清別集

甘泉鄉人稿二十四卷　（清）錢泰吉撰　皇清

敕授修職郎誥封朝議大夫顯考警石府君年譜一卷　（清）錢應溥撰　邠農偶吟稿一卷（清）錢炳森撰　清同治七年（1868）、十一年（1872）刻本　宋崇厚批注　一冊　存三卷（七至九）

330000 - 1716 - 0003078　普史 1292/03078　史部/目錄類/總錄之屬/私撰

五桂樓黃氏書目四卷　（清）黃澄量撰　清光緒會稽董氏行餘講舍抄本　一冊

330000 - 1716 - 0003080　普史 1296/03080　史部/目錄類/專錄之屬

全上古三代秦漢三國晉南北朝文編目一百三卷　（清）嚴可均輯　（清）蔣壑編　清光緒五年（1879）蔣錫初刻本　十六冊

330000 - 1716 - 0003081　普史 1297/03081　史部/目錄類/總錄之屬/私撰

金山錢氏家刻書目十卷　（清）錢培蓀編　清光緒四年（1878）金山錢氏刻　四冊

330000 - 1716 - 0003082　普史 1289/03082　史部/目錄類/通論之屬/考訂

古今偽書考一卷　（清）姚際恒撰　清末木活字印本　一冊

330000 - 1716 - 0003083　普史 1290/03083　史部/目錄類/通論之屬/考訂

古今偽書考一卷　（清）姚際恒撰　清末木活字印本　一冊

330000 - 1716 - 0003084　普史 1291/03084　史部/目錄類/通論之屬/考訂

古今偽書考一卷　（清）姚際恒撰　清末木活字印本　一冊

330000 - 1716 - 0003085　普史 1299/03085　史部/雜史類/斷代之屬

戰國策十卷　（宋）鮑彪校注　（元）吳師道補正　清乾隆二十七年（1762）文盛堂刻本　清袁壽鵬題簽　六冊

330000 - 1716 - 0003086　普史 1300/03086　史部/地理類/總志之屬/斷代

輿地廣記三十八卷　（宋）歐陽忞撰　校勘札

記二卷　（清）黃丕烈撰　清光緒六年(1880)
金陵書局刻本　四冊

330000－1716－0003087　地獻 1513/03087
集部/總集類/選集之屬/斷代

雙節堂贈言集錄二十八卷首一卷末一卷附錄
一卷續集二十二卷首一卷末一卷附錄一卷附
訂一卷　（清）汪輝祖輯　清乾隆至嘉慶刻本
　一冊　存五卷(雙節堂贈言集錄二至六)

330000－1716－0003089　普史 1307/03089
經部/叢編

省吾堂四種二十五卷　（清）蔣光弼輯　清常
熟蔣氏省吾堂刻本　二冊　存一種

330000－1716－0003091　普史 1308/03091
史部/目錄類/通論之屬/掌故瑣記

皕宋樓藏書源流考一卷　（日本）島田翰撰
清光緒三十三年(1907)武進董康京師刻本
一冊

330000－1716－0003092　普史 1309 普史
1310 普史 1311/03092　史部/目錄類/總錄之
屬/彙刻

江刻書目三種　（清）江標輯　清光緒元和江
氏師鄦室刻蘇州振新書社印本　三冊

330000－1716－0003094　普史 1313/03094
史部/目錄類/通論之屬/考訂

古今偽書考一卷　（清）姚際恒撰　清末木活
字印本　一冊

330000－1716－0003095　普史 1314/03095
史部/目錄類/通論之屬/考訂

古今偽書考一卷　（清）姚際恒撰　清末木活
字印本　一冊

330000－1716－0003096　普史 1315/03096
史部/目錄類/通論之屬/考訂

古今偽書考一卷　（清）姚際恒撰　清末木活
字印本　一冊

330000－1716－0003097　普史 1316/03097
史部/目錄類/通論之屬/考訂

古今偽書考一卷　（清）姚際恒撰　清末木活
字印本　一冊

330000－1716－0003098　普史 1317/03098
史部/目錄類/通論之屬/考訂

古今偽書考一卷　（清）姚際恒撰　清末木活
字印本　一冊

330000－1716－0003099　經補 0911/03099
經部/小學類/音韻之屬

四聲便覽四卷　清末石印本　一冊　存一卷
(三)

330000－1716－0003100　普史 1324/03100
史部/目錄類/總錄之屬/史志

元史藝文志四卷　（清）錢大昕撰　清江蘇書
局刻本　一冊

330000－1716－0003101　普史 1325/03101
史部/目錄類/總錄之屬/史志

元史藝文志四卷　（清）錢大昕撰　清江蘇書
局刻本　一冊

330000－1716－0003102　普史 1326/03102
史部/目錄類/總錄之屬/史志

元史藝文志四卷　（清）錢大昕撰　清江蘇書
局刻本　一冊

330000－1716－0003105　普史 1332/03105
史部/目錄類/總錄之屬/彙刻

彙刻書目二十卷　（清）顧修輯　（清）朱學勤
補　清光緒十二年至十五年(1886－1889)上
海福瀛書局刻本　二十冊

330000－1716－0003106　普史 1333/03106
史部/目錄類/總錄之屬/彙刻

彙刻書目二十卷　（清）顧修輯　（清）朱學勤
補　清光緒十二年至十五年(1886－1889)上
海福瀛書局刻本　十九冊　缺一卷(二十)

330000－1716－0003107　普史 1335/03107
史部/目錄類/總錄之屬/私撰

抱遺閣叢書子目索引不分卷　（清）子彊演編
纂　清末抄本　三冊

330000－1716－0003108　普史 1336/03108
史部/目錄類/總錄之屬/私撰

鐵華館家藏書目四卷　（清）蔣鳳藻編　清末
抄本　一冊

330000－1716－0003109　普史 1338/03109
史部/目録類/書志之屬/提要

善本書室藏書志四十卷附録一卷　（清）丁丙
輯　清光緒二十五年至二十七年（1899－
1901）錢塘丁立中鄂中刻本　十六冊

330000－1716－0003110　普史 1340/03110
史部/目録類/書志之屬/提要

開有益齋讀書志六卷續志一卷金石文字記一卷　（清）朱緒曾撰　清光緒六年（1880）金陵
翁氏茹古閣刻本　四冊

330000－1716－0003111　普史 1341/03111
新學/史志/別國史

東洋史要二卷　（日本）桑元隰藏撰　樊炳清
譯　清光緒二十五年（1899）東文學社石印本
四冊

330000－1716－0003114　普叢 0319－10/
03114　類叢部/叢書類/彙編之屬

粵雅堂叢書續編四十九種　（清）伍崇曜編
清道光至光緒南海伍氏刻彙印本　一冊　存
一種

330000－1716－0003115　普史 1345/03115
新學/雜著/叢編

帝國叢書　（清）出洋學生編輯所編　清光緒
二十八年（1902）上海商務印書館鉛印本　一
冊　存一種

330000－1716－0003116　普史 1346/03116
史部/詔令奏議類/奏議之屬

彭剛直公奏稿八卷　（清）彭玉麟撰　（清）俞
樾輯　清末鉛印本　四冊

330000－1716－0003117　普史 1347 普史
1351/03117　史部/目録類/總録之屬/官修

欽定四庫全書總目二百卷首一卷　（清）紀昀
等撰　清乾隆刻本　一百十二冊

330000－1716－0003118　普叢 0318－3/
03118　類叢部/叢書類/自著之屬

潛園總集十七種　（清）陸心源撰　清同治至
光緒刻本　三十二冊　存一種

330000－1716－0003119　普史 1350/03119

史部/傳記類/日記之屬

**曾文正公手書日記不分卷（清道光二十一年
正月初一日至同治十一年二月初三日）**
（清）曾國藩撰　清宣統元年（1909）上海中國
圖書公司石印本　三十二冊

330000－1716－0003122　普史 1356/03122
類叢部/叢書類/自著之屬

半巖廬所箸書九種　（清）邵懿辰撰　清宣統
三年至民國二十年（1911－1931）仁和邵氏刻
本　六冊　存一種

330000－1716－0003123　普史 1357 普史
1358/03123　史部/目録類/總録之屬/官修

欽定天禄琳琅書目十卷　（清）于敏中等撰
欽定天禄琳琅書目後編二十卷　（清）彭元瑞
等撰　清光緒十年（1884）長沙王氏刻本
十冊

330000－1716－0003124　普史 1359/03124
史部/金石類/金之屬/通考

亦政堂重修宣和博古圖録三十卷　（宋）王黼
等撰　清乾隆十八年（1753）黄晟槐蔭草堂刻
本　十六冊

330000－1716－0003125　普史 1361/03125
史部/金石類/總志之屬

金石三例十五卷　（清）盧見曾編　清光緒四
年（1878）南海馮氏讀有用書齋刻朱墨套印本
四冊　缺一卷（金石要例）

330000－1716－0003126　普史 1363/03126
類叢部/叢書類/自著之屬

潛研堂全書十六種　（清）錢大昕撰　清乾隆
至嘉慶刻道光二十年（1840）錢師光重修印本
二冊　存一種

330000－1716－0003128　普史 1364/03128
史部/金石類/金之屬/文字

積古齋鐘鼎彝器款識十卷　（清）阮元　（清）
朱為弼撰　清光緒五年（1879）武昌刻本
六冊

330000－1716－0003129　普史 1368/03129
史部/金石類/金之屬/文字

積古齋鐘鼎彝器款識十卷 （清）阮元 （清）朱為弼撰 清光緒八年(1882)常熟抱芳閣刻本 四冊

330000－1716－0003131 普史 1370/03131
史部/金石類/總志之屬/圖像
求古精舍金石圖四卷 （清）陳經撰 清嘉慶二十三年(1818)烏程陳經說劍樓刻本 四冊

330000－1716－0003132 普史 1371/03132
史部/金石類/總志之屬/圖像
求古精舍金石圖四卷 （清）陳經撰 清嘉慶二十三年(1818)烏程陳經說劍樓刻本 四冊

330000－1716－0003135 普叢 0177/03135
類叢部/叢書類/彙編之屬
式訓堂叢書四十一種 （清）章壽康編 清光緒會稽章氏刻本 三冊 存二種

330000－1716－0003136 普史 1386/03136
史部/金石類/總志之屬/文字
金石文鈔八卷續鈔二卷 （清）趙紹祖撰 清光緒二年(1876)涇縣趙氏刻本 十冊

330000－1716－0003137 普史 1384/03137
類叢部/叢書類/自著之屬
亭林遺書十種 （清）顧炎武撰 清刻本 三冊 存二種

330000－1716－0003138 普史 1388/03138
類叢部/叢書類/家集之屬
觀古閣叢刻十五種 （清）鮑康編 清嘉慶十一年至光緒二十一年(1806－1895)歙縣鮑氏刻本 二冊 存二種

330000－1716－0003139 普史 1391/03139
類叢部/叢書類/自著之屬
蘇齋叢書十八種 （清）翁方綱撰 清乾隆至嘉慶刻彙印本 六冊 存一種

330000－1716－0003140 普史 1392/03140
史部/金石類/總志之屬
金石萃編一百六十卷 （清）王昶撰 清嘉慶十年(1805)青浦王氏經訓堂刻同治十年(1871)嘉善錢寶傳補刻本 六十四冊

330000－1716－0003141 普史 1393/03141
史部/金石類/總志之屬/文字
海東金石苑四卷 （清）劉喜海撰 清光緒七年(1881)衢州張德容二銘艸堂刻本 四冊

330000－1716－0003142 普史 1394/03142
史部/金石類/總志之屬/文字
海東金石苑四卷 （清）劉喜海撰 清光緒七年(1881)衢州張德容二銘艸堂刻本 四冊

330000－1716－0003143 普史 1395/03143
史部/金石類/總志之屬/文字
海東金石苑四卷 （清）劉喜海撰 清光緒七年(1881)衢州張德容二銘艸堂刻本 四冊

330000－1716－0003144 普史 1396/03144
史部/金石類/總志之屬/文字
金石苑不分卷 （清）劉喜海輯 清道光二十八年(1848)劉氏刻本 六冊

330000－1716－0003145 普史 1397/03145
史部/金石類/石之屬/文字
望堂金石文字初集三十一種二集十八種 楊守敬輯 清同治至宣統宜都楊氏飛青閣刻本 十二冊

330000－1716－0003146 普史 1398/03146
史部/目錄類/總錄之屬/私撰
書目答問不分卷 （清）張之洞撰 清末刻本 一冊

330000－1716－0003147 普史 1399/03147
史部/目錄類/總錄之屬/私撰
書目答問不分卷 （清）張之洞撰 清末刻本 一冊

330000－1716－0003148 普史 1385/03148
史部/目錄類/總錄之屬/官修
欽定四庫全書總目二百卷首一卷 （清）紀昀等撰 清同治七年(1868)廣東書局刻本 一百二十冊

330000－1716－0003149 普史 1404/03149
史部/金石類/總志之屬
二銘艸堂金石聚十六卷 （清）張德容輯 清同治十一年(1872)衢州張氏二銘草堂刻本

十六冊

330000－1716－0003150　普史 1405/03150
史部/金石類/總志之屬

二銘艸堂金石聚十六卷　（清）張德容輯　清同治十一年(1872)衢州張氏二銘草堂刻本
十六冊

330000－1716－0003151　普史 1406/03151
史部/目錄類/總錄之屬/私撰

書目答問不分卷　（清）張之洞撰　清末刻本
一冊

330000－1716－0003152　普史 1407/03152
史部/地理類/總志之屬/通代

歷代輿地沿革險要圖一卷　楊守敬　饒敦秩撰　清光緒五年(1879)東湖饒氏刻三色套印本　一冊

330000－1716－0003153　普史 1409/03153
新學/算學/數學

格物入門七卷　（美國）丁韙良撰　清同治七年(1868)京都同文館刻本　七冊

330000－1716－0003154　普史 1408/03154
史部/地理類/總志之屬/通代

歷代輿地沿革險要圖一卷　楊守敬　饒敦秩撰　清光緒五年(1879)東湖饒氏刻三色套印本　一冊

330000－1716－0003155　普史 1410/03155
新學/圖學/測繪

繪地法原一卷表一卷圖一卷　（美國）金楷理口譯　（清）王德均筆述　清光緒江南製造局刻本　一冊

330000－1716－0003156　普史 1413/03156
新學/格致總

格致彙編不分卷　（英國）傅蘭雅輯　清光緒二年至十八年(1876－1892)上海格致書室鉛印本　七冊

330000－1716－0003157　普叢 0178－4/03157
類叢部/叢書類/郡邑之屬

金華叢書六十八種　（清）胡鳳丹編　清同治七年至光緒八年(1868－1882)永康胡氏退補齋刻民國補刻本　十冊　存一種

330000－1716－0003158　普史 1416/03158
史部/紀傳類/別史之屬

尚史七十二卷　（清）李鍇撰　清嘉慶刻本十二冊　存三十四卷(列傳十九至三十四、繫一至四、年表一至四、志一至十)

330000－1716－0003159　普史 1418/03159
史部/傳記類/總傳之屬/通代

尚友錄二十二卷補遺一卷　（明）廖用賢輯（清）張伯琮補輯　清浙蘭林天祿齋刻本　二十二冊

330000－1716－0003160　普史 1419/03160
史部/目錄類/專錄之屬

經義考三百卷　（清）朱彝尊撰　**經義考總目二卷**　（清）盧見曾編　清康熙秀水朱氏曝書亭刻乾隆十九年至二十年(1754－1755)德州盧見曾續刻四十二年(1777)汪汝瑮印本(卷二百八十六、二百九十九至三百原缺)　六十冊

330000－1716－0003161　普史 1420/03161
史部/編年類/通代之屬

綱鑑易知錄九十二卷明鑑易知錄十五卷
（清）吳乘權　（清）周之炯　（清）周之燦輯　清刻本　三十四冊　缺三十一卷(五至七、十至三十二、六十八至七十二)

330000－1716－0003162　普史 1421/03162
新學/地學/地志學

地志須知一卷　（英國）傅蘭雅撰　清光緒八年(1882)刻本　一冊

330000－1716－0003163　普史 1422/03163
新學/地學/地志學

地理須知一卷　（英國）傅蘭雅撰　清光緒九年(1883)刻本　一冊

330000－1716－0003164　普史 1423/03164
史部/史評類/詠史之屬

明宮詞一卷　（清）程嗣章撰　清宣統三年(1911)上海掃葉山房石印　田紹謙觀款一冊

330000－1716－0003167　普史 1427/03167
史/史評類/詠史之屬

明宮詞一卷　（清）程嗣章撰　清宣統三年
(1911)上海掃葉山房石印本　一冊

330000－1716－0003168　普史 1428/03168
史部/傳記類/總傳之屬/文苑

國朝名家詩鈔小傳四卷　（清）鄭方坤撰　清
光緒十二年(1886)萬山草堂刻本　二冊

330000－1716－0003169　普史 1429/03169
史部/地理類/山川之屬/水志

南湖考一卷　（明）陳幼學撰　**節錄餘杭縣南
湖事略一卷南湖誌考一卷**　（清）陳善撰　清
光緒五年(1879)浙江官書局刻本　一冊

330000－1716－0003170　普史 1430/03170
集部/總集類/選集之屬/斷代

南宋襍事詩七卷　（清）沈嘉轍等撰　清同治
十一年(1872)淮南書局刻本　四冊

330000－1716－0003172　普史 1433/03172
集部/別集類/清別集

長安宮詞一卷　（清）胡延撰　清光緒二十八
年(1902)刻本　一冊

330000－1716－0003173　普史 1437/03173
史部/地理類

望炊樓叢書五種附二種　（清）謝家福輯　清
光緒吳縣謝氏刻民國十三年(1924)蘇州文學
山房彙印本　一冊　存一種

330000－1716－0003175　普史 1435/03175
類叢部/叢書類/自著之屬

槐軒全集二十一種附九種　（清）劉沅撰　清
咸豐至民國刻彙印本　一冊　存一種

330000－1716－0003176　普史 1436/03176
類叢部/叢書類/自著之屬

顧亭林先生遺書十種補遺十一種　（清）顧炎
武撰　（清）席威　（清）朱記榮編　清蓬瀛閣
刻吳縣朱記榮增刻光緒三十二年(1906)彙印
本　一冊　存三種

330000－1716－0003177　普史 1438/03177
史部/史評類/詠史之屬

十國宮詞一卷　（清）吳省蘭撰　清宣統三年
(1911)上海掃葉山房石印本　一冊

330000－1716－0003178　普史 1439/03178
經部/三禮總義類/通禮雜禮之屬

四禮翼四卷　（明）呂坤撰　清同治二年
(1863)王禹疇刻本　一冊

330000－1716－0003179　普史 1440/03179
史部/目錄類/專錄之屬

經義考三百卷　（清）朱彝尊撰　**經義考總目
二卷**　（清）盧見曾編　清康熙秀水朱氏曝書
亭刻乾隆十九年至二十年(1754－1755)德州
盧見曾續刻四十二年(1777)汪汝瑮印本(卷
二百八十六、二百九十九至三百原缺)　三十
六冊　存二百三十一卷(六十八至二百九十
八)

330000－1716－0003180　普史 1441/03180
史部/目錄類/專錄之屬

經義考三百卷　（清）朱彝尊撰　**經義考總目
二卷**　（清）盧見曾編　清康熙秀水朱氏曝書
亭刻乾隆十九年至二十年(1754－1755)德州
盧見曾續刻四十二年(1777)汪汝瑮印本(卷
二百八十六、二百九十九至三百原缺)　六
十冊

330000－1716－0003181　古越 0752/03181
新學/交涉/公法

公法便覽四卷總論一卷續一卷　（美國）丁韙
良譯　清光緒鉛印本　六冊

330000－1716－0003182　普子 0001/03182
子部/醫家類/綜合之屬/通論

御纂醫宗金鑑九十卷首一卷　（清）吳謙等撰
清光緒二年(1876)江西書局刻本　六十冊

330000－1716－0003183　普子 0002/03183
子部/醫家類/醫案之屬

名醫類案十二卷　（明）江瓘輯　清乾隆三十
五年(1770)歙縣鮑氏知不足齋刻本　十二冊

330000－1716－0003184　普子 0003/03184
子部/醫家類/本草之屬/歷代綜合本草

本草綱目五十二卷附圖三卷瀕湖脈學一卷奇

經八脈攷一卷脈訣攷證一卷　　(明)李時珍撰
本草萬方鍼線八卷附藥品總目一卷　　(清)
蔡烈先輯　**本草綱目拾遺十卷**　(清)趙學敏
輯　清光緒十一年至十三年(1885－1887)合
肥張紹棠味古齋刻本　三十八冊　缺六卷
(圖一至三、瀕湖脈學、奇經八脈攷、脈訣攷
證)

330000－1716－0003185　普子0004/03185
子部/醫家類/兒科之屬/痘疹

活幼心法大全八卷末一卷　(明)聶尚恒撰
清同治八年(1869)刻本　一冊

330000－1716－0003186　普子0006/03186
子部/醫家類/方書之屬/單方驗方

急救應驗良方一卷　(清)費山壽輯　清光緒
元年(1875)司獄署刻本　一冊

330000－1716－0003191　普子0013/03191
子部/醫家類/養生之屬

衛生集三卷　(清)華梧棲輯　清道光十八年
(1838)刻本　一冊

330000－1716－0003193　普子0015/03193
子部/醫家類/傷寒金匱之屬/傷寒論

醫效秘傳三卷　(清)葉桂撰　清道光十一年
(1831)吳氏貯春僊館刻本　二冊

330000－1716－0003194　普子0016/03194
子部/醫家類/方書之屬/單方驗方

串雅内編四卷　(清)趙學敏輯　清光緒十四
年(1888)榆園刻本　二冊

330000－1716－0003195　普子0017/03195
子部/醫家類/方書之屬/單方驗方

串雅内編四卷　(清)趙學敏輯　清咸豐九年
(1859)刻本　一冊

330000－1716－0003196　普子0018/03196
子部/醫家類/方書之屬/單方驗方

串雅内編四卷　(清)趙學敏輯　清光緒十四
年(1888)榆園刻本　二冊

330000－1716－0003197　普子0019/03197
子部/醫家類/針灸之屬/通論

鍼灸大成十卷　(明)楊繼洲撰　清小西山房

刻本　十冊

330000－1716－0003198　普子0020/03198
子部/醫家類/針灸之屬/通論

鍼灸大成十卷　(明)楊繼洲撰　清善成堂刻
本　八冊

330000－1716－0003200　普子0024/03200
子部/醫家類/醫案之屬

古今醫案按選四卷　(清)俞震輯　(清)王士
雄選　清光緒三十年(1904)會稽董氏取斯堂
刻本　四冊

330000－1716－0003201　普子0025/03201
子部/醫家類/醫案之屬

古今醫案按選四卷　(清)俞震輯　(清)王士
雄選　清光緒三十年(1904)會稽董氏取斯堂
刻本　四冊

330000－1716－0003202　普子0026/03202
子部/醫家類/醫案之屬

古今醫案按選四卷　(清)俞震輯　(清)王士
雄選　清光緒三十年(1904)會稽董氏取斯堂
刻本　四冊

330000－1716－0003203　普子0027/03203
子部/醫家類/醫案之屬

古今醫案按選四卷　(清)俞震輯　(清)王士
雄選　清光緒三十年(1904)會稽董氏取斯堂
刻本　四冊

330000－1716－0003204　普子0022/03204
子部/醫家類/醫案之屬

名醫類案十二卷　(明)江瓘輯　清同治十年
(1871)藏脩堂刻本　十二冊

330000－1716－0003205　普子0028/03205
子部/醫家類/醫案之屬

古今醫案按選四卷　(清)俞震輯　(清)王士
雄選　清光緒三十年(1904)會稽董氏取斯堂
刻本　四冊

330000－1716－0003206　普子0029/03206
子部/醫家類/醫案之屬

古今醫案按選四卷　(清)俞震輯　(清)王士
雄選　清光緒三十年(1904)會稽董氏取斯堂

刻本　四冊

330000－1716－0003207　普子0030/03207
子部/醫家類/醫案之屬
古今醫案按選四卷　（清）俞震輯　（清）王士
雄選　清光緒三十年(1904)會稽董氏取斯堂
刻本　四冊

330000－1716－0003208　普子0031/03208
子部/醫家類/醫案之屬
古今醫案按選四卷　（清）俞震輯　（清）王士
雄選　清光緒三十年(1904)會稽董氏取斯堂
刻本　四冊

330000－1716－0003209　普子0032/03209
子部/醫家類/醫案之屬
古今醫案按選四卷　（清）俞震輯　（清）王士
雄選　清光緒三十年(1904)會稽董氏取斯堂
刻本　四冊

330000－1716－0003210　普子0033/03210
子部/醫家類/醫案之屬
古今醫案按選四卷　（清）俞震輯　（清）王士
雄選　清光緒三十年(1904)會稽董氏取斯堂
刻本　四冊

330000－1716－0003211　普子0034/03211
子部/醫家類/醫案之屬
古今醫案按選四卷　（清）俞震輯　（清）王士
雄選　清光緒三十年(1904)會稽董氏取斯堂
刻本　四冊

330000－1716－0003212　普子0035/03212
子部/醫家類/醫案之屬
古今醫案按選四卷　（清）俞震輯　（清）王士
雄選　清光緒三十年(1904)會稽董氏取斯堂
刻本　四冊

330000－1716－0003213　普子0036/03213
子部/醫家類/醫案之屬
古今醫案按選四卷　（清）俞震輯　（清）王士
雄選　清光緒三十年(1904)會稽董氏取斯堂
刻本　四冊

330000－1716－0003214　普子0038/03214
子部/醫家類/綜合之屬

景岳全書發揮四卷　（清）葉桂撰　清光緒五
年(1879)吳氏醉六堂刻本　四冊

330000－1716－0003215　普子0037/03215
子部/醫家類/醫案之屬
洄溪醫案一卷　（清）徐大椿撰　清咸豐七年
(1857)海昌蔣氏衍芬草堂刻本　一冊

330000－1716－0003216　普子0039/03216
子部/醫家類/傷寒金匱之屬/傷寒論
傷寒大成五種　（清）張璐等撰　清刻本　一
冊　存一種

330000－1716－0003217　普子0040/03217
子部/醫家類/診法之屬/脈經脈訣
石頭老人診宗三昧一卷　（清）張璐撰　（清）
張登輯　清刻本　一冊

330000－1716－0003218　普子0041/03218
子部/醫家類/診法之屬/脈經脈訣
刪注脈訣規正二卷　（清）沈鏡刪注　清刻本
清達觀主人題簽並觀款　一冊

330000－1716－0003219　普子0042/03219
子部/醫家類/類編之屬
醫學三書　（清）雷豐編　清光緒十年至十三
年(1884－1887)雷氏慎修堂刻本　四冊　存
一種

330000－1716－0003220　普叢0191－1/
03220　類叢部/叢書類/彙編之屬
岱南閣叢書二十種　（清）孫星衍編　清乾隆
五十年至嘉慶十四年(1785－1809)蘭陵孫氏
刻本　四冊　存一種

330000－1716－0003221　普子0045/03221
子部/醫家類/本草之屬/歷代綜合本草
本草從新十八卷　（清）吳儀洛輯　清光緒七
年(1881)恒德堂刻本　六冊

330000－1716－0003222　普子0046/03222
子部/醫家類/本草之屬/歷代綜合本草
本草從新六卷　（清）吳儀洛輯　清乾隆二十
二年(1757)玉尺堂刻本　六冊

330000－1716－0003223　普子0047/03223

子部/醫家類/婦科之屬/產科

達生編二卷 （清）亟齋居士撰　清刻本
一冊

330000－1716－0003224　普子 0048/03224
子部/醫家類/綜合之屬/通論

赤水玄珠三十卷醫案五卷醫旨緒餘二卷
（明）孫一奎撰　清廣文書局刻本　三十二冊

330000－1716－0003226　普子 0051/03226
子部/醫家類/綜合之屬/通論

**醫門法律六卷尚論篇四卷首一卷尚論後篇四
卷寓意草一卷** （清）喻昌撰　清光緒二十年
(1894)上海圖書集成印書局鉛印本　七冊
存十二卷(一至六,尚論篇一至四、首,寓意
草)

330000－1716－0003227　普子 0053/03227
子部/醫家類/類編之屬

中西匯通醫書五種　唐宗海撰　清光緒二十
年(1894)申江袖海山房書局石印本　三冊
存一種

330000－1716－0003228　普子 0055/03228
子部/醫家類/婦科之屬/通論

濟陰綱目十四卷 （明）武之望撰　（清）汪淇
箋釋　**保生碎事一卷** （清）汪淇輯　清光緒
三十三年(1907)上海文瑞樓石印本　四冊

330000－1716－0003230　普子 0056/03230
子部/醫家類/婦科之屬/通論

濟陰綱目十四卷 （明）武之望撰　（清）汪淇
箋釋　**保生碎事一卷** （清）汪淇輯　清光緒
二十九年(1903)上海崇實書局石印本　六冊

330000－1716－0003233　普子 0063/03233
子部/醫家類/婦科之屬/產科

西醫胎產舉要二卷 （美國）阿庶頓輯　尹端
模筆譯　清光緒十九年(1893)羊城博濟醫局
刻本　二冊

330000－1716－0003234　普子 0062/03234
子部/醫家類/婦科之屬/產科

胎產心法三卷 （清）閻純璽撰　清宣統三年
(1911)上海緯文閣石印本　一冊

330000－1716－0003237　普子 0066/03237
子部/醫家類/本草之屬/歷代綜合本草

本草思辨錄四卷首一卷 （清）周巖撰　清光
緒三十年(1904)山陰周氏微尚室刻本　四冊

330000－1716－0003240　普子 0072 普子
0212 普子 0759 普子 0895/03240　類叢部/叢
書類/彙編之屬

新斠平津館叢書十集三十四種 （清）孫星衍
編　清光緒十年至十五年(1884－1889)吳縣
朱氏槐廬家塾刻本　四冊　存六種

330000－1716－0003242　普子 0071/03242
子部/醫家類/本草之屬/本草藥性

雷公炮製藥性解六卷 （清）李中梓輯　清群
玉山房刻本　二冊

330000－1716－0003243　普子 0073/03243
子部/醫家類/溫病之屬/其他溫疫病證

溫病條辨六卷首一卷 （清）吳瑭撰　清光緒
十五年(1889)慈溪葉金潯潛吾樓刻本　沈銳
跋　六冊

330000－1716－0003244　普子 0074/03244
子部/醫家類/溫病之屬/其他溫疫病證

溫熱經緯五卷 （清）王士雄撰　清光緒三年
(1877)刻本　四冊

330000－1716－0003245　普子 0075/03245
子部/醫家類/溫病之屬/瘟疫

隨息居重訂霍亂論四卷 （清）王士雄撰　清
同治二年(1863)刻本　二冊

330000－1716－0003248　普子 0076/03248
子部/醫家類/類編之屬

利濟十二種 （清）趙學敏輯　清同治十年
(1871)錢塘張應昌吉心堂刻本　十冊　存
一種

330000－1716－0003249　普子 0080 普子
1006/03249　類叢部/叢書類/自著之屬

古愚老人消夏錄十七種 （清）汪汲撰輯　清
乾隆至嘉慶古愚山房刻本　三冊　存二種

330000－1716－0003250　普子 0083/03250
子部/醫家類/診法之屬/脈經脈訣

脈經真本十卷首一卷　題(晉)王叔和撰　清道光二十五年(1845)安康張鵬飛來鹿堂刻本　四冊

330000－1716－0003251　普子0082/03251
子部/醫家類/類編之屬

圖注難經脈訣二種六卷　清聚盛堂刻本　二冊　存一種

330000－1716－0003253　普子0085/03253
子部/醫家類/喉科口齒之屬/白喉

白喉辨證一卷　(清)黃維翰撰　吊脚痧方論一卷　(清)徐子默撰　清光緒九年(1883)信述堂刻本　一冊

330000－1716－0003254　經補0822/03254
經部/春秋左傳類/傳說之屬

評點春秋左傳綱目句解彙雋六卷　(清)韓葵重訂　清宣統元年(1909)石印本　一冊　存三卷(三至五)

330000－1716－0003255　普子0088/03255
新學/醫學/外科

皮膚證治一卷　(美國)聶會東口譯　(清)尚寶臣筆述　清光緒二十四年(1898)上海美華書館鉛印本　一冊

330000－1716－0003256　普子0089/03256
子部/醫家類/兒科之屬/痘疹

痘疹定論四卷　(清)朱純嘏編輯　清同治九年(1870)濟南刻本　四冊

330000－1716－0003257　普子0091/03257
子部/醫家類/綜合之屬/通論

新刊醫林狀元壽世保元十卷　(明)龔廷賢撰　清光緒十二年(1886)上洋江左書林刻本　十冊

330000－1716－0003259　普子0095/03259
子部/醫家類/方書之屬/歷代方書

唐王燾先生外臺秘要方四十卷　(唐)王燾撰　清同治十三年(1874)廣東翰墨園刻本　二十冊

330000－1716－0003260　普子0094/03260
子部/醫家類/綜合之屬

三家醫案合刻附二種　(清)吳金壽編　清道光十一年(1831)吳氏貯春僊館刻本　三冊　存附一種

330000－1716－0003261　普子0096/03261
子部/雜著類/雜說之屬

墨子閒詁十五卷目錄一卷附錄一卷後語二卷　(清)孫詒讓撰　清宣統二年(1910)瑞安孫氏刻本　八冊

330000－1716－0003262　普子0200/03262
子部/叢編

二十二子(二十二子彙函)　(清)浙江書局編　清光緒元年至三年(1875－1877)浙江書局刻本　六十六冊　存十七種

330000－1716－0003263　普子0099/03263
類叢部/叢書類/自著之屬

汪雙池先生叢書二十種　(清)汪紱撰　清光緒石印本　四冊　存一種

330000－1716－0003264　普子0100/03264
子部/儒家類/儒家之屬

孔子家語十卷　(三國魏)王肅注　清李光明莊狀元閣刻本　四冊

330000－1716－0003265　普子0101 普子0103/03265　子部/醫家類/本草之屬/歷代綜合本草

珍珠囊指掌補遺藥性賦四卷　(金)李杲輯　雷公炮製藥性解六卷　(清)李中梓輯　清宏道堂刻本　四冊

330000－1716－0003266　普子0102 普子0104/03266　子部/醫家類/本草之屬/歷代綜合本草

珍珠囊指掌補遺藥性賦四卷　(金)李杲輯　雷公炮製藥性解六卷　(清)李中梓輯　清宏道堂刻本　四冊

330000－1716－0003267　普子0105 普子0106 普子0107/03267　子部/醫家類/類編之屬

周氏醫學叢書(周澂之評注醫書、周氏彙刻醫學叢書)初集十二種二集十一種三集六種

（清）周學海編　清光緒至宣統池陽周氏刻宣統三年(1911)福慧雙脩館彙印本　十二冊　存初集五種

330000－1716－0003268　普子0108/03268　子部/醫家類/方書之屬/單方驗方

普濟應驗良方八卷首一卷末一卷　（清）德軒氏輯　清咸豐七年(1857)江蘇阜寧刻本　一冊

330000－1716－0003269　普子0109/03269　子部/醫家類/類編之屬

壽世彙編五種　（清）祝寶森編　清光緒三十一年(1905)紹興德裕堂刻本　一冊　存四種

330000－1716－0003270　普子0110/03270　子部/兵家類/兵法之屬

水陸攻守戰略秘書七種　（清）澥浤道人編　清咸豐三年(1853)侯官林氏銅活字印本　一冊　存一種

330000－1716－0003271　普子0111/03271　子部/醫家類/本草之屬/歷代綜合本草

珍珠囊指掌補遺藥性賦四卷　（金）李杲輯　**雷公炮製藥性解六卷**　（清）李中梓輯　清光緒十二年(1886)上洋江左書林刻本　三冊　缺一卷（珍珠囊指掌補遺藥性賦四）

330000－1716－0003272　普子0112/03272　子部/醫家類/溫病之屬/瘟疫

瘟疫條辨摘要不分卷　（清）呂田輯　清光緒十五年(1889)浙江書局刻本　一冊

330000－1716－0003273　普子0113/03273　子部/醫家類/婦科之屬/產科

產孕集二卷　（清）張曜孫撰　**補遺一卷**　(清)包誠纂輯　清同治七年(1868)蘊璞齋刻本　一冊

330000－1716－0003274　普子0114/03274　子部/醫家類/婦科之屬/產科

產孕集二卷　（清）張曜孫撰　**補遺一卷**　(清)包誠纂輯　清同治七年(1868)蘊璞齋刻本　一冊

330000－1716－0003275　普子0115　普子

0118　普子0122/03275　子部/醫家類/溫病之屬

邵氏醫書三種　（清）邵登瀛編　清光緒六年(1880)蘇州邵氏刻本　六冊

330000－1716－0003276　普子0116/03276　子部/醫家類/類編之屬

慈幼新書三種　（清）莊一夔撰　清道光刻本　一冊

330000－1716－0003277　普子0117/03277　子部/醫家類/婦科之屬/通論

女科輯要二卷　（清）沈又彭撰　清同治元年(1862)刻本　二冊

330000－1716－0003279　普子0120/03279　子部/醫家類/方書之屬/單方驗方

經驗選秘六卷　（清）胡增彬輯　清同治十年(1871)刻本　一冊

330000－1716－0003280　普子0123　普子0124　普子0125　普子0316/03280　子部/醫家類/類編之屬

古今醫統正脈全書四十四種　（明）王肯堂編　明萬曆二十九年(1601)新安吳勉學刻本　八冊　存七種

330000－1716－0003282　普子0130/03282　子部/醫家類/婦科之屬/產科

達生編二卷　（清）亟齋居士撰　**產寶一卷**　(清)倪枝維撰　（清）許楫訂正　清同治八年(1869)長生室刻本　一冊

330000－1716－0003283　普子0129/03283　新學/醫學/衛生學

衛生學不分卷　（日本）邴仲共譯　（日本）小山田謙編　（清）段雲錦修　清光緒鉛印本　一冊

330000－1716－0003284　普子0132/03284　子部/醫家類/方書之屬/歷代方書

唐王燾先生外臺秘要方四十卷　（唐）王燾撰　清光緒二十四年(1898)上海圖書集成印書局鉛印本　唐風題簽　十六冊

330000－1716－0003289　普子0140/03289

子部/醫家類/本草之屬/歷代綜合本草

本草從新十八卷 （清）吳儀洛輯　清光緒三十四年（1908）上海理文軒書莊石印本　四冊

330000－1716－0003295　普子 0146/03295
子部/醫家類/診法之屬/其他診法

舌鑑辨正二卷 （清）梁玉瑜撰　（清）陶保廉輯　清光緒三十二年（1906）上海石印本　一冊

330000－1716－0003299　普子 0150/03299
子部/醫家類/養生之屬

新編壽世傳眞一卷 （清）徐文弼編　清道光二十五年（1845）靜思堂刻本　二冊

330000－1716－0003300　普子 0151/03300
子部/醫家類/類編之屬

重鐫本草醫方合編十二卷 （清）汪昂編　清光緒九年（1883）長沙遐齡精舍刻本　六冊

330000－1716－0003301　普子 0152 普子 0741/03301　子部/醫家類/類編之屬

醫林指月十二種 （清）王琦編　清乾隆三十二年（1767）寶笏樓刻本　十一冊　存十種

330000－1716－0003302　普子 0153/03302
子部/醫家類/綜合之屬

重刊體仁彙編十卷 （明）彭用光撰　明萬曆三年（1575）刻本　十冊

330000－1716－0003303　普子 0157/03303
子部/道家類

南華發覆八卷 （明）釋性通撰　清文秀堂刻本　六冊

330000－1716－0003304　普子 0158/03304
子部/小說家類/異聞之屬

山海經十八卷 （晉）郭璞傳　清光緒三年（1877）浙江書局刻本　三冊

330000－1716－0003305　古越 0600/03305
子部/叢編

二十二子（二十二子彙函） （清）浙江書局編　清光緒元年至三年（1875－1877）浙江書局刻本　八十三冊

330000－1716－0003306　普子 0165/03306
新學/雜著/叢編

江南製造局譯書 （清）江南製造局編　清光緒江南製造局刻本暨鉛印本　一冊　存一種

330000－1716－0003307　普子 0166/03307
子部/醫家類/醫案之屬

古今醫案按十卷 （清）俞震輯　清光緒九年（1883）吳江李氏刻本　十冊

330000－1716－0003308　普子 0167/03308
子部/醫家類/婦科之屬

傅青主女科二卷產後編二卷 （清）傅山撰　清同治八年（1869）湖北崇文書局刻本　一冊　存二卷（產後編一至二）

330000－1716－0003309　普子 0169/03309
子部/醫家類/本草之屬/歷代綜合本草

本草綱目五十二卷附圖三卷瀕湖脈學一卷奇經八脈攷一卷脈訣攷證一卷 （明）李時珍撰　**本草萬方鍼線八卷附藥品總目一卷** （清）蔡烈先輯　**本草綱目拾遺十卷** （清）趙學敏輯　清光緒十一年至十三年（1885－1887）合肥張紹棠味古齋刻本　四十八冊

330000－1716－0003310　普子 0170/03310
子部/道家類

道德真經注四卷 （元）吳澄撰　清雍正二年（1724）古絳張文炳刻本　清陳炳綸批跋並句讀　二冊

330000－1716－0003311　普子 0174/03311
子部/叢編

十子全書 （清）王子興編　清嘉慶九年（1804）寶慶經綸堂刻本　五冊　存一種

330000－1716－0003312　普子 0176/03312
子部/小說家類/異聞之屬

山海經箋疏十八卷圖讚一卷訂譌一卷敘錄一卷 （清）郝懿行撰　清嘉慶十四年（1809）揚州阮元琅嬛仙館刻本　四冊

330000－1716－0003313　普子 0177/03313
子部/小說家類/異聞之屬

山海經箋疏十八卷圖讚一卷訂譌一卷敘錄一

卷　（清）郝懿行撰　清嘉慶十四年(1809)揚州阮元琅嬛仙館刻本　四冊

330000－1716－0003314　普子 0178/03314
子部/道家類

道德經注釋二卷　題(唐)呂嵒撰　清光緒二十二年(1896)金陵蔭餘善堂刻本　二冊

330000－1716－0003315　普子 0179/03315
子部/叢編

子書百家　（清）崇文書局編　清光緒元年(1875)湖北崇文書局刻本　四十一冊　存五十二種

330000－1716－0003316　普子 0193/03316
子部/醫家類/婦科之屬/產科

產孕集二卷　（清）張曜孫撰　**補遺一卷**（清）包誠纂輯　清同治七年(1868)蘊璞齋刻本　一冊

330000－1716－0003317　普子 0196/03317
子部/雜著類/雜說之屬

槐軒約言一卷　（清）劉沅撰　清守經堂刻本　一冊

330000－1716－0003319　普子 0203/03319
子部/儒家類/儒學之屬/性理

求艾錄十卷　（清）楊以貞撰　清光緒二十七年(1901)志遠齋刻本　二冊

330000－1716－0003323　普子 0207/03323
子部/道家類

莊子內篇注四卷　（明）釋德清撰　清光緒十四年(1888)金陵刻經處刻本　二冊

330000－1716－0003324　普子 0209/03324
子部/道家類

莊子內篇注四卷　（明）釋德清撰　清光緒十四年(1888)金陵刻經處刻本　二冊

330000－1716－0003325　普子 0208/03325
子部/儒家類/儒學之屬/性理

居業錄粹語二卷　（明）胡居仁撰　（清）王鼎輯　清道光十六年(1836)刻本　一冊

330000－1716－0003326　普子 0210/03326

子部/道家類

老子道德經解二卷首一卷觀老莊影響論一卷　（明）釋德清撰　清光緒十二年(1886)金陵刻經處刻本　二冊

330000－1716－0003327　普子 0429/03327
子部/叢編

二十二子(二十二子彙函)　（清）浙江書局編　清光緒元年至三年(1875－1877)浙江書局刻本　二十八冊　存七種

330000－1716－0003328　普子 0213/03328
子部/醫家類/方書之屬/單方驗方

隨山宇方鈔一卷　（清）汪曰楨撰　清光緒八年(1882)紹興安越堂刻本　金禹記觀款　一冊

330000－1716－0003329　普子 0214/03329
子部/醫家類/傷寒金匱之屬/金匱要略

金匱心典三卷　（清）尤怡撰　清同治八年(1869)陸氏雙白燕堂刻本　三冊

330000－1716－0003330　普子 0216/03330
子部/醫家類/溫病之屬/瘟疫

廣瘟疫論四卷末一卷　（清）戴天章撰　清光緒十三年(1887)長沙曹氏刻本　二冊

330000－1716－0003331　普子 0215/03331
子部/醫家類/婦科之屬/產科

產科心法二卷　（清）汪喆撰　清道光九年(1829)嘉郡九思堂書坊刻本　一冊

330000－1716－0003333　普子 0218/03333
子部/醫家類/本草之屬/歷代綜合本草

本草思辨錄四卷首一卷　（清）周巖撰　清光緒三十年(1904)山陰周氏微尚室刻本　四冊

330000－1716－0003334　普子 0220/03334
子部/醫家類/本草之屬/神農本草經

本經疏證十二卷續疏六卷本經序疏要八卷（清）鄒澍撰　清道光二十九年(1849)常州長年醫局刻本　八冊　缺十二卷(一至十二)

330000－1716－0003335　普子 0219/03335
子部/醫家類/綜合之屬/通論

群玉山房重校醫宗必讀十卷　（清）李中梓撰

清光緒九年（1883）紹興育新書局刻本
五冊

330000－1716－0003336　普子 0221/03336
子部/醫家類/類編之屬

世補齋醫書六種　（清）陸懋修撰輯　清光緒
十年（1884）刻光緒十二年（1886）山左書局印
本　八冊　存五種

330000－1716－0003337　普子 0222/03337
史部/政書類/通制之屬

古今治平彙要十四卷　（清）楊潮觀撰　清雍
正七年（1729）文聚樓刻本　二冊

330000－1716－0003338　普子 0223/03338
史部/傳記類/總傳之屬/列女

典故列女傳四卷　清光緒六年（1880）上洋紫
文閣刻本　四冊

330000－1716－0003339　普叢 0168－2/
03339　類叢部/叢書類/彙編之屬

當歸草堂叢書八種　（清）丁丙編　清同治二
年至五年（1863－1866）錢塘丁氏刻本　三冊
　存七種

330000－1716－0003340　普子 0225/03340
子部/道家類

莊子南華真經十卷　（晉）郭象注　（唐）陸德
明音義　清光緒十一年（1885）傳忠書局刻本
　唐文獻題記　十冊

330000－1716－0003341　普子 0226/03341
子部/道家類

南華發覆八卷　（明）釋性通撰　清乾隆十四
年（1749）雲林懷德堂刻本　六冊

330000－1716－0003342　普子 0227/03342
子部/小說家類/異聞之屬

山海經廣注十八卷讀山海經語一卷雜述一卷
圖五卷　（清）吳任臣撰　清刻本　三冊　存
十八卷（一至十八）

330000－1716－0003343　普子 0228/03343
子部/儒家類/儒家之屬

孔氏家語十卷　（三國魏）王肅注　清乾隆四
十六年（1781）書業堂刻本　二冊

330000－1716－0003344　普子 0233/03344
子部/醫家類/方書之屬/歷代方書

醫方集解二十一卷　（清）汪昂撰　清光緒十
三年（1887）掃葉山房刻本　六冊

330000－1716－0003345　普子 0234/03345
子部/農家農學類/園藝之屬/總志

佩文齋廣群芳譜一百卷目錄二卷　（清）汪灝
等撰　清同治七年（1868）姑蘇亦西齋刻本
四十八冊

330000－1716－0003346　普子 0237/03346
經部/小學類/文字之屬/字書/訓蒙

訓蒙千字文一卷　（清）何桂珍撰　清咸豐二
年（1852）刻本　一冊

330000－1716－0003347　普子 0236/03347
子部/法家類

管韓合纂四卷　（明）張榜撰　明刻本　二冊
　存二卷（韓非子纂一至二）

330000－1716－0003348　普子 0239/03348
子部/儒家類/儒學之屬/性理

儒門法語一卷　（清）彭定求撰　（清）湯金釗
輯　清光緒元年（1875）江蘇學政署刻本
一冊

330000－1716－0003349　子補 1349/03349
子部/儒家類/儒學之屬/禮教

新增願體集四卷　（清）史典輯　（清）李仲麟
重輯　清同治四年（1865）寧郡汲綆齋刻本
一冊

330000－1716－0003350　普子 0240/03350
子部/儒家類/儒學之屬/性理

呻吟語節錄六卷　（明）呂坤撰　（清）陳笠帆
輯　清嘉慶十四年（1809）陳笠帆刻本　二冊

330000－1716－0003351　普子 0241/03351
類叢部/叢書類/自著之屬

呂子遺書四種　（明）呂坤撰　清道光七年
（1827）栗毓美開封府署刻本　六冊　存一種

330000－1716－0003352　普子 0246/03352
子部/醫家類/方書之屬/單方驗方

種福堂公選良方兼刻古吳名醫精論四卷

（清）葉桂撰　清乾隆四十二年（1777）衛生堂刻本　二冊

330000－1716－0003353　普子 0254/03353
子部/儒家類/儒學之屬
二程全書四種五十一卷　（宋）程顥　（宋）程頤撰　（宋）朱熹輯　清康熙石門呂氏寶誥堂刻本　八冊

330000－1716－0003354　普子 0248/03354
子部/醫家類/診法之屬/脈經脈訣
瀕湖脈學一卷奇經八脈攷一卷脈訣攷證一卷　（明）李時珍撰　明刻本　一冊

330000－1716－0003355　普子 0249/03355
子部/醫家類/診法之屬/脈經脈訣
瀕湖脈學一卷奇經八脈攷一卷脈訣攷證一卷　（明）李時珍撰　明刻本　一冊

330000－1716－0003356　普子 0255/03356
子部/雜著類/雜說之屬
墨子閒詁十五卷目錄一卷附錄一卷後語二卷　（清）孫詒讓撰　清光緒二十一年（1895）蘇州毛上珍木活字印本　八冊

330000－1716－0003357　普子 0257/03357
子部/醫家類/綜合之屬/通論
醫宗備要三卷　（清）曾鼎撰　清同治八年（1869）楚北崇文書局刻本　一冊

330000－1716－0003358　普子 0258/03358
子部/醫家類/眼科之屬
銀海指南四卷　（清）顧錫撰　清嘉慶十五年（1810）三友堂刻本　四冊

330000－1716－0003359　普子 0259 普子0260/03359　子部/醫家類/針灸之屬/針法灸法
鍼灸擇日編集一卷　（明）金循義　（明）金義孫撰　**附備急灸法一卷**　（宋）聞人耆年撰　清光緒十六年（1890）上杭羅氏十瓣同心蘭室刻本　二冊

330000－1716－0003360　普子 0263/03360
子部/兵家類/兵法之屬
讀史兵略四十六卷　（清）胡林翼撰　清咸豐十一年（1861）武昌節署刻本　十六冊

330000－1716－0003361　普子 0262/03361
子部/道家類
莊子因六卷　（清）林雲銘撰　清康熙刻本　四冊

330000－1716－0003362　普子 0264/03362
子部/醫家類/方書之屬/單方驗方
應驗簡便良方二卷　（清）孫克任輯　清退補齋刻本　二冊

330000－1716－0003365　普子 0267/03365
子部/醫家類/婦科之屬/產科
達生編二卷　（清）亟齋居士撰　**合卦圖說一卷**　清光緒元年（1875）紹城刻本　一冊

330000－1716－0003366　普子 0269/03366
類叢部/叢書類/自著之屬
養晦堂集五種　（清）劉蓉撰　清光緒三年至十一年（1877－1885）思賢講舍刻本　一冊　存一種

330000－1716－0003367　普叢 0205－2/03367　類叢部/叢書類/彙編之屬
廣漢魏叢書八十種　（明）何允中編　清嘉慶刻本　二十冊　存九種

330000－1716－0003368　普子 0270/03368
子部/儒家類/儒學之屬/蒙學
寄傲山房塾課新增幼學故事瓊林四卷首一卷　（清）程允升撰　（清）鄒聖脈增補　清刻本　四冊

330000－1716－0003370　地獻 1690/03370
子部/儒家類/儒學之屬/蒙學
初學必讀一卷　（清）韠攎主人輯　清光緒二十八年（1902）紹郡會文堂石印本　一冊

330000－1716－0003371　普子 0277/03371
子部/儒家類/儒學之屬/勸學
國朝先正學規彙鈔不分卷　（清）黃舒昺輯　清同治七年（1868）湘潭紹濂書屋刻本　二冊

330000－1716－0003372　普子 0280/03372
子部/小說家類/異聞之屬

山海經箋疏十八卷圖讚一卷訂譌一卷敘錄一卷　（清）郝懿行撰　清光緒刻本　四冊

330000－1716－0003373　普子 0281/03373
子部/術數類/相宅相墓之屬

陰陽二宅全書十二卷　（清）姚廷鑾撰　清乾隆十九年(1754)片山書樓刻本　□晉鍾識　十二冊

330000－1716－0003374　普子 0282/03374
子部/術數類/相宅相墓之屬

羅經解定七卷附羅經問答一卷　（清）胡國楨撰　清刻本　四冊

330000－1716－0003375　普子 0283/03375
子部/術數類/相宅相墓之屬

撼龍經批注校補不分卷疑龍經批注校補三卷　（唐）楊益撰　（清）高其倬批點　（清）寇宗集注　榮錫勳校補　清光緒十八年(1892)湖南共賞書局刻本　四冊

330000－1716－0003376　普子 0285/03376
子部/術數類/相宅相墓之屬

地理精微集六卷　（清）盛廷謨撰　（清）陳景新重編　清光緒二十四年(1898)江寧藩署刻本　四冊

330000－1716－0003377　普子 0286/03377
子部/術數類/相宅相墓之屬

增補地理直指原真大全三卷首一卷　（清）釋如玉徹瑩撰　清康熙三十五年(1696)裕文堂刻本　四冊

330000－1716－0003378　普子 0287/03378
子部/術數類/相宅相墓之屬

地理參贊玄機僊婆集十三卷　（明）張鳴鳳輯　（明）張希堯參補　明萬曆十五年(1587)刻本　十二冊

330000－1716－0003379　普子 0288 普子 0289 普子 0290 普子 0469/03379　子部/天文曆算類/算書之屬

行素軒算稿九種　（清）華蘅芳撰　清光緒八年(1882)梁谿華氏刻本　十冊　存五種

330000－1716－0003380　普子 0294/03380
子部/兵家類/操練之屬

訓練操法詳晰圖說二十二卷　袁世凱撰　清光緒二十五年(1899)石印本　十二冊

330000－1716－0003381　普子 0295/03381
子部/兵家類/兵法之屬

見聞輯要一卷　（清）剛毅撰　清光緒十五年(1889)江蘇書局刻本　一冊

330000－1716－0003382　普子 0300/03382
新學/兵制/陸軍

步兵操典不分卷　（日本）陸軍省編　孟森譯　清光緒二十七年(1901)南洋公學譯書院鉛印本　二冊

330000－1716－0003383　普子 0301/03383
子部/天文曆算類/算書之屬

翠微山房數學十四種　（清）張作楠撰　清嘉慶至道光金華張氏翠微山房刻本　十冊　存七種

330000－1716－0003384　普子 0303/03384
新學/格致總

啟悟要津不分卷　（清）鄒弢輯　清光緒二十四年(1898)刻本　一冊

330000－1716－0003385　普子 0304/03385
新學/天學

天文揭要二卷　（美國）赫士口譯　（清）周文源筆述　清光緒二十四年(1898)上海美華書館鉛印本　二冊

330000－1716－0003386　普子 0305/03386
子部/天文曆算類/算書之屬

緝古算經三卷　（唐）王孝通撰並注　（清）張敦仁細草　清光緒二年(1876)荷池精舍刻本　一冊

330000－1716－0003388　普子 0309/03388
子部/術數類/相宅相墓之屬

新刻羅經解三卷　（明）熊汝嶽撰　（明）吳天洪批點　清武林大成齋刻本　二冊

330000－1716－0003389　普子 0310/03389
子部/術數類/相宅相墓之屬

山洋指迷原本四卷　（明）周景一撰　（清）俞

歸璞　（清）吳卿瞻注　清乾隆五十二年
(1787)吳敬恕堂刻本　四冊

330000－1716－0003390　普子 0311/03390
子部/術數類/占卜之屬

增刪卜易六卷　（清）野鶴老人撰　（清）李文
輝增刪　清同治九年(1870)掃葉山房刻本
四冊

330000－1716－0003391　普子 0312/03391
子部/術數類/相宅相墓之屬

龍經校注一卷　題(唐)楊筠松撰　（清）汪宗
沂校注　清光緒十四年(1888)歿廬刻本
一冊

330000－1716－0003392　普子 0313/03392
子部/術數類/相宅相墓之屬

山洋指迷原本四卷　（明）周景一撰　（清）俞
歸璞　（清）吳卿瞻注　清乾隆五十二年
(1787)刻本　四冊

330000－1716－0003393　普子 0314/03393
子部/術數類/陰陽五行之屬

通德類情十三卷　（清）沈重華輯　清乾隆三
十六年(1771)刻本　八冊

330000－1716－0003394　普子 0315/03394
子部/天文曆算類/算書之屬

籌算二卷　（清）梅文鼎撰　清光緒十三年
(1887)陝西求友齋刻本　二冊

330000－1716－0003395　普子 0317/03395
新學/兵制/槍炮

礮法昂度子落高低遠近畫譜一卷　（清）丁乃
文撰　清光緒十四年(1888)江南製造局鉛印
本　一冊

330000－1716－0003396　普子 0318/03396
子部/雜著類/雜考之屬

點勘記二卷省堂筆記一卷　（清）歐陽泉撰
清光緒四年(1878)江蘇書局刻本　二冊

330000－1716－0003397　普子 0321/03397
子部/儒家類/儒學之屬/蒙學

小學集注六卷　（明）陳選集注　清光緒狀元
閣李光明莊刻本　二冊

330000－1716－0003398　普子 0322/03398
子部/醫家類/養生之屬/導引、氣功

易筋經二卷　題(北魏)達摩祖師撰　（唐）釋
般刺密諦譯義　清光緒二十二年(1896)文成
堂刻本　一冊

330000－1716－0003399　普子 0325/03399
子部/術數類/相宅相墓之屬

嚴陵張九儀增釋地理琢玉斧巒頭歌括四卷
（明）徐之鏌　（清）張九儀撰　清末石印本
一冊

330000－1716－0003400　普子 0323/03400
子部/醫家類/養生之屬/導引、氣功

易筋經二卷　題(北魏)達摩祖師撰　（唐）釋
般刺密諦譯義　清光緒二十二年(1896)文成
堂刻本　一冊

330000－1716－0003401　普子 0326/03401
子部/天文曆算類/算書之屬

測海山房中西算學叢刻初編　（清）測海山房
主人輯　清光緒二十二年(1896)上海璣衡堂
石印本　四冊　存一種

330000－1716－0003402　普子 0564/03402
新學/格致總

格致須知二十八種　（英國）傅蘭雅編　清光
緒八年至二十四年(1882－1898)刻本　十五
冊　存十五種

330000－1716－0003403　普子 0332/03403
子部/術數類/占候之屬

象象餘占二卷　（清）無上道上老人撰　清同
治三年(1864)刻本　一冊

330000－1716－0003404　普子 0334/03404
子部/儒家類/儒學之屬/禮教、鑑戒

教諭語一卷　（清）謝金鑾撰　**訓俗遺規一卷**
　（清）陳弘謀撰　清同治九年(1870)刻本
清趙步青題記　一冊

330000－1716－0003405　普子 0335/03405
子部/儒家類/儒學之屬/禮教/家訓

楊椒山公家訓一卷　（明）楊繼盛撰　清道光
二十六年(1846)刻本　福卿題簽並批　一冊

330000 – 1716 – 0003406　普子 0336/03406
子部/儒家類/儒學之屬/俗訓

蘭言實梧一卷　（清）艮思氏撰　清末刻本
一冊

330000 – 1716 – 0003407　普子 0337/03407
子部/儒家類/儒學之屬/俗訓

蘭言實梧一卷　（清）艮思氏撰　清末刻本
一冊

330000 – 1716 – 0003408　普子 0338/03408
子部/儒家類/儒學之屬/蒙學

童子問路四卷　（清）鄭之琮輯　清光緒五年
(1879)古越墨潤堂刻本　二冊

330000 – 1716 – 0003409　普子 0393/03409
新學/兵制/海軍

水師章程十四卷續編六卷　（英國）水師兵部
撰　（美國）林樂知口譯　（清）鄭昌棪筆述
清光緒江南製造總局刻本　十六冊

330000 – 1716 – 0003410　普子 0340/03410
子部/醫家類/方書之屬/單方驗方

經驗百方一卷　（清）汪氏叢桂堂輯　**良方續
錄一卷**　（清）俞大文輯　清同治八年(1869)
姑蘇得見齋刻本　二冊

330000 – 1716 – 0003411　普子 0342/03411
子部/醫家類/婦科之屬/產科

小蓬萊山館方鈔二卷　（清）馬二泉輯　清光
緒七年(1881)含經室刻本　一冊

330000 – 1716 – 0003412　普子 0341/03412
子部/醫家類/方書之屬/成方藥目

養生經驗良方八卷　（清）毛世洪撰　清光緒
十九年(1893)居敬齋刻本　一冊

330000 – 1716 – 0003413　普子 0344/03413
子部/醫家類/類編之屬

中西匯通醫書五種　唐宗海撰　清光緒三十
四年(1908)上海千頃堂書局石印本　二冊
存一種

330000 – 1716 – 0003414　普子 0343/03414
子部/儒家類/儒學之屬/俗訓

萬應靈方集七卷　（清）費梧撰　清光緒十九

年(1893)仙潭居敬齋刻本　四冊

330000 – 1716 – 0003415　普子 0345/03415
子部/醫家類/傷寒金匱之屬/金匱要略

金匱要略淺注補正九卷　（漢）張機撰　（清）
陳念祖注　唐宗海補注　清光緒三十四年
(1908)上海千頃堂書局石印本　三冊

330000 – 1716 – 0003416　普子 0346/03416
子部/醫家類/傷寒金匱之屬/傷寒論

**尚論張仲景傷寒論重編三百九十七法二卷首
一卷後四卷**　（清）喻昌撰　清同文堂刻本
三冊　缺二卷(後三至四)

330000 – 1716 – 0003418　普子 0349/03418
子部/醫家類/方書之屬/成方藥目

一枝軒經驗方一卷　清刻本　一冊

330000 – 1716 – 0003419　普子 0347 普子
0348 普子 0339 普子 0351/03419　子部/醫家
類/類編之屬

丹溪附餘四種　（元）朱震亨撰　清慎修堂刻
本　胡慶榮題簽　四冊

330000 – 1716 – 0003420　普子 0350/03420
子部/醫家類/喉科口齒之屬/白喉

白喉全生集一卷　（清）李紀方撰　清宣統元
年(1909)金陵惜善堂刻本　一冊

330000 – 1716 – 0003421　普子 0352/03421
子部/醫家類/外科之屬/癰疽、疔瘡

疔瘡五經辨一卷　清同治十二年(1873)紹興
刻本　一冊

330000 – 1716 – 0003422　普子 0353/03422
子部/醫家類/類編之屬

婦嬰至寶三種六卷　（清）徐尚慧編　清同治
五年(1866)刻本　一冊

330000 – 1716 – 0003423　普子 0355/03423
子部/兵家類/兵法之屬

黃石公素書一卷　（明）慎懋賞解　清道光二
十九年(1849)愓廬書屋刻本　一冊

330000 – 1716 – 0003424　普子 0356/03424
子部/儒家類/儒學之屬/蒙學

日記故事一卷　清晉華書局石印本　一冊

330000 – 1716 – 0003425　普子 0358/03425
新學/算學/曲綫
圓錐曲線一卷　（美國）求德生譯　（清）劉維
師筆述　清光緒二十七年（1901）上海美華書
館鉛印本　一冊

330000 – 1716 – 0003426　普子 0360/03426
新學/算學/三角八綫
八線備旨四卷八線學總習問一卷　（美國）羅
密士撰　（美國）潘慎文選譯　清光緒二十七
年（1901）上海美華書館鉛印本　一冊

330000 – 1716 – 0003427　普子 0362/03427
新學/算學/數學
代形合參三卷附一卷　（美國）羅密士撰
（美國）潘慎文譯　謝洪賚筆述　清光緒二十
九年（1903）上海美華書館鉛印本　一冊

330000 – 1716 – 0003428　普子 0363/03428
集部/總集類/課藝之屬
辨志文會課藝初集六卷　（清）葉意深等撰
（清）宗源瀚輯　清光緒六年至七年（1880 –
1881）刻本　一冊　存一卷（算學）

330000 – 1716 – 0003429　普子 0365/03429
子部/天文曆算類/算書之屬
弦切對數表一卷　（清）何國宗　（清）梅毂成
彙編　（清）賈步緯校述　清光緒江南製造局
鉛印本　一冊

330000 – 1716 – 0003430　普子 0367 – 1/
03430　類叢部/叢書類/自著之屬
留書種閣集九種　（清）黃炳垕撰　清同治六
年至光緒二十年（1867 – 1894）餘姚黃氏留書
種閣刻本　一冊　存一種

330000 – 1716 – 0003431　普子 0367 – 2/
03431　類叢部/叢書類/自著之屬
留書種閣集九種　（清）黃炳垕撰　清同治六
年至光緒二十年（1867 – 1894）餘姚黃氏留書
種閣刻本　一冊　存一種

330000 – 1716 – 0003432　普子 0368/03432
子部/術數類/相宅相墓之屬

地理五訣八卷　（清）趙廷棟撰　清聚盛堂刻
本　四冊

330000 – 1716 – 0003433　普子 0367 – 3/
03433　類叢部/叢書類/自著之屬
留書種閣集九種　（清）黃炳垕撰　清同治六
年至光緒二十年（1867 – 1894）餘姚黃氏留書
種閣刻本　一冊　存一種

330000 – 1716 – 0003434　普子 0369 普子
1058/03434　子部/術數類/相宅相墓之屬
地理五訣八卷陽宅三要四卷　（清）趙廷棟撰
清書業堂刻本　六冊

330000 – 1716 – 0003435　普子 0370/03435
子部/術數類/相宅相墓之屬
地理辨正五卷　（清）蔣平階補傳　（清）姜垚
辨正　（清）章仲山增補直解　清道光元年
（1821）可久堂刻本　三冊

330000 – 1716 – 0003436　普子 0371/03436
子部/術數類/相宅相墓之屬
地理辨正補六卷　（清）朱尊輯　清道光十年
（1830）姑蘇方氏紫芝書屋刻光緒二十年
（1894）紹興墨潤堂印本　四冊

330000 – 1716 – 0003437　普子 0372/03437
子部/術數類/相宅相墓之屬
新鑴徐氏家藏羅經頂門針二卷附鄙言一卷
（明）徐之鏌撰　清文奎堂刻本　二冊

330000 – 1716 – 0003438　普子 0373/03438
子部/術數類/相宅相墓之屬
羅經解定七卷附羅經問答一卷　（清）胡國楨
撰　清康熙二十四年（1685）觀我堂刻本
四冊

330000 – 1716 – 0003439　普子 0374/03439
子部/天文曆算類/曆法之屬
曆學疑問三卷　（清）梅文鼎撰　清康熙李光
地刻本　一冊

330000 – 1716 – 0003440　普子 0377/03440
子部/醫家類/傷寒金匱之屬/傷寒論
傷寒大白四卷總論一卷　（清）秦之楨撰　清
康熙五十三年（1714）博古堂刻本　四冊

330000 – 1716 – 0003441　普子 0379/03441
子部/醫家類/傷寒金匱之屬/傷寒論

傷寒辯證四卷　（清）陳堯道撰　清嘉慶十一年(1806)刻本　四冊

330000 – 1716 – 0003442　普子 0378 普子
0687/03442　子部/醫家類/類編之屬

徐氏醫書八種　（清）徐大椿撰　清刻本　二冊　存二種

330000 – 1716 – 0003443　普子 0380/03443
子部/儒家類/儒學之屬/俗訓

鐵樹堂庸言集一卷　（清）李光昭撰　（清）張廷燕箋　清道光十三年(1833)刻本　田紹謙題簽　一冊

330000 – 1716 – 0003444　普子 0381/03444
類叢部/叢書類/彙編之屬

高安朱文端公校輯藏書(朱文端公藏書)十三種　（清）朱軾撰輯　清光緒二十三年(1897)朱衡等刻本　二冊　存一種

330000 – 1716 – 0003445　普子 0385/03445
子部/法家類

韓非子二十卷　**識誤三卷**　（清）顧廣圻撰　清嘉慶二十三年(1818)全椒吳鼐刻本　五冊

330000 – 1716 – 0003446　普子 0387/03446
子部/儒家類/儒學之屬/性理

思辨録輯要前集二十二卷後集十三卷附先儒陸子從祀一卷　（清）陸世儀撰　清光緒三年(1877)江蘇書局刻本　八冊

330000 – 1716 – 0003447　普子 0386/03447
子部/儒家類/儒學之屬/性理

五子近思録發明十四卷　（清）施璜撰　清英秀堂刻本　八冊

330000 – 1716 – 0003448　普子 0384/03448
類叢部/叢書類/自著之屬

養晦堂集五種　（清）劉蓉撰　清光緒三年至十一年(1877 – 1885)思賢講舍刻本　一冊　存一種

330000 – 1716 – 0003449　普子 0396/03449
子部/儒家類/儒學之屬/勸學

程氏家塾讀書分年日程三卷綱領一卷　（元）程端禮撰　清同治八年(1869)江蘇書局刻本　一冊

330000 – 1716 – 0003450　普子 0398/03450
子部/農家農學類/農藝之屬/茶酒

原本茶經三卷　（唐）陸羽撰　**續茶經三卷附録一卷**　（清）陸廷燦輯　清雍正十二年(1734)陸氏壽椿堂刻本　二冊

330000 – 1716 – 0003451　普子 0410/03451
子部/兵家類/操練之屬

練兵實紀九卷雜集六卷　（明）戚繼光撰　清光緒京都琉璃廠刻本　六冊

330000 – 1716 – 0003452　普子 0420/03452
新學/工藝

照相鍍板印圖法一卷　（美國）貝列尼撰（美國）衛理　（清）王汝駲譯　清光緒二十六年(1900)江南製造局刻本　一冊

330000 – 1716 – 0003453　普子 0421/03453
新學/化學

造洋漆法一卷續編一卷　（日本）田原良純撰（日本）藤田豐八譯　清光緒二十九年(1903)江南製造局刻本　一冊

330000 – 1716 – 0003454　普子 0426/03454
新學/農政/農務

農務土質論三卷圖說一卷　（美國）金福蘭格令希蘭撰　（美國）衛理口譯　（清）范熙庸筆述　清光緒二十六年(1900)江南製造局刻本　三冊

330000 – 1716 – 0003455　普子 0433/03455
新學/兵制/海軍

外國師船圖表八卷雜說三卷圖一卷　（清）許景澄等編　清光緒二十二年(1896)浙江官書局石印本　四冊

330000 – 1716 – 0003456　普子 0434/03456
新學/兵制/陸軍

日本軍隊給與法一卷　孟森譯述　清光緒二十八年(1902)南洋公學譯書院鉛印本　一冊

330000 – 1716 – 0003457　普子 0435 普子

0621/03457　子部/儒家類/儒學之屬/禮教

五種遺規輯要　（清）陳弘謀輯並撰　（清）楊恩澍等輯　清同治九年（1870）龍山書院刻本　三冊　存二種

330000－1716－0003458　普子0436/03458　子部/儒家類/儒學之屬/性理

存古約言六卷　（明）呂維祺撰　清康熙五十三年（1714）刻本　二冊

330000－1716－0003459　普子0437/03459　子部/儒家類/儒學之屬/性理

朱子原訂近思錄集注十四卷考訂朱子世家一卷　（清）江永撰　清同治七年（1868）楚北崇文書局刻本　四冊　缺一卷（考訂朱子世家）

330000－1716－0003462　普子0438/03462　子部/儒家類/儒學之屬/性理

呂子節錄四卷補遺二卷　（明）呂坤撰　（清）陳弘謀評輯　清道光十二年（1832）中州吳正緯刻本　四冊

330000－1716－0003463　普子0441普子0442/03463　新學/學校

京師大學堂講義初編七種二編七種　（清）京師大學堂輯　清末鉛印本　二冊　存三種

330000－1716－0003464　普子0443/03464　新學/格致總

格致新機七卷　（英國）慕維廉撰　清光緒二十三年（1897）上海廣學會刻本　一冊

330000－1716－0003466　普子0445/03466　子部/醫家類/類編之屬

徐氏醫書六種　（清）徐大椿撰　清同治十二年（1873）湖北崇文書局刻本　十冊

330000－1716－0003467　普子0458/03467　新學/光學

光學二卷視學諸器圖說一卷　（英國）田大里輯　（美國）金楷理口譯　（清）趙元益筆述　清同治九年（1870）江南機器製造總局刻本　二冊

330000－1716－0003468　普子0462/03468　子部/道家類

道德經注釋二卷　題（唐）呂喦撰　清光緒二十二年（1896）金陵蔭餘善堂刻本　二冊

330000－1716－0003469　普子0461/03469　子部/叢編

子書百家　（清）崇文書局編　清光緒元年（1875）湖北崇文書局刻本　一冊　存三種

330000－1716－0003470　普子0463/03470　子部/醫家類/醫經之屬/內經

黄帝内經素問集注九卷黄帝内經靈樞集注九卷　（清）張志聰撰　清光緒十六年（1890）浙江書局刻本　十四冊

330000－1716－0003471　普子0464/03471　子部/醫家類/醫經之屬/內經

黄帝内經素問九卷　（清）高世栻注　清光緒十三年（1887）浙江書局刻本　八冊

330000－1716－0003472　普子0465/03472　新學/化學

化學探原一卷　（美國）那爾德撰　（清）范震亞譯　清光緒二十八年（1902）上海會文學社石印本　一冊

330000－1716－0003473　普子0467/03473　子部/農家農學類/蠶桑之屬

桑志十卷首一卷　（清）李聿求撰　清虎溪山房刻本　一冊　缺一卷（十）

330000－1716－0003474　普子0468/03474　新學/兵制/陸軍

自強軍西法類編十八卷　沈敦和撰　（清）洪恩波參訂　清光緒二十四年（1898）上海順成書局石印本　十八冊

330000－1716－0003475　普子0470/03475　子部/醫家類/傷寒金匱之屬/金匱要略

金匱玉函經二注二十二卷補方一卷　（元）趙良仁（趙以德）衍義　（清）周揚俊補注　清同治二年（1863）刻本　六冊

330000－1716－0003476　普子0471/03476　子部/醫家類/傷寒金匱之屬/金匱要略

張仲景金匱要略論注二十四卷　（清）徐彬撰　清光緒五年（1879）校經山房刻本　六冊

330000 – 1716 – 0003477　　普子 0472/03477
子部/醫家類/傷寒金匱之屬/金匱要略

張仲景金匱要略論注二十四卷　　(清)徐彬撰
　清光緒五年(1879)掃葉山房刻本　　六冊

330000 – 1716 – 0003478　　普子 0473/03478
子部/醫家類/醫經之屬/內經

黃帝內經素問校義一卷　　(清)胡澍撰　　清光
緒五年(1879)世澤樓刻本　　一冊

330000 – 1716 – 0003479　　普子 0475/03479
子部/兵家類/兵法之屬

戰略考三十一卷　　(明)茅元儀撰　　(清)潘鐸
評　清咸豐八年(1858)紅杏書屋刻本　　八冊

330000 – 1716 – 0003480　　普子 0474/03480
子部/兵家類/兵法之屬

黃石公素書一卷素書三卷雷侯世家一卷　　清
道光十九年(1839)紫柏山張文成公祠刻本
一冊

330000 – 1716 – 0003481　　普子 0482 普子
0736 普集 0089/03481　　類叢部/叢書類/自著
之屬

毋不敬齋全書十七種附一種　　(清)方潛撰
清光緒十五年(1889)方剛中、方敦吉濟南刻
本　　十一冊　　存五種

330000 – 1716 – 0003482　　普子 0483/03482
子部/儒家類/儒學之屬/禮教

聖諭廣訓直解一卷　　(清)世宗胤禛撰　　(清)
□□直解　　清刻本　　一冊

330000 – 1716 – 0003483　　普子 0484/03483
新學/學校

肄業要覽一卷　　(英國)史本守撰　　(清)顏永
京譯　　清光緒二十一年(1895)上海格致書室
鉛印本　　一冊

330000 – 1716 – 0003484　　普子 0485/03484
子部/儒家類/儒學之屬/蒙學

重訂幼學須知句解四卷　　(清)程允升撰　　清
光緒十六年(1890)狀元閣李光明莊刻本
四冊

330000 – 1716 – 0003485　　普子 0486/03485

經部/小學類/文字之屬/字書/訓蒙

養蒙針度四卷　　(清)潘子聲撰　　清光緒狀元
閣李光明莊刻本　　二冊

330000 – 1716 – 0003486　　普子 0487/03486
子部/術數類/相宅相墓之屬

陽宅大全十一卷　　清光緒十三年(1887)掃葉
山房刻本　　六冊

330000 – 1716 – 0003487　　普子 0488/03487
子部/術數類/數學之屬

皇極經世緒言九卷首二卷　　(宋)邵雍撰
(明)黃畿注　　(清)劉斯組輯　　(清)包耀復
增圖注　　清嘉慶四年(1799)錢塘徐樹堂刻本
八冊

330000 – 1716 – 0003488　　普子 0489/03488
子部/術數類/數學之屬

太玄經集注十卷　　(宋)司馬光撰　　清嘉慶三
年(1798)吳門陶氏五柳居刻道光二十四年
(1844)印本　　四冊

330000 – 1716 – 0003492　　普子 0497/03492
子部/術數類/相宅相墓之屬

雪心賦正解四卷　　(唐)卜應天撰　　(清)孟浩
注　**辯論三十篇一卷**　　(清)孟浩撰　　清乾隆
四十一年(1776)刻本　　二冊

330000 – 1716 – 0003493　　普子 0498/03493
子部/術數類/相宅相墓之屬

水龍經五卷　　(清)蔣平階輯　　清咸豐五年
(1855)上海節孝祠刻本　　四冊

330000 – 1716 – 0003495　　普子 0565/03495
類叢部/叢書類/自著之屬

春在堂全書三十六種　　(清)俞樾撰　　清同治
至光緒刻本　　十九冊　　存六種

330000 – 1716 – 0003496　　普子 0507/03496
子部/醫家類/傷寒金匱之屬/傷寒論

仲景傷寒補亡論二十卷　　(宋)郭雍撰　　清道
光元年(1821)徐錦刻本(卷十六原缺)　　清徐
沛題跋、題簽並記　　三冊

330000 – 1716 – 0003497　　普子 0508/03497
子部/醫家類/傷寒金匱之屬/金匱要略

金匱玉函經二注二十二卷補方一卷 　（元）趙良仁（趙以德）衍義　（清）周揚俊補注　清同治二年（1863）刻本　　四冊

330000－1716－0003498　普子0511/03498
子部/兵家類/兵法之屬

紀效新書十八卷首一卷 　（明）戚繼光撰　清咸豐三年（1853）慎德堂刻本　　八冊

330000－1716－0003499　普子0512/03499
子部/術數類/相宅相墓之屬

堪輿經二卷 　（明）蕭克撰　清墨潤堂刻本　四冊

330000－1716－0003500　普子0513/03500
子部/術數類/占卜之屬

卜筮正宗十四卷 　（清）王維德撰　清武林懷德堂刻本　　六冊

330000－1716－0003501　普子0516/03501
子部/醫家類/傷寒金匱之屬/傷寒論

傷寒來蘇集三種 　（清）柯琴撰　清刻本　　二冊　　存一種

330000－1716－0003502　普子0517/03502
子部/醫家類/醫經之屬/内經

新刊注釋素問玄機原病式二卷 　（金）劉完素撰　（元）薛時平注　清刻本　　一冊

330000－1716－0003503　普子0518/03503
子部/醫家類/類編之屬

徐氏醫書六種 　（清）徐大椿撰　清刻本　　二冊　　存一種

330000－1716－0003504　普子0521/03504
子部/兵家類/操練之屬

曾文正公水陸行軍練兵誌四卷 　（清）王定安撰　清光緒十年（1884）上洋文海書局刻本　四冊

330000－1716－0003505　普子0519/03505
子部/醫家類/傷寒金匱之屬/傷寒論

劉河間傷寒三書二十卷 　（金）劉完素撰　明萬曆吳諫金陵刻本　胡慶榮題簽　　五冊

330000－1716－0003506　普子0522/03506

類叢部/叢書類/彙編之屬

暢園叢書甲函六種 　（清）張邁編　清光緒二十年（1894）始豐張氏四明刻本　　一冊　存二種

330000－1716－0003507　普子0523/03507
子部/兵家類/操練之屬

練勇芻言五卷 　（清）王鑫撰　清光緒十七年（1891）湘鄉王氏金陵刻本　　一冊

330000－1716－0003508　普子0524/03508
集部/詩文評類/制藝之屬

增訂初學起講秘訣一卷 　（清）盛元均輯　清光緒五年（1879）江曲書社刻本　　一冊

330000－1716－0003509　普子0525/03509
類叢部/叢書類/自著之屬

汪龍莊先生遺書四種 　（清）汪輝祖撰　清乾隆五十年至五十六年（1785－1791）雙節堂刻本　　一冊　　存一種

330000－1716－0003510　普子0526　普子0540普子0743/03510　子部/儒家類/儒學之屬/禮教

五種遺規摘鈔 　（清）陳弘謀輯並撰　（清）劉肇紳摘抄　清同治七年（1868）楚北崇文書局刻本　　四冊　　存三種

330000－1716－0003511　普子0528/03511
子部/兵家類/兵法之屬

兵鑑全集四卷 　（清）徐宗幹輯　火攻答一卷 　（明）王鳴鶴撰　清咸豐二年（1852）斯未信齋刻本　　一冊

330000－1716－0003512　普子0529　普子0622/03512　類叢部/叢書類/彙編之屬

漸西村舍彙刊（漸西村舍叢刻）四十四種 　（清）袁昶編　清光緒十六年至二十四年（1890－1898）桐廬袁氏刻本　　六冊　　存二種

330000－1716－0003513　普子0530/03513
子部/道家類

莊子因六卷 　（清）林雲銘撰　清康熙刻本　四冊

330000－1716－0003515　普子0533/03515

類叢部/類書類/通類之屬

記事珠十卷引釋十卷 （清）張以謙輯 （清）鄭夢明刪訂 清乾隆嘉興江壎刻同治十年(1871)沈成烈補修本 四冊

330000 - 1716 - 0003516 普子 0532/03516
新學/兵制/陸軍

日本憲兵制一卷 孟森譯述 清光緒二十八年(1902)南洋公學譯書院鉛印本 一冊

330000 - 1716 - 0003517 普子 0534/03517
子部/儒家類/儒學之屬/禮教/家訓

惺心錄一卷 （清）陳吉林輯 清光緒二十三年(1897)荊門陳氏蘄水學署刻本 一冊

330000 - 1716 - 0003518 普子 0535/03518
子部/儒家類/儒學之屬/禮教

齊家寶要二卷 （清）張文嘉撰 **呂氏四禮翼不分卷** （明）呂坤撰 清光緒七年(1881)、二十四年(1898)山陰朱氏刻本 二冊

330000 - 1716 - 0003519 普子 0536/03519
子部/儒家類/儒學之屬/禮教

齊家寶要二卷 （清）張文嘉撰 **呂氏四禮翼不分卷** （明）呂坤撰 清光緒七年(1881)、二十四年(1898)山陰朱氏刻本 一冊

330000 - 1716 - 0003520 普子 0537/03520
子部/儒家類/儒學之屬/禮教

齊家寶要二卷 （清）張文嘉撰 **呂氏四禮翼不分卷** （明）呂坤撰 清光緒七年(1881)、二十四年(1898)山陰朱氏刻本 二冊

330000 - 1716 - 0003521 普子 0538/03521
子部/儒家類/儒學之屬/禮教

齊家寶要二卷 （清）張文嘉撰 清光緒七年(1881)山陰朱氏刻本 二冊

330000 - 1716 - 0003522 普子 0543/03522
子部/道家類

莊子因六卷 （清）林雲銘撰 清光緒六年(1880)白雲精舍刻本 六冊

330000 - 1716 - 0003523 普子 0544/03523
子部/儒家類/儒學之屬/禮教/鑑戒

梁瀛侯先生日省錄一卷 （清）梁文科輯 清

光緒六年(1880)刻本 一冊

330000 - 1716 - 0003524 普子 0545/03524
子部/法家類

管子校正二十四卷 （清）戴望撰 清同治十一年(1872)劉履芬刻本 四冊

330000 - 1716 - 0003525 普子 0547/03525
子部/儒家類/儒學之屬/勸學

謝退谷先生教諭語一卷 （清）謝金鑾撰 **王罕皆先生步青小題八法一卷** （清）王步青撰 **費畊亭先生庚吉墨訣四則一卷** （清）費庚吉撰 **徐廉峰先生寶善試帖卮言一卷** （清）徐寶善撰 清同治十一年(1872)培槐軒刻本 一冊 存一卷(謝退谷先生教諭語)

330000 - 1716 - 0003526 普子 0548/03526
類叢部/類書類/專類之屬

增訂釋義經書便用通考雜字二卷外卷一卷 （清）徐三省輯 （清）戴啟達增訂 清光緒狀元閣李光明莊刻本 二冊

330000 - 1716 - 0003527 普子 0549/03527
子部/儒家類/儒學之屬/禮教/家訓

人子宜知一卷 （清）朱棨撰 清同治十二年(1873)秀水朱氏采若山房刻本 一冊

330000 - 1716 - 0003528 普子 0551/03528
類叢部/叢書類/自著之屬

雙節堂褪錄六種 （清）汪輝祖撰 清乾隆四十五年至五十九年(1780 - 1794)雙節堂刻本 三冊 存一種

330000 - 1716 - 0003529 普子 0542/03529
子部/儒家類/儒學之屬

周子全書九卷首二卷末一卷 （宋）周敦頤撰 （清）鄧顯鶴編 清道光二十七年(1847)新化鄧氏濂溪精舍邵州刻本 四冊

330000 - 1716 - 0003530 普子 0556/03530
類叢部/叢書類/自著之屬

汪雙池先生叢書二十種 （清）汪紱撰 清道光至光緒刻光緒二十三年(1897)長安趙舒翹等彙印本 八冊 存一種

330000 - 1716 - 0003531 普子 0563/03531

經部/小學類/文字之屬/字書/訓蒙

重校蒙學堂字課圖說四卷檢字一卷類字一卷
（清）劉樹屏撰　（清）吳子城繪圖　清光緒石印本　八冊

330000－1716－0003532　普子0557/03532
子部/叢編

子書百家　（清）崇文書局編　清光緒元年(1875)湖北崇文書局刻民國元年(1912)鄂官書處重印本　一冊　存一種

330000－1716－0003533　普子0560/03533
子部/法家類

管子二十四卷　（唐）房玄齡注　清光緒五年(1879)影宋刻本　六冊

330000－1716－0003534　普子0561/03534
類叢部/叢書類/彙編之屬

石研齋校刻書七種　（清）秦恩復編　清嘉慶至道光秦氏石研齋刻本　二冊　存一種

330000－1716－0003535　普子0577/03535
新學/農政/農務

農學初級一卷　（英國）旦爾恒理撰　（英國）秀耀春口譯　（清）范熙庸筆述　清光緒二十四年(1898)上海製造局刻本　一冊

330000－1716－0003536　普子0578/03536
子部/農家農學類/鳥獸蟲之屬

百獸圖說一卷論一卷百鳥圖說一卷　（清）韋門道氏撰　清光緒八年(1882)上海益智書會刻本　一冊　存一卷(百鳥圖說)

330000－1716－0003537　普子0580/03537
子部/儒家類/儒學之屬/經濟

新纂門目五臣音注揚子法言十卷　（漢）揚雄撰　（晉）李軌　（唐）柳宗元注　（宋）宋咸　（宋）吳祕　（宋）司馬光增注　清嘉慶九年(1804)寶慶經綸堂刻本　二冊

330000－1716－0003538　普子0582/03538
新學/農政/農務

農務化學問答二卷　（英國）仲斯敦撰　（英國）秀耀春口譯　（清）范熙庸筆述　清光緒二十五年(1899)江南製造總局刻本　二冊

330000－1716－0003539　經補0928/03539
經部/小學類/音韻之屬/韻書

重訂空谷傳聲一卷　（清）汪鎏訂　清光緒八年(1882)南京李光明莊刻本　一冊

330000－1716－0003540　普子0600/03540
子部/儒家類/儒學之屬/勸學

勸學篇二卷　（清）張之洞撰　清光緒二十四年(1898)宜昌府墨池書院刻本　一冊

330000－1716－0003541　普子0601　普子0602/03541　類叢部/叢書類/彙編之屬

半畝園叢書三十種　（清）吳坤修編　清同治新建吳氏皖城刻本　二冊　存一種

330000－1716－0003542　普子0603/03542
子部/農家農學類/總論之屬

欽定授時通考七十八卷　（清）鄂爾泰等撰　清道光六年(1826)四川藩署刻本　二十四冊

330000－1716－0003545　普子0620/03545
新學/雜著

家政學二卷　（日本）下田歌子撰　（清）錢單士螯譯　清光緒二十八年(1902)鉛印本　二冊

330000－1716－0003547　普子0604/03547
子部/儒家類/儒學之屬/禮教

聖學入門書三卷　（清）陳瑚撰　清同治十二年(1873)蘇州刻本　一冊

330000－1716－0003548　普子0605/03548
子部/儒家類/儒學之屬/勸學

輶軒語七卷　（清）張之洞撰　清光緒二年(1876)退補齋刻本　一冊

330000－1716－0003549　普子0606/03549
新學/格致總

啟悟要津不分卷　（清）鄒弢輯　清光緒二十四年(1898)刻本　一冊

330000－1716－0003550　普子0606/03550
新學/格致總

啟悟要津不分卷　（清）鄒弢輯　清光緒二十四年(1898)刻本　一冊

330000－1716－0003551　普子 0607/03551
新學/學校

蒙學課本二卷　清光緒二十五年(1899)南洋
公學刻本　一冊

330000－1716－0003552　普子 0608/03552
新學/學校

蒙學課本二卷　清光緒二十五年(1899)南洋
公學刻本　一冊

330000－1716－0003553　普子 0609/03553
新學/學校

蒙學課本二卷　清光緒二十五年(1899)南洋
公學刻本　一冊

330000－1716－0003554　普子 0610/03554
新學/學校

蒙學課本二卷　清光緒二十五年(1899)南洋
公學刻本　一冊

330000－1716－0003555　普子 0611/03555
子部/儒家類/儒學之屬/蒙學

龍文鞭影四卷　(明)蕭良有纂輯　(清)楊臣
靜增訂　(清)李恩綬校補　清光緒二十二年
(1896)狀元閣李光明莊刻本　四冊

330000－1716－0003556　普子 0612/03556
子部/儒家類/儒學之屬/蒙學

龍文鞭影二卷　(明)蕭良有纂輯　(清)楊臣
靜增訂　(清)來集之音注　清光緒十七年
(1891)浙紹奎照樓刻本　二冊

330000－1716－0003561　普子 0626/03561
子部/農家農學類/蠶桑之屬

**栽苧麻法略二十九則一卷附栽麻利益淺說八
則一卷**　(清)黃厚裕撰　清光緒二十七年
(1901)刻本　一冊

330000－1716－0003562　普子 0627/03562
子部/農家農學類/總論之屬

重訂增補陶朱公致富全書四卷　(明)陳繼儒
輯　(清)石巖逸叟增補　清嘉慶七年(1802)
文秀堂刻本　四冊

330000－1716－0003563　普子 0640－1/
03563　子部/儒家類/儒學之屬/蒙學

蒙養必讀三種　(清)吳鏡沆彙輯　清光緒十
五年(1889)光州吳氏京師刻本　一冊

330000－1716－0003564　普子 0640－2/
03564　子部/儒家類/儒學之屬/蒙學

蒙養必讀三種　(清)吳鏡沆彙輯　清光緒十
五年(1889)光州吳氏京師刻本　一冊

330000－1716－0003565　普子 0646/03565
新學/圖學/測繪

測地繪圖十一卷附一卷　(英國)富路瑪撰
(英國)傅蘭雅口譯　(清)徐壽筆述　清光緒
二十二年(1896)上海璣衡堂石印本　二冊

330000－1716－0003566　普子 0643/03566
新學/礦務/礦學

驗礦砂要法不分卷　(日本)施德明譯　清光
緒二十六年(1900)上海廣學會鉛印本　一冊

330000－1716－0003567　普子 0644 普子
1969/03567　子部/藝術類/書畫之屬

**桐陰論畫三卷附錄一卷桐陰畫訣一卷續桐陰
論畫一卷**　(清)秦祖永撰　清同治三年至六
年(1864－1867)刻朱墨套印本　三冊　缺一
卷(一)

330000－1716－0003568　普子 0659/03568
子部/兵家類/操練之屬

車營叩答合編四卷　(明)孫承宗等撰　清同
治八年(1869)高陽孫氏師儉堂刻本　四冊

330000－1716－0003569　普子 0660/03569
子部/兵家類/兵法之屬

孫吳司馬法八卷　(清)孫星衍輯　清同治十
年(1871)淮南書局刻本　一冊

330000－1716－0003570　普子 0656/03570
子部/兵家類/操練之屬

練兵實紀九卷雜集六卷　(明)戚繼光撰　清
光緒二十一年(1895)上海醉經樓石印本
四冊

330000－1716－0003571　普子 0657/03571
子部/兵家類/兵法之屬

中西兵略指掌二十四卷首一卷　(清)陳龍昌
輯　清光緒二十三年(1897)東山草堂石印本

八冊

330000－1716－0003572　普子0658/03572
子部/兵家類/兵法之屬

戰略學不分卷　應雄圖編　清光緒三十四年
(1908)石印本　一冊

330000－1716－0003573　普子0663/03573
子部/農家農學類/蠶桑之屬

廣蠶桑說一卷　(清)沈練撰　清同治刻本
一冊

330000－1716－0003574　普子0664/03574
子部/農家農學類/蠶桑之屬

廣蠶桑說一卷　(清)沈練撰　清同治六安刻
本　一冊

330000－1716－0003575　普子0662/03575
集部/總集類/課藝之屬

**塾課小題正鵠初集一卷二集一卷三集一卷養
正草一卷新增訓蒙草注一卷**　(清)李元度輯
　清光緒二十年(1894)狀元閣李光明莊刻本
四冊

330000－1716－0003576　經補0818/03576
經部/儀禮類/傳說之屬

儀禮韻言二卷　(清)檀萃纂　清光緒六年
(1880)墨池精舍刻本　二冊

330000－1716－0003577　普子0672/03577
子部/兵家類/兵法之屬

前敵須知四卷　(英國)克利賴撰　舒高第
(清)鄭昌棪譯　清光緒江南製造總局鉛印本
四冊

330000－1716－0003578　普子0677/03578
子部/醫家類/醫案之屬

名醫類案十二卷　(明)江瓘輯　清乾隆三十
五年(1770)歙縣鮑氏知不足齋刻本　十二冊

330000－1716－0003579　普叢0258－2/
03579　類叢部/叢書類/彙編之屬

漸西村舍彙刊(漸西村舍叢刻)四十四種
(清)袁昶編　清光緒十六年至二十四年
(1890－1898)桐廬袁氏刻本　十四冊　存
四種

330000－1716－0003580　普子0680/03580
子部/儒家類/儒學之屬/性理

儒門法語輯要一卷　(清)彭定求撰　(清)湯
金釗輯　清光緒十六年(1890)浙江書局刻本
一冊

330000－1716－0003581　普子0679/03581
子部/道家類

南華真經正義三十三卷識餘三卷　(清)陳壽
昌輯　清光緒十九年(1893)怡顏齋刻本
七冊

330000－1716－0003582　普子0682/03582
子部/醫家類/類編之屬

脈草經絡五種彙編　(清)刁鳳嚴編　清光緒
七年(1881)京都老二酉堂刻本　六冊

330000－1716－0003584　普子0684/03584
子部/醫家類/推拿按摩外治之屬

理瀹駢文摘要不分卷　(清)吳尚先撰　清光
緒元年(1875)江蘇書局刻本　二冊

330000－1716－0003585　普子0685 普子
0738/03585　子部/醫家類/綜合之屬/通論

醫方論四卷醫醇賸義四卷　(清)費伯雄撰
清光緒十四年(1888)上洋掃葉山房刻本
六冊

330000－1716－0003586　普子0686/03586
子部/醫家類/醫案之屬

吳醫彙講十一卷　(清)唐大烈輯　清乾隆五
十七年(1792)刻嘉慶十九年(1814)唐慶耆印
本　四冊

330000－1716－0003587　普子0688/03587
子部/醫家類/方書之屬/單方驗方

幾希錄一卷集古方一卷　(清)瑞五堂主人輯
清道光元年(1821)刻本　一冊

330000－1716－0003588　普子0689/03588
子部/醫家類/婦科之屬/廣嗣

廣生編附十劑表二卷　(清)包誠編　清同治
七年(1868)蘊璞齋刻本　一冊

330000－1716－0003589　普子0691/03589
子部/農家農學類/園藝之屬/總志

佩文齋廣群芳譜一百卷目録二卷　（清）汪灝
等撰　清同治七年（1868）姑蘇亦西齋刻本
四十八冊

330000－1716－0003591　普子 0695/03591
子部/法家類

韓非子集解二十卷首一卷　（清）王先慎撰
清光緒上海掃葉山房石印本　六冊

330000－1716－0003592　普子 0710/03592
子部/儒家類/儒學之屬/性理

呂子節録四卷補遺二卷　（明）呂坤撰　（清）
陳弘謀評輯　清刻本　四冊

330000－1716－0003594　普子 0696/03594
經部/四書類/總義之屬

崇文經塾談文一卷　（清）黃作梅撰　清光緒
刻本　二冊

330000－1716－0003597　普子 0699/03597
子部/醫家類/兒科之屬/通論

幼科鐵鏡六卷　（清）夏鼎撰　清光緒二十三
年（1897）刻本　胡慶榮題簽　二冊

330000－1716－0003599　普子 0701/03599
子部/醫家類/類編之屬

黃氏醫書八種　（清）黃元御撰　清宣統元年
（1909）上海江左書林石印本　十二冊

330000－1716－0003600　普子 0702/03600
子部/醫家類/類編之屬

東垣十書附二種　清光緒文盛書局石印本
六冊

330000－1716－0003601　集補 2259/03601
集部/別集類/清別集

攜雪堂文集四卷　（清）吳可讀撰　（清）楊慶
生箋注　（清）郭嵐　（清）李崇洸輯　清光緒
二十六年（1900）浙江書局刻本　四冊

330000－1716－0003603　普子 0703/03603
子部/醫家類/類編之屬

沈氏尊生書五種　（清）沈金鰲撰輯　清宣統
元年（1909）石印本　十冊　存一種

330000－1716－0003604　普子 0704/03604

新學/雜著/叢編

江南製造局譯書　（清）江南製造局編　清光
緒江南製造局刻本暨鉛印本　一冊　存一種

330000－1716－0003605　普子 0706/03605
新學/農政/農務

農學初級一卷　（英國）旦爾恒理撰　（英國）
秀耀春口譯　（清）范熙庸筆述　清光緒二十
四年（1898）上海製造局刻本　一冊

330000－1716－0003606　普子 0708/03606
新學/農政/農務

農務化學簡法三卷　（美國）固來納撰　（英
國）傅蘭雅口譯　清光緒二十九年（1903）江
南製造局刻本　一冊　存一種

330000－1716－0003607　普子 0707/03607
子部/天文曆算類/曆法之屬

七十二候表一卷　（清）羅以智撰　七十二候
表校録一卷　（清）江標撰　清光緒八年
（1882）海昌羊復禮刻本　一冊

330000－1716－0003612　集補 2260/03612
集部/別集類/清別集

綠蕉館詩鈔四卷　（清）陳景高撰　清同治十
三年（1874）刻本　二冊

330000－1716－0003614　普子 0719/03614
新學/醫學/内科

西醫内科全書十六卷　（清）孔慶高譯　清光
緒八年（1882）羊城博濟醫局刻本　六冊

330000－1716－0003615　普集 1784/03615
集部/別集類/清別集

西堂剩稿六卷　（清）溫序撰　清刻本　一冊

330000－1716－0003618　普子 0722/03618
子部/儒家類/儒學之屬/性理

淵鑒齋御纂朱子全書六十六卷　（宋）朱熹撰
（清）李光地等輯　清刻本　三十二冊

330000－1716－0003619　經補 1209/03619
經部/書類/分篇之屬

禹貢會箋十二卷圖一卷山水總目一卷　（清）
徐文靖撰　（清）趙弁訂　清同治十三年
（1874）慈溪何松常惺惺齋刻本　二冊

330000－1716－0003620　　普子 0723/03620
子部/法家類

弟子職集解一卷　（清）莊述祖輯　清光緒十
四年(1888)江蘇書局刻本　一冊

330000－1716－0003621　　普子 0724/03621
子部/農家農學類/蠶桑之屬

蠶桑輯要三卷　（清）沈秉成撰　清光緒元年
(1875)江西書局刻本　一冊

330000－1716－0003623　　普子 0726/03623
類叢部/叢書類/自著之屬

二思堂叢書六種五十一卷　（清）梁章鉅撰
清光緒元年(1875)福州梁氏刻本　二冊　存
一種

330000－1716－0003625　　普子 0728/03625
新學/動植物學/動物學

普通動物學一卷附錄一卷　（日本）五島清太
郎撰　樊炳清譯　清末刻本　一冊

330000－1716－0003627　　集補 2263/03627
集部/別集類/清別集

滋蘭室遺稿一卷　（清）王嗣暉撰　清宣統鉛
印本　一冊

330000－1716－0003629　　集補 2265/03629
集部/別集類/清別集

小迦陵館文集一卷　（清）陳寶撰　清宣統二
年(1910)浙江官報兼印刷局鉛印本　一冊

330000－1716－0003630　　集補 2266/03630
集部/別集類/清別集

寶帚詩略二卷　（清）周悾然撰　清光緒十年
(1884)上黨刻本　二冊

330000－1716－0003631　　普叢 0258－5/
03631　類叢部/叢書類/彙編之屬

漸西村舍彙刊(漸西村舍叢刻)四十四種
（清）袁昶編　清光緒十六年至二十四年
(1890－1898)桐廬袁氏刻本　四冊　存一種

330000－1716－0003632　　普子 0730/03632
類叢部/叢書類/彙編之屬

正誼堂全書六十三種續刻五種　（清）張伯行
編　（清）楊浚重編　清同治五年(1866)福州

正誼書院刻同治八年至光緒十三年(1869－
1887)續刻本　一冊　存一種

330000－1716－0003633　　普子 0731/03633
新學/學校

中等植物教科書一卷　（日本）松村任三
(日本)齋田功太郎撰　樊炳清譯　清光緒湖
北農務學堂刻本　一冊

330000－1716－0003634　　普集 1881－3/
03634　集部/別集類

樊山集八十一卷　樊增祥撰　清光緒十九年
(1893)渭南縣署刻本　一冊　存一卷(樊山
公牘三)

330000－1716－0003635　　普子 0735/03635
類叢部/叢書類/彙編之屬

如不及齋叢書十三種　（清）陳坤編　清同治
至光緒錢塘陳氏粵東刻本　一冊　存一種

330000－1716－0003637　　普子 0737/03637
子部/醫家類/婦科之屬/產科

達生編一卷　（清）范在文撰　清嘉慶刻本
一冊

330000－1716－0003638　　普子 0734/03638
子部/儒家類/儒學之屬/禮教

學思録三卷　（清）張官德撰　清同治四年
(1865)彭年刻本　三冊

330000－1716－0003639　　普子 0739/03639
子部/醫家類/傷寒金匱之屬/金匱要略

金匱翼八卷　（清）尤怡撰　清嘉慶十八年
(1813)長洲徐錦心太平軒刻本　八冊

330000－1716－0003640　　普子 0740/03640
子部/醫家類/傷寒金匱之屬/金匱要略

金匱翼八卷　（清）尤怡撰　清嘉慶十八年
(1813)長洲徐錦心太平軒刻本　二冊

330000－1716－0003643　　普子 0744/03643
集部/總集類/選集之屬/通代

古文近道集八卷　（清）王贊元輯　清同治七
年(1868)山陰王氏培槐軒刻本　二冊

330000－1716－0003644　　普子 0745/03644

子部/儒家類/儒學之屬/禮教

醒世金丹會纂四卷 （清）鄧澂纂輯　清乾隆三十四年(1769)羅觀山桂香殿刻本　四冊

330000－1716－0003645　普子 0757/03645
子部/道家類

道德經解二卷　題(唐)呂嵒撰　(宋)雲門魯史纂述　清尚論堂刻本　二冊

330000－1716－0003646　普子 0746/03646
子部/儒家類/儒學之屬/蒙學

龍文鞭影二卷　(明)蕭良有纂輯　(清)楊臣靜增訂　(清)來集之音注　清光緒十七年(1891)浙紹奎照樓刻本　二冊

330000－1716－0003647　普子 0747/03647
子部/儒家類/儒學之屬/禮教/家訓

勸孝編二卷　(清)栢湖居士輯　清光緒二十五年(1899)諸暨公善堂刻本　一冊

330000－1716－0003648　普子 0748/03648
子部/雜著類/雜纂之屬

安樂銘不分卷　(清)王正朋輯　**應驗藥方一卷**　(清)王文選錄　清光緒九年(1883)刻本　一冊

330000－1716－0003649　普子 0750/03649
新學/全體學

新編中學生理書一卷　（日本）坪井次郎撰　何琪譯　清光緒二十八年(1902)會文編譯社石印本　一冊

330000－1716－0003651　普子 0752/03651
子部/醫家類/喉科口齒之屬/白喉

專治時疫白喉彙編不分卷　(清)張紹修撰　清光緒二十七年(1901)木活字印本　一冊

330000－1716－0003653　普叢 0172/03653
類叢部/叢書類/彙編之屬

函海一百五十二種　(清)李調元編　清乾隆綿州李氏萬卷樓刻嘉慶十四年(1809)李鼎元重校印本　二冊　存三種

330000－1716－0003654　普子 0754/03654
子部/雜著類/雜說之屬

曼衍心漏三卷　(清)僵韲子撰　清光緒刻本　一冊

330000－1716－0003655　普經 0929/03655
經部/叢編

十三經注疏三百三十三卷　(明)□□輯　清刻本　七冊　存二種

330000－1716－0003656　普子 0755/03656
子部/儒家類/儒學之屬/性理

近思錄集注十四卷考訂朱子世家一卷　(清)江永撰　清咸豐三年(1853)刻本　四冊

330000－1716－0003657　普子 0756/03657
子部/儒家類/儒學之屬

大意尊聞三卷附錄一卷　(清)方東樹撰　清同治五年(1866)桐城方氏刻本　一冊

330000－1716－0003658　普經 0953/03658
經部/小學類/文字之屬/字書/字體

汗簡七卷　(宋)郭忠恕撰　清光緒十一年(1885)朱氏槐廬家塾刻本　一冊

330000－1716－0003659　普經 0954/03659
經部/小學類/文字之屬/字書/訓蒙

文字蒙求四卷　(清)王筠撰　清光緒十三年(1887)梁谿浦氏刻本　一冊

330000－1716－0003661　集補 2267/03661
集部/詩文評類/詩評之屬

聲調譜三卷談龍錄一卷　(清)趙執信撰　清乾隆二十四年(1759)德州盧氏雅雨堂刻本蘭簃少主題記　一冊

330000－1716－0003662　普子 0760/03662
子部/雜著類/雜說之屬

墨子經說解二卷　(清)張惠言撰　清宣統元年(1909)國學保存會據手稿本影印本　一冊

330000－1716－0003663　普子 0761/03663
子部/雜著類/雜說之屬

墨子閒詁十五卷目錄一卷附錄一卷後語二卷　(清)孫詒讓撰　清宣統二年(1910)瑞安孫氏刻本　八冊

330000－1716－0003664　經補 1192/03664
經部/小學類/文字之屬/字書/字典

字彙十二集首一卷末一卷韻法直圖一卷
（明）梅膺祚撰　**韻法橫圖一卷**　（明）李世澤
撰　清刻本　一冊　缺十三卷（一至十二、
首）

330000－1716－0003665　普子 0768/03665
子部/醫家類/養生之屬/導引、氣功
易筋經外經圖說一卷附八段錦圖一卷　清宣
統元年（1909）善成堂石印本　一冊

330000－1716－0003666　普子 0763/03666
類叢部/類書類/通類之屬
鑄史駢言十二卷　（清）孫玉田編　清光緒二
年（1876）鉛印本　四冊

330000－1716－0003667　普子 0764/03667
類叢部/類書類/通類之屬
鑄史駢言十二卷　（清）孫玉田編　清光緒二
年（1876）鉛印本　四冊

330000－1716－0003668　普子 0762/03668
類叢部/叢書類/彙編之屬
古香齋袖珍十種　清同治至光緒南海孔氏刻
本　二百冊　存一種

330000－1716－0003669　普叢 0451－5/
03669　類叢部/叢書類/彙編之屬
申報館叢書正集五十七種附錄三種　尊聞閣
主編　**續集一百四十二種**　蔡爾康編　清同
治至光緒上海申報館鉛印本　二十八冊　存
三種

330000－1716－0003670　經補 1193/03670
經部/小學類/音韻之屬/韻書
五方元音二卷　（清）樊騰鳳撰　（清）年希堯
增補　清光緒九年（1883）上海掃葉山房刻本
四冊

330000－1716－0003671　普子 0766/03671
子部/藝術類/書畫之屬/題跋
東坡題跋二卷　（宋）蘇軾撰　（清）溫一貞輯
清同治十一年（1872）又賞齋刻本　二冊

330000－1716－0003672　集補 2268/03672
集部/別集類/清別集
味菜堂詩集四卷　（清）汪淵撰　清光緒二十

三年（1897）刻本　一冊

330000－1716－0003673　普子 0767/03673
子部/天文曆算類/算書之屬
算法大全四卷　清末刻本　二冊

330000－1716－0003674　普子 0769/03674
子部/醫家類/婦科之屬/產科
大生要旨五卷　（清）唐千頃撰　**續刊驗方三
卷**　（清）王松堂輯　清末著易堂鉛印本
一冊

330000－1716－0003675　普子 0770/03675
子部/醫家類/婦科之屬/產科
大生要旨五卷　（清）唐千頃撰　**續刊驗方三
卷**　（清）王松堂輯　清末著易堂鉛印本
一冊

330000－1716－0003676　普子 0771/03676
子部/醫家類/婦科之屬/產科
大生要旨五卷　（清）唐千頃撰　**續刊驗方三
卷**　（清）王松堂輯　清末著易堂鉛印本
一冊

330000－1716－0003677　普子 0772/03677
子部/醫家類/婦科之屬/產科
大生要旨五卷　（清）唐千頃撰　**續刊驗方三
卷**　（清）王松堂輯　清末著易堂鉛印本
一冊

330000－1716－0003678　普子 0773/03678
子部/醫家類/婦科之屬/產科
大生要旨五卷　（清）唐千頃撰　**續刊驗方三
卷**　（清）王松堂輯　清末著易堂鉛印本
一冊

330000－1716－0003679　普子 0774/03679
子部/醫家類/婦科之屬/產科
大生要旨五卷　（清）唐千頃撰　**續刊驗方三
卷**　（清）王松堂輯　清末著易堂鉛印本
一冊

330000－1716－0003680　普子 0775/03680
子部/醫家類/方書之屬/單方驗方
驗方新編十六卷　（清）鮑相璈輯　**痧症全書
三卷**　（清）王凱輯　**咽喉秘集二卷**　（清）海

山仙館輯　清同治十二年（1873）俞敬義堂刻本　十冊

330000－1716－0003681　普子0776/03681
子部/醫家類/喉科口齒之屬/白喉
洞主仙師白喉治法忌表抉微一卷附白喉症治養陰忌表歌括　（清）耐修子輯並注　清光緒十七年（1891）席氏掃葉山房刻本　一冊

330000－1716－0003682　集補2269/03682
集部/總集類/氏族之屬
香海盦叢書九種　徐琪輯　清仁和徐氏刻光緒二十年（1894）彙印本　一冊　存一種

330000－1716－0003683　普子0777/03683
子部/醫家類/本草之屬/歷代綜合本草
本草問答二卷　唐宗海撰　清光緒二十年（1894）申江順成書局石印本　一冊

330000－1716－0003684　集補2270/03684
集部/別集類/清別集
寄青齋詩稿一卷詞稿一卷　（清）徐虔復撰
綠雲館吟草一卷賦鈔一卷　（清）程芙亭撰
清光緒十三年（1887）徐煥章留餘堂刻本
二冊

330000－1716－0003685　集補2271/03685
集部/別集類/清別集
月椒草堂詩鈔六卷　（清）俞鳳岡撰　清光緒二十二年（1896）刻本　二冊

330000－1716－0003686　普子0778/03686
子部/醫家類/婦科之屬
傅青主女科二卷產後編二卷　（清）傅山撰
清道光刻本　一冊　存二卷（一至二）

330000－1716－0003687　善附0155－2/03687　集部/別集類/清別集
曝書亭集八十卷附錄一卷　（清）朱彝尊撰
笛漁小稿十卷　（清）朱昆田撰　清康熙五十三年（1714）朱稻孫刻本　二冊　存十卷（笛漁小稿一至十）

330000－1716－0003688　普子0779/03688
子部/醫家類/外科之屬/外科方
新刊外科正宗六卷　（明）陳實功撰　清永言堂刻本　六冊

330000－1716－0003689　普子0780/03689
類叢部/類書類/專類之屬
稱謂錄三十二卷　（清）梁章鉅撰　清光緒元年至十年（1875－1884）福州梁恭辰刻本　十二冊

330000－1716－0003690　普子0784/03690
子部/雜著類/雜考之屬
義門讀書記五十八卷　（清）何焯撰　（清）蔣維鈞輯　清乾隆三十四年（1769）蔣維鈞刻光緒六年（1880）苕溪吳氏重修本　十六冊

330000－1716－0003691　普子0781/03691
類叢部/類書類/專類之屬
格致鏡原一百卷　（清）陳元龍撰　清康熙五十六年（1717）刻雍正十三年（1735）印本　二十四冊

330000－1716－0003692　普子0782/03692
類叢部/類書類/通類之屬
潛確居類書一百二十卷　（明）陳仁錫輯　明崇禎三年至五年（1630－1632）潭城徐觀我刻本　六十四冊

330000－1716－0003693　集補2274/03693
集部/別集類/清別集
古紅梅閣集八卷附錄一卷　（清）劉履芬撰
紫藤花館詩餘一卷　（清）劉觀藻撰　清光緒六年（1880）蘇州刻本　清綺碧軒主人跋
二冊

330000－1716－0003695　集補2272/03695
集部/別集類/清別集
珠淵遺稿四卷附甌遊草四卷　（清）葉錫鳳撰
清道光三十年（1850）崇敬堂刻本　二冊
存六卷（珠淵遺稿一至二、甌遊草一至四）

330000－1716－0003696　集補2273/03696
集部/別集類/清別集
經畬堂詩集一卷　（清）姚鎮撰　清光緒十六年（1890）刻本　一冊

330000－1716－0003697　普史0862/03697
史部/政書類/通制之屬

欽定大清會典事例九百二十卷目錄八卷
（清）托津等撰　清嘉慶二十五年（1820）武英殿刻本　三百六十冊

330000－1716－0003698　普子 0785/03698
類叢部/類書類/專類之屬
壹是紀始二十二卷補遺一卷　（清）魏崧撰
清光緒十四年（1888）甬北寄廬刻本　八冊

330000－1716－0003699　集補 2275/03699
集部/別集類/清別集
萍蹤集六卷　（清）吳蘭森撰　清咸豐元年（1851）刻本　一冊　存五卷（一至五）

330000－1716－0003701　普子 0786/03701
子部/儒家類/儒學之屬/性理
洗心集四卷　（清）俞國琛等撰　清嘉慶二十四年（1819）古越勞寶傳堂刻本　四冊

330000－1716－0003702　普子 0787/03702
子部/雜著類/雜考之屬
孔子改制考二十一卷　康有爲撰　清光緒上海大同譯書局石印本　十冊

330000－1716－0003703　普子 0788/03703
子部/雜著類/雜考之屬
校訂困學紀聞集證二十卷　（宋）王應麟撰
（清）閻若璩等箋　（清）萬希槐集證　清咸豐二年（1852）金閶小酉山房刻本　十二冊

330000－1716－0003704　普子 0789/03704
子部/雜著類/雜考之屬
校訂困學紀聞集證二十卷　（宋）王應麟撰
（清）閻若璩等箋　（清）萬希槐集證　清咸豐二年（1852）金閶小酉山房刻本　十冊

330000－1716－0003705　普子 0792/03705
子部/醫家類/類編之屬
中西匯通醫書五種　唐宗海撰　清光緒三十四年（1908）千頃堂書局石印本　三冊　存一種

330000－1716－0003706　普子 0790/03706
子部/小說家類/雜事之屬
稗販八卷　（清）曹斯棟輯　清乾隆五十九年（1794）曹氏飯顆山房刻本　二冊

330000－1716－0003707　地獻 1938－1/03707　子部/儒家類/儒學之屬/禮教
增訂身世金箴一卷　清末刻本　一冊

330000－1716－0003708　集補 2258/03708
集部/別集類/明別集
蘀石山房集四卷奏疏一卷梅花屋詩草一卷別集一卷　（明）左懋第撰　清左中行刻本　一冊　存一卷（梅花屋詩草）

330000－1716－0003711　史補 0816/03711
史部/政書類/公牘檔冊之屬
寧波漁網交涉片片錄一卷　清末鉛印本　一冊

330000－1716－0003712　普子 0797/03712
子部/農家農學類/總論之屬
農話一卷　（清）陳啟謙撰　清光緒二十九年（1903）上海商務印書館鉛印本　一冊

330000－1716－0003714　集補 2276/03714
集部/別集類/明別集
葛中翰遺集十二卷首一卷　（明）葛麟撰　清光緒十六年（1890）敦本堂刻本　六冊

330000－1716－0003717　普子 0801/03717
子部/雜著類/雜說之屬
風俗通義十卷　（漢）應劭撰　（明）鍾惺評
明末刻本　田紹謙題簽並記　一冊

330000－1716－0003718　普子 0802/03718
子部/宗教類/道教之屬/戒律
好生救劫編五卷　（清）常存敬畏齋主人輯
清同治八年（1869）紹興刻本　一冊

330000－1716－0003719　普子 0803/03719
子部/藝術類/篆刻之屬/印譜
印藪不分卷　清刻鈐印本　一冊

330000－1716－0003720　集補 2277/03720
集部/別集類/清別集
嚶鳴館百疊集一卷　（清）孫點撰　清光緒十六年（1890）鉛印本　一冊

330000－1716－0003721　普子 0804/03721
子部/藝術類/書畫之屬/題跋

小鷗波館畫識三卷畫寄一卷 （清）潘曾瑩撰
清光緒十四年(1888)悅止齋木活字印本
一冊

330000－1716－0003722　普子 0805/03722
子部/藝術類/書畫之屬/法帖

草字彙十二卷 （清）石梁輯　清敬義齋刻本
六冊

330000－1716－0003723　集補 2278/03723
集部/別集類/清別集

吟香閣詩草一卷 （清）姚儕霞撰　清光緒九
年(1883)刻本　一冊

330000－1716－0003724　集補 2279/03724
集部/別集類/清別集

佩秋閣詩稿二卷詞稿一卷駢文稿一卷 （清）
吳藙撰　清光緒元年(1875)刻十四年(1888)
補刻本　一冊

330000－1716－0003725　普子 0811/03725
子部/醫家類/類編之屬

圖注八十一難經辨真四卷圖注脈訣辨真四卷
脈訣附方一卷 （明）張世賢撰　清光緒浙江
亦西齋刻本　中行氏題簽　二冊　存四卷
（一至四）

330000－1716－0003726　普子 0812/03726
類叢部/叢書類/彙編之屬

求實齋叢書十五種 蔣德鈞編　清光緒湘鄉
蔣氏龍安郡署刻本　一冊　存一種

330000－1716－0003730　普叢 0377/03730
類叢部/叢書類/自著之屬

養志居僅存稿十種 （清）陳克劬編　清光緒
十一年至十九年(1885－1893)丹徒陳氏刻本
四冊　存二種

330000－1716－0003731　普子 0809/03731
子部/術數類/相宅相墓之屬

重鐫官板地理天機會元三十五卷 （唐）卜則
巍撰　（明）顧乃德輯　（明）徐之鏌重編　明
末刻本　十二冊

330000－1716－0003733　普子 0810/03733
新學/算學/代數

代數鑰七卷 （清）黃慶澄撰　清光緒二十四
年(1898)刻本　七冊

330000－1716－0003734　集補 2282/03734
集部/別集類/清別集

寄春吟詩一卷詞一卷 （清）劉汝蕡撰　清光
緒三年(1877)劉宗海刻本　一冊

330000－1716－0003735　普子 0817/03735
類叢部/類書類/專類之屬

新增說文韻府群玉二十卷 （元）陰時夫輯
（元）陰中夫注　清康熙五十五年(1716)文盛
堂、天德堂刻本　二十冊

330000－1716－0003736　集補 2283/03736
集部/別集類/清別集

遂園詩鈔六卷 （清）趙昀撰　清光緒二年
(1876)金陵刻本　一冊

330000－1716－0003737　普子 0818/03737
集部/小說類/長篇之屬

評論出像水滸傳二十卷 （元）施耐庵撰
（清）金人瑞評　清善成堂刻本　二十冊

330000－1716－0003738　普子 0820/03738
新學/學校

尋常小學妖怪學教科書一卷 （清）屠成立撰
清光緒二十八年(1902)新中國圖書社鉛印
本　一冊

330000－1716－0003743　地獻 3671/03743
子部/藝術類/篆刻之屬/印譜

印譜不分卷 （清）□□篆　清鈐印本　一冊

330000－1716－0003744　集補 2285/03744
集部/別集類/清別集

潛廬篋存草四卷 （清）沈景謨撰　清光緒二
十一年(1895)武昌刻本　二冊

330000－1716－0003745　普子 0861/03745
子部/術數類/相宅相墓之屬

葬經一卷 （晉）郭璞撰　**青囊奧語一卷天玉**
經一卷 （唐）楊益撰　清抄本　一冊

330000－1716－0003746　普子 0827/03746
子部/藝術類/書畫之屬

賞奇軒合編五種　清光緒十二年(1886)上海同文書局石印本　五冊　存四種

330000－1716－0003749　經補1190－2/03749　經部/群經總義類/文字音義之屬

經籍籑詁五卷首一卷　(清)阮元撰　清光緒九年(1883)上海點石齋石印本　五冊

330000－1716－0003751　普子0828/03751　子部/藝術類/書畫之屬/畫譜

增選畫譜采新二卷　(清)朱芾輯　清光緒十七年(1891)汪氏石印本　二冊

330000－1716－0003758　經補1181/03758　經部/小學類/文字之屬/字書/字典

點石齋攷正字彙二卷　(清)陳溟子撰　清光緒八年(1882)點石齋石印本　一冊

330000－1716－0003764　經補1182/03764　經部/小學類/文字之屬/字書/字典

攷正字彙二卷　(清)陳溟子撰　清光緒二十五年(1899)上海掃葉山房石印本　一冊

330000－1716－0003768　經補1183/03768　經部/小學類/文字之屬/字書/字典

攷正字彙二卷　(清)陳溟子撰　清光緒石印本　一冊

330000－1716－0003769　普子0843/03769　類叢部/類書類/專類之屬

御定駢字類編二百四十卷　(清)吳士玉(清)沈宗敬等輯　清光緒上海同文書局石印本　四十八冊

330000－1716－0003770　經補1191－1/03770　經部/群經總義類/文字音義之屬

經籍籑詁五卷首一卷　(清)阮元撰　清光緒九年(1883)上海點石齋石印本　十冊

330000－1716－0003772　普子0844/03772　子部/雜著類/雜考之屬

讀書雜志八十二卷餘編二卷　(清)王念孫撰　清同治九年(1870)金陵書局刻本　二十四冊

330000－1716－0003773　經補1184/03773

經部/小學類/文字之屬/字書/字典

加注重校石印攷正字彙二卷　(清)陳溟子撰　清光緒二十九年(1903)京都龍文閣石印本　一冊

330000－1716－0003774　普子0845/03774　類叢部/類書類/專類之屬

佩文韻府一百六卷　(清)張玉書(清)蔡升元等輯　韻府拾遺一百六卷　(清)汪灝(清)何焯等輯　清光緒十二年(1886)上海同文書局石印本　十冊　存一百六卷(韻府拾遺一至一百六)

330000－1716－0003775　經補1185/03775　經部/小學類/文字之屬/字書/字典

六一山房重校石印攷正字彙二卷　(清)陳溟子撰　清光緒二十九年(1903)簡青齋書局石印本　一冊

330000－1716－0003778　普子0849/03778　子部/雜著類/雜說之屬

香祖筆記十二卷　(清)王士禛撰　清宣統二年(1910)上海掃葉山房石印本　四冊

330000－1716－0003781　經補1186/03781　經部/小學類/文字之屬/字書/字典

六一山房重校石印攷正字彙二卷　(清)陳溟子撰　清光緒二十八年(1902)簡青齋書局石印本　一冊

330000－1716－0003783　經補1196/03783　經部/書類/分篇之屬

禹貢指南四卷　(宋)毛晃撰　清光緒九年(1883)成都刻本　一冊

330000－1716－0003784　經補1194/03784　經部/易類/傳說之屬

周易象義集成三卷　(清)陳洪冠纂輯　清咸豐八年(1858)湖南群玉書屋刻本　四冊

330000－1716－0003785　經補1187/03785　經部/小學類/文字之屬/字書/字典

六一山房重校石印攷正字彙二卷　(清)陳溟子撰　清光緒二十九年(1903)廣益書局石印本　一冊

330000－1716－0003787　經補 1188/03787
經部/小學類/文字之屬/字書/字典

攷正字彙二卷　（清）陳溟子撰　清光緒石印
本　一冊

330000－1716－0003789　經補 1189/03789
經部/小學類/文字之屬/字書/字典

鴻寶齋攷正字彙二卷　（清）陳溟子撰　清光
緒十八年(1892)石印本　一冊

330000－1716－0003791　普子 0856/03791
子部/宗教類/道教之屬/雜著

玉歷鈔傳警世二卷　清同治六年(1867)紹興
刻本　一冊

330000－1716－0003792　普子 0857/03792
子部/藝術類/遊藝之屬/雜藝

益智圖二卷　（清）童葉庚撰　清末虎林任有
容齋刻本　二冊

330000－1716－0003793　經補 1195/03793
經部/小學類/文字之屬/字書

芸香館重刊正字略一卷補編一卷　（清）王筠
撰　（清）鍾文校定并書楷　清道光二十九年
(1849)鍾文粵東楊正文堂刻本　一冊

330000－1716－0003795　經補 1197/03795
經部/小學類/文字之屬/字書/字典

正字略一卷　（清）王筠撰　清光緒二年
(1876)松竹齋刻本　一冊

330000－1716－0003796　普子 0859/03796
子部/術數類

百二漢鏡齋秘書四種　（清）程芝雲輯　清道
光三年至四年(1823－1824)湖邊程氏百二漢
鏡齋刻本　一冊　存一種

330000－1716－0003797　普叢 0378/03797
類叢部/叢書類/彙編之屬

靈鶼閣叢書五十六種　（清）江標編　清光緒
元和江氏湖南使院刻本　二冊　存五種

330000－1716－0003798　普子 0862/03798
子部/術數類/相宅相墓之屬

地理八竅追尋古跡心法捷訣四卷　（清）朱冠
臣撰　清光緒九年(1883)刻本　董春庭識

二冊

330000－1716－0003799　普子 0860/03799
子部/術數類/占候之屬

李淳風纂造未卜先知六十年荒旱豐歉神書一
卷　（唐）李淳風撰　萬年理數歌一卷　（西
周）姜子牙撰　（漢）嚴子陵注　清末抄本
一冊

330000－1716－0003800　普子 0864/03800
新學/格致總

格致須知二十八種　（英國）傅蘭雅編　清光
緒八年至二十四年(1882－1898)刻本　二冊
　存二種

330000－1716－0003801　普子 0866/03801
子部/天文曆算類/算書之屬

衍元海鑑十二種附二種　（清）李鏐輯　清光
緒木活字印本　一冊　存一種

330000－1716－0003804　經補 1198/03804
經部/小學類/文字之屬/字書

辨字摘要四卷　（清）饒應召撰　清英德堂刻
本　一冊

330000－1716－0003805　普子 0868/03805
子部/天文曆算類/算書之屬

筆算數學細草三卷　（清）顧鼎銘輯　清光緒
石印本　三冊

330000－1716－0003808　普子 0874/03808
子部/兵家類/兵法之屬

兵書十二種　清光緒二十四年(1898)杭城衢
樽局石印本　八冊

330000－1716－0003809　史補 0163/03809
史部/詔令奏議類/詔令之屬

內閣撰擬文字二卷二編二卷附編一卷三編一
卷　（清）鮑康　（清）徐士鑾輯　（清）丁士
彬編　清同治七年至十三年(1868－1874)刻
本　二冊　存二卷(二編一、三編)

330000－1716－0003811　普叢 0038－8/
03811　類叢部/叢書類/彙編之屬

嘯園叢書五十七種　（清）葛元煦編　清光緒
二年至七年(1876－1881)仁和葛氏刻本　一

冊　存一種

330000－1716－0003813　經補 1199－1/
03813　經部/小學類/文字之屬/字書
字學舉隅不分卷　（清）黃本驥　（清）龍啟瑞
撰　清同治十年(1871)北京懿文齋刻本
一冊

330000－1716－0003815　經補 1207－3/
03815　經部/小學類/訓詁之屬/爾雅
爾雅直音二卷　（清）孫佩輯　清光緒六年
(1880)常熟抱芳閣刻本　二冊

330000－1716－0003816　經補 1201－1/
03816　經部/小學類/文字之屬/字書
字學舉隅不分卷　（清）黃本驥　（清）龍啟瑞
撰　清同治十年(1871)北京懿文齋刻本
一冊

330000－1716－0003817　經補 1199－2/
03817　經部/小學類/文字之屬/字書
字學舉隅不分卷　（清）黃本驥　（清）龍啟瑞
撰　清道光二十六年(1846)刻本　一冊

330000－1716－0003818　普子 0877/03818
類叢部/類書類/專類之屬
佩文韻府一百六卷　（清）張玉書　（清）蔡升
元等輯　**韻府拾遺一百六卷**　（清）汪灝
（清）何焯等輯　清刻本　一百七冊

330000－1716－0003819　經補 1201－2/
03819　經部/小學類/文字之屬/字書
字學舉隅不分卷　（清）黃本驥　（清）龍啟瑞
撰　清光緒八年(1882)刻本　一冊

330000－1716－0003820　經補 1199－3/
03820　經部/小學類/文字之屬/字書
字學舉隅不分卷　（清）黃本驥　（清）龍啟瑞
撰　清光緒十三年(1887)上海鴻文書局石印
本　一冊

330000－1716－0003821　普子 0878/03821
類叢部/類書類/通類之屬
淵鑑類函四百五十卷目錄四卷　（清）張英等
輯　清康熙四十九年(1710)刻本　二百冊

330000－1716－0003822　普子 0879/03822
類叢部/類書類/通類之屬
太平御覽一千卷目錄十五卷　（宋）李昉等輯
清嘉慶十二年至十七年(1807－1812)歙縣
鮑崇城刻二十三年(1818)印本　一百冊

330000－1716－0003823　普子 0880/03823
類叢部/類書類/專類之屬
稱謂録三十二卷　（清）梁章鉅撰　清光緒元
年至十年(1875－1884)福州梁恭辰刻本
八冊

330000－1716－0003824　普子 0881/03824
類叢部/類書類/專類之屬
稱謂録三十二卷　（清）梁章鉅撰　清光緒元
年至十年(1875－1884)福州梁恭辰刻本
八冊

330000－1716－0003825　經補 1343/03825
經部/小學類
字學三種　（清）傅雲龍輯　清同治十三年
(1874)德清傅雲龍味腴山館刻本　一冊

330000－1716－0003826　普子 0882/03826
類叢部/叢書類/自著之屬
中復堂全集九種附一種　（清）姚瑩撰　清同
治六年(1867)姚濬昌安福縣署刻本　一冊
存一種

330000－1716－0003827　普子 0883/03827
新學/議論/通論
自西徂東五卷　（德國）花之安撰　清光緒十
年(1884)廣東小書會真寶堂刻本　五冊

330000－1716－0003828　普子 0885/03828
新學/議論/通論
自西徂東五卷　（德國）花之安撰　清光緒二
十五年(1899)上海美華書館鉛印本　五冊

330000－1716－0003829　集補 1601－6/
03829　集部/詩文評類/文法之屬
寫信必讀十卷　（清）唐芸洲撰　清石印本
沈阿姑題記　一冊　存五卷(六至十)

330000－1716－0003830　普子 0887/03830
類叢部/類書類/通類之屬

讀書紀數略五十四卷 （清）宮夢仁輯 清光緒六年（1880）山陰宋澤元懺花盦刻本 十二冊

330000－1716－0003831 普子 0886/03831
新學/議論/通論

群學肄言十六卷 （英國）斯賓塞爾撰 嚴復譯 清光緒二十九年（1903）上海文明編譯書局鉛印本 四冊

330000－1716－0003832 普子 0888/03832
類叢部/類書類/通類之屬

類林新咏三十六卷 （清）姚之駰撰 清刻本 十二冊

330000－1716－0003833 普子 0889/03833
子部/雜著類/雜考之屬

日知錄三十二卷 （清）顧炎武撰 清一義齋刻本 十二冊

330000－1716－0003834 普子 0890/03834
類叢部/類書類/通類之屬

記事珠十卷引釋十卷 （清）張以謙輯 （清）鄭夢明刪訂 清乾隆嘉興江壎刻同治十年（1871）沈成烈補修本 四冊

330000－1716－0003836 普子 0893/03836
新學/政治法律/政治

救華屁言二卷 （英國）李提摩太撰 清光緒二十五年（1899）上海美華書館鉛印本 一冊

330000－1716－0003837 普子 0894/03837
史部/政書類/邦計之屬/貿易

貿易須知一卷 （清）王秉元撰 清光緒五年（1879）三緘室主刻七年（1881）增訂本 雲瑞樓題簽 一冊

330000－1716－0003838 經補 1203/03838
經部/小學類/訓詁之屬/字詁

字說一卷 （清）吳大澂撰 清光緒十九年（1893）長沙思賢講舍刻本 一冊

330000－1716－0003839 普子 0896/03839
子部/雜著類/雜考之屬

蛾術編八十二卷 （清）王鳴盛撰 清道光二十一年（1841）吳江沈氏世楷堂刻本 十六冊

330000－1716－0003840 普子 0897/03840
類叢部/叢書類/郡邑之屬

金陵叢刻十五種 （清）傅春官輯 清光緒二十三年至三十一年（1897－1905）江寧傅氏晦齋刻本 一冊 存一種

330000－1716－0003841 普子 0898/03841
史部/政書類/邦計之屬/荒政

得一錄八卷首一卷 （清）余治輯 清光緒十一年（1885）寶善堂刻本 八冊

330000－1716－0003842 子補 1661－3/03842 子部/儒家類/儒學之屬/蒙學

小學集注六卷 （明）陳選集注 清雍正五年（1727）武英殿刻本 一冊 存四卷（一至四）

330000－1716－0003843 普子 0899/03843
子部/雜著類/雜考之屬

札迻十二卷 （清）孫詒讓撰 清光緒二十年（1894）籀膏刻二十一年（1895）重修本 四冊

330000－1716－0003844 經補 1204/03844
經部/小學類/文字之屬/說文

說文解字注十五卷附六書音韻表五卷 （清）段玉裁撰 說文部目分韻一卷 （清）陳奐編 清刻本 二冊 存二卷（十二至十三）

330000－1716－0003845 普經 0905/03845
經部/周禮類/分篇之屬

考工記圖二卷 （清）戴震撰 清聚奎樓刻本 二冊

330000－1716－0003846 子補 3098/03846
子部/儒家類/儒學之屬/蒙學

小學纂注六卷 （清）高愈注 文公朱夫子年譜一卷 題（宋）李方子撰 清同治十一年（1872）浙江書局刻本 一冊 缺四卷（一至四）

330000－1716－0003847 普子 0900/03847
子部/雜著類/雜考之屬

癸巳存稿十五卷 （清）俞正燮撰 清光緒十年（1884）李宗煝武林刻本 八冊

330000－1716－0003848 普叢 0270－7/03848 類叢部/叢書類/自著之屬

甌北全集八種　（清）趙翼撰　清乾隆至嘉慶湛貽堂刻本　十二冊　存一種

330000－1716－0003849　普經 0935/03849
經部/叢編

十三經注疏　（明）□□輯　清刻本　四冊　存一種

330000－1716－0003850　普子 0952/03850
子部/雜著類/雜考之屬

校訂困學紀聞集證二十卷　（宋）王應麟撰（清）閻若璩等箋　（清）萬希槐集證　清刻本　十二冊

330000－1716－0003851　普子 0953/03851
子部/雜著類/雜考之屬

日知錄集釋三十二卷刊誤二卷續刊誤二卷（清）黃汝成撰　清同治八年(1869)廣州述古堂刻本　十八冊

330000－1716－0003852　普經 0966/03852
經部/小學類

白柱堂叢臧二種二卷　（清）周繪藻撰　清光緒三十一年(1905)白柱堂石印本　一冊　存一種

330000－1716－0003853　普子 0954/03853
類叢部/類書類/專類之屬

新增說文韻府群玉二十卷　（元）陰時夫輯（元）陰中夫注　明崇文堂刻本　二十冊

330000－1716－0003854　經補 1201－3/03854　經部/小學類/文字之屬/字書

字學舉隅不分卷　（清）黃本驥　（清）龍啟瑞撰　清光緒八年(1882)刻本　一冊

330000－1716－0003855　普叢 0202－2/03855　類叢部/叢書類/彙編之屬

清頌堂叢書八種　（清）黃奭編　清道光甘泉刻本　四冊　存一種

330000－1716－0003856　普子 0956/03856
子部/雜著類/雜考之屬

東塾讀書記二十五卷　（清）陳澧撰　清光緒廣東刻本（卷十三至十四、十七至二十、二十二至二十五原缺）　王繼香題記　四冊

330000－1716－0003857　普子 0959/03857
子部/雜著類/雜考之屬

日知錄之餘四卷　（清）顧炎武撰　清宣統二年(1910)元和鄒福保吳中刻本　二冊

330000－1716－0003858　普叢 0217－4/03858　類叢部/叢書類/彙編之屬

振綺堂叢刻七種　（清）汪遠孫編　清刻本　二冊　存一種

330000－1716－0003859　普子 0961/03859
新學/聲學/聲學

聲學八卷　（英國）田大里撰　（英國）傅蘭雅口譯　（清）徐建寅筆述　清光緒江南製造局刻本　二冊

330000－1716－0003860　經補 1201－4/03860　經部/小學類/文字之屬/字書

字學舉隅不分卷　（清）黃本驥　（清）龍啟瑞撰　清光緒八年(1882)刻本　一冊

330000－1716－0003861　普子 0962 普子 1013/03861　子部/術數類/陰陽五行之屬

陰陽五要奇書六種　（明）江之棟輯　（清）顧鶴庭重輯　清乾隆五十五年(1790)姑蘇顧氏樂真堂刻本　二冊　存二種

330000－1716－0003862　集補 1434/03862
集部/總集類/選集之屬/通代

斯文精萃不分卷　（清）尹繼善輯　清刻本　二冊

330000－1716－0003863　普子 0963/03863
子部/術數類/相宅相墓之屬

張宗道先生地理全書五卷　（明）張亙撰　清刻本　四冊

330000－1716－0003864　經補 1201－5/03864　經部/小學類/文字之屬/字書

字學舉隅不分卷　（清）黃本驥　（清）龍啟瑞撰　清光緒八年(1882)刻本　一冊

330000－1716－0003865　普子 0964/03865
子部/術數類

選擇叢書集要五種　（明）江之棟輯　明崇禎五年(1632)吳公遂尚白齋刻本　一冊　存

一種

330000－1716－0003866　經補 1206/03866
經部/小學類/訓詁之屬/爾雅

爾雅三卷　（晉）郭璞注　（唐）陸德明音釋
清同治十三年(1874)湖南書局刻本　四冊

330000－1716－0003867　普子 0965/03867
子部/雜著類/雜考之屬

札樸十卷　（清）桂馥撰　清嘉慶十八年
(1813)山陰李宏信小李山房刻會稽徐氏補刻
本　六冊

330000－1716－0003868　普子 0966/03868
子部/藝術類/書畫之屬/畫譜

芥子園畫傳二集八卷　（清）王槩　（清）王蓍
（清）王臬輯　清嘉慶五年(1800)芥子園煥
記刻彩色套印本　一冊　存二卷(菊譜一至
二)

330000－1716－0003869　經補 1207－1/
03869　經部/小學類/訓詁之屬/爾雅

爾雅直音二卷　（清）孫侃輯　清光緒十八年
(1892)上海簡玉山房刻本　二冊

330000－1716－0003870　普子 0967/03870
子部/藝術類/音樂之屬/琴學

琴學入門二卷　（清）張鶴輯　清光緒七年
(1881)刻本　三冊

330000－1716－0003871　經補 1207－2/
03871　經部/小學類/訓詁之屬/爾雅

爾雅直音二卷　（清）孫侃輯　清光緒十八年
(1892)上海簡玉山房刻本　二冊

330000－1716－0003872　普子 0968/03872
子部/醫家類/兒科之屬/通論

保嬰輯要一卷續編一卷　（清）朱維沅輯　清
同治八年(1869)金陵興善堂刻本　清慶春題
記　一冊

330000－1716－0003873　普子 0969/03873
子部/雜著類/雜說之屬

寸陰叢錄四卷　（清）姚瑩撰　清刻本　清李
慈銘批　一冊

330000－1716－0003874　普叢 0270－2/
03874　類叢部/叢書類/自著之屬

甌北全集八種　（清）趙翼撰　清乾隆至嘉慶
湛貽堂刻本　十二冊　存一種

330000－1716－0003875　經補 1208/03875
經部/小學類/文字之屬

小學鉤沈三十九種附六種合十九卷　（清）任
大椿撰　（清）王念孫校　清光緒十年(1884)
龍氏刻本　二冊

330000－1716－0003876　普子 0973 普子
0974 普子 0975 普子 0976/03876　子部/藝術
類/書畫之屬/畫譜

**芥子園畫傳初集六卷二集九卷三集六卷四集
四卷**　（清）王槩　（清）王蓍　（清）王臬輯
清光緒十四年(1888)上海天寶書局石印本
十六冊

330000－1716－0003877　經補 1201－6/
03877　經部/小學類/文字之屬/字書

字學舉隅不分卷　（清）黃本驥　（清）龍啟瑞
撰　清光緒九年(1883)刻本　一冊

330000－1716－0003878　普叢 0236－1/
03878　類叢部/叢書類/自著之屬

朱氏群書六種　（清）朱駿聲撰　清光緒八年
(1882)臨嘯閣刻本　一冊　存二種

330000－1716－0003880　普子 0981/03880
子部/藝術類/遊藝之屬/棋弈

橘中秘四卷　（明）朱晉楨撰　清刻本　二冊

330000－1716－0003881　子補 3092/03881
子部/儒家類/儒學之屬/蒙學

小學纂注六卷　（清）高愈注　**孝經一卷**
(明)陳選集注　**忠經一卷**　（漢）鄭玄集注
清同治五年(1866)晉祁書業堂刻本　四冊

330000－1716－0003882　普子 0982/03882
子部/藝術類/書畫之屬/畫譜

紉齋山水畫賸二卷　（清）陳允昇繪　清光緒
刻本　二冊

330000－1716－0003883　普子 0978/03883
子部/藝術類/書畫之屬/畫譜

芥子園畫傳初集六卷二集九卷三集四卷續集
二卷　（清）王槩　（清）王蓍　（清）王臬輯
　清光緒十三年至十四年(1887－1888)鴻文
書局石印本　十二冊

330000－1716－0003884　普子 0902/03884
子部/雜著類/雜考之屬
眼學偶得一卷　羅振玉撰　清光緒刻本　馬
用錫題簽並記　一冊

330000－1716－0003885　普子 0903/03885
史部/政書類/邦計之屬/荒政
得一錄十六卷　（清）余治輯　清同治八年
(1869)刻本　八冊

330000－1716－0003886　普子 0904/03886
子部/宗教類/道教之屬
覺世經圖說四卷　（清）省心氏輯　清光緒九
年(1883)揚州文富堂書莊刻本　四冊

330000－1716－0003887　子補 3093/03887
子部/儒家類/儒學之屬/蒙學
心遠堂新編小學纂注六卷附小學句讀一卷
（清）高愈注　文公朱夫子年譜一卷　題（宋）
李方子撰　清嘉慶二十二年(1817)金閶文萃
堂刻本　四冊

330000－1716－0003888　普子 0905/03888
子部/雜著類/雜說之屬
輟耕錄三十卷　（明）陶宗儀撰　清光緒十一
年(1885)上海福瀛書局刻本　九冊

330000－1716－0003889　經補 1201－7/
03889　經部/小學類/文字之屬/字書
字學舉隅不分卷　（清）黃本驥　（清）龍啟瑞
撰　清道光二十四年(1844)刻本　一冊

330000－1716－0003890　普子 0906 普子
1034 普子 1035/03890　子部/藝術類/書畫之
屬/畫譜
芥子園畫傳初集六卷二集九卷三集六卷
（清）王槩　（清）王蓍　（清）王臬輯　清光
緒十六年(1890)上海鴻寶齋石印本　十二冊

330000－1716－0003891　普子 0907/03891
子部/藝術類/書畫之屬/畫譜

芥子園畫傳五卷　（清）王槩輯　清刻本
五冊

330000－1716－0003892　子補 3094/03892
子部/儒家類/儒學之屬/蒙學
小學集注六卷首一卷末一卷　（明）陳選集注
　小學校語一卷　（清）孫崇晉等撰　清同治
二年(1863)吳棠刻本　四冊

330000－1716－0003893　經補 1201－8/
03893　經部/小學類/文字之屬/字書
增補字學舉隅不分卷　（清）黃本驥　（清）龍
啟瑞撰　清光緒二年(1876)掃葉山房刻本
一冊

330000－1716－0003894　普經 0963－3/
03894　經部/叢編
十三經讀本一百五十二卷　（清）□□編　清
同治金陵書局刻本　三冊　存一種

330000－1716－0003895　普子 0911/03895
子部/儒家類/儒學之屬/俗訓
寶善編一卷　（清）王棐臣輯　清刻本　二冊

330000－1716－0003896　普子 0908/03896
新學/理學
天演論二卷　（英國）赫胥黎撰　嚴復譯　清
末鉛印本　一冊

330000－1716－0003897　經補 1205/03897
經部/小學類/訓詁之屬/群雅
小爾雅疏八卷　（清）王煦撰集　清嘉慶五年
(1800)鑿翠山莊刻本　一冊

330000－1716－0003898　普子 0909/03898
新學/理學
天演論二卷　（英國）赫胥黎撰　嚴復譯　清
末刻本　一冊

330000－1716－0003899　普子 0910/03899
子部/儒家類/儒學之屬/禮教/鑑戒
善惡果報圖說一卷　（清）張夢周撰　清光緒
三年(1877)諸暨毓秀書院刻本　一冊

330000－1716－0003900　普子 0912/03900
子部/雜著類/雜考之屬

困學紀聞注二十卷 （清）翁元圻撰 清道光
五年(1825)餘姚翁氏守福堂刻本 十二冊

330000－1716－0003901 普子 0913/03901
子部/雜著類/雜考之屬

困學紀聞注二十卷 （清）翁元圻撰 清道光
五年(1825)餘姚翁氏守福堂刻本 十二冊

330000－1716－0003902 普子 0914/03902
子部/雜著類/雜考之屬

困學紀聞二十卷 （宋）王應麟撰 （清）閻若
璩箋 清乾隆三年(1738)馬氏叢書樓刻本
十二冊

330000－1716－0003903 普子 0915/03903
子部/雜著類/雜說之屬

裕後須知一卷 （清）陸楷輯 清同治六年
(1867)刻本 一冊

330000－1716－0003904 子補 3095/03904
子部/儒家類/儒學之屬/蒙學

小學集解六卷小學輯說一卷 （清）張伯行輯
注 清同治六年(1867)楚北崇文書局刻本
三冊

330000－1716－0003905 普子 0916/03905
子部/雜著類/雜考之屬

十駕齋養新錄二十卷餘錄三卷 （清）錢大昕
撰 錢辛楣先生年譜一卷 （清）錢大昕編
（清）錢慶曾校注 竹汀居士年譜續編一卷
（清）錢慶曾撰 清光緒二年(1876)浙江書局
刻本 八冊

330000－1716－0003906 經補 1202/03906
經部/小學類/文字之屬/字書

藤花筱舫字學不分卷 （清）龍啟瑞 （清）王
維珍輯 清光緒二年(1876)京都懿文齋刻本
一冊

330000－1716－0003907 普子 0917/03907
子部/雜著類/雜考之屬

讀書叢錄二十四卷 （清）洪頤煊撰 清光緒
十三年(1887)吳氏醉六堂刻本 六冊

330000－1716－0003908 子補 3096/03908
子部/儒家類/儒學之屬/蒙學

小學集解六卷小學輯說一卷 （清）張伯行輯
注 清光緒十三年(1887)江西奉新縣署刻本
三冊 存六卷(一至五、小學輯說)

330000－1716－0003909 普子 0919/03909
子部/雜著類/雜考之屬

讀書叢錄二十四卷 （清）洪頤煊撰 清光緒
十三年(1887)吳氏醉六堂刻本 八冊

330000－1716－0003910 普子 0918/03910
子部/雜著類/雜考之屬

讀書脞錄七卷 （清）孫志祖撰 清光緒十三
年(1887)醉六堂刻本 二冊

330000－1716－0003911 普子 0922/03911
子部/雜著類/雜考之屬

札樸十卷 （清）桂馥撰 清嘉慶十八年
(1813)山陰李宏信小李山房刻會稽徐氏補刻
本 八冊

330000－1716－0003912 普子 0921/03912
子部/雜著類/雜考之屬

十駕齋養新錄二十卷餘錄三卷 （清）錢大昕
撰 錢辛楣先生年譜一卷 （清）錢大昕編
（清）錢慶曾校注 竹汀居士年譜續編一卷
（清）錢慶曾撰 清光緒二年(1876)浙江書局
刻本 八冊

330000－1716－0003913 普子 0923/03913
子部/雜著類/雜考之屬

十駕齋養新錄二十卷餘錄三卷 （清）錢大昕
撰 錢辛楣先生年譜一卷 （清）錢大昕編
（清）錢慶曾校注 竹汀居士年譜續編一卷
（清）錢慶曾撰 清光緒二年(1876)浙江書局
刻本 八冊

330000－1716－0003914 普叢 0256－1/
03914 集部/別集類/清別集

倚晴樓集五種 （清）黃燮清撰 清咸豐至光
緒刻本 五冊 存二種

330000－1716－0003915 集補 1559－3/
03915 集部/別集類/清別集

有正味齋駢體文二十四卷續集八卷 （清）吳
錫麒撰 清嘉慶刻本 六冊

330000－1716－0003916　普子0924/03916
子部/雜著類/雜考之屬

困學紀聞二十卷　（宋）王應麟撰　（清）閻若
璩箋　（清）何焯評　清浙省務本堂刻本
八冊

330000－1716－0003917　普叢0256－2/
03917　集部/別集類/清別集

倚晴樓集五種　（清）黃燮清撰　清咸豐至光
緒刻本　一冊　存一種

330000－1716－0003918　普經0967/03918
經部/書類/傳說之屬

尚書離句六卷　（清）錢在培輯解　清刻本
一冊　存三卷（四至六）

330000－1716－0003921　普子0927/03921
子部/宗教類/道教之屬/雜著

玉歷鈔傳警世不分卷　清同治五年（1866）積
善堂刻光緒十九年（1893）印本　一冊

330000－1716－0003922　普子0928/03922
子部/宗教類/道教之屬/戒律

暗室燈二卷　（清）深山居士輯　清同治刻本
一冊

330000－1716－0003923　普叢0440－6/
03923　類叢部/叢書類/自著之屬

隨園三十種　（清）袁枚撰　清刻本　八冊
存八種

330000－1716－0003924　普子0933/03924
類叢部/叢書類/自著之屬

劉氏三種　（清）劉士璋撰　清道光十九年
（1839）江陵劉氏刻本　一冊　存一種

330000－1716－0003925　普子0935/03925
子部/藝術類/書畫之屬/畫譜

芥子園畫傳初集六卷二集九卷三集六卷
（清）王槩　（清）王蓍　（清）王臬輯　清光
緒十六年（1890）上海鴻寶齋石印本　六冊
存十卷（初集一至六、三集一至四）

330000－1716－0003926　普叢0440－7/
03926　類叢部/叢書類/自著之屬

隨園三十種　（清）袁枚撰　清刻本　二冊

存二種

330000－1716－0003929　普子0934/03929
子部/藝術類/遊藝之屬/聯語

楹聯叢話十二卷續話四卷　（清）梁章鉅輯
清道光二十六年（1846）上海郁氏刻宜稼堂叢
書本　田紹謙題記　二冊

330000－1716－0003930　普子0937　普子
1015/03930　子部/藝術類/遊藝之屬/聯語

楹聯叢話十二卷續話四卷　（清）梁章鉅輯
清道光上海郁氏刻本　六冊

330000－1716－0003931　普子0939　普子
1100　普子1307　普子1407　普子1409/03931
類叢部/叢書類/彙編之屬

崇文書局彙刻書三十一種　（清）崇文書局編
清光緒元年至三年（1875－1877）湖北崇文
書局刻本　十二冊　存五種

330000－1716－0003932　普子0941/03932
類叢部/叢書類/彙編之屬

湖海樓叢書十二種　（清）陳春編　清嘉慶蕭
山陳氏刻二十四年（1819）彙印本　二冊　存
一種

330000－1716－0003933　普子0938　普子
1046/03933　子部/藝術類/遊藝之屬/聯語

楹聯叢話十二卷續話四卷　（清）梁章鉅輯
清道光上海郁氏刻本　沈鴻題籤　六冊

330000－1716－0003934　普子0936　普子
1016/03934　子部/藝術類/遊藝之屬/聯語

楹聯叢話十二卷續話四卷　（清）梁章鉅輯
清道光二十年（1840）、二十三年（1843）福州
梁氏刻本　六冊

330000－1716－0003935　普子0942/03935
子部/雜著類/雜纂之屬

玉芝堂談薈三十六卷　（明）徐應秋輯　明崇
禎刻清康熙四十二年（1703）、乾隆三十八年
（1773）、道光二十九年（1849）、光緒元年
（1875）蔚園遞修本　三十二冊

330000－1716－0003936　普子0943/03936
子部/雜著類/雜考之屬

十駕齋養新録二十卷餘録三卷 （清）錢大昕撰 錢辛楣先生年譜一卷 （清）錢大昕編 （清）錢慶曾校注 竹汀居士年譜續編一卷 （清）錢慶曾撰 清光緒二年(1876)浙江書局刻本 七冊 缺二卷(年譜、年譜續編)

330000－1716－0003937 普子 0949/03937
子部/雜著類/雜說之屬

輟耕録三十卷 （明）陶宗儀撰 清刻本 七冊 存二十七卷(四至三十)

330000－1716－0003938 普子 0946/03938
類叢部/叢書類/自著之屬

潛研堂全書十六種 （清）錢大昕撰 清乾隆至嘉慶刻本 六冊 存一種

330000－1716－0003939 善附 0330/03939
集部/總集類/選集之屬/通代

近光集二十八卷 （清）汪士鋐輯 （清）徐修仁注 清康熙五十八年(1719)刻本 五冊

330000－1716－0003940 普子 0947/03940
類叢部/叢書類/彙編之屬

湖海樓叢書十二種 （清）陳春編 清嘉慶蕭山陳氏刻二十四年(1819)彙印本 四冊 存一種

330000－1716－0003941 普子 0948/03941
子部/雜著類/雜說之屬

麗濩薈録十四卷爽鳩要録二卷 （清）蔣超伯撰 清同治五年(1866)刻本 六冊

330000－1716－0003944 普叢 0264－3/03944 類叢部/叢書類/郡邑之屬

粟香室叢書五十九種 金武祥編 清光緒至民國江陰金氏刻本 九冊 存一種

330000－1716－0003945 集補 2287/03945
集部/別集類/清別集

篤素堂文集四卷 （清）張英撰 清光緒五年(1879)善化章經濟堂刻本 一冊

330000－1716－0003946 集補 2288/03946
集部/別集類/清別集

環翠軒古文二卷詩存三卷 （清）張得僑撰 清光緒二十七年(1901)木活字印本 二冊

330000－1716－0003947 普子 1018/03947
集部/別集類/清別集

徐烈婦詩鈔二卷附報素聞書并回文一卷 （清）吳宗愛撰 （清）楊晉藩 （清）許楣評 同心梔子圖續編一卷 （清）應瑩撰 清同治十三年(1874)桐城吳氏雲鶴仙館刻本 一冊 存一卷(同心梔子圖續編)

330000－1716－0003948 普子 0984/03948
子部/天文曆算類/算書之屬

玉吟數學演草集要四卷 （清）楊之培撰 清光緒石印本 四冊

330000－1716－0003953 普子 0988/03953
子部/藝術類/遊藝之屬/聯語

楹聯集帖不分卷 （清）何紹基輯 清咸豐七年(1857)姑蘇文奎齋局刻本 一冊

330000－1716－0003954 普子 0990/03954
子部/術數類/相宅相墓之屬

安居金鏡八卷 （清）周南 （清）呂臨輯 清道光十七年(1837)刻本 六冊

330000－1716－0003955 普子 0989/03955
子部/術數類/相宅相墓之屬

新刻楊救貧秘傳陰陽二宅便用統宗二卷 （明）邵磻溪編輯 清大文堂刻本 一冊

330000－1716－0003956 集補 2290－1/03956 集部/別集類/清別集

復見心齋詩草六卷 （清）孫人鳳撰 清光緒五年(1879)孫詒經福州刻本 一冊

330000－1716－0003957 集補 2290－2/03957 集部/別集類/清別集

復見心齋詩草六卷 （清）孫人鳳撰 清光緒五年(1879)孫詒經福州刻本 一冊

330000－1716－0003958 普子 0993/03958
子部/術數類/相宅相墓之屬

山洋指迷原本四卷 （明）周景一撰 （清）俞歸璞 （清）吳卿瞻注 清乾隆五十二年(1787)寧郡三味義記刻本 四冊

330000－1716－0003959 普子 0992/03959
子部/術數類/相宅相墓之屬

雪心賦正解四卷　（唐）卜應天撰　（清）孟浩注　辯論三十篇一卷　（清）孟浩撰　清刻本　三冊　存四卷（一至四）

330000－1716－0003960　集補 2291/03960
集部/別集類/清別集

訒齋手札四卷附錄一卷　（清）褚維垔撰　清光緒二十七年（1901）刻本　一冊

330000－1716－0003961　普子 0994/03961
子部/醫家類/傷寒金匱之屬/傷寒論

劉河間傷寒六書附二種　（金）劉完素等撰　清懷德堂刻本　三冊　存一種

330000－1716－0003962　集補 2293/03962
子部/藝術類/書畫之屬/法帖

翁相國手札八卷　（清）翁同龢書　清光緒三十四年至宣統三年（1908－1911）上海有正書局影印本　八冊

330000－1716－0003964　普子 0996/03964
子部/儒家類/儒學之屬/俗訓

勸鄉俚言不分卷　清光緒八年（1882）萃善齋刻本　一冊

330000－1716－0003965　普子 0995/03965
子部/儒家類/儒學之屬/禮教

襄樊八堂義塾條規一卷鹿門書院課程一卷（清）盛植型鑒定　清光緒刻本　一冊

330000－1716－0003966　史補 0162/03966
史部/地理類/雜志之屬

吉林紀事詩四卷首一卷末一卷　（清）沈兆禔撰　清宣統三年（1911）金陵湯明林聚珍書局鉛印本　二冊

330000－1716－0003967　普子 0997/03967
子部/兵家類/兵法之屬

兵法史略學二卷　陳慶年編　清鉛印本　一冊

330000－1716－0003969　普子 0999/03969
史部/傳記類/總傳之屬

聖諭像解二十卷　（清）梁延年撰　清光緒二十八年（1902）江蘇撫署石印本　十冊

330000－1716－0003970　集補 2294/03970
集部/別集類/清別集

子良詩錄十卷　（清）馮詢撰　清同治十一年（1872）江西刻本　四冊

330000－1716－0003972　普子 1001/03972
類叢部/叢書類/家集之屬

富陽夏氏叢刻七種　夏震武　夏鼎武撰　清光緒至民國刻民國九年（1920）彙印本　二冊　存一種

330000－1716－0003976　普子 1004/03976
子部/醫家類/溫病之屬/瘟疫

瘟疫論補注二卷　（清）吳有性撰　（清）鄭重光補注　清光緒六年（1880）掃葉山房刻本　二冊

330000－1716－0003977　普子 1005/03977
子部/醫家類/醫話醫論之屬

歸硯錄四卷　（清）王士雄撰　清同治元年（1862）刻本　二冊

330000－1716－0003979　集補 2298/03979
集部/別集類/清別集

芷雲閣詩鈔一卷睡餘錄一卷　（清）趙桂瀛撰　清光緒十四年（1888）古越刻本　一冊

330000－1716－0003980　普子 1014/03980
子部/術數類/占卜之屬

大六壬大全十三卷　（清）郭載騋編　明懷慶楊衙刻本　十三冊

330000－1716－0003982　經補 1000－26/03982　經部/小學類/文字之屬/字書/字典

康熙字典十二集三十六卷總目一卷檢字一卷辨似一卷等韻一卷補遺一卷備考一卷　（清）張玉書等纂修　清道光七年（1827）刻本　三十二冊

330000－1716－0003984　普子 1019/03984
子部/藝術類/書畫之屬/書法書品

重校分部書法正傳一卷　（清）蔣和編　清光緒元年（1875）刻本　一冊

330000－1716－0003985　普子 1020/03985
子部/藝術類/書畫之屬

書法正傳一卷　（清）蔣和撰　清光緒六年(1880)刻本　一冊

330000－1716－0003986　普子1026 普子1031 普子1032/03986　子部/術數類/相宅相墓之屬

地理辨正五卷　（清）蔣平階補傳　（清）姜垚辨正　（清）章仲山增補直解　心眼指要四卷　（清）章仲山輯　天元五歌闡義五卷　（清）蔣平階撰　（清）章仲山注　清光緒善成堂刻本　八冊

330000－1716－0003987　普子1022/03987　子部/天文曆算類/天文之屬

天元烏兔經二卷　（清）蔣平階集　（清）高雲龍輯　清刻本　一冊

330000－1716－0003988　普子1023/03988　子部/術數類/命書相書之屬

袁柳莊先生神相全編三卷　（明）袁忠徹撰　清咸豐九年(1859)甯城汲古齋刻本　二冊

330000－1716－0003989　普子1024/03989　子部/術數類/相宅相墓之屬

增補地理直指原真三卷首一卷　（清）釋如玉徹瑩撰　清三餘堂刻本　八冊

330000－1716－0003990　集補2300－1/03990　集部/別集類/清別集

徐烈婦詩鈔二卷附報素聞書并回文一卷　(清)吳宗愛撰　（清）楊晉藩　（清）許楣評　同心梔子圖續編一卷　（清）應瑩撰　清同治十三年(1874)桐城吳氏雲鶴仙館刻本　一冊

330000－1716－0003991　集補2302/03991　集部/別集類/清別集

湖東第一山詩鈔五卷附錄一卷　（清）宋棠撰　清刻本　一冊

330000－1716－0003992　普子1025/03992　子部/術數類/相宅相墓之屬

青囊心印二卷　（清）王宗臣撰　清刻本　一冊

330000－1716－0003993　集補2300－2/

03993　集部/別集類/清別集

徐烈婦詩鈔二卷附報素聞書并回文一卷　(清)吳宗愛撰　（清）楊晉藩　（清）許楣評　同心梔子圖續編一卷　（清）應瑩撰　清同治十三年(1874)桐城吳氏雲鶴仙館刻本　一冊　缺一卷(同心梔子圖續編)

330000－1716－0003994　普子1027/03994　子部/術數類/相宅相墓之屬

葬書校注一卷　（晉）郭璞撰　（宋）蔡發編　（元）吳澄敘錄　（清）汪宗沂校注　清光緒十四年(1888)發廬刻本　一冊

330000－1716－0003995　普子1059/03995　子部/術數類/相宅相墓之屬

地學答問不分卷　（清）魏青江撰　清乾隆四十九年(1784)二西堂刻本　董春庭識　三冊

330000－1716－0003996　普子1028 普子1030/03996　子部/術數類/相宅相墓之屬

天元五歌闡義五卷　（清）蔣平階撰　（清）無心道人注　附元空秘旨一卷　（清）目講禪師撰　（清）無心道人解　心眼指要四卷　（清）無心道人輯　清道光可久堂刻本　三冊

330000－1716－0003997　普子1029 普子1199/03997　子部/術數類/相宅相墓之屬

地理五訣八卷陽宅三要四卷　（清）趙廷棟撰　清蘇州綠蔭堂刻本　六冊

330000－1716－0003998　集補2300－3/03998　集部/別集類/清別集

徐烈婦詩鈔二卷回文同心梔子鏡箔圖一卷附錄一卷　（清）吳宗愛撰　（清）吳廷康輯　清咸豐二年(1852)蕭山丁氏大碧山館刻本　一冊

330000－1716－0004001　善0472－2/04001　集部/總集類/選集之屬/通代

唐宋八大家文鈔一百六十六卷　（明）茅坤編　明刻本　二冊　存一種

330000－1716－0004002　普子1036/04002　史部/傳記類/總傳之屬/文苑

東軒吟社畫像一卷附記傳題跋一卷　（清）費

丹旭繪　（清）黃士珣記　（清）諸可寶傳
（清）汪曾唯輯　清光緒二年（1876）泉唐汪氏
振綺堂刻本　一冊

330000－1716－0004003　集補 2301/04003
集部/總集類/選集之屬/斷代
詒安堂全集　（清）王慶勳輯　清道光至咸豐
上海王氏刻本　四冊　存一種

330000－1716－0004004　集補 2303/04004
集部/別集類/清別集
小重山房初稿六卷　（清）張祥河撰　清嘉慶
十八年（1813）刻本　一冊

330000－1716－0004005　普子 1038/04005
新學/天學
談天十八卷首一卷附表一卷　（英國）侯失勒
撰　（英國）偉烈亞力口譯　（清）李善蘭筆述
清同治十三年（1874）鉛印本　三冊

330000－1716－0004006　普集 1953－5/
04006　集部/別集類/清別集
養雲山館試帖四卷　（清）許球撰　清光緒二
十一年（1895）湖南書局刻本　四冊

330000－1716－0004007　集補 2304/04007
集部/別集類/清別集
莪園賸稿一卷補遺一卷　（清）王斯恭撰　**子
期詩草一卷**　（清）孫曾頤撰　清光緒十三年
（1887）凝靜齋刻本　一冊

330000－1716－0004008　普子 1044 普子
1169/04008　類叢部/叢書類/彙編之屬
鐵華館叢書六種　（清）蔣鳳藻編　清光緒九
年至十年（1883－1884）長洲蔣氏刻本　二冊

330000－1716－0004009　普子 1045/04009
子部/法家類
管子二十四卷　（唐）房玄齡注　清光緒五年
（1879）影宋刻本　四冊

330000－1716－0004010　集補 1487/04010
集部/別集類/清別集
寒香館文鈔八卷詩鈔四卷　（清）賀熙齡撰
皇清誥授朝議大夫掌四川道監察御史加二級
前翰林院編修京畿道監察御史提督湖北學政

賀蔗農先生崇祀鄉賢錄一卷　清道光二十八
年（1848）刻本　三冊　存十卷（文鈔一至八、
詩鈔一至二）

330000－1716－0004011　普子 1043/04011
子部/儒家類/儒學之屬/禮教
**聰訓齋語二卷恒產瑣言一卷飯有十二合說一
卷**　（清）張英撰　清光緒九年（1883）資州寶
硯齋刻本　一冊

330000－1716－0004013　普叢 0084－4/
04013　類叢部/叢書類/郡邑之屬
武林掌故叢編一百九十種　（清）丁丙編　清
光緒三年至二十六年（1877－1900）錢塘丁氏
嘉惠堂刻本（［乾道］臨安志卷四至十五、南宋
館閣錄卷一原缺）　四冊　存一種

330000－1716－0004015　普子 1051/04015
史部/傳記類/總傳之屬/技藝
國朝畫徵錄三卷續錄二卷　（清）張庚撰　**明
人附錄一卷**　（明）黎遂球　（明）袁樞撰　清
刻本　二冊　缺一卷（明人附錄）

330000－1716－0004018　普叢 0217－2/
04018　類叢部/叢書類/彙編之屬
振綺堂叢刊八種　（清）□□輯　清嘉慶至光
緒汪氏振綺堂刻本　二冊　存二種

330000－1716－0004019　普子 1053/04019
子部/術數類/命書相書之屬
選擇諸家性理不分卷　清末抄本　一冊

330000－1716－0004021　史補 0164/04021
史部/史評類/詠史之屬
樹經堂詠史詩八卷　（清）謝啟昆撰　清嘉慶
刻本　四冊

330000－1716－0004022　集補 2305/04022
集部/別集類/清別集
水石居詩稿二卷　（清）葉煥撰　清咸豐二年
（1852）刻本　一冊

330000－1716－0004023　普子 1055/04023
子部/術數類/相宅相墓之屬
堪輿經二卷　（明）蕭克撰　清雍正七年
（1729）墨妙山房刻本　四冊

330000 – 1716 – 0004024　普子 1056/04024
子部/術數類/相宅相墓之屬

地理四彈子四卷　（清）張鳳藻輯　清嘉慶九
年(1804)金閶書業堂刻本　二冊

330000 – 1716 – 0004025　普子 1057/04025
子部/術數類/相宅相墓之屬

地理指迷臆解四卷　（明）周錦一撰　（清）金
六吉臆解　清道光七年(1827)刻本　四冊

330000 – 1716 – 0004026　集補 2308/04026
集部/別集類/清別集

心嚮往齋詩集二卷　（清）孔繼鑅撰　清道光
二十九年(1849)王相刻本　一冊

330000 – 1716 – 0004027　集補 2310/04027
集部/別集類/清別集

集虛齋學古文十二卷附離騷經解略一卷
（清）方楘如撰　清乾隆十九年(1754)佩古堂
刻本　四冊

330000 – 1716 – 0004028　集補 2309/04028
集部/別集類/清別集

鐵篆仙館宦游草六卷　（清）柏春撰　清咸豐
十一年(1861)毓文齋刻本　二冊

330000 – 1716 – 0004029　普叢 0376/04029
類叢部/叢書類/家集之屬

新城王氏家集四十種　（清）□□編　明崇禎
至清康熙刻彙印本　二冊　存一種

330000 – 1716 – 0004030　普子 1060/04030
子部/術數類/相宅相墓之屬

地理天玉經補注三卷附錄一卷　（清）凌龍光
注　清嘉慶三年(1798)嘉興涵雅堂刻本
一冊

330000 – 1716 – 0004036　普子 1066/04036
子部/醫家類/類編之屬

中西匯通醫書五種　唐宗海撰　清光緒二十
年(1894)上海袖海山房書局石印本　三冊
存一種

330000 – 1716 – 0004040　集補 2313/04040
集部/別集類/清別集

寶綸堂外集十二卷　（清）齊召南撰　（清）齊

毓川輯　清宣統三年(1911)上海掃葉山房石
印本　二冊

330000 – 1716 – 0004041　普子 1061/04041
子部/術數類/相宅相墓之屬

楊曾地理元文四種附二種　（清）端木國瑚注
清道光五年(1825)刻本　二冊

330000 – 1716 – 0004042　普子 1072/04042
子部/兵家類/兵法之屬

支隊圖上戰術筆記一卷　清末石印本　一冊

330000 – 1716 – 0004043　集補 2312/04043
集部/戲劇類/傳奇之屬

牡丹亭還魂記二卷五十五齣　（明）湯顯祖撰
清光緒十二年(1886)同文書局石印本
二冊

330000 – 1716 – 0004044　普子 1064/04044
子部/術數類/相宅相墓之屬

撼龍經批注校補六卷疑龍經批注校補三卷
（唐）楊益撰　（清）高其倬批點　（清）寇宗
集注　榮錫勳校補　清光緒石印本　四冊

330000 – 1716 – 0004048　集補 2314/04048
集部/別集類/清別集

香屑集十八卷首一卷末一卷　（清）黃之雋撰
（清）陳邦直注　清宣統二年(1910)上海掃
葉山房石印本　童鼎璜跋　四冊

330000 – 1716 – 0004051　普子 1080/04051
子部/藝術類/篆刻之屬/印譜

杭郡印輯八卷　丁仁輯　清光緒西泠印社鈐
拓本　八冊

330000 – 1716 – 0004052　普子 1082/04052
子部/藝術類/書畫之屬/畫譜

十竹齋書畫譜八卷　（明）胡正言輯　清光緒
五年(1879)校經山房刻彩色套印本　八冊

330000 – 1716 – 0004053　普子 1087/04053
子部/術數類

選擇叢書集要五種　（明）江之棟輯　明崇禎
五年(1632)吳公遂尚白齋刻本　二冊　存
一種

330000－1716－0004054　普子1084/04054
類叢部/叢書類/彙編之屬

宜稼堂叢書七種　（清）郁松年編　清道光二十年至二十二年(1840－1842)上海郁氏刻本　四冊　存一種

330000－1716－0004057　普子1078/04057
類叢部/叢書類/自著之屬

龍莊遺書四種　（清）汪輝祖撰　清光緒江蘇書局刻本　一冊　存一種

330000－1716－0004058　集補2316/04058
集部/別集類/清別集

蠶尾集十卷後集二卷續集二卷　（清）王士禛撰　清宣統三年(1911)上海集成圖書公司影印本　四冊

330000－1716－0004059　普子1085/04059
子部/雜著類/雜說之屬

夢溪筆談二十六卷補筆談三卷續筆談一卷(宋)沈括撰　**校字記一卷**　（清）陶福詳訂　清光緒三十二年(1906)番禺陶氏愛廬刻本　四冊

330000－1716－0004060　普叢0371/04060
類叢部/叢書類/自著之屬

武陵山人遺書十種續刊二種　（清）顧觀光撰　清光緒九年(1883)獨山莫祥芝上海刻高桂續刻民國四年(1915)金山高煌修補彙印本　八冊　存八種

330000－1716－0004061　集補2322/04061
集部/別集類/清別集

豸華堂文鈔八卷　（清）金應麟撰　清道光刻本　二冊

330000－1716－0004062　普子1088/04062
子部/術數類/陰陽五行之屬

擇日便覽一卷　（清）湯榮撰　清光緒十七年(1891)刻本　一冊

330000－1716－0004063　普子1090/04063
子部/醫家類/醫經之屬/內經

重廣補注黃帝內經素問二十四卷靈樞二十四卷　（唐）王冰注　（宋）林億等校正　（宋）

孫兆改誤　**內經素問校勘記一卷靈樞校勘記一卷**　（清）顧觀光撰　清咸豐二年(1852)錢氏守山閣刻本　一冊　存二卷(內經素問校勘記、靈樞校勘記)

330000－1716－0004065　普子1089/04065
子部/術數類/陰陽五行之屬

董公選要覽一卷附錄一卷　（明）董潛撰　清光緒二十三年(1897)彊恕齋刻本　一冊

330000－1716－0004066　普子1091/04066
子部/儒家類/儒學之屬/性理

御纂性理精義十二卷　（清）李光地等纂修　清乾隆二年(1737)刻本　四冊

330000－1716－0004067　普子1094/04067
子部/儒家類/儒學之屬/禮教

種德堂理學格言二卷　（清）沈之緇輯　清嘉慶十九年(1814)史氏八行堂刻本　一冊

330000－1716－0004068　普子1095/04068
子部/雜家類

白虎通疏證十二卷　（清）陳立撰　清光緒元年(1875)淮南書局刻本　四冊

330000－1716－0004070　集補2325/04070
集部/別集類/清別集

芸香館遺詩二卷　（清）那遜蘭保撰　清同治十三年(1874)盛昱刻本　一冊

330000－1716－0004071　普叢0225－4/04071　類叢部/叢書類/彙編之屬

半厂叢書初編十種　（清）譚獻編　清同治至光緒仁和譚氏刻本　九冊　存一種

330000－1716－0004073　普子1102/04073
類叢部/叢書類/彙編之屬

潘刻五種　（清）恩熹輯　清同治至光緒刻光緒二十九年(1903)北京翰文齋印本　二冊　存一種

330000－1716－0004074　普子1103/04074
子部/藝術類/篆刻之屬

篆學瑣著　（清）顧湘輯　清道光二十年(1840)海虞顧湘刻本　十二冊

330000－1716－0004076　　經補 1210/04076
經部/易類/傳說之屬

易經三卷周易本義卦歌一卷圖說一卷　（宋）
朱熹撰　清光緒二十一年(1895)虞山抱芳閣
刻本　二冊

330000－1716－0004077　　普子 1101/04077
子部/雜著類/雜考之屬

困學紀聞二十卷　（宋）王應麟撰　（清）閻若
璩箋　（清）何焯評　清乾隆桐鄉汪屋桐華書
塾刻本　清秋堂過錄清程瑤田、清方楘如、清
錢大昕等評語　八冊

330000－1716－0004079　　集補 2317－1/
04079　集部/詞類/總集之屬

詞選二卷　（清）張惠言輯　**附錄一卷**　（清）
鄭善長輯　**續詞選二卷**　（清）董毅輯　清同
治十一年(1872)會稽章氏刻本　一冊

330000－1716－0004082　　集補 2318/04082
集部/別集類/清別集

南樓吟草二卷詩餘一卷　（清）宋璇撰　清道
光二十八年(1848)刻本　一冊

330000－1716－0004083　　集補 2317－2/
04083　集部/詞類/總集之屬

詞選二卷　（清）張惠言輯　**附錄一卷**　（清）
鄭善長輯　**續詞選二卷**　（清）董毅輯　清同
治十一年(1872)會稽章氏刻本　唐風題記
一冊

330000－1716－0004084　　集補 2319/04084
集部/別集類/清別集

顯志堂稿十二卷　（清）馮桂芬撰　清光緒二
年(1876)吳縣馮氏校邠盧刻本　四冊

330000－1716－0004086　　普叢 0440－5/
04086　類叢部/叢書類/自著之屬

隨園三十種　（清）袁枚撰　清刻本　五冊
存二種

330000－1716－0004087　　普子 1109/04087
子部/藝術類/遊藝之屬/棋弈

橘中秘四卷　（明）朱晉楨撰　清末上海江左
書林刻本　一冊

330000－1716－0004088　　普子 1112/04088
子部/雜著類/雜纂之屬

平等閣筆記六卷　狄葆賢撰　清上海有正書
局鉛印本　五冊

330000－1716－0004090　　普子 1122/04090
子部/雜著類/雜說之屬

歸田瑣記八卷　（清）梁章鉅撰　清道光二十
五年(1845)北東園刻本　四冊

330000－1716－0004092　　集補 2320/04092
集部/詞類/詞話之屬

詞學集成八卷　（清）江順詒撰　清光緒七年
(1881)刻本　一冊

330000－1716－0004093　　普叢 0375/04093
類叢部/叢書類/彙編之屬

觀自得齋叢書二十三種別集六種　（清）徐士
愷編　清光緒十三年至二十年(1887－1894)
石埭徐氏刻本　一冊　存四種

330000－1716－0004095　　集補 2321/04095
集部/詩文評類/詩評之屬

帶經堂詩話三十卷首一卷　（清）王士禎撰
（清）張宗柟輯　清同治十二年(1873)廣州藏
脩堂刻本　孝焱題簽　十二冊

330000－1716－0004097　　普子 1121/04097
子部/雜著類/雜說之屬

歸田瑣記八卷　（清）梁章鉅撰　清道光二十
五年(1845)北東園刻本　四冊

330000－1716－0004098　　普類 0171－2/
04098　類叢部/類書類/專類之屬

**新刻重校增補圓機活法詩學全書二十四卷新
刊校正增補圓機詩韻活法全書十四卷**　（明）
王世貞校正　清同文堂刻本　十二冊

330000－1716－0004100　　經補 1211－1/
04100　經部/小學類/文字之屬/字書/字典

攷正字彙二卷　（清）陳溟子撰　清光緒二十
五年(1899)上海掃葉山房石印本　一冊

330000－1716－0004101　　普子 1120/04101
類叢部/叢書類/自著之屬

毛翰林集五十四卷　（清）毛奇齡撰　清刻本

一册

330000 - 1716 - 0004102　普子 1127/04102
子部/藝術類/書畫之屬/書法書品
翰林要訣一卷　（清）龍啟瑞　（清）祁世長撰
　　清光緒十二年(1886)石印本　一册

330000 - 1716 - 0004103　普子 1128/04103
子部/藝術類/書畫之屬/書法書品
分隸偶存二卷　（清）萬經撰　清乾隆三十四
年(1769)辨志堂刻本　二册

330000 - 1716 - 0004104　經補 1211 - 2/
04104　經部/小學類/文字之屬/字書/字典
攷正字彙二卷　（清）陳渂子撰　清光緒二十
五年(1899)上海掃葉山房石印本　一册

330000 - 1716 - 0004105　普子 1129/04105
子部/術數類/相宅相墓之屬
地理精微集六卷　（清）盛廷謨撰　（清）陳景
新重編　清光緒二十四年(1898)江寧藩署刻
本　四册

330000 - 1716 - 0004106　普子 1130/04106
子部/術數類/陰陽五行之屬
重刻天元奇門遁甲句解煙波釣叟歌一卷
(宋)趙普撰　（明）池紀解編　明刻本　一册

330000 - 1716 - 0004107　普子 1124/04107
子部/雜著類/雜說之屬
嘐嘐言六卷首一卷末一卷　（清）郭柏蔭撰
清道光三十年(1850)刻本　一册

330000 - 1716 - 0004108　集補 0010 - 31/
04108　集部/戲劇類/雜劇之屬
增像第六才子書五卷　（元）王實甫　（元）關
漢卿撰　（清）金人瑞評　清末石印本　五册

330000 - 1716 - 0004109　普子 1131/04109
子部/術數類/相宅相墓之屬
范半池訂地學四種　（清）范宜賓輯　清乾隆
三十一年至五十五年(1766 - 1790)刻林笏堂
印本　六册　存三種

330000 - 1716 - 0004110　普子 1132 普子
1133 普子 1134 普子 1135/04110　子部/術數

類/相宅相墓之屬
葬書五種　清咸豐四年(1854)刻本　六册

330000 - 1716 - 0004111　普子 1136/04111
子部/術數類/數學之屬
皇極經世書傳八卷　（明）黃畿撰　清道光刻
民國六年(1917)純淵堂補刻本　八册

330000 - 1716 - 0004112　普子 1138/04112
子部/雜著類/雜考之屬
讀書雜志八十二卷餘編二卷　（清）王念孫撰
　　清同治九年(1870)金陵書局刻本　二十
四册

330000 - 1716 - 0004115　普子 1139/04115
子部/術數類/相宅相墓之屬
新編秘傳堪輿類纂人天共寶十二卷　（明）黃
慎編　清乾隆三十七年(1772)刻本　六册

330000 - 1716 - 0004116　普子 1111/04116
子部/藝術類/音樂之屬/樂譜
松風閣琴譜二卷　（清）程雄輯　**松風閣指法
一卷**　（清）莊臻鳳撰　（清）程雄訂正　**抒懷
操一卷**　（清）曹溶等填詞　（清）程雄譜曲
清康熙程氏松風閣刻本　二册

330000 - 1716 - 0004118　普子 1140/04118
子部/天文曆算類/算書之屬
衡齋算學六卷　（清）汪萊撰　清嘉慶七年
(1802)嘉樹堂六九書榭刻本　一册

330000 - 1716 - 0004120　普子 1144/04120
子部/天文曆算類
御製律曆淵源五種　（清）允祿等纂修　清雍
正內府刻乾隆增修本　四册　存一種

330000 - 1716 - 0004121　普子 1145/04121
子部/天文曆算類/算書之屬
御製數理精蘊上編五卷下編四十卷表八卷
(清)聖祖玄燁撰　清光緒十九年(1893)江南
製造總局鉛印本　三册　存四卷(上編一至
四)

330000 - 1716 - 0004123　普子 1143/04123
子部/天文曆算類/算書之屬
數學精詳十一卷首一卷末一卷　（清）屈曾發

輯　清同治十年(1871)學海堂刻本　五冊

330000－1716－0004124　普子 1977/04124
子部/天文曆算類/算書之屬

李氏遺書十一種　(清)李銳撰　清道光三年
(1823)儀徵阮元刻本　二冊　存三種

330000－1716－0004125　普子 1154/04125
新學/雜著/叢編

江南製造局譯書　(清)江南製造局編　清光
緒江南製造局刻本暨鉛印本　一冊　存一種

330000－1716－0004126　經補 1215/04126
經部/易類/傳說之屬

周易後傳八卷易互卦圖一卷　(清)朱兆熊撰
清刻本　淩九題記　一冊

330000－1716－0004127　普子 1156/04127
子部/術數類/命書相書之屬

水鏡集四卷　(清)范騋撰　清刻本　四冊

330000－1716－0004128　普子 1157/04128
子部/術數類/相宅相墓之屬

地理大全一集形勢真訣三十卷二集理氣秘旨
二十五卷　(明)李國木輯　明末刻本　二十
四冊

330000－1716－0004129　普子 1159/04129
子部/天文曆算類/算書之屬

算學啟蒙述義三卷總括一卷後記一卷望海島
述一卷釋代數記號一卷　(元)朱世傑撰
(清)徐鳳誥通釋　清光緒十二年(1886)求是
齋刻本　三冊　缺一卷(釋代數記號)

330000－1716－0004130　普子 1164/04130
子部/天文曆算類/算書之屬

幾何原本十五卷　(意大利)利瑪竇　(英國)
偉烈亞力口譯　(明)徐光啟　(清)李善蘭筆
受　清同治四年(1865)金陵刻本　八冊

330000－1716－0004131　經補 1217/04131
經部/易類/傳說之屬

周易本義四卷首一卷　(宋)朱熹撰　清大成
齋刻本　二冊

330000－1716－0004132　經補 1216/04132

經部/易類/傳說之屬

周易本義四卷附圖說一卷卦歌一卷筮儀一卷
　(宋)朱熹撰　清光緒十七年(1891)浙紹聚
奎堂刻本　二冊

330000－1716－0004133　普子 1166/04133
新學/重學/重學

重學二十卷圓錐曲線說三卷　(英國)艾約瑟
口譯　清同治五年(1866)刻本　六冊

330000－1716－0004134　集補 2328/04134
集部/別集類/清別集

聽桐盧殘草一卷附錄一卷　(清)王繼穀撰
清光緒七年(1881)寧波宗源瀚刻本　一冊

330000－1716－0004135　普子 1167/04135
子部/醫家類/綜合之屬

傅青主男科二卷女科補遺一卷　(清)傅山撰
　清光緒七年(1881)郭鍾岳刻本　二冊

330000－1716－0004136　集補 2327/04136
集部/別集類

苕園詩錄四卷　程霈撰　清宣統元年(1909)
京師集成圖書公司鉛印本　一冊

330000－1716－0004138　集補 2329/04138
集部/別集類/清別集

且甌集九卷　(清)項霈撰　清咸豐三年
(1853)刻本　二冊

330000－1716－0004142　經補 1214－23/
04142　經部/小學類/文字之屬/字書/字典

六一山房重校石印攷正字彙二卷　(清)陳淏
子撰　清末石印本　一冊

330000－1716－0004143　普子 1173/04143
子部/術數類/相宅相墓之屬

地經圖說二卷　(清)余九皋撰　清光緒十一
年(1885)上海同文書局石印本　一冊　存一
卷(一)

330000－1716－0004144　集補 2330/04144
集部/別集類/清別集

小睡足寮詩錄四卷補錄二卷續錄四卷散叟倦
稿一卷　(清)秦敏樹撰　小睡足寮二友詩錄
一卷　(清)陸恩澍　(清)鳳錫綸撰　清光緒

二十三年至宣統二年(1897－1910)遞刻本
二冊

330000－1716－0004146　經補1213－1/
04146　經部/小學類/文字之屬/字書/字典
六一山房重校石印攷正字彙二卷　（清）陳淏
子撰　清末石印本　一冊

330000－1716－0004147　集補2331/04147
集部/總集類/選集之屬/斷代
詒安堂全集　（清）王慶勳輯　清道光至咸豐
上海王氏刻本　二冊　存一種

330000－1716－0004149　經補1213－2/
04149　經部/小學類/文字之屬/字書/字典
六一山房重校石印攷正字彙二卷　（清）陳淏
子撰　清末石印本　一冊

330000－1716－0004150　普子1176/04150
子部/小說家類/異聞之屬
山海經箋疏十八卷圖讚一卷訂譌一卷敘錄一
卷　（清）郝懿行撰　清光緒二十三年(1897)
上海梧岡精舍三色套印本　六冊

330000－1716－0004151　普子1177/04151
子部/醫家類/類編之屬
桃塢謝氏彙刻方書九種　（清）謝家福輯　清
光緒二十一年(1895)蘇州謝氏望炊樓刻本
二冊　存一種

330000－1716－0004152　地獻1937－2/
04152　集部/別集類/清別集
象洞山房文稿一卷詩稿一卷　（清）徐迪惠撰
　清宣統元年(1909)上虞徐氏留餘堂刻本
二冊

330000－1716－0004153　普子1178/04153
子部/醫家類/本草之屬/歷代綜合本草
本草綱目五十二卷附圖三卷瀕湖脈學一卷奇
經八脈攷一卷脈訣攷證一卷　（明）李時珍撰
　　本草萬方鍼線八卷　（清）蔡烈先輯　本草
綱目拾遺十卷　（清）趙學敏輯　清光緒十九
年(1893)上海鴻寶齋石印本　十六冊

330000－1716－0004155　集補2332/04155
集部/總集類/氏族之屬

黃氏三世詩三卷　（清）黃炳垕輯　清光緒十
五年(1889)刻本　一冊

330000－1716－0004156　普子1182/04156
子部/小說家類/異聞之屬
山海經箋疏十八卷圖讚一卷訂譌一卷敘錄一
卷　（清）郝懿行撰　清光緒十七年(1891)上
海五彩公司三色套印本　六冊

330000－1716－0004157　普子1181/04157
史部/政書類/邦交之屬
皇朝八賢文編　（美國）哈門脫輯　清末美國
哈門脫石印本　一冊　存一種

330000－1716－0004158　普子1184/04158
子部/藝術類/書畫之屬/總論
平津館鑒藏書畫記一卷　（清）孫星衍撰　清
末鉛印本　一冊

330000－1716－0004160　普子1179/04160
史部/政書類
校邠廬抗議二卷　（清）馮桂芬撰　清光緒石
印本　二冊

330000－1716－0004162　普子1185－3/
04162　子部/藝術類/書畫之屬/總論
畫禪室隨筆四卷　（明）董其昌撰　清乾隆三
十三年(1768)董紹敏刻本　二冊

330000－1716－0004164　普子1183/04164
子部/藝術類/書畫之屬/書法書品
漢溪書法通解八卷　（清）戈守智撰　清乾隆
霽雲閣刻本　四冊

330000－1716－0004166　普子1186/04166
子部/天文曆算類/算書之屬
用事表不分卷　（清）高雲龍輯　清嘉慶刻本
二冊

330000－1716－0004167　古越0376/04167
類叢部/類書類/通類之屬
玉海二百四卷附刻十三種　（宋）王應麟撰
校補玉海瑣記二卷王深甯先生年譜一卷
(清)張大昌撰　清光緒九年至十六年(1883－
1890)浙江書局刻本　一百二十冊

330000－1716－0004168　普子 1187/04168
子部/術數類/命書相書之屬

新刊合併官板音義評注淵海子平五卷　（宋）
徐升編　清浙紹墨潤堂刻本　二冊

330000－1716－0004170　地獻 1937－4/
04170　集部/別集類/清別集

象洞山房文稿一卷詩稿一卷　（清）徐迪惠撰
清宣統元年(1909)上虞徐氏留餘堂刻本
杜煦題記　二冊　存一卷(文稿)

330000－1716－0004171　普子 1188/04171
子部/術數類/命書相書之屬

新刊合併官板音義評注淵海子平五卷　（宋）
徐升編　清上洋大魁楨記刻本　二冊

330000－1716－0004172　普子 1189/04172
子部/術數類/命書相書之屬

新刊合併官板音義評注淵海子平五卷　（宋）
徐升編　清越郡奎照樓刻本　二冊

330000－1716－0004174　地獻 1937－5/
04174　集部/別集類/清別集

象洞山房文稿一卷詩稿一卷　（清）徐迪惠撰
清宣統元年(1909)上虞徐氏留餘堂刻本
三冊

330000－1716－0004175　普子 1190－1/
04175　新學/算學/代數

代數備旨不分卷總答一卷　（美國）狄考文選
譯　（清）鄒立文　（清）生福維筆述　清光緒
二十六年(1900)上海美華書館鉛印本　一冊

330000－1716－0004176　普子 1190－2/
04176　新學/算學/代數

代數備旨不分卷總答一卷　（美國）狄考文選
譯　（清）鄒立文　（清）生福維筆述　清光緒
二十六年(1900)上海美華書館鉛印本　一冊

330000－1716－0004177　普子 1192/04177
子部/天文曆算類/算書之屬

上虞算學堂課藝二卷　（清）支寶桐選　清光
緒二十七年(1901)紹興經正書院刻本　二冊

330000－1716－0004179　集補 2335/04179
集部/別集類/清別集

賞雨茅屋詩鈔四卷　（清）翁春撰　清嘉慶四
年(1799)刻本　一冊

330000－1716－0004180　普子 1193/04180
子部/天文曆算類/算書之屬

白芙堂算學叢書二十三種　（清）丁取忠輯
清同治至光緒長沙古荷花池精舍刻本　三冊
存三種

330000－1716－0004181　普子 1191/04181
子部/術數類/相宅相墓之屬

地理正宗六卷　（明）蕭克撰　（清）金六吉臆
解　清道光七年(1827)姚榮先刻本　六冊

330000－1716－0004182　普子 1194/04182
類叢部/叢書類/自著之屬

留書種閣集九種　（清）黃炳垕撰　清同治六
年至光緒二十年(1867－1894)餘姚黃氏留書
種閣刻本　一冊　存一種

330000－1716－0004184　普子 1196/04184
子部/藝術類/書畫之屬

須靜齋雲煙過眼録一卷　（清）潘世璜撰
（清）潘遵祁輯　清宣統三年(1911)吳縣潘氏
刻本　一冊

330000－1716－0004185　普子 1198/04185
子部/術數類/相宅相墓之屬

楊曾地理元文四種附二種　（清）端木國瑚注
清道光五年(1825)刻本　四冊

330000－1716－0004186　集補 2336/04186
集部/別集類/清別集

自得草堂詩存一卷　（清）唐廷綸撰　清同治
九年(1870)刻本　一冊

330000－1716－0004187　普子 1201/04187
子部/術數類/命書相書之屬

**新刊校正增釋合併麻衣先生人相編四卷圖一
卷**　（明）陸位崇輯　清光緒三十年(1904)崇
實書局刻本　二冊

330000－1716－0004188　普子 1203/04188
子部/術數類/相宅相墓之屬

風水二書形氣類則四卷　（清）歐陽純撰　清
南山歐陽書院刻本　四冊

330000－1716－0004189　普子 1205/04189
子部/術數類/相宅相墓之屬

堪輿經二卷　（明）蕭克撰　清雍正七年
(1729)墨妙山房刻浙紹墨潤堂印本　四冊

330000－1716－0004190　普子 1202/04190
子部/術數類/相宅相墓之屬

增補地理直指原真大全三卷首一卷　（清）釋
如玉徹瑩撰　清康熙三十五年(1696)裕文堂
刻本　八冊

330000－1716－0004192　經補 1214－7/
04192　經部/小學類/文字之屬/字書/字典

攷正字彙二卷　（清）陳淏子撰　清光緒三十
一年(1905)上海文新書局石印本　一冊

330000－1716－0004193　普子 1206/04193
子部/術數類/相宅相墓之屬

堪輿一覽二卷　（清）孫稚玉撰　清同治十年
(1871)青溪通古堂刻本　四冊

330000－1716－0004194　普子 1207/04194
新學/算學/三角八綫

八線對數簡表一卷　（清）賈步緯校述　清光
緒江南製造總局鉛印本　一冊

330000－1716－0004195　經補 1214－8/
04195　經部/小學類/文字之屬/字書/字典

攷正字彙二卷　（清）陳淏子撰　清光緒三十
二年(1906)上海久敬齋石印本　一冊

330000－1716－0004197　普叢 0270－5/
04197　類叢部/叢書類/自著之屬

甌北全集八種　（清）趙翼撰　清光緒三年
(1877)滇南唐氏刻本　三冊　存二種

330000－1716－0004198　集補 2337/04198
集部/別集類/清別集

培遠堂偶存稿手札節要二卷　（清）陳弘謀撰
　清道光二十二年(1842)大興葉天培刻本
二冊

330000－1716－0004200　普子 1197/04200
子部/術數類/陰陽五行之屬

新編日用涓吉奇門五總龜四卷　（明）池紀解
編　清道光二十六年(1846)刻本　三冊

330000－1716－0004201　普子 1210/04201
子部/雜著類/雜說之屬

池北偶談二十六卷　（清）王士禛撰　清康熙
三十九年(1700)臨汀郡署刻本　八冊

330000－1716－0004203　普子 1212/04203
子部/藝術類/書畫之屬/題跋

習苦齋畫絮十卷　（清）戴熙撰　清光緒十九
年(1893)刻本　四冊

330000－1716－0004204　普子 1208/04204
子部/術數類/相宅相墓之屬

重鐫官板地理天機會元三十五卷　（唐）卜則
巍撰　（明）顧乃德輯　（明）徐之鏌重編　清
光緒十六年(1890)學庫山房刻本　十六冊

330000－1716－0004205　普子 1211/04205
子部/藝術類/書畫之屬/畫譜

晚笑堂畫傳一卷明太祖功臣圖一卷　（清）上
官周繪　清乾隆刻本　一冊　存一卷(晚笑
堂畫傳)

330000－1716－0004206　普子 1218/04206
子部/術數類/相宅相墓之屬

地理辨正續解四卷　（清）蔣平階補傳　（清）
姜垚辨正　（清）章仲山增補直解　（清）溫榮
鑣續解　清光緒文苑閣木活字印本　四冊

330000－1716－0004207　普子 1213/04207
子部/術數類

選擇叢書集要五種　（明）江之棟輯　明崇禎
五年(1632)吳公遂尚白齋刻本　一冊　存
一種

330000－1716－0004212　地獻 3659/04212
子部/藝術類/篆刻之屬/印譜

金石壽世印譜不分卷　清末鈐印本　十五冊

330000－1716－0004214　普子 1220/04214
子部/醫家類/醫經之屬/内經

重廣補注黃帝内經素問二十四卷　（唐）王冰
注　（宋）林億等校正　（宋）孫兆改誤　清道
光二十九年(1849)京口遵仁堂刻本　六冊

330000－1716－0004215　普子 1215/04215
子部/術數類/相宅相墓之屬

新刻賴太素天星催官解二卷附破愚論一卷
(明)朱傅撰　(明)熊汝嶽參補　明刻本
二冊

330000－1716－0004216　集補 2339/04216
集部/別集類

居東集二卷　蔣智由撰　清宣統二年(1910)
上海文明書局鉛印本　一冊

330000－1716－0004217　普子 1219/04217
子部/醫家類/醫經之屬/内經

重廣補注黄帝内經素問二十四卷靈樞二十四
卷　(唐)王冰注　(宋)林億等校正　(宋)
孫兆改誤　内經素問校勘記一卷靈樞校勘記
一卷　(清)顧觀光撰　清咸豐二年(1852)錢
氏守山閣刻本　六冊　存三十五卷(一至二
十四、靈樞一至十一)

330000－1716－0004218　普子 1221/04218
子部/藝術類/書畫之屬/畫譜

墨蘭譜不分卷　(清)陳逵繪　清嘉慶三年
(1798)擁萬堂刻本　一冊

330000－1716－0004219　集補 2340/04219
集部/別集類/清別集

蒼蔔花館詩集二卷補遺一卷詞集一卷補遺一
卷　(清)徐鴻謨撰　清光緒十一年(1885)徐
琪刻本　一冊

330000－1716－0004220　普子 1222/04220
新學/算學/代數

代數難題解法十六卷　(英國)倫德輯　(英
國)傅蘭雅口譯　(清)華蘅芳筆述　清光緒
江南製造局刻本　六冊

330000－1716－0004222　普子 1224 普子
1572 普子 1573/04222　子部/天文曆算類/算
書之屬

矩齋籌算六種附一種　勞乃宣撰　清光緒刻
本　四冊　存三種

330000－1716－0004223　集補 2341/04223
集部/別集類/清別集

任午橋存稿三卷　(清)任朝楨撰　清光緒九
年(1883)任氏刻本　一冊

330000－1716－0004225　普子 1227/04225
子部/天文曆算類/算書之屬

新編算學啟蒙三卷總括一卷　(元)朱世傑撰
　算學啟蒙識誤一卷後記一卷　(清)羅士琳
撰　望海島術一卷　(宋)楊輝撰　清同治十
年(1871)江南機器製造局刻本　二冊

330000－1716－0004232　普集 1272/04232
集部/戲劇類/雜劇之屬

倚晴樓七種曲　(清)黄燮清撰　清末石印本
二冊　存二種

330000－1716－0004234　普子 1230/04234
經部/易類/易占之屬

焦氏易林四卷　(漢)焦贛撰　清刻本　四冊

330000－1716－0004237　地獻 3663/04237
子部/藝術類/篆刻之屬/印譜

陋室銘印譜一卷讀書樂印譜一卷　(清)鍾權
(清)王素人篆　清末鈐印本　二冊

330000－1716－0004239　地獻 3665/04239
子部/藝術類/篆刻之屬/印譜

蓮薌館印存不分卷　(清)周慶咸編　清光緒
十年(1884)鈐印本　一冊

330000－1716－0004240　地獻 3673/04240
子部/藝術類/篆刻之屬/印譜

兩吾軒印存不分卷　清鈐印本　一冊

330000－1716－0004241　經補 1218/04241
經部/群經總義類/文字音義之屬

十三經集字摹本不分卷分畫便查一卷韻有經
無各字摘錄一卷　(清)彭玉雯撰　清道光二
十九年(1849)江右彭氏刻本　八冊

330000－1716－0004242　普子 2022/04242
子部/藝術類/篆刻之屬/印譜

九仞山房秦漢銅印譜不分卷　(清)維新居士
輯　清末鈐印本　一冊

330000－1716－0004246　集補 1517－9/
04246　集部/總集類/選集之屬/通代

新鐫五言千家詩箋注二卷諸名家百花詩一卷
(清)王相選注　清南京李光明莊刻本　一
冊　存二卷(一至二)

330000－1716－0004249　普子1242/04249
類叢部/叢書類/郡邑之屬

檇李遺書　（清）孫福清編　清光緒四年
(1878)秀水孫氏望雲仙館刻本　一冊　存
二種

330000－1716－0004251　經補1220/04251
經部/易類/傳說之屬

周易擇言六卷　（清）鮑作雨撰　清同治三年
(1864)瑞安項傅梅甌城刻本　六冊

330000－1716－0004252　普子1248/04252
子部/術數類/相宅相墓之屬

地理辨正疏五卷首一卷末一卷　（清）張心言
撰　清同治十一年(1872)培杏書屋刻本
四冊

330000－1716－0004253　集補2342/04253
集部/別集類/元別集

雁門集六卷詩餘一卷補遺一卷　（元）薩都剌
撰　（明）薩琦編　**雁門集倡和錄一卷別錄一
卷**　（清）薩龍光輯　清宣統二年至民國四年
(1910－1915)薩嘉曦刻本　羅庸題記　四冊

330000－1716－0004254　普子1250/04254
子部/術數類/相宅相墓之屬

地理三字經三卷　（清）程思樂撰　清刻本
二冊

330000－1716－0004255　經補1221/04255
經部/小學類/音韻之屬

切音捷訣一卷附幼學切音便讀一卷　（清）酈
珩輯　清光緒六年(1880)諸暨摭古堂刻本
一冊

330000－1716－0004256　經補1223/04256
經部/小學類/音韻之屬/韻書

佩文詩韻釋要五卷　（清）周兆基輯　陸潤庠
重校　清光緒十二年(1886)山東刻本　二冊

330000－1716－0004257　普子1251/04257
子部/術數類/相宅相墓之屬

入地眼全書十卷　（宋）釋靜道撰　清道光元
年(1821)四本堂刻本　六冊

330000－1716－0004258　普子1249/04258

子部/術數類/相宅相墓之屬

地理辨正疏五卷首一卷末一卷　（清）張心言
撰　清道光九年(1829)培杏書屋刻本　四冊

330000－1716－0004259　普子1252/04259
子部/術數類/相宅相墓之屬

雪心賦正解四卷　（唐）卜應天撰　（清）孟浩
注　**辯論三十篇一卷**　（清）孟浩撰　清經綸
堂刻本　四冊

330000－1716－0004261　普子1253/04261
子部/術數類/相宅相墓之屬

堪輿經二卷　（明）蕭克撰　清雍正七年
(1729)墨妙山房刻本　四冊

330000－1716－0004262　普子1256/04262
子部/雜著類/雜說之屬

冷廬雜識八卷　（清）陸以湉撰　清咸豐六年
(1856)刻光緒十九年(1893)烏程龐元澂重修
本　八冊

330000－1716－0004264　經補1224/04264
經部/小學類/音韻之屬

四聲易知錄四卷附文字偏旁舉略一卷　（清）
姚文田輯　清道光十年(1830)粵東芸香堂刻
本　二冊

330000－1716－0004265　普子1258/04265
子部/天文曆算類/算書之屬

新刻算法統宗指南大全四卷　清九思堂刻本
一冊

330000－1716－0004266　普子1259/04266
史部/目錄類/專錄之屬

西學書目表三卷附一卷讀西學書法一卷　梁
啓超撰　清光緒二十二年(1896)時務報館石
印本　一冊　存一卷(讀西學書法)

330000－1716－0004267　普子1260/04267
新學/工藝

工藝叢書第一集五種五卷　（日本）伊達道太
郎等編　沈紘譯　清光緒二十七年(1901)南
匯奚氏石印本　四冊

330000－1716－0004268　集補2343/04268
集部/總集類/郡邑之屬

江蘇詩徵一百八十三卷 （清）王豫輯 清道光元年(1821)焦山海西庵詩徵閣刻本 十六冊 存六十二卷(一至四、九至二十、二十八至三十一、五十二至五十四、六十七至八十八、九十二至九十九、一百十三至一百十七、一百四十至一百四十三)

330000－1716－0004269 普子 1262/04269
集部/別集類/清別集

曲園課孫草一卷續刻一卷 （清）俞樾撰 清光緒八年(1882)金陵刻本 二冊

330000－1716－0004270 普子 1263/04270
子部/農家農學類/農藝之屬/農曆農諺

卜歲恒言二卷 （清）吳鵠撰 清李光明莊刻本 一冊

330000－1716－0004271 集補 2344/04271
集部/總集類/選集之屬/斷代

欽定熙朝雅頌集一百六卷首集二十六卷餘集二卷 （清）鐵保等輯 清嘉慶九年(1804)刻本 十三冊 存七十卷(一至十八、三十九至八十五、九十八至一百二)

330000－1716－0004272 普子 1265/04272
新學/算學/代數

代數備旨不分卷總答一卷 （美國）狄考文選譯 （清）鄒立文 （清）生福維筆述 清光緒二十四年(1898)上海美華書館鉛印本 二冊

330000－1716－0004274 普子 1268/04274
子部/儒家類/儒學之屬/禮教/女範

女小兒語一卷 （明）呂得勝撰 清抄本 一冊

330000－1716－0004276 集補 1517－3/04276 子部/儒家類/儒學之屬/蒙學

小學千家詩人生必讀二卷 （清）余晦齋輯 清末錢清朱氏敦厚堂刻本 丁之蕃題記 一冊

330000－1716－0004277 子補 1048－9/04277 子部/叢編

子書二十三種 （清）浙江書局編 清光緒二十三年(1897)上海圖書集成局鉛印本 二冊

存一種

330000－1716－0004279 普子 1266/04279
子部/儒家類/儒學之屬/經濟

明夷待訪錄一卷思舊錄一卷 （清）黃宗羲撰 清光緒五年(1879)餘姚黃氏五桂樓刻本 一冊 存一卷(明夷待訪錄)

330000－1716－0004283 普子 1276/04283
子部/醫家類/方書之屬/單方驗方

集驗神效方彙刻一卷 （清）童光鑠輯 清同治十三年(1874)山陰童榮壽堂刻本 一冊

330000－1716－0004284 集補 1517－6/04284 集部/總集類/選集之屬/通代

增補重訂千家詩注解二卷 （宋）謝枋得選 （清）王相選注 新鐫五言千家詩箋注二卷 （清）王相選注 清裕文堂刻本 二冊

330000－1716－0004286 普子 1267/04286
子部/儒家類/儒學之屬/經濟

明夷待訪錄一卷 （清）黃宗羲撰 清光緒二十四年(1898)浙紹奎照樓石印本 二冊

330000－1716－0004288 普子 1277/04288
子部/醫家類/綜合之屬/雜著

重刻指迷編一卷附一卷 （清）志學主人輯 清光緒二十五年(1899)石門蕚香書屋刻本 董久大題記 一冊

330000－1716－0004289 集補 2348/04289
集部/總集類/郡邑之屬

越中三子詩三卷 （清）郭毓輯 清乾隆二十一年(1756)刻本 一冊 存一種

330000－1716－0004290 普子 1280/04290
子部/醫家類/類編之屬

陳修園醫書二十八種(陳修園二十八種)
(清)陳念祖等撰 清末石印本 一冊 存三種

330000－1716－0004291 集補 1517－2/04291 集部/總集類/選集之屬/通代

增補重訂千家詩注解二卷 （宋）謝枋得選 （清）王相選注 新鐫五言千家詩箋注二卷 （清）王相選注 清刻本 一冊

330000－1716－0004292　普子 1281/04292
子部/醫家類/綜合之屬/雜著

筆花醫鏡四卷　（清）江涵暾撰　清末石印本
　一冊

330000－1716－0004293　集補 1517－5/
04293　集部/總集類/選集之屬/通代

增補重訂千家詩注解二卷　（宋）謝枋得選
（清）王相選注　**新鐫五言千家詩箋注二卷**
（清）王相選注　清裕文堂刻本　二冊

330000－1716－0004296　普子 1285/04296
子部/雜著類/雜考之屬

困學紀聞二十卷　（宋）王應麟撰　（清）閻若
璩箋　清乾隆三年（1738）馬氏叢書樓刻本
八冊

330000－1716－0004300　普子 1287/04300
子部/雜著類/雜說之屬

三岡識略十卷續識略一卷　（清）董含撰　清
康熙刻本　十冊

330000－1716－0004301　普叢 0356/04301
類叢部/叢書類/彙編之屬

如不及齋叢書十三種　（清）陳坤編　清同治
至光緒錢塘陳氏粵東刻本　一冊　存一種

330000－1716－0004305　普子 1290/04305
子部/藝術類/書畫之屬/畫譜

周臨芥子園畫傳五卷　（清）周鏞臨　清光緒
十三年（1887）石印本　四冊

330000－1716－0004307　普子 1292/04307
子部/藝術類/篆刻之屬/印譜

松園印譜不分卷　（清）賈永篆刻　清乾隆四
十八年（1783）福壽堂刻鈐印本　四冊

330000－1716－0004308　普子 1289/04308
子部/藝術類/書畫之屬/法帖

淳化閣法帖釋文十卷　（清）徐朝弼集釋　清
末抄本　一冊

330000－1716－0004310　集補 1517－13/
04310　集部/總集類/選集之屬/通代

新鐫千家詩四卷　（清）天津文美齋重輯　清
光緒十八年（1892）三義堂刻本　陳曰淀題記

二冊

330000－1716－0004311　普子 1295/04311
子部/雜著類/雜說之屬

**容齋隨筆十六卷續筆十六卷三筆十六卷四筆
十六卷五筆十卷**　（宋）洪邁撰　清同治十一
年（1872）刻光緒九年（1883）重修本　十四冊

330000－1716－0004313　普子 1294/04313
子部/雜著類/雜說之屬

**容齋隨筆十六卷續筆十六卷三筆十六卷四筆
十六卷五筆十卷**　（宋）洪邁撰　清同治十一
年（1872）刻光緒元年（1875）印本　十四冊

330000－1716－0004317　普子 1299/04317
子部/宗教類/佛教之屬/經疏

**大佛頂如來密因修證了義諸菩薩萬行首楞嚴
經文句十卷**　（清）釋智旭撰　清光緒元年
（1875）杭州昭慶寺慧空經房刻本　九冊

330000－1716－0004318　普子 1301－1/
04318　子部/宗教類/佛教之屬/諸宗

靈峰蕅益大師選定淨土十要十卷　（清）釋智
旭輯　（清）釋成時評點節略　清杭州昭慶寺
慧空經房刻本　四冊

330000－1716－0004320　集補 2351/04320
集部/詞類/詞話之屬

白雨齋詞話八卷詞存一卷詩鈔一卷　（清）陳
廷焯撰　清光緒二十年（1894）海寧許正詩等
刻本　四冊

330000－1716－0004321　普子 1302/04321
子部/宗教類/佛教之屬/經

**大佛頂如來密因修證了義諸菩薩萬行首楞嚴
經十卷**　題（唐）釋般刺密帝　（唐）釋彌伽釋
迦譯　清咸豐刻本　三冊

330000－1716－0004324　史補 0910－2/
04324　史部/史評類/詠史之屬

十國宮詞一卷　（清）吳省蘭撰　清同治十二
年（1873）淮南書局刻本　一冊

330000－1716－0004326　普子 1303/04326
子部/宗教類/佛教之屬/經

大方廣佛華嚴經入不思議解脫境界普賢行願

品一卷　（唐）釋般若譯　清同治七年（1868）
刻本　一冊

330000－1716－0004328　普子 1304/04328
子部/宗教類/佛教之屬/諸宗

六祖大師法寶壇經一卷　（唐）釋慧能撰
（唐）釋法海等輯　清末杭州昭慶寺慧空經房
刻本　一冊

330000－1716－0004330　普子 1308/04330
類叢部/叢書類/彙編之屬

崇文書局彙刻書三十一種　（清）崇文書局編
　清光緒元年至三年（1875－1877）湖北崇文
書局刻本　四冊　存一種

330000－1716－0004332　普子 1310/04332
子部/雜著類/雜纂之屬

經餘必讀八卷續編八卷三集四卷　（清）雷琳
　（清）錢樹棠　（清）錢樹立輯　清大文堂刻
本　八冊

330000－1716－0004333　普叢 0225－2/
04333　類叢部/叢書類/彙編之屬

半厂叢書初編十種　（清）譚獻編　清同治至
光緒仁和譚氏刻本　二冊　存一種

330000－1716－0004334　普子 1311/04334
集部/小說類/長篇之屬

紅樓夢一百二十回　（清）曹霑　（清）高鶚撰
　清經綸堂刻本　二十冊

330000－1716－0004335　普子 1313/04335
子部/宗教類/佛教之屬

五大部直音二卷附諸般經懺直音一卷　清光
緒元年（1875）杭州瑪瑙經房刻本　二冊

330000－1716－0004336　普集 1881－1/
04336　集部/別集類

樊山集八十一卷　樊增祥撰　清光緒十九年
（1893）渭南縣署刻本　二冊　存八卷（二家
詠古詩、二家試帖一至二、二家詞鈔一至五）

330000－1716－0004337　普子 1314/04337
子部/宗教類/佛教之屬/經

金剛般若波羅密經一卷附靈驗一卷　（後秦）
釋鳩摩羅什譯　清同治十二年（1873）朱春榮

紹興刻本　一冊

330000－1716－0004339　集補 2352/04339
集部/別集類

十髮居士集七十卷　程頌萬撰　清光緒二十
一年至民國十七年（1895－1928）寧鄉程氏鹿
川閣刻本　謝善詒題記　二冊　存十卷（定
巢詞集一至十）

330000－1716－0004340　普子 1315/04340
子部/宗教類/佛教之屬

懷淨土一卷　（清）釋太讓撰　清刻本　李佛
心題記　一冊

330000－1716－0004346　普子 1320/04346
子部/宗教類/佛教之屬/經

慧命經一卷　（清）柳華陽撰　清光緒三年
（1877）刻本　二冊

330000－1716－0004347　普子 1319/04347
子部/宗教類/佛教之屬/諸宗

念佛切要一卷　（清）陳熙願撰　清光緒十六
年（1890）福州刻本　李佛心題記　一冊

330000－1716－0004348　集補 2355/04348
集部/總集類/氏族之屬

剡西長樂錢氏詩存七卷　（清）錢春波等輯
清光緒十年（1884）慶系堂木活字印本　二冊

330000－1716－0004349　普子 1321/04349
子部/宗教類/佛教之屬/經

佛祖三經三卷　清刻本　李佛心題記　一冊

330000－1716－0004350　集補 2353/04350
集部/別集類/清別集

廬山新樂府全集二卷　（清）張師右撰　清咸
豐四年（1854）根香草堂刻本　二冊

330000－1716－0004351　普子 1322/04351
子部/宗教類/佛教之屬/經

金剛般若波羅蜜經二卷太上感應篇纘義二卷
　（清）俞樾注　清光緒十年（1884）吳下刻本
一冊

330000－1716－0004352　普子 1324/04352
子部/術數類/陰陽五行之屬

增廣玉匣記通書六卷　清奎照樓刻本　一冊
　　存二卷(一至二)

330000－1716－0004353　集補2356/04353
集部/總集類/酬唱之屬
寄廬倡和詩鈔一卷續鈔一卷又鈔一卷　（清）
王慶長輯　清光緒六年(1880)刻本　一冊
　　存一卷(詩鈔)

330000－1716－0004355　普子1326/04355
類叢部/類書類/專類之屬
格致鏡原一百卷　（清）陳元龍撰　清康熙五
十六年(1717)刻雍正十三年(1735)印本　二
十四冊

330000－1716－0004356　普子1327/04356
子部/叢編
二十二子(二十二子彙函)　（清）浙江書局編
　　清光緒元年至三年(1875－1877)浙江書局
刻本　四十冊

330000－1716－0004357　史補0911/04357
史部/傳記類/別傳之屬
銅官感舊集四卷　章同　章華輯　清宣統二
年(1910)長沙章氏盍山舊館石印本　二冊

330000－1716－0004358　普子1359/04358
子部/宗教類/佛教之屬/經咒
佛說七俱胝佛母准提大明陀羅尼經一卷
(唐)釋金剛智譯　千手千眼觀世音菩薩廣大
圓滿無礙大悲心陀羅尼經一卷　（唐)釋伽梵
達摩譯　佛頂尊勝陀羅尼經一卷　（唐)釋佛
陀波利譯　穢跡金剛說神通大滿陀羅尼法術
靈要門經一卷　（唐)釋無能勝譯　清同治八
年至光緒八年(1869－1882)金陵刻經處刻本
　　一冊

330000－1716－0004359　普集1947－1/
04359　集部/戲劇類/總集之屬/傳奇
笠翁傳奇十種　（清）李漁撰　清藻文堂刻本
　　三冊　存六種

330000－1716－0004360　普子1358/04360
子部/宗教類/佛教之屬/經疏
佛說阿彌陀經要解便蒙鈔三卷　（清）釋智旭

解　（清）釋達默鈔　（清）釋達林參訂　清光
緒二十三年(1897)刻本　三冊

330000－1716－0004361　普子1329/04361
子部/宗教類/道教之屬
南極仙翁唱道真言二卷　（清）了一子　（清）
粥粥子校　清咸豐七年(1857)來崔堂刻本
一冊

330000－1716－0004362　經補1225/04362
類叢部/類書類/專類之屬
四書典制類聯音注三十三卷　（清）閻其淵輯
　　清光緒二年(1876)鳧山草堂刻本　十二冊

330000－1716－0004364　地獻1720－2/
04364　類叢部/叢書類/彙編之屬
融經館叢書十一種　（清）徐友蘭編　清光緒
六年至十一年(1880－1885)會稽徐氏八杉齋
刻本　六冊　存一種

330000－1716－0004366　普子1361/04366
子部/宗教類/道教之屬
仙佛合宗語錄一卷　（明）伍守陽撰　清蓮山
書屋刻本　一冊

330000－1716－0004367　集補2357/04367
集部/曲類/曲韻曲譜曲律之屬
繪圖綴白裘十二集四十八卷　（清）玩花主人
輯　（清）錢德蒼增輯　清光緒二十一年
(1895)上海書局石印本　二冊　存八卷(初
集一至四、二集一至四)

330000－1716－0004368　普子1332/04368
子部/宗教類/道教之屬
正陽門關帝靈籤一卷　（清）道峻撰　清道光
二十八年(1848)見真齋刻本　一冊

330000－1716－0004376　普集1764/04376
集部/別集類/清別集
半圍尺牘二十五卷附補遺六卷　（清）李紫珊
撰　清光緒二年(1876)刻本　二十冊

330000－1716－0004377　普子1337/04377
子部/宗教類/道教之屬/經文
三聖經靈驗圖注一卷　清光緒二十六年
(1900)紹興許廣記刻本　一冊

330000－1716－0004381　集補 2358/04381
集部/戲劇類/傳奇之屬

桃花扇四卷首一卷　（清）孔尚任撰　清刻本
三冊　存三卷（二至四）

330000－1716－0004383　普子 1345/04383
新學/雜著/小說

露漱格蘭小傳一卷　（清）普通學書室譯　清
光緒二十八年（1902）上海商務印書館鉛印本
一冊

330000－1716－0004388　普叢 0187－12/
04388　類叢部/叢書類/彙編之屬

武英殿聚珍版書一百三十八種　清浙江刻本
一冊　存一種

330000－1716－0004389　普子 1351/04389
新學/雜著/小說

黑奴籲天錄四卷　（美國）斯土活撰　林紓
魏易譯　清光緒二十七年（1901）武林魏氏刻
本　四冊

330000－1716－0004390　經補 0112－7/
04390　經部/小學類/文字之屬/字書/字典

字典考證不分卷　（清）王念孫　（清）王引之
撰　清末石印本　一冊

330000－1716－0004398　普子 1365/04398
集部/小說類/長篇之屬

紅樓夢賦一卷　（清）沈謙撰　清道光二年
（1822）留香書塾刻本　田紹謙題記　一冊

330000－1716－0004399　經補 1226/04399
經部/書類/分篇之屬

禹貢指南四卷　（宋）毛晃撰　清乾隆浙江刻
武英殿聚珍版叢書本　佛堂題記　一冊

330000－1716－0004401　普子 1367/04401
類叢部/類書類/專類之屬

格致鏡原一百卷　（清）陳元龍撰　清康熙五
十六年（1717）刻雍正十三年（1735）印本　三
十二冊

330000－1716－0004402　集補 2359/04402
集部/總集類/彙編之屬

神交集三種三卷　（清）趙潤　（清）鄭鍾琪

（清）張鳳年撰　清光緒三十三年（1907）金陵
湯明林印書局鉛印本　一冊

330000－1716－0004403　普子 1368/04403
子部/雜著類/雜說之屬

因樹屋書影十卷　（清）周亮工撰　清雍正三
年（1725）懷德堂刻本　六冊

330000－1716－0004404　普子 1369 普子
1370/04404　類叢部/叢書類/彙編之屬

稗海四十八種續稗海二十三種　（明）商濬編
明萬曆商氏半埜堂刻清康熙振鷺堂重編補
刻本　五冊　存二種

330000－1716－0004405　普子 1372/04405
集部/小說類/長篇之屬

東周列國全志二十三卷一百八回　（清）蔡昪
評點　清光緒六年（1880）上海掃葉山房刻本
二十四冊

330000－1716－0004407　普叢 0084－2/
04407　類叢部/叢書類/郡邑之屬

武林掌故叢編一百九十種　（清）丁丙編　清
光緒三年至二十六年（1877－1900）錢塘丁氏
嘉惠堂刻本（［乾道］臨安志卷四至十五、南宋
館閣錄卷一原缺）　一冊　存一種

330000－1716－0004408　普子 1374/04408
類叢部/類書類/通類之屬

讀書紀數略五十四卷　（清）宮夢仁輯　清光
緒六年（1880）山陰宋澤元懺花盦刻本　十
六冊

330000－1716－0004410　普子 1375/04410
子部/雜著類/雜纂之屬

全性集福一卷　（清）王文山撰　清光緒六年
（1880）海昌同善壇刻本　一冊

330000－1716－0004413　普子 1376/04413
集部/小說類/長篇之屬

七俠五義傳二十四卷一百二十回　（清）石玉
崑撰　（清）俞樾重編　清光緒十五年（1889）
上海廣百宋齋鉛印本　六冊

330000－1716－0004415　普子 1373/04415
子部/雜著類/雜纂之屬

子史粹言二卷　（清）丁晏撰　清道光刻光緒
三十年(1904)印本　一冊

330000－1716－0004416　普子 1377/04416
類叢部/類書類/通類之屬
事類統編九十三卷首一卷　（清）林意誠輯
清道光十九年(1839)柏溪林氏味經堂刻本
三十二冊

330000－1716－0004422　普子 1378/04422
子部/宗教類/道教之屬
明聖經注解(關帝靈驗明聖經解)三卷　（清）
胡印田注　清光緒十四年(1888)杭城文光堂
刻本　一冊

330000－1716－0004424　普子 1389/04424
子部/雜著類/雜纂之屬
經餘必讀八卷續編八卷三集四卷　（清）雷琳
（清）錢樹棠　（清）錢樹立輯　清光緒二年
(1876)退補齋刻本　十冊

330000－1716－0004425　普子 1380/04425
新學/商務/商學
原富八卷　（英國）斯密亞丹撰　嚴復譯　清
光緒上海南洋公學譯書院鉛印本　八冊

330000－1716－0004426　普子 1386/04426
類叢部/叢書類/自著之屬
潛研堂全書十六種　（清）錢大昕撰　清乾隆
至嘉慶刻本　六冊　存一種

330000－1716－0004427　集補 2362/04427
集部/總集類/酬唱之屬
庚寅讌集三編三卷　（清）孫點輯　清光緒十
六年(1890)鉛印本　三冊

330000－1716－0004428　普子 1387/04428
史部/時令類
古今類傳四卷　（清）董穀士　（清）董炳文輯
清康熙三十一年(1692)未學齋刻本　四冊

330000－1716－0004429　普子 1381/04429
新學/商務/商學
原富八卷　（英國）斯密亞丹撰　嚴復譯　清
光緒二十八年(1902)上海南洋公學譯書院鉛
印本　八冊

330000－1716－0004430　普子 1385/04430
類叢部/叢書類/郡邑之屬
湖州叢書十二種　（清）陸心源編　清光緒湖
城義塾刻本　一冊　存一種

330000－1716－0004431　子補 0469－2/
04431　子部/農家農學類/園藝之屬/花卉
秘傳花鏡六卷　（清）陳淏子撰　清光緒三十
年(1904)上海書局石印本　六冊

330000－1716－0004432　普子 1383/04432
新學/商務/商學
原富八卷　（英國）斯密亞丹撰　嚴復譯　清
光緒二十八年(1902)上海南洋公學譯書院鉛
印本　八冊

330000－1716－0004433　經補 1227/04433
經部/三禮總義類/圖說之屬
新定三禮圖二十卷　（宋）聶崇義集注　清末
上海同文書局石印通志堂本　二冊

330000－1716－0004434　普子 1391/04434
子部/宗教類/佛教之屬
佛教初學課本一卷注一卷　（清）楊文會撰
清光緒三十二年(1906)金陵刻經處刻本
一冊

330000－1716－0004435　普子 1390/04435
子部/宗教類/佛教之屬/諸宗
淨業初學須知一卷　（清）釋悟開撰　清光緒
八年(1882)杭州昭慶寺慧空經房刻本　一冊

330000－1716－0004437　地獻 1954－7/
04437　經部/詩類/傳說之屬
詩經集傳八卷首一卷　（宋）朱熹撰　清光緒
十九年(1893)浙紹墨潤堂刻本　四冊

330000－1716－0004438　史補 0913/04438
史部/傳記類/總傳之屬/文苑
國朝詩人徵略六十卷二編六十四卷　（清）張
維屏撰　清道光二十二年(1842)刻本(二編
卷十二、十四、十六、二十四、二十六、三十二、
四十二原缺)　二十冊　缺三十卷(三十六至
四十一、四十六至四十九,二編十八至三十
七)

330000 – 1716 – 0004439　集補 1052 – 9/
04439　集部/總集類/選集之屬/通代

古文析義十六卷二編十六卷　（清）林雲銘輯
注　清刻本　三冊　存三卷（二編三、十四至
十五）

330000 – 1716 – 0004440　普子 1395/04440
子部/宗教類/道教之屬

三教日誦無上真經不分卷　清末張思義堂鉛
印本　一冊

330000 – 1716 – 0004441　普子 1393/04441
集部/曲類/寶卷之屬

浙江杭州府錢塘縣雷峰寶卷二卷　清末瑪瑙
經房刻本　二冊

330000 – 1716 – 0004442　普子 1396/04442
子部/宗教類/佛教之屬/諸宗

念佛百問一卷　（清）釋悟開撰　清同治五年
（1866）刻本　一冊

330000 – 1716 – 0004443　普子 1388/04443
子部/雜著類/雜纂之屬

經餘必讀八卷續編八卷三集四卷　（清）雷琳
　（清）錢樹棠　（清）錢樹立輯　清光緒二年
（1876）退補齋刻本　十冊

330000 – 1716 – 0004444　集補 2363/04444
集部/總集類/郡邑之屬

國朝杭郡詩三輯一百卷姓氏韻編一卷　（清）
丁申　（清）丁丙編　清光緒十九年（1893）錢
塘丁氏刻本　三十五冊　存八十九卷（十二
至一百）

330000 – 1716 – 0004446　普子 1397/04446
子部/宗教類/佛教之屬/諸宗

徑中徑又徑四卷　（清）張師誠輯　清光緒二
十九年（1903）揚州藏經院刻本　二冊

330000 – 1716 – 0004448　普子 1399/04448
子部/宗教類/佛教之屬/諸宗

徑中徑又徑徵義三卷首一卷　（清）張師誠輯
　（清）徐槐廷注　清光緒二十五年（1899）蘇
城詠霓社刻本　一冊

330000 – 1716 – 0004449　經補 1229/04449

經部/春秋左傳類/傳說之屬

東萊博議四卷　（宋）呂祖謙撰　**增補虛字注
釋一卷**　（清）馮泰松點定　清光緒二十四年
（1898）石印本　扶風居士題記　二冊

330000 – 1716 – 0004451　普子 1402/04451
子部/宗教類/佛教之屬/經疏

閱藏知津四十四卷總目四卷　（清）釋智旭輯
　清光緒十八年（1892）金陵刻經處刻本
十冊

330000 – 1716 – 0004452　普子 1401/04452
子部/宗教類/佛教之屬/論疏

選佛譜六卷　（清）釋智旭撰　清光緒十七年
（1891）金陵刻經處刻本　二冊

330000 – 1716 – 0004453　普子 1403/04453
子部/宗教類/佛教之屬/總錄

翻譯名義集選一卷　（宋）釋法雲編　（清）
□□輯　清同治十二年（1873）江北刻經處刻
本　一冊

330000 – 1716 – 0004454　普子 1404/04454
類叢部/類書類/通類之屬

唐類函二百卷目錄二卷　（明）俞安期輯　明
萬曆三十一年（1603）東吳俞安期刻養正堂重
修本　三十二冊

330000 – 1716 – 0004455　普子 1406/04455
子部/宗教類/道教之屬

關聖帝君聖蹟圖誌全集五卷　（清）盧湛輯
清光緒三十年至三十四年（1904 – 1908）紹城
許模記刻本　五冊

330000 – 1716 – 0004456　經補 1230/04456
經部/群經總義類/傳說之屬

皇朝五經彙解二百七十卷　（清）朱鏡清輯
清光緒十四年（1888）上海鴻文書局石印本
三十二冊

330000 – 1716 – 0004458　普子 1398/04458
子部/宗教類/佛教之屬/諸宗

徑中徑又徑四卷　（清）張師誠輯　清光緒二
十九年（1903）揚州藏經院刻本　二冊

330000 – 1716 – 0004459　經補 1231/04459

經部/春秋左傳類/傳說之屬

春秋左傳彙輯四十卷 （清）吳炳文摘錄　清
乾隆四十八年(1783)南麓軒刻本　二十四冊

330000－1716－0004461　普子1424/04461
集部/小說類/長篇之屬

東周列國志二十七卷首一卷一百八回 （清）
蔡奡評點　清光緒上海點石齋石印本　八冊

330000－1716－0004462　集補2366/04462
集部/別集類/清別集

寸草堂詩鈔十三卷 （清）胡式鈺撰　清光緒
二年(1876)武林徐氏春暉堂刻本　四冊

330000－1716－0004465　普子1408 普子
1413 普子1457 普子1459/04465　類叢部/叢
書類/彙編之屬

崇文書局彙刻書三十一種 （清）崇文書局編
　清光緒元年至三年(1875－1877)湖北崇文
書局刻本　九冊　存四種

330000－1716－0004467　普子1416/04467
子部/小說家類/異聞之屬

夷堅志二十卷續夷堅志二十卷 （宋）洪邁撰
　清乾隆四十三年(1778)耕煙草堂刻涇縣洪
氏修補本　十冊　存二十卷(一至二十)

330000－1716－0004469　集補2367/04469
集部/別集類/清別集

樂妙山居集一卷續編一卷 （清）錢沃臣撰
清嘉慶十五年(1810)刻本　一冊　存一卷
(續編)

330000－1716－0004470　集補2365/04470
集部/詞類/詞譜之屬

詞律二十卷 （清）萬樹撰　清康熙二十六年
(1687)萬氏堆絮園刻本　清夢珠生題記
八冊

330000－1716－0004471　普子1414/04471
類叢部/類書類/通類之屬

北堂書鈔一百六十卷首一卷 （唐）虞世南撰
　（清）孔廣陶校注　清光緒十四年(1888)南
海孔氏三十有三萬卷堂刻本　二十冊

330000－1716－0004472　普子1417/04472

子部/小說家類/雜事之屬

世說新語補二十卷附釋名一卷 （南朝宋）劉
義慶撰　（南朝梁）劉孝標注　（明）何良俊增
補　（明）王世貞刪定　（明）王世懋批釋
（明）張文柱校注　清乾隆二十七年(1762)黃
汝琳茂清書屋刻本　十冊

330000－1716－0004473　普子1419/04473
類叢部/類書類/專類之屬

述古分類聯珠六卷 （清）朱銓　（清）王曰睿
輯　清嘉慶十五年(1810)秋崖書屋刻本
二冊

330000－1716－0004474　普子1418/04474
子部/天文曆算類/曆法之屬

干支集錦二十四卷 （清）秦嘉謨輯　清文光
堂刻本　二冊

330000－1716－0004475　普子1421/04475
子部/宗教類/道教之屬

敬竈全書不分卷 （清）惕心憫世道人輯　清
同治七年(1868)武林刻本　一冊

330000－1716－0004476　普子1422/04476
集部/小說類/長篇之屬

繡像封神演義一百回 （明）許仲琳撰　（明）
鍾惺評　清光緒十五年(1889)廣百宋齋鉛印
本　十冊

330000－1716－0004477　普子1423/04477
類叢部/類書類/專類之屬

佩文韻府一百六卷 （清）張玉書　（清）蔡升
元等輯　**韻府拾遺一百六卷** （清）汪灝
（清）何焯等輯　清光緒十三年(1887)上海點
石齋石印本　六十冊

330000－1716－0004478　集補2368/04478
集部/詞類/詞譜之屬

詞律二十卷 （清）萬樹撰　清康熙二十六年
(1687)萬氏堆絮園刻保滋堂印本　十二冊

330000－1716－0004479　經補1342－20/
04479　經部/春秋左傳類/傳說之屬

春秋左傳五十卷提要一卷 （晉）杜預注
（宋）林堯叟補注　（明）韓范評　清光緒十八

年(1892)寶善堂刻本　三冊　存十卷(一至七、四十四至四十六)

330000 - 1716 - 0004480　經補 1232/04480
經部/春秋左傳類/傳說之屬

左傳分國摘要二十卷首一卷　(清)史宗恒輯　清乾隆四十一年(1776)三梧閣刻本　二冊

330000 - 1716 - 0004481　經補 1233/04481
經部/易類/傳說之屬

周易本義四卷附圖說一卷卦歌一卷筮儀一卷　(宋)朱熹撰　清光緒十七年(1891)浙紹聚奎堂刻本　二冊

330000 - 1716 - 0004482　普子 1425/04482
集部/小說類/長篇之屬

繡像紅樓夢補四卷四十八回　(清)歸鋤子撰　清光緒二十五年(1899)上海鎔經閣圖書集成局鉛印本　二冊

330000 - 1716 - 0004483　集補 2369/04483
集部/詞類/別集之屬

約園詞稿五卷　(清)趙起撰　清咸豐刻本　一冊

330000 - 1716 - 0004484　普子 1428 - 1/04484　子部/小說家類/雜事之屬

庸盦筆記六卷　(清)薛福成撰　清光緒二十三年(1897)蕭山陳氏遺經樓刻本　六冊

330000 - 1716 - 0004485　普子 1427/04485
子部/小說家類/雜事之屬

蘭苕館外史十卷　(清)許奉恩撰　清光緒五年(1879)常熟抱芳閣刻本　十冊

330000 - 1716 - 0004486　普子 1430/04486
類叢部/類書類/專類之屬

子史精華一百六十卷　(清)吳士玉　(清)吳襄等輯　清光緒十三年(1887)上海蜚英館石印本　八冊

330000 - 1716 - 0004487　集補 2371/04487
集部/詞類/總集之屬

詞選二卷　(清)張惠言輯　**附錄一卷**　(清)鄭善長輯　清同治六年(1867)刻本　籛秋題記　一冊

330000 - 1716 - 0004488　普子 1431/04488
集部/小說類/長篇之屬

經國美談二編四十五回　(日本)矢野文雄撰　(清)雨塵子譯　清光緒二十八年(1902)上海商務書館鉛印本　二冊

330000 - 1716 - 0004490　普叢 0223 - 3/04490　類叢部/叢書類/自著之屬

西堂全集　(清)尤侗撰　清刻本　五冊　存七種

330000 - 1716 - 0004492　普子 1426/04492
子部/宗教類/道教之屬/經文

三聖經靈驗圖注一卷　清光緒二十六年(1900)紹興許廣記刻本　一冊

330000 - 1716 - 0004495　經補 1234/04495
經部/禮記類/傳說之屬

禮記訓纂四十九卷　(清)朱彬撰　清宣統元年(1909)學部圖書局石印本　十冊

330000 - 1716 - 0004496　集補 2370/04496
集部/別集類/清別集

誦芬詩略三卷　(清)黃炳垕撰　清同治八年(1869)黃氏刻本　一冊　存一種

330000 - 1716 - 0004497　普子 1436/04497
集部/小說類/短篇之屬

繪圖後聊齋志異十二卷　(清)王韜撰　清光緒二十九年(1903)上海點石齋石印本　六冊

330000 - 1716 - 0004498　普叢 0223 - 10/04498　類叢部/叢書類/自著之屬

西堂全集　(清)尤侗撰　清刻本　七冊　存七種

330000 - 1716 - 0004501　普子 1439/04501
集部/小說類/長篇之屬

增批石頭記圖詠一百二十卷首一卷金玉緣圖像一卷　(清)蝶薌仙史評訂　清末石印本　十六冊

330000 - 1716 - 0004503　經補 1344 - 45/04503　經部/春秋左傳類/傳說之屬

評點春秋綱目左傳句解彙雋六卷　(清)韓菼重訂　清上海廣益書局石印本　六冊

330000－1716－0004505　普子1442/04505
類叢部/類書類/專類之屬

人鏡類纂四十六卷　（清）程之楨輯　清同治
十二年(1873)江夏程氏確園刻本　十六冊

330000－1716－0004507　普子1444/04507
子部/雜著類/雜考之屬

日知錄集釋三十二卷刊誤二卷續刊誤二卷
（清）黃汝成撰　清光緒三年(1877)刻本　十
六冊

330000－1716－0004508　普叢0437－15/
04508　類叢部/叢書類/自著之屬

隨園三十種　（清）袁枚撰　清光緒刻本　二
冊　存一種

330000－1716－0004510　普子1445/04510
子部/藝術類/遊藝之屬/聯語

楹聯集腋四卷　（清）楊昌泐輯　清光緒元年
(1875)金匱楊氏詒清堂刻本　一冊

330000－1716－0004511　經補1238/04511
經部/禮記類/傳說之屬

禮記約編十卷　（清）汪基撰　清光緒三十三
年(1907)上海文瑞樓石印本(卷七至十配清
煥文書局石印本)　六冊

330000－1716－0004512　經補1239/04512
經部/三禮總義類/圖說之屬

新定三禮圖二十卷　（宋）聶崇義集注　清末
上海同文書局石印通志堂本　二冊

330000－1716－0004513　普子1447－2/
04513　子部/農家農學類/農藝之屬/烹調

隨園老人食單四卷　（清）袁枚撰　清嘉慶元
年(1796)小倉山房刻本　一冊

330000－1716－0004514　普子1448/04514
子部/儒家類/儒學之屬/蒙學

新刻童子問路改本一卷附詩　（清）鄭之琮原
本　（清）車以庸改本　（清）周大封評選　清
光緒浙紹奎照樓刻本　二冊

330000－1716－0004515　普子1456/04515
集部/小說類/長篇之屬

四雪草堂重訂通俗隋唐演義十四卷一百回

（清）褚人穫撰　清文奎堂刻本　十四冊

330000－1716－0004518　普叢0038－5/
04518　類叢部/叢書類/彙編之屬

嘯園叢書五十七種　（清）葛元煦編　清光緒
二年至七年(1876－1881)仁和葛氏刻本　一
冊　存一種

330000－1716－0004519　普子1450/04519
子部/醫家類/婦科之屬/產科

胎產秘書三卷附保嬰要訣一卷經驗各方一卷
（清）錢□□撰　清咸豐十年(1860)刻本
一冊

330000－1716－0004520　經補1237－3/
04520　經部/禮記類/傳說之屬

禮記節本十卷　（清）汪基撰　清宣統元年
(1909)上海會文學社石印本　六冊

330000－1716－0004521　地獻1954－5/
04521　經部/詩類/傳說之屬

詩經集傳八卷首一卷　（宋）朱熹撰　清光緒
十九年(1893)浙紹墨潤堂刻本　四冊

330000－1716－0004522　普子1452/04522
子部/醫家類/內科之屬/其他內科病證

血證論八卷　唐宗海撰　清光緒二十年
(1894)上海申江順成書局石印本　三冊

330000－1716－0004524　經補1237－4/
04524　經部/禮記類/傳說之屬

禮記節本十卷　（清）汪基撰　清宣統元年
(1909)上海會文學社石印本　六冊

330000－1716－0004525　普子1451/04525
子部/醫家類/婦科之屬/產科

遂生篇一卷婦科秘方一卷　清光緒紹興沈祖
誥刻本　一冊

330000－1716－0004526　普子1453　普子
1455/04526　子部/醫家類/類編之屬

中西匯通醫書五種　唐宗海撰　清光緒三十
四年(1908)上海千頃堂書局石印本　三冊
存二種

330000－1716－0004527　經補1237－5/

04527　經部/禮記類/傳說之屬

禮記節本十卷　（清）汪基撰　清宣統三年(1911)上海會文堂粹記書局石印本　六冊

330000 – 1716 – 0004528　普叢 0038 – 6/04528　類叢部/叢書類/彙編之屬

嘯園叢書五十七種　（清）葛元煦編　清光緒二年至七年(1876 – 1881)仁和葛氏刻本　二冊　存二種

330000 – 1716 – 0004529　經補 1241/04529　經部/叢編

古經解彙函十六種附小學彙函十四種　（清）鍾謙鈞等輯　清同治十二年(1873)粵東書局刻本　一冊　存小學彙函一種

330000 – 1716 – 0004530　經補 1237 – 6/04530　經部/禮記類/傳說之屬

禮記節本十卷　（清）汪基撰　清宣統元年(1909)上海會文學社石印本　六冊

330000 – 1716 – 0004532　普子 1458/04532　類叢部/叢書類/郡邑之屬

貴池先哲遺書(唐石簃叢書、唐石簃彙刻貴池先哲遺書)二十種附刻一種續刊一種附一種　劉世珩編　清光緒二十四年至民國九年(1898 – 1920)貴池劉氏唐石簃刻民國十五年(1926)續刻彙印本　一冊　存一種

330000 – 1716 – 0004533　經補 1240/04533　經部/小學類/訓詁之屬/爾雅

爾雅注疏十一卷　（晉）郭璞注　（宋）邢昺疏　清刻本　四冊

330000 – 1716 – 0004534　普子 1460/04534　類叢部/類書類/通類之屬

三才略三卷　蔣德鈞輯　**讀史論略一卷**　(清)杜詔撰　清刻本　一冊

330000 – 1716 – 0004535　普子 1461/04535　類叢部/叢書類/自著之屬

顧亭林先生遺書十種補遺十一種　（清）顧炎武撰　（清）席威　（清）朱記榮編　清蓬瀛閣刻吳縣朱記榮增刻光緒三十二年(1906)彙印本　一冊　存一種

330000 – 1716 – 0004539　普子 1464/04539　子部/雜著類/雜考之屬

癸巳存稿十五卷　（清）俞正燮撰　清光緒十年(1884)李宗煝武林刻本　八冊

330000 – 1716 – 0004540　古越 0771/04540　類叢部/叢書類/彙編之屬

學古堂日記初編十五種　（清）雷浚撰　（清）吳履剛編　清光緒十六年(1890)刻本　二冊

330000 – 1716 – 0004541　普子 1465/04541　子部/儒家類/儒學之屬/勸學

科名感應錄二卷　（清）許必鳴　（清）沈紹先　（清）俞寧遠編輯　清昌安錢大臨刻本　田紹謙題簽並記　一冊

330000 – 1716 – 0004542　普子 1466/04542　子部/儒家類/儒學之屬/禮教

最樂編正集六卷續二卷　（明）高道淳輯　**續編二卷**　（清）錢煥輯　清道光四年(1824)錢塘濮氏刻本　一冊

330000 – 1716 – 0004543　善附 0341/04543　史部/地理類/專志之屬/古跡

青藤古意不分卷　（清）陳鴻達輯　清嘉慶十年(1805)刻本　一冊

330000 – 1716 – 0004544　普子 1477/04544　子部/宗教類/佛教之屬/經

普門日誦一卷　清刻本　一冊

330000 – 1716 – 0004545　普叢 0381/04545　經部/小學類/文字之屬/說文/傳說

說文管見三卷　（清）胡秉虔撰　清同治十二年(1873)世澤樓刻績溪胡氏叢書本　王繼香題記　一冊

330000 – 1716 – 0004546　普子 1467/04546　子部/儒家類/儒學之屬/禮教

修齊輯要二卷　（清）楊善寶輯　清嘉慶二十三年(1818)刻本　二冊

330000 – 1716 – 0004547　普子 1468/04547　子部/雜著類/雜考之屬

日知錄集釋三十二卷刊誤二卷續刊誤二卷　(清)黃汝成撰　清道光十四年至十八年

(1834－1838)嘉定黄氏西谿草廬刻本　十六
冊　缺二卷(續刊誤一至二)

330000－1716－0004550　普子 1469/04550
子部/宗教類/佛教之屬/經疏

**大佛頂如來密因修證了義諸菩薩萬行首楞嚴
經圓通疏十卷**　（元）釋惟則會解　（明）釋傳
燈疏　清光緒三年(1877)杭州昭慶寺慧空經
房刻本　十冊

330000－1716－0004551　集補 2385/04551
集部/總集類/選集之屬/斷代

雪鴻偶鈔詩四卷詞一卷　（清）倪世珍録　清
光緒四年(1878)吳縣倪氏刻本　二冊

330000－1716－0004553　集補 2383/04553
集部/總集類/酬唱之屬

游龍杖歌一卷　（清）湯金釗輯　清道光二十
八年(1848)刻本　焦雨山房題簽　一冊

330000－1716－0004556　集補 2384/04556
集部/別集類/清別集

雲笈山房合集一卷詞一卷　（清）高雲撰　雲
笈山房合集一卷　（清）王素襟撰　清嘉慶十
三年(1808)刻本　一冊

330000－1716－0004558　普子 1470/04558
子部/宗教類/佛教之屬/經

大方廣佛華嚴經八十一卷　（唐）釋實叉難陀
譯　入不思議解脱境界普賢行願品一卷
（唐）釋般若譯　華嚴普賢行願懺儀一卷
（宋）釋淨源編集　復菴和尚華嚴綸貫一卷
（宋）釋復菴撰　華嚴大經處會品目卷帙總要
之圖一卷　清同治七年(1868)杭州昭慶寺慧
空經房刻本　二十八冊

330000－1716－0004560　集補 1517－12/
04560　集部/總集類/選集之屬/通代

新鐫五言千家詩箋注二卷　（清）王相選注
增補重訂千家詩注解二卷　（宋）謝枋得選
（清）王相選注　清盛德堂刻本　一冊

330000－1716－0004561　地獻 3701/04561
集部/總集類/彙編之屬

童沈兩家詩存七卷　清光緒三十年(1904)鉛

印本　童鼎璜題記　一冊

330000－1716－0004562　地獻 1940－1/
04562　集部/詩文評類/詩評之屬

詩品一卷　（唐）司空圖撰　清浙紹奎照樓刻
本　一冊

330000－1716－0004564　普子 1481/04564
子部/宗教類/佛教之屬

阿育王舍利瑞應録一卷　（清）釋定慧輯　**寒
山寺漢銅佛像記一卷**　（清）韋光黻撰　清刻
本　一冊

330000－1716－0004566　普子 1484/04566
子部/宗教類/佛教之屬/諸宗

淨土生無生論親聞記二卷　（明）釋受教撰
清光緒二十七年(1901)揚州藏經院刻本
一冊

330000－1716－0004568　集補 1519－1/
04568　子部/儒家類/儒學之屬/蒙學

新刻續千家詩二卷　（清）晦齋學人輯　清光
緒刻本　一冊

330000－1716－0004569　集補 2382/04569
集部/總集類/酬唱之屬

春雨閣唱和詩一卷　（清）高雲等撰　清刻本
韓開第題簽　一冊

330000－1716－0004570　史補 0910－1/
04570　史部/史評類/詠史之屬

十國宮詞五卷　（清）吳闓撰　清刻本　一冊

330000－1716－0004571　普子 1485/04571
子部/宗教類/佛教之屬/諸宗

龍舒增廣淨土文十二卷　（宋）王日休撰　**雲
棲淨土彙語三卷凡例一卷**　（明）釋袾宏撰並
注　清乾隆四十四年(1779)刻本　一冊　存
四卷(雲棲淨土彙語一至三、凡例)

330000－1716－0004572　普子 1486/04572
子部/宗教類/佛教之屬/律

三壇傳戒正範四卷　（清）釋讀體撰　清同治
十二年(1873)江北刻經處刻本　三冊

330000－1716－0004573　集補 2377/04573

史部/傳記類/別傳之屬

小螺盦病榻憶語一卷 （清）孫道乾撰　清同治十三年（1874）刻本　一冊

330000－1716－0004575　普子 1487/04575
子部/宗教類/佛教之屬/諸宗

修習止觀坐禪法要二卷六妙法門一卷 （隋）釋智顗撰　清光緒十八年（1892）、二十九年（1903）金陵刻經處刻本　一冊

330000－1716－0004577　集補 2380/04577
集部/詞類/別集之屬

水雲樓詞二卷續一卷 （清）蔣春霖撰　清光緒三十四年（1908）鉛印本　一冊

330000－1716－0004578　普子 1489/04578
子部/宗教類/佛教之屬

大乘起信論一卷 （天竺）馬鳴菩薩造　（南朝陳）釋真諦譯　（天竺）婆首那王子譯語（南朝陳）釋智愷筆受　清刻本　李佛心題記　一冊

330000－1716－0004580　普子 1492/04580
子部/宗教類/佛教之屬/經

佛說無量壽經二卷 （三國魏）釋康僧鎧譯　清同治十三年（1874）金陵刻經處刻本　一冊

330000－1716－0004583　集補 1517－1/04583　集部/總集類/選集之屬/通代

增補重訂千家詩注解二卷 （清）任來吉選（清）王相選注　**新鐫五言千家詩會義直解二卷** （清）王相選注　（清）任福祐重輯　**諸名家百壽詩一卷贈賀詩一卷百花詩一卷** （清）王相選注　清光緒五年（1879）浙寧簡香齋刻本　郊野居士題簽　馮淩虛題記　一冊

330000－1716－0004584　普子 1493/04584
子部/宗教類/佛教之屬/經疏

無量壽經起信論三卷觀無量壽佛經約論一卷阿彌陀經約論一卷 （清）彭紹升撰　清同治十一年（1872）如皋刻經處刻本　一冊

330000－1716－0004585　集補 2374－1/04585　集部/總集類/彙編之屬

童沈兩家詩存七卷 清光緒三十年（1904）鉛

印本　童鼎璜題記　一冊

330000－1716－0004586　普子 1499/04586
子部/宗教類/佛教之屬/經

大般涅槃經四十卷 （北涼）釋曇無讖譯　**大般涅槃經後分二卷** （唐）釋若那跋陀羅（唐）釋會寧等譯　清刻本　十一冊

330000－1716－0004587　集補 2374－3/04587　集部/總集類/彙編之屬

童沈兩家詩存七卷 清光緒三十年（1904）鉛印本　一冊

330000－1716－0004588　集補 2374－4/04588　集部/總集類/彙編之屬

童沈兩家詩存七卷 清光緒三十年（1904）鉛印本　一冊

330000－1716－0004590　普集 1778－3/04590　集部/詩文評類/詩評之屬

司空詩品注釋一卷 （唐）司空圖撰　清同治九年（1870）寶文書局刻本　一冊

330000－1716－0004591　普子 1502/04591
類叢部/類書類/通類之屬

角山樓增補類腋六十七卷 （清）姚培謙輯（清）趙克宜增輯　清咸豐七年（1857）趙克宜角山樓刻十年（1860）重修本　二十四冊

330000－1716－0004593　普子 1497/04593
子部/宗教類/佛教之屬/經

佛說梵網經二卷 （後秦）釋鳩摩羅什譯　清光緒十年（1884）金陵刻經處刻本　一冊

330000－1716－0004594　普子 1498/04594
子部/宗教類/佛教之屬/諸宗

一乘決疑論一卷 （清）彭紹升撰　清同治八年（1869）如皋刻經處刻本　一冊

330000－1716－0004595　集補 2374－2/04595　集部/總集類/彙編之屬

童沈兩家詩存七卷 清光緒三十年（1904）鉛印本　一冊

330000－1716－0004599　普叢 0347－3/04599　類叢部/叢書類/彙編之屬

花雨樓叢鈔十一種續鈔十一種附一種　（清）張壽榮編　清光緒八年至十四年（1882－1888）蛟川張氏花雨樓刻本　四冊　存一種

330000－1716－0004600　普子 1501/04600　類叢部/類書類/通類之屬

玉海二百四卷附刻十三種　（宋）王應麟撰　清光緒十年（1884）成都志古堂刻本　六冊　存一種

330000－1716－0004601　普子 1505/04601　類叢部/叢書類/自著之屬

五經歲徧齋校書三種　（清）翟云升輯　清道光東萊翟氏刻本　七冊　存一種

330000－1716－0004602　普叢 0380/04602　類叢部/叢書類/家集之屬

黎氏家集十二種附四種　（清）黎庶昌編　清光緒十四年至十五年（1888－1889）黎庶昌日本使署刻本暨鉛印本　一冊　存一種

330000－1716－0004603　普子 1506/04603　集部/小說類/長篇之屬

第一才子書六十卷首一卷一百二十回　（明）羅貫中撰　（清）毛宗崗評　清咸豐三年（1853）常熟顧氏小石山房刻本　清鮑寅初題籤並記　十冊　存二十八卷（一至二十八）

330000－1716－0004604　普子 1504/04604　史部/金石類/總志之屬

學古齋金石叢書四集　（清）葛元煦輯　清光緒崇川葛氏學古齋刻本　四冊　存一種

330000－1716－0004606　普子 1508/04606　類叢部/叢書類/彙編之屬

新斠平津館叢書十種三十四種　（清）孫星衍編　清光緒十年至十五年（1884－1889）吳縣朱氏槐廬家塾刻本　二冊　存一種

330000－1716－0004609　集補 2381/04609　集部/總集類/選集之屬/斷代

詒安堂全集　（清）王慶勳輯　清道光至咸豐上海王氏刻本　二冊　存一種

330000－1716－0004610　普子 1509 普子 1510 普子 1511 普子 1512 普子 1513 普子 1517

普子 1518/04610　子部/宗教類/道教之屬

道書二十三種　（清）劉一明撰　清光緒三年至六年（1877－1880）上海翼化堂刻本　八冊　存十二種

330000－1716－0004611　集補 2388/04611　集部/詞類/總集之屬

絕妙好詞箋七卷　（宋）周密輯　（清）查爲仁（清）厲鶚箋　清乾隆十五年（1750）宛平查氏澹宜書屋刻本　壽鏡吾題記　二冊

330000－1716－0004612　集補 1343－1/04612　集部/總集類/選集之屬/通代

得月樓賦甲編不分卷乙編不分卷丙編不分卷丁編不分卷　（清）張元灝選評　清末石印本　一冊

330000－1716－0004614　普子 1515/04614　子部/宗教類/道教之屬

金仙證論不分卷　（清）柳華陽撰　清道光二十八年（1848）菁華堂刻本　一冊

330000－1716－0004616　普子 1516/04616　子部/宗教類/道教之屬

道貫真源九種　（清）董德寧輯　清乾隆至嘉慶古越集陽樓刻本　四冊　存二種

330000－1716－0004617　普子 1514/04617　子部/宗教類/道教之屬

天仙正理直論增注二卷　（明）伍守陽撰並注（明）伍守虛同注　清嘉慶六年（1801）刻本　二冊

330000－1716－0004618　普叢 0237/04618　集部/總集類/氏族之屬

金陵朱氏家集三十種　（清）朱緒曾輯　清道光二十年（1840）刻本　四冊　存二十九種

330000－1716－0004619　普叢 0187－6/04619　類叢部/叢書類/彙編之屬

武英殿聚珍版書一百三十八種　清刻本　二冊　存一種

330000－1716－0004620　普子 1519/04620　子部/宗教類/道教之屬

性命圭旨四卷　（西周）尹真人秘授　清掃葉

山房刻本　四册

330000－1716－0004621　普子 1521/04621
子部/雜著類/雜說之屬

質神録一卷　(清)彭紹升編　清末紹興刻本
一册

330000－1716－0004622　普子 1522/04622
子部/儒家類/儒學之屬/性理

忠孝誥六卷　(唐)呂洞賓撰　**孝子紀略一卷**
(清)張其是輯撰　**附録一卷**　清康熙刻光
緒補修本　一册

330000－1716－0004623　普子 1520/04623
子部/宗教類/道教之屬

天仙正理直論增注二卷　(明)伍守陽撰並注
(明)伍守虛同注　清末上海翼化堂刻本
二册

330000－1716－0004625　集補 2389/04625
集部/詞類/別集之屬

映盦詞三卷　夏敬觀撰　清光緒三十三年
(1907)新建夏氏刻本　一册　存二卷(一至
二)

330000－1716－0004626　普子 1523/04626
子部/雜著類/雜說之屬

欲海回狂集三卷内典字義譯注一卷　(清)周
思仁撰　清刻本　一册

330000－1716－0004629　普子 1524/04629
子部/宗教類/佛教之屬

救劫回生四卷　清光緒二十三年(1897)浙紹
顧氏刻本　四册

330000－1716－0004631　集補 2391/04631
集部/詩文評類/詩評之屬

二十四詩品一卷　(唐)司空圖撰　清刻本
一册

330000－1716－0004635　普子 1528/04635
子部/儒家類/儒學之屬/禮教

勸孝歌一卷　(清)覺源壇弟子輯　清光緒十
一年(1885)同壽堂刻本　一册

330000－1716－0004636　集補 2396/04636

集部/別集類/清別集

陳文恭公手札節要三卷　(清)陳弘謀撰　清
同治七年(1868)湖北崇文書局刻本　一册

330000－1716－0004638　集補 2395/04638
集部/詞類/總集之屬

絕妙好詞箋七卷　(宋)周密輯　(清)查爲仁
(清)厲鶚箋　**續鈔一卷**　(清)余集輯　**又**
續鈔一卷　(清)徐楙補録　清乾隆十五年
(1750)宛平查氏澹宜書屋刻本　曼子題記
一册　缺四卷(一至四)

330000－1716－0004640　普子 1531/04640
子部/小說家類/瑣語之屬

觚賸八卷續編四卷　(清)鈕琇輯　清康熙三
十九年(1700)臨野堂刻本　二册　存八卷
(一至八)

330000－1716－0004641　集補 2397/04641
集部/別集類/清別集

妙香菴詩存一卷　(清)林遇春撰　清同治十
二年(1873)林希祖刻本　一册

330000－1716－0004642　普子 1533/04642
類叢部/類書類/專類之屬

佩文韻府一百六卷　(清)張玉書　(清)蔡升
元等輯　**韻府拾遺一百六卷**　(清)汪灝
(清)何焯等輯　清光緒十二年(1886)上海同
文書局石印本　六十册

330000－1716－0004644　普子 1532/04644
類叢部/類書類/專類之屬

佩文韻府一百六卷　(清)張玉書　(清)蔡升
元等輯　**韻府拾遺一百六卷**　(清)汪灝
(清)何焯等輯　清刻本　九十五册　存一百
六卷(一至一百六)

330000－1716－0004645　普子 1534/04645
類叢部/類書類/專類之屬

佩文韻府一百六卷　(清)張玉書　(清)蔡升
元等輯　**韻府拾遺一百六卷**　(清)汪灝
(清)何焯等輯　清光緒十二年(1886)上海同
文書局石印本　六十册

330000－1716－0004646　普叢 0382/04646

類叢部/叢書類/彙編之屬

如不及齋叢書十三種 （清）陳坤編 清同治至光緒錢塘陳氏粵東刻本 六冊 存一種

330000－1716－0004648 集補 2398/04648
集部/別集類/清別集

藤香草堂詩稿不分卷 （清）薛時雨撰 清咸豐十一年(1861)刻本 一冊

330000－1716－0004650 普子 1535/04650
類叢部/類書類/專類之屬

子史精華一百六十卷 （清）吳士玉 （清）吳襄等輯 清刻本 四十八冊

330000－1716－0004652 普子 1537/04652
子部/小說家類/雜事之屬

世說新語六卷 （南朝宋）劉義慶撰 （南朝梁）劉孝標注 清光緒掃葉山房石印本 六冊

330000－1716－0004653 集補 2417/04653
集部/詞類/類編之屬

彊邨所刻詞乙編 朱祖謀輯 清宣統朱氏刻本 四冊 存七種

330000－1716－0004661 普子 1536/04661
類叢部/類書類/專類之屬

佩文韻府一百六卷 （清）張玉書 （清）蔡升元等輯 **韻府拾遺一百六卷** （清）汪灝（清）何焯等輯 清光緒十三年(1887)上海點石齋石印本 六十一冊

330000－1716－0004662 集補 2415/04662
集部/別集類/清別集

古春軒詩鈔二卷 （清）梁德繩撰 清咸豐二年(1852)鳳城刻本 一冊

330000－1716－0004664 普子 1544/04664
類叢部/叢書類/彙編之屬

古今說部叢書二百七十二種 國學扶輪社輯 清宣統二年至民國二年(1910－1913)上海國學扶輪社鉛印本 六冊 存二十一種

330000－1716－0004669 普子 1545/04669
子部/藝術類/書畫之屬/總論

甌鉢羅室書畫過目攷四卷首一卷附一卷

（清）李玉棻撰 清末上海江南圖書局石印本 四冊

330000－1716－0004673 普子 1552/04673
子部/藝術類/遊藝之屬/棋弈

桃花泉弈譜二卷 （清）范世勳撰 清乾隆三十年(1765)錫山浦氏靜寄東軒刻本 榕氏題簽 二冊

330000－1716－0004674 普子 1548/04674
子部/藝術類/書畫之屬

桐陰論畫三卷附錄一卷桐陰畫訣一卷續桐陰論畫一卷二編二卷三編二卷 （清）秦祖永撰 清宣統二年(1910)上海中國書畫會石印本 六冊

330000－1716－0004676 普子 1547/04676
子部/藝術類/書畫之屬/總論

庚子銷夏記八卷 （清）孫承澤撰 清光緒四年(1878)學古齋金石叢書本 清董金鑑批注並題記 二冊

330000－1716－0004680 子補 3588－1/04680 子部/醫家類/本草之屬/歷代綜合本草

本草從新六卷 （清）吳儀洛輯 清刻本 三冊 存四卷(一至四)

330000－1716－0004682 普子 1554/04682
子部/宗教類/其他宗教之屬/基督教

週年瞻禮公課□卷 （法國）趙保祿撰 清光緒三十年(1904)寧波七苦堂鉛印本 一冊 存一卷(一)

330000－1716－0004683 普子 1546/04683
子部/藝術類/書畫之屬/畫譜

冶梅㮷譜不分卷 （清）王寅繪 清光緒十八年(1892)石印本 一冊

330000－1716－0004684 普子 1553/04684
子部/術數類/陰陽五行之屬

選擇備要不分卷 □□輯 清嘉慶二年(1797)錢塘費氏刻朱墨套印本 二冊

330000－1716－0004688 普子 1556/04688
子部/藝術類/書畫之屬/畫譜

凌煙閣一卷 （清）劉源繪 清光緒十年
(1884)上海同文書局石印本 一冊

330000－1716－0004689 普子 1557/04689
類叢部/叢書類/彙編之屬

武英殿聚珍版書一百三十八種 清乾隆浙江
刻本 二冊 存一種

330000－1716－0004690 普子 1559/04690
子部/小說家類/雜事之屬

庸閒齋筆記八卷 （清）陳其元撰 清同治十
三年(1874)吳下刻本 五冊

330000－1716－0004691 普子 1560/04691
子部/雜著類/雜說之屬

桐陰清話八卷 （清）倪鴻撰 清同治十三年
(1874)申江刻本 八冊

330000－1716－0004692 普子 1558/04692
子部/雜著類/雜纂之屬

藥榜捷報錄四卷 （清）四香居士輯 清同治
七年(1868)翰文齋刻本 一冊

330000－1716－0004694 普子 1571/04694
類叢部/叢書類/自著之屬

王漁洋遺書三十八種 （清）王士禎撰 清刻
本 六冊 存一種

330000－1716－0004695 普子 1562/04695
類叢部/類書類/專類之屬

佩文韻府一百六卷 （清）張玉書 （清）蔡升
元等輯 韻府拾遺一百六卷 （清）汪灝
（清）何焯等輯 清光緒上海點石齋石印本
六十冊

330000－1716－0004696 普子 1566/04696
類叢部/類書類/通類之屬

三才略三卷 蔣德鈞輯 讀史論略一卷
(清)杜詔撰 清刻本 一冊

330000－1716－0004697 普子 1563/04697
類叢部/類書類/專類之屬

佩文韻府一百六卷 （清）張玉書 （清）蔡升
元等輯 韻府拾遺一百六卷 （清）汪灝
（清）何焯等輯 清光緒十二年(1886)上海同
文書局石印本 五十八冊

330000－1716－0004700 普子 1569/04700
子部/雜著類/雜說之屬

一斑錄五卷附編三卷雜述六卷 （清）鄭光祖
撰 清道光二十五年(1845)琴川鄭氏青玉山
房刻本 五冊

330000－1716－0004702 普子 1567/04702
子部/雜著類/雜說之屬

隱居通議三十一卷 （元）劉壎撰 （清）劉冠
寰輯 清光緒十一年(1885)南豐劉鈞刻本
四冊

330000－1716－0004703 集補 2409/04703
集部/總集類/選集之屬/斷代

國朝閨閣詩鈔一百卷 （清）蔡殿齊編 清道
光二十四年(1844)蔡氏娜嬛別館刻本 一冊
存十卷(八十一至九十)

330000－1716－0004704 普子 1574/04704
類叢部/叢書類/自著之屬

春在堂全書三十六種 （清）俞樾撰 清同治
至光緒刻本 五冊 存一種

330000－1716－0004706 普子 1575/04706
類叢部/類書類/專類之屬

子史精華一百六十卷 （清）吳士玉 （清）吳
襄等輯 清刻本 四十八冊

330000－1716－0004710 普叢 0218/04710
類叢部/叢書類/彙編之屬

拜鴛樓校刻(拜鴛樓校刻小品)五種 沈宗畸
編 清光緒至宣統番禺沈氏刻本 二冊 存
二種

330000－1716－0004716 普子 1580/04716
類叢部/類書類/專類之屬

應酬彙選新集八卷 （清）陸九如纂輯 清同
治六年(1867)聚奎堂刻本 四冊

330000－1716－0004717 普子 1581/04717
子部/術數類/陰陽五行之屬

董公選要覽一卷附錄一卷 （明）董潛撰 清
光緒二十四年(1898)浙江官書局刻本 一冊

330000－1716－0004732 普子 1588/04732
子部/天文曆算類/天文之屬

御製曆象考成後編十卷　（清）顧琮等輯　清光緒二十二年(1896)上海書局石印本　十冊

330000－1716－0004735　普子1589/04735
子部/術數類/相宅相墓之屬

雪心賦正解四卷　（唐）卜應天撰　（明）田希玉輯　蝸寄輯錄地理碎事一卷　（清）汪淇輯　清順治十八年(1661)汪氏蝸寄刻本　二冊

330000－1716－0004736　普子1590/04736
新學/雜著/叢編

攻媿軒新刻日本叢書初集　清光緒鉛印本　一冊　存一種

330000－1716－0004738　普子1591/04738
子部/天文曆算類/算書之屬

行素軒算稿九種　（清）華蘅芳撰　清光緒二十二年(1896)上海文瑞樓石印本　二冊　存一種

330000－1716－0004744　普子1595/04744
集部/小說類/短篇之屬

聊齋志異新評十六卷　（清）蒲松齡撰　（清）王士禛評　（清）呂湛恩注　（清）但明倫批　清道光二十二年(1842)廣順但氏刻朱墨套印本　十六冊

330000－1716－0004746　普子1597/04746
類叢部/類書類/通類之屬

淵鑑類函四十五卷　（清）張英等輯　清光緒二十一年(1895)上海點石齋石印本　十冊

330000－1716－0004754　普子1599/04754
子部/小說家類/雜事之屬

板橋雜記三卷　（清）余懷撰　吳門畫舫錄一卷　（清）西溪山人編　清末鉛印本　一冊

330000－1716－0004756　集補1518－2/04756　集部/總集類/選集之屬/通代

新鐫增補集注千家詩二卷　（宋）謝枋得選　（清）王相選注　清刻本　一冊

330000－1716－0004759　普子1602/04759
類叢部/叢書類/彙編之屬

香艷叢書三百二十六種　（清）蟲天子輯　清宣統上海國學扶輪社鉛印本　四冊　存二十

一種

330000－1716－0004761　普子1601/04761
子部/小說家類/雜事之屬

右台仙館筆記十六卷　（清）俞樾撰　清光緒二十三年(1897)石印本　劍儂題記　二冊

330000－1716－0004766　普子1607/04766
類叢部/類書類/專類之屬

子史精華一百六十卷　（清）吳士玉　（清）吳襄等輯　清宣統元年(1909)上海集成圖書公司石印本　八冊

330000－1716－0004767　普子1609/04767
子部/小說家類/異聞之屬

燕山外史注釋八卷補注一卷　（清）陳球撰　（清）傅聲谷注　清光緒五年(1879)東甌師古齋刻本　二冊

330000－1716－0004771　普子1612/04771
集部/小說類/長篇之屬

增訂精忠演義說本全傳二十卷八十回　（清）錢彩編次　（清）金豐增訂　清同治九年(1870)上洋務本堂刻本　永昌題簽　二十冊

330000－1716－0004772　普子1610/04772
集部/小說類/短篇之屬

聊齋補遺八卷　（清）青城子編　清光緒十七年(1891)上海中華圖書館石印本　四冊

330000－1716－0004774　普子1613/04774
類叢部/類書類/通類之屬

新義錄一百卷首一卷　（清）孫璧文撰　清光緒八年(1882)漱石山房刻本　四十冊

330000－1716－0004776　普子1615/04776
類叢部/類書類/通類之屬

增補事類統編九十三卷首一卷　（清）黃葆真輯　清敦好堂刻本　四十冊

330000－1716－0004777　普子1619/04777
集部/小說類/長篇之屬

紅樓夢後序一卷　（清）蔡保東撰　清光緒六年(1880)刻本　一冊

330000－1716－0004780　普子1618/04780

集部/小說類/長篇之屬

續兒女英雄全傳八卷三十二回　（清）趙子衡
撰　清末上海錦章圖書局石印本　二冊

330000－1716－0004782　集補 2424/04782
集部/別集類

湘綺樓全集三十卷　王闓運撰　清宣統二年
（1910）上海國學扶輪社石印本　十二冊

330000－1716－0004785　普子 1622 普集
1530/04785　子部/雜著類/雜說之屬

椒生隨筆八卷椒生詩草六卷續草六卷　（清）
王之春撰　清光緒七年（1881）上海文藝齋刻
本　七冊　缺二卷（七至八）

330000－1716－0004787　普子 1616/04787
類叢部/類書類/通類之屬

編珠四卷續編二卷　（隋）杜公瞻輯　（清）高
士奇補輯　清刻本　三冊

330000－1716－0004789　普子 1626/04789
子部/藝術類/篆刻之屬/印譜

篆刻滕王閣序一卷　清鈐印本　一冊

330000－1716－0004790　普子 1623/04790
子部/宗教類/道教之屬/戒律

暗室燈二卷　（清）深山居士輯　清光緒二十
八年（1902）雪溪陸氏慎德堂刻本　二冊

330000－1716－0004792　普子 1627/04792
子部/術數類/相宅相墓之屬

羅經解定七卷附羅經問答一卷　（清）胡國楨
撰　清上洋掃葉山房刻本　四冊

330000－1716－0004794　普子 1629/04794
子部/術數類/相宅相墓之屬

地理或問二卷　（清）陸應穀撰　清道光二十
八年（1848）刻本　一冊

330000－1716－0004796　普子 1631/04796
類叢部/叢書類/彙編之屬

荔牆叢刻十三種　（清）汪曰楨編　清同治至
光緒烏程汪氏刻本　六冊　存一種

330000－1716－0004797　史補 0940/04797
史部/地理類/遊記之屬/紀勝

雁蕩紀遊稿三卷　（清）釋道融録印　清嘉慶
二十一年（1816）刻本　一冊

330000－1716－0004800　普子 1628/04800
子部/術數類/相宅相墓之屬

地理㖞蔗録八卷　（清）袁守定撰　清刻本
四冊

330000－1716－0004801　普子 1637/04801
子部/術數類/占候之屬

風水一書七卷　（漢）青烏氏撰　（清）歐陽純
補傳　清光緒十九年（1893）金谿三讓堂信記
刻本　四冊

330000－1716－0004803　集補 2436－4/
04803　集部/戲劇類/雜劇之屬

增像第六才子書六卷　（元）王實甫　（元）關
漢卿撰　（清）金人瑞評　清光緒二十七年
（1901）上海書局石印本　一冊

330000－1716－0004804　普子 1638/04804
類叢部/類書類/專類之屬

佩文韻府一百六卷　（清）張玉書　（清）蔡升
元等輯　**韻府拾遺一百六卷**　（清）汪灝
（清）何焯等輯　清嶺南潘氏海山仙館刻本
一百六十冊

330000－1716－0004805　史補 0917/04805
史部/史表類/通代之屬

歷代世系譜二卷　（清）虞溶撰　清著易堂鉛
印本　一冊

330000－1716－0004806　普子 1642/04806
子部/宗教類/佛教之屬/經

佛說無量壽經二卷　（三國魏）釋康僧鎧譯
清刻本　一冊

330000－1716－0004807　普叢 0167－2/
04807　類叢部/叢書類/自著之屬

王弢園叢書二種　（清）王韜撰　清光緒十五
年至十六年（1889－1890）鉛印本　四冊　存
二種

330000－1716－0004808　普子 1641/04808
子部/宗教類/佛教之屬/經

金剛般若波羅蜜經一卷　（後秦）釋鳩摩羅什

譯　金剛經持驗記一卷　（清）覺非氏選　清乾隆四十四年（1779）刻本　田紹謙題簽一冊

330000－1716－0004809　史補 0918/04809
史部/史表類/通代之屬
歷代統系錄六卷　（清）黃本驥編　清光緒二十八年（1902）上海鴻寶齋石印本　一冊

330000－1716－0004810　普子 1643/04810
子部/宗教類/佛教之屬/經
御製大雲輪請雨經一卷　（清）高宗弘曆撰　清嘉慶十一年（1806）刻道光五年（1825）印本　一冊

330000－1716－0004812　普子 1644/04812
子部/宗教類/佛教之屬
大方廣圓覺修多羅了義經二卷淨行品一卷　（唐）釋佛陀多羅譯　清道光二年（1822）西湖瑪瑙寺經房刻本　一冊

330000－1716－0004813　普子 1639/04813
類叢部/類書類/專類之屬
佩文韻府一百六卷　（清）張玉書　（清）蔡升元等輯　韻府拾遺一百六卷　（清）汪灝　（清）何焯等輯　清刻本　一百十五冊

330000－1716－0004816　普子 1645/04816
子部/宗教類/佛教之屬
大方廣圓覺修多羅了義經二卷淨行品一卷　（唐）釋佛陀多羅譯　清道光二年（1822）西湖瑪瑙寺經房刻本　一冊

330000－1716－0004817　普子 1646/04817
子部/宗教類/佛教之屬
大方廣圓覺修多羅了義經二卷淨行品一卷　（唐）釋佛陀多羅譯　清道光二年（1822）西湖瑪瑙寺經房刻本　一冊

330000－1716－0004818　普子 1647/04818
子部/宗教類/佛教之屬
大方廣圓覺修多羅了義經二卷淨行品一卷　（唐）釋佛陀多羅譯　清道光二年（1822）西湖瑪瑙寺經房刻本　一冊

330000－1716－0004819　　史補 0923－1/

04819　史部/編年類/通代之屬
袁王綱鑑合編三十九卷首一卷　（明）袁黃輯　（明）王世貞編　御撰明紀綱目二十卷（清）張廷玉等編次　清光緒三十年（1904）上海商務印書館鉛印本　十六冊

330000－1716－0004820　普子 1640 普子 1691 普子 1692/04820　子部/宗教類/佛教之屬/總錄
雲棲法彙二十八種七十四卷　（明）釋袾宏撰　（明）王宇春等輯　清同治十二年（1873）滿洲赫舍里如山刻本　三十五冊

330000－1716－0004821　　史補 0923－2/04821　史部/編年類/通代之屬
袁王綱鑑合編三十九卷首一卷　（明）袁黃輯　（明）王世貞編　御撰明紀綱目二十卷（清）張廷玉等編次　清光緒三十年（1904）上海商務印書館鉛印本　十三冊　缺七卷（一至七）

330000－1716－0004822　史補 0920/04822
史部/編年類/通代之屬
重訂王鳳洲先生綱鑑會纂四十六卷續宋元紀二十三卷　（明）王世貞撰　（明）陳仁錫訂　御撰資治通鑑綱目三編四卷　（清）張廷玉等撰　清光緒二十五年（1899）上海富文書局石印本　七冊　缺四卷（三編一至四）

330000－1716－0004823　　史補 0922/04823
史部/編年類/通代之屬
增評加批歷史綱鑑補三十九卷首一卷　（明）王世貞　（明）袁黃纂　清光緒二十八年（1902）上海富強齋石印本　九冊　存二十六卷（二至二十、二十七至三十三）

330000－1716－0004824　普子 1649/04824
子部/宗教類/佛教之屬/經
妙法蓮華經七卷　（後秦）釋鳩摩羅什譯　清刻本　四冊

330000－1716－0004826　普子 1652/04826
子部/宗教類/佛教之屬/經疏
大佛頂如來密因修證了義諸菩薩萬行首楞嚴經文句十卷玄義二卷　（清）釋智旭撰　清光

緒元年(1875)慧空經房刻本　一冊　存二卷
(玄義一至二)

330000－1716－0004827　普子 1650/04827
子部/宗教類/佛教之屬/經

維摩詰所說經三卷　(後秦)釋鳩摩羅什譯
清同治九年(1870)杭州昭慶寺慧空經房刻本
　一冊

330000－1716－0004831　普子 1655/04831
子部/宗教類/佛教之屬/經疏

金剛經五十三家注解四卷　(後秦)釋鳩摩羅
什譯　　(明)成祖朱棣集注　清同治九年
(1870)明臺經房刻本　四冊

330000－1716－0004837　普子 1651/04837
子部/宗教類/佛教之屬/經疏

維摩詰所說經注十卷　(後秦)釋鳩摩羅什譯
(後秦)釋僧肇注　清刻本　二冊

330000－1716－0004840　普子 1653/04840
子部/宗教類/佛教之屬/經疏

維摩詰所說經注十卷　(後秦)釋鳩摩羅什譯
(後秦)釋僧肇注　清刻本　二冊

330000－1716－0004841　普子 1657/04841
子部/宗教類/佛教之屬/經

大方廣佛華嚴經入不思議解脫境界普賢行願
品一卷　(唐)釋般若譯　清武進劉翰清刻本
　一冊

330000－1716－0004850　史補 0933/04850
史部/編年類/通代之屬

年國紀略二卷　清抄本　二冊

330000－1716－0004853　地獻 1660－17/
04853　集部/別集類/清別集

鷗堂詩三卷遺稿三卷　(清)馬賡良撰　清光
緒五年(1879)、十五年(1889)會稽馬氏刻本
　二冊

330000－1716－0004854　普叢 0151－4/
04854　類叢部/叢書類/彙編之屬

邵武徐氏叢書二十三種　(清)徐榦編　清光
緒邵武徐氏刻本　一冊　存一種

330000－1716－0004855　普子 1664/04855
子部/宗教類/佛教之屬/論疏

大乘起信論纂注二卷　　(天竺)馬鳴菩薩造
(南朝陳)釋真諦譯　(明)釋真界纂注　清光
緒十一年(1885)金陵刻經處刻本　一冊

330000－1716－0004856　史補 0934/04856
史部/傳記類/總傳之屬/仕宦

歷代名吏錄四卷　(清)張星徵輯　清雍正湖
山草堂刻本　三冊　存三卷(一至三)

330000－1716－0004858　普子 1669/04858
子部/宗教類/佛教之屬/經疏

金剛經旁解一卷補注一卷心經補注一卷
(清)湯輦召輯注　清同治六年(1867)刻本
一冊

330000－1716－0004859　集補 2446/04859
集部/別集類/清別集

東甌記略不分卷　(清)戴槃撰　**東甌留別和**
章三卷　清同治七年(1868)刻本　一冊　缺
三卷(東甌留別和章一至三)

330000－1716－0004862　普子 1668/04862
子部/宗教類/佛教之屬/經

大佛頂如來密因修證了義諸菩薩萬行首楞嚴
經十卷　題(唐)釋般刺密帝　(唐)釋彌伽釋
迦譯　清同治八年(1869)金陵刻經處刻本
二冊

330000－1716－0004865　普子 1672/04865
子部/宗教類/佛教之屬

淨土古佚十書　金陵刻經處編　清光緒十九
年至民國三年(1893－1914)金陵刻經處刻本
　一冊　存一種

330000－1716－0004866　史補 0932/04866
史部/地理類

李氏五種　(清)李兆洛撰　清同治九年至十
一年(1870－1872)合肥李鴻章刻本　一冊
存一種

330000－1716－0004867　普子 1673/04867
子部/宗教類/佛教之屬/經疏

彌陀略解圓中鈔二卷　(明)釋大佑撰　(明)

釋傳燈鈔　清同治十年(1871)比邱清蓮刻本
　　二冊

330000－1716－0004868　集補2445/04868
集部/總集類/氏族之屬

吳越錢氏傳芳集一卷　(清)錢泳輯　清光緒
二十三年(1897)山陰錢氏刻本　一冊

330000－1716－0004869　史補0931/04869
史部/傳記類/別傳之屬/事狀

愍孝錄不分卷　王繼香輯　清光緒十年
(1884)刻本　一冊

330000－1716－0004871　史補0930/04871
史部/傳記類/總傳之屬/郡邑

越中觀感錄一卷　(清)陳錦撰　清光緒九年
(1883)刻會稽徐氏鑄學齋叢書本　清幼薌氏
題記　一冊

330000－1716－0004872　普子1676/04872
子部/宗教類/佛教之屬/經疏

佛說四十二章經解一卷佛遺教經解一卷八大
人覺經略解一卷　(清)釋智旭撰　清光緒十
一年(1885)金陵刻經處刻本　一冊

330000－1716－0004873　普子1674/04873
子部/宗教類/佛教之屬

淨土古佚十書　金陵刻經處編　清光緒十九
年至民國三年(1893－1914)金陵刻經處刻本
　　一冊　存一種

330000－1716－0004874　集補1478－1/
04874　集部/別集類/清別集

趙孝子思親錄一卷　(清)趙萬全撰　(清)趙
彥暉輯　清光緒三年(1877)趙彥暉刻本　清
楊宗瀋題跋　一冊

330000－1716－0004876　地獻1363－5/
04876　類叢部/叢書類/彙編之屬

會稽徐氏鑄學齋叢書十三種　徐維則編　清
咸豐至光緒會稽徐氏刻光緒二十六年(1900)
彙印本　一冊　存一種

330000－1716－0004877　集補1478－2/
04877　集部/別集類/清別集

趙孝子思親錄一卷　(清)趙萬全撰　(清)趙

彥暉輯　清光緒三年(1877)趙彥暉刻本
　　一冊

330000－1716－0004879　普子1681/04879
子部/宗教類/道教之屬/戒律

陰隲文說証彙纂八卷末一卷　清光緒九年
(1883)浙湖最樂齋善書坊刻本　八冊

330000－1716－0004880　普子1682/04880
子部/宗教類/道教之屬/戒律

陰隲文圖證不分卷　(清)費丹旭繪　(清)許
光清集證　清道光二十四年(1844)海昌蔣氏
別下齋刻本　一冊

330000－1716－0004881　普子1662/04881
子部/宗教類/佛教之屬/經疏

佛頂光明摩訶薩怛多般怛囉無上神咒一卷陀
羅尼九章　(清)釋續法輯　清月容軒刻本
　　一冊

330000－1716－0004883　史補0928/04883
史部/傳記類/總傳之屬/郡邑

國朝天台耆舊傳八卷　(清)金文田輯　清光
緒二十八年(1902)天台齋品亨堂木活字印本
　　二冊

330000－1716－0004885　普子1685/04885
子部/宗教類/道教之屬

感應篇贅言一卷　(清)于覺世撰　清光緒十
七年(1891)高淳保嬰局刻本　一冊

330000－1716－0004886　普叢0399/04886
類叢部/叢書類/彙編之屬

藕香零拾三十九種　繆荃孫編　清光緒至宣
統刻本　一冊　存一種

330000－1716－0004887　地獻1363－6/
04887　類叢部/叢書類/彙編之屬

會稽徐氏鑄學齋叢書十三種　徐維則編　清
咸豐至光緒會稽徐氏刻光緒二十六年(1900)
彙印本　一冊　存一種

330000－1716－0004888　普子1686/04888
子部/宗教類/佛教之屬/總錄

雜華文表三卷附諸品佛事對聯一卷　(清)釋
靈繹撰　清光緒三年(1877)杭州瑪瑙經房刻

本　一册

330000－1716－0004890　普子1687/04890
子部/宗教類/佛教之屬/諸宗

念佛四大要訣一卷專修法門解謗一卷　（清）
釋古崑撰　清光緒七年(1881)杭州昭慶寺慧
空經房刻本　一册

330000－1716－0004891　史補0927/04891
史部/史表類/通代之屬

歷代帝王世系圖一卷　（清）□□輯　清宣統
二年(1910)陸軍部刷印處石印本　一册

330000－1716－0004892　史補0925/04892
史部/編年類/通代之屬

歷代年號記略一卷附一卷　（清）□□撰　清
同治十年(1871)亦園刻本　一册

330000－1716－0004895　子補4129/04895
子部/雜著類/雜纂之屬

格言聯璧二卷　（清）金纓輯　清光緒十四年
(1888)還讀軒刻本　一册

330000－1716－0004896　史補0926/04896
史部/紀事本末類/斷代之屬

皇朝武功紀盛四卷　（清）趙翼撰　清光緒趙
鈴詒等壽諼草堂刻本　二册

330000－1716－0004898　普子1689/04898
子部/宗教類/佛教之屬/經疏

一切經音義二十五卷　（唐）釋玄應撰　**補訂
新譯大方廣佛華嚴經音義二卷**　（唐）釋慧苑
撰　**華嚴經音義敘錄一卷**　（清）臧庸輯　**刻
華嚴經音義校勘記一卷**　（清）曹籀撰　清同
治八年(1869)仁和曹籀刻武林張氏寶晉齋印
本　四册

330000－1716－0004899　普子1693/04899
子部/叢編

子書百家　（清）崇文書局編　清光緒元年
(1875)湖北崇文書局刻本　一百十册

330000－1716－0004902　普子1694/04902
子部/叢編

十子全書　（清）王子興編　清嘉慶九年
(1804)姑蘇王氏聚文堂刻本　三十二册

330000－1716－0004909　子補1048－2/
04909　子部/叢編

子書二十三種　（清）浙江書局編　清光緒二
十三年(1897)上海圖書集成局鉛印本　十册
存六種

330000－1716－0004913　普子1690/04913
子部/宗教類/佛教之屬/經疏

一切經音義二十五卷　（唐）釋玄應撰　**補訂
新譯大方廣佛華嚴經音義二卷**　（唐）釋慧苑
撰　**華嚴經音義敘錄一卷**　（清）臧庸輯　**刻
華嚴經音義校勘記一卷**　（清）曹籀撰　清同
治八年(1869)仁和曹籀刻武林張氏寶晉齋印
本　四册

330000－1716－0004915　普子1698/04915
子部/宗教類/佛教之屬

真心直說一卷普照禪師修心訣節要一卷
(朝鮮)釋知訥撰　**般若波羅蜜多心經直說一
卷**　（明）釋德清撰　**心經說一卷**　（明）釋真
可撰　清光緒十二年(1886)閩省怡山長慶禪
寺刻本　李佛心題記　一册

330000－1716－0004919　普子1702/04919
集部/小說類/長篇之屬

石頭記分評不分卷　（清）王希廉撰　清刻本
二册

330000－1716－0004921　普子1703　普子
1704/04921　類叢部/叢書類/彙編之屬

秘書廿一種　（清）汪士漢編　清嘉慶九年
(1804)新安汪氏刻本　二册　存二種

330000－1716－0004922　集補1399/04922
集部/總集類/郡邑之屬

江西詩徵九十四卷附刻一卷補遺一卷　（清）
曾燠輯　清刻本　一册　存二卷(七十一至
七十二)

330000－1716－0004923　普子1707/04923
子部/雜著類/雜編之屬

商賈格言一卷　清光緒三十年(1904)紹興鍾
氏聚珍齋刻本　一册

330000－1716－0004924　普子1708/04924

子部/小說家類/異聞之屬

異聞益智叢録三十四卷　(清)種蕉藝蘭生撰
清光緒二十六年(1900)江南書局鉛印本
八冊

330000 – 1716 – 0004925　史補 0935/04925
史部/傳記類/別傳之屬/事狀

艾年雅頌不分卷　(清)謝元壽輯　清光緒二
十五年(1899)石印本　二冊

330000 – 1716 – 0004926　普子 1709/04926
新學/議論/通論

時事新論圖說不分卷　(英國)李提摩太編繪
清光緒二十年(1894)上海廣學會鉛印本
一冊

330000 – 1716 – 0004927　普子 1706/04927
新學/議論/通論

群學肄言十六卷　(英國)斯賓塞爾撰　嚴復
譯　清光緒二十九年(1903)上海文明編譯書
局鉛印本　四冊

330000 – 1716 – 0004928　史補 0941/04928
史部/傳記類/別傳之屬/年譜

孔孟編年　(清)狄子奇輯　清光緒十三年
(1887)浙江書局刻本　二冊　存二種

330000 – 1716 – 0004933　普子 1714/04933
子部/雜著類/雜說之屬

吹網録六卷鷗陂漁話六卷　(清)葉廷琯撰
清末上海掃葉山房石印本　六冊

330000 – 1716 – 0004934　普類 0215 – 2/
04934　類叢部/類書類/通類之屬

三才略三卷　蔣德鈞輯　**讀史論略一卷**
(清)杜詔撰　清刻本　一冊

330000 – 1716 – 0004935　史補 0936/04935
史部/史抄類

史鑑節要便讀六卷　(清)鮑東里撰　清同治
十二年(1873)刻本　二冊

330000 – 1716 – 0004937　普類 0215 – 1/
04937　類叢部/類書類/通類之屬

三才略三卷　蔣德鈞輯　**讀史論略一卷**
(清)杜詔撰　清刻本　一冊

330000 – 1716 – 0004938　史補 0360 – 3/
04938　史部/史抄類

鑑撮四卷　(清)曠敏本撰　**使奉紀勝一卷**
(清)陳階平撰　**讀史論略一卷**　(清)杜詔撰
清道光十九年(1839)陳階平四宜堂刻本
六冊　存四卷(一至四)

330000 – 1716 – 0004939　普子 1715/04939
子部/雜著類/雜說之屬

浮邱子十二卷　(清)湯鵬撰　(清)湯倣昭等
輯　清宣統二年(1910)上海掃葉山房石印本
六冊

330000 – 1716 – 0004940　子補 1616/04940
子部/術數類/占卜之屬

觀梅測字二卷　(唐)李淳風　(唐)邵雍
(唐)謝石撰　(清)葉之俊纂　清積慶堂刻本
一冊

330000 – 1716 – 0004941　史補 0937/04941
史部/詔令奏議類/奏議之屬

沈文肅公政書七卷首一卷　(清)沈葆楨撰
清光緒六年(1880)鉛印本　八冊

330000 – 1716 – 0004944　普子 1705/04944
類叢部/類書類/專類之屬

擇言尤雅録一卷　(清)袁祖志撰　清光緒二
年(1876)仁氏葛氏嘯園刻本　一冊

330000 – 1716 – 0004950　子補 2858/04950
新學/算學/代數

代數備旨全草十三章不分卷　(清)徐錫麟編
清光緒二十九年(1903)浙紹特別書局石印
本　六冊

330000 – 1716 – 0004951　新補 0626/04951
新學/史志/諸國史

萬國通鑑四卷　(美國)謝衛樓撰　(清)趙如
光譯　清光緒八年(1882)刻本　五冊

330000 – 1716 – 0004954　子補 2856/04954
子部/術數類/相宅相墓之屬

地學二卷　(清)沈鎬撰　清宣統二年(1910)
上海掃葉山房石印本　六冊

330000 – 1716 – 0004955　集補 2450 – 31/

04955　集部/小說類/長篇之屬

第一才子書六十卷首一卷一百二十回　（明）羅貫中撰　（清）毛宗崗評　清光緒七年（1881）常熟顧氏刻本　九冊　存二十七卷（一至四、十七至二十、二十七至三十二、三十九至四十七、五十四至五十七）

330000－1716－0004956　普子 1722/04956
子部/術數類/占卜之屬

六壬驗課四卷　（清）張官德撰　清同治八年（1869）香雪草堂刻本　四冊

330000－1716－0004957　普子 1720/04957
子部/雜著類/雜說之屬

定香亭筆談四卷　（清）阮元撰　清刻本　三冊　缺一卷（一）

330000－1716－0004959　普子 1723/04959
集部/小說類/長篇之屬

綠野仙蹤八十回　（清）李百川撰　清道光十年（1830）刻本　二十四冊

330000－1716－0004960　普子 1724/04960
集部/小說類/短篇之屬

離魂病一卷　披髮生譯述　清光緒二十九年（1903）上海廣智書局鉛印本　一冊

330000－1716－0004963　普子 1736/04963
子部/宗教類/佛教之屬

蓮宗寶鑑節錄五卷　（元）釋普度輯　清宣統元年（1909）鼓山湧泉禪寺釋本忠刻福州鶴貴軒印本　李佛心題記　一冊

330000－1716－0004964　普子 1735/04964
子部/宗教類/佛教之屬

宗鑑語要二卷　（清）釋性音說　（清）釋如綵輯　清刻本　清魯堂題跋　一冊

330000－1716－0004967　普子 1727/04967
子部/藝術類/書畫之屬/畫譜

芥子園畫傳初集六卷二集九卷三集六卷　（清）王概　（清）王蓍　（清）王臬輯　清光緒三十二年（1906）上海文新書局石印本　七冊　存十三卷（二集一至九、三集三至六）

330000－1716－0004969　普子 1728/04969

子部/雜著類/雜說之屬

七修類稿五十一卷續稿七卷　（明）郎瑛撰　清光緒六年（1880）廣州翰墨園刻本　十六冊

330000－1716－0004970　普子 1760/04970
子部/宗教類/佛教之屬

金剛般若波羅蜜經一卷金剛經因果實錄一卷　（後秦）釋鳩摩羅什譯　清同治十年（1871）杭州刻本　一冊

330000－1716－0004971　普子 1729/04971
類叢部/叢書類/彙編之屬

唐人說薈一百六十五種　（清）陳世熙編　清乾隆五十八年（1793）挹秀軒刻本　三十二冊

330000－1716－0004972　史補 0943/04972
史部/編年類/通代之屬

歷代帝王年表三卷　（清）齊召南撰　（清）阮福續　清光緒十二年（1886）蘇州掃葉山房刻本　三冊

330000－1716－0004973　史補 0360－4/04973　史部/史抄類

鑑撮四卷　（清）曠敏本撰　**使奉紀勝一卷**（清）陳階平撰　**讀史論略一卷**　（清）杜詔撰　清道光十九年（1839）陳階平四宜堂刻本　四冊　存四卷（一至四）

330000－1716－0004974　普子 1730/04974
集部/小說類/短篇之屬

聊齋志異新評十六卷　（清）蒲松齡撰　（清）王士禎評　（清）呂湛恩注　（清）但明倫批　清道光二十二年（1842）廣順但氏刻朱墨套印本　十六冊

330000－1716－0004975　普子 1733/04975
子部/叢編

子書百家　（清）崇文書局編　清光緒元年（1875）湖北崇文書局刻本　八十六冊

330000－1716－0004976　普子 1734/04976
子部/叢編

十子全書　（清）王子興編　清嘉慶九年（1804）姑蘇王氏聚文堂刻本　三十冊

330000－1716－0004977　普子 1731/04977

子部/雜著類/雜說之屬

增訂盛世危言正續十四卷 鄭觀應撰 清光緒二十四年(1898)上海同文正記書局石印本 六冊

330000－1716－0004978 史補 0944－1/04978 史部/雜史類/斷代之屬

拳匪紀事六卷 (日本)佐原篤介 (清)浙西漚隱輯 清光緒二十七年(1901)鉛印本 六冊

330000－1716－0004979 普子 1726/04979 子部/藝術類/書畫之屬/畫譜

芥子園畫傳初集六卷二集九卷三集六卷 (清)王槩 (清)王蓍 (清)王臬輯 清光緒二十九年(1903)上海通文局石印本 四冊 存九卷(二集一至九)

330000－1716－0004980 史補 0944－2/04980 史部/雜史類/斷代之屬

拳匪紀事六卷 (日本)佐原篤介 (清)浙西漚隱輯 清光緒二十七年(1901)鉛印本 六冊

330000－1716－0004981 史補 0947/04981 史部/編年類/通代之屬

資治通鑑綱目五十九卷 (宋)朱熹撰 (明)陳仁錫評 **資治通鑑綱目續編一卷** (明)陳樫撰 (明)陳仁錫評 **資治通鑑綱目前編二十五卷** (明)南軒撰 (明)陳仁錫評 **續資治通鑑綱目二十七卷** (明)商輅等撰 (明)陳仁錫評 清同治三年(1864)漁古山房刻本 一百二十冊

330000－1716－0004982 新補 0605/04982 新學/史志/戰記

戰史叢書 清光緒上海商務印書館鉛印本 一冊 存一種

330000－1716－0004983 普子 1737/04983 子部/宗教類/佛教之屬

護法論一卷 (宋)張商英撰 清康熙十三年(1674)刻本 李佛心題記 一冊

330000－1716－0004984 史補 0946－1/

04984 史部/編年類/通代之屬

袁王綱鑑合編三十九卷首一卷 (明)袁黃輯 (明)王世貞編 **御撰明紀綱目二十卷** (清)張廷玉等編次 清光緒三十年(1904)上海商務印書館鉛印本 十六冊

330000－1716－0004985 史補 0946－2/04985 史部/編年類/通代之屬

袁王綱鑑合編三十九卷首一卷 (明)袁黃輯 (明)王世貞編 **御撰明紀綱目二十卷** (清)張廷玉等編次 清光緒三十年(1904)上海商務印書館鉛印本 十六冊

330000－1716－0004987 新補 0619/04987 新學/雜著/叢編

西學啟蒙十六種 (英國)赫德編 (英國)艾約瑟譯 清光緒石印本 一冊 存一種

330000－1716－0004988 史補 0915－1/04988 史部/編年類/通代之屬

御批歷代通鑑輯覽一百二十卷 (清)傅恒等撰 清光緒上海商務印書館鉛印本 二十二冊 存一百十卷(十一至一百二十)

330000－1716－0004989 普子 1739/04989 子部/宗教類/佛教之屬/諸宗

西歸直指四卷首一卷 (清)周夢顏輯 清光緒十二年(1886)金陵刻經處刻本 一冊

330000－1716－0004990 史補 0951/04990 史部/編年類/通代之屬

綱鑑會纂三十九卷首一卷 (明)王世貞編 **御撰資治通鑑綱目三編六卷** (清)張廷玉等編 清光緒二十九年(1903)錬石書局石印本 十二冊

330000－1716－0004991 普子 1742/04991 子部/宗教類/佛教之屬/諸宗

修習止觀坐禪法要二卷六妙法門一卷 (隋)釋智顗撰 清光緒十八年(1892)、二十九年(1903)金陵刻經處刻本 一冊

330000－1716－0004992 普子 1741 普子 1782/04992 子部/宗教類/佛教之屬

竹窗隨筆一卷二筆一卷三筆一卷首一卷

(明)釋袾宏撰　清光緒二十四年(1898)金陵刻經處刻本　二冊　存二卷(竹窗隨筆、二筆)

330000－1716－0004994　普子 1744/04994
子部/宗教類/佛教之屬

四念處四卷　(隋)釋智顗說　(唐)釋灌頂記　清光緒三年(1877)江北刻經處刻本　一冊

330000－1716－0004996　史補 0952/04996
新學/史志/諸國史

萬國綱鑑易知錄二十卷　(日本)岡本監輔撰　清光緒五年(1879)申江書局石印本　六冊

330000－1716－0004999　史補 0950/04999
史部/紀事本末類/通代之屬

歷朝紀事本末九種　(清)陳如升　(清)朱記榮輯　(清)捷記主人增輯　清光緒二十八年(1902)上海捷記書局石印本　十四冊　存三種

330000－1716－0005001　普子 1746/05001
子部/宗教類/佛教之屬/諸宗

禪源諸詮集都序二卷　(唐)釋宗密撰　清康熙三年(1664)鼓山流通處刻本　李佛心題記　一冊

330000－1716－0005002　集補 0809－2/05002　集部/總集類/課藝之屬

紫陽書院課藝八集不分卷　(清)吳左泉鑒定　(清)朱文炳　(清)許郊編校　**九集不分卷**　(清)王同伯鑒定　(清)沈壽慈　(清)楊振鑣編校　清光緒十八年(1892)、二十年(1894)刻本　八冊

330000－1716－0005005　普子 1751/05005
子部/宗教類/佛教之屬/經疏

般若心經五家注三種五卷附紫柏老人心經說一卷　金陵刻經處輯　清同治至民國金陵刻經處、長沙刻經處刻金陵刻經處印本　一冊

330000－1716－0005006　新補 0604/05006
新學/議論

五洲事物采新十卷　(清)孫子慕輯　清光緒二十八年(1902)上海書局石印本　二冊

330000－1716－0005008　史補 0956/05008
史部/雜史類/外紀之屬

日本新政考二卷　(清)顧厚焜撰　清光緒十四年(1888)石印本　二冊

330000－1716－0005012　史補 0954/05012
史部/傳記類/總傳之屬/姓名

史姓韻編六十四卷　(清)汪輝祖撰　清光緒十年(1884)上海中西書局石印本　四冊

330000－1716－0005014　史補 0812－2/05014　史部/傳記類/總傳之屬/列女

中國女史二十一卷正誤一卷　(清)金炳麟　(清)王以銓輯　清宣統元年(1909)杭州中合公司鉛印本　六冊

330000－1716－0005015　史補 0949/05015
史部/傳記類/總傳之屬/列女

列女傳二卷　(漢)劉向撰　(明)汪道昆輯　(明)仇英繪圖　清光緒十二年(1886)上海同文書局石印本　二冊

330000－1716－0005017　集補 1342－2/05017　集部/曲類/彈詞之屬

繪圖鳳凰山十卷七十二回　清末石印本　三冊　存三卷(六至七、十)

330000－1716－0005021　集補 2453/05021
集部/總集類/選集之屬/通代

涵芬樓古今文鈔一百卷　吳曾祺輯　**古今文鈔小傳四卷首一卷附錄一卷**　商務印書館編譯所編　清宣統三年(1911)上海商務印書館鉛印本　一冊　缺一百卷(一至一百)

330000－1716－0005022　普子 1759/05022
新學/商務/商學

原富八卷　(英國)斯密亞丹撰　嚴復譯　清光緒二十八年(1902)上海南洋公學譯書院鉛印本　八冊

330000－1716－0005023　史補 0948/05023
史部/史評類/史論之屬

兩朝評鑑彙錄十二卷　(清)陸紹源纂　清光緒二十八年(1902)通志學社石印本　八冊

330000－1716－0005024　普子 1757/05024

類叢部/類書類/專類之屬

子史精華三十卷 （清）吳士玉 （清）吳襄等
輯 清光緒九年(1883)上海點石齋石印本
二冊

330000－1716－0005026 史補 0812－3/
05026 史部/傳記類/總傳之屬/列女

中國女史二十一卷正誤一卷 （清）金炳麟
（清）王以銓輯 清宣統元年(1909)杭州中合
公司鉛印本 六冊

330000－1716－0005027 史補 0818/05027
史部/傳記類/別傳之屬

祭曾忠襄公[國荃]文一卷祭曾惠敏公[紀澤]
文一卷 清光緒鉛印本 一冊

330000－1716－0005028 普子 1758/05028
類叢部/類書類/專類之屬

子史精華三十卷 （清）吳士玉 （清）吳襄等
輯 清光緒九年(1883)上海點石齋石印本
二冊

330000－1716－0005031 普子 1765/05031
子部/宗教類/佛教之屬/經疏

大佛頂首楞嚴經正脈疏四十卷首一卷 （明）
釋真鑑撰 清光緒二十二年(1896)金陵刻經
處刻本 十四冊

330000－1716－0005033 普子 1767/05033
子部/宗教類/佛教之屬

顯密圓通成佛心要集二卷 （遼）釋道殿輯
清同治十一年(1872)金陵刻經處刻本 一冊

330000－1716－0005034 集補 0010－35/
05034 集部/小說類/長篇之屬

益智堂增補注典釋義第六才子西廂十卷 薛
蔚讀箋 清益智堂刻本 一冊 存二卷(五
至六)

330000－1716－0005035 普子 1768/05035
史部/傳記類/總傳之屬/釋道

佛祖歷代通載三十六卷 （元）釋念常撰 清
宣統元年(1909)江北刻經處刻本 八冊

330000－1716－0005036 普子 1764 普子
1826/05036 子部/宗教類/佛教之屬/諸宗

淨土聖賢錄九卷 （清）彭希涑撰 淨土聖賢
錄續編四卷 （清）胡珽撰 種蓮集一卷
（清）陳本仁輯 清光緒元年(1875)錢塘許靈
虛刻本 六冊

330000－1716－0005037 新補 0601－2/
05037 新學/史志/諸國史

泰西新史攬要二十四卷 （英國）馬懇西撰
（英國）李提摩太釋 清光緒二十四年(1898)
上海美華書館鉛印本 七冊

330000－1716－0005038 普子 1769/05038
子部/宗教類/佛教之屬/論疏

大乘起信論義記七卷別記一卷 （唐）釋法藏
撰 清光緒二十三年至二十四年(1897－
1898)金陵刻經處刻本 二冊

330000－1716－0005041 新補 0603/05041
新學/史志/政記

新譯列國歲計政要三卷 （清）傅運森譯 清
光緒二十七年(1901)海上譯社鉛印本 十
二冊

330000－1716－0005042 史補 0961－1/
05042 史部/傳記類/總傳之屬/仕宦

歷代名臣言行錄二十四卷 （清）朱桓輯 清
末上海文盛書局石印本 十冊

330000－1716－0005044 普子 1773/05044
子部/宗教類/佛教之屬/諸宗

萬法歸心錄三卷附祖源禪師絕句一卷 （清）
釋超溟撰 清道光二十九年(1849)古山釋寶
霖刻光緒十五年(1889)增刻本 李佛心題記
一冊

330000－1716－0005045 史補 0958/05045
新學/史志/政記

中國度支考一卷 （英國）哲美森編 清光緒
二十三年(1897)上海廣學會鉛印本 一冊

330000－1716－0005046 普子 1783/05046
子部/宗教類/佛教之屬/諸宗

西歸直指四卷首一卷 （清）周夢顏輯 清光
緒十二年(1886)金陵刻經處刻本 一冊

330000－1716－0005047 普子 1776/05047

子部/宗教類/佛教之屬/諸宗

性相通說一卷 （明）釋德清撰　清同治十二年(1873)金陵刻經處刻本　一冊

330000－1716－0005048　史補 0959/05048
史部/史抄類

廿一史約編八卷首一卷 （清）鄭元慶撰　清光緒十三年(1887)上海鴻文書局石印本　四冊

330000－1716－0005050　史補 0964/05050
史部/傳記類/總傳之屬/仕宦

貳臣傳十二卷逆臣傳四卷 （清）國史館撰　清都城琉璃廠半松居士刻本　二冊　存四卷（逆臣傳一至四）

330000－1716－0005051　普子 1784/05051
子部/雜著類/雜纂之屬

經餘必讀八卷續編八卷三集四卷 （清）雷琳　（清）錢樹棠　（清）錢樹立輯　清光緒二年(1876)退補齋刻本　十冊　缺四卷（三編一至四）

330000－1716－0005053　子補 4134/05053
史部/政書類

校邠廬抗議不分卷 （清）馮桂芬撰　清光緒九年(1883)津河廣仁堂刻本　一冊

330000－1716－0005054　普子 1786/05054
子部/宗教類/佛教之屬/經疏

大佛頂首楞嚴經疏解蒙鈔六十卷首一卷 （清）錢謙益撰　清光緒刻本　二十冊

330000－1716－0005056　新補 0602/05056
新學/議論/通論

俄國政俗通考三卷 （美國）林樂知　（清）任廷旭譯　清光緒二十六年(1900)上海廣學會鉛印本　二冊

330000－1716－0005059　新補 0601－1/05059　新學/史志/諸國史

泰西新史攬要二十四卷 （英國）馬懇西撰（英國）李提摩太釋　清光緒二十四年(1898)上海美華書館鉛印本　八冊

330000－1716－0005064　史補 0965/05064

史部/詔令奏議類/奏議之屬

曾文正公奏議十卷首一卷末一卷補編四卷（清）曾國藩撰　（清）薛福成編　清同治十二年至十三年(1873－1874)蘇郡刻本　八冊缺四卷（補編一至四）

330000－1716－0005067　普子 1792/05067
子部/宗教類/佛教之屬/論

佛說大乘金剛經論一卷 清光緒十五年(1889)鼓山湧泉禪寺刻本　李佛心題記一冊

330000－1716－0005068　史補 0966/05068
史部/詔令奏議類/奏議之屬

曾文正公奏議十卷首一卷末一卷補編四卷（清）曾國藩撰　（清）薛福成編　清同治十三年(1874)上海吳氏醉六堂刻本　十冊　缺四卷（補編一至四）

330000－1716－0005070　普子 1794/05070
子部/宗教類/佛教之屬

金剛般若感應分類輯要一卷 （清）王澤涇編　清光緒十三年(1887)刻本　一冊

330000－1716－0005071　普子 1805/05071
子部/藝術類/書畫之屬

四銅鼓齋論畫集刻 （清）張祥河輯　清宣統元年(1909)北京會文齋刻本　四冊

330000－1716－0005072　集補 2454/05072
集部/別集類/清別集

翰馨書屋賦餘二卷 （清）章邦元撰　清光緒十三年(1887)上海刻本　一冊

330000－1716－0005073　普子 1795/05073
子部/宗教類/道教之屬/戒律

功過格一卷續增功過格一卷重訂閨門功過格一卷 清同治十一年(1872)張順德堂刻本一冊

330000－1716－0005074　史補 0960/05074
史部/傳記類/總傳之屬/通代

於越先賢傳一卷 （清）王齡撰　（清）任熊繪像　清光緒十二年(1886)上海同文書局石印本　一冊

330000 – 1716 – 0005076　普子 1796/05076
集部/小說類/長篇之屬
新刊北方真武玄天上帝出身志傳四卷　（明）
余象斗編　清大經堂刻本　二冊

330000 – 1716 – 0005077　史補 0967/05077
史部/編年類/通代之屬
讀通鑑綱目劄記二十卷　（清）章邦元撰　**年
譜一卷日記一卷**　（清）章家祚撰　清光緒十
六年至十八年（1890 – 1892）銅陵章氏刻本
九冊

330000 – 1716 – 0005079　普叢 0389/05079
類叢部/叢書類/彙編之屬
**西京清麓叢書正編三十二種續編二十七種外
編二十四種**　（清）賀瑞麟編　清同治至民國
刻本　十四冊　存一種

330000 – 1716 – 0005080　普子 1799/05080
類叢部/叢書類/自著之屬
毗陵周氏三種　（清）周騰虎撰　清光緒三十
一年（1905）刻民國二十四年（1935）周都俊彙
印本　一冊　存一種

330000 – 1716 – 0005081　普子 1797/05081
類叢部/類書類/專類之屬
王先生十七史蒙求十六卷　（宋）王令撰　**李
氏蒙求補注六卷**　（唐）李瀚撰　（清）金三俊
補注　清道光二十八年（1848）大文堂刻本
六冊

330000 – 1716 – 0005082　子補 3117/05082
子部/醫家類/本草之屬/歷代綜合本草
本草從新十八卷　（清）吳儀洛輯　清道光二
十六年（1846）瓶花書屋刻同治九年（1870）印
本　二冊

330000 – 1716 – 0005083　普子 1800/05083
子部/雜著類/雜纂之屬
藥榜捷報録輯要一卷　（清）四香居士輯　清
光緒二十六年（1900）山陰徐福齋刻本　一冊

330000 – 1716 – 0005084　史補 0969/05084
史部/地理類/方志之屬/通志
[嘉慶]廣西通志二百七十九卷首一卷　（清）

謝啟昆修　（清）胡虔纂　清嘉慶六年（1801）
刻同治四年（1865）補刻本　五冊　存十六卷
（一至二、八十至八十二、二百五十二至二百
五十五、二百七十一至二百七十六，首）

330000 – 1716 – 0005086　史補 0971/05086
史部/地理類/方志之屬/郡縣志
[光緒]餘姚縣志二十七卷首一卷末一卷
（清）周炳麟修　（清）邵友濂　（清）孫德祖
纂　清光緒二十五年（1899）刻本　十五冊
缺三卷（二十至二十二）

330000 – 1716 – 0005087　普子 1804/05087
子部/藝術類/書畫之屬/法帖
歷代帝王法帖釋文十卷　（宋）劉次莊撰
（清）徐朝弼集釋　清嘉慶十七年（1812）鐵筆
軒刻本　一冊

330000 – 1716 – 0005088　史補 0968 – 1/
05088　史部/地理類/方志之屬/郡縣志
嘉慶太平縣志十八卷　（清）慶霖修　（清）戚
學標等纂　清光緒二十二年（1896）刻本　五
冊　存八卷（九至十五、十八）

330000 – 1716 – 0005091　普子 1806/05091
子部/天文曆算類/曆法之屬
新鐫曆法便覽象吉備要通書大全二十九卷
（清）魏鑑撰　清錫環堂刻本　八冊

330000 – 1716 – 0005092　史補 0968 – 2/
05092　史部/地理類/方志之屬/郡縣志
[光緒]太平續志十八卷首一卷　（清）陳汝霖
修　（清）王棻等纂　清光緒二十二年（1896）
刻本　五冊　存十三卷（四至六、九至十八）

330000 – 1716 – 0005095　普子 1818/05095
子部/宗教類/佛教之屬/經
佛教西來玄化應運略録一卷　（宋）程輝編
佛說四十二章經一卷　（漢）釋迦葉摩騰
（漢）釋竺法蘭譯　**佛遺教經一卷**　（後秦）釋
鳩摩羅什譯　**八大人覺經一卷**　（漢）釋安世
高譯　清同治九年（1870）金陵刻經處刻本
一冊

330000 – 1716 – 0005096　普子 1809/05096

子部/宗教類/道教之屬

敬竈全書不分卷 (清)惕心憫世道人輯 清光緒元年(1875)杭州鏞業齋刻本 一冊

330000－1716－0005097 普子 1810/05097
子部/宗教類/道教之屬

敬竈全書不分卷 (清)惕心憫世道人輯 清光緒元年(1875)杭州鏞業齋刻本 清祖元題記 一冊

330000－1716－0005098 子補 3116/05098
子部/醫家類/本草之屬/歷代綜合本草

本草從新十八卷 (清)吳儀洛輯 清光緒六年(1880)掃葉山房刻本 五冊 存十五卷(一至十五)

330000－1716－0005099 普子 1811/05099
子部/宗教類/道教之屬

敬竈全書不分卷 (清)惕心憫世道人輯 清光緒元年(1875)杭州鏞業齋刻本 一冊

330000－1716－0005100 普子 1813/05100
子部/叢編

桐城吳先生點勘諸子七種 (清)吳汝綸評點 清宣統二年(1910)衍星社鉛印本 十二冊

330000－1716－0005102 普史 1655/05102
史部/紀傳類/正史之屬

二十四史 清同治至光緒五省官書局據汲古閣本等合刻光緒五年(1879)湖北書局彙印本 十六冊 存二種

330000－1716－0005104 史補 0970/05104
史部/編年類/斷代之屬

遼金元三史語解四十六卷 清光緒四年(1878)江蘇書局刻本 十冊

330000－1716－0005105 普子 1816/05105
子部/宗教類/佛教之屬/經疏

大華嚴經略策一卷三聖圓融觀門一卷 (唐)釋澄觀撰 **答順宗心要法門一卷** (唐)釋澄觀撰 (唐)釋宗密注 **原人論一卷** (唐)釋宗密撰 **華嚴念佛三昧論一卷** (清)彭紹升撰 清同治十三年(1874)雞園刻經處、光緒二十一年(1895)、二十三年(1897)金陵刻經

處刻本 清董金鑑題簽 一冊

330000－1716－0005106 史補 0973/05106
史部/地理類/總志之屬/通代

坤輿撮要問答四卷附編一卷 (清)孫文楨撰 清光緒二十四年(1898)上海土山灣書館鉛印本 一冊

330000－1716－0005107 普子 1812/05107
類叢部/類書類/通類之屬

淵鑑類函四十五卷 (清)張英等輯 清光緒九年(1883)上海點石齋石印本 十冊

330000－1716－0005108 普子 1817/05108
子部/宗教類/佛教之屬/諸宗

龍舒淨土文十卷 (宋)王日休撰 清同治八年(1869)杭州刻本 一冊

330000－1716－0005110 史補 0968－3/05110 史部/地理類/方志之屬/郡縣志

嘉慶太平縣志十八卷 (清)慶霖修 (清)戚學標等纂 清光緒二十二年(1896)刻本 四冊 存九卷(四至八、十至十二、十八)

330000－1716－0005111 史補 0968－4/05111 史部/地理類/方志之屬/郡縣志

[光緒]太平續志十八卷首一卷 (清)陳汝霖修 (清)王棻等纂 清光緒二十二年(1896)刻本 三冊 存八卷(四至六、九至十三)

330000－1716－0005112 普子 1819/05112
子部/宗教類/佛教之屬

道祖呂師金剛經直解一卷心經直解一卷附關聖帝君明聖真經一卷 題(唐)呂嵒撰 (清)馬南臨注 清光緒二十三年(1897)杭城瑪瑙經房刻本 一冊

330000－1716－0005113 史補 0968－5/05113 史部/地理類/方志之屬/郡縣志

嘉慶太平縣志十八卷 (清)慶霖修 (清)戚學標等纂 清光緒二十二年(1896)刻本 一冊 存五卷(四至八)

330000－1716－0005117 普子 1820/05117
子部/宗教類/佛教之屬/經疏

大方廣圓覺修多羅了義經近釋六卷 (明)釋

通潤撰　清光緒十二年（1886）金陵刻經處刻本　一冊

330000－1716－0005119　史補 0975/05119
史部/傳記類/總傳之屬/通代
人壽金鑑二十二卷　（清）程得齡輯　清光緒元年（1875）湖北崇文書局刻本　六冊

330000－1716－0005120　普子 1821/05120
子部/宗教類/佛教之屬/經疏
佛說四十二章經解一卷佛遺教經解一卷八大人覺經略解一卷　（清）釋智旭撰　清光緒十一年（1885）金陵刻經處刻本　一冊

330000－1716－0005122　新補 0616/05122
新學/史志/諸國史
萬國通史前編十卷　（英國）李思倫白輯譯　蔡爾康紀述　清光緒二十六年（1900）上海廣學會鉛印本　十冊

330000－1716－0005123　普子 1824/05123
子部/宗教類/其他宗教之屬/基督教
天道溯源直解三卷　（美國）丁韙良撰　（英國）包爾騰解　清同治九年（1870）京都耶穌聖教禮拜堂刻本　一冊

330000－1716－0005124　史補 0977/05124
史部/政書類/邦計之屬/貿易
各國通商條約稅則章程二十種　（清）總理各國事務衙門輯　清光緒刻本　一冊　存一種

330000－1716－0005125　普子 1830/05125
子部/宗教類/道教之屬/戒律
太上感應篇圖說不分卷附太微仙君善過格一卷　（清）朱日豐輯　清道光錢塘項爾康蓮湖小隱刻本　四冊

330000－1716－0005126　史補 0979/05126
子部/宗教類/道教之屬
關聖帝君聖蹟圖誌全集五卷　（清）盧湛輯　清光緒三十年至三十四年（1904－1908）紹城許模記刻本　五冊

330000－1716－0005127　普子 1827/05127
子部/宗教類/佛教之屬/諸宗
淨土聖賢錄九卷　（清）彭希涑撰　**淨土聖賢**

錄續編四卷　（清）胡珽撰　**種蓮集一卷**（清）陳本仁輯　清光緒元年（1875）錢塘許靈虛刻本　六冊

330000－1716－0005128　普子 1828/05128
子部/宗教類/佛教之屬
梵網經菩薩戒一卷　（後秦）釋鳩摩羅什譯
四分戒本一卷　（唐）釋道宣撰　**沙彌律儀要略一卷**　（明）釋袾宏輯　**毘尼日用儀範一卷**　清刻本　一冊

330000－1716－0005130　普子 1829/05130
子部/宗教類/佛教之屬/經疏
阿彌陀經略解一卷　（清）釋道霈撰　清刻本　一冊

330000－1716－0005131　史補 0978/05131
史部/史表類/通代之屬
歷代帝王年表一卷紀元同異攷略一卷　黃大華撰　清光緒二十六年（1900）夢紅豆村刻本　二冊

330000－1716－0005132　普子 1831/05132
子部/宗教類/佛教之屬/經
大方廣佛華嚴經入不思議解脫境界普賢行願品一卷　（唐）釋般若譯　清同治七年（1868）刻本　一冊

330000－1716－0005133　史補 0976/05133
史部/政書類/邦計之屬/貿易
各國通商條約稅則章程二十種　（清）總理各國事務衙門輯　清光緒刻本　三冊　存五種

330000－1716－0005135　史補 0982/05135
史部/地理類/總志之屬/通代
讀史方輿紀要一百三十卷輿圖要覽四卷（清）顧祖禹撰　清嘉慶十七年（1812）成都敷文閣刻本　十五冊　存十八卷（二至四、十九、三十、四十五、五十六、五十八至五十九、六十一至六十三、七十四、九十二、九十四、九十九、一百六,要覽三）

330000－1716－0005136　史補 0981/05136
史部/地理類/總志之屬/斷代
輿地廣記三十八卷　（宋）歐陽忞撰　**校勘記**

二卷 （清）孫星華撰 清光緒二十一年(1895)刻本 七冊

330000－1716－0005137 普子 1832/05137
子部/宗教類/道教之屬/戒律

太上感應篇引經箋注一卷 （清）惠棟撰 清同治十三年(1874)芝瑞堂刻本 二冊

330000－1716－0005138 普子 1833/05138
子部/宗教類/道教之屬

道言内外五種秘録十二卷 （清）陶素耜撰 （清）仇滄柱輯 清嘉慶五年(1800)瀛經堂刻本 六冊

330000－1716－0005139 經補 1259－1/05139 子部/儒家類/儒學之屬/蒙學

龍文鞭影二卷 （明）蕭有良纂輯 （清）楊臣靜增訂 （清）陳士龍編次 龍文鞭影二集二卷 （清）李暉吉 （清）徐瓚輯 清光緒三年(1877)掃葉山房刻本 四冊

330000－1716－0005141 普子 1835/05141
子部/宗教類/佛教之屬

師子林天如和尚淨土或問一卷 （元）釋惟則撰 （元）釋善遇編 清康熙三年(1664)刻本 李佛心題記 一冊

330000－1716－0005142 經補 1257/05142
子部/儒家類/儒學之屬/蒙學

龍文鞭影二卷 （明）蕭有良纂輯 （清）楊臣靜增訂 （清）來集之音注 清光緒十七年(1891)浙紹奎照樓刻本 二冊

330000－1716－0005143 普子 1846/05143
類叢部/類書類/專類之屬

新鐫校正詳注分類百子金丹全書十卷 （明）郭偉選注 （明）郭中吉編 （明）王星聚校訂 清光緒二十年(1894)上海袖海山房石印本 六冊

330000－1716－0005144 普子 1836/05144
子部/宗教類/佛教之屬/諸宗

淨土晨鐘十卷 （清）周克復撰 清同治三年(1864)錢塘許氏積厚軒刻本 二冊

330000－1716－0005145 普子 1837/05145

子部/宗教類/其他宗教之屬/基督教

道原精萃七種 （清）倪懷綸編 清光緒十三年(1887)上海慈母堂鉛印本 七冊 存六種

330000－1716－0005146 普子 1838/05146
子部/宗教類/佛教之屬/經

歷朝金剛經持驗紀一卷 （清）沈明哉輯 清光緒十九年(1893)刻本 一冊

330000－1716－0005147 經補 1259－2/05147 子部/儒家類/儒學之屬/蒙學

龍文鞭影二卷 （明）蕭有良纂輯 （清）楊臣靜增訂 （清）來集之音注 清光緒十七年(1891)浙紹奎照樓刻本 二冊

330000－1716－0005148 普子 1839/05148
子部/宗教類/佛教之屬/諸宗

念佛往生西方公據一卷 （清）沈清塵等輯 清光緒九年(1883)刻本 一冊

330000－1716－0005150 經補 1259－3/05150 子部/儒家類/儒學之屬/蒙學

龍文鞭影二卷 （明）蕭有良纂輯 （清）楊臣靜增訂 （清）來集之音注 清光緒十七年(1891)浙紹奎照樓刻本 二冊

330000－1716－0005151 經補 1258/05151
子部/儒家類/儒學之屬/蒙學

龍文鞭影四卷 （明）蕭有良纂輯 （清）楊臣靜增訂 （清）李恩綬校補 清光緒十六年(1890)陶恒道莊刻本 二冊

330000－1716－0005152 普子 1840/05152
子部/宗教類/佛教之屬

解惑編二卷 （清）釋弘贊輯 清光緒二十六年(1900)鼓山湧泉禪寺刻本 一冊

330000－1716－0005153 普子 1841/05153
集部/曲類/寶卷之屬

江南松江府上海縣太平邨蘭英寶卷二卷 清光緒十年(1884)杭州瑪瑙經房刻本 一冊

330000－1716－0005154 普子 1843/05154
子部/宗教類/佛教之屬/諸宗

禪門日誦一卷 清光緒十九年(1893)墨畊齋刻本 一冊

330000－1716－0005155　史補 0984/05155
史部/雜史類/斷代之屬

小腆紀年附考二十卷　（清）徐鼒撰　清咸豐
十一年(1861)刻本　十一冊　缺二卷(一至
二)

330000－1716－0005156　普子 1845/05156
子部/宗教類/道教之屬/戒律

太上感應篇引經箋注一卷　（清）惠棟撰　清
同治六年(1867)京師龍文齋刻本　一冊

330000－1716－0005157　史補 0983/05157
史部/傳記類/別傳之屬/年譜

病榻夢痕録二卷録餘一卷　（清）汪輝祖撰
清同治十一年(1872)刻本　孝焱題記　三冊

330000－1716－0005158　史補 0985/05158
史部/地理類/雜志之屬

華陽國志十二卷　（晉）常璩撰　**補三州郡縣
目録一卷**　（清）廖寅撰　清嘉慶十九年
(1814)廖氏題襟館刻本　四冊

330000－1716－0005159　普子 1847/05159
集部/小說類/長篇之屬

繡像第三奇書玉鴛鴦二卷十二回　（清）煙水
散人撰　清光緒石印本　二冊

330000－1716－0005163　普子 1850/05163
集部/小說類/長篇之屬

繡像義勇四俠闈媛傳六卷五十回　清光緒二
十六年(1900)石印本　六冊

330000－1716－0005167　普叢 0388/05167
類叢部/叢書類/自著之屬

龍莊遺書四種　（清）汪輝祖撰　清刻本　二
冊　存一種

330000－1716－0005172　普子 1856/05172
子部/雜著類/雜纂之屬

隨緣筆記六卷　（清）周大健撰　清同治八年
(1869)福建刻本　三冊

330000－1716－0005174　普子 1844/05174
子部/宗教類/道教之屬/戒律

太上感應篇注證合編四卷首一卷　（清）田軒
來輯　清刻本　四冊

330000－1716－0005176　史補 0992/05176
史部/地理類/外紀之屬

日本國志序一卷　（清）黃遵憲撰　清光緒二
十三年(1897)紹郡中西學堂刻本　志庚題記
一冊

330000－1716－0005178　史補 0994/05178
新學/地學/地理學

地學指略三卷　（英國）文教治口譯　（清）李
慶軒筆述　清光緒七年(1881)刻本　一冊

330000－1716－0005181　普子 1858/05181
子部/醫家類/本草之屬/歷代綜合本草

**本草綱目五十二卷附圖三卷瀕湖脈學一卷奇
經八脈攷一卷脈訣攷證一卷**　（明）李時珍撰
本草萬方鍼線八卷　（清）蔡烈先輯　**本草
綱目拾遺十卷**　（清）趙學敏輯　清光緒十四
年(1888)上海鴻寶齋石印本　十六冊

330000－1716－0005183　普子 1862/05183
子部/宗教類/道教之屬/戒律

陰隲果報圖注不分卷　（明）顏正注　（清）黃
正元集證　（清）吳友如繪　清光緒十七年
(1891)石印本　一冊

330000－1716－0005184　史補 0995/05184
史部/地理類/總志之屬/斷代

漢書地理志校本二卷　（清）汪遠孫撰　清同
治十年(1871)永康胡氏退補齋刻本　一冊

330000－1716－0005192　普子 1867 普子
1901/05192　子部/宗教類/其他宗教之屬/基
督教

勝旅景程正編一卷續編一卷　（清）胡德邁校
譯　清同治九年(1870)寧波開明山福音殿刻
本　二冊

330000－1716－0005195　普叢 0217－3/
05195　類叢部/叢書類/自著之屬

振綺堂遺書五種　（清）汪遠孫撰　清道光刻
民國十一年(1922)錢塘汪氏彙印本　三冊
存二種

330000－1716－0005196　普子 1872/05196
子部/宗教類/道教之屬

太上寶筏圖說八卷　（清）黃正元纂　清光緒十八年(1892)上海鴻文書局石印本　八冊

330000－1716－0005197　普子 1873/05197
子部/宗教類/道教之屬/戒律

陰隲果報圖注不分卷　（明）顏正注　（清）黃正元集證　（清）吳友如繪　清光緒十九年(1893)上海鴻寶齋石印本　一冊

330000－1716－0005199　地獻 1829－16/05199　集部/總集類/選集之屬/通代

文翰齋古文觀止十二卷　（清）吳乘權　（清）吳大職輯　清咸豐元年(1851)童文翰齋刻本　六冊

330000－1716－0005201　史補 0986/05201
史部/史抄類

史略八十七卷　（清）朱堃輯　清光緒二十四年(1898)上海蜚英館石印本　六冊

330000－1716－0005202　普子 1874－1/05202　集部/小說類/長篇之屬

東周列國志二十七卷首一卷一百八回　（清）蔡奡評點　清末鉛印本　八冊　存二十五卷（三至二十七）

330000－1716－0005203　普子 1875/05203
集部/小說類/長篇之屬

繡像全圖小五義六卷一百二十四回　（清）石玉崑撰　清光緒簡青齋書局石印本　陶氏題記　六冊

330000－1716－0005204　普子 1878/05204
史部/傳記類/別傳之屬

釋迦如來成道記一卷　（唐）王勃撰　（明）釋道誠注　清康熙九年(1670)福州鼓山湧泉禪寺刻本　一冊

330000－1716－0005205　集補 1435/05205
集部/總集類/選集之屬/通代

永安堂詳訂古文評注全集□□卷　（清）過珙　（清）黃越輯　清刻本　一冊　存一卷(四)

330000－1716－0005208　普子 1874－2/05208　集部/小說類/長篇之屬

增像全圖東周列國志二十七卷一百八回

（清）蔡奡評點　清末中新書局鉛印本　三冊　存七卷(一至五、八至九)

330000－1716－0005209　普子 1877/05209
子部/宗教類/佛教之屬/經

佛說梵網經二卷　（後秦）釋鳩摩羅什譯　清昭慶貝葉齋刻本　一冊

330000－1716－0005210　普子 1879/05210
子部/宗教類/佛教之屬/諸宗

蓮宗必讀二十二卷　（清）釋古崑輯　清同治七年(1868)杭州昭慶寺慧空經房刻本　一冊

330000－1716－0005211　史補 0987/05211
史部/編年類/通代之屬

重訂王鳳洲先生綱鑑會纂四十六卷續宋元紀二十三卷　（明）王世貞撰　（明）陳仁錫訂

御撰資治通鑑綱目三編四卷　（清）張廷玉等撰　清光緒十八年(1892)上海點石齋石印本　十四冊　缺四卷(三編一至四)

330000－1716－0005214　史補 0989/05214
史部/雜史類/通代之屬

重訂路史全本十六卷　（宋）羅泌撰　（宋）羅苹注　（明）吳弘基等重編　清光緒二十年(1894)上海文瑞樓石印本　三冊　存八卷(後紀一至四、國名紀一至四)

330000－1716－0005215　普子 1884/05215
子部/宗教類/佛教之屬/諸宗

性相通說二卷　（明）釋德清撰　清光緒十年(1884)鼓山湧泉禪寺刻本　李佛心題記　一冊

330000－1716－0005216　普子 1885/05216
子部/宗教類/佛教之屬/諸宗

原人論一卷　（唐）釋宗密撰　清刻本　一冊

330000－1716－0005217　史補 0790－5/05217　史部/編年類/通代之屬

尺木堂綱鑑易知錄二十卷　（清）吳乘權　（清）周之炯　（清）周之燦輯　清光緒十三年(1887)上海點石齋石印本　十冊

330000－1716－0005218　普子 1886/05218
類叢部/叢書類/彙編之屬

誦芬室叢刊二十二種　董康編　清光緒三十四年至民國十四年(1908－1925)武進董氏刻本　二冊　存一種

330000－1716－0005219　史補 0990/05219
史部/編年類/通代之屬
御撰資治通鑑綱目三編四卷　(清)張廷玉等撰　清光緒十三年(1887)上海點石齋石印本　二冊

330000－1716－0005220　普子 1880/05220
子部/宗教類/佛教之屬/諸宗
上品資糧一卷　(清)釋古崑輯　清光緒杭州昭慶寺慧空經房刻本　一冊

330000－1716－0005221　普子 1881/05221
子部/宗教類/佛教之屬/諸宗
上品資糧一卷　(清)釋古崑輯　清光緒杭州昭慶寺慧空經房刻本　一冊

330000－1716－0005223　普子 1887/05223
子部/宗教類/道教之屬
關聖帝君聖蹟圖誌全集五卷　(清)盧湛輯　清光緒三十年至三十四年(1904－1908)紹城許模記刻本　五冊

330000－1716－0005224　普子 1888/05224
子部/雜家類
白虎通疏證十二卷　(清)陳立撰　清光緒元年(1875)淮南書局刻本　三冊

330000－1716－0005230　史補 0988/05230
史部/編年類/通代之屬
御撰資治通鑑綱目三編四卷　(清)張廷玉等撰　清光緒十三年(1887)上海點石齋石印本　二冊

330000－1716－0005231　普子 1895/05231
子部/小說家類/雜事之屬
豈有此理四卷　(清)絳雪草廬主人撰　清嘉慶四年(1799)絳雪草廬刻本　四冊

330000－1716－0005232　經補 1260/05232
子部/儒家類/儒學之屬/蒙學
龍文鞭影二卷　(明)蕭有良纂輯　(清)楊臣靜增訂　龍文鞭影二集二卷　(清)李暉吉

(清)徐瓚輯　清同治二年(1863)禪山同文會刻本　四冊

330000－1716－0005233　子補 3112－1/05233　子部/雜著類/雜說之屬
寓廬日記十卷　(清)張景燾撰　清宣統三年(1911)鉛印本　二冊

330000－1716－0005234　普子 1893/05234
集部/小說類/長篇之屬
繪圖今古奇觀六卷四十回　(明)抱甕老人輯　清光緒二十八年(1902)石印本　六冊

330000－1716－0005235　普子 1894/05235
子部/小說家類/雜事之屬
更豈有此理四卷　(清)半軒主人撰　清刻本　一冊　存一卷(四)

330000－1716－0005236　普子 1892/05236
子部/藝術類/書畫之屬/總論
江邨銷夏錄三卷　(清)高士奇撰　清康熙三十二年(1693)刻本　三冊

330000－1716－0005238　子補 3112－2/05238　子部/雜著類/雜說之屬
寓廬日記十卷　(清)張景燾撰　清宣統三年(1911)鉛印本　二冊

330000－1716－0005241　史補 1000/05241
史部/政書類/通制之屬
九通二千三百二十一卷　(清)□□輯　清光緒二十七年(1901)上海圖書集成印書局鉛印本　三冊　存一種

330000－1716－0005242　普子 1899/05242
子部/宗教類/其他宗教之屬/基督教
聖教切要一卷　(西班牙)白多瑪撰　清道光二十二年(1842)上海慈母堂刻本　一冊

330000－1716－0005247　史補 1001/05247
史部/政書類/通制之屬
九通二千三百二十一卷　(清)□□輯　清光緒二十七年(1901)上海圖書集成印書局鉛印本　九冊　存一種

330000－1716－0005250　普子 1900/05250

子部/宗教類/其他宗教之屬/基督教

聖教切要一卷 （西班牙）白多瑪撰　清道光二十二年(1842)上海慈母堂刻本　一冊

330000－1716－0005260　史補 1006/05260
史部/地理類/總志之屬/通代

廣輿記二十四卷圖一卷 （明）陸應陽輯（清）蔡方炳增輯　清刻本　八冊

330000－1716－0005268　地獻 1775－5/05268　經部/叢編

五經旁訓十九卷 （清）徐立綱旁訓　清匠門書屋刻墨潤堂印本　一冊　存一卷(易經一)

330000－1716－0005270　普子 1947/05270
子部/術數類/相宅相墓之屬

菊逸山房地理正書三種 （清）寇宗編　清寶慶務本山房刻本　三冊

330000－1716－0005271　普子 1950/05271
子部/藝術類/遊藝之屬/棋弈

四子譜二卷 （清）過百齡輯　清同治十二年(1873)金閶同文堂刻本　二冊

330000－1716－0005274　普子 1944/05274
子部/藝術類/書畫之屬/畫譜

文美齋詩箋譜不分卷 （清）張兆祥繪　清宣統三年(1911)文美齋刻彩色套印本　二冊

330000－1716－0005275　史補 1007/05275
史部/史評類/史論之屬

重刊讀史論略一卷 （清）杜詔撰　清同治五年(1866)永康胡氏退補齋刻本　一冊

330000－1716－0005276　史補 1009/05276
史部/傳記類/別傳之屬/事狀

關帝聖蹟圖誌全集十卷 （清）盧湛等輯　王玉樹重訂　清嘉慶十二年(1807)廣東山陝會館刻光緒十年(1884)印本　四冊

330000－1716－0005277　史補 1008/05277
史部/編年類/通代之屬

資治通鑑地理今釋十六卷 （清）吳熙載撰　清光緒二十三年(1897)廣東經史閣刻本　四冊

330000－1716－0005278　史補 1010/05278
史部/編年類/斷代之屬

欽定明鑑二十四卷首一卷 （清）胡敬等輯　清嘉慶二十三年(1818)刻本　四冊　缺二卷(七至八)

330000－1716－0005279　普子 1946/05279
子部/術數類/相宅相墓之屬

菊逸山房地理正書三種 （清）寇宗編　清寶慶務本山房刻本　四冊

330000－1716－0005281　普子 1945/05281
子部/藝術類/書畫之屬

二樵樵者壯游圖記四卷 （清）黃璟撰　清光緒二十二年(1896)上海點石齋石印本　四冊

330000－1716－0005282　史補 1011/05282
史部/載記類

江南野史十卷 （宋）龍袞撰　清刻本　一冊

330000－1716－0005288　普子 1949/05288
子部/儒家類/儒學之屬/勸學

勸學篇二卷 （清）張之洞撰　清光緒二十四年(1898)兩湖書院刻本　一冊

330000－1716－0005289　普子 1951/05289
子部/藝術類/遊藝之屬/棋弈

周嬾予先生圍棋譜一卷 （清）周嘉錫編　清同治十二年(1873)上海江左書林刻本　一冊

330000－1716－0005291　史補 1012/05291
史部/紀事本末類/斷代之屬

續明紀事本末十八卷 （清）倪在田輯　清光緒二十九年(1903)育英學社鉛印本　六冊

330000－1716－0005292　子補 3110/05292
子部/天文曆算類/曆法之屬

[光緒]壬寅歲紅字頭通書大成不分卷 清光緒二十八年(1902)廣州十七甫澄天閣石印本　一冊

330000－1716－0005297　普子 1955/05297
子部/藝術類/遊藝之屬/棋弈

餐菊齋棋評一卷 （清）周鼎撰　清同治十一年(1872)無絃琴室刻本　一冊

330000 – 1716 – 0005298　　新補 0599/05298
新學/地學/地理學

地理通考志略不分卷　清光緒二十四年
(1898)時務學堂鉛印本　一冊

330000 – 1716 – 0005302　　普子 1954/05302
子部/藝術類/遊藝之屬/棋弈

摘星譜一卷　（清）胡鴻澤輯　清光緒李光明
莊刻本　一冊

330000 – 1716 – 0005306　　史補 1014/05306
史部/紀事本末類/通代之屬

歷朝紀事本末九種　（清）陳如升　（清）朱記
榮輯　（清）捷記主人增輯　清光緒二十八年
(1902)上海捷記書局石印本　九冊　存三種

330000 – 1716 – 0005309　　普子 1960/05309
子部/術數類/相宅相墓之屬

地學二卷　（清）沈鎬撰　清道光十三年
(1833)大文堂刻本　二冊

330000 – 1716 – 0005311　　普子 1961/05311
子部/儒家類/儒學之屬/勸學

輶軒語七卷　（清）張之洞撰　清光緒刻本
一冊

330000 – 1716 – 0005312　　普子 1959/05312
子部/宗教類/道教之屬

性命圭旨補遺九說四卷　（明）施天容撰　清
刻本　四冊

330000 – 1716 – 0005313　　普子 1962/05313
類叢部/叢書類/彙編之屬

玉海堂景宋元本叢書二十種別行二種　劉世
珩編　清光緒至民國貴池劉氏玉海堂影刻本
四冊　存一種

330000 – 1716 – 0005314　　史補 1015/05314
史部/紀事本末類/通代之屬

歷朝紀事本末九種　（清）陳如升　（清）朱記
榮輯　（清）捷記主人增輯　清光緒二十八年
(1902)上海捷記書局石印本　一冊　存一種

330000 – 1716 – 0005317　　普子 1963/05317
新學/礦務/礦學

開礦器法圖說十卷　（美國）俺特累撰　（英

國）傅蘭雅口譯　（清）王樹善筆述　清光緒
二十五年(1899)江南製造局石印本　五冊

330000 – 1716 – 0005321　　普叢 0436 – 1/
05321　　類叢部/叢書類/自著之屬

隨園三十六種　（清）袁枚撰　清光緒十八年
(1892)上海圖書集成印書局鉛印本　十一冊
存八種

330000 – 1716 – 0005322　　普子 1968/05322
子部/藝術類/書畫之屬

**桐陰論畫三卷附錄一卷桐陰畫訣一卷續桐陰
論畫一卷**　（清）秦祖永撰　清同治三年至六
年(1864 – 1867)刻朱墨套印本　二冊

330000 – 1716 – 0005324　　史補 1017/05324
史部/地理類/方志之屬/郡縣志

[同治]黃縣志十四卷首一卷末一卷　（清）尹
繼美修　（清）王棠等纂　清同治十年(1871)
刻本　四冊

330000 – 1716 – 0005325　　普類 0135 – 2/
05325　　類叢部/類書類/專類之屬

王先生十七史蒙求十六卷　（宋）王令撰　**李
氏蒙求補注六卷**　（唐）李瀚撰　（清）金三俊
補注　清道光二十八年(1848)大文堂刻本
五冊

330000 – 1716 – 0005328　　普子 1971/05328
子部/術數類/相宅相墓之屬

地理大成五種四十九卷　（清）葉泰輯　清刻
本　十二冊　存一種

330000 – 1716 – 0005329　　普子 1970/05329
子部/術數類/相宅相墓之屬

地理說略一卷　（清）裘晉齋撰　清光緒十六
年(1890)刻本　一冊

330000 – 1716 – 0005330　　子補 3120/05330
子部/小說家類/異聞之屬

西京雜記二卷　（漢）劉歆撰　清刻本　一冊

330000 – 1716 – 0005333　　普子 1972/05333
子部/術數類/相宅相墓之屬

金光斗臨經一卷　（明）周繼撰　（清）張慶瑗
輯　清道光十三年(1833)張慶瑗刻本　一冊

330000－1716－0005336　普子 1974/05336
子部/術數類/相宅相墓之屬

增補地理直指原真三卷首一卷　（清）釋如玉
徹瑩撰　清康熙三十五年(1696)還讀齋刻本
八冊

330000－1716－0005338　普子 1973/05338
子部/術數類/相宅相墓之屬

嚴陵張九儀增釋地理琢玉斧巒頭歌括五卷
(明)徐之鏌　（清）張九儀撰　清道光八年
(1828)海陽汪氏刻本　四冊

330000－1716－0005339　普子 1975/05339
子部/術數類/相宅相墓之屬

陽宅都天發用全書一卷　（清）瞿天賚校　清
同治元年(1862)刻本　一冊

330000－1716－0005340　史補 0062－2/
05340　史部/傳記類/科舉錄之屬/歷科鄉
試錄

[光緒丙子科]浙江鄉試同年齒錄不分卷　清
光緒刻本　二冊

330000－1716－0005343　普子 1976/05343
子部/術數類/相宅相墓之屬

青田先生陽宅圖一卷　（明）劉基撰　清刻本
董春庭觀款　一冊

330000－1716－0005344　新補 0615/05344
新學/算學/曲綫

圓錐曲綫一卷　（美國）求德生譯　（清）劉維
師筆述　清光緒二十七年(1901)上海美華書
館鉛印本　一冊

330000－1716－0005345　普子 1979/05345
史部/傳記類/總傳之屬/技藝

無聲詩史七卷　（清）姜紹書撰　清宣統二年
(1910)杭州雲林閣石印本　六冊

330000－1716－0005346　普子 1920/05346
子部/宗教類/佛教之屬/經疏

無垢子心經解一卷諸經摘要一卷　（清）無垢
子注　清咸豐十年(1860)釋自得刻本　李佛
心題記　一冊

330000－1716－0005347　普子 1921/05347

子部/宗教類/道教之屬/戒律

太上感應篇直講一卷首一卷附錄一卷　清光
緒十一年(1885)越郡近文齋刻本　一冊

330000－1716－0005348　子補 4132/05348
子部/天文曆算類/天文之屬

高厚蒙求九種　（清）徐朝俊撰　清嘉慶雲間
徐氏刻本　五冊

330000－1716－0005349　史補 1018/05349
史部/史評類/史論之屬

讀史論略一卷　（清）杜詔撰　清光緒元年
(1875)京都琉璃廠龍雲齋刻本　一冊

330000－1716－0005354　普子 1924/05354
子部/藝術類/遊藝之屬/聯語

春聯分類四卷　（清）嚴國佐輯　清末李光明
莊刻本　一冊

330000－1716－0005355　子補 3115/05355
子部/術數類

中西星要十二卷　（清）倪榮桂輯　清刻本
二冊　存七卷(祿命要覽一至四、選擇當知一
至三)

330000－1716－0005356　史補 1020－1/
05356　史部/史評類/史論之屬

上古三代史論略二卷　何琪編　清光緒二十
七年(1901)紹興會文堂書坊刻本　一冊

330000－1716－0005358　史補 1020－2/
05358　史部/史評類/史論之屬

上古三代史論略二卷　何琪編　清光緒二十
七年(1901)紹興會文堂書坊刻本　一冊

330000－1716－0005359　史補 1020－3/
05359　史部/史評類/史論之屬

上古三代史論略二卷　何琪編　清光緒二十
七年(1901)紹興會文堂書坊刻本　一冊

330000－1716－0005360　集補 1625/05360
集部/總集類/選集之屬/斷代

律賦珊瑚鈎□□卷　清刻本　二冊　存二卷
(二至三)

330000－1716－0005361　史補 1023/05361

史部/傳記類/職官録之屬/總録

[清光緒六年]江蘇同官録不分卷 （清）許應
鑅輯　清光緒六年（1880）刻本　二冊

330000－1716－0005362　史補 1019－1/
05362　史部/史評類/史論之屬

讀史論略二卷 （清）杜詔撰　清光緒二十九
年（1903）鄭慎言堂刻本　二冊

330000－1716－0005365　史補 1019－2/
05365　史部/史評類/史論之屬

讀史論略二卷 （清）杜詔撰　清光緒二十七
年（1901）武林載記刻本　二冊

330000－1716－0005378　普子 1939/05378
集部/小說類/長篇之屬

增評補像全圖金玉緣一百二十回首一卷
（清）曹霑　（清）高鶚撰　清光緒三十四年
（1908）求不負齋石印本　十六冊

330000－1716－0005379　史補 1026/05379
史部/傳記類/科舉録之屬/歷科鄉試録

[光緒丁酉科]湖北鄉試硃卷一卷 施煒撰
清光緒刻本　三冊

330000－1716－0005381　史補 1019－3/
05381　史部/史評類/史論之屬

讀史論略二卷 （清）杜詔撰　清光緒三十四
年（1908）浙紹明達刻本　二冊

330000－1716－0005383　史補 1019－4/
05383　史部/史評類/史論之屬

讀史論略二卷 （清）杜詔撰　清光緒二十七
年（1901）武林載記刻浙紹墨潤堂印本　一冊

330000－1716－0005386　普經 0961－3/
05386　經部/詩類/傳說之屬

詩經集傳八卷 （宋）朱熹撰　清慎詒堂刻本
二冊　存五卷（三至四、六至八）

330000－1716－0005389　普集 0007/05389
集部/總集類/選集之屬/通代

御選唐宋文醇五十八卷目録一卷 （清）高宗
弘曆輯　清光緒三年（1877）浙江書局刻本
二十冊

330000－1716－0005390　普集 0006/05390
集部/總集類/選集之屬/斷代

八旗文經五十六卷作者考三卷敍録一卷
（清）盛昱　楊鍾羲輯　清光緒二十七年
（1901）武昌刻本　十二冊

330000－1716－0005391　普集 0008/05391
集部/總集類/選集之屬/通代

御選唐宋文醇五十八卷目録一卷 （清）高宗
弘曆輯　清光緒三年（1877）浙江書局刻本
二十冊

330000－1716－0005392　史補 1019－5/
05392　史部/史評類/史論之屬

讀史論略一卷 （清）杜詔撰　清刻本　一冊

330000－1716－0005393　普集 0009/05393
集部/總集類/選集之屬/通代

御選唐宋文醇五十八卷目録一卷 （清）高宗
弘曆輯　清光緒三年（1877）浙江書局刻本
二十冊

330000－1716－0005394　普集 0001/05394
集部/別集類/宋別集

蘇文忠詩合注五十卷首一卷目録一卷 （宋）
蘇軾撰　（清）馮應榴輯　清乾隆五十八年
（1793）桐鄉馮氏踵息齋刻同治九年（1870）補
修本　二十四冊

330000－1716－0005397　普史 1521－1/
05397　史部/目録類/總録之屬

揅經室經進書録四卷 （清）阮元撰　（清）阮
福編　（清）傅以禮重編　清光緒八年（1882）
大興傅氏刻本　二冊

330000－1716－0005398　普集 0012/05398
集部/別集類/清別集

甘泉鄉人稿二十四卷餘稿二卷 （清）錢泰吉
撰　**皇清敕授修職郎誥封朝議大夫顯考警石
府君年譜一卷** （清）錢應溥撰　**邠農偶吟稿
一卷** （清）錢炳森撰　清同治十一年（1872）
嘉興錢氏白下刻光緒十一年（1885）增刻本
十冊

330000－1716－0005399　普集 0010/05399

集部/別集類/清別集

甘泉鄉人稿二十四卷餘稿二卷 (清)錢泰吉
撰 皇清敕授修職郎誥封朝議大夫顯考警石
府君年譜一卷 (清)錢應溥撰 邠農偶吟稿
一卷 (清)錢炳森撰 清同治十一年(1872)
嘉興錢氏白下刻光緒十一年(1885)增刻本
七冊

330000 – 1716 – 0005400 普集 0002/05400
集部/別集類/宋別集

蘇文忠詩合注五十卷首一卷目錄一卷 (宋)
蘇軾撰 (清)馮應榴輯 清乾隆五十八年
(1793)桐鄉馮氏踵息齋刻同治九年(1870)補
修本 十六冊

330000 – 1716 – 0005401 普集 0014/05401
集部/總集類/氏族之屬

馮氏清芬集三卷 (清)馮詢輯 清光緒元年
(1875)上海榷署刻本 一冊

330000 – 1716 – 0005402 普集 0013/05402
集部/別集類/清別集

子良詩錄二卷附一卷 (清)馮詢撰 清同治
二年(1863)廣州寶華坊刻本 二冊

330000 – 1716 – 0005403 普集 0015/05403
集部/別集類/清別集

小容齋詩鈔十卷 (清)洪占銓撰 清嘉慶二
十三年(1818)刻本 二冊

330000 – 1716 – 0005404 普集 0003/05404
集部/別集類/宋別集

蘇文忠詩合注五十卷首一卷目錄一卷 (宋)
蘇軾撰 (清)馮應榴輯 清乾隆五十八年
(1793)桐鄉馮氏踵息齋刻同治九年(1870)補
修本 二十冊

330000 – 1716 – 0005405 普集 0017/05405
集部/別集類/宋別集

蘇文忠公詩編注集成四十六卷集成總案四十
五卷諸家雜綴酌存一卷蘇海識餘四卷牋詩圖
一卷 (清)蘇軾撰 (清)王文誥輯注 清嘉
慶二十四年(1819)武林王氏韻山堂刻道光補
刻本 二十四冊

330000 – 1716 – 0005406 史補 1028/05406
史部/地理類/山川之屬/山志

廬山志十五卷首一卷 (清)毛德琦撰 清康
熙五十九年(1720)順德堂刻本 一冊 存一
卷(首)

330000 – 1716 – 0005407 集補 3121/05407
集部/總集類/彙編之屬

韓柳全集一百四卷 (明)蔣之翹編 明崇禎
六年(1633)蔣之翹三徑艸堂刻本 一冊 存
四卷(唐韓昌黎集八至十一)

330000 – 1716 – 0005408 集補 2456/05408
新學/學校

初等商業尺牘教本一卷 顧鳴盛撰 清光緒
三十三年(1907)上海文明書局石印本 一冊

330000 – 1716 – 0005409 普集 0018/05409
類叢部/叢書類/自著之屬

綠溪全集五種 (清)靳榮藩撰 清乾隆刻本
三冊 存三種

330000 – 1716 – 0005410 普集 0019/05410
集部/別集類/宋別集

蘇文忠公詩集五十卷目錄二卷 (宋)蘇軾撰
(清)紀昀評點 清同治八年(1869)韞玉山
房粵東省城刻翰墨園朱墨套印本 十二冊

330000 – 1716 – 0005411 普集 0020/05411
類叢部/叢書類/彙編之屬

紛欣閣叢書十四種 (清)周心如編 清嘉慶
至道光浦江周氏刻本 四冊 存一種

330000 – 1716 – 0005412 普集 0016/05412
集部/別集類/清別集

壹齋集四十卷奏御集二卷賦一卷畫品一卷畫
友錄一卷游黃山記一卷泛槳錄二卷蕭湯二老
遺詩合編二卷兩朝恩賚記一卷 (清)黃鉞撰
清嘉慶二十年(1815)刻道光增刻本 八冊

330000 – 1716 – 0005414 史補 1029/05414
史部/編年類/通代之屬

資治通鑑綱目五十九卷 (宋)朱熹撰 (明)
陳仁錫評 清刻本 九冊 存十卷(二十九
至三十八)

330000－1716－0005417　史補 1032/05417
新學/地學/地志學

新撰亞細亞洲大地誌七卷　（日本）山上萬次
郎編　葉瀚譯　清光緒二十七年(1901)上海
正記書局石印本　四冊

330000－1716－0005419　普集 0040/05419
集部/別集類/清別集

周文忠公尺牘二卷雜文附錄一卷　（清）周天
爵撰　清同治七年(1868)蘇松太道署刻本
一冊

330000－1716－0005421　普集 0021/05421
集部/別集類/清別集

天香樓遺詩四卷　（清）王望霖撰　清道光二
十八年(1848)刻本　一冊

330000－1716－0005423　普集 0022/05423
集部/別集類/清別集

韻山堂詩集七卷補遺一卷　（清）王文誥撰
清光緒十四年(1888)浙江書局刻本　一冊

330000－1716－0005424　普集 0023/05424
集部/詩文評類/詩評之屬

元詩紀事二十四卷　陳衍輯　清光緒十二年
(1886)侯官陳衍石遺室鉛印本　六冊

330000－1716－0005425　史補 1024－1/
05425　史部/傳記類/科舉錄之屬/歷科鄉
試錄

[光緒丁酉科]湖北鄉試第二房同門錄不分卷
清光緒二十三年(1897)刻本　二冊

330000－1716－0005426　普集 0024 普集
0025 普集 0819/05426　類叢部/叢書類/自著
之屬

王漁洋遺書三十八種　（清）王士禛撰　清刻
本　十八冊　存五種

330000－1716－0005427　普集 0028/05427
集部/別集類/清別集

古春軒詩鈔二卷　（清）梁德繩撰　清咸豐二
年(1852)鳳城刻本　一冊

330000－1716－0005428　普集 0026/05428
集部/別集類/宋別集

王臨川全集一百卷目錄二卷　（宋）王安石撰
清光緒九年(1883)聽香館刻本　十六冊

330000－1716－0005430　新補 0577－2/
05430　新學/史志/別國史

東洋史要二卷　（日本）桑元隲藏撰　樊炳清
譯　清光緒二十五年(1899)東文學社石印本
一冊

330000－1716－0005431　新補 0577－3/
05431　新學/史志/別國史

東洋史要二卷　（日本）桑元隲藏撰　樊炳清
譯　清光緒二十五年(1899)東文學社石印本
本新居士題記　一冊

330000－1716－0005432　史補 1024－2/
05432　史部/傳記類/科舉錄之屬/歷科鄉
試錄

[光緒丁酉科]湖北鄉試第二房同門錄不分卷
清光緒二十三年(1897)刻本　二冊

330000－1716－0005433　普集 0029/05433
集部/別集類/清別集

四照堂詩集十五卷附詞一卷文一卷　（清）譚
溥撰　清同治三年(1864)越中刻本　四冊
存十五卷(一至十五)

330000－1716－0005434　普集 0030/05434
集部/別集類/清別集

抱犢山房集六卷附續離騷一卷　（清）嵇永仁
撰　清同治元年(1862)長沙刻本　二冊

330000－1716－0005435　新補 0577－5/
05435　新學/史志/別國史

東洋史要二卷　（日本）桑元隲藏撰　樊炳清
譯　清光緒二十五年(1899)東文學社石印本
四冊

330000－1716－0005436　新補 0577－4/
05436　新學/史志/別國史

東洋史要二卷　（日本）桑元隲藏撰　樊炳清
譯　清光緒二十五年(1899)東文學社石印本
二冊

330000－1716－0005437　普集 0031/05437
類叢部/叢書類/彙編之屬

趙氏藏書十六種 （清）趙承恩編 清同治至光緒金谿趙氏紅杏山房補刻重印本 六冊

330000－1716－0005438 史補 1030/05438
史部/史抄類

廿一史約編八卷首一卷 （清）鄭元慶撰 清刻本 八冊

330000－1716－0005439 普集 0027/05439
集部/別集類/宋別集

歐陽文忠公全集一百五十三卷附錄五卷 （宋）歐陽修撰 年譜一卷 （宋）胡柯編 清康熙十一年(1672)曾弘刻本 十八冊 存一百六卷(一至一百五、年譜)

330000-1716－0005440 子補 0857－2/05440 子部/宗教類/道教之屬

救生船四卷 清宣統三年(1911)會稽接薪樓鉛印本 三冊 缺一卷(一)

330000－1716－0005441 普集 0032/05441
集部/別集類/清別集

通藝閣詩錄八卷續錄八卷三錄八卷和陶集三卷晚學齋文集十二卷 （清）姚椿撰 白石鈍樵集襖帖詩一卷 （清）姚楗撰 清道光二十年至咸豐三年(1840－1853)刻本 十一冊

330000－1716－0005444 普集 0034/05444
集部/別集類/清別集

翁山詩外二十卷 （清）屈大均撰 清宣統二年(1910)上海國學扶輪社鉛印本(卷二十原缺) 十二冊

330000－1716－0005445 普集 0035/05445
集部/別集類/宋別集

後山先生集二十四卷首一卷 （宋）陳師道撰 清光緒十一年(1885)番禺陶氏愛廬刻本 六冊

330000－1716－0005446 普集 0036 普集 0534/05446 類叢部/叢書類/自著之屬

王漁洋遺書三十八種 （清）王士禎撰 清刻本 八冊 存一種

330000－1716－0005447 史補 1031/05447
史部/政書類/通制之屬

九通二千三百二十一卷 （清）□□輯 清光緒二十七年(1901)上海圖書集成印書局鉛印本 四十六冊 存一種

330000－1716－0005448 普集 0033/05448
集部/總集類/氏族之屬

金山姚氏二先生集 （清）張文虎輯 清光緒二年(1876)松韻草堂刻本 一冊

330000－1716－0005449 史補 1024－3/05449 史部/傳記類/科舉錄之屬/歷科鄉試錄

[光緒丁酉科]湖北鄉試第二房同門錄不分卷 清光緒二十三年(1897)刻本 一冊

330000－1716－0005451 普集 0037/05451
集部/總集類/選集之屬/斷代

國朝三家文鈔三十二卷 （清）宋犖 （清）許汝霖編 清康熙三十三年(1694)刻本 四冊 存十卷(汪鈍翁文鈔一至十)

330000－1716－0005452 史補 1024－4/05452 史部/傳記類/科舉錄之屬/歷科鄉試錄

[光緒丁酉科]湖北鄉試第二房同門錄不分卷 清光緒二十三年(1897)刻本 一冊

330000－1716－0005453 史補 1024－5/05453 史部/傳記類/科舉錄之屬/歷科鄉試錄

[光緒丁酉科]湖北鄉試第二房同門錄不分卷 清光緒二十三年(1897)刻本 一冊

330000－1716－0005455 史補 1024－6/05455 史部/傳記類/科舉錄之屬/歷科鄉試錄

[光緒丁酉科]湖北鄉試第二房同門錄不分卷 清光緒二十三年(1897)刻本 一冊

330000－1716－0005456 普集 0041/05456
集部/別集類/清別集

周文忠公尺牘二卷雜文附錄一卷 （清）周天爵撰 清同治七年(1868)蘇松太道署刻本 一冊

330000－1716－0005457 史補 1034－1/

05457　史部/地理類/總志之屬/通代

讀史方輿紀要一百三十卷方輿全圖總說四卷
（清）顧祖禹撰　清光緒二十九年（1903）上海益吾齋石印本　二十四冊

330000－1716－0005458　子補 0657－4/05458　新學/學校

蒙學課本初編二卷二編一卷三編一卷　清光緒二十七年（1901）南洋公學鉛印本　洪謨題記　三冊

330000－1716－0005459　史補 1034－2/05459　史部/地理類/總志之屬/通代

讀史方輿紀要一百三十卷方輿全圖總說四卷
（清）顧祖禹撰　清光緒二十九年（1903）上海益吾齋石印本　十二冊　存九十二卷（三十九至一百三十）

330000－1716－0005460　普叢 0258－1/05460　類叢部/叢書類/彙編之屬

漸西村舍彙刊（漸西村舍叢刻）四十四種
（清）袁昶編　清光緒十六年至二十四年（1890－1898）桐廬袁氏刻本　八冊　存二種

330000－1716－0005461　普集 0044/05461　集部/總集類/選集之屬/通代

古文辭類纂七十四卷　（清）姚鼐輯　**續古文辭類纂十卷**　王先謙輯　清光緒十年（1884）吳縣朱記榮槐廬刻本　十六冊

330000－1716－0005463　普集 0039/05463　集部/別集類/清別集

劉武慎公全集二十九卷首一卷　（清）劉長佑撰　清光緒十七年（1891）金陵刻本　二十一冊

330000－1716－0005464　普集 0045/05464　集部/別集類/宋別集

蘇文忠公詩集五十卷目錄二卷　（宋）蘇軾撰　（清）紀昀評點　清道光十四年（1834）兩廣節署刻朱墨套印本　十二冊

330000－1716－0005466　普集 0046/05466　集部/總集類/選集之屬/通代

古文辭類纂七十五卷　（清）姚鼐輯　清同治

八年（1869）問竹軒刻本　十六冊

330000－1716－0005468　普集 0047/05468　集部/總集類/選集之屬/通代

佩文齋詠物詩選四百八十六卷　（清）汪霦等輯　清康熙四十六年（1707）內府刻本　三十二冊

330000－1716－0005469　普集 0043/05469　集部/總集類/選集之屬/通代

唐宋大家全集錄十種　（清）儲欣輯　清康熙四十四年（1705）松鱗堂刻本　三十二冊

330000－1716－0005470　史補 1035/05470　史部/雜史類/斷代之屬

明季稗史彙編十六種　（清）留雲居士輯　清光緒二十二年（1896）上海圖書集成印書局鉛印本　二冊　存一種

330000－1716－0005471　普叢 0436－2/05471　類叢部/叢書類/自著之屬

隨園三十六種　（清）袁枚撰　清光緒十八年（1892）上海圖書集成印書局鉛印本　十一冊　存八種

330000－1716－0005472　普集 0049/05472　集部/總集類/選集之屬/斷代

元人集十種六十二卷　（明）毛晉編　明崇禎十一年（1638）海虞毛氏汲古閣刻本　五冊　存一種

330000－1716－0005473　普集 0050/05473　集部/總集類/選集之屬/通代

古文辭類纂七十五卷　（清）姚鼐輯　清道光五年（1825）金陵吳氏刻本　六冊

330000－1716－0005474　普集 0048/05474　集部/別集類/清別集

曝書亭集八十卷附錄一卷　（清）朱彝尊撰　**笛漁小稿十卷**　（清）朱昆田撰　清光緒十五年（1889）會稽陶氏寒梅館刻本　十五冊　存九十卷（一至八十、笛漁小稿一至十）

330000－1716－0005475　普集 0051/05475　集部/總集類/選集之屬/通代

古文辭類纂七十五卷　（清）姚鼐輯　**古文辭**

類纂校勘記一卷　（清）李承淵撰　清光緒二十七年(1901)滁州李氏求要堂刻本　施贄批　十二冊

330000－1716－0005480　普集 0052/05480　集部/總集類/選集之屬/通代

古文淵鑒六十四卷　（清）徐乾學等輯注　清同治十二年(1873)浙江書局刻本　三十一冊

330000－1716－0005482　普集 0053/05482　集部/別集類/清別集

梅村詩集箋注十八卷　（清）吳偉業撰　（清）吳翌鳳箋注　清嘉慶十九年(1814)嚴榮滄浪吟榭刻本　四冊　存十五卷(四至十八)

330000－1716－0005483　史補 1037/05483　史部/史評類/史論之屬

史要增注七卷　（清）任啟運輯　（清）吳兆慶纂注　（清）任麟徵增注　清光緒十四年(1888)上海鴻文書局石印本　四冊

330000－1716－0005484　普叢 0275/05484　類叢部/叢書類/自著之屬

蛾術堂集十四種二十四卷　（清）沈豫撰　清道光十八年(1838)蕭山沈氏漢讀齋刻本　四冊　存十三種

330000－1716－0005486　普集 0055－1/05486　集部/別集類/宋別集

宋李忠定公奏議選十五卷文集選二十九卷首四卷目錄二卷　（宋）李綱撰　（明）左光先等選　明崇禎十二年(1639)李氏刻清康熙四十四年(1705)李榮芳乾隆二十七年(1762)徐時作遞修本　十三冊　缺九卷(十至十二、文集選三至八)

330000－1716－0005487　史補 1039/05487　史部/史抄類

宋史菁華錄三卷遼史菁華錄一卷金史菁華錄三卷元史菁華錄三卷　（清）納蘭常安輯　清光緒二十六年(1900)上海書局石印本　二冊

330000－1716－0005488　普集 0056/05488　集部/總集類/彙編之屬

元白長慶集一百四十一卷　（明）馬元調輯

明萬曆松江馬元調刻本　九冊　存一種

330000－1716－0005489　普集 0057/05489　集部/別集類/清別集

思綺堂文集十卷　（清）章藻功撰　清康熙六十一年(1722)凌雲書屋刻本　十冊

330000－1716－0005490　經補 0927－6/05490　經部/詩類/傳說之屬

詩經集傳八卷　（宋）朱熹撰　清刻本　三冊　存六卷(三至八)

330000－1716－0005491　普集 0059/05491　集部/別集類/清別集

漁洋山人精華錄訓纂十卷目錄二卷年譜注補二卷　（清）王士禎撰　（清）惠棟注補　清乾隆惠氏紅豆齋刻本　十冊　缺二卷(一、五)

330000－1716－0005493　史補 1042/05493　史部/紀事本末類/斷代之屬

聖武記十四卷　（清）魏源撰　清光緒二十九年(1903)蜚英館鉛印本　六冊

330000－1716－0005494　地獻 1908/05494　經部/儀禮類/傳說之屬

儀禮易讀十七卷　（清）馬駉撰　清嘉慶悅六齋刻本　一冊　存十二卷(一至十二)

330000－1716－0005496　普集 0061/05496　集部/總集類/選集之屬/斷代

八旗文經五十六卷作者考三卷敘錄一卷　（清）盛昱　楊鍾羲輯　清光緒二十七年(1901)武昌刻朱印本　十二冊

330000－1716－0005500　史補 0906/05500　史部/編年類/斷代之屬

七朝東華錄一百二十卷（天命朝至道光朝）　王先謙編　清光緒石印本　六冊　存十三卷(道光一至十三)

330000－1716－0005502　普集 0064/05502　集部/別集類/漢魏六朝別集

庾子山集十六卷總釋一卷　（北周）庾信撰　（清）倪璠注　年譜一卷　（清）倪璠撰　清道光十九年(1839)大文堂刻本　九冊

330000－1716－0005503　　普集 0062 普集
0063/05503　　類叢部/叢書類/自著之屬

顧亭林先生遺書十種補遺十一種　　（清）顧炎
武撰　　（清）席威　　（清）朱記榮編　　清蓬瀛閣
刻吳縣朱記榮增刻光緒三十二年（1906）彙印
本　　八冊

330000－1716－0005504　　史補 1045/05504
史部/紀事本末類/通代之屬

歷朝紀事本末七種　　（清）陳如升　　（清）朱記
榮輯　　清光緒十四年（1888）上海書業公所鉛
印本　　一冊　　存一種

330000－1716－0005505　　史補 1596－1/
05505　　史部/史表類/通代之屬

帝王廟謚年諱譜一卷　　（清）陸費墀撰　　清刻
本　　杏圃題記　　一冊

330000－1716－0005506　　普集 0065/05506
類叢部/叢書類/自著之屬

高文恪公集十一種　　（清）高士奇撰　　清康熙
刻本　　八冊

330000－1716－0005508　　史補 1596－2/
05508　　史部/史表類/通代之屬

帝王廟謚年諱譜一卷　　（清）陸費墀撰　　清刻
本　　一冊

330000－1716－0005510　　史補 1596－3/
05510　　史部/史表類/通代之屬

帝王廟謚年諱譜一卷　　（清）陸費墀撰　　清刻
本　　一冊

330000－1716－0005511　　史補 1596－4/
05511　　史部/史表類/通代之屬

帝王廟謚年諱譜一卷　　（清）陸費墀撰　　清刻
本　　一冊

330000－1716－0005512　　史補 1596－5/
05512　　史部/史表類/通代之屬

帝王廟謚年諱譜一卷　　（清）陸費墀撰　　清刻
本　　一冊

330000－1716－0005513　　普集 0066/05513
集部/別集類/宋別集

安陽集五十卷　　（宋）韓琦撰　　**忠獻韓魏王別**

録三卷　　（宋）王巖叟撰　　**忠獻韓魏王遺事一
卷**　　（宋）強至撰　　**忠獻韓魏王家傳十卷**
（明）郭璞校　　清康熙五十六年（1717）崑山徐
樹敏晚香書屋刻乾隆五年（1740）蔣光祖補刻
本　　十冊

330000－1716－0005514　　史補 1596－6/
05514　　史部/史表類/通代之屬

帝王廟謚年諱譜一卷　　（清）陸費墀撰　　清刻
本　　一冊

330000－1716－0005515　　史補 1043－1/
05515　　史部/編年類/斷代之屬

皇朝大事紀年二卷　　黃壽裒定　　黃之焱編
清光緒二十八年（1902）石印本　　二冊

330000－1716－0005516　　史補 1596－7/
05516　　史部/史表類/通代之屬

帝王廟謚年諱譜一卷　　（清）陸費墀撰　　清刻
本　　一冊

330000－1716－0005517　　史補 1596－8/
05517　　史部/史表類/通代之屬

帝王廟謚年諱譜一卷　　（清）陸費墀撰　　清刻
本　　一冊

330000－1716－0005518　　史補 1596－9/
05518　　史部/史表類/通代之屬

帝王廟謚年諱譜一卷　　（清）陸費墀撰　　清刻
本　　一冊

330000－1716－0005519　　史補 1596－10/
05519　　史部/史表類/通代之屬

帝王廟謚年諱譜一卷　　（清）陸費墀撰　　清刻
本　　一冊

330000－1716－0005520　　史補 1596－11/
05520　　史部/史表類/通代之屬

帝王廟謚年諱譜一卷　　（清）陸費墀撰　　清刻
本　　一冊

330000－1716－0005521　　史補 1596－12/
05521　　史部/史表類/通代之屬

帝王廟謚年諱譜一卷　　（清）陸費墀撰　　清刻
本　　一冊

330000－1716－0005522　普集 0067/05522
集部/別集類/宋別集

蘇文忠詩合注五十卷首一卷目録一卷（宋）蘇軾撰　（清）馮應榴輯　清乾隆六十年(1795)桐鄉馮氏踵息齋刻本　八册　存十八卷(三十四至五十、首)

330000－1716－0005523　史補 1044－1/05523　史部/史表類/通代之屬

四裔編年表四卷（清）李鳳苞輯　清光緒二十三年(1897)石印本　四册

330000－1716－0005524　普史 1707/05524
史部/編年類/通代之屬

綱鑑會編九十八卷（清）葉澐輯　清康熙刻本　五十六册

330000－1716－0005525　史補 1044－2/05525　史部/史表類/通代之屬

四裔編年表四卷（清）李鳳苞輯　清光緒二十三年(1897)石印本　四册

330000－1716－0005526　史補 1043－2/05526　史部/編年類/斷代之屬

皇朝大事紀年二卷　黃壽袞定　黃之焱編　清光緒二十八年(1902)石印本　一册

330000－1716－0005527　普集 0068/05527
類叢部/叢書類/自著之屬

高文恪公集十一種（清）高士奇撰　清康熙刻本　二册　存二種

330000－1716－0005528　史補 1043－3/05528　史部/編年類/斷代之屬

皇朝大事紀年二卷　黃壽袞定　黃之焱編　清光緒二十八年(1902)石印本　一册

330000－1716－0005529　普集 0069/05529
集部/別集類/唐五代別集

杜詩詳注二十五卷首一卷附編二卷（唐）杜甫撰　（清）仇兆鰲輯注　清大文堂刻本　二十八册

330000－1716－0005532　普史 1681/05532
史部/紀傳類/正史之屬

二十四史　清同治至光緒五省官書局據汲古閣本等合刻光緒五年(1879)湖北書局彙印本　一百九册　存八種

330000－1716－0005533　普集 0070/05533
集部/別集類/清別集

望溪先生文集十八卷集外文十卷集外文補遺二卷年譜二卷（清）方苞撰　清咸豐元年(1851)戴鈞衡刻二年(1852)增刻本　十六册

330000－1716－0005535　普史 1706/05535
史部/編年類/通代之屬

御批歷代通鑑輯覽一百二十卷（清）傅恒等撰　清同治十一年(1872)湖北崇文書局刻本　五十九册　缺一卷(六十三)

330000－1716－0005537　普集 0075/05537
集部/總集類/選集之屬/通代

文選六十卷（南朝梁）蕭統輯　（唐）李善注　**文選考異十卷**（清）胡克家撰　清宣統三年(1911)上海會文堂石印本　十六册

330000－1716－0005541　普集 0078/05541
類叢部/類書類/專類之屬

皇朝駢文類苑十四卷首一卷（清）姚燮選　清光緒七年(1881)鎮海張壽榮刻本　十二册

330000－1716－0005544　普集 0079/05544
類叢部/叢書類/自著之屬

春在堂全書三十六種（清）俞樾撰　清光緒二十三年(1897)石印本　二十八册　存二十種

330000－1716－0005548　史補 1051/05548
史部/金石類/陶之屬/文字

秦漢瓦當文字一卷續一卷（清）程敦撰　清乾隆五十二年(1787)橫渠書院刻五十九年(1794)續刻本　三册

330000－1716－0005549　子補 3124/05549
子部/宗教類/佛教之屬/經疏

佛說觀無量壽佛經附圖頌一卷（南朝宋）釋畺良耶舍譯　（明）釋傳燈圖並頌　清同治七年(1868)杭州昭慶寺慧空經房刻本　一册

330000－1716－0005551　史補 1054/05551
史部/傳記類/總傳之屬/仕宦

貳臣傳十二卷逆臣傳四卷　（清）國史館撰
清都城琉璃廠半松居士刻本　八冊

330000－1716－0005552　史補 1056/05552
史部/傳記類/別傳之屬
先聖生卒年月日考二卷　（清）孔廣牧撰　清
光緒十九年(1893)浙江書局刻本　一冊

330000－1716－0005554　史補 1057/05554
史部/地理類/雜志之屬
日下尊聞録五卷　（清）□□撰　清光緒十七
年(1891)同文書局石印本　一冊

330000－1716－0005556　普集 0083　普集
0178　普集 0300　普集 0717　普集 1507/05556
類叢部/叢書類/自著之屬
春在堂全書三十六種　（清）俞樾撰　清同治
至光緒刻本　十八冊　存五種

330000－1716－0005558　集補 0205－7/
05558　集部/別集類
飲冰室文集十六卷補遺二卷　梁啟超撰　清
光緒二十九年(1903)上海廣智書局鉛印本
十一冊　存十三卷(二至三、五、九至十六,補
遺一至二)

330000－1716－0005559　史補 1050/05559
史部/金石類/石之屬/文字
兩漢石文目一卷　（清）李思億撰　稿本
一冊

330000－1716－0005560　普集 0086/05560
集部/別集類/清別集
尚絅堂詩集五十二卷箏船詞二卷駢體文二卷
　（清）劉嗣綰撰　清同治八年(1869)劉氏刻
宣統二年(1910)印本　八冊　缺十二卷(二
十四至三十五)

330000－1716－0005561　普集 0082/05561
集部/別集類/清別集
梅花閣集十六卷　（清）程直礽撰　清道光刻
本　四冊

330000－1716－0005562　普集 0087/05562
集部/總集類/選集之屬/斷代
唐詩別裁集引典備注二十卷　（清）沈德潛輯

（清）俞汝昌注　清道光十七年(1837)白鹿
山房刻本　十二冊

330000－1716－0005563　子補 3125/05563
子部/道家類
續仙傳三卷附校譌一卷　（南唐）沈汾撰
（明）黃省曾贊　楊太真外傳二卷附校譌一卷
　（宋）樂史撰　文章精義一卷附校譌一卷
（宋）李耆卿撰　清木活字印本　一冊

330000－1716－0005564　史補 1058/05564
史部/地理類/雜志之屬
暨陽風俗賦一卷　（清）石昭炳撰　清道光二
十三年(1843)鐵樵吟館刻本　一冊

330000－1716－0005566　史補 1069/05566
史部/史評類/史論之屬
宜鑑無雙論一卷　（清）朱雲龍撰　清嘉慶元
年(1796)二南軒刻本　一冊

330000－1716－0005568　普集 0088/05568
集部/別集類/清別集
陳檢討集二十卷　（清）陳維崧撰　（清）程師
恭注　清康熙刻本　四冊

330000－1716－0005570　史補 1060/05570
史部/地理類/外紀之屬
環遊地球新録四卷　（清）李圭撰　清光緒四
年(1878)鉛印本　四冊

330000－1716－0005571　普集 0091/05571
集部/別集類/清別集
頻羅庵遺集十六卷　（清）梁同書撰　清嘉慶
二十二年(1817)陸貞一杭州刻本　清傅以禮
題記　七冊　存八卷(一至五、十四至十六)

330000－1716－0005573　普集 0093　普集
0533/05573　集部/總集類/選集之屬/斷代
本朝館閣詩二十卷附録一卷　（清）阮學浩
（清）阮學濬輯　清乾隆二十三年(1758)困學
書屋刻本　十二冊

330000－1716－0005574　普集 0090/05574
類叢部/叢書類/自著之屬
惜抱軒集七種　（清）姚鼐撰　清嘉慶刻本
二冊　存二種

330000－1716－0005576　　普集 0092/05576
集部/總集類/選集之屬/通代

古文淵鑑六十四卷　（清）徐乾學等輯注　清
刻五色套印本　十七冊　缺二十二卷(一至
二十二)

330000－1716－0005577　　史補 1068/05577
史部/地理類/方志之屬/郡縣志

[元豐]吳郡圖經續記三卷　（宋）朱長文纂修
清同治十二年(1873)江蘇書局刻本　一冊

330000－1716－0005581　　史補 1065/05581
史部/地理類/遊記之屬/紀行

南雁山紀游二卷中雁山紀游二卷　（清）張盛
藻撰　清光緒七年(1881)刻本　一冊

330000－1716－0005582　　普集 0094/05582
類叢部/叢書類/自著之屬

草廬吳文正公全書十三種　（元）吳澄撰　清
乾隆吳氏刻二十一年(1756)萬璜校刻道光補
刻彙印本　五冊　存四種

330000－1716－0005584　　史補 1071/05584
史部/地理類/山川之屬/山志

峨山圖志二卷　（清）黃錫燾纂　清光緒十七
年(1891)刻本　二冊

330000－1716－0005585　　普集 0095/05585
集部/總集類/選集之屬/斷代

才調集十卷　（五代）韋縠輯　清康熙四十三
年(1704)汪氏垂雲堂刻本　二冊　缺一卷
(四)

330000－1716－0005587　　普集 0096/05587
集部/總集類/選集之屬/通代

駢體文鈔三十一卷　（清）李兆洛輯　清道光
元年(1821)合河康氏刻同治六年(1867)婁江
徐氏補刻本　唐文獻題記　七冊　存二十八
卷(一至二十八)

330000－1716－0005588　　普集 0097/05588
集部/總集類/選集之屬/通代

古唐詩合解古詩四卷唐詩十二卷　（清）王堯
衢注　清光緒南京李光明莊刻本　五冊　存
十四卷(古詩一至四,唐詩一至七、十至十二)

330000－1716－0005589　　史補 1072/05589
史部/地理類/山川之屬/山志

峨山圖志二卷　（清）黃錫燾纂　清光緒十七
年(1891)刻本　二冊

330000－1716－0005592　　普集 0101/05592
集部/別集類/清別集

寄青齋詩稿一卷詞稿一卷　（清）徐虔復撰
綠雲館吟草一卷賦鈔一卷　（清）程芙亭撰
清光緒十三年(1887)徐煥章留餘堂刻本
二冊

330000－1716－0005594　　普集 0098/05594
集部/別集類/清別集

樂善堂全集定本三十卷　（清）高宗弘曆撰
清乾隆刻本　四冊　缺十六卷(九至二十四)

330000－1716－0005595　　史補 1073－1/
05595　　新學/史志/別國史

支那通史七卷　（日本）那珂通世編　清光緒
二十五年(1899)上海東文學社石印本　五冊
存四卷(一至四)

330000－1716－0005601　　史補 1073－2/
05601　　新學/史志/別國史

支那通史七卷　（日本）那珂通世編　清光緒
二十五年(1899)上海東文學社石印本　五冊
存四卷(一至四)

330000－1716－0005602　　史補 1073－3/
05602　　新學/史志/別國史

支那通史七卷　（日本）那珂通世編　清光緒
二十五年(1899)上海東文學社石印本　五冊
存四卷(一至四)

330000－1716－0005603　　史補 1074/05603
新學/史志/別國史

續支那通史二卷　（日本）山峰畯藏撰　（清）
中國漢陽青年編譯　清光緒三十二年(1906)
會文堂書局石印本　四冊

330000－1716－0005604　　普叢 0251/05604
類叢部/叢書類/自著之屬

煙嶼樓集四種　（清）徐時棟撰　清同治至光
緒刻彙印本　清王榮商題跋　五冊　存二種

330000－1716－0005605　古越 0770/05605
集部/詞類/總集之屬

昭代詞選三十八卷　（清）蔣重光輯　清乾隆
三十二年(1767)經鉏堂刻本　八冊　缺十一
卷(二十六至三十三、三十六至三十八)

330000－1716－0005606　史補 1073－4/
05606　新學/史志/別國史

支那通史七卷　（日本）那珂通世編　清光緒
二十五年(1899)中西石印書局鉛印本　五冊
存四卷(一至四)

330000－1716－0005608　普集 0105/05608
集部/別集類/清別集

有正味齋駢文箋注十六卷補注一卷　（清）吳
錫麒撰　（清）葉聯芬注　清慈谿葉氏刻本
五冊　存十卷(六、九至十六,補注)

330000－1716－0005609　史補 1073－5/
05609　新學/史志/別國史

支那通史七卷　（日本）那珂通世編　清光緒
二十五年(1899)上海東文學社石印本　五冊
存四卷(一至四)

330000－1716－0005613　史補 1076/05613
史部/政書類/公牘檔冊之屬

樊山公牘四卷　樊增祥撰　清宣統三年
(1911)廣益書局石印本　四冊

330000－1716－0005614　普集 0108/05614
集部/總集類/選集之屬/斷代

八家四六文注八卷首一卷　（清）吳鼒輯
（清）許貞幹注　**補注一卷**　陳衍撰　清光緒
十八年(1892)上海圖書集成印書局鉛印本
八冊

330000－1716－0005615　普集 0110/05615
集部/別集類/清別集

**壯悔堂文集十卷遺稿一卷四憶堂詩集六卷遺
稿一卷**　（清）侯方域撰　（清）賈開宗等評點
清宣統二年(1910)上海掃葉山房石印本
六冊

330000－1716－0005617　史補 1129－1/
05617　史部/叢編

痛史二十一種附九種　樂天居士輯　清宣統
三年(1911)上海商務印書館鉛印本　十三冊
存八種

330000－1716－0005620　普集 0116/05620
集部/別集類/唐五代別集

韋蘇州集十卷　（唐）韋應物撰　清宣統三年
(1911)上海自強書局石印本　六冊

330000－1716－0005622　普集 0118/05622
集部/總集類/課藝之屬

館律分韻初編六卷　（清）春暉閣主人輯　清
光緒上海鴻寶齋石印本　六冊

330000－1716－0005623　新補 0598/05623
新學/史志/諸國史

泰西新史攬要二十四卷　（英國）馬懇西撰
（英國）李提摩太釋　清光緒二十八年(1902)
上海商務印書館鉛印本　七冊

330000－1716－0005632　普集 0122/05632
集部/別集類/唐五代別集

河東先生文集六卷　（唐）柳宗元撰　清宣統
二年(1910)上海會文堂石印本　六冊

330000－1716－0005637　史補 1090/05637
史部/地理類/山川之屬/山志

盋山志八卷　（清）顧雲撰　清光緒九年
(1883)金陵盋山精舍刻本　一冊　缺二卷
(七至八)

330000－1716－0005639　史補 1079－1/
05639　史部/地理類/山川之屬/水志

莫愁湖志六卷首一卷　（清）馬士圖撰　清光
緒八年(1882)、十七年(1891)刻本　二冊

330000－1716－0005640　普集 0125/05640
集部/別集類/清別集

袁文箋正十六卷補注一卷　（清）袁枚撰
（清）石韞玉箋　**增訂袁文箋正四卷**　（清）魏
大緒撰　清光緒上海文瑞樓石印本　施煒圈
點　五冊

330000－1716－0005641　普集 0120/05641
集部/別集類/唐五代別集

孟東野集十卷附一卷　（唐）孟郊撰　**追昔游**

集三卷　(唐)李紳撰　清宣統二年(1910)上海著易堂石印本　四冊

330000－1716－0005642　史補 1079－2/05642　史部/地理類/山川之屬/水志

莫愁湖志六卷首一卷　(清)馬士圖撰　清光緒八年(1882)、十七年(1891)刻本　二冊

330000－1716－0005643　史補 1092/05643　史部/目錄類/通論之屬/考訂

古今偽書考一卷　(清)姚際恒撰　清光緒三年(1877)廣漢張馥笙成都刻本　一冊

330000－1716－0005645　普集 0126/05645　集部/總集類/選集之屬/通代

三十家詩鈔六卷首一卷末一卷　(清)曾國藩纂　(清)王定安輯　清宣統元年(1909)上海崇善堂石印本　六冊

330000－1716－0005646　普集 0127 普集 1215/05646　集部/總集類/選集之屬/斷代

全唐詩九百卷目錄十二卷　(清)曹寅等輯　清光緒元年(1875)撫州饒玉成雙峰書屋刻本　六十九冊

330000－1716－0005647　子補 3138/05647　子部/藝術類/遊藝之屬/聯語

莫愁湖楹聯便覽一卷　(清)釋壽安編　清光緒五年(1879)刻本　一冊

330000－1716－0005648　新補 0327－1/05648　史部/地理類/外紀之屬

泰西各國采風記五卷紀程感事詩一卷時務論一卷　宋育仁撰　清光緒二十二年(1896)袖海山房石印本　四冊　缺一卷(紀程感事詩)

330000－1716－0005651　經補 0112－2/05651　經部/小學類/文字之屬/字書/字典

字典考證不分卷　(清)王念孫　(清)王引之撰　清石印本　一冊

330000－1716－0005652　普集 0131/05652　集部/總集類/選集之屬/通代

古文辭類纂十五卷　(清)姚鼐輯　續古文辭類纂十卷　王先謙輯　清光緒十六年(1890)上海文瑞樓鉛印本　十冊

330000－1716－0005653　新補 0327－2/05653　史部/地理類/外紀之屬

泰西各國采風記五卷紀程感事詩一卷時務論一卷　宋育仁撰　清光緒二十二年(1896)袖海山房石印本　四冊

330000－1716－0005654　普集 0132/05654　集部/總集類/選集之屬/通代

文選六十卷　(南朝梁)蕭統輯　(唐)李善注　清光緒十八年(1892)上海廣百宋齋鉛印本　十冊

330000－1716－0005655　史補 1080/05655　史部/地理類/方志之屬/郡縣志

[道光]重修蓬萊縣志十四卷　(清)王文燾修　(清)張本等纂　清道光十九年(1839)刻本　六冊　缺四卷(八至十一)

330000－1716－0005658　普集 0135/05658　集部/別集類/清別集

鄭板橋全集五種　(清)鄭燮撰　清宣統元年(1909)上海掃葉山房石印本　四冊

330000－1716－0005659　普集 0138/05659　集部/別集類/清別集

兩當軒集二十卷補遺二卷附錄四卷　(清)黃景仁撰　兩當軒集攷異二卷　(清)黃志述撰　清宣統二年(1910)掃葉山房石印本　六冊

330000－1716－0005660　史補 1081/05660　史部/地理類/山川之屬/山志

委羽山志六卷　(明)胡昌賢撰　續志六卷首一卷　(清)王維翰撰　清同治九年(1870)委羽石室刻本(續志卷三至六配清抄本)　三冊　缺六卷(一至六)

330000－1716－0005664　地獻 1173－4/05664　類叢部/叢書類/家集之屬

董氏叢書十六種　(清)董金鑑編　清光緒三十二年(1906)會稽董氏取斯家塾刻本　一冊　存一種

330000－1716－0005665　普史 0590－1/05665　史部/史抄類

歐陽文忠公新唐書抄二卷五代史抄二十卷

(明)茅坤輯並評　明末刻本　四冊　存二十
卷(五代史抄一至二十)

330000－1716－0005667　子補3137/05667
子部/工藝類/日用器物之屬/器具

湖船録一卷　(清)厲鶚撰　清道光二十七年
(1847)錢塘汪氏振綺堂刻本　一冊

330000－1716－0005668　史補1082/05668
史部/地理類/專志之屬/園林

滄浪小志二卷　(清)宋犖輯　清光緒十年
(1884)江蘇書局刻本　一冊

330000－1716－0005671　集補2463/05671
集部/總集類/酬唱之屬

龍馬潭唱和詩集二卷　顏楷編　清宣統元年
(1909)鉛印本　一冊

330000－1716－0005672　史補1084/05672
史部/地理類/山川之屬/水志

南湖考一卷　(明)陳幼學撰　節録餘杭縣南
湖事略一卷南湖誌考一卷　(清)陳善撰　清
光緒五年(1879)浙江官書局刻本　一冊

330000－1716－0005675　普集0141/05675
集部/別集類

湘綺樓全集三十卷　王闓運撰　清宣統三年
(1911)上海國學扶輪社石印本　十二冊

330000－1716－0005676　普集0145/05676
集部/別集類/清別集

亭林詩集五卷文集六卷餘集一卷　(清)顧炎
武撰　清宣統二年(1910)掃葉山房石印本
四冊

330000－1716－0005679　普集0149/05679
集部/詞類/總集之屬

詞選二卷　(清)張惠言輯　附録一卷　(清)
鄭善長輯　續詞選二卷　(清)董毅輯　清宣
統三年(1911)掃葉山房石印本　一冊

330000－1716－0005684　史補1091/05684
史部/傳記類/職官録之屬/總録

[清光緒四年]爵秩全覽不分卷　清光緒四年
(1878)刻本　四冊

330000－1716－0005685　普集0153/05685
集部/總集類/尺牘之屬

八賢手札(名賢手札)八卷　(清)曾國藩等撰
　(清)郭慶藩輯　清光緒三十四年(1908)上
洋海左書局石印本　四冊

330000－1716－0005686　史補1094－1/
05686　史部/地理類/專志之屬/寺觀

天童寺志十卷首一卷　(清)德介　(清)聞性
道撰　清康熙刻咸豐元年(1851)重修本
四冊

330000－1716－0005687　史補0890－1/
05687　史部/編年類/通代之屬

大文堂綱鑑易知録九十二卷　(清)吳乘權
(清)周之炯　(清)周之燦輯　清刻本　一冊
　存二卷(七十七至七十八)

330000－1716－0005688　史補1093/05688
史部/地理類/雜志之屬

華陽國志十二卷　(晉)常璩撰　補三州郡縣
目録一卷　(清)廖寅撰　清嘉慶十九年
(1814)廖氏題襟館刻本　四冊

330000－1716－0005691　普史1708/05691
史部/編年類/通代之屬

御批歷代通鑑輯覽一百二十卷　(清)傅恒等
撰　清同治十年(1871)浙江書局刻朱墨套印
本　四十八冊

330000－1716－0005692　普史1656/05692
史部/紀傳類/正史之屬

二十四史　清同治至光緒五省官書局據汲古
閣本等合刻光緒五年(1879)湖北書局彙印本
　七十九冊　存一種

330000－1716－0005699　子補3135/05699
子部/術數類/占卜之屬

先天易數卦詩八卷　清刻本　二冊

330000－1716－0005700　子補3634/05700
子部/醫家類/類編之屬

陳修園醫書二十三種　(清)陳念祖等撰　清
光緒二十七年(1901)新化三味書局刻本　十
一冊　存四種

330000－1716－0005703　史補 1097/05703
史部/傳記類/總傳之屬/通代

帝鑑圖說四卷　（明）張居正等撰　清光緒六年(1880)點石齋石印本　二冊　存二卷(一至二)

330000－1716－0005704　史補 1096/05704
史部/雜史類/通代之屬

重訂路史全本十六卷　（宋）羅泌撰　（宋）羅苹注　（明）吳弘基等重編　清光緒二十年(1894)上海文瑞樓石印本　三冊　存八卷(前紀一至二、後紀一至四、國名紀三至四)

330000－1716－0005706　普集 0166/05706
集部/別集類/清別集

長谿草堂集十卷　（清）潘允喆撰　清光緒十二年(1886)刻本　四冊　存八卷(詩鈔一至二、詞鈔、詩存一至五)

330000－1716－0005707　普集 0165/05707
集部/總集類/選集之屬/通代

百大家批評文選十二卷　（明）沈一貫選輯　清末文盛書局石印本　十二冊

330000－1716－0005708　新學/史志/諸國史

萬國史記二十卷　（日本）岡本監輔撰　清末石印本　七冊　存十八卷(三至二十)

330000－1716－0005709　普集 0170/05709
集部/別集類/清別集

又其次齋詩集七卷　（清）吳世涵撰　清刻本　三冊　存三卷(五至七)

330000－1716－0005710　普集 0169/05710
集部/總集類/選集之屬/通代

駢體文鈔三十一卷　（清）李兆洛輯　清道光元年(1821)合河康氏刻同治六年(1867)婁江徐氏補刻本　五冊　存二十二卷(一至十九、二十二至二十四)

330000－1716－0005711　史補 1099/05711
史部/編年類/通代之屬

史翼三十六卷　（清）王紹翰編輯　清光緒二十九年(1903)支那新書局石印本　一冊　存四卷(一至四)

330000－1716－0005712　普集 0167/05712
集部/詞類/總集之屬

詞綜三十八卷　（清）朱彝尊輯　（清）汪森增定　（清）柯崇樸編次　（清）周篔辨譌　（清）王昶補纂　**明詞綜十二卷國朝詞綜四十八卷國朝詞綜二集八卷**　（清）王昶輯　清松江文萃堂刻本　十冊　存三十八卷(詞綜一至三十八)

330000－1716－0005713　史補 1101/05713
史部/編年類/通代之屬

新增加批綱鑑補注二十四卷首一卷　（明）袁黃編纂　清光緒二十年(1894)上海寶善書局石印本　十二冊

330000－1716－0005714　普集 0171/05714
集部/別集類/宋別集

司馬文正公傳家集八十卷目錄二卷　（宋）司馬光撰　**年譜一卷附錄一卷**　（清）陳弘謀編　清乾隆六年(1741)桂林陳氏培遠堂刻本　十六冊

330000－1716－0005715　史補 1103/05715
史部/傳記類/總傳之屬/斷代

勝國宰輔錄三卷　宗能徵撰　清光緒三十四年(1908)鉛印本　三冊

330000－1716－0005716　經補 0937/05716
經部/小學類/文字之屬/說文

說文解字十五卷標目一卷　（漢）許慎撰　（宋）徐鉉等校定　清刻本　三冊　缺五卷(四至八)

330000－1716－0005717　史補 1100/05717
史部/傳記類/總傳之屬/通代

增廣古今人物論三十六卷續編十二卷　（明）鄭賢　（清）願學齋同人輯　清光緒二十五年(1899)杭州衢奠書局石印本　十二冊

330000－1716－0005718　史補 1104/05718
史部/傳記類/總傳之屬/文苑

漁洋感舊集小傳四卷補遺一卷　（清）盧見曾撰　清光緒四年(1878)上海淞隱閣鉛印本

一冊

330000 - 1716 - 0005719　史補 1102/05719
類叢部/叢書類/自著之屬

談瀛録六種七卷　（清）袁祖志撰　清光緒十年(1884)上海同文書局石印本　二冊

330000 - 1716 - 0005720　普集 0173/05720
集部/詞類/類編之屬

詞學全書四種　（清）查培繼編　清刻本　一冊　存三種

330000 - 1716 - 0005724　普集 0174 普集 1449/05724　集部/詞類/總集之屬

詞綜三十八卷　（清）朱彝尊輯　（清）汪森增定　（清）柯崇樸編次　（清）周篔辨譌（清）王昶補纂　**明詞綜十二卷國朝詞綜四十八卷國朝詞綜二集八卷**　（清）王昶輯　清同治四年(1865)亦西齋刻本　二十冊

330000 - 1716 - 0005725　普集 0177/05725
集部/別集類/清別集

江上吟六卷　（清）許紹沆撰　清光緒三十四年(1908)刻本　二冊

330000 - 1716 - 0005726　普叢 0397/05726
類叢部/叢書類/自著之屬

林文忠公遺集四種　（清）林則徐撰　清光緒三山林氏刻本　二冊

330000 - 1716 - 0005727　普集 0179/05727
類叢部/叢書類/自著之屬

春在堂全書三十六種　（清）俞樾撰　清同治至光緒刻本　一冊　存一種

330000 - 1716 - 0005728　普集 0180/05728
集部/詞類/別集之屬

捧月樓綺語八卷　（清）袁通撰　清嘉慶刻本　二冊

330000 - 1716 - 0005730　普集 0181/05730
集部/別集類/清別集

吳摯甫文集四卷附鈔深州風土記四篇一卷詩集一卷　（清）吳汝綸撰　清宣統二年(1910)上海國學扶輪社石印本　六冊

330000 - 1716 - 0005732　普集 0182/05732
集部/總集類/選集之屬/斷代

御定全唐詩録一百卷詩人年表一卷　（清）徐倬等輯　清康熙四十五年(1706)揚州詩局刻本　二十四冊

330000 - 1716 - 0005737　史補 1114/05737
史部/地理類/山川之屬/山志

九華山志十卷首一卷末一卷　（清）謝維喈（清）周贇纂修　清光緒二十六年(1900)刻本五冊　存六卷(一至二、六至九)

330000 - 1716 - 0005738　普集 0186/05738
集部/別集類/唐五代別集

玉谿生詩箋注三卷樊南文集箋注八卷　（唐）李商隱撰　（清）馮浩箋注　**首一卷附玉谿生年譜一卷**　（清）馮浩輯　（清）蔣德馨批注清乾隆四十五年(1780)德聚堂刻本　四冊存八卷(樊南文集箋注一至八)

330000 - 1716 - 0005740　普集 0183/05740
類叢部/叢書類/自著之屬

諸葛忠武侯全集(忠武侯諸葛孔明先生全集)五種　（三國蜀）諸葛亮撰　（清）張澍編　清刻本　十冊　存四種

330000 - 1716 - 0005742　史補 1110/05742
史部/地理類/山川之屬/水志

水經注箋四十卷　（明）朱謀㙔撰　清同治二年(1863)長沙余氏補修天都黃氏槐蔭草堂刻本　十六冊

330000 - 1716 - 0005743　普集 0187/05743
史部/傳記類/總傳之屬/列女

彤史貞孝録不分卷　（清）□□輯　清光緒二十年(1894)京師刻本　一冊

330000 - 1716 - 0005745　普集 0189/05745
集部/別集類/宋別集

蘇文忠詩合注五十卷首一卷目録一卷　（宋）蘇軾撰　（清）馮應榴輯　清乾隆六十年(1795)桐鄉馮氏踵息齋刻同治九年(1870)增修本　二十四冊

330000 - 1716 - 0005746　史補 1134/05746

史部/目錄類/總錄之屬/官修

浙江藏書樓甲編書目五卷補遺一卷乙編書目一卷補遺一卷日文書目一卷 楊復編 清光緒三十三年(1907)杭州華豐書局鉛印本 一冊 存三卷(乙編書目、乙編補遺、日文書目)

330000－1716－0005747 普集 0188/05747
集部/別集類/宋別集

宋王忠文公文集五十卷目錄四卷 （宋）王十朋撰 **梅溪王忠文公年譜一卷** （清）徐炯文編 清雍正六年(1728)唐傳鉎刻鴈就堂印同治十年(1871)補修本 十二冊

330000－1716－0005749 普集 0190/05749
集部/別集類/宋別集

蘇文忠詩合注五十卷首一卷目錄一卷 （宋）蘇軾撰 （清）馮應榴輯 清乾隆六十年(1795)桐鄉馮氏踵息齋刻本 十冊

330000－1716－0005750 普集 0191/05750
集部/詞類/總集之屬

國朝詞綜四十八卷二集八卷 （清）王昶輯 清嘉慶七年(1802)三泖漁莊刻本 九冊 缺六卷(十九至二十四)

330000－1716－0005752 史補 1112/05752
史部/目錄類/通論之屬/考訂

古今偽書考一卷 （清）姚際恒撰 清光緒十五年(1889)善化章恭斌經濟書堂刻本 一冊

330000－1716－0005753 普 集 0192－1/05753 集部/別集類/宋別集

歐陽文忠公全集一百五十三卷附錄五卷 （宋）歐陽修撰 **年譜一卷** （宋）胡柯編 清嘉慶二十四年(1819)歐陽衡刻本 二十九冊 存一百四十二卷(十八至一百五十三、附錄一至五、年譜)

330000－1716－0005754 普集 0194/05754
集部/別集類/唐五代別集

杜詩詳注二十五卷首一卷附編二卷 （唐）杜甫撰 （清）仇兆鰲輯注 清刻本 十二冊 存十二卷(一至十一、首)

330000－1716－0005755 普集 0195/05755

集部/別集類/唐五代別集

杜詩詳注二十五卷首一卷附編二卷 （唐）杜甫撰 （清）仇兆鰲輯注 清刻本 十七冊 存二十二卷(一至十五、二十一至二十五,附編一至二)

330000－1716－0005756 普集 0196/05756
集部/別集類/清別集

思綺堂文集十卷 （清）章藻功撰 清刻本 三冊 存三卷(八至十)

330000－1716－0005757 子補 3140－1/05757 子部/術數類/占卜之屬

華佗乩諭果報一卷首一卷 （清）楊炯齋撰 清光緒二十一年(1895)諸暨楊氏迎仙居刻本 一冊

330000－1716－0005759 普集 0199/05759
集部/別集類/清別集

有正味齋駢文箋注十六卷補注一卷 （清）吳錫麒撰 （清）葉聯芬注 清道光二十年(1840)慈谿葉氏刻本 五冊

330000－1716－0005762 集補 1521－2/05762 集部/別集類/宋別集

山谷詩內集注二十卷外集注十七卷外集補四卷別集注二卷別集補一卷 （宋）黃庭堅撰 （宋）任淵 （宋）史容 （宋）史季溫注 **重刻山谷先生年譜十四卷** （宋）黃𪩘撰 清乾隆五十四年(1789)南康謝氏樹經堂刻本 六冊 存二十三卷(外集注十一至十七、詩別集注一至二、年譜一至十四)

330000－1716－0005763 普集 0202/05763
集部/總集類/課藝之屬

經心書院集四卷 （清）左紹佐輯 清光緒十四年(1888)湖北官書處刻本 三冊 存三卷(二至四)

330000－1716－0005765 普集 0203 普集 1100/05765 集部/別集類/唐五代別集

玉谿生詩詳注三卷樊南文集詳注八卷首一卷附年譜一卷 （唐）李商隱撰 （清）馮浩箋注 清乾隆四十五年(1780)桐鄉馮氏德聚堂刻本 七冊 缺一卷(三)

330000 – 1716 – 0005766　普集 0204/05766
類叢部/叢書類/自著之屬

藝風堂彙刻十六種　繆荃孫撰　清光緒至民
國刻本　四冊　存一種

330000 – 1716 – 0005767　普集 0205/05767
史部/傳記類/別傳之屬

庸德堂贈言四卷前編一卷　（清）余宏輯　清
嘉慶刻本　二冊

330000 – 1716 – 0005768　集補 2464/05768
集部/別集類/宋別集

司馬文正公傳家集八十卷目録二卷　（宋）司
馬光撰　年譜一卷附録一卷　（清）陳弘謀編
清乾隆刻本　一冊　存一卷（年譜）

330000 – 1716 – 0005769　普集 0206/05769
集部/別集類/宋別集

趙清獻公集十卷目録二卷　（宋）趙抃撰　清
南陽趙氏刻本　沈鈞業題記　三冊

330000 – 1716 – 0005770　普類 0160/05770
類叢部/類書類/通類之屬

仕商應酬全書□□卷　清石印本　一冊　存
一卷（四）

330000 – 1716 – 0005772　普集 0207/05772
集部/別集類/清別集

百柱堂全集五十二卷首一卷　（清）王柏心撰
清光緒十九年（1893）刻本　十四冊　缺四
卷（三十四至三十七）

330000 – 1716 – 0005773　普集 0208/05773
集部/別集類/唐五代別集

樊川詩集四卷詩補遺一卷外集一卷別集一卷
（唐）杜牧撰　（清）馮集梧注　清光緒十六
年（1890）湘南書局刻本　五冊

330000 – 1716 – 0005774　普集 0209/05774
類叢部/叢書類/自著之屬

惜抱軒全集十種　（清）姚鼐撰　清同治五年
（1866）李瀚章省心閣刻本　二十二冊　存
九種

330000 – 1716 – 0005775　普集 0211/05775
集部/別集類/唐五代別集

白香山詩長慶集二十卷後集十七卷別集一卷
補遺二卷　（唐）白居易撰　（清）汪立名編訂
白香山年譜一卷　（清）汪立名撰　白香山
年譜舊本一卷　（宋）陳振孫撰　清康熙四十
一年至四十二年（1702 – 1703）汪立名一隅草
堂刻本　十二冊

330000 – 1716 – 0005776　普集 0210/05776
集部/別集類/清別集

古香山館存稿十六卷　（清）彭洋中撰　（清）
曾紀鳳編　清同治十三年（1874）湘鄉彭氏刻
本　五冊　缺三卷（十四至十六）

330000 – 1716 – 0005780　史補 1118/05780
史部/目録類/總録之屬/私撰

廣百宋齋書目一卷　（清）上海廣百宋齋編
清末上海廣百宋齋鉛印本　一冊

330000 – 1716 – 0005782　普集 0214/05782
集部/別集類/清別集

法喜集三卷　（清）釋禪一撰　清嘉慶山舫刻
本　二冊

330000 – 1716 – 0005788　史補 1124/05788
史部/雜史類/斷代之屬

國語二十一卷　（三國吳）韋昭注　校刊明道
本韋氏解國語札記一卷　（清）黃丕烈撰　清
末石印本　一冊　缺十五卷（國語一至十五）

330000 – 1716 – 0005789　普集 0215/05789
類叢部/叢書類/自著之屬

王漁洋遺書三十八種　（清）王士禎撰　清刻
本　四冊　存一種

330000 – 1716 – 0005795　史補 1125 – 1/
05795　史部/雜史類/斷代之屬

戰國策三十三卷　（漢）高誘注　重刻剡川姚
氏本戰國策札記三卷　（清）黃丕烈撰　清光
緒二十七年（1901）上海煥文書局石印本
五冊

330000 – 1716 – 0005805　普集 0228/05805
集部/別集類/清別集

胡文忠公遺集八十六卷首一卷　（清）胡林翼
撰　（清）鄭敦謹　（清）曾國荃輯　（清）胡

鳳丹重編　清光緒二十七年（1901）上海圖書集成印書局石印本　八冊　缺一卷（八十六）

330000 - 1716 - 0005809　普集 0231 普集 0923/05809　集部/別集類/清別集

松桂堂全集三十七卷南洴集三卷延露詞三卷　（清）彭孫遹撰　清宣統三年（1911）掃葉山房石印本　十二冊

330000 - 1716 - 0005811　史補 1132/05811　史部/目錄類/總錄之屬

九通目錄四十卷　（清）雷君彥輯　清光緒二十九年（1903）上海圖書集成印書局石印本　十二冊

330000 - 1716 - 0005812　普集 0234/05812　集部/總集類/課藝之屬

目耕齋讀本初集不分卷二集不分卷　（清）徐楷評注　（清）沈叔眉選刊　清蘇州掃葉山房刻本　五冊

330000 - 1716 - 0005813　史補 1135/05813　史部/地理類/外紀之屬

海國圖志一百卷　（清）魏源撰　清光緒二十一年（1895）上海積山書局石印本　一冊　存七卷（五十二至五十八）

330000 - 1716 - 0005816　普集 0233/05816　集部/別集類/清別集

香屑集十八卷首一卷末一卷　（清）黃之雋撰　（清）陳邦直注　清同治十年（1871）近文堂刻本　六冊

330000 - 1716 - 0005817　經補 0859/05817　經部/小學類/音韻之屬/古今韻說

音學五書五種　（清）顧炎武撰　清光緒十一年（1885）湘陰岵瞻堂刻本　一冊　存一種

330000 - 1716 - 0005821　普集 0236/05821　集部/別集類/清別集

寒香館詩鈔四卷　（清）賀熙齡撰　清末抄本　一冊　存二卷（一至二）

330000 - 1716 - 0005822　史補 1138/05822　史部/政書類/通制之屬

九通二千三百二十一卷　（清）□□輯　清光緒二十七年（1901）上海圖書集成印書局鉛印本　二冊　存一種

330000 - 1716 - 0005824　普集 0238/05824　集部/總集類/選集之屬/斷代

宋四六選二十四卷　（清）彭元瑞　（清）曹振鏞輯　清乾隆四十一年（1776）曹振鏞翠微山麓刻本　十二冊

330000 - 1716 - 0005825　普集 0239/05825　集部/別集類/清別集

玉芝堂文集六卷詩集三卷　（清）邵齊燾撰　清光緒八年（1882）寧波群玉山房刻本　二冊　缺三卷（詩集一至三）

330000 - 1716 - 0005826　普集 1912/05826　子部/儒家類/儒學之屬/性理

性理新論□□卷　清光緒六年（1880）江左刻本　二冊　存二卷（一、四）

330000 - 1716 - 0005827　史補 0784/05827　史部/政書類/邦計之屬/錢幣

學看鷹洋法一卷　清末石印本　一冊

330000 - 1716 - 0005829　集補 1496/05829　集部/別集類/清別集

秣陵集六卷金陵歷代紀年事表一卷圖考一卷　（清）陳文述撰　清光緒十年（1884）淮南書局刻本　一冊　存二卷（五至六）

330000 - 1716 - 0005834　史補 1128/05834　史部/傳記類/總傳之屬/通代

尚友錄二十二卷補遺二十二卷　（明）廖用賢輯　（清）張伯琮補輯　清光緒十四年（1888）上海點石齋石印本　四冊

330000 - 1716 - 0005835　經補 0824/05835　類叢部/類書類/專類之屬

韻圃群芳八卷　（清）姚焜撰　清乾隆三十二年（1767）南城姚氏遠古堂刻本　一冊　存一卷（一）

330000 - 1716 - 0005837　子補 3140 - 2/05837　子部/術數類/占卜之屬

華佗乩諭果報一卷首一卷　（清）楊炯齋撰　清光緒二十一年（1895）諸暨楊氏迎仙居刻本

一冊

330000－1716－0005843　子補0211/05843
子部/醫家類/類編之屬

醫林指月十二種　（清）王琦編　清光緒二十
二年（1896）上海圖書集成印書局鉛印本　一
冊　存二種

330000－1716－0005845　普集0253/05845
集部/別集類/唐五代別集

**溫飛卿詩集七卷別集一卷集外詩一卷附錄諸
家詩評一卷**　（唐）溫庭筠撰　（明）曾益注
（清）顧予咸補注　（清）顧嗣立續注　清宣統
二年（1910）上海國學扶輪社石印本　四冊

330000－1716－0005850　普叢0097－4/
05850　類叢部/叢書類/彙編之屬

知不足齋叢書一百九十六種　（清）鮑廷博編
（清）鮑士恭續編　清乾隆三十七年至道光
三年（1772－1823）長塘鮑氏刻彙印本　四冊
存二種

330000－1716－0005851　普集0251/05851
集部/總集類/選集之屬/斷代

唐四家詩集二十八卷　清宣統三年（1911）上
海掃葉山房石印本　五冊

330000－1716－0005852　普集0258/05852
集部/別集類/清別集

適軒尺牘八卷　（清）徐菊生撰　清同治十年
（1871）安慶左集文堂刻本　二冊　缺二卷
（七至八）

330000－1716－0005858　普集0257/05858
史部/地理類

臺灣雜詠合刻三卷　（清）楊希閔輯　清光緒
七年（1881）刻本　一冊

330000－1716－0005859　地獻0857/05859
史部/目錄類/書志之屬/提要

增版東西學書錄四卷附錄三卷　徐維則輯
顧燮光補　清光緒二十八年（1902）石印本
三冊　缺一卷（四）

330000－1716－0005862　普集0259/05862
集部/總集類/尺牘之屬

歷代名人小簡二卷　吳曾祺輯　清宣統二年
（1910）上海商務印書館鉛印本　二冊

330000－1716－0005863　普叢0347－5/
05863　類叢部/叢書類/彙編之屬

花雨樓叢鈔十一種續鈔十一種附一種　（清）
張壽榮編　清光緒蛟川張氏花雨樓朱墨套印
刻本　八冊　存一種

330000－1716－0005866　普叢0270－3/
05866　類叢部/叢書類/自著之屬

甌北全集八種　（清）趙翼撰　清乾隆至嘉慶
湛貽堂刻本　八冊　存一種

330000－1716－0005867　普集0264/05867
集部/總集類/郡邑之屬

兩浙輶軒錄四十卷補遺十卷　（清）阮元輯
清光緒十六年（1890）浙江書局刻本　十六冊
缺二十五卷（一至二十五）

330000－1716－0005868　普集0261/05868
集部/總集類/尺牘之屬

國朝名人小簡二卷　吳曾祺輯　清宣統元年
（1909）上海商務印書館鉛印本　二冊

330000－1716－0005869　地獻2012/05869
集部/曲類/寶卷之屬

瑞珠寶卷不分卷　清末抄本　二冊

330000－1716－0005870　地獻1829－15/
05870　集部/總集類/選集之屬/通代

文翰齋古文觀止十二卷　（清）吳乘權　（清）
吳大職輯　清光緒六年（1880）浙紹奎照樓刻
本　五冊　存十卷（一至八、十一至十二）

330000－1716－0005871　地獻1829－14/
05871　集部/總集類/選集之屬/通代

文翰齋古文觀止十二卷　（清）吳乘權　（清）
吳大職輯　清光緒刻本　二冊　存四卷（七
至十）

330000－1716－0005872　地獻1829－21/
05872　集部/總集類/選集之屬/通代

古文觀止十二卷　（清）吳乘權　（清）吳大職
輯　清末刻本　五冊　存十卷（三至十二）

330000－1716－0005873　普集 0269/05873
集部/別集類/清別集

樂志堂文集十八卷詩集十二卷　（清）譚瑩撰
清咸豐十年(1860)吏隱園刻本　清井公題
記　二冊　存六卷(詩集一至六)

330000－1716－0005874　普集 0270/05874
集部/詩文評類/文評之屬

文心雕龍十卷　（南朝梁）劉勰撰　（明）楊慎
批　（明）張松孫輯注　清刻本　四冊

330000－1716－0005876　普集 0271/05876
集部/別集類/清別集

**吳詩集覽二十卷補注二十卷吳詩談藪二卷拾
遺一卷**　（清）吳偉業撰　（清）靳榮藩注並輯
清乾隆刻本　十四冊　存十六卷(一至二、
五至七、九至十、十二至二十)

330000－1716－0005877　史補 1140－1/
05877　史部/傳記類/總傳之屬/釋道

繪圖歷代神仙傳二十四卷　（清）□□撰　清
宣統元年(1909)上海掃葉山房石印本　二冊

330000－1716－0005880　普集 0272/05880
集部/總集類/選集之屬/通代

四六法海十二卷　（明）王志堅輯　明天啟七
年(1627)張我城刻清乾隆二十三年(1758)王
鶚槐蔭堂重修載德堂印本　十四冊

330000－1716－0005881　史補 1140－2/
05881　史部/傳記類/總傳之屬/釋道

繪圖歷代神仙傳二十四卷　（清）□□撰　清
宣統元年(1909)上海掃葉山房石印本　八冊

330000－1716－0005884　普叢 0216－2/
05884　類叢部/叢書類/自著之屬

亭林先生遺書彙輯二十三種附錄三種　（清）
顧炎武撰　（清）席威　（清）朱記榮編　清光
緒十一年至三十二年(1885－1906)吳縣朱氏
槐廬家塾刻本　二十一冊　存二十三種

330000－1716－0005886　普集 0274/05886
類叢部/叢書類/家集之屬

影山草堂六種　（清）莫與儔　（清）莫友芝撰
清咸豐至光緒刻本　一冊　存一種

330000－1716－0005887　史補 1143/05887
史部/紀事本末類/通代之屬

歷朝紀事本末七種　（清）陳如升　（清）朱記
榮輯　清光緒十四年(1888)上海書業公所鉛
印本　二十三冊　存一種

330000－1716－0005888　普集 0275/05888
集部/總集類/選集之屬/通代

漁洋山人古詩選三十二卷　（清）王士禎選
惜抱軒今體詩選十八卷　（清）姚鼐輯　清同
治五年(1866)金陵書局刻本　七冊　缺十二
卷(一至八、十八至二十一)

330000－1716－0005891　子補 3141/05891
子部/藝術類/書畫之屬/畫譜

**泛槎圖六卷續一卷三集一卷四集一卷五集一
卷六集一卷**　（清）張寶繪　清光緒六年
(1880)上海點石齋據嘉慶刻本影印本　八冊
存六卷(一至六)

330000－1716－0005892　普集 0277/05892
集部/總集類/選集之屬/斷代

王孟詩評二種九卷　（宋）劉辰翁評　清光緒
五年(1879)巴陵方氏碧琳琅館刻朱墨套印本
四冊

330000－1716－0005893　普集 0279/05893
集部/別集類/清別集

**更生齋文甲集四卷乙集四卷詩集八卷詩餘二
卷**　（清）洪亮吉撰　清嘉慶七年(1802)旌德
洋川書院刻本　四冊　存十一卷(甲集一至
四、乙集一至四、詩集五至七)

330000－1716－0005894　普集 0276/05894
集部/別集類/唐五代別集

昌黎先生詩集注十一卷年譜一卷　（唐）韓愈
撰　（清）顧嗣立刪補　清光緒九年(1883)廣
州翰墨園刻三色套印本　四冊

330000－1716－0005896　普叢 0242－1/
05896　類叢部/叢書類/自著之屬

拙盦叢稿　（清）朱一新撰　清光緒二十二年
(1896)順德龍氏葆真堂刻本　五冊　存二種

330000－1716－0005897　史補 1145/05897

史部/地理類/遊記之屬/紀行

凝香室鴻雪因緣圖記三集六卷 （清）完顏麟
慶撰　清光緒六年(1880)上海點石齋石印本
　三冊

330000－1716－0005898　普集 0281/05898
集部/總集類/選集之屬/通代

古文詞略二十四卷 （清）梅曾亮輯　清同治
六年(1867)合肥李氏刻本　四冊　存二十卷
(一至二十)

330000－1716－0005899　子補 0569－19/
05899　子部/儒家類/儒學之屬/蒙學

龍文鞭影二卷 （明）蕭良有纂輯　（清）楊臣
靜增訂　（清）來集之音注　清光緒二十五年
(1899)墨潤堂石印本　一冊

330000－1716－0005900　史補 1146－1/
05900　史部/地理類/山川之屬/水志

湖山便覽十二卷 （清）翟灝等撰　清光緒元
年(1875)杭州王維翰槐蔭堂刻本　五冊　缺
二卷(九至十)

330000－1716－0005901　普集 0283/05901
集部/別集類/唐五代別集

杜詩詳注二十五卷首一卷附編二卷 （唐）杜
甫撰　（清）仇兆鰲輯注　清康熙刻本　二十
二冊　缺一卷(十三)

330000－1716－0005902　史補 1146－2/
05902　史部/地理類/山川之屬/水志

湖山便覽十二卷 （清）翟灝等撰　清光緒元
年(1875)杭州王維翰槐蔭堂刻本　六冊

330000－1716－0005903　普集 0282/05903
集部/總集類/選集之屬/通代

古文淵鑒六十四卷 （清）徐乾學等輯注　清
刻五色套印本　二十四冊　缺十九卷(一至
十九)

330000－1716－0005904　普集 0284/05904
類叢部/叢書類/彙編之屬

滂喜齋叢書五十種 （清）潘祖蔭編　清同治
至光緒吳縣潘氏京師刻本　一冊　存一種

330000－1716－0005906　子補 0569－20/

05906　子部/儒家類/儒學之屬/蒙學

龍文鞭影二卷 （明）蕭良有纂輯　（清）楊臣
靜增訂　（清）來集之音注　清光緒二十二年
(1896)墨潤堂石印本　二冊

330000－1716－0005907　史補 1150－1/
05907　史部/地理類/外紀之屬

海國圖志一百卷 （清）魏源撰　**續集二十五
卷首一卷**　（英國）麥高爾撰　（美國）林樂知
　（清）瞿昂來譯　清光緒二十四年(1898)文
賢閣石印本　十六冊

330000－1716－0005908　普集 0287/05908
集部/別集類/清別集

顧亭林先生詩箋注十七卷首一卷 （清）顧炎
武撰　（清）徐嘉箋注　**顧詩箋注校補一卷**
李詳等撰　清光緒徐氏味靜齋刻本　四冊
缺五卷(一至五)

330000－1716－0005909　史補 1150－2/
05909　史部/地理類/外紀之屬

海國圖志一百卷 （清）魏源撰　**續集二十五
卷首一卷**　（英國）麥高爾撰　（美國）林樂知
　（清）瞿昂來譯　清光緒二十一年(1895)上
海書局石印本　十四冊　缺六卷(一至六)

330000－1716－0005910　普集 0285/05910
集部/總集類/選集之屬/通代

御選唐宋文醇五十八卷目錄一卷 （清）高宗
弘曆輯　清乾隆刻本　六冊　存三十二卷
(十三至十七、二十三至三十、三十六至五十
四)

330000－1716－0005911　普集 0289/05911
集部/總集類/選集之屬/通代

宋元明詩約鈔三百首六卷摘句一卷 （清）朱
梓　（清）冷昌言輯　清道光二十一年(1841)
京江華峰書屋刻本　一冊

330000－1716－0005913　普集 0288/05913
集部/別集類/清別集

鮑太史詩集八卷 （清）鮑存曉撰　（清）鄭錫
田輯　清光緒十二年(1886)玉屏鄭錫田刻本
　三冊　缺二卷(五至六)

330000－1716－0005914　　史補 1147/05914
史部/政書類/邦計之屬/賦稅

徵輸定則一卷　清光緒三十二年（1906）紹興
印書局鉛印本　一冊

330000－1716－0005915　　普集 0290/05915
集部/總集類/選集之屬/斷代

重訂唐詩別裁集二十卷　（清）沈德潛輯　清
乾隆二十八年（1763）教忠堂刻本　一冊　存
二卷（一至二）

330000－1716－0005916　　普集 0291/05916
集部/別集類/清別集

比玉樓遺稿四卷　（清）黃鈞宰撰　清光緒二
十年（1894）楊文鼎等甬江刻本　一冊

330000－1716－0005922　　普集 0299/05922
類叢部/叢書類/自著之屬

壺盦類稿五種　（清）胡念修撰　清光緒刻彙
印本　二冊　存一種

330000－1716－0005923　　普集 0298/05923
集部/別集類/清別集

邃懷堂文集箋注十六卷　（清）袁翼撰　（清）
朱舲箋注　清咸豐八年（1858）古唐朱氏古懽
齋刻本　六冊

330000－1716－0005924　　普集 0301/05924
集部/別集類/明別集

何大復先生集三十八卷附錄一卷　（明）何景
明撰　清乾隆十五年（1750）何氏賜策堂刻本
清施山識　五冊　缺十七卷（二至十八）

330000－1716－0005925　　史補 1148/05925
史部/政書類/邦計之屬/賦稅

徵輸定則一卷　清光緒三十二年（1906）紹興
印書局鉛印本　一冊

330000－1716－0005927　　普集 0303/05927
集部/別集類/清別集

懷岳堂詩四集八卷附一卷　（清）張繼曾撰
（清）張錫德　（清）王鼎編　清乾隆二十六年
（1761）刻本　六冊　存六卷（一至六）

330000－1716－0005928　　史補 1149/05928
史部/政書類/通制之屬

九通序九卷　清光緒二十八年（1902）景幡山
房鉛印本　一冊

330000－1716－0005929　　普集 0286/05929
集部/別集類/清別集

秋盦詩草一卷詞草一卷題跋一卷　（清）黃易
撰　清宣統二年（1910）石印本　一冊

330000－1716－0005930　　史補 1151/05930
史部/地理類/山川之屬/水志

歷代黃河變遷圖考四卷　（清）劉鶚撰　清光
緒十九年（1893）袖海山房石印本　四冊

330000－1716－0005932　　普集 0302/05932
集部/詩文評類/文評之屬

文心雕龍十卷　（南朝梁）劉勰撰　（清）黃叔
琳輯注　（清）紀昀評　清道光十三年（1833）
刻朱墨套印本　四冊

330000－1716－0005933　　史補 1154－1/
05933　史部/地理類/山川之屬/水志

湖山便覽十二卷　（清）翟灝等撰　清光緒元
年（1875）杭州王維翰槐蔭堂刻本　六冊

330000－1716－0005934　　子補 4070－19/
05934　　子部/醫家類/本草之屬/歷代綜合
本草

本草綱目五十二卷附圖三卷　（明）李時珍撰
　本草萬方鍼線八卷　（清）蔡烈先輯　**本草
綱目拾遺十卷**　（清）趙學敏輯　清宣統元年
（1909）上海經香閣石印本　三冊　存二十一
卷（一至三、萬方鍼線一至八、拾遺一至十）

330000－1716－0005936　　史補 1154－2/
05936　史部/地理類/山川之屬/水志

湖山便覽十二卷　（清）翟灝等撰　清光緒元
年（1875）杭州王維翰槐蔭堂刻本　一冊　存
二卷（九至十）

330000－1716－0005937　　史補 1153/05937
史部/地理類/外紀之屬

西史綱目三十五卷　（清）周維翰撰　清光緒
二十八年至二十九年（1902－1903）經世文社
石印本　十六冊　缺三卷（十九至二十一）

330000－1716－0005939　　史補 1152/05939

史部/紀事本末類/通代之屬

歷朝紀事本末七種 （清）陳如升 （清）朱記榮輯 清光緒十四年(1888)上海書業公所鉛印本 七冊 存一種

330000－1716－0005942 普集 0312/05942 類叢部/叢書類/自著之屬

亦園亭全集五種 （清）孟超然撰 清嘉慶二十年(1815)刻本 七冊 存一種

330000－1716－0005943 普集 0311/05943 子部/雜著類/雜說之屬

磨鏡巵言不分卷 （清）金世俊編 清嘉慶刻本 一冊

330000－1716－0005945 普集 0313/05945 類叢部/叢書類/自著之屬

惜抱軒全集十種 （清）姚鼐撰 清同治五年(1866)李瀚章省心閣刻本 十四冊 缺五卷（九經說十三至十七）

330000－1716－0005947 普集 0314/05947 集部/別集類/唐五代別集

杜詩鏡銓二十卷附錄一卷年譜一卷 （清）楊倫撰 清乾隆九柏山房刻本 十冊

330000－1716－0005948 普集 0316/05948 集部/別集類/清別集

測海集六卷 （清）彭紹升撰 清嘉慶二十四年(1819)刻本 二冊

330000－1716－0005950 普集 0317/05950 集部/別集類/清別集

怡亭詩集六卷文集二十卷 （清）張紳撰 清道光十三年(1833)留香書屋刻本 六冊 存二十卷（文集一至二十）

330000－1716－0005952 普集 0319/05952 集部/別集類/清別集

芝庭先生集十八卷附錄一卷 （清）彭啟豐撰 清乾隆六十年(1795)長洲彭氏刻本 六冊 缺一卷（六）

330000－1716－0005953 普集 0318/05953 集部/別集類/元別集

竹齋詩集四卷附一卷 （元）王冕撰 清嘉慶

四年(1799)王珮蘭刻本 一冊 缺二卷（一至二）

330000－1716－0005954 普叢 0233－2/05954 類叢部/叢書類/自著之屬

敝帚齋遺書四種 （清）徐鼒撰 清刻本 三冊 存二種

330000－1716－0005955 史補 0889－3/05955 史部/編年類/通代之屬

緯文堂綱鑑易知錄九十二卷明鑑易知錄十五卷 （清）吳乘權 （清）周之炯 （清）周之燦輯 清緯文堂刻本 三十六冊

330000－1716－0005956 普集 0320/05956 集部/詞類/總集之屬

詞綜三十八卷 （清）朱彝尊輯 （清）汪森增定 （清）柯崇樸編次 （清）周篔辨譌 （清）王昶補纂 **明詞綜十二卷國朝詞綜四十八卷國朝詞綜二集八卷** （清）王昶輯 清刻本 周毅修題籤 六冊 存二十七卷（一至二十二、二十八至三十二）

330000－1716－0005959 普集 0321/05959 集部/別集類/清別集

宛委山人詩集十二卷附炊臼集一卷西園詩選三卷 （清）劉正誼撰 清乾隆四年(1739)刻本 二冊 存八卷（一至八）

330000－1716－0005962 史補 1171/05962 史部/地理類/外紀之屬

瀛環志略十卷 （清）徐繼畬撰 清同治十二年(1873)揆雲樓刻本 二冊 存三卷（一至三）

330000－1716－0005963 普集 0324 普集 1378 普集 1383/05963 集部/詞類/總集之屬

詞綜三十八卷 （清）朱彝尊輯 （清）汪森增定 （清）柯崇樸編次 （清）周篔辨譌 （清）王昶補纂 **明詞綜十二卷國朝詞綜四十八卷國朝詞綜二集八卷** （清）王昶輯 清同治四年(1865)亦西齋刻本 二十四冊

330000－1716－0005964 普集 0325/05964 集部/詞類/詞譜之屬

詞律二十卷　（清）萬樹撰　清康熙二十六年(1687)萬氏堆絮園刻保滋堂印本　十二冊

330000－1716－0005966　史補 1172/05966
子部/小說家類/異聞之屬

海上冶遊備覽四卷　（清）指迷生撰　清光緒十七年(1891)寄月軒主刻本　一冊

330000－1716－0005967　普集 0322－2/05967　集部/詞類/類編之屬

浙西六家詞七種十九卷　（清）龔翔麟編　清刻本　二冊　存三種

330000－1716－0005968　普集 0323/05968
集部/別集類/清別集

紅葉山房集十二卷　（清）鄭祖球撰　清道光八年(1828)寶研齋刻本　八冊

330000－1716－0005969　史補 1173－1/05969　史部/地理類/遊記之屬/紀行

出使英法義比四國日記六卷(清光緒十六年正月十一日至十七年二月三十日)　（清）薛福成撰　清光緒十八年(1892)石印本　一冊

330000－1716－0005970　經補 0254/05970
類叢部/類書類/專類之屬

四書典制類聯音注三十三卷　（清）閻其淵輯　清光緒二年(1876)鳧山草堂刻本　四冊　存二十一卷(一至六、十九至三十三)

330000－1716－0005973　史補 1173－2/05973　史部/地理類/遊記之屬/紀行

出使英法義比四國日記六卷(清光緒十六年正月十一日至十七年二月三十日)　（清）薛福成撰　清光緒十八年(1892)上海鴻寶齋石印本　三冊

330000－1716－0005975　史補 1173－3/05975　史部/地理類/遊記之屬/紀行

出使英法義比四國日記六卷(清光緒十六年正月十一日至十七年二月三十日)　（清）薛福成撰　清光緒鉛印本　三冊

330000－1716－0005976　子補 3148/05976
新學/雜著/叢編

西學啟蒙十六種　（英國）赫德編　（英國）艾約瑟譯　清光緒二十二年(1896)上海著易堂書局石印本　三冊　存三種

330000－1716－0005977　普集 0331/05977
集部/別集類/清別集

忠雅堂詩集二十七卷補遺二卷銅絃詞附南北曲二卷　（清）蔣士銓撰　清嘉慶三年(1798)揚州刻本　五冊　缺五卷(十一至十五)

330000－1716－0005979　普集 0335/05979
集部/別集類/唐五代別集

玉谿生詩箋注三卷樊南文集箋注八卷　（唐）李商隱撰　（清）馮浩箋注　首一卷附玉谿生年譜一卷　（清）馮浩輯　（清）蔣德馨批注　清乾隆四十五年(1780)聚德堂刻本　七冊　缺二卷(樊南文集箋注一、首)

330000－1716－0005981　普集 0336/05981
集部/別集類/清別集

小酉腴山館詩集八卷文集十二卷　（清）吳大廷撰　清光緒五年(1879)刻本　六冊

330000－1716－0005982　普集 0334/05982
集部/總集類/郡邑之屬

東都采風錄二卷　（清）賈臻選錄　清故城賈氏躬自厚齋刻本　二冊

330000－1716－0005983　史補 1176/05983
史部/地理類/外紀之屬

地球韻言四卷　（清）張士瀛撰　清光緒三十二年(1906)上海商務印書館鉛印本　二冊

330000－1716－0005984　普集 0337/05984
集部/別集類/清別集

帶經堂集九十二卷　（清）王士禎撰　（清）程哲校編　清康熙四十九年至五十年(1710－1711)程氏七略書堂刻本　五冊　存二十五卷(五十三至五十七、六十七至七十六、八十三至九十二)

330000－1716－0005986　史補 1177/05986
史部/史評類/史論之屬

東社讀史隨筆二卷　獨醒主人撰　清宣統元年(1909)上海錦章圖書局石印本　一冊　存一卷(下)

330000 – 1716 – 0005988　　地獻 1715 – 17/
05988　史部/傳記類/別傳之屬/事狀

先兄伯庚先生 [王祖杰] 述略一卷　（清）王祖
榮撰　清光緒刻本　一冊

330000 – 1716 – 0005989　　史補 1178/05989
史部/史評類/史論之屬

史論五種　（清）李祖陶撰　清光緒二十七年
（1901）上海古香閣石印本　二冊

330000 – 1716 – 0005990　　史補 1179/05990
類叢部/叢書類/彙編之屬

知聖教齋叢書　（清）□□輯　清光緒山陰杜
氏刻本　二冊　存一種

330000 – 1716 – 0005992　　普集 0344/05992
類叢部/叢書類/自著之屬

西河合集一百十九種　（清）毛奇齡撰　清刻
本　二十四冊　存三十六種

330000 – 1716 – 0005993　　普集 0340/05993
集部/詞類/總集之屬

御選歷代詩餘一百二十卷　（清）聖祖玄燁定
　（清）沈辰垣等輯　清康熙刻本　三十冊
缺四十卷（七十一至一百十）

330000 – 1716 – 0005994　　普集 0342/05994
集部/別集類/清別集

漁洋山人精華錄箋注十二卷補一卷年譜一卷
　（清）王士禎撰　（清）金榮箋注　（清）徐
淮纂輯　清康熙五十一年（1712）鳳翽堂刻本
八冊

330000 – 1716 – 0005996　　普叢 0394/05996
類叢部/叢書類/彙編之屬

正覺樓叢刻（正覺樓叢書）二十九種　（清）崇
文書局編　清光緒崇文書局刻本　二冊　存
一種

330000 – 1716 – 0005997　　史補 1182/05997
史部/史評類/史論之屬

讀通鑑論十六卷附宋論十五卷　（清）王夫之
撰　清光緒三十年（1904）上海商務印書館鉛
印本　十冊

330000 – 1716 – 0006000　　普集 0345/06000

集部/總集類/選集之屬/通代

古文淵鑒六十四卷　（清）徐乾學等輯注　清
同治十二年（1873）浙江書局刻本　二十冊
存四十一卷（一至二十二、三十二至三十四、
四十九至六十四）

330000 – 1716 – 0006001　　集補 2469/06001
新學/議論

強聒書社策論新選二卷　強聒書社編選　清
光緒二十八年（1902）上海廣智書局鉛印本
一冊　存一卷（二）

330000 – 1716 – 0006002　　普集 0346/06002
集部/詞類/詞譜之屬

詞律二十卷　（清）萬樹撰　**詞律拾遺八卷**
（清）徐本立撰　**詞律補遺一卷**　（清）杜文瀾
撰　清同治十二年（1873）、光緒二年（1876）
吳下刻本　十六冊

330000 – 1716 – 0006004　　普集 0343/06004
集部/總集類/郡邑之屬

松陵文錄二十四卷　（清）凌淦輯　清同治十
三年（1874）刻本　四冊　存八卷（一至六、九
至十）

330000 – 1716 – 0006007　　史補 1186/06007
史部/史抄類

綱鑑擇語十卷　（清）司徒修輯　清末石印本
［卷一至二配清光緒二十九年（1903）上海書
局石印本］　六冊

330000 – 1716 – 0006008　　史補 1185/06008
史部/地理類/總志之屬/斷代

皇朝輿地沿革攷一卷　遁天撰　清光緒二十
八年（1902）上海廣智書局鉛印本　一冊

330000 – 1716 – 0006009　　普集 0350/06009
集部/別集類/宋別集

**山谷詩內集注二十卷外集注十七卷外集補四
卷別集注二卷別集補一卷**　（宋）黃庭堅撰
（宋）任淵　（宋）史容　（宋）史季溫注　**重
刻山谷先生年譜十四卷**　（宋）黃㽦撰　清光
緒二年（1876）盧秉鈞刻本　二十三冊

330000 – 1716 – 0006011　　普集 0351/06011

集部/別集類/清別集

穆堂別稿五十卷 （清）李紱撰 清道光十一年(1831)奉國堂刻本 十四冊 存四十三卷（一至二十八、三十六至五十）

330000－1716－0006012 普集 0353/06012
集部/別集類/清別集

雪門詩草十四卷 （清）許瑤光撰 清同治十三年(1874)刻本 五冊 缺二卷(五至六)

330000－1716－0006013 史補 1187－1/06013 史部/傳記類/別傳之屬/事狀

李鴻章(中國四十年來大事記)十二章 梁啟超撰 清末鉛印本 一冊

330000－1716－0006014 普集 0355/06014
集部/別集類/清別集

板橋集五種 （清）鄭燮撰 清清暉書屋刻本 三冊 存四種

330000－1716－0006015 史補 1187－2/06015 史部/傳記類/別傳之屬/事狀

李鴻章(中國四十年來大事記)十二章 梁啟超撰 清末鉛印本 一冊

330000－1716－0006016 古越 0536/06016
集部/總集類/氏族之屬

三蘇全集九十四卷目錄二卷 （宋）蘇洵（宋）蘇軾 （宋）蘇轍撰 清嘉慶二十五年(1820)眉州三蘇祠刻本 四十八冊 缺二卷（四十一至四十二）

330000－1716－0006017 新補 0637/06017 史部/政書類/通制之屬

地方自治淺說不分卷 孟森撰 清光緒三十四年(1908)上海商務印書館鉛印本 一冊

330000－1716－0006018 普集 0358/06018
集部/別集類/清別集

培遠堂手札節存三卷 （清）陳弘謀撰 清同治三年(1864)射雕山館刻本 三冊

330000－1716－0006020 普集 0359/06020
集部/別集類/清別集

噉蔗全集文八卷詩八卷附喪禮詳考一卷周官隨筆一卷 （清）張義年撰 （清）錢大昕

（清）陳以綱評輯 清光緒十九年(1893)上海著易堂鉛印本 六冊

330000－1716－0006021 普集 0357/06021
集部/別集類/清別集

全謝山文鈔十六卷 （清）全祖望撰 清宣統二年(1910)上海國學扶輪社鉛印本 二冊 存四卷(三至四、七至八)

330000－1716－0006022 普集 0356/06022
集部/別集類/明別集

明張文忠公全集四十六卷附錄二卷 （明）張居正撰 清光緒二十七年(1901)紅藤碧樹山館刻本 六冊 存十五卷(書牘一至十五)

330000－1716－0006023 史補 1189/06023 史部/金石類/玉之屬

古玉圖攷不分卷 （清）吳大澂撰 清光緒十五年(1889)上海同文書局石印本 四冊

330000－1716－0006024 普集 0360/06024
集部/別集類/唐五代別集

樹人堂讀杜詩二十五卷首一卷 （清）汪灝輯 （清）胡履亨讀 清道光十二年(1832)銀城麥浪園刻本 五冊 缺九卷(七至十五)

330000－1716－0006029 普集 0365/06029
集部/總集類/選集之屬/斷代

唐詩鼓吹十卷 （金）元好問輯 （元）郝天挺注 （明）廖文炳解 清乾隆十一年(1746)刻懷德堂印本 三冊 缺二卷(三至四)

330000－1716－0006031 普集 0361/06031
集部/別集類/明別集

青霞沈公遺集十六卷 （明）沈鍊撰 清乾隆十九年(1754)溧陽馬氏刻本 三冊

330000－1716－0006033 普集 0366/06033
集部/別集類/唐五代別集

杜詩詳注二十五卷首一卷附編二卷 （唐）杜甫撰 （清）仇兆鰲輯注 清刻本 八冊 存十五卷(十至十二、十五至二十五,附編二)

330000－1716－0006034 普集 0369/06034
類叢部/叢書類/自著之屬

西河合集一百十九種 （清）毛奇齡撰 清刻

本　二冊　存三種

330000－1716－0006038　普集 0370/06038
集部/別集類/宋別集
朱子古文讀本二卷　（宋）朱熹撰　清光緒七
年(1881)同文堂刻本　二冊

330000－1716－0006040　普集 0375/06040
集部/總集類/郡邑之屬
當湖文繫初編二十八卷　（清）朱壬林纂輯
清光緒十五年(1889)刻本　十二冊

330000－1716－0006042　普集 0376/06042
集部/別集類/唐五代別集
**白香山詩長慶集二十卷後集十七卷別集一卷
補遺二卷**　（唐）白居易撰　（清）汪立名編訂
　白香山年譜一卷　（清）汪立名撰　**白香山
年譜舊本一卷**　（宋）陳振孫撰　清康熙四十
一年至四十二年(1702－1703)汪立名一隅草
堂刻本　六冊　存二十三卷(長慶集一至九、
後集七至十七、別集、補遺一至二)

330000－1716－0006043　古越 0773/06043
集部/別集類/清別集
王壯武公遺集二十四卷首一卷　（清）王鑫撰
　清光緒十八年(1892)湘鄉王氏江寧刻本
十五冊

330000－1716－0006045　史補 1199/06045
史部/傳記類/職官錄之屬/總錄
[清光緒三十二年夏季]**大清搢紳全書四卷中
樞備覽二卷**　清光緒三十二年(1906)榮錄堂
刻本　六冊

330000－1716－0006046　普集 0379/06046
集部/總集類/氏族之屬
三蘇全集四種　（清）弓翊清等編　清道光十
二年(1832)眉州三蘇祠刻本　六十四冊

330000－1716－0006047　普集 0367/06047
集部/總集類/選文之屬/通代
御選唐宋詩醇四十七卷目錄二卷　（清）高宗
弘曆輯　清刻本　十五冊　存三十八卷(十
至四十七)

330000－1716－0006049　普集 0377/06049

類叢部/叢書類/自著之屬
北溪先生全集八種　（宋）陳淳撰　清光緒七
年(1881)薌江鄭圭海種香別業刻本　十一冊
　存六種

330000－1716－0006050　史補 1201/06050
史部/職官類/官箴之屬
大清直省同寅錄一卷　（清）□□撰　清光緒
刻本　一冊

330000－1716－0006052　史補 1202/06052
史部/傳記類/職官錄之屬/總錄
[清光緒十年]**大清搢紳全書四卷**　清光緒十
年(1884)文蔚堂刻本　四冊

330000－1716－0006053　普集 0381/06053
集部/別集類
鮫拾集五卷　王以敏撰　清光緒三十一年
(1905)刻本　一冊

330000－1716－0006054　史補 1200/06054
史部/傳記類/職官錄之屬/總錄
[清光緒三十三年冬季]**大清最新百官錄四卷**
　（清）彭汝疇編　清光緒三十三年(1907)京
都槐蔭山房刻本　四冊

330000－1716－0006058　普集 0384　普集
0972/06058　類叢部/叢書類/彙編之屬
正誼堂全書六十三種續刻五種　（清）張伯行
編　（清）楊浚重編　清同治五年(1866)福州
正誼書院刻同治八年至光緒十三年(1869－
1887)續刻本　七冊　存二種

330000－1716－0006062　子補 3147/06062
子部/天文曆算類/曆法之屬
御定萬年書不分卷　（清）欽天監編　清末刻
本　一冊

330000－1716－0006063　普集 0385/06063
集部/別集類/清別集
**定盦文集三卷續集四卷續錄一卷古今體詩二
卷雜詩一卷詞選一卷詞錄一卷文集補一卷文
集補編四卷文拾遺一卷**　（清）龔自珍撰　**定
盦先生年譜一卷**　吳昌綬編　清宣統元年
(1909)國學扶輪社鉛印本　七冊

330000－1716－0006064　普集 0389/06064
集部/別集類/清別集

遣愁集十二卷　（清）張貴勝撰　清雍正九年
(1731)書業堂刻本　六冊　存九卷（一至七、
十一至十二）

330000－1716－0006066　史補 1203/06066
史部/傳記類/總傳之屬/斷代

勝國宰輔錄三卷　宗能徵撰　清光緒三十四
年(1908)鉛印本　三冊

330000－1716－0006071　普集 0397/06071
集部/總集類/選集之屬/斷代

明詩別裁集十二卷　（清）沈德潛　（清）周準
輯　清乾隆刻本　四冊

330000－1716－0006072　史補 1204/06072
史部/傳記類/總傳之屬/通代

帝鑑圖說四卷　（明）張居正等撰　清光緒六
年(1880)點石齋石印本　二冊　存二卷（三
至四）

330000－1716－0006073　集補 2468/06073
集部/總集類/選集之屬/斷代

兩漢策要十二卷　（宋）陶叔獻輯　清光緒十
三年(1887)上海同文書局石印本（卷三原缺）
九冊　缺三卷（五、十一至十二）

330000－1716－0006074　史補 0185/06074
史部/金石類/總志之屬

學古齋金石叢書四集　（清）葛元煦輯　清光
緒崇川葛氏學古齋刻本　四冊　存一種

330000－1716－0006075　普集 0398/06075
集部/別集類/清別集

壽雪山房詩稿十卷附越中忠節詩一卷　（清）
陳廣寧撰　清嘉慶八年(1803)刻本　一冊
存五卷（一至五）

330000－1716－0006078　普集 0401/06078
集部/總集類/課藝之屬

江漢炳靈集二卷　（清）張之洞輯　清刻本
二冊

330000－1716－0006079　普集 0399/06079
集部/總集類/選集之屬/通代

文選六十卷　（南朝梁）蕭統輯　（唐）李善注
清同治八年(1869)金陵書局刻本　十冊

330000－1716－0006080　普集 0403/06080
集部/詞類/類編之屬

四印齋所刻詞三十一種　（清）王鵬運編　清
光緒十四年(1888)桂林王氏四印齋刻本　一
冊　存一種

330000－1716－0006081　集補 2467－2/
06081　集部/總集類/選集之屬/斷代

普天忠憤全集十四卷首一卷　（清）孔廣德編
清光緒二十一年(1895)石印本　三冊

330000－1716－0006082　史補 1205/06082
子部/雜著類/雜說之屬

熙朝紀政六卷　（清）王慶雲撰　清光緒二十
七年(1901)上海天章書局石印本　六冊

330000－1716－0006083　新補 0618/06083
新學/雜著/雜記

富強惟新策要二十二卷　（清）小萬卷樓主輯
訂　清光緒二十四年(1898)中吳校經學塾石
印本　十六冊

330000－1716－0006084　普集 0400/06084
集部/總集類/選集之屬/通代

文選六十卷　（南朝梁）蕭統輯　（唐）李善注
清同治八年(1869)金陵書局刻本　十冊

330000－1716－0006085　集補 2467－1/
06085　集部/總集類/選集之屬/斷代

普天忠憤全集十四卷首一卷　（清）孔廣德編
清光緒二十一年(1895)石印本　十二冊

330000－1716－0006086　集補 2467－3/
06086　集部/總集類/選集之屬/斷代

普天忠憤全集十四卷首一卷　（清）孔廣德編
清末石印本　一冊　存一卷（十）

330000－1716－0006087　普集 0405/06087
子部/儒家類/儒學之屬/蒙學

小學弦歌八卷　（清）李元度輯　清光緒五年
(1879)平江李氏刻本　四冊

330000－1716－0006089　普集 0404/06089

類叢部/叢書類/自著之屬

藤花亭十七種 （清）梁廷枏撰　清道光八年
至十三年(1828－1833)刻本　一冊　存一種

330000－1716－0006090　新補 0617/06090
新學/格致總

強學彙編十九卷 （清）馬冠群輯　清光緒二
十三年(1897)上海文瑞樓石印本　八冊

330000－1716－0006091　普集 0409/06091
集部/別集類/清別集

兩當軒集二十卷補遺二卷附錄四卷 （清）黃
景仁撰　**兩當軒集攷異二卷** （清）黃志述撰
清光緒二年(1876)武進黃氏家塾刻本　王
繼香題記　六冊

330000－1716－0006092　史補 1206/06092
史部/史抄類

二十四史論贊七十八卷 （清）陳闓輯　清光
緒二十八年(1902)文淵山房石印本　十二冊

330000－1716－0006093　普集 0408/06093
集部/別集類/清別集

板橋集五種 （清）鄭燮撰　清清暉書屋刻本
二冊

330000－1716－0006095　普叢 0451－8/
06095　類叢部/叢書類/彙編之屬

申報館叢書正集五十七種附錄三種 尊聞閣
主編　**續集一百四十二種** 蔡爾康編　清同
治至光緒上海申報館鉛印本　十二冊　存
一種

330000－1716－0006096　集補 2472/06096
集部/總集類/選集之屬/斷代

兩漢策要十二卷 （宋）陶叔獻輯　清光緒十
三年(1887)上海同文書局石印本(卷三原缺)
六冊　存九卷(四至十二)

330000－1716－0006097　普集 0412/06097
集部/別集類/明別集

姚江孫月峰先生全集十二卷 （明）孫鑛撰
清嘉慶十九年(1814)姚江孫氏靜遠軒刻本
十三冊

330000－1716－0006098　史補 1208/06098

史部/地理類/遊記之屬/紀行

西行紀程二卷附西征集一卷 （清）孟傳鑄撰
清咸豐刻本　赤棟花館主題記　一冊

330000－1716－0006099　史補 1207－1/
06099　史部/地理類/專志之屬/宮殿

御製避暑山莊圓明園圖詠二卷 （清）聖祖玄
燁撰　（清）高宗弘曆和　清末大同書局石印
本　二冊

330000－1716－0006100　普集 0414/06100
集部/別集類/清別集

**芙蓉山館詩鈔八卷詩補鈔一卷詞鈔二卷文鈔
一卷** （清）楊芳燦撰　清刻本　三冊　存七
卷(三至八、詩補鈔)

330000－1716－0006101　史補 1207－2/
06101　史部/地理類/專志之屬/宮殿

御製避暑山莊圓明園圖詠二卷 （清）聖祖玄
燁撰　（清）高宗弘曆和　清末大同書局石印
本　一冊　存一卷(一)

330000－1716－0006102　史補 1211/06102
史部/目錄類/總錄之屬/彙刻

彙刻書目二十卷 （清）顧修輯　（清）朱學勤
補　清光緒十二年至十五年(1886－1889)上
海福瀛書局刻本　九冊　存九卷(十一至十
七、十九至二十)

330000－1716－0006103　史補 1209/06103
史部/目錄類/總錄之屬/彙刻

彙刻書目二十卷 （清）顧修輯　（清）朱學勤
補　清光緒十二年至十五年(1886－1889)上
海福瀛書局刻本　一冊　存一卷(十二)

330000－1716－0006104　普集 0415/06104
集部/別集類/明別集

太師誠意伯劉文成公集二十卷首一卷 （明）
劉基撰　清康熙劉元奇刻雍正萬里補刻乾隆
括芝南田果育堂印本　五冊　存十卷(三至
六、十至十二、十六至十七,首)

330000－1716－0006105　史補 1207－3/
06105　史部/地理類/專志之屬/宮殿

御製避暑山莊圓明園圖詠二卷 （清）聖祖玄

燁撰　（清）高宗弘曆和　清末大同書局石印本　一冊　存一卷(一)

330000－1716－0006106　普集 0417/06106
集部/詞類/類編之屬

詞學叢書六種二十三卷　（清）秦恩復編　清嘉慶至道光秦氏享帚精舍刻本　一冊　存一種

330000－1716－0006107　普集 0418/06107
集部/總集類/選集之屬/通代

駢體文鈔三十一卷　（清）李兆洛輯　清道光元年(1821)合河康氏刻同治六年(1867)婁江徐氏補刻本　八冊

330000－1716－0006108　普集 0416/06108
集部/總集類/郡邑之屬

兩浙輶軒録四十卷補遺十卷姓氏韻編二卷　(清)阮元輯　清光緒十六年(1890)浙江書局刻本　三十二冊

330000－1716－0006109　史補 1210/06109
史部/史抄類

史略八十七卷　（清）朱堃輯　清刻本　二冊　存九卷(五十至五十四、八十四至八十七)

330000－1716－0006110　子補 3151/06110
子部/雜著類/雜說之屬

勸諸善書集不分卷　（清）項爾康輯　孫心言續輯　清光緒三十二年(1906)刻本　一冊

330000－1716－0006111　普集 0419/06111
集部/總集類/選集之屬/斷代

湖海詩傳四十六卷　（清）王昶輯　清嘉慶刻本　十二冊

330000－1716－0006112　經補 1324/06112
子部/儒家類/儒學之屬/蒙學

龍文鞭影二卷　（明）蕭良有纂輯　（清）楊臣諍增訂　（清）來集之音注　清光緒四年(1878)存春廬刻本　二冊

330000－1716－0006113　普集 0420/06113
集部/總集類/選集之屬/斷代

湖海詩傳四十六卷　（清）王昶輯　清同治四年(1865)蘇州綠蔭堂刻本　二十冊

330000－1716－0006115　普集 0424/06115
集部/別集類/漢魏六朝別集

庾子山集十六卷總釋一卷　（北周）庾信撰　（清）倪璠注　**年譜一卷**　（清）倪璠撰　清刻本　八冊

330000－1716－0006116　新補 0635/06116
新學/史志/戰記

中東戰紀本末八卷首一卷末一卷續編四卷首一卷末一卷三編四卷　（美國）林樂知撰譯　蔡爾康輯　**文學興國策二卷**　（美國）林樂知譯　清光緒二十二年（1896）、二十三年（1897）、二十六年（1900）上海廣學會鉛印本　二冊　存二卷(文學興國策一至二)

330000－1716－0006117　普集 0425/06117
集部/別集類/漢魏六朝別集

庾子山集十六卷總釋一卷　（北周）庾信撰　（清）倪璠注　**年譜一卷**　（清）倪璠撰　清道光十九年(1839)大文堂刻本　十二冊

330000－1716－0006118　普集 0421/06118
集部/別集類/唐五代別集

白香山詩長慶集二十卷後集十七卷別集一卷補遺二卷　（唐）白居易撰　（清）汪立名編訂　**白香山年譜一卷**　（清）汪立名撰　**白香山年譜舊本一卷**　（宋）陳振孫撰　清康熙四十一年至四十二年（1702－1703）汪立名一隅草堂刻本　十冊

330000－1716－0006119　普集 0426/06119
集部/別集類/漢魏六朝別集

庾子山集十六卷總釋一卷　（北周）庾信撰　（清）倪璠注　**年譜一卷**　（清）倪璠撰　清光緒二十年(1894)粵東儒雅堂刻本　十二冊

330000－1716－0006120　普集 0427/06120
集部/別集類/漢魏六朝別集

庾子山集十六卷總釋一卷　（北周）庾信撰　（清）倪璠注　**年譜一卷**　（清）倪璠撰　清光緒二十年(1894)粵東儒雅堂刻本　六冊

330000－1716－0006121　普集 0428/06121
集部/別集類/漢魏六朝別集

庾子山集十六卷總釋一卷　（北周）庾信撰

(清)倪瓏注　**年譜一卷**　(清)倪瓏撰　清金閶書業堂刻本　十二冊

330000－1716－0006122　新補0176/06122
新學/幼學
兒童教育鑑二卷　(德國)柴爾紫芒撰　徐傅霖口譯　陸基筆述　清光緒三十三年(1907)上海文明書局鉛印本　三冊

330000－1716－0006125　普集0430/06125
集部/別集類/唐五代別集
溫飛卿詩集七卷別集一卷集外詩一卷附錄諸家詩評一卷　(唐)溫庭筠撰　(明)曾益注　(清)顧予咸補注　(清)顧嗣立續注　清光緒十三年(1887)鴻文書局刻本　一冊

330000－1716－0006126　史補1215/06126
史部/傳記類/總傳之屬/技藝
古今楹聯彙刻小傳十二卷首集一卷外集一卷　吳隱輯　清光緒三十二年(1906)西泠印社刻本　一冊

330000－1716－0006127　史補1214/06127
史部/雜史類/斷代之屬
清秘史二卷附錄一卷　(清)陳范撰　清光緒三十年(1904)陸沈叢書社鉛印本　一冊

330000－1716－0006129　史補1216/06129
史部/傳記類/總傳之屬/姓名
史姓韻編六十四卷　(清)汪輝祖撰　清光緒十年(1884)上海中西書局石印本　三冊　缺十四卷(一至十四)

330000－1716－0006131　普集0431/06131
史部/傳記類/別傳之屬/事狀
空翠軒輓章一卷　(清)朱琬輯　清雍正刻本　二冊

330000－1716－0006132　普集0432/06132
集部/別集類/唐五代別集
白香山詩長慶集二十卷後集十七卷別集一卷補遺二卷　(唐)白居易撰　(清)汪立名編訂　**白香山年譜一卷**　(清)汪立名撰　**白香山年譜舊本一卷**　(宋)陳振孫撰　清康熙四十一年至四十二年(1702－1703)汪立名一隅草

堂刻本　清沈斌父題記　十二冊

330000－1716－0006134　普集0433/06134
經部/小學類/音韻之屬/韻書
佩文詩韻釋要五卷　(清)周兆基輯　清光緒十八年(1892)浙江書局刻本　一冊

330000－1716－0006136　普集0434/06136
集部/別集類/清別集
有正味齋駢體文二十四卷續集八卷詩集十六卷詩續集八卷詞集八卷詞續集二卷詞外集南北曲二卷外集五卷　(清)吳錫麒撰　清嘉慶十三年(1808)刻本　五冊　存二十四卷(詩集一至十六、詞集一至八)

330000－1716－0006142　普集0435/06142
集部/別集類/清別集
庸盦海外文編四卷　(清)薛福成撰　清光緒二十一年(1895)蕭山陳氏刻本　三冊　存三卷(一、三至四)

330000－1716－0006145　普集0437/06145
集部/別集類/清別集
漁洋山人精華錄箋注十二卷補一卷年譜一卷　(清)王士禎撰　(清)金榮箋注　(清)徐準纂輯　清康熙五十一年(1712)鳳翩堂刻本　六冊

330000－1716－0006147　普集0438/06147
集部/別集類/清別集
楊園先生全集五十四卷　(清)張履祥撰　張**楊園先生年譜一卷**　(清)蘇惇元編　清同治十年(1871)江蘇書局刻本　十六冊

330000－1716－0006152　普集0439/06152
集部/別集類/清別集
鮚埼亭詩集十卷　(清)全祖望撰　清道光十四年(1834)鄭爾齡箋經閣刻本(卷一配抄本)　二冊

330000－1716－0006155　普集1911/06155
集部/總集類/課藝之屬
小試利器不分卷附編不分卷　清末石印本　一冊

330000－1716－0006156　普集0440/06156

集部/別集類/清別集

鮚埼亭集三十八卷首一卷全謝山先生經史問答十卷外編五十卷 （清）全祖望撰　清嘉慶九年(1804)餘姚史夢蛟借樹山房刻同治十一年(1872)補刻本　沈家瑤題記　二十四冊

330000－1716－0006157　地獻 1777－1/06157　集部/別集類/清別集

鮚埼亭集三十八卷首一卷全謝山先生經史問答十卷 （清）全祖望撰　清嘉慶九年(1804)餘姚史夢蛟借樹山房刻本　十二冊

330000－1716－0006158　經補 0286/06158　經部/四書類/總義之屬/傳說

四書味根錄三十七卷 （清）金澂撰　清光緒十二年(1886)上海積山書局石印本　五冊

330000－1716－0006164　普集 0445/06164　集部/別集類/清別集

漁洋山人精華錄訓纂十卷目錄二卷訓纂補十卷辯訛一卷年譜注補二卷 （清）王士禛撰　（清）惠棟編　清光緒十七年(1891)會稽徐氏述史樓刻本　十四冊

330000－1716－0006165　新補 0633－1/06165　新學/政治法律/制度

都督公布修正城鎮鄉地方自治章程議決案一卷 清末鉛印本　一冊

330000－1716－0006166　普集 0447/06166　集部/總集類/選集之屬/斷代

湖海文傳七十五卷 （清）王昶輯　清道光十七年(1837)經訓堂刻本　清□輔之題記　十六冊

330000－1716－0006167　新補 0633－2/06167　新學/政治法律/制度

都督公布修正城鎮鄉地方自治章程議決案一卷 清末鉛印本　一冊

330000－1716－0006168　子補 3149/06168　子部/儒家類/儒學之屬/經濟

變法平議一卷 張謇撰　清光緒中外日報館鉛印本　一冊

330000－1716－0006169　普集 0448/06169

集部/別集類/唐五代別集

李太白文集三十六卷 （唐）李白撰　（清）王琦輯注　清乾隆聚錦堂刻本　十二冊

330000－1716－0006170　普集 0449/06170　集部/別集類/唐五代別集

李太白文集三十卷 （唐）李白撰　清光緒十四年(1888)湖北官書處刻本　四冊

330000－1716－0006171　普集 0446/06171　集部/別集類/清別集

漁洋山人精華錄訓纂十卷目錄二卷年譜注補二卷 （清）王士禛撰　（清）惠棟注補　清乾隆惠氏紅豆齋刻本　十二冊

330000－1716－0006176　普集 0450/06176　集部/總集類/郡邑之屬

金華文略二十卷 （清）王崇炳輯　清康熙四十八年(1709)蘭谿唐岊菴刻乾隆七年(1742)金華夏氏補刻咸豐至同治學稼堂印本　十六冊

330000－1716－0006178　普叢 0155－1/06178　類叢部/叢書類/自著之屬

安吳四種 （清）包世臣撰　清同治十一年(1872)湖北包誠注經堂刻光緒十四年(1888)印本　二十冊

330000－1716－0006179　普集 0455/06179　集部/別集類/清別集

南厓詩集十二卷 （清）陳承然撰　清嘉慶七年(1802)晚香書屋刻本　三冊

330000－1716－0006180　史補 1220/06180　史部/政書類/軍政之屬

籌餉事例新章一卷 清光緒三十年(1904)上海古香閣石印本　一冊

330000－1716－0006181　史補 1223/06181　史部/金石類/總志之屬

金石萃編一百六十卷 （清）王昶撰　清嘉慶十年(1805)青浦王氏經訓堂刻同治十年(1871)嘉善錢寶傳補刻本　五十六冊　存一百三十六卷(一至一百二十九、一百五十四至一百六十)

330000－1716－0006182　普集 0454/06182
集部/別集類/清別集

嘉樹山房集二十卷外集二卷續集二卷　（清）
張士元撰　清嘉慶二十四年(1819)震澤張氏
刻道光六年(1826)續刻同治十一年(1872)補
修本　六冊

330000－1716－0006183　普集 0456/06183
集部/別集類/清別集

漁邨詩稿六卷　（清）張鳳翥撰　清嘉慶九年
(1804)刻本　二冊

330000－1716－0006184　史補 1221/06184
史部/史評類/史論之屬

東社讀史隨筆二卷　獨醒主人撰　清宣統元
年(1909)上海錦章圖書局石印本　一冊　存
一卷(上)

330000－1716－0006185　普集 0457/06185
集部/總集類/選集之屬/通代

駢體文鈔三十一卷　（清）李兆洛輯　清光緒
八年(1882)上海刻本　八冊

330000－1716－0006186　史補 1232/06186
史部/金石類/總志之屬

金石萃編一百六十卷　（清）王昶撰　清嘉慶
十年(1805)青浦王氏經訓堂刻同治十年
(1871)嘉善錢寶傳補刻本　一冊　存一卷
(一百十一)

330000－1716－0006187　史補 1231/06187
史部/史評類/史論之屬

歷代史論十二卷宋史論三卷元史論一卷
(明)張溥撰　**明史論四卷**　（清）谷應泰撰
左傳史論二卷　（清）高士奇撰　清光緒五年
(1879)西江裴氏刻本　二冊　存四卷(明史
論一至四)

330000－1716－0006188　普集 0461/06188
集部/別集類/宋別集

**淮海集十七卷後集二卷詞一卷補遺一卷續補
遺一卷**　（宋）秦觀撰　**淮海文集攷證一卷**
(清)王敬之　（清）茆泮林　（清）金長福撰
　　重編淮海先生年譜節要一卷　（清）秦瀛編
　　（清）王敬之節要　清道光十七年(1837)王

敬之等刻二十一年(1841)增刻本　六冊

330000－1716－0006189　普集 0458/06189
集部/總集類/選集之屬/通代

駢體文鈔三十一卷　（清）李兆洛輯　清道光
元年(1821)合河康氏刻同治六年(1867)婁江
徐氏補刻本　十二冊

330000－1716－0006190　普集 0464/06190
集部/別集類/清別集

三魚堂文集十二卷外集六卷　（清）陸隴其撰
　　附錄一卷　清康熙四十年(1701)嘉會堂刻
本　六冊

330000－1716－0006192　普集 0459/06192
集部/總集類/選集之屬/通代

駢體文鈔三十一卷　（清）李兆洛輯　清道光
元年(1821)合河康氏刻同治六年(1867)婁江
徐氏補刻本　四冊

330000－1716－0006194　集補 2473/06194
新學/議論

強聒書社策論新選二卷　強聒書社編選　清
光緒二十八年(1902)上海廣智書局鉛印本
一冊　存一卷(一)

330000－1716－0006195　普集 0465 普集
0466/06195　集部/總集類/郡邑之屬

兩浙輶軒錄四十卷補遺十卷姓氏韻編二卷
(清)阮元輯　**兩浙輶軒續錄五十四卷補遺六
卷姓氏韻編二卷**　（清）潘衍桐輯　清光緒十
六年至十七年(1890－1891)浙江書局刻本
七十二冊

330000－1716－0006197　普集 0463/06197
集部/別集類/宋別集

**淮海集十七卷後集二卷詞一卷補遺一卷續補
遺一卷**　（宋）秦觀撰　**淮海文集攷證一卷**
(清)王敬之　（清）茆泮林　（清）金長福撰
　　重編淮海先生年譜節要一卷　（清）秦瀛編
　　（清）王敬之節要　清道光十七年(1837)王
敬之等刻二十一年(1841)增刻本　八冊

330000－1716－0006200　普集 0470/06200
集部/別集類/元別集

詠物詩二卷　（元）謝宗可撰　清乾隆五十六年(1791)冰絲館刻本　一冊　存一卷(一)

330000－1716－0006201　經補 0529/06201
經部/四書類/總義之屬/傳說

酌雅齋四書遵注合講十九卷附酌雅齋四書圖考一卷　（清）翁復編次　（清）詹文煥參定　清酌雅齋刻本　三冊　缺七卷(孟子一至七)

330000－1716－0006202　普集 0472/06202
集部/總集類/選集之屬/斷代

湖海文傳七十五卷　（清）王昶輯　清道光十七年(1837)經訓堂刻同治五年(1866)印本　十二冊

330000－1716－0006204　普集 0469 普集 1265/06204　集部/別集類/清別集

壯悔堂文集十卷遺稿一卷四憶堂詩集六卷　(清)侯方域撰　（清）賈開宗等評點　清刻本　八冊

330000－1716－0006205　普集 0473/06205
集部/別集類/唐五代別集

李太白文集三十六卷　（唐）李白撰　（清）王琦輯注　清文會堂刻本　二十冊

330000－1716－0006206　史補 1233/06206
史部/史評類/史論之屬

史通削繁四卷　（清）紀昀撰　清道光十三年(1833)盧坤兩廣節署刻朱墨套印本　孝焱題記　四冊

330000－1716－0006207　普集 0477/06207
集部/別集類/清別集

吳詩集覽二十卷補注二十卷吳詩談藪二卷拾遺一卷　（清）吳偉業撰　（清）靳榮藩注並輯　清乾隆刻本　十二冊

330000－1716－0006208　普集 0475/06208
集部/別集類/清別集

鮚埼亭集三十八卷首一卷全謝山先生經史問答十卷　（清）全祖望撰　清嘉慶九年(1804)餘姚史夢蛟借樹山房刻本　十二冊　缺十卷(經史問答一至十)

330000－1716－0006209　普集 0478/06209

集部/別集類/清別集

鮚埼亭集三十八卷首一卷全謝山先生經史問答十卷外編五十卷　（清）全祖望撰　清嘉慶九年(1804)餘姚史夢蛟借樹山房刻同治十一年(1872)補刻本　二十四冊

330000－1716－0006210　普集 0474/06210
集部/別集類/唐五代別集

杜詩鏡銓二十卷附錄一卷年譜一卷　（清）楊倫撰　讀書堂杜工部文集注解二卷　（清）張溍撰　清同治十一年(1872)望三益齋刻本　沈鈞業題記　十二冊

330000－1716－0006211　普集 0476/06211
集部/別集類/唐五代別集

杜詩鏡銓二十卷附錄一卷年譜一卷　（清）楊倫撰　清乾隆九柏山房刻本　十二冊

330000－1716－0006212　普集 0481/06212
集部/別集類/唐五代別集

分類補注李太白詩二十五卷　（唐）李白撰　（宋）楊齊賢集注　（元）蕭士贇補注　唐翰林李太白年譜一卷　（宋）薛仲邕撰　明嘉靖二十五年(1546)玉几山人刻本　四冊　存四卷(八至十一)

330000－1716－0006214　集補 3248/06214
集部/詞類/別集之屬

聊齋詞一卷　（清）蒲松齡撰　清宣統二年(1910)上海國學扶輪社鉛印本　一冊

330000－1716－0006215　普集 0485/06215
集部/詞類/別集之屬

曝書亭集詞注七卷　（清）朱彝尊撰　（清）李富孫注　清嘉慶十九年(1814)嘉興李氏校經廎刻道光九年(1829)補刻本　四冊

330000－1716－0006216　普集 0479/06216
集部/別集類/明別集

震川先生集三十卷別集十卷附錄一卷補編一卷　（明）歸有光撰　（清）歸莊校勘　（清）錢謙益選定　（清）歸玠編輯　清光緒元年(1875)常熟歸氏刻本　十二冊

330000－1716－0006217　普集 0484/06217

集部/別集類/宋別集

水心文集二十九卷 （宋）葉適撰　清乾隆二
十年（1755）溫州府學刻本　十冊

330000－1716－0006218　普集 0486/06218
集部/別集類/清別集

顯志堂稿十二卷 （清）馮桂芬撰　清光緒二
年（1876）吳縣馮氏校邠廬刻本　八冊

330000－1716－0006221　普集 0487/06221
集部/別集類/清別集

顯志堂稿十二卷夢奈詩稿一卷 （清）馮桂芬
撰　清光緒二年（1876）吳縣馮氏校邠廬刻本
四冊

330000－1716－0006222　普集 0488/06222
集部/別集類/清別集

顯志堂稿十二卷 （清）馮桂芬撰　清光緒二
年（1876）吳縣馮氏校邠廬刻本　八冊

330000－1716－0006224　普集 0491/06224
集部/別集類/唐五代別集

唐陸宣公翰苑集二十二卷 （唐）陸贄撰　清
咸豐十一年（1861）崇仁謝氏刻本　六冊

330000－1716－0006226　普集 0489/06226
集部/總集類/選集之屬/通代

唐宋大家全集錄十種 （清）儲欣輯　清光緒
八年（1882）江蘇書局刻本　王繼香題記　三
十二冊

330000－1716－0006227　普集 0492/06227
集部/別集類/唐五代別集

唐陸宣公集二十四卷 （唐）陸贄撰　清道光
二十七年（1847）刻本　八冊

330000－1716－0006228　經補 1322/06228
經部/四書類/總義之屬/傳說

永言堂四書遵注合講十九卷附圖考一卷
（清）翁復編　清永言堂刻本　一冊　存三卷
（大學、中庸、圖攷）

330000－1716－0006229　史補 1239/06229
史部/傳記類/總傳之屬/斷代

昭代名人尺牘小傳二十四卷 （清）吳修撰
清光緒三十四年（1908）石印本　二冊

330000－1716－0006231　史補 1224/06231
史部/政書類/邦計之屬

兩浙宦游紀略四種 （清）戴槃撰　清同治七
年（1868）刻本　七冊　缺一卷（東甌紀略）

330000－1716－0006232　史補 1225/06232
史部/地理類/山川之屬/山志

慧山記四卷 （明）邵寶撰　（明）釋圓顯輯
慧山記續編三卷首一卷 （清）邵涵初輯　清
同治七年（1868）二泉書院刻本　六冊

330000－1716－0006233　普集 0495/06233
集部/總集類/選集之屬/通代

文選六十卷 （南朝梁）蕭統輯　（唐）李善注
（清）何焯評　清羊城翰墨園刻朱墨套印本
十冊　缺十卷（五至九、五十六至六十）

330000－1716－0006234　普集 0494/06234
集部/詞類/類編之屬

西泠詞萃六種九卷 （清）丁丙編　清光緒錢
塘丁氏刻本　二冊　存三種

330000－1716－0006235　普集 0496/06235
集部/別集類/清別集

**吳詩集覽二十卷補注二十卷吳詩談藪二卷拾
遺一卷** （清）吳偉業撰　（清）靳榮藩注並輯
清乾隆四十年（1775）凌雲亭刻本　二十冊
存二十一卷（一至二十、吳詩談藪一）

330000－1716－0006236　史補 0165 － 2/
06236　史部/編年類/通代之屬

**重訂王鳳洲先生綱鑑會纂四十六卷續宋元紀
二十三卷** （明）王世貞撰　（明）陳仁錫訂
清刻本　四十八冊　缺十一卷（續宋元紀一
至十一）

330000－1716－0006238　普集 0497/06238
集部/別集類/唐五代別集

重刊五百家注音辯昌黎先生文集四十卷
（唐）韓愈撰　（宋）魏仲舉輯注　清刻本　十
六冊

330000－1716－0006240　史補 0889 － 8/
06240　史部/編年類/通代之屬

御撰資治通鑑綱目三編二十卷 （清）張廷玉

等撰 清刻本 八冊

330000－1716－0006244 普集 0504/06244
集部/總集類/選集之屬/通代

涵芬樓古今文鈔一百卷 吳曾祺輯 **古今文鈔小傳四卷首一卷附錄一卷** 商務印書館編譯所編 清宣統三年(1911)上海商務印書館鉛印本 一百五冊

330000－1716－0006248 普集 0507/06248
史部/傳記類/總傳之屬/文苑

廣陵詩事十卷 (清)阮元撰 清光緒十六年(1890)京師揚州老館刻本 王繼香題記 二冊

330000－1716－0006249 普集 0506/06249
集部/總集類/選集之屬/通代

樂府詩集一百卷目錄二卷 (宋)郭茂倩輯 清同治十三年(1874)湖北崇文書局刻本 十六冊

330000－1716－0006251 普集 0509/06251
類叢部/叢書類/自著之屬

桂馨堂集八種 (清)張廷濟撰 清道光至咸豐刻本 四冊 存六種

330000－1716－0006253 普集 0508/06253
集部/別集類/宋別集

岳忠武王文集八卷首一卷末一卷 (宋)岳飛撰 (清)黃邦寧輯 清光緒刻本 四冊

330000－1716－0006254 普集 0510/06254
集部/總集類/選集之屬/斷代

唐詩三百首不分卷 (清)孫洙編 清咸豐二年(1852)虞山顧氏家塾小石山房刻本 一冊

330000－1716－0006256 普集 0511/06256
集部/別集類/清別集

詩存四卷觀劇絕句一卷附鄉賢崇祀錄一卷 (清)金德瑛撰 清光緒二十五年(1899)刻本 二冊

330000－1716－0006259 普集 0512/06259
集部/總集類/選集之屬/通代

古文分編集評初集五卷二集五卷三集八卷四集四卷 (清)于光華輯 清光緒三年(1877)

和安堂刻本 二十冊

330000－1716－0006260 經補 1327/06260
經部/四書類/總義之屬/傳說

繪圖四子書十九卷 (宋)朱熹集注 清光緒浙紹明達書莊石印本 一冊 存五卷(論語六至十)

330000－1716－0006262 經補 1344－32/06262 經部/春秋左傳類/傳說之屬

評點春秋左傳綱目句解彙鐫六卷 (清)韓菼重訂 清光緒二十九年(1903)上海石印書局石印本 五冊 存五卷(一、三至六)

330000－1716－0006263 普集 0515/06263
集部/別集類/清別集

有正味齋駢文箋注十六卷補注一卷 (清)吳錫麒撰 (清)葉聯芬注 清道光二十年(1840)慈谿葉氏刻本 八冊

330000－1716－0006264 史補 1229/06264
史部/政書類/儀制之屬/典禮

文廟從祀位次考一卷附鄒縣孟廟從祀位次考一卷 (清)陳錦輯 清光緒十二年(1886)桔蔭軒刻本 一冊

330000－1716－0006266 普集 0517 普集 0518/06266 集部/總集類/選集之屬/通代

增補重訂千家詩注解二卷 (宋)謝枋得選 (清)王相選注 **新鐫五言千家詩箋注二卷諸名家百壽詩一卷贈賀詩一卷百花詩一卷百花詩引一卷** (清)王相選輯 清光緒五年(1879)上洋大文楨記刻本 二冊

330000－1716－0006267 普集 0514 普集 0670/06267 集部/總集類/郡邑之屬

兩浙輶軒續錄五十四卷補遺六卷姓氏韻編二卷 (清)潘衍桐輯 清光緒十七年(1891)浙江書局刻本 四十冊

330000－1716－0006268 普集 0519/06268
集部/總集類/選集之屬/通代

古詩源十四卷 (清)沈德潛輯 清同治十年(1871)聚英堂刻本 四冊

330000－1716－0006270 史補 1230－1/

06270　史部/政書類/律令之屬/法驗

重刊補注洗冤錄集證五卷　（清）王又槐輯
（清）李觀瀾補輯　（清）阮其新補注　（清）
張錫蕃重訂　清道光刻本　四冊

330000－1716－0006272　普集 0522/06272
集部/別集類/清別集

**匏葉龕詩存十二卷詩餘一卷雜俎四卷外編一
卷**　（清）周鶴立撰　清道光四年（1824）吳江
周氏甌山官舍刻本　九冊　存二卷（一至二）

330000－1716－0006273　普集 0526/06273
集部/別集類/清別集

曝書亭集八十卷附錄一卷　（清）朱彝尊撰
笛漁小稿十卷　（清）朱昆田撰　清光緒十五
年（1889）會稽陶氏寒梅館刻本　十六冊

330000－1716－0006274　普集 0527/06274
集部/別集類/清別集

曝書亭集八十卷附錄一卷　（清）朱彝尊撰
笛漁小稿十卷　（清）朱昆田撰　清光緒十五
年（1889）會稽陶氏寒梅館刻本　十六冊

330000－1716－0006275　史補 1230－2/
06275　史部/政書類/律令之屬/法驗

重刊補注洗冤錄集證六卷　（清）王又槐輯
（清）李觀瀾補輯　（清）阮其新補注　（清）
張錫蕃重訂　（清）文晟續輯　清道光二十七
年（1847）刻四色套印本　四冊　缺一卷（一）

330000－1716－0006276　普集 0528/06276
集部/別集類/清別集

曝書亭集箋注二十三卷　（清）朱彝尊撰
（清）孫銀槎輯注　清嘉慶五年（1800）三有堂
刻九年（1804）補刻本　八冊

330000－1716－0006277　普集 0516/06277
集部/別集類/清別集

倚晴樓集五種　（清）黃燮清撰　清咸豐至光
緒刻本　二十四冊

330000－1716－0006278　史補 1246/06278
史部/金石類/總志之屬

金石萃編一百六十卷　（清）王昶撰　清嘉慶
十年（1805）青浦王氏經訓堂刻同治十年

（1871）嘉善錢寶傳補刻本（卷十二至十四配
抄本）　六十二冊　存一百五十一卷（一至二
十三、二十七至三十二、三十八至八十六、八
十八至一百六十）

330000－1716－0006280　普叢 0270－4/
06280　類叢部/叢書類/自著之屬

甌北全集八種　（清）趙翼撰　清乾隆至嘉慶
湛貽堂刻本　八冊　存一種

330000－1716－0006281　普集 0529/06281
集部/別集類/唐五代別集

李太白全集十六卷　（唐）李白撰　（清）李調
元　（清）鄧在珩編　清道光十三年（1833）刻
同治印本　六冊

330000－1716－0006283　史補 1242/06283
史部/目錄類/總錄之屬/官修

湖北官書處書目一卷　（清）湖北官書處編
清光緒三年（1877）湖北官書處刻本　一冊

330000－1716－0006285　普集 0537/06285
集部/別集類/宋別集

文信國公集二十卷首一卷　（宋）文天祥撰
清同治七年（1868）楚體景萊書室刻本　十
六冊

330000－1716－0006288　普集 0540/06288
集部/別集類/唐五代別集

杜詩詳注二十五卷首一卷附編二卷　（唐）杜
甫撰　（清）仇兆鰲輯注　清刻本　十四冊

330000－1716－0006289　普集 0541/06289
集部/別集類/唐五代別集

杜工部集二十卷首一卷　（唐）杜甫撰　（清）
盧坤輯評　清道光十四年（1834）芸葉盦刻六
色套印本　八冊

330000－1716－0006290　史補 1248/06290
史部/史評類/史論之屬

史通削繁四卷　（清）紀昀撰　清道光十三年
（1833）盧坤兩廣節署刻朱墨套印本　四冊

330000－1716－0006291　集補 1850/06291
集部/曲類/彈詞之屬

新刻雙金錠全傳六卷　清刻本　一冊

330000 – 1716 – 0006292　普集 0531/06292
集部/別集類/唐五代別集

韓文起十二卷　（唐）韓愈撰　（清）林雲銘評
注　**韓文公年譜一卷**　（清）林雲銘撰　清康
熙三十二年（1693）林氏建陽刻本　十冊

330000 – 1716 – 0006294　普集 0535/06294
集部/別集類/唐五代別集

李義山詩集三卷　（唐）李商隱撰　（清）朱鶴
齡箋注　（清）沈厚塽輯評　**李義山詩譜一卷**
附録諸家詩評一卷　清刻三色套印本　七冊
　　缺二卷（李義山詩譜、附録諸家詩評）

330000 – 1716 – 0006296　普集 0542/06296
類叢部/叢書類/自著之屬

施愚山先生全集五種附一種　（清）施閏章撰
　　清宣統三年（1911）上海國學扶輪社石印本
　　十六冊　存一種

330000 – 1716 – 0006297　普集 0493/06297
集部/總集類/彙編之屬

宋詩鈔初集八十四種　（清）呂留良　（清）吳
之振　（清）吳爾堯編　清康熙十年（1671）洲
錢吳氏鑑古堂刻本　九冊　存三十一種

330000 – 1716 – 0006302　地獻 1983/06302
集部/別集類/明別集

余忠節公遺文一卷附録一卷　（明）余煌撰
清末會稽董氏取斯家塾木活字印本　一冊

330000 – 1716 – 0006304　子補 2680/06304
史部/傳記類/總傳之屬/技藝

歷代畫史彙傳七十二卷首一卷總目三卷附録
二卷　（清）彭蘊璨輯　（清）邱步洲重輯　清
同治十三年（1874）三楚邱氏畊餘堂刻本　三
十二冊

330000 – 1716 – 0006305　子補 4070 – 48/
06305　子部/醫家類/本草之屬/歷代綜合
本草

本草綱目五十二卷附圖二卷　（明）李時珍撰
　　清芥子園刻本　一冊　存三卷（十八至二
十）

330000 – 1716 – 0006307　普集 0553/06307

集部/總集類/選集之屬/斷代

宋四名家詩　（清）周之鱗　（清）柴升編　清
嘉慶二十二年（1817）博古堂刻本　六冊

330000 – 1716 – 0006308　普集 0550/06308
集部/別集類/清別集

鈍翁文集十六卷　（清）汪琬撰　清宣統二年
（1910）上海國學扶輪社石印本　八冊

330000 – 1716 – 0006309　普史 1660/06309
史部/紀傳類/正史之屬

二十四史　清刻本　一百十二冊　存一種

330000 – 1716 – 0006310　普集 0552/06310
集部/別集類/明別集

震川大全集三十卷別集十卷補集八卷餘集八
卷先太僕評點史記例意一卷歸震川先生論文
章體則一卷　（明）歸有光撰　清宣統二年
（1910）國學扶輪社石印本　十二冊

330000 – 1716 – 0006311　普集 1748 – 1/
06311　集部/別集類/清別集

卷施閣文乙集八卷續編一卷更生齋文乙集四
卷　（清）洪亮吉撰　清光緒九年（1883）紫藤
花館刻本　六冊

330000 – 1716 – 0006312　史補 1252/06312
史部/雜史類/斷代之屬

皇朝掌故彙編内編六十卷首一卷外編四十卷
首一卷　張壽鏞等輯　清光緒二十八年
（1902）求實書社鉛印本　五十九冊　缺七卷
（外編三十四至四十）

330000 – 1716 – 0006313　普集 0555/06313
集部/詩文評類/制藝之屬

增選加注能與集不分卷　（清）李秬香改本
（清）金研香評　清古越聚奎堂刻本　二冊

330000 – 1716 – 0006314　普史 1661/06314
史部/紀傳類/正史之屬

二十四史　清同治至光緒五省官書局據汲古
閣本等合刻光緒五年（1879）湖北書局彙印本
　　三十八冊　存四種

330000 – 1716 – 0006315　普集 0557/06315
類叢部/叢書類/自著之屬

鹿洲全集八種　（清）藍鼎元撰　清同治四年
(1865)羊城緯文堂刻本　十九冊　存七種

330000－1716－0006316　史補 1251－1/
06316　史部/詔令奏議類/奏議之屬

林文忠公政書三集三十七卷　（清）林則徐撰
清光緒二年(1876)鉛印本　八冊

330000－1716－0006317　普集 0556－1/
06317　集部/總集類/選集之屬/通代

忠雅堂評選四六法海八卷　（清）蔣士銓評選
清光緒八年(1882)刻本　唐風題簽　七冊

330000－1716－0006319　普集 0559/06319
集部/別集類/唐五代別集

杜詩鏡銓二十卷附錄一卷年譜一卷　（清）楊
倫撰　讀書堂杜工部文集注解二卷　（清）張
溍撰　清光緒十八年(1892)上海著易堂書局
鉛印本　六冊

330000－1716－0006320　史補 1251－2/
06320　史部/詔令奏議類/奏議之屬

林文忠公政書三集三十七卷　（清）林則徐撰
清光緒二年(1876)鉛印本　八冊

330000－1716－0006321　普集 0558/06321
集部/總集類/選集之屬/通代

雞跖賦續刻二十八卷擬古二卷　（清）應泰泉
輯　清同治十三年(1874)蘭言室刻本　十冊

330000－1716－0006324　普集 0562/06324
集部/別集類/明別集

李空同詩集三十三卷附錄一卷　（明）李夢陽
撰　清宣統二年(1910)掃葉山房石印本
十冊

330000－1716－0006328　普叢 0360－2/
06328　類叢部/叢書類/彙編之屬

廣雅書局叢書一百五十九種　徐紹棨編　清
光緒廣雅書局刻民國九年(1920)番禺徐紹棨
彙編重印本　二冊　存一種

330000－1716－0006331　普集 0571/06331
集部/別集類/清別集

錢牧齋文鈔不分卷　（清）錢謙益撰　清宣統
元年(1909)國學扶輪社鉛印本　四冊

330000－1716－0006332　普集 0568/06332
集部/別集類/清別集

胡文忠公遺集十卷首一卷　（清）胡林翼撰
（清）閻敬銘　（清）厲雲官　（清）盛康輯
清同治刻本　八冊

330000－1716－0006333　史補 1249/06333
史部/紀傳類/正史之屬

三國志證聞三卷　（清）錢儀吉撰　清光緒十
一年(1885)江蘇書局刻本　二冊

330000－1716－0006335　普集 0569/06335
集部/總集類/選集之屬/斷代

唐詩三百首注疏六卷　（清）孫洙編　（清）章
燮注　清道光十五年(1835)浙蘭文華樓刻本
六冊

330000－1716－0006337　集補 2145/06337
集部/別集類/清別集

支那硎湃潮一卷　（清）張麟年撰　清光緒蕭
山鍾駿文刻本　一冊

330000－1716－0006338　普集 0570/06338
集部/別集類/宋別集

道鄉先生文集四十卷補遺一卷　（宋）鄒浩撰
道鄉集附錄一卷　清光緒二十五年(1899)
刻朱印本　六冊

330000－1716－0006339　史補 1250/06339
史部/史抄類

史記菁華錄六卷　（清）姚祖恩輯　清同治十
二年(1873)紅杏山房刻朱墨套印本　六冊

330000－1716－0006341　普集 0576/06341
集部/別集類/清別集

樊榭山房全集四十二卷　（清）厲鶚撰　清光
緒十年(1884)錢塘汪氏振綺堂刻本　九冊
缺五卷(集外詩、集外詞、集外文、附輓辭、軼
事)

330000－1716－0006342　普集 0575/06342
集部/別集類/清別集

全謝山文鈔十六卷　（清）全祖望撰　清宣統
二年(1910)上海國學扶輪社鉛印本　八冊

330000－1716－0006344　普集 0579/06344

集部/別集類/清別集

唐確慎公集十卷首一卷末一卷 （清）唐鑑撰
清光緒元年(1875)善化賀瑗刻本　五冊
缺二卷(一、首)

330000－1716－0006347　普史 0340/06347
史部/紀傳類/正史之屬

十七史一千五百七十四卷 （明）毛晉編　明
崇禎元年至十七年(1628－1644)毛氏汲古閣
刻本　四十八冊　存二種

330000－1716－0006350　普集 0583 普集
0586/06350　集部/總集類/選集之屬/通代

新鐫五言千家詩箋注二卷 （清）王相選注
增補重訂千家詩注解二卷 （宋）謝枋得選
（清）王相選注　**諸名家百花詩一卷百壽詩一
卷贈賀詩一卷** （清）王相輯　**百花詩引一卷**
（清）顧宗孔撰　清光緒十九年(1893)滬上
熙記書莊刻本　二冊

330000－1716－0006351　普史 1674/06351
史部/紀傳類/正史之屬

二十四史　清光緒二十八年(1902)武林竹簡
齋石印本　四冊　存一種

330000－1716－0006352　普集 0585/06352
集部/別集類/清別集

飴山詩集二十卷 （清）趙執信撰　清乾隆十
七年(1752)因園刻本　四冊

330000－1716－0006353　史補 1253/06353
史部/政書類/通制之屬

三通考輯要七十六卷　湯壽潛輯　清光緒二
十五年(1899)上海圖書集成印書局鉛印本
十冊　存一種

330000－1716－0006354　普集 0587/06354
集部/詞類/別集之屬

考功詞一卷 （清）鄭守廉撰　清光緒二十八
年(1902)武昌刻本　一冊

330000－1716－0006355　史補 1268－1/
06355　史部/史抄類

史記菁華錄六卷 （清）姚祖恩輯　清光緒二
十八年(1902)上海書局石印本　六冊

330000－1716－0006356　普集 0584/06356
集部/別集類/唐五代別集

唐陸宣公集二十二卷附刻一卷 （唐）陸贄撰
清道光四年(1824)刻本　八冊

330000－1716－0006357　普集 0611/06357
集部/總集類/選集之屬/通代

文選六十卷 （南朝梁）蕭統輯　（唐）李善注
（清）何焯評　清羊城翰墨園刻朱墨套印本
十六冊

330000－1716－0006359　普史 0015/06359
史部/紀傳類/正史之屬

十七史一千五百七十四卷 （明）毛晉編　明
崇禎元年至十七年(1628－1644)毛氏汲古閣
刻本　二十五冊　存一種

330000－1716－0006360　史補 1268－2/
06360　史部/史抄類

史記菁華錄六卷 （清）姚祖恩輯　清光緒二
十七年(1901)上海廣益書局石印本　一冊

330000－1716－0006362　史補 1254/06362
史部/編年類/通代之屬

綱鑑正史約三十六卷附記一卷 （明）顧錫疇
撰　（清）陳弘謀增訂　**甲子紀元一卷** （清）
陳弘謀撰　清光緒二十八年(1902)上海古香
閣石印本　五冊

330000－1716－0006364　普集 0588/06364
集部/總集類/選集之屬/斷代

宋四家文集 （清）張伯行編　清康熙四十八
年至五十年(1709－1711)儀封張伯行正誼堂
刻道光二十六年(1846)古歙洪錫謙重修本
二冊　存一種

330000－1716－0006365　史補 1255/06365
史部/編年類/斷代之屬

兩漢紀六十卷 （宋）王銍輯　**兩漢紀校記二
卷** （清）陳璞撰　清光緒二年(1876)嶺南述
古堂刻本　六冊　缺三十卷(前漢紀一至三
十)

330000－1716－0006366　普集 0595/06366
集部/總集類/選集之屬/通代

論文集要四卷 （清）薛福成纂 清光緒二十八年（1902）農學報館石印本 二冊

330000－1716－0006369 史補 1257/06369
史部/政書類/公牘檔冊之屬

新輯撫豫宣化錄十卷 （清）田文鏡梓 清光緒二十二年（1896）上海書局石印本 八冊

330000－1716－0006370 普集 0607/06370
集部/別集類/清別集

小倉山房詩集三十一卷補遺一卷附錄一卷 （清）袁枚撰 清懷德堂刻本 八冊

330000－1716－0006371 史補 1256/06371
史部/政書類/通制之屬

欽定大清會典一百卷 （清）張廷玉等纂修 清光緒十九年（1893）上海圖書集成印書局鉛印本 八冊

330000－1716－0006373 普集 0594 普集 1366/06373 集部/總集類/郡邑之屬

兩浙輶軒續錄五十四卷補遺六卷姓氏韻編二卷 （清）潘衍桐輯 清光緒十七年（1891）浙江書局刻本 三十三冊 缺十一卷（八至九、三十一至三十八,補遺六）

330000－1716－0006374 普集 0599/06374
集部/總集類/郡邑之屬

海虞文徵三十卷目錄二卷 邵松年編輯 清光緒三十一年（1905）鴻文書局石印本 十六冊

330000－1716－0006375 史補 1258/06375
史部/地理類/外紀之屬

瀛環志略十卷 （清）徐繼畬撰 清同治十二年（1873）揆雲樓刻本 四冊 存七卷（四至十）

330000－1716－0006376 普集 0600/06376
集部/別集類/清別集

鑑止水齋集二十卷 （清）許宗彥撰 清咸豐八年（1858）德清許延祻刻本 六冊

330000－1716－0006377 史補 1267/06377
史部/史評類/史論之屬

讀通鑑論十卷末一卷附宋論五卷 （清）王夫之撰 清光緒二十九年（1903）上海官書局鉛印本 五冊 存七卷（一至二、六至九,末）

330000－1716－0006378 普集 0602/06378
集部/總集類/彙編之屬

國朝文錄初編四十種 （清）李祖陶編 清道光十九年（1839）瑞州府鳳儀書院刻本 十冊 存十二種

330000－1716－0006380 普集 0601/06380
集部/別集類/清別集

鑑止水齋集二十卷 （清）許宗彥撰 清咸豐八年（1858）德清許延祻刻本 六冊

330000－1716－0006381 普叢 0437－10/06381 類叢部/叢書類/自著之屬

隨園三十種 （清）袁枚撰 清同治五年（1866）三讓睦記刻本 八十冊 存二十六種

330000－1716－0006382 史補 0909/06382
史部/政書類/通制之屬

資治新書十四卷首一卷二集二十卷 （清）李漁輯 清刻本 十六冊 存二十卷（二集一至二十）

330000－1716－0006383 普集 0603/06383
集部/別集類/清別集

漁洋山人精華錄箋注十二卷補一卷年譜一卷 （清）王士禛撰 （清）金榮箋注 （清）徐淮纂輯 清康熙五十一年（1712）鳳翶堂刻本 六冊

330000－1716－0006384 普集 0604/06384
集部/別集類/清別集

漁洋山人精華錄箋注十二卷補一卷年譜一卷 （清）王士禛撰 （清）金榮箋注 （清）徐淮纂輯 清康熙五十一年（1712）鳳翶堂刻本 十冊

330000－1716－0006385 普集 0591/06385
史部/傳記類/別傳之屬/事狀

慈闈瑣記二卷 （清）孫仁述撰 清光緒三十三年（1907）會稽孫氏刻本 一冊

330000－1716－0006388 普叢 0357/06388
史部/地理類

北徼彙編十九種　（清）何秋濤輯　清同治四年（1865）京都龍威閣刻本　一冊　存一種

330000－1716－0006389　普集 0612/06389
集部/別集類/元別集

趙文敏公松雪齋全集十卷外集一卷續集一卷　（元）趙孟頫撰　清康熙五十二年（1713）海上曹培廉城書室刻光緒八年（1882）楊氏重修本　六冊

330000－1716－0006391　普集 0614/06391
集部/別集類

萬山草堂詩集六卷　李登雲撰　清光緒三十三年（1907）武林刻本　二冊

330000－1716－0006392　普集 0615/06392
集部/別集類/明別集

明德先生文集二十六卷制藝一卷　（明）呂維祺撰　附新安定變全城記一卷　（清）張鼎延撰　清康熙二年（1663）新安呂兆璜、呂兆琳等刻乾隆四十八年（1783）重修本　十二冊

330000－1716－0006393　普集 0593/06393
集部/別集類/清別集

錢牧齋文鈔不分卷　（清）錢謙益撰　清宣統元年（1909）國學扶輪社鉛印本　四冊

330000－1716－0006394　普史 0967－3/06394　史部/詔令奏議類/奏議之屬

彭剛直公奏稿八卷　（清）彭玉麟撰　（清）俞樾輯　清末鉛印本　四冊

330000－1716－0006396　普集 0616/06396
集部/別集類/清別集

望溪先生文集十八卷集外文十卷集外文補遺二卷年譜二卷　（清）方苞撰　清咸豐元年（1851）戴鈞衡刻二年（1852）增刻本　十六冊

330000－1716－0006398　普集 0618/06398
集部/戲劇類/傳奇之屬

梅花夢二卷　（清）張道撰　清光緒二十年（1894）長沙錢塘張預刻本　二冊

330000－1716－0006399　普集 0620/06399
集部/詩文評類/文評之屬

文心雕龍十卷　（南朝梁）劉勰撰　（明）楊慎批　（明）張松孫輯注　清同治七年（1868）杭城文元堂刻本　二冊

330000－1716－0006400　普集 0621/06400
集部/詩文評類/文評之屬

文心雕龍十卷　（南朝梁）劉勰撰　（清）黃叔琳輯注　（清）紀昀評　清道光十三年（1833）盧坤兩廣節署刻朱墨套印本　四冊

330000－1716－0006401　普叢 0241－1/06401　類叢部/叢書類/自著之屬

悔餘庵集三種　（清）何杕撰　清同治四年（1865）鳩江戎幄刻本　十一冊　缺四卷（詩稿一至四）

330000－1716－0006402　史補 1284－1/06402　史部/職官類/官箴之屬

庸吏庸言一卷附庸吏餘談一卷　（清）劉衡撰　蜀僚問答二卷　（清）劉衡撰　清咸豐五年（1855）山陰金瑞五堂刻本　二冊

330000－1716－0006403　普集 0622/06403
集部/詩文評類/文評之屬

文心雕龍十卷　（南朝梁）劉勰撰　（清）黃叔琳輯注　清乾隆六年（1741）北平黃氏養素堂刻本　二冊

330000－1716－0006404　普集 0623/06404
集部/詩文評類/文評之屬

文心雕龍十卷　（南朝梁）劉勰撰　（明）楊慎批　（明）張松孫輯注　清同治七年（1868）杭城文元堂刻本　四冊

330000－1716－0006405　史補 1284－2/06405　史部/職官類/官箴之屬

從政約言三卷　（清）金纓輯　佐治藥言二卷學治臆說二卷附續說一卷說贅一卷　（清）汪輝祖撰　清咸豐二年（1852）山陰金氏瑞五堂刻本　六冊

330000－1716－0006406　普集 0610/06406
集部/別集類/清別集

萬善花室文集六卷續集一卷詩集四卷詞稿一卷　（清）方履籛撰　清道光十二年（1832）刻本　二冊　存五卷（詩集一至四、詞稿）

285

330000－1716－0006407　史補 1263/06407
子部/雜著類/雜說之屬

熙朝紀政八卷　（清）王慶雲撰　清光緒二十七年（1901）上海圖書集成印書局鉛印本
四冊

330000－1716－0006409　普集 0626/06409
集部/別集類/清別集

西垣詩鈔二卷附西垣黔苗竹枝詞一卷　（清）毛貴銘撰　清咸豐十年（1860）刻本　二冊

330000－1716－0006410　史補 1264－1/06410　史部/編年類/斷代之屬

皇朝政典輯要八卷　（日本）增田貢撰　（清）毛淦補編　清光緒二十八年（1902）鉛印本
四冊

330000－1716－0006411　普集 0627/06411
集部/別集類/清別集

知悔齋詩稿八卷續稿一卷　（清）張士寬撰
清同治三年（1864）刻本　一冊

330000－1716－0006412　史部 1264－2/06412　史部/編年類/斷代之屬

皇朝政典輯要八卷　（日本）增田貢撰　（清）毛淦補編　清光緒二十八年（1902）鉛印本
四冊

330000－1716－0006414　普集 0637 普集0638 普集 0636/06414　集部/別集類/清別集
飴山文集十二卷附錄一卷詩集二十卷禮俗權衡二卷聲調譜二卷續譜一卷談龍錄一卷
（清）趙執信撰　清乾隆十七年（1752）、三十九年（1774）因園刻彙印本　十一冊

330000－1716－0006415　史補 1264－3/06415　史部/編年類/斷代之屬

皇朝政典輯要八卷　（日本）增田貢撰　（清）毛淦補編　清光緒二十八年（1902）上海書局
石印本　四冊

330000－1716－0006416　普集 0630/06416
類叢部/叢書類/自著之屬

張皋文箋易詮全集十六種　（清）張惠言撰
清嘉慶八年至道光十年（1803－1830）刻本

一冊　存一種

330000－1716－0006417　史補 1265/06417
史部/政書類/通制之屬

九通序三卷　清光緒二十八年（1902）新學書社石印本　三冊

330000－1716－0006420　普集 0631/06420
集部/別集類/清別集

廣雅堂詩集不分卷　（清）張之洞撰　清末石印本　二冊

330000－1716－0006421　普叢 0245－3/06421　類叢部/叢書類/郡邑之屬

永嘉叢書十三種　（清）孫衣言編　清同治至光緒瑞安孫氏詒善祠塾刻本　十三冊　存三種

330000－1716－0006424　普叢 0225－3/06424　類叢部/叢書類/彙編之屬

半厂叢書初編十種　（清）譚獻編　清同治至光緒仁和譚氏刻本　四冊　存二種

330000－1716－0006425　普集 0643/06425
集部/別集類/清別集

習苦齋詩集八卷古文四卷　（清）戴熙撰　清同治六年（1867）錢塘張曜刻本　五冊　存八卷（詩集一至四、古文一至四）

330000－1716－0006426　普集 0642/06426
集部/總集類/選集之屬/斷代

唐駢體文鈔十七卷　（清）陳均纂　清同治十二年（1873）刻本　四冊

330000－1716－0006427　普集 0640/06427
集部/別集類

說劍堂集九種　潘飛聲撰　清光緒刻本　一冊　存五種

330000－1716－0006428　普集 0641/06428
集部/詩文評類/文評之屬

文心雕龍十卷　（南朝梁）劉勰撰　（明）楊慎批　（明）張松孫輯注　清同治七年（1868）杭城文元堂刻本　四冊

330000－1716－0006429　普集 0644/06429

集部/總集類/選集之屬/通代

古詩源十四卷 （清）沈德潛輯　清嘉慶八年(1803)西山堂刻本　二冊

330000－1716－0006431　普集 0645/06431
集部/總集類/選集之屬/斷代

唐人萬首絕句選七卷 （清）王士禛輯　清永康胡氏退補齋刻本　二冊

330000－1716－0006432　普集 0646/06432
集部/別集類/清別集

曝書亭集外稿八卷 （清）朱彝尊撰　（清）馮登府　（清）朱墨林輯　清嘉慶二十二年(1817)朱氏潛采堂刻本　三冊

330000－1716－0006433　普集 0647/06433
集部/別集類/明別集

太史升菴全集八十一卷目錄二卷附年譜一卷　（明）楊慎撰　（明）楊有仁輯　（清）周參元校　清乾隆六十年(1795)新都周氏養拙山房刻本　二十四冊

330000－1716－0006434　普集 0648/06434
集部/別集類/清別集

有正味齋駢文箋注十六卷補注一卷 （清）吳錫麒撰　（清）葉聯芬注　清道光二十年(1840)慈谿葉氏刻本　八冊

330000－1716－0006435　普集 0653/06435
集部/別集類/宋別集

忠正德文集十卷 （宋）趙鼎撰　**附錄一卷**
清光緒二年(1876)浙江山陰謝氏刻本　四冊

330000－1716－0006436　史補 1270/06436
史部/金石類/總志之屬

金石錄三十卷 （宋）趙明誠撰　清乾隆二十七年(1762)德州盧見曾雅雨堂刻本　七冊缺三卷(二十八至三十)

330000－1716－0006437　史補 1271/06437
史部/政書類/邦計之屬/荒政

欽定康濟錄四卷 （清）陸曾禹撰　（清）倪國璉鼇正　清同治三年(1864)浙江撫署刻本　三冊

330000－1716－0006438　普集 0652/06438
集部/別集類/清別集

忠雅堂詩集二十七卷補遺二卷銅絃詞附南北曲二卷 （清）蔣士銓撰　清嘉慶三年(1798)揚州刻藻思堂印本　八冊

330000－1716－0006439　普集 0649/06439
子部/雜著類/雜考之屬

升菴外集一百卷 （明）楊慎撰　（明）焦竑輯　清道光二十四年(1844)桂湖刻本　二十四冊

330000－1716－0006440　普集 0654/06440
集部/別集類/清別集

忠雅堂詩集二十七卷補遺二卷銅絃詞附南北曲二卷 （清）蔣士銓撰　清嘉慶三年(1798)揚州刻藻思堂印本　八冊

330000－1716－0006441　史補 1272/06441
史部/職官類/官箴之屬

治臬善後芻議二卷 （清）蕭文昭撰　清光緒三十四年(1908)杭州文彙書局石印本　一冊

330000－1716－0006442　普集 0655/06442
集部/別集類/清別集

楊園先生全集二十四卷 （清）張履祥撰　清光緒三十年(1904)武昌呂氏刻本　六冊

330000－1716－0006443　經補 0936－1/06443　經部/小學類/文字之屬/說文

說文提要一卷 （清）陳建侯撰　清同治十二年(1873)湖北崇文書局刻本　一冊

330000－1716－0006444　子補 3157/06444
子部/儒家類/儒學之屬/俗訓

陸清獻公宰嘉訓俗一卷 （清）陸隴其撰　清光緒十年(1884)涂宗瀛長洲不遠復齋刻本　一冊

330000－1716－0006445　普集 0656/06445
集部/別集類/清別集

有正味齋駢文箋注十六卷補注一卷 （清）吳錫麒撰　（清）葉聯芬注　清同治七年(1868)慈谿葉氏刻本　六冊

330000－1716－0006446　普集 0657/06446
集部/別集類/唐五代別集

唐陸宣公翰苑集二十二卷　（唐）陸贄撰　清咸豐十一年（1861）崇仁謝氏刻本　六冊

330000－1716－0006447　史補 1273/06447
史部/職官類/官箴之屬

學治臆說二卷續說一卷說贅一卷　（清）汪輝祖撰　清光緒七年（1881）刻本　一冊

330000－1716－0006448　普集 0658/06448
集部/別集類/唐五代別集

昌黎先生集四十卷遺文一卷　（唐）韓愈撰（宋）廖瑩中校正　清同治九年（1870）廣東述古堂刻本　清施山批注、題記並圈點　六冊

330000－1716－0006449　普集 0660/06449
集部/別集類/唐五代別集

昌黎先生集四十卷外集十卷遺文一卷　（唐）韓愈撰　（宋）廖瑩中校正　朱子校昌黎先生集傳一卷　（宋）朱熹撰　韓集點勘四卷（清）陳景雲撰　清同治八年至九年（1869－1870）江蘇書局刻本　十六冊

330000－1716－0006450　普叢 0398/06450
類叢部/叢書類/彙編之屬

抗希堂十六種　（清）方苞撰　清康熙至嘉慶桐城方氏抗希堂刻本　一冊　存一種

330000－1716－0006451　普集 0659/06451
集部/別集類/唐五代別集

朱文公校昌黎先生文集四十卷外集十卷遺文一卷　（唐）韓愈撰　（宋）朱熹考異　（宋）王伯大音釋　朱文公校昌黎先生集傳一卷明萬曆三十三年（1605）天德堂刻本　十二冊　缺一卷（外集十）

330000－1716－0006453　普集 0662/06453
集部/別集類/清別集

盋山文錄八卷詩錄二卷　（清）顧雲撰　清光緒十五年（1889）南京刻本　四冊

330000－1716－0006455　普集 0664/06455
集部/別集類/清別集

胡文忠公遺集八十六卷首一卷　（清）胡林翼撰　（清）鄭敦謹　（清）曾國荃輯　（清）胡鳳丹重編　清同治六年（1867）李氏黃鶴樓刻

本　二十九冊　缺七卷（三十五至三十七、四十一至四十四）

330000－1716－0006456　普集 0665 普集 1513/06456　集部/別集類/清別集

有正味齋駢體文二十四卷續集八卷詩集十六卷詩續集八卷詞集八卷詞續集二卷詞外集南北曲二卷外集五卷　（清）吳錫麒撰　清嘉慶十三年（1808）刻本　八冊　存二十卷（詩集一至十六、詞集一至四）

330000－1716－0006457　史補 1275/06457
類叢部/叢書類/自著之屬

陶廬叢刻第二集十種　王樹枏撰　清光緒九年至民國十四年（1883－1925）新城王氏刻本暨鉛印本　一冊　存一種

330000－1716－0006458　普集 0668/06458
集部/別集類/清別集

有正味齋駢體文二十四卷首一卷　（清）吳錫麒撰　（清）王廣業箋　清咸豐九年（1859）青箱塾刻本　四冊

330000－1716－0006459　普集 0666/06459
集部/別集類/清別集

有正味齋集十六卷　（清）吳錫麒撰　清刻本　八冊

330000－1716－0006460　普集 0667/06460
集部/別集類/清別集

有正味齋駢體文二十四卷首一卷　（清）吳錫麒撰　（清）王廣業箋　清咸豐九年（1859）青箱塾刻本　六冊

330000－1716－0006461　普集 0669/06461
集部/別集類/清別集

有正味齋駢體文二十四卷首一卷　（清）吳錫麒撰　（清）王廣業箋　清咸豐九年（1859）青箱塾刻本　八冊

330000－1716－0006463　普集 0671/06463
集部/總集類/選集之屬/斷代

湖海文傳七十五卷　（清）王昶輯　清道光十七年（1837）經訓堂刻同治五年（1866）印本十五冊　缺五卷（三十六至四十）

330000－1716－0006464　普集 0695/06464
集部/別集類/清別集

**三松堂詩集二十卷詩續集六卷文集四卷水雲
笛譜一卷三松自定年譜一卷**　（清）潘奕雋撰
　清同治九年至十一年（1870－1872）潘遵祁
刻本　十冊　缺一卷（水雲笛譜）

330000－1716－0006465　普集 0680/06465
集部/總集類/選集之屬/斷代

湖海文傳七十五卷　（清）王昶輯　清道光十
七年（1837）經訓堂刻同治五年（1866）印本
十四冊　缺十二卷（三十一至三十六、六十四
至六十九）

330000－1716－0006466　普集 0672/06466
集部/別集類/宋別集

陸象山先生文集三十六卷　（宋）陸九淵撰
（清）李紱輯　**少湖徐先生學則辨一卷**　（明）
徐階撰　清道光三年（1823）金谿陸邦瑞槐堂
書齋刻本　十二冊　存三十五卷（二至三十
六）

330000－1716－0006467　普集 0683/06467
集部/別集類/明別集

太師誠意伯劉文成公集二十卷首一卷　（明）
劉基撰　清康熙劉元奇刻雍正萬里補刻乾隆
括芝南田果育堂印本　十二冊

330000－1716－0006468　普集 0682/06468
集部/總集類/課藝之屬

越輔采風録四卷　瞿鴻機編　清光緒十四年
（1888）刻本　四冊

330000－1716－0006471　普集 0685/06471
集部/別集類/清別集

梅村集二十卷　（清）吳偉業撰　清宣統二年
（1910）上海國學昌明社石印本　六冊

330000－1716－0006473　普集 0681/06473
史部/地理類/專志之屬/祠墓

兩浙防護陵寢祠墓録一卷　（清）阮元輯　清
光緒十五年（1889）浙江書局刻本　二冊

330000－1716－0006476　普集 0690/06476
集部/總集類/郡邑之屬

宛雅初編八卷　（明）梅鼎祚輯　二編八卷
（清）施閏章　（清）蔡蓁春輯　三編二十四卷
　（清）施念曾　（清）張汝霖輯　清光緒元年
（1875）宛村劉樹本堂刻本　十二冊

330000－1716－0006477　普叢 0178－3/
06477　類叢部/叢書類/郡邑之屬

金華叢書六十八種　（清）胡鳳丹編　清同治
七年至光緒八年（1868－1882）永康胡氏退補
齋刻民國補刻本　六冊　存四種

330000－1716－0006478　普集 0675/06478
集部/別集類/清別集

誦芬詩略三卷　（清）黃炳垕撰　清同治八年
（1869）餘姚黃氏刻本　一冊　存一種

330000－1716－0006479　普史 1654/06479
史部/紀傳類/正史之屬

二十四史　清同治至光緒五省官書局據汲古
閣本等合刻光緒五年（1879）湖北書局彙印本
　四十冊　存三種

330000－1716－0006480　普集 0678/06480
類叢部/叢書類/自著之屬

二曲先生全集二種三十五卷　（清）李顒撰
清咸豐江陰蔣氏小嫏嬛山館刻本　四冊　存
一種

330000－1716－0006481　普集 0676/06481
類叢部/叢書類/自著之屬

留書種閣集九種　（清）黃炳垕撰　清同治六
年至光緒二十年（1867－1894）餘姚黃氏留書
種閣刻本　一冊　存一種

330000－1716－0006482　普集 0715/06482
集部/別集類/明別集

甫田集三十六卷　（明）文徵明撰　清宣統三
年（1911）上海千頃堂書莊會文學社書莊鉛印
本　十二冊

330000－1716－0006483　普集 0691/06483
集部/別集類/清別集

有正味齋駢文箋注十六卷補注一卷　（清）吳
錫麒撰　（清）葉聯芬注　清同治七年（1868）
慈谿葉氏刻本　八冊

330000 - 1716 - 0006484　普集 0693/06484
集部/別集類/清別集

曝書亭集箋注二十三卷　（清）朱彝尊撰
（清）孫銀槎輯注　清嘉慶五年（1800）三有堂
刻九年（1804）補刻本　八冊

330000 - 1716 - 0006486　子補 3153/06486
子部/宗教類/佛教之屬/經

佛說梵網經二卷　（後秦）釋鳩摩羅什譯　清
刻本　一冊

330000 - 1716 - 0006488　普集 0700/06488
集部/別集類/清別集

有正味齋駢體文二十四卷首一卷　（清）吳錫
麒撰　（清）王廣業箋　（清）葉聯芬注　清光
緒十五年（1889）上海蜚英館石印本　四冊

330000 - 1716 - 0006489　普集 0701/06489
集部/總集類/選集之屬/通代

山曉閣選古文全集三十二卷　（清）孫琮輯並
評　清刻本　二十四冊

330000 - 1716 - 0006491　普集 0702/06491
類叢部/叢書類/自著之屬

施愚山先生全集五種附一種　（清）施閏章撰
　清宣統二年至三年（1910 - 1911）上海國學
扶輪社石印本　二十冊

330000 - 1716 - 0006493　史補 1277/06493
史部/政書類/通制之屬

三通序不分卷　（清）吳巖輯　（清）康綸筎校
清光緒十九年（1893）文英閣刻本　二冊

330000 - 1716 - 0006495　集補 1409/06495
集部/別集類/清別集

春暉堂試帖詳注□□卷　（清）徐福辰撰　清
刻本　二冊　存二卷（二、四）

330000 - 1716 - 0006496　史補 1278/06496
史部/政書類/律令之屬/律例

**大清律例增修統纂集成四十卷附督捕則例附
纂二卷**　（清）姚潤輯　（清）陶駿　（清）陶
念霖增輯　清刻本　一冊　存二卷（督捕則
例一至二）

330000 - 1716 - 0006497　史補 1274/06497

史部/紀傳類/正史之屬

史記一百三十卷首一卷　（漢）司馬遷撰
（明）徐孚遠　（明）陳子龍測議　明末刻本
一冊　存八卷（一百二十三至一百三十）

330000 - 1716 - 0006498　子補 3156/06498
子部/醫家類/方書之屬/成方藥目

易簡方便醫書六卷　（清）周茂五輯　清刻本
　一冊　存一卷（五）

330000 - 1716 - 0006500　善附 0336/06500
史部/史評類/史論之屬

悱子讀史記一卷　（清）葉驥撰　清乾隆三十
四年（1769）木活字印本　一冊

330000 - 1716 - 0006502　普集 0707/06502
集部/總集類/選集之屬/斷代

八家四六文注八卷首一卷　（清）吳鼒輯
（清）許貞幹注　**補注一卷**　陳衍撰　清光緒
十八年（1892）上海圖書集成印書局鉛印本
八冊

330000 - 1716 - 0006505　子補 3155/06505
子部/雜著類/雜考之屬

全謝山先生經史問答十卷　（清）全祖望撰
清乾隆三十年（1765）刻本　二冊

330000 - 1716 - 0006510　地獻 2017/06510
類叢部/叢書類/郡邑之屬

越中文獻輯存書十種十八卷　紹興公報社輯
　清宣統二年至民國元年（1910 - 1912）紹興
公報社鉛印本　一冊　存一種

330000 - 1716 - 0006515　史補 1279/06515
史部/政書類/邦交之屬

光緒乙巳年交涉要覽上篇二卷下篇三卷
（清）北洋洋務局纂輯　清光緒三十一年
（1905）北洋官報局鉛印本　五冊

330000 - 1716 - 0006516　普集 0718/06516
集部/總集類/選集之屬/斷代

玉臺新詠十卷　（南朝陳）徐陵輯　（清）吳兆
宜注　（清）程琰刪補　清道光三年（1823）粵
東留真堂刻本　八冊

330000 - 1716 - 0006518　史補 1280/06518

史部/地理類/山川之屬/山志

岱覽三十二卷首編七卷附錄一卷 （清）唐仲冕撰　清嘉慶十二年(1807)果克山房刻本　五冊　缺二十二卷(十二至三十二、附錄)

330000－1716－0006519　普集 0719/06519
集部/詩文評類/詩評之屬

說詩樂趣類編二十卷 （清）伍涵芬輯　清刻本　六冊

330000－1716－0006520　史補 1281/06520
史部/傳記類/總傳之屬/忠孝

昭忠錄九十卷 （清）忠義局編　清同治四年至十一年(1865－1872)江蘇忠義局刻本　五冊　存二十六卷(十三至十六、二十一至二十六、三十六至四十一、五十至五十四、七十三至七十七)

330000－1716－0006522　史補 1286－1/06522　史部/政書類/通制之屬

欽定大清會典一百卷 （清）張廷玉等纂修　清光緒二十七年(1901)上海文林石印本　五冊　存七十二卷(一至十一、四十至一百)

330000－1716－0006523　史補 1287/06523
史部/政書類/儀制之屬/典禮

南巡盛典一百二十卷 （清）高晉等纂修　清光緒八年(1882)上海點石齋石印本　四冊　存六十六卷(一至五十、一百五至一百二十)

330000－1716－0006525　史補 1291/06525
史部/政書類/邦交之屬

光緒乙巳年交涉要覽上篇二卷下篇三卷 （清）北洋洋務局纂輯　清光緒三十一年(1905)北洋官報局鉛印本　五冊

330000－1716－0006526　史補 1286－2/06526　史部/政書類/通制之屬

欽定大清會典一百卷 （清）張廷玉等纂修　清光緒十九年(1893)上海圖書集成印書局鉛印本　七冊　缺八卷(四十三至五十)

330000－1716－0006527　新補 0628/06527
新學/地學/地理學

地理通考志略不分卷　清光緒二十四年

(1898)時務學堂鉛印本　一冊

330000－1716－0006529　普集 0725－2/06529　史部/傳記類/科舉錄之屬

[光緒壬寅補行庚子辛丑恩正並科]江南闈藝不分卷　清光緒衡鑑堂刻本　一冊

330000－1716－0006530　普集 0725－1/06530　史部/傳記類/科舉錄之屬

[光緒壬寅補行庚子辛丑恩正並科]江南闈藝不分卷　清光緒衡鑑堂刻本　一冊

330000－1716－0006532　普集 0726－2/06532　史部/傳記類/科舉錄之屬/歷科登科錄

[光緒丁酉科]湖北闈墨不分卷　清光緒衡鑑堂刻本　一冊

330000－1716－0006533　史補 1295/06533
史部/職官類/官箴之屬

庸吏庸言一卷附庸吏餘談一卷 （清）劉衡撰　清光緒三十二年(1906)直隸藩署鉛印本　二冊

330000－1716－0006534　普集 0726－1/06534　史部/傳記類/科舉錄之屬/歷科登科錄

[光緒甲午科]湖北闈墨不分卷　清光緒衡鑑堂刻本　一冊

330000－1716－0006535　普集 0721/06535
集部/別集類/清別集

抱影廬遺詩二卷 （清）張華撰　清乾隆十六年(1751)刻本　一冊

330000－1716－0006536　普集 0727/06536
集部/別集類/清別集

粵西集一卷 （清）賈敦臨撰　清宣統二年(1910)華雲閣鉛印本　一冊

330000－1716－0006538　子補 3160/06538
子部/雜著類/雜說之屬

盛世危言六卷二編四卷三編六卷 鄭觀應撰　清光緒二十四年(1898)圖書集成局鉛印本　六冊

330000－1716－0006539　普集 1157/06539
集部/別集類/清別集

崇百藥齋文集二十卷續集四卷三集十二卷
(清)陸繼輅撰　清光緒四年(1878)陸祐勤等
興國州署刻本　十冊　存三十卷(文集一至
三、七至二十,續集一至四,三集一至九)

330000－1716－0006540　普集 0729/06540
集部/別集類/宋別集

蘇文忠公詩集擇粹十八卷　(宋)蘇軾撰
(清)紀昀評　(清)趙古農擇粹　清嘉慶二十
二年(1817)芸香堂刻本　八冊

330000－1716－0006542　史補 1289/06542
史部/金石類/總志之屬

金石索十二卷首一卷　(清)馮雲鵬　(清)馮
雲鵷輯　清光緒十九年(1893)上海積山書局
石印本　十二冊　缺六卷(石索一至六)

330000－1716－0006543　普集 0745/06543
類叢部/叢書類/自著之屬

寒松閣集五種　(清)張鳴珂撰　清光緒十年
至二十四年(1884－1898)嘉興張氏刻本　一
冊　存一種

330000－1716－0006546　子補 3161/06546
子部/儒家類/儒學之屬/勸學

輶軒語七卷　(清)張之洞撰　清光緒四年
(1878)敏德堂潘氏刻本　二冊

330000－1716－0006547　普叢 0198－1/
06547　類叢部/叢書類/彙編之屬

平津館叢書六集三十五種　(清)孫星衍編
清刻本　八冊　存一種

330000－1716－0006548　史補 1292/06548
史部/政書類/公牘檔冊之屬

金雞談薈十四卷首一卷　(清)歐陽利見輯
清光緒十五年(1889)四明節署鉛印本　八冊

330000－1716－0006549　陶 0070/06549　集
部/別集類/清別集

聽雪軒詩鈔十二卷文鈔八卷　(清)胡友梅撰
清光緒十二年(1886)金橘山房刻本　六冊

330000－1716－0006550　普叢 0207－2/

06550　類叢部/叢書類/自著之屬

脩本堂叢書十一種　(清)林伯桐撰　清道光
刻同治五年(1866)補刻彙印本　四冊　存
七種

330000－1716－0006551　普集 0731－1/
06551　史部/傳記類/科舉錄之屬/歷科鄉
試錄

[光緒丁酉科]湖北鄉試卷一卷　施煌撰　清
光緒石印本　一冊

330000－1716－0006552　普集 0731－2/
06552　史部/傳記類/科舉錄之屬/歷科鄉
試錄

[光緒丁酉科]湖北鄉試卷一卷　施煌撰　清
光緒石印本　一冊

330000－1716－0006553　普集 0731－3/
06553　史部/傳記類/科舉錄之屬/歷科鄉
試錄

[光緒丁酉科]湖北鄉試卷一卷　施煌撰　清
光緒石印本　一冊

330000－1716－0006554　普集 0731－13/
06554　史部/傳記類/科舉錄之屬/歷科鄉
試錄

[光緒丁酉科]湖北鄉試硃卷一卷　施煌撰
清光緒刻本　一冊

330000－1716－0006555　史補 1294/06555
史部/政書類/儀制之屬/專志/科舉校規

欽定學政全書八十六卷首一卷　(清)童璜等
撰　清刻本　八冊　存二十八卷(四十九至
五十六,六十七至八十六)

330000－1716－0006556　普集 0734 普集
0735/06556　類叢部/叢書類/自著之屬

獨山莫氏郘亭叢書七種　(清)莫友芝撰輯
清咸豐至光緒莫氏影山草堂刻民國三十三年
至三十五年(1944－1946)揚州書林陳履恒補
刻本　二冊　存二種

330000－1716－0006557　普集 0742/06557
集部/別集類/唐五代別集

昌黎先生集考異十卷　(宋)朱熹撰　清光緒

十一年(1885)敉陽羅氏刻本　二冊

330000－1716－0006558　普集 0736/06558
類叢部/叢書類/彙編之屬

端溪叢書十九種　梁鼎芬等編　清光緒二十五年(1899)番禺端溪書院刻本　一冊　存一種

330000－1716－0006559　普集 0731－4/06559　史部/傳記類/科舉錄之屬/歷科鄉試錄

[光緒丁酉科]湖北鄉試卷一卷　施煒撰　清光緒石印本　一冊

330000－1716－0006560　普集 0731－5/06560　史部/傳記類/科舉錄之屬/歷科鄉試錄

[光緒丁酉科]湖北鄉試卷一卷　施煒撰　清光緒石印本　一冊

330000－1716－0006561　普集 0731－6/06561　史部/傳記類/科舉錄之屬/歷科鄉試錄

[光緒丁酉科]湖北鄉試卷一卷　施煒撰　清光緒石印本　一冊

330000－1716－0006562　普集 0731－7/06562　史部/傳記類/科舉錄之屬/歷科鄉試錄

[光緒丁酉科]湖北鄉試卷一卷　施煒撰　清光緒石印本　一冊

330000－1716－0006563　普集 0731－8/06563　史部/傳記類/科舉錄之屬/歷科鄉試錄

[光緒丁酉科]湖北鄉試卷一卷　施煒撰　清光緒石印本　一冊

330000－1716－0006564　普集 0731－9/06564　史部/傳記類/科舉錄之屬/歷科鄉試錄

[光緒丁酉科]湖北鄉試卷一卷　施煒撰　清光緒石印本　一冊

330000－1716－0006565　普集 0738/06565
集部/別集類/唐五代別集

昌黎先生詩增注証訛十一卷　(唐)韓愈撰　(清)黃鉞增注証訛　**昌黎先生年譜一卷**　(清)黃鉞編　清道光二十八年(1848)黃中民刻咸豐七年(1857)四明鮑氏二客軒印本　一冊

330000－1716－0006566　史補 1293/06566
史部/職官類/官箴之屬

元張文忠公忠告全書　(元)張養浩撰　清道光三十年(1850)徐澤醇刻本　一冊　存一種

330000－1716－0006567　普集 0731－10/06567　史部/傳記類/科舉錄之屬/歷科鄉試錄

[光緒丁酉科]湖北鄉試卷一卷　施煒撰　清光緒石印本　一冊

330000－1716－0006568　普集 0731－11/06568　史部/傳記類/科舉錄之屬/歷科鄉試錄

[光緒丁酉科]湖北鄉試卷一卷　施煒撰　清光緒石印本　一冊

330000－1716－0006569　史補 1296/06569
史部/編年類/通代之屬

綱鑑正史約三十六卷　(明)顧錫疇撰　明崇禎刻本(卷二十七配抄本)　十三冊　存二十六卷(一至十六、二十七至三十六)

330000－1716－0006570　普集 0731－12/06570　史部/傳記類/科舉錄之屬/歷科鄉試錄

[光緒丁酉科]湖北鄉試卷一卷　施煒撰　清光緒石印本　一冊

330000－1716－0006571　普集 0731－14/06571　史部/傳記類/科舉錄之屬/歷科鄉試錄

[光緒丁酉科]湖北鄉試硃卷一卷　施煒撰　清光緒刻本　一冊

330000－1716－0006572　普集 0731－15/06572　史部/傳記類/科舉錄之屬/歷科鄉試錄

[光緒丁酉科]湖北鄉試硃卷一卷　施煒撰

清光緒刻本　一冊

330000－1716－0006573　普集 0739/06573
集部/別集類/唐五代別集

昌黎先生詩增注証訛十一卷　（唐）韓愈撰
（清）黃鉞增注証訛　**昌黎先生年譜一卷**
（清）黃鉞編　清道光二十八年(1848)黃中民
刻咸豐七年(1857)四明鮑氏二客軒印本
四冊

330000－1716－0006574　普集 0740/06574
集部/別集類/唐五代別集

昌黎先生詩集注十一卷年譜一卷　（唐）韓愈
撰　（清）顧嗣立刪補　清光緒九年(1883)廣
州翰墨園刻三色套印本　四冊

330000－1716－0006575　史補 1298/06575
史部/政書類/律令之屬/法驗

檢驗集證一卷合參一卷　（清）郎錦騏輯　清
道光十六年(1836)羅煜、羅焰刻本　一冊

330000－1716－0006577　普集 0750/06577
集部/別集類/清別集

退食槐聲留餘集二卷　（清）艾元徵撰　清光
緒三年(1877)刻本　二冊

330000－1716－0006578　普集 0741/06578
集部/別集類/唐五代別集

昌黎先生詩集注十一卷年譜一卷　（唐）韓愈
撰　（清）顧嗣立刪補　清光緒九年(1883)廣
州翰墨園刻三色套印本　四冊

330000－1716－0006579　史補 1297/06579
史部/政書類/律令之屬/刑制

名法指掌增訂二卷附刊便覽二卷　（清）沈辛
田撰　（清）鈕大燁增訂　清同德堂刻本　三
冊　缺一卷(便覽下)

330000－1716－0006580　史補 1299－1/
06580　史部/政書類/通制之屬

皇朝通考劄記一卷　黃壽袞撰　清光緒三十
一年(1905)鉛印本　一冊

330000－1716－0006581　普集 0752/06581
集部/總集類/選集之屬/通代

古文近道集八卷　（清）王贊元輯　清同治七

年(1868)山陰王氏培槐軒刻本　二冊

330000－1716－0006582　普集 0749/06582
類叢部/叢書類/自著之屬

白石道人四種　（宋）姜夔撰　清刻本　一冊
存一種

330000－1716－0006583　史補 1299－2/
06583　史部/政書類/通制之屬

皇朝通考劄記一卷　黃壽袞撰　清光緒三十
一年(1905)鉛印本　一冊

330000－1716－0006584　普集 0731－16/
06584　史部/傳記類/科舉錄之屬/歷科鄉
試錄

[光緒丁酉科]湖北鄉試硃卷一卷　施煋撰
清光緒刻本　一冊

330000－1716－0006585　普集 0731－17/
06585　史部/傳記類/科舉錄之屬/歷科鄉
試錄

[光緒丁酉科]湖北鄉試硃卷一卷　施煋撰
清光緒刻本　一冊

330000－1716－0006586　子補 3162/06586
史部/職官類/官箴之屬

圖民錄四卷　（清）袁守定撰　清同治十一年
(1872)江西書局刻本　二冊

330000－1716－0006587　普集 0754/06587
集部/別集類/清別集

茗柯文初編一卷二編二卷三編一卷四編一卷
（清）張惠言撰　清光緒七年(1881)刻本
二冊

330000－1716－0006588　普集 0731－18/
06588　史部/傳記類/科舉錄之屬/歷科鄉
試錄

[光緒丁酉科]湖北鄉試硃卷一卷　程劭春撰
清光緒刻本　一冊

330000－1716－0006591　普集 0755/06591
集部/總集類/選集之屬/斷代

重訂唐詩別裁集二十卷　（清）沈德潛輯　清
乾隆二十八年(1763)教忠堂刻本　十冊

330000 – 1716 – 0006592　普集 0757/06592
集部/別集類/清別集

瀲霞閣詩略一卷 （清）武謙撰　清光緒五年
(1879)彊學簃刻本　一冊

330000 – 1716 – 0006593　集補 2474/06593
集部/總集類/彙編之屬

琴臺正續合刻 （清）汪守正輯　清光緒十五
年(1889)刻本　一冊　存五種

330000 – 1716 – 0006594　普集 0753/06594
集部/別集類/清別集

**小謨觴館詩集注八卷詩餘注一卷詩續集注二
卷續集詩餘注一卷文集注四卷文續集注二卷**
（清）彭兆蓀撰　（清）孫元培　（清）孫長
熙注　清光緒石埭徐士愷刻本　七冊　缺二
卷(一至二)

330000 – 1716 – 0006595　善 0492/06595　集
部/總集類/選集之屬/斷代

國朝律賦揀金録初刻十二卷二刻十二卷
（清）朱一飛輯　清乾隆五十七年(1792)博古
堂刻本　八冊

330000 – 1716 – 0006596　集補 2475/06596
集部/總集類/課藝之屬

經訓書院文集十二卷 （清）江西經訓書院輯
清光緒九年(1883)江西書局刻本　六冊

330000 – 1716 – 0006597　普集 0758/06597
集部/別集類/明別集

**遜志齋集二十四卷拾補一卷外紀一卷校勘記
一卷** （明）方孝孺撰　（明）張紹謙纂　**方正
學先生年譜一卷** （明）方忠奕等編　清道光
二十六年(1846)義烏陳氏刻本　十冊　缺一
卷(校勘記)

330000 – 1716 – 0006598　普集 0762/06598
集部/別集類/清別集

**湖海樓文集六卷駢體文集十二卷詩集十二卷
補遺一卷詞集二十卷** （清）陳維崧撰　清光
緒十七年(1891)弇山鐸署刻本　十六冊

330000 – 1716 – 0006599　集補 1529 – 2/
06599　集部/總集類/課藝之屬

經正書院小課四卷 （清）徐榦輯　清光緒七
年(1881)刻本　四冊

330000 – 1716 – 0006600　普集 0763/06600
集部/總集類/郡邑之屬

兩浙輶軒録四十卷補遺十卷 （清）阮元輯
清嘉慶仁和朱氏碧溪草堂、錢塘陳氏種榆仙
館刻本　三十冊　缺十三卷(七、三十至三十
一,補遺一至十)

330000 – 1716 – 0006601　普集 0759/06601
集部/別集類/清別集

**敬恕堂文集紀年十卷紀事略一卷附耿嵩陽先
生[介]傳一卷** （清）耿介等撰　清康熙四十
八年(1709)柘城竇氏刻本　四冊　缺二卷
(二至三)

330000 – 1716 – 0006603　集補 2476/06603
集部/總集類/尺牘之屬

明賢尺牘四卷 （清）王元勳　（清）程化録輯
清光緒二十六年(1900)仁和許增榆園刻本
二冊

330000 – 1716 – 0006604　普集 0761/06604
集部/總集類/選集之屬/通代

漁洋山人古詩選三十二卷 （清）王士禛選
清同治五年(1866)金陵書局刻本　八冊

330000 – 1716 – 0006605　普史 0967 – 2/
06605　史部/詔令奏議類/奏議之屬

彭剛直公奏稿八卷 （清）彭玉麟撰　（清）俞
樾輯　清末鉛印本　四冊

330000 – 1716 – 0006606　集補 2477/06606
集部/總集類/彙編之屬

國朝十家四六文鈔十一卷 王先謙輯　清光
緒十五年(1889)長沙王先謙刻本　四冊

330000 – 1716 – 0006607　史補 1303 – 1/
06607　史部/地理類/遊記之屬/紀行

凝香室鴻雪因緣圖記三集六卷 （清）完顏麟
慶撰　清光緒十二年(1886)上海同文書局石
印本　三冊

330000 – 1716 – 0006608　普集 0764/06608
集部/總集類/選集之屬/斷代

玉臺新詠十卷 （南朝陳）徐陵輯 （清）吳兆宜注 （清）程琰刪補 清光緒五年(1879)成都宏達堂刻本 五冊 存九卷(一至九)

330000－1716－0006609 史補1303－2/06609 史部/地理類/遊記之屬/紀行

凝香室鴻雪因緣圖記三集六卷 （清）完顏麟慶撰 清光緒十二年(1886)上海同文書局石印本 三冊

330000－1716－0006610 集補2478/06610 集部/總集類/尺牘之屬

明人尺牘選四卷 （清）王元勳 （清）程化騄輯 清姑蘇集古山房刻本 四冊

330000－1716－0006611 普集0765/06611 集部/別集類/宋別集

施注蘇詩四十二卷目錄二卷 （宋）蘇軾撰 （宋）施元之 （宋）顧禧注 （清）顧嗣立 （清）邵長蘅 （清）宋至刪補 蘇詩續補遺二卷 （清）馮景補注 王注正譌一卷 （清）邵長蘅撰 東坡先生年譜一卷 （宋）王宗稷編 清刻本 十二冊 存四十三卷(一至四十二、續補遺一)

330000－1716－0006612 普集0766/06612 集部/總集類/課藝之屬

庚辰集五卷 （清）紀昀輯 清太和堂刻本 五冊

330000－1716－0006614 普集0777/06614 集部/總集類/酬唱之屬

儲祉堂四十贈言一卷補一卷 （清）顧之麟等輯 清乾隆八年(1743)刻本 一冊

330000－1716－0006615 普集0778/06615 類叢部/叢書類/自著之屬

周孟侯先生全書五種 （明）周拱辰撰 清道光二十七年(1847)刻光緒元年(1875)補刻本 十二冊

330000－1716－0006617 普集0780 普集0813/06617 集部/別集類/清別集

白雲文集五卷詩集二卷續集八卷 （清）陳斌撰 清嘉慶十二年(1807)刻道光四年(1824)

增刻本 六冊

330000－1716－0006618 普集0783/06618 集部/別集類/清別集

曝書亭集詩注二十四卷 （清）朱彝尊撰 （清）楊謙注 年譜一卷 （清）楊謙撰 曝書亭集詞注七卷 （清）李富孫撰 清楊氏木山閣刻本(卷二十三至二十四原缺) 八冊 缺七卷(詞注一至七)

330000－1716－0006619 普集0769 普集0960/06619 類叢部/叢書類/自著之屬

曾文正公全集十五種 （清）曾國藩撰 清同治至光緒傳忠書局刻本 十一冊 存二種

330000－1716－0006620 普集0768/06620 類叢部/叢書類/自著之屬

寒松閣集五種 （清）張鳴珂撰 清光緒十年至二十四年(1884－1898)嘉興張氏刻本 三冊 存二種

330000－1716－0006621 普集0770/06621 集部/總集類/選集之屬/通代

駢體文鈔三十一卷 （清）李兆洛輯 清道光元年(1821)合河康氏刻同治六年(1867)婁江徐氏補刻光緒三十四年(1908)蘇州振新書社印本 八冊

330000－1716－0006623 普集0772/06623 集部/別集類/清別集

敬業堂詩集五十卷 （清）查慎行撰 清康熙五十八年(1719)刻雍正增刻本 清趙世磻題簽並記 六冊 存二十九卷(十一至三十一、三十八至四十、四十六至五十)

330000－1716－0006624 普集0773 普集0775/06624 類叢部/叢書類/郡邑之屬

貴池唐人集十種 劉世珩編 清光緒二十四年至民國九年(1898－1920)貴池劉氏唐石簃刻本 三冊 存八種

330000－1716－0006626 普集0776/06626 集部/別集類/清別集

五研齋詩鈔二十卷文鈔八卷 （清）沈赤然撰 清刻本 十冊 存二十二卷(三至五、八至

十八,文鈔一至八)

330000－1716－0006629　史補 1304/06629
史部/地理類/輿圖之屬/全國

大清中外壹統輿圖(皇朝中外壹統輿圖)十六卷　(清)鄒世詒　(清)晏啟鎮編　(清)李廷簫　(清)汪士鐸增訂　清光緒二十四年(1898)石印本　十四冊

330000－1716－0006631　普叢 0166－1/06631　類叢部/叢書類/郡邑之屬

貴池先哲遺書(唐石簃叢書、唐石簃彙刻貴池先哲遺書)二十種附刻一種續刊一種附一種　劉世珩編　清光緒二十四年至民國九年(1898－1920)貴池劉氏唐石簃刻民國十五年(1926)續刻彙印本　十冊　存一種

330000－1716－0006632　普集 0782/06632
集部/別集類/唐五代別集

杜詩詳注二十五卷首一卷附編二卷　(唐)杜甫撰　(清)仇兆鰲輯注　清康熙芸生堂刻本　十四冊

330000－1716－0006634　普集 0785/06634
集部/別集類/清別集

望溪先生文集十八卷集外文十卷集外文補遺二卷年譜二卷　(清)方苞撰　清咸豐元年(1851)戴鈞衡刻二年(1852)增刻本　七冊　存二十三卷(一至十八、集外文四至七、年譜一)

330000－1716－0006635　史補 1306/06635
史部/地理類/外紀之屬

中外輿地通考不分卷　(清)龔柴　(清)許彬撰　清光緒二十五年(1899)石印本　六冊

330000－1716－0006638　普集 0790/06638
類叢部/叢書類/郡邑之屬

求可堂兩世遺書五種　(清)廖冀亨　(清)廖鴻章撰　清光緒永定廖氏刻本　一冊　存二種

330000－1716－0006639　史補 1307/06639
史部/目錄類/總錄之屬/私撰

書目答問五卷別錄一卷國朝著述諸家姓名略

一卷　(清)張之洞撰　清光緒十四年(1888)上海鴻文書局鉛印本　胡瑾題記　二冊

330000－1716－0006640　普集 0786/06640
集部/總集類/彙編之屬

金元明八大家文選　(清)李祖陶編　清道光二十五年(1845)吉安刻本　十三冊　存五種

330000－1716－0006641　普叢 0222－1/06641　類叢部/叢書類/彙編之屬

金峨山館叢書(望三益齋叢書)十一種　(清)郭傳璞編　清光緒八年至十六年(1882－1890)鄞郭氏刻二十年(1894)鎮海邵氏彙印本　六冊　存十種

330000－1716－0006642　史補 1308－1/06642　史部/目錄類/總錄之屬/私撰

書目答問五卷別錄一卷國朝著述諸家姓名略一卷　(清)張之洞撰　清光緒四年(1878)上海淞隱閣鉛印本　四冊

330000－1716－0006643　史補 1315/06643
史部/政書類/律令之屬/律例

[咸豐辛亥至辛酉]四季條例不分卷　清咸豐刻本　九冊

330000－1716－0006644　史補 1308－2/06644　史部/目錄類/總錄之屬/私撰

書目答問五卷別錄一卷國朝著述諸家姓名略一卷　(清)張之洞撰　清光緒四年(1878)上海淞隱閣鉛印本　三冊　缺一卷(史部一)

330000－1716－0006646　普集 0787/06646
類叢部/叢書類/彙編之屬

會稽徐氏鑄學齋叢書十三種　徐維則編　清咸豐至光緒會稽徐氏刻光緒二十六年(1900)彙印本　一冊　存一種

330000－1716－0006647　普集 0796/06647
集部/別集類/清別集

湖海樓文集六卷駢體文集十二卷詩集十二卷補遺一卷詞集二十卷　(清)陳維崧撰　清刻本　四冊　存十六卷(詞集一至十六)

330000－1716－0006648　普集 0792/06648
集部/總集類/彙編之屬

國朝文録初編四十種 （清）李祖陶編 清道光十九年（1839）瑞州府鳳儀書院刻本 十一冊 存十五種

330000 – 1716 – 0006649 普集 0797/06649
集部/別集類/清別集

湖海樓文集六卷駢體文集十二卷詩集十二卷補遺一卷詞集二十卷 （清）陳維崧撰 清乾隆刻本 清張青藻、清王同德題記 十九冊 存十九卷（詞集一至十四、十六至二十）

330000 – 1716 – 0006650 普集 0788/06650
集部/別集類/清別集

卅六芙蓉仙館詩存六卷 （清）張曾望撰 清光緒二十二年（1896）楊宗濟木活字印本 一冊

330000 – 1716 – 0006651 史補 1314/06651
史部/政書類/律令之屬/律例

［同治壬戌至辛未］四季條例不分卷 （清）□□輯 清同治刻本 十七冊

330000 – 1716 – 0006652 普叢 0214 – 2/06652 類叢部/叢書類/自著之屬

高陶堂遺集四種 （清）高心夔撰 清光緒八年（1882）平湖朱氏經注經齋刻本 王繼香題記 二冊 存一種

330000 – 1716 – 0006653 史補 1310/06653
史部/紀事本末類/通代之屬

繹史一百六十卷世系圖一卷年表一卷 （清）馬驌撰 清光緒二十三年（1897）武林尚友齋石印本 十二冊 缺七十七卷（一至三十八、一百十一至一百四十五、一百五十四至一百五十七）

330000 – 1716 – 0006654 普集 0791/06654
集部/總集類/彙編之屬

國朝文録續編四十九種附一種 （清）李祖陶編 清同治七年（1868）敖陽李氏刻本 八冊 存二十一種

330000 – 1716 – 0006655 史補 1313/06655
史部/史評類/史論之屬

古今史論觀海四編八十九卷 （清）耻不逮齋

主人編輯 清光緒二十八年（1902）上海鴻文書局石印本 三十冊 存八十三卷（甲一至二、七至十九,乙一至二十,丙一至二十六,丁一至二十二）

330000 – 1716 – 0006656 普集 0810/06656
集部/別集類/明別集

金忠節公文集八卷 （明）金聲撰 清道光七年（1827）嘉魚官署刻本 四冊

330000 – 1716 – 0006657 子補 3163/06657
子部/雜著類/雜說之屬

危言四卷 湯震撰 清光緒二十二年（1896）上海圖書集成印書局鉛印本 二冊

330000 – 1716 – 0006658 集補 2479/06658
集部/總集類/選集之屬/斷代

兩漢策要十二卷 （宋）陶叔獻輯 清光緒十三年（1887）上海同文書局石印本（卷三原缺） 四冊 存四卷（一至二、十一至十二）

330000 – 1716 – 0006659 史補 1316 – 3/06659 史部/編年類/通代之屬

御撰資治通鑑綱目三編四卷 （清）張廷玉等撰 清光緒十三年（1887）上海點石齋石印本 一冊

330000 – 1716 – 0006660 普集 0789/06660
集部/總集類/選集之屬/通代

瀛奎律髓刊誤四十九卷 （元）方回輯 （清）紀昀勘誤 清嘉慶五年（1800）侯官李氏雙桂堂刻本 十二冊

330000 – 1716 – 0006661 普集 0802/06661
集部/別集類/明別集

陶元暉中丞遺集二卷首一卷 （明）陶朗先撰 清光緒二十四年（1898）蘭州書局鉛印本 一冊

330000 – 1716 – 0006662 普集 0803/06662
集部/別集類/明別集

陶元暉中丞遺集二卷首一卷 （明）陶朗先撰 清光緒二十四年（1898）蘭州書局鉛印本 陶元鏞題記 一冊

330000 – 1716 – 0006665 史補 1595/06665

史部/地理類/外紀之屬

興地彙鈔十卷圖二卷 　（清）馬冠群輯　清光
緒二十年（1894）蘇州文瑞樓石印本　二冊

330000－1716－0006666　普集 0807 普集
1093/06666　集部/別集類/清別集

躬厚堂集二十五卷（躬厚堂詩録十卷詩初録
四卷雜文八卷絳跗山館詞録三卷）　（清）張
金鏞撰　清同治三年至光緒四年（1864－
1878）刻本　四冊　存十八卷（詩録一至十、
雜文一至八）

330000－1716－0006667　史補 1317/06667
史部/政書類/軍政之屬/邊政

朔方備乘六十八卷首十二卷　（清）何秋濤撰
　清光緒寶善書局石印本　一冊　存七卷
（二十三至二十九）

330000－1716－0006668　普集 0808/06668
集部/別集類/清別集

古懽齋文録不分卷　（清）朱舲撰　清光緒十
一年（1885）古塘朱氏刻本　一冊

330000－1716－0006670　普集 0811/06670
集部/別集類/唐五代別集

昌黎先生集四十卷遺文一卷　（唐）韓愈撰
（宋）廖瑩中校正　清同治九年（1870）廣東述
古堂刻本　八冊

330000－1716－0006671　普集 0809/06671
集部/別集類/宋別集

新注朱淑真斷腸詩集十卷補遺一卷後集七卷
斷腸詞一卷　（宋）朱淑真撰　（宋）鄭元佐注
　清光緒二十三年（1897）翠螺閣刻本　清還
讀我書室主人跋　一冊

330000－1716－0006672　普集 0812/06672
集部/別集類/清別集

棣懷堂隨筆十一卷　（清）李象鵾撰　清道光
湖南東牌樓文蔚堂刻本　六冊

330000－1716－0006673　史補 1318/06673
史部/紀傳類/正史之屬

二十四史緯　（清）陳允錫修　（清）羅大春刊
補　清光緒二十九年（1903）上海英商順成書

局石印本　十六冊　存九種

330000－1716－0006674　普集 0814/06674
集部/別集類/清別集

小倉山房詩集三十四卷詩補遺二卷文集三十
一卷外集七卷　（清）袁枚撰　清刻本　十冊
　存三十卷（文集一至三十）

330000－1716－0006675　普叢 0223－6/
06675　類叢部/叢書類/自著之屬

西堂全集　（清）尤侗撰　清刻本　十二冊
存十七種

330000－1716－0006676　普史 1668/06676
史部/紀傳類/正史之屬

二十四史　清同治至光緒五省官書局據汲古
閣本等合刻光緒五年（1879）湖北書局彙印本
　十八冊　存一種

330000－1716－0006677　集補 2481/06677
集部/別集類/清別集

九曲山房詩鈔十六卷　（清）宗聖垣撰　清嘉
慶五年（1800）會稽宗氏刻本　三冊　存十二
卷（一至八、十三至十六）

330000－1716－0006679　經補 1321/06679
經部/四書類/總義之屬/傳說

四書朱子本義匯參四十三卷首四卷　（清）王
步青輯　清乾隆十年（1745）敦復堂刻本　三
十一冊　缺一卷（大學首）

330000－1716－0006680　普集 0820 普集
1133/06680　集部/別集類/清別集

柯亭子文集八卷駢體文集八卷詩初集八卷詩
二集十卷詩三集三卷　（清）周沐潤撰　清道
光二十八年至二十九年（1848－1849）刻本
九冊

330000－1716－0006681　史補 1320/06681
史部/政書類/律令之屬/治獄

新輯刑案彙編十六卷　（清）周守赤輯　清光
緒二十三年（1897）上海圖書集成局鉛印本
八冊

330000－1716－0006685　史補 1321/06685
新學/交涉/公法

公法便覽四卷總論一卷續一卷　（美國）丁韙良譯　清光緒三年(1877)鉛印本　六冊

330000－1716－0006686　普集 0825/06686
集部/別集類/宋別集

曾南豐文集四卷　（宋）曾鞏撰　清宣統二年(1910)上海會文堂書局石印本　二冊

330000－1716－0006698　史補 1325－1/06698　史部/政書類/公牘檔冊之屬

樊山判牘續編四卷　樊增祥撰　清宣統三年(1911)大同書局石印本　四冊

330000－1716－0006699　史補 1259－1/06699　史部/政書類/律令之屬/律例

欽定六部處分則例五十二卷　（清）文孚等纂修　清光緒十三年(1887)刻本　三十二冊

330000－1716－0006700　普集 0831/06700
集部/別集類/清別集

袁文箋正十六卷補注一卷　（清）袁枚撰（清）石韞玉箋　增訂袁文箋正四卷　（清）魏大緒撰　清光緒上海文瑞樓石印本　五冊

330000－1716－0006704　普集 0838/06704
集部/別集類/唐五代別集

李長吉歌詩四卷外集一卷首一卷　（唐）李賀撰　（清）王琦彙解　清宣統元年(1909)掃葉山房石印本　施煃題記　四冊

330000－1716－0006705　普集 0836/06705
集部/詩文評類/詩評之屬

平等閣詩話二卷　狄葆賢撰　清末鉛印本　二冊

330000－1716－0006708　普集 0839 普集 0924 普集 0925 普集 1239/06708　類叢部/叢書類/自著之屬

施愚山先生全集五種附一種　（清）施閏章撰　清宣統二年至三年(1910－1911)上海國學扶輪社石印本　十三冊　存五種

330000－1716－0006711　史補 1327/06711
史部/政書類/律令之屬/法驗

重刊補注洗冤錄集證六卷　（清）王又槐輯（清）李觀瀾補注　（清）阮其新補注　（清）

張錫蕃重訂　（清）文晟續輯　清光緒十八年(1892)上海圖書集成印書局鉛印本　四冊

330000－1716－0006717　普集 0849/06717
集部/別集類/唐五代別集

杜詩直解六卷　（唐）杜甫撰　（清）沈寅（清）朱崑補輯　清乾隆四十年(1775)鳳樓刻本　四冊

330000－1716－0006718　集補 2485/06718
集部/詞類/總集之屬

詞選二卷　（清）張惠言輯　附錄一卷　（清）鄭善長輯　續詞選二卷　（清）董毅輯　清宣統二年(1910)蘇州振新書社石印本　二冊

330000－1716－0006719　普集 0850/06719
集部/別集類/清別集

忠雅堂集三十卷　（清）蔣士銓撰　清刻本八冊　存二十四卷(一至二十四)

330000－1716－0006720　集補 1503/06720
集部/總集類/選集之屬/斷代

唐四家詩集二十八卷　清光緒十年(1884)上海同文書局石印本　八冊

330000－1716－0006721　普集 0851/06721
集部/別集類/清別集

亭林文集六卷餘集一卷　（清）顧炎武撰　清光緒三十二年(1906)俞鍾潁山隱居刻本　四冊

330000－1716－0006722　普集 0853/06722
集部/總集類/選集之屬/通代

唐宋八大家類選十四卷　（清）儲欣輯　清光緒二十四年(1898)上海鴻文書局石印本　六冊

330000－1716－0006724　普集 0854/06724
集部/總集類/選集之屬/斷代

後八家四六文鈔八卷　（清）張壽榮輯　清光緒七年(1881)刻本　六冊　缺一卷(七)

330000－1716－0006727　普集 0857/06727
集部/總集類/選集之屬/通代

古文辭類纂七十五卷　（清）姚鼐輯　古文辭類纂校勘記一卷　（清）李承淵撰　清光緒二

十七年(1901)滁州李氏求要堂刻本　五冊
存二十九卷(十一至三十九)

330000 – 1716 – 0006729　普集 0858/06729
集部/別集類/清別集

亭林詩集五卷　(清)顧炎武撰　清刻本(卷一配抄本)　周毅修題記　一冊

330000 – 1716 – 0006730　普集 0859/06730
集部/別集類/唐五代別集

唐陸宣公集二十二卷　(唐)陸贄撰　清嘉慶二十三年(1818)周右、吳紹元刻本　四冊

330000 – 1716 – 0006731　普叢 0223 – 5/06731　類叢部/叢書類/自著之屬

西堂全集　(清)尤侗撰　清善成堂刻本　二十四冊　存十七種

330000 – 1716 – 0006733　普集 0860/06733
集部/別集類/清別集

豸華堂文鈔八卷　(清)金應麟撰　清道光刻本　二冊

330000 – 1716 – 0006734　普集 0861/06734
集部/別集類/清別集

曝書亭集八十卷附錄一卷　(清)朱彝尊撰
笛漁小稿十卷　(清)朱昆田撰　清光緒十五年(1889)會稽陶氏寒梅館刻本　二十三冊

330000 – 1716 – 0006735　普集 0863/06735
集部/總集類/選集之屬/斷代

湖海詩傳四十六卷　(清)王昶輯　清嘉慶刻本　九冊　存二十三卷(二十四至四十六)

330000 – 1716 – 0006736　普集 0864/06736
集部/總集類/選集之屬/通代

唐宋八家文讀本三十卷　(清)沈德潛輯　清光緒十四年(1888)掃葉山房刻本　十二冊

330000 – 1716 – 0006737　普集 0865/06737
集部/別集類/宋別集

青山集三十卷附錄一卷續集五卷　(宋)郭祥正撰　清嘉慶八年(1803)吳立堅、宋鉞、葛鐸刻晉梅書塾印本　四冊　缺五卷(續集一至五)

330000 – 1716 – 0006738　集補 2482/06738
集部/總集類/選集之屬/斷代

國朝文匯甲前集二十卷甲集六十卷乙集七十卷丙集三十卷丁集二十卷　(清)上海國學扶輪社輯　清宣統元年(1909)上海國學扶輪社石印本　七十一冊　缺六十卷(甲集一至六十)

330000 – 1716 – 0006739　普集 0866/06739
集部/別集類/清別集

有正味齋駢體文二十四卷續集八卷詩集十六卷詩續集八卷詞集八卷詞續集二卷詞外集南北曲二卷外集五卷　(清)吳錫麒撰　清刻本　十冊

330000 – 1716 – 0006742　普集 0869/06742
集部/別集類/宋別集

宋王忠文公文集五十卷目錄四卷　(宋)王十朋撰　梅溪王忠文公年譜一卷　(清)徐炯文編　清光緒二年(1876)溫州梅溪書院刻本　十一冊　存五十卷(一至五十)

330000 – 1716 – 0006744　普集 0875/06744
集部/別集類/清別集

愛日堂類稿十六卷　(清)王煦撰　清道光十七年(1837)刻本　一冊　缺四卷(八至十一)

330000 – 1716 – 0006745　普集 1749/06745
集部/總集類/彙編之屬

孔顨軒洪北江兩先生駢體文合刻本　(清)孔廣森　(清)洪亮吉撰　清光緒二十一年至二十二年(1895 – 1896)善化章氏經濟堂刻本　八冊

330000 – 1716 – 0006746　普集 0872/06746
史部/傳記類/別傳之屬

宜堂類編二十五卷　丁立中編　清光緒二十六年(1900)錢塘丁氏嘉惠堂刻本　十三冊　存十八卷(事略、哀誄、輓聯、祭文、碑誌、輓詩一至六、松存先生遺事詩、遺事圖詠、方外輓辭、松生府君年譜一至四)

330000 – 1716 – 0006747　集補 2489/06747
集部/總集類/選集之屬/通代

古文辭類纂十五卷　(清)姚鼐輯　續古文辭

類纂十卷　王先謙輯　清光緒二十年(1894)
上海圖書集成印書局鉛印本　八冊　缺一卷
(續古文辭類纂五)

330000－1716－0006748　普集 0873/06748
集部/詞類/別集之屬

曝書亭集詞注七卷　(清)朱彝尊撰　(清)李
富孫注　清嘉慶十九年(1814)嘉興李氏校經
厴刻本　三冊　存五卷(一至四、七)

330000－1716－0006749　普集 0874/06749
集部/詞類/別集之屬

曝書亭集詞注七卷　(清)朱彝尊撰　(清)李
富孫注　清嘉慶十九年(1814)嘉興李氏校經
厴刻道光九年(1829)補刻本　三冊　存六卷
(二至七)

330000－1716－0006750　普集 0876/06750
集部/別集類/清別集

古香山館存稿十六卷　(清)彭洋中撰　(清)
曾紀鳳編　清同治十三年(1874)湘鄉彭氏刻
本　五冊

330000－1716－0006751　普集 0877/06751
集部/總集類/選集之屬/斷代

唐四家詩集二十卷附採輯歷朝詩話一卷辨譌
考異一卷　(清)胡鳳丹輯　清同治九年
(1870)永康胡氏退補齋刻本　六冊

330000－1716－0006752　集補 2491/06752
集部/詩文評類/文評之屬

連元閣詳訂古文評注全集十卷　(清)過珙
(清)黃越輯　清宣統元年(1909)上洋海左書
局石印本　七冊　存九卷(一至二、四至十)

330000－1716－0006753　普叢 0437－8/
06753　類叢部/叢書類/自著之屬

隨園三十種　(清)袁枚撰　清刻本　二十九
冊　存十七種

330000－1716－0006754　普集 0879/06754
集部/別集類/清別集

太鶴山人集十三卷　(清)端木國瑚撰　清道
光二十年(1840)瑞安洪坤刻本　清文宿題簽
　三冊　存十卷(一至十)

330000－1716－0006757　普集 0880/06757
集部/別集類/清別集

會稽山齋全集(會稽山齋文集十二卷文續集
六卷詩集五卷詩續一卷經義一卷詞一卷蒙泉
子一卷)　(清)謝應芝撰　清光緒十四年
(1888)刻本　五冊　缺六卷(文一至六)

330000－1716－0006758　集補 2493/06758
集部/總集類/選集之屬/通代

古文辭類纂七十四卷　(清)姚鼐輯　續古文
辭類纂三十四卷　王先謙輯　清光緒三十三
年(1907)上海商務印書館鉛印本　童鼎璜題
記　十二冊

330000－1716－0006759　普集 0885/06759
集部/別集類/清別集

甘泉鄉人稿二十四卷　(清)錢泰吉撰　可讀
書齋校書譜一卷　(清)唐兆櫨編　清咸豐四
年(1854)讀舊書室刻本　三冊　存十三卷
(一至十三)

330000－1716－0006760　普集 0881/06760
集部/別集類/宋別集

蘇文忠詩合注五十卷首一卷目錄一卷　(宋)
蘇軾撰　(清)馮應榴輯　清乾隆六十年
(1795)桐鄉馮氏踵息齋刻本　二十三冊

330000－1716－0006761　普集 0886/06761
史部/詔令奏議類/奏議之屬

問夜草七卷　(明)項應祥撰　清光緒十年
(1884)項氏永思堂刻本　四冊

330000－1716－0006763　史補 1328/06763
史部/政書類/通制之屬

三通考輯要七十六卷　湯壽潛輯　清光緒二
十五年(1899)上海圖書集成局鉛印本　十冊
　存一種

330000－1716－0006764　普集 0887/06764
集部/別集類/宋別集

蘇文忠公詩集五十卷目錄二卷　(宋)蘇軾撰
　(清)紀昀評點　清同治八年(1869)韞玉山
房粵東省城刻翰墨園朱墨套印本　十一冊
缺五卷(十一至十五)

330000－1716－0006765　普集 0882 普集 0941/06765　集部/別集類/清別集

古微堂内集三卷外集七卷　（清）魏源撰　清光緒四年(1878)揚州淮南書局刻本　四冊

330000－1716－0006766　普集 0883 普集 1125/06766　集部/總集類/選集之屬/斷代

南宋襍事詩七卷　（清）沈嘉轍等撰　清武林芹香齋刻本　二冊

330000－1716－0006767　地獻 1464－29/06767　史部/傳記類/科舉錄之屬/歷科登科錄

[光緒己丑恩科]浙江闈墨不分卷　清光緒十五年(1889)浙紹聚奎堂刻本　錢蔭喬題簽　一冊

330000－1716－0006768　集補 2490/06768　集部/總集類/選集之屬/通代

涵芬樓古今文鈔一百卷　吳曾祺輯　清宣統上海商務印書館鉛印本　一冊　存一卷(二十八)

330000－1716－0006769　普集 0889/06769　集部/別集類/清別集

絳雪山房詩鈔二十卷續鈔六卷試帖三卷　(清)楊慶琛撰　清道光二十八年至同治三年(1848－1864)刻本　十冊

330000－1716－0006772　普集 0884/06772　集部/別集類/清別集

繡虎軒尺牘八卷二集八卷三集八卷　（清）曹煜撰　清康熙刻本　一冊　存二卷(一至二)

330000－1716－0006773　史補 1329/06773　史部/政書類/律令之屬/律例

欽定重修六部處分則例五十二卷　（清）文孚等修　（清）清平等纂　清光緒十八年(1892)上海圖書集成印書局鉛印本　七冊　存四十二卷(一至三十、四十一至五十二)

330000－1716－0006774　普集 0891/06774　集部/總集類/選集之屬/斷代

唐詩諧律二卷　（清）沈寶青選　清光緒十六年(1890)溧陽沈氏刻本　二冊

330000－1716－0006777　普集 0892/06777　集部/總集類/郡邑之屬

江蘇詩徵一百八十三卷　（清）王豫輯　清道光元年(1821)焦山海西庵詩徵閣刻本　三十七冊　缺五卷(十一至十五)

330000－1716－0006782　普集 0890/06782　集部/別集類/清別集

偶存集三卷　（清）汪述先撰　（清）汪元麟輯　清乾隆刻本　田紹謙題簽並記　一冊

330000－1716－0006783　普集 0893/06783　集部/別集類/宋別集

盧陵宋丞相信國公文忠烈先生全集十六卷　(宋)文天祥撰　（清）文有煥等輯　清雍正三年(1725)文氏五桂堂刻乾隆二年(1737)增刻本　十六冊

330000－1716－0006784　普叢 0396/06784　類叢部/叢書類/自著之屬

黃梨洲遺書七種附一種　（清）黃宗羲撰　清光緒三十一年(1905)杭州群學社石印本　一冊　存一種

330000－1716－0006785　集補 2500/06785　集部/別集類/清別集

鈍翁文集十六卷　（清）汪琬撰　清宣統二年(1910)上海國學扶輪社石印本　四冊

330000－1716－0006787　普集 0894 普集 0897 普集 0898/06787　集部/總集類/彙編之屬

三唐人集三種　（清）馮焌光編　清光緒南海馮氏讀有用書齋刻本　六冊

330000－1716－0006788　集補 2501/06788　集部/別集類/清別集

松桂堂全集三十七卷南汪集三卷延露詞三卷　（清）彭孫遹撰　清宣統三年(1911)掃葉山房石印本　十二冊

330000－1716－0006789　普集 0895/06789　集部/別集類/金別集

元遺山詩集箋注十四卷首一卷末一卷　（金）元好問撰　（元）張德輝類次　（清）施國祁箋

注　清道光二年(1822)南潯蔣氏瑞松堂刻本
六冊

330000－1716－0006790　集補 2498/06790
集部/別集類/清別集

鸝尾集十卷後集二卷續集二卷　(清)王士禎
撰　清宣統三年(1911)上海集成圖書公司影
印本　四冊

330000－1716－0006791　集補 2502/06791
集部/別集類/元別集

栲栳山人詩集三卷　(元)岑安卿撰　清嘉慶
十六年(1811)延綠齋刻本　一冊

330000－1716－0006792　古越 0548/06792
集部/別集類/清別集

籜石齋文集二十六卷詩集五十卷　(清)錢載
撰　清乾隆古香書屋刻本　九冊　存二十六
卷(詩集一至二十六)

330000－1716－0006793　普集 0900/06793
集部/別集類/清別集

澤雅堂詩集六卷　(清)施補華撰　清同治十
二年(1873)刻本　二冊

330000－1716－0006794　集補 2503/06794
集部/別集類/清別集

鏡湖集□□種　(清)馮國泰撰　清乾隆二十
四年(1759)夢墨軒刻本　一冊　存一種

330000－1716－0006795　集補 2504－1/
06795　集部/別集類/清別集

退宜堂詩集六卷　(清)孫垓撰　清光緒十五
年(1889)刻本　二冊

330000－1716－0006796　集補 2504－2/
06796　集部/別集類/清別集

退宜堂詩集六卷　(清)孫垓撰　清光緒十五
年(1889)刻本　二冊

330000－1716－0006797　普集 0901/06797
集部/總集類/選集之屬/斷代

皇朝經世文編一百二十卷姓名總目二卷生存
姓名一卷　(清)賀長齡輯　清道光七年
(1827)刻本　四十冊　存六十卷(六十一至
一百二十)

330000－1716－0006798　集補 2505/06798
集部/別集類/清別集

南厓詩集十二卷　(清)陳承然撰　清嘉慶七
年(1802)晚香書屋刻本　四冊

330000－1716－0006799　集補 1443－1/
06799　集部/別集類/清別集

來雨軒存稿四卷　(清)莫晉撰　清光緒二十
年(1894)濟南刻本　四冊

330000－1716－0006800　普集 0903/06800
集部/別集類/清別集

漆室吟八卷　(清)王柏心撰　清同治三年
(1864)監利王氏刻本　二冊

330000－1716－0006801　普集 0904/06801
集部/別集類/明別集

史忠正公集四卷　(明)史可法撰　首一卷末
一卷　(清)史山清輯　清咸豐二年(1852)祥
符史致康刻本　二冊

330000－1716－0006802　子補 3164－1/
06802　子部/儒家類/儒學之屬/俗訓

通藝堂詩録一卷庚子雜詩序一卷陶墓塘阡表
一卷　(清)陶濬宣撰　清光緒二十六年
(1900)漳州環玉樓刻本　一冊

330000－1716－0006803　普集 0906/06803
集部/別集類/明別集

新刻張太岳先生詩文集四十七卷　(明)張居
正撰　明萬曆四十年(1612)繡谷唐國達刻清
印本　十六冊

330000－1716－0006804　子補 3164－2/
06804　子部/儒家類/儒學之屬/俗訓

通藝堂詩録二卷　(清)陶濬宣撰　清光緒二
十六年(1900)漳州環玉樓、二十八年(1902)
刻本　一冊

330000－1716－0006805　普集 0907/06805
集部/總集類/選集之屬/通代

忠雅堂評選四六法海八卷　(清)蔣士銓評選
清同治十年(1871)步月山房刻朱墨套印本
四冊

330000－1716－0006807　集補 2506－1/

06807　集部/別集類/清別集

洗齋病學草擬存詩一卷附存詩一卷 （清）胡壽頤撰　（清）昨非居士輯　清光緒十年(1884)山陰胡氏刻本　一冊

330000－1716－0006808　普集 0908/06808 集部/別集類/金別集

元遺山詩集箋注十四卷首一卷末一卷 （金）元好問撰　（元）張德輝類次　（清）施國祁箋注　清宣統三年(1911)上海掃葉山房石印本　八冊

330000－1716－0006809　普經 0964/06809 經部/儀禮類/傳說之屬

儀禮鄭注句讀十七卷附監本正誤一卷石本誤字一卷 （清）張爾岐撰　清同治十三年(1874)湖南書局刻本　八冊　存十七卷(一至十七)

330000－1716－0006810　地獻 1456－1/06810　類叢部/叢書類/彙編之屬

蒻園叢書十一種 （清）平步青編　清同治至光緒山陰平氏安越堂刻本　二冊　存二種

330000－1716－0006811　集補 2506－2/06811　集部/別集類/清別集

洗齋病學草擬存詩一卷附存詩一卷 （清）胡壽頤撰　（清）昨非居士輯　清光緒十年(1884)山陰胡氏刻本　二冊

330000－1716－0006815　普集 0914/06815 集部/總集類/選集之屬/斷代

宋四六選二十四卷 （清）彭元瑞　（清）曹振鏞輯　清同治四年(1865)青雲樓刻本　八冊

330000－1716－0006817　地獻 0154/06817 類叢部/叢書類/彙編之屬

蒻園叢書十一種 （清）平步青編　清同治至光緒山陰平氏安越堂刻本　清祖貽題記　一冊　存一種

330000－1716－0006818　普集 0917/06818 集部/別集類/唐五代別集

李太白文集三十六卷 （唐）李白撰　（清）王琦輯注　清光緒三十四年(1908)上海掃葉山房石印本　二十冊

330000－1716－0006819　集補 2507/06819 集部/別集類/清別集

通雅堂詩鈔十卷續集二卷 （清）施山撰　清光緒元年(1875)荊州刻本　二冊

330000－1716－0006820　普集 0915/06820 類叢部/類書類/專類之屬

皇朝駢文類苑十四卷首一卷 （清）姚燮選　清光緒七年(1881)鎮海張壽榮刻本　二十冊

330000－1716－0006821　集補 2508/06821 集部/別集類/明別集

石臼前集九卷後集七卷 （明）邢昉撰　清光緒十八年(1892)刻本　六冊

330000－1716－0006826　子補 3165/06826 子部/雜著類/雜考之屬

升菴外集一百卷 （明）楊慎撰　（明）焦竑輯　清道光二十四年(1844)桂湖刻本　二十四冊

330000－1716－0006829　集補 2509/06829 集部/別集類/清別集

綠雪堂遺集二十卷 （清）王衍梅撰　清道光刻本　七冊　缺三卷(一至三)

330000－1716－0006831　子補 1305/06831 子部/儒家類/儒學之屬

玉堂清賞二卷末一卷 　清光緒七年(1881)吳梧岡書屋刻本　一冊

330000－1716－0006832　普集 1054/06832 集部/別集類/明別集

震川大全集三十卷別集十卷補集八卷餘集八卷 （明）歸有光撰　清宣統二年(1910)國學扶輪社石印本　十二冊

330000－1716－0006834　集補 2510/06834 集部/詞類/別集之屬

遺山先生新樂府五卷補遺一卷訂誤一卷 （金）元好問撰　（清）張家禾補遺訂誤　清光緒三年(1877)南塘張氏刻本　一冊

330000－1716－0006837　普叢 0256－3/

06837　集部/別集類/清別集

倚晴樓集五種　(清)黃燮清撰　清咸豐至光緒刻本　一冊　存一種

330000－1716－0006838　集補 2511－1/06838　集部/詞類/別集之屬

香南雪北詞一卷　(清)吳藻撰　清道光二十四年(1844)刻三十年(1850)增刻本　一冊

330000－1716－0006839　集補 2511－2/06839　集部/詞類/別集之屬

香南雪北詞一卷　(清)吳藻撰　清道光二十四年(1844)刻三十年(1850)增刻本　一冊

330000－1716－0006840　普集 0932/06840　集部/別集類/清別集

顯志堂稿十二卷　(清)馮桂芬撰　清光緒二年(1876)吳縣馮氏校邠廬刻本　三冊　存六卷(三至四、七至八、十一至十二)

330000－1716－0006842　集補 2512/06842　集部/詞類/別集之屬

山中白雲詞八卷附錄一卷　(宋)張炎撰　清康熙六十一年(1722)曹炳曾刻光緒九年(1883)後知不足齋印本　二冊

330000－1716－0006843　經補 1329/06843　經部/春秋左傳類/傳說之屬

左繡三十卷首一卷　(清)馮李驊　(清)陸浩評輯　清康熙五十九年(1720)華川書屋刻本　十四冊

330000－1716－0006844　普叢 0233－1/06844　類叢部/叢書類/自著之屬

敝帚齋遺書四種　(清)徐鼒撰　清福寧郡齋刻本　四冊　存二種

330000－1716－0006845　普集 0934/06845　集部/別集類/清別集

閩嶠游草二卷　(清)王成瑞撰　清光緒三十一年(1905)平湖王氏華雲閣鉛印本　一冊

330000－1716－0006846　普集 0938/06846　集部/別集類/清別集

八指頭陀詩集十卷補遺一卷述一卷詞一卷雜文一卷　(清)釋敬安撰　清光緒十四年

(1888)刻二十四年(1898)陳三立、葉德輝遞刻本　張敬熙題記　二冊

330000－1716－0006848　普集 0939/06848　集部/別集類/清別集

八指頭陀詩集四卷述一卷　(清)釋敬安撰　清光緒十四年(1888)刻本　一冊

330000－1716－0006849　普叢 0238－1/06849　類叢部/叢書類/彙編之屬

荔牆叢刻十三種　(清)汪曰楨編　清同治至光緒烏程汪氏刻本　一冊　存二種

330000－1716－0006850　集補 2513－1/06850　集部/詞類/別集之屬

藤香館詞一卷　(清)薛時雨撰　清同治五年(1866)全椒薛氏刻本　一冊

330000－1716－0006851　集補 2514－1/06851　集部/詞類/別集之屬

射雕詞二卷續鈔一卷　(清)應寶時撰　清光緒十年(1884)、十四年(1888)刻本　一冊

330000－1716－0006852　普集 0936/06852　集部/總集類/選集之屬/通代

古文苑二十一卷　(宋)章樵注　清光緒十二年(1886)江蘇書局刻本　四冊

330000－1716－0006853　集補 1500－1/06853　集部/總集類/選集之屬/斷代

欽定國朝詩別裁集三十二卷　(清)沈德潛纂評　清乾隆二十六年(1761)刻本　十六冊

330000－1716－0006854　集補 2514－2/06854　集部/詞類/別集之屬

射雕詞二卷續鈔一卷　(清)應寶時撰　清光緒十年(1884)、十四年(1888)刻本　一冊

330000－1716－0006855　普集 0942－1/06855　集部/別集類/清別集

復堂類集文四卷詩九卷詞二卷日記六卷　(清)譚獻撰　清同治至光緒刻本　七冊　缺二卷(日記三至四)

330000－1716－0006857　集補 2513－2/06857　集部/詞類/別集之屬

藤香館詞一卷　（清）薛時雨撰　清同治五年(1866)全椒薛氏刻本　一冊

330000－1716－0006858　普集 0937/06858
集部/總集類/選集之屬/通代

續古文苑二十卷　（清）孫星衍輯　清光緒九年(1883)江蘇書局刻本　六冊

330000－1716－0006860　經補 0830/06860
子部/儒家類/儒學之屬/蒙學

文公小學六卷　（元）許衡撰　**附忠經疏義一卷**（明）陳仁錫重釋　**孝經疏義一卷**　清經綸堂刻本　二冊

330000－1716－0006862　普叢 0142－2/06862　類叢部/叢書類/彙編之屬

榆園叢刻十五種附一種　（清）許增編　清同治至光緒刻本　七冊　存六種

330000－1716－0006864　普集 0944/06864
集部/別集類/清別集

周文忠公尺牘二卷雜文附錄一卷　（清）周天爵撰　清同治七年(1868)蘇松太道署刻本　一冊

330000－1716－0006865　經補 1328/06865
經部/春秋左傳類/傳說之屬

讀左補義五十卷首二卷　（清）姜炳璋輯　清乾隆三十八年(1773)三多堂刻　十六冊

330000－1716－0006866　普集 0945/06866
集部/別集類/清別集

周文忠公尺牘二卷雜文附錄一卷　（清）周天爵撰　清同治七年(1868)蘇松太道署刻本　一冊

330000－1716－0006867　普集 0946/06867
集部/別集類/清別集

培遠堂手札節存三卷　（清）陳弘謀撰　清同治十一年(1872)江蘇書局刻本　一冊

330000－1716－0006869　地獻 0339－2/06869　集部/詞類/別集之屬

笙月詞四卷　（清）王詒壽撰　清同治十一年(1872)刻本　浣花主人題記　一冊

330000－1716－0006870　普叢 0221－3/06870　類叢部/叢書類/自著之屬

烏程范氏叢書二十一種　（清）范鍇撰輯　清道光至同治刻彙印本　一冊　存七種

330000－1716－0006871　普集 0947/06871
集部/別集類/清別集

象洞山房文稿一卷詩稿一卷　（清）徐迪惠撰　清宣統元年(1909)上虞徐氏留餘堂刻本　三冊

330000－1716－0006873　集補 2516/06873
集部/詞類/類編之屬

侯鯖詞五種　（清）吳唐林編　清光緒十一年(1885)杭州吳氏刻本　一冊　存二種

330000－1716－0006874　普集 0952/06874
類叢部/叢書類/彙編之屬

刻鵠齋叢書十六種　（清）胡念修編　清光緒二十三年至二十七年(1897－1901)刻鵠齋刻本　一冊　存一種

330000－1716－0006875　普集 0948/06875
集部/別集類/清別集

太乙舟文集八卷　（清）陳用光撰　**觀象居詩鈔二卷**（清）陳蘭瑞撰　清光緒二十一年(1895)長沙刻本　一冊　存二卷(詩鈔一至二)

330000－1716－0006876　普集 0949/06876
集部/別集類/清別集

吳詩集覽二十卷補注二十卷吳詩談藪二卷拾遺一卷　（清）吳偉業撰　（清）靳榮藩注並輯　清刻本　四冊　缺十九卷(一至七、九至二十)

330000－1716－0006877　普集 0954/06877
集部/別集類/清別集

思兄樓文稿一卷附氍餘稿一卷　（清）羅長褘撰　清光緒刻本　一冊　存一卷(文稿)

330000－1716－0006878　普叢 0158－2/06878　類叢部/叢書類/郡邑之屬

武林往哲遺箸五十六種後編十種　（清）丁丙編　清光緒二十年至二十六年(1894－1900)

錢塘丁氏嘉惠堂刻本（錢塘韋先生文集卷一至二原缺） 三冊 存三種

330000－1716－0006880 子補 0496－2/06880 子部/小說家類/異聞之屬

山海經十八卷 （晉）郭璞傳 清刻本 二冊

330000－1716－0006882 普集 0957/06882 集部/別集類/清別集

悔初廬詩稿二卷 （清）柴文傑撰 清光緒三年（1877）刻本 一冊

330000－1716－0006883 普叢 0223－8/06883 類叢部/叢書類/自著之屬

西堂全集 （清）尤侗撰 清刻本 謝登善題記 二冊 存一種

330000－1716－0006885 地獻 1589/06885 子部/雜著類/雜說之屬

增訂敬信錄不分卷 （清）周鼎臣輯 清光緒六年（1880）浙紹許廣記刻民國十三年（1924）補刻本 一冊

330000－1716－0006886 集補 2518/06886 集部/詞類/別集之屬

茶夢盦燼餘詞一卷劫後稿一卷 （清）高望曾撰 **寫麓樓遺詞一卷** （清）陳嘉撰 清同治九年（1870）福州刻本 一冊

330000－1716－0006887 集補 2517/06887 集部/別集類/清別集

西湖柳枝詞五卷 （清）王昶輯 清嘉慶六年（1801）刻本 一冊

330000－1716－0006888 普叢 0270－1/06888 類叢部/叢書類/自著之屬

甌北全集八種 （清）趙翼撰 清乾隆至嘉慶湛貽堂刻本 四冊 存一種

330000－1716－0006889 普集 0963/06889 集部/別集類/漢魏六朝別集

徐孝穆全集六卷 （南朝陳）徐陵撰 （清）吳兆宜注 **備考一卷** （清）徐文炳撰 清揚州藝古堂刻本 六冊

330000－1716－0006891 普集 0964/06891

集部/別集類/清別集

知非齋詩鈔一卷詩續鈔八卷文鈔一卷 （清）陳鍾英撰 清同治十一年（1872）杭州刻本 一冊

330000－1716－0006893 普集 0968/06893 集部/別集類/清別集

固始吳氏文存一卷 （清）吳晉昌撰 清光緒鉛印本 一冊

330000－1716－0006894 集補 1610－1/06894 集部/別集類/清別集

曝書亭集八十卷附錄一卷 （清）朱彝尊撰 **笛漁小稿十卷** （清）朱昆田撰 清刻本 四十冊

330000－1716－0006895 普集 0965 普集 0966/06895 集部/別集類/清別集

紀文達公遺集三十二卷 （清）紀昀撰 （清）紀樹馨編 清嘉慶十七年（1812）紀樹馥刻本 十四冊 缺七卷（詩四至六、十一至十二，文二至三）

330000－1716－0006899 普集 1769－9/06899 集部/別集類/清別集

笠翁一家言全集十六卷 （清）李漁撰 清雍正芥子園刻本 十冊 缺六卷（偶集一至六）

330000－1716－0006900 普集 0971/06900 集部/詞類/別集之屬

夢影樓稿一卷 （清）關鍈撰 **秋鐙瑣憶不分卷** （清）蔣坦撰 清咸豐二年（1852）巢園、四年（1854）錢塘蔣氏刻本 一冊

330000－1716－0006901 普集 1847/06901 集部/別集類/清別集

葦間詩集五卷 （清）姜宸英撰 清道光四年（1824）葉元墀睿吾樓刻本 二冊

330000－1716－0006902 普集 0967/06902 類叢部/叢書類/郡邑之屬

貴池先哲遺書（唐石簃叢書、唐石簃彙刻貴池先哲遺書）二十種附刻一種續刊一種附一種 劉世珩編 清光緒二十四年至民國九年（1898－1920）貴池劉氏唐石簃刻民國十五年

(1926)續刻彙印本　六冊　存一種

330000－1716－0006903　普叢 0193－1/06903　類叢部/叢書類/自著之屬

鹿洲全集八種　(清)藍鼎元撰　清雍正十年(1732)刻光緒五年(1879)藍謙修補刻本　二十三冊　存七種

330000－1716－0006904　普集 0974 普集 0975/06904　類叢部/叢書類/彙編之屬

金峨山館叢書(望三益齋叢書)十一種　(清)郭傳璞編　清光緒八年至十六年(1882－1890)鄞郭氏刻二十年(1894)鎮海邵氏彙印本　四冊　存一種

330000－1716－0006905　普集 0973/06905　集部/別集類/漢魏六朝別集

徐孝穆全集六卷　(南朝陳)徐陵撰　(清)吳兆宜注　**備考一卷**　(清)徐文炳撰　清光緒四年(1878)西齋別墅刻本　三冊

330000－1716－0006906　普集 0976/06906　集部/總集類/酬唱之屬

鄞中酬唱集四卷　(清)謝朝徵輯　清光緒元年(1875)雲海樓刻二十八年(1902)補刻本　二冊

330000－1716－0006907　集補 2520/06907　集部/別集類/清別集

寄青齋詩稿一卷詞稿一卷　(清)徐虔復撰　**綠雲館吟草一卷賦鈔一卷**　(清)程芙亭撰　清光緒十三年(1887)徐煥章留餘堂刻本　二冊

330000－1716－0006908　普集 0977/06908　集部/總集類/酬唱之屬

鄞中酬唱集四卷　(清)謝朝徵輯　清光緒元年(1875)雲海樓刻二十八年(1902)補刻本　二冊

330000－1716－0006909　普集 0978/06909　集部/總集類/酬唱之屬

鄞中酬唱集四卷　(清)謝朝徵輯　清光緒元年(1875)雲海樓刻二十八年(1902)補刻本　二冊

330000－1716－0006910　普集 0979/06910　集部/別集類/明別集

史忠正公集四卷　(明)史可法撰　**首一卷末一卷**　(清)史山清輯　清乾隆五十三年(1788)教忠堂刻本　二冊

330000－1716－0006911　普集 0980/06911　集部/別集類/清別集

飲雪軒詩集四卷　(清)楊泰亨撰　清宣統二年(1910)經畬家塾刻本　一冊

330000－1716－0006913　普集 0982－1/06913　子部/雜著類/雜說之屬

定香亭筆談四卷　(清)阮元撰　清光緒十年(1884)瀨江宋氏刻本　一冊　存一卷(一)

330000－1716－0006914　普集 0982－2/06914　子部/雜著類/雜說之屬

定香亭筆談四卷　(清)阮元撰　清光緒二十五年(1899)浙江書局刻本　四冊

330000－1716－0006915　普叢 0305－1/06915　類叢部/叢書類/自著之屬

蕙風叢書七種附一種　況周頤撰　清光緒刻民國十四年(1925)上海中國書店彙印本　六冊　存三種

330000－1716－0006916　普集 0981/06916　集部/別集類/宋別集

朱子文集大全類編一百十一卷首一卷　(宋)朱熹撰　(清)朱玉訂補　清道光二十五年(1845)考亭書院刻本　三十一冊　缺三十九卷(二至三,問答八至九,二十三至二十九,雜著十至十五,末八冊一至二十一,首)

330000－1716－0006917　普集 0985/06917　集部/詞類/詞話之屬

蓮子居詞話四卷　(清)吳衡照輯　清道光十二年(1832)錢塘汪氏振綺堂刻同治六年(1867)重修本　二冊

330000－1716－0006921　普集 0984/06921　集部/總集類/選集之屬/通代

忠雅堂評選四六法海八卷　(清)蔣士銓評選　清同治十年(1871)藏園刻朱墨套印本

八冊

330000－1716－0006923　集補 2526－1/06923　集部/別集類/清別集

囊翠樓詩稿二卷　（清）陳鴻逵撰　清光緒二十一年(1895)山陰陳氏刻本　一冊

330000－1716－0006925　集補 2527/06925　集部/總集類/氏族之屬

梧竹山房存稿二卷　（清）孫暉　（清）孫聞禮著　清咸豐刻本　二冊

330000－1716－0006926　集補 2525/06926　集部/別集類/清別集

竹窗剩稿一卷附遊台雜詠一卷　（清）釋漢兆撰　清嘉慶二十一年(1816)刻本　二冊

330000－1716－0006927　普集 0987/06927　集部/別集類/唐五代別集

玉谿生詩詳注三卷首一卷樊南文集詳注八卷首一卷　（唐）李商隱撰　（清）馮浩編訂　清醉六堂刻本　八冊

330000－1716－0006928　集補 2526－2/06928　集部/別集類/清別集

囊翠樓詩稿二卷　（清）陳鴻逵撰　清光緒二十一年(1895)山陰陳氏刻本　一冊

330000－1716－0006929　集補 2528－1/06929　集部/別集類

夢南雷齋文鈔二卷縶言三種三卷　黃壽袞撰　清宣統三年(1911)石印本　二冊　存二卷(一至二)

330000－1716－0006930　集補 2526－3/06930　集部/別集類/清別集

囊翠樓詩稿二卷　（清）陳鴻逵撰　清光緒二十一年(1895)山陰陳氏刻本　一冊

330000－1716－0006931　集補 2528－2/06931　集部/別集類

夢南雷齋文鈔二卷縶言三種三卷　黃壽袞撰　清宣統三年(1911)石印本　三冊

330000－1716－0006932　集補 2522/06932　集部/別集類/清別集

有三惜齋詩二卷　（清）趙福雲撰　清咸豐七年(1857)刻本　二冊

330000－1716－0006934　普集 0994/06934　集部/總集類/選集之屬/通代

御選唐宋文醇五十八卷目錄一卷　（清）高宗弘曆輯　清光緒三年(1877)浙江書局刻本　二十冊

330000－1716－0006935　集補 2531－1/06935　集部/別集類/清別集

鶴巢詩存一卷　（清）顧淳慶撰　**皇清誥授奉政大夫守陝西潼關廳同知浙江紹興府會稽縣石潼坊顧府君年五十七行述一卷**　（清）顧壽楨等撰　**介卿遺艸一卷**　（清）顧家樹撰　清光緒十二年(1886)顧家相刻本　一冊

330000－1716－0006938　普集 0988/06938　集部/別集類/清別集

梅村詩集箋注十八卷　（清）吳偉業撰　（清）吳翌鳳箋注　清嘉慶十九年(1814)嚴榮滄浪吟榭刻本　六冊

330000－1716－0006939　集補 2531－2/06939　集部/別集類/清別集

鶴巢詩存一卷　（清）顧淳慶撰　**皇清誥授奉政大夫守陝西潼關廳同知浙江紹興府會稽縣石潼坊顧府君年五十七行述一卷**　（清）顧壽楨等撰　**介卿遺艸一卷**　（清）顧家樹撰　清光緒十二年(1886)顧家相刻本　一冊

330000－1716－0006940　集補 2530/06940　集部/別集類/清別集

勞自寬齋外集四卷　（清）金石撰　清光緒二十九年(1903)程銘敬刻本　一冊

330000－1716－0006941　普集 0989/06941　集部/別集類/元別集

木訥齋文集五卷附錄一卷　（元）王毅撰　清光緒二年(1876)刻本　一冊

330000－1716－0006942　普集 0993/06942　集部/總集類/選集之屬/通代

文選六十卷　（南朝梁）蕭統輯　（唐）李善注　清乾隆二十七年(1762)雲林楊氏儒纓堂刻

本　十六冊

330000－1716－0006943　集補 2524/06943
集部/別集類/清別集

滁陽草一卷　（清）蓼園章撰　清刻本　一冊

330000－1716－0006944　集補 2532/06944
集部/別集類/清別集

適安廬詩鈔二卷附詞鈔一卷　（清）王汝鼎撰
清光緒二十一年(1895)刻本　二冊

330000－1716－0006945　普集 0986/06945
集部/別集類/清別集

味無味齋駢文二卷　（清）董兆熊撰　清同治
十三年(1874)刻本　一冊

330000－1716－0006948　史補 0189/06948
史部/金石類/總志之屬

學古齋金石叢書四集　（清）葛元煦輯　清光
緒崇川葛氏學古齋刻本　二冊　存一種

330000－1716－0006953　普集 1002/06953
集部/總集類/尺牘之屬

名賢手札八種　（清）郭慶藩輯　清光緒十一
年(1885)上海同文書局石印本　四冊

330000－1716－0006957　集補 2534/06957
集部/別集類/清別集

**通雅堂詩鈔箋注十卷首一卷續集箋注二卷附
薑露盦詩話一卷**　（清）施山撰　施煒箋注
清光緒石印本　一冊

330000－1716－0006962　集補 2536/06962
集部/別集類/清別集

湘麋閣遺詩四卷蘭當詞二卷　（清）陶方琦撰
清光緒十六年(1890)鄂局刻本　二冊

330000－1716－0006966　集補 2539/06966
集部/別集類/清別集

南園擬墨一卷　（清）陶濬宣撰　清光緒刻本
一冊

330000－1716－0006967　普集 1013/06967
集部/總集類/選集之屬/斷代

詩稿不分卷　（清）邵錕等撰　清抄本　一冊

330000－1716－0006975　普集 1011/06975
集部/別集類/清別集

西河文選十一卷　（清）毛奇齡撰　（清）汪霦
等選　清乾隆刻本　三冊

330000－1716－0006976　普集 1014/06976
集部/總集類/選集之屬/斷代

國朝正雅集九十九卷首一卷　（清）符葆森輯
清咸豐六年至七年(1856－1857)京師半畝
園刻本　十八冊

330000－1716－0006977　地獻 1989－2/
06977　類叢部/叢書類/自著之屬

橘蔭軒全集七種　（清）陳錦撰　清光緒山陰
陳氏橘蔭軒刻本　十冊　存二種

330000－1716－0006978　普集 1015/06978
集部/別集類/清別集

紀文達公文集十六卷首一卷詩集十六卷
(清)紀昀撰　（清）紀樹馨編　清道光三十年
(1850)小嬛嬛山館刻本　七冊　缺十卷(文
集三至六、九至十四)

330000－1716－0006979　普集 1012/06979
類叢部/叢書類/自著之屬

白石道人四種　（宋）姜夔撰　清同治十年
(1871)桂林倪氏野水閒鷗館刻本　清施山批
並題記　二冊

330000－1716－0006980　集補 2541/06980
集部/別集類/清別集

陳檢討集二十卷　（清）陳維崧撰　（清）程師
恭注　清康熙刻本　六冊

330000－1716－0006981　普集 1016－1/
06981　集部/總集類/選集之屬/斷代

排律初津四卷　（清）金鳳沼編並注　清光緒
刻本　胡德舜題簽　四冊

330000－1716－0006982　集補 2542/06982
集部/別集類/清別集

慕陵詩稿二卷補遺一卷　（清）陳榮杰撰　**大
巖謄草一卷**　（清）陳松齡撰　清光緒二十三
年(1897)會稽陳氏青藤書屋刻本　二冊

330000－1716－0006983　普集 1018/06983
集部/別集類/清別集

定盦文集三卷續集四卷補編四卷餘集一卷續錄一卷 （清）龔自珍撰 清光緒二十八年（1902）浙省文彙書局鉛印本 四冊

330000－1716－0006985 地獻 1989－1/06985 類叢部/叢書類/自著之屬

橘蔭軒全集七種 （清）陳錦撰 清光緒山陰陳氏橘蔭軒刻本 二十冊 存六種

330000－1716－0006986 集補 2543/06986 集部/別集類/清別集

蕉雪盧遺稿三卷 （清）孫慶曾撰 清光緒三十二年（1906）刻本 一冊

330000－1716－0006987 普集 1021/06987 集部/詞類/別集之屬

吳梅村詞一卷 （清）吳偉業撰 清宣統二年（1910）上海掃葉山房石印本 一冊

330000－1716－0006989 集補 2544－1/06989 集部/別集類/清別集

樊榭山房集十卷文集八卷續集十卷 （清）厲鶚撰 清嶺南雲林閣刻本 八冊

330000－1716－0006991 集補 2545/06991 集部/別集類/清別集

頻羅庵遺集十六卷 （清）梁同書撰 清嘉慶二十二年（1817）陸貞一杭州刻本 四冊 存十四卷（三至十六）

330000－1716－0006992 集補 2544－2/06992 集部/別集類/清別集

樊榭山房集十卷文集八卷續集十卷 （清）厲鶚撰 清嶺南雲林閣刻本 一冊 存五卷（六至十）

330000－1716－0006995 普集 1025/06995 類叢部/叢書類/自著之屬

隨園三十六種 （清）袁枚撰 清光緒十九年（1893）倉山舊主石印本 一冊 存五種

330000－1716－0006996 集補 1583/06996 集部/別集類/清別集

澤山書屋墨餘集三卷帝王統系略一卷 （清）狄元任撰 清刻本 一冊 存一卷（帝王統系略）

330000－1716－0006998 普集 1026/06998 集部/別集類/明別集

疑雨集四卷 （明）王彥泓撰 清宣統元年（1909）上海掃葉山房石印本 二冊

330000－1716－0007005 普集 1035/07005 集部/總集類/選集之屬/斷代

皇朝經世文編一百二十卷姓名總目二卷生存姓名一卷 （清）賀長齡輯 清道光七年（1827）刻本 四十一冊 缺五十七卷（二十六至五十八、九十七至一百二十）

330000－1716－0007007 普集 1036/07007 集部/別集類/清別集

放鷴亭稿二卷 （清）李廷昰撰 清宣統三年（1911）華雲閣鉛印本 一冊

330000－1716－0007013 普集 1040/07013 集部/別集類/清別集

翁山文外十六卷 （清）屈大均撰 清宣統二年（1910）上海國學扶輪社鉛印本 五冊

330000－1716－0007016 普集 1042/07016 集部/別集類/宋別集

岳忠武王文集八卷首一卷末一卷 （宋）岳飛撰 （清）黃邦寧輯 清光緒十二年（1886）上海簡玉山房刻本 四冊

330000－1716－0007018 普集 1043/07018 集部/別集類/唐五代別集

李長吉歌詩四卷外集一卷首一卷 （唐）李賀撰 清光緒四年（1878）四川宏達堂刻本 四冊

330000－1716－0007021 普集 1047/07021 集部/別集類/清別集

大雲山房文稿初集四卷二集四卷 （清）惲敬撰 清光緒十四年（1888）官書處刻本 八冊

330000－1716－0007022 普叢 0245－4/07022 類叢部/叢書類/郡邑之屬

永嘉叢書十三種 （清）孫衣言編 清同治至光緒瑞安孫氏詒善祠塾刻本 三冊 存一種

330000－1716－0007024 普集 1048/07024 集部/別集類/清別集

寸心知室存稿六卷隨筆一卷附雪泥鴻爪一卷
（清）湯金釗撰　清咸豐刻本　四冊

330000－1716－0007026　普集 1051/07026
類叢部/叢書類/自著之屬
中復堂全集九種附一種　（清）姚瑩撰　清同
治六年(1867)姚濬昌安福縣署刻本　二冊
存一種

330000－1716－0007028　普集 1049/07028
集部/別集類/清別集
陳檢討詩鈔八卷文集十二卷　（清）陳維崧撰
（清）蔣景祁等輯　清康熙刻本　三冊　存
十二卷(文集一至十二)

330000－1716－0007030　普集 1052/07030
集部/總集類/選集之屬/斷代
全唐詩三十二卷　（清）曹寅等輯　清光緒十
三年(1887)上海同文書局石印本　三十二冊

330000－1716－0007033　普集 1053/07033
集部/總集類/選集之屬/斷代
全唐詩三十二卷　（清）曹寅等輯　清光緒十
三年(1887)上海同文書局石印本　三十二冊

330000－1716－0007034　普集 1050/07034
集部/別集類/清別集
諟麐堂遺集四卷　（清）戴望撰　清宣統三年
(1911)歸安陸氏刻本　二冊

330000－1716－0007035　地獻 1987－4/
07035　類叢部/類書類/專類之屬
詩韻含英十八卷　（清）劉文蔚輯　清尺木堂
刻本　四冊

330000－1716－0007036　經補 1362/07036
經部/小學類/文字之屬/字書/字典
康熙字典十二集三十六卷總目一卷檢字一卷
辨似一卷等韻一卷補遺一卷備考一卷　（清）
張玉書等纂修　清光緒十三年(1887)上海積
山書局石印本　六冊

330000－1716－0007039　普集 1055/07039
集部/總集類/選集之屬/通代
古文淵鑒六十四卷　（清）徐乾學等輯注　清
宣統二年(1910)學部圖書局石印本　二十

四冊

330000－1716－0007043　普集 1061/07043
集部/詞類/別集之屬
彊邨詞三卷　朱祖謀撰　清光緒三十一年
(1905)刻本　一冊　存二卷(一至二)

330000－1716－0007045　普集 1059/07045
集部/別集類/清別集
同園存稿二卷　（清）王一紳撰　清嘉慶刻本
一冊

330000－1716－0007048　普集 1064/07048
史部/傳記類/別傳之屬/事狀
韜厂蹈海錄四卷　徐良弼等撰　清宣統二年
(1910)蘇州鉛印本　二冊

330000－1716－0007049　集補 2552/07049
類叢部/類書類/專類之屬
詩學含英十四卷　（清）劉文蔚輯　清文奎堂
刻本　四冊

330000－1716－0007050　經補 1508/07050
經部/小學類/音韻之屬/韻書
初學檢韻十二卷總目一卷檢字一卷　（清）姚
文登輯　清光緒元年(1875)文彬閣刻本
一冊

330000－1716－0007052　普集 1066/07052
集部/別集類/清別集
拙修集十卷續編四卷　（清）吳廷棟撰　清同
治十年(1871)、光緒九年(1883)六安涂氏求
我齋刻本　二冊　存四卷(續編一至四)

330000－1716－0007053　普集 1065/07053
集部/別集類/清別集
采馨堂詩集十二卷　（清）張瓊英撰　清嘉慶
至道光刻本　二冊　存六卷(一至六)

330000－1716－0007055　普集 1067/07055
集部/別集類/清別集
芷雲閣詩鈔一卷睡餘錄一卷　（清）趙桂瀛撰
清光緒十四年(1888)古越刻本　一冊

330000－1716－0007057　普集 1062/07057
集部/別集類

飲冰室文集十六卷補遺二卷　梁啟超撰　清
光緒二十九年(1903)上海廣智書局鉛印本
十七冊　存十七卷(一至十、十二至十六,補
遺一至二)

330000－1716－0007058　史補 1332/07058
史部/編年類/通代之屬

御撰資治通鑑綱目三編二十卷　(清)張廷玉
等撰　清刻本　五冊　存十七卷(一至十七)

330000－1716－0007059　集補 2551/07059
集部/曲類/曲選之屬

元曲□□卷　清刻本　二十三冊

330000－1716－0007060　普集 1063/07060
集部/別集類

飲冰室文集十六卷補遺二卷　梁啟超撰　清
光緒二十九年(1903)上海廣智書局鉛印本
十七冊　存十七卷(文集一至七、九至十六,
補遺一至二)

330000－1716－0007061　普集 1068 普集
1099 普集 1167 普集 1599/07061　集部/別集
類/清別集

大梅山館集五十五卷　(清)姚燮撰　清道光
十三年至咸豐六年(1833－1856)大梅山館刻
本　十七冊

330000－1716－0007063　集補 2553/07063
集部/總集類/選集之屬/斷代

唐詩近體四卷　(清)張錫麟評選　(清)張熙
麟　(清)張仁麟校訂　清光緒十一年(1885)
嘉蔭堂刻本　二冊

330000－1716－0007064　普集 1070/07064
集部/總集類/選集之屬/斷代

唐詩別裁集引典備注二十卷　(清)沈德潛輯
(清)俞汝昌注　清資善堂刻本　十二冊

330000－1716－0007065　普史 1670/07065
史部/紀傳類/正史之屬

二十四史　清光緒九年(1883)上海點石齋石
印本　十冊　存二種

330000－1716－0007066　普集 1069/07066
集部/詩文評類/詩評之屬

樗寮詩話三卷　(清)姚椿撰　清婁縣韓應陛
刻本　一冊

330000－1716－0007067　集補 2554/07067
集部/總集類/選集之屬/斷代

唐詩神韻集六卷　(清)王士禛編　(清)俞仍
實輯注　清乾隆刻本　二冊

330000－1716－0007068　地獻 1612－5/
07068　集部/別集類/清別集

增注秋水軒尺牘三卷　(清)許思湄撰　(清)
婁世瑞注　(清)寄虹軒主人輯　清宣統元年
(1909)上海詠記書莊石印本　二冊

330000－1716－0007069　普集 1073/07069
集部/總集類/郡邑之屬

嶺南三大家詩選二十四卷　(清)王隼選　清
同治七年(1868)南海陳氏刻本　清陶濬宣題
記　六冊

330000－1716－0007071　經補 1507/07071
經部/小學類/音韻之屬/韻書

韻辨五卷　(清)劉贊輯　清道光五年(1825)
秀骨堂刻本　五冊

330000－1716－0007072　普集 1074/07072
集部/別集類/清別集

潛園詩存四卷　(清)張天翔撰　眷仙樓遺稿
一卷刻翠集一卷　(清)章韻撰　清光緒二十
五年(1899)乍浦劉翰墨齋刻本　二冊

330000－1716－0007073　普集 1077/07073
集部/總集類/酬唱之屬

四明酬倡集二卷　黃大華輯　清光緒二十九
年(1903)勾東譯社鉛印本　二冊

330000－1716－0007074　普集 1078/07074
類叢部/叢書類/自著之屬

毗陵周氏三種　(清)周騰虎撰　清光緒三十
一年(1905)刻民國二十四年(1935)周都俊彙
印本　二冊　存二種

330000－1716－0007076　普集 1079/07076
集部/別集類

海藏樓詩不分卷　鄭孝胥撰　清光緒二十八
年(1902)武昌刻本　一冊

330000 – 1716 – 0007078　普集 1080/07078
集部/總集類/彙編之屬

國朝十家四六文鈔十一卷　王先謙輯　清光
緒十五年(1889)長沙王先謙刻本　四冊

330000 – 1716 – 0007079　史補 1333/07079
史部/詔令奏議類/奏議之屬

曾文正公奏議十卷首一卷末一卷補編四卷
(清)曾國藩撰　(清)薛福成編　清光緒二十
二年(1896)上海圖書集成印書局鉛印本
四冊

330000 – 1716 – 0007080　普集 1081/07080
類叢部/叢書類/彙編之屬

觀自得齋叢書二十三種別集六種　(清)徐士
愷編　清光緒十三年至二十年(1887－1894)
石埭徐氏刻本　一冊　存一種

330000 – 1716 – 0007081　史補 1334/07081
史部/雜史類/斷代之屬

明季稗史正編十六種　(清)留雲居士輯　清
光緒二十九年(1903)鉛印本　六冊

330000 – 1716 – 0007082　集補 2558 – 1/
07082　集部/詞類/總集之屬

詞選二卷　(清)張惠言輯　**附錄一卷**　(清)
鄭善長輯　**續詞選二卷**　(清)董毅輯　清宣
統三年(1911)掃葉山房石印本　一冊

330000 – 1716 – 0007084　集補 2558 – 2/
07084　集部/詞類/總集之屬

詞選二卷　(清)張惠言輯　**附錄一卷**　(清)
鄭善長輯　**續詞選二卷**　(清)董毅輯　清宣
統三年(1911)掃葉山房石印本　一冊

330000 – 1716 – 0007085　普集 1082/07085
集部/別集類/清別集

邵位西遺文一卷　(清)邵懿辰撰　清同治四
年(1865)望三益齋刻本　一冊

330000 – 1716 – 0007087　普集 1083/07087
集部/別集類/明別集

太師誠意伯劉文成公集二十卷首一卷　(明)
劉基撰　清光緒二十六年(1900)浙江書局刻
本　十冊

330000 – 1716 – 0007091　集補 0989 – 12/
07091　集部/總集類/選集之屬/通代

古唐詩合解古詩四卷唐詩十二卷　(清)王堯
衢注　清文林堂刻本　三冊

330000 – 1716 – 0007094　普集 1085 普集
1160/07094　類叢部/叢書類/自著之屬

壺盦類稿五種　(清)胡念修撰　清光緒刻彙
印本　八冊　存三種

330000 – 1716 – 0007096　普集 1091/07096
集部/別集類/金別集

元遺山詩集箋注十四卷首一卷末一卷　（金）
元好問撰　(元)張德輝類次　(清)施國祁箋
注　清道光二年(1822)南潯蔣氏瑞松堂刻本
六冊

330000 – 1716 – 0007098　普叢 0178 – 7/
07098　類叢部/叢書類/郡邑之屬

金華叢書六十八種　(清)胡鳳丹編　清同治
七年至光緒八年(1868－1882)永康胡氏退補
齋刻民國補刻本　二冊　存一種

330000 – 1716 – 0007100　普集 1092/07100
集部/別集類/清別集

受恒受漸齋集十二卷　(清)沈曰富撰　清咸
豐刻光緒十三年(1887)沈葆光續刻本　四冊

330000 – 1716 – 0007104　普集 1095/07104
史部/詔令奏議類/奏議之屬

**明大司馬盧公奏議十卷文集一卷詩集一卷首
一卷**　(明)盧象昇撰　清光緒元年(1875)會
稽施惠刻本　王繼香題記　八冊

330000 – 1716 – 0007105　集補 2561/07105
集部/詞類/總集之屬

蒙香室叢書四種　馮煦輯　清光緒刻本　一
冊　存一種

330000 – 1716 – 0007106　普集 1096/07106
集部/總集類/郡邑之屬

盧陽三賢集　(清)張樹聲編　清光緒元年
(1875)合肥張氏毓秀堂刻本　一冊　存一種

330000 – 1716 – 0007108　普集 1097/07108
集部/別集類/清別集

沈文忠公集十卷自訂年譜一卷 （清）沈兆霖撰 （清）錢保塘編 清同治八年（1869）刻本 四冊

330000－1716－0007110 普集 1107/07110 子部/宗教類/道教之屬

道書二十三種 （清）劉一明撰 清光緒三年至六年（1877－1880）上海翼化堂刻本 一冊 存一種

330000－1716－0007111 普集 1109/07111 集部/別集類

海藏樓詩不分卷 鄭孝胥撰 清光緒二十八年（1902）武昌刻本 一冊

330000－1716－0007112 子補 2665/07112 子部/宗教類/其他宗教之屬/基督教

默想指掌一卷 清道光二十九年（1849）刻本 一冊

330000－1716－0007113 普集 1103/07113 集部/別集類/唐五代別集

李義山詩集三卷 （唐）李商隱撰 （清）朱鶴齡箋注 （清）沈厚塽輯評 李義山詩譜一卷 附錄諸家詩評一卷 清同治九年（1870）廣州倅署刻三色套印本 四冊

330000－1716－0007114 普集 1110/07114 集部/總集類/選集之屬/斷代

唐詩三百首六卷 （清）孫洙編 清同治六年（1867）常熟留真堂刻本 田紹謙題簽並記 一冊

330000－1716－0007115 集補 2562/07115 集部/別集類/清別集

靈石山房詩草一卷續吟草一卷 （清）貴成撰 清同治七年（1868）刻本 一冊

330000－1716－0007116 普集 1111/07116 集部/別集類/清別集

恪靖侯盾鼻餘瀋一卷附聯語一卷 （清）左宗棠撰 清光緒七年（1881）刻本 一冊

330000－1716－0007117 普集 1104/07117 集部/詞類/別集之屬

聊齋詞一卷 （清）蒲松齡撰 清宣統二年

（1910）上海國學扶輪社鉛印本 一冊

330000－1716－0007118 普集 1102/07118 集部/別集類/唐五代別集

玉谿生詩詳注三卷首一卷樊南文集詳注八卷首一卷 （唐）李商隱撰 （清）馮浩編訂 清乾隆四十五年（1780）德聚堂刻嘉慶元年（1796）增刻同治七年（1868）馮寶圻補刻本 八冊

330000－1716－0007119 集補 1610－3/07119 集部/別集類/清別集

曝書亭集箋注二十三卷 （清）朱彝尊撰 （清）孫銀槎輯注 清嘉慶五年（1800）三有堂刻九年（1804）補刻本 八冊

330000－1716－0007120 普叢 0386/07120 類叢部/叢書類/自著之屬

西河合集一百十九種 （清）毛奇齡撰 清刻本 八冊 存十一種

330000－1716－0007122 史補 1335/07122 史部/詔令奏議類/奏議之屬

陸宣公奏議四卷 （唐）陸贄撰 陸宣公年譜輯略一卷 （清）江榕輯 清乾隆刻本 倪鄗元題記 四冊

330000－1716－0007123 普集 1108/07123 集部/別集類/清別集

勤業齋詩初集八卷二集八卷 （清）湯國泰撰 清道光二十四年（1844）海州湯氏仁山堂刻本 五冊 存十卷（初集一至二、七至八，二集一至二、五至八）

330000－1716－0007124 集補 1610－4/07124 集部/別集類/清別集

曝書亭集外稿八卷 （清）朱彝尊撰 （清）馮登府 （清）朱墨林輯 清嘉慶二十二年（1817）刻道光二年（1822）印本 二冊

330000－1716－0007125 普集 1112/07125 集部/總集類/選集之屬/斷代

戴段合刻二種 （清）張壽榮輯 清光緒十年（1884）鎮海張氏秋樹根齋刻本 二冊 存一種

330000－1716－0007127　普史 0351/07127
史部/紀傳類/正史之屬

二十一史二千五百六十七卷　明刻明清遞修本　三十九冊　存三種

330000－1716－0007128　普史 0967－5/07128　史部/詔令奏議類/奏議之屬

彭剛直公奏稿八卷　(清)彭玉麟撰　(清)俞樾輯　清光緒十七年(1891)吳下刻本　五冊

330000－1716－0007129　史補 1336/07129　史部/詔令奏議類/奏議之屬

陸宣公奏議四卷　(唐)陸贄撰　**陸宣公年譜輯略一卷**　(清)江榕輯　清乾隆刻本　倪鄐元題記　四冊

330000－1716－0007130　普叢 0411/07130　類叢部/叢書類/彙編之屬

正誼堂全書六十三種續刻五種　(清)張伯行編　(清)楊浚重編　清同治五年(1866)福州正誼書院刻同治八年至光緒十三年(1869－1887)續刻本　二冊　存一種

330000－1716－0007131　普集 1114/07131　集部/別集類/清別集

集虛齋學古文十二卷附離騷經解略一卷　(清)方筡如撰　清光緒十年(1884)李詩、竺士彥淳安縣署刻本　四冊

330000－1716－0007133　普集 1116/07133　集部/別集類/清別集

蘇盦文録二卷駢文録五卷詩録八卷詞録一卷　(清)楊葆光撰　清光緒九年(1883)杭州刻本　五冊

330000－1716－0007134　史補 0766/07134　史部/紀事本末類/通代之屬

紀事本末五種　(清)□□輯　明末清初鬱岡山房刻本　四冊　存一種

330000－1716－0007135　普集 1117/07135　集部/總集類/選集之屬/通代

七十家賦鈔六卷　(清)張惠言輯　清光緒四年(1878)宏達堂刻本　四冊

330000－1716－0007136　普集 1118/07136

集部/詞類/別集之屬

留雲借月盦詞四卷　(清)劉炳照撰　清光緒十九年(1893)刻本　一冊

330000－1716－0007137　譜 0255/07137　史部/傳記類/總傳之屬/家乘

[浙江紹興]**會稽漁渡董氏族譜三十六卷首一卷末一卷**　(清)董金鑑纂修　清光緒會稽董氏行餘講舍稿本　十四冊　存十七卷(二、九至十、十二、十四、十六、十八至二十五、三十三至三十四,首)

330000－1716－0007138　普集 1121/07138　類叢部/叢書類/自著之屬

留書種閣集九種　(清)黃炳垕撰　清同治六年至光緒二十年(1867－1894)餘姚黃氏留書種閣刻本　王繼香題記　一冊　存一種

330000－1716－0007139　史補 0767/07139　史部/紀事本末類/通代之屬

紀事本末五種　(清)□□輯　清刻本　四冊　存二種

330000－1716－0007140　普集 1122/07140　集部/別集類/漢魏六朝別集

徐孝穆全集六卷　(南朝陳)徐陵撰　(清)吳兆宜注　**備考一卷**　(清)徐文炳撰　清善化經濟書堂刻本　六冊

330000－1716－0007141　經補 1513/07141　經部/叢編

通志堂經解一百四十種　(清)納蘭成德輯　清同治十二年(1873)粵東書局刻本　四冊　存一種

330000－1716－0007142　普叢 0270－6/07142　類叢部/叢書類/自著之屬

甌北全集八種　(清)趙翼撰　清乾隆至嘉慶湛貽堂刻本　六冊　存三種

330000－1716－0007143　普集 1120/07143　類叢部/叢書類/自著之屬

惜抱軒集七種　(清)姚鼐撰　清嘉慶刻本　二冊　存一種

330000－1716－0007144　普集 1124/07144

集部/總集類/選集之屬/斷代

友聲集二十四種續集六種附二種 （清）王相
輯　清咸豐八年(1858)信芳閣刻本　六冊

330000－1716－0007145　普叢 0384/07145
類叢部/叢書類/自著之屬

施愚山先生全集五種附一種 （清）施閏章撰
　清康熙至乾隆刻彙印本　十冊　存一種

330000－1716－0007146　普集 1846－1/
07146　集部/別集類/清別集

思綺堂文集十卷 （清）章藻功撰　清康熙刻
本　十冊

330000－1716－0007147　普集 1126/07147
集部/別集類/唐五代別集

麟角集一卷補遺一卷附錄一卷 （唐）王棨撰
　清光緒十年(1884)福山王氏天壤閣刻本
周毅修題簽　一冊

330000－1716－0007148　經補 1519/07148
經部/四書類/孟子之屬/傳說

孟子集注七卷 （宋）朱熹撰　清嘉慶十三年
(1808)泰寧鄒氏一鑑齋刻本　一冊

330000－1716－0007150　集補 2576/07150
集部/別集類/元別集

所安遺集一卷附錄一卷 （元）陳泰撰　清光
緒六年(1880)武林節署刻本　一冊

330000－1716－0007151　普集 1199/07151
集部/別集類/元別集

歐陽文公圭齋集十五卷首一卷附錄一卷
（元）歐陽玄撰　清道光十四年(1834)廬陵鈞
源歐陽杰、歐陽棨刻本　六冊

330000－1716－0007152　集補 2577/07152
集部/別集類/明別集

新刻張太岳先生詩文集四十七卷 （明）張居
正撰　清刻本　十五冊　存四十一卷(七至
四十七)

330000－1716－0007153　集補 1500－2/
07153　集部/總集類/選集之屬/斷代

欽定國朝詩別裁集三十二卷 （清）沈德潛纂
評　清乾隆二十六年(1761)刻本　十二冊

330000－1716－0007154　普集 1127/07154
子部/儒家類/儒學之屬/蒙學

讀書作文譜十二卷父師善誘法二卷 （清）唐
彪輯撰　清刻本　四冊

330000－1716－0007155　集補 2563/07155
集部/別集類/清別集

紅藕山莊詩存一卷 （清）周錫榮撰　清光緒
二十六年(1900)浙江山陰周氏刻本　一冊

330000－1716－0007156　集補 2564/07156
集部/別集類/清別集

春臥庵詩稿二卷 （清）袁河撰　清光緒二十
年(1894)刻本　二冊

330000－1716－0007158　普集 1128/07158
史部/史評類/詠史之屬

廿一史彈詞注十卷 （明）楊慎撰　（清）張三
異增定　（清）張仲璜注　**明史彈詞注一卷**
（清）張三異撰　（清）張仲璜注　清乾隆五十
一年(1786)張任佐視履堂刻本　八冊

330000－1716－0007160　集補 2580/07160
集部/總集類/郡邑之屬

國朝嚴州詩錄八卷 （清）宗源瀚輯　清光緒
二年(1876)刻本　二冊

330000－1716－0007161　普集 1129/07161
集部/別集類/清別集

大雲山房文稿初集四卷二集四卷言事二卷
（清）惲敬撰　清嘉慶二十年(1815)武寧盧旬
宣、二十一年(1816)長洲宋揚光刻本　八冊

330000－1716－0007162　集補 2566/07162
集部/別集類/清別集

縵雅堂駢體文八卷 （清）王詒壽撰　清光緒
六年(1880)仁和許增刻榆園叢刻本　莫效學
主人跋　二冊

330000－1716－0007163　普集 1131/07163
集部/別集類/唐五代別集

昌黎先生詩集注十一卷年譜一卷 （唐）韓愈
撰　（清）顧嗣立刪補　清光緒九年(1883)廣
州翰墨園刻三色套印本　二冊

330000－1716－0007165　普集 1132/07165

集部/別集類/漢魏六朝別集

徐孝穆全集六卷 （南朝陳）徐陵撰 （清）吳
兆宜注 **備考一卷** （清）徐文炳撰 清揚州
藝古堂刻本 六冊

330000 – 1716 – 0007168 集補 2567 – 1/
07168 集部/別集類/清別集

懶雲樓詩草四卷 （清）釋與宏撰 清道光七
年(1827)小雲樓刻本 二冊

330000 – 1716 – 0007170 集補 2567 – 2/
07170 集部/別集類/清別集

懶雲樓詩草四卷 （清）釋與宏撰 清道光七
年(1827)小雲樓刻本 一冊

330000 – 1716 –0007171 普集 1135/07171
集部/詩文評類/文評之屬

文章指南五卷 （明）歸有光選 （清）許佐蓮
輯 清光緒二年(1876)古歙許氏皖江節署刻
本 五冊

330000 – 1716 – 0007172 集補 2567 – 3/
07172 集部/別集類/清別集

懶雲樓詩草四卷 （清）釋與宏撰 清道光七
年(1827)小雲樓刻本 一冊

330000 – 1716 – 0007173 集補 2567 – 4/
07173 集部/別集類/清別集

懶雲樓詩草四卷 （清）釋與宏撰 清道光七
年(1827)小雲樓刻本 一冊

330000 – 1716 –0007175 普集 1136/07175
集部/詞類/類編之屬

西泠詞萃六種九卷 （清）丁丙編 清光緒錢
塘丁氏刻本 四冊

330000 – 1716 – 0007177 普集 1134 – 1/
07177 集部/總集類/選集之屬/通代

六朝文絜四卷 （清）許槤評選 清道光五年
(1825)海昌許氏享金寶石齋刻朱墨套印本
二冊

330000 – 1716 – 0007179 普集 1137 普集
1138/07179 類叢部/叢書類/彙編之屬

榆園叢刻十五種附一種 （清）許增編 清同
治至光緒刻本 四冊 存二種

330000 – 1716 – 0007180 普集 1139 普集
1525 普集 1526/07180 集部/別集類/清別集

**柈湖文録八卷首一卷詩録六卷首一卷釣者風
一卷** （清）吳敏樹撰 清同治八年(1869)長
沙刻本 清施山、樊增祥跋 八冊

330000 – 1716 – 0007181 集補 2568 – 1/
07181 集部/別集類/清別集

竹生吟館墨竹詩草二卷 （清）周師濂撰 清
光緒十一年(1885)會稽周氏刻本 一冊

330000 – 1716 – 0007182 集補 2568 – 2/
07182 集部/別集類/清別集

竹生吟館墨竹詩草二卷 （清）周師濂撰 清
光緒十一年(1885)會稽周氏刻本 一冊

330000 – 1716 – 0007183 集補 2568 – 3/
07183 集部/別集類/清別集

竹生吟館墨竹詩草二卷 （清）周師濂撰 清
光緒十一年(1885)會稽周氏刻本 一冊

330000 – 1716 – 0007184 集補 2568 – 4/
07184 集部/別集類/清別集

竹生吟館墨竹詩草二卷 （清）周師濂撰 清
光緒十一年(1885)會稽周氏刻本 一冊

330000 –1716 –0007185 普集 1140/07185
子部/小說家類/異聞之屬

湘煙小録 （清）陳裴之撰 清光緒十二年
(1886)上海王氏刻本 一冊

330000 – 1716 – 0007190 普集 1144/07190
集部/別集類/清別集

霜葉集一卷附一葦集一卷 （清）釋法新撰
清康熙三十九年(1700)刻本 李佛心題記
一冊

330000 – 1716 – 0007193 普集 1148/07193
集部/別集類/清別集

雪門詩草十四卷 （清）許瑤光撰 清同治十
三年(1874)刻本 六冊

330000 – 1716 – 0007194 新補 0154/07194
新學/學校

女子初等小學國文教授書不分卷 學部編譯
圖書局編纂 清宣統二年(1910)學部圖書局

鉛印本　一冊

330000 - 1716 - 0007195　普叢 0151 - 1/
07195　類叢部/叢書類/彙編之屬

邵武徐氏叢書二十三種　(清)徐榦編　清光
緒邵武徐氏刻本　十七冊　存七種

330000 - 1716 - 0007198　普集 1146/07198
集部/總集類/彙編之屬

金元明八大家文選　(清)李祖陶編　清道光
二十五年(1845)吉安刻本　二十四冊

330000 - 1716 - 0007199　集補 2573/07199
集部/別集類/清別集

孟晉齋文集五卷　(清)顧壽楨撰　**孟晉齋年
譜一卷**　顧家相撰　清同治五年(1866)見素
抱樸齋刻本　三冊

330000 - 1716 - 0007201　普叢 0437 - 12/
07201　類叢部/叢書類/自著之屬

隨園三十種　(清)袁枚撰　清刻本　一冊
存一種

330000 - 1716 - 0007202　集補 2574/07202
集部/別集類/清別集

忍樓詩鈔二卷　(清)潘一心撰　清道光十九
年(1839)刻本　二冊

330000 - 1716 - 0007204　普集 1151/07204
集部/總集類/選集之屬/通代

重訂古文雅正十四卷　(清)蔡世遠輯　清乾
隆四十二年(1777)石竹山房刻本　十四冊

330000 - 1716 - 0007205　集補 2575/07205
集部/別集類/清別集

延綠齋詩存十二卷　(清)岑振祖撰　清嘉慶
二十五年(1820)姚江岑氏刻本　四冊

330000 - 1716 - 0007206　普集 1152/07206
集部/總集類/選集之屬/通代

重訂古文釋義新編八卷　(清)余誠輯　清光
緒掃葉山房石印本　六冊　存六卷(三至八)

330000 - 1716 - 0007207　集補 2578/07207
集部/總集類/選集之屬/斷代

湖海詩傳四十六卷　(清)王昶輯　清嘉慶刻

本　七冊　存二十一卷(五至二十三、四十五
至四十六)

330000 - 1716 - 0007208　集補 1475 - 2/
07208　集部/總集類/選集之屬/斷代

七家試帖輯注彙鈔九卷　(清)張熙宇輯評
(清)王植桂輯注　清同治九年(1870)京師琉
璃廠刻本　一冊　存一種

330000 - 1716 - 0007210　普集 1154/07210
集部/別集類/清別集

香雪樓吟稿一卷附一卷　(清)萬煒彤撰　清
光緒三十三年(1907)安陸陳氏石印本　一冊

330000 - 1716 - 0007212　普集 1153/07212
集部/別集類/清別集

味經齋文集六卷　(清)葛其仁撰　清道光三
十年(1850)歙縣學署刻本　二冊

330000 - 1716 - 0007213　普叢 0151 - 5/
07213　類叢部/叢書類/彙編之屬

邵武徐氏叢書二十三種　(清)徐榦編　清光
緒邵武徐氏刻本　四冊　存一種

330000 - 1716 - 0007214　集補 1501 - 1/
07214　集部/總集類/選集之屬/斷代

明詩別裁集十二卷　(清)沈德潛　(清)周準
輯　清乾隆四年(1739)賦琴樓刻本　二冊

330000 - 1716 - 0007215　普集 1158/07215
集部/總集類/課藝之屬

敬修堂詞賦課鈔十六卷附金臺課藝一卷
(清)胡敬輯　清同治十一年(1872)山陰俞氏
刻本　六冊

330000 - 1716 - 0007218　普集 1159/07218
集部/別集類/明別集

陳臥子先生安雅堂稿十五卷兵垣奏議二卷
(明)陳子龍撰　清宣統二年(1910)上海時中
書局鉛印本　八冊

330000 - 1716 - 0007221　普集 1161/07221
集部/總集類/選集之屬/斷代

**國朝試賦匯海續編前集六卷後集二卷補編一
卷**　(清)黃爵滋編輯　清咸豐元年(1851)仙
屏吟榭刻本　六冊　存六卷(一至六)

330000－1716－0007224　普集 1162/07224
集部/別集類/清別集

缾水齋詩集十七卷別集二卷詩話一卷附錄一卷　（清）舒位撰　清光緒十二年(1886)邊保樞刻十七年(1891)增修本　八冊

330000－1716－0007227　經補 1357/07227
經部/四書類/總義之屬/傳說

四書恒解十四卷　（清）劉沅輯注　清鉛印本　六冊

330000－1716－0007228　普集 1165/07228
集部/別集類/清別集

儀顧堂集二十卷　（清）陸心源撰　清光緒二十四年(1898)刻本　四冊

330000－1716－0007229　普集 1163/07229
類叢部/叢書類/自著之屬

正誼堂全集八種　（清）董沛撰　清同治至光緒刻本　四冊　存一種

330000－1716－0007230　地獻 0036－2/07230　集部/別集類

小沖言事一卷　黃壽裒撰　清光緒三十二年(1906)鉛印本　一冊

330000－1716－0007233　地獻 0036－3/07233　集部/別集類

小沖言事一卷　黃壽裒撰　清光緒三十二年(1906)鉛印本　一冊

330000－1716－0007235　普集 1168/07235
集部/別集類/唐五代別集

唐丞相曲江張文獻公集十二卷附錄一卷千秋金鑑錄五卷　（唐）張九齡撰　清光緒十六年(1890)鏡芙精舍刻本　五冊　缺五卷(千秋金鑑錄一至五)

330000－1716－0007237　集補 2585－1/07237　集部/別集類/清別集

曼志堂遺稿二卷　（清）曹壽銘撰　清同治九年(1870)甬上鐵耕齋刻本　一冊

330000－1716－0007238　集補 2586/07238
集部/別集類/清別集

懶雲樓詩草四卷　（清）釋與宏撰　清道光七

年(1827)小雲棲刻本　一冊

330000－1716－0007239　集補 2585－2/07239　集部/別集類/清別集

曼志堂遺稿二卷　（清）曹壽銘撰　清同治九年(1870)甬上鐵耕齋刻本　一冊

330000－1716－0007240　集補 2585－3/07240　集部/別集類/清別集

曼志堂遺稿二卷　（清）曹壽銘撰　清同治九年(1870)甬上鐵耕齋刻本　一冊

330000－1716－0007241　集補 2585－4/07241　集部/別集類/清別集

曼志堂遺稿二卷　（清）曹壽銘撰　清同治九年(1870)甬上鐵耕齋刻本　童鼎璜題記　一冊

330000－1716－0007242　集補 2587－1/07242　集部/別集類/清別集

募梅精舍詩存三卷　（清）釋徹凡撰　清咸豐七年(1857)南湖興教禪院刻本　一冊

330000－1716－0007243　集補 2588/07243
集部/別集類/清別集

寄籠詩質十二卷　（清）孫德祖撰　清光緒二十五年(1899)會稽孫氏刻本　二冊　存八卷(一至八)

330000－1716－0007244　集補 2587－2/07244　集部/別集類/清別集

募梅精舍詩存三卷　（清）釋徹凡撰　清咸豐七年(1857)南湖興教禪院刻本　一冊

330000－1716－0007245　普集 1171/07245
集部/別集類/唐五代別集

玉谿生詩詳注三卷首一卷樊南文集詳注八卷首一卷　（唐）李商隱撰　（清）馮浩編訂　清乾隆四十五年(1780)德聚堂刻嘉慶元年(1796)增刻同治七年(1868)馮寶圻補刻本　八冊

330000－1716－0007246　普集 1170/07246
集部/別集類/唐五代別集

重訂李義山詩集箋注三卷集外詩箋注一卷　（唐）李商隱撰　（清）朱鶴齡箋注　（清）程

夢星刪補　附年譜一卷詩話一卷　（清）程夢星輯　清乾隆八年（1743）東柯草堂刻十一年（1746）印本　四冊

330000－1716－0007248　集補2589/07248
集部/別集類/清別集
暢園遺稿十卷（大野草堂詩八卷白癡詞二卷）　（清）張邁撰　清光緒三十年（1904）刻本　一冊

330000－1716－0007250　集補2587－3/07250　集部/別集類/清別集
募梅精舍詩存三卷　（清）釋徹凡撰　清咸豐七年（1857）南湖興教禪院刻本　一冊

330000－1716－0007258　普集1169/07258
集部/別集類/唐五代別集
重訂李義山詩集箋注三卷集外詩箋注一卷　（唐）李商隱撰　（清）朱鶴齡箋注　（清）程夢星刪補　附年譜一卷詩話一卷　（清）程夢星輯　清乾隆八年（1743）東柯草堂刻十一年（1746）印本　三冊　缺二卷（年譜、詩話）

330000－1716－0007259　集補2587－4/07259　集部/別集類/清別集
募梅精舍詩存三卷　（清）釋徹凡撰　清咸豐七年（1857）南湖興教禪院刻本　一冊

330000－1716－0007262　集補2587－5/07262　集部/別集類/清別集
募梅精舍詩存三卷　（清）釋徹凡撰　清咸豐七年（1857）南湖興教禪院刻本　一冊

330000－1716－0007267　集補2587－6/07267　集部/別集類/清別集
募梅精舍詩存三卷　（清）釋徹凡撰　清咸豐七年（1857）南湖興教禪院刻本　一冊

330000－1716－0007268　普集1181/07268
集部/總集類/選集之屬/通代
詩比興箋四卷　（清）陳沆輯　清光緒九年（1883）長洲彭祖賢武昌刻本　二冊

330000－1716－0007272　集補2587－7/07272　集部/別集類/清別集
募梅精舍詩存三卷　（清）釋徹凡撰　清咸豐

七年（1857）南湖興教禪院刻本　一冊

330000－1716－0007273　集補2596/07273
集部/別集類/清別集
退宜堂詩集六卷　（清）孫垓撰　清光緒十五年（1889）刻本　孝焱題記　二冊

330000－1716－0007275　集補2587－8/07275　集部/別集類/清別集
募梅精舍詩存三卷　（清）釋徹凡撰　清咸豐七年（1857）南湖興教禪院刻本　一冊

330000－1716－0007276　集補2587－9/07276　集部/別集類/清別集
募梅精舍詩存三卷　（清）釋徹凡撰　清咸豐七年（1857）南湖興教禪院刻本　一冊

330000－1716－0007277　集補2599/07277
集部/別集類/清別集
懶雲樓詩草四卷　（清）釋與宏撰　清道光七年（1827）小雲棲刻本　一冊

330000－1716－0007278　集補1505－1/07278　集部/總集類/選集之屬/通代
衍香集古體詩八卷　（清）朱慶礽輯　清道光十年（1830）刻本　四冊

330000－1716－0007281　普集1183/07281
類叢部/叢書類/自著之屬
春融堂集三種　（清）王昶撰　清嘉慶十二年（1807）塾南書舍刻本　二十冊　存一種

330000－1716－0007282　集補2598/07282
集部/別集類
題名錄一卷附樂器題名一卷題名聯語一卷　何鏞撰　清光緒二十年（1894）刻本　一冊

330000－1716－0007283　普集1184/07283
集部/別集類/清別集
樊榭山房集十卷文集八卷續集十卷　（清）厲鶚撰　清光緒七年（1881）嶺南述軒刻本　六冊

330000－1716－0007284　普集1188/07284
集部/總集類/選集之屬/斷代
八家四六文注八卷首一卷　（清）吳鼒輯

（清）許貞幹注　清光緒十七年（1891）刻本
十六冊

330000－1716－0007285　普集 1185/07285
類叢部/叢書類/彙編之屬

邵武徐氏叢書二十三種　（清）徐榦編　清光
緒邵武徐氏刻本　王繼香題記　二冊　存
一種

330000－1716－0007286　普集 1189/07286
集部/總集類/選集之屬/斷代

八家四六文注八卷首一卷　（清）吳藚輯
（清）許貞幹注　清光緒十七年（1891）刻本
十六冊

330000－1716－0007287　集補 2602/07287
集部/別集類/清別集

停雲軒古詩鈔二卷　（清）何經愉撰　清嘉慶
十一年（1806）刻本　一冊

330000－1716－0007288　普集 1187/07288
集部/別集類/清別集

邃懷堂全集三十八卷　（清）袁翼撰　清光緒
十四年（1888）袁鎮嵩刻本　八冊　存十七卷
（駢體文箋注一至十六、補箋）

330000－1716－0007289　普集 1191/07289
集部/別集類/金別集

元遺山詩集箋注十四卷首一卷末一卷　（金）
元好問撰　（元）張德輝類次　（清）施國祁箋
注　清道光二年（1822）南潯蔣氏瑞松堂刻本
六冊

330000－1716－0007290　普集 1192/07290
集部/總集類/選集之屬/通代

東萊先生古文關鍵二卷　（宋）呂祖謙評
（宋）蔡文子注　（清）徐樹屏考異　清光緒二
十四年（1898）盱南謝氏刻本　四冊

330000－1716－0007291　普集 1186/07291
集部/別集類/清別集

有正味齋駢文箋注十六卷補注一卷　（清）吳
錫麒撰　（清）葉聯芬注　清道光二十年
（1840）慈谿葉氏刻本　四冊

330000－1716－0007292　普集 1193/07292
類叢部/叢書類/家集之屬

雙雲堂傳集七種　（清）范□□編　清光緒十
年至十七年（1884－1891）甬上范氏刻本　田
紹謙題記　一冊　存一種

330000－1716－0007293　集補 2603/07293
集部/別集類/清別集

聽桐廬殘草一卷附錄一卷　（清）王繼毅撰
清光緒七年（1881）寧波宗源瀚刻本　一冊

330000－1716－0007296　普集 1194/07296
集部/別集類/明別集

**青邱高季迪先生詩集十八卷遺詩一卷扣舷集
一卷鳧藻集五卷附錄一卷**　（明）高啟撰
（清）金檀輯注　**青邱高季迪年譜一卷**　（清）
金檀編　清雍正六年至七年（1728－1729）金
氏文瑞樓刻本　一冊　存六卷（鳧藻集一至
五、附錄）

330000－1716－0007297　普集 1195/07297
集部/總集類/酬唱之屬

郢中酬唱集四卷　（清）謝朝徵輯　清光緒元
年（1875）雲海樓刻本　二冊

330000－1716－0007298　集補 2605/07298
集部/別集類/清別集

疑盦詩一卷　（清）許承堯撰　清末京師京華
書局鉛印本　一冊

330000－1716－0007299　普集 1196/07299
集部/別集類/清別集

西雲遺書十卷　（清）李枝青撰　清光緒十年
（1884）刻本　二冊　存四卷（西雲詩鈔一至
四）

330000－1716－0007301　普集 1197/07301
集部/別集類/清別集

**西圃集十卷續集四卷詩集補遺一卷詞續一卷
詞三續一卷題畫詩一卷題畫詩續一卷文集四
卷文集補遺一卷**　（清）潘遵祁撰　清同治十
一年至光緒二十三年（1872－1897）刻本
六冊

330000－1716－0007302　普集 1200/07302
集部/別集類/清別集

袁文箋正十六卷補注一卷 （清）袁枚撰
（清）石韞玉箋 清嘉慶十七年（1812）鶴壽山
堂刻本 七冊

330000－1716－0007303 集補2606/07303
集部/別集類/清別集

慎盦文鈔二卷詩鈔二卷 （清）左宗植撰 清
光緒元年（1875）刻本 二冊 存二卷（一至
二）

330000－1716－0007304 集補2607/07304
集部/別集類/清別集

綿津山人詩集二十七卷 （清）宋犖撰 清康
熙刻本 四冊

330000－1716－0007305 史補1342/07305
史部/史抄類

綱鑑擇言十卷 （清）司徒修輯 清道光二十
七年（1847）書業德刻本 六冊

330000－1716－0007306 普集1201/07306
集部/詩文評類/詩評之屬

詩人玉屑二十卷 （宋）魏慶之撰 明古松堂
刻本 六冊

330000－1716－0007308 普集1202/07308
集部/總集類/選集之屬/斷代

群雅二集二十四卷 （清）王豫選 清嘉慶十
六年（1811）種竹軒刻本 八冊

330000－1716－0007309 經補1550/07309
類叢部/叢書類/自著之屬

歲餘偶錄二種 （清）孫葆田撰 清光緒木活
字印本 一冊

330000－1716－0007310 普叢0158－1/
07310 類叢部/叢書類/郡邑之屬

武林往哲遺箸五十六種後編十種 （清）丁丙
編 清光緒二十年至二十六年（1894－1900）
錢塘丁氏嘉惠堂刻本（錢塘韋先生文集卷一
至二原缺） 章耀清題籤 八冊 存二種

330000－1716－0007311 普集1205/07311
集部/別集類/清別集

思兄樓文稿一卷附曝餘稿一卷 （清）羅長裿
撰 清光緒刻本 一冊 存一卷（文稿）

330000－1716－0007312 普集1206/07312
集部/總集類/彙編之屬

六朝四家全集 （清）胡鳳丹輯 清同治九年
（1870）永康胡氏退補齋刻本 六冊

330000－1716－0007313 普集1207/07313
集部/總集類/彙編之屬

六朝四家全集 （清）胡鳳丹輯 清同治九年
（1870）永康胡氏退補齋刻本 六冊

330000－1716－0007314 普集1208/07314
集部/總集類/彙編之屬

六朝四家全集 （清）胡鳳丹輯 清同治九年
（1870）永康胡氏退補齋刻本 六冊

330000－1716－0007315 普集1209/07315
集部/別集類/清別集

惜抱軒集八十八卷 （清）姚鼐撰 清光緒九
年（1883）桐城徐宗亮刻本 四冊 存二十六
卷（文集一至十六、後集一至十）

330000－1716－0007316 普集1262/07316
集部/別集類/清別集

儀顧堂集二十卷 （清）陸心源撰 清光緒二
十四年（1898）刻本 八冊

330000－1716－0007317 子補3177/07317
子部/醫家類/綜合之屬/通論

醫醇賸義四卷醫方論四卷 （清）費伯雄撰
清光緒三年（1877）刻本 五冊 存六卷（醫
醇賸義一至四、醫方論一至二）

330000－1716－0007318 子補3174/07318
子部/醫家類/婦科之屬

竹林女科證治四卷 （清）竹林寺僧撰 清光
緒十七年（1891）皖江節署刻本 一冊 存一
卷（四）

330000－1716－0007319 子補3178/07319
子部/醫家類/針灸之屬/通論

鍼灸大成十卷 （明）楊繼洲撰 清嘉慶二年
（1797）德鄰軒刻本 一冊 存一卷（一）

330000－1716－0007320 普集1210/07320
集部/總集類/選集之屬/斷代

八家四六文注八卷首一卷 （清）吳鼒輯

（清）許貞幹注　**補注一卷**　陳衍撰　清光緒
十八年(1892)上海圖書集成印書局鉛印本
八冊

330000－1716－0007322　普集1216/07322
類叢部/類書類/專類之屬

皇朝駢文類苑十四卷首一卷　（清）姚燮選
清光緒七年(1881)鎮海張壽榮刻本　四冊
存九卷(六至十四)

330000－1716－0007325　新補0678/07325
新學/交涉

法英國總理各處衙門咨洋務事一卷　清末刻
本　一冊

330000－1716－0007331　子補3180/07331
子部/醫家類/推拿按摩外治之屬

幼科秘書推拿廣意三卷　（清）熊應雄輯
（清）陳世凱訂　清刻本　一冊　存二卷(二
至三)

330000－1716－0007333　史補1341/07333
史部/詔令奏議類/奏議之屬

曾文正公奏議十卷首一卷末一卷補編四卷
（清）曾國藩撰　（清）薛福成編　清同治刻本
五冊　存五卷(二、四、六至七、九)

330000－1716－0007334　普集1222/07334
集部/總集類/課藝之屬

青雲集分韻試帖詳注四卷　（清）楊逢春
（清）蕭應樾輯　（清）沈品華等注　清光緒十
四年(1888)永康胡氏退補齋刻本　四冊

330000－1716－0007335　普集1223/07335
集部/別集類/清別集

**壯悔堂文集十卷遺稿一卷四憶堂詩集六卷遺
稿一卷**　（清）侯方域撰　（清）賈開宗等評點
清末上海掃葉山房石印本　六冊

330000－1716－0007337　普集1231/07337
集部/曲類/彈詞之屬

安邦志二十卷　清道光二十九年(1849)學海
堂刻本　十六冊　缺四卷(十至十一、十四、
二十)

330000－1716－0007338　普集1230/07338

集部/曲類/寶卷之屬

定國志安邦中集二十卷　清刻本　十二冊
缺八卷(六至九、十一、十六、十八、二十)

330000－1716－0007340　子補3182/07340
子部/醫家類/方書之屬/成方藥目

易簡方便醫書六卷　（清）周茂五輯　清同治
九年(1870)刻本　一冊　存一卷(一)

330000－1716－0007341　子補3175/07341
子部/醫家類/婦科之屬/產科

產後編二卷　（清）傅山撰　清同治七年
(1868)歸安丁氏刻本　一冊

330000－1716－0007342　普集1226 普集
1229/07342　集部/詩文評類/詩評之屬

雨村詩話十六卷補遺四卷　（清）李調元撰
清道光二十六年(1846)萬卷書屋刻本　十二
冊　缺六卷(十一至十六)

330000－1716－0007343　普集1227/07343
集部/詩文評類/制藝之屬

增選加注能與集不分卷　（清）李秬香改本
（清）金研香評　清同治八年(1869)浙省聚賢
堂刻本　一冊

330000－1716－0007344　子補3181/07344
子部/醫家類/溫病之屬/瘟疫

瘟疫條辨摘要不分卷　（清）呂田輯　清光緒
十五年(1889)浙江書局刻本　一冊

330000－1716－0007345　普集1232/07345
集部/別集類/唐五代別集

昌黎先生集四十卷外集十卷遺文一卷　（唐）
韓愈撰　（宋）廖瑩中校正　**朱子校昌黎先生
集傳一卷**　（宋）朱熹撰　**韓集點勘四卷**
（清）陳景雲撰　清宣統三年(1911)石印本
十冊　存四十六卷(一至四十、外集一、遺文、
韓集點勘一至四)

330000－1716－0007347　子補0022－3/
07347　子部/藝術類/書畫之屬

賞奇軒四種合編　清刻本　一冊　存一種

330000－1716－0007349　普集1228/07349
集部/別集類/清別集

定盦文集三卷續集四卷補四卷補編四卷餘集一卷　（清）龔自珍撰　清末石印本　沈家璠題記　二冊

330000－1716－0007350　普集 1240/07350
集部/別集類/清別集

濂亭文集八卷　（清）張裕釗撰　（清）查燕緒編　清宣統三年（1911）上海掃葉山房石印本　二冊

330000－1716－0007351　子補 3060/07351
子部/醫家類/本草之屬/本草藥性

藥鏡四卷　（明）蔣儀撰　清刻本　一冊　存一卷（一）

330000－1716－0007352　子補 0022－4/07352　子部/藝術類/書畫之屬

賞奇軒四種合編　清刻本　一冊　存一種

330000－1716－0007355　普叢 0187－4/07355　類叢部/叢書類/彙編之屬

武英殿聚珍版書一百三十八種　清刻本　六冊　存一種

330000－1716－0007358　子補 3058/07358
子部/雜著類/雜考之屬

東塾讀書記二十五卷　（清）陳澧撰　清光緒刻本（卷十三至十四、十七至二十、二十二至二十五原缺）　一冊　存一卷（十三）

330000－1716－0007361　子補 3173/07361
子部/醫家類/方書之屬/單方驗方

絳雪園古方選注不分卷得宜本草一卷　（清）王子接輯　清刻本　二冊

330000－1716－0007362　普集 1255/07362
集部/詞類/總集之屬

詞選二卷　（清）張惠言輯　附錄一卷　（清）鄭善長輯　續詞選二卷　（清）董毅輯　清宣統三年（1911）掃葉山房石印本　一冊　缺二卷（續詞選一至二）

330000－1716－0007363　經補 1515/07363
經部/叢編

四書五經九種　（清）鮑氏輯　清同治三年（1864）浙江撫署刻本　二冊　存一種

330000－1716－0007366　集補 1422/07366
集部/別集類/清別集

誰園詩鈔四卷　（清）阮焱撰　清刻本　一冊　缺二卷（一至二）

330000－1716－0007367　普集 1258/07367
集部/總集類/郡邑之屬

粵東三子詩鈔十四卷首一卷　（清）黃玉階編　清道光二十二年（1842）廣州刻本　五冊

330000－1716－0007369　集補 2611/07369
集部/別集類/清別集

錯菴詩存二卷　（清）陳鑾撰　（清）姜文衡輯　清道光十七年（1837）刻本　一冊

330000－1716－0007370　集補 2608/07370
集部/別集類/明別集

楊椒山先生集四卷椒山先生自著年譜一卷　（明）楊繼盛撰　清同治五年（1866）張景賢刻本　一冊　存二卷（三至四）

330000－1716－0007371　集補 2610/07371
集部/別集類/清別集

香雪巢詩鈔十二卷附集句一卷　（清）徐兆豐撰　清光緒二十七年（1901）龍津使署刻本　四冊

330000－1716－0007372　普集 1259/07372
集部/詞類/總集之屬

絕妙好詞箋七卷　（宋）周密輯　（清）查爲仁　（清）厲鶚箋　續鈔一卷　（清）余集輯　又續鈔一卷　（清）徐楙補錄　清道光八年（1828）徐楙杭州愛日軒刻本　四冊

330000－1716－0007374　史補 1339/07374
史部/職官類/官箴之屬

自治官書偶存三卷　（清）劉如玉撰　清光緒二十四年（1898）刻本　三冊

330000－1716－0007375　集補 2613/07375
集部/別集類/清別集

蟫庵詩鈔八卷　（清）楊榮撰　清同治二年（1863）楊氏刻本　二冊

330000－1716－0007376　集補 2649/07376
集部/別集類/清別集

得天居士集六卷 （清）張照撰 清道光二十
八年(1848)張祥河刻本 丁之蕃題記 二冊

330000－1716－0007377 普集 1260/07377
集部/別集類/明別集

施忠愍公遺集七卷 （明）施邦曜撰 （清）沈
復粲輯 清咸豐刻光緒四年(1878)重修本
二冊

330000－1716－0007378 集補 2612/07378
集部/別集類/清別集

夢蘘樓詩草一卷詩餘一卷 （清）傅霖撰 清
同治四年(1865)敦敘堂刻本 一冊

330000－1716－0007379 子補 3057/07379
子部/醫家類/類編之屬

士材三書 （清）李中梓等撰 （清）尤乘輯
清光緒十三年(1887)上海江左書林刻本 一
冊 存一種

330000－1716－0007380 集補 2614/07380
集部/別集類/清別集

養源山房詩鈔六卷詩餘一卷 （清）徐士霖撰
清光緒三十四年(1908)武林刻本 二冊

330000－1716－0007381 普集 1261/07381
類叢部/叢書類/彙編之屬

趙氏藏書十六種 （清）趙承恩編 清同治至
光緒金谿趙氏紅杏山房補刻重印本 四冊
存一種

330000－1716－0007382 子補 3184/07382
子部/叢編

二十二子(二十二子彙函) （清）浙江書局編
清光緒元年至三年(1875－1877)浙江書局
刻本 一冊 存一種

330000－1716－0007383 集補 2615/07383
集部/別集類/清別集

澤雅堂文集十卷 （清）施補華撰 清光緒十
九年(1893)榮城孫葆田濟南刻本 二冊

330000－1716－0007384 普集 1263/07384
集部/總集類/選集之屬/斷代

同人集十二卷 （清）冒襄輯 清光緒八年
(1882)冒覲光刻本 十二冊

330000－1716－0007385 普集 1266/07385
集部/別集類/明別集

楊忠愍公全集四卷 （明）楊繼盛撰 清康熙
三十七年(1698)敬一齋刻本 四冊

330000－1716－0007386 普集 1268/07386
集部/別集類/明別集

楊忠愍公全集四卷首一卷 （明）楊繼盛撰
清光緒十九年(1893)味菜廬刻本 四冊 存
四卷(一至四)

330000－1716－0007387 普集 1267/07387
集部/別集類/清別集

小鷗波館詩鈔十卷詞鈔一卷 （清）潘曾瑩撰
清道光刻本 張敬熙題簽 四冊

330000－1716－0007388 集補 2624/07388
集部/別集類/清別集

梅隱詩鈔三卷詠史詩鈔二卷 （清）車林撰
清咸豐元年(1851)宋氏湖東山房刻本 一冊

330000－1716－0007389 經補 1359/07389
經部/小學類/文字之屬/說文

繫傳四十卷 （南唐）徐鍇撰 （南唐）朱翱反
切 校勘記三卷 （清）苗夔等撰 清道光十
九年(1839)祁寯藻刻本 四冊 存二十九卷
(一至二十九)

330000－1716－0007390 普集 1269/07390
集部/別集類/明別集

青邱高季迪先生詩集十八卷遺詩一卷扣舷集
一卷鳧藻集五卷附錄一卷 （明）高啟撰
（清）金檀輯注 青邱高季迪年譜一卷 （清）
金檀編 清雍正六年至七年(1728－1729)金
氏文瑞樓刻本 清散木題簽 十二冊

330000－1716－0007391 普集 1271/07391
集部/別集類/清別集

思綺堂文集十卷 （清）章藻功撰 清康熙刻
本 十七冊 缺一卷(十)

330000－1716－0007392 經補 1307－4/
07392 經部/小學類/文字之屬/說文

說文解字十五卷標目一卷 （漢）許慎撰
（宋）徐鉉等校定 清同治十年(1871)刻本

八冊

330000－1716－0007395　普集 1270/07395
集部/總集類/選集之屬/通代

孫月峰先生評文選三十卷　（南朝梁）蕭統輯
　（明）孫鑛評　（明）閔齊華注　明天啟烏程
閔氏刻本　十二冊

330000－1716－0007396　經補 1518/07396
經部/四書類/孟子之屬/傳說

孟子師說七卷　（清）黃宗羲撰　清道光十一
年(1831)姚江王氏刻本　二冊

330000－1716－0007397　集補 2616/07397
集部/別集類/清別集

恥白集一卷　（清）周光祖撰　清光緒五年
(1879)古虞連氏刻本　一冊

330000－1716－0007406　經補 1517/07406
經部/四書類/總義之屬/傳說

四書章句集注十九卷　（宋）朱熹撰　清光緒
十二年(1886)湖北官書處刻本　三冊　存七
卷(孟子一至七)

330000－1716－0007407　集補 2618/07407
集部/總集類/題詠之屬

海門二十景詩冊不分卷　（清）楊鏡涵輯　清
咸豐十一年(1861)刻本　一冊

330000－1716－0007408　普集 1273/07408
集部/別集類/清別集

三湖漁人全集八卷　（清）劉士璋撰　清道光
二年(1822)江陵劉氏刻本　四冊

330000－1716－0007409　集補 2619/07409
史部/傳記類/別傳之屬/事狀

子衡八十自敘白話一卷　（清）韓兆鴻　（清）
韓兆潢輯　清石印本　一冊

330000－1716－0007410　史補 1344/07410
史部/地理類/方志之屬/郡縣志

[嘉泰]會稽志二十卷　（宋）沈作賓修
（宋）施宿等纂　清光緒十八年(1892)紹興應
惠棠抄本　清惠氏題記　三冊　缺四卷(十
七至二十)

330000－1716－0007411　普集 1275/07411
集部/別集類/明別集

太師誠意伯劉文成公集二十卷首一卷　（明）
劉基撰　清康熙劉元奇刻雍正萬里補刻乾隆
括芝南田果育堂印本　十冊

330000－1716－0007412　普集 1274/07412
集部/別集類/明別集

方正學先生孫志齋集二十四卷拾補一卷外紀
一卷校勘記一卷　（明）方孝孺撰　（明）張紹
謙纂　方正學先生年譜一卷附辨正紀略一卷
　（明）盧演　（明）翁明英編　清同治十二年
(1873)吳縣孫氏刻本　十二冊

330000－1716－0007413　普集 1277/07413
集部/總集類/選集之屬/通代

詩比興箋四卷簡學齋詩存一卷簡學齋館課試
律存一卷簡學齋試律續鈔一卷月生試律詩存
一卷　（清）陳沆輯　清咸豐四年(1854)刻本
　　一冊　存二卷(一至二)

330000－1716－0007414　普叢 0347－4/
07414　類叢部/叢書類/彙編之屬

花雨樓叢鈔十一種續鈔十一種附一種　（清）
張壽榮編　清光緒八年至十四年(1882－
1888)蛟川張氏花雨樓刻本　六冊　存一種

330000－1716－0007415　普集 1278/07415
集部/別集類/漢魏六朝別集

諸葛武侯集四卷首一卷　（三國蜀）諸葛亮撰
　清同治七年(1868)楚醴景萊書室刻本
三冊

330000－1716－0007416　普叢 0223－4/
07416　類叢部/叢書類/自著之屬

西堂全集　（清）尤侗撰　清刻本　二十六冊

330000－1716－0007417　善附 0337/07417
經部/小學類/文字之屬/說文

說文提要一卷　（清）陳建侯撰　清光緒會稽
陶氏寒梅館抄本　一冊

330000－1716－0007418　普集 1279/07418
集部/總集類/選集之屬/斷代

唐詩金粉十卷　（清）沈炳震輯　清雍正二年

(1724)冬讀書齋刻本　三冊

330000－1716－0007420　普集 1280/07420
集部/別集類/清別集

誦芬詩略三卷　（清）黃炳垕撰　清同治八年
(1869)餘姚黃氏刻本　一冊

330000－1716－0007421　集補 1532－2/
07421　集部/總集類/選集之屬/斷代

國朝駢體正宗續編八卷　（清）張鳴珂輯　清
光緒二十三年(1897)烏程江氏刻本　四冊

330000－1716－0007422　普集 1281/07422
集部/別集類/清別集

壯悔堂文集十卷遺稿一卷四憶堂詩集六卷
（清）侯方域撰　（清）賈開宗等評點　清光緒
四年(1878)舊學山房刻本　十二冊

330000－1716－0007423　經補 0936－3/
07423　經部/小學類/文字之屬/說文

說文提要一卷　（清）陳建侯撰　清同治十二
年(1873)湖北崇文書局刻本　一冊

330000－1716－0007424　普集 1284/07424
集部/詞類/詞譜之屬

詞律二十卷　（清）萬樹撰　清康熙二十六年
(1687)萬氏堆絮園刻保滋堂印本　十二冊

330000－1716－0007425　普集 1283/07425
集部/別集類/明別集

蘆槎詩稿二卷　（明）沈潛撰　清光緒三年
(1877)師齋刻本　王繼香題記　二冊

330000－1716－0007426　子補 3171/07426
子部/醫家類/本草之屬/歷代綜合本草

本草從新十八卷　（清）吳儀洛輯　清末石印
本　一冊　存五卷(十四至十八)

330000－1716－0007427　普集 1285/07427
集部/別集類/清別集

延秋吟館詩鈔四卷　（清）張聯桂撰　清光緒
十一年(1885)刻本　二冊

330000－1716－0007429　普集 1286/07429
集部/總集類/選集之屬/斷代

月午樓古詩十九首詳解二卷　（清）饒學斌撰

清光緒元年(1875)無諸城刻本　二冊

330000－1716－0007436　普集 1287/07436
集部/別集類/清別集

船山詩草二十卷　（清）張問陶撰　清嘉慶二
十年(1815)經文堂刻本　八冊

330000－1716－0007439　普集 1288/07439
集部/別集類/清別集

遜學齋文鈔十卷首一卷末一卷　（清）孫衣言
撰　清同治十二年(1873)刻本　沈家瑔題記
四冊

330000－1716－0007440　集補 2623/07440
集部/小說類/長篇之屬

增像全圖西漢演義四卷一百回　（明）甄偉撰
清宣統三年(1911)鴻寶齋書局石印本　一
冊　存一卷(一)

330000－1716－0007443　經補 1356/07443
經部/小學類/音韻之屬/韻書

佩文詩韻釋要五卷　（清）周兆基輯　（清）朱
蘭重輯　清同治三年(1864)刻本　五冊

330000－1716－0007447　集補 2636/07447
集部/別集類/宋別集

林和靖詩集四卷拾遺一卷諸家詩話一卷酬唱
題詠附錄一卷　（宋）林逋撰　清同治十二年
(1873)長洲朱氏抱經堂刻本　二冊

330000－1716－0007448　普集 1293/07448
集部/別集類

海藏樓詩不分卷　鄭孝胥撰　清光緒三十二
年(1906)鉛印本　一冊

330000－1716－0007449　普集 1296/07449
集部/別集類/清別集

寄青齋詩稿一卷詞稿一卷　（清）徐虔復撰
綠雲館吟草一卷賦鈔一卷　（清）程芙亭撰
清光緒十三年(1887)徐煥章留餘堂刻本
二冊

330000－1716－0007450　普集 1294/07450
集部/別集類

海藏樓詩不分卷　鄭孝胥撰　清光緒三十二
年(1906)鉛印本　一冊

330000－1716－0007451　　普集 1298/07451
集部/別集類/清別集

集虛齋學古文十二卷附離騷經解略一卷
（清）方楘如撰　清乾隆十九年(1754)佩古齋
刻本　　四冊

330000－1716－0007452　　普集 1295/07452
集部/別集類/清別集

徧行堂集十六卷　（清）釋今釋撰　清宣統三
年(1911)上海國學扶輪社鉛印本　　八冊

330000－1716－0007453　　普集 1299/07453
集部/別集類/清別集

船山詩草二十卷　（清）張問陶撰　清嘉慶二
十年(1815)石韞玉吳中刻本　　六冊

330000－1716－0007454　　普集 1301/07454
集部/別集類/清別集

遜學齋詩鈔十卷　（清）孫衣言撰　清同治三
年(1864)刻本　　二冊

330000－1716－0007456　　普集 1300/07456
集部/別集類/清別集

遜學齋詩鈔十卷　（清）孫衣言撰　清同治三
年(1864)刻本　清席文莽題記　　二冊

330000－1716－0007457　　普集 1302/07457
集部/總集類/選集之屬/通代

評注才子古文二十六卷　（清）王之績撰　清
文源堂書坊刻本　　四冊

330000－1716－0007459　　普集 1304/07459
集部/別集類/清別集

迁存遺文二卷　（清）倪模撰　**迁存先生年譜
二卷**　（清）江爾維編　清光緒四年(1878)倪
文蔚荊州府署兩勉彊齋刻本　　二冊

330000－1716－0007460　　普集 1303/07460
集部/楚辭類

楚辭集注八卷辯證二卷後語六卷　（宋）朱熹
撰　清光緒八年(1882)江蘇書局刻本　　四冊

330000－1716－0007463　　子補 0145/07463
子部/醫家類/醫案之屬

古今醫案按選四卷　（清）俞震輯　（清）王士
雄選　清光緒三十年(1904)會稽董氏取斯堂

刻本　　四冊

330000－1716－0007464　　普集 1305/07464
集部/詞類/總集之屬

宋七家詞選七卷　（清）戈載輯　清光緒十一
年(1885)曼陀羅華閣刻本　　四冊

330000－1716－0007468　　普集 1308/07468
集部/總集類/彙編之屬

四忠遺集　（清）羅文謙編　清光緒二十三年
(1897)湘南書局刻本　　四冊　存一種

330000－1716－0007473　　集補 2450－17/
07473　集部/小說類/長篇之屬

四大奇書第一種六十卷首一卷一百二十回
（明）羅貫中撰　（清）毛宗崗評　清英德堂刻
本　默齋題簽　　七冊　存十五卷（一至八、十
九至二十、四十二至四十三、四十六至四十
七，首）

330000－1716－0007475　　普集 1310/07475
類叢部/叢書類/自著之屬

正誼堂全集八種　（清）董沛撰　清同治至光
緒刻本　　六冊　存一種

330000－1716－0007477　　普集 1312/07477
史部/傳記類/別傳之屬

宜堂類編二十五卷　丁立中編　清光緒二十
六年(1900)錢塘丁氏嘉惠堂刻本　　八冊

330000－1716－0007478　　普集 1313/07478
集部/別集類/清別集

南洋勸業會雜咏一卷　（清）王葆楨撰　清宣
統二年(1910)鉛印本　　一冊

330000－1716－0007479　　集補 2631/07479
集部/小說類/長篇之屬

前七國孫龐演義四卷二十回　清宣統元年
(1909)上海文元書莊石印本　　一冊

330000－1716－0007480　　普集 1314/07480
集部/詞類/總集之屬

庚子秋詞二卷　（清）王鵬運等撰　清光緒刻
本　　一冊

330000－1716－0007483　　普集 1319/07483

集部/總集類/選集之屬/通代

國朝文雅正所見集十六卷　（清）林有席評輯
（清）林大佐編次　清道光十年(1830)菜根
樂刻本　十二冊

330000－1716－0007486　集補 0008－61/
07486　集部/小說類/長篇之屬

東周列國志二十七卷首一卷一百八回　（清）
蔡昇評點　清光緒十八年(1892)五彩公司石
印本　一冊　存二卷(一至二)

330000－1716－0007487　普集 1323/07487
集部/別集類/元別集

靜修先生遺文六卷　（元）劉因撰　清抄本
一冊

330000－1716－0007490　普集 1320/07490
類叢部/叢書類/彙編之屬

邵武徐氏叢書二十三種　（清）徐榦編　清光
緒邵武徐氏刻本　一冊　存一種

330000－1716－0007491　集補 2637/07491
集部/別集類/清別集

高青邱詩鈔二卷補編一卷　清抄本　一冊

330000－1716－0007492　普集 1324/07492
集部/楚辭類

楚辭章句十七卷　（漢）王逸撰　（宋）洪興祖
補注　清同治十一年(1872)金陵書局刻本
四冊

330000－1716－0007493　普集 1327/07493
類叢部/叢書類/彙編之屬

榆園叢刻十五種附一種　（清）許增編　清同
治至光緒刻本　二冊　存一種

330000－1716－0007494　集補 2638/07494
集部/別集類/明別集

楊椒山先生集四卷椒山先生自著年譜一卷
（明）楊繼盛撰　清同治五年(1866)張景賢刻
本　四冊

330000－1716－0007497　普集 1325/07497
集部/別集類/清別集

晚聞居士遺集九卷首一卷　（清）王宗炎撰
清道光十年至十一年(1830－1831)杭州陸貞

一愛日軒刻本　三冊

330000－1716－0007499　普集 1328/07499
類叢部/叢書類/彙編之屬

雲自在龕叢書五集十九種　繆荃孫輯　清光
緒江陰繆氏刻本　四冊　存一種

330000－1716－0007509　子補 3168/07509
子部/醫家類/婦科之屬

傅青主女科二卷產後編二卷　（清）傅山撰
清同治刻本　二冊　存二卷(一至二)

330000－1716－0007516　集補 2639/07516
集部/別集類/宋別集

王臨川全集一百卷目録二卷　（宋）王安石撰
清刻本　八冊　缺五十二卷(四十九至一
百)

330000－1716－0007518　普集 1338/07518
集部/總集類/選集之屬/斷代

八家四六文注八卷首一卷　（清）吳鼒輯
（清）許貞幹注　**補注一卷**　陳衍撰　清光緒
十八年(1892)上海圖書集成印書局鉛印本
八冊

330000－1716－0007519　集補 2640/07519
集部/小說類/長篇之屬

儒林外史五十六回　（清）吳敬梓撰　清刻本
五冊

330000－1716－0007522　普集 1340/07522
集部/總集類/選集之屬/斷代

甘棠集選文不分卷　（清）楊叔懌編　清光緒
十年(1884)石印本　四冊

330000－1716－0007524　普集 1344/07524
集部/總集類/選集之屬/通代

山曉閣選古文全集三十二卷　（清）孫琮輯並
評　清刻本　清周調梅題簽並記　十六冊

330000－1716－0007527　普集 1342/07527
集部/總集類/選集之屬/斷代

唐四家詩集二十八卷　清末上海文瑞樓石印
本　四冊　存一種

330000－1716－0007529　子補 3188/07529

子部/醫家類/類編之屬
陳修園醫書二十三種 （清）陳念祖等撰　清刻本　一冊　存一種

330000－1716－0007531　普集 1337/07531
集部/別集類/清別集
甌北詩鈔二十卷 （清）趙翼撰　清宣統三年(1911)掃葉山房石印本　八冊

330000－1716－0007533　子補 3187/07533
子部/藝術類/書畫之屬/畫譜
增刻紅樓夢圖詠一卷 （清）王墀繪並輯　**紅樓夢紀略一卷廣義一卷** （清）青山山農撰　**紅樓夢論贊一卷** （清）讀花人撰　清光緒八年(1882)上海點石齋石印本　一冊

330000－1716－0007534　普叢 0319－9/07534　類叢部/叢書類/彙編之屬
粵雅堂叢書一百八十四種 （清）伍崇曜編　清道光二十九年至光緒十一年(1849－1885)南海伍氏刻彙印本　三冊　存一種

330000－1716－0007535　集補 2642/07535
集部/小說類/長篇之屬
新注二度梅奇說全集四卷四十回 （清）惜陰堂主人編輯　清澹雅堂刻本　四冊

330000－1716－0007537　普集 1347/07537
集部/別集類/唐五代別集
李長吉歌詩四卷外集一卷首一卷 （唐）李賀撰　（清）王琦彙解　清宣統元年(1909)掃葉山房石印本　四冊

330000－1716－0007538　普集 1350/07538
集部/總集類/選集之屬/通代
文選六十卷 （南朝梁）蕭統輯　（唐）李善注　**文選考異十卷** （清）胡克家撰　清宣統三年(1911)上海會文堂粹記石印本　十六冊

330000－1716－0007539　普集 1351/07539
集部/總集類/選集之屬/通代
文選六十卷 （南朝梁）蕭統輯　（唐）李善注　**文選考異十卷** （清）胡克家撰　清宣統三年(1911)上海會文堂粹記石印本　十六冊

330000－1716－0007540　集補 2641/07540

集部/曲類/彈詞之屬
新編說唱呼將全傳十卷　清刻本　三冊　存五卷(三至五、九至十)

330000－1716－0007541　集補 2643/07541
集部/小說類/長篇之屬
新刻濟顚大師醉菩提全傳四卷二十回 （清）天花藏舉人撰　清乾隆四十二年(1777)金閶書業堂刻本　四冊

330000－1716－0007542　普集 1349/07542
集部/別集類/唐五代別集
李長吉歌詩四卷外集一卷首一卷 （唐）李賀撰　（清）王琦彙解　清宣統元年(1909)上海文瑞樓石印本　四冊

330000－1716－0007543　經補 1354/07543
經部/小學類/音韻之屬/韻書
佩文詩韻釋要五卷 （清）周兆基輯　（清）朱蘭重輯　清道光十六年(1836)刻本　一冊

330000－1716－0007544　經補 0703－13/07544　經部/小學類/訓詁之屬/字詁
繪圖速通虛字法續編八卷　施崇恩編　清光緒三十一年(1905)上海彪蒙書室石印本　四冊　存三卷(一至三)

330000－1716－0007545　集補 2645－1/07545　集部/小說類/長篇之屬
今古奇觀四十卷 （明）抱甕老人輯　清末石印本　四冊　存二十七卷(八至十四、二十一至四十)

330000－1716－0007546　普類 0093－1/07546　類叢部/類書類/通類之屬
策學纂要十六卷 （清）戴朋　（清）黃卷輯　清刻本　一冊　存四卷(十三至十六)

330000－1716－0007547　史補 1347/07547
史部/政書類/律令之屬/律例
[道光二十二年至三十年]四季條例不分卷　清刻本　十一冊

330000－1716－0007548　集補 2645－2/07548　集部/小說類/長篇之屬
繪圖今古奇觀六卷四十回 （明）抱甕老人輯

清末石印本　一冊　存三卷(四至六)

330000 – 1716 – 0007549　史補 1346/07549
史部/政書類/律令之屬/律例
[咸豐戊午年]四季條例不分卷　清刻本
一冊

330000 – 1716 – 0007551　普子 1447 – 1/
07551　子部/農家農學類/農藝之屬/烹調
隨園老人食單四卷　(清)袁枚撰　清刻本
一冊　存二卷(三至四)

330000 – 1716 – 0007552　經補 1315/07552
經部/小學類/文字之屬/字書/訓蒙
繪圖白話字彙十二卷　(清)人文書社編　清
光緒三十三年(1907)上海彪蒙書室石印本
二冊

330000 – 1716 – 0007553　普集 1352/07553
集部/總集類/選集之屬/斷代
全唐詩九百卷目錄十二卷　(清)曹寅等輯
清刻本　一百二十冊

330000 – 1716 – 0007554　普集 1353/07554
類叢部/類書類/專類之屬
縮本增選多寶船不分卷　(清)點石齋主人輯
清光緒八年(1882)上海點石齋石印本
九冊

330000 – 1716 – 0007555　普集 1354/07555
類叢部/類書類/專類之屬
縮本增選多寶船不分卷　(清)點石齋主人輯
清光緒八年(1882)上海點石齋石印本
八冊

330000 – 1716 – 0007556　普集 1355/07556
集部/總集類/選集之屬/斷代
皇朝經世文續編一百二十卷　(清)葛士濬輯
清光緒十四年(1888)上海圖書集成局鉛印
本　三十二冊

330000 – 1716 – 0007557　普集 1356/07557
集部/總集類/選集之屬/斷代
皇朝經世文編一百二十卷姓名總目二卷
(清)賀長齡輯　清鉛印本　十冊　存六十卷
(十至三十九、五十至五十三、六十九至八十

四、一百十一至一百二十)

330000 – 1716 – 0007558　普集 1361/07558
集部/詩文評類/制藝之屬
制義叢話二十四卷題名一卷　(清)梁章鉅撰
清咸豐九年(1859)刻本　八冊

330000 – 1716 – 0007560　普集 1359/07560
集部/別集類/宋別集
蘇文忠公詩編注集成四十六卷集成總案四十
五卷諸家雜綴酌存一卷蘇海識餘四卷賤詩圖
一卷　(清)蘇軾撰　(清)王文誥輯注　清光
緒十四年(1888)浙江書局刻本　二十三冊

330000 – 1716 – 0007561　子補 3186/07561
子部/雜著類/雜說之屬
危言四卷　湯震撰　清光緒二十二年(1896)
上海圖書集成印書局鉛印本　二冊

330000 – 1716 – 0007563　普集 1363/07563
集部/總集類/選集之屬/通代
古詩箋三十二卷　(清)王士禎輯　(清)聞人
倓箋　清乾隆三十一年(1766)芷蘭堂刻本
十六冊

330000 – 1716 – 0007564　普集 1367/07564
集部/總集類/郡邑之屬
兩浙輶軒録四十卷補遺十卷姓氏韻編二卷
(清)阮元輯　清光緒十六年(1890)浙江書局
刻本　二十四冊　存三十六卷(一至二十五、
補遺一至十、姓名韻編一)

330000 – 1716 – 0007565　集補 2450 – 34/
07565　集部/小說類/長篇之屬
四大奇書第一種十九卷首一卷一百二十回
(明)羅貫中撰　(清)毛宗崗評　清刻本　一
冊　存三卷(一至三)

330000 – 1716 – 0007567　普集 1365/07567
集部/總集類/選集之屬/通代
古文淵鑒六十四卷　(清)徐乾學等輯注　清
同治十二年(1873)浙江書局刻本　三十二冊

330000 – 1716 – 0007568　普集 1369/07568
集部/總集類/選集之屬/斷代
湖海文傳七十五卷　(清)王昶輯　清道光十

七年(1837)經訓堂刻同治五年(1866)印本
十六冊

330000－1716－0007569　　子補 0584－5/
07569　　子部/天文曆算類/算書之屬

算法指掌統宗大全四卷　清同治七年(1868)
奎照樓刻本　二冊　存二卷(一、三)

330000－1716－0007570　普集 1368/07570
集部/別集類/清別集

曝書亭集詩注二十四卷　(清)朱彝尊撰
(清)楊謙注　年譜一卷　(清)楊謙撰　曝書
亭集詞注七卷　(清)李富孫撰　清楊氏木山
閣刻本(卷二十三至二十四原缺)　六冊　存
十七卷(三至十四、十九至二十二,年譜)

330000－1716－0007571　　史補 0019/07571
史部/地理類/方志之屬/郡縣志

[乾隆]濟陽縣志十四卷首一卷　(清)胡德琳
修　(清)何明禮　(清)章承茂纂　清乾隆三
十年(1765)刻本　一冊　存一卷(九)

330000－1716－0007572　　經補 1298－4/
07572　　經部/小學類/音韻之屬/韻書

詩韻集成十卷　(清)余照輯　清刻本　二冊

330000－1716－0007573　　新補 0595/07573
新學/議論/通論

論說不分卷　黃壽袞　黃之焱撰　清光緒鉛
印本　一冊

330000－1716－0007574　普集 1371/07574
集部/總集類/選集之屬/通代

文選六十卷　(南朝梁)蕭統輯　(唐)李善注
　文選考異十卷　(清)胡克家撰　清同治八
年(1869)湖北崇文書局刻本　二十冊　缺五
卷(一至二、考異八至十)

330000－1716－0007575　　經補 1512/07575
經部/小學類/文字之屬/字書/字體

六書通十卷首一卷附百體福壽全圖　(明)閔
齊伋撰　(清)畢弘述篆訂　清光緒十九年
(1893)上海校經山房石印本　一冊　存二卷
(九至十)

330000－1716－0007576　　經補 1345－1/

07576　　經部/小學類/文字之屬/說文

說文新附攷六卷說文逸字二卷　　(清)鄭珍撰
　附錄一卷　(清)鄭知同撰　清光緒十四年
(1888)山陰許氏枕碧山館刻本　二冊

330000－1716－0007577　　集補 2644/07577
集部/總集類/選集之屬/通代

文選古字通疏證六卷　(清)薛傳均撰　清道
光二十一年(1841)迪志齋刻本　二冊

330000－1716－0007578　　普集 1373/07578
集部/別集類/清別集

鮚埼亭集三十八卷首一卷全謝山先生經史問
答十卷外編五十卷　(清)全祖望撰　清嘉慶
九年(1804)餘姚史夢蛟借樹山房刻同治十一
年(1872)補刻本　十八冊　缺三十九卷(一
至三十八、首)

330000－1716－0007579　　集補 2646/07579
集部/小說類/長篇之屬

東周列國全志二十三卷一百八回　(清)蔡元
評點　清刻本　十七冊　存十七卷(五至十
一、十三至二十二)

330000－1716－0007580　　集補 2647/07580
子部/儒家類/儒學之屬

治事文編二卷續編二卷　湯壽潛輯　清光緒
二十七年至二十八年(1901－1902)從新學社
鉛印本　一冊

330000－1716－0007581　　普集 1374/07581
集部/別集類/清別集

琴隱園詩集三十六卷詞集四卷　(清)湯貽汾
撰　清光緒元年(1875)武進曹氏刻本　八冊

330000－1716－0007583　　普叢 0355/07583
類叢部/叢書類/彙編之屬

知聖教齋叢書　(清)□□輯　清光緒山陰杜
氏刻本　七冊　存二種

330000－1716－0007584　　普集 1375/07584
集部/總集類/選集之屬/斷代

唐詩別裁集引典備注二十卷　(清)沈德潛輯
　(清)俞汝昌注　清資善堂刻本　十二冊

330000－1716－0007585　　普集 1380/07585

集部/詞類/總集之屬

絕妙好詞箋七卷 （宋）周密輯 （清）查爲仁 （清）厲鶚箋 **續鈔一卷** （清）余集輯 **又續鈔一卷** （清）徐楙補録 清同治十一年（1872）會稽章氏刻本 四冊

330000－1716－0007586　經補 1345－2/07586　經部/小學類/文字之屬/說文

說文新附攷六卷 （清）鄭珍撰 清光緒七年（1881）刻本 四冊

330000－1716－0007588　經補 1353/07588 經部/小學類/文字之屬/說文

說文通訓定聲十八卷分部柬韻一卷說雅一卷古今韻準一卷 （清）朱駿聲撰 （清）朱鏡蓉參訂 **行述一卷** 朱孔彰撰 清光緒十三年（1887）上海積山書局石印本 八冊

330000－1716－0007589　普集 1382/07589 類叢部/叢書類/自著之屬

戚鶴泉所著書十一種 （清）戚學標撰 清乾隆至嘉慶刻本 二冊 存一種

330000－1716－0007590　經補 1511/07590 經部/小學類/文字之屬/字書

字學舉隅不分卷 （清）黃本驥 （清）龍啟瑞撰 清光緒十三年（1887）上海鴻文書局石印本 一冊

330000－1716－0007591　普集 1381/07591 集部/別集類/宋別集

楊龜山先生集四十二卷首一卷末一卷 （宋）楊時撰 清康熙四十六年（1707）延平楊繩祖刻光緒五年（1879）重修本（卷末原缺） 十冊

330000－1716－0007592　經補 1346－1/07592　經部/叢編

欽定篆文六經四書十種 （清）李光地等輯 清光緒九年（1883）上海同文書局石印本 十冊

330000－1716－0007593　普集 1385 普集 1386/07593　集部/總集類/彙編之屬

漢魏六朝一百三家集（漢魏六朝百三名家集） （明）張溥編 明婁東張氏刻本 二冊 存

二種

330000－1716－0007595　普集 1384/07595 集部/別集類/清別集

樂潛堂詩詞全集 （清）趙函撰 清道光至咸豐刻同治七年（1868）重修本 一冊 存一種

330000－1716－0007596　普集 1388/07596 集部/總集類/選集之屬/通代

國文類編六卷 清抄本 六冊

330000－1716－0007597　經補 1346－2/07597　經部/叢編

欽定篆文六經四書十種 （清）李光地等輯 清光緒九年（1883）上海同文書局石印本 十冊

330000－1716－0007598　普集 1377 普集 1379/07598 集部/詞類/總集之屬

詞綜三十八卷 （清）朱彝尊輯 （清）汪森增定 （清）柯崇樸編次 （清）周篔辨譌 （清）王昶補纂 **明詞綜十二卷國朝詞綜四十八卷國朝詞綜二集八卷** （清）王昶輯 清刻本 十二冊 缺三十八卷（一至三十八）

330000－1716－0007600　普集 1389/07600 集部/總集類/選集之屬/通代

宋元明詩三百首六卷摘句一卷 （清）朱梓 （清）冷昌言輯 清咸豐三年（1853）虞山顧氏家塾刻本 一冊

330000－1716－0007601　集補 0002/07601 集部/總集類/選集之屬/通代

文選古字通疏證六卷 （清）薛傳均撰 清光緒十二年（1886）還讀樓刻本 二冊

330000－1716－0007603　普集 1390/07603 集部/別集類/宋別集

山谷詩內集注二十卷外集注十七卷外集補四卷別集注二卷別集補一卷 （宋）黃庭堅撰 （宋）任淵 （宋）史容 （宋）史季溫注 **重刻山谷先生年譜十四卷** （宋）黃㽦撰 清乾隆五十四年（1789）南康謝氏樹經堂刻本 八冊 存二十卷（一至二十）

330000－1716－0007605　普集 1590/07605

集部/總集類/選集之屬/通代

文選六十卷 （南朝梁）蕭統輯　（唐）李善注　清乾隆二十七年(1762)雲林楊氏儒綠堂刻本　十冊

330000－1716－0007607　普集 1392/07607　集部/總集類/選集之屬/通代

文選六十卷 （南朝梁）蕭統輯　（唐）李善注　（清）何焯評　清乾隆三十七年(1772)長洲葉樹藩海錄軒刻朱墨套印本　十五冊　缺三卷(三十至三十二)

330000－1716－0007608　經補 1000－138/07608　經部/小學類/文字之屬/字書/字典

康熙字典十二集三十六卷總目一卷檢字一卷辨似一卷等韻一卷補遺一卷備考一卷　（清）張玉書等纂修　清末石印本　一冊　存六卷(酉集上中下、戌集上中下)

330000－1716－0007609　普集 1395/07609　集部/別集類/清別集

蘭福堂詩集一卷　（清）胡延撰　清光緒二十七年(1901)刻本　一冊

330000－1716－0007611　普集 1398/07611　集部/別集類

居東集二卷　蔣智由撰　清宣統二年(1910)上海文明書局鉛印本　一冊

330000－1716－0007612　普集 1399/07612　集部/別集類

居東集二卷　蔣智由撰　清宣統二年(1910)上海文明書局鉛印本　一冊

330000－1716－0007613　普集 1394/07613　集部/總集類/選集之屬/斷代

宋四家文集　（清）張伯行編　清康熙四十八年至五十年(1709－1711)儀封張伯行正誼堂刻道光二十六年(1846)古歙洪錫謙重修本　二冊　存一種

330000－1716－0007614　子補 3192/07614　子部/醫家類/傷寒金匱之屬/傷寒論

傷寒瘟疫條辯六卷　（清）楊璿撰　清光緒四年(1878)大興孫宏智刻本　六冊

330000－1716－0007615　經補 1364/07615　經部/小學類/文字之屬/字書/字典

字彙十二集首一卷末一卷　（明）梅膺祚撰　清刻本　十二冊　缺二卷(首、末)

330000－1716－0007616　普集 1402/07616　集部/別集類/清別集

雙白燕堂文集二卷外集八卷　（清）陸耀遹撰　清光緒四年(1878)陸祐勤興國州署刻本　四冊

330000－1716－0007617　普集 1401/07617　集部/總集類/選集之屬/通代

七十家賦鈔六卷　（清）張惠言輯　清光緒四年(1878)宏達堂刻本　四冊

330000－1716－0007618　普集 1400/07618　集部/總集類/選集之屬/通代

阮亭選古詩三十二卷　（清）王士禛輯　清康熙天藜閣刻乾隆元年(1736)印本　六冊

330000－1716－0007619　集補 0001/07619　集部/總集類/選集之屬/通代

御選唐宋詩醇四十七卷目錄二卷　（清）高宗弘曆輯　清刻本　二十四冊

330000－1716－0007621　普集 1404/07621　集部/總集類/酬唱之屬

齊太史移居倡酬集四卷首一卷尾一卷　（清）齊召南等撰　（清）齊毓川輯　清宣統二年(1910)上海國學扶輪社石印本　一冊

330000－1716－0007622　集補 2650/07622　集部/詞類/別集之屬

玉淙詞一卷　（清）潘曾瑋撰　清咸豐四年(1854)蘇州刻本　一冊

330000－1716－0007623　普集 1403/07623　類叢部/叢書類/家集之屬

繡水王氏家藏集　（清）王相輯　清道光二十年至光緒十二年(1840－1886)繡水王氏刻本　十二冊

330000－1716－0007625　普叢 0178－2/07625　類叢部/叢書類/郡邑之屬

金華叢書六十八種　（清）胡鳳丹編　清同治

七年至光緒八年(1868－1882)永康胡氏退補齋刻民國補刻本　六冊　存一種

330000－1716－0007626　普集 1406/07626
集部/別集類/清別集

紀文達公遺集三十二卷　(清)紀昀撰　(清)紀樹馨編　清嘉慶十七年(1812)紀樹馥刻本　十二冊

330000－1716－0007628　普集 1405/07628
集部/別集類/清別集

陳文恭公書牘三卷　(清)陳弘謀撰　清同治八年(1869)錢塘吳氏寡過未能室刻本　一冊

330000－1716－0007630　普集 1407/07630
集部/總集類/選集之屬/斷代

唐詩金粉十卷　(清)沈炳震輯　清刻本　二冊

330000－1716－0007631　子補 0027－3/07631　子部/雜著類/雜纂之屬

經餘必讀八卷續編八卷三集四卷　(清)雷琳　(清)錢樹棠　(清)錢樹立輯　清大文堂刻本　十冊

330000－1716－0007632　普集 1410/07632
類叢部/叢書類/自著之屬

陸子全書十八種　(清)陸隴其撰　清同治刻本　五冊　存二種

330000－1716－0007633　普集 1677－3/07633　集部/總集類/彙編之屬

五朝詩別裁集五種　(清)□□輯　清刻本　三冊　存二種

330000－1716－0007635　經補 0666－5/07635　經部/小學類/文字之屬/字書/訓蒙

澄衷蒙學堂字課圖說四卷檢字一卷類字一卷　(清)劉樹屏撰　(清)吳子城繪圖　清光緒三十一年(1905)澄衷蒙學堂印書處石印本　八冊

330000－1716－0007636　普集 1412/07636
類叢部/叢書類/自著之屬

涉趣園全集三種　趙祖銘撰　清宣統元年(1909)樂亭趙氏金陵鉛印本　一冊　存一種

330000－1716－0007638　經補 1361/07638
經部/小學類/音韻之屬/韻書

漁古軒詩韻五卷　(清)余照原本　(清)朱德蕃增訂　清道光十七年(1837)新園刻本　五冊

330000－1716－0007639　經補 0666－6/07639　經部/小學類/文字之屬/字書/訓蒙

澄衷蒙學堂字課圖說四卷檢字一卷類字一卷　(清)劉樹屏撰　(清)吳子城繪圖　清光緒二十七年(1901)澄衷蒙學堂印書處石印本　八冊

330000－1716－0007640　經補 0666－7/07640　經部/小學類/文字之屬/字書/訓蒙

澄衷蒙學堂字課圖說四卷檢字一卷類字一卷　(清)劉樹屏撰　(清)吳子城繪圖　清光緒二十七年(1901)澄衷蒙學堂印書處石印本　八冊

330000－1716－0007641　普集 1416/07641
集部/別集類/清別集

香雪樓吟稿一卷附一卷　(清)萬煒彤撰　清光緒三十三年(1907)安陸陳氏石印本　一冊

330000－1716－0007646　普集 1420/07646
集部/別集類/清別集

聊齋先生文集二卷　(清)蒲松齡撰　清宣統元年(1909)上海國學扶輪社鉛印本　二冊

330000－1716－0007647　普集 1424/07647
子部/宗教類/道教之屬

道書二十三種　(清)劉一明撰　清光緒三年至六年(1877－1880)上海翼化堂刻本　一冊　存一種

330000－1716－0007648　普類 0152－3/07648　類叢部/類書類/通類之屬

古事比五十二卷　(清)方中德輯　清光緒三十年(1904)上海宏文閣石印本　六冊

330000－1716－0007649　普集 1425/07649
集部/總集類/選集之屬/斷代

道咸同光四朝詩史甲集八卷首一卷　孫雄輯　清宣統二年至三年(1910－1911)刻本

十冊

330000－1716－0007651　普集 1427/07651
集部/別集類/清別集

在山堂集三十卷　(清)程大中撰　清道光十
五年(1835)忠耿堂刻咸豐九年(1859)補刻本
八冊

330000－1716－0007652　普集 1426/07652
集部/總集類/選集之屬/通代

宋元明詩三百首六卷摘句一卷　(清)朱梓
(清)冷昌言輯　清咸豐三年(1853)虞山顧氏
家塾刻本　田紹謙題記　一冊

330000－1716－0007654　普集 1428/07654
集部/別集類/清別集

疎影軒遺草二卷　(清)何玉瑛撰　清嘉慶十
七年(1812)刻本　一冊

330000－1716－0007655　普集 1429/07655
集部/總集類/選集之屬/斷代

戴段合刻二種　(清)張壽榮輯　清光緒十年
(1884)鎮海張氏秋樹根齋刻本　四冊　存
一種

330000－1716－0007657　集補 2652/07657
集部/小說類/長篇之屬

**繡像全圖第一奇書野叟曝言二十卷一百五十
四回**　(清)夏敬渠撰　清末石印本　二冊
存二卷(一、三)

330000－1716－0007658　普集 1431/07658
集部/別集類/宋別集

**林和靖詩集四卷拾遺一卷諸家詩話一卷酬唱
題詠附錄一卷**　(宋)林逋撰　清同治十二年
(1873)長洲朱氏抱經堂刻本　二冊

330000－1716－0007659　經補 1363/07659
經部/群經總義類/傳說之屬

經義述聞三十二卷　(清)王引之撰　清末鉛
印本　十六冊

330000－1716－0007661　普集 1432/07661
集部/詩文評類/詩評之屬

趙氏聲調譜三卷附談龍錄一卷　(清)趙執信
撰　清光緒四年(1878)刻本　一冊　存一卷
(附談龍錄)

330000－1716－0007662　經補 1477/07662
經部/群經總義類/傳說之屬

經解入門八卷　題(清)江藩撰　清光緒十四
年(1888)鴻寶齋石印本　二冊

330000－1716－0007665　普集 1434/07665
類叢部/叢書類/彙編之屬

正誼堂全書六十三種續刻五種　(清)張伯行
編　(清)楊浚重編　清同治五年(1866)福州
正誼書院刻同治八年至光緒十三年(1869－
1887)續刻本　四冊　存一種

330000－1716－0007668　史補 0039/07668
史部/傳記類/科舉錄之屬/歷科鄉試錄

[光緒己丑恩科]鄉墨不分卷　清光緒鉛印本
一冊

330000－1716－0007669　普集 1435/07669
集部/總集類/選集之屬/斷代

唐人萬首絕句選七卷　(清)王士禛輯　清康
熙洪氏松花書屋刻同治九年(1870)修補本
二冊

330000－1716－0007671　普集 1436/07671
集部/別集類/清別集

蘭韻堂詩集八卷　(清)沈初撰　清乾隆刻本
清頤心居士題記　二冊

330000－1716－0007672　經補 0873－19/
07672　經部/小學類/音韻之屬/韻書

增注字類標韻六卷　(清)華綱撰　(清)范多
玨重訂　清光緒三年(1877)浙紹奎照樓刻本
一冊

330000－1716－0007674　普集 1438/07674
史部/傳記類/別傳之屬/事狀

陸清獻公莅嘉遺跡三卷　(清)黃維玉輯　清
同治六年(1867)上海道署刻本　一冊　存
一種

330000－1716－0007675　子補 3190/07675
子部/醫家類/方書之屬/歷代方書

千金寶要六卷　(宋)郭思輯　清末石印本
一冊　存一卷(六)

330000－1716－0007676　普集 1439/07676
類叢部/叢書類/自著之屬

思益堂集四種　（清）周壽昌撰　清光緒十四
年(1888)王先謙等刻本　二冊　存一種

330000－1716－0007677　普叢 0223－9/
07677　類叢部/叢書類/自著之屬

西堂全集　（清）尤侗撰　清刻本　四冊　存
四種

330000－1716－0007678　普類 0083/07678
類叢部/叢書類/彙編之屬

古香齋袖珍十種　清同治至光緒南海孔氏刻
本　十二冊　存一種

330000－1716－0007680　經補 0873－9/
07680　經部/小學類/音韻之屬/韻書

增注字類標韻六卷　（清）華綱撰　（清）范多
玨重訂　清光緒十九年(1893)煥文書局鉛印
本　二冊

330000－1716－0007682　普集 1441/07682
子部/儒家類/儒學之屬/性理

松陽鈔存二卷　（清）陸隴其撰　清同治十三
年(1874)湖南省城書局刻本　一冊

330000－1716－0007683　普集 1443/07683
集部/別集類/清別集

不慊齋漫存九卷　（清）徐賡陛撰　清光緒八
年(1882)南海官署刻本　八冊

330000－1716－0007684　經補 0873－8/
07684　經部/小學類/音韻之屬/韻書

增注字類標韻六卷　（清）華綱撰　（清）范多
玨重訂　清光緒二年(1876)鉛印本　一冊

330000－1716－0007685　普集 1442/07685
集部/總集類/郡邑之屬

姚江詩輯四卷補遺一卷　（清）周喬齡輯　清
末刻本　一冊

330000－1716－0007688　普集 1444/07688
集部/別集類/清別集

寶德堂詩鈔十卷附存二卷　（清）周衡撰　清
光緒二年(1876)刻本　三冊

330000－1716－0007690　普集 1445/07690
子部/雜著類/雜纂之屬

讀書樂趣八卷　（清）伍涵芬撰　清嘉慶十六
年(1811)華日堂刻本　八冊

330000－1716－0007693　史補 1348/07693
史部/傳記類/總傳之屬/通代

增廣尚友錄統編二十二卷　應祖錫輯　清光
緒二十八年(1902)鴻寶齋石印本　十二冊

330000－1716－0007694　普集 1448/07694
類叢部/叢書類/自著之屬

董氏遺書四種　（清）董若洵編　清咸豐至同
治刻彙印本　二冊　存二種

330000－1716－0007697　普集 1452/07697
集部/總集類/選集之屬/通代

文選六十卷　（南朝梁）蕭統輯　（唐）李善注
（清）何焯評　清乾隆三十七年(1772)長洲
葉樹藩海録軒刻朱墨套印本　十六冊

330000－1716－0007699　普集 1453/07699
史部/詔令奏議類/奏議之屬

**明大司馬盧公奏議十卷文集一卷詩集一卷首
一卷**　（明）盧象昇撰　清光緒元年(1875)會
稽施惠刻本　八冊

330000－1716－0007703　普集 1455/07703
集部/別集類/宋別集

**宋黃文節公文集三十二卷外集二十四卷別集
十九卷首四卷**　（宋）黃庭堅撰　**黃青社先生
伐檀集二卷**　（宋）黃庶撰　清乾隆三十年
(1765)江右寧州緝香堂刻本　三十二冊

330000－1716－0007706　普集 1451/07706
集部/總集類/選集之屬/通代

文選六十卷　（南朝梁）蕭統輯　（唐）李善注
清刻本　十六冊

330000－1716－0007708　經補 1475/07708
經部/小學類/音韻之屬/韻書

新編詩韻大全五卷　（清）湯祥瑟輯　（清）華
錕重編　**初學檢韻袖珍一卷**　（清）姚文登輯
虛字韻藪一卷　（清）潘維城輯　清光緒十
四年(1888)同文書局石印本　二冊　存二卷

330000－1716－0007711　普 類 0110－3/
07711　類叢部/類書類/專類之屬

新鐫分類評注文武合編百子金丹十卷　（明）
郭偉選注　（明）郭中吉編　（明）王星聚校訂
　清光緒二十年(1894)茹古軒石印本　李琦
題記　六冊

330000－1716－0007714　地獻 1904－9/
07714　經部/小學類/音韻之屬/韻書

增補同音字類標韻二卷續編一卷外編一卷
（清）石韞玉重校　清光緒三十年(1904)浙紹
奎照樓石印本　三冊

330000－1716－0007715　普集 1456/07715
集部/別集類/清別集

有正味齋駢體文二十四卷續集八卷詩集十六
卷詩續集八卷詞集八卷詞續集二卷詞外集南
北曲二卷外集五卷　（清）吳錫麒撰　清刻本
　二十冊　存六十三卷(一至二十四、續集一
至八、詩集一至十六、詩續集一至八、外集南
北曲一至二、外集一至五)

330000－1716－0007716　經補 1360/07716
經部/小學類/文字之屬/說文

說文通檢十四卷首一卷末一卷　（清）黎永椿
撰　清光緒九年(1883)群玉山房刻本　二冊

330000－1716－0007717　地獻 1904－10/
07717　經部/小學類/音韻之屬/韻書

增補同音字類標韻二卷續編一卷外編一卷
（清）石韞玉重校　清光緒三十年(1904)浙紹
奎照樓石印本　三冊

330000－1716－0007718　普集 1461/07718
集部/總集類/選集之屬/斷代

全唐詩九百卷目錄十二卷　（清）曹寅等輯
清光緒元年(1875)撫州饒玉成雙峰書屋刻本
　五十一冊　缺四十四冊(第一函一至十、第
二函一至五、第三函一至三、第四函五至十、
第五函一至七、第六函六、九至十,第七函一
至十)

330000－1716－0007720　普集 1459/07720

集部/別集類/清別集

吳詩集覽二十卷補注二十卷吳詩談藪二卷拾
遺一卷　（清）吳偉業撰　（清）靳榮藩注並輯
　清刻本　十五冊　存三十四卷(二至十八、
補注一至十七)

330000－1716－0007721　經補 1298－2/
07721　經部/小學類/音韻之屬/韻書

詩韻集成五卷　（清）余照輯　清光緒十二年
(1886)上海同文書局石印本　二冊

330000－1716－0007723　地獻 0924－1/
07723　經部/小學類/文字之屬/字書

臨文便覽不分卷　（清）張啟泰輯　清光緒十
四年(1888)上海點石齋石印本　一冊

330000－1716－0007724　普集 1462/07724
集部/曲類/彈詞之屬

新刻玉釧緣全傳三十二卷　（清）西湖居士撰
　清道光二十二年(1842)學庫山房刻本　三
十二冊

330000－1716－0007725　集補 2669/07725
集部/別集類/清別集

十研老人香草箋四卷補遺一卷　（清）黃任撰
　（清）雲窗主人注　清嘉慶十四年(1809)寶
章堂刻本　一冊

330000－1716－0007727　普集 1463/07727
集部/別集類/清別集

板橋全集五種　（清）鄭燮撰　清光緒十八年
(1892)上海積山書局石印本　四冊

330000－1716－0007728　普集 1464/07728
子部/雜著類/雜纂之屬

論說入門二集不分卷　彪蒙編譯所編輯　清
宣統三年(1911)上海彪蒙書室石印本　一冊

330000－1716－0007735　集補 1169－6/
07735　集部/別集類/清別集

分類詳注飲香尺牘六卷　（清）飲香居士撰
（清）慵隱子箋釋　清道光九年(1829)學耕堂
刻本　六冊

330000－1716－0007736　集補 2670/07736
集部/別集類/清別集

煙霞萬古樓文集六卷　（清）王曇撰　清道光
二十年(1840)刻本　二冊

330000－1716－0007738　普集 1470/07738
集部/總集類/選集之屬/通代
古文辭類纂十五卷　（清）姚鼐輯　**續古文辭
類纂十卷**　王先謙輯　清光緒十六年(1890)
上海文瑞樓石印本　田紹謙題記　一冊

330000－1716－0007739　普集 1469/07739
集部/別集類/宋別集
姜白石全集　（宋）姜夔撰　清宣統二年
(1910)上海掃葉山房石印本　三冊

330000－1716－0007742　普集 1472/07742
集部/別集類/唐五代別集
昌黎先生集四十卷外集十卷遺文一卷　（唐）
韓愈撰　（宋）廖瑩中校正　**朱子校昌黎先生
集傳一卷**　（宋）朱熹撰　**韓集點勘四卷**
（清）陳景雲撰　清宣統三年(1911)上海掃葉
山房石印本　十二冊

330000－1716－0007747　普集 1480/07747
集部/總集類/選集之屬/通代
文選六十卷　（南朝梁）蕭統輯　（唐）李善注
　文選考異十卷　（清）胡克家撰　清光緒六
年(1880)四明林植梅刻本　二十四冊

330000－1716－0007748　集補 1849/07748
集部/別集類/清別集
甌北詩鈔二十卷　（清）趙翼撰　清刻本　二
冊　存十二卷(七言古詩三至五、七言律詩一
至七、絕句一至二)

330000－1716－0007749　普集 1481/07749
集部/總集類/尺牘之屬
尺牘初桄二卷附二卷彙注一卷　（清）子虛氏
輯　清光緒十二年(1886)慈母堂印書局石印
本　清㴬蘭山房主人題記　二冊

330000－1716－0007750　集補 2672/07750
集部/別集類/清別集
林蕙堂全集二十六卷　（清）吳綺撰　清乾隆
三十九年至四十一年(1774－1776)裛白堂刻
本　八冊

330000－1716－0007751　普集 1483/07751
集部/總集類/尺牘之屬
尺牘初桄二卷附二卷彙注一卷　（清）子虛氏
輯　清光緒十二年(1886)格致書室鉛印本
一冊　缺一卷(彙注)

330000－1716－0007752　普集 1479/07752
類叢部/類書類/專類之屬
重編留青新集二十四卷　（清）馮善長輯　清
光緒十四年(1888)上海宏文閣錫活字印本
八冊　缺八卷(六至十三)

330000－1716－0007753　集補 0999－37/
07753　集部/別集類/清別集
小倉山房詩集三十一卷補遺一卷附錄一卷
（清）袁枚撰　清刻本　八冊

330000－1716－0007754　經補 1355/07754
經部/小學類/文字之屬/說文
說文通訓定聲十八卷分部柬韻一卷說雅一卷
古今韻準一卷　（清）朱駿聲撰　（清）朱鏡蓉
參訂　**行述一卷**　朱孔彰撰　清光緒十三年
(1887)上海積山書局石印本　八冊

330000－1716－0007755　普集 1482/07755
集部/戲劇類/雜劇之屬
繪像第六才子書八卷　（元）王實甫　（元）關
漢卿撰　清光緒十年(1884)廣州刻朱墨套印
本　七冊

330000－1716－0007757　普集 1485/07757
集部/總集類/尺牘之屬
初學指南尺牘全集四卷　（清）丁洪辰纂輯
清同治十一年(1872)上洋大文楨記刻本
二冊

330000－1716－0007760　集補 2673/07760
集部/別集類/清別集
曠觀樓詩存八卷　（清）朱霖撰　清光緒六年
(1880)如皋金雲程刻本　四冊

330000－1716－0007761　普集 1486/07761
集部/別集類/清別集
嚶求集四卷　（清）繆艮撰　清同治八年
(1869)刻本　四冊

330000－1716－0007762　普集 1487/07762
集部/詩文評類/詩評之屬
隨園詩話十六卷補遺十卷　（清）袁枚撰　清刻本　七冊　存十六卷(一至十六)

330000－1716－0007763　經補 0870－1/07763　經部/小學類/文字之屬/字書/訓蒙
文字蒙求四卷　（清）王筠撰　清末石印本　二冊

330000－1716－0007765　普集 1484/07765
集部/總集類/選集之屬/斷代
本朝律賦集腋八集　（清）馬俊良輯　清刻本　七冊　缺一卷(天集)

330000－1716－0007766　普集 1489/07766
集部/別集類/唐五代別集
唐陸宣公集二十二卷　（唐）陸贄撰　清光緒二十年(1894)上海鴻寶齋石印本　六冊

330000－1716－0007768　經補 0870－2/07768　經部/小學類/文字之屬/字書/訓蒙
文字蒙求四卷　（清）王筠撰　清宣統二年(1910)上海文瑞樓石印本　一冊

330000－1716－0007769　普集 1488/07769
類叢部/類書類/專類之屬
新增詩句題解彙編二十二卷　（清）陳劍芝（清）葉湘秋（清）顧芷卿編（清）朱春舫增輯　清光緒八年(1882)友善堂刻本　十七冊　缺一卷(四)

330000－1716－0007771　經補 1448/07771
經部/群經總義類/文字音義之屬
重校十三經不貳字一卷　（清）李鴻藻輯　清光緒十二年(1886)慎記書莊石印本　一冊

330000－1716－0007774　普集 1491/07774
集部/別集類/清別集
青雲書屋試草一卷　（清）沈慶柱編　清刻本　一冊

330000－1716－0007776　經補 1453/07776
經部/小學類/文字之屬
虛字會通法續編不分卷　（清）徐超編　清光緒三十三年(1907)上海群學社鉛印本　四冊

330000－1716－0007777　普集 1492/07777
集部/總集類/課藝之屬
試草不分卷　清抄本　一冊

330000－1716－0007778　經補 0703－16/07778　經部/小學類/訓詁之屬/字詁
繪圖速通虛字法初編不分卷　施崇恩編　清光緒三十一年(1905)上海彪蒙書室石印本　四冊

330000－1716－0007779　普集 1493/07779
子部/儒家類/儒學之屬/蒙學
新刻童子問路改本一卷附詩　（清）鄭之琮原本　（清）車以庸改本　（清）周大封評選　清光緒浙紹奎照樓刻本　一冊

330000－1716－0007780　經補 0703－17/07780　經部/小學類/訓詁之屬/字詁
繪圖速通虛字法初編不分卷　施崇恩編　清宣統二年(1910)上海彪蒙書室石印本　四冊

330000－1716－0007782　普集 1495/07782
集部/別集類/清別集
安康居詩鈔一卷　（清）趙寶綸撰　清光緒二十七年(1901)刻本　一冊

330000－1716－0007783　普集 1496/07783
集部/別集類/清別集
冬暄草堂遺詩二卷　（清）陳豪撰　清宣統三年(1911)刻本　二冊

330000－1716－0007784　普集 1497/07784
集部/別集類/清別集
龍壁山房詩草十二卷　（清）王拯撰　清咸豐九年(1859)刻本　二冊

330000－1716－0007785　普集 1498/07785
集部/別集類/清別集
自得草堂詩存一卷　（清）唐廷綸撰　清同治九年(1870)刻本　一冊

330000－1716－0007786　集補 2656/07786
集部/小說類/長篇之屬
新鐫批評出相韓湘子三十回　（明）楊爾曾撰　清嘉慶二十五年(1820)步月樓刻本　六冊

330000 - 1716 - 0007789　經補 1307 - 2/07789　經部/小學類/文字之屬/說文

說文解字十五卷標目一卷　（漢）許慎撰（宋）徐鉉等校定　清光緒十一年（1885）蕉心室刻本　八冊

330000 - 1716 - 0007790　集補 2657/07790　集部/曲類/彈詞之屬

新刻時調說唱八仙緣全傳四卷十二回　（清）朱梅庭輯　清抄本　一冊

330000 - 1716 - 0007791　普集 1500/07791　集部/別集類/清別集

綠蕉館詩鈔四卷　（清）陳景高撰　清同治十三年（1874）刻本　二冊

330000 - 1716 - 0007792　普集 1505/07792　集部/別集類/清別集

梅村詩集箋注十八卷　（清）吳偉業撰（清）吳翌鳳箋注　清光緒二十二年（1896）新化三味堂刻本　十二冊

330000 - 1716 - 0007794　普集 1501/07794　集部/別集類/清別集

菉竹堂待刪集一卷　（清）□□撰　清刻本　二冊

330000 - 1716 - 0007795　普集 1908 - 1/07795　集部/詩文評類/詩評之屬

藝苑名言八卷首一卷　（清）蔣瀾撰　清嘉慶十九年（1814）嵩秀堂刻本　四冊

330000 - 1716 - 0007798　經補 0289/07798　經部/四書類/總義之屬/傳說

四書味根錄三十七卷　（清）金澂撰　清光緒十八年（1892）上海鴻寶齋石印本　六冊

330000 - 1716 - 0007800　普集 1511/07800　集部/總集類/選集之屬/通代

重訂古文雅正十四卷　（清）蔡世遠輯　清乾隆四十二年（1777）石竹山房刻本　七冊　缺二卷（四至五）

330000 - 1716 - 0007802　普集 1510/07802　類叢部/叢書類/彙編之屬

宛鄰書屋叢書十三種　（清）張琦編　清道光十年至十二年（1830 - 1832）張氏宛鄰書屋刻本　四冊　存一種

330000 - 1716 - 0007803　普集 1509/07803　集部/總集類/選集之屬/通代

重訂文選集評十五卷首一卷末一卷　（清）于光華輯　清同治九年（1870）刻本　十六冊

330000 - 1716 - 0007804　普集 1512/07804　集部/別集類/清別集

漁洋山人精華錄箋注十二卷補一卷年譜一卷　（清）王士禎撰（清）金榮箋注（清）徐淮纂輯　清康熙五十一年（1712）鳳翙堂刻本　八冊

330000 - 1716 - 0007810　普集 1514/07810　集部/別集類/清別集

邵亭詩稿二卷文稿二卷　（朝鮮）金永爵撰　清末木活字印本　一冊　存二卷（一至二）

330000 - 1716 - 0007816　集補 2666/07816　集部/別集類/清別集

嘯古堂詩集八卷遺集一卷　（清）蔣敦復撰　清宣統三年（1911）上海廣益書局石印本　二冊　缺一卷（遺集）

330000 - 1716 - 0007817　普集 1515/07817　集部/別集類/唐五代別集

唐柳先生外集一卷附錄一卷　（唐）柳宗元撰　清光緒十三年（1887）寶章閣刻本　一冊

330000 - 1716 - 0007818　普集 1517/07818　類叢部/叢書類/彙編之屬

潘刻五種　（清）恩燾輯　清同治至光緒刻光緒二十九年（1903）北京翰文齋印本　一冊　存一種

330000 - 1716 - 0007822　普叢 0227 - 1/07822　類叢部/叢書類/自著之屬

庸菴內外編二十一卷　（清）薛福成撰　清光緒二十四年（1898）長沙鑄新齋刻本　十二冊

330000 - 1716 - 0007823　集補 2668 - 1/07823　集部/別集類/清別集

庸盦海外文編四卷　（清）薛福成撰　清光緒二十二年（1896）石印本　二冊

330000 – 1716 – 0007824　　普集 1519/07824
集部/別集類/漢魏六朝別集

陶淵明文集十卷　　（晉）陶潛撰　　清光緒十四
年（1888）會稽陶濬宣稷山樓影宋刻本　　二冊

330000 – 1716 – 0007825　　普集 1520/07825
集部/總集類/彙編之屬

元人選元五種　　□□編　　清光緒三十四年
（1908）連平范氏雙魚室刻本　　五冊　　存三種

330000 – 1716 – 0007826　　集補 2668 – 2/
07826　　集部/別集類/清別集

庸盦海外文編四卷　　（清）薛福成撰　　清光緒
二十二年（1896）石印本　　二冊

330000 – 1716 – 0007827　　普叢 0221 – 1/
07827　　類叢部/叢書類/自著之屬

烏程范氏叢書二十一種　　（清）范鍇撰輯　　清
道光至同治刻彙印本　　一冊　　存一種

330000 – 1716 – 0007829　　集補 2677 – 1/
07829　　集部/詞類/別集之屬

寄龕詞四卷　　（清）孫德祖撰　　清同治九年
（1870）山陰許純模刻本　　一冊

330000 – 1716 – 0007830　　普集 0744/07830
集部/別集類/宋別集

山谷內集詩注二十卷外集詩注十七卷別集詩
注二卷外集補四卷別集補一卷　　（宋）黃庭堅
撰　　（宋）任淵　　（宋）史容　　（宋）史季溫注
　　清光緒二十年（1894）會稽孫星華刻本　　十
六冊

330000 – 1716 – 0007831　　集補 2677 – 2/
07831　　集部/詞類/別集之屬

寄龕詞四卷　　（清）孫德祖撰　　清同治九年
（1870）山陰許純模刻本　　一冊

330000 – 1716 – 0007832　　集補 2674/07832
集部/別集類/清別集

籟雲書屋詩鈔六卷附紅蘶詞鈔二卷　　（清）鍾
景撰　　清咸豐八年（1858）刻本　　一冊　　存二
卷（紅蘶詞鈔一至二）

330000 – 1716 – 0007833　　集補 2677 – 3/
07833　　集部/詞類/別集之屬

寄龕詞四卷　　（清）孫德祖撰　　清同治九年
（1870）山陰許純模刻本　　孝焱跋　　一冊

330000 – 1716 – 0007835　　普集 1524/07835
集部/別集類/清別集

張文襄公詩集四卷　　（清）張之洞撰　　清宣統
二年（1910）南皮張氏鉛印本　　二冊

330000 – 1716 – 0007837　　集補 2675 – 1/
07837　　集部/詞類/別集之屬

玉玲瓏館詞存三卷曲存一卷詩詞賸草二卷
（清）魏熙元撰　　清光緒十六年至二十二年
（1890 – 1896）杭州魏氏一樹冬青書屋刻本
一冊　　缺二卷（詩詞賸草一至二）

330000 – 1716 – 0007838　　普集 1527/07838
集部/別集類/清別集

敦夙好齋詩初編十二卷　　（清）葉名澧撰　　清
咸豐三年（1853）漢陽葉氏刻本　　二冊

330000 – 1716 – 0007839　　集補 2680/07839
集部/詞類/別集之屬

一粟盦詞集二卷　　蔡寶善撰　　清宣統元年
（1909）西安圖書館鉛印本　　一冊

330000 – 1716 – 0007840　　集補 2675 – 2/
07840　　集部/詞類/別集之屬

玉玲瓏館詞存三卷曲存一卷詩詞賸草二卷
（清）魏熙元撰　　清光緒十六年至二十二年
（1890 – 1896）杭州魏氏一樹冬青書屋刻本
一冊

330000 – 1716 – 0007845　　普集 1528/07845
集部/別集類/清別集

道古堂文集四十八卷詩集二十六卷集外文一
卷集外詩一卷　　（清）杭世駿撰　　軼事一卷
（清）汪曾唯輯　　清乾隆四十一年（1776）刻光
緒十四年（1888）錢塘汪氏振綺堂增修本　　十
六冊

330000 – 1716 – 0007846　　普集 1503/07846
集部/別集類/唐五代別集

李太白文集三十六卷　　（唐）李白撰　　（清）王
琦輯注　　清光緒三十四年（1908）上海掃葉山
房石印本　　二十冊

330000－1716－0007847　集補 2685/07847
集部/詞類/別集之屬

滄江虹月詞三卷　（清）汪初撰　清嘉慶九年
(1804)汪氏振綺堂刻光緒十五年(1889)汪曾
唯增刻本　一冊

330000－1716－0007848　集補 2682/07848
集部/詞類/別集之屬

蠹龕遺詞二卷　（清）岑應麐撰　清光緒元年
(1875)刻本　一冊

330000－1716－0007849　集補 2676/07849
集部/別集類/清別集

寄盒詩稿二卷詞稿一卷　（清）孫汝懌撰　清
宣統三年(1911)刻本　二冊

330000－1716－0007850　集補 2683/07850
集部/詞類/別集之屬

眉綠樓詞一卷　（清）顧文彬撰　清光緒五年
(1879)刻本　一冊

330000－1716－0007851　集補 2686/07851
類叢部/叢書類/彙編之屬

振綺堂叢刊八種　（清）□□輯　清嘉慶至光
緒汪氏振綺堂刻本　一冊　存一種

330000－1716－0007852　集補 2687/07852
集部/詞類/別集之屬

荔園詞二卷　（清）徐本立撰　清同治十年
(1871)徐本立刻本　一冊

330000－1716－0007855　集補 1080－2/
07855　集部/詞類/別集之屬

彊邨詞四卷　朱祖謀撰　清光緒三十一年
(1905)刻本　壽鵬更題記　一冊

330000－1716－0007857　普集 1533/07857
集部/別集類/明別集

張忠敏公遺集十卷首一卷附錄六卷　（明）張
國維撰　（清）張振珂輯　清咸豐七年(1857)
張振珂刻本　六冊

330000－1716－0007858　普集 1532/07858
類叢部/類書類/通類之屬

分類如面談一集十一卷二集十二卷補遺一卷
自稿一卷　（清）周京選　清雍正十一年

(1733)古吳尚友堂刻本　九冊　缺二卷(補
遺、自稿)

330000－1716－0007859　普集 1535/07859
集部/別集類/清別集

古微堂文集十卷(古微堂內集二卷外集八卷)
　（清）魏源撰　（清）黃象離輯　清宣統二年
(1910)上海國學扶輪社鉛印本　六冊

330000－1716－0007860　普集 1536/07860
集部/別集類/清別集

古微堂文集十卷(古微堂內集二卷外集八卷)
　（清）魏源撰　（清）黃象離輯　清宣統元年
(1909)上海國學扶輪社鉛印本　六冊

330000－1716－0007861　普集 1537/07861
集部/總集類/選集之屬/通代

憑山閣留青廣集十二卷　（清）陳枚輯　清刻
本　十二冊

330000－1716－0007862　集補 2707/07862
集部/別集類/清別集

壯悔堂文集十卷遺稿一卷四憶堂詩集六卷
(清)侯方域撰　（清）賈開宗等評點　清刻本
　宋崇厚題記　六冊

330000－1716－0007863　普集 1543/07863
集部/別集類/唐五代別集

樊川文集二十卷外集一卷別集一卷　（唐）杜
牧撰　清光緒二十二年(1896)景蘇園影宋刻
本　四冊

330000－1716－0007864　普集 1534/07864
集部/別集類/清別集

船山詩草二十卷　（清）張問陶撰　補遺六卷
　（清）陳葆森編　清嘉慶二十年(1815)刻道
光二十九年(1849)增刻本　十冊

330000－1716－0007865　普集 1544/07865
經部/詩類/傳說之屬

詩緝三十六卷　（宋）嚴粲撰　清嘉慶十五年
(1810)溪上聽彝堂刻本　十二冊

330000－1716－0007866　集補 2690/07866
集部/詞類/別集之屬

迦厂詞四卷　左運奎撰　清宣統二年(1910)

陽湖左運奎鉛印本　一冊

330000－1716－0007867　集補 2708/07867
集部/別集類/唐五代別集

**白香山詩長慶集二十卷後集十七卷別集一卷
補遺二卷**　（唐）白居易撰　（清）汪立名編訂
　　白香山年譜一卷　（清）汪立名撰　**白香山
年譜舊本一卷**　（宋）陳振孫撰　清康熙四十
一年至四十二年（1702－1703）汪立名一隅草
堂刻本　十二冊

330000－1716－0007868　集補 2691/07868
集部/詞類/別集之屬

雨屋深鐙詞一卷續稿一卷　汪兆鏞撰　清宣
統三年（1911）、民國十七年（1928）鉛印本
一冊

330000－1716－0007869　普集 1545/07869
集部/總集類/選集之屬/斷代

文粹一百卷　（宋）姚鉉輯　**補遺二十六卷**
（清）郭麐輯　清光緒十六年（1890）杭州許增
榆園刻本　二十冊

330000－1716－0007872　普集 1538/07872
集部/別集類/清別集

**望溪先生文集十八卷集外文十卷集外文補遺
二卷年譜二卷**　（清）方苞撰　清咸豐元年
（1851）戴鈞衡刻二年（1852）增刻本　十四冊
　　缺一卷（一）

330000－1716－0007873　普集 1539/07873
集部/別集類/清別集

**望溪先生文集十八卷集外文十卷集外文補遺
二卷年譜二卷**　（清）方苞撰　清咸豐元年
（1851）戴鈞衡刻二年（1852）增刻本　十四冊

330000－1716－0007874　集補 2693/07874
集部/詞類/別集之屬

留雲借月盦詞五卷　（清）劉炳照撰　清光緒
十九年（1893）刻本　一冊

330000－1716－0007875　普集 1547/07875
集部/詞類/詞譜之屬

詞律二十卷　（清）萬樹撰　**詞律拾遺八卷**
（清）徐本立撰　**詞律補遺一卷**　（清）杜文瀾

撰　清光緒二年（1876）石印本　十二冊

330000－1716－0007877　集補 2695/07877
集部/別集類/清別集

湘麋閣遺詩四卷蘭當詞二卷　（清）陶方琦撰
　清光緒十六年（1890）鄂局刻本　一冊　存
二卷（蘭當詞上、下）

330000－1716－0007879　集補 2696/07879
史部/史評類/詠史之屬

今樂府（九九樂府）一卷　（清）陳梓撰
（清）鄭亦亭評　清宣統二年（1910）石印本
一冊

330000－1716－0007882　集補 2697/07882
集部/詞類/別集之屬

小梅花館詞集三卷　（清）吳廷燮撰　清光緒
四年（1878）刻本　一冊

330000－1716－0007886　普集 1556/07886
類叢部/叢書類/彙編之屬

榆園叢刻十五種附一種　（清）許增編　清末
有正書局石印本　一冊　存一種

330000－1716－0007890　普叢 0250－6/
07890　類叢部/叢書類/自著之屬

曾文正公全集十五種　（清）曾國藩撰　清同
治至光緒傳忠書局刻本　二十冊　存一種

330000－1716－0007892　普集 1560/07892
集部/別集類/唐五代別集

駱賓王文集十卷　（唐）駱賓王撰　**考異一卷**
　（清）顧廣圻撰　清宣統三年（1911）上海文
瑞樓石印本　二冊

330000－1716－0007896　集補 2703/07896
集部/別集類/明別集

高忠憲公詩集八卷　（明）高攀龍撰　清同治
十二年（1873）木活字印本　二冊

330000－1716－0007897　經補 0918－4/
07897　經部/書類/傳說之屬

書經精華六卷　（清）薛嘉穎撰　清光緒二年
（1876）寧郡簡香齋刻本　二冊

330000－1716－0007899　普集 1119/07899

集部/總集類/選集之屬/斷代

易堂九子文鈔　（清）彭玉雯編　清道光十七年(1837)彭氏刻本　十五冊　存四種

330000－1716－0007902　普集 1563/07902
類叢部/叢書類/彙編之屬

邵武徐氏叢書二十三種　（清）徐幹編　清光緒邵武徐氏刻本　二冊　存一種

330000－1716－0007905　普集 1564/07905
集部/別集類/清別集

寄青齋詩稿一卷詞稿一卷　（清）徐虔復撰
綠雲館吟草一卷賦鈔一卷　（清）程芙亭撰
清光緒十三年(1887)徐煥章留餘堂刻本
二冊

330000－1716－0007906　集補 2704/07906
集部/別集類/明別集

太師誠意伯劉文成公集二十卷首一卷　（明）劉基撰　清光緒元年(1875)刻本　十冊

330000－1716－0007907　子補 3707/07907
子部/術數類/相宅相墓之屬

地理要章摘録不分卷　清抄本　一冊

330000－1716－0007909　集補 2705/07909
集部/總集類/氏族之屬

范文正公忠宣公全集二種七十三卷　（宋）范仲淹　（宋）范純仁撰　清康熙四十六年(1707)范氏歲寒堂刻本　六冊　存一種

330000－1716－0007910　集補 2706/07910
集部/別集類/宋別集

宋陳文節公詩集五卷文集十九卷首一卷末一卷　（宋）陳傅良撰　清乾隆十年(1745)瑞安林上梓愛日樓刻本　八冊

330000－1716－0007912　普集 1565/07912
集部/別集類/清別集

寄青齋詩稿一卷詞稿一卷　（清）徐虔復撰
綠雲館吟草一卷賦鈔一卷　（清）程芙亭撰
清光緒十三年(1887)徐煥章留餘堂刻本
二冊

330000－1716－0007914　普叢 0221－2/07914　類叢部/叢書類/自著之屬

烏程范氏叢書二十一種　（清）范鍇撰輯　清道光至同治刻彙印本　四冊　存五種

330000－1716－0007917　普集 1570/07917
集部/詞類/別集之屬

鴻雪詞二卷　（清）周之琦撰　清道光刻本
一冊

330000－1716－0007921　集補 1610－2/07921　集部/別集類/清別集

曝書亭集八十卷附錄一卷　（清）朱彝尊撰
笛漁小稿十卷　（清）朱昆田撰　清光緒十五年(1889)會稽陶氏寒梅館刻本　十五冊　存八十一卷(一至八十、附錄)

330000－1716－0007925　普集 1577/07925
類叢部/叢書類/自著之屬

確山所著書□□種　（清）宋世犖撰　清嘉慶二十五年(1820)刻光緒補刻本　一冊　存一種

330000－1716－0007926　集補 2700/07926
集部/詞類/別集之屬

蟲龕遺詞二卷　（清）岑應麐撰　清光緒元年(1875)刻本　一冊

330000－1716－0007927　普集 1576/07927
集部/別集類/清別集

思貽堂詩集六卷　（清）金衍宗撰　清光緒至宣統鉛印本　二冊

330000－1716－0007928　地獻 1517/07928
子部/醫家類/醫經之屬/内經

類經三十二卷　（明）張介賓類注　**類經圖翼十一卷附翼四卷**　（明）張介賓撰　清刻本
九冊　存十八卷(四至五、二十二至二十五、三十至三十二,圖翼三至十一)

330000－1716－0007929　普集 1580/07929
集部/別集類/清別集

選樓集句二卷首一卷　（清）許祥光撰　清道光二十年(1840)刻本　一冊

330000－1716－0007930　集補 2701/07930
集部/詞類/總集之屬

詩餘偶鈔六卷　王先謙輯　清光緒十六年

（1890）長沙王先謙刻本　二冊

330000－1716－0007931　經補 1440－1/
07931　經部/小學類/訓詁之屬/字詁

新增攷正俗言智燈難字二卷雅語巧對録一卷
（清）范寅撰　清光緒二十四年（1898）石印
本　二冊

330000－1716－0007932　普集 1581/07932
集部/總集類/選集之屬/斷代

唐詩三百首注疏六卷　（清）孫洙編　（清）章
燮注　清道光十五年（1835）立言堂刻本
二冊

330000－1716－0007933　經補 1440－2/
07933　經部/小學類/訓詁之屬/字詁

新增攷正俗言智燈難字二卷雅語巧對録一卷
（清）范寅撰　清光緒二十四年（1898）石印
本　一冊　存一卷（一）

330000－1716－0007934　集補 2709/07934
集部/別集類/清別集

梅村詩集箋注十八卷　（清）吳偉業撰　（清）
吳翌鳳箋注　清嘉慶十九年（1814）嚴榮滄浪
吟榭刻本　清陶濬宣題簽　三冊　存五卷
（一至五）

330000－1716－0007935　經補 1440－3/
07935　經部/小學類/訓詁之屬/字詁

新鎸智燈難字二卷　（清）范寅撰　清宣統元
年（1909）上海廣益書局石印本　一冊

330000－1716－0007936　普集 1584/07936
集部/總集類/選集之屬/通代

御選唐宋文醇五十八卷目録一卷　（清）高宗
弘曆輯　清刻四色套印本　十五冊　缺四卷
（十九至二十二）

330000－1716－0007938　普集 1588/07938
集部/別集類/清別集

蟲鳥吟十卷　（清）蕭德宣撰　清同治五年
（1866）刻本　十冊

330000－1716－0007939　普叢 0439/07939
類叢部/叢書類/自著之屬

隨園三十種　（清）袁枚撰　清刻本　三十冊

存十四種

330000－1716－0007940　普集 1585/07940
史部/地理類/雜志之屬

御製盛京賦一卷　（清）高宗弘曆撰　（清）鄂
爾泰等注　清乾隆刻本　一冊

330000－1716－0007943　普集 1589/07943
集部/別集類/宋別集

陸象山先生文集三十六卷　（宋）陸九淵撰
（清）李紱輯　**少湖徐先生學則辨一卷**　（明）
徐階撰　清道光三年（1823）金谿陸邦瑞槐堂
書齋刻本　十六冊

330000－1716－0007945　普集 1592/07945
集部/總集類/選集之屬/通代

**古文奇賞二十二卷續古文奇賞三十四卷奇賞
齋廣文苑英華二十六卷四續古文奇賞五十三
卷明文奇賞四十卷**　（明）陳仁錫輯　明萬曆
四十六年（1618）至天啟刻本　二十冊　存二
十二卷（古文奇賞一至二十二）

330000－1716－0007946　史補 1597－2/
07946　史部/傳記類/總傳之屬/姓名

正續百家姓一卷　（清）王相撰　清宣統三年
（1911）上海萃英書局石印本　一冊

330000－1716－0007948　普集 1591/07948
集部/總集類/選集之屬/斷代

國朝駢體正宗十二卷　（清）曾燠輯　清刻本
胡慶榮題簽　六冊

330000－1716－0007949　普集 1594/07949
類叢部/叢書類/自著之屬

吳翊寅所著書七種　（清）吳翊寅撰　清光緒
十九年至二十一年（1893－1895）廣州刻本
一冊　存一種

330000－1716－0007951　普集 1595/07951
集部/別集類/清別集

蒙廬詩存四卷外集一卷　（清）沈景脩撰　清
光緒二十一年（1895）杭州刻本　一冊

330000－1716－0007953　史補 0826/07953
史部/地理類/專志之屬/祠墓

金陵崇善堂徵信録二卷　清光緒十三年

(1887)刻本　一冊

330000－1716－0007954　普集 1597/07954
集部/別集類/清別集

研谿先生詩集七卷　（清）惠周惕撰　清康熙
惠氏紅豆齋刻本　二冊

330000－1716－0007955　普集 1600/07955
類叢部/叢書類/彙編之屬

榆園叢刻十五種附一種　（清）許增編　清同
治至光緒刻本　一冊　存一種

330000－1716－0007956　普集 1598/07956
集部/總集類/題詠之屬

迦陵先生填詞圖題詞一卷　（清）陳藥洲輯
清乾隆五十九年(1794)刻本　周毅修題簽
一冊

330000－1716－0007957　普集 1601/07957
集部/詞類/別集之屬

茶夢盦爐餘詞一卷劫後稿一卷　（清）高望曾
撰　寫麋樓遺詞一卷　（清）陳嘉撰　清同治
九年(1870)福州刻本　清香夢樓主題記
一冊

330000－1716－0007959　子補 3197/07959
子部/儒家類/儒學之屬/蒙學

三字經注解備要一卷　（清）賀興思注解　清
光緒二十五年(1899)上海掃葉山房鉛印本
一冊

330000－1716－0007961　普集 1603 普集
1604/07961　集部/別集類/清別集

知畏齋文稿一卷續編一卷詩稿一卷　（清）查
人瑛撰　清道光刻本　三冊

330000－1716－0007962　普集 1602/07962
集部/總集類/郡邑之屬

黃岡二家詩鈔三十四卷　（清）陳師晉編　清
乾隆五年(1740)玉照亭刻本　二冊　存六卷
(尊道堂別集一至六)

330000－1716－0007964　普集 1608/07964
集部/別集類/清別集

尤太史律詩四卷　（清）尤侗撰　清乾隆二十
五年(1760)鄒氏青藜書屋刻木活字印本

二冊

330000－1716－0007966　經補 0912－34/
07966　經部/小學類/音韻之屬/韻書

增廣詩韻全璧五卷　（清）奕詢增編　虛字韻
藪一卷　（清）潘維城輯　初學檢韻袖珍一卷
　（清）姚文登輯　清光緒十七年(1891)上海
錦章圖書局石印本　湯□跋　六冊

330000－1716－0007968　普叢 0242－2/
07968　類叢部/叢書類/自著之屬

拙盦叢稿　（清）朱一新撰　清光緒二十二年
(1896)順德龍氏葆真堂刻本　七冊　存三種

330000－1716－0007975　普集 1593/07975
集部/別集類/宋別集

湖山類稿五卷水雲集一卷附錄一卷　（宋）汪
元量撰　清乾隆三十年(1765)鮑廷博知不足
齋刻本　一冊

330000－1716－0007977　普集 1606/07977
集部/別集類/清別集

端園詩草八卷　（清）錢照撰　清道光刻本
一冊

330000－1716－0007980　普集 1611/07980
集部/總集類/氏族之屬

范文正公忠宣公全集二種七十三卷　（宋）范
仲淹　（宋）范純仁撰　清康熙四十六年
(1707)范氏歲寒堂刻本　十冊　存一種

330000－1716－0007981　經補 1367/07981
經部/小學類/文字之屬/字書/字典

康熙字典十二集三十六卷總目一卷檢字一卷
辨似一卷等韻一卷補遺一卷備考一卷　（清）
張玉書等纂修　清光緒三十三年(1907)上海
鴻文書局石印本　六冊

330000－1716－0007982　集補 2713/07982
類叢部/類書類/通類之屬

四六談薈一卷　（清）范濂輯　清光緒二十五
年(1899)刻本　一冊

330000－1716－0007983　經補 1000－76/
07983　經部/小學類/文字之屬/字書/字典

康熙字典十二集三十六卷總目一卷檢字一卷

辨似一卷等韻一卷補遺一卷備考一卷 （清）張玉書等纂修 清宣統元年(1909)上海章福記書局石印本 四冊 缺九卷(酉集上中下、戌集上中下、亥集上中下)

330000－1716－0007984 集補 2714－1/07984 集部/總集類/選集之屬/通代
古文筆法八卷 （清）李扶九輯 清光緒二十七年(1901)上海書局石印本 四冊

330000－1716－0007985 經補 1000－135/07985 經部/小學類/文字之屬/字書/字典
康熙字典十二集三十六卷總目一卷檢字一卷辨似一卷等韻一卷補遺一卷備考一卷 （清）張玉書等纂修 清光緒三十年(1904)上海錦章書局石印本 一冊 存十卷(子集上中下、丑集上中下,總目,檢字,辨似,等韻)

330000－1716－0007986 集補 2714－2/07986 集部/總集類/選集之屬/通代
古文筆法百篇八卷 （清）李扶九輯 清光緒二十九年(1903)石印本 吳濟生題記 一冊

330000－1716－0007987 子補 1767/07987 子部/宗教類/佛教之屬
科儀一卷 清刻本 一冊

330000－1716－0007988 集補 2714－3/07988 集部/總集類/選集之屬/通代
古文筆法百篇八卷 （清）李扶九輯 清光緒二十九年(1903)石印本 陶葭士題記 一冊

330000－1716－0007989 普集 1612/07989 集部/總集類/選集之屬/通代
重訂文選集評十五卷首一卷末一卷 （清）于光華輯 清咸豐十年(1860)右文堂刻本 十六冊

330000－1716－0007997 普集 1615/07997 集部/別集類/宋別集
王臨川文集四卷 （宋）王安石撰 清宣統二年(1910)上海會文堂書局石印本 黃文彬題記 四冊

330000－1716－0007998 集補 2717/07998 集部/別集類

開通中國第一哲學大家嚴侯官先生全集十四卷 嚴復撰并譯 清光緒石印本 三冊 存三卷(二至三、十二)

330000－1716－0007999 經補 1000－137/07999 經部/小學類/文字之屬/字書/字典
康熙字典十二集三十六卷總目一卷檢字一卷辨似一卷等韻一卷補遺一卷備考一卷 （清）張玉書等纂修 清末石印本 四冊 缺十六卷(子集上中下、丑集上中下、未集上中下、申集上中下,總目,檢字,辨似,等韻)

330000－1716－0008000 集補 2718/08000 集部/別集類/清別集
小謨觴館文集四卷 （清）彭兆蓀撰 清光緒六年(1880)存存軒刻本 二冊

330000－1716－0008006 普集 1616/08006 集部/別集類/唐五代別集
昌黎先生集四十卷外集十卷遺文一卷 （唐）韓愈撰 （宋）廖瑩中校正 朱子校昌黎先生集傳一卷 （宋）朱熹撰 韓集點勘四卷 （清）陳景雲撰 清宣統三年(1911)上海掃葉山房石印本 十二冊

330000－1716－0008007 集補 2720/08007 集部/別集類/清別集
瓊華詩集四卷續集一卷 （清）俞廷瑛撰 清光緒九年(1883)刻本 一冊

330000－1716－0008009 普集 1621/08009 集部/詞類/別集之屬
草窗詞二卷補二卷 （宋）周密撰 朱祖謀輯 清光緒二十六年(1900)歸安朱氏無著盦刻本 語石題記 一冊

330000－1716－0008012 普集 1627/08012 集部/總集類/課藝之屬
制義初桄二卷 （清）蔡啟盛輯 清光緒二十四年(1898)文匯書局鉛印本 二冊

330000－1716－0008014 普集 1628/08014 集部/別集類/清別集
袁文箋正十六卷補注一卷 （清）袁枚撰 （清）石韞玉箋 清道光七年(1827)松壽山房

刻本　　八冊

330000－1716－0008017　　普叢 0437－9/
08017　　類叢部/叢書類/自著之屬

隨園三十種　（清）袁枚撰　清刻本　袁梅卿
題記　　八十冊

330000－1716－0008019　　普集 1631/08019
集部/總集類/選集之屬/通代

古唐詩合解古詩四卷唐詩十二卷　　（清）王堯
衢注　清光緒九年(1883)刻本　　六冊

330000－1716－0008020　　子補 0798/08020
子部/宗教類/佛教之屬/經

地藏菩薩本願經三卷　（唐）釋實叉難陀譯
清光緒十六年(1890)浙杭瑪瑙經房刻本　朱
幼安題簽　　一冊

330000－1716－0008023　　普集 1632/08023
集部/別集類/唐五代別集

**白香山詩長慶集二十卷後集十七卷別集一卷
補遺二卷**　（唐）白居易撰　（清）汪立名編訂
　白香山年譜一卷　（清）汪立名撰　**白香山
年譜舊本一卷**　（宋）陳振孫撰　清康熙四十
一年至四十二年(1702－1703)汪立名一隅草
堂刻本　　八冊

330000－1716－0008024　　普集 1633/08024
集部/別集類/宋別集

劍南詩鈔六卷　（宋）陸游撰　（清）楊大鶴選
　清愛日堂刻本　　八冊

330000－1716－0008027　　集補 2715/08027
集部/詩文評類/文評之屬

中國文學指南二卷　邵伯棠編　清宣統二年
(1910)上海會文堂粹記石印本　　二冊

330000－1716－0008028　　普集 1637/08028
集部/總集類/氏族之屬

范文正公忠宣公全集二種七十三卷　（宋）范
仲淹　（宋）范純仁撰　清康熙四十六年
(1707)范氏歲寒堂刻本　十二冊　存一種

330000－1716－0008029　　普集 1638/08029
集部/別集類

絢華室詩憶一卷　俞陸雲撰　清光緒二十年

(1894)吳下刻本　王繼香題記　一冊

330000－1716－0008033　　普集 1639/08033
集部/別集類/清別集

玉堂課草十二卷　（清）黃爵滋撰　清道光十
二年(1832)仙屏書屋刻本　　二冊

330000－1716－0008036　　普集 1634/08036
類叢部/叢書類/彙編之屬

湖海樓叢書十二種　　（清）陳春編　清嘉慶蕭
山陳氏刻二十四年(1819)彙印本　二冊　存
一種

330000－1716－0008040　　普集 1635/08040
集部/別集類/清別集

師竹軒詩集四卷　（清）劉樹堂撰　**韻香閣詩
草一卷**　（清）孔祥淑撰　清光緒十五年
(1889)姑蘇梓文閣刻本　　一冊

330000－1716－0008042　　普集 1642/08042
集部/別集類/清別集

崇蘭堂駢體文初存二卷　（清）張預撰　清光
緒三十四年(1908)湖北官印書局鉛印本
一冊

330000－1716－0008047　　普集 1644/08047
集部/總集類/選集之屬/斷代

陸陳二先生詩文鈔　（清）葉裕仁輯　清同治
九年至光緒二年(1870－1876)安道書院刻本
　二冊　存一種

330000－1716－0008050　　普集 1650/08050
集部/別集類/清別集

徐烈婦詩鈔二卷附報素聞書并回文一卷
（清）吳宗愛撰　（清）楊晉藩　（清）許楣評
　同心梔子圖續編一卷　（清）應瑩撰　清同
治十三年(1874)桐城吳氏雲鶴仙館刻本　一
冊　缺一卷(同心梔子圖續編)

330000－1716－0008052　　普集 1651/08052
類叢部/叢書類/彙編之屬

刻鵠齋叢書十六種　（清）胡念修編　清光緒
二十三年至二十七年(1897－1901)刻鵠齋刻
本　二冊　存一種

330000－1716－0008056　　普集 1653/08056

集部/別集類/清別集

空桐子詩草十卷 （清）王煦撰 （清）錢駥等編 清道光九年(1829)觀海樓刻本 二冊

330000 – 1716 – 0008059 普集 1656/08059
集部/詞類/別集之屬

射雕詞二卷續鈔一卷 （清）應寶時撰 清光緒十年(1884)吳中、十四年(1888)古越刻本 一冊

330000 – 1716 – 0008061 普集 1647/08061
類叢部/叢書類/彙編之屬

張氏適園叢書 張鈞衡編 清宣統三年(1911)上海國學扶輪社鉛印本 一冊 存一種

330000 – 1716 – 0008066 普集 1658/08066
類叢部/叢書類/自著之屬

留書種閣集九種 （清）黃炳垕撰 清同治六年至光緒二十年(1867 – 1894)餘姚黃氏留書種閣刻本 一冊 存一種

330000 – 1716 – 0008067 普集 1660/08067
子部/儒家類/儒學之屬/蒙學

續千家詩二卷 （清）晦齋學人輯 清同治十年(1871)南寧金玉堂刻本 一冊

330000 – 1716 – 0008068 子補 3210/08068
子部/雜著類/雜纂之屬

格言聯璧一卷附一卷 （清）金纓輯 清光緒十年(1884)紹興刻本 一冊

330000 – 1716 – 0008069 普集 1659/08069
集部/總集類/彙編之屬

碧城僊館女弟子詩二卷 （清）王蘭修等撰 清道光二十二年(1842)聽香閣刻本 清以菴題簽並記 清鄭湘蘅觀款 二冊

330000 – 1716 – 0008070 子補 3203 – 5/08070 子部/儒家類/儒學之屬/蒙學

三字經注解備要一卷 （清）賀興思注解 清光緒二十六年(1900)石印本 一冊

330000 – 1716 – 0008071 子補 3209/08071
子部/儒家類/儒學之屬/蒙學

神童詩一卷 清三味堂刻本 一冊

330000 – 1716 – 0008078 經補 1414 – 3/08078 經部/小學類/文字之屬/字書/字典

字彙十二集首一卷末一卷 （明）梅膺祚撰 清安漢裕德堂刻本 三冊 存四卷(子集、丑集、寅集,首)

330000 – 1716 – 0008080 經補 1440 – 4/08080 經部/小學類/訓詁之屬/字詁

新增攷正俗言智燈難字二卷雅語巧對録一卷 （清）范寅撰 清光緒二十四年(1898)石印本 一冊

330000 – 1716 – 0008082 普叢 0151 – 2/08082 類叢部/叢書類/彙編之屬

邵武徐氏叢書二十三種 （清）徐幹編 清光緒邵武徐氏刻本 二十一冊 存十六種

330000 – 1716 – 0008085 經補 1510/08085
經部/小學類

澤存堂五種 （清）張士俊輯 清光緒十四年(1888)上海蜚英館石印本 十一冊

330000 – 1716 – 0008089 普集 1673/08089
集部/別集類/清別集

無長物齋詩存四卷感知集二卷復丁老人詩記一卷續一卷 （清）劉炳照撰 清光緒至宣統刻本 一冊 存二卷(感知集一至二)

330000 – 1716 – 0008090 普集 1671/08090
史部/地理類/雜志之屬

當湖百詠一卷 （清）張雲錦撰 清宣統三年(1911)華雲閣鉛印本 一冊

330000 – 1716 – 0008093 普集 1661/08093
集部/詞類/別集之屬

半塘定稿二卷賸稿一卷 （清）王鵬運撰 清光緒三十一年至三十二年(1905 – 1906)朱祖謀小放下庵刻本 一冊 缺一卷(賸稿)

330000 – 1716 – 0008094 普集 1674/08094
類叢部/叢書類/彙編之屬

滂喜齋叢書五十種 （清）潘祖蔭編 清同治至光緒吳縣潘氏京師刻本 一冊 存一種

330000 – 1716 – 0008096 普集 1662/08096
集部/別集類/清別集

吟香室詩草二卷續刻一卷附刻一卷 （清）楊
薀輝撰 清光緒二十三年(1897)南海縣署刻
本 沈家楷題記 二冊

330000 – 1716 – 0008100 普集 1899 – 2/
08100 集部/總集類/課藝之屬

制藝精華前編三十二卷二編十二卷 （清）李
鏡山輯 清末鉛印本 三冊 存三十四卷
（前編十一至三十二、二編一至十二）

330000 – 1716 – 0008103 普集 1677 – 1/
08103 集部/總集類/彙編之屬

五朝詩別裁集五種 （清）□□輯 清務本堂
刻本 荊花館主人題簽 三十二冊 存三種

330000 – 1716 –0008106 普集 1685/08106
集部/詩文評類/詩評之屬

詩法入門四卷首一卷 （清）游藝輯 清刻本
劍儂題簽 二冊

330000 – 1716 – 0008108 普集 1687/08108
集部/總集類/選集之屬/通代

文選古字通疏證六卷 （清）薛傳均撰 清光
緒十二年(1886)還讀樓刻本 二冊

330000 – 1716 – 0008109 新補 0186 – 5/
08109 新學/雜著/雜記

國民快覽不分卷 清末石印本 一冊

330000 – 1716 – 0008110 古越 0552 – 1/
08110 類叢部/叢書類/彙編之屬

花雨樓叢鈔十一種續鈔十一種附一種 （清）
張壽榮編 清光緒八年至十四年（1882 –
1888)蛟川張氏花雨樓刻本 三冊 存一種

330000 – 1716 – 0008112 普集 1689/08112
集部/別集類

結一宧駢體文二卷詩略三卷 屠寄撰 清光
緒十六年(1890)廣州刻朱印本 一冊

330000 – 1716 – 0008113 新補 0186 – 4/
08113 新學/雜著/雜記

國民快覽不分卷 清宣統三年(1911)石印本
章成題記 一冊

330000 – 1716 – 0008114 普集 1690/08114

類叢部/叢書類/彙編之屬

留垞叢刻八種 楊鍾羲編 清光緒十六年至
宣統二年(1890 – 1910)刻本 一冊 存一種

330000 – 1716 – 0008115 新補 0186 – 6/
08115 新學/雜著/雜記

國民快覽不分卷 清光緒三十三年(1907)華
商賞學齋書局石印本 一冊

330000 – 1716 –0008116 集補 1585/08116
集部/別集類/漢魏六朝別集

陶淵明文集十卷 （晉）陶潛撰 清刻本 一
冊 存四卷(一至四)

330000 – 1716 – 0008117 集補 1058 – 30/
08117 集部/總集類/選集之屬/通代

文選六十卷 （南朝梁）蕭統輯 （唐）李善注
（清）何焯評 清葉氏海錄軒刻朱墨套印本
一冊 存五卷(十六至二十)

330000 – 1716 – 0008118 子補 3062/08118
子部/天文曆算類/曆法之屬

[光緒]丁未年分類中外涉世通書不分卷 清
光緒三十三年(1907)石印本 一冊

330000 – 1716 – 0008120 普集 1691/08120
集部/總集類/選集之屬/通代

全上古三代秦漢三國六朝文七百四十一卷
（清）嚴可均輯 清光緒十三年至十九年
(1887 – 1893)黃岡王氏廣州廣雅書局刻本
八十冊

330000 – 1716 – 0008121 集補 1582/08121
集部/詩文評類/詩評之屬

二十四詩品淺解一卷 （唐）司空圖撰 （清）
楊廷芝解 清刻本 一冊

330000 – 1716 – 0008122 子補 3061/08122
子部/儒家類/儒學之屬/蒙學

俗字集句一卷 （清）沈餘生撰 清刻本
一冊

330000 – 1716 – 0008123 普集 1694/08123
集部/別集類/清別集

思綺堂文集十卷 （清）章藻功撰 清刻本
二冊 存一卷(十)

330000－1716－0008124　普集 1695/08124

類叢部/叢書類/自著之屬

杭大宗七種叢書　(清)杭世駿撰　清乾隆杭賓仁羊城刻本　一冊　存一種

330000－1716－0008125　普集 1697/08125

類叢部/叢書類/自著之屬

藝風堂彙刻十六種　繆荃孫撰　清光緒至民國刻本　四冊　存一種

330000－1716－0008129　普集 1701/08129

集部/別集類/宋別集

施注蘇詩四十二卷目錄二卷　(宋)蘇軾撰 (宋)施元之　(宋)顧禧注　(清)顧嗣立 (清)邵長蘅　(清)宋至刪補　**蘇詩續補遺二卷**　(清)馮景補注　**王注正譌一卷**　(清)邵長蘅撰　**東坡先生年譜一卷**　(宋)王宗稷編　清刻本　十四冊

330000－1716－0008130　普集 1700/08130

集部/總集類/選集之屬/斷代

明詩別裁集十二卷　(清)沈德潛　(清)周準輯　清刻本　六冊

330000－1716－0008132　普集 1702/08132

集部/總集類/彙編之屬

元人選元五種　□□編　清光緒三十四年(1908)連平范氏雙魚室刻本　一冊　存二種

330000－1716－0008133　集補 2729/08133

集部/總集類/彙編之屬

滑稽詩文集四卷　汪錫純編纂　清宣統二年(1910)石印本　四冊

330000－1716－0008136　子補 4143/08136

子部/儒家類/儒學之屬/蒙學

三字經注解備要一卷　(清)賀興思注解　清光緒十五年(1889)上海廣百宋齋鉛印本 一冊

330000－1716－0008137　子補 3208/08137

子部/儒家類/儒學之屬/蒙學

改良繪圖幼學雜字不分卷　(清)平江居士編　清光緒石印本　一冊

330000－1716－0008154　古越 0289/08154

子部/醫家類/類編之屬

黃氏醫書八種　(清)黃元御撰　清咸豐十年(1860)徐樹銘燮龢精舍刻本　二十四冊

330000－1716－0008155　普類 0124－2/08155　類叢部/類書類/專類之屬

文章潤色九卷　清光緒十一年(1885)四明暢懷書屋石印本　一冊

330000－1716－0008156　普叢 0430/08156

類叢部/叢書類/自著之屬

隨園三十六種　(清)袁枚撰　清光緒十八年(1892)上海圖書集成印書局鉛印本　一冊　存三種

330000－1716－0008159　普集 1710/08159

集部/小說類/長篇之屬

新鐫古本批評繡像三世報隔簾花影四十八回　(清)四橋居士撰　清刻本　六冊　缺十二回(二十至二十五、四十三至四十八)

330000－1716－0008160　普集 1711/08160

史部/紀傳類/正史之屬

二十四史　清光緒十八年(1892)武林竹簡齋石印本　八冊　存一種

330000－1716－0008161　經補 0290/08161

經部/四書類/孟子之屬

孟子不分卷　(戰國)孟軻撰　清末石印本　一冊

330000－1716－0008167　經補 1347/08167

經部/小學類/文字之屬/字書/字典

康熙字典十二集三十六卷總目一卷檢字一卷辨似一卷等韻一卷補遺一卷備考一卷　(清)張玉書等纂修　清道光七年(1827)刻本　四十冊

330000－1716－0008171　子補 3822/08171

子部/雜著類/雜考之屬

十駕齋養新錄二十卷餘錄三卷　(清)錢大昕撰　清光緒十四年(1888)上海同文書局石印本　三冊　存一種

330000－1716－0008175　地獻 1488－2/08175　類叢部/類書類/專類之屬

詩學含英十四卷詩韻含英五卷　（清）劉文蔚
輯　清光緒八年（1882）於越徐氏李文盛刻本
四冊

330000－1716－0008176　古越 0003/08176
類叢部/叢書類/自著之屬

槐軒全集二十一種附九種　（清）劉沅撰　清
咸豐至民國刻彙印本　六冊　存一種

330000－1716－0008178　善附 0001－2/
08178　集部/總集類/郡邑之屬

越風三十卷　（清）商盤輯　清乾隆三十七年
（1772）山陰王大治刻嘉慶十六年（1811）徐兆
補修本　八冊　存二十三卷（一至二十三）

330000－1716－0008179　史補 0047/08179
史部/傳記類/科舉錄之屬/歷科登科錄

［光緒癸卯恩科］廣東闈墨不分卷　清光緒二
十九年（1903）上海久敬齋書局石印本　一冊

330000－1716－0008180　古越 0004/08180
類叢部/叢書類/自著之屬

榕村全書三十二種附十種　（清）李光地撰
清道光九年（1829）安溪李維迪刻本　四冊
存二種

330000－1716－0008182　子補 3217/08182
子部/醫家類/類編之屬

士材三書　（清）李中梓等撰　（清）尤乘輯
清刻本　一冊　存一種

330000－1716－0008183　古越 0007/08183
經部/易類/傳說之屬

周易述四十卷　（清）惠棟撰　清乾隆二十五
年（1760）德州盧見曾雅雨堂刻本（卷八、二十
一、二十六、二十九至三十原缺，卷二十四至
二十五、二十七至二十八、三十一至四十未
刻）　六冊

330000－1716－0008186　古越 0008/08186
經部/叢編

省吾堂四種二十五卷　（清）蔣光弼輯　清常
熟蔣氏省吾堂刻本　四冊　存一種

330000－1716－0008187　子補 2199/08187
子部/藝術類/書畫之屬/書法書品

隸法彙纂十卷　（清）項懷述編　清乾隆五十
一年（1786）小酉山房刻本　四冊

330000－1716－0008189　古越 0010/08189
經部/叢編

漢魏二十一家易注三十三卷　（清）孫堂輯
清嘉慶四年（1799）平湖孫堂映雪草堂刻本
五冊

330000－1716－0008190　集補 2751－1/
08190　集部/別集類/清別集

寄青齋詩稿一卷詞稿一卷　（清）徐虔復撰
綠雲館吟草一卷賦鈔一卷　（清）程芙亭撰
清光緒十三年（1887）徐煥章留餘堂刻本
二冊

330000－1716－0008191　古越 0165/08191
類叢部/叢書類/自著之屬

煙嶼樓集四種　（清）徐時棟撰　清同治至光
緒刻彙印本　四冊　存三種

330000－1716－0008193　集補 2751－2/
08193　集部/別集類/清別集

寄青齋詩稿一卷詞稿一卷　（清）徐虔復撰
綠雲館吟草一卷賦鈔一卷　（清）程芙亭撰
清光緒十三年（1887）徐煥章留餘堂刻本　二
冊　存三卷（詩稿、綠雲館吟草、賦鈔）

330000－1716－0008195　古越 0011/08195
經部/易類/傳說之屬

易拇五種　（清）萬年淳撰　清道光四年
（1824）刻本　十冊

330000－1716－0008197　經補 1374/08197
經部/小學類

白柱堂叢臧二種二卷　（清）周繪藻撰　清光
緒三十一年（1905）白柱堂石印本　一冊　存
一種

330000－1716－0008198　古越 0012/08198
經部/書類/傳說之屬

古文尚書攷二卷　（清）惠棟撰　清乾隆五十
七年（1792）讀經樓刻本　一冊

330000－1716－0008199　古越 0014/08199
經部/書類/傳說之屬

古文尚書攷二卷 （清）惠棟撰 清乾隆五十七年（1792）讀經樓刻本 一冊

330000－1716－0008200 經補 1404/08200
經部/小學類/文字之屬/說文

說文通檢十四卷首一卷末一卷 （清）黎永椿撰 清光緒二年（1876）崇文書局刻本 二冊

330000－1716－0008201 古越 0015/08201
經部/書類/分篇之屬

洪範正論五卷 （清）胡渭撰 清乾隆四年（1739）胡紹芬刻本 二冊

330000－1716－0008202 經補 1378/08202
經部/小學類

姚氏叢刻三種 （清）姚觀元輯 清光緒二年（1876）歸安姚觀元川東官舍刻本 二十四冊 缺六卷（集韻九，類篇八、十、十四至十五，附釋文互注禮部韻略一）

330000－1716－0008203 古越 0018/08203
經部/書類/分篇之屬

禹貢錐指二十卷略例一卷圖一卷 （清）胡渭撰 清康熙四十四年（1705）漱六軒刻本 十冊

330000－1716－0008204 古越 0016/08204
類叢部/叢書類/自著之屬

榕村全書三十二種附十種 （清）李光地撰 清道光九年（1829）安溪李維迪刻本 二冊 存一種

330000－1716－0008205 古越 0019/08205
經部/書類/傳說之屬

尚書後案三十卷附後辨一卷 （清）王鳴盛撰 清乾隆四十五年（1780）禮堂刻本 八冊

330000－1716－0008206 古越 0020/08206
經部/書類/文字音義之屬

尚書集注音疏十二卷末一卷外編一卷 （清）江聲撰 清乾隆五十八年（1793）江氏近市居刻本 十二冊

330000－1716－0008207 古越 0017/08207
經部/書類/分篇之屬

禹貢班義述三卷附漢糜水入尚龍豀考一卷

（清）成蓉鏡撰 清光緒十一年（1885）刻本 一冊

330000－1716－0008210 古越 0023/08210
經部/詩類/傳說之屬

毛詩要義二十卷序要義譜一卷 （宋）魏了翁撰 清光緒八年（1882）莫祥芝上海影宋刻本 十二冊

330000－1716－0008211 集補 2742－1/08211 集部/總集類/尺牘之屬

國朝名人小簡二卷 吳曾祺輯 清宣統元年（1909）上海商務印書館鉛印本 二冊

330000－1716－0008212 子補 1738/08212
子部/藝術類/遊藝之屬/雜藝

七巧圖一卷 清刻本 一冊

330000－1716－0008213 古越 0022/08213
經部/易類/傳說之屬

周易指三十八卷易例一卷易圖五卷易斷辭一卷附錄一卷 （清）端木國瑚撰 清道光刻本 二十冊

330000－1716－0008214 集補 2742－2/08214 集部/總集類/尺牘之屬

國朝名人小簡二卷 吳曾祺輯 清宣統元年（1909）上海商務印書館鉛印本 二冊

330000－1716－0008216 集補 2742－3/08216 集部/總集類/尺牘之屬

國朝名人小簡二卷 吳曾祺輯 清宣統二年（1910）上海商務印書館鉛印本 二冊

330000－1716－0008217 地獻 1440－5/08217 集部/別集類/明別集

王文成公全集十六卷 （明）王守仁撰 清刻本 一冊 存一卷（六）

330000－1716－0008219 集補 2742－4/08219 集部/總集類/尺牘之屬

國朝名人小簡二卷 吳曾祺輯 清宣統二年（1910）上海商務印書館鉛印本 二冊

330000－1716－0008220 集補 2742－5/08220 集部/總集類/尺牘之屬

國朝名人小簡二卷　吳曾祺輯　清宣統二年
(1910)上海商務印書館鉛印本　二冊

330000－1716－0008222　古越 0043/08222
類叢部/叢書類/彙編之屬

廣雅書局叢書一百五十九種　徐紹棨編　清
光緒廣雅書局刻民國九年(1920)番禺徐紹棨
彙編重印本　一百四十一冊　存四十種

330000－1716－0008223　古越 0026/08223
類叢部/叢書類/自著之屬

槐軒全集二十一種附九種　(清)劉沅撰　清
咸豐至民國刻彙印本　六冊　存一種

330000－1716－0008224　集補 2738/08224
集部/別集類/清別集

紀曉嵐詩注釋四卷　(清)紀昀撰　(清)郭斌
評注　清嘉慶二年(1797)刻朱墨套印本
四冊

330000－1716－0008227　地獻 1968－1/
08227　類叢部/叢書類/郡邑之屬

越中文獻輯存書十種十八卷　紹興公報社輯
　清宣統二年至民國元年(1910－1912)紹興
公報社鉛印本　一冊　存一種

330000－1716－0008231　古越 0031/08231
經部/詩類/傳說之屬

陳氏毛詩五種　(清)陳奐撰　清道光至咸豐
吳門南園陳氏掃葉山莊刻本　一冊　存二種

330000－1716－0008234　古越 0034/08234
經部/詩類/傳說之屬

詩經廣詁三十卷　(清)徐璈撰　清道光十年
(1830)刻本　八冊

330000－1716－0008235　古越 0035/08235
經部/詩類/傳說之屬

毛詩稽古編三十卷　(清)陳啟源撰　附攷一
卷　(清)費雲倬輯　清嘉慶十八年(1813)麗
佑清刻本　六冊

330000－1716－0008236　普叢 0347－1/
08236　類叢部/叢書類/彙編之屬

花雨樓叢鈔十一種續鈔十一種附一種　(清)
張壽榮編　清光緒八年至十四年(1882－

1888)蛟川張氏花雨樓刻本　二冊　存二種

330000－1716－0008237　古越 0038/08237
經部/三禮總義類/通禮雜禮之屬

儀禮經傳通解三十七卷　(宋)朱熹撰　儀禮
經傳通解續二十九卷　(宋)黃榦　(宋)楊復
撰　清康熙呂氏寶誥堂刻本(卷十五原缺)
十八冊

330000－1716－0008238　古越 0511/08238
經部/三禮總義類/通論之屬

禮書通故五十卷　(清)黃以周撰　清光緒十
九年(1893)黃氏試館刻本　四十冊　缺一卷
(四十七)

330000－1716－0008240　古越 0505/08240
類叢部/叢書類/彙編之屬

高安朱文端公校輯藏書(朱文端公藏書)十三
種　(清)朱軾撰輯　清康熙至乾隆刻彙印本
　三十三冊　存六種

330000－1716－0008241　普集 1769－3/
08241　集部/別集類/清別集

笠翁一家言全集十六卷　(清)李漁撰　清刻
本　十五冊　缺一卷(別集二)

330000－1716－0008243　集補 2741－9/
08243　集部/總集類/尺牘之屬

歷代名人小簡二卷　吳曾祺輯　清宣統二年
(1910)上海商務印書館鉛印本　二冊

330000－1716－0008244　古越 0042/08244
經部/禮記類/傳說之屬

禮記集解六十一卷尚書顧命解一卷　(清)孫
希旦撰　清咸豐十年至同治七年(1860－
1868)瑞安孫氏盤谷草堂刻本　二十冊

330000－1716－0008245　普集 1748－2/
08245　集部/別集類/清別集

卷施閣文乙集八卷續編一卷更生齋文乙集四
卷　(清)洪亮吉撰　清光緒九年(1883)紫藤
花館刻本　六冊

330000－1716－0008248　古越 0045/08248
類叢部/叢書類/自著之屬

汪雙池先生叢書二十種　(清)汪紱撰　清道

光至光緒刻光緒二十三年(1897)長安趙舒翹等彙印本　二十二冊　存四種

330000－1716－0008249　集補2747/08249

集部/詩文評類/詩評之屬

全唐詩話六卷　（宋）尤袤撰　（明）毛晉訂　清宣統三年(1911)上海三樂堂石印本　六冊

330000－1716－0008250　集補2741－11/08250　集部/總集類/尺牘之屬

歷代名人小簡二卷　吳曾祺輯　清宣統二年(1910)上海商務印書館鉛印本　一冊　存一卷(下)

330000－1716－0008252　普集1769－2/08252　集部/別集類/清別集

笠翁一家言全集十六卷　（清）李漁撰　清刻本　六冊

330000－1716－0008253　古越0048/08253

類叢部/叢書類/自著之屬

槐軒全集二十一種附九種　（清）劉沅撰　清咸豐至民國刻彙印本　六冊　存一種

330000－1716－0008254　古越0052/08254

經部/三禮總義類/通禮雜禮之屬

文公家禮儀節八卷　（宋）朱熹編　（明）楊慎輯　明末刻本　四冊

330000－1716－0008257　古越0054/08257

經部/三禮總義類/通禮雜禮之屬

家禮五卷　（宋）朱熹撰　**家禮附錄一卷**（宋）楊復撰　清光緒六年(1880)公善堂刻本　三冊

330000－1716－0008260　古越0055/08260

經部/儀禮類/圖說之屬

儀禮圖六卷　（清）張惠言撰　清同治九年(1870)崇文書局刻本　三冊

330000－1716－0008261　古越0056/08261

經部/三禮總義類/通論之屬

三禮陳數求義三十卷　（清）林喬蔭撰　清嘉慶八年(1803)誦芬堂刻本　十四冊

330000－1716－0008262　子補3219/08262

子部/雜著類/雜說之屬

桐陰清話八卷　（清）倪鴻撰　清同治十三年(1874)申江刻本　四冊

330000－1716－0008263　古越0059/08263

類叢部/叢書類/自著之屬

特健藥齋外編三種　唐詠裳撰　清光緒二十五年(1899)刻本　一冊　存二種

330000－1716－0008264　子補1176/08264

子部/術數類/相宅相墓之屬

地理五訣八卷　（清）趙廷棟撰　清五經堂刻本　四冊

330000－1716－0008267　古越0063/08267

經部/儀禮類/傳說之屬

儀禮正義四十卷　（清）胡培翬撰　（清）楊大堉補　清咸豐二年(1852)刻同治七年(1868)補刻本　十二冊　存三十六卷(五至四十)

330000－1716－0008268　集補2750/08268

類叢部/叢書類/自著之屬

後樂堂集八種　（清）陳玉澍撰　清光緒二十五年(1899)鹽城陳氏鉛印本　五冊　存二種

330000－1716－0008269　經補0161/08269

集部/總集類/課藝之屬

小題宏模五十卷　清刻本　六冊　存四卷(四、六至七、九)

330000－1716－0008270　古越0065/08270

經部/叢編

通志堂經解一百四十種　（清）納蘭成德輯　清康熙十九年(1680)納蘭成德刻本　四十冊　存一種

330000－1716－0008272　古越0066/08272

經部/三禮總義類/通禮雜禮之屬

五禮通考二百六十二卷首四卷總目二卷（清）秦蕙田撰　清乾隆二十六年(1761)金匱秦蕙田味經窩刻本　一百二十冊

330000－1716－0008273　古越0068/08273

經部/孝經類/傳說之屬

孝經約解二卷附孝經古文宋本一卷孝經古文一卷孝經刊誤本一卷孝經題辭一卷孝經古今

文一卷孝經古今文考一卷　（清）溫汝能輯校
清嘉慶十年(1805)聽松閣刻本　二冊

330000－1716－0008274　古越 0067/08274
經部/孝經類/傳說之屬

御注孝經一卷　（清）世祖福臨撰　清刻朱墨
套印本　一冊

330000－1716－0008275　古越 0069/08275
經部/四書類/總義之屬/傳說

四書說苑十一卷首一卷補遺一卷續遺一卷
（清）孫應科撰　清道光四年(1824)高郵孫氏
刻二十八年(1848)補刻本　三冊　缺四卷
（一至三、首）

330000－1716－0008278　古越 0070/08278
經部/四書類/總義之屬/傳說

四書人名考二十卷　（清）胡之煜等輯撰　清
嘉慶八年(1803)薊州陳氏刻本　六冊

330000－1716－0008279　經補 0699－2/
08279　經部/叢編

五經備旨四十五卷　（清）鄒聖脈纂輯　清光
緒十二年(1886)上海點石齋石印本　十二冊

330000－1716－0008280　經補 1474/08280
經部/小學類/文字之屬/說文

說文續字彙二種二十三卷　（清）靜觀齋主人
輯　清光緒十二年(1886)上海積山書局石印
本　二冊

330000－1716－0008281　古越 0071/08281
經部/四書類/總義之屬/傳說

四書讀本十九卷　（宋）朱熹撰　清東越經畬
堂刻浙紹墨潤堂印本　四冊　缺十卷（論語
一至十）

330000－1716－0008283　古越 0072/08283
經部/四書類/論語之屬/傳說

朱子論語集注訓詁攷二卷　（清）潘衍桐輯
清光緒十七年(1891)浙江書局刻本　一冊

330000－1716－0008284　經補 1476/08284
經部/小學類/訓詁之屬/爾雅

爾雅音圖三卷　（晉）郭璞注　（清）姚之麟摹
圖　清末石印本　一冊　存一卷（下）

330000－1716－0008285　古越 0073 古越
0100/08285　類叢部/叢書類/自著之屬

焦氏叢書九種附一種　（清）焦循撰　清嘉慶
至道光江都焦氏雕菰樓刻本　十冊　存二種

330000－1716－0008286　經補 1191－2/
08286　經部/群經總義類/文字音義之屬

經籍籑詁一百六卷補遺一百六卷首一卷
（清）阮元撰　新輯經籍籑詁檢韻一卷　清末
上海漱六山莊石印本　十二冊

330000－1716－0008287　古越 0076/08287
經部/春秋左傳類/傳說之屬

春秋左氏傳賈服注輯述二十卷　（清）李貽德
撰　清同治五年(1866)餘姚朱蘭金陵書局刻
本　六冊

330000－1716－0008288　經補 1177－1/
08288　經部/小學類/文字之屬/說文

說文通檢十四卷首一卷末一卷　（清）黎永椿
撰　清光緒十四年(1888)上海蜚英館石印本
一冊

330000－1716－0008289　古越 0082/08289
經部/春秋總義類/傳說之屬

春秋比事參義十六卷　（清）桂含章輯　清光
緒八年(1882)石埭桂氏務本堂金陵刻本　十
六冊

330000－1716－0008290　普類 0034/08290
類叢部/類書類/專類之屬

重編留青新集二十四卷　（清）馮善長輯　清
光緒十四年(1888)上海宏文閣錫活字印本
十一冊　缺二卷（十一至十二）

330000－1716－0008291　古越 0079/08291
經部/樂類/樂理之屬

樂典三十六卷　（明）黃佐撰　清康熙二十一
年(1682)黃逵卿刻本　六冊

330000－1716－0008292　經補 1177－2/
08292　經部/小學類/文字之屬/說文

說文通檢十四卷首一卷末一卷　（清）黎永椿
撰　清末石印本　一冊

330000－1716－0008293　子補 1293/08293

子部/雜著類/雜說之屬
增訂問心集不分卷 清刻本 一冊

330000－1716－0008294 集補1336－11/08294 集部/小說類/短篇之屬
聊齋志異十六卷 （清）蒲松齡撰 （清）王士禎評 清刻本 三冊 存三卷（四、七、十四）

330000－1716－0008295 集補2253/08295 集部/曲類/彈詞之屬
新刻時調說唱八仙緣四卷十二回 （清）朱梅庭輯 清同治十一年（1872）耕本堂刻本 三冊 缺一卷（二）

330000－1716－0008298 古越0083/08298 集部/別集類/清別集
句溪雜箸六卷 （清）陳立撰 （清）陳汝恭檢輯 （清）劉恭冕 （清）劉壽曾擇存 清道光二十三年（1843）揚州刻同治增修本 二冊

330000－1716－0008299 古越0085/08299 經部/群經總義類/傳說之屬
經傳繹義五十卷 （清）陳燡撰 清嘉慶九年（1804）校字齋刻本 二十冊

330000－1716－0008300 古越0086/08300 經部/叢編
經苑二十五種 （清）錢儀吉輯 清道光至咸豐大梁書院刻同治七年（1868）王儒行等印本 六十四冊

330000－1716－0008301 史補1351/08301 史部/地理類/總志之屬/通代
天下郡國利病書一百二十卷 （清）顧炎武撰 清光緒二十九年（1903）上海益吾齋石印本 十七冊 存八十九卷（二十八至三十八、四十三至一百二十）

330000－1716－0008302 古越0088/08302 經部/群經總義類/傳說之屬
新學偽經考十四卷 康有為撰 清光緒十七年（1891）廣州康氏萬木草堂刻本 八冊

330000－1716－0008303 古越0089/08303 經部/群經總義類/石經之屬
石經彙函四十五卷 王秉恩輯 清光緒十六年（1890）四川尊經書局刻本 八冊

330000－1716－0008304 古越0084/08304 經部/群經總義類/傳說之屬
十三經札記二十二卷附十六卷 （清）朱亦棟撰 清光緒四年（1878）武林竹簡齋刻本 八冊

330000－1716－0008305 史補1352/08305 史部/地理類/外紀之屬
最新萬國輿地韻編十二卷 （清）齊忠甲輯 清光緒二十九年（1903）京都刻本 十二冊

330000－1716－0008306 古越0092/08306 經部/叢編
古經解彙函十六種附小學彙函十四種 （清）鍾謙鈞等輯 清同治十二年（1873）粵東書局刻本 六十六冊

330000－1716－0008307 古越0094/08307 經部/叢編
重刊宋本十三經注疏四百十六卷附十三經注疏校勘記四百十六卷 （清）阮元撰 （清）盧宣旬摘錄 **校勘記識語四卷** （清）汪文臺撰 清光緒三年（1877）江西書局刻本 二冊 存四卷（識語一至四）

330000－1716－0008308 古越0095/08308 經部/叢編
鄭氏佚書四種 （漢）鄭玄撰 （清）袁鈞輯 清光緒十年（1884）四明觀稼樓刻本 四冊

330000－1716－0008309 古越0096/08309 經部/叢編
省吾堂四種二十五卷 （清）蔣光弼輯 清常熟蔣氏省吾堂刻本 五冊 存一種

330000－1716－0008312 經補1178/08312 經部/小學類/文字之屬/字書/字典
康熙字典十二集三十六卷總目一卷檢字一卷辨似一卷等韻一卷補遺一卷備考一卷 （清）張玉書等纂修 清道光七年（1827）刻本 三十冊 缺三卷（卯集下、辰集上、亥集中）

330000－1716－0008313 地獻1488－3/08313 類叢部/類書類/專類之屬

詩學含英十四卷　（清）劉文蔚輯　清永言堂刻本　三冊　存十卷（五至十四）

330000－1716－0008315　古越 0060 古越 0074 古越 0078 古越 0090 古越 0091/08315　類叢部/叢書類/自著之屬

槐軒全集二十一種附九種　（清）劉沅撰　清咸豐至民國刻彙印本　二十三冊　存八種

330000－1716－0008316　古越 0097/08316　經部/群經總義類/傳說之屬

九經古義十六卷　（清）惠棟撰　清乾隆潮陽縣署刻本　四冊

330000－1716－0008318　古越 0098/08318　經部/讖緯類/總義之屬

七緯三十八卷　（清）趙在翰輯　清嘉慶十四年（1809）侯官趙氏小積石山房刻本　八冊

330000－1716－0008322　集補 2758/08322　集部/別集類/清別集

補石草堂詩草一卷　（清）伍廛撰　清光緒鉛印本　一冊

330000－1716－0008324　經補 1480/08324　經部/群經總義類/傳說之屬

九經今義二十八卷　（清）成本璞撰　清光緒三十一年（1905）鉛印本　二冊

330000－1716－0008326　子補 0202－8/08326　子部/醫家類/類編之屬

陳修園醫書四十八種　（清）陳念祖等撰　清光緒三十二年（1906）上海文新書局石印本　二冊　存二種

330000－1716－0008328　古越 0099 古越 0107/08328　類叢部/叢書類/自著之屬

古愚老人消夏錄十七種　（清）汪汲撰輯　清乾隆至嘉慶古愚山房刻本　二冊　存四種

330000－1716－0008329　子補 4138/08329　子部/儒家類/儒學之屬/經濟

大學衍義四十三卷　（宋）真德秀撰　清光緒二十七年（1901）上海書局石印本　六冊

330000－1716－0008330　集補 1053/08330

集部/總集類/課藝之屬

驪珠百篇不分卷　（清）呂朝颺編　清道光十三年（1833）鄂拊堂刻本　二冊

330000－1716－0008332　普叢 0139－2/08332　類叢部/叢書類/自著之屬

經韻樓叢書九種　（清）段玉裁撰　清乾隆至道光金壇段氏刻本　十一冊　存二種

330000－1716－0008333　古越 0102/08333　經部/群經總義類/傳說之屬

古經解鈎沉三十卷　（清）余蕭客撰　清刻本　十二冊

330000－1716－0008334　古越 0104/08334　經部/叢編

味經齋遺書十二種　（清）莊存與撰　清光緒八年至十二年（1882－1886）陽湖莊氏刻本　十二冊　存八種

330000－1716－0008336　史補 1350/08336　史部/史抄類

韻史二卷　（清）許邈翁撰　補一卷　（清）朱玉岑撰　清光緒十年（1884）上海同文書局石印本　一冊

330000－1716－0008337　古越 0103/08337　經部/叢編

重刊宋本十三經注疏四百十六卷附十三經注疏校勘記四百十六卷　（清）阮元撰　（清）盧宣旬摘錄　清嘉慶二十年（1815）南昌府學刻道光六年（1826）盱江朱華臨重校印本　九十九冊　存六種

330000－1716－0008339　史補 1349－1/08339　史部/目錄類/專錄之屬

皇清經解縮版編目十六卷　陶治元編　清光緒十七年（1891）上海鴻寶齋石印本　二冊

330000－1716－0008341　史補 1349－2/08341　史部/目錄類/專錄之屬

皇清經解縮版編目十六卷　陶治元編　清光緒十七年（1891）上海鴻寶齋石印本　二冊

330000－1716－0008344　古越 0108/08344　經部/小學類/文字之屬/說文/傳說

說文段注撰要九卷 （清）馬壽齡撰 清光緒九年（1883）金陵胡氏愚園刻本 四冊

330000－1716－0008345 普叢 0220－2/08345 類叢部/叢書類/彙編之屬
雙楳景闇叢書十六種 葉德輝編 清光緒至宣統長沙葉氏郎園刻本 一冊 存五種

330000－1716－0008346 古越 0106/08346 經部/小學類/音韻之屬
盛世元音一卷 （清）沈學編輯 清光緒二十八年（1902）會文學編譯社石印本 一冊

330000－1716－0008347 經補 1179/08347 經部/小學類/文字之屬/字書/字典
康熙字典十二集三十六卷總目一卷檢字一卷辨似一卷等韻一卷補遺一卷備考一卷 （清）張玉書等纂修 清道光七年（1827）刻本 四十冊

330000－1716－0008348 古越 0111/08348 經部/小學類/文字之屬/字書/字典
六書故三十三卷六書通釋一卷 （宋）戴侗撰 清乾隆四十九年（1784）西蜀李鼎元師竹齋刻本 十三冊

330000－1716－0008350 古越 0112/08350 經部/叢編
曹棟亭五種六十五卷 （清）曹寅輯 清康熙四十五年（1706）揚州使院刻本 十冊 存一種

330000－1716－0008351 經補 1468/08351 經部/書類/傳說之屬
書經旁訓辨體合訂四卷 （清）徐立綱旁訓 清刻本 二冊

330000－1716－0008352 古越 0110/08352 經部/小學類/文字之屬/說文
說文解字校錄十五卷說文刊誤一卷說文玉篇校錄一卷 （清）鈕樹玉撰 清光緒十一年（1885）江蘇書局刻本 十四冊

330000－1716－0008353 古越 0114/08353 類叢部/叢書類/家集之屬
洪氏晦木齋叢書二十一種 （清）洪汝奎編

清同治八年至宣統元年（1869－1909）刻本 六冊 存一種

330000－1716－0008354 地獻 1824－82/08354 集部/總集類/選集之屬/通代
增批古文觀止十二卷 （清）吳乘權 （清）吳大職輯 清光緒二十七年（1901）浙紹墨潤堂石印本 五冊 缺二卷（五至六）

330000－1716－0008355 地獻 1968－2/08355 類叢部/叢書類/郡邑之屬
越中文獻輯存書十種十八卷 紹興公報社輯 清宣統二年至民國元年（1910－1912）紹興公報社鉛印本 曼□題簽並記 一冊 存一種

330000－1716－0008356 古越 0116/08356 經部/叢編
許學叢刻九種九卷 （清）許頌鼎 （清）許湛祥輯 清光緒十三年（1887）海寧許氏古均閣刻本 四冊

330000－1716－0008358 古越 0117/08358 經部/詩類/傳說之屬
陳氏毛詩五種 （清）陳奐撰 清道光至咸豐吳門南園陳氏掃葉山莊刻本 一冊 存二種

330000－1716－0008359 集補 2764/08359 集部/別集類/唐五代別集
昌黎先生集四十卷外集十卷遺文一卷 （唐）韓愈撰 （宋）廖瑩中校正 朱子校昌黎先生集傳一卷 （宋）朱熹撰 韓集點勘四卷 （清）陳景雲撰 清同治八年至九年（1869－1870）江蘇書局刻本 十九冊 缺四卷（韓集點勘一至四）

330000－1716－0008360 古越 0120/08360 經部/小學類/音韻之屬/古今韻說
古韻溯原八卷 （清）安念祖 （清）華湛恩輯 清道光十九年（1839）親仁堂刻本 二冊

330000－1716－0008362 古越 0119/08362 經部/小學類/音韻之屬
韻徵十六卷 （清）安吉撰 清道光十七年（1837）親仁堂蘇州刻本 四冊

330000－1716－0008363　古越 0121/08363
經部/小學類/音韻之屬/韻書

古今韻會舉要三十卷禮部韻略七音三十六母通攷一卷　（元）黃公紹撰　（元）熊忠舉要　清光緒九年(1883)淮南書局刻本　十冊

330000－1716－0008364　集補 1424－2/08364　集部/詩文評類/文評之屬

文心雕龍十卷　（南朝梁）劉勰撰　（清）黃叔琳輯注　（清）紀昀評　清道光十三年(1833)盧坤兩廣節署刻朱墨套印本　四冊

330000－1716－0008365　普叢 0312－1/08365　類叢部/叢書類/彙編之屬

崇文書局彙刻書三十一種　（清）崇文書局編　清光緒元年至三年(1875－1877)湖北崇文書局刻本　三冊　存二種

330000－1716－0008367　集補 2766/08367
集部/別集類/清別集

胡文忠公遺集十卷首一卷　（清）胡林翼撰　（清）閻敬銘　（清）屬雲官　（清）盛康輯　清同治七年(1868)醉六堂刻本　八冊

330000－1716－0008368　古越 0122/08368
經部/小學類/文字之屬

小學鉤沈續編四十八種八卷附補遺一卷　顧震福撰輯　清光緒十八年(1892)山陽顧氏刻本　四冊

330000－1716－0008369　史補 1353/08369
史部/紀傳類/正史之屬

二十一史二千五百六十七卷　明刻明清遞修本　六冊　存一種

330000－1716－0008370　古越 0123/08370
經部/小學類/音韻之屬/韻書

本韻一得二十卷　（清）龍為霖撰　清蔭松堂刻本　十四冊

330000－1716－0008371　集補 2768/08371
集部/別集類/清別集

黃鵠山人詩初鈔十八卷　（清）林壽圖撰　清光緒二十八年(1902)刻本（卷十一原缺）　六冊

330000－1716－0008372　集補 2767/08372
集部/別集類/清別集

遜學齋詩鈔十卷　（清）孫衣言撰　清同治三年(1864)刻本　二冊

330000－1716－0008373　古越 0124/08373
經部/小學類/音韻之屬/韻書

韻詁五卷補遺五卷　（清）方濬頤輯　清光緒四年(1878)淮南書局刻本　二冊　缺四卷（韻詁一至四）

330000－1716－0008374　地獻 1518/08374
史部/傳記類/總傳之屬/姓名

史姓韻編二十四卷　（清）汪輝祖撰　清光緒二十九年(1903)上海文瀾書局石印本　八冊

330000－1716－0008375　新補 0435/08375
新學/議論/通論

洋務備考十六卷　（清）張之洞撰　清光緒二十一年(1895)上海書局石印本　五冊　存十四卷(一至十一、十四至十六)

330000－1716－0008376　古越 0126/08376
經部/小學類/音韻之屬/古今韻說

漢學諧聲二十四卷說文補考一卷說文又考一卷　（清）戚學標撰　清嘉慶九年(1804)涉縣官署刻本　八冊

330000－1716－0008377　集補 1719/08377
集部/小說類/長篇之屬

西遊真詮六卷一百回　（清）陳士斌詮解　清三讓順記刻本　三冊　存三卷(一至三)

330000－1716－0008379　古越 0129/08379
經部/小學類/文字之屬/說文

澂園叢書二種十五卷　（清）楊廷瑞撰　清光緒十七年(1891)善化楊廷瑞澂園刻本　二冊

330000－1716－0008380　古越 0128/08380
經部/群經總義類/文字音義之屬

經籍籑詁一百六卷補遺一百六卷首一卷　（清）阮元撰　清嘉慶十七年(1812)揚州阮元琅嬛仙館刻本　五十八冊　缺三卷(六十六、六十八至六十九)

330000－1716－0008382　古越 0127/08382

經部/小學類/文字之屬/說文

說文通訓定聲十八卷分部柬韻一卷說雅一卷古今韻準一卷 （清）朱駿聲撰 （清）朱鏡蓉參訂 清道光二十八年（1848）黟縣學署刻本 二十四冊

330000－1716－0008384 古越 0132/08384
經部/小學類/文字之屬/說文/傳說

說文發疑六卷 （清）張行孚撰 清光緒九年（1883）安吉張氏邗上寓廬刻本 三冊

330000－1716－0008386 古越 0130/08386
經部/小學類/文字之屬/說文/傳說

說文解字句讀三十卷 （清）王筠撰 清道光三十年（1850）王筠刻咸豐九年（1859）王彥侗增刻本 七冊 存十四卷（十七至三十）

330000－1716－0008388 集補 2771/08388
集部/別集類/明別集

寒支初集十卷二集四卷李寒支先生歲紀一卷 （明）李世熊撰 （清）李向旻編 清同治十三年（1874）刻本 十三冊 缺一卷（二集四）

330000－1716－0008389 古越 0131/08389
經部/小學類/文字之屬/說文/傳說

說文解字句讀三十卷 （清）王筠撰 清道光三十年（1850）王筠刻咸豐九年（1859）王彥侗增刻本 十冊 缺十二卷（一至十二）

330000－1716－0008390 古越 0133/08390
史部/金石類/石之屬/文字

碑別字補五卷 羅振玉輯 清光緒二十七年（1901）上虞羅氏刻本 一冊

330000－1716－0008391 古越 0134/08391
經部/小學類/文字之屬/說文

苗氏說文四種 （清）苗夔撰 清道光至咸豐壽陽祁氏漢專亭刻本 一冊 存一種

330000－1716－0008392 集補 2773/08392
集部/別集類/清別集

廣雅堂詩集不分卷 （清）張之洞撰 清末石印本 孝焱題記 二冊

330000－1716－0008393 古越 0137/08393
經部/小學類/文字之屬/說文

說文解字義證五十卷 （清）桂馥撰 清同治九年（1870）湖北崇文書局刻本 三十二冊

330000－1716－0008394 古越 0135/08394
經部/小學類/文字之屬/說文/專著

說文辨字正俗八卷 （清）李富孫撰 清嘉慶二十一年（1816）校經廎刻本 四冊

330000－1716－0008396 古越 0136/08396
經部/小學類/文字之屬/說文

王氏說文三種一百三卷 （清）王筠撰 清道光至咸豐刻同治四年（1865）彙印本 十冊 存一種

330000－1716－0008397 古越 0138/08397
子部/儒家類/儒學之屬/蒙學

六藝綱目二卷 （元）舒天民撰 （元）舒恭注 （明）趙宜中附注 清光緒二十八年（1902）紹興府學堂刻本 二冊

330000－1716－0008398 普叢 0412/08398
類叢部/叢書類/自著之屬

春在堂全書三十六種 （清）俞樾撰 清同治至光緒刻本 四冊 存一種

330000－1716－0008399 普叢 0413/08399
集部/別集類/清別集

榕園全集二十八卷 （清）李彥章撰 清道光二十年（1840）李以烜刻二十七年（1847）增修本 八冊 存十八卷（文鈔一至二、詩鈔一至十六）

330000－1716－0008400 古越 0139/08400
經部/小學類/文字之屬/字書/訓蒙

同聲千字文十卷續六卷 （清）朱紫集 清康熙四十六年（1707）永慕堂刻本 八冊

330000－1716－0008401 地獻 1968－3/08401 類叢部/叢書類/郡邑之屬

越中文獻輯存書十種十八卷 紹興公報社輯 清宣統二年至民國元年（1910－1912）紹興公報社鉛印本 三冊 存六種

330000－1716－0008402 地獻 1956/08402
集部/別集類/清別集

聽秋聲館詩集六卷 （清）俞汝本撰 清刻本

一冊　存三卷(四至六)

330000 – 1716 – 0008403　古越 0142/08403
史部/紀傳類/別史之屬

弘簡録二百五十四卷　(明)邵經邦撰　清刻本　六十四冊

330000 – 1716 – 0008404　古越 0141/08404
類叢部/類書類/通類之屬

通俗編三十八卷　(清)翟灝撰　清乾隆十六年(1751)仁和翟灝無不宜齋刻本　十冊

330000 – 1716 – 0008405　經補 0703 – 14/08405　經部/小學類/訓詁之屬/字詁

繪圖速通虛字法續編八卷　施崇恩編　清宣統二年(1910)上海彪蒙書室石印本　一冊　存一卷(三)

330000 – 1716 – 0008408　經補 1414 – 6/08408　經部/小學類/文字之屬/字書/字典

字彙十二集首一卷末一卷　(明)梅膺祚撰　清刻本　十一冊　缺三卷(子集、丑集、寅集)

330000 – 1716 – 0008409　經補 1473/08409
經部/叢編

皇清經解一千四百八卷首一卷　(清)阮元輯　清道光九年(1829)廣東學海堂刻咸豐十一年(1861)補刻本　三冊　存十卷(一千二百八至一千二百十七)

330000 – 1716 – 0008411　史補 1357 – 1/08411　史部/政書類/儀制之屬/典禮

文廟丁祭譜一卷　(清)藍鍾瑞等撰　清同治七年(1868)江蘇書局刻本　一冊

330000 – 1716 – 0008412　史補 1357 – 2/08412　史部/政書類/儀制之屬/典禮

文廟丁祭譜一卷　(清)藍鍾瑞等撰　清同治七年(1868)江蘇書局刻本　一冊

330000 – 1716 – 0008413　經補 1472/08413
經部/小學類/音韻之屬/韻書

韻學驪珠二卷　(清)沈乘麐輯　清光緒十八年(1892)華亭顧文善齋刻本　二冊

330000 – 1716 – 0008414　史補 1355/08414

史部/政書類/公牘檔冊之屬

考成便覽不分卷　清光緒抄本　一冊

330000 – 1716 – 0008415　集補 1323/08415
集部/總集類/課藝之屬

金鈴集十二卷　(清)張綸編　(清)張維城箋注　清道光二十六年(1846)京都琉璃廠刻本　一冊　存六卷(一至六)

330000 – 1716 – 0008416　地獻 1430/08416
集部/總集類/彙編之屬

芸香草堂雜體文鈔不分卷　清抄本　一冊

330000 – 1716 – 0008417　經補 1465/08417
經部/易類/傳說之屬

新刻來瞿唐先生易注十五卷首一卷末一卷圖一卷　(明)來知德撰　清同治十年(1871)湖南長沙刻本　九冊　缺二卷(七至八)

330000 – 1716 – 0008418　古越 0150/08418
史部/目録類/專録之屬

西學書目表三卷附一卷讀西學書法一卷　梁啟超撰　清光緒二十二年(1896)時務報館石印本　一冊　存一卷(讀西學書法)

330000 – 1716 – 0008419　古越 0152/08419
新學/雜著/叢編

實學叢書□□種　清光緒石印本　一冊　存二種

330000 – 1716 – 0008420　古越 0151/08420
史部/地理類/水利之屬

畿輔河道水利叢書八種　(清)吳邦慶輯　清道光四年(1824)益津吳氏刻本　十冊

330000 – 1716 – 0008421　古越 0153/08421
新學/兵制/海軍

法國海軍職要不分卷　(清)馬建忠撰　清光緒十七年(1891)刻本　一冊

330000 – 1716 – 0008422　古越 0155/08422
新學/船政/行船事宜

行海要術四卷　(美國)金楷理譯　(清)李鳳苞筆述　清光緒江南製造局刻本　三冊

330000 – 1716 – 0008424　古越 0156/08424

新學/船政/行船事宜

航海簡法四卷 （英國）那麗撰　（美國）金楷
理口譯　（清）王德均筆述　清光緒江南製造
局刻本暨鉛印本　二冊

330000－1716－0008425　古越 0157/08425
新學/船政/行船事宜

行船免撞章程一卷附一卷 （英國）傅蘭雅
（清）鍾天緯譯　清光緒二十一年(1895)江南
製造局鉛印本　一冊

330000－1716－0008426　古越 0159/08426
新學/兵制/海軍

英國水師律例四卷 （英國）德麟　（英國）極
福德撰　舒高第　（清）鄭昌棪譯　清光緒三
年(1877)江南製造總局鉛印本　二冊

330000－1716－0008427　古越 0154/08427
新學/兵制/海軍

俄國水師考一卷 （英國）百拉西撰　（英國）
傅少蘭　（清）李嶽蘅譯　清光緒十二年
(1886)上海機器製造局鉛印本　一冊

330000－1716－0008429　古越 0161/08429
新學/工藝/工學

營工要覽四卷 （英國）傅蘭雅　汪振聲譯
清光緒江南製造局鉛印本　二冊

330000－1716－0008430　古越 0158/08430
新學/雜著/叢編

江南製造局譯書 （清）江南製造局編　清光
緒江南製造局刻本暨鉛印本　一冊　存一種

330000－1716－0008431　古越 0162/08431
新學/工藝/工學/塘工河工路工

海塘輯要十卷首一卷 （英國）韋更斯撰
（英國）傅蘭雅口譯　（清）趙元益筆譯　**海塘
輯要附釋一卷** （英國）馬立德撰　清末江南
機器製造總局刻本　二冊

330000－1716－0008432　經補 1466－1/
08432　經部/書類/傳說之屬

書經集注六卷 （宋）蔡沈撰　清光緒十一年
(1885)融經館刻本　四冊

330000－1716－0008433　古越 0163/08433

史部/金石類/金之屬/文字

石鼓文鈔二卷 （清）許容撰　清康熙二十七
年(1688)韞光樓刻本　二冊

330000－1716－0008434　古越 0206/08434
史部/地理類/外紀之屬

海國圖志一百卷 （清）魏源撰　清同治六年
(1867)郴州陳氏刻本　二十四冊

330000－1716－0008435　古越 0164/08435
史部/目録類/書志之屬/提要

昭德先生郡齋讀書志二十卷 （宋）晁公武撰
清嘉慶二十四年(1819)吳門汪氏藝芸書舍
刻本　六冊

330000－1716－0008436　集補 2774/08436
集部/詞類/詞譜之屬

詞律二十卷 （清）萬樹撰　清康熙二十六年
(1687)萬氏堆絮園刻本　八冊

330000－1716－0008437　經補 1466－2/
08437　經部/書類/傳說之屬

書經集注六卷 （宋）蔡沈撰　清光緒十一年
(1885)融經館刻本　四冊

330000－1716－0008438　古越 0166/08438
類叢部/叢書類/自著之屬

林文忠公遺集四種 （清）林則徐撰　清光緒
三山林氏刻本　一冊　存一種

330000－1716－0008439　經補 1358/08439
經部/書類/傳說之屬

書經集注六卷 （宋）蔡沈撰　清光緒十一年
(1885)會稽徐氏融經館刻本　四冊

330000－1716－0008440　古越 0168/08440
新學/地學/地理學

地理初桄一卷 （美國）卜舫濟譯撰　清光緒
二十五年(1899)鉛印本　一冊

330000－1716－0008441　古越 0167/08441
類叢部/叢書類/自著之屬

汪龍莊先生遺書四種 （清）汪輝祖撰　清乾
隆五十年至五十六年(1785－1791)雙節堂刻
本　一冊　存二種

330000 – 1716 – 0008442　經補 1273 – 2/
08442　經部/四書類/總義之屬/傳說

四書集注十九卷　（宋）朱熹撰　清刻本　二
冊　存十卷（論語一至十）

330000 – 1716 – 0008443　普經 0956 – 6/
08443　經部/四書類/總義之屬/傳說

四書集注十九卷　（宋）朱熹撰　清光緒三十
二年（1906）上海商務印書館鉛印本　一冊
存七卷（孟子一至七）

330000 – 1716 – 0008444　古越 0169/08444
新學/工藝/工學/塘工河工路工

鐵路紀要三卷　（美國）柯里輯　（清）潘松譯
清光緒二十年（1894）江南機器製造總局刻
本　一冊

330000 – 1716 – 0008445　經補 0432 – 1/
08445　經部/四書類/總義之屬/傳說

精校四子書　（宋）朱熹集注　清末浙紹墨潤
堂鉛印本　二冊　存一種

330000 – 1716 – 0008446　地獻 3656 – 1/
08446　經部/四書類/總義之屬/傳說

重校四子書十九卷　（宋）朱熹撰　清光緒十
一年（1885）會稽徐氏八杉齋融經館刻本　陶
存熙題跋　四冊　存二種

330000 – 1716 – 0008447　經補 1273 – 4/
08447　經部/四書類/總義之屬/傳說

四書集注十九卷　（宋）朱熹撰　清光緒上海
簡玉山房刻本　四冊　存七卷（孟子一至七）

330000 – 1716 – 0008449　古越 0173/08449
史部/紀傳類/正史之屬

校刊史記集解索隱正義札記五卷　（清）張文
虎撰　清同治十一年（1872）金陵書局刻本
二冊

330000 – 1716 – 0008450　古越 0174/08450
新學/醫學

法律醫學二十四卷首一卷附一卷　（英國）該
惠連　（英國）弗里愛撰　（英國）傅蘭雅口譯
（清）徐壽　（清）趙元益筆述　清光緒二十
五年（1899）江南製造局刻本　十冊

330000 – 1716 – 0008451　古越 0170/08451
新學/地學/地理學

地學指略三卷　（英國）文教治口譯　（清）李
慶軒筆述　清光緒七年（1881）上海益智書會
刻本　一冊

330000 – 1716 – 0008452　經補 1273 – 6/
08452　經部/四書類/總義之屬/傳說

四書集注十九卷　（宋）朱熹撰　清末浙紹墨
潤堂刻本　二冊　存十卷（論語一至十）

330000 – 1716 – 0008453　經補 1470 – 1/
08453　經部/四書類/孟子之屬/傳說

增補蘇批孟子二卷孟子年譜一卷　（宋）蘇洵
撰　（清）趙大浣增補　清同治十三年（1874）
大文堂刻朱墨套印本　二冊

330000 – 1716 – 0008454　古越 0176/08454
史部/目錄類/總錄之屬/私撰

天一閣書目四卷　（清）范邦甸等編　**附碑目
一卷續增一卷**　（清）錢大昕編　（清）范懋敏
續編　清嘉慶十三年（1808）揚州阮元文選樓
刻本　八冊

330000 – 1716 – 0008456　古越 0175/08456
史部/目錄類/書志之屬/提要

愛日精廬藏書志三十六卷續志四卷　（清）張
金吾藏並撰　清道光七年（1827）昭文張氏愛
日精廬刻本　八冊

330000 – 1716 – 0008457　子補 1756/08457
子部/藝術類/遊藝之屬/謎語

隱語彙編初集二卷　（清）李鳳岡撰　清光緒
二十六年（1900）刻本　一冊　存一卷（一）

330000 – 1716 – 0008458　古越 0177/08458
史部/目錄類/書志之屬/提要

**開有益齋讀書志六卷續志一卷金石文字記一
卷**　（清）朱緒曾撰　清光緒六年（1880）金陵
翁氏茹古閣刻本　六冊

330000 – 1716 – 0008459　經補 1470 – 2/
08459　經部/四書類/孟子之屬/傳說

增補蘇批孟子二卷孟子年譜一卷　（宋）蘇洵
撰　（清）趙大浣增補　清同治十二年（1873）

刻敦仁堂朱墨套印本　二冊

330000－1716－0008460　古越 0178/08460
史部/金石類/總志之屬

學古齋金石叢書四集　（清）葛元煦輯　清光
緒崇川葛氏學古齋刻本　二十冊

330000－1716－0008461　古越 0172/08461
新學/工藝/工學/塘工河工路工

美國鐵路彙考十三卷　（美國）柯里輯　（英
國）傅蘭雅口譯　（清）潘松筆述　清光緒二
十五年(1899)江南製造局刻本　二冊

330000－1716－0008462　古越 0179/08462
史部/目錄類/書志之屬/提要

直齋書錄解題二十二卷　（宋）陳振孫撰　清
光緒九年(1883)江蘇書局刻本　六冊

330000－1716－0008463　經補 1344－16/
08463　經部/春秋左傳類/傳說之屬

評點春秋綱目左傳句解彙雋六卷　（清）韓菼
重訂　清宣統元年(1909)石印本　六冊

330000－1716－0008465　地獻 3656－4/
08465　經部/四書類/總義之屬/傳說

重校四子書十九卷　（宋）朱熹撰　清光緒十
一年(1885)會稽徐氏八杉齋融經館刻本　三
冊　存二種

330000－1716－0008466　古越 0181/08466
新學/史志/別國史

日本新史攬要七卷　（日本）石村貞一編輯
(清)游瀛主人譯　清光緒二十五年(1899)石
印本　七冊

330000－1716－0008467　地獻 1970/08467
集部/別集類/明別集

余忠節公遺文一卷附錄一卷　（明）余煌撰
清末會稽董氏取斯家塾木活字印本　一冊

330000－1716－0008468　古越 0180/08468
新學/雜著/叢編

實學叢書□□種　清光緒石印本　十二冊
存一種

330000－1716－0008469　古越 0182/08469

類叢部/叢書類/彙編之屬

輿學叢書　清光緒上海日新書所鉛印本　一
冊　存一種

330000－1716－0008470　集補 1074－1/
08470　集部/詞類/詞譜之屬

白香詞譜箋四卷　（清）舒夢蘭輯　（清）謝朝
徵箋　清宣統二年(1910)吉林官書刷印局鉛
印本　一冊　存二卷(一至二)

330000－1716－0008471　古越 0183/08471
新學/史志/諸國史

天下五洲各大國志要一卷　（英國）李提摩太
撰　（清）鑄鐵生述　清光緒二十三年(1897)
刻本　一冊

330000－1716－0008473　經補 1549/08473
經部/叢編

通志堂經解一百四十種　（清）納蘭成德輯
清康熙十九年(1680)納蘭成德刻本　四冊
存一種

330000－1716－0008474　古越 0185/08474
新學/地學

地學叢書　清光緒上海商務印書館鉛印本
一冊　存一種

330000－1716－0008475　古越 0186/08475
新學/政治法律

政學叢書□□種　清光緒上海商務印書館鉛
印本　一冊　存一種

330000－1716－0008476　經補 1467/08476
經部/小學類/音韻之屬

音韻舉隅一卷　（清）程夢良校訂　清同治十
年(1871)刻本　一冊

330000－1716－0008479　古越 0187/08479
新學/史志/別國史

大英國志八卷　（英國）托馬斯米爾納撰
(英國)慕維廉譯　清光緒七年(1881)上海益
智書會刻本　三冊

330000－1716－0008480　經補 1274/08480
經部/小學類/音韻之屬/韻書

五方元音二卷　（清）樊騰鳳撰　（清）年希堯

增補　清刻本　于公富題記　二冊

330000－1716－0008481　古越 0189/08481
史部/雜史類/斷代之屬

明季稗史彙編十六種　（清）留雲居士輯　清
都城琉璃廠刻本　二冊　存一種

330000－1716－0008482　古越 0190/08482
史部/雜史類/斷代之屬

小腆紀年附考二十卷　（清）徐鼒撰　清光緒
十二年(1886)扶桑使廨鉛印本　十二冊

330000－1716－0008483　古越 0194/08483
史部/地理類

域外叢書九種　（清）王蘊香輯　清道光二十
二年(1842)靜觀齋刻本　一冊　存一種

330000－1716－0008484　古越 0191/08484
史部/地理類/外紀之屬

環遊地球新錄四卷　（清）李圭撰　清光緒三
年(1877)刻本　四冊

330000－1716－0008485　古越 0195/08485
史部/叢編

大興徐氏三種　（清）徐松撰　清道光刻本
五冊　存二種

330000－1716－0008486　普 類 0124－1/
08486　類叢部/類書類/專類之屬

文章潤色九卷　清光緒十一年(1885)四明暢
懷書屋石印本　一冊

330000－1716－0008487　古越 0197/08487
史部/地理類

舟車所至　（清）鄭光祖輯　清道光二十三年
(1843)琴川鄭氏青玉山房刻本　四冊　缺十
四卷(斑錄一至五、附編、雜述一至八)

330000－1716－0008488　經補 1287/08488
經部/四書類/總義之屬

四書古注群義彙解九種九十四卷　（清）□□
輯　清光緒鉛印本　四冊　存一種

330000－1716－0008489　古越 0196/08489
新學/政治法律/政治

列國歲計政要十二卷首一卷　（英國）麥丁富

得力撰　（美國）林樂知譯　（清）鄭昌棪筆述
清光緒元年(1875)江南製造總局刻本
六冊

330000－1716－0008490　古越 0192/08490
新學/地學/地志學

地理全志不分卷　（英國）慕維廉撰　清光緒
九年(1883)上海美華書館鉛印本　一冊

330000－1716－0008491　古越 0198/08491
新學/雜著/叢編

實學叢書□□種　清光緒石印本　四冊　存
一種

330000－1716－0008492　經補 1464/08492
經部/小學類/音韻之屬/韻書

詩韻辨字略五卷　（清）秦端圧輯　清光緒四
年(1878)黃倬刻本　一冊

330000－1716－0008494　古越 0200/08494
史部/地理類/外紀之屬

扶桑兩月記一卷　羅振玉撰　清光緒二十八
年(1902)教育世界社石印本　一冊

330000－1716－0008496　古越 0199/08496
新學/交涉

歐洲東方交涉記十二卷　（英國）麥高爾撰
（美國）林樂知　（清）瞿昂來譯　清光緒江南
機器製造總局刻本　二冊

330000－1716－0008497　古越 0201/08497
類叢部/叢書類/自著之屬

焦氏遺書十種附一種　（清）焦循撰　清嘉慶
至道光江都焦氏雕菰樓刻光緒二年(1876)衡
陽魏氏補刻本　二冊　存二種附一種

330000－1716－0008498　古越 0193/08498
史部/地理類

域外叢書九種　（清）王蘊香輯　清道光二十
二年(1842)靜觀齋刻本　一冊　存八種

330000－1716－0008503　普史 1659/08503
史部/紀傳類/正史之屬

二十四史　清敦化堂刻本　二十三冊　存
一種

330000－1716－0008504　古越 0203/08504
史部/地理類/外紀之屬

海國圖志五十卷附圓圖橫圖一卷　（清）魏源
撰　清道光二十四年（1844）古微堂木活字印
本　二十冊

330000－1716－0008505　普 叢 0264－2/
08505　類叢部/叢書類/郡邑之屬

粟香室叢書五十九種　金武祥編　清光緒至
民國江陰金氏刻本　夢景題記　二冊　存
一種

330000－1716－0008508　古越 0204/08508
類叢部/叢書類/自著之屬

饕喜廬所著書　（清）傅雲龍撰　清光緒十五
年（1889）日本東京鉛印暨石印本　十六冊
存一種

330000－1716－0008511　古越 0208/08511
史部/金石類/玉之屬/圖像

宋淳熙敕編古玉圖譜一百卷　（宋）龍大淵等
編　清乾隆四十四年（1779）歙縣江春康山草
堂刻本　二十冊

330000－1716－0008512　集 補 2785－1/
08512　集部/別集類/清別集

綠秋吟館詩集二卷　（清）沈景賢撰　清宣統
二年（1910）上海中國圖書公司鉛印本　一冊

330000－1716－0008513　古越 0207/08513
史部/金石類/總志之屬

金石萃編一百六十卷　（清）王昶撰　清嘉慶
十年（1805）青浦王氏經訓堂刻同治十年
（1871）嘉善錢寶傳補刻本　四十八冊

330000－1716－0008515　集 補 2785－2/
08515　集部/別集類/清別集

綠秋吟館詩集二卷　（清）沈景賢撰　清宣統
二年（1910）上海中國圖書公司鉛印本　一冊

330000－1716－0008519　古越 0210/08519
類叢部/叢書類/彙編之屬

**高安朱文端公校輯藏書（朱文端公藏書）十三
種**　（清）朱軾撰輯　清康熙至乾隆刻彙印本
十四冊　存一種

330000－1716－0008520　子補 3226/08520
子部/藝術類/書畫之屬/題跋

古歡室題畫詩二卷雜句一卷　（清）趙祖歡撰
清光緒六年（1880）廣東嶺南刻本　一冊

330000－1716－0008522　古越 0212/08522
史部/政書類/通制之屬

三通七百四十八卷　清乾隆十二年（1747）武
英殿刻本　三十六冊　存一種

330000－1716－0008523　古越 0211/08523
史部/雜史類/斷代之屬

十六國春秋一百卷　（北魏）崔鴻撰　清乾隆
四十六年（1781）仁和汪氏欣託山房刻本　二
十四冊

330000－1716－0008526　古越 0209/08526
史部/金石類/總志之屬/圖像

三古圖三種　（清）黃晟輯　明萬曆二十八年
至三十年（1600－1602）吳萬化刻清乾隆十七
年（1752）天都黃氏亦政堂重印本　二十冊

330000－1716－0008527　古越 0213 古越
0215 古越 0216/08527　史部/政書類/通制
之屬

九通二千三百二十一卷　（清）□□輯　清光
緒八年至二十二年（1882－1896）浙江書局刻
本　二百四十冊　存三種

330000－1716－0008528　普 類 0206－2/
08528　類叢部/類書類/專類之屬

續刻文料觸機二卷　（清）梅園主人編　清光
緒二年（1876）四明梅園刻本　一冊　存一卷
（一）

330000－1716－0008532　古越 0214/08532
史部/政書類/儀制之屬/典禮

大清通禮五十四卷　（清）來保等纂修　（清）
穆克登額等續纂　清刻本　十二冊

330000－1716－0008534　集 補 2782/08534
集部/別集類/清別集

福豔樓遺詩一卷附刊一卷　（清）陸珊撰　清
宣統二年（1910）京師京華印書局鉛印本
一冊

330000－1716－0008535　　集補 2789/08535
集部/別集類/清別集

吟月樓詩草一卷　（清）潘普恩撰　清光緒三十二年(1906)刻本　一冊

330000－1716－0008537　　古越 0218 古越 0219 古越 0220/08537　類叢部/叢書類/自著之屬

槐軒全集二十一種附九種　（清）劉沅撰　清咸豐至民國刻彙印本　三冊　存三種

330000－1716－0008539　　古越 0217/08539
子部/儒家類/儒學之屬/性理

朱子原訂近思錄集注十四卷考訂朱子世家一卷　（清）江永撰　清光緒十四年(1888)廣雅書局刻本　五冊

330000－1716－0008540　　經補 1412/08540
經部/讖緯類/總義之屬

古微書三十六卷　（明）孫愨輯　清光緒十四年(1888)刻本　六冊

330000－1716－0008541　　古越 0221/08541
類叢部/叢書類/自著之屬

龍莊遺書五種　（清）汪輝祖撰　清嘉慶刻本　二冊　存一種

330000－1716－0008542　　古越 0222/08542
類叢部/叢書類/自著之屬

槐軒全集二十一種附九種　（清）劉沅撰　清咸豐至民國刻彙印本　四冊　存一種

330000－1716－0008544　　經補 1411/08544
經部/小學類/文字之屬/字書/字體

隸辨八卷　（清）顧藹吉撰　清乾隆八年(1743)天都黃晟刻本　八冊

330000－1716－0008545　　古越 0223/08545
新學/學校

教化議五卷　（德國）花之安撰　清光緒元年(1875)羊城小書會真寶堂刻本　一冊

330000－1716－0008546　　古越 0224/08546
類叢部/叢書類/自著之屬

楊園先生全集十九種附一種　（清）張履祥撰　清集義堂刻本　二冊　存一種

330000－1716－0008547　　子補 1247/08547
子部/雜家類

省體編一卷　（清）張清夜集　清同治四年(1865)川東瓊江學署刻本　一冊

330000－1716－0008548　　古越 0225 古越 0549/08548　類叢部/叢書類/自著之屬

養晦堂集五種　（清）劉蓉撰　清光緒三年至十一年(1877–1885)思賢講舍刻本　七冊　存三種

330000－1716－0008549　　古越 0230/08549
類叢部/叢書類/自著之屬

榕村全書三十二種附十種　（清）李光地撰　清道光九年(1829)安溪李維迪刻本　二冊　存一種

330000－1716－0008550　　古越 0226 古越 0227/08550　子部/儒家類/儒學之屬/性理

藥言一卷賸稿一卷冰言十卷補錄十卷　（清）李惺撰　清光緒二十七年(1901)劉鴻業上海刻本　四冊

330000－1716－0008551　　古越 0229/08551
子部/儒家類/儒學之屬/禮教

聖諭廣訓直解一卷　（清）世宗胤禛撰　（清）□□直解　清刻本　唐風題記　二冊

330000－1716－0008553　　古越 0231/08553
類叢部/叢書類/彙編之屬

高安朱文端公校輯藏書(朱文端公藏書)十三種　（清）朱軾撰輯　清康熙至乾隆刻彙印本　一冊　存一種

330000－1716－0008554　　子補 3228–1/08554　子部/儒家類/儒學之屬/禮教/女範

女四書四卷　（清）王相箋注　清光緒十九年(1893)滬上熙記書莊刻本　二冊

330000－1716－0008555　　普史 1669/08555
史部/紀傳類/正史之屬

二十四史　清刻本　五十六冊　存五種

330000－1716－0008556　　古越 0232/08556
子部/儒家類/儒學之屬

朱子注釋濂關三書　（宋）朱熹撰　（清）王植

輯注　清刻本　三冊

330000－1716－0008557　經補0936－2/08557　經部/小學類/文字之屬/說文

說文提要一卷　（清）陳建侯撰　清同治十二年（1873）湖北崇文書局刻本　一冊

330000－1716－0008558　子補3228－2/08558　子部/儒家類/儒學之屬/禮教/女範

女四書四卷　（清）王相箋注　清光緒二十一年（1895）上海務本堂刻本　一冊　存二卷（曹大家女誡、仁孝文皇后內訓）

330000－1716－0008559　古越0233/08559　子部/宗教類/道教之屬

彙纂功過格十二卷首一卷末一卷　清同治十一年（1872）鐵華山館刻本　十冊

330000－1716－0008560　子補3228－3/08560　子部/儒家類/儒學之屬/禮教/女範

女四書四卷　（清）王相箋注　清光緒十四年（1888）共賞書局刻本　一冊　存二卷（曹大家女誡、仁孝文皇后內訓）

330000－1716－0008561　子補3228－4/08561　子部/儒家類/儒學之屬/禮教/女範

女四書四卷　（清）王相箋注　清光緒三年（1877）蘇州崇德書院刻本　二冊

330000－1716－0008563　古越0234/08563　子部/儒家類/儒學之屬/勸學

勸學篇二卷　（清）張之洞撰　清光緒二十四年（1898）兩湖書院刻本　一冊

330000－1716－0008564　古越0235/08564　子部/儒家類/儒學之屬/勸學

勸學篇二卷　（清）張之洞撰　清光緒二十四年（1898）兩湖書院刻本　一冊

330000－1716－0008565　子補3228－5/08565　子部/儒家類/儒學之屬/禮教/女範

女四書四卷　（清）王相箋注　清光緒三年（1877）蘇州崇德書院刻本　二冊

330000－1716－0008566　古越0237/08566　類叢部/叢書類/彙編之屬

高安朱文端公校輯藏書（朱文端公藏書）十三種　（清）朱軾撰輯　清康熙至乾隆刻彙印本　四冊　存一種

330000－1716－0008567　子補3228－6/08567　子部/儒家類/儒學之屬/禮教/女範

女四書四卷　（清）王相箋注　清光緒三年（1877）蘇州崇德書院刻本　二冊

330000－1716－0008568　古越0238/08568　子部/儒家類/儒學之屬/禮教/女範

女誡淺釋一卷附校勘記一卷　（漢）班昭撰　（清）勞紡釋　清光緒二十五年（1899）秀水陶保廉守拙之居刻本　一冊

330000－1716－0008569　經補1143/08569　經部/春秋左傳類/傳說之屬

左繡三十卷首一卷　（清）馮李驊　（清）陸浩評輯　清康熙五十九年（1720）華川書屋刻本　十四冊

330000－1716－0008570　古越0241/08570　新學/兵制/陸軍

中西武備新書甲集七種　（清）武備學堂編　清光緒武備學堂刻本　一冊　存一種

330000－1716－0008571　經補1142/08571　經部/春秋左傳類/傳說之屬

東萊博議四卷　（宋）呂祖謙撰　**增補虛字注釋一卷**　（清）馮泰松點定　清光緒二十八年（1902）善成堂刻本　四冊

330000－1716－0008573　古越0242/08573　子部/兵家類/操練之屬

訓練操法詳晰圖說二十二卷　袁世凱撰　清光緒二十八年（1902）昌言報館石印本　十二冊

330000－1716－0008574　古越0239/08574　類叢部/叢書類/自著之屬

李文貞公全集三十九種　（清）李光地撰　清乾隆元年（1736）李清植刻嘉慶六年（1801）補刻本　十冊　存一種

330000－1716－0008575　古越0243/08575　史部/政書類/軍政之屬

團練守鄉備要□□種　(清)沈衍慶輯　清末抄本　一冊　存三種

330000－1716－0008576　經補 1146/08576
經部/小學類/文字之屬/字書/訓蒙
養蒙針度五卷　(清)潘子聲撰　清光緒十二年(1886)衢郡三餘堂刻本　四冊

330000－1716－0008577　經補 1144/08577
經部/孝經類/傳說之屬
孝經一卷附刊誤一卷　(唐)玄宗李隆基注(唐)陸德明音義　清光緒三年(1877)永康胡氏退補齋刻本　一冊

330000－1716－0008578　古越 0240/08578
類叢部/叢書類/自著之屬
榕村全書三十二種附十種　(清)李光地撰清道光九年(1829)安溪李維迪刻本　三冊存一種

330000－1716－0008579　古越 0244/08579
新學/兵制/陸軍
陸軍教育摘要不分卷　(清)盧永銘譯述　清光緒二十八年(1902)南洋公學譯書院鉛印本　二冊

330000－1716－0008580　經補 1147/08580
經部/小學類/文字之屬/字書/訓蒙
養蒙針度五卷　(清)潘子聲撰　清光緒三年(1877)古越恒德堂刻本　二冊

330000－1716－0008581　經補 1145/08581
經部/孝經類/傳說之屬
孝經一卷附刊誤一卷　(唐)玄宗李隆基注(唐)陸德明音義　清光緒三年(1877)永康胡氏退補齋刻本　一冊

330000－1716－0008582　集補 2257/08582
集部/別集類/宋別集
蘇文忠詩合注五十卷首一卷目錄一卷　(宋)蘇軾撰　(清)馮應榴輯　清刻本　一冊　存三卷(六至八)

330000－1716－0008583　古越 0236/08583
子部/儒家類/儒學之屬/性理
正蒙不分卷　(宋)張載撰　(清)王植輯錄

清刻本　五冊

330000－1716－0008584　經補 1148/08584
經部/小學類/文字之屬/字書/訓蒙
養蒙針度五卷　(清)潘子聲撰　清同治五年(1866)文盛堂刻本　四冊

330000－1716－0008585　古越 0245/08585
新學/兵制/槍炮
礮法舉隅一卷礮法圖解一卷　(清)丁乃文撰清光緒五年(1879)金陵算學局刻本　二冊

330000－1716－0008586　普經 0147/08586
經部/叢編
重刊宋本十三經注疏四百十六卷附十三經注疏校勘記四百十六卷　(清)阮元撰　(清)盧宣旬摘錄　清光緒十八年(1892)湖南寶慶務本書局刻本　一百十六冊　存七種

330000－1716－0008587　古越 0255/08587
子部/兵家類/兵法之屬
水陸攻守戰略秘書七種　(清)澥綎道人編清咸豐三年(1853)侯官林氏銅活字印本　九冊　存一種

330000－1716－0008589　古越 0247/08589
子部/叢編
武備新書十種　(清)廖壽豐輯　清光緒二十三年(1897)浙江書局刻本　四冊　存八種

330000－1716－0008590　善附 0340/08590
經部/周禮類/傳說之屬
周禮注疏刪翼三十卷　(明)王志長撰　明崇禎天德堂刻本　十八冊

330000－1716－0008591　古越 0248/08591
新學/兵制/陸軍
野外要務令不分卷　(日本)陸軍省編　(清)盧永銘譯　清光緒南洋公學譯書院鉛印本四冊

330000－1716－0008593　古越 0249/08593
類叢部/叢書類/彙編之屬
弢園叢書□□種　(清)王韜編　清光緒鉛印本　三冊　存四種

330000－1716－0008594　古越 0250/08594
新學/兵制/海軍

水雷問答不分卷 （清）王平撰　清末石印本
一冊

330000－1716－0008595　經補 1149/08595
經部/小學類/文字之屬/字書/字典

**康熙字典十二集三十六卷總目一卷檢字一卷
辨似一卷等韻一卷補遺一卷備考一卷** （清）
張玉書等纂修　清刻本　四十冊

330000－1716－0008596　古越 0246/08596
子部/兵家類

地嘗說一卷 　清刻本　一冊

330000－1716－0008597　古越 0251/08597
新學/兵制/陸軍

步兵工作教範不分卷 （日本）陸軍省編　樊
炳清譯　清光緒南洋公學譯書院鉛印本
一冊

330000－1716－0008598　古越 0252/08598
新學/兵制/陸軍

步兵射擊教範四卷附表一卷圖一卷 （日本）
陸軍省編　（日本）山根虎之助譯　清光緒南
洋公學譯書院鉛印本　二冊

330000－1716－0008599　古越 0253/08599
新學/兵制/陸軍

步兵戰鬥射擊教練書不分卷 （日本）陸軍戶
山學校編　（日本）山根虎之助譯　清光緒南
洋公學譯書院鉛印本　二冊

330000－1716－0008600　古越 0254/08600
新學/兵制/陸軍

步兵各個教練書不分卷 （日本）軍事教育會
編　（日本）稻村新六補　孟森譯　清光緒南
洋公學譯書院鉛印本　二冊

330000－1716－0008602　古越 0461/08602
集部/總集類/選集之屬/斷代

**皇朝經世文編一百二十卷姓名總目二卷生存
姓名一卷** （清）賀長齡輯　清道光七年
(1827)刻本　六十四冊

330000－1716－0008603　古越 0257/08603

子部/道家類

南華真經本義十六卷附錄八卷 （明）陳治安
撰　清乾隆十六年(1751)會稽陳氏敬義堂刻
本　四冊

330000－1716－0008604　經補 0927－4/
08604　經部/詩類/傳說之屬

詩經集傳八卷詩序辨說一卷 （宋）朱熹撰
清同治五年(1866)金陵書局刻本　何桂笙題
記　一冊　存一卷(詩序辨說)

330000－1716－0008605　經補 1394/08605
經部/小學類/音韻之屬/等韻

李氏音鑑六卷首一卷 （清）李汝珍撰　清光
緒十八年(1892)海門抄本　四冊

330000－1716－0008607　古越 0258/08607
新學/兵制/陸軍

行軍指要六卷 （英國）哈密撰　（美國）金楷
理口譯　（清）趙元益筆述　清光緒二十七年
(1901)上海製造局刻本　六冊

330000－1716－0008609　普經 0951－2/
08609　經部/儀禮類/傳說之屬

儀禮章句十七卷 （清）吳廷華撰　清乾隆二
十二年(1757)刻本　四冊

330000－1716－0008610　古越 0260/08610
新學/圖學/測繪

行軍測繪十卷首一卷附圖一卷 （英國）連提
撰　（英國）傅蘭雅口譯　（清）趙元益筆述
（清）趙宏繪圖　清光緒江南製造總局刻本
二冊

330000－1716－0008611　古越 0259/08611
類叢部/叢書類/自著之屬

榕村全書三十二種附十種 （清）李光地撰
清道光九年(1829)安溪李維迪刻本　一冊
存一種

330000－1716－0008612　普經 0951－1/
08612　經部/儀禮類/傳說之屬

儀禮章句十七卷 （清）吳廷華撰　清乾隆二
十二年(1757)刻本　四冊

330000－1716－0008614　古越 0262/08614

新學/兵制/營壘

營壘圖說一卷圖一卷 （比利時）伯里牙芒撰 （美國）金楷理 （清）李鳳苞譯 清光緒江南製造局刻本 一冊

330000－1716－0008615 史補 0893－1/08615 史部/傳記類/總傳之屬/姓名

聖祖仁皇帝御製百家姓一卷耕織圖詩一卷 唐風箋注 清宣統三年(1911)鉛印本 一冊

330000－1716－0008616 古越 0261/08616 新學/兵制/陸軍

營城揭要二卷附圖 （英國）儲意比撰 （英國）傅蘭雅口譯 （清）徐壽筆述 清光緒江南機器製造局刻本 二冊

330000－1716－0008619 經補 1000－29/08619 經部/小學類/文字之屬/字書/字典

康熙字典十二集三十六卷總目一卷檢字一卷辨似一卷等韻一卷補遺一卷備考一卷 （清）張玉書等纂修 清刻本 四十冊

330000－1716－0008621 古越 0264/08621 新學/兵制/槍炮

兵船礮法六卷 （美國）金楷理口譯 （清）朱恩錫筆述 清光緒江南機器製造總局刻本 三冊

330000－1716－0008622 古越 0263/08622 新學/雜著/叢編

江南製造局譯書 （清）江南製造局編 清光緒江南製造局刻本暨鉛印本 一冊 存六種

330000－1716－0008623 古越 0266/08623 新學/兵制/槍炮

克虜伯礮說四卷礮操法四卷礮表八卷 （德國）布國軍政局原書 （美國）金楷理口譯 （清）李鳳苞筆述 （清）邱瑞麟繪圖 清光緒江南製造局刻本 二冊

330000－1716－0008624 古越 0265/08624 新學/兵制/槍炮

克虜伯礮準心法一卷 （德國）布國軍政局原書 （美國）金楷理口譯 （清）李鳳苞筆述 清光緒江南製造局刻本 一冊

330000－1716－0008625 古越 0267/08625 新學/兵制/陸軍

自強軍西法類編十八卷 沈敦和撰 （清）洪恩波參訂 清光緒二十四年(1898)上海順成書局石印本 十八冊

330000－1716－0008626 古越 0269/08626 新學/兵制/槍炮

礮法求新六卷附編一卷補編一卷圖一卷 （英國）烏理治官礮局撰 舒高第 鄭昌棪譯 清光緒江南製造局鉛印本 八冊

330000－1716－0008627 古越 0270/08627 新學/雜著/叢編

江南製造局譯書 （清）江南製造局編 清光緒江南製造局刻本暨鉛印本 三冊 存二種

330000－1716－0008628 普史 0750－3/08628 經部/三禮總義類/通禮雜禮之屬

四禮翼八卷 （明）呂坤撰 清光緒元年(1875)鎮海劉氏刻本 一冊

330000－1716－0008629 古越 0271/08629 新學/兵制/海軍

海軍調度要言三卷圖一卷 （英國）拏核甫撰 舒高第 （清）鄭昌棪譯 清光緒江南製造總局鉛印本 二冊

330000－1716－0008630 古越 0272/08630 新學/兵制/海軍

鐵甲叢譚五卷圖一卷 （英國）黎特撰 舒高第 （清）鄭昌棪口譯 清光緒江南製造總局鉛印本 二冊

330000－1716－0008632 古越 0274/08632 新學/兵制/海軍

水師保身法一卷 （法國）勒羅阿撰 （英國）伯克雷譯 （清）程鑾 （清）趙元益重譯 清光緒江南製造總局刻本 一冊

330000－1716－0008633 古越 0275/08633 新學/兵制/海軍

水雷秘要五卷圖一卷 （英國）史理孟撰 舒高第口譯 （清）鄭昌棪筆述 清光緒江南製造局刻本 六冊

330000－1716－0008634　　集補 1309/08634
集部/曲類/彈詞之屬

果報錄十二卷一百回　（清）海蘭濤撰　清石
印本　一冊　存一卷（十一）

330000－1716－0008635　　經補 1348/08635
經部/小學類/音韻之屬/等韻

切韻指掌圖一卷　（宋）司馬光撰　清光緒九
年（1883）上海同文書局石印本　一冊

330000－1716－0008636　　古越 0276/08636
新學/兵制/陸軍

臨陣管見九卷　（美國）斯拉弗司撰　（美國）
金楷理口譯　（清）趙元益筆述　清光緒江南
製造局刻本　四冊

330000－1716－0008637　　經補 1255－1/
08637　經部/四書類/總義之屬/傳說

四書體注合講十九卷　（清）翁復編　清咸豐
九年（1859）酌雅齋刻本（論語卷一至五配清
刻本）　杜鳳治題記　五冊

330000－1716－0008638　　古越 0273/08638
新學/兵制/海軍

水師操練十八卷首一卷附一卷　（英國）戰船
部撰　（清）徐建寅譯　清末江南機器製造總
局刻本　三冊

330000－1716－0008640　　古越 0278/08640
新學/兵制/海軍

防海新論十八卷　（德國）希理哈撰　（英國）
傅蘭雅口譯　（清）華蘅芳筆述　清同治十二
年（1873）江南製造局刻本　六冊

330000－1716－0008641　　古越 0279/08641
新學/兵制/船艦

輪船布陣十二卷圖一卷首一卷　（英國）裴路
撰　（英國）傅蘭雅口譯　（清）徐建寅筆述
清江南製造總局刻本　二冊

330000－1716－0008642　　經補 0860/08642
經部/叢編

古經解彙函十六種附小學彙函十四種　（清）
鍾謙鈞等輯　清同治十二年（1873）粵東書局
刻本　二冊　存小學彙函一種

330000－1716－0008650　　地獻 1925－1/
08650　經部/四書類/總義之屬/傳說

精校四子書　（宋）朱熹集注　清末浙紹墨潤
堂鉛印本　一冊　存一種

330000－1716－0008655　　經補 1349－2/
08655　經部/小學類/文字之屬/字書/字體

六書通十卷首一卷附百體福壽全圖　（明）閔
齊伋撰　（清）畢弘述篆訂　清光緒十九年
（1893）上海校經山房石印本　五冊

330000－1716－0008657　　古越 0282/08657
子部/法家類

韓非子二十卷　識誤三卷　（清）顧廣圻撰
清嘉慶二十三年（1818）全椒吳鼒刻本　四冊

330000－1716－0008659　　古越 0281/08659
子部/宗教類/道教之屬

感應類鈔十卷　（清）史潔珵輯　清光緒二十
四年（1898）刻本　二冊

330000－1716－0008661　　古越 0285/08661
新學/醫學/内科

内科闡微一卷　（美國）嘉約翰口譯　（清）林
湘東筆述　清光緒十五年（1889）羊城博濟醫
局刻本　一冊

330000－1716－0008663　　古越 0283/08663
子部/醫家類/溫病之屬/瘟疫

瘟疫論二卷補遺一卷　（清）吳有性撰　清雍
正三年（1725）刻本　二冊

330000－1716－0008664　　經補 1350－3/
08664　經部/小學類/文字之屬/字書/字體

六書通十卷首一卷附百體福壽全圖　（明）閔
齊伋撰　（清）畢弘述篆訂　清光緒十九年
（1893）上海校經山房石印本　三冊　存六卷
（五至十）

330000－1716－0008665　　子補 0444/08665
子部/儒家類/儒學之屬/禮教/女範

女學六卷　（清）藍鼎元撰　清光緒粵東藝苑
樓刻本　四冊

330000－1716－0008666　　古越 0284/08666
新學/醫學/内科

西醫內科全書十六卷　（清）孔慶高譯　清光緒八年(1882)羊城博濟醫局刻本　一冊　存二卷(熱病總論一至二)

330000－1716－0008667　善0160－1/08667　史部/編年類/通代之屬

鼎鋟鍾伯敬訂正資治綱鑑正史大全七十四卷首一卷附皇明紀要三卷　（明）鍾惺訂正　明崇禎刻本　十四冊　存三十四卷(三十六至三十七、四十六至七十四,皇明紀要一至三)

330000－1716－0008668　子補3139/08668　子部/醫家類/方書之屬/歷代方書

醫方集解三卷　（清）汪昂撰　清同德堂刻本　三冊

330000－1716－0008669　古越0288/08669　子部/醫家類/類編之屬

當歸草堂醫學叢書初編十種　（清）丁丙編　清光緒四年(1878)錢塘丁氏當歸草堂刻本　十二冊

330000－1716－0008671　古越0287/08671　子部/醫家類/診法之屬/脈經脈訣

醫燈續焰二十一卷　（宋）崔嘉彥撰　（明）李言聞刪補　（清）潘楫注　清順治九年(1652)陸地舟刻本　十二冊

330000－1716－0008672　經補1350－4/08672　經部/小學類/文字之屬/字書/字體

六書通十卷　（明）閔齊伋撰　（清）畢弘述篆訂　清光緒二十一年(1895)上海鴻寶齋書局石印本　一冊　存二卷(一至二)

330000－1716－0008673　經補0935－2/08673　經部/小學類/文字之屬/說文

說文外編十五卷補遺一卷　（清）雷浚撰　說文辨疑一卷　（清）顧廣圻撰　劉氏碎金一卷　（清）劉禧延撰　清光緒二年(1876)刻本　四冊　缺一卷(說文辨疑)

330000－1716－0008674　古越0290/08674　子部/醫家類/綜合之屬/合刻、合抄

景岳全書六十四卷　（明）張介賓撰　清越郡黎照樓刻本　二十四冊

330000－1716－0008676　經補1349－5/08676　經部/小學類/文字之屬/字書/字體

六書通十卷首一卷附百體福壽全圖　（明）閔齊伋撰　（清）畢弘述篆訂　清光緒十九年(1893)上海校經山房石印本　三冊　存七卷(一至四、九至十,首)

330000－1716－0008678　古越0291/08678　子部/醫家類/醫案之屬

臨證指南醫案十卷種福堂公選溫熱論醫案四卷　（清）葉桂撰　（清）徐大椿評　清末著易堂鉛印本　唐風題記　四冊　缺四卷(三至六)

330000－1716－0008679　古越0296/08679　子部/醫家類/本草之屬/歷代綜合本草

本草述鉤元三十二卷　（清）劉若金撰　（清）楊時泰輯　清道光二十二年(1842)昆陵涵雅堂刻本　十二冊

330000－1716－0008680　古越0294/08680　新學/醫學

西醫略論三卷　（英國）合信氏撰　（清）管茂材譯　清咸豐七年(1857)江蘇上海仁濟醫館刻本　一冊

330000－1716－0008681　經補1174/08681　經部/小學類/文字之屬/字書/字典

康熙字典十二集三十六卷總目一卷檢字一卷辨似一卷等韻一卷補遺一卷備考一卷　（清）張玉書等纂修　清刻本　十二冊　存八卷(未集上、申集上中下、西集上中下、戌集上)

330000－1716－0008682　古越0297/08682　新學/醫學

儒門醫學三卷附一卷　（英國）海得蘭撰　(英國)傅蘭雅口譯　（清）趙元益筆述　清光緒江南製造局刻本　四冊

330000－1716－0008684　古越0293/08684　新學/醫學/內科

醫理略述二卷　尹端模譯　清光緒十八年(1892)羊城博濟醫局刻本　二冊

330000－1716－0008685　經補1254－1/

08685　經部/小學類/訓詁之屬/爾雅

爾雅三卷　（晉）郭璞注　（唐）陸德明音釋　清嘉慶二十二年(1817)順德張青選清芬閣刻本　三冊

330000－1716－0008686　古越 0298/08686
新學/醫學/方書

萬國藥方八卷　（美國）洪士提反撰　清光緒二十四年(1898)上海美華書館鉛印本　八冊

330000－1716－0008688　古越 0292/08688
新學/醫學/内科

病理撮要一卷　尹端模譯　清光緒十八年(1892)羊城博濟醫局刻本　二冊

330000－1716－0008689　集補 2254/08689
集部/總集類/題詠之屬

紅葉館話別圖題詞不分卷　（日本）副島種臣等撰　附録紅葉館留別詩不分卷　（清）陳明遠等撰　清末刻本　一冊

330000－1716－0008690　古越 0295/08690
新學/全體學

全體新論一卷　（英國）合信氏　（清）陳修堂撰　清咸豐元年(1851)江蘇上海墨海書館刻本　一冊

330000－1716－0008693　古越 0299/08693
子部/醫家類/本草之屬/神農本草經

本經疏證十二卷續疏六卷本經序疏要八卷　(清)鄒澍撰　清道光二十九年(1849)常州長年醫局刻本　十二冊

330000－1716－0008694　經補 1176/08694
經部/小學類/文字之屬/說文

說文解字十五卷標目一卷　（漢）許慎撰　(宋)徐鉉等校定　清光緒十一年(1885)平江洪氏刻本　杏圃題記　四冊

330000－1716－0008695　古越 0302/08695
子部/醫家類/兒科之屬

兒科撮要二卷　尹端模譯　清光緒十八年(1892)羊城博濟醫局刻本　二冊

330000－1716－0008696　古越 0300/08696
新學/全體學

全體通考十八卷　（英國）德貞子固撰　清光緒鉛印本　八冊

330000－1716－0008697　古越 0303/08697
子部/醫家類/兒科之屬

兒科論略不分卷　（美國）富醫士選　（清）龐文卿譯　清光緒二十三年(1897)羊城博濟書局刻本　一冊

330000－1716－0008698　古越 0304/08698
新學/醫學

婦科精蘊圖說五卷　（美國）妥瑪氏撰　（清）孔慶高譯　清光緒十五年(1889)羊城博濟醫局刻本　五冊

330000－1716－0008699　善附 0338/08699
類叢部/叢書類/彙編之屬

寒梅館彙刻　（清）陶闓輯　清光緒會稽陶氏寒梅館刻本　五冊　存二種

330000－1716－0008700　古越 0301/08700
子部/醫家類/綜合之屬/通論

東醫寶鑑二十三卷目録二卷　（朝鮮）許浚撰　清乾隆二十八年(1763)刻本　二十五冊

330000－1716－0008701　古越 0307/08701
新學/雜著/叢編

江南製造局譯書　（清）江南製造局編　清光緒江南製造局刻本暨鉛印本　四冊　存一種

330000－1716－0008702　古越 0308/08702
新學/全體學

體用十章四卷　（英國）哈士烈撰　（清）孔慶高譯　清光緒十年(1884)羊城博濟醫局刻本　四冊

330000－1716－0008703　古越 0309/08703
新學/醫學/藥品

西藥略釋四卷總論一卷　（清）孔繼良撰　清光緒十二年(1886)羊城博濟醫局刻本　四冊

330000－1716－0008704　古越 0311/08704
新學/醫學/内科

内科理法前編六卷後編總病六卷專病十卷附一卷　（英國）虎伯撰　（英國）茄合　（英國）哈來參訂　舒高第口譯　（清）趙元益筆

述 清光緒江南製造局刻本 六冊 存十一卷(專病一至十、附)

330000－1716－0008705 古越 0310/08705
新學/醫學/外科

剖腹理法一卷 (美國)富醫士選 (清)龐文卿譯 清光緒二十三年(1897)羊城博濟醫局刻本 一冊

330000－1716－0008706 古越 0312/08706
子部/醫家類/外科之屬/其他外科病證

增訂花柳指迷一卷 (美國)嘉約翰輯譯 (清)林應祥筆述 尹端模參訂 清光緒十五年(1889)羊城博濟醫局刻本 一冊

330000－1716－0008707 古越 0305/08707
新學/醫學/外科

皮膚新編一卷 (美國)嘉約翰口譯 (清)林湘東筆述 清光緒十四年(1888)羊城博濟醫局刻本 一冊

330000－1716－0008708 古越 0314/08708
類叢部/叢書類/自著之屬

疇隱廬叢書 丁福保撰 清光緒無錫丁氏疇隱廬石印本 一冊

330000－1716－0008709 古越 0313/08709
新學/醫學/衛生學

初學衛生編一卷 (美國)蓋格樂撰 (英國)傅蘭雅譯 清光緒二十二年(1896)上海格致書室鉛印本 一冊

330000－1716－0008711 古越 0315/08711
新學/醫學/衛生學

幼童衛生編一卷 (英國)傅蘭雅譯 清光緒二十年(1894)上海格致書室鉛印本 一冊

330000－1716－0008712 子補 4127/08712
子部/小說家類/雜事之屬

重刻世說新語補二十卷 (清)黃汝琳補訂 清葛氏嘯園刻本 五冊 存十卷(一至二、九至十、十一至十四、十九至二十)

330000－1716－0008713 經補 1255－2/08713 經部/四書類/總義之屬/傳說

永言堂四書遵注合講十九卷附圖考一卷

(清)翁復編 清永言堂刻本 六冊

330000－1716－0008714 古越 0316/08714
新學/醫學/衛生學

衛生要旨不分卷 (美國)嘉約翰口譯 (清)海琴氏校正 清光緒九年(1883)益智書會刻本 一冊

330000－1716－0008715 古越 0306/08715
新學/格致總

格致須知二十八種 (英國)傅蘭雅編 清光緒八年至二十四年(1882－1898)刻本 一冊 存一種

330000－1716－0008716 史補 0889－6/08716 史部/編年類/通代之屬

綱鑑易知錄九十二卷明鑑易知錄十五卷 (清)吳乘權 (清)周之炯 (清)周之燦輯 清三讓堂刻本 十六冊 存三十一卷(一至七、十一至十二、五十一至五十六、六十三至七十四、七十七至七十八,明鑑易知錄十一至十二)

330000－1716－0008717 古越 0317/08717
新學/醫學

保全生命論一卷 (英國)古蘭肥勒撰 (英國)秀耀春口譯 (清)趙元益筆述 清光緒二十七年(1901)上海製造局刻本 二冊

330000－1716－0008718 經補 1243/08718
經部/四書類/總義之屬

四書恖聞五卷 (清)楊希閔撰 清咸豐十一年(1861)福州靈蘭堂刻本 一冊

330000－1716－0008719 經補 1244/08719
經部/四書類/總義之屬/傳說

四書人物類典串珠四十卷 (清)臧志仁輯 清嘉慶七年(1802)文林堂刻本 十二冊

330000－1716－0008720 古越 0318/08720
子部/天文曆算類/天文之屬

管窺輯要八十卷 (清)黃鼎撰 清順治十年(1653)刻本 二十四冊

330000－1716－0008721 經補 1245/08721
經部/四書類/總義之屬/傳說

四書典故辨正二十卷附錄一卷 （清）周柄中撰　清溧陽周氏敬藝堂刻本　六冊

330000－1716－0008722　史補 0899－6/08722　史部/編年類/通代之屬

尺木堂綱鑑易知錄九十二卷明鑑易知錄十五卷 （清）吳乘權　（清）周之炯　（清）周之燦輯　清光緒二十七年(1901)上海文瑞樓鉛印本　十冊　存六十五卷（一至十八、三十三至四十六、五十四至六十四、六十七至七十三,明鑑易知錄一至十五）

330000－1716－0008723　古越 0321/08723　子部/天文歷算類/算書之屬

算學十書 （清）賈步緯輯　清同治至光緒江南機器製造總局刻本暨鉛印本　十三冊　存七種

330000－1716－0008724　古越 0320/08724　類叢部/叢書類/彙編之屬

士禮居叢書二十種 （清）黃丕烈編　清嘉慶至道光黃氏士禮居刻本　二冊　存一種

330000－1716－0008725　經補 1246/08725　經部/小學類/訓詁之屬/群雅

邇言六卷 （清）錢大昭撰　清光緒四年(1878)仁和葛氏嘯園刻本　一冊

330000－1716－0008726　經補 1251/08726　經部/小學類/文字之屬/字書/字體

玉堂字彙十二卷首一卷圖說一卷古今通用一卷檢字一卷 （明）梅膺祚輯　清寶仁堂刻本　十三冊

330000－1716－0008727　古越 0326/08727　子部/天文歷算類/算書之屬

翠微山房數學十四種 （清）張作楠撰　清光緒五年(1879)息園刻本　二十四冊

330000－1716－0008729　經補 1252/08729　經部/小學類/音韻之屬/韻書

詩韻集成十卷 （清）余照輯　清光緒元年(1875)掃葉山房刻本　二冊

330000－1716－0008730　古越 0328/08730　子部/天文歷算類/算書之屬

象數一原七卷 （清）項名達撰　（清）戴煦校補　清光緒十四年(1888)上海金匱華蘅芳刻本　四冊

330000－1716－0008732　經補 1250/08732　經部/四書類/總義之屬/傳說

四書味根錄三十七卷 （清）金澂撰　清光緒十二年(1886)上海同文書局石印本　四冊

330000－1716－0008733　古越 0327/08733　子部/天文歷算類

御製律曆淵源五種 （清）允祿等纂修　清雍正內府刻乾隆增修本　三十二冊　存一種

330000－1716－0008734　古越 0333/08734　類叢部/叢書類/自著之屬

焦氏遺書十種附一種 （清）焦循撰　清嘉慶至道光江都焦氏雕菰樓刻光緒二年(1876)衡陽魏氏補刻本　三冊　存一種

330000－1716－0008735　經補 1253/08735　經部/小學類/訓詁之屬/群雅

駢雅訓纂十六卷首一卷 （明）朱謀㙔撰（清）魏茂林訓纂　清同治十一年(1872)經綸書室刻本　十冊

330000－1716－0008736　古越 0331 古越 0332/08736　子部/天文歷算類/算書之屬

李氏遺書十一種 （清）李銳撰　清光緒十六年(1890)上海醉六堂刻本　二冊　存二種

330000－1716－0008737　古越 0337/08737　新學/算學/三角八綫

算式集要四卷 （英國）哈司韋輯　清光緒江南製造總局刻本　二冊

330000－1716－0008738　普叢 0393/08738　類叢部/叢書類/彙編之屬

玲瓏山館叢書七十種 （清）□□編　清光緒十五年(1889)藝林山房刻本　四冊　存二種

330000－1716－0008739　經補 1247－1/08739　經部/周禮類/傳說之屬

周禮節訓六卷 （清）黃叔琳輯　（清）姚培謙重訂　清乾隆三十二年(1767)刻本　一冊

330000－1716－0008740　古越 0334/08740
類叢部/叢書類/彙編之屬

微波榭叢書十一種 （清）孔繼涵編　清孔氏
刻彙印本　一冊　存一種

330000－1716－0008741　古越 0335/08741
子部/天文曆算類/算書之屬

下學盦算術三種 （清）項名達撰　清光緒十
三年(1887)錢塘項氏刻本　一冊　存一種

330000－1716－0008742　古越 0336/08742
子部/天文曆算類/算書之屬

新編算學啟蒙三卷總括一卷 （元）朱世傑撰
　算學啟蒙識誤一卷後記一卷 （清）羅士琳
撰　望海島術一卷 （宋）楊輝撰　清同治十
年(1871)江南機器製造局刻本　二冊

330000－1716－0008743　古越 0340/08743
新學/圖學/測繪

測地繪圖十一卷附一卷表一卷 （英國）富路
瑪撰　（英國）傅蘭雅口譯　（清）徐壽筆述
清光緒江南製造局刻本　四冊

330000－1716－0008744　地獻 1968－4/
08744　類叢部/叢書類/郡邑之屬

越中文獻輯存書十種十八卷　紹興公報社輯
　清宣統二年至民國元年(1910－1912)紹興
公報社鉛印本　四冊　存六種

330000－1716－0008745　普 集 0322－1/
08745　集部/詞類/類編之屬

浙西六家詞七種十九卷 （清）龔翔麟編　清
刻本　一冊　存一種

330000－1716－0008746　經 補 1254－3/
08746　經部/小學類/訓詁之屬/爾雅

爾雅三卷 （晉）郭璞注　（唐）陸德明音釋
清光緒三年(1877)永康胡氏退補齋刻本
三冊

330000－1716－0008747　經 補 1254－2/
08747　經部/小學類/訓詁之屬/爾雅

爾雅三卷 （晉）郭璞注　（唐）陸德明音釋
清光緒三年(1877)永康胡氏退補齋刻本
三冊

330000－1716－0008748　古越 0322/08748
子部/天文曆算類/算書之屬

**九章算術細草圖說九卷海島算經細草圖說一
卷** （三國魏）劉徽注　（唐）李淳風等注釋
（清）李潢細草　（清）沈欽裴補草　清嘉慶二
十五年(1820)語鴻堂刻本　八冊

330000－1716－0008750　古越 0323/08750
新學/天學

天文圖說四卷 （英國）柯雅各撰　（美國）摩
嘉立　（清）薛承恩譯　清光緒九年(1883)上
海益智書會刻本　一冊

330000－1716－0008751　經 補 1247－2/
08751　經部/周禮類/傳說之屬

周禮節訓六卷 （清）黃叔琳輯　（清）姚培謙
重訂　清光緒十九年(1893)上海熙記書莊刻
本　二冊

330000－1716－0008752　古越 0324/08752
新學/天學

談天十八卷首一卷附表一卷 （英國）侯失勒
撰　（英國）偉烈亞力口譯　（清）李善蘭筆述
　清光緒江南製造總局刻本　四冊

330000－1716－0008753　經 補 1254－4/
08753　經部/小學類/訓詁之屬/爾雅

爾雅三卷 （晉）郭璞注　（唐）陸德明音釋
清光緒三年(1877)永康胡氏退補齋刻本
三冊

330000－1716－0008754　古越 0341/08754
子部/天文曆算類/算書之屬

下學盦算術三種 （清）項名達撰　清光緒十
三年(1887)錢塘項氏刻本　二冊　存二種

330000－1716－0008755　古越 0329/08755
子部/天文曆算類/算書之屬

則古昔齋算學十三種二十四卷 （清）李善蘭
學　清同治六年(1867)海寧李善蘭金陵刻本
　六冊

330000－1716－0008756　普 集 1769－8/
08756　集部/別集類/清別集

笠翁一家言全集十六卷 （清）李漁撰　清刻

本　三冊　存五卷(詩集一、別集一至二、偶集五至六)

330000－1716－0008757　經補1254－5/08757　經部/小學類/訓詁之屬/爾雅

爾雅三卷　(晉)郭璞注　(唐)陸德明音釋　清光緒三年(1877)永康胡氏退補齋刻本三冊

330000－1716－0008758　古越0330/08758　子部/天文曆算類/算書之屬

則古昔齋算學十三種二十四卷　(清)李善蘭學　清同治六年(1867)海寧李善蘭金陵刻本六冊

330000－1716－0008759　經補1247－3/08759　經部/周禮類/傳說之屬

周禮節訓六卷　(清)黃叔琳輯　(清)姚培謙重訂　清同治六年(1867)范氏刻本　二冊

330000－1716－0008760　經補1254－6/08760　經部/小學類/訓詁之屬/爾雅

爾雅三卷　(晉)郭璞注　(唐)陸德明音釋清光緒三年(1877)永康胡氏退補齋刻本三冊

330000－1716－0008761　古越0342/08761　子部/天文曆算類/算書之屬

行素軒算稿九種　(清)華蘅芳撰　清光緒二十八年(1902)算學館鉛印本　一冊　存一種

330000－1716－0008762　古越0343/08762　新學/算學/代數

代數通藝錄十六卷　(清)方愷撰　清光緒二十二年(1896)時務報館石印本　四冊

330000－1716－0008763　集補2434/08763集部/別集類/清別集

涉需堂文集一卷後集一卷詩集一卷迂言百則一卷史見一卷正學續四卷　(清)陳遇夫撰清光緒二十四年(1898)刻本　二冊　存二卷(史見、正學續一)

330000－1716－0008764　集補1058－21/08764　集部/總集類/選集之屬/通代

文選六十卷　(南朝梁)蕭統輯　(唐)李善注

(清)何焯評　清乾隆三十七年(1772)長洲葉樹藩海錄軒刻朱墨套印本　十五冊　缺四卷(五十四至五十七)

330000－1716－0008765　古越0339/08765新學/算學/微積

微積溯源八卷　(英國)華里司輯　(英國)傅蘭雅口譯　(清)華蘅芳筆述　清同治十三年(1874)江南機器製造總局刻本　六冊

330000－1716－0008766　古越0345/08766子部/天文曆算類/算書之屬

尺算徵用一卷　(清)求在我者纂　(清)適可居士校　清光緒十七年(1891)上海胡傳墨齋刻本　一冊

330000－1716－0008767　普叢0379/08767類叢部/叢書類/彙編之屬

王益吾所刻書十種　王先謙編　清光緒九年至十年(1883－1884)長沙王氏刻本　一冊存一種

330000－1716－0008768　集補1058－22/08768　集部/總集類/選集之屬/通代

文選六十卷　(南朝梁)蕭統輯　(唐)李善注(清)何焯評　清羊城翰墨園刻朱墨套印本十二冊

330000－1716－0008769　集補1058－20/08769　集部/總集類/選集之屬/通代

文選六十卷　(南朝梁)蕭統輯　(唐)李善注(清)何焯評　清江右文彬堂刻朱墨套印本十五冊　缺三卷(十一至十三)

330000－1716－0008770　經補1248/08770經部/周禮類/傳說之屬

周禮精華六卷　(清)陳龍標輯　清同治三年(1864)寶文堂刻本　六冊

330000－1716－0008772　古越0346/08772類叢部/叢書類/彙編之屬

洪氏唐石經館叢書十九種　(清)洪汝奎輯清光緒涇縣洪氏公善堂刻彙印本　四冊　存一種

330000－1716－0008773　古越0348/08773

新學/算學/形學

形學備旨十卷開端一卷 （美國）狄考文選譯
（清）鄒立文筆述　清光緒二十八年（1902）
上海美華書館鉛印本　二冊

330000－1716－0008774　古越 0772/08774
新學/天學

談天十八卷首一卷附表一卷 （英國）侯失勒
撰　（英國）偉烈亞力口譯　（清）李善蘭筆述
清光緒二十七年（1901）上海日新社石印本
四冊

330000－1716－0008776　地獻 0036－6/
08776　集部/別集類

小沖言事一卷 黃壽袞撰　清光緒三十二年
（1906）鉛印本　一冊

330000－1716－0008777　地獻 0036－7/
08777　集部/別集類

小沖言事一卷 黃壽袞撰　清光緒三十二年
（1906）鉛印本　一冊

330000－1716－0008778　地獻 0036－8/
08778　集部/別集類

小沖言事一卷 黃壽袞撰　清光緒三十二年
（1906）鉛印本　一冊

330000－1716－0008779　古越 0349/08779
新學/算學/數學

代形合參三卷附一卷 （美國）羅密士撰
（美國）潘慎文譯　謝洪賚筆述　清光緒二十
八年（1902）上海美華書館鉛印本　一冊

330000－1716－0008781　地獻 0036－9/
08781　集部/別集類

小沖言事一卷 黃壽袞撰　清光緒三十二年
（1906）鉛印本　一冊

330000－1716－0008782　地獻 0036－5/
08782　集部/別集類

小沖言事一卷 黃壽袞撰　清光緒三十二年
（1906）鉛印本　一冊

330000－1716－0008783　普子 2026/08783
子部/藝術類/篆刻之屬/印譜

斐然齋印譜一卷 （清）徐中立篆　清光緒白

下徐氏刻鈐印本　二冊

330000－1716－0008784　古越 0350/08784
子部/天文曆算類/算書之屬

梅勿菴算書五種 （清）梅文鼎撰　清乾隆刻
本　四冊　存四種

330000－1716－0008785　古越 0352/08785
新學/算學/代數

代數術二十五卷首一卷 （英國）華里司輯
（英國）傅蘭雅口譯　（清）華蘅芳筆述　清同
治十二年（1873）江南製造局刻本　六冊

330000－1716－0008786　古越 0355/08786
子部/天文曆算類/算書之屬

謝穀堂算學三種 （清）謝家禾撰　清光緒江
南機器製造總局刻本　一冊

330000－1716－0008787　古越 0357/08787
子部/天文曆算類/算書之屬

御製數理精蘊上編五卷下編四十卷表八卷
（清）聖祖玄燁撰　清光緒十九年（1893）江南
製造局鉛印本　三冊　存四卷（上編一至四）

330000－1716－0008788　古越 0353/08788
新學/圖學/畫學

器象顯真四卷圖一卷 （英國）白力蓋輯
（英國）傅蘭雅口譯　（清）徐建寅　述
（清）曹鍾秀摹圖　清光緒江南製造局刻本
三冊

330000－1716－0008789　經補 1249/08789
經部/周禮類/傳說之屬

周禮政要二卷 （清）孫詒讓撰　清光緒二十
八年（1902）瑞安普通學堂刻本　二冊

330000－1716－0008790　古越 0356/08790
新學/天學

測候叢談四卷 （美國）金楷理口譯　（清）華
蘅芳筆述　清光緒江南製造總局刻本　二冊

330000－1716－0008791　普叢 0440－4/
08791　類叢部/叢書類/自著之屬

隨園三十種 （清）袁枚撰　清刻本　四冊
存一種

330000－1716－0008792　古越 0358/08792
新學/算學/數學

數學理九卷附卷一卷　（英國）棣麼甘撰
（英國）傅蘭雅　（清）趙元益譯　清光緒上海
江南製造局刻本　四冊

330000－1716－0008793　古越 0359/08793
新學/算學/三角八綫

三角數理十二卷　（英國）海麻士輯　（英國）
傅蘭雅口譯　（清）華蘅芳筆述　（清）曹撫亭
繪圖　清光緒江南製造局刻本　六冊

330000－1716－0008794　古越 0360/08794
新學/重學/重學

重學二十卷圓錐曲線說三卷　（英國）艾約瑟
口譯　清同治五年（1866）刻本　六冊

330000－1716－0008795　集補 1461/08795
集部/別集類/清別集

寒村詩文選三十六卷　（清）鄭梁撰　清康熙
鄭氏二老閣刻增修本　五冊　存十二卷（寒
村見黃稿詩一至五、寒村五丁詩稿一至五、寒
村五丁集一至二）

330000－1716－0008796　古越 0361/08796
子部/天文曆算類/算書之屬

幾何原本十五卷　（意大利）利瑪竇　（英國）
偉烈亞力口譯　（明）徐光啟　（清）李善蘭筆
受　清同治四年（1865）金陵刻本　八冊

330000－1716－0008797　古越 0362/08797
子部/天文曆算類/算書之屬

則古昔齋算學十三種二十四卷　（清）李善蘭
學　清同治六年（1867）海寧李善蘭金陵刻本
六冊

330000－1716－0008798　集補 1448－1/
08798　集部/別集類/清別集

守硯齋試帖初集四卷二集二卷　（清）王祖光
撰　清光緒二十三年至二十四年（1897－
1898）刻本　六冊

330000－1716－0008799　古越 0363/08799
新學/雜著/小說

巴黎茶花女遺事一卷　（法國）小仲馬撰

（清）曉齋主人口述　林紓筆授　清光緒二十
五年（1899）素隱書屋鉛印本　一冊

330000－1716－0008800　古越 0364/08800
類叢部/叢書類/自著之屬

五經歲徧齋校書三種　（清）翟云升輯　清道
光東萊翟氏刻本　一冊　存一種

330000－1716－0008801　地獻 1955－2/
08801　經部/易類/傳說之屬

**周易本義四卷附圖說一卷新增圖說一卷卦歌
一卷**　（宋）朱熹撰　清光緒十一年（1885）會
稽徐氏八杉齋融經館刻本　二冊

330000－1716－0008802　古越 0365/08802
類叢部/叢書類/家集之屬

新城王氏家集四十種　（清）□□編　明崇禎
至清康熙刻彙印本　一冊　存一種

330000－1716－0008803　地獻 1426－23/
08803　經部/四書類/總義之屬/傳說

便蒙四書四種　（宋）朱熹撰　清末浙紹墨潤
堂石印本　一冊　存一種

330000－1716－0008805　集補 2802－1/
08805　集部/別集類/清別集

有正味齋集十六卷　（清）吳錫麒撰　清刻本
一冊　存四卷（一至四）

330000－1716－0008807　集補 3440/08807
集部/總集類/選集之屬/斷代

壬申消夏詩一卷　（清）潘祖蔭編　清刻本
一冊

330000－1716－0008808　集補 2802－2/
08808　集部/別集類/清別集

有正味齋駢文箋注十六卷補注一卷　（清）吳
錫麒撰　（清）葉聯芬注　清慈谿葉氏刻本
四冊　存九卷（七至八、十一至十六、補注）

330000－1716－0008809　古越 0367/08809
子部/小說家類/異聞之屬

**山海經箋疏十八卷圖讚一卷訂譌一卷敘錄一
卷**　（清）郝懿行撰　清光緒十二年（1886）無
錫李氏還讀樓刻本　六冊

330000－1716－0008810　古越 0368/08810
類叢部/叢書類/自著之屬

汪雙池先生叢書二十種　（清）汪紱撰　清道光至光緒刻光緒二十三年(1897)長安趙舒翹等彙印本　四冊　存一種

330000－1716－0008811　地獻 1925－5/08811　經部/四書類/總義之屬/傳說

繪圖四子書十九卷　（宋）朱熹集注　清光緒三十三年(1907)浙紹明達書莊鉛印本　一冊　存二卷(孟子四至五)

330000－1716－0008812　古越 0371/08812
類叢部/類書類/通類之屬

淵鑑類函四十五卷　（清）張英等輯　清光緒二十年(1894)上海點石齋石印本　十冊

330000－1716－0008814　古越 0370/08814
子部/藝術類/書畫之屬/總論

清河書畫舫十二卷鑒古百一詩一卷　（明）張丑輯　清乾隆二十八年(1763)仁和吳氏池北草堂刻本　十二冊

330000－1716－0008815　集補 2805/08815
集部/別集類/清別集

嬰山小園文集六卷　（清）張誠撰　清光緒二十一年(1895)刻本　二冊

330000－1716－0008816　古越 0372/08816
類叢部/類書類/通類之屬

宋人小說類編四卷補鈔一卷　（清）吳爲楫輯　清同治十年(1871)刻本　吳毓峰題記　五冊

330000－1716－0008817　集補 2806/08817
集部/別集類/清別集

嬰山小園晚年手定稿五卷　（清）張誠撰　清光緒元年(1875)刻本　一冊

330000－1716－0008818　古越 0373/08818
子部/藝術類/書畫之屬/法帖

歷代帝王法帖釋文十卷　（宋）劉次莊撰　（清）羅森　（清）孫際昌訂　清康熙八年(1669)西楚戴當選、三韓胡獻瑤刻本　一冊

330000－1716－0008820　古越 0374/08820

子部/宗教類/其他宗教之屬/基督教

古教彙參三卷　（英國）韋廉臣撰　（清）董樹堂筆　清光緒二十五年(1899)上海美華書館刻本　三冊

330000－1716－0008821　集補 2807/08821
集部/別集類/明別集

返生香一卷附集一卷　（明）葉小鸞撰　**竊聞一卷續一卷**　（明）葉紹袁撰　清光緒二十二年(1896)羊城秋夢盦刻本　四冊

330000－1716－0008822　古越 0375/08822
類叢部/類書類/專類之屬

子史精華一百六十卷　（清）吳士玉　（清）吳襄等輯　清乾隆五十五年(1790)清餘堂刻本　四十八冊

330000－1716－0008823　古越 0377/08823
子部/農家農學類/園藝之屬/總志

佩文齋廣群芳譜一百卷目錄二卷　（清）汪灝等撰　清同治七年(1868)姑蘇亦西齋刻本　四十八冊

330000－1716－0008824　經補 1495/08824
經部/四書類/總義之屬/傳說

四書集注十九卷　（宋）朱熹撰　清刻本　二冊　存十卷(論語一至十)

330000－1716－0008825　古越 0378/08825
子部/農家農學類/園藝之屬/總志

二如亭群芳譜三十卷首一卷　（明）王象晉撰　清沙村艸堂刻本　二十八冊

330000－1716－0008826　古越 0379/08826
子部/農家農學類/蠶桑之屬

神農最要三卷　陳開沚撰　清光緒二十三年(1897)潼川文明堂刻本　唐風題記　一冊

330000－1716－0008827　古越 0380/08827
新學/農政/鹽務

意大里蠶書一卷　（意大利）丹吐魯撰　（英國）傅蘭雅　（英國）傅紹蘭口譯　汪振聲筆述　清光緒二十四年(1898)江南製造局刻本　一冊

330000－1716－0008828　經補 1410/08828

經部/儀禮類/傳說之屬

儀禮十七卷 （漢）鄭玄注 （唐）陸德明音義 清光緒十二年（1886）湖北官書處刻本 四冊

330000－1716－0008829 古越 0381/08829 新學/農政/農務

湖北農學十二種 （清）湖北農務局譯 清光緒湖北農務局石印本 四冊

330000－1716－0008831 普叢 0441－1/08831 類叢部/叢書類/自著之屬

春在堂全書三十六種 （清）俞樾撰 清石印本 一冊 存一種

330000－1716－0008832 集補 1326/08832 集部/總集類/尺牘之屬

續分類尺牘備覽八卷 （清）王振芳輯 清石印本 一冊 存一卷（六）

330000－1716－0008833 集補 2801/08833 集部/別集類/清別集

繞竹山房詩稿十卷詩餘一卷 （清）朱文治撰 清嘉慶二十三年（1818）刻本 三冊 缺三卷（四至六）

330000－1716－0008834 經補 1330/08834 經部/春秋總義類/傳說之屬

春秋體注大全合參四卷 （清）周熾纂 清學源堂刻本 二冊

330000－1716－0008835 地獻 1968－5/08835 類叢部/叢書類/郡邑之屬

越中文獻輯存書十種十八卷 紹興公報社輯 清宣統二年至民國元年（1910－1912）紹興公報社鉛印本 二冊 存六種

330000－1716－0008836 普史 1704/08836 史部/紀傳類/正史之屬

二十四史 清同治至光緒五省官書局據汲古閣本等合刻光緒五年（1879）湖北書局彙印本 一冊 存一種

330000－1716－0008837 經補 1332/08837 經部/易類/傳說之屬

周易本義四卷附圖說一卷新增圖說一卷卦歌一卷 （宋）朱熹撰 清光緒十一年（1885）會稽徐氏八杉齋融經館刻本 二冊

330000－1716－0008838 經補 1331/08838 經部/儀禮類/傳說之屬

儀禮易讀十七卷 （清）馬駧撰 清乾隆二十年（1755）山陰縣學刻本 二冊

330000－1716－0008839 古越 0386/08839 子部/雜著類/雜說之屬

重論文齋筆録十二卷 （清）王端履撰 清道光二十六年（1846）受宜堂刻本 四冊

330000－1716－0008840 古越 0388/08840 子部/雜著類/雜說之屬

退庵隨筆二十卷 （清）梁章鉅撰 清刻本 六冊

330000－1716－0008841 古越 0391/08841 子部/雜著類/雜纂之屬

物理小識十二卷首一卷 （清）方以智撰 清康熙三年（1664）于藻刻本 六冊

330000－1716－0008842 古越 0389/08842 子部/雜著類/雜考之屬

困學紀聞二十卷 （宋）王應麟撰 （清）閻若璩箋 （清）何焯評 清乾隆桐鄉汪垕桐華書塾刻本 六冊

330000－1716－0008843 經補 1333/08843 經部/叢編

通志堂經解一百四十種 （清）納蘭成德輯 清康熙十九年（1680）納蘭成德刻本 四冊 存一種

330000－1716－0008844 古越 0390/08844 子部/雜著類/雜考之屬

緯略十二卷 （宋）高似孫撰 清嘉慶白鹿山房木活字印本 四冊

330000－1716－0008845 經補 1292－1/08845 經部/四書類/總義之屬/傳說

四書釋地補一卷續補一卷又續補一卷三續補一卷 （清）閻若璩撰 （清）樊廷枚校補 清嘉慶二十一年（1816）梅陽海涵堂刻本 五冊

330000－1716－0008846　地獻 3656－2/08846　經部/四書類/總義之屬/傳說

重校四子書十九卷　（宋）朱熹撰　清光緒十一年(1885)會稽徐氏八杉齋融經館刻本　鍾心一題記　二冊　存二種

330000－1716－0008847　古越 0392/08847　子部/雜著類/雜考之屬

古今釋疑十八卷附錄一卷　（清）方中履撰　清康熙二十一年(1682)汗青閣刻本　十冊

330000－1716－0008848　古越 0393/08848　子部/雜著類/雜考之屬

困學紀聞注二十卷　（清）翁元圻撰　清道光五年(1825)餘姚翁氏守福堂刻本　十二冊

330000－1716－0008849　普經 0476/08849　經部/叢編

十一經音訓　（清）楊國楨等編　清光緒三年(1877)湖北崇文書局刻本　十七冊　存六種

330000－1716－0008850　古越 0394/08850　類叢部/叢書類/自著之屬

王漁洋遺書三十八種　（清）王士禛撰　清刻本　四冊　存一種

330000－1716－0008851　古越 0395/08851　子部/雜著類/雜說之屬

七修類稿五十一卷續稿七卷　（明）郎瑛撰　清乾隆四十年(1775)耕烟草堂刻本　十六冊

330000－1716－0008852　經補 1294/08852　經部/四書類/總義之屬/傳說

四書反身錄八卷首一卷　（清）李顒撰　清道光十一年(1831)浙江書局刻本　四冊

330000－1716－0008853　古越 0396/08853　子部/雜著類/雜考之屬

潛邱劄記六卷　（清）閻若璩撰　**左汾近稿一卷**　（清）閻詠撰　清乾隆十年(1745)閻學林眷西堂刻本　六冊

330000－1716－0008854　經補 0567－2/08854　經部/叢編

十三經讀本一百五十二卷　（清）□□編　清同治金陵書局刻本　四冊　存一種

330000－1716－0008855　古越 0397/08855　類叢部/叢書類/彙編之屬

讀畫齋叢書四十六種　（清）顧修編　清嘉慶四年至十六年(1799－1811)桐川顧氏刻本　一冊　存一種

330000－1716－0008856　經補 1290/08856　經部/四書類/總義之屬/傳說

四書小參一卷四書問答一卷　（明）朱斯行撰　清光緒三年(1877)姑蘇刻經處刻本　一冊

330000－1716－0008857　普經 0968/08857　經部/四書類/總義之屬/傳說

四書釋地補一卷續補一卷又續補一卷三續補一卷　（清）閻若璩撰　（清）樊廷枚校補　清嘉慶二十一年(1816)梅陽海涵堂刻本　清馬綗章題記　五冊

330000－1716－0008858　古越 0748/08858　類叢部/叢書類/彙編之屬

式訓堂叢書四十一種　（清）章壽康編　清光緒會稽章氏刻本　十五冊　存十二種

330000－1716－0008859　地獻 3656－3/08859　經部/四書類/總義之屬/傳說

重校四子書十九卷　（宋）朱熹撰　清光緒十一年(1885)會稽徐氏八杉齋融經館刻本　六冊

330000－1716－0008860　古越 0401/08860　子部/雜著類/雜考之屬

湛園札記四卷　（清）姜宸英撰　清嘉慶葉元墀鶴麓山房刻本　二冊

330000－1716－0008862　經補 1292－2/08862　經部/四書類/總義之屬/傳說

四書釋地補一卷續補一卷又續補一卷三續補一卷　（清）閻若璩撰　（清）樊廷枚校補　清嘉慶二十一年(1816)梅陽海涵堂刻本　一冊　存一卷(續補)

330000－1716－0008863　古越 0402/08863　類叢部/叢書類/家集之屬

德州田氏叢書十五種　（清）田同之編　清康熙至乾隆田氏刻彙印本　五冊　存一種

330000－1716－0008864　　古越 0403/08864
子部/雜著類/雜說之屬

求己録三卷　（清）蘆涇遯士編　清光緒二十
六年(1900)刻本　三冊

330000－1716－0008865　　子補 1757/08865
子部/術數類/命書相書之屬

算命不求人一卷　清光緒三十四年(1908)上
海書局石印本　一冊

330000－1716－0008866　　集補 1052－8/
08866　集部/總集類/選集之屬/通代

古文析義十六卷　（清）林雲銘輯注　清萃經
樓刻本　十三冊　缺三卷（七、十一至十二）

330000－1716－0008867　　古越 0404/08867
類叢部/叢書類/自著之屬

潛園總集十七種　（清）陸心源撰　清同治至
光緒刻本　五冊　存十種

330000－1716－0008869　　古越 0405/08869
新學/醫學

記憶術一卷　（日本）井上圓了撰　梁有庚譯
　清光緒鉛印本　一冊

330000－1716－0008870　　普類 0206－1/
08870　類叢部/類書類/通類之屬

文料觸機二卷　（清）西圃主人編　續刻二卷
　（清）梅園主人編　清光緒六年(1880)精一
閣刻本　四冊

330000－1716－0008871　　普集 1891/08871
集部/總集類/酬唱之屬

小紅橋唱和集一卷桃花庵唱和集一卷雙和齋
唱和集一卷　（清）李彥章等撰　清刻本
二冊

330000－1716－0008872　　古越 0406/08872
新學/議論/通論

富國真理二卷　（英國）嘉托瑪撰　（英國）山
雅谷譯文　蔡爾康審義　清光緒二十五年
(1899)上海圖書集成局鉛印本　二冊

330000－1716－0008874　　集補 2792/08874
集部/總集類/選集之屬/通代

應試排律精選六卷　（清）周大樞選釋　清安

迎堂刻本　一冊

330000－1716－0008875　　古越 0408/08875
新學/議論/論政

富國策三卷　（英國）法思德撰　汪鳳藻譯
清光緒二十五年(1899)上海美華書館鉛印本
　一冊

330000－1716－0008876　　古越 0407/08876
新學/格致總

博物新編三卷　（英國）合信氏撰　清咸豐五
年(1855)江蘇上海墨海書館刻本　一冊

330000－1716－0008877　　普叢 0178－6/
08877　類叢部/叢書類/郡邑之屬

金華叢書六十八種　（清）胡鳳丹編　清同治
七年至光緒八年(1868－1882)永康胡氏退補
齋刻民國補刻本　十三冊　存五種

330000－1716－0008879　　經補 1334/08879
經部/禮記類/傳說之屬

禮記訓纂四十九卷　（清）朱彬撰　清咸豐元
年(1851)寶應朱士達宜祿堂刻六年(1856)朱
念祖重修本　八冊

330000－1716－0008880　　集補 2795－1/
08880　集部/別集類/清別集

音注小倉山房尺牘八卷　（清）袁枚撰　（清）
胡光斗箋釋　清宣統三年(1911)上海掃葉山
房石印本　四冊

330000－1716－0008882　　古越 0409/08882
新學/化學

化學工藝初集四卷附圖一卷二集四卷附圖一
卷三集二卷附圖一卷　（英國）熊智撰　（英
國)傅蘭雅　（英國）汪振聲譯　清光緒二十
四年(1898)江南機器製造局鉛印本　七冊
存七卷（初集一、圖，二集三至四、圖，三集一
至二）

330000－1716－0008883　　古越 0413/08883
新學/動植物學/動物學

普通動物學一卷附錄一卷　（日本）五島清太
郎撰　樊炳清譯　清末刻本　一冊

330000－1716－0008885　　古越 0410/08885

新學/氣學/熱學

熱學揭要不分卷　（美國）赫士口譯　（清）劉永貴筆述　清光緒二十三年（1897）上海美華書館鉛印本　一冊

330000－1716－0008886　集補3449/08886　集部/總集類/選集之屬/通代

續古文辭類纂三十四卷　王先謙輯　清光緒八年（1882）長沙王氏虛受堂刻本　八冊

330000－1716－0008887　古越0415/08887　新學/算學/數學

格物質學一卷　（美國）史砥爾撰　（美國）潘慎文譯　謝洪賚筆述　清光緒二十三年（1897）上海美華書館鉛印本　一冊

330000－1716－0008888　地獻0380－2/08888　集部/別集類/清別集

蕉雨山房詩鈔六種十九卷　（清）丁堯臣撰　清光緒會稽丁氏刻本　一冊　存二種

330000－1716－0008889　古越0411/08889　新學/光學

光學揭要二卷附一卷　（美國）赫士口譯　（清）朱葆琛筆述　清光緒二十四年（1898）上海美華書館鉛印本　一冊

330000－1716－0008890　古越0416/08890　新學/地學/地志學

寶藏興焉十二卷　（英國）費而奔撰　（英國）傅蘭雅口譯　（清）徐壽筆述　清光緒江南製造局刻本　十六冊

330000－1716－0008891　古越0417/08891　新學/化學

化學鑑原六卷續編二十四卷補編六卷附一卷　（英國）韋而司　（英國）蒲陸山撰　（英國）傅蘭雅口譯　（清）徐壽筆述　清光緒江南製造局刻本　七冊　存二十五卷（續編一至二十四、補編四）

330000－1716－0008892　古越0412/08892　新學/聲學/聲學

聲學揭要不分卷　（美國）赫士口譯　（清）朱葆琛筆述　清光緒二十四年（1898）上海美華書館鉛印本　一冊

330000－1716－0008894　古越0418/08894　新學/工藝

鑄錢工藝三卷總論一卷圖一卷　（英國）傅蘭雅　（清）鍾天緯譯　清光緒江南製造局鉛印本　二冊

330000－1716－0008895　古越0420/08895　新學/礦務/礦學

銀礦指南一卷圖一卷　（美國）亞倫撰　（英國）傅蘭雅口譯　應祖錫筆述　清光緒十七年（1891）江南製造局刻本　一冊

330000－1716－0008897　古越0421/08897　新學/工藝/雜藝

電氣鍍金略法一卷　（英國）華特撰　（英國）傅蘭雅口譯　（清）周郇筆述　清光緒江南製造局刻本　一冊

330000－1716－0008898　古越0419/08898　新學/工藝/雜藝

電氣鍍金略法一卷　（英國）華特撰　（英國）傅蘭雅口譯　（清）周郇筆述　清光緒江南製造局刻本　一冊

330000－1716－0008899　古越0422/08899　新學/算學/數學

格物探原六卷　（英國）韋廉臣撰　清光緒六年（1880）刻本　四冊

330000－1716－0008900　古越0423/08900　新學/雜著/叢編

江南製造局譯書　（清）江南製造局編　清光緒江南製造局刻本暨鉛印本　四冊　存一種

330000－1716－0008901　古越0414/08901　新學/算學/形學

形性學要十卷　（比利時）赫師慎輯　李杕譯　清光緒二十五年（1899）上海徐匯匯報館鉛印本　四冊

330000－1716－0008903　古越0424/08903　新學/工藝/汽機總

汽機新制八卷　（英國）白爾格撰　（英國）傅蘭雅口譯　（清）徐建寅筆述　清光緒江南製

造局刻本　二冊

330000－1716－0008905　古越 0425/08905
新學/議論

工程致富論略十三卷首一卷圖一卷　（英國）
瑪體生撰　（英國）傅蘭雅　（清）鍾天緯譯
清光緒四年(1878)江南製造局鉛印本　八冊

330000－1716－0008907　古越 0426/08907
新學/工藝/汽機總

兵船汽機六卷附一卷　（英國）息尼德撰
（英國）傅蘭雅口譯　（清）華備鈺筆述　清光
緒十一年(1885)江南機器製造總局刻本
八冊

330000－1716－0008908　古越 0427/08908
新學/工藝/汽機總

汽機必以十二卷首一卷附一卷　（英國）蒲而
捺撰　（英國）傅蘭雅口譯　（清）徐建寅筆述
清光緒江南製造局刻本　六冊

330000－1716－0008909　史補 0678/08909
史部/叢編

史學叢書四十三種　（清）□□輯　清光緒二
十五年(1899)上海文瀾書局石印本　一冊
存三種

330000－1716－0008911　古越 0428/08911
新學/雜著/叢編

江南製造局譯書　（清）江南製造局編　清光
緒江南製造局刻本暨鉛印本　一冊　存一種

330000－1716－0008912　集補 2797/08912
集部/別集類/明別集

懷星堂全集三十卷　（明）祝允明撰　清宣統
二年(1910)中國書畫會石印本　八冊

330000－1716－0008913　古越 0429/08913
新學/船政/船塢

船塢論略一卷圖一卷　（英國）傅蘭雅輯譯
（清）鍾天緯筆述　清光緒江南製造總局鉛印
本　一冊

330000－1716－0008914　史補 0691/08914
史部/傳記類/科舉錄之屬/歷科登科錄

歷科試策大成二編□□卷　清光緒十四年

(1888)上海石印本　三冊　存四卷(一至三、
六)

330000－1716－0008915　古越 0430/08915
新學/礦務/礦學

鍊石編三卷圖一卷　（英國）亨利黎特撰　舒
高第　（清）鄭昌棪譯　清光緒江南製造局鉛
印本　二冊

330000－1716－0008917　古越 0431/08917
新學/工藝/汽機總

汽機發軔九卷表一卷　（英國）美以納　（英
國）白勞那撰　（英國）偉烈口譯　（清）徐壽
筆述　清光緒江南製造局刻本　四冊

330000－1716－0008918　古越 0433/08918
新學/動植物學/動物學

動物淺說一卷　（美國）羅斯威廉姆斯譯　清
光緒二十五年(1899)上海廣學會鉛印本
一冊

330000－1716－0008919　集補 2800/08919
集部/別集類/明別集

李空同詩集三十三卷附錄一卷　（明）李夢陽
撰　清宣統二年(1910)掃葉山房石印本　畊
楳題記　十冊

330000－1716－0008920　古越 0434/08920
新學/雜著/叢編

江南製造局譯書　（清）江南製造局編　清光
緒江南製造局刻本暨鉛印本　一冊　存一種

330000－1716－0008921　古越 0435/08921
新學/化學

化學分原八卷表一卷　（英國）蒲陸山撰
（英國）傅蘭雅口譯　（清）徐建寅筆述
（清）曹鍾秀畫繪　清光緒江南製造局刻本
二冊

330000－1716－0008923　古越 0432/08923
新學/化學

化學表一卷　（清）江南製造總局譯　清光緒
十年(1884)江南製造局鉛印本　一冊

330000－1716－0008924　古越 0436/08924
新學/電學

電學綱目一卷 （英國）田大里輯 （英國）傅蘭雅口譯 （清）周郇筆述 清光緒江南製造局刻本 一冊

330000－1716－0008925 古越 0437/08925
新學/聲學

無線電報一卷補編一卷 （英國）克爾撰 （美國）衛理口譯 （清）范熙庸筆述 清光緒二十六年（1900）江南製造局刻本 一冊

330000－1716－0008926 集補 2794－5/08926 集部/別集類/清別集

音注小倉山房尺牘八卷附補遺一卷府縣異名錄一卷 （清）袁枚撰 （清）胡光斗箋釋 清光緒十四年（1888）古越奎照樓刻朱墨套印本 三冊

330000－1716－0008927 古越 0440/08927
新學/兵制/子藥

爆藥記要六卷附圖 （美國）水雷局撰 舒高第口譯 （清）趙元益筆述 清光緒元年（1875）江南製造局刻本 一冊

330000－1716－0008929 古越 0439/08929
新學/兵制/子藥

開地道轟藥法三卷附圖一卷 （英國）武備工程學堂編定 （英國）傅蘭雅口譯 汪振聲筆述 清光緒江南機器製造局刻本 二冊

330000－1716－0008930 古越 0441/08930
新學/礦務/礦學

井礦工程三卷 （英國）白爾捺輯 （英國）傅蘭雅口譯 （清）趙元益筆述 清末江南機器製造總局刻本 二冊

330000－1716－0008931 古越 0438/08931
新學/工藝/工學

冶金錄三卷 （美國）阿發滿撰 （英國）傅蘭雅口譯 （清）趙元益筆述 清光緒江南機器製造總局刻本 二冊

330000－1716－0008934 古越 0442/08934
新學/工藝

取濾火油法一卷附圖一卷 （美國）日得烏特撰 （英國）秀耀春 （美國）衛理譯 清光緒

二十六年（1900）江南製造局刻本 一冊

330000－1716－0008935 古越 0444/08935
新學/電學

通物電光四卷附圖一卷 （美國）莫耳登撰 （英國）傅蘭雅口譯 王季烈筆述 清光緒二十五年（1899）江南製造局刻本 一冊

330000－1716－0008937 經補 1339/08937
經部/周禮類/傳說之屬

周禮政要二卷 （清）孫詒讓撰 清光緒貫吾齋石印本 二冊

330000－1716－0008938 古越 0445/08938
新學/工藝/雜藝

電氣鍍鎳一卷 （英國）華特撰 （英國）傅蘭雅口譯 （清）徐華封筆述 清光緒江南製造局刻本 一冊

330000－1716－0008939 集補 2798/08939
集部/總集類/選集之屬/通代

涵芬樓古今文鈔一百卷 吳曾祺輯 清宣統二年（1910）上海商務印書館鉛印本 四冊存四卷（一至四）

330000－1716－0008940 古越 0443/08940
新學/礦務/礦學

煉鋼要言一卷 （清）徐家寶譯述 清光緒江南機器製造局刻本 一冊

330000－1716－0008941 古越 0446/08941
新學/化學

化學考質八卷附表一卷 （德國）富里西尼烏司撰 （英國）傅蘭雅口譯 （清）徐壽筆述 清光緒江南製造局刻本 六冊

330000－1716－0008943 古越 0447/08943
新學/工藝/雜藝

西藝知新二十二卷 （英國）諾格德撰 （英國）傅蘭雅口譯 （清）徐壽筆述 清光緒江南機器製造總局刻本 十四冊

330000－1716－0008944 經補 1341－2/08944 經部/小學類/文字之屬/字書/字典

康熙字典十二集三十六卷總目一卷檢字一卷辨似一卷等韻一卷補遺一卷備考一卷 （清）

張玉書等纂修　清末石印本　六冊

330000－1716－0008946　集補 2810－1/
08946　集部/總集類/選集之屬/通代
六朝唐賦讀本不分卷　（清）馬傳庚選注　清
光緒二年(1876)京都松竹齋刻本　四冊

330000－1716－0008947　集補 2810－2/
08947　集部/總集類/選集之屬/通代
六朝唐賦讀本不分卷　（清）馬傳庚選注　清
光緒十三年(1887)同文書局石印本　二冊

330000－1716－0008948　古越 0448/08948
集部/別集類/唐五代別集
駱臨海集十卷　（唐）駱賓王撰　（清）趙忠補
輯　清嘉慶二十五年(1820)松林宗祠刻本
四冊

330000－1716－0008949　古越 0452/08949
類叢部/叢書類/郡邑之屬
湖州叢書十二種　（清）陸心源編　清光緒湖
城義塾刻本　三冊　存一種

330000－1716－0008950　古越 0451/08950
類叢部/叢書類/自著之屬
覆瓿集十三種附一種　（清）張文虎撰　清同
治至光緒刻本　十冊　存三種

330000－1716－0008951　普集 0651/08951
集部/別集類/清別集
漁洋山人精華錄十卷　（清）王士禎撰　（清）
林佶編　清康熙三十九年(1700)林佶刻本
四冊

330000－1716－0008952　集補 2810－3/
08952　集部/總集類/選集之屬/通代
六朝唐賦讀本不分卷　（清）馬傳庚選注　清
光緒十九年(1893)上海寶善書局石印本
一冊

330000－1716－0008953　古越 0449/08953
類叢部/叢書類/自著之屬
榕村全書三十二種附十種　（清）李光地撰
清道光九年(1829)安溪李維迪刻本　一冊
存一種

330000－1716－0008954　集補 1180－9/
08954　集部/總集類/尺牘之屬
尺牘初桄二卷附二卷彙注一卷通問便集一卷
（清）子虛氏輯　**孫注適軒尺牘一卷**　（清）
徐菊生撰　（清）孫震咸注　清光緒十九年
(1893)上海鴻文書局石印本　藜讀主人題記
二冊

330000－1716－0008955　經補 1342－1/
08955　經部/春秋左傳類/傳說之屬
春秋左傳五十卷　（晉）杜預注　（宋）林堯叟
補注　（唐）陸德明音義　清文光堂刻本　十
六冊

330000－1716－0008956　經補 1335/08956
經部/小學類/文字之屬/字書/字體
六書通十卷　（明）閔齊伋撰　（清）畢弘述篆
訂　**六書通摭遺十卷**　（清）畢星海輯　清光
緒十四年(1888)上海大同書局石印本　十
二冊

330000－1716－0008957　古越 0456/08957
集部/別集類/清別集
大雲山房文稿初集四卷二集四卷言事二卷
（清）惲敬撰　清同治二年(1863)惲世臨楚南
刻本　十冊

330000－1716－0008958　集補 2811/08958
集部/總集類/尺牘之屬
蓬萊仙館尺牘六卷　（清）瞿國棟輯　清光緒
十三年(1887)涇川半舫草堂刻本　六冊

330000－1716－0008959　古越 0454/08959
集部/別集類/唐五代別集
唐陸宣公翰苑集二十四卷　（唐）陸贄撰
（清）張佩芳注釋　清乾隆張氏希音堂刻本
八冊

330000－1716－0008960　地獻 1924－3/
08960　經部/四書類/總義之屬/傳說
四書讀本十九卷　（宋）朱熹撰　清浙紹墨潤
堂刻本　一冊　存五卷(論語一至五)

330000－1716－0008961　古越 0455/08961
集部/別集類/明別集

寒支初集十卷二集四卷李寒支先生歲紀一卷
　（明）李世熊撰　（清）李向旻編　清同治十
三年(1874)刻本　十三冊　缺一卷(初集七)

330000－1716－0008962　子補 3224/08962
類叢部/類書類/專類之屬

新刻通用尺素見心集四卷　（清）汪文芳輯
清同治九年(1870)浙杭文德堂刻本　經鋤堂
炳記題記　四冊

330000－1716－0008964　集補 2818/08964
集部/總集類/選集之屬/斷代

國朝二十四家文鈔二十四卷　（清）徐斐然輯
　清道光十年(1830)三餘堂刻本　八冊

330000－1716－0008965　古越 0450/08965
類叢部/叢書類/自著之屬

王漁洋遺書三十八種　（清）王士禛撰　清刻
本　一冊　存二種

330000－1716－0008966　集補 2812/08966
集部/總集類/尺牘之屬

蘇黃尺牘四卷　（清）黃始箋輯　清刻本
四冊

330000－1716－0008967　古越 0459/08967
集部/別集類/清別集

紀文達公遺集三十二卷　（清）紀昀撰　（清）
紀樹馨編　清嘉慶十七年(1812)紀樹馥刻本
十冊　存十一卷(文六至十六)

330000－1716－0008968　古越 0458/08968
集部/別集類/清別集

天岳山館文鈔四十卷　（清）李元度撰　清光
緒六年(1880)爽溪精舍刻本　二十冊

330000－1716－0008969　經補 1341－1/
08969　經部/小學類/文字之屬/字書/字典

康熙字典十二集三十六卷總目一卷檢字一卷
辨似一卷等韻一卷補遺一卷備考一卷　（清）
張玉書等纂修　清光緒十一年(1885)上海同
文書局石印本　六冊

330000－1716－0008970　地獻 1323－84/
08970　史部/傳記類/科舉錄之屬/歷科鄉
試錄

[光緒丁酉科]湖北鄉試硃卷一卷　施煃撰
清光緒刻本　一冊

330000－1716－0008971　子補 3225/08971
子部/法家類

弟子職集解一卷　（清）莊述祖輯　弟子職句
讀一卷考證一卷補音一卷　（清）黃彭年輯
清光緒三十年(1904)上海支那新書局石印本
　一冊

330000－1716－0008972　古越 0460/08972
集部/別集類/清別集

梅村詩集箋注十八卷　（清）吳偉業撰　（清）
吳翌鳳箋注　清嘉慶十九年(1814)嚴榮滄浪
吟榭刻本　十冊

330000－1716－0008973　普叢 0123－2/
08973　類叢部/叢書類/彙編之屬

龍威秘書一百六十九種　（清）馬俊良編　清
乾隆五十九年至嘉慶元年(1794－1796)浙江
石門馬氏大酉山房刻本　一冊　存一種

330000－1716－0008974　古越 0462/08974
類叢部/叢書類/自著之屬

曾惠敏公全集四種　（清）曾紀澤撰　清光緒
石印本　三冊　存三種

330000－1716－0008976　古越 0465/08976
集部/總集類/選集之屬/斷代

國朝駢體正宗十二卷　（清）曾燠輯　清同治
十三年(1874)聚賢堂刻本　六冊

330000－1716－0008977　古越 0463/08977
集部/別集類/宋別集

岳忠武王文集八卷首一卷末一卷　（宋）岳飛
撰　（清）黃邦寧輯　清光緒二年(1876)刻本
　四冊

330000－1716－0008978　集補 2814/08978
集部/總集類/選集之屬/通代

古文未曾有集八卷　（清）王甫白評選　清嘉
慶十九年(1814)大酉堂刻本　八冊

330000－1716－0008979　古越 0466/08979
集部/別集類/唐五代別集

李太白文集三十六卷　（唐）李白撰　（清）王

琦輯注　清刻本　八冊　存二十九卷(三至十三、十九至三十六)

330000－1716－0008981　經補 1340/08981
經部/小學類/訓詁之屬/爾雅

爾雅音圖三卷　(晉)郭璞注　(清)姚之麟摹圖　清末石印本　一冊

330000－1716－0008982　古越 0467/08982
集部/別集類/清別集

養一齋文集二十卷　(清)李兆洛撰　清光緒四年(1878)刻本　八冊

330000－1716－0008983　陶 0050/08983　集部/總集類/郡邑之屬

松陵文錄二十四卷　(清)凌淦輯　**作者姓氏爵里撰述攷一卷**　(清)柳兆薰撰　**刊誤一卷**　(清)沈成章撰　清光緒刻本　一冊　缺二十四卷(一至二十四)

330000－1716－0008985　集補 0010－2/08985　集部/戲劇類/雜劇之屬

增像第六才子書五卷首一卷　(元)王實甫(元)關漢卿撰　(清)金人瑞評　清光緒十五年(1889)上海鴻寶齋石印本　五冊　缺一卷(三)

330000－1716－0008986　集補 2813/08986
經部/小學類

馬氏文通十卷　(清)馬建忠撰　清光緒二十五年(1899)上海商務印書館鉛印本　二冊　存二卷(七、十)

330000－1716－0008988　集補 2808/08988
集部/曲類/彈詞之屬

繪圖後三笑才子奇書四卷二十四回　(清)曹春江撰　清光緒三十四年(1908)上海書局石印本　一冊　存一卷(一)

330000－1716－0008989　古越 0472/08989
集部/別集類/清別集

留讀齋詩集六卷手札一卷　(清)宣昌緒撰　清宣統元年(1909)崑山支南昌木活字印本　趙學南題記　二冊

330000－1716－0008991　普類 0227/08991

類叢部/類書類/通類之屬

空策渡津筏一卷　清石印本　一冊

330000－1716－0008992　古越 0473/08992
集部/別集類/明別集

六如居士全集六種　(明)唐寅撰　清嘉慶六年(1801)長沙唐仲冕果克山房刻本　六冊

330000－1716－0008993　集補 0013－3/08993　集部/曲類/彈詞之屬

笑中緣圖說四卷　清末石印本　四冊

330000－1716－0008994　經補 1338/08994
經部/小學類/文字之屬/說文/專著

說文古籀補十四卷補遺一卷附錄一卷　(清)吳大澂撰　清光緒十二年(1886)上海點石齋石印本　二冊

330000－1716－0008995　經補 0021－3/08995　經部/小學類/文字之屬/字書/字典

攷正玉堂字彙四卷　(清)知足子編　清光緒十二年(1886)鉛印本　四冊

330000－1716－0008996　子補 4131/08996
子部/藝術類/書畫之屬/法帖

草字彙十二卷　(清)石梁輯　清光緒十二年(1886)上海同文書局石印本　四冊

330000－1716－0008997　史補 1361/08997
史部/目錄類/專錄之屬

皇清經解敬修堂編目十六卷　陶治元編　清光緒十二年(1886)石印本　四冊

330000－1716－0008999　經補 1341－4/08999　經部/小學類/文字之屬/字書/字典

康熙字典十二集三十六卷總目一卷檢字一卷辨似一卷等韻一卷補遺一卷備考一卷　(清)張玉書等纂修　清光緒十八年(1892)上洋點石齋石印本　六冊

330000－1716－0009002　經補 1341－3/09002　經部/小學類/文字之屬/字書/字典

康熙字典十二集三十六卷總目一卷檢字一卷辨似一卷等韻一卷補遺一卷備考一卷　(清)張玉書等纂修　清光緒十九年(1893)上海點石齋石印本　六冊

330000－1716－0009003　　經補 1336－1/09003　　經部/小學類/訓詁之屬/爾雅

爾雅音圖三卷 　（晉）郭璞注　（清）姚之麟摹圖　清光緒十二年(1886)上海石印本　二冊

330000－1716－0009004　　古越 0474/09004　集部/總集類/選集之屬/斷代

雙節堂贈言集録二十八卷首一卷末一卷附錄一卷續集二十二卷首一卷末一卷附錄一卷附訂一卷三集十四卷首一卷末一卷附錄一卷 （清）汪輝祖輯　清乾隆至嘉慶刻本　十五冊

330000－1716－0009005　　古越 0477/09005　類叢部/叢書類/自著之屬

王漁洋遺書三十八種 　（清）王士禛撰　清刻本　三冊　存四種

330000－1716－0009007　　經補 1336－2/09007　　經部/小學類/訓詁之屬/爾雅

爾雅音圖三卷 　（晉）郭璞注　（清）姚之麟摹圖　清光緒二十一年(1895)上海積山書局石印本　二冊

330000－1716－0009008　　普史 1700/09008　史部/紀傳類/正史之屬

二十四史 　清刻本　三十九冊　存一種

330000－1716－0009009　　古越 0480/09009　集部/別集類/清別集

守柔齋詩鈔初集四卷續集四卷行河草二卷 （清）蘇廷魁撰　清同治三年(1864)、光緒元年(1875)刻本　三冊

330000－1716－0009010　　子補 3839/09010　子部/宗教類/佛教之屬

神訓旁注便讀不分卷 　清光緒二年(1876)刻本　一冊

330000－1716－0009013　　古越 0484/09013　集部/總集類/郡邑之屬

梁溪詩鈔五十八卷 　（清）顧光旭輯　清嘉慶元年(1796)刻本　二十冊

330000－1716－0009014　　古越 0482/09014　集部/別集類/清別集

有正味齋駢體文二十四卷首一卷 　（清）吳錫麒撰　（清）王廣業箋　清咸豐九年(1859)青箱塾刻本　八冊

330000－1716－0009015　　普史 1671/09015　史部/紀傳類/正史之屬

二十四史 　清光緒十八年(1892)武林竹簡齋石印本　二十冊　存二種

330000－1716－0009016　　普叢 0281－3/09016　類叢部/叢書類/自著之屬

曾文正公全集十五種 　（清）曾國藩撰　清光緒上海申報館鉛印本　十二冊　存二種

330000－1716－0009018　　史補 1362/09018　史部/地理類/山川之屬/山志

廣雁蕩山誌二十八卷首一卷末一卷 　（清）曾唯輯　清乾隆二十五年(1760)東甌郭博古齋刻同治補刻本　八冊

330000－1716－0009019　　經補 1337/09019　經部/小學類/文字之屬/說文

說文外編十五卷補遺一卷 　（清）雷浚撰　**劉氏碎金一卷** 　（清）劉禧延撰　清光緒十四年(1888)上海同文書局石印本　二冊

330000－1716－0009021　　古越 0485/09021　集部/別集類/明別集

宋文憲公全集五十三卷首四卷 　（明）宋濂撰　清嘉慶十五年(1810)金華府學刻本　四十冊

330000－1716－0009022　　普叢 0419/09022　經部/小學類/訓詁之屬/群雅

五雅全書 　清光緒九年(1883)文選樓刻本　一冊　存三卷(廣釋名一至二、首)

330000－1716－0009023　　古越 0483/09023　集部/別集類/清別集

有正味齋駢體文二十四卷續集八卷詩集十六卷詩續集八卷詞集八卷詞續集二卷詞外集南北曲二卷外集五卷 　（清）吳錫麒撰　清嘉慶刻本　八冊　存三十六卷(續集一至八、詩集一至十六,詩續集一至八、詞續集一至二、外集一至二)

330000－1716－0009025　　古越 0487/09025

集部/別集類/唐五代別集

玉谿生詩詳注三卷樊南文集詳注八卷首一卷附年譜一卷 (唐)李商隱撰 (清)馮浩箋注 清乾隆四十五年(1780)桐鄉馮氏德聚堂刻本 四冊 存八卷(樊南文集詳注一至八)

330000－1716－0009028 古越 0489/09028
類叢部/叢書類/自著之屬

清獻堂全編八種 (清)趙佑撰 清乾隆刻本 六冊 存一種

330000－1716－0009030 古越 0488/09030
集部/別集類/明別集

陳忠裕公全集三十卷首一卷末一卷自著年譜三卷 (明)陳子龍撰 (清)王昶輯 清嘉慶八年(1803)簳山草堂刻本 十冊

330000－1716－0009031 古越 0490/09031
集部/別集類/清別集

胡文忠公遺集十卷首一卷 (清)胡林翼撰 (清)閻敬銘 (清)厲雲官 (清)盛康輯 清同治七年(1868)醉六堂刻本 八冊

330000－1716－0009032 經補 1000－158/09032 經部/小學類/文字之屬/字書/字典

康熙字典十二集三十六卷總目一卷檢字一卷辨似一卷等韻一卷補遺一卷備考一卷 (清)張玉書等纂修 清光緒三十三年(1907)上海鴻文書局石印本 六冊

330000－1716－0009033 古越 0486/09033
集部/總集類/選集之屬/斷代

初唐四傑文集二十一卷 (清)□□編 清光緒五年(1879)淮南書局刻本 三冊

330000－1716－0009035 古越 0495/09035
集部/別集類/明別集

震川先生集三十卷別集十卷附錄一卷補編一卷 (明)歸有光撰 (清)歸莊校勘 (清)錢謙益選定 (清)歸玠編輯 清光緒元年(1875)常熟歸氏刻本 十冊

330000－1716－0009036 經補 1000－157/09036 經部/小學類/文字之屬/字書/字典

康熙字典十二集三十六卷總目一卷檢字一卷

辨似一卷等韻一卷補遺一卷備考一卷 (清)張玉書等纂修 清光緒三十一年(1905)上海久敬齋石印本 六冊

330000－1716－0009037 古越 0492/09037
集部/別集類/清別集

餐鞠軒詩草一卷 (清)伍淡如撰 清光緒十四年(1888)刻本 一冊

330000－1716－0009038 古越 0493/09038
類叢部/叢書類/彙編之屬

心矩齋叢書十一種 (清)蔣鳳藻編 清光緒長洲蔣氏刻本 四冊 存一種

330000－1716－0009040 古越 0496/09040
集部/別集類/清別集

思補齋文集四卷 (清)劉星煒撰 清光緒二十年(1894)刻本 二冊

330000－1716－0009041 古越 0491/09041
集部/別集類/清別集

鮚埼亭詩集十卷 (清)全祖望撰 清光緒十六年(1890)慈谿童氏大鄖山館刻本 四冊

330000－1716－0009043 古越 0497/09043
集部/別集類/宋別集

廬陵宋丞相信國公文忠烈先生全集十六卷 (宋)文天祥撰 (清)文有煥等輯 清雍正三年(1725)文氏五桂堂刻乾隆二年(1737)增刻本 十六冊

330000－1716－0009045 古越 0498/09045
類叢部/叢書類/自著之屬

惜抱軒全集十種 (清)姚鼐撰 清同治五年(1866)李瀚章省心閣刻本 十六冊

330000－1716－0009046 古越 0494/09046
集部/別集類/清別集

鮚埼亭集三十八卷首一卷全謝山先生經史問答十卷 (清)全祖望撰 清嘉慶九年(1804)餘姚史夢蛟借樹山房刻本 清桂子香批校並跋 十冊 缺十卷(經史問答一至十)

330000－1716－0009047 古越 0499/09047
集部/總集類/選集之屬/斷代

國朝古文正的五卷 (清)楊彝珍纂輯 邃學

齋文鈔一卷　（清）孫衣言撰　移芝室古文一卷　（清）楊彝珍撰　清光緒六年(1880)獨山莫氏木活字印本　五冊　缺一卷(一)

330000－1716－0009048　古越 0501/09048
集部/總集類/選集之屬/斷代

欽定熙朝雅頌集一百六卷首集二十六卷餘集二卷　（清）鐵保等輯　清嘉慶九年(1804)刻本　二十四冊

330000－1716－0009049　古越 0503/09049
集部/總集類/選集之屬/斷代

湖海文傳七十五卷　（清）王昶輯　清道光十七年(1837)經訓堂刻同治五年(1866)印本　二十冊

330000－1716－0009050　古越 0500/09050
集部/總集類/選集之屬/通代

古詩源十四卷　（清）沈德潛輯　清光緒十七年(1891)湖南經濟書局刻本　四冊

330000－1716－0009051　古越 0502/09051
集部/總集類/彙編之屬

十種唐詩選　（清）王士禎輯　清蘿筵齋刻本　五冊　存七種

330000－1716－0009052　集補 2816/09052
集部/別集類/清別集

五色瓜廬尺牘叢殘四卷　（清）邵慶辰撰　尊聞閣主輯　清光緒八年(1882)刻本　四冊

330000－1716－0009053　古越 0504/09053
集部/總集類/選集之屬/斷代

閩南唐賦六卷　（清）楊浚輯　考異一卷（清）胡鳳丹撰　清光緒二年(1876)永康胡鳳丹刻群玉齋印本　四冊

330000－1716－0009054　集補 2817/09054
集部/別集類/清別集

花笑軒彙編十八卷　（清）高延福撰　清光緒五年(1879)汝東官舍花笑軒刻本　八冊

330000－1716－0009055　古越 0506/09055
集部/總集類/選集之屬/斷代

東嵒草堂評訂唐詩鼓吹十卷　（金）元好問輯（元）郝天挺注　（明）廖文炳解　（清）朱

三錫評　清自怡居刻本　二冊　存四卷(一至四)

330000－1716－0009057　集補 1621/09057
集部/總集類/選集之屬/斷代

花樣集十二卷　（清）楊昌光編　（清）黃維韓參　清刻本　一冊　存二卷(一至二)

330000－1716－0009060　古越 0508/09060
集部/總集類/選集之屬/斷代

文粹一百卷　（宋）姚鉉輯　補遺二十六卷（清）郭麐輯　清光緒十六年(1890)杭州許增榆園刻本　二十冊

330000－1716－0009061　普叢 0293/09061
類叢部/叢書類/自著之屬

曾文正公四種　（清）曾國藩撰　清光緒十七年(1891)上海廣百宋齋鉛印本　六冊

330000－1716－0009064　古越 0507/09064
集部/總集類/選集之屬/斷代

唐文粹一百卷　（宋）姚鉉輯　補遺二十六卷（清）郭麐輯　清光緒九年至十一年(1883－1885)江蘇書局刻本　四冊　存二十六卷(補遺一至二十六)

330000－1716－0009065　古越 0510/09065
集部/總集類/選集之屬/斷代

國朝詩鐸二十六卷首一卷　（清）張應昌輯　清同治八年(1869)永康應氏秀芝堂刻本　十六冊

330000－1716－0009068　普類 0161/09068
類叢部/類書類/通類之屬

士商應酬便覽□□卷　（清）求是齋輯　清石印本　一冊　存一卷(十九)

330000－1716－0009069　集補 1199－1/09069　集部/總集類/尺牘之屬

分類尺牘備覽三十卷　（清）王虎榜輯　清光緒十六年(1890)上洋珍藝書局鉛印本　六冊

330000－1716－0009072　古越 0512/09072
集部/總集類/選集之屬/通代

御定歷代賦彙一百四十卷外集二十卷補遺二十二卷逸句二卷目錄四卷　（清）陳元龍輯

清初刻本　四十六册　缺七卷(一百五至一百七、外集三至六)

330000－1716－0009075　古越0513/09075
集部/總集類/選集之屬/斷代

湖海詩傳四十六卷　(清)王昶輯　清嘉慶八年(1803)青浦王氏三泖漁莊刻本　十六册

330000－1716－0009078　普類0172/09078
類叢部/類書類/專類之屬

詳註典制文琳四集不分卷　清刻本　一册

330000－1716－0009080　古越0478/09080
集部/總集類/選集之屬/斷代

唐賢三昧集三卷　(清)王士禛輯　清康熙吳門書林刻本　二册

330000－1716－0009081　古越0515/09081
集部/總集類/選集之屬/通代

文選旁證四十六卷　(清)梁章鉅撰　清光緒八年(1882)吳下刻本　十二册

330000－1716－0009085　集補2825/09085
集部/詩文評類/文法之屬/函牘格式

中國最新仕商尺牘教科書二卷　周天鵬撰清光緒三十二年(1906)浙紹奎照樓書坊石印本　二册

330000－1716－0009086　古越0517/09086
集部/別集類/清別集

小春浮遺稿四卷　(清)何其葵撰　(清)何德培輯　清嘉慶十一年(1806)刻本　一册

330000－1716－0009087　陶0116/09087　集部/別集類/清別集

白香亭詩集二卷和陶詩一卷　(清)鄧輔綸撰清光緒十四年(1888)都梁怡園景雲書屋刻民國九年(1920)補刻本　二册

330000－1716－0009089　古越0518/09089
集部/別集類/清別集

周文忠公尺牘二卷雜文附錄一卷　(清)周天爵撰　清同治七年(1868)蘇松太道署刻本　一册

330000－1716－0009092　子補1361/09092

子部/術數類/陰陽五行之屬

素書精義四卷　清乾隆四十二年(1777)新安樹滋堂刻本　一册　存二卷(一至二)

330000－1716－0009098　史補0701－1/09098　史部/傳記類/科舉錄之屬

兩浙校士錄不分卷　(清)潘衍桐輯　清光緒十七年(1891)上海文寶齋書局石印本　四册

330000－1716－0009100　集補0013－13/09100　集部/曲類/彈詞之屬

笑中緣圖說六卷　清光緒三十二年(1906)石印本　一册　存三卷(一至三)

330000－1716－0009103　集補1532－4/09103　集部/總集類/選集之屬/斷代

國朝駢體正宗十二卷　(清)曾燠輯　清嘉慶十一年(1806)南城曾氏賞雨茅屋刻本　四册存八卷(一至六、九至十)

330000－1716－0009104　古越0521/09104
集部/別集類/清別集

酴醾花館詩稿一卷詞稿一卷　(清)毛玉荷撰清光緒十五年(1889)刻本　清江青題記一册

330000－1716－0009105　普叢0441－3/09105　類叢部/叢書類/自著之屬

春在堂全書三十六種　(清)俞樾撰　清同治至光緒刻本　六册　存三種

330000－1716－0009106　古越0523/09106
集部/別集類/清別集

樊榭山房游仙三百首詩注三卷　(清)厲鶚撰(清)蔣坦注　清道光二十八年(1848)錢塘蔣氏刻本　三册

330000－1716－0009107　古越0524/09107
集部/別集類/清別集

一鐙精舍甲部稿五卷　(清)何秋濤撰　清光緒五年(1879)淮南書局刻本　一册

330000－1716－0009109　古越0527/09109
集部/別集類/清別集

醉白堂文集四卷續集一卷　(清)謝良琦撰清光緒十九年(1893)臨桂王鵬運刻本　二册

330000 - 1716 - 0009110　經補 1483 - 4/09110　經部/叢編

五經體注大全四十卷　（清）嚴氏家塾主人輯　清光緒十年（1884）上海點石齋石印本　十一冊　存三十一卷（春秋一至十二,書經一至六、首,易經一至四、首,詩經四至八,禮記七至八）

330000 - 1716 - 0009111　經補 0927 - 2/09111　經部/詩類/傳說之屬

詩經集傳八卷　（宋）朱熹撰　清刻本　四冊

330000 - 1716 - 0009113　子補 2701 - 3/09113　子部/宗教類/佛教之屬

慈悲血湖寶懺法三卷　清武林弼教坊瑪瑙寺明臺南房刻本　一冊

330000 - 1716 - 0009114　集補 1058 - 1/09114　集部/總集類/選集之屬/通代

文選六十卷　（南朝梁）蕭統輯　（唐）李善注　清光緒二十一年（1895）上海古香閣石印本　十冊

330000 - 1716 - 0009115　古越 0526/09115　類叢部/叢書類/彙編之屬

正誼堂全書六十三種續刻五種　（清）張伯行編　（清）楊浚重編　清同治五年（1866）福州正誼書院刻同治八年至光緒十三年（1869 - 1887）續刻本　一冊　存一種

330000 - 1716 - 0009117　古越 0528/09117　類叢部/叢書類/彙編之屬

求是齋叢書□□種　清末刻本　唐風題記　二冊　存一種

330000 - 1716 - 0009118　史補 0908 - 4/09118　史部/金石類/金之屬/文字

積古齋鐘鼎彝器款識十卷　（清）阮元　（清）朱為弼撰　清光緒二十三年（1897）上海醉六堂石印本　五冊

330000 - 1716 - 0009119　古越 0529/09119　集部/總集類/選集之屬/斷代

王氏彙刻唐人集七種　（清）王遐春輯　清嘉慶十五年（1810）福鼎王氏麟後山房刻本　十

四冊

330000 - 1716 - 0009122　古越 0533/09122　集部/總集類/尺牘之屬

饗喜廬存札一卷　（清）傅范初　（清）傅范翔　（清）傅范鉅編　清末影印本　一冊

330000 - 1716 - 0009123　古越 0531/09123　集部/詞類/別集之屬

花簾詞一卷香南雪北詞一卷　（清）吳藻撰　清道光二十四年（1844）刻本　唐風題記　一冊

330000 - 1716 - 0009124　經補 1483 - 2/09124　經部/叢編

五經體注大全四十卷　（清）嚴氏家塾主人輯　清光緒十年（1884）上海點石齋石印本　宋仁存題記　二冊　存六卷（易經一至五、首）

330000 - 1716 - 0009125　古越 0535/09125　集部/總集類/郡邑之屬

毗陵六逸詩鈔二十四卷　（清）孫謹編　清康熙五十六年（1717）山陰孫氏壽南堂刻本　八冊

330000 - 1716 - 0009126　史補 1364/09126　史部/政書類/通制之屬

廣治平略三十六卷　（清）蔡方炳撰　清同治九年（1870）漁古山房刻本　九冊　缺四卷（三十三至三十六）

330000 - 1716 - 0009127　史補 1365/09127　史部/傳記類/總傳之屬/斷代

國朝先正事略六十卷　（清）李元度撰　清光緒二十二年（1896）上海文盛書局石印本　七冊　存五十五卷（一至二十、二十六至六十）

330000 - 1716 - 0009128　古越 0530/09128　類叢部/叢書類/彙編之屬

正誼堂全書六十三種續刻五種　（清）張伯行編　（清）楊浚重編　清同治五年（1866）福州正誼書院刻同治八年至光緒十三年（1869 - 1887）續刻本　六冊　存一種

330000 - 1716 - 0009130　子補 3227/09130　子部/藝術類/書畫之屬/畫譜

芥子園畫傳一卷　（清）丁臯撰　清末仰亭氏抄本　一冊

330000－1716－0009131　集補2832－1/09131　集部/總集類/尺牘之屬

名賢書札不分卷　（清）李鴻章等撰　清光緒十九年(1893)上海學有根柢齋石印本　四冊

330000－1716－0009133　古越0538/09133　集部/總集類/選集之屬/斷代

全唐詩鈔八十卷補遺十六卷　（清）吳成儀輯　清乾隆刻本　三十二冊

330000－1716－0009134　古越0537/09134　集部/總集類/彙編之屬

三唐人集三種　（清）馮焌光編　清光緒南海馮氏讀有用書齋刻本　六冊

330000－1716－0009135　史補1363－4/09135　史部/目錄類/總錄之屬/官修

欽定四庫全書總目二百卷首一卷簡明目錄二十卷　（清）紀昀等撰　四庫未收書目提要五卷　（清）阮元撰　清光緒二十年(1894)上海點石齋石印本　十冊　存八十五卷(一至六、十一至十五、十八至五十七、九十六至一百六、一百九十五至二百，首；簡明目錄五至十、十六至二十；提要一至五)

330000－1716－0009136　史補1367/09136　史部/地理類/雜志之屬

谿上遺聞集錄十卷別錄二卷　（清）尹元煒撰　清道光二十八年(1848)慈谿馮本懷抱珠樓刻本　五冊

330000－1716－0009138　集補2832－2/09138　集部/總集類/尺牘之屬

名賢書札不分卷　（清）李鴻章等撰　清光緒二十年(1894)上海復古齋石印本　四冊

330000－1716－0009139　集補2832－3/09139　集部/總集類/尺牘之屬

名賢書札不分卷　（清）李鴻章等撰　清光緒石印本　二冊

330000－1716－0009140　集補2450－35/09140　集部/小說類/長篇之屬

四大奇書第一種六十卷首一卷一百二十回　（明）羅貫中撰　（清）毛宗崗評　清刻本　三冊　存九卷(四十九至五十一、五十五至六十)

330000－1716－0009141　古越0540/09141　集部/總集類/選集之屬/通代

古詩箋三十二卷　（清）王士禛輯　（清）聞人倓箋　清乾隆三十一年(1766)芷蘭堂刻本　十六冊

330000－1716－0009143　古越0541/09143　集部/詞類/詞譜之屬

詞律二十卷　（清）萬樹撰　清康熙二十六年(1687)萬氏堆絮園刻保滋堂印本　十冊

330000－1716－0009149　古越0544/09149　集部/詩文評類/文評之屬

文心雕龍十卷　（南朝梁）劉勰撰　（清）黃叔琳輯注　清乾隆六年(1741)北平黃氏養素堂刻本　二冊

330000－1716－0009150　古越0546/09150　集部/詩文評類/詩評之屬

靜志居詩話二十四卷　（清）朱彝尊撰　（清）姚祖恩輯　清嘉慶二十四年(1819)錢塘姚祖恩扶荔山房刻本　十六冊

330000－1716－0009151　古越0545/09151　類叢部/叢書類/自著之屬

槐軒全集二十一種附九種　（清）劉沅撰　清咸豐至民國刻彙印本　四冊　存一種

330000－1716－0009152　史補0165－1/09152　史部/編年類/通代之屬

重訂王鳳洲先生綱鑑會纂四十六卷續宋元紀二十三卷　（明）王世貞撰　（明）陳仁錫訂　清三和堂刻本　四十五冊　缺二卷(三十二至三十三)

330000－1716－0009153　經補1307－3/09153　經部/小學類/文字之屬/說文

說文解字十五卷標目一卷　（漢）許慎撰　（宋）徐鉉等校定　清光緒十一年(1885)蕉心室刻本　八冊

330000－1716－0009154　集補 2838－1/09154　集部/别集類/清别集
倚柁吟遺稿二卷　(清)任塍撰　清宣統元年(1909)鉛印本　一册

330000－1716－0009155　普叢 0423/09155　集部/總集類/氏族之屬
鍾秀龕詩叢　(清)李鏐輯　清光緒木活字印本　耕煙子題記　二册　存一種

330000－1716－0009156　古越 0547/09156　集部/詩文評類/詩評之屬
帶經堂詩話三十卷首一卷　(清)王士禛撰　(清)張宗柟輯　清乾隆刻本　四册　存十七卷(四至八、十九至三十)

330000－1716－0009157　集補 1056－10/09157　集部/總集類/選集之屬/通代
重訂古文釋義新編八卷　(清)余誠輯　清光緒掃葉山房石印本　七册　缺一卷(一)

330000－1716－0009158　集補 2838－2/09158　集部/别集類/清别集
倚柁吟遺稿二卷　(清)任塍撰　清宣統元年(1909)鉛印本　一册

330000－1716－0009159　集補 2838－3/09159　集部/别集類/清别集
倚柁吟遺稿二卷　(清)任塍撰　清宣統元年(1909)鉛印本　一册

330000－1716－0009160　集補 2838－4/09160　集部/别集類/清别集
倚柁吟遺稿二卷　(清)任塍撰　清宣統元年(1909)鉛印本　一册

330000－1716－0009162　集補 2838－5/09162　集部/别集類/清别集
倚柁吟遺稿二卷　(清)任塍撰　清宣統元年(1909)鉛印本　一册

330000－1716－0009164　集補 2838－6/09164　集部/别集類/清别集
倚柁吟遺稿二卷　(清)任塍撰　清宣統元年(1909)鉛印本　一册

330000－1716－0009166　集補 2839－1/09166　集部/别集類/清别集
效學樓述文三卷　(清)馬綗章撰　清光緒三十四年(1908)京師鉛印本　一册

330000－1716－0009167　子補 3229/09167　子部/藝術類/遊藝之屬/聯語
邵子擊壤集摘聯六卷　(宋)邵雍撰　(清)邵同珩輯　清光緒二十三年(1897)經世山房石印本　一册

330000－1716－0009169　集補 2839－2/09169　集部/别集類/清别集
效學樓述文三卷　(清)馬綗章撰　清光緒三十四年(1908)京師鉛印本　一册

330000－1716－0009170　集補 2839－3/09170　集部/别集類/清别集
效學樓述文三卷　(清)馬綗章撰　清光緒三十四年(1908)京師鉛印本　一册

330000－1716－0009171　集補 2839－4/09171　集部/别集類/清别集
效學樓述文三卷　(清)馬綗章撰　清光緒三十四年(1908)京師鉛印本　一册

330000－1716－0009172　集補 2839－5/09172　集部/别集類/清别集
效學樓述文三卷　(清)馬綗章撰　清光緒三十四年(1908)京師鉛印本　一册

330000－1716－0009173　集補 2839－6/09173　集部/别集類/清别集
效學樓述文三卷　(清)馬綗章撰　清光緒三十四年(1908)京師鉛印本　一册

330000－1716－0009174　集補 2839－7/09174　集部/别集類/清别集
效學樓述文三卷　(清)馬綗章撰　清光緒三十四年(1908)京師鉛印本　一册

330000－1716－0009175　集補 2839－8/09175　集部/别集類/清别集
效學樓述文三卷　(清)馬綗章撰　清光緒三十四年(1908)京師鉛印本　一册

330000 – 1716 – 0009176　集補 2837/09176
集部/總集類/郡邑之屬

娛園詩存四卷　（清）秦樹敏輯　清光緒十二年（1886）刻本　二冊

330000 – 1716 – 0009178　古越 0551/09178
類叢部/叢書類/彙編之屬

後知不足齋叢書四十七種　（清）鮑廷爵編　清光緒常熟鮑氏刻本　三十二冊　存十五種

330000 – 1716 – 0009179　古越 0550/09179
類叢部/叢書類/彙編之屬

琳琅秘室叢書三十種　（清）胡珽編　清光緒十四年（1888）會稽董氏取斯堂木活字印本　唐風題簽　二十四冊

330000 – 1716 – 0009180　子補 3231/09180
子部/藝術類/遊藝之屬/聯語

楹聯錄存三卷附錄一卷　（清）俞樾撰　清光緒二十年（1894）刻本　一冊　存三卷（一至三）

330000 – 1716 – 0009181　集補 2839 – 9/
09181　集部/別集類/清別集

效學樓述文三卷　（清）馬綱章撰　清光緒三十四年（1908）京師鉛印本　一冊

330000 – 1716 – 0009182　古越 0552 – 2/
09182　類叢部/叢書類/彙編之屬

花雨樓叢鈔十一種續鈔十一種附一種　（清）張壽榮編　清光緒八年至十四年（1882 – 1888）蛟川張氏花雨樓刻本　四十四冊　存二十一種

330000 – 1716 – 0009183　集補 2839 – 10/
09183　集部/別集類/清別集

效學樓述文三卷　（清）馬綱章撰　清光緒三十四年（1908）京師鉛印本　一冊

330000 – 1716 – 0009184　集補 2839 – 11/
09184　集部/別集類/清別集

效學樓述文三卷　（清）馬綱章撰　清光緒三十四年（1908）京師鉛印本　一冊

330000 – 1716 – 0009185　集補 2839 – 12/
09185　集部/別集類/清別集

效學樓述文三卷　（清）馬綱章撰　清光緒三十四年（1908）京師鉛印本　一冊

330000 – 1716 – 0009186　集補 2839 – 13/
09186　集部/別集類/清別集

效學樓述文三卷　（清）馬綱章撰　清光緒三十四年（1908）京師鉛印本　一冊

330000 – 1716 – 0009187　集補 2839 – 14/
09187　集部/別集類/清別集

效學樓述文三卷　（清）馬綱章撰　清光緒三十四年（1908）京師鉛印本　一冊

330000 – 1716 – 0009188　集補 2839 – 15/
09188　集部/別集類/清別集

效學樓述文三卷　（清）馬綱章撰　清光緒三十四年（1908）京師鉛印本　一冊

330000 – 1716 – 0009189　集補 2839 – 16/
09189　集部/別集類/清別集

效學樓述文三卷　（清）馬綱章撰　清光緒三十四年（1908）京師鉛印本　一冊

330000 – 1716 – 0009190　集補 2841/09190
集部/曲類/散曲之屬

蘇隄漁唱一卷附錄一卷　（元）張可久撰　清光緒二十七年（1901）錢塘丁氏嘉惠堂刻本　一冊

330000 – 1716 – 0009191　古越 0553/09191
類叢部/叢書類/自著之屬

桂馨堂集八種　（清）張廷濟撰　清道光至咸豐刻本　六冊　存六種

330000 – 1716 – 0009192　集補 2842/09192
集部/總集類/選集之屬/斷代

耆舊詩存四卷　（清）沈筠選　（清）徐圓成訂　清光緒刻本　一冊

330000 – 1716 – 0009193　古越 0554/09193
類叢部/叢書類/自著之屬

陳澹然四種　陳澹然撰　清光緒二十八年（1902）長沙刻本　唐風題記　十七冊

330000 – 1716 – 0009194　子補 3232 – 1/
09194　子部/藝術類/遊藝之屬/聯語

楹聯新話十卷 （清）朱應鎬輯 清光緒十八年(1892)刻本 四冊

330000－1716－0009195 古越 0555/09195
類叢部/叢書類/彙編之屬

小萬卷樓叢書十七種 （清）錢培名輯 清光緒四年(1878)金山錢氏刻本 十六冊

330000－1716－0009196 集補 2843/09196
集部/總集類/選集之屬/斷代

駢文類組五卷 王繼香輯 清光緒十一年(1885)稿本 五冊

330000－1716－0009197 古越 0556/09197
類叢部/叢書類/自著之屬

浙刻雙池遺書八種 （清）汪紱撰 清光緒二十年至二十二年(1894－1896)長安趙舒翹刻本 八冊

330000－1716－0009198 子補 3232－2/09198 子部/藝術類/遊藝之屬/聯語

楹聯新話十卷 （清）朱應鎬輯 清光緒十八年(1892)刻本 四冊

330000－1716－0009199 集補 0245/09199
集部/別集類/唐五代別集

河東先生文集六卷 （唐）柳宗元撰 清宣統二年(1910)上海會文堂書局石印本 梅軒題記 六冊

330000－1716－0009200 古越 0558/09200
類叢部/叢書類/自著之屬

西堂全集 （清）尤侗撰 清善成堂刻本 二十八冊 存三種

330000－1716－0009201 集補 1056－11/09201 集部/總集類/選集之屬/通代

古文釋義新編八卷 （清）余誠輯 清刻本 四冊

330000－1716－0009202 古越 0559－1/09202 類叢部/叢書類/彙編之屬

邵武徐氏叢書二十三種 （清）徐榦編 清光緒邵武徐氏刻本 二十冊 存十一種

330000－1716－0009203 集補 2844/09203

集部/總集類/選集之屬/斷代

御定全唐詩錄一百卷詩人年表一卷 （清）徐倬等輯 清刻本 三十一冊 缺二卷(五、詩人年表)

330000－1716－0009204 古越 0561/09204
類叢部/叢書類/自著之屬

耐安類稿五種 （清）陳偉撰 清光緒二十二年(1896)梅叔瀚等刻本 六冊

330000－1716－0009207 古越 0560/09207
類叢部/叢書類/彙編之屬

半厂叢書初編十種 （清）譚獻編 清同治至光緒仁和譚氏刻本 十六冊

330000－1716－0009208 古越 0564/09208
類叢部/叢書類/自著之屬

中復堂全集九種附一種 （清）姚瑩撰 清同治六年(1867)姚濬昌安福縣署刻本 二十六冊

330000－1716－0009210 古越 0562/09210
類叢部/叢書類/自著之屬

耐安類稿五種 （清）陳偉撰 清光緒二十二年(1896)梅叔瀚等刻本 六冊

330000－1716－0009211 古越 0565/09211
類叢部/叢書類/彙編之屬

廣漢魏叢書八十種 （明）何允中編 清嘉慶刻本 九十九冊

330000－1716－0009212 古越 0563/09212
類叢部/叢書類/自著之屬

耐安類稿五種 （清）陳偉撰 清光緒二十二年(1896)梅叔瀚等刻本 六冊

330000－1716－0009213 集補 2867－2/09213 集部/總集類/彙編之屬

十種唐詩選 （清）王士禛輯 清康熙三十一年(1692)刻本 六冊 存一種

330000－1716－0009214 古越 0566/09214
類叢部/叢書類/自著之屬

曾文正公全集十五種 （清）曾國藩撰 清同治至光緒傳忠書局刻本 八十五冊 存十一種

330000－1716－0009216　地獻 3362/09216
集部/總集類/選集之屬/斷代
國朝名人論一卷　清末抄本　一冊

330000－1716－0009220　古越 0567/09220
類叢部/叢書類/彙編之屬
功順堂叢書十八種　（清）潘祖蔭編　清光緒
吳縣潘氏刻本(周人經說卷五至八原缺)　二
十四冊

330000－1716－0009223　古越 0568/09223
集部/總集類/彙編之屬
國朝文録初編四十種　（清）李祖陶編　清道
光十九年(1839)瑞州府鳳儀書院刻本　三十
六冊

330000－1716－0009225　集補 1819/09225
集部/總集類/尺牘之屬
八賢手札(名賢手札)八卷　（清）曾國藩等撰
（清）郭慶藩輯　清光緒三十四年(1908)上
洋海左書局石印本　四冊

330000－1716－0009226　古越 0366/09226
類叢部/叢書類/自著之屬
古愚老人消夏録十七種　（清）汪汲撰輯　清
乾隆至嘉慶古愚山房刻本　二十二冊　存十
三種

330000－1716－0009227　集補 1820－1/
09227　集部/總集類/尺牘之屬
名賢手札八種　（清）郭慶藩輯　清光緒十一
年(1885)上海同文書局石印本　四冊

330000－1716－0009228　普叢 0365/09228
類叢部/叢書類/自著之屬
王漁洋遺書三十八種　（清）王士禎撰　清刻
本　二冊　存一種

330000－1716－0009229　古越 0572/09229
集部/別集類/清別集
棣懷堂隨筆十一卷　（清）李象鹍撰　清道光
刻本　四冊　存六卷(一至六)

330000－1716－0009230　集補 1820－2/
09230　集部/總集類/尺牘之屬
名賢手札八種　（清）郭慶藩輯　清光緒十九

年(1893)上海寶文書局石印本　二冊

330000－1716－0009231　普叢 0129/09231
類叢部/叢書類/彙編之屬
文選樓叢書三十三種　（清）阮亨編　清嘉慶
至道光阮元刻道光二十二年(1842)阮亨彙印
本　六十二冊　存七種

330000－1716－0009234　古越 0575/09234
類叢部/叢書類/彙編之屬
玉函山房輯佚書六百二十二種附一種　（清）
馬國翰輯　清光緒九年(1883)長沙嫏嬛館刻
本　九冊　存八十種

330000－1716－0009235　古越 0570/09235
類叢部/叢書類/自著之屬
有恒心齋集六種附一種　（清）程鴻詔撰　清
同治刻本　十冊　存五種

330000－1716－0009236　集補 1821/09236
集部/總集類/尺牘之屬
名賢手札八種　（清）郭慶藩輯　清光緒二十
五年(1899)上海文盛書局石印本　八冊

330000－1716－0009237　古越 0576/09237
類叢部/叢書類/自著之屬
紀慎齋先生全集十二種續集七種　（清）紀大
奎撰　清嘉慶十三年至咸豐二年(1808－
1852)刻本　四十六冊　存十八種

330000－1716－0009240　集補 2852/09240
集部/總集類/尺牘之屬
國朝名人小簡二卷　吳曾祺輯　清宣統元年
(1909)上海商務印書館鉛印本　一冊

330000－1716－0009243　古越 0577/09243
類叢部/叢書類/自著之屬
船山遺書六十三種　（清）王夫之撰　清同治
四年(1865)湘鄉曾國荃金陵刻本　一百二十
四冊　存五十八種

330000－1716－0009244　古越 0578/09244
類叢部/叢書類/自著之屬
竹柏山房十五種附刻八種　（清）林春溥撰
清嘉慶至咸豐竹柏山房刻本　三十五冊　存
十三種

330000 - 1716 - 0009248　集補 1836/09248
集部/總集類/選集之屬/斷代

普天忠憤全集十四卷首一卷　(清)孔廣德編
　清光緒二十一年(1895)石印本　八冊　存
十卷(一至三、六至九、十一至十二,首)

330000 - 1716 - 0009249　集補 2856/09249
集部/總集類/尺牘之屬

歷朝名媛尺牘二卷　(清)陳韶輯　清末水鏡
山房刻本　周逸塵題簽　一冊

330000 - 1716 - 0009250　經補 1000 - 77/
09250　經部/小學類/文字之屬/字書/字典

**康熙字典十二集三十六卷總目一卷檢字一卷
辨似一卷等韻一卷補遺一卷備考一卷**　(清)
張玉書等纂修　**字典考證十二集三十六卷**
(清)王引之等撰　清光緒三年(1877)四明茹
古齋鉛印本　四十冊　缺二十卷(辰集上、申
集上,字典考證一至十八)

330000 - 1716 - 0009251　集補 2861/09251
類叢部/叢書類/彙編之屬

懺花盦叢書三十種　(清)宋澤元編　清光緒
山陰宋氏刻十三年(1887)彙印本　十冊　存
一種

330000 - 1716 - 0009252　集補 2862/09252
集部/總集類/選集之屬/斷代

宋文鑑一百五十卷目錄三卷　(宋)呂祖謙輯
　清光緒十二年(1886)江蘇書局刻本　二十
四冊

330000 - 1716 - 0009253　史補 0899 - 11/
09253　史部/編年類/通代之屬

**尺木堂綱鑑易知錄九十二卷明鑑易知錄十五
卷**　(清)吳乘權　(清)周之炯　(清)周之
燦輯　清光緒二十六年(1900)上海圖書集成
印書局鉛印本　四冊　存三十卷(十九至二
十五、二十七至三十四,明鑑易知錄一至十
五)

330000 - 1716 - 0009254　古越 0580/09254
類叢部/叢書類/彙編之屬

春暉堂叢書十二種　(清)徐渭仁編　清道光
至咸豐上海徐渭仁刻同治九年至十年(1870 -

1871)徐允臨補刻彙印本　十二冊

330000 - 1716 - 0009255　普史 1646/09255
史部/紀事本末類/通代之屬

歷朝紀事本末九種　(清)陳如升　(清)朱記
榮輯　(清)慎記主人增輯　清光緒二十五年
(1899)上海慎記書莊石印本　二十九冊　存
五種

330000 - 1716 - 0009257　古越 0581/09257
類叢部/叢書類/自著之屬

顧亭林先生遺書彙輯二十三種附錄三種
(清)顧炎武撰　(清)席威　(清)朱記榮編
　清光緒十一年(1885)吳縣孫谿朱氏槐廬家
塾刻本　八冊　存十二種

330000 - 1716 - 0009258　史補 1368/09258
史部/地理類/總志之屬/通代

**歷代地理志韻編今釋二十卷皇朝輿地圖一卷
皇朝輿地韻編二卷**　(清)李兆洛撰　清光緒
上海蜚英館石印本　三冊　存二十卷(一至
二十)

330000 - 1716 - 0009260　史補 1369/09260
史部/政書類/邦交之屬

外史蒙求不分卷　劉法曾編　潘淮漢增輯
清光緒二十八年(1902)上洋蒜文局石印本
三冊

330000 - 1716 - 0009261　史 補 0812 - 1/
09261　史部/傳記類/總傳之屬/列女

中國女史二十一卷正誤一卷　(清)金炳麟
(清)王以銓輯　清宣統元年(1909)杭州中合
公司鉛印本　五冊　缺六卷(六至十、正誤)

330000 - 1716 - 0009265　子 補 1010 - 2/
09265　子部/兵家類/兵法之屬

讀史兵略十二卷　(清)胡林翼撰　清光緒二
十五年(1899)上海紹先書局石印本　五冊
缺六卷(二、六至七、十至十二)

330000 - 1716 - 0009267　古越 0583/09267
類叢部/叢書類/彙編之屬

函海一百五十二種　(清)李調元編　清乾隆
綿州李氏萬卷樓刻嘉慶十四年(1809)李鼎元

重校印本　清宋三榕題記　一百四十四冊
存一百四十五種

330000－1716－0009268　集補 2863/09268
集部/總集類/選集之屬/通代

宋元明詩三百首六卷摘句一卷　（清）朱梓
（清）冷昌言輯　清咸豐三年(1853)虞山顧氏
家塾刻本　二冊

330000－1716－0009269　古越 0582/09269
類叢部/叢書類/自著之屬

潛園總集十七種　（清）陸心源撰　清同治至
光緒刻本　八冊　存十五種

330000－1716－0009270　集補 2864/09270
集部/總集類/選集之屬/通代

瀛奎律髓四十九卷　（元）方回輯　清康熙五
十年至五十一年(1711－1712)吳寶芝黃葉邨
莊刻本　二冊　存四十八卷(一至四十八)

330000－1716－0009271　古越 0585/09271
類叢部/叢書類/自著之屬

觀象廬叢書十八種　（清）呂調陽撰　清光緒
十四年(1888)葉長高刻本　二十四冊　存
八種

330000－1716－0009273　集補 2866/09273
集部/總集類/選集之屬/斷代

網師園唐詩箋十八卷　（清）宋宗元輯　清乾
隆三十二年(1767)尚絅堂刻本　四冊　存十
二卷(四至十五)

330000－1716－0009274　集補 2868/09274
集部/總集類/選集之屬/斷代

中晚唐詩叩彈集十二卷續集三卷　（清）杜詔
　（清）杜庭珠輯　清康熙四十三年(1704)采
山亭刻本　三冊

330000－1716－0009275　古越 0584/09275
類叢部/叢書類/自著之屬

春在堂全書三十六種　（清）俞樾撰　清同治
至光緒刻本　四十冊　存六種

330000－1716－0009276　集補 1439－1/
09276　集部/總集類/選集之屬/通代

古詩源十四卷　（清）沈德潛輯　清光緒十七

年(1891)湖南經濟書局刻本　四冊

330000－1716－0009277　普叢 0001/09277
類叢部/叢書類/彙編之屬

說郛一百二十弓一千二百八十種　（明）陶珽
編　清順治三年(1646)兩浙督學周南李際期
宛委山堂刻本　一百二十一冊　存一千一百
四十八種

330000－1716－0009278　集補 2867－1/
09278　集部/總集類/彙編之屬

十種唐詩選　（清）王士禛輯　清蘿筵齋刻本
　　三裝題記　一冊　存八種

330000－1716－0009279　子補 1304－1/
09279　子部/醫家類/診法之屬/其他診法

舌鑑辨正二卷　（清）梁玉瑜撰　（清）陶保廉
輯　清光緒三十二年(1906)上海石印本
一冊

330000－1716－0009280　集補 3463/09280
集部/總集類/彙編之屬

唐詩百名家全集　（清）席啟寓輯　清康熙四
十一年(1702)洞庭席氏琴川書屋刻本　四冊
　　存五種

330000－1716－0009282　集補 2865－2/
09282　集部/總集類/選集之屬/斷代

唐駢體文鈔十七卷　（清）陳均纂　清光緒刻
本　一冊　存四卷(一至四)

330000－1716－0009284　子補 3233/09284
子部/醫家類/婦科之屬

簡明達生編一卷後函一卷　（清）巫齋居士撰
　　清同治十年(1871)刻本　一冊

330000－1716－0009287　集補 2871/09287
集部/別集類/清別集

然松廬挽言不可錄一卷　（清）顧亦史撰
（清）顧福民　（清）顧福辰輯　清光緒二十八
年(1902)刻本　一冊

330000－1716－0009288　陶 0005/09288　集
部/別集類/清別集

**吳詩集覽二十卷補注二十卷吳詩談藪二卷拾
遺一卷**　（清）吳偉業撰　（清）靳榮藩注並輯

清乾隆淩雲亭刻本　十六冊

330000－1716－0009290　陶 0002/09290　集部/別集類/宋別集

重刻黃文節山谷先生文集三十卷外集十四卷別集二十卷　(宋)黃庭堅撰　**年譜十五卷**(宋)黃㽦撰　明萬曆三十二年至四十二年(1604－1614)方沆、周希令、李友梅刻本　十四冊　缺十五卷(年譜一至十五)

330000－1716－0009291　陶 0006 陶 0085 陶 0131/09291　集部/總集類/氏族之屬

三蘇全集四種　(清)弓翊清等編　清道光七年至十二年(1827－1832)眉州三蘇祠刻本　三十四冊　存三種

330000－1716－0009292　集補 2865－1/09292　集部/總集類/選集之屬/斷代

唐駢體文鈔十七卷　(清)陳均纂　清光緒二十一年(1895)刻本　六冊

330000－1716－0009293　陶 0003/09293　集部/別集類/宋別集

蘇文忠公詩集五十卷目錄二卷　(宋)蘇軾撰　(清)紀昀評點　清同治八年(1869)韞玉山房粵東省城刻翰墨園朱墨套印本　十二冊

330000－1716－0009295　陶 0007/09295　集部/詩文評類/文評之屬

四六叢話三十三卷選詩叢話一卷　(清)孫梅撰　清光緒七年(1881)吳下刻本　十二冊

330000－1716－0009297　陶 0010/09297　類叢部/叢書類/彙編之屬

懺花盦叢書三十種　(清)宋澤元編　清光緒十三年(1887)山陰宋氏刻彙印本　十六冊　存一種

330000－1716－0009298　集補 2873/09298　集部/總集類/選集之屬/通代

七十家賦鈔六卷　(清)張惠言輯　清光緒四年(1878)宏達堂刻本　二冊

330000－1716－0009299　陶 0008/09299　集部/別集類/清別集

傅徵君霜紅龕詩鈔九卷附錄一卷　(清)傅山撰　清乾隆三十二年(1767)河東劉贊仰止軒刻本　四冊

330000－1716－0009300　普 叢 0441－5/09300　類叢部/叢書類/自著之屬

春在堂全書三十六種　(清)俞樾撰　清同治至光緒刻本　童鼎璜題記　二冊　存一種

330000－1716－0009301　陶 0004/09301　類叢部/叢書類/自著之屬

煙嶼樓集四種　(清)徐時棟撰　清同治至光緒刻彙印本　八冊　存一種

330000－1716－0009302　新補 0536/09302　新學/地學/地志學

地勢略解一卷　(美國)李安德撰　清光緒十九年(1893)京都匯文書院鉛印本　一冊

330000－1716－0009303　集補 2874/09303　集部/總集類/選集之屬/斷代

唐人萬首絕句選七卷　(清)王士禛輯　清光緒二十三年(1897)金陵書局刻本　二冊

330000－1716－0009304　集補 0989－3/09304　集部/總集類/選集之屬/通代

古唐詩合解古詩四卷唐詩十二卷　(清)王堯衢注　清道光二十五年(1845)德華堂刻本　六冊

330000－1716－0009305　陶 0012/09305　集部/別集類/清別集

胡文忠公遺集八十六卷首一卷　(清)胡林翼撰　(清)鄭敦謹　(清)曾國荃輯　(清)胡鳳丹重編　清光緒十四年(1888)上海著易堂鉛印本　八冊

330000－1716－0009306　子補 3234/09306　子部/醫家類/方書之屬/單方驗方

醫方湯頭歌括一卷經絡歌訣一卷　(清)汪昂撰　清刻本　一冊

330000－1716－0009307　集補 2875/09307　集部/總集類/選集之屬/斷代

唐試律箋二卷附試律舉例一卷　(清)朱琰輯　清乾隆二十二年(1757)刻本　一冊

330000－1716－0009308　集補 0989－1/09308　集部/總集類/選集之屬/通代

古唐詩合解古詩四卷唐詩十二卷　（清）王堯衢注　清藻文堂刻本　二冊　存七卷（古詩一至四、唐詩十至十二）

330000－1716－0009309　地獻 1829－9/09309　集部/總集類/選集之屬/通代

古文觀止十二卷　（清）吳乘權　（清）吳大職輯　清浙寧群玉山房刻本　六冊

330000－1716－0009310　集補 2876/09310　集部/總集類/選集之屬/斷代

御定全唐詩錄一百卷詩人年表一卷　（清）徐倬等輯　清康熙四十五年（1706）揚州詩局刻本　一冊　存二卷（四十一至四十二）

330000－1716－0009314　集補 0807－2/09314　集部/詩文評類/制藝之屬

增選加注能與集不分卷　（清）李秬香改本　（清）金研香評　清同治八年（1869）浙省聚賢堂刻本　二冊

330000－1716－0009316　集補 2878/09316　集部/別集類/清別集

兩當軒詩鈔十四卷悔存詞鈔二卷　（清）黃景仁撰　清嘉慶四年（1799）長寧趙希璜河南高堰廳署刻二十二年（1817）侯官鄭炳文補刻本　一冊　存二卷（悔存詞鈔一至二）

330000－1716－0009318　地獻 1829－24/09318　集部/總集類/選集之屬/通代

聚瀛堂古文觀止十二卷　（清）吳乘權　（清）吳大職輯　清汲綆齋刻本　四冊　存八卷（一至八）

330000－1716－0009321　集補 1069－18/09321　集部/總集類/選集之屬/斷代

唐詩三百首注疏六卷　（清）孫洙編　（清）章燮注　清道光十五年（1835）浙蘭慎言堂刻本　六冊

330000－1716－0009323　陶 0018/09323　集部/總集類/選集之屬/斷代

批點七家詩選注釋七卷　（清）張熙宇輯評　（清）張昶編輯　清光緒八年（1882）文餘堂刻朱墨套印本　四冊

330000－1716－0009324　子補 3261/09324　子部/儒家類/儒學之屬/性理

冰言十卷補錄十卷　（清）李惺撰　清光緒三十三年（1907）刻本　一冊　存十卷（補錄一至十）

330000－1716－0009326　陶 0020/09326　集部/別集類/宋別集

王臨川文集四卷　（宋）王安石撰　清宣統二年（1910）上海會文堂書局石印本　四冊

330000－1716－0009327　陶 0053/09327　集部/總集類/選集之屬/斷代

唐人萬首絕句選七卷　（清）王士禛輯　清康熙洪氏松花書屋刻同治九年（1870）修補本　二冊

330000－1716－0009328　集補 1123－2/09328　集部/總集類/選集之屬/斷代

全唐詩鈔八十卷補遺十六卷　（清）吳成儀輯　清乾隆刻本　十四冊　存六十卷（五至八、十九至二十三、二十七至三十一、三十五至五十五、六十至六十七、七十二至八十，補遺一至四、十三至十六）

330000－1716－0009329　古越 0588/09329　集部/總集類/選集之屬/通代

御選唐宋詩醇四十七卷目錄二卷　（清）高宗弘曆輯　清刻本　十六冊　存三十三卷（一至十二、十五至二十三、三十三至三十八、四十一至四十二、四十六至四十七，目錄一至二）

330000－1716－0009332　子補 3260/09332　子部/藝術類/書畫之屬/總論

臨池管見一卷　（清）周星蓮撰　清同治十二年（1873）刻本　一冊

330000－1716－0009334　子補 4133/09334　經部/小學類/文字之屬/字書/訓蒙

養蒙針度五卷　（清）潘子聲撰　清古越奎照樓刻本　一冊

330000－1716－0009335　陶0024/09335　集部/曲類/寶卷之屬

珠塔寶卷全集一卷　清宣統元年(1909)杭州聚元堂石印本　二冊

330000－1716－0009336　陶0025/09336　集部/詞類/總集之屬

詞選二卷　(清)張惠言輯　**附錄一卷**　(清)鄭善長輯　**續詞選二卷**　(清)董毅輯　清宣統二年(1910)蘇州振新書社石印本　二冊

330000－1716－0009337　地獻1173－5/09337　類叢部/叢書類/家集之屬

董氏叢書十六種　(清)董金鑑編　清光緒三十二年(1906)會稽董氏取斯家塾刻本　一冊　存一種

330000－1716－0009338　經補1403/09338　類叢部/類書類/專類之屬

維揚文成堂新刻增訂釋義經書便用通考雜字二卷外一卷　(清)徐三省輯　(清)戴啟達增訂　清同治二年(1863)樊川文成堂刻本　二冊

330000－1716－0009341　子補3259－1/09341　子部/藝術類/遊藝之屬/聯語

對類便讀六卷首一卷　(清)程錫類編輯　(清)葉良儀刪訂　(清)汪熙琪等音注　清小西山房刻本　二冊　缺三卷(二至四)

330000－1716－0009345　子補3259－2/09345　子部/藝術類/遊藝之屬/聯語

對類便讀六卷首一卷　(清)程錫類編輯　(清)葉良儀刪訂　(清)汪熙琪等音注　清蘇州綠慎堂刻本　四冊

330000－1716－0009346　子補3257/09346　子部/宗教類/佛教之屬

極樂歌注釋便蒙一卷　釋德輝撰　清光緒二十七年(1901)刻本　一冊

330000－1716－0009348　集補2881/09348　集部/別集類/清別集

兩當軒集二十卷補遺二卷附錄四卷　(清)黃景仁撰　**兩當軒集攷異二卷**　(清)黃志述撰　清光緒二年(1876)武進黃氏家塾刻本　二冊　缺十八卷(一至十八)

330000－1716－0009349　集補1443－2/09349　集部/別集類/清別集

來雨軒存稿四卷　(清)莫晉撰　清道光十六年(1836)刻本　六冊

330000－1716－0009350　陶0032/09350　集部/別集類/清別集

章圖文蛻八卷首一卷末一卷二刻一卷　(清)姜曾撰　(清)姜應門編　清同治三年(1864)、八年(1869)刻本　五冊

330000－1716－0009351　集補2884/09351　集部/總集類/選集之屬/斷代

唐詩諧律二卷　(清)沈寶青選　清光緒十六年(1890)溧陽沈氏刻本　二冊

330000－1716－0009353　陶0034/09353　集部/總集類/選集之屬/通代

七十家賦鈔六卷　(清)張惠言輯　清光緒四年(1878)宏達堂刻本　四冊

330000－1716－0009354　陶0035/09354　集部/別集類/清別集

彤雲閣遺詩二卷絳雪齋文稿一卷附錄一卷　(清)王家仕撰　清同治十一年(1872)監利王氏刻本　一冊

330000－1716－0009355　陶0033/09355　集部/總集類/尺牘之屬

增補如面談新集六卷首一卷　(明)李光祚輯　清藜照堂刻本　四冊

330000－1716－0009356　陶0036/09356　集部/別集類/清別集

函樓詩鈔八卷因遇詩一卷詞鈔一卷　(清)易佩紳撰　清光緒八年(1882)刻本　二冊

330000－1716－0009357　地獻1824－83/09357　集部/總集類/選集之屬/通代

增批古文觀止十二卷　(清)吳乘權　(清)吳大職輯　清光緒二十七年(1901)浙紹墨潤堂石印本　四冊　存八卷(一至四、九至十二)

330000－1716－0009358　　陶 0038／09358　集部／總集類／選集之屬／斷代

國朝駢體正宗十二卷　（清）曾燠輯　清嘉慶十一年（1806）南城曾氏賞雨茅屋刻本　六冊

330000－1716－0009359　　陶 0037／09359　集部／總集類／氏族之屬

海豐吳氏詩存四卷　（清）吳重熹輯　清光緒十年（1884）刻本　四冊

330000－1716－0009360　　地獻 1824－80／09360　集部／總集類／選集之屬／通代

增批古文觀止十二卷　（清）吳乘權　（清）吳大職輯　清光緒二十七年（1901）浙紹墨潤堂石印本　四冊　存八卷（一至四、七至十）

330000－1716－0009361　　陶 0039／09361　集部／總集類／酬唱之屬

扶桑驪唱集一卷附錄一卷續和一卷　（清）葉煒編　清光緒十七年（1891）白下刻本　一冊

330000－1716－0009364　　陶 0040／09364　集部／別集類／明別集

熊襄愍公尺牘四卷　（明）熊廷弼撰　清道光二十九年（1849）童濂刻本　清□□題記　四冊

330000－1716－0009366　　集補 2880／09366　集部／別集類／清別集

吳詩集覽二十卷補注二十卷吳詩談藪二卷拾遺一卷　（清）吳偉業撰　（清）靳榮藩注並輯　清乾隆四十年（1775）凌雲亭刻本　九冊　存八卷（五至七、十一至十五）

330000－1716－0009368　　陶 0041／09368　集部／總集類／選集之屬／斷代

湖海詩傳四十六卷　（清）王昶輯　清同治四年（1865）蘇州綠蔭堂刻本　十六冊

330000－1716－0009369　　集補 1442／09369　集部／總集類／選集之屬／通代

賦鈔箋略十五卷　（清）雷琳　（清）張杏濱輯　清嘉慶二十二年（1817）刻本　七冊　缺三卷（八至十）

330000－1716－0009370　　陶 0042／09370　集部／別集類／清別集

心安隱室詩集九卷詞集四卷　（清）詹肇堂撰　清光緒十年（1884）成德堂刻本　四冊

330000－1716－0009371　　子補 3258－2／09371　子部／儒家類／儒學之屬／蒙學

浙紹奎照樓書莊精校新增繪圖幼學故事瓊林四卷首一卷　（清）程允升撰　（清）鄒聖脈增補　清光緒三十一年（1905）浙紹奎照樓石印本　二冊

330000－1716－0009372　　陶 0043／09372　集部／別集類／清別集

延綠簃詩鈔六卷　（清）倭什洪額撰　清光緒十三年（1887）漢皋刻本　二冊

330000－1716－0009373　　陶 0044／09373　集部／別集類／清別集

容甫先生遺詩五卷補遺一卷附錄一卷　（清）汪中撰　清光緒十一年（1885）維揚述古齋木活字印本　一冊

330000－1716－0009375　　集補 2885－1／09375　集部／總集類／選集之屬／斷代

唐人萬首絕句選七卷　（清）王士禛輯　清康熙洪氏松花書屋刻同治九年（1870）修補本　二冊

330000－1716－0009376　　陶 0045／09376　集部／別集類／清別集

容甫先生遺詩五卷補遺一卷附錄一卷　（清）汪中撰　清光緒十一年（1885）維揚述古齋木活字印本　一冊

330000－1716－0009377　　集補 2886／09377　集部／總集類／選集之屬／斷代

唐人詠物詩十二卷　（清）聶先輯　清刻本　三冊　存九卷（一至九）

330000－1716－0009380　　陶 0048／09380　集部／別集類／清別集

雕青館詩草一卷　（清）汪曰楨撰　清咸豐十一年（1861）汪曰楨刻本　一冊

330000－1716－0009381　　集補 2887／09381　集部／詩文評類／詩評之屬

唐人五言排律詩論三卷　（清）蔣鵬翮編釋
清古越尺木堂刻本　三冊

330000－1716－0009382　陶0049/09382　集
部/總集類/酬唱之屬

桃花村盍簪録一卷　江峰青輯　清光緒三十
四年(1908)石印本　一冊

330000－1716－0009383　集補1058－2/
09383　集部/總集類/選集之屬/通代

文選六十卷　（南朝梁）蕭統輯　（唐）李善注
　文選考異十卷　（清）胡克家撰　清光緒六
年(1880)四明林植梅刻本　二十四冊

330000－1716－0009384　集補2888/09384
集部/總集類/選集之屬/通代

御選唐宋文醇五十八卷目録一卷　（清）高宗
弘曆輯　清光緒三年(1877)浙江書局刻本
二十二冊　缺六卷(六至八、五十六至五十
八)

330000－1716－0009386　陶0054/09386　類
叢部/叢書類/郡邑之屬

海昌叢載三十二種　（清）羊復禮編　清光緒
海昌羊氏傳卷樓粵東刻本　二冊　存一種

330000－1716－0009387　陶0055/09387　集
部/總集類/彙編之屬

國朝十家四六文鈔十一卷　王先謙輯　清光
緒十五年(1889)長沙王先謙刻本　四冊

330000－1716－0009388　陶0052/09388　類
叢部/叢書類/自著之屬

小謨觴館全集三種　（清）彭兆蓀撰　（清）孫
元培　（清）孫長熙注　清同治十三年(1874)
吳縣潘氏滂喜齋刻本　八冊　存一種

330000－1716－0009389　陶0057/09389　集
部/別集類/清別集

養一齋集二十六卷首一卷劄記九卷詞三卷詩
話十卷李杜詩話三卷四書文不分卷試帖一卷
　（清）潘德輿撰　清道光至同治刻本　二
十

330000－1716－0009390　集補2889/09390
集部/總集類/選集之屬/斷代

國朝駢體正宗十二卷　（清）曾燠輯　清光緒
二十三年(1897)上海文淵山房石印本　胡文
達注　六冊

330000－1716－0009391　集補2892/09391
集部/總集類/選集之屬/通代

山曉閣選古文全集三十二卷　（清）孫琮輯並
評　清康熙二十年(1681)蘇州金閶文雅堂刻
本　十六冊

330000－1716－0009392　陶0056/09392　集
部/別集類/清別集

樊榭山房全集四十二卷　（清）厲鶚撰　清光
緒十年(1884)錢塘汪氏振綺堂刻本　十冊
存三十九卷(樊榭山房集一至十、續集一至
十、文集一至八、游仙百詠一至三、秋林琴雅
一至四、集外曲一至二、集外詩、軼事)

330000－1716－0009393　善附0324/09393
集部/總集類/選集之屬/通代

歷代文歸一百六卷　（明）鍾惺輯並評　明崇
禎古香齋刻本　十一冊　存二十七卷(漢文
歸一至十、十二至二十,晉文歸一至四,南北
朝文歸一至四)

330000－1716－0009394　陶0079/09394　集
部/總集類/選集之屬/斷代

全唐詩九百卷目録十二卷　（清）曹寅等輯
清光緒元年(1875)撫州饒玉成雙峰書屋刻本
　一百二十冊

330000－1716－0009395　陶0058－1/09395
集部/別集類/清別集

鏡漪軒詩草一卷　（清）陳淇撰　清光緒七年
(1881)淳溪陳氏刻十七年(1891)增刻本
一冊

330000－1716－0009397　陶0060/09397　集
部/別集類/清別集

因寄軒文初集十卷二集六卷補遺一卷　（清）
管同撰　附刻小異遺文一卷　（清）管嗣復撰
　清光緒五年(1879)顧雲等刻九年(1883)補
刻本　四冊

330000－1716－0009398　陶0058－2/09398

集部/別集類/清別集

鏡漪軒詩草一卷　（清）陳淇撰　清光緒七年（1881）淳溪陳氏刻十七年（1891）增刻本　一冊

330000－1716－0009400　普叢 0390－1/09400　類叢部/叢書類/彙編之屬

江陰季氏叢刻八種　（清）季倫全編　清光緒江陰季氏栩園刻本　一冊　存一種

330000－1716－0009402　集補 2885－2/09402　集部/總集類/選集之屬/斷代

唐人萬首絕句選七卷　（清）王士禎輯　清永康胡氏退補齋刻本　二冊

330000－1716－0009404　普叢 0390－2/09404　類叢部/叢書類/彙編之屬

江陰季氏叢刻八種　（清）季倫全編　清光緒江陰季氏栩園刻本　一冊　存一種

330000－1716－0009406　史補 1377－1/09406　史部/詔令奏議類/奏議之屬

公車上書記一卷　康有為撰　清光緒二十一年（1895）上海石印書局石印本　一冊

330000－1716－0009408　陶 0062/09408　集部/別集類/明別集

六如居士全集六種　（明）唐寅撰　清嘉慶六年（1801）長沙唐仲冕果克山房刻本　六冊

330000－1716－0009409　史補 1377－2/09409　史部/詔令奏議類/奏議之屬

公車上書記一卷　康有為撰　清光緒二十一年（1895）上海石印書局石印本　一冊

330000－1716－0009413　陶 0059/09413　集部/別集類

樊山續集三十二卷　樊增祥撰　清刻朱印本　一冊　存一卷（三十二）

330000－1716－0009414　陶 0064/09414　集部/總集類/選集之屬/通代

古詩箋三十二卷　（清）王士禎輯　（清）聞人倓箋　清乾隆三十一年（1766）芷蘭堂刻本　十冊　存十五卷（七言詩歌行鈔一至十五）

330000－1716－0009415　陶 0065/09415　集部/別集類/清別集

粲花佩葉山房詩稿六卷　（清）陳鼎雯撰　（清）陳鍾蕃編　清光緒十七年（1891）刻本　四冊

330000－1716－0009416　集補 1064－5/09416　子部/雜著類/雜纂之屬

天花亂墜八卷二集八卷三集八卷　（清）寅半生編　清光緒二十九年至三十三年（1903－1907）杭州崇寔齋刻本　三冊　存八卷（一至八）

330000－1716－0009417　陶 0066/09417　集部/別集類/清別集

倭文端公遺書八卷首二卷末一卷續刊三卷　（清）倭仁撰　清光緒元年（1875）六安涂氏求我齋刻本　四冊

330000－1716－0009418　陶 0083/09418　類叢部/叢書類/自著之屬

養餘齋全集四種附三種　（清）柳樹芳撰　清道光勝溪草堂刻本　一冊　存一種

330000－1716－0009419　陶 0084/09419　集部/詞類/別集之屬

寄廬詞存二卷　（清）錢國珍撰　清咸豐十年（1860）江都錢氏古章安署刻本　一冊

330000－1716－0009421　普叢 0231/09421　類叢部/叢書類/彙編之屬

國粹叢書四十九種　（清）國學保存會編　清光緒至宣統鉛印本　六冊　存五種

330000－1716－0009422　陶 0067/09422　類叢部/叢書類/自著之屬

養餘齋全集四種附三種　（清）柳樹芳撰　清道光勝溪草堂刻本　八冊　存二種

330000－1716－0009424　集補 1064－4/09424　子部/雜著類/雜纂之屬

天花亂墜八卷二集八卷三集八卷　（清）寅半生編　清光緒二十九年至三十三年（1903－1907）杭州崇寔齋刻本　五冊　存十卷（一至六、二集七至八、三集一至二）

330000－1716－0009426　陶 0069/09426　集部/總集類/郡邑之屬

續金陵詩徵六卷首一卷　（清）朱紹亭等輯
清光緒二十年(1894)刻本　六冊

330000－1716－0009427　陶 0071/09427　集部/曲類/彈詞之屬

繡像四香緣全傳六卷三十二回　清末石印本
六冊

330000－1716－0009428　陶 0073/09428　類叢部/叢書類/彙編之屬

融經館叢書十一種　（清）徐友蘭編　清光緒
六年至十一年(1880－1885)會稽徐氏八杉齋
刻本　六冊　存一種

330000－1716－0009429　陶 0072/09429　集部/總集類/課藝之屬

簪花集五經會課藝不分卷　清同治九年
(1870)換鵞軒刻本　十冊

330000－1716－0009430　集補 1064－3/09430　子部/雜著類/雜纂之屬

天花亂墜八卷二集八卷三集八卷　（清）寅半
生編　清光緒二十九年至三十三年(1903－
1907)杭州崇寔齋刻本　一冊　存二卷(一至
二)

330000－1716－0009431　子補 1263－6/09431　類叢部/類書類/專類之屬

新增江湖尺牘分韻撮要合編八卷　（清）虞世
英　（清）溫儀鳳輯　清光緒十六年(1890)永
言堂刻本　四冊

330000－1716－0009432　集補 2893/09432　集部/總集類/選集之屬/斷代

國朝二十四家文鈔二十四卷　（清）徐斐然輯
清刻本　一冊　存一卷(二十四)

330000－1716－0009433　陶 0074/09433　集部/別集類/清別集

六梅書屋尺牘四卷　（清）凌丹陛撰　清光緒
五年(1879)京都二酉齋刻本　四冊

330000－1716－0009434　陶 0075/09434　集部/總集類/尺牘之屬

分類尺牘備覽十卷附要訣一卷　（清）王虎榜
輯　**續分類尺牘備覽四卷**　（清）同文社編
清光緒三十年(1904)上海同文社鉛印本　六
冊　缺二卷(三至四)

330000－1716－0009435　集補 2894/09435　史部/地理類

臺灣雜詠合刻三卷　（清）楊希閔輯　清光緒
七年(1881)刻本　一冊

330000－1716－0009437　陶 0076/09437　類叢部/類書類/專類之屬

新增應酬彙選五卷　（清）陸九如纂輯　（清）
茹古齋主人重訂　清光緒十七年(1891)四明
茹古齋鉛印本　四冊

330000－1716－0009438　陶 0077/09438　集部/別集類/宋別集

東坡和陶合箋四卷　（宋）蘇軾撰　（清）溫汝
能輯　**陶詩彙評四卷**　（晉）陶潛撰　（清）溫
汝能輯　清光緒十八年(1892)上海五彩公司
石印本　四冊

330000－1716－0009439　集補 2895－1/09439　集部/別集類/清別集

梅花吟一卷　（清）陶方琯撰　清末刻本
一冊

330000－1716－0009441　集補 2895－2/09441　集部/別集類/清別集

梅花吟一卷　（清）陶方琯撰　清末刻本
一冊

330000－1716－0009443　集補 2900/09443　集部/別集類/清別集

冷月吟不分卷　（清）高第撰　清嘉慶十年
(1805)刻本　一冊

330000－1716－0009445　普叢 0002/09445　類叢部/叢書類/彙編之屬

說郛一百二十弓一千二百八十種　（明）陶珽
編　**說郛續四十六弓五百三十八種**　（明）陶
珽編　（清）李際期重訂　明末刻清初李際期
宛委山堂續刻彙印本　四十六冊　存說郛續
四百八十五種

330000 – 1716 – 0009447　普叢 0006/09447
類叢部/叢書類/彙編之屬

正誼堂全書六十三種續刻五種　（清）張伯行
編　（清）楊浚重編　清同治五年（1866）福州
正誼書院刻同治八年至光緒十三年（1869 –
1887）續刻本　一百六十九冊　存六十六種

330000 – 1716 – 0009448　集補 0294 – 8/
09448　集部/總集類/選集之屬/斷代

夢筆生花初編八卷二編八卷三編八卷四編八
卷　（清）繆艮輯　清光緒二十年（1894）上海
書局石印本　八冊

330000 – 1716 – 0009449　集補 2896/09449
集部/別集類/清別集

然松廬挽言不可錄一卷　（清）顧亦史撰
（清）顧福民　（清）顧福辰輯　清光緒刻本
一冊

330000 – 1716 – 0009450　陶 0081/09450　集
部/別集類/宋別集

岳忠武王文集八卷首一卷末一卷　（宋）岳飛
撰　（清）黃邦寧輯　清光緒二年（1876）刻本
四冊

330000 – 1716 – 0009453　陶 0082/09453　集
部/別集類/唐五代別集

昌黎先生集四十卷外集十卷遺文一卷　（唐）
韓愈撰　（宋）廖瑩中校正　朱子校昌黎先生
集傳一卷　（宋）朱熹撰　韓集點勘四卷
（清）陳景雲撰　清同治八年至九年（1869 –
1870）江蘇書局刻本　十一冊

330000 – 1716 – 0009455　地獻 1966 – 3/
09455　集部/別集類/清別集

蕉雨山房詩鈔六種十九卷　（清）丁堯臣撰
清光緒會稽丁氏刻本　一冊　存一種

330000 – 1716 – 0009460　地獻 1966 – 4/
09460　集部/別集類/清別集

蕉雨山房詩鈔六種十九卷　（清）丁堯臣撰
清光緒會稽丁氏刻本　一冊　存一種

330000 – 1716 – 0009465　陶 0087/09465　集
部/別集類/清別集

甘泉鄉人稿二十四卷餘稿二卷　（清）錢泰吉
撰　皇清敕授修職郎誥封朝議大夫顯考警石
府君年譜一卷　（清）錢應溥撰　邠農偶吟稿
一卷　（清）錢炳森撰　清同治十一年（1872）
嘉興錢氏白下刻光緒十一年（1885）增刻本
七冊

330000 – 1716 – 0009470　陶 0090/09470　集
部/總集類/郡邑之屬

廬陵詩存十二卷　（清）胡友梅輯　清光緒十
三年（1887）石陽書院木活字印本　十二冊

330000 – 1716 – 0009474　陶 0091/09474　集
部/別集類/明別集

瞿忠宣公集十卷　（明）瞿式耜撰　清光緒十
三年（1887）常熟瞿廷韶刻本　四冊

330000 – 1716 – 0009480　陶 0095/09480　集
部/別集類/清別集

韞山堂時文初集一卷二集二卷三集一卷
（清）管世銘撰　清光緒六年（1880）湖南書局
刻本　四冊

330000 – 1716 – 0009482　陶 0097/09482　集
部/別集類/清別集

餐花室詩稿十一卷附二卷詩餘二卷附一卷
（清）嚴錫康撰　清咸豐刻本　枕石山民題簽
三冊

330000 – 1716 – 0009483　陶 0098/09483　集
部/別集類/清別集

迎鑾集不分卷　（清）呂永輝撰　清光緒二十
七年（1901）刻本　一冊

330000 – 1716 – 0009484　陶 0101 – 1/09484
集部/別集類/清別集

韞山堂文集八卷詩集十六卷　（清）管世銘撰
清光緒二十年（1894）讀雪山房刻本　五冊

330000 – 1716 – 0009487　經補 1482 – 1/
09487　經部/叢編

皇清經解一千四百八卷　（清）阮元輯　清光
緒十三年（1887）石印本　三冊　存二種

330000 – 1716 – 0009488　集補 1052 – 3/
09488　集部/總集類/選集之屬/通代

古文析義十六卷 （清）林雲銘輯注　清英德堂刻本　十六冊

330000－1716－0009489　陶0099/09489　集部/總集類/選集之屬/通代

桂芳齋重訂古文釋義新編八卷 （清）余誠評注　清嘉慶五年(1800)文奎堂刻本　八冊

330000－1716－0009490　陶0101－2/09490　集部/別集類/清別集

韞山堂文集八卷詩集十六卷 （清）管世銘撰　清光緒二十年(1894)吳炳讀雪山房刻本　五冊

330000－1716－0009493　陶0103/09493　類叢部/叢書類/自著之屬

悔餘庵集三種 （清）何杖撰　清同治四年(1865)鳩江戎幄刻本　十二冊

330000－1716－0009495　陶0102/09495　集部/別集類/明別集

高季迪先生大全集十八卷 （明）高啟撰　清康熙許氏竹素園刻本　六冊

330000－1716－0009496　經補1482－2/09496　經部/叢編

皇清經解一千四百八卷 （清）阮元輯　清光緒十三年(1887)石印本　十六冊　存四十一種

330000－1716－0009497　陶0106/09497　集部/別集類/清別集

漁洋山人精華錄箋注十二卷補一卷年譜一卷 （清）王士禎撰　（清）金榮箋注　（清）徐準纂輯　清康熙五十一年(1712)鳳翽堂刻乾隆二年(1737)印本　十冊

330000－1716－0009498　陶0104/09498　類叢部/叢書類/彙編之屬

雙楳景闇叢書十六種 葉德輝編　清光緒至宣統長沙葉氏郎園刻本　四冊

330000－1716－0009500　陶0105/09500　集部/別集類/清別集

誰與庵文鈔二卷孫氏先德傳一卷 （清）孫世均撰　清光緒十五年(1889)歸安孫氏守恆堂刻本　一冊

330000－1716－0009501　史補1376/09501　史部/地理類/遊記之屬/紀行

凝香室鴻雪因緣圖記三集六卷 （清）完顏麟慶撰　清光緒二十二年(1896)上海點石齋石印本　六冊

330000－1716－0009502　陶0107/09502　類叢部/類書類/專類之屬

佩文韻府一百六卷 （清）張玉書（清）蔡升元等輯　韻府拾遺一百六卷 （清）汪灝（清）何焯等輯　清刻本　一百九十一冊　存一百五卷(一至四十三、四十五至一百六)

330000－1716－0009503　普叢0116－3/09503　類叢部/叢書類/彙編之屬

藝苑捃華四十八種 （清）顧之逵編　清務本堂刻本　二十三冊　存四十五種

330000－1716－0009505　經補1482－3/09505　經部/叢編

皇清經解一百九十卷 （清）阮元輯　清光緒石印本　二冊　存十四卷(九十一至一百四)

330000－1716－0009506　陶0109/09506　集部/別集類/明別集

宋文憲公全集八十三卷潛溪錄六卷首一卷 （明）宋濂撰　孫鏘輯　清宣統成都刻本　二十八冊

330000－1716－0009508　陶0110/09508　集部/別集類/唐五代別集

李太白文集三十六卷 （唐）李白撰　（清）王琦輯注　清乾隆聚錦堂刻本　二十四冊

330000－1716－0009509　普叢0009/09509　類叢部/叢書類/彙編之屬

抱經堂叢書十六種 （清）盧文弨編　清乾隆至嘉慶刻彙印本　六十四冊

330000－1716－0009511　陶0111/09511　集部/總集類/選集之屬/通代

續古文苑二十卷 （清）孫星衍輯　清光緒九年(1883)江蘇書局刻本　六冊

330000－1716－0009512　經補 1482－4/09512　經部/群經總義類/傳說之屬

皇朝五經彙解二百七十卷　（清）朱鏡清輯　清光緒石印本　三十冊　缺五卷（易經一至五）

330000－1716－0009513　陶 0113/09513　集部/別集類/宋別集

淮海集十七卷後集二卷詞一卷補遺一卷續補遺一卷　（宋）秦觀撰　**淮海文集攷證一卷**（清）王敬之　（清）茆泮林　（清）金長福撰　**重編淮海先生年譜節要一卷**　（清）秦瀛編（清）王敬之節要　清道光十七年（1837）王敬之等刻二十一年（1841）增刻本　六冊

330000－1716－0009514　陶 0117/09514　集部/別集類/明別集

葛中翰遺集十二卷首一卷　（明）葛麟撰　清光緒十六年（1890）敦本堂刻本　六冊

330000－1716－0009515　陶 0118/09515　類叢部/叢書類/郡邑之屬

國朝金陵叢書十三種　（清）傅春官編　清光緒二十三年至二十七年（1897－1901）江寧傅氏晦齋刻本　一冊　存二種

330000－1716－0009516　史補 1378/09516　史部/政書類/通制之屬

廣治平略三十六卷續八卷　（清）蔡方炳撰　清小琅嬛館刻本　十冊

330000－1716－0009517　陶 0114/09517　集部/別集類/清別集

雲臥山莊詩集八卷首一卷末一卷家訓二卷末一卷　（清）郭崑燾撰　清光緒十一年（1885）湘陰郭氏岵瞻堂刻本　四冊

330000－1716－0009518　普類 0156－3/09518　類叢部/類書類/通類之屬

鑄史駢言十二卷　（清）孫玉田編　清光緒二年（1876）鉛印本　四冊

330000－1716－0009521　陶 0119/09521　集部/別集類/清別集

恪靖侯盾鼻餘瀋一卷附聯語一卷　（清）左宗棠撰　清光緒七年（1881）北京刻本　一冊

330000－1716－0009523　陶 0122/09523　類叢部/叢書類/自著之屬

二曲先生全集二種三十五卷　（清）李顒撰　清光緒二十四年（1898）湖南刻本　十冊

330000－1716－0009524　子補 1287－3/09524　子部/小說家類/雜事之屬

廣虞初新志四十卷　（清）黃承增輯　清嘉慶八年（1803）寄鷗閒舫刻本　十冊　存三十卷（一至六、十一至十九、二十四至三十、三十三至四十）

330000－1716－0009525　陶 0123/09525　集部/別集類/清別集

冷香閣詩草一卷　（清）張慧撰　清同治七年（1868）刻本　一冊

330000－1716－0009526　陶 0124/09526　集部/別集類/清別集

胡文忠公遺集十卷首一卷　（清）胡林翼撰（清）閻敬銘　（清）屬雲官　（清）盛康輯　清同治五年（1866）刻本　七冊　缺一卷（首）

330000－1716－0009527　集補 1194/09527　集部/總集類/選集之屬/斷代

文粹一百卷　（宋）姚鉉輯　**補遺二十六卷**（清）郭麐輯　清光緒十六年（1890）杭州許增榆園刻本　三十六冊

330000－1716－0009528　陶 0115/09528　集部/總集類/選集之屬/斷代

白下愚園集八卷首一卷　（清）胡光國　（清）胡恩燮輯　清光緒二十年（1894）刻本　六冊

330000－1716－0009529　陶 0126/09529　集部/詞類/別集之屬

琴隱園詞殘稿一卷　（清）湯貽汾撰　清光緒二十二年（1896）江甯傅氏寄傲軒刻本　一冊

330000－1716－0009530　普叢 0385/09530　類叢部/叢書類/自著之屬

第一樓叢書三十卷　（清）俞樾撰　清同治十年（1871）刻本　八冊

330000－1716－0009531　陶 0127/09531　集部/總集類/酬唱之屬

桃花村盍簪錄一卷　江峰青輯　清光緒三十四年(1908)石印本　一冊

330000－1716－0009532　陶 0128/09532　集部/別集類/明別集

羅念菴先生文錄十八卷附錄一卷　(明)羅洪先撰　(清)喻震孟纂　清光緒十二年(1886)安齋刻本　十冊

330000－1716－0009534　集補 2912/09534　集部/總集類/氏族之屬

三蘇策論十二卷　(宋)蘇洵　(宋)蘇軾　(宋)蘇轍撰　(清)張紹齡編　清光緒二十四年(1898)越郡會文堂石印本　八冊

330000－1716－0009535　譜 0207/09535　史部/傳記類/總傳之屬/家乘

[浙江紹興]會稽漁渡董氏宗譜三十卷首一卷　(清)董金鑑纂修　清光緒三十二年(1906)木活字印本　三冊　存三卷(五下、六、八下)

330000－1716－0009536　普叢 0228－1/09536　類叢部/叢書類/彙編之屬

國朝名人著述叢編十三種　(清)□□編　清光緒五年(1879)上海淞隱閣鉛印本　四冊　存九種

330000－1716－0009539　陶 0129/09539　集部/別集類/清別集

切問齋集十二卷首一卷　(清)陸燿撰　清光緒十八年(1892)江蘇書局刻本　四冊

330000－1716－0009540　子補 0411－7/09540　集部/總集類/選集之屬/斷代

皇朝經世文續編一百二十卷　(清)葛士濬輯　清末石印本　一冊　存六卷(四十三至四十八)

330000－1716－0009542　陶 0132/09542　集部/小說類/長篇之屬

劍俠奇蹤六卷六十回　(清)桃花館主編次　清光緒二十三年(1897)上海書局石印本　五冊　缺一卷(六)

330000－1716－0009543　陶 0130/09543　集部/別集類/漢魏六朝別集

庚子山集十六卷總釋一卷　(北周)庾信撰　(清)倪璠注　**年譜一卷**　(清)倪璠撰　清光緒十六年(1890)廣州經史閣刻本　十二冊

330000－1716－0009544　集補 2450－32/09544　集部/小說類/長篇之屬

四大奇書第一種六十卷首一卷一百二十回　(明)羅貫中撰　(清)毛宗崗評　清刻本　十九冊　缺一卷(首)

330000－1716－0009545　集補 1522－4/09545　集部/總集類/選集之屬/通代

重訂文選集評十五卷首一卷末一卷　(清)于光華輯　清刻本　十五冊

330000－1716－0009546　史補 0790－6/09546　史部/編年類/通代之屬

尺木堂綱鑑易知錄二十卷　(清)吳乘權　(清)周之炯　(清)周之燦輯　清光緒十三年(1887)上海點石齋石印本　四冊　缺四卷(五至八)

330000－1716－0009547　陶 0134/09547　集部/總集類/選集之屬/通代

增廣詩句題解彙編四卷姓氏考一卷　(清)同文書局編　清光緒十三年(1887)上海大同書局石印本　四冊

330000－1716－0009548　史補 0790－8/09548　史部/編年類/通代之屬

尺木堂綱鑑易知錄二十卷　(清)吳乘權　(清)周之炯　(清)周之燦輯　清末石印本　六冊　缺八卷(一至二、七至八、十三至十四、十七至十八)

330000－1716－0009549　普叢 0084－5/09549　類叢部/叢書類/郡邑之屬

武林掌故叢書一百九十種　(清)丁丙編　清光緒三年至二十六年(1877－1900)錢塘丁氏嘉惠堂刻本([乾道]臨安志卷四至十五、南宋館閣錄卷一原缺)　九冊　存十三種

330000－1716－0009553　陶 0133/09553　集

部/總集類/尺牘之屬

分類尺牘備覽三十卷 （清）王虎榜輯　清光
緒十四年(1888)上海書局石印本　八冊

330000－1716－0009555　史補 0790－7/
09555　史部/編年類/通代之屬

尺木堂綱鑑易知録二十卷 （清）吳乘權
（清）周之炯　（清）周之燦輯　清末石印本
六冊　缺八卷(一至二、十五至二十)

330000－1716－0009557　史補 0790－9/
09557　史部/編年類/通代之屬

尺木堂綱鑑易知録二十卷 （清）吳乘權
（清）周之炯　（清）周之燦輯　清末石印本
九冊　缺二卷(一至二)

330000－1716－0009560　普叢 0151－3/
09560　類叢部/叢書類/彙編之屬

邵武徐氏叢書二十三種 （清）徐榦編　清光
緒邵武徐氏刻本　一冊　存一種

330000－1716－0009561　史補 1316－4/
09561　史部/編年類/通代之屬

御撰資治通鑑綱目三編四卷 （清）張廷玉等
撰　清光緒十三年(1887)上海點石齋石印本
二冊

330000－1716－0009563　陶 0145/09563　集
部/總集類/選集之屬/通代

賦學指南十六卷 （清）余丙照編輯　清道光
務本堂刻本　六冊

330000－1716－0009564　經補 0912－33/
09564　經部/小學類/音韻之屬/韻書

詩韻全璧五卷 （清）湯祥瑟輯　**初學檢韻袖
珍一卷** （清）姚文登輯　**虛字韻藪一卷**
（清）潘維城輯　清末上海錦章圖書局石印本
六冊

330000－1716－0009565　集補 2914/09565
集部/別集類/清別集

六行堂詩鈔四卷 （清）朱澐撰　清道光五年
(1825)刻本　二冊　存二卷(一至二)

330000－1716－0009566　普類 0225/09566
類叢部/類書類/通類之屬

省軒考古類編十二卷 （清）柴紹炳撰　（清）
姚培謙評　清雍正四年(1726)刻本　三冊
缺四卷(四至七)

330000－1716－0009567　陶 0146/09567　集
部/總集類/課藝之屬

試律青雲集四卷 （清）楊逢春輯　（清）沈品
華等注　清光緒六年(1880)紹興墨潤堂刻本
四冊

330000－1716－0009568　陶 0148/09568　集
部/總集類/彙編之屬

隨園同人尺牘四卷 （清）袁枚鑒定　清同治
三年(1864)刻本　四冊

330000－1716－0009569　陶 0149/09569　集
部/曲類/彈詞之屬

來生福彈詞三十六回 （清）橘中逸叟撰　清
同治九年(1870)聚錦堂刻本　十六冊

330000－1716－0009570　普集 0055－2/
09570　集部/別集類/宋別集

**宋李忠定公奏議選十五卷文集選二十九卷首
四卷目錄二卷** （宋）李綱撰　（明）左光先等
選　明崇禎刻本　二冊　存十一卷(文集選
十三至二十三)

330000－1716－0009571　陶 0152/09571　集
部/總集類/選集之屬/通代

賦學正鵠集釋十一卷 （清）李元度輯　清光
緒七年(1881)長沙奎光樓刻本　六冊

330000－1716－0009572　普類 0224/09572
類叢部/類書類/通類之屬

類林新詠三十六卷 （清）姚之駰撰　清康熙
四十七年(1708)刻本　五冊　存十八卷(十
九至三十六)

330000－1716－0009573　子補 3262/09573
子部/工藝類/日用器物之屬/陶瓷

陶說六卷 （清）朱琰述　清乾隆三十九年
(1774)刻本　二冊

330000－1716－0009574　陶 0150/09574　集
部/戲劇類/傳奇之屬

桃花扇傳奇四卷首一卷 （清）孔尚任撰　清

西園刻本　四冊

330000－1716－0009575　陶 0147/09575　集部/總集類/課藝之屬

青雲集分韻試帖詳注四卷　（清）楊逢春（清）蕭應樾輯　（清）沈品華等注　清道光二十九年(1849)文華堂刻本　四冊

330000－1716－0009576　陶 0151/09576　集部/曲類/彈詞之屬

繡像鸞鳳雙簫十八回　清同治四年(1865)刻本　二冊

330000－1716－0009578　陶 0153/09578　集部/別集類/清別集

鈍翁文録十六卷　（清）汪琬撰　（清）金吳瀾選刻　清光緒十三年(1887)鉏月種梅室木活字印本　六冊

330000－1716－0009580　集補 2915/09580　集部/總集類/選集之屬/斷代

國朝六家詩鈔八卷　（清）劉執玉選編　清乾隆刻本　三冊　缺二卷(一至二)

330000－1716－0009581　史補 1391－1/09581　史部/叢編

蓬萊軒輿地學叢書十一種　丁謙撰　清光緒石印本　四冊

330000－1716－0009583　陶 0158/09583　集部/總集類/郡邑之屬

石城七子詩鈔　翁長森輯　清光緒十六年(1890)刻本　三冊

330000－1716－0009584　普叢 0319－3/09584　類叢部/叢書類/彙編之屬

粵雅堂叢書一百八十四種　（清）伍崇曜編　清道光二十九年至光緒十一年(1849－1885)南海伍氏刻彙印本　三冊　存二種

330000－1716－0009585　陶 0159/09585　集部/別集類/清別集

天瘦閣詩半六卷天補樓行記一卷　（清）李士棻撰　清光緒十一年(1885)木活字印本　四冊

330000－1716－0009586　史補 1391－2/09586　史部/叢編

蓬萊軒輿地學叢書十一種　丁謙撰　清光緒石印本　四冊

330000－1716－0009587　陶 0160/09587　集部/別集類/清別集

有正味齋尺牘二卷　（清）吳錫麒撰　清光緒二年(1876)西齋別墅刻本　二冊

330000－1716－0009588　史補 1391－3/09588　史部/叢編

蓬萊軒輿地學叢書十一種　丁謙撰　清光緒石印本　四冊

330000－1716－0009589　陶 0154/09589　集部/曲類/彈詞之屬

新刻玉釧緣全傳三十二卷　（清）西湖居士撰　清上海大成書局石印本　二十三冊

330000－1716－0009590　普叢 0097－5/09590　類叢部/叢書類/彙編之屬

知不足齋叢書一百九十六種　（清）鮑廷博編　（清）鮑士恭續編　清乾隆三十七年至道光三年(1772－1823)長塘鮑氏刻彙印本　一冊　存三種

330000－1716－0009591　普叢 0319－1/09591　類叢部/叢書類/彙編之屬

粵雅堂叢書續編四十九種　（清）伍崇曜編　清道光至光緒南海伍氏刻彙印本　一冊　存二種

330000－1716－0009592　陶 0161/09592　集部/戲劇類/總集之屬/傳奇

笠翁傳奇十種　（清）李漁撰　清刻本　聿修氏題簽並記　九冊　存九種

330000－1716－0009593　陶 0137/09593　集部/曲類/彈詞之屬

新刊時調百花臺全傳三集二十卷　（清）環秀主人編　清裕德坊刻本　四冊

330000－1716－0009594　普叢 0420/09594　類叢部/叢書類/彙編之屬

讀畫齋叢書四十六種　（清）顧修編　清嘉慶

四年至十六年(1799 – 1811)桐川顧氏刻本
一冊　存二種

330000 – 1716 – 0009595　普叢 0319 – 5/
09595　類叢部/叢書類/彙編之屬
粵雅堂叢書一百八十四種　(清)伍崇曜編
清道光二十九年至光緒十一年(1849 – 1885)
南海伍氏刻彙印本　五冊　存一種

330000 – 1716 – 0009596　陶 0163/09596　集
部/曲類/彈詞之屬
繡像鳳凰圖六卷三十六回　清同治三年
(1864)味蘭軒刻本　六冊

330000 – 1716 – 0009597　善 0469/09597　集
部/總集類/彙編之屬
漢魏六朝一百三家集(漢魏六朝百三名家集)
　(明)張溥編　明婁東張氏刻本　三冊　存
八種

330000 – 1716 – 0009598　陶 0162/09598　類
叢部/類書類/專類之屬
分韻子史題解十六卷　(清)費卿庭輯　(清)
陳士瀛等編校　清刻本　五冊

330000 – 1716 – 0009600　陶 0164/09600　集
部/曲類/寶卷之屬
新譜雙玉燕傳四卷二十四回　(清)□□撰
清刻本　四冊

330000 – 1716 – 0009601　集補 0098 – 1/
09601　集部/小說類/長篇之屬
繪圖評點女仙外史八卷一百回　(清)呂熊撰
　清宣統元年(1909)上海章福記書坊石印本
　三冊　存三卷(一、五至六)

330000 – 1716 – 0009602　集補 2913/09602
集部/別集類/清別集
二南詩鈔二卷詩續鈔二卷　(清)周樂撰　清
道光九年至十一年(1829 – 1831)紉香齋刻本
　三冊　存三卷(一至二、續鈔二)

330000 – 1716 – 0009603　史補 0908 – 7/
09603　史部/金石類/金之屬/文字
歷代鐘鼎彝器款識法帖二十卷　(宋)薛尚功
撰　清光緒八年(1882)上海點石齋影印本

三冊　存十五卷(一至十、十六至二十)

330000 – 1716 – 0009604　陶 0165/09604　集
部/別集類/清別集
黃葉邨莊詩集八卷續集一卷後集一卷　(清)
吳之振撰　清光緒四年(1878)吳康壽刻本
四冊

330000 – 1716 – 0009606　陶 0166/09606　集
部/別集類/清別集
板橋集五種　(清)鄭燮撰　清清暉書屋刻本
　四冊

330000 – 1716 – 0009607　陶 0167/09607　集
部/別集類/明別集
熊襄愍公集十卷首一卷末一卷　(明)熊廷弼
撰　清嘉慶十八年(1813)熊氏刻本　清李毓
林題記　十冊

330000 – 1716 – 0009608　普叢 0007/09608
類叢部/叢書類/彙編之屬
函海一百五十二種　(清)李調元編　清乾隆
綿州李氏萬卷樓刻嘉慶十四年(1809)李鼎元
重校印本　一百六十冊　缺六卷(全五代詩
補遺、羅江縣志六至十)

330000 – 1716 – 0009609　地獻 1696 – 1/
09609　子部/道家類
太微仙君功過格不分卷　清同治九年(1870)
浙江蕭山聚奎齋刻本　一冊

330000 – 1716 – 0009610　陶 0184/09610　類
叢部/叢書類/自著之屬
曾文正公全集十五種　(清)曾國藩撰　清同
治至光緒傳忠書局刻本　二冊　存一種

330000 – 1716 – 0009611　普叢 0319 – 7/
09611　類叢部/叢書類/彙編之屬
粵雅堂叢書一百八十四種　(清)伍崇曜編
清道光二十九年至光緒十一年(1849 – 1885)
南海伍氏刻彙印本　一冊　存一種

330000 – 1716 – 0009612　陶 0168/09612　集
部/曲類/彈詞之屬
繪圖天雨花二十卷六十回　(清)陶貞懷撰
清末上海章福記書局石印本　二十冊

330000 – 1716 – 0009613　陶 0170/09613　集部/總集類/選集之屬/斷代

唐四家詩集二十八卷　清末石印本　八冊

330000 – 1716 – 0009617　陶 0169/09617　經部/群經總義類/傳說之屬

雪樵經解三十卷附錄三卷　（清）馮世瀛輯　清光緒十一年(1885)馮氏辨齋錫活字印本　八冊

330000 – 1716 – 0009618　陶 0171/09618　集部/總集類/選集之屬/通代

六朝唐賦讀本二卷　（清）馬傳庚選注　清光緒十三年(1887)點石齋石印本　二冊

330000 – 1716 – 0009619　陶 0172/09619　集部/別集類/清別集

離垢集五卷　（清）華嵒撰　清光緒十五年(1889)羅嘉杰鉛印本　二冊

330000 – 1716 – 0009620　陶 0174/09620　集部/總集類/選集之屬/通代

管刻文選集腋二卷　（清）胥斌纂輯　清光緒十三年(1887)管可壽齋刻本　清紅芍盦主題簽　二冊

330000 – 1716 – 0009621　陶 0175/09621　集部/別集類/清別集

補石草堂詩草一卷　（清）伍麐撰　清光緒鉛印本　一冊

330000 – 1716 – 0009622　經補 1278 – 1/09622　經部/四書類/論語之屬/傳說

論語話解十卷　（清）陳濬撰　清光緒三十四年(1908)上海六藝書局石印本　三冊　缺二卷(四至五)

330000 – 1716 – 0009623　陶 0177/09623　集部/曲類/彈詞之屬

新增全圖文武香毬三十六卷七十二回　（清）二樂軒主人撰　清光緒十九年(1893)上海書局石印本　海鷗子題簽　五冊　缺六卷(二十五至三十)

330000 – 1716 – 0009624　陶 0176/09624　類叢部/類書類/專類之屬

胭脂牡丹六卷　（清）韓鄂撰　清同治元年(1862)海陵集古堂刻本　六冊

330000 – 1716 – 0009627　陶 0178/09627　集部/別集類/清別集

香雪文鈔六卷　（清）曹學詩撰　清乾隆十年(1745)染翠軒刻本　清游氏題簽並記　一冊　存三卷(一至三)

330000 – 1716 – 0009628　陶 0186/09628　集部/詞類/別集之屬

竹石居詞草一卷川雲集一卷　（清）童華撰　清光緒十三年(1887)刻本　一冊

330000 – 1716 – 0009630　集補 2916/09630　集部/總集類/選集之屬/斷代

元詩選初集一百十四卷二集一百三卷三集一百三卷首一卷　（清）顧嗣立輯　清康熙三十三年(1694)顧氏秀野草堂刻本　一冊　存二十卷(二集丙集一至二十)

330000 – 1716 – 0009631　陶 0179/09631　集部/別集類/清別集

曝書亭集詩注二十四卷　（清）朱彝尊撰　（清）楊謙注　**年譜一卷**　（清）楊謙撰　**曝書亭集詞注七卷**　（清）李富孫撰　清楊氏木山閣刻本（卷二十三至二十四原缺）　八冊　缺七卷(詞注一至七)

330000 – 1716 – 0009633　陶 0180/09633　集部/別集類/清別集

壺園試帖二卷　（清）徐寶善撰　清光緒十六年(1890)光州吳氏弅山官廨刻本　二冊

330000 – 1716 – 0009639　陶 0173/09639　集部/別集類/清別集

袁文箋正十六卷補注一卷　（清）袁枚撰　（清）石韞玉箋　清光緒十四年(1888)上海蜚英館石印本　二冊

330000 – 1716 – 0009642　陶 0187/09642　集部/別集類/清別集

翠筠館詩存二卷　（清）魁玉撰　清同治七年(1868)刻本　二冊

330000 – 1716 – 0009643　陶 0182/09643　集

部/別集類/唐五代別集

唐丞相曲江張文獻公集十二卷附録一卷千秋金鑑録五卷 （唐）張九齡撰 清雍正十三年（1735）張世緯張世續張世綱刻本 五冊 缺五卷（千秋金鑑録一至五）

330000－1716－0009644 陶 0188/09644 集部/別集類/唐五代別集

溫飛卿詩集七卷別集一卷集外詩一卷附録諸家詩評一卷 （唐）溫庭筠撰 （明）曾益注 （清）顧予咸補注 （清）顧嗣立續注 清光緒八年（1882）泉唐汪氏萬軸山房刻本 二冊

330000－1716－0009645 陶 0189/09645 集部/別集類/清別集

倚雲樓古今體詩一卷試帖一卷詩餘一卷 （清）金其恕撰 清光緒六年（1880）金瀾刻本 二冊

330000－1716－0009646 普經 0915－6/09646 經部/叢編

重刊宋本十三經注疏四百十六卷附十三經注疏校勘記四百十六卷 （清）阮元撰 （清）盧宣旬摘録 **校勘記識語四卷** （清）汪文臺撰 清光緒十三年（1887）上海脈望仙館石印本 十二冊 存九種

330000－1716－0009647 陶 0190/09647 集部/別集類/漢魏六朝別集

徐孝穆全集六卷 （南朝陳）徐陵撰 （清）吳兆宜注 **備考一卷** （清）徐文炳撰 清揚州藝古堂刻本 四冊

330000－1716－0009648 普叢 0196－4/09648 類叢部/叢書類/彙編之屬

唐代叢書一百六十四種 （清）王文誥編 清嘉慶十一年（1806）弁山樓刻本 五冊 存三十四種

330000－1716－0009650 陶 0191/09650 集部/別集類/清別集

惜抱先生尺牘八卷 （清）姚鼐撰 清宣統元年（1909）廉氏小萬柳堂刻本 四冊

330000－1716－0009653 陶 0183/09653 集

部/別集類/清別集

有正味齋駢體文二十四卷首一卷 （清）吳錫麒撰 （清）王廣業箋 清咸豐九年（1859）青箱塾刻本 六冊

330000－1716－0009656 陶 0192/09656 類叢部/叢書類/自著之屬

悔餘庵集三種 （清）何栻撰 清同治四年（1865）鳩江戎幄刻本 十二冊

330000－1716－0009664 陶 0194/09664 集部/別集類/漢魏六朝別集

陶淵明文集十卷 （晉）陶潛撰 清光緒十四年（1888）會稽陶濬宣稷山樓影宋刻本 二冊

330000－1716－0009666 陶 0193/09666 集部/別集類/宋別集

陸象山先生文集三十六卷附校勘略一卷 （宋）陸九淵撰 （清）李紱輯 **少湖徐先生學則辨一卷** （明）徐階撰 **陸梭山公家制一卷** （宋）陸九韶撰 清同治十年（1871）大儒家廟刻光緒七年（1881）陸氏素位堂增刻本 十二冊

330000－1716－0009670 普叢 0196－5/09670 類叢部/叢書類/彙編之屬

唐人說薈一百六十五種 （清）陳世熙編 清嘉慶十一年（1806）刻本 七冊 存三十三種

330000－1716－0009671 集補 2918/09671 類叢部/叢書類/彙編之屬

子才新舊叢刻 繆學賢輯 清宣統元年（1909）上海賴古堂鉛印本 七冊

330000－1716－0009672 陶 0195/09672 類叢部/叢書類/自著之屬

鄧厚庵先生遺書二十四種四十卷 （清）鄧逢光撰 清道光刻本 三十八冊

330000－1716－0009673 普叢 0196－3/09673 類叢部/叢書類/彙編之屬

唐代叢書一百六十四種 （清）王文誥編 清嘉慶十一年（1806）弁山樓刻本 八冊 存五十八種

330000－1716－0009674 陶 0196/09674 集

部/總集類/選集之屬/通代

文選六十卷 (南朝梁)蕭統輯 (唐)李善注
清同治八年(1869)金陵書局刻本 十冊

330000－1716－0009675 陶0197/09675 類
叢部/叢書類/彙編之屬

三長物齋叢書二十六種 (清)黃本驥編 清
道光湘陰蔣璥刻光緒四年(1878)古香書閣印
本 五十八冊 存二十四種

330000－1716－0009676 陶0198/09676 子
部/小說家類/異聞之屬

太平廣記五百卷目錄十卷 (宋)李昉等輯
清道光二十六年(1846)三讓睦記刻本 五十
九冊 缺四十三卷(二百五十八至二百六十
五、二百八十七至三百三、三百四十二至三百
五十、四百九至四百十七)

330000－1716－0009677 普叢0010/09677
類叢部/叢書類/彙編之屬

讀畫齋叢書四十六種 (清)顧修編 清嘉慶
四年至十六年(1799－1811)桐川顧氏刻本
六十三冊

330000－1716－0009684 集補2919/09684
集部/曲類/彈詞之屬

新刻玉釧緣全傳三十二卷 (清)西湖居士撰
清刻本 二十五冊 存十五卷(一至三、
五、八、二十三至三十二)

330000－1716－0009685 陶0201/09685 集
部/總集類/選集之屬/通代

文選六十卷 (南朝梁)蕭統輯 (唐)李善注
(清)何焯評 清乾隆三十七年(1772)長洲
葉樹藩海錄軒刻朱墨套印本 二十冊

330000－1716－0009686 集補2920－1/
09686 集部/曲類/彈詞之屬

校正繪圖天雨花三十卷三十回 (清)陶貞懷
撰 清宣統元年(1909)時中書局鉛印本 八
冊 存十五卷(一、四至五、八至十三、十六至
十九、二十九至三十)

330000－1716－0009687 陶0202/09687 集
部/別集類/唐五代別集

**玉谿生詩詳注三卷首一卷樊南文集詳注八卷
首一卷** (唐)李商隱撰 (清)馮浩編訂 清
乾隆四十五年(1780)德聚堂刻嘉慶元年
(1796)增刻同治七年(1868)馮寶圻補刻本
八冊

330000－1716－0009689 陶0206/09689 類
叢部/叢書類/彙編之屬

湖海樓叢書十二種 (清)陳春編 清嘉慶蕭
山陳氏刻二十四年(1819)彙印本 二十四冊

330000－1716－0009691 陶0204/09691 集
部/總集類/彙編之屬

五朝詩別裁集五種 (清)□□輯 清刻本
六冊 存一種

330000－1716－0009693 陶0207/09693 集
部/總集類/選集之屬/通代

古文淵鑒六十四卷 (清)徐乾學等輯注 清
刻五色套印本 三十二冊

330000－1716－0009694 集補2921/09694
子部/小說家類/雜事之屬

壺中志初集二卷 (清)壺廬主人撰 (清)高
古愚編 清光緒三十二年(1906)浙江青雲學
社石印本 一冊 存一卷(上)

330000－1716－0009695 普叢0124－2/
09695 類叢部/叢書類/彙編之屬

秘書廿一種 (清)汪士漢編 清刻本 十一
冊 存十種

330000－1716－0009696 陶0210/09696 集
部/曲類/彈詞之屬

天雨花三十回 (清)陶貞懷撰 清道光二十
一年(1841)大德堂刻本 二十冊

330000－1716－0009697 陶0208/09697 類
叢部/叢書類/輯佚之屬

漢學堂叢書二百三十種 (清)黃奭輯 清道
光甘泉黃氏刻光緒印本 八十冊

330000－1716－0009699 普叢0124－3/
09699 類叢部/叢書類/彙編之屬

秘書廿一種 (清)汪士漢編 清刻本 五冊
存九種

330000－1716－0009700　集補 2923/09700
集部/別集類/清別集
隨園老人游戲錄四卷續集二卷　（清）袁枚撰
清光緒三十二年（1906）上海文寶書局石印
本　三冊

330000－1716－0009701　普叢 0012/09701
類叢部/叢書類/彙編之屬
海山仙館叢書五十六種　（清）潘仕成編　清
道光二十五年至咸豐元年（1845－1851）番禺
潘氏刻光緒十一年（1885）增刻彙印本　一百
十六冊　存五十四種

330000－1716－0009702　子補 3270/09702
子部/小說家類/異聞之屬
異聞益智叢錄三十四卷　（清）種蕉藝蘭生撰
清光緒二十六年（1900）江南書局鉛印本
三冊　存十三卷（二十二至三十四）

330000－1716－0009707　普叢 0014/09707
類叢部/叢書類/彙編之屬
粵雅堂叢書一百八十四種　（清）伍崇曜編
清道光二十九年至光緒十一年（1849－1885）
南海伍氏刻彙印本　三百三十九冊　存一百
六十九種

330000－1716－0009710　子補 3281/09710
集部/小說類/短篇之屬
繪圖談笑奇觀二卷　清宣統三年（1911）上海
文元書莊石印本　二冊

330000－1716－0009717　子補 3273/09717
子部/小說家類/雜事之屬
騙術奇談四卷　（清）雷君曜編　清宣統元年
（1909）上海掃葉山房石印本　一冊　存一卷
（四）

330000－1716－0009721　普叢 0021/09721
類叢部/叢書類/自著之屬
春在堂全書三十六種　（清）俞樾撰　清同治
至光緒刻本　一百十三冊　存二十二種

330000－1716－0009726　普叢 0017/09726
類叢部/叢書類/郡邑之屬
嶺南遺書五十九種　（清）伍崇曜編　清道光

十一年至同治二年（1831－1863）南海伍氏粵
雅堂文字歡娛室刻光緒三十三年（1907）彙印
本　八十四冊

330000－1716－0009727　集補 3303/09727
集部/總集類/選集之屬/斷代
皇朝經世文續編一百二十卷　（清）葛士濬輯
清光緒鉛印本　十冊　存三十四卷（六十
五至六十八、八十七至八十九、九十四至一百
二十）

330000－1716－0009731　普叢 0023/09731
類叢部/叢書類/自著之屬
耐安類稿五種　（清）陳偉撰　清光緒二十二
年（1896）梅叔瀚等刻本　六冊

330000－1716－0009732　普叢 0027/09732
類叢部/叢書類/自著之屬
耐安類稿五種　（清）陳偉撰　清光緒二十二
年（1896）梅叔瀚等刻本　六冊

330000－1716－0009734　普叢 0028/09734
類叢部/叢書類/自著之屬
耐安類稿五種　（清）陳偉撰　清光緒二十二
年（1896）梅叔瀚等刻本　六冊

330000－1716－0009736　普 類 0052－1/
09736　類叢部/類書類/通類之屬
類腋五十五卷　（清）姚培謙　（清）張卿雲輯
清刻本　三冊　存五卷（地部二至六）

330000－1716－0009737　普叢 0030/09737
類叢部/叢書類/彙編之屬
觀自得齋叢書二十三種別集六種　（清）徐士
愷編　清光緒十三年至二十年（1887－1894）
石埭徐氏刻本　二十四冊

330000－1716－0009739　普叢 0016/09739
類叢部/叢書類/彙編之屬
玉函山房輯佚書六百二十二種附一種　（清）
馬國翰輯　清光緒九年（1883）長沙嫏嬛館刻
本　一百冊　存五百九十八種

330000－1716－0009740　子補 3299/09740
子部/藝術類/音樂之屬/樂譜
琵琶譜一卷　（清）小石山人抄　清光緒二十

三年(1897)抄本　清南極山人題記　一冊

330000－1716－0009741　普叢 0032/09741
類叢部/叢書類/家集之屬

項城袁氏家集七種　丁振鐸編　清宣統三年
(1911)清芬閣鉛印本　五十五冊　缺一卷
(中議公事實紀略)

330000－1716－0009743　集補 2940/09743
集部/小說類/長篇之屬

爭春園全傳四十八回　清嘉慶二十四年
(1819)文德堂刻本　八冊

330000－1716－0009744　史補 1363－3/
09744　史部/目錄類/總錄之屬/官修

欽定四庫全書簡明目錄二十卷　(清)紀昀等
撰　清光緒會稽八杉齋鉛印本　六冊　存十
四卷(一至四、七至八、十三至二十)

330000－1716－0009745　史補 1363－2/
09745　史部/目錄類/總錄之屬/官修

欽定四庫全書簡明目錄二十卷　(清)紀昀等
撰　清光緒八杉齋鉛印本　二冊　存五卷
(七至十一)

330000－1716－0009747　地獻 2002－1/
09747　類叢部/類書類/通類之屬

玉海纂二十二卷　(宋)王應麟輯　(明)劉鴻
訓纂　清光緒五年(1879)會稽徐氏八杉齋刻
本　十四冊　存十七卷(一至九、十二至十
四、十六至二十)

330000－1716－0009748　史補 1418/09748
史部/詔令奏議類/奏議之屬

奏章三卷　清抄本　三冊

330000－1716－0009749　子補 3301－1/
09749　子部/醫家類/方書之屬/單方驗方

增評童氏醫方集解二十三卷　(清)汪昂撰
清末石印本　一冊　存四卷(四至七)

330000－1716－0009750　子補 3286/09750
子部/儒家類/儒學之屬/蒙學

幼學求源三十三卷　(清)程允升撰　(清)鄒
聖脈　(清)董成注　清道光二十二年(1842)
大文堂刻本　八冊

330000－1716－0009751　子補 0125－66/
09751　子部/醫家類/方書之屬/單方驗方

驗方新編十六卷　(清)鮑相璈輯　清光緒三
十年(1904)上海洽記書局石印本　二冊　存
四卷(八至九、十五至十六)

330000－1716－0009752　子補 3301－2/
09752　子部/醫家類/方書之屬/單方驗方

增評童氏醫方集解二十三卷　(清)汪昂撰
清光緒鉛印本　三冊　存二十一卷(三至二
十三)

330000－1716－0009753　子補 3301－3/
09753　子部/醫家類/方書之屬/單方驗方

增評童氏醫方集解二十三卷　(清)汪昂撰
清末石印本　二冊　存十六卷(一至二、十至
二十三)

330000－1716－0009754　普叢 0034/09754
類叢部/叢書類/彙編之屬

玉函山房輯佚書六百二十二種附一種　(清)
馬國翰輯　清光緒九年(1883)長沙娜嬛館刻
本　一百四冊

330000－1716－0009755　普叢 0035/09755
類叢部/叢書類/自著之屬

春在堂全書三十六種　(清)俞樾撰　清同治
至光緒刻本　四十八冊　存八種

330000－1716－0009756　子補 0125－77/
09756　子部/醫家類/方書之屬/單方驗方

增廣驗方新編正集十六卷續集二卷　(清)鮑
相璈輯　清末石印本　二冊　存四卷(七至
十)

330000－1716－0009757　子補 0278/09757
子部/醫家類/方書之屬/單方驗方

增評童氏醫方集解二十三卷　(清)汪昂撰
清末石印本　三冊　缺一卷(一)

330000－1716－0009758　子補 3302/09758
子部/醫家類/方書之屬/單方驗方

驗方新編十八卷　(清)鮑相璈輯　清光緒二
十六年(1900)觀瀾閣書莊石印本　一冊　存
四卷(十三至十六)

330000 - 1716 - 0009759　普叢 0037/09759
類叢部/叢書類/彙編之屬

嘯園叢書五十七種　（清）葛元煦編　清光緒
二年至七年(1876－1881)仁和葛氏刻本　六
十七冊　存五十一種

330000－1716－0009760　子補 3301－4/
09760　子部/醫家類/方書之屬/單方驗方

增評童氏醫方集解二十三卷　（清）汪昂撰
清光緒鉛印本　一冊　存九卷(十五至二十
三)

330000－1716－0009761　集補 2938/09761
集部/曲類/彈詞之屬

繪圖筆生花十六卷三十二回　（清）邱心如撰
清光緒二十年(1894)上海書局石印本　十
四冊　缺二卷(六至七)

330000－1716－0009763　子補 3285/09763
子部/小說家類/異聞之屬

**山海經箋疏十八卷圖讚一卷訂譌一卷敘錄一
卷**　（清）郝懿行撰　清光緒十九年(1893)上
海仿古齋石印三色套印本　五冊　缺二卷
(一至二)

330000－1716－0009765　普叢 0039/09765
類叢部/叢書類/自著之屬

二思堂叢書六種五十一卷　（清）梁章鉅撰
清光緒元年(1875)浙江書局刻本　十六冊

330000－1716－0009766　集補 2939/09766
集部/小說類/長篇之屬

東周列國全志二十三卷一百八回　（清）蔡奡
評點　清刻本　三冊　存三卷(三、二十一至
二十二)

330000－1716－0009767　普集 1769－1/
09767　集部/別集類/清別集

笠翁一家言全集十六卷　（清）李漁撰　清刻
本　十七冊　缺二卷(文集四、偶集五)

330000－1716－0009768　普叢 0225－6/
09768　類叢部/叢書類/彙編之屬

半廠叢書初編十種　（清）譚獻編　清同治至
光緒仁和譚氏刻本　二十冊

330000－1716－0009770　史補 0889－4/
09770　史部/編年類/通代之屬

富文堂綱鑑易知錄九十二卷　（清）吳乘權
（清）周之炯　（清）周之燦輯　清刻本　三十
八冊　存八十三卷(五至二十八、三十二至九
十)

330000－1716－0009771　普叢 0048/09771
子部/儒家類/儒學之屬/禮教

五種遺規輯要　（清）陳弘謀輯並撰　（清）楊
恩澍等輯　清同治九年(1870)龍山書院刻本
六冊

330000－1716－0009774　史補 0889－1/
09774　史部/編年類/通代之屬

寶經堂綱鑑易知錄九十二卷　（清）吳乘權
（清）周之炯　（清）周之燦輯　**御撰資治通鑑
綱目三編二十卷**　（清）張廷玉等撰　清金陵
敬書堂刻本　十冊　存二十三卷(一至三、四
十七至五十、五十二至五十三、五十五至五十
六、六十三至六十六,三編五至八、十三至十
六)

330000－1716－0009775　普叢 0045/09775
類叢部/叢書類/彙編之屬

春暉堂叢書十二種　（清）徐渭仁編　清道光
至咸豐上海徐渭仁刻同治九年至十年(1870－
1871)徐允臨補刻彙印本　九冊

330000－1716－0009777　子補 2548/09777
子部/宗教類/其他宗教之屬/基督教

煉靈通功經一卷　清光緒二十九年(1903)鉛
印本　一冊

330000－1716－0009778　普叢 0046/09778
子部/儒家類/儒學之屬/禮教

五種遺規輯要　（清）陳弘謀輯並撰　（清）楊
恩澍等輯　清同治九年(1870)龍山書院刻光
緒二十年(1894)會稽徐氏補刻本　六冊

330000－1716－0009779　普叢 0358/09779
類叢部/叢書類/自著之屬

潛研堂全書十六種　（清）錢大昕撰　清乾隆
至嘉慶刻本　清樸堂題簽　二冊　存一種

330000 - 1716 - 0009780　史補 0889 - 7/09780　史部/編年類/通代之屬

尺木堂綱鑑易知錄九十二卷 （清）吳乘權（清）周之炯　（清）周之燦輯　清刻本　六冊　存十五卷（二十至二十六、四十五至五十二）

330000 - 1716 - 0009782　集補 1720/09782　集部/小說類/長篇之屬

繪圖增像西遊記八卷一百回 （明）吳承恩撰（清）陳士斌詮解　清末煥文書局石印本　一冊　存一卷（八）

330000 - 1716 - 0009784　普叢 0042/09784　類叢部/叢書類/自著之屬

番禺陳氏東塾叢書初函四種附一種 （清）陳澧撰　清咸豐至光緒刻本　八冊

330000 - 1716 - 0009794　經補 1493/09794　經經部/三禮總義類/通禮雜禮之屬

泰泉鄉禮七卷 （明）黃佐撰　清道光二十三年（1843）刻本　一冊

330000 - 1716 - 0009799　新補 0681/09799　新學/商務/商學

原富八卷 （英國）斯密亞丹撰　嚴復譯　清光緒上海南洋公學譯書院鉛印本　三冊　存三卷（甲上、乙一、丁上）

330000 - 1716 - 0009802　普叢 0052/09802　類叢部/叢書類/彙編之屬

望三益齋叢書十種 （清）吳棠編　清咸豐至光緒吳氏望三益齋刻本　六冊　存一種

330000 - 1716 - 0009803　普集 1862/09803　集部/別集類/清別集

滑疑集八卷 （清）韓錫胙撰　（清）宗稷辰重編　清咸豐五年（1855）鉛印本　二冊

330000 - 1716 - 0009807　普叢 0058/09807　子部/天文曆算類

兼濟堂纂刻梅勿庵先生曆算全書二十八種 （清）梅文鼎撰　（清）魏荔彤輯　（清）楊作枚訂補　清雍正元年（1723）柏鄉魏荔彤刻乾隆十四年（1749）梅汝培、咸豐九年（1859）梅

體萱遞修本　二十六冊

330000 - 1716 - 0009812　子補 3305/09812　子部/醫家類/方書之屬/成方藥目

萬承志堂丸散膏丹全集不分卷 （清）萬承志堂編　清光緒十一年（1885）杭州萬承志堂刻本　一冊

330000 - 1716 - 0009813　普叢 0056/09813　類叢部/叢書類/彙編之屬

重刊拜經樓叢書七種 （清）吳騫原編　清光緒十一年（1885）會稽章氏鄂渚刻本　八冊

330000 - 1716 - 0009815　子補 3105 - 5/09815　子部/醫家類/婦科之屬/產科

達生編二卷 （清）亟齋居士撰　清光緒十九年（1893）刻本　一冊

330000 - 1716 - 0009816　普叢 0061/09816　類叢部/叢書類/自著之屬

王船山先生經史論八種七十四卷 （清）王夫之撰　清光緒二十七年（1901）簡青書局石印本　十六冊　缺三十七卷（讀通鑑論七至三十、宋論三至十五）

330000 - 1716 - 0009817　普叢 0044/09817　子部/天文曆算類/算書之屬

白芙堂算學叢書二十三種 （清）丁取忠輯　清光緒二十三年（1897）上海文瀾書局石印本　八冊

330000 - 1716 - 0009819　子補 3105 - 6/09819　子部/醫家類/婦科之屬/產科

改良達生編二卷 （清）亟齋居士撰　清光緒三十四年（1908）紹城許廣記刻本　一冊

330000 - 1716 - 0009824　集補 2944/09824　集部/詞類/詞譜之屬

詞律二十卷 （清）萬樹撰　**詞律拾遺八卷**（清）徐本立撰　**詞律補遺一卷** （清）杜文瀾撰　清光緒石印本　六冊　缺十五卷（一至十五）

330000 - 1716 - 0009825　普集 1724/09825　集部/總集類/彙編之屬

簡學齋清夜齋手書詩稿合印不分卷 （清）陳

沅　（清）魏源撰　清宣統三年（1911）影印本
一冊

330000－1716－0009826　普叢 0068/09826
類叢部/叢書類/郡邑之屬
湖州叢書十二種　（清）陸心源編　清光緒湖
城義塾刻本　十八冊　存七種

330000－1716－0009827　普集 1714/09827
集部/別集類/清別集
訥盦駢體文存二卷　（清）李恩綬撰　清光緒
二十四年（1898）冬心書屋木活字印本　二冊

330000－1716－0009829　普集 1717/09829
類叢部/叢書類/郡邑之屬
湖州叢書十二種　（清）陸心源編　清光緒湖
城義塾刻本　一冊　存一種三卷（悔菴學文
三至五）

330000－1716－0009831　普叢 0066/09831
類叢部/叢書類/彙編之屬
觀自得齋叢書二十三種別集六種　（清）徐士
愷編　清光緒十三年至二十年（1887－1894）
石埭徐氏刻本　四冊　存七種

330000－1716－0009832　普集 1719/09832
集部/總集類/郡邑之屬
徐州詩徵八卷　（清）桂中行輯　清光緒十七
年（1891）刻本　四冊

330000－1716－0009833　子補 3107－6/
09833　子部/醫家類/婦科之屬/產科
達生編三卷　（清）亟齋居士撰　清末心畊堂
鉛印本　一冊

330000－1716－0009834　子補 3107－7/
09834　子部/醫家類/婦科之屬/產科
達生編三卷　（清）亟齋居士撰　清末心畊堂
鉛印本　一冊

330000－1716－0009836　子補 3105－7/
09836　子部/醫家類/婦科之屬/產科
改良達生編二卷　（清）亟齋居士撰　清光緒
三十四年（1908）紹城許廣記刻本　一冊

330000－1716－0009841　子補 3105－3/

09841　子部/醫家類/婦科之屬/產科
達生編二卷　（清）亟齋居士撰　（明）南方恒
人述　清道光二十七年（1847）慎思堂刻本
一冊

330000－1716－0009842　普集 1720/09842
集部/別集類/清別集
眉洲室帖體詩二卷　（清）李恩綬撰　清光緒
十三年（1887）刻本　二冊

330000－1716－0009844　普集 1721/09844
集部/別集類/清別集
不慊齋漫存七卷　（清）徐賡陛撰　清光緒八
年（1882）南海官署刻本　六冊

330000－1716－0009845　普集 1722/09845
集部/別集類/清別集
香樹齋詩集十八卷詩續集三十六卷文集二十
八文續鈔五卷　（清）錢陳群撰　清乾隆刻同
治九年（1870）補刻本　二十四冊

330000－1716－0009846　子補 3105－4/
09846　子部/醫家類/婦科之屬/產科
達生編二卷　（清）亟齋居士撰　（明）南方恒
人述　清光緒五年（1879）常郡培本堂善書局
刻本　一冊

330000－1716－0009847　普集 1723/09847
集部/總集類/題詠之屬
雨花山莊題詠集四卷首一卷　（清）楊樸庵評
定　（清）劉文陶輯　清光緒十八年（1892）秣
陵又耒堂木活字印本　四冊

330000－1716－0009848　普叢 0070/09848
類叢部/叢書類/自著之屬
斯未信齋全集二種　（清）徐宗幹撰　清咸豐
五年（1855）刻本　十二冊

330000－1716－0009849　集補 1522－3/
09849　集部/總集類/選集之屬/通代
重訂文選集評十五卷首一卷末一卷　（清）于
光華輯　清乾隆四十六年（1781）心簡齋刻本
十六冊

330000－1716－0009850　普叢 0071/09850
經部/叢編

孫谿朱氏經學叢書初編三十八卷　（清）朱記榮輯　清光緒吳縣朱氏刻本　十二冊

330000－1716－0009853　集補 1522－5/09853　集部/總集類/選集之屬/通代

重訂文選集評十五卷首一卷末一卷　（清）于光華輯　清刻本　十六冊

330000－1716－0009854　子補 3106－1/09854　子部/醫家類/婦科之屬/產科

達生編二卷附廣嗣圖一卷　（清）亟齋居士撰　清光緒元年(1875)紹城刻本　一冊

330000－1716－0009855　子補 3107－4/09855　子部/醫家類/婦科之屬/產科

達生編三卷　（清）亟齋居士撰　清光緒四年(1878)杭城聚文齋刻本　一冊

330000－1716－0009857　普叢 0072/09857　類叢部/叢書類/彙編之屬

增訂漢魏叢書八十六種　（清）王謨編　清乾隆五十六年(1791)金谿王氏刻本　四十九冊　存五十三種

330000－1716－0009858　子補 3106－2/09858　子部/醫家類/婦科之屬/產科

達生編二卷附廣嗣圖一卷　（清）亟齋居士撰　清光緒元年(1875)紹城刻本　一冊

330000－1716－0009861　子補 3106－3/09861　子部/醫家類/婦科之屬/產科

達生編二卷附廣嗣圖一卷　（清）亟齋居士撰　清光緒元年(1875)紹城刻本　一冊

330000－1716－0009862　子補 3106－4/09862　子部/醫家類/婦科之屬/產科

達生編二卷附廣嗣圖一卷　（清）亟齋居士撰　清光緒元年(1875)紹城刻本　一冊

330000－1716－0009863　子補 0866/09863　子部/宗教類/道教之屬

關聖全書不分卷　清刻本　一冊

330000－1716－0009865　子補 3106－5/09865　子部/醫家類/婦科之屬/產科

達生編二卷附廣嗣圖一卷　（清）亟齋居士撰

清光緒元年(1875)紹城刻本　一冊

330000－1716－0009866　子補 3106－6/09866　子部/醫家類/婦科之屬/產科

達生編二卷附廣嗣圖一卷　（清）亟齋居士撰　清光緒元年(1875)紹城刻本　一冊

330000－1716－0009870　子補 3106－7/09870　子部/醫家類/婦科之屬/產科

達生編二卷附廣嗣圖一卷　（清）亟齋居士撰　清光緒元年(1875)紹城刻本　一冊

330000－1716－0009871　普叢 0253－1/09871　類叢部/叢書類/自著之屬

曾惠敏公全集四種　（清）曾紀澤撰　清光緒二十年(1894)上海石印本　四冊

330000－1716－0009874　子補 3289－2/09874　子部/藝術類/遊藝之屬/聯語

精選楹聯新編二卷　（清）俞樾撰　清宣統二年(1910)上海萃英書莊石印本　二冊

330000－1716－0009878　古越 0592/09878　史部/雜史類/斷代之屬

國語正義二十一卷　（清）董增齡撰　清光緒六年(1880)會稽章氏式訓堂刻本　八冊

330000－1716－0009881　普史 0414/09881　史部/雜史類/斷代之屬

國語二十一卷　（三國吳）韋昭注　校刊明道本韋氏解國語札記一卷　（清）黃丕烈撰　明道本考異四卷　（清）汪遠孫撰　清同治八年(1869)湖北崇文書局刻本　五冊

330000－1716－0009882　子補 3106－8/09882　子部/醫家類/婦科之屬/產科

達生編二卷附廣嗣圖一卷　（清）亟齋居士撰　清光緒元年(1875)紹城刻本　一冊

330000－1716－0009883　子補 3106－9/09883　子部/醫家類/婦科之屬/產科

達生編二卷附廣嗣圖一卷　（清）亟齋居士撰　清光緒元年(1875)紹城刻本　一冊

330000－1716－0009884　子補 3106－10/09884　子部/醫家類/婦科之屬/產科

達生編二卷附廣嗣圖一卷　（清）亙齋居士撰
清光緒元年(1875)紹城刻本　一冊

330000－1716－0009885　子補 3106－11/
09885　子部/醫家類/婦科之屬/產科

達生編二卷附廣嗣圖一卷　（清）亙齋居士撰
清光緒元年(1875)紹城刻本　一冊

330000－1716－0009886　普類 0219/09886
類叢部/類書類/專類之屬

格致鏡原一百卷　（清）陳元龍撰　清康熙五
十六年(1717)刻雍正十三年(1735)印本　二
十三冊　缺四卷(七十至七十三)

330000－1716－0009887　子補 3106－12/
09887　子部/醫家類/婦科之屬/產科

達生編二卷附廣嗣圖一卷　（清）亙齋居士撰
清光緒元年(1875)紹城刻本　一冊

330000－1716－0009888　子補 3106－13/
09888　子部/醫家類/婦科之屬/產科

達生編二卷附廣嗣圖一卷　（清）亙齋居士撰
清光緒元年(1875)紹城刻本　一冊

330000－1716－0009889　子補 3106－14/
09889　子部/醫家類/婦科之屬/產科

達生編二卷附廣嗣圖一卷　（清）亙齋居士撰
清光緒元年(1875)紹城刻本　一冊

330000－1716－0009890　子補 3106－15/
09890　子部/醫家類/婦科之屬/產科

達生編二卷附廣嗣圖一卷　（清）亙齋居士撰
清光緒元年(1875)紹城刻本　一冊

330000－1716－0009891　普叢 0073/09891
類叢部/叢書類/彙編之屬

海山仙館叢書五十六種　（清）潘仕成編　清
道光二十五年至咸豐元年(1845－1851)番禺
潘氏刻光緒十一年(1885)增刻彙印本　九十
七冊　存四十四種

330000－1716－0009893　子補 3106－16/
09893　子部/醫家類/婦科之屬/產科

達生編二卷附廣嗣圖一卷　（清）亙齋居士撰
清光緒元年(1875)紹城刻本　一冊

330000－1716－0009894　子補 3106－17/
09894　子部/醫家類/婦科之屬/產科

達生編二卷附廣嗣圖一卷　（清）亙齋居士撰
清光緒元年(1875)紹城刻本　一冊

330000－1716－0009896　子補 3107－1/
09896　子部/醫家類/婦科之屬/產科

達生全編三卷　（清）亙齋居士撰　清同治十
年(1871)浙紹近文齋刻本　一冊

330000－1716－0009897　集補 0999－38/
09897　集部/別集類/清別集

音注小倉山房尺牘八卷補遺一卷　（清）袁枚
撰　（清）胡光斗箋釋　清光緒十二年(1886)
上海掃葉山房刻朱墨套印本　四冊

330000－1716－0009898　子補 3107－2/
09898　子部/醫家類/婦科之屬/產科

達生全編三卷　（清）亙齋居士撰　清同治十
年(1871)浙紹近文齋刻本　一冊

330000－1716－0009899　子補 3107－3/
09899　子部/醫家類/婦科之屬/產科

達生全編三卷　（清）亙齋居士撰　清同治十
年(1871)浙紹近文齋刻本　一冊

330000－1716－0009900　子補 3106－18/
09900　子部/醫家類/婦科之屬/產科

達生編二卷附廣嗣圖一卷　（清）亙齋居士撰
清光緒元年(1875)紹城刻本　一冊

330000－1716－0009902　集補 1522－2/
09902　集部/總集類/選集之屬/通代

重訂文選集評十五卷首一卷末一卷　（清）于
光華輯　清崇儒書屋刻本　十六冊

330000－1716－0009904　普叢 0075/09904
類叢部/叢書類/自著之屬

春在堂全書三十六種　（清）俞樾撰　清同治
至光緒刻本　一百十二冊　存二十八種

330000－1716－0009905　普史 0448/09905
史部/雜史類/斷代之屬

國語二十一卷　（三國吳）韋昭注　（宋）宋庠
補音　戰國策十卷　（宋）鮑彪校注　清文盛
堂刻本　四冊　存二十一卷(國語一至二十

一)

330000－1716－0009908　普叢 0076/09908
類叢/叢書類/自著之屬

春在堂全書三十六種　（清）俞樾撰　清同治
至光緒刻本　九十七冊　存二十三種

330000－1716－0009912　善附 0011/09912
史部/地理類/方志之屬/郡縣志

[乾隆]紹興府志八十卷首一卷　（清）李亨特
修　（清）平恕　（清）徐嵩纂　清乾隆五十七
年(1792)刻本(卷首配抄本)　四十七冊　缺
二卷(五十六至五十七)

330000－1716－0009914　普史 1458/09914
類叢部/類書類/專類之屬

新纂氏族箋釋八卷　（清）熊峻運撰　清經綸
堂刻本　八冊

330000－1716－0009916　普叢 0077/09916
類叢部/叢書類/自著之屬

春在堂全書三十六種　（清）俞樾撰　清同治
至光緒刻本　九十冊　存十九種

330000－1716－0009917　普類 0003/09917
類叢部/類書類/通類之屬

廣事類賦四十卷　（清）華希閔撰　清刻本
七冊　缺五卷(十四至十八)

330000－1716－0009918　普叢 0425/09918
類叢部/叢書類/彙編之屬

秘書廿一種　（清）汪士漢編　清康熙七年
(1668)新安汪氏刻本　二冊　存七種

330000－1716－0009919　普類 0004/09919
類叢部/類書類/通類之屬

廣事類賦四十卷　（清）華希閔撰　清刻本
二冊　存七卷(三至五、三十五至三十八)

330000－1716－0009920　普史 1459/09920
類叢部/類書類/專類之屬

新纂氏族箋釋八卷　（清）熊峻運撰　清文秀
堂刻本　四冊

330000－1716－0009922　普類 0002/09922
類叢部/類書類/通類之屬

重訂廣事類賦四十卷　（清）華希閔撰　清乾
隆五十四年(1789)刻本　八冊

330000－1716－0009923　普史 1460/09923
類叢部/類書類/專類之屬

新纂氏族箋釋八卷　（清）熊峻運撰　清同文
堂刻本　四冊

330000－1716－0009924　普叢 0078/09924
類叢部/叢書類/自著之屬

春在堂全書三十六種　（清）俞樾撰　清同治
至光緒刻本　五十八冊　存十五種

330000－1716－0009926　普史 1461/09926
類叢部/類書類/專類之屬

新纂氏族箋釋八卷　（清）熊峻運撰　清同文
堂刻本　四冊

330000－1716－0009927　普叢 0079/09927
類叢部/叢書類/自著之屬

春在堂全書三十六種　（清）俞樾撰　清同治
至光緒刻本　三十六冊　存九種

330000－1716－0009928　普叢 0080/09928
類叢部/叢書類/自著之屬

春在堂全書三十六種　（清）俞樾撰　清同治
至光緒刻本　十八冊　存十一種

330000－1716－0009929　普類 0135－1/
09929　類叢部/類書類/專類之屬

王先生十七史蒙求十六卷　（宋）王令撰　**李
氏蒙求補注六卷**　（唐）李瀚撰　（清）金三俊
補注　清道光二十八年(1848)大文堂刻本
四冊　缺四卷(李氏蒙求補注三至六)

330000－1716－0009930　集補 3462/09930
集部/別集類/清別集

楚中草一卷　（清）任光斗撰　清光緒刻本
一冊

330000－1716－0009933　普叢 0081/09933
類叢部/叢書類/自著之屬

春在堂全書三十六種　（清）俞樾撰　清同治
至光緒刻本　十一冊　存一種

330000－1716－0009934　普叢 0082/09934

類叢部/叢書類/自著之屬

春在堂全書三十六種 （清）俞樾撰　清同治至光緒刻本　二冊　存一種

330000－1716－0009936　地獻 0126/09936
類叢部/叢書類/郡邑之屬

越中文獻輯存書十種十八卷 紹興公報社輯　清宣統二年至民國元年（1910－1912）紹興公報社鉛印本　六冊

330000－1716－0009937　普叢 0426/09937
類叢部/叢書類/彙編之屬

岱南閣叢書二十種 （清）孫星衍編　清乾隆五十年至嘉慶十四年（1785－1809）蘭陵孫氏刻本　三冊　存一種

330000－1716－0009938　史補 1397/09938
史部/地理類

李氏五種 （清）李兆洛撰　清同治九年至十一年（1870－1872）合肥李鴻章刻本　十三冊　存四種

330000－1716－0009944　普叢 0083/09944
類叢部/叢書類/郡邑之屬

湖州叢書十二種 （清）陸心源編　清光緒湖城義塾刻本　十六冊　存十種

330000－1716－0009945　經補 0154/09945
類叢部/類書類/通類之屬

增廣四書五經典林十二卷 （清）求是齋主人編　清光緒十五年（1889）上海積山書局石印本　六冊

330000－1716－0009947　子補 3309/09947
子部/雜著類/雜纂之屬

縹緗新記十六卷 （清）曾興仁輯　清道光二十二年（1842）羅卷山莊刻本　三冊　存八卷（三至五、九至十一、十五至十六）

330000－1716－0009948　普子 1438/09948
類叢部/類書類/專類之屬

佩文韻府一百六卷 （清）張玉書　（清）蔡升元等輯　**韻府拾遺一百六卷** （清）汪灝（清）何焯等輯　清光緒八年（1882）上海點石齋石印本　十冊

330000－1716－0009950　子補 3310－1/09950　子部/醫家類/方書之屬/成方藥目

胡慶餘堂丸散膏丹全集不分卷 （清）胡光墉編　清光緒三年（1877）杭州胡慶餘堂刻本　一冊

330000－1716－0009951　集補 1206－8/09951　集部/總集類/選集之屬/通代

古文析義六卷二編八卷 （清）林雲銘輯注　清宣統元年（1909）石印本　十冊

330000－1716－0009952　地獻 0823－1/09952　史部/目錄類/通論之屬/藏書約

古越藏書樓章程一卷 （清）徐樹蘭撰　清光緒徐氏古越藏書樓刻本　一冊

330000－1716－0009953　集補 2971/09953
集部/詞類/別集之屬

水雲樓詞續一卷 （清）蔣春霖撰　清光緒二年（1876）嚴州刻本　一冊

330000－1716－0009954　子補 3310－2/09954　子部/醫家類/方書之屬/成方藥目

胡慶餘堂丸散膏丹全集不分卷 （清）胡光墉編　清光緒三年（1877）杭州胡慶餘堂刻本　一冊

330000－1716－0009955　普史 0476/09955　史部/傳記類/總傳之屬/姓名

元和姓纂十卷 （唐）林寶撰　（清）孫星衍（清）洪瑩補　清光緒六年（1880）金陵書局刻本　四冊

330000－1716－0009956　子補 3310－3/09956　子部/醫家類/方書之屬/成方藥目

胡慶餘堂丸散膏丹全集不分卷 （清）胡光墉編　清光緒三年（1877）杭州胡慶餘堂刻本　一冊

330000－1716－0009958　普經 0197/09958　經部/小學類/文字之屬/字書/字典

康熙字典十二集三十六卷總目一卷檢字一卷辨似一卷等韻一卷補遺一卷備考一卷 （清）張玉書等纂修　清光緒十三年（1887）上海點石齋石印本　六冊

330000－1716－0009960　　子補 3310－4/
09960　子部/醫家類/方書之屬/成方藥目
胡慶餘堂丸散膏丹全集不分卷　（清）胡光墉
編　清光緒三年(1877)杭州胡慶餘堂刻本
一冊

330000－1716－0009961　　集補 2953/09961
集部/總集類/尺牘之屬
國朝名人書札二卷　吳曾祺輯　清宣統二年
(1910)上海商務印書館鉛印本　　四冊

330000－1716－0009963　　子補 3310－5/
09963　子部/醫家類/方書之屬/成方藥目
胡慶餘堂丸散膏丹全集不分卷　（清）胡光墉
編　清光緒三年(1877)杭州胡慶餘堂刻本
一冊

330000－1716－0009964　　集補 2950－2/
09964　集部/總集類/尺牘之屬
歷代名人書札二卷　吳曾祺輯　清宣統三年
(1911)上海商務印書館鉛印本　　二冊

330000－1716－0009965　　普叢 0118－2/
09965　類叢部/叢書類/彙編之屬
增訂漢魏叢書八十六種　（清）王謨編　清光
緒二十年(1894)湖南藝文書局刻本　　一冊
存一種

330000－1716－0009966　　子補 3310－6/
09966　子部/醫家類/方書之屬/成方藥目
胡慶餘堂丸散膏丹全集不分卷　（清）胡光墉
編　清光緒三年(1877)杭州胡慶餘堂刻本
一冊

330000－1716－0009967　　集補 2950－3/
09967　集部/總集類/尺牘之屬
歷代名人書札二卷　吳曾祺輯　清宣統三年
(1911)上海商務印書館鉛印本　　二冊

330000－1716－0009968　　集補 1058－23/
09968　集部/總集類/選集之屬/通代
文選六十卷　（南朝梁）蕭統輯　（唐）李善注
（清）何焯評　清羊城翰墨園刻朱墨套印本
清劉海珊題簽　　十六冊

330000－1716－0009970　　集補 2950－4/
09970　集部/總集類/尺牘之屬
歷代名人書札二卷　吳曾祺輯　清宣統元年
(1909)上海商務印書館鉛印本　　二冊

330000－1716－0009971　　普叢 0204/09971
類叢部/叢書類/彙編之屬
廣漢魏叢書八十種　（明）何允中編　清嘉慶
刻本　　七十八冊　　存七十九種

330000－1716－0009972　　子補 3314/09972
子部/宗教類/佛教之屬/經
地藏菩薩本願經三卷　（唐）釋實叉難陀譯
清光緒十六年(1890)浙杭瑪瑙經房刻本
一冊

330000－1716－0009973　　子補 3310－7/
09973　子部/醫家類/方書之屬/成方藥目
胡慶餘堂丸散膏丹全集不分卷　（清）胡光墉
編　清光緒三年(1877)杭州胡慶餘堂刻本
一冊

330000－1716－0009975　　子補 3310－8/
09975　子部/醫家類/方書之屬/成方藥目
胡慶餘堂丸散膏丹全集不分卷　（清）胡光墉
編　清光緒三年(1877)杭州胡慶餘堂刻本
一冊

330000－1716－0009976　　集補 2972/09976
集部/總集類/選集之屬/斷代
唐詩諧律二卷　（清）沈寶青選　清光緒十六
年(1890)溧陽沈氏刻本　　二冊

330000－1716－0009977　　集補 1532－5/
09977　集部/總集類/選集之屬/斷代
國朝駢體正宗十二卷　（清）曾燠輯　清嘉慶
十一年(1806)南城曾氏賞雨茅屋刻本　　□□
題跋　　六冊

330000－1716－0009979　　子補 3310－9/
09979　子部/醫家類/方書之屬/成方藥目
胡慶餘堂丸散膏丹全集不分卷　（清）胡光墉
編　清光緒三年(1877)杭州胡慶餘堂刻本
一冊

330000－1716－0009981　　子補 3310－10/
09981　子部/醫家類/方書之屬/成方藥目

胡慶餘堂丸散膏丹全集不分卷　（清）胡光墉
編　清光緒三年(1877)杭州胡慶餘堂刻本
一冊

330000－1716－0009982　集補 1058－24/
09982　集部/總集類/選集之屬/通代

文選六十卷　（南朝梁）蕭統輯　（唐）李善注
（清）何焯評　清羊城翰墨園刻朱墨套印本
春陽識　十六冊

330000－1716－0009984　子補 3310－11/
09984　子部/醫家類/方書之屬/成方藥目

胡慶餘堂丸散膏丹全集不分卷　（清）胡光墉
編　清光緒三年(1877)杭州胡慶餘堂刻本
一冊

330000－1716－0009985　集補 1058－5/
09985　集部/總集類/選集之屬/通代

文選六十卷　（南朝梁）蕭統輯　（唐）李善注
文選考異十卷　（清）胡克家撰　清光緒六
年(1880)四明林植梅刻本　四冊　存十卷
(考異一至十)

330000－1716－0009986　子補 3310－12/
09986　子部/醫家類/方書之屬/成方藥目

胡慶餘堂丸散膏丹全集不分卷　（清）胡光墉
編　清光緒三年(1877)杭州胡慶餘堂刻本
一冊

330000－1716－0009987　地獻 0831/09987
子部/醫家類/診法之屬/歷代脈學

脈證注解一卷　清會稽漁渡董氏抄本　一冊

330000－1716－0009990　普叢 0205－1/
09990　類叢部/叢書類/彙編之屬

廣漢魏叢書八十種　（明）何允中編　清嘉慶
刻本　八冊　存十二種

330000－1716－0009992　子補 3310－13/
09992　子部/醫家類/方書之屬/成方藥目

胡慶餘堂丸散膏丹全集不分卷　（清）胡光墉
編　清光緒三年(1877)杭州胡慶餘堂刻本
一冊

330000－1716－0009994　子補 3310－14/
09994　子部/醫家類/方書之屬/成方藥目

胡慶餘堂丸散膏丹全集不分卷　（清）胡光墉
編　清光緒三年(1877)杭州胡慶餘堂刻本
一冊

330000－1716－0009996　譜 0185/09996　史
部/傳記類/總傳之屬/家乘

[浙江紹興]會稽漁渡董氏族譜三十六卷首一
卷末一卷　（清）董金鑑纂修　清光緒會稽董
氏行餘講舍稿本　九冊　存九卷(二十三至
二十五、三十至三十四,末)

330000－1716－0009997　地獻 0825/09997
類叢部/叢書類/家集之屬

董氏叢書十六種　（清）董金鑑編　清光緒三
十二年(1906)會稽董氏取斯家塾刻本　一冊
存一種

330000－1716－0009998　經補 0195/09998
經部/四書類/總義之屬

四書古注群義彙解九種九十四卷　（清）□□
輯　清光緒十九年(1893)上海積山書局石印
本　一冊　存一種

330000－1716－0009999　譜 0186/09999　史
部/傳記類/總傳之屬/家乘

[浙江紹興]漁渡董氏務本堂支譜四卷首一卷
（清）董渭輯　清宣統元年(1909)稿本　二
冊　存二卷(三、首)

330000－1716－0010000　地獻 0824/10000
類叢部/叢書類/家集之屬

董氏叢書十六種　（清）董金鑑編　清光緒三
十二年(1906)會稽董氏取斯家塾刻本　一冊
存一種

330000－1716－0010001　地獻 0826/10001
類叢部/叢書類/家集之屬

董氏叢書十六種　（清）董金鑑編　清光緒三
十二年(1906)會稽董氏取斯家塾刻本　一冊
存一種

330000－1716－0010002　地獻 0828/10002
類叢部/叢書類/家集之屬

董氏叢書十六種　（清）董金鑑編　清光緒三
十二年(1906)會稽董氏取斯家塾刻本　一冊

存一種

330000－1716－0010003　地獻 0829/10003
類叢部/叢書類/家集之屬

董氏叢書十六種　（清）董金鑑編　清光緒三
十二年(1906)會稽董氏取斯家塾刻本　一冊
　存一種

330000－1716－0010005　地獻 0830/10005
類叢部/叢書類/家集之屬

董氏叢書十六種　（清）董金鑑編　清光緒三
十二年(1906)會稽董氏取斯家塾刻本　一冊
　存一種

330000－1716－0010006　地獻 0827/10006
類叢部/叢書類/家集之屬

董氏叢書十六種　（清）董金鑑編　清光緒三
十二年(1906)會稽董氏取斯家塾刻本　一冊
　存一種

330000－1716－0010007　子補 1739/10007
子部/藝術類/遊藝之屬

閒雲集一卷　（清）徐一齋撰　清玉屏山房刻
本　一冊

330000－1716－0010017　集補 2963/10017
集部/別集類/清別集

錢牧齋尺牘三卷補遺一卷　（清）錢謙益撰
清宣統三年(1911)上海商務印書館鉛印本
三冊

330000－1716－0010022　史補 1404/10022
史部/詔令奏議類/詔令之屬

硃批諭旨不分卷　（清）鄂爾泰等輯　清乾隆
三年(1738)刻朱墨套印本　二冊

330000－1716－0010023　史補 1398/10023
史部/地理類/方志之屬/郡縣志

[乾隆]永清縣志二十五卷附文徵五卷　（清）
周震榮修　（清）章學誠纂　清乾隆四十四年
(1779)刻本　二冊　存十五卷(十六至二十
五、文徵一至五)

330000－1716－0010024　新補 0652/10024
新學/理學

理化器械圖說不分卷　清光緒三十四年

(1908)山東高等學堂石印本　一冊

330000－1716－0010025　地獻 1829－23/
10025　集部/總集類/選集之屬/通代

三餘堂古文觀止十二卷　（清）吳乘權　（清）
吳大職輯　清乾隆三十七年(1772)刻本
六冊

330000－1716－0010026　集補 1501－2/
10026　集部/總集類/選集之屬/斷代

明詩別裁集十二卷　（清）沈德潛　（清）周準
輯　清乾隆刻本　四冊

330000－1716－0010027　史補 1403/10027
經部/三禮總義類/通禮雜禮之屬

四禮翼四卷　（明）呂坤撰　清同治二年
(1863)王禹疇刻本　一冊

330000－1716－0010028　普經 0265－2/
10028　經部/叢編

十三經讀本一百五十二卷　（清）□□編　清
同治金陵書局刻本　十冊　存二種

330000－1716－0010042　集補 1570/10042
集部/別集類/漢魏六朝別集

諸葛忠武侯文集六卷首一卷故事五卷　（三
國蜀）諸葛亮撰　清刻本　一冊　存四卷(三
至六)

330000－1716－0010043　集補 1058－19/
10043　集部/總集類/選集之屬/通代

文選六十卷　（南朝梁）蕭統輯　（唐）李善注
　清同治八年(1869)金陵書局刻本　十冊

330000－1716－0010051　集補 2977/10051
集部/別集類/清別集

賜書堂詩鈔八卷　（清）周長發撰　清乾隆五
十二年(1787)刻本　一冊　存四卷(一至四)

330000－1716－0010053　普經 0920/10053
集部/別集類/清別集

**述學內篇三卷外篇一卷補遺一卷別錄一卷附
錄一卷校勘記一卷**　（清）汪中撰　（清）汪喜
孫編　清同治八年(1869)揚州書局刻本
二冊

330000－1716－0010060　集補 2978／10060
集部／別集類／漢魏六朝別集

陶淵明文集十卷　（晉）陶潛撰　清光緒五年
(1879)會稽陶濬宣稷山樓影宋刻本　二冊

330000－1716－0010062　子補 3321／10062
子部／醫家類／醫案之屬

古今醫案按選四卷　（清）俞震輯　（清）王士
雄選　清光緒三十年(1904)會稽董氏取斯堂
刻本　四冊

330000－1716－0010067　子補 3324／10067
子部／天文曆算類／曆法之屬

欽定萬年書一卷　新鐫增補時憲臺曆袖裏璇
璣星命須知一卷　清末上海文宜書局石印本
一冊

330000－1716－0010069　史補 1395／10069
史部／金石類／總志之屬

金石索十二卷首一卷　（清）馮雲鵬　（清）馮
雲鵷輯　清末石印本　二冊　存二卷(金索
一至二)

330000－1716－0010072　地獻 0847／10072
史部／目錄類／總錄之屬／私撰

會稽漁渡董氏取斯堂藏書目□□卷　清光緒
會稽董氏抄本　一冊　存一卷(經部)

330000－1716－0010074　地獻 0833／10074
史部／傳記類／別傳之屬／年譜

吳太宜人年譜三卷　（清）董金鑑撰　清光緒
會稽董氏行餘講舍稿本　二冊

330000－1716－0010075　經補 1487／10075
經部／小學類／文字之屬／字書／字體

六書通十卷　（明）閔齊伋撰　（清）畢弘述篆
訂　清光緒二十一年(1895)上海鴻寶齋書局
石印本　五冊

330000－1716－0010077　集補 2981／10077
集部／小說類／長篇之屬

七俠五義傳六卷一百二十回　（清）石玉崑撰
（清）俞樾重編　清光緒簡青齋書局石印本
三冊　存三卷(一至二、六)

330000－1716－0010078　經補 1000－136／
10078　經部／小學類／文字之屬／字書／字典

康熙字典十二集三十六卷總目一卷檢字一卷
辨似一卷等韻一卷補遺一卷備考一卷　（清）
張玉書等纂修　清光緒三十年(1904)上海文
星書局石印本　二冊　存十六卷(子集上中
下、丑集上中下、未集上中下、申集上中下,總
目,檢字,辨似,等韻)

330000－1716－0010081　集補 2982－2／
10081　集部／小說類／長篇之屬

繡像全圖小五義六卷一百二十四回續繡像小
五義六卷一百二十四回　清末簡青齋書局石
印本　六冊　存五卷(一至二、續二、四至五)

330000－1716－0010082　史補 1421－3／
10082　史部／傳記類／總傳之屬／通代

增廣尚友錄統編二十二卷　應祖錫輯　清光
緒二十八年(1902)鴻寶齋石印本　三冊　存
六卷(一至四、二十一至二十二)

330000－1716－0010084　新補 0540／10084
新學／議論

最近揚子江之大勢一卷　（日本）國府犀東撰
趙必振譯　清光緒二十八年(1902)上海廣
智書局鉛印本　一冊

330000－1716－0010085　普史 1673／10085
史部／紀傳類／正史之屬

二十四史　清光緒二十八年(1902)武林竹簡
齋石印本　三冊　存二種

330000－1716－0010087　地獻 0835／10087
集部／總集類／郡邑之屬

越州鳴盛集詩選□□卷　（清）胡浚　（清）沈
玉壺輯　清刻本　一冊　存二卷(一至二)

330000－1716－0010088　普叢 0437－16／
10088　類叢部／叢書類／自著之屬

隨園三十種　（清）袁枚撰　清乾隆至嘉慶刻
本　二冊　存一種

330000－1716－0010089　集補 2986／10089
集部／總集類／選集之屬／斷代

皇朝經世文編一百二十卷姓名總目二卷
（清）賀長齡輯　清鉛印本　二十五冊　缺十

三卷(一至二、九十六至九十九、一百十一至一百十五,姓名總目一至二)

330000－1716－0010090　集補 2988/10090
集部/總集類/選集之屬/斷代
皇朝經世文續編一百二十卷　（清）葛士濬輯　清光緒十四年(1888)上海圖書集成局鉛印本　二十冊

330000－1716－0010091　集補 0008－62/10091　集部/小說類/長篇之屬
增像全圖東周列國志二十七卷一百八回（清）蔡奡評點　清末中新書局鉛印本　十二冊　存二十卷(四至九、十四至二十七)

330000－1716－0010093　經補 1000－133/10093　經部/小學類/文字之屬/字書/字典
康熙字典十二集三十六卷總目一卷檢字一卷辨似一卷等韻一卷補遺一卷備考一卷　（清）張玉書等纂修　清末石印本　一冊　存二十卷(午集上中下、未集上中下、申集上中下、酉集上中下、戌集上中下、亥集上中下,補遺,備考)

330000－1716－0010098　普經 0777/10098
經部/叢編
五經五十八卷　（清）□□輯　清刻本　四冊　存八卷(詩經一至八)

330000－1716－0010099　集補 2983/10099
集部/別集類/清別集
梅村詩集箋注十八卷　（清）吳偉業撰　（清）吳翌鳳箋注　清末中國書畫會社石印本　二冊　存四卷(一至四)

330000－1716－0010100　地獻 1369－5/10100　子部/儒家類/儒學之屬/蒙學
浙紹奎照樓新增繪圖幼學故事瓊林四卷首一卷　（清）程允升撰　（清）鄒聖脈增補　清光緒二十三年(1897)浙紹奎照樓石印本　二冊

330000－1716－0010101　普史 1672/10101
史部/紀傳類/正史之屬
二十四史　清光緒二十八年(1902)上海文瀾書局石印本　七冊　存三種

330000－1716－0010102　史補 0907/10102
史部/編年類/斷代之屬
十一朝東華約録二百三十二卷　（清）王祖顯輯　清光緒二十八年(1902)石印本　五冊　存五十七卷(一百一至一百二十三、一百六十八至一百九十七、二百二十、二百二十四至二百二十六)

330000－1716－0010103　子補 3320/10103
子部/雜著類/雜說之屬
盛世危言十四卷首一卷　鄭觀應撰　清光緒二十四年(1898)上海著易堂石印本　三冊　缺三卷(十二至十四)

330000－1716－0010104　史補 1411/10104
史部/政書類/公牘檔冊之屬
新輯撫豫宣化録十卷　（清）田文鏡梓　清光緒二十二年(1896)上海書局石印本　六冊

330000－1716－0010105　普類 0045/10105
類叢部/類書類/通類之屬
類腋五十五卷　（清）姚培謙　（清）張卿雲輯　清清妙軒刻本　二十冊　缺四卷(人部六至九)

330000－1716－0010106　經補 0490－2/10106　經部/四書類/總義之屬/傳說
四書朱子本義匯參四十三卷首四卷　（清）王步青輯　清天禄齋刻本　九冊　存二十九卷(大學一至三、首,中庸一至三、首,論語一至二十,首)

330000－1716－0010107　史補 1410/10107
史部/地理類
李氏五種　（清）李兆洛撰　清光緒二十四年(1898)掃葉山房石印本　五冊　存二種

330000－1716－0010108　地獻 0845/10108
子部/雜著類/雜纂之屬
竟唐隨筆不分卷　（清）董金鑑撰　清光緒二十六年(1900)稿本　一冊

330000－1716－0010109　普類 0047/10109
類叢部/類書類/通類之屬
角山樓增補類腋六十七卷　（清）姚培謙輯

（清）趙克宜增輯　清末石印本　五冊　缺八卷（天部一至八）

330000－1716－0010110　普類0110－11/10110　類叢部/叢書類/專類之屬

新鐫分類評注文武合編百子金丹十卷　（明）郭偉選注　（明）郭中吉編　（明）王星聚校訂　清刻本　清漢翀氏題簽　十冊

330000－1716－0010112　地獻0836/10112　子部/儒家類/儒學之屬/經濟

劉向新序十卷　（漢）劉向撰　清光緒會稽董氏行餘學舍抄本　一冊　存五卷（一至五）

330000－1716－0010113　普類0046/10113　類叢部/類書類/通類之屬

角山樓增補類腋六十七卷　（清）姚培謙輯　（清）趙克宜增輯　清末石印本　五冊　缺八卷（天部一至八）

330000－1716－0010115　史補1408/10115　史部/史評類/史論之屬

歷代史論十二卷宋史論三卷元史論一卷　（明）張溥撰　**明史論四卷**　（清）谷應泰撰　**左傳史論二卷**　（清）高士奇撰　清光緒十三年（1887）洪州文盛堂刻朱墨套印本　八冊

330000－1716－0010116　普類0222/10116　類叢部/類書類/通類之屬

淵鑑類函四十五卷　（清）張英等輯　清光緒二十三年（1897）上海點石齋石印本　九冊　缺八卷（三十八至四十五）

330000－1716－0010117　地獻0838/10117　集部/別集類/明別集

余忠節公遺文一卷附錄一卷　（明）余煌撰　清末會稽董氏取斯家塾木活字印本　清張祖煥題記　一冊

330000－1716－0010118　史補1409/10118　史部/金石類/總志之屬

金石索十二卷首一卷　（清）馮雲鵬　（清）馮雲鶠輯　清末石印本　七冊　存五卷（金索一至二、四,石索一、五）

330000－1716－0010121　地獻0841/10121

類叢部/叢書類/家集之屬

董氏叢書十六種　（清）董金鑑編　清光緒三十二年（1906）會稽董氏取斯家塾刻本　十二冊

330000－1716－0010124　集補2989/10124　集部/戲劇類/傳奇之屬

牡丹亭還魂記二卷五十五齣　（明）湯顯祖撰　清光緒三十四年（1908）上海同文詠記石印本　一冊

330000－1716－0010128　子補3315/10128　子部/儒家類/儒學之屬/蒙學

神童詩一卷　清末浙紹墨潤堂石印本　葉葆順題記　一冊

330000－1716－0010130　集補1058－14/10130　集部/總集類/選集之屬/通代

文選六十卷　（南朝梁）蕭統輯　（唐）李善注　**文選考異十卷**　（清）胡克家撰　清宣統三年（1911）上海會文堂石印本　九冊　缺三十二卷（三十四至五十、五十六至六十，考異一至十）

330000－1716－0010132　經補1437－1/10132　經部/詩類/傳說之屬

詩經集傳八卷　（宋）朱熹撰　清宣統二年（1910）上海會文堂粹記石印本　四冊

330000－1716－0010134　集補1484－1/10134　集部/總集類/選集之屬/通代

唐宋八家文讀本三十卷　（清）沈德潛輯　清乾隆十五年（1750）刻嘉慶十八年（1813）、光緒十四年（1888）蘇州綠蔭堂補刻本　十二冊

330000－1716－0010137　地獻1464－43/10137　史部/傳記類/科舉錄之屬/歷科鄉試錄

何敬煌應科舉秀才之原卷一卷　（清）何敬煌撰　清刻本　一冊

330000－1716－0010139　集補2990/10139　集部/總集類/選集之屬/通代

駢體文鈔三十一卷　（清）李兆洛輯　清光緒八年（1882）上海刻本　八冊

330000 - 1716 - 0010141　普叢 0409/10141
類叢部/叢書類/自著之屬

鹿洲全集八種　（清）藍鼎元撰　清刻本　四冊　存一種

330000 - 1716 - 0010142　子補 3317/10142
子部/醫家類/醫案之屬

臨證指南醫案十卷　（清）葉桂撰　（清）徐大椿評　清刻本　一冊　存一卷（二）

330000 - 1716 - 0010143　古越 0764/10143
新學/動植物學/動物學

動物學新編一卷　（清）潘雅麗撰　清光緒二十五年(1899)上海美華書館鉛印本　一冊

330000 - 1716 - 0010144　經補 1437 - 2/10144　經部/詩類/傳說之屬

詩經集傳八卷　（宋）朱熹撰　清宣統二年(1910)上海會文堂粹記石印本　四冊

330000 - 1716 - 0010145　經補 1492/10145
經部/小學類/文字之屬/字書/字體

鐘鼎字源五卷附錄一卷　（清）汪立名撰　清光緒二年至五年(1876 - 1879)洞庭秦氏麟慶堂刻本　一冊

330000 - 1716 - 0010150　經補 1437 - 3/10150　經部/詩類/傳說之屬

詩經集傳八卷　（宋）朱熹撰　清宣統二年(1910)上海會文堂粹記石印本　四冊

330000 - 1716 - 0010151　集補 2991/10151
集部/總集類/彙編之屬

陳太僕批選八家文鈔　（清）陳兆崙編　清光緒二十六年(1900)天津文美齋石印本　六冊　存八種

330000 - 1716 - 0010152　集補 2992/10152
集部/總集類/彙編之屬

陳太僕批選八家文鈔　（清）陳兆崙編　清光緒二十六年(1900)天津文美齋石印本　五冊　存七種

330000 - 1716 - 0010153　普叢 0178 - 5/10153　類叢部/叢書類/郡邑之屬

金華叢書六十八種　（清）胡鳳丹編　清同治

七年至光緒八年(1868 - 1882)永康胡氏退補齋刻民國補刻本　十九冊　存四種

330000 - 1716 - 0010154　普叢 0256 - 4/10154　集部/別集類/清別集

倚晴樓集五種　（清）黃燮清撰　清咸豐至光緒刻本　一冊　存一種

330000 - 1716 - 0010155　經補 1061/10155
經部/春秋左傳類/傳說之屬

曲江書屋新訂批注左傳快讀十八卷首一卷
（清）李紹崧輯　清同治七年(1868)同文堂刻本　四冊　存六卷（一至二、六、十七至十八、首）

330000 - 1716 - 0010156　子補 3339/10156
子部/雜著類/雜品之屬

弦雪居重訂遵生八牋十九卷　（明）高濂撰　清道光十二年(1832)步月樓刻本　十三冊　存十二卷（一至二、五、七至八、十至十一、十三、十六至十九）

330000 - 1716 - 0010161　子補 3338/10161
子部/醫家類/醫案之屬

一得集三卷　（清）釋心禪撰　清光緒十六年(1890)永禪室刻本　二冊

330000 - 1716 - 0010163　集補 0805/10163
類叢部/類書類/專類之屬

皇朝駢文類苑十四卷首一卷　（清）姚燮選　清光緒七年(1881)鎮海張壽榮刻本　五冊　存三卷（八至十）

330000 - 1716 - 0010166　地獻 1824 - 74/10166　集部/總集類/選集之屬/通代

增批古文觀止十二卷　（清）吳乘權　（清）吳大職輯　清光緒二十七年(1901)浙紹墨潤堂石印本　五冊　缺二卷（三至四）

330000 - 1716 - 0010169　地獻 1824 - 76/10169　集部/總集類/選集之屬/通代

繪圖增批古文觀止十二卷　（清）吳乘權（清）吳大職輯　清宣統元年(1909)上海廣益書局石印本　六冊

330000 - 1716 - 0010170　子補 3326/10170

子部/雜著類/雜說之屬

寓廬日記十卷 （清）張景燾撰　清宣統三年（1911）鉛印本　一冊　存五卷（六至十）

330000－1716－0010175　地獻 1824－68/10175　集部/總集類/選集之屬/通代

古文觀止十二卷 （清）吳乘權　（清）吳大職輯　清上海著易堂石印本　六冊

330000－1716－0010182　子補 3341/10182　子部/醫家類/本草之屬/歷代綜合本草

本草從新十八卷 （清）吳儀洛輯　清末石印本　一冊　存四卷（十至十三）

330000－1716－0010185　子補 3342－1/10185　子部/醫家類/綜合之屬/通論

古吳童氏重校醫宗必讀十卷 （清）李中梓撰　清末石印本　一冊　存二卷（一至二）

330000－1716－0010186　集補 2993/10186　集部/別集類/清別集

鄭板橋全集五種 （清）鄭燮撰　清宣統元年（1909）上海掃葉山房石印本　二冊

330000－1716－0010187　子補 0077/10187　子部/藝術類/書畫之屬/書法畫品

山水寫趣一卷 （清）□□撰　稿本　一冊

330000－1716－0010189　子補 3342－2/10189　子部/醫家類/綜合之屬/通論

古吳童氏重校醫宗必讀十卷 （清）李中梓撰　清光緒三十年（1904）上海鴻文堂書局石印本　一冊　存三卷（一至三）

330000－1716－0010190　子補 3086/10190　子部/醫家類/外科之屬/通論

瘍醫大全四十卷 （清）顧世澄撰　清光緒二十七年（1901）上海圖書集成印書局鉛印本　四冊　存九卷（一、十二至十三、二十九至三十一、三十四至三十六）

330000－1716－0010193　子補 3342－3/10193　子部/醫家類/綜合之屬/通論

古吳童氏重校醫宗必讀十卷 （清）李中梓撰　清末石印本　一冊　存二卷（七至八）

330000－1716－0010194　史補 0674/10194　史部/叢編

涉獵書□□種　清末鉛印本　一冊　存二種

330000－1716－0010196　子補 3342－4/10196　子部/醫家類/綜合之屬/通論

古吳童氏重校醫宗必讀十卷 （清）李中梓撰　清末石印本　二冊　存八卷（三至十）

330000－1716－0010197　子補 3342－5/10197　子部/醫家類/綜合之屬/通論

古吳童氏重校醫宗必讀十卷 （清）李中梓撰　清末石印本　二冊　存四卷（三至四、九至十）

330000－1716－0010203　地獻 0844/10203　史部/傳記類/總傳之屬/通代

於越先賢傳一卷 （清）王齡撰　（清）任熊繪像　清光緒十二年（1886）上海同文書局石印本　二冊

330000－1716－0010204　集補 2994/10204　集部/總集類/選集之屬/斷代

國朝二十四家文鈔二十四卷 （清）徐斐然輯　清道光十年（1830）文光堂刻本　五冊

330000－1716－0010207　集補 2995/10207　集部/總集類/選集之屬/通代

歷朝詩體八卷 （清）周日年輯　清嘉慶十九年（1814）聽雪樓刻本　五冊　存五卷（一至二、四、六至七）

330000－1716－0010208　子補 3352/10208　子部/儒家類/儒學之屬/禮教/鑑戒

臣鑑録二十卷 （清）蔣伊輯　清刻本　一冊　存一卷（三）

330000－1716－0010209　史補 1363－5/10209　史部/目録類/總録之屬/官修

欽定四庫全書總目二百卷首一卷簡明目録二十卷 （清）紀昀等撰　**四庫未收書目提要五卷** （清）阮元撰　清光緒十四年（1888）上海漱六山莊石印本　五冊　存三十一卷（一百七十九至一百九十三,簡明目録一至十、十五至二十）

330000 – 1716 – 0010210　史補 1422 – 1/
10210　史部/政書類/律令之屬/法驗

洗冤錄集證彙纂五卷增一卷附一卷　(清)王
又槐增輯　(清)李觀瀾補輯　清嘉慶十年
(1805)刻本　四冊

330000 – 1716 – 0010211　子補 3353/10211
子部/儒家類/儒學之屬/性理

呻吟語節鈔六卷　(明)呂坤撰　清刻本　一
冊　存三卷(四至六)

330000 – 1716 – 0010212　經補 0809 – 2/
10212　經部/小學類/音韻之屬/等韻

李氏音鑑六卷首一卷　(清)李汝珍撰　清嘉
慶十五年(1810)寶善堂刻同治七年(1868)木
樨山房印本　一冊　缺五卷(二至六)

330000 – 1716 – 0010213　普子 2013/10213
子部/雜著類/雜纂之屬

傳家寶初集八卷二集八卷三集八卷四集八卷
　(清)石成金撰　清刻本　十一冊　存十一
卷(初集五、七至八,二集一至三、六,三集一、
七,四集三、五)

330000 – 1716 – 0010214　子補 3345/10214
子部/藝術類/書畫之屬

墨香居畫識十卷　(清)馮金伯撰　清刻本
一冊　存二卷(九至十)

330000 – 1716 – 0010215　普子 2052/10215
子部/叢編

二十二子(二十二子彙函)　(清)浙江書局編
　清光緒元年至三年(1875 – 1877)浙江書局
刻本　清周子善題簽　二冊　存一種

330000 – 1716 – 0010217　史補 1422 – 2/
10217　史部/政書類/律令之屬/法驗

洗冤錄集證彙纂五卷增一卷附一卷　(清)王
又槐增輯　(清)李觀瀾補輯　清嘉慶元年
(1796)刻本　三冊　存三卷(一至三)

330000 – 1716 – 0010219　普類 0083 – 2/
10219　類叢部/類書類/專類之屬

子史精華一百六十卷　(清)吳士玉　(清)吳
襄等輯　清光緒十五年(1889)上海蜚英館石

印本　三冊　存五十八卷(一至十八、一百二
十一至一百六十)

330000 – 1716 – 0010220　子補 3346/10220
子部/醫家類/本草之屬/歷代綜合本草

本草從新六卷　(清)吳儀洛輯　清刻本　五
冊　存五卷(二至六)

330000 – 1716 – 0010223　子補 3354/10223
子部/雜著類/雜考之屬

全謝山先生經史問答十卷　(清)全祖望撰
清光緒八年(1882)上海王廷學刻本　一冊
存三卷(三至五)

330000 – 1716 – 0010224　地獻 1324/10224
子部/醫家類/方書之屬/單方驗方

經驗良方一卷新集良方一卷　清嘉慶八年
(1803)紹城高元順醬園刻本　一冊

330000 – 1716 – 0010227　普子 1982/10227
子部/叢編

子書百家　(清)崇文書局編　清光緒元年
(1875)湖北崇文書局刻本　六冊　存一種

330000 – 1716 – 0010230　子補 3349/10230
子部/藝術類/遊藝之屬/聯語

楹聯酬世四卷　(清)月川散人編　清光緒刻
本　二冊

330000 – 1716 – 0010231　子補 3348/10231
子部/藝術類/遊藝之屬/聯語

楹聯集錦八卷　(清)胡鳳丹輯　清同治十三
年(1874)寶經堂刻本　三冊　存五卷(一、三
至六)

330000 – 1716 – 0010235　經補 1386/10235
經部/易類/傳說之屬

周易本義四卷附圖說一卷卦歌一卷筮儀一卷
　(宋)朱熹撰　清宣統二年(1910)上海會文
堂粹記石印本　一冊　缺三卷(二至四)

330000 – 1716 – 0010236　集補 3001/10236
集部/別集類/清別集

御製文二集四十四卷目錄二卷　(清)高宗弘
曆撰　清刻本　五冊　存八卷(五至六、二十
一至二十二、三十五至三十六,目錄一至二)

330000 – 1716 – 0010239　經補 1385 – 1/
10239　經部/書類/傳說之屬

書集傳六卷　（宋）蔡沈撰　清宣統二年
(1910)校經山房石印本　一冊　存二卷(二
至三)

330000 – 1716 – 0010240　普叢 0407/10240
類叢部/叢書類/家集之屬

連理亭方氏叢書　清光緒九年(1883)皖垣鉛
印本　一冊　存一種

330000 – 1716 – 0010242　經補 1385 – 2/
10242　經部/書類/傳說之屬

書集傳六卷　（宋）蔡沈撰　清末上海會文堂
書局石印本　一冊　存一卷(四)

330000 – 1716 – 0010245　古越 0594/10245
史部/目錄類/書志之屬/提要

增版東西學書錄四卷附錄三卷　徐維則輯
顧燮光補　清光緒二十八年(1902)石印本
五冊

330000 – 1716 – 0010246　地獻 0853/10246
史部/傳記類/總傳之屬/姓名

聖祖仁皇帝御製百家姓一卷耕織圖詩一卷
唐風箋注　清宣統三年(1911)鉛印本　一冊

330000 – 1716 – 0010249　經補 1381/10249
經部/小學類/文字之屬/字書/字典

點石齋攷正字彙二卷　（清）陳渼子撰　清光
緒點石齋石印本　一冊

330000 – 1716 – 0010250　經補 1385 – 3/
10250　經部/書類/傳說之屬

書集傳六卷　（宋）蔡沈撰　清末石印本　一
冊　存一卷(四)

330000 – 1716 – 0010251　子補 3360/10251
子部/術數類/占卜之屬

呂純陽祖師太極生生神數不分卷　清光緒二
十七年(1901)上海書局石印本　一冊

330000 – 1716 – 0010252　子補 3362 – 1/
10252　子部/藝術類/書畫之屬

詩畫舫六卷　（清）點石齋輯　清光緒三十年
(1904)上海點石齋石印本　六冊

330000 – 1716 – 0010253　地獻 0854/10253
史部/傳記類/總傳之屬/姓名

聖祖仁皇帝御製百家姓一卷耕織圖詩一卷
唐風箋注　清宣統三年(1911)鉛印本　一冊

330000 – 1716 – 0010254　子補 3362 – 2/
10254　子部/藝術類/書畫之屬

詩畫舫六卷　（清）點石齋輯　清光緒上海點
石齋石印本　五冊　存五卷(一、三至六)

330000 – 1716 – 0010257　子補 3367/10257
子部/藝術類/篆刻之屬/印譜

鐵筆記不分卷　（清）越東海餘芙氏輯　清末
鈐印本　一冊

330000 – 1716 – 0010258　子補 3347/10258
子部/藝術類/遊藝之屬/聯語

雙魚罍齋録聯語□□種　（清）雙魚罍齋主人
輯　清同治刻本　四冊　存三種

330000 – 1716 – 0010260　史補 1264 – 4/
10260　史部/編年類/斷代之屬

皇朝政典挈要六卷　（日本）增田貢撰　（清）
毛滏補編　清光緒二十八年(1902)上海中西
譯書會石印本　一冊　存三卷(一至三)

330000 – 1716 – 0010261　地獻 0865/10261
史部/政書類/邦計之屬/荒政

連氏義田事略三卷　（清）連芳　（清）連蘅撰
清光緒十四年(1888)上虞連氏枕湖樓刻本
一冊

330000 – 1716 – 0010262　子補 3361/10262
子部/宗教類/佛教之屬/經咒

佛教禮儀一卷　清末刻本　一冊

330000 – 1716 – 0010264　地獻 0866/10264
史部/政書類/邦計之屬/荒政

連氏義田事略三卷　（清）連芳　（清）連蘅撰
清光緒十四年(1888)上虞連氏枕湖樓刻本
一冊

330000 – 1716 – 0010265　子補 3364 – 1/
10265　子部/藝術類/書畫之屬/畫譜

楳嶺百鳥畫譜三卷　（日本）辛野楳嶺繪　清
光緒十三年(1887)鴻文書局石印本　一冊

存一卷（地）

330000－1716－0010266　子補 3368/10266
子部/術數類/命書相書之屬
新刊校正增釋合併麻衣先生神相編五卷
（明）陸位崇輯　清宣統元年（1909）上海掃葉
山房石印本　一冊

330000－1716－0010268　集補 2996/10268
集部/別集類/清別集
意園百景詩存一卷　（清）孫澐撰　**意園百景
詩一卷**　（清）鬱平倚枰主人撰　清蜕花吟館
刻本　一冊　存一卷（詩存）

330000－1716－0010269　子補 3364－2/
10269　子部/藝術類/書畫之屬/畫譜
梅嶺百鳥畫譜三卷　（日本）辛野槑嶺繪　清
光緒十三年（1887）鴻文書局石印本　一冊
存一卷（人）

330000－1716－0010271　子補 3358/10271
子部/藝術類/書畫之屬/畫譜
點石齋叢畫十卷　尊聞閣主人輯　清光緒石
印本　七冊　缺一卷（一）

330000－1716－0010275　集補 1287/10275
集部/曲類/寶卷之屬
新刻三世救母目連記二卷　（清）鄭之珍編
清宣統三年（1911）上海文益書局石印本　潁
川煦題簽　一冊

330000－1716－0010278　地獻 1413/10278
類叢部/叢書類/自著之屬
西河合集一百十九種　（清）毛奇齡撰　清刻
本　一冊　存四種

330000－1716－0010280　子補 3365/10280
子部/藝術類/書畫之屬/畫譜
冶梅稞譜不分卷　（清）王寅繪　清光緒十八
年（1892）上海振華圖書社石印本　四冊

330000－1716－0010282　集補 3008/10282
集部/別集類/清別集
臥知齋駢體文初稿一卷別稿一卷　（清）涂景
濤撰　清光緒五年（1879）刻本　王繼香題記
　一冊

330000－1716－0010283　地獻 0862/10283
類叢部/叢書類/家集之屬
董氏叢書十六種　（清）董金鑑編　清光緒三
十二年（1906）會稽董氏取斯家塾刻本　一冊
　存一種

330000－1716－0010284　集補 2998/10284
集部/別集類/清別集
**平湖橫橋堰圖說一卷寄廬詩勝一卷新溪櫂歌
一卷**　（清）余楙撰　清光緒刻本　一冊　存
二卷（平湖橫橋堰圖說、新溪櫂歌）

330000－1716－0010285　普史 1603－3/
10285　史部/目錄類/總錄之屬/官修
**欽定四庫全書總目二百卷首一卷簡明目錄二
十卷**　（清）紀昀等撰　清刻本　三冊　存三
卷（簡明目錄一、十六、二十）

330000－1716－0010286　地獻 0863/10286
類叢部/叢書類/家集之屬
董氏叢書十六種　（清）董金鑑編　清光緒三
十二年（1906）會稽董氏取斯家塾刻本　一冊
　存一種

330000－1716－0010287　普史 0483/10287
史部/傳記類/總傳之屬/通代
百將圖傳二卷　（清）丁日昌編　清同治八年
（1869）江蘇書局刻本　二冊

330000－1716－0010288　普史 1603－2/
10288　史部/目錄類/總錄之屬/官修
**欽定四庫全書總目二百卷首一卷簡明目錄二
十卷**　（清）紀昀等撰　清刻本　五冊　存八
卷（一百十三至一百十四、一百十九至一百二
十二、一百八十六,簡明目錄十四）

330000－1716－0010289　普集 1729/10289
集部/戲劇類/傳奇之屬
長生殿傳奇四卷五十折　（清）洪昇撰　清宣
統二年（1910）上海文瑞樓鉛印本　二冊

330000－1716－0010290　子補 3370/10290
子部/藝術類/篆刻之屬/印譜
六息齋印艸不分卷　（清）汪一槃篆　清嘉慶
十一年（1806）鈐印刻本　一冊

330000－1716－0010294　子補 3372－1/
10294　子部/藝術類/遊藝之屬/棋弈

橘中秘四卷　（明）朱晉楨撰　清末上海江左
書林石印本　三冊　缺一卷（二）

330000－1716－0010295　地獻 0856/10295
集部/總集類/尺牘之屬

信札續集不分卷　清末抄本　一冊

330000－1716－0010297　地獻 1982/10297
集部/別集類/明別集

余忠節公遺文一卷附錄一卷　（明）余煌撰
清末會稽董氏取斯家塾木活字印本　一冊

330000－1716－0010299　地獻 0864/10299
史部/政書類/公牘檔冊之屬

歸善堂徵信錄一卷　（清）新安歸善堂董事編
清光緒七年（1881）新安歸善堂刻本　一冊

330000－1716－0010301　子補 3372－2/
10301　子部/藝術類/遊藝之屬/棋弈

橘中秘四卷　（明）朱晉楨撰　清末石印本
二冊　存二卷（一、三）

330000－1716－0010302　善附 0242/10302
集部/曲類/曲韻曲譜曲律之屬

吟香堂曲譜四卷　（清）馮起鳳撰　清乾隆馮
懋才吟香堂刻本　二冊　存二卷（牡丹亭一
至二）

330000－1716－0010303　地獻 1692/10303
集部/總集類/尺牘之屬

勝朝越郡忠節名賢尺牘不分卷　（清）莫友芝
輯　清光緒上海申報館鉛印本　一冊

330000－1716－0010307　子補 0372/10307
子部/醫家類/類編之屬

東垣十書附二種　清光緒七年（1881）廣州雲
林閣刻本　一冊　存一種

330000－1716－0010318　子補 3381/10318
子部/小說家類/雜事之屬

遯窟讕言十二卷　（清）王韜撰　清光緒六年
（1880）鉛印本　二冊　存六卷（四至六、十至
十二）

330000－1716－0010320　子補 0474/10320
子部/儒家類/儒學之屬/禮教/家訓

清夜鐘一卷　（清）石成金撰　清末石印本
一冊

330000－1716－0010329　子補 0497/10329
新學/議論/通論

洋務議論一卷　（清）王之春撰　清末石印本
一冊

330000－1716－0010331　史補 0673/10331
史部/政書類/律令之屬/治獄

新刻平治館評釋蕭曹致君術六卷首一卷
（明）臥龍子編　清刻本　二冊

330000－1716－0010332　子補 0475－1/
10332　子部/小說家類/異聞之屬

情天寶鑑二十四卷　（明）馮夢龍輯　清光緒
二十年（1894）上海石印本　四冊　存十二卷
（一至三、十至十八）

330000－1716－0010335　普子 1983/10335
類叢部/類書類/專類之屬

應酬彙選新集八卷　（清）陸九如纂輯　清刻
本　二冊　存四卷（三至六）

330000－1716－0010336　經補 1503/10336
經部/周禮類/傳說之屬

周禮節訓六卷　（清）黃叔琳輯　（清）姚培謙
重訂　清光緒二十五年（1899）舊學山房刻本
一冊　存三卷（一至三）

330000－1716－0010337　普類 0184－1/
10337　類叢部/類書類/專類之屬

新增說文韻府群玉二十卷　（元）陰時夫輯
（元）陰中夫注　清刻本　八冊　存七卷（六
至九、十七至十八、二十）

330000－1716－0010339　普集 1954/10339
集部/別集類/清別集

韞山堂時文初集二卷二集四卷三集二卷
（清）管世銘撰　清光緒十九年（1893）寧郡汲
綆齋刻本　五冊　缺二卷（二集三至四）

330000－1716－0010340　普子 1984/10340
子部/術數類/相宅相墓之屬

地理辨正五卷　（清）蔣平階補傳　（清）胡泰徵　（清）姜垚較正　（清）章仲山增補直解　清刻本　三冊　存二卷(三至四)

330000－1716－0010341　集補 3002/10341
集部/別集類/清別集

太鶴山人集十三卷　（清）端木國瑚撰　清嘉慶十三年(1808)瑞安洪坤刻本　一冊　存三卷(一至三)

330000－1716－0010342　集補 3006/10342
集部/總集類/郡邑之屬

谿上詩輯十四卷續編二卷補編一卷　（清）尹元煒　（清）馮本懷訂　清道光二十九年(1849)刻咸豐三年(1853)補刻本　二冊　存二卷(續編一至二)

330000－1716－0010343　集補 3003/10343
集部/別集類/清別集

讀書堂綵衣全集四十六卷　（清）趙士麟撰（清）梁永淳等輯　（清）趙宸翮編　清光緒十九年(1893)浙江書局刻本　一冊　存六卷(二十九至三十四)

330000－1716－0010344　地獻 0859/10344
子部/術數類/命書相書之屬

增補星平會海命學全書十卷首一卷　（清）水中龍撰　清光緒三年(1877)浙紹墨潤堂刻本　四冊

330000－1716－0010345　集補 3007/10345
集部/別集類/清別集

日長山靜草堂詩存二卷附補遺一卷　（清）汪達鈞撰　清光緒三十一年(1905)楊士琦上海鉛印本　二冊　存二卷(一至二)

330000－1716－0010347　集補 3004/10347
集部/總集類/選集之屬/斷代

詒安堂全集　（清）王慶勳輯　清道光至咸豐上海王氏刻本　一冊　存一種

330000－1716－0010349　地獻 0855/10349
子部/雜著類/雜編之屬

文變三卷　蔡元培選輯　清光緒二十八年(1902)上海商務印書館鉛印本　二冊

330000－1716－0010351　史補 1465/10351
史部/傳記類/科舉錄之屬/歷科鄉試錄

[光緒癸卯科]陝西鄉試題名錄一卷　清光緒刻本　一冊

330000－1716－0010352　史補 1466/10352
史部/傳記類/科舉錄之屬/歷科登科錄

[光緒癸未科]會試硃卷一卷　（清）陳受頤撰　清光緒刻本　一冊

330000－1716－0010353　普叢 0406/10353
類叢部/叢書類/自著之屬

庸書二種附一種　（清）張貞生撰　清康熙十八年(1679)張世坤、張世坊刻本　二冊　存一種

330000－1716－0010355　史補 1467/10355
史部/傳記類/科舉錄之屬/歷科鄉試錄

[同治癸酉科]浙江鄉試硃卷一卷　（清）俞戴清撰　清光緒刻本　一冊

330000－1716－0010356　史補 1468/10356
史部/傳記類/科舉錄之屬/歷科鄉試錄

[光緒戊子科]浙江鄉試硃卷一卷　（清）陳國楨撰　清光緒刻本　一冊

330000－1716－0010357　集補 3011－1/10357　集部/別集類/清別集

水香書屋試艸不分卷　（清）李應煌撰　清水香書屋刻本　一冊

330000－1716－0010360　集補 3011－2/10360　集部/別集類/清別集

水香書屋試艸不分卷　（清）李應煌撰　清水香書屋刻本　一冊

330000－1716－0010361　集補 3012/10361
集部/詞類/總集之屬

詩餘偶鈔六卷　王先謙輯　清光緒十六年(1890)長沙王先謙刻本　一冊

330000－1716－0010362　集補 3010/10362
集部/總集類/課藝之屬

試草不分卷　清刻本　一冊

330000－1716－0010363　集補 3013/10363

集部/別集類/清別集

飄香室文詩遺稿一卷 （清）駱樹英撰　清光緒鉛印本　一冊

330000－1716－0010364　普史 0176－2/10364　史部/叢編

思益堂史學四種 （清）周壽昌撰　清光緒長沙周氏小對竹軒刻本　一冊　存二種

330000－1716－0010366　集補 3011－3/10366　集部/別集類/清別集

棣韡書屋試艸不分卷 （清）魯塈撰　清棣韡書屋刻本　一冊

330000－1716－0010367　經補 1000－27/10367　經部/小學類/文字之屬/字書/字典

康熙字典十二集三十六卷總目一卷檢字一卷辨似一卷等韻一卷補遺一卷備考一卷 （清）張玉書等纂修　清刻本　四十冊

330000－1716－0010368　集補 3016/10368　集部/別集類/清別集

芸窗累積一卷 （清）元臨撰　稿本　一冊

330000－1716－0010369　子補 1264－1/10369　子部/儒家類/儒學之屬/蒙學

唐詩便蒙二卷 清浙紹奎照樓刻本　一冊　存一卷（一）

330000－1716－0010370　子補 3488/10370　子部/術數類/相宅相墓之屬

八宅明鏡二卷 （清）箬冠道人撰　清光緒三十三年（1907）文奎堂刻本　一冊　存一卷（一）

330000－1716－0010371　集補 1462－1/10371　集部/總集類/選集之屬/斷代

唐詩鼓吹十卷 （金）元好問輯　（元）郝天挺注　（明）廖文炳解　清刻本　一冊　存二卷（三至四）

330000－1716－0010372　史補 1469/10372　史部/傳記類/科舉錄之屬/歷科鄉試錄

[咸豐辛酉科並同治壬戌至光緒辛丑科]浙江鄉試硃卷 清光緒刻本　一冊　存八種

330000－1716－0010374　集補 3017/10374　集部/總集類/郡邑之屬

同聲集四卷 （清）黃兆森等撰　清刻本　三冊　存三卷（二至四）

330000－1716－0010375　集補 3018/10375　集部/總集類/選集之屬/通代

續古文苑二十卷 （清）孫星衍輯　清光緒九年（1883）江蘇書局刻本　六冊

330000－1716－0010376　子補 0080－7/10376　子部/儒家類/儒學之屬/蒙學

寄傲山房塾課新增幼學故事瓊林四卷首一卷 （清）程允升撰　（清）鄒聖脈增補　清紹郡太乙樓刻本　清俞銘楊題簽並記　四冊

330000－1716－0010377　子補 3486/10377　子部/術數類/陰陽五行之屬

奇門遁甲秘笈大全三十卷 （明）劉基校訂　清省思堂刻本　二冊　存十四卷（一至五、十五至二十三）

330000－1716－0010378　子補 3460－1/10378　子部/小說家類/異聞之屬

無稽讕語四卷 （清）蘭皋居士撰　清刻本　四冊

330000－1716－0010379　子補 3386/10379　子部/儒家類/儒學之屬

二程全書六十七卷 （宋）程顥　（宋）程頤撰　清小嫏嬛山館刻本　十二冊　缺五卷（伊川易傳四、伊川經說一至三、二程粹言二）

330000－1716－0010380　子補 3487/10380　子部/術數類/陰陽五行之屬

董公諏吉便覽一卷 （明）董潛撰　清光緒二十七年（1901）浙杭石渠閣刻本　一冊

330000－1716－0010381　集補 3313/10381　集部/小說類/長篇之屬

支那兒女英雄遺事八卷六十八回 （清）吟梅山人撰　清光緒二十九年（1903）上海弘文館石印本　四冊　存四卷（一至四）

330000－1716－0010382　普集 1016－2/10382　集部/總集類/選集之屬/斷代

排律初津四卷　（清）金鳳沼編並注　清光緒
七年(1881)古越求是齋刻本　四冊

330000－1716－0010383　地獻 0867/10383
史部/傳記類/日記之屬
虎口日記一卷（清咸豐十一年九月二十九日
至十二月十九日）　（清）魯叔容撰　清光緒
二十二年(1896)福州刻本　丁之蕃題記
一冊

330000－1716－0010384　集補 0989－2/
10384　集部/總集類/選集之屬/通代
古唐詩合解古詩四卷唐詩十二卷　（清）王堯
衢注　清懷德堂刻本　五冊　存十卷(古詩
一至四,唐詩一至四、十一至十二)

330000－1716－0010385　集補 0098－2/
10385　集部/小說類/長篇之屬
繪圖評點女仙外史八卷一百回　（清）呂熊撰
清末石印本　二冊　存二卷(三、五)

330000－1716－0010386　子補 3397/10386
子部/醫家類/養生之屬
武林毛楓山先生濟世養生合集選要良方一卷
清光緒刻本　一冊

330000－1716－0010387　集補 3019/10387
集部/別集類/清別集
紅袖香銷輓詞一卷一百二十首　（清）慧香室
居士輯　清同治十二年(1873)慧香室刻本
一冊

330000－1716－0010388　子補 3398/10388
史部/地理類/總志之屬
示我周行六卷　（清）賴盛遠輯　清光緒英德
堂刻本　隴西勗三氏題簽　二冊　存四卷
(一至二、四至五)

330000－1716－0010389　子補 3396/10389
子部/醫家類/婦科之屬/產科
大生要旨五卷　（清）唐千頃撰　清抄本　一
冊　存一卷(五)

330000－1716－0010390　子補 3399/10390
子部/藝術類/書畫之屬/總論
佩文齋書畫譜一百卷　（清）孫岳頒等輯　清

光緒九年(1883)上海同文書局石印本　八冊
存四十六卷(五十五至一百)

330000－1716－0010391　集補 3021/10391
集部/總集類/課藝之屬
京華同人詩課二卷　（清）徐榦輯　清光緒五
年(1879)杭州刻本　一冊　存一卷(上)

330000－1716－0010392　普類 0066/10392
類叢部/類書類/通類之屬
增補事類統編九十三卷首一卷　（清）黃葆真
輯　清刻本　七冊　存十七卷(三十九至四
十七、五十六至六十三)

330000－1716－0010393　集補 1529－1/
10393　集部/總集類/課藝之屬
經正書院小課四卷　（清）徐榦輯　清光緒七
年(1881)刻本　四冊

330000－1716－0010394　集補 3020/10394
集部/總集類/題詠之屬
麓雲仙館圖題詠一卷　（清）陳守如輯　清光
緒刻本　一冊

330000－1716－0010398　史補 1125－2/
10398　史部/雜史類/斷代之屬
戰國策三十三卷　（漢）高誘注　重刻剡川姚
氏本戰國策札記三卷　（清）黃丕烈撰　清光
緒二十七年(1901)上海鴻寶齋石印本　三冊
缺十六卷(八至二十三)

330000－1716－0010399　普叢 0038－4/
10399　類叢部/叢書類/彙編之屬
嘯園叢書五十七種　（清）葛元煦編　清光緒
二年至七年(1876－1881)仁和葛氏刻本　一
冊　存一種

330000－1716－0010402　集補 3027/10402
集部/總集類/選集之屬/斷代
皇朝經世文統編一百二十卷　清光緒二十七
年(1901)上海慎記書局石印本　二冊　存八
卷(四至十一)

330000－1716－0010403　普叢 0437－17/
10403　類叢部/叢書類/自著之屬
隨園三十種　（清）袁枚撰　清乾隆至嘉慶刻

本 一冊 存一種

330000－1716－0010408 集補 3084/10408
子部/雜著類/雜纂之屬

求志傳不分卷 (清)蕭邑寒士輯 清光緒十
三年(1887)抄本 一冊

330000－1716－0010409 集補 3022/10409
集部/曲類/彈詞之屬

花箋記六卷 清雲秀軒刻本 三冊

330000－1716－0010411 集補 0012－15/
10411 集部/曲類/彈詞之屬

再生緣全傳二十卷 (清)陳端生撰 清刻本
九冊 存九卷(一至三、十、十二至十三、十
五、十七至十八)

330000－1716－0010415 集補 3039/10415
集部/總集類/選集之屬/通代

五七言今體詩鈔十八卷 (清)姚鼐輯 清同
治五年(1866)金陵書局刻本 一冊 存九卷
(五言今體詩鈔一至九)

330000－1716－0010416 子補 3490/10416
子部/醫家類/外科之屬

麻科合璧錄一卷 (清)謝永奇 (清)尉仲林
撰 清抄本 一冊

330000－1716－0010423 子補 3489/10423
子部/天文曆算類/算書之屬

梅氏叢書輯要三十種六十二卷首一卷 (清)
梅文鼎撰 (清)梅瑴成重編 清末石印本
五冊

330000－1716－0010425 子補 1629－3/
10425 子部/術數類/相宅相墓之屬

雪心賦正解四卷 (唐)卜應天撰 (清)孟浩
注 **辯論三十篇一卷** (清)孟浩撰 清末石
印本 一冊 存二卷(一、辯論三十篇)

330000－1716－0010426 子補 1871/10426
子部/醫家類/綜合之屬/通論

**御纂醫宗金鑑三十卷首一卷金鑑外科十卷首
一卷** (清)吳謙等撰 清文選樓刻本 三十
冊 缺十一卷(十七至十八、外科二至十)

330000－1716－0010428 子補 1872/10428
子部/醫家類/綜合之屬/通論

御纂醫宗金鑑九十卷首一卷 (清)吳謙等撰
清刻本 一冊 存一卷(六十二)

330000－1716－0010431 史補 1440/10431
史部/紀傳類/正史之屬

四史四百十五卷 清光緒二十八年(1902)竢
實齋石印本 一冊 存一種

330000－1716－0010432 普叢 0401/10432
子部/儒家類/儒學之屬/禮教

東聽雨堂刊書 (清)張承燮輯 清光緒二十
七年(1901)膠州聽雨何時軒刻本 一冊 存
一種

330000－1716－0010433 史補 1444/10433
類叢部/叢書類/自著之屬

鹿洲全集七種 (清)藍鼎元撰 清康熙至雍
正刻彙印本 一冊 存一種

330000－1716－0010434 子補 3401－3/
10434 子部/儒家類/儒學之屬/蒙學

**浙紹奎照樓書莊精校新增繪圖幼學故事瓊林
四卷首一卷** (清)程允升撰 (清)鄒聖脈增
補 清末浙紹奎照樓石印本 三冊

330000－1716－0010437 普史 1603－4/
10437 史部/目錄類/總錄之屬/官修

**欽定四庫全書總目二百卷首一卷簡明目錄二
十卷** (清)紀昀等撰 清刻本 十冊 存二
十卷(一百二十三至一百四十二)

330000－1716－0010439 子補 3388－1/
10439 子部/醫家類/類編之屬

古今醫統正脈全書四十四種 (明)王肯堂編
清二酉堂刻本 清雲帆氏題簽 四冊 存
三種

330000－1716－0010440 子補 3388－2/
10440 子部/醫家類/類編之屬

古今醫統正脈全書四十四種 (明)王肯堂編
清二酉堂刻本 二冊 存一種

330000－1716－0010442 集補 3023/10442
經部/小學類/音韻之屬

詳注聲律發蒙一卷 （明）蘭茂撰 （清）王有道注釋 清咸豐十年（1860）務本堂刻本 一冊

330000－1716－0010443　集補 0008－3/10443　集部/小說類/長篇之屬

東周列國全志二十三卷一百八回 （清）蔡昇評點 清芥子園刻本 十六冊 缺七卷（五至六、十至十一、十五、二十二至二十三）

330000－1716－0010444　普史 1675/10444 史部/紀傳類/正史之屬

二十四史 清末石印本 二冊 存一種

330000－1716－0010445　經補 1478/10445 經部/小學類/音韻之屬/韻書

初學檢韻袖珍十二卷附檢字一卷佩文詩韻一卷 （清）姚文登輯 清刻本 二冊 存六卷（八至十二、佩文詩韻）

330000－1716－0010447　子補 1263－7/10447　類叢部/類書類/專類之屬

增補江湖尺牘分韻撮要合集八卷 （清）虞世英 （清）溫儀鳳輯 清光緒三年（1877）刻本 三冊 存六卷（江湖尺牘一至三、分韻撮要一至三）

330000－1716－0010448　經補 1342－4/10448　經部/春秋左傳類/傳說之屬

春秋左傳五十卷提要一卷 （晉）杜預注 （宋）林堯叟補注 （唐）陸德明音義 春秋列國圖說一卷 （宋）蘇軾撰 清末上海商務印書館石印本 二冊 存七卷（四十至四十二、四十七至五十）

330000－1716－0010449　地獻 1485/10449 集部/總集類/尺牘之屬

增廣句解三集 清末石印本 一冊 存一種

330000－1716－0010450　集補 3025/10450 集部/總集類/選集之屬/斷代

七家詩選（批點七家詩選箋注）七卷 （清）張熙宇輯評 （清）張昶編輯 清刻本 二冊 存三種

330000－1716－0010451　子補 0654－2/10451　子部/術數類/陰陽五行之屬

董公諏吉便覽一卷 （明）董潛撰 清光緒二十七年（1901）浙杭石渠閣刻本 一冊

330000－1716－0010452　普類 0006/10452 類叢部/類書類/通類之屬

廣廣事類賦三十二卷 （清）吳世旃撰 清嘉慶二十二年（1817）山瀾堂刻本 六冊

330000－1716－0010453　普類 0050/10453 類叢部/類書類/通類之屬

角山樓增補類腋六十七卷 （清）姚培謙輯 （清）趙克宜增輯 清咸豐七年（1857）趙克宜角山樓刻本 十三冊 存四十一卷（地部五至八、十二至二十四，人部一至十一，物部一至四、九至十三、十七至二十）

330000－1716－0010454　集補 3133/10454 集部/別集類/清別集

聽秋館吟稿一卷 （清）許炎生撰 清光緒二年（1876）稿本 一冊

330000－1716－0010455　集補 1536/10455 集部/別集類/清別集

檉花館試帖彙鈔輯注二卷 （清）路德撰 （清）謝紹瑗輯注 清道光九年（1829）朱菜刻本 二冊

330000－1716－0010459　經補 1298－5/10459　經部/小學類/音韻之屬/韻書

詩韻集成十卷 （清）余照輯 清刻本 三冊

330000－1716－0010463　集補 3450/10463 集部/曲類/彈詞之屬

天雨花三十回 （清）陶貞懷撰 清三餘堂刻本 二十六冊 存二十五回（一至二十五）

330000－1716－0010464　普叢 0403/10464 類叢部/叢書類/彙編之屬

古香齋袖珍十種 清同治至光緒南海孔氏刻本 九冊 存一種

330000－1716－0010465　普經 0951－3/10465　經部/儀禮類/傳說之屬

儀禮章句十七卷 （清）吳廷華撰 清乾隆刻本 六冊

330000－1716－0010467　子補 3613/10467
子部/儒家類/儒學之屬/蒙學

幼學須知句解四卷首一卷　清光緒五年
(1879)浙湖文光齋刻本　二冊　存三卷(一、
三,首)

330000－1716－0010470　子補 3612/10470
史部/政書類/公牘檔冊之屬

保嬰局簡易章程一卷　清末刻本　一冊

330000－1716－0010471　集補 1056－4/
10471　集部/總集類/選集之屬/通代

古文釋義新編八卷　(清)余誠輯　清刻本
三冊　存四卷(四至五、七至八)

330000－1716－0010472　史補 1445/10472
史部/詔令奏議類/奏議之屬

奏章一卷　清抄本　一冊

330000－1716－0010473　新補 0552/10473
史部/政書類/邦計之屬

電報新編一卷附章程一卷　(清)上海電報局
編　清宣統元年(1909)石印本　一冊

330000－1716－0010474　子補 3228－7/
10474　子部/儒家類/儒學之屬/禮教/女範

女四書四卷　(清)王相箋注　清光緒三年
(1877)蘇州崇德書院刻本　一冊　存二卷
(宋若昭女論語、王節婦女範捷録)

330000－1716－0010475　地獻 1379－9/
10475　子部/術數類/相宅相墓之屬

山洋指迷原本四卷　(明)周景一撰　(清)俞
歸璞　(清)吳卿瞻注　清光緒九年(1883)寧
波汲綆齋刻本　三冊　缺一卷(三)

330000－1716－0010476　史補 1446/10476
史部/傳記類/總傳之屬/家乘

汪氏名人録一卷　清抄本　一冊

330000－1716－0010477　經補 0918－2/
10477　經部/書類/傳說之屬

書經精華六卷　(清)薛嘉穎撰　清嘉慶二十
四年(1819)薛氏光趨堂刻本　二冊　存四卷
(一至四)

330000－1716－0010478　集補 3132/10478
集部/別集類/明別集

桃溪淨稿選録一卷　(明)謝鐸撰　清光緒二
十六年(1900)童廣年抄本　一冊

330000－1716－0010480　集補 3131/10480
集部/詞類/別集之屬

定盦詞選一卷　(清)龔自珍撰　清抄本
一冊

330000－1716－0010481　子補 0081－109/
10481　子部/儒家類/儒學之屬/蒙學

新增繪圖幼學故事瓊林四卷首一卷　(清)程
允升撰　(清)鄒聖脈增補　清光緒三十年
(1904)上海鴻寶齋石印本　二冊　存二卷
(二、首)

330000－1716－0010482　子補 0081－110/
10482　子部/儒家類/儒學之屬/蒙學

**浙寧汲綆齋新增繪圖幼學故事瓊林四卷首一
卷**　(清)程允升撰　(清)鄒聖脈增補　清光
緒二十四年(1898)浙寧汲綆齋鉛印本　二冊
缺三卷(一至二、四)

330000－1716－0010484　子補 3403/10484
子部/宗教類/佛教之屬

百勿可詩一卷　清光緒八年(1882)蕭山聚奎
齋刻本　一冊

330000－1716－0010486　子補 0080－5/
10486　子部/儒家類/儒學之屬/蒙學

寄傲山房塾課新增幼學故事瓊林四卷首一卷
(清)程允升撰　(清)鄒聖脈增補　清刻本
四冊

330000－1716－0010487　子補 3389/10487
子部/醫家類/針灸之屬/通論

鍼灸大成十卷　(明)楊繼洲撰　清光緒二十
二年(1896)上海文瑞樓石印本　一冊　存二
卷(九至十)

330000－1716－0010490　子補 3390/10490
子部/醫家類/養生之屬

新編壽世傳眞八卷　(清)徐文弼編　清刻本
一冊

330000－1716－0010492　經補 1268－2/10492　經部/四書類/總義之屬/傳說

新訂四書補注備旨十卷　（明）鄧林撰　（清）杜定基增訂　清刻本　三冊　存五卷（論語三至四、孟子一至三）

330000－1716－0010493　地獻 1290－3/10493　子部/醫家類/婦科之屬/通論

竹林寺婦科秘方一卷　（清）竹林寺僧撰　清光緒刻本　一冊

330000－1716－0010494　史補 1456/10494　史部/地理類/水利之屬

曹娥江過塘行章程不分卷　（清）馮珪　（清）鄭柏亭輯　清光緒刻本　丁之蕃題記　一冊

330000－1716－0010496　子補 3391/10496　子部/醫家類/綜合之屬/通論

醫學發明一卷　（明）王肯堂編　清刻本　雲帆氏題簽　一冊

330000－1716－0010497　普經 0949/10497　經部/禮記類/傳說之屬

禮記增訂旁訓六卷　（清）徐立綱旁訓　清養正堂刻本　二冊　存二卷（二、五）

330000－1716－0010499　地獻 1829－5/10499　集部/總集類/選集之屬/通代

古文觀止十二卷　（清）吳乘權　（清）吳大職輯　清同治十三年（1874）寧郡簡香齋刻本　清姚守謙題簽　五冊　缺二卷（十一至十二）

330000－1716－0010500　地獻 1824－71/10500　集部/總集類/選集之屬/通代

增批古文觀止十二卷　（清）吳乘權　（清）吳大職輯　清光緒二十七年（1901）浙紹墨潤堂石印本　五冊　存十卷（三至十二）

330000－1716－0010503　經補 0658/10503　經部/叢編

五經旁訓十九卷　（清）徐立綱旁訓　清石印本　七冊　存十卷（書經一至四,詩經一至四,禮記三、五）

330000－1716－0010504　普叢 0038－2/10504　類叢部/叢書類/彙編之屬

嘯園叢書五十七種　（清）葛元煦編　清光緒二年至七年（1876－1881）仁和葛氏刻本　十冊　存六種

330000－1716－0010507　經補 0929－1/10507　經部/叢編

五經旁訓十九卷　（清）徐立綱旁訓　清匠門書屋刻群玉山房印本　八冊　存八卷（禮記一至六、詩經一至二）

330000－1716－0010508　經補 1275/10508　經部/禮記類/傳說之屬

禮記□□卷　清刻本　一冊　存一卷（八）

330000－1716－0010511　子補 3393/10511　子部/宗教類/道教之屬

三教正宗一卷　（清）浩蕩子撰　清同治七年（1868）刻本　一冊

330000－1716－0010512　集補 2450－29/10512　集部/小說類/長篇之屬

第一才子書六十卷首一卷一百二十回　（明）羅貫中撰　（清）毛宗崗評　清刻本　十二冊　存三十九卷（十一至十八、二十一至二十三、二十七至四十一、四十四至四十五、四十八、五十一至六十）

330000－1716－0010513　經補 1342－15/10513　經部/春秋左傳類/傳說之屬

春秋左傳五十卷　（晉）杜預注　（宋）林堯叟補注　（唐）陸德明音義　（明）鍾惺　（明）韓范評　清刻本　九冊　缺三卷（一至三）

330000－1716－0010516　經補 1342－6/10516　經部/春秋左傳類/傳說之屬

春秋左傳五十卷提要一卷　（晉）杜預注　（宋）林堯叟補注　（唐）陸德明音義　**春秋列國圖說一卷**　（宋）蘇軾撰　清光緒三十一年（1905）上海校經山房石印本　七冊　存三十一卷（一至八、十三至二十、三十至三十七、四十二至四十六,提要,圖說）

330000－1716－0010517　子補 3394/10517　子部/醫家類/婦科之屬/產科

大生要旨五卷　（清）唐千頃撰　清光緒五年

(1879)三槐堂刻本　一冊　存三卷(一至三)

330000－1716－0010519　新補0642/10519
新學/理學
天演論二卷　(英國)赫胥黎撰　嚴復譯　清
光緒鉛印本　一冊

330000－1716－0010520　集補1257－2/
10520　集部/總集類/選集之屬/通代
古文辭類纂七十四卷　(清)姚鼐輯　清光緒
十年(1884)行素草堂刻本　七冊　存四十五
卷(一至八、三十八至七十四)

330000－1716－0010524　地獻0869/10524
史部/傳記類/別傳之屬/年譜
皇清誥授振威將軍提督銜浙江定海鎮總兵官
世襲騎都尉兼一雲騎尉諭賜祭葬予諡壯節入
祀昭忠祠勅建專祠顯考淩臺府君[葛雲飛]年
譜一卷　(清)葛以簡　(清)葛以敦編　清道
光刻本　丁之蕃題記　一冊

330000－1716－0010525　經補1273－14/
10525　經部/四書類/總義之屬/傳說
四書集注大全四十三卷　(明)胡廣等輯　清
刻本　一冊　存八卷(論語十三至二十)

330000－1716－0010527　集補3024/10527
集部/總集類/選集之屬/斷代
國朝二十四家文鈔二十四卷　(清)徐斐然輯
清刻本　一冊　存三卷(七至九)

330000－1716－0010528　普叢0084－3/
10528　類叢部/叢書類/郡邑之屬
武林掌故叢編一百九十種　(清)丁丙編　清
光緒三年至二十六年(1877－1900)錢塘丁氏
嘉惠堂刻本([乾道]臨安志卷四至十五、南宋
館閣錄卷一原缺)　三冊　存一種

330000－1716－0010529　集補1013－5/
10529　集部/總集類/課藝之屬
小題正鵠初集不分卷二集不分卷三集不分卷
四集不分卷　(清)李元度輯　清道光二十七
年(1847)李氏家塾刻本　二冊　存二冊(初
集二、三集一)

330000－1716－0010530　史補1435－3/

10530　史部/史評類/考訂之屬
廿二史劄記三十六卷補遺一卷　(清)趙翼撰
清光緒二十八年(1902)文淵山房石印本
四冊　存二十四卷(一至十二、十九至三十)

330000－1716－0010531　集補2815－1/
10531　集部/別集類/清別集
張太史塾課八卷　(清)張江撰　清同治四年
(1865)永思堂刻本　四冊

330000－1716－0010533　子補0562－6/
10533　子部/術數類/命書相書之屬
增補星平會海命學全書十卷首一卷　(清)水
中龍撰　清刻本　三冊　存九卷(二至十)

330000－1716－0010534　地獻1969/10534
新學/議論/論政
自治繁言一卷　黃壽袞撰　清光緒三十三年
(1907)鉛印本　一冊

330000－1716－0010535　普類0158/10535
類叢部/類書類/專類之屬
經史鈔不分卷　(清)徐與喬撰　(清)譚尚忠
增輯　清刻本　二冊

330000－1716－0010536　子補3395/10536
集部/總集類/選集之屬/斷代
皇朝經世文三編八十卷　(清)陳忠倚輯　清
光緒二十七年(1901)上海書局石印本　十五
冊　缺五卷(三十一至三十五)

330000－1716－0010537　集補3134/10537
集部/別集類/清別集
蕉雨山房詩鈔六種十九卷　(清)丁堯臣撰
清光緒會稽丁氏刻本　三冊　存一種

330000－1716－0010538　子補0411－5/
10538　集部/總集類/選集之屬/斷代
皇朝經世文續編一百二十卷　(清)葛士濬輯
清光緒鉛印本　二冊　存九卷(一百七至
一百十五)

330000－1716－0010539　普叢0124－8/
10539　類叢部/叢書類/彙編之屬
秘書廿一種　(清)汪士漢編　清刻本　一冊
存一種

330000－1716－0010543　史補 0893－36/
10543　史部/傳記類/總傳之屬/姓名
聖祖仁皇帝御製百家姓一卷耕織圖詩一卷
唐風箋注　清宣統三年(1911)鉛印本　一冊

330000－1716－0010544　地獻 1824－151/
10544　集部/總集類/選集之屬/通代
古文觀止十二卷　（清）吳乘權　（清）吳大職
輯　清末鉛印本　一冊　存二卷(七至八)

330000－1716－0010546　集補 0989－7/
10546　集部/總集類/選集之屬/通代
古唐詩合解古詩四卷唐詩十二卷　（清）王堯
衢注　清光緒九年(1883)刻本　二冊　存五
卷(古詩一至四、唐詩一)

330000－1716－0010547　史補 0893－37/
10547　史部/傳記類/總傳之屬/姓名
聖祖仁皇帝御製百家姓一卷耕織圖詩一卷
唐風箋注　清宣統三年(1911)鉛印本　一冊

330000－1716－0010548　子補 0364/10548
子部/醫家類/方書之屬
重鐫金瘡鐵扇散良方不分卷　（清）明德
（清）沈平輯　清道光二十九年(1849)刻本
一冊

330000－1716－0010549　普類 0217/10549
類叢部/類書類/專類之屬
叩鉢齋應酬全書十六卷　（清）李之澎　（清）
汪建封輯　清刻本　二冊　存三卷(十一至
十三)

330000－1716－0010550　地獻 1824－78/
10550　集部/總集類/選集之屬/通代
繪圖增批古文觀止十二卷　（清）吳乘權
（清）吳大職輯　清末浙紹明達書莊石印本
五冊　缺二卷(五至六)

330000－1716－0010552　集補 0989－4/
10552　集部/總集類/選集之屬/通代
古唐詩合解古詩四卷唐詩十二卷　（清）王堯
衢注　清刻本　一冊　存三卷(唐詩七至九)

330000－1716－0010554　地獻 0872/10554
子部/術數類/相宅相墓之屬

地鏡□□卷　清末抄本　一冊　存一卷(二)

330000－1716－0010555　子補 3247/10555
子部/醫家類/方書之屬/單方驗方
幾希錄一卷集古方一卷　（清）瑞五堂主人輯
清道光元年(1821)紹興刻本　一冊

330000－1716－0010558　經補 1344－46/
10558　經部/春秋左傳類/傳說之屬
評點春秋左傳綱目句解彙雋六卷　（清）韓菼
重訂　清光緒狀元閣李光明莊刻本　一冊
存一卷(二)

330000－1716－0010559　地獻 0871/10559
子部/宗教類/道教之屬
關聖帝君應驗桃園明聖經一卷　清光緒三十
三年(1907)紹興許廣記刻本　一冊

330000－1716－0010560　子補 3546/10560
子部/藝術類/書畫之屬/總論
甌鉢羅室書畫過目攷四卷首一卷附一卷
（清）李玉棻撰　清光緒二十三年(1897)刻本
二冊　存三卷(三至四、附)

330000－1716－0010561　集補 1522－7/
10561　集部/總集類/選集之屬/通代
文選集評十五卷首一卷末一卷　（清）于光華
輯　清刻本　五冊　存五卷(九至十二、十
四)

330000－1716－0010562　經補 1342－18/
10562　經部/春秋左傳類/傳說之屬
春秋左傳五十卷　（晉）杜預注　（宋）林堯叟
補注　（唐）陸德明音義　（明）鍾惺　（明）
韓范評　清刻本　二冊　存三卷(三至四、
八)

330000－1716－0010564　集補 3029/10564
集部/別集類/唐五代別集
王子安集注二十卷首一卷末一卷　（唐）王勃
撰　（清）蔣清翊注　清光緒九年(1883)吳縣
蔣氏雙唐碑館刻本　一冊　存十卷(二至五、
十至十二、十七至十八,首)

330000－1716－0010566　經補 1273－15/
10566　經部/四書類/總義之屬/傳說

四書集注十九卷　（宋）朱熹撰　清刻本　一冊　存五卷（論語六至十）

330000－1716－0010571　集補 3135/10571
集部/詩文評類/詩評之屬

柳亭詩話三十卷　（清）宋長白纂　清康熙天苗園刻本　五冊　存二十五卷（一至二十五）

330000－1716－0010573　集補 0260－5/10573　集部/別集類/唐五代別集

杜詩集說二十卷末一卷　（唐）杜甫撰　（清）江浩然輯　杜工部年譜一卷　（清）朱鶴齡撰　清刻本　四冊　存四卷（七、十、十七、十九）

330000－1716－0010575　子補 3249/10575
子部/醫家類/綜合之屬/通論

醫宗必讀五卷首一卷　（清）李中梓撰　清刻本　三冊　存三卷（二、四至五）

330000－1716－0010576　子補 3248/10576
子部/天文曆算類/曆法之屬

萬年曆一卷　清刻朱墨套印本　一冊

330000－1716－0010578　經補 1406/10578
經部/小學類/文字之屬/字書/字體

六書分類十二卷首一卷　（清）傅世垚輯　清康熙聽松閣刻本　一冊　存一卷（七）

330000－1716－0010580　集補 2869/10580
集部/詩文評類/詩評之屬

彙纂詩法度鍼三十三卷首一卷　（清）徐文弼輯　清刻本　五冊　存二十四卷（一至二十三、首）

330000－1716－0010582　新補 0132－2/10582　新學/學校

最新中國歷史教科書四卷　姚祖義編　清宣統三年（1911）上海商務印書館鉛印本　一冊　存一卷（四）

330000－1716－0010583　新補 0133/10583
新學/學校

高等小學歷史教科書不分卷　學部編譯圖書局編纂　清宣統三年（1911）學部圖書局石印本　一冊

330000－1716－0010585　子補 3555/10585
子部/兵家類

武備制勝三十一卷　（明）茅元儀輯　清刻本　四冊　存十四卷（一至十四）

330000－1716－0010586　子補 0025－5/10586　子部/藝術類/遊藝之屬/聯語

楹聯叢話十二卷續話四卷　（清）梁章鉅輯　清道光上海郁氏刻本　三冊　缺三卷（十至十二）

330000－1716－0010587　普集 0942－2/10587　集部/別集類/清別集

復堂類集文四卷詩九卷詞二卷日記六卷　（清）譚獻撰　待堂文一卷　（清）吳懷珍撰　清同治至光緒刻本　清陶濬宣題記　五冊　缺二卷（文一至二）

330000－1716－0010588　子補 3251/10588
子部/醫家類/方書之屬/成方藥目

胡慶餘堂丸散膏丹全集不分卷　（清）胡光墉編　清光緒三年（1877）杭州胡慶餘堂刻本　一冊

330000－1716－0010594　子補 3413－2/10594　子部/術數類/陰陽五行之屬

新鐫許眞君玉匣記增補諸家選擇日用通書六卷　題（晉）許眞君增補　清刻本　一冊　缺一卷（六）

330000－1716－0010595　史補 1406/10595
史部/政書類/邦交之屬

交涉約案摘要七卷首一卷附錄一卷　（清）王鵬九編　清光緒刻本　一冊　存三卷（一至二、首）

330000－1716－0010597　集補 3041/10597
集部/總集類/尺牘之屬

昭代名人尺牘續集二十四卷　陶湘輯　清宣統三年（1911）天寶石印局影印本　一冊　存二卷（十七至十八）

330000－1716－0010598　經補 0925－1/10598　經部/禮記類/傳說之屬

禮記集說十卷　（元）陳澔撰　清杭城文光堂

刻本　二冊　存二卷(一、十)

330000－1716－0010600　子補 3236/10600
子部/術數類/命書相書之屬

精刻看命一掌金一卷　(唐)釋一行撰　清刻
本　一冊

330000－1716－0010601　子補 3414/10601
子部/醫家類/綜合之屬/通論

醫宗必讀五卷首一卷　(清)李中梓撰　清刻
本　一冊　存二卷(三至四)

330000－1716－0010604　集補 0989－11/
10604　集部/總集類/選集之屬/通代

古唐詩合解古詩四卷唐詩十二卷　(清)王堯
衢注　清善成堂刻本　二冊　存二卷(唐詩
一至二)

330000－1716－0010606　新補 0686/10606
新學/算學/三角八綫

八綫備旨四卷八綫學總習問一卷　(美國)羅
密士撰　(美國)潘慎文選譯　清光緒三十二
年(1906)上海美華書館鉛印本　一冊

330000－1716－0010607　子補 1050/10607
子部/小說家類/瑣語之屬

勉戒切要録十卷首一卷末一卷　(清)孫廷鍔
編　清刻本　二冊　存四卷(七至八、十，末)

330000－1716－0010608　普集 1730/10608
集部/戲劇類/雜劇之屬

此宜閣增訂金批西廂記四卷首一卷末一卷
(元)王實甫撰　(清)金人瑞評　清此宜閣刻
朱墨套印本　六冊

330000－1716－0010610　普類 0005/10610
類叢部/類書類/通類之屬

事類賦三十卷　(宋)吳淑撰並注　清刻本
六冊

330000－1716－0010612　地獻 0876/10612
集部/總集類/郡邑之屬

越郡詩賦題解十四卷續編十四卷　(清)胡肖
巖輯　清刻本　二冊　存十四卷(一至十四)

330000－1716－0010613　普集 1731/10613

集部/戲劇類/雜劇之屬

此宜閣增訂金批西廂記四卷首一卷末一卷
(元)王實甫撰　(清)金人瑞評　清此宜閣刻
朱墨套印本　五冊　缺一卷(首)

330000－1716－0010615　普集 1732/10615
集部/戲劇類/雜劇之屬

增像第六才子書五卷首一卷　(元)王實甫
(元)關漢卿撰　(清)金人瑞評　清末上海普
新書局石印本　王重正、黃百齡題記　一冊

330000－1716－0010616　子補 3416/10616
子部/宗教類/佛教之屬/諸宗

淨業開蒙不分卷　(清)釋維邇輯　清光緒十
四年(1888)慈谿西方淨寺戀西堂刻本　淞濤
題記　一冊

330000－1716－0010617　地獻 0877/10617
經部/書類/傳說之屬

書經集注六卷　(宋)蔡沈撰　清光緒十一年
(1885)會稽徐氏融經館刻本　三冊　缺一卷
(五)

330000－1716－0010618　子補 0080－6/
10618　子部/儒家類/儒學之屬/蒙學

寄傲山房塾課新增幼學故事瓊林四卷首一卷
(清)程允升撰　(清)鄒聖脈增補　清光緒
十四年(1888)文奎堂刻本　俞村客題記
四冊

330000－1716－0010619　子補 3237/10619
子部/宗教類/道教之屬/戒律

太上感應篇二卷　(清)惠棟注　清刻本
一冊

330000－1716－0010625　子補 3238/10625
子部/宗教類/佛教之屬

五大部直音二卷附諸般經懺直音一卷　清刻
本　二冊

330000－1716－0010628　普集 1734/10628
集部/曲類/彈詞之屬

新編秘本碧玉簪全傳四卷　**新編秘本紫金釵
全傳四卷**　**新編秘本無雙聚珠樓全傳八卷**
清刻本　五冊

330000 – 1716 – 0010636　普叢 0285 – 3/
10636　類叢部/叢書類/自著之屬
曾文正公全集十五種　（清）曾國藩撰　清光
緒二十九年(1903)鴻寶書局石印本　能定題
記　三冊　存二種

330000 – 1716 – 0010639　子補 3422/10639
子部/醫家類/本草之屬/歷代綜合本草
本草從新十八卷　（清）吳儀洛輯　清刻本
一冊　存四卷(十五至十八)

330000 – 1716 – 0010641　普集 1736/10641
集部/曲類/彈詞之屬
新刻時調玉蜻蜓十集二十卷　清刻本　一冊

330000 – 1716 – 0010644　子補 3423/10644
子部/儒家類/儒學之屬/經濟
潛夫論十卷　（漢）王符撰　清刻本　四冊

330000 – 1716 – 0010645　地獻 1824 – 152/
10645　集部/總集類/選集之屬/通代
古文觀止十二卷　（清）吳乘權　（清）吳大職
輯　清末鉛印本　一冊　存二卷(十一至十
二)

330000 – 1716 – 0010646　經補 1273 – 3/
10646　經部/四書類/總義之屬/傳說
四書集注十九卷　（宋）朱熹撰　清文淵堂刻
本　二冊　存二卷(孟子四至五)

330000 – 1716 – 0010647　經補 0484/10647
經部/四書類/孟子之屬/傳說
增補蘇批孟子二卷孟子年譜一卷　（宋）蘇洵
撰　（清）趙大浣增補　清同治十三年(1874)
大文堂刻朱墨套印本　二冊

330000 – 1716 – 0010648　經補 1344 – 38/
10648　經部/春秋左傳類/傳說之屬
曲江書屋新訂批注左傳快讀十八卷首一卷
（清）李紹崧輯　清光緒經元堂刻本　十六冊

330000 – 1716 – 0010649　普集 1737/10649
集部/戲劇類/傳奇之屬
長生殿傳奇四卷五十折　（清）洪昇撰　清宣
統二年(1910)上海文瑞樓鉛印本　二冊

330000 – 1716 – 0010650　普集 1738/10650
集部/戲劇類/傳奇之屬
長生殿傳奇四卷五十折　（清）洪昇撰　清末
鉛印本　一冊　存二卷(一至二)

330000 – 1716 – 0010652　經補 0365/10652
經部/四書類/總義之屬/傳說
四書集注十九卷　（宋）朱熹撰　清刻本　七
冊　存七卷(論語八,孟子一至四、六至七)

330000 – 1716 – 0010653　普集 1739/10653
集部/戲劇類/傳奇之屬
牡丹亭還魂記二卷五十五齣　（明）湯顯祖撰
清光緒三十四年(1908)上海同文詠記石印
本　覺仙題記　一冊

330000 – 1716 – 0010654　新補 0687/10654
新學/算學/代數
代數備旨不分卷總答一卷　（美國）狄考文選
譯　（清）鄒立文　（清）生福維筆述　清光緒
二十三年(1897)上海美華書館鉛印本　一冊

330000 – 1716 – 0010655　子補 3244/10655
子部/術數類/相宅相墓之屬
山洋指迷原本四卷　（明）周景一撰　（清）俞
歸璞　（清）吳卿瞻注　清刻本　三冊　存三
卷(二至四)

330000 – 1716 – 0010657　經補 1273 – 1/
10657　經部/四書類/總義之屬/傳說
四書章句集注十九卷　（宋）朱熹撰　清刻本
二冊　存八卷(論語六至十、孟子一至三)

330000 – 1716 – 0010658　子補 3235/10658
經部/小學類
字學新說讀本五卷首一卷　（清）傅雲龍輯
清末石印本　三冊　存四卷(二至五)

330000 – 1716 – 0010659　經補 1273 – 11/
10659　經部/四書類/總義之屬/傳說
四書集注十九卷　（宋）朱熹撰　清刻本　二
冊　存三卷(孟子三、六至七)

330000 – 1716 – 0010660　子補 0080 – 51/
10660　子部/儒家類/儒學之屬/蒙學
寄傲山房塾課新增幼學故事瓊林四卷首一卷

（清）程允升撰　（清）鄒聖脈增補　清刻本
朱廣福題記　三冊　存三卷（二至四）

330000－1716－0010661　地獻 1971/10661
集部/別集類/明別集

余忠節公遺文一卷附錄一卷　（明）余煌撰
清末會稽董氏取斯家塾木活字印本　一冊

330000－1716－0010662　集補 3247－30/
10662　集部/小說類/短篇之屬

聊齋志異新評十六卷　（清）蒲松齡撰　（清）
王士禛評　（清）呂湛恩注　（清）但明倫批
清石印本　二冊　缺五卷（四、十三至十六）

330000－1716－0010664　經補 0418－5/
10664　經部/四書類/總義之屬/傳說

四書集注十九卷　（宋）朱熹撰　清末鉛印本
　一冊　存三卷（孟子一至三）

330000－1716－0010666　經補 1342－19/
10666　經部/春秋左傳類/傳說之屬

春秋左傳五十卷　（晉）杜預注　（宋）林堯叟
補注　（唐）陸德明音義　（明）鍾惺　（明）
韓范評　清刻本　一冊　存二卷（十八至十
九）

330000－1716－0010669　集補 1145/10669
集部/總集類/氏族之屬

重訂排韻男女氏族合璧全譜二十八卷　（清）
湯榮誥編　清刻本　二冊　存二卷（五、二十
三）

330000－1716－0010671　集補 1436/10671
集部/別集類/清別集

韞山堂詩集十六卷文集八卷　（清）管世銘撰
清刻本　一冊　存二卷（文集五至六）

330000－1716－0010673　子補 3278/10673
子部/儒家類/儒學之屬/蒙學

唐詩便蒙二卷　清浙紹奎照樓刻本　二冊

330000－1716－0010675　史補 1374－1/
10675　史部/傳記類/總傳之屬/姓名

郡名百家姓一卷　清光緒十三年（1887）蕭邑
趙元順號刻本　英題簽　一冊

330000－1716－0010678　史補 1374－2/
10678　史部/傳記類/總傳之屬/姓名

五音郡名百家姓一卷　清刻本　一冊

330000－1716－0010679　經補 0418－4/
10679　經部/四書類/總義之屬/傳說

四書集注十九卷　（宋）朱熹撰　清末鉛印本
　一冊　存二卷（孟子六至七）

330000－1716－0010680　子補 3283/10680
子部/儒家類/儒學之屬/蒙學

神童詩一卷　清蕭邑田惠順號刻本　一冊

330000－1716－0010682　經補 1273－10/
10682　經部/四書類/總義之屬/傳說

四書集注十九卷　（宋）朱熹撰　清刻本　二
冊　存五卷（孟子一至五）

330000－1716－0010683　集補 1518－16/
10683　集部/總集類/選集之屬/通代

奎照樓千家詩二卷　清浙紹奎照樓刻本　一
冊　存一卷（一）

330000－1716－0010684　普經 0952/10684
經部/四書類/總義之屬/傳說

四書集注十九卷　（宋）朱熹撰　清末紹興墨
潤堂刻本　二冊　存八卷（論語一至五、孟子
一至三）

330000－1716－0010685　地獻 1641/10685
史部/地理類/水利之屬

小舜江源流一卷　朱稷臣撰　稿本　宗琦題
簽並記　一冊

330000－1716－0010687　史補 1448/10687
史部/政書類/通制之屬

欽定大清會典一百卷　（清）張廷玉等纂修
清刻本　十冊　存四十五卷（四至十九、三十
六至三十八、四十六至五十七、七十四至七十
八、八十一至八十五、九十三至九十六）

330000－1716－0010688　經補 1491/10688
經部/書類/傳說之屬

書經增訂旁訓四卷　（清）徐立綱旁訓　清遵
義堂刻本　一冊　存二卷（一至二）

330000－1716－0010690　普集 1742/10690
集部/戲劇類/傳奇之屬
桃花扇傳奇四卷首一卷　（清）孔尚任撰　清
道光十三年(1833)刻本　二冊　存二卷(一
至二)

330000－1716－0010691　子補 3424－1/
10691　子部/醫家類/方書之屬/成方藥目
胡慶餘堂丸散膏丹全集不分卷續增一卷
（清）胡光墉編　清光緒三年(1877)杭州胡慶
餘堂刻本　一冊

330000－1716－0010694　經補 1280/10694
經部/詩類/傳說之屬
御纂詩義折中二十卷　（清）傅恒　（清）陳兆
崙等纂　清刻本　一冊　存二卷(五至六)

330000－1716－0010695　子補 3424－2/
10695　子部/醫家類/方書之屬/成方藥目
胡慶餘堂丸散膏丹全集不分卷續增一卷
（清）胡光墉編　清光緒三年(1877)杭州胡慶
餘堂刻本　一冊

330000－1716－0010697　地獻 1972/10697
集部/別集類/明別集
余忠節公遺文一卷附錄一卷　（明）余煌撰
清末會稽董氏取斯家塾木活字印本　一冊

330000－1716－0010698　普集 1740/10698
集部/戲劇類/傳奇之屬
牡丹亭還魂記二卷五十五齣　（明）湯顯祖撰
清光緒石印本　一冊

330000－1716－0010702　經補 0867－1/
10702　經部/小學類/文字之屬/字書/訓蒙
新鐫六言雜字一卷　（清）杜廣友　（清）金子
合校　清光緒十三年(1887)杭城大文堂刻本
一冊

330000－1716－0010703　集補 1575－1/
10703　集部/詩文評類/詩評之屬
詩法入門十卷首一卷　（清）游藝輯　清刻本
三冊　存六卷(一、四至七,首)

330000－1716－0010705　普集 1744/10705
集部/戲劇類/雜劇之屬

增像第六才子書五卷首一卷　（元）王實甫
（元）關漢卿撰　（清）金人瑞評　清末石印本
胡維銓題簽　一冊　存一卷(三)

330000－1716－0010706　地獻 1426－20/
10706　經部/四書類/總義之屬/傳說
便蒙四書四種　（宋）朱熹撰　清浙紹奎照樓
刻本　一冊　存一種

330000－1716－0010708　經補 0931－5/
10708　經部/四書類/總義之屬/傳說
便蒙四書四種　（宋）朱熹撰　清刻本　一冊
存一種

330000－1716－0010710　普集 1745/10710
集部/戲劇類/雜劇之屬
增像第六才子書五卷首一卷　（元）王實甫
（元）關漢卿撰　（清）金人瑞評　清末石印本
二冊　存三卷(一、三至四)

330000－1716－0010711　地獻 1426－21/
10711　經部/四書類/總義之屬/傳說
便蒙四書四種　（宋）朱熹撰　清趙元隆號刻
本　二冊　存一種

330000－1716－0010713　經補 1532/10713
經部/群經總義類/文字音義之屬
經典釋文三十卷　（唐）陸德明撰　**經典釋文
攷證三十卷**　（清）盧文弨撰　清同治八年
(1869)湖北崇文書局刻本　一冊　存三十卷
(攷證一至三十)

330000－1716－0010714　普集 1746/10714
集部/戲劇類/傳奇之屬
牡丹亭還魂記八卷　（明）湯顯祖撰　清刻本
二冊　存五卷(三至七)

330000－1716－0010715　史補 0613/10715
史部/地理類/外紀之屬
瀛環志略十卷　（清）徐繼畬撰　清同治五年
(1866)總理衙門刻本　六冊

330000－1716－0010718　子補 3425/10718
子部/宗教類/佛教之屬/諸宗
禪門日誦一卷　清光緒刻本　一冊

330000 – 1716 – 0010719　　集補 3040 – 1/
10719　　集部/詩文評類/文法之屬/函牘格式

三界改良尺牘教科書二卷　馮華臣撰　清光
緒三十三年（1907）上海明達書莊石印本
二冊

330000 – 1716 – 0010720　　集補 3279/10720
集部/小說類/長篇之屬

**新刊彭公案六卷一百回續四卷八十回再續四
卷八十回全續四卷八十一回**　（清）貪夢道人
撰　清光緒上海掃葉山房石印本　十二冊
存十三卷（三至四、六,續一至二、四,再續一
至三,全續一至四）

330000 – 1716 – 0010721　　普集 1747/10721
集部/戲劇類/傳奇之屬

玉茗堂四種傳奇八卷　（明）湯顯祖撰　（明）
臧懋循訂　清帶耕書屋刻本　一冊　存一種

330000 – 1716 – 0010722　　經補 0563/10722
經部/四書類/總義之屬/傳說

**酌雅齋四書遵注合講十九卷附酌雅齋四書圖
考一卷**　（清）翁復編次　（清）詹文煥參定
清乾隆十八年（1753）酌雅齋刻本　二冊　存
八卷（圖考一、大學一、中庸一、論語一至五）

330000 – 1716 – 0010725　　集補 1382/10725
集部/總集類/郡邑之屬

雙湖翹秀集一卷　（清）陳康祺輯　清同治十
年（1871）詁研室刻本　五冊

330000 – 1716 – 0010726　　子補 3277/10726
子部/天文曆算類/算書之屬

算法指掌大全四卷附飛歸算法一卷　清末石
印本　一冊

330000 – 1716 – 0010727　　子補 3276/10727
子部/醫家類/傷寒金匱之屬/傷寒論

長沙方歌括六卷　（清）陳念祖撰　清漁古山
房刻本　三冊

330000 – 1716 – 0010728　　地獻 0879/10728
子部/術數類/命書相書之屬

新刊合併官板音義評注淵海子平五卷　（宋）
徐升編　清浙紹墨潤堂刻本　二冊

330000 – 1716 – 0010730　　子補 0011 – 7/
10730　　子部/藝術類/書畫之屬/書法書品

精印翰苑分書小楷一卷　（清）夏同善等書
清末石印本　一冊

330000 – 1716 – 0010731　　史補 1464/10731
史部/政書類/公牘檔冊之屬

徵信錄不分卷　清光緒十七年（1891）新安惟
善堂刻本　一冊

330000 – 1716 – 0010732　　子補 0202 – 5/
10732　　子部/醫家類/類編之屬

南雅堂醫書全集十六種　（清）陳念祖撰　清
刻本　七冊　存一種

330000 – 1716 – 0010733　　新補 0170 – 1/
10733　　新學/政治法律

重訂立憲國民讀本二卷　商務印書館編譯所
編纂　清宣統元年（1909）上海商務印書館鉛
印本　二冊

330000 – 1716 – 0010735　　集補 0019 – 15/
10735　　集部/曲類/彈詞之屬

新刻秘本彈詞五虎平西全傳□□卷　清瑞雲
閣刻本　一冊　存四卷（三十八至四十一）

330000 – 1716 – 0010737　　集補 3124 – 2/
10737　　集部/小說類/長篇之屬

繡像六續施公案清烈傳四卷四十回　清光緒
石印本　一冊　存二卷（三至四）

330000 – 1716 – 0010738　　新補 0038/10738
新學/學校

最新國文教科書詳解不分卷　莊俞等編纂
清光緒三十四年（1908）上海商務印書館鉛印
本　六冊

330000 – 1716 – 0010741　　地獻 0882/10741
新學/算學/三角八綫

八綫詳草八卷　（清）劉鵬振撰　清光緒三十
二年（1906）浙紹墨潤堂石印本　二冊　存四
卷（五至八）

330000 – 1716 – 0010742　　子補 3279/10742
子部/宗教類/道教之屬

敬竈全書不分卷　（清）惕心憫世道人輯　清

光緒二十九年(1903)紹興竹筍齋刻本　一冊

330000－1716－0010743　經補 1544/10743
經部/春秋左傳類/傳說之屬

東萊博議四卷　(宋)呂祖謙撰　清光緒七年(1881)崇明馮泰松刻本　二冊　存二卷(二、四)

330000－1716－0010750　地獻 0884/10750
史部/傳記類/科舉錄之屬/歷科登科錄

[光緒己丑科]會試硃卷一卷　王繼香撰　清光緒刻本　一冊

330000－1716－0010751　集補 2926/10751
集部/總集類/課藝之屬

仁在堂全集十一集續刻三集　(清)路德輯　清漁古山房刻本　二冊　存一種

330000－1716－0010753　新補 0109－1/10753　新學/學校

高等小學理科教科書四卷　(日本)棚橋源太郎撰　王季烈譯　清宣統二年(1910)上海文明書局鉛印本　三冊　存三卷(二至四)

330000－1716－0010755　集補 2936/10755
集部/總集類/選集之屬/通代

賦學正鵠集釋十一卷　(清)李元度輯　清刻本　四冊　缺二卷(一至二)

330000－1716－0010758　子補 0202－4/10758　子部/醫家類/類編之屬

陳修園先生晚餘三書　(清)陳念祖撰　清遠安堂刻本　一冊　存二種

330000－1716－0010759　經補 1342－11/10759　經部/春秋左傳類/傳說之屬

春秋左傳五十卷　(晉)杜預注　(宋)林堯叟補注　(唐)陸德明音義　(明)鍾惺　(明)韓范評　清光緒元年(1875)蘇州小西山房刻本　八冊　存三十卷(一至二、十五至二十、二十五至三十六、四十一至五十)

330000－1716－0010760　地獻 0883/10760
子部/醫家類/婦科之屬/產科

小蓬萊山館方鈔二卷　(清)馬二泉輯　清道光十六年(1836)刻本　一冊

330000－1716－0010761　史補 1372/10761
史部/詔令奏議類/詔令之屬

上諭條例不分卷(道光十一年、十八年)　清道光江蘇布政使司衙門刻本　清雪厓題簽　二冊

330000－1716－0010762　史補 1373/10762
史部/政書類/通制之屬

吾學錄初編二十四卷　(清)吳榮光撰　清光緒十年(1884)刻本　十冊

330000－1716－0010763　經補 1342－14/10763　經部/春秋左傳類/傳說之屬

春秋左傳五十卷提要一卷　(晉)杜預注　(宋)林堯叟補注　(唐)陸德明音義　清光緒二十二年(1896)經綸元記刻本　三冊　存十三卷(一至十二、提要)

330000－1716－0010765　子補 3282/10765
子部/藝術類/遊藝之屬/聯語

對聯匯海十四卷　(清)邱曰虹編輯　清同治六年(1867)經元堂刻本　六冊

330000－1716－0010766　經補 1342－8/10766　經部/春秋左傳類/傳說之屬

春秋左傳五十卷　(晉)杜預注　(宋)林堯叟補注　(唐)陸德明音義　(明)鍾惺　(明)韓范評　清同治十二年(1873)浙紹奎照樓刻本　十一冊　缺五卷(五至九)

330000－1716－0010767　集補 3043/10767
集部/別集類/唐五代別集

杜工部集二十卷附錄一卷年譜一卷附諸家詩話一卷唱酬題詠附錄一卷　(唐)杜甫撰　(清)錢謙益箋注　清宣統二年(1910)上海集成圖書公司鉛印本　二冊　存四卷(一至二、諸家詩話、唱酬題詠附錄)

330000－1716－0010768　集補 1078/10768
集部/總集類/氏族之屬

范文正公忠宣公全集二種七十三卷　(宋)范仲淹　(宋)范純仁撰　清康熙四十六年(1707)范氏歲寒堂刻本　三冊　存一種

330000－1716－0010770　集補 3045/10770

集部/別集類/唐五代別集

韋蘇州集十卷 （唐）韋應物撰　清宣統三年 (1911) 上海自強書局石印本　三冊

330000－1716－0010771　集補 3113/10771
集部/總集類/選集之屬/通代

經史百家雜鈔二十六卷 （清）曾國藩輯　清光緒三十二年 (1906) 上海商務印書館鉛印本　二冊　存四卷（一至二、九至十）

330000－1716－0010773　普叢 0165－2/10773　類叢部/叢書類/郡邑之屬

台州叢書九種 （清）宋世犖輯　清嘉慶至道光臨海宋氏刻本　三冊　存一種

330000－1716－0010776　經補 0933－2/10776　經部/四書類/論語之屬/傳說

增訂二論詳解四卷 （清）劉忠輯　清光緒五年 (1879) 上海上海掃葉山房刻本　二冊

330000－1716－0010778　集補 0391－6/10778　集部/總集類/尺牘之屬

八賢手札 (名賢手札) 八卷 （清）曾國藩等撰　（清）郭慶藩輯　清光緒三十四年 (1908) 上洋海左書局石印本　三冊　缺一卷（一）

330000－1716－0010780　地獻 0887/10780
子部/醫家類/傷寒金匱之屬

醫門棒喝二集□□卷 （清）章楠撰　清抄本　一冊　存一卷（四）

330000－1716－0010782　子補 3561/10782
子部/術數類

百中經不分卷 清光緒七年 (1881) 粵東富桂堂刻本　一冊

330000－1716－0010784　經補 0933－1/10784　經部/四書類/論語之屬/傳說

增訂二論詳解四卷 （清）劉忠輯　清同治四年 (1865) 金陵文英堂刻本　二冊

330000－1716－0010785　新補 0689/10785
新學/算學/數學

筆算數學三卷 （美國）狄考文輯　（清）鄒立文述　清光緒二十四年 (1898) 上海美華書館鉛印本　諸維渙題記　一冊

330000－1716－0010793　地獻 0888/10793
史部/傳記類/總傳之屬/家乘

山陰天樂葛氏選舉旌表節孝家傳紀略不分卷 （清）□□輯　清天樂葛氏抄本　一冊

330000－1716－0010800　普叢 0392/10800
類叢部/叢書類/自著之屬

寂園叢書 (寂園志) 十一種 陳瀏撰　清宣統至民國鉛印本　一冊　存一種

330000－1716－0010801　普史 1463/10801
類叢部/叢書類/彙編之屬

蟫隱廬叢書十八種 羅振常編　清宣統二年至民國二十五年 (1910－1936) 上虞羅氏石印暨鉛印本　一冊　存一種

330000－1716－0010803　善附 0244/10803
集部/別集類/明別集

文城集一卷諸仙詩話一卷 （明）茅大方撰　清山陰沈氏鳴野山房抄本　一冊

330000－1716－0010804　經補 1414－5/10804　經部/小學類/文字之屬/字書/字典

字彙十二集首一卷末一卷 （明）梅膺祚撰　清刻本　十四冊

330000－1716－0010806　集補 3118/10806
集部/總集類/選集之屬/通代

類纂古文雲蒸六卷 （清）燕毅編　清光緒三年 (1877) 南州亦政書齋刻本　五冊　缺一卷（六）

330000－1716－0010809　善附 0243/10809
史部/地理類/雜志之屬

廣會稽風俗賦一卷 （清）陶元藻撰　清抄本　一冊

330000－1716－0010810　子補 4078/10810
子部/醫家類/類編之屬

陳修園醫書二十三種 （清）陳念祖等撰　清刻本　三冊　存一種

330000－1716－0010811　子補 1740/10811
子部/術數類/相宅相墓之屬

嚴陵張九儀地理穿山透地真傳不分卷 （清）張鳳藻撰　清善成堂刻本　四冊

330000－1716－0010812　善附 0245/10812
集部/總集類/郡邑之屬

鳴野山房所見書一卷　清山陰沈氏鳴野山房
抄本　一冊

330000－1716－0010817　子補 3545/10817
子部/藝術類/書畫之屬/畫譜

嘯琴畫譜初集一卷　（清）樓嘯琴繪並撰　清
光緒二十一年(1895)石印本　二冊

330000－1716－0010827　史補 1470/10827
史部/政書類/律令之屬/律例

欽定戶部則例一百卷首一卷　（清）倭仁等修
（清）英傑等纂　清同治四年(1865)刻本
十一冊　存十九卷(一至十、十一至十二、十
七至二十、三十六、四十一、首)

330000－1716－0010831　經補 1373/10831
經部/四書類/總義之屬/傳說

四書讀本十九卷　（宋）朱熹撰　清同治七年
(1868)東越經畬堂刻本　三冊　存六卷(大
學、中庸、孟子四至七)

330000－1716－0010834　普叢 0437－18/
10834　類叢部/叢書類/自著之屬

隨園三十種　（清）袁枚撰　清刻本　二冊
存一種

330000－1716－0010835　集補 3046/10835
集部/總集類/彙編之屬

漢魏六朝一百三家集(漢魏六朝百三名家集)
（明）張溥編　明婁東張氏刻本　一冊　存
二種

330000－1716－0010836　集補 3119/10836
集部/別集類/漢魏六朝別集

諸葛丞相集四卷　（三國蜀）諸葛亮撰　（清）
朱璘纂輯　清康熙三十七年(1698)古虞朱氏
萬卷堂刻本　二冊　存二卷(二至三)

330000－1716－0010837　地獻 0889/10837
子部/醫家類/方書之屬/單方驗方

幾希錄續刻一卷附集經驗諸方一卷　（清）金
纓撰　佐治藥言一卷續一卷　（清）汪輝祖撰
清光緒五年(1879)錢塘唐恭安刻本　一冊

330000－1716－0010840　子補 1107－2/
10840　子部/術數類/相宅相墓之屬

重鐫官板地理天機會元三十五卷　（唐）卜則
巍撰　（明）顧乃德輯　（明）徐之鏌重編　清
光緒十六年(1890)學庫山房刻本　十六冊

330000－1716－0010841　普集 0192－2/
10841　集部/別集類/宋別集

歐陽文忠公全集一百五十三卷附錄五卷
（宋）歐陽修撰　年譜一卷　（宋）胡柯編　清
康熙十一年(1672)曾弘刻本　一冊　存七卷
(一至六、年譜)

330000－1716－0010843　史補 1602/10843
史部/傳記類/科舉錄之屬/總錄

金臚策楷一卷　清光緒十八年(1892)上海鴻
寶齋石印本　一冊

330000－1716－0010844　普史 1465/10844
子部/叢編

徐氏三種(重刻徐氏三種)　（清）徐士業編
清歙西徐氏二西堂刻本　一冊　存一種

330000－1716－0010848　子補 3562/10848
子部/道家類

立命編四卷首一卷附一卷格言纂要一卷
（清）積功堂輯　清刻本　一冊　存一卷(格
言纂要)

330000－1716－0010852　集補 3014/10852
集部/別集類/清別集

錢牧齋尺牘三卷補遺一卷　（清）錢謙益撰
清末上海商務印書館鉛印本　二冊　存二卷
(一至二)

330000－1716－0010854　善附 0251/10854
集部/總集類/域外之屬

安南要編三卷雜鈔一卷　陶在寬輯　清光緒
稿本　二冊

330000－1716－0010857　經補 1344－33/
10857　經部/春秋左傳類/傳說之屬

評點春秋綱目左傳句解彙雋六卷　（清）韓葵
重訂　清宣統元年(1909)石印本　二冊　存
二卷(三、六)

330000－1716－0010858　子補 3556/10858
子部/醫家類/方書之屬/成方藥目

胡慶餘堂丸散膏丹全集不分卷續增一卷
（清）胡光墉編　清光緒三年（1877）杭州胡慶
餘堂刻本　一冊

330000－1716－0010859　子補 3384/10859
子部/術數類/相宅相墓之屬

新鐫徐氏家藏羅經頂門針二卷附鄙言一卷
（明）徐之鎮撰　清末上海廣益書局石印本
一冊

330000－1716－0010860　集補 3047/10860
集部/別集類/宋別集

龍川文集三十卷　（宋）陳亮撰　清康熙四十
八年（1709）永康陳氏聚星堂刻本　一冊　存
四卷（二十七至三十）

330000－1716－0010865　子補 3639/10865
子部/術數類/相宅相墓之屬

重刊人子須知資孝地理心學統宗八卷首一卷
　（明）徐善繼　（明）徐善述撰　清宣統三年
（1911）上海江左書林石印本　七冊　缺一卷
（八）

330000－1716－0010867　經補 1266－1/
10867　經部/書類/傳說之屬

書經體注大全合參六卷　（清）錢希祥纂輯
書經集傳六卷　（宋）蔡沈撰　清刻本　一冊
存一卷（四）

330000－1716－0010872　經補 1523/10872
經部/四書類/總義之屬/傳說

四書經注集證十九卷　（清）吳昌宗撰　清刻
本　一冊　存一卷（孟子六）

330000－1716－0010873　地獻 1829－10/
10873　集部/總集類/選集之屬/通代

古文觀止十二卷　（清）吳乘權　（清）吳大職
輯　清光緒十六年（1890）王氏日開山房刻本
五冊　缺二卷（七至八）

330000－1716－0010874　子補 3415/10874
子部/宗教類/佛教之屬/經

金剛般若波羅蜜經句解易知二卷　（後秦）釋

鳩摩羅什譯　（南朝梁）蕭統分章　（清）王澤
洴注注解　清光緒二年（1876）吳下刻本　一冊

330000－1716－0010876　普叢 0260－1/
10876　類叢部/叢書類/彙編之屬

文林綺繡十種九十六卷　（清）鴻寶齋書局輯
清光緒二十二年（1896）鴻寶齋書局石印本
六冊　存六種

330000－1716－0010877　子補 0613/10877
子部/天文曆算類/曆法之屬

新鐫曆法便覽象吉備要通書大全三十二卷
（清）魏鑑撰　清三餘堂刻本　三冊　存七卷
（一至二、二十三至二十七）

330000－1716－0010879　集補 3464/10879
集部/別集類/清別集

東池草堂尺牘四卷　（清）謝鴻申撰　清咸豐
三年（1853）刻本　一冊　存二卷（三至四）

330000－1716－0010880　史補 0670/10880
史部/政書類/律令之屬/治獄

增補注釋蕭曹遺筆四卷　（明）竹林浪叟輯
清刻本　一冊　存一卷（一）

330000－1716－0010881　集補 3120/10881
集部/別集類/唐五代別集

駱臨海集十卷　（唐）駱賓王撰　（清）趙忠補
輯　清松林宗祠刻本　一冊　存六卷（五至
十）

330000－1716－0010883　集補 1361－1/
10883　集部/總集類/課藝之屬

青雲集分韻試帖詳注四卷　（清）楊逢春
（清）蕭應樞輯　（清）沈品華等注　清光緒四
年（1878）鉛印本　三冊　缺一卷（二）

330000－1716－0010885　善 0494/10885　子
部/雜著類/雜纂之屬

新鐫諸子拔萃八卷　（明）李雲翔評選　明末
張起鵬刻朱墨套印本　一冊　存一卷（五）

330000－1716－0010886　經補 0940/10886
經部/叢編

**重刊宋本十三經注疏四百十六卷附十三經注
疏校勘記四百十六卷**　（清）阮元撰　（清）盧

463

宣句摘録　清嘉慶二十年（1815）南昌府學刻本　一冊　存一種

330000－1716－0010887　地獻 1991－1/10887　經部/大戴禮記類/傳說之屬

夏小正戴氏傳四卷　（宋）傅崧卿校注　**考異一卷別録一卷**　（清）傅以禮輯　清同治八年（1869）大興傅氏長恩閣刻本　一冊

330000－1716－0010888　普類 0123/10888　類叢部/類書類/專類之屬

韻海鴛鴦十六卷　（清）崔祺輯　清道光二十五年（1845）僊源崔氏尋樂軒刻本　二冊　存六卷（七至八、十三至十六）

330000－1716－0010890　子補 3582/10890　子部/宗教類/其他宗教之屬/基督教

真福克來傳一卷　（清）林達尼老譯　清光緒三十一年（1905）北京救世堂鉛印本　一冊

330000－1716－0010891　集補 1520－1/10891　集部/總集類/選集之屬/斷代

宋四名家詩　（清）周之鱗　（清）柴升編　清刻本　一冊　存一種

330000－1716－0010893　普叢 0165－1/10893　類叢部/叢書類/郡邑之屬

台州叢書九種　（清）宋世犖輯　清嘉慶至道光臨海宋氏刻本　五冊　存二種

330000－1716－0010895　子補 3564/10895　子部/術數類/命書相書之屬

袁柳莊先生神相全編三卷　（明）袁忠徹撰　清刻本　二冊

330000－1716－0010897　地獻 0892/10897　新學/雜著

官話字母對兵說話一卷　沈永霖編　清宣統三年（1911）開明書局石印本　一冊

330000－1716－0010898　普史 1467/10898　史部/地理類/外紀之屬

初使泰西記四卷　（清）志剛撰　清光緒避熱窩刻本　一冊　存一卷（三）

330000－1716－0010899　地獻 1829－13/

330000－1716－0010899　集部/總集類/選集之屬/通代

文翰齋古文觀止十二卷　（清）吳乘權　（清）吳大職輯　清光緒六年（1880）浙紹聚奎堂刻本　清諸善箕批並圈點　四冊

330000－1716－0010900　經補 1293－2/10900　經部/四書類/總義之屬/傳說

圖畫四書白話解二十卷　王有宗　施崇恩校　清光緒三十四年（1908）上海彪蒙書室石印本　四冊　存六卷（大學、中庸一、論語一至四）

330000－1716－0010903　集補 1305/10903　集部/別集類/清別集

拙尊園叢稿六卷　（清）黎庶昌撰　清光緒二十三年（1897）石印本　一冊　存一卷（六）

330000－1716－0010907　經補 0701－2/10907　經部/叢編

五經味根録四十七卷　關蔚煌輯　清末同文書局石印本　三冊　存七卷（書經一至六、首）

330000－1716－0010908　經補 0688－26/10908　經部/春秋左傳類/傳說之屬

東萊先生左氏博議二十五卷　（宋）呂祖謙撰　**虛字注釋備考六卷**　（清）張文炳點定　清道光十九年（1839）錢塘瞿氏清吟閣刻本　三冊　缺六卷（十二至十七）

330000－1716－0010911　地獻 2027/10911　子部/天文曆算類/天文之屬

星象測圖一卷　清抄本　一冊

330000－1716－0010912　經補 1494/10912　經部/大戴禮記類/傳說之屬

夏小正戴氏傳四卷　（宋）傅崧卿校注　**考異一卷別録一卷**　（清）傅以禮輯　清同治八年（1869）大興傅氏長恩閣刻本　一冊

330000－1716－0010916　子補 3565/10916　子部/儒家類/儒學之屬/俗訓

覺世格言一卷　清咸豐十年（1860）蘇城刻本　一冊

330000－1716－0010917　史補 0660－1/

10917 史部/職官類/官箴之屬

宦鄉要則七卷首一卷 （清）張鑒瀛輯 清光緒石印本 清周□熙題簽 一冊 存四卷（四至七）

330000－1716－0010918 子補 3566/10918 子部/儒家類/儒學之屬/禮教

振新集要三卷 （清）徐國楨 （清）蔡廷梅輯 清光緒三十三年（1907）杭州中合印書公司鉛印本 一冊

330000－1716－0010921 史補 1603/10921 史部/傳記類/職官錄之屬/總錄

［清光緒三十四年］中州簡明同官錄不分卷 （清）開封府校輯 清光緒三十四年（1908）河南刻本 一冊

330000－1716－0010923 集補 0999－1/10923 集部/別集類/清別集

小倉山房尺牘六卷 （清）袁枚撰 清刻本 一冊 存二卷（五至六）

330000－1716－0010924 經補 1421/10924 經部/群經總義類/傳說之屬

雪樵經解三十卷附錄三卷 （清）馮世瀛輯 清光緒十一年（1885）馮氏辨齋錫活字印本 四冊 存二十四卷（一至十八、二十五至三十）

330000－1716－0010925 集補 1350/10925 集部/總集類/選集之屬/通代

賦海大觀三十二卷 （清）沈祖燕編輯 清光緒十六年（1890）上海鴻寶齋石印本 十二冊 存十四卷（三上中、五、八、十下、十一、十五、十九至二十、二十三至二十四、二十六至二十七、三十一至三十二）

330000－1716－0010926 子補 1263－11/10926 類叢部/類書類/專類之屬

江湖輯要四卷 分韻字彙撮要四卷 （清）溫儀鳳輯 清光緒十九年（1893）四明茹古齋鉛印本 一冊 存二卷（江湖輯要二、分韻字彙撮要二）

330000－1716－0010927 子補 1842－1/

10927 子部/儒家類/儒學之屬/勸學

勸學篇二卷 （清）張之洞撰 清末石印本 一冊 存一卷（二）

330000－1716－0010928 集補 0051－4/10928 集部/小說類/長篇之屬

新刻繪圖粉粧樓全傳十二卷八十回 （清）竹溪山人撰 清光緒三十四年（1908）錦文書莊石印本 秦梅軒題簽 二冊 存二卷（一至二）

330000－1716－0010931 經補 0690－1/10931 經部/叢編

五經合纂大成四十九卷 （清）同文書局主人輯 清光緒十一年（1885）上海同文書局石印本 十冊 缺二十九卷（詩經一至六、首，書經五至六，易經二，禮記七至八，春秋一至十六、首）

330000－1716－0010932 集補 3329/10932 集部/總集類/課藝之屬

江南全省大學堂課藝初編三卷 （清）俞樾鑒定 清光緒二十八年（1902）上海森記書莊石印本 一冊 存一卷（一）

330000－1716－0010933 經補 1420/10933 經部/叢編

五經味根錄四十七卷 關蔚煌輯 清末凌雲閣石印本 三冊 存九卷（春秋六至十、禮記三至四、七至八）

330000－1716－0010934 集補 1491/10934 集部/別集類/清別集

尚絅堂詩集五十二卷箏船詞二卷駢體文二卷 （清）劉嗣綰撰 清同治八年（1869）劉氏刻宣統二年（1910）印本 二冊 存十二卷（二十四至三十五）

330000－1716－0010935 地獻 1829－2/10935 集部/總集類/選集之屬/通代

古文觀止十二卷 （清）吳乘權 （清）吳大職輯 清浙蘭慎言堂刻本 金劍彪題簽 六冊

330000－1716－0010936 經補 0873－13/10936 經部/小學類/音韻之屬/韻書

增注字類標韻六卷 （清）華綱撰 （清）范多
珏重訂 清末鉛印本 一冊

330000－1716－0010937 子補 3436/10937
子部/雜著類/雜纂之屬

初學論策啟悟集不分卷 （清）唐恭安輯 清
光緒石印本 一冊

330000－1716－0010938 集補 3123/10938
子部/儒家類/儒學之屬/性理

潛室陳先生木鐘集十一卷 （宋）陳埴撰 清
同治六年(1867)陳思燆東甌郡齋刻本 四冊

330000－1716－0010939 地獻 1829－1/
10939 集部/總集類/選集之屬/通代

古文觀止十二卷 （清）吳乘權 （清）吳大職
輯 清道光二十七年(1847)金閶巽記刻本
五冊 存十卷(一至六、九至十二)

330000－1716－0010940 史補 0277－2/
10940 史部/史評類/史論之屬

歷朝史論彙編二十三卷 （清）鮑雍輯 清光
緒二十八年(1902)志懷主人石印本 六冊
缺八卷(十至十七)

330000－1716－0010941 集補 3055/10941
集部/別集類/清別集

壓線編六卷 （清）趙古農 （清）繆艮撰 清
文德堂刻本 陶也題簽 六冊

330000－1716－0010942 集補 3247－23/
10942 集部/小說類/短篇之屬

聊齋志異評注十六卷 （清）蒲松齡撰 （清）
王士禎評 （清）呂湛恩注 （清）但明倫批
清刻朱墨套印本 四冊 存四卷(四、六、九、
十四)

330000－1716－0010943 史補 1432－2/
10943 史部/地理類/外紀之屬

萬國分類時務大成四十卷首一卷 （清）錢灃
選輯 清光緒二十三年(1897)申江袖海山房
石印本 二十六冊 缺三卷(十二、二十至二
十一)

330000－1716－0010946 普類 0212/10946
新學/雜著/叢編

新學界叢編十四卷 （清）古越愛國學士輯
清末石印本 五冊 存七卷(一至六、十二)

330000－1716－0010949 地獻 1878/10949
集部/別集類/清別集

守拙子詩一卷附詞一卷 （清）秦涵章撰 清
光緒二十五年(1899)刻本 一冊

330000－1716－0010950 地獻 1919－15/
10950 集部/總集類/尺牘之屬

新輯尺牘合璧四卷 （清）許思湄 （清）龔尊
撰 （清）婁世瑞注 （清）寄虹軒主人輯 清
末石印本 二冊

330000－1716－0010951 集補 3054/10951
集部/總集類/課藝之屬

目耕齋讀本初集不分卷二集不分卷 （清）徐
楷評注 （清）沈叔眉選刊 清刻本 三冊

330000－1716－0010952 史補 0024－1/
10952 史部/編年類/斷代之屬

清史攬要六卷 （日）增田貢撰 清光緒二
十七年(1901)杭州白話報館石印本 五冊
存五卷(一至五)

330000－1716－0010954 新補 0541/10954
新學/政治法律

中外時務經濟統宗十八卷 清光緒鉛印本
九冊 存十卷(四至七、九至十四)

330000－1716－0010955 子補 3567－2/
10955 子部/藝術類/書畫之屬/法帖

屈原賦二十五篇不分卷 （清）王仁堪等書
清宣統元年(1909)上海商務印書館影印本
王元奎題記 一冊

330000－1716－0010956 集補 3050/10956
集部/別集類/清別集

孫注適軒尺牘八卷 （清）徐菊生撰 （清）孫
震咸注 清光緒十五年(1889)上海珍藝書局
鉛印本 二冊 存四卷(二至四、八)

330000－1716－0010957 新補 0597－1/
10957 新學/格致總

時務通考三十一卷 （清）王奇英等編 清末
石印本 二十冊 存二十三卷(一至四、九至

十一、十三至二十八）

330000－1716－0010958　地獻 0895/10958
經部/小學類/音韻之屬

律呂調陽一卷　（清）熊樞録　清道光十三年
(1833)抄本　一冊

330000－1716－0010959　普集 1944/10959
類叢部/類書類/通類之屬

文料觸機二卷　（清）西圃主人編　清同治十
二年(1873)西圃軒刻本　二冊

330000－1716－0010962　普集 1899－1/
10962　集部/總集類/課藝之屬

制藝精華前編三十二卷二編十二卷　（清）李
鏡山輯　清末鉛印本　二冊　存二十三卷
（前編十一至二十一、二編一至十二）

330000－1716－0010963　集補 3122/10963
集部/詞類/別集之屬

金縷曲廿四疊均一卷　（清）俞樾撰　清光緒
十三年(1887)刻本　一冊

330000－1716－0010964　普類 0120－5/
10964　類叢部/類書類/通類之屬

典匯十二卷　（清）藜青閣主人輯　清光緒十
七年(1891)上海鴻寶齋石印本　六冊

330000－1716－0010966　普類 0144－1/
10966　類叢部/類書類/專類之屬

分韻詩賦題解統編□□卷　（清）鴻文主人輯
　清末石印本　三冊　存四十九卷（十一至
五十九）

330000－1716－0010967　地獻 1891－3/
10967　子部/儒家類/儒學之屬/禮教

元宰必讀書不分卷　（清）彭定求撰　清紹城
許鼎元刻字店刻本　一冊

330000－1716－0010970　地獻 2003/10970
集部/總集類/課藝之屬

鄉墨子都不分卷鄉墨金錕不分卷　（清）鮑臨
選　清刻本　五冊

330000－1716－0010971　普叢 0282－1/
10971　類叢部/叢書類/自著之屬

曾文正公四種　（清）曾國藩撰　清光緒十六
年(1890)鴻寶南局鉛印本　五冊　存二種

330000－1716－0010973　子補 3570/10973
子部/術數類/陰陽五行之屬

奇門真詮一卷　清思補堂刻本　一冊

330000－1716－0010974　新補 0682/10974
新學/政治法律/政治

分類政治史事論匯海□□卷首一卷　（清）崷
山居士編　清光緒二十八年(1902)璣衛書社
影印本　十九冊　存二十卷（一至二、四至二
十,首）

330000－1716－0010975　子補 3435/10975
子部/天文曆算類/曆法之屬

欽定增校萬年歷不分卷　清末石印本　一冊

330000－1716－0010976　地獻 0913/10976
集部/別集類/明別集

青藤書屋文集三十卷　（明）徐渭撰　（明）袁
宏道編　清宣統三年(1911)石印本　一冊
存目録

330000－1716－0010977　集補 3052/10977
集部/曲類/彈詞之屬

繡像全圖文武香毬八卷七十二回　（清）二樂
軒主人撰　清末石印本　七冊　缺一卷（一）

330000－1716－0010980　集補 1193－11/
10980　集部/總集類/尺牘之屬

分類尺牘備覽三十卷續八卷　（清）王虎榜輯
　清末石印本　三冊　存三卷（續四、六至
七）

330000－1716－0010982　子補 3431/10982
子部/雜著類/雜考之屬

翁注困學紀聞二十卷首一卷　（宋）王應麟撰
　（清）翁元圻輯　清光緒十五年(1889)上海
點石齋石印本　四冊　存十五卷（二至十六）

330000－1716－0010985　經補 0723－1/
10985　經部/叢編

五經備旨四十五卷　（清）鄒聖脈纂輯　清光
緒石印本　三冊　存十二卷（詩經五至八、禮
記四至十一）

330000 – 1716 – 0010987　地獻 1880 – 9/ 10987　集部/總集類/尺牘之屬

增廣句解尺牘含英初集六卷　（清）石秉楠輯　清末越郡奎照樓石印本　二冊　存二卷（一至二）

330000 – 1716 – 0010990　子補 3433/10990 子部/術數類/命書相書之屬

袁柳莊先生神相全編三卷　（明）袁忠徹撰　清光緒二十七年(1901)上海書局石印本　一冊　存一卷（一）

330000 – 1716 – 0010991　子補 3430/10991 子部/雜著類/雜纂之屬

古諷籀齋目耕脞録三十二卷　（清）鄭霞逸輯　清同治十二年(1873)古諷籀齋刻本　二冊　存五卷（一至五）

330000 – 1716 – 0010992　地獻 1880 – 12/ 10992　集部/總集類/尺牘之屬

增廣尺牘句解初集二卷附增補音郡音義百家姓一卷　（清）少溪氏編次　清光緒二十二年(1896)上海文宜書局石印本　一冊　缺一卷（初集二）

330000 – 1716 – 0010993　經補 0735/10993 經部/叢編

五經備旨四十五卷　（清）鄒聖脈纂輯　清光緒石印本　九冊　缺十一卷（禮記一至十一）

330000 – 1716 – 0010994　地獻 0823 – 2/ 10994　史部/目録類/通論之屬/藏書約

古越藏書樓章程一卷　（清）徐樹蘭撰　清光緒徐氏古越藏書樓刻本　一冊

330000 – 1716 – 0010995　集補 0100 – 1/ 10995　集部/曲類/彈詞之屬

新鐫繡像描金鳳八卷四十六回　（清）馬如飛譜調　清光緒石印本　四冊　存四卷（二至三、六、八）

330000 – 1716 – 0010997　子補 3432/10997 子部/術數類/命書相書之屬

新刊校正增釋合併麻衣先生神相編五卷　（明）陸位崇輯　清末石印本　一冊　存一卷

（三）

330000 – 1716 – 0010998　普類 0208/10998 類叢部/類書類/通類之屬

新續文科大成□□卷　清末石印本　一冊　存三卷（四至六）

330000 – 1716 – 0010999　集補 0709 – 1/ 10999　集部/曲類/彈詞之屬

繡像六美圖四集　（清）朱鏡江　（清）章維善撰　清末石印本　一冊　存一卷（一集一）

330000 – 1716 – 0011000　集補 0051 – 3/ 11000　集部/小說類/長篇之屬

繡像綺樓重夢六卷四十八回　（清）蘭皋主人撰　清末石印本　三冊　存三卷（四至六）

330000 – 1716 – 0011001　史補 0234 – 1/ 11001　史部/政書類/通制之屬

文獻通考詳節二十四卷　（元）馬端臨撰　（清）嚴虞惇輯　清光緒十五年(1889)上海珍藝書局鉛印本　三冊　存十六卷（一至十一、二十至二十四）

330000 – 1716 – 0011002　經補 1417/11002 經部/群經總義類/傳說之屬

雪樵經解三十卷附錄三卷　（清）馮世瀛輯　清光緒十二年(1886)上海點石齋石印本　六冊

330000 – 1716 – 0011003　普子 2060 – 3/ 11003　子部/叢編

子書百家　（清）崇文書局編　清光緒元年(1875)湖北崇文書局刻本　一冊　存一種

330000 – 1716 – 0011004　集補 3048/11004 集部/小說類/長篇之屬

繡像第三奇書玉鴛鴦三卷十二回　（清）煙水散人撰　清光緒石印本　一冊　存一卷（三）

330000 – 1716 – 0011005　子補 3405/11005 子部/藝術類/遊藝之屬/謎語

隱書一卷　（清）俞樾撰　清光緒六年(1880)梅華館刻本　一冊

330000 – 1716 – 0011008　子補 3576/11008

子部/宗教類/佛教之屬/經

妙法蓮華經七卷 （後秦）釋鳩摩羅什譯　清刻本　費茂題簽並題記　一冊　存三卷（五至七）

330000－1716－0011009　普叢 0272－2/11009　類叢部/叢書類/彙編之屬

津逮秘書十五集一百四十種 （明）毛晉編　明崇禎虞山毛氏汲古閣刻本　一冊　存一種

330000－1716－0011012　集補 0722/11012　集部/曲類/彈詞之屬

蘊香丸四卷二十回 清刻本　一冊　存一卷（二）

330000－1716－0011014　普類 0209/11014　類叢部/類書類/通類之屬

分類賦學十二卷續刻十二卷 （清）張維城輯　清光緒石印本　一冊　存四卷（續刻四至七）

330000－1716－0011015　普類 0059－4/11015　類叢部/類書類/通類之屬

增補事類統編三十五卷 （清）黃葆真輯　清光緒十七年（1891）上海點石齋石印本　十一冊　缺四卷（十四至十七）

330000－1716－0011016　地獻 0902/11016　子部/雜著類/雜纂之屬

格言聯璧一卷附一卷 （清）金纓輯　清光緒十年（1884）紹興刻本　恒圃題記　一冊

330000－1716－0011017　地獻 1464－30/11017　史部/傳記類/科舉錄之屬/歷科登科錄

[光緒己丑科]欽取朝考卷一卷 王繼香撰　清末石印本　一冊

330000－1716－0011018　普經 0937/11018　經部/叢編

御纂七經二百八十卷首十一卷序三卷 （清）李光地等撰　清同治十一年（1872）江西書局刻本　十四冊　存三種

330000－1716－0011019　地獻 0903/11019　子部/雜著類/雜纂之屬

格言聯璧一卷附一卷 （清）金纓輯　清同治十年（1871）杭城福順齋刻本　一冊

330000－1716－0011021　經補 1301/11021　經部/叢編

五經鴻裁五種二十卷 （清）薛時雨編　**五經鴻裁續集五卷** （清）何瑾編　清光緒刻本　一冊　存一卷（禮記一）

330000－1716－0011022　普經 0921/11022　經部/小學類/音韻之屬/韻書

詩韻集成十卷附詞林典腋一卷 （清）余照輯　清文富堂刻本　二冊　存五卷（一至四、詞林典腋）

330000－1716－0011023　普集 1755/11023　集部/總集類/郡邑之屬

西泠五布衣遺箸 （清）丁丙輯　清同治至光緒錢塘丁氏當歸草堂刻本　二冊　存一種

330000－1716－0011024　經補 0723－2/11024　經部/叢編

五經備旨四十五卷 （清）鄒聖脈纂輯　清石印本　三冊　存十一卷（禮記一至十一）

330000－1716－0011025　普史 1468/11025　史部/編年類/通代之屬

尺木堂綱鑑易知錄九十二卷明鑑易知錄十五卷 （清）吳乘權　（清）周之炯　（清）周之燦輯　清刻本　十六冊　存三十五卷（三至四、八至十、十三至十四、十八至二十四、三十至四十八，明鑑易知錄一至二）

330000－1716－0011027　地獻 0904/11027　類叢部/類書類/專類之屬

詩韻含英十八卷 （清）劉文蔚輯　清大成堂刻本　二冊　存四卷（一至四）

330000－1716－0011028　普叢 0262/11028　類叢部/叢書類/彙編之屬

增廣文選六種 （清）鴻寶齋書局輯　清光緒二十一年（1895）鴻寶齋書局石印本　六冊　存五種

330000－1716－0011031　經補 0561－6/11031　經部/四書類/總義之屬/傳說

學源堂四書體注合講十九卷　（清）翁復編
清學源堂刻本　士恒題簽　五冊　存十七卷
（論語一至十、孟子一至七）

330000－1716－0011034　子補 3438/11034
子部/雜著類/雜考之屬

困學紀聞注二十卷首一卷　（清）翁元圻撰
清光緒十五年（1889）上海積山書局石印本
六冊

330000－1716－0011035　普子 1996/11035
子部/醫家類/綜合之屬/合刻、合抄

景岳全書六十四卷　（明）張介賓撰　清咸豐
五年（1855）佛山連元閣刻本　陸有鎣題記
十二冊　存三十三卷（一至二、九至十二、十
六至二十五、三十至四十二、五十八至六十、
六十四）

330000－1716－0011036　經補 1302－1/
11036　經部/叢編

五經揭要二十九卷　（清）許寶善編　清同治
至光緒刻本　二冊　存六卷（書經一至六）

330000－1716－0011039　史補 0270－3/
11039　史部/傳記類/總傳之屬/通代

校正尚友錄統編二十四卷　（清）潘遵祁輯
清光緒三十年（1904）協記書莊石印本　七冊
　存九卷（一、三至五、十至十四）

330000－1716－0011040　史補 0270－2/
11040　史部/傳記類/總傳之屬/通代

校正尚友錄二十二卷　（明）廖用賢輯　（清）
張伯琮補輯　校正尚友錄續集二十二卷
（清）張亮基輯　清末石印本　六冊　存二十
三卷（八至十五、續集八至二十二）

330000－1716－0011041　普類 0059－5/
11041　類叢部/類書類/通類之屬

增補事類統編九十三卷首一卷　（清）黃葆真
輯　清末石印本　六冊　存四十五卷（一至
八、二十三至五十八,首）

330000－1716－0011042　普類 0064/11042
類叢部/類書類/通類之屬

增補事類統編九十三卷首一卷　（清）黃葆真

輯　清光緒十四年（1888）上海積山書局石印
本　九冊　存六十八卷（一至八、十七至四十
二、五十一至八十四）

330000－1716－0011043　史補 0574/11043
史部/地理類/輿圖之屬/坤輿

東洋讀史地圖一卷　教育阿屯子撰　清光緒
三十二年（1906）上海義成書局石印本　一冊

330000－1716－0011045　子補 3429/11045
子部/術數類/命書相書之屬

新刊校正增釋合併麻衣先生神相編五卷
（明）陸位崇輯　清光緒三十三年（1907）上海
書局石印本　三冊　存四卷（一至三、五）

330000－1716－0011046　地獻 1829－8/
11046　集部/總集類/選集之屬/通代

尺木堂古文觀止十二卷　（清）吳乘權　（清）
吳大職輯　清刻本　六冊

330000－1716－0011047　史補 1420/11047
史部/傳記類/總傳之屬/仕宦

貳臣傳八卷　（清）國史館撰　清刻本　八冊

330000－1716－0011048　地獻 1719/11048
史部/政書類/邦計之屬/荒政

[浙江永康]芝英應氏義莊田冊不分卷　（清）
□□纂修　清光緒十五年（1889）木活字印本
二冊

330000－1716－0011049　子補 3428/11049
子部/藝術類/遊藝之屬/雜藝

中西益智圖前編二卷後編二卷外編二卷
（清）張濟模輯　清宣統三年（1911）上海森森
社石印本　五冊

330000－1716－0011050　普類 0065/11050
類叢部/類書類/通類之屬

增補事類統編九十三卷首一卷　（清）黃葆真
輯　清光緒十四年（1888）上海積山書局石印
本　九冊　存七十二卷（一至八、十八至二十
二、二十八至五十八、六十七至九十三,首）

330000－1716－0011051　子補 3426/11051
子部/術數類/命書相書之屬

水鏡集約篇四卷　（清）范騵纂要　清宣統元

年(1909)上海書局石印本　一冊　存一卷
（四）

330000－1716－0011052　經補 0214/11052
經部/四書類/總義之屬
增廣四書典制類聯音注四卷　（清）閻其淵編
　清光緒十八年(1892)上海同文書局石印本
　四冊

330000－1716－0011053　地獻 0905/11053
集部/總集類/尺牘之屬
新輯尺牘合璧四卷　（清）許思湄　（清）龔萼
撰　（清）婁世瑞注　（清）寄虹軒主人輯　清
光緒三十年(1904)上海千頃堂石印本　四冊

330000－1716－0011054　集補 3049/11054
集部/曲類/彈詞之屬
繡像還金鐲全傳八卷五十四回　（清）吹竽先
生撰　清光緒三十年(1904)上海書局石印本
　一冊　存二卷(一至二)

330000－1716－0011055　地獻 0912/11055
類叢部/類書類/專類之屬
詩學含英十四卷　（清）劉文蔚輯　清文秀堂
刻本　四冊

330000－1716－0011056　集補 1686/11056
集部/小說類/長篇之屬
西遊真詮一百回　（清）陳士斌詮解　清一也
軒刻本　十五冊　存四十四回(一至十一、四
十八至五十、六十五至六十九、七十至七十
三、七十五至七十七、八十三至一百)

330000－1716－0011059　經補 1342－2/
11059　經部/春秋左傳類/傳說之屬
春秋左傳五十卷　（晉）杜預注　（宋）林堯叟
補注　（唐）陸德明音義　清刻本　三冊　存
十一卷(三十七至三十八、四十二至五十)

330000－1716－0011060　地獻 1986/11060
集部/總集類/尺牘之屬
增廣句解尺牘含英初集六卷　（清）石秉楠輯
　清末越郡奎照樓石印本　葉葆順題記　六
冊　存三卷(一、四、六)

330000－1716－0011061　地獻 0907/11061

類叢部/類書類/專類之屬
詩學含英十四卷　（清）劉文蔚輯　清永言堂
刻本　二冊　存八卷(一至四、八至十一)

330000－1716－0011064　地獻 0908/11064
類叢部/類書類/專類之屬
詩學含英十四卷　（清）劉文蔚輯　清刻本
金桂梁題簽　三冊　存十一卷(一至十一)

330000－1716－0011065　集補 0294－6/
11065　集部/總集類/選集之屬/通代
**文章游戲初編八卷二編八卷三編八卷四編八
卷**　（清）繆艮輯　清末石印本　三冊　存十
六卷(二編一至八、四編一至八)

330000－1716－0011066　地獻 0909/11066
類叢部/類書類/專類之屬
詩學含英十四卷　（清）劉文蔚輯　清刻本
一冊　存四卷(八至十一)

330000－1716－0011067　普類 0058/11067
類叢部/類書類/通類之屬
角山樓增補類腋六十七卷　（清）姚培謙輯
（清）趙克宜增輯　清末石印本　二冊　存三
十一卷(人部五至十五、物部一至二十)

330000－1716－0011068　經補 0666－2/
11068　經部/小學類/文字之屬/字書/訓蒙
澄衷蒙學堂字課圖說四卷檢字一卷類字一卷
　（清）劉樹屏撰　（清）吳子城繪圖　清光緒
三十一年(1905)澄衷蒙學堂印書處石印本
　三冊　缺二卷(一、三)

330000－1716－0011069　經補 0152/11069
類叢部/類書類/通類之屬
增廣四書五經典林十二卷　（清）求是齋主人
編　清光緒十五年(1889)上海積山書局石印
本　清夢硯書屋題簽　五冊　存十卷(一至
二、五至十二)

330000－1716－0011070　子補 0560/11070
新學/學校
蒙學中國歷史實在易不分卷　清末上海彪蒙
書室石印本　一冊

330000－1716－0011071　普類 0056/11071

類叢部/類書類/通類之屬

角山樓增補類腋六十七卷 （清）姚培謙輯 （清）趙克宜增輯 清末石印本 七冊 存五十六卷（地部四至二十四、人部一至十五、物部一至二十）

330000－1716－0011072 子補 1275－3/11072 子部/小說家類/異聞之屬

夜雨秋燈錄八卷續錄八卷 （清）宣鼎撰 清末石印本 三冊 存三卷（續錄三至五）

330000－1716－0011073 地獻 0911/11073 類叢部/類書類/專類之屬

詩學含英十四卷詩韻含英五卷 （清）劉文蔚輯 清道光十一年（1831）靈蘭堂刻本 三冊 存十五卷（一至三、八至十四,詩韻含英一至五）

330000－1716－0011074 普類 0054/11074 類叢部/類書類/通類之屬

角山樓增補類腋六十七卷 （清）姚培謙輯 （清）趙克宜增輯 清末石印本 二冊 存二十卷（物部一至八、地部十三至二十四）

330000－1716－0011076 史補 1419/11076 史部/傳記類/總傳之屬/斷代

欽定宗室王公功績表傳十二卷首一卷 清京都琉璃廠刻本 三冊 存五卷（二至三、六、十一至十二）

330000－1716－0011077 普叢 0260－4/11077 類叢部/叢書類/彙編之屬

文林綺繡五種五十九卷 （明）凌迪知編 清光緒十九年（1893）上洋鴻寶齋石印本 六冊

330000－1716－0011079 經補 0666－4/11079 經部/小學類/文字之屬/字書/訓蒙

澄衷蒙學堂字課圖說四卷檢字一卷類字一卷 （清）劉樹屏撰 （清）吳子城繪圖 清末石印本 三冊 存三卷（二至四）

330000－1716－0011081 普集 1677－2/11081 集部/總集類/彙編之屬

五朝詩別裁集五種 （清）□□輯 清刻本 十五冊 存二種

330000－1716－0011082 新補 0683/11082 新學/交涉/公法

萬國公法四卷 （美國）惠頓撰 （美國）丁韙良譯 清光緒二十四年（1898）天津維新書局石印本 一冊 存一卷（一）

330000－1716－0011083 普類 0001/11083 類叢部/類書類/通類之屬

廣事類賦四十卷 （清）華希閔撰 清刻本 八冊

330000－1716－0011084 史補 1421－2/11084 史部/傳記類/總傳之屬/通代

增廣尚友錄統編二十二卷 應祖錫輯 清光緒二十八年（1902）鴻寶齋石印本 十二冊

330000－1716－0011085 地獻 1854－23/11085 集部/詩文評類/文法之屬/函牘格式

最新應用尺牘教科書四卷 杜元炳撰 杜瀚生增訂 清光緒三十三年（1907）上海會文學社石印本 一冊

330000－1716－0011086 普類 0095－20/11086 類叢部/類書類/通類之屬

增補萬寶全書二十卷 （明）陳繼儒撰 （清）毛煥文增補 清刻本 一冊 存七卷（四至十）

330000－1716－0011088 集補 0051－6/11088 集部/小說類/長篇之屬

新刻繪圖粉粧樓全傳十二卷八十回 （清）竹溪山人撰 清光緒十八年（1892）上海中和書局石印本 四冊

330000－1716－0011089 史補 1421－1/11089 史部/傳記類/總傳之屬/通代

尚友錄二十二卷補遺一卷 （明）廖用賢輯 （清）張伯琮補輯 清光緒十四年（1888）著易堂鉛印本 六冊

330000－1716－0011091 經補 0927－1/11091 經部/詩類/傳說之屬

詩經集傳八卷 （宋）朱熹撰 清刻本 三冊 存五卷（一至五）

330000－1716－0011092 普史 1694/11092

史部/紀傳類/正史之屬

二十四史　清刻本　九冊　存一種

330000－1716－0011094　經補1419/11094
經部/春秋總義類/傳說之屬

春秋傳三十卷　（宋）胡安國撰　清刻本　三冊　存十六卷（五至十四、二十五至三十）

330000－1716－0011095　經補0912－6/11095　經部/小學類/音韻之屬/韻書

增廣詩韻合璧五卷　（清）湯祥瑟輯　清光緒十三年（1887）上海點石齋石印本　二冊

330000－1716－0011099　地獻1987－2/11099　類叢部/類書類/專類之屬

詩韻含英十八卷　（清）劉文蔚輯　清吳縣吳志恭刻本　三冊　存十三卷（一至四、十至十八）

330000－1716－0011100　經補0770/11100　經部/四書類/總義之屬/傳說

新鐫部頒監本四書正文□□卷　（宋）朱熹撰　清刻本　一冊　存一卷（孟子上）

330000－1716－0011103　地獻1431/11103　經部/小學類/音韻之屬/韻書

詳校新增録圖同音字類標韻集句應酬彙選二卷　清末抄本　二冊

330000－1716－0011104　集補1180－7/11104　集部/總集類/尺牘之屬

尺牘初桄二卷附二卷彙注一卷　（清）子虛氏輯　清光緒十二年（1886）格致書室鉛印本　一冊　缺一卷（附二）

330000－1716－0011106　地獻0906/11106　集部/總集類/尺牘之屬

新輯尺牘合璧四卷　（清）許思湄　（清）龔萼撰　（清）婁世瑞注　（清）寄虹軒主人輯　清光緒三十年（1904）上海千頃堂石印本　一冊　存二卷（一至二）

330000－1716－0011107　史補1430/11107　史部/傳記類/總傳之屬/仕宦

滿漢名臣傳八十卷　（清）國史館撰　清京都琉璃廠榮錦書坊刻本　六十八冊　缺十二卷（滿洲名臣傳十二、十八、二十、二十三至二十六、四十八，漢名臣傳五、九至十、三十一）

330000－1716－0011109　普類0165/11109　類叢部/類書類/通類之屬

文物盈科四十六卷　清光緒七年（1881）湘西荷花灣上書屋刻本　十冊

330000－1716－0011110　集補1758/11110　集部/小說類/長篇之屬

紅樓夢一百二十回　（清）曹霑　（清）高鶚撰　清東觀閣刻本　十三冊　存六十五回（十六至二十、三十一至九十）

330000－1716－0011111　經補0490－1/11111　經部/四書類/總義之屬/傳說

四書朱子本義匯參四十三卷首四卷　（清）王步青輯　清光緒十三年（1887）上海同文書局石印本　八冊

330000－1716－0011112　新補0597－3/11112　新學/格致總

時務通考三十一卷　（清）王奇英等編　清末石印本　四冊　存三卷（九、十三、二十四）

330000－1716－0011114　普類0083－1/11114　類叢部/類書類/專類之屬

子史精華一百六十卷　（清）吳士玉　（清）吳襄等輯　清末石印本　一冊　存十六卷（一百二十九至一百四十四）

330000－1716－0011115　新補0585/11115　新學/議論/通論

中西時務類攷九卷首一卷　（清）資敬書屋輯　清光緒二十三年（1897）積山書局石印本　二冊　存三卷（一、九，首）

330000－1716－0011116　經補0873－10/11116　經部/小學類/音韻之屬/韻書

增注字類標韻六卷　（清）華綱撰　（清）范多珏重訂　清光緒二十二年（1896）上海煥文書局石印本　二冊

330000－1716－0011118　地獻1904－6/11118　經部/小學類/音韻之屬/韻書

增補同音字類標韻二卷續編一卷外編一卷

（清）石韞玉重校　清光緒三十年（1904）浙紹奎照樓石印本　一冊

330000－1716－0011120　普集1988/11120　集部/別集類/清別集

十杉亭帖體詩鈔五卷續編二卷　（清）吳楷撰　薇雲小舍試帖詩課二卷續編二卷　（清）吳之俊撰　清道光三年（1823）刻本　三冊　存八卷（一至五、續編一至二、薇雲小舍試帖詩課一）

330000－1716－0011122　子補4070－15/11122　子部/醫家類/本草之屬/歷代綜合本草

本草綱目五十二卷附圖三卷瀕湖脈學一卷奇經八脈攷一卷脈訣攷證一卷　（明）李時珍撰　本草萬方鍼線八卷　（清）蔡烈先輯　本草綱目拾遺十卷　（清）趙學敏輯　清漁古山房刻本　三冊　存六卷（圖二、瀕湖脈學、奇經八脈攷、萬方鍼線一至三）

330000－1716－0011123　子補3445/11123　子部/術數類/命書相書之屬

新刊合併官板音義評注淵海子平五卷　（宋）徐升編　清末杭州錦文堂石印本　三冊　存四卷（一、三至五）

330000－1716－0011124　集補1058－3/11124　集部/總集類/選集之屬/通代

文選六十卷　（南朝梁）蕭統輯　（唐）李善注　文選考異十卷　（清）胡克家撰　清光緒六年（1880）四明林植梅刻本　八冊　存二十三卷（三至十七、四十一一四十三,考異三至四、八至十）

330000－1716－0011125　史補0558/11125　史部/政書類/律令之屬

勸禁示諭一卷　清光緒刻本　一冊

330000－1716－0011126　普集2015/11126　集部/總集類/課藝之屬

制藝不分卷　（清）□□輯　清刻本　一冊

330000－1716－0011127　普類0095－4/11127　類叢部/類書類/通類之屬

增補萬寶全書二十卷續編六卷　（明）陳繼儒撰　（清）毛煥文增補　清光緒三十二年（1906）上海龍文書局石印本　炘氏題簽　六冊　存十九卷（一至二、十至二十、續編一至六）

330000－1716－0011128　子補3617/11128　子部/術數類/命書相書之屬

多福通書不分卷　清崇道堂刻本　一冊

330000－1716－0011130　子補3444/11130　子部/術數類/命書相書之屬

新刊校正增釋合併麻衣先生神相編五卷　（明）陸位崇輯　清末石印本　二冊　存二卷（三至四）

330000－1716－0011133　子補3573/11133　子部/雜著類/雜纂之屬

增智囊補二十八卷　（明）馮夢龍輯　清同文堂刻本　一冊　存三卷（十三至十五）

330000－1716－0011134　地獻0914/11134　新學/醫學/衛生學

看護學問答初集四卷　紹興教育館編譯部編譯　清光緒三十四年（1908）紹興教育館鉛印本　一冊

330000－1716－0011135　集補1069－17/11135　集部/總集類/選集之屬/斷代

唐詩三百首注疏六卷　（清）孫洙編　（清）章燮注　清刻本　一冊　存三卷（四至六）

330000－1716－0011137　集補1336－5/11137　集部/小說類/短篇之屬

聊齋志異十六卷　（清）蒲松齡撰　（清）王士禛評　清刻本　徐維昌題記　十二冊　缺四卷（一、五、十一、十六）

330000－1716－0011138　集補3071/11138　集部/曲類/彈詞之屬

繪圖天雨花二十卷六十回　（清）陶貞懷撰　清末石印本　錢熙年題簽　四冊　存五卷（三、八、十二、十九至二十）

330000－1716－0011140　普子1997/11140　子部/宗教類/道教之屬/經文

三聖經靈驗圖注不分卷　　清光緒二十四年
(1898)上海鴻寶齋石印本　一冊

330000－1716－0011141　子補 0127－5/
11141　子部/醫家類/養生之屬

衛濟餘編五卷　　（清）王纕堂輯　清光緒二十
年(1894)掃葉山房石印本　三冊　存三卷
(一、四至五)

330000－1716－0011142　集補 1840－2/
11142　集部/小說類/長篇之屬

花月痕全書四卷五十二回　　（清）魏秀仁撰
（清）棲霞居士評　清光緒上海普新端記書局
石印本　一冊　存二卷(三至四)

330000－1716－0011143　地獻 0916/11143
史部/傳記類/總傳之屬/姓名

增廣百家姓一卷　清浙紹奎照樓刻本　一冊

330000－1716－0011147　子補 3443/11147
子部/術數類/陰陽五行之屬

三元總錄三卷　　（明）柳珍撰　清末石印本
一冊

330000－1716－0011148　子補 0001－62/
11148　子部/藝術類/書畫之屬/畫譜

芥子園畫傳初集六卷二集九卷三集六卷四集
四卷　　（清）王槩　（清）王著　（清）王臬輯
清末石印本　四冊　存四卷(二集一,三集
一,四集一、四)

330000－1716－0011150　集補 3068/11150
集部/小說類/長篇之屬

繡像夢遊上海名妓爭風傳四卷三十二回
（清）曾經涉足人撰　清光緒石印本　二冊
存二卷(二、四)

330000－1716－0011151　集補 3247－4/
11151　集部/小說類/短篇之屬

聊齋志異評注十六卷　　（清）蒲松齡撰　（清）
王士禎評　（清）呂湛恩注　（清）但明倫批
清刻本　二冊　存二卷(四、十六)

330000－1716－0011152　子補 0583－3/
11152　子部/天文曆算類/算書之屬

詳注全圖算法大成八卷　　（明）程大位撰　清

末石印本　二冊　存五卷(二至四、七至八)

330000－1716－0011155　集補 3247－1/
11155　集部/小說類/短篇之屬

聊齋志異新評十六卷　　（清）蒲松齡撰　（清）
王士禎評　（清）呂湛恩注　（清）但明倫批
清道光二十八年(1848)廣順但氏刻本　九冊
存九卷(一至二、八、十至十二、十四至十
六)

330000－1716－0011159　集補 3247－2/
11159　集部/小說類/短篇之屬

聊齋志異新評十六卷　　（清）蒲松齡撰　（清）
王士禎評　（清）呂湛恩注　（清）但明倫批
清刻本　八冊　存八卷(一至二、五至八、十
一至十二)

330000－1716－0011162　集補 1087－2/
11162　集部/總集類/課藝之屬

國朝三十五科同館詩賦解題七卷首一卷
（清）魏茂林輯　清同治三年(1864)文光書屋
刻本　五冊　缺一卷(一)

330000－1716－0011163　子補 3581－4/
11163　子部/術數類/相宅相墓之屬

地理五訣八卷陽宅三要四卷　　（清）趙廷棟撰
清光緒四年(1878)上海海左書局石印本
三冊　缺二卷(陽宅三要三至四)

330000－1716－0011164　子補 3620/11164
子部/術數類/相宅相墓之屬

堪輿六要六卷　馬南北撰　稿本　一冊

330000－1716－0011165　子補 2673－2/
11165　子部/宗教類/其他宗教之屬/基督教

要理解略四卷　　（清）聖味增爵會士某氏撰
清光緒三十三年(1907)北京救世堂鉛印本
一冊　存二卷(三至四)

330000－1716－0011167　集補 1339－4/
11167　集部/曲類/彈詞之屬

新刻玉釧緣全傳三十二卷　　（清）西湖居士撰
清末石印本　十冊　存十四卷(一至九、十
九、二十八、三十至三十二)

330000－1716－0011170　集補 3247－22/

11170　集部/小說類/短篇之屬

聊齋志異新評十六卷　（清）蒲松齡撰　（清）王士禎評　（清）呂湛恩注　（清）但明倫批　清刻朱墨套印本　一冊　存一卷（六）

330000－1716－0011172　集補 1339－3/11172　集部/曲類/彈詞之屬

新刻玉釧緣全傳三十二卷　（清）西湖居士撰　清末石印本　五冊　存七卷（十三至十四、十六至二十）

330000－1716－0011177　經補 0179/11177　經部/四書類/總義之屬

四書古注群義彙解九種九十四卷　（清）□□輯　清光緒石印本　二冊　存二種

330000－1716－0011178　子補 0418－2/11178　子部/雜著類/雜說之屬

盛世危言六卷續編□卷　鄭觀應撰　清光緒二十二年（1896）上海書局石印本　二冊　存二卷（一至二）

330000－1716－0011179　地獻 1938－2/11179　子部/儒家類/儒學之屬/禮教

增訂身世金箴一卷　清光緒十七年（1891）刻本　一冊

330000－1716－0011180　子補 3581－1/11180　子部/術數類/相宅相墓之屬

地理五訣八卷　（清）趙廷棟撰　清宣統元年（1909）廣益書局石印本　一冊　存四卷（一至四）

330000－1716－0011181　集補 1616/11181　集部/曲類/彈詞之屬

果報錄十二卷一百回　（清）海蘭濤撰　清石印本　二冊　存二卷（落集、家集）

330000－1716－0011183　子補 3447/11183　子部/天文曆算類/算書之屬

算法指掌一卷　清末石印本　一冊

330000－1716－0011186　子補 2320/11186　子部/術數類

智燈神數一卷　清光緒十七年（1891）同壽堂刻本　一冊

330000－1716－0011191　經補 0054－3/11191　經部/小學類/文字之屬/字書/字典

攷正玉堂字彙四卷　（清）知足子編　清末鉛印本　一冊　存二卷（三至四）

330000－1716－0011192　集補 1193－10/11192　集部/總集類/尺牘之屬

分類尺牘三十卷　（清）王虎榜輯　清末石印本　五冊　存二十卷（三至五、八至十二、十九至三十）

330000－1716－0011194　子補 3577/11194　子部/醫家類/方書之屬/單方驗方

驗方新編十八卷　（清）鮑相璈輯　清光緒十年（1884）信逯堂刻本　一冊

330000－1716－0011196　地獻 0920/11196　子部/雜著類/雜纂之屬

不可錄一卷　（清）陳海曙輯　清光緒十五年（1889）刻本　一冊

330000－1716－0011198　子補 3442/11198　子部/天文曆算類/算書之屬

校正算法指掌大全利集不分卷　清末石印本　二冊

330000－1716－0011202　子補 3578/11202　子部/宗教類/佛教之屬/諸宗

靈峰蕅益大師選定淨土十要十卷　（清）釋智旭輯　（清）釋成時評點節略　清道光二十八年（1848）刻本　一冊　存一種

330000－1716－0011203　地獻 0921/11203　子部/術數類/相宅相墓之屬

宣先生越中兩幹支記一卷　（清）宣元仁撰　清末抄本　一冊

330000－1716－0011205　經補 0248/11205　經部/四書類/總義之屬/傳說

四書味根錄三十七卷　（清）金澂撰　清咸豐十年（1860）刻本　二冊　存六卷（大學、中庸一至二、孟子七至九）

330000－1716－0011207　子補 3474/11207　子部/術數類/陰陽五行之屬

新訂崇正闢謬通書十四卷　（清）李奉來編輯

清經綸堂刻本　清清來氏題簽並記　六冊

330000－1716－0011210　地獻 0923/11210
新學/史志/諸國史

普通新歷史十章附歷代帝王總紀一卷　（清）
普通學書室編　清光緒三十一年（1905）上海
普通學書室鉛印本　一冊

330000－1716－0011211　子補 3579－1/
11211　子部/宗教類/佛教之屬/諸宗

靈峰蕅益大師選定淨土十要十卷　（清）釋智
旭輯　（清）釋成時評點節略　清刻本　二冊
　存四種

330000－1716－0011212　子補 3688/11212
子部/儒家類/儒學之屬/俗訓

保身錄不分卷　清刻本　劉士□、劉雲卿題
簽並觀款　朱啟瀾跋　一冊

330000－1716－0011213　子補 3690/11213
子部/術數類/占卜之屬

籤書不分卷　清刻本　一冊

330000－1716－0011214　集補 3057/11214
子部/天文曆算類/算書之屬

一筆寫算四卷　（清）唐再豐撰　清末石印本
　一冊　存一卷（二）

330000－1716－0011215　子補 3579－2/
11215　子部/宗教類/佛教之屬/諸宗

靈峰蕅益大師選定淨土十要十卷　（清）釋智
旭輯　（清）釋成時評點節略　清刻本　二冊
　存六種

330000－1716－0011216　集補 3077/11216
集部/別集類/清別集

花笑軒彙編十八卷　（清）高延福撰　清光緒
五年（1879）汝東官舍花笑軒刻本　五冊　缺
六卷（三至四、七至十）

330000－1716－0011218　子補 3579－3/
11218　子部/宗教類/佛教之屬/諸宗

靈峰蕅益大師選定淨土十要十卷　（清）釋智
旭輯　（清）釋成時評點節略　清刻本　三冊
　存七種

330000－1716－0011219　子補 3580－1/
11219　子部/宗教類/佛教之屬/經

妙法蓮華經七卷　（後秦）釋鳩摩羅什譯　清
刻本　一冊　存一卷（四）

330000－1716－0011220　子補 3579－4/
11220　子部/宗教類/佛教之屬/諸宗

靈峰蕅益大師選定淨土十要十卷　（清）釋智
旭輯　（清）釋成時評點節略　清刻本　一冊
　存一種

330000－1716－0011221　地獻 0925/11221
類叢部/叢書類/自著之屬

汪龍莊先生遺書四種　（清）汪輝祖撰　清乾
隆五十年至五十六年（1785－1791）雙節堂刻
本　一冊　存一種

330000－1716－0011222　普類 0072/11222
類叢部/類書類/通類之屬

增補事類統編九十三卷首一卷　（清）黃葆真
輯　清道光二十六年（1846）丹陽黃氏刻本
四十三冊　缺十卷（二十六、三十二至三十
三、五十至五十一、六十二至六十三、八十五
至八十七）

330000－1716－0011223　子補 3437/11223
子部/藝術類/遊藝之屬

奇書五十五種四卷　（清）留香主人輯　清石
印本　二冊　存二卷（二至三）

330000－1716－0011224　集補 0051－1/
11224　集部/小說類/長篇之屬

新刻繪圖粉粧樓全傳十二卷八十回　（清）竹
溪山人撰　清石印本　二冊　存二卷（二、
六）

330000－1716－0011225　子補 3580－2/
11225　子部/宗教類/佛教之屬/經

妙法蓮華經觀世音菩薩普門品一卷　（後秦）
釋鳩摩羅什譯　清同治十一年（1872）昭慶經
房刻本　一冊

330000－1716－0011226　古越 0693/11226
新學/工藝/汽機總

考工記要十七卷　（英國）瑪體生撰　（英國）

傅蘭雅 (清)鍾天緯譯 清光緒七年(1881)
江南製造局刻本 七冊 存十六卷(一至十
六)

330000－1716－0011227 子補 3580－3/
11227 子部/宗教類/佛教之屬/經
妙法蓮華經七卷 (後秦)釋鳩摩羅什譯 清
杭州明臺山房刻本 二冊 存五卷(一至二、
五至七)

330000－1716－0011229 普叢 0092/11229
類叢部/叢書類/彙編之屬
說鈴前集三十七種後集十六種 (清)吳震方
編 清刻本 三冊 存九種

330000－1716－0011230 集補 3247－26/
11230 集部/小說類/短篇之屬
批點聊齋志異十六卷 (清)蒲松齡撰 (清)
王士禎評 (清)何守奇批點 清刻本 三冊
存三卷(三至四、十三)

330000－1716－0011231 子補 3472/11231
子部/術數類/命書相書之屬
水鏡集約篇四卷 (清)范騄纂要 清三益堂
刻本 一冊

330000－1716－0011232 子補 3580－4/
11232 子部/宗教類/佛教之屬/經
妙法蓮華經七卷 (後秦)釋鳩摩羅什譯 清
刻本 二冊 存四卷(四至七)

330000－1716－0011233 普類 0126－2/
11233 類叢部/類書類/通類之屬
子史輯要詩賦題解四卷續編四卷 (清)胡本
淵編 清敬業堂刻本 四冊

330000－1716－0011234 子補 3580－5/
11234 子部/宗教類/佛教之屬/經
妙法蓮華經七卷 (後秦)釋鳩摩羅什譯 清
刻本 一冊 存二卷(四至五)

330000－1716－0011235 地獻 1987－3/
11235 類叢部/類書類/專類之屬
詩韻含英十八卷 (清)劉文蔚輯 清尺木堂
刻本 一冊 存八卷(一至八)

330000－1716－0011236 子補 3580－6/
11236 子部/宗教類/佛教之屬/經
妙法蓮華經七卷 (後秦)釋鳩摩羅什譯 清
刻本 二冊 存四卷(四至七)

330000－1716－0011237 子補 0330/11237
子部/醫家類/類編之屬
黃氏醫書八種 (清)黃元御撰 清同治刻本
五冊 存一種

330000－1716－0011239 史補 0334－2/
11239 史部/史評類/史論之屬
歷代史論十二卷宋史論三卷元史論一卷歷代
史論正編四卷 (明)張溥撰 明史論四卷
(清)谷應泰撰 左傳史論二卷 (清)高士奇
撰 清光緒二十四年(1898)煥文書局石印本
六冊 缺七卷(宋史論一至三、歷代史論正
編一至四)

330000－1716－0011241 經補 0825－1/
11241 經部/群經總義類/傳說之屬
七經精義 (清)黃淦撰 清末石印本 二冊
存一種

330000－1716－0011244 經補 0180/11244
經部/四書類/總義之屬
四書古注群義彙解九種九十四卷 (清)□□
輯 清光緒石印本 九冊 存二種

330000－1716－0011245 子補 3580－7/
11245 子部/宗教類/佛教之屬/經
妙法蓮華經七卷 (後秦)釋鳩摩羅什譯 清
刻本 二冊 存四卷(四至七)

330000－1716－0011247 子補 3466/11247
子部/術數類/命書相書之屬
新鐫神峰張先生通考闢謬命理正宗大全六卷
(明)張楠撰 清光緒三十四年(1908)上海
書局石印本 清湯子軒題簽 四冊 存四卷
(一至三、六)

330000－1716－0011248 普類 0069/11248
類叢部/類書類/通類之屬
增補事類統編九十三卷首一卷 (清)黃葆真
輯 清刻本 十一冊 存二十卷(十至十二、

二十至二十四、三十一至三十二、三十六至三十七、四十二至四十三、四十六至四十七、六十一至六十二、九十至九十一）

330000－1716－0011251　子補 3580－8/11251　子部/宗教類/佛教之屬/經

妙法蓮華經七卷　（後秦）釋鳩摩羅什譯　清光緒六年（1880）刻本　一冊　存三卷（五至七）

330000－1716－0011252　經補 0842/11252　經部/詩類/正文之屬

詩經不分卷　清刻本　一冊

330000－1716－0011253　經補 0103/11253　經部/小學類/文字之屬/說文

說文解字十五卷標目一卷　（漢）許慎撰　**說文通檢十四卷首一卷末一卷**　（清）黎永椿編　**說文校字記一卷**　（清）陳昌治撰　清同治十二年（1873）番禺陳昌治刻本　八冊　存十三卷（二至十二、十四至十五）

330000－1716－0011254　集補 1177－1/11254　集部/詩文評類/文法之屬/函牘格式

商賈尺牘二卷　（清）管斯駿撰　清光緒八年（1882）京口文成堂刻本　二冊

330000－1716－0011256　子補 3580－9/11256　子部/宗教類/佛教之屬/經

妙法蓮華經七卷　（後秦）釋鳩摩羅什譯　清刻本　如意菴題記　一冊　存三卷（五至七）

330000－1716－0011258　地獻 0929/11258　子部/宗教類/道教之屬/戒律

太上感應篇注證八卷首一卷　（清）魯元炅編輯　清光緒十九年（1893）海昌於文光經畬書屋刻本　六冊　存七卷（一、三至四、六至八，首）

330000－1716－0011259　集補 1363－1/11259　集部/總集類/課藝之屬

經世論策讀本□□卷　清末石印本　一冊　存二卷（七至八）

330000－1716－0011260　經補 1283/11260　經部/春秋左傳類/傳說之屬

東萊先生左氏博議二十五卷首一卷末一卷　（宋）呂祖謙撰　清光緒十三年（1887）上海鴻文書局鉛印本　一冊　存七卷（一至六、首）

330000－1716－0011261　子補 3580－10/11261　子部/宗教類/佛教之屬/經

妙法蓮華經七卷　（後秦）釋鳩摩羅什譯　清刻本　一冊　存二卷（一至二）

330000－1716－0011262　史補 0277－6/11262　史部/史評類/史論之屬

歷朝史論彙編二十三卷　（清）鮑雍輯　清末石印本　二冊　存四卷（五至六、十八至十九）

330000－1716－0011263　子補 3471/11263　子部/雜著類/雜考之屬

日知錄集釋三十二卷刊誤二卷　（清）黃汝成撰　**策學纂要十六卷**　（清）戴明　（清）黃卷輯　清末石印本　二冊　存二十三卷（八至十五、二十七至三十二，刊誤一至二，策學纂要五至九、十五至十六）

330000－1716－0011264　子補 0323/11264　子部/醫家類/本草之屬

鼎刻京板太醫院校正分類青囊藥性賦三卷　（明）羅必煒訂　清汲古堂刻本　一冊

330000－1716－0011265　地獻 2029/11265　子部/術數類/相宅相墓之屬

地理金針不分卷　（清）周慕堂述　清抄本　一冊

330000－1716－0011267　史補 0710－1/11267　史部/傳記類/總傳之屬

五經典林五十四卷五經古人典林六卷　（清）何松編　清光緒元年（1875）慈谿何氏刻本　一冊　存目錄

330000－1716－0011268　史補 1548－1/11268　史部/史抄類

二十四史文鈔一百九卷　（清）納蘭常安選評　清光緒二十九年（1903）上海文來書局石印本　七冊　存十一種

330000－1716－0011269　子補 3470/11269

類叢部/類書類/通類之屬

新刻江湖切要二卷 （清）卓亭子輯　清光緒十年(1884)吟杏山館刻本　二冊

330000－1716－0011270　子補 3580－11/11270　子部/宗教類/佛教之屬/經

妙法蓮華經七卷 （後秦）釋鳩摩羅什譯　清刻本　一冊　存一卷(六)

330000－1716－0011271　集補 1360/11271　集部/總集類/課藝之屬

巧搭最新不分卷 （清）雷塈　（清）周麟書等撰　清光緒九年(1883)刻本　三冊

330000－1716－0011273　地獻 1946/11273　集部/總集類/課藝之屬

紹興試草一卷 清光緒三十一年(1905)上海書局石印本　一冊

330000－1716－0011274　新補 0544/11274　史部/傳記類/科舉錄之屬

[光緒朝]科舉考試策論集□□卷 清光緒石印本　一冊　存一卷(三)

330000－1716－0011275　子補 3481/11275　子部/術數類/相宅相墓之屬

地理四彈子四卷 （清）張鳳藻輯　清廣益書局石印本　一冊

330000－1716－0011276　地獻 0934/11276　子部/小說家類/異聞之屬

坐花誌果八卷 （清）汪道鼎撰　（清）鷲峰樵者音釋　清光緒八年(1882)越州徐氏刻本　一冊　存四卷(一至四)

330000－1716－0011277　地獻 1919－16/11277　集部/總集類/尺牘之屬

新輯尺牘合璧四卷 （清）許思湄　（清）龔萼撰　（清）婁世瑞注　（清）寄虹軒主人輯　清光緒二十年(1894)上海煥文書局石印本　二冊

330000－1716－0011278　經補 0656－3/11278　經部/群經總義類/傳說之屬

七經精義 （清）黃淦撰　清刻本　二冊　存二種

330000－1716－0011279　子補 3574/11279　子部/術數類/相宅相墓之屬

地理四彈子四卷 （清）張鳳藻輯　清康熙十四年(1675)黃綺堂刻本　一冊　存一卷(鐵彈子)

330000－1716－0011280　地獻 0930/11280　子部/雜著類/雜考之屬

困學紀聞注二十卷 （清）翁元圻撰　清刻本　一冊　存二卷(九至十)

330000－1716－0011282　地獻 0927/11282　經部/四書類/總義之屬/傳說

便蒙四書四種 （宋）朱熹撰　清浙紹墨潤堂刻本　一冊　存一種

330000－1716－0011283　子補 0328/11283　子部/醫家類/綜合之屬/通論

醫學綱目四十卷 （明）樓英撰　明嘉靖四十四年(1565)曹灼刻本　十七冊　存三十七卷(一至二十、二十三至三十五、三十七至四十)

330000－1716－0011284　古越 0697/11284　子部/天文曆算類/算書之屬

觀我生室匯稿 （清）羅士琳撰　清道光刻本　三冊　存一種

330000－1716－0011285　子補 0658/11285　新學/學校

蒙學新教育課本初編一卷二編一卷 清末新學會社鉛印本　馮紹裘題簽　一冊

330000－1716－0011290　集補 3076/11290　集部/曲類/彈詞之屬

新編鳳雙飛前傳二十回後傳二十二回 （清）程蕙英撰　清光緒二十四年(1898)怡怡軒主人石印本　八冊　存十六回(一至六、九至十、十三至十六、二十一至二十二、三十六至三十七)

330000－1716－0011291　普集 1923－2/11291　經部/群經總義類/傳說之屬

經義論策類編 （清）金騰編　清末石印本　一冊　存一種

330000－1716－0011292　地獻 3305/11292

子部/醫家類/方書之屬/單方驗方

醫方雜録一卷 清末存耕堂抄本 一冊

330000－1716－0011293 新補 0594/11293
新學/議論

富國新典六卷 黃壽衷輯 清光緒二十九年
(1903)鉛印本 二冊 存二卷(一至二)

330000－1716－0011295 子補 3446/11295
子部/天文曆算類/算書之屬

算法指掌大全四卷 清末石印本 二冊

330000－1716－0011297 地獻 0928/11297
經部/四書類/總義之屬/傳說

便蒙四書四種 (宋)朱熹撰 清浙紹墨潤堂
刻本 金兆鼎題記 一冊 存一種

330000－1716－0011298 地獻 0935/11298
子部/醫家類/方書之屬/單方驗方

四科簡效方四卷 (清)王士雄撰 清光緒十
一年(1885)越州徐氏刻本 二冊 存二卷
(一至二)

330000－1716－0011299 史補 1438/11299
史部/傳記類/科舉錄之屬/歷科登科錄

[光緒甲辰恩科]會試闈墨不分卷 清光緒三
十年(1904)石印本 一冊

330000－1716－0011302 普叢 0452/11302
類叢部/叢書類/彙編之屬

宜稼堂叢書七種 (清)郁松年編 清道光二
十年至二十二年(1840－1842)上海郁氏刻本
(續後漢書卷一、八十八原缺) 六十三冊
缺七卷(續後漢書三十一至三十七)

330000－1716－0011304 普類 0114－7/
11304 類叢部/類書類/專類之屬

新增應酬彙選五卷 (清)陸九如纂輯 (清)
茹古齋主人重訂 清光緒十七年(1891)四明
茹古齋鉛印本 四冊

330000－1716－0011305 集補 3149/11305
集部/別集類/清別集

綺窗吟草一卷 (清)申志廉撰 清光緒十八
年(1892)刻本 一冊

330000－1716－0011306 經補 0004－3/
11306 經部/小學類/文字之屬/字書/字典

攷正玉堂字彙四卷 (清)知足子編 清末石
印本 一冊 存一卷(三)

330000－1716－0011307 經補 1282/11307
經部/小學類/訓詁之屬

亦亭集字一卷補闕一卷 (清)亦亭撰 清刻
本 一冊

330000－1716－0011308 子補 3469/11308
新學/算學/代數

代數備旨題問細草(代數備旨題問演式)六卷
(清)袁綱維學 (清)馮淇源編閱 清光緒
二十五年(1899)鄞南馮氏近知書屋石印本
三冊

330000－1716－0011309 地獻 1363－7/
11309 類叢部/叢書類/彙編之屬

會稽徐氏鑄學齋叢書十三種 徐維則編 清
咸豐至光緒會稽徐氏刻光緒二十六年(1900)
彙印本 二冊 存二種

330000－1716－0011310 新補 0542－1/
11310 史部/傳記類/總傳之屬

泰西各國名人言行録十六卷 (清)張兆蓉輯
清光緒石印本 五冊 存十四卷(三至十
六)

330000－1716－0011311 集補 1288－1/
11311 集部/曲類/寶卷之屬

江南松江府華亭縣白沙村孝脩回郎寶卷二卷
清宣統三年(1911)上海文益書局石印本
一冊

330000－1716－0011312 子補 3468－1/
11312 子部/儒家類/儒學之屬/禮教

醒迷忠告一卷 清光緒元年(1875)虞西唫花
書屋顧興麟堂刻十四年(1888)印本 一冊

330000－1716－0011314 子補 1307－1/
11314 子部/農家農學類/總論之屬

重訂增補陶朱公致富全書四卷 (明)陳繼儒
輯 (清)石巖逸叟增補 清石印本 二冊
存三卷(二至四)

330000－1716－0011315　地獻 0931/11315
子部/醫家類/方書之屬/單方驗方

本草萬方鍼線八卷　（清）蔡烈先輯　清刻本
　一冊　存二卷（三至四）

330000－1716－0011317　子補 3468－2/
11317　子部/儒家類/儒學之屬/禮教

醒迷忠告一卷　清光緒元年（1875）虞西唫花
書屋顧興麟堂刻十四年（1888）印本　一冊

330000－1716－0011318　經補 0199/11318
經部/四書類/總義之屬/傳說

四書味根錄三十七卷　（清）金澂撰　清末石
印本　沈阿姑題記　一冊　存十卷（論語一
至十）

330000－1716－0011319　集補 1419/11319
集部/別集類/清別集

涵村詩集十卷　（清）秦文超撰　清光緒六年
（1880）秦簧刻本　四冊　存八卷（一至八）

330000－1716－0011321　地獻 1880－10/
11321　集部/總集類/尺牘之屬

增廣句解尺牘含英初集不分卷　清越郡奎照
樓石印本　六冊

330000－1716－0011322　子補 3441/11322
子部/術數類/命書相書之屬

音義評注淵海子平五卷　（宋）徐升編　清末
石印本　一冊　存二卷（四至五）

330000－1716－0011323　集補 1475－3/
11323　集部/總集類/選集之屬/斷代

七家試帖輯注彙鈔九卷　（清）張熙宇輯評
（清）王植桂輯注　清刻本　一冊　存二種

330000－1716－0011324　集補 1020/11324
集部/總集類/課藝之屬

江蘇校士館變法課藝四卷續集二卷　鄒福保
輯　清光緒二十八年（1902）鎔鑄書齋石印本
　六冊

330000－1716－0011325　地獻 1612－57/
11325　集部/別集類/清別集

雪鴻軒尺牘四卷　（清）龔萼撰　清刻本　一
冊　存二卷（三至四）

330000－1716－0011326　集補 3070/11326
集部/總集類/選集之屬/通代

文選音義八卷　（清）余蕭客撰　清光緒二十
一年（1895）石印本　一冊　存四卷（五至八）

330000－1716－0011327　集補 3075/11327
集部/小說類/長篇之屬

繡像八續濟公傳四卷三十五回　坑餘生撰
清宣統元年（1909）上海有益齋石印本　三冊

330000－1716－0011330　集補 3147/11330
集部/總集類/選集之屬/通代

憑山閣留青二集選十卷　（清）陳枚輯　清康
熙刻本　一冊　存二卷（一至二）

330000－1716－0011332　史補 1461/11332
史部/雜史類/斷代之屬

平浙紀略十六卷　（清）秦緗業　（清）陳鍾英
撰　清刻本　二冊　存八卷（九至十六）

330000－1716－0011334　經補 0688－29/
11334　經部/春秋左傳類/傳說之屬

東萊博議四卷　（宋）呂祖謙撰　清光緒十八
年（1892）江西兩儀堂刻本　四冊

330000－1716－0011335　子補 3477/11335
子部/儒家類/儒學之屬/禮教/女範

女子四書讀本二卷　（清）王相箋注　清末石
印本　二冊　存二種

330000－1716－0011337　地獻 1919－14/
11337　集部/總集類/尺牘之屬

新輯尺牘合璧四卷首一卷　（清）許思湄
（清）龔萼撰　（清）婁世瑞注　（清）寄虹軒
主人輯　清光緒十六年（1890）上海珍藝書局
石印本　一冊　缺二卷（三至四）

330000－1716－0011338　地獻 0936/11338
史部/政書類/通制之屬

三通志輯要七十六卷　（清）蔣麟振輯　清光
緒二十八年（1902）上海編譯局石印本　一冊
　存一種

330000－1716－0011343　經補 0688－30/
11343　經部/春秋左傳類/傳說之屬

東萊先生左氏博議二十五卷　（宋）呂祖謙撰

虚字注釋備考六卷 （清）張文炳點定 清
道光十九年(1839)錢塘瞿氏清吟閣刻本 一
冊 存三卷(一至三)

330000－1716－0011344 經補 0744/11344
經部/叢編

五經經解萃精不分卷二集十三卷 （清）□□
輯 清光緒十五年(1889)、十九年(1893)上
海點石齋石印本 九冊 存易經、詩經、禮
經、春秋

330000－1716－0011347 經補 1300－2/
11347 經部/春秋左傳類/傳說之屬

東萊博議四卷 （宋）呂祖謙撰 （清）張文炳
評點 清刻本 二冊 存二卷(三至四)

330000－1716－0011353 子補 1099/11353
子部/術數類/相宅相墓之屬

相山撮要六卷 （清）曠學至撰 清刻本 五
冊 存五卷(二至六)

330000－1716－0011354 普 類 0137－2/
11354 類叢部/類書類/通類之屬

文料大成四卷 清末鉛印本 一冊 存一卷
(三)

330000－1716－0011355 地獻 0939/11355
子部/天文曆算類/算書之屬

學生復習用算學揭要一卷 亞泉學館輯 清
光緒二十七年(1901)上海普通學書室石印本
一冊

330000－1716－0011360 普子 2000/11360
新學/算學/數學

筆算數學三卷 （美國）狄考文輯 （清）鄒立
文述 清光緒二十四年(1898)上海美華書館
鉛印本 三冊

330000－1716－0011362 集 補 0010－1/
11362 集部/戲劇類/雜劇之屬

增像第六才子書五卷首一卷 （元）王實甫
（元）關漢卿撰 （清）金人瑞評 清末石印本
二冊 存二卷(三、五)

330000－1716－0011363 集補 1148/11363
集部/總集類/郡邑之屬

建寧耆舊詩鈔十四卷 （清）張際亮輯 （清）
李雲誥續纂 清刻本 一冊 存四卷(十一
至十四)

330000－1716－0011364 史補 1437/11364
史部/史評類/史論之屬

讀史全論七卷附諸子新論一卷 （清）方濬頤
撰 清光緒二十七年(1901)文星山房石印本
四冊 存七卷(一至七)

330000－1716－0011365 地獻 0942/11365
子部/醫家類/方書之屬/單方驗方

經驗良方二卷 （清）飛觴居士編 清光緒七
年(1881)刻本 一冊

330000－1716－0011366 普叢 0432/11366
類叢部/叢書類/自著之屬

隨園三十六種 （清）袁枚撰 清光緒十九年
(1893)倉山舊主石印本 一冊 存一種

330000－1716－0011368 普集 1946/11368
集部/總集類/課藝之屬

經文新編不分卷二編不分卷三編不分卷四編
不分卷 （清）顧達尊彙輯 清刻本 九冊

330000－1716－0011369 地獻 1369－6/
11369 子部/儒家類/儒學之屬/蒙學

浙紹奎照樓新增繪圖幼學故事瓊林四卷首一
卷 （清）程允升撰 （清）鄒聖脈增補 清末
浙紹奎照樓石印本 清雪樵題簽 一冊 缺
一卷(首)

330000－1716－0011371 地獻 0941/11371
類叢部/類書類/專類之屬

應酬彙選新集八卷 （清）陸九如纂輯 清同
治六年(1867)紹興聚奎堂刻本 海氏題記、
題簽 五冊

330000－1716－0011372 集補 1187/11372
集部/別集類/清別集

重訂增注知愧軒尺牘十六卷 （清）管斯駿撰
清刻掃葉山房朱墨套印本 一冊 存四卷
(十至十三)

330000－1716－0011373 子 補 3581－3/
11373 子部/術數類/相宅相墓之屬

地理五訣八卷　（清）趙廷棟撰　清石印本
一冊　存五卷（四至八）

330000－1716－0011376　集補 3069/11376
集部/別集類/清別集

曲園尺牘五卷　（清）俞樾撰　清光緒十七年
（1891）石印本　一冊　存一卷（四）

330000－1716－0011377　普類 0211/11377
類叢部/類書類/專類之屬

經講類典合編十種　（清）奎壁齋主人輯　清
光緒十四年（1888）上海鴻寶齋石印本　六冊
　存五種

330000－1716－0011379　地獻 1686－2/
11379　史部/政書類/公牘檔冊之屬

歸善堂徵信錄一卷　（清）新安歸善堂董事編
　清光緒二十九年（1903）新安歸善堂刻本
一冊

330000－1716－0011380　地獻 1663－7/
11380　子部/儒家類/儒學之屬/禮教

齊家寶要二卷　（清）張文嘉撰　清光緒七年
（1881）山陰朱氏刻本　一冊　存一卷（上）

330000－1716－0011381　史補 1452/11381
史部/政書類/儀制之屬/專志/科舉校規

欽定學堂章程不分卷　（清）張百熙等編　清
末鉛印本　五冊

330000－1716－0011382　經補 0328－2/
11382　經部/四書類/總義之屬/傳說

四書集注十九卷　（宋）朱熹撰　清刻本　一
冊　存二卷（大學、中庸）

330000－1716－0011387　集補 3065/11387
集部/別集類/清別集

綠香山館詩賦詞彙編二十卷　（清）來鴻瑨撰
　清光緒十一年（1885）奎照樓刻本　六冊

330000－1716－0011388　集補 0070/11388
集部/戲劇類/傳奇之屬

梨花雪十二折首一折尾一折　（清）徐鄂撰
（清）秦本楨評　清光緒三十二年（1906）上海
煥文書局石印本　二冊

330000－1716－0011390　普叢 0280－3/
11390　類叢部/叢書類/自著之屬

曾文正公四種　（清）曾國藩撰　清著易堂鉛
印本　七冊　存三種

330000－1716－0011391　子補 3439/11391
子部/醫家類/方書之屬

草方一卷　清末抄本　一冊

330000－1716－0011392　集補 3102－1/
11392　集部/詩文評類/文法之屬/函牘格式

最新商務尺牘教科書正集二卷續集二卷　周
天鵬撰　清光緒浙紹奎照樓書坊上海會文學
社石印本　一冊　存一卷（正集二）

330000－1716－0011393　集補 1620/11393
集部/總集類/氏族之屬

三蘇策論十二卷　（宋）蘇洵　（宋）蘇軾
（宋）蘇轍撰　（清）張紹齡編　清石印本　二
冊　存二卷（四、九）

330000－1716－0011395　史補 0385－2/
11395　史部/傳記類/總傳之屬/仕宦

歷代名臣言行錄二十四卷　（清）朱桓輯　清
末石印本　六冊　存十八卷（四至十六、二十
至二十四）

330000－1716－0011396　集補 3102－2/
11396　集部/詩文評類/文法之屬/函牘格式

最新商務尺牘教科書正集二卷續集二卷　周
天鵬撰　清光緒浙紹奎照樓書坊上海會文學
社石印本　一冊　存一卷（正集二）

330000－1716－0011398　史補 0961－2/
11398　史部/傳記類/總傳之屬/仕宦

歷代名臣言行錄二十四卷　（清）朱桓輯　清
光緒十七年（1891）上海廣百宋齋鉛印本　四
冊　存十六卷（一至四、九至十二、十七至二
十四）

330000－1716－0011399　新補 0481/11399
新學/理學

天演論二卷　（英國）赫胥黎撰　嚴復譯　清
光緒二十九年（1903）上海通雅石印本　一冊
　存一卷（一）

330000 – 1716 – 0011401　子補 3131 – 2/
11401　子部/術數類/陰陽五行之屬

奇門遁甲統宗十二卷　題(三國蜀)諸葛亮撰
清刻本　三冊　存六卷(七至十二)

330000 – 1716 – 0011403　經補 1460/11403
集部/總集類/課藝之屬

制義約鈔不分卷　清刻本　三冊

330000 – 1716 – 0011406　經補 1461/11406
經部/小學類/文字之屬/說文/專著

說文古籀補十四卷補遺一卷附錄一卷　(清)
吳大澂撰　清光緒二十四年(1898)刻本
二冊

330000 – 1716 – 0011407　史補 1312/11407
史部/詔令奏議類/奏議之屬

時務表□□種　清刻本　田紹謙題記　一冊
存二種

330000 – 1716 – 0011408　子補 3458/11408
子部/天文曆算類/算書之屬

則古昔齋算學十三種二十四卷　(清)李善蘭
學　清光緒十四年(1888)上海大同書局石印
本　一冊　存五種

330000 – 1716 – 0011409　普子 2012/11409
經部/小學類/文字之屬/字書/訓蒙

字課圖說八卷　(清)會文學社編　清光緒三
十年(1904)上海會文學社石印本　六冊　存
六卷(一至六)

330000 – 1716 – 0011412　地獻 0945/11412
經部/四書類/總義之屬

四書古注群義彙解九種九十四卷　(清)□□
輯　清光緒鉛印本　一冊　存一種

330000 – 1716 – 0011416　地獻 1957 – 1/
11416　經部/書類/傳說之屬

書經集注六卷　(宋)蔡沈撰　清光緒十一年
(1885)會稽徐氏融經館刻紹興墨潤堂印本
三冊　缺一卷(三)

330000 – 1716 – 0011417　史補 1434 – 2/
11417　史部/史抄類

史略八十七卷　(清)朱墼輯　清末石印本

三冊　存三十九卷(三十一至四十五、六十四
至八十七)

330000 – 1716 – 0011418　新補 0644/11418
新學/學校

蒙學理科教科書四卷　(清)江蘇無錫三等公
學堂譯　清光緒石印本　二冊

330000 – 1716 – 0011419　經補 1289/11419
經部/書類/傳說之屬

書經增訂旁訓四卷　(清)徐立綱旁訓　清匠
門書屋石印本　一冊　存二卷(三至四)

330000 – 1716 – 0011420　地獻 1957 – 2/
11420　經部/書類/傳說之屬

書經集注六卷　(宋)蔡沈撰　清光緒十一年
(1885)會稽徐氏融經館刻本　二冊　存三卷
(三、五至六)

330000 – 1716 – 0011422　經補 1408/11422
經部/書類/傳說之屬

書經述六卷　(清)許祖京撰　清同治十三年
(1874)許延毅刻本　一冊　存三卷(四至六)

330000 – 1716 – 0011423　經補 1190 – 1/
11423　經部/群經總義類/文字音義之屬

經籍籑詁五卷首一卷　(清)阮元撰　清光緒
九年(1883)上海點石齋石印本　一冊　存二
卷(一、首)

330000 – 1716 – 0011425　子補 1186/11425
子部/宗教類/道教之屬/戒律

文昌帝君孝經一卷　清刻本　一冊

330000 – 1716 – 0011426　地獻 0947/11426
子部/醫家類/方書之屬/單方驗方

疑難急症簡方四卷　(清)羅越峰輯　清光緒
二十二年(1896)刻本　二冊　存二卷(一、
四)

330000 – 1716 – 0011427　經補 1342 – 13/
11427　經部/春秋左傳類/傳說之屬

春秋左傳五十卷提要一卷　(晉)杜預注
(宋)林堯叟補注　(唐)陸德明音義　**春秋列
國圖說一卷**　(宋)蘇軾撰　清刻本　清莊子
良題記　十一冊　缺七卷(二至八)

330000－1716－0011428　經補 0185/11428 經部/四書類/總義之屬/傳說

陸批四書十九卷 （清）陸思誠批點　清光緒十一年(1885)上海同文書局石印本　一冊　存三種

330000－1716－0011429　地獻 0944/11429 子部/宗教類/道教之屬

覺世真經闡化編十六卷首一卷 （清）徐謙輯 （清）劉瀚　（清）劉耀麟校　清光緒六年(1880)補讀山房刻本　六冊　缺四卷(四至七)

330000－1716－0011430　集補 0007－35/11430　集部/小說類/長篇之屬

繪圖增像第五才子書水滸全傳八卷七十回首一卷 （元）施耐庵撰　（清）金人瑞評　清光緒三十一年(1905)上海書局石印本　賀忠聲題簽　二冊　缺六卷(二至七)

330000－1716－0011437　集補 0124－6/11437　集部/小說類/長篇之屬

野叟曝言二十卷一百五十回 （清）夏敬渠撰　清末石印本　一冊　存一卷(四)

330000－1716－0011441　新補 0084/11441 新學/學校

最新高等小學修身教科書不分卷 商務印書館編譯所編纂　清宣統三年(1911)上海商務印書館鉛印本　二冊

330000－1716－0011443　子補 0322/11443 子部/醫家類/兒科之屬/驚風

新訂小兒科臍風驚風合編並附各症不分卷 (清)鮑璈輯　清同治十年(1871)刻本　一冊

330000－1716－0011444　經補 0218/11444 經部/四書類/總義之屬/傳說

四書典林三十卷四書古人典林十二卷 （清）江永輯　清同治十二年(1873)古董一經室刻本　五冊　存二十五卷(一至三、九至十八、二十五至三十,古人典林七至十二)

330000－1716－0011445　子補 1000－1/11445　子部/宗教類/道教之屬

同善錄纂要一卷 清光緒五年(1879)萬化樓同善社刻本　一冊

330000－1716－0011446　經補 1342－9/11446　經部/春秋左傳類/傳說之屬

春秋左傳五十卷提要一卷 （晉）杜預注 （宋）林堯叟補注　（明）韓范評　**春秋左傳異名考一卷** （明）閔光德輯　清光緒十一年(1885)會稽徐氏融經館刻本　十二冊　存四十四卷(一至二、八至三十二、三十六至五十,提要,異名考)

330000－1716－0011447　新補 0645/11447 新學/學校

最新初等小學格致教科書不分卷 杜亞泉編輯　清光緒三十三年(1907)上海商務印書館鉛印本　二冊

330000－1716－0011448　子補 3516/11448 子部/儒家類/儒學之屬/禮教

最樂編正集六卷續二卷 （明）高道淳輯　**續編二卷** （清）錢煥輯　清同治十三年(1874)杭州樹德堂刻本　一冊

330000－1716－0011449　經補 1297－7/11449　經部/四書類/總義之屬/傳說

四書集注十九卷 （宋）朱熹撰　清刻本　二冊　存十卷(論語一至十)

330000－1716－0011450　子補 0011－8/11450　子部/藝術類/書畫之屬/書法書品

精印翰苑分書小楷一卷 （清）夏同善等書　清末石印本　一冊

330000－1716－0011451　子補 3515/11451 子部/宗教類/佛教之屬/經

妙法蓮華經觀世音菩薩普門品一卷 （後秦）釋鳩摩羅什譯　清刻本　一冊

330000－1716－0011452　集補 3074/11452 集部/曲類/彈詞之屬

新增全圖珍珠塔後傳麒麟豹六卷六十回 (清)馬永清撰　清光緒石印本　四冊　存四卷(一、三至四、六)

330000－1716－0011453　子補 3514/11453

子部/醫家類/本草之屬/歷代綜合本草

本草從新十八卷 （清）吳儀洛輯　清刻本
三冊　存十卷（二至四、九至十五）

330000－1716－0011454　子補 3984/11454
子部/術數類/占卜之屬

斷易大全四卷　清末上海江東書局石印本
三冊　存三卷（二至四）

330000－1716－0011456　集補 3073/11456
集部/總集類/選集之屬/通代

唐宋八家文讀本三十卷首一卷　（清）沈德潛
輯　清石印本　一冊　存七卷（八至十四）

330000－1716－0011457　經補 1342－21/
11457　經部/春秋左傳類/傳說之屬

春秋左傳五十卷　（晉）杜預注　（宋）林堯叟
補注　（唐）陸德明音義　（明）鍾惺　（明）
韓范評　清刻本　一冊　存四卷（三十七至
四十）

330000－1716－0011458　新補 0542－2/
11458　史部/傳記類/總傳之屬

泰西各國名人言行錄十六卷　（清）張兆蓉輯
　清光緒石印本　五冊　存十四卷（三至十
六）

330000－1716－0011459　集補 1573/11459
集部/詩文評類/詩評之屬

劍堂詩法四卷　（清）沙臨編　清繹山房刻本
　二冊

330000－1716－0011460　集補 3143/11460
集部/小說類/長篇之屬

繡像繪圖兒女英雄傳八卷四十回　（清）文康
撰　**繡像繪圖續兒女英雄傳八卷三十二回**
（清）趙子衡撰　清末石印本　四冊

330000－1716－0011461　經補 1295/11461
經部/四書類/總義之屬/傳說

四書句辨不分卷　（宋）朱熹撰　清菜根香館
刻本　一冊　存二卷（大學、中庸）

330000－1716－0011462　子補 3588－2/11462
　子部/醫家類/本草之屬/歷代綜合本草

本草從新六卷　（清）吳儀洛輯　清刻本　二

冊　存二卷（二、四）

330000－1716－0011463　集補 3103/11463
集部/別集類/清別集

守拙子詩一卷附詞一卷　（清）秦涵章撰　清
刻本　一冊

330000－1716－0011464　子補 3517/11464
子部/術數類/陰陽五行之屬

重刻黃奇門遁甲句解烟波釣叟歌一卷　（宋）
趙普撰　（明）羅通遁法　（明）池紀解編　清
刻本　一冊

330000－1716－0011465　集補 1506/11465
集部/總集類/課藝之屬

江左校士錄不分卷　（清）黃體芳輯　清末鉛
印本　三冊

330000－1716－0011469　新補 0646/11469
新學/學校

教授法原理不分卷　商務印書館編譯所編纂
　清光緒三十二年（1906）上海商務印書館鉛
印本　一冊

330000－1716－0011470　集補 3138/11470
集部/小說類/長篇之屬

**新鋟重訂出像注釋通俗演義西晉志傳題評四
卷東晉志傳題評八卷紀元傳一卷**　（明）陳氏
尺蠖齋評釋　清刻本　九冊　存九卷（西晉
志傳一、三，東晉志傳二至八）

330000－1716－0011471　新補 0099/11471
新學/學校

高等小學女子國文教科書不分卷　莊俞等編
纂　清宣統元年（1909）上海商務印書館鉛印
本　三冊

330000－1716－0011474　普類 0061/11474
類叢部/類書類/通類之屬

增補事類統編九十三卷首一卷　（清）黃葆真
輯　清光緒十七年（1891）上海書局石印本
八冊　存六十六卷（一至八、二十八至五十、
五十二至五十八、六十七至九十三，首）

330000－1716－0011477　經補 0172/11477
經部/四書類/總義之屬/傳說

四書題鏡味根合編三十九卷　（清）金澂（清）汪鯉翔撰　清光緒十七年（1891）上海鴻寶齋石印本　八冊

330000 – 1716 – 0011478　子補 3387/11478
子部/藝術類/書畫之屬/畫譜

點石齋叢畫十卷　尊聞閣主人輯　清光緒石印本　七冊　缺一卷（一）

330000 – 1716 – 0011480　經補 1305/11480
經部/小學類/文字之屬/字書/字典

字典□□卷　清末石印本　一冊　存一卷（下）

330000 – 1716 – 0011485　子補 3449/11485
子部/藝術類/書畫之屬/法帖

草書集成五卷　（清）石梁書　（日本）莊門熙輯　清末石印本　一冊　存一卷（五）

330000 – 1716 – 0011486　子補 3452/11486
子部/藝術類/遊藝之屬/聯語

楹聯彙編八卷　王榮商輯　清末石印本　一冊　存一卷（五）

330000 – 1716 – 0011487　子補 3448/11487
子部/天文曆算類/曆法之屬

大清宣統華英通商吉書便覽不分卷　清末石印本　一冊

330000 – 1716 – 0011489　普類 0166 – 1/11489　類叢部/類書類/通類之屬

策學備纂續集四卷　（清）宋徵獻等輯　清光緒二十年（1894）上海點石齋石印本　一冊　存一卷（二）

330000 – 1716 – 0011490　集補 3104/11490
集部/總集類/課藝之屬

三等學堂課藝不分卷　（清）鍾天緯編　清光緒二十九年（1903）鉛印本　一冊

330000 – 1716 – 0011496　經補 0873 – 15/11496　經部/小學類/音韻之屬/韻書

增注字類標韻六卷　（清）華綱撰　（清）范多珏重訂　清末鉛印本　清卓然題簽　一冊　存三卷（四至六）

330000 – 1716 – 0011501　集補 1180 – 1/11501　集部/總集類/尺牘之屬

尺牘初桄二卷附二卷彙注一卷　（清）子虛氏輯　清光緒十五年（1889）上海點石齋石印本　二冊

330000 – 1716 – 0011503　經補 1344 – 26/11503　經部/春秋左傳類/傳說之屬

左繡三十卷首一卷　（清）馮李驊　（清）陸浩評輯　清松盛堂刻本　一冊　存二卷（一至二）

330000 – 1716 – 0011504　經補 0873 – 16/11504　經部/小學類/音韻之屬/韻書

增注字類標韻六卷　（清）華綱撰　（清）范多珏重訂　清末石印本　一冊　存三卷（四至六）

330000 – 1716 – 0011505　集補 3137 – 1/11505　集部/小說類/長篇之屬

今古奇觀二十卷　（明）抱甕老人輯　清刻本　一冊　存七卷（一至七）

330000 – 1716 – 0011507　地獻 1824 – 92/11507　集部/總集類/選集之屬/通代

增批古文觀止十二卷　（清）吳乘權　（清）吳大職輯　清光緒二十七年（1901）浙紹墨潤堂石印本　天俠氏題簽　一冊　存四卷（一至四）

330000 – 1716 – 0011508　子補 3520/11508
子部/儒家類/儒學之屬/蒙學

繪圖蒙學歷史讀本不分卷　曹侃夫輯　吳調卿繪　清光緒三十一年（1905）上海崇實書局石印本　二冊

330000 – 1716 – 0011509　集補 1757/11509
集部/小說類/長篇之屬

紅樓夢一百二十回　（清）曹霑　（清）高鶚撰　清嘉慶十六年（1811）東觀閣刻本　十九冊　缺九回（十至十八）

330000 – 1716 – 0011510　集補 3137 – 2/11510　集部/小說類/長篇之屬

今古奇觀四十卷　（明）抱甕老人輯　清刻本

一冊　存三卷(二十二至二十四)

330000－1716－0011511　　地獻 1824－84/
11511　　集部/總集類/選集之屬/通代

繪圖增批古文觀止十二卷　　(清)吳乘權
(清)吳大職輯　　清末浙紹明達書莊石印本
三冊　存六卷(三至六、十一至十二)

330000－1716－0011512　　集補 3137－3/
11512　　集部/小說類/長篇之屬

今古奇觀四十卷　　(明)抱甕老人輯　　清刻本
七冊　存二十四卷(八至十七、二十四至三
十三、三十七至四十)

330000－1716－0011513　　地獻 1824－101/
11513　　集部/總集類/選集之屬/通代

古文觀止十二卷　　(清)吳乘權　　(清)吳大職
輯　　清宣統元年(1909)上海文瑞樓石印本
二冊

330000－1716－0011514　　集補 3137－4/
11514　　集部/小說類/長篇之屬

今古奇觀四十卷　　(明)抱甕老人輯　　清刻本
八冊　存二十七卷(四至十六、二十至二十
六、三十四至四十)

330000－1716－0011515　　地獻 1829－20/
11515　　集部/總集類/選集之屬/通代

古文觀止十二卷　　(清)吳乘權　　(清)吳大職
輯　　清浙寧群玉山房刻本　　清南亭氏題簽
五冊　存十卷(一至十)

330000－1716－0011520　　集補 3151－1/
11520　　集部/總集類/選集之屬/通代

文選五卷首一卷　　(南朝梁)蕭統輯　　(唐)李
善注　**文選考異一卷**　　(清)胡克家撰　　清光
緒二十一年(1895)寶文書局石印本　　六冊

330000－1716－0011521　　子補 0080－52/
11521　　子部/儒家類/儒學之屬/蒙學

寄傲山房塾課新增幼學故事瓊林四卷首一卷
(清)程允升撰　　(清)鄒聖脈增補　　清刻本
二冊　存二卷(三至四)

330000－1716－0011522　　史補 1436/11522
史部/史評類/史論之屬

史論彙函甲編二十六種　　題(清)述古齋主人
輯　　清末石印本　　一冊　存一種

330000－1716－0011527　　集補 3151－2/
11527　　集部/總集類/選集之屬/通代

文選五卷首一卷　　(南朝梁)蕭統輯　　(唐)李
善注　**文選考異一卷**　　(清)胡克家撰　　清光
緒十四年(1888)同文書局石印本　　六冊

330000－1716－0011528　　集補 3061/11528
集部/小說類/長篇之屬

民族小說洪秀全演義四集八卷五十四回
(清)黃世仲(黃小配)撰　　清錦章圖書局石印
本　　二冊　存二卷(二集一、四續二)

330000－1716－0011529　　地獻 0961/11529
子部/醫家類/方書之屬/單方驗方

經方合濟三種　　(清)魏人憲輯　　清光緒二十
二年(1896)刻本　　伯華題記　　一冊

330000－1716－0011530　　新補 0650/11530
新學/史志/諸國史

世界近世史二卷　　(日)松平康國撰　　梁啟
勳譯　　清光緒上海廣智書局鉛印本　　一冊

330000－1716－0011532　　集補 3152－1/
11532　　集部/總集類/尺牘之屬

名賢書札不分卷　　(清)李鴻章等撰　　清光緒
十九年(1893)上海學有根柢齋石印本　　二冊

330000－1716－0011533　　集補 3062/11533
集部/小說類/長篇之屬

繪圖第二奇書八卷六十四回　　(清)隨緣下士
撰　　(清)寄旅散人評　　清末石印本　　一冊
存一卷(四)

330000－1716－0011534　　子補 3513/11534
子部/醫家類/綜合之屬/通論

群玉山房重校醫宗必讀十卷　　(清)李中梓撰
清浙紹奎照樓刻本　　一冊　存二卷(一至
二)

330000－1716－0011535　　普集 1945/11535
集部/小說類/長篇之屬

劍俠奇蹤三集十八卷一百八十回　　(清)桃花
館主編次　　清末石印本　　二冊　存二卷(二

集一至二）

330000 - 1716 - 0011536　子補 3511/11536
子部/醫家類/綜合之屬/通論

醫宗必讀十卷　（清）李中梓撰　清刻本　一
冊　存二卷（七至八）

330000 - 1716 - 0011537　集補 3152 - 2/
11537　集部/總集類/尺牘之屬

名賢書札不分卷　（清）李鴻章等撰　清光緒
二十年（1894）上海復古齋石印本　二冊

330000 - 1716 - 0011538　集補 3154/11538
集部/總集類/彙編之屬

漢魏六朝名家集初刻四十一種　丁福保編
清宣統三年（1911）無錫丁氏鉛印本　二十一
冊　存二十八種

330000 - 1716 - 0011539　集補 1069 - 39/
11539　集部/總集類/選集之屬/斷代

唐詩三百首六卷　（清）孫洙編　清刻本　一
冊　缺二卷（一至二）

330000 - 1716 - 0011540　集補 3152 - 3/
11540　集部/總集類/尺牘之屬

名賢書札不分卷　（清）李鴻章等撰　清光緒
二十年（1894）上海復古齋石印本　三冊

330000 - 1716 - 0011541　地獻 0962/11541
子部/宗教類/道教之屬/戒律

太上感應篇注證八卷首一卷　（清）魯元昺編
輯　清光緒十九年（1893）海昌於文光經畬書
屋刻本　五冊　存五卷（二、四至六、八）

330000 - 1716 - 0011542　地獻 1904 - 7/
11542　經部/小學類/音韻之屬/韻書

增補同音字類標韻二卷續編一卷外編一卷
（清）石韞玉重校　清光緒三十年（1904）浙紹
奎照樓石印本　二冊　存二卷（一至二）

330000 - 1716 - 0011543　子補 3512 - 1/
11543　子部/醫家類/類編之屬

陳修園醫書四十八種　（清）陳念祖等撰　清
光緒三十三年（1907）巴蜀善成堂刻本　一冊
存一種

330000 - 1716 - 0011544　史補 0513/11544
史部/史評類/史論之屬

鑑史提綱四卷　（清）杜詔撰　（清）盧文錦注
清道光二十七年（1847）刻本　清江夏喻題
記　一冊

330000 - 1716 - 0011546　子補 3512 - 2/
11546　子部/醫家類/類編之屬

陳修園醫書二十三種　（清）陳念祖等撰　清
光緒二十九年（1903）湖南益元書局刻本　一
冊　存一種

330000 - 1716 - 0011549　集補 1475 - 1/
11549　集部/總集類/選集之屬/斷代

七家試帖輯注彙鈔九卷　（清）張熙宇輯評
（清）王植桂輯注　清光緒六年（1880）掃葉山
房刻本　四冊　存四種

330000 - 1716 - 0011551　子補 3508/11551
子部/宗教類/佛教之屬/經

佛說太陽經一卷　清光緒三十年（1904）楊氏
四知堂刻本　一冊

330000 - 1716 - 0011552　子補 3509/11552
子部/宗教類/佛教之屬/論

佛說大乘金剛經論一卷　清光緒元年（1875）
蘇州地藏菴刻本　一冊

330000 - 1716 - 0011555　子補 3510/11555
子部/宗教類/佛教之屬/經咒

**千手千眼觀世音菩薩廣大圓滿無礙大悲心陀
羅尼經一卷**　（唐）釋伽梵達摩譯　清同治刻
本　一冊

330000 - 1716 - 0011556　新補 0654/11556
史部/目錄類/專錄之屬

東西學書錄總敘二卷　沈桐生撰　清光緒二
十三年（1897）松江韓氏讀有用書齋刻本　一
冊　存一卷（一）

330000 - 1716 - 0011557　子補 1332/11557
子部/小說家類/異聞之屬

繪圖希奇古怪四卷　（清）李慶辰撰　清光緒
鉛印本　梁琴齋題簽　二冊　存二卷（三至
四）

330000－1716－0011558　集補 3060/11558
集部/小說類/長篇之屬

說唐薛家府傳六卷四十二回　（清）如蓮居士
撰　清末石印本　一冊　存三卷（四至六）

330000－1716－0011562　集補 1514/11562
集部/總集類/課藝之屬

精選性理典制文錦初集不分卷後集不分卷
清光緒十四年(1888)石印本　六冊

330000－1716－0011563　子補 3600/11563
子部/醫家類/綜合之屬/通論

增補醫方一盤珠全集十卷　（清）洪金鼎纂
清嘉慶七年(1802)錦盛堂刻本　四冊

330000－1716－0011564　地獻 1954－6/
11564　經部/詩類/傳說之屬

詩經集傳八卷首一卷　（宋）朱熹撰　清光緒
十九年(1893)浙紹墨潤堂刻本　一冊　存三
卷（一至二、首）

330000－1716－0011565　地獻 1968－9/
11565　類叢部/叢書類/郡邑之屬

越中文獻輯存書十種十八卷　紹興公報社輯
清宣統二年至民國元年(1910－1912)紹興
公報社鉛印本　一冊　存一種

330000－1716－0011566　子補 3507/11566
子部/醫家類/方書之屬/單方驗方

隨山宇方鈔一卷　（清）汪曰楨撰　清光緒八
年(1882)紹興安越堂刻本　一冊

330000－1716－0011568　經補 1369－2/
11568　經部/小學類/文字之屬/字書/字典

字彙十二集首一卷末一卷韻法直圖一卷
(明)梅膺祚撰　**韻法橫圖一卷**　（明）李世澤
撰　清刻本　一冊　缺十三卷（一至十二、
首）

330000－1716－0011569　普叢 0187－5/
11569　類叢部/叢書類/彙編之屬

武英殿聚珍版書一百三十八種　清刻本　十
冊　存二種

330000－1716－0011570　經補 0187－1/
11570　經部/四書類/總義之屬/傳說

張謇批選四書義六卷續四書義六卷　張謇撰
清光緒石印本　一冊　存一卷（張謇批選
續四書義五）

330000－1716－0011574　子補 3505/11574
子部/術數類/命書相書之屬

新刊合併官板音義評注淵海子平五卷　（宋）
徐升編　清杭城文光堂刻本　一冊　存三卷
（三至五）

330000－1716－0011580　子補 3506/11580
子部/醫家類/類編之屬

陳修園醫書二十三種　（清）陳念祖等撰　清
光緒二十七年(1901)新化三味書局刻本　二
冊　存二種

330000－1716－0011582　集補 1611/11582
集部/總集類/課藝之屬

周稿全集不分卷　（清）□□輯　清刻本
一冊

330000－1716－0011583　地獻 0966/11583
集部/別集類/清別集

音注小倉山房尺牘八卷補遺一卷　（清）袁枚
撰　（清）胡光斗箋釋　清同治六年(1867)五
雲樓刻本　四冊　缺一卷（補遺）

330000－1716－0011587　子補 1169/11587
子部/雜著類/雜說之屬

願覺集不分卷　清刻本　一冊

330000－1716－0011588　子補 3584/11588
子部/藝術類/書畫之屬/法帖

草書字法二卷　清光緒二十三年(1897)紹城
會文堂石印本　一冊

330000－1716－0011589　經補 0927－5/
11589　經部/詩類/傳說之屬

詩經集傳八卷　（宋）朱熹撰　清文星堂刻本
一冊　存三卷（六至八）

330000－1716－0011590　善附 0325/11590
集部/總集類/選集之屬/通代

歷代文歸一百六卷　（明）鍾惺輯並評　明崇
禎古香齋刻本　四冊　存八卷（晉文歸一至
八）

330000 - 1716 - 0011596　經補 1302 - 2/11596　經部/叢編

五經揭要二十九卷 （清）許寶善編　清刻本
　一冊　存二卷（詩經三至四）

330000 - 1716 - 0011598　子補 3453/11598
子部/雜著類/雜纂之屬

芹宮新譜二卷 （清）鄭一鵬撰　清道光元年
（1821）刻本　二冊

330000 - 1716 - 0011599　地獻 1322 - 142/11599　史部/傳記類/科舉錄之屬/歷科鄉
試錄

[光緒丁酉科]湖北鄉試卷一卷 施烆撰　清
光緒石印本　一冊

330000 - 1716 - 0011600　地獻 1322 - 143/11600　史部/傳記類/科舉錄之屬/歷科鄉
試錄

[光緒丁酉科]湖北鄉試卷一卷 施烆撰　清
光緒石印本　一冊

330000 - 1716 - 0011601　地獻 1322 - 144/11601　史部/傳記類/科舉錄之屬/歷科鄉
試錄

[光緒丁酉科]湖北鄉試卷一卷 施烆撰　清
光緒石印本　一冊

330000 - 1716 - 0011602　普叢 0361/11602
類叢部/叢書類/彙編之屬

岱南閣叢書□□種 （清）孫星衍編　清同治
元年（1862）緯文堂刻本　五冊　存一種

330000 - 1716 - 0011608　地獻 0969/11608
類叢部/叢書類/彙編之屬

知不足齋叢書一百九十六種 （清）鮑廷博編
（清）鮑士恭續編　清乾隆三十七年至道光
三年（1772 - 1823）長塘鮑氏刻彙印本　清潘
叔硯題記　一冊　存一種

330000 - 1716 - 0011609　集補 3140/11609
集部/總集類/課藝之屬

試策度津筏不分卷 清咸豐元年（1851）竹虛
軒刻本　一冊

330000 - 1716 - 0011610　子補 1661 - 2/
11610　子部/儒家類/儒學之屬/蒙學

小學集注六卷首一卷末一卷 （明）陳選集注
　小學校語一卷 （清）孫崇晉等撰　清宣統
元年（1909）上海仁記書局刻本　四冊　缺一
卷（小學校語）

330000 - 1716 - 0011613　子補 4070 - 14/
11613　子部/醫家類/本草之屬/歷代綜合
本草

**本草綱目五十二卷附圖二卷瀕湖脈學一卷奇
經八脈攷一卷脈訣攷證一卷** （明）李時珍撰
　清刻本　一冊　存一卷（奇經八脈攷）

330000 - 1716 - 0011614　子補 3614/11614
子部/雜著類/雜纂之屬

兩般秋雨盦隨筆八卷 （清）梁紹壬撰　清末
鉛印本　三冊　存六卷（一至六）

330000 - 1716 - 0011615　子補 3501/11615
子部/術數類/相宅相墓之屬

地理小補三卷續編一卷辨正發秘初稿一卷
（清）劉杰撰　清同治刻本　二冊　缺二卷
（一至二）

330000 - 1716 - 0011616　經補 1458/11616
經部/春秋公羊傳類/傳說之屬

春秋公羊傳十一卷 （漢）何休注　（唐）陸德
明音義　清石印本　二冊　存六卷（六至十
一）

330000 - 1716 - 0011622　集補 0809 - 3/
11622　集部/總集類/課藝之屬

紫陽書院課藝九集不分卷 （清）王同伯鑒定
　（清）沈壽慈　（清）楊振鑣編校　清光緒二
十年（1894）刻本　三冊

330000 - 1716 - 0011626　集補 3247 - 81/
11626　集部/小說類/短篇之屬

聊齋志異評注十六卷 （清）蒲松齡撰　（清）
王士禎評　清刻本　二冊　存二卷（八、十
一）

330000 - 1716 - 0011629　普類 0035/11629
類叢部/類書類/專類之屬

重編留青新集二十四卷 （清）馮善長輯　清

光緒十六年(1890)上海鉛印本　十冊　存十八卷(一至二、五至二十)

330000－1716－0011630　子補 3455/11630
子部/宗教類/佛教之屬

拯靈會試煉院規不分卷　清光緒二十四年(1898)鉛印本　一冊

330000－1716－0011631　新補 0375－2/11631　子部/儒家類/儒家之屬

中外經世緒言十六卷續編十二卷　（清）汪紫卿輯　清光緒二十一年(1895)上海文盛堂石印本　四冊　缺十二卷(續編一至十二)

330000－1716－0011632　子補 3450/11632
子部/天文曆算類/算書之屬

數學精詳十一卷首一卷末一卷　（清）屈曾發輯　清光緒二十四年(1898)上海點石齋石印本　二冊　存四卷(四至五、十一、末)

330000－1716－0011634　史補 1434－1/11634　史部/史抄類

史略八十七卷　（清）朱塈輯　清光緒二十六年(1900)上海宏文閣石印本　五冊　缺十五卷(十三至二十七)

330000－1716－0011635　子補 0710/11635
子部/術數類/命書相書之屬

袁柳莊先生神相全編三卷　（明）袁忠徹撰　清上海富華圖書館石印本　三冊

330000－1716－0011638　地獻 1687－2/11638　子部/宗教類/道教之屬

關帝明聖經一卷　清光緒六年(1880)山陰姜樏刻本　蔡甘棠題記並批注　一冊

330000－1716－0011639　集補 1076/11639
集部/總集類/酬唱之屬

清尊集十六卷　（清）汪遠孫輯　清道光十九年(1839)錢塘汪氏振綺堂刻本　一冊　存四卷(一至四)

330000－1716－0011643　集補 1474/11643
集部/總集類/郡邑之屬

山左明詩鈔三十五卷　（清）宋弼輯　清刻本　一冊　存三卷(十二至十四)

330000－1716－0011645　新補 0655/11645
新學/兵制/陸軍

野外要務令不分卷　（日本）陸軍省編　（清）盧永銘譯　清光緒南洋公學譯書院鉛印本　四冊

330000－1716－0011646　子補 3494/11646
子部/雜著類/雜說之屬

元化指南五卷　題退安老祖撰　清刻本　一冊　存二卷(一至二)

330000－1716－0011647　地獻 1464－31/11647　集部/別集類/清別集

邃學齋試草一卷　（清）田晉銘撰　清刻本　一冊

330000－1716－0011648　地獻 1954－12/11648　經部/叢編

五經旁訓十九卷　（清）徐立綱旁訓　清同治十一年(1872)山陰姚氏聚奎堂刻本　一冊　存一卷(詩經一)

330000－1716－0011651　史補 1472/11651
史部/傳記類/總傳之屬/忠孝

百孝圖說四卷　（清）俞葆真編　（清）何雲梯繪圖　清同治刻本　一冊　存二卷(三至四)

330000－1716－0011652　地獻 0977/11652
子部/儒家類/儒學之屬/蒙學

弟子規一卷　（清）李毓秀撰　清光緒十九年(1893)紹興府署刻本　一冊

330000－1716－0011654　子補 3585/11654
子部/術數類/相宅相墓之屬

地理正義鉛彈子砂水要訣七卷　（清）張鳳藻撰　清刻本　五冊　存五卷(二至六)

330000－1716－0011657　子補 3586/11657
子部/藝術類/遊藝之屬/聯語

新鐫雜錦群芳對聯三卷　（清）南莊居士撰
雜錦群芳尺牘八卷　（清）石成金撰　清咸豐九年(1859)大鑒堂刻本　一冊　存二卷(一、尺牘八)

330000－1716－0011659　經補 1344－21/11659　經部/春秋左傳類/傳說之屬

左繡三十卷首一卷 （清）馮李驊 （清）陸浩
評輯 清三槐書屋刻本 九冊 存十八卷
（十三至三十）

330000－1716－0011660 子補 3589/11660
子部/雜著類/雜纂之屬

雜鐫雜錦群芳□□卷新鐫銀經發秘三卷 清
同治四年（1865）大懋堂刻本 五冊 存八卷
（對聯一至三,尺牘一、七,銀經一至三）

330000－1716－0011661 經補 1344－24/
11661 經部/春秋左傳類/傳說之屬

左繡三十卷首一卷 （清）馮李驊 （清）陸浩
評輯 清刻本 九冊 存十八卷（十三至三
十）

330000－1716－0011662 經補 1456－1/
11662 經部/小學類/文字之屬/字書/字體

篆字彙十二卷 （清）佟世男編 清康熙三十
年（1691）多山堂刻本 一冊 存一卷（六）

330000－1716－0011669 普類 0095－16/
11669 類叢部/類書類/通類之屬

增補萬寶全書二十卷 （明）陳繼儒撰 （清）
毛煥文增補 清嘉慶二十二年（1817）經綸堂
刻本 一冊 存三卷（一至三）

330000－1716－0011676 集補 3249－2/
11676 集部/曲類/彈詞之屬

繡像玉蟆龍全傳六卷五十七回首一卷 清末
石印本 三冊 存四卷（一、四至五,首）

330000－1716－0011677 經補 1457/11677
經部/群經總義類/文字音義之屬

十三經集字摹本不分卷分畫便查一卷韻有經
無各字摘錄一卷 （清）彭玉雯撰 清刻本
一冊 存一卷（韻有經無各字摘錄）

330000－1716－0011679 經補 1459/11679
經部/小學類/文字之屬/字書/訓蒙

增注三千字文一卷 （清）補拙居士編 清光
緒二十一年（1895）浙紹聚奎堂刻本 清金兆
鼎題簽 一冊

330000－1716－0011681 普類 0033/11681
集部/總集類/選集之屬/通代

憑山閣增輯留青新集三十卷 （清）陳枚選
（清）陳德裕增輯 清刻本 八冊 存十二卷
（三至六、十至十二、十五、十八至十九、二十
七、三十）

330000－1716－0011682 子補 3590/11682
子部/術數類/命書相書之屬

星平集腋統宗四卷 （清）廖瀛海輯 清同治
三年（1864）宏道堂刻本 四冊

330000－1716－0011684 經補 1281－2/
11684 經部/小學類/文字之屬/字書/字體

玉堂字彙四卷 （明）梅膺祚輯 清刻本 二
冊 存二卷（一、四）

330000－1716－0011687 地獻 1829－3/
11687 集部/總集類/選集之屬/通代

文翰齋古文觀止十二卷 （清）吳乘權 （清）
吳大職輯 清光緒六年（1880）浙紹聚奎堂刻
本 五冊 存十卷（一至十）

330000－1716－0011691 集補 1056－7/
11691 集部/總集類/選集之屬/通代

重訂古文釋義新編八卷 （清）余誠輯 清末
上海著易堂石印本 八冊

330000－1716－0011692 子補 0169－3/
11692 子部/醫家類/醫案之屬

臨證指南醫案十卷 （清）葉桂撰 （清）徐大
椿評 清光緒九年（1883）刻本 八冊 存八
卷（一至八）

330000－1716－0011695 子補 0125－40/
11695 子部/醫家類/方書之屬/單方驗方

驗方新編十六卷 （清）鮑相璈輯 清刻本
二冊 存六卷（五至八、十五至十六）

330000－1716－0011696 子補 3495/11696
子部/儒家類/儒家之屬

孔氏家語十卷 （三國魏）王肅注 清同治十
二年（1873）善成堂刻本 一冊 存五卷（六
至十）

330000－1716－0011697 集補 3158/11697
集部/小說類/長篇之屬

新刻增刪二度梅奇說六卷 （清）惜陰堂主人

輯 （清）繡虎堂主人評　清刻本　一冊　存
一卷（五）

330000－1716－0011698　經補 0926－1/
11698　經部/群經總義類/傳說之屬

然後知齋答問二十卷　（清）梅沖撰　清嘉慶
二十一年(1816)胡克家刻本　六冊

330000－1716－0011699　集補 3141/11699
集部/小說類/長篇之屬

新鐫濟顛大師醉菩提全傳二十回　（清）天花
藏主人編次　清刻本　一冊　存五回（一至
五）

330000－1716－0011700　集補 3139/11700
集部/小說類/長篇之屬

綠野仙蹤八十回　（清）李百川撰　清刻本
三冊　存十二回（二十八至三十二、三十七至
四十三）

330000－1716－0011701　普類 0131－1/
11701　類叢部/類書類/通類之屬

子史輯要題解合編四卷　（清）胡本淵編　清
道光二十二年(1842)如不及齋刻本　四冊

330000－1716－0011702　經補 0926－2/
11702　經部/群經總義類/傳說之屬

然後知齋答問二十卷　（清）梅沖撰　清嘉慶
二十一年(1816)胡克家刻本　四冊　缺七卷
（十一至十七）

330000－1716－0011703　子補 2611/11703
子部/宗教類/其他宗教之屬/基督教

聖方濟各沙勿略傳六卷　（清）蔣升譯　清光
緒二十二年(1896)上海慈母堂鉛印本　一冊

330000－1716－0011704　經補 1298－1/
11704　經部/小學類/音韻之屬/韻書

詩韻集成十卷　（清）余照輯　清刻本　二冊
存六卷（五至十）

330000－1716－0011705　集補 1172－5/
11705　集部/詩文評類/文法之屬/函牘格式

商務教科尺牘二種　（清）朱鈞撰　清光緒三
十三年(1907)上海煥文書局石印本　二冊

330000－1716－0011706　集補 1069－15/
11706　集部/總集類/選集之屬/斷代

唐詩三百首注疏六卷　（清）孫洙編　（清）章
燮注　清刻本　五冊　存五卷（二至六）

330000－1716－0011707　地獻 0985/11707
史部/編年類/通代之屬

尺木堂綱鑑易知錄九十二卷　（清）吳乘權
（清）周之炯　（清）周之燦輯　清末石印本
五冊　存十二卷（三至四、八至十四、十八至
二十）

330000－1716－0011708　集補 1515－1/
11708　集部/總集類/選集之屬/通代

夢華廬賦海三十卷　（清）夢華廬主人選　清
末石印本　二冊　存七卷（七至十三）

330000－1716－0011710　集補 3155/11710
集部/小說類/長篇之屬

新刻繪圖第一奇書鍾情傳六卷一百回　（明）
蘭陵笑笑生撰　清末石印本　一冊

330000－1716－0011712　集補 3247－80/
11712　集部/小說類/短篇之屬

真正後聊齋志異六卷　（清）徐昆撰　清光緒
石印本　一冊　存二卷（五至六）

330000－1716－0011713　經補 0925－4/
11713　經部/禮記類/傳說之屬

禮記集說十卷　（元）陳澔撰　清刻本　三冊
存三卷（一、九至十）

330000－1716－0011714　經補 0925－5/
11714　經部/禮記類/傳說之屬

禮記集說十卷　（元）陳澔撰　清刻本　清張
儁題簽　三冊　存三卷（七至九）

330000－1716－0011715　普類 0110－9/
11715　類叢部/類書類/專類之屬

新鐫校正詳注分類百子金丹全書十卷　（明）
郭偉選注　（明）郭中吉編　（明）王星聚校訂
清光緒二十年(1894)上海袖海山房石印本
六冊

330000－1716－0011716　地獻 0986/11716
史部/編年類/通代之屬

尺木堂綱鑑易知録九十二卷　（清）吳乘權
（清）周之炯　（清）周之燦輯　清光緒十四年
（1888）廣百宋齋鉛印本　十冊　存六十卷
（一至二十七、四十至四十六、六十至六十六、
七十四至九十二）

330000－1716－0011717　經補 0546－6/
11717　經部/四書類/總義之屬/文字音義

四書不二字音釋不分卷　（清）楊昕撰　清末
浙紹墨潤堂刻本　清子肅題記　二冊

330000－1716－0011718　子補 3597/11718
子部/小說家類/異聞之屬

池上草堂筆記十二卷　（清）梁恭辰撰　清刻
本　一冊　存一卷（二）

330000－1716－0011720　普經 0461/11720
經部/叢編

十三經古注二百九十卷　（明）金蟠　（明）葛
鼐校　明崇禎十二年（1639）永懷堂刻清同治
八年（1869）浙江書局校修印本　三冊　存
一種

330000－1716－0011721　地獻 1691－9/
11721　經部/小學類/訓詁之屬/字詁

增廣攷正俗言智燈難字不分卷　清末石印本
　張家雄題簽　一冊

330000－1716－0011722　集補 0989－5/
11722　集部/總集類/選集之屬/通代

古唐詩合解古詩四卷唐詩十二卷　（清）王堯
衢注　清刻本　五冊　存十卷（古詩一至四、
唐詩三至八）

330000－1716－0011725　地獻 0988/11725
史部/雜史類/斷代之屬

包村義團記一卷附恤緯錄一卷墨餘錄一卷附
摘平定粵匪紀略附記一卷庸閒齋筆記一卷摘
平浙紀略一卷　（清）包友生撰　附摘越州紀
略一卷　（清）陳元瑜撰　清末抄本　一冊

330000－1716－0011726　普類 0105－3/
11726　集部/總集類/課藝之屬

試律大觀三十二卷　（清）竹屏居士輯　清刻
本　二冊　存十二卷（二至四、十八至二十

六）

330000－1716－0011727　集補 3156/11727
集部/曲類/彈詞之屬

安邦志八卷定國志八卷　清宣統二年（1910）
上海章福記書局石印本　二冊　存二卷（安
邦志一至二）

330000－1716－0011728　經補 1297－1/
11728　經部/四書類/總義之屬/傳說

四書集注十九卷　（宋）朱熹撰　清文星堂刻
本　四冊　缺三卷（孟子一至三）

330000－1716－0011729　經補 0918－3/
11729　經部/書類/傳說之屬

書經精華六卷　（清）薛嘉穎撰　清同治七年
（1868）蘇州綠潤堂刻本　二冊

330000－1716－0011730　子補 3460－2/
11730　子部/小說家類/異聞之屬

無稽讕語四卷　（清）蘭皋居士撰　清刻本
一冊　存一卷（四）

330000－1716－0011731　普集 1952－1/
11731　集部/別集類/清別集

少喦賦草四卷續一卷　（清）夏思沺撰　清會
元樓刻本　二冊

330000－1716－0011732　史補 0888－1/
11732　史部/編年類/通代之屬

玉山樓綱鑑易知録九十二卷明鑑易知録十五
卷　（清）周之炯　（清）吳乘權　（清）周之
燦輯　清東省文選樓刻本　十一冊　存三十
一卷（一至二、二十四至二十五、八十一至九
十二，明鑑一至十五）

330000－1716－0011733　地獻 1824－75/
11733　集部/總集類/選集之屬/通代

增批古文觀止十二卷　（清）吳乘權　（清）吳
大職輯　清光緒二十七年（1901）浙紹墨潤堂
石印本　四冊　存八卷（一至六、九至十）

330000－1716－0011734　新補 0606/11734
新學/交涉

英話注解一卷　（清）尹紫芳等編　清光緒二
十年（1894）上海申昌書畫室鉛印本　一冊

330000 – 1716 – 0011735　經補 1297 – 4/11735　經部/四書類/總義之屬/傳說

四書集注十九卷　（宋）朱熹撰　清杭州慎怡堂刻本　二冊　存五卷（孟子一至五）

330000 – 1716 – 0011736　普類 0210/11736　類叢部/類書類/專類之屬

五經分類備典七十五卷　（清）吳家俊輯　清嘉慶二十三年(1818)刻本　一冊　存七卷（二十九至三十五）

330000 – 1716 – 0011737　地獻 1323 – 85/11737　史部/傳記類/科舉錄之屬/歷科鄉試錄

[光緒丁酉科]湖北鄉試硃卷一卷　施煌撰　清光緒刻本　一冊

330000 – 1716 – 0011738　地獻 1829 – 12/11738　集部/總集類/選集之屬/通代

九思堂古文觀止十二卷　（清）吳乘權　（清）吳大職輯　清九思堂刻本　四冊

330000 – 1716 – 0011739　經補 1297 – 10/11739　經部/四書類/總義之屬/傳說

四書集注十九卷　（宋）朱熹撰　清刻本　三冊　存七卷（孟子一至七）

330000 – 1716 – 0011740　地獻 0989/11740　子部/雜著類/雜纂之屬

格言聯璧一卷　（清）金纓輯　清光緒十九年(1893)天津延古齋刻本　一冊

330000 – 1716 – 0011741　集補 1097 – 1/11741　集部/總集類/選集之屬/通代

增廣詩句題解彙編四卷姓氏考一卷　（清）同文書局編　清光緒十九年(1893)上海蜚英館石印本　四冊　存四卷（一至二、四至五）

330000 – 1716 – 0011742　集補 1056 – 6/11742　集部/總集類/選集之屬/通代

重訂古文釋義新編八卷　（清）余誠輯　清末石印本　五冊　存五卷（二至六）

330000 – 1716 – 0011743　子補 3598/11743　子部/術數類/相宅相墓之屬

入地眼全書十卷　（宋）釋靜道撰　清經元堂刻本　四冊　存八卷（一至三、五至九）

330000 – 1716 – 0011744　地獻 1973/11744　集部/別集類/明別集

余忠節公遺文一卷附錄一卷　（明）余煌撰　清末會稽董氏取斯家塾木活字印本　一冊

330000 – 1716 – 0011745　地獻 0990/11745　史部/史抄類

諸史蒙求歌略一卷群經蒙求歌略一卷　（清）黃之焱編　清光緒三十三年(1907)河南學務公所鉛印本　二冊

330000 – 1716 – 0011746　子補 3542/11746　子部/宗教類/佛教之屬/經

種福金丹不分卷　（清）端甫撰　清光緒十四年(1888)刻本　一冊

330000 – 1716 – 0011747　經補 0743/11747　經部/叢編

五經精義三十一卷　（清）黃淦撰　清光緒二十七年(1901)上海鴻寶書局石印本　六冊　缺十卷（周易三至四,詩經一,禮記一至六、首）

330000 – 1716 – 0011748　子補 3461/11748　子部/宗教類/其他宗教之屬/基督教

中國大主保聖若瑟聖月不分卷　（法國）李秀芳撰　清同治元年(1862)刻本　一冊

330000 – 1716 – 0011749　集補 1336 – 12/11749　集部/小說類/短篇之屬

聊齋志異十六卷　（清）蒲松齡撰　（清）王士禎評　清刻本　二冊　存二卷（二、六）

330000 – 1716 – 0011750　子補 3599/11750　子部/術數類/相宅相墓之屬

地理正義鉛彈子砂水要訣七卷　（清）張鳳藻撰　清光緒三年(1877)刻本　六冊　缺一卷（三）

330000 – 1716 – 0011751　地獻 1925 – 2/11751　經部/四書類/總義之屬/傳說

四書集注十九卷　（宋）朱熹撰　清宣統三年(1911)紹興育新書局石印本　二冊　存四卷（孟子四至七）

330000 – 1716 – 0011752　普類 0095 – 19/
11752　類叢部/類書類/通類之屬

增補萬寶全書三十卷　（明）陳繼儒撰　（清）
毛煥文增補　清刻本　二冊　存六卷（一至
三、十九至二十一）

330000 – 1716 – 0011753　集補 0999 – 39/
11753　集部/別集類/清別集

小倉山房詩集三十一卷補遺一卷附錄一卷
（清）袁枚撰　清刻本　一冊　存七卷（一至
七）

330000 – 1716 – 0011754　集補 1534 – 4/
11754　集部/曲類/寶卷之屬

湖廣荊州府永慶縣修行花綑寶卷二卷　清杭
州高麗寺刻本　一冊　存一卷（二）

330000 – 1716 – 0011755　普類 0126 – 4/
11755　類叢部/類書類/通類之屬

子史輯要詩賦題解四卷續編四卷　（清）胡本
淵編　清嘉慶十七年（1812）山淵堂刻本　二
冊　存六卷（一至二、續編一至四）

330000 – 1716 – 0011756　子補 3454/11756
子部/天文曆算類/曆法之屬

欽定星命須知萬年書不分卷　（清）欽天監編
清光緒二十年（1894）上海觀瀾閣鉛印本
一冊

330000 – 1716 – 0011757　普叢 0437 – 7/
11757　類叢部/叢書類/自著之屬

隨園三十種　（清）袁枚撰　清刻本　二冊
存一種

330000 – 1716 – 0011758　子補 3541/11758
子部/醫家類/婦科之屬/產科

達生編二卷　（清）亟齋居士撰　清刻本
一冊

330000 – 1716 – 0011759　經補 1281 – 4/
11759　經部/小學類/文字之屬/字書/字體

玉堂字彙四卷　（明）梅膺祚輯　清道光十一
年（1831）刻本　三冊　存三卷（一、三至四）

330000 – 1716 – 0011760　子補 3540/11760
子部/宗教類/佛教之屬

普勸發心印造經像文一卷　釋慎西示綱　無
我學人演繹　清光緒三十二年（1906）中華書
局鉛印本　一冊

330000 – 1716 – 0011761　普類 0049/11761
類叢部/類書類/通類之屬

角山樓增補類腋六十七卷　（清）姚培謙輯
（清）趙克宜增輯　清咸豐七年（1857）趙克宜
角山樓刻本　八冊　存二十三卷（物部四至
六、十至二十，人部一至六、十三至十五）

330000 – 1716 – 0011762　子補 3462/11762
子部/術數類/占候之屬

秘訣元機不分卷　清刻本　一冊

330000 – 1716 – 0011763　普叢 0321/11763
子部/儒家類/儒學之屬/性理

呂子節錄四卷　（明）呂坤撰　（清）陳弘謀評
輯　清光緒九年（1883）津河廣仁堂刻津河廣
仁堂所刻書本　丁之蕃題記　二冊

330000 – 1716 – 0011766　普類 0031/11766
集部/總集類/選集之屬/通代

憑山閣增輯留青新集三十卷　（清）陳枚選
（清）陳德裕增輯　清刻本　一冊　存一卷
（六）

330000 – 1716 – 0011768　史補 1451/11768
史部/傳記類/別傳之屬/年譜

孟子年譜二卷　（清）曹之升撰　清嘉慶十八
年（1813）遂初堂刻本　一冊　存一卷（上）

330000 – 1716 – 0011770　史補 1471 – 2/
11770　史部/史評類/史論之屬

讀史論略二卷　（清）杜詔撰　清刻本　一冊
存一卷（二）

330000 – 1716 – 0011771　地獻 1824 – 72/
11771　集部/總集類/選集之屬/通代

增批古文觀止十二卷　（清）吳乘權　（清）吳
大職輯　清末浙紹奎照樓書局等石印本　五
冊　缺二卷（五至六）

330000 – 1716 – 0011772　子補 0792/11772
子部/宗教類/佛教之屬

五大部直音二卷附諸般經懺直音一卷　清光

緒元年(1875)杭州瑪瑙經房刻本　二冊

330000－1716－0011775　子補 3543/11775
子部/宗教類/道教之屬

修真日課一卷　清光緒三十三年(1907)上海
石印本　一冊

330000－1716－0011776　普集 1861/11776
集部/總集類/選集之屬/通代

御選唐宋詩醇四十七卷目錄二卷　（清）高宗
弘曆輯　清刻本　三冊　存九卷(七至九、四
十至四十一、四十四至四十七)

330000－1716－0011777　地獻 0561/11777
史部/地理類/雜志之屬

會稽三賦四卷　（宋）王十朋撰　（明）南逢吉
注　（明）尹壇補注　清同治十二年(1873)會
稽章氏刻本　二冊

330000－1716－0011783　地獻 0995/11783
子部/儒家類/儒學之屬/蒙學

啟蒙新體讀本三卷　何琪編　清光緒二十七
年(1901)紹興文會堂書坊刻本　一冊　存一
卷(三)

330000－1716－0011788　子補 3463－1/
11788　子部/宗教類/其他宗教之屬/基督教

讚美詩一卷　清光緒三十一年(1905)上海美
華書館鉛印本　一冊

330000－1716－0011790　地獻 1928－2/
11790　集部/總集類/選集之屬/通代

古文近道集八卷　（清）王贊元輯　清同治七
年(1868)山陰王氏培槐軒刻本　一冊　存四
卷(一至四)

330000－1716－0011794　集補 3081－1/
11794　集部/總集類/郡邑之屬

國朝杭郡詩三輯一百卷姓氏韻編一卷　（清）
丁申　（清）丁丙編　清光緒十九年(1893)錢
塘丁氏刻本　五冊　存十二卷(一至十一、姓
氏韻編)

330000－1716－0011796　集補 3081－2/
11796　集部/總集類/郡邑之屬

國朝杭郡詩續輯四十六卷姓氏韻編一卷

（清）吳振棫輯　清光緒二年(1876)錢塘丁氏
刻本　二十冊

330000－1716－0011799　集補 0012－12/
11799　集部/曲類/彈詞之屬

再生緣全傳二十卷　（清）陳端生撰　清刻本
四冊　存四卷(九、十一、十三、十九)

330000－1716－0011800　集補 3081－3/
11800　集部/總集類/郡邑之屬

國朝杭郡詩輯三十二卷姓氏韻編一卷　（清）
吳顥輯　（清）吳振棫重輯　清同治十三年
(1874)錢塘丁氏刻本　一冊　存二卷(三十
一至三十二)

330000－1716－0011803　集補 0726－4/
11803　集部/曲類/彈詞之屬

繡像定國志八卷　清宣統石印本　一冊　存
一卷(八)

330000－1716－0011804　集補 3063/11804
集部/總集類/課藝之屬

試草□□卷　清刻本　一冊　存一卷(四)

330000－1716－0011805　子補 3485/11805
子部/儒家類/儒學之屬

同善錄十卷首一卷末一卷前一卷後一卷
（清）李承福輯　清上海文苑齋刻本　五冊
存七卷(一至二、五、七至十)

330000－1716－0011808　古越 0744/11808
史部/金石類/郡邑之屬/雜著

山右金石錄一卷　（清）夏寶晉撰　清光緒八
年(1882)歸安石宗建古歡閣刻本　一冊

330000－1716－0011810　集補 3157/11810
子部/雜著類/雜纂之屬

傳家寶二卷　（清）石成金撰　清光緒二十年
(1894)紹城刻本　二冊

330000－1716－0011814　經補 0718/11814
經部/四書類/論語之屬/專著

鄉黨圖考十卷　（清）江永撰　清嘉慶二十年
(1815)三讓堂刻本　三冊　存六卷(一至二、
七至十)

330000－1716－0011815　　子補3522/11815
子部/小說家類/諧謔之屬

新刻笑林廣記四卷　（清）遊戲主人輯　清刻本　一冊　存二卷（三至四）

330000－1716－0011816　　地獻1250/11816
集部/別集類/清別集

綠雪堂遺集二十卷　（清）王衍梅撰　清道光二十年（1840）刻二十九年（1849）增刻本　四冊　存九卷（四至七、十六至二十）

330000－1716－0011818　　子補3464/11818
子部/儒家類/儒家之屬

傳宗敢言一卷　清末刻本　一冊

330000－1716－0011820　　子補3675/11820
子部/術數類/占候之屬

疑思問一卷　（宋）邵雍撰　清末抄本　一冊

330000－1716－0011823　　子補0127－2/11823　子部/醫家類/養生之屬

衛濟餘編五卷　（清）王纘堂輯　清經綸堂刻本　陳慶均題簽　五冊　存四卷（一、三至五）

330000－1716－0011827　　子補3533/11827
子部/醫家類/方書之屬/歷代方書

醫方簡義六卷　（清）王清源撰　清光緒九年（1883）浙紹奎照樓刻本　清錢淦堂題簽　一冊　存一卷（二）

330000－1716－0011828　　子補3465/11828
子部/術數類/相宅相墓之屬

地理參贊玄機僊婆集十三卷　（明）張鳴鳳輯　（明）張希堯參補　清刻本　二冊　存二卷（五、八）

330000－1716－0011831　　集補1403/11831
子部/小說家類/異聞之屬

瓊林霏屑八卷　（清）望海樓主人輯　清光緒三十二年（1906）上海鴻文書局石印本　三冊　存四卷（一至二、六至七）

330000－1716－0011833　　史補1259－2/11833　史部/政書類/律令之屬/律例

欽定六部處分則例五十二卷　（清）文孚等纂

修　清刻本　四冊　存七卷（三、十二至十三、十七至十八、二十一至二十二）

330000－1716－0011836　　子補1048－1/11836　子部/叢編

子書二十三種　（清）浙江書局編　清光緒二十三年（1897）上海圖書集成局鉛印本　二冊　存三種

330000－1716－0011837　　集補3108/11837
集部/小說類/長篇之屬

增訂精忠演義說本全傳二十卷八十回　（清）錢彩編次　（清）金豐增訂　清奎元堂刻本　二冊　存四卷（九至十、十九至二十）

330000－1716－0011838　　史補0414/11838
史部/政書類/公牘檔冊之屬

中州課吏錄不分卷　（清）瑞良鑒定　（清）張守炎參閱　清光緒二十九年（1903）刻本　二冊

330000－1716－0011840　　新補0587/11840
新學/兵制/營壘

永久築壘學教程二卷　清宣統元年（1909）北洋陸軍編譯局鉛印本　一冊　存一卷（上）

330000－1716－0011842　　普叢0451－11/11842　類叢部/叢書類/彙編之屬

申報館叢書正集五十七種附錄三種　尊聞閣主編　**續集一百四十二種**　蔡爾康編　清同治至光緒上海申報館鉛印本　四冊　存一種

330000－1716－0011844　　集補1463/11844
集部/別集類/清別集

有正味齋試帖詩注八卷　（清）吳錫麒撰　（清）吳清學等注　清道光二十五年（1845）會文堂刻本　鴻逵題簽　五冊　存五卷（一至三、五至六）

330000－1716－0011846　　子補3528/11846
子部/醫家類/方書之屬/單方驗方

急救良方一卷　（清）黃秉越纂輯　清光緒三十年（1904）寧郡黃氏秀文齋刻本　一冊

330000－1716－0011847　　普叢0438/11847
類叢部/叢書類/自著之屬

隨園三十種　(清)袁枚撰　清刻本　一冊
存一種

330000－1716－0011848　新補 0607/11848
經部/小學類/訓詁之屬/譯語

無師自通英語錄不分卷　(清)綠竹山房編
清光緒六年(1880)上海點石齋鉛印本　一冊

330000－1716－0011849　地獻 1000/11849
子部/雜著類/雜說之屬

勸俗篇一卷　(清)陶濬宣撰　清光緒二十六
年(1900)漳州環玉樓刻本　一冊

330000－1716－0011850　史補 1443/11850
新學/史志/諸國史

萬國史略備覽□□卷　(清)曾紀澤編　(清)
張斯絢譯　清刻本　一冊　存一卷(三)

330000－1716－0011851　集補 0999－36/
11851　集部/別集類/清別集

小倉山房詩集三十一卷補遺一卷附錄一卷
(清)袁枚撰　清刻本　七冊　缺六卷(一至
六)

330000－1716－0011853　普集 1948/11853
集部/總集類/尺牘之屬

如面談新集十六卷首一卷　(明)李光祚輯
清鉏經書屋刻本　五冊　存十卷(一至五、七
至十,首)

330000－1716－0011854　集補 3088/11854
集部/曲類/彈詞之屬

新刻繡像雙珠球全傳十五卷　(清)黃予貞撰
清刻本　一冊　存四卷(十二至十五)

330000－1716－0011855　普類 0171－1/
11855　類叢部/類書類/專類之屬

圓機活法五十卷　清嘉慶二十二年(1817)文
淵堂刻本　五冊　存五卷(十三至十四、十六
至十八)

330000－1716－0011858　史補 1439/11858
史部/政書類/軍政之屬/兵制

關防不分卷　清抄本　一冊

330000－1716－0011859　史補 1447－2/

11859　史部/傳記類/總傳之屬/列女

列女傳二卷　(漢)劉向撰　(明)汪道昆輯
(明)仇英繪圖　清光緒十二年(1886)上海同
文書局石印本　一冊　存一卷(一)

330000－1716－0011861　集補 3089/11861
集部/曲類/彈詞之屬

繡像雙珠鳳全傳十二卷八十回　(清)一葉主
人撰　清刻本　一冊

330000－1716－0011862　集補 3109/11862
集部/小說類/長篇之屬

新刻異說南唐演義全傳十卷一百回　(清)如
蓮居士撰　清刻本　一冊　存一卷(六)

330000－1716－0011870　子補 3526/11870
子部/術數類/相宅相墓之屬

新鐫徐氏家藏羅經頂門針二卷附鄙言一卷
(明)徐之鏌撰　清末石印本　一冊

330000－1716－0011871　集補 3090/11871
集部/曲類/彈詞之屬

繡像雙帥印十四卷十四回　清光緒刻本
二冊

330000－1716－0011872　子補 0683－2/
11872　子部/術數類/陰陽五行之屬

欽定協紀辨方書三十六卷　(清)允祿　(清)
張照等纂修　清刻本　十冊　存十三卷(五
至六、十、十四至十七、十九至二十、二十五至
二十六、三十五至三十六)

330000－1716－0011873　地獻 1005/11873
經部/小學類/文字之屬/字書/訓蒙

繪圖五千字文一卷　周天鵬輯　清光緒三十
二年(1906)浙紹奎照樓石印本　一冊

330000－1716－0011875　集補 3091/11875
集部/別集類/清別集

林蕙堂稿二卷　(清)吳綺撰　清抄本　二冊

330000－1716－0011876　集補 3092/11876
集部/曲類/彈詞之屬

繡像鬧盧莊十六回　清刻本　三冊　存十二
回(五至十六)

330000－1716－0011881　集補 3082/11881
集部/小說類/長篇之屬

繡像續小五義一百二十四回　清光緒十八年
(1892)上海書局石印本　五冊　缺二十回
(二十一至四十)

330000－1716－0011882　集補 3093/11882
集部/曲類/彈詞之屬

繡像雲琴閣全譜五十二卷五十二回　清嘉慶
十七年(1812)醉墨軒刻本　五冊　存三十三
卷(一至二十五、三十一至三十八)

330000－1716－0011885　子補 3548－1/
11885　子部/醫家類/溫病之屬/其他溫疫
病證

溫熱經緯五卷　(清)王士雄撰　清刻本　二
冊　存三卷(一至二、四)

330000－1716－0011886　子補 3548－2/
11886　子部/醫家類/溫病之屬/其他溫疫
病證

溫熱經緯五卷　(清)王士雄撰　清刻本　一
冊　存一卷(四)

330000－1716－0011889　子補 3483/11889
子部/醫家類/方書之屬/單方驗方

驗方新編十六卷　(清)鮑相璈輯　**痧症全書
三卷**　(清)王凱輯　**咽喉秘集二卷**　(清)海
山仙館輯　清石印本　五冊　存十五卷(三
至六、十一至十六,痧症全書一至三,咽喉秘
集一至二)

330000－1716－0011890　子補 3549/11890
子部/醫家類/醫經之屬/內經

類經三十二卷　(明)張介賓類注　**類經圖翼
十一卷附翼四卷**　(明)張介賓撰　清刻本
三冊　存八卷(二十一至二十八)

330000－1716－0011891　子補 1353/11891
子部/小說家類/雜事之屬

庸盦筆記六卷　(清)薛福成撰　清光緒二十
三年(1897)蕭山陳氏遺經樓刻本　一冊　存
一卷(六)

330000－1716－0011893　子補 3550/11893

子部/術數類/相宅相墓之屬

天元五歌闡義五卷　(清)蔣平階撰　(清)無
心道人注　**附元空秘旨一卷**　(清)目講禪師
撰　(清)無心道人解　清文奎堂刻本　清陳
紹□題簽並校　一冊

330000－1716－0011898　經補 1342－17/
11898　經部/春秋左傳類/傳說之屬

春秋左傳五十卷提要一卷　(晉)杜預注
(宋)林堯叟補注　(明)韓范評　**春秋左傳異
名考一卷**　(明)閔光德輯　清光緒十一年
(1885)會稽徐氏融經館刻本　五冊　存十六
卷(二至四、九至十二、三十至三十五、四十六
至四十八)

330000－1716－0011900　地獻 0994/11900
類叢部/叢書類/彙編之屬

唐人說薈一百六十五種　(清)陳世熙編　清
乾隆五十八年(1793)挹秀軒刻本　一冊　存
一種

330000－1716－0011901　經補 1402/11901
經部/叢編

三經精華三種　(清)薛嘉穎輯　清光緒二年
(1876)浙寧簡香齋刻本　一冊　存一種

330000－1716－0011902　集補 1567/11902
集部/別集類/唐五代別集

**玉谿生詩詳注三卷首一卷樊南文集補編十二
卷**　(唐)李商隱撰　(清)錢振倫　(清)錢
振常箋注　**玉谿生年譜訂誤一卷**　(清)錢珍
倫撰　清刻本　二冊　存二卷(一至二)

330000－1716－0011903　子補 1031－6/
11903　子部/儒家類/儒學之屬/禮教/家訓

治家格言繹義一卷　(清)戴翊清撰　清光緒
二十四年(1898)鉛印本　一冊

330000－1716－0011904　子補 3551/11904
子部/醫家類/方書之屬/單方驗方

類證普濟本事方十卷坊刻王氏本備錄一卷
(宋)許叔微撰　(清)葉桂釋義　清刻本　三
冊　缺四卷(三至六)

330000－1716－0011905　子補 0080－44/

11905　子部/儒家類/儒學之屬/蒙學

浙紹奎照樓書莊精校新增繪圖幼學故事瓊林四卷首一卷 　(清)程允升撰　(清)鄒聖脈增補　清末浙紹奎照樓石印本　一冊　存一卷(一)

330000－1716－0011906　子補3552/11906　子部/醫家類/醫經之屬/内經

素問靈樞類纂約注三卷　(清)汪昂撰　清同治十年(1871)掃葉山房刻本　一冊　存二卷(一至二)

330000－1716－0011907　史補1433/11907　史部/地理類/外紀之屬

瀛環志略十卷　(清)徐繼畬撰　清光緒十九年(1893)上海鴻寶齋石印本　四冊

330000－1716－0011909　史補0334－1/11909　史部/史評類/史論之屬

歷代史論十二卷宋史論三卷元史論一卷　(明)張溥撰　**明史論四卷**　(清)谷應泰撰　**左傳史論二卷**　(清)高士奇撰　**歷代史論總論二卷**　(明)顧充撰　清光緒二十四年(1898)掃葉山房石印本　七冊

330000－1716－0011910　子補0001－68/11910　子部/藝術類/書畫之屬/畫譜

芥子園書畫五卷　(清)湖上笠翁撰　清刻本　一冊　存一卷(□□)

330000－1716－0011913　新補0597－4/11913　新學/格致總

時務通考三十一卷　(清)王奇英等編　清末石印本　十四冊　存二十七卷(一、三至十一、十四至十六、十八至三十一)

330000－1716－0011914　地獻1957－3/11914　經部/書類/傳說之屬

書經集注六卷　(宋)蔡沈撰　清光緒十一年(1885)會稽徐氏融經館刻本　二冊　存二卷(三至四)

330000－1716－0011915　新補0597－5/11915　新學/格致總

時務通考三十一卷　(清)王奇英等編　清光緒二十三年(1897)上海點石齋石印本　十九冊　缺一卷(二十五)

330000－1716－0011916　普叢0207－1/11916　類叢部/叢書類/自著之屬

脩本堂叢書十一種　(清)林伯桐撰　清道光刻同治五年(1866)補刻彙印本　三冊　存二種

330000－1716－0011917　集補1272－1/11917　集部/曲類/寶卷之屬

珠塔寶卷全集一卷　清宣統元年(1909)杭州聚元堂石印本　一冊

330000－1716－0011919　普類0068/11919　類叢部/類書類/通類之屬

增補事類統編九十三卷首一卷　(清)黃葆真輯　清敦好堂刻本　二十七冊　缺四卷(五十六至五十九)

330000－1716－0011922　子補3484/11922　子部/術數類/命書相書之屬

水鏡集四卷　(清)范騄撰　清經綸堂刻本　一冊　存一卷(三)

330000－1716－0011923　子補3482/11923　子部/藝術類/遊藝之屬/聯語

祝文不分卷　(清)烏世耀撰　清抄本　一冊

330000－1716－0011924　集補1426/11924　集部/詩文評類/類編之屬

詩學指南八卷　(清)顧龍振編　清乾隆二十四年(1759)敦本堂刻本　二冊　存四卷(一至四)

330000－1716－0011925　子補1333/11925　子部/小說家類/異聞之屬

對山書屋墨餘錄十六卷　(清)毛祥麟撰　清同治刻本　四冊　存十一卷(三至五、九至十三、十四至十六)

330000－1716－0011929　普經0922/11929　經部/詩類/傳說之屬

詩經集傳八卷　(宋)朱熹撰　清光緒三十年(1904)掃葉山房刻本　二冊　存四卷(一至二、四至五)

503

紹興圖書館古籍普查登記目錄

330000－1716－0011930　經補 1300－1/11930　經部/春秋左傳類/傳說之屬

東萊博議四卷　(宋)呂祖謙撰　(清)張文炳評點　清刻本　一冊　存一卷(三)

330000－1716－0011931　子補 3554/11931　子部/醫家類/類編之屬

古今醫統正脈全書四十四種　(明)王肯堂編　明萬曆二十九年(1601)新安吳勉學刻本　一冊　存一種

330000－1716－0011933　地獻 1009/11933　集部/別集類/清別集

□軒詩稿一卷　稿本　一冊

330000－1716－0011934　經補 1309/11934　經部/小學類/文字之屬/字書/字典

字彙十二集首一卷末一卷　(明)梅膺祚撰　清同文堂刻本　十冊　缺四卷(巳集、午集、酉集,末)

330000－1716－0011937　子補 3553/11937　子部/術數類/相宅相墓之屬

仁孝必讀六卷　(清)周梅梁輯　清光緒三年(1877)浙紹育新書局刻本　四冊

330000－1716－0011938　古越 0745/11938　史部/金石類/總志之屬

金石錄三十卷　(宋)趙明誠撰　清乾隆二十七年(1762)德州盧見曾雅雨堂刻本　六冊

330000－1716－0011939　譜 0187/11939　史部/傳記類/總傳之屬/家乘

[浙江諸暨]周氏支譜一卷附周氏淵源考一卷周氏支譜淵源圖說一卷　(清)周永清纂　清末抄本　一冊

330000－1716－0011941　子補 0080－24/11941　子部/儒家類/儒學之屬/蒙學

新增幼學故事瓊林四卷首一卷　(清)程允升撰　(清)鄒聖脈增補　清末浙紹奎照樓石印本　三冊　存四卷(二至四、首)

330000－1716－0011944　集補 3179/11944　集部/總集類/課藝之屬

敷文書院課藝七集不分卷八集不分卷　清光緒二十三年(1897)刻本　十二冊

330000－1716－0011946　集補 3180/11946　集部/戲劇類/總集之屬/雜劇

清容外集九種　(清)蔣士銓撰　清乾隆蔣氏紅雪樓刻本　一冊　存一種

330000－1716－0011947　地獻 1974/11947　集部/別集類/明別集

余忠節公遺文一卷附錄一卷　(明)余煌撰　清末會稽董氏取斯家塾木活字印本　一冊

330000－1716－0011948　集補 0014－5/11948　集部/小說類/長篇之屬

繪圖萬花樓傳十四卷六十八回　(清)李雨堂撰　清石印本　二冊　存六卷(三至五、十二至十四)

330000－1716－0011949　經補 1342－12/11949　經部/春秋左傳類/傳說之屬

春秋左傳五十卷提要一卷　(晉)杜預注　(宋)林堯叟補注　(唐)陸德明音義　**春秋列國圖說一卷**　(宋)蘇軾撰　清同治十二年(1873)浙紹奎照樓刻本　十二冊

330000－1716－0011951　子補 0080－32/11951　子部/儒家類/儒學之屬/蒙學

浙紹奎照樓書莊精校新增繪圖幼學故事瓊林四卷首一卷　(清)程允升撰　(清)鄒聖脈增補　清末浙紹奎照樓石印本　三冊　存三卷(二至四)

330000－1716－0011952　經補 1286－1/11952　經部/四書類/總義之屬/傳說

四書經注集證十九卷　(清)吳昌宗撰　清刻本　十三冊　存十七卷(中庸、論語一至十、孟子一至六)

330000－1716－0011953　經補 0893－3/11953　經部/小學類/音韻之屬/韻書

詩韻題解合璧十卷　(清)甘蘭友輯　清崇文書院刻本　四冊

330000－1716－0011956　地獻 1012/11956　史部/政書類/通制之屬

文獻通考自序不分卷　(元)馬端臨撰　清抄

本　一冊

330000－1716－0011958　經補 0939/11958
經部/周禮類/傳說之屬

周官精義十二卷　（清）連斗山輯　清刻本
清沈子昂題簽並記　六冊

330000－1716－0011959　經補 0670－2/
11959　經部/周禮類/傳說之屬

周官精義十二卷　（清）連斗山輯　清刻本
二冊　存六卷（四至六、十至十二）

330000－1716－0011960　子補 0318/11960
子部/醫家類/方書之屬/單方驗方

經驗良方一卷　清刻本　一冊

330000－1716－0011961　經補 1285/11961
經部/四書類/總義之屬

四書朱子大全統義二十卷　（清）萬人望輯
清立本堂刻本　八冊　存八卷（一至八）

330000－1716－0011962　經補 0703－18/
11962　經部/小學類/訓詁之屬/字詁

繪圖速通虛字法初編不分卷　施崇恩編　清
光緒三十四年（1908）上海彪蒙書室石印本
一冊

330000－1716－0011967　經補 1268－3/
11967　經部/四書類/總義之屬/傳說

新訂四書補注備旨十卷　（明）鄧林撰　（清）
杜定基增訂　清光緒李光明莊刻本　六冊

330000－1716－0011972　地獻 2035/11972
史部/傳記類/科舉錄之屬/歷科登科錄

[光緒甲辰科]朝考卷一卷　壽鵬飛撰　清光
緒三十年（1904）石印本　一冊

330000－1716－0011978　史補 1450/11978
史部/編年類/通代之屬

資治通鑑二百九十四卷目錄三十卷　（宋）司
馬光撰　（元）胡三省音注　**續資治通鑑二百
二十卷**　（清）畢沅撰　清光緒上海蜚英館石
印本　二冊　存十五卷（一百十七至一百三
十一）

330000－1716－0011979　子補 0084/11979

子部/藝術類/書畫之屬/書法書品

楷書字法一卷　正字千文一卷　（明）李登編
艸訣百韻歌一卷右軍書法十七帖一卷
（清）周亮登臨　清玉蘭堂刻本　一冊

330000－1716－0011980　集補 2450－102/
11980　集部/小說類/長篇之屬

**圖像三國志演義第一才子書六十卷首一卷一
百二十回**　（明）羅貫中撰　（清）金聖嘆評
（清）毛宗崗增評　清末廣百宋齋石印本　三
冊　存十五卷（二十八至三十一、三十三至三
十八、五十六至六十）

330000－1716－0011981　善 0484－3/11981
類叢部/叢書類/彙編之屬

漢魏叢書三十八種　（明）程榮輯　明萬曆二
十年（1592）新安程氏刻本　一冊　存一種

330000－1716－0011982　集補 3178/11982
集部/總集類/課藝之屬

同懷試草一卷　范壽鍾　范壽銘撰　清光緒
騰蛟山館刻本　一冊

330000－1716－0011984　子補 3657/11984
子部/藝術類/遊藝之屬/棋弈

官子譜不分卷　清刻本　一冊

330000－1716－0011985　集補 0006－56/
11985　集部/小說類/長篇之屬

說唐前傳十卷六十八回　（清）如蓮居士撰
清漁古山房刻本　三冊　存五卷（一至二、五
至六、八）

330000－1716－0011987　集補 3185/11987
集部/別集類/漢魏六朝別集

靖節先生集十卷　（晉）陶潛撰　（清）陶澍注
靖節先生集諸本序錄一卷　（清）陶澍編輯
靖節先生年譜攷異二卷　（清）陶澍撰　清
刻本　一冊　存一卷（一）

330000－1716－0011989　善 0114－2/11989
集部/總集類/選集之屬/通代

詩宿二十八卷詩人考世二卷　（明）劉一相輯
明萬曆三十六年（1608）古自寵刻本　一冊
存二卷（十四至十五）

330000 – 1716 – 0011990　子補 3656/11990
子部/宗教類/佛教之屬/總錄

雜華文表三卷附諸品佛事對聯一卷　（清）釋
靈繹撰　清光緒三年(1877)杭州瑪瑙經房刻
本　一冊

330000 – 1716 – 0011991　集補 3096/11991
集部/總集類/選集之屬/通代

古文辭類纂七十四卷　（清）姚鼐輯　**續古文
辭類纂三十四卷**　王先謙輯　清光緒三十三
年(1907)上海商務印書館鉛印本　二冊　存
四十卷(一至四十)

330000 – 1716 – 0011992　史補 1476/11992
史部/政書類/律令之屬/刑制

刑案名字應避便覽一卷　（清）赫舍里如山撰
　清同治八年(1869)浙江按察使署刻本
一冊

330000 – 1716 – 0011993　集補 3095/11993
集部/別集類/清別集

錢牧齋尺牘三卷補遺一卷　（清）錢謙益撰
清末上海商務印書館鉛印本　二冊　存二卷
(一至二)

330000 – 1716 – 0011996　經補 0561 – 5/
11996　經部/四書類/總義之屬/傳說

學源堂四書體注合講十九卷　（清）翁復編
清刻本　五冊　存十七卷(論語一至十、孟子
一至七)

330000 – 1716 – 0011997　經補 0561 – 3/
11997　經部/四書類/總義之屬/傳說

學源堂四書體注合講十九卷　（清）翁復編
清刻本　二冊　存五卷(孟子一至五)

330000 – 1716 – 0011998　史補 1477/11998
史部/傳記類/總傳之屬/釋道

敕賜祇園禪寺同戒錄一卷　清光緒十七年
(1891)刻本　一冊

330000 – 1716 – 0011999　地獻 1016/11999
子部/術數類/相宅相墓之屬

甘石泉地圖一卷　（清）黎仙手訂　清光緒二
十九年(1903)稿本　一冊

330000 – 1716 – 0012000　子補 3789 – 1/
12000　子部/儒家類/儒學之屬/蒙學

狀元閣三字經注圖一卷　（清）尚兆魚注　清
光緒十一年(1885)李光明莊刻本　一冊

330000 – 1716 – 0012001　子補 3606/12001
子部/醫家類/本草之屬/歷代綜合本草

本草備要八卷重校舊本湯頭歌訣一卷　（清）
汪昂撰　清宣統三年(1911)上海會文堂粹記
石印本　一冊

330000 – 1716 – 0012002　子補 3658/12002
子部/藝術類/書畫之屬/畫譜

劉雪湖梅譜二卷　（明）劉世儒繪　明萬曆二
十三年(1595)刻清墨妙山房印本　一冊　存
一卷(一)

330000 – 1716 – 0012004　子補 3789 – 2/
12004　子部/儒家類/儒學之屬/蒙學

三字經一卷　（宋）王應麟撰　清刻本　一冊

330000 – 1716 – 0012007　子補 3790/12007
子部/醫家類/類編之屬

薛氏醫按二十四種　（明）吳琯編　明萬曆刻
本　二冊　存三種

330000 – 1716 – 0012012　集補 0010 – 32/
12012　集部/戲劇類/雜劇之屬

增像第六才子書五卷首一卷　（元）王實甫
(元)關漢卿撰　（清）金人瑞評　清末石印本
　一冊　存一卷(五)

330000 – 1716 – 0012013　史補 1481/12013
史部/傳記類/別傳之屬/事狀

沈文節公[炳垣]事實一卷　（清）沈守廉輯
清光緒八年(1882)京師刻本　一冊

330000 – 1716 – 0012014　地獻 1976/12014
集部/別集類/明別集

余忠節公遺文一卷附錄一卷　（明）余煌撰
清末會稽董氏取斯家塾木活字印本　一冊

330000 – 1716 – 0012017　子補 1814/12017
子部/儒家類/儒家之屬

孔氏家語十卷　（三國魏）王肅注　清光緒六
年(1880)掃葉山房刻本　一冊

330000－1716－0012018　史補 1482/12018
史部/政書類/邦計之屬

緝私章程□□種　清刻本　三冊　存三種

330000－1716－0012019　經補 1273－9/12019　經部/四書類/總義之屬/傳說

四書集注十九卷　（宋）朱熹撰　清光緒南京李光明莊刻本　四冊　缺四卷(孟子四至七)

330000－1716－0012023　經補 1269/12023
經部/書類/傳說之屬

書經集傳六卷　（宋）蔡沈撰　清刻本　一冊
　　存二卷(五至六)

330000－1716－0012024　子補 3791/12024
子部/醫家類/綜合之屬/通論

醫學十書　（清）陳璞撰　清光緒刻本　二冊
　　存一種

330000－1716－0012025　地獻 1975/12025
集部/別集類/明別集

余忠節公遺文一卷附錄一卷　（明）余煌撰
清末會稽董氏取斯家塾木活字印本　一冊

330000－1716－0012027　經補 1273－12/12027　經部/四書類/總義之屬/傳說

四書集注十九卷　（宋）朱熹撰　清刻本　一冊　存五卷(論語一至五)

330000－1716－0012028　普子 0428/12028
子部/叢編

二十二子(二十二子彙函)　（清）浙江書局編
　　清光緒元年至三年(1875－1877)浙江書局刻本　二十九冊　存十種

330000－1716－0012029　子補 3792－1/12029　子部/醫家類/方書之屬/成方藥目

胡慶餘堂丸散膏丹全集不分卷續增一卷
(清)胡光墉編　清光緒三年(1877)杭州胡慶餘堂刻本　一冊

330000－1716－0012030　經補 1308/12030
經部/四書類/論語之屬/傳說

論語正義二十四卷　（清）劉寶楠撰　（清）劉
恭冕述　清刻本　一冊　存三卷(十四至十六)

330000－1716－0012032　子補 3792－2/12032　子部/醫家類/方書之屬/成方藥目

胡慶餘堂丸散膏丹全集不分卷續增一卷
（清）胡光墉編　清光緒三年(1877)杭州胡慶餘堂刻本　一冊

330000－1716－0012033　經補 0416－2/12033　經部/四書類/總義之屬/傳說

精校四子書　（宋）朱熹集注　清末浙紹墨潤堂鉛印本　一冊　存一種

330000－1716－0012034　地獻 1968－6/12034　類叢部/叢書類/郡邑之屬

越中文獻輯存書十種十八卷　紹興公報社輯
　　清宣統二年至民國元年(1910－1912)紹興公報社鉛印本　三冊　存三種

330000－1716－0012036　史補 1449/12036
史部/紀傳類/正史之屬

四史四百十五卷　清光緒二十四年(1898)上海點石齋石印本　二冊　存一種

330000－1716－0012037　普子 2051/12037
子部/叢編

二十二子(二十二子彙函)　（清）浙江書局編
　　清光緒元年至三年(1875－1877)浙江書局刻本　五冊　存二種

330000－1716－0012038　普子 2050/12038
子部/叢編

二十二子(二十二子彙函)　（清）浙江書局編
　　清光緒元年至三年(1875－1877)浙江書局刻本　六冊　存二種

330000－1716－0012039　普集 1786－2/12039　集部/別集類

檗隖詩存別集六卷　王以敏撰　清光緒三十三年(1907)鉛印本　一冊　存一卷(六)

330000－1716－0012040　集補 1559－2/12040　集部/別集類/清別集

有正味齋駢體文二十四卷　（清）吳錫麒撰
清刻本　一冊　存六卷(一至六)

330000－1716－0012043　新補 0554/12043
新學/報章

寄報章程一卷電報編碼一卷　周祖佑編　清光緒十三年(1887)石印本　一冊

330000－1716－0012051　普經0483/12051　經部/叢編

御纂七經二百八十卷首十一卷序三卷　（清）李光地等撰　清刻本　二冊　存一種

330000－1716－0012053　史補1486/12053　史部/傳記類/別傳之屬/事狀

欽旌百歲劉母方太夫人慶典全錄不分卷　(清)劉國觀輯　清光緒二十五年(1899)石印本　一冊

330000－1716－0012054　子補1302/12054　子部/儒家類/儒學之屬/蒙學

神童詩一卷　清刻本　一冊

330000－1716－0012055　集補3186/12055　集部/總集類/選集之屬/斷代

同館經進賦鈔不分卷　(清)黃紹箕等撰　清光緒十二年(1886)京都琉璃廠松竹齋刻本　一冊

330000－1716－0012057　史補0899－5/12057　史部/編年類/通代之屬

尺木堂綱鑑易知錄九十二卷　(清)吳乘權　(清)周之炯　(清)周之燦輯　清末鉛印本　五冊　存三十一卷(四十一至六十、八十二至九十二)

330000－1716－0012059　史補1487/12059　史部/傳記類/科舉錄之屬/歷科鄉試錄

光緒十七年辛卯正科浙江鄉試題名錄一卷　清光緒刻本　一冊

330000－1716－0012060　地獻1925－6/12060　經部/四書類/總義之屬/傳說

四書集注十九卷　（宋）朱熹撰　清光緒浙紹明達書莊石印本　張僑題記　二冊　存十卷(論語一至十)

330000－1716－0012063　史補1488/12063　史部/傳記類/科舉錄之屬/歷科鄉試錄

[光緒二十八年補行庚子辛丑恩正並科]浙江鄉試錄不分卷　清光緒刻本　一冊

330000－1716－0012064　普集1786－3/12064　集部/別集類

檗隝詩存別集六卷　王以敏撰　清光緒三十三年(1907)鉛印本　一冊　存一卷(六)

330000－1716－0012065　地獻1925－3/12065　經部/四書類/總義之屬/傳說

繪圖四子書十九卷　（宋）朱熹集注　清光緒浙紹明達書莊鉛印本　三冊　存十三卷(論語一至十、孟子一至三)

330000－1716－0012067　新補0578－1/12067　新學/天學

談天十八卷首一卷附表一卷　（英國）侯失勒撰　（英國）偉烈亞力口譯　(清)李善蘭筆述　清光緒二十二年(1896)上海著易堂石印本　二冊　缺一卷(附表)

330000－1716－0012070　子補1815/12070　子部/儒家類/儒學之屬/性理

朱子原訂近思錄集注十四卷考訂朱子世家一卷　(清)江永撰　清同治七年(1868)楚北崇文書局刻本　二冊　缺一卷(考訂朱子世家)

330000－1716－0012071　子補3659/12071　子部/藝術類/遊藝之屬/棋弈

六家弈譜六卷　(清)王彥侗輯　清咸豐七年(1857)刻本　一冊　存三卷(一至三)

330000－1716－0012073　子補3661/12073　子部/藝術類/遊藝之屬/棋弈

扭角式四卷　清刻本　一冊

330000－1716－0012074　子補1816/12074　子部/法家類

韓非子集解二十卷首一卷　（清）王先慎撰　清光緒二十二年(1896)刻本　六冊

330000－1716－0012076　史補0158/12076　史部/政書類/律令之屬/治獄

棠陰比事一卷　（宋）桂萬榮撰　清光緒三十年(1904)刻本　一冊

330000－1716－0012079　子補0316/12079　子部/醫家類/類編之屬

南雅堂醫書全集十六種　（清）陳念祖撰　清

刻本　二冊　存二種

330000 – 1716 – 0012080　新補 0609/12080
經部/小學類/文字之屬/字書

和文漢譯讀本八卷　（日本）坪内雄藏編輯
沙頌虞　張肇熊譯述　清光緒二十八年
（1902）上海商務印書館石印本　三冊　存三
卷（二、六至七）

330000 – 1716 – 0012081　子補 1817/12081
子部/兵家類/兵法之屬

武經三子全書　□□輯　清光緒刻本　一冊

330000 – 1716 – 0012082　新補 0022 – 3/
12082　新學/雜著/叢編

富強叢書正集七十七種續集一百二十一種
（清）袁俊德編　清光緒二十七年（1901）上海
寶善齋石印本　七冊　存十二種

330000 – 1716 – 0012084　子補 3810 – 2/
12084　子部/藝術類/書畫之屬/書法書品

精印翰苑分書小楷一卷　（清）夏同善等書
清末石印本　一冊

330000 – 1716 – 0012085　子補 1818/12085
子部/兵家類/兵法之屬

虎鈐經二十卷　（宋）許洞撰　清刻本　四冊

330000 – 1716 – 0012087　子補 3810 – 1/
12087　子部/藝術類/書畫之屬/書法書品

精印翰苑分書小楷一卷　（清）夏同善等書
清末石印本　一冊

330000 – 1716 – 0012088　子補 3810 – 3/
12088　子部/藝術類/書畫之屬/書法書品

精印翰苑分書小楷一卷　（清）夏同善等書
清末石印本　一冊

330000 – 1716 – 0012089　子補 3133 – 4/
12089　子部/宗教類/佛教之屬/經疏

大方廣佛華嚴經綱要八十卷　（唐）釋實叉難
陀譯　（唐）釋澄觀疏　（明）釋德清提綱　清
刻本　一冊　存一卷（□□）

330000 – 1716 – 0012090　子補 3810 – 4/
12090　子部/藝術類/書畫之屬/書法書品

精印翰苑分書小楷一卷　（清）夏同善等書
清末石印本　一冊

330000 – 1716 – 0012091　子補 3660/12091
子部/藝術類/遊藝之屬/棋弈

周嫻予先生圍棋譜一卷　（清）周嘉錫編　清
同治十二年（1873）上海江左書林刻本　一冊

330000 – 1716 – 0012092　善附 0335/12092
子部/藝術類/篆刻之屬/印譜

長嘯齋摹古小技二卷　（清）孫拔篆刻　清姚
江孫氏長嘯齋鈐印刻本　二冊

330000 – 1716 – 0012093　普叢 0372/12093
類叢部/叢書類/彙編之屬

靈峰草堂叢書十一種　陳炬編　清光緒貴陽
陳氏刻本　一冊　存二種

330000 – 1716 – 0012094　經補 1316/12094
經部/四書類/總義之屬/傳說

四書人物類典串珠四十卷　（清）臧志仁輯
清刻本　三冊　存八卷（十三至十八、二十四
至二十五）

330000 – 1716 – 0012096　子補 3133 – 3/
12096　子部/宗教類/佛教之屬/經疏

大方廣佛華嚴經綱要八十卷　（唐）釋實叉難
陀譯　（唐）釋澄觀疏　（明）釋德清提綱　清
刻本　一冊　存三卷（十至十二）

330000 – 1716 – 0012099　普叢 0367/12099
類叢部/叢書類/郡邑之屬

復性齋叢書十三種　（清）王檢心編　清咸豐
五年至六年（1855 – 1856）慎修堂刻本　一冊
存一種

330000 – 1716 – 0012102　子補 4070 – 13/
12102　子部/醫家類/本草之屬/歷代綜合
本草

本草綱目五十二卷附圖二卷　（明）李時珍撰
清刻本　二冊　存三卷（九至十、三十五）

330000 – 1716 – 0012103　子補 0569 – 16/
12103　子部/儒家類/儒學之屬/蒙學

龍文鞭影二卷　（明）蕭良有纂輯　（清）楊臣
靜增訂　（清）來集之音注　清文奎堂刻本

二冊

330000－1716－0012104　地獻1824－153/12104　集部/總集類/選集之屬/通代

古文觀止十二卷　（清）吳乘權　（清）吳大職輯　清末鉛印本　一冊　存二卷（十一至十二）

330000－1716－0012105　地獻3678/12105　子部/藝術類/篆刻之屬/印譜

印譜不分卷　（清）□□篆　清鈐印本　一冊

330000－1716－0012106　子補1307－13/12106　子部/農家農學類/總論之屬

重訂增補陶朱公致富全書四卷　（明）陳繼儒輯　（清）石巖逸叟增補　清刻本　一冊　存一卷（二）

330000－1716－0012107　子補3810－5/12107　子部/藝術類/書畫之屬/書法書品

小楷雜帖一卷　清末石印本　一冊

330000－1716－0012109　子補1819/12109　子部/天文曆算類/天文之屬

管窺輯要八十卷　（清）黃鼎撰　清順治刻本　三冊　存七卷（一、十七至十八、五十至五十三）

330000－1716－0012111　子補3655/12111　子部/宗教類/道教之屬

玄妙鏡入道真詮三卷　（清）李昌仁撰　清光緒三十一年（1905）蘇城瑪瑙經房刻本　一冊

330000－1716－0012113　集補1517－10/12113　集部/總集類/選集之屬/通代

合刻注釋張子房解學士千家詩講讀二卷　（清）湯海若校釋　清光緒二十七年（1901）善成堂刻本　一冊　存一卷（一）

330000－1716－0012114　集補0464－1/12114　集部/總集類/尺牘之屬

普通尺牘全璧八卷　西湖俠漢輯　清宣統元年（1909）上海商業書局石印本　五冊　存五卷（一、三至四、六、八）

330000－1716－0012116　新補0578－2/

12116　新學/天學

談天十八卷首一卷附表一卷　（英國）侯失勒撰　（英國）偉烈亞力口譯　（清）李善蘭筆述　清光緒二十二年（1896）小倉山房石印本　二冊　缺一卷（附表）

330000－1716－0012118　普叢0187－8/12118　類叢部/叢書類/彙編之屬

武英殿聚珍版書一百三十八種　清乾隆福建刻道光至同治遞修光緒二十一年（1895）增刻本　八冊　存一種

330000－1716－0012121　地獻1781/12121　子部/宗教類/道教之屬

道貫真源九種　（清）董德寧輯　清乾隆至嘉慶古越集陽樓刻本　一冊　存一種

330000－1716－0012122　普叢0181－1/12122　類叢部/叢書類/自著之屬

春在堂全書三十六種　（清）俞樾撰　清同治至光緒刻本　清紫函氏題記　三冊　存一種

330000－1716－0012125　地獻1968－7/12125　類叢部/叢書類/郡邑之屬

越中文獻輯存書十種十八卷　紹興公報社輯　清宣統二年至民國元年（1910－1912）紹興公報社鉛印本　李鴻梁題籤並記　十冊

330000－1716－0012126　普叢0369/12126　類叢部/叢書類/彙編之屬

秘書廿一種　（清）汪士漢編　清刻本　董紹安題籤　一冊　存一種

330000－1716－0012127　普子2060－2/12127　子部/叢編

子書百家　（清）崇文書局編　清光緒元年（1875）湖北崇文書局刻本　三十四冊　存二十八種

330000－1716－0012129　集補0785/12129　集部/總集類/課藝之屬

續藝舫詩鈔□□卷　（清）張定闓選　清退補齋刻本　四冊　存八卷（試帖一至四、古今體詩一至四）

330000－1716－0012131　子補3654/12131

子部/術數類/陰陽五行之屬

新鐫五行秘旨昭繇闢謬參贊陰陽曆理通書十卷 （清）熊山鷹輯　清康熙二十三年(1684)書林熊俊卿刻本　二冊　存二卷(二至三)

330000－1716－0012137　經補 0931－1/12137　經部/四書類/總義之屬/傳說

便蒙四書四種 （宋）朱熹撰　清刻本　清金德題簽　一冊　存一種

330000－1716－0012138　集補 0071－1/12138　集部/曲類/彈詞之屬

繡像六美圖中外緣八卷七十六回 清末石印本　四冊　存四卷(二至三、五、八)

330000－1716－0012140　史補 1495/12140　史部/政書類/邦計之屬/荒政

康濟譜二十五卷 （明）潘游龍撰　明刻本　一冊　存二卷(十八至十九)

330000－1716－0012147　子補 3814－5/12147　子部/天文曆算類/算書之屬

圖式初學算法課本一卷 張廷軍編輯　李宜璜繪圖　清宣統二年(1910)杭州聚元堂書局石印本　一冊

330000－1716－0012148　普叢 0205－4/12148　類叢部/叢書類/彙編之屬

增訂漢魏叢書八十六種 （清）王謨編　清乾隆五十六年(1791)金谿王氏刻本　三冊　存一種

330000－1716－0012149　子補 3652/12149　子部/宗教類/佛教之屬/諸宗

重梓歸元直指集三卷 （五代）釋宗本撰　清刻本　一冊　存一卷(三)

330000－1716－0012151　子補 3814－6/12151　新學/學校

最新全圖歸除算法課本一卷 萬里鵬編輯　許庚星繪　清宣統元年(1909)廣益書局石印本　一冊

330000－1716－0012152　子補 1822/12152　子部/儒家類/儒家之屬

儒門真傳不分卷 清宣統元年(1909)煙臺誠文信鉛印本　一冊

330000－1716－0012153　集補 3255/12153　集部/總集類/選集之屬/通代

古文眉詮七十九卷首一卷 （清）浦起龍輯　清乾隆九年(1744)三吳書院刻本　一冊　存三卷(五十六至五十八)

330000－1716－0012156　子補 1823/12156　子部/儒家類/儒學之屬/禮教

聖諭廣訓直解一卷 （清）世宗胤禛撰　（清）□□直解　清刻本　二冊

330000－1716－0012158　普子 2060－1/12158　子部/叢編

子書百家 （清）崇文書局編　清光緒元年(1875)湖北崇文書局刻本　清王餘慶題記、批校　二冊　存一種

330000－1716－0012159　子補 0312/12159　子部/醫家類/綜合之屬/雜著

醫學三字經四卷 （清）陳念祖撰　清刻本　一冊　存一卷(三)

330000－1716－0012164　子補 3805/12164　子部/醫家類/外科之屬/外科方

外科症治全生前集三卷後集三卷 （清）王維德撰　清光緒三十四年(1908)上海理文軒書莊石印本　二冊

330000－1716－0012165　集補 0784/12165　集部/總集類/選集之屬/通代

御選唐宋詩醇四十七卷目錄二卷 （清）高宗弘曆輯　清刻本　二十四冊

330000－1716－0012166　子補 3648/12166　新學/學校

小學本國史教科書二卷 （清）澄衷學堂編輯　清光緒三十年(1904)澄衷學堂石印本　二冊

330000－1716－0012167　普叢 0258－3/12167　類叢部/叢書類/彙編之屬

漸西村舍彙刊（漸西村舍叢刻）四十四種 （清）袁昶編　清光緒十六年至二十四年(1890－1898)桐廬袁氏刻本　一冊　存一種

330000－1716－0012168　子補 3646/12168
子部/農家農學類/蠶桑之屬

蠶桑萃編十五卷首一卷　（清）衛杰撰　清光緒刻本　二冊　存二卷（十一至十二）

330000－1716－0012170　子補 3647－1/12170　新學/農政/農務

農務實業新編二卷　（清）王上達撰　清宣統二年（1910）浙杭萬春農務局刻本　一冊　存一卷（二）

330000－1716－0012171　子補 3647－2/12171　新學/農政/農務

農務實業新編二卷　（清）王上達撰　清宣統二年（1910）浙杭萬春農務局刻本　一冊　存一卷（二）

330000－1716－0012172　地獻 1854－32/12172　集部/詩文評類/文法之屬/函牘格式

最新應用尺牘教科書四卷　杜元炳撰　杜瀚生增訂　清光緒三十三年（1907）上海會文學社石印本　三冊　存三卷（二至四）

330000－1716－0012173　子補 3644/12173
子部/農家農學類/蠶桑之屬

柞蠶彙誌一卷　（清）董元亮撰　清宣統二年（1910）上海商務印書館鉛印本　一冊

330000－1716－0012182　子補 3645/12182
子部/農家農學類/蠶桑之屬

藝麻輯要一卷　（清）董元亮撰　清宣統二年（1910）浙江勸業公所鉛印本　一冊

330000－1716－0012184　史補 1140－3/12184　史部/傳記類/總傳之屬/釋道

繪圖歷代神仙傳二十四卷　（清）□□撰　清宣統元年（1909）上海掃葉山房石印本　二冊　存六卷（四至六、十九至二十一）

330000－1716－0012185　子補 3816/12185
子部/醫家類/傷寒金匱之屬/傷寒論

傷寒集注不分卷　（清）舒詔輯　清刻本　壽氏題簽題記　二冊

330000－1716－0012189　史補 0246/12189
史部/編年類/斷代之屬

十一朝東華錄六百二十五卷（天命朝至同治朝）　王先謙　潘頤福撰　清光緒二十五年（1899）石印本　七冊　存六十八卷（天命一至四、天總一至七、康熙九十一至一百十、乾隆五十八至六十八、道光十九至二十五、咸豐六十一至七十六、同治三十二至三十四）

330000－1716－0012192　史補 1545/12192
史部/傳記類/別傳之屬

曼鋒三十自述一卷　汪嶔撰　清宣統二年（1910）鉛印本　一冊

330000－1716－0012194　經補 0400－4/12194　經部/四書類/總義之屬/傳說

四書集注十九卷　（宋）朱熹撰　清末紹興墨潤堂石印本　一冊　存一卷（大學）

330000－1716－0012195　普子 2055/12195
子部/叢編

二十二子（二十二子彙函）　（清）浙江書局編　清光緒元年至三年（1875－1877）浙江書局刻本　四冊　存一種

330000－1716－0012196　地獻 1940－2/12196　集部/詩文評類/詩評之屬

詩品一卷　（唐）司空圖撰　清刻本　清金德本題簽　一冊

330000－1716－0012199　史補 1447－3/12199　史部/傳記類/總傳之屬/列女

列女傳二卷　（漢）劉向撰　（明）汪道昆輯　（明）仇英繪圖　清道光刻同治十三年（1874）補刻印本　一冊　存一卷（二）

330000－1716－0012200　子補 3794/12200
子部/醫家類/婦科之屬/產科

胎產秘書三卷附保嬰要訣一卷經驗各方一卷　（清）錢□□撰　清刻本　一冊　缺二卷（一至二）

330000－1716－0012201　子補 1824/12201
子部/叢編

十子全書　（清）王子興編　清嘉慶九年（1804）姑蘇王氏聚文堂刻本　五冊　存三種

330000－1716－0012203　子補 3642－1/

12203　子部/宗教類/佛教之屬

覺世經果報圖證二卷　清光緒二十一年
(1895)上海書局石印本　二冊

330000－1716－0012204　子補3641/12204
子部/醫家類/本草之屬/歷代綜合本草

增訂童氏本草備要八卷　(清)汪昂撰　(清)
李保常增輯　清末石印本　二冊　存三卷
(一至三)

330000－1716－0012205　子補3795/12205
子部/醫家類/婦科之屬/產科

大生要旨五卷　(清)唐千頃撰　**續刊驗方三
卷**　(清)王松堂輯　清末著易堂鉛印本
一冊

330000－1716－0012207　子補3642－2/
12207　子部/宗教類/佛教之屬

覺世經果報錄二卷　清光緒鉛印本　一冊
存一卷(二)

330000－1716－0012209　史補0650/12209
史部/傳記類/科舉錄之屬

清嘉集初編不分卷　王先謙編　清末鉛印本
一冊

330000－1716－0012211　子補3643－1/
12211　子部/醫家類/本草之屬/歷代綜合
本草

本草從新十八卷　(清)吳儀洛輯　清光緒二
十九年(1903)上海醉六書局石印本　一冊
存三卷(一至三)

330000－1716－0012212　善附0323/12212
子部/法家類

管子二十四卷　(唐)房玄齡注　清光緒二年
(1876)浙江書局刻二十二子本　清孫星華批
校　十六冊

330000－1716－0012214　普叢0196－1/
12214　類叢部/叢書類/彙編之屬

唐代叢書一百六十四種　(清)王文誥編　清
嘉慶十一年(1806)弁山樓刻本　六冊　存十
七種

330000－1716－0012216　集補3161/12216

集部/總集類/選集之屬/斷代

八家四六文注八卷首一卷　(清)吳鼒輯
(清)許貞幹注　清末鉛印本　一冊　存一卷
(七)

330000－1716－0012217　史補1509/12217
類叢部/叢書類/彙編之屬

申報館叢書正集五十七種附錄三種　尊聞閣
主編　**續集一百四十二種**　蔡爾康編　清同
治至光緒上海申報館鉛印本　二冊　存一種

330000－1716－0012219　集補1321－2/
12219　集部/別集類/清別集

嚶求集四卷　(清)繆艮撰　清刻本　二冊
存二卷(二、四)

330000－1716－0012223　史補0511/12223
史部/傳記類/總傳之屬/忠孝

二十四孝新編一卷　清同治十一年(1872)刻
本　一冊

330000－1716－0012224　子補0403－10/
12224　子部/雜著類/雜纂之屬

勸戒近錄六卷續錄六卷三錄六卷四錄六卷
(清)梁恭辰撰　清同治九年(1870)賴昌期刻
本　八冊

330000－1716－0012226　新補0507/12226
子部/兵家類/兵器之屬

火器真訣解證一卷　(清)沈善蒸學　清光緒
十八年(1892)上海刻本　一冊

330000－1716－0012229　普叢0433/12229
類叢部/叢書類/自著之屬

隨園三十六種　(清)袁枚撰　清光緒十九年
(1893)倉山舊主石印本　一冊　存一種

330000－1716－0012232　普類0028/12232
集部/總集類/選集之屬/通代

憑山閣增輯留青新集三十卷　(清)陳枚選
(清)陳德裕增輯　清刻本　九冊　存十二卷
(九至十、十七至二十四、二十七、三十)

330000－1716－0012233　經補1098/12233
經部/群經總義類/傳說之屬

十三經札記二十二卷附十六卷　(清)朱亦棟

撰　清光緒四年(1878)武林竹簡齋刻本　三冊　存六卷(附一至六)

330000－1716－0012234　子補1174/12234
子部/術數類/相宅相墓之屬

張宗道先生地理全書五卷　（明）張亙撰　清學古堂刻本　二冊　缺一卷(二)

330000－1716－0012236　子補2722/12236
子部/儒家類/儒學之屬/性理

觀省類編□□卷　（清）蔣恕約輯　（清）石樵山人編　清同治十三年(1874)寶城經綸堂刻本　二冊　存二卷(一至二)

330000－1716－0012238　新補0613/12238
新學/學校

最新全國歸除算法課本一卷　清宣統元年(1909)石印本　一冊

330000－1716－0012241　子補1821/12241
子部/天文曆算類/算書之屬

謝穀堂算學三種　（清）謝家禾撰　清光緒江南機器製造總局刻本　一冊

330000－1716－0012242　新補0508/12242
新學/圖學/測繪

行軍測繪十卷首一卷附圖一卷　（英國）連提撰　（英國）傅蘭雅口譯　（清）趙元益筆述（清）趙宏繪圖　清光緒江南製造總局刻本二冊

330000－1716－0012247　子補0403－4/12247　子部/宗教類/道教之屬/戒律

勸戒三錄六卷　（清）梁恭辰撰　清末石印本　一冊

330000－1716－0012256　集補1180－10/12256　集部/總集類/尺牘之屬

尺牘初桄六卷　（清）子虛氏輯　清光緒十九年(1893)上海著易堂書局石印本　四冊

330000－1716－0012257　子補3797/12257
子部/醫家類/類編之屬

中西匯通醫書五種　唐宗海撰　清光緒三十四年(1908)上海千頃堂書局石印本　一冊存一種

330000－1716－0012258　集補1511－1/12258　集部/總集類/選集之屬/斷代

九家詩詳注七卷　（清）毛履謙　（清）吳涵一注　清道光刻本　四冊

330000－1716－0012260　史補1508/12260
史部/紀事本末類/斷代之屬

聖武記十四卷　（清）魏源撰　清刻本　七冊缺二卷(十二至十三)

330000－1716－0012263　子補3637/12263
子部/術數類/相宅相墓之屬

撼龍經批注校補六卷疑龍經批注校補三卷（唐）楊益撰　（清）高其倬批點　（清）寇宗集注　榮錫勳校補　清末石印本　三冊　缺二卷(五至六)

330000－1716－0012264　子補1521/12264
集部/小說類/長篇之屬

神仙通鑑二十二卷神仙鑑像一卷　（清）徐衜述　（清）李理贊　（清）程毓奇續撰　清刻本二冊　存二卷(首集三至四)

330000－1716－0012266　集補1657/12266
集部/小說類/長篇之屬

新刻鍾伯敬先生批評封神演義二十卷一百回（明）許仲琳撰　（明）鍾惺評　清經綸堂刻本　二十冊

330000－1716－0012267　子補1825/12267
子部/雜著類/雜說之屬

潛書四卷　（清）唐甄撰　**西蜀唐圃亭先生行略一卷**　（清）王聞遠撰　清光緒九年(1883)中江李氏刻本　四冊

330000－1716－0012269　子補3629－1/12269　子部/宗教類/其他宗教之屬/基督教

聖心金鑑不分卷　李杕編　清宣統元年(1909)上海慈母堂鉛印本　一冊

330000－1716－0012270　子補1826/12270
子部/儒家類/儒學之屬/經濟

繹志十九卷　（清）胡承諾撰　清同治十一年(1872)浙江書局刻本　八冊

330000－1716－0012271　地獻2023/12271

史部/傳記類/總傳之屬/列女

紹興欽旌節孝烈女表不分卷 （清）周顯謨撰
清光緒稿本 一冊

330000－1716－0012274 集補 1738/12274
集部/別集類/清別集

**述學內篇三卷外篇一卷補遺一卷別錄一卷附
錄一卷校勘記一卷** （清）汪中撰 （清）汪喜
孫編 清同治八年（1869）揚州書局刻本
二冊

330000－1716－0012278 子補 3798/12278
子部/醫家類/類編之屬

嘯松叢書 （清）余林輯 清光緒刻本 一冊
存三種

330000－1716－0012279 子補 1827/12279
子部/儒家類/儒學之屬/性理

新刊性理彙解大全合參六卷 （清）王熙祖纂
集 清刻本 雪厓題籤並記 二冊

330000－1716－0012280 子補 3799/12280
子部/醫家類/溫病之屬/痧症

吊腳痧方論一卷 （清）徐子默撰 清光緒刻
本 一冊

330000－1716－0012281 集補 3456－1/
12281 集部/詩文評類/詩評之屬

隨園詩話十六卷補遺四卷 （清）袁枚撰 清
宣統元年（1909）上海鑄記書局石印本 二冊

330000－1716－0012283 集補 0100－2/
12283 集部/曲類/彈詞之屬

新鐫繪圖描金鳳八卷四十六回 （清）馬如飛
譜調 清末石印本 一冊 存一卷（三）

330000－1716－0012284 普叢 0219/12284
類叢部/叢書類/彙編之屬

續知不足齋叢書十七種 （清）高承勳編 清
渤海高氏刻本 一冊 存三種

330000－1716－0012286 集補 3160/12286
集部/小說類/長篇之屬

說唐薛家府傳六卷四十二回 （清）如蓮居士
撰 清末石印本 一冊 存二卷（一至二）

330000－1716－0012287 史 補 0360－2/
12287 史部/史抄類

鑑撮四卷 （清）曠敏本撰 **使奉紀勝一卷**
（清）陳階平撰 **讀史論略一卷** （清）杜詔撰
清道光十九年（1839）陳階平四宜堂刻本
六冊

330000－1716－0012289 集補 1695/12289
集部/小說類/長篇之屬

繪圖增像西遊記八卷一百回 （明）吳承恩撰
（清）陳士斌詮解 清末上海錦章圖書局石
印本 三冊 存三卷（二至三、七）

330000－1716－0012291 子補 3802－1/
12291 子部/醫家類/方書之屬/單方驗方

經驗良方一卷新增一卷 清刻本 一冊

330000－1716－0012292 集補 3173/12292
集部/總集類/選集之屬/通代

古文筆法八卷 （清）李扶九輯 清光緒三十
二年（1906）上海通時書局石印本 一冊

330000－1716－0012294 子 補 3802－2/
12294 子部/醫家類/方書之屬/單方驗方

經驗良方一卷新增一卷 清刻本 一冊

330000－1716－0012295 子補 3663/12295
子部/天文曆算類/曆法之屬

[光緒]乙巳歲通書備覽不分卷 清光緒三十
一年（1905）廣州十八甫英華書局石印本
一冊

330000－1716－0012296 新補 0565/12296
新學/算學/數學

筆算數學三卷 （美國）狄考文輯 （清）鄒立
文述 清末鉛印本 一冊 存一卷（二）

330000－1716－0012297 普子 2028－1/
12297 子部/藝術類/篆刻之屬/印譜

小石山房印譜四卷歸去來辭一卷集名刻一卷
（清）顧湘 （清）顧浩輯 清道光八年
（1828）海虞顧氏小石山房鈐印本 四冊 缺
二卷（一、三）

330000－1716－0012298 地獻 1427－2/
12298 集部/詩文評類/文法之屬

初學論説文範四卷　邵伯棠撰　清宣統二年
(1910)上海會文堂粹記石印本　一册

330000－1716－0012299　集補 3359/12299
集部/别集類/清别集

匏隱廬詩稿一卷文稿一卷　(清)沈毓桂撰
清光緒二十三年(1897)鉛印本　一册

330000－1716－0012305　普子 2023/12305
子部/藝術類/篆刻之屬/印譜

他山之石印存不分卷　清末鈐印本　一册

330000－1716－0012307　子補 3628/12307
子部/儒家類/儒學之屬/蒙學

蒙師箴言不分卷　方瀏生撰　清光緒三十三
年(1907)鉛印本　一册

330000－1716－0012308　新補 0482/12308
新學/學校

國文教授進階不分卷　王建善撰　清光緒二
十九年(1903)鉛印本　一册

330000－1716－0012310　集補 3174/12310
集部/詩文評類/文法之屬

初學論説文範四卷　邵伯棠撰　清宣統二年
(1910)上海會文堂粹記石印本　一册　存一
卷(一)

330000－1716－0012312　新補 0612/12312
新學/地學/地理學

外國地理問答一卷　(清)盧籍剛編譯　清光
緒二十八年(1902)上海廣智書局鉛印本
一册

330000－1716－0012313　新補 0022－2/
12313　新學/雜著/叢編

富强叢書正集七十七種續集一百二十一種
(清)袁俊德編　清光緒二十七年(1901)上海
寶善齋石印本　四册　存七種

330000－1716－0012315　子補 0657－3/
12315　新學/學校

蒙學課本初編二卷二編一卷三編一卷　清光
緒二十七年(1901)南洋公學鉛印本　三册

330000－1716－0012316　子補 1829/12316

子部/雜著類/雜考之屬

二初齋讀書記十卷　(清)倪思寬撰　清乾隆
四十八年(1783)倪元坦涵和堂刻本　二册

330000－1716－0012317　子補 0657－2/
12317　新學/學校

蒙學課本初編二卷二編一卷三編一卷　清光
緒二十七年(1901)南洋公學鉛印本　二册
存三卷(初編一至二、二編)

330000－1716－0012319　新補 0611/12319
新學/史志/諸國史

普通新歷史十章附歷代帝王總紀一卷　(清)
普通學書室編　清光緒二十七年(1901)上海
普通學書室鉛印本　一册

330000－1716－0012321　善附 0320/12321
類叢部/叢書類/自著之屬

洪北江全集二十一種　(清)洪亮吉撰　清光
緒三年至五年(1877－1879)洪用懃授經堂刻
本　清陶方琦批　二册　存一種

330000－1716－0012326　新補 0522/12326
新學/全體學

全體闡微三卷　(美國)柯為良撰　(清)林鼎
文編譯　清光緒三十一年(1905)惜蔭書屋石
印本　四册

330000－1716－0012330　普叢 0437－21/
12330　類叢部/叢書類/自著之屬

隨園三十種　(清)袁枚撰　清刻本　三册
存二種

330000－1716－0012337　史補 1506/12337
史部/史抄類

史記菁華録六卷　(清)姚祖恩輯　清光緒十
三年(1887)上海蜚英館石印本　一册　存一
卷(一)

330000－1716－0012340　子補 3627/12340
子部/醫家類/類編之屬

陳修園醫書二十三種　(清)陳念祖等撰　清
刻本　一册　存一種

330000－1716－0012341　地獻 1494－4/
12341　類叢部/叢書類/自著之屬

汪龍莊先生遺書四種 （清）汪輝祖撰 清同治十年（1871）慎間堂刻本 二冊 存二種

330000－1716－0012344 子補 0580－1/12344 子部/天文曆算類/算書之屬

中西算學大成一百卷 （清）陳維祺等撰 清光緒石印本 二冊 存七卷（三十二至三十四、九十至九十三）

330000－1716－0012347 地獻 2038/12347 子部/雜著類/雜纂之屬

墨潤堂日記故事四卷 清光緒七年（1881）浙紹墨潤堂刻本 一冊

330000－1716－0012349 新補 0267－2/12349 新學/學校

初等小學手工教授書不分卷 學部編譯圖書局編纂 清光緒三十三年（1907）學部圖書局石印本 三冊

330000－1716－0012350 集補 1518－9/12350 集部/總集類/選集之屬/通代

千家詩二卷 清浙紹會文堂刻本 一冊 存一卷（上）

330000－1716－0012354 集補 3175－9/12354 集部/詩文評類/文法之屬/函牘格式

中國最新仕商尺牘教科書二卷 周天鵬撰 清末石印本 一冊

330000－1716－0012355 子補 0125－75/12355 子部/醫家類/方書之屬/單方驗方

校正增廣驗方新編十六卷 （清）鮑相璈輯 **痧症全書三卷** （清）王凱輯 **咽喉秘集二卷** （清）海山仙館輯 清宣統三年（1911）上海會文堂書局石印本 六冊 存十八卷（二至十六、痧症全書一至三）

330000－1716－0012356 經補 0904－1/12356 經部/小學類/文字之屬

新編字類摘要一卷 （清）周絅齋編 清光緒三十四年（1908）寧波汲綆齋石印本 一冊

330000－1716－0012357 子補 2000/12357 子部/醫家類/醫經之屬/內經

醫經原旨六卷 （清）薛雪撰 清刻本 四冊

存五卷（二至六）

330000－1716－0012358 集補 3176/12358 集部/小說類/長篇之屬

新鐫玉茗堂批點按鑑參補出像南宋志傳十卷五十回楊家將傳十卷五十回 （明）研石山樵訂正 清刻本 五冊 存九卷（二至六、九至十,楊家將傳七至八）

330000－1716－0012361 子補 3800/12361 子部/醫家類/方書之屬/單方驗方

良方一卷 清刻本 一冊

330000－1716－0012362 子補 1830/12362 子部/兵家類/兵法之屬

兵書七種 （清）聚奎主人輯 清光緒二十四年（1898）杭城衢樽局石印本 二冊 存一種

330000－1716－0012364 新補 0577－1/12364 新學/史志/別國史

東洋史要二卷 （日本）桑元隲藏撰 樊炳清譯 清光緒二十五年（1899）東文學社石印本 三冊

330000－1716－0012366 子補 3801/12366 子部/農家農學類/園藝之屬/花卉

秘傳花鏡六卷圖一卷 （清）陳淏子撰 清青文堂刻本 二冊

330000－1716－0012368 地獻 3658－2/12368 子部/藝術類/篆刻之屬/印譜

二銘室印譜不分卷 （清）章厚齋篆刻 清宣統鈐印本 六冊

330000－1716－0012372 集補 3218/12372 集部/小說類/長篇之屬

東周列國全志二十三卷一百八回 （清）蔡奡評點 清刻本 五冊 缺四卷（四至七）

330000－1716－0012373 集補 3177/12373 集部/小說類/長篇之屬

第一奇書一百回 （明）蘭陵笑笑生撰 清刻本 四冊 存十九回（五十四至五十八、六十八至七十五、八十四至八十九）

330000－1716－0012374 史補 0914－1/

12374　史部/編年類/通代之屬

御批歴代通鑑輯覽一百二十卷　（清）傅恒等撰　清光緒三十年（1904）上海育文書局石印本　二十四冊

330000－1716－0012376　經補 0866/12376　經部/群經總義類/傳說之屬

經義大醇　（清）黄彝編　清刻本　三冊　存三種

330000－1716－0012377　子補 1699－3/12377　子部/雜著類/雜纂之屬

勸戒近録初二三編合鈔十六卷四編摘鈔一卷五録六卷六録六卷七録六卷八録六卷九録六卷十録六卷　（清）梁恭辰撰　清光緒刻本　五冊　存十八卷（一至十二、五録一至六）

330000－1716－0012378　普子 2002/12378　類叢部/類書類/通類之屬

淵鑑類函四百五十卷目録四卷　（清）張英等輯　清刻本　八十五冊　存二百八十一卷（五十九至九十五、一百十二至一百五十五、二百十七至三百六十二、三百六十六至三百七十三、三百九十七至四百四十二）

330000－1716－0012380　集補 1397/12380　集部/總集類/選集之屬/通代

律賦衡裁六卷　（清）周嘉猷　（清）周鈐輯（清）湯聘評　清刻本　二冊　存三卷（三、五至六）

330000－1716－0012381　集補 3181/12381　集部/別集類/明別集

六如居士全集六種　（明）唐寅撰　清嘉慶六年（1801）長沙唐仲冕果克山房刻本　一冊　存一種

330000－1716－0012382　史補 1507/12382　史部/地理類/山川之屬/水志

水經注四十卷　（北魏）酈道元撰　清刻本　十四冊　存二十九卷（三至二十一、二十三至三十二）

330000－1716－0012384　集補 3182/12384　集部/別集類/清別集

繡虎軒尺牘八卷二集八卷三集八卷　（清）曹煜撰　清刻本　一冊　存一卷（二集四）

330000－1716－0012385　普類 0071/12385　類叢部/類書類/通類之屬

增補事類統編九十三卷首一卷　（清）黄葆真輯　清咸豐十年（1860）丹陽黄氏刻本　三十九冊　缺三卷（三十五至三十七）

330000－1716－0012387　集補 1484－2/12387　集部/總集類/選集之屬/通代

唐宋八家文讀本三十卷　（清）沈德潛輯　清刻本　清憂患餘生題簽　一冊　存一卷（四）

330000－1716－0012388　子補 3796/12388　子部/術數類/相宅相墓之屬

羅經秘竅十卷　（明）甘霖撰　明崇禎刻本　二冊　存六卷（五至十）

330000－1716－0012390　集補 3183/12390　集部/總集類/郡邑之屬

會稽掇英總集二十卷　（宋）孔延之輯　**校正會稽掇英總集札記一卷**　（清）杜丙杰撰　清道光元年（1821）山陰杜氏浣花宗塾刻本　一冊　存四卷（十七至二十）

330000－1716－0012393　子補 3817/12393　子部/術數類/相宅相墓之屬

入地眼全書十卷　（宋）釋靜道撰　清刻本　四冊　存八卷（三至十）

330000－1716－0012394　子補 1836/12394　子部/雜著類/雜纂之屬

顏氏家訓七卷　（北齊）顏之推撰　**附攷證一卷**　（宋）沈揆撰　清末民國初上海文瑞樓石印本　二冊

330000－1716－0012395　集補 3184/12395　集部/總集類/選集之屬/通代

詩紀一百五十六卷目録三十六卷　（明）馮惟訥輯　明萬曆吳琯等刻海寧方天眷印本　一冊　存六卷（三十一至三十六）

330000－1716－0012397　集補 3246/12397　集部/別集類/清別集

匏野文集二十卷　（清）張汝瑚撰　清康熙視

古堂刻本　二册　存六卷(一至二、五、七至九)

330000－1716－0012399　普經 0960/12399
集部/總集類/課藝之屬

天崇合鈔不分卷　(清)祝松雲輯　清光緒二十九年(1903)湖南崇德書局刻本　七册

330000－1716－0012402　普類 0029/12402
集部/總集類/選集之屬/通代

憑山閣增輯留青新集三十卷　(清)陳枚選(清)陳德裕增輯　清刻本　十九册　存二十八卷(一至二十七、三十)

330000－1716－0012405　集補 1568/12405
集部/別集類/清別集

待堂遺稿二卷　(清)田明昶撰　清光緒十三年(1887)刻本　一册　存一卷(一)

330000－1716－0012407　子補 3677/12407
子部/藝術類/遊藝之屬/詩鐘

詩夢鐘聲錄一卷　(清)李嘉樂等撰　清光緒刻本　一册

330000－1716－0012408　子補 3818/12408
子部/術數類/相宅相墓之屬

地理河洛精義七卷　(清)孟浩撰　(清)劉步青增編　清刻本　七册

330000－1716－0012409　子補 3819/12409
子部/術數類/相宅相墓之屬

重刊人子須知資孝地理心學統宗三十九卷　(明)徐善繼　(明)徐善述撰　清文淵書坊刻本　十二册

330000－1716－0012412　子補 3667/12412
子部/藝術類/書畫之屬/書法書品

漢溪書法通解八卷　(清)戈守智撰　清乾隆霽雲閣刻本　一册　存二卷(七至八)

330000－1716－0012414　子補 1837/12414
子部/醫家類/本草之屬/歷代綜合本草

本草從新十八卷　(清)吳儀洛輯　清光緒七年(1881)恒德堂刻本　鮑子峰題記　六册

330000－1716－0012415　地獻 1989/12415

經部/小學類/訓詁之屬/方言

越諺三卷越諺賸語二卷　(清)范寅撰　清光緒谷應山房刻本　一册　存一卷(一)

330000－1716－0012416　地獻 1322－148/12416　史部/傳記類/科舉錄之屬/歷科鄉試錄

[光緒丁酉科]湖北鄉試卷一卷　施煒撰　清光緒石印本　一册

330000－1716－0012418　子補 1838/12418
子部/醫家類/本草之屬/歷代綜合本草

本草從新十八卷　(清)吳儀洛輯　清光緒七年(1881)恒德堂刻本　一册　存三卷(十六至十八)

330000－1716－0012422　子補 1839/12422
子部/儒家類/儒學之屬/性理

延平李先生師弟子荅問一卷後錄一卷　(宋)朱熹輯　延平答問補錄一卷　(明)周木輯　清光緒五年(1879)延平府署刻本　二册　存二卷(一、補錄)

330000－1716－0012423　地獻 1322－147/12423　史部/傳記類/科舉錄之屬/歷科鄉試錄

[光緒丁酉科]湖北鄉試卷一卷　施煒撰　清光緒石印本　一册

330000－1716－0012424　子補 1183/12424
子部/術數類/相宅相墓之屬

陽宅大成四種　(清)魏青江輯　清刻本　四册　存一種

330000－1716－0012425　地獻 1322－146/12425　史部/傳記類/科舉錄之屬/歷科鄉試錄

[光緒丁酉科]湖北鄉試卷一卷　施煒撰　清光緒石印本　一册

330000－1716－0012428　經補 0656－1/12428　經部/群經總義類/傳說之屬

七經精義　(清)黃淦撰　清刻本　三册　存一種

330000－1716－0012429　地獻 1322－145/

12429　史部/傳記類/科舉錄之屬/歷科鄉試錄

[光緒丁酉科]湖北鄉試卷一卷　施煃撰　清光緒石印本　一冊

330000－1716－0012431　集補 1739/12431　集部/別集類/明別集

讀書後八卷　(明)王世貞撰　清光緒味菜廬木活字印本　六冊

330000－1716－0012432　普叢 0410/12432　類叢部/叢書類/自著之屬

止園叢書二十三種　(清)史夢蘭撰　清道光至光緒刻本　四冊　存一種

330000－1716－0012433　經補 0690－3/12433　經部/叢編

五經合纂大成四十九卷　(清)同文書局主人輯　清光緒上海同文書局石印本　十八冊　缺四卷(詩經三至六)

330000－1716－0012434　普經 0956－5/12434　經部/四書類/總義之屬/傳說

四書集注十九卷　(宋)朱熹撰　清末鉛印本　三冊　缺二卷(大學、中庸)

330000－1716－0012435　子補 3631/12435　子部/宗教類/道教之屬/經文

三聖真經誦本不分卷　清光緒二十七年(1901)蕭山來氏刻本　一冊

330000－1716－0012436　經補 1297－6/12436　經部/四書類/總義之屬/傳說

四書集注十九卷　(宋)朱熹撰　清光緒南京李光明莊刻本　一冊　存五卷(論語一至五)

330000－1716－0012438　新補 0509/12438　新學/算學/數學

格物入門七卷　(美國)丁韙良撰　清同治七年(1868)京都同文館刻本　七冊

330000－1716－0012439　經補 0814－16/12439　經部/小學類/文字之屬/字書/訓蒙

繪圖三千字文一卷　(清)補拙居士撰　(清)姜嶽注　清光緒三十三年(1907)上海鏡海樓石印本　一冊

330000－1716－0012440　地獻 1988/12440　集部/別集類/明別集

王文成公全書三十八卷　(明)王守仁撰　清刻本　十七冊　缺十一卷(三、九至十、十六至十八、二十、三十至三十三)

330000－1716－0012443　子補 3820/12443　子部/術數類/占卜之屬

大六壬大全十三卷　(清)郭載騋編　清刻本　一冊　存一卷(十三)

330000－1716－0012444　經補 0810－2/12444　經部/孝經類/傳說之屬

孝經一卷弟子職一卷　(清)任兆麟集注　清刻本　一冊

330000－1716－0012445　集補 3224/12445　集部/曲類/彈詞之屬

孝義真蹟珍珠塔二十四回　(清)周殊士撰　清刻本　淦氏題簽　五冊　存二十回(五至二十四)

330000－1716－0012447　集補 1213－1/12447　集部/小說類/長篇之屬

增像玉茗堂批點按鑑參補南宋志傳十卷五十回　(明)研石山樵訂正　清末石印本　三冊　存三卷(二至四)

330000－1716－0012448　子補 3673/12448　子部/雜著類/雜說之屬

淮南許注異同詁四卷補遺一卷續補一卷　(清)陶方琦撰　清光緒七年至十年(1881－1884)湘南使院刻本　一冊

330000－1716－0012452　子補 1841/12452　子部/雜著類/雜纂之屬

物理小識十二卷首一卷　(清)方以智撰　清光緒十年(1884)寧靜堂刻本　六冊

330000－1716－0012455　經補 1344－27/12455　經部/春秋左傳類/傳說之屬

左繡三十卷首一卷　(清)馮李驊　(清)陸浩評輯　清尺木堂刻本　十二冊　缺四卷(十至十一、二十二至二十三)

330000－1716－0012459　子補 3669/12459

子部/醫家類/醫案之屬

名醫類案十二卷 （明）江瓘輯　清刻本　一冊　存一卷（八）

330000－1716－0012461　子補3632/12461　子部/醫家類/診法之屬/脈經脈訣

瀕湖脈學一卷 （明）李時珍撰　清刻本　一冊

330000－1716－0012463　史補1457/12463　史部/政書類/邦計之屬/荒政

欽定康濟錄四卷 （清）陸曾禹撰　（清）倪國璉釐正　清刻本　一冊　存一卷（三）

330000－1716－0012467　子補3633/12467　子部/醫家類/類編之屬

陳修園醫書二十三種 （清）陳念祖等撰　清光緒二十七年（1901）新化三味書局刻本　一冊　存一種

330000－1716－0012469　新補0506/12469　新學/格致總

物理學上編四卷中編四卷下編四卷 （日本）飯盛挺造撰　（日本）藤田豐八譯　王季烈編　清光緒二十六年（1900）江南製造局刻本　十二冊

330000－1716－0012470　子補3635－1/12470　子部/醫家類/綜合之屬/通論

醫宗必讀五卷 （清）李中梓撰　清刻本　四冊　存四卷（二至五）

330000－1716－0012471　集補1517－4/12471　子部/儒家類/儒學之屬/蒙學

小學千家詩人生必讀二卷 （清）余晦齋輯　清末紹興聚珍齋刻本　一冊

330000－1716－0012472　地獻1419－1/12472　經部/禮記類/傳說之屬

禮記集說十卷 （元）陳澔撰　清光緒十一年（1885）會稽徐氏八杉齋融經館刻本　三冊　存三卷（六至七、九）

330000－1716－0012473　子補3635－2/12473　子部/醫家類/綜合之屬/通論

詳校醫宗必讀十卷 （清）李中梓撰　清刻本

二冊　存四卷（一至二、九至十）

330000－1716－0012475　子補1842－2/12475　子部/儒家類/儒學之屬/勸學

勸學篇二卷 （清）張之洞撰　清光緒二十四年（1898）浙江刻本　二冊

330000－1716－0012476　子補3635－3/12476　子部/醫家類/綜合之屬/通論

醫宗必讀十卷 （清）李中梓撰　清刻本　二冊　存四卷（一至二、九至十）

330000－1716－0012477　子補1843/12477　子部/儒家類/儒學之屬

四語彙編 （清）詹坦編　清光緒十八年至二十四年（1892－1898）揚州府學刻本　二冊　存二種

330000－1716－0012478　子補3821/12478　子部/術數類/相宅相墓之屬

地理正義鉛彈子砂水要訣七卷 （清）張鳳藻撰　清刻本　五冊　存五卷（一至二、四、六至七）

330000－1716－0012479　普子2069/12479　子部/叢編

二十二子(二十二子彙函) （清）浙江書局編　清光緒元年至三年（1875－1877）浙江書局刻本　夏後橋題記　一冊　存一種

330000－1716－0012480　集補3227－1/12480　集部/小說類/長篇之屬

增像全圖東漢演義四卷六十四回 （明）謝詔撰　清光緒三十年（1904）上海書局石印本　二冊

330000－1716－0012481　集補3227－2/12481　集部/小說類/長篇之屬

增像全圖東漢演義四卷六十四回 （明）謝詔撰　清光緒三十年（1904）育文書局石印本　一冊　存三卷（一至三）

330000－1716－0012483　經補0831/12483　經部/小學類/訓詁之屬/爾雅

爾雅注疏旁訓四卷 （清）周樽輯　（清）馬俊良增訂　清嘉慶五年（1800）刻本　一冊　存

二卷(一至二)

330000－1716－0012485　子補 3668/12485
子部/天文曆算類/曆法之屬
御定萬年書不分卷　（清）欽天監編　清刻本
一冊

330000－1716－0012489　子補 3635－4/
12489　子部/醫家類/綜合之屬/雜著
三德堂詳校醫宗必讀十卷　（清）李中梓撰
清刻本　三冊　存六卷(一至二、五至八)

330000－1716－0012492　經補 0160－1/
12492　經部/叢編
務本堂六經全注　（宋）朱熹撰　清刻本　八
冊　存二種

330000－1716－0012495　子補 1845/12495
子部/儒家類/儒學之屬/勸學
勸學篇二卷　（清）張之洞撰　清光緒二十五
年(1899)小長蘆館刻本　一冊

330000－1716－0012496　子補 3635－5/
12496　子部/醫家類/綜合之屬/通論
醫宗必讀十卷　（清）李中梓撰　清刻本　一
冊　存二卷(一至二)

330000－1716－0012497　集補 3200/12497
集部/別集類/清別集
**排山小集八卷續集十二卷後集六卷附遺詩鈔
一卷**　（清）朱楓撰　清乾隆刻本　一冊　存
三卷(小集一至三)

330000－1716－0012499　子補 3687/12499
子部/醫家類/溫病之屬/其他溫疫病證
溫病條辨六卷首一卷　（清）吳瑭撰　清道光
十五年(1835)葉金潮瀋吾樓刻本　二冊　缺
四卷(三至六)

330000－1716－0012501　子補 1846/12501
子部/儒家類/儒學之屬/勸學
勸學篇二卷　（清）張之洞撰　清光緒廣雅書
局刻本　一冊

330000－1716－0012502　集補 3198/12502
集部/別集類/清別集

聽桐廬殘草一卷附錄一卷　（清）王繼穀撰
清光緒七年(1881)寧波宗源瀚刻本　一冊

330000－1716－0012503　子補 1847/12503
子部/儒家類/儒學之屬/勸學
勸學篇二卷　（清）張之洞撰　清光緒廣雅書
局刻本　一冊

330000－1716－0012504　子補 1848/12504
子部/儒家類/儒學之屬/勸學
勸學篇二卷　（清）張之洞撰　清光緒廣雅書
局刻本　一冊

330000－1716－0012505　子補 1088/12505
子部/儒家類/儒學之屬/性理
慈溪黃氏日抄分類九十七卷古今紀要十九卷
（宋）黃震撰　清刻本　十五冊　存六十二
卷(十三至十四、二十二至二十四、二十九至
三十九、四十六至五十九、六十三至七十一、
七十八至九十四,紀要四至九)

330000－1716－0012506　經補 0683/12506
經部/叢編
五經合纂大成四十九卷　（清）同文書局主人
輯　清光緒十一年(1885)上海同文書局石印
本　十九冊　缺二卷(周易三至四)

330000－1716－0012507　子補 3635－6/
12507　子部/醫家類/綜合之屬/雜著
三益堂詳校醫宗必讀十卷　（清）李中梓撰
清刻本　一冊　存五卷(六至十)

330000－1716－0012508　子補 1849/12508
子部/儒家類/儒學之屬/勸學
勸學篇二卷　（清）張之洞撰　清光緒廣雅書
局刻本　一冊

330000－1716－0012509　集補 3231－1/
12509　集部/小說類/長篇之屬
增像全圖西漢演義四卷一百回　（明）甄偉撰
清光緒三十三年(1907)上海文新書局石印
本　二冊　存三卷(一至三)

330000－1716－0012510　子補 1850/12510
子部/儒家類/儒學之屬/勸學
勸學篇二卷　（清）張之洞撰　清光緒廣雅書

局刻本　一冊

330000 – 1716 – 0012511　史補 0277 – 1/
12511　史部/史評類/史論之屬

二十四史論新編二十三卷　（清）朱鈞輯　清
末石印本　一冊　存三卷(八至十)

330000 – 1716 – 0012514　子補 3635 – 7/
12514　子部/醫家類/綜合之屬/雜著

瀛經堂詳校醫宗必讀十卷　（清）李中梓撰
清刻本　一冊　存二卷(三至四)

330000 – 1716 –0012516　子補 1851/12516
子部/儒家類/儒學之屬/俗訓

訓俗遺規四卷　（清）陳弘謀撰　清乾隆三十
一年(1766)如皋汪氏寶彝堂刻本　二冊　存
二卷(一、四)

330000 – 1716 –0012517　子補 0615/12517
子部/天文曆算類/曆法之屬

新鐫象吉備要通書二十九卷　（清）魏鏗彙述
清刻本　三冊　存六卷(十二至十七)

330000 – 1716 –0012518　子補 1852/12518
子部/儒家類/儒學之屬/禮教

五種遺規　（清）陳弘謀輯並撰　清光緒刻本
二冊　存一種

330000 – 1716 –0012519　子補 1853/12519
子部/儒家類/儒學之屬/禮教

五種遺規　（清）陳弘謀輯並撰　清道光三十
年(1850)歙縣洪氏刻同治七年(1868)金陵書
局重修本　十冊

330000 – 1716 –0012520　史補 1534/12520
史部/政書類/邦計之屬

勵勤功過章程不分卷　清光緒刻本　一冊

330000 – 1716 –0012524　子補 3844/12524
子部/儒家類/儒學之屬/蒙學

三字經注解備要二卷　（清）賀興思注解　清
光緒二十四年(1898)澹雅書局刻本　二冊

330000 – 1716 –0012527　子補 0025 – 6/
12527　子部/藝術類/遊藝之屬/聯語

楹聯叢話十二卷續話四卷　（清）梁章鉅輯

清刻本　一冊　存三卷(十至十二)

330000 – 1716 –0012529　子補 3845/12529
子部/術數類/命書相書之屬

增補星平會海命學全書十卷首一卷　（清）水
中龍撰　清光緒三年(1877)浙紹墨潤堂刻本
四冊　缺三卷(二、七至八)

330000 – 1716 –0012530　史補 1529/12530
史部/傳記類/職官錄之屬

祝嘏官員清冊一卷　清光緒鉛印本　一冊

330000 – 1716 –0012531　史補 1530/12531
史部/政書類/邦計之屬

直隸全省教案賠款清單一卷　中外日報館輯
清光緒中外日報館鉛印本　一冊

330000 – 1716 –0012532　集補 1097 – 9/
12532　集部/總集類/選集之屬/通代

增廣詩句題解彙編四卷姓氏考一卷　（清）同
文書局編　清光緒上海大同書局石印本
四冊

330000 – 1716 – 0012534　經補 1297 – 8/
12534　經部/四書類/總義之屬/傳說

四書集注十九卷　（宋）朱熹撰　清刻本　一
冊　存一卷(論語二)

330000 – 1716 –0012536　新補 0564/12536
新學/政治法律/律例

日本法規解字不分卷　錢恂　董鴻禕撰　清
宣統二年(1910)上海商務印書館鉛印本
一冊

330000 – 1716 –0012537　新補 0573/12537
新學/遊記

暹王游歷紀略一卷　（清）時務報館編　清光
緒上海時務報館鉛印本　一冊

330000 – 1716 – 0012538　集補 1097 – 7/
12538　集部/總集類/選集之屬/通代

增廣詩句題解彙編四卷姓氏考一卷　（清）同
文書局編　清光緒十五年(1889)上海檢古齋
石印本　三冊　存四卷(一、三至五)

330000 – 1716 – 0012541　經補 1551/12541

經部/春秋左傳類/傳說之屬

東萊博議四卷 （宋）呂祖謙撰 **增補虛字注釋一卷** （清）馮泰松點定 清末上海醉經堂石印本 三冊 缺一卷（二）

330000－1716－0012542 集補1097－6/12542 集部/總集類/選集之屬/通代

增廣詩句題解彙編四卷姓氏考一卷 （清）同文書局編 清石印本 一冊 存一卷（三）

330000－1716－0012544 經補1395/12544 子部/儒家類/儒學之屬/蒙學

繪圖蒙學歷史讀本不分卷 曹侃夫輯 吳調卿繪 清光緒三十一年（1905）上海崇實書局石印本 二冊

330000－1716－0012546 經補1344－49/12546 經部/春秋左傳類/傳說之屬

左繡三十卷首一卷 （清）馮李驊 （清）陸浩評輯 清康熙五十九年（1720）華川書屋刻本 十三冊 缺五卷（四至六、十至十一）

330000－1716－0012549 子補1855/12549 子部/儒家類/儒學之屬/性理

薛子條貫篇十三卷續篇十三卷 （明）薛瑄撰 （清）戴楫輯 清道光二十八年（1848）刻本 二冊 存十三卷（正編一至十三）

330000－1716－0012556 新補0568/12556 新學/議論

史記貨殖列傳今義一卷 梁啟超撰 清光緒上海時務報館鉛印本 一冊

330000－1716－0012558 新補0569/12558 新學/史志/臣民傳記

華盛頓傳八卷七十六章 （清）黎汝謙 （清）蔡國昭譯 清光緒上海時務報館鉛印本 一冊 存一卷（一）

330000－1716－0012559 新補0561/12559 新學/醫學

英國包探訪喀迷醫生奇案一卷 （清）時務報館編 清光緒上海時務報館鉛印本 一冊

330000－1716－0012560 史補1539/12560 史部/政書類/邦計之屬

河南通飭興辦實業札文節要廣義一卷 黃壽袞撰 清末鉛印本 一冊

330000－1716－0012563 集補1502/12563 集部/總集類/選集之屬/斷代

唐四家詩集二十八卷 清光緒二十二年（1896）上海古香閣石印本 七冊

330000－1716－0012565 子補1856/12565 子部/雜著類/雜考之屬

困學紀聞二十卷 （宋）王應麟撰 （清）閻若璩箋 （清）何焯評 清乾隆桐鄉汪垕桐華書塾刻本 四冊

330000－1716－0012567 地獻1829－11/12567 集部/總集類/選集之屬/通代

古文觀止十二卷 （清）吳乘權 （清）吳大職輯 清浙蘭慎言堂刻本 四冊 存八卷（一至六、九至十）

330000－1716－0012570 經補1399/12570 經部/禮記類/傳說之屬

全本禮記體注十卷 （清）徐瑄撰 清刻本 八冊 缺二卷（七、十）

330000－1716－0012571 史補0157/12571 類叢部/叢書類/自著之屬

練青軒類稿□□種 （清）沈儷崑撰 清光緒刻本 二冊 存一種

330000－1716－0012572 史補1535/12572 史部/傳記類/總傳之屬/郡邑

崇祀鄉賢錄一卷 清末鉛印本 一冊

330000－1716－0012573 地獻1829－19/12573 集部/總集類/選集之屬/通代

籍古齋古文觀止十二卷 （清）吳乘權 （清）吳大職輯 清光緒七年（1881）浙蘭籍古齋刻本 三冊 存六卷（五至六、九至十二）

330000－1716－0012579 經補1547/12579 經部/詩類/傳說之屬

詩經體注大全合參八卷 （清）高朝瓔定 （清）沈世楷輯 清刻本 一冊 存二卷（三至四）

330000－1716－0012580　集補 3253/12580
集部/曲類/寶卷之屬
劉香寶卷二卷　清刻本　二冊

330000－1716－0012582　經補 1342－10/
12582　經部/春秋左傳類/傳說之屬
春秋左傳五十卷提要一卷　（晉）杜預注
（宋）林堯叟補注　（明）韓范評　**春秋左傳異
名考一卷**　（明）閔光德輯　清光緒十一年
(1885)會稽徐氏融經館刻本　陶存熙批　七
冊　存二十三卷（一、六至九、十四至十七、三
十至三十五、四十二至四十八,提要）

330000－1716－0012583　子補 3133－2/
12583　子部/宗教類/佛教之屬/經
**大方廣佛華嚴經入不思議解脫境界普賢行願
品一卷**　（唐）釋般若譯　清同治十二年
(1873)刻本　一冊

330000－1716－0012584　普叢 0308/12584
子部/雜著類/雜纂之屬
子史粹言二卷　（清）丁晏撰　清道光至同治
山陽丁氏六藝堂刻頤志齋叢書本　丁之蕃題
記　一冊　存一種

330000－1716－0012585　集補 3235/12585
集部/小說類/長篇之屬
繡像大明正德皇遊江南傳七卷四十五回
(清)何夢梅撰　清光緒石印本　三冊　存三
卷（二至四）

330000－1716－0012586　普類 0129－1/
12586　類叢部/類書類/通類之屬
策府統宗六十五卷　（清）劉昌齡輯　清末石
印本　十四冊　存四十四卷（三至十二、十七
至二十四、三十至五十五）

330000－1716－0012588　集補 3236－1/
12588　集部/小說類/短篇之屬
西湖佳話古今遺蹟十六卷　（清）墨浪子撰
清末石印本　三冊　存八卷（八至十五）

330000－1716－0012589　普類 0059－3/
12589　類叢部/類書類/通類之屬
增補事類統編三十五卷　（清）黃葆真輯　清

光緒十四年(1888)上海點石齋石印本　十
二冊

330000－1716－0012590　集補 3236－2/
12590　集部/小說類/短篇之屬
西湖佳話古今遺蹟十六卷　（清）墨浪子撰
清末石印本　一冊　存二卷（八至九）

330000－1716－0012591　普類 0062/12591
類叢部/類書類/通類之屬
增補事類統編九十三卷首一卷　（清）黃葆真
輯　清石印本　三冊　存二十三卷（二十八
至五十）

330000－1716－0012593　集補 3197/12593
集部/別集類
武城記事二卷補遺一卷　沈錫榮撰　清宣統
二年(1910)陝西學務公所鉛印本　沈日浣題
記　一冊

330000－1716－0012595　經補 0295/12595
經部/四書類/總義之屬/傳說
四書題鏡味根合編三十九卷　（清）金澂
(清)汪鯉翔撰　清光緒十六年(1890)上海鴻
寶齋石印本　八冊

330000－1716－0012596　經補 1400/12596
經部/周禮類/傳說之屬
周禮十二卷　（漢）鄭玄注　（唐）陸德明音義
清刻本　三冊　存六卷（五至八、十一至十
二）

330000－1716－0012597　地獻 1824－70/
12597　集部/總集類/選集之屬/通代
增批古文觀止十二卷　（清）吳乘權　（清）吳
大職輯　清光緒二十七年(1901)浙紹墨潤堂
石印本　蔣以榛題簽並觀款　六冊

330000－1716－0012599　經補 1522－1/
12599　經部/易類/傳說之屬
周易本義四卷附圖說一卷卦歌一卷筮儀一卷
（宋）朱熹撰　清嘉慶十四年(1809)金閶濂
溪閣刻本　一冊　缺三卷（二至四）

330000－1716－0012600　史補 0142/12600
史部/傳記類/別傳之屬/事狀

曾文正公事略四卷附曾文正祠雅集圖記一卷
　（清）王定安輯　清光緒元年(1875)刻本
四冊

330000－1716－0012602　經補 1522－2/
12602　經部/易類/傳說之屬
周易本義四卷附圖說一卷卦歌一卷筮儀一卷
　（宋）朱熹撰　清光緒刻本　一冊　存三卷
（二至四）

330000－1716－0012603　史補 1525/12603
史部/傳記類/科舉錄之屬/歷科登科錄
[光緒壬辰科]會試硃卷一卷　（清）趙熙撰
清光緒刻本　一冊

330000－1716－0012604　集補 0972/12604
集部/別集類/清別集
湖海樓詩集八卷陳迦陵文集六卷儷體文集十
卷迦陵詞全集三十卷　（清）陳維崧撰　清康
熙二十八年(1689)陳宗石患立堂刻本　五冊
　存三十卷(迦陵詞全集一至十一、十二至十
七、十八至三十)

330000－1716－0012605　子補 1860/12605
子部/雜著類/雜說之屬
盛世危言十四卷　鄭觀應撰　清光緒二十一
年(1895)鉛印本　八冊

330000－1716－0012606　經補 1502/12606
經部/易類/傳說之屬
周易本義四卷附圖說一卷卦歌一卷筮儀一卷
　（宋）朱熹撰　清郁文堂刻本　一冊　存三
卷(二至四)

330000－1716－0012608　子補 3129/12608
子部/雜著類/雜纂之屬
桂杏聯芳譜新編二卷　（清）徐謙輯　清光緒
七年(1881)刻本　二冊

330000－1716－0012609　子補 0001－9/
12609　子部/藝術類/書畫之屬/畫譜
芥子園畫傳五卷　（清）王槩輯　清刻本　三
冊　存三卷(一、三至四)

330000－1716－0012611　子補 3689/12611
子部/醫家類/方書之屬/單方驗方

醫方湯頭歌括一卷經絡歌訣一卷　（清）汪昂
撰　清刻本　一冊

330000－1716－0012612　子補 3823/12612
子部/天文曆算類/算書之屬
御製數理精蘊上編五卷下編四十卷表八卷
（清）聖祖玄燁撰　清末石印本　十冊　存八
卷(表一至八)

330000－1716－0012613　經補 0638/12613
經部/小學類/文字之屬/說文
說文解字注十五卷附六書音韻表五卷　（清）
段玉裁撰　說文部目分韻一卷　（清）陳奐編
　清刻本　一冊　存二卷(六書音韻表四至
五)

330000－1716－0012615　子補 3829/12615
子部/藝術類/書畫之屬/畫譜
青在堂畫傳三集　（清）王概等撰　清刻本
五冊

330000－1716－0012616　普經 0947/12616
經部/周禮類/傳說之屬
周禮節訓六卷　（清）黃叔琳輯　（清）姚培謙
重訂　清同治七年(1868)刻本　二冊

330000－1716－0012617　集補 3242/12617
集部/別集類/明別集
藏密齋集二十四卷　（明）魏大中撰　明崇禎
刻本　一冊　存二卷(一至二)

330000－1716－0012618　子補 1862/12618
子部/醫家類/綜合之屬/通論
扁鵲心書三卷首一卷神方一卷　（宋）竇材輯
　清浙衢三餘堂刻本　陳贊卿題記　四冊

330000－1716－0012619　普叢 0272－1/
12619　類叢部/叢書類/彙編之屬
津逮秘書十五集一百四十種　（明）毛晉編
明崇禎虞山毛氏汲古閣刻本　二冊　存一種

330000－1716－0012620　子補 1861/12620
子部/醫家類/綜合之屬/通論
扁鵲心書三卷首一卷神方一卷　（宋）竇材輯
　清浙衢三餘堂刻本　四冊

330000－1716－0012621　子補 1854/12621
子部/醫家類/綜合之屬/通論

扁鵲心書三卷首一卷神方一卷　（宋）竇材輯
清浙衢三餘堂刻本　一冊　存二卷（一、
首）

330000－1716－0012622　地獻 1925－12/
12622　經部/四書類/總義之屬/傳說

繪圖增批四書集注十九卷　（宋）朱熹集注
清光緒浙紹明達書莊石印本　張承祥題簽
一冊　存五卷（論語六至十）

330000－1716－0012624　子補 1863/12624
子部/醫家類/傷寒金匱之屬/傷寒論

注解傷寒論十卷圖解運氣圖一卷　（漢）張機
撰　（晉）王叔和輯　（金）成無己注　清刻本
一冊　存二卷（注解傷寒論二至三）

330000－1716－0012625　普 類 0083－6/
12625　類叢部/類書類/專類之屬

子史精華一百六十卷　（清）吳士玉　（清）吳
襄等輯　清刻本　二十冊　存六十八卷（一、
三至三十、三十二至三十五、四十六至五十
二、八十八至一百五、一百十三至一百十五、
一百三十五至一百三十八、一百五十八至一
百六十）

330000－1716－0012626　集補 3243/12626
集部/總集類/選集之屬/通代

文選纂注評林十二卷　（南朝梁）蕭統輯
（明）張鳳翼纂注　（明）王世懋刪定　（明）
陸弘祚輯訂　明刻本　三冊　存六卷（三至
六、九至十）

330000－1716－0012627　經補 1000－1/
12627　經部/小學類/文字之屬/字書/字典

**康熙字典十二集三十六卷總目一卷檢字一卷
辨似一卷等韻一卷補遺一卷備考一卷**　（清）
張玉書等纂修　清道光七年（1827）刻本　三
十六冊　缺六卷（卯集上下、總目、檢字、辨
似、等韻）

330000－1716－0012628　集補 0989－8/
12628　集部/總集類/選集之屬/通代

古唐詩合解古詩四卷唐詩十二卷　（清）王堯

衢注　清碧梧齋刻本　五冊　存十三卷（古
詩一至三、唐詩一至十）

330000－1716－0012629　子補 1864/12629
子部/醫家類/傷寒金匱之屬/傷寒論

醫效秘傳三卷　（清）葉桂撰　清道光十一年
（1831）吳氏貯春僊館刻本　三冊

330000－1716－0012630　經補 1463/12630
經部/易類/傳說之屬

周易本義四卷附圖說一卷卦歌一卷筮儀一卷
（宋）朱熹撰　清光緒刻本　一冊　存一卷
（二）

330000－1716－0012631　子補 3692/12631
子部/雜著類/雜纂之屬

映雪齋乙巳分類官商便覽七百種不分卷
（清）映雪齋主人編輯　清光緒三十年（1904）
石印本　一冊

330000－1716－0012632　集補 3245/12632
集部/別集類/唐五代別集

駱臨海集十卷　（唐）駱賓王撰　（清）趙忠補
輯　清嘉慶二十五年（1820）松林宗祠刻本
駱印雄題簽並批跋　一冊　缺三卷（二至四）

330000－1716－0012634　集補 3244/12634
集部/別集類/清別集

耐軒全集八卷　（清）邵延齡撰　清刻本　一
冊　存四卷（一至四）

330000－1716－0012637　地獻 3301/12637
史部/載記類

通行不分卷　清光緒八年（1882）抄本　一冊

330000－1716－0012638　經補 1263－3/
12638　經部/小學類/文字之屬/字書

字學舉隅不分卷　（清）黃本驥　（清）龍啟瑞
撰　清光緒八年（1882）刻本　一冊

330000－1716－0012639　經 補 1000－2/
12639　經部/小學類/文字之屬/字書/字典

**康熙字典十二集三十六卷總目一卷檢字一卷
辨似一卷等韻一卷補遺一卷備考一卷**　（清）
張玉書等纂修　清道光七年（1827）刻本　三
十六冊　缺四卷（申集上、酉集下、戌集上、補

遺)

330000－1716－0012641　子補 3694/12641
子部/醫家類/喉科口齒之屬

重樓玉鑰一卷　（清）鄭宏綱撰　洞主仙師白
喉治法忌表抉微一卷　（清）徐鄂輯並注　清
光緒二十六年(1900)杭州刻本　一冊

330000－1716－0012643　子補 3830/12643
子部/藝術類/書畫之屬/法帖

草字彙十二卷　（清）石梁輯　清道光五年
(1825)刻本　五冊　缺二卷(三、十一)

330000－1716－0012647　子補 3831/12647
子部/術數類/相宅相墓之屬

新刻官板地理玉髓真經二十八卷　（宋）張洞
玄撰　（宋）劉允中注　**後卷一卷**　（宋）房正
撰　清龍溪堂刻本　八冊　存二十一卷(二
至三、五至八、十二至十六、二十至二十八,後
卷)

330000－1716－0012648　經補 0418－3/
12648　經部/四書類/總義之屬/傳說

四書集注十九卷　（宋）朱熹撰　清末鉛印本
五冊　缺二卷(大學、中庸)

330000－1716－0012649　子補 4070－4/
12649　子部/醫家類/本草之屬/歷代綜合
本草

本草綱目五十二卷附圖三卷　（明）李時珍撰
本草萬方鍼線八卷　（清）蔡烈先輯　清松
盛堂刻本　二十二冊　存三十九卷(三至十、
十二至十三、十六至二十五、三十、三十四至
三十五、四十一至四十三、四十九至五十,圖
一至三,萬方鍼線一至八)

330000－1716－0012651　子補 4070－5/
12651　子部/醫家類/本草之屬/歷代綜合
本草

本草綱目五十二卷附圖三卷　（明）李時珍撰
本草萬方鍼線八卷　（清）蔡烈先輯　清刻
本　二十七冊　存二十九卷(一至十八、二十
至二十六,圖二至三,萬方鍼線三至四)

330000－1716－0012653　子補 3832/12653

子部/術數類/占卜之屬

大六壬大全十三卷　（清）郭載騋編　清刻本
四冊　存七卷(三至八、十)

330000－1716－0012654　史補 1527/12654
史部/雜史類/通代之屬

所知錄六卷　（清）錢澄之撰　清宣統三年
(1911)上海新學會社鉛印本　一冊　存四卷
(三至六)

330000－1716－0012655　集補 3241/12655
集部/總集類/選集之屬/斷代

欽定全唐文一千卷目錄三卷　（清）董誥等輯
清刻本　一冊　存三卷(六百七十五至六
百七十七)

330000－1716－0012661　子補 3697/12661
子部/雜著類/雜纂之屬

格言聯璧一卷　（清）金纓輯　**經驗良方一卷**
（清）陳玉麟撰　清光緒十六年(1890)刻本
一冊

330000－1716－0012662　子補 3841/12662
子部/宗教類/佛教之屬

觀音心經秘解不分卷　（清）玉山老人注　清
同治二年(1863)甬上畫錦堂樓刻本　一冊

330000－1716－0012664　史補 1547/12664
集部/總集類/課藝之屬

浙江試牘不分卷　清道光刻本　三冊

330000－1716－0012666　普叢 0309/12666
類叢部/叢書類/自著之屬

古桐書屋六種　（清）劉熙載撰　清同治至光
緒刻本　二冊　存一種

330000－1716－0012667　地獻 1824－88/
12667　集部/總集類/選集之屬/通代

增批古文觀止十二卷　（清）吳乘權　（清）吳
大職輯　清光緒二十七年(1901)浙紹墨潤堂
石印本　宗翰題簽　四冊　存八卷(五至十
二)

330000－1716－0012668　經補 1396/12668
經部/四書類/總義之屬/傳說

繪圖四書速成新體讀本十九卷　王有宗　施

崇恩校訂　清光緒三十一年(1905)彪蒙書室石印本　章坎題簽　一冊　存三卷(大學、中庸一至二)

330000－1716－0012670　集補 3247－68/12670　集部/小說類/短篇之屬
聊齋志異新評十六卷首一卷　(清)蒲松齡撰　(清)王士禎評　(清)呂湛恩注　(清)但明倫批　清末石印本　八冊

330000－1716－0012671　集補 2187－2/12671　集部/總集類/選集之屬/斷代
七家詩選(批點七家詩選箋注)七卷　(清)張熙宇輯評　(清)張昶編輯　清光緒八年(1882)文餘堂刻朱墨套印本　沈瑞卿題簽　三冊　存五種

330000－1716－0012672　地獻 1829－17/12672　集部/總集類/選集之屬/通代
三槐堂古文觀止十二卷　(清)吳乘權　(清)吳大職輯　清三槐堂刻本　三冊　存六卷(三至六、九至十)

330000－1716－0012673　普集 1758－2/12673　集部/總集類/選集之屬/斷代
國朝八家四六文鈔(八家四六文鈔)八種　(清)吳鼒編　清刻本　一冊　存一種

330000－1716－0012674　子補 3842/12674　子部/儒家類/儒家之屬
孔氏家語十卷　(三國魏)王肅注　清乾隆四十五年(1780)李容刻本　孟軼群題簽　一冊　存五卷(六至十)

330000－1716－0012675　經補 1377/12675　經部/小學類/訓詁之屬/爾雅
爾雅正義二十卷　(清)邵晉涵撰　**爾雅釋文三卷**　(唐)陸德明撰　清刻本　十冊

330000－1716－0012676　經補 1342－16/12676　經部/春秋左傳類/傳說之屬
春秋左傳五十卷　(晉)杜預注　(宋)林堯叟補注　(唐)陸德明音義　(明)鍾惺　(明)韓范評　清刻本　三冊　存十三卷(十至十四、三十九至四十一、四十六至五十)

330000－1716－0012677　集補 3252－1/12677　集部/總集類/選集之屬/通代
唐宋八大家類選十四卷　(清)儲欣輯　清雍正元年(1723)受祉堂刻本　六冊　缺一卷(十二)

330000－1716－0012678　地獻 1928－1/12678　集部/總集類/選集之屬/通代
古文近道集八卷　(清)王贊元輯　清同治七年(1868)山陰王氏培槐軒刻本　清劉槼題簽並注　二冊

330000－1716－0012679　子補 3833－1/12679　子部/醫家類/綜合之屬/通論
御纂醫宗金鑑九十卷首一卷　(清)吳謙等撰　清宣統元年(1909)簡青齋書局石印本　一冊　存十五卷(外科一至十五)

330000－1716－0012680　經補 1405/12680　經部/書類/傳說之屬
書經集傳六卷　(宋)蔡沈撰　清浙紹聚奎堂刻本　三冊　存四卷(三至六)

330000－1716－0012681　集補 3252－2/12681　集部/總集類/選集之屬/通代
唐宋八大家類選十四卷　(清)儲欣輯　清刻本　七冊　缺一卷(八)

330000－1716－0012682　子補 3833－2/12682　子部/醫家類/綜合之屬/通論
御纂醫宗金鑑九十卷首一卷　(清)吳謙等撰　清宣統元年(1909)簡青齋書局石印本　阮鴻題簽　一冊　存九卷(外科七至十五)

330000－1716－0012684　子補 3833－4/12684　子部/醫家類/綜合之屬/通論
御纂醫宗金鑑九十卷首一卷　(清)吳謙等撰　清有益齋石印本　二冊　存八卷(外科心法三至十)

330000－1716－0012685　子補 3833－5/12685　子部/醫家類/綜合之屬/通論
增訂醫宗金鑑九十卷首一卷　(清)吳謙等撰　清光緒三十一年(1905)上海錦章書局石印本　六冊　存三十卷(四十五至七十四)

330000－1716－0012686　子補 3833－6/
12686　子部/醫家類/綜合之屬/通論

御纂醫宗金鑑九十卷首一卷　（清）吳謙等撰
　清光緒石印本　二冊　存三十六卷（一至
十六、三十五至五十四）

330000－1716－0012687　子補 3833－7/
12687　子部/醫家類/綜合之屬/通論

御纂醫宗金鑑九十卷首一卷　（清）吳謙等撰
　清光緒石印本　五冊　存七十四卷（一至
七十四）

330000－1716－0012690　地獻 1925－7/
12690　經部/四書類/總義之屬/傳說

繪圖四子書十九卷　（宋）朱熹集注　清光緒
浙紹明達書莊鉛印本　一冊　存二卷（孟子
四至五）

330000－1716－0012691　經補 1545/12691
經部/四書類/總義之屬/傳說

四書集注十九卷　（宋）朱熹撰　清刻本　陳
宏成題簽　一冊　存二卷（孟子四至五）

330000－1716－0012692　子補 0125－22/
12692　子部/醫家類/方書之屬/單方驗方

驗方新編十六卷　（清）鮑相璈輯　清咸豐九
年（1859）刻本　八冊

330000－1716－0012693　經補 1296/12693
經部/四書類/總義之屬/傳說

監本四書十九卷　（宋）朱熹撰　清老牲泰刻
本　清高兆勝題簽　一冊　存三卷（孟子一
至三）

330000－1716－0012694　經補 1297－9/
12694　經部/四書類/總義之屬/傳說

四書集注十九卷　（宋）朱熹撰　清刻本　二
冊　存四卷（論語四至五、孟子四至五）

330000－1716－0012695　經補 1297－3/
12695　經部/四書類/總義之屬/傳說

四書集注十九卷　（宋）朱熹撰　清刻本　清
陳毓英題簽　一冊　存三卷（孟子一至三）

330000－1716－0012697　經補 1293－1/
12697　經部/四書類/總義之屬/傳說

圖畫四書白話解二十卷　王有宗　施崇恩校
　清末上海彪蒙書室石印本　七冊　存九卷
（中庸一至二，論語九至十，孟子二、四至七）

330000－1716－0012699　普集 1783/12699
集部/總集類/彙編之屬

七種古文選　（清）儲欣選評　清尺木堂刻本
　八冊　存五種

330000－1716－0012700　普叢 0187－2/
12700　類叢部/叢書類/彙編之屬

武英殿聚珍版書一百三十八種　清乾隆四十
二年（1777）福建刻道光至同治遞修光緒二十
一年（1895）增刻本　二冊　存一種

330000－1716－0012701　集補 1517－11/
12701　集部/總集類/選集之屬/通代

新鐫五言千家詩箋注二卷諸名家百花詩一卷
　（清）王相選注　清大成堂刻本　一冊

330000－1716－0012703　子補 0557－2/
12703　子部/儒家類/儒學之屬/蒙學

發蒙小品六卷二集六卷　（清）唐惟懋編　清
刻本　四冊　存七卷（二至三、五至六，二集
三至四、六）

330000－1716－0012706　經補 1344－48/
12706　經部/春秋左傳類/傳說之屬

左繡三十卷首一卷　（清）馮李驊　（清）陸浩
評輯　清康熙五十九年（1720）華川書屋刻本
　三冊　存七卷（五至六、九至十一、十四至
十五）

330000－1716－0012707　經補 1344－25/
12707　經部/春秋左傳類/傳說之屬

左繡三十卷首一卷　（清）馮李驊　（清）陸浩
評輯　清康熙五十九年（1720）華川書屋刻本
　清俞傳鎬題簽　九冊　存十九卷（一至八、
十二至十五、十八至二十一、二十四至二十
五，首）

330000－1716－0012708　經補 1344－23/
12708　經部/春秋左傳類/傳說之屬

左繡三十卷首一卷　（清）馮李驊　（清）陸浩
評輯　清尺木堂刻本　十二冊　缺四卷（二

十至二十三)

330000－1716－0012709 子補 3833－11/
12709 子部/醫家類/綜合之屬/通論
御纂醫宗金鑑九十卷首一卷 （清）吳謙等撰
清光緒三十二年(1906)有益齋石印本 三
冊 存十卷(外科心法一至十)

330000－1716－0012712 經補 0112－3/
12712 經部/小學類/文字之屬/字書/字典
字典考證不分卷 （清）王念孫 （清）王引之
撰 清末石印本 一冊

330000－1716－0012713 子補 3833－13/
12713 子部/醫家類/綜合之屬/通論
御纂醫宗金鑑九十卷首一卷 （清）吳謙等撰
清光緒石印本 一冊 存六卷(四十五至
五十)

330000－1716－0012714 子補 3833－14/
12714 子部/醫家類/綜合之屬/通論
御纂醫宗金鑑九十卷首一卷 （清）吳謙等撰
清光緒石印本 一冊 存四卷(七至十)

330000－1716－0012715 經補 0112－4/
12715 經部/小學類/文字之屬/字書/字典
字典考證不分卷 （清）王念孫 （清）王引之
撰 清末石印本 一冊

330000－1716－0012716 經補 0112－5/
12716 經部/小學類/文字之屬/字書/字典
字典考證不分卷 （清）王念孫 （清）王引之
撰 清末石印本 一冊

330000－1716－0012718 經補 1293－4/
12718 經部/四書類/總義之屬/傳說
圖畫四書白話解二十卷 王有宗 施崇恩校
清末上海彪蒙書室石印本 十一冊 缺三
卷(中庸一至二、孟子五)

330000－1716－0012719 經補 0112－6/
12719 經部/小學類/文字之屬/字書/字典
字典考證不分卷 （清）王念孫 （清）王引
撰 清末石印本 一冊

330000－1716－0012720 子補 3833－15/

12720 子部/醫家類/綜合之屬/通論
御纂醫宗金鑑九十卷首一卷 （清）吳謙等撰
清光緒石印本 二冊 存九卷(三十五至
三十八、五十九至六十三)

330000－1716－0012721 地獻 1829－4/
12721 集部/總集類/選集之屬/通代
古文觀止十二卷 （清）吳乘權 （清）吳大職
輯 清光緒二十一年(1895)永康胡氏退補齋
刻本 五冊 存十卷(一至六、九至十二)

330000－1716－0012722 經補 0761－2/
12722 經部/叢編
五經備旨四十五卷 （清）鄒聖脈纂輯 清刻
本 九冊 存十五卷(書經一至七、詩經一至
八)

330000－1716－0012723 地獻 1824－89/
12723 集部/總集類/選集之屬/通代
增批古文觀止十二卷 （清）吳乘權 （清）吳
大職輯 清光緒二十七年(1901)浙紹墨潤堂
石印本 四冊 存八卷(三至六、九至十二)

330000－1716－0012725 經補 1310/12725
經部/叢編
五經體注大全七十二卷 （清）嚴氏家塾主人
輯 清同治五年(1866)刻本 八冊 存四十
六卷(易經一，書經五至六，詩經一至二、五，
禮記二至三，春秋左傳一至三十八)

330000－1716－0012726 普叢 0310/12726
類叢部/叢書類/彙編之屬
古今說海一百三十五種 （明）陸楫等編 清
道光元年(1821)苕溪邵氏西山堂刻本 三冊
存十三種

330000－1716－0012727 集補 1069－19/
12727 集部/總集類/選集之屬/斷代
唐詩三百首注疏六卷 （清）孫洙編 （清）章
燮注 清刻本 三冊 存三卷(三至五)

330000－1716－0012728 集補 1069－16/
12728 集部/總集類/選集之屬/斷代
唐詩三百首注疏六卷 （清）孫洙編 （清）章
燮注 清道光二十九年(1849)文英堂刻本

二册

330000－1716－0012729　集補 1069－14/
12729　集部/總集類/選集之屬/斷代

唐詩三百首注疏六卷 （清）孫洙編　（清）章
燮注　清道光十四年(1834)刻本　張半帆題
記並注　一册　存一卷(六)

330000－1716－0012730　集補 1070－4/
12730　集部/總集類/選集之屬/斷代

唐詩三百首續選一卷 （清）于慶元編　清咸
豐六年(1856)致盛堂刻本　懋猷題簽　一册

330000－1716－0012731　子補 3834/12731
子部/天文曆算類/算書之屬

新編直指算法統宗十二卷 （明）程大位撰
清刻本　六册　存十卷(三至十二)

330000－1716－0012732　集補 1070－3/
12732　集部/總集類/選集之屬/斷代

唐詩三百首續選一卷 （清）于慶元編　清刻
本　一册

330000－1716－0012733　子補 1875/12733
子部/小說家類/異聞之屬

**山海經廣注十八卷讀山海經語一卷雜述一卷
圖五卷** （清）吳任臣撰　清刻本　一册　存
三卷(一至三)

330000－1716－0012735　集補 1069－23/
12735　集部/總集類/選集之屬/斷代

唐詩三百首六卷 （清）孫洙編　清成文堂刻
本　一册

330000－1716－0012736　普叢 0311/12736
類叢部/叢書類/自著之屬

汪雙池先生叢書二十種 （清）汪紱撰　清光
緒石印本　四册　存一種

330000－1716－0012737　集補 1069－32/
12737　集部/總集類/選集之屬/斷代

唐詩三百首六卷 （清）孫洙編　清浙蘭慎言
堂刻本　一册　存二卷(一至二)

330000－1716－0012738　經補 0929－2/
12738　經部/叢編

五經旁訓十九卷 （清）徐立綱旁訓　清匠門
書屋刻本　一册　存一卷(詩經二)

330000－1716－0012739　子補 3837－1/
12739　子部/醫家類/本草之屬/歷代綜合
本草

本草從新十八卷 （清）吳儀洛輯　清光緒七
年(1881)恒德堂刻本　五册　存十五卷(一
至二、六至十八)

330000－1716－0012740　集補 1069－24/
12740　集部/總集類/選集之屬/斷代

唐詩三百首六卷 （清）孫洙編　清刻本
二册

330000－1716－0012741　集補 1736/12741
集部/曲類/彈詞之屬

新編鳳雙飛前傳二十回後傳二十二回 （清）
程蕙英撰　清光緒二十四年(1898)怡怡軒主
人石印本　二十册

330000－1716－0012742　集補 1069－35/
12742　集部/總集類/選集之屬/斷代

唐詩三百首六卷 （清）孫洙編　清刻本　一
册　存四卷(三至六)

330000－1716－0012743　史補 0155/12743
史部/政書類/通制之屬

石渠餘紀六卷 （清）王慶雲撰　清光緒十四
年(1888)寧鄉黃氏刻本　五册　缺一卷(五)

330000－1716－0012744　子補 3837－2/
12744　子部/醫家類/本草之屬/歷代綜合
本草

本草從新十八卷 （清）吳儀洛輯　清光緒七
年(1881)恒德堂刻本　五册　存十四卷(一
至十四)

330000－1716－0012745　地獻 1954－15/
12745　經部/詩類/傳說之屬

詩經集傳八卷 （宋）朱熹撰　清慎詒堂刻本
一册　存二卷(一至二)

330000－1716－0012746　子補 3837－3/
12746　子部/醫家類/本草之屬/歷代綜合
本草

本草從新十八卷 （清）吳儀洛輯 清光緒七年(1881)恒德堂刻本 二冊 存十二卷(一至十二)

330000－1716－0012748 子補 3835－1/12748 子部/醫家類/方書之屬/單方驗方

濟世經驗彙編 （清）毛世洪輯 清光緒三年(1877)聚奎齋刻本 一冊

330000－1716－0012749 子補 1877/12749 子部/醫家類/傷寒金匱之屬/金匱要略

金匱心典三卷 （清）尤怡撰 清同治八年(1869)陸氏雙白燕堂刻本 三冊

330000－1716－0012751 子補 3835－2/12751 子部/醫家類/本草之屬/神農本草經

本經疏證十二卷續疏六卷本經序疏要八卷 （清）鄒澍撰 清道光二十九年(1849)常州長年醫局刻本 二冊 存四卷(七至八、十一至十二)

330000－1716－0012752 子補 1878/12752 子部/醫家類/醫經之屬/內經

醫經原旨六卷 （清）薛雪撰 清同治至光緒掃葉山房刻本 董濟氏題簽 六冊

330000－1716－0012754 集補 2450－222/12754 集部/小說類/長篇之屬

四大奇書第一種十九卷首一卷一百二十回 （明）羅貫中撰 （清）毛宗崗評 清大魁堂刻本 十冊 存十卷(五、八至九、十一至十四、十八至十九,首)

330000－1716－0012755 集補 3195/12755 集部/總集類/選集之屬/通代

天下才子必讀書十五卷 （清）金人瑞選評 清宣統二年(1910)上海國學進化社鉛印本 六冊

330000－1716－0012757 子補 3678/12757 子部/術數類/占卜之屬

卜筮正宗十四卷 （清）王維德撰 清刻本 三冊 存七卷(一至二、五至七、十三至十四)

330000－1716－0012758 子補 1879/12758 子部/醫家類/綜合之屬/通論

新刊醫林狀元壽世保元十卷 （明）龔廷賢撰 清道光十一年(1831)□雲堂刻本 十冊

330000－1716－0012759 子補 3843/12759 子部/醫家類/婦科之屬/產科

改良達生編二卷 （清）亟齋居士撰 清光緒三十四年(1908)紹城許廣記刻本 一冊

330000－1716－0012760 子補 3835－3/12760 子部/醫家類/本草之屬/神農本草經

神農本草經百種録一卷 （清）徐大椿撰 清刻本 一冊

330000－1716－0012761 普類 0213/12761 類叢部/類書類/專類之屬

時令詩林尤雅十二卷 （清）鄒廷忠輯 清乾隆四十年(1775)三槐堂刻本 四冊

330000－1716－0012762 經補 1456－2/12762 經部/小學類/文字之屬/字書/字體

篆字彙十二卷 （清）佟世男編 清刻本 一冊 存一卷(申集)

330000－1716－0012763 普叢 0187－14/12763 類叢部/叢書類/彙編之屬

武英殿聚珍版書一百三十八種 清刻本 二冊 存一種

330000－1716－0012764 子補 3836－1/12764 子部/醫家類/醫案之屬

名醫類案十二卷 （明）江瓘輯 清光緒二十年(1894)著易堂刻本 六冊 存六卷(一至五、十二)

330000－1716－0012765 經補 1286－2/12765 經部/四書類/總義之屬/傳說

四書經注集證十九卷 （清）吳昌宗撰 清嘉慶三年(1798)江都汪廷機刻本 七冊 缺四卷(論語七至十)

330000－1716－0012767 子補 3836－2/12767 子部/醫家類/醫案之屬

名醫類案十二卷 （明）江瓘輯 清乾隆三十五年(1770)歙縣鮑氏知不足齋刻本 四冊 存四卷(二、六、十至十一)

330000－1716－0012768　經補1273－7/12768　經部/四書類/總義之屬/傳說

四書集注十九卷　（宋）朱熹撰　清末浙紹墨潤堂刻本　二冊　存十卷（論語一至十）

330000－1716－0012769　經補1344－35/12769　經部/春秋左傳類/傳說之屬

評點春秋左傳綱目句解彙雋六卷　（清）韓葵重訂　清末石印本　一冊　存一卷（五）

330000－1716－0012770　經補0925－6/12770　經部/禮記類/傳說之屬

禮記集說十卷　（元）陳澔撰　清刻本　一冊　存一卷（二）

330000－1716－0012772　史補1524/12772　史部/傳記類/科舉錄之屬/歷科鄉試錄

[光緒壬午科]浙江鄉試硃卷一卷　（清）朱秉成撰　清光緒刻本　一冊

330000－1716－0012775　子補3682/12775　子部/宗教類/佛教之屬/經

二課合解會本　清末石印本　一冊　存二種

330000－1716－0012776　集補3192/12776　集部/別集類/清別集

濼門春餞吟草一卷　（清）關少騏輯　清光緒二十二年（1896）刻本　陳曰淀題記　一冊

330000－1716－0012777　集補3193/12777　集部/總集類/酬唱之屬

潘江贈行集一卷　（清）葉佐清等撰　清同治六年（1867）刻本　一冊

330000－1716－0012778　地獻1017/12778　子部/醫家類/方書之屬/單方驗方

四科簡效方四卷　（清）王士雄撰　清光緒十一年（1885）越州徐氏刻本　一冊　存一卷（三）

330000－1716－0012780　集補3238/12780　集部/小說類/長篇之屬

都市新談八卷六十回　（清）陳森撰　清末石印本　五冊　存五卷（二至四、六至七）

330000－1716－0012781　經補0004－2/12781　經部/小學類/文字之屬/字書/字典

攷正玉堂字彙四卷　（清）知足子編　清上海章福記書局石印本　三冊　存三卷（一、三至四）

330000－1716－0012782　經補0688－1/12782　經部/春秋左傳類/傳說之屬

東萊博議四卷　（宋）呂祖謙撰　**增補虛字注釋一卷**　（清）馮泰松點定　清光緒二十年（1894）聚奎堂石印本　二冊

330000－1716－0012783　經補1376/12783　經部/小學類/文字之屬/字書

字學舉隅不分卷　（清）黃本驥　（清）龍啟瑞撰　清末石印本　一冊

330000－1716－0012784　經補0004－4/12784　經部/小學類/文字之屬/字書/字典

攷正玉堂字彙四卷　（清）知足子編　清末鉛印本　二冊　存二卷（三至四）

330000－1716－0012792　普集1860/12792　集部/總集類/選集之屬/通代

御選唐宋詩醇四十七卷目錄二卷　（清）高宗弘曆輯　清刻本　十九冊　缺九卷（八至九、十七至二十三）

330000－1716－0012793　經補1000－165/12793　經部/小學類/文字之屬/字書/字典

康熙字典十二集三十六卷總目一卷檢字一卷辨似一卷等韻一卷補遺一卷備考一卷　（清）張玉書等纂修　清光緒十三年（1887）上海積山書局石印本　一冊　存十卷（子集上中下、丑集上中下，總目,檢字,辨似,等韻）

330000－1716－0012795　子補3824/12795　子部/宗教類/道教之屬

關帝覺世真經本證訓案闡化編十六卷末一卷　（清）徐謙輯　清四香草堂刻本　一冊　存九卷（二至十）

330000－1716－0012796　經補1000－166/12796　經部/小學類/文字之屬/字書/字典

康熙字典十二集三十六卷總目一卷檢字一卷辨似一卷等韻一卷補遺一卷備考一卷　（清）

張玉書等纂修　清光緒十三年(1887)上海積山書局石印本　三冊　存二十五卷(子集上中下、丑集上中下、寅集上中下、卯集上中下、辰集上中下、酉集上中下、戌集上中下,總目,檢字,辨似,等韻)

330000－1716－0012802　經補 1281－3/12802　經部/小學類/文字之屬/字書/字體

玉堂字彙四卷　(明)梅膺祚輯　清刻本　三冊　缺一卷(元集)

330000－1716－0012803　子補 3700/12803　子部/醫家類/婦科之屬/產科

達生編二卷附廣嗣圖一卷　(清)亟齋居士撰　清光緒元年(1875)紹城刻本　一冊

330000－1716－0012804　經補 1297－2/12804　經部/四書類/總義之屬/傳說

四書集注十九卷　(宋)朱熹撰　清刻本　一冊　存一卷(中庸)

330000－1716－0012806　子補 3701/12806　子部/術數類/命書相書之屬

新刊校正增釋合併麻衣先生人相編五卷圖一卷　(明)陸位崇輯　清光緒十二年(1886)上海江左書林刻本　一冊

330000－1716－0012807　地獻 1392－8/12807　子部/醫家類/綜合之屬/合刻、合抄

景岳全書六十四卷　(明)張介賓撰　清刻本　一冊　存二卷(一至二)

330000－1716－0012808　子補 0127－7/12808　子部/醫家類/養生之屬

衛濟餘編五卷　(清)王纏堂輯　清刻本　一冊　存一卷(五)

330000－1716－0012810　經補 1000－78/12810　經部/小學類/文字之屬/字書/字典

康熙字典十二集三十六卷總目一卷檢字一卷辨似一卷等韻一卷補遺一卷備考一卷　(清)張玉書等纂修　清光緒十六年(1890)上海鴻文書局石印本　六冊

330000－1716－0012812　子補 0127－6/12812　子部/醫家類/養生之屬

衛濟餘編十八卷　(清)王纏堂輯　清刻本　三冊　存四卷(十二至十五)

330000－1716－0012813　子補 4101/12813　子部/藝術類/書畫之屬

天籟閣四種　(清)宋夢仙撰　(清)許幻園輯　清末石印暨鉛印本　一冊　存一種

330000－1716－0012814　經補 0690－2/12814　經部/叢編

五經合纂大成四十九卷　(清)同文書局主人輯　清光緒上海同文書局石印本　十冊　存三十卷(書經一至六、首,春秋一至十六、首,禮記一至五、首)

330000－1716－0012817　子補 3838/12817　子部/雜著類/雜考之屬

日知錄集釋三十二卷刊誤二卷續刊誤二卷　(清)黃汝成撰　清光緒三年(1877)刻本　十二冊　存二十六卷(一至十三、十六至二十一、二十四至二十八、三十一至三十二)

330000－1716－0012820　史補 0165－3/12820　史部/編年類/通代之屬

重訂王鳳洲先生綱鑑會纂四十六卷續宋元紀二十三卷　(明)王世貞撰　(明)陳仁錫訂　清刻本　五冊　存十卷(八至十五、十八至十九)

330000－1716－0012822　普子 2038/12822　子部/藝術類/篆刻之屬/印譜

匏庵印稿一卷　(清)□□篆刻　清光緒鈐印本　一冊

330000－1716－0012825　集補 3250/12825　集部/小說類/長篇之屬

新刊彭公案六卷一百回續四卷八十回再續四卷八十回　(清)貪夢道人撰　清光緒石印本　四冊　存四卷(四,續三,再續二、四)

330000－1716－0012829　經補 0054－2/12829　經部/小學類/文字之屬/字書/字典

新增廣注攷正玉堂字彙四卷　清末上海大成書局石印本　一冊　存一卷(利集)

330000－1716－0012831　子補 1880/12831

535

子部/醫家類/傷寒金匱之屬/傷寒論

傷寒論條辨八卷本草鈔一卷或問一卷痙書一卷痙書或問一卷 （明）方有執撰　清浩然樓刻本　四冊

330000－1716－0012832　普類0063/12832
類叢部/類書類/通類之屬

增補事類統編九十三卷首一卷 （清）黃葆真輯　清末石印本　十冊　缺十七卷（一至八、五十九至六十六，首）

330000－1716－0012834　子補1021/12834
子部/雜著類/雜纂之屬

論說啟悟必讀初編二卷二編二卷三編二卷 項思勳　程宗啟編　清宣統三年（1911）合群研究社鉛印本　二冊　存四卷（初編一至二、二編一至二）

330000－1716－0012835　經補1424/12835
經部/四書類/總義之屬/傳說

四書典林三十卷四書古人典林十二卷 （清）江永輯　清小酉山房刻本　二冊　存七卷（古人典林一至七）

330000－1716－0012838　普類0130－1/12838　類叢部/類書類/通類之屬

典匯十二卷 （清）蔡青閣主人輯　清光緒十七年（1891）上海鴻寶齋石印本　六冊

330000－1716－0012841　子補1881/12841
子部/醫家類/傷寒金匱之屬/傷寒論

張仲景傷寒論貫珠集八卷 （清）尤怡輯注　清蘇州來青閣刻本　薛炳題簽　四冊

330000－1716－0012842　史補1518/12842
史部/傳記類/總傳之屬/忠孝

二十四孝圖說一卷 清刻本　一冊

330000－1716－0012844　經補0723－3/12844　經部/叢編

五經備旨四十五卷 （清）鄒聖脈纂輯　清光緒十二年（1886）上海點石齋石印本　八冊　缺十六卷（詩經一至四，禮記一至四、八至十一，易經四至七）

330000－1716－0012845　子補3846/12845

子部/術數類/相宅相墓之屬

羅經秘竅十卷 （明）甘霖撰　**新鐫唐氏壽域一卷** （清）王福賢撰　清富春堂刻本　三冊

330000－1716－0012846　子補3409/12846
子部/儒家類/儒學之屬

繪圖增注朱子治家格言一卷 （清）陸廷燮注釋　清末石印本　一冊

330000－1716－0012847　普經0932/12847
經部/叢編

遵阮本重校印十三經注疏并校勘記 （清）阮元撰　（清）盧宣旬摘錄　清光緒十三年（1887）上海點石齋石印本　三冊　存三種

330000－1716－0012849　新補0505/12849
新學/議論/通論

群學肄言十六卷 （英國）斯賓塞爾撰　嚴復譯　清光緒二十九年（1903）上海文明書局鉛印本　四冊

330000－1716－0012853　新補0504/12853
新學/商務/商學

原富八卷 （英國）斯密亞丹撰　嚴復譯　清光緒二十七年（1901）上海南洋公學譯書院鉛印本　一冊　存四卷（甲一至二、乙一、丙一）

330000－1716－0012856　子補1882/12856
子部/醫家類/醫經之屬/內經

黃帝內經素問集注九卷黃帝內經靈樞集注九卷 （清）張志聰撰　清光緒二十九年（1903）善成堂刻本　二十冊

330000－1716－0012857　子補3847/12857
子部/醫家類/兒科之屬/通論

鼎鍥幼幼集成六卷 （清）陳復正輯　清末石印本　二冊　存二卷（二至三）

330000－1716－0012858　史補1519/12858
史部/傳記類/科舉錄之屬/歷科登科錄

[光緒癸卯補行辛丑壬寅恩正並科]會試墨卷一卷 （清）何壽章撰　清光緒刻本　一冊

330000－1716－0012859　普類0053－1/12859　類叢部/類書類/通類之屬

角山樓增補類腋六十七卷 （清）姚培謙輯

（清）趙克宜增輯　清末石印本　三冊　存二十八卷（人部一至七、物部十一至二十、地部十四至二十四）

330000－1716－0012860　經補1387/12860
經部/禮記類/傳說之屬

禮記節本十卷　（清）汪基撰　清宣統元年（1909）上海會文學社石印本　五冊　缺二卷（四至五）

330000－1716－0012861　子補1883/12861
子部/醫家類/類編之屬

黃氏醫書八種　（清）黃元御撰　清咸豐十年（1860）徐樹銘燮穌精舍刻本　鏽鐵題簽　二冊　存一種

330000－1716－0012865　經補1434－1/12865　經部/禮記類/傳說之屬

禮記約編十卷　（清）汪基撰　清光緒石印本　二冊　存三卷（二、七至八）

330000－1716－0012866　子補3705/12866
子部/藝術類/書畫之屬/書法書品

洛神賦一卷　（清）陳璠書　清宣統二年（1910）上海彪蒙書室石印本　一冊

330000－1716－0012868　普子2048/12868
經部/小學類/文字之屬/字書/字體

選集漢印分韻二卷　（清）袁日省輯　（清）謝雲生臨摹　**續集漢印分韻二卷**　（清）謝景卿輯並臨摹　清嘉慶二年（1797）、八年（1803）漱藝堂刻本　唐風題記　四冊

330000－1716－0012869　史補1512/12869
史部/傳記類/總傳之屬/忠孝

二十四悌圖一卷　（清）吳嘉猷繪圖　清末石印本　一冊

330000－1716－0012870　子補3706/12870
子部/醫家類

鼠疫約篇一卷　（清）吳宣崇撰　（清）羅汝蘭增輯　清宣統二年（1910）安徽官紙印刷局鉛印本　一冊

330000－1716－0012871　子補3848－1/12871　子部/醫家類/綜合之屬/通論

御纂醫宗金鑑九十卷首一卷　（清）吳謙等撰　清光緒鉛印本　十三冊　存四十九卷（一至十六、三十四至六十六）

330000－1716－0012872　史補1514/12872
史部/政書類/公牘檔冊之屬

塘工議事會稟稿議案彙存一卷附收支清冊一卷　徐懋元編　清宣統元年（1909）鉛印本　一冊

330000－1716－0012875　子補0657－1/12875　新學/學校

蒙學課本初編二卷二編一卷三編一卷　清光緒二十七年（1901）南洋公學鉛印本　二冊　存三卷（初編一至二、二編）

330000－1716－0012878　子補3848－2/12878　子部/醫家類/綜合之屬/通論

御纂醫宗金鑑九十卷首一卷　（清）吳謙等撰　清光緒鉛印本　一冊　存三卷（十一至十三）

330000－1716－0012880　普類0117－3/12880　子部/雜著類/雜說之屬

古學萬花谷八卷　（清）駢瑜堂主人編　清道光十年（1830）刻本　一冊　存一卷（一）

330000－1716－0012881　子補3709/12881
子部/藝術類/書畫之屬/法帖

五經背錄　（清）鄭燮書　清光緒三十四年（1908）吳縣鄭熙書帶艸堂石印本　二冊　存一種

330000－1716－0012883　史補0808/12883
史部/史抄類

鑑撮四卷　（清）曠敏本撰　**使奉紀勝一卷**（清）陳階平撰　**讀史論略一卷**　（清）杜詔撰　清道光十九年（1839）陳階平四宜堂刻本　五冊

330000－1716－0012885　子補3711/12885
子部/醫家類/本草之屬/歷代綜合本草

本草從新六卷　（清）吳儀洛輯　清三讓堂刻本　六冊

330000－1716－0012886　經補1483－3/

12886　經部/叢編

五經體注大全四十卷　（清）嚴氏家塾主人輯
　清光緒十年（1884）上海點石齋石印本　五
　冊　存十四卷（易經二至四，書經一至六、首，
　春秋一至四）

330000 – 1716 – 0012887　集補 3256 – 1/
12887　集部/總集類/選集之屬/通代

古文辭類纂七十四卷　（清）姚鼐輯　**續古文
辭類纂三十四卷**　王先謙輯　清光緒三十三
年（1907）上海商務印書館鉛印本　八冊　存
七十三卷（十一至六十、六十八至七十四，續
古文辭類纂一至十六）

330000 – 1716 – 0012888　集補 1343 – 2/
12888　集部/總集類/選集之屬/通代

**得月樓賦甲編不分卷乙編不分卷丙編不分卷
丁編不分卷**　（清）張元瀬選評　清末石印本
　三冊

330000 – 1716 – 0012893　子補 3712 – 1/
12893　子部/術數類/命書相書之屬

新刊合併官板音義評注淵海子平五卷　（宋）
徐升編　清越郡奎照樓刻本　張承良題記
　一冊

330000 – 1716 – 0012896　子補 3712 – 2/
12896　子部/術數類/命書相書之屬

新刊合併官板音義評注淵海子平五卷　（宋）
徐升編　清泉州崇德書院刻本　一冊

330000 – 1716 – 0012897　子補 3910/12897
子部/術數類/陰陽五行之屬

奇門遁甲秘笈大全三十卷　（明）劉基校訂
清末上海江東書局石印本　一冊　存十二卷
（一至十二）

330000 – 1716 – 0012898　子補 3712 – 3/
12898　子部/術數類/命書相書之屬

新刊合併官板音義評注淵海子平五卷　（宋）
徐升編　清浙紹墨潤堂刻本　二冊

330000 – 1716 – 0012899　普叢 0312 – 2/
12899　類叢部/叢書類/彙編之屬

崇文書局彙刻書三十一種　（清）崇文書局編

清光緒元年至三年（1875 – 1877）湖北崇文
書局刻本　三冊　存一種

330000 – 1716 – 0012900　子補 3712 – 4/
12900　子部/術數類/命書相書之屬

新刊合併官板音義評注淵海子平五卷　（宋）
徐升編　清浙紹墨潤堂刻本　二冊

330000 –1716 –0012901　子補 3911/12901
子部/小說家類/異聞之屬

坐花誌果八卷　（清）汪道鼎撰　（清）鶩峰樵
者音釋　清光緒十四年（1888）廣百宋齋刻本
　二冊

330000 – 1716 – 0012902　子補 3712 – 5/
12902　子部/術數類/命書相書之屬

新刊合併官板音義評注淵海子平五卷　（宋）
徐升編　清越郡奎照樓刻本　二冊

330000 – 1716 – 0012905　子補 3713 – 1/
12905　子部/醫家類/本草之屬/歷代綜合
本草

**增訂本草備要四卷附經絡歌訣一卷醫方湯頭
歌訣一卷**　（清）汪昂撰　清崇文堂刻本　四
冊　存四卷（本草備要一至四）

330000 –1716 –0012906　史補 1546/12906
史部/編年類/通代之屬

資治通鑑綱目五十九卷　（宋）朱熹撰　（明）
陳仁錫評　**資治通鑑綱目續編一卷**　（明）陳
桱撰　（明）陳仁錫評　**資治通鑑綱目前編二
十五卷**　（明）南軒撰　（明）陳仁錫評　**續資
治通鑑綱目二十七卷**　（明）商輅等撰　（明）
陳仁錫評　清同治三年（1864）漁古山房刻本
　八冊　存二十一卷（資治通鑑綱目前編一
至二十一）

330000 – 1716 – 0012911　子補 3713 – 2/
12911　子部/醫家類/本草之屬/歷代綜合
本草

**增訂本草備要四卷附經絡歌訣一卷醫方湯頭
歌訣一卷**　（清）汪昂撰　清延禧堂刻本　三
冊　存三卷（一至二、四）

330000 – 1716 – 0012912　子補 3713 – 4/

12912　　子部/醫家類/本草之屬/歷代綜合本草

增訂本草備要四卷附經絡歌訣一卷醫方湯頭歌訣一卷　（清）汪昂撰　清光緒七年(1881)蘇州江右同文公所刻本　一冊　存一卷（本草備要一）

330000－1716－0012913　　經補1484－1/12913　經部/叢編

五經體注大全七十二卷　（清）嚴氏家塾主人輯　清光緒十四年(1888)上海鴻寶齋石印本　三冊　存十七卷（禮記一至五、公穀合纂一至十二）

330000－1716－0012915　　普類0169/12915　類叢部/類書類/專類之屬

巾經纂二十卷　（清）宋宗元撰　清光緒十六年(1890)刻本　五冊

330000－1716－0012916　　子補3713－3/12916　子部/醫家類/本草之屬/歷代綜合本草

增訂本草備要四卷附醫方湯頭歌訣一卷　（清）汪昂撰　清咸豐元年(1851)蘇州桐石山房刻本　一冊　存二卷（本草備要一至二）

330000－1716－0012917　　集補3234/12917　集部/小說類/長篇之屬

繪圖彭公案六卷一百回續四卷八十回　（清）貪夢道人撰　清末石印本　二冊　存四卷（五、續三至五）

330000－1716－0012918　　子補3713－5/12918　子部/醫家類/本草之屬/歷代綜合本草

增訂本草備要四卷醫方湯頭歌訣一卷經絡歌訣一卷　（清）汪昂撰　清刻本　三冊　存三卷（本草備要二至四）

330000－1716－0012919　　子補3904/12919　子部/宗教類/道教之屬

周易參同契分章注解三卷　（元）陳致虛撰（清）傅金銓批　清末石印本　一冊

330000－1716－0012920　　普叢0306/12920

類叢部/叢書類/自著之屬

呂新吾全集二十二種　（明）呂坤撰　明萬曆刻清同治至光緒修補印本　六冊　存一種

330000－1716－0012921　　子補3905/12921　子部/宗教類/道教之屬

悟真篇三注三卷　（宋）薛道光（宋）陸墅（元）陳致虛撰　清末石印本　二冊

330000－1716－0012922　　子補3713－6/12922　子部/醫家類/本草之屬/歷代綜合本草

本草備要不分卷　（清）汪昂撰　清刻本　一冊

330000－1716－0012924　　經補0147－2/12924　經部/四書類/總義之屬/傳說

四書典林三十卷　（清）江永輯　清石印本　一冊　存十二卷（十九至三十）

330000－1716－0012925　　史補0914－4/12925　史部/編年類/通代之屬

御批歷代通鑑輯覽一百二十卷　（清）傅恒等撰　清光緒十三年(1887)上海同文書局石印本　六冊　存三十五卷（二十八至六十二）

330000－1716－0012926　　子補4070－12/12926　子部/醫家類/本草之屬/歷代綜合本草

本草綱目拾遺十卷　（清）趙學敏輯　清刻本　一冊　存一卷（八）

330000－1716－0012928　　普叢0314－3/12928　類叢部/叢書類/自著之屬

王漁洋遺書三十八種　（清）王士禛撰　清刻本　二冊　存一種

330000－1716－0012929　　史補01497/12929　史部/政書類/律令之屬

治浙成規八卷　清道光刻本　五冊　存五卷（一、三至四、七、□）

330000－1716－0012931　　史補0914－3/12931　史部/編年類/通代之屬

御批歷代通鑑輯覽一百二十卷　（清）傅恒等撰　清光緒十三年(1887)上海同文書局石印

本　五冊　存三十一卷(一至六、四十一至五十七、一百十三至一百二十)

330000－1716－0012932　新補 0503/12932
新學/光學

光學揭要二卷附一卷　(美國)赫士口譯　(清)朱葆琛筆述　清光緒二十四年(1898)上海美華書館鉛印本　一冊

330000－1716－0012933　新補 0502/12933
新學/商務/商學

原富八卷　(英國)斯密亞丹撰　嚴復譯　清光緒二十七年(1901)上海南洋公學譯書院鉛印本　水臣題簽並題記　三冊　存四卷(甲一至二、乙一、丙一)

330000－1716－0012936　子補 3719/12936
子部/小說家類/異聞之屬

坐花誌果八卷　(清)汪道鼎撰　(清)鷲峰樵者音釋　清光緒八年(1882)越州徐氏刻本　一冊　存四卷(一至四)

330000－1716－0012938　集補 2480/12938
集部/總集類/課藝之屬

秋水堂大易選不分卷　清刻本　一冊

330000－1716－0012939　子補 1885/12939
子部/藝術類/書畫之屬/書法書品

草聖彙辨四卷附草訣百韻一卷　(清)朱宗文摹輯　清乾隆四十八年(1783)鴛湖香雲閣刻本　六冊

330000－1716－0012940　子補 3718/12940
子部/醫家類/方書之屬/單方驗方

疑難急症簡方四卷　(清)羅越峰輯　清刻本　一冊　存一卷(四)

330000－1716－0012943　子補 3714－1/12943　子部/藝術類/書畫之屬/畫譜

冶梅石譜二卷　(清)王寅繪　清光緒六年(1880)合肥李氏石印本　一冊　存一卷(一)

330000－1716－0012944　子補 1886/12944
子部/醫家類/醫經之屬/內經

素問靈樞類纂約注三卷　(清)汪昂撰　清同治十年(1871)掃葉山房刻本　壽鏡吾跋

二冊

330000－1716－0012947　子補 3720/12947
子部/雜著類/雜纂之屬

全性集福一卷　(清)王文山撰　清光緒六年(1880)海昌同善壇刻本　一冊

330000－1716－0012948　子補 3714－2/12948　子部/藝術類/書畫之屬/畫法畫品

俞氏畫稿不分卷　(清)俞禮繪　清光緒十五年(1889)上海秀文書局石印本　二冊

330000－1716－0012949　子補 3721/12949
子部/藝術類/遊藝之屬/聯語

西湖楹聯四卷　清光緒二十二年(1896)暨陽周慶祺知正軒刻本　二冊　存二卷(一至二)

330000－1716－0012951　子補 3903/12951
子部/宗教類/道教之屬/戒律

太上感應篇引經箋注纘義一卷　(清)羅敦衍引經　(清)惠棟箋注　(清)俞樾纘義　清光緒二十三年(1897)石印本　一冊

330000－1716－0012952　普叢 0196－6/12952　類叢部/叢書類/彙編之屬

唐代叢書一百六十四種　(清)王文誥編　清嘉慶十一年(1806)弁山樓刻本　一冊　存一種

330000－1716－0012953　子補 3722/12953
子部/術數類

百二漢鏡齋秘書四種　(清)程芝雲輯　清道光三年至四年(1823－1824)湖邊程氏百二漢鏡齋刻本　一冊　存一種

330000－1716－0012954　子補 3868/12954
新學/學校

最新全國小學簡明算法一卷　清光緒三十四年(1908)上海昌文書局石印本　一冊

330000－1716－0012955　子補 3723/12955
子部/醫家類/婦科之屬/產科

大生要旨五卷　(清)唐千頃撰　清道光二十七年(1847)京都琉璃廠刻本　一冊

330000－1716－0012959　子補 3724/12959

子部/醫家類/方書之屬/單方驗方

天醫彙要二種八卷 （清）田是菴輯 （清）張日初撰 清嘉慶十九年（1814）刻本 一冊 存一種

330000－1716－0012964 集補 3290/12964 集部/別集類/清別集

錢牧齋尺牘三卷補遺一卷 （清）錢謙益撰 清末上海商務印書館鉛印本 二冊

330000－1716－0012965 集補 2183/12965 集部/總集類/選集之屬/斷代

唐人萬首絕句選七卷 （清）王士禎輯 清宣統元年（1909）上海掃葉山房石印本 一冊

330000－1716－0012971 集補 3258/12971 集部/小說類/長篇之屬

花柳深情傳四卷三十二回 （清）蕭魯甫撰 清光緒二十七年（1901）上海書局石印本 三冊 存三卷（一至二、四）

330000－1716－0012973 子補 3716/12973 子部/醫家類/方書之屬/成方藥目

許廣和號丸丹集錄不分卷 （清）廣和號主人輯 清同治十一年（1872）刻本 清黃銘彝題記 一冊

330000－1716－0012974 子補 3825/12974 子部/雜著類/雜纂之屬

寄園寄所寄十二卷 （清）趙吉士輯 清刻本 五冊 存四卷（三至六）

330000－1716－0012975 新補 0588/12975 經部/小學類/文字之屬/字書/字典

文科大詞典十二卷 國學扶輪社輯 清宣統三年（1911）上海國學扶輪社鉛印本 十冊 存十卷（一至六、八至十、十二）

330000－1716－0012976 子補 1887/12976 子部/醫家類/醫理之屬/綜合

中藏經八卷附華佗內照法一卷 （漢）華佗撰 清光緒六年（1880）上虞徐氏蘭蘭山房刻本 二冊

330000－1716－0012978 普子 2034/12978 史部/金石類/璽印之屬

周秦古鉢不分卷 吳隱輯 清光緒二十一年（1895）西泠印社鈐印本 一冊

330000－1716－0012979 集補 2450－47/12979 集部/小說類/長篇之屬

第一才子書六十卷首一卷一百二十回 （明）羅貫中撰 （清）毛宗崗評 清鉛印本 四冊 存二十三卷（一至七、十九至二十三、四十五至四十九、五十五至六十）

330000－1716－0012982 子補 1888/12982 子部/醫家類/醫案之屬

三世醫驗五卷附陸氏自製各方一卷 （明）陸嶽撰 （明）陸桂 （清）陸士龍輯 清道光十八年（1838）馬珮厹刻本 清屠醇批校並題記 四冊

330000－1716－0012984 史補 1510/12984 史部/傳記類/總傳之屬/斷代

昭代名人尺牘小傳二十四卷 （清）吳修撰 清光緒石印本 一冊 存十卷（一至十）

330000－1716－0012985 子補 0194/12985 子部/叢編

子書百家 （清）崇文書局編 清光緒元年（1875）湖北崇文書局刻本 一冊 存一種

330000－1716－0012990 地獻 2002－2/12990 類叢部/類書類/通類之屬

玉海纂二十二卷 （宋）王應麟輯 （明）劉鴻訓纂 清光緒五年（1879）會稽徐氏八杉齋刻本 十三冊 缺二卷（一至二）

330000－1716－0012992 子補 3852/12992 子部/術數類/命書相書之屬

袁柳莊先生神相全編二卷 （明）袁忠徹撰 清光緒二十九年（1903）觀瀾閣書局石印本 一冊

330000－1716－0012993 史補 1511/12993 史部/傳記類/總傳之屬/技藝

古今楹聯彙刻小傳十二卷首集一卷外集一卷 吳隱輯 清光緒三十二年（1906）西泠印社刻本 一冊 存七卷（七至十二、外集）

330000－1716－0012994 子補 1283－6/

12994　子部/小說家類/異聞之屬

坐花誌果八卷　(清)汪道鼎撰　(清)鷲峰樵者音釋　清光緒十七年(1891)武林竹簡齋石印本　芷卿居士題記　四冊

330000－1716－0012997　子補3826/12997　子部/小說家類/瑣語之屬

客窗閒話八卷續八卷　(清)吳熾昌撰　清刻本　一冊　存二卷(續七至八)

330000－1716－0012998　子補1283－3/12998　子部/小說家類/異聞之屬

坐花誌果八卷　(清)汪道鼎撰　(清)鷲峰樵者音釋　清光緒十七年(1891)武林竹簡齋石印本　四冊

330000－1716－0012999　史補1363－8/12999　史部/目錄類/總錄之屬/官修

欽定四庫全書簡明目錄二十卷　(清)紀昀等撰　清光緒十年(1884)上海同文書局石印本　二冊　存十一卷(一至十一)

330000－1716－0013000　子補0202－9/13000　子部/醫家類/類編之屬

陳修園醫書二十一種　(清)陳念祖等撰　清光緒十八年(1892)上海圖書集成印書局鉛印本　十七冊　存十三種

330000－1716－0013001　子補1889/13001　子部/醫家類/類編之屬

東垣十書附二種　清光緒七年(1881)廣州雲林閣刻本　胡仲題簽　十三冊　存九種

330000－1716－0013002　普叢0157－2/13002　類叢部/叢書類/彙編之屬

海山仙館叢書五十六種　(清)潘仕成編　清道光二十五年至咸豐元年(1845－1851)番禺潘氏刻光緒十一年(1885)增刻彙印本　一冊　存一種

330000－1716－0013003　集補0007－33/13003　集部/小說類/長篇之屬

繪圖增像第五才子書水滸全傳十卷七十回首一卷　(元)施耐庵撰　(清)金人瑞評　清光緒三十三年(1907)上海益文書室石印本　三冊　存九卷(一、三、五至十,首)

330000－1716－0013004　普類0032/13004　類叢部/類書類/專類之屬

重編留青新集二十四卷　(清)馮善長輯　清光緒三十四年(1908)上海廣益書局鉛印本　六冊　存十二卷(一至二、九至十二、十五至二十)

330000－1716－0013005　普子2020－3/13005　史部/金石類/璽印之屬

周秦古鉢不分卷　吳隱輯　清光緒二十一年(1895)西泠印社鈐印本　一冊

330000－1716－0013007　子補3725/13007　子部/醫家類/綜合之屬/雜著

筆花醫鏡四卷　(清)江涵暾撰　清光緒二十七年(1901)上海文宜書局石印本　一冊　存二卷(一至二)

330000－1716－0013008　集補0989－6/13008　集部/總集類/選集之屬/通代

古唐詩合解古詩四卷唐詩十二卷　(清)王堯衢注　清光緒六年(1880)紫文閣刻本　二冊　存六卷(古詩一至四、唐詩一至二)

330000－1716－0013010　經補1266－2/13010　經部/叢編

五經體注大全七十二卷　(清)嚴氏家塾主人輯　清光緒十四年(1888)上海掃葉山房刻本　二冊　存三卷(書經四至六)

330000－1716－0013011　子補1890/13011　子部/醫家類/內科之屬

證治彙補八卷　(清)李用粹撰　清刻本　八冊

330000－1716－0013012　子補1891/13012　子部/醫家類/兒科之屬/通論

保赤要言五卷首一卷　王德森輯　清宣統二年(1910)刻民國八年(1919)印本　一冊

330000－1716－0013013　子補1892/13013　子部/醫家類/類編之屬

婦嬰至寶三種六卷　(清)徐尚慧編　清道光十一年(1831)刻本　一冊

330000－1716－0013014　子補 3726/13014
子部/醫家類/類編之屬

婦嬰至寶三種六卷　（清）徐尚慧編　清同治
五年（1866）刻本　一冊

330000－1716－0013016　集補 3266/13016
集部/詩文評類/詩評之屬

增評寄嶽雲詩四卷　（清）聶銑敏撰　清刻本
三冊　存三卷（二至四）

330000－1716－0013017　集補 1297－1/
13017　集部/曲類/寶卷之屬

花柳良願龍圖寶卷全集二卷　清刻本　一冊
存一卷（二）

330000－1716－0013018　子補 1893/13018
子部/醫家類/婦科之屬

婦科一百十七症發明一卷　（清）包巖撰　清
光緒二十九年（1903）刻本　一冊

330000－1716－0013019　子補 3727/13019
子部/醫家類/方書之屬/單方驗方

救急備用經驗彙方十卷　（清）葉廷薦輯　清
刻本　一冊　存一卷（十）

330000－1716－0013020　集補 1297－2/
13020　集部/曲類/寶卷之屬

花柳良願龍圖寶卷全集二卷　清刻本　一冊
存一卷（二）

330000－1716－0013021　子補 3866/13021
子部/儒家類/儒學之屬/蒙學

尹氏小學大全五種　（清）尹嘉銓撰　清光緒
二十五年（1899）刻本　二冊　存一種

330000－1716－0013022　子補 3850－1/
13022　子部/術數類/占卜之屬

卜筮正宗十四卷　（清）王維德撰　清光緒三
十年（1904）上洋海左石印本　一冊　存二卷
（一至二）

330000－1716－0013023　經補 1536/13023
經部/禮記類/傳說之屬

全本禮記體注十卷　（清）徐瑄撰　清刻本
一冊　缺一卷（七）

330000－1716－0013024　子補 3728/13024
子部/醫家類/方書之屬/單方驗方

倚雲軒神效奇方一卷　（清）繼志堂輯　清光
緒二十六年（1900）浙紹奎照樓刻本　一冊

330000－1716－0013025　子補 3729/13025
子部/醫家類/方書之屬/單方驗方

浙紹蕭山蔡松汀先生救治難產神效良方一卷
（清）蔡松汀撰　清同治十一年（1872）粵東
錦書堂刻本　一冊

330000－1716－0013027　子補 3730/13027
子部/醫家類/方書之屬/單方驗方

**集驗良方拔萃二卷癸卯年續補集驗拔萃良方
一卷**　（清）恬素氏輯　清刻本　一冊

330000－1716－0013028　經補 1531/13028
經部/四書類/總義之屬/傳說

四書翼注論文三十八卷　（清）張甄陶撰　清
刻本　二冊　存九卷（六至十、三十五至三十
八）

330000－1716－0013030　子補 3731/13030
子部/醫家類/養生之屬

壽世青編二卷　（清）李中梓撰　（清）尤乘輯
清刻本　清陶濬宣題記　一冊

330000－1716－0013032　子補 3732/13032
子部/醫家類/喉科口齒之屬/白喉

寒熱白喉辯證論一卷　（清）黃維翰撰　清末
石印本　一冊

330000－1716－0013033　集補 1511－2/
13033　集部/總集類/選集之屬/斷代

九家詩詳注七卷　（清）毛履謙　（清）吳涵一
注　清道光十年（1830）錦繡閣刻本　四冊

330000－1716－0013036　子補 3736/13036
子部/農家農學類

農學叢書　（清）上海農學會　（清）江南總農
會輯　清光緒上海農學會、江南總農會石印
本　四冊　存九種

330000－1716－0013037　子補 1335/13037
子部/術數類/相宅相墓之屬

地理大全十二種　（清）尹有本輯　清嘉慶善

成堂刻本　五冊　存七種

330000－1716－0013038　子補1894/13038
子部/醫家類/婦科之屬/產科

生生要旨一卷　(清)張子蕃輯　清光緒三十
一年(1905)刻本　一冊

330000－1716－0013039　子補3853/13039
子部/醫家類/診法之屬/脈經脈訣

四診抉微八卷附管窺附餘一卷　(清)林之翰
撰　清近文堂刻本　一冊　存二卷(七至八)

330000－1716－0013040　子補1895/13040
子部/醫家類/婦科之屬/產科

產孕集二卷　(清)張曜孫撰　**補遺一卷**
(清)包誠纂輯　清同治七年(1868)蘊璞齋刻
本　一冊

330000－1716－0013041　子補3737/13041
子部/藝術類/書畫之屬/書法書品

馮脩盦閣學摺楷一卷　(清)馮文蔚書　清光
緒二十四年(1898)石印本　一冊

330000－1716－0013042　子補1896/13042
子部/醫家類/婦科之屬/產科

產孕集二卷　(清)張曜孫撰　**補遺一卷**
(清)包誠纂輯　清同治七年(1868)蘊璞齋刻
本　一冊

330000－1716－0013043　經補1298－6/
13043　經部/小學類/音韻之屬/韻書

詩韻集成十卷附詞林典腋一卷　(清)余照輯
清光緒四年(1878)刻本　四冊

330000－1716－0013044　子補3854/13044
子部/醫家類/婦科之屬/產科

胎產秘書三卷附保嬰要訣一卷經驗各方一卷
(清)錢□□撰　清刻本　一冊　缺二卷
(一至二)

330000－1716－0013045　集補3189/13045
集部/別集類/清別集

有正味齋外集詩續鈔箋略二卷　(清)吳錫麒
撰　(清)魏茂林箋　清嘉慶刻本　一冊

330000－1716－0013046　經補1344－28/

13046　經部/春秋左傳類/傳說之屬

御案春秋左傳經解備旨十二卷　(清)鄒聖脈
纂輯　清光緒五年(1879)海陵書室刻本　五
冊　存十一卷(一至八、十至十二)

330000－1716－0013047　子補0001－10/
13047　子部/藝術類/書畫之屬/畫譜

芥子園畫傳初集六卷二集九卷三集六卷
(清)王槩　(清)王蓍　(清)王臬輯　清末
石印本　五冊　存九卷(二集一至六,三集三
至四、六)

330000－1716－0013048　子補1897/13048
子部/醫家類/婦科之屬/產科

產科秘要二卷附達生篇方一卷　(清)周復初
輯　清道光二十六年(1846)蘇州杭線會館刻
本　一冊

330000－1716－0013052　子補0001－12/
13052　子部/藝術類/書畫之屬/畫譜

芥子園畫傳初集六卷二集九卷三集六卷
(清)王槩　(清)王蓍　(清)王臬輯　清末
石印本　三冊　存五卷(初集三、五至六,二
集五至六)

330000－1716－0013054　經補0759－2/
13054　經部/叢編

五經備旨四十五卷　(清)鄒聖脈纂輯　清光
緒三十年(1904)上海文盛書局石印本　一冊
存三卷(易經一至三)

330000－1716－0013055　子補3740/13055
子部/雜著類/雜纂之屬

錦秋軒隨筆錄一卷酬應錄一卷聰聽錄一卷
(清)錢祝祺撰　清光緒二十七年(1901)錢以
莊刻本　一冊

330000－1716－0013056　子補1898/13056
子部/醫家類/診法之屬/脈經脈訣

四診抉微八卷附管窺附餘一卷　(清)林之翰
撰　清刻本　八冊

330000－1716－0013057　子補0001－11/
13057　子部/藝術類/書畫之屬/畫譜
芥子園畫傳初集六卷二集九卷三集六卷

(清)王檠 （清)王蓍 （清)王臬輯 清末
石印本 一冊 存二卷(二集三至四)

330000－1716－0013058 集補 1370－2/
13058 集部/別集類/清別集

注釋水竹居賦不分卷 （清)盛觀潮撰 清光
緒六年(1880)掃葉山房刻本 二冊

330000－1716－0013059 子補 1899/13059
子部/醫家類/溫病之屬/其他溫疫病證

溫病條辨六卷首一卷 （清)吳瑭撰 清寧波
群玉山房刻本 清王士雄批跋 四冊

330000－1716－0013060 子補 3941/13060
子部/雜著類/雜說之屬

二十二史感應錄二卷 （清)彭希涑輯 清嵊
邑童順刻本 一冊

330000－1716－0013061 子補 3741/13061
子部/宗教類/道教之屬/經文

無上玉皇心印妙經一卷 清刻本 一冊

330000－1716－0013062 集補 1371－3/
13062 集部/總集類/課藝之屬

詩律注釋青雲集四卷 （清)楊逢春輯 （清)
蕭應槐 （清)沈景福 （清)徐紹曾參
(清)沈品三等注 清刻本 三冊 存三卷
(二至四)

330000－1716－0013065 子補 1900/13065
子部/醫家類/眼科之屬

傅氏眼科審視瑤函六卷首一卷 （明)傅仁宇
撰 （明)林長生校補 清刻本 王錦題簽
六冊

330000－1716－0013067 善 0491/13067 集
部/總集類/選集之屬/斷代

國朝律賦偶箋四卷 （清)沈豐岐撰 清乾隆
二十三年(1758)書帶草堂刻本 臥月樓題記
四冊

330000－1716－0013069 子補 3743/13069
子部/藝術類/書畫之屬/書法書品

馮閣學臨靈飛經一卷 （清)馮文蔚書 清光
緒石印本 一冊

330000－1716－0013070 子補 3864/13070
子部/術數類/相宅相墓之屬

四秘全書十二種 （清)尹有本輯 清刻本
四冊 存五種

330000－1716－0013072 子補 1901/13072
子部/醫家類/眼科之屬

傅氏眼科審視瑤函六卷首一卷 （明)傅仁宇
撰 （明)林長生校補 清蘇州綠蔭堂刻本
馬小琴題簽 六冊

330000－1716－0013073 新補 0583/13073
經部/小學類/文字之屬/字書

和文漢譯讀本八卷 （日本)坪內雄藏編輯
(日本)長尾槇太郎譯校 清光緒三十二年
(1906)上海商務印書館石印本 八冊

330000－1716－0013074 子補 1902/13074
子部/醫家類/方書之屬/單方驗方

串雅內編四卷 （清)趙學敏輯 清光緒十四
年(1888)榆園刻本 二冊

330000－1716－0013077 子補 1903/13077
子部/醫家類/方書之屬/單方驗方

串雅內編四卷 （清)趙學敏輯 清光緒十四
年(1888)榆園刻本 松廬悔艸主人題記
二冊

330000－1716－0013084 集補 1768/13084
集部/小說類/長篇之屬

增評補圖石頭記一百二十回首一卷 （清)曹
霑 （清)高鶚撰 （清)王希廉 （清)姚燮
評 清末鉛印本 五冊 存三十九回(四十
九至六十三、八十一至一百四)

330000－1716－0013086 集補 3265/13086
類叢部/類書類/專類之屬

胭脂牡丹六卷 （清)韓鄂撰 清刻本 一冊
存一卷(三)

330000－1716－0013092 子補 1904/13092
子部/醫家類/溫病之屬/痧症

痧症全書三卷 （清)王凱輯 清道光元年
(1821)杭城文郁齋刻本 一冊

330000－1716－0013093 普類 0216/13093

類叢部/類書類/專類之屬

述古分類聯珠六卷 （清）朱銓 （清）王曰睿輯 清刻本 一冊

330000－1716－0013096 集補 3206－5/13096 集部/別集類/清別集

弢園尺牘八卷 （清）王韜撰 清光緒六年(1880)天南遯窟鉛印本 一冊 存三卷(一至三)

330000－1716－0013097 子補 1905/13097 子部/醫家類/外科之屬/外科方

外科症治全生集四卷 （清）王維德撰 清光緒四年(1878)潘敏德堂刻本 二冊

330000－1716－0013098 普類 0027/13098 集部/總集類/選集之屬/通代

憑山閣增輯留青新集三十卷 （清）陳枚選 （清）陳德裕增輯 清廣雅堂刻本 十八冊 存二十八卷(一、三至十三、十五至三十)

330000－1716－0013101 子補 3757/13101 子部/雜著類/雜纂之屬

宋稗類鈔三十六卷 （清）潘永因輯 清宣統三年(1911)上海蔡光社石印本 五冊 存十四卷(四至六、十至十四、十六至十八、三十四至三十六)

330000－1716－0013102 子補 1906/13102 子部/醫家類/外科之屬/外科方

華佗外科十法一卷 （清）程國彭撰 清刻本 曲江氏題記 一冊

330000－1716－0013105 集補 3263/13105 集部/別集類/清別集

水竹居賦注釋一卷 （清）盛觀潮撰 清咸豐十年(1860)右文堂刻本 一冊

330000－1716－0013106 史補 1501/13106 史部/傳記類/總傳之屬/姓名

青樓小名錄八卷 （清）趙慶楨輯 清末鉛印本 三冊 存六卷(一至六)

330000－1716－0013109 子補 1907/13109 子部/醫家類/外科之屬

王洪緒先生外科證治全生不分卷 （清）王維

德撰 清同治濰陽棣園氏刻本 二冊

330000－1716－0013114 子補 1908/13114 子部/醫家類/外科之屬/通論

瘍科臨證心得集三卷瘍科心得集方彙三卷家用膏丹丸散方一卷 （清）高秉鈞撰輯 **景岳新方歌不分卷** （清）吳辰燦 （清）高秉鈞等撰 清嘉慶盡心堂刻本 二冊 存三卷(瘍科臨證心得集一至三)

330000－1716－0013117 子補 1909/13117 子部/醫家類/類編之屬

陳修園醫書二十三種 （清）陳念祖等撰 清光緒二十七年(1901)新化三味書局刻本 一冊 存一種

330000－1716－0013118 子補 0223/13118 子部/醫家類/方書之屬/單方驗方

雜證要法二卷 （清）慶恕撰 清末鉛印本 一冊

330000－1716－0013119 集補 0726－1/13119 集部/曲類/彈詞之屬

安邦志八卷定國志八卷 清宣統二年(1910)上海章福記書局石印本 七冊 存七卷(定國志一至七)

330000－1716－0013126 史補 1500/13126 史部/政書類/公牘檔冊之屬

吳中判牘一卷 （清）蒯德模撰 清光緒四年(1878)葛元煦刻本 謝錫棋題記 一冊

330000－1716－0013129 子補 0125－74/13129 子部/醫家類/方書之屬/單方驗方

重訂驗方新編十八卷 （清）鮑相璈輯 清末石印本 二冊 存七卷(四至十)

330000－1716－0013130 子補 3933/13130 子部/藝術類/書畫之屬/總論

甌鉢羅室書畫過目攷四卷首一卷附一卷 （清）李玉棻撰 清光緒上海鴻文齋石印本 三冊 存四卷(一至三、首)

330000－1716－0013133 集補 3284/13133 集部/總集類/選集之屬/通代

古文辭類纂八卷 （清）姚鼐輯 **續古文辭類**

纂四卷　王先謙輯　清光緒上海章福記書局石印本　八冊　存九卷(二至七、續二至四)

330000－1716－0013135　普叢 0373/13135
類叢部/叢書類/彙編之屬

硯雲甲編八種乙編八種　(清)金忠淳編　清乾隆四十年至四十三年(1775－1778)金氏硯雲書屋刻本　一冊　存四種

330000－1716－0013136　普叢 0437－19/13136　類叢部/叢書類/自著之屬

隨園三十種　(清)袁枚撰　清刻本　二冊　存一種

330000－1716－0013145　子補 4070－20/13145　子部/醫家類/本草之屬/歷代綜合本草

本草綱目五十二卷附圖三卷瀕湖脈學一卷奇經八脈攷一卷脈訣攷證一卷　(明)李時珍撰　本草萬方鍼線八卷　(清)蔡烈先輯　本草綱目拾遺十卷　(清)趙學敏輯　清光緒三十年(1904)上海經香閣書莊石印本　一冊　存八卷(萬方鍼線一至八)

330000－1716－0013148　經補 1014/13148　經部/春秋左傳類/傳說之屬

春秋左傳五十卷提要一卷　(晉)杜預注(宋)林堯叟補注　(明)韓范評　春秋左傳異名考一卷　(明)閔光德輯　清光緒十一年(1885)會稽徐氏融經館刻本　十二冊　存三十九卷(十三至五十、異名考)

330000－1716－0013149　子補 3947/13149　集部/曲類/寶卷之屬

孚佑帝君純陽祖師三世因果說一卷　清刻本　一冊

330000－1716－0013150　集補 1336－13/13150　集部/小說類/短篇之屬

聊齋志異十六卷　(清)蒲松齡撰　(清)王士禎評　清刻本　六冊　存六卷(四至五、七、九、十四至十五)

330000－1716－0013151　子補 1913/13151　子部/醫家類/外科之屬/癰疽、疔瘡

增訂治疔彙要三卷　(清)過鑄撰　清光緒二十四年(1898)武林刻本　四冊

330000－1716－0013152　子補 1914/13152　子部/醫家類/外科之屬/癰疽、疔瘡

增訂治疔彙要三卷　(清)過鑄撰　清光緒二十四年(1898)武林刻本　一冊

330000－1716－0013154　子補 1915/13154　子部/醫家類/外科之屬/外科方

外科證治全生不分卷　(清)王維德撰　清同治十三年(1874)川東刻本　一冊

330000－1716－0013157　子補 3754/13157　子部/醫家類/婦科之屬/通論

濟陰綱目十四卷　(明)武之望撰　(清)汪淇箋釋　清末上海校經山房石印本　一冊　存二卷(十三至十四)

330000－1716－0013160　集補 3204/13160　集部/戲劇類/傳奇之屬

梅花夢傳奇二卷　(清)江菇庵撰　清光緒十年(1884)成都龔氏刻本　一冊　存一卷(一)

330000－1716－0013161　子補 1916/13161　子部/醫家類/外科之屬/外科方

外科症治全生集四卷　(清)王維德撰　清光緒四年(1878)潘敏德堂刻本　一冊　存二卷(三至四)

330000－1716－0013163　經補 1317/13163　經部/小學類/音韻之屬/韻書

五方元音十二卷　(清)樊騰鳳撰　(清)年希堯增補　清光緒三十四年(1908)上海掃葉山房石印本　三冊　存八卷(一至六、十一至十二)

330000－1716－0013166　子補 3753/13166　子部/醫家類/本草之屬/歷代綜合本草

本草備要八卷　(清)汪昂撰　清末鉛印本　一冊　存一卷(一)

330000－1716－0013168　經補 1066/13168　經部/小學類/文字之屬/說文

說文通訓定聲十八卷分部東韻一卷說雅一卷古今韻準一卷　(清)朱駿聲撰　(清)朱鏡蓉

參訂　**行述一卷**　朱孔彰撰　清光緒十三年(1887)上海積山書局石印本　八冊

330000－1716－0013170　經補1425/13170　經部/春秋左傳類/傳說之屬

寄傲山房塾課纂輯春秋十二卷　(清)鄒聖脈纂輯　(清)鄒廷猷編次　清刻本　二冊　存五卷(八至十二)

330000－1716－0013172　子補1917/13172　子部/醫家類/婦科之屬/通論

濟陰綱目十四卷　(明)武之望撰　(清)汪淇箋釋　**保生碎事一卷**　(清)汪淇輯　清小酉山房刻本　鮑子峰題簽並跋　八冊

330000－1716－0013173　新補0188/13173　子部/雜著類/雜纂之屬

論說啟悟集初編二卷二編四卷三編四卷　程宗啟編　清宣統上海彪蒙書室石印本　三冊　存三卷(二編一、三至四)

330000－1716－0013174　子補3752/13174　子部/藝術類/篆刻之屬/印譜

名印集不分卷　(清)徐壽鵬篆刻　清末鈐印本　天□閑人題簽　一冊

330000－1716－0013177　子補0125－71/13177　子部/醫家類/方書之屬/單方驗方

重訂驗方新編十八卷　(清)鮑相璈輯　清宣統元年(1909)上海鍊石齋石印本　四冊

330000－1716－0013179　子補1918/13179　子部/醫家類/婦科之屬/通論

濟陰綱目十四卷　(明)武之望撰　(清)汪淇箋釋　清刻本　四冊

330000－1716－0013181　子補1919/13181　子部/醫家類/兒科之屬/通論

幼科鐵鏡不分卷　(清)夏鼎撰　清光緒二十年(1894)興義府署刻本　一冊

330000－1716－0013182　集補2450－86/13182　集部/小說類/長篇之屬

增像全圖三國演義十六卷一百二十回　(明)羅貫中撰　(清)毛宗崗評　清光緒二十五年(1899)美華賓記石印本　五冊　存九卷(一、

三至四、七至十、十三至十四)

330000－1716－0013184　子補3863－1/13184　子部/醫家類/綜合之屬/通論

古吳童氏重校醫宗必讀十卷　(清)李中梓撰　清末石印本　一冊　存二卷(三至四)

330000－1716－0013189　子補3761/13189　子部/藝術類/遊藝之屬/聯語

精選楹聯新編二卷　(清)俞樾撰　清宣統二年(1910)上海萃英書莊石印本　二冊

330000－1716－0013190　子補3863－2/13190　子部/醫家類/綜合之屬/通論

古吳童氏重校醫宗必讀十卷　(清)李中梓撰　清末石印本　一冊　存五卷(六至十)

330000－1716－0013191　集補1316－2/13191　集部/別集類/清別集

知味軒啟事四卷稟言四卷　(清)陳毓靈撰　清道光十九年(1839)小酉山房刻本　三冊　存三卷(啟事一、稟言二至三)

330000－1716－0013192　子補3758/13192　子部/儒家類/儒學之屬/禮教/女範

女子四書讀本二卷　(清)王相箋注　清末上海廣益書局石印本　二冊　存二種

330000－1716－0013194　子補3949/13194　子部/宗教類/道教之屬

關聖帝君應驗桃園明聖經一卷　清光緒三十三年(1907)紹興許廣記刻本　一冊

330000－1716－0013197　子補3855/13197　子部/術數類/命書相書之屬

神相全編十二卷首一卷　題(宋)陳摶撰　(明)袁忠徹訂　清刻本　一冊　存一卷(十二)

330000－1716－0013199　子補3950/13199　子部/宗教類/佛教之屬/律

毗尼日用切要一卷　(清)釋讀體輯　清光緒十一年(1885)聚星堂刻本　一冊

330000－1716－0013200　集補3203/13200　集部/小說類/長篇之屬

繡像永慶昇平二十四卷九十七回 （清）郭廣瑞撰　清光緒二十九年（1903）上海簡青齋石印本　一冊　存三卷（一至三）

330000－1716－0013201　子補 3951/13201
子部/宗教類/佛教之屬/諸宗

念佛切要一卷 （清）陳熙願撰　清同治四年（1865）鄞州刻本　一冊

330000－1716－0013202　集補 3205/13202
集部/小說類/長篇之屬

繡像萬年青全集七十六回 清末石印本　三冊　存三集（二至四）

330000－1716－0013204　史補 1549/13204
史部/目録類/書志之屬/提要

昭德先生郡齋讀書志四卷後志二卷 （宋）晁公武撰　**附志一卷考異一卷** （宋）趙希弁撰　清刻本　六冊　缺一卷（考異）

330000－1716－0013206　子補 1921/13206
子部/醫家類/兒科之屬/通論

遂生福幼合編二卷 （清）莊一夔撰　清咸豐元年（1851）刻本　一冊

330000－1716－0013210　子補 3856/13210
子部/醫家類/綜合之屬/通論

御纂醫宗金鑑九十卷首一卷 （清）吳謙等撰　清刻本　三冊　存五卷（五十二至五十三、五十六至五十七、六十）

330000－1716－0013214　新補 0501/13214
新學/醫學/內科

婦嬰新說不分卷 （英國）合信氏　（清）管茂材撰　清咸豐八年（1858）江蘇上海仁濟醫館刻本　通德堂馮氏題記　一冊

330000－1716－0013216　子補 3953/13216
子部/宗教類/佛教之屬

佛經七種 清刻本　一冊

330000－1716－0013220　子補 1922/13220
子部/醫家類/綜合之屬/通論

醫學心悟五卷附外科十法一卷 （清）程國彭撰　清光緒六年（1880）上海掃葉山房刻本　清陶夢湘題記、批注　五冊

330000－1716－0013222　子補 3788/13222
子部/藝術類/書畫之屬/畫譜

歷代名人畫譜四卷 （明）顧炳輯　清光緒十四年（1888）上海鴻文書局石印本　三冊　存三卷（一至三）

330000－1716－0013223　經補 1434－2/13223　經部/禮記類/傳說之屬

禮記約編十卷 （清）汪基撰　清光緒三十三年（1907）上海文瑞樓石印本　一冊　存三卷（一至三）

330000－1716－0013224　子補 1923/13224
子部/醫家類/綜合之屬/通論

醫學心悟五卷附外科十法一卷 （清）程國彭撰　清光緒六年（1880）上海掃葉山房刻本　二冊

330000－1716－0013225　集補 1352/13225
集部/總集類/課藝之屬

秀水軒不分卷 清刻本　雨田氏題簽　一冊

330000－1716－0013226　新補 0500/13226
新學/醫學/內科

內科新說二卷 （英國）合信氏　（清）管茂材撰　清咸豐八年（1858）上海仁濟醫館刻本　一冊

330000－1716－0013229　集補 0007－39/13229　集部/小說類/長篇之屬

繪圖增像第五才子書水滸全傳十卷七十回首一卷 （元）施耐庵撰　（清）金人瑞評　清光緒二十二年（1896）上海圖書集成局石印本　一冊　存二卷（一、首）

330000－1716－0013231　子補 1924/13231
子部/醫家類/類編之屬

醫學三書 （清）雷豐編　清光緒十年至十三年（1884－1887）雷氏慎修堂刻本　一冊　存一種

330000－1716－0013233　新補 0287/13233
新學/史志/政記

歷史講義不分卷 浙江陸軍講武堂輯　清末石印本　一冊

330000 – 1716 – 0013234　　經補 1434 – 4/13234　經部/禮記類/傳說之屬

禮記約編十卷　（清）汪基撰　清光緒三十四年(1908)上海廣益書局石印本　一冊　存一卷(二)

330000 – 1716 – 0013239　子補 1925/13239　子部/醫家類/類編之屬

醫學三書　（清）雷豐編　清光緒十年至十三年(1884 – 1887)雷氏慎修堂刻本　一冊　存一種

330000 – 1716 – 0013240　新補 0025 – 9/13240　新學/算學/數學

筆算數學三卷　（美國）狄考文輯　（清）鄒立文述　清光緒三十一年(1905)上海美華書館鉛印本　三冊

330000 – 1716 – 0013242　子補 1926/13242　子部/醫家類/醫案之屬

診餘舉隅録二卷　（清）陳廷儒撰　清光緒二十四年(1898)鉛印本　二冊

330000 – 1716 – 0013247　普史 1517/13247　史部/政書類/邦計之屬/荒政

救荒六十策一卷　（清）寄湘漁父撰　清光緒十一年(1885)上海普育堂刻本　一冊

330000 – 1716 – 0013248　子補 1927/13248　子部/醫家類/綜合之屬/通論

醫醇賸義四卷醫方論四卷　（清）費伯雄撰　清光緒三年(1877)刻本　鑲鐵題簽　六冊

330000 – 1716 – 0013249　集補 3277/13249　集部/別集類/清別集

惜抱軒尺牘八卷　（清）姚鼐撰　清宣統二年(1910)國學扶輪社鉛印本　二冊　存五卷(一至五)

330000 – 1716 – 0013250　子補 1928/13250　子部/醫家類/溫病之屬/其他溫疫病證

溫熱經緯五卷　（清）王士雄撰　清刻本　四冊

330000 – 1716 – 0013251　地獻 1829 – 18/13251　集部/總集類/選集之屬/通代

聚秀堂古文觀止十二卷　（清）吳乘權　（清）吳大職輯　清光緒二年(1876)杭州文元堂刻本　二冊　存六卷(一至六)

330000 – 1716 – 0013252　子補 1263 – 5/13252　類叢部/類書類/專類之屬

增補江湖尺牘分韻撮要合集八卷　（清）虞世英　（清）溫儀鳳輯　清光緒十年(1884)刻本　子炯題簽　四冊

330000 – 1716 – 0013255　史補 1553/13255　史部/編年類/通代之屬

綱鑑總論一卷　清末抄本　一冊

330000 – 1716 – 0013258　史補 0684/13258　史部/史評類/史論之屬

新選歷代史事新論大成□□卷　（清）藜光閣主人輯　清末藜光閣石印本　一冊　存一卷(十一)

330000 – 1716 – 0013261　集補 1769/13261　集部/小說類/長篇之屬

增評補圖石頭記一百二十回首一卷　（清）曹霑　（清）高鶚撰　（清）王希廉　（清）姚燮評　清末鉛印本　二冊　存十九回(五十八至七十二、八十九至九十二)

330000 – 1716 – 0013263　經補 1000 – 144/13263　經部/小學類/文字之屬/字書/字典

康熙字典十二集三十六卷總目一卷檢字一卷辨似一卷等韻一卷補遺一卷備考一卷　（清）張玉書等纂修　清光緒三十年(1904)上海錦章書局石印本　一冊　存十卷(子集上中下、丑集上中下,總目,檢字,辨似,等韻)

330000 – 1716 – 0013266　集補 3295/13266　集部/別集類/清別集

西湖櫂歌一卷鑑湖櫂歌一卷　（清）陳祖昭撰　清光緒刻本　一冊

330000 – 1716 – 0013267　經補 0543/13267　經部/四書類/總義之屬/傳說

四書彙解四十卷　（清）史以徵撰　清康熙美延堂刻本　八冊　存十八卷(三至五、十至十二、二十二至二十五、三十一至三十八)

330000－1716－0013269　　史補 1504/13269
史部/紀傳類/正史之屬

四史四百十五卷　清光緒三十年(1904)武林
竹簡齋石印本　一冊　存一種

330000－1716－0013270　子補 3938/13270
子部/醫家類/類編之屬

毓德堂醫約四種　(清)徐圓成輯　清光緒十
五年(1889)刻本　二冊

330000－1716－0013271　子補 1022/13271
子部/醫家類/傷寒金匱之屬

秘傳祝由科一卷文筆錄一卷　清末刻本
一冊

330000－1716－0013272　子補 3857/13272
子部/宗教類/道教之屬/經文

三聖經靈驗圖注不分卷　清光緒二十四年
(1898)上海鴻寶齋石印本　一冊

330000－1716－0013274　經補 0418 － 1/
13274　經部/四書類/總義之屬/傳說

四書集注十九卷　(宋)朱熹撰　清末鉛印本
三冊　存七卷(孟子一至七)

330000－1716－0013275　　子補 3940 － 1/
13275　子部/醫家類/方書之屬/成方藥目

萬承志堂丸散膏丹全集不分卷　(清)萬承志
堂編　清光緒十一年(1885)杭州萬承志堂刻
本　一冊

330000－1716－0013276　經補 0893 － 1/
13276　經部/小學類/音韻之屬/韻書

詩韻含英題解十卷　(清)甘蘭友輯　清刻本
一冊　存二卷(五至六)

330000－1716－0013277　子補 3940 － 2/
13277　子部/醫家類/方書之屬/成方藥目

萬承志堂丸散膏丹全集不分卷　(清)萬承志
堂編　清光緒十一年(1885)杭州萬承志堂刻
本　一冊

330000－1716－0013281　經補 1058 － 1/
13281　經部/春秋左傳類/傳說之屬

曲江書屋新訂批注左傳快讀十八卷首一卷
(清)李紹崧輯　清光緒曲江書屋刻本　一冊

存一卷(十六)

330000－1716－0013282　普經 0956 － 2/
13282　經部/四書類/總義之屬/傳說

四書集注十九卷　(宋)朱熹撰　清光緒上海
商務印書館鉛印本　一冊　存一卷(孟子二)

330000－1716－0013284　　經補 1297 － 5/
13284　經部/四書類/總義之屬/傳說

四書集注十九卷　(宋)朱熹撰　清文奎堂刻
本　清馮恩題記　二冊　存七卷(論語一至
五、孟子四至五)

330000－1716－0013286　子補 1930/13286
子部/醫家類/兒科之屬/痘疹

活幼心法大全九卷　(明)聶尚恒撰　清文富
堂刻本　一冊

330000－1716－0013287　經補 1527/13287
經部/書類/傳說之屬

書經集注六卷　(宋)蔡沈撰　清乾隆四十五
年(1780)博古齋刻本　三冊　缺一卷(四)

330000－1716－0013288　子補 3874/13288
子部/術數類/相宅相墓之屬

重刊人子須知資孝地理心學統宗十六卷
(明)徐善繼　(明)徐善述撰　清翰文堂刻本
十五冊

330000－1716－0013294　新補 0584/13294
新學/理學

理化學大意一卷　(清)杜就田編譯　清光緒
三十三年(1907)上海商務印書館鉛印本　謝
宗台題記　一冊

330000－1716－0013295　子補 1931/13295
子部/醫家類/方書之屬/成方藥目

易簡方便醫書六卷　(清)周茂五輯　清刻本
三冊　存三卷(二至四)

330000－1716－0013296　子補 1932/13296
子部/醫家類/溫病之屬

溫熱暑疫全書四卷　(清)周揚俊輯　清道光
二十年(1840)寶善堂刻本　清湯頤生題記
一冊

330000－1716－0013297　子補 3939/13297
子部/小說家類/異聞之屬

閱微草堂筆記二十四卷　（清）紀昀撰　清刻
本　一冊　存三卷（二十二至二十四）

330000－1716－0013299　普叢 0259/13299
類叢部/叢書類/自著之屬

沈歸愚詩文全集十四種　（清）沈德潛撰　清
乾隆教忠堂刻本　三冊　存五種

330000－1716－0013300　集補 0992/13300
集部/總集類/課藝之屬

紫陽書院課藝七集不分卷　（清）吳左泉鑒定
　（清）查亮采　（清）朱文炳編校　清光緒十
四年（1888）刻本　六冊

330000－1716－0013301　子補 3937/13301
子部/醫家類/診法之屬/脈經脈訣

三指禪三卷　（清）周學霆撰　清湖南書局刻
本　三冊

330000－1716－0013302　集補 1394/13302
集部/總集類/選集之屬/通代

古詩直解十二卷首一卷　（明）葉羲昂選解
清刻本　二冊

330000－1716－0013303　子補 3774/13303
子部/醫家類/類編之屬

徐氏醫書六種　（清）徐大椿撰　清刻本　一
冊　存一種

330000－1716－0013304　子補 1933/13304
子部/醫家類/類編之屬

陳修園醫書二十三種　（清）陳念祖等撰　清
光緒二十七年（1901）新化三味書局刻本　一
冊　存一種

330000－1716－0013307　集補 3211/13307
集部/曲類/散曲之屬

快樂吟餘一卷真福譜一卷　（清）石成金輯
清刻本　一冊

330000－1716－0013308　集補 3262/13308
集部/別集類/清別集

有正味齋尺牘二卷　（清）吳錫麒撰　清同治
十三年（1874）刻本　一冊　存一卷（一）

330000－1716－0013310　集補 3212/13310
集部/別集類/清別集

尺雲軒詩集四卷　（清）朱實發撰　清道光十
四年（1834）朱穀昌刻本　一冊　存二卷（一
至二）

330000－1716－0013311　集補 3299/13311
集部/別集類/清別集

延秋吟館詩鈔四卷　（清）張聯桂撰　清光緒
二年（1876）刻本　一冊　存二卷（一至二）

330000－1716－0013312　子補 1934/13312
子部/醫家類/溫病之屬/瘟疫

隨息居重訂霍亂論四卷　（清）王士雄撰　霍
亂括要一卷　（清）岳晉昌撰　清光緒十四年
（1888）含經室刻本　二冊

330000－1716－0013313　子補 3771/13313
經部/樂類/律呂之屬

御製律呂正義後編一百二十卷附上諭奏議二
卷　（清）允祿等纂　清刻本　一冊　存一卷
（一）

330000－1716－0013314　子補 3875/13314
子部/醫家類/本草之屬/歷代綜合本草

本草從新十八卷　（清）吳儀洛輯　清末石印
本　一冊　存六卷（四至九）

330000－1716－0013315　子補 1023/13315
子部/雜著類/雜說之屬

武聖帝君愛國齊家俗歌一卷　清光緒三十三
年（1907）刻本　一冊

330000－1716－0013316　史補 1502/13316
子部/農家農學類/農藝之屬/災害防治

捕蝗要訣一卷除蟎八要一卷　（清）錢炘和撰
　清光緒十八年（1892）江寧藩署刻本　丁之
蕃題記　一冊

330000－1716－0013317　地獻 1387－3/
13317　經部/叢編

五經旁訓辨體合訂　（清）徐立綱旁訓　清乾
隆五十四年（1789）上虞徐氏循陔堂刻本　一
冊　存一卷（禮記四）

330000－1716－0013318　子補 3870/13318

子部/術數類/占卜之屬

卜筮正宗十四卷 (清)王維德撰 清大文堂
刻本 六冊

330000－1716－0013319 集補3300/13319
集部/別集類/清別集

清妙軒試帖續刻□□卷 清刻本 一冊

330000－1716－0013320 子補1935/13320
子部/醫家類/溫病之屬/瘟疫

隨息居重訂霍亂論四卷 (清)王士雄撰 **霍
亂括要一卷** (清)岳晉昌撰 清光緒十四年
(1888)含經室刻本 二冊

330000－1716－0013322 子補3772/13322
子部/醫家類

醒醫六書六卷 (清)吳有性撰 清刻本 一
冊 存一卷(瘟疫論一)

330000－1716－0013323 子補1936/13323
子部/醫家類/類編之屬

醫學三書 (清)雷豐編 清光緒十年至十三
年(1884--1887)雷氏慎修堂刻本 四冊 存
一種

330000－1716－0013324 子補3773/13324
子部/醫家類/婦科之屬/通論

女科輯要二卷 (清)沈又彭撰 清同治元年
(1862)刻本 一冊 存一卷(上)

330000－1716－0013325 子補3775/13325
子部/醫家類/婦科之屬/產科

產科心法二卷 (清)汪喆撰 清光緒十三年
(1887)聚英堂刻本 一冊

330000－1716－0013326 子補0080－41/
13326 子部/儒家類/儒學之屬/蒙學

重校新增繪圖幼學故事瓊林四卷首一卷
(清)程允升撰 (清)鄒聖脈增補 清末紹興
墨潤堂石印本 一冊 存一卷(首)

330000－1716－0013327 集補2946－2/
13327 集部/別集類/明別集

疑雨集四卷 (明)王彥泓撰 清宣統元年
(1909)上海著易堂石印本 一冊 存二卷
(一至二)

330000－1716－0013328 子補1937/13328
子部/醫家類/類編之屬

醫學三書 (清)雷豐編 清光緒十年至十三
年(1884－1887)雷氏慎修堂刻本 一冊 存
一種

330000－1716－0013329 子補3871/13329
子部/醫家類/婦科之屬/產科

大生要旨五卷 (清)唐千頃撰 **續刊驗方三
卷** (清)王松堂輯 清末著易堂鉛印本
一冊

330000－1716－0013330 經補0561－7/
13330 經部/四書類/總義之屬/傳說

銅板四書遵注合講十九卷圖說一卷 (清)翁
復編 清光緒七年(1881)震記萃古林刻本
四冊 存十三卷(大學,中庸,論語六至十,孟
子一至三、六至七,圖說)

330000－1716－0013332 子補1938/13332
子部/醫家類/類編之屬

醫學三書 (清)雷豐編 清光緒十年至十三
年(1884－1887)雷氏慎修堂刻本 四冊 存
一種

330000－1716－0013335 子補3776/13335
子部/醫家類/婦科之屬/產科

胎產集要三卷附幼科摘要一卷 (清)黃愓齋
輯 清刻本 一冊

330000－1716－0013336 集補3297/13336
集部/別集類/清別集

小初詩稿十六卷 (清)王之藩撰 清同治刻
本 二冊 存五卷(一至五)

330000－1716－0013337 經補1538/13337
經部/詩類/傳說之屬

詩經集傳八卷 (宋)朱熹撰 清刻本 一冊
存一卷(四)

330000－1716－0013338 子補3777/13338
子部/醫家類/類編之屬

薛氏醫按二十四種 (明)吳琯編 清刻本
一冊 存一種

330000－1716－0013339 集補1416/13339

集部/總集類/選集之屬/斷代

唐詩直解七卷 （明）李攀龍選 （明）葉羲昂直解 **庚補箋釋批評不分卷** （明）蔣一葵箋釋 （明）葉羲昂補 清刻本 二冊 存三卷（三至四、七）

330000－1716－0013340 集補3213/13340 集部/別集類/明別集

太師誠意伯劉文成公集二十卷首一卷 （明）劉基撰 清康熙劉元奇刻雍正萬里補刻乾隆括芝南田果育堂印本 一冊 存四卷（六至九）

330000－1716－0013342 集補1257－1/13342 集部/總集類/選集之屬/通代

古文辭類纂七十四卷 （清）姚鼐輯 清刻本 六冊 存三十卷（一至三十）

330000－1716－0013344 經補0418－6/13344 經部/四書類/總義之屬/傳說

四書集注十九卷 （宋）朱熹撰 清末鉛印本 高澤山題記並注 二冊 存五卷（孟子一至三、六至七）

330000－1716－0013346 子補3935/13346 子部/醫家類/婦科之屬/通論

女科良方三卷 （清）傅山撰 清光緒三十二年（1906）掃葉山房刻本 三冊 存二卷（一至二）

330000－1716－0013348 地獻1977/13348 集部/別集類/明別集

余忠節公遺文一卷附錄一卷 （明）余煌撰 清末會稽董氏取斯家塾木活字印本 一冊

330000－1716－0013349 集補3214/13349 集部/別集類/清別集

退思軒詩存一卷椒花第頌一卷 （清）史澄撰 清光緒九年（1883）刻本 一冊

330000－1716－0013350 子補3936/13350 子部/醫家類/方書之屬/成方藥目

妙藥同心不分卷 （英國）屈臣氏撰 清光緒七年（1881）屈臣氏藥局刻本 一冊

330000－1716－0013351 子補1939/13351

子部/醫家類/溫病之屬/其他溫疫病證

溫熱經緯五卷 （清）王士雄撰 清同治十三年（1874）湖北崇文書局刻本 四冊

330000－1716－0013352 普叢0370/13352 類叢部/叢書類/自著之屬

呂子遺書四種 （明）呂坤撰 清道光七年（1827）栗毓美開封府署刻本 一冊 存一種

330000－1716－0013353 集補3301/13353 集部/總集類/郡邑之屬

白田風雅二十四卷 （清）朱彬輯 清光緒十二年（1886）金陵刻本 二冊 存十一卷（十四至二十四）

330000－1716－0013355 經補0666－3/13355 經部/小學類/文字之屬/字書/訓蒙

澄衷蒙學堂字課圖說四卷檢字一卷類字一卷 （清）劉樹屏撰 （清）吳子城繪圖 清光緒二十七年（1901）澄衷蒙學堂印書處石印本 三冊 存三卷（二、檢字、類字）

330000－1716－0013356 史補1554/13356 史部/傳記類/總傳之屬/郡邑

渤海清芬一卷 （清）□□輯 清咸豐刻本 一冊

330000－1716－0013357 子補1940/13357 子部/醫家類/溫病之屬/其他溫疫病證

溫熱經緯五卷 （清）王士雄撰 清蘇州綠蔭堂刻本 董濟氏題簽 四冊

330000－1716－0013360 集補3302/13360 集部/別集類/清別集

又泉遺稿一卷 （清）張履泰撰 清同治七年（1868）刻本 一冊

330000－1716－0013362 經補1407/13362 經部/詩類/傳說之屬

詩經說通十三卷首一卷 （明）沈守正撰 明萬曆四十三年（1615）刻本 一冊 缺七卷（七至十三）

330000－1716－0013363 子補3872/13363 子部/天文曆算類/算書之屬

八十一歸算學啟蒙四卷 清刻本 一冊 存

一卷(一)

330000－1716－0013364　子補 3873/13364
子部/術數類/占卜之屬
嚴陵張九儀儀度六壬選日要訣不分卷　(清)
張廷楨撰　清刻本　五冊

330000－1716－0013365　子補 3766/13365
子部/醫家類/方書之屬/單方驗方
先醒齋筆記三卷　(明)繆希雍撰　(明)丁元
薦輯　清刻本　二冊　存二卷(一、三)

330000－1716－0013366　縣資 0040－3/
13366　史部/地理類/方志之屬/郡縣志
[嘉慶]山陰縣志三十卷首一卷　(清)徐元梅
修　(清)朱文翰等纂　清嘉慶八年(1803)刻
本　五冊　存十六卷(九至十四、十九至二十
一、二十三至二十九)

330000－1716－0013367　子補 3768/13367
子部/雜著類/雜說之屬
消夏錄二卷　(清)黃任輯　清刻本　一冊

330000－1716－0013368　子補 3767/13368
子部/醫家類/婦科之屬/產科
產寶家傳二卷　(清)倪東溟撰　清仁和萬縣
前濟南刻本　一冊

330000－1716－0013369　集補 0006－1/
13369　集部/小說類/長篇之屬
繡像南唐演義薛家將傳六卷一百回　(清)蓮
如居士編輯　清末石印本　一冊

330000－1716－0013370　史補 1490－4/
13370　史部/雜史類/斷代之屬
國語二十一卷　(三國吳)韋昭注　**校刊明道
本韋氏解國語札記一卷**　(清)黃丕烈撰　**明
道本考異四卷**　(清)汪遠孫撰　清光緒三年
(1877)永康胡氏退補齋刻本　一冊　存五卷
(國語一至五)

330000－1716－0013371　經補 1297－11/
13371　經部/四書類/總義之屬/傳說
四書集注十九卷　(宋)朱熹撰　**疑字辨一卷**
清光緒三年(1877)永康胡氏退補齋刻本
一冊　存二卷(大學、中庸)

330000－1716－0013372　子補 3778/13372
子部/術數類/陰陽五行之屬
董公選要覽一卷附錄一卷　(明)董潛撰　清
光緒二十四年(1898)浙江官書局刻本　一冊

330000－1716－0013374　子補 0125－72/
13374　子部/醫家類/方書之屬/單方驗方
重訂驗方新編十八卷　(清)鮑相璈輯　清宣
統元年(1909)上海鍊石齋石印本　二冊　存
八卷(四至八、十六至十八)

330000－1716－0013375　集補 3215/13375
集部/詞類/總集之屬
宋名家詞六十一種九十卷　(明)毛晉編　明
崇禎虞山毛氏汲古閣刻本　一冊　存一種

330000－1716－0013376　普類 0110－6/
13376　類叢部/類書類/專類之屬
新鐫校正詳注分類百子金丹全書十卷　(明)
郭偉選注　(明)郭中吉編　(明)王星聚校訂
清光緒二十年(1894)上海袖海山房石印本
穆昀題記　六冊

330000－1716－0013377　新補 0025－8/
13377　新學/算學/數學
筆算數學三卷　(美國)狄考文輯　(清)鄒立
文述　清末鉛印本　二冊　存二卷(二至三)

330000－1716－0013378　經補 0561－2/
13378　經部/四書類/總義之屬/傳說
酌雅齋四書遵注合講十九卷　(清)翁復編次
(清)詹文煥參定　清刻本　二冊　存四卷
(孟子四至七)

330000－1716－0013379　子補 3765/13379
子部/醫家類/綜合之屬/通論
御纂醫宗金鑑九十卷首一卷　(清)吳謙等撰
清刻本　一冊　存一卷(六十五)

330000－1716－0013380　集補 0797/13380
集部/別集類/清別集
牧齋尺牘三卷外編一卷　(清)錢謙益撰　清
宣統二年(1910)上海時中書局鉛印本　四冊

330000－1716－0013381　經補 1409/13381
經部/易類/傳說之屬

周易補注十一卷　（清）德沛輯　清刻本　一冊　存一卷（二）

330000－1716－0013382　子補 3892/13382
子部/小說家類/異聞之屬

西京雜記二卷　（漢）劉歆撰　清光緒八年（1882）刻本　一冊

330000－1716－0013383　史補 1544/13383
史部/地理類/方志之屬/郡縣志

永康縣賓興田冊不分卷　清光緒十五年（1889）刻本　一冊

330000－1716－0013384　集補 0007－3/13384　集部/小說類/長篇之屬

第五才子書水滸傳七十五卷七十回　（元）施耐庵撰　（清）金人瑞評　清芥子園刻本　四冊　存十四卷（二十四至三十、三十五至三十八、五十六至五十八）

330000－1716－0013386　地獻 2115/13386
史部/地理類/水利之屬

疏闡全案一卷　清光緒二十二年（1896）抄本　一冊

330000－1716－0013387　子補 3779/13387
子部/天文曆算類/曆法之屬

大清光緒三十四年歲次戊申時憲書一卷　清光緒刻朱墨套印本　一冊

330000－1716－0013388　子補 3887/13388
子部/醫家類/方書之屬/單方驗方

經驗百方一卷　（清）汪氏叢桂堂輯　良方續錄一卷　（清）俞大文輯　清同治七年（1868）刻本　一冊

330000－1716－0013389　集補 3207－2/13389　集部/詩文評類/文法之屬/函牘格式

中國最新仕商尺牘教科書二卷　周天鵬撰　清末浙紹奎照樓石印本　一冊　缺一卷（二）

330000－1716－0013390　子補 3780/13390
子部/醫家類/方書之屬/單方驗方

隨山宇方鈔一卷　（清）汪曰楨撰　清光緒八年（1882）紹興安越堂刻本　一冊

330000－1716－0013391　子補 3781/13391
子部/醫家類/類編之屬

潛齋醫書三種　（清）王士雄撰　清咸豐元年（1851）吟香書屋刻本　一冊　存一種

330000－1716－0013392　集補 3207－1/13392　集部/詩文評類/文法之屬/函牘格式

中國最新仕商尺牘教科書二卷　周天鵬撰　清光緒三十三年（1907）浙紹奎照樓書坊石印本　二冊

330000－1716－0013393　集補 3216/13393
集部/詞類/詞話之屬

蓮子居詞話四卷　（清）吳衡照輯　清道光十二年（1832）錢塘汪氏振綺堂刻同治六年（1867）重修本　一冊　存二卷（一至二）

330000－1716－0013395　地獻 1991－2/13395　經部/大戴禮記類/傳說之屬

夏小正戴氏傳四卷　（宋）傅崧卿校注　袁本傅崧卿本夏小正校錄一卷　（清）黃丕烈撰　清光緒十三年（1887）寶章閣刻本　一冊

330000－1716－0013396　子補 2678/13396
子部/宗教類/其他宗教之屬/基督教

舊約史記條問一卷　清光緒三十年（1904）鉛印本　一冊

330000－1716－0013397　新補 0576/13397
新學/報章

寄報章程一卷電報編碼一卷　周祖佑編　清光緒十三年（1887）石印本　一冊

330000－1716－0013398　史補 0337－2/13398　史部/史評類/考訂之屬

廿二史劄記三十六卷補遺一卷　（清）趙翼撰　清光緒二十八年（1902）文淵山房石印本　三冊　存十八卷（一至六、十三至十八、二十五至三十）

330000－1716－0013399　新補 0155/13399
新學/學校

女子高等小學國文教科書不分卷　學部編譯圖書局編纂　清宣統二年（1910）學部圖書局石印本　一冊